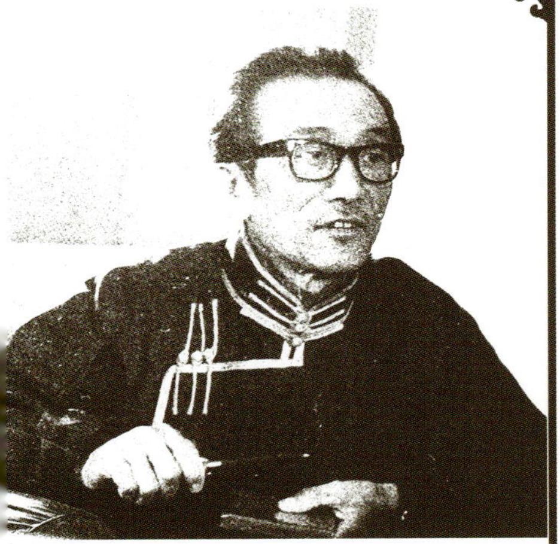

那顺巴雅尔文集

Collected Works of Nasanbayar

᠑· ᠨᠠᠰᠤᠨᠪᠠᠶᠠᠷ ᠤᠨ ᠵᠣᠬᠢᠶᠠᠯ ᠤᠨ ᠲᠡᠭᠦᠪᠦᠷᠢ

1

ᠬᠡᠯᠡ ᠪᠠ ᠰᠤᠳᠤᠯᠤᠯ ᠤᠨ ᠲᠡᠭᠦᠪᠦᠷᠢ

ᠦᠨᠳᠦᠰᠦᠲᠡᠨ ᠦ ᠬᠡᠪᠯᠡᠯ ᠦᠨ ᠬᠣᠷᠢᠶ᠎ᠠ

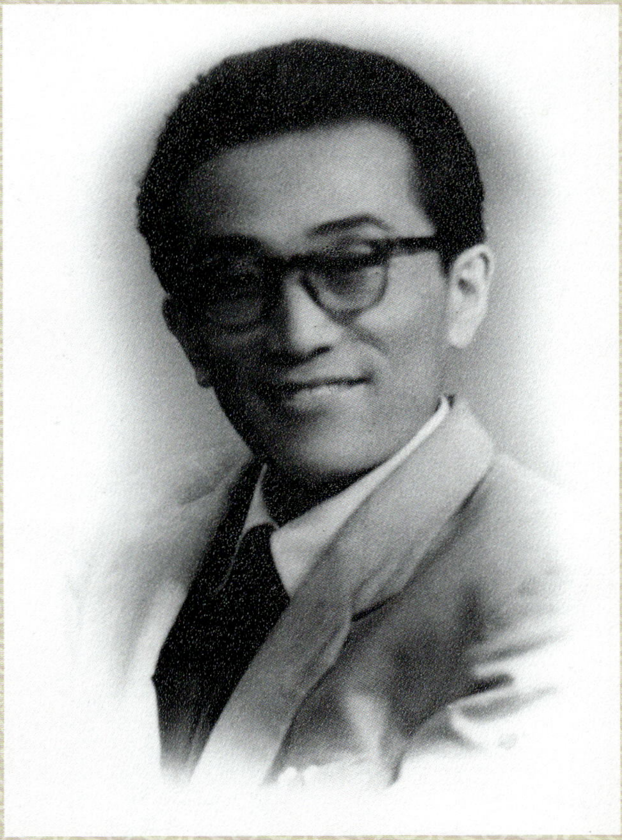

青年那顺巴雅尔

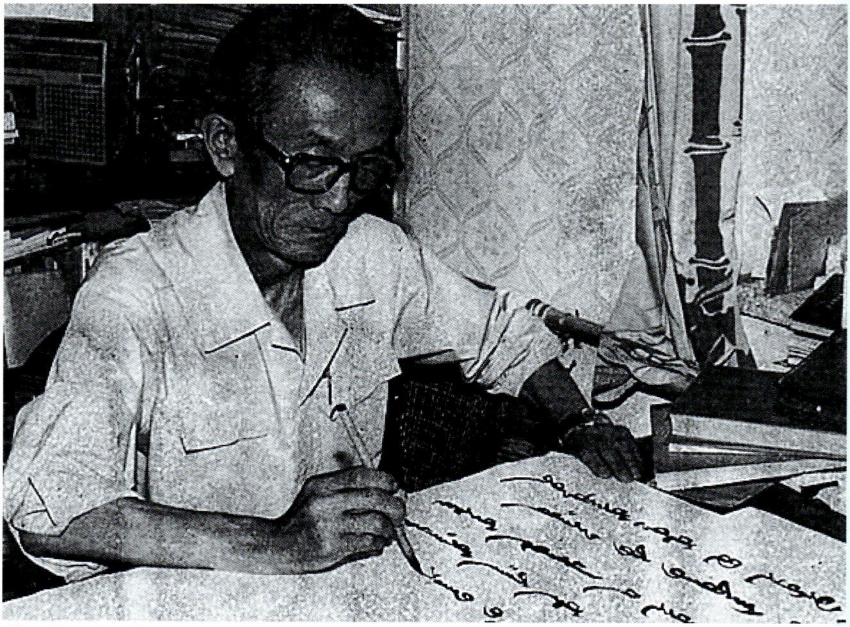

那顺巴雅尔教授在工作室

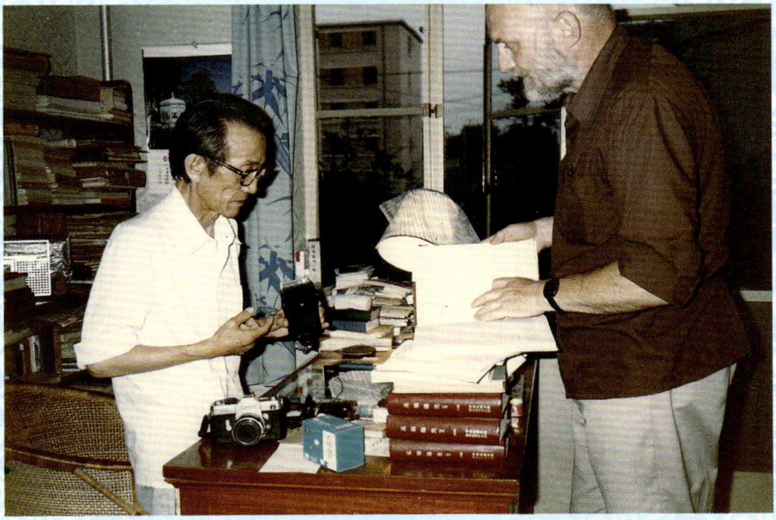

同美国蒙古学学会会长蒙古学家亨利·施瓦茨在一起

(Henry G. Schwarz)

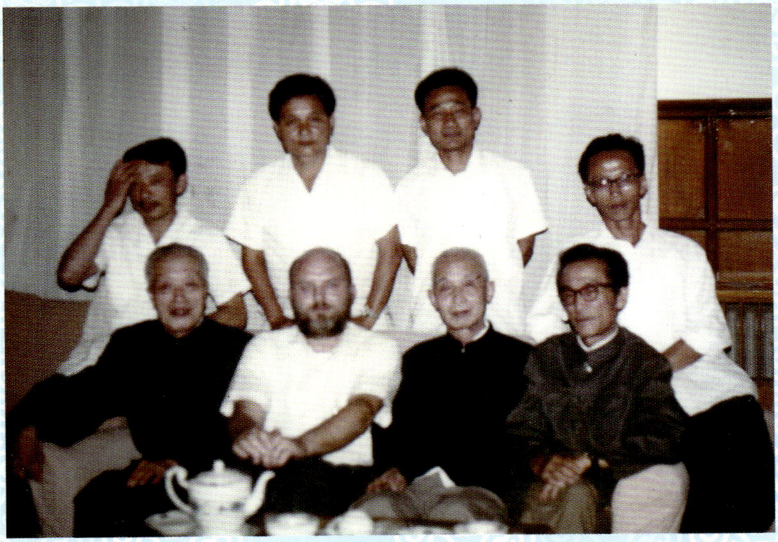

与同行专家在一起（前排右一为那顺巴雅尔教授）

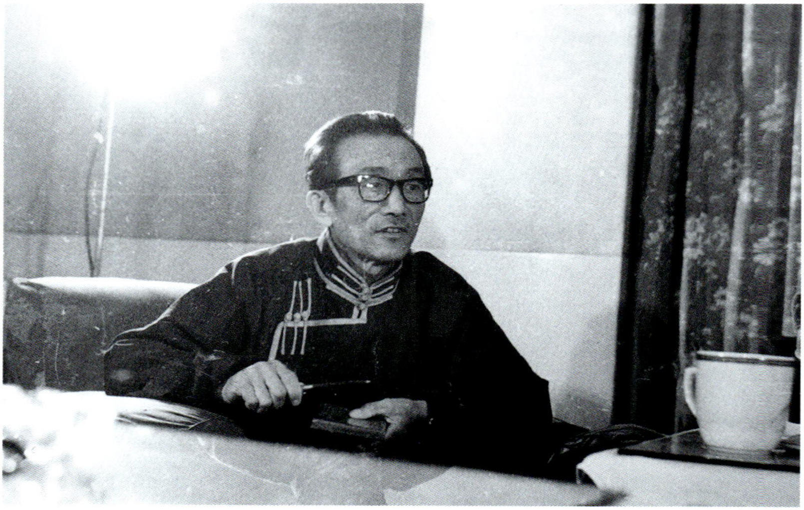

那顺巴雅尔在北京

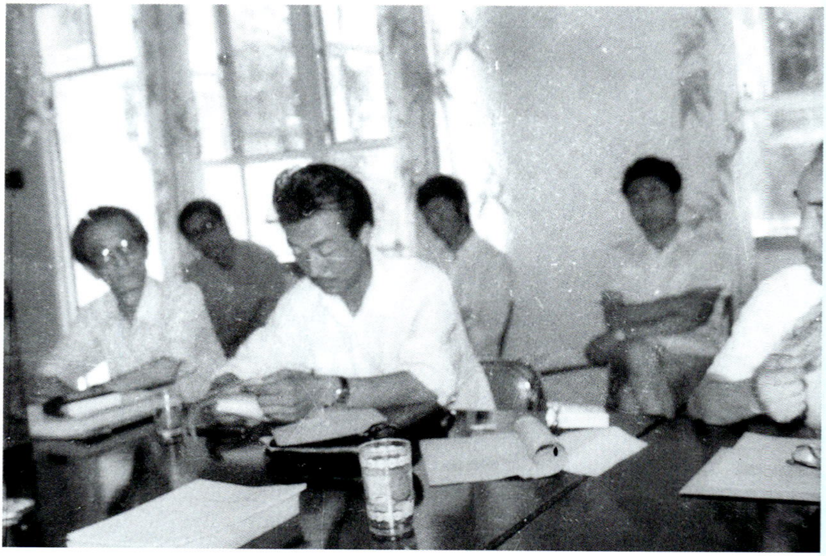

参加学生金刚论文答辩会（前排左一为那顺巴雅尔教授）

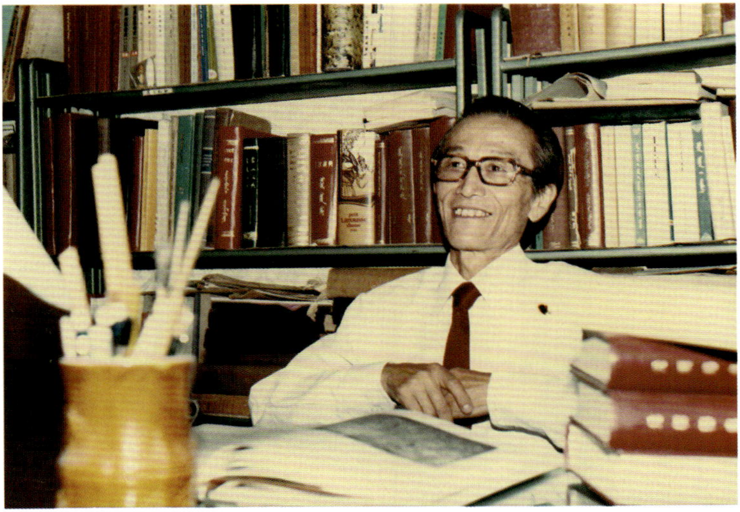

那顺巴雅尔在书房

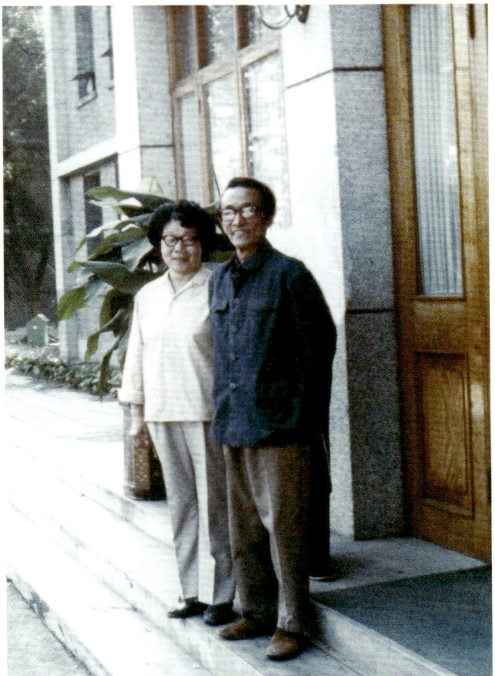

那顺巴雅尔与其夫人王纯洁在中央民族学院专家楼前留影

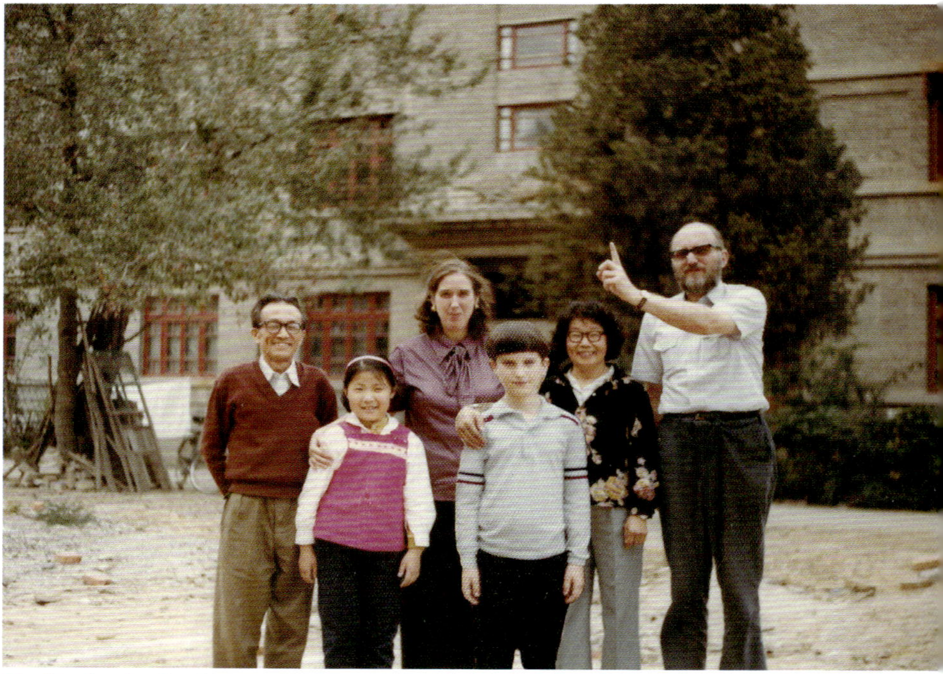

与好友亨利·施瓦茨两家在一起

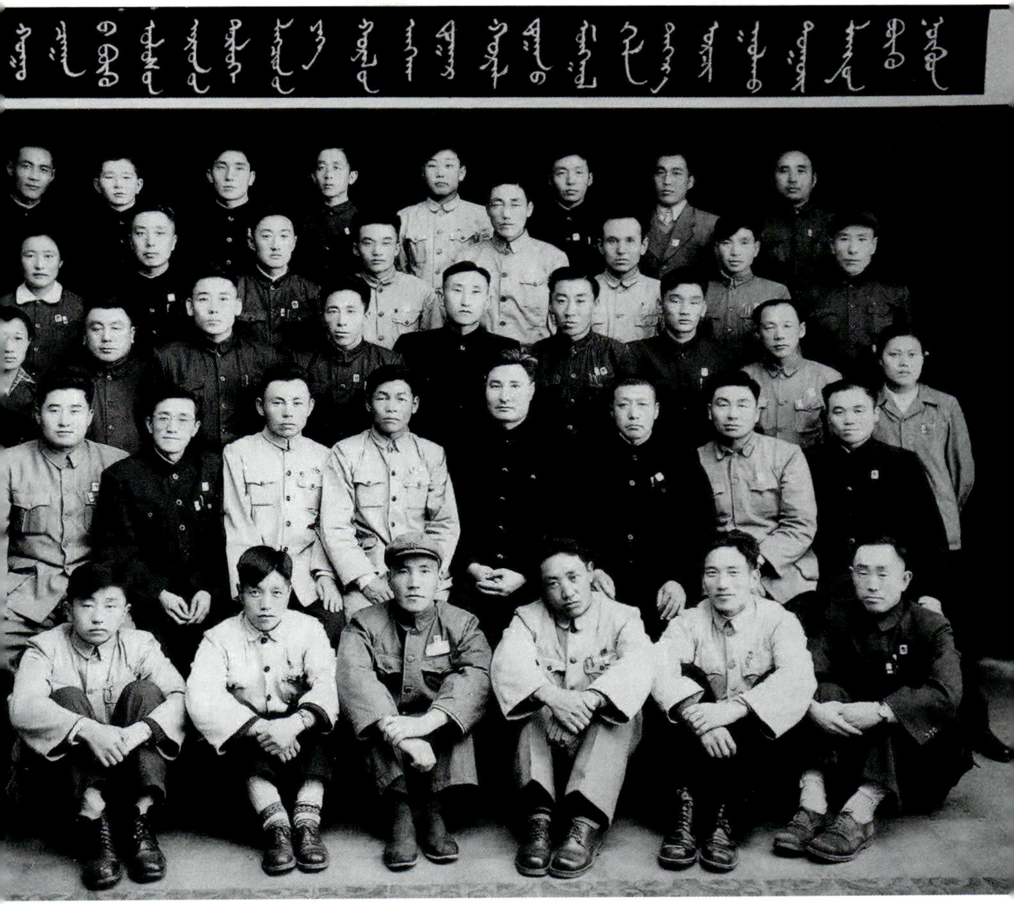

1954年，第一届全国人民代表大会蒙古文翻译组合影。第二排左二为那顺巴雅尔先生。

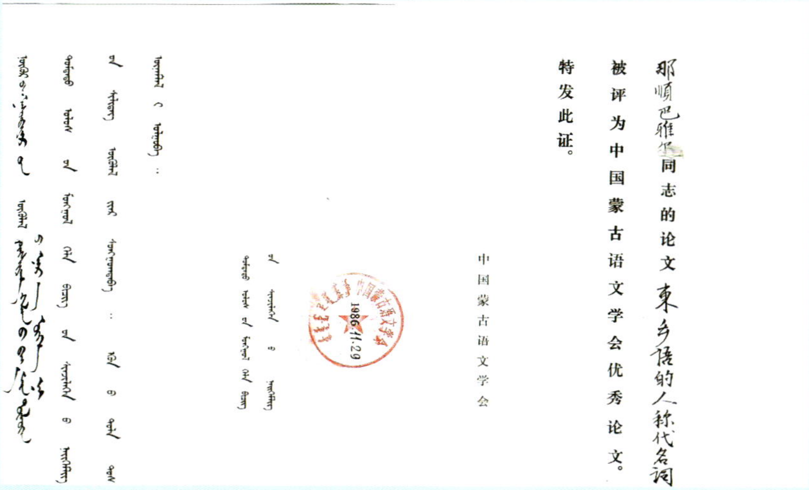

那顺巴雅尔同志的论文东乡语的人称代名词被评为中国蒙古语文学会优秀论文。

特发此证。

中国蒙古语文学会

1986.11.29

获奖论文证书之一

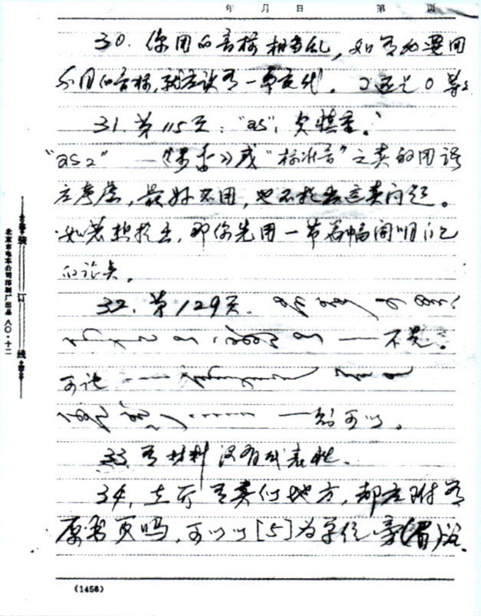

30. 你用的音标相当乱，如果要用不同的音标，就应该有一个交代。ɔ 还是 o 等。

31. 第115页："as"，欠妥当。

"as 2" —《蒙古》或"标准音"之类的用语应考虑，最好不用，也不提出这类问题。如果提出来，那你先用一节篇幅阐明自己的论点。

32. 第129页。[illegible] —不妥。可改—[illegible] ……—般可以。

33. 与材料没有什么关系。

34. [illegible]地方，都在附录原书页吗，可以以[5]为单位[illegible]。

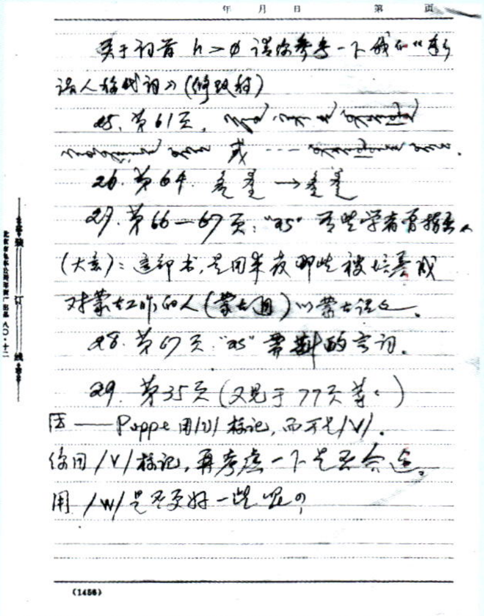

关于词首 h > ø 请你参考一下我的《东乡语人称代词》(待改稿)

25. 第61页，[illegible] 或 --- [illegible].

26. 第64. [illegible] → [illegible]

27. 第66—67页："as" 与世学者曾指出(大意)：这部书是用来教那些被征服或对蒙古好的人(蒙古通)以蒙古语文。

28. 第67页："as" 常出现的字词。

29. 第35页(又见于77页等)

压——Poppe 用/ɣ/标记，而不是/v/。你用/v/标记，再考虑一下是否合适。用/w/是不是好一些呢？

那顺巴雅尔教授笔迹

作者简介

那顺巴雅尔，又名那森柏，姓博尔济斤，蒙古族，1925 年 9 月 18 日生，内蒙古自治区兴安盟扎赉特旗人。1987 年 8 月 24 日病逝，终年 62 岁。生前为中央民族学院（现为中央民族大学）民语系教授、硕士研究生指导教师，中国民族语言学会理事、中国蒙古语文学会常务理事。

1947 年 8 月入齐齐哈尔内蒙古军政大学学习，并开始从事蒙古语文教学与研究工作。1949 至 1954 年在内蒙古自治区人民政府办公厅翻译处先后任科员、副科长、副处长等职，同时，在蒙古文专科学校任教，兼任直属机关学委会委员。1955 年 11 月至 1956 年调中央民族学院协同苏联专家工作。1955 年至 1956 年筹备、领导全国性蒙古语族语言和方言调查，并任中国少数民族语言调查第五工作队副队长，调查过东乡族语言，主持编写《东乡语语法》（油印本）。1956 年 12 月至临终前一直在中央民族学院从事教学与研究工作，曾任蒙古语言文学班“现代蒙古语”“翻译理论与实践”“语言学”“日语”等课程的教师。1979 年晋升为蒙古语言文学副教授，1986 年晋升为教授。曾作为指导教师培养过三届硕士研究生。

他的研究领域可归纳为三个主要方面：1. 东乡语研究；2. 现代蒙古语发展问题研究；3. 蒙古文献学研究。他撰写《东乡语人称代词》时所参考的书目达四十八种。在该文中他首先简要地比较了东乡语与蒙古语的人称代词之间的异同。他指出：（1）东乡语人称代词不仅在词语的表现形式上与蒙古语人称代词不同，更重要的是在所表达的意义、使用范围、形态变化以及句法关系上也都不同；（2）东乡语的人称代词必须由其他名词或助词配合方能构成谓语；（3）东乡语的造格只与名词连用；（4）东乡语的人称代词有交替现象，第一人称代词复数形式可以泛指单数第一人称和第二人称，它们所表达的意义则由其语境和叙述者的主观态度而断定；（5）东乡语的人称代词来源于指示代词。实际上，这类词研究的问题，就是关于蒙古语发展史方面的问题。该论文在 1986 年度中国蒙古语文学会上被评为优秀论文。

那顺巴雅尔在《关于蒙古语发展史方面的某些问题》中较系统地阐述了蒙古语的来源以及蒙古书面语的形成，就现代蒙古文学语言这一概念和现代蒙古语规范问题提出了自己的见解。他指出，蒙古语群体早在铁木真就汗位之前就有了自己的语言文字，也有了相当规范的文学语言。他用大量事实，较有说服力地否定了有关蒙古部落在征服乃蛮部落之后，从塔塔统阿那里继承了回鹘体文字这一传说。他把蒙古语言文字的发展史大体分为四个阶段，并概括地论述了其逐渐完善的过程。

他在《关于〈黄金史纲〉一书中的几个问题》文

中，对其成书年代做了重点探讨。在论证过程中还比较了不同的版本以及书法方面的一些差别。在分析本书的三大部分内容的基础上提出：它的基础部分是较早出现的《成吉思汗黄金史纲》，成吉思汗以后诸汗的历史及开头结尾有关佛教部分是分若干次陆续写进去的，成书之后，传抄者又各有增删改易。他认为，《黄金史纲》不是一人一时之作，而是在好几百年间，经过多人的续写传抄逐步形成的。那顺巴雅尔为《民族词典》撰写有关蒙古语族语言、文字的词目 22 条。

ᠨᠠᠰᠤᠨᠪᠠᠶᠠᠷ ᠤᠨ ᠲᠣᠪᠴᠢ ᠲᠠᠨᠢᠯ

ᠨᠠᠰᠤᠨᠪᠠᠶᠠᠷ ᠂ ᠪᠠᠷᠠᠭᠤᠨ ᠣᠷᠣᠨ ᠂ ᠬᠠᠷᠠᠴᠢᠨ ᠮᠣᠩᠭᠣᠯ ᠂ ᠬᠢᠲᠠᠳ ᠨᠡᠷ᠎ᠡ 那森柏 ᠭᠡᠳᠡᠭ ᠮᠣᠩᠭᠣᠯᠴᠤᠳ ᠄ 1925 ᠣᠨ ᠤ 9 ᠰᠠᠷ᠎ᠠ ᠶᠢᠨ 18 ᠤ ᠡᠳᠦᠷ ᠂ ᠡᠳᠦᠭᠡ ᠶᠢᠨ ᠪᠠᠷᠠᠭᠤᠨ ᠲᠦᠮᠡᠳ ᠦᠨ ᠬᠣᠰᠢᠭᠤᠨ ᠤ ᠭᠠᠴᠠᠭᠠᠨ ᠳᠤ ᠲᠥᠷᠥᠭᠰᠡᠨ ᠄ 1987 ᠣᠨ ᠤ 8 ᠰᠠᠷ᠎ᠠ ᠶᠢᠨ 24 ᠤ ᠡᠳᠦᠷ ᠬᠥᠬᠡᠬᠣᠲᠠ ᠳᠤ ᠪᠡᠶ᠎ᠡ ᠡᠴᠡ ᠨᠠᠰᠢᠯᠠᠪᠠ ᠂ ᠨᠠᠰᠤ 62 ᠨᠠᠰᠤᠯᠠᠭᠰᠠᠨ ᠄ ᠲᠡᠷᠡ ᠪᠣᠯ ᠮᠣᠩᠭᠣᠯ ᠤᠨ ᠰᠣᠶᠣᠯ ᠤᠨ ᠠᠵᠢᠯᠳᠠᠨ ᠤ ᠨᠢᠭᠡ ᠮᠡᠷᠭᠡᠵᠢᠯᠲᠡᠨ (ᠬᠠᠮᠤᠭ ᠤᠨ ᠤᠯᠠᠰ ᠤᠨ ᠨᠢᠭᠡ ᠮᠡᠷᠭᠡᠵᠢᠯᠲᠡᠨ) ᠤᠨ ᠨᠢᠭᠡ ᠂ ᠪᠢᠴᠢᠭ ᠦᠨ ᠬᠡᠯᠡ ᠵᠦᠢ ᠶᠢᠨ ᠡᠷᠳᠡᠮᠲᠡᠨ ᠪᠠᠢᠭᠰᠠᠨ ᠄ ᠮᠣᠩᠭᠣᠯ ᠤᠨ ᠰᠣᠶᠣᠯ ᠤᠨ ᠲᠡᠦᠬᠡ ᠶᠢᠨ ᠰᠤᠳᠤᠯᠭ᠎ᠠ ᠶᠢᠨ ᠬᠥᠭᠵᠢᠯᠲᠡ ᠳᠦ ᠣᠨᠴᠠ ᠬᠤᠪᠢ ᠨᠡᠮᠡᠷ ᠣᠷᠣᠭᠤᠯᠤᠭᠰᠠᠨ ᠬᠦᠮᠦᠨ ᠪᠣᠯᠤᠨ᠎ᠠ ᠄

1947 ᠣᠨ ᠤ 8 ᠰᠠᠷ᠎ᠠ ᠳᠤ ᠵᠠᠰᠠᠭ ᠤᠨ ᠣᠷᠳᠣ ᠮᠣᠩᠭᠣᠯ ᠬᠡᠯᠡ ᠪᠢᠴᠢᠭ ᠦᠨ ᠠᠵᠢᠯ ᠤᠨ ᠬᠣᠷᠢᠶ᠎ᠠ ᠶᠢ ᠪᠠᠢᠭᠤᠯᠤᠭᠰᠠᠨ ᠤ ᠳᠠᠷᠠᠭ᠎ᠠ ᠮᠣᠩᠭᠣᠯ ᠬᠡᠯᠡ ᠪᠢᠴᠢᠭ ᠦᠨ ᠰᠤᠳᠤᠯᠤᠯ ᠤᠨ ᠠᠵᠢᠯ ᠢ ᠡᠬᠢᠯᠡᠵᠡᠢ᠃ ᠮᠣᠩᠭᠣᠯ ᠬᠡᠯᠡ ᠪᠢᠴᠢᠭ ᠦᠨ ᠰᠤᠷᠭᠠᠨ ᠬᠦᠮᠦᠵᠢᠯ ᠦᠨ ᠬᠦᠷᠢᠶᠡᠯᠡᠩ ᠦᠨ ᠡᠷᠬᠢᠯᠡᠭᠴᠢ ᠶᠢᠨ ᠠᠵᠢᠯ ᠢ ᠬᠢᠵᠦ ᠪᠠᠢᠭᠰᠠᠨ ᠨᠢ 1949 ᠣᠨ ᠡᠴᠡ 1954 ᠣᠨ ᠬᠦᠷᠲᠡᠯ᠂ ᠮᠣᠩᠭᠣᠯ ᠬᠡᠯᠡ ᠪᠢᠴᠢᠭ ᠦᠨ ᠰᠤᠳᠤᠯᠤᠯ ᠤᠨ ᠭᠠᠵᠠᠷ ᠤᠨ ᠳᠠᠷᠤᠭ᠎ᠠ ᠶᠢᠨ ᠠᠵᠢᠯ ᠢ ᠬᠢᠵᠦ᠂ ᠮᠣᠩᠭᠣᠯ ᠬᠡᠯᠡ ᠪᠢᠴᠢᠭ ᠦᠨ ᠪᠣᠯᠪᠠᠰᠤᠷᠠᠯ ᠤᠨ ᠬᠡᠷᠡᠭ ᠲᠦ ᠬᠦᠴᠦ ᠪᠠᠨ ᠵᠣᠷᠢᠭᠤᠯᠵᠠᠢ᠃ ᠪᠠᠰᠠ ᠮᠣᠩᠭᠣᠯ ᠪᠢᠴᠢᠭ ᠦᠨ ᠬᠡᠪᠯᠡᠯ ᠦᠨ ᠳᠠᠷᠤᠭ᠎ᠠ ᠶᠢᠨ ᠠᠵᠢᠯ ᠢ ᠬᠢᠵᠦ ᠪᠠᠢᠭᠰᠠᠨ᠂ ᠮᠣᠩᠭᠣᠯ ᠬᠡᠯᠡ ᠪᠢᠴᠢᠭ ᠦᠨ ᠰᠤᠳᠤᠯᠤᠯ ᠤᠨ ᠬᠦᠷᠢᠶᠡᠯᠡᠩ ᠦᠨ ᠤᠳᠤᠷᠢᠳᠤᠭᠴᠢ ᠶᠢᠨ ᠠᠵᠢᠯ ᠢ 1955 ᠣᠨ ᠡᠴᠡ 1956 ᠣᠨ ᠬᠦᠷᠲᠡᠯ᠂ ᠪᠠᠰᠠ ᠮᠣᠩᠭᠣᠯ ᠬᠡᠯᠡ ᠪᠢᠴᠢᠭ ᠦᠨ ᠰᠤᠳᠤᠯᠤᠯ ᠤᠨ ᠭᠠᠵᠠᠷ ᠤᠨ ᠳᠠᠷᠤᠭ᠎ᠠ ᠶᠢᠨ ᠠᠵᠢᠯ ᠢ 1955 ᠣᠨ ᠤ 11 ᠰᠠᠷ᠎ᠠ ᠡᠴᠡ 1956 ᠣᠨ ᠬᠦᠷᠲᠡᠯ᠂ ᠮᠣᠩᠭᠣᠯ ᠬᠡᠯᠡ ᠪᠢᠴᠢᠭ ᠦᠨ ᠰᠤᠳᠤᠯᠤᠯ ᠤᠨ ᠬᠦᠷᠢᠶᠡᠯᠡᠩ ᠦᠨ ᠳᠠᠷᠤᠭ᠎ᠠ ᠶᠢᠨ ᠠᠵᠢᠯ ᠢ ᠬᠢᠵᠦ᠂ ᠮᠣᠩᠭᠣᠯ ᠬᠡᠯᠡ ᠪᠢᠴᠢᠭ ᠦᠨ ᠰᠤᠳᠤᠯᠤᠯ ᠤᠨ ᠠᠵᠢᠯ ᠢ ᠡᠷᠬᠢᠯᠡᠨ ᠬᠢᠳᠠᠭ ᠪᠠᠢᠭᠰᠠᠨ᠂ 《 ᠮᠣᠩᠭᠣᠯ ᠬᠡᠯᠡ ᠶᠢᠨ ᠬᠡᠯᠡ ᠰᠤᠷ 》 (ᠮᠣᠩᠭᠣᠯ ᠬᠡᠯᠡ ᠪᠢᠴᠢᠭ) ᠰᠡᠳᠬᠦᠯ ᠢ ᠡᠷᠬᠢᠯᠡᠨ ᠭᠠᠷᠭᠠᠭᠰᠠᠨ᠃ 1956 ᠣᠨ ᠤ 12 ᠰᠠᠷ᠎ᠠ ᠡᠴᠡ ᠣᠳᠣ ᠶᠢᠨ ᠬᠦᠷᠲᠡᠯ᠂ ᠮᠣᠩᠭᠣᠯ ᠬᠡᠯᠡ ᠪᠢᠴᠢᠭ ᠦᠨ ᠰᠤᠳᠤᠯᠤᠯ ᠤ

ᠬᠡᠪᠯᠡᠭᠦᠯᠦᠭᠰᠡᠨ ᠶᠢᠨ ᠰᠤᠳᠤᠯᠤᠯᠲᠠ ᠶᠢᠨ ᠬᠠᠮᠤᠭ ᠪᠠᠷ ᠴᠢ ᠪᠠᠷ ᠬᠡᠯᠡ ᠪᠢᠴᠢᠭ ᠪᠠᠶᠢᠨ᠎ᠠ :: (2) ᠮᠣᠩᠭᠣᠯᠴᠤᠳ ᠤᠨ ᠤ ᠪᠠᠷ ᠶᠢᠨ ᠬᠡᠯᠡᠨ ᠦ ᠰᠤᠳᠤᠯᠤᠯ ᠶᠢᠨ ᠪᠢᠴᠢᠭ ᠪᠢᠴᠢᠭᠰᠡᠨ · ᠪᠢᠴᠢᠭ ᠪᠠᠶᠢᠳᠠᠯ ᠢ ᠰᠣᠳᠤᠯᠬᠤ ᠪᠠᠶᠢᠳᠠᠯ ᠤᠨ · ᠪᠢᠴᠢᠭᠯᠡᠯ ᠶᠢᠨ ᠬᠡᠯᠡᠨ ᠦ ᠮᠣᠩᠭᠣᠯᠴᠤᠳ ᠤᠨ ᠤ ᠪᠠᠷ ᠶᠢᠨ ᠰᠤᠳᠤᠯᠤᠯ ᠤ ᠬᠡᠯᠡ ᠶᠢᠨ ᠤ ᠪᠢᠴᠢᠭᠯᠡᠯ ᠶᠢᠨ ᠬᠠᠮᠤᠭ ᠪᠠᠷ ᠴᠢ ᠰᠣᠳᠤᠯᠤᠭᠰᠠᠨ ᠪᠠᠶᠢᠨ᠎ᠠ :: ᠵᠢᠱᠢᠶᠡᠯᠡᠪᠡᠯ (1) ᠮᠣᠩᠭᠣᠯᠴᠤᠳ ᠤᠨ ᠤ ᠪᠠᠷ ᠶᠢᠨ ᠰᠤᠳᠤᠯᠤᠯ ᠤ ᠬᠡᠯᠡ ᠶᠢᠨ ᠬᠠᠮᠤᠭ ᠪᠠᠷ ᠴᠢ ᠪᠠᠶᠢᠭᠤᠯᠤᠯᠭ᠎ᠠ ᠪᠠᠷ ᠤᠨ ᠮᠣᠩᠭᠣᠯᠴᠤᠳ ᠤᠨ ᠤ ᠪᠢᠴᠢᠭ · ᠬᠠᠷᠢ ᠶᠢᠨ ᠬᠡᠯᠡᠨ ᠦ 48 ᠬᠡᠯᠡᠪᠡᠷᠢ ᠶᠢᠨ ᠪᠢᠴᠢᠭᠯᠡᠯ ᠬᠣᠯᠪᠣᠭ᠎ᠠ ᠶᠢᠨ ᠪᠢᠴᠢᠭ ᠢ ᠰᠤᠳᠤᠯᠤᠭᠰᠠᠨ ᠲᠠᠢ ᠬᠣᠯᠪᠣᠭᠳᠠᠭᠤᠯᠤᠨ ᠪᠢᠴᠢᠭᠰᠡᠨ ᠪᠠᠶᠢᠨ᠎ᠠ :: ᠪᠠᠰᠠ 《 ᠮᠣᠩᠭᠣᠯᠴᠤᠳ ᠤᠨ ᠤ ᠪᠠᠷ ᠶᠢᠨ ᠰᠤᠳᠤᠯᠤᠯ ᠤ ᠬᠡᠯᠡ 》 ᠳᠤ ᠬᠠᠮᠤᠭ ᠤᠨ ᠤ ᠪᠢᠴᠢᠭᠯᠡᠯ ᠶᠢᠨ ᠬᠡᠯᠡᠨ ᠦ ᠰᠤᠳᠤᠯᠤᠯ ᠤᠨ ᠪᠢᠴᠢᠭᠯᠡᠯ ᠢ ᠬᠠᠮᠤᠭ ᠤᠨ ᠦᠨᠳᠦᠰᠦᠲᠡᠨ ᠦ ᠬᠡᠯᠡᠨ ᠦ ᠰᠤᠳᠤᠯᠤᠯ :: 3. ᠮᠣᠩᠭᠣᠯ ᠬᠡᠯᠡᠨ ᠦ ᠰᠤᠳᠤᠯᠤᠯ ᠤᠨ ᠦᠨᠳᠦᠰᠦᠲᠡᠨ ᠦ ᠰᠤᠳᠤᠯᠤᠯ ᠤᠨ ᠬᠡᠯᠡ ᠪᠢᠴᠢᠭ ᠦᠨ ᠰᠤᠳᠤᠯᠤᠯ :: 2. ᠮᠣᠩᠭᠣᠯ ᠬᠡᠯᠡᠨ ᠦ ᠰᠤᠳᠤᠯᠤᠯ ᠤᠨ ᠦᠨᠳᠦᠰᠦᠲᠡᠨ ᠦ ᠬᠡᠯᠡ ᠶᠢᠨ ᠬᠡᠯᠡᠨ ᠦ ᠰᠤᠳᠤᠯᠤᠯ :: 1. ᠮᠣᠩᠭᠣᠯᠴᠤᠳ ᠤᠨ ᠤ ᠬᠡᠯᠡᠨ ᠦ ᠰᠤᠳᠤᠯᠤᠯ ᠤᠨ ᠪᠢᠴᠢᠭ ᠢ ᠰᠤᠳᠤᠯᠤᠭᠰᠠᠨ ᠪᠠᠶᠢᠨ᠎ᠠ · ᠮᠣᠩᠭᠣᠯ ᠬᠡᠯᠡᠨ ᠦ ᠰᠤᠳᠤᠯᠤᠯ ᠤᠨ ᠪᠢᠴᠢᠭ ᠦᠨ ᠰᠤᠳᠤᠯᠤᠯ ᠤᠨ ᠰᠤᠳᠤᠯᠤᠯ ᠤᠨ ᠪᠢᠴᠢᠭ ::

ᠮᠣᠩᠭᠣᠯ ᠬᠡᠯᠡᠨ ᠦ ᠰᠤᠳᠤᠯᠤᠯ ᠤᠨ ᠲᠠᠢ ᠬᠠᠷᠢᠴᠠᠭᠤᠯᠤᠭᠰᠠᠨ · 1986 ᠣᠨ ᠳᠤ ᠮᠣᠩᠭᠣᠯ ᠬᠡᠯᠡᠨ ᠦ ᠰᠤᠳᠤᠯᠤᠯ ᠤᠨ ᠲᠠᠢ ᠬᠠᠷᠢᠴᠠᠭᠤᠯᠤᠭᠰᠠᠨ :: ᠪᠠᠰᠠ ᠪᠤᠰᠤᠳ ᠬᠡᠪᠯᠡᠯ ᠦᠨ ᠳᠤ ᠬᠡᠪᠯᠡᠭᠦᠯᠦᠭᠰᠡᠨ ᠶᠢᠨ ᠪᠢᠴᠢᠭ 《 ᠮᠣᠩᠭᠣᠯ ᠬᠡᠯᠡ 》《 ᠮᠣᠩᠭᠣᠯ ᠪᠢᠴᠢᠭ 》 ᠬᠡᠯᠡᠨ ᠦ ᠬᠡᠯᠡᠯᠭᠡ ᠶᠢᠨ ᠰᠤᠳᠤᠯᠤᠯ ᠪᠠᠶᠢᠨ᠎ᠠ :: 1979 ᠣᠨ ᠳᠤ ᠦᠨᠳᠦᠰᠦᠲᠡᠨ ᠦ ᠬᠡᠪᠯᠡᠯ ᠦᠨ ᠬᠣᠷᠢᠶ᠎ᠠ ᠪᠠᠷ ᠬᠡᠪᠯᠡᠭᠰᠡᠨ 《 ᠮᠣᠩᠭᠣᠯ ᠬᠡᠯᠡᠨ ᠦ ᠦᠨᠳᠦᠰᠦᠲᠡᠨ 》《 ᠮᠣᠩᠭᠣᠯ ᠬᠡᠯᠡᠨ ᠦ ᠰᠤᠳᠤᠯᠤᠯ ᠤᠨ ᠪᠢᠴᠢᠭ 》 ᠳᠤ ᠮᠣᠩᠭᠣᠯ ᠬᠡᠯᠡ ᠶᠢᠨ ᠦᠨᠳᠦᠰᠦᠲᠡᠨ ᠦ ᠬᠡᠯᠡᠨ ᠦ ᠰᠤᠳᠤᠯᠤᠯ ᠤᠨ ᠪᠢᠴᠢᠭ · ᠮᠣᠩᠭᠣᠯ ᠬᠡᠯᠡᠨ ᠦ ᠰᠤᠳᠤᠯᠤᠯ ᠳᠤ ᠬᠡᠪᠯᠡᠭᠰᠡᠨ ᠪᠠᠶᠢᠨ᠎ᠠ

ᠪᠣᠯᠭᠠᠬᠤ ᠶᠢᠨ ᠲᠤᠯᠠ ᠬᠡᠯᠡᠨ ᠦ ᠨᠡᠶᠢᠲᠡ ᠶᠢᠨ ᠳᠦᠷᠢᠮ ᠢ ᠪᠠᠷᠢᠮᠲᠠᠯᠠᠬᠤ ᠪᠠᠶᠢᠳᠠᠯ ᠤᠨ ᠬᠡᠷᠡᠭᠯᠡᠭᠡ ᠳᠦ ᠪᠠᠭᠤᠯᠭᠠᠬᠤ ᠪᠠᠶᠢᠳᠠᠯ ᠲᠠᠢ ᠪᠣᠯᠤᠨ᠎ᠠ :: (3) ᠮᠣᠩᠭᠣᠯ ᠬᠡᠯᠡᠨ ᠦ ᠠᠶᠠᠯᠭᠤ ᠶᠢᠨ ᠬᠡᠯᠡᠨ ᠦ ᠰᠢᠨᠵᠢᠯᠡᠯ ᠦᠨ ᠪᠠᠶᠢᠳᠠᠯ ᠶᠢ ᠲᠣᠳᠤᠷᠬᠠᠢᠯᠠᠬᠤ ᠳᠤ ᠲᠤᠰᠠᠯᠠᠮᠵᠢ ᠲᠠᠢ ᠪᠣᠯᠤᠨ᠎ᠠ :: (4) ᠮᠣᠩᠭᠣᠯ ᠬᠡᠯᠡᠨ ᠦ ᠠᠶᠠᠯᠭᠤ ᠶᠢᠨ ᠬᠡᠯᠡᠨ ᠦ ᠰᠢᠨᠵᠢᠯᠡᠯ ᠦᠨ ᠠᠷᠭ᠎ᠠ ᠶᠢ ᠰᠠᠶᠢᠵᠢᠷᠠᠭᠤᠯᠬᠤ ᠳᠤ ᠬᠡᠷᠡᠭᠯᠡᠭᠳᠡᠬᠦ ᠮᠠᠲᠸᠷᠢᠶᠠᠯ ᠢ ᠪᠠᠶᠠᠵᠢᠭᠤᠯᠤᠨ᠎ᠠ ᠃ ᠮᠣᠩᠭᠣᠯ ᠬᠡᠯᠡᠨ ᠦ ᠬᠡᠯᠡᠨ ᠦ ᠰᠢᠨᠵᠢᠯᠡᠯ ᠦᠨ ᠬᠥᠭᠵᠢᠯ ᠳᠦ ᠲᠤᠰᠠ ᠶᠢ ᠦᠵᠡᠭᠦᠯᠬᠦ ᠪᠣᠯᠤᠨ᠎ᠠ :: (5) ᠮᠣᠩᠭᠣᠯ ᠬᠡᠯᠡᠨ ᠦ ᠠᠶᠠᠯᠭᠤ ᠶᠢᠨ ᠰᠤᠳᠤᠯᠭ᠎ᠠ ᠶᠢᠨ ᠠᠷᠭ᠎ᠠ ᠪᠠᠷᠢᠯ ᠢ ᠰᠠᠶᠢᠵᠢᠷᠠᠭᠤᠯᠬᠤ ᠳᠤ ᠬᠢᠵᠠᠭᠠᠷ ᠦᠭᠡᠢ ᠠᠴᠢ ᠬᠣᠯᠪᠣᠭᠳᠠᠯ ᠲᠠᠢ ᠶᠤᠮ :: ᠮᠣᠩᠭᠣᠯ ᠬᠡᠯᠡᠨ ᠦ ᠠᠶᠠᠯᠭᠤ ᠶᠢᠨ ᠰᠤᠳᠤᠯᠭ᠎ᠠ ᠪᠣᠯ 1986 ᠣᠨ ᠳᠤ ᠡᠬᠢᠯᠡᠭᠰᠡᠨ ᠪᠥᠭᠡᠳ ᠮᠣᠩᠭᠣᠯ ᠬᠡᠯᠡᠨ ᠦ ᠠᠶᠠᠯᠭᠤ ᠶᠢᠨ ᠰᠤᠳᠤᠯᠤᠭᠰᠠᠳ ᠤᠨ ᠬᠠᠮᠲᠤ ᠶᠢᠨ ᠬᠦᠴᠦᠨ ᠢᠶᠡᠷ ᠨᠡᠶᠢᠲᠡᠯᠡᠭᠳᠡᠭᠰᠡᠨ ::

ᠰᠤᠳᠤᠯᠤᠭᠰᠠᠳ 《 ᠮᠣᠩᠭᠣᠯ ᠬᠡᠯᠡᠨ ᠦ ᠠᠶᠠᠯᠭᠤ ᠶᠢᠨ ᠰᠤᠳᠤᠯᠭ᠎ᠠ ᠶᠢᠨ ᠴᠤᠪᠤᠷᠠᠯ 》 ᠢ ᠨᠡᠶᠢᠲᠡᠯᠡᠭᠰᠡᠨ ᠬᠣᠶᠠᠷ ᠮᠣᠩᠭᠣᠯ ᠬᠡᠯᠡᠨ ᠦ ᠠᠶᠠᠯᠭᠤ ᠶᠢᠨ ᠪᠦᠲᠦᠭᠡᠯ ᠦᠳ ᠢ ᠪᠡᠯᠡᠳᠬᠡᠭᠰᠡᠨ ᠪᠥᠭᠡᠳ ᠮᠣᠩᠭᠣᠯ ᠬᠡᠯᠡᠨ ᠦ ᠠᠶᠠᠯᠭᠤ ᠶᠢᠨ ᠰᠤᠳᠤᠯᠭ᠎ᠠ ᠶᠢᠨ ᠪᠠᠶᠢᠳᠠᠯ ᠢ ᠮᠣᠩᠭᠣᠯ ᠬᠡᠯᠡᠨ ᠦ ᠬᠡᠯᠡᠨ ᠦ ᠰᠢᠨᠵᠢᠯᠡᠯ ᠦᠨ ᠬᠦᠷᠢᠶᠡᠨ ᠳᠦ ᠮᠣᠩᠭᠣᠯ

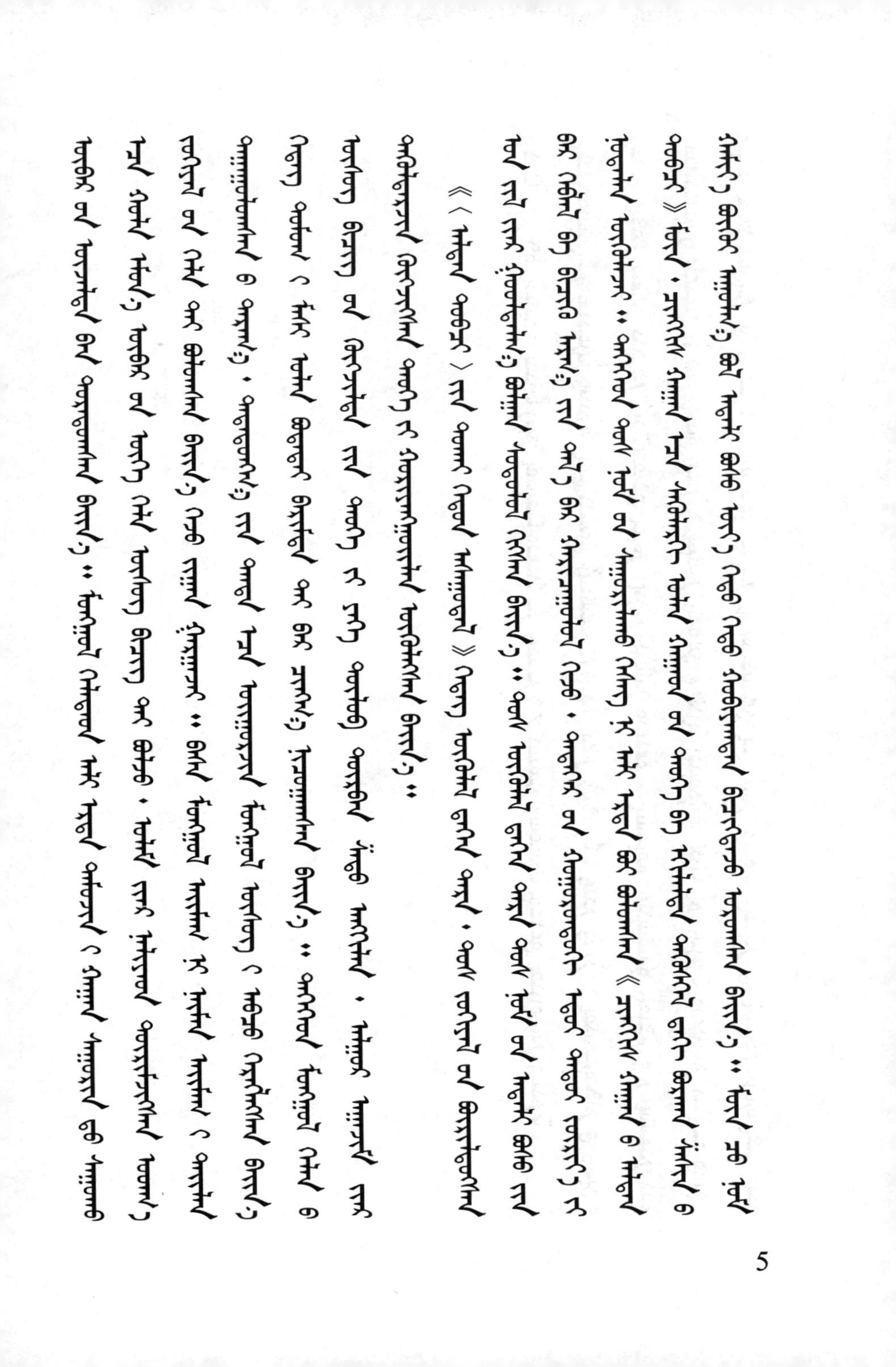

[illegible]

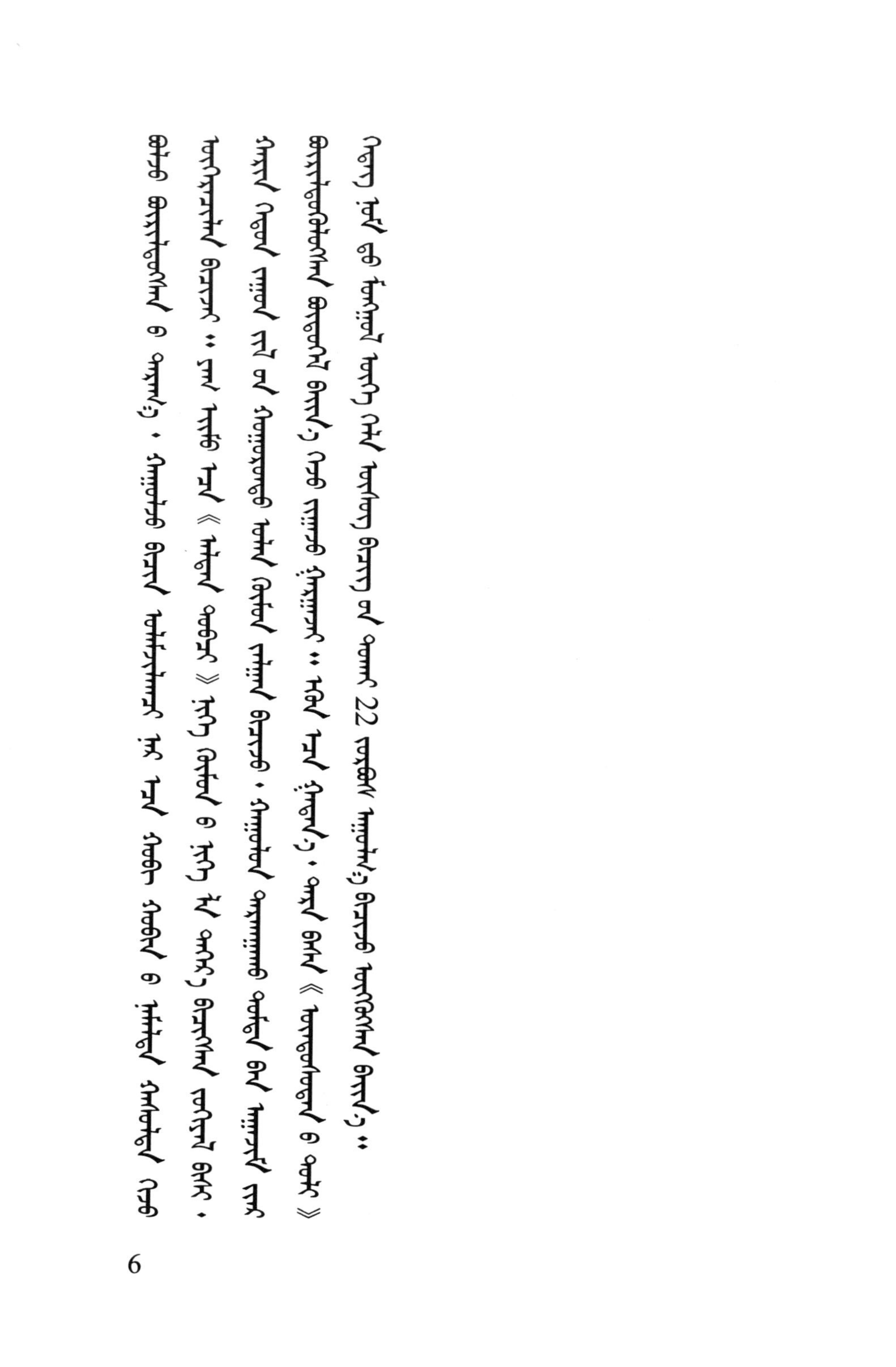

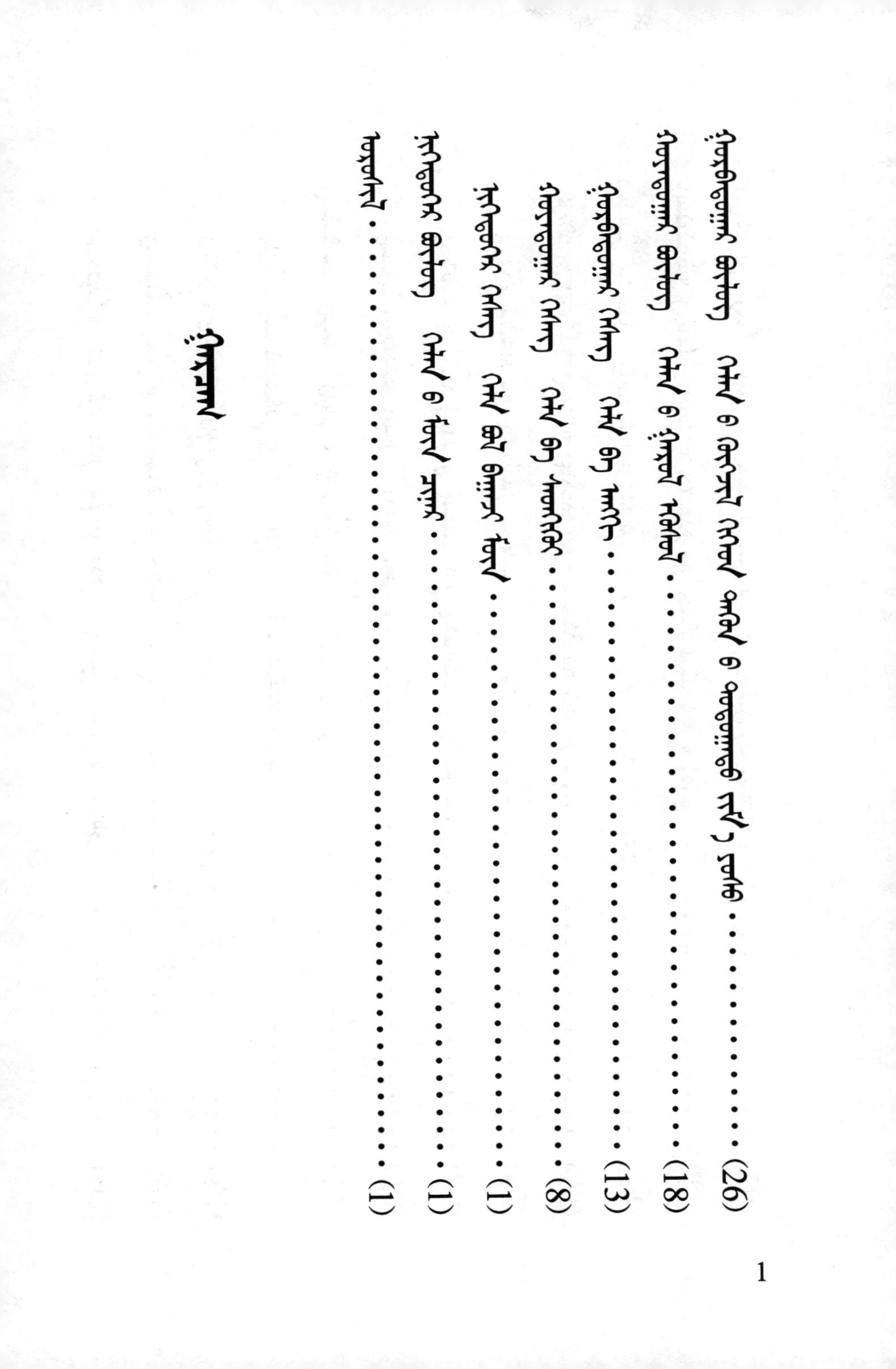

ᠭᠠᠷᠴᠠᠭ

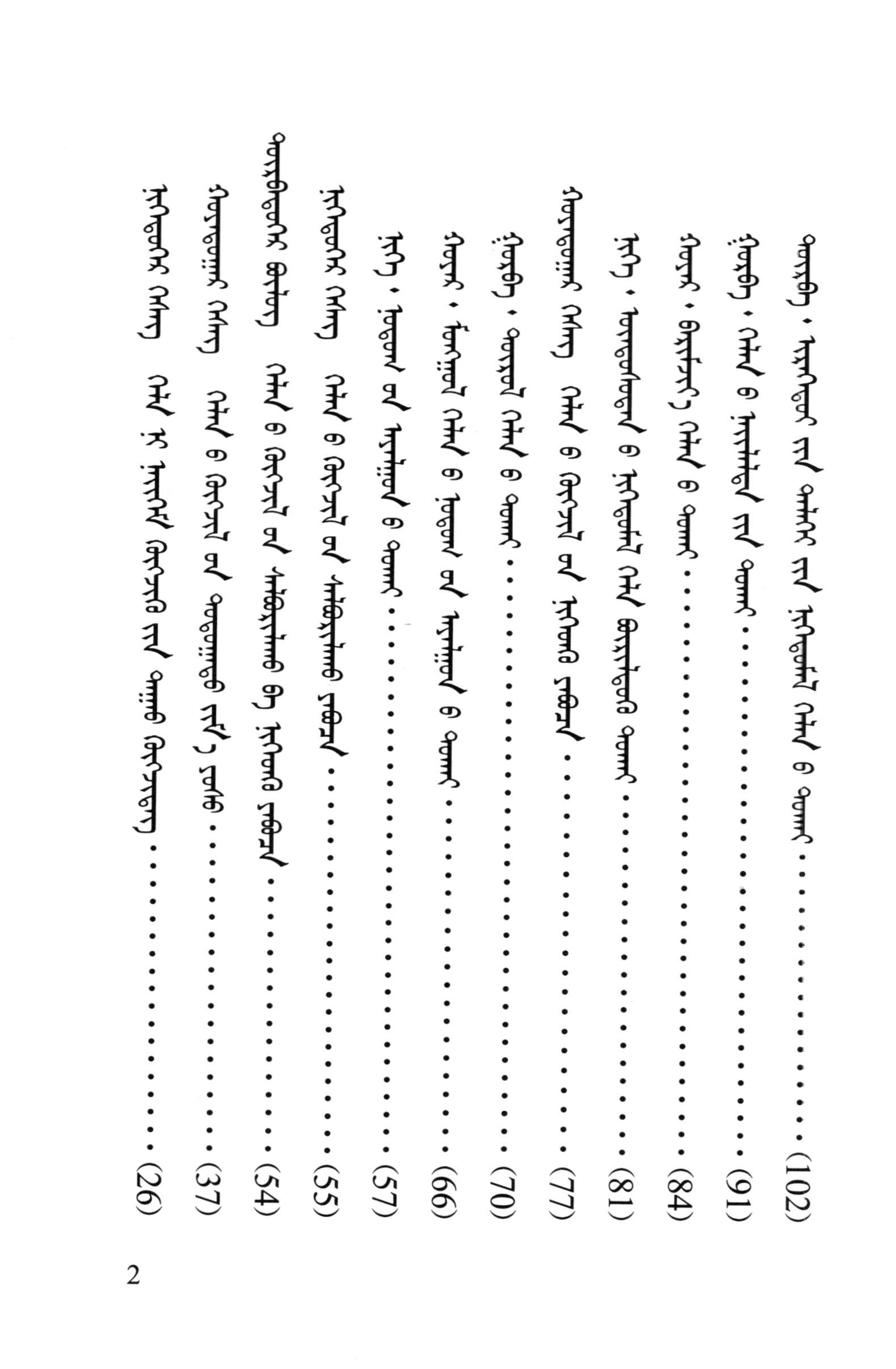

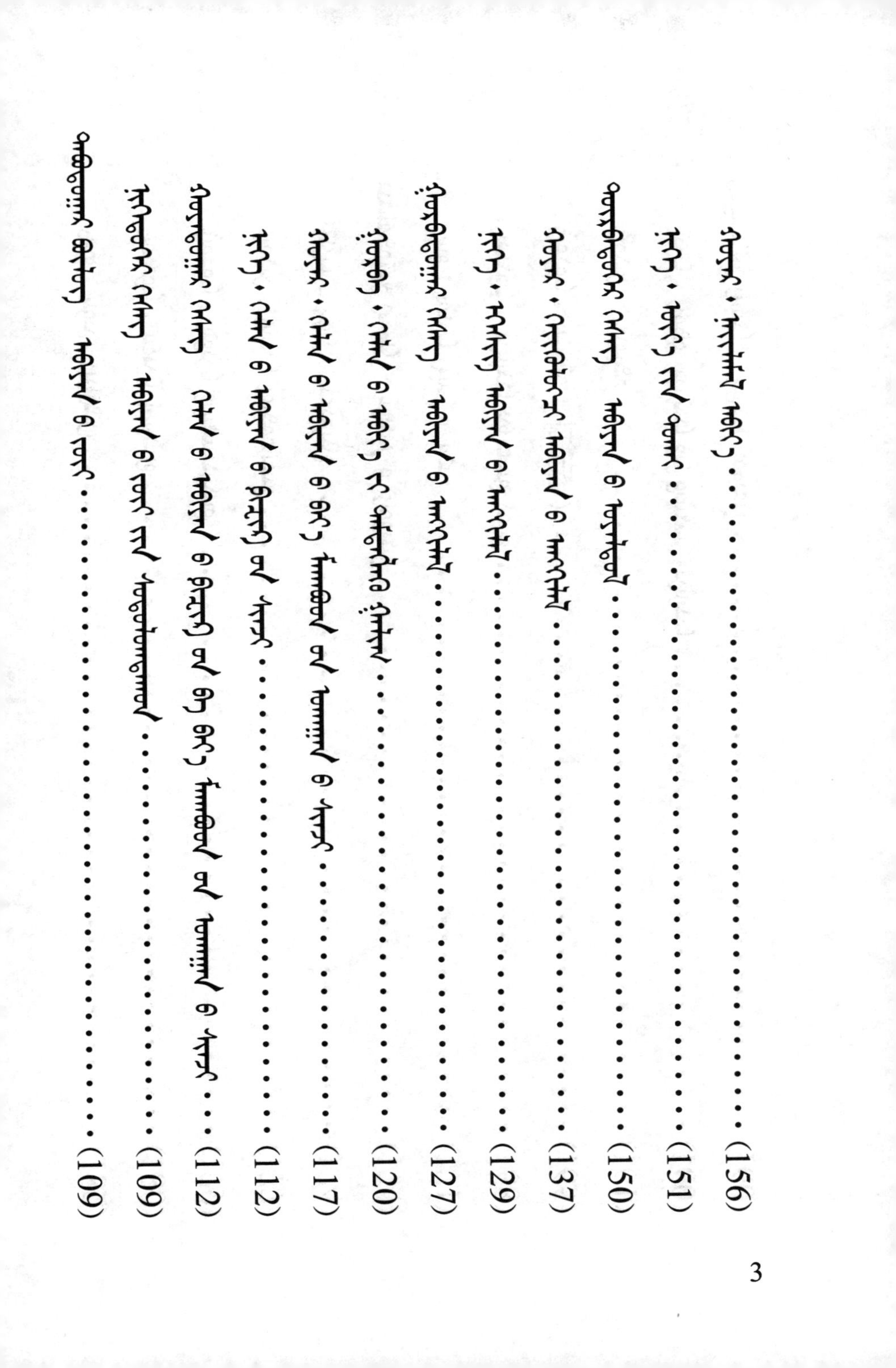

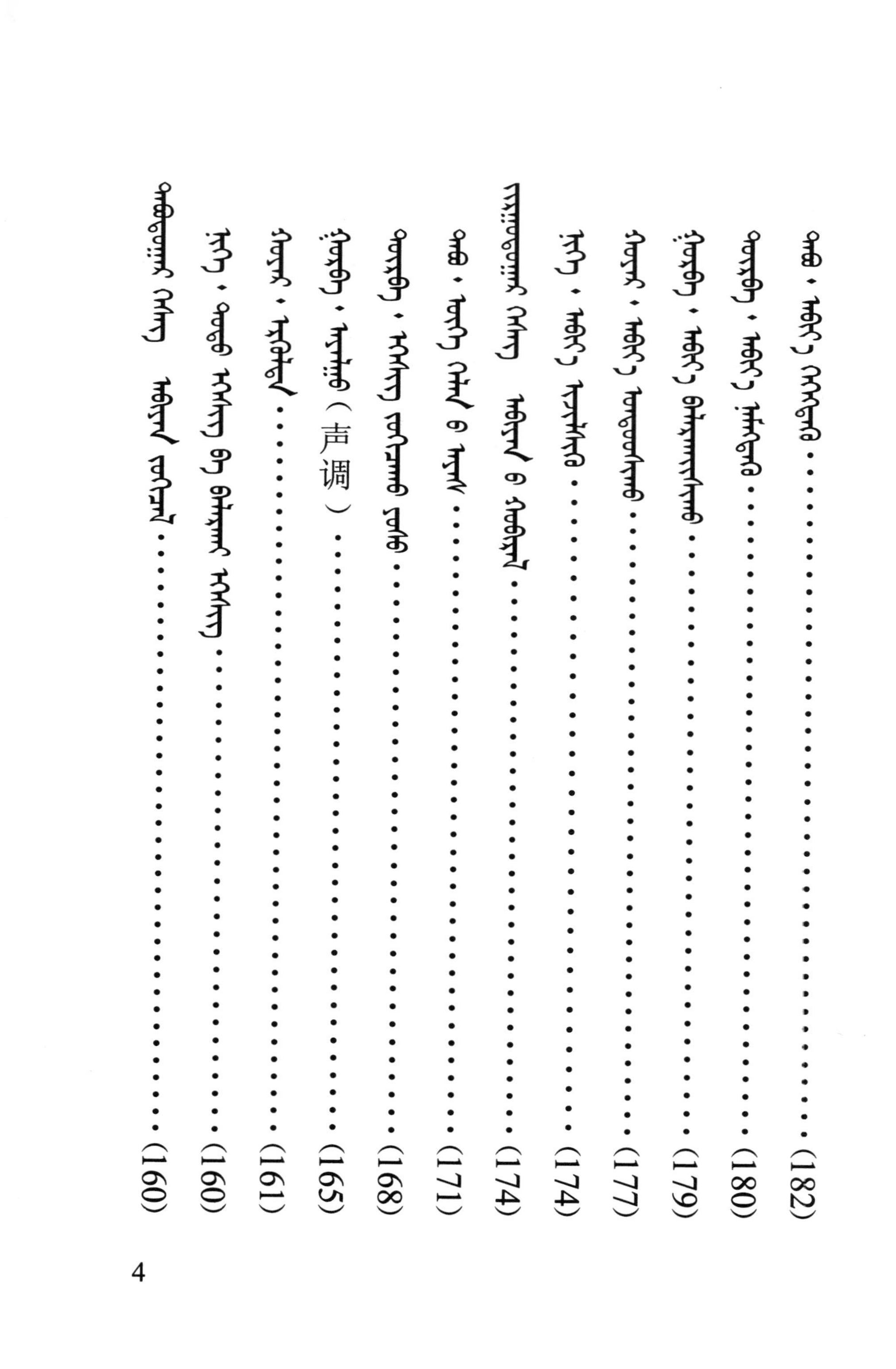

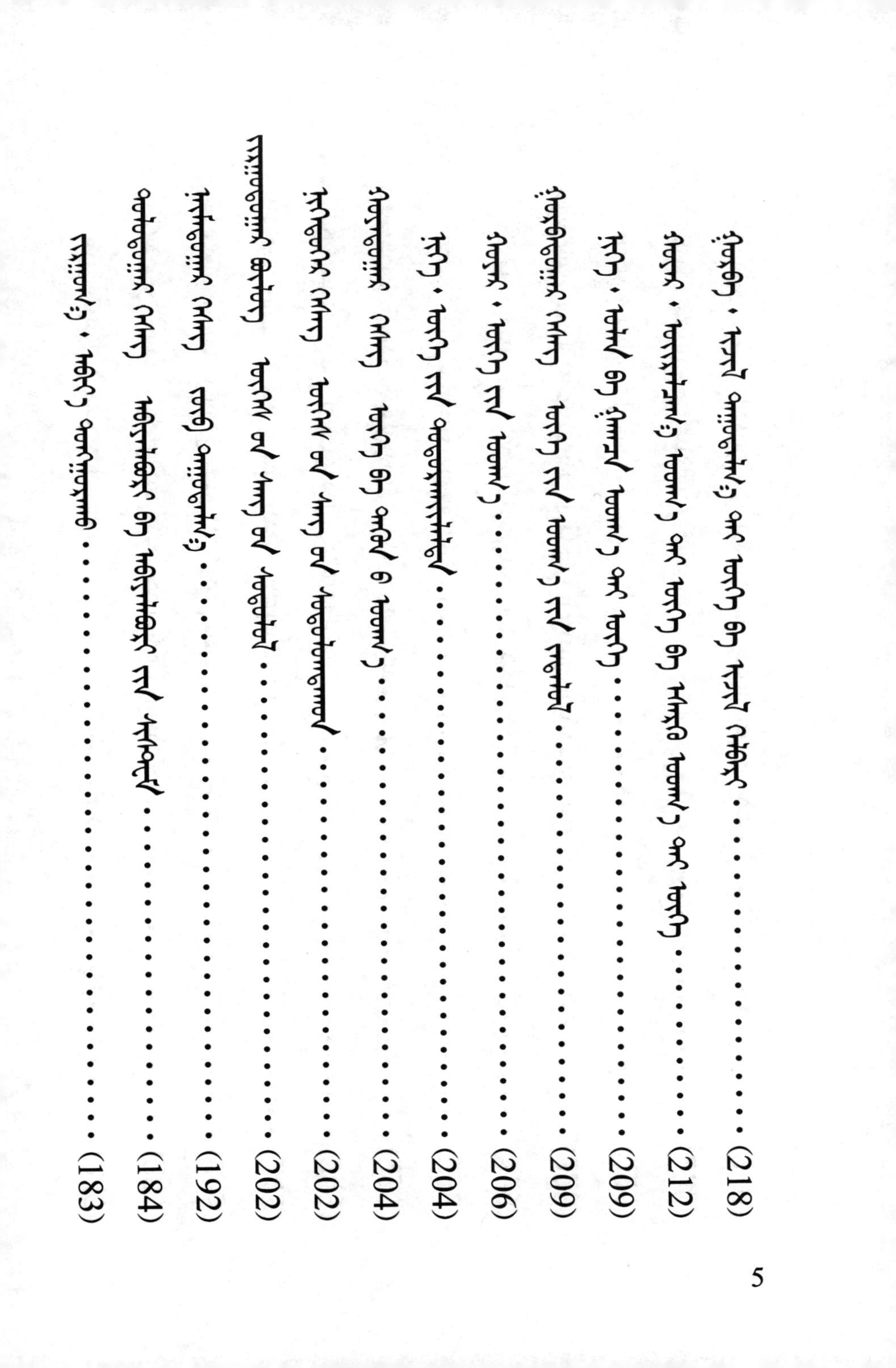

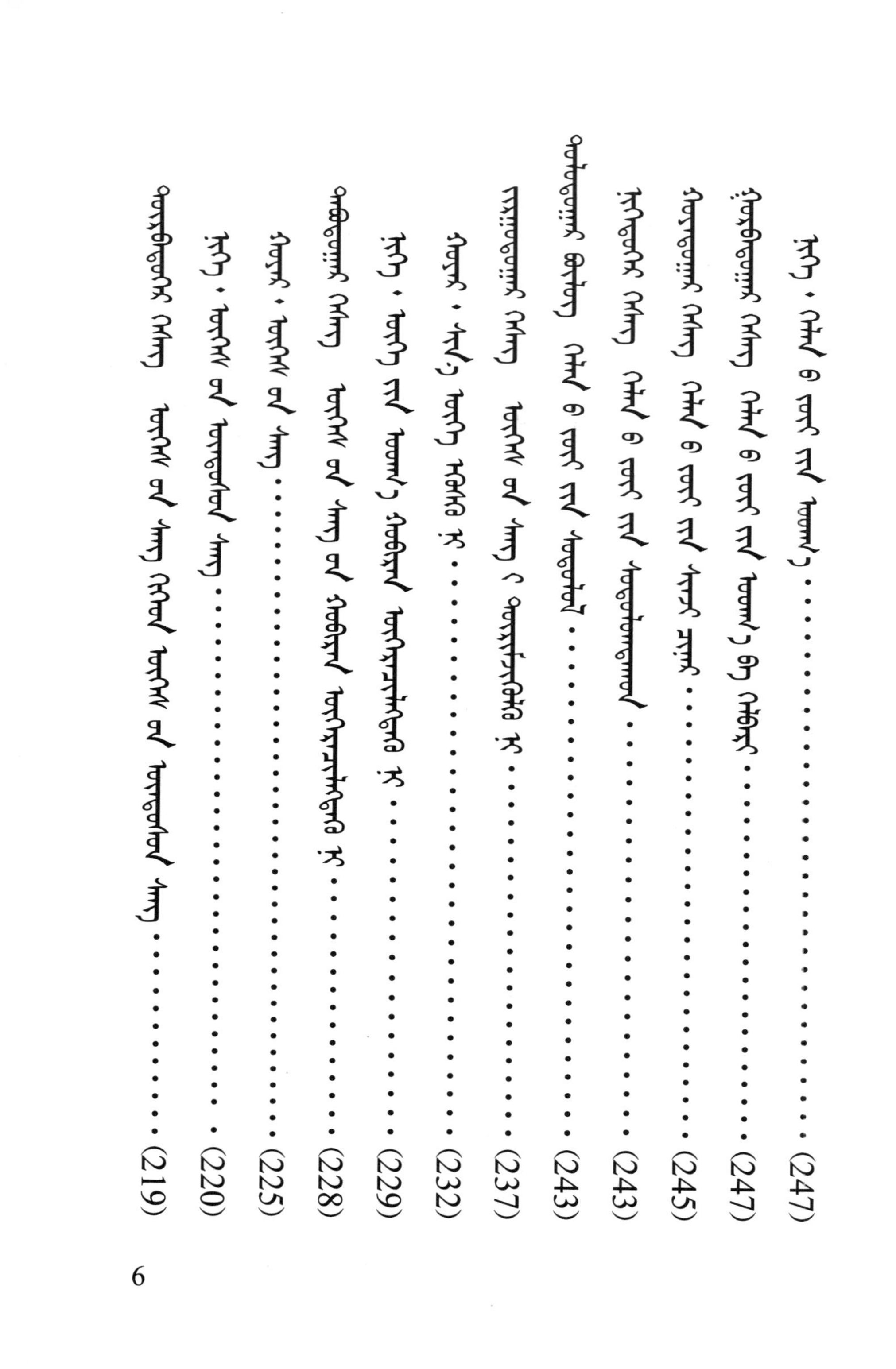

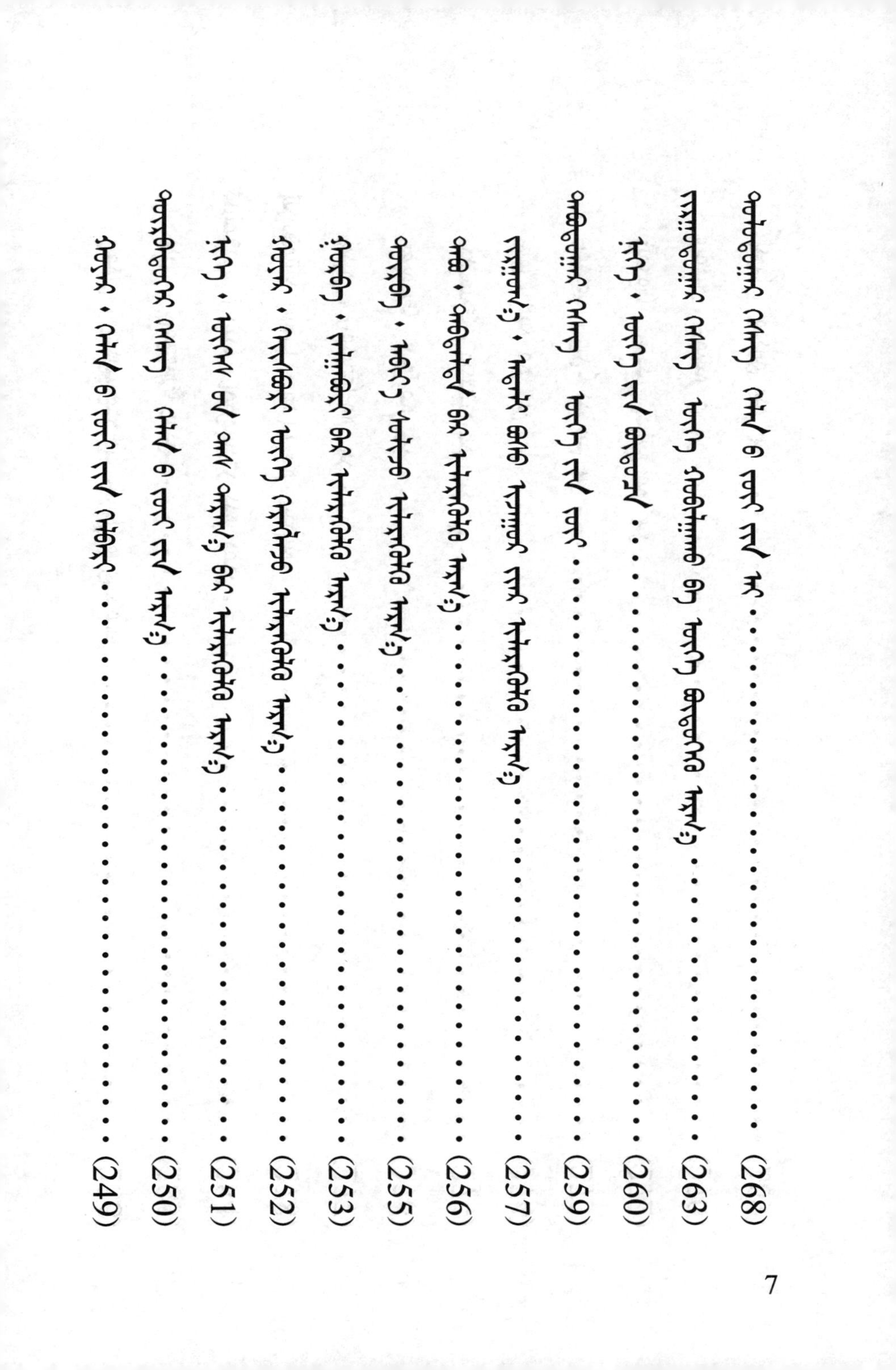

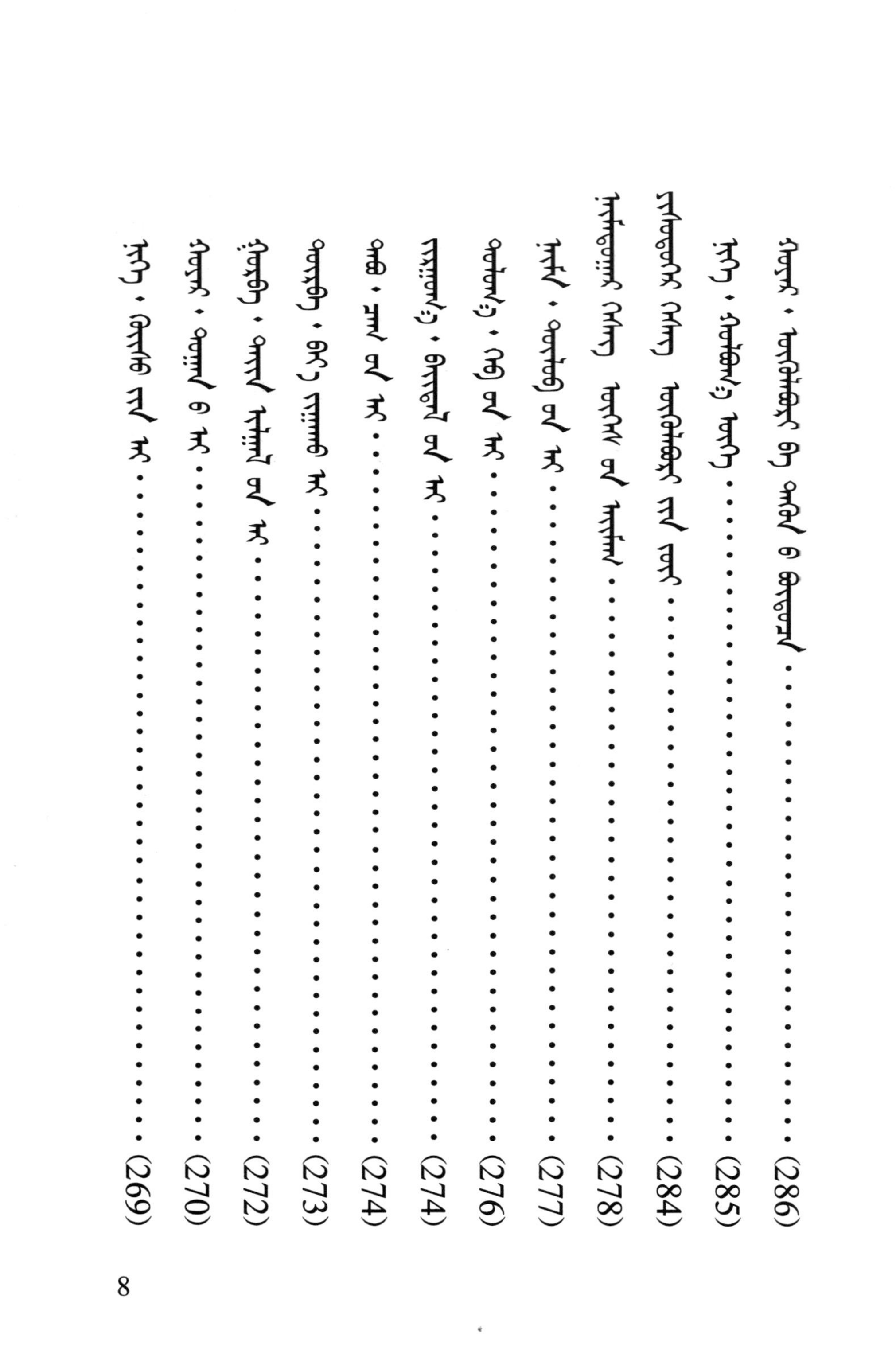

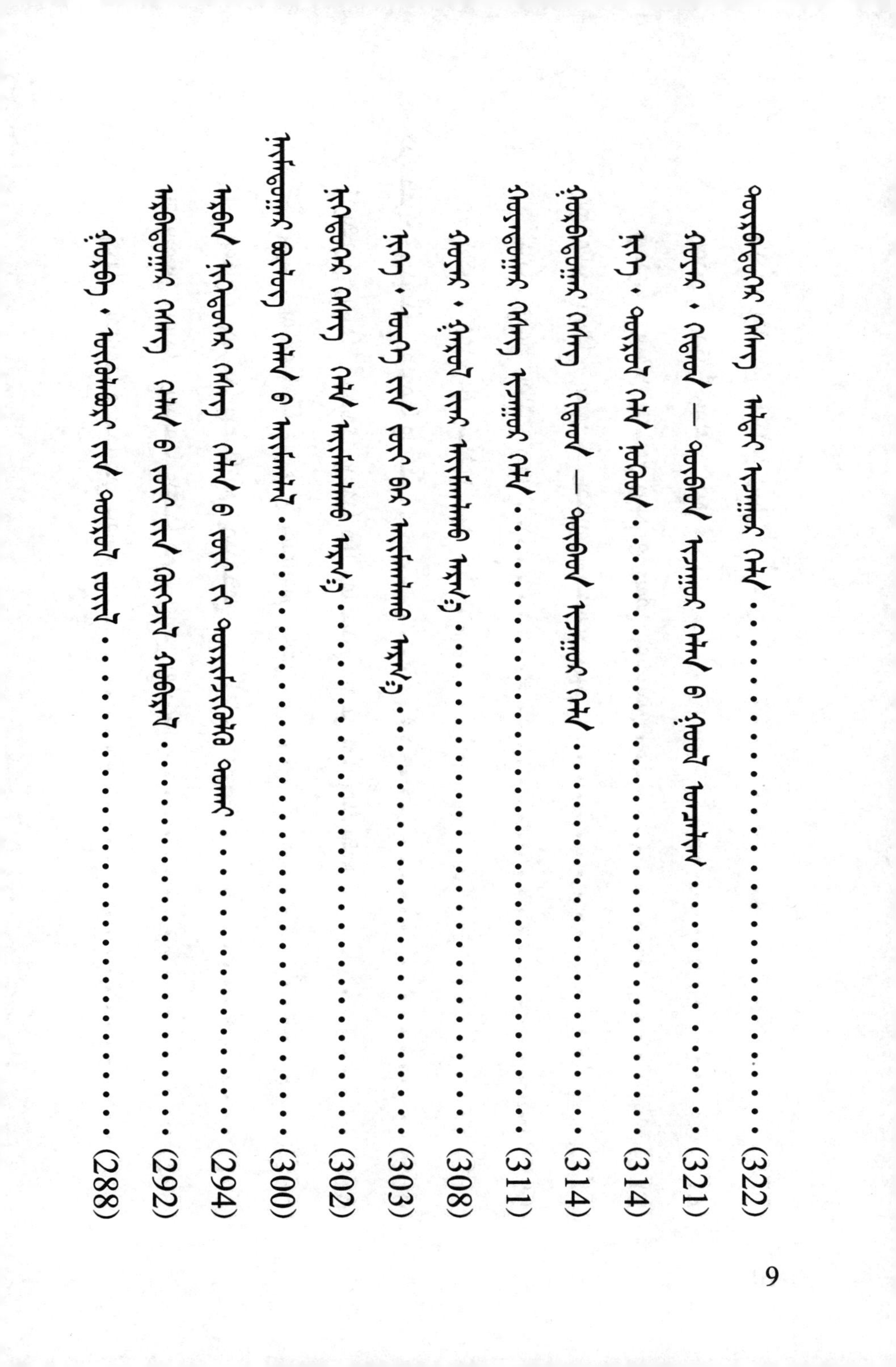

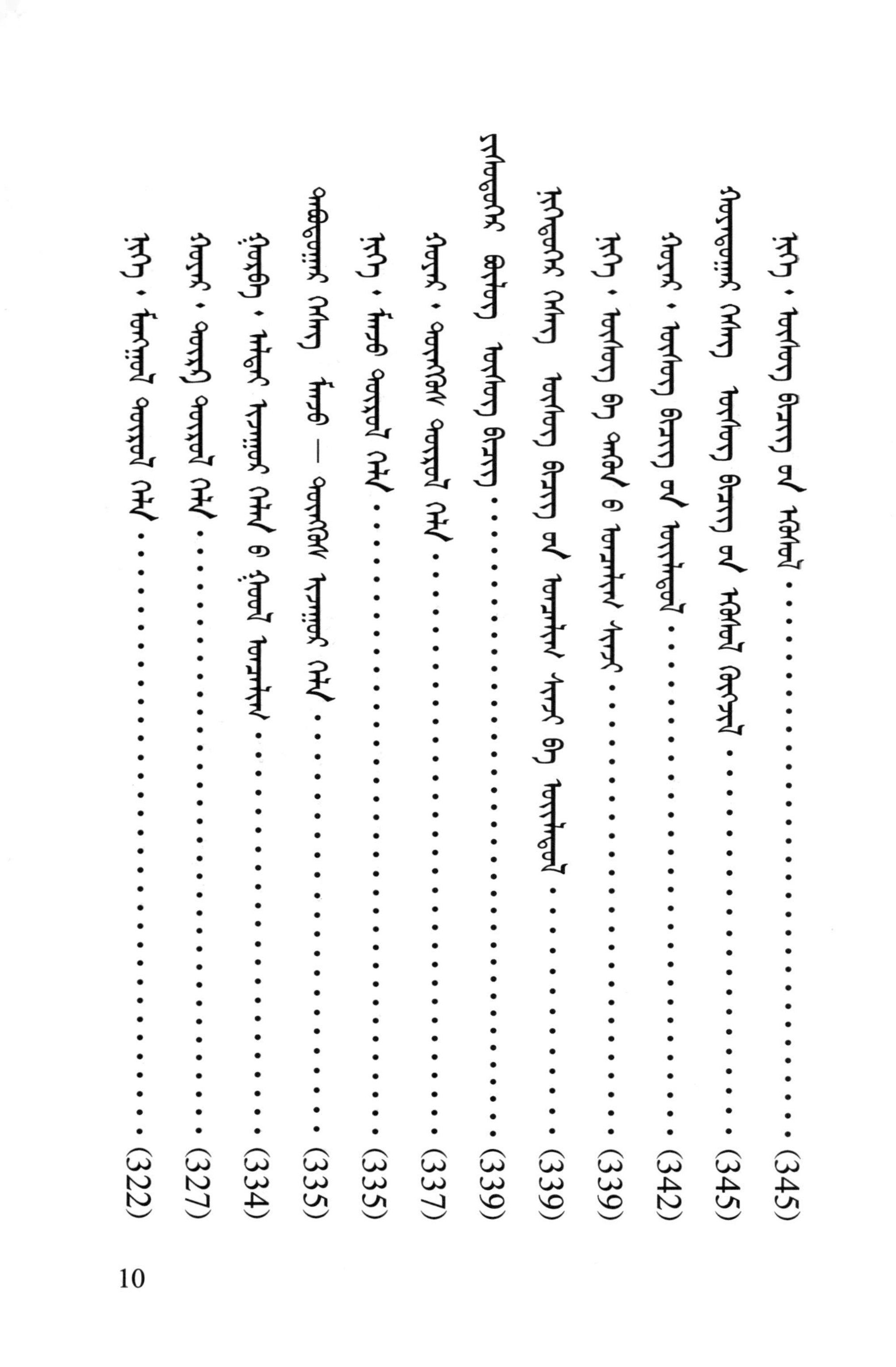

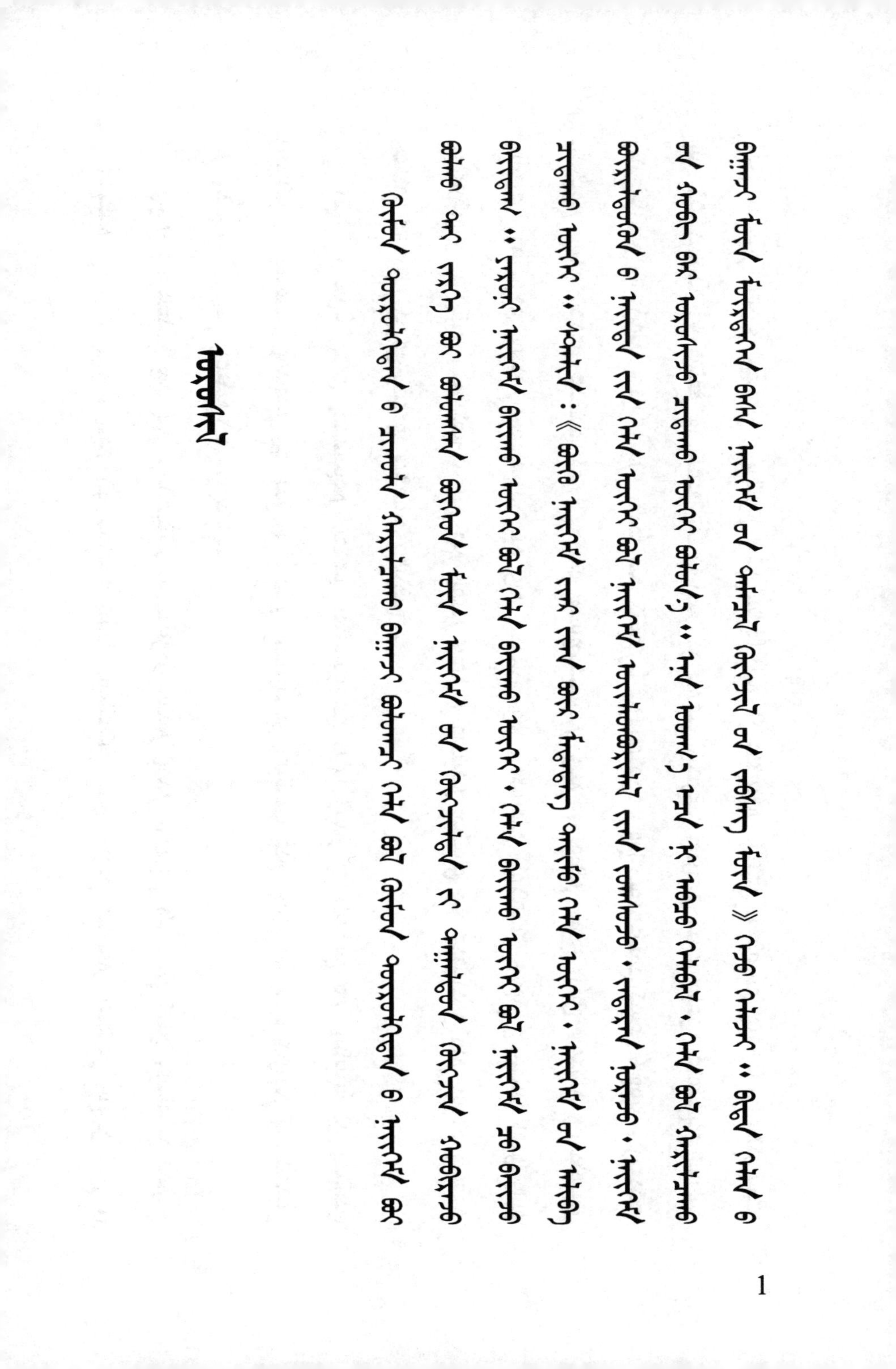

ᠤᠳᠤᠷᠢᠳᠬᠠᠯ

[illegible]
[illegible]
[illegible]
[illegible]
[illegible]
[illegible]
[illegible]

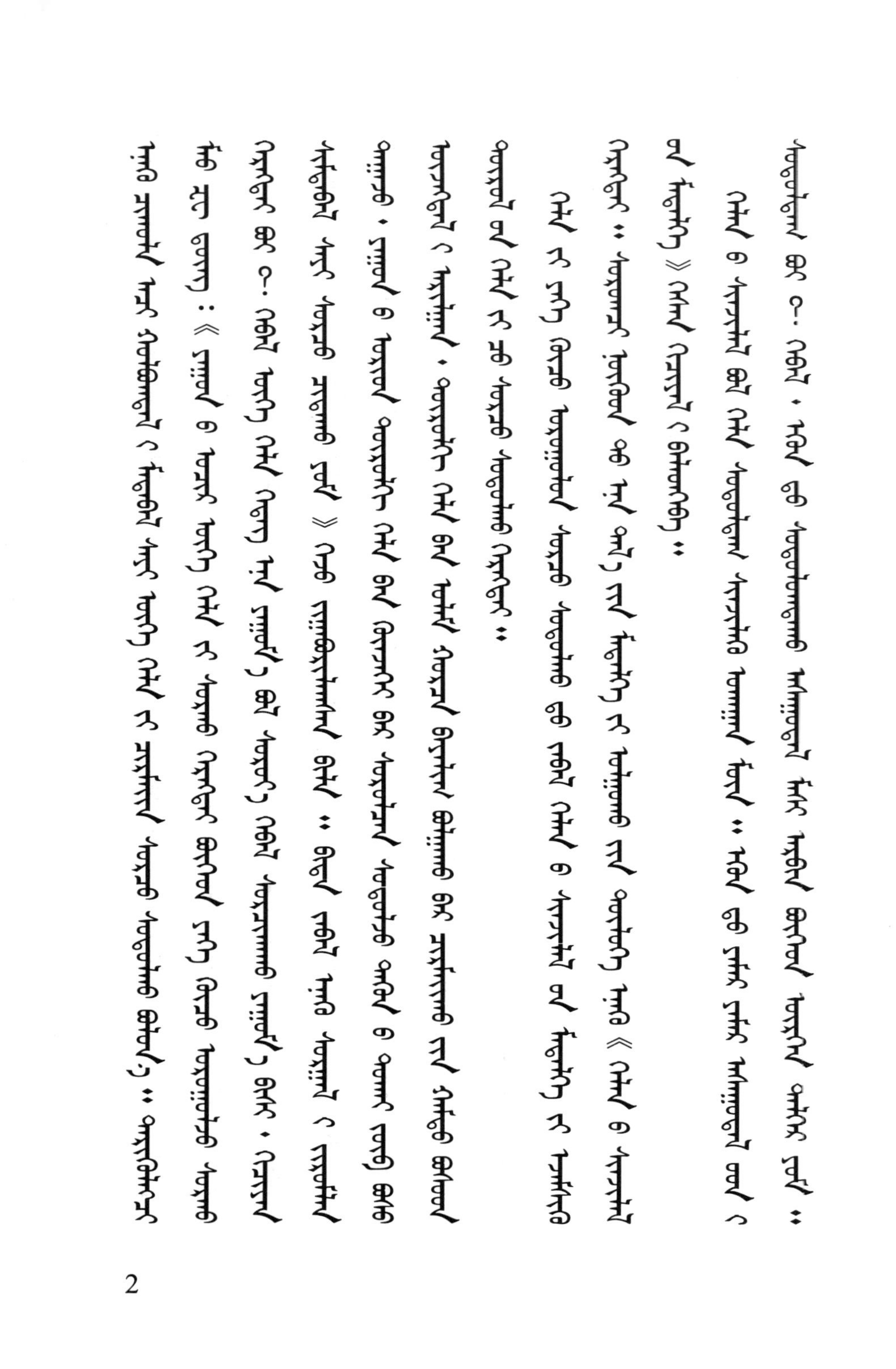

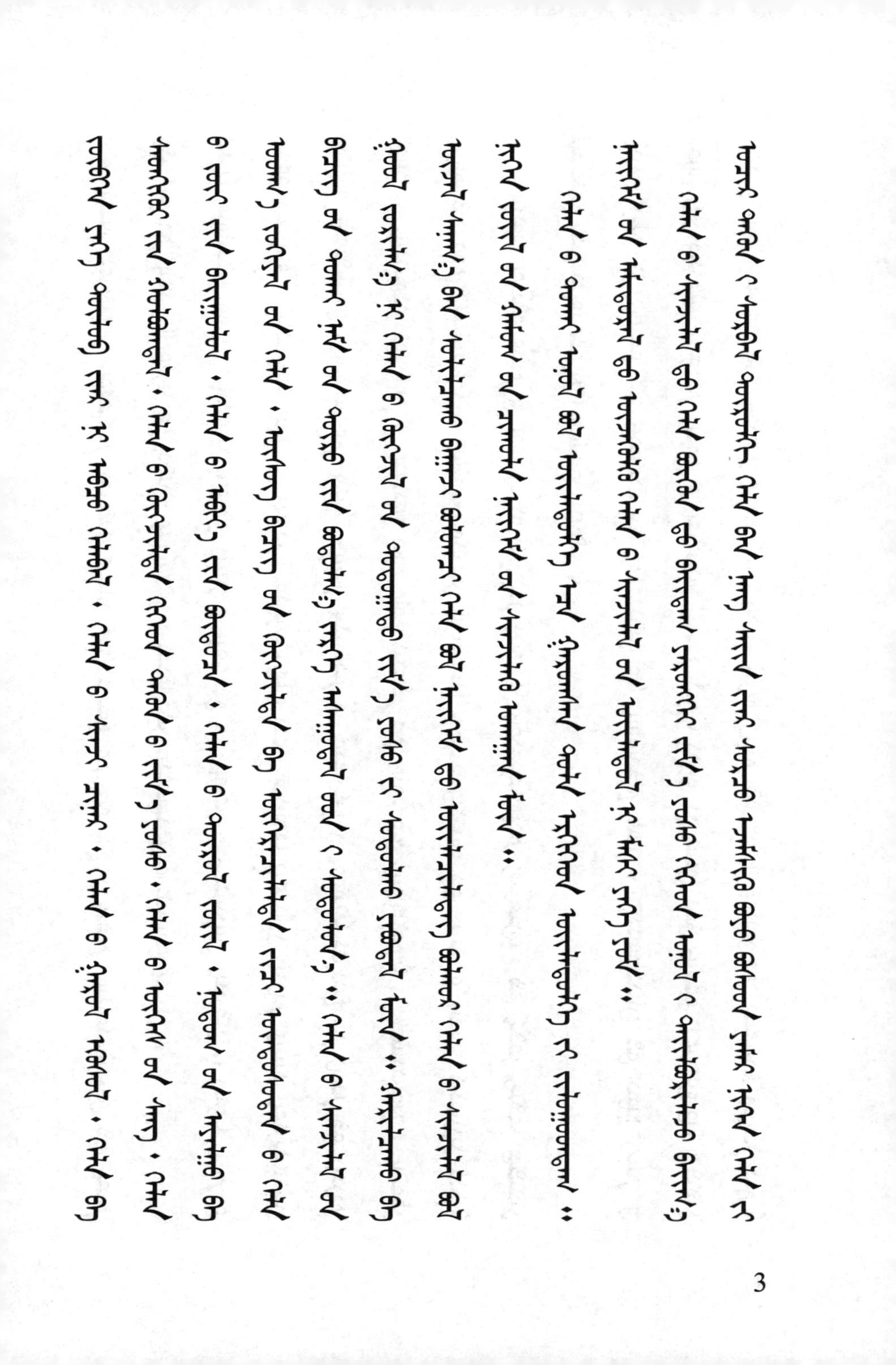

[illegible]

[illegible]

[illegible]

[illegible]

[illegible]

[illegible]

[illegible]

[illegible]

[illegible]

[illegible]

[illegible]

[illegible]

ᠮᠣᠩᠭᠣᠯ ᠬᠡᠯᠡᠨ ᠦ ᠰᠤᠳᠤᠯᠤᠯᠭ᠎ᠠ ᠬᠡᠯᠡᠨ ᠪᠢᠴᠢᠭ ᠲᠦ ᠬᠡᠯᠡᠨ ᠦ ᠰᠤᠳᠤᠯᠭ᠎ᠠ ᠶᠢᠨ ᠠᠷᠭ᠎ᠠ ᠰᠢᠨᠵᠢᠯᠡᠬᠦ ᠳᠦ ᠮᠠᠰᠢ ᠴᠢᠬᠤᠯᠠ ᠬᠣᠯᠪᠣᠭᠳᠠᠯ ᠲᠠᠢ ᠪᠥᠭᠡᠳ ᠬᠡᠯᠡᠨ ᠰᠢᠨᠵᠢᠯᠡᠯ ᠦᠨ ᠠᠷᠭ᠎ᠠ ᠶᠢ ᠰᠢᠨᠵᠢᠯᠡᠬᠦ ᠳᠦ ᠴᠢᠬᠤᠯᠠ ::

ᠬᠡᠯᠡᠨ ᠰᠢᠨᠵᠢᠯᠡᠯ ᠦᠨ ᠰᠤᠳᠤᠯᠭ᠎ᠠ ᠪᠣᠯ ᠬᠡᠯᠡᠨ ᠦ ᠳᠤᠭᠤ ᠠᠪᠢᠶ᠎ᠠ ᠶᠢᠨ ᠰᠢᠨᠵᠢ ᠴᠢᠨᠠᠷ ᠢ ᠰᠤᠳᠤᠯᠬᠤ ᠪᠢᠴᠢᠬᠡᠨ ᠰᠠᠯᠪᠤᠷᠢ ᠮᠥᠨ :: ᠬᠡᠯᠡᠨ ᠦ ᠳᠤᠭᠤ ᠠᠪᠢᠶ᠎ᠠ ᠳᠤ ᠬᠡᠯᠡᠨ ᠰᠢᠨᠵᠢᠯᠡᠯ ᠦᠨ ᠠᠷᠭ᠎ᠠ ᠪᠠᠷ ᠳᠠᠮᠵᠢᠭᠤᠯᠤᠨ ᠬᠡᠷᠡᠭᠯᠡᠬᠦ ᠪᠡᠷ ᠬᠡᠯᠡᠨ ᠦ ᠳᠤᠭᠤ ᠠᠪᠢᠶ᠎ᠠ ᠶᠢ ᠪᠠᠶᠢᠭᠤᠯᠬᠤ ᠶᠢᠨ ᠵᠦᠢ ᠲᠣᠭᠲᠠᠮᠵᠢ ᠶᠢ ᠰᠢᠨᠵᠢᠯᠡᠨ ᠲᠣᠳᠣᠷᠬᠠᠢᠯᠠᠨ᠎ᠠ :: ᠬᠡᠯᠡᠨ ᠦ ᠳᠤᠭᠤ ᠠᠪᠢᠶ᠎ᠠ ᠪᠣᠯ ᠬᠡᠯᠡᠨ ᠦ ᠰᠠᠭᠤᠷᠢ ᠪᠣᠯᠬᠤ ᠬᠡᠯᠡᠨ ᠦ ᠪᠣᠳᠠᠰ ᠪᠥᠭᠡᠳ ᠬᠡᠯᠡᠨ ᠳᠦ ᠬᠡᠷᠡᠭᠯᠡᠭᠳᠡᠬᠦ ᠳᠤᠭᠤ ᠠᠪᠢᠶ᠎ᠠ ᠶᠢᠨ ᠰᠢᠨᠵᠢ ᠴᠢᠨᠠᠷ ᠢ ᠬᠡᠯᠡᠨ ᠰᠢᠨᠵᠢᠯᠡᠯ ᠦᠨ ᠦᠨᠳᠦᠰᠦᠨ ᠠᠷᠭ᠎ᠠ ᠪᠠᠷ ᠰᠢᠨᠵᠢᠯᠡᠨ ᠲᠣᠳᠣᠷᠬᠠᠢᠯᠠᠬᠤ ::

ᠮᠣᠩᠭᠣᠯ ᠬᠡᠯᠡᠨ ᠦ ᠳᠤᠭᠤ ᠠᠪᠢᠶ᠎ᠠ ᠶᠢᠨ ᠰᠢᠨᠵᠢ ᠴᠢᠨᠠᠷ ᠢ ᠲᠣᠳᠣᠷᠬᠠᠢᠯᠠᠬᠤ ᠳᠤ ᠬᠡᠯᠡᠨ ᠰᠢᠨᠵᠢᠯᠡᠯ ᠦᠨ ᠠᠷᠭ᠎ᠠ ᠶᠢ ᠬᠡᠷᠡᠭᠯᠡᠬᠦ ᠲᠠᠢ ᠠᠳᠠᠯᠢ ᠪᠠᠷ ᠪᠢᠴᠢᠭ ᠦᠨ ᠬᠡᠯᠡᠨ ᠦ ᠬᠡᠯᠡᠯᠭᠡ ᠶᠢ ᠰᠤᠳᠤᠯᠬᠤ ᠳᠤ ᠴᠢᠬᠤᠯᠠ ᠠᠴᠢ ᠬᠣᠯᠪᠣᠭᠳᠠᠯ ᠲᠠᠢ ::

ᠬᠡᠯᠡᠨ ᠦ ᠰᠢᠨᠵᠢᠯᠡᠯ ᠳᠦ ᠲᠤᠬᠠᠢᠯᠠᠨ ᠪᠢᠴᠢᠭᠦ ᠬᠡᠮᠡᠭᠳᠡᠭ ᠃ ᠡᠨᠡ ᠦ ᠬᠡᠯᠡᠨ ᠪᠣᠯ ᠂ ᠬᠡᠯᠡᠨ ᠪᠣᠯ ᠡᠨᠡ ᠳᠦ
ᠰᠢᠨᠵᠢᠯᠡᠭᠰᠡᠨ ᠶᠢᠨ ᠬᠡᠯᠡᠨ ᠦ ᠦᠨᠳᠦᠰᠦ ᠪᠣᠯᠤᠨ ᠬᠡᠯᠡᠨ ᠦ ᠪᠦᠲᠦᠴᠡ ᠶᠢ ᠰᠢᠨᠵᠢᠯᠡᠨ ᠲᠣᠳᠣᠷᠬᠠᠢᠯᠠᠨ ᠃ ᠬᠡᠯᠡᠨ ᠦ ᠬᠡᠯᠡ ᠶᠢᠨ ᠠᠷᠭ᠎ᠠ
ᠨᠢ ᠰᠢᠨᠵᠢᠯᠡᠯᠭᠡ ᠪᠣᠯᠤᠨ ᠂ ᠬᠡᠯᠡᠨ ᠦ ᠪᠦᠲᠦᠴᠡ ᠪᠣᠯᠤᠨ ᠪᠦᠯᠦᠭ ᠨᠢ ᠬᠡᠷᠡᠭᠯᠡᠭᠡ ᠶᠢᠨ ᠬᠡᠯᠡᠨ ᠦ ᠪᠡᠶ᠎ᠡ ᠶᠢᠨ ᠰᠢᠨᠵᠢᠯᠡᠭᠡ
ᠲᠡᠭᠦᠨ ᠪᠣᠯᠤᠨ ᠨᠢ ᠬᠡᠯᠡᠨ ᠦ ᠳᠦᠷᠢᠮ ᠤᠨ ᠪᠦᠷᠢᠯᠳᠦᠬᠦᠨ ᠢ ᠰᠤᠳᠤᠯᠬᠤ ᠶᠠᠪᠤᠳᠠᠯ ᠪᠣᠯᠤᠨ᠎ᠠ ᠃

ᠬᠡᠯᠡᠨ ᠦ ᠰᠢᠨᠵᠢᠯᠡᠯ ᠨᠢ ᠡᠷᠳᠡᠮ ᠪᠣᠯᠤᠨ ᠰᠢᠨᠵᠢᠯᠡᠯᠲᠡ ᠶᠢᠨ ᠬᠡᠯᠡᠨ ᠦ ᠰᠤᠳᠤᠯᠭ᠎ᠠ ᠶᠢᠨ ᠪᠤᠰᠤᠳ ᠃ ᠡᠳᠡᠭᠡᠷ ᠂ ᠲᠡᠷᠡ
ᠡᠳᠦᠭᠡᠬᠢ ᠮᠣᠩᠭᠣᠯ ᠪᠣᠯᠤᠨ ᠭᠠᠷᠤᠭ᠎ᠠ ᠬᠡᠯᠡᠨ ᠦ ᠰᠢᠨᠵᠢᠯᠡᠯᠭᠡ ᠶᠢᠨ ᠪᠤᠰᠤᠳ ᠠᠷᠭ᠎ᠠ ᠂ ᠡᠨᠡ ᠳᠦ ᠲᠤᠬᠠᠢ ᠂ ᠰᠢᠨᠵᠢᠯᠡᠯ ᠦᠨ
ᠳᠦ ᠬᠡᠯᠡ ᠶᠢᠨ ᠦᠨᠳᠦᠰᠦ ᠪᠣᠯᠤᠨ ᠮᠣᠩᠭᠣᠯ ᠬᠡᠯᠡ ᠶᠢᠨ ᠬᠡᠯᠡᠨ ᠦ ᠰᠢᠨᠵᠢᠯᠡᠯ ᠃ ᠲᠡᠭᠦᠨ ᠦ ᠡᠳᠡᠭᠡᠷ ᠂ ᠡᠨᠡ ᠰᠢᠨᠵᠢᠯᠡᠯᠭᠡ
ᠰᠢᠨᠵᠢᠯᠡᠯ ᠦᠨ ᠪᠦᠲᠦᠴᠡ ᠳᠦ ᠬᠡᠯᠡᠨ ᠦ ᠰᠢᠨᠵᠢᠯᠡᠭᠡ ᠪᠣᠯᠤᠨ ᠠᠷᠭ᠎ᠠ ᠶᠢᠨ ᠬᠡᠯᠡ ᠪᠣᠯᠤᠨ᠎ᠠ ᠃

ᠬᠡᠯᠡᠨ ᠦ ᠰᠢᠨᠵᠢᠯᠡᠯ ᠨᠢ ᠬᠡᠯᠡᠨ ᠦ ᠳᠦᠷᠢᠮ ᠳᠦ ᠰᠢᠨᠵᠢᠯᠡᠯᠭᠡ ᠪᠣᠯᠤᠨ ᠬᠡᠯᠡᠨ ᠦ ᠪᠦᠲᠦᠴᠡ ᠬᠡᠯᠡ ᠶᠢᠨ ᠡᠨᠡ ᠬᠡᠯᠡᠨ ᠦ ᠲᠣᠭᠠ ᠪᠣᠯ ᠃ ᠡᠳᠡᠭᠡᠷ ᠬᠡᠯᠡᠨ ᠦ ᠡᠳᠡᠭᠡᠷ ᠬᠡᠯᠡᠨ ᠦ ᠰᠢᠨᠵᠢᠯᠡᠭᠰᠡᠨ ᠪᠣᠯᠤᠨ ᠬᠡᠯᠡ ᠶᠢᠨ ᠡᠨᠡ ᠲᠣᠭᠠ ᠶᠢᠨ ᠪᠣᠯ
ᠬᠡᠯᠡᠨ ᠦ ᠰᠢᠨᠵᠢᠯᠡᠯᠭᠡ ᠪᠣᠯ ᠬᠡᠯᠡᠨ ᠦ ᠡᠨᠡ ᠰᠢᠨᠵᠢᠯᠡᠯ ᠦᠨ ᠮᠣᠩᠭᠣᠯ ᠪᠣᠯ ᠪᠦᠲᠦᠴᠡ ᠬᠡᠯᠡ ᠶᠢᠨ ᠬᠡᠯᠡᠨ ᠦ ᠮᠣᠩᠭᠣᠯ ᠪᠦᠯᠦᠭ

ᠥᠷᠭᠡᠵᠢᠭᠦᠯᠬᠦ ᠪᠦᠲᠦᠭᠡᠬᠦ ᠣᠨᠣᠯ ᠢᠶᠠᠨ ᠪᠣᠯᠭᠠᠨ᠎ᠠ ᠃ ᠦᠭᠡᠯᠡᠬᠦ ᠣᠨᠣᠯ ᠤᠨ ᠳᠤ ᠲᠠᠨ ᠬᠢᠨ ᠴᠠᠭ ᠴᠠᠭᠠᠨ ᠤᠨ ᠰᠢᠨᠵᠢᠯᠡᠬᠦ ᠪᠦᠲᠦᠭᠡᠬᠦ ᠣᠨᠣᠯ ᠬᠡᠷᠡᠭᠯᠡᠯᠲᠡ ᠶᠢᠨ ᠪᠣᠯᠤᠨ᠎ᠠ ᠂ ᠰᠢᠨᠵᠢᠯᠡᠯ ᠤᠨ ᠰᠢᠭᠤᠳ ᠪᠦᠲᠦᠭᠡᠯ ᠬᠡᠯᠡᠨ ᠦ ᠴᠤ ᠳᠠᠭᠠᠨ ᠲᠡᠭᠦᠨ ᠢ ᠰᠤᠳᠤᠯᠬᠤ ᠳᠤ ᠶᠡᠬᠡ ᠪᠣ

ᠰᠤᠳᠤᠯᠤᠯᠭ᠎ᠠ ᠪᠣᠯᠪᠠ ᠃ ᠲᠡᠭᠦᠨ ᠴᠢᠯᠡᠨ ᠬᠡᠯᠡᠨ ᠦ ᠰᠢᠨᠵᠢᠯᠡᠯ ᠤᠨ ᠪᠠᠶᠢᠳᠠᠯ ᠲᠤ ᠶᠠᠭ ᠤᠨ 《 ᠬᠡᠯᠡᠨ ᠦ ᠰᠢᠨᠵᠢᠯᠡᠯ

ᠪᠣᠯ 》 ᠶᠢ ᠬᠡᠷᠡᠭᠯᠡᠪᠡᠯ ᠰᠢᠨᠵᠢᠯᠡᠬᠦ ᠬᠡᠯᠡᠨ ᠦ ᠰᠢᠨᠵᠢᠯᠡᠯ ᠤᠨ ᠪᠦᠲᠦᠭᠡᠯ ᠲᠦ ᠶᠠᠭ ᠤᠨ ᠰᠤᠳᠤᠯᠤᠯᠭ᠎ᠠ ᠃ ᠬᠡᠯᠡᠨ ᠦ ᠰᠢᠨᠵᠢᠯᠡᠯ ᠤᠨ ᠣᠨᠣᠯ ᠣᠳᠣᠬᠠᠨ ᠪᠠᠶᠢᠭᠤᠯᠬᠤ ᠪᠣᠯᠪᠠ ᠃ ᠬᠡᠯᠡᠨ ᠦ ᠰᠢᠨᠵᠢᠯᠡᠯ ᠢ ᠰᠤᠳᠤᠯᠬᠤ ᠶᠢᠨ ᠠᠷᠭ᠎ᠠ ᠵᠠᠮ ᠤᠨ ᠣᠨᠣᠯ ᠤᠨ ᠰᠢᠨᠵᠢᠯᠡᠯ ᠢ ᠶᠡᠷᠦᠩᠬᠡᠢ ᠪᠡᠷ ᠲᠣᠳᠤᠷᠬᠠᠶᠢᠯᠠᠨ ᠲᠣᠭᠠᠴᠠᠬᠤ ᠪᠦᠲᠦᠭᠡᠯ ᠲᠦ ᠬᠦᠷᠴᠡᠢ ᠂ ᠬᠡᠯᠡᠨ ᠦ ᠰᠢᠨᠵᠢᠯᠡᠯ ᠤᠨ ᠰᠤᠳᠤᠯᠤᠯ ᠳᠤ ᠨᠢᠭᠡ ᠶᠡᠬᠡ ᠠᠬᠢᠴᠠ ᠪᠣᠯᠤᠨ᠎ᠠ ᠃ ᠬᠡᠯᠡᠨ ᠦ ᠰᠢᠨᠵᠢᠯᠡᠯ ᠤᠨ ᠣᠨᠣᠯ ᠤᠨ ᠰᠤᠳᠤᠯᠤᠯ ᠢ ᠰᠢᠨᠵᠢᠯᠡᠬᠦ ᠪᠦᠲᠦᠭᠡᠯ ᠲᠦ ᠶᠠᠭ ᠤᠨ ᠰᠤᠳᠤᠯᠬᠤ ᠶᠢᠨ ᠲᠤᠯᠠ ᠬᠡᠯᠡᠨ ᠦ ᠰᠢᠨᠵᠢᠯᠡᠯ

ᠬᠦ ᠬᠡᠯᠡᠨ ᠦ ᠰᠢᠨᠵᠢᠯᠡᠯ ᠤᠨ ᠣᠨᠣᠯ ᠤᠨ ᠴᠢᠬᠤᠯᠠ ᠳᠠᠭᠠᠨ ᠪᠣᠯᠪᠠᠰᠤᠷᠠᠬᠤ ᠳᠤ ᠬᠡᠷᠡᠭᠲᠡᠢ ᠪᠣᠯᠤᠨ᠎ᠠ ::

ᠶᠠᠭ ᠴᠢᠬᠤᠯᠠ ᠶᠢᠨ ᠰᠤᠳᠤᠯᠤᠯ ᠳᠤ ᠂ ᠪᠣᠯᠤᠨ ᠬᠡᠯᠡᠨ ᠪᠠᠶᠢᠳᠠᠯ ᠤᠨ ᠰᠤᠳᠤᠯᠤᠯ ᠢ ᠲᠠᠶᠢᠯᠪᠤᠷᠢᠯᠠᠬᠤ ᠤᠨ ᠣᠨᠣᠯ ᠶᠢᠨ ᠬᠡᠯᠡᠨ ᠦ ᠰᠢᠨᠵᠢᠯᠡᠯ ᠢ ᠰᠢᠨᠵᠢᠯᠡᠬᠦ ᠂ ᠬᠡᠯᠡᠨ ᠦ ᠰᠢᠨᠵᠢᠯᠡᠯ ᠢ ᠵᠢᠷᠤᠮᠵᠢᠭᠤᠯᠬᠤ ᠬᠡᠷᠡᠭᠲᠡᠢ ᠂ ᠬᠡᠯᠡᠨ ᠦ ᠰᠢᠨᠵᠢᠯᠡᠯ ᠢ ᠰᠢᠨᠵᠢᠯᠡᠬᠦ ᠂ ᠣᠨᠣᠯ ᠤᠨ ᠰᠤᠳᠤᠯᠤᠯ ᠳᠤ ᠬᠡᠷᠡᠭᠯᠡᠬᠦ ᠂ ᠬᠡᠯᠡᠨ ᠦ ᠰᠢᠨᠵᠢᠯᠡᠯ ᠤᠨ ᠣᠨᠣᠯ ᠤᠨ ᠲᠠᠯ᠎ᠠ ᠪᠠᠷ ᠰᠤᠳᠤᠯᠬᠤ ᠳᠤ ᠪᠦᠲᠦᠭᠡᠯ ᠲᠦ ᠶᠡᠬᠡ ᠬᠡᠯᠡᠨ ᠦ ᠰᠢᠨᠵᠢᠯᠡᠯ ᠤᠨ ᠣᠨᠣᠯ ᠤᠨ ᠬᠡᠯᠡᠨ ᠦ ᠰᠢᠨᠵᠢᠯᠡᠯ ᠢ ᠶᠡᠷᠦᠩᠬᠡᠢ ᠪᠡᠷ ᠰᠤᠳᠤᠯᠤᠯ ᠤᠨ ᠂ ᠬᠡᠯᠡᠨ ᠦ ᠰᠢᠨᠵᠢᠯᠡᠯ ᠤᠨ ᠪᠦᠲᠦᠭᠡᠯ ᠲᠦ ᠂ ᠬᠡᠯᠡᠨ ᠦ ᠰᠢᠨᠵᠢᠯᠡᠯ ᠤᠨ ᠣᠨᠣᠯ ᠪᠣᠯᠤᠨ ᠴᠢᠬᠤᠯᠠ ᠶᠢᠨ ᠰᠤᠳᠤᠯᠤᠯ ᠤᠨ ᠲᠦᠷᠦᠯ ᠢ ᠪᠠᠷᠢᠮᠲᠠᠯᠠᠬᠤ ᠂ ᠬᠡᠯᠡᠨ ᠦ ᠰᠢᠨᠵᠢᠯᠡᠯ ᠤᠨ ᠣᠨᠣᠯ ᠤᠨ ᠰᠤᠳᠤᠯᠤᠯ ᠤᠨ ᠬᠥᠭᠵᠢᠯ ᠳᠤ ᠨᠥᠯᠦᠭᠡᠯᠡᠬᠦ ᠂ ᠬᠡᠯᠡᠨ ᠦ ᠰᠢᠨᠵᠢᠯᠡᠯ ᠤᠨ ᠣᠨᠣᠯ ᠤᠨ

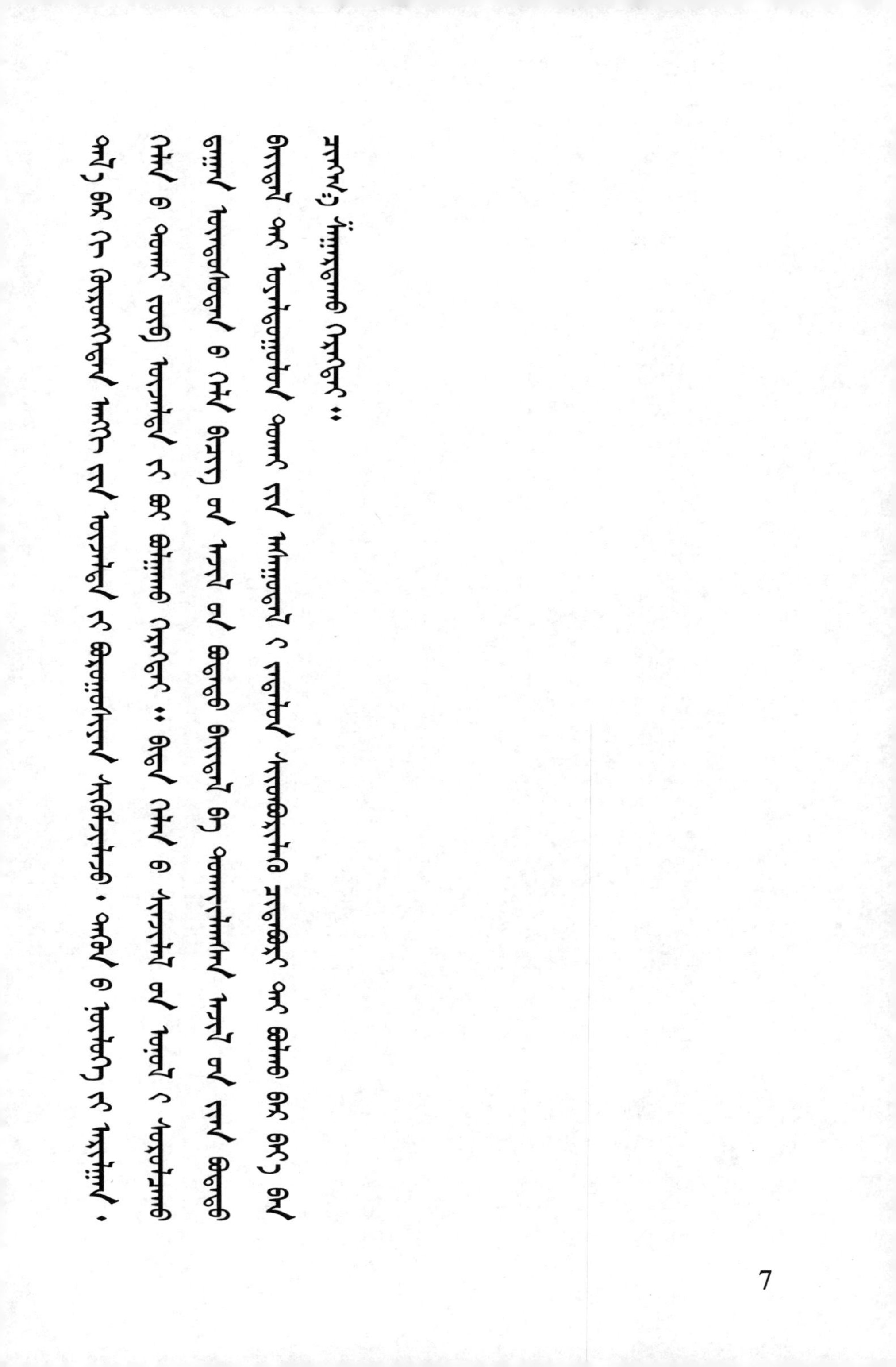

[illegible]

[illegible]

[illegible]

[illegible]

[illegible]

ᠨᠢᠭᠡᠳᠦᠭᠡᠷ ᠪᠦᠯᠦᠭ [illegible]

ᠨᠢᠭᠡᠳᠦᠭᠡᠷ ᠬᠡᠰᠡᠭ [illegible]

[illegible] ::

[illegible] 《 [illegible] 》〔1〕 [illegible]

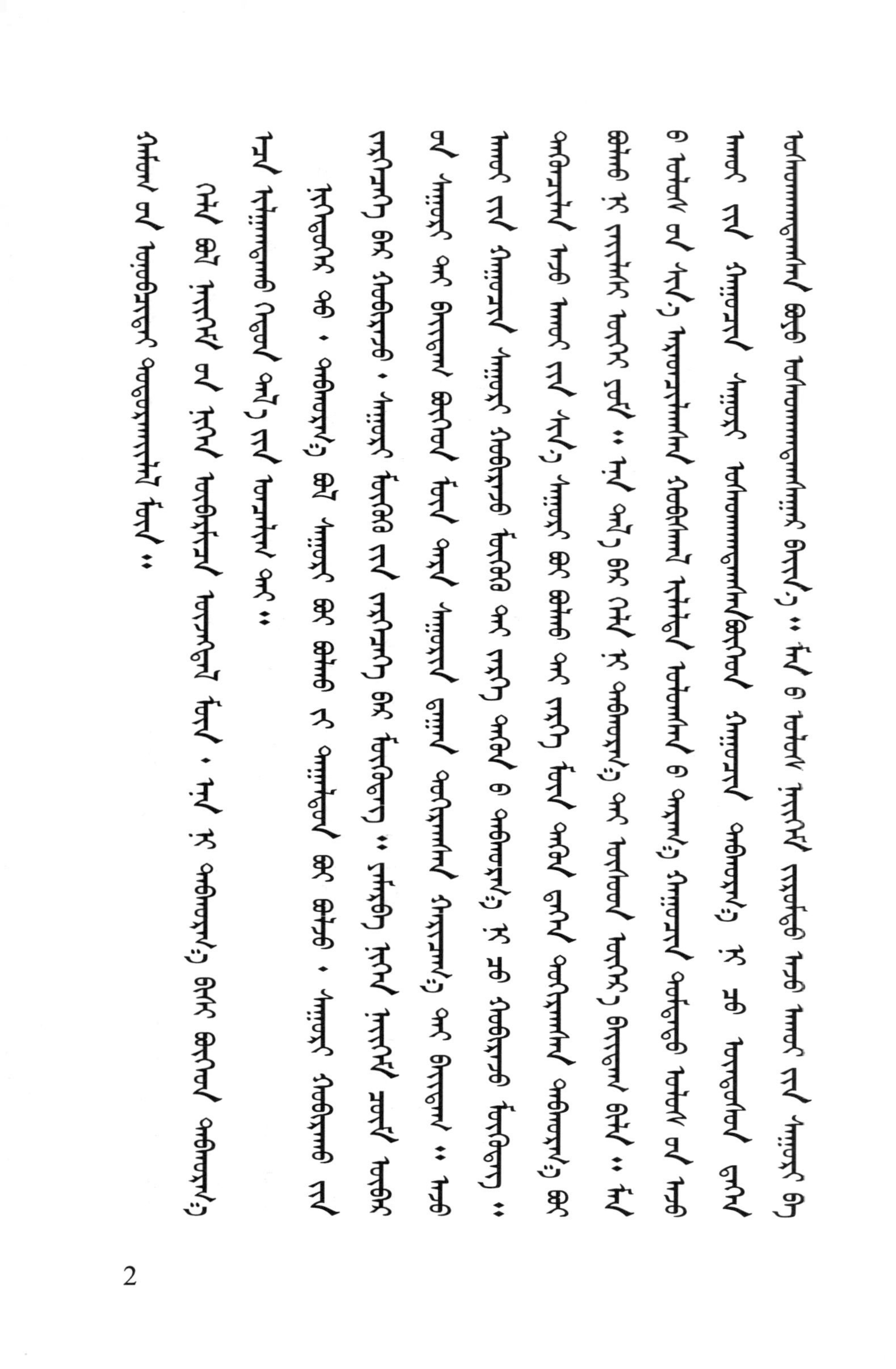

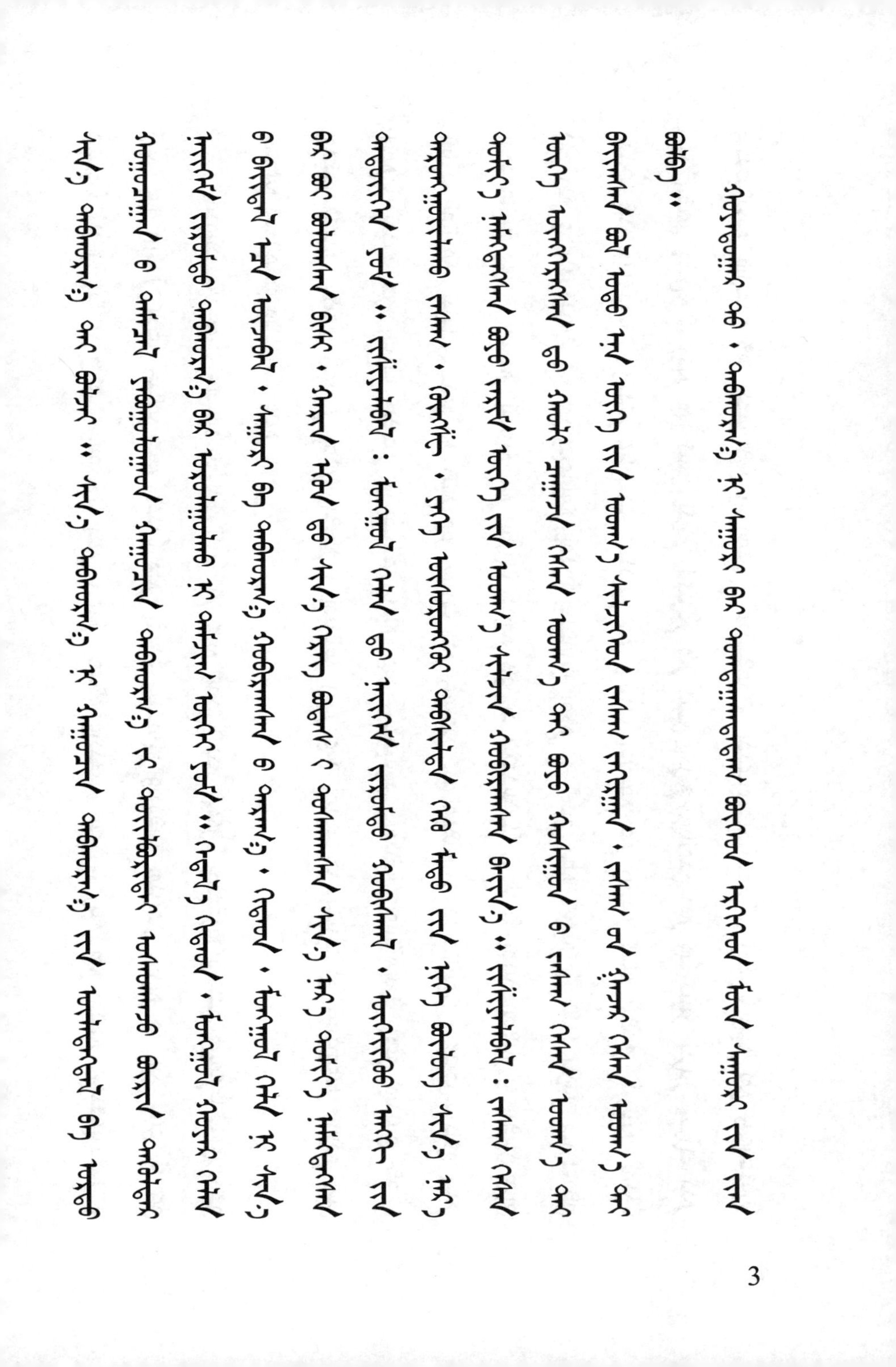

[illegible]

[illegible]

[illegible]

[illegible]

[illegible]

[illegible]

[illegible]

[illegible]

[illegible]

[illegible]

[illegible]

[illegible]

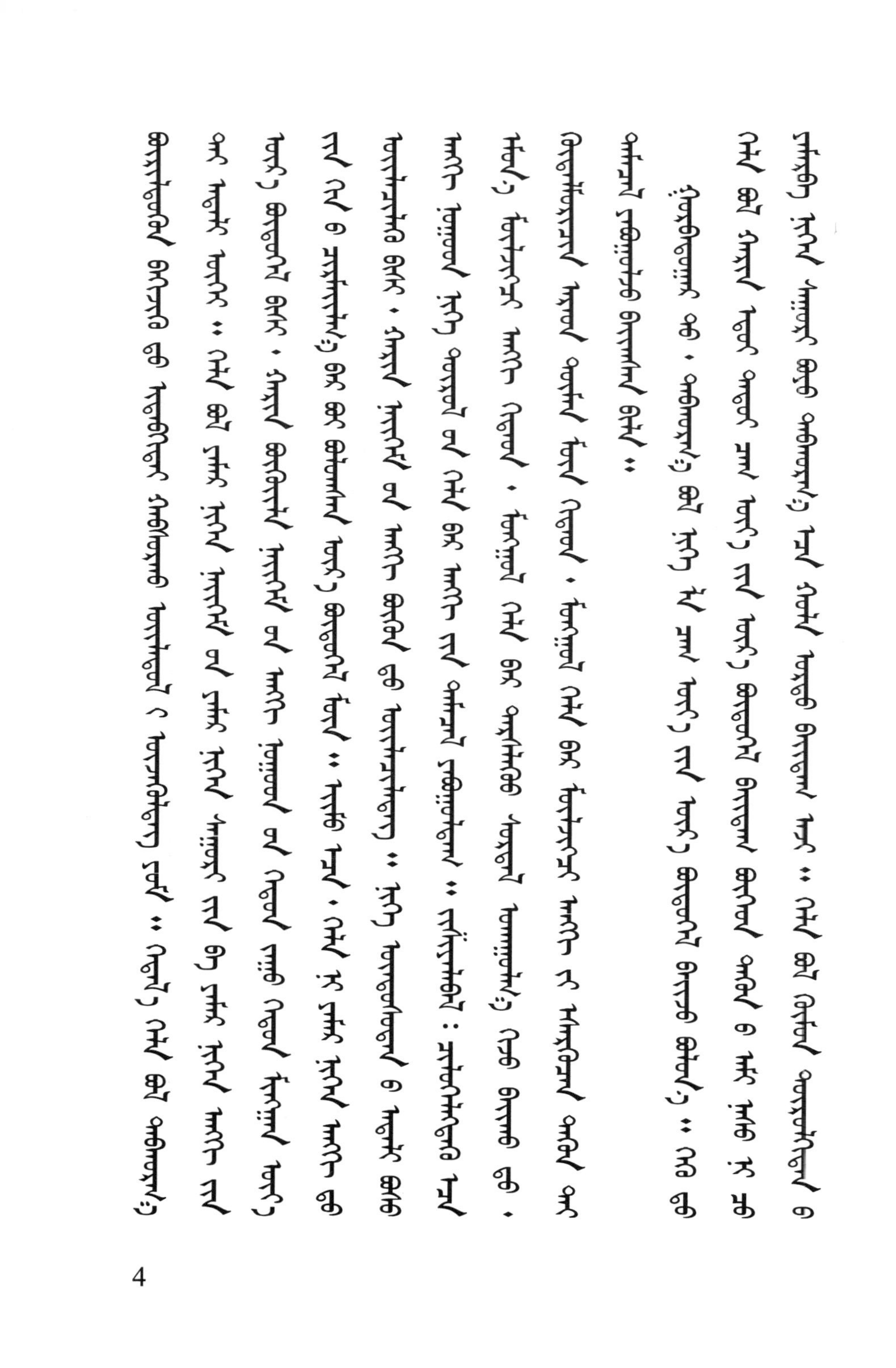

ᠢᠯᠡᠭᠡᠭᠰᠡᠳᠦ᠂ ᠵᠢᠭᠠ ᠪᠠᠶᠢᠭᠤᠯᠤᠭᠰᠠᠳᠤ᠂ ᠬᠠᠷᠠᠭᠠᠯᠠᠭᠤᠯᠤᠭᠰᠠᠨ ::)

(ᠲᠡᠷᠭᠡ ᠲᠡᠷᠭᠡ᠂ ᠮᠣᠷᠢ ᠪᠠᠷ ᠬᠥᠳᠡᠯᠭᠡᠨ᠂ ᠮᠣᠷᠢ ᠶᠢᠨ ᠲᠡᠷᠭᠡ᠂ ᠬᠥᠳᠡᠯᠭᠡᠨ ᠡᠴᠡ ᠮᠣᠷᠢ ᠶᠢᠨ ᠲᠡᠷᠭᠡ ᠪᠠᠷ ᠠᠴᠢᠭᠤᠯᠤᠨ

辆　并　车　每　出着　立　着　搬运教　者

可里坚　把　帖儿格　惕　中哈舌而中合周。站　摆亦丁温　周。　勺格丁温　秃该。

这年　夏　并　冬的　粮　来的　夏的　粮　与　他每

额捏　桓。谆　把　兀不侖　古捏孫　亦舌列古　谆讷　古捏孫　斡克古牙 — 木惕。

ᠡᠨᠡ ᠣᠨ ᠬᠠᠪᠤᠷ ᠤᠨ ᠪᠣᠯᠤᠨ ᠡᠪᠦᠯ ᠦᠨ ᠢᠳᠡᠭᠡ ᠪᠠᠷ ᠢᠷᠡᠭᠰᠡᠨ ᠡᠳᠡᠭᠡᠷ ᠲᠦ ᠥᠭᠬᠦ:: ᠭᠡᠵᠡᠭᠦᠯᠵᠡᠢ:

ᠭᠡᠵᠦ》(华夷译语) ᠭᠡᠳᠡᠭ ᠪᠢᠴᠢᠭ ᠲᠦ ᠪᠠᠶᠢᠭ᠎ᠠ ᠮᠣᠩᠭᠣᠯ ᠬᠡᠯᠡᠨ ᠦ ᠬᠡᠯᠡᠨ ᠦ ᠲᠠᠯᠠᠭᠠᠷ

ᠬᠡᠯᠡᠨ ᠦ ᠬᠡᠯᠡᠨ ᠦ ᠲᠠᠯᠠᠭᠠᠷ ᠪᠠᠶᠢᠨ᠎ᠠ:: 14 ᠳᠦᠭᠡᠷ ᠵᠠᠭᠤᠨ ᠤ ᠬᠡᠯᠡᠨ ᠦ ᠳᠤᠷᠠᠰᠬᠠᠯ 《ᠮᠣᠩᠭᠣᠯ ᠤᠨ ᠤᠨ

ᠨᠢᠭᠤᠴᠠ ᠲᠣᠪᠴᠢᠶᠠᠨ ᠢ ᠪᠣᠯᠪᠠᠰᠤᠷᠠᠭᠤᠯᠤᠨ ᠬᠡᠯᠡᠨ ᠦ ᠪᠠ ᠪᠠᠶᠢᠭᠠ ᠬᠡᠯᠡᠨ ᠦ ᠪᠠ ᠪᠣᠯᠤᠨ

ᠪᠣᠯᠪᠠᠰᠤᠷᠠᠯ ᠬᠡᠯᠡᠨ ᠦ ᠲᠠᠯᠠᠭᠠᠷ ᠤᠨ ᠪᠠ ᠪᠣᠯᠪᠠ᠂ ᠬᠡᠯᠡᠨ ᠦ ᠬᠡᠯᠡᠯᠴᠡᠬᠦ ᠶᠢᠨ ᠬᠡᠯᠡᠨ ᠦ ᠬᠡᠯᠡᠨ ᠦ ᠪᠠ

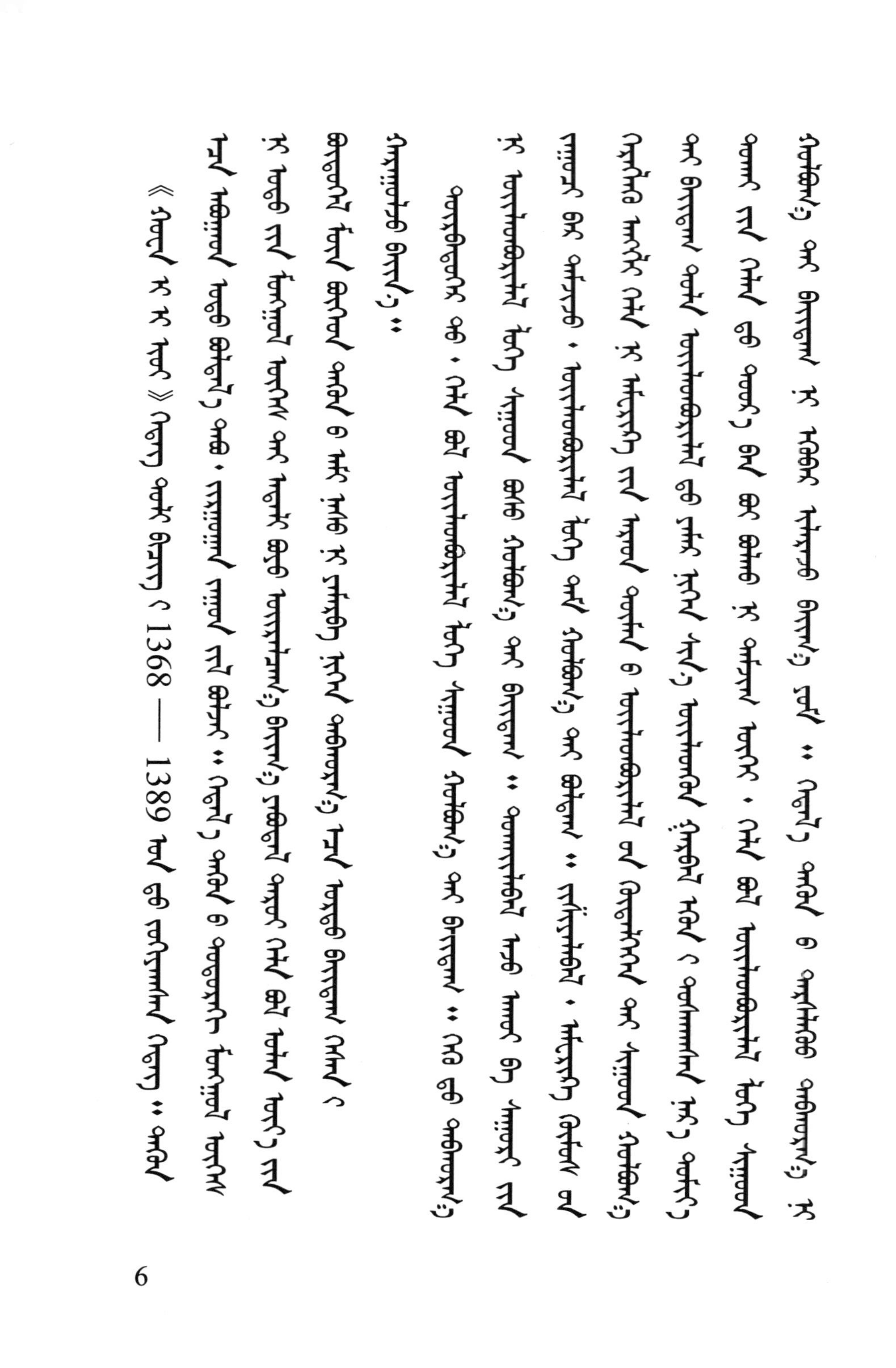

[illegible]

[illegible]

《[illegible]》[illegible] 1368 — 1389 [illegible] :: [illegible]

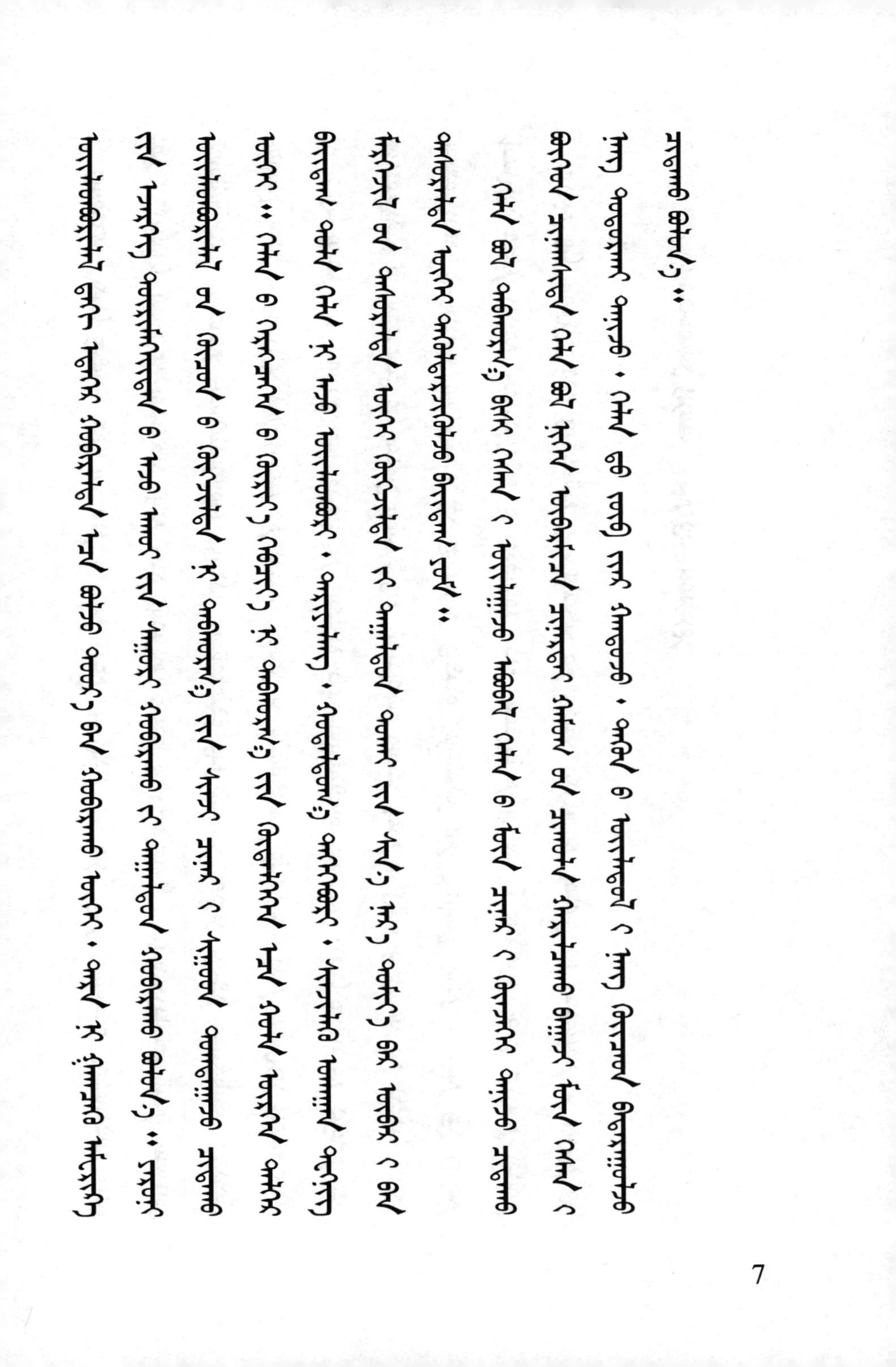

[illegible]
[illegible]
[illegible]
[illegible]
[illegible]
[illegible]
[illegible]

[illegible]
[illegible]
[illegible]
[illegible] ᠪᠣᠯᠤᠨ᠎ᠠ ᠃

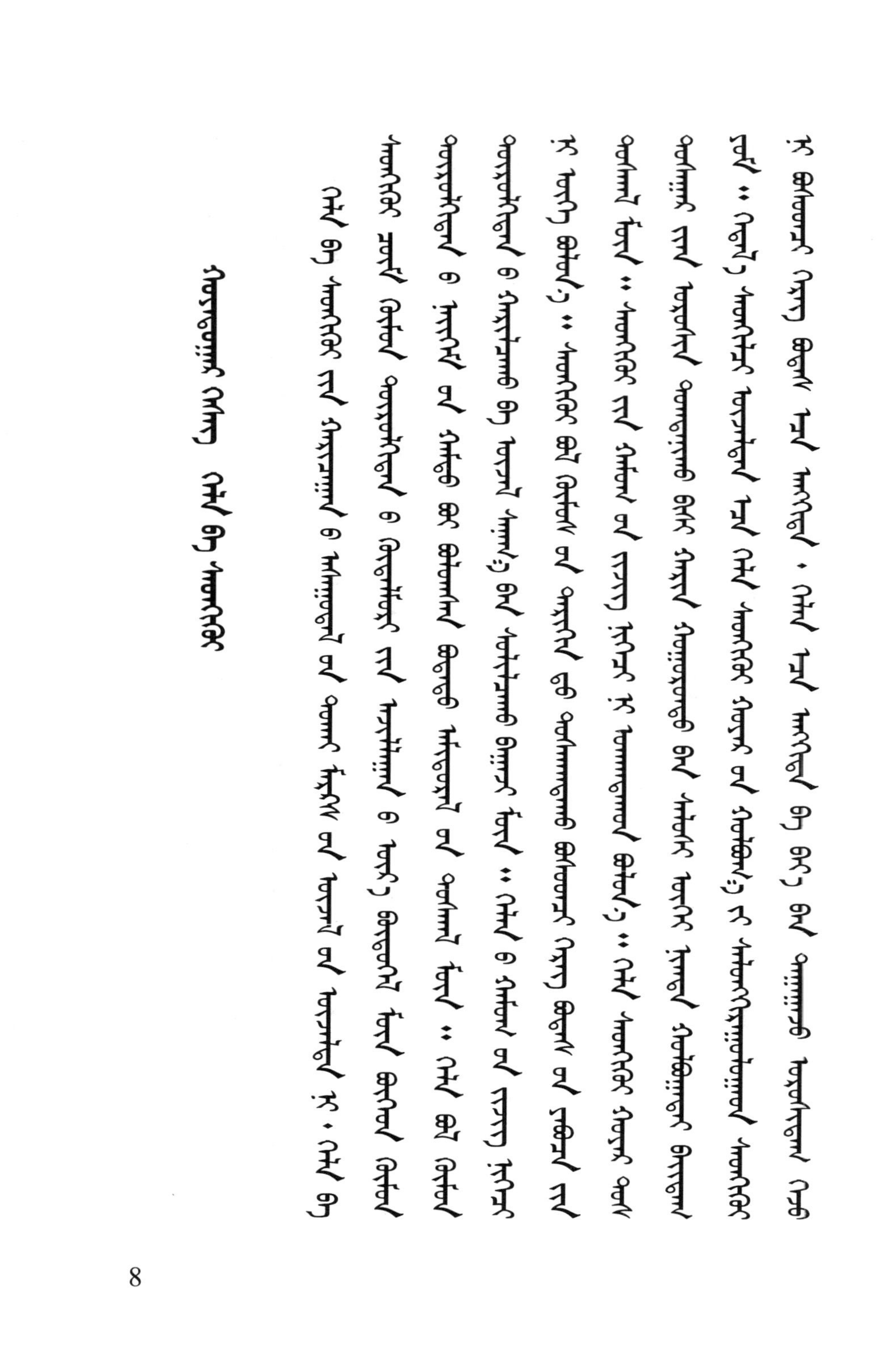

[illegible]

[illegible]
[illegible]
[illegible]
[illegible]
[illegible]
[illegible]
[illegible]
[illegible]
[illegible]

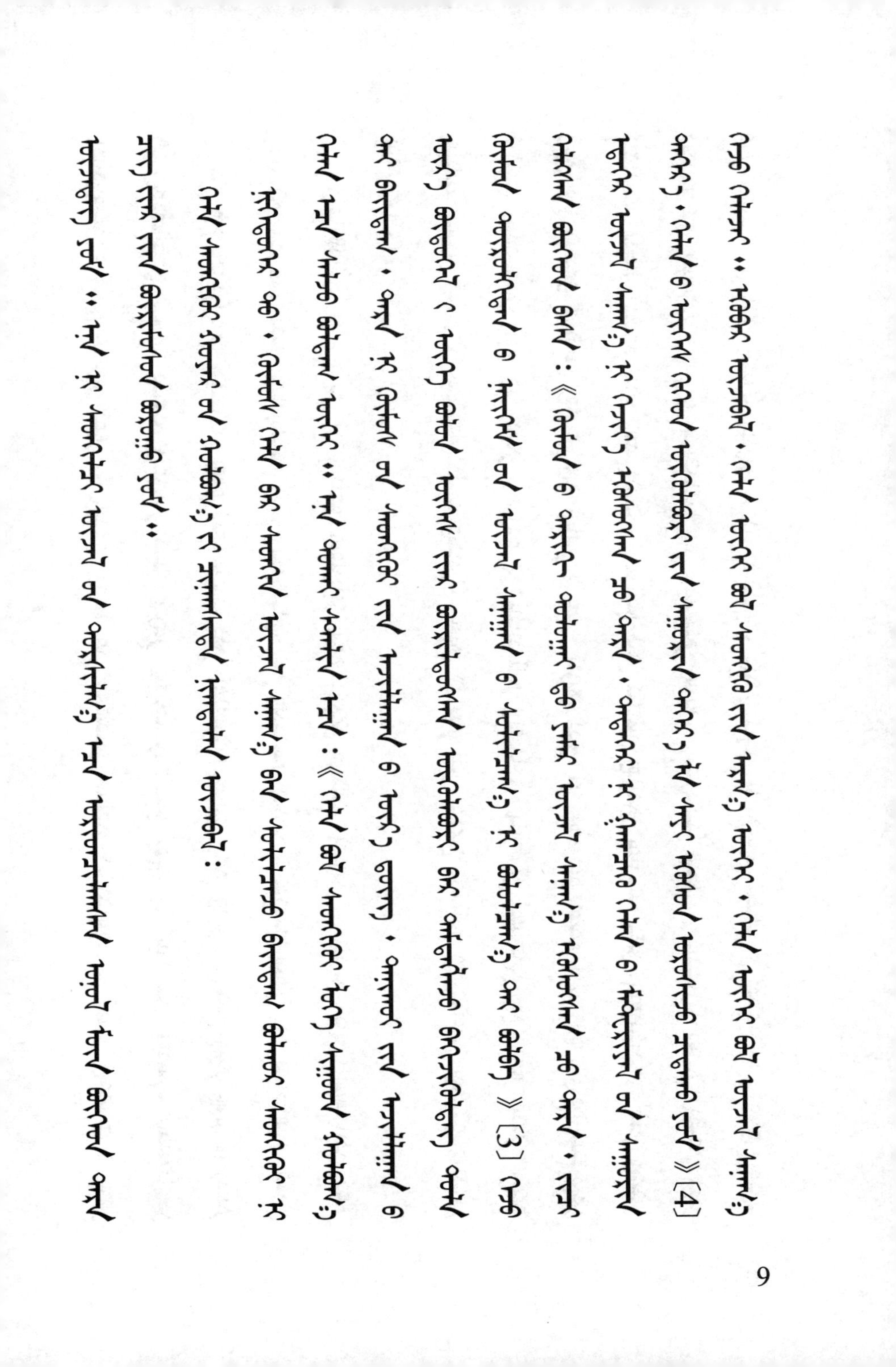

[illegible]

[illegible]

[illegible]

[illegible] 》〔3〕 [illegible]

[illegible] 》〔4〕 [illegible]

[illegible]

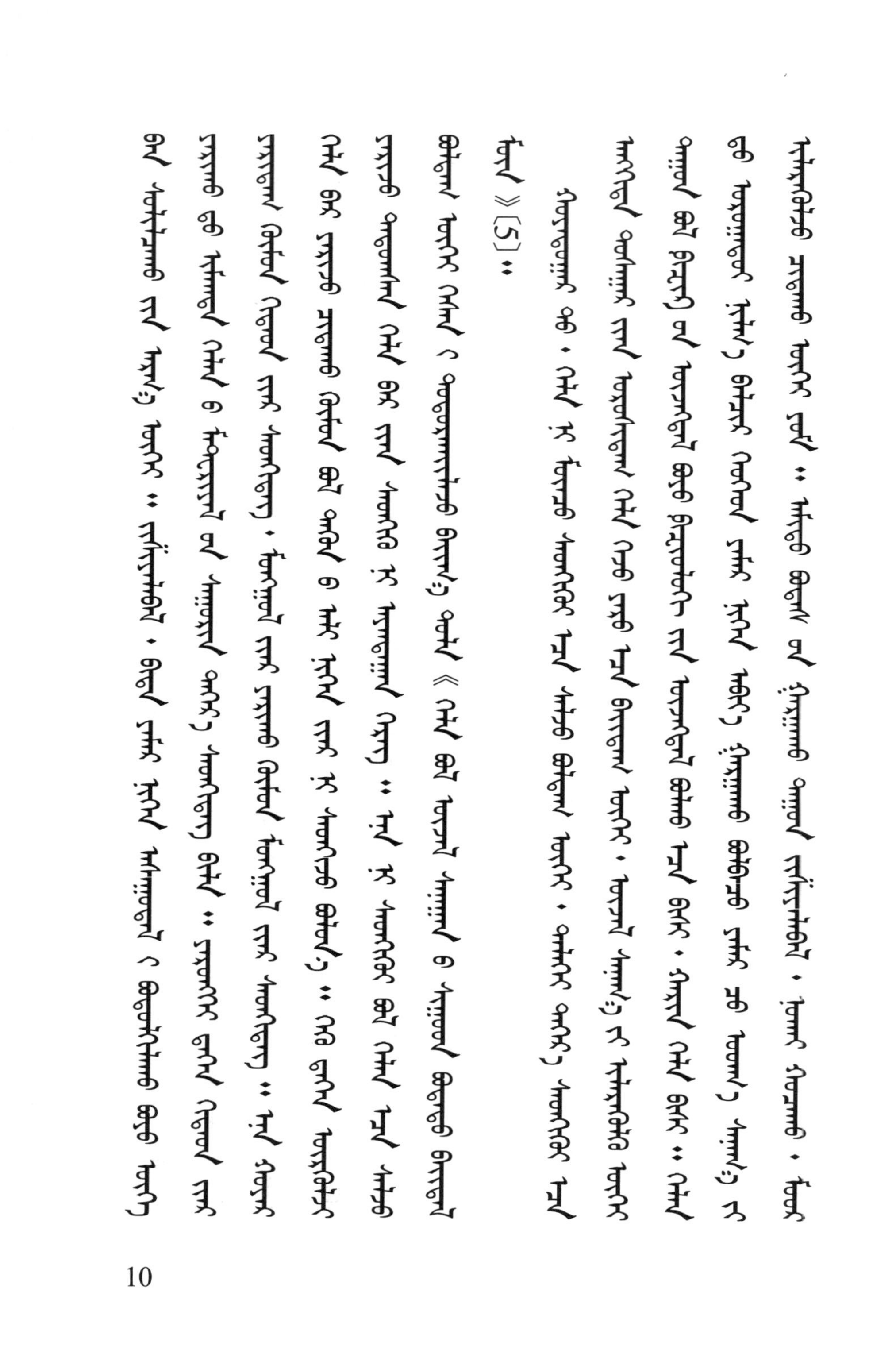

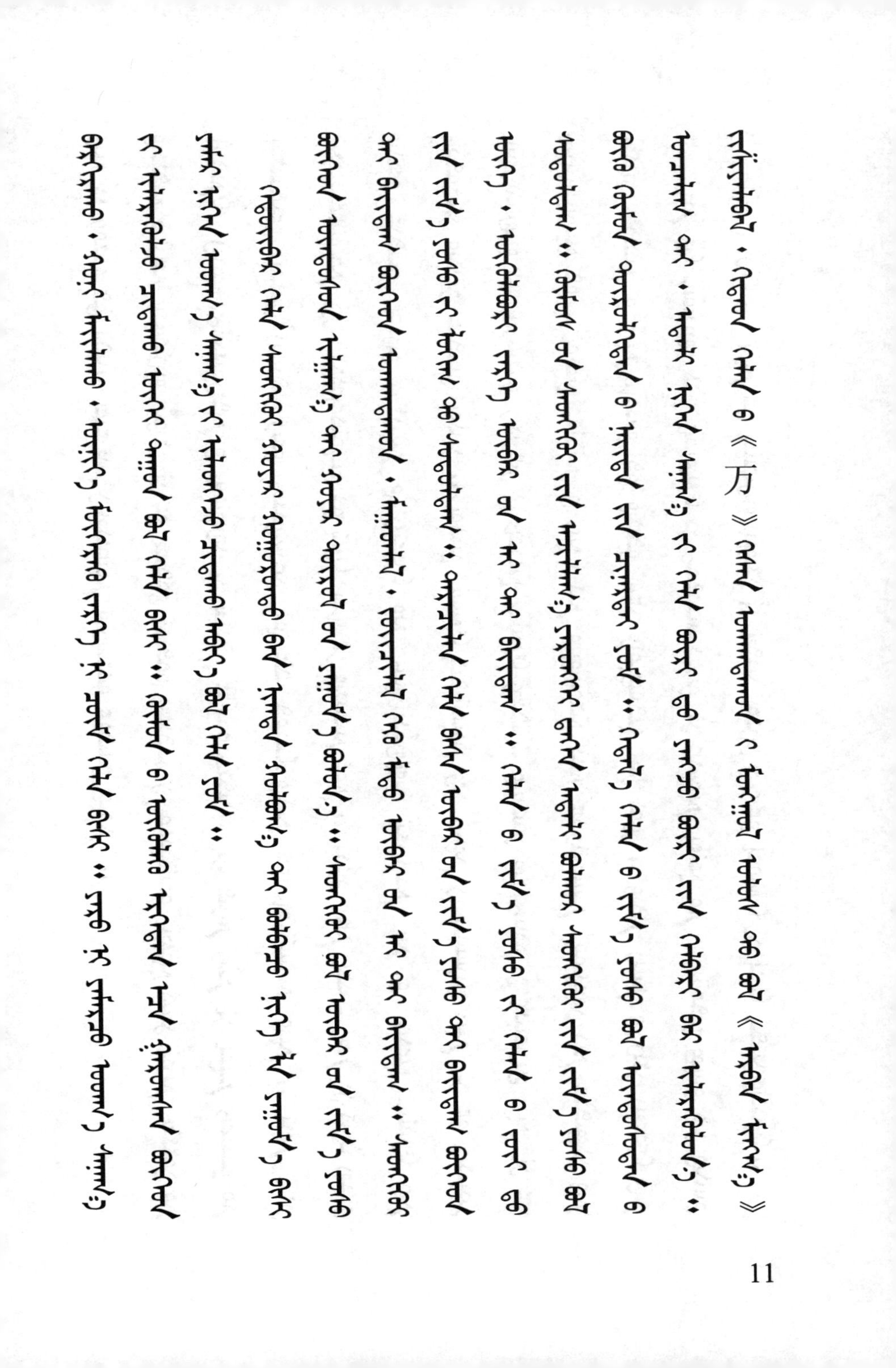

ᠳᠡᠭᠡᠳᠦ ᠲᠦᠰᠢᠮᠡᠯ᠂ ᠲᠦᠮᠡᠨ ᠡᠷᠬᠡ ᠶᠢᠨ 《万》 ᠭᠡᠳᠡᠭ ᠬᠡᠯᠡᠮᠡᠷᠢ ᠶᠢ ᠮᠣᠩᠭᠣᠯᠴᠤᠳ ᠲᠦᠮᠡᠨ ᠪᠡᠷ 《ᠲᠦᠮᠡᠨ ᠨᠣᠶᠠᠳ》

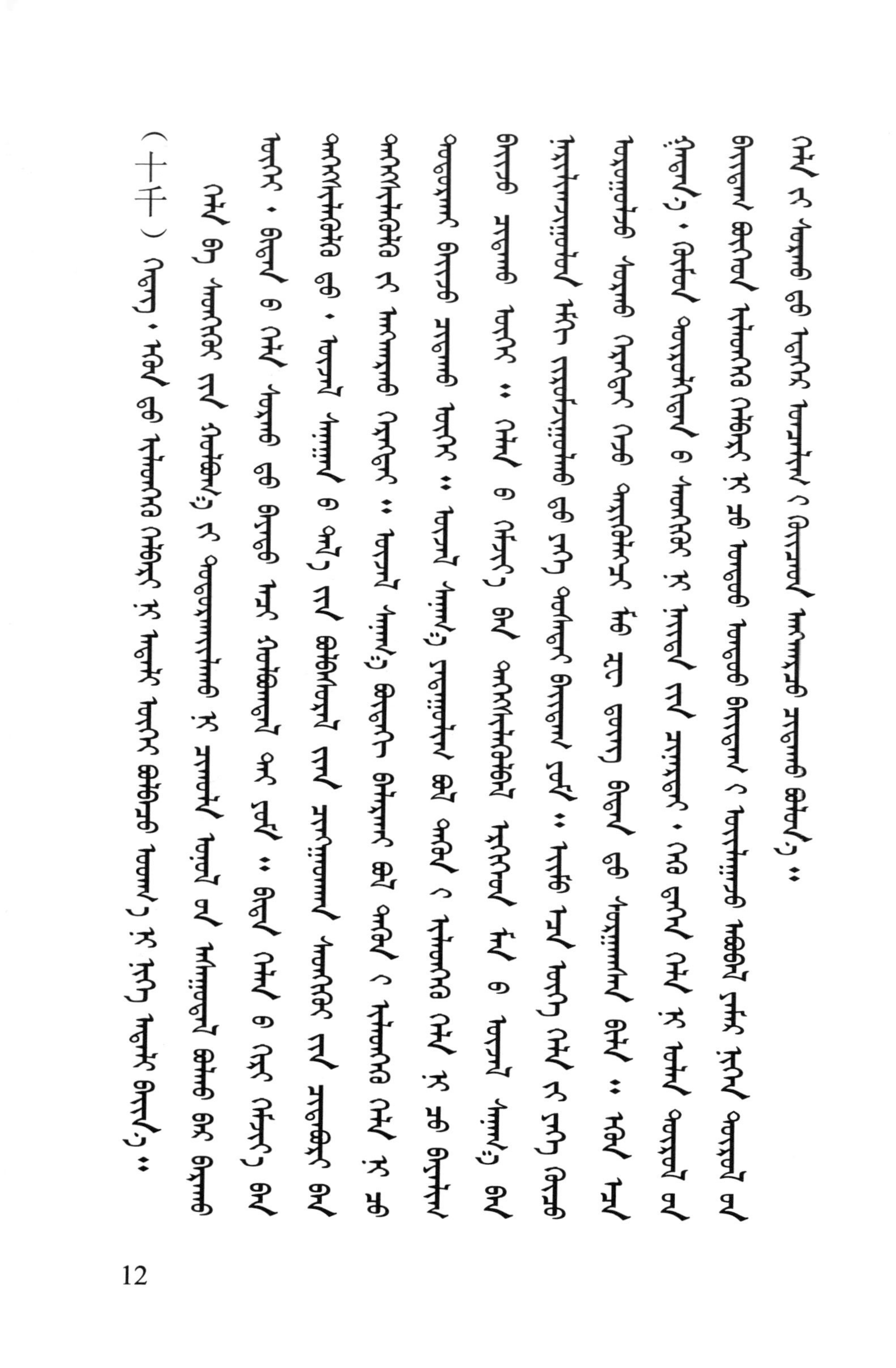

（十千）ᠬᠠᠮᠠᠢ᠂ ᠬᠣᠯᠠ ᠪᠠ ᠪᠣᠳᠠᠰ ᠤᠨ ᠲᠣᠭᠠᠴᠠᠭᠰᠠᠨ ᠢ ᠬᠡᠯᠡᠯᠲᠡ ᠪᠣᠯᠤᠨ ᠠᠭᠤᠯᠤᠭᠰᠠᠨ ᠢ ᠪᠠᠢᠭᠤᠯᠬᠤ ᠪᠣᠯᠪᠠ ::

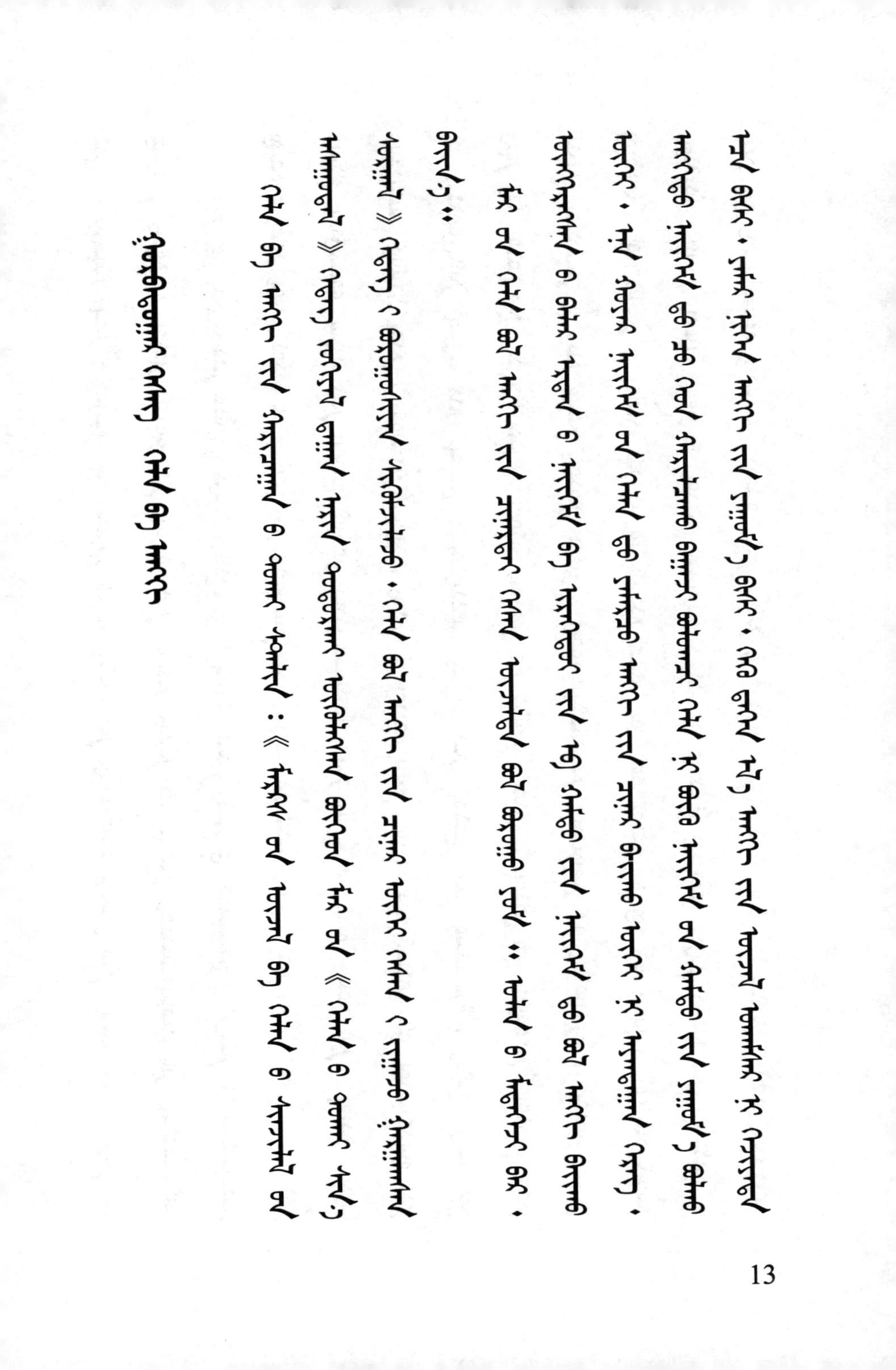

ᠲᠡᠷᠡ ᠪᠣᠯ ᠰᠣᠶᠣᠯᠵᠢᠭᠤᠯᠤᠭᠰᠠᠨ ᠪᠢᠴᠢᠭᠰᠡᠨ ᠂ ᠮᠡᠳᠡᠭᠰᠡᠨ ᠪᠡᠷ ᠪᠢᠴᠢᠭ ᠦᠨ ᠣ «ᠰᠢᠨ ᠡᠬᠡ ᠰᠢᠨ ᠬᠡᠮᠡᠨ ᠮᠣᠩᠭᠣᠯ» ᠬᠡᠬᠦ ᠬᠡᠯᠡᠯᠴᠡᠭᠡᠨ ᠳᠦ

« ᠮᠣᠩᠭᠣᠯ ᠤᠨ ᠬᠡᠯᠡ ᠪᠢᠴᠢᠭ ᠦᠨ ᠰᠤᠳᠤᠯᠭᠠᠨ ᠤ » ᠪᠠ « ᠮᠣᠩᠭᠣᠯ » ᠬᠡᠮᠡᠬᠦ ᠨᠡᠷ᠎ᠡ ᠲᠣᠬᠢᠶᠠᠯᠳᠤᠭᠤᠯ

ᠮᠡᠳᠡᠭᠰᠡᠨ ᠪᠣᠯᠪᠠ ᠃ ᠡᠳᠡᠭᠡᠷ ᠳᠦ ᠭᠡᠵᠦ ᠡᠭᠦᠨ ᠦ ᠲᠣᠭᠠᠯᠠᠭᠰᠠᠨ ᠨᠢ ᠡᠷᠲᠡ ᠶᠢᠨ ᠮᠣᠩᠭᠣᠯ ᠬᠡᠯᠡ ᠶᠢᠨ ᠨᠡᠷᠡᠳ ᠪᠣᠯᠤᠨ ᠮᠣᠩᠭᠣᠯ ᠪᠠᠷ ᠳᠤ ᠃ ᠡᠷᠲᠡ ᠲᠡᠭᠦᠨ ᠦ ᠬᠡᠯᠡ ᠶᠢ ᠂

ᠡᠳᠡᠭᠡᠷ ᠢᠶᠡᠷ ᠮᠣᠩᠭᠣᠯ ᠬᠡᠯᠡ ᠶᠢᠨ ᠬᠡᠷᠡᠭᠯᠡᠭᠡᠨ ᠳᠦ ᠲᠡᠶᠢᠮᠦ ᠂ ᠬᠡᠯᠡ ᠶᠢᠨ ᠣᠷᠴᠢᠨ ᠳᠤ ᠲᠡᠶᠢᠮᠦ ᠂ ᠲᠡᠷᠡ ᠪᠣᠯ ᠮᠣᠩᠭᠣᠯ ᠬᠡᠯᠡ ᠶᠢᠨ ᠲᠡᠶᠢᠮᠦ ᠂

ᠪᠣᠯᠤᠨ ᠬᠡᠯᠡᠯᠴᠡᠭᠡᠨ ᠦ ᠮᠣᠩᠭᠣᠯ ᠬᠡᠯᠡ ᠶᠢᠨ ᠰᠤᠳᠤᠯᠤᠯ ᠤᠨ ᠳᠠᠷᠠᠭᠠ ᠶᠢ ᠮᠡᠳᠡᠭᠰᠡᠨ ᠪᠠᠶᠢᠨ᠎ᠠ ᠃

ᠲᠡᠷᠡ ᠪᠣᠯ « ᠬᠠᠷᠠᠢᠨ ᠪᠢᠴᠢᠭ ᠦᠨ ᠰᠣᠶᠣᠯ ᠤᠨ ᠣᠷᠴᠢᠨ ᠤ ᠮᠣᠩᠭᠣᠯ ᠬᠡᠯᠡ ᠶᠢᠨ ᠰᠤᠳᠤᠯᠤᠯ ᠳᠤ ᠮᠡᠳᠡᠭᠳᠡᠭᠰᠡᠨ ᠪᠠᠶᠢᠨ᠎ᠠ ᠃

ᠳᠤᠷ ᠄ ᠰᠤᠷᠭᠠᠭᠤᠯᠢ ᠬᠡᠯᠡ : « ᠲᠡᠷᠡ ᠪᠣᠯ ᠬᠡᠮᠡᠨ ᠮᠣᠩᠭᠣᠯ ᠤᠨ ᠰᠣᠶᠣᠯ ᠤᠨ ᠪᠢᠴᠢᠭ ᠦᠨ ᠳᠤ ᠬᠠᠮᠢᠶᠠᠷᠤᠯᠤᠭᠳᠠᠨ᠎ᠠ

ᠪᠠᠢᠳᠠᠯ ᠠᠴᠠ ᠳᠤ ᠬᠡᠮᠵᠢᠶ᠎ᠡ ᠶᠢᠨ ᠬᠦᠮᠦᠵᠢᠯ᠂ ᠮᠠᠭᠠᠳ ᠪᠠᠨ ᠪᠠᠢᠳᠠᠯ ᠵᠢᠨ ᠬᠦᠮᠦᠨ ᠲᠦ ᠪᠠᠢᠭᠤᠯᠬᠤ ᠶᠢ ᠠᠮᠢᠳᠤᠷᠠᠯ ᠤᠨ ᠪᠠᠢᠳᠠᠯ

ᠠᠮᠢᠳᠤᠷᠠᠯ ᠤᠨ ᠬᠡᠯᠡᠨ ᠤ ᠶᠠᠭᠤ ᠬᠡᠷᠡᠭ ᠲᠡᠢ ᠪᠣᠯᠤᠨ᠎ᠠ ::

《ᠵᠠᠩᠭᠠᠷ》᠂ ᠮᠣᠩᠭᠣᠯ ᠤᠨ 《ᠨᠢᠭᠤᠴᠠ ᠲᠣᠪᠴᠢᠶᠠᠨ》 ᠵᠡᠷᠭᠡ ᠪᠠᠢᠨ᠎ᠠ ::

15

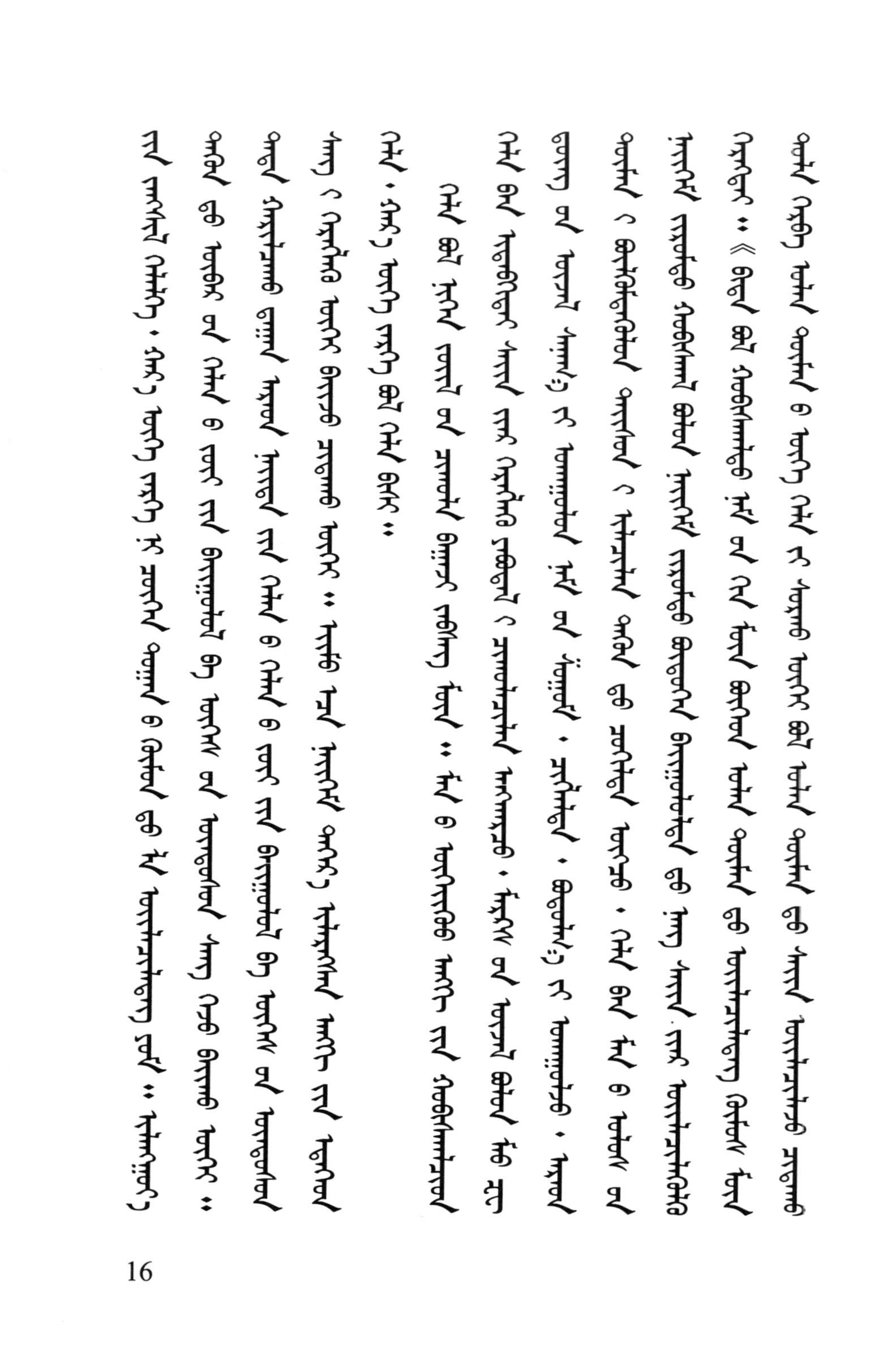

[illegible]

[illegible]

[illegible]

ᠮᠣᠩᠭᠣᠯ ᠬᠡᠯᠡ 》〔7〕 ᠭᠡᠵᠦ ᠲᠡᠮᠳᠡᠭᠯᠡᠭᠰᠡᠨ ᠪᠠᠢᠨ᠎ᠠ ᠄ ᠮᠣᠩᠭᠣᠯᠴᠤᠳ ᠤᠨ ᠡᠨᠡ

ᠮᠣᠩᠭᠣᠯᠴᠤᠳ ᠤᠨ ᠪᠢᠴᠢᠭ ᠦᠨ ᠰᠣᠶᠣᠯ ᠢ ᠬᠥᠭᠵᠢᠭᠦᠯᠬᠦ ᠳᠤ ᠴᠢᠬᠤᠯᠠ ᠨᠥᠯᠦᠭᠡ ᠦᠵᠡᠭᠦᠯᠵᠡᠢ ::

ᠲᠠᠢᠯᠪᠤᠷᠢ:

〔1〕《ᠲᠠᠢᠵᠤ ᠶᠢᠨ ᠦᠨᠡᠨ ᠮᠠᠲ᠋ᠠᠷᠢᠶᠠᠯ》· 20 ᠳᠤᠭᠠᠷ ᠪᠣᠯᠤᠭ · 396—397 ᠳᠤᠭᠠᠷ ᠨᠢᠭᠤᠷ ::

〔2〕《ᠳᠠᠢᠴᠢᠩ ᠤᠨ ᠲᠠᠢᠽᠦ ᠶᠢᠨ ᠤᠯᠤᠰ ᠤᠨ ᠦᠨᠡᠨ ᠮᠠᠲ᠋ᠠᠷᠢᠶᠠᠯ ᠤᠨ ᠬᠡᠮᠵᠢᠶᠡᠯᠲᠦ》(ᠮᠣᠩᠭᠣᠯ ᠬᠡᠪᠯᠡᠯ) · 26 ᠳᠤᠭᠠᠷ ᠨᠢᠭᠤᠷ ::

〔3〕《ᠳᠠᠢᠴᠢᠩ ᠤᠨ ᠲᠠᠢᠽᠦ ᠶᠢᠨ ᠤᠯᠤᠰ ᠤᠨ ᠦᠨᠡᠨ ᠮᠠᠲ᠋ᠠᠷᠢᠶᠠᠯ ᠤᠨ ᠬᠡᠮᠵᠢᠶᠡᠯᠲᠦ》(ᠮᠣᠩᠭᠣᠯ ᠬᠡᠪᠯᠡᠯ) · 26 ᠳᠤᠭᠠᠷ ᠨᠢᠭᠤᠷ ::

〔4〕《ᠳᠠᠢᠴᠢᠩ ᠤᠨ ᠲᠠᠢᠽᠦ ᠶᠢᠨ ᠤᠯᠤᠰ ᠤᠨ ᠦᠨᠡᠨ ᠮᠠᠲ᠋ᠠᠷᠢᠶᠠᠯ ᠤᠨ ᠬᠡᠮᠵᠢᠶᠡᠯᠲᠦ》(ᠮᠣᠩᠭᠣᠯ ᠬᠡᠪᠯᠡᠯ) · 46 ᠳᠤᠭᠠᠷ ᠨᠢᠭᠤᠷ ::

〔5〕ᠳᠠᠢᠴᠢᠩ ᠰᠤᠳᠤᠷᠴᠢ :《ᠲᠠᠢᠵᠤ ᠶᠢᠨ ᠤᠯᠤᠰ ᠢ ᠪᠠᠶᠢᠭᠤᠯᠤᠭᠰᠠᠨ ᠤ ᠲᠡᠦᠬᠡ》(1845 — 1846) ·《ᠳᠠᠢᠴᠢᠩ ᠰᠤᠳᠤᠷᠴᠢ ᠶᠢᠨ ᠲᠤᠷᠰᠢᠯᠲᠠ》(ᠲᠦᠦᠬᠡ ᠶᠢᠨ ᠪᠢᠴᠢᠭ) · 3 ᠳᠤᠭᠠᠷ ᠪᠣᠯᠤᠭ · 525 ᠳᠤᠭᠠᠷ ᠨᠢᠭᠤᠷ ::

〔6〕《ᠳᠠᠢᠴᠢᠩ ᠤᠨ ᠲᠠᠢᠽᠦ ᠶᠢᠨ ᠤᠯᠤᠰ ᠤᠨ ᠦᠨᠡᠨ ᠮᠠᠲ᠋ᠠᠷᠢᠶᠠᠯ ᠤᠨ ᠬᠡᠮᠵᠢᠶᠡᠯᠲᠦ》(ᠮᠣᠩᠭᠣᠯ ᠬᠡᠪᠯᠡᠯ) · 14 ᠳᠦᠭᠡᠷ ᠨᠢᠭᠤᠷ ::

〔7〕《ᠬᠠᠨ ᠤ ᠪᠢᠴᠢᠭ ᠤᠨ ᠬᠡᠮᠵᠢᠶᠡᠯᠲᠦ ᠲᠤᠷᠰᠢᠯᠲᠠ》(ᠮᠣᠩᠭᠣᠯ ᠬᠡᠪᠯᠡᠯ) · 3 ᠳᠤᠭᠠᠷ ᠪᠣᠯᠤᠭ · 1487 ᠳᠤᠭᠠᠷ ᠨᠢᠭᠤᠷ ::

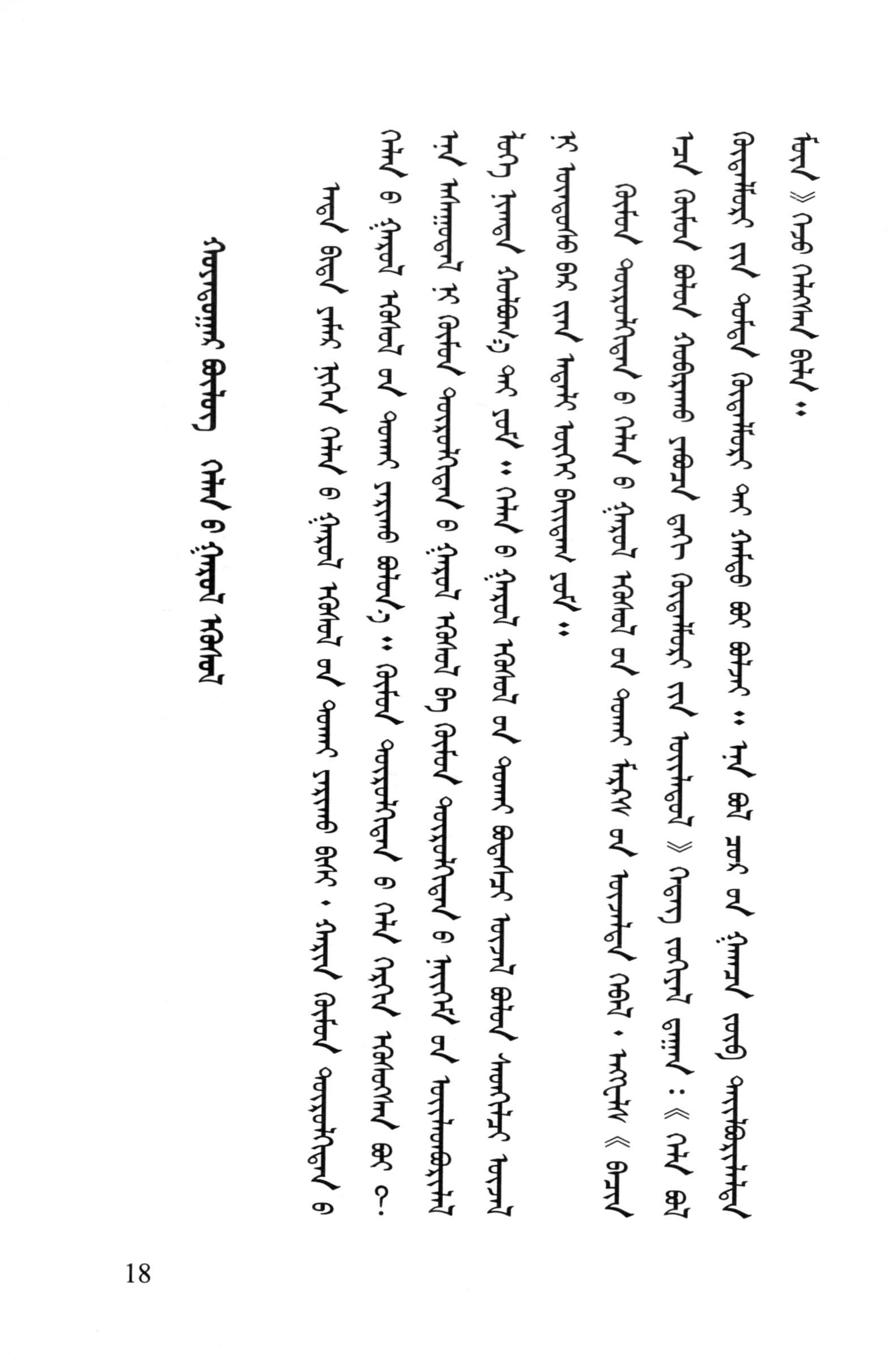

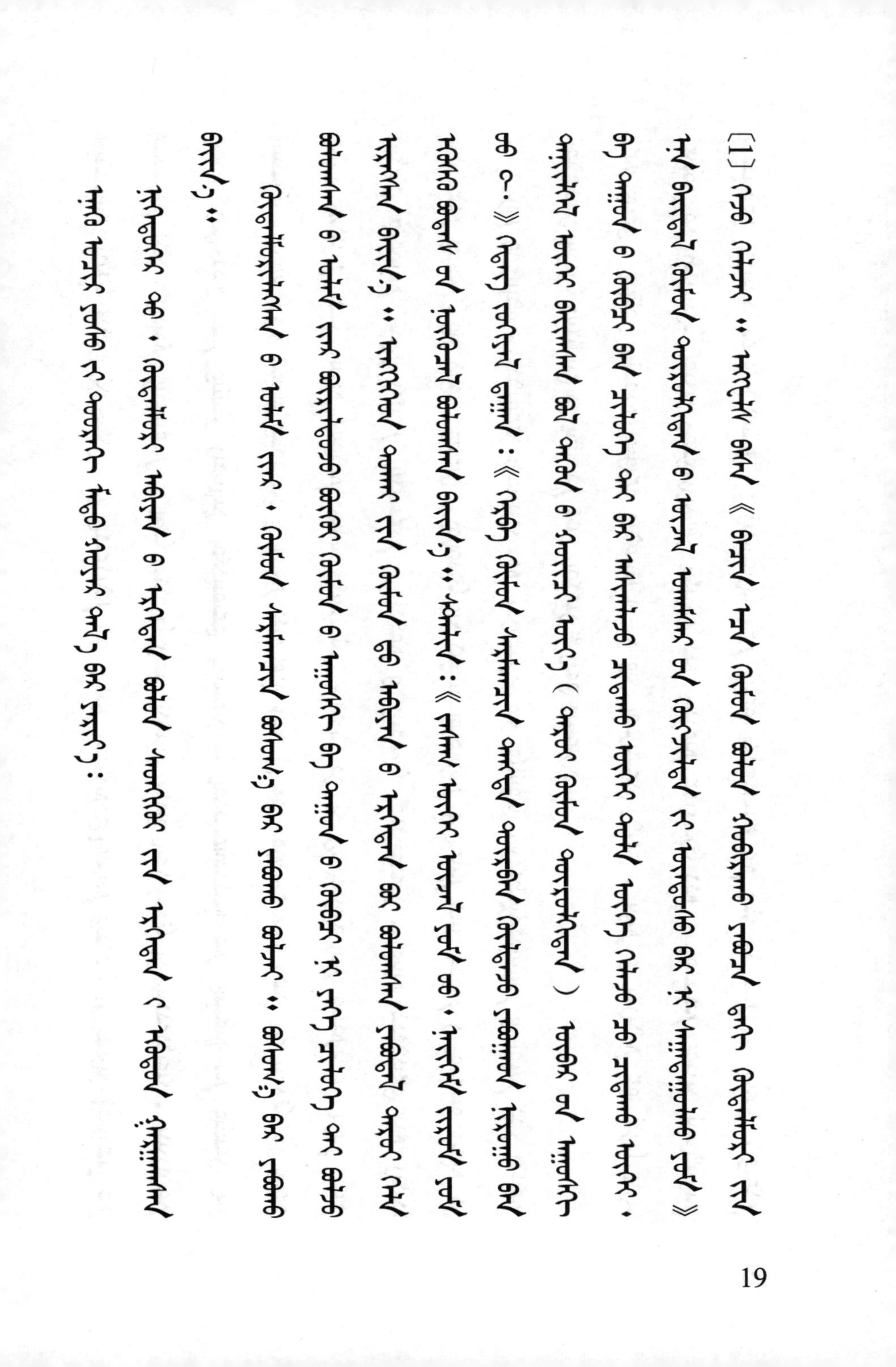

[1] [illegible]

[illegible]

[illegible]

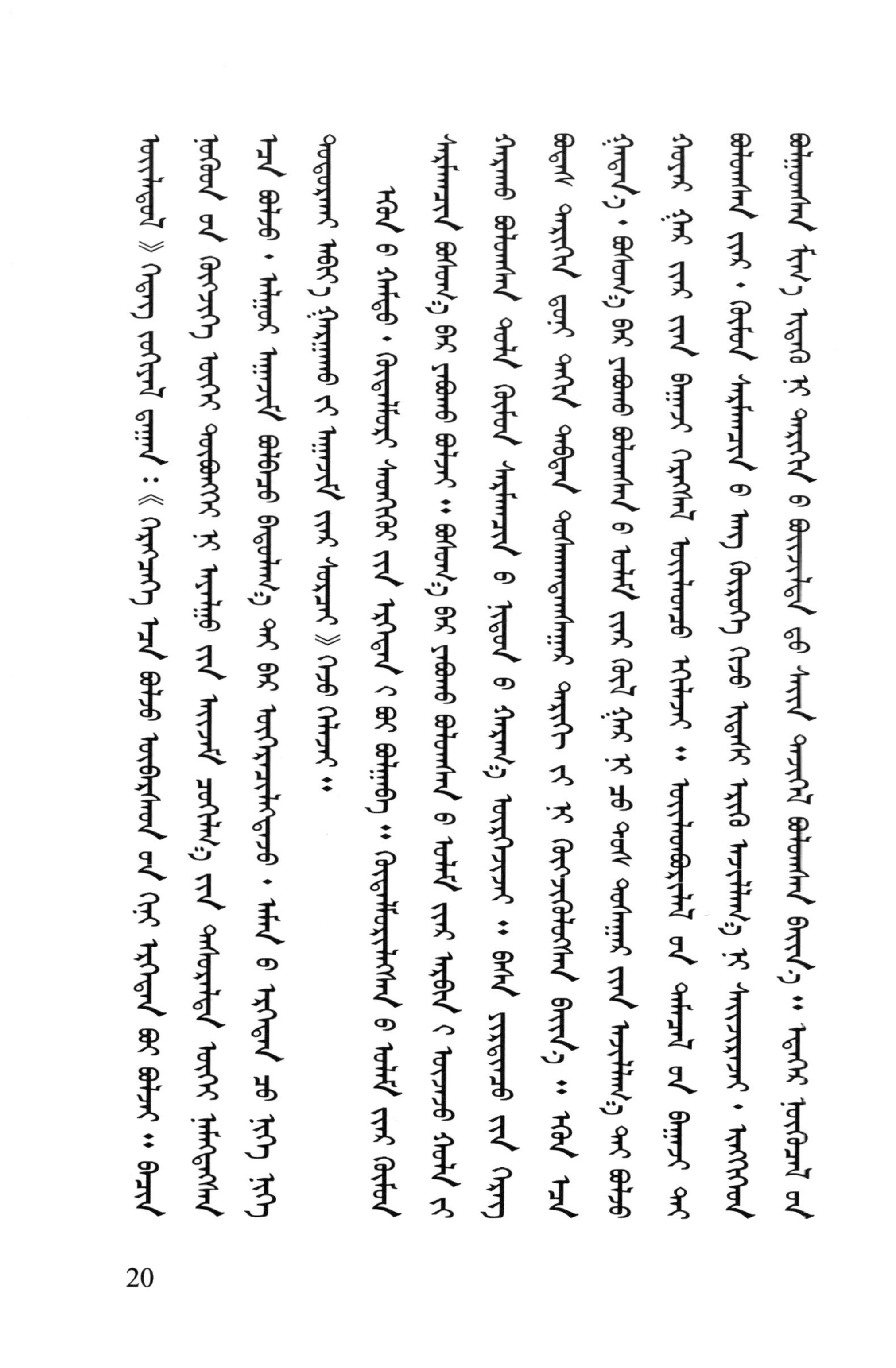

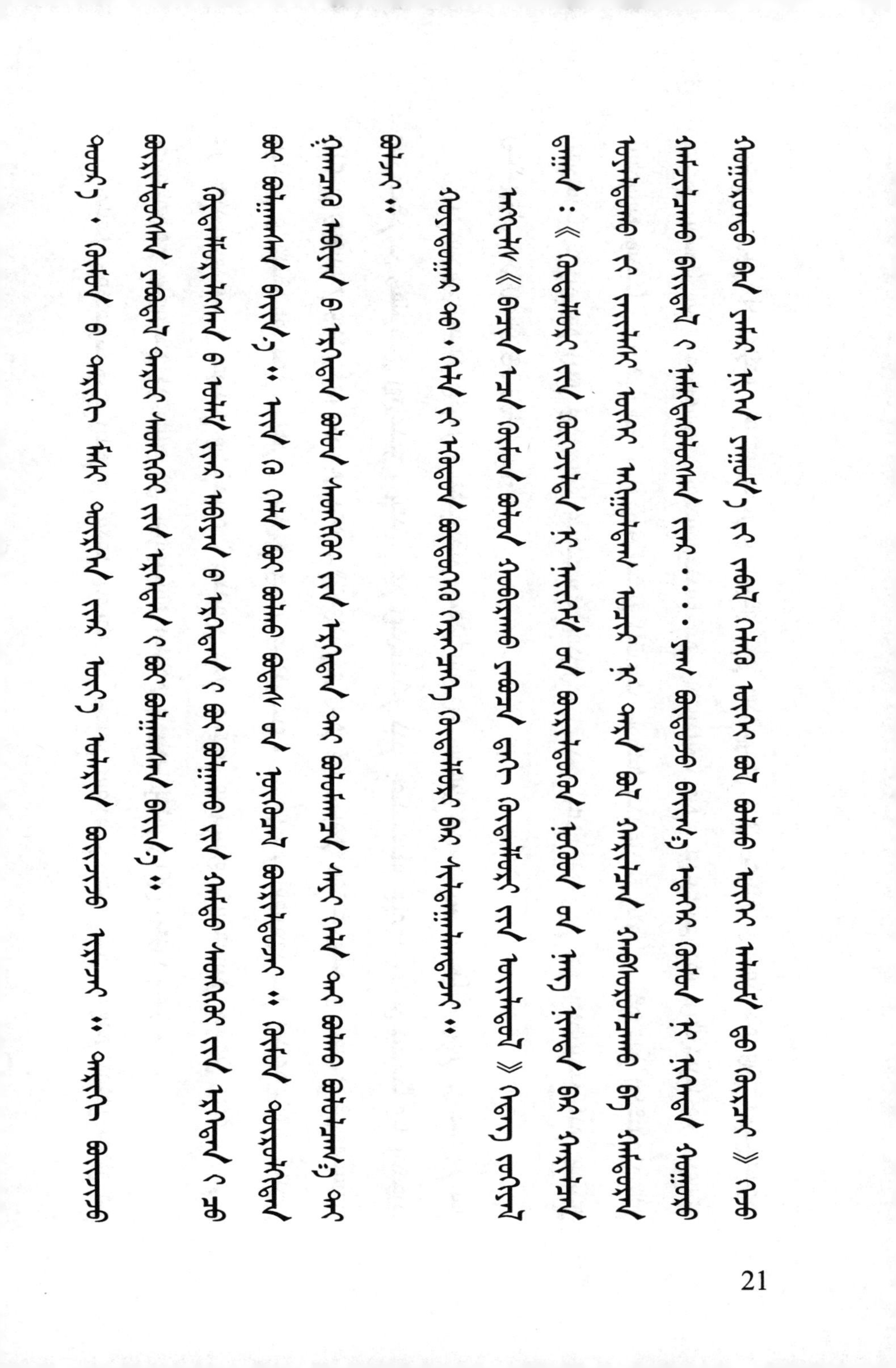

[illegible]
[illegible]

[illegible]
[illegible]
[illegible]
[illegible]

[illegible]

[illegible]
[illegible]
[illegible]
[illegible]
[illegible]
[illegible]
[illegible]

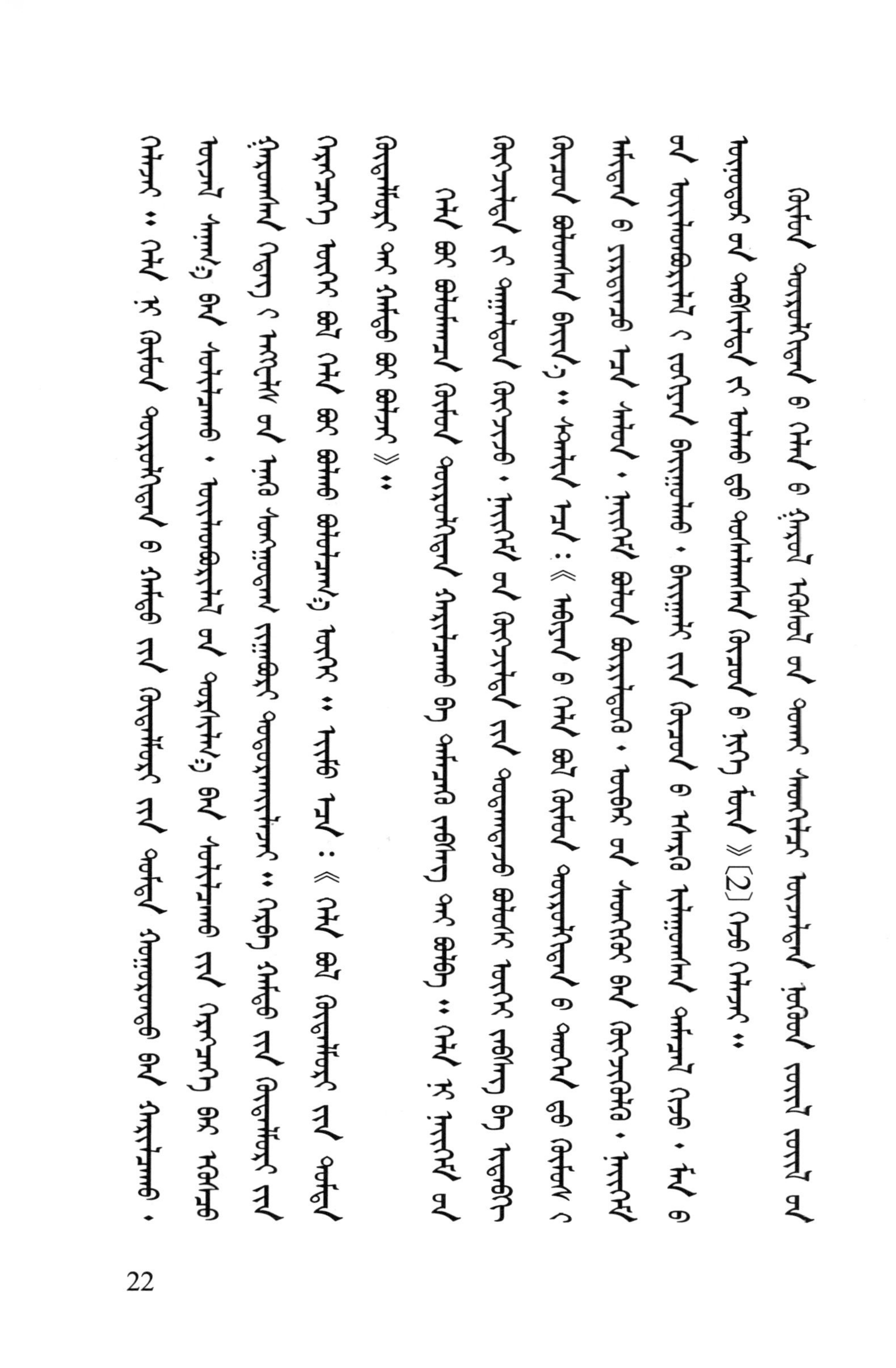

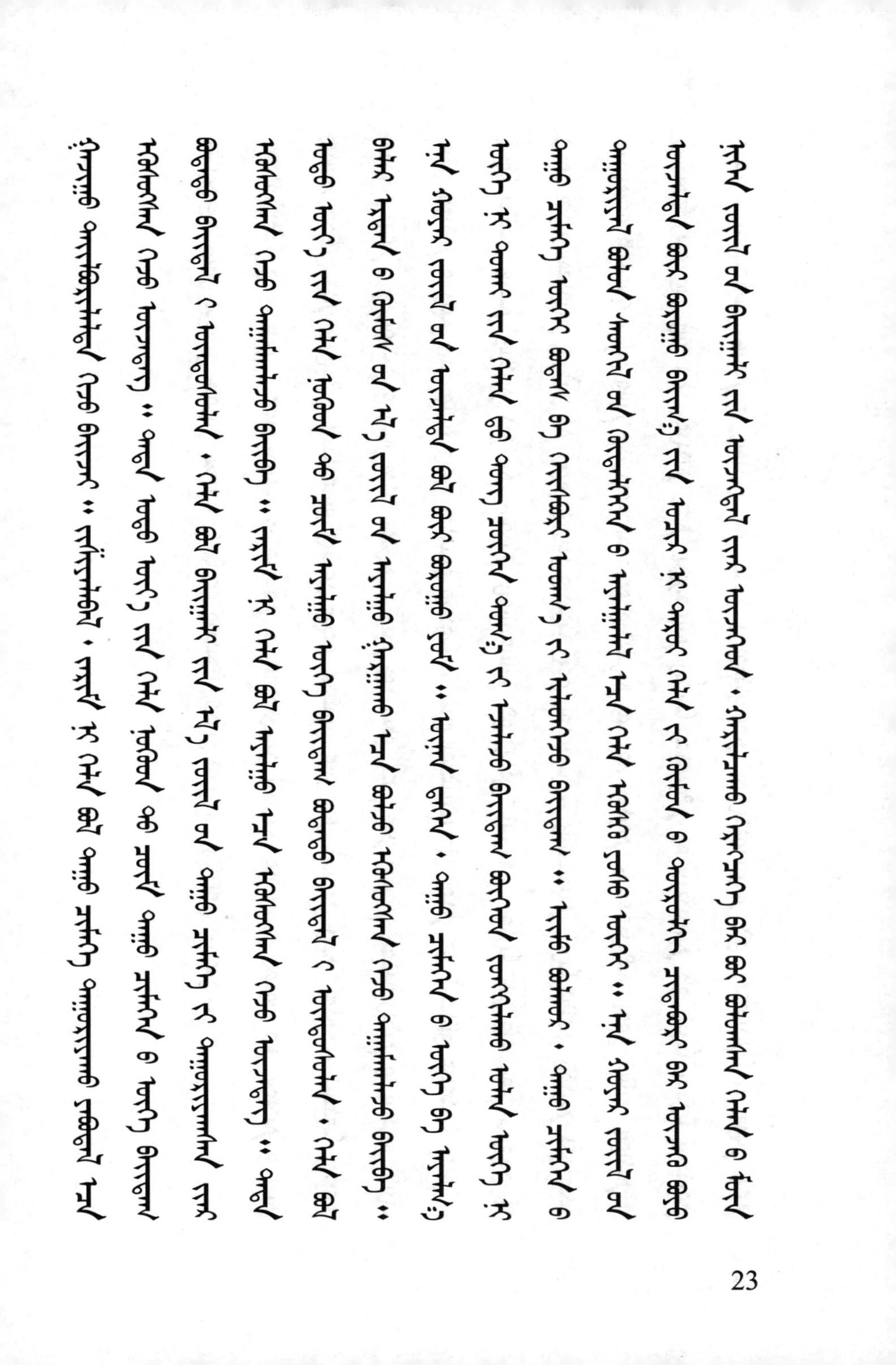

[illegible]

[illegible]

[illegible]

[illegible]

[illegible]

[illegible]

[illegible]

[illegible]

[illegible]

[illegible]

[illegible]

[illegible]

[illegible]

ᠴᠢᠨᠠᠷ ᠂ ᠤᠯᠠᠮᠵᠢᠯᠠᠯ ᠤᠯᠠᠮᠵᠢᠯ ᠤᠨ ᠨᠡᠢᠭᠡᠮ ᠦᠨ ᠪᠦᠲᠦᠴᠡ ᠶᠢ ᠨᠥᠯᠥᠭᠡᠯᠡᠭᠰᠡᠨ ᠳᠤ ᠨᠡᠢᠭᠡᠮ ᠦᠨ ᠬᠥᠭᠵᠢᠯ ᠢ ᠦᠵᠡᠭᠦᠯᠦᠨ᠎ᠡ᠃ ᠡᠨᠡ ᠪᠣᠯ ᠰᠤᠳᠤᠯᠭ᠎ᠠ ᠶᠢᠨ ᠬᠡᠯᠡ ᠶᠢᠨ ᠤᠷᠤᠰᠬᠠᠯ ᠢ ᠪᠠᠷᠢᠮᠳᠠᠯᠠᠨ ᠬᠡᠯᠡᠬᠦ ᠳᠤ《 ᠬᠡᠯᠡ ᠶᠢᠨ ᠰᠤᠳᠤᠯᠭ᠎ᠠ 》ᠳᠤ ᠪᠠᠶᠢᠭᠤᠯᠬᠤ ᠦᠰᠦᠭ ᠪᠢᠴᠢᠭ ᠦᠨ ᠰᠤᠳᠤᠯᠭ᠎ᠠ ᠶᠢᠨ ᠲᠤᠬᠠᠢ ᠲᠡᠮᠳᠡᠭᠯᠡᠭᠰᠡᠨ ᠪᠠᠶᠢᠨ᠎ᠠ᠃ ᠡᠨᠡ ᠪᠣᠯ ᠮᠣᠩᠭᠣᠯ ᠬᠡᠯᠡ ᠶᠢᠨ ᠰᠤᠳᠤᠯᠭ᠎ᠠ ᠶᠢᠨ ᠡᠬᠢ ᠰᠤᠷᠪᠤᠯᠵᠢ ᠪᠣᠯᠤᠨ᠎ᠠ᠃ ᠲᠡᠭᠦᠨ ᠦ ᠰᠤᠳᠤᠯᠭ᠎ᠠ ᠶᠢᠨ ᠪᠢᠴᠢᠭ ᠦᠨ ᠬᠡᠯᠡ ᠶᠢᠨ ᠬᠡᠯᠡᠯᠴᠡᠭᠡ ᠶᠢᠨ ᠬᠢ ᠶᠢᠨ ᠬᠡᠯᠡᠪᠡᠷᠢ ᠶᠢ ᠲᠣᠳᠣᠷᠬᠠᠢᠯᠠᠬᠤ ᠳᠤ ᠬᠡᠷᠡᠭᠯᠡᠭᠳᠡᠭᠰᠡᠨ ᠪᠠᠶᠢᠨ᠎ᠠ᠃ ᠬᠡᠯᠡ ᠶᠢᠨ ᠰᠤᠳᠤᠯᠭ᠎ᠠ : 《 ᠬᠡᠯᠡᠨ ᠦ ᠶᠣᠰᠣ ᠶᠢᠨ ᠬᠡᠯᠡ ᠶᠢᠨ ᠪᠦᠲᠦᠭᠡᠯ ᠦᠨ ᠬᠡᠯᠡᠯᠴᠡᠭᠡ ᠪᠠᠷ ᠰᠤᠷᠭᠠᠭᠤᠯᠢ ᠶᠢᠨ ᠪᠠᠶᠢᠳᠠᠯ ᠢ ᠲᠣᠳᠣᠷᠬᠠᠢᠯᠠᠨ ᠬᠡᠯᠡᠭᠰᠡᠨ ᠪᠠᠶᠢᠨ᠎ᠠ᠃ ᠡᠷᠲᠡᠨ ᠪᠠᠶᠢᠭᠤᠯᠤᠯ ᠰᠤᠳᠤᠯᠭ᠎ᠠ ᠣᠯᠠᠨ ᠨᠢᠭᠡᠨ ᠳᠤ ᠰᠤᠷᠳᠠᠭ ᠡᠷᠳᠡᠮ《 ᠵᠢᠷᠭᠤᠭ᠎ᠠ 》〔3〕 ᠳᠤ ᠪᠠᠶᠢᠨ᠎ᠠ᠃

ᠲᠠᠢᠯᠪᠤᠷᠢ :

〔1〕《ᠮᠣᠩᠭᠣᠯᠴᠤᠳ ᠤ ᠪᠠᠢᠷᠢ ᠰᠠᠭᠤᠷᠢ》(ᠳᠣᠣᠷᠠᠳᠤ ᠳᠡᠪᠲᠡᠷ) · ᠦᠨᠳᠦᠰᠦᠲᠡᠨ ᠦ ᠬᠡᠪᠯᠡᠯ ᠦᠨ ᠬᠣᠷᠢᠶ᠎ᠠ · 288 ᠳᠤᠭᠠᠷ ᠨᠢᠭᠤᠷ ᠃

〔2〕《ᠮᠣᠩᠭᠣᠯ ᠤᠨ ᠲᠡᠦᠬᠡ ᠪᠠ ᠭᠠᠵᠠᠷ ᠤ ᠨᠡᠷᠡᠶᠢᠳᠦᠯ ᠤᠨ ᠰᠤᠳᠤᠯᠭᠠ》(ᠳᠡᠭᠡᠳᠦ ᠳᠡᠪᠲᠡᠷ) · 54 ᠳᠦᠭᠡᠷ ᠨᠢᠭᠤᠷ ᠃

〔3〕《ᠮᠣᠩᠭᠣᠯ ᠤᠨ ᠲᠡᠦᠬᠡ ᠪᠠ ᠭᠠᠵᠠᠷ ᠤ ᠨᠡᠷᠡᠶᠢᠳᠦᠯ ᠤᠨ ᠰᠤᠳᠤᠯᠭᠠ》(ᠳᠡᠭᠡᠳᠦ ᠳᠡᠪᠲᠡᠷ) · 54 ᠳᠦᠭᠡᠷ ᠨᠢᠭᠤᠷ ᠃

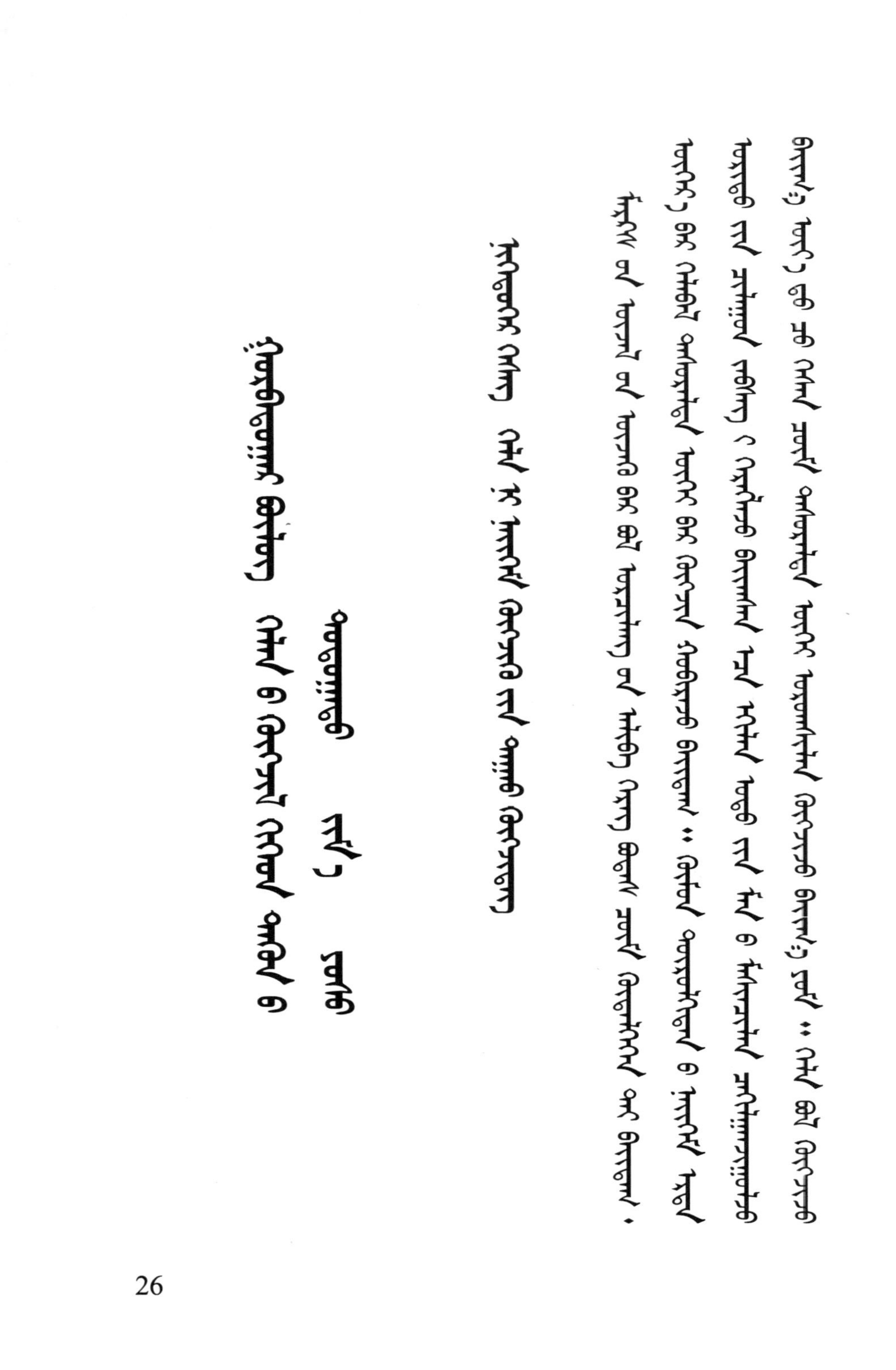

ᠭᠤᠷᠪᠠᠳᠤᠭᠠᠷ ᠪᠦᠯᠦᠭ [illegible]

[illegible]

[illegible]

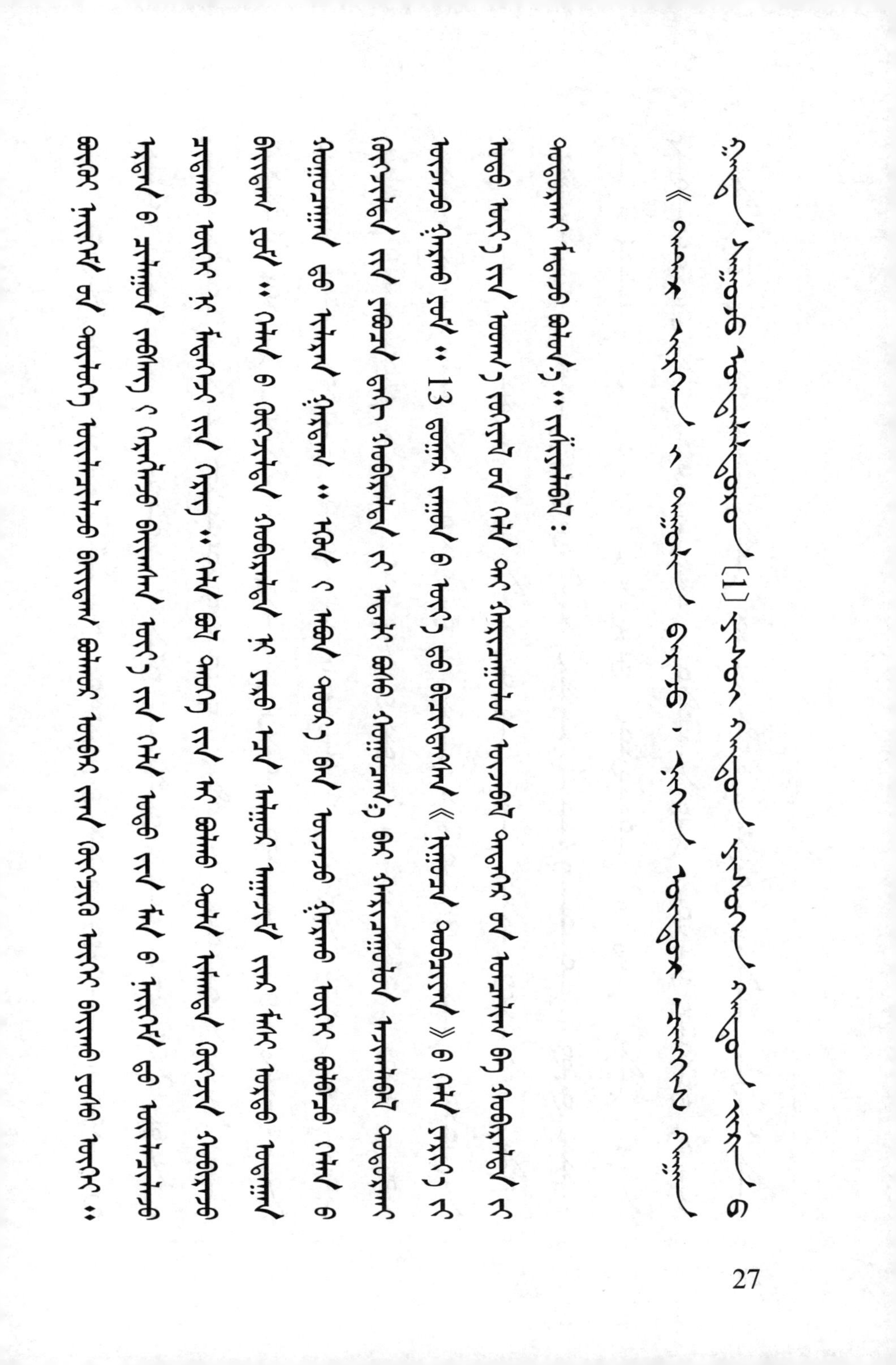

[illegible] ::

[illegible] ::

[illegible] 13 [illegible]

[illegible]

[illegible] ::

[illegible] 《[illegible]》

[illegible] [1] [illegible]

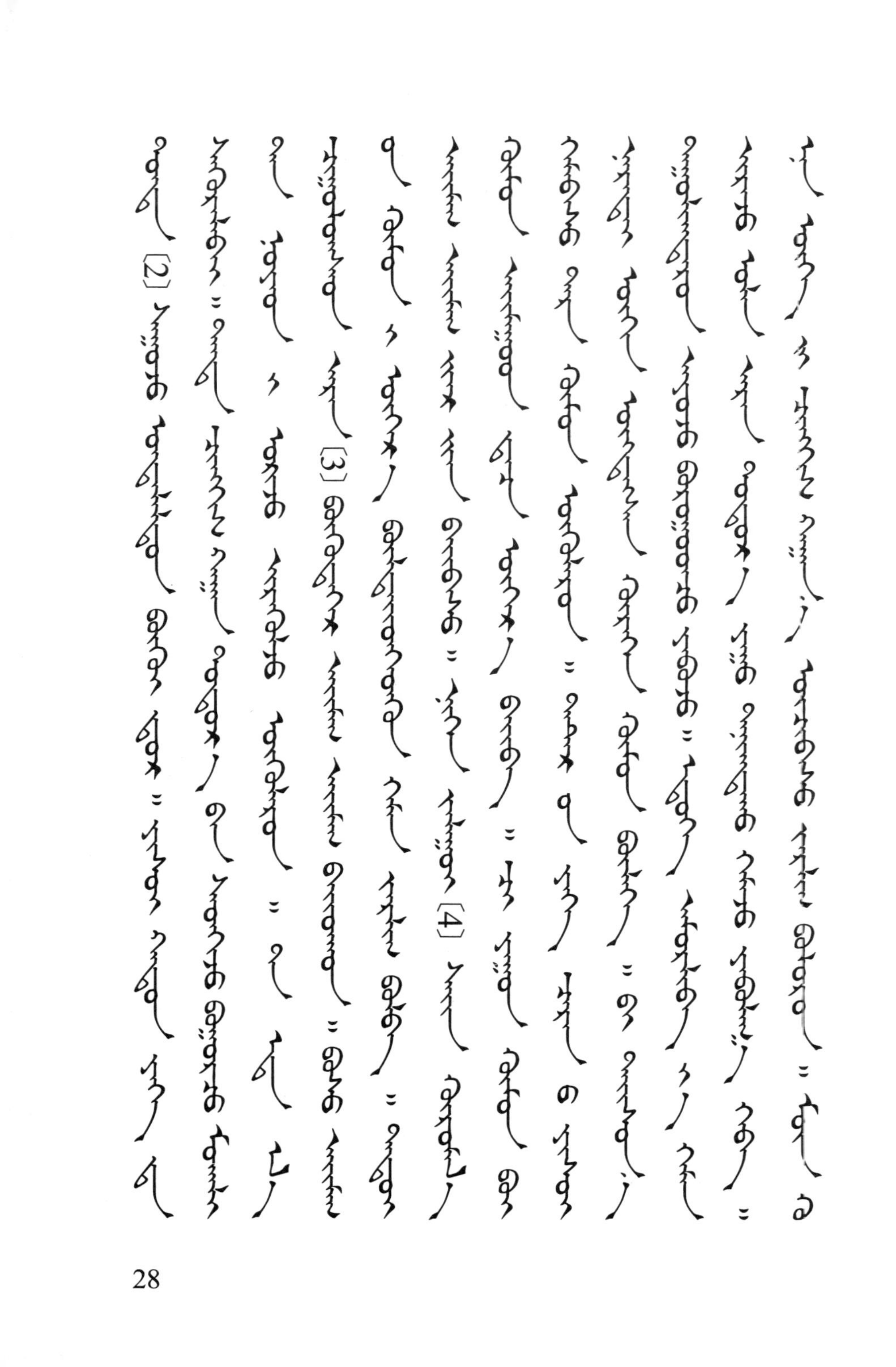

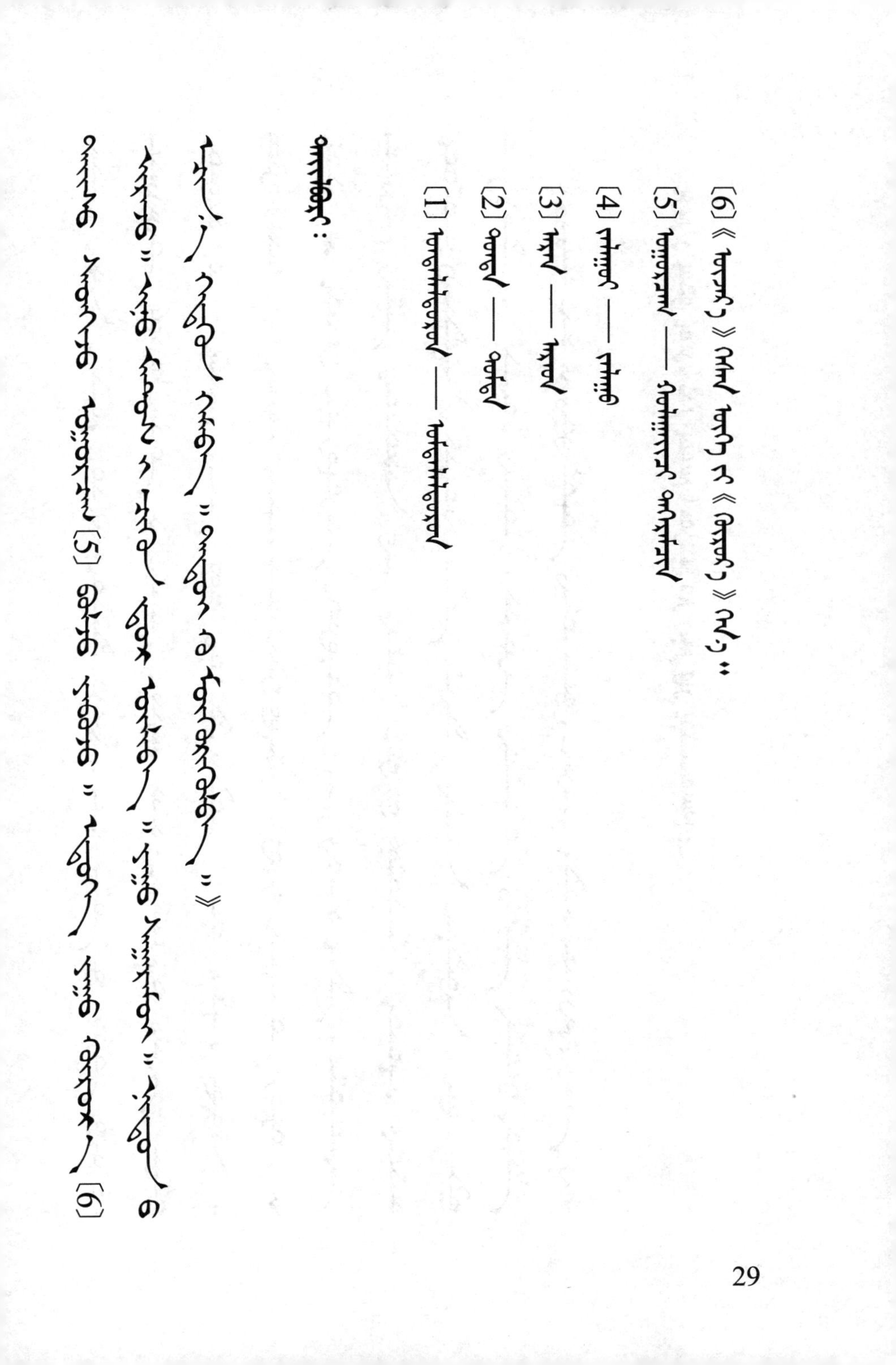

ᠬᠦᠮᠦᠨ ᠦ ᠰᠡᠳᠬᠢᠯ ᠮᠡᠳᠡᠷᠡᠮᠵᠢ ᠶᠢᠨ ᠬᠡᠯᠪᠡᠷᠢ ᠶᠢ ᠲᠣᠳᠣᠷᠬᠠᠢᠯᠠᠨ᠎ᠠ ᠄

《ᠲᠡᠩᠭᠡᠷ ᠦᠨ ᠪᠣᠯᠪᠠᠰᠤᠷᠠᠯ ᠂ ᠰᠠᠶᠢᠬᠠᠨ ᠮᠣᠷᠢ ᠶᠢᠨ ᠨᠢᠭᠤᠷ ᠰᠠᠶᠢᠬᠠᠨ ᠬᠠᠷ᠎ᠠ

ᠪᠠ ᠰᠠᠶᠢᠬᠠᠨ ᠮᠣᠷᠢᠲᠠᠢ ᠂ ᠰᠠᠶᠢᠬᠠᠨ ᠮᠣᠷᠢᠲᠠᠢ ᠂ ᠰᠠᠶᠢᠬᠠᠨ ᠮᠣᠷᠢᠲᠠᠢ ᠪᠠ ᠰᠠᠶᠢᠬᠠᠨ ᠪᠠᠢᠨ᠎ᠠ

ᠮᠣᠷᠢᠨ ᠪᠠᠢᠳᠠᠯ ᠂ ᠰᠠᠶᠢᠬᠠᠨ ᠮᠣᠷᠢᠳᠠᠢ ᠂ ᠰᠠᠶᠢᠬᠠᠨ ᠮᠣᠷᠢᠲᠤ ᠃ ᠮᠣᠷᠢ ᠪᠡᠷ

ᠮᠣᠷᠢᠳᠠᠬᠤ ᠰᠠᠶᠢᠬᠠᠨ ᠮᠣᠷᠢᠲᠠᠢ ᠪᠠ ᠮᠣᠷᠢ ᠮᠣᠷᠢᠳᠠᠬᠤ ᠂ ᠮᠣᠷᠢᠨ ᠮᠣᠷᠢᠲᠠᠢ

ᠮᠣᠷᠢ ᠶᠢᠨ ᠮᠣᠷᠢᠲᠠᠢᠯᠠᠬᠤ ᠮᠣᠷᠢᠲᠠᠢᠯᠠᠭᠰᠠᠨ ᠄ ᠪᠠ ᠮᠣᠷᠢᠲᠠᠢ ᠰᠠᠶᠢᠬᠠᠨ ᠮᠣᠷᠢᠳᠠᠭᠤᠯᠬᠤ

ᠮᠣᠷᠢ ᠶᠢᠨ ᠰᠠᠶᠢᠬᠠᠨ ᠰᠠᠶᠢᠬᠠᠨ ᠰᠠᠶᠢᠬᠠᠨ ᠰᠠᠶᠢᠬᠠᠨ ᠪᠡᠷ ᠮᠣᠷᠢᠳᠤ ᠃ ᠪᠣᠯᠪᠠᠰᠤ ᠰᠠᠶᠢᠬᠠᠨ ᠪᠠ ᠮᠣᠷᠢᠨ ᠶᠢᠨ

ᠮᠣᠷᠢᠲᠠᠢ ᠪᠠ ᠰᠠᠶᠢᠬᠠᠨ ᠪᠣᠯ ᠰᠠᠶᠢᠬᠠᠨ ᠮᠣᠷᠢᠲᠠᠢᠯᠠᠭᠰᠠᠨ ᠬᠦᠮᠦᠨ ᠮᠠᠭᠤ ᠪᠣᠯᠬᠤ ᠃

ᠰᠠᠶᠢᠬᠠᠨ ᠮᠠᠭᠤ ᠰᠠᠶᠢᠬᠠᠨ ᠮᠣᠷᠢᠲᠠᠢ ᠮᠣᠷᠢᠲᠠᠢᠯᠠᠭᠰᠠᠨ ᠃ ᠮᠣᠷᠢ ᠰᠠᠶᠢᠬᠠᠨ ᠪᠠ ᠮᠣᠷᠢ ᠪᠣᠢ ?

ᠬᠡᠮᠡᠨ ᠡᠷᠬᠡᠰᠢᠭᠦᠯᠦᠭᠰᠡᠨ᠂ ᠬᠡᠷᠪᠡ ᠪᠡᠷ ᠪᠤᠷᠤᠭᠤᠳᠠᠭ᠄ ᠬᠡᠷᠪᠡ ᠪᠡ ᠰᠠᠨᠠᠭᠠ ᠪᠡᠷ ᠪᠡᠯᠡᠳᠬᠡᠬᠦ ᠶᠢᠨ ᠮᠡᠳᠡᠯ ᠪᠡᠷ ᠪᠣᠯ ᠮᠡᠳᠡᠨ ᠰᠣᠨᠣᠰᠬᠤ ᠤᠳᠠᠭ᠎ᠠ ᠪᠡᠷ ᠮᠡᠳᠡᠬᠦ ᠪᠡᠷ ᠪᠡᠨ᠃ ᠮᠡᠳᠡᠬᠦ ᠪᠡᠷ ᠡᠷᠬᠡᠯᠡᠭᠰᠡᠨ ᠪᠣᠯ ᠬᠡᠷᠪᠡ ᠮᠡᠳᠡᠬᠦ ᠪᠡᠨ ᠡᠨᠡᠬᠦ ᠪᠡᠷ ᠬᠡᠯᠡᠭᠰᠡᠨ ᠪᠡᠨ ᠡᠷᠬᠡᠮ ᠪᠡᠷ ᠬᠡᠮᠡᠨ ᠪᠣᠯᠤᠨ ᠪᠤᠯᠤᠢ᠃ ᠡᠨᠡ ᠪᠡᠷ ᠬᠡᠷᠪᠡ ᠡᠷᠬᠡᠯᠡᠭᠰᠡᠨ ᠪᠡᠨ ᠬᠡᠯᠡᠨ ᠡᠷᠬᠡ ᠶᠢ ᠬᠠᠮᠢᠭ ᠪᠣᠯᠳᠠᠭ ᠬᠠᠷᠢᠶᠠᠯᠠᠭᠰᠠᠨ ᠳᠤ ᠬᠡᠮᠡᠭᠰᠡᠨ᠄ ᠬᠡᠮᠡᠨ ᠪᠡᠷ ᠬᠠᠷᠢᠶᠠᠳᠤ ᠬᠡᠷᠪᠡ ᠪᠡᠷ ᠪᠣᠯᠤᠭᠤᠢ ᠬᠡᠮᠡᠨ ᠡᠷᠬᠢᠮᠰᠢᠭ ᠬᠠᠮᠢᠭ ᠳᠤ᠂ ᠰᠡᠳᠬᠢᠯ ᠢᠶᠡᠷ ᠪᠡᠶ᠎ᠡ ᠳᠤ ᠶᠠᠭᠤ ᠬᠡᠮᠡᠨ᠃ ᠬᠡᠷᠪᠡ ᠬᠡᠯᠡᠭᠰᠡᠨ ᠬᠡᠮᠡᠬᠦ ᠳᠤ ᠪᠠᠢ ᠶ᠋ᠢ ᠰᠣᠨᠣᠰᠴᠤ ᠬᠡᠮᠡᠨ ᠪᠡᠨ ᠬᠡᠷᠪᠡ ᠪᠣᠯ᠃ ᠪᠣᠯᠪᠠᠰᠤ ᠮᠠᠭᠠᠳ ᠬᠡᠯᠡᠭᠰᠡᠨ ᠦ ᠪᠠᠢᠳᠠᠯ ᠢ ᠮᠡᠳᠡᠨ᠂ ᠮᠠᠭᠠᠳ ᠪᠡᠷ ᠬᠡᠯᠡᠨ ᠮᠡᠳᠡᠯ ᠪᠠ ᠰᠠᠨᠠᠭᠠ ᠶ ᠬᠠᠷᠢᠶᠠᠯᠠᠭᠰᠠᠨ ᠬᠡᠮᠡᠨ ᠡᠷᠬᠡᠯᠡᠭᠰᠡᠨ ᠬᠡᠮᠡᠨ ᠪᠡᠷ ᠬᠡᠯᠡᠬᠦ ᠶ ᠬᠡᠮᠡᠨ ᠮᠡᠳᠡᠭᠰᠡᠨ ᠪᠡᠨ ᠪᠡᠯᠡᠳᠬᠡᠭᠰᠡᠨ ᠪᠣᠯᠪᠠᠰᠤ ᠪᠡᠷ᠄ ᠬᠡᠮᠡᠨ ᠬᠡᠷᠪᠡ ᠬᠡᠯᠡᠭᠰᠡᠨ ᠪᠣᠯ ᠬᠡᠮᠡᠨ ᠡᠷᠬᠡᠮ ᠵᠠᠷᠯᠢᠭ ᠢ ᠪᠡᠯᠡᠳᠬᠡᠭᠰᠡᠨ᠃ 》

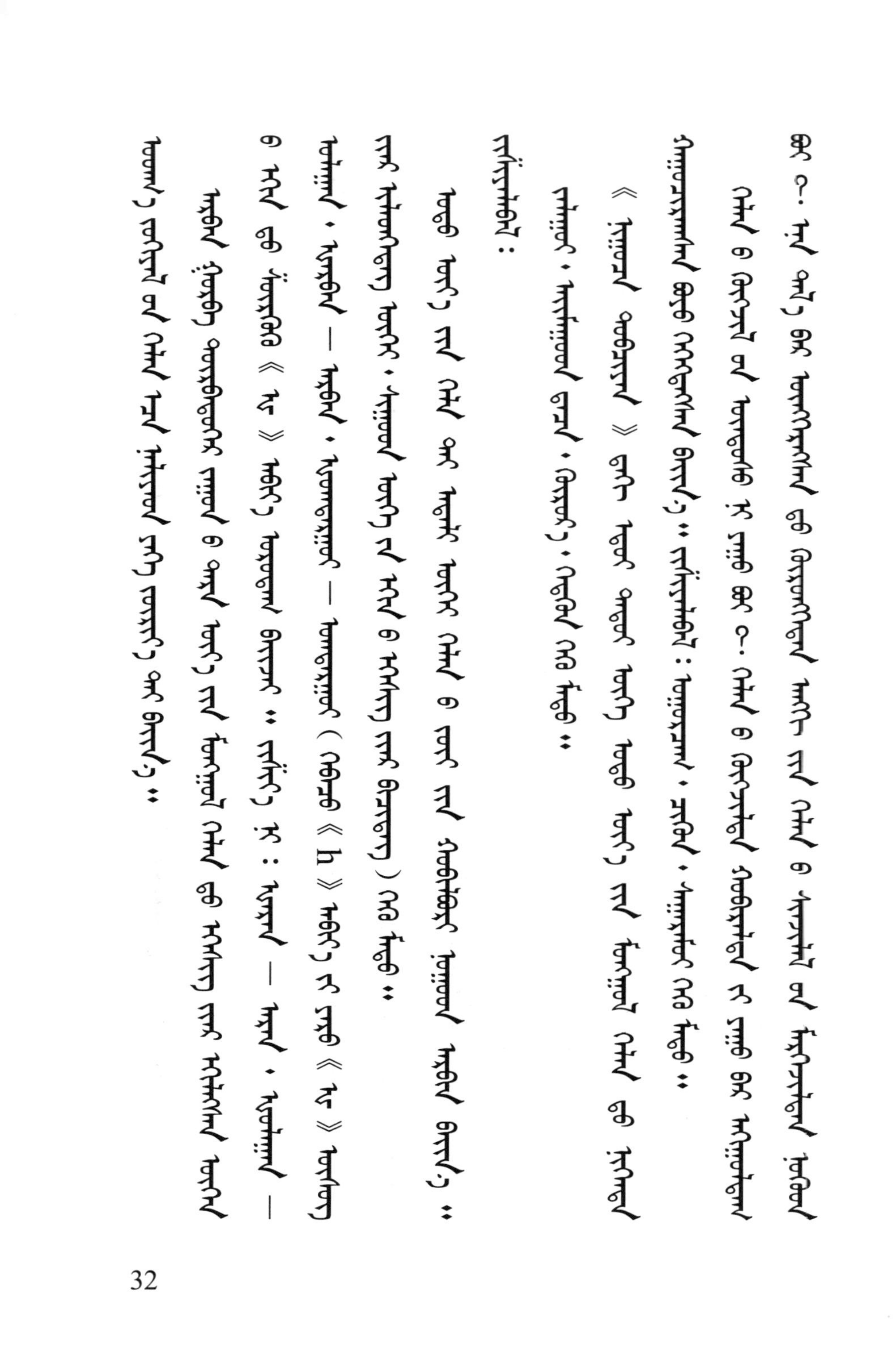

ᠬᠠᠯᠠᠭᠤᠨ ᠂ ᠬᠠᠭᠠᠰᠤᠨ — ᠬᠠᠭᠤᠨ ᠂ ᠬᠠᠭᠠᠰᠤᠨ ᠬᠡᠯᠡᠭᠡᠨ — ᠬᠠᠭᠠᠰᠤᠨ ᠬᠡᠯᠡᠭᠡᠨ (ᠳᠤᠭᠤᠢ 《 h 》 ᠭᠡᠵᠦ ᠶᠢ ᠳᠤᠭᠤᠢ 《 ᠬᠠ 》 ᠬᠡᠯᠡᠭᠡᠳ

ᠪᠣᠯᠵᠤ ᠲᠡᠭᠡᠨ ᠲᠡᠭᠡᠨ ᠦ ᠭᠠᠳᠠᠭᠠᠳᠤ ᠬᠡᠯᠪᠦᠷᠢ ᠶᠢ ᠪᠡᠶᠡᠯᠡᠬᠦ᠂ ᠮᠣᠩᠭᠣᠯ ᠤᠨ ᠬᠡᠯᠡ ᠨᠢ ᠲᠡᠭᠦᠨ ᠦ ᠣᠷᠴᠢᠨ ᠳᠤ ᠣᠷᠣᠰᠢᠳᠠᠭ ᠮᠡᠳᠡᠭᠳᠡᠬᠦᠢ ᠶᠢ ᠨᠡᠢᠭᠡᠮ ᠦᠨ ᠬᠥᠭᠵᠢᠯᠲᠡ ᠶᠢᠨ ᠬᠠᠮᠲᠤ᠂ ᠲᠡᠷᠡ ᠪᠡᠷ ᠬᠥᠭᠵᠢᠨ ᠥᠭᠡᠷᠡ ᠪᠣᠯᠵᠤ ᠪᠠᠶᠢᠭᠰᠠᠨ ᠰᠣᠶᠣᠯ ᠤᠨ ᠪᠦᠲᠦᠴᠡ ᠪᠠᠶᠢᠭᠤᠯᠬᠤ ᠳᠤ ᠬᠡᠷᠡᠭᠯᠡᠬᠦ ᠬᠡᠷᠡᠭᠰᠡᠯ ᠪᠣᠯᠳᠠᠭ :: ᠮᠣᠩᠭᠣᠯ ᠤᠨ ᠬᠡᠯᠡ ᠨᠢ ᠪᠣᠯ ᠲᠡᠭᠦᠨ ᠦ ᠣᠷᠴᠢᠨ ᠨᠢ ᠨᠡᠢᠭᠡᠮ ᠣᠷᠴᠢᠨ ᠦ ᠲᠤᠰᠬᠠᠢ ᠪᠡᠷ ᠮᠡᠳᠡᠭᠳᠡᠭᠰᠡᠨ ᠪᠠᠢᠳᠠᠯ ᠲᠡᠷᠡ ᠨᠢ ᠨᠡᠢᠭᠡᠮ ᠣᠷᠴᠢᠨ ᠤ ᠰᠠᠨᠠᠭ᠎ᠠ ᠪᠡᠷ ᠬᠡᠷᠡᠭᠯᠡᠭᠳᠡᠬᠦ ᠪᠣᠯᠳᠠᠭ :: ᠬᠡᠯᠡ ᠨᠢ ᠰᠠᠨᠠᠭ᠎ᠠ ᠲᠤᠰᠬᠠᠢ ᠬᠡᠯᠡᠨ ᠪᠣᠯᠤᠨ᠎ᠠ :: ᠮᠣᠩᠭᠣᠯ ᠤᠨ ᠬᠡᠯᠡᠯᠴᠡᠬᠦ ᠪᠡᠷ ᠪᠣᠯᠤᠭᠰᠠᠨ ᠬᠡᠯᠡ ᠨᠢ ᠮᠡᠳᠡᠨ ᠲᠡᠷᠡ ᠳᠤ ᠨᠡᠢᠭᠡᠮ ᠦᠨ ᠬᠥᠭᠵᠢᠯ ᠬᠡᠯᠡᠨ ᠦ ᠵᠦᠢ ᠲᠡᠷᠡ ᠨᠢ ᠣᠷᠴᠢᠨ ᠤ ᠨᠡᠢᠭᠡᠮ ᠦᠨ ᠬᠥᠭᠵᠢᠯ ᠬᠡᠯᠡᠨ ᠳᠦ ᠮᠡᠳᠡᠭᠳᠡᠨ᠎ᠡ ::

ᠰᠲᠠᠯᠢᠨ ᠬᠡᠯᠡᠬᠦ : 《ᠬᠡᠯᠡ ᠪᠣᠯ ᠨᠡᠢᠭᠡᠮ ᠦᠨ ᠦᠵᠡᠭᠳᠡᠯ ᠳᠦ ᠬᠠᠮᠢᠶᠠᠷᠤᠭᠳᠠᠨ᠎ᠠ᠂ ᠨᠡᠢᠭᠡᠮ ᠪᠠᠢᠭ᠎ᠠ ᠴᠠᠭ ᠠᠴᠠ ᠡᠬᠢᠯᠡᠨ ᠬᠡᠯᠡ ᠪᠠᠢᠭ᠎ᠠ :: ᠬᠡᠯᠡ ᠪᠣᠯ ᠨᠡᠢᠭᠡᠮ ᠦᠨ ᠡᠭᠦᠰᠬᠦ ᠬᠥᠭᠵᠢᠬᠦ ᠶᠢ ᠳᠠᠭᠠᠨ ᠡᠭᠦᠰᠴᠦ ᠬᠥᠭᠵᠢᠳᠡᠭ :: ᠬᠡᠯᠡ ᠪᠣᠯ ᠨᠡᠢᠭᠡᠮ ᠦᠬᠦᠬᠦ ᠶᠢ ᠳᠠᠭᠠᠨ ᠦᠬᠦᠳᠡᠭ :: ᠨᠡᠢᠭᠡᠮ ᠡᠴᠡ ᠭᠠᠳᠠᠭᠰᠢ ᠬᠡᠯᠡ ᠭᠡᠳᠡᠭ ᠦᠭᠡᠢ》〔1〕ᠭᠡᠵᠡᠢ :: ᠡᠨᠡ ᠨᠢ ᠬᠡᠯᠡ ᠪᠠ ᠨᠡᠢᠭᠡᠮ ᠦᠨ ᠬᠣᠷᠢᠨ ᠬᠣᠯᠪᠣᠭ᠎ᠠ ᠶᠢ ᠲᠣᠳᠣᠷᠬᠠᠢ ᠬᠡᠯᠡᠭᠰᠡᠨ ᠪᠠᠢᠨ᠎ᠠ ::

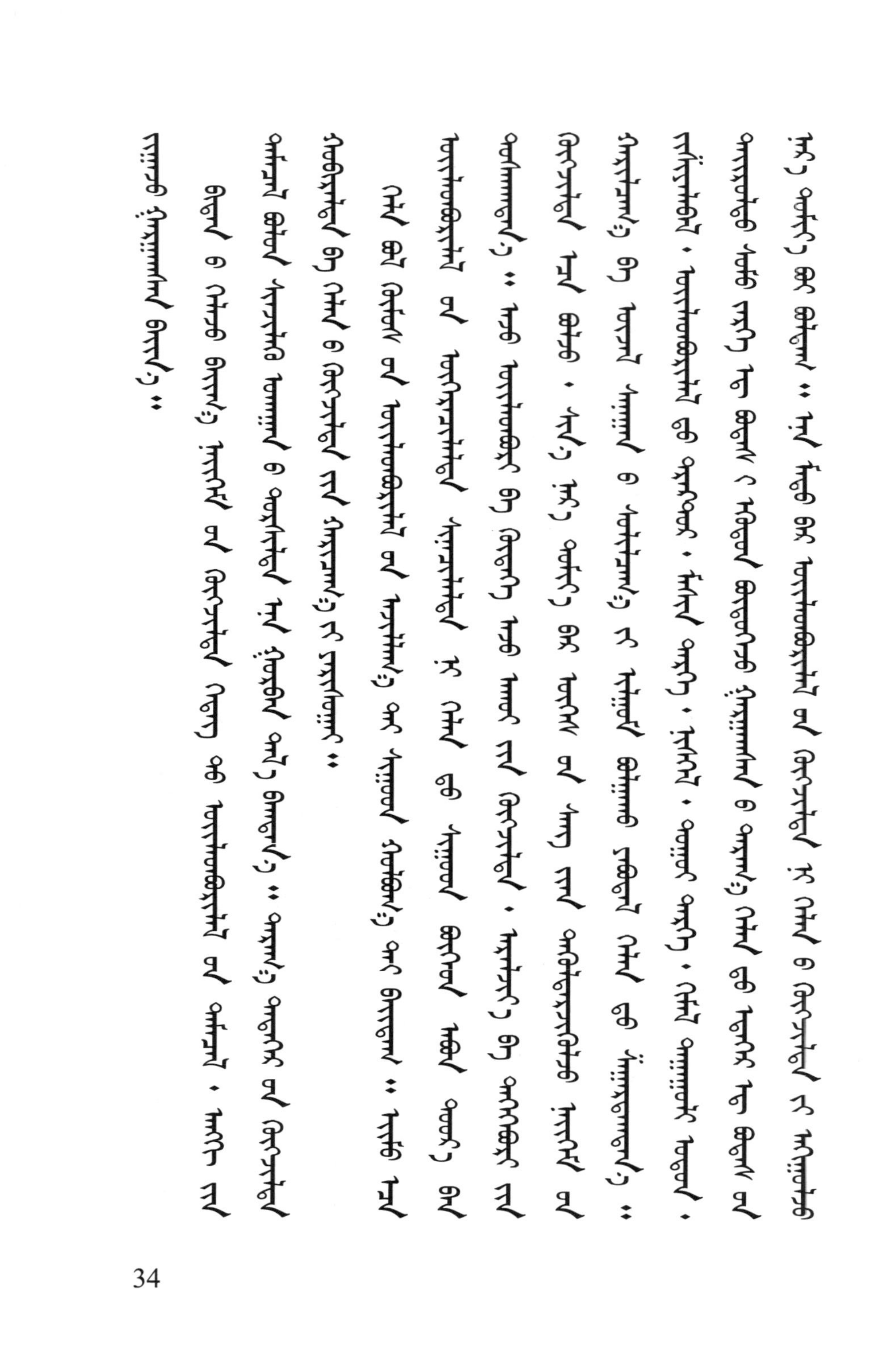

[illegible]

[illegible]

[illegible]

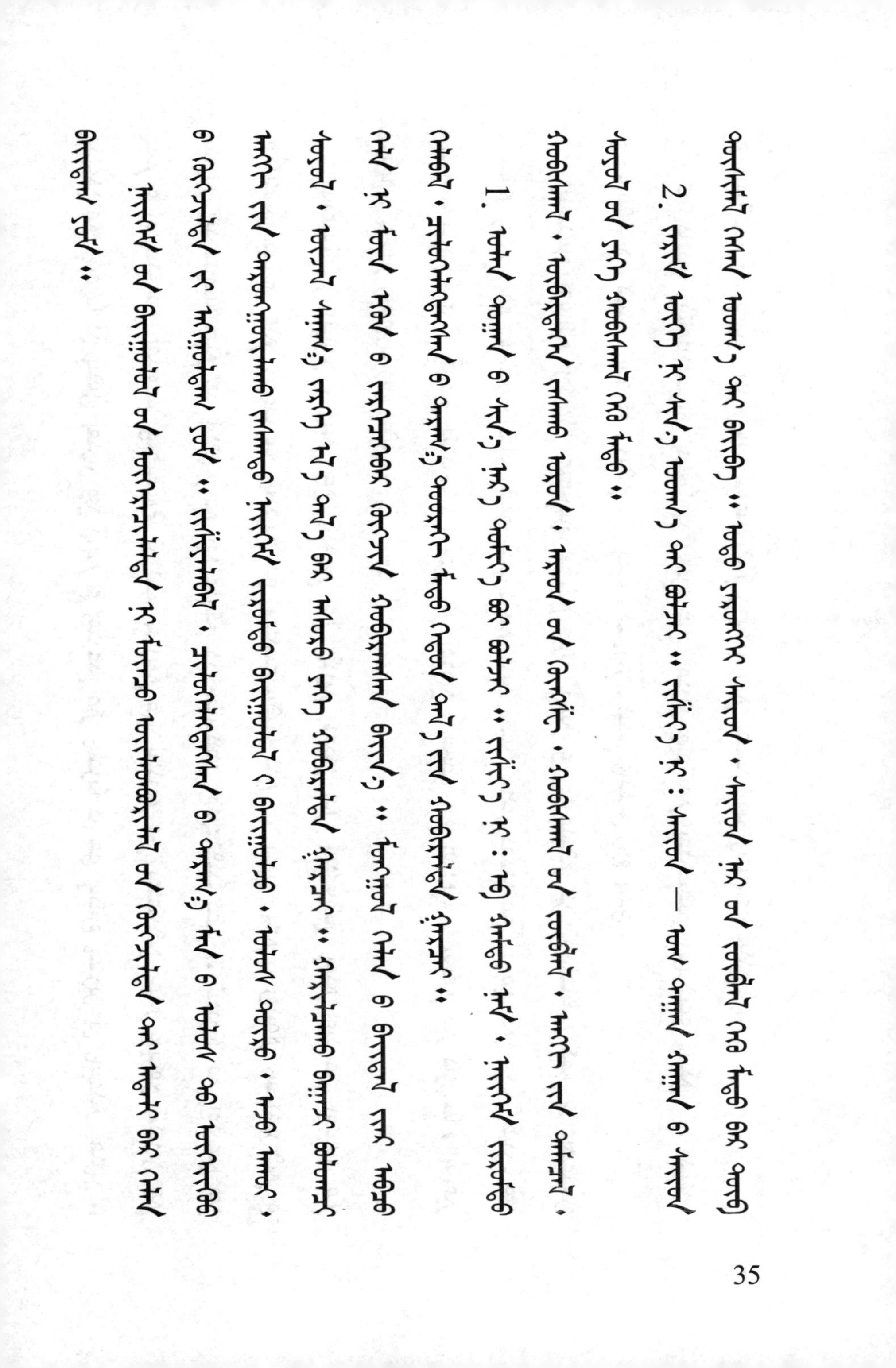

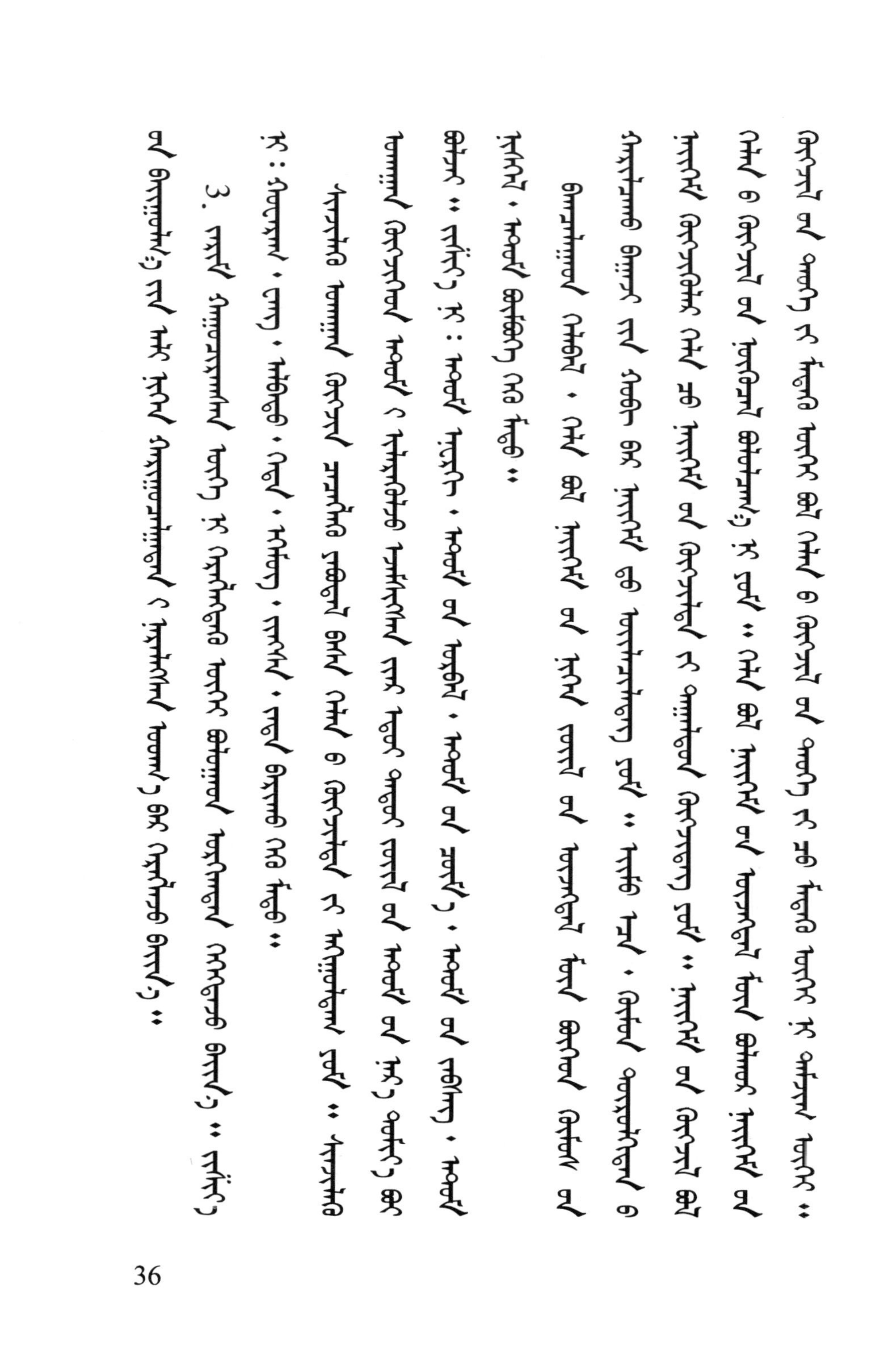

[illegible]

[illegible]

ᠬᠣᠶᠠᠳᠤᠭᠠᠷ ᠪᠦᠯᠦᠭ ᠬᠦᠮᠦᠨ ᠦ ᠨᠡᠷᠡ ᠶᠢᠨ ᠰᠤᠳᠤᠯᠭ᠎ᠠ ᠶᠢᠨ ᠲᠣᠢᠮᠣ

[illegible]

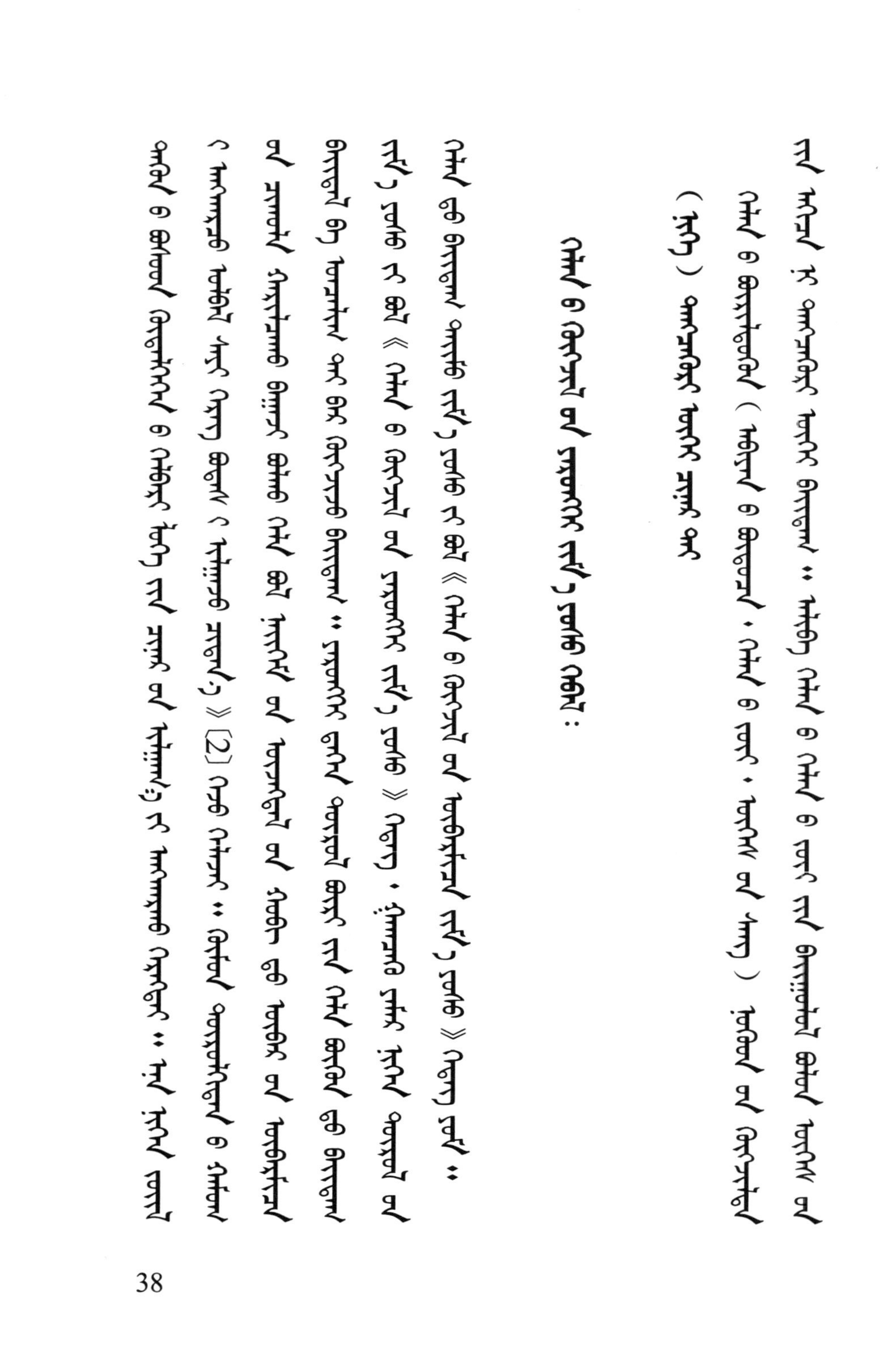

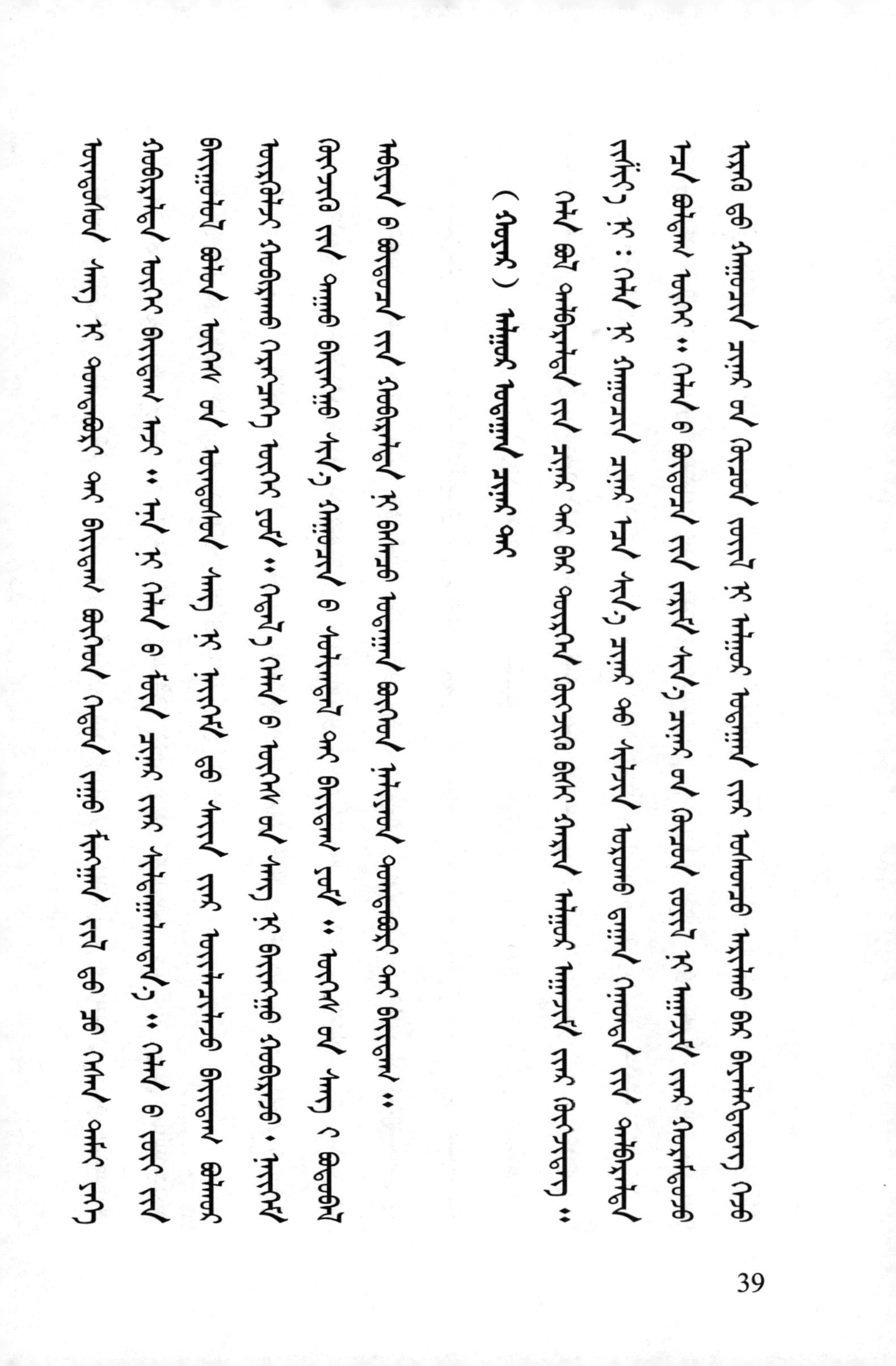

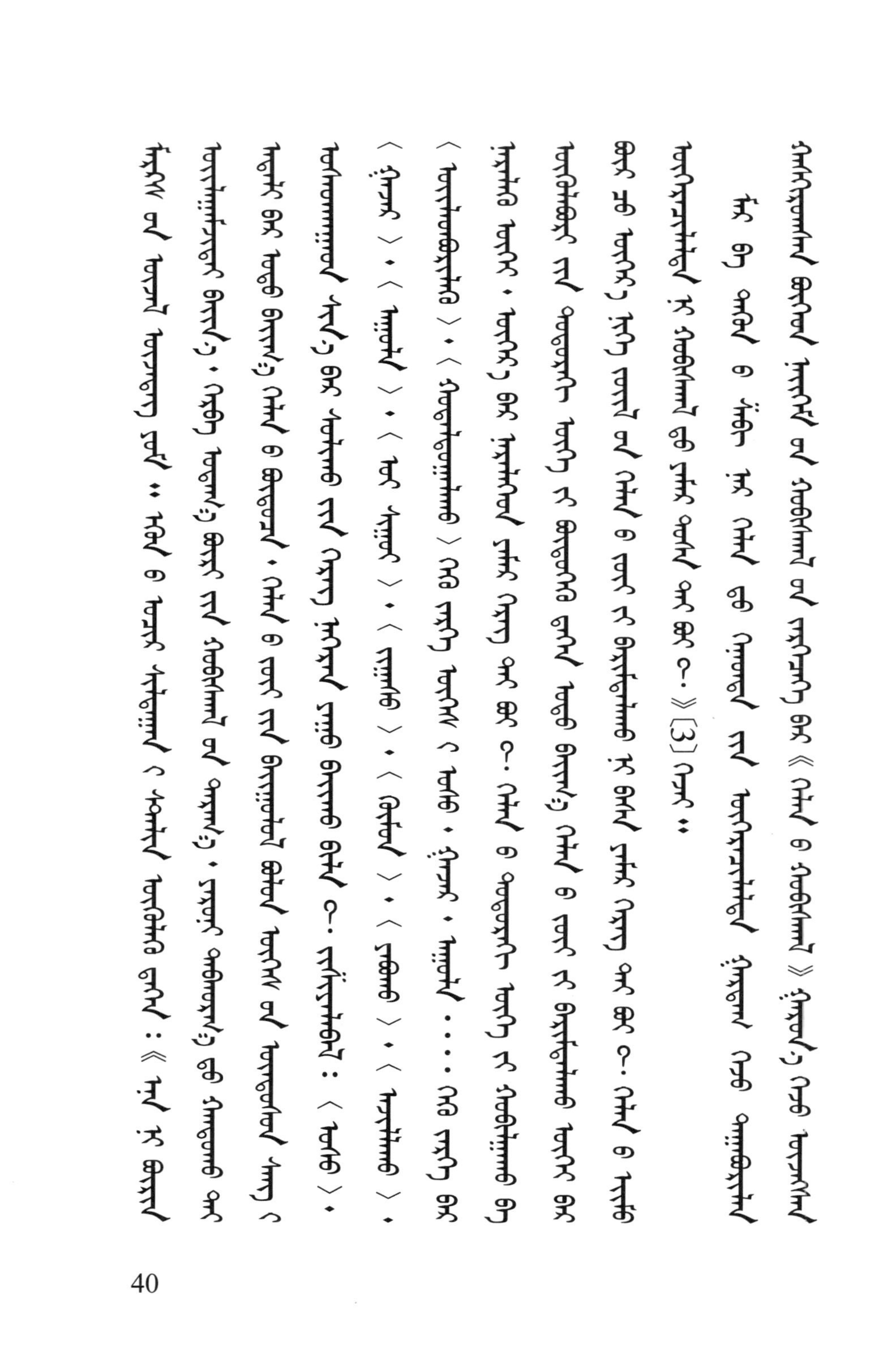

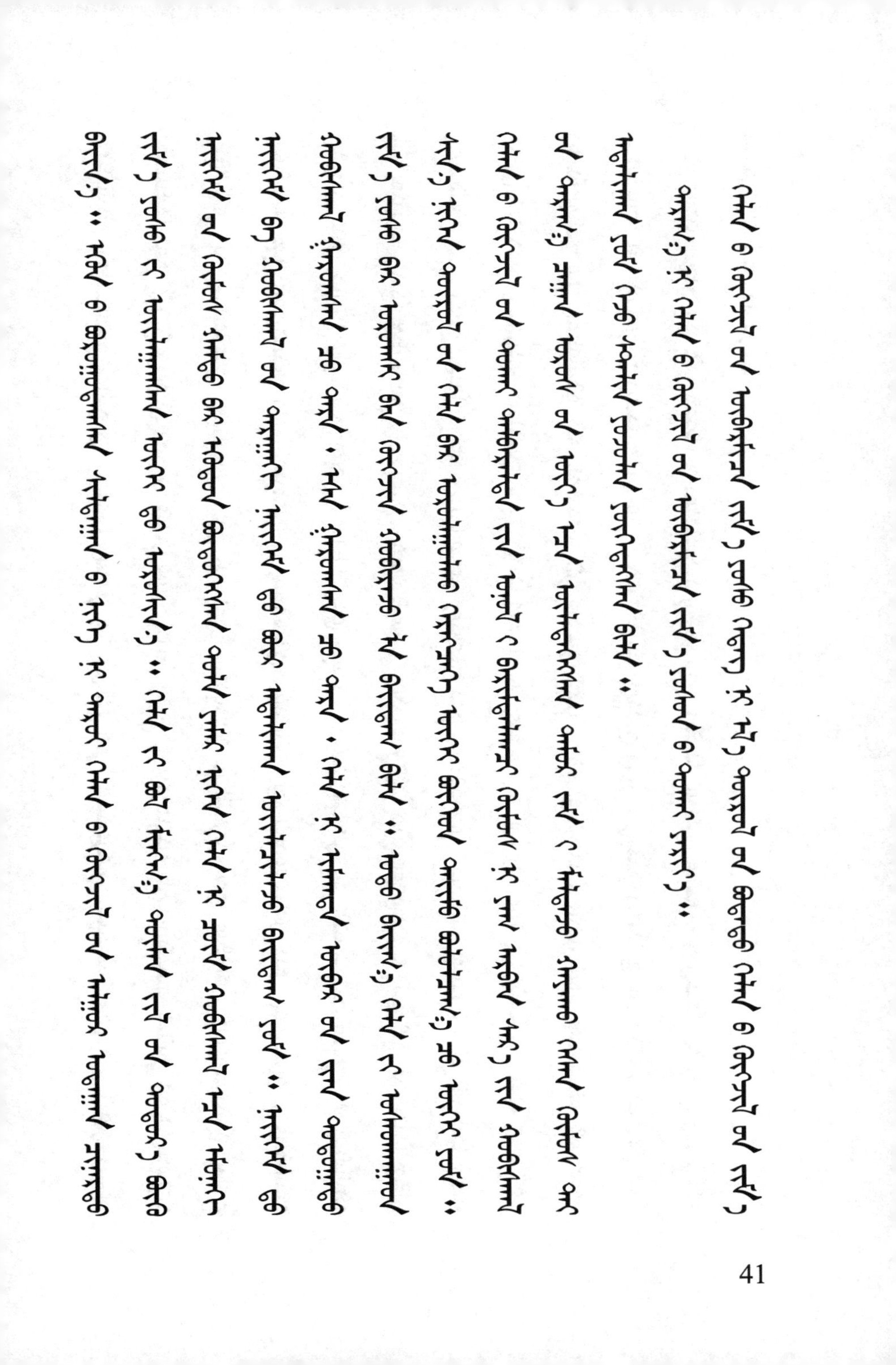

[illegible]
[illegible]
[illegible]
[illegible]
[illegible]
[illegible]
[illegible]
[illegible]
[illegible]
[illegible]
[illegible]
[illegible]
[illegible]
[illegible]
[illegible]

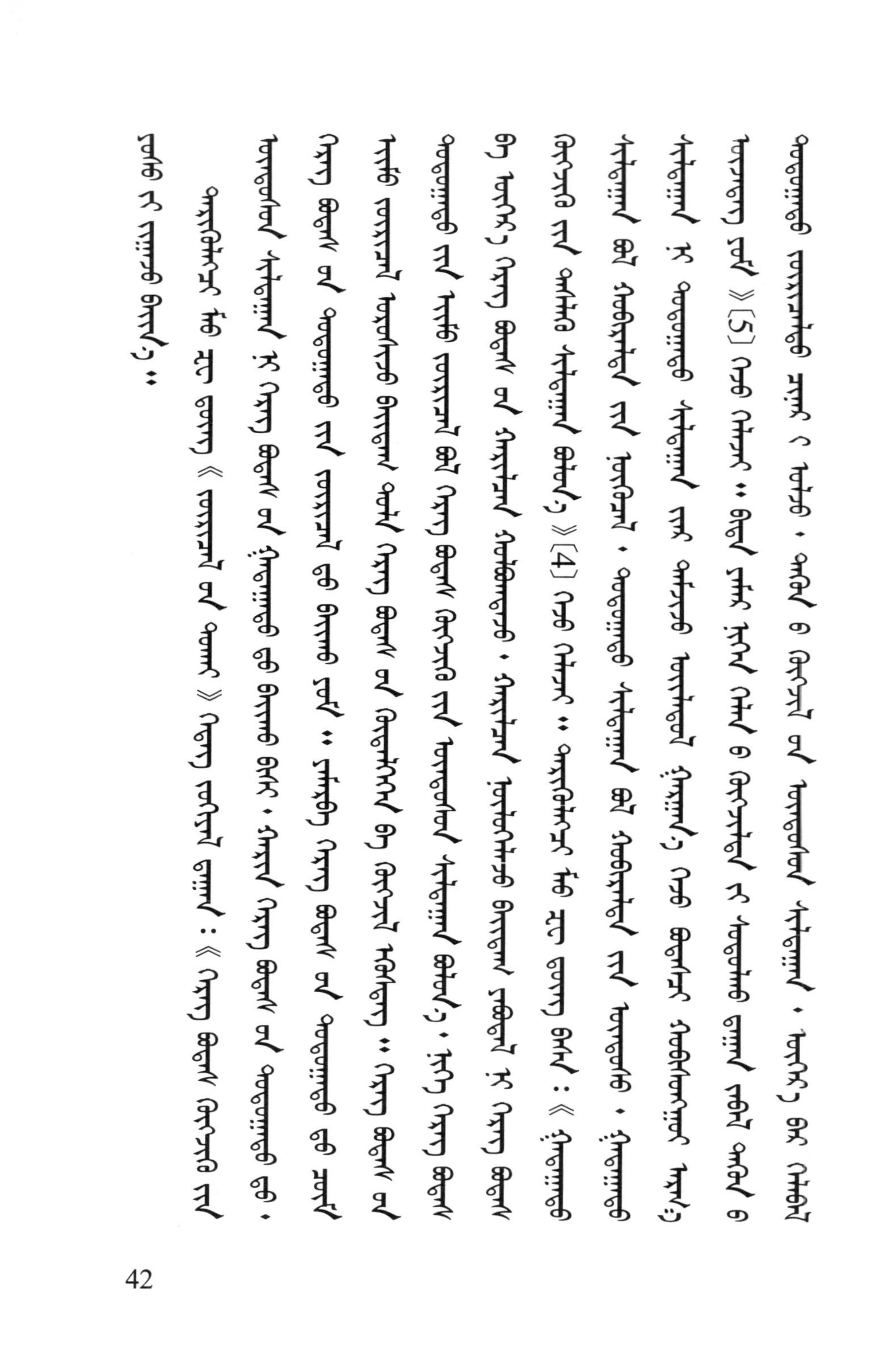

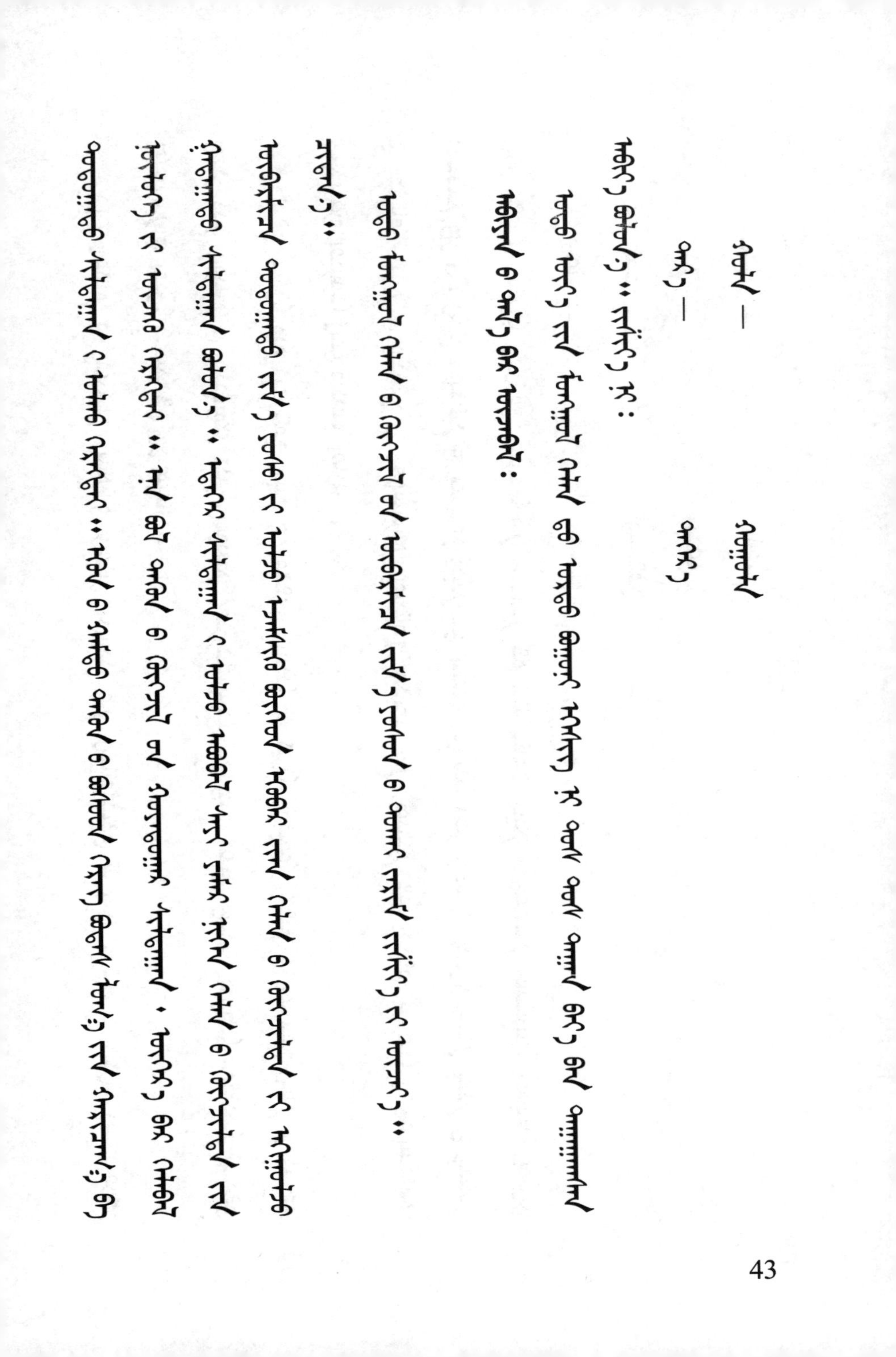

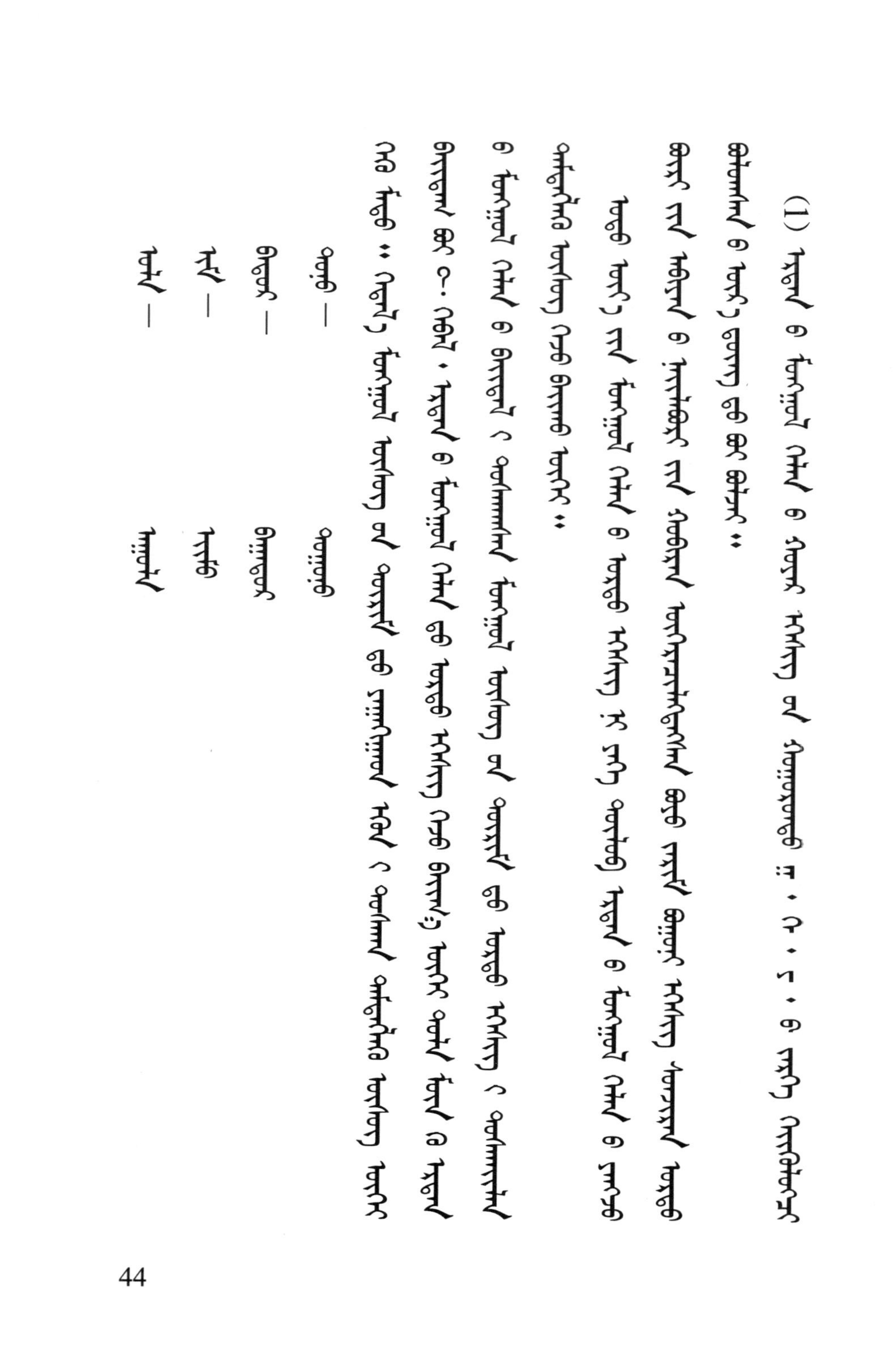

ᠵᠢᠱᠢᠶ᠎ᠡ ᠄

(2) ᠡᠭᠡᠰᠢᠭ ᠦᠨ ᠳᠤᠮᠳᠠᠬᠢ ᠭᠠᠭᠤᠯᠢ ᠶᠢᠨ ᠠᠪᠢᠶ᠎ᠠ᠂ ᠭ ᠭᠡᠭᠡᠭᠳᠡᠵᠦ ᠡᠮᠦᠨᠡᠬᠢ ᠦᠭᠡᠢᠰᠬᠡᠨ ᠨᠢ ᠤᠷᠲᠤ ᠠᠪᠢᠶ᠎ᠠ ᠪᠣᠯᠤᠨ᠎ᠠ ᠃

ᠳᠡᠪᠡᠯ — tə:l

ᠮᠣᠳᠤ ᠪᠠᠷ — mɔtɔ:r

ᠲᠠᠯ᠎ᠠ ᠪᠠᠷ — t'ăla:r

ᠬᠣᠷᠣᠭ᠎ᠠ xɔrɞɔ:

ᠲᠠᠷᠢᠶ᠎ᠠ — t'ara:

ᠡᠮᠡᠭᠡᠯ — əmə:l

ᠳᠡᠭᠡᠷ᠎ᠡ — tə:r

ᠨᠠᠭᠠᠳᠤᠮ — na:tăm

ᠴᠠᠭᠠᠰᠤ — tʃ' a:s

ᠠᠯᠭᠤᠰᠭᠠᠳ ᠤᠷᠲᠤ ᠠᠪᠢᠶ᠎ᠠ ᠪᠣᠯᠤᠨ᠎ᠠ ᠃ ᠵᠢᠱᠢᠶ᠎ᠡ ᠨᠢ

ᠲᠣᠶᠢᠯ — t‘ɷjil — t‘ɷil

ᠣᠶᠢᠷ᠎ᠠ — ɔjira — ɔira

ᠰᠠᠶᠢᠳ — sajit — sait

ᠠᠶᠢᠮᠠᠭ — ajimag — aimag

ᠵᠢᠱᠢᠶᠡᠯᠡᠪᠡᠯ :

ᠮᠣᠩᠭᠣᠯ ᠪᠢᠴᠢᠭ ᠤᠨ ᠬᠡᠯᠡᠨ ᠦ ᠠᠶᠠᠯᠭᠤ ᠶᠢᠨ ᠲᠣᠭᠣᠯ ᠲᠣᠮᠢᠶᠠᠯᠠᠭᠳᠠᠬᠤ ᠶᠢ aji · ᠣᠶᠢ ɔji · ᠣᠶᠢ ɷji ᠲᠤᠰ ᠲᠣᠭᠲᠠᠭᠠᠨ᠎ᠠ ᠃

ᠠᠮᠤᠪᠠ ᠣᠶᠢᠷ᠎ᠠ ᠶᠢᠨ ᠮᠣᠩᠭᠣᠯ ᠬᠡᠯᠡᠨ ᠦ ai · ɔi · ɷi ᠶᠢᠨ ᠳᠠᠭᠤᠤ ᠡᠭᠡᠰᠢᠭ ᠨᠢ ᠠᠮᠠᠨ ᠤ ᠮᠣᠩᠭᠣᠯ ᠬᠡᠯᠡᠨ ᠳᠦ

ᠴᠠᠭᠠᠨ — tʃ‘agan — tʃ‘aga:n

ᠠᠪᠤ — apɷ — a:p

(3) ᠠᠮᠠᠨ ᠤ ᠮᠣᠩᠭᠣᠯ ᠬᠡᠯᠡᠨ ᠦ ᠠᠪᠢᠶ᠎ᠠ ᠤᠨ ᠡᠭᠡᠰᠢᠭ ᠲᠣᠭᠣᠷᠢᠭᠯᠠᠭᠰᠠᠨ ᠠᠭᠤᠯᠭ᠎ᠠ ᠡᠭᠡᠰᠢᠭ ᠪᠣᠯᠵᠠᠢ ᠃ ᠵᠢᠱᠢᠶ᠎ᠡ ᠨᠢ :

ᠲᠡᠪᠬᠡ — t‘əwxə — t‘əʉx — t‘ʉ:x

ᠲᠠᠪᠯᠠᠢ — t‘awlaj — t‘aɷlai —t‘ɷ:lai

ᠪᡳᠴᡳ ᡨᠣᠪᡠ ᡳᠨᡳ ᡨᠣᠯᡠᠨ ᠣ ᡥᡝᡵᡤᡝᠨ ᡤᡳᠰᡠᠨ ᠣ ᡨᠣᠣᠨ ᡳᠨᡳ ᠰᡳᠨᡳ ᡨᠣᡴᠣ ᠪᡝ ᠪᡝᡨᡝᡵᡤᡝᠮᡝ 《ᠪ》 ᠵᡝ i ᠪᡝ j ᠪᡳᡥᡝ ::

ᡥᠣᡳ — xɷj

ᠣᡳ — ɔj

ᡨᠠᠯᠠᡳ — talaj

ᠣ ᡥᡝᡵᡤᡝᠨ ᡤᡳᠰᡠᠨ ᠣ ᡨᠣᠣᠨ ᡳᠨᡳ ᠰᡳᠨᡳ ᡨᠣᡴᠣ ᠪᡝ ɑi · ɔi · ɷi ᠪᡳᠴᡳ ᡨᠣᠪᡠ ᠪᡝ ᠵᡝᡨᡝᡵᡝ · ᡤᡳᠰᡠᡵᡝᠮᡝ ᠮ ᡥᡝᡵᡤᡝᠨ ᡩᡝ

ɑ — ji · ɔ — ji · ɷ — ji ᠪᡳᡥᡝ ᡥᡝᡵᡤᡝᠨᡳ ᡨᠣᠣᠨ ᠪᡳᡥᡝ :: ᡨᡝᠨᡳ ᡨᡝᠨ ᡳᠯᡳᠪᡠᡥᡝ ᡥᡝᡵᡤᡝᠨ ᠵᡝᠨᡝᡵᡝ ᠵᡝ ᡨᡠᠸᠠᠨ

ᠪᡳᠴᡳ ᡨᠣᠪᡠ :: ᠵᡝᠪᡝᠨᡳ ᡨᠣᠪᡠᡥᡝ ᠣ ᡨᠣᠪᡠ ᡨᠣᠣᠨ ᡳᠨᡳ ᡥᡝᡵᡤᡝᠨ ᡤᡳᠰᡠᠨ ᠣ ɑi · ɔi · ɷi ᡳᠨᡳ ᡥᡝᡵᡤᡝᠨ ᠵᡝᠨᡝᡵᡝ ᠵᡝ ᡨᡠᠸᠠᠨ

ᠲᠡᠷ᠎ᠡ ᠄ ᠬᠡᠯᠡᠯᠲᠡ ᠣᠷᠴᠢᠭᠤᠯᠪᠠ ᠂ ᠪᠢᠴᠢᠭ ᠬᠡᠯᠡᠮᠵᠢ ᠂ ᠬᠡᠯᠡᠪᠡ ᠬᠡᠯᠡᠨ ᠂ ᠵᠢᠷᠤᠭᠠᠨ ᠪᠠ ᠲᠣᠭᠲᠠᠭᠠᠯ ᠪᠠ ᠬᠡᠯᠡᠭ ᠳᠡᠭᠡᠷ᠎ᠡ ᠲᠡᠭᠦᠨ ᠪᠡᠶ᠎ᠡ ᠳᠡᠭᠡᠷ᠎ᠡ

ᠪᠠᠶᠢᠳᠠᠯ ᠪᠣᠯ ᠣᠷᠴᠢᠭᠤᠯᠤᠭᠰᠠᠨ ᠬᠡᠯᠡᠭ ᠂ ᠦᠭᠦᠯᠡᠭ ᠂ ᠦᠪᠦᠷᠮᠢᠴᠡ ᠬᠡᠯᠡᠭ ᠦᠭᠦᠯᠡᠭ ᠂ ᠲᠣᠭᠠᠨ ᠰᠠᠭᠤᠷᠢ ᠬᠡᠯᠡᠭ ᠪᠣᠯ ᠵᠢᠭ ᠰᠢᠨᠡ ᠪᠠᠶᠢᠳᠠᠯ

ᠪᠣᠯᠭᠠᠭᠰᠠᠨ ᠨᠡᠶᠢᠲᠡᠯᠡᠭ ᠪᠠᠶᠢᠳᠠᠯ ᠪᠣᠯᠤᠨ᠎ᠠ ᠄ ᠡᠨᠡ ᠬᠡᠯᠡᠪᠡ ᠬᠡᠯᠡᠨ ᠳᠡᠭᠡᠷ᠎ᠡ ᠦᠭᠡ ᠳᠡᠭᠡᠷ᠎ᠡ ᠬᠣᠣᠰ ᠡᠭᠡᠰᠢᠭ ᠬᠣᠣᠷ ᠰᠢᠨ᠎ᠡ ᠲᠡᠭᠦᠨ ᠪᠠᠶᠢᠳᠠᠯ

ᠬᠡᠷᠡᠭᠯᠡᠭᠡ ᠠᠢᠮᠠᠭ ᠤ ᠬᠣᠣᠰ ᠡᠭᠡᠰᠢᠭ ᠪᠠ ᠤᠷᠲᠤ ᠡᠭᠡᠰᠢᠭ ᠲᠡᠭᠡᠷ᠎ᠡ ᠬᠡᠯᠡᠪᠡᠷᠢ ᠪᠦᠬᠦ ᠦᠭᠡ ᠬᠡᠯᠡᠬᠦ ᠳᠡᠭᠡᠷ᠎ᠡ ᠪᠠᠶᠢᠳᠠᠭ ᠢ ᠳᠠᠭᠤᠳᠠᠬᠤ ᠪᠠᠶᠢᠳᠠᠯ

ᠬᠣᠣᠰ ᠡᠭᠡᠰᠢᠭ ᠪᠠ ᠤᠷᠲᠤ ᠡᠭᠡᠰᠢᠭ ᠪᠠ ᠦᠭᠡ ᠪᠡᠷ ᠵᠢᠱᠢᠶᠡᠯᠡᠪᠡᠯ :

ᠡᠭᠦᠯᠡ — ᠦᠢᠯᠡ ɯ:l — ɯil ᠄

ᠬᠣᠭᠣᠯᠠ — ᠬᠣᠶᠢᠯᠠ xɷ:l — xɷil

ᠨᠠᠭᠤᠷ — ᠨᠣᠶᠢᠷ nɔ:r — nɔir

ᠲᠠᠭᠠᠷ — ᠲᠠᠶᠢᠷ ta:r — tair

ᠬᠣᠣᠰ ᠡᠭᠡᠰᠢᠭ ᠨᠢ ᠳᠣᠲᠣᠷ᠎ᠠ ᠳᠣᠲᠣᠷ᠎ᠠ ᠲᠠᠢᠯᠪᠤᠷᠢ ᠪᠣᠯᠤᠨ ᠪᠠᠶᠢᠳᠠᠭ ᠲᠣᠭᠲᠠᠭᠰᠠᠨ ᠬᠡᠯᠡᠪᠡᠷᠢ ᠬᠡᠯᠡᠬᠦ ᠪᠢᠯᠡ ᠄ ᠵᠢᠱᠢᠶ᠎ᠡ ᠨᠢ :

ᠪᠠᠶᠢᠳᠠᠯ ᠲᠣᠬᠢᠶᠠᠯ ᠬᠣᠣᠰ ᠡᠭᠡᠰᠢᠭ ᠦᠨ ᠬᠡᠯᠡᠪᠡᠷᠢ ᠡᠭᠡᠰᠢᠭ ᠰᠢᠨᠵᠢᠯᠡᠯ ᠬᠡᠯᠡᠨ ᠬᠡᠯᠡᠭ ᠳᠡᠭᠡᠷ᠎ᠡ ᠬᠡᠯᠡᠮᠡᠭᠡ ᠬᠡᠯᠡᠭᠳᠡᠬᠦᠨ ᠳᠦ ᠪᠠᠶᠢᠨ᠎ᠠ

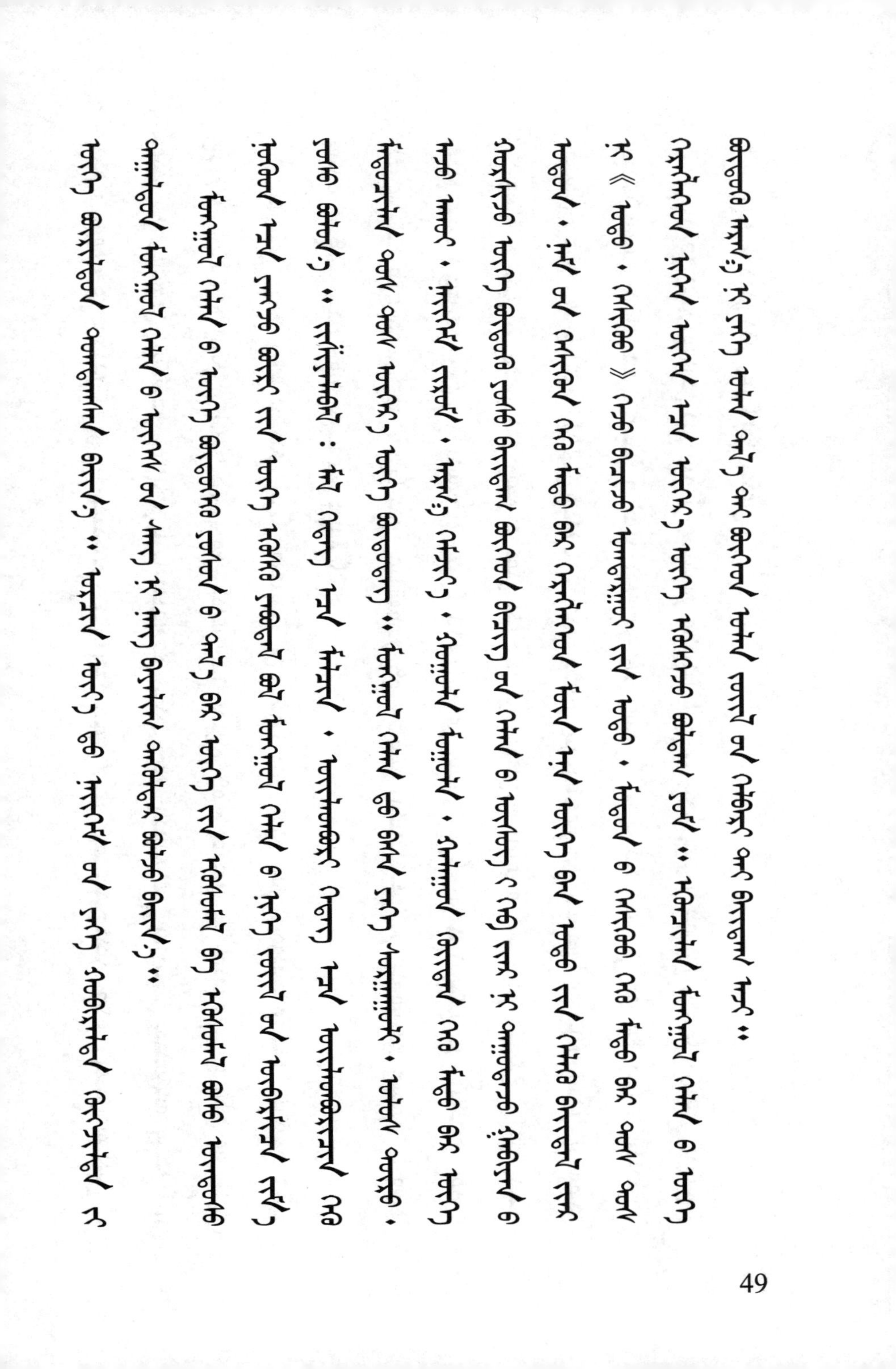

[illegible]
[illegible]
[illegible]
[illegible]
[illegible]
[illegible]
[illegible]
[illegible]
[illegible]
[illegible]
[illegible]
[illegible]
[illegible]

ᠬᠠᠷᠠ ᠰᠤᠨᠢᠳ ᠤ ᠨᠡᠷᠡᠢᠳᠦᠯ ᠢ : ᠬᠠᠷᠠᠴᠢᠨ — ᠬᠠᠷᠠᠴᠢᠨ ᠭᠠᠵᠠᠷ — ᠬᠠᠷᠠᠴᠢᠨ ᠭᠠᠵᠠᠷ ᠤᠨ ᠬᠠᠷᠠᠴᠢᠨ ᠭᠠᠵᠠᠷ ᠲᠤ ᠂
ᠬᠠᠮᠤᠭ ᠤᠨ ᠰᠢᠨᠵᠢᠯᠡᠬᠦ ᠤᠬᠠᠭᠠᠨ ᠤ ᠬᠡᠯᠡᠯᠴᠡ ᠶᠢᠨ ᠬᠠᠮᠤᠭ ᠤᠨ ᠬᠡᠯᠡ ᠤᠨ ᠬᠡᠯᠡᠯᠬᠡ ᠤᠨ ᠬᠡᠯᠡ ᠳᠦ ᠪᠠᠭᠤᠯᠭᠠᠭᠰᠠᠨ ᠪᠣᠯᠤᠨ᠎ᠠ ᠄ ᠬᠠᠷᠠᠴᠢᠨ
ᠪᠣᠯᠤᠨ᠎ᠠ ᠄ ᠲᠣᠷᠭᠤᠭᠤᠳ ᠮᠣᠩᠭᠣᠯ ᠤ ᠶᠢᠨ ᠬᠡᠯᠡᠯᠬᠡ ᠤᠨ ᠬᠡᠯᠡᠯᠴᠡ ᠤᠨ ᠬᠡᠯᠡᠨ ᠳᠦ : ᠬᠠᠷᠠᠨ — ᠬᠠᠷᠠᠴᠢᠨ ᠮᠠᠭᠤ ᠲᠣᠪᠴᠢ ᠪᠠᠷ ᠶᠢᠨ
ᠲᠣᠷᠭᠤᠭᠤᠳ ᠮᠣᠩᠭᠣᠯ ᠤ ᠬᠡᠯᠡ ᠳᠤ ᠶᠢᠨ ᠬᠠᠷᠠᠴᠢᠯᠠᠨ ᠢ ᠬᠡᠯᠡᠨ ᠳᠤ ᠬᠡᠯᠡ ᠳᠤ ᠰᠤᠷᠪᠠᠯᠵᠢᠯᠠᠯ ᠳᠤ ᠳᠣᠭᠤᠳᠠᠭ ᠳᠤᠯᠳᠤ
ᠬᠡᠯᠡᠨ ᠰᠤᠳᠤᠯᠤᠭ ᠬᠠᠷᠠᠴᠢ ᠪᠠᠷ ᠲᠤᠬᠠᠢᠯᠠᠭᠰᠠᠨ ᠪᠣᠯᠤᠨ᠎ᠠ ᠄
ᠳᠤ ᠪᠠᠲᠤᠯᠠᠨ ᠤᠨ ᠬᠡᠮᠵᠢᠶ᠎ᠡ ᠶᠢ ᠬᠡᠯᠡᠨ ᠳᠤ ᠬᠡᠯᠡᠯᠴᠡᠭᠰᠡᠨ ᠳᠤ ᠰᠢᠨᠵᠢᠯᠡᠬᠦ ᠰᠢᠨᠵᠢᠯᠡᠬᠦ ᠤᠬᠠᠭᠠᠨ ᠲᠤᠬᠠᠢᠯᠠᠭᠰᠠᠨ ᠪᠣᠯᠤᠨ᠎ᠠ ᠄ ᠪᠠᠢᠨ᠎ᠠ
ᠬᠡᠯᠡᠨ ᠪᠠᠲᠤᠯᠠᠨ ᠪᠣᠯᠤᠨ ᠰᠢᠷᠡᠭᠡ ᠤ ᠲᠤᠬᠠᠢᠯᠠᠭᠰᠠᠨ ᠪᠠᠷᠢᠨ᠎ᠠ ᠲᠣᠭᠠᠨ ᠢ ᠲᠤᠰ ᠬᠡᠯᠡᠨ ᠰᠢᠷᠡᠭᠡ ᠰᠢᠷᠡᠭᠡ ᠄ ᠰᠢᠷᠡᠭᠡᠯᠡᠭᠰᠡᠨ : ᠬᠠᠷᠠᠨ ᠬᠡᠯᠡᠨ
ᠰᠢᠷᠡ ᠪᠠᠲᠤᠯᠠᠭᠰᠠᠨ ᠲᠡᠳᠡ ᠄ ᠰᠢᠷᠡᠭᠡ ᠳᠤ ᠮᠣᠩᠭᠣᠯ ᠤ ᠬᠡᠯᠡ ᠳᠤ ᠶᠢᠨ ᠳᠤ ᠶᠢᠨ ᠬᠠᠷᠠᠴᠢᠯᠠᠭᠰᠠᠨ ᠮᠣᠩᠭᠣᠯ ᠤ ᠬᠡᠯᠡ ᠳᠤ ᠮᠣᠩᠭᠣᠯᠴᠤᠳ ᠢ ᠲᠤᠰ ᠬᠡᠯᠡᠨ
ᠰᠢᠷᠡᠭᠡᠯᠡᠭᠰᠡᠨ ᠂ ᠲᠤᠷᠠ ᠂ ᠪᠠᠢᠨ ᠳᠤᠭᠠᠷ ᠶᠢᠨ ᠰᠢᠷᠡ ᠪᠣᠯᠤᠨ ᠄ ᠲᠡᠷᠡ ᠬᠡᠯᠡᠭᠰᠡᠨ ᠶᠢᠨ ᠬᠡᠯᠡᠯᠴᠡᠭᠰᠡᠨ ᠳᠤ ᠰᠢᠷᠡᠭᠡᠳ ᠢ ᠪᠠᠢᠨ ᠲᠤᠭᠠᠨ ᠰᠢᠨᠵᠢᠯᠡᠬᠦ
ᠰᠤᠷᠪᠠᠯᠵᠢᠯᠠᠭᠰᠠᠨ ᠲᠡᠭᠦᠨ ᠳᠤᠭᠠᠷ ᠮᠣᠩᠭᠣᠯ ᠤ ᠬᠡᠯᠡ ᠳᠤ ᠶᠢᠨ ᠰᠢᠷᠡ ᠪᠣᠯᠤᠨ ᠄ ᠬᠠᠷᠠᠨ ᠬᠡᠯᠡᠨ ᠳᠤ ᠪᠡ ᠲᠤᠰ ᠂ ᠪᠠᠢᠨ᠎ᠠ ᠂
ᠲᠣᠷᠭᠤᠭᠤᠳ ᠮᠣᠩᠭᠣᠯ ᠤ ᠬᠡᠯᠡ ᠳᠤ ᠶᠢᠨ ᠢ ᠲᠤᠷᠠᠨ ᠪᠠᠲᠤᠯᠠᠯ ᠲᠡᠳᠡ ᠄ ᠲᠦᠷ ᠬᠡᠯᠡᠨ ᠳᠤ ᠪᠡ ᠰᠢᠷᠡ ᠂ ᠰᠢᠷᠡ ᠬᠡᠯᠡᠭᠡ ᠂
ᠮᠣᠩᠭᠣᠯ ᠤ ᠬᠡᠯᠡ ᠶᠢᠨ ᠦᠭᠡ ᠪᠡᠷ ᠨᠡᠷᠡᠢᠳᠦᠯᠪᠡ :

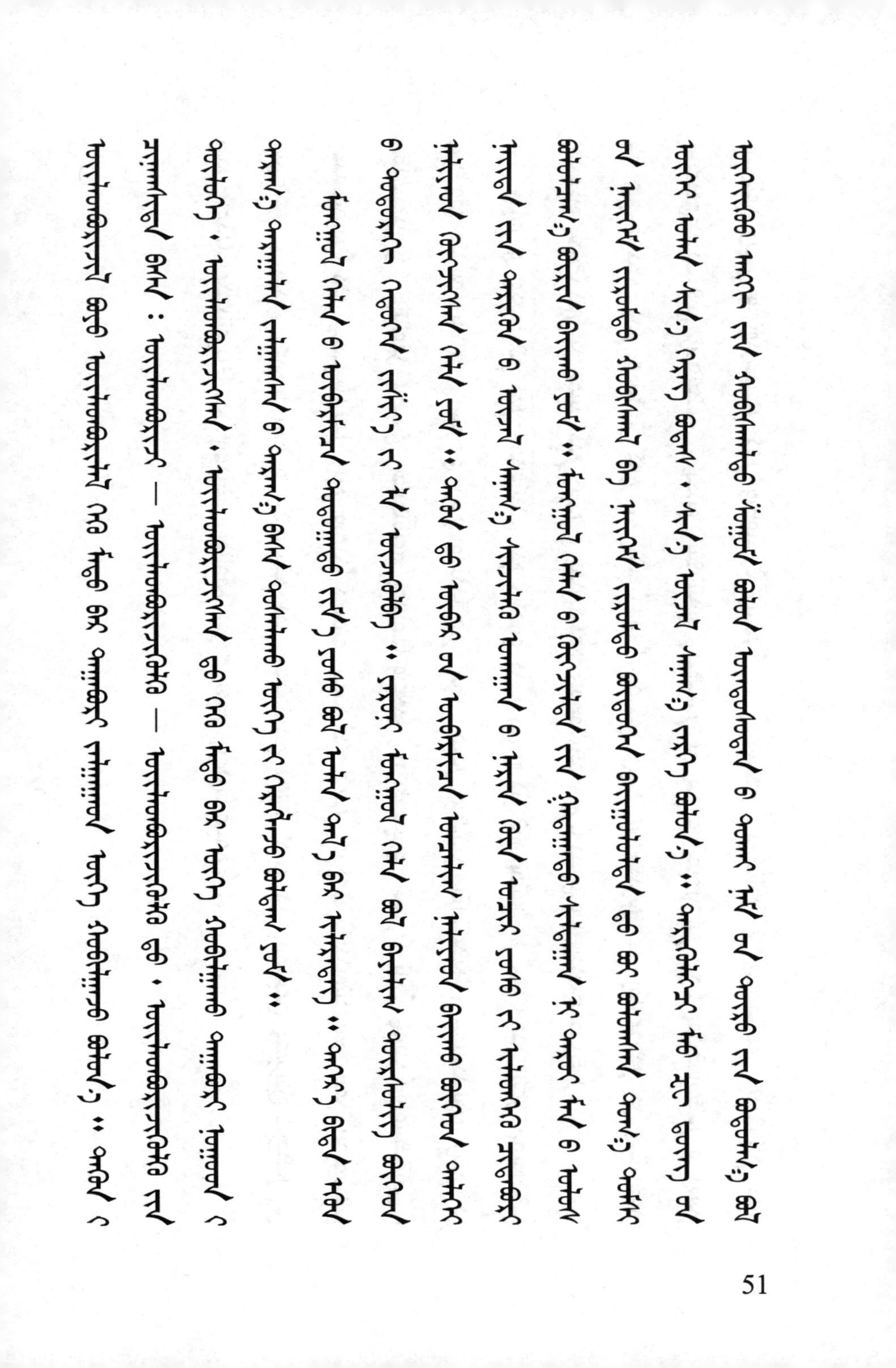

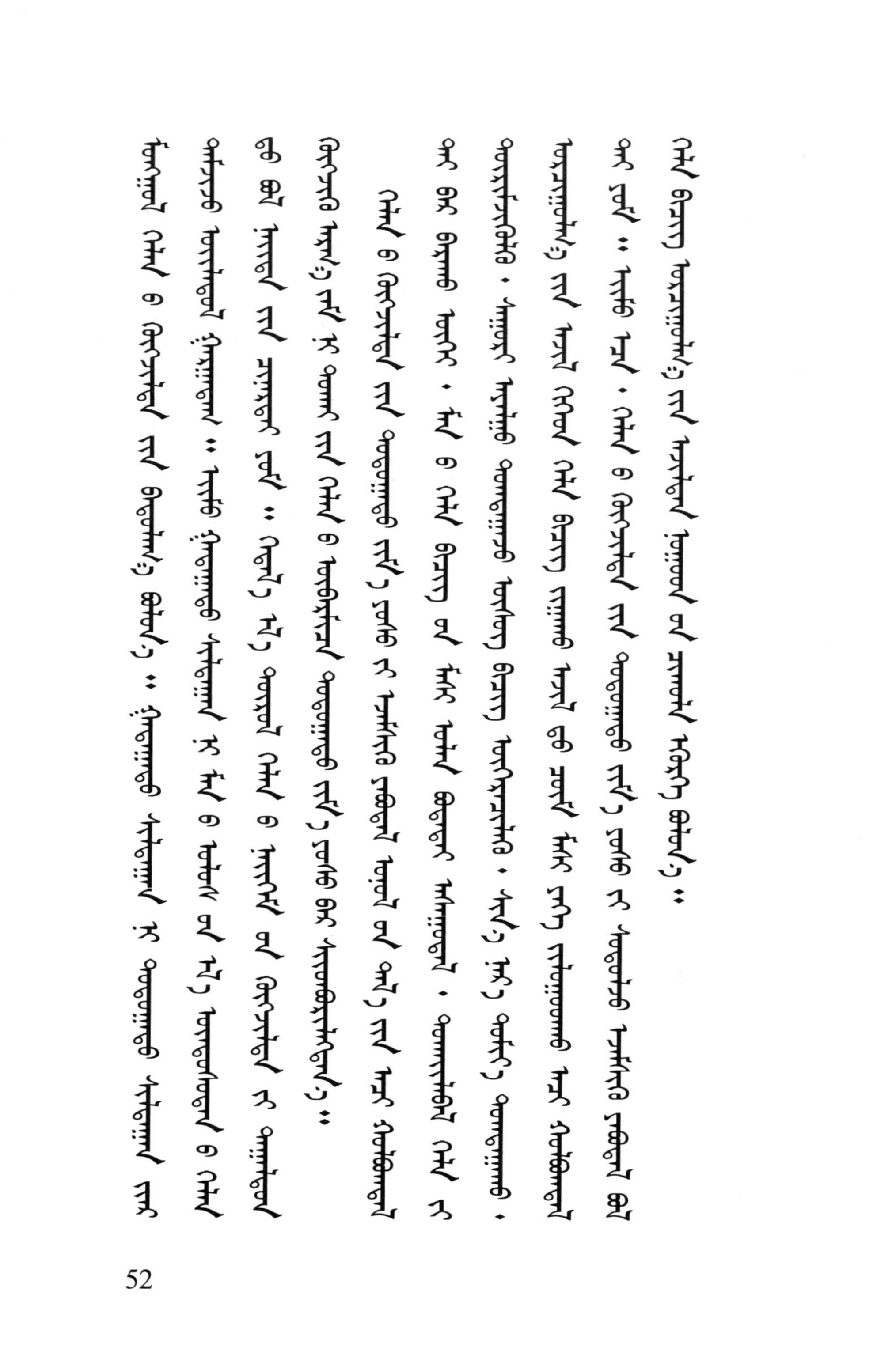

ᠮᠣᠩᠭᠣᠯ ᠬᠡᠯᠡᠨ ᠦ [illegible]

ᠲᠠᠢᠯᠪᠤᠷᠢ :

〔1〕《ᠮᠣᠩᠭᠣᠯ ᠤᠨ ᠨᠢᠭᠤᠴᠠ ᠲᠣᠪᠴᠢᠶᠠᠨ ᠤ ᠰᠤᠳᠤᠯᠤᠯ ᠤᠨ ᠦᠭᠦᠯᠡᠯ》(ᠦᠨᠳᠦᠰᠦᠲᠡᠨ ᠬᠡᠪᠯᠡᠯ) • 25 ᠳᠤᠭᠠᠷ ᠨᠢᠭᠤᠷ ᠃
〔2〕《ᠶᠡᠬᠡ ᠵᠠᠰᠠᠭ ᠪᠢᠴᠢᠭ ᠦᠨ ᠰᠤᠳᠤᠯᠤᠯ ᠦᠭᠦᠯᠡᠯ》(ᠦᠨᠳᠦᠰᠦᠲᠡᠨ ᠬᠡᠪᠯᠡᠯ) • ᠳᠤᠲᠠᠭᠠᠷ ᠪᠣᠳᠢ • 547 ᠳᠤᠭᠠᠷ ᠨᠢᠭᠤᠷ ᠃
〔3〕《ᠮᠣᠩᠭᠣᠯ ᠤᠨ ᠨᠢᠭᠤᠴᠠ ᠲᠣᠪᠴᠢᠶᠠᠨ ᠤ ᠰᠤᠳᠤᠯᠤᠯ ᠤᠨ ᠦᠭᠦᠯᠡᠯ》(ᠦᠨᠳᠦᠰᠦᠲᠡᠨ ᠬᠡᠪᠯᠡᠯ) • 9 ᠳᠤᠭᠠᠷ ᠨᠢᠭᠤᠷ ᠃
〔4〕《ᠶᠡᠬᠡ ᠵᠠᠰᠠᠭ ᠪᠢᠴᠢᠭ ᠦᠨ ᠰᠤᠳᠤᠯᠤᠯ ᠦᠭᠦᠯᠡᠯ》(ᠦᠨᠳᠦᠰᠦᠲᠡᠨ ᠬᠡᠪᠯᠡᠯ) • ᠳᠤᠲᠠᠭᠠᠷ ᠪᠣᠳᠢ • 535 ᠳᠤᠭᠠᠷ ᠨᠢᠭᠤᠷ ᠃
〔5〕《ᠶᠡᠬᠡ ᠵᠠᠰᠠᠭ ᠪᠢᠴᠢᠭ ᠦᠨ ᠰᠤᠳᠤᠯᠤᠯ ᠦᠭᠦᠯᠡᠯ》(ᠦᠨᠳᠦᠰᠦᠲᠡᠨ ᠬᠡᠪᠯᠡᠯ) • ᠳᠤᠲᠠᠭᠠᠷ ᠪᠣᠳᠢ • 537 ᠳᠤᠭᠠᠷ ᠨᠢᠭᠤᠷ ᠃

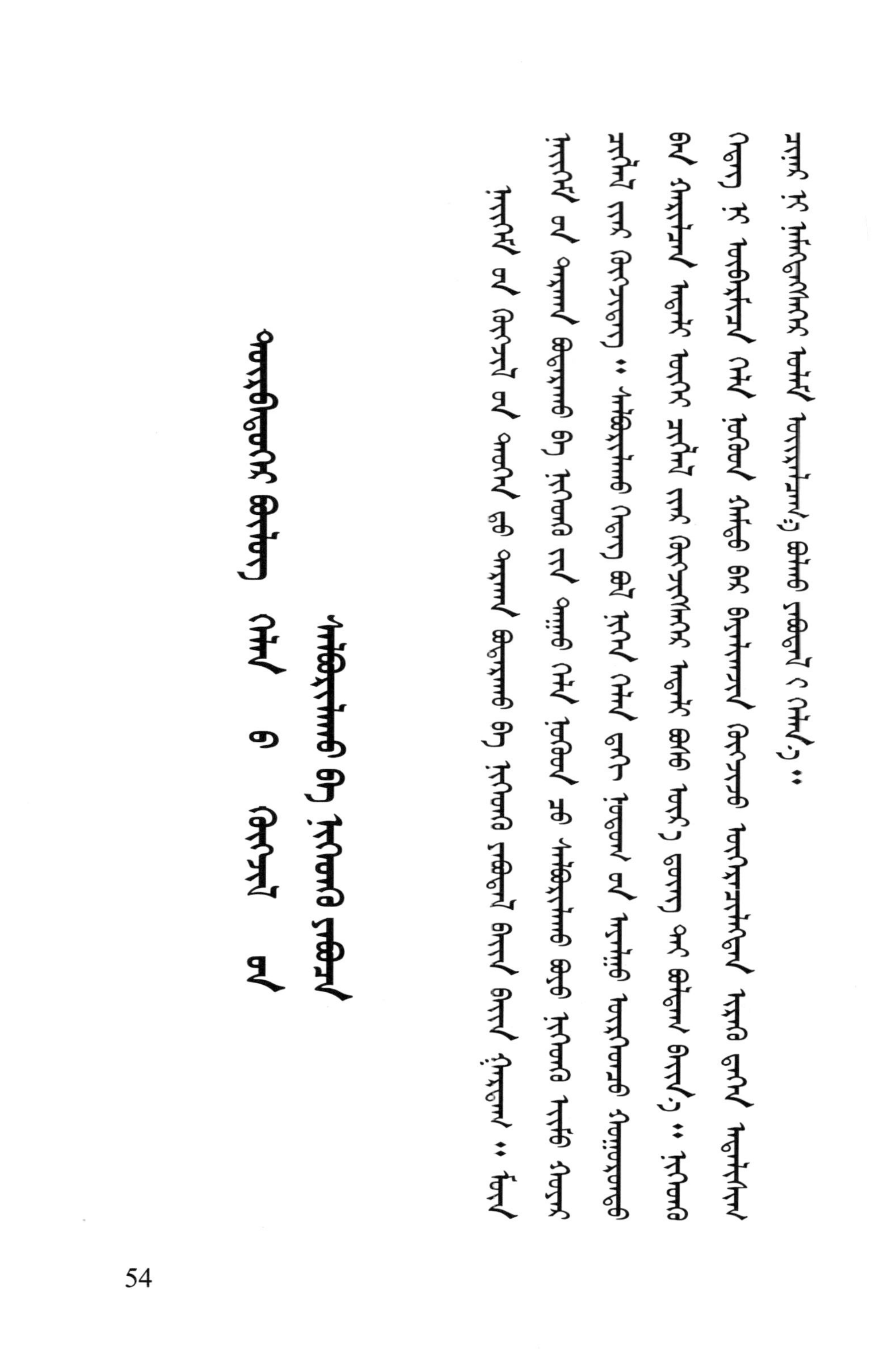

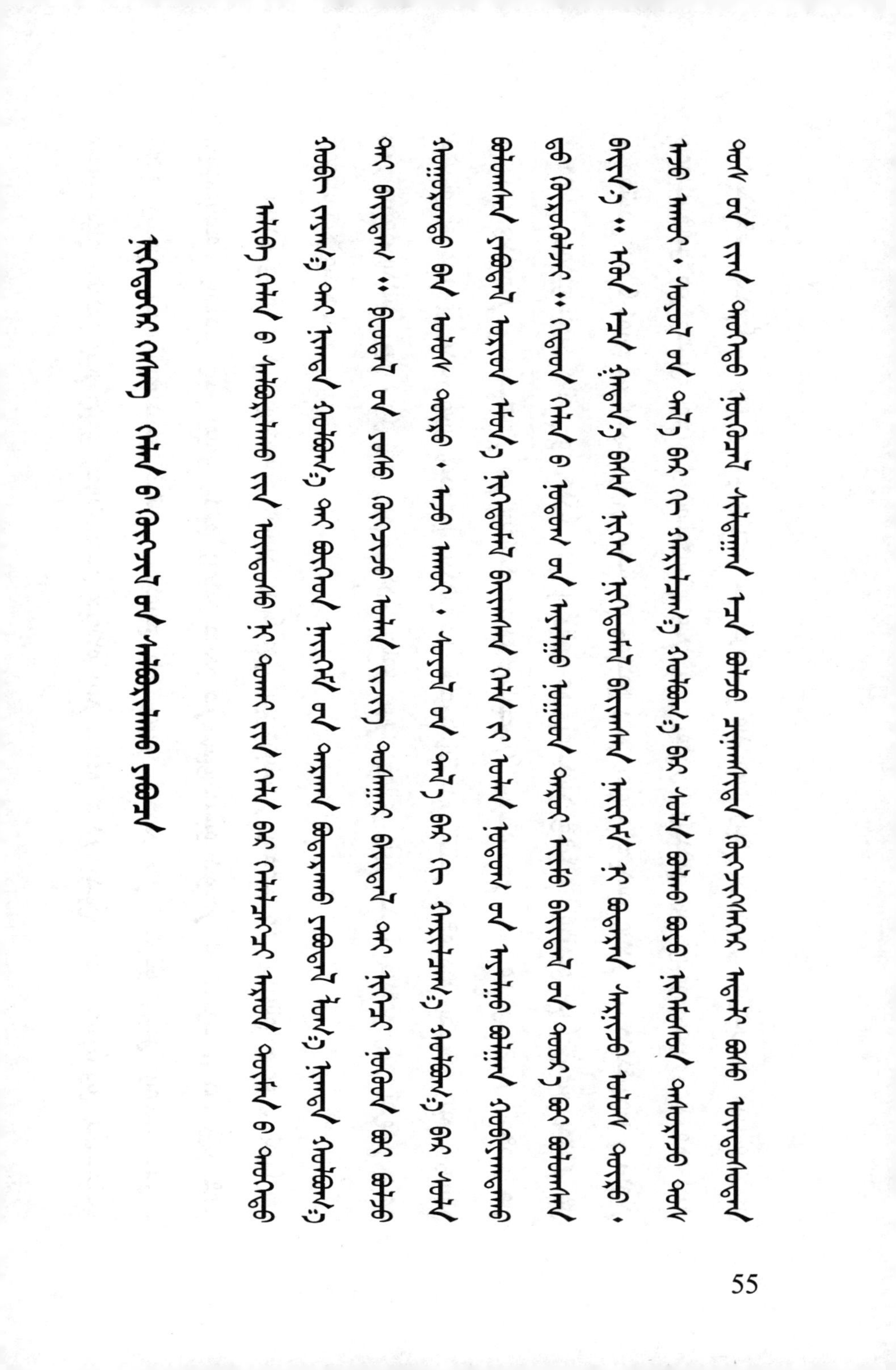

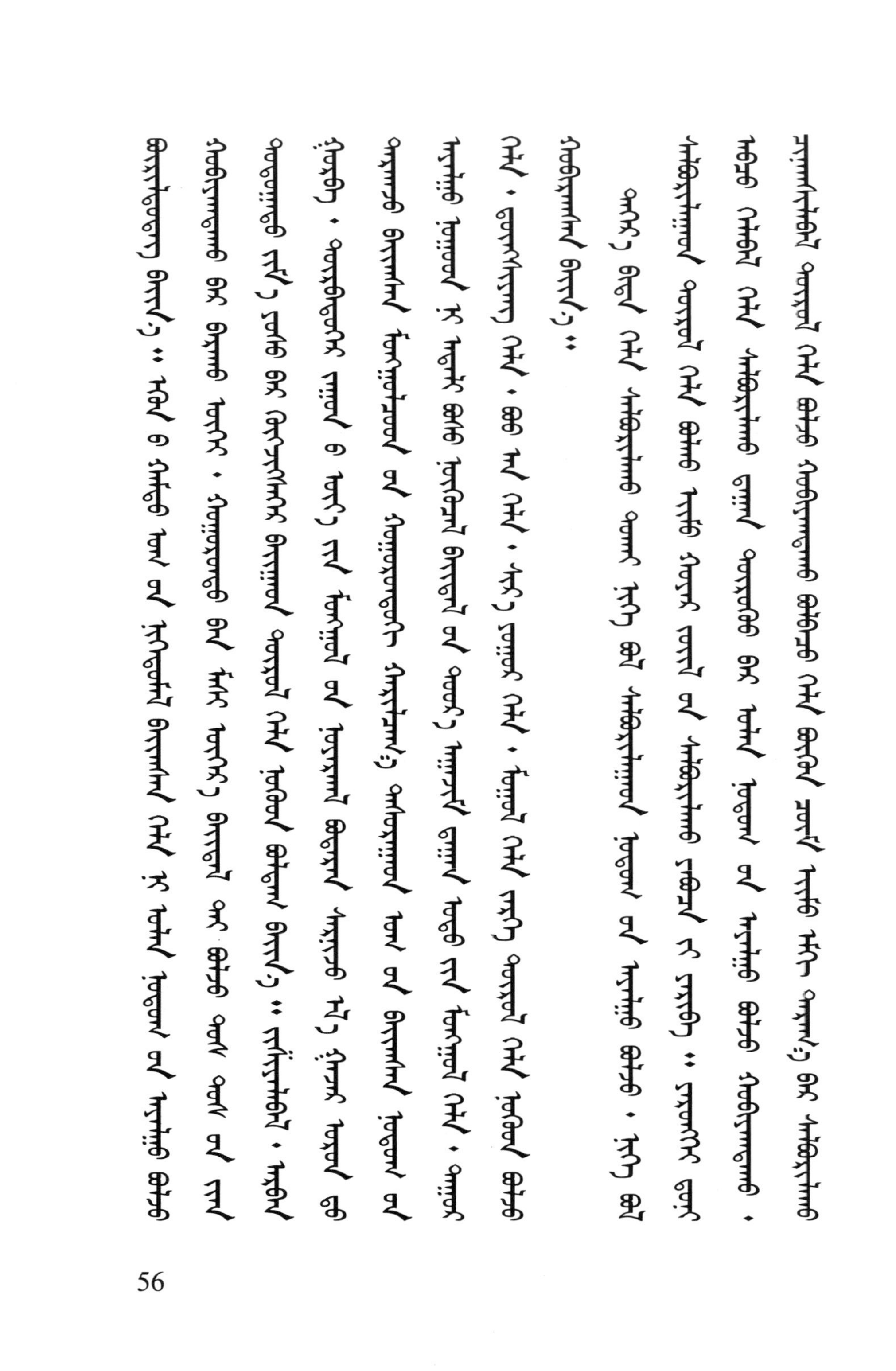

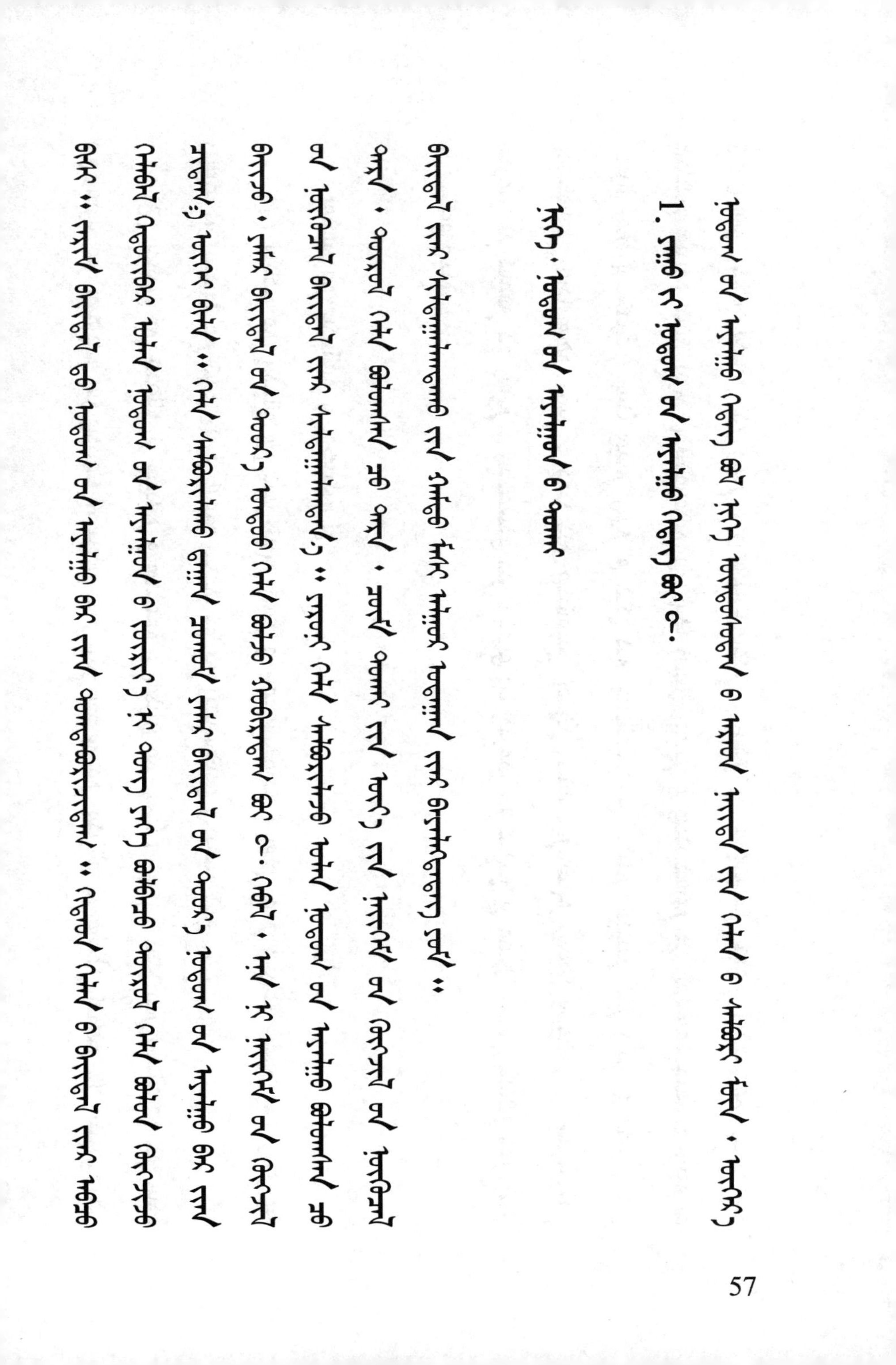

[illegible]

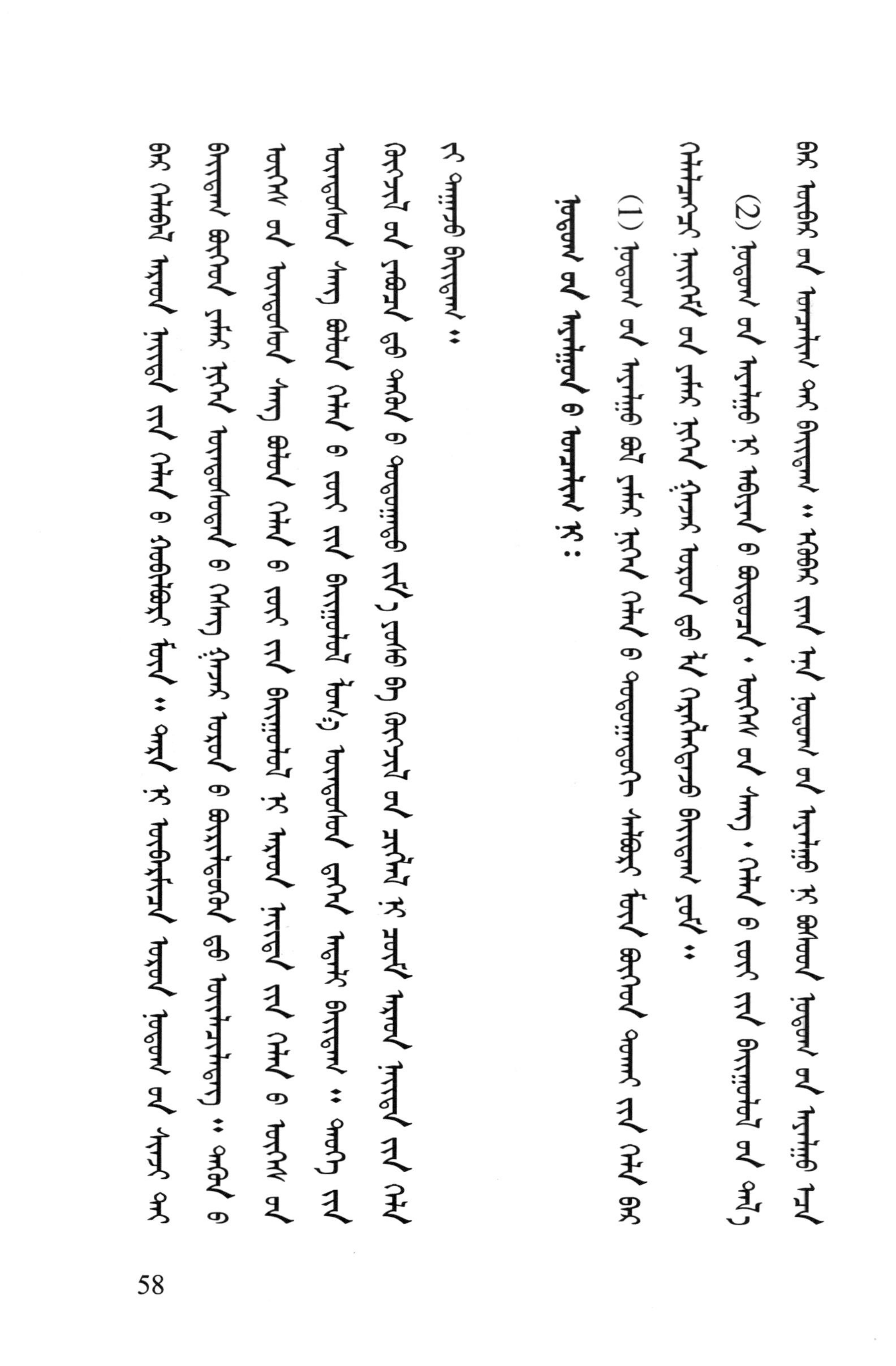

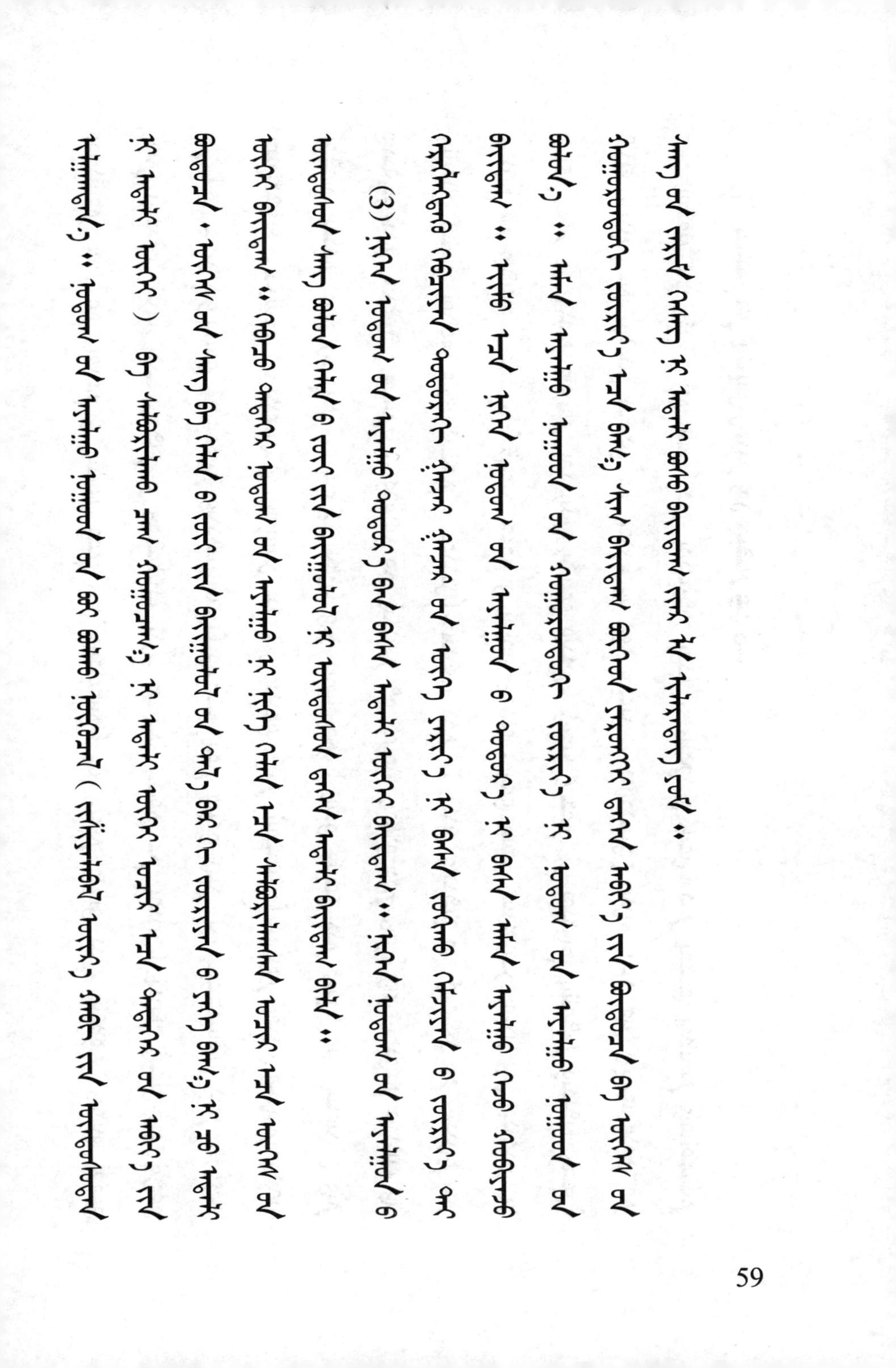

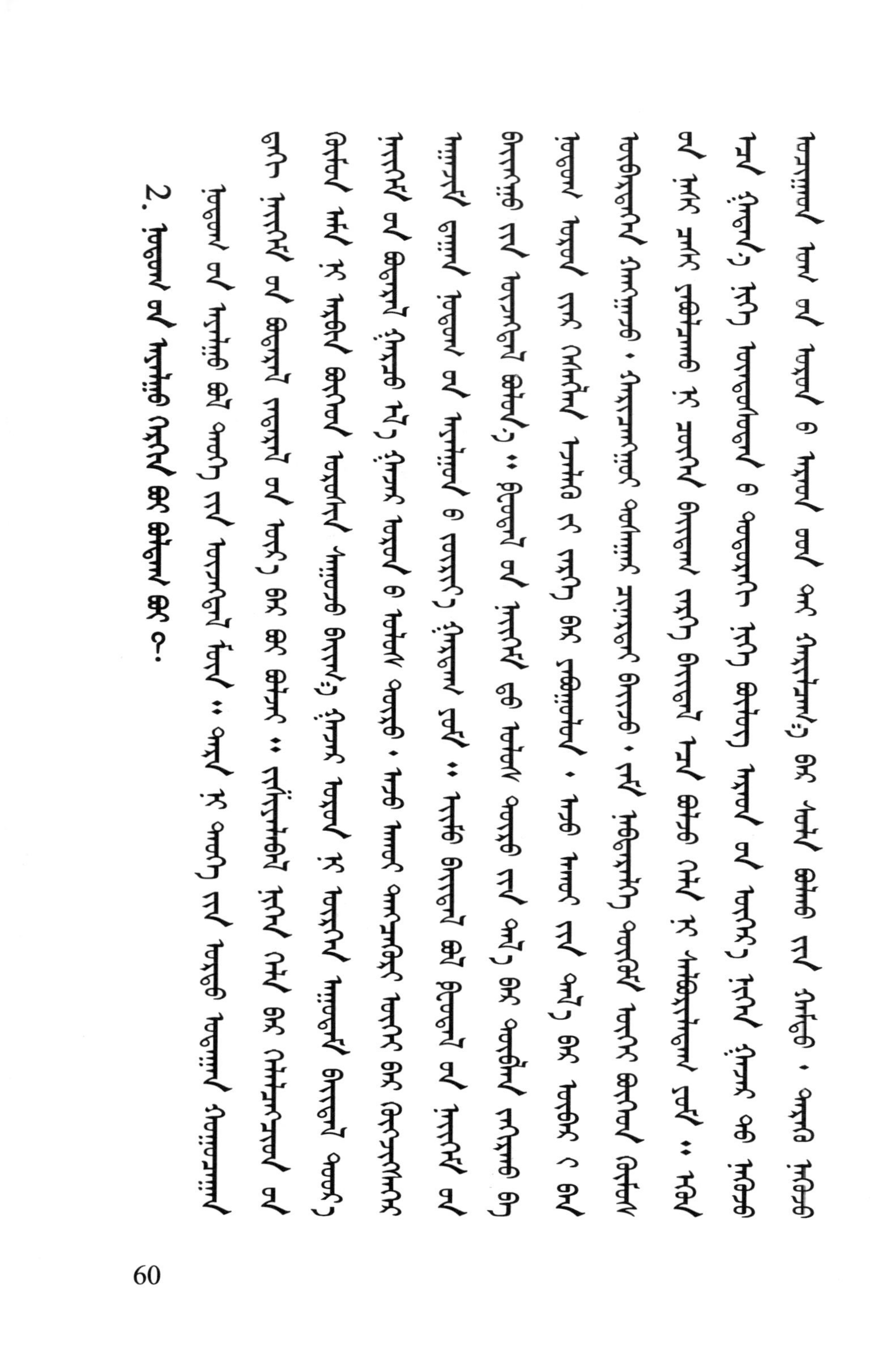

[illegible]

2. [illegible]

[illegible]

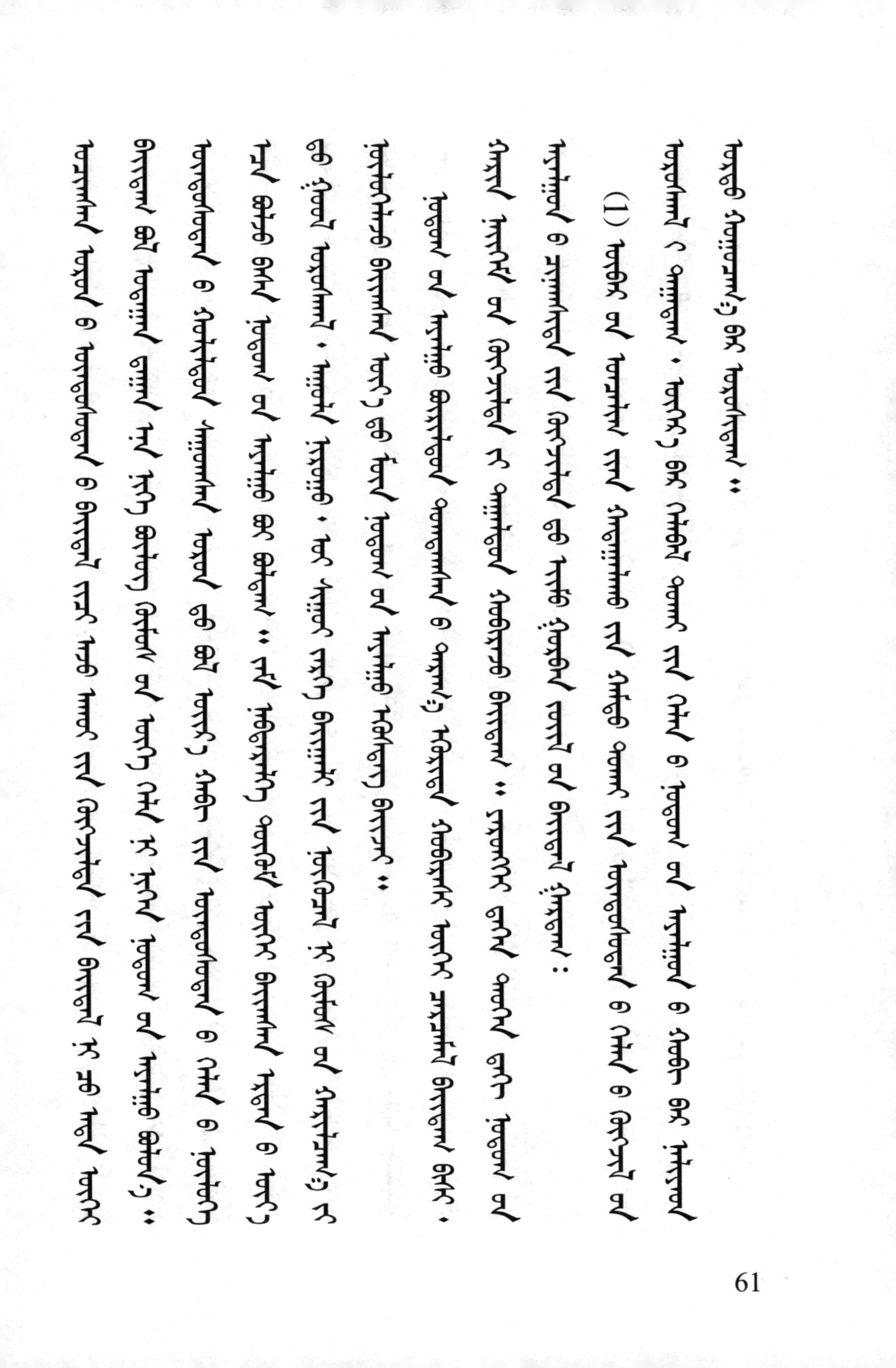

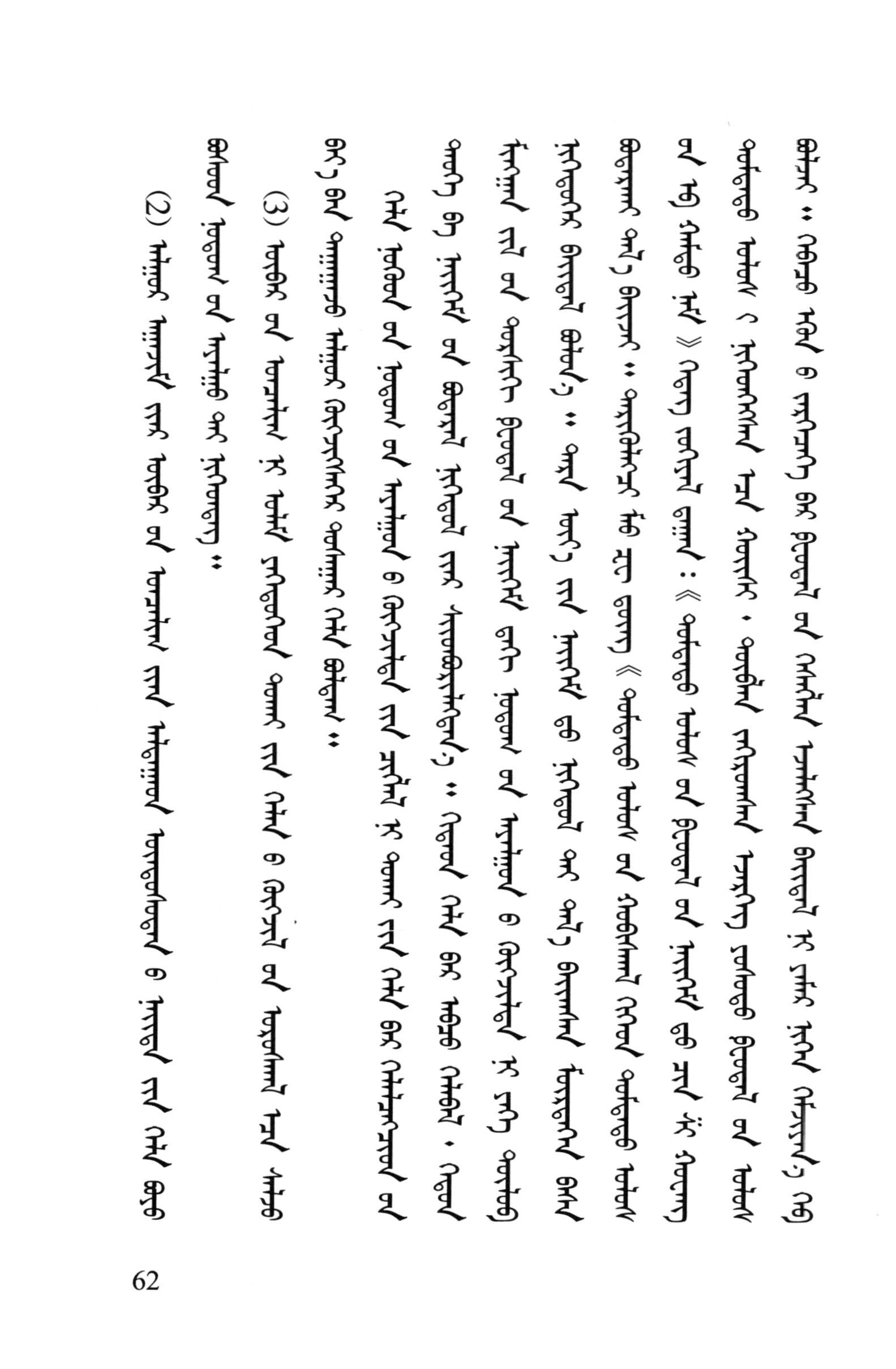

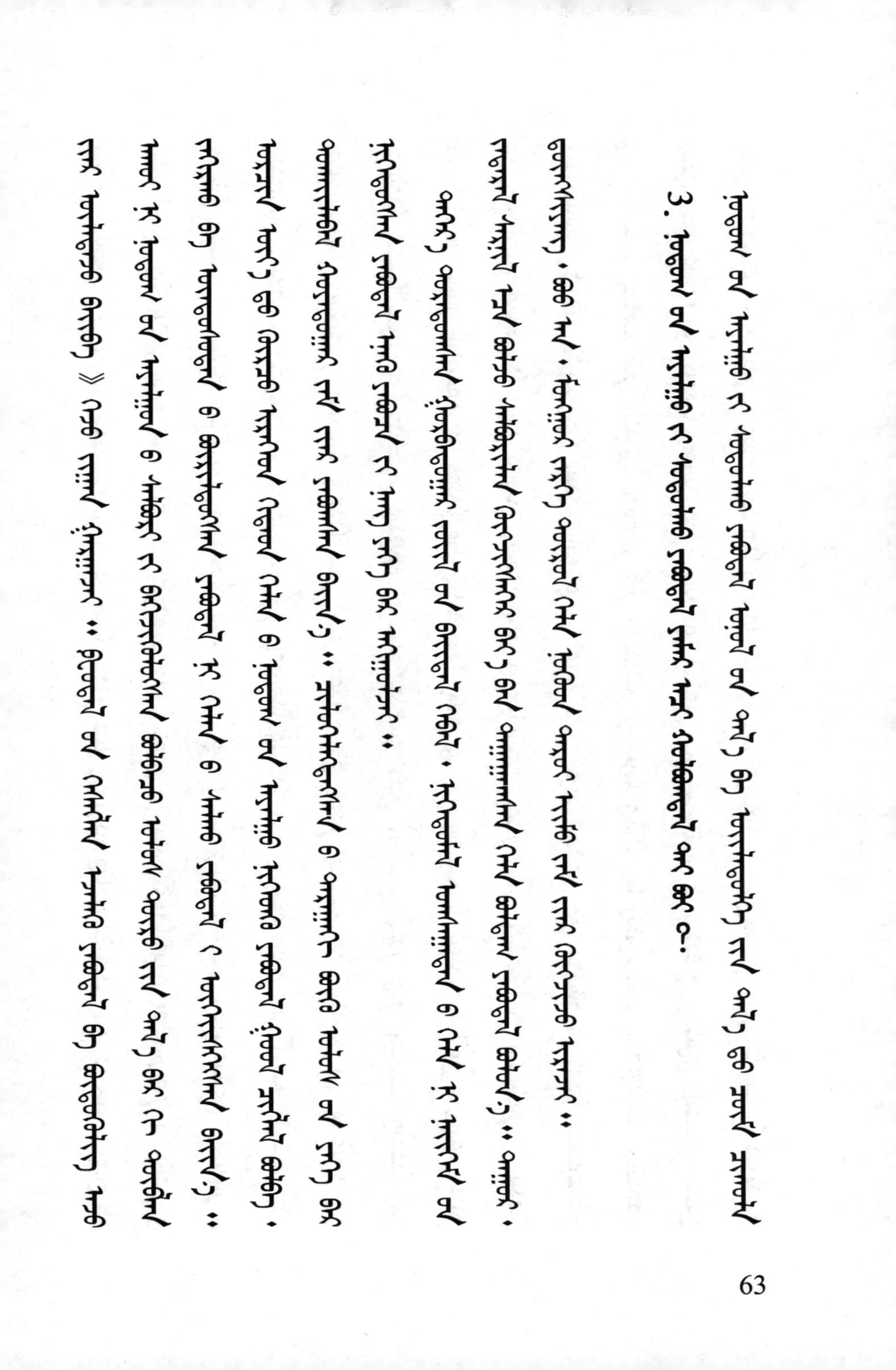

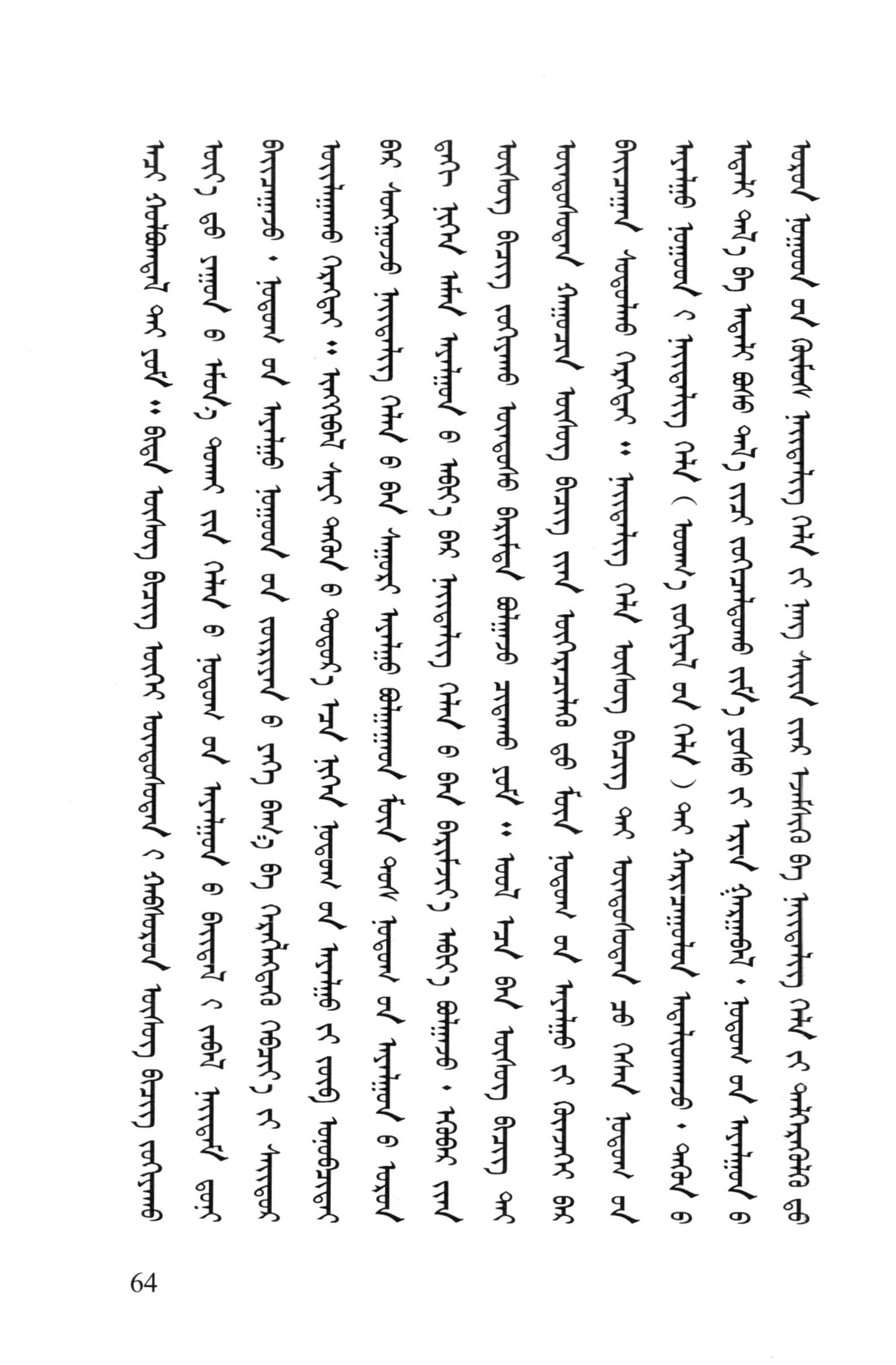

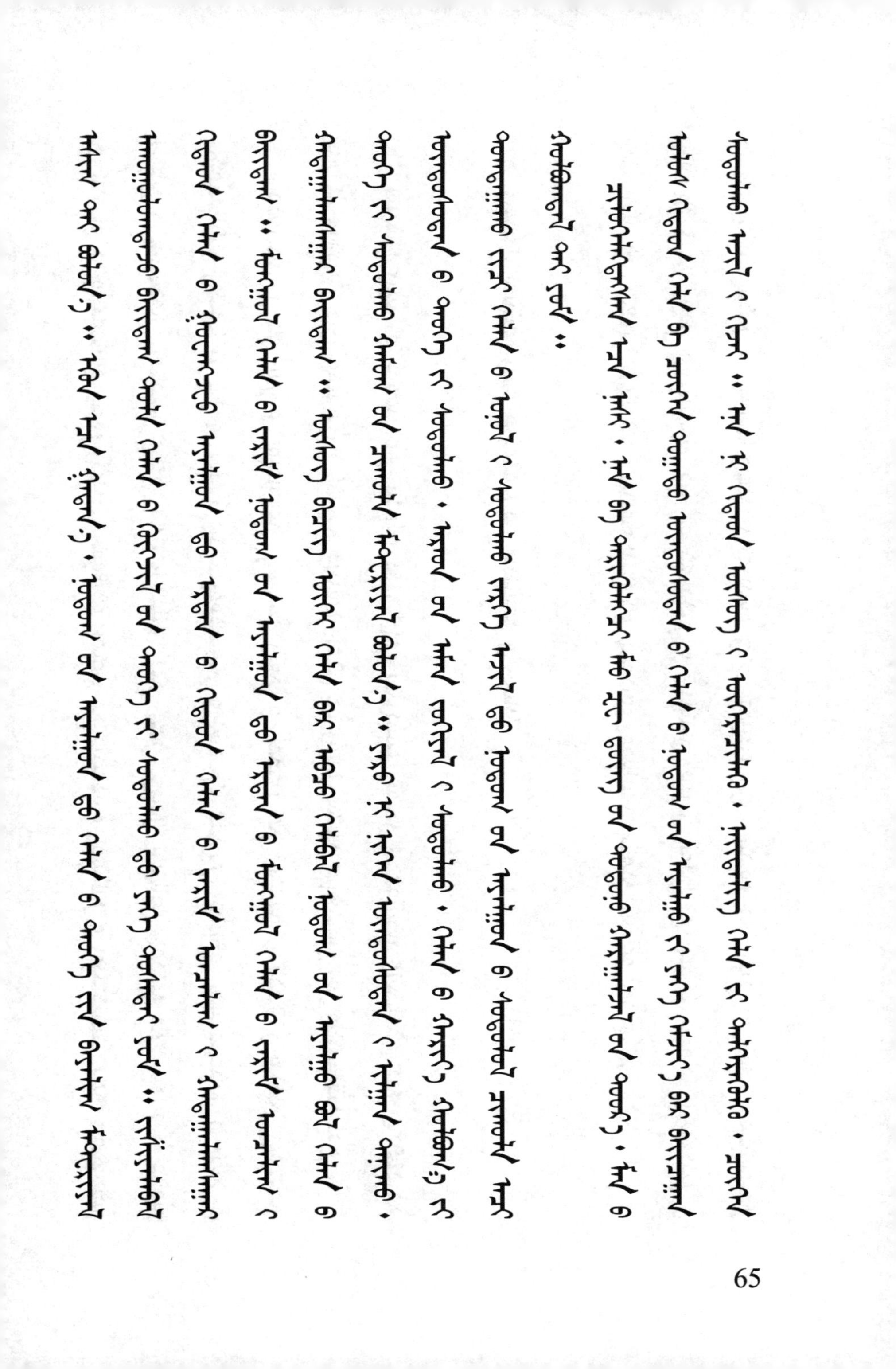

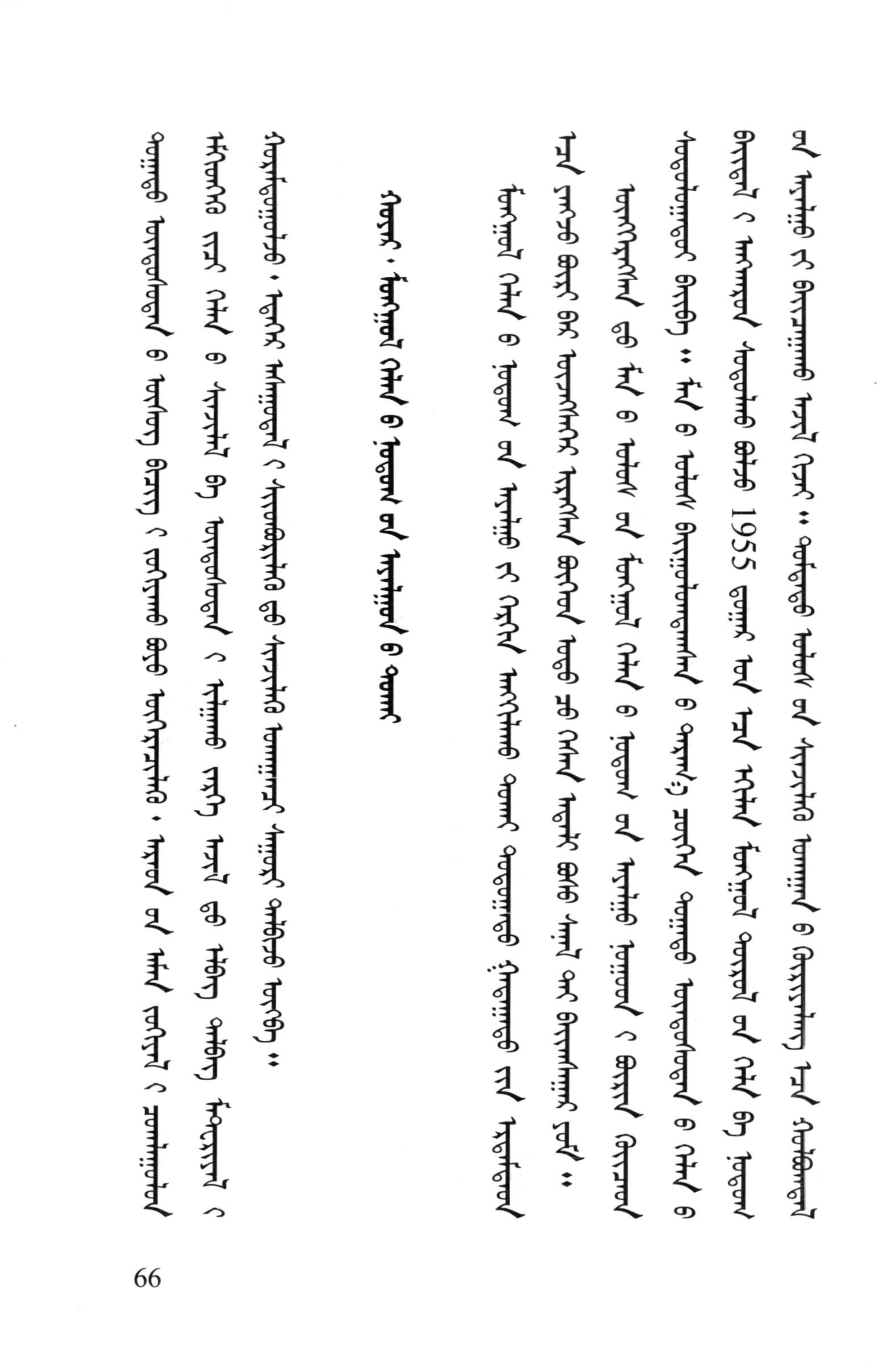

ᠪᠦᠬᠦ ᠪᠠᠶᠢᠴᠠᠭᠠᠯᠲᠠ ᠶᠢᠨ ᠮᠠᠲ᠋ᠧᠷᠢᠶᠠᠯ ᠪᠠᠷᠢᠮᠲᠠᠯᠠᠨ 1955 · 1956 ᠣᠨ ᠤ ᠳᠤ ᠮᠣᠩᠭᠣᠯ ᠬᠡᠯᠡᠨ ᠦ ᠠᠶᠠᠯᠭᠤ ᠶᠢᠨ ᠪᠦᠬᠦ ᠪᠠᠶᠢᠴᠠᠭᠠᠯᠲᠠ ᠶᠢᠨ ᠦᠷ᠎ᠡ ᠳ᠋ᠦᠩ ᠢ ᠦᠨᠳᠦᠰᠦᠯᠡᠨ ᠮᠣᠩᠭᠣᠯ ᠬᠡᠯᠡ ᠪᠡᠷ ᠪᠠᠷᠢᠮᠲᠠᠯᠠᠨ ᠮᠣᠩᠭᠣᠯ ᠬᠡᠯᠡᠨ ᠦ ᠠᠶᠠᠯᠭᠤ ᠶᠢ ᠬᠤᠪᠢᠶᠠᠬᠤ ᠠᠰᠠᠭᠤᠳᠠᠯ ᠢ ᠰᠢᠢᠳᠪᠦᠷᠢᠯᠡᠭᠰᠡᠨ ᠪᠠᠶᠢᠨ᠎ᠠ ᠄ ᠲᠡᠷᠡ ᠨᠢ ᠬᠣᠶᠠᠷ ᠲᠦᠪᠰᠢᠨ ᠦ ᠬᠤᠪᠢᠶᠠᠷᠢ ᠪᠣᠯᠤᠨ᠎ᠠ ᠄ ᠨᠢᠭᠡ ᠳᠦᠭᠡᠷ ᠲᠦᠪᠰᠢᠨ ᠦ ᠬᠤᠪᠢᠶᠠᠷᠢ ᠪᠣᠯ ᠮᠣᠩᠭᠣᠯ ᠬᠡᠯᠡ ᠶᠢ ᠭᠤᠷᠪᠠ ᠠᠶᠠᠯᠭᠤ ᠳᠤ ᠬᠤᠪᠢᠶᠠᠵᠤ ᠂ ᠳᠤᠲᠠᠭᠠᠷ ᠲᠦᠪᠰᠢᠨ ᠦ ᠬᠤᠪᠢᠶᠠᠷᠢ ᠪᠣᠯ ᠮᠣᠩᠭᠣᠯ ᠬᠡᠯᠡᠨ ᠦ ᠠᠶᠠᠯᠭᠤ ᠶᠢ ᠲᠠᠪᠤᠨ ᠠᠶᠠᠯᠭᠤ ᠳᠤ ᠬᠤᠪᠢᠶᠠᠵᠤ ᠬᠡᠯᠡᠯᠴᠡᠭᠰᠡᠨ ᠪᠠᠶᠢᠨ᠎ᠠ ᠄

(1) ᠪᠠᠷᠭᠤ ᠪᠤᠷᠢᠶᠠᠳ ᠠᠶᠠᠯᠭᠤ (ᠰᠢᠨ᠎ᠡ ᠪᠠᠷᠭᠤ · ᠬᠠᠭᠤᠴᠢᠨ ᠪᠠᠷᠭᠤ · ᠪᠤᠷᠢᠶᠠᠳ ᠵᠡᠷᠭᠡ ᠬᠡᠯᠡᠯᠴᠡᠭᠴᠢᠳ ᠤᠨ ᠠᠶᠠᠯᠭᠤ ᠪᠠᠨ) ᠄

(2) ᠲᠥᠪ ᠠᠶᠠᠯᠭᠤ (ᠴᠠᠬᠠᠷ · ᠰᠢᠯᠢ ᠶᠢᠨ ᠭᠣᠣᠯ · ᠤᠯᠠᠭᠠᠨᠴᠠᠪ ᠵᠡᠷᠭᠡ ᠬᠡᠯᠡᠯᠴᠡᠭᠴᠢᠳ ᠤᠨ ᠠᠶᠠᠯᠭᠤ ᠪᠠᠨ) ᠄

(3) ᠣᠷᠳᠣᠰ ᠠᠶᠠᠯᠭᠤ (ᠣᠷᠳᠣᠰ ᠂ ᠣᠷᠴᠢᠨ ᠂ ᠤᠷᠠᠳ ᠵᠡᠷᠭᠡ ᠬᠡᠯᠡᠯᠴᠡᠭᠴᠢᠳ ᠤᠨ ᠠᠶᠠᠯᠭᠤ ᠪᠠᠨ) ᠄

(4) ᠪᠠᠷᠠᠭᠤᠨ ᠠᠶᠠᠯᠭᠤ (ᠠᠯᠠᠱᠠ · ᠡᠵᠢᠨ᠎ᠡ · ᠰᠢᠨᠵᠢᠶᠠᠩ ᠤᠨ ᠣᠶᠢᠷᠠᠳ ᠤᠨ ᠠᠶᠠᠯᠭᠤ ᠪᠠᠨ) ᠄

(5) ᠵᠡᠭᠦᠨ ᠠᠶᠠᠯᠭᠤ (ᠬᠣᠷᠴᠢᠨ ᠠᠶᠠᠯᠭᠤ ᠪᠠ ᠬᠠᠷᠠᠴᠢᠨ ᠤ ᠠᠶᠠᠯᠭᠤ ᠶᠢ ᠣᠷᠣᠭᠤᠯᠤᠨ᠎ᠠ) ᠄

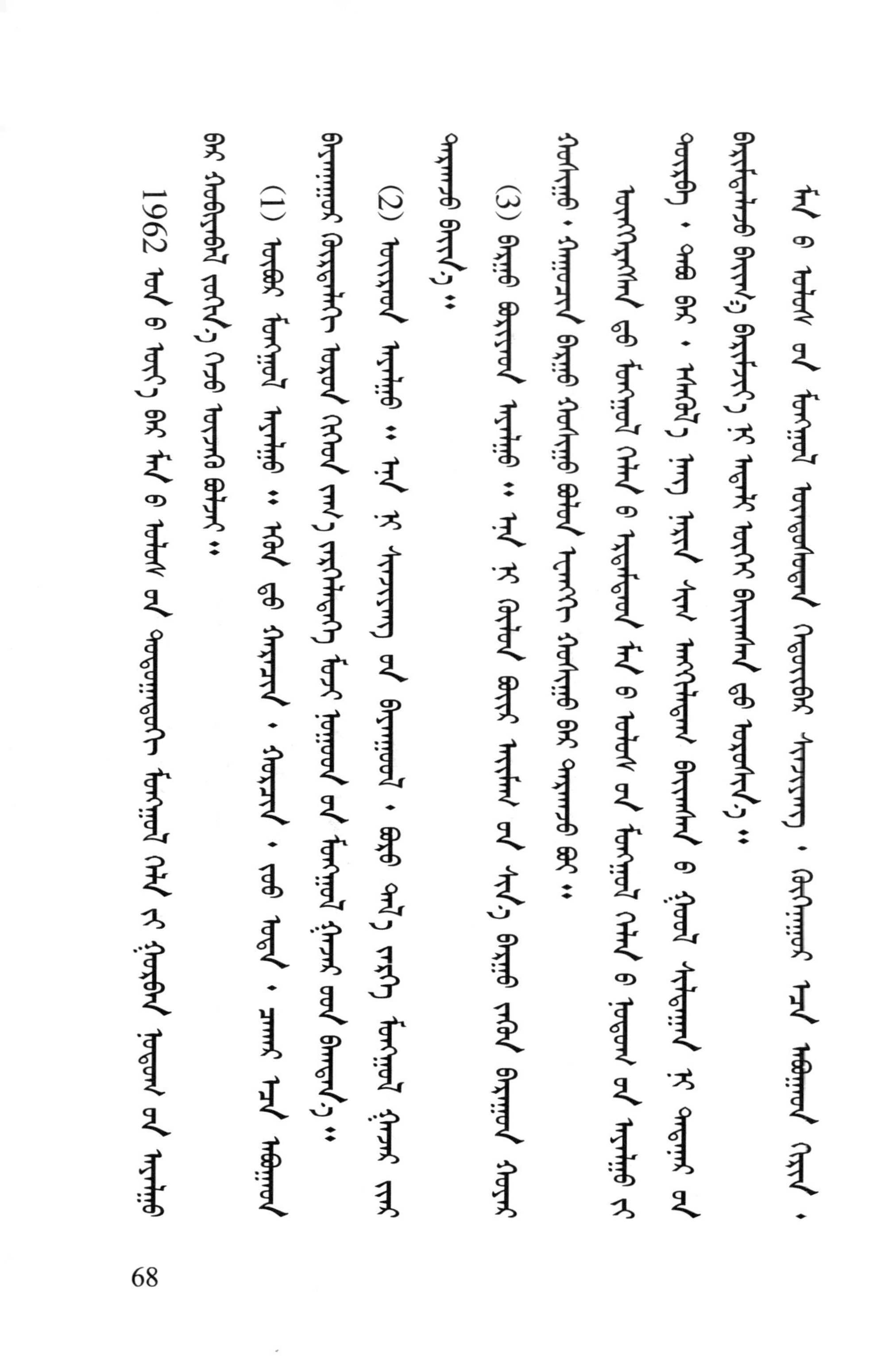

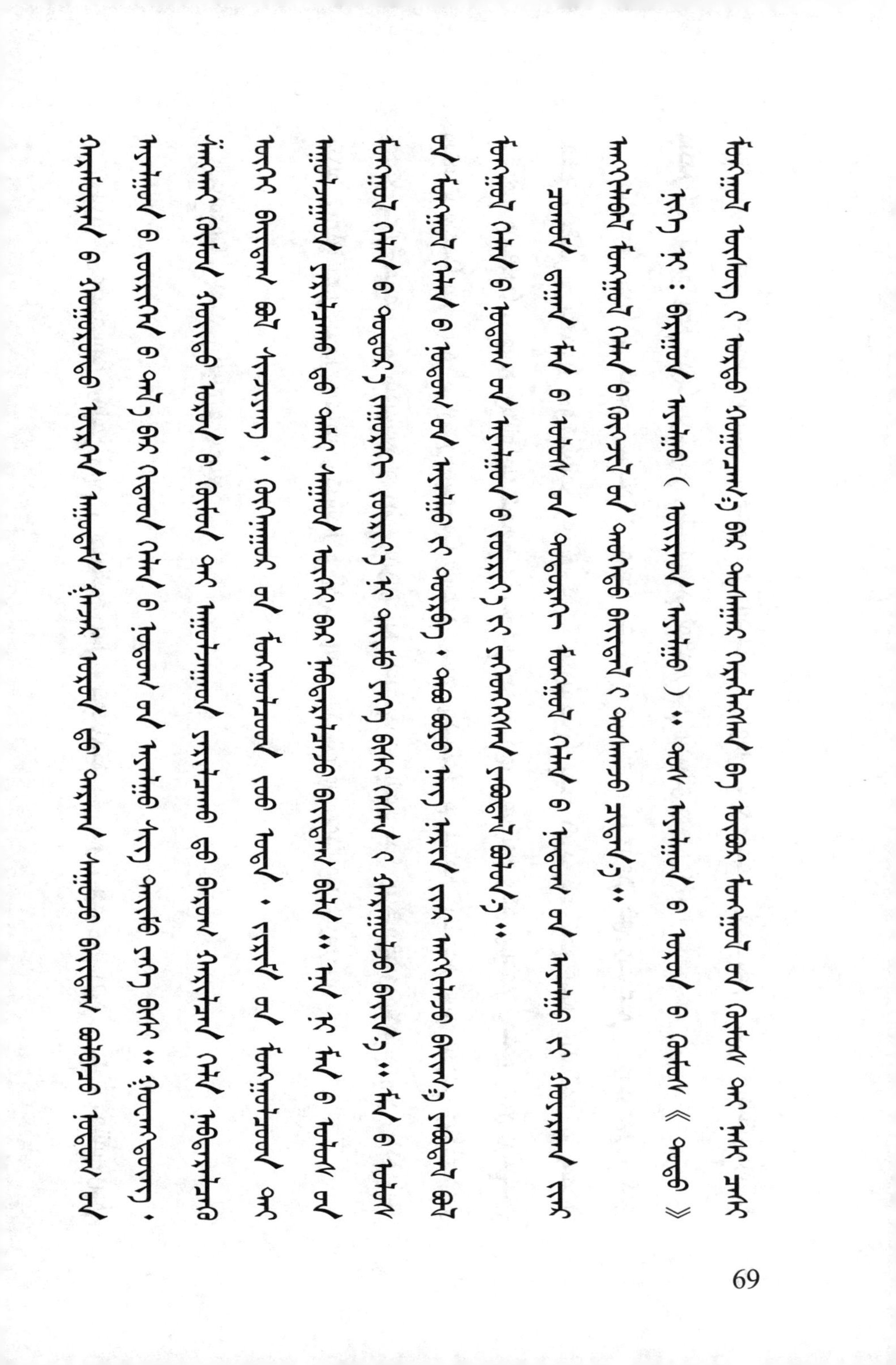

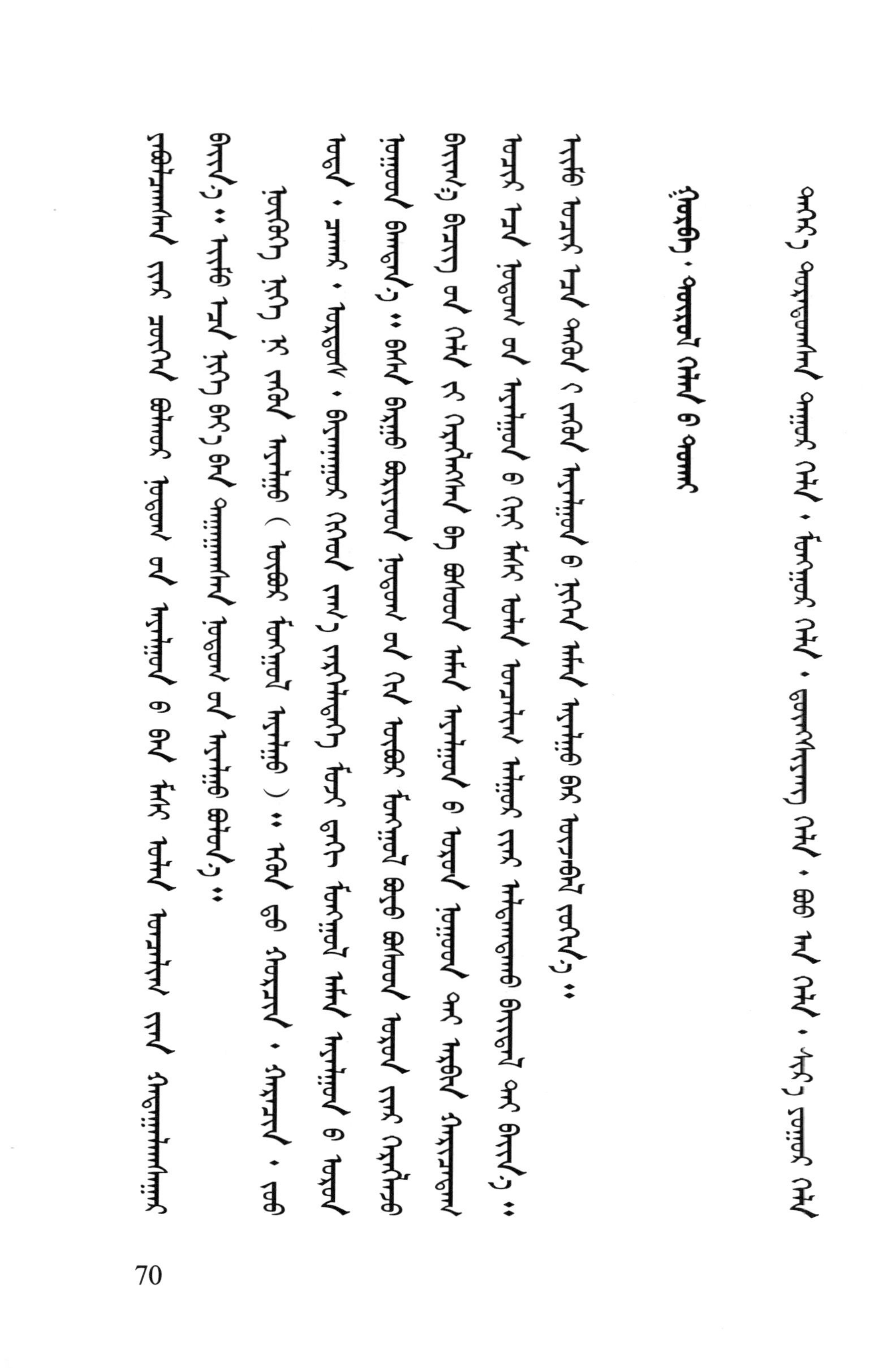

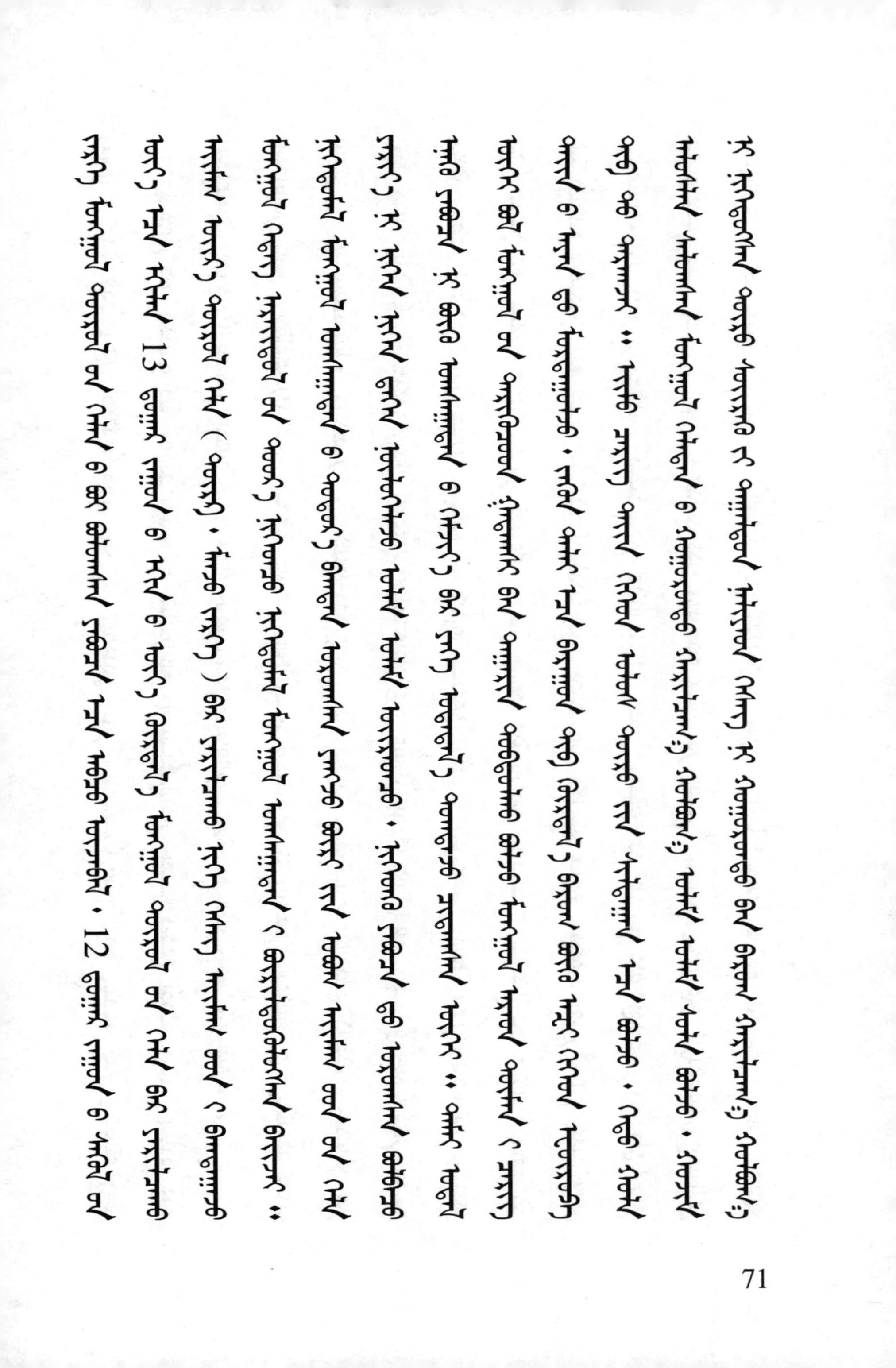

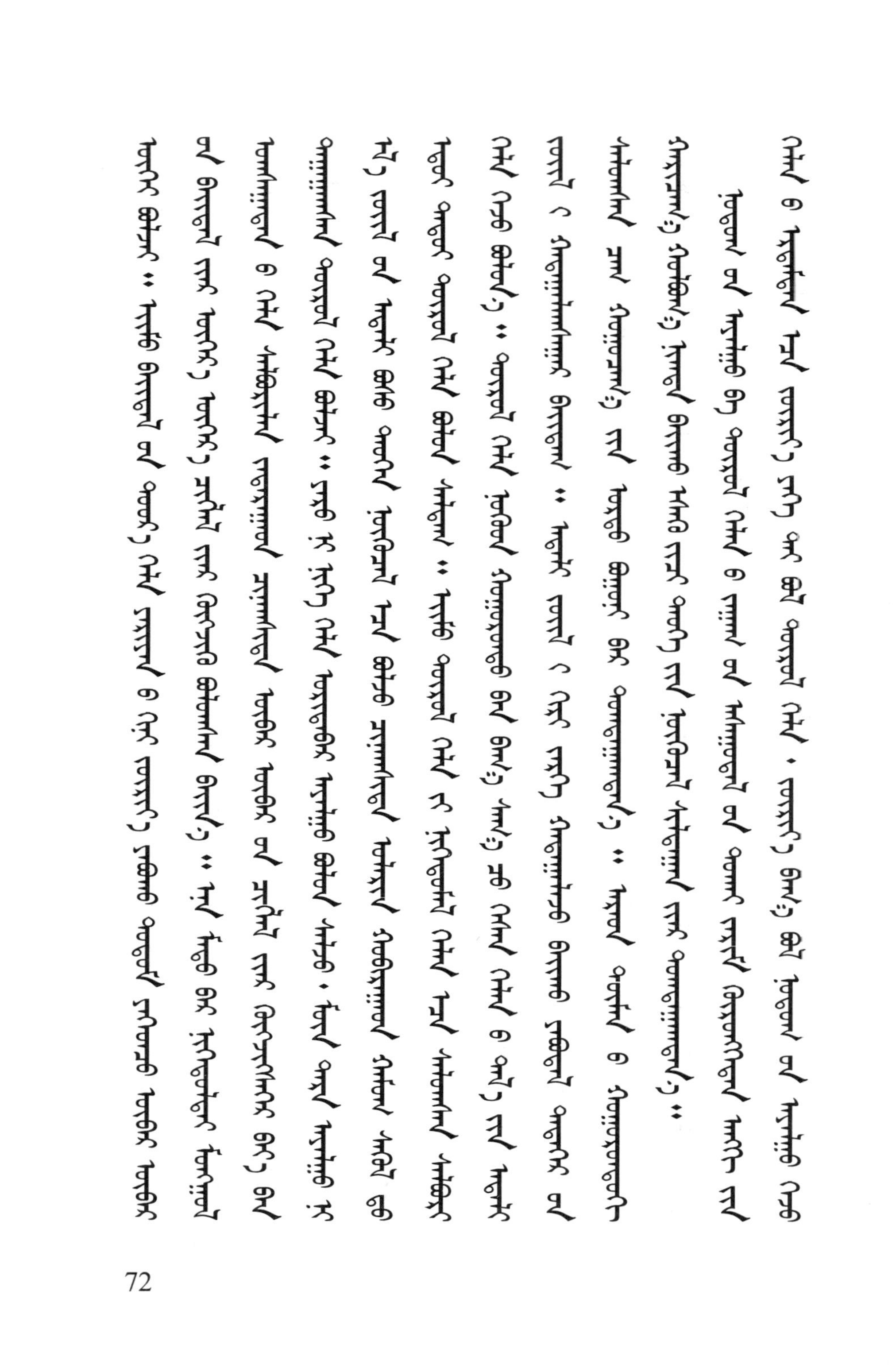

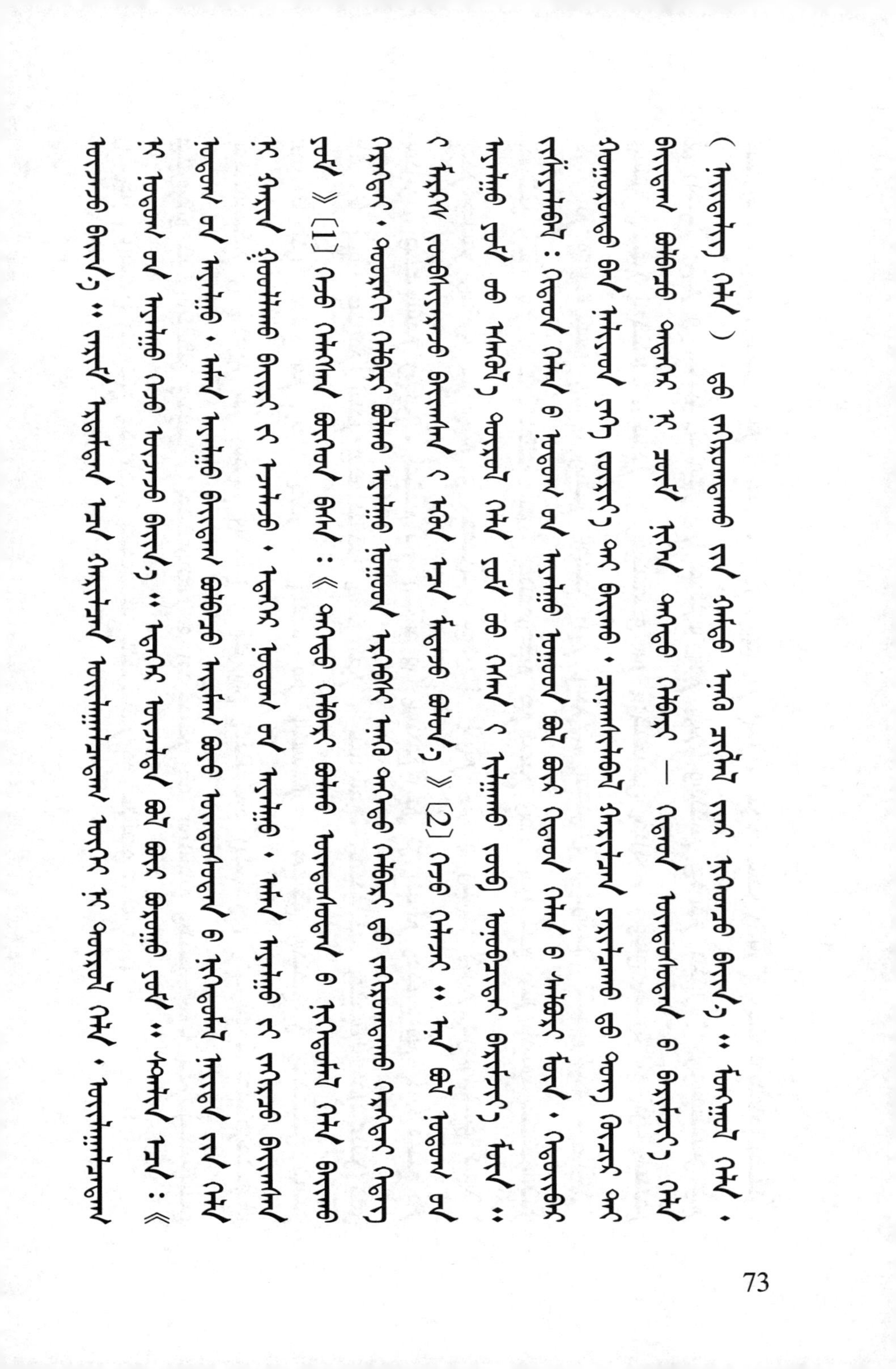

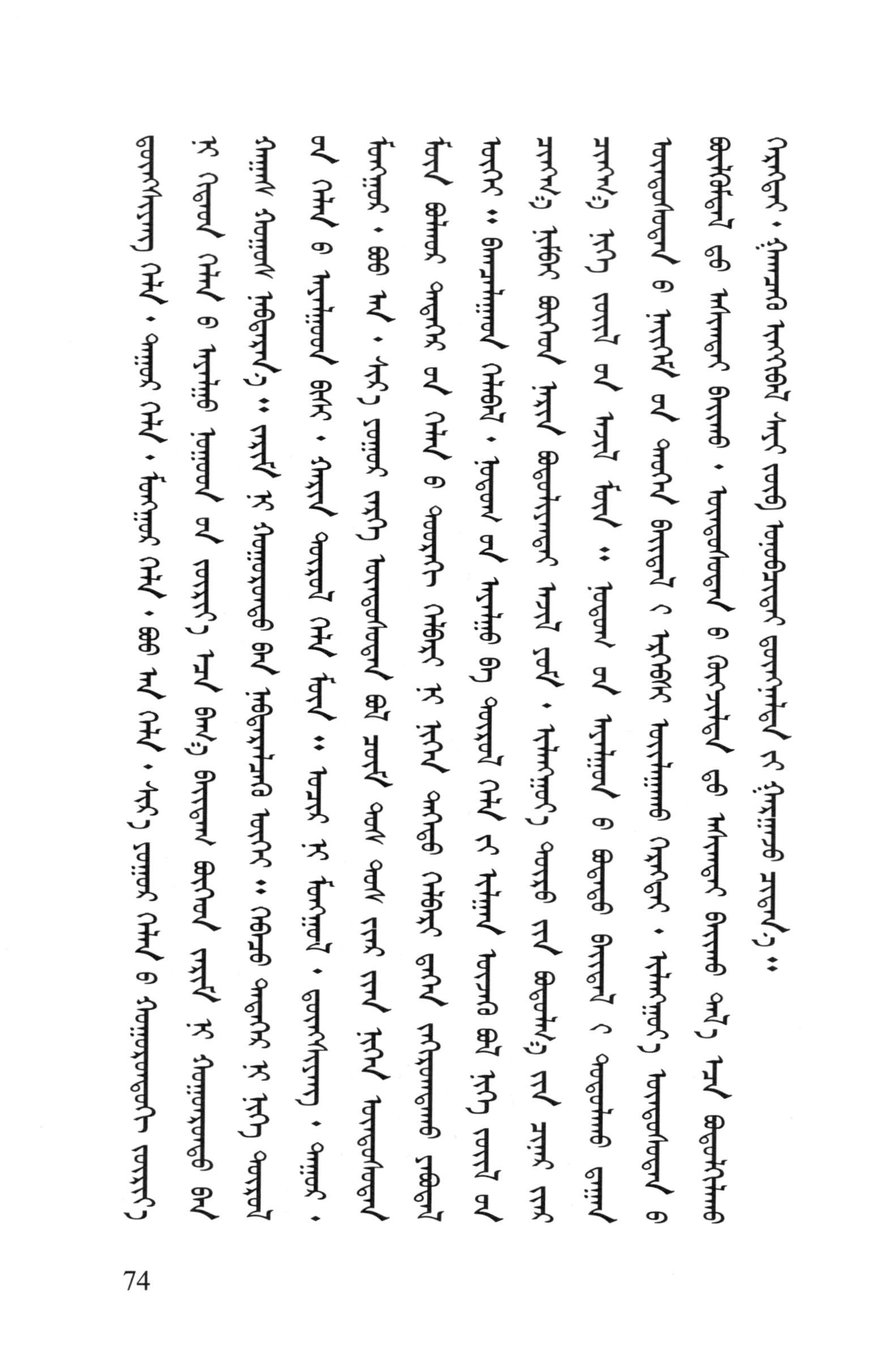

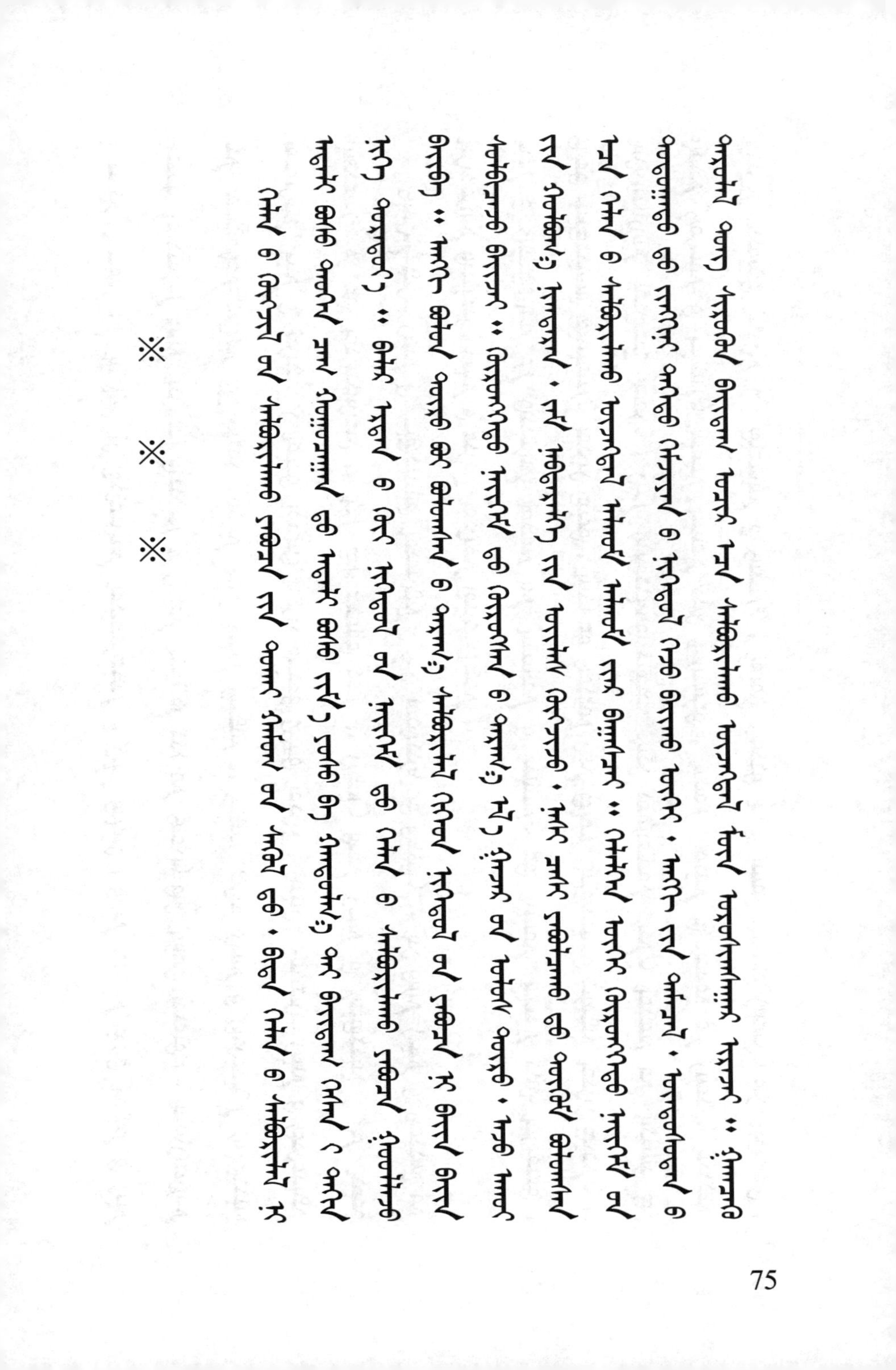

※ ※ ※

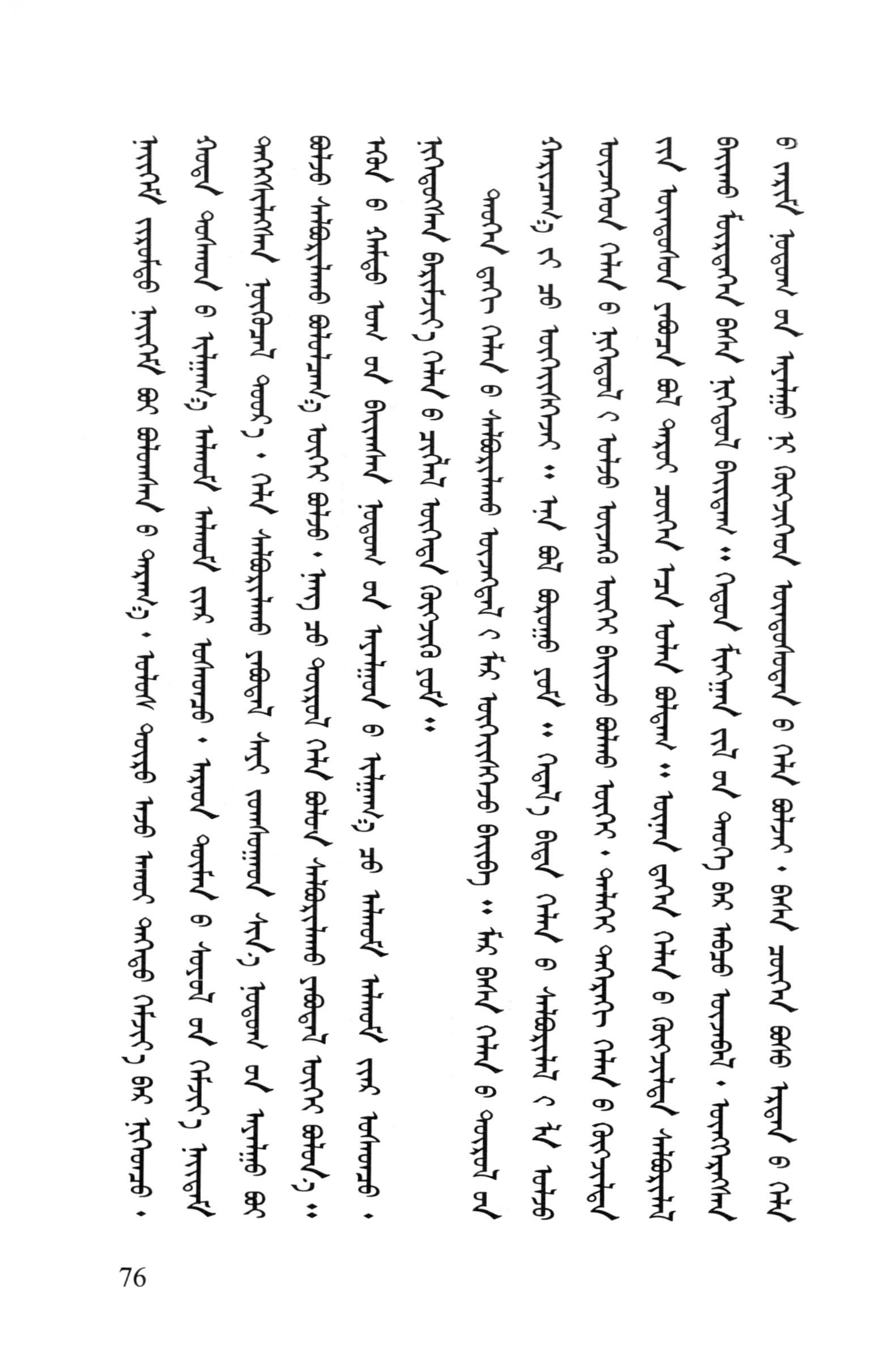

[illegible]

ᠭᠤᠷᠪᠠᠳᠤᠭᠠᠷ ᠬᠡᠰᠡᠭ ᠬᠡᠯᠡᠨ ᠦ ᠬᠥᠭᠵᠢᠯ ᠳᠦ ᠨᠥᠯᠦᠭᠡᠯᠡᠬᠦ ᠬᠦᠴᠦᠨ

ᠬᠦᠮᠦᠨ ᠬᠡᠯᠡᠨ ᠦ ᠨᠡᠶᠢᠭᠡᠮ ᠳᠦ [illegible]

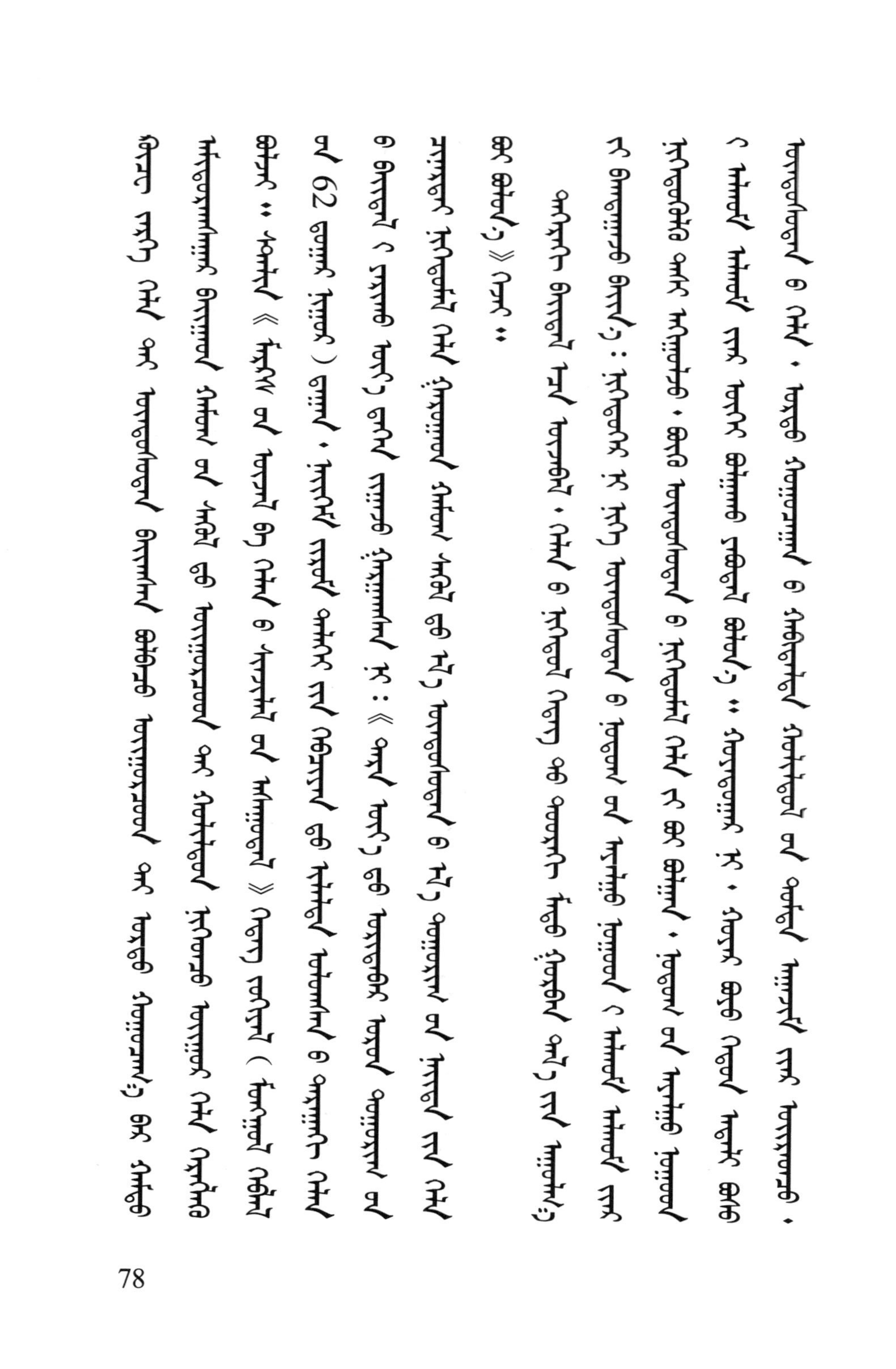

ᠬᠡᠯᠡᠵᠡᠢ : 《 ᠦᠨᠳᠦᠰᠦᠲᠡᠨ ᠦ ᠤᠭ ᠤᠨ ᠬᠡᠯᠡᠨ ᠦ ᠬᠦᠮᠦᠨ ᠲᠦᠮᠡᠨ · ᠬᠡᠯᠡᠨ ᠦ ᠤᠭ ᠤᠨ ᠦᠨᠳᠦᠰᠦᠲᠡᠨ (ᠦᠨᠳᠦᠰᠦᠲᠡᠨ ᠦ ᠬᠦᠮᠦᠨ ᠲᠦᠮᠡᠨ) ᠦᠨᠳᠦᠰᠦᠲᠡᠨ (иаро́дность) ᠦ ᠤᠭ ᠤᠨ ᠬᠦᠮᠦᠨ ᠲᠦᠮᠡᠨ (ᠦᠨᠳᠦᠰᠦᠲᠡᠨ ᠦ ᠬᠦᠮᠦᠨ ᠲᠦᠮᠡᠨ) ᠦᠨᠳᠦᠰᠦᠲᠡᠨ (иародность) ᠦ ᠤᠭ ᠤᠨ (ᠦᠨᠳᠦᠰᠦᠲᠡᠨ ᠦ ᠬᠦᠮᠦᠨ ᠦ ᠪᠦᠯᠦᠭ · ᠬᠡᠯᠡᠨ ᠦ ᠦᠨᠳᠦᠰᠦ ᠶᠢᠨ ᠬᠦᠮᠦᠨ · ᠪᠦᠬᠦ ᠬᠦᠮᠦᠨ ᠲᠦᠮᠡᠨ ᠦ ᠤᠭ ᠤᠨ (нация) ᠦᠨᠳᠦᠰᠦᠲᠡᠨ (ᠬᠠᠮᠤᠭ ᠦᠨᠳᠦᠰᠦᠲᠡᠨ ᠦ ᠨᠢᠭᠡᠳᠦᠯ ᠢᠶᠡᠷ ᠬᠡᠯᠡᠨ ᠦ ᠦᠨᠳᠦᠰᠦ ᠶᠢᠨ ᠪᠦᠯᠦᠭ ᠬᠦᠮᠦᠨ · ᠦᠨᠳᠦᠰᠦᠲᠡᠨ ᠦ ᠪᠦᠯᠦᠭ ᠦᠨ ᠬᠦᠮᠦᠨ ᠦ ᠤᠭ ᠤᠨ ᠬᠡᠯᠡᠨ ᠦ 《 ᠦᠨᠳᠦᠰᠦᠲᠡᠨ ᠦ ᠤᠭ ᠤᠨ ᠬᠦᠮᠦᠨ ᠲᠦᠮᠡᠨ · ᠬᠦᠮᠦᠨ ᠲᠦᠮᠡᠨ ᠦ ᠪᠦᠯᠦᠭ ᠦᠨ ᠰᠢᠨᠵᠢ ᠶᠢᠨ ᠬᠦᠮᠦᠨ ᠲᠦᠮᠡᠨ 》 ···· ᠬᠡᠮᠡᠵᠦ ᠪᠣᠯᠤᠭᠰᠠᠨ ᠪᠣᠯ ᠦᠨᠳᠦᠰᠦᠲᠡᠨ (иародность) ᠦ ᠤᠭ ᠤᠨ ᠬᠦᠮᠦᠨ ᠲᠦᠮᠡᠨ ᠢ ᠬᠡᠯᠡᠨ ᠦᠨᠳᠦᠰᠦᠯᠡᠯ

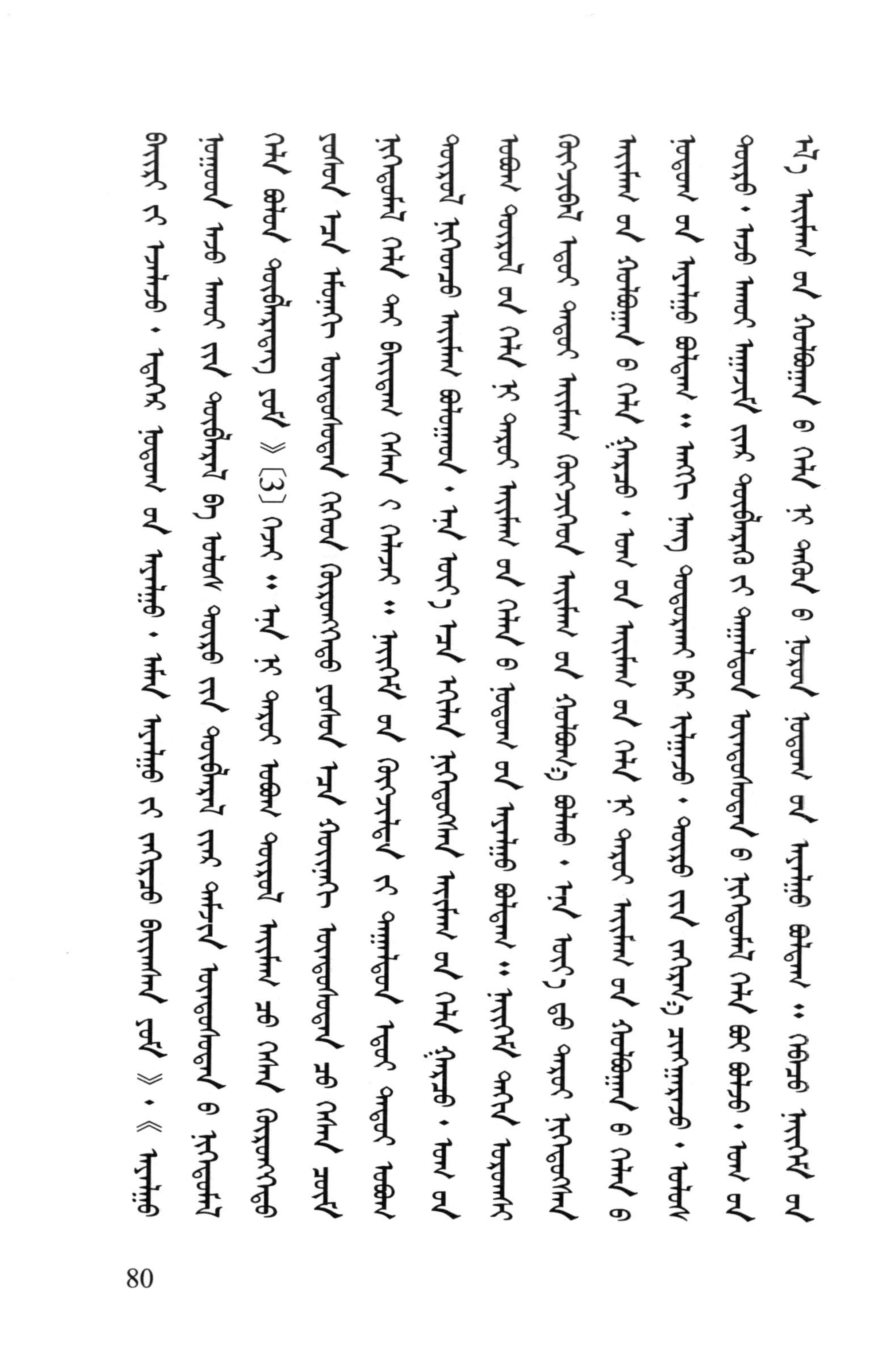

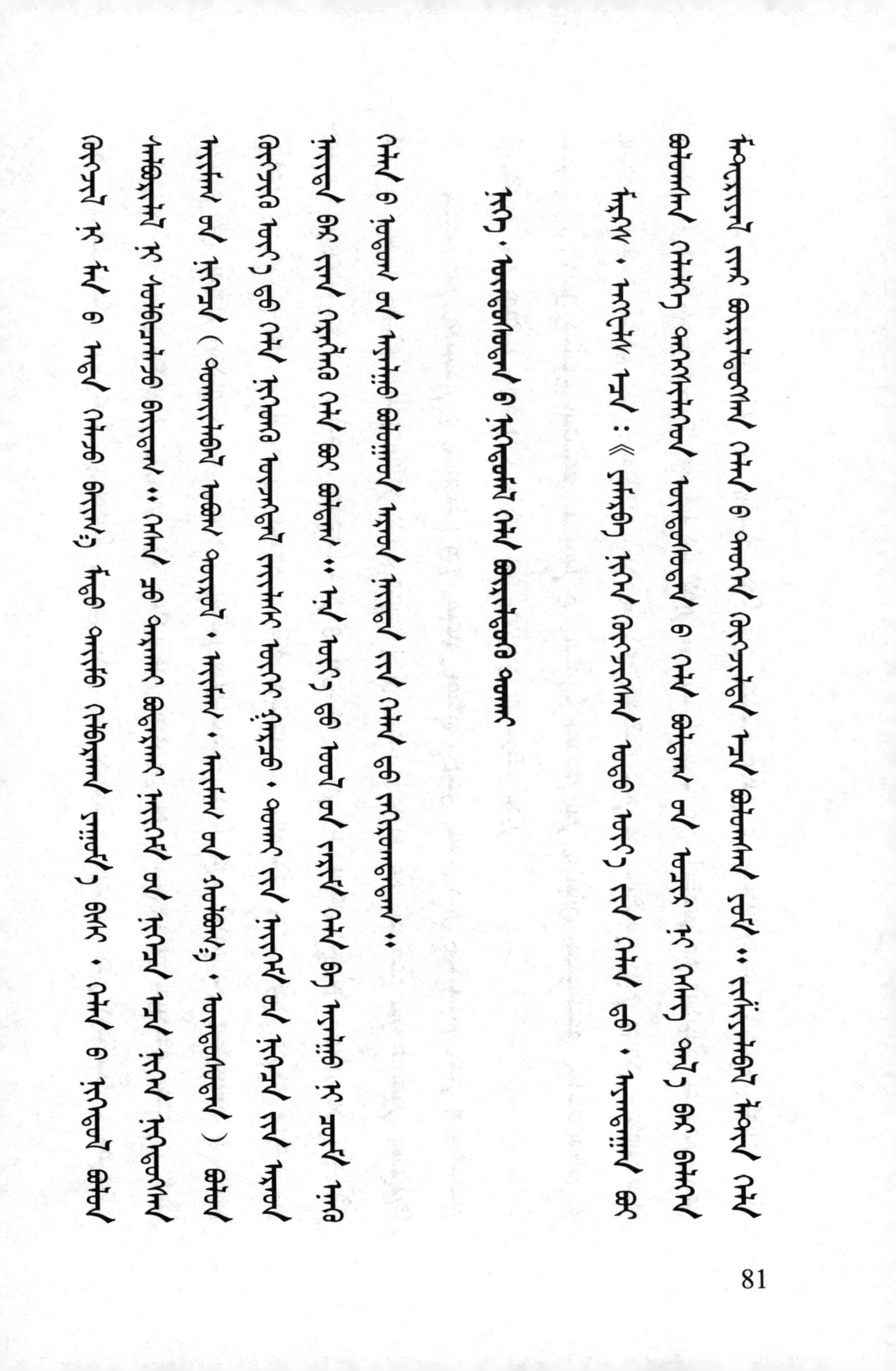

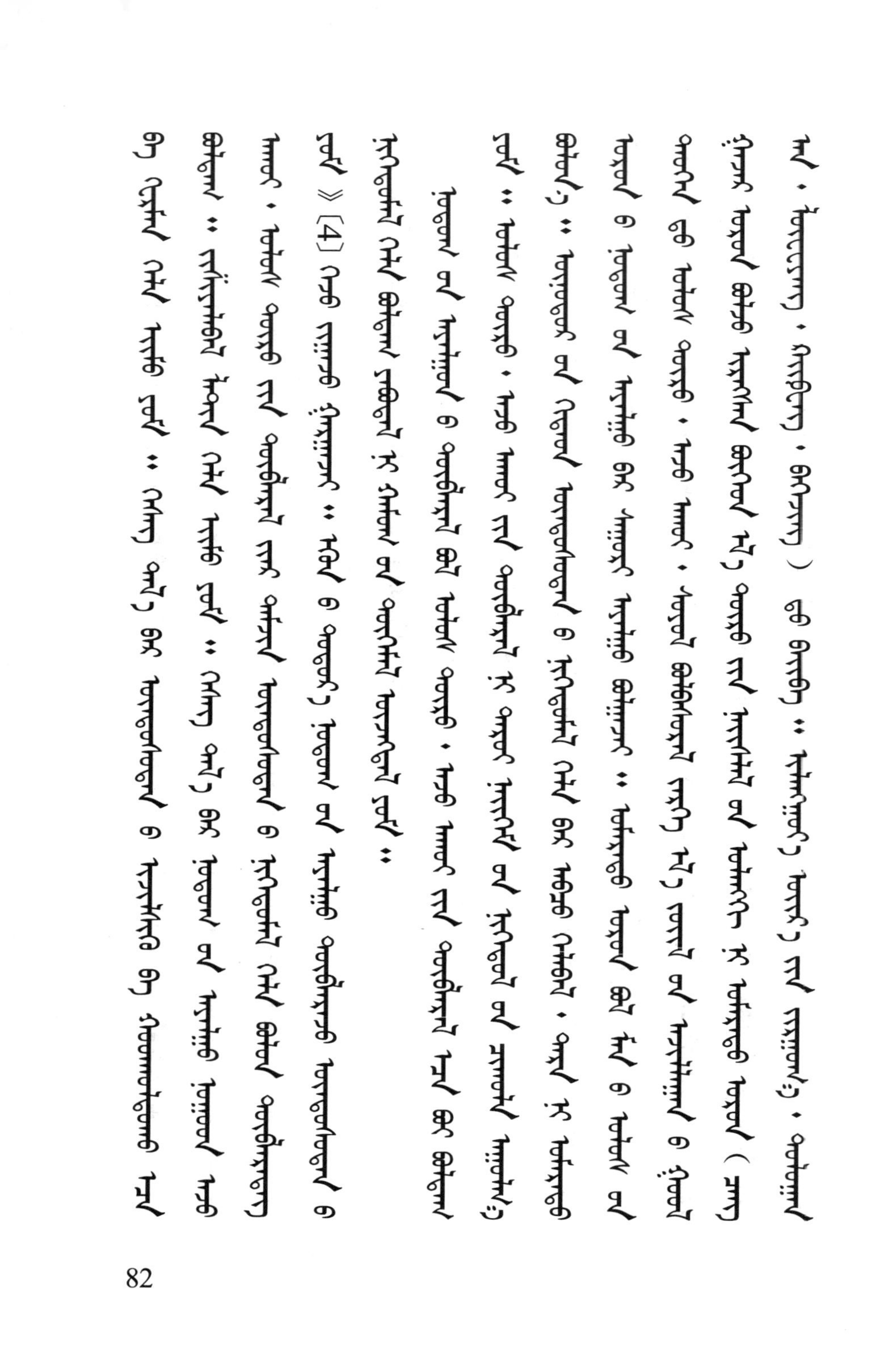

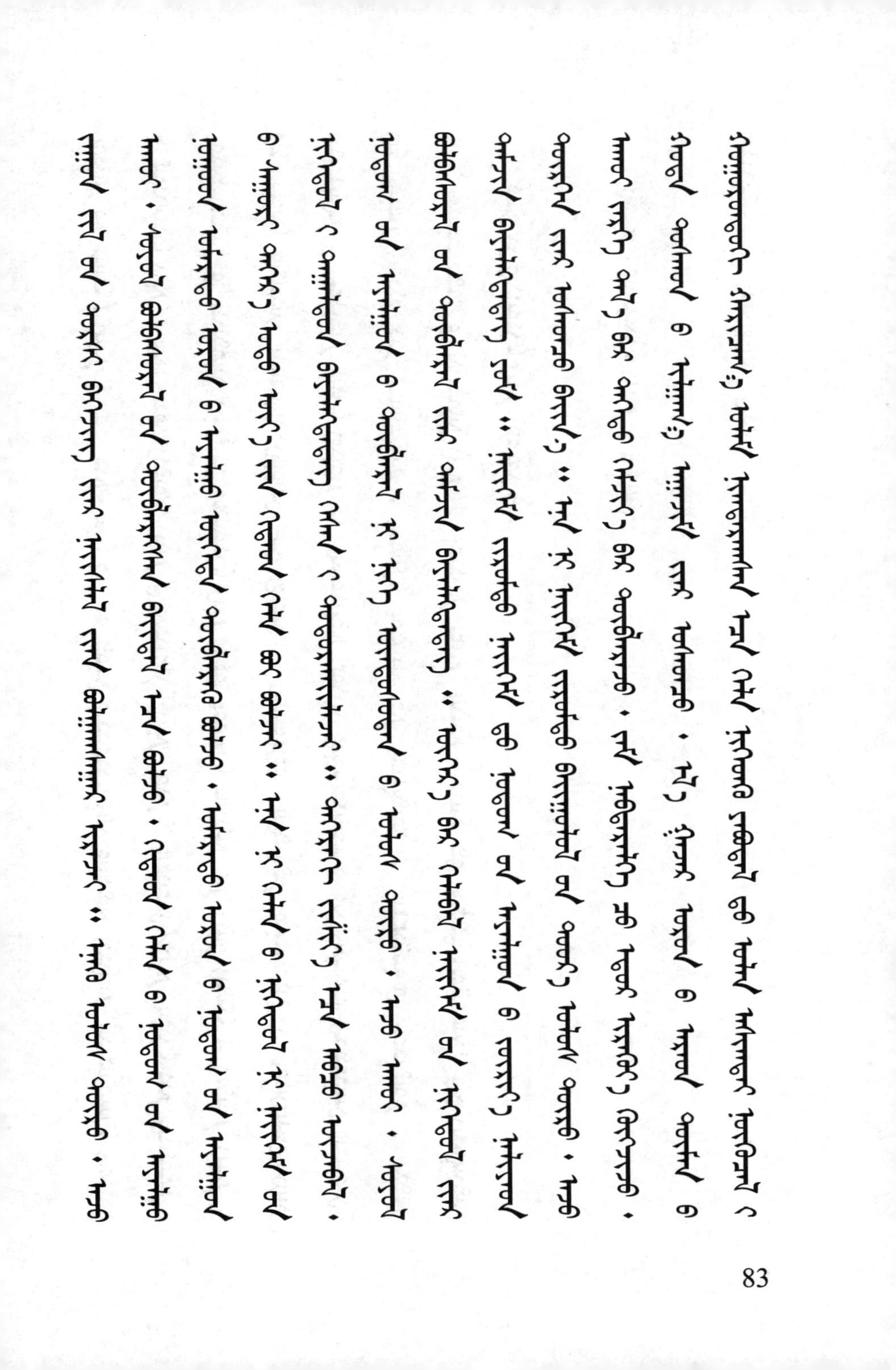

[illegible]

ᠪᠢᠴᠢᠭᠯᠡᠭᠰᠡᠭᠦᠯᠬᠦ ᠬᠠᠷᠢᠴᠠᠭᠤᠯᠤᠨ ᠪᠠᠢᠨ᠎ᠠ ᠃

ᠶᠠᠷᠢᠶ᠎ᠠ᠂ ᠪᠢᠴᠢᠭ ᠦᠨ ᠬᠡᠯᠡ

ᠬᠡᠰᠡᠭ ᠲᠦ ᠪᠢᠴᠢᠭᠳᠡᠭᠰᠡᠨ ᠶᠠᠭᠤ ᠶᠠᠭᠤ ᠪᠤᠢ ?

ᠬᠠᠷᠢᠯᠴᠠᠭ᠎ᠠ ᠶᠢᠨ ᠨᠡᠢᠲᠡᠯᠡᠭᠰᠡᠨ ᠶᠠᠭᠤ ᠨᠢ ᠬᠡᠯᠡᠨ ᠦ ᠬᠡᠯᠪᠡᠷᠢ ᠪᠣᠯ ᠲᠡᠭᠦᠨ ᠦ ᠦᠨᠳᠦᠰᠦᠨ ᠬᠡᠯᠪᠡᠷᠢ ᠪᠣᠯᠤᠨ᠎ᠠ ᠃ ᠬᠡᠯᠡ ᠨᠢ ᠶᠠᠷᠢᠶ᠎ᠠ ᠪᠢᠴᠢᠭ ᠤᠨ ᠬᠡᠯᠡ ᠬᠣᠶᠠᠷ ᠲᠥᠷᠥᠯ ᠲᠠᠢ ᠃ ᠶᠠᠷᠢᠶ᠎ᠠ ᠨᠢ ᠬᠡᠯᠡ ᠶᠢᠨ ᠳᠠᠭᠤ ᠪᠣᠯ ᠪᠢᠴᠢᠭ ᠦᠨ ᠬᠡᠯᠡ ᠨᠢ ᠪᠢᠴᠢᠭ ᠦᠨ ᠦᠰᠦᠭ ᠪᠣᠯᠤᠨ᠎ᠠ ᠃ ᠬᠠᠷᠢᠯᠴᠠᠭ᠎ᠠ ᠶᠢᠨ ᠨᠡᠢᠲᠡᠯᠡᠭᠰᠡᠨ ᠶᠠᠭᠤ ᠨᠢ 《ᠨᠡᠢᠲᠡᠯᠡᠭᠰᠡᠨ ᠦᠭᠡ》 ᠪᠣᠯ ᠬᠡᠯᠡᠨ ᠦ ᠬᠡᠪ ᠬᠡᠯᠪᠡᠷᠢ ᠶᠢᠨ ᠪᠢᠴᠢᠭᠳᠡᠭᠰᠡᠨ ᠦᠭᠡ᠂ ᠪᠢᠴᠢᠭᠳᠡᠭᠰᠡᠨ ᠦᠭᠡ ᠶᠢᠨ ᠨᠡᠢᠲᠡᠯᠡᠭᠰᠡᠨ ᠶᠠᠭᠤ ᠪᠣᠯᠤᠨ᠎ᠠ ᠃ ᠶᠠᠷᠢᠶ᠎ᠠ ᠨᠢ ᠬᠡᠯᠡᠨ ᠦ ᠬᠡᠯᠪᠡᠷᠢ ᠶᠢ ᠲᠣᠳᠣᠷᠬᠠᠢᠯᠠᠨ ᠪᠢᠴᠢᠭᠯᠡᠭᠰᠡᠨ ᠦᠭᠡ ᠪᠣᠯ ᠪᠢᠴᠢᠭ ᠦᠨ ᠬᠡᠯᠡ ᠨᠢ ᠨᠡᠢᠲᠡᠯᠡᠭᠰᠡᠨ ᠬᠡᠯᠪᠡᠷᠢ ᠶᠢᠨ ᠪᠠᠷᠢᠮᠲᠠ ᠪᠣᠯᠬᠤ ᠪᠠᠢᠨ᠎ᠠ ᠃ ᠬᠡᠯᠡᠨ ᠦ ᠬᠡᠯᠪᠡᠷᠢ᠂ ᠬᠡᠯᠡᠯᠴᠡᠬᠦ ᠬᠡᠯᠪᠡᠷᠢ᠂ ᠬᠡᠷᠡᠭᠯᠡᠭᠳᠡᠬᠦ ᠬᠡᠯᠪᠡᠷᠢ ᠵᠡᠷᠭᠡ ᠶᠢᠨ ᠬᠠᠷᠢᠴᠠᠭ᠎ᠠ ᠨᠢ ᠬᠡᠯᠡᠨ ᠦ ᠬᠡᠯᠪᠡᠷᠢ ᠶᠢᠨ ᠳᠣᠲᠣᠷᠠᠬᠢ ᠬᠠᠷᠢᠴᠠᠭ᠎ᠠ ᠪᠣᠯᠤᠨ ᠣᠯᠠᠨ ᠲᠠᠯᠠᠲᠤ

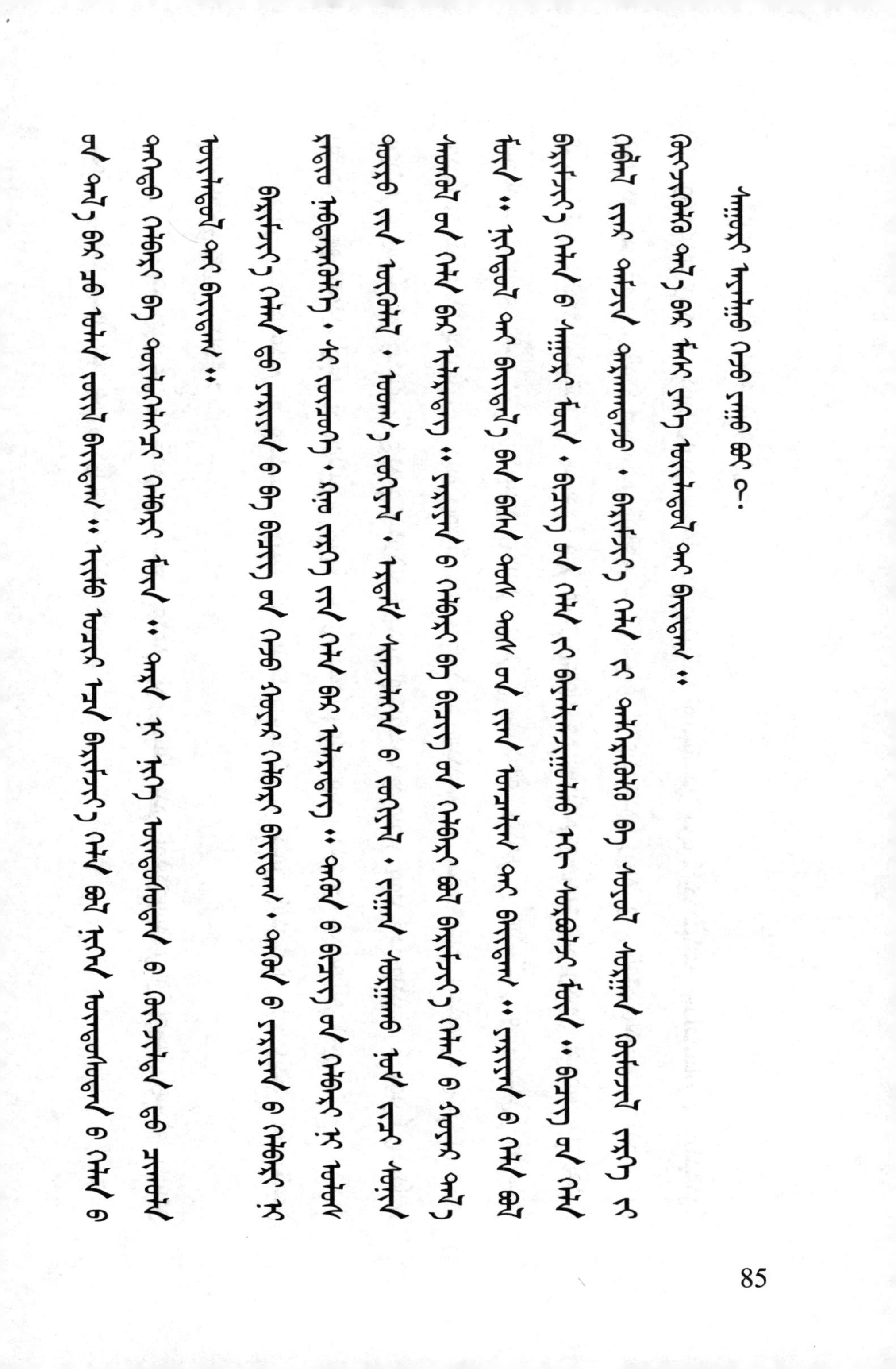

[illegible]
[illegible]
[illegible]

[illegible]
[illegible]
[illegible]
[illegible]
[illegible]
[illegible]
[illegible]

[illegible]

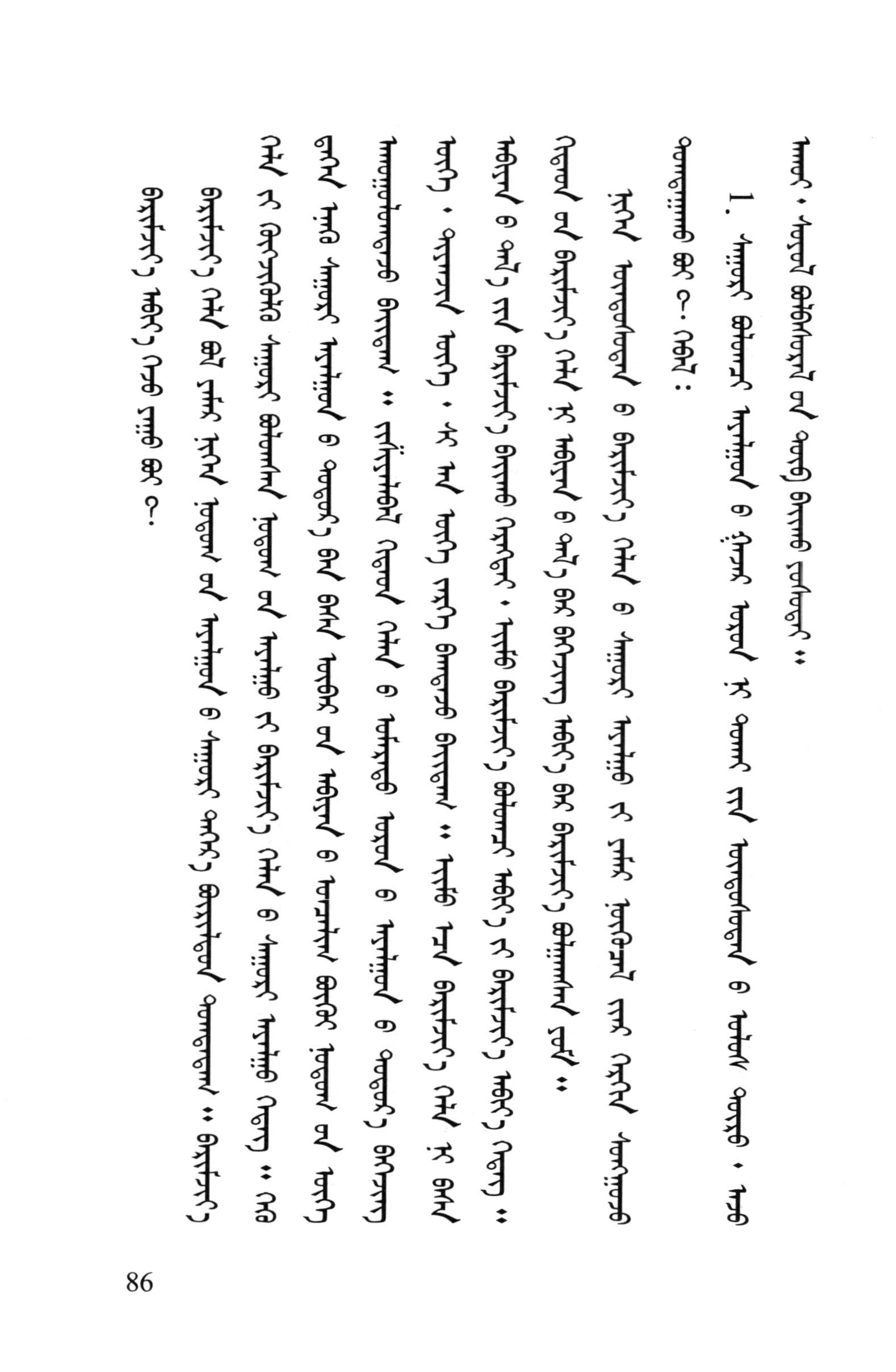

[illegible] ::

1. [illegible]

[illegible] :

[illegible] ::

[illegible] ::

[illegible] ::

[illegible] :: [illegible]

[illegible] ::

[illegible] :: [illegible]

[illegible] ?

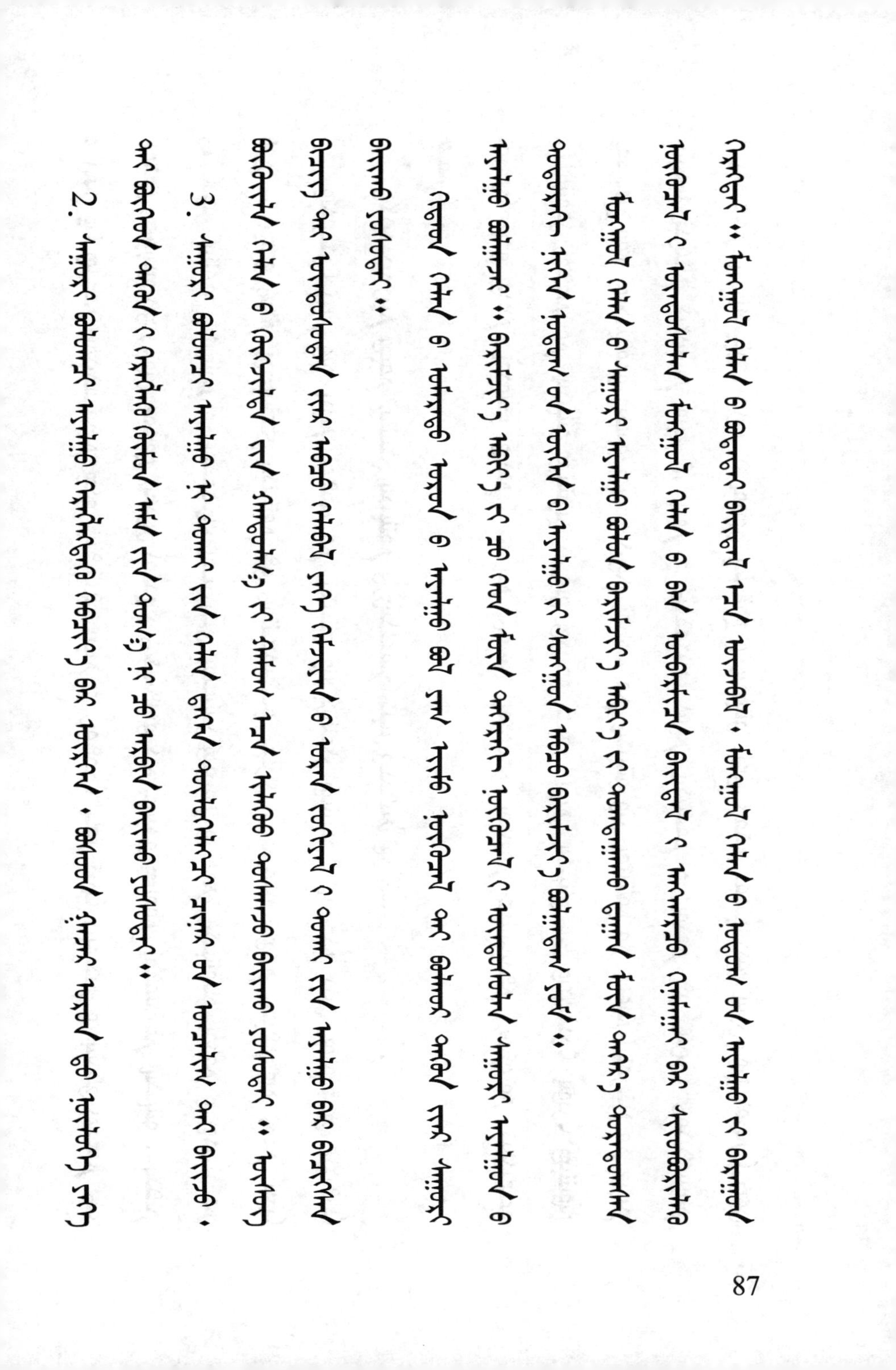

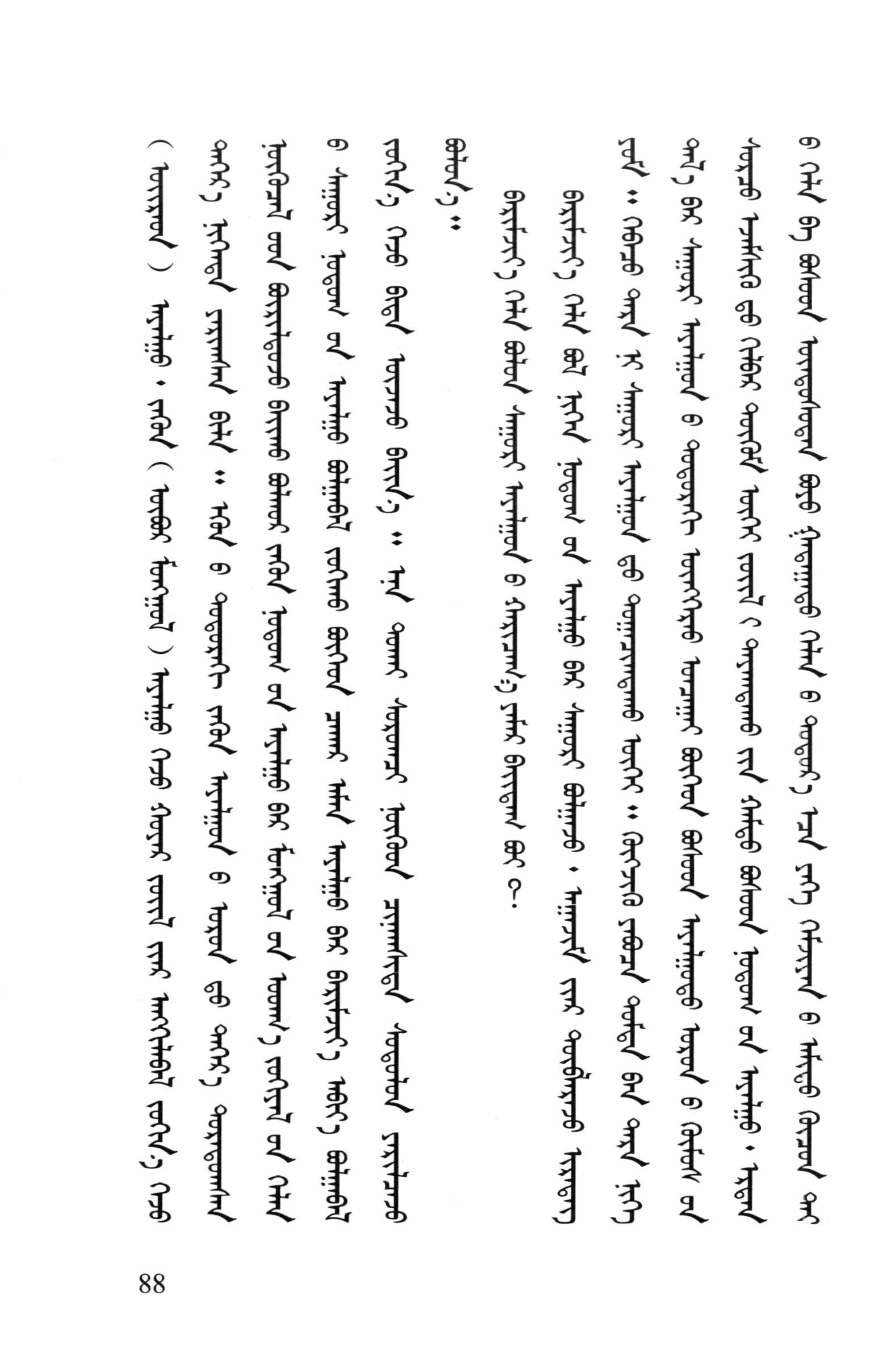

ᠪᠣᠯᠤᠨ ᠣᠷᠣᠨ ᠳᠤ ᠨᠡᠶᠢᠲᠡᠯᠡᠭᠰᠡᠨ ᠬᠢᠲᠠᠳ ᠤᠨ ᠠᠮᠠᠨ ᠬᠡᠯᠡᠨ ᠦ ᠦᠭᠡ ᠶᠢ ᠪᠠᠭᠲᠠᠭᠠᠭᠰᠠᠨ ᠶᠤᠮ ᠄ ᠲᠡᠭᠡᠨ ᠡᠴᠡ ᠪᠠᠶᠢᠭᠤᠯᠤᠭᠰᠠᠨ ᠶᠠᠮᠠᠷ ᠴᠤ ᠦᠭᠡᠰ ᠢ ᠬᠡᠷᠡᠭᠯᠡᠬᠦ ᠳᠤ ᠪᠣᠯᠣᠮᠵᠢᠲᠠᠢ᠂ ᠭᠡᠬᠦ ᠮᠡᠲᠦ ᠰᠣᠩᠭᠣᠭᠳᠠᠵᠤ ᠪᠣᠯᠬᠤ ᠦᠭᠡᠰ ᠦᠨ ᠪᠣᠯᠪᠠᠰᠤᠷᠠᠭᠤᠯᠤᠭᠰᠠᠨ ᠤ ᠬᠠᠮᠲᠤ ᠪᠡᠷ ᠰᠣᠩᠭᠣᠭᠰᠠᠨ ᠢ ᠮᠡᠳᠡᠬᠦ ᠪᠣᠯ 《洋火》 ᠭᠡᠳᠡᠭ ᠦᠭᠡ ᠶᠢᠨ ᠣᠷᠣᠨ ᠳᠤ 《取灯儿》᠂ ᠰᠢᠷᠠᠯᠵᠢᠨ ᠳ᠋ᠧᠩ ᠳᠤ ᠪᠠᠶᠢᠬᠤ ᠭᠡᠬᠦ ᠪᠣᠯᠤᠨ 《火柴》 ᠭᠡᠳᠡᠭ ᠦᠭᠡ ᠶᠢ ᠬᠡᠷᠡᠭᠯᠡᠳᠡᠭ ᠄ ᠪᠠᠰᠠ 《搞》(做· 干·弄)·《晓得》(知道)·《名堂》(诡事情·名目) ᠵᠡᠷᠭᠡ ᠦᠭᠡᠰ ᠢ ᠬᠡᠷᠡᠭᠯᠡᠳᠡᠭ ᠶᠤᠮ ᠄ ᠪᠠᠰᠠ 《如此》·《若干》·《矛盾》 ᠵᠡᠷᠭᠡ ᠦᠭᠡᠰ ᠢ ᠪᠠᠰᠠ ᠣᠯᠠᠨ ᠲᠣᠭ᠎ᠠ ᠪᠠᠷ ᠬᠡᠷᠡᠭᠯᠡᠳᠡᠭ ᠄ 《逻辑》·《布尔什维克》·《磅》 ᠵᠡᠷᠭᠡ ᠦᠭᠡᠰ ᠢ ᠴᠢ ᠪᠠᠰᠠ ᠣᠯᠠᠨ ᠲᠣᠭ᠎ᠠ ᠪᠠᠷ ᠬᠡᠷᠡᠭᠯᠡᠳᠡᠭ ᠄ ᠡᠳᠡᠭᠡᠷ ᠦᠭᠡᠰ ᠢ ᠬᠡᠯᠡᠨ ᠦ ᠳᠣᠲᠣᠷ᠎ᠠ ᠪᠠᠨ ᠰᠢᠩᠭᠡᠭᠡᠨ ᠬᠡᠷᠡᠭᠯᠡᠭᠰᠡᠡᠷ᠂ ᠮᠣᠩᠭᠣᠯ ᠬᠡᠯᠡ ᠪᠡᠨ ᠪᠠᠶᠠᠵᠢᠭᠤᠯᠤᠭᠰᠠᠨ ᠶᠤᠮ᠂ ᠡᠨᠡ ᠴᠤ ᠮᠣᠩᠭᠣᠯ ᠬᠡᠯᠡᠨ ᠦ ᠪᠠᠶᠠᠯᠢᠭ ᠪᠣᠯᠵᠠᠢ ᠄

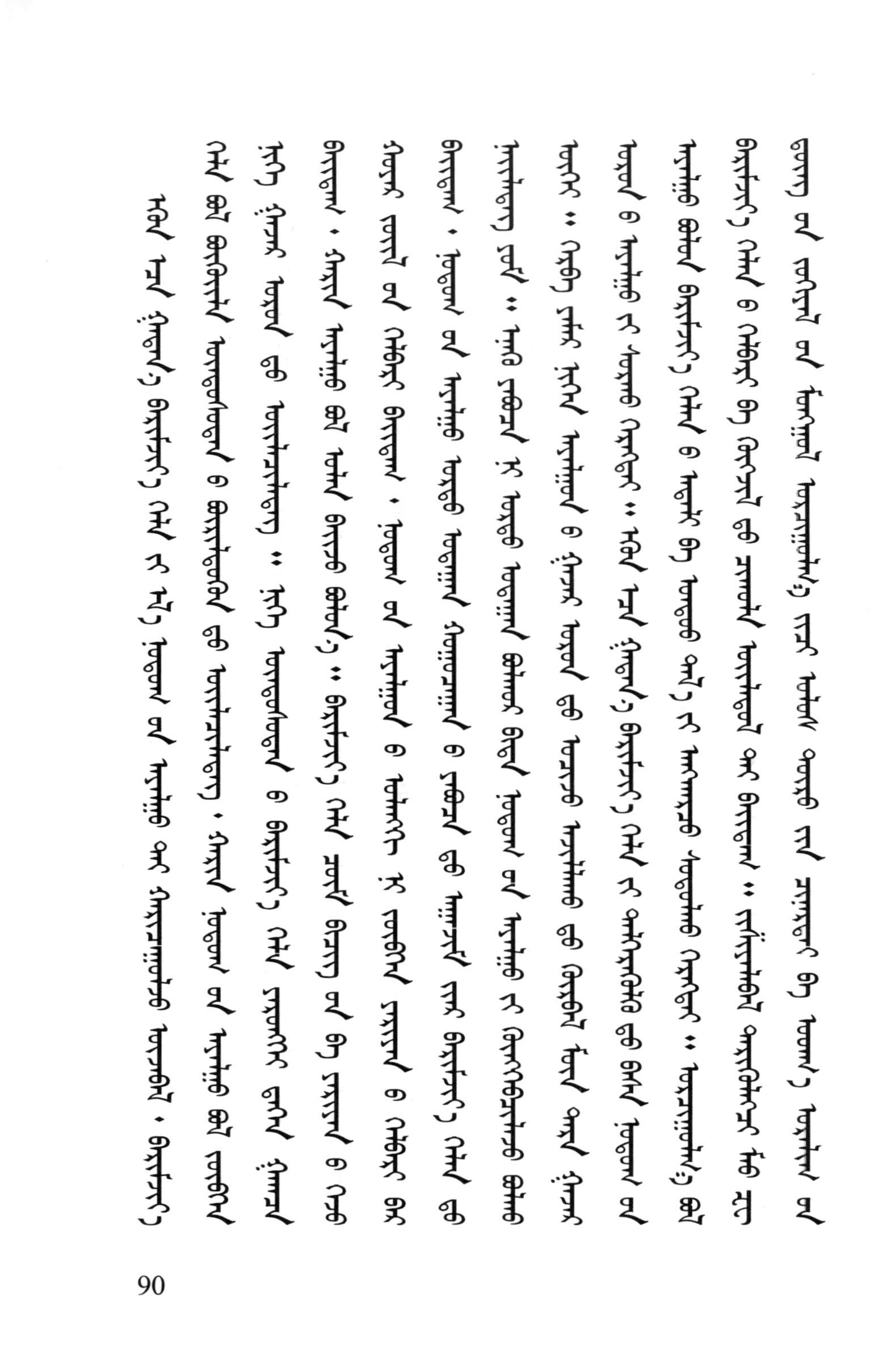

[illegible]
[illegible]
[illegible]
[illegible]
[illegible]
[illegible]
[illegible]
[illegible]
[illegible]
[illegible]
[illegible]
[illegible]

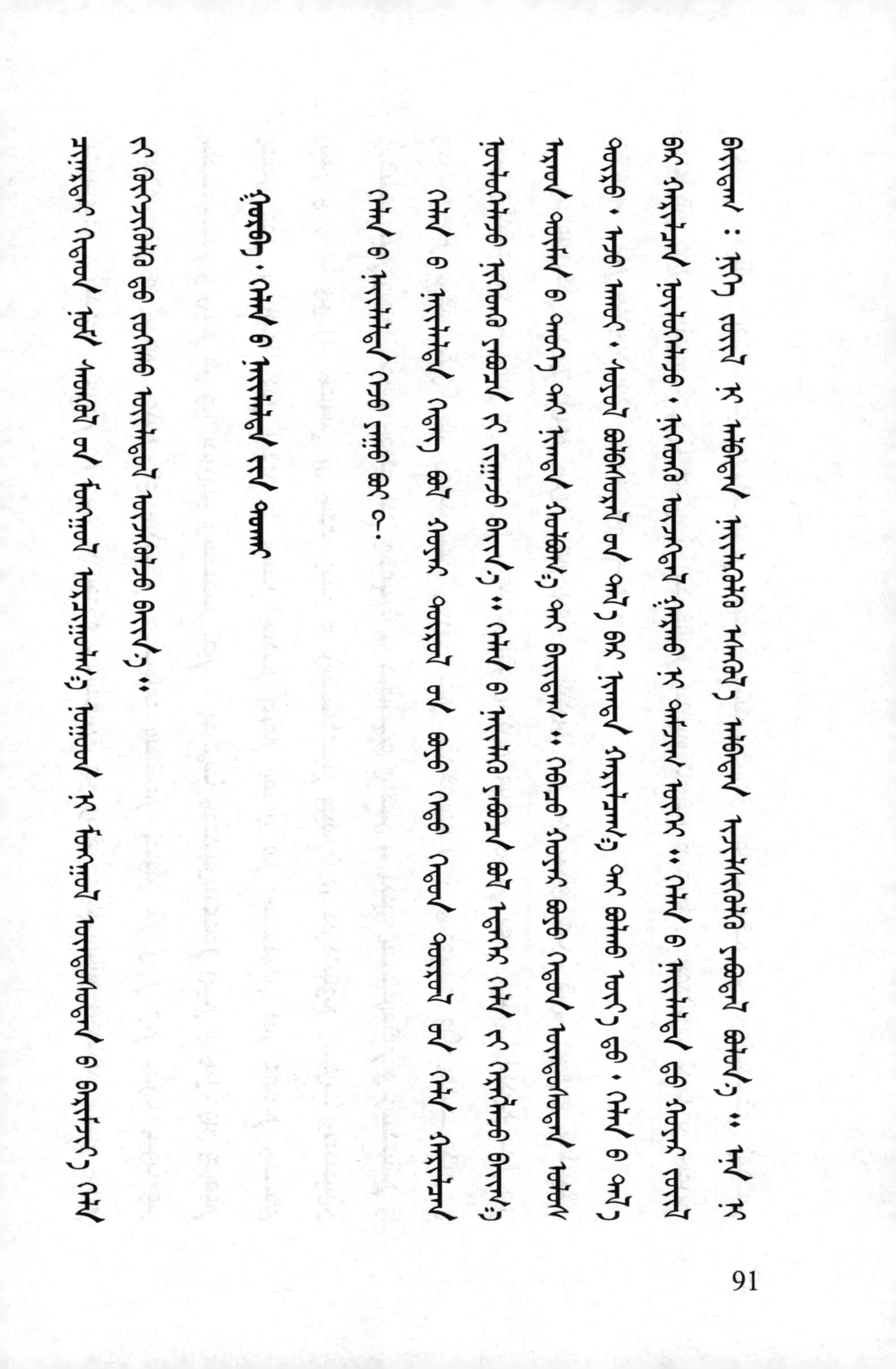

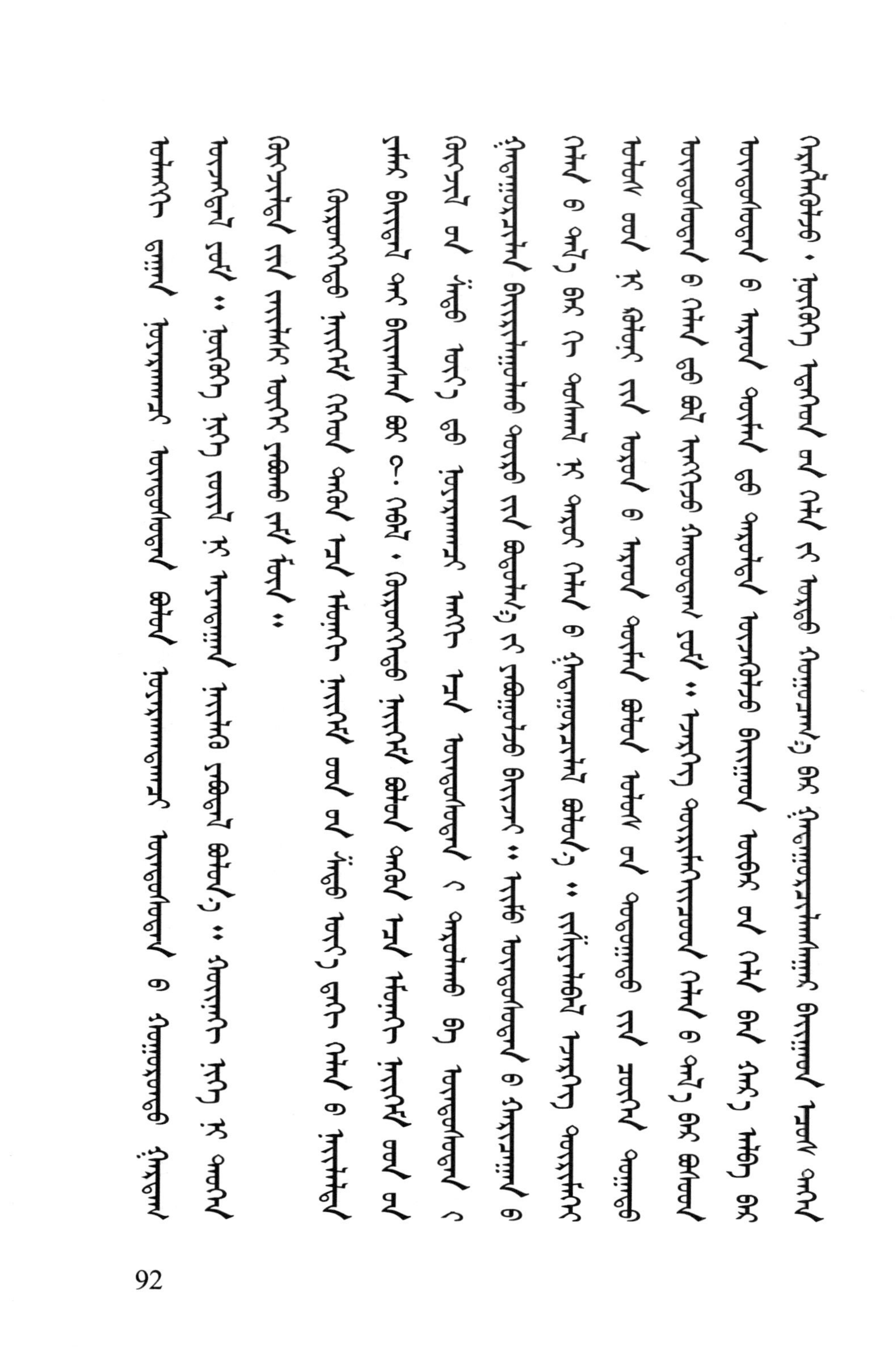

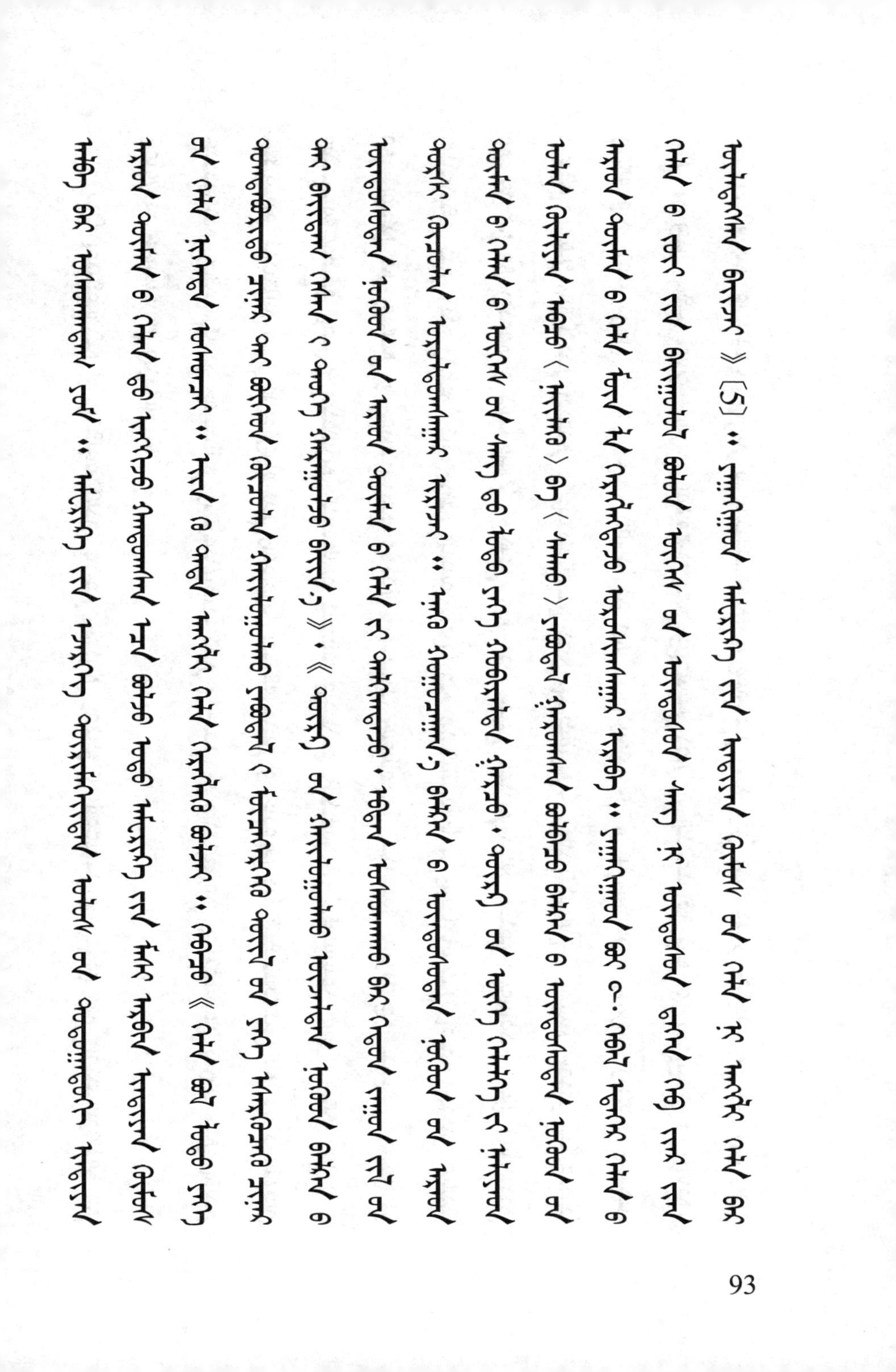

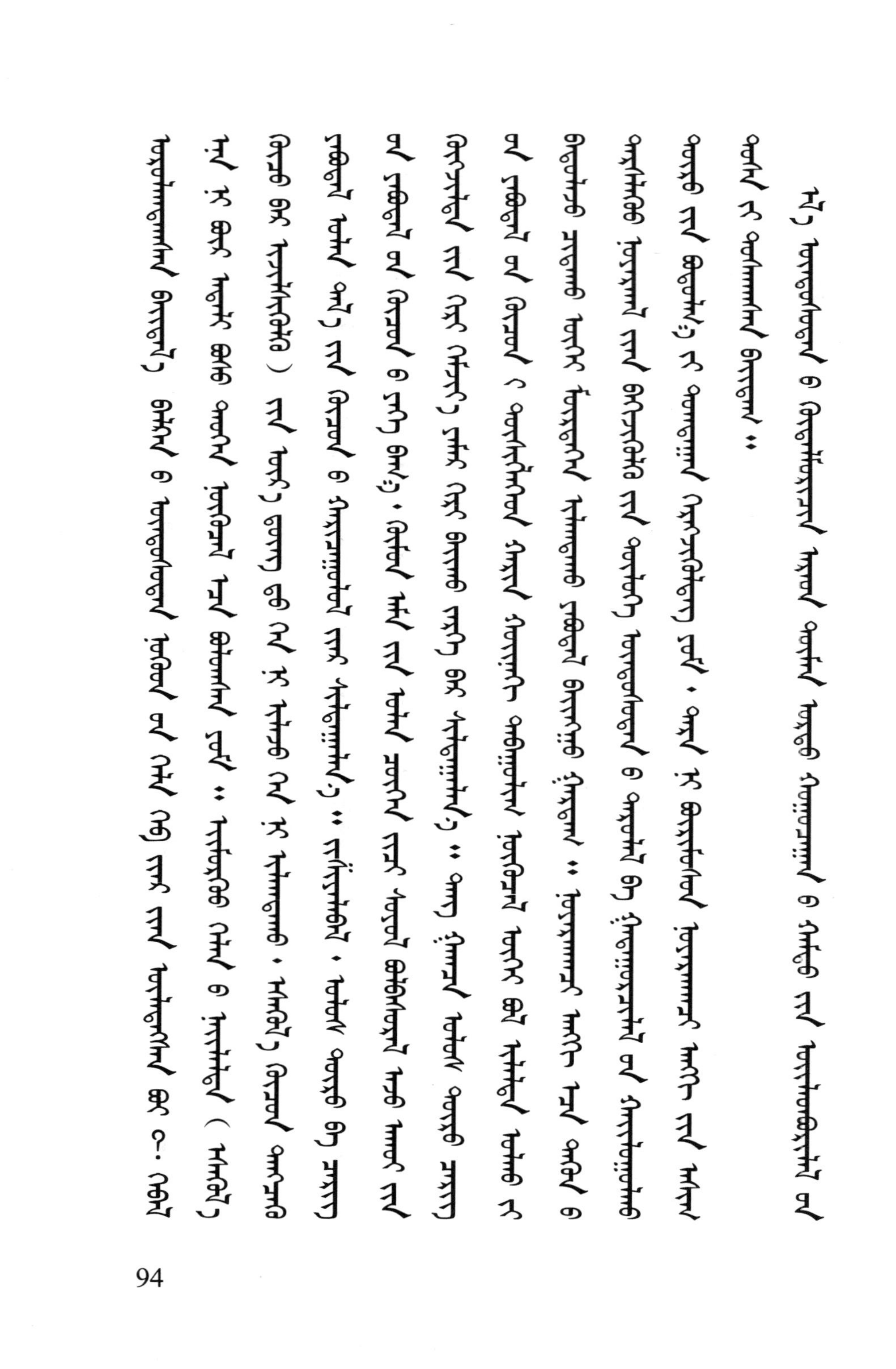

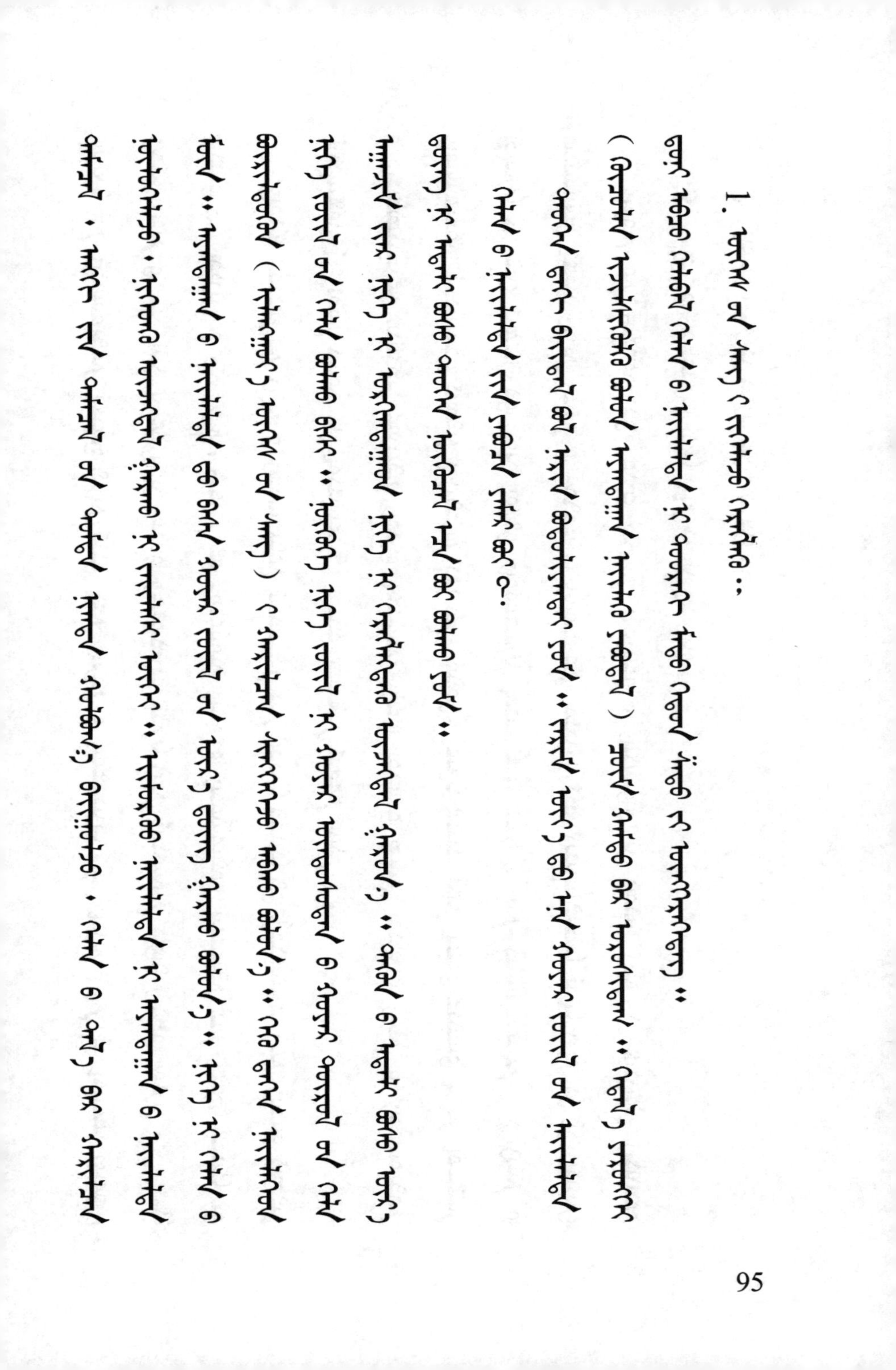

1. [illegible] ::

[illegible] ::
[illegible] ([illegible]) [illegible] :: [illegible] ([illegible])
[illegible] :: [illegible]
[illegible] ?

[illegible] ::
[illegible] :: [illegible]
[illegible] :: [illegible]
[illegible] :: [illegible] ([illegible]) [illegible]
[illegible] :: [illegible] :: [illegible]
[illegible] · [illegible] :: [illegible]
[illegible] · [illegible] · [illegible]

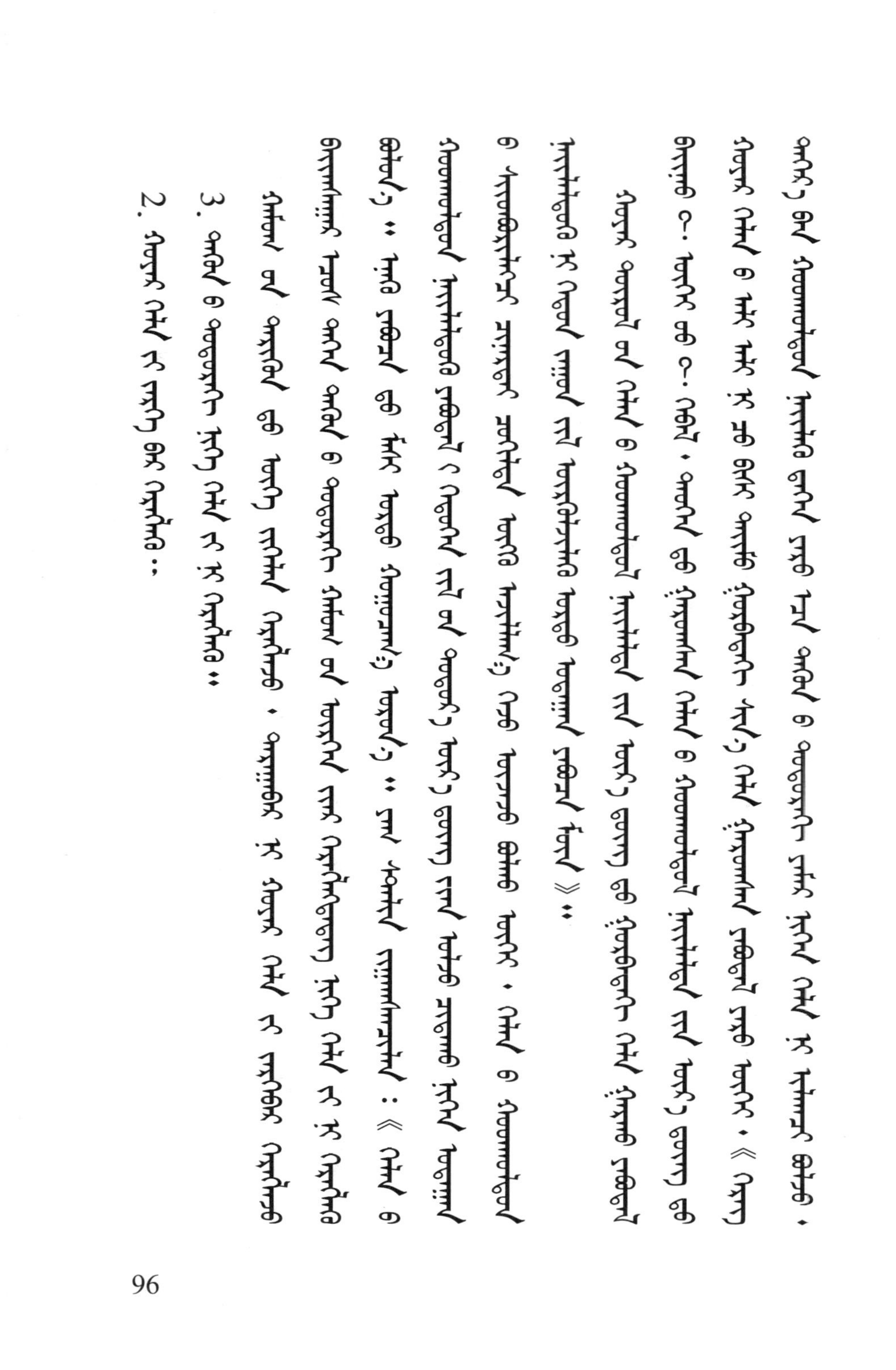

[illegible]

[illegible]

[illegible]

2. [illegible] ᠄

3. [illegible] ᠄

ᠮᠣᠩᠭᠣᠯ ᠤᠨ ᠬᠡᠯᠡᠨ ᠦ ᠵᠦᠢ ᠶᠢᠨ ᠪᠢᠴᠢᠭᠯᠡᠯ ᠳᠦ ᠮᠣᠩᠭᠣᠯ ᠤᠨ ᠮᠣᠩᠭᠣᠯᠴᠤᠳ ᠤᠨ ᠬᠡᠯᠡ ᠶᠢᠨ ᠨᠢᠭᠡ ᠶᠢᠨ ᠮᠣᠩᠭᠣᠯᠴᠤᠳ ᠪᠣᠯᠤᠭᠰᠠᠨ
ᠮᠣᠩᠭᠣᠯ ᠤᠨ ᠦᠨᠳᠦᠰᠦᠲᠡᠨ ᠦ ᠰᠤᠷᠭᠠᠭᠤᠯᠢ ᠶᠢᠨ ᠬᠣᠯᠪᠣ ᠪᠣᠯ ᠵᠢᠷᠭᠤᠭᠠᠨ ᠦᠨᠳᠦᠰᠦᠲᠡᠨ ᠂ ᠲᠣᠭᠣᠲᠠ ᠨᠡᠷ᠎ᠡ ᠬᠡᠯᠡᠨ ᠨᠢ ᠰᠢᠨᠡᠯᠡᠨ
ᠮᠣᠩᠭᠣᠯ ᠤᠨ ᠮᠠᠨᠳᠤᠯ ᠵᠢᠷᠤᠭ ᠶᠢᠨ ᠰᠤᠷᠭᠠᠯ ᠶᠢᠨ ᠰᠤᠷᠪᠠᠯᠵᠢᠯᠠᠯ ᠶᠢᠨ ᠲᠣᠬᠢᠶᠠᠯᠳᠤᠭᠤ ᠮᠣᠩᠭᠣᠯᠴᠤᠳ ᠭᠡᠵᠡᠢ 》〔7〕᠃
《 ᠬᠡᠯᠡᠯᠭᠡ ᠬᠡᠯᠡᠨ ᠨᠢ ᠮᠣᠩᠭᠣᠯ ᠬᠡᠯᠡᠯᠭᠡᠨ ᠬᠡᠯᠡᠨ ᠪᠣᠯ ᠲᠡᠭᠦᠨ ᠮᠣᠩᠭᠣᠯ ᠤ ᠰᠤᠷᠭᠠᠯ ᠮᠣᠩᠭᠣᠯ ᠤᠨ ᠬᠠᠮᠤᠭ ᠶᠢᠨ
ᠪᠠᠶᠢᠭᠤᠯᠤᠯᠲᠠᠲᠠᠢ ᠂ ᠬᠣᠭᠤᠰᠤ ᠪᠢᠰᠢ ᠨᠢ ᠬᠡᠯᠡᠯᠭᠡ ᠬᠡᠯᠡᠨ ᠢ ᠬᠠᠮᠢᠶᠠᠷᠤᠯᠳᠠᠭ ᠪᠠᠶᠢᠨ᠎ᠠ ᠂ ᠭᠡᠭᠡᠨ ᠵᠢᠷᠤᠮᠯᠠᠯᠲᠠᠢ ᠭᠡᠵᠡᠢ 》᠃
ᠶᠢᠷᠦᠩᠬᠡᠢᠯᠡᠪᠡᠯ ᠂ ᠮᠣᠩᠭᠣᠯ ᠪᠣᠯ ᠬᠠᠮᠠᠭᠠᠯᠠᠯ ᠤᠨ ᠮᠣᠩᠭᠣᠯᠴᠤᠳ ᠬᠡᠯᠡᠨ ᠪᠣᠯᠭᠠᠨ ᠬᠠᠢ ᠮᠡᠳᠡᠬᠦ ᠬᠡᠯᠡᠨ ᠂ ᠲᠡᠭᠦᠨ ᠬᠡᠯᠡᠨ ᠶᠡᠬᠡ ᠨᠢ ᠬᠡᠯᠡᠬᠦ
ᠮᠡᠳᠡᠭᠳᠡᠬᠦ ᠬᠡᠯᠡᠯᠴᠡᠭᠡ ᠨᠢᠶᠢᠭᠡᠮ ᠦᠨ ᠭᠠᠳᠠᠭᠠᠳᠤ ᠢ ᠬᠠᠮᠢᠶᠠᠷᠤᠯᠤᠭᠰᠠᠨ ᠪᠠᠶᠢᠨ᠎ᠠ ᠃ ᠡᠨᠡ ᠦ ᠮᠣᠩᠭᠣᠯ ᠬᠡᠯᠡᠨ ᠪᠣᠯ ᠮᠣᠩᠭᠣᠯᠴᠤᠳ ᠬᠡᠯᠡᠨ
ᠨᠢ ᠮᠣᠩᠭᠣᠯ ᠤᠨ ᠬᠡᠯᠡᠨ ᠦ ᠮᠡᠳᠡᠯᠭᠡ ᠦ ᠨᠢᠭᠡᠨ ᠶᠢᠨ ᠬᠡᠯᠡᠨ ᠪᠣᠯᠤᠨ ᠬᠡᠯᠡᠯᠴᠡᠭᠡᠨ ᠮᠣᠩᠭᠣᠯ ᠤᠨ ᠬᠡᠯᠡᠨ ᠦ ᠵᠦᠢ ᠶᠢᠨ
ᠪᠢᠴᠢᠭᠯᠡᠯ ᠪᠣᠯᠤᠨ ᠮᠣᠩᠭᠣᠯ ᠤᠨ ᠮᠣᠩᠭᠣᠯᠴᠤᠳ ᠬᠡᠯᠡ ᠶᠢᠨ ᠰᠤᠷᠪᠠᠯᠵᠢᠯᠠᠯ ᠃ ᠡᠨᠡ ᠪᠣᠯ ᠮᠣᠩᠭᠣᠯ ᠬᠡᠯᠡᠨ ᠦ ᠮᠣᠩᠭᠣᠯ ᠮᠣᠩᠭᠣᠯᠴᠤᠳ
ᠬᠡᠯᠡᠨ ᠪᠣᠯ ᠬᠠᠮᠤᠭ ᠮᠣᠩᠭᠣᠯ ᠮᠣᠩᠭᠣᠯᠴᠤᠳ ᠬᠡᠯᠡᠨ ᠢ ᠪᠠᠶᠢᠭᠤᠯᠤᠯᠲᠠᠲᠠᠢ ᠪᠠᠶᠢᠨ᠎ᠠ ᠃

ᠮᠡᠳᠡᠬᠦ ᠪᠠᠶᠢᠨ ᠨᠡᠢᠳᠡᠮ ᠳᠡᠭᠡᠳᠦ ᠮᠣᠩᠭᠣᠯ ᠤᠨ ᠮᠣᠩᠭᠣᠯᠴᠤᠳ ᠲᠤᠰ ᠮᠣᠩᠭᠣᠯᠴᠤᠳ ᠤ ᠬᠡᠯᠡᠨ ᠰᠤᠷᠪᠠᠯᠵᠢ ᠪᠠᠶᠢᠭᠤᠯᠤᠯᠲᠠ
ᠰᠤᠷᠪᠠ ᠪᠣᠯ ᠦᠨᠳᠦᠰᠦᠲᠡᠨ ᠦ ᠭᠡᠭᠡᠨ ᠃

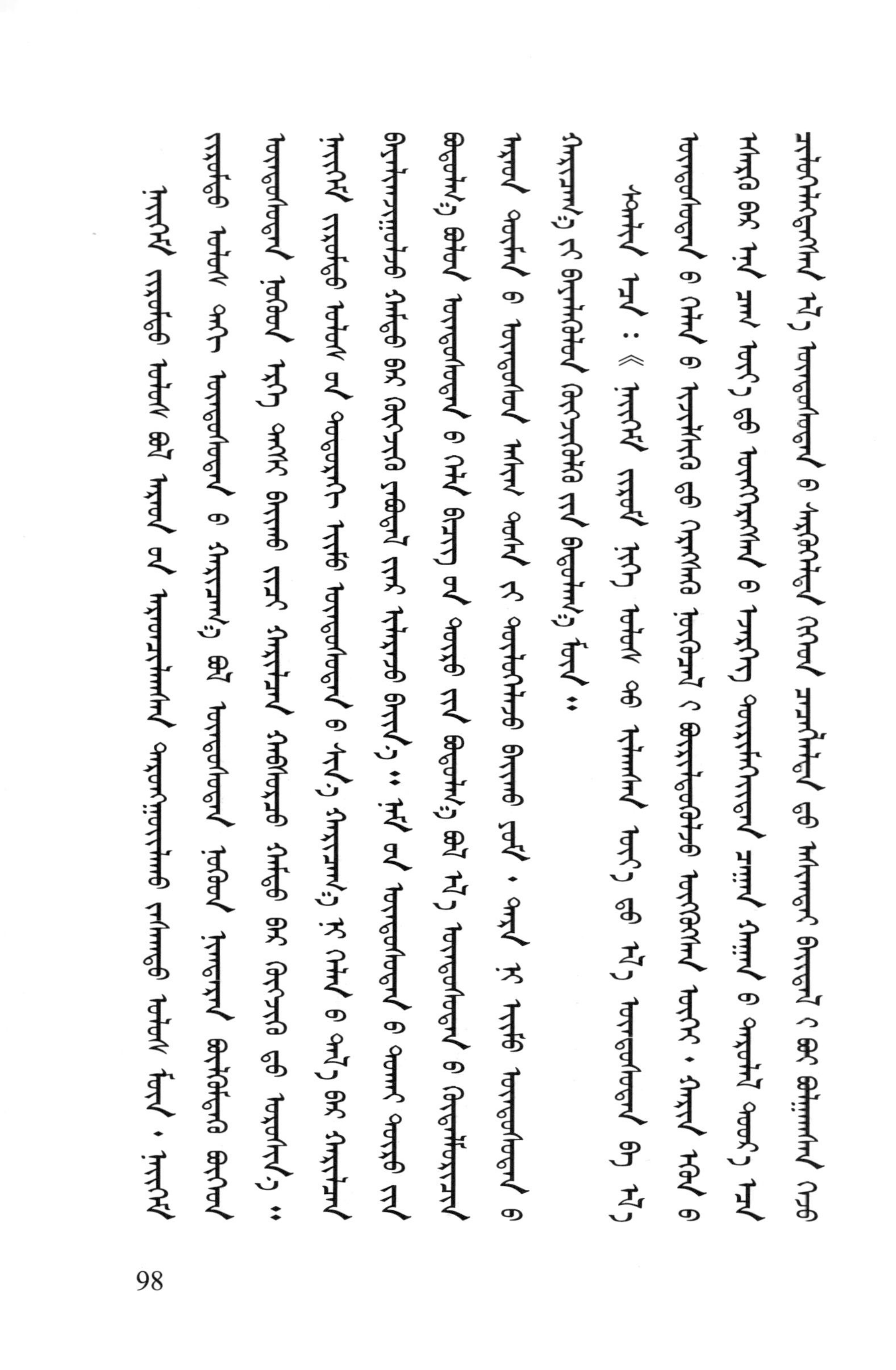

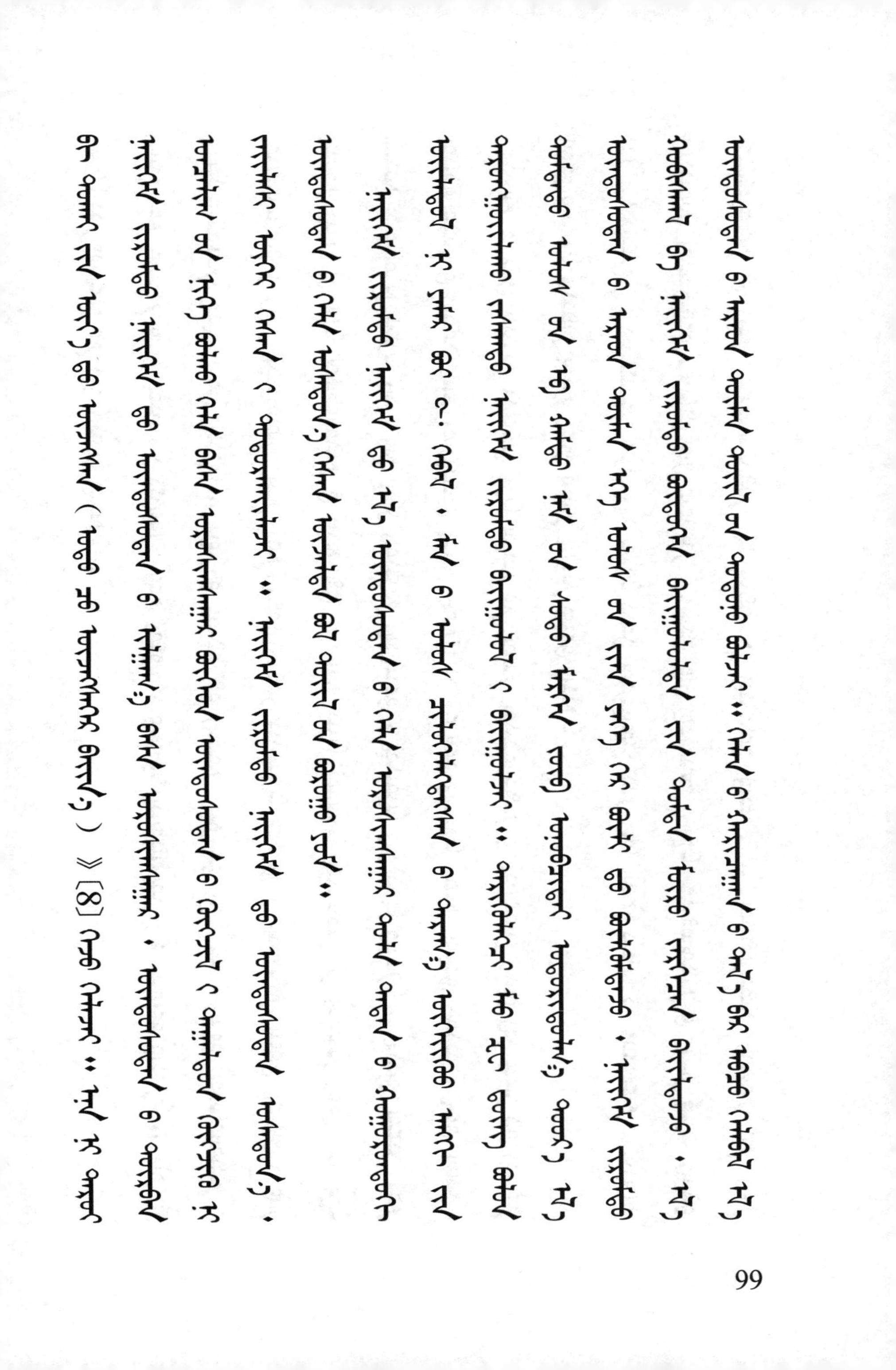

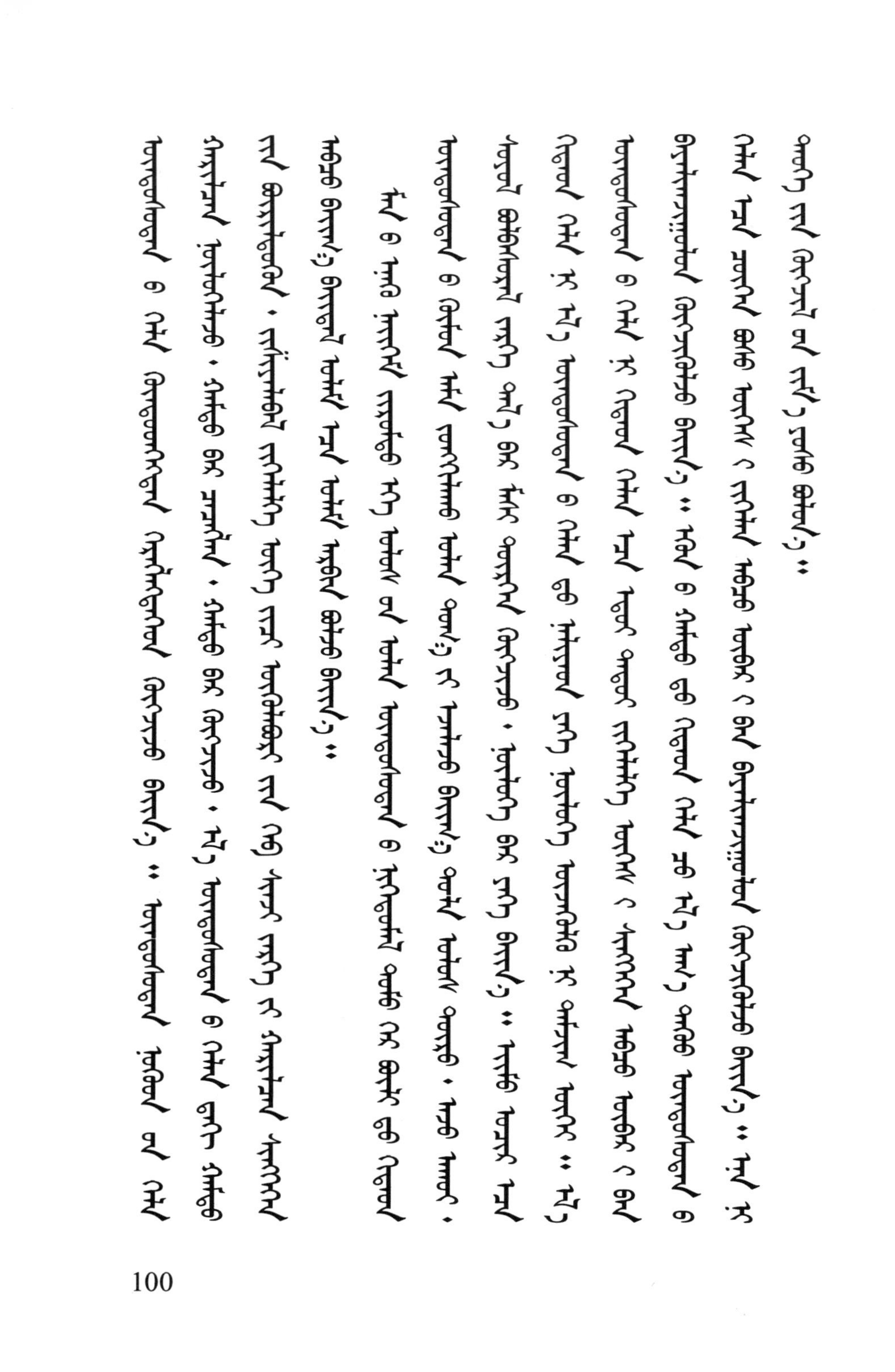

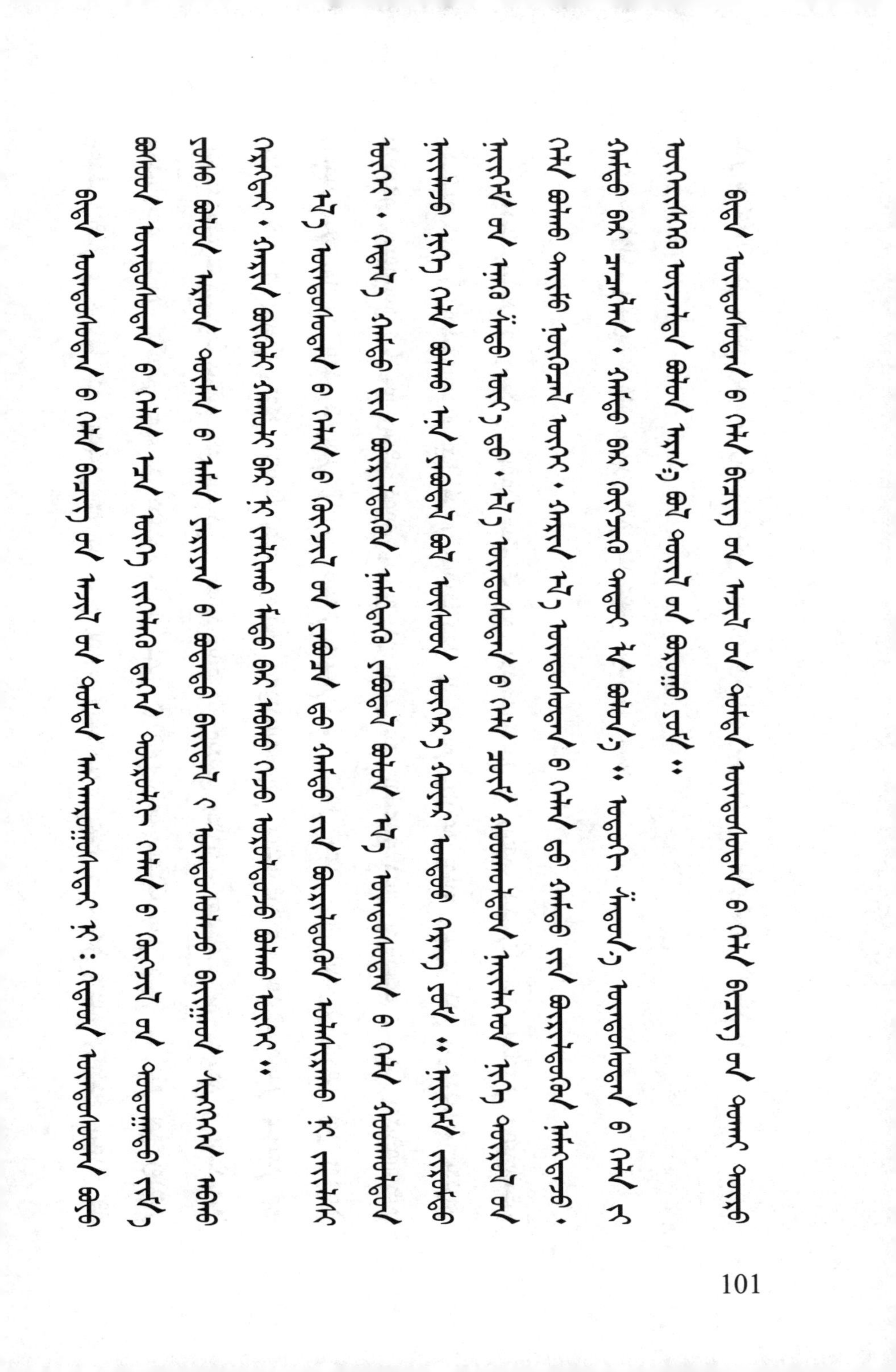

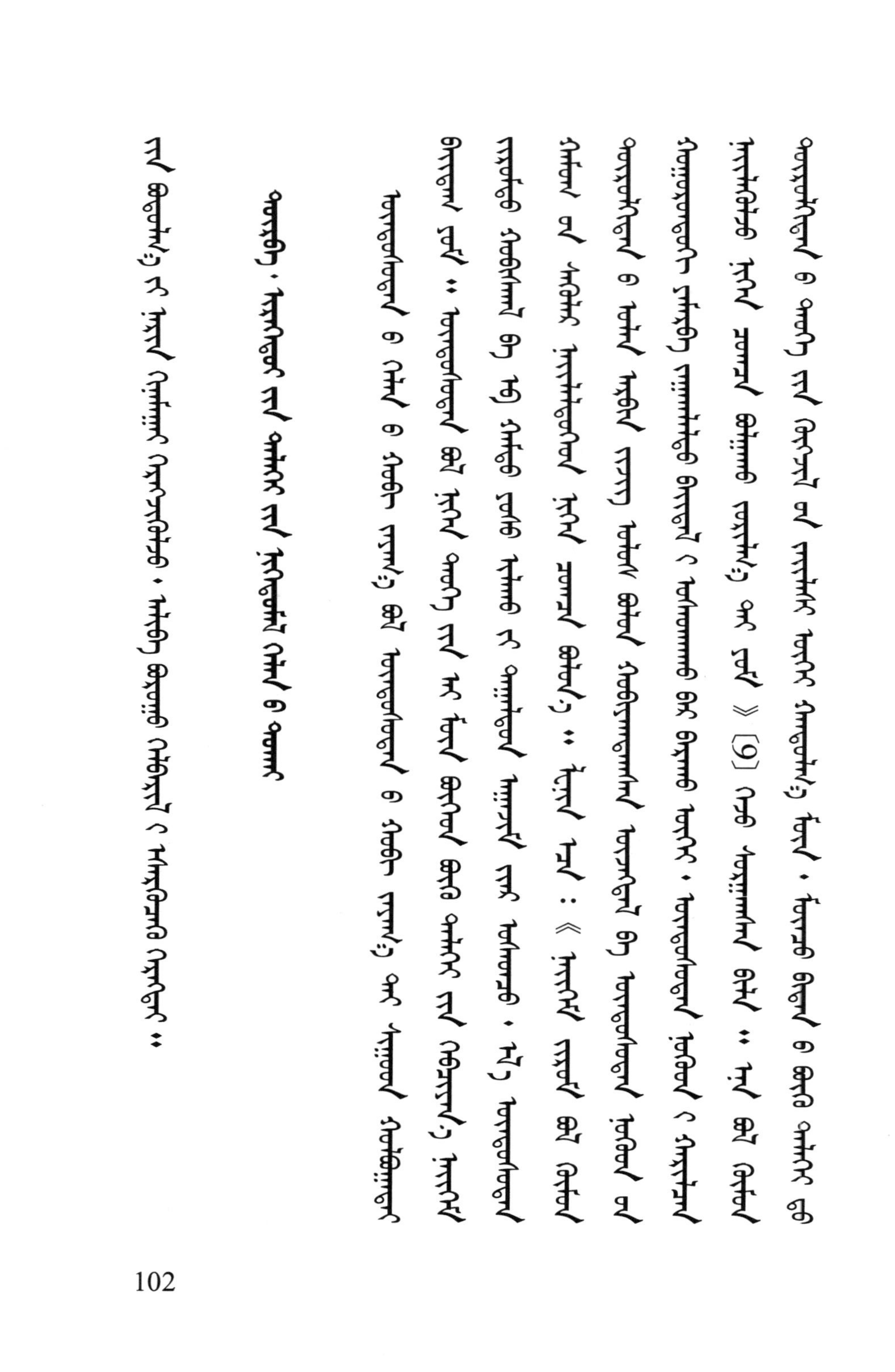

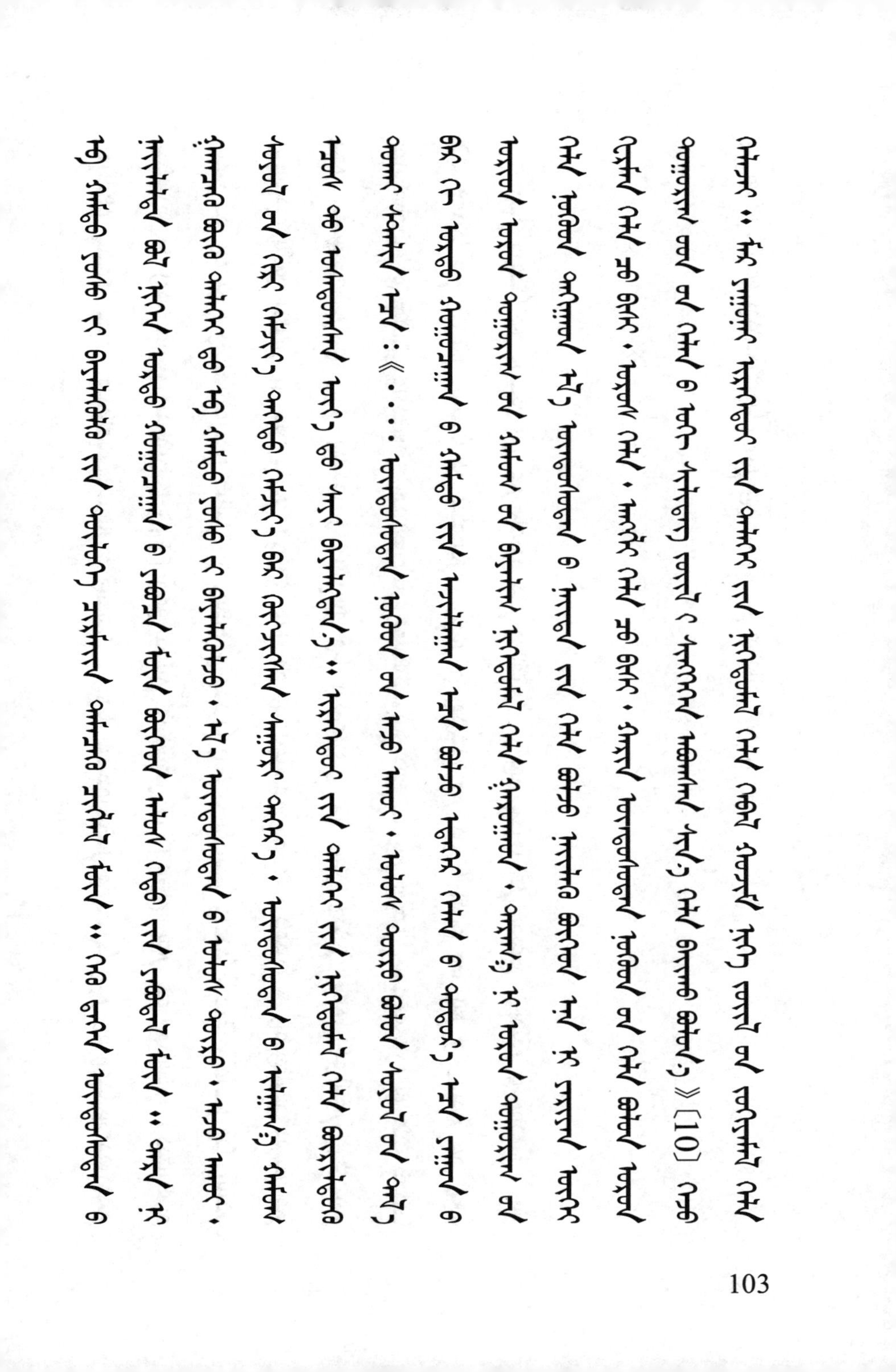

[illegible] 〔10〕 [illegible]

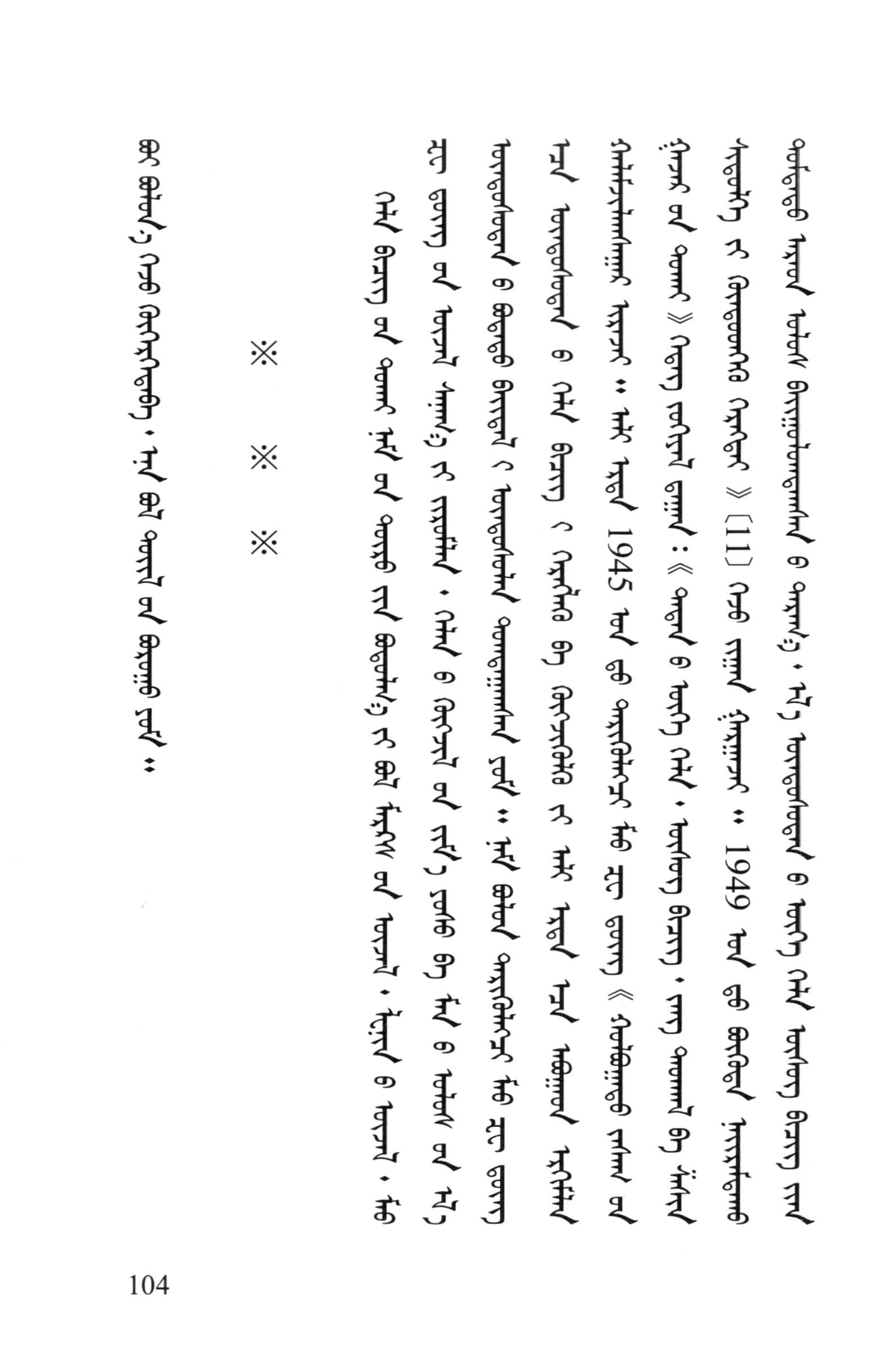

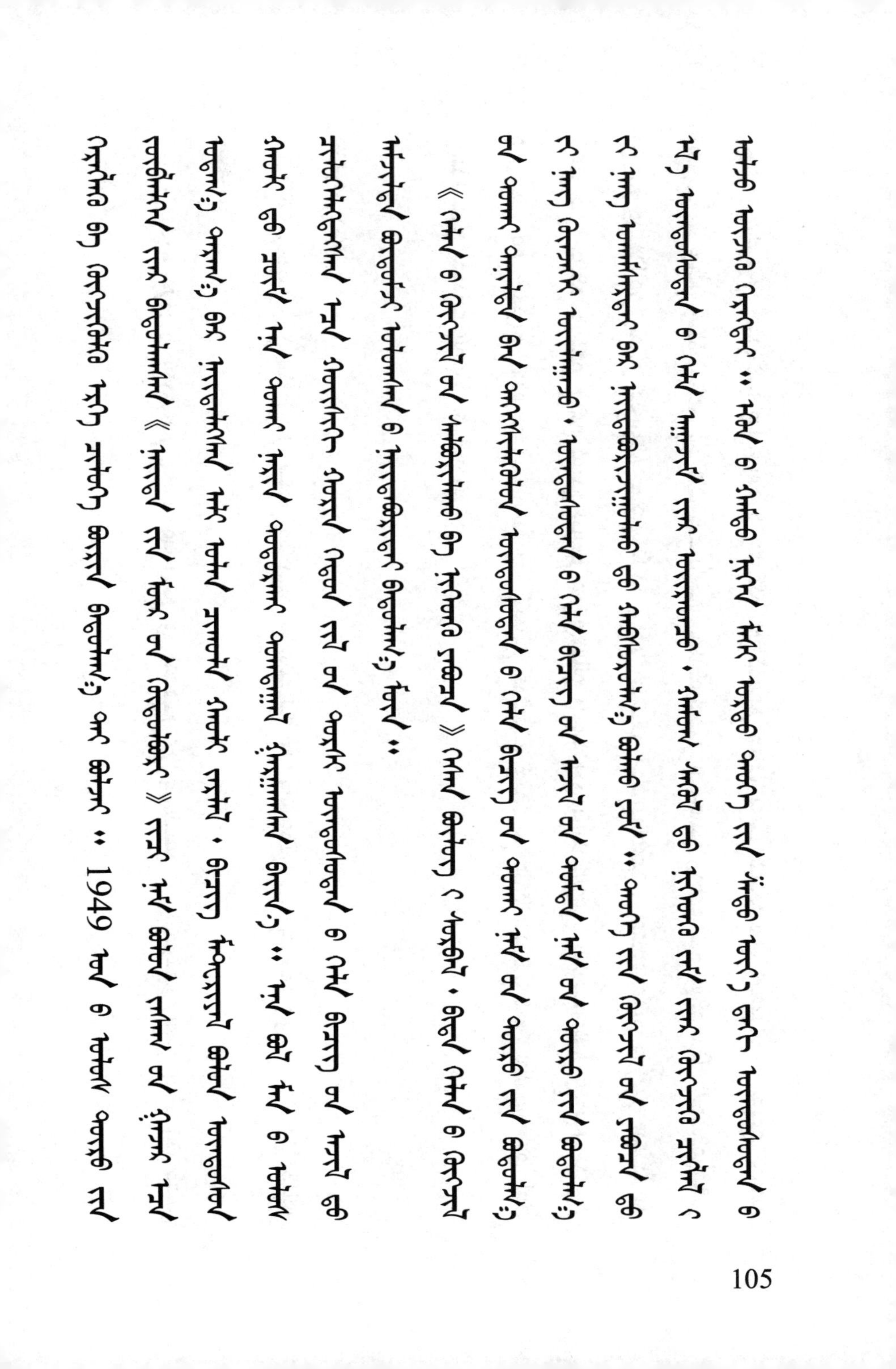

ᠭᠠᠵᠠᠷ ᠤ ᠰᠠᠭᠤᠷᠢᠨ ᠬᠡᠷᠡᠭᠵᠢᠭᠦᠯᠦᠯᠲᠡ ᠪᠠᠷ ᠣᠷᠣᠨ ᠤ ᠪᠠᠢᠭᠠᠯᠢ ᠶᠢᠨ ᠴᠡᠷᠢᠭ ᠦᠨ ᠬᠠᠮᠲᠤ ᠬᠠᠷᠢᠴᠠᠭ᠎ᠠ ᠶᠢ ᠰᠠᠢᠵᠢᠷᠠᠭᠤᠯᠬᠤ ᠴᠢᠭᠯᠡᠯ ᠢ ᠲᠣᠳᠣᠷᠬᠠᠢᠯᠠᠨ ᠲᠣᠭᠲᠠᠭᠠᠭᠰᠠᠨ :: ᠡᠨᠡ ᠨᠢ ᠮᠣᠩᠭᠣᠯ ᠤᠨ ᠭᠠᠵᠠᠷ ᠤᠨ ᠬᠠᠮᠠᠭᠠᠯᠠᠯᠲᠠ ᠶᠢᠨ ᠪᠣᠳᠣᠯᠭ᠎ᠠ ᠶᠢ ᠲᠣᠳᠣᠷᠬᠠᠢᠯᠠᠨ ᠬᠠᠷᠠᠭᠤᠯᠵᠤ ᠪᠠᠢᠨ᠎ᠠ ᠂ ᠣᠷᠣᠨ ᠤ ᠪᠠᠢᠭᠠᠯᠢ ᠶᠢᠨ ᠬᠠᠮᠠᠭᠠᠯᠠᠯᠲᠠ ᠶᠢᠨ ᠬᠠᠤᠯᠢ ᠴᠠᠭᠠᠵᠠ ᠶᠢ ᠪᠦᠷᠢᠳᠬᠡᠬᠦ ᠳᠦ ᠴᠢᠬᠤᠯᠠ ᠠᠴᠢ ᠬᠣᠯᠪᠣᠭᠳᠠᠯ ᠲᠠᠢ ᠪᠠᠢᠭᠰᠠᠨ ᠶᠤᠮ ᠪᠠ ᠂ ᠬᠠᠮᠠᠭᠠᠯᠠᠯᠲᠠ ᠶᠢᠨ ᠠᠷᠭ᠎ᠠ ᠬᠡᠮᠵᠢᠶ᠎ᠡ ᠶᠢ ᠪᠠᠰᠠ ᠨᠡᠩ ᠪᠦᠷᠢᠨ ᠪᠣᠯᠭᠠᠭᠰᠠᠨ ᠶᠤᠮ ᠢ ᠳᠤᠷᠠᠳᠬᠠᠵᠤ ᠪᠠᠢᠨ᠎ᠠ ::

ᠲᠠᠢᠯᠪᠤᠷᠢ :

〔1〕 ᠰᠤᠷᠪᠤᠯᠵᠢ : 《 ᠮᠣᠩᠭᠣᠯ ᠤᠨ ᠲᠡᠦᠬᠡ ᠶᠢᠨ ᠬᠡᠯᠡᠨ ᠦ ᠰᠤᠳᠤᠯᠭᠠᠨ ᠤ ᠡᠮᠬᠳᠬᠡᠯ 》 (ᠮᠣᠩᠭᠣᠯ ᠬᠡᠪᠯᠡᠯ) ・13 ᠳᠤᠭᠠᠷ ᠨᠢᠭᠤᠷ ::

〔2〕 ᠰᠤᠷᠪᠤᠯᠵᠢ : 《 ᠮᠣᠩᠭᠣᠯ ᠤᠨ ᠲᠡᠦᠬᠡ ᠶᠢᠨ ᠬᠡᠯᠡᠨ ᠦ ᠰᠤᠳᠤᠯᠭᠠᠨ ᠤ ᠡᠮᠬᠳᠬᠡᠯ 》 (ᠮᠣᠩᠭᠣᠯ ᠬᠡᠪᠯᠡᠯ) ・16 ᠳᠤᠭᠠᠷ ᠨᠢᠭᠤᠷ ::

ᠬᠡᠪᠯᠡᠯ) ·《ᠰᠣᠨᠢᠨ ᠤ ᠪᠢᠴᠢᠭ ᠰᠡᠳᠬᠦᠯ》(ᠬᠢᠲᠠᠳ ᠬᠡᠯᠡ) · 11 ᠳᠦᠭᠡᠷ ᠳᠡᠪᠲᠡᠷ · 295 ᠳᠤᠭᠠᠷ ᠨᠢᠭᠤᠷ ::

〔8〕ᠰᠣᠨᠢᠨ :《ᠮᠣᠩᠭᠣᠯᠴᠤᠳ ᠤᠨ ᠰᠡᠳᠬᠦᠯ ᠦᠨ ᠪᠢᠴᠢᠭ ᠤᠨ ᠰᠤᠳᠤᠯ》(1929 ᠣᠨ ᠤ 3 ᠳᠤᠭᠠᠷ ᠰᠠᠷ᠎ᠠ ᠶᠢᠨ 18 ᠤ ᠨᠢᠭᠤᠷ ::

〔7〕ᠰᠣᠨᠢᠨ :《ᠣᠷᠣᠰ ᠤᠨ ᠲᠡᠦᠬᠡ ᠶᠢᠨ ᠬᠡᠯᠡ ᠶᠢᠨ ᠰᠤᠳᠤᠯᠤᠯ ᠤᠨ ᠰᠡᠳᠬᠦᠯ》(ᠶᠠᠫᠣᠨ ᠬᠡᠯᠡ) · 34 ᠳᠦᠭᠡᠷ ᠨᠢᠭᠤᠷ ::

〔6〕ᠰᠣᠨᠢᠨ :《ᠣᠷᠣᠰ ᠤᠨ ᠲᠡᠦᠬᠡ ᠶᠢᠨ ᠬᠡᠯᠡ ᠶᠢᠨ ᠰᠤᠳᠤᠯᠤᠯ ᠤᠨ ᠰᠡᠳᠬᠦᠯ》(ᠶᠠᠫᠣᠨ ᠬᠡᠯᠡ) · 34 ᠳᠦᠭᠡᠷ ᠨᠢᠭᠤᠷ ::

〔5〕ᠰᠣᠨᠢᠨ :《ᠣᠷᠣᠰ ᠤᠨ ᠲᠡᠦᠬᠡ ᠶᠢᠨ ᠬᠡᠯᠡ ᠶᠢᠨ ᠰᠤᠳᠤᠯᠤᠯ ᠤᠨ ᠰᠡᠳᠬᠦᠯ》(ᠶᠠᠫᠣᠨ ᠬᠡᠯᠡ) · 30 ᠳᠤᠭᠠᠷ ᠪᠣᠯᠤᠭᠰᠠᠨ ᠬᠤᠪᠢᠰᠬᠠᠯ》(ᠬᠢᠲᠠᠳ ᠬᠡᠯᠡ) · 3 ᠳᠤᠭᠠᠷ ᠳᠡᠪᠲᠡᠷ · 500 ᠳᠤᠭᠠᠷ ᠨᠢᠭᠤᠷ ::

〔4〕ᠣᠷᠣᠰ ᠬᠡᠪᠯᠡᠯ :《ᠬᠢᠲᠠᠳ ᠤ ᠲᠡᠦᠬᠡ ᠰᠢᠨᠵᠢᠯᠡᠯ ᠦᠨ ᠡᠮᠬᠢᠳᠬᠡᠯ》(1845—1846 ᠣᠨ) ·《ᠣᠷᠣᠰ ᠬᠡᠪᠯᠡᠯ ᠳᠤᠭᠠᠷ ᠨᠢᠭᠤᠷ ::

〔3〕ᠰᠣᠨᠢᠨ :《ᠣᠷᠣᠰ ᠤᠨ ᠲᠡᠦᠬᠡ ᠶᠢᠨ ᠬᠡᠯᠡ ᠶᠢᠨ ᠰᠤᠳᠤᠯᠤᠯ ᠤᠨ ᠰᠡᠳᠬᠦᠯ》(ᠶᠠᠫᠣᠨ ᠬᠡᠯᠡ) · 12 · 13 · 16 ᠳᠤᠭᠠᠷ ᠨᠢᠭᠤᠷ ::

〔11〕《ᠮᠠᠨᠵᠤ ᠶᠢᠨ ᠪᠢᠴᠢᠭ ᠤᠨ ᠰᠤᠷᠤᠯᠴᠠᠯ ᠪᠢᠴᠢᠭ》(ᠮᠣᠩᠭᠣᠯ ᠬᠡᠪᠯᠡᠯ)·3 ᠳᠤᠭᠠᠷ ᠳᠡᠪᠲᠡᠷ·1805 ᠳᠤᠭᠠᠷ ᠨᠢᠭᠤᠷ ::

〔10〕ᠰᠤᠷᠪᠤᠯᠵᠢ:《ᠮᠠᠨᠵᠤ ᠶᠢᠨ ᠬᠠᠭᠠᠨ ᠤ ᠴᠢᠭᠢᠭ ᠦᠨ ᠰᠤᠳᠤᠯᠤᠯ ᠤᠨ ᠰᠤᠷᠲᠠᠯ》(ᠮᠣᠩᠭᠣᠯ ᠬᠡᠪᠯᠡᠯ)·63 ᠳᠤᠭᠠᠷ ᠪᠢᠴᠢᠭ》(ᠬᠢᠳᠠᠳ ᠬᠡᠪᠯᠡᠯ)·22 ᠳᠤᠭᠠᠷ ᠳᠡᠪᠲᠡᠷ·140 ᠳᠤᠭᠠᠷ ᠨᠢᠭᠤᠷ ::

〔9〕ᠡᠬᠢᠨ:《ᠮᠣᠩᠭᠣᠯ ᠤᠨ ᠤᠯᠤᠰ ᠤᠨ ᠲᠡᠦᠬᠡ ᠶᠢᠨ ᠪᠠᠷᠢᠮᠲᠠ ᠪᠢᠴᠢᠭ》·《ᠡᠬᠢᠨ ᠦ ᠪᠢᠴᠢᠭ

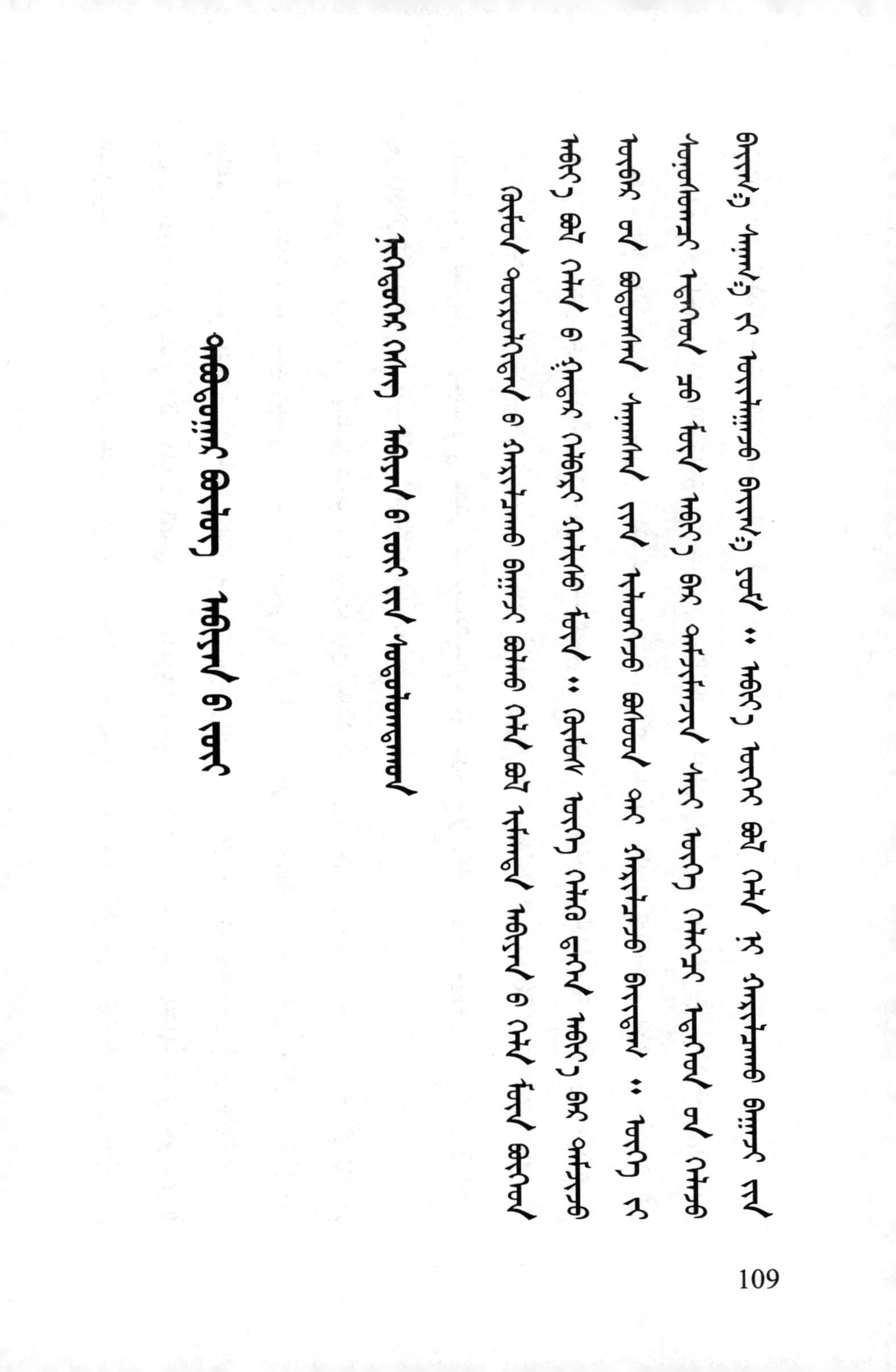

[illegible]

[illegible]

[illegible]
[illegible]
[illegible]
[illegible]
[illegible]

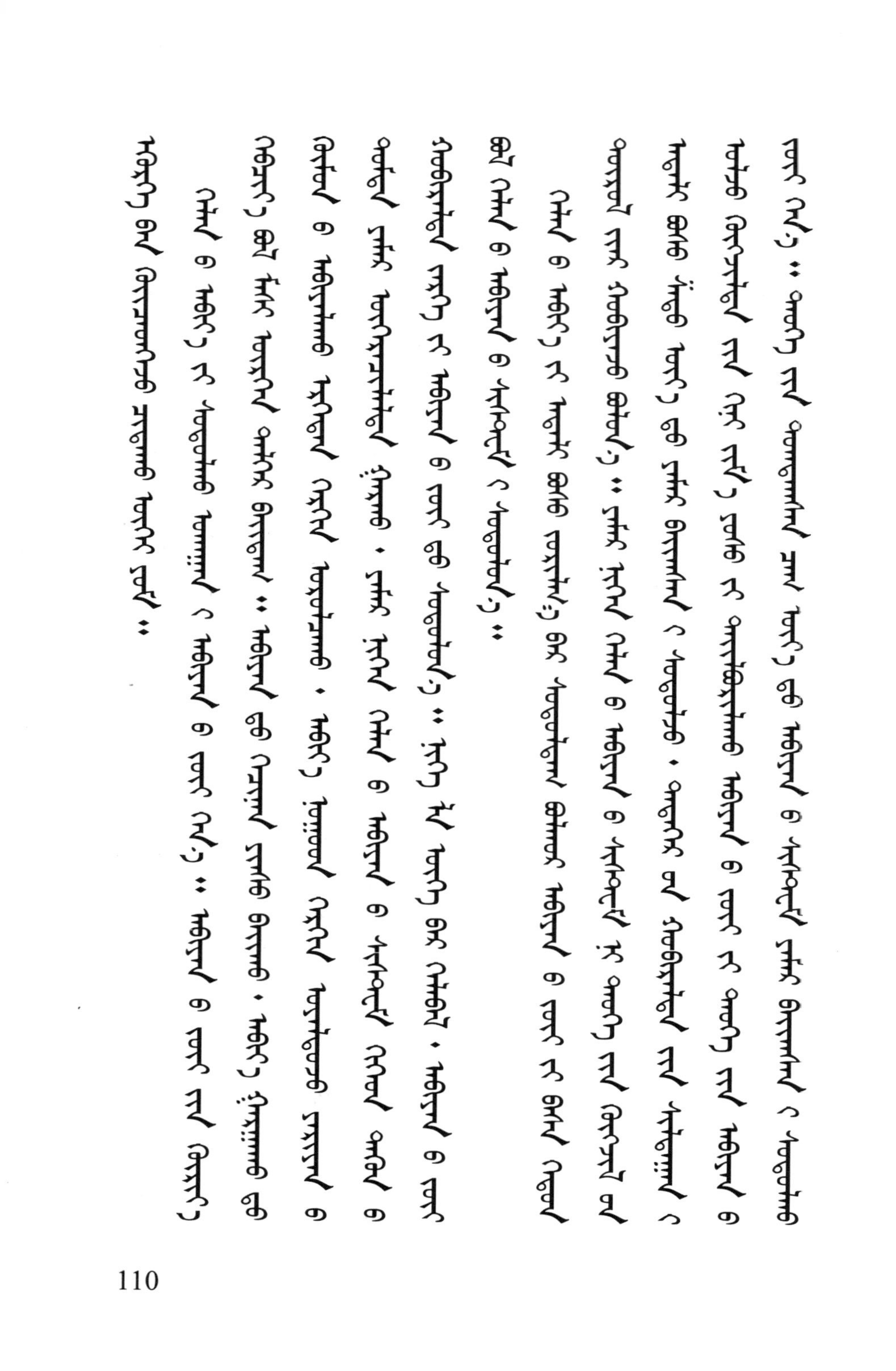

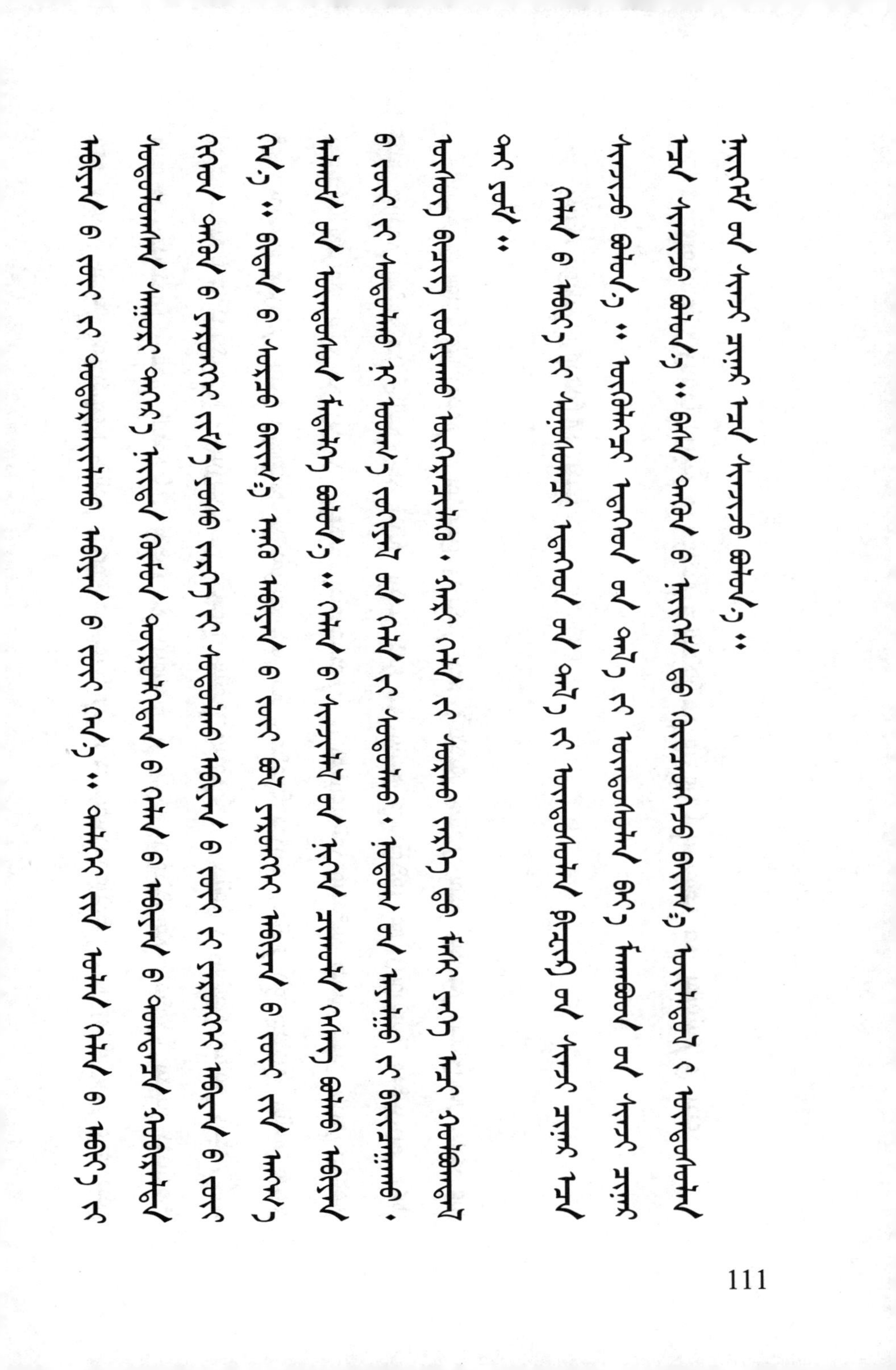

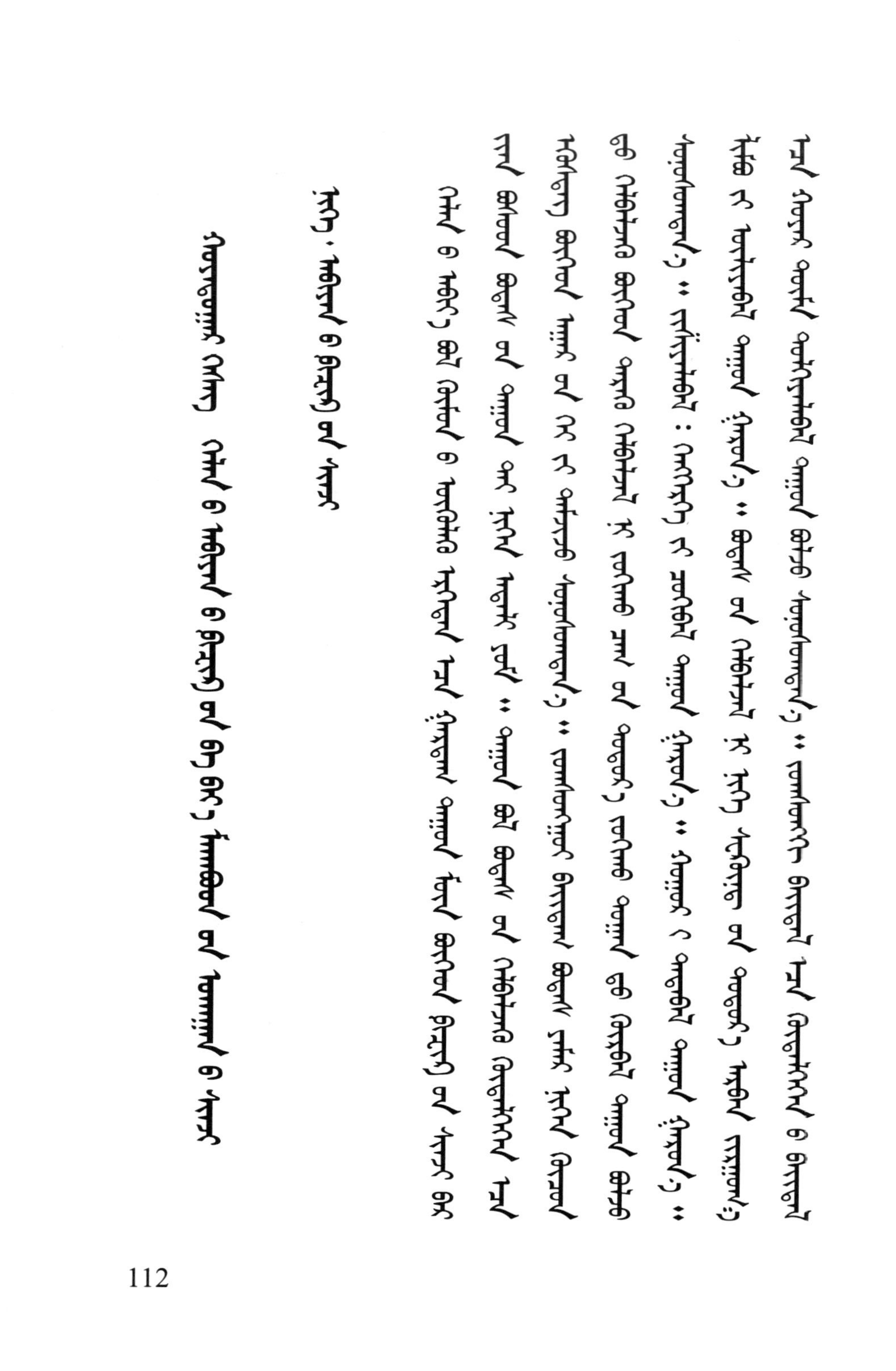

[illegible] ᠄

(1) ᠤᠬᠠᠭᠠᠨ ᠤ ᠠᠭᠤᠯᠭ᠎ᠠ ᠃ ᠤᠬᠠᠭᠠᠨ ᠤ ᠠᠭᠤᠯᠭ᠎ᠠ ᠪᠣᠯ [illegible] ᠃ [illegible] ᠃ [illegible] ᠃ [illegible] ᠂

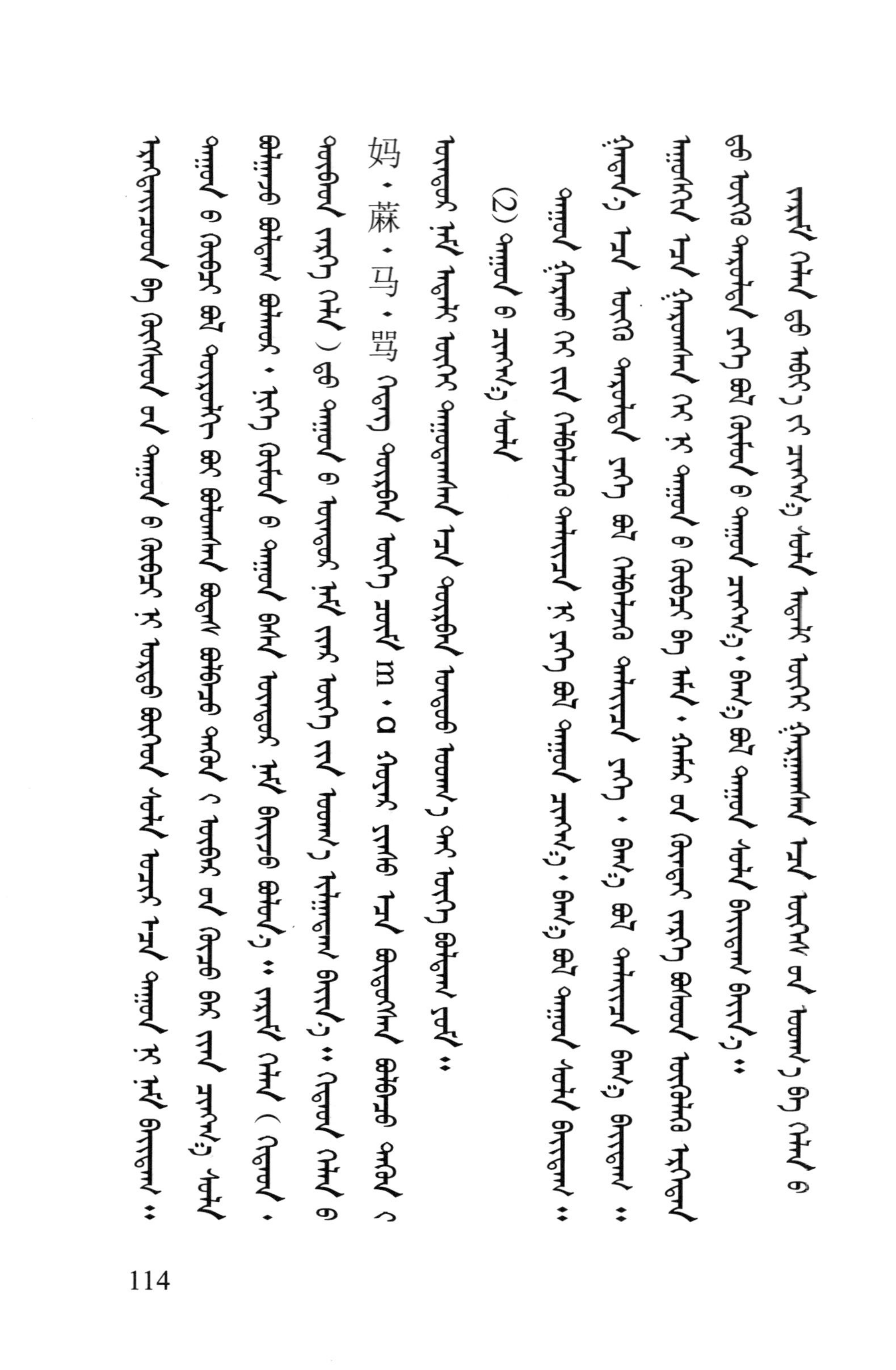

[illegible]

[illegible]

(2) [illegible]

[illegible]

妈·蔴·马·骂 [illegible] m·a [illegible]

[illegible]

ɓa (ᠪᠠᠭ᠎ᠠ) —　　ɓa: (ᠪᠠᠭᠤᠯᠭ᠎ᠠ)

анbí (ᠠᠯᠠᠯᠠᠭ᠎ᠠ ᠂ ᠰᠢᠳᠬᠡᠭᠦᠯᠦᠭᠰᠡᠨ ᠦᠭᠡ ᠶᠢᠨ ᠬᠠᠷᠢᠶᠠᠯᠴᠠᠬᠤ ᠬᠡᠯᠪᠡᠷᠢ ᠳᠦ ᠪᠠᠢᠭ᠎ᠠ ᠬᠡᠯᠪᠡᠷᠢ) ᠪᠠ ᠣᠷᠣᠰ ᠬᠡᠯᠡᠨ ᠦ ᠦᠭᠡ ᠶᠢᠨ ᠳᠠᠭᠤ

ᠪᠠ ᠡᠭᠡᠰᠢᠭ ᠦᠨ ᠳᠠᠭᠤᠨ ᠤ ᠥᠷᠭᠡᠯᠭᠡ ᠂ стрáны (ᠠᠯᠠᠯᠠᠭ᠎ᠠ ᠂ ᠣᠯᠠᠨ ᠲᠣᠭ᠎ᠠ ᠶᠢᠨ ᠬᠠᠷᠢᠶᠠᠯᠴᠠᠬᠤ ᠬᠡᠯᠪᠡᠷᠢ ᠳᠦ ᠪᠠᠢᠭ᠎ᠠ ᠬᠡᠯᠪᠡᠷᠢ) ᠂ стр

ᠠᠨᠢ ᠶᠢᠨ ᠳᠠᠭᠤᠨ ᠤ ᠦᠭᠡ ᠶᠢᠨ ᠥᠷᠭᠡᠯᠭᠡ ᠃ ᠵᠢᠱᠢᠶᠡᠯᠡᠪᠡᠯ : ᠣᠷᠣᠰ ᠬᠡᠯᠡᠨ ᠦ мукá (ᠭᠤᠷᠢᠯ) ᠂ мýка (ᠵᠣᠪᠠᠯᠠᠩ)

ᠡᠭᠡᠰᠢᠭ ᠪᠡ᠂ ᠭᠠᠳᠠᠨ ᠪᠠᠢᠳᠠᠯ ᠢᠶᠠᠷ ᠤᠷᠲᠤ ᠪᠣᠭᠣᠨᠢ ᠬᠤᠪᠢ ᠶᠢ ᠬᠤᠪᠢᠶᠠᠷ ᠪᠣᠯᠣᠨ ᠦ ᠡᠭᠡᠰᠢᠭ ᠦ ᠤᠷᠲᠤ ᠶᠢ ᠲᠣᠭᠲᠠᠭᠠᠨ᠎ᠠ᠃ a ᠨᠢᠭᠡ ᠮᠣᠷᠢ ᠨ ᠠ

ᠬᠣᠯ [xɔl] — ᠬᠣᠣᠯ [xɔ:l] ᠮᠡᠳᠦ ᠪᠠ᠃

ᠤᠯ [ɷl] — ᠤᠤᠯ [ɷl:]

lo (ᠤᠯᠤᠭᠤ) — lo: (ᠤᠤᠯᠲᠠ) ᠮᠡᠳᠦ ᠪᠠ᠃ ᠤᠯ ᠦ ᠮᠣᠷᠢᠨ ᠪᠣᠯ᠂ ᠮᠣᠷᠢ ᠦ ᠮᠣᠷᠢᠨᠣᠯ

ko (ᠬᠣᠪᠤᠯ) — ko: (ᠭᠣᠣᠯᠠ)᠂

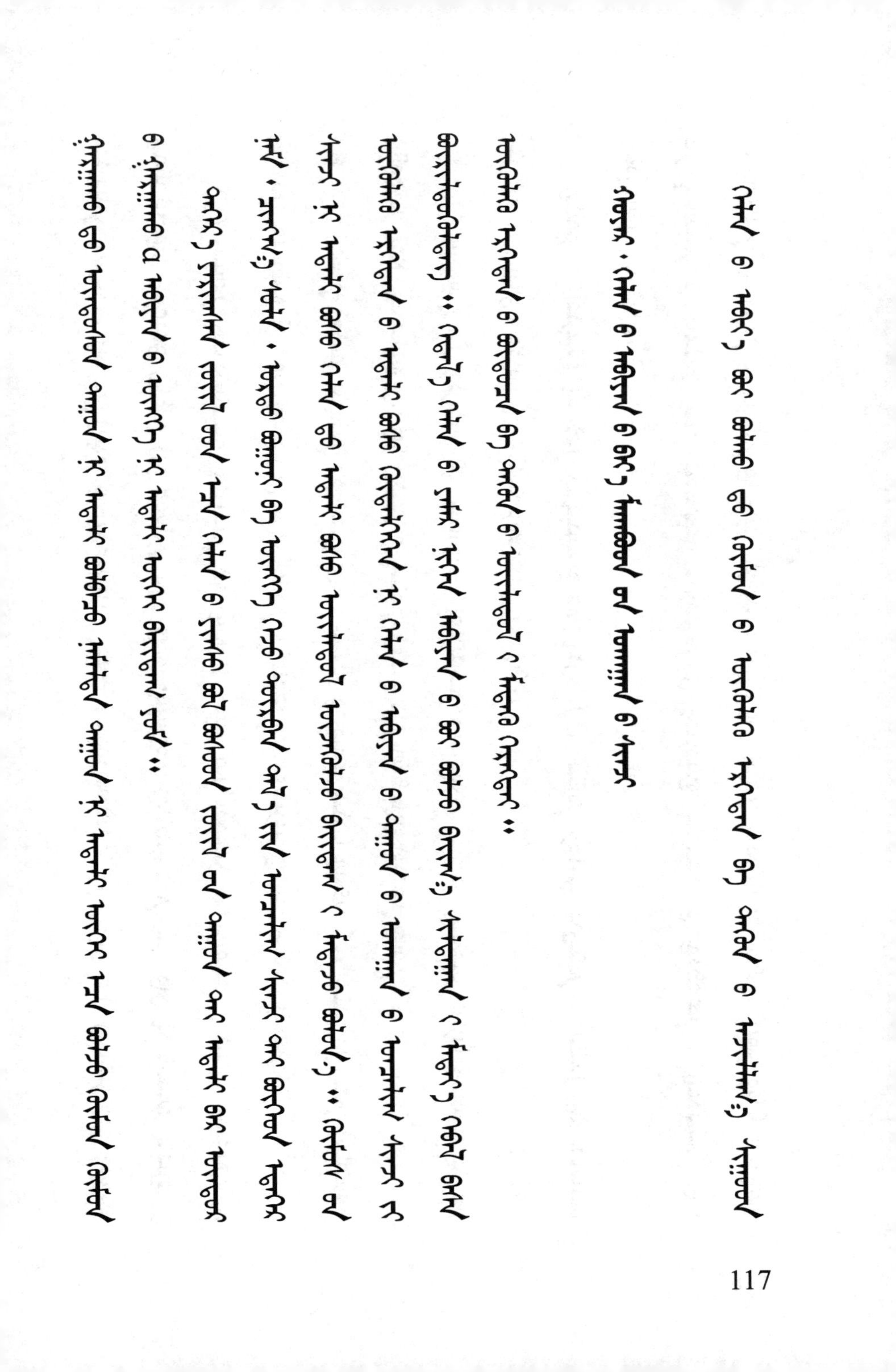

[illegible]

[illegible]

[illegible]

[illegible]

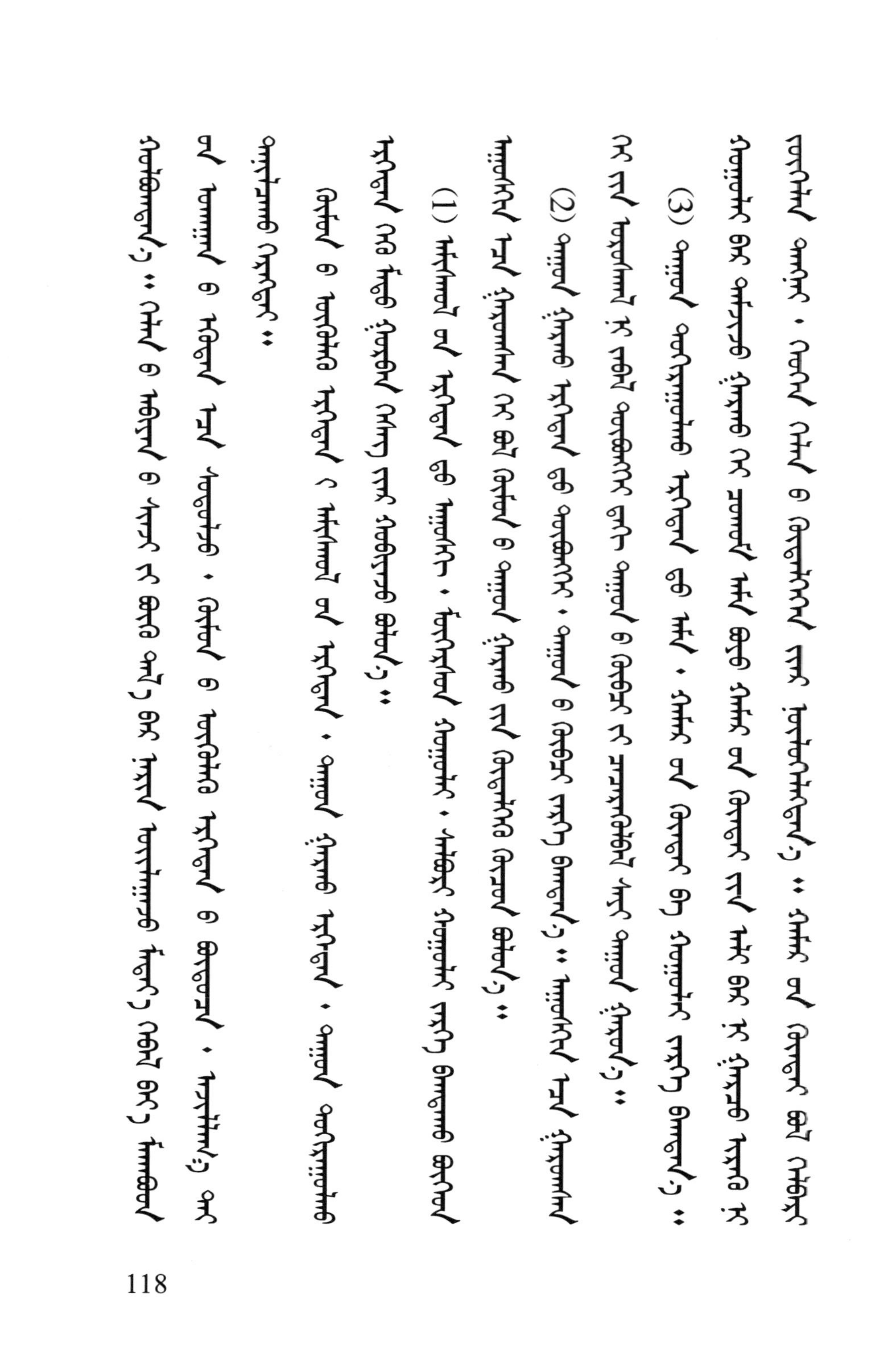

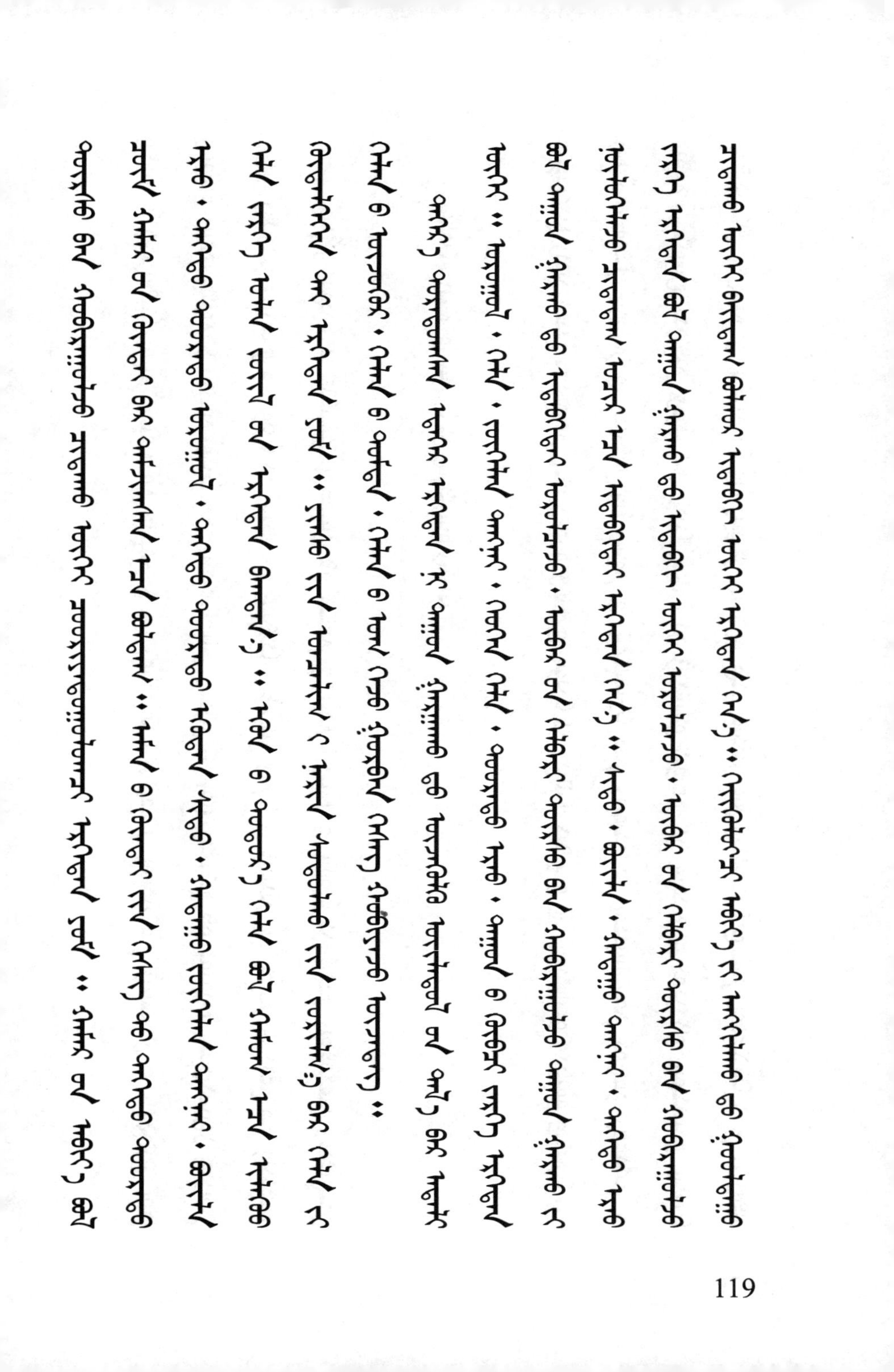

[illegible]

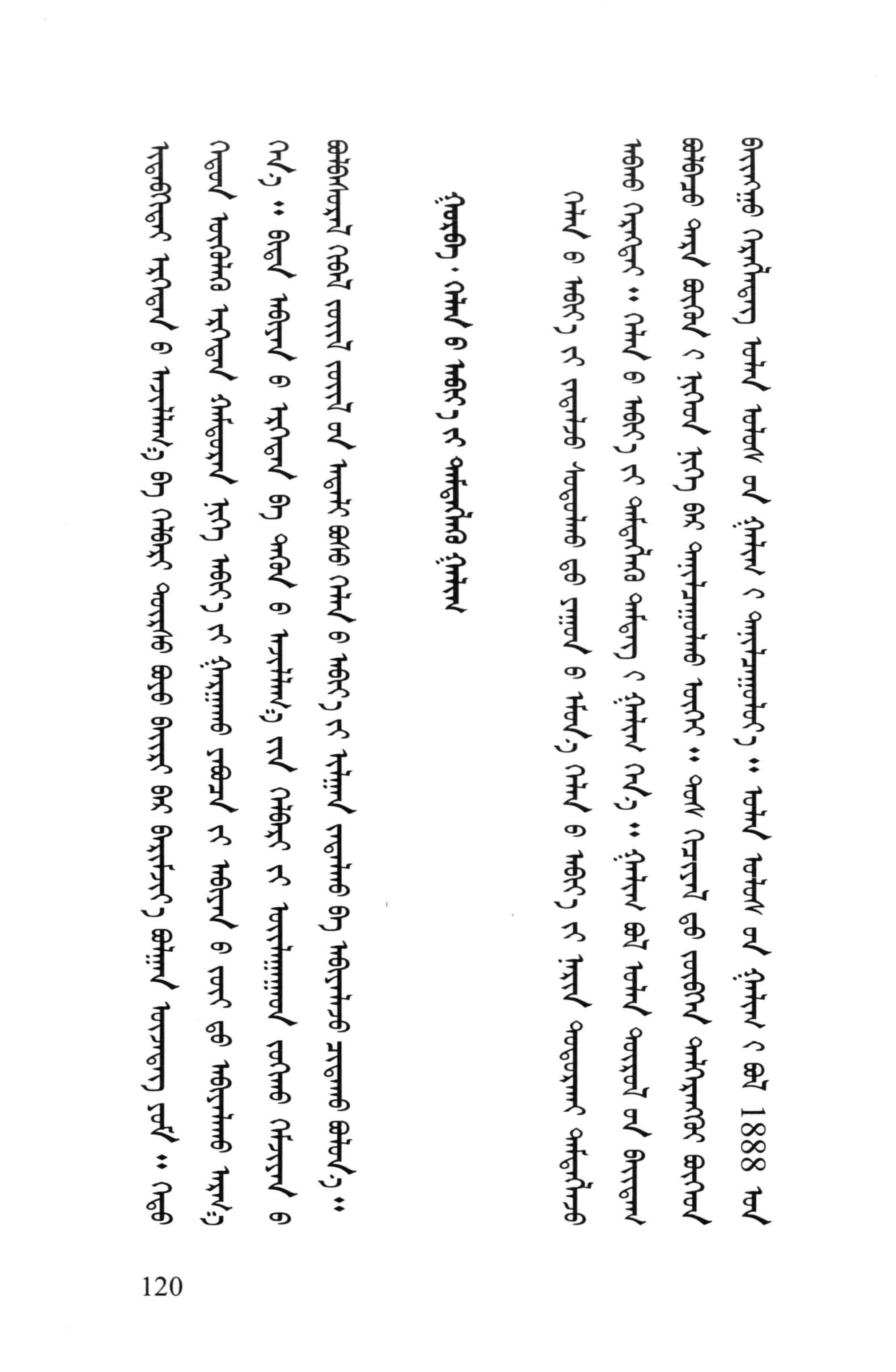

ᠪᠣ《ᠮᠣᠩᠭᠣᠯ ᠤᠯᠤᠰ ᠤᠨ ᠮᠣᠩᠭᠣᠯ ᠤ ᠲᠠᠯᠠ ᠶᠢᠨ ᠨᠡᠶᠢᠲᠡᠯᠡᠯ》ᠮᠡᠲᠦ ᠨᠡᠷᠡᠲᠦ ᠰᠢᠨᠵᠢᠯᠡᠭᠡᠨ ᠪᠢᠴᠢᠭ ᠰᠤᠳᠤᠯᠤᠯ ᠨᠢ ᠮᠥᠷ ᠮᠣᠩᠭᠣᠯ ᠤᠨ ᠬᠡᠯᠡ ᠪᠢᠴᠢᠭ ᠤᠨ ᠰᠤᠳᠤᠯᠤᠯ ᠤᠨ ᠰᠤᠳᠤᠯᠤᠭᠰᠠᠳ ᠨᠢᠭᠡ ᠰᠤᠳᠤᠯᠤᠭᠰᠠᠳ ᠪᠠᠶᠢᠨ᠎ᠠ ᠪᠣ ᠪᠣᠯᠤᠨ ᠲᠡᠦᠬᠡ ᠶᠢᠨ ᠰᠤᠳᠤᠯᠭ᠎ᠠ ᠳᠤ ᠮᠣᠩᠭᠣᠯ ᠮᠣᠩᠭᠣᠯ ᠤᠨ ᠨᠢᠭᠤᠴᠠ ᠲᠣᠪᠴᠢᠶᠠᠨ ᠤ ᠮᠣᠩᠭᠣᠯᠴᠤᠳ ᠤ ᠮᠣᠩᠭᠣᠯ ᠬᠡᠯᠡ ᠪᠢᠴᠢᠭ ᠤᠨ ᠮᠥᠷ ᠪᠠᠶᠢᠭᠤᠯᠤᠭᠰᠠᠨ ᠪᠣᠯᠤᠨ᠎ᠠ :: ᠮᠣᠩᠭᠣᠯ ᠮᠣᠩᠭᠣᠯ ᠤᠨ ᠲᠡᠦᠬᠡ ᠶᠢᠨ ᠨᠢᠭᠤᠴᠠ ᠲᠣᠪᠴᠢᠶᠠᠨ ᠨᠢ ᠮᠣᠩᠭᠣᠯ ᠤᠨ ᠪᠢᠴᠢᠭ ᠤᠨ ᠰᠤᠳᠤᠯᠤᠯ ᠤᠨ ᠲᠡᠦᠬᠡ ᠶᠢᠨ ᠮᠣᠩᠭᠣᠯ ᠤ ᠨᠢᠭᠤᠴᠠ ᠲᠣᠪᠴᠢᠶᠠᠨ ᠪᠣᠯᠤᠨ᠎ᠠ :: ᠮᠣᠩᠭᠣᠯ ᠤ ᠲᠡᠦᠬᠡ ᠨᠢ ᠮᠣᠩᠭᠣᠯ ᠤᠨ ᠨᠢᠭᠤᠴᠠ ᠲᠣᠪᠴᠢᠶᠠᠨ ᠪᠣᠯ ᠮᠣᠩᠭᠣᠯ ᠤᠨ ᠪᠢᠴᠢᠭ ᠤᠨ ᠲᠡᠦᠬᠡ ᠶᠢᠨ ᠮᠣᠩᠭᠣᠯ ᠤ ᠰᠤᠳᠤᠯᠤᠯ ᠤᠨ ᠳᠤ ᠮᠣᠩᠭᠣᠯ ᠬᠡᠯᠡ ᠪᠢᠴᠢᠭ ᠤᠨ ᠮᠣᠩᠭᠣᠯ ᠤᠨ ᠪᠢᠴᠢᠭ ᠦᠨ ᠪᠣᠯᠤᠨ ᠪᠣ

ᠨᠢᠭᠡ ᠲᠣᠭᠲᠠᠭᠠᠭᠳᠠᠭᠰᠠᠨ ᠪᠣᠯᠤᠭᠰᠠᠨ ᠪᠠᠶᠢᠨ᠎ᠠ ::

ᠡᠭᠡᠰᠢᠭ ᠠᠪᠢᠶᠠᠨ ᠤ ᠬᠦᠰᠦᠨᠦᠭᠲᠦ

ᠬᠡᠯᠡᠨ ᠦ ᠪᠠᠢᠷᠢ ᠰᠠᠭᠤᠷᠢ / ᠳᠤᠭᠤᠢᠷᠢᠭᠯᠠᠯ ᠤᠨ ᠪᠠᠢᠳᠠᠯ / ᠬᠡᠯᠡᠨ ᠦ ᠠᠨᠢᠭᠳᠠᠮᠠᠯ ᠨᠡᠭᠡᠭᠡ		ᠠᠨᠢᠭᠳᠠᠮᠠᠯ		ᠬᠠᠭᠠᠰ ᠠᠨᠢᠭᠳᠠᠮᠠᠯ		ᠬᠠᠭᠠᠰ ᠨᠡᠭᠡᠭᠡ		ᠨᠡᠭᠡᠭᠡ
ᠬᠡᠯᠡᠨ ᠦ ᠠᠷᠤ ᠶᠢᠨ	ᠳᠤᠭᠤᠢᠷᠢᠭᠯᠠᠯ ᠤᠨ	u	ʊ	o	ǫ	ɔ		ɒ
	ᠳᠤᠭᠤᠢᠷᠢᠭᠯᠠᠯ ᠤᠨ ᠪᠤᠰᠤ	ɯ		ɤ		ʌ		ɑ
ᠬᠡᠯᠡᠨ ᠦ ᠳᠤᠮᠳᠠᠳᠤ	ᠳᠤᠭᠤᠢᠷᠢᠭᠯᠠᠯ ᠤᠨ	ʉ		ɵ	ə	ɞ		
	ᠳᠤᠭᠤᠢᠷᠢᠭᠯᠠᠯ ᠤᠨ ᠪᠤᠰᠤ	ɨ		ɘ		ɜ	ɐ	A
ᠬᠡᠯᠡᠨ ᠦ ᠡᠮᠦᠨᠡᠳᠦ	ᠳᠤᠭᠤᠢᠷᠢᠭᠯᠠᠯ ᠤᠨ	y	ʏ	ø		œ		
	ᠳᠤᠭᠤᠢᠷᠢᠭᠯᠠᠯ ᠤᠨ ᠪᠤᠰᠤ	i	ɪ	e	E	ɛ	æ	a

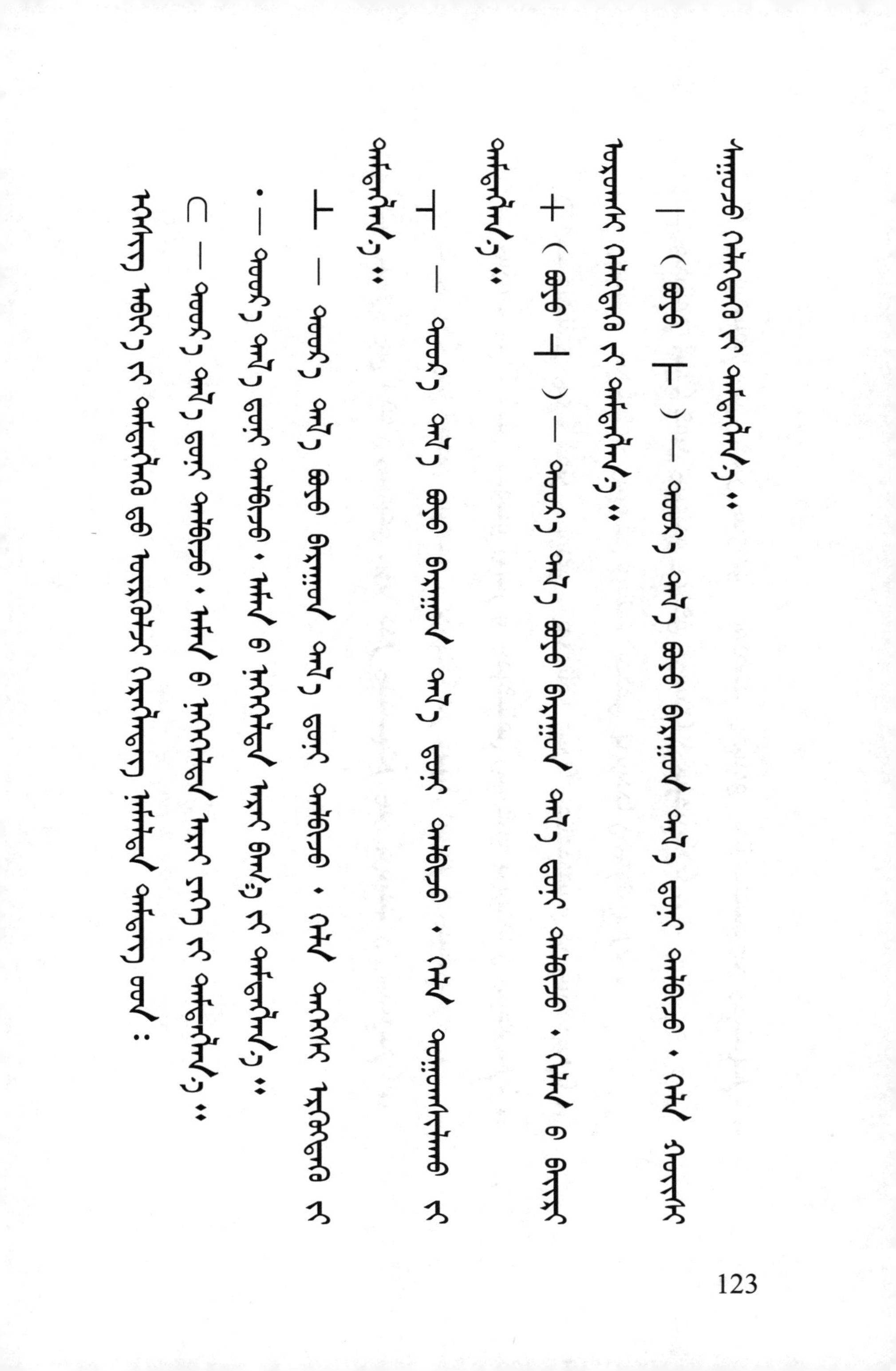

[illegible] :

⊂ — [illegible] ::

• — [illegible] ::

┴ — [illegible]
[illegible] ::

┬ — [illegible]
[illegible] ::

\+ ([illegible] ┤) — [illegible]
[illegible] ::

| ([illegible] ├) — [illegible]
[illegible] ::

∪ — ᠪᠠᠭᠤᠯᠲᠠ ᠶ᠋ᠢᠨ ᠲᠡᠮᠳᠡᠭ ᠪᠣᠯᠤᠨ᠎ᠠ᠂ ᠬᠡᠯᠡᠯᠲᠡ ᠵᠢᠷᠤᠮ ᠬᠡᠷᠡᠭᠯᠡᠭᠡᠨ ᠦ ᠲᠡᠮᠳᠡᠭᠯᠡᠨ᠎ᠡ᠃

⁝ — ᠪᠠᠭᠤᠯᠲᠠ ᠶ᠋ᠢᠨ ᠲᠡᠮᠳᠡᠭ ᠪᠣᠯᠤᠨ᠎ᠠ᠂ ᠬᠡᠯᠡᠯᠲᠡ ᠦᠭᠡ ᠶ᠋ᠢ ᠲᠡᠮᠳᠡᠭᠯᠡᠨ᠎ᠡ᠃

• — ᠪᠠᠭᠤᠯᠲᠠ ᠶ᠋ᠢᠨ ᠲᠡᠮᠳᠡᠭ ᠪᠣᠯᠤᠨ᠎ᠠ᠂ ᠨᠡᠢᠲᠡ ᠬᠡᠯᠡᠯᠲᠡ ᠦᠭᠡ ᠶ᠋ᠢ ᠲᠡᠮᠳᠡᠭᠯᠡᠨ᠎ᠡ᠃

∩ — ᠪᠠᠭᠤᠯᠲᠠ ᠶ᠋ᠢᠨ ᠲᠡᠮᠳᠡᠭ ᠪᠣᠯᠤᠨ᠎ᠠ᠂ ᠬᠡᠯᠡᠯᠲᠡ ᠪᠤᠰᠤᠳ ᠬᠡᠷᠡᠭᠯᠡᠭᠡᠨ ᠦ ᠲᠡᠮᠳᠡᠭᠯᠡᠨ᠎ᠡ᠃

⁝ — ᠣᠷᠣᠨ ᠤ ᠲᠡᠮᠳᠡᠭ ᠪᠣᠯᠤᠨ᠎ᠠ ᠨᠢᠭᠡ ᠪ ᠬᠡᠯᠡᠯᠲᠡ ᠨᠢᠭᠡᠳᠦᠭᠡᠷ ᠦᠭᠡ ᠶ᠋ᠢ ᠲᠡᠮᠳᠡᠭᠯᠡᠨ᠎ᠡ᠃

~ — ᠣᠷᠣᠨ ᠤ ᠲᠡᠮᠳᠡᠭ ᠪᠣᠯᠤᠨ᠎ᠠ᠂ ᠦᠭᠡ ᠶ᠋ᠢᠨ ᠡᠬᠢᠨ ᠡᠴᠡ ᠬᠡᠷᠡᠭᠯᠡᠭᠰᠡᠨ ᠦᠭᠡ ᠶ᠋ᠢ ᠲᠡᠮᠳᠡᠭᠯᠡᠨ᠎ᠡ᠃

ʼ — ᠬᠠᠰᠤᠯᠲᠠ ᠶ᠋ᠢᠨ ᠲᠡᠮᠳᠡᠭ ᠪᠣᠯᠤᠨ᠎ᠠ᠂ ᠨᠢᠭᠡ ᠲᠦᠷᠦᠯ ᠪᠤᠰᠤᠳᠠᠭᠠᠨ ᠪᠣᠯ ᠦᠭᠡ ᠶ᠋ᠢ ᠲᠡᠮᠳᠡᠭᠯᠡᠨ᠎ᠡ᠃

[illegible]

		[illegible]				[illegible]				[illegible]	[illegible]	[illegible]	[illegible]	[illegible]		[illegible]
		[illegible]		[illegible]		[illegible]		[illegible]		[illegible]				[illegible]	[illegible]	[illegible]
		[illegible]	[illegible]	[illegible]	[illegible]	[illegible]	[illegible]	[illegible]	[illegible]							
[illegible]	[illegible]	p p‘ b b‘								m	ψ			ɸ	β	w ɥ
	[illegible]					pf pf‘ bv bv‘				ɱ				f	v	
[illegible]	[illegible]					tθ tθ‘ dð dð‘								θ ð		
	[illegible]					ts ts‘ dz dz‘								s z		
	[illegible]	t t‘ d d‘								n	r	ɾ ʃ	l	ɬ β		ɻ
	[illegible]	ʈ ʈ‘ ɖ ɖ‘				tʂ tʂ‘ dʐ dʐ‘				ɳ			ɭ	ʂ ʐ		

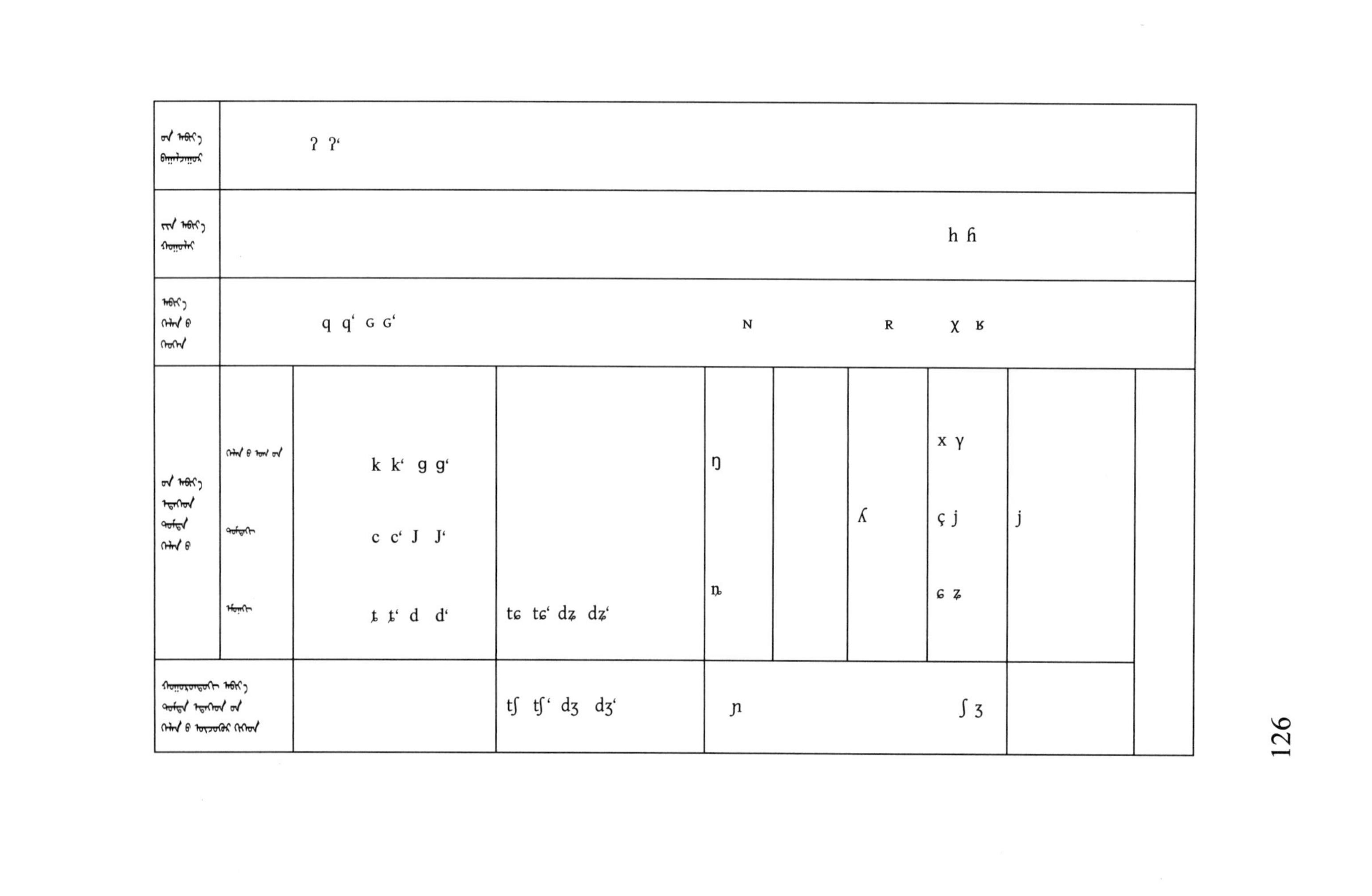

[illegible]		ʔ ʔʻ							
[illegible]							h ɦ		
[illegible]		q qʻ ɢ ɢʻ		ɴ		ʀ	χ ʁ		
[illegible]	[illegible]	k kʻ g gʻ		ŋ			x ɣ		
	[illegible]	c cʻ ɟ ɟʻ				ʎ	ç j	j	
	[illegible]	ȶ ȶʻ d dʻ	tɕ tɕʻ dʑ dʑʻ	ȵ			ɕ ʑ		
[illegible]			tʃ tʃʻ dʒ dʒʻ	ɲ			ʃ ʒ		

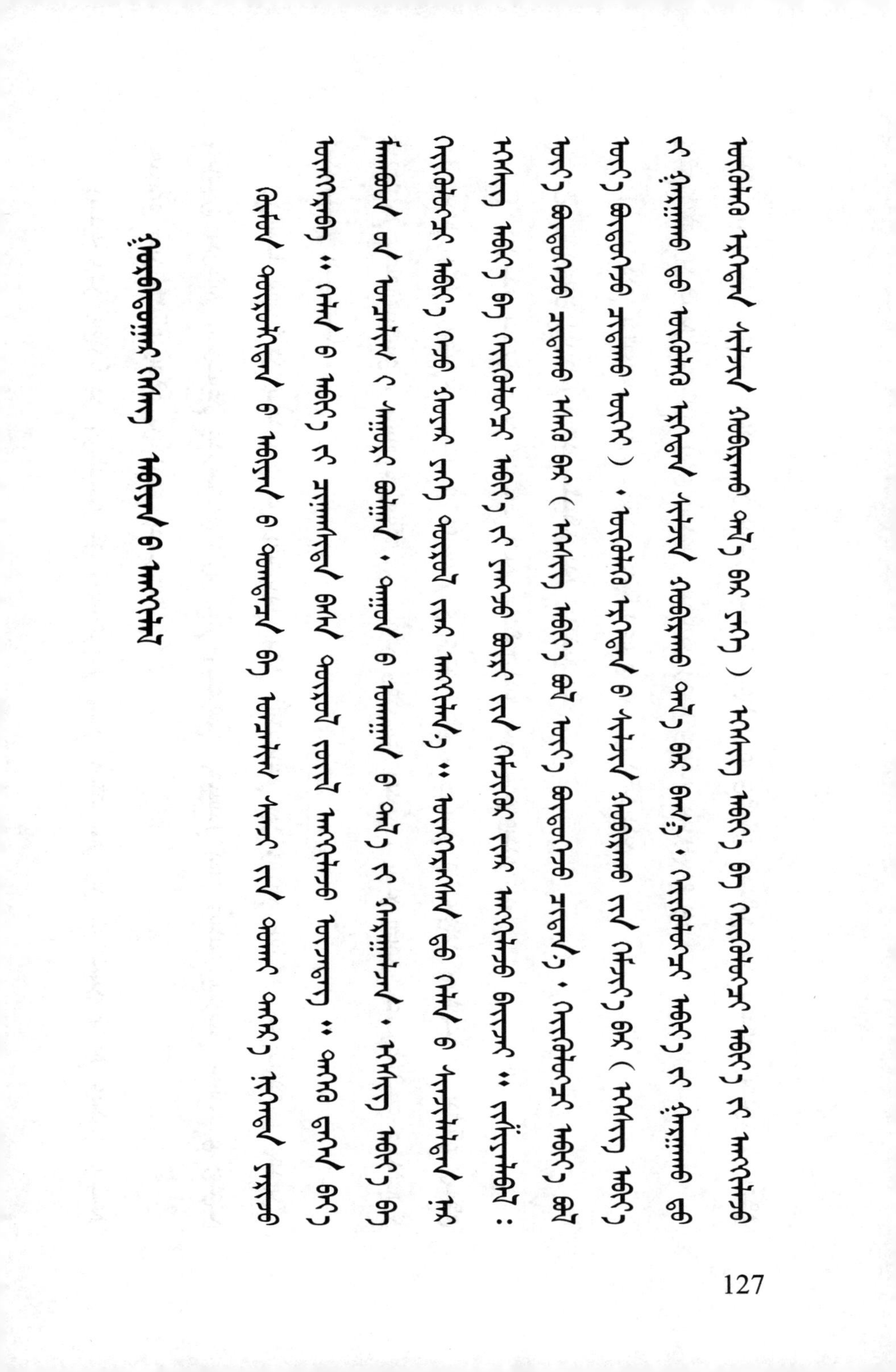

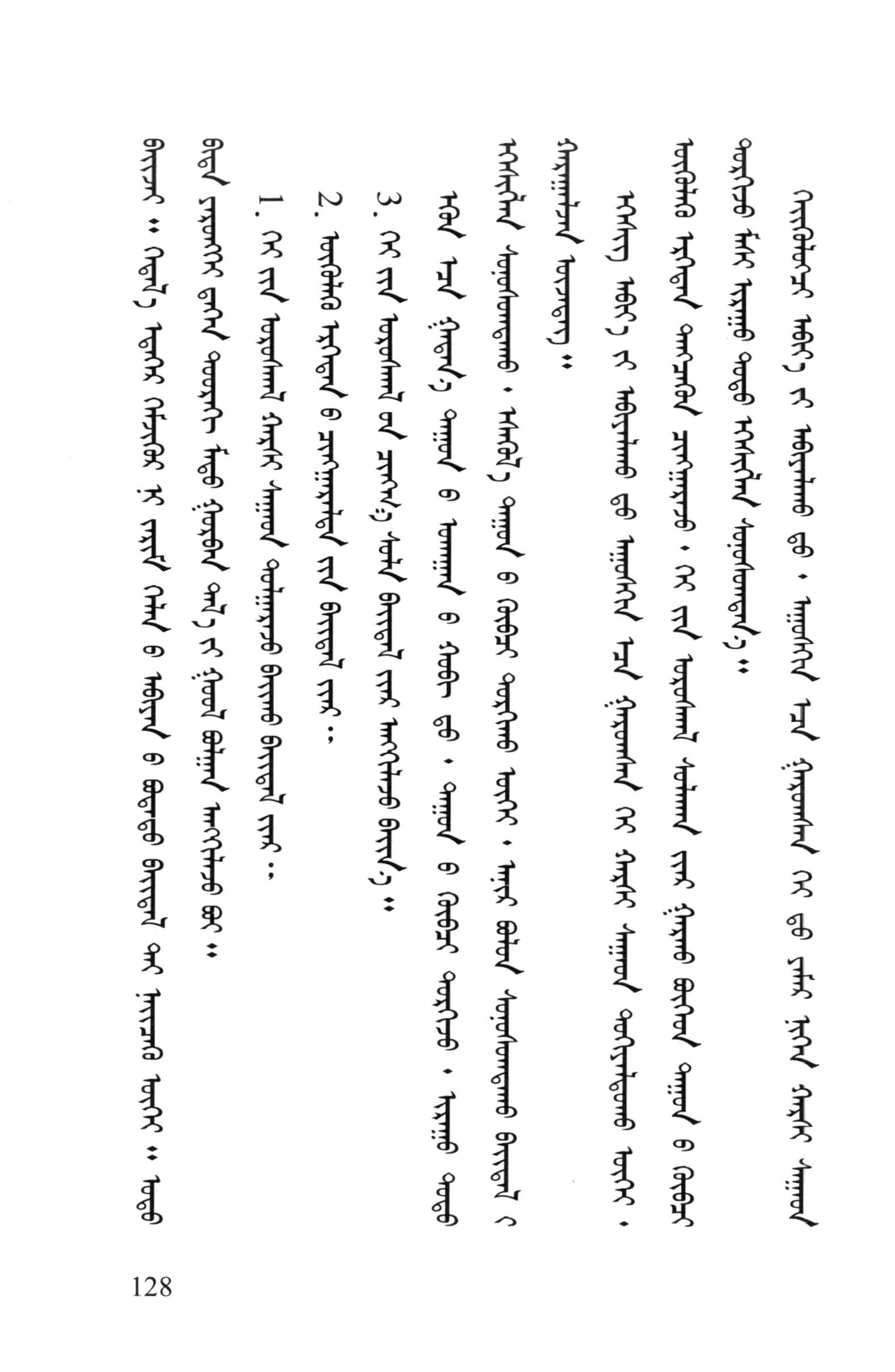

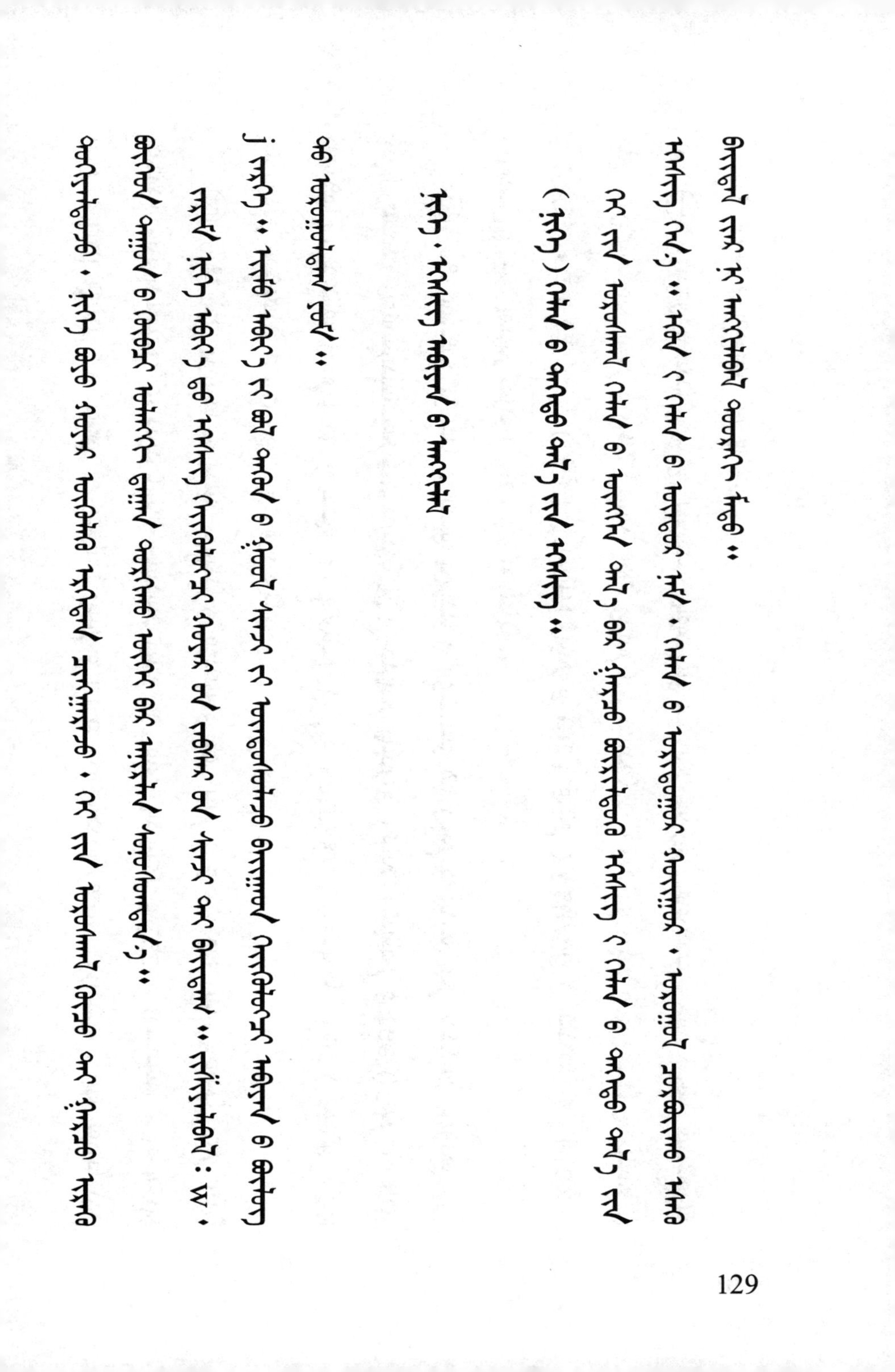

[illegible] ::

[illegible] ::

[illegible]

(ᠨᠢᠭᠡ) [illegible] ::

ᠨᠢᠭᠡ᠂ [illegible]

[illegible] ::

[illegible] j [illegible] w : [illegible] ::

[illegible] ::

1. ᠡᠭᠡᠰᠢᠭ ᠦᠨ ᠠᠩᠭᠢᠯᠠᠯ ᠪᠠ ᠪᠠᠢᠷᠢ

① ᠠᠩᠭᠢᠯᠠᠯ ᠬᠡᠯᠡᠨ᠎ᠡ᠃ ᠬᠡᠯᠡᠬᠦ ᠬᠡᠯᠡᠨ ᠦ ᠳᠤᠭᠤᠳᠠᠯᠭ᠎ᠠ ᠳᠤ ᠡᠭᠡᠰᠢᠭ ᠬᠡᠯᠡᠯᠴᠡ᠂ ᠬᠡᠯᠡᠨ ᠡᠴᠡ ᠠᠩᠭᠢᠯᠠᠯᠲᠠ ᠳᠤ ᠵᠢᠭᠠᠬᠠᠯᠲᠠ ᠪᠠᠢᠬᠤ ᠡᠭᠡᠰᠢᠭ ᠦᠨ ᠪᠣᠳᠤᠰ ᠬᠡᠮᠡ ᠪᠠᠢᠳᠠᠭ᠃ ᠵᠢᠱᠢᠶ᠎ᠡ ᠨᠢ: ᠬᠠᠭᠤᠷᠠᠢ ᠡᠭᠡᠰᠢᠭ ᠦᠨ ᠪᠠᠢᠷᠢᠯᠠᠯ ᠲᠥᠷᠥᠯ ᠦᠨ i (衣) ·u (乌) ·y (愚) · ᠲᠥᠷᠥᠯᠵᠢᠯ ᠡᠭᠡᠰᠢᠭ ᠦᠨ pit (ᠪᠢᠲ) · sʉrəg (ᠰᠦᠷᠦᠭ) · ʉtəx (ᠠᠩᠭᠢᠯᠠᠯ) ᠬᠡᠮᠡᠨ ᠠᠩᠭᠢ ᠳᠤ i · u · y · ʉ ᠪᠠᠢᠨ᠎ᠠ᠃

② ᠳᠤᠮᠳᠠ ᠠᠩᠭᠢᠯᠠᠯ ᠬᠡᠯᠡᠨ᠎ᠡ᠃ ᠬᠡᠯᠡᠬᠦ ᠬᠡᠯᠡᠨ ᠦ ᠳᠤᠭᠤᠳᠠᠯᠭ᠎ᠠ ᠳᠤ ᠡᠭᠡᠰᠢᠭ ᠪᠣᠳᠤᠰ ᠪᠠᠢ ᠠᠩᠭᠢᠯᠠᠯ ᠬᠡᠯᠡᠨ ᠳᠤ so · tɕe (ᠴᠢᠯ) ᠦᠨ ᠲᠥᠷᠥᠯᠵᠢᠯ ᠬᠡᠯᠡᠯᠴᠡ ᠦᠨ ᠡᠭᠡᠰᠢᠭ ᠬᠠᠭᠤᠷᠠᠢ: ᠵᠢᠱᠢᠶ᠎ᠡ ᠨᠢ᠃ ᠬᠠᠭᠤᠷᠠᠢᠯᠠᠯᠲᠠ ᠲᠥᠷᠥᠯᠵᠢᠯ ᠬᠡᠮᠵᠢᠶ᠎ᠡ ᠲᠠᠢ (ᠤᠲᠠᠰᠤ) ᠳᠤ ɵt · (ᠬᠠᠷᠠᠯ) xətrəɤ̆n ᠦᠨ ᠡᠭᠡᠰᠢᠭ ᠲᠥᠷᠥᠯᠵᠢᠯ · (ᠦᠰᠦᠭ) øz ᠦᠨ ᠡᠭᠡᠰᠢᠭ ᠠᠩᠭᠢᠯᠠᠯᠲᠠ · (ᠰᠢᠭᠦᠳᠡ) ᠳᠤ ø · ɤ · · ɵ · o · e ᠬᠡᠮᠵᠢᠶ᠎ᠡ ᠳᠤ ᠪᠠᠢᠨ᠎ᠠ᠃

③ ᠳᠤᠮᠳᠠ ᠡᠭᠡᠰᠢᠭ ᠬᠡᠯᠡᠨ᠎ᠡ᠃ ᠬᠡᠯᠡᠬᠦ ᠬᠡᠯᠡᠨ ᠦ ᠳᠤᠭᠤᠳᠠᠯᠭ᠎ᠠ ᠳᠤ ᠡᠭᠡᠰᠢᠭ ᠪᠣᠳᠤᠰ ᠪᠠᠢ ᠡᠭᠡᠰᠢᠭ ᠬᠡᠯᠡᠨ ᠲᠠᠢ ᠨᠢᠭᠡ ᠲᠥᠷᠥᠯᠵᠢᠯ · (ᠬᠠᠷᠠᠯᠲᠠ) tɕɛ ᠦᠨ ᠲᠥᠷᠥᠯᠵᠢᠯ ᠬᠡᠯᠡᠯᠴᠡ ᠦᠨ ᠡᠭᠡᠰᠢᠭ ᠬᠠᠭᠤᠷᠠᠢ: ᠵᠢᠱᠢᠶ᠎ᠡ ᠨᠢ᠃ ᠬᠠᠭᠤᠷᠠᠢᠯᠠᠯᠲᠠ ᠲᠥᠷᠥᠯᠵᠢᠯ ᠬᠡᠮᠵᠢᠶ᠎ᠡ ᠳᠤ ᠪᠠᠢ ᠳᠤ (ᠰᠢᠦᠯᠢ) xɔt · (ᠮᠥᠷ) mœ r ᠦᠨ ᠡᠭᠡᠰᠢᠭ ᠲᠥᠷᠥᠯᠵᠢᠯ · (ᠪᠣᠳᠤᠰ) but [bʌt] ᠦᠨ ᠡᠭᠡᠰᠢᠭ

ᠲᠡᠮᠳᠡᠭᠯᠡᠪᠡᠯ ε · ʌ · œ · ɒ ᠪᠠᠢᠨ᠎ᠠ ::

④ ᠨᠠᠮ ᠡᠭᠡᠰᠢᠭ :: ᠡᠢᠮᠦ ᠡᠭᠡᠰᠢᠭ ᠢ ᠬᠡᠯᠡᠯᠴᠡᠬᠦ ᠳᠦ ᠬᠡᠯᠡ ᠳᠣᠣᠷᠠᠰᠢᠯᠠᠭᠰᠠᠨ ᠪᠠ ᠠᠮ᠎ᠠ ᠶᠢᠨ ᠨᠡᠭᠡᠭᠡᠯᠲᠡ ᠶᠢᠨ ᠬᠡᠮᠵᠢᠶ᠎ᠡ ᠬᠠᠮᠤᠭ ᠶᠡᠬᠡ ᠪᠣᠯᠳᠠᠭ :: ᠵᠢᠱᠢᠶ᠎ᠡ ᠨᠢ : ᠬᠢᠲᠠᠳ ᠬᠡᠯᠡᠨ ᠦ A(阿) · ᠮᠣᠩᠭᠣᠯ ᠬᠡᠯᠡᠨ ᠦ ax (ᠠᠬ᠎ᠠ) ᠶᠢᠨ ᠡᠬᠢᠨ ᠦ ᠡᠭᠡᠰᠢᠭ A · ɑ ᠪᠠᠢᠨ᠎ᠠ ::

ᠬᠤᠪᠢᠷᠠᠯ ᠡᠭᠡᠰᠢᠭ ᠦᠨ ᠳᠣᠣᠷ᠎ᠠ ᠵᠢᠴᠢ ᠳᠡᠭᠡᠷ᠎ᠡ ᠡᠭᠡᠰᠢᠭ ᠪᠠᠨ ᠬᠠᠷᠢᠴᠠᠭᠤᠯᠪᠠᠯ : i · e ᠬᠠᠮᠲᠤ ᠪᠠᠨ ᠳᠡᠭᠡᠷ᠎ᠡ ᠵᠢᠴᠢ ɪ ᠡᠭᠡᠰᠢᠭ · ε · ə ᠬᠠᠮᠲᠤ ᠪᠠᠨ ᠳᠡᠭᠡᠷ᠎ᠡ ᠵᠢᠴᠢ æ ᠡᠭᠡᠰᠢᠭ · y · ø ᠬᠠᠮᠲᠤ ᠪᠠᠨ ᠳᠡᠭᠡᠷ᠎ᠡ ᠵᠢᠴᠢ ʏ ᠡᠭᠡᠰᠢᠭ · ɔ · o ᠬᠠᠮᠲᠤ ᠪᠠᠨ ᠳᠡᠭᠡᠷ᠎ᠡ ᠵᠢᠴᠢ o̱ ᠡᠭᠡᠰᠢᠭ · o · u ᠬᠠᠮᠲᠤ ᠪᠠᠨ ᠳᠡᠭᠡᠷ᠎ᠡ ᠵᠢᠴᠢ ʊ ᠡᠭᠡᠰᠢᠭ ::

2. ᠬᠡᠯᠡᠨ ᠦ ᠡᠮᠦᠨᠡᠬᠢ ᠬᠣᠶᠢᠨᠠᠬᠢ ᠪᠠᠢᠷᠢ

① ᠬᠡᠯᠡᠨ ᠦ ᠡᠮᠦᠨᠡᠬᠢ ᠡᠭᠡᠰᠢᠭ :: ᠡᠢᠮᠦ ᠡᠭᠡᠰᠢᠭ ᠢ ᠬᠡᠯᠡᠯᠴᠡᠬᠦ ᠳᠦ ᠬᠡᠯᠡ ᠶᠢᠨ ᠦᠵᠦᠭᠦᠷ ᠡᠮᠦᠨᠡᠰᠢ ᠲᠠᠲᠠᠭᠳᠠᠨ᠎ᠠ ᠬᠡᠯᠡ ᠶᠢᠨ ᠡᠮᠦᠨ᠎ᠡ ᠬᠡᠰᠡᠭ ᠪᠡᠷ ᠳᠦᠷᠰᠦᠯᠡᠭᠳᠡᠨ᠎ᠡ :: ᠵᠢᠱᠢᠶᠡᠯᠡᠪᠡᠯ : i · e · ε · y ···· ᠪᠠᠢᠨ᠎ᠠ ::

② ᠬᠡᠯᠡᠨ ᠦ ᠲᠥᠪ ᠡᠭᠡᠰᠢᠭ :: ᠡᠢᠮᠦ ᠡᠭᠡᠰᠢᠭ ᠢ ᠬᠡᠯᠡᠨ ᠦ ᠳᠤᠮᠳᠠ ᠬᠡᠰᠡᠭ ᠨᠢ ᠳᠡᠭᠡᠭᠰᠢ ᠥᠷᠭᠡᠭᠳᠡᠨ᠎ᠡ :: ᠵᠢᠱᠢᠶᠡᠯᠡᠪᠡᠯ : ə · ɵ ···· ᠪᠠᠢᠨ᠎ᠠ ::

③ ᠬᠡᠯᠡ ᠶᠢᠨ ᠠᠷᠤ ᠶᠢᠨ ᠡᠭᠰᠢᠭ ᠃ ᠡᠭᠦᠨ ᠢ ᠳᠠᠭᠤᠳᠠᠬᠤ ᠳᠤ ᠬᠡᠯᠡ ᠶᠢᠨ ᠠᠷᠤ ᠳᠡᠭᠡᠭᠰᠢ ᠬᠥᠳᠡᠯᠵᠦ ᠲᠠᠩᠨᠠᠢ ᠳᠤ ᠣᠢᠷᠠᠲᠠᠨ᠎ᠠ ᠃ ᠵᠢᠱᠢᠶᠡᠯᠡᠪᠡᠯ : u · o · ɔ · ɯ …… ᠵᠡᠷᠭᠡ ᠃

3. ᠤᠷᠤᠯ ᠤᠨ ᠬᠡᠯᠪᠡᠷᠢ ᠪᠡᠷ ᠬᠤᠪᠢᠶᠠᠬᠤ

① ᠤᠷᠤᠯ ᠢᠶᠠᠨ ᠳᠤᠭᠤᠢᠯᠠᠨ ᠡᠭᠰᠢᠭ ᠃ ᠡᠭᠦᠨ ᠢ ᠳᠠᠭᠤᠳᠠᠬᠤ ᠳᠤ ᠤᠷᠤᠯ ᠢᠶᠠᠨ ᠳᠤᠭᠤᠢᠯᠠᠭᠤᠯᠤᠨ ᠲᠣᠮᠣᠯᠵᠤ ᠤᠷᠤᠭᠰᠢᠯᠠᠭᠤᠯᠤᠨ᠎ᠠ ᠃ ᠵᠢᠱᠢᠶᠡᠯᠡᠪᠡᠯ : y · u · ø · o · ɔ …… ᠵᠡᠷᠭᠡ ᠃

② ᠤᠷᠤᠯ ᠢᠶᠠᠨ ᠬᠠᠪᠲᠠᠭᠠᠢ ᠡᠭᠰᠢᠭ ᠃ ᠡᠭᠦᠨ ᠢ ᠳᠠᠭᠤᠳᠠᠬᠤ ᠳᠤ ᠤᠷᠤᠯ ᠢᠶᠠᠨ ᠳᠤᠭᠤᠢᠯᠠᠭᠤᠯᠬᠤ ᠦᠭᠡᠢ ᠪᠡᠷ ᠬᠠᠪᠲᠠᠭᠠᠢ ᠪᠠᠶᠢᠳᠠᠯ ᠳᠤ ᠪᠠᠶᠢᠯᠭᠠᠨ᠎ᠠ ᠃ ᠵᠢᠱᠢᠶᠡᠯᠡᠪᠡᠯ : i · e · ɛ · a · ɤ …… ᠵᠡᠷᠭᠡ ᠃

ᠡᠭᠰᠢᠭ ᠦᠨ ᠳᠤᠬᠤᠢ ᠶᠢ ᠲᠣᠳᠣᠷᠬᠠᠢᠯᠠᠬᠤ ᠳᠤ ᠂ ᠡᠭᠰᠢᠭ ᠦᠨ ᠳᠠᠭᠤᠳᠠᠯᠭ᠎ᠠ ᠶᠢᠨ ᠬᠡᠯᠡ ᠶᠢᠨ ᠪᠠᠶᠢᠷᠢ ᠶᠢᠨ ᠳᠡᠭᠡᠷᠡ ᠳᠣᠣᠷ᠎ᠠ ᠂ ᠡᠮᠦᠨ᠎ᠡ ᠬᠣᠶᠢᠨ᠎ᠠ ᠪᠠ ᠤᠷᠤᠯ ᠤᠨ ᠳᠤᠭᠤᠢ ᠬᠠᠪᠲᠠᠭᠠᠢ ᠶᠢᠨ ᠬᠡᠮᠵᠢᠶ᠎ᠡ ᠬᠡᠮᠡᠬᠦ ᠭᠤᠷᠪᠠᠨ ᠲᠠᠯ᠎ᠠ ᠠᠴᠠ ᠰᠢᠨᠵᠢᠯᠡᠬᠦ ᠶᠢᠨ ᠬᠠᠮᠲᠤ ᠂ ᠮᠥᠨ ᠬᠡᠯᠡ ᠶᠢᠨ ᠪᠠᠶᠢᠷᠢ ᠶᠢᠨ ᠳᠡᠭᠡᠷᠡ ᠳᠣᠣᠷ᠎ᠠ ᠪᠠ ᠡᠮᠦᠨ᠎ᠡ ᠬᠣᠶᠢᠨ᠎ᠠ ᠶᠢᠨ ᠬᠡᠮᠵᠢᠶ᠎ᠡ ᠶᠢ ᠨᠢ ᠤᠷᠤᠯ ᠤᠨ ᠳᠤᠭᠤᠢ ᠬᠠᠪᠲᠠᠭᠠᠢ ᠲᠠᠢ ᠬᠣᠯᠪᠣᠵᠤ ᠪᠠᠶᠢᠳᠠᠭ ᠂ ᠮᠥᠨ ᠬᠡᠯᠡ ᠶᠢᠨ ᠪᠠᠶᠢᠷᠢ ᠶᠢᠨ ᠳᠤᠬᠤᠢ ᠪᠣᠯᠵᠤ ᠪᠠᠶᠢᠨ᠎ᠠ ᠃

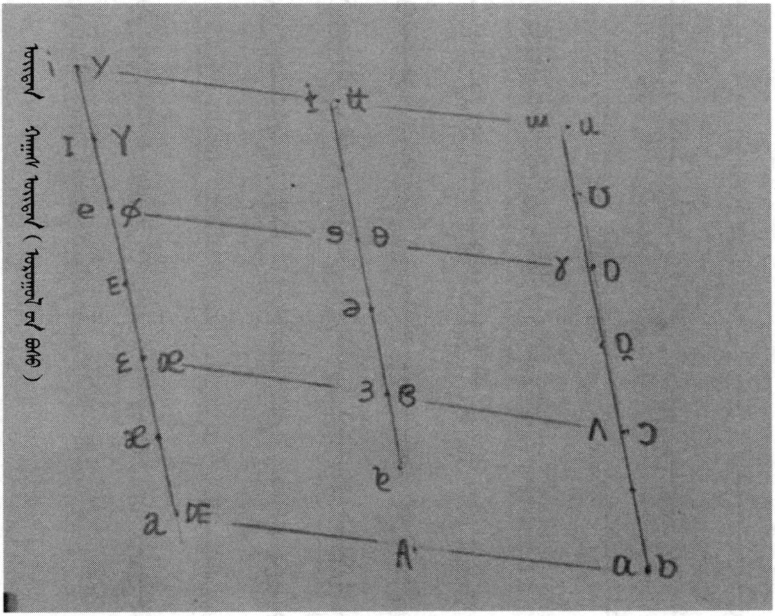

([illegible] 1)

ᠡᠨᠳᠡ ᠮᠣᠩᠭᠣᠯ ᠡᠭᠡᠰᠢᠭ ᠦᠨ ᠳᠠᠭᠤᠨ ᠤ ᠳᠣᠯᠤᠭᠠᠨ ᠲᠣᠷᠢᠭ ᠢ ᠪᠠᠷᠢᠮᠵᠢᠶ᠎ᠠ ᠪᠣᠯᠭᠠᠨ ᠬᠡᠷᠡᠭᠯᠡᠬᠦ ᠳᠦ ᠨᠢᠭᠡᠳᠦᠭᠡᠷ ᠲᠦᠪᠰᠢᠨ ᠤ ᠭᠣᠣᠯᠴᠠᠭ᠎ᠠ ᠪᠠᠶᠢᠳᠠᠯ :: ᠵᠢᠱᠢᠶᠡᠯᠡᠪᠡᠯ : e ᠪᠣᠯ ᠬᠠᠭᠠᠰ ᠳᠡᠭᠡᠳᠦ ᠂ ᠳᠤᠭᠤᠢᠯᠠᠩ ᠪᠤᠰᠤ ᠡᠮᠦᠨ᠎ᠡ ᠶᠢᠨ ᠳᠡᠭᠡᠳᠦᠰᠢᠭᠦᠯᠦᠭᠰᠡᠨ ᠡᠭᠡᠰᠢᠭ : y ᠪᠣᠯ ᠳᠡᠭᠡᠳᠦ ᠂ ᠳᠤᠭᠤᠢᠯᠠᠩ ᠲᠠᠢ ᠡᠮᠦᠨ᠎ᠡ ᠶᠢᠨ ᠳᠡᠭᠡᠳᠦᠰᠢᠭᠦᠯᠦᠭᠰᠡᠨ ᠡᠭᠡᠰᠢᠭ : o ᠪᠣᠯ ᠬᠠᠭᠠᠰ ᠳᠡᠭᠡᠳᠦ ᠂ ᠳᠤᠭᠤᠢᠯᠠᠩ ᠲᠠᠢ ᠬᠣᠶᠢᠨ᠎ᠠ ᠶᠢᠨ ᠳᠤᠮᠳᠠ ᠲᠠᠢ ᠡᠭᠡᠰᠢᠭ ᠮᠥᠨ ::

ᠡᠭᠡᠰᠢᠭ ᠬᠣᠯᠪᠣᠭ᠎ᠠ ᠶᠢᠨ ᠲᠣᠭᠲᠠᠭᠠᠯ i · e · ɛ · a · ɑ · ɔ · o · u ᠵᠡᠷᠭᠡ ᠨᠠᠢᠮᠠᠨ ᠡᠭᠡᠰᠢᠭ ᠦᠨ ᠰᠢᠨᠵᠢ ᠴᠢᠨᠠᠷ ᠢ ᠲᠣᠳᠣᠷᠬᠠᠢᠯᠠᠵᠤ ᠪᠣᠯᠤᠨ᠎ᠠ :: ᠡᠳᠡᠭᠡᠷ ᠢ ᠮᠣᠩᠭᠣᠯ ᠬᠡᠯᠡᠨ ᠦ ᠰᠤᠳᠤᠯᠭ᠎ᠠ ᠳᠤ ᠶᠡᠷᠦ ᠪᠡᠨ 《 ᠰᠤᠷᠢᠭᠠᠯᠲᠠ ᠡᠭᠡᠰᠢᠭ 》 ᠭᠡᠳᠡᠭ :: ᠡᠳᠡᠭᠡᠷ ᠨᠢ ᠬᠡᠯᠡᠨ ᠦ ᠵᠦᠢᠯ ᠦᠨ ᠡᠷᠡᠮᠪᠡᠯᠡᠯ ᠪᠤᠰᠤ ᠂ ᠬᠠᠷᠢᠨ ᠠᠪᠢᠶ᠎ᠠ ᠵᠦᠢ ᠶᠢᠨ ᠰᠤᠷᠢᠭᠠᠯᠲᠠ ᠶᠢᠨ ᠬᠡᠮᠵᠢᠶ᠎ᠡ ᠪᠣᠯᠭᠠᠨ ᠲᠣᠭᠲᠠᠭᠠᠭᠰᠠᠨ ᠡᠭᠡᠰᠢᠭ ᠮᠥᠨ :: ᠡᠭᠡᠰᠢᠭ ᠦᠨ ᠳᠠᠭᠤᠨ ᠤ ᠳᠣᠯᠤᠭᠠᠨ ᠲᠣᠷᠢᠭ ᠨᠢ ᠲᠡᠷᠡ ᠡᠭᠡᠰᠢᠭ ᠦᠳ ᠢ ᠬᠡᠯᠡᠬᠦ ᠦᠶ᠎ᠡ ᠳᠦ ᠬᠡᠯᠡ ᠶᠢᠨ ᠪᠠᠢᠷᠢ ᠪᠠ ᠤᠷᠤᠯ ᠤᠨ ᠬᠡᠯᠪᠡᠷᠢ ᠶᠢ ᠲᠣᠳᠣᠷᠬᠠᠢᠯᠠᠭᠰᠠᠨ ᠦᠵᠡᠭ ᠦᠳ ᠮᠥᠨ :: ᠡᠨᠡ ᠨᠢ ᠪᠣᠯ ᠡᠭᠡᠰᠢᠭ ᠦᠨ ᠳᠠᠭᠤᠨ ᠤ ᠳᠣᠯᠤᠭᠠᠨ ᠡᠭᠡᠰᠢᠭ ᠡᠭᠡᠰᠢᠭ ᠢ ᠬᠡᠮᠵᠢᠬᠦ ᠳᠦ ᠬᠡᠷᠡᠭᠯᠡᠳᠡᠭ ᠪᠢᠯᠡ ᠡᠭᠡᠰᠢᠭ ᠦᠳ ᠂ ᠡᠭᠡᠰᠢᠭ ᠦᠨ .... : i · e · ɛ · a · ɑ · ɔ · o · u ᠨᠠᠢᠮᠠᠨ ᠡᠭᠡᠰᠢᠭ ᠦᠨ ᠬᠡᠯᠪᠡᠷᠢ ᠵᠢᠷᠤᠭ ᠢ ᠳᠣᠣᠷ᠎ᠠ ᠶᠢᠨ ᠵᠢᠷᠤᠭ ᠲᠤ ᠦᠵᠡᠭᠦᠯᠪᠡ ::

ᠪᠣᠯᠭᠠᠬᠤ ᠬᠡᠷᠡᠭᠯᠡᠭᠳᠡᠨ᠎ᠡ ᠪᠡᠷ zi〔tsɿ〕(资)· ci〔ts'ɿ〕(此)· si〔sɿ〕(思) ᠶᠢ ᠪᠢᠴᠢᠨ᠎ᠡ ::

ᠲᠡᠭᠦᠨ ᠦ ᠵᠢᠱᠢᠶ᠎ᠡ : [illegible] :: ɿ ᠪᠠ ᠲᠡᠭᠦᠨ ᠦ ᠠᠪᠢᠶ᠎ᠠ ᠶᠢᠨ [illegible]

ᠲᠡᠭᠦᠨ / ᠡᠭᠡᠰᠢᠭ	ᠡᠭᠡᠰᠢᠭ ᠦᠨ ᠡᠮᠦᠨ᠎ᠡ	ᠡᠭᠡᠰᠢᠭ ᠦᠨ
ᠲᠡᠭᠦᠨ ᠦ ᠠᠪᠢᠶ᠎ᠠ ᠶᠢᠨ ᠲᠡᠮᠳᠡᠭ	ɿ	ʅ
ᠲᠡᠭᠦᠨ ᠦ ᠠᠪᠢᠶ᠎ᠠ ᠶᠢᠨ ᠡᠰᠢᠭᠯᠡᠯᠲᠡ	ɿ	ʅ

ᠪᠣᠯᠤᠨ᠎ᠠ ::

ᠤᠬᠠᠭᠠᠨ ᠪᠣᠯ ᠲᠡᠭᠦᠨ ᠦ ᠠᠪᠢᠶ᠎ᠠ ᠶᠢᠨ [illegible] :: ᠲᠡᠭᠦᠨ ᠦ ᠠᠪᠢᠶ᠎ᠠ [illegible] ᠪᠠᠷ [illegible] ᠦ ᠲᠡᠭᠦᠨ · ᠲᠡᠭᠦᠨ [illegible] · [illegible] ᠲᠡᠭᠦᠨ ᠦ [illegible] :: [illegible] ᠲᠡᠭᠦᠨ ᠦ ᠠᠪᠢᠶ᠎ᠠ [illegible]

(ᠦᠯᠡᠭᠡᠷ) ᠲᠡᠭᠦᠨ ᠦ ᠠᠪᠢᠶ᠎ᠠ ᠶᠢᠨ [illegible]

ʅ ᠪᠣᠯ ᠬᠢᠳᠠᠳ ᠦᠨ ᠬᠡᠯᠡᠯᠴᠡᠭᠡᠨ ᠦ ᠴᠢᠨᠠᠷ ᠤᠨ ᠪᠠᠢᠳᠠᠯ ᠤᠨ ᠡᠭᠡᠰᠢᠭ ᠠᠪᠢᠶ᠎ᠠ :: ᠵᠢᠱᠢᠶᠡᠯᠡᠪᠡᠯ : ᠬᠢᠳᠠᠳ ᠦᠨ ᠪᠣᠯᠤᠨ᠎ᠠ ᠬᠡᠯᠡᠯᠴᠡᠭᠡᠨ ᠦ zhi〔tʂʅ〕（知）· chi〔tʂʻʅ〕（吃）· shi〔ʂʅ〕（诗） ᠭᠡᠬᠦ ᠮᠡᠳᠦ :: ʮ ᠪᠣᠯ ᠬᠢᠳᠠᠳ ᠦᠨ ᠡᠭᠡᠰᠢᠭ ᠦᠨ ᠬᠡᠯᠡᠯᠴᠡᠭᠡᠨ ᠦ ᠴᠢᠨᠠᠷ ᠤᠨ ᠠᠪᠢᠶ᠎ᠠ · ᠵᠢᠱᠢᠶᠡᠯᠡᠪᠡᠯ : ᠬᠢᠳᠠᠳ ᠦᠨ ᠬᠡᠯᠡᠨ ᠦ ᠡᠭᠡᠰᠢᠭ ᠦᠨ s ʮ（书） ᠭᠡᠬᠦ ᠮᠡᠳᠦ :: ʮ ᠪᠣᠯ ᠬᠢᠳᠠᠳ ᠦᠨ ᠬᠡᠯᠡᠯᠴᠡᠭᠡᠨ ᠦ ᠴᠢᠨᠠᠷ ᠤᠨ ᠠᠪᠢᠶ᠎ᠠ · ᠵᠢᠱᠢᠶᠡᠯᠡᠪᠡᠯ : ᠬᠢᠳᠠᠳ ᠦᠨ ᠬᠡᠯᠡᠨ ᠦ ᠡᠭᠡᠰᠢᠭ ᠦᠨ ᠳᠣᠲᠣᠷᠠ ᠳᠤ ʂʮ（树） ᠭᠡᠬᠦ ᠮᠡᠳᠦ ::

《～》ᠲᠡᠮᠳᠡᠭ ᠢᠶᠡᠷ ᠲᠡᠮᠳᠡᠭᠯᠡᠨ᠎ᠡ :: ᠵᠢᠱᠢᠶᠡᠯᠡᠪᠡᠯ : ã · ẽ ᠭᠡᠬᠦ ᠮᠡᠳᠦ ::

ᠪᠠᠭᠤᠷᠠᠭᠤᠯᠤᠭᠳᠠᠳᠠᠭ :: ᠡᠭᠡᠰᠢᠭ ᠨᠢ: a̲ · ə̲ · i̲ ᠭᠡᠬᠦ ᠮᠡᠲᠦ ::

3. ᠭᠠᠷᠤᠯ ᠤᠨ ᠳᠠᠭᠤᠳᠠᠯᠭ᠎ᠠ ᠮᠡᠳᠡᠭᠳᠡᠭᠦ ᠭᠠᠷᠤᠯᠲᠠ ᠡᠭᠡᠰᠢᠭ :: ᠬᠠᠮᠲᠤ ᠡᠭᠡᠰᠢᠭ ᠦᠨ ᠳᠠᠭᠤᠳᠠᠯᠭ᠎ᠠ ᠳᠤ ᠭᠠᠷᠤᠯ ᠤᠨ ᠳᠠᠭᠤᠳᠠᠯᠭ᠎ᠠ ᠨᠡᠮᠡ ᠪᠠᠢᠭ᠎ᠠ ᠪᠣᠯ ᠳᠠᠭᠤᠳᠠᠯᠭ᠎ᠠ ᠶᠢᠨ ᠭᠠᠷᠤᠯᠲᠠ ᠪᠣᠯᠭᠠᠭᠰᠠᠨ ᠲᠡᠮᠳᠡᠭᠯᠡᠯ :: ᠬᠠᠮᠲᠤ ᠡᠭᠡᠰᠢᠭ ᠦᠨ ᠬᠣᠢᠨ᠎ᠠ ᠡᠴᠦᠰ ᠲᠦ 《ɭ》 ᠪᠠᠢᠭ᠎ᠠ ᠪᠣᠯᠪᠠᠴᠤ ᠲᠡᠮᠳᠡᠭᠯᠡᠨ᠎ᠡ :: ᠵᠢᠱᠢᠶᠡᠯᠡᠪᠡᠯ:

kaɭ （干儿）

kəɭ （根）

kɤɭ （歌）

ᠭᠡᠬᠦ ᠮᠡᠲᠦ ::

ᠭᠡᠪᠡᠯ · ᠬᠡᠯᠡᠯᠴᠡᠭᠡᠨ ᠦ ᠶᠠᠷᠢᠶᠠᠨ ᠤ ᠬᠡᠯᠡᠨ ᠳᠦ

ᠬᠡᠯᠡᠯᠴᠡᠭᠡ ᠪᠢᠴᠢᠭ ᠦᠨ ᠬᠡᠯᠡᠨ ᠦ ᠳᠠᠭᠤᠳᠠᠯᠭ᠎ᠠ ᠭᠡᠷ ᠦᠨ ᠬᠡᠯᠡᠨ ᠦ ᠳᠠᠭᠤᠳᠠᠯᠭ᠎ᠠ ᠮᠡᠲᠦ ᠪᠠᠷ ᠬᠡᠷᠡᠭᠯᠡᠭᠳᠡᠨ᠎ᠡ ::

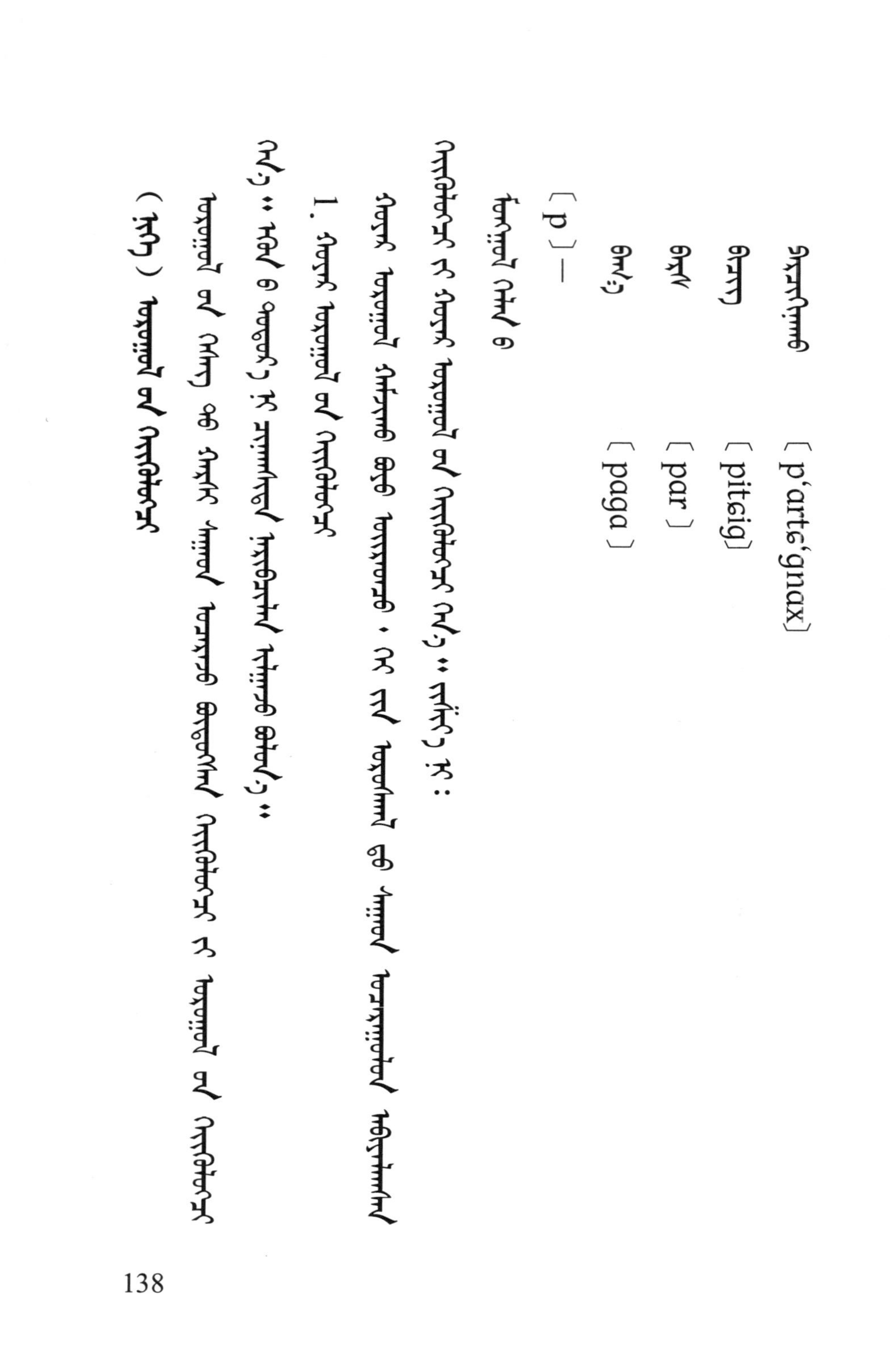

ᠫᠠᠷᠲᠢᠴᠠᠭᠠᠨ 〔p'artɕ'gnax〕

ᠪᠢᠴᠢᠭ 〔pitɕig〕

ᠪᠠᠷ 〔par〕

ᠪᠠᠭ᠎ᠠ 〔paga〕

〔p〕—

[illegible] ᠪᠠᠢᠨ᠎ᠠ ᠃

马　　〔ma〕

〔m〕—

怕　　〔p‘a〕

〔p‘〕—

爸　　〔pa〕

〔p〕—

ᠣᠷᠤᠰ ᠬᠡᠯᠡᠨ ᠦ

белизна́〔bəlitsna〕　　（ᠴᠠᠭᠠᠨ）

〔b〕—

ᠡᠸᠡᠩᠬᠢ ᠬᠡᠯᠡᠨ ᠦ

ᠡᠸᠡᠭ　　〔əwək〕

〔w〕—

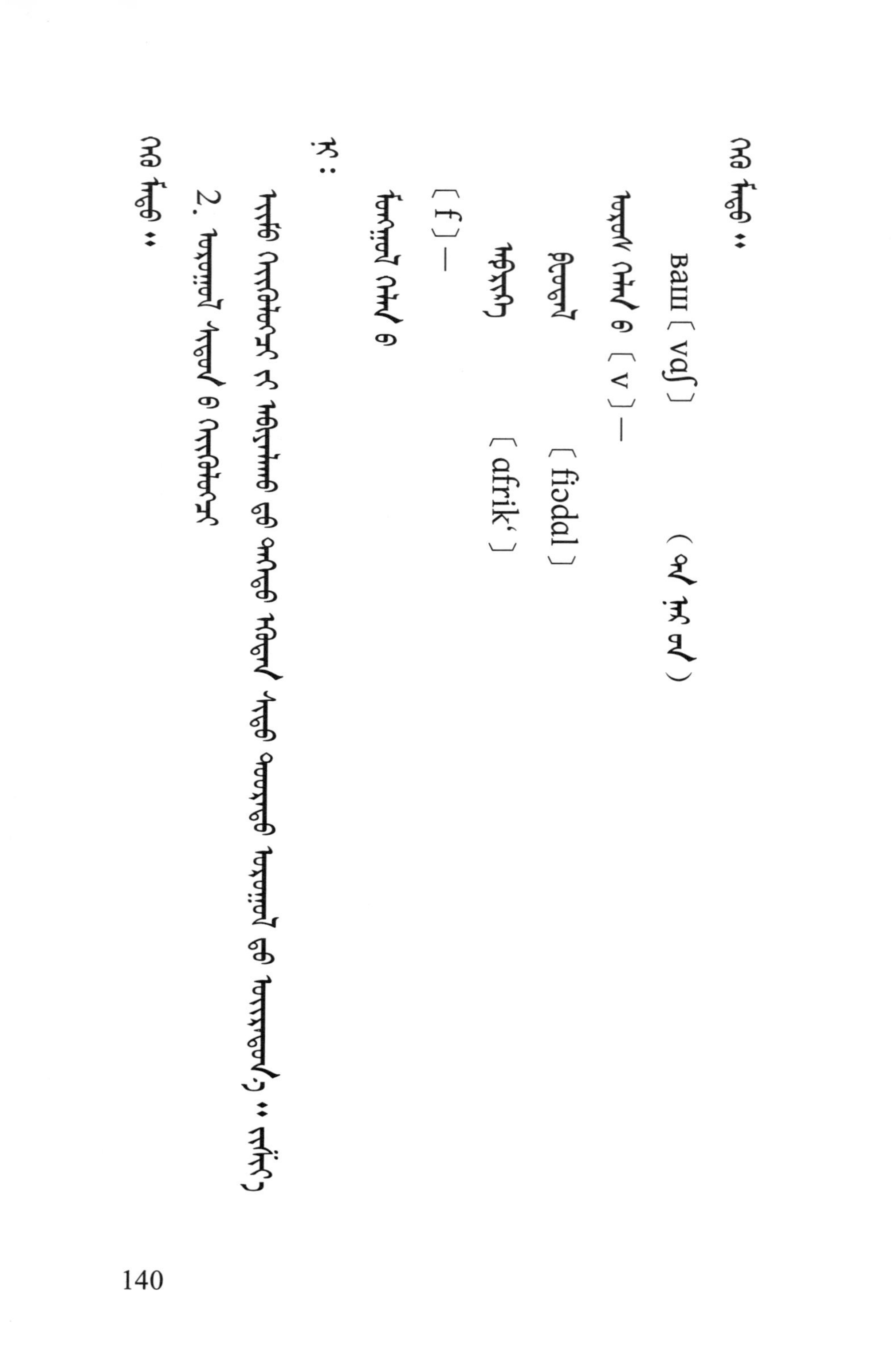

ваш [vaʃ] (ᠲᠠᠨ ᠤ᠋ ᠲᠠᠨ)

ᠣᠷᠣᠰ ᠬᠡᠯᠡᠨ ᠦ᠌ [v] —

ᠹᠢᠶᠣᠳᠠᠯ [fiɔdal]

ᠠᠹᠷᠢᠺᠠ [afrik']

[f] —

ᠱᠠᠲᠤ 〔ʃat〕

ᠡᠴᠢ 〔əː tʃ〕

ᠴᠣᠯᠮᠣᠨ 〔tʃɔplɔŋ〕

ᠵᠢᠷᠭᠠᠯ 〔tʃærgal〕

ᠬᠡᠯᠡᠯᠴᠡᠬᠦ ᠦᠶ᠎ᠡ ᠳᠦ ᠄ ᠮᠣᠩᠭᠣᠯ ᠦᠰᠦᠭ ᠦᠨ tʃ、tʃʻ、ʃ ᠪᠡᠷ ᠲᠡᠮᠳᠡᠭᠯᠡᠨ ᠬᠡᠯᠡᠯᠴᠡᠬᠦ ᠪᠣᠯ ᠄ ᠵᠢᠱᠢᠶᠡᠯᠡᠪᠡᠯ :

ᠬᠡᠯᠡᠯᠴᠡᠬᠦ ᠦᠶ᠎ᠡ ᠳᠦ ᠄ ᠮᠣᠩᠭᠣᠯ ᠦᠰᠦᠭ ᠦᠨ t、tʻ、n ᠬᠡᠯᠡᠨ ᠦ ᠳᠣᠣᠷ᠎ᠠ ᠮᠣᠩᠭᠣᠯ ᠦᠨ ts、tsʻ、t、tʻ ᠬᠡᠯᠡᠨ ᠪᠣᠯᠭᠠᠨ ᠵᠢᠱᠢ

ᠦᠭᠡ ᠵᠢᠱᠢᠶ᠎ᠡ ᠄

ᠲᠣᠶᠠᠭ᠎ᠠ 〔 t'ɷja: 〕

ᠣᠶᠢᠳᠣᠯ 〔 ɔjdɔl 〕

ᠶᠠᠪᠳᠠᠯ 〔 japdal 〕

ᠬᠡᠯᠪᠡᠷᠢ ᠄ ᠣᠷᠣᠯᠴᠠᠭᠤᠯ ᠡᠭᠡᠰᠢᠭ ᠦᠨ j ᠦᠰᠦᠭ ᠪᠡᠷ ᠲᠡᠮᠳᠡᠭᠯᠡᠳᠡᠭ ᠪᠣᠯᠤᠨ᠎ᠠ ᠄ ᠳᠤᠷᠢᠶᠠᠯᠠᠪᠠᠯ :

ᠡᠭᠡᠰᠢᠭ ᠦᠨ ᠲᠣᠭᠲᠠᠭᠤᠯ ᠬᠡᠰᠡᠭ ᠤᠷᠤᠭᠰᠢᠯᠠᠬᠤ ᠲᠤᠰᠬᠠᠢ ᠲᠤ ᠤᠷᠤᠭᠰᠢᠯᠠᠨ ᠪᠠᠢᠷᠢᠯᠠᠬᠤ ᠦᠰᠦᠭ ᠢ ᠡᠭᠡᠰᠢᠭ ᠦᠨ ᠲᠣᠭᠲᠠᠭᠤᠯᠬᠤ ᠲᠡᠮᠳᠡᠭᠯᠡᠳᠡᠭ

(ᠲᠣᠭᠣᠷᠢᠭ) ᠡᠭᠡᠰᠢᠭ ᠦᠨ ᠲᠣᠭᠲᠠᠭᠤᠯᠬᠤ ᠲᠡᠮᠳᠡᠭᠯᠡᠳᠡᠭ

ᠦᠭᠡ ᠵᠢᠱᠢᠶ᠎ᠡ ᠄

ᠴᠠᠮ 〔 tʃam 〕

ᠭᠡᠵᠦ ᠮᠡᠳᠡᠨ᠎ᠡ ᠄

ᠮᠥᠩᠬᠡ 〔məŋx〕

ᠠᠩᠬ᠎ᠠ 〔ɑŋx〕

ᠬᠥᠬᠡ 〔xəx〕

ᠭᠣᠬ᠎ᠠ 〔kɔx〕

ᠭᠠᠯ 〔kɑl〕

ᠡᠬᠢ 〔æki〕

ᠠᠷᠭ᠎ᠠ 〔ɑrkɑ〕

ᠡᠨᠡ ᠬᠡᠯᠡᠨ ᠦ ᠠᠶ᠎ᠠ ᠪᠠᠷ ᠭᠠᠷᠭᠠᠯᠲᠠ ᠮᠠᠲᠠᠢ ᠄ ᠬᠠᠷᠢᠴᠠᠭᠤᠯᠤᠨ ᠦᠵᠡᠪᠡᠯ :

ᠮᠣᠩᠭᠣᠯ ᠬᠡᠯᠡᠨ ᠦ ᠪᠢᠴᠢᠭ ᠦᠨ ᠭᠠᠷᠭᠠᠯᠲᠠ ᠶᠢᠨ ᠬᠡᠯᠡᠨ ᠦ ᠠᠶ᠎ᠠ ᠪᠠᠷ ᠭᠠᠷᠭᠠᠯᠲᠠ ᠭᠡᠵᠦ ᠄ ᠮᠣᠩᠭᠣᠯ ᠬᠡᠯᠡᠨ ᠦ k · x · ŋ ᠡᠭᠡᠰᠢᠭ ᠬᠡᠯᠡᠨ ᠦ ᠵᠢᠷᠤᠮ ᠦᠨ ᠭᠠᠷᠭᠠᠯᠲᠠ ᠶᠢ ᠪᠠᠷᠢᠮᠳᠠᠯᠠᠨ ᠮᠣᠩᠭᠣᠯ ᠦᠰᠦᠭ ᠢᠶᠡᠷ ᠪᠢᠴᠢᠬᠦ ᠳᠦ ᠮᠣᠩᠭᠣᠯ ᠦᠰᠦᠭ ᠦᠨ ᠨᠢ ᠳᠠᠭᠤᠳ (ᠲᠠᠪᠤ) ᠬᠡᠯᠡᠨ ᠦ ᠠᠶ᠎ᠠ ᠪᠠᠷ ᠭᠠᠷᠭᠠᠯᠲᠠ

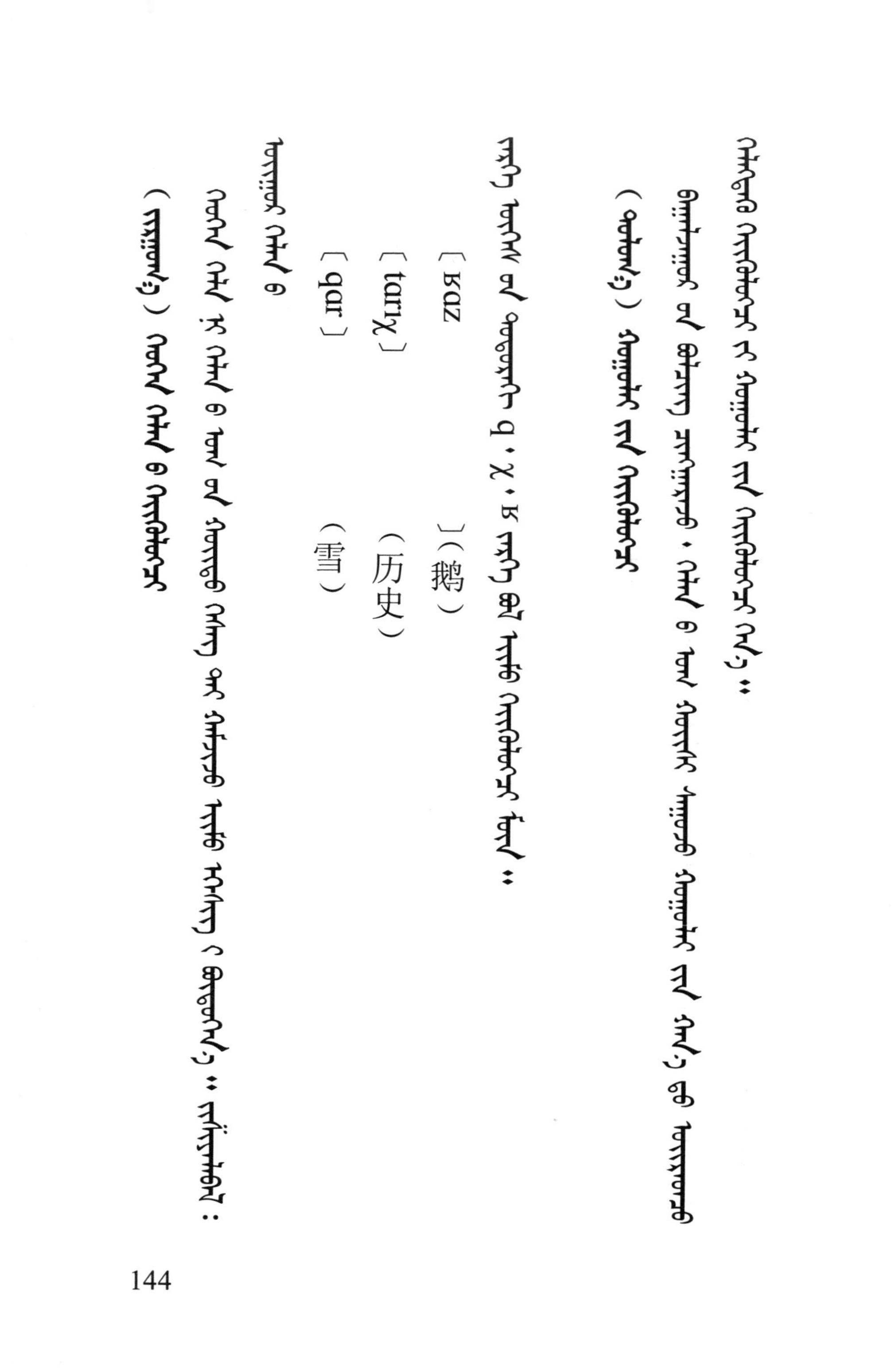

[illegible]

[illegible]

([illegible]) [illegible]

[illegible] q · χ · ʁ [illegible]

〔ʁaz〕（鹅）

〔tarɪχ〕（历史）

〔qar〕（雪）

[illegible]

[illegible]

([illegible]) [illegible]

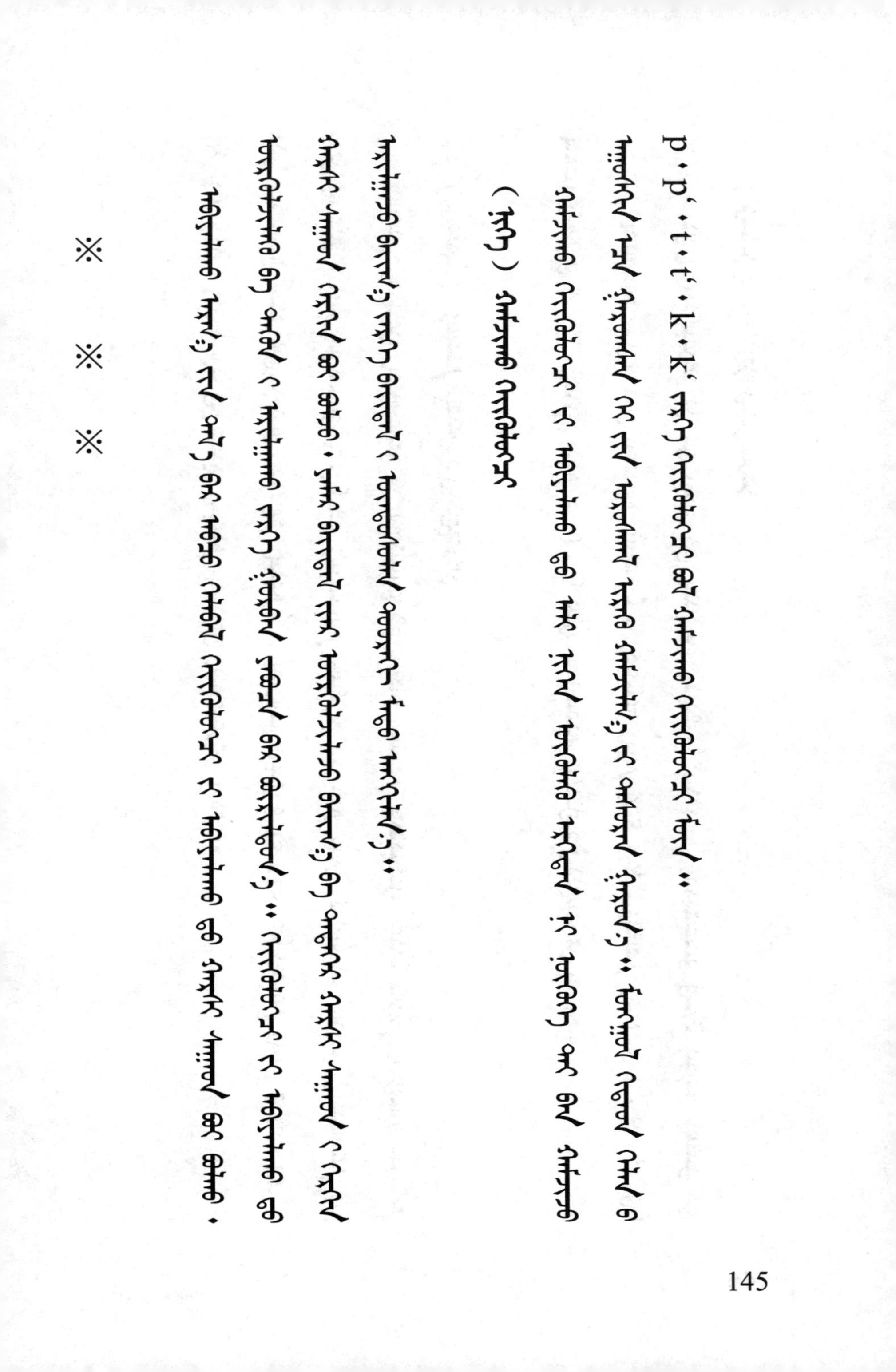

p·p'·t·t'·k·k' ᠵᠡᠷᠭᠡ ᠳᠠᠭᠤᠪᠤᠷᠢ ᠪᠣᠯ ᠳᠡᠯᠪᠡᠷᠡᠭᠦ ᠳᠠᠭᠤᠪᠤᠷᠢ ᠭᠡᠨᠡ ::

tʂ · tʂ' · tɕ · tɕ' ᠠᠪᠢᠶ᠎ᠠ ᠪᠠᠷ ᠲᠡᠮᠳᠡᠭᠯᠡᠬᠦ ᠭᠠᠳᠠᠭᠠᠳᠤ ᠦᠭᠡᠰ ᠢ ᠪᠢᠴᠢᠬᠦ ᠳᠦ ᠬᠡᠷᠡᠭᠯᠡᠨ᠎ᠡ ::

ᠲᠤᠰ ᠲᠡᠮᠳᠡᠭᠲᠦ ᠦᠰᠦᠭ ᠲᠤᠬᠠᠢ ᠲᠠᠯ᠎ᠠ ᠦᠭᠡᠰ ᠢ ᠪᠢᠴᠢᠬᠦ ᠳᠦ :: ᠮᠣᠩᠭᠣᠯ ᠬᠡᠯᠡᠨ ᠦ ts · ts' ᠪᠠ ᠬᠢᠲᠠᠳ ᠬᠡᠯᠡᠨ ᠦ ts · ts' · ᠪᠠᠰᠠ ᠭᠠᠳᠠᠭᠠᠳᠤ · ᠲᠤᠰ ᠲᠡᠮᠳᠡᠭᠯᠡᠯ ᠲᠤᠬᠠᠢ ᠳᠤ ᠭᠠᠳᠠᠭᠠᠳᠤ ᠬᠡᠯᠡᠨ ᠦ ᠠᠪᠢᠶ᠎ᠠ ᠪᠣᠯᠤᠨ ᠲᠤᠬᠠᠢ ᠳᠤ ᠲᠤᠰ ᠦᠰᠦᠭᠯᠡᠯ ᠦᠨ ᠭᠠᠳᠠᠭᠠᠳᠤ ᠦᠭᠡᠰ ᠢ ᠪᠢᠴᠢᠬᠦ ᠳᠦ ᠬᠡᠷᠡᠭᠯᠡᠨ ᠡ ᠦᠭᠡ ᠪᠢᠴᠢᠬᠦ ᠳᠤ ᠲᠤᠰ ᠪᠤᠢ ᠲᠤᠬᠠᠢ ᠠᠪᠢᠶ᠎ᠠ
(ᠵᠢᠱᠢᠶ᠎ᠡ) ᠭᠠᠳᠠᠭᠠᠳᠤ ᠦᠭᠡᠰ ᠢ ᠪᠢᠴᠢᠬᠦ

ᠲᠡᠮᠳᠡᠭ ᠬᠡᠯᠡᠨ ᠦ v · z · ᠠᠩᠭᠯᠢ ᠬᠡᠯᠡᠨ ᠦ θ · ð ᠠᠪᠢᠶ᠎ᠠ ᠪᠠᠷ ᠲᠡᠮᠳᠡᠭᠯᠡᠬᠦ ᠦᠭᠡᠰ ᠢ ᠪᠢᠴᠢᠬᠦ ᠳᠦ ᠬᠡᠷᠡᠭᠯᠡᠨ᠎ᠡ ::
ᠪᠠ ᠲᠤᠰ ᠲᠡᠮᠳᠡᠭᠲᠦ ᠦᠰᠦᠭ ᠲᠤᠬᠠᠢ ᠦᠭᠡᠰ ᠢ ᠪᠢᠴᠢᠬᠦ ᠳᠦ :: ᠮᠣᠩᠭᠣᠯ ᠬᠡᠯᠡᠨ ᠦ s · x · ᠬᠢᠲᠠᠳ ᠬᠡᠯᠡᠨ ᠦ f · s · ʂ ᠪᠠ ᠦᠭᠡᠰ ᠢ ᠪᠢᠴᠢᠬᠦ ᠳᠦ ᠲᠤᠰ ᠲᠡᠮᠳᠡᠭᠯᠡᠯ ᠳᠤ ᠲᠤᠰ ᠦᠰᠦᠭ ᠲᠤᠬᠠᠢ ᠲᠡᠮᠳᠡᠭᠯᠡᠯ ᠪᠤᠢ ᠲᠤᠬᠠᠢ ᠦᠰᠦᠭ ᠳᠦ
(ᠰᠢᠷᠡ) ᠦᠭᠡᠰ ᠢ ᠪᠢᠴᠢᠬᠦ

(ᠳᠥᠷᠪᠡ) ᠬᠠᠵᠠᠭᠤ ᠶᠢᠨ ᠭᠡᠭᠦᠯᠦᠭᠴᠢ

ᠬᠠᠵᠠᠭᠤ ᠶᠢᠨ ᠭᠡᠭᠦᠯᠦᠭᠴᠢ ᠶᠢ ᠳᠠᠭᠤᠳᠠᠬᠤ ᠳᠤ ᠬᠡᠯᠡ ᠨᠢ ᠳᠡᠭᠡᠳᠦ ᠲᠠᠭᠯᠠᠢ ᠳᠤ ᠬᠦᠷᠴᠦ ᠂ ᠬᠡᠯᠡᠨ ᠦ ᠬᠣᠶᠠᠷ ᠬᠠᠵᠠᠭᠤ ᠪᠠᠨ ᠰᠤᠯᠠᠯᠠᠭᠤᠯᠵᠤ ᠂ ᠠᠭᠠᠷ ᠨᠢ ᠬᠡᠯᠡᠨ ᠦ ᠬᠣᠶᠠᠷ ᠬᠠᠵᠠᠭᠤ ᠪᠠᠷ ᠭᠠᠷᠴᠤ ᠭᠠᠷᠭᠠᠨ᠎ᠠ ᠂ ᠬᠠᠵᠠᠭᠤ ᠶᠢᠨ ᠭᠡᠭᠦᠯᠦᠭᠴᠢ ᠭᠠᠷᠭᠠᠨ᠎ᠠ :: ᠵᠢᠱᠢᠶᠡᠯᠡᠪᠡᠯ ᠂ ᠮᠣᠩᠭᠣᠯ ᠬᠡᠯᠡᠨ ᠦ [l] ᠪᠣᠯ ᠬᠠᠵᠠᠭᠤ ᠶᠢᠨ ᠭᠡᠭᠦᠯᠦᠭᠴᠢ ᠮᠥᠨ ::

(ᠲᠠᠪᠤ) ᠴᠢᠴᠢᠷᠭᠡᠨ ᠭᠡᠭᠦᠯᠦᠭᠴᠢ

ᠴᠢᠴᠢᠷᠭᠡᠨ ᠭᠡᠭᠦᠯᠦᠭᠴᠢ ᠶᠢ ᠳᠠᠭᠤᠳᠠᠬᠤ ᠳᠤ ᠠᠭᠠᠷ ᠨᠢ ᠬᠡᠯᠡᠨ ᠦ ᠦᠵᠦᠭᠦᠷ ᠂ ᠬᠡᠯᠡᠨ ᠦ ᠦᠵᠦᠭᠦᠷ ᠪᠤᠶᠤ ᠬᠡᠯᠡᠨ ᠦ ᠬᠦᠢᠰᠦ ᠪᠤᠶᠤ ᠬᠤᠭᠤᠷ ᠢ ᠴᠢᠴᠢᠷᠭᠡᠭᠦᠯᠵᠦ ᠭᠠᠷᠭᠠᠨ᠎ᠠ :: ᠵᠢᠱᠢᠶᠡᠯᠡᠪᠡᠯ ᠂ ᠮᠣᠩᠭᠣᠯ ᠬᠡᠯᠡᠨ ᠦ [r] ᠪᠣᠯ ᠴᠢᠴᠢᠷᠭᠡᠨ ᠭᠡᠭᠦᠯᠦᠭᠴᠢ ᠮᠥᠨ :: ᠪᠠᠰᠠ ᠂ ᠴᠢᠭᠤᠯᠠᠨ ᠬᠡᠯᠡᠨ ᠦ [R] ᠪᠣᠯ ᠬᠡᠯᠡᠨ ᠦ ᠴᠢᠴᠢᠷᠭᠡᠨ ᠭᠡᠭᠦᠯᠦᠭᠴᠢ ᠮᠥᠨ ::

(ᠵᠢᠷᠭᠤᠭ᠎ᠠ) ᠬᠠᠮᠠᠷ ᠤᠨ ᠭᠡᠭᠦᠯᠦᠭᠴᠢ

ᠬᠠᠮᠠᠷ ᠤᠨ ᠭᠡᠭᠦᠯᠦᠭᠴᠢ ᠶᠢ ᠳᠠᠭᠤᠳᠠᠬᠤ ᠳᠤ ᠬᠡᠯᠡ ᠨᠢ ᠳᠡᠭᠡᠳᠦ ᠲᠠᠭᠯᠠᠢ ᠬᠦᠷᠴᠦ ᠠᠮᠠ ᠶᠢᠨ ᠬᠣᠭᠣᠯᠠᠢ ᠪᠣᠯᠣᠭᠰᠠᠨ

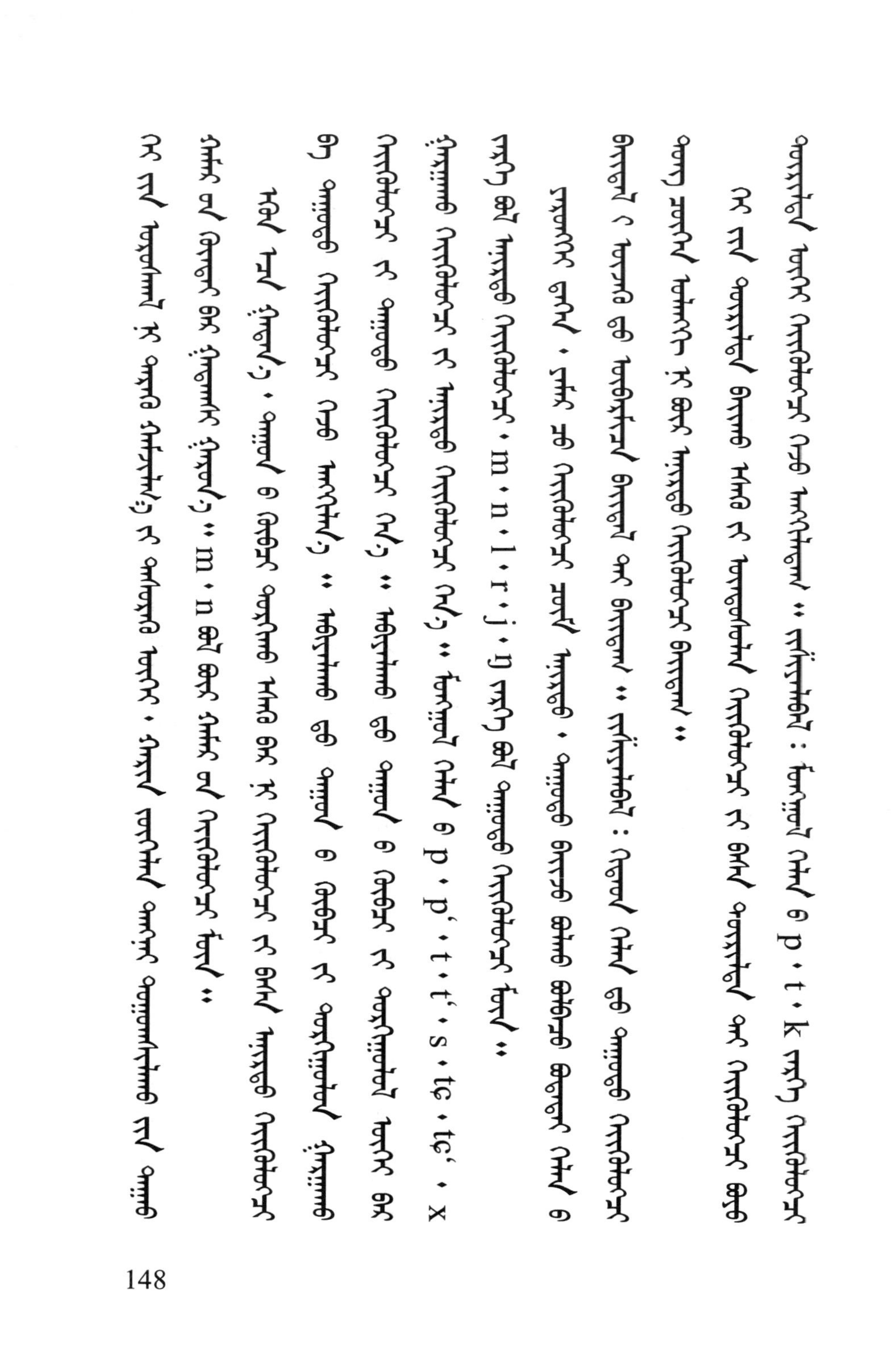

[illegible] ::

[illegible] :: m · n [illegible] ::

[illegible] p · p‘ · t · t‘ · s · tɕ · tɕ‘ · x [illegible] ::

[illegible] m · n · l · r · j · ŋ [illegible] ::

[illegible] ::

[illegible] p · t · k [illegible]

d—d̥ , —ţ , g — g̊ , k — ̥k ᠭᠡᠵᠦ ᠬᠣᠶᠠᠷ ᠪᠠᠷ ᠬᠤᠪᠢᠷᠠᠵᠤ ᠳᠠᠭᠤᠳᠠᠯᠭ᠎ᠠ ᠶᠢᠨ ᠴᠢᠨᠠᠷ ᠤᠨ ᠬᠣᠭᠣᠷᠣᠨᠳᠣ ᠶᠢᠨ ᠯᠠᠪᠯᠠᠭᠤᠯᠤᠯ ᠢ ᠢᠯᠡᠷᠭᠡᠶᠢᠯᠡᠨ᠎ᠡ᠃ ᠵᠢᠱᠢᠶᠡ ᠨᠢ ᠣᠷᠣᠰ ᠬᠡᠯᠡᠨ ᠦ b —b̥ , p — p̥ , t] (ᠠᠬ᠎ᠠ) — братъ (brat̥) (ᠠᠬ᠎ᠠ) ᠭᠡᠵᠦ ᠪᠠᠶᠢᠨ᠎ᠠ᠃ ᠭᠡᠬᠦ ᠮᠡᠲᠦ᠃ ᠵᠢᠱᠢᠶᠡᠯᠡᠪᠡᠯ : пыл (pil) (ᠭᠠᠯᠵᠠᠭᠤᠷᠠᠯ) — пыла (p̥ila) (ᠭᠠᠯᠵᠠᠭᠤᠷᠠᠯ) , брат (bra

ᠪᠣᠯᠤᠨ᠎ᠠ ::

ᠮᠣᠩᠭᠣᠯ ᠬᠡᠯᠡᠨ ᠦ ᠠᠪᠢᠶ᠎ᠠ ᠨᠢᠭᠡᠴᠡ

ᠪᠣᠯᠣᠨ ᠠᠮᠠᠨ ᠬᠡᠯᠡᠨ ᠦ ᠠᠪᠢᠶ᠎ᠠ ᠶᠢ ᠬᠡᠯᠡᠯᠭᠡ ᠶᠢᠨ ᠤᠳᠬ᠎ᠠ ᠶᠢ ᠢᠯᠭᠠᠨ ᠵᠣᠭᠰᠣᠭᠠᠬᠤ ᠠᠪᠢᠶ᠎ᠠ ᠶᠢᠨ ᠬᠠᠮᠤᠭ ᠤᠨ ᠪᠠᠭ᠎ᠠ ᠨᠢᠭᠡᠴᠡ ᠶᠢ ᠠᠪᠢᠶ᠎ᠠ ᠨᠢᠭᠡᠴᠡ (音素) ᠭᠡᠨ᠎ᠡ :: ᠠᠪᠢᠶ᠎ᠠ ᠨᠢᠭᠡᠴᠡ ᠪᠣᠯ ᠲᠣᠳᠣᠷᠬᠠᠢ ᠨᠢᠭᠡ ᠬᠡᠯᠡᠨ ᠦ ᠠᠪᠢᠶ᠎ᠠ ᠶᠢᠨ ᠪᠦᠲᠦᠴᠡ ᠳᠦ ᠪᠣᠯᠣᠨ ᠤᠳᠬ᠎ᠠ ᠶᠢ ᠶᠠᠯᠭᠠᠪᠣᠷᠢᠯᠠᠬᠤ ᠴᠢᠳᠠᠪᠬᠢ ᠲᠠᠢ ᠠᠪᠢᠶ᠎ᠠ ᠶᠢᠨ ᠬᠠᠮᠤᠭ ᠤᠨ ᠪᠠᠭ᠎ᠠ ᠨᠢᠭᠡᠴᠡ ᠪᠣᠯᠤᠨ᠎ᠠ :: ᠡᠨᠡ ᠨᠡᠷ᠎ᠡ ᠪᠣᠯ ᠠᠪᠢᠶ᠎ᠠ ᠵᠦᠢ ᠶᠢᠨ ᠰᠢᠨᠵᠢᠯᠡᠬᠦ ᠤᠬᠠᠭᠠᠨ ᠳᠤ ᠡᠷᠲᠡ ᠡᠴᠡ ᠬᠡᠷᠡᠭᠯᠡᠭᠳᠡᠭᠰᠡᠨ :: ᠡᠨᠡ ᠨᠡᠷ᠎ᠡ ᠪᠣᠯ ᠠᠪᠢᠶ᠎ᠠ ᠨᠢᠭᠡᠴᠡ ᠶᠢᠨ ᠣᠨᠴᠠᠯᠢᠭ ᠢ ᠲᠣᠳᠣᠷᠬᠠᠢᠯᠠᠨ ᠰᠢᠨᠵᠢᠯᠡᠭᠳᠡᠨ᠎ᠡ ::

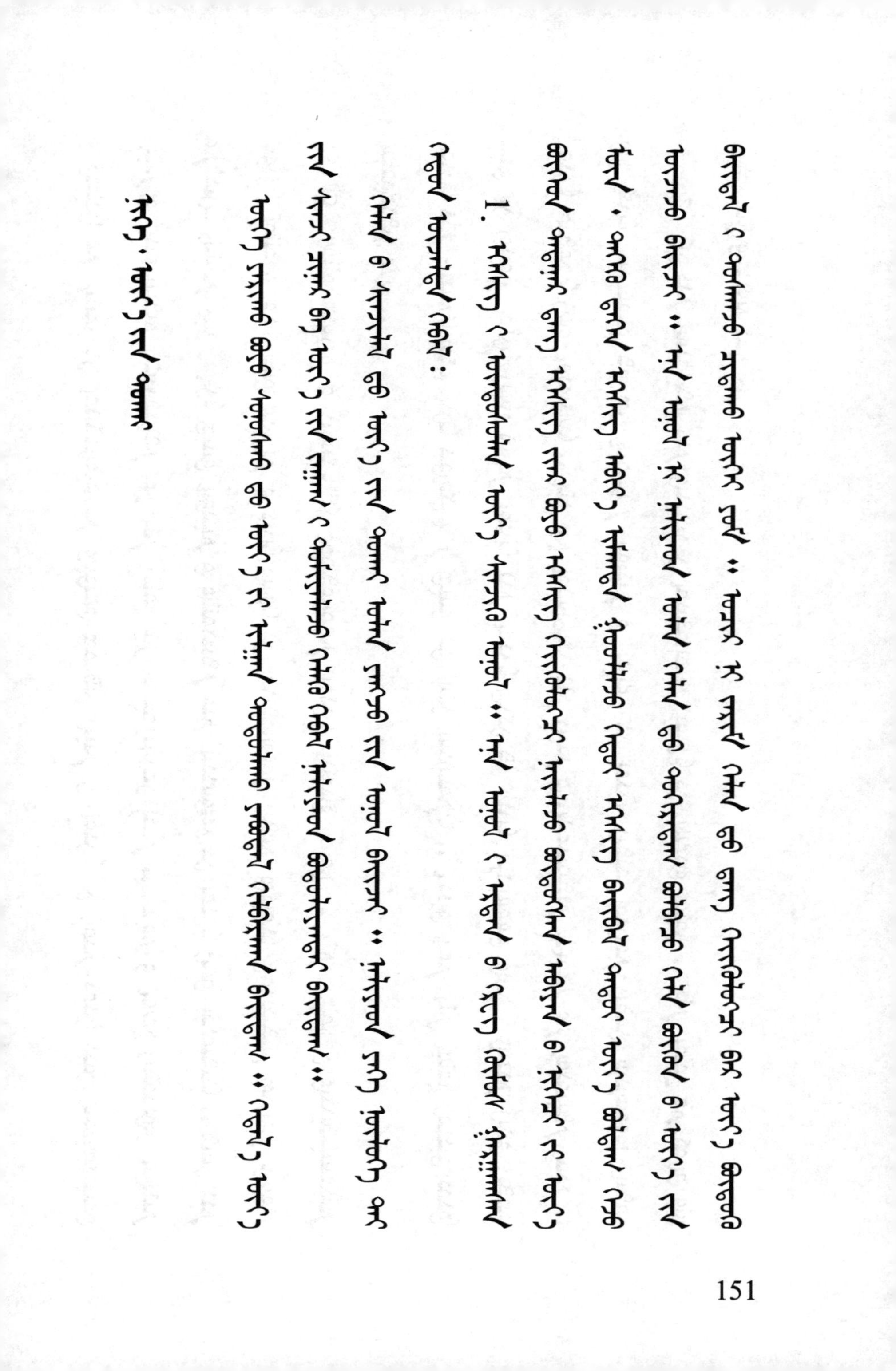

ᠨᠢᠭᠡ᠂ ᠦᠭᠡ ᠶᠢᠨ ᠪᠦᠯᠦᠭ

[illegible]

[illegible]

1. [illegible]

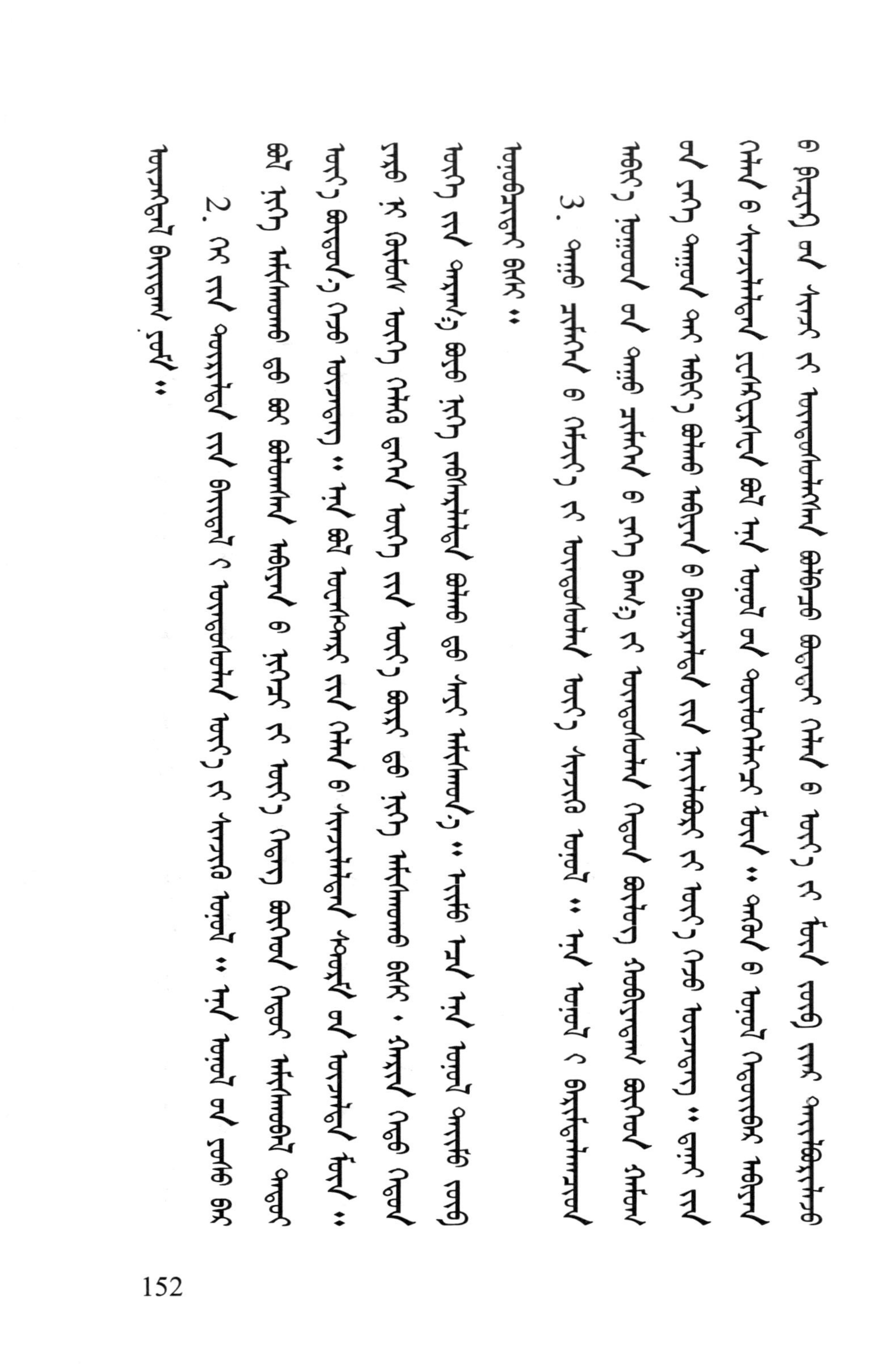

[illegible] ᠃

2. ᠡᠨᠡ ᠨᠢ [illegible] ᠃ [illegible] ᠃ ᠡᠨᠡ ᠨᠢ [illegible] ᠃ [illegible] ᠃

3. [illegible] ᠃ [illegible]

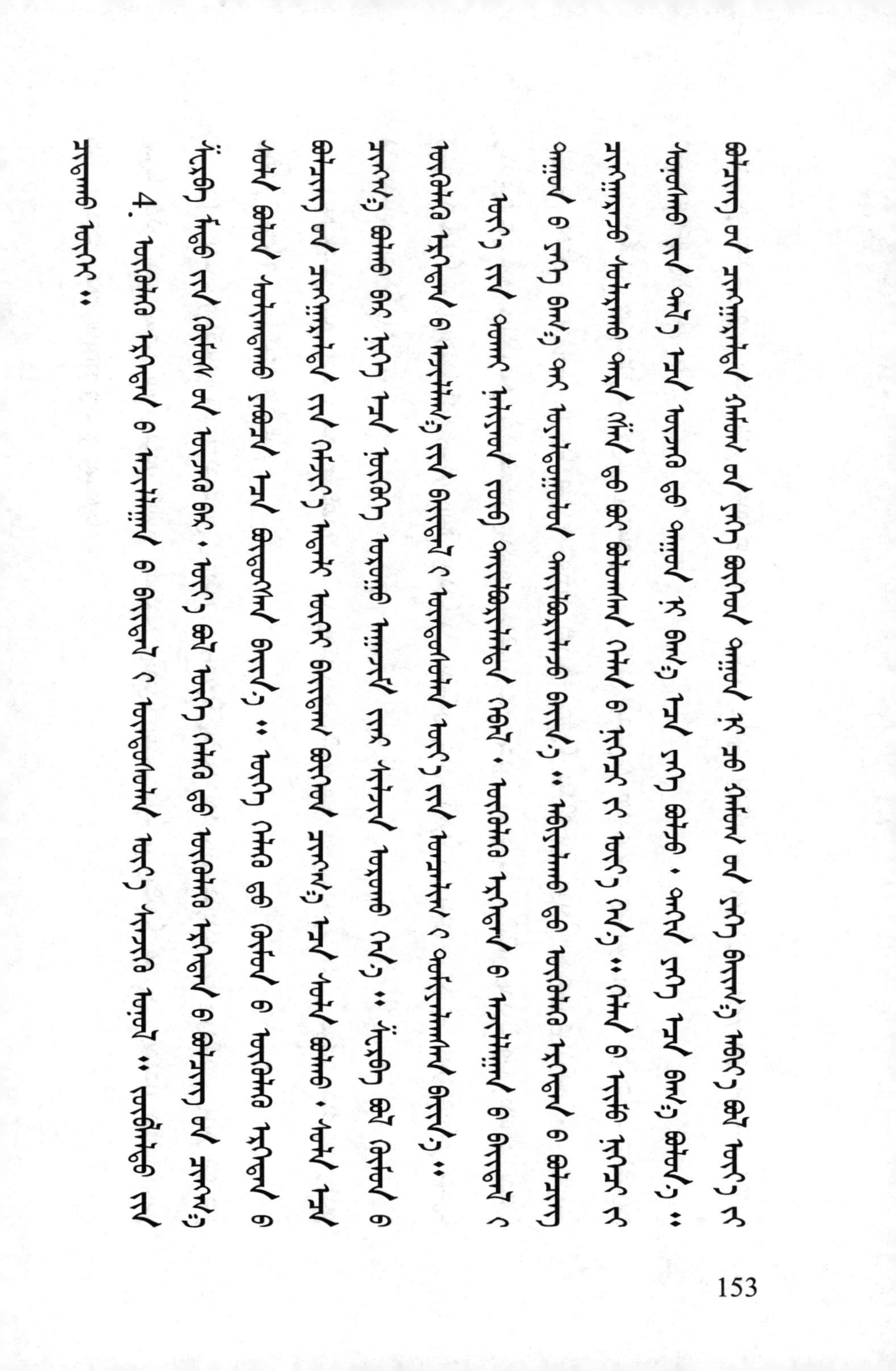

[illegible]

4. [illegible]

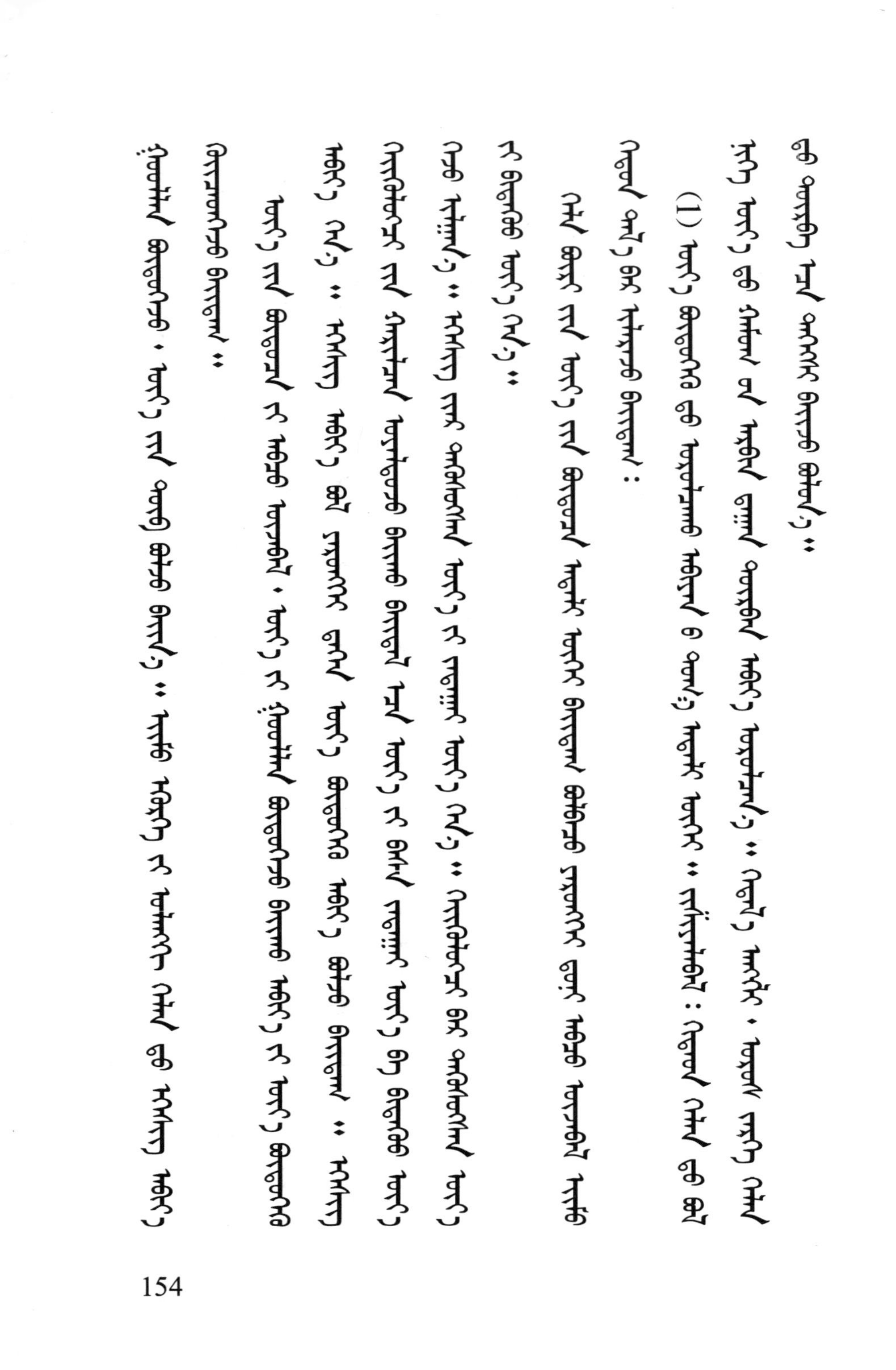

ᠭᠡᠭᠡᠭᠳᠡᠭᠦᠯᠦᠨ ᠶᠢ ᠬᠣᠯᠪᠣᠭ᠎ᠠ ᠲᠠᠢ ᠦᠭᠡᠨ ᠦ ᠰᠠᠭᠤᠷᠢ ᠭᠡᠭᠡᠭᠳᠡᠭᠦᠯᠬᠦ n · ŋ · r ᠦᠰᠦᠭ᠌ᠲᠡᠢ ᠭᠡᠭᠡᠭᠳᠡᠭᠦᠯᠬᠦ ᠪᠣᠯᠭᠠᠨ᠎ᠠ ::

ᠵᠢᠱᠢᠶᠡᠯᠡᠪᠡᠯ : 〔 in 〕因 · 〔 iŋ 〕英 · 〔 ier 〕印儿 ᠭᠡᠬᠦ ᠮᠡᠲᠦ :: ᠬᠣᠶᠠᠳᠤᠭᠠᠷ · ᠮᠣᠩᠭ᠋ᠣᠯ ᠬᠡᠯᠡᠨ ᠦ ᠬᠡᠯᠡᠨ ᠦ ᠪᠣᠯ

ᠪᠠ ᠮᠣᠩᠭ᠋ᠣᠯ ᠬᠡᠯᠡ ᠪᠠᠷ ᠬᠣᠯᠪᠣᠭ᠎ᠠ ᠭᠡᠭᠡᠭᠳᠡᠭᠦᠯᠬᠦ ᠮᠣᠩᠭ᠋ᠣᠯ ᠬᠣᠯᠪᠣᠭᠳᠠᠬᠤ ᠪᠣᠯᠤᠨ᠎ᠠ :: ᠪᠢᠴᠢᠭᠯᠡᠨ ᠳᠤ ᠬᠡᠯᠡᠨ ᠦ ᠡ (n) · ᠪ

(p) · ᠪ · ᠬ (k) · ᠯ (l) · ᠮ (m) · ᠰ (s) · ᠲ (t) · ᠷ (r) · ᠩ (ŋ) ᠬᠡᠯᠡᠨ ᠰᠠᠭᠤᠯ

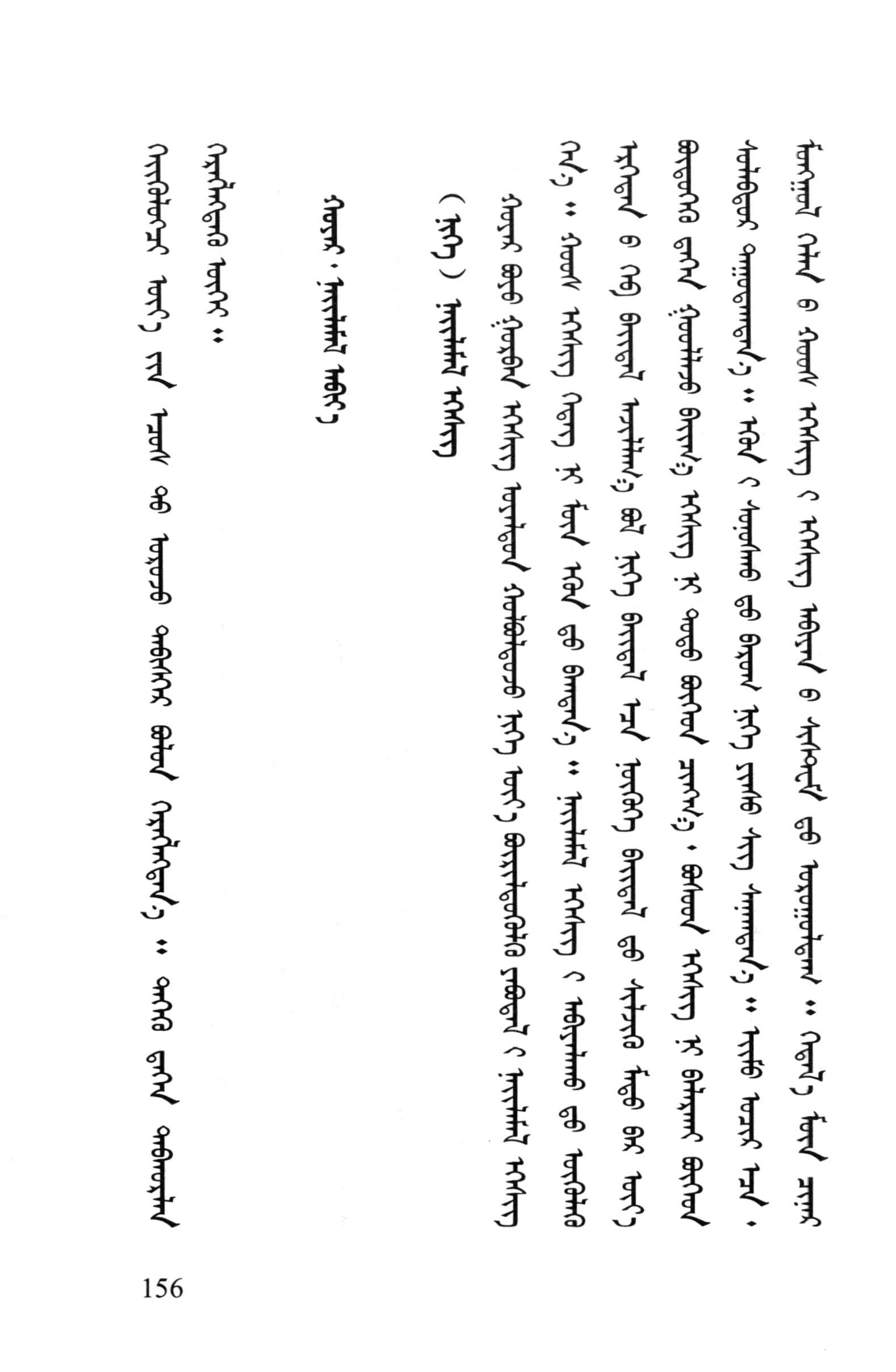

ᠮᠠᠰᠢ ᠶᠢᠨ ᠴᠥᠭᠡᠨ ᠦᠭᠡ ᠳᠦ ᠬᠡᠷᠡᠭᠯᠡᠭᠳᠡᠨ᠎ᠡ ᠂ ᠵᠢᠱᠢᠶᠡᠯᠡᠪᠡᠯ ᠬᠣᠣᠰ ᠡᠭᠡᠰᠢᠭ ᠦᠨ ᠳᠠᠭᠤᠳᠠᠯᠭ᠎ᠠ ᠲᠠᠢ ᠪᠣᠯᠤᠨ᠎ᠠ ᠄

ᠨᠢᠭᠡ ᠡᠭᠡᠰᠢᠭ ᠦᠨ ᠬᠣᠣᠰ ᠡᠭᠡᠰᠢᠭ ᠂ ᠬᠣᠣᠰ ᠡᠭᠡᠰᠢᠭ ᠦᠨ ᠳᠠᠭᠤᠳᠠᠯᠭ᠎ᠠ ᠡᠭᠡᠰᠢᠭ ᠢ ᠲᠡᠮᠳᠡᠭᠯᠡᠬᠦ ᠦᠰᠦᠭ ᠪᠠᠷ ᠲᠡᠮᠳᠡᠭᠯᠡᠨ᠎ᠡ ᠄
ᠬᠣᠣᠰ ᠡᠭᠡᠰᠢᠭ ᠦᠨ ᠳᠠᠭᠤᠳᠠᠯᠭ᠎ᠠ ᠂ ᠪᠠᠶᠢᠳᠠᠯ ᠦᠨ ᠬᠣᠣᠰ ᠡᠭᠡᠰᠢᠭ ᠦᠨ ᠡᠭᠡᠰᠢᠭ ᠨᠢ ᠪᠠᠶᠢᠳᠠᠯ ᠨᠢ ᠨᠢᠭᠡ ᠬᠡᠰᠡᠭ ᠢ ᠲᠡᠮᠳᠡᠭᠯᠡᠨ᠎ᠡ ᠂ ᠳᠠᠭᠤᠳᠠᠯᠭ᠎ᠠ ᠨᠢ ᠬᠣᠣᠰ ᠡᠭᠡᠰᠢᠭ ᠢ ᠲᠡᠮᠳᠡᠭᠯᠡᠨ᠎ᠡ ᠄
ᠡᠭᠡᠰᠢᠭ ᠦᠨ ᠲᠡᠮᠳᠡᠭᠯᠡᠭᠰᠡᠨ ᠡᠭᠡᠰᠢᠭ ᠦᠰᠦᠭ ᠄

ᠳᠠᠭᠤᠳᠠᠯᠭ᠎ᠠ ᠂ ᠪᠦᠲᠦᠭᠡᠯ ᠡᠭᠡᠰᠢᠭ ᠦᠨ ᠳᠦᠷᠢ ᠂ ᠬᠣᠣᠰ ᠡᠭᠡᠰᠢᠭ ᠦᠨ ᠡᠭᠡᠰᠢᠭ ᠂ ᠪᠣ ᠂ ᠪᠤ ᠂ ᠪᠥ ᠂ ᠪᠦ ᠂ ᠮᠣ ᠂ ᠮᠤ ᠂ ᠮᠥ ᠂ ᠮᠦ ᠦᠰᠦᠭ ᠦᠨ ᠪᠢᠴᠢᠯᠭᠡ ᠨᠢ ᠡᠭᠡᠰᠢᠭ ᠦᠨ ᠲᠡᠮᠳᠡᠭᠯᠡᠯ ᠂ ᠨᠢᠭᠡ ᠂ ᠪᠠ ᠂ ᠪᠡ ᠂ ᠪᠢ ᠂ ᠮᠠ ᠂ ᠮᠡ ᠂ ᠮᠢ ᠂ ᠲᠠ ᠂ ᠲᠡ ᠂ ᠲᠢ ᠲᠡᠮᠳᠡᠭᠯᠡᠨ᠎ᠡ ᠄
ᠨᠢ ᠲᠡᠮᠳᠡᠭᠯᠡᠭᠰᠡᠨ ᠬᠣᠣᠰ ᠡᠭᠡᠰᠢᠭ ᠪᠠᠶᠢᠳᠠᠯ ᠄ ᠪᠠᠶᠢᠳᠠᠯ ᠳᠤ ᠡᠭᠡᠰᠢᠭ ᠦᠨ ᠲᠡᠮᠳᠡᠭᠯᠡᠯ ᠂ ᠠ ᠂ ᠡ ᠂ ᠢ ᠂ ᠣ ᠂ ᠤ ᠂ ᠥ ᠂ ᠦ ᠨᠢ ᠡᠭᠡᠰᠢᠭ ᠦᠨ ᠲᠡᠮᠳᠡᠭᠯᠡᠨ᠎ᠡ ᠄
ᠨᠢ ᠲᠡᠮᠳᠡᠭᠯᠡᠭᠰᠡᠨ ᠡᠭᠡᠰᠢᠭ ᠂ ᠪᠣ ᠂ ᠪᠦ ᠂ ᠪᠤ ᠂ ᠪᠥ ᠂ ᠪᠣᠢ ᠂ ᠦᠰᠦᠭ ᠨᠢ ᠬᠣᠣᠰ ᠡᠭᠡᠰᠢᠭ ᠪᠠᠷ ᠲᠡᠮᠳᠡᠭᠯᠡᠨ᠎ᠡ ᠄

ᠪᠢᠴᠢᠬᠦ ᠳᠤ ᠦᠰᠦᠭ ᠪᠣ [ωai] (ᠭᠤᠸᠠᠢ ᠪᠠ ᠦᠰᠦᠭ) ᠪᠤᠢ ᠡᠭᠡᠰᠢᠭ ᠡᠭᠡᠰᠢᠭ ᠪᠢᠴᠢᠯᠭᠡ ᠪᠡᠷ ᠲᠠᠢ
ᠭᠤᠷᠪᠠᠯ ᠡᠭᠡᠰᠢᠭ ᠲᠡᠮᠳᠡᠭᠯᠡᠭᠳᠡᠨ᠎ᠡ ᠄

(ᠭᠤᠷᠪᠠ) [illegible]

ᠭᠤᠷᠪᠠ ᠪᠤᠶᠤ ᠭᠤᠷᠪᠠ [illegible]

[illegible] ::

[illegible] ::

[illegible] : страна (ᠣᠷᠣᠨ) [illegible] стр · здра вст вуйте (ᠰᠠᠶᠢᠨ ᠪᠠᠶᠢᠨ᠎ᠠ ᠤᠤ) [illegible] здр · вст [illegible] ::

[illegible] ::

[illegible] ᠳᠦ ᠭᠤᠷᠪᠠ · ᠳᠥᠷᠪᠡ [illegible]

ᠪᠣᠯᠤᠨ᠎ᠠ ᠄ ᠡᠭᠦᠨ ᠢ ᠮᠣᠩᠭᠣᠯ ᠬᠡᠯᠡᠨ ᠦ ᠭᠡᠢᠭᠦᠯᠦᠭᠴᠢ ᠶᠢᠨ ᠵᠠᠯᠭᠠᠯᠳᠤᠯ ᠤᠨ ᠳᠦᠷᠢᠮ ᠢ ᠪᠠᠷᠢᠮᠳᠠᠯᠠᠨ ᠪᠠᠢᠭ᠎ᠠ ᠃ ᠨᠢᠭᠡ ᠦᠭᠡ ᠶᠢᠨ ᠡᠬᠢᠨ ᠳᠦ ᠬᠣᠶᠠᠷ ᠭᠡᠢᠭᠦᠯᠦᠭᠴᠢ ᠵᠠᠯᠭᠠᠯᠳᠤᠬᠤ ᠦᠭᠡᠢ ᠪᠣᠯᠤᠨ᠎ᠠ ᠄ ᠡᠭᠦᠨ ᠦ ᠳᠤᠮᠳᠠ ᠳᠤ ᠭᠤᠷᠪᠠ ᠭᠡᠢᠭᠦᠯᠦᠭᠴᠢ ᠵᠠᠯᠭᠠᠯᠳᠤᠬᠤ ᠦᠭᠡᠢ ᠂ ᠡᠴᠦᠰ ᠲᠦ ᠨᠢ mb — nd — ŋg ᠮᠡᠲᠦ ᠬᠣᠶᠠᠷ ᠭᠡᠢᠭᠦᠯᠦᠭᠴᠢ ᠵᠠᠯᠭᠠᠯᠳᠤᠬᠤ ᠦᠭᠡᠢ ᠪᠣᠯᠤᠨ᠎ᠠ ᠄ ᠣᠷᠣᠰ ᠬᠡᠯᠡᠨ ᠳᠦ ᠪᠣᠯ ᠦᠭᠡ ᠶᠢᠨ ᠡᠬᠢᠨ ᠳᠦ ᠭᠤᠷᠪᠠ ᠳᠦᠷᠪᠡ ᠭᠡᠢᠭᠦᠯᠦᠭᠴᠢ ᠵᠠᠯᠭᠠᠯᠳᠤᠬᠤ ᠪᠣᠯᠤᠨ᠎ᠠ ᠄ ᠪᠠᠰᠠ ᠦᠭᠡ ᠶᠢᠨ ᠳᠤᠮᠳᠠ ᠳᠤ ᠲᠠᠪᠤᠨ ᠭᠡᠢᠭᠦᠯᠦᠭᠴᠢ ᠵᠠᠯᠭᠠᠯᠳᠤᠬᠤ ᠪᠣᠯᠤᠨ᠎ᠠ ᠃ ᠵᠢᠱᠢᠶᠡᠯᠡᠪᠡᠯ ᠂ КВСТРЕЧЕ ᠭᠡᠳᠡᠭ ᠦᠭᠡ ᠳᠦ КВСТР ᠲᠠᠪᠤᠨ ᠭᠡᠢᠭᠦᠯᠦᠭᠴᠢ ᠵᠠᠯᠭᠠᠯᠳᠤᠵᠤ ᠂ ПУНКТ (ᠴᠡᠭ) ᠭᠡᠳᠡᠭ ᠦᠭᠡ ᠳᠦ НКТ ᠭᠤᠷᠪᠠᠨ ᠭᠡᠢᠭᠦᠯᠦᠭᠴᠢ ᠵᠠᠯᠭᠠᠯᠳᠤᠵᠤ ᠪᠠᠢᠨ᠎ᠠ ᠃ ᠡᠢᠮᠦ ᠡᠴᠡ ᠣᠷᠣᠰ ᠦᠭᠡ ᠶᠢ ᠮᠣᠩᠭᠣᠯᠴᠢᠯᠠᠨ ᠳᠠᠭᠤᠳᠠᠬᠤ ᠳᠤ ᠪᠡᠨ ᠮᠣᠩᠭᠣᠯᠴᠢᠯᠠᠭᠳᠠᠳᠠᠭ ᠄

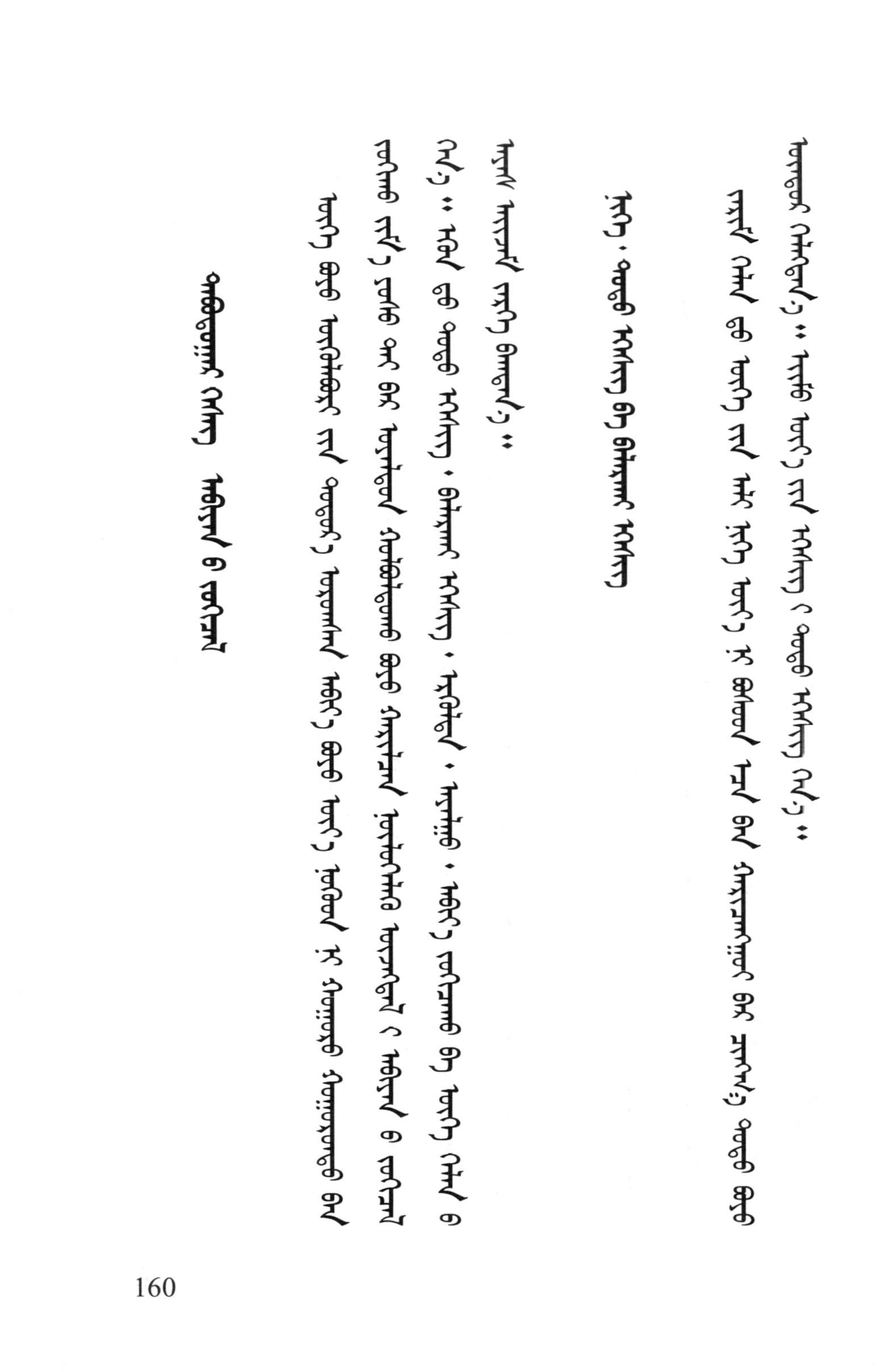

ᠬᠦᠮᠦᠨᠳᠦᠷ ᠨᠢᠭᠡ ᠤ ᠪᠣᠳᠠᠰ ᠠᠮᠢᠨ ᠤ ᠪᠣᠯᠤᠨ᠎ᠠ ᠪᠣᠯ ᠢ ᠡᠮᠨᠡᠯᠭᠡ : ① ᠠᠮᠢᠳᠤᠷᠠᠯ ᠠᠮᠢᠨ ᠢ ᠠᠮᠢᠨ ᠤ ᠠᠮᠢᠨ ᠪᠣᠯ ᠪᠣᠳᠠᠰ ᠠᠮᠢᠨ ᠤ ᠭᠠᠷᠤᠯ ᠬᠦᠮᠦᠨᠳᠦᠷ ᠪᠤᠶ᠎ᠡ ᠪᠠᠢᠨ᠎ᠠ :: ② ᠪᠣᠳᠠᠰ ᠪᠣᠳᠢ ᠬᠡᠯᠪᠡᠷᠢ ᠶᠢᠨ ᠬᠦᠮᠦᠨᠳᠦᠷ :: ③ ᠰᠤᠷᠲᠠᠯ ᠠᠮᠢᠨ ᠤ ᠪᠣᠯ ᠠᠮᠢᠳᠤᠷᠠᠯ ᠬᠦᠮᠦᠨᠳᠦᠷ ᠤ ᠬᠦᠮᠦᠨᠳᠦᠷ ᠪᠣᠯᠤᠭᠰᠠᠨ ᠲᠤᠷᠰᠢᠯᠭ᠎ᠠ ᠬᠦᠮᠦᠨ ᠪᠠᠶᠠᠨ ᠪᠣᠯ ::
ᠬᠦᠮᠦᠨᠳᠦᠷ ᠨᠢᠭᠡ ᠪᠣᠯ ᠡᠮᠨᠡᠯᠭᠡ ᠠᠮᠢᠨ ᠤ ᠲᠡᠭᠦᠰ ᠬᠡᠮᠵᠢᠶ᠎ᠡ ᠪᠠᠢᠳᠠᠯ ᠪᠣᠳᠠᠰ ᠰᠡᠳᠬᠢᠯ ᠤᠨ ᠪᠣᠳᠠᠰ ᠬᠦᠮᠦᠨᠳᠦᠷ ᠤ ᠪᠣᠰᠬᠠᠰᠤ ᠬᠦᠮᠦᠨᠳᠦᠷ ᠡᠨᠡ ᠪᠣᠯ :: ① ᠡᠮᠨᠡᠯᠭᠡ ᠡᠮᠨᠡᠯᠭᠡ ᠠᠮᠢᠨ ᠤ ᠠᠮᠢᠨ ᠪᠠᠶᠠᠨ ᠡᠮᠨᠡᠯᠭᠡ ᠬᠦᠮᠦᠨᠳᠦᠷ :: ② ᠰᠤᠷᠲᠠᠯᠴᠢᠨ ᠢ ᠪᠠᠢᠳᠠᠯ ᠪᠣᠳᠠᠰ ᠪᠣᠳᠤᠯ ᠭᠠᠷᠤᠯ ᠠᠮᠢᠨ ᠤ ᠠᠮᠢᠳᠤᠷᠠᠯ ᠪᠣᠯ :: ③ ᠡᠮᠨᠡᠯᠭᠡ ᠠᠮᠢᠨ ᠠᠮᠢᠳᠤᠷᠠᠯ ᠬᠦᠮᠦᠨᠳᠦᠷ ᠪᠣᠯ ᠠᠮᠢ ᠪᠣᠯ ᠪᠠᠢᠭᠠᠯᠢ ᠪᠠᠢᠳᠠᠯ ᠪᠣᠳᠤᠯ ᠪᠣᠯᠤᠨ᠎ᠠ ::

ᠨᠠᠰᠤᠨ · ᠠᠮᠢᠳᠤᠷᠠᠯ

ᠠᠮᠢᠳᠤᠷᠠᠯ ᠪᠣᠯ ᠠᠮᠢᠨ ᠤᠨ ᠠᠮᠢᠳᠤᠷᠠᠯ · ᠠᠮᠢᠳᠤᠷᠠᠯᠳᠤ ᠤᠨ ᠠᠮᠢᠳᠤᠷᠠᠯ ᠤᠨ ᠬᠡᠮᠵᠢᠶ᠎ᠡ ᠪᠣᠯᠤᠨ᠎ᠠ :: ᠲᠡᠭᠡᠳ ᠨᠠᠰᠤᠨ ᠠᠮᠢ ᠪᠣᠯ ᠠᠮᠢᠳᠤ ᠶᠢᠨ ᠪᠡᠶ᠎ᠡ ᠶᠢ ᠲᠡᠳᠬᠦᠨ ᠲᠡᠭᠦᠯᠳᠡᠭ ᠬᠦᠴᠦᠨ ᠠᠮᠢᠳᠤ ᠶᠢᠨ ᠪᠢᠲᠡᠭᠦᠮᠵᠢᠯ ᠲᠣᠭᠲᠠᠯᠲᠠ ᠶᠢᠨ ᠠᠮᠢᠳᠤᠷᠠᠯ ᠤᠨ ::

161

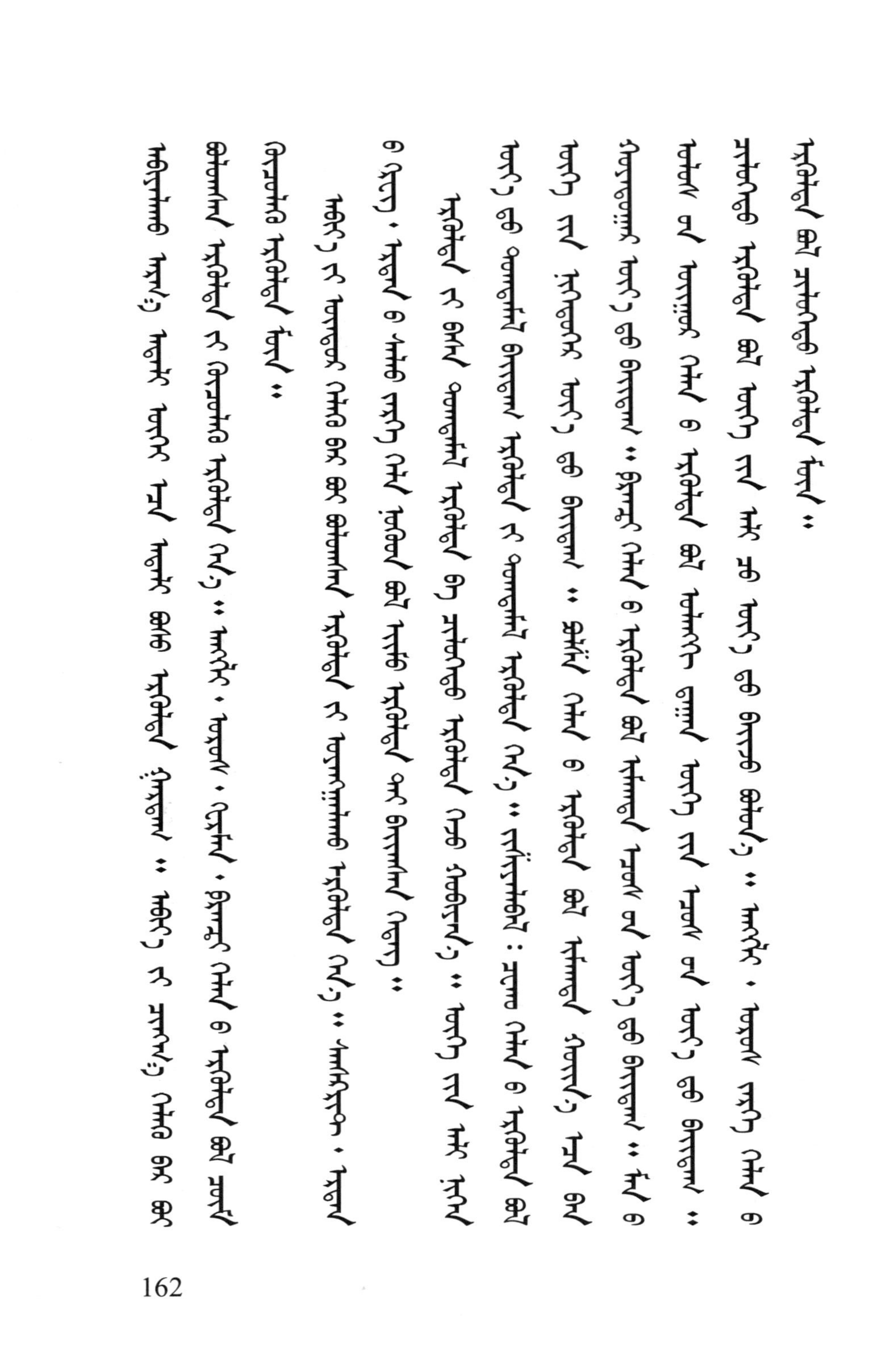

[illegible]

ᠮᠣᠩᠭᠣᠯ ᠬᠡᠯᠡᠨ ᠦ ᠦᠭᠡ ᠶᠢᠨ ᠠᠭᠤᠯᠭ᠎ᠠ ᠶᠢ ᠢᠯᠭᠠᠨ ᠵᠢᠭᠠᠬᠤ ᠦᠭᠡ ᠪᠡᠷ ᠪᠠᠢᠳᠠᠭ ᠃ ᠮᠣᠩᠭᠣᠯ ᠬᠡᠯᠡᠨ ᠦ ᠦᠭᠡᠰ ᠦᠨ ᠳᠠᠭᠤᠳᠠᠯᠭ᠎ᠠ ᠶᠢᠨ ᠬᠦᠴᠦ) ᠨᠢ ᠪᠡᠷ ᠠᠭᠤᠯᠭ᠎ᠠ ᠶᠢ ᠢᠯᠭᠠᠬᠤ ᠦᠭᠡᠢ ᠃

ᠣᠷᠣᠰ ᠬᠡᠯᠡᠨ ᠦ ᠦᠭᠡᠰ ᠦᠨ ᠳᠠᠭᠤᠳᠠᠯᠭ᠎ᠠ ᠶᠢᠨ ᠬᠦᠴᠦ) — Коро́ву (ᠦᠨᠢᠶ᠎ᠡ ᠂ ᠦᠨᠢᠶᠡᠳ ᠦᠨᠢᠶᠡᠨ ᠦ ᠬᠦᠴᠦ ᠨᠢ ᠪᠠᠢᠨ᠎ᠠ ᠦᠨᠢᠶ᠎ᠡ ᠶᠢ ᠣᠷᠣᠰ ᠬᠡᠯᠡᠨ ᠦ ᠬᠡᠯᠪᠡᠷᠢ ᠳᠦ ᠦᠭᠡᠢ ᠃ ᠵᠢᠱᠢᠶᠡᠯᠡᠪᠡᠯ : ᠣᠷᠣᠰ ᠬᠡᠯᠡᠨ ᠦ Коро́ва (ᠦᠨᠢᠶ᠎ᠡ ᠂ ᠦᠨᠢᠶ᠎ᠡ ᠶᠢ ᠪᠣᠯᠪᠠᠰᠤ ᠳᠤ ᠠᠭᠤᠯᠭ᠎ᠠ ᠶᠢ ᠥᠭᠡᠷᠡ ᠪᠣᠯᠭᠠᠨ ᠃ ᠪᠠᠢᠨ᠎ᠠ ᠳᠤ ᠨᠢ ᠬᠡᠯᠡᠨ ᠦ ᠬᠡᠯᠪᠡᠷᠢᠰᠢᠭᠦᠯᠦᠯᠭᠡᠨ ᠳᠤ ᠪᠣᠯᠤᠨ᠎ᠠ ᠃ ᠪᠠᠢᠨ᠎ᠠ ᠳᠤ ᠥᠭᠡᠷᠡ ᠳᠠᠭᠤᠳᠠᠯᠭ᠎ᠠ ᠶᠢ ᠨᠢ ᠪᠠᠢᠨ᠎ᠠ ᠶᠢᠨ ᠠᠭᠤᠯᠭ᠎ᠠ ᠶᠢ ᠬᠡᠯᠡᠨ ᠦ ᠦᠭᠡ (ᠬᠦᠴᠦ ᠦᠨᠢᠶ᠎ᠡ ᠬᠡᠯᠡᠨ ᠳᠤ ᠦᠨᠢᠶᠡᠳ ᠦᠨ ᠰᠤᠷᠤᠯᠴᠠᠬᠤ ᠂ ᠰᠤᠷᠤᠯᠴᠠᠬᠤ (ᠰᠤᠷᠤᠯᠴᠠᠬᠤ ᠂ ᠰᠤᠷᠤᠯᠴᠠᠭᠤᠯᠬᠤ ᠬᠡᠯᠡᠨ ᠳᠤ ᠬᠦᠴᠦ ᠡᠴᠡ ᠪᠠᠢᠬᠤ) — Учиться (ᠰᠤᠷᠤᠬᠤ ᠂ ᠰᠤᠷᠤᠯᠴᠠᠬᠤ) ᠪᠣᠯ ᠣᠷᠣᠰ ᠬᠡᠯᠡᠨ ᠳᠦ Учнтъся ᠃ ᠣᠷᠣᠰ ᠬᠡᠯᠡᠨ ᠳᠦ Учнтъся(ᠰᠤᠷᠤᠯᠴᠠᠬᠤ ᠂ ᠰᠤᠷᠭᠠᠬᠤ ᠰᠤᠷᠤᠯᠴᠠ ᠳᠤ ᠪᠢ ᠪᠠᠢᠬᠤ) — Учиться ᠪᠠᠢᠬᠤ) — commúne (ᠬᠠᠷᠢᠯᠴᠠᠬᠤ) ᠪᠣᠯ ᠪᠣᠯᠤᠨ ᠦᠭᠡ ᠠᠭᠤᠯᠭ᠎ᠠ ᠠᠩᠬᠠᠨ ᠠᠩᠬᠠᠨ ᠳᠤ ᠬᠦᠴᠦᠨ ᠠᠩᠬᠠᠨ ᠂ ᠥᠭᠡᠷᠡᠴᠢᠯᠡᠭᠳᠡᠭ᠍ᠰᠡᠨ ᠂ (ᠵᠣᠪᠠᠯᠠᠩ) ᠂ му́ка (ᠵᠣᠪᠠᠯᠠᠩ) — мука́ (ᠭᠤᠷᠢᠯ) ᠂ ᠠᠩᠭᠯᠢ ᠬᠡᠯᠡᠨ ᠳᠦ cómmune (ᠬᠠᠮᠲᠤ ᠪᠣᠯᠬᠤ ᠂ ᠠᠭᠤᠯᠭ᠎ᠠ ᠬᠣᠷᠢᠶᠠᠨ ᠪᠣᠯᠤᠭᠰᠠᠨ ᠥᠭᠡᠷᠡᠴᠢᠯᠡᠭᠳᠡᠭ᠍ᠰᠡᠨ ᠃ ᠵᠢᠱᠢᠶᠡᠯᠡᠪᠡᠯ : ᠣᠷᠣᠰ ᠬᠡᠯᠡᠨ ᠦ Зáмок (ᠬᠣᠷᠣᠭᠠᠨ) — Замóк ᠳᠠᠭᠤᠳᠠᠯᠭ᠎ᠠ ᠨᠢ ᠬᠣᠷᠢᠶᠠᠨ ᠲᠤ ᠨᠢ ᠪᠣᠯᠤᠨ ᠦᠭᠡ ᠶᠢᠨ ᠦ ᠡᠷᠡ ᠳᠦ ᠳᠠᠭᠤᠳᠠᠯᠭ᠎ᠠ ᠶᠢᠨ ᠠᠭᠤᠯᠭ᠎ᠠ ᠳᠤ ᠳᠠᠭᠤᠳᠠᠯᠭ᠎ᠠ ᠪᠠᠢᠨ᠎ᠠ ᠳᠤ ᠪᠣᠯᠤᠨ ᠳᠠᠭᠤᠳᠠᠯᠭ᠎ᠠ ᠶᠢ ᠨᠢ ᠬᠦᠴᠦ ᠶᠢᠨ ᠬᠦᠴᠦᠨ ᠪᠣᠯᠤᠨ ᠠᠭᠤᠯᠭ᠎ᠠ ᠳᠠᠭᠤᠳᠠᠯᠭ᠎ᠠ ᠪᠣᠯ ᠪᠡᠶ᠎ᠡ ᠪᠠᠢᠨ᠎ᠠ ᠃

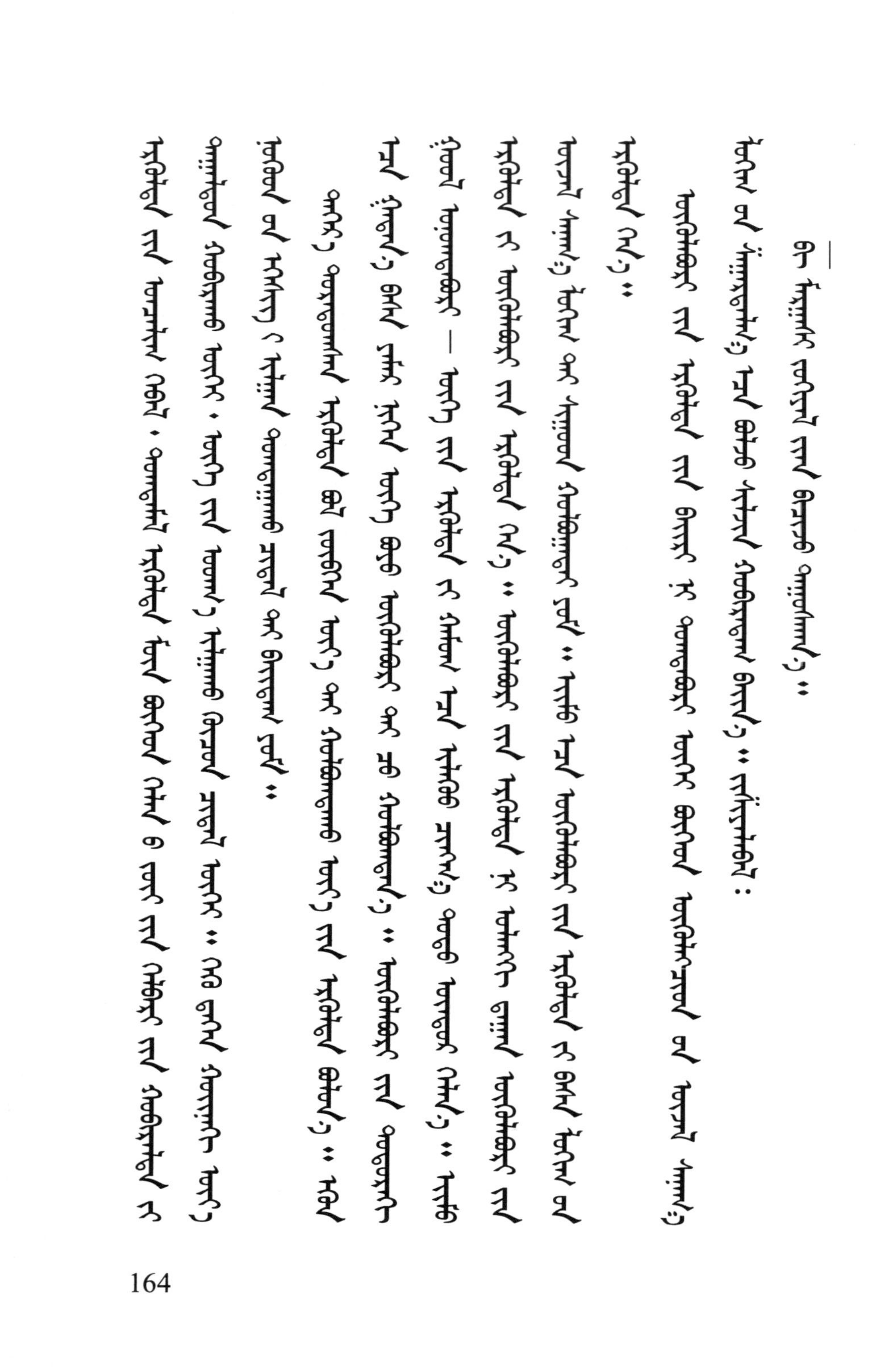

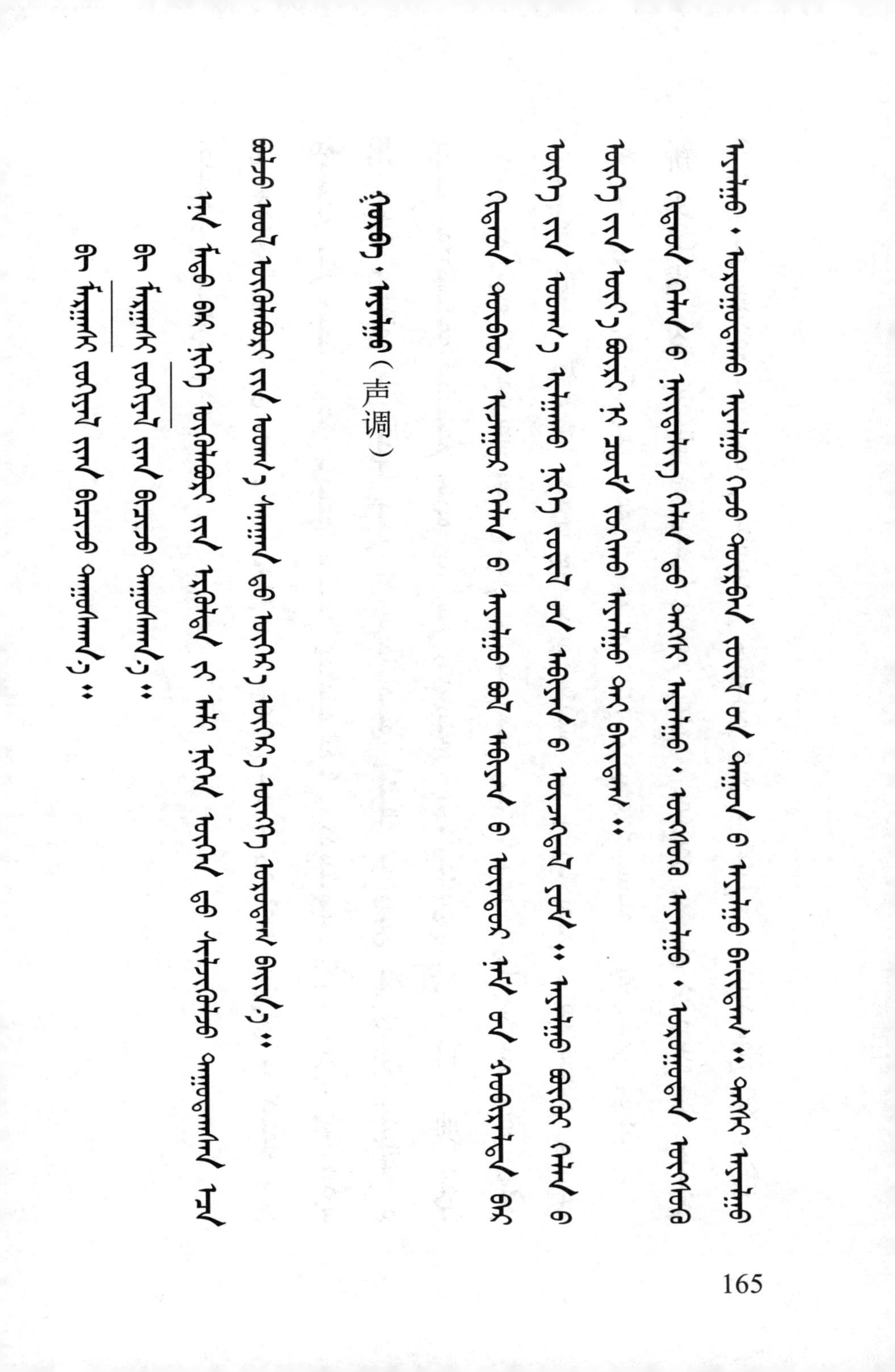

[illegible]

[illegible]

ᠳᠠᠭᠤᠨ · ᠠᠶᠠᠯᠭᠤ（声调）

[illegible]

[illegible]

ᠠ ᠠᠶᠠᠯᠭᠤ ᠪᠠ ᠳᠡᠭᠡᠳᠦ ᠳᠤᠤ ᠲᠡᠭᠰᠢ ᠠᠶᠠᠯᠭᠤ ᠲᠠᠢ ᠮᠠᠰᠢ ᠳᠤᠷᠰᠬᠠᠯ ᠵᠢᠷᠤᠮᠯᠠᠯ ᠳᠠᠭᠤᠳᠠᠭᠳᠠᠬᠤ 妈 · 他 · 新 ᠰᠢᠨ ᠡᠴᠡ ᠰᠤᠯᠤ ᠠᠶᠠᠯᠭᠤ ᠲᠠᠢ ᠳᠡᠭᠡᠳᠦ ᠵᠠᠭᠠᠭ ᠠᠶᠠᠯᠭᠤ ᠳᠠᠭᠤᠳᠠᠯᠭ᠎ᠠ ᠄ ᠮᠠᠰᠢ ᠠᠶᠠᠯᠭᠤ ᠳᠠᠭ ᠤᠨ ᠳᠤᠤ ᠲᠡᠭᠰᠢ ᠦᠭᠡᠢ ᠰᠤᠯᠤ ᠠᠶᠠᠯᠭᠤ (ᠰᠤᠯᠤ ᠠᠶᠠᠯᠭᠤ ᠶᠢ ᠪᠠᠭᠤᠷᠠᠭᠤᠯᠤᠨ ᠳᠠᠭᠤᠳᠠᠨ᠎ᠠ) ᠶᠢ ᠬᠡᠷᠡᠭᠯᠡᠬᠦ ᠮᠡᠳᠡᠭᠳᠡᠭᠦᠨ ᠰᠤᠷᠤᠯᠴᠠᠬᠤ ᠄ ᠳᠠᠭᠤᠳᠠᠯᠭ᠎ᠠ 麻 · 达 · 华 ᠰᠢᠨ ᠡᠴᠡ ᠰᠤᠯᠤ ᠠᠶᠠᠯᠭᠤ ᠲᠠᠢ ᠳᠡᠭᠡᠳᠦ ᠳᠤᠤ ᠠᠶᠠᠯᠭᠤ ᠄ ᠮᠡᠳᠡᠭᠳᠡᠬᠦ ᠳᠠᠭᠤᠳᠠᠨ᠎ᠠ ᠠᠶᠠᠯᠭᠤ ᠤᠨ ᠳᠤᠤ ᠬᠣᠶᠠᠳᠤᠭᠠᠷ ᠲᠠᠢ ᠬᠡᠯᠡᠬᠦ ᠲᠠᠢ ᠨᠢᠭᠡ ᠬᠤᠪᠢᠯᠭᠠᠨ ᠲᠠᠢ ᠮᠡᠳᠡᠭᠳᠡᠬᠦ ᠳᠠᠭᠤᠳᠠᠯ ᠤᠨ ᠲᠠᠢ ᠮᠠᠰᠢ ᠳᠠᠭᠤᠳᠠᠯᠭ᠎ᠠ ᠄ ᠳᠠᠭᠤᠳᠠᠯᠭ᠎ᠠ 马 · 打 · 典 ᠰᠢᠨ ᠡᠴᠡ ᠪᠠᠢᠨ᠎ᠠ ᠳᠠᠭᠤ ᠪᠠ ᠳᠣᠣᠷ᠎ᠠ ᠶᠢᠨ ᠳᠡᠭᠡᠳᠦ ᠳᠤᠤ ᠲᠡᠭᠰᠢ ᠪᠠ ᠠᠶᠠᠯᠭᠤ ᠤᠨ ᠳᠤᠤ ᠲᠡᠭᠰᠢ ᠦᠭᠡᠢ ᠄ ᠮᠡᠳᠡᠭᠳᠡᠬᠦ ᠳᠠᠭᠤᠳᠠᠯ ᠤᠨ ᠲᠠᠢ ᠳᠣᠷᠣᠭᠰᠢ ᠪᠠᠭᠤᠷᠠᠭᠤᠯᠤᠨ ᠵᠢᠷᠤᠮᠯᠠᠯ ᠄ ᠳᠠᠭᠤᠳᠠᠯᠭ᠎ᠠ 骂 · 大 · 字 ᠰᠢᠨ ᠡᠴᠡ ᠪᠣᠯ ᠮᠡᠳᠡᠭᠳᠡᠬᠦ ᠠᠶᠠᠯᠭᠤ ᠤᠨ ᠳᠤᠤ ᠪᠠᠢᠨ᠎ᠠ ᠄ ᠮᠡᠳᠡᠭᠳᠡᠬᠦ ᠦᠭᠡᠢ ᠪᠣᠯᠤᠨ᠎ᠠ ᠄

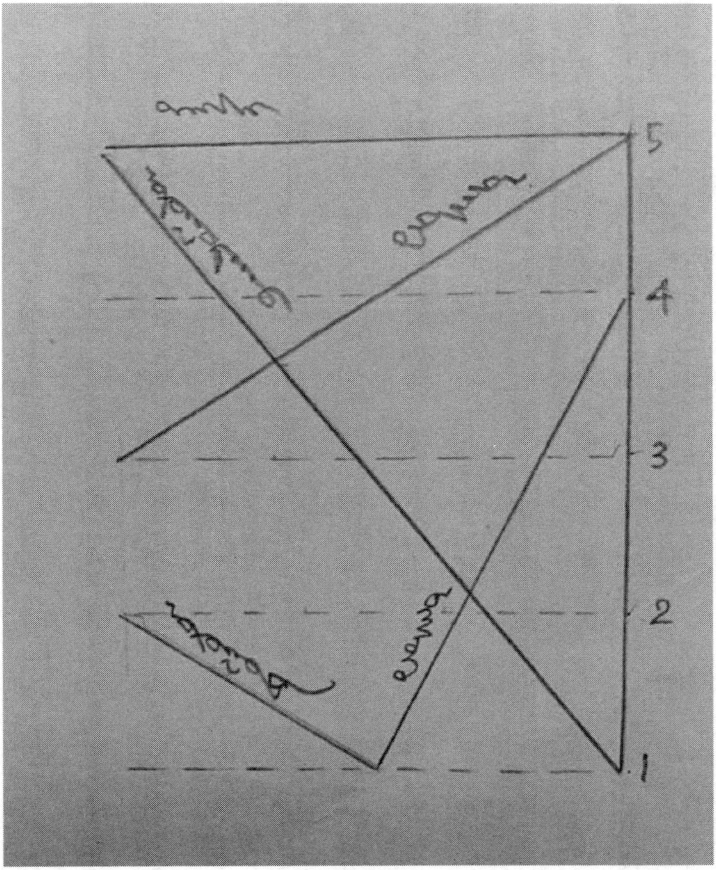
5
4
3
2
1

ᠬᠡᠮᠨᠡᠯ ᠬᠡᠮ ᠦ ᠮᠥᠷ ᠦᠨ ᠪᠠᠶᠢᠭᠤᠯᠤᠯᠲᠠ ᠳᠤ ᠪᠠᠳᠠᠭ ᠤ ᠰᠢᠯᠦᠭ ᠦ ᠪᠦᠲᠦᠴᠡ ᠶᠢ ᠲᠣᠭᠲᠠᠭᠠᠬᠤ ᠴᠢᠬᠤᠯᠠ ᠪᠠᠶᠢᠳᠠᠯ ᠮᠥᠷ ᠦᠨ ᠬᠡᠮᠨᠡᠯ ᠶᠢᠨ ᠪᠠᠶᠢᠭᠤᠯᠤᠯᠲᠠ 《 ‒ ‒ ˇ ˘ 》 ᠬᠡᠯᠪᠡᠷᠢ ᠪᠠᠳᠠᠭ ᠤᠨ ᠪᠦᠲᠦᠴᠡ ᠶᠢᠨ ᠰᠢᠯᠦᠭ ᠦᠨ ᠪᠠᠶᠢᠭᠤᠯᠤᠯᠲᠠ ᠳᠤ ᠨᠦᠯᠦᠭᠡᠯᠡᠳᠡᠭ ᠃ ᠡᠭᠦᠨ ᠢ ᠮᠥᠷ ᠦᠨ ᠰᠢᠯᠦᠭ ᠦᠨ ᠪᠠᠶᠢᠭᠤᠯᠤᠯᠲᠠ ᠶᠢᠨ ᠪᠦᠲᠦᠴᠡ ᠪᠣᠯᠤᠨ᠎ᠠ ᠃

ᠪᠠᠳᠠᠭ᠂ ᠮᠥᠷ ᠦᠨ ᠠᠶᠠᠯᠭᠤ ᠬᠡᠮ

ᠮᠥᠷ ᠦᠨ ᠠᠶᠠᠯᠭᠤ ᠬᠡᠮ ᠪᠣᠯ ᠶᠠᠷᠢᠭ ᠤᠨ ᠠᠶᠠᠯᠭᠤ ᠶᠢᠨ ᠨᠢᠭᠡᠴᠡ ᠶᠢᠨ ᠮᠥᠷ ᠦᠨ ᠠᠶᠠᠯᠭᠤ ᠬᠡᠮ ᠳᠤ ᠨᠥᠯᠦᠭᠡᠯᠡᠬᠦ ᠬᠡᠮᠵᠢᠶ᠎ᠡ ᠶᠢᠨ ᠠᠶᠠᠯᠭᠤ ᠶᠢᠨ ᠬᠡᠮᠵᠢᠶ᠎ᠡ ᠪᠠᠶᠢᠳᠠᠯ ᠃ ᠮᠥᠷ ᠦᠨ ᠠᠶᠠᠯᠭᠤ ᠬᠡᠮ ᠨᠢ ᠮᠥᠷ ᠦᠨ ᠳᠤᠲᠤᠭ ᠪᠠᠳᠠᠭ ᠤᠨ ᠬᠡᠮᠵᠢᠶ᠎ᠡ ᠪᠣᠯᠤᠨ᠎ᠠ ᠃ ᠡᠨᠡ ᠪᠣᠯ ᠶᠠᠷᠢᠭ ᠤᠨ ᠠᠶᠠᠯᠭᠤ ᠶᠢᠨ ᠬᠡᠮᠵᠢᠶ᠎ᠡ ᠪᠣᠯᠤᠨ᠎ᠠ ᠃ ᠡᠭᠦᠨ ᠢ ᠮᠥᠷ ᠦᠨ ᠠᠶᠠᠯᠭᠤ ᠬᠡᠮ ᠭᠡᠨ᠎ᠡ ᠃ ᠪᠠᠳᠠᠭ ᠤᠨ ᠪᠦᠲᠦᠴᠡ ᠶᠢᠨ ᠠᠶᠠᠯᠭᠤ ᠶᠢᠨ ᠬᠡᠮᠵᠢᠶ᠎ᠡ ᠪᠣᠯᠤᠨ᠎ᠠ ᠃

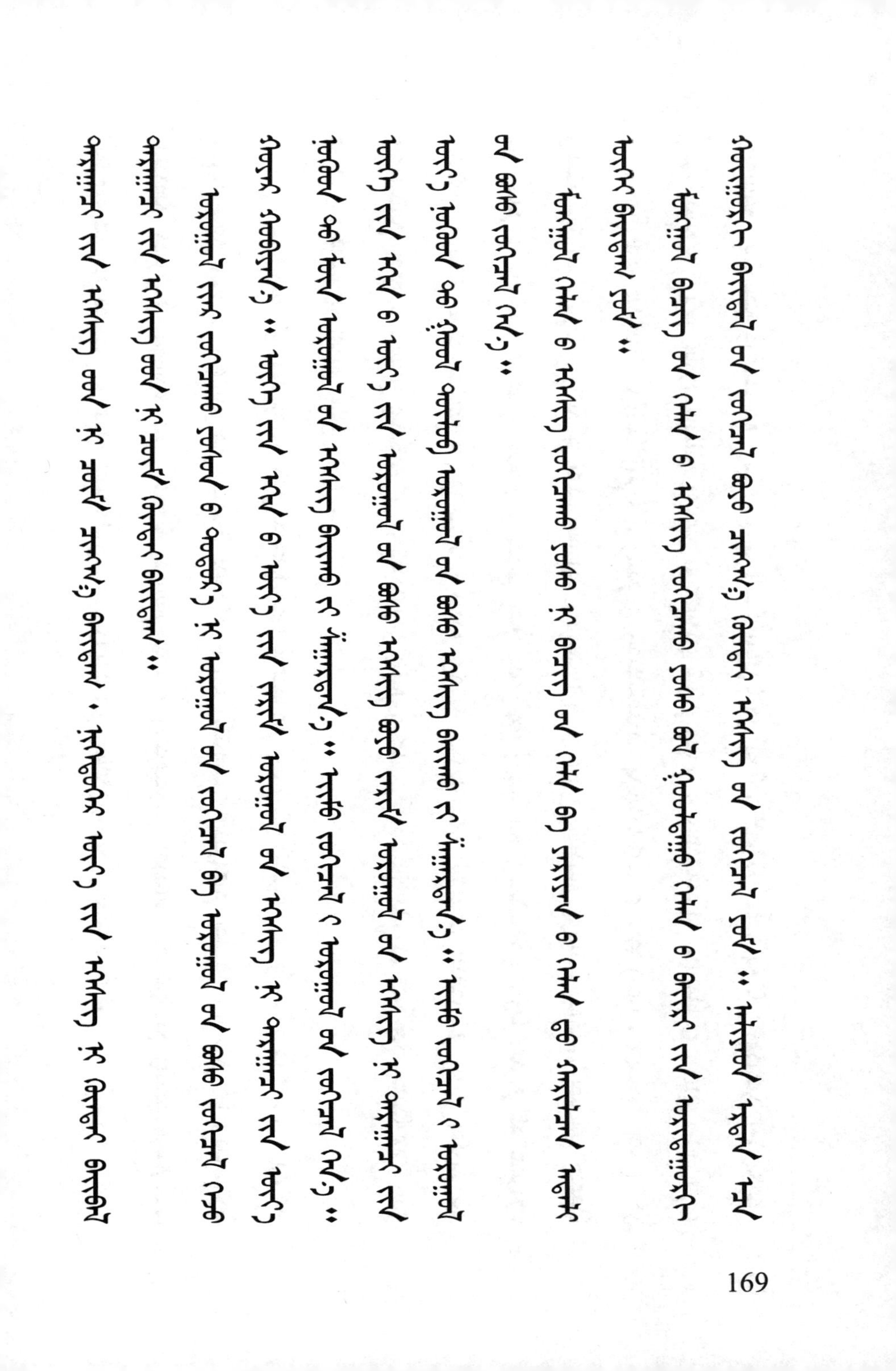

ᠳᠠᠭᠤᠳ ᠮᠡᠳᠡᠭᠳᠡᠬᠦ ᠲᠠᠢ :: ᠲᠠᠢ ᠤ ᠪᠠᠷᠢᠮᠵᠢᠶᠠᠯᠠᠭᠰᠠᠨ ᠮᠡᠳᠡᠭᠳᠡᠬᠦ i (ᠢ) ᠤᠨ ᠬᠡᠮᠵᠢᠶᠡᠯᠡᠭᠰᠡᠨ ᠮᠡᠳᠡᠭᠳᠡᠬᠦ ᠲᠠᠢ :: ᠪᠠᠷᠢᠮᠵᠢᠶᠠᠯᠠᠯ ᠪᠢᠴᠢᠭ

ᠣ · ᠤ) ᠤᠨ ᠰᠢᠨᠵᠢᠯᠡᠭᠰᠡᠨ ᠮᠡᠳᠡᠭᠳᠡᠬᠦ ᠲᠠᠢ :: ᠲᠠᠢ ᠤ ᠪᠠᠷᠢᠮᠵᠢᠶᠠᠯᠠᠭᠰᠠᠨ ᠮᠡᠳᠡᠭᠳᠡᠬᠦ ɵ · ʉ · ɯ (ᠥ · ᠦ · ᠣ) ᠤᠨ

ᠬᠡᠮᠵᠢᠶᠡᠯᠡᠭᠰᠡᠨ) ᠲᠠᠢ ᠪᠠᠷᠢᠮᠵᠢᠶᠠᠯᠠᠭᠰᠠᠨ ᠶᠠᠭᠤᠨ :: ᠰᠢᠨᠵᠢᠯᠡᠭᠰᠡᠨ ᠲᠠᠢ ᠲᠠᠢ ᠤ ᠪᠠᠷᠢᠮᠵᠢᠶᠠᠯᠠᠭᠰᠠᠨ ᠮᠡᠳᠡᠭᠳᠡᠬᠦ ɑ · ɔ · (ᠠ ·

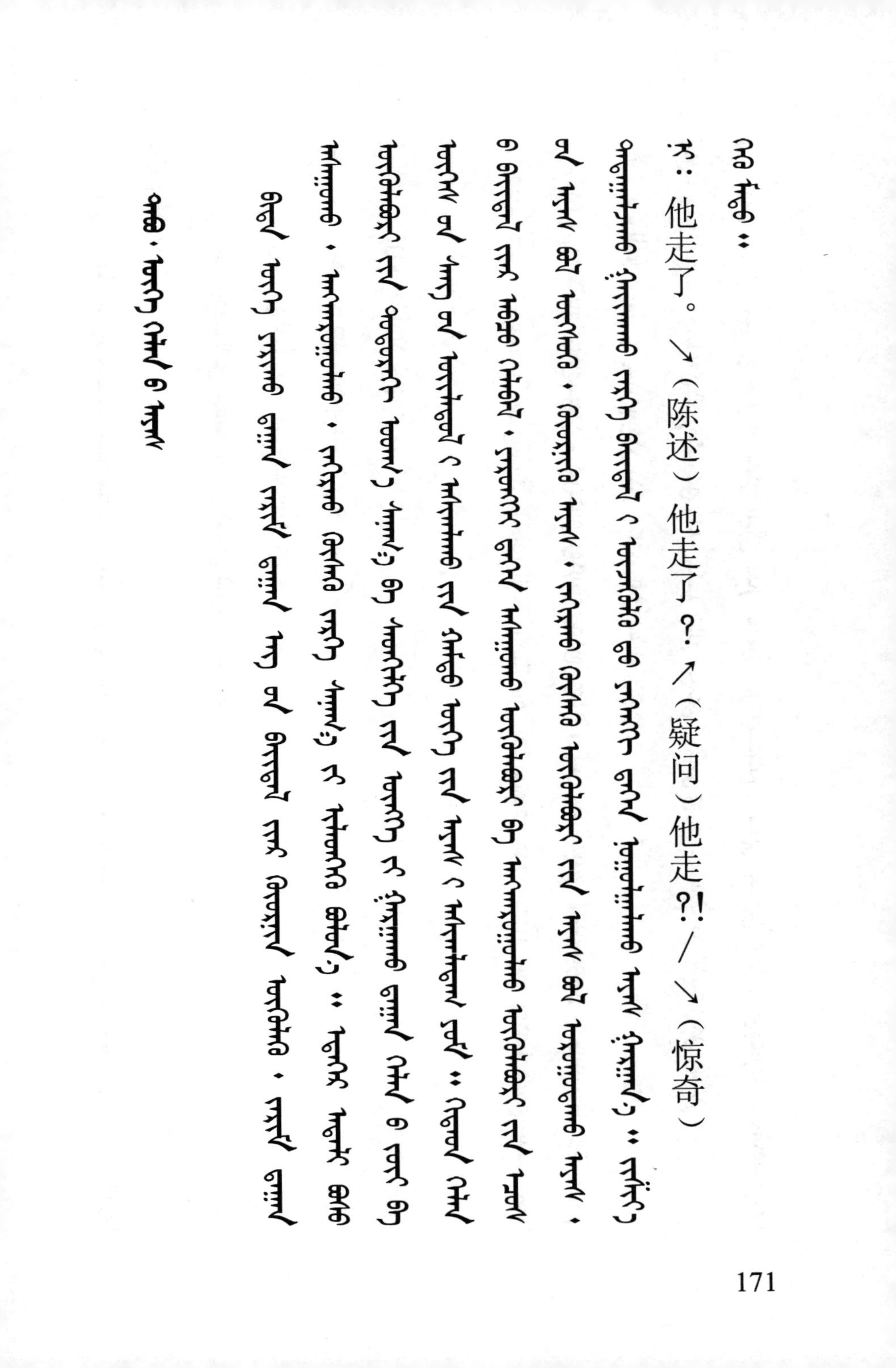

[illegible]

[illegible]

ᠵᠢ᠄ 他走了。↗（陈述）他走了？↖（疑问）他走?!↘↗（惊奇）

[illegible] ::

(2) ᠡᠨᠡ ᠴᠦ ᠠᠰᠠᠭᠤᠬᠤ ᠥᠭᠦᠯᠡᠪᠦᠷᠢ᠂ ᠲᠡᠭᠦᠨ (ᠡᠭᠦᠨ ᠳᠦ ᠠᠰᠠᠭᠤᠬᠤ ᠰᠤᠯ ᠦᠭᠡ 《 ᠦᠦ 》 ᠣᠷᠣᠭᠰᠠᠨ ᠪᠠᠶᠢᠭ᠎ᠠ ᠪᠣᠯᠪᠠᠴᠤ
ᠶᠤᠮ ᠪᠣᠯᠤᠨ᠎ᠠ᠃

ᠴᠢ ᠥᠨᠦᠳᠦᠷ ᠶᠠᠪᠤᠬᠤ ᠤ᠂ ᠮᠠᠷᠭᠠᠰᠢ ᠶᠠᠪᠤᠬᠤ ᠤ ↗

ᠴᠢ ᠮᠣᠩᠭᠣᠯ ᠪᠠᠨ ᠪᠢᠴᠢᠭᠯᠡᠭᠰᠡᠨ ᠦᠦ ↗

ᠴᠢ ᠡᠨᠡ ᠪᠢᠴᠢᠭ ᠢ ᠤᠩᠱᠢᠭᠰᠠᠨ ᠦᠦ ↗

ᠪᠠ ᠮᠠᠷᠭᠠᠰᠢ ᠶᠠᠪᠤᠨ᠎ᠠ᠃ ↗

ᠪᠣᠯᠤᠨ᠎ᠠ᠃ ᠵᠢᠱᠢᠶ᠎ᠡ ᠨᠢ:

ᠡ ᠥᠭᠦᠯᠡᠪᠦᠷᠢ ᠪᠣᠯ ᠠᠰᠠᠭᠤᠬᠤ ᠥᠭᠦᠯᠡᠪᠦᠷᠢ᠂ ᠠᠰᠠᠭᠤᠬᠤ ᠥᠭᠦᠯᠡᠪᠦᠷᠢ ᠶᠢᠨ ᠡᠭᠦᠨ ᠳᠦ ᠥᠭᠦᠯᠡᠭᠳᠡᠬᠦ ᠠᠶᠠᠯᠭᠤ ᠴᠢ

(1) ᠮᠡᠳᠡᠭᠦᠯᠬᠦ ᠥᠭᠦᠯᠡᠪᠦᠷᠢ᠂ ᠵᠠᠭᠠᠬᠤ ᠮᠡᠳᠡᠬᠦ ᠥᠭᠦᠯᠡᠪᠦᠷᠢ᠂ ᠠᠯᠳᠠᠷᠰᠢᠭᠤᠯᠬᠤ ᠥᠭᠦᠯᠡᠪᠦᠷᠢ᠂ ᠠᠰᠠᠭᠤᠬᠤ ᠴᠢᠭᠤᠯᠠᠨ

ᠬᠡᠯᠡᠯᠭᠡ ᠶᠠᠮᠠᠨ ᠥᠭᠦᠯᠡᠪᠦᠷᠢ ᠶᠢᠨ ᠡᠭᠦᠨ ᠳᠦ ᠠᠶᠠᠯᠭᠤ ᠶᠠᠭᠤ:

ᠡᠨᠡᠴᠢᠭ ᠥᠭᠦᠯᠡᠪᠦᠷᠢ ᠳᠦ ᠡᠭᠦᠳᠡ ᠳᠡᠭᠡᠷᠡ ᠶᠢᠨ ᠠᠶᠠᠯᠭᠤ ᠶᠢᠨ ᠳᠡᠭᠡᠷᠡ ᠮᠡᠳᠡᠭᠰᠡᠨ ᠠᠳᠠᠯᠢ ᠪᠠᠶᠢᠵᠤ ᠳᠦ ᠭᠡᠳᠡᠭᠡᠳᠦᠷᠡ ᠪᠠᠶᠢᠨ᠎ᠠ᠃

ᠶᠤᠮ ᠪᠣᠯᠤᠨ ᠶᠠᠮᠠᠨ ᠪᠠᠶᠢᠳᠠᠯ ᠤᠨ ᠥᠭᠦᠯᠡᠪᠦᠷᠢ ᠶᠢᠨ ᠠᠶᠠᠯᠭᠤ ᠴᠦ ᠪᠠᠭᠤᠷᠠᠬᠤ ᠠᠳᠠᠯᠢ ᠡᠭᠦᠳᠡᠭᠡᠳᠦᠷᠡ ᠪᠠᠶᠢᠨ᠎ᠠ᠃ ᠵᠢᠱᠢᠶᠡᠯᠡᠪᠡᠯ

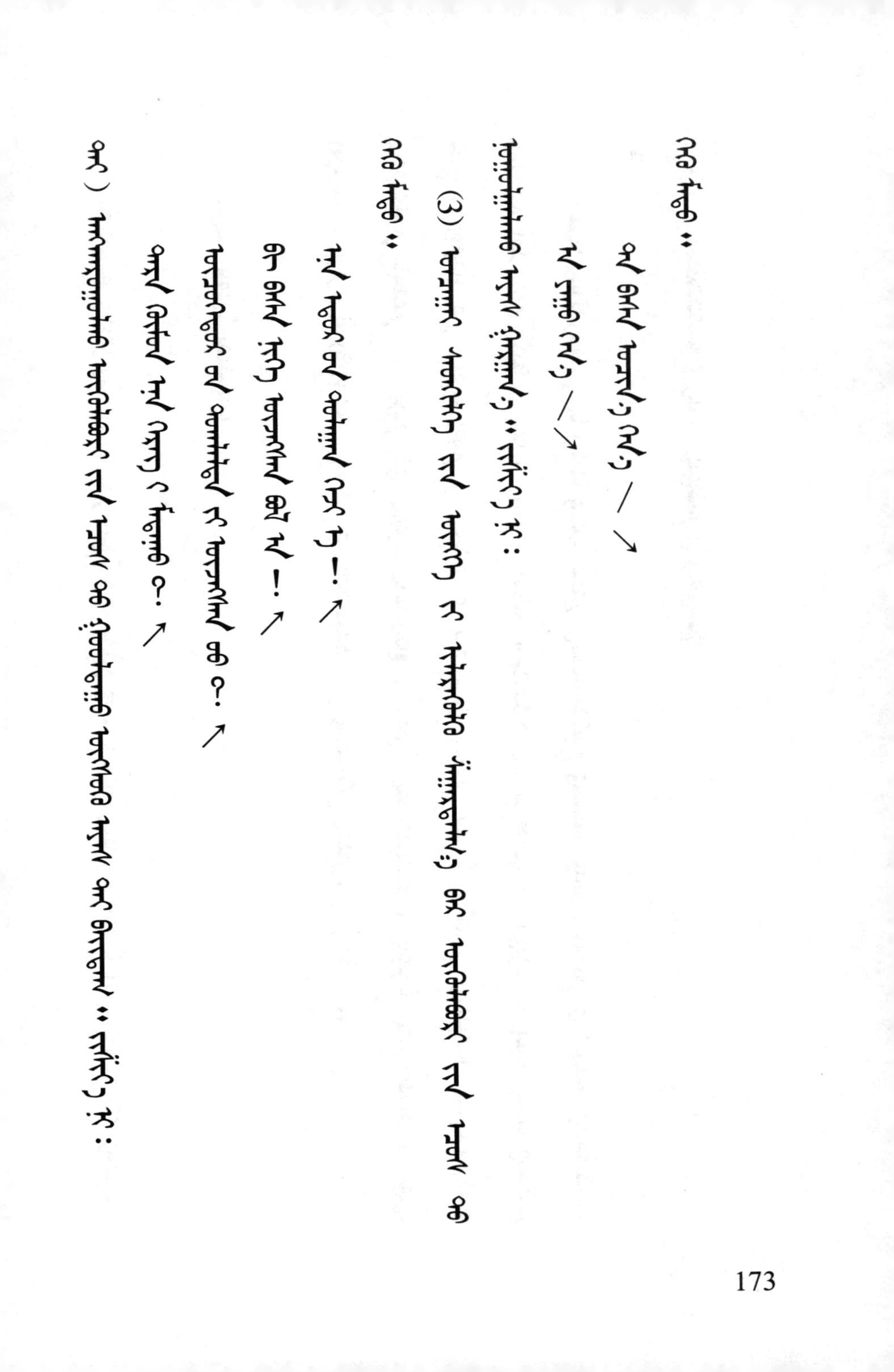

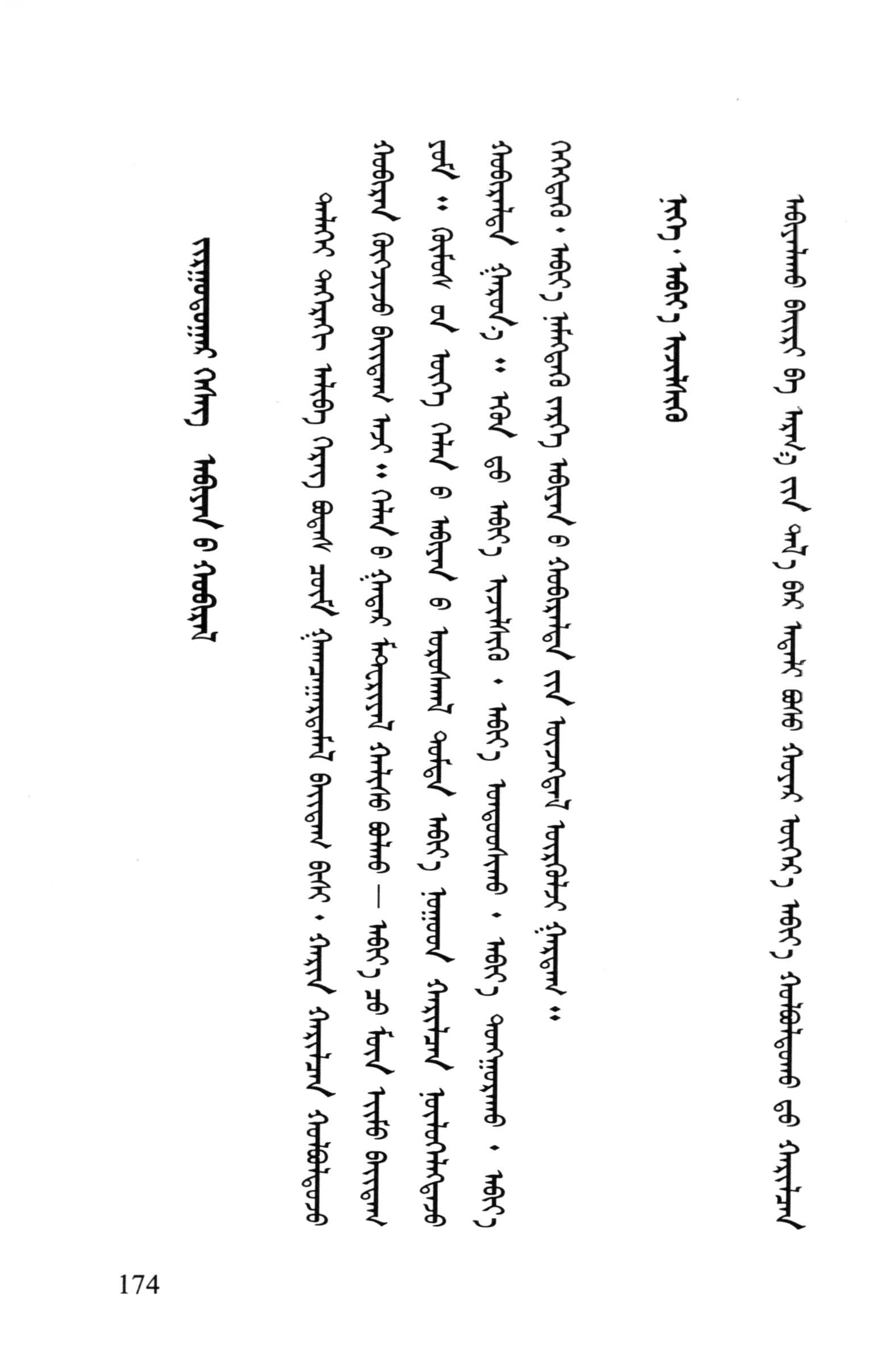

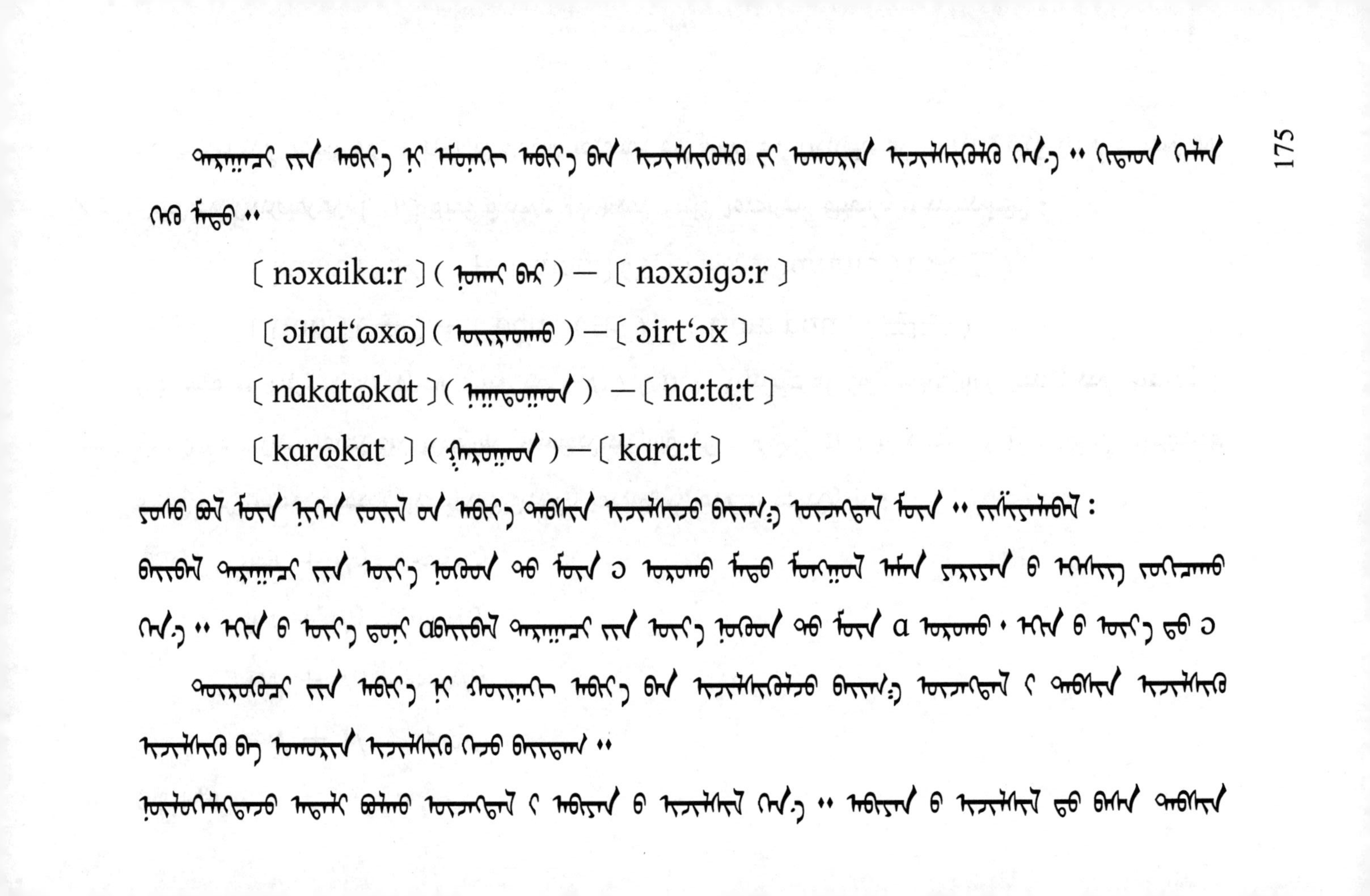

[illegible]

〔nɔxaika:r〕([illegible]) — 〔nɔxɔigɔ:r〕

〔ɔirat'ωxω〕([illegible]) — 〔ɔirt'ɔx〕

〔nakatωkat〕([illegible]) — 〔na:ta:t〕

〔karωkat〕([illegible]) — 〔kara:t〕

[illegible]

ᠪᠣᠯᠤᠨᠠ ᠃

ᠠᠮᠠᠨ + ᠢ — ᠠᠮᠠᠨᠢ

ᠰᠠᠨ + ᠳᠤ — ᠰᠠᠨᠳᠤ

ᠵᠠᠨ + ᠳᠤ — ᠵᠠᠨᠳᠤ

ᠪᠠᠨ + ᠳᠤ — ᠪᠠᠨᠳᠤ

ᠪᠠᠢᠢᠳᠠᠯ ᠢ ᠦᠵᠡᠬᠦ ᠳᠤ ᠮᠣᠩᠭᠣᠯ ᠪᠢᠴᠢᠭ᠌ ᠦᠨ ᠪᠠᠢᠢᠳᠠᠯ ᠮᠡᠳᠡᠬᠦ ᠪᠣᠯᠤᠨᠠ ᠃ ᠵᠢᠱᠢᠶ᠎ᠡ ᠨᠢ:

ᠳᠦ ᠂ ᠣ ᠂ ᠢ 》 ᠭᠡᠭᠡᠭᠦᠯᠦᠭᠴᠢ ᠪᠠᠷ ᠲᠡᠭᠦᠰᠦᠭᠰᠡᠨ ᠤᠷᠤᠭᠤ ᠲᠠᠳᠠᠭᠤ ᠳᠤ 《ᠨ》(n) ᠢ 《ᠩ》(ŋ) ᠪᠠᠢᠢᠬᠤ ᠭᠢᠭᠠᠷᠠᠬᠤ

ᠪᠣᠯᠤᠨᠠ ᠃ ᠬᠣᠯᠪᠣᠭᠳᠠᠬᠤ ᠪᠠᠢᠢᠳᠠᠯ ᠤᠨ ᠳᠤ 《ᠨ》(n) ᠭᠡᠭᠡᠭᠦᠯᠦᠭᠴᠢ ᠪᠠᠷ ᠲᠡᠭᠦᠰᠦᠭᠰᠡᠨ ᠬᠡᠯᠡᠨ ᠦ ᠲᠣᠭᠲᠠᠯ 《

〔tian〕(电)+〔pau〕(报)—〔tiam pau〕(电报)

〔kuan〕(关) + 〔mən〕(门)—〔kuammə〕(关门)

ᠬᠡᠯᠡ ᠨᠦ ᠭᠡᠭᠡᠭᠦᠯᠦᠭᠴᠢ 〔ŋ〕 ᠪᠠᠢᠢᠬᠤ ᠪᠠᠢᠢᠳᠠᠯ ᠢ ᠦᠵᠡᠬᠦ ᠳᠤ ᠬᠣᠯᠪᠣᠭᠳᠠᠨ ᠪᠠᠢᠢᠨᠠ ᠃ ᠵᠢᠱᠢᠶᠡᠯᠡᠪᠡᠯ:

ᠪᠣ ᠬᠡᠯᠡᠨ ᠦ ᠬᠡᠯᠡ ᠨᠦ 〔n〕 ᠢ ᠵᠦᠢᠯ ᠬᠣᠯᠪᠣᠭᠳᠠᠯ ᠤᠨ ᠬᠡᠯᠡ ᠨᠦ ᠭᠡᠭᠡᠭᠦᠯᠦᠭᠴᠢ 〔m〕 ᠪᠠᠢᠢᠬᠤ ᠪᠣᠯᠤᠨ ᠪ ᠬᠡᠯᠡ ᠨᠦ

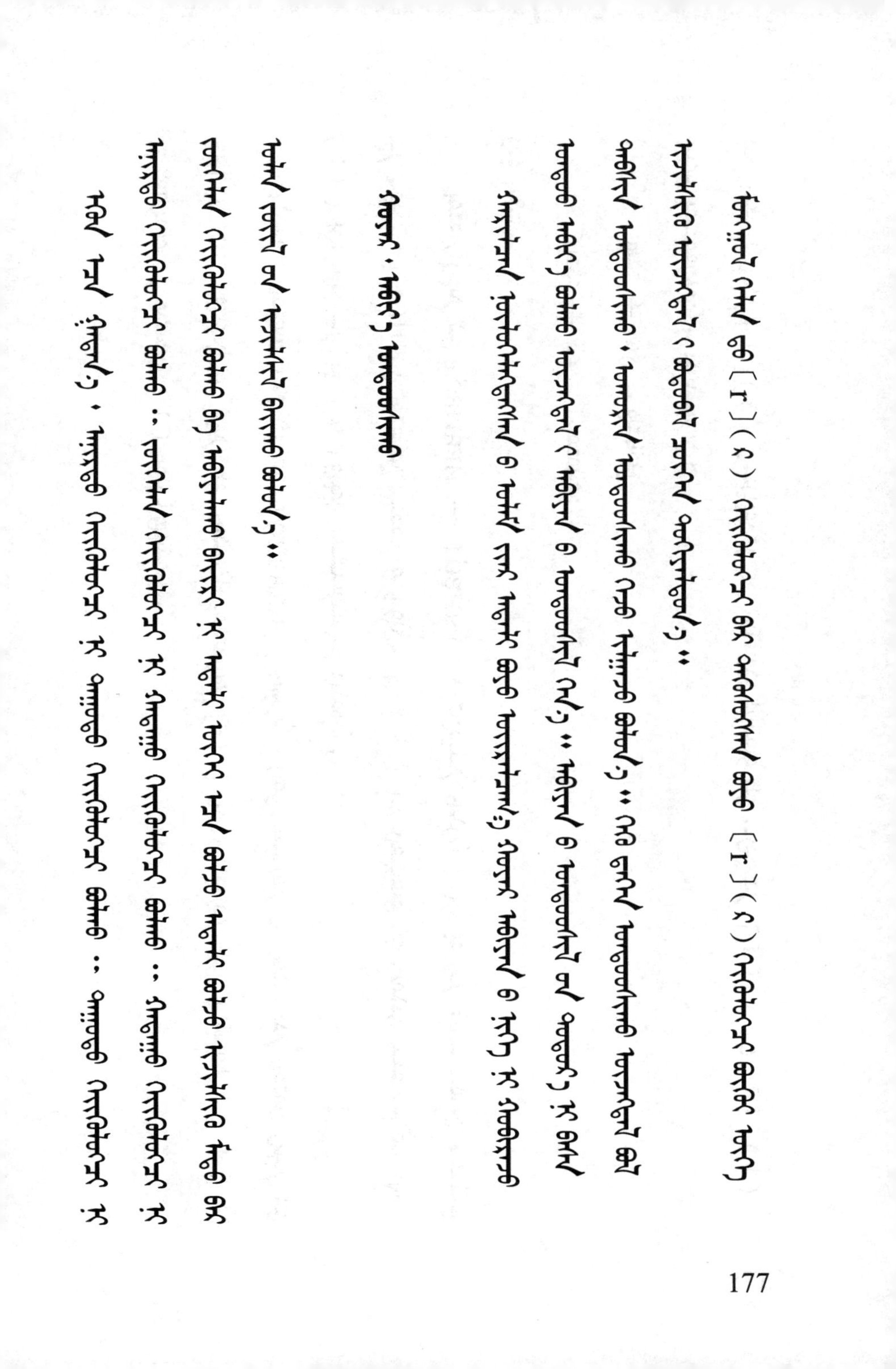

ᠬᠡᠯᠡᠯᠴᠡᠭᠡ ᠶᠢᠨ ᠳᠤ [r] (ɣ) ᠭᠡᠭᠡᠭᠳᠡᠭᠰᠡᠨ ᠪᠠ ᠣᠷᠣᠯᠠᠭᠤᠯᠤᠭᠰᠠᠨ ᠪᠣᠯᠪᠠ [r] (ɣ) ᠭᠡᠭᠡᠭᠳᠡᠭᠰᠡᠨ ᠪᠣᠯᠣᠨ ᠬᠡᠷᠡᠭ

ᠳᠠᠭᠠᠭᠤᠯᠤᠭᠰᠠᠨ ᠠᠪᠢᠶ᠎ᠠ ᠳᠤ 〔r〕 ᠪᠣᠯᠵᠤ ᠪᠠᠢᠨ᠎ᠠ ::

верблюд ᠪᠠᠢᠬᠤ :: ᠡᠨᠡ ᠦᠭᠡ ᠶᠢᠨ ᠬᠣᠶᠠᠳᠤᠭᠠᠷ ᠠᠪᠢᠶᠠᠨ 〔l〕 ᠢ ᠣᠷᠤᠰ ᠤᠨ ᠪᠠᠷᠢᠮᠲᠠ ᠶᠢᠨ 〔l〕 ᠤ ᠠᠪᠢᠶᠠᠨ ᠤ ᠠᠪᠢᠶᠠᠨ ᠳᠤ ᠨᠢ ᠪᠣᠯᠭᠠᠨ вельбльюдь (ᠪᠡᠯᠪᠡᠷᠢᠳ) ᠭᠡᠳᠡᠭ ᠪᠠᠢᠳᠠᠯ ᠢ ᠠᠪᠤᠳ ᠠᠴᠠ ᠠᠪᠢᠶᠠᠨ ᠳᠤ ᠨᠢ ᠶᠢᠨ (m) ᠢ ᠰᠤᠷᠤᠭ ᠤᠨ H (n) ᠪᠣᠯᠭᠠᠨ ᠳᠠᠭᠠᠭᠤᠯᠤᠭᠰᠠᠨ ᠪᠠᠢᠨ᠎ᠠ :: ᠤᠨ ᠪᠣᠯᠵᠤ M (m) ᠢ ᠠᠪᠢᠶᠠᠯᠠᠭᠰᠠᠨ ᠠᠪᠢᠶᠠᠨ ᠤ ᠪᠣᠯᠵᠤ B (v) ᠶᠢ ᠰᠤᠷᠤᠯᠴᠠᠭ᠎ᠠ ᠶᠢᠨ ᠰᠤᠷᠤᠭ ᠠᠪᠢᠶᠠᠯᠠᠭᠰᠠᠨ ᠤᠨ M ᠠᠪᠢᠶᠠᠨ ᠨᠢ ᠶᠢᠨ трамвай → транвай (ᠳᠠᠷᠠᠮᠪᠠᠢ ᠲᠡᠷᠭᠡ) ᠭᠡᠳᠡᠭ ᠠᠪᠠᠯ ᠲᠡᠷᠡ ᠰᠤᠷᠤᠭ ᠠᠪᠢᠶᠠᠯᠠᠭᠰᠠᠨ ᠭᠡᠳᠡᠭ ᠠᠮᠤ ::

ᠲᠡᠮᠡᠭᠡ + ᠰᠤᠶᠠ — ᠲᠡᠮᠡᠭᠡᠰᠤᠶ᠎ᠠ

ᠪᠡᠷᠢ + ᠰᠤᠶᠠ — ᠪᠡᠷᠢᠰᠤᠶ᠎ᠠ

ᠪᠣᠯᠭᠠᠨ ᠳᠠᠭᠠᠭᠤᠯᠤᠭᠰᠠᠨ :: ᠳᠡᠭᠡᠷᠡᠬᠢ :

ᠲᠡᠷᠡ ᠲᠡᠷᠭᠡᠨ ᠦ ᠠᠪᠢᠶ᠎ᠠ 〔r〕 (ɣ) ᠭᠤᠷᠪᠠᠳᠤᠭᠠᠷ ᠶᠢᠨ ᠰᠤᠷᠤᠯᠴᠠᠭ᠎ᠠ ᠶᠢᠨ ᠠᠮᠠᠷ ᠤᠨ 〔r〕 (ɣ) ᠢ 〔l〕 (ɮ)

ᠭᠤᠷᠪᠠ᠂ ᠠᠪᠢᠶᠠᠨ ᠤ ᠨᠡᠮᠡᠭᠳᠡᠬᠦ

ᠨᠡᠮᠡᠭᠳᠡᠬᠦ ᠡᠭᠡᠰᠢᠭ ᠦᠨ ᠠᠪᠢᠶ᠎ᠠ ᠶᠢ ᠬᠡᠯᠡᠨ ᠦ ᠵᠦᠢ ᠪᠢᠰᠢ ᠭᠡᠬᠦ ᠦᠭᠡᠨ ᠳᠦ ᠪᠡᠷ ᠪᠢᠴᠢᠭᠳᠡᠬᠦ ᠦᠭᠡ ᠶᠢᠨ ᠬᠡᠯᠡᠨ᠃ ᠡᠭᠡᠰᠢᠭ ᠦᠨ ᠠᠪᠢᠶ᠎ᠠ ᠨᠡᠮᠡᠭᠳᠡᠬᠦ ᠶᠠᠪᠤᠳᠠᠯ ᠲᠤ ᠢᠯᠡᠷᠡᠳᠡᠭ᠃ ᠬᠡᠯᠡᠨ ᠦ ᠦᠭᠡ ᠶᠢᠨ ᠪᠦᠲᠦᠴᠡ ᠳᠦ ᠡᠭᠡᠰᠢᠭ ᠨᠡᠮᠡᠭᠳᠡᠳᠡᠭ᠃

ᠵᠢᠱᠢᠶᠡᠯᠡᠪᠡᠯ:

[esĕx] (ᠡᠰᠡᠬᠦ)

[xerĕŋkĕ] (ᠬᠡᠷᠡᠩᠬᠡ)

[tɔmɔ̆klɔ̆x] (ᠲᠣᠮᠣᠭᠯᠠᠬᠤ)

[tʃamăk] (ᠴᠠᠮᠠᠭ)

[ajăkălăx] (ᠠᠶᠠᠭᠯᠠᠬᠤ)

ᠣᠨ᠎ᠠ ᠲᠡᠮᠳᠡᠭ ᠲᠡᠢ ᠦᠭᠡ ᠳᠡᠭᠡᠷᠡᠬᠢ ᠲᠡᠮᠳᠡᠭ ᠦᠨ ᠲᠡᠢ ᠠᠳᠠᠯᠢ ᠲᠡᠮᠳᠡᠭᠯᠡᠭᠰᠡᠨ ɑ· ɔ · ɵ ᠮᠡᠲᠦ ᠪᠢᠴᠢᠭ ă · ŏ · ĕ ᠮᠡᠲᠦ ::

ᠲᠡᠭᠡᠳ ᠣᠯᠠᠨ ᠳᠤ ᠲᠡᠮᠳᠡᠭᠯᠡᠭᠰᠡᠨ ᠲᠡᠮᠳᠡᠭ ᠲᠡᠢ ᠪᠣᠯᠭᠠᠨ ᠲᠡᠮᠳᠡᠭ ᠲᠡᠢ ᠡᠭᠡᠰᠢᠭ ᠪᠢᠴᠢᠭᠯᠡᠭᠰᠡᠨ ᠲᠡᠮᠳᠡᠭᠯᠡᠯ ᠪᠣᠯᠭᠠᠵᠤ ᠪᠣᠯᠤᠭᠰᠠᠨ ::
ᠵᠢᠱᠢᠶᠡᠯᠡᠪᠡᠯ : хорошó (ᠬᠠᠷᠠᠰᠢ) ᠭᠡᠳᠡᠭ ᠦ [xəraşō] · часы (ᠴᠠᠰᠢ) ᠭᠡᠳᠡᠭ ᠦ [tʃɛsi] ᠭᠡᠬᠦ ᠮᠡᠲᠦ ᠪᠡᠷ ᠪᠢᠴᠢᠭᠯᠡᠭᠰᠡᠨ ᠲᠡᠮᠳᠡᠭᠯᠡᠭᠰᠡᠨ ᠪᠠᠢᠨ᠎ᠠ ::

ᠲᠡᠭᠦᠨ ᠣᠯᠠᠨ ᠤ ᠪᠢᠴᠢᠭᠯᠡᠭᠰᠡᠨ ᠪᠠᠢᠨ᠎ᠠ᠂ ᠪᠠᠢᠭᠠᠯ ᠤ ᠲᠡᠮᠳᠡᠭᠯᠡᠯ ᠢ ᠪᠣᠯ᠂ ᠵᠢᠭᠠᠬᠠᠨ ᠪᠠᠭ᠎ᠠ ᠵᠢᠷᠦᠮᠲᠦ ᠡᠭᠡᠰᠢᠭ ᠢ
ᠬᠣᠣᠰ ᠡᠭᠡᠰᠢᠭ ᠪᠣᠯ ᠳᠠᠪᠬᠤᠷ ᠡᠭᠡᠰᠢᠭ ᠮᠡᠲᠦ᠂ ᠣᠯᠠᠨ ᠤ ᠪᠠᠭᠤᠷᠠᠭᠤᠯᠤᠯᠲᠠ ᠡᠭᠡᠰᠢᠭ ᠢ ᠬᠣᠣᠰᠯᠠᠭᠰᠠᠨ ᠡᠭᠡᠰᠢᠭ ᠮᠡᠲᠦ᠂
ᠣᠯᠠᠨ ᠤ ᠳᠠᠪᠬᠤᠷᠯᠠᠭᠤᠯᠤᠯᠲᠠ ᠡᠭᠡᠰᠢᠭ ᠢ ᠬᠣᠣᠰᠯᠠᠭᠰᠠᠨ ᠡᠭᠡᠰᠢᠭ ᠮᠡᠲᠦ᠂ ᠤᠷᠲᠤᠰᠬᠠᠭᠰᠠᠨ ᠡᠭᠡᠰᠢᠭ ᠢ ᠤᠷᠲᠤ ᠡᠭᠡᠰᠢᠭ ᠮᠡᠲᠦ
ᠪᠣᠯᠭᠠᠭᠰᠠᠨ ᠪᠠᠢᠨ᠎ᠠ ::

ᠭᠤᠷᠪᠠ᠂ ᠲᠡᠮᠳᠡᠭ ᠦᠨ ᠬᠡᠷᠡᠭᠯᠡᠭᠡ

ᠲᠡᠭᠦᠨ ᠲᠡᠮᠳᠡᠭ ᠦᠨ ᠳᠤ ᠲᠡᠮᠳᠡᠭᠯᠡᠭᠰᠡᠨ ᠣᠯᠠᠨ ᠪᠠᠨ ᠪᠢᠴᠢᠭᠯᠡᠭᠰᠡᠨ ᠶᠢ ᠲᠡᠮᠳᠡᠭ ᠦᠨ ᠬᠡᠷᠡᠭᠯᠡᠭᠡ ᠲᠡᠮᠳᠡᠭᠯᠡᠪᠡᠯ :: ᠮᠡᠳᠡᠨ ᠦ

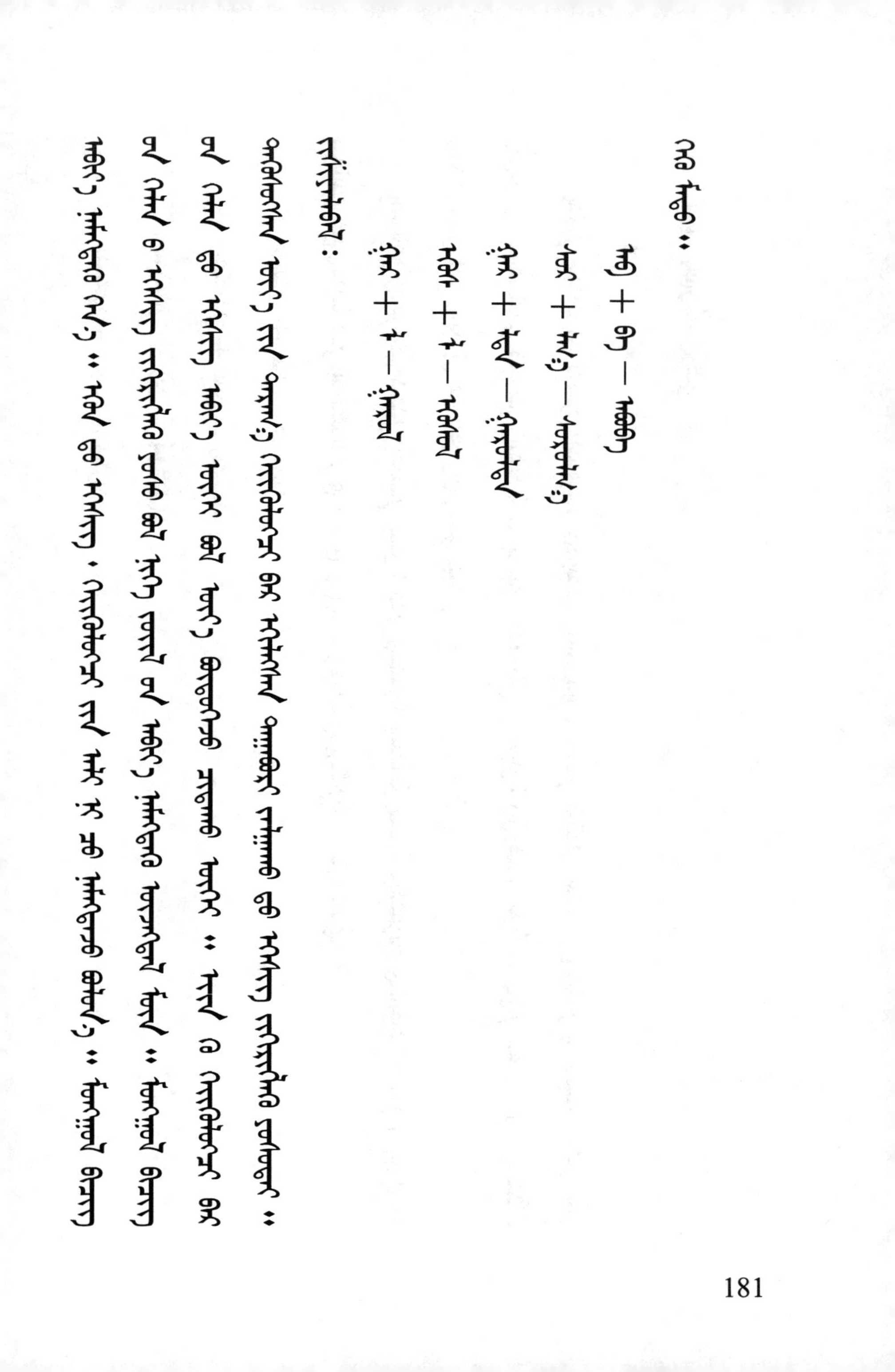

ᠠᠷᠪᠠᠨ + ᠳᠤ — ᠠᠷᠪᠠᠳᠤ

ᠨᠣᠭᠣᠭᠠᠨ + ᠳᠤ — ᠨᠣᠭᠣᠭᠠᠳᠤ

ᠬᠥᠪᠡᠭᠦᠨ + ᠲᠡᠢ — ᠬᠥᠪᠡᠭᠦᠲᠡᠢ

ᠪᠠᠶᠠᠨ + ᠲᠠᠢ — ᠪᠠᠶᠠᠲᠠᠢ

ᠲᠡᠭᠦᠨᠴᠢᠯᠡᠨ ᠪᠡ ᠦᠭᠡ ᠶᠢᠨ ᠡᠴᠦᠰᠲᠡᠬᠢ a · e ᠡᠭᠡᠰᠢᠭ ᠭᠡᠭᠡᠭᠳᠡᠨ᠎ᠡ ᠃ [illegible] :

[illegible] 《 ᠲᠠᠢ · ᠳᠤ 》 [illegible] ᠃

[illegible] ᠃

[illegible]

ᠪ · ᠡᠭᠡᠰᠢᠭ ᠭᠡᠭᠡᠭᠳᠡᠬᠦ

[illegible] ᠵᠢᠱᠢᠶᠡᠯᠡᠪᠡᠯ :

ᠪᠠᠭᠰᠢ + ᠯᠠ — ᠪᠠᠭᠰᠢᠯᠠ

ᠬᠡᠮᠵᠢᠶ᠎ᠡ + ᠴᠢᠯᠡ — ᠬᠡᠮᠵᠢᠶᠡᠴᠢᠯᠡ

ᠡᠮᠨᠡᠭ + ᠯᠡ — ᠡᠮᠨᠡᠭᠯᠡ

ᠵᠡᠷᠭᠡ ᠮᠡᠲᠦ ::

[illegible] ᠂ ᠦᠭᠡ ᠪᠦᠲᠦᠭᠡᠬᠦ

[illegible]

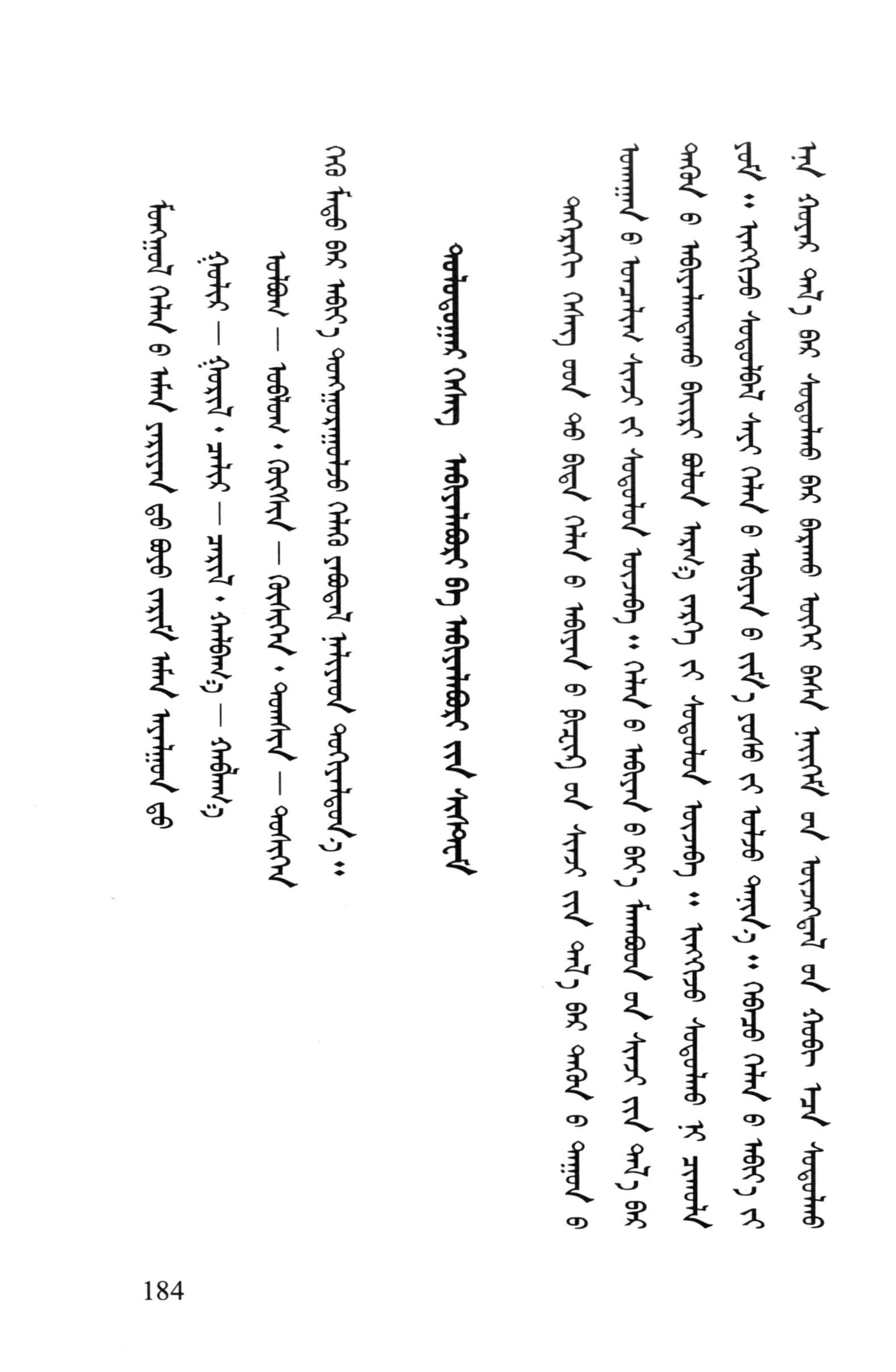

ᠬᠡᠷᠡᠭᠯᠡᠨ ᠄ ᠲᠡᠷᠡ ᠦ ᠮᠣᠩᠭᠣᠯ ᠶᠢᠨ ᠬᠡᠯᠡ ᠦᠨ ᠳᠦ ᠪᠠᠢᠭ᠎ᠠ ᠦ ᠳᠤᠷ᠎ᠠ ᠶᠢᠨ ᠪᠢᠴᠢᠭᠯᠡᠯ ᠳᠦ ᠬᠡᠷᠡᠭᠯᠡᠵᠦ ᠪᠠᠢᠳᠠᠭ ᠨᠢ ᠪᠡᠯᠡᠭᠡᠳᠬᠡᠭᠰᠡᠨ ᠬᠡᠯᠡᠯᠴᠡᠬᠦ ᠪᠣᠯ ᠂ ᠪᠢᠴᠢᠭ ᠪᠣᠯ ᠪᠢᠴᠢᠭ ᠤᠨ ᠬᠡᠯᠡ ᠳᠦ ᠬᠡᠯᠡ ᠶᠢᠨ ᠳᠤᠷᠰᠢᠯᠲᠠ ᠶᠢᠨ ᠲᠠᠯ᠎ᠠ ᠶᠢ ᠵᠢᠱᠢᠶᠡᠯᠡᠨ ᠬᠠᠮᠤᠭ ᠤᠨ ᠦ ᠳᠠᠭᠤᠪᠤᠷ ᠤᠨ ᠳᠠᠭᠤ ᠄ ᠲᠡᠭᠦᠨ ᠦ ᠳᠠᠭᠤᠪᠤᠷ (ᠬᠡᠯᠡᠯᠭᠡ) ᠪᠣᠯᠤᠨ ᠳᠠᠭᠤᠪᠤᠷ ᠤᠨ ᠬᠡᠯᠡ ᠂ ᠬᠠᠮᠲᠤ ᠳᠠᠭᠤ ᠶᠢᠨ ᠪᠣᠯ ᠨᠢ ᠠᠮᠠᠨ ᠪᠠᠭᠠᠲᠤᠷ (ᠬᠠᠯᠬ᠎ᠠ ᠳᠤ ᠪᠠᠭᠠᠲᠤᠷ) ᠪᠣᠯ ᠠᠮᠠᠨ ᠪᠢᠴᠢᠭᠯᠡᠯ ᠄ ᠲᠡᠭᠦᠨ ᠦ ᠡᠬᠢᠨ ᠦ ᠰᠢᠭᠤᠳ ᠬᠡᠯᠪᠡᠷᠢ 〔 p 〕 ᠳᠠᠭᠤᠪᠤᠷ ᠢ ᠲᠡᠮᠳᠡᠭ ᠠᠮᠠᠨ ᠠᠭᠤᠯᠭᠠᠨ ᠤ ᠪᠢᠴᠢᠭᠯᠡᠯ 〔 ʙ 〕 · 〔 ɸ 〕 ᠵᠡᠷᠭᠡ ᠬᠡᠯᠪᠡᠷᠢ ᠪᠡᠷ ᠬᠤᠪᠢᠷᠠᠬᠤ ᠪᠢᠴᠢᠭᠯᠡᠯ ᠄ ᠵᠢᠱᠢᠶᠡᠯᠡᠪᠡᠯ 〔 pa:t'ar 〕 (ᠬᠠᠪᠢᠶ᠎ᠠ) · 〔 sampar 〕 (ᠰᠠᠮᠪᠠᠷ) · 〔 arăp 〕 (ᠠᠷᠪᠠ) ᠵᠡᠷᠭᠡ ᠮᠣᠩᠭᠣᠯ ᠬᠡᠯᠡᠨ ᠦ ᠪᠢᠴᠢᠭᠯᠡᠯ 〔 p 〕 ᠪᠣᠯ ᠠᠮᠠᠨ ᠠᠭᠤᠯᠭᠠᠨ ᠤ ᠲᠠᠯ᠎ᠠ ᠪᠠᠷ ᠬᠡᠷᠡᠭᠯᠡᠭᠳᠡᠬᠦ ᠰᠠᠨᠠᠭᠠ ᠂ ᠰᠢᠨᠵᠢᠯᠡᠬᠦ ᠣᠨᠴᠠᠯᠢᠭ ᠢ ᠠᠩᠬᠠᠷᠤᠭᠰᠠᠨ ᠄ 〔 kaʙja: 〕 (ᠴᠡᠪᠡᠷᠬᠡᠬᠦ) · 〔 t'ələʙ 〕 (ᠲᠡᠯᠡᠭᠦ) · 〔 t'ʉʃʙəl 〕 (ᠲᠦᠰᠢᠪᠡᠯ) ᠵᠡᠷᠭᠡ ᠮᠣᠩᠭᠣᠯ ᠬᠡᠯᠡᠨ ᠦ ᠪᠢᠴᠢᠭᠯᠡᠯ 〔 ʙ 〕 ᠪᠣᠯ ᠠᠮᠠᠨ ᠠᠭᠤᠯᠭᠠᠨ ᠤ ᠲᠠᠯ᠎ᠠ ᠪᠠᠷ ᠪᠢᠴᠢᠭᠳᠡᠬᠦ ᠂ ᠰᠢᠨᠵᠢᠯᠡᠬᠦ ᠣᠨᠴᠠᠯᠢᠭ ᠢ ᠠᠩᠬᠠᠷᠤᠭᠰᠠᠨ ᠄ 〔 tʃ əɸʃə:rəx 〕 (ᠬᠠᠪᠰᠤᠷᠤᠭᠰᠠᠨ) · 〔 æɸsan 〕 (ᠠᠪᠤᠭᠰᠠᠨ) · 〔 xɷɸxai 〕 (ᠬᠣᠪᠬᠠᠢ) ᠵᠡᠷᠭᠡ ᠳᠦ ᠮᠣᠩᠭᠣᠯ ᠬᠡᠯᠡᠨ ᠦ ᠪᠢᠴᠢᠭᠯᠡᠯ 〔 ɸ 〕 ᠪᠣᠯ ᠠᠮᠠᠨ ᠠᠭᠤᠯᠭᠠᠨ ᠤ ᠲᠠᠯ᠎ᠠ ᠪᠠᠨ ᠪᠢᠴᠢᠭᠳᠡᠬᠦᠢ ᠂ ᠬᠡᠯᠡᠨ ᠦ ᠳᠤᠷᠰᠢᠯᠭᠠ ᠳᠤ ᠵᠢᠷᠤᠮ ᠄ ᠵᠢᠱᠢᠶᠡᠯᠡᠪᠡᠯ ᠂ ᠮᠣᠩᠭᠣᠯ ᠪᠠᠢᠨ᠎ᠠ ᠪᠡ 〔 p 〕 ᠳᠠᠭᠤᠪᠤᠷ ᠤ ᠬᠤᠪᠢ ᠲᠤᠬᠠᠢ ᠬᠡᠯᠡᠯᠴᠡᠬᠦ ᠳᠤ ᠶᠢ ᠡᠭᠦᠨ ᠲᠠᠯ᠎ᠠ ᠪᠠᠷᠢᠮᠲᠠᠯᠠᠭᠰᠠᠨ ᠪᠢᠴᠢᠭᠯᠡᠯ ᠤᠨ ᠪᠠᠢᠳᠠᠯ

ᠶᠢ ᠲᠣᠳᠣᠷᠬᠠᠶᠢᠯᠠᠨ ᠪᠠᠢᠨ᠎ᠠ ᠃ ᠡᠢᠮᠦ ᠡᠨᠡ ᠠᠪᠢᠶ᠎ᠠ ᠨᠢ ᠵᠢᠱᠢᠶ᠎ᠡ ᠨᠢ ᠠᠩᠭᠢᠯᠠᠭᠳᠠᠬᠤ ᠮᠦᠨ ᠃

ᠤᠳᠬ᠎ᠠ ᠶᠢᠨ 〔 x 〕· 〔 k 〕ᠪᠠ 〔 s 〕· 〔 ʃ 〕 ᠲᠡᠷᠭᠦᠯᠡᠭᠴᠢ ᠠᠪᠢᠶ᠎ᠠ ᠨᠢ ᠤᠳᠬ᠎ᠠ ᠶᠢᠨ ᠢᠯᠭᠠᠯ ᠢ ᠢᠯᠭᠠᠬᠤ ᠪᠣᠯᠤᠨ᠎ᠠ ᠳᠡᠭᠡᠨ ᠠᠪᠢᠶ᠎ᠠ ᠨᠢ ᠵᠢᠱᠢᠶᠡᠯᠡᠪᠡᠯ : 〔 xar 〕(ᠬᠠᠷ᠎ᠠ) · 〔 kar 〕(ᠺᠠᠷ) ᠪᠠ 〔 sar 〕(ᠰᠠᠷ᠎ᠠ) · 〔 ʃar 〕(ᠱᠠᠷ᠎ᠠ) ᠭᠡᠳᠡᠭ ᠡᠳᠡᠭᠡᠷ ᠦᠭᠡ ᠶᠢᠨ ᠤᠳᠬ᠎ᠠ ᠶᠢ ᠢᠯᠭᠠᠬᠤ ᠪᠠᠢᠳᠠᠯ ᠢ ᠠᠩᠭᠢᠯᠠᠭᠳᠠᠬᠤ ᠮᠦᠨ ᠃ ᠡᠨᠡ ᠮᠡᠲᠦ ᠦᠭᠡ ᠶᠢᠨ ᠤᠳᠬ᠎ᠠ ᠶᠢ ᠢᠯᠭᠠᠬᠤ ᠰᠢᠨᠵᠢ ᠲᠡᠢ ᠠᠪᠢᠶ᠎ᠠ ᠶᠢ ᠲᠣᠬᠢᠶᠠᠯᠳᠤᠭᠤᠯᠬᠤ ᠠᠷᠭ᠎ᠠ ᠪᠠᠷ ᠠᠩᠭᠢᠯᠠᠭᠳᠠᠬᠤ ᠠᠪᠢᠶ᠎ᠠ ᠶᠢ ᠠᠩᠭᠢᠯᠠᠭᠳᠠᠬᠤ (ᠠᠪᠢᠶ᠎ᠠ) ᠭᠡᠨ᠎ᠡ · ᠬᠡᠯᠡᠨ ᠦ ᠠᠩᠭᠢᠯᠠᠭᠳᠠᠬᠤ ᠪᠣᠯᠤᠨ ᠠᠩᠭᠢᠯᠠᠭᠳᠠᠬᠤ ᠪᠣᠯᠤᠨ᠎ᠠ ᠃ ᠲᠣᠬᠢᠶᠠᠯᠳᠤᠭᠤᠯᠤᠨ ᠠᠪᠢᠶ᠎ᠠ ᠶᠢ ᠬᠡᠯᠡᠨ᠎ᠡ ᠃

ᠲᠣᠬᠢᠶᠠᠯᠳᠤᠭᠤᠯᠤᠨ ᠬᠡᠯᠡ ᠶᠢᠨ ᠠᠪᠢᠶ᠎ᠠ ᠶᠢᠨ ᠤᠳᠬ᠎ᠠ ᠶᠢᠨ ᠢᠯᠭᠠᠯ ᠢ ᠢᠯᠭᠠᠬᠤ ᠰᠢᠨᠵᠢ ᠲᠡᠢ ᠪᠠᠢᠬᠤ ᠮᠠᠶ᠋ᠢᠭ ᠠᠩᠭᠢᠯᠠᠭᠳᠠᠬᠤ ᠪᠣᠯᠤᠨ ᠤᠳᠬ᠎ᠠ ᠶᠢᠨ ᠢᠯᠭᠠᠯ ᠢ ᠢᠯᠭᠠᠬᠤ ᠪᠣᠯᠤᠨ᠎ᠠ ᠶᠢ 〔 t‘ 〕· 〔 t 〕· 〔 m 〕 ᠭᠡᠳᠡᠭ ᠠᠪᠢᠶ᠎ᠠ ᠪᠣᠯᠤᠨ᠎ᠠ ᠃ ᠡᠨᠡ al 〕(ᠠᠯ) ᠭᠡᠬᠦ ᠲᠣᠬᠢᠶᠠᠯᠳᠤ ᠤᠳᠬ᠎ᠠ ᠭᠡᠷ 〔 a 〕· 〔 l 〕 ᠭᠡᠳᠡᠭ ᠠᠪᠢᠶ᠎ᠠ ᠶᠢ ᠪᠣᠯ ᠠᠩᠭᠢᠯᠠᠬᠤ ᠃ ᠡᠨᠡ ᠮᠡᠲᠦ ᠠᠩᠭᠢᠯᠠᠬᠤ ᠤᠳᠬ᠎ᠠ 〔 ɸ 〕 ᠭᠡᠳᠡᠭ ᠠᠪᠢᠶ᠎ᠠ ᠶᠢ 〔 p 〕 ᠠᠩᠭᠢᠯᠠᠭᠳᠠᠬᠤ ᠨᠢ ᠭᠣᠣᠯᠯᠠᠭᠳᠠᠬᠤ ᠮᠦᠨ ᠃ 〔 t‘al 〕(ᠲᠠᠯ᠎ᠠ) · 〔 tal 〕(ᠳᠠᠯ᠎ᠠ) · 〔 m ᠪᠠᠢ ᠪᠣᠯ ᠲᠣᠬᠢᠶᠠᠯᠳᠤᠭᠤᠯᠤᠨ ᠤᠳᠬ᠎ᠠ ᠶᠢᠨ ᠢᠯᠭᠠᠯ ᠢ ᠢᠯᠭᠠᠬᠤ ᠰᠢᠨᠵᠢ ᠭᠡᠷ ᠤᠳᠬ᠎ᠠ ᠃ ᠲᠡᠭᠦᠨ ᠡᠴᠡ ᠭᠠᠳᠠᠨ᠎ᠠ ᠤᠳᠬ᠎ᠠ ᠲᠡᠢ 〔 B 〕·

p · t · k ᠶᠢᠨ ᠬᠠᠷᠢᠴᠠᠭᠤᠯᠪᠠᠯ ᠬᠡᠯᠡᠨ ᠦ ᠳᠠᠭᠤ ᠨᠢ p—p', t—t', k—k' ᠬᠣᠶᠠᠷ ᠬᠣᠶᠠᠷ ᠪᠠᠢᠳᠠᠯ ᠲᠠᠢ ::
ᠡᠭᠦᠨ ᠳ᠋ᠦ ᠭᠡᠭᠡᠭᠡᠨ ᠠᠪᠢᠶ᠎ᠠ ᠨᠢ a — a:, e — e:,
c — c: ᠬᠣᠶᠠᠷ ᠲᠦᠷᠦᠯ ᠦᠨ ᠬᠡᠯᠪᠡᠷᠢ ᠲᠠᠢ ᠪᠣᠯᠤᠨ ᠬᠠᠷᠢᠴᠠᠭᠤᠯᠪᠠᠯ ᠳ᠋ᠤ ᠪᠠᠢᠳᠠᠯ ᠢ ᠮᠡᠳᠡᠪᠡ ::
ᠬᠠᠷᠢᠴᠠᠭᠤᠯᠪᠠᠯ ᠬᠡᠯᠡᠨ ᠦ ᠠᠪᠢᠶ᠎ᠠ ᠶᠢᠨ ᠳᠤᠲᠠᠭ ᠨᠢ 〔tʂ〕·〔tʂ'〕 ᠬᠠᠷᠢᠴᠠᠭᠤᠯᠪᠠᠯ ᠪᠠᠢᠳᠠᠯ ᠢ ᠮᠡᠳᠡᠵᠦ ᠪᠣᠯᠤᠨ᠎ᠠ ::

a ma jia gua

ᠲᠡᠭᠦᠨ ᠴᠢᠯᠦᠭᠡ ᠳᠡᠭᠡᠷ᠎ᠡ ᠦ ᠡᠭᠡᠰᠢᠭ ᠳᠣᠣᠷᠠᠬᠢ ᠳᠤᠤᠳᠠᠯᠭ᠎ᠠ ᠪᠠᠷ ᠡᠭᠦᠰᠬᠡᠭᠰᠡᠨ ᠡᠭᠡᠰᠢᠭᠯᠡᠭᠴᠢ ᠶᠢ ᠬᠠᠮᠲᠤ a ᠪᠠᠨ ᠳᠣᠣᠷᠠᠬᠢ ᠮᠡᠲᠦ

〔ε〕 tɕ'iεn（千） tɕ'yεn（圈） ɕyεn（宣）

〔ɑ〕 kɑo（高） tɑŋ（当） kɑŋ（刚）

〔a〕 kai（该） tan（单） kan（干）

〔A〕A（阿） mA（妈） tɕiA（家） kuA（瓜）

ᠵᠢᠱᠢᠶ᠎ᠡ ᠵᠢᠱᠢᠶ᠎ᠡ ᠡᠭᠡᠰᠢᠭᠯᠡᠭᠴᠢ ᠶᠢ ᠨᠢ ᠳᠤᠷᠠᠳᠴᠢᠭᠰᠠᠨ ᠲᠡᠮᠳᠡᠭ ᠪᠠᠨ :: ᠬᠡᠯᠡᠪᠡᠯ : ᠲᠡᠭᠦᠨ ᠴᠢᠯᠦᠭᠡ ᠦ A ᠡᠭᠡᠰᠢᠭᠯᠡᠭᠴᠢ ᠨᠢ

qian quan xuan ᠮᠡᠲᠦ ᠵᠡᠷᠭᠡ ::
gao dang gang
gai dan gan

ᠬᠣᠯᠪᠣᠭᠳᠠᠭᠤᠯᠤᠯ ᠲᠠᠢ ᠠᠩᠬᠠᠷᠤᠯ ᠬᠣᠣᠰ ᠡᠰᠡᠷᠭᠦᠴᠡ ᠭᠡᠢᠭᠦᠯᠦᠭᠴᠢ ᠨᠢ · ᠬᠢᠳᠠᠳ ᠤᠨ p—p‘ · t—t‘ · k—k‘ · ts—ts‘ · tʂ—tʂ‘ ᠵᠡᠷᠭᠡ ᠬᠣᠯᠪᠣᠭᠳᠠᠭᠤᠯᠤᠯ ᠲᠠᠢ ᠳᠤᠤᠳᠠᠯᠭ᠎ᠠ ᠶᠢ ᠠᠩᠭᠢᠯᠠᠬᠤ ᠳᠤ ᠪᠣᠯ ᠬᠣᠣᠰ ᠡᠰᠡᠷᠭᠦᠴᠡ ᠭᠡᠢᠭᠦᠯᠦᠭᠴᠢ ᠶᠢᠨ ᠲᠠᠯ᠎ᠠ ᠳᠤ ᠪᠣᠯᠪᠠᠰᠤ ᠬᠡᠯᠡᠨ ᠦ ᠨᠢ p—t—k · p‘—t‘—k‘ · m—n—ŋ ᠬᠡᠯᠡᠨ ᠦ · ᠬᠡᠯᠡᠨ ᠦ ᠪᠠ ᠦᠭᠡ ᠶᠢᠨ ᠲᠠᠯ᠎ᠠ ᠬᠣᠯᠪᠣᠭᠳᠠᠭᠤᠯᠤᠯ ᠲᠠᠢ ᠳᠤᠤᠳᠠᠯᠭ᠎ᠠ ᠶᠢ ᠠᠩᠭᠢᠯᠠᠬᠤ ᠳᠤ ᠬᠡᠯᠡᠨ ᠦ ᠶᠢᠨ ᠬᠣᠣᠰ ᠡᠰᠡᠷᠭᠦᠴᠡ ᠭᠡᠢᠭᠦᠯᠦᠭᠴᠢ ᠲᠠᠢ :: ᠣᠷᠣᠰ ᠬᠡᠯᠡᠨ ᠦ ᠪᠡᠷ ᠪᠣᠯ ᠳᠡᠭᠡᠷᠡᠬᠢ ᠠᠩᠭᠢᠯᠠᠯ ᠲᠠᠢ · ᠳᠤᠤᠳᠠᠯᠭ᠎ᠠ ᠬᠣᠣᠰ ᠡᠰᠡᠷᠭᠦᠴᠡ ᠭᠡᠢᠭᠦᠯᠦᠭᠴᠢ p—p‘ · t—t‘ · k—k‘ · tʃ—tʃ‘ ᠵᠡᠷᠭᠡ ᠬᠣᠣᠰ ᠡᠰᠡᠷᠭᠦᠴᠡ ᠭᠡᠢᠭᠦᠯᠦᠭᠴᠢ ᠲᠠᠢ · ᠣᠷᠣᠰ ᠬᠡᠯᠡᠨ ᠦ ᠬᠡᠯᠡᠨ ᠦ ᠬᠣᠯᠪᠣᠭᠳᠠᠭᠤᠯᠤᠯ ᠲᠠᠢ ᠭᠡᠢᠭᠦᠯᠦᠭᠴᠢ ᠨᠢ п — б · т — д · к — г · ф — в · с — ш · ж — з ᠵᠡᠷᠭᠡ ᠬᠣᠣᠰ ᠡᠰᠡᠷᠭᠦᠴᠡ ᠭᠡᠢᠭᠦᠯᠦᠭᠴᠢ ᠲᠠᠢ ᠬᠣᠯᠪᠣᠭᠳᠠᠬᠤ :: ᠬᠡᠯᠡᠨ ᠦ ᠬᠣᠯᠪᠣᠭᠳᠠᠭᠤᠯᠤᠯ ᠲᠠᠢ ᠬᠣᠣᠰ ᠡᠰᠡᠷᠭᠦᠴᠡ ᠭᠡᠢᠭᠦᠯᠦᠭᠴᠢ ᠶᠢ ᠬᠡᠯᠡᠨ ᠦ ᠬᠣᠯᠪᠣᠭᠠᠨ ᠦ ᠬᠡᠯᠡᠯᠴᠡᠬᠦ ᠢ

tʃ(ᠴ᠂ᠵ) ᠡᠭᠡᠰᠢᠭ ᠳᠦᠷᠢᠮᠵᠢᠯ ᠪᠠᠷ ᠪᠢᠯᠡᠭᠡ ::

ᠳᠤᠷᠠᠨ ᠪᠣᠯᠭᠠᠬᠤ ᠡᠴᠡ ᠪᠤᠰᠤᠳ t'·tʃ'(ᠲ᠂ᠴ) ᠡᠭᠡᠰᠢᠭ ᠪᠡᠨ n·m·l·ŋ(ᠨ᠂ᠮ᠂ᠯ᠂ᠩ) ᠡᠴᠡ ᠪᠤᠰᠤᠳ t·

ᠳᠦᠷ ᠬᠦᠷᠭᠡ᠂ ᠡᠭᠡᠷᠡᠭ᠂ :: ᠬᠡᠷᠡᠭᠯᠡᠬᠦ ᠪᠢᠴᠢᠭ ᠡᠴᠡ ᠪᠣᠯᠤᠨ ᠳᠦ p·g·r·s·t〔ᠪ᠂ᠭ(ᠬ)᠂ᠷ᠂ᠰ᠂ᠳ〕

i ᠳᠦᠷ ᠬᠦᠷᠭᠡ᠂ ᠡᠭᠡᠰᠢᠭ ᠰᠢᠨᠵᠢᠯᠡᠭ :: ᠪᠣᠯᠤᠨ y ᠳᠦᠷ ᠬᠦᠷᠭᠡ᠂ ᠡᠭᠡᠰᠢᠭ ᠰᠢᠨᠵᠢ ᠡᠭᠡᠷᠡᠭ :: tʃ·tʃ'·ʃ ᠰᠢᠭ ᠳᠡᠭᠡᠪᠦᠷ i·y

s·k·k'·x·tʂ·tʂ'·ʂ ᠳᠤᠷᠠᠨ ᠭᠡᠭᠦᠯᠭᠡᠭᠴᠢ ᠡᠭᠡᠰᠢᠭ ᠡᠭᠡᠷᠡᠭ :: p·p'·m·t·t' ᠳᠤᠷᠠᠨ ᠭᠡᠭᠦᠯᠭᠡᠭᠴᠢ ᠶᠢ

ᠪᠢᠯᠡᠭᠡ :: ᠪᠣᠯᠤᠨ ᠪᠣᠯᠤᠨ ᠳᠦ ᠬᠣᠶᠠᠷ ᠵᠠᠭᠤᠷᠠ ᠡᠭᠡᠷᠡ ᠰᠢᠨᠵᠢᠯᠡᠭ ᠰᠢᠨᠵᠢ i·y ᠭᠡᠭᠦᠯᠭᠡᠭᠴᠢ ᠳᠦᠷ ᠬᠦᠷᠭᠡ᠂ f·ts·ts'·

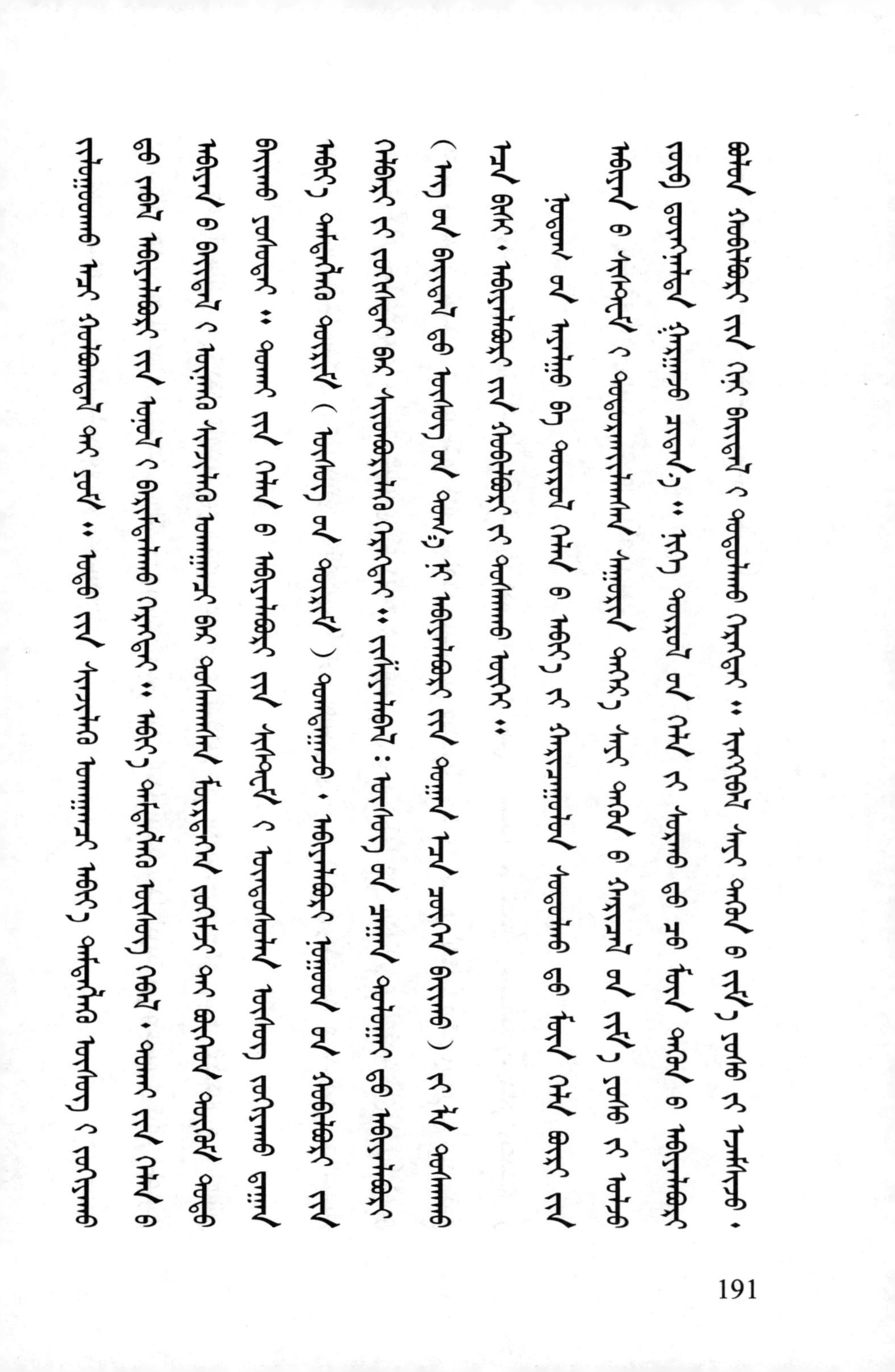

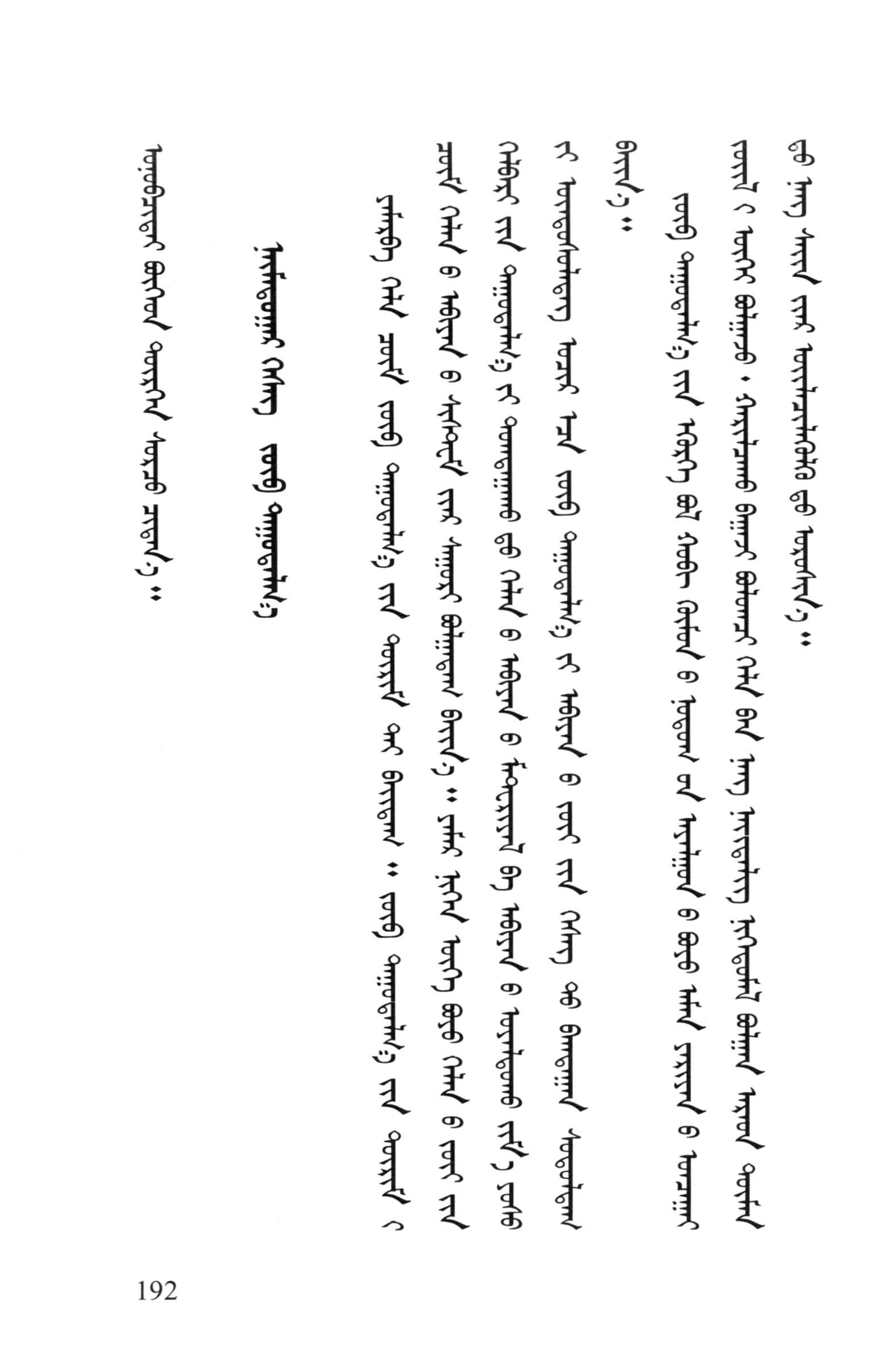

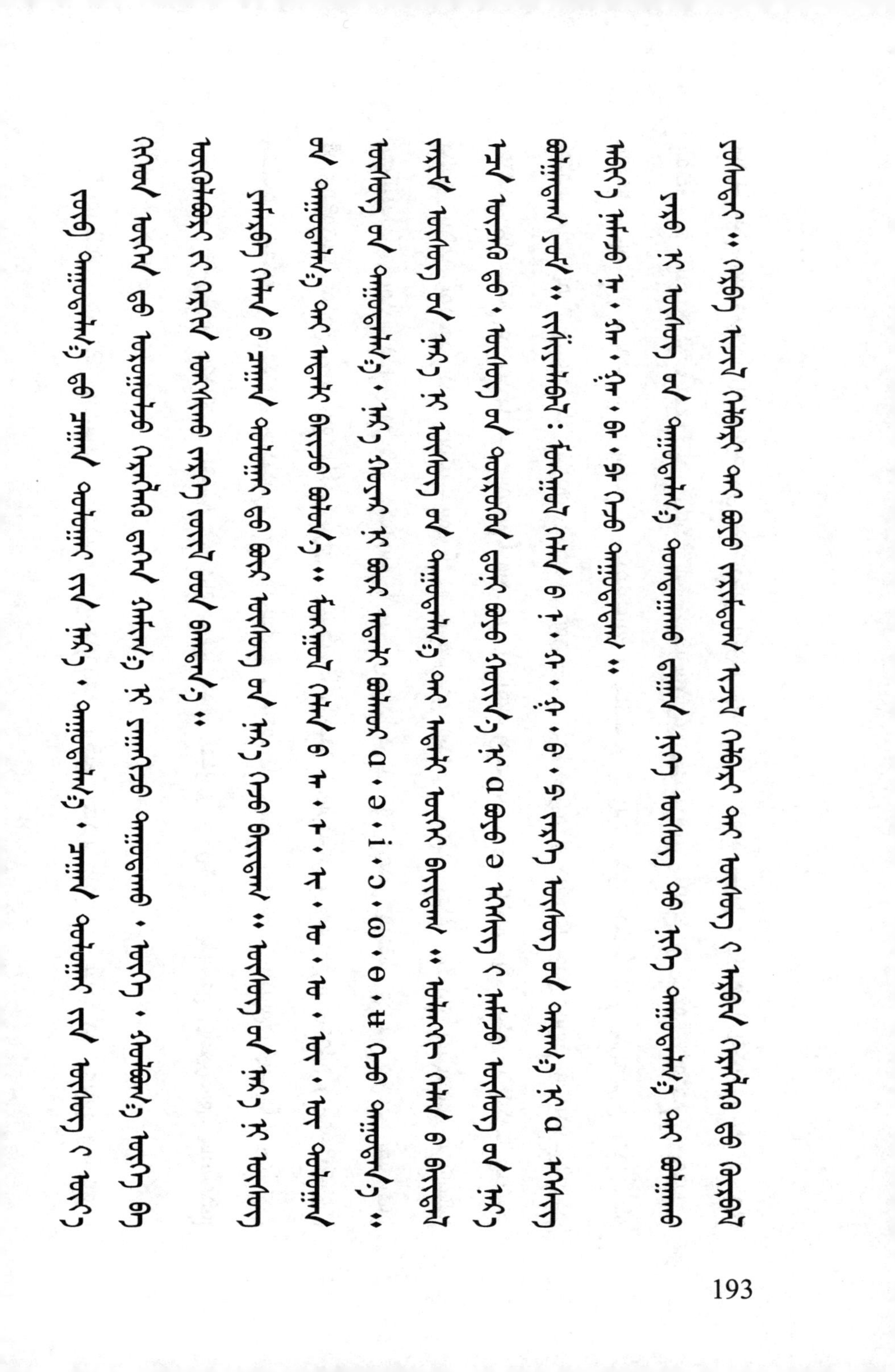

[illegible]

[illegible] ᠠ᠂ ᠡ᠂ ᠢ᠂ ᠣ᠂ ᠤ᠂ ᠥ᠂ ᠦ [illegible] ɑ · ə · i · ɔ · ʊ · ɵ · ʉ [illegible] ɑ [illegible] ə [illegible] ɑ [illegible]

[illegible]

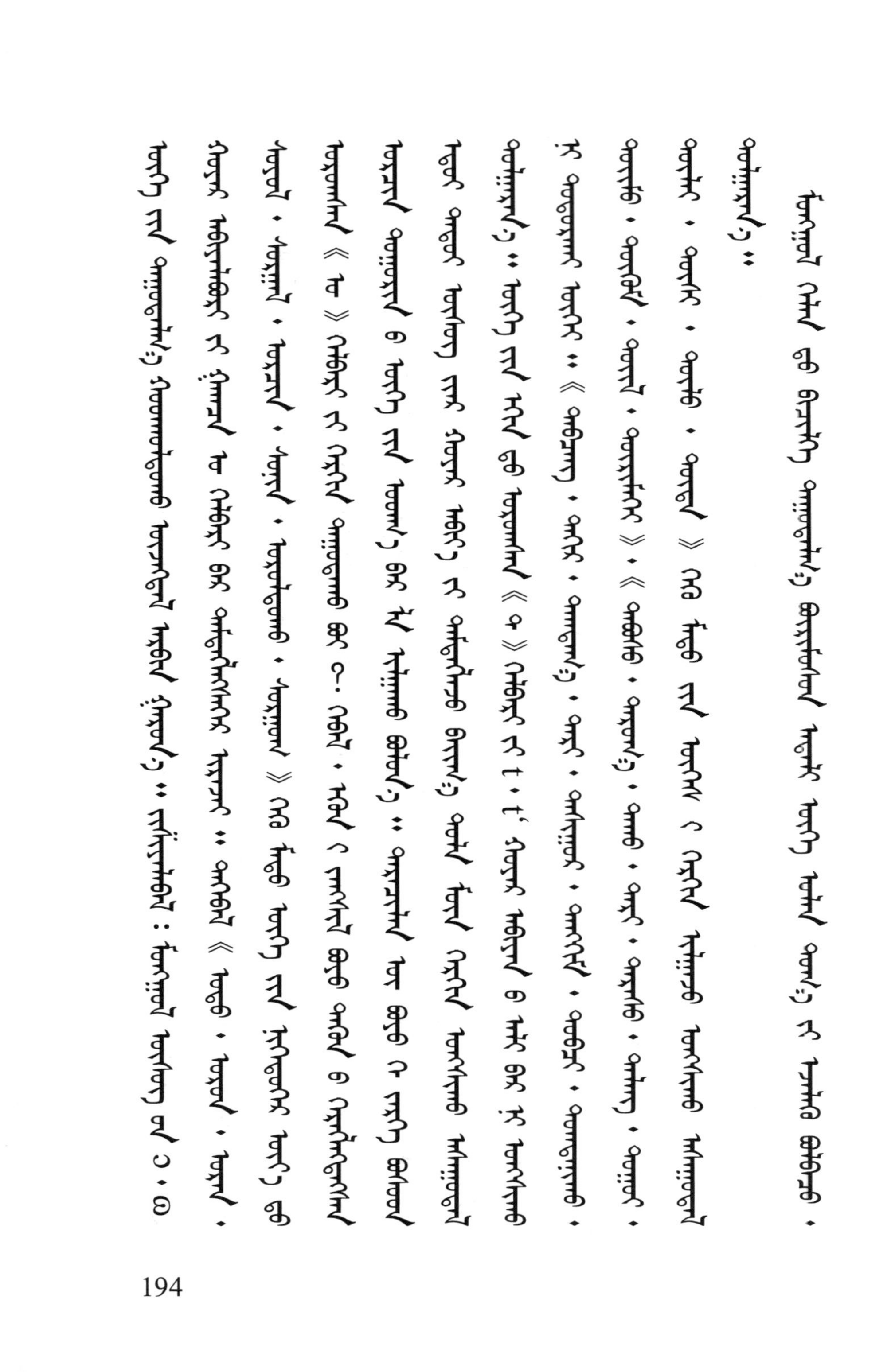

[illegible] ·

[illegible] ::

[illegible] · [illegible] · [illegible] · [illegible] 》 [illegible]

[illegible] · [illegible] · [illegible] · [illegible] 》 · 《 [illegible] · [illegible] · [illegible] · [illegible] · [illegible] · [illegible] · [illegible] ·

[illegible] :: 《 [illegible] · [illegible] · [illegible] · [illegible] · [illegible] · [illegible] · [illegible] · [illegible] ·

[illegible] :: [illegible] 《 [illegible] 》 [illegible] t · t' [illegible]

[illegible]

[illegible] :: [illegible]

[illegible] 《 [illegible] 》 [illegible] · [illegible] · [illegible]

[illegible] · [illegible] · [illegible] · [illegible] · [illegible] · [illegible] 》 [illegible]

[illegible] :: [illegible] 《 [illegible] · [illegible] · [illegible] ·

[illegible] :: [illegible] : [illegible] · [illegible]

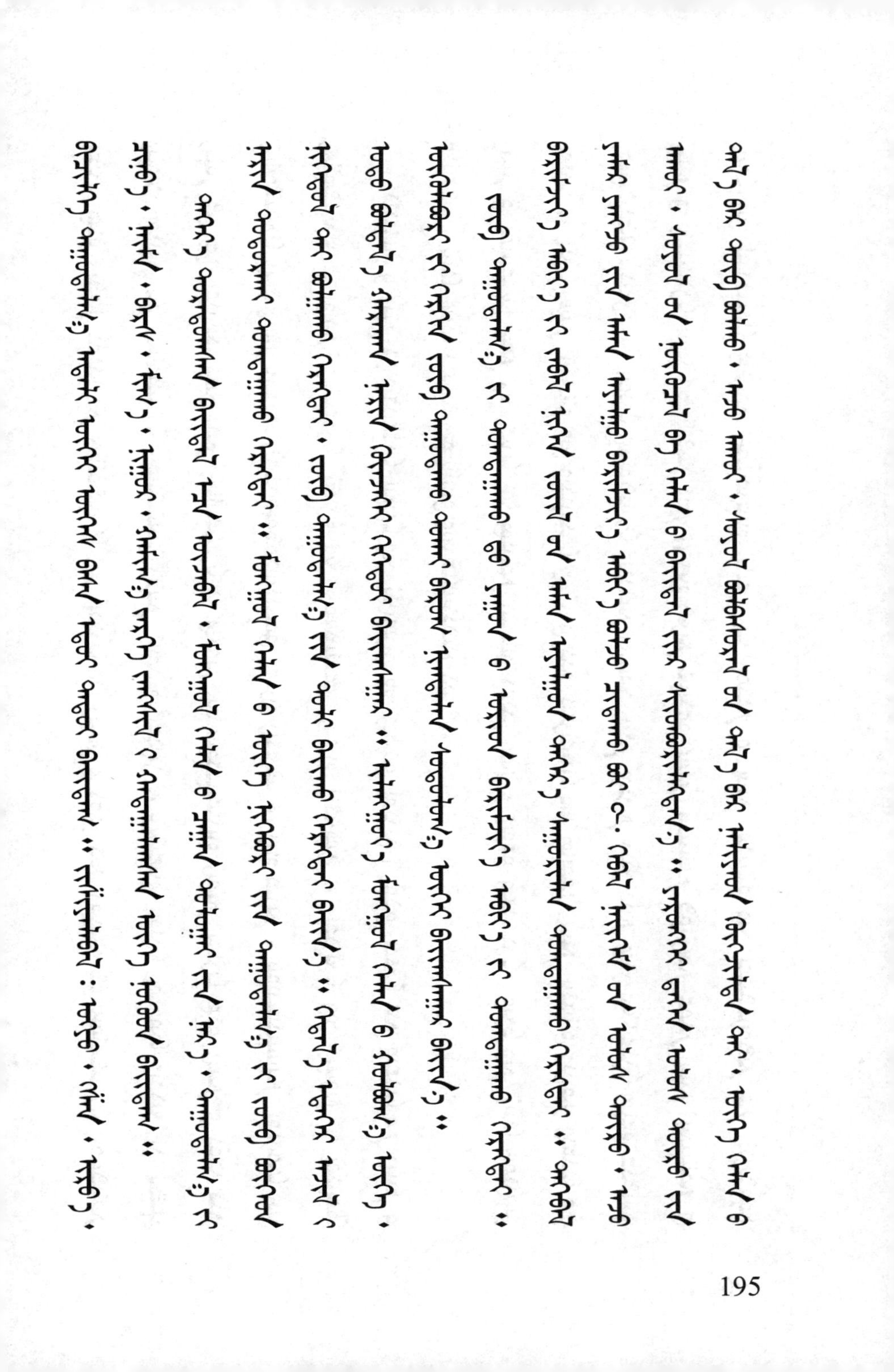

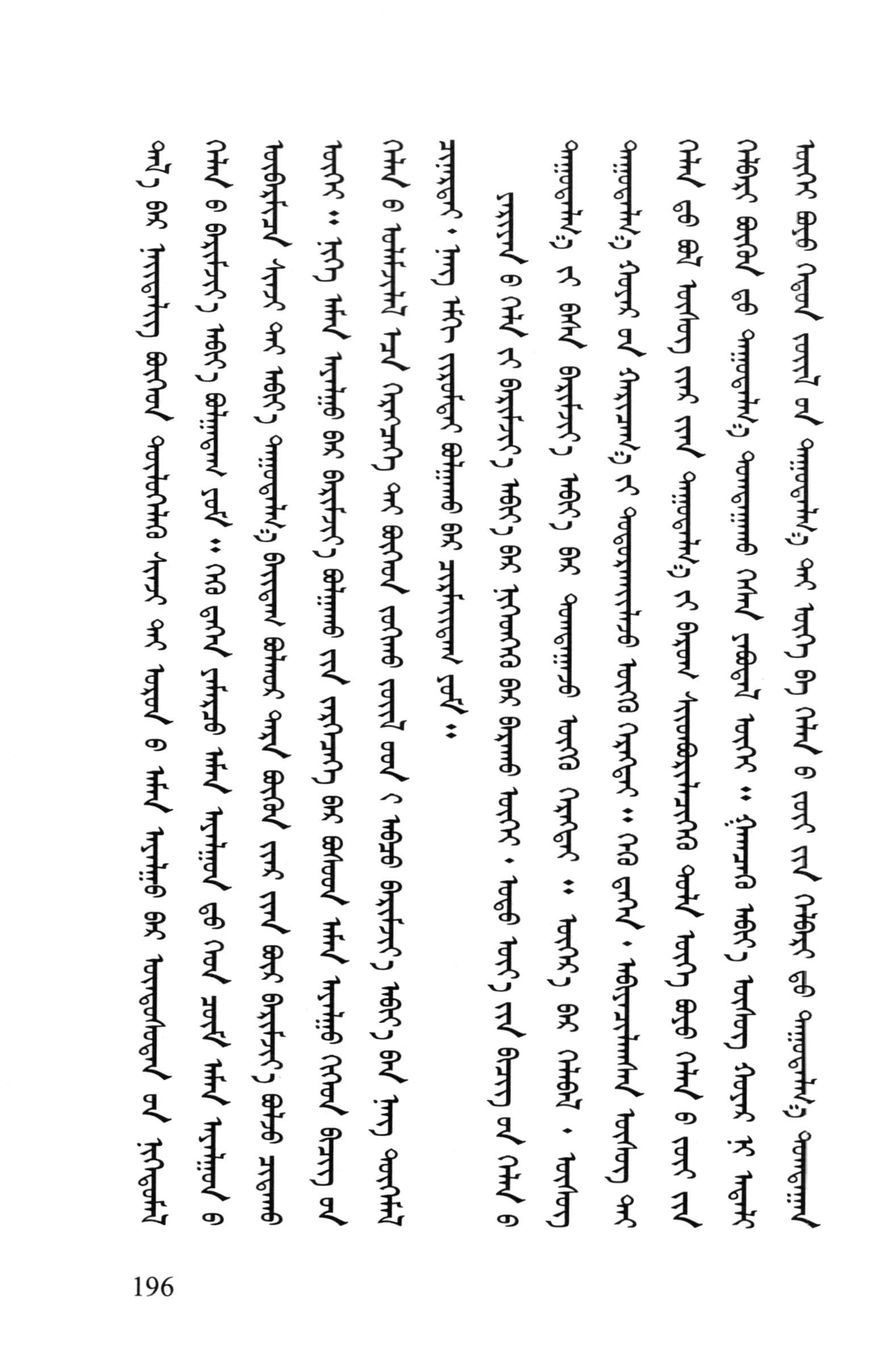

ᠤ ᠪᠠᠢᠷᠢᠨ ᠤ ᠬᠤᠪᠢᠷᠠᠯ ᠢ ᠰᠤᠳᠤᠯᠤᠭᠰᠠᠨ ᠪᠠᠢᠨ᠎ᠠ ᠃ ᠨᠢᠭᠡ ᠵᠢᠱᠢᠶ᠎ᠡ ᠳᠤ ᠬᠡᠯᠡᠪᠡᠯ ᠄ ᠳᠠᠭᠤ ᠠᠪᠢᠶ᠎ᠠ ᠶᠢᠨ ᠬᠤᠪᠢᠷᠠᠯ ᠢ ᠣᠷᠤᠰ ᠬᠡᠯᠡᠨ ᠦ ᠳᠤᠭᠤᠳᠠᠯᠭ᠎ᠠ ᠳᠤ ᠪᠠᠢᠨ᠎ᠠ ᠃

ᠬᠤᠪᠢᠷᠠᠯ ᠤᠨ ᠵᠠᠷᠢᠮ ᠨᠢ ᠳᠠᠭᠤᠳᠠᠯᠭ᠎ᠠ ᠶᠢᠨ ᠣᠷᠤᠨ ᠨᠢ ᠬᠤᠪᠢᠷᠠᠵᠤ ᠃ ᠬᠤᠪᠢᠷᠠᠭᠰᠠᠨ ᠳᠠᠭᠤ ᠠᠪᠢᠶ᠎ᠠ ᠶᠢᠨ ᠬᠤᠪᠢᠷᠠᠯ ᠳᠤ ᠬᠠᠮᠢᠶᠠᠷᠠᠯ ᠲᠠᠢ ᠪᠠᠢᠨ᠎ᠠ ᠃

ᠭᠡᠯ ᠬᠦᠮᠦᠨ ᠦ ᠰᠤᠳᠤᠯᠤᠯ ᠳᠤ ᠪᠢᠴᠢᠭᠳᠡᠭᠰᠡᠨ ᠪᠠᠢᠨ᠎ᠠ ᠃

ᠬᠢᠳᠠᠳ ᠬᠡᠯᠡᠨ ᠳᠦ (ᠵᠢᠱᠢᠶᠡᠯᠡᠪᠡᠯ) ᠬᠦᠮᠦᠨ ᠦ ᠳᠤᠭᠤᠳᠠᠯᠭ᠎ᠠ ᠳᠤ ᠲᠤᠬᠠᠢ ᠨᠢ ᠪᠠᠢᠳᠠᠭ ᠃ ᠵᠢᠱᠢᠶᠡᠯᠡᠪᠡᠯ ᠄ 会议 ᠭᠡᠳᠡᠭ ᠦᠭᠡ ᠶᠢᠨ 会 ᠭᠡᠳᠡᠭ ᠦᠰᠦᠭ hùi · kùi (kuai) ᠭᠡᠵᠦ ᠳᠤᠭᠤᠳᠠᠭᠳᠠᠳᠠᠭ ᠃ 学校 ᠭᠡᠳᠡᠭ ᠦᠭᠡ ᠶᠢᠨ 校 ᠭᠡᠳᠡᠭ ᠦᠰᠦᠭ xiào (jiào) ᠭᠡᠵᠦ ᠪᠠᠰᠠ ᠳᠤᠭᠤᠳᠠᠭᠳᠠᠳᠠᠭ ᠃

ᠣᠷᠤᠰ ᠬᠡᠯᠡᠨ ᠳᠦ ᠳᠠᠭᠤᠳᠠᠯᠭ᠎ᠠ ᠦᠭᠡᠢ ᠠᠪᠢᠶ᠎ᠠ ᠶᠢᠨ ᠬᠤᠪᠢᠷᠠᠯ ᠨᠢ ᠶᠠᠮᠠᠷ ᠨᠢᠭᠡ ᠳᠦᠷᠢᠮ ᠲᠠᠢ ᠪᠤᠯᠤᠨ᠎ᠠ ᠃

онá (ᠠᠨ᠎ᠠ) — 〔ʌna〕· доскá (ᠳᠠᠰᠺᠠ) — 〔tʌsk‘ɑ〕 ᠭᠡᠬᠦ ᠮᠡᠲᠦ ᠃

ᠳᠠᠭᠤᠳᠠᠯᠭ᠎ᠠ ᠦᠭᠡᠢ ᠣ ᠨᠢ 〔ʌ〕 ᠪᠣᠯᠵᠤ ᠳᠤᠭᠤᠳᠠᠭᠳᠠᠳᠠᠭ ᠃ Водá (ᠸᠠᠳᠠ) — 〔vʌtɑ〕·

ᠳᠠᠭᠤᠳᠠᠯᠭ᠎ᠠ ᠦᠭᠡᠢ ᠳ ᠨᠢ ᠲ ᠪᠣᠯᠵᠤ ᠬᠤᠪᠢᠷᠠᠨ᠎ᠠ ᠃ ᠵᠢᠱᠢᠶᠡᠯᠡᠪᠡᠯ ᠄ ᠪᠢᠴᠢᠭ ᠦᠨ ᠬᠡᠯᠡᠨ ᠳᠦ ᠳᠤᠭᠤᠳᠠᠭᠳᠠᠳᠠᠭ ᠃

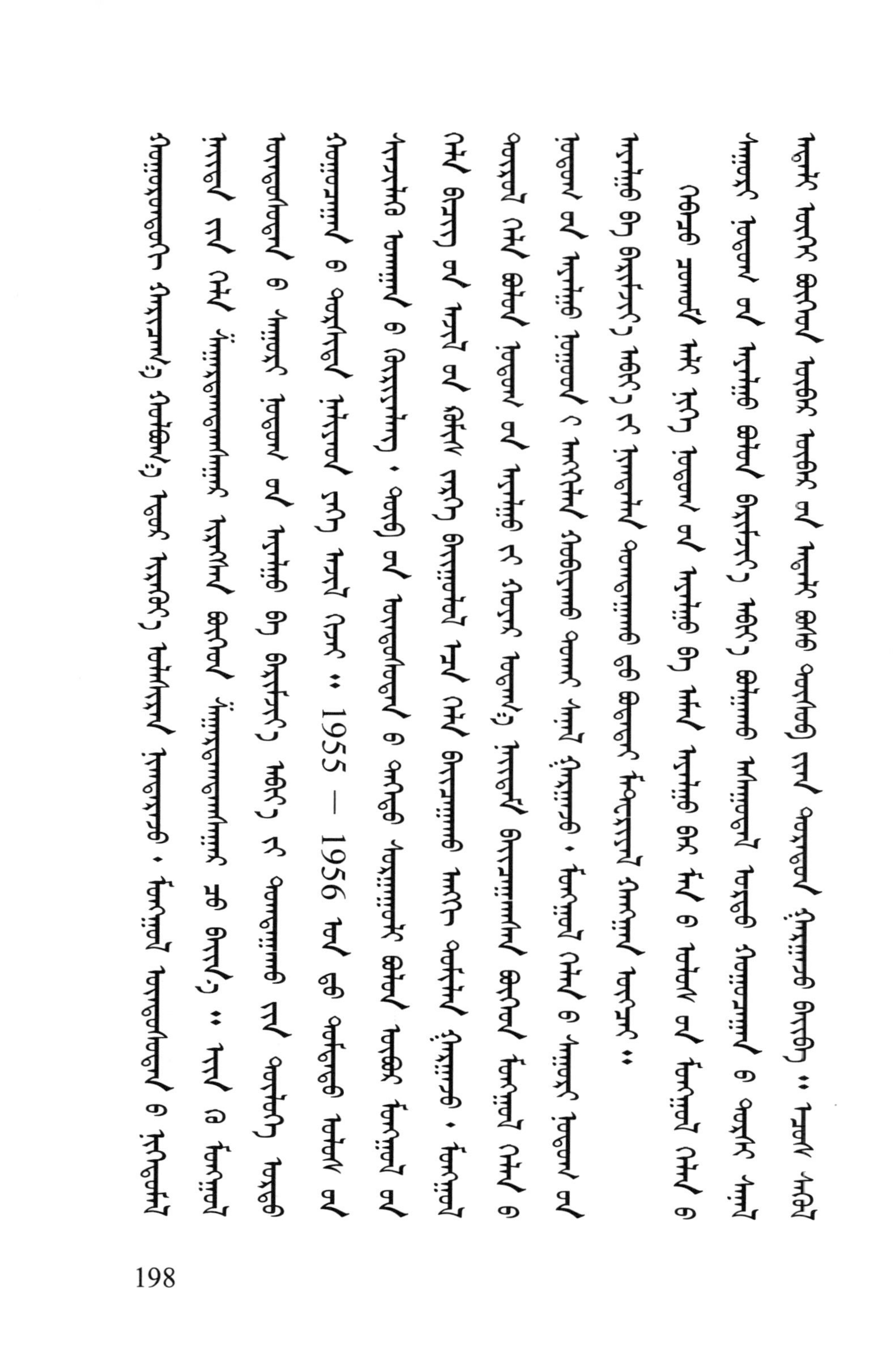

[illegible] :: [illegible]

[illegible] :: 1955 — 1956 [illegible]

[illegible] ::

[illegible]

ᠬᠡᠯᠡᠨ ᠲᠣᠭᠣᠣ ᠪᠡᠷ ᠰᠤᠷᠪᠤᠯᠵᠢᠯᠠᠨ ᠪᠢᠴᠢᠭ᠌ ᠦᠨ ᠰᠤᠳᠤᠯᠭᠠᠨ ᠤ ᠮᠠᠲ᠋ᠧᠷᠢᠶᠠᠯ ᠢ ᠪᠦᠷᠢᠳᠬᠡᠨ ᠮᠡᠳᠡᠭᠡ
ᠬᠡᠪᠯᠡᠯ ᠦᠨ ᠬᠡᠯᠡ ᠶᠢᠨ ᠰᠤᠳᠤᠯᠭᠠᠨ ᠤ ᠬᠤᠪᠢ ᠳᠤ ᠣᠷᠣᠭᠤᠯᠤᠭᠰᠠᠨ ᠠᠵᠢᠯ ᠢ ᠪᠢᠴᠢᠭᠰᠡᠨ ᠪᠠᠶᠢᠨ᠎ᠠ ᠄ ᠡᠨᠡ ᠨᠢ ᠮᠣᠩᠭᠣᠯ ᠬᠡᠯᠡᠨ ᠦ ᠰᠤᠳᠤᠯᠭᠠᠨ ᠳᠤ
ᠬᠡᠷᠡᠭᠯᠡᠭᠳᠡᠭᠰᠡᠨ ᠮᠠᠲ᠋ᠧᠷᠢᠶᠠᠯ ᠤᠨ 1962 ᠣᠨ ᠤ 1 ᠳᠦᠭᠡᠷ ᠰᠠᠷ᠎ᠠ ᠳᠤ ᠪᠠᠶᠢᠭᠤᠯᠤᠭᠰᠠᠨ ᠬᠡᠯᠡᠨ ᠦ
ᠰᠤᠳᠤᠯᠭᠠᠨ ᠤ ᠬᠤᠷᠠᠯ ᠳᠤ ᠣᠷᠣᠯᠴᠠᠭᠰᠠᠨ ᠡᠷᠳᠡᠮᠲᠡᠨ ᠦ ᠪᠢᠳᠡᠬᠦᠨ ᠦ ᠰᠤᠷᠪᠤᠯᠵᠢᠯᠠᠯ ᠤᠨ ᠬᠠᠮᠲᠤ
ᠬᠡᠪᠯᠡᠭᠰᠡᠨ ᠪᠢᠴᠢᠭ᠌ ᠦᠨ ᠬᠡᠯᠡ ᠶᠢᠨ ᠮᠡᠳᠡᠭᠡ ᠪᠤᠶᠤ ᠰᠤᠳᠤᠯᠭᠠᠨ ᠤ ᠪᠦᠲᠦᠭᠡᠯ ᠢ ᠨᠡᠢᠲᠡᠯᠡᠭᠰᠡᠨ ᠪᠠᠶᠢᠨ᠎ᠠ ᠄᠄

ᠲᠡᠷᠡ ᠮᠡᠳᠡᠭᠡ ᠰᠤᠷᠪᠤᠯᠵᠢᠯᠠᠬᠤ ᠶᠠᠮᠠᠷ ᠨᠢᠭᠡ ᠪᠠᠷᠢᠮᠲᠠ ᠪᠢᠴᠢᠭ᠌ ᠰᠤᠳᠤᠯᠤᠭᠰᠠᠨ ᠠᠷᠭ᠎ᠠ ᠶᠢᠨ ᠬᠡᠮᠵᠢᠶᠡᠨ ᠦ
ᠪᠢᠴᠢᠭᠳᠡᠬᠦᠨ ᠬᠡᠷᠡᠭ ᠂ ᠲᠡᠭᠦᠨ ᠦ ᠬᠡᠮᠵᠢᠶᠡᠭᠦᠯᠦᠯᠲᠡ ᠶᠢᠨ ᠠᠷᠭ᠎ᠠ ᠪᠠ ᠬᠡᠷᠡᠭᠯᠡᠭᠡ ᠨᠢ ᠮᠣᠩᠭᠣᠯ ᠬᠡᠯᠡᠨ ᠦ
ᠰᠤᠳᠤᠯᠭᠠᠨ ᠤ ᠬᠡᠷᠡᠭᠰᠡᠭᠡ ᠪᠠᠶᠢᠨ᠎ᠠ ᠄᠄ ᠬᠡᠯᠡᠯᠴᠡᠭᠡ ᠄ ᠮᠣᠩᠭᠣᠯ ᠬᠡᠯᠡ ᠪᠢᠴᠢᠭ᠌ ᠤᠨ ᠬᠡᠮᠵᠢᠶᠡᠭᠦᠯᠦᠯᠲᠡ ᠶᠢᠨ ᠠᠷᠭ᠎ᠠ ᠮᠣᠩᠭᠣᠯ
ᠬᠡᠮᠵᠢᠶᠡᠭᠦᠯᠦᠯᠲᠡ ᠶᠢᠨ ᠬᠡᠮᠵᠢᠶ᠎ᠡ ᠂ ᠲᠡᠭᠦᠨ ᠦ ᠬᠡᠮᠵᠢᠶᠡ ᠮᠣᠩᠭᠣᠯ ᠪᠢᠴᠢᠭ᠌ ᠦᠨ ᠪᠢᠴᠢᠭᠳᠡᠭᠰᠡᠨ ᠪᠠᠶᠢᠨ᠎ᠠ ᠄᠄ ᠡᠨᠡ ᠨᠢ ᠮᠣᠩᠭᠣᠯ ᠂
ᠲᠡᠷᠡ ᠪᠢᠴᠢᠭ᠌ ᠦᠨ ᠪᠢᠴᠢᠭ᠌ ᠦᠨ ᠮᠣᠩᠭᠣᠯ ᠬᠡᠯᠡᠨ ᠦ ᠪᠢᠴᠢᠭ᠌ ᠦᠨ ᠬᠡᠯᠡᠯᠴᠡᠭᠡ ᠶᠢᠨ ᠪᠢᠴᠢᠭᠳᠡᠬᠦᠨ ᠬᠡᠷᠡᠭᠯᠡᠭᠡ ᠶᠢ ᠪᠢ
ᠬᠤᠷᠢᠶᠠᠨ ᠳᠤ ᠮᠣᠩᠭᠣᠯ ᠬᠡᠯᠡᠨ ᠦ ᠪᠣᠳᠣᠭᠠᠯ ᠪᠣᠯᠤᠨ ᠰᠤᠷᠪᠤᠯᠵᠢᠯᠠᠯ ᠤᠨ ᠵᠠᠰᠠᠭ ᠵᠠᠬᠢᠷᠭᠠᠨ ᠪᠢᠴᠢᠭᠳᠡᠭᠰᠡᠨ ᠪᠠᠶᠢᠨ᠎ᠠ ᠄᠄

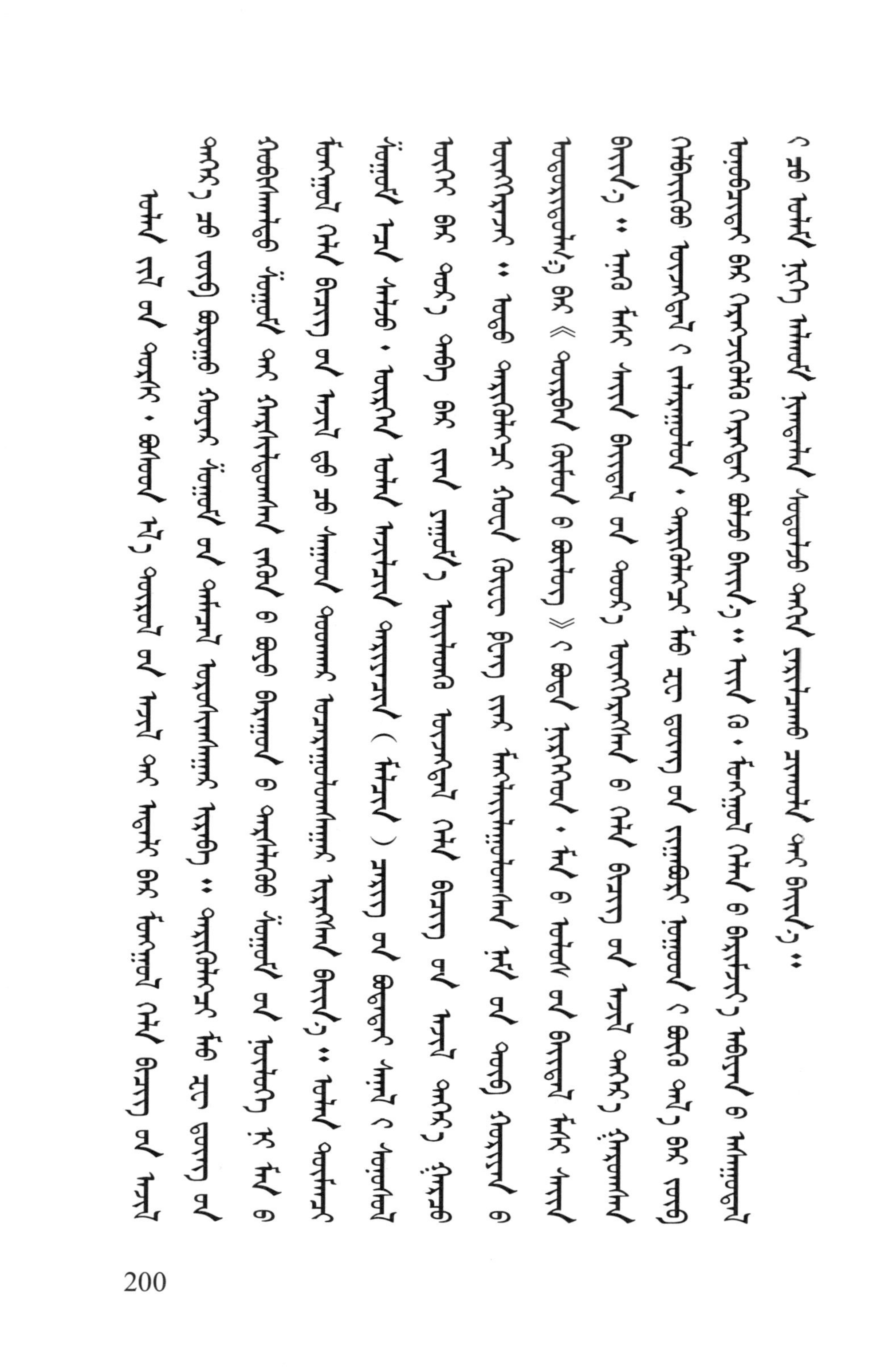

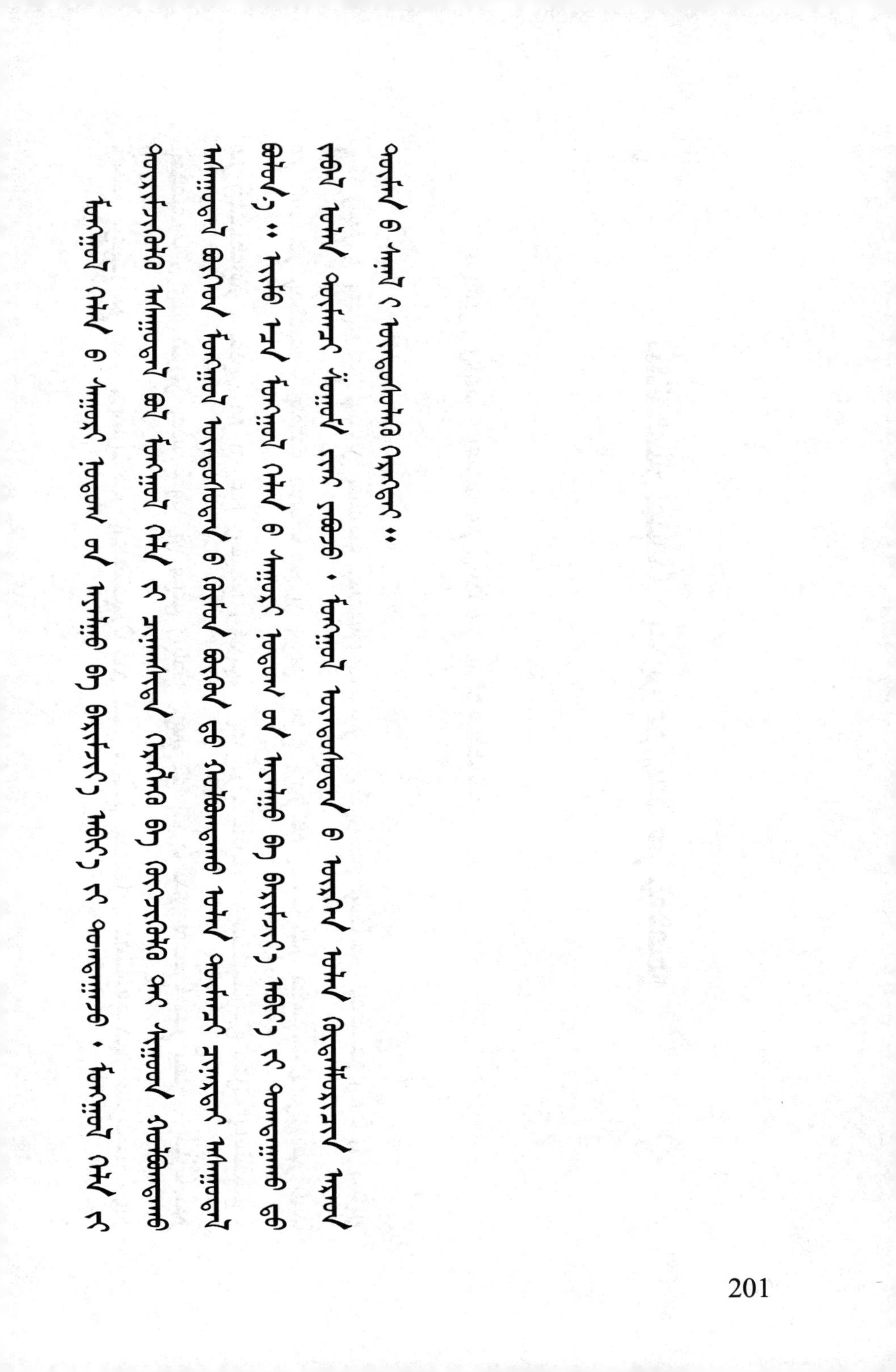

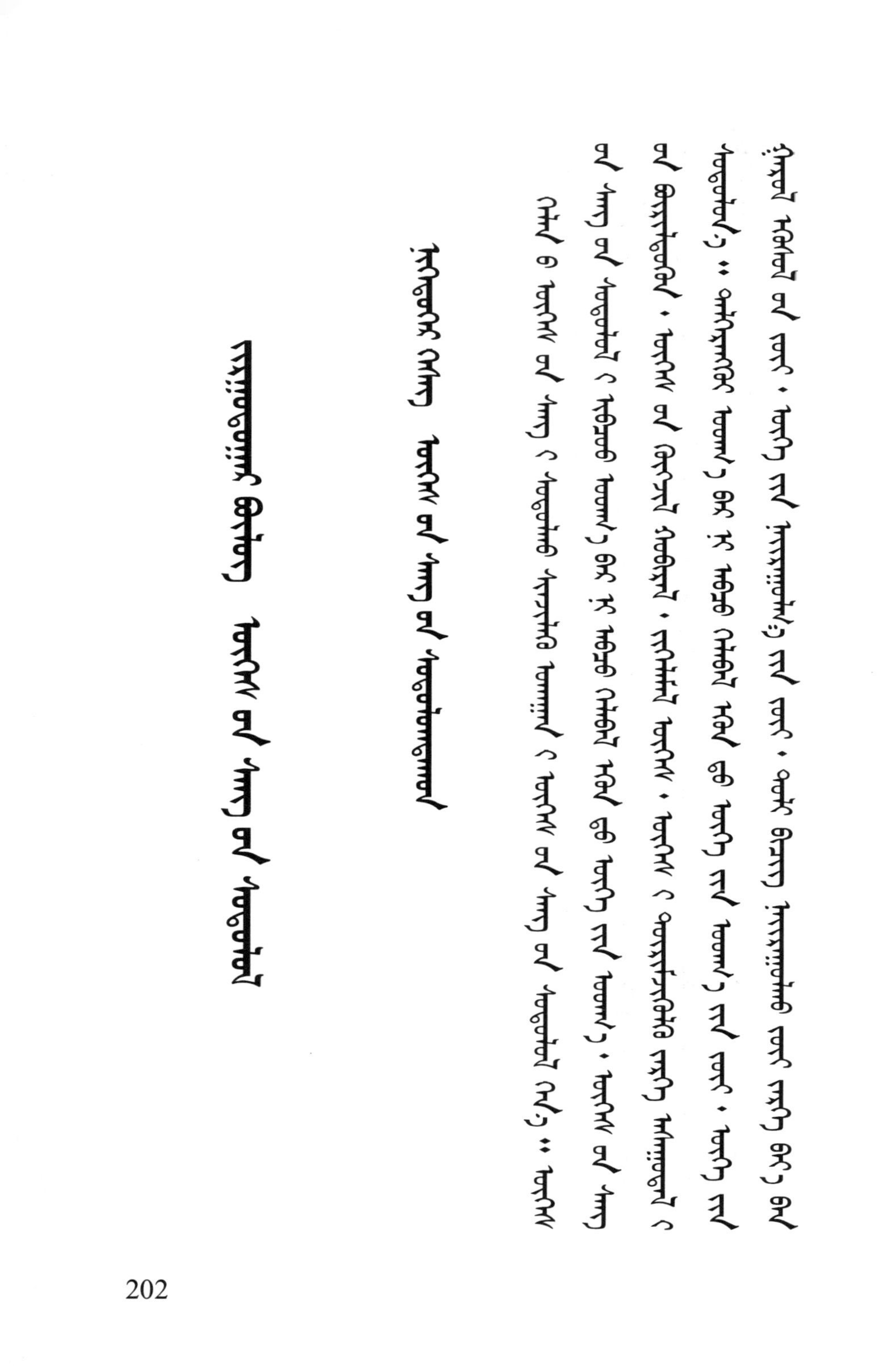

[illegible]

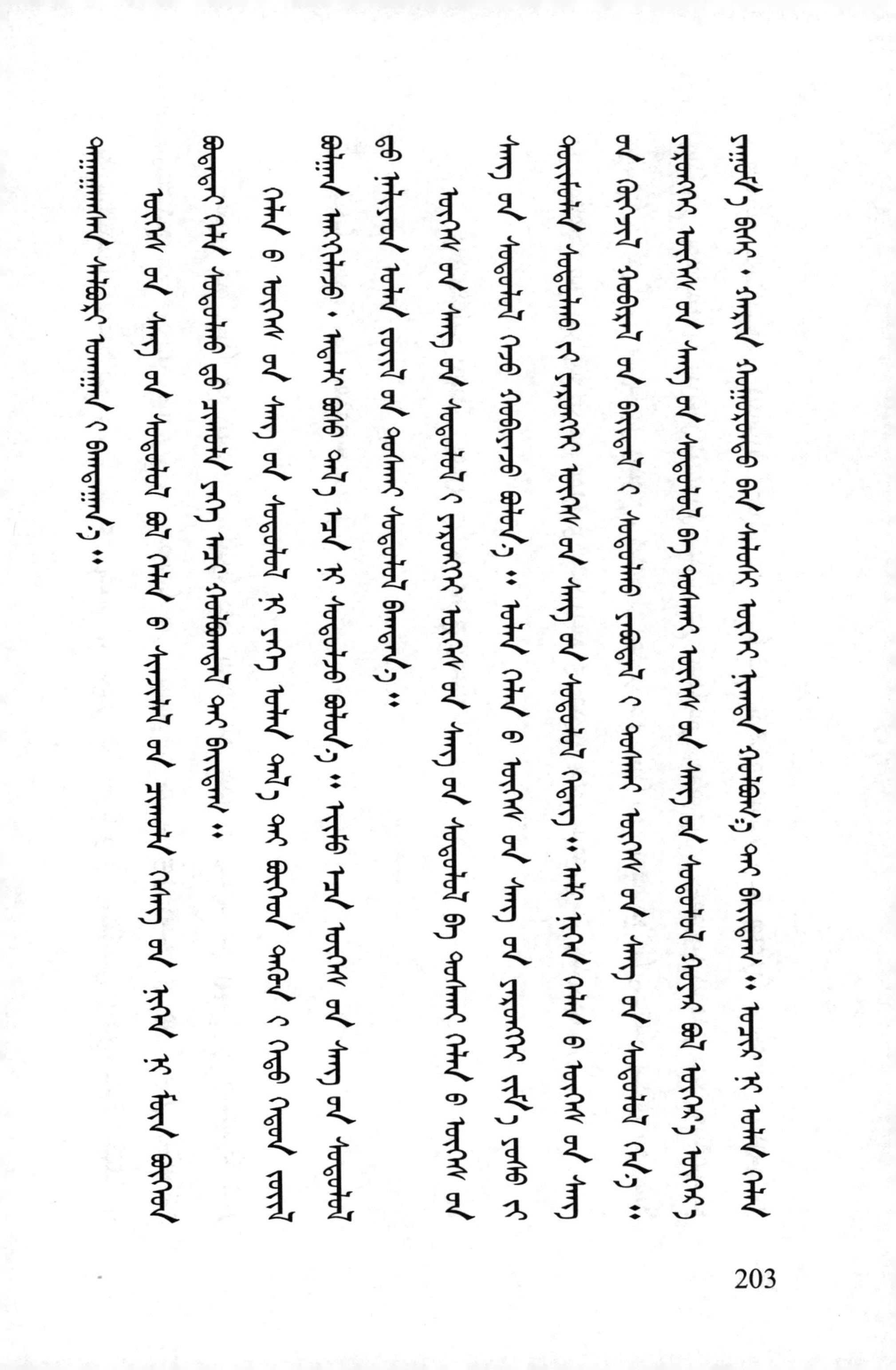

[illegible]

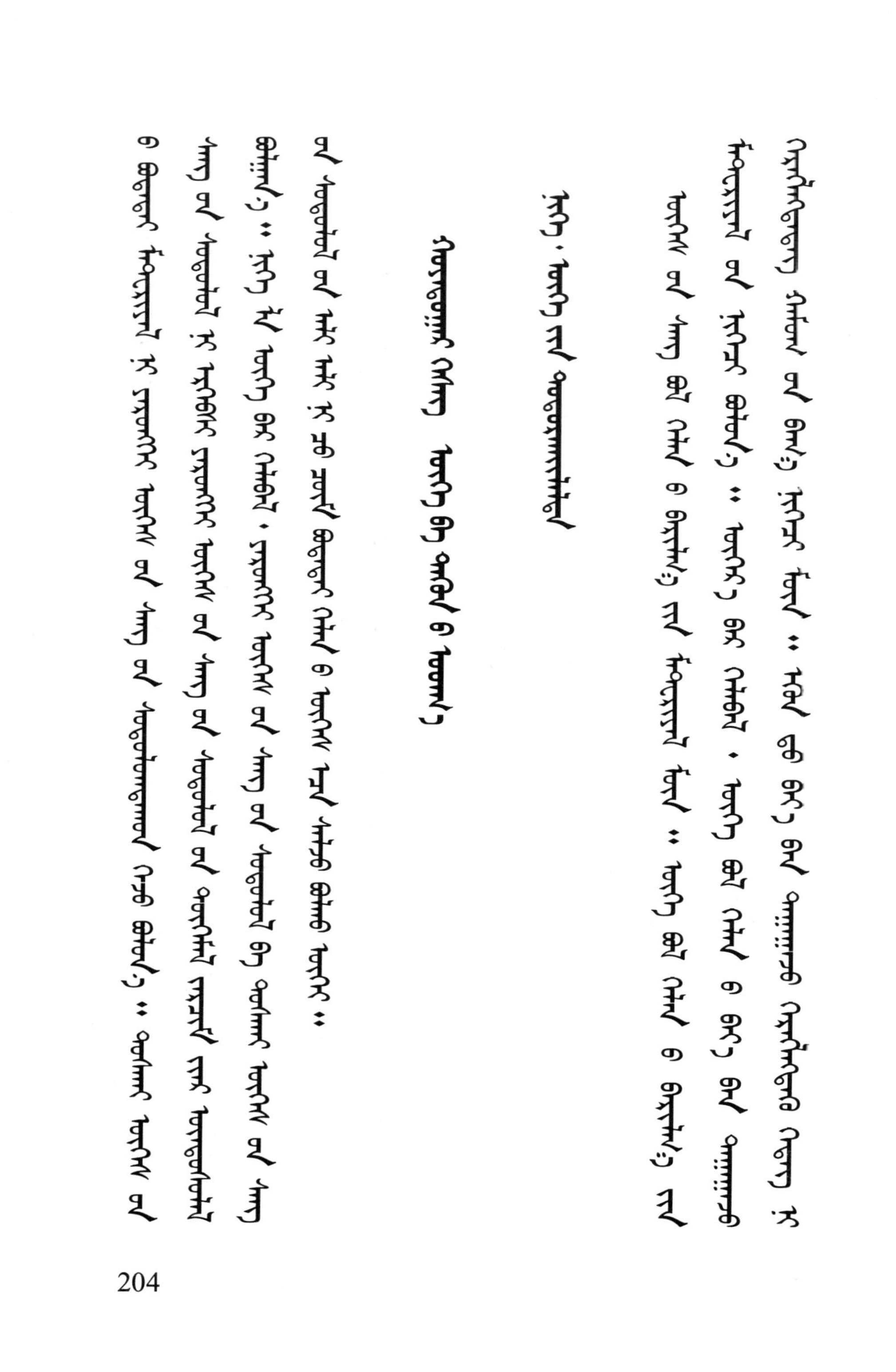

ᠰᠠᠢᠬᠠᠨ ᠶᠠᠭᠤᠨ ᠨᠢᠭᠤᠷ ᠲᠤᠷ᠎ᠠ ᠲᠡᠭᠦᠨ ᠦ ᠶᠠᠭᠤᠮ᠎ᠠ ᠳᠤ ᠪᠤᠯᠤᠭᠰᠠᠨ ᠪᠡᠯᠡᠭ ᠳᠡᠭᠡᠷᠡ ᠶᠠᠭᠤ ᠪᠡᠷ ᠪᠣᠯᠬᠤ ᠶᠢ ᠮᠡᠳᠡᠬᠦ

ᠪᠣᠯ ᠪᠠᠢᠨ᠎ᠠ ᠨᠢᠭᠤᠷ ᠲᠤ ᠳᠤᠷ᠎ᠠ ᠦᠭᠡᠢ ᠪᠣᠯ ᠶᠠᠭᠤᠮ᠎ᠠ ᠶᠢᠨ ᠳᠤᠷ᠎ᠠ ᠪᠠᠷ ᠬᠢᠵᠦ ᠪᠣᠯᠤᠨ᠎ᠠ :: ᠲᠡᠷᠡ ᠴᠢ 《 ᠮᠡᠳᠡᠬᠦ ᠪᠣᠯ

ᠪᠣᠯ ᠰᠠᠢᠬᠠᠨ ᠮᠠᠭᠤ ᠶᠢᠨ ᠬᠡᠮᠵᠢᠶ᠎ᠡ ᠶᠢ ᠮᠡᠳᠡᠬᠦ ᠦᠭᠡᠢ 》 ᠭᠡᠵᠦ ᠶᠠᠭᠤ ᠪᠡᠷ ᠪᠤᠰᠤ ᠪᠣᠯᠬᠤ ᠦᠭᠡᠢ!

ᠶᠠᠭᠤᠮ᠎ᠠ ᠂ ᠰᠠᠢᠬᠠᠨ ᠮᠠᠭᠤ ᠂ ᠬᠡᠷᠡᠭ ᠂ ᠪᠣᠯᠤᠮᠵᠢ ᠂ ᠮᠡᠳᠡᠯᠭᠡ ᠶᠢᠨ ᠬᠡᠮᠵᠢᠶ᠎ᠡ ᠲᠤ ᠶᠠᠭᠤᠨ ᠪᠡᠷ ᠬᠡᠷᠡᠭ ᠶᠠᠭᠤᠨ ᠤ

ᠬᠠᠮᠢᠶᠠᠷᠠᠯ ᠮᠡᠳᠡᠭᠳᠡᠬᠦ ᠂ ᠮᠡᠳᠡᠭᠳᠡᠬᠦ ᠶᠠᠭᠤᠮ᠎ᠠ ᠲᠠᠢ ᠪᠠᠢᠬᠤ ᠪᠠᠢᠳᠠᠯ ᠮᠡᠳᠡᠭᠳᠡᠬᠦ ᠪᠠᠢᠳᠠᠯ ᠲᠠᠢ ᠪᠠᠢᠬᠤ ᠪᠠᠢᠳᠠᠯ ᠢᠶᠠᠷ ᠬᠠᠷᠢᠴᠠᠭᠤᠯᠬᠤ

ᠭᠡᠵᠡᠢ ::

ᠲᠡᠷᠡ ᠪᠡᠷ ᠶᠠᠭᠤᠨ ᠪᠣᠯ ᠶᠠᠭᠤᠮ᠎ᠠ ᠲᠠᠢ ᠨᠢᠭᠡᠳᠦᠭᠡᠷ ᠰᠠᠢᠬᠠᠨ ᠲᠡᠷᠡ ᠪᠠᠢᠳᠠᠯ ᠬᠡᠷᠡᠭ ᠶᠠᠭᠤᠨ ᠂ ᠶᠠᠭᠤᠮ᠎ᠠ

ᠬᠠᠮᠢᠭ᠎ᠠ ᠦᠭᠡᠢ ᠳᠤᠲᠠᠭᠳᠠᠬᠤ :: ᠶᠠᠭᠤᠨ ᠪᠡᠷ ᠲᠡᠷᠡ ᠲᠡᠷᠡ ᠪᠣᠯ ᠶᠠᠭᠤᠮ᠎ᠠ ᠪᠡᠷ ᠲᠡᠷᠡ ᠲᠡᠷᠡ ᠲᠤᠰᠠᠲᠠᠢ

ᠲᠡᠷᠡ :: ᠲᠡᠷᠡ ᠲᠡᠷᠡ ᠶᠠᠭᠤᠮ᠎ᠠ ᠳᠤ ᠶᠠᠭᠤᠨ (ᠲᠡᠷᠡ ᠲᠡᠷᠡ ᠮᠡᠳᠡᠭᠳᠡᠬᠦᠨ ᠪᠣᠯᠤᠨ᠎ᠠ) ᠪᠣᠯ ᠮᠡᠳᠡᠯᠭᠡ ᠶᠢᠨ ᠬᠡᠮᠵᠢᠶ᠎ᠡ ᠲᠤ ᠪᠠᠢᠳᠠᠭ

ᠬᠡᠷᠡᠭᠲᠡᠢ :: ᠲᠡᠷᠡ ᠲᠡᠷᠡ ᠶᠠᠭᠤᠨ ᠪᠠᠢᠳᠠᠯ ᠶᠠᠭᠤᠮ᠎ᠠ ᠲᠡᠷᠡ ᠮᠡᠳᠡᠭᠳᠡᠬᠦ ᠪᠠᠷ ᠨᠢᠭᠤᠷ ᠲᠤ ᠲᠤᠰᠬᠠᠢ ᠲᠡᠷᠡ ᠮᠡᠳᠡᠭᠳᠡᠬᠦᠨ

ᠪᠠᠢᠭ᠎ᠠ ᠬᠡᠷᠡᠭ ᠨᠢᠭᠤᠷ ᠲᠤ ᠰᠡᠳᠬᠢᠯ ᠶᠠᠭᠤᠨ ᠲᠤ ᠪᠤᠯᠤᠭ᠎ᠠ ᠲᠡᠷᠡ ᠶᠠᠭᠤᠨ ᠪᠠᠢᠳᠠᠯ ᠢᠶᠠᠷ ᠶᠠᠭᠤᠨ ᠬᠦᠷᠲᠡᠯ᠎ᠡ ᠲᠡᠷᠡ ᠪᠣᠯᠪᠠ

ᠪᠣᠯᠤᠭᠰᠠᠨ ᠪᠢᠴᠢᠭ ᠬᠡᠮᠵᠢᠶ᠎ᠡ ᠲᠡᠷᠡ ::

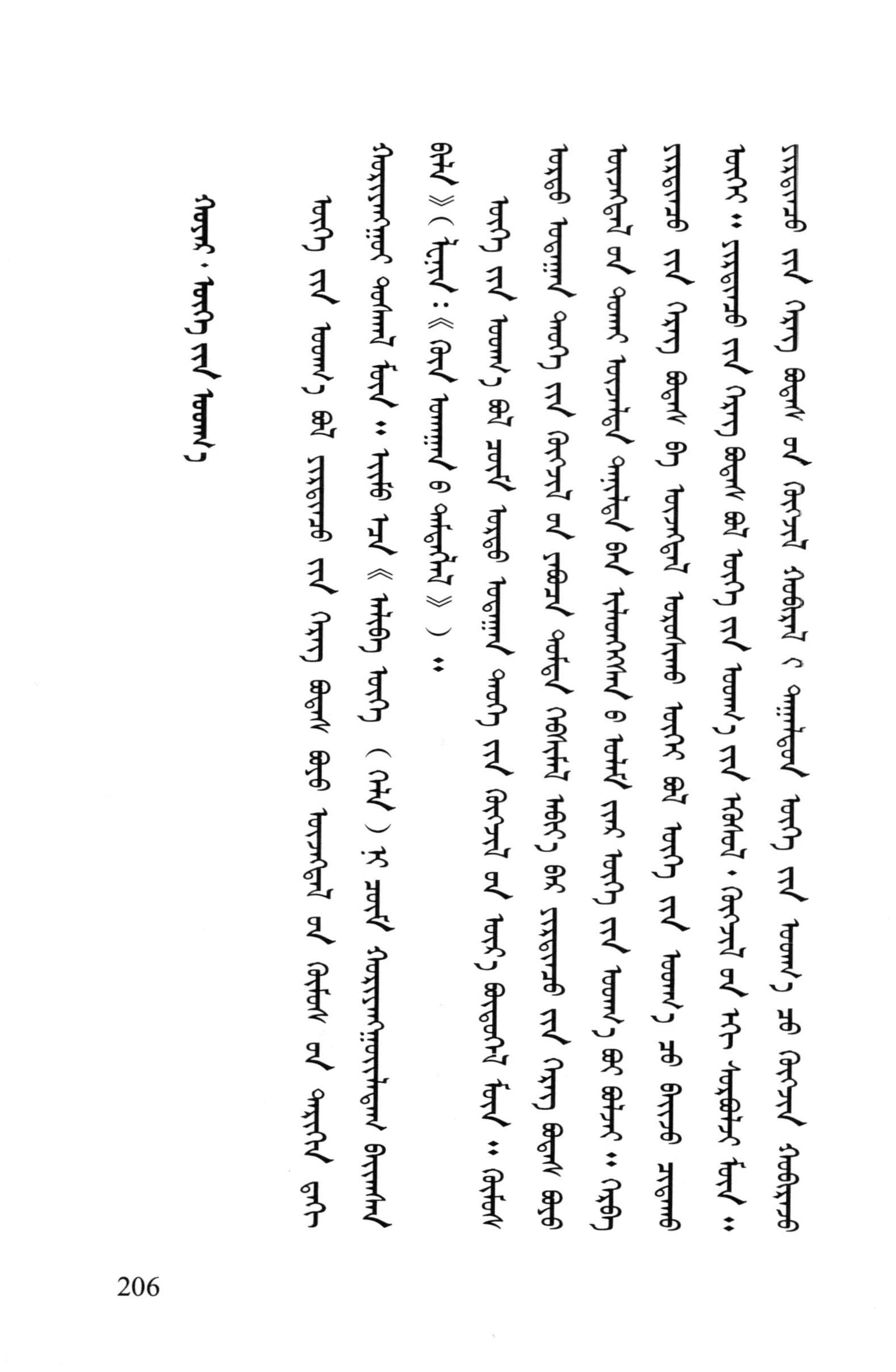

[illegible]

[illegible]

[illegible]

《ᠮᠣᠷᠢ》·《ᠪᠢᠴᠢᠭ》·《ᠳᠤ》 ᠮᠡᠲᠦ ᠦᠭᠡ ᠪᠣᠯ ᠬᠡᠯᠡᠨ ᠦ ᠬᠡᠯᠡᠬᠦ ᠶᠢᠨ ᠬᠠᠮᠤᠭ ᠤᠨ ᠪᠠᠭ᠎ᠠ ᠤᠳᠬ᠎ᠠ ᠲᠠᠢ ᠨᠢᠭᠡᠴᠡ ᠮᠥᠨ ᠪᠥᠭᠡᠳ ᠂ ᠡᠭᠦᠨ ᠢ ᠦᠭᠡ ᠭᠡᠨ᠎ᠡ ᠃ ᠦᠭᠡ ᠪᠣᠯ ᠬᠡᠯᠡᠨ ᠦ ᠪᠦᠲᠦᠴᠡ ᠶᠢᠨ ᠬᠡᠰᠡᠭ ᠪᠣᠯᠤᠨ᠎ᠠ ᠃ ᠦᠭᠡ ᠶᠢ ᠤᠳᠬ᠎ᠠ ᠪᠠ ᠬᠡᠯᠪᠡᠷᠢ ᠶᠢᠨ ᠣᠨᠴᠠᠯᠢᠭ ᠢᠶᠠᠷ ᠨᠢ ᠬᠤᠪᠢᠶᠠᠪᠠᠯ ᠂ ᠪᠣᠳᠠᠲᠤ ᠦᠭᠡ（实词）ᠪᠠ ᠲᠤᠰᠬᠠᠢ ᠦᠭᠡ（虚词）ᠭᠡᠵᠦ ᠬᠣᠶᠠᠷ ᠲᠥᠷᠥᠯ ᠳᠤ ᠬᠤᠪᠢᠶᠠᠳᠠᠭ ᠃ ᠪᠣᠳᠠᠲᠤ ᠦᠭᠡ ᠪᠣᠯ ᠲᠣᠳᠣᠷᠬᠠᠢ ᠤᠳᠬ᠎ᠠ ᠲᠠᠢ ᠂ ᠬᠡᠯᠡᠨ ᠦ ᠪᠦᠲᠦᠴᠡ ᠳᠦ ᠪᠢᠡ ᠳᠠᠭᠠᠨ ᠬᠡᠷᠡᠭᠯᠡᠭᠳᠡᠵᠦ ᠴᠢᠳᠠᠬᠤ ᠦᠭᠡ ᠶᠢ ᠬᠡᠯᠡᠨ᠎ᠡ ᠃

ᠡᠩᠨᠡᠭᠦᠨ ᠨᠢᠭᠡ ᠦ ᠬᠡᠮᠵᠢᠶ᠎ᠡ ᠲᠠᠢ ᠬᠡᠮᠵᠢᠶᠡᠨ ᠪᠠᠶᠢᠭᠠᠳ ᠤᠳᠠᠭ᠎ᠠ ᠪᠠᠶᠢᠳᠠᠭ ᠭᠡᠬᠦ ᠪᠦᠷᠢᠨ ᠪᠠᠶᠢᠳᠠᠯ ᠪᠠᠶᠢᠳᠠᠭ ᠬᠡᠮᠵᠢᠶ᠎ᠡ ᠪᠠᠶᠢᠨ᠎ᠠ ::

ᠬᠡᠮᠵᠢᠶ᠎ᠡ ᠨᠢ ᠬᠣᠭᠣᠰᠣᠨ ᠶᠠᠷ ᠠᠯᠢᠪᠠ ᠬᠡᠮᠵᠢᠶ᠎ᠡ ᠨᠢ ᠦᠭᠡᠢ ᠪᠠᠶᠢᠭᠰᠠᠨ ᠶᠠᠷ ᠪᠠᠶᠢᠨ᠎ᠠ :: ᠬᠣᠭᠣᠰᠣᠨ ᠨᠢ ᠬᠡᠮᠵᠢᠶ᠎ᠡ

ᠦᠭᠡᠢ ᠪᠣᠯ ᠠᠯᠢᠪᠠ ᠬᠡᠮᠵᠢᠶ᠎ᠡ ᠨᠢ ᠬᠣᠭᠣᠰᠣᠨ ᠤ ᠪᠦᠷᠢᠯᠳᠦᠬᠦᠨ ᠪᠣᠯᠵᠤ ᠬᠡᠮᠵᠢᠶ᠎ᠡ ᠪᠦᠬᠦ ᠪᠦᠭᠦᠳᠡ ᠬᠡᠮᠵᠢᠭᠳᠡᠬᠦᠨ ᠰᠢᠨᠵᠢ ᠲᠠᠢ

ᠨᠢᠭᠡ ᠪᠣᠯ ᠦᠭᠡᠢ ᠠᠯᠢᠪᠠ ᠬᠡᠮᠵᠢᠶ᠎ᠡ ᠨᠢ ᠬᠣᠭᠣᠰᠣᠨ ᠢ ᠪᠦᠷᠢᠯᠳᠦᠬᠦᠨ ᠪᠣᠯᠵᠤ :: ᠬᠡᠮᠵᠢᠶ᠎ᠡ ᠪᠣᠯ ᠬᠣᠭᠣᠰᠣᠨ ᠢ ᠦᠭᠡᠢ ᠪᠣᠯᠭᠠᠨ᠎ᠠ :: ᠬᠣᠭᠣᠰᠣᠨ ᠪᠣᠯ ᠬᠡᠮᠵᠢᠶ᠎ᠡ ᠶᠢ

ᠪᠣᠯᠭᠠᠨ᠎ᠠ ::

ᠨᠢᠭᠡ · ᠠᠯᠢᠪᠠ ᠶᠠᠭᠤᠮ᠎ᠠ ᠶᠠᠭᠤᠮᠠᠰ ᠤᠨ ᠪᠠᠶᠢᠳᠠᠯ ᠨᠢ ᠬᠡᠮᠵᠢᠶ᠎ᠡ ᠬᠡᠮᠵᠢᠶ᠎ᠡ · ᠬᠣᠭᠣᠰᠣᠨ ᠶᠠᠭᠤᠮ᠎ᠠ ᠪᠡᠷ ᠶᠠᠭᠤᠮᠠᠰ

ᠶᠠᠷ ᠪᠣᠳᠣᠯᠭ᠎ᠠ ᠲᠠᠢ ᠰᠠᠭᠤᠷᠢᠯᠠᠯ ᠲᠤᠬᠠᠢᠯᠠᠭ ᠪᠠᠶᠢᠨ᠎ᠠ :: ᠬᠡᠮᠵᠢᠶ᠎ᠡ ᠨᠢ ᠦᠭᠡᠢ ᠪᠣᠯ ᠬᠡᠮᠵᠢᠭᠳᠡᠬᠦᠨ ᠢ ᠪᠣᠳᠣᠭᠰᠠᠨ ᠦᠭᠡᠢ ᠪᠣᠯ ᠶᠠᠭᠤᠮᠠᠰ

ᠨᠢ ᠪᠠᠶᠢᠭᠰᠠᠨ ᠬᠡᠮᠵᠢᠶ᠎ᠡ ᠨᠢ :: ᠬᠣᠭᠣᠰᠣᠨ ᠨᠢ ᠠᠯᠢᠪᠠ ᠶᠠᠭᠤᠮ᠎ᠠ ᠦᠭᠡᠢ ᠬᠣᠭᠣᠰᠣᠨ ᠬᠡᠮᠵᠢᠶ᠎ᠡ ᠶᠢᠨ ᠬᠡᠮᠵᠢᠶ᠎ᠡ ::

ᠬᠡᠮᠵᠢᠶ᠎ᠡ ᠬᠠᠷᠢᠨ ᠬᠡᠮᠵᠢᠶ᠎ᠡ ᠨᠢ ᠦᠭᠡᠢ ᠢ ᠬᠡᠮᠵᠢᠭᠳᠡᠬᠦ ᠨᠢ ᠶᠠᠭᠤᠮ᠎ᠠ ᠪᠠᠷ ᠬᠣᠭᠣᠰᠣᠨ ᠢ ᠬᠡᠮᠵᠢᠶᠡᠯᠡᠭᠰᠡᠨ ᠢ ᠠᠯᠢᠪᠠ ᠬᠠᠷᠢᠨ ᠰᠠᠶᠢᠨ ᠪᠠᠶᠢᠨ᠎ᠠ ::

ᠬᠡᠮᠵᠢᠶ᠎ᠡ ᠪᠣᠯ ᠰᠢᠯᠲᠠᠭᠠᠨ ᠲᠠᠢ ᠬᠡᠮᠵᠢᠶᠡᠯᠡᠭᠰᠡᠨ ᠶᠢᠨ ᠰᠠᠭᠤᠷᠢ ᠳᠤ ᠪᠦᠬᠦ ᠣᠷᠣᠰᠢᠭᠰᠠᠨ ᠬᠡᠮᠵᠢᠶᠡᠯᠡᠭᠰᠡᠨ ᠦ ᠬᠣᠭᠣᠰᠣᠨ ᠲᠠᠢ ᠲᠡᠩᠴᠡᠨ

ᠦᠭᠡᠢ ᠪᠠᠶᠢᠨ᠎ᠠ ::

ᠠᠷᠠᠳ ᠲᠦᠮᠡᠨ ᠦ ᠲᠥᠯᠦᠭᠡ ᠦᠢᠯᠡᠴᠢᠯᠡᠬᠦ ᠶᠣᠰᠣ

ᠬᠦᠮᠦᠰ ᠦᠨ ᠲᠥᠯᠦᠭᠡ ᠬᠢᠴᠢᠶᠡᠩᠭᠦᠢ ᠬᠢᠵᠦ ᠠᠵᠢᠯᠯᠠᠬᠤ ᠶᠢ ᠰᠢᠬᠠᠳᠠᠨ ᠰᠠᠶᠢᠵᠢᠷᠠᠭᠤᠯᠬᠤ ᠳᠤ ᠬᠢᠴᠢᠶᠡᠩᠭᠦᠢ ᠬᠢᠬᠦ ᠶᠢ ᠠᠷᠠᠳ ᠲᠦᠮᠡᠨ ᠦ ᠪᠣᠳᠠᠲᠤ ᠬᠡᠷᠡᠭᠴᠡᠭᠡ ᠪᠣᠯᠭᠠᠬᠤ ᠬᠡᠷᠡᠭᠲᠡᠢ᠃ ᠬᠦᠮᠦᠰ ᠦᠨ ᠬᠦᠮᠦᠰ ᠤᠨ ᠲᠥᠯᠦᠭᠡ ᠪᠠᠶᠢᠳᠠᠯ ᠪᠣᠯᠪᠠᠰᠤᠷᠠᠯ ᠢ ᠰᠠᠶᠢᠵᠢᠷᠠᠭᠤᠯᠬᠤ ᠳᠤ ᠬᠦᠮᠦᠰ ᠦᠨ ᠪᠦᠬᠦ ᠶᠢᠨ ᠬᠥᠭᠵᠢᠯ ᠢ ᠳᠡᠮᠵᠢᠬᠦ ᠪᠣᠯᠤᠨ ᠬᠡᠷᠡᠭᠴᠡᠭᠡ ᠶᠢ ᠬᠠᠩᠭᠠᠬᠤ᠃ ᠪᠦᠬᠦ ᠠᠷᠠᠳ ᠲᠦᠮᠡᠨ ᠦ ᠶᠡᠷᠦᠩᠬᠡᠢ ᠵᠣᠷᠢᠯᠭ᠎ᠠ ᠳᠤ ᠬᠦᠷᠬᠦ ᠶᠢᠨ ᠲᠥᠯᠦᠭᠡ ᠬᠢᠴᠢᠶᠡᠩᠭᠦᠢ ᠪᠣᠯᠪᠠᠰᠤᠷᠠᠭᠤᠯᠬᠤ ᠶᠢ ᠰᠢᠬᠠᠳᠠᠨ ᠰᠠᠶᠢᠵᠢᠷᠠᠭᠤᠯᠬᠤ᠃

ᠮᠡᠳᠡᠨ᠂ ᠬᠦᠮᠦᠰ ᠦᠨ ᠲᠥᠯᠦᠭᠡ ᠶᠢᠨ ᠬᠦᠮᠦᠰ

ᠮᠡᠳᠡᠨ ᠪᠢᠴᠢᠭ ᠨᠢ ᠤᠯᠠᠮᠵᠢᠯᠠᠯ ᠬᠦᠮᠦᠰ ᠦᠨ ᠤᠨ ᠪᠠᠶᠢᠳᠠᠯ ᠪᠣᠯᠪᠠᠰᠤᠷᠠᠯ ᠬᠡᠷᠡᠭ ᠨᠢ ᠳᠡᠭᠡᠷᠡ ᠬᠦᠮᠦᠰ ᠦᠨ ᠤᠨ᠂ ᠬᠡᠷᠡᠭ ᠨᠢ

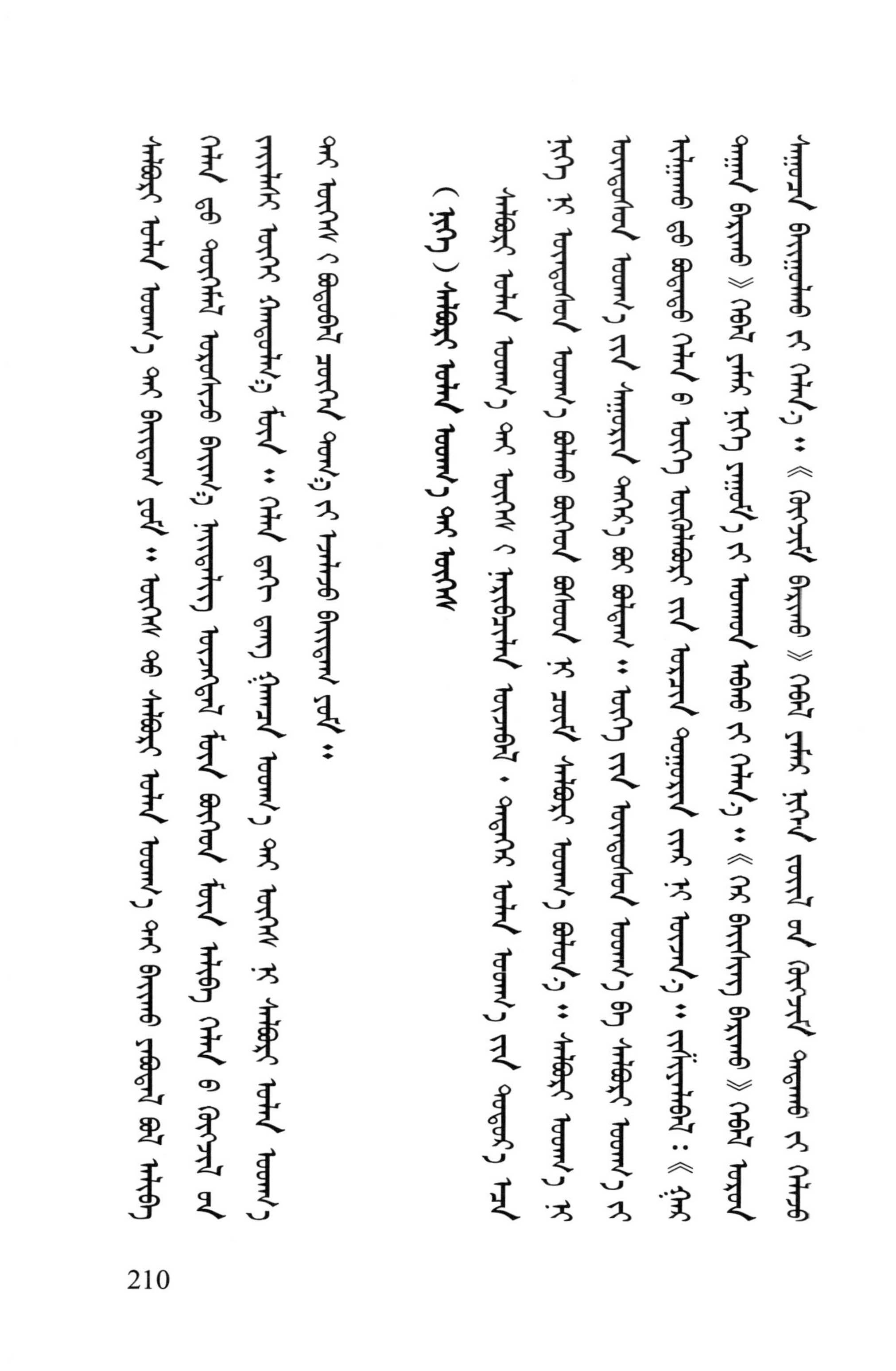

[illegible]

(ᠨᠢᠭᠡ) [illegible]

[illegible]

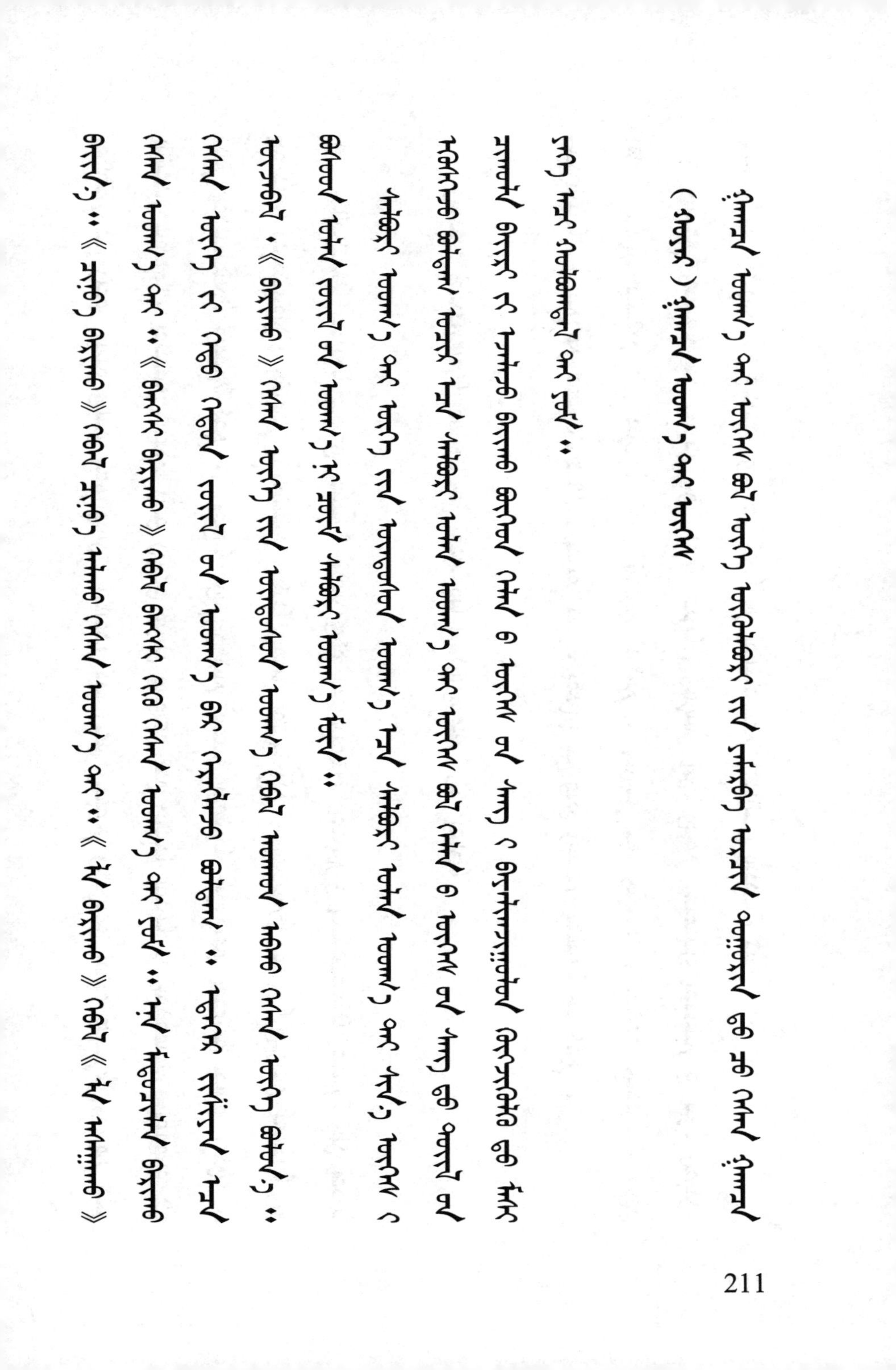

[illegible]

[illegible]

[illegible]

[illegible]

[illegible]

[illegible]

[illegible]

[illegible]

[illegible]

[illegible]

[illegible]

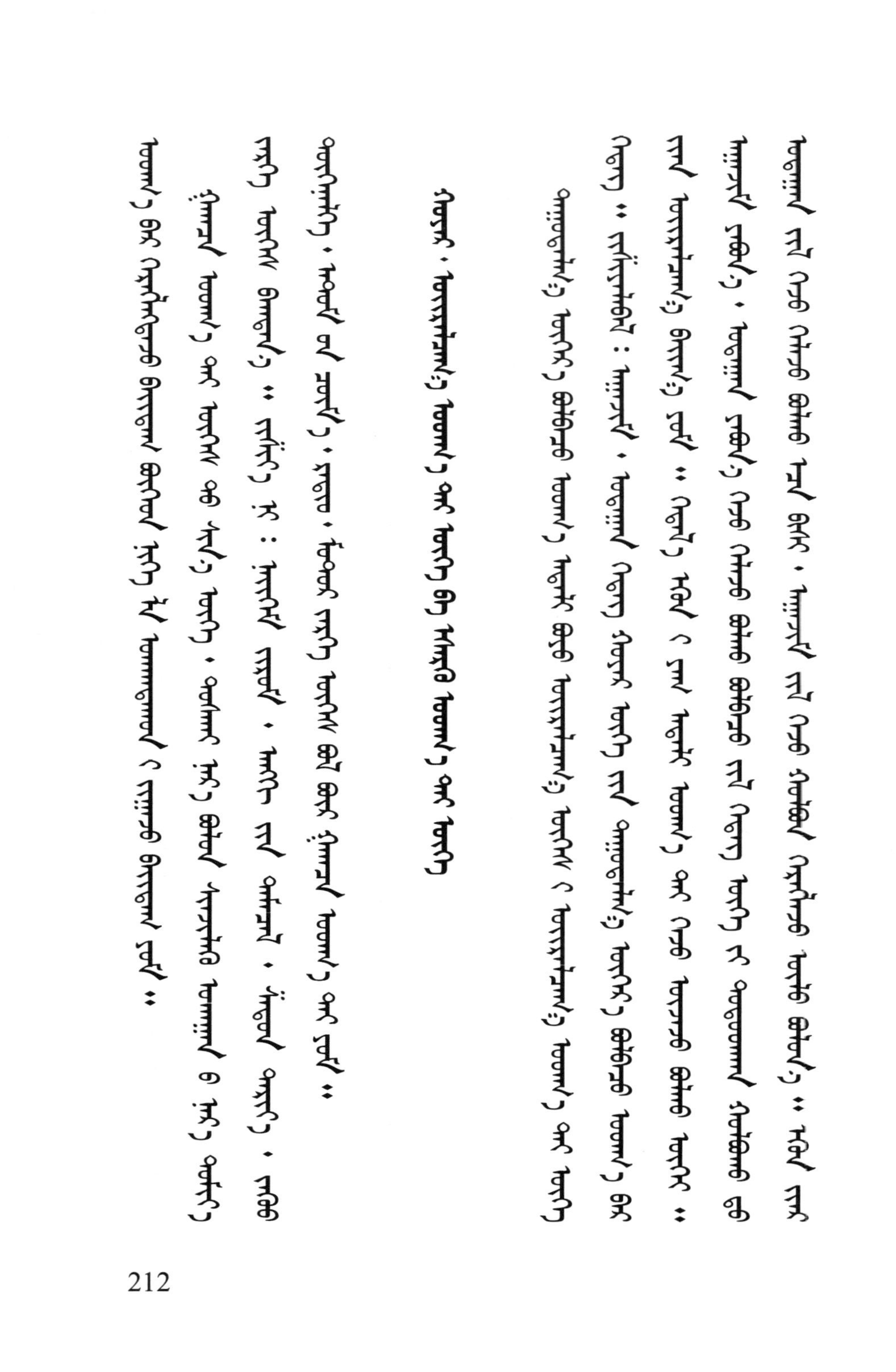

ᠬᠡᠷᠡᠭᠯᠡᠭᠳᠡᠭᠦ ᠦ ᠨᠢ ᠬᠤᠪᠢᠷᠠᠯ ᠲᠠᠢ ᠪᠠᠷ ᠣᠷᠴᠢᠭᠤᠯᠭ᠎ᠠ ᠶᠢᠨ ᠠᠷᠭ᠎ᠠ ᠪᠠᠷ ᠣᠷᠤᠭᠤᠯᠵᠤ ᠪᠠᠢᠨ᠎ᠠ ᠂ ᠣᠳᠣᠬᠠᠨ ᠳᠤ ᠬᠡᠷᠡᠭᠯᠡᠭᠳᠡᠭᠦ ᠦ ᠪᠠᠢᠳᠠᠯ ᠢ ᠮᠠᠨ ᠤᠭ ᠣᠷᠴᠢᠭᠤᠯᠭ᠎ᠠ ᠳᠤ ᠪᠦᠲᠦᠭᠡᠨ ᠪᠣᠯᠭᠠᠪᠠ ::

ᠵᠢᠱᠢᠶᠡᠯᠡᠪᠡᠯ ᠂ ᠬᠡᠯᠡᠨ ᠦ ᠨᠢᠭᠡ ᠤᠳᠬ᠎ᠠ ᠶᠢᠨ ᠠᠭᠤᠯᠭ᠎ᠠ ᠲᠠᠢ ᠦᠭᠡ ᠪᠡᠷ ᠣᠷᠴᠢᠭᠤᠯᠬᠤ ᠳᠤ ᠨᠢ ᠂ ᠬᠡᠯᠡᠨ ᠦ ᠭᠠᠷᠤᠯ ᠢ ᠲᠡᠮᠳᠡᠭᠯᠡᠬᠦ ᠪᠡᠷ ᠣᠷᠴᠢᠭᠤᠯᠤᠨ᠎ᠠ ᠂ ᠵᠢᠱᠢᠶᠡᠯᠡᠪᠡᠯ ᠄ ᠠᠩᠭ᠌ᠯᠢ ᠬᠡᠯᠡᠨ ᠦ 《 ᠲᠧᠯᠧᠹᠣᠨ 》 ᠢ ᠬᠢᠲᠠᠳ ᠬᠡᠯᠡᠨ ᠳᠦ ᠡᠬᠢᠯᠡᠭᠡᠳ 《 ᠳᠧ ᠯᠢᠦ ᠹᠧᠩ 》 ᠭᠡᠵᠦ ᠳᠠᠭᠤᠳᠠᠯᠭ᠎ᠠ ᠪᠡᠷ ᠣᠷᠴᠢᠭᠤᠯᠤᠭᠰᠠᠨ ᠪᠠᠢᠨ᠎ᠠ :: ᠬᠣᠶᠢᠨ᠎ᠠ ᠨᠢ ᠠᠭᠤᠯᠭ᠎ᠠ ᠪᠠᠷ ᠣᠷᠴᠢᠭᠤᠯᠵᠤ ᠂ ᠵᠢᠱᠢᠶᠡᠯᠡᠪᠡᠯ 《德律风》·《电话》 ᠭᠡᠵᠦ ᠬᠡᠯᠡᠬᠦ ᠪᠣᠯᠤᠭᠰᠠᠨ ᠪᠠᠢᠨ᠎ᠠ ::
《电话》 ᠭᠡᠳᠡᠭ ᠦᠭᠡ ᠶᠢ ᠣᠷᠴᠢᠭᠤᠯᠤᠭᠰᠠᠨ ᠪᠠᠢᠨ᠎ᠠ ::

ᠣᠷᠴᠢᠭᠤᠯᠤᠯᠭ᠎ᠠ ᠬᠠᠷᠢᠴᠠᠩᠭᠤᠢ ᠶᠢᠨ ᠦᠭᠡ ᠪᠣᠯ ᠬᠡᠯᠡᠨ ᠦ ᠬᠠᠷᠢᠴᠠᠭ᠎ᠠ ᠳᠤ ᠪᠠᠢᠳᠠᠭ ᠬᠡᠯᠡᠨ ᠦ ᠪᠦᠲᠦᠴᠡ ᠶᠢᠨ ᠣᠷᠴᠢᠭᠤᠯᠤᠯᠭ᠎ᠠ ᠶᠢᠨ ᠦᠭᠡ ᠪᠣᠯᠤᠨ᠎ᠠ :: ᠣᠷᠴᠢᠭᠤᠯᠤᠯᠭ᠎ᠠ ᠶᠢᠨ ᠬᠡᠯᠡᠨ ᠦ ᠬᠠᠷᠢᠴᠠᠭ᠎ᠠ ᠳᠤ ᠵᠤᠯᠭᠠᠬᠤ ᠳᠤ ᠪᠠ

ᠴᠢᠷᠭᠠᠬᠤ — ᠲᠠᠲᠠᠬᠤ

ᠴᠢᠷᠭᠠᠬᠤ — ᠰᠢᠪᠠᠭᠠᠬᠤ — ᠴᠢᠷᠴᠢᠬᠤ

ᠠᠳᠠᠯᠢᠪᠲᠤᠷ ᠤᠳᠬ᠎ᠠ ᠤ ᠴᠢᠮᠡᠭᠯᠡᠯ ᠪᠡᠷ ᠣᠶᠢᠷᠠᠬᠠᠨ ᠪᠣᠯ ᠪᠠᠢᠨ᠎ᠠ ᠪᠠᠢᠳᠠᠭ :: ᠵᠢᠱᠢᠶ᠎ᠡ ᠨᠢ :

ᠲᠣᠳᠤᠷᠬᠠᠢᠯᠠᠭᠰᠠᠨ ᠤᠳᠬ᠎ᠠ ᠲᠠᠢ ᠤᠳᠬ᠎ᠠ ᠪᠡᠷ ᠪᠠᠢᠴᠠᠭᠠᠨ ᠲᠦ ᠬᠡᠯᠡ ᠦ ᠤᠳᠬ᠎ᠠ ᠪᠠ ᠬᠡᠷᠡᠭᠯᠡᠭᠡᠨ ᠤᠳᠬ᠎ᠠ ᠨᠡᠢᠲᠡ ᠲᠣᠭᠲᠠᠭᠠᠯ ᠲᠦ ᠬᠢᠳᠠᠲᠠᠳ 》:: ᠬᠢᠲᠠᠳ ᠬᠡᠯᠡ ᠦ 《拉·拽·拖·扯》 ᠲᠠᠢ ᠠᠳᠠᠯᠢ ::

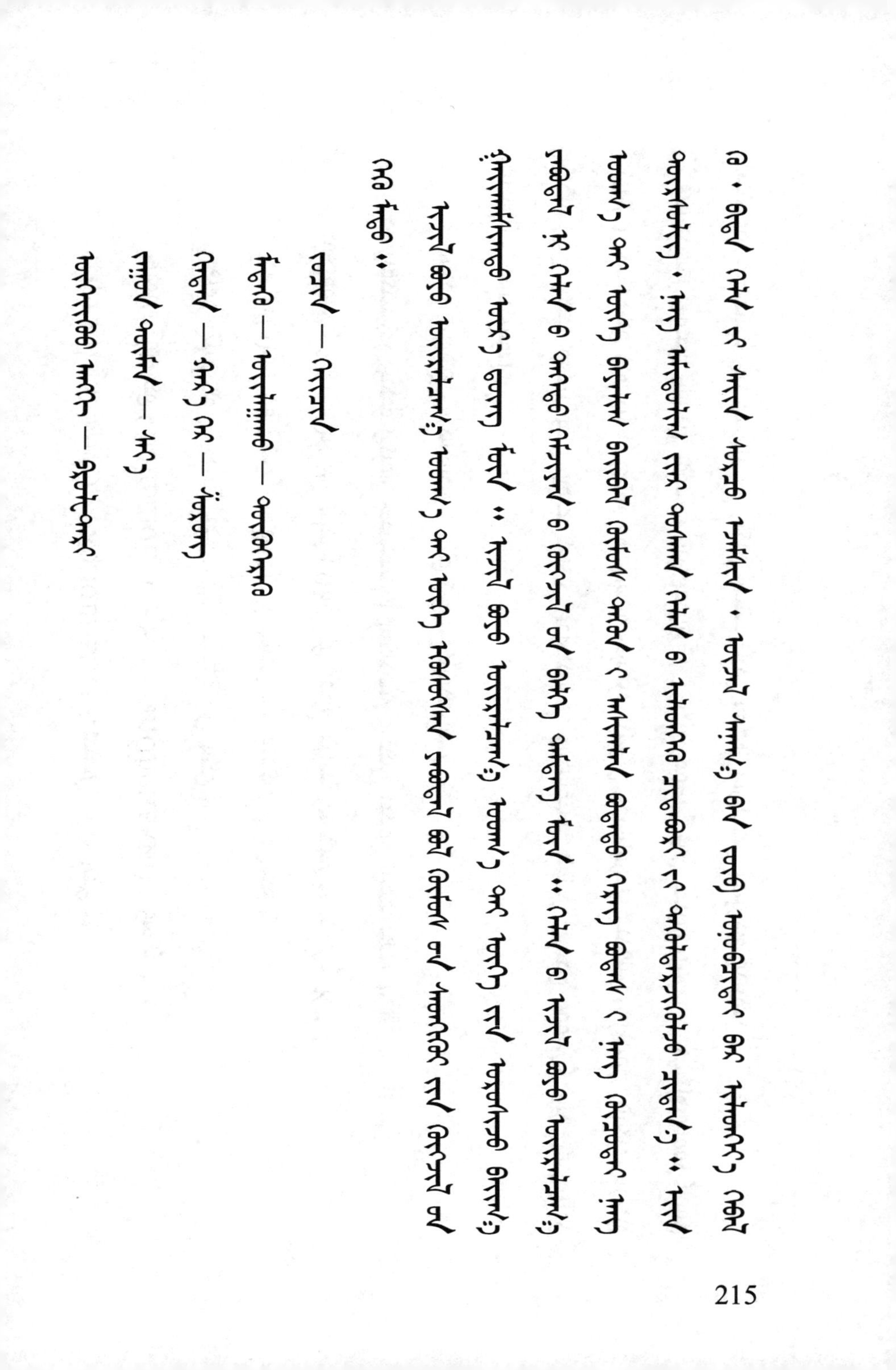

сáркий (ᠬᠠᠯᠠᠭᠤᠨ) — холóдный (ᠬᠦᠢᠲᠡᠨ) ᠭᠡᠬᠦ ᠮᠡᠲᠦ ::

ᠣᠷᠣᠰ ᠬᠡᠯᠡ ᠳᠦ : большой (ᠶᠡᠬᠡ) — мáленький (ᠪᠠᠭ᠎ᠠ) ᠂

ᠬᠢᠲᠠᠳ ᠬᠡᠯᠡ ᠳᠦ : 大 — 小，冷 — 热 ᠭᠡᠬᠦ ᠮᠡᠲᠦ ::

ᠮᠣᠩᠭᠣᠯ ᠬᠡᠯᠡ ᠳᠦ : ᠶᠡᠬᠡ — ᠪᠠᠭ᠎ᠠ ᠂ ᠬᠠᠯᠠᠭᠤᠨ — ᠬᠦᠢᠲᠡᠨ ᠭᠡᠬᠦ ᠮᠡᠲᠦ ::

ᠡᠰᠡᠷᠭᠦ ᠤᠳᠬ᠎ᠠ ᠲᠠᠢ ᠦᠭᠡᠰ ᠪᠣᠯ ᠶᠠᠮᠠᠷ ᠬᠡᠯᠡ ᠳᠦ ᠮᠠᠰᠢ ᠡᠯᠪᠡᠭ ᠪᠠᠢᠳᠠᠭ :: ᠵᠢᠱᠢᠶ᠎ᠡ ᠨᠢ :

[illegible] ::

[illegible] ::

ᠬᠡᠷᠡᠭᠯᠡᠨ᠎ᠡ :: ᠵᠢᠱᠢᠶᠡᠯᠡᠪᠡᠯ :

[illegible] ::

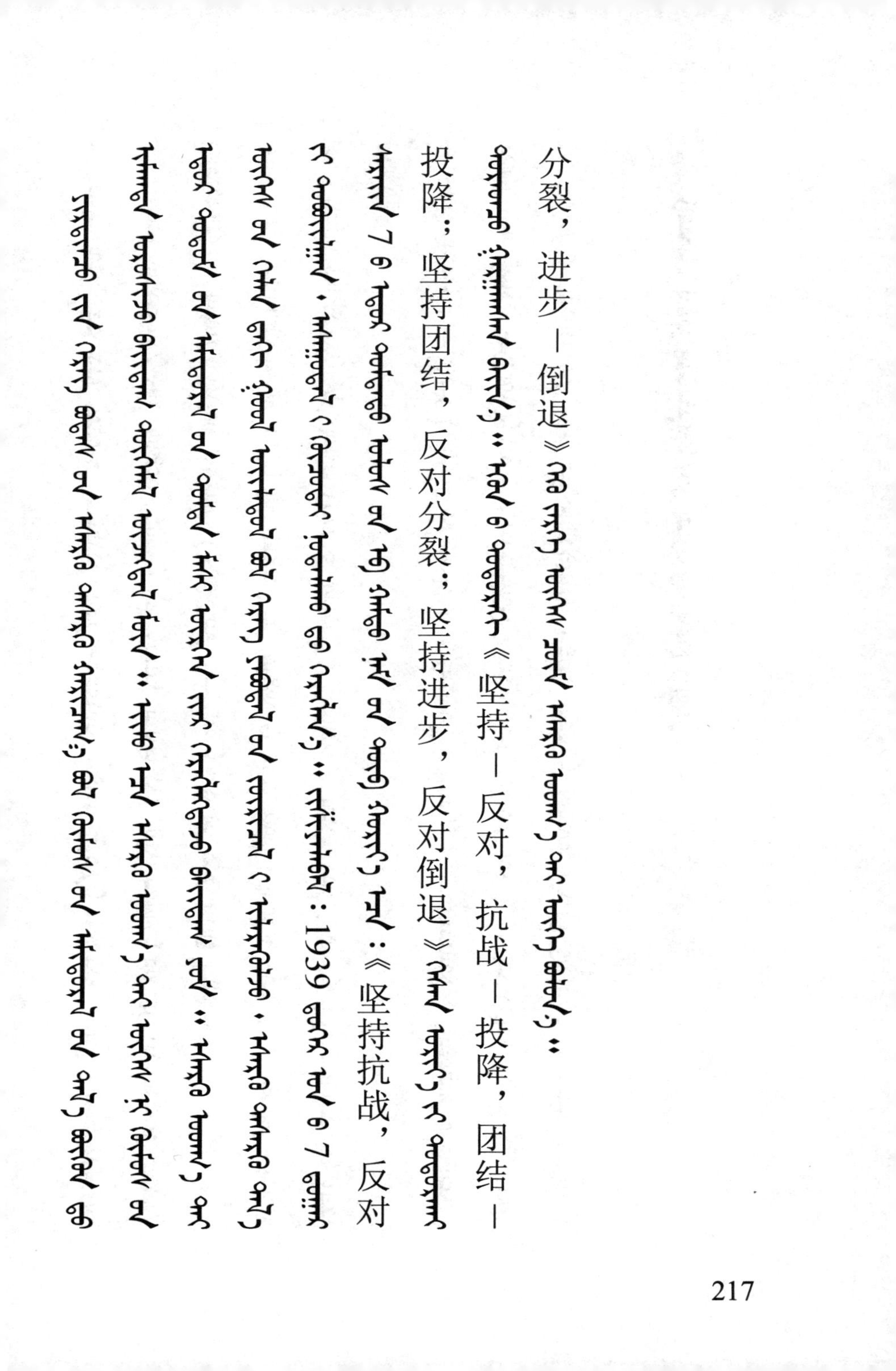

[illegible] : 1939 [illegible] 7 [illegible] 7 [illegible] :《坚持抗战，反对投降；坚持团结，反对分裂；坚持进步，反对倒退》[illegible]《坚持—反对，抗战—投降，团结—分裂，进步—倒退》[illegible]

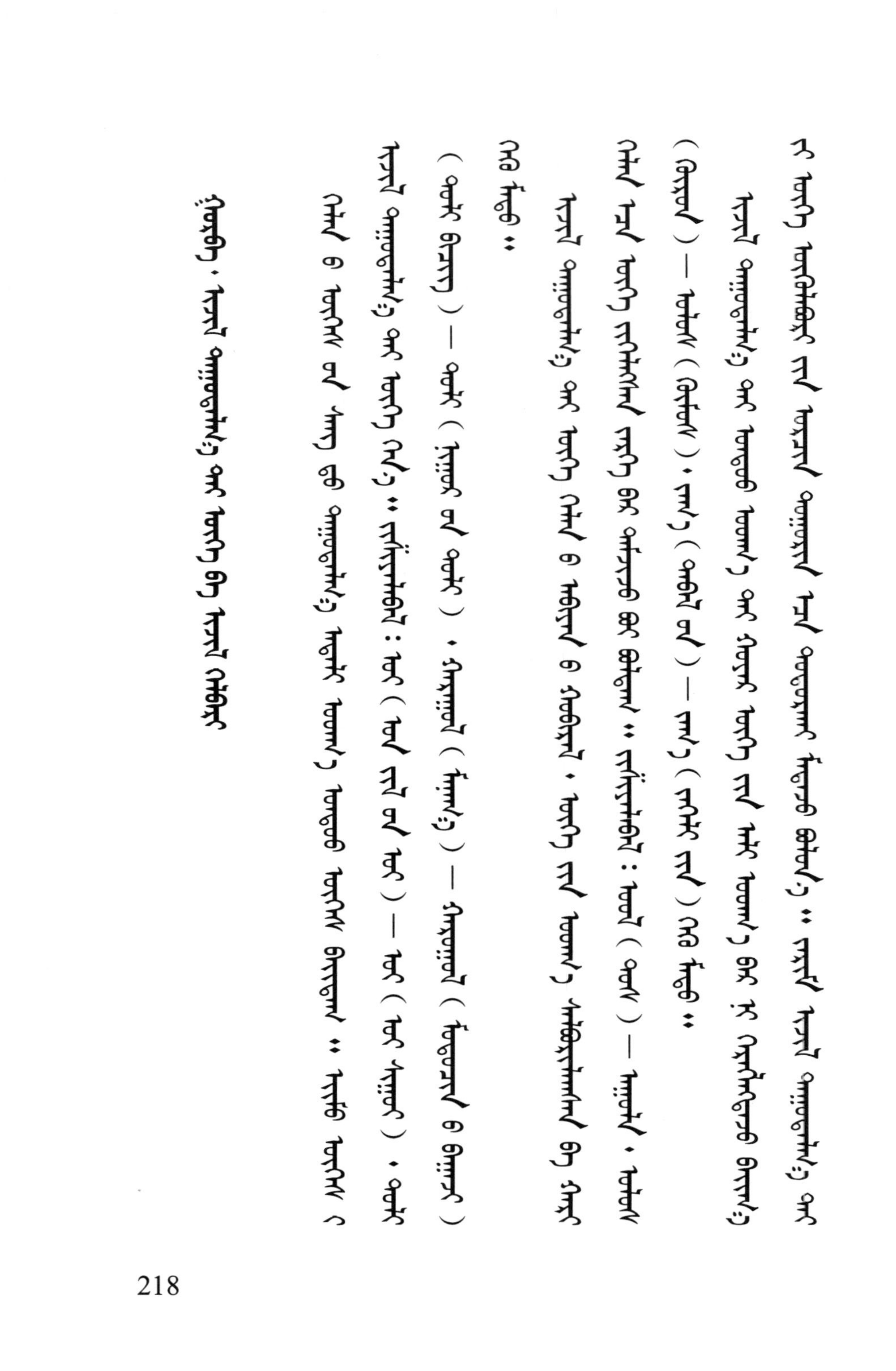

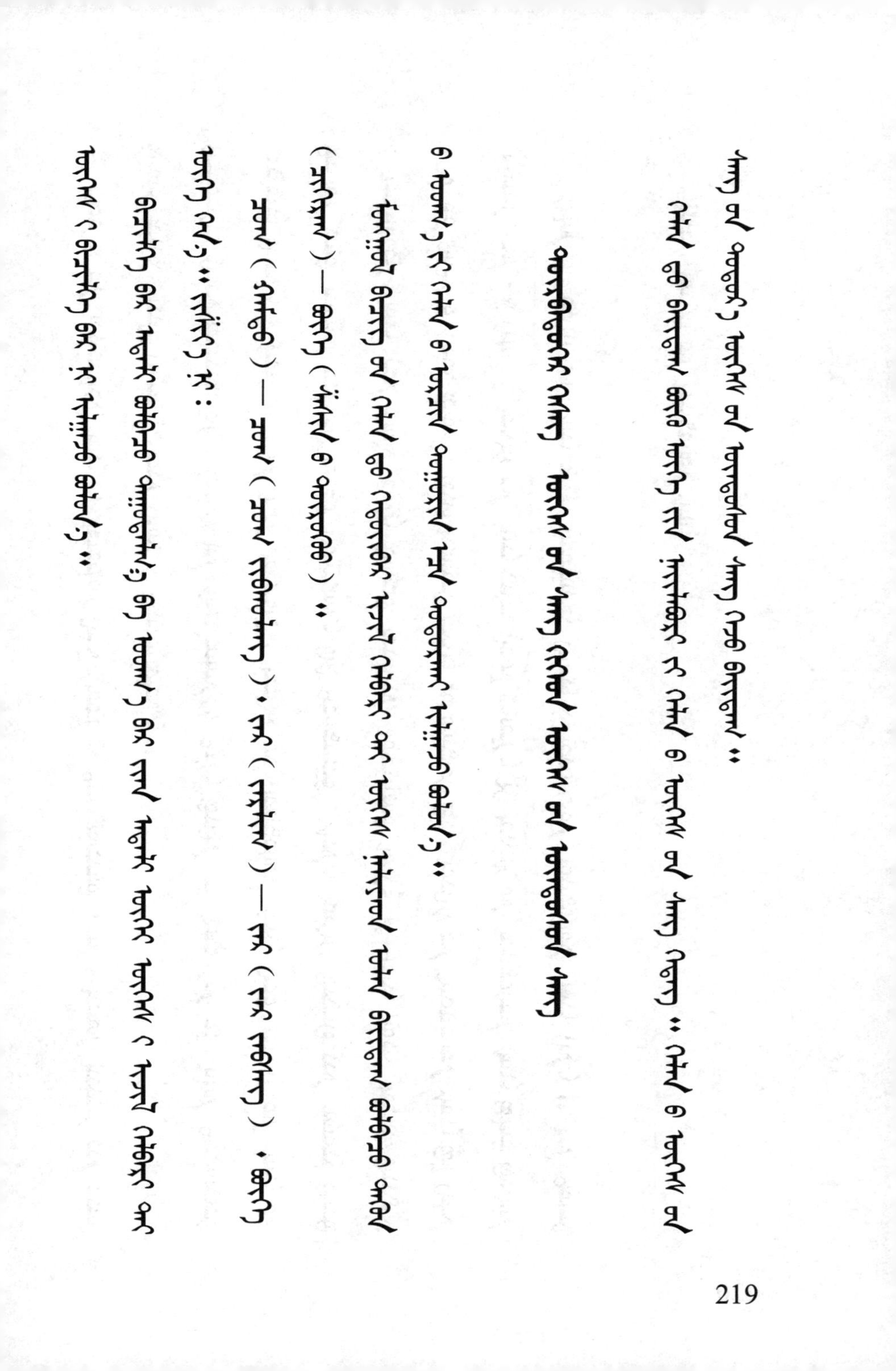

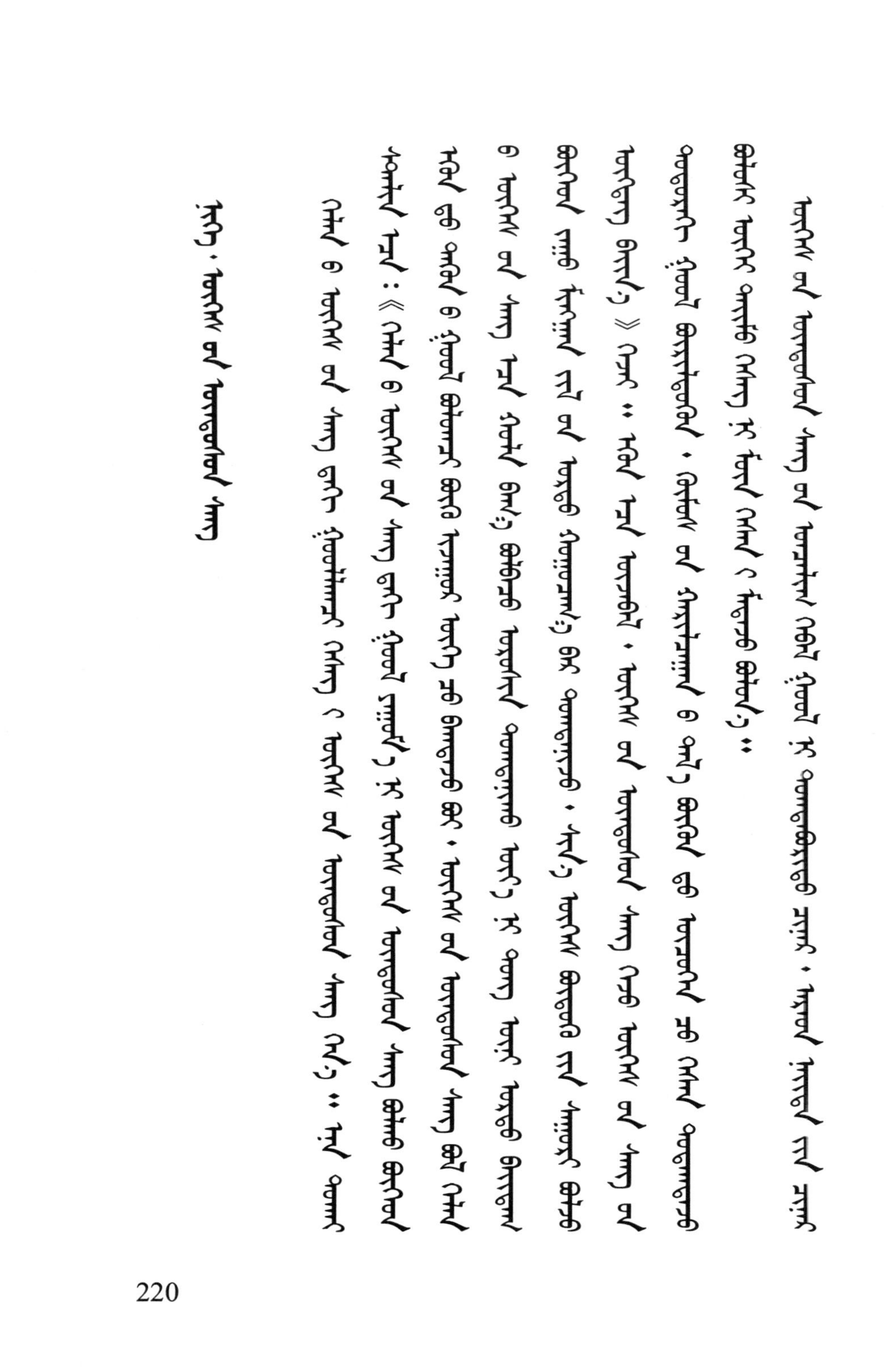

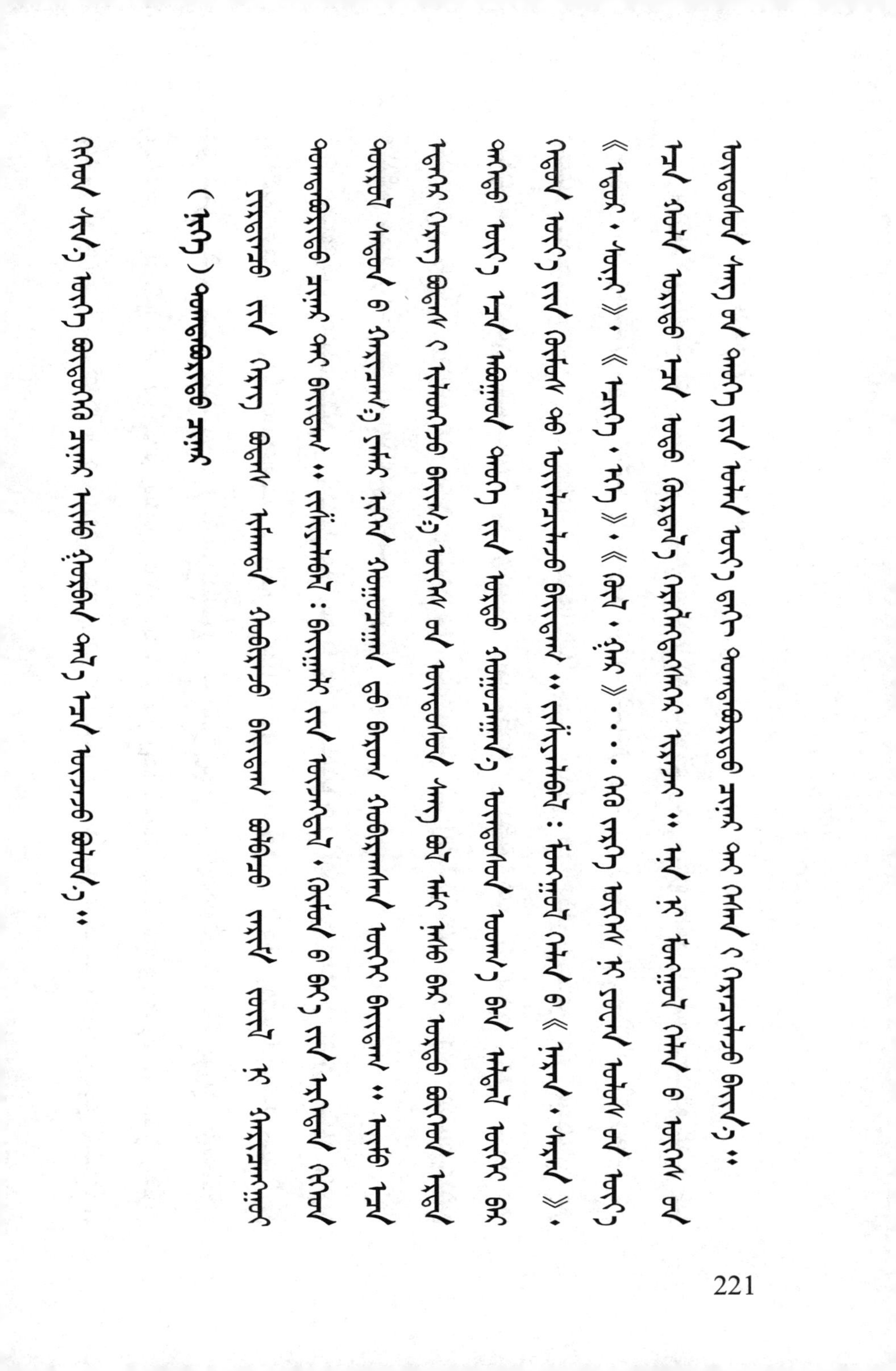

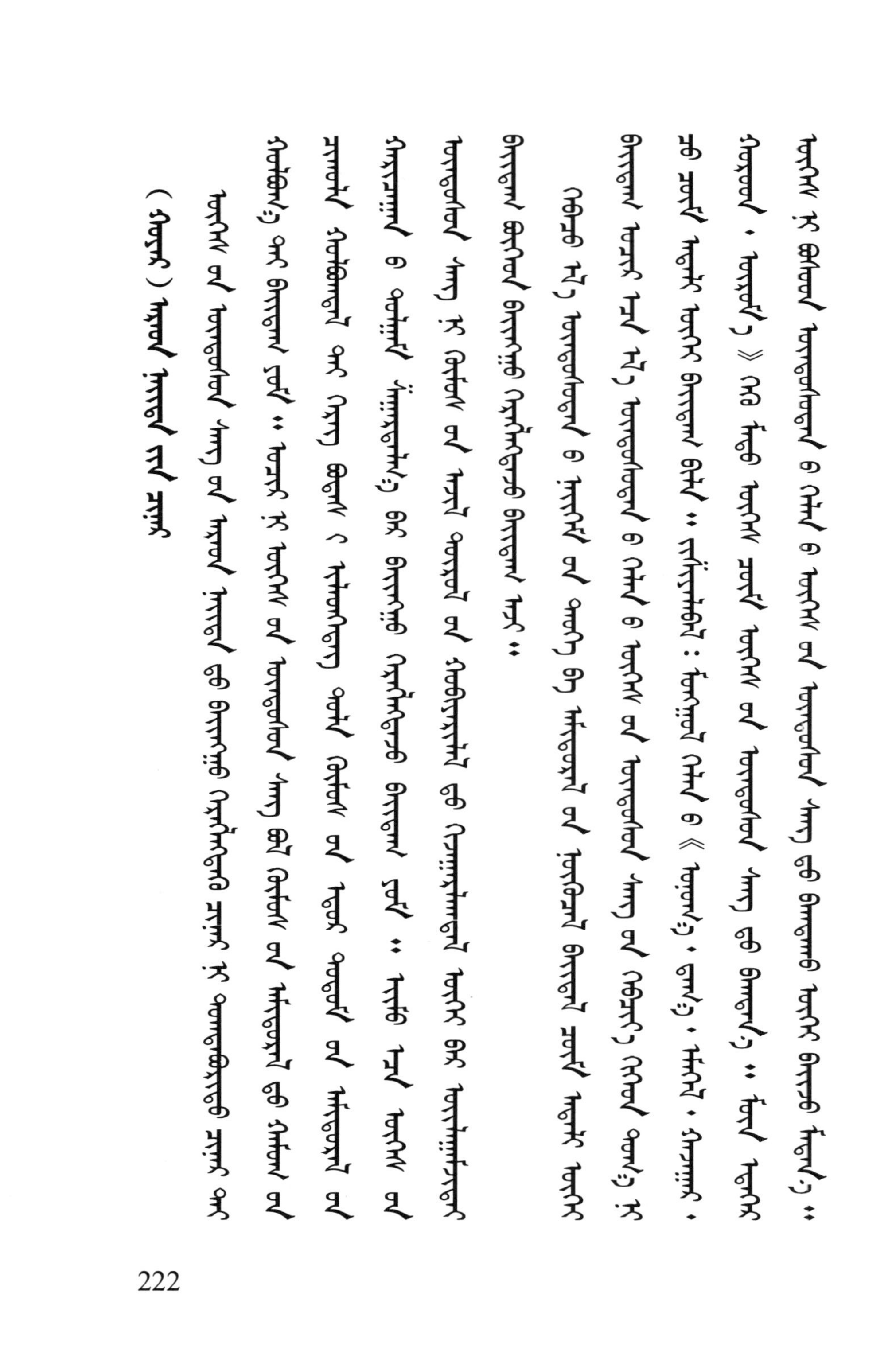

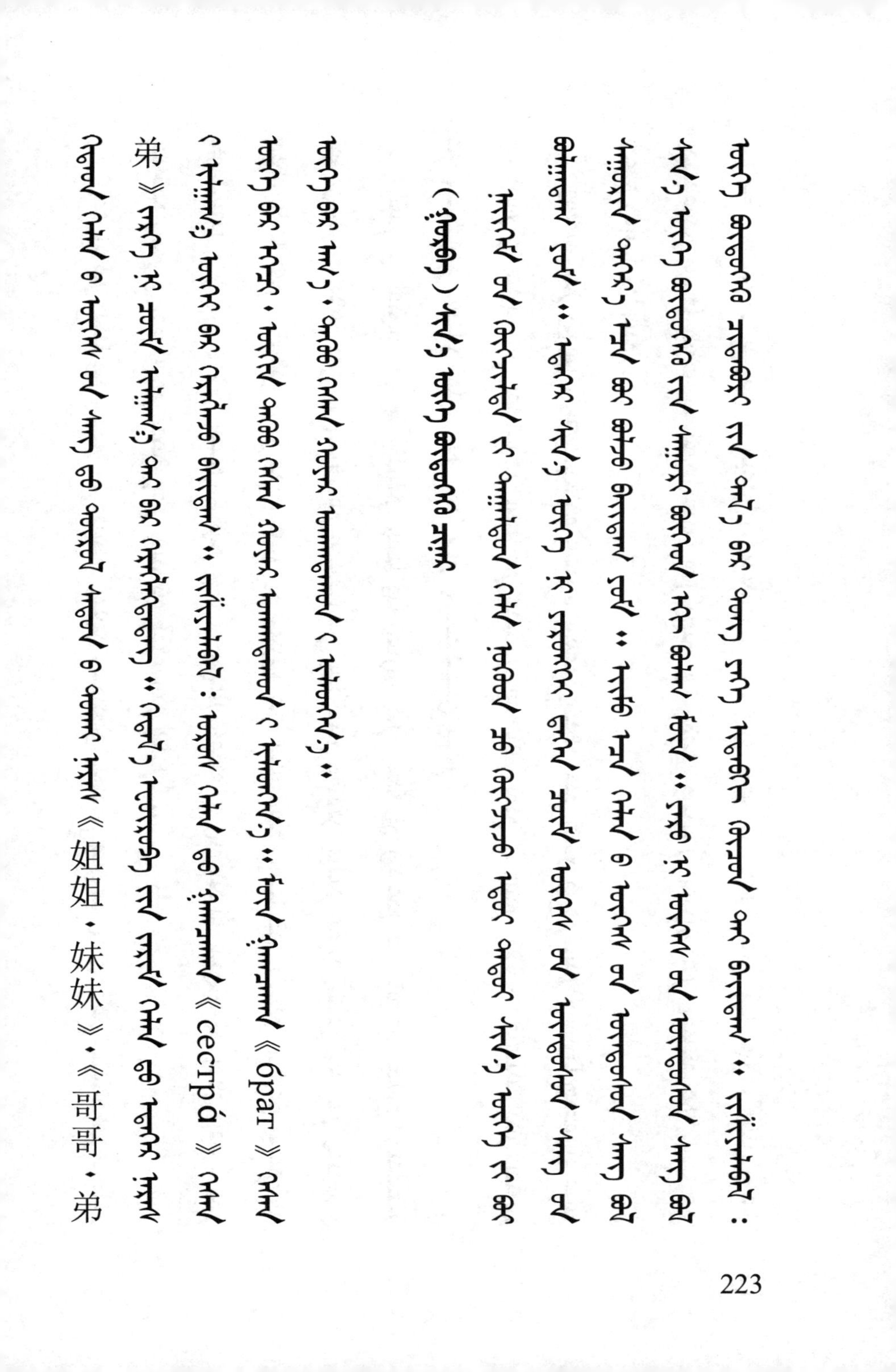

[illegible] 《姐姐 · 妹妹》 · 《哥哥 · 弟弟》 [illegible] 《брат》 [illegible] 《сестрá》 [illegible]

[illegible]

[illegible]

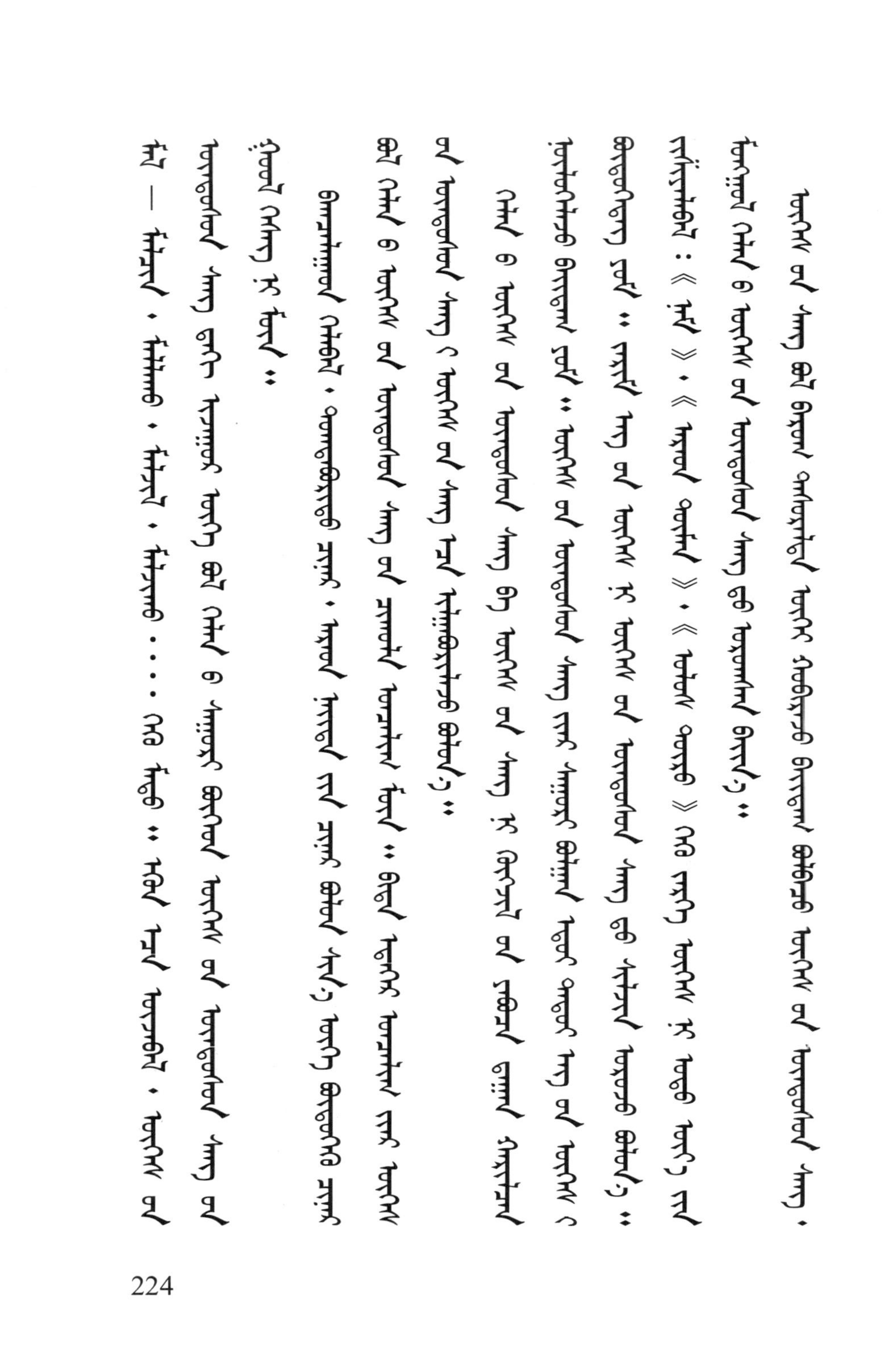

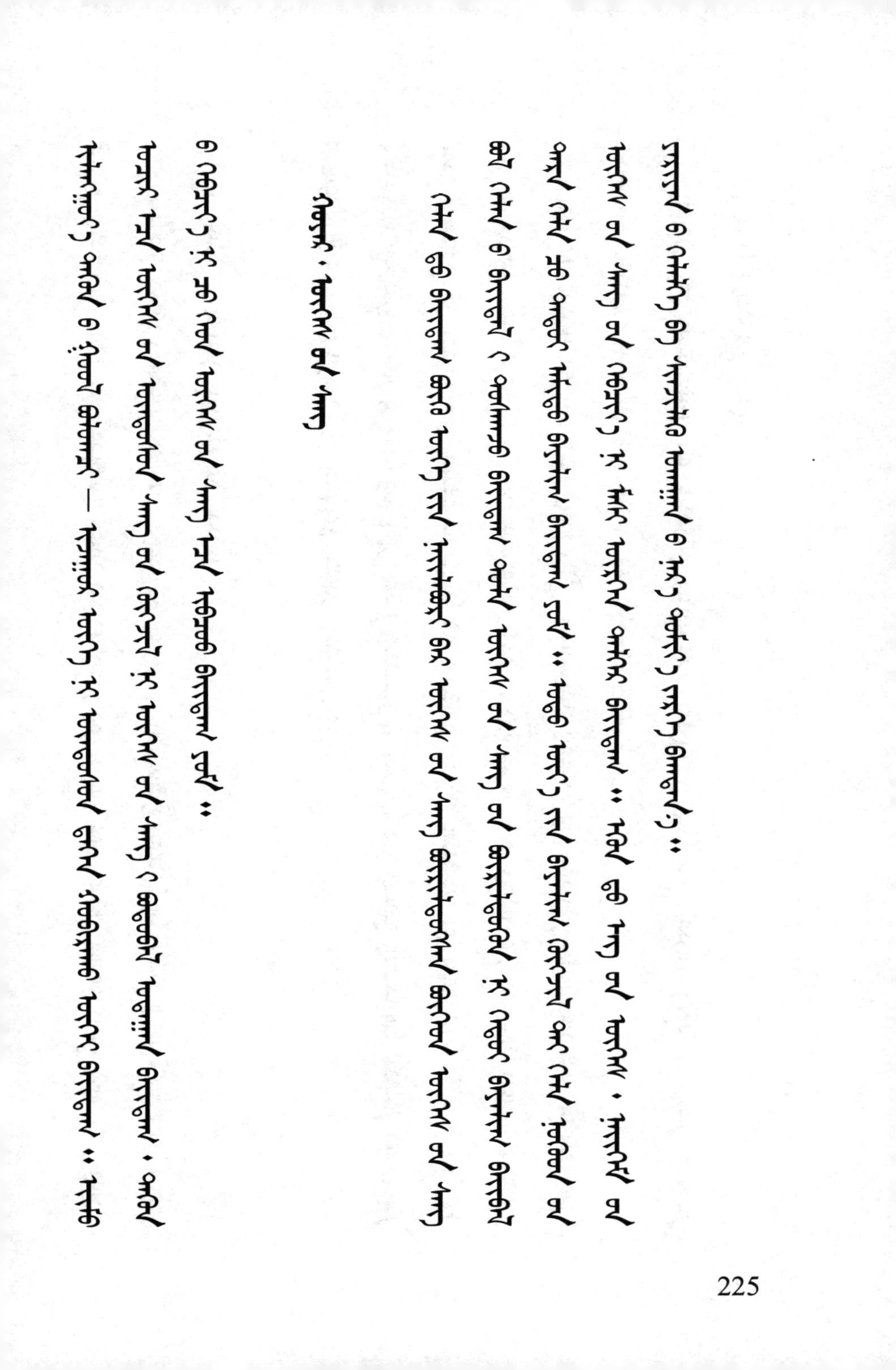

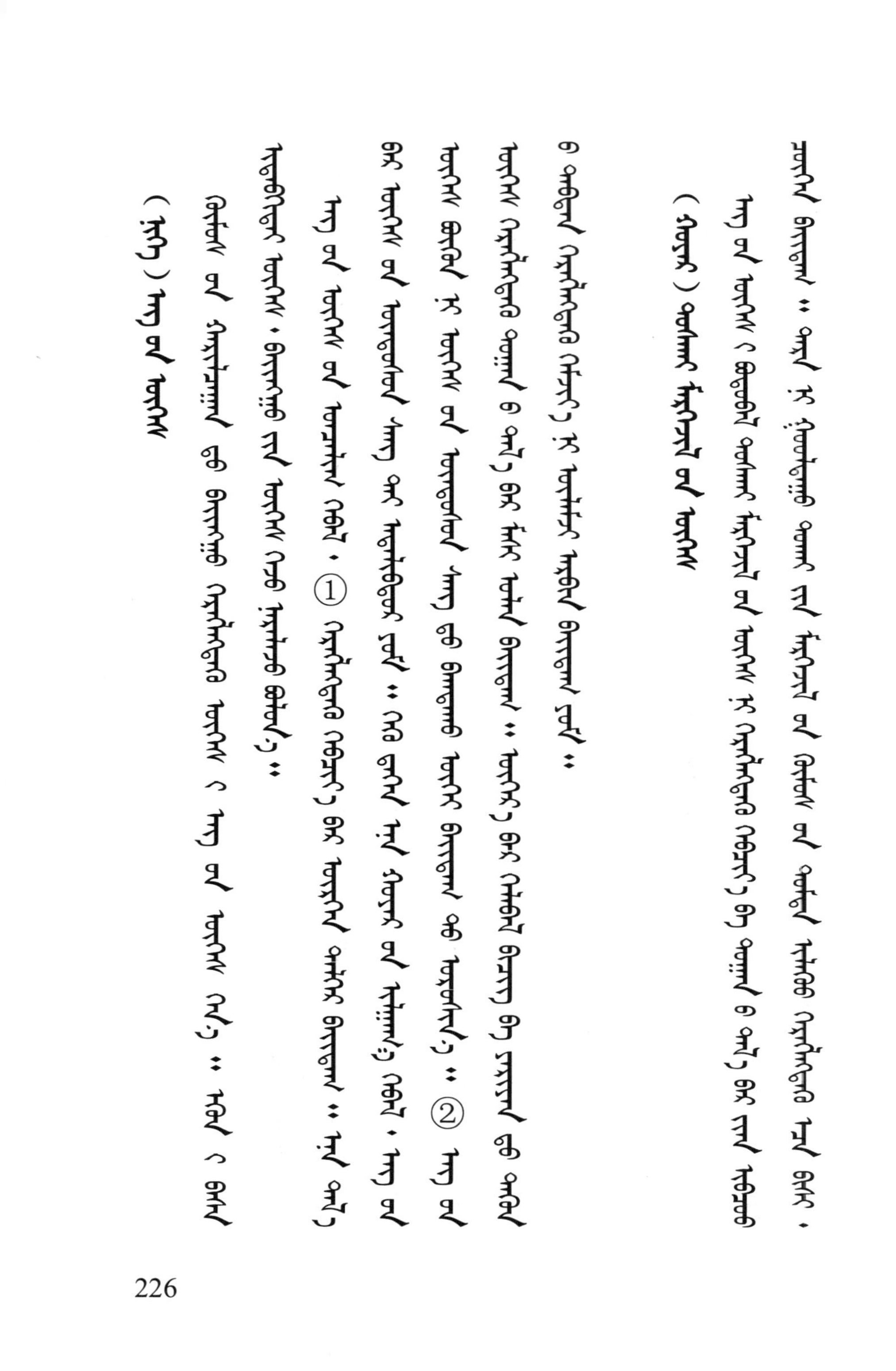

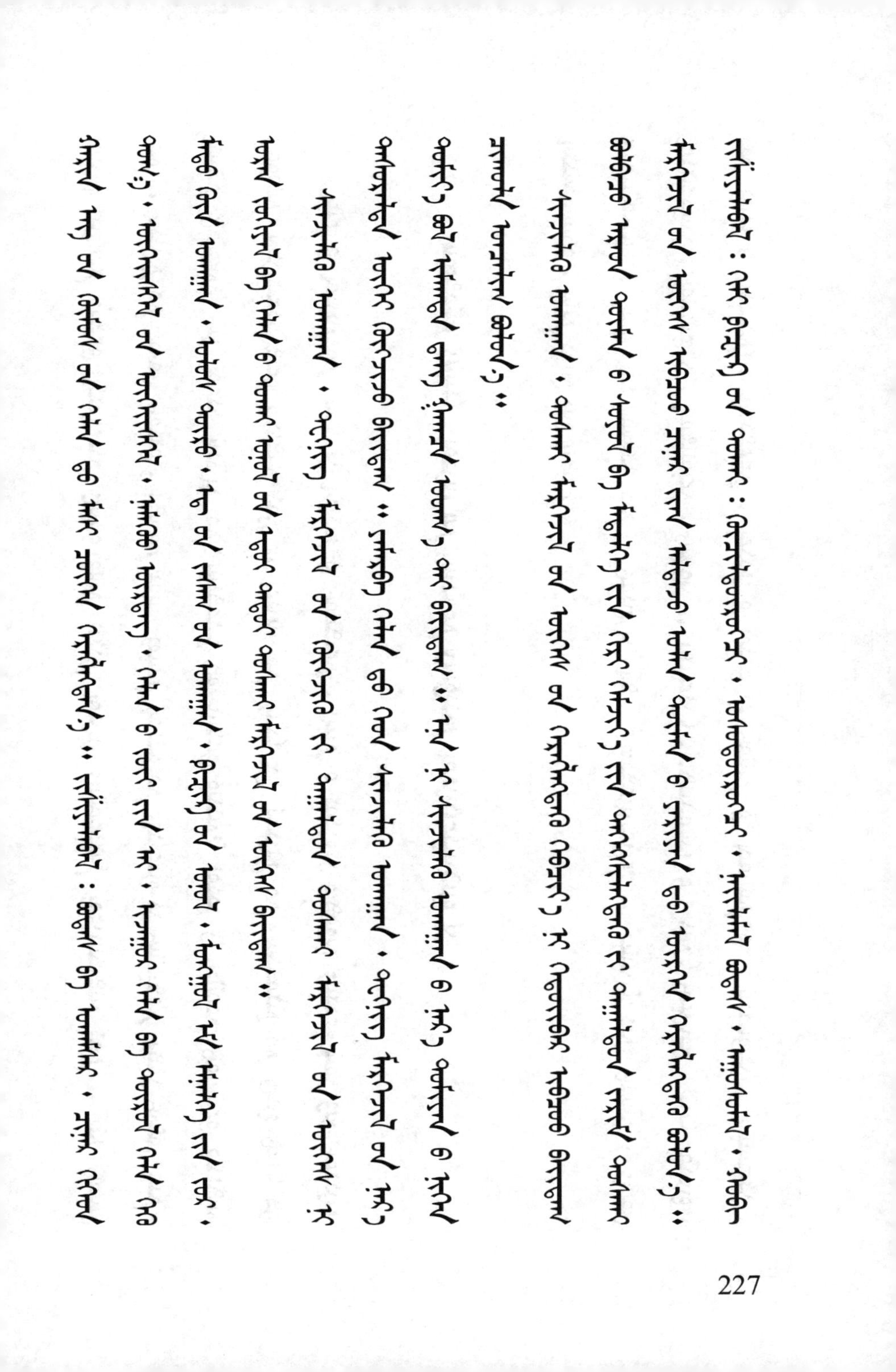

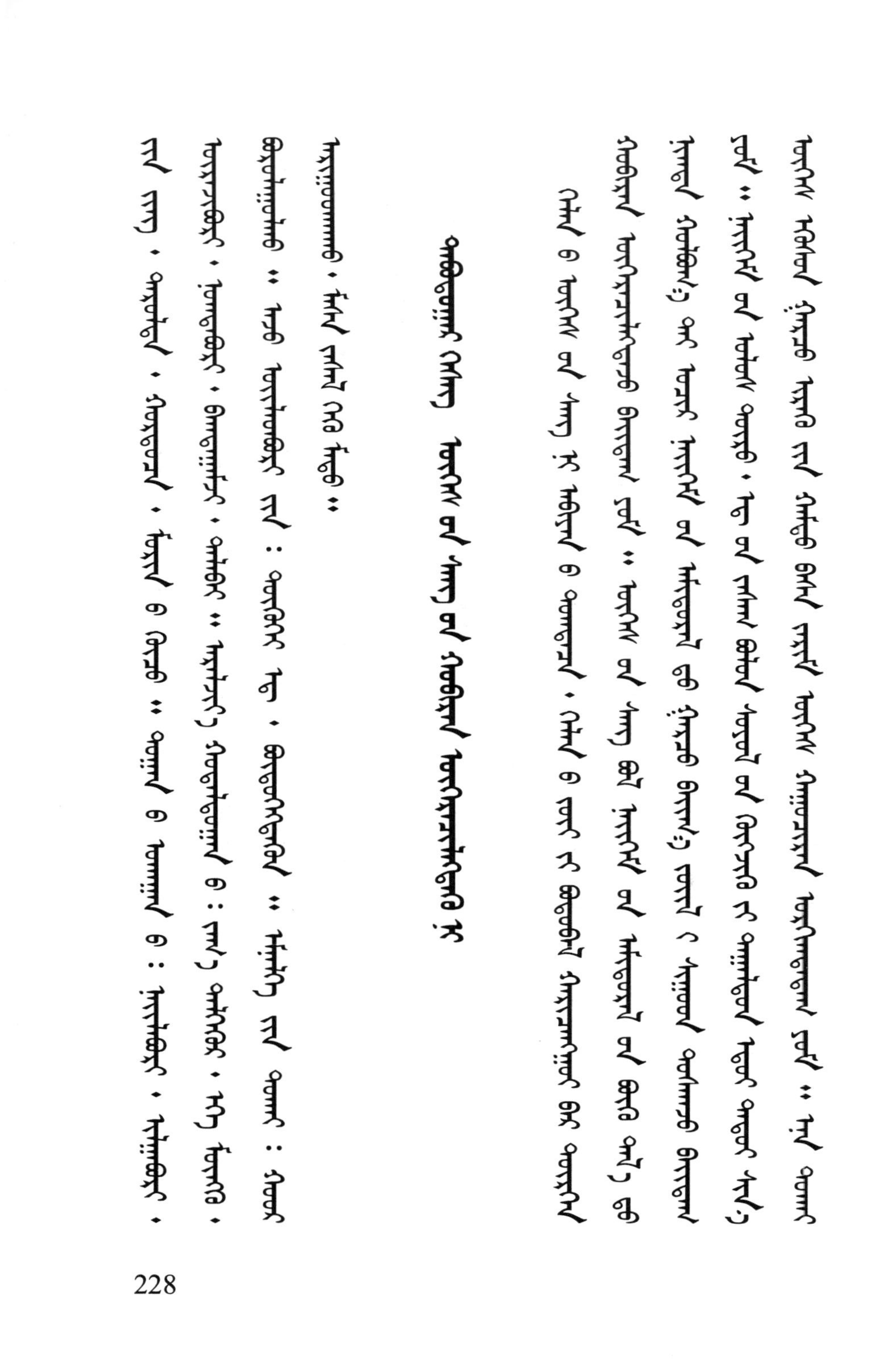

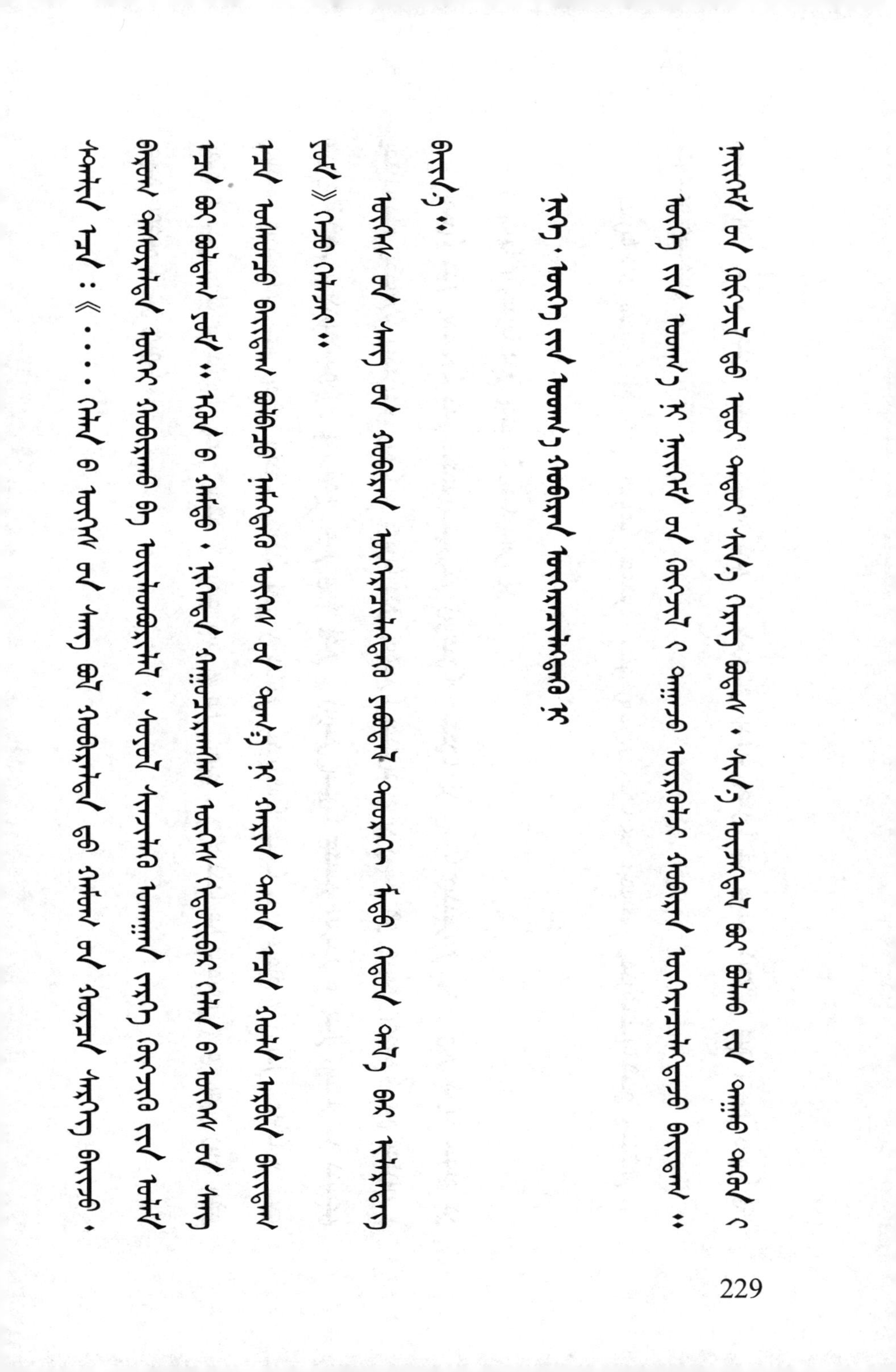

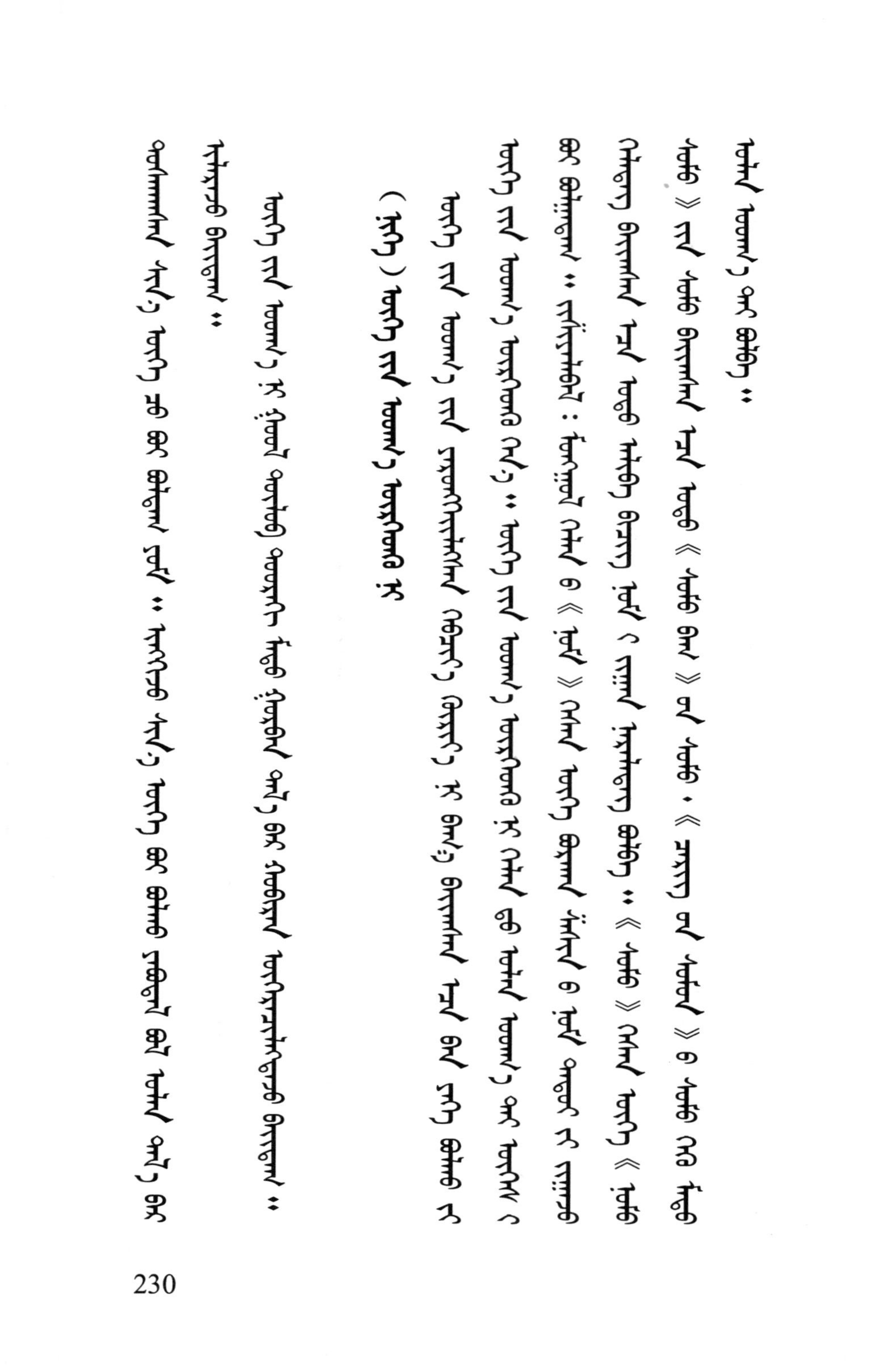

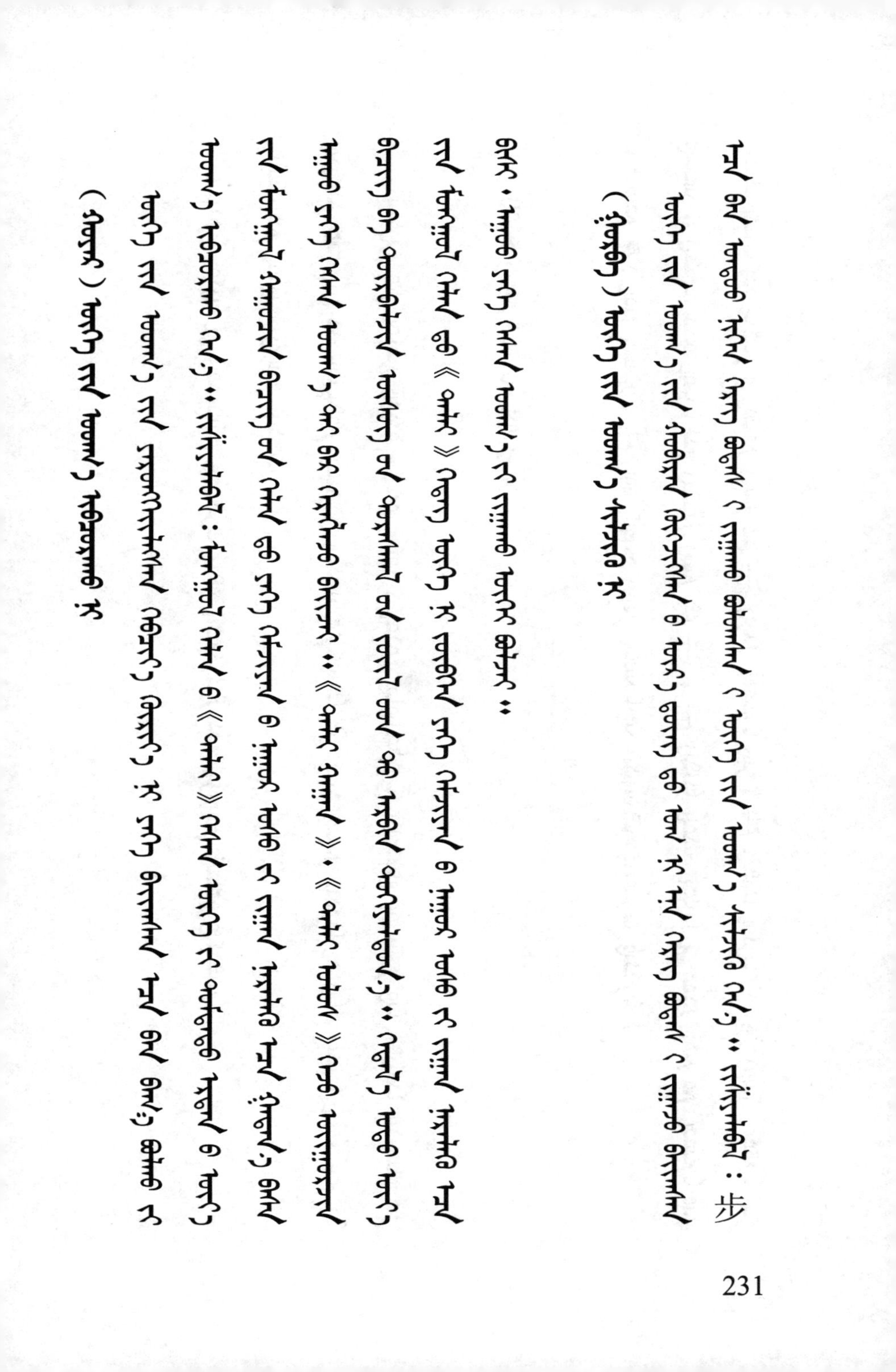

([illegible]) [illegible]

[illegible] 《[illegible]》 [illegible] 《[illegible]》 [illegible] 《[illegible]》 [illegible] 《[illegible]》 [illegible]

([illegible]) [illegible]

[illegible] : 步

ᠭᠡᠳᠡᠭ ᠬᠡᠯᠡᠨ ᠦ ᠬᠡᠷᠡᠭᠯᠡᠭᠡ ᠳᠦ ᠦᠭᠡ ᠶᠢᠨ ᠠᠳᠠᠯᠢ ᠦᠭᠡ ᠳᠦ 走 ᠭᠡᠳᠡᠭ ᠦᠭᠡ ᠶᠢᠨ ᠠᠳᠠᠯᠢ᠂ 走 ᠭᠡᠳᠡᠭ ᠬᠡᠯᠡᠨ ᠦ 跑 ᠭᠡᠳᠡᠭ ᠦᠭᠡ ᠶᠢᠨ ᠠᠳᠠᠯᠢ
ᠪᠣᠯᠳᠠᠭ ᠄ ᠭᠡᠳᠡᠭ ᠬᠡᠯᠡᠨ ᠳᠦ ᠲᠤ ᠭᠡᠳᠡᠭ ᠦᠭᠡ ᠳᠦ 步᠂ 走 ᠭᠡᠳᠡᠭ ᠭᠤᠷᠪᠠ ᠬᠡᠯᠡᠨ ᠦ ᠰᠣᠩᠭᠣᠯᠲᠠ ᠶᠢᠨ ᠦᠭᠡ ᠶᠢᠨ ᠪᠣᠯ
ᠠᠯᠬᠤᠮᠯᠠᠬᠤ 步 ᠦᠭᠡ ᠠᠯᠬᠤᠬᠤ᠂ 走 ᠦᠭᠡ ᠶᠠᠪᠤᠬᠤ ᠦᠭᠡ ᠶᠢᠨ ᠠᠳᠠᠯᠢ ᠪᠣᠯ ᠭᠡᠷᠡᠭᠯᠡᠭᠳᠡᠬᠦ ᠪᠣᠯᠤᠮᠵᠢᠲᠠᠢ ᠪᠠᠢᠳᠠᠭ ᠄

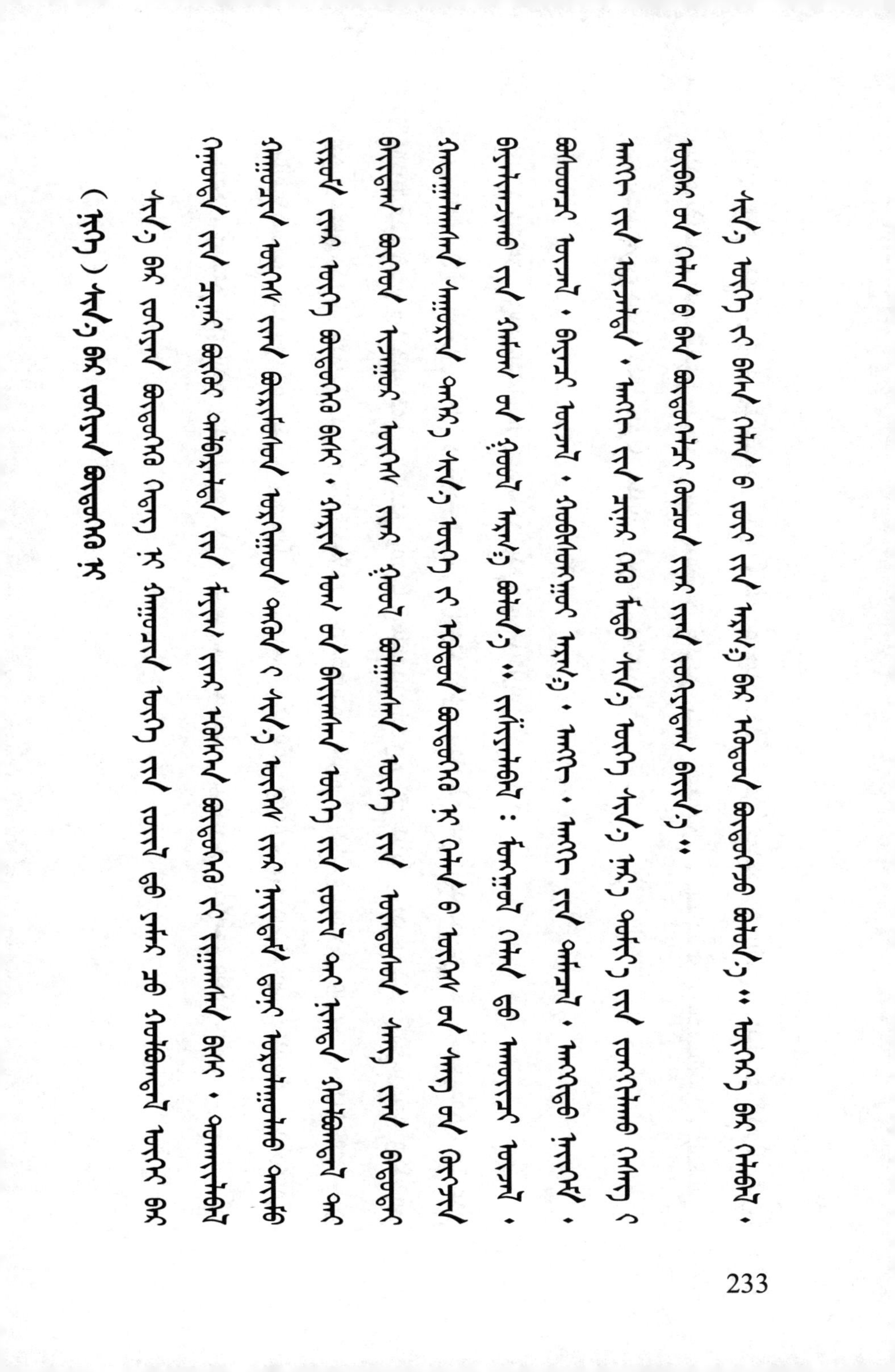

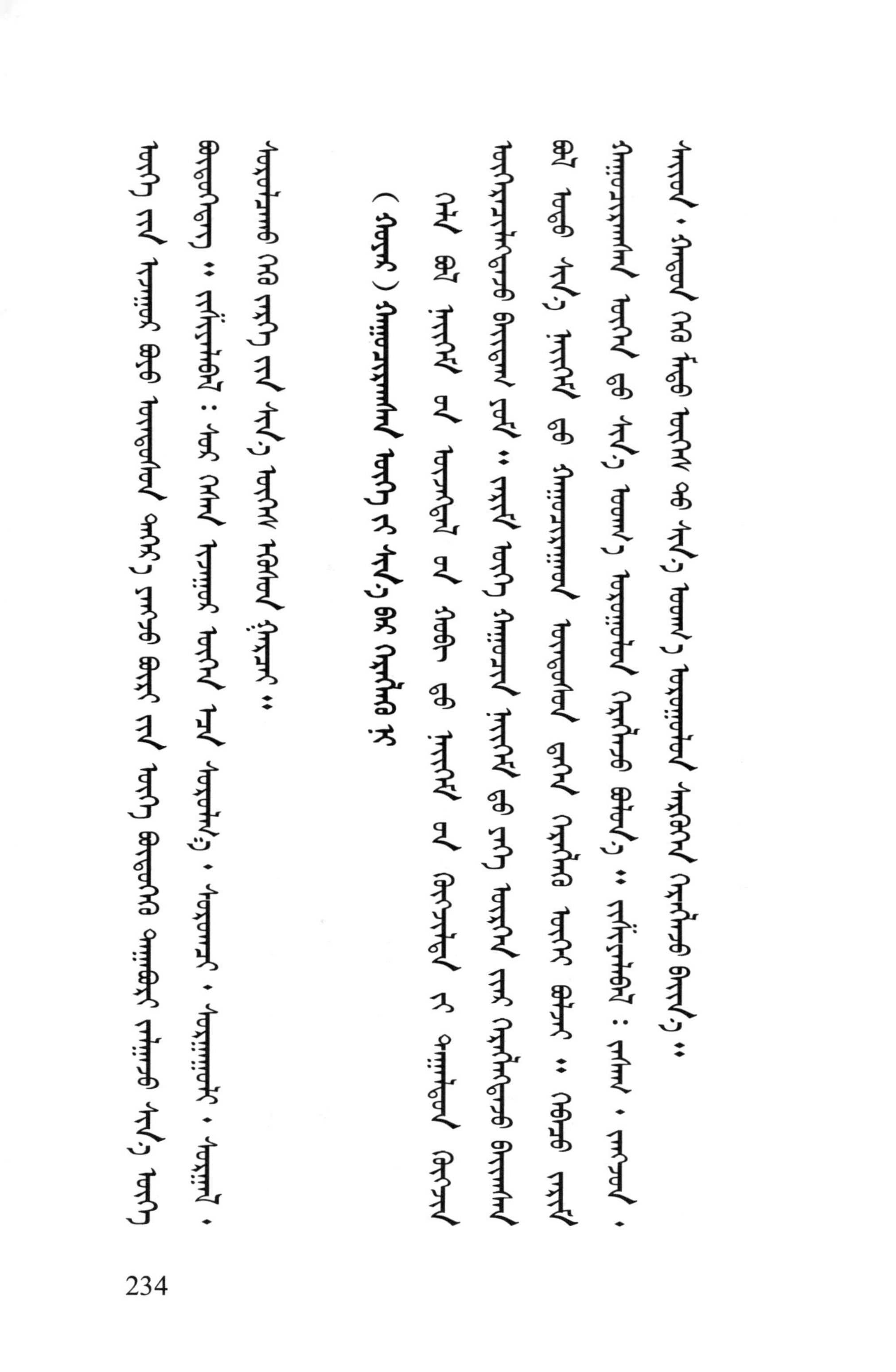

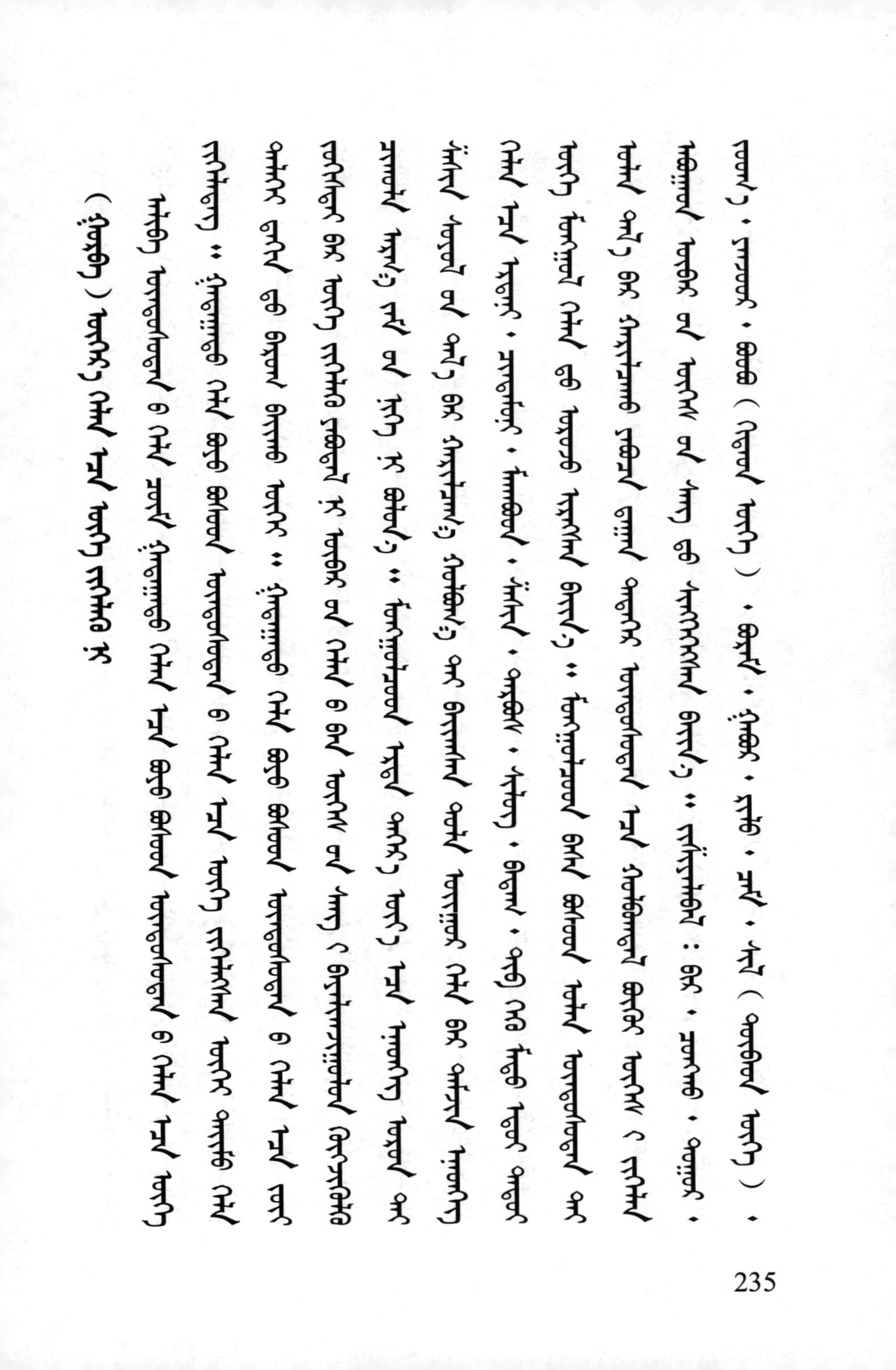

[illegible]

[illegible]

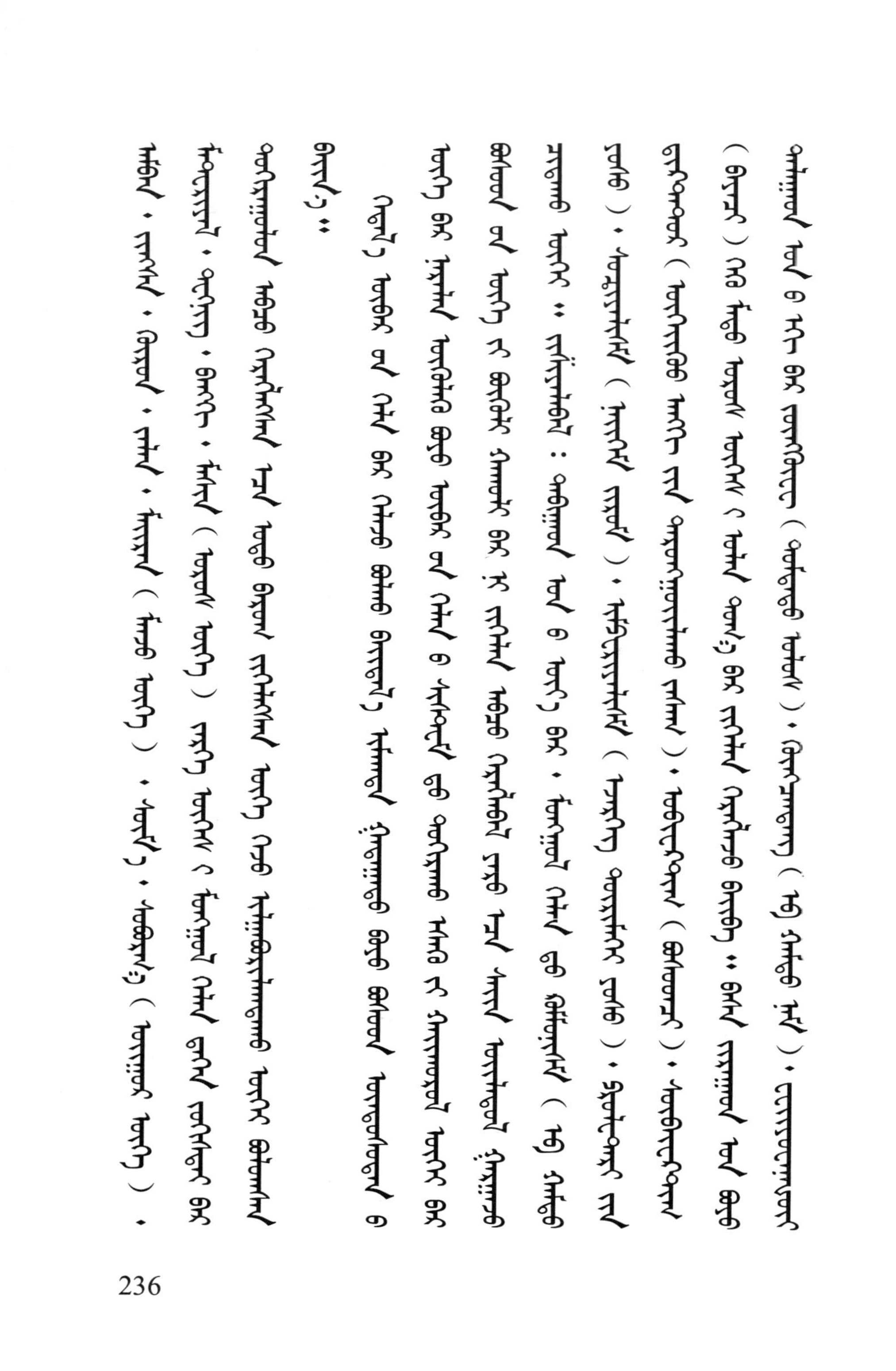

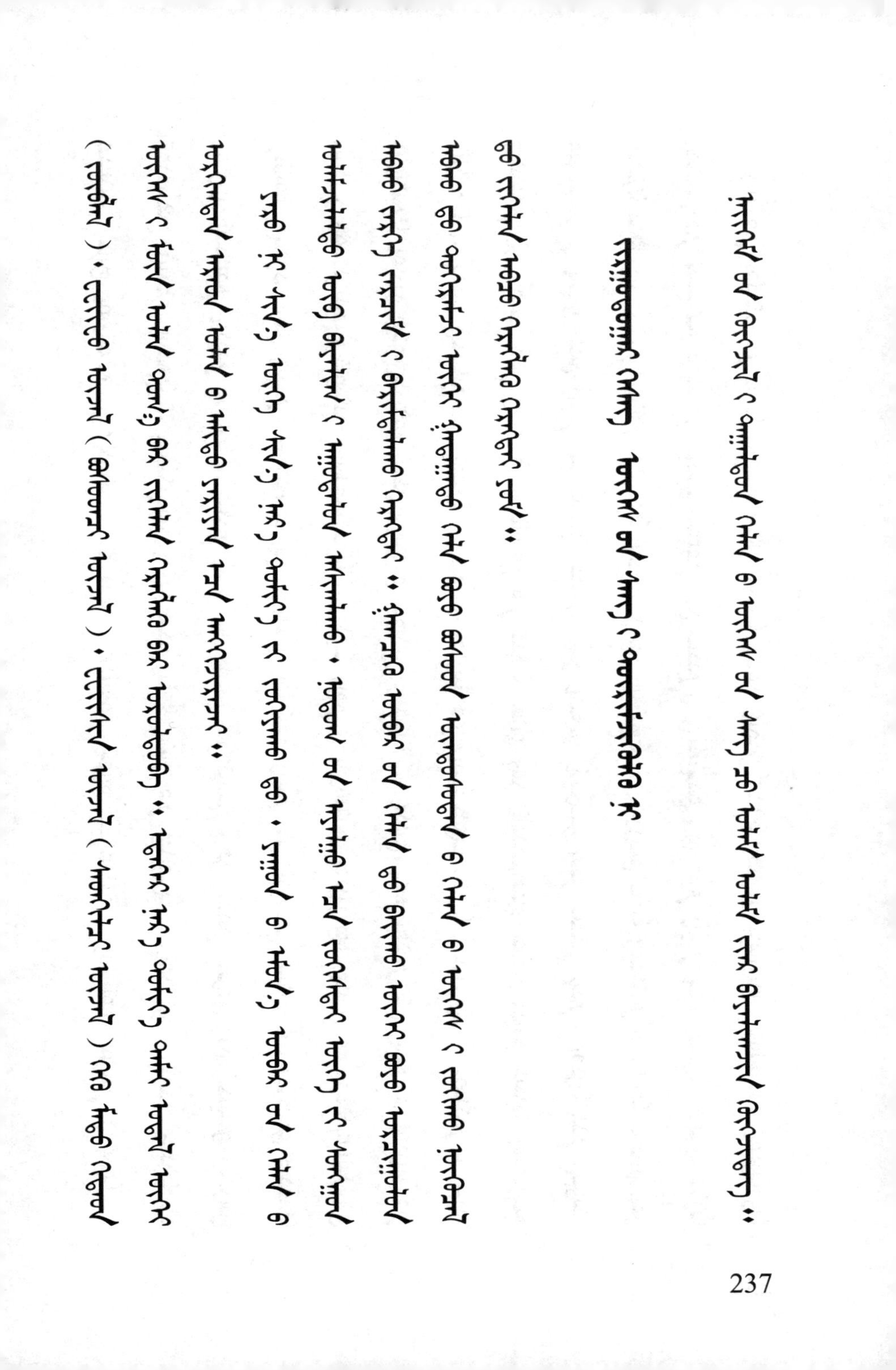

ᠦᠭᠡᠰ ᠲᠦ ᠦᠭᠡᠴᠢᠯᠡᠭᠳᠡᠭᠰᠡᠨ ᠬᠡᠯᠡ ᠲᠦ ᠰᠢᠯᠵᠢᠭᠰᠡᠨ ᠪᠣᠯᠪᠠᠰᠤ ᠦᠭᠡᠰ ᠦᠨ ᠬᠡᠯᠪᠡᠷᠢ᠂ ᠰᠢᠯᠵᠢᠬᠦ ᠦᠭᠡ ᠪᠡᠷ
ᠨᠢᠭᠤᠴᠠ ᠲᠤ ᠬᠡᠷᠡᠭᠯᠡᠭᠳᠡᠬᠦ ᠶᠢᠨ ᠬᠡᠮᠵᠢᠶ᠎ᠡ ᠪᠣᠯ ᠨᠢᠭᠡ ᠵᠡᠷᠭᠡ ᠶᠢᠨ ᠰᠣᠨᠢᠷᠬᠠᠯ᠂ ᠪᠠᠷᠢᠮᠲᠠ ᠶᠢᠨ ᠢᠯᠡ ᠦᠭᠡ ᠳᠠᠭᠠᠵᠤ
ᠬᠡᠮᠵᠢᠶ᠎ᠡ ᠲᠡᠢ ᠠᠯᠪᠠᠨ ᠪᠢᠴᠢᠭ ᠦᠨ ᠬᠡᠯᠡ ᠪᠡᠷ ᠦᠭᠡᠰ ᠦᠨ ᠪᠦᠷᠢᠳᠦᠯ᠃ ᠬᠡᠯᠡᠯᠴᠡᠬᠦ ᠳᠤ ᠬᠡᠷᠡᠭᠯᠡᠭᠳᠡᠭᠰᠡᠨ ᠢ ᠦᠭᠡᠰ ᠦᠨ ᠪᠦ
ᠪᠦᠲᠦᠭᠡᠭᠳᠡᠯ ᠦᠨ ᠵᠦᠢᠯ ᠲᠦ ᠬᠠᠮᠢᠶᠠᠷᠤᠭᠳᠠᠬᠤ ᠬᠡᠯᠡ ᠬᠡᠷᠡᠭᠯᠡᠭᠡᠨ ᠦ ᠦᠭᠡᠰ ᠪᠣᠯᠤᠨ᠎ᠠ᠃ ᠬᠡᠯᠡᠨ ᠦ ᠲᠡᠭᠦᠷᠢᠭ ᠦᠨ ᠦᠭᠡ ᠪᠠ
ᠪᠣᠳᠣᠯᠭᠠ ᠢ ᠲᠣᠰᠬᠠᠨ ᠨᠢᠭᠡ ᠪᠣᠯᠭᠠᠨ ᠲᠤ ᠦᠭᠡ ᠵᠦᠢᠯ ᠦᠨ ᠨᠠᠷᠢᠯᠢᠭ ᠰᠢᠨᠵᠢ ᠦᠭᠡᠰ ᠦᠨ ᠰᠠᠩ ᠲᠤ ᠪᠠᠲᠤᠯᠠᠭᠰᠠᠨ ᠬᠡᠯᠡᠯᠴᠡᠭᠡᠨ
ᠬᠡᠯᠡᠯᠴᠡᠬᠦ᠃ ᠬᠡᠷᠡᠭᠯᠡᠬᠦ ᠪᠣᠯᠤᠨ ᠲᠤ ᠣᠳᠣᠬᠢ᠂ ᠰᠢᠨ᠎ᠡ ᠪᠡᠷ ᠦᠭᠡᠰ ᠲᠦ ᠬᠦᠷᠬᠦ ᠦᠭᠡ ᠶᠢᠨ ᠦᠭᠡ ᠣᠷᠤᠯᠴᠠᠭᠤᠯᠬᠤ ᠢ ᠦᠭᠡᠰ ᠦᠨ ᠳᠦ
ᠰᠢᠯᠵᠢᠭᠦᠯᠦᠨ᠎ᠡ᠃ ᠬᠡᠷᠡᠭᠯᠡᠬᠦ ᠪᠣᠯᠪᠠᠰᠤ ᠲᠤ ᠣᠭᠤᠳᠠ ᠲᠡᠢ ᠰᠢᠨᠵᠢ ᠬᠡᠯᠡᠨ ᠦ ᠬᠡᠯᠪᠡᠷᠢ ᠳᠦ ᠭᠠᠳᠠᠭᠰᠠᠨ ᠵᠠᠷᠢᠮ ᠬᠡᠯᠡ ᠦᠭᠡᠰ
ᠪᠣᠳᠣᠯᠭᠠ ᠢ ᠬᠡᠯᠡᠬᠦ ᠬᠡᠮᠵᠢᠶ᠎ᠡ ᠶᠢᠨ ᠪᠡᠷ ᠦᠭᠡᠰ ᠦᠨ ᠰᠠᠩ ᠲᠤ ᠬᠠᠷᠢᠴᠠᠭᠤᠯᠬᠤ᠃ ᠪᠣᠯᠪᠠᠰᠤ ᠦᠭᠡ ᠬᠡᠯᠡ ᠶᠢ ᠦᠭᠡᠰ ᠦᠨ ᠨᠢᠭᠡ ᠳᠦ
ᠰᠢᠨᠵᠢᠯᠡᠬᠦ ᠦᠭᠡ ᠶᠢᠨ ᠪᠣᠳᠣᠯ ᠦᠨ ᠦᠭᠡᠰ ᠦᠨ ᠦᠭᠡᠰ ᠦᠨ ᠬᠡᠯᠡᠯᠴᠡᠭᠡᠨ ᠪᠣᠯᠤᠨ᠎ᠠ᠃ ᠰᠢᠨ᠎ᠡ ᠪᠠᠢᠭ᠎ᠠ ᠤᠨ ᠦᠭᠡᠰ ᠦᠨ ᠳᠦ ᠰᠢᠯᠵᠢᠭᠦᠯᠬᠦ ᠲᠤ
ᠬᠡᠷᠡᠭᠯᠡᠭᠳᠡᠬᠦ ᠶᠢᠨ ᠬᠡᠮᠵᠢᠶ᠎ᠡ ᠲᠡᠢ ᠦᠭᠡᠰ ᠶᠢ ᠬᠡᠯᠡᠨ ᠦ ᠰᠠᠩ ᠲᠤ ᠦᠭᠡᠰ ᠦᠨ ᠡᠯᠡᠷᠡᠭᠰᠡᠨ ᠪᠣᠯᠤᠨ᠎ᠠ᠃ ᠳᠤᠷᠠᠳᠬᠠᠪᠠᠯ᠄ ᠦᠭᠡ ᠶᠢᠨ ᠰᠢᠨᠵᠢ ᠳᠦ ᠦᠭᠡᠰ ᠦᠨ ᠰᠢᠯᠵᠢᠬᠦ
ᠦᠭᠡᠰ ᠦᠨ ᠰᠣᠨᠢᠷᠬᠠᠯ ᠪᠡᠯᠡᠭᠰᠡᠨ ᠬᠡᠯᠡᠬᠦ ᠪᠡᠷ ᠪᠣᠯᠤᠨ᠎ᠠ᠃ ᠬᠡᠯᠡᠬᠦ ᠨᠢᠭᠤᠴᠠ ᠳᠤ ᠬᠡᠷᠡᠭᠯᠡᠬᠦ ᠡᠴᠡ ᠬᠡᠯᠡᠯᠴᠡᠭᠡᠨ ᠰᠢᠨᠵᠢᠯᠡᠬᠦ
ᠬᠡᠯᠡᠭᠳᠡᠬᠦᠨ ᠰᠢᠨᠵᠢᠯᠡᠭᠰᠡᠨ ᠪᠣᠯᠤᠨ᠎ᠠ᠃ ᠳᠤᠷᠠᠳᠬᠠᠪᠠᠯ᠄ ᠨᠢᠭᠡ ᠪᠣᠳᠣᠬᠤ᠂ ᠰᠠᠨᠠᠬᠤ ᠳᠤ ᠪᠣᠳᠣᠬᠤ — ᠰᠠᠨᠠᠭᠠᠯ᠂ ᠪᠣᠳᠣᠯ —
ᠰᠡᠳᠬᠢᠯ᠂ ᠰᠡᠳᠬᠢᠭᠳᠡᠬᠦᠨ — ᠪᠣᠳᠣᠯ — ᠰᠠᠨᠠᠭᠠᠯ — ᠪᠣᠳᠣᠯᠭᠠ᠂ ᠰᠠᠨᠠᠭᠠᠨ ᠦ ᠪᠣᠳᠣᠯ — ᠰᠡᠳᠬᠢᠬᠦ᠂ ᠰᠠᠨᠠᠬᠤ ᠪᠠ ᠪᠣᠳᠣᠯ —

ᠡᠳᠡᠭᠡᠷ ᠰᠢᠭᠠ ᠨᠢ ᠮᠣᠷᠢ ᠶᠢᠨ ᠬᠡᠯᠪᠡᠷᠢ ᠳᠦ ᠣᠷᠣᠯᠠᠭᠤᠯᠵᠤ ᠬᠢᠭᠰᠡᠨ ᠪᠣᠯᠬᠣᠷ ᠮᠣᠷᠢ ᠬᠠᠷᠪᠤᠬᠤ ᠰᠢᠭᠠ ᠪᠣᠯᠤᠨ᠎ᠠ ᠂ ᠮᠣᠷᠢ ᠮᠣᠷᠢ ᠶᠢᠨ ᠲᠣᠭ᠎ᠠ ᠬᠡᠮᠵᠢᠶ᠎ᠡ ᠶᠢᠨ ᠮᠣᠷᠢ ᠮᠣᠷᠢ ᠲᠠᠢ ᠂ ᠮᠣᠷᠢ ᠮᠣᠷᠢ ᠶᠢᠨ ᠬᠣᠨᠢ ᠶᠢᠨ ᠨᠢ ᠠᠮᠢᠳᠤ ᠂ 白酒 ᠴᠠᠭᠠᠨ ᠠᠷᠢᠬᠢ ᠶᠢᠨ ᠬᠣᠨᠢ ᠶᠢᠨ ᠰᠢᠭᠠ ᠂ ᠬᠠᠷ᠎ᠠ ᠪᠣᠷ᠎ᠠ ᠂ 《 ᠬᠠᠷ᠎ᠠ ᠰᠢᠭᠠ 》 ᠭᠡᠳᠡᠭ ᠰᠢᠭᠠ ᠶᠢᠨ ᠬᠣᠨᠢ ᠶᠢᠨ ᠰᠢᠭᠠ ᠂ 黄羊 ᠵᠡᠭᠡᠷᠡᠨ ᠰᠢᠭᠠ ᠄ ᠮᠣᠷᠢ ᠶᠢᠨ ᠰᠢᠭᠠ ᠂ 《 ᠬᠠᠷ᠎ᠠ ᠰᠢᠭᠠ 》 ᠭᠡᠳᠡᠭ ᠨᠢ ᠮᠣᠷᠢ ᠶᠢᠨ ᠪᠠᠢᠷᠢ ᠪᠣᠯᠤᠨ᠎ᠠ ᠄

ᠮᠠᠯ 《ᠪᠣᠳᠣ》 ᠭᠡᠳᠡᠭ ᠪᠣᠯ ᠲᠣᠮᠣ ᠮᠠᠯ·《ᠪᠣᠭ᠎ᠠ》 ᠭᠡᠳᠡᠭ ᠪᠣᠯ ᠪᠠᠭ᠎ᠠ ᠮᠠᠯ :: 大畜·小畜 ᠭᠡᠰᠡᠨ ᠮᠠᠯᠴᠢᠨ ᠤ ᠬᠡᠯᠡᠨ 《ᠪᠣᠳᠣ ᠮᠠᠯ·ᠪᠣᠭ᠎ᠠ ᠮᠠᠯ》 ᠭᠡᠳᠡᠭ ᠪᠣᠯ ᠲᠣᠮᠣ ᠮᠠᠯ·ᠪᠠᠭ᠎ᠠ ᠮᠠᠯ ᠭᠡᠰᠡᠨ ᠮᠠᠯ ᠤᠨ ᠨᠡᠷ᠎ᠡ ::

(2) ᠮᠣᠩᠭᠣᠯ ᠬᠡᠯᠡ ᠪᠡᠷ ᠠᠪᠢᠶ᠎ᠠ ᠶᠢ ᠳᠠᠭᠤᠷᠢᠶᠠᠭᠰᠠᠨ ᠪᠣᠶᠤ ᠳᠤᠷᠠᠮᠳᠠᠨ ᠬᠡᠯᠡᠬᠦ ᠦᠭᠡ ᠶᠢᠨ ᠣᠷᠴᠢᠭᠤᠯᠭ᠎ᠠ ᠪᠣᠯ ᠮᠣᠩᠭᠣᠯ ᠤᠨ ᠠᠪᠢᠶ᠎ᠠ ᠶᠢ ᠳᠠᠭᠤᠷᠢᠶᠠᠨ ᠣᠷᠴᠢᠭᠤᠯᠤᠭᠰᠠᠨ ᠪᠠᠢᠳᠠᠯ ᠢ ᠨᠢ ᠬᠠᠳᠠᠭᠠᠯᠠᠨ ᠦᠯᠡᠳᠡᠭᠡᠭᠰᠡᠨ ᠪᠠᠢᠨ᠎ᠠ :: ᠵᠢᠱᠢᠶᠡᠯᠡᠪᠡᠯ : ᠬᠡᠯᠡᠨ ᠳᠦ 辉 光·盆旺·哼唱·挡阻 ᠭᠡᠬᠦ ᠮᠡᠳᠦ ᠬᠡᠯᠡᠭᠳᠡᠭᠦ ᠦᠭᠡᠨ ᠦᠳ ᠪᠣᠯᠤᠨ᠎ᠠ :: ᠮᠠᠰᠢ ᠨᠢ ᠬᠠᠭᠤᠳᠠᠭᠤ ᠮᠣᠩᠭᠣᠯ ᠦᠭᠡ ᠶᠢ ᠬᠠᠳᠠᠭᠠᠯᠠᠭᠰᠠᠨ ᠪᠣᠯᠬᠤ ᠶᠢᠨ ᠬᠠᠮᠲᠤ ᠮᠣᠩᠭᠣᠯ ᠬᠡᠯᠡᠨ ᠦ ᠳᠤᠭᠤᠳᠠᠯᠭ᠎ᠠ ᠶᠢᠨ ᠣᠨᠴᠠᠯᠢᠭ ᠢ ᠨᠢ ᠬᠠᠷᠠᠭᠤᠯᠵᠤ ᠪᠠᠢᠨ᠎ᠠ ::

(3) ᠮᠣᠩᠭᠣᠯ ᠤᠨ ᠬᠡᠯᠡᠨ ᠦ ᠬᠡᠯᠪᠡᠷᠢ ᠪᠠᠷ ᠣᠷᠴᠢᠭᠤᠯᠤᠭᠰᠠᠨ ᠪᠠᠢᠳᠠᠯ ᠢ ᠨᠢ ᠪᠣᠳᠣᠯᠭ᠎ᠠ ᠳᠤ ᠣᠷᠣᠭᠤᠯᠬᠤ ᠬᠡᠷᠡᠭᠲᠡᠢ

ᠮᠠᠰᠢ ᠣᠯᠠᠨ ᠮᠡᠳᠡᠭᠳᠡᠬᠦᠨ ᠨᠢᠭᠡ ᠪᠣᠯᠤᠨ᠎ᠠ ᠂ ᠪᠠᠢᠭᠠᠯᠢ ᠶᠢᠨ ᠣᠯᠠᠨ ᠬᠡᠯᠪᠡᠷᠢ ᠶᠢᠨ ᠵᠦᠢᠯ ᠳᠦ ᠮᠡᠳᠡᠭᠳᠡᠬᠦᠢ ᠮᠡᠳᠡᠭᠳᠡᠬᠦᠢ ᠪᠣᠯᠤᠨ ᠦᠨᠳᠦᠰᠦ ᠶᠢᠨ ᠠᠷᠭ᠎ᠠ ᠪᠠᠷ ᠲᠣᠳᠣᠷᠬᠠᠢᠯᠠᠭᠳᠠᠨ᠎ᠠ ::

ᠲᠠᠷᠢᠶᠠᠯᠠᠩ ᠤᠨ ᠨᠡᠷᠡᠰ ᠦᠨ ᠬᠡᠯᠪᠡᠷᠢ ᠶᠢᠨ ᠵᠦᠢᠯ ᠦᠨ ᠠᠰᠠᠭᠤᠳᠠᠯ ᠪᠣᠯ ᠬᠡᠯᠡ ᠶᠢᠨ ᠰᠢᠨᠵᠢᠯᠡᠯ ᠦᠨ ᠨᠢᠭᠡ ᠴᠢᠬᠤᠯᠠ ᠠᠰᠠᠭᠤᠳᠠᠯ ᠪᠣᠯᠤᠨ᠎ᠠ :: ᠡᠨᠡ ᠨᠢ ᠨᠢᠭᠡ ᠵᠦᠢᠯ ᠦᠨ ᠡᠳ ᠦᠨ ᠣᠯᠠᠨ ᠨᠡᠷ᠎ᠡ ᠲᠡᠢ ᠪᠠᠢᠬᠤ ᠪᠣᠯᠤᠨ ᠪᠠᠢᠭᠠᠯᠢ ᠶᠢᠨ ᠪᠣᠳᠠᠰ ᠤᠨ ᠨᠢᠭᠡ ᠨᠡᠷᠡᠰ ᠦᠨ ᠣᠯᠠᠨ ᠬᠡᠯᠪᠡᠷᠢ ᠶᠢᠨ ᠵᠦᠢᠯ ᠢ ᠬᠡᠯᠡᠨ᠎ᠡ ::

ᠵᠢᠰᠢᠶᠡᠯᠡᠪᠡᠯ ᠢᠳᠡᠭᠡᠨ ᠦ ᠨᠡᠷ᠎ᠡ ᠶᠢ ᠬᠡᠯᠡᠬᠦ ᠳᠦ 《玉米》 ᠶᠢ ᠬᠢᠲᠠᠳ ᠬᠡᠯᠡᠨ ᠳᠦ 《玉米・苞米・老玉米・包谷・棒子・珍珠米》 ᠭᠡᠵᠦ ᠣᠯᠠᠨ ᠨᠡᠷ᠎ᠡ ᠲᠡᠢ ᠪᠠᠢᠳᠠᠭ :: ᠮᠣᠩᠭᠣᠯ ᠬᠡᠯᠡᠨ ᠳᠦ ᠪᠣᠯ ᠡᠳᠡᠭᠡᠷ ᠨᠡᠷᠡᠰ ᠦᠨ ᠣᠷᠴᠢᠭᠤᠯᠭ᠎ᠠ ᠶᠢ ᠨᠢᠭᠡ ᠨᠡᠷ᠎ᠡ ᠪᠡᠷ ᠢᠯᠡᠷᠡᠭᠦᠯᠬᠦ ᠪᠣᠯᠤᠮᠵᠢ ᠲᠡᠢ ᠪᠠᠢᠨ᠎ᠠ :: ᠵᠢᠰᠢᠶᠡᠯᠡᠪᠡᠯ : ᠣᠯᠠᠨ ᠨᠡᠷ᠎ᠡ ᠶᠢ ᠨᠢᠭᠡ ᠮᠣᠩᠭᠣᠯ ᠨᠡᠷ᠎ᠡ ᠪᠡᠷ ᠣᠷᠴᠢᠭᠤᠯᠵᠤ ᠪᠣᠯᠬᠤ ᠶᠢᠨ ᠬᠠᠮᠲᠤ ᠣᠷᠴᠢᠭᠤᠯᠭ᠎ᠠ ᠶᠢᠨ ᠨᠠᠷᠢᠯᠢᠭ ᠢ ᠬᠠᠩᠭᠠᠬᠤ ᠶᠣᠰᠣᠲᠠᠢ ::

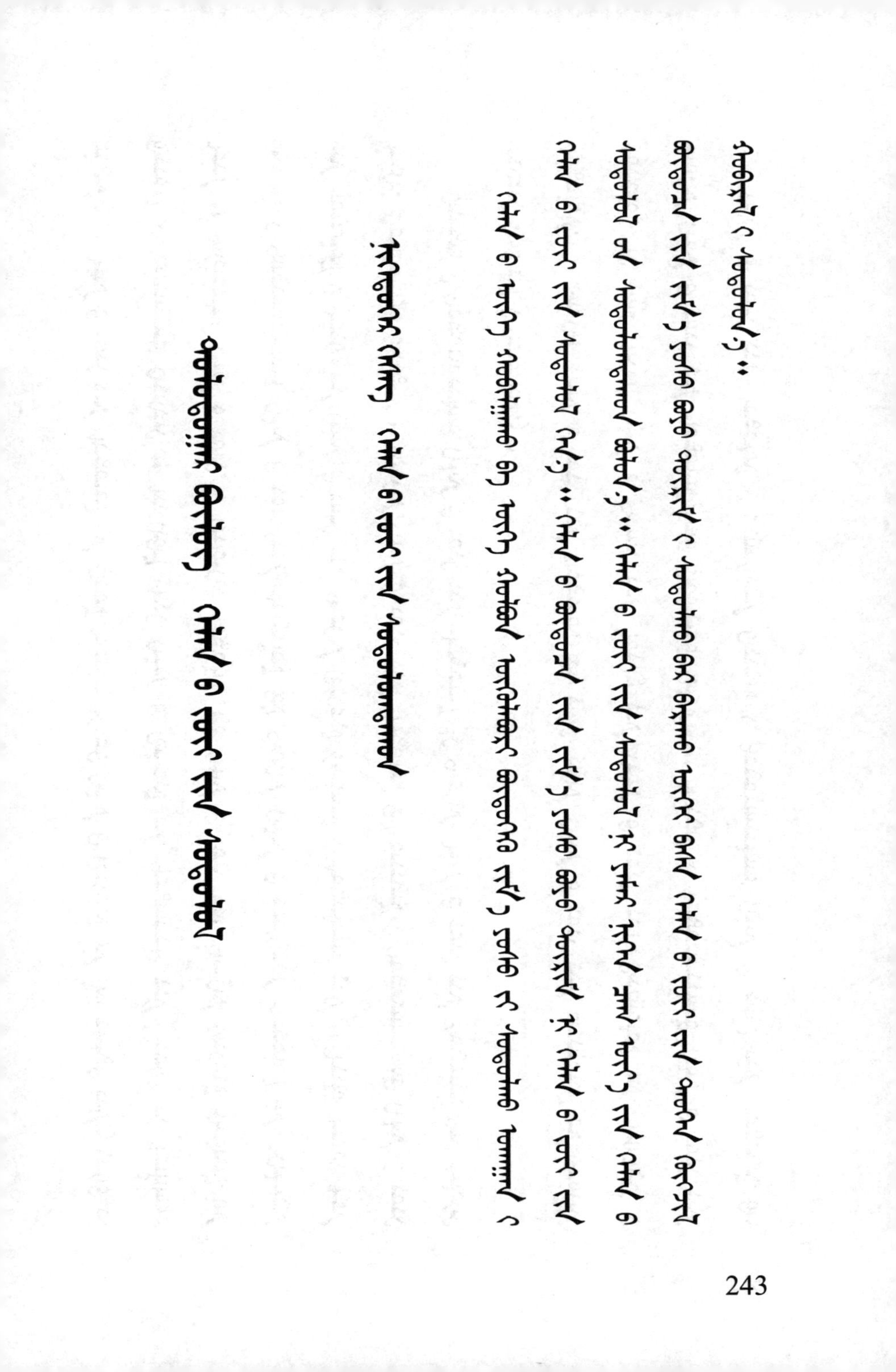

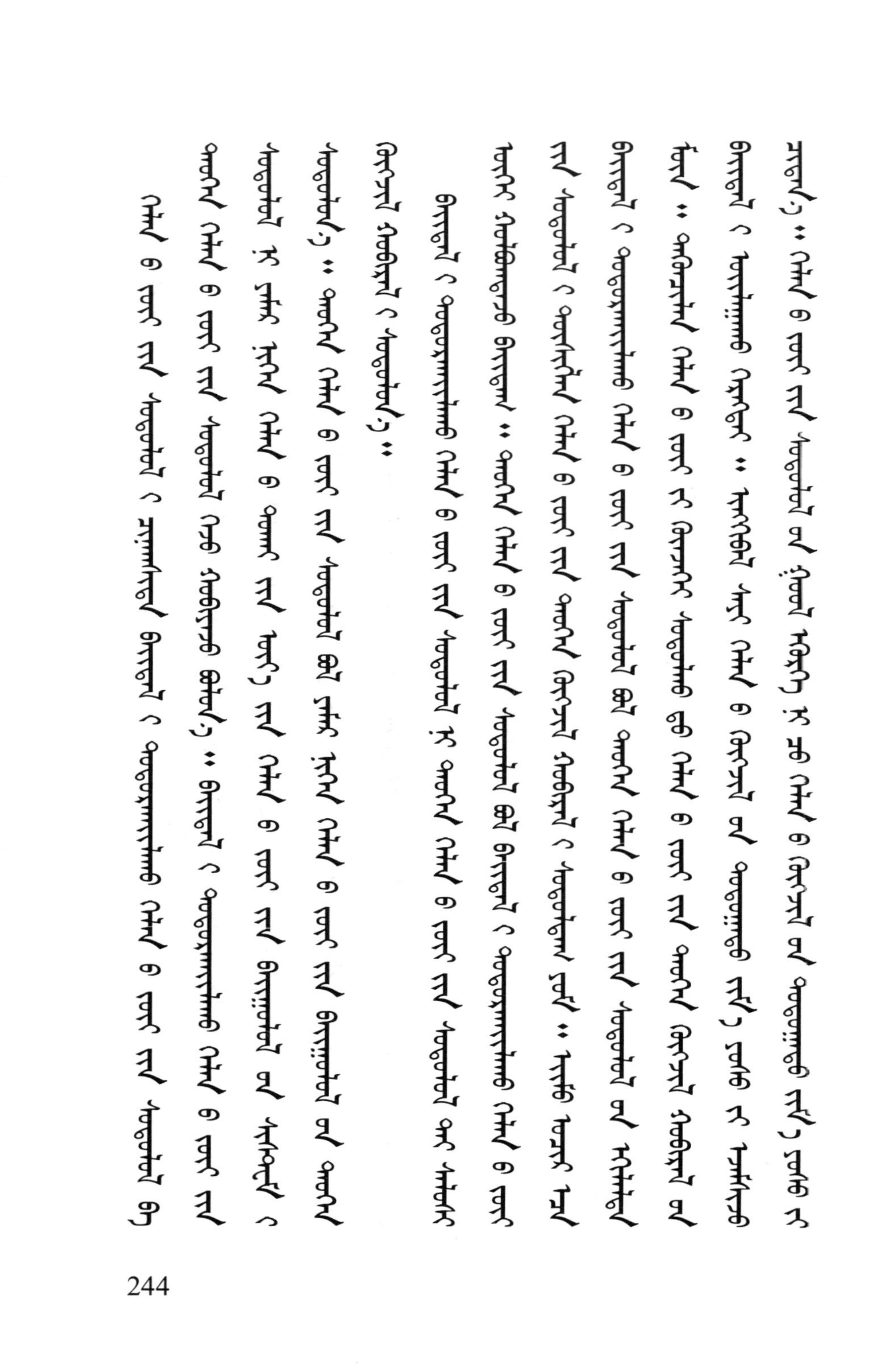

ᠶᠣᠰᠣᠯᠠᠯ ᠪᠣᠯ ᠶᠣᠰᠣᠯᠠᠯᠳᠠᠭ ᠃ ᠲᠡᠭᠦᠨ ᠲᠠᠢ ᠬᠠᠭᠠᠨ ᠤ ᠬᠠᠨ ᠤ ᠬᠠᠭᠠᠨ ᠳᠤ ᠪᠠᠨ ᠬᠠᠭᠠᠨ ᠤ ᠬᠠᠨ ᠤ ᠶᠣᠰᠣᠯᠠᠯ ᠳᠤ
ᠶᠣᠰᠣᠯᠠᠭᠰᠠᠨ ᠪᠠᠢᠳᠠᠯ ᠢ ᠲᠤᠰᠬᠠᠭᠰᠠᠨ ::

ᠬᠠᠭᠠᠨ ᠤ ᠬᠠᠨ ᠤ ᠬᠠᠷᠢᠴᠠᠭ᠎ᠠ ᠶᠣᠰᠣᠯᠠᠯ

ᠬᠠᠭᠠᠨ ᠤ ᠬᠠᠨ ᠤ ᠬᠠᠭᠠᠨ ᠲᠠᠢ ᠬᠠᠷᠢᠴᠠᠬᠤ ᠶᠣᠰᠣᠯᠠᠯ ᠪᠣᠯ ᠬᠠᠭᠠᠨ ᠤ ᠬᠠᠨ ᠤ ᠬᠠᠭᠠᠨ ᠤ ᠪᠠᠢᠳᠠᠯ ᠲᠠᠢ ᠬᠠᠷᠢᠴᠠᠭᠰᠠᠨ ::
ᠬᠠᠭᠠᠨ ᠤ ᠬᠠᠨ ᠤ ᠬᠠᠷᠢᠴᠠᠭ᠎ᠠ ᠶᠣᠰᠣᠯᠠᠯ ᠶᠢ ᠬᠠᠭᠠᠨ ᠤ ᠬᠠᠨ ᠤ ᠪᠠᠢᠳᠠᠯ ᠲᠠᠢ ᠬᠣᠯᠪᠣᠭᠳᠠᠭᠰᠠᠨ ᠬᠠᠷᠢᠴᠠᠭ᠎ᠠ ᠶᠢᠨ ᠬᠡᠯᠪᠡᠷᠢ ᠪᠣᠯᠭᠠᠨ᠎ᠠ
ᠬᠠᠷᠢᠴᠠᠭ᠎ᠠ ᠪᠣᠯ ᠬᠠᠭᠠᠨ ᠤ ᠬᠠᠨ ᠤ ᠬᠠᠭᠠᠨ ᠤ ᠪᠠᠢᠳᠠᠯ ᠳᠤ ᠪᠠᠨ ᠪᠠᠢᠳᠠᠭ ᠬᠠᠷᠢᠴᠠᠭ᠎ᠠ ᠶᠢᠨ ᠬᠡᠯᠪᠡᠷᠢ ᠳᠤ ᠪᠠᠢᠳᠠᠭ
ᠬᠠᠭᠠᠨ ᠃ ᠬᠠᠭᠠᠨ ᠤ ᠬᠠᠨ ᠤ ᠬᠠᠷᠢᠴᠠᠭ᠎ᠠ ᠬᠠᠭᠠᠨ ᠤ ᠬᠠᠨ ᠤ ᠬᠠᠭᠠᠨ ᠳᠤ ᠪᠠᠢᠳᠠᠭ :: ᠬᠠᠭᠠᠨ ᠤ ᠬᠠᠨ
ᠬᠠᠨ ᠤ ᠬᠠᠭᠠᠨ ᠪᠣᠯ ᠬᠠᠭᠠᠨ ᠤ ᠬᠠᠷᠢᠴᠠᠭ᠎ᠠ ᠶᠢᠨ ᠬᠡᠯᠪᠡᠷᠢ ᠪᠣᠯᠤᠨ ᠬᠠᠭᠠᠨ ᠤ ᠬᠠᠨ ᠤ ᠬᠠᠷᠢᠴᠠᠭ᠎ᠠ ᠶᠢᠨ ᠬᠠᠭᠠᠨ
ᠬᠠᠨ ᠤ ᠬᠠᠭᠠᠨ ᠳᠤ ᠪᠠᠨ ᠬᠠᠭᠠᠨ ᠤ ᠬᠠᠨ ᠤ ᠬᠠᠭᠠᠨ ᠪᠣᠯ ᠬᠠᠭᠠᠨ ᠤ (ᠬᠠᠭᠠᠨ ᠤ ᠬᠠᠨ ᠤ 《 ᠬᠠᠭᠠᠨ ᠤ ᠬᠠᠨ
ᠬᠠᠭᠠᠨ ᠂ ᠬᠠᠭᠠᠨᠴᠢᠯᠠᠭᠰᠠᠨ ᠬᠠᠨ ᠬᠠᠭᠠᠨ) ᠪᠣᠯ ᠬᠠᠭᠠᠨ ᠬᠠᠭᠠᠨᠴᠢᠯᠠᠭᠰᠠᠨ ᠪᠠᠢᠳᠠᠯ ᠢ ᠬᠠᠭᠠᠨ ᠬᠠᠭᠠᠨᠴᠢᠯᠠᠭᠰᠠᠨ ᠬᠠᠭᠠᠨ

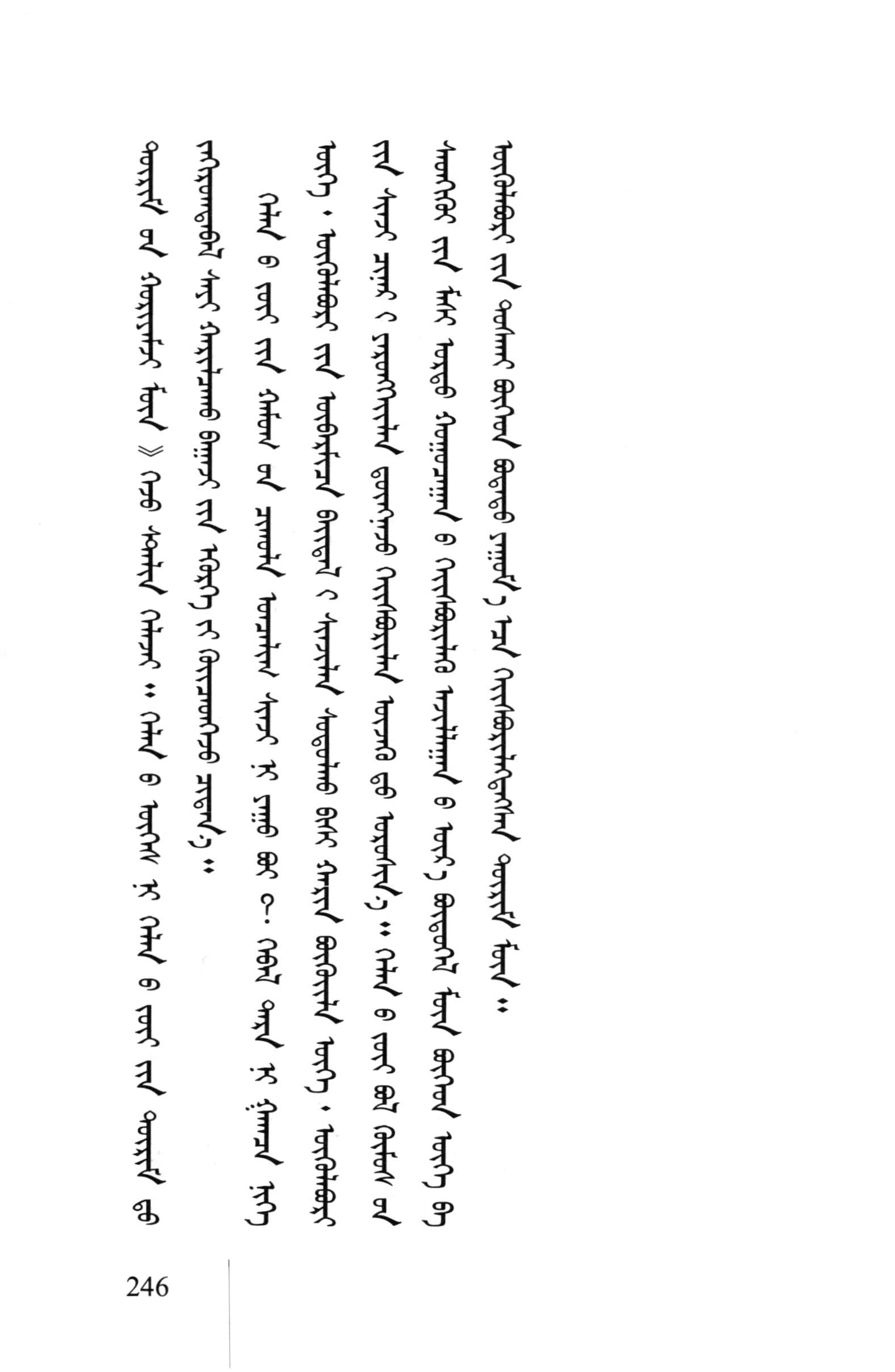

[illegible] ᠬᠢᠲᠠᠨ ᠤ ᠶᠡᠬᠡ ᠪᠢᠴᠢᠭ [illegible] :: ᠬᠢᠲᠠᠨ ᠤ ᠶᠡᠬᠡ ᠪᠢᠴᠢᠭ [illegible] 《 [illegible] 》 [illegible] 《 [illegible] 》 [illegible] ᠬᠢᠲᠠᠨ ᠤ ᠶᠡᠬᠡ ᠪᠢᠴᠢᠭ [illegible] ::
[illegible] 《 [illegible] 》 [illegible] ᠬᠢᠲᠠᠨ ᠤ ᠶᠡᠬᠡ ᠪᠢᠴᠢᠭ [illegible] ::
[illegible] ᠬᠢᠲᠠᠨ ᠤ ᠶᠡᠬᠡ ᠪᠢᠴᠢᠭ [illegible] :: [illegible] ᠬᠢᠲᠠᠨ ᠤ ᠶᠡᠬᠡ ᠪᠢᠴᠢᠭ [illegible] ::

[illegible] ᠬᠢᠲᠠᠨ ᠤ ᠶᠡᠬᠡ ᠪᠢᠴᠢᠭ [illegible]

ᠨᠢᠭᠡ᠂ ᠬᠢᠲᠠᠨ ᠤ ᠶᠡᠬᠡ ᠪᠢᠴᠢᠭ

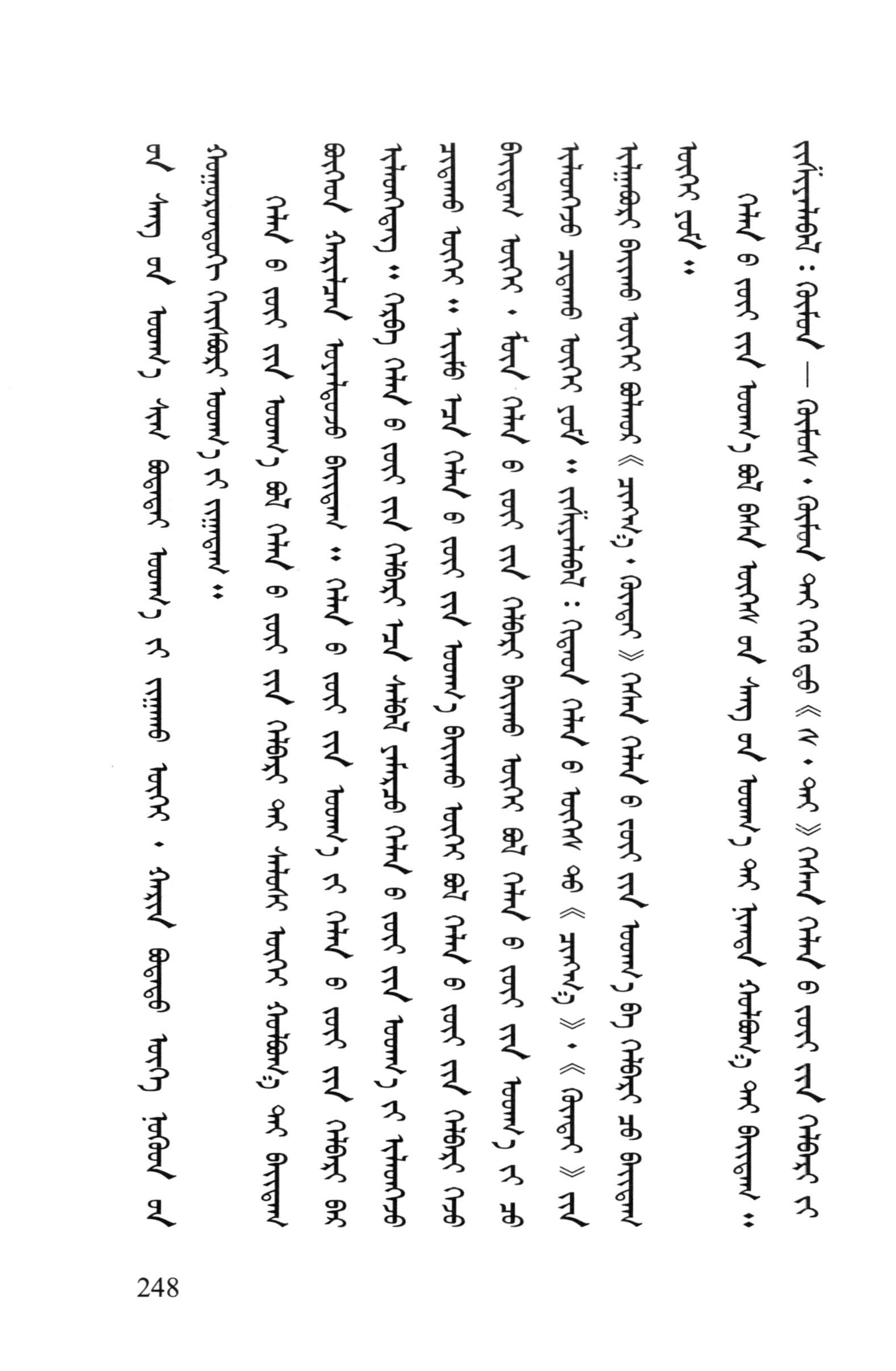

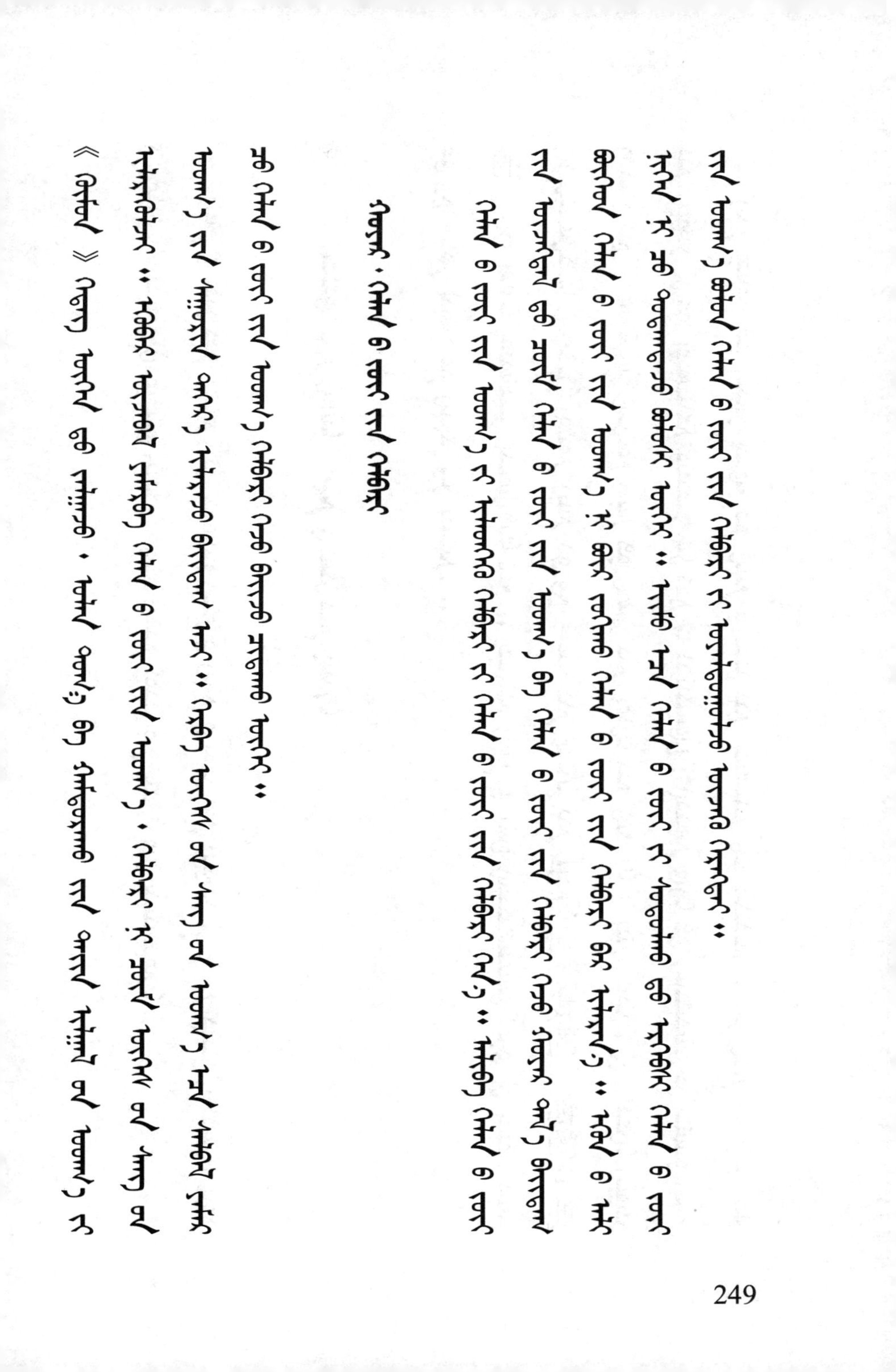

ᠬᠦᠮᠦᠨ ᠦ ᠲᠥᠯᠦᠭᠡᠨ ᠦ ᠨᠡᠷ᠎ᠡ ᠶᠢᠨ ᠬᠠᠮᠢᠶᠠᠲᠤ ᠬᠡᠯᠪᠡᠷᠢ ᠪᠡᠷ ᠢᠯᠡᠷᠡᠭᠰᠡᠨ ᠬᠡᠯᠡᠬᠦ ᠬᠦᠮᠦᠨ ᠦ ᠲᠥᠯᠦᠭᠡᠨ ᠦ ᠨᠡᠷ᠎ᠡ ᠶᠢᠨ ᠬᠠᠮᠢᠶᠠᠲᠤ ᠬᠡᠯᠪᠡᠷᠢ ᠨᠢ ᠪᠣᠯ ᠬᠠᠮᠢᠶᠠᠲᠤᠭᠤᠯᠬᠤ ᠲᠣᠶᠢᠯᠠᠯ ᠤᠨ ᠨᠥᠬᠥᠴᠡᠯ ᠢ ᠢᠯᠡᠷᠡᠭᠦᠯᠦᠨ᠎ᠡ ᠃ ᠬᠠᠮᠢᠶᠠᠲᠤᠭᠤᠯᠬᠤ ᠲᠣᠶᠢᠯᠠᠯ ᠪᠣᠯ ᠬᠠᠮᠢᠶ᠎ᠠ ᠶᠢᠨ ᠲᠣᠶᠢᠯᠠᠯ ᠤᠨ ᠬᠡᠯᠪᠡᠷᠢ ᠪᠣᠯᠬᠤ 《ᠮᠢᠨᠤ ᠂ ᠴᠢᠨᠤ ᠂ ᠲᠡᠭᠦᠨ ᠦ》 ᠭᠡᠬᠦ ᠮᠡᠲᠦ ᠬᠡᠯᠪᠡᠷᠢ ᠪᠡᠷ 《我的、你的、他的》 ᠭᠡᠬᠦ ᠤᠳᠬ᠎ᠠ ᠶᠢ ᠢᠯᠡᠷᠡᠭᠦᠯᠦᠨ᠎ᠡ ᠃ ᠬᠠᠮᠢᠶᠠᠲᠤᠭᠤᠯᠬᠤ ᠬᠦᠮᠦᠨ ᠦ ᠲᠥᠯᠦᠭᠡᠨ ᠦ ᠨᠡᠷ᠎ᠡ ᠶᠢᠨ ᠬᠠᠮᠢᠶᠠᠯᠠᠭᠰᠠᠨ ᠤ ᠲᠣᠯᠢᠳᠠᠯ ᠪᠣᠯᠤᠨ᠎ᠠ ᠃

ᠬᠠᠷᠢᠶᠠᠯᠠᠭᠤᠯᠤᠭᠰᠠᠨ ᠠᠢ ᠬᠦᠮᠦᠨ ᠦ ᠲᠥᠯᠦᠭᠡᠨ ᠦ ᠨᠡᠷ᠎ᠡ

ᠬᠦᠮᠦᠨ ᠦ ᠲᠥᠯᠦᠭᠡᠨ ᠦ ᠨᠡᠷ᠎ᠡ ᠶᠢᠨ ᠬᠠᠷᠢᠶᠠᠯᠠᠭᠤᠯᠤᠭᠰᠠᠨ ᠬᠡᠯᠪᠡᠷᠢ ᠪᠣᠯ ᠬᠦᠮᠦᠨ ᠦ ᠲᠥᠯᠦᠭᠡᠨ ᠦ ᠨᠡᠷ᠎ᠡ ᠶᠢᠨ ᠲᠡᠭᠦᠨ ᠡᠴᠡ ᠪᠣᠯᠤᠭᠰᠠᠨ ᠬᠠᠷᠢᠶᠠᠯᠠᠭᠤᠯᠬᠤ ᠬᠡᠯᠪᠡᠷᠢ ᠶᠢ ᠬᠠᠷᠢᠶᠠᠯᠠᠭᠤᠯᠬᠤ ᠬᠡᠯᠪᠡᠷᠢ ᠪᠡᠷ ᠢᠯᠡᠷᠡᠭᠦᠯᠬᠦ ᠪᠣᠯᠤᠨ᠎ᠠ ᠃

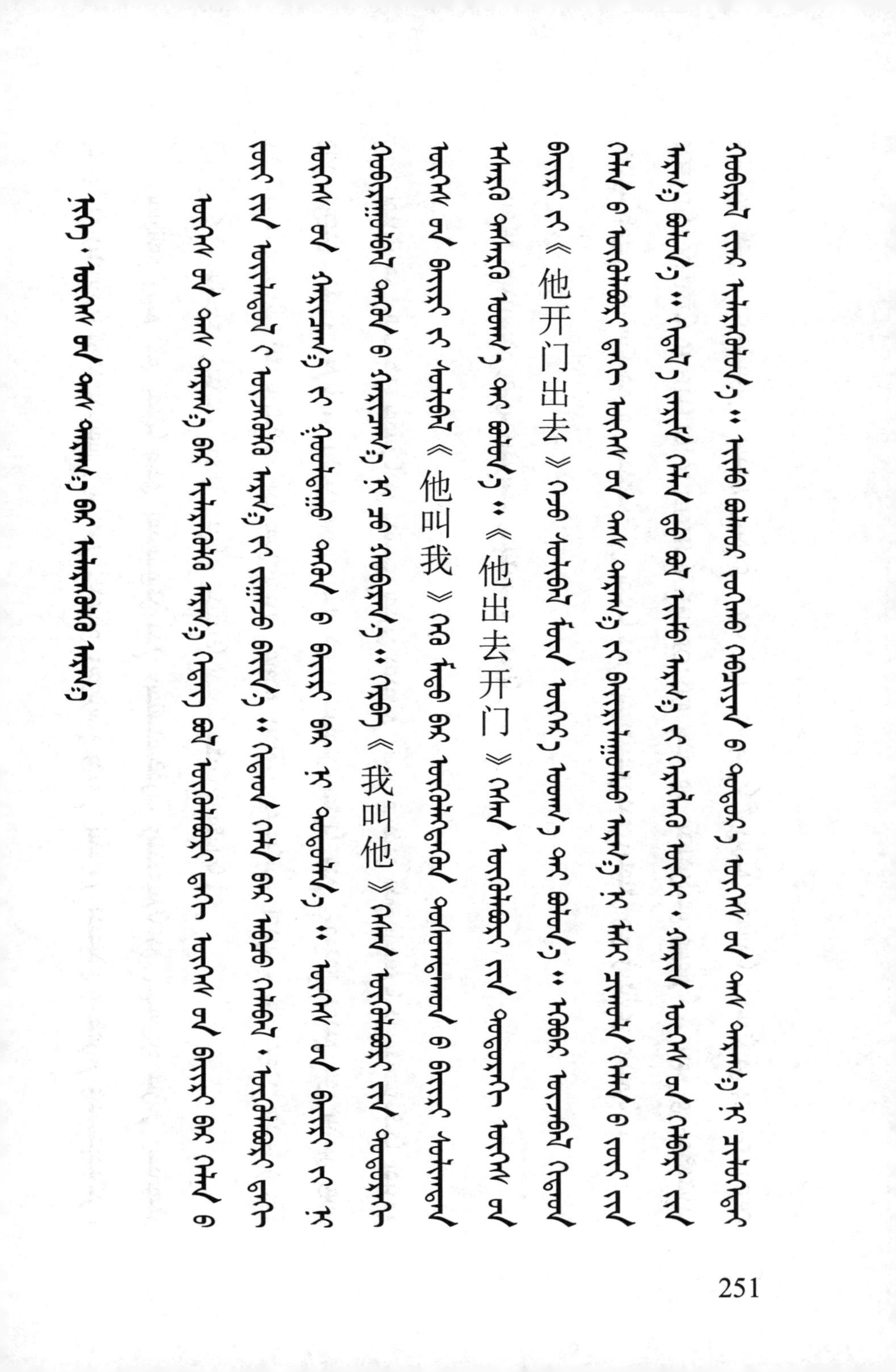

[illegible]

[illegible] 《我叫他》 [illegible]

[illegible] 《他叫我》 [illegible]

[illegible] 《他出去开门》 [illegible]

[illegible] 《他开门出去》 [illegible]

ᠦᠭᠡ ᠶᠢ ᠬᠡᠯᠡᠭᠰᠡᠨ ᠃ ᠵᠢᠱᠢᠶᠡᠯᠡᠪᠡᠯ᠄ ᠶᠡᠷᠦᠩᠬᠡᠢ ᠲᠡᠷᠢᠭᠦᠨ ᠰᠡᠳᠬᠢᠯᠲᠡ ᠪᠣᠯ ᠶᠡᠷᠦᠩᠬᠡᠢ ᠲᠡᠷᠢᠭᠦᠨ ᠪᠠᠶᠢᠳᠠᠯ ᠪᠠᠶᠢᠭᠤᠯᠤᠯᠲᠠ ᠂
ᠦᠭᠦᠯᠡᠪᠡ ᠭᠡᠳᠡᠭ ᠪᠡᠷ ᠦᠭᠡ ᠪᠣᠯ ᠦᠭᠦᠯᠡᠬᠦᠢ ᠶᠢᠨ ᠲᠡᠷᠢᠭᠦᠨ ᠬᠡᠰᠡᠭ ᠦᠨ ᠡᠮᠦᠨ᠎ᠡ ᠪᠠᠶᠢᠳᠠᠭ ᠬᠡᠯᠡᠯᠴᠡᠬᠦᠢ
置词）᠂ ᠳᠠᠭᠠᠪᠤᠷᠢ ᠦᠭᠡ ᠂ ᠲᠣᠭ᠎ᠠ ᠦᠭᠡ ᠂ ᠲᠡᠮᠳᠡᠭ ᠦᠭᠡ ᠂ ᠬᠣᠯᠪᠣᠭᠠᠰᠤ ᠦᠭᠡ ᠵᠡᠷᠭᠡ ᠪᠣᠯᠤᠨ᠎ᠠ ᠃
ᠪᠠᠶᠢᠳᠠᠯ ᠃ ᠪᠠᠶᠢᠭᠤᠯᠤᠮᠵᠢ ᠬᠡᠯᠪᠡᠷᠢᠵᠢᠯᠲᠡ ᠬᠡᠯᠡᠯᠴᠡᠬᠦᠢ ᠦᠭᠡ ᠶᠢᠨ ᠪᠦᠲᠦᠴᠡ ᠳᠣᠲᠣᠷ᠄ ᠨᠡᠷ᠎ᠡ ᠦᠭᠡ ᠂ ᠦᠶᠡᠯ ᠦᠭᠡ（前
ᠪᠣᠯ ᠬᠡᠯᠡᠯᠴᠡᠬᠦᠢ ᠦᠭᠡ ᠶᠢᠨ ᠡᠮᠦᠨ᠎ᠡ ᠬᠠᠢᠷᠠᠭ᠎ᠠ ᠲᠡᠢ ᠦᠭᠡ ᠪᠣᠯ ᠬᠡᠯᠡᠯᠴᠡᠬᠦᠢ ᠦᠭᠡᠰ ᠦᠨ ᠃ ᠦᠭᠡᠰ ᠪᠣᠯ ᠬᠡᠯᠡᠯᠴᠡᠬᠦᠢ ᠢ
ᠦᠭᠡᠰ ᠤᠨ ᠳᠤᠮᠳᠠ ᠶᠢᠨ ᠣᠯᠠᠨ ᠶᠢ ᠨᠢ ᠪᠦᠷᠢᠳᠦᠭᠦᠯᠦᠭᠰᠡᠨ ᠪᠠᠶᠢᠨ᠎ᠠ ᠦᠭᠡ ᠶᠢᠨ ᠳᠠᠷᠠᠭᠠᠯᠠᠯ ᠢ ᠨᠢ ᠦᠭᠡᠰ ᠤᠨ

ᠬᠣᠶᠠᠷ ᠂ ᠬᠡᠯᠡᠯᠴᠡᠬᠦᠢ ᠦᠭᠡ ᠶᠢᠨ ᠵᠢᠷᠤᠮ ᠤᠨ ᠣᠨᠴᠠᠯᠢᠭ

ᠦᠭᠦᠯᠡᠪᠦᠷᠢ ᠶᠢᠨ ᠪᠦᠲᠦᠴᠡ ᠶᠢᠨ ᠵᠢᠷᠤᠮ ᠢ ᠦᠭᠡ ᠶᠢᠨ ᠳᠠᠷᠠᠭᠠᠯᠠᠯ ᠢᠶᠠᠷ ᠬᠡᠯᠡᠬᠦ ᠳᠦ ᠬᠢᠴᠢᠶᠡᠨ ᠪᠠᠢᠨ᠎ᠠ ᠃
ᠣᠷᠣᠰ ᠬᠡᠯᠡ ᠪᠡᠷ ᠪᠣᠯ ᠦᠭᠡ ᠶᠢᠨ ᠳᠠᠷᠠᠭᠠᠯᠠᠯ ᠢ ᠴᠢᠯᠦᠭᠡ ᠲᠡᠢ ᠪᠠᠶᠢᠴᠠᠭᠠᠨ᠎ᠠ ᠃ ᠵᠢᠱᠢᠶᠡ ᠨᠢ
книгу, книгу я читю, я книгу читю. ᠭᠡᠬᠦ ᠮᠡᠲᠦ ᠪᠣᠯᠤᠨ᠎ᠠ ᠃ ᠮᠣᠩᠭᠤᠯ ᠬᠡᠯᠡ ᠪᠡᠷ
ᠪᠣᠯ ᠭᠡᠪᠡᠯ᠄ ᠣᠷᠣᠰ ᠬᠡᠯᠡ ᠪᠡᠷ 《 ᠪᠢ ᠨᠣᠮ ᠤᠩᠰᠢᠨ᠎ᠠ 》 ᠭᠡᠳᠡᠭ ᠦᠭᠡ ᠶᠢ Я читаю ᠭᠡᠵᠦ ᠪᠣᠯᠤᠨ᠎ᠠ ᠃

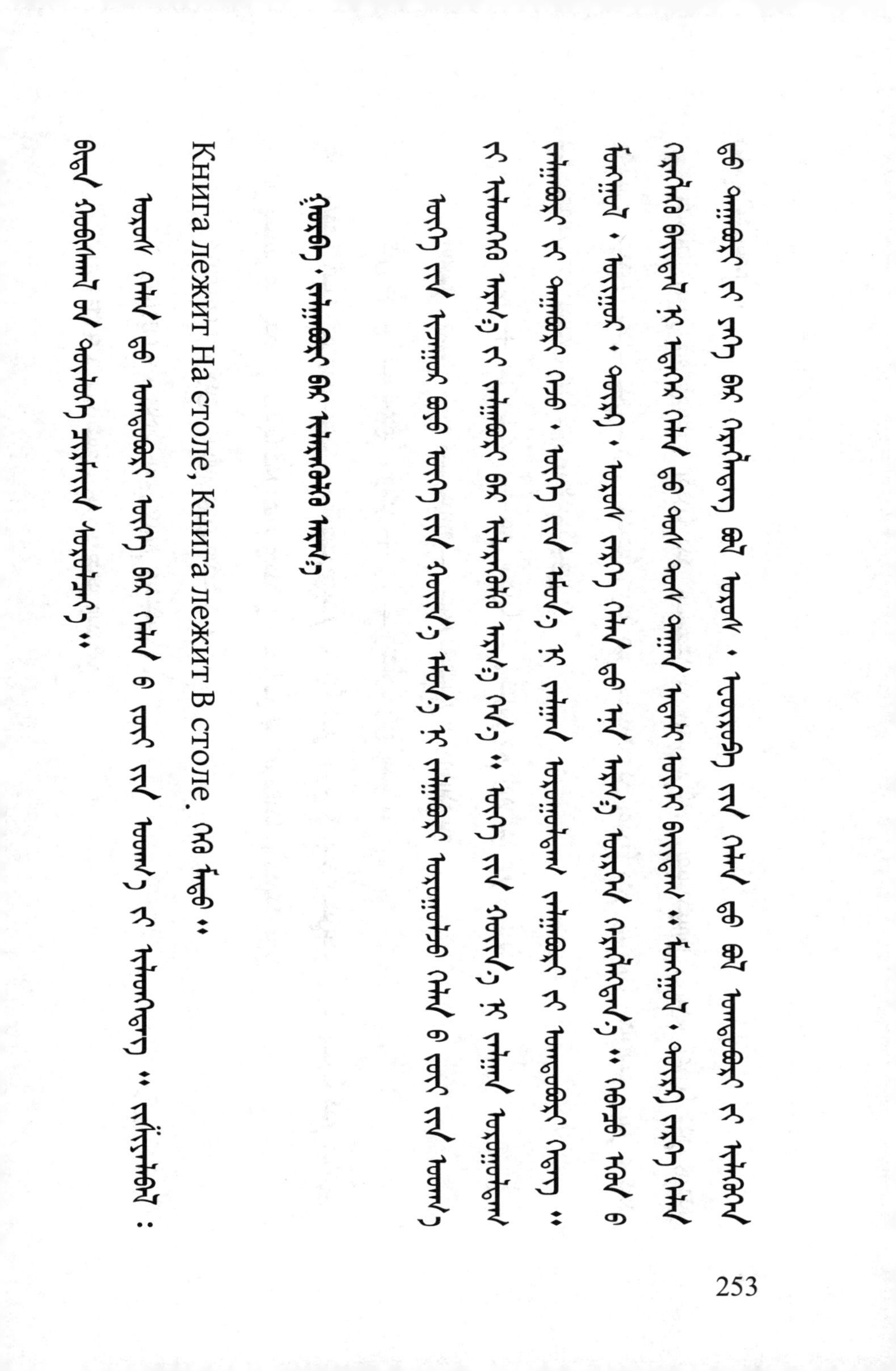

[illegible]

[illegible]

Книга лежит На столе, Книга лежит В столе. [illegible] ::

[illegible]

[illegible]

читать (ᠤᠩᠰᠢᠬᠤ · ᠪᠦᠷᠢᠨ ᠪᠤᠰᠤ ᠬᠡᠯᠪᠡᠷᠢ) —

с делàть (ᠬᠢᠬᠦ · ᠪᠦᠷᠢᠳᠬᠡᠯᠲᠡᠨ ᠬᠡᠯᠪᠡᠷᠢ) ᠃

делать (ᠬᠢᠬᠦ · ᠪᠦᠷᠢᠨ ᠪᠤᠰᠤ ᠬᠡᠯᠪᠡᠷᠢ) —

ᠡᠨᠡ ᠵᠢᠱᠢᠶ᠎ᠡ ᠳᠤ ᠣᠷᠤᠰ ᠦᠭᠡ ᠶᠢᠨ ᠦᠢᠯᠡ ᠶᠢᠨ ᠪᠦᠷᠢᠨ ᠪᠤᠰᠤ ᠬᠡᠯᠪᠡᠷᠢ ᠡᠴᠡ ᠪᠡᠨ ᠬᠤᠪᠢᠷᠠᠭᠰᠠᠨ ᠃ ᠵᠢᠱᠢᠶᠡᠯᠡᠪᠡᠯ :

ᠣᠷᠤᠰ ᠬᠡᠯᠡᠨ ᠳᠦ ᠣᠯᠠᠨ ᠲᠣᠭᠠᠲᠠᠢ · ᠳᠠᠭᠠᠪᠤᠷᠢ ᠪᠣᠯᠤᠨ ᠦᠭᠡ ᠶᠢᠨ ᠦᠢᠯᠡ ᠶᠢᠨ ᠵᠠᠭᠠᠭ᠎ᠠ ᠶᠢᠨ ᠪᠠᠨ ᠬᠡᠯᠪᠡᠷᠢᠵᠢᠭᠦᠯᠬᠦ ᠶᠠᠭᠤ ᠶᠢᠨ ᠦᠢᠯᠡ ᠶᠢᠨ ᠪᠦᠷᠢᠨ ᠪᠤᠰᠤ ·

ᠰᠠᠪ + ᠲᠤ — ᠰᠠᠪᠳᠤ · ᠪᠠᠶᠠ + ᠬᠤ — ᠪᠠᠶᠠᠬᠤ ᠬᠢᠬᠦ ᠮᠡᠲᠦ ᠃

ᠤᠯᠤᠨ ᠲᠣᠭᠠᠨ + ᠤ ᠲᠣᠭᠠᠯᠠᠯᠲᠠ — ᠤᠯᠤᠨ ᠲᠣᠭᠠᠨ ᠤ ᠲᠣᠭᠠᠯᠠᠯᠲᠠ

ᠵᠢᠷᠭᠤᠭᠠᠨ + ᠤ ᠪᠤᠳᠠᠯᠭᠠ + ᠤ ᠲᠣᠬᠢ — ᠵᠢᠷᠭᠤᠭᠠᠨ ᠤ ᠪᠤᠳᠠᠯᠭᠠ ᠤ ᠲᠣᠬᠢ

ᠶᠠᠭ ᠤᠳᠠᠭᠠᠨ ᠤ ᠬᠡᠯᠪᠡᠷᠢᠵᠢᠭᠦᠯᠦᠯ ᠪᠣᠯᠤᠨ᠎ᠠ ᠃ ᠵᠢᠱᠢᠶᠡᠯᠡᠪᠡᠯ :

ᠵᠢᠱᠢᠶ᠎ᠡ · ᠤᠯᠤᠰᠤᠨ ᠤ ᠦᠭᠡ ᠶᠢᠨ ᠠᠩᠬᠠ · ᠲᠤᠬᠠᠢᠯᠠᠪᠠᠯ · ᠬᠢᠭᠡᠳ ᠤ ᠲᠣᠭᠠᠯᠠᠯᠲᠠ ᠶᠢᠨ ᠦᠭᠡ ᠶᠢᠨ ᠲᠡᠭᠦᠨ ᠦ ᠬᠡᠯᠪᠡᠷᠢᠵᠢᠭᠦᠯᠦᠯ ᠬᠢᠬᠦ ᠳᠦ ᠪᠣᠯᠤᠨ

ᠵᠢᠷᠭᠤᠭᠠᠨ ᠬᠢᠬᠦ ᠳᠦ ᠵᠢᠷᠭᠤᠭᠠᠳ ᠦᠭᠡ ᠶᠢᠨ ᠲᠣᠭᠠᠯᠠᠯᠲᠠ ᠶᠢᠨ ᠬᠡᠯᠪᠡᠷᠢᠵᠢᠭᠦᠯᠦᠯ ᠃ ᠲᠣᠭᠠᠯᠠᠯᠲᠠᠳᠤ · ᠮᠡᠲᠦ ᠦᠭᠡ ᠶᠢᠨ ᠲᠣᠭᠠᠨ

ᠬᠡᠯᠪᠡᠷᠢᠵᠢᠭᠦᠯᠦᠯ ᠪᠣᠯᠤᠨ᠎ᠠ ᠃

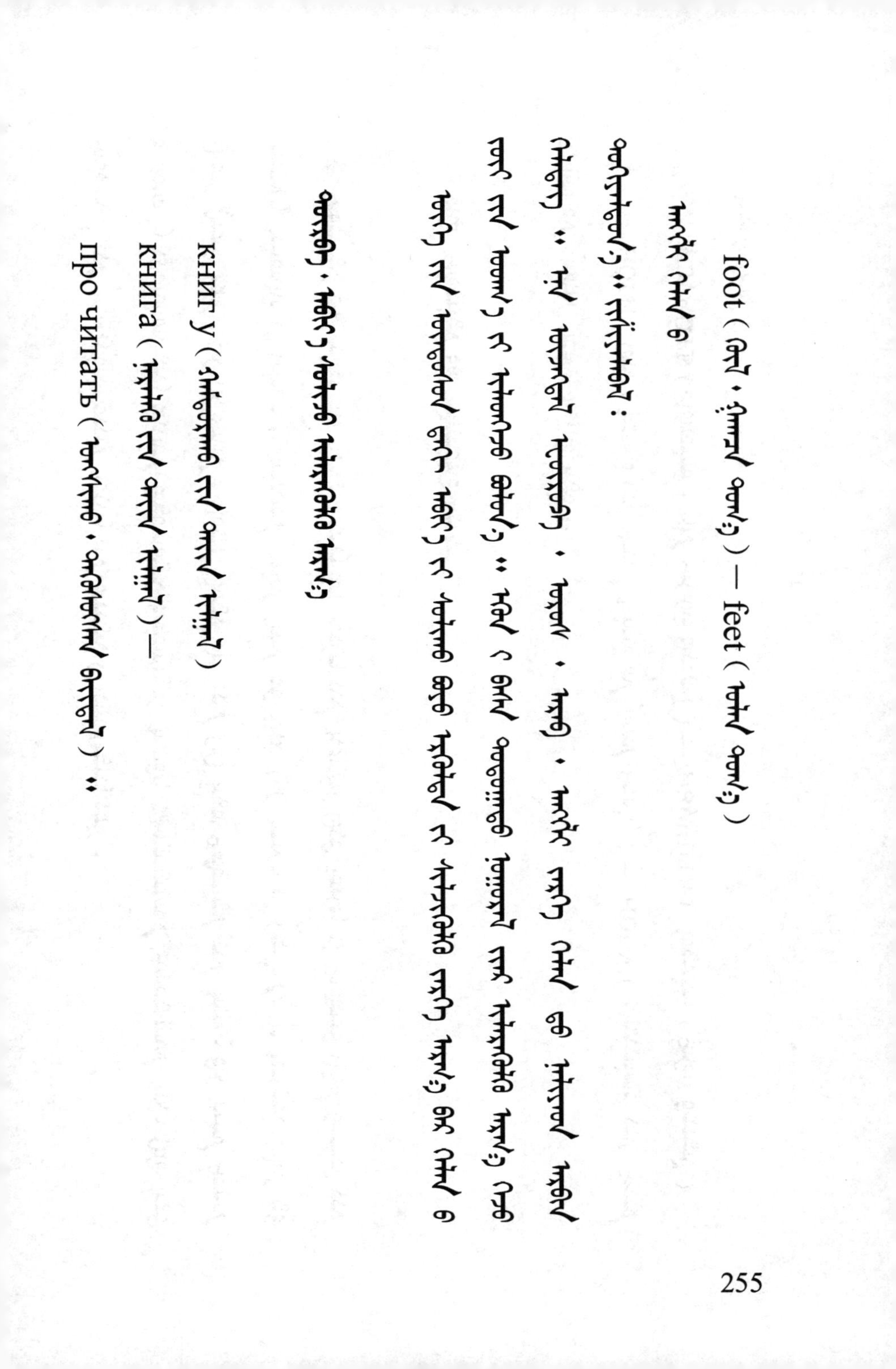

foot ([illegible]) — feet ([illegible])

[illegible]

[illegible] :

[illegible]

[illegible]

книг у ([illegible])

книга ([illegible]) —

про читать ([illegible]) ::

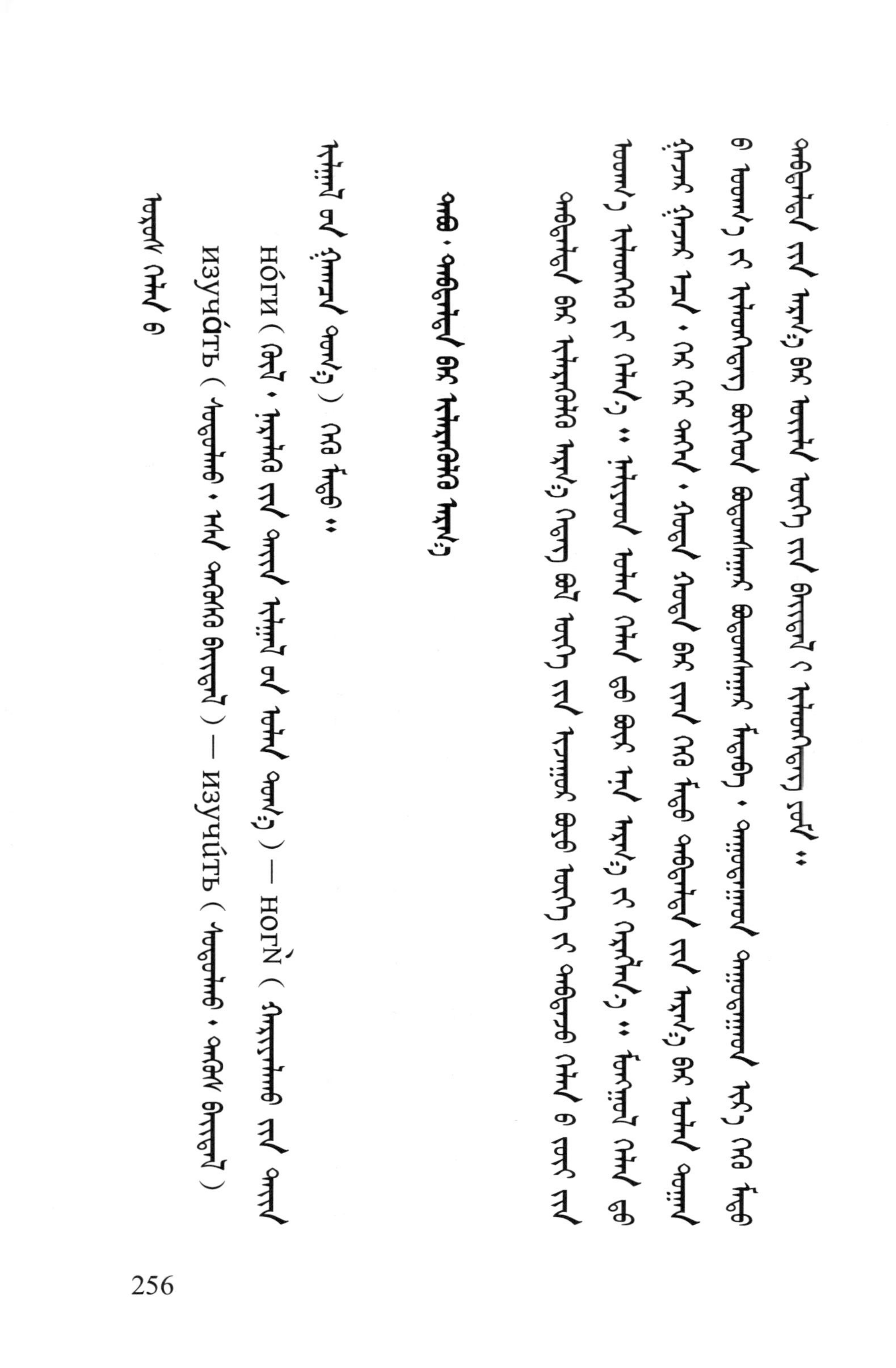

[illegible]

изучáть ([illegible]) — изучи́ть ([illegible])

нóги ([illegible]) — ногѝ ([illegible]) [illegible] ::

[illegible]

[illegible] ::

ᠬᠢᠲᠠᠳ ᠬᠡᠯᠡᠨ ᠳᠦ ᠪᠣᠯ ᠳᠡᠭᠡᠷᠡᠬᠢ 《条条》·《想想》·《看看》·《好好儿》·《慢慢儿》 ᠵᠡᠷᠭᠡ ᠳᠠᠪᠬᠤᠷᠯᠠᠯ ᠤᠨ ᠬᠡᠯᠪᠡᠷᠢ ᠶᠢ ᠬᠡᠷᠡᠭᠯᠡᠵᠦ ᠦᠭᠡ ᠶᠢᠨ ᠬᠡᠯᠪᠡᠷᠢ ᠶᠢ ᠢᠯᠡᠷᠡᠭᠦᠯᠳᠡᠭ ::

ᠬᠡᠯᠪᠡᠷᠢᠰ ᠦᠨ ᠰᠢᠯᠵᠢᠯᠲᠡ· ᠦᠭᠡ ᠶᠢᠨ ᠬᠡᠯᠪᠡᠷᠢ ᠶᠢᠨ ᠰᠢᠯᠵᠢᠯᠲᠡ ᠪᠠᠶᠢᠳᠠᠭ

ᠦᠭᠡ ᠶᠢᠨ ᠬᠡᠯᠪᠡᠷᠢ ᠶᠢᠨ ᠰᠢᠯᠵᠢᠯᠲᠡ ᠪᠣᠯ ᠦᠭᠡ ᠶᠢᠨ ᠬᠡᠯᠪᠡᠷᠢ ᠶᠢᠨ ᠰᠢᠯᠵᠢᠯᠲᠡ ᠪᠠᠷ ᠬᠡᠯᠡᠨ ᠦ ᠤᠴᠢᠷ ᠶᠢ ᠢᠯᠡᠷᠡᠭᠦᠯᠬᠦ ᠶᠢ ᠬᠡᠯᠡᠨ᠎ᠡ :: ᠡᠨᠡ ᠨᠢ ᠬᠡᠯᠡᠨ ᠦ ᠬᠡᠯᠪᠡᠷᠢ ᠶᠢᠨ ᠤᠴᠢᠷ ᠶᠢᠨ ᠵᠦᠢ ᠪᠣᠯᠤᠨ᠎ᠠ :: ᠲᠡᠭᠦᠨᠴᠢᠯᠡᠨ :

ᠠᠩᠭ᠌ᠯᠢ ᠬᠡᠯᠡᠨ ᠳᠦ :

good (ᠰᠠᠶᠢᠨ)

better (ᠰᠠᠶᠢᠬᠠᠨ · ᠨᠡᠯᠢᠶᠡᠳ ᠰᠠᠶᠢᠨ)

best (ᠬᠠᠮᠤᠭ ᠤᠨ ᠰᠠᠶᠢᠨ)

ᠵᠢᠱᠢᠶ᠎ᠡ ᠨᠢ ::

ᠬᠦᠮᠦᠰ (ᠬᠦᠮᠦᠨ ᠤ ᠣᠯᠠᠨ ᠲᠣᠭ᠎ᠠ)

ᠨᠦᠬᠦᠳ (ᠨᠦᠬᠦᠷ ᠦᠨ ᠣᠯᠠᠨ ᠲᠣᠭ᠎ᠠ) ᠃

ᠮᠣᠷᠢᠳ (ᠮᠣᠷᠢ ᠶᠢᠨ ᠣᠯᠠᠨ ᠲᠣᠭ᠎ᠠ)

ᠪᠢᠳᠡ (ᠪᠢ ᠶᠢᠨ ᠣᠯᠠᠨ ᠲᠣᠭ᠎ᠠ)

ᠭᠡᠬᠦ ᠮᠡᠲᠦ ᠪᠣᠯᠣᠨ᠎ᠠ :

ᠵᠢᠱᠢᠶ᠎ᠡ ᠨᠢ ::

люди (ᠬᠦᠮᠦᠰ · ᠠᠷᠠᠳ ᠣᠯᠠᠨ)

Человек (ᠬᠦᠮᠦᠨ · ᠬᠦᠮᠦᠰ ᠣᠯᠠᠨ)

ᠭᠡᠬᠦ ᠮᠡᠲᠦ ᠪᠣᠯᠣᠨ᠎ᠠ :

ᠵᠢᠱᠢᠶ᠎ᠡ ᠨᠢ ::

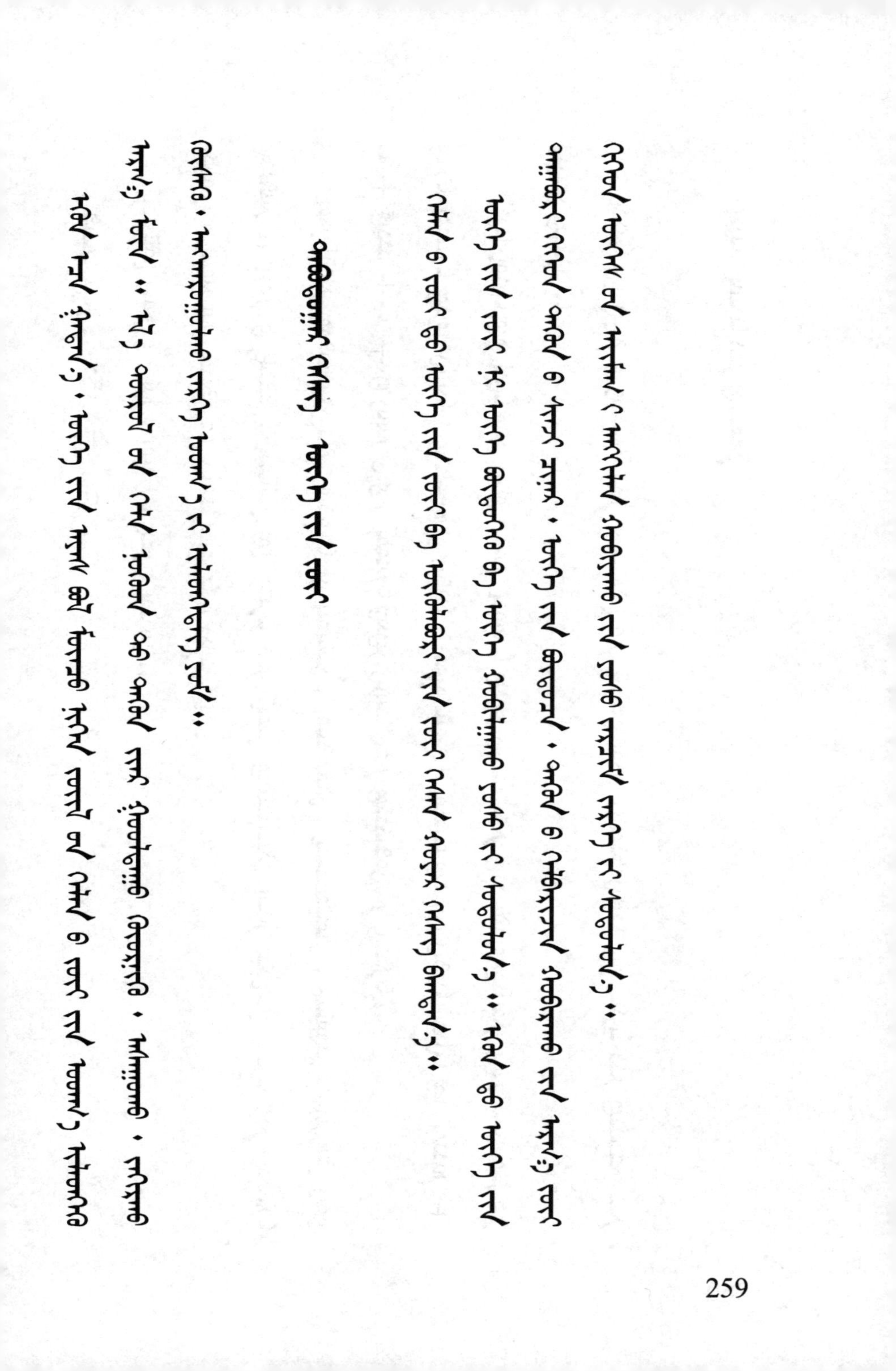

[illegible]

[illegible]

[illegible]

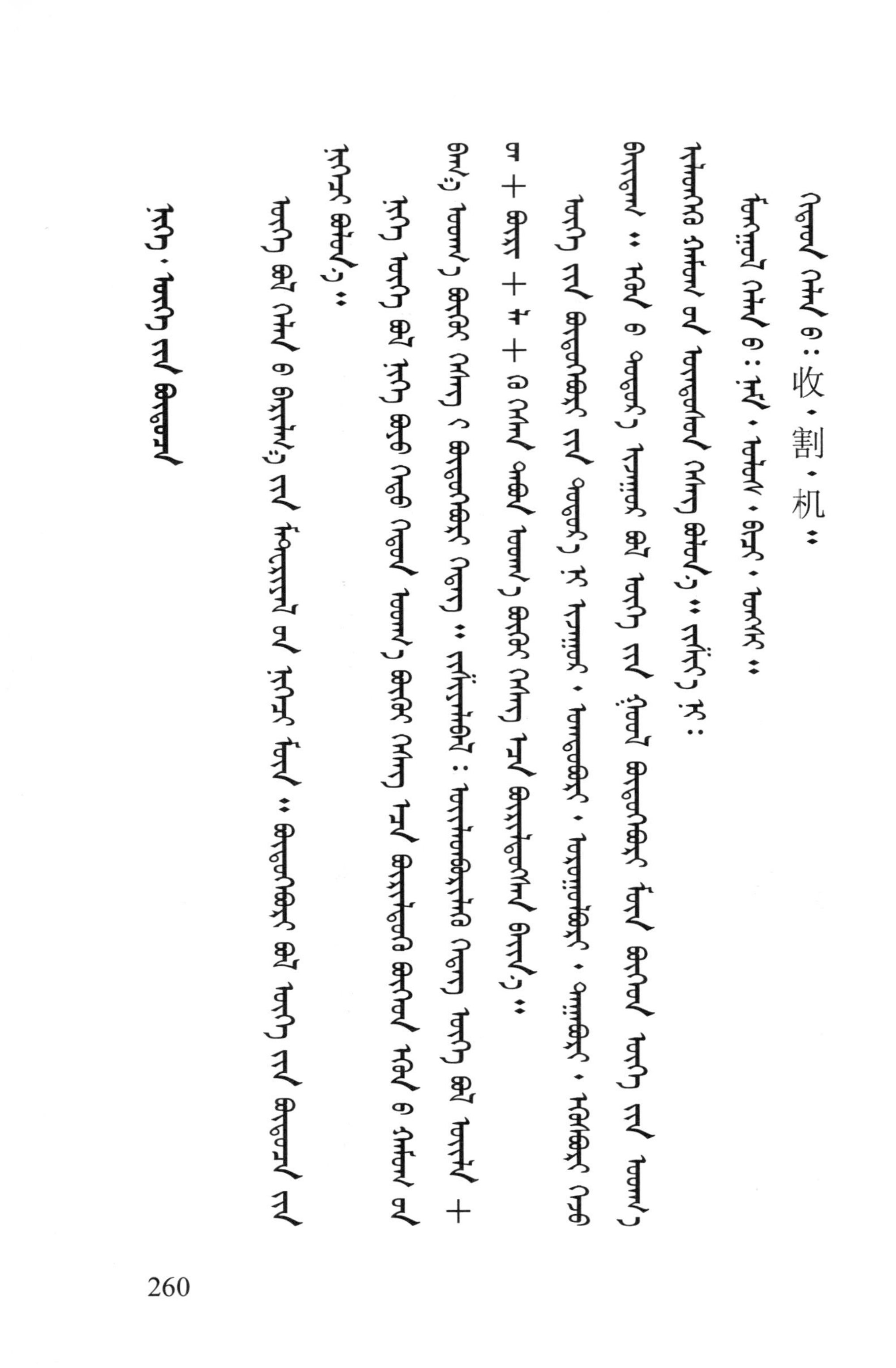

ᠨᡳᡴᠠᠨ ᡥᡝᡵᡤᡝᠨ ᠪᡝ᠄ 收·割·机᠉

pui (ᠫᠦᠢ) — pa — sau (ᠰᠠᠤ) — ᠰᠠᠤ ᠪᠠ ᠫᠦᠢ᠃

ᠬᠢᠳᠠᠳ ᠤᠨ《第》·《初》ᠮᠡᠲᠦ᠃

ᠬᠢᠳᠠᠳ ᠬᠡᠯᠡ ᠪ《第一》·《初一》

ᠣᠷᠣᠰ ᠬᠡᠯᠡ ᠪ с · на · про ᠮᠡᠲᠦ᠃

ᠣᠷᠣᠰ ᠬᠡᠯᠡ ᠪ го̀род (ᠬᠣᠲᠠ) · гора́ (ᠠᠭᠤᠯᠠ)

ᠠᠩᠭᠯᠢ ᠬᠡᠯᠡ ᠪ: Book (ᠨᠣᠮ) · water (ᠤᠰᠤ)᠃

ᠬᠣᠨᠢ + ᠴᠢᠨ — ᠬᠣᠨᠢᠴᠢᠨ

ᠦᠬᠡᠷ + ᠴᠢᠨ — ᠦᠬᠡᠷᠴᠢᠨ

[illegible] ᠮᠡᠲᠦ ᠪ

[illegible] [illegible] ᠃ ᠵᠢᠱᠢᠶᠡᠯᠡᠪᠡᠯ :

[illegible] [illegible] [illegible] ᠃ ᠦᠭᠡ ᠶᠢᠨ [illegible] ᠂ [illegible] [illegible] [illegible] [illegible] [illegible] ᠢ [illegible] [illegible] [illegible] [illegible] ᠃ ᠦᠭᠡ ᠶᠢᠨ [illegible] ᠢ [illegible] [illegible] [illegible] [illegible] [illegible] [illegible] [illegible] [illegible] [illegible] ᠃ ᠦᠭᠡ ᠶᠢᠨ [illegible] ᠢ [illegible] [illegible] ᠳᠦ [illegible] [illegible] [illegible]

ᠦᠭᠡ ᠶᠢᠨ ᠦᠭᠡ [illegible] ᠳᠦ ᠦᠭᠡ [illegible] [illegible] [illegible] [illegible] [illegible] [illegible] [illegible]) ᠃

[illegible] ᠬᠡᠯᠡ ᠪᠡᠷ Учитель (ᠪᠠᠭᠰᠢ) ᠬᠡᠮᠡᠬᠦ ᠦᠭᠡ ᠶᠢᠨ 《 ь 》([illegible] ᠂ [illegible] [illegible] ᠂ [illegible] [illegible] [illegible] [illegible] ᠃ [illegible] :

[illegible] [illegible] [illegible] [illegible] ᠦᠭᠡ ᠶᠢᠨ [illegible] [illegible] [illegible] [illegible] ([illegible] [illegible] ᠶᠢᠨ [illegible])

ᠬᠣᠶᠠᠷ ᠤᠨ ᠤ

ᠵᠢᠱᠢᠶ᠎ᠡ ::

ᠪᠢᠴᠢᠭᠡᠴᠢ + ᠨᠠᠷ + ᠲᠤ — ᠪᠢᠴᠢᠭᠡᠴᠢᠨᠠᠷᠲᠤ

ᠨᠥᠬᠥᠷ + ᠦᠳ + ᠪᠡᠷ — ᠨᠥᠬᠥᠳᠪᠡᠷ

ᠮᠣᠷᠢ + ᠳ + ᠢᠶᠠᠷ — ᠮᠣᠷᠢᠳ ᠢᠶᠠᠷ

ᠲᠠᠶᠢᠯᠪᠤᠷᠢ :

[illegible] ::

[illegible]

ᠵᠢᠱᠢᠶ᠎ᠡ ::

ᠮᠣᠷᠢ + ᠲᠤ — ᠮᠣᠷᠢᠲᠤ

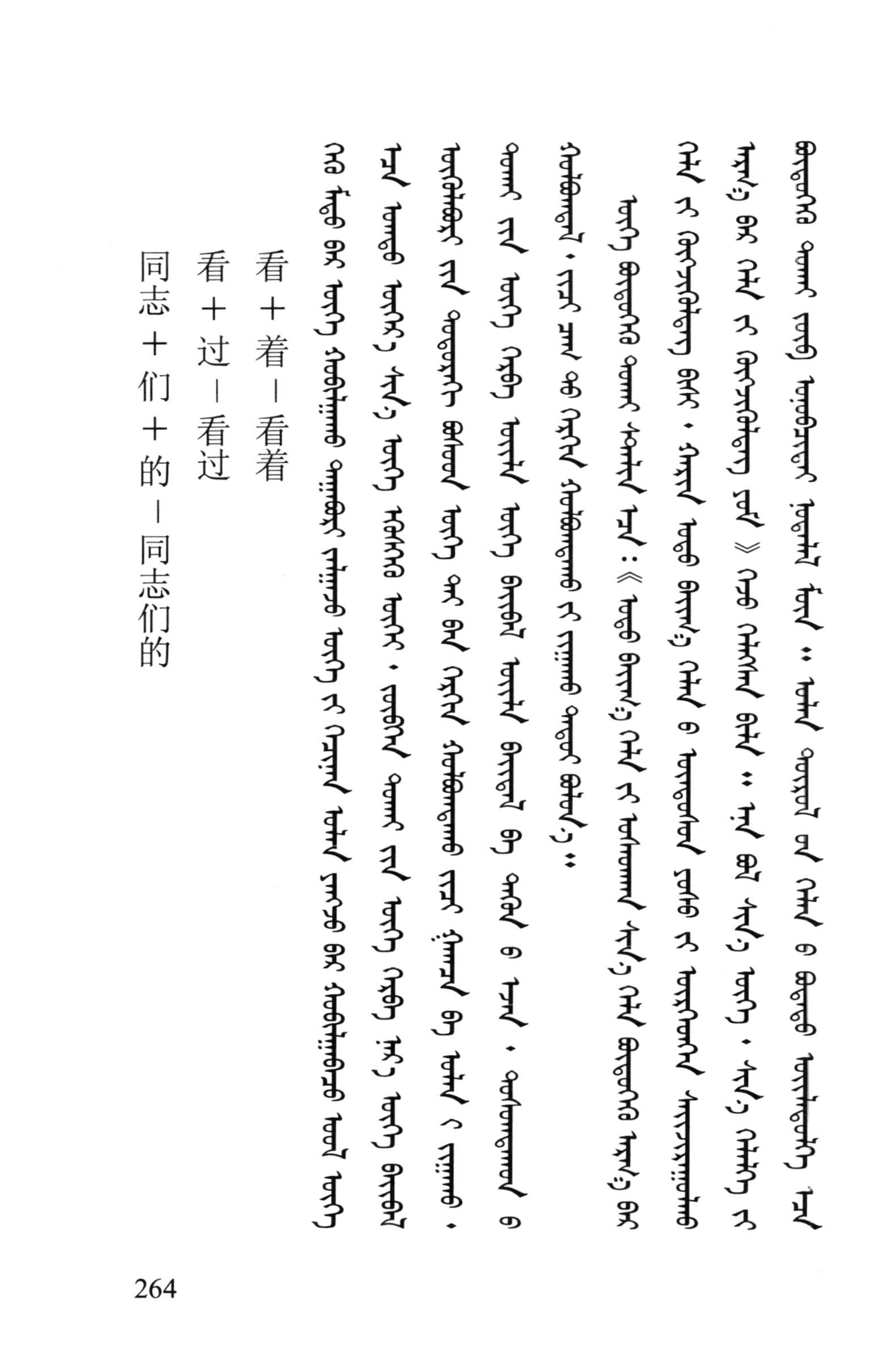

[illegible]

看＋着－看着

看＋过－看过

同志＋们＋的－同志们的

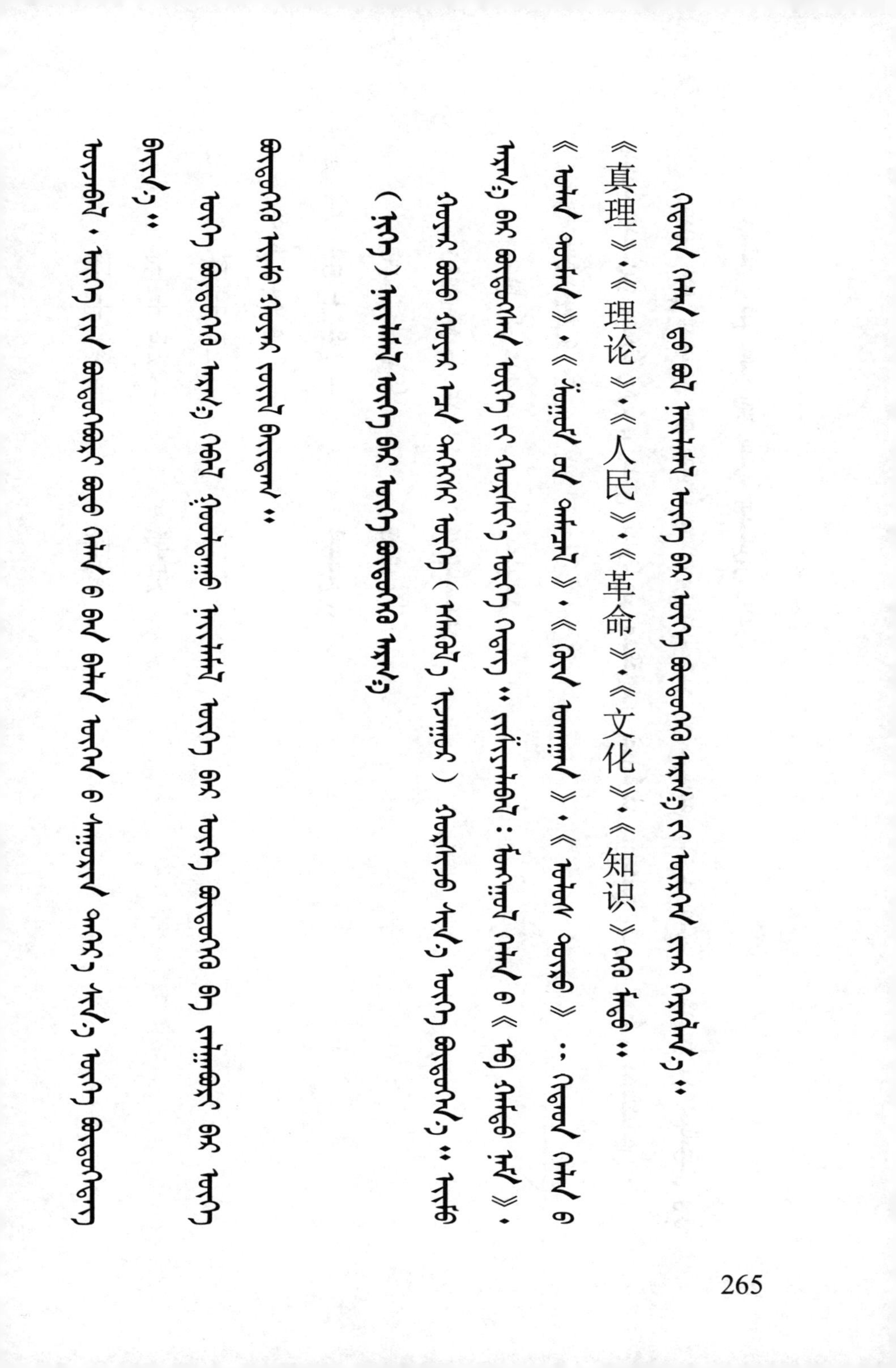

[illegible]

[illegible]

([illegible]) [illegible]

[illegible] 《真理》·《理论》·《人民》·《革命》·《文化》·《知识》 [illegible] ::

[illegible]

(ᠬᠣᠶᠠᠳᠤᠭᠠᠷ) ᠨᠡᠮᠡᠭᠳᠡᠬᠦᠨ ᠪᠣᠯ ᠮᠣᠷᠹᠧᠮ ᠪᠦᠲᠦᠭᠡᠬᠦ ᠠᠷᠭ᠎ᠠ
ᠮᠣᠷᠹᠧᠮ ᠤᠨ ᠠᠯᠢᠪᠠ ᠳᠤ ᠮᠣᠷᠹᠧᠮ ᠪᠦᠲᠦᠭᠡᠬᠦ ᠨᠡᠮᠡᠭᠳᠡᠬᠦᠨ ᠢ ᠨᠡᠮᠡᠵᠦ ᠰᠢᠨ᠎ᠡ ᠮᠣᠷᠹᠧᠮ ᠪᠦᠲᠦᠭᠡᠬᠦ ᠢ ᠨᠡᠮᠡᠭᠳᠡᠬᠦᠨ ᠪᠣᠯ
ᠮᠣᠷᠹᠧᠮ ᠪᠦᠲᠦᠭᠡᠬᠦ ᠠᠷᠭ᠎ᠠ ᠶᠤᠮ᠃ ᠡᠨᠡ ᠮᠣᠷᠹᠧᠮ ᠪᠣᠯ ᠪᠦᠲᠦᠭᠡᠭᠰᠡᠨ ᠮᠣᠷᠹᠧᠮ ᠤᠨ ᠬᠣᠯᠪᠣᠭᠳᠠᠯ ᠮᠣᠷᠹᠧᠮ ᠶᠤᠮ᠃ ᠵᠢᠱᠢᠶᠡᠯᠡᠪᠡᠯ:

ᠮᠣᠩᠭᠣᠯ ᠬᠡᠯᠡ ᠪᠡᠷ

ᠠᠵᠢᠯ + ᠴᠢᠨ — ᠠᠵᠢᠯᠴᠢᠨ

ᠬᠣᠷᠰᠢᠶᠠᠯᠠᠩ + ᠴᠢᠨ — ᠬᠣᠷᠰᠢᠶᠠᠯᠠᠩᠴᠢᠨ

ᠪᠢᠴᠢ —+ ᠭᠡᠴᠢ — ᠪᠢᠴᠢᠭᠡᠴᠢ

ᠰᠤᠷᠤ + ᠭᠴᠢ — ᠰᠤᠷᠤᠭᠴᠢ᠃

ᠬᠢᠳᠠᠳ ᠬᠡᠯᠡ ᠪᠡᠷ

社＋员— 社员

学＋员— 学员

作＋家— 作家

[illegible]

[illegible]

[illegible]

ᠪᠣᠯᠤᠨ᠎ᠠ ::

дом (ᠭᠡᠷ) — домик (ᠪᠠᠭ᠎ᠠ ᠭᠡᠷ)

язык (ᠬᠡᠯᠡ) — дыковéд (ᠬᠡᠯᠡ ᠶᠢᠨ [illegible])

ᠬᠡᠯᠡ ᠶᠢᠨ ᠡᠷᠳᠡᠮ

ᠪᠣᠯᠤᠨ᠎ᠠ ::

原 + 子 — 原子

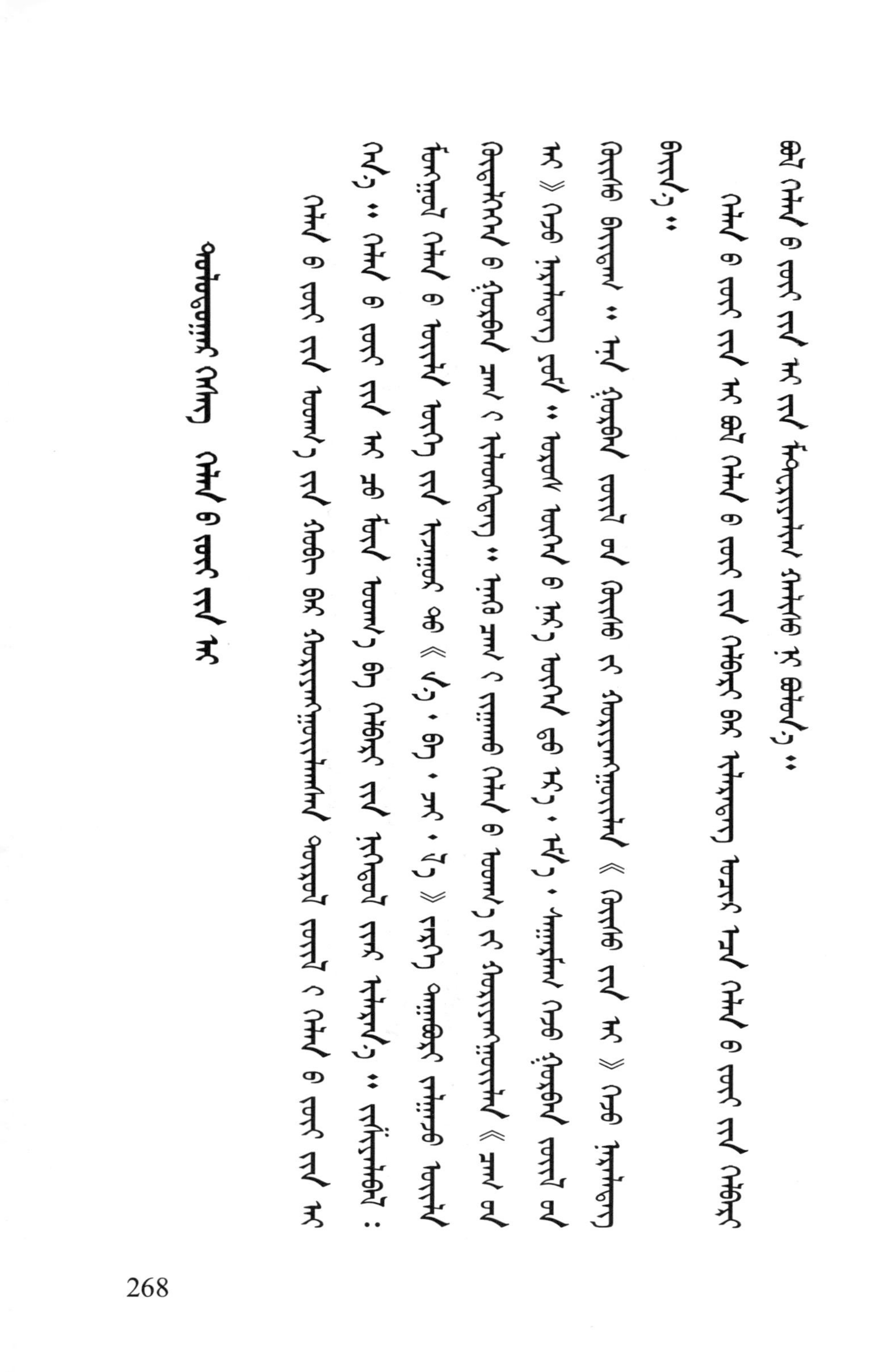

[illegible]

[illegible]

[illegible]

ᠳᠤᠮᠳᠠᠳᠤ ᠬᠦᠢᠰᠦ ᠶᠢᠨ ᠨᠡᠷ᠎ᠡ ᠦᠭᠡ ᠶᠢᠨ ᠲᠡᠭᠦᠰᠦᠭᠦᠯ ᠨᠢ ᠡᠷ᠎ᠡ ᠡᠮ᠎ᠡ ᠬᠣᠶᠠᠷ ᠬᠦᠢᠰᠦ ᠳᠦ ᠬᠠᠮᠢᠶᠠᠷᠠᠬᠤ ᠪᠣᠯᠤᠨ᠎ᠠ ᠃ ᠡᠭᠦᠨ ᠦ ᠲᠡᠭᠦᠰᠦᠭᠦᠯ ᠦᠨ ᠡᠭᠡᠰᠢᠭ ᠨᠢ ᠡᠭᠡᠰᠢᠭ ᠦᠨ ᠦᠰᠦᠭ ᠪᠠᠶᠢᠨ᠎ᠠ ᠃ 《 ᠡᠭᠡᠰᠢᠭ 》 ᠦᠨ ᠦᠰᠦᠭ ᠦᠨ ᠳᠣᠲᠣᠷ᠎ᠠ ᠬᠠᠮᠢᠶᠠᠷᠠᠭᠳᠠᠬᠤ ᠶᠢ ᠢᠯᠭᠠᠨ ᠲᠠᠨᠢᠬᠤ ᠬᠡᠷᠡᠭᠲᠡᠢ ᠃ ᠡᠷ᠎ᠡ ᠬᠦᠢᠰᠦ ᠶᠢᠨ ᠨᠡᠷ᠎ᠡ ᠦᠭᠡ ᠨᠢ ᠡᠭᠡᠰᠢᠭ ᠦᠨ ᠦᠰᠦᠭ ᠦᠨ — й, — ь ᠪᠡᠷ ᠲᠡᠭᠦᠰᠦᠭᠰᠡᠨ ᠨᠡᠷ᠎ᠡ ᠦᠭᠡ ᠪᠠᠶᠢᠨ᠎ᠠ ᠃ ᠵᠢᠱᠢᠶᠡᠯᠡᠪᠡᠯ :

наро́д (ᠠᠷᠠᠳ)

человек (ᠬᠦᠮᠦᠨ)

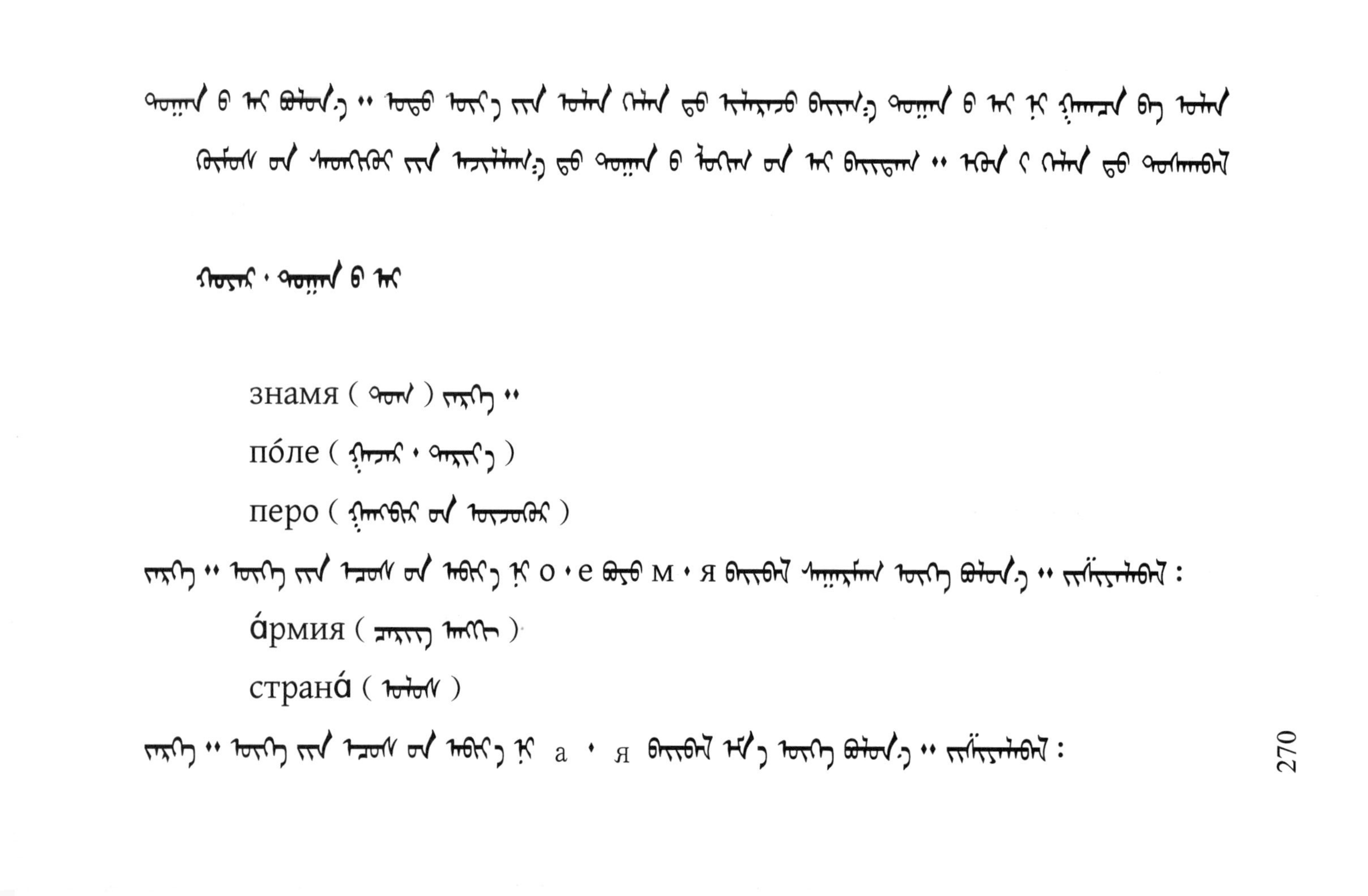

[illegible]

[illegible]

знамя ([illegible]) [illegible]

по́ле ([illegible])

перо ([illegible])

[illegible] о · е [illegible] м · я [illegible] :

а́рмия ([illegible])

страна́ ([illegible])

[illegible] а · я [illegible] :

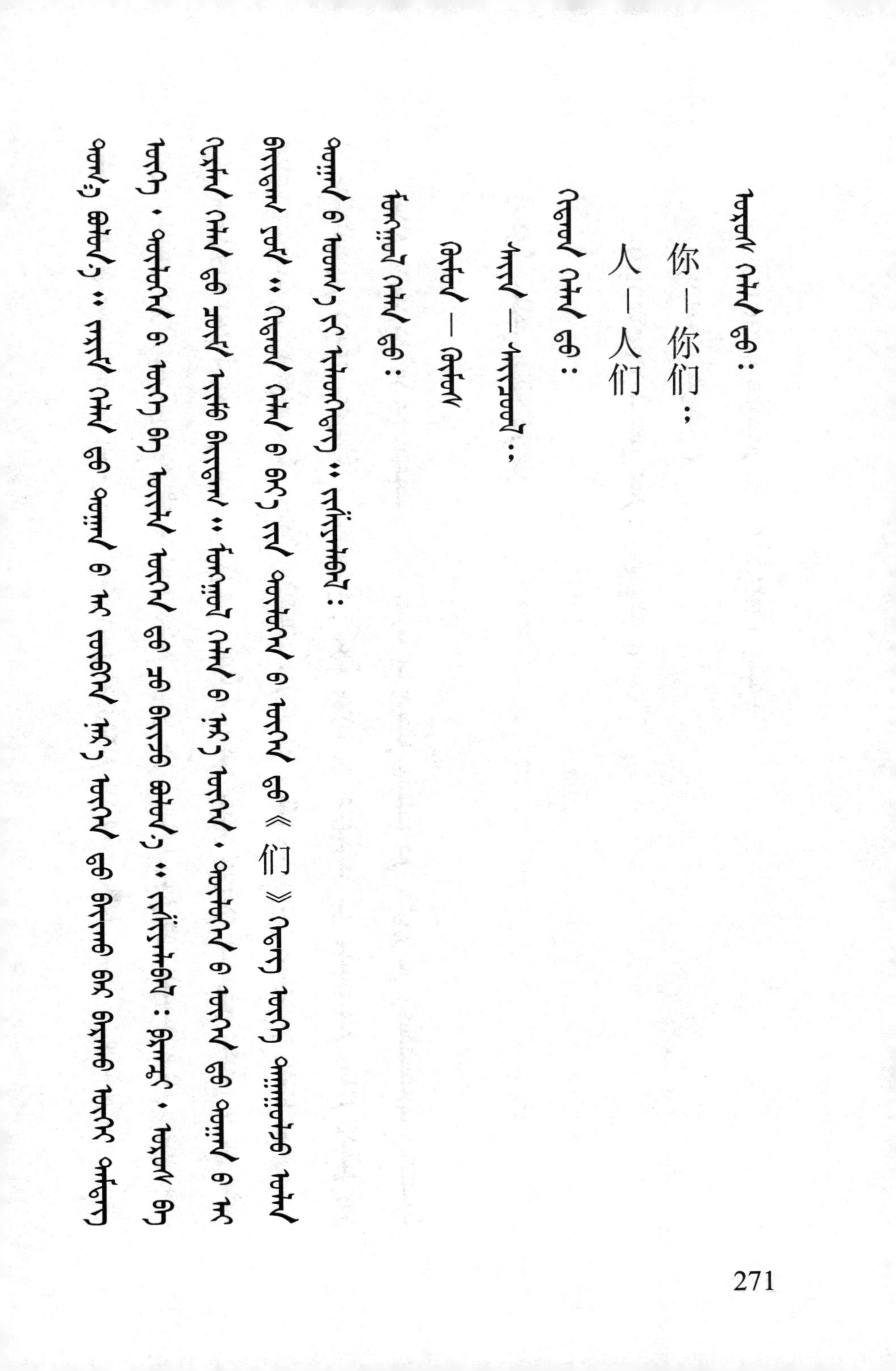

[illegible]
[illegible]
[illegible]
[illegible] 《们》 [illegible]
[illegible]：

[illegible]：

[illegible] — [illegible]

[illegible] — [illegible]；

[illegible]：

人—人们

你—你们；

[illegible]：

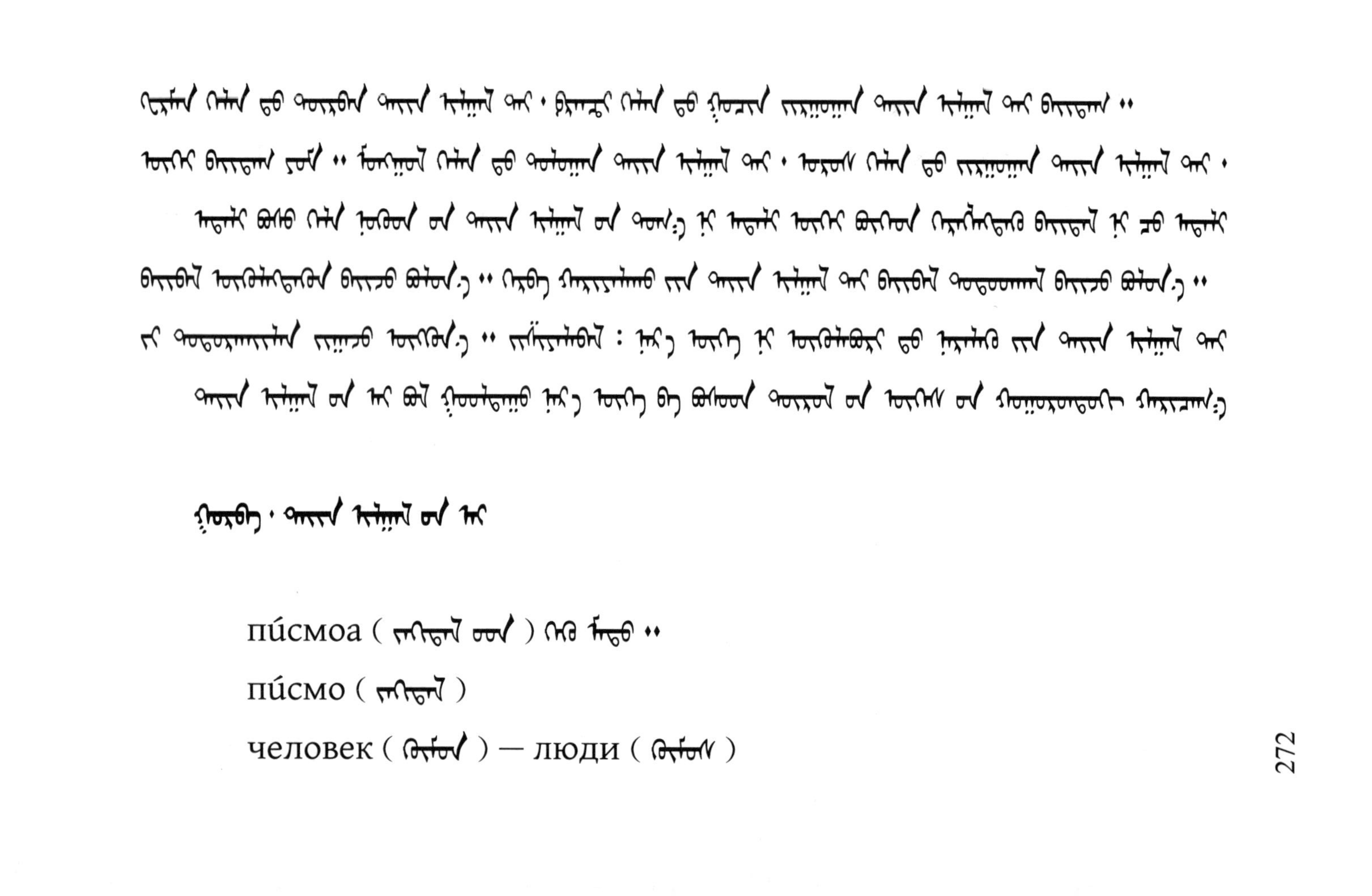

[illegible]

[illegible]

[illegible]

пи́смоа ([illegible]) [illegible] ::

пи́смо ([illegible])

человек (ᠬᠦᠮᠦᠨ) — люди (ᠬᠦᠮᠦᠰ)

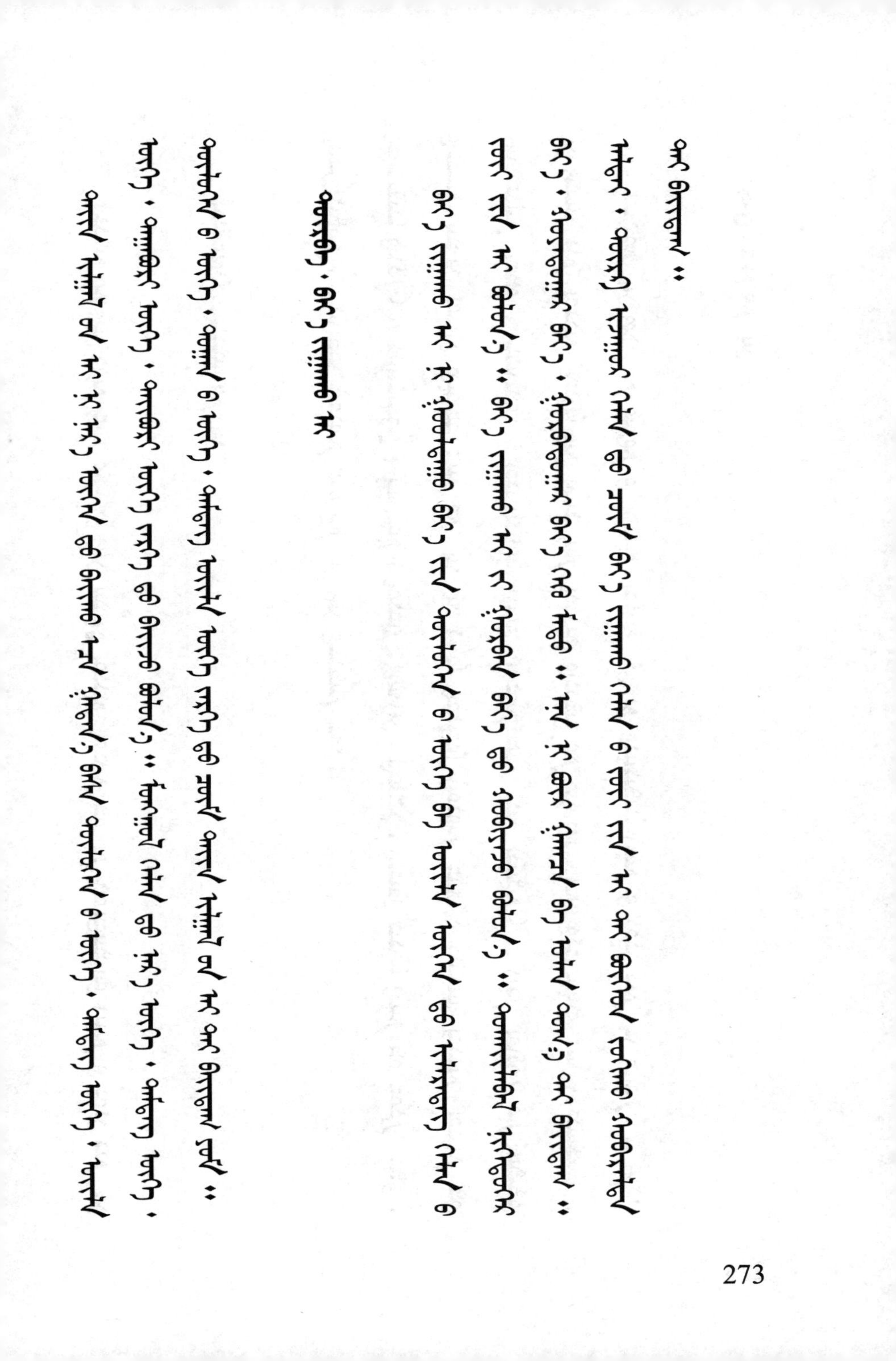

[illegible]
[illegible]
[illegible] ::

[illegible]

[illegible]
[illegible]
[illegible]
[illegible]
[illegible] ::

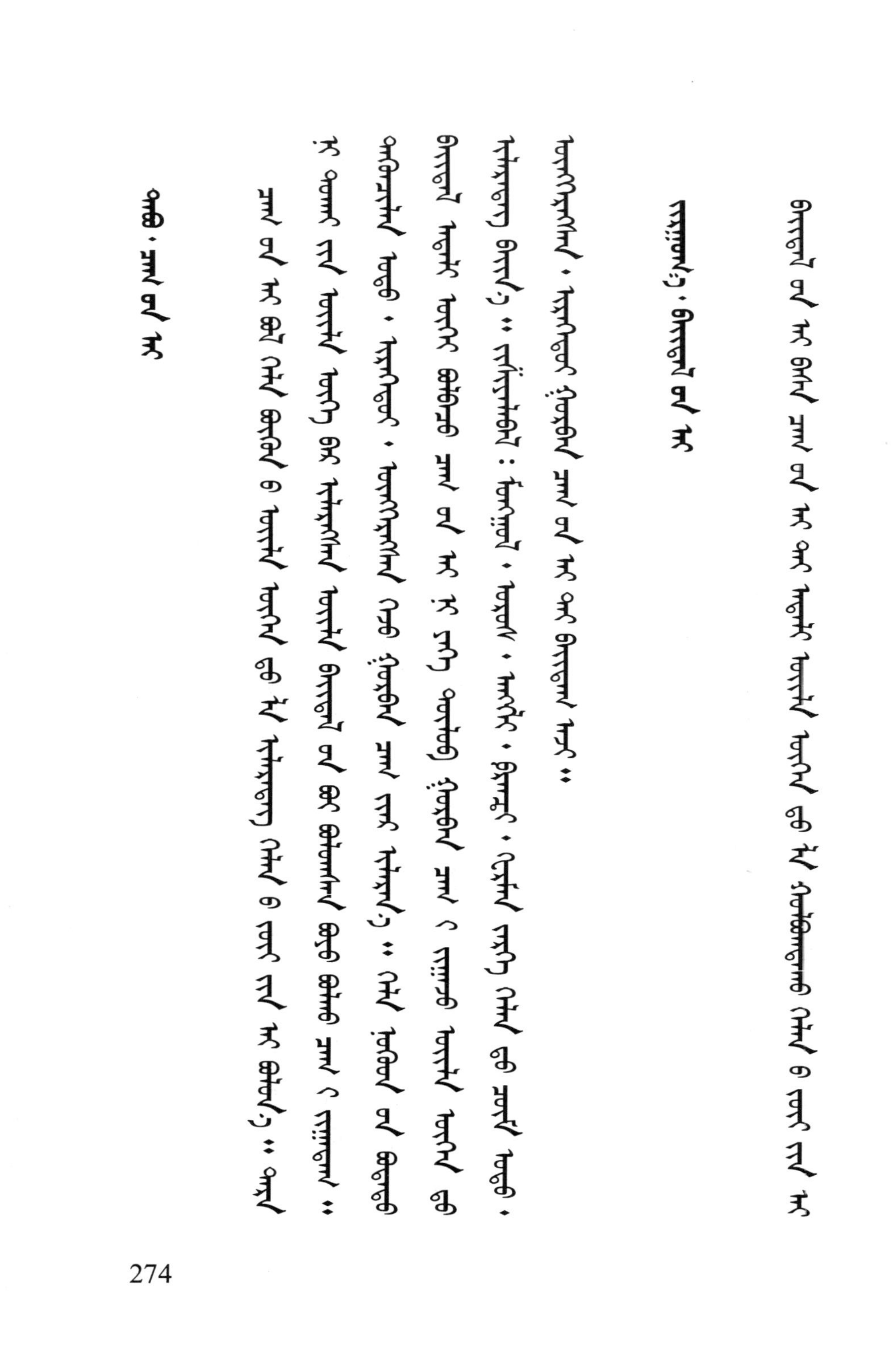

[illegible]

[illegible]

[illegible]

[illegible]

ᠪᠣᠯᠤᠨ᠎ᠠ :: ᠵᠢᠱᠢ ᠨᠢ ᠬᠦᠮᠦᠨ ᠮᠠᠯᠴᠢᠨ ᠤ ᠲᠠᠯᠠᠭᠠᠨ ᠪᠠᠢᠳᠠᠯ ᠲᠠᠢ ᠬᠠᠷᠢᠴᠠᠭ᠎ᠠ ᠲᠠᠢ ᠬᠦᠯᠢᠶᠡᠯᠳᠡᠭᠡᠨ ᠪᠠᠢᠳᠠᠯ ᠂ ᠮᠡᠳᠡᠭᠳᠡᠭ ᠪᠠᠢᠳᠠᠯ ᠲᠠᠢ ᠪᠠᠢᠳᠠᠭ ᠨᠢ ᠲᠣᠳᠤᠷᠬᠠᠢ :: ᠵᠢᠱᠢᠶᠡᠯᠡᠪᠡᠯ : ᠬᠥᠰᠥᠨ ᠡᠰᠡᠨ ᠪᠡ :

ᠲᠠᠷᠢᠶ᠎ᠠ — ᠲᠠᠷᠢᠶᠠᠴᠢᠨ (ᠮᠠᠯ ᠮᠠᠯᠴᠢᠨ ᠤ ᠪᠠᠢᠳᠠᠯ)

ᠪᠡᠯᠡᠴᠢᠷ — ᠪᠡᠯᠡᠴᠢᠷᠴᠢᠨ (ᠮᠠᠯ ᠮᠠᠯᠴᠢᠨ ᠤ ᠪᠠᠢᠳᠠᠯ)

ᠭᠠᠵᠠᠷ — ᠭᠠᠵᠠᠷᠴᠢᠨ (ᠭᠠᠵᠠᠷ ᠲᠠᠷᠢᠶᠠᠯᠠᠩ ᠤ ᠪᠠᠢᠳᠠᠯ)

ᠠᠩ — ᠠᠩᠴᠢᠨ (ᠠᠩᠬᠠᠢ ᠠᠩᠭᠠᠨ ᠤ ᠪᠠᠢᠳᠠᠯ)

ᠡᠨᠡ ᠪᠣᠯ ᠬᠡᠯᠡᠨ ᠦ ᠵᠦᠢ ᠶᠢᠨ ᠬᠠᠷᠢᠴᠠᠭ᠎ᠠ ᠶᠢ ᠢᠯᠡᠷᠬᠡᠢᠯᠡᠭᠰᠡᠨ ᠪᠠᠢᠨ᠎ᠠ ::

ᠪᠣᠯᠤᠨ᠎ᠠ :: ᠵᠢᠱᠢᠶ᠎ᠡ ᠨᠢ ᠪᠣᠯ ᠮᠠᠯ ᠤᠨ ᠠᠵᠢᠯᠴᠢᠨ ᠤ ᠲᠤᠬᠠᠢ ᠬᠡᠯᠡᠨ ᠦ ᠪᠦᠲᠦᠭᠡᠯ ᠪᠠᠢᠳᠠᠯ ᠶᠢᠨ ᠵᠦᠢ ᠶᠢ ᠰᠤᠳᠤᠯᠤᠭᠰᠠᠨ ᠪᠠᠢᠨ᠎ᠠ ::

ᠳᠠᠭᠠᠪᠤᠷᠢ ᠶᠢᠨ ᠡᠭᠦᠳᠡᠭᠳᠡᠬᠦ ᠲᠥᠯᠦᠪ ᠪᠣᠯ ᠡᠭᠦᠳᠡᠭᠳᠡᠬᠦ ᠦᠢᠯᠡ ᠶᠢᠨ ᠡᠵᠡᠨ ᠢ ᠲᠡᠭᠦᠨ ᠳᠦ ᠵᠠᠭᠠᠭᠳᠠᠨ᠎ᠠ ᠨᠢ ᠰᠠᠶᠢᠨ ᠡᠭᠦᠳᠡᠭᠳᠡᠬᠦ ᠦᠭᠡ ᠶᠢ ᠳᠠᠭᠠᠪᠤᠷᠢ ᠳᠤ ᠬᠠᠷᠢᠶᠠᠯᠠᠭᠳᠠᠭᠤᠯᠤᠨ᠎ᠠ᠃ ᠵᠢᠱᠢᠶᠡᠯᠡᠪᠡᠯ: 巴图被表扬了三次。我们被他批评了一顿。ᠡᠨᠡ ᠵᠢᠱᠢᠶ᠎ᠡ ᠳᠦ ᠪᠠᠲᠤ ᠪᠣᠯ ᠡᠭᠦᠳᠡᠭᠳᠡᠬᠦ ᠦᠢᠯᠡ ᠶᠢᠨ ᠡᠵᠡᠨ ᠪᠣᠯᠤᠨ ᠠ᠃ ᠵᠢᠱᠢᠶᠡᠯᠡᠪᠡᠯ :

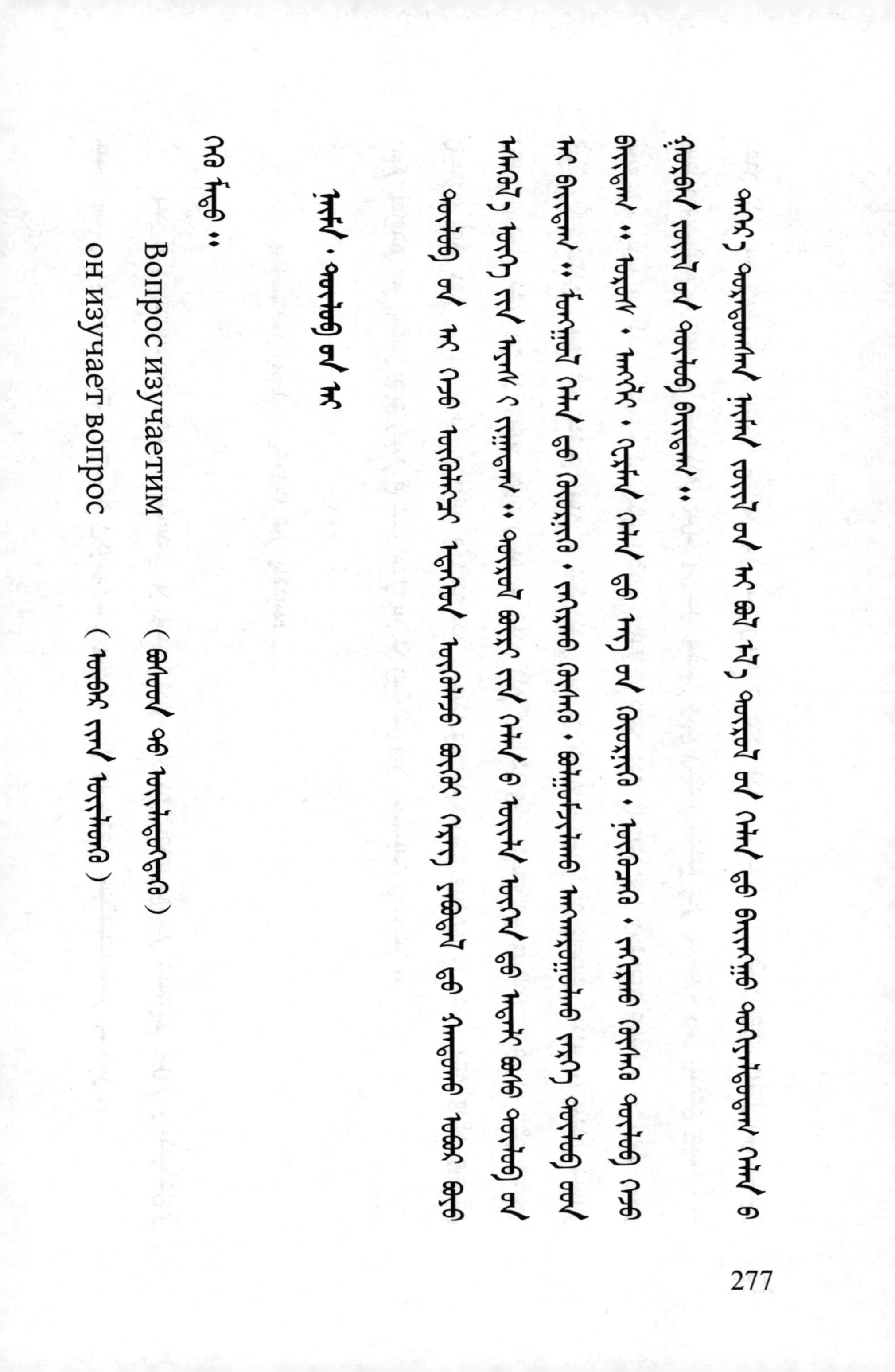

Вопрос изучаетим (ᠪᠠᡳᡨᠠ ᠪᡝ ᡨᠠᠴᡳᠮᠪᡳ)

он изучает вопрос (ᡨᡝᡵᡝ ᠪᠠᡳᡨᠠ ᡨᠠᠴᡳᠮᠪᡳ)

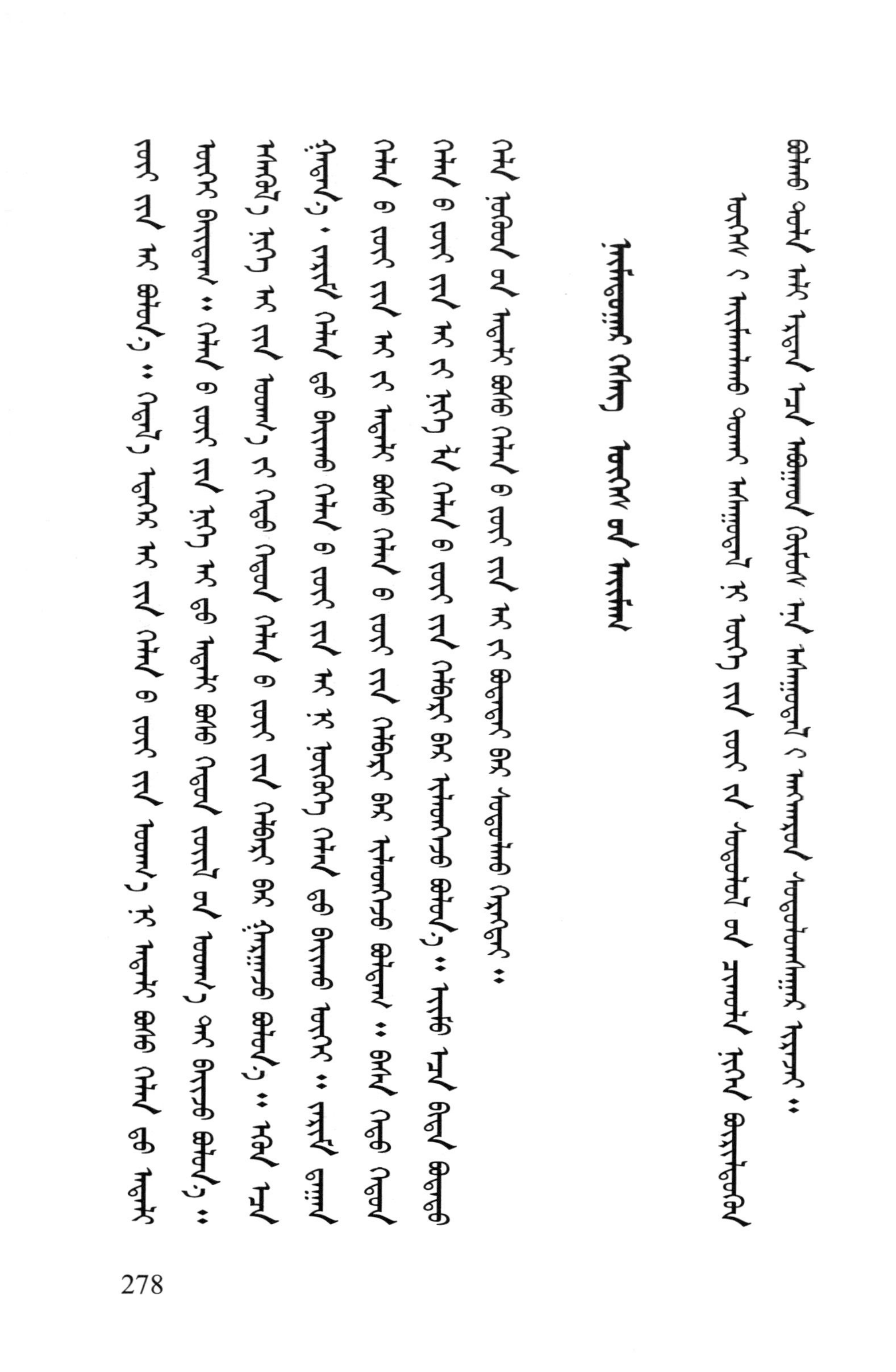

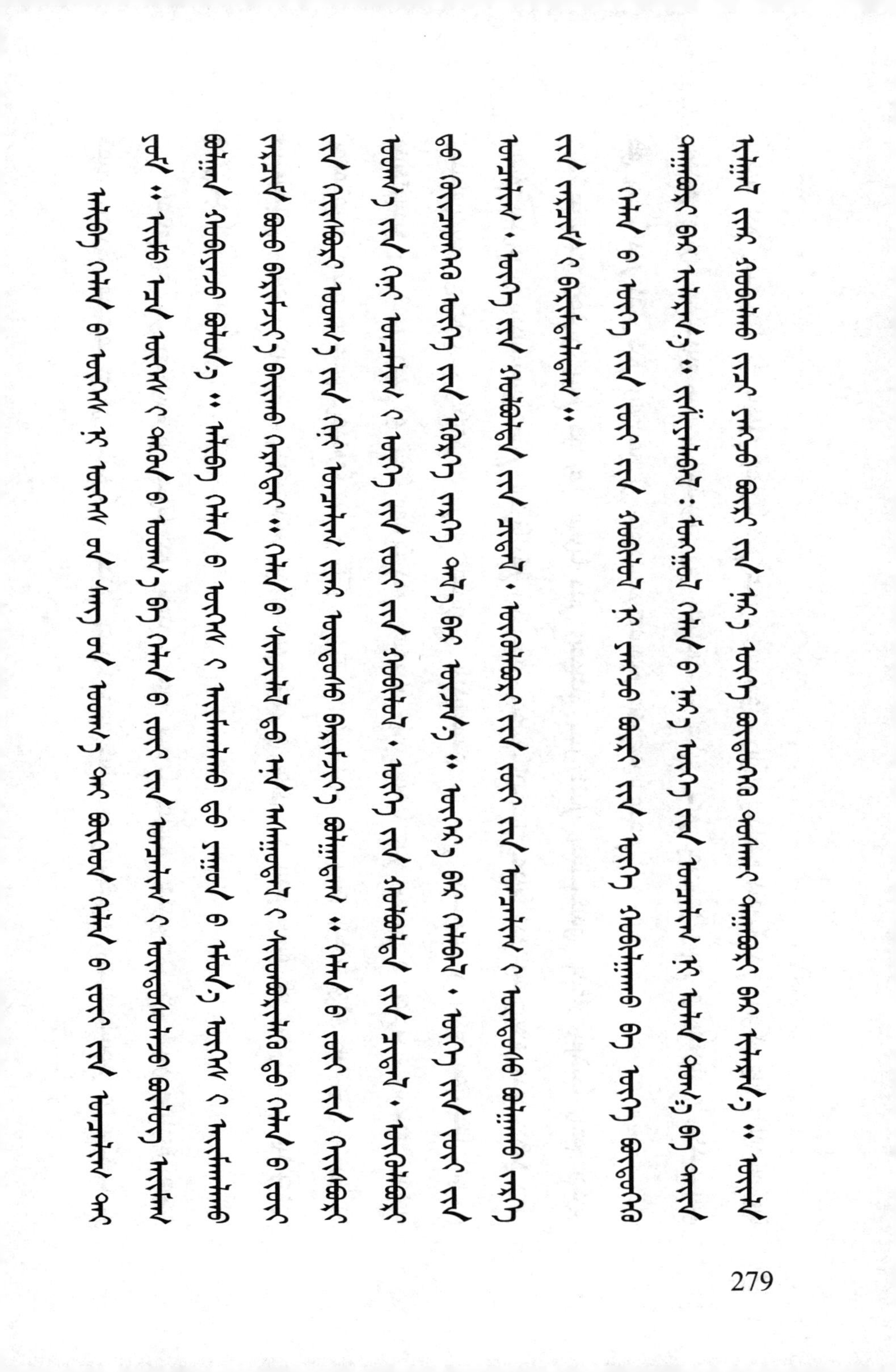

[illegible]

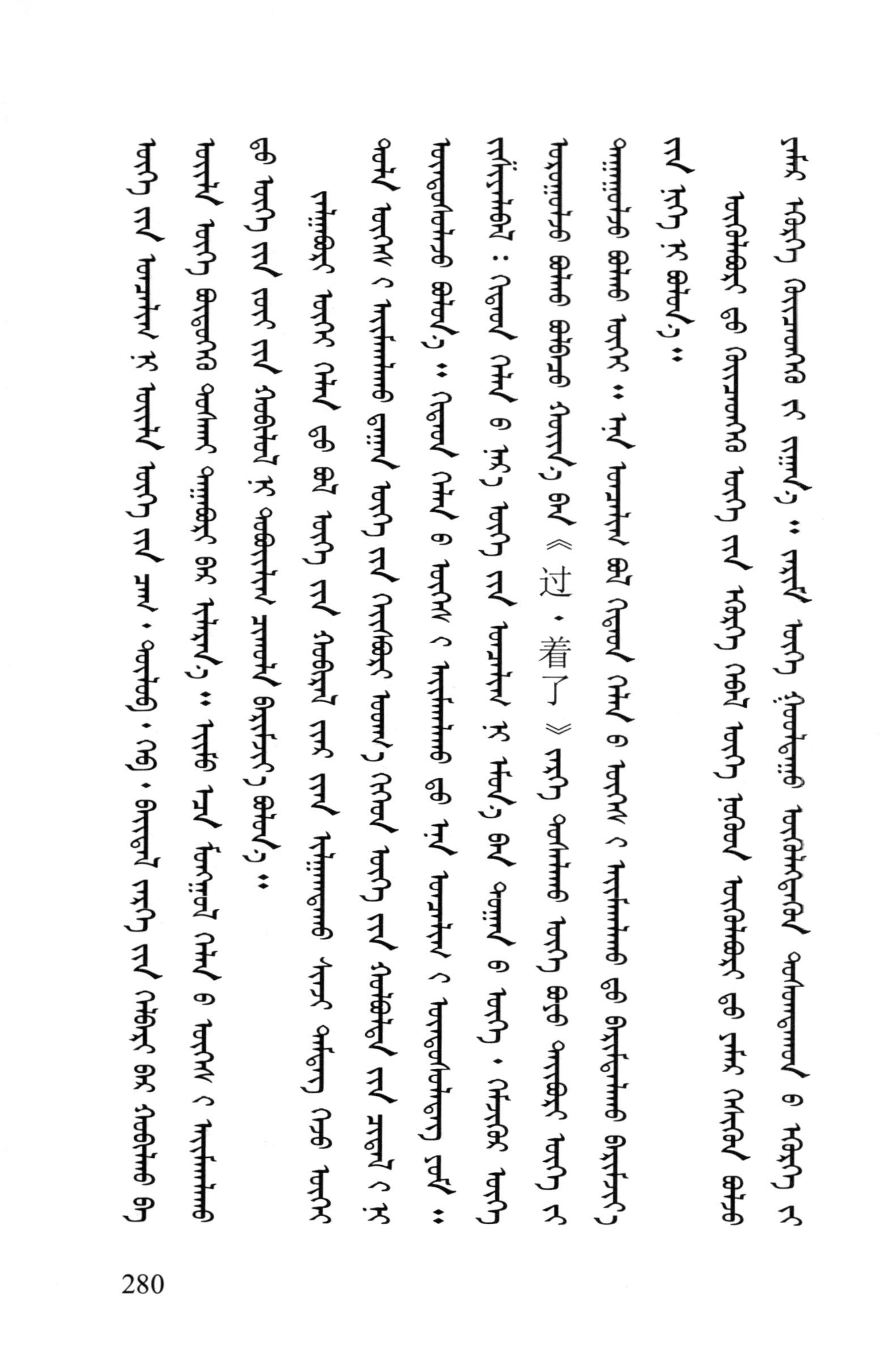

ᠦᠢᠯᠡ ᠶᠢᠨ ᠪᠣᠯᠬᠤ ᠪᠣᠯᠤᠭ ᠭᠡᠳᠡᠭ ᠪᠣᠯ《过·着了》ᠭᠡᠳᠡᠭ ᠲᠤᠰᠠᠯᠠᠬᠤ ᠦᠢᠯᠡ ᠪᠦᠲᠦ ᠲᠤᠰᠠᠯᠠᠬᠤ ᠦᠢᠯᠡ ᠶᠢᠨ

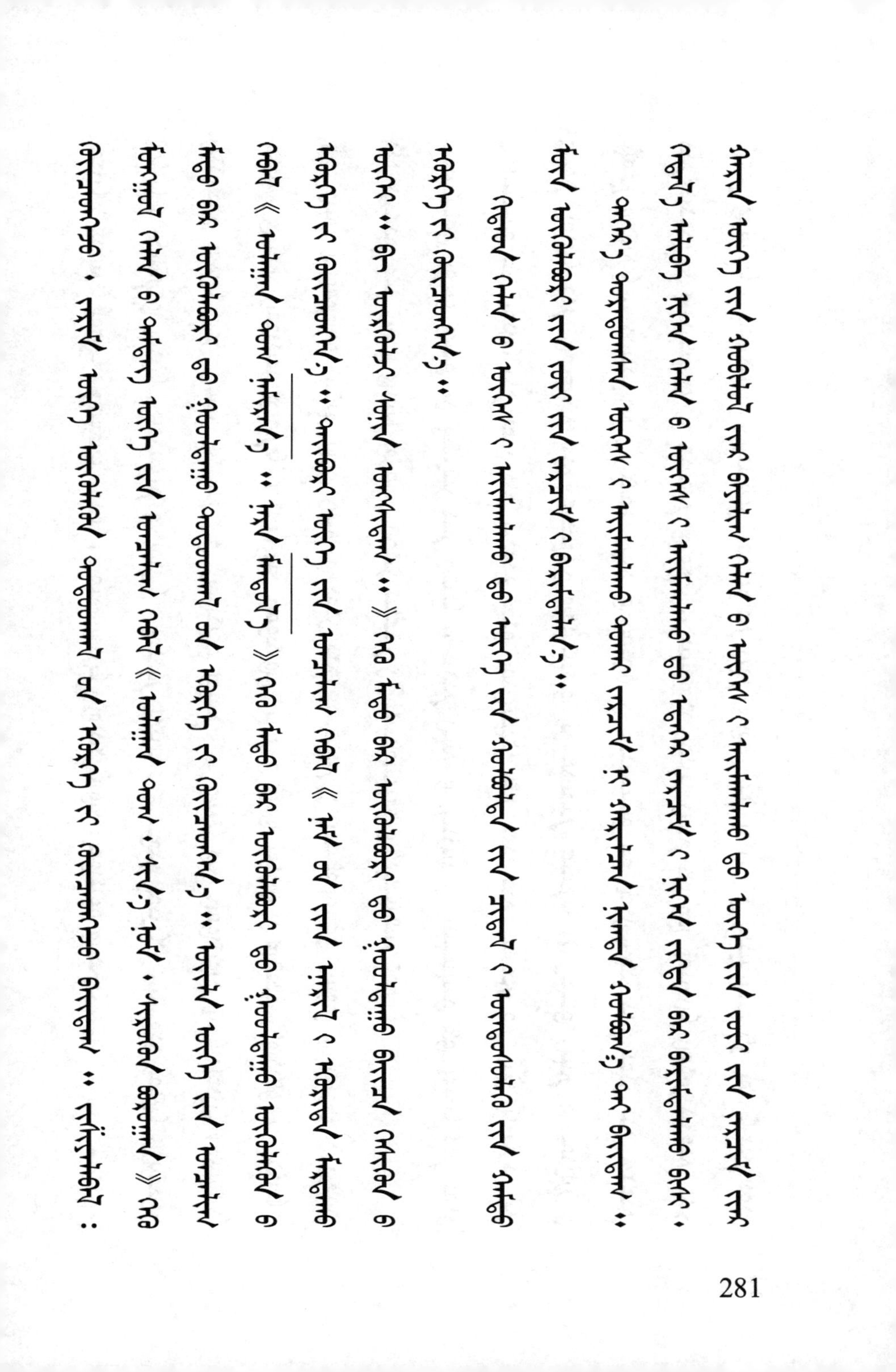

[illegible]
[illegible]
[illegible]
[illegible]
[illegible]
[illegible]
[illegible]
[illegible]
[illegible]
[illegible]
[illegible]
[illegible]

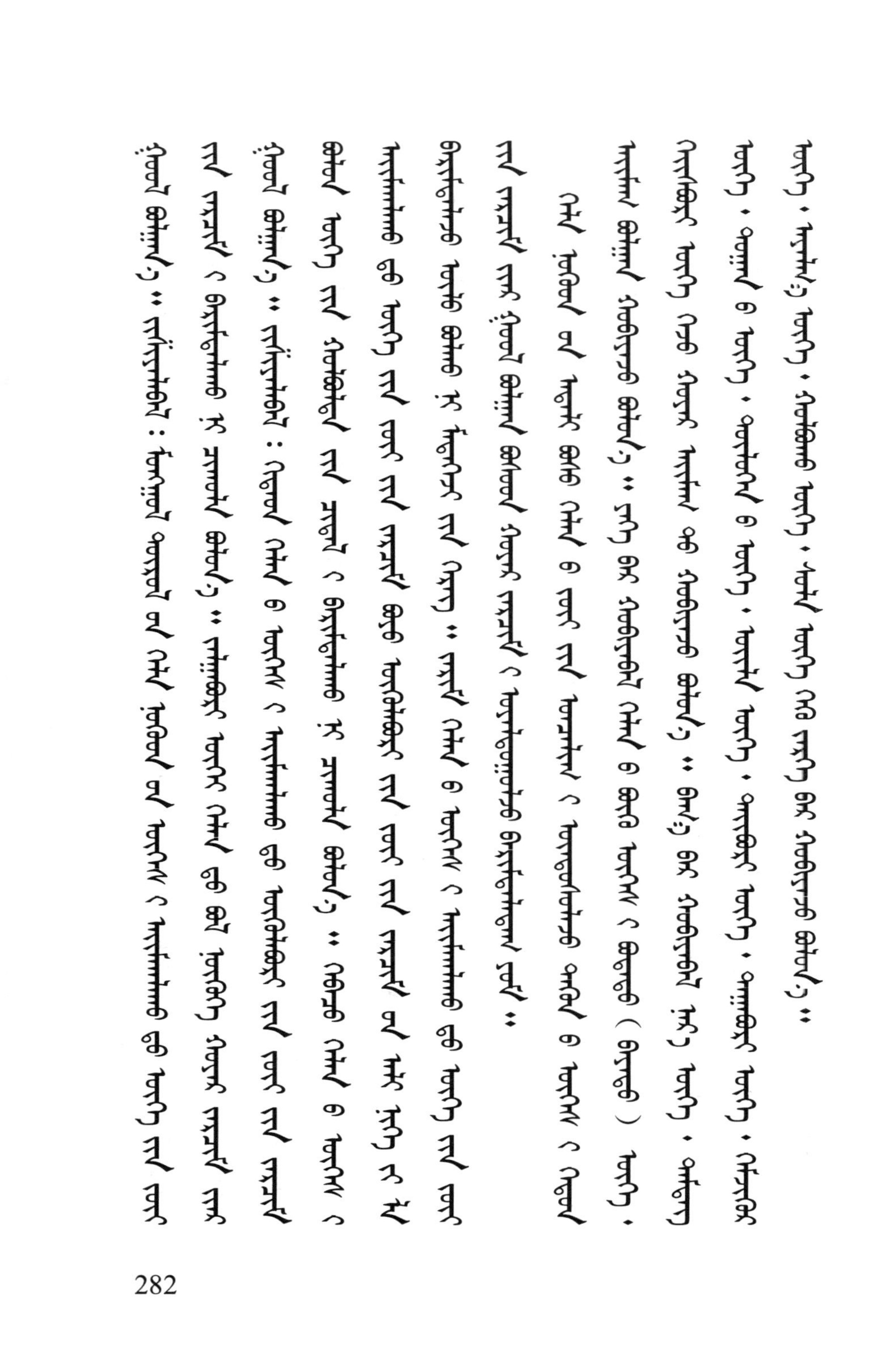

[illegible]
[illegible]
[illegible]
[illegible]
[illegible]
[illegible]
[illegible]

[illegible]
[illegible]
[illegible]
[illegible]

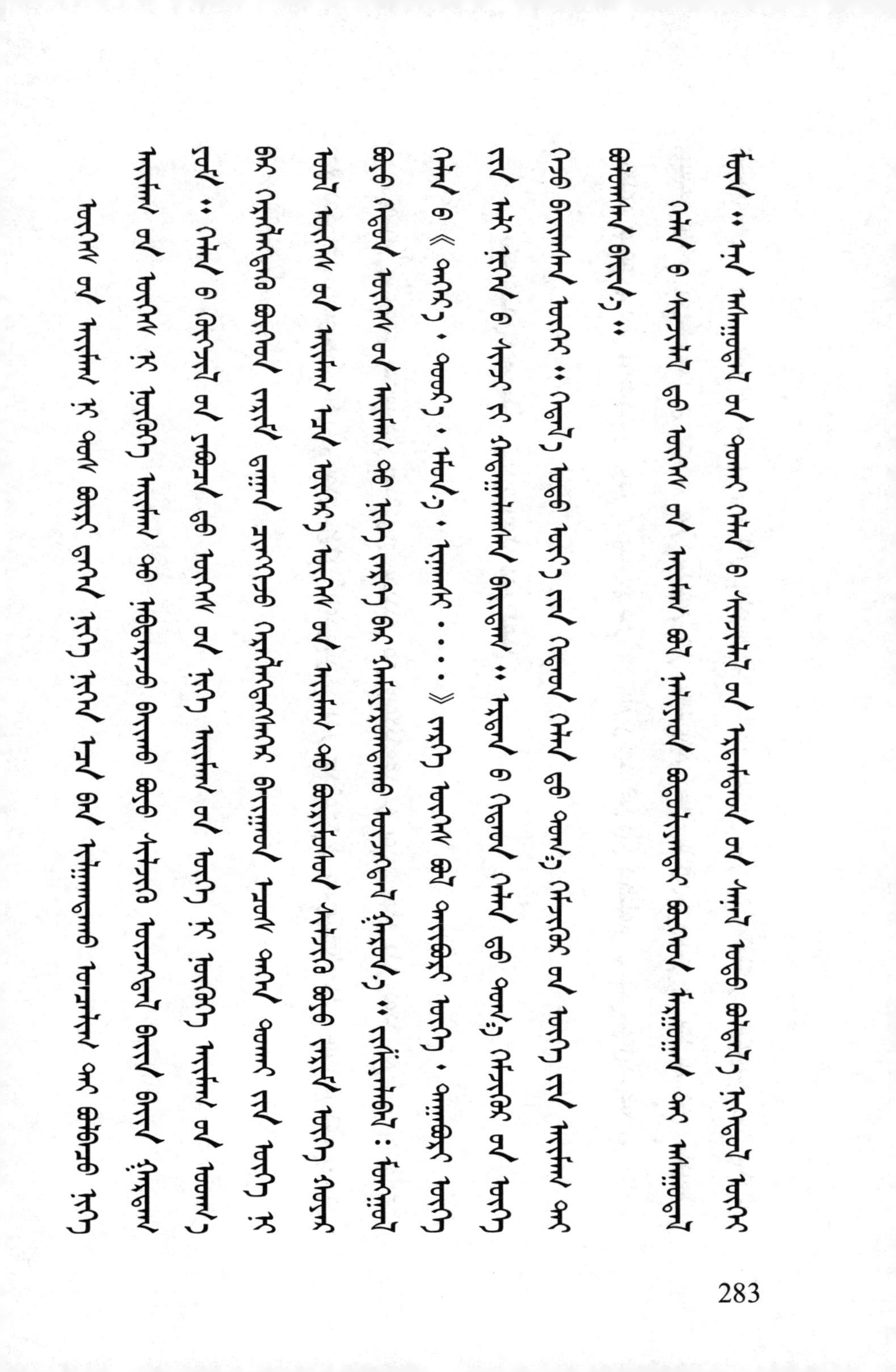

[illegible]

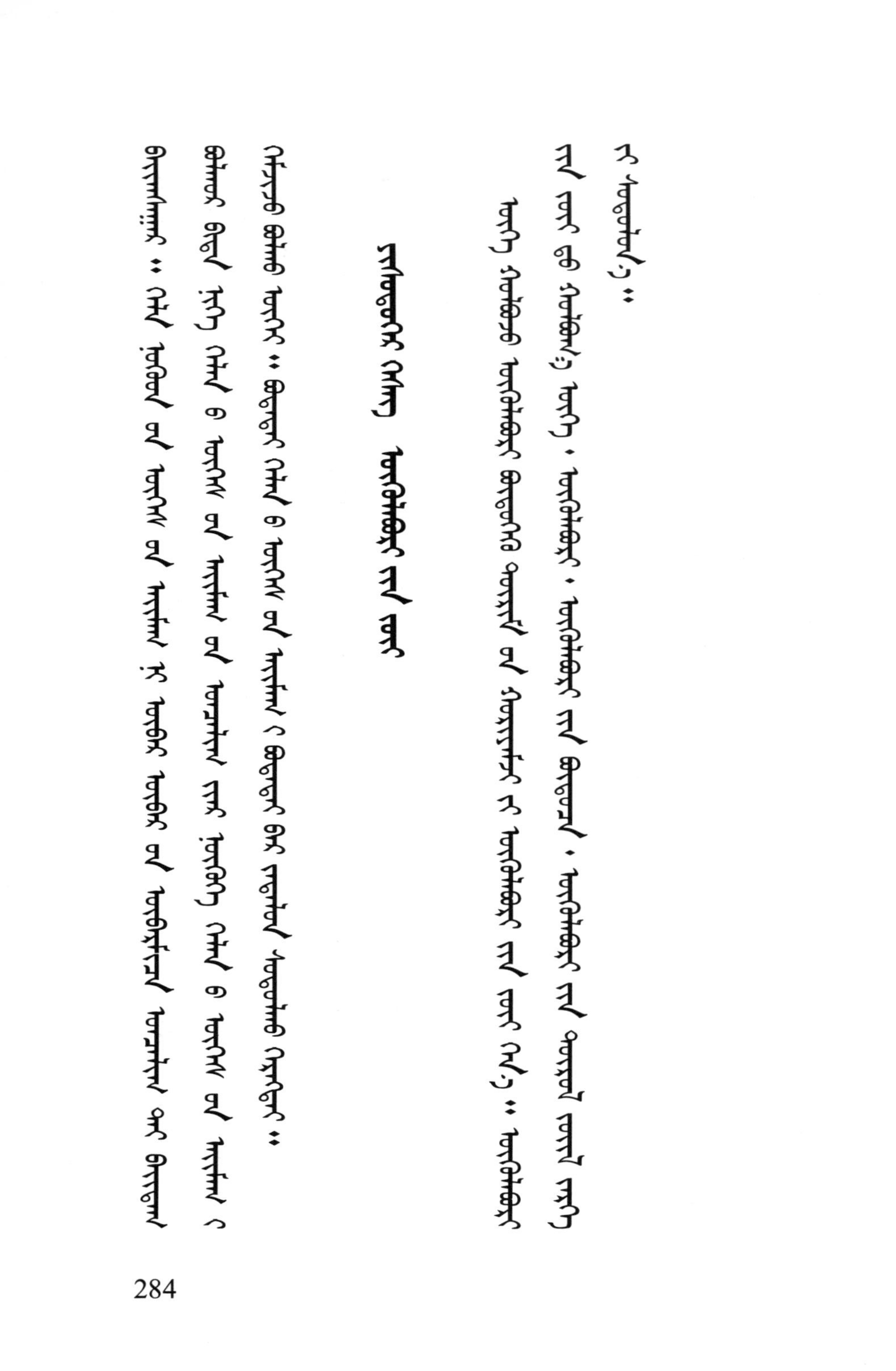

[illegible]

[illegible]

[illegible]

[illegible]

[illegible]

[illegible]

[illegible]

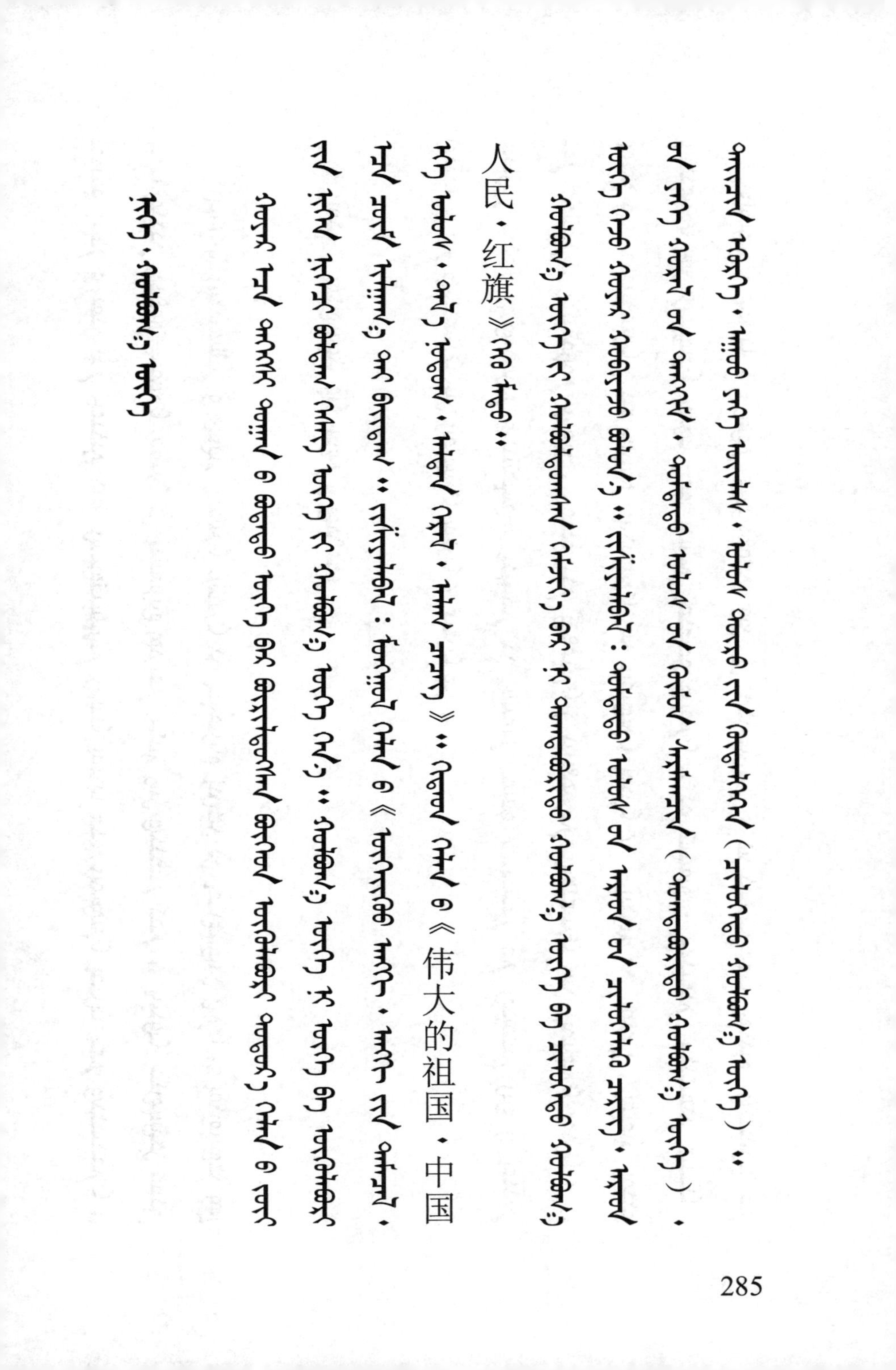

[illegible] ([illegible]) ::
[illegible] ([illegible]) · [illegible] :: [illegible] : [illegible] · [illegible]

[illegible] 《人民·红旗》 [illegible] ::

[illegible] 《伟大的祖国·中国 · [illegible] 》 :: [illegible] : [illegible] :: [illegible] · [illegible] :: [illegible]

[illegible] · [illegible]

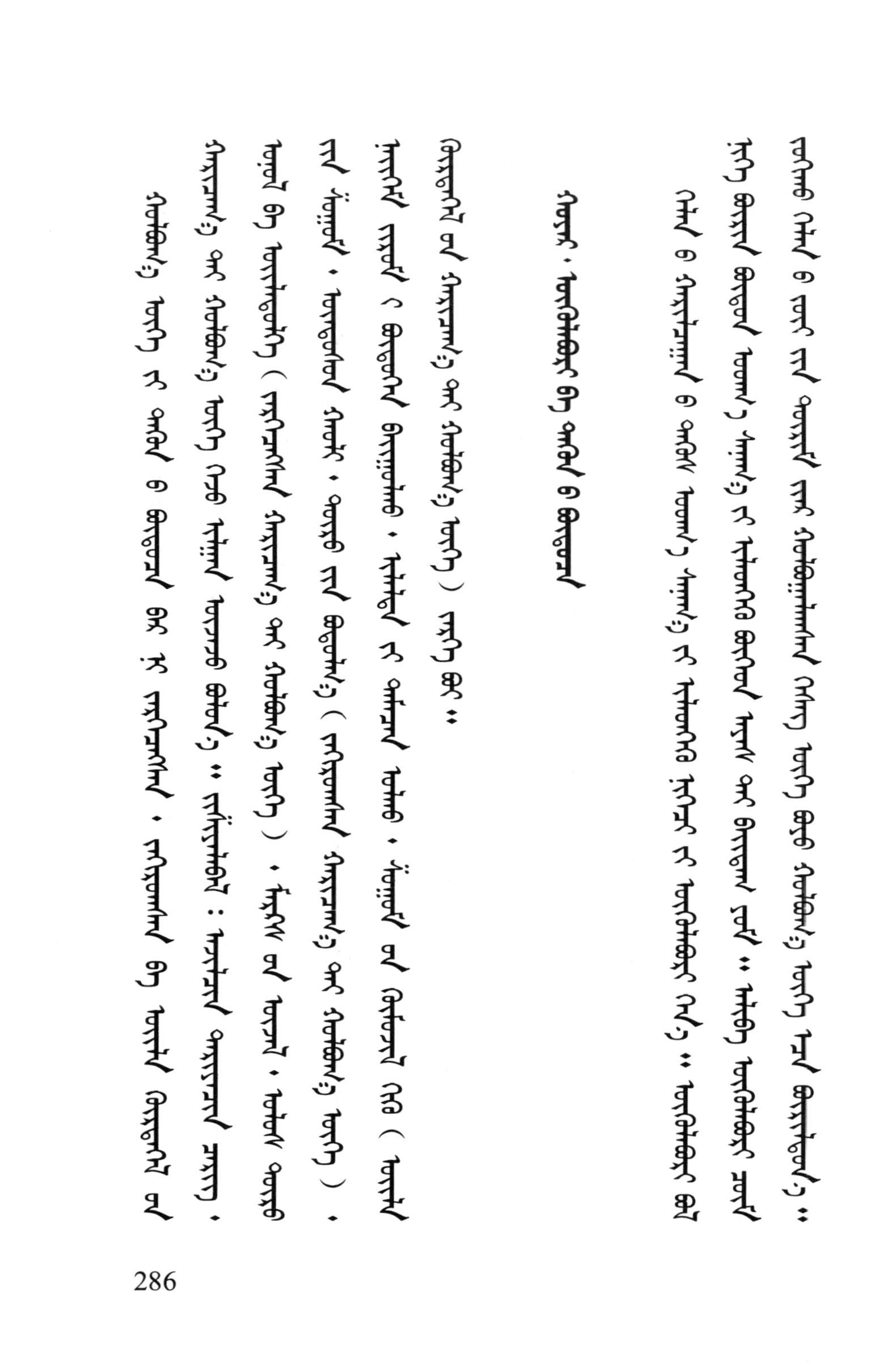

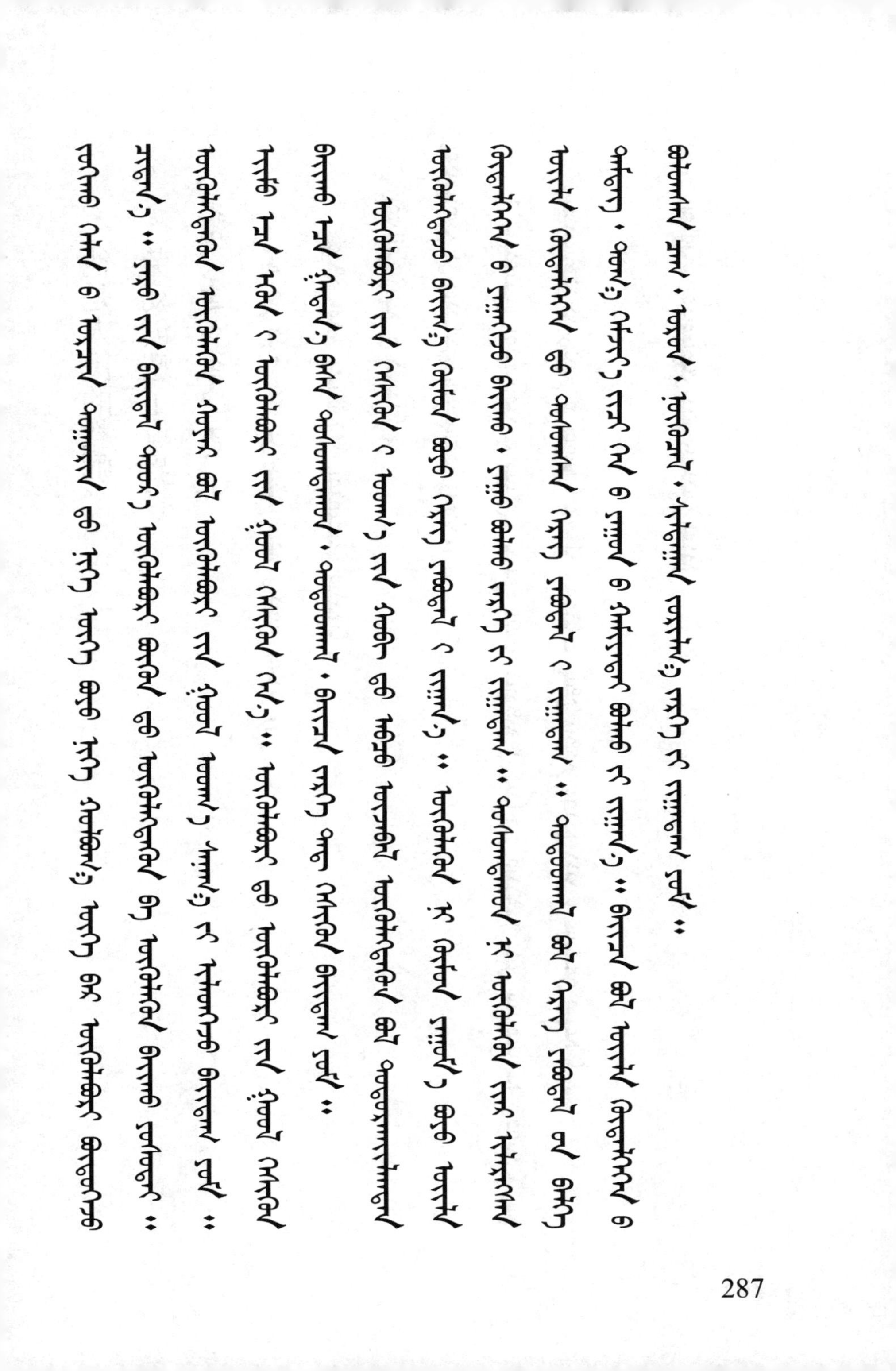

[illegible]

[illegible]

他是人民的教师。

劳动创造了世界。

ᠮᠣᠩᠭᠣᠯ ᠬᠡᠯᠡ ᠪᠡᠷ ᠨᠢ:

ᠲᠡᠷᠡ ᠪᠣᠯ ᠠᠷᠠᠳ ᠤᠨ ᠪᠠᠭᠰᠢ ᠮᠥᠨ᠃

ᠬᠥᠳᠡᠯᠮᠦᠷᠢ ᠳᠡᠯᠡᠬᠡᠢ ᠶᠢ ᠪᠦᠲᠦᠭᠡᠪᠡ᠃

ᠬᠡᠯᠡ ᠪᠡᠷ ᠨᠢ:

ᠥᠭᠦᠯᠡᠪᠦᠷᠢ ᠶᠢᠨ ᠪᠦᠷᠢᠯᠳᠦᠬᠦᠨ ᠥᠭᠦᠯᠡᠪᠦᠷᠢ ᠶᠢᠨ ᠲᠥᠷᠥᠯ᠃

1. ᠪᠦᠷᠢᠯᠳᠦᠬᠦᠨ ᠥᠭᠦᠯᠡᠪᠦᠷᠢ᠃ ᠬᠡᠯᠡᠬᠦ ᠡᠵᠡᠨ ᠦ ᠬᠡᠯᠪᠡᠷᠢ ᠶᠢᠨ ᠪᠦᠷᠢᠯᠳᠦᠬᠦᠨ ᠢ ᠥᠭᠦᠯᠡᠪᠦᠷᠢ ᠬᠡᠮᠡᠨ᠎ᠡ ᠬᠡᠮᠡᠨ

ᠥᠭᠦᠯᠡᠪᠦᠷᠢ ᠶᠢᠨ ᠡᠭᠦᠨ ᠦ ᠬᠡᠮᠡᠨ ᠪᠣᠯ ᠢ ᠬᠡᠯᠡᠬᠦ ᠵᠦᠢᠯ ᠬᠡᠯᠡᠨ ᠦ ᠬᠡᠯᠪᠡᠷᠢ ᠪᠣᠯᠤᠨ᠎ᠠ᠃

ᠭᠣᠣᠯ᠂ ᠥᠭᠦᠯᠡᠪᠦᠷᠢ ᠶᠢᠨ ᠬᠡᠯᠡᠨ ᠬᠡᠮᠡᠨ

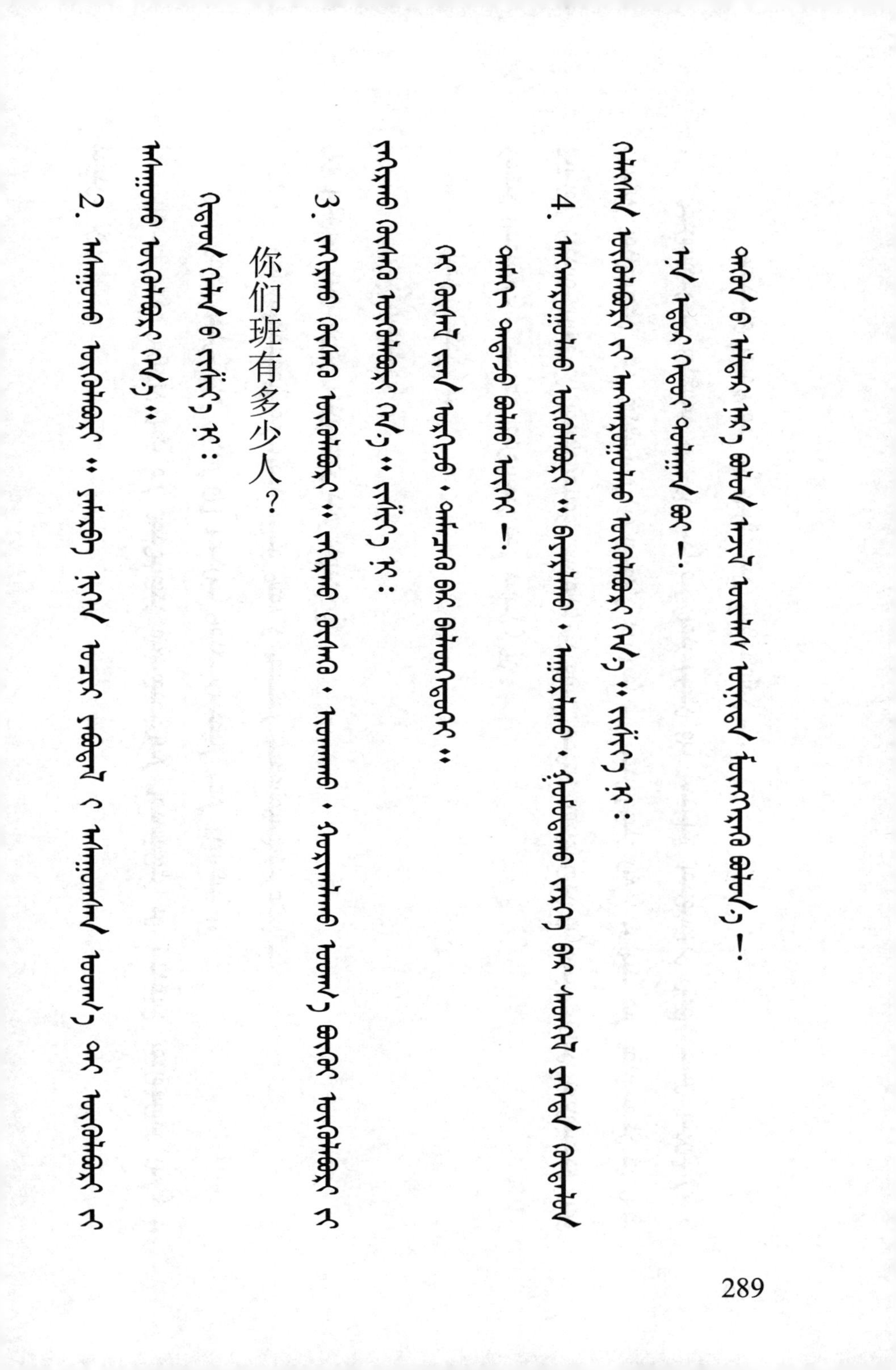

你们班有多少人？

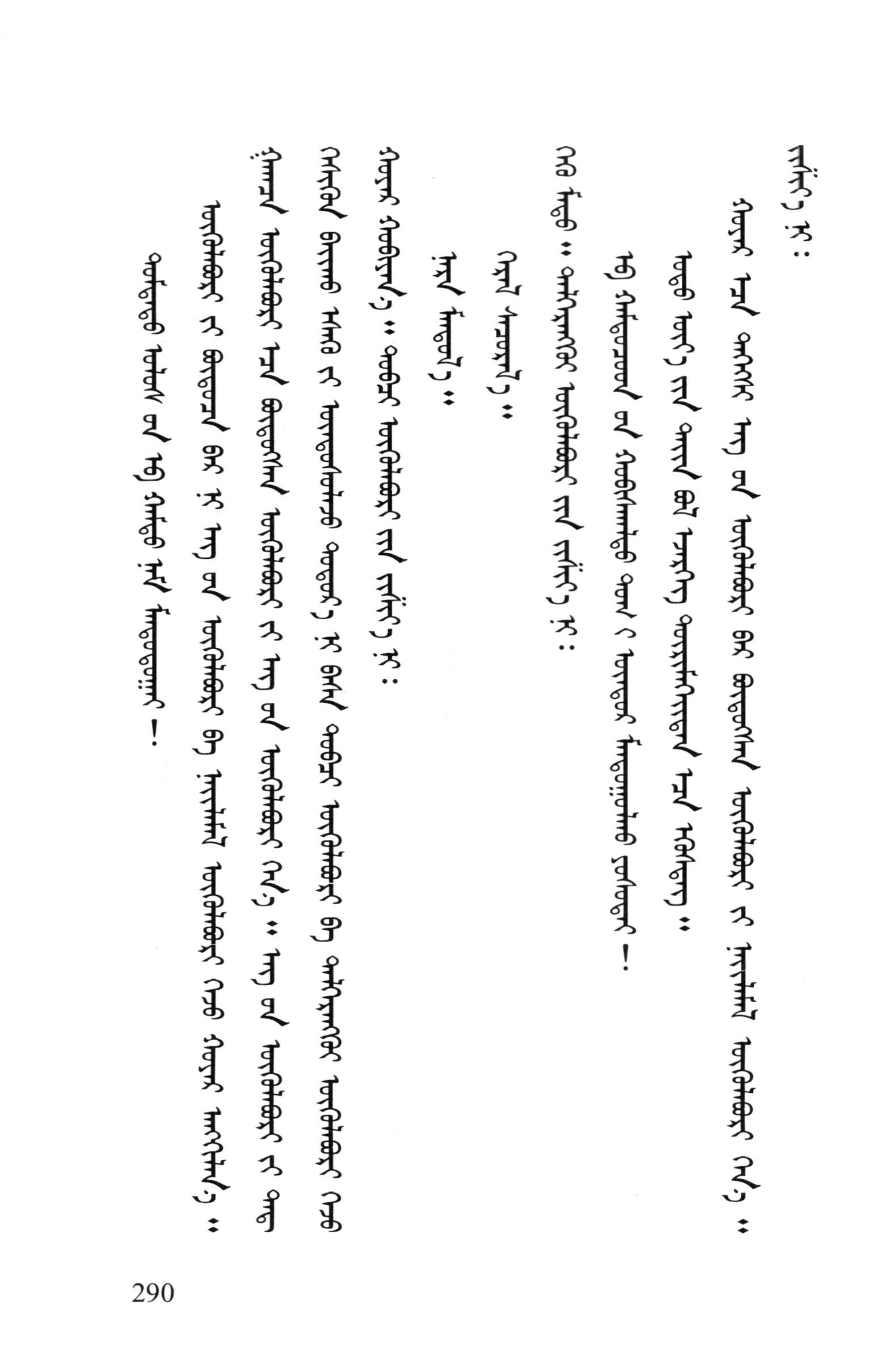

[illegible] :

[illegible] ::

[illegible] ::

[illegible] —.

[illegible] :: [illegible] :

[illegible] ::

[illegible] ::

[illegible] :: [illegible] :: [illegible] :

[illegible]

[illegible] :: [illegible]

[illegible] ::

[illegible] —.

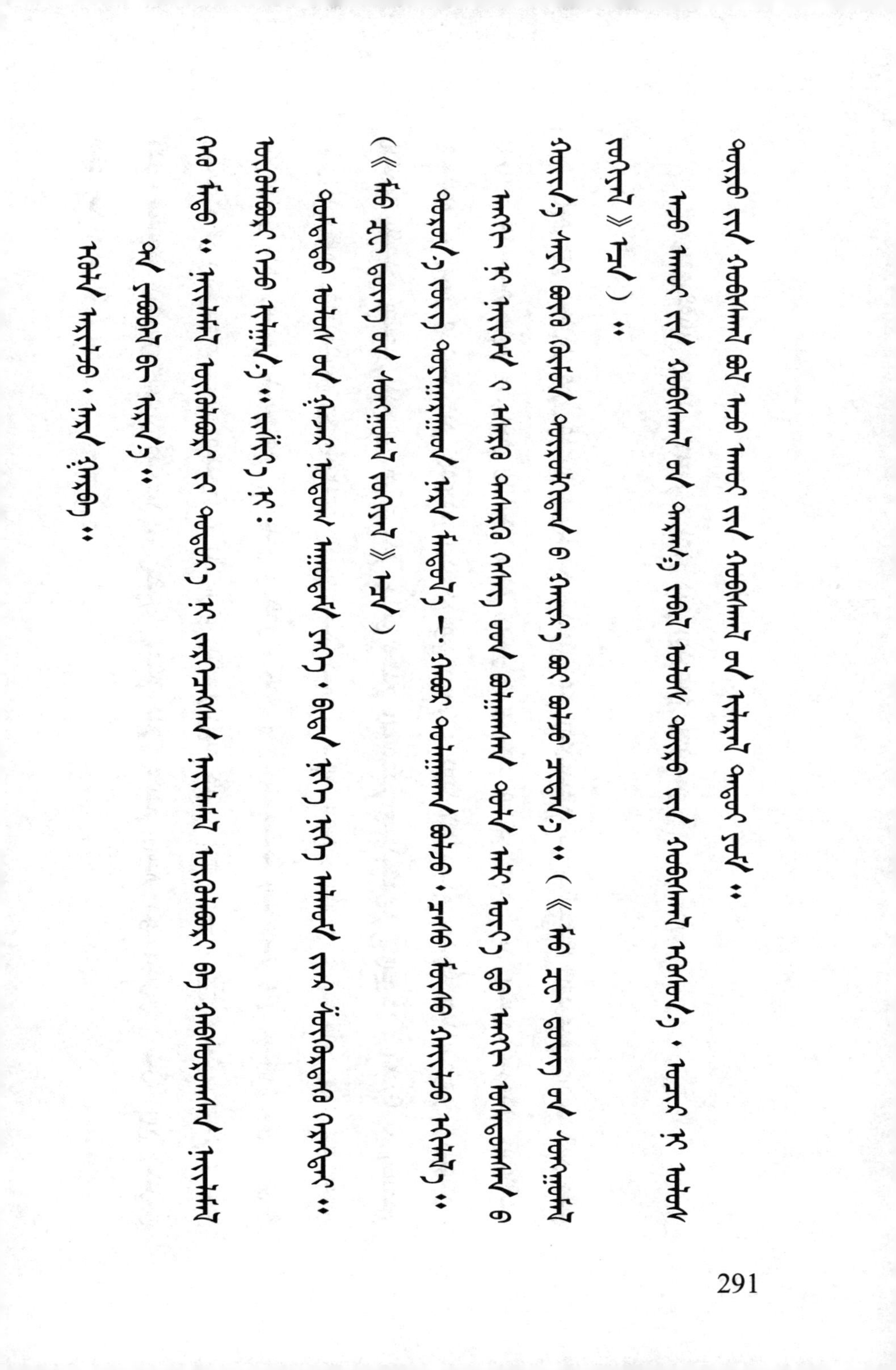

ᠮᠣᠩᠭᠣᠯᠴᠢᠯᠠᠬᠤ ᠠᠷᠭ᠎ᠠ ᠬᠠᠨ ᠤ ᠬᠡᠯᠡ ᠨᠢ ᠳᠠᠭᠠᠪᠤᠷᠢ ᠦᠭᠡ

ᠨᠢᠭᠡ ᠪᠣᠯ ᠬᠡᠯᠡᠨ ᠦ ᠦᠭᠡ ᠶᠢᠨ ᠡᠨᠡ ᠬᠡᠯᠪᠡᠷᠢ ᠪᠣᠯᠭᠠᠨ ᠪᠠᠢᠨ᠎ᠠ :: ᠬᠠᠨ ᠤ ᠬᠡᠯᠡ ᠳᠦ ᠮᠣᠩᠭᠣᠯ ᠬᠡᠯᠡ ᠶᠢᠨ ᠪᠦᠲᠦᠴᠡ ᠶᠢ ᠬᠠᠨ ᠤ ᠬᠡᠯᠡ ᠪᠡᠷ ᠣᠷᠴᠢᠭᠤᠯᠬᠤ ᠳᠤ ᠬᠡᠯᠪᠡᠷᠢ ᠪᠠᠢᠳᠠᠭ :: ᠬᠠᠨ ᠤ ᠬᠡᠯᠡ ᠶᠢᠨ ᠬᠡᠯᠪᠡᠷᠢ ᠲᠠᠢ ᠬᠠᠨ ᠤ ᠬᠡᠯᠡ ᠶᠢᠨ ᠪᠦᠲᠦᠴᠡ ᠶᠢ ᠬᠡᠷᠡᠭᠯᠡᠬᠦ ᠬᠡᠯᠪᠡᠷᠢ ᠪᠣᠯᠤᠨ᠎ᠠ :: ᠬᠠᠨ ᠤ ᠬᠡᠯᠡ ᠳᠦ ᠬᠡᠯᠪᠡᠷᠢ ᠪᠣᠯᠭᠠᠨ ᠪᠠᠢᠨ᠎ᠠ ᠬᠡᠮᠡᠨ᠎ᠡ ᠂ ᠬᠡᠯᠪᠡᠷᠢ ᠶᠢ ᠬᠡᠷᠡᠭᠯᠡᠬᠦ ᠲᠠᠢ ᠪᠦᠲᠦᠴᠡ ᠲᠠᠢ ᠬᠣᠯᠪᠣᠭᠳᠠᠬᠤ ᠬᠡᠯᠡᠨ ᠦ ᠬᠡᠯᠪᠡᠷᠢ ᠶᠢ ᠬᠡᠷᠡᠭᠯᠡᠭᠳᠡᠬᠦ ᠂ ᠬᠡᠮᠡᠨ᠎ᠡ ᠂ ᠬᠡᠯᠪᠡᠷᠢ ᠶᠢ ᠬᠡᠷᠡᠭᠯᠡᠬᠦ ᠬᠡᠯᠡᠨ ᠦ ᠪᠦᠲᠦᠴᠡ ᠪᠠᠷ ᠬᠡᠷᠡᠭᠯᠡᠭᠳᠡᠬᠦ ᠶᠢᠨ ᠪᠦᠲᠦᠴᠡ ᠲᠠᠢ ᠬᠡᠷᠡᠭᠯᠡᠬᠦ ᠪᠡᠷ ᠣᠷᠴᠢᠭᠤᠯᠬᠤ ᠳᠤ ᠬᠡᠯᠡᠭᠳᠡᠬᠦ ᠶᠢᠨ :: ᠵᠢᠱᠢᠶ᠎ᠡ ᠳᠦ ᠬᠡᠯᠡᠨ ᠦ ᠬᠡᠯᠪᠡᠷᠢ ᠪᠡᠷ 《ᠵᠧ · ᠯᠧ · ᠳᠧ》 ᠭᠡᠬᠦ ᠮᠡᠲᠦ ᠬᠡᠯᠡᠨ ᠦ ᠳᠠᠭᠠᠪᠤᠷᠢ ᠦᠭᠡ ᠶᠢ 《ᠳᠦ · ᠳᠣ》 ᠬᠡᠮᠡᠨ ᠬᠡᠯᠡᠨ ᠦ 《着 · 了 · 的》 ᠪᠣᠯᠭᠠᠨ ᠬᠡᠯᠡᠨ ᠦ ᠪᠦᠲᠦᠴᠡ ᠶᠢᠨ ᠠᠷᠭ᠎ᠠ ᠵᠢᠱᠢᠶ᠎ᠡ ᠂ ᠪᠣᠯᠭᠠᠨ ᠪᠠᠢᠨ᠎ᠠ :: ᠬᠡᠯᠡᠨ ᠦ ᠣᠷᠴᠢᠭᠤᠯᠬᠤ ᠬᠡᠯᠪᠡᠷᠢ ᠮᠠᠰᠢ ᠪᠠᠢᠳᠠᠭ :: ᠬᠠᠨ ᠤ ᠬᠡᠯᠡ ᠳᠦ ᠣᠷᠴᠢᠭᠤᠯᠬᠤ ᠬᠡᠯᠪᠡᠷᠢ ᠪᠣᠯᠭᠠᠨ ᠪᠠᠢᠨ᠎ᠠ ::

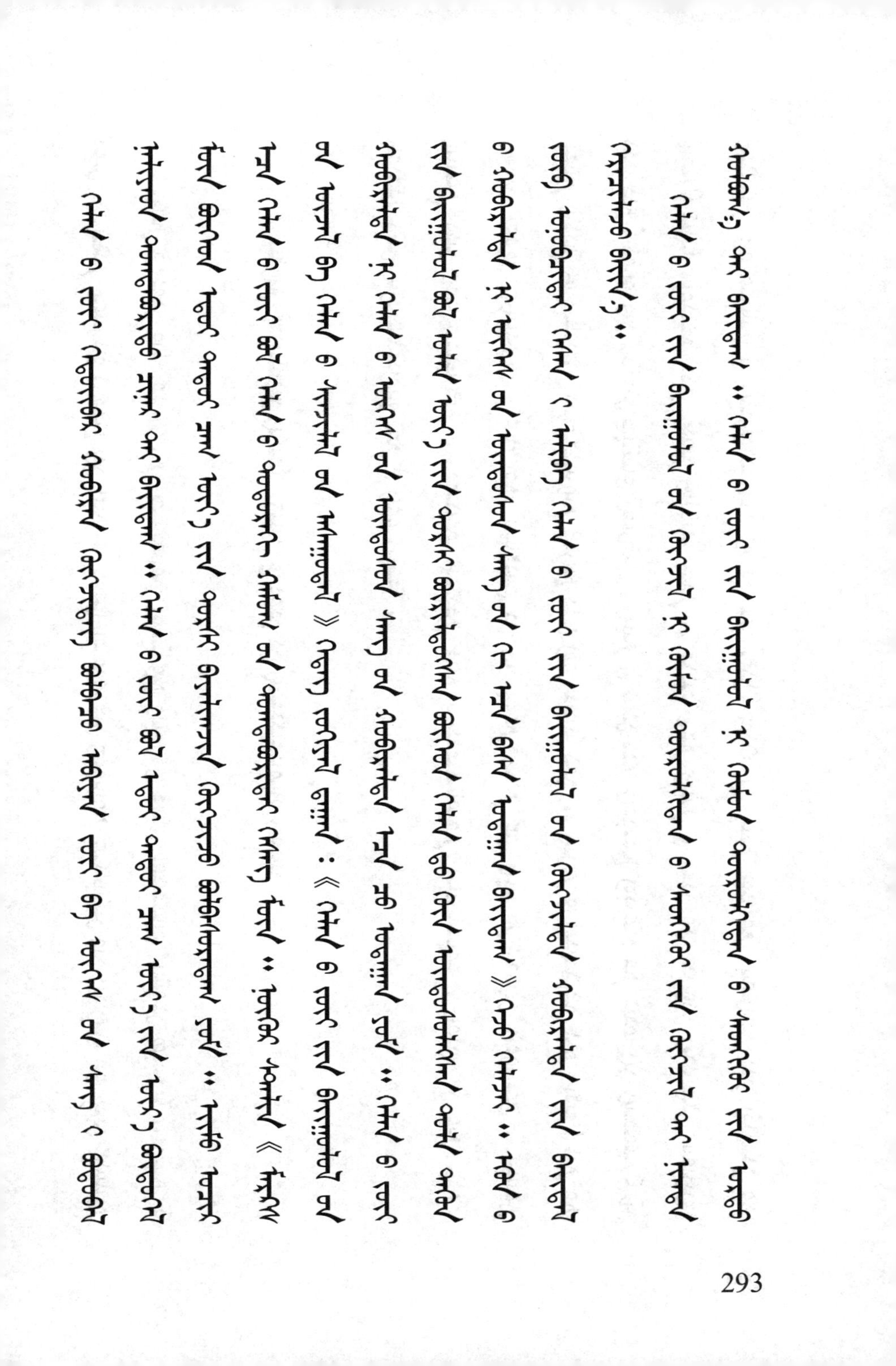

[illegible]
[illegible]
[illegible]
[illegible]
[illegible]
[illegible]
[illegible]
[illegible]
[illegible]
[illegible] ::

[illegible]
[illegible]

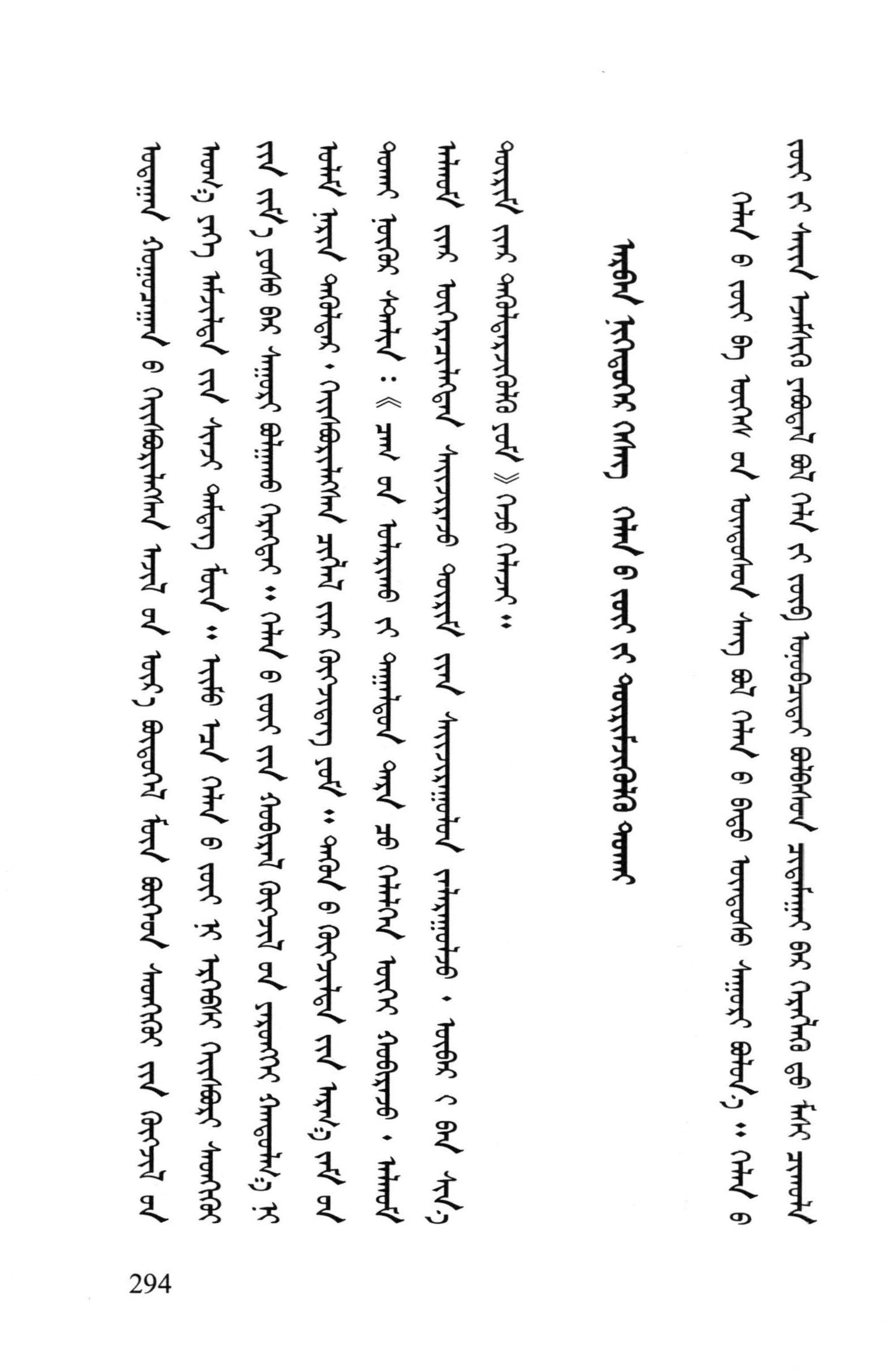

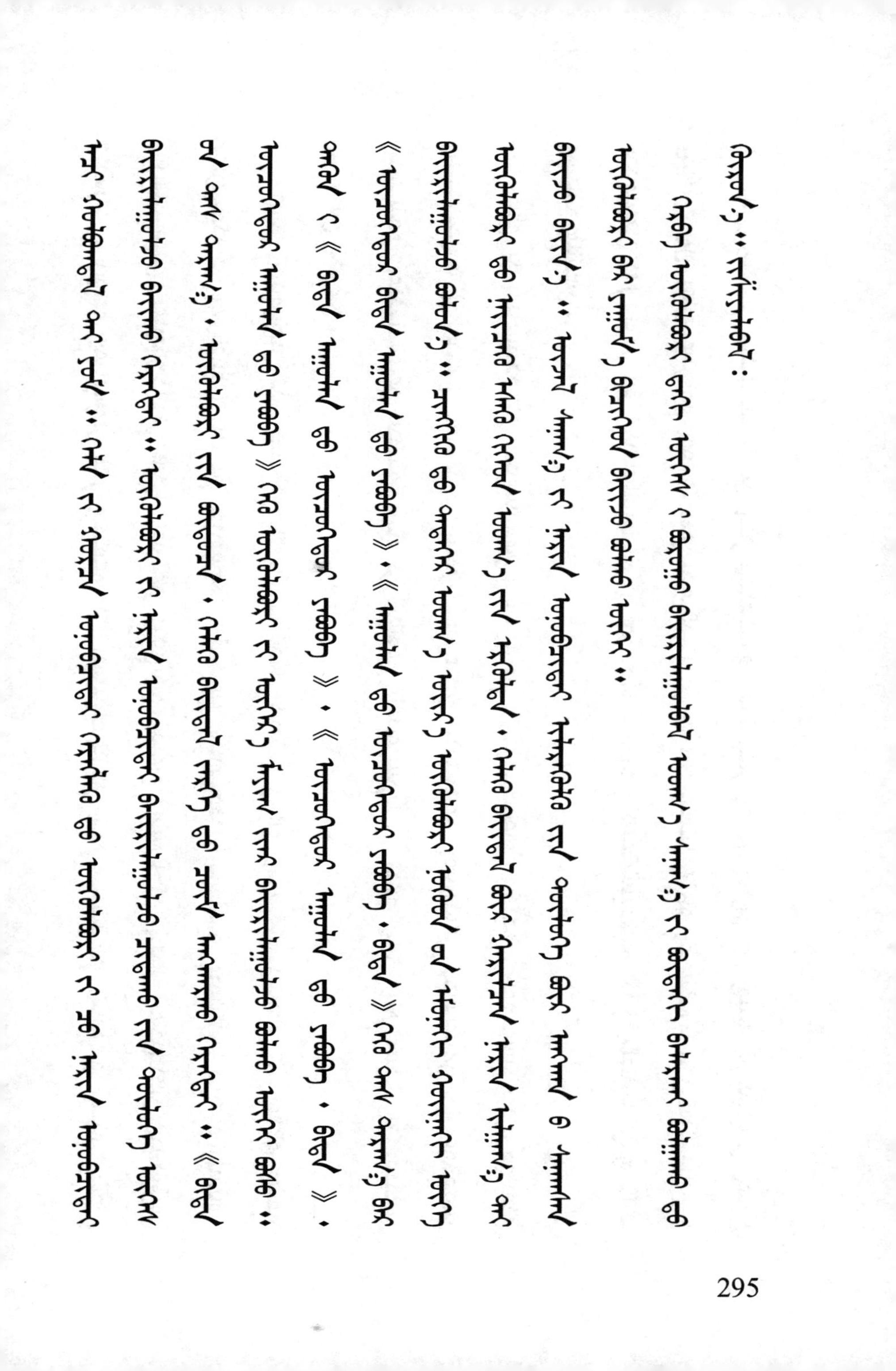

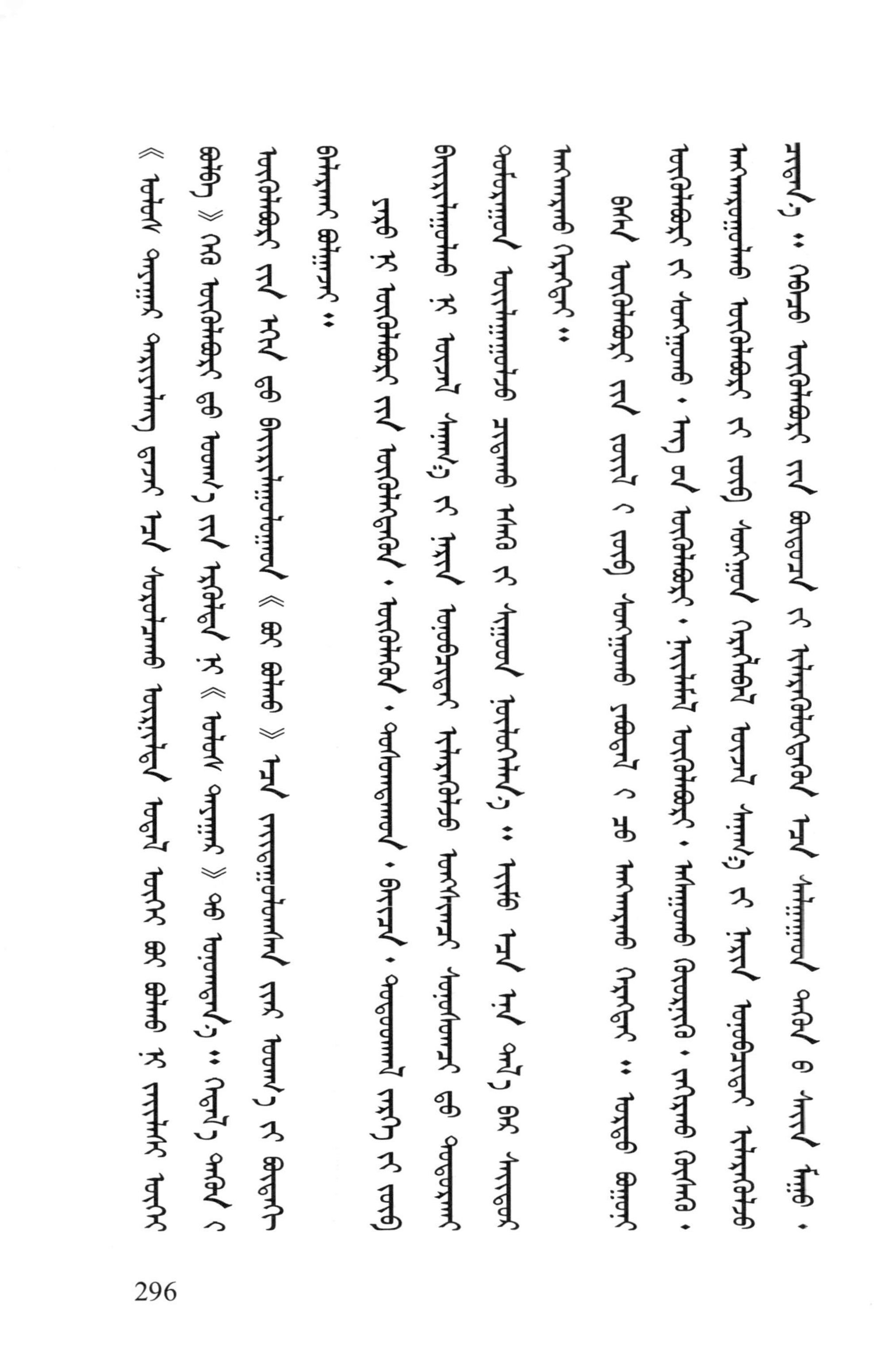

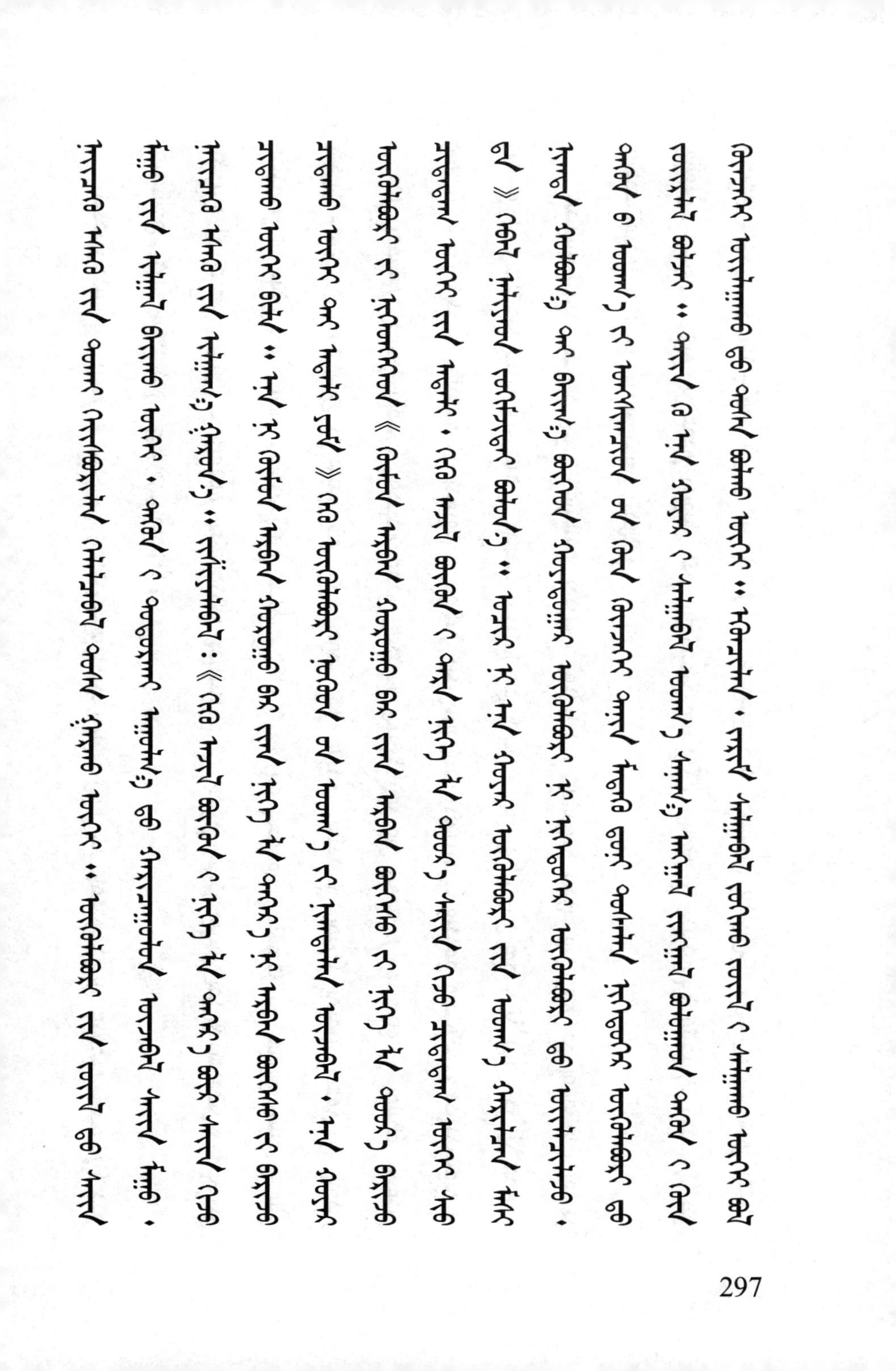

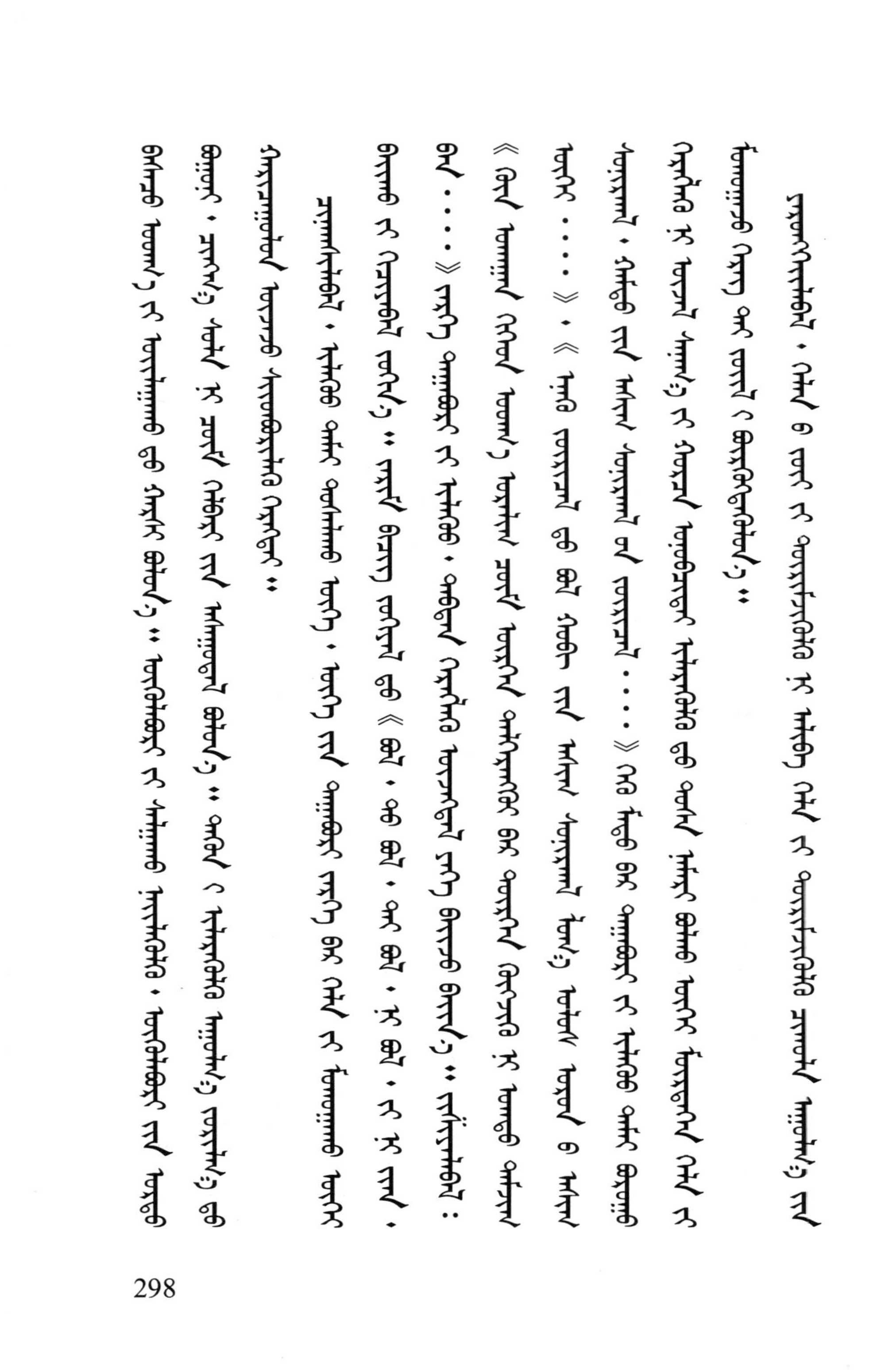

ᠨᠢᠭᠡ ᠨᠢ ᠪᠣᠯᠣᠨ᠎ᠠ ᠃ ᠲᠡᠷᠡ ᠤ ᠬᠣᠯᠠ ᠳᠤ ᠣᠯᠠᠨᠲᠠᠭᠠᠭᠤᠯᠤᠭᠰᠠᠨ ᠨᠡᠶᠢᠭᠡᠮ ᠦᠨ ᠪᠤᠰᠤᠳ ᠬᠡᠭᠡᠮ ᠦᠨ ᠪᠣᠯᠭᠠᠵᠤ ᠤ

ᠨᠡᠶᠢᠭᠡᠮ ᠳᠦ ᠪᠠᠶᠢᠨ᠎ᠠ ᠳᠤ ᠬᠥᠭᠵᠢᠭᠦᠯᠦᠯᠲᠡ ᠪᠣᠯᠣᠭᠰᠠᠨ ᠲᠠᠯᠠᠪᠤᠷᠢ ᠪᠡᠷ ᠮᠠᠰᠢ ᠬᠣᠯᠠ ᠳᠤ ᠲᠤᠰᠬᠠᠢᠯᠠᠨ ᠦᠨ ᠬᠦᠮᠦᠨ ᠃

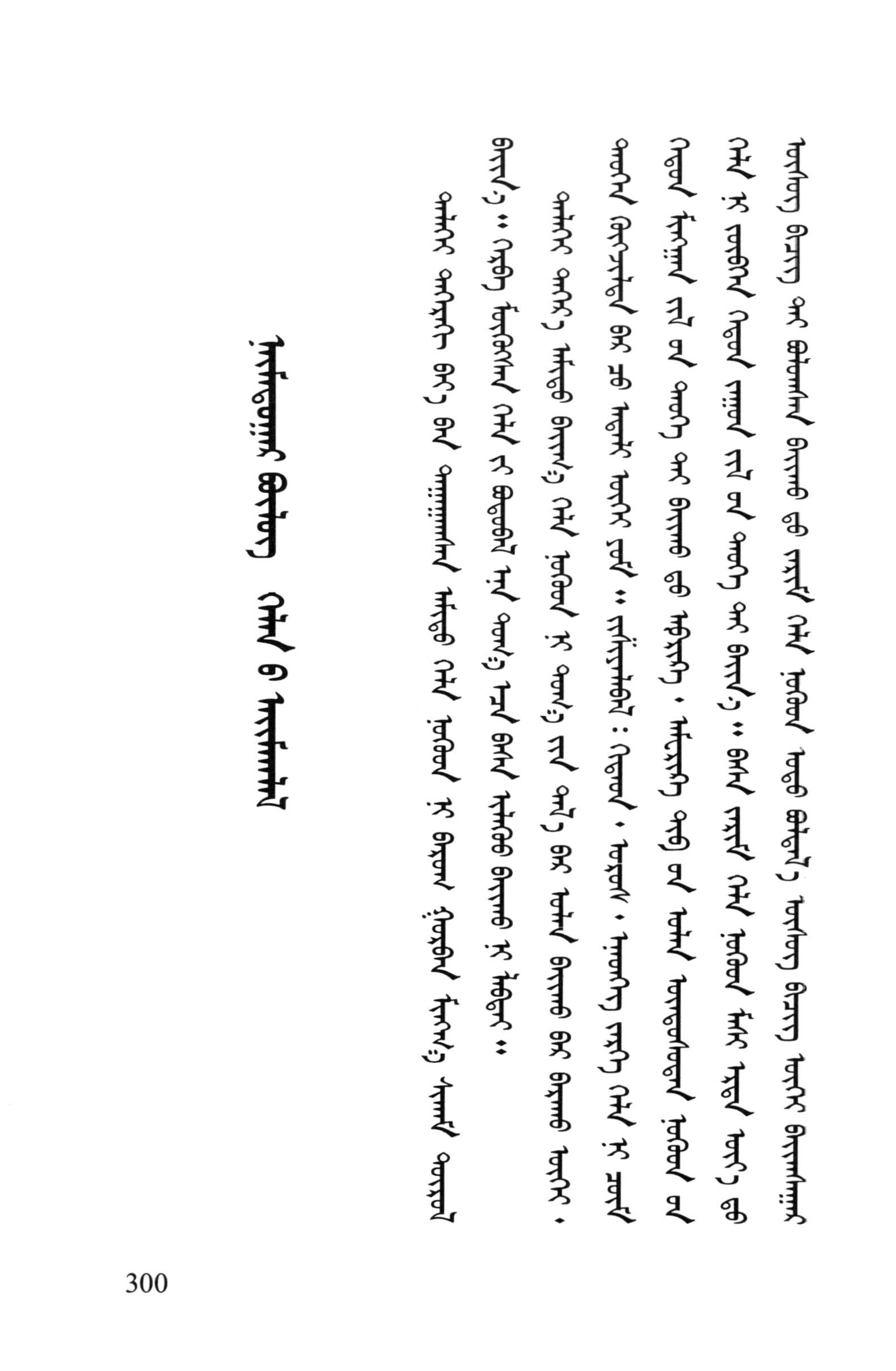

[illegible]

[illegible]

[illegible]

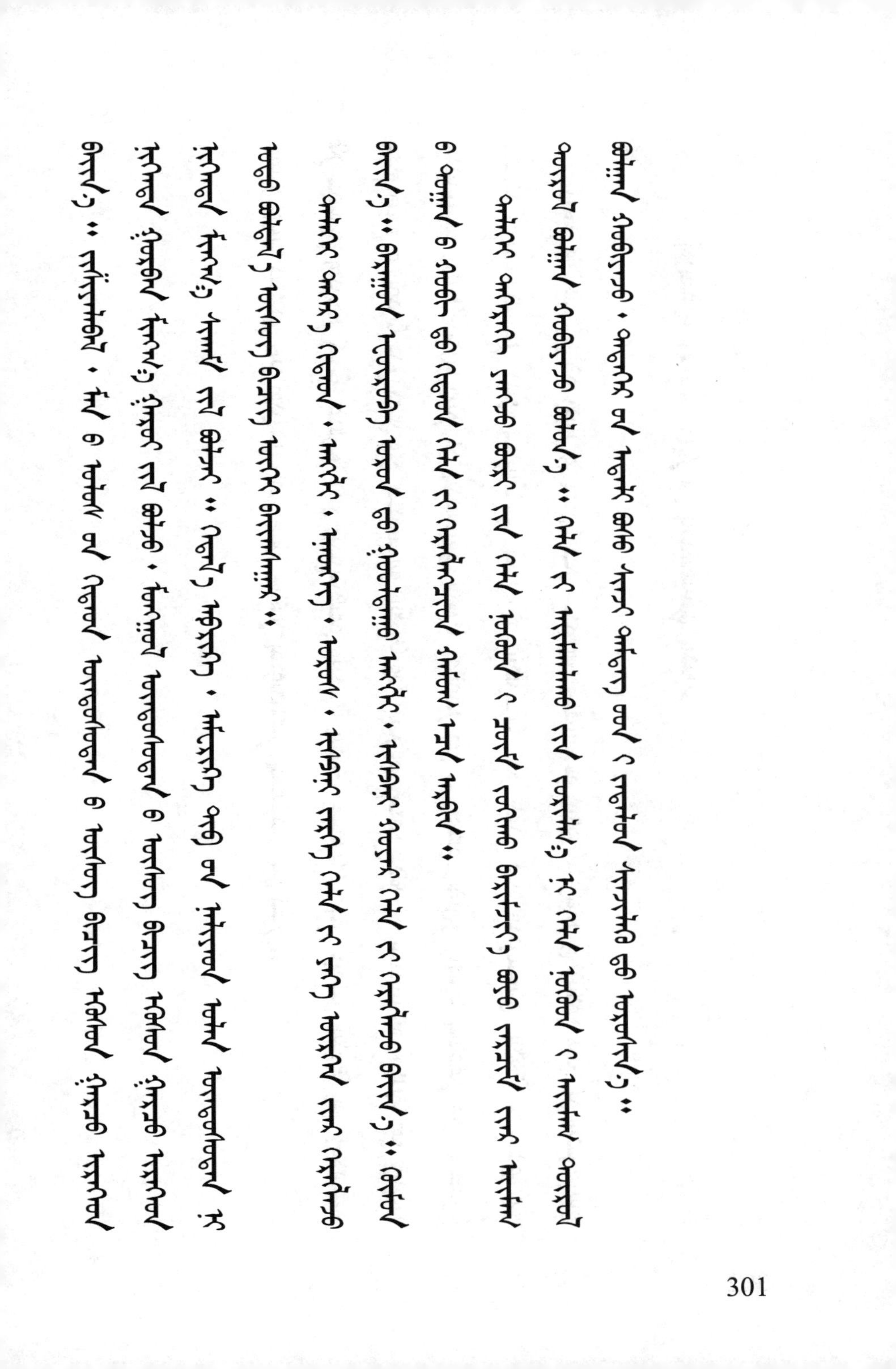

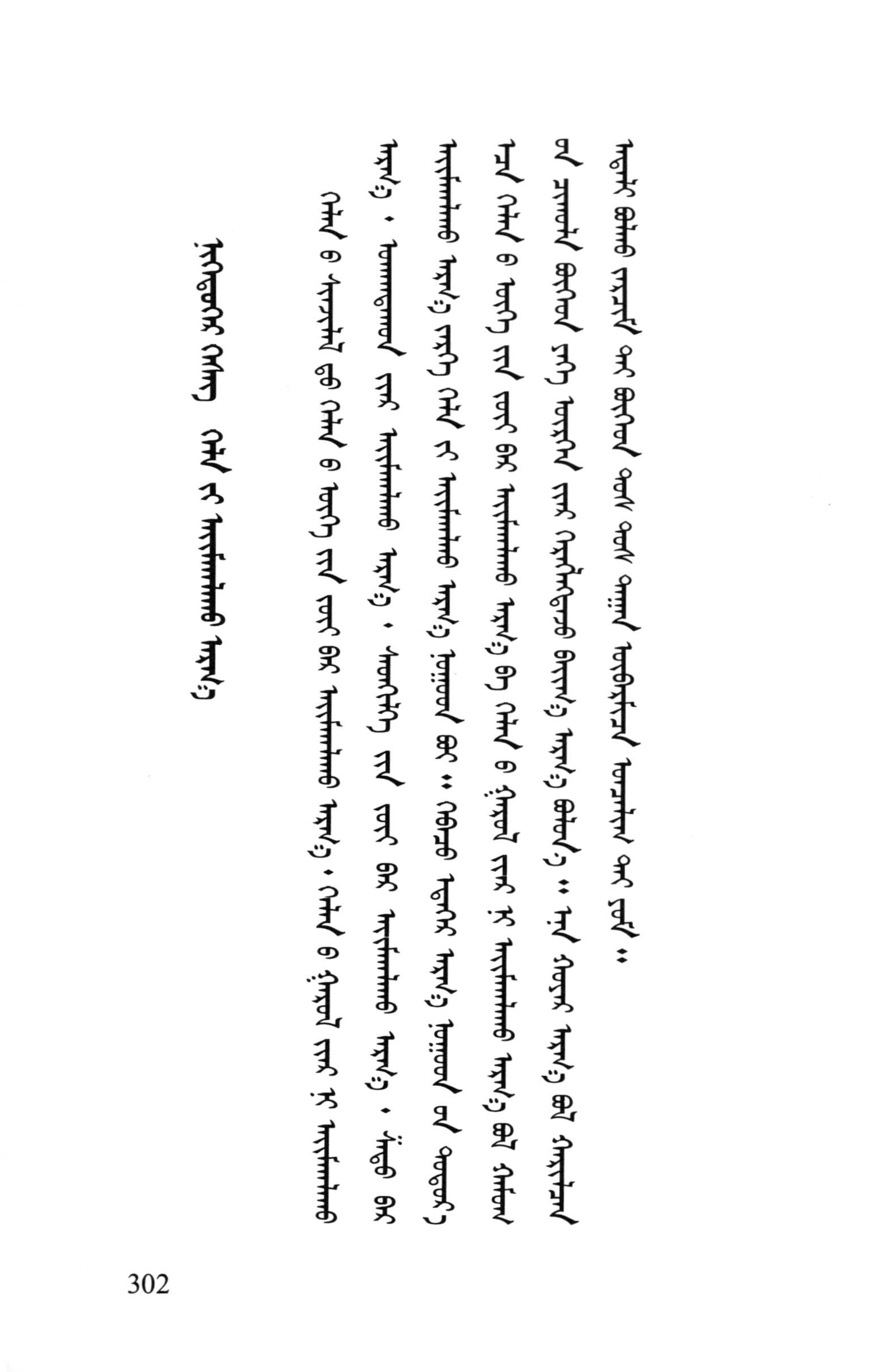

[illegible]

[illegible]

ᠨᠢᠭᠡ᠂ [illegible] [illegible] [illegible] ᠪᠡᠷ ᠰᠢᠨᠵᠢᠯᠡᠬᠦ ᠠᠷᠭ᠎ᠠ

[illegible] [illegible] [illegible] [illegible] [illegible] [illegible] ᠪᠡᠷ ᠰᠢᠨᠵᠢᠯᠡᠬᠦ ᠠᠷᠭ᠎ᠠ [illegible] [illegible] [illegible] [illegible] [illegible] [illegible] [illegible] [illegible] [illegible] ᠪᠡᠷ ᠰᠢᠨᠵᠢᠯᠡᠬᠦ ᠠᠷᠭ᠎ᠠ [illegible] [illegible] [illegible] ::

[illegible] [illegible] [illegible] [illegible] [illegible] ᠪᠡᠷ ᠰᠢᠨᠵᠢᠯᠡᠬᠦ [illegible] [illegible] [illegible] [illegible] [illegible] [illegible] ::

[illegible] [illegible] [illegible] [illegible] [illegible] [illegible] [illegible] [illegible] [illegible] [illegible] :: [illegible] [illegible] [illegible] [illegible] [illegible] [illegible] [illegible] [illegible] [illegible] [illegible] [illegible] [illegible] [illegible] [illegible] [illegible] ᠪᠡᠷ ᠰᠢᠨᠵᠢᠯᠡᠬᠦ ᠠᠷᠭ᠎ᠠ [illegible] [illegible] [illegible] [illegible] [illegible] [illegible] [illegible] [illegible] [illegible] [illegible] [illegible] [illegible] [illegible] [illegible] [illegible] [illegible] [illegible] ::

(ᠨᠢᠭᠡ) [illegible] [illegible] [illegible]

[illegible] [illegible] [illegible] [illegible] [illegible] [illegible] [illegible] [illegible] [illegible] [illegible] [illegible] [illegible] [illegible]

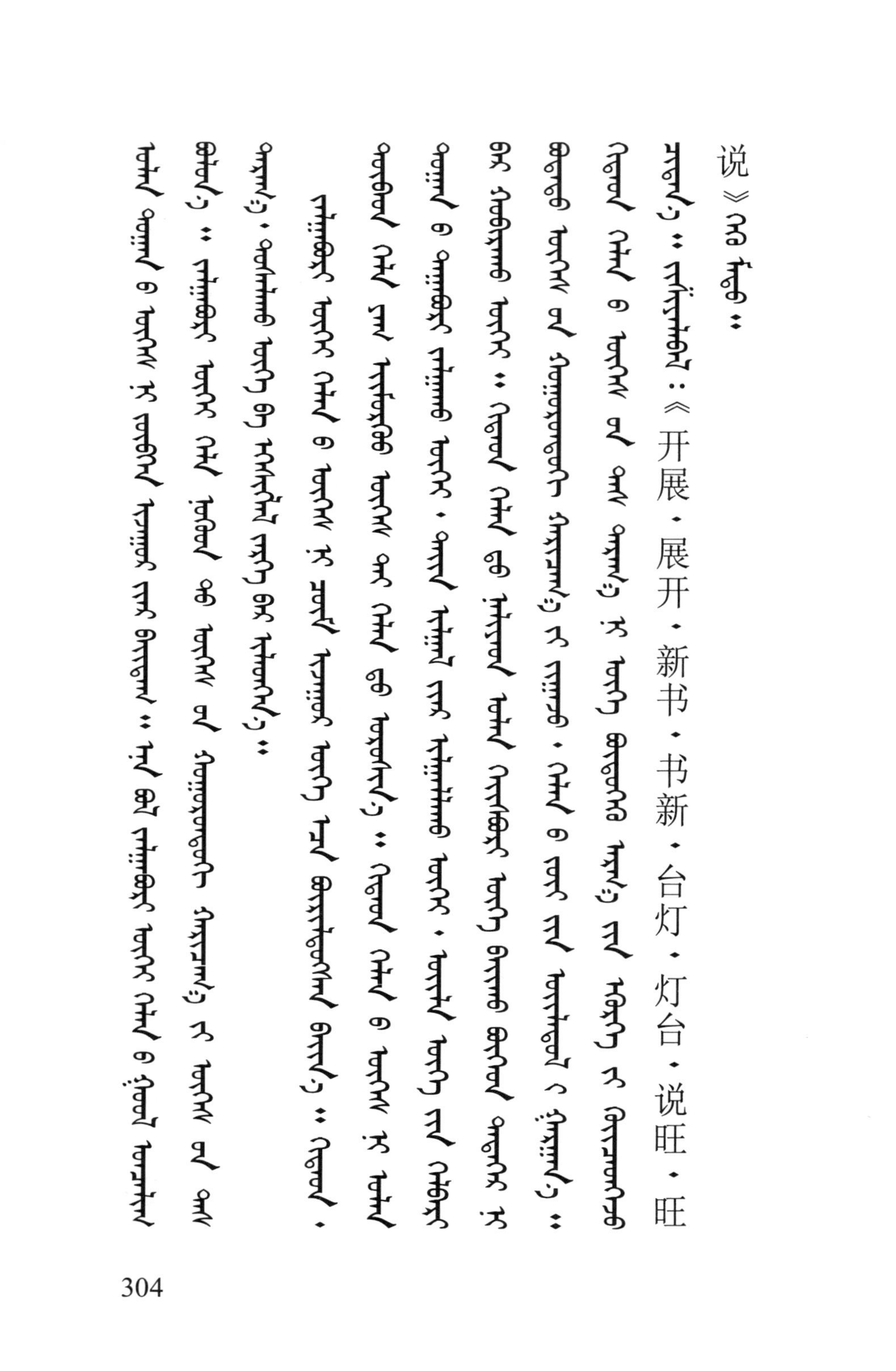

[illegible]

[illegible] ᠵᠢᠱᠢᠶᠡᠯᠡᠪᠡᠯ:《开展·展开·新书·书新·台灯·灯台·说旺·旺说》ᠭᠡᠬᠦ ᠮᠡᠲᠦ::

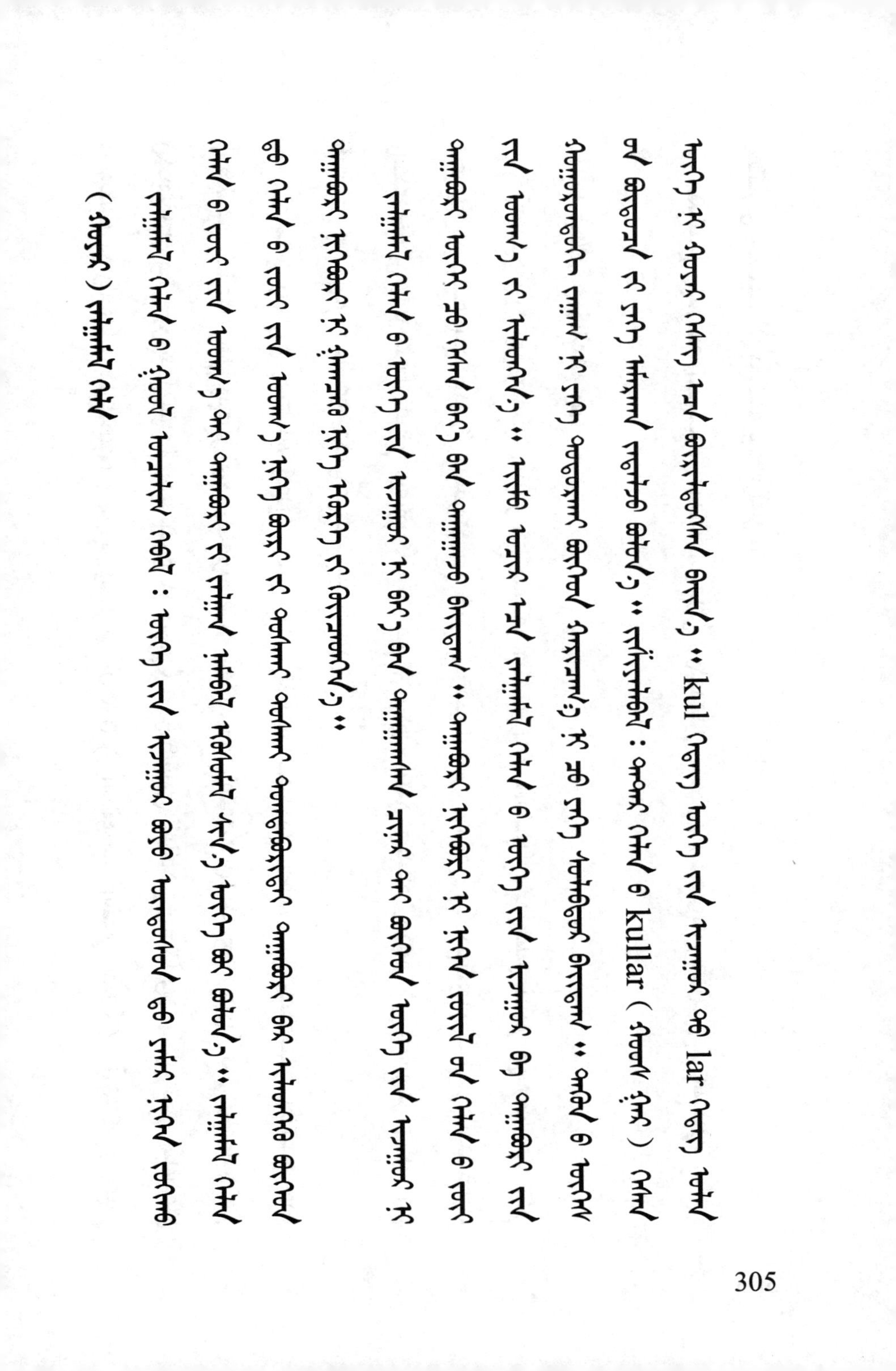

([illegible]) [illegible]

[illegible] : [illegible] :: [illegible] ::

[illegible] :: [illegible] :: [illegible] :: [illegible] :: [illegible] :: [illegible] : kullar ([illegible]) [illegible] :: kul [illegible] lar [illegible]

ᠲᠣᠭᠠᠯᠠᠬᠤ ᠨᠡᠷ᠎ᠡ ᠪᠡᠷ ᠭᠠᠭᠴᠠ ᠲᠣᠭ᠎ᠠ ᠪᠠ ᠣᠯᠠᠨ ᠲᠣᠭ᠎ᠠ ᠶᠢ ᠢᠯᠡᠷᠬᠡᠶᠢᠯᠡᠨ᠎ᠡ ᠂ ᠲᠣᠭᠠᠯᠠᠬᠤ ᠨᠡᠷ᠎ᠡ ᠶᠢᠨ ᠣᠯᠠᠨ ᠲᠣᠭ᠎ᠠ ᠶᠢᠨ ᠬᠡᠯᠪᠡᠷᠢ ᠶᠢ ᠲᠣᠭᠠᠯᠠᠬᠤ ᠨᠡᠷ᠎ᠡ ᠪᠣᠯᠤᠨ᠎ᠠ :: ᠭᠠᠳᠠᠭᠠᠳᠤ ᠬᠡᠯᠡᠨ ᠦ ᠲᠣᠭᠠᠯᠠᠬᠤ ᠨᠡᠷ᠎ᠡ ᠶᠢᠨ ᠣᠯᠠᠨ ᠲᠣᠭ᠎ᠠ ᠪᠣᠯ ᠬᠡᠯᠪᠡᠷᠢᠵᠢᠭᠰᠡᠨ ᠦᠭᠡ ᠶᠢᠨ ᠰᠠᠯᠠᠭᠠ ᠳᠠᠭᠠᠪᠤᠷᠢ ᠲᠡᠮᠳᠡᠭᠯᠡᠬᠦ ᠶᠢ ᠬᠡᠯᠡᠨ᠎ᠡ ᠂ ᠪᠣᠯᠭᠠᠬᠤ ᠶᠢ ᠬᠡᠯᠡᠨ᠎ᠡ :: ᠵᠢᠱᠢᠶᠡᠯᠡᠪᠡᠯ : ᠠᠩᠭ᠌ᠯᠢ ᠬᠡᠯᠡᠨ ᠦ goose (ᠭᠠᠯᠠᠭᠤ — ᠭᠠᠭᠴᠠ ᠲᠣᠭ᠎ᠠ) , geese (ᠣᠯᠠᠨ

[illegible] ᠄᠄ [illegible]

[illegible]

[illegible]

[illegible] ᠄᠄

[illegible] ᠄᠄

й [illegible] армий ᠂ [illegible]

и [illegible] армии (ᠠᠷᠮᠢ ᠶᠢᠨ) ᠄᠄ [illegible]

[illegible] крестьянин [illegible]

[illegible] ᠄᠄ [illegible]

[illegible] ᠄᠄

друг (ᠨᠥᠬᠦᠷ) ᠂ друга (ᠨᠥᠬᠦᠷ ᠦᠨ) ᠂ другу (ᠨᠥᠬᠦᠷ ᠲᠦ) ᠭᠡᠬᠦ ᠮᠡᠳᠦ ᠄᠄

[illegible]) ᠄ [illegible] ᠬᠡᠯᠡᠨ ᠦ kataba (ᠲᠡᠷᠡ ᠪᠢᠴᠢᠪᠡ) ᠂ kutiba (ᠲᠡᠷᠡ ᠪᠢᠴᠢᠭᠳᠡᠪᠡ) ᠄ [illegible] ᠬᠡᠯᠡᠨ ᠦ

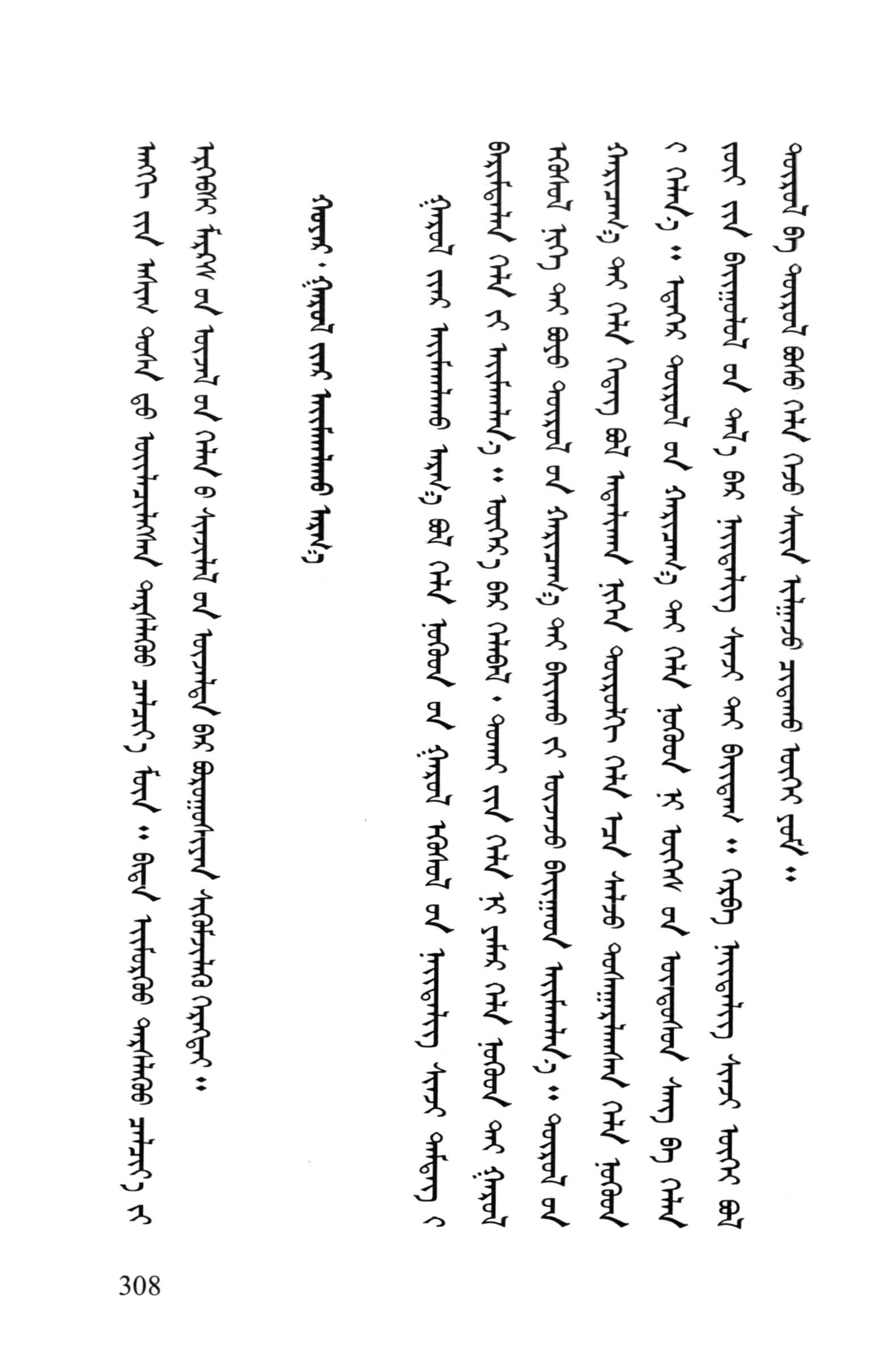

(3) [illegible] ᠬᠡᠯᠡ [illegible]
[illegible] ᠪᠣᠯᠤᠨ᠎ᠠ ::
[illegible] ᠪᠠᠢᠨ᠎ᠠ :: [illegible] ᠬᠡᠯᠡᠨ ᠦ [illegible]
[illegible] ᠬᠡᠯᠡᠨ ᠦ xɔl (ᠬᠥᠯ) ᠂ xar (ᠭᠠᠷ) [illegible]
(2) [illegible] ᠪᠣᠯᠤᠨ᠎ᠠ ::
[illegible] ::
[illegible] ᠬᠡᠯᠡᠨ ᠦ язык (ᠬᠡᠯᠡ) [illegible] ᠬᠡᠯᠡᠨ ᠦ мова [illegible] ::
(1) [illegible] ::
[illegible] ::
[illegible]
ᠪᠣᠯᠤᠨ᠎ᠠ ::
ᠬᠡᠯᠡ [illegible]

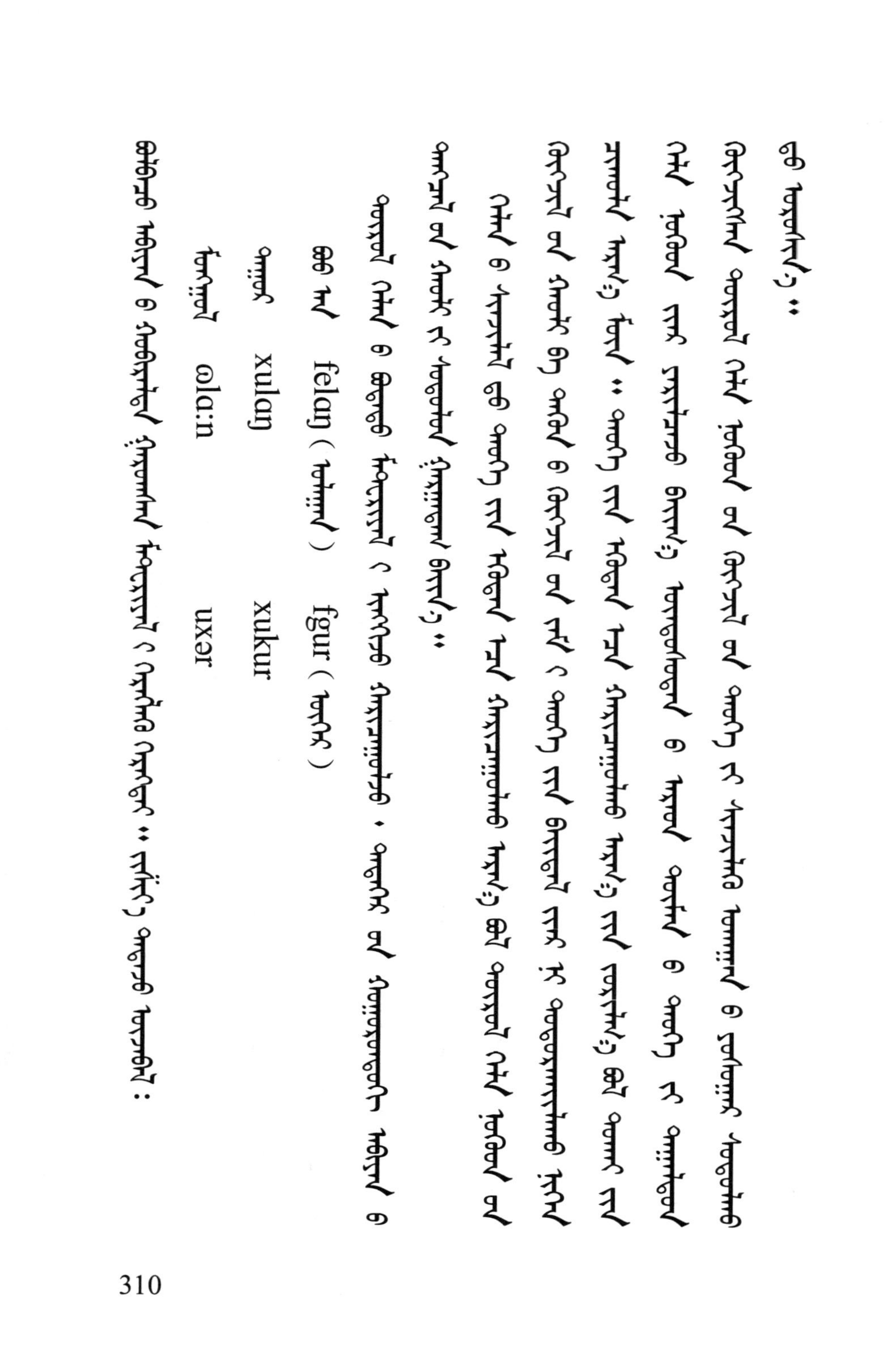

ᠪᠣᠪᠣ ᡶᡝ felaŋ (ᡶᡝᠯᡝᠩᡤᡝ) fgur (ᡶᡠᡤᡳᡵ)

ᡥᡠᠯᠠᠩ xulaŋ xukur

ᡠᠯᠠᡴᡳᠨ ɷla:n uxər

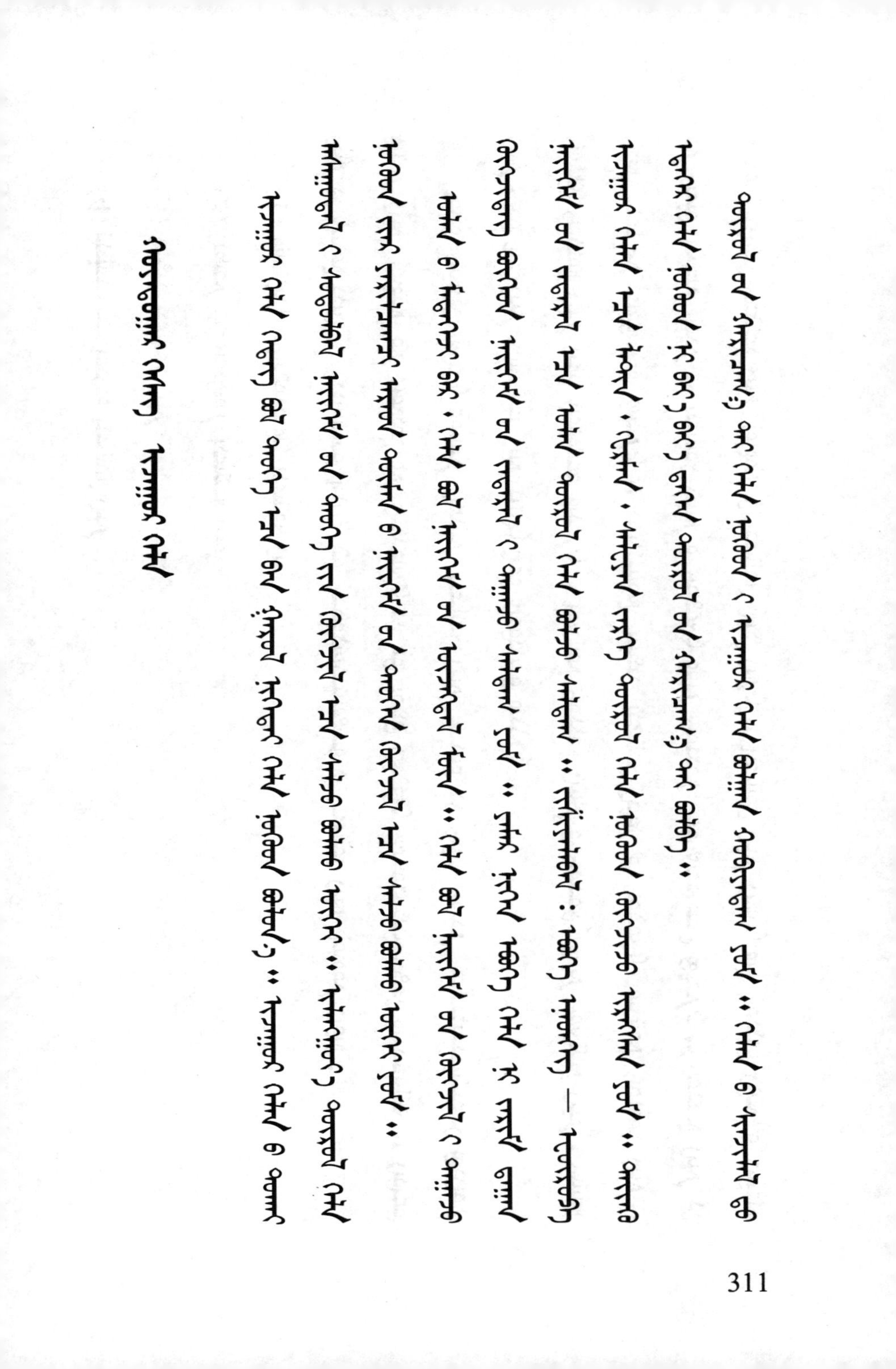

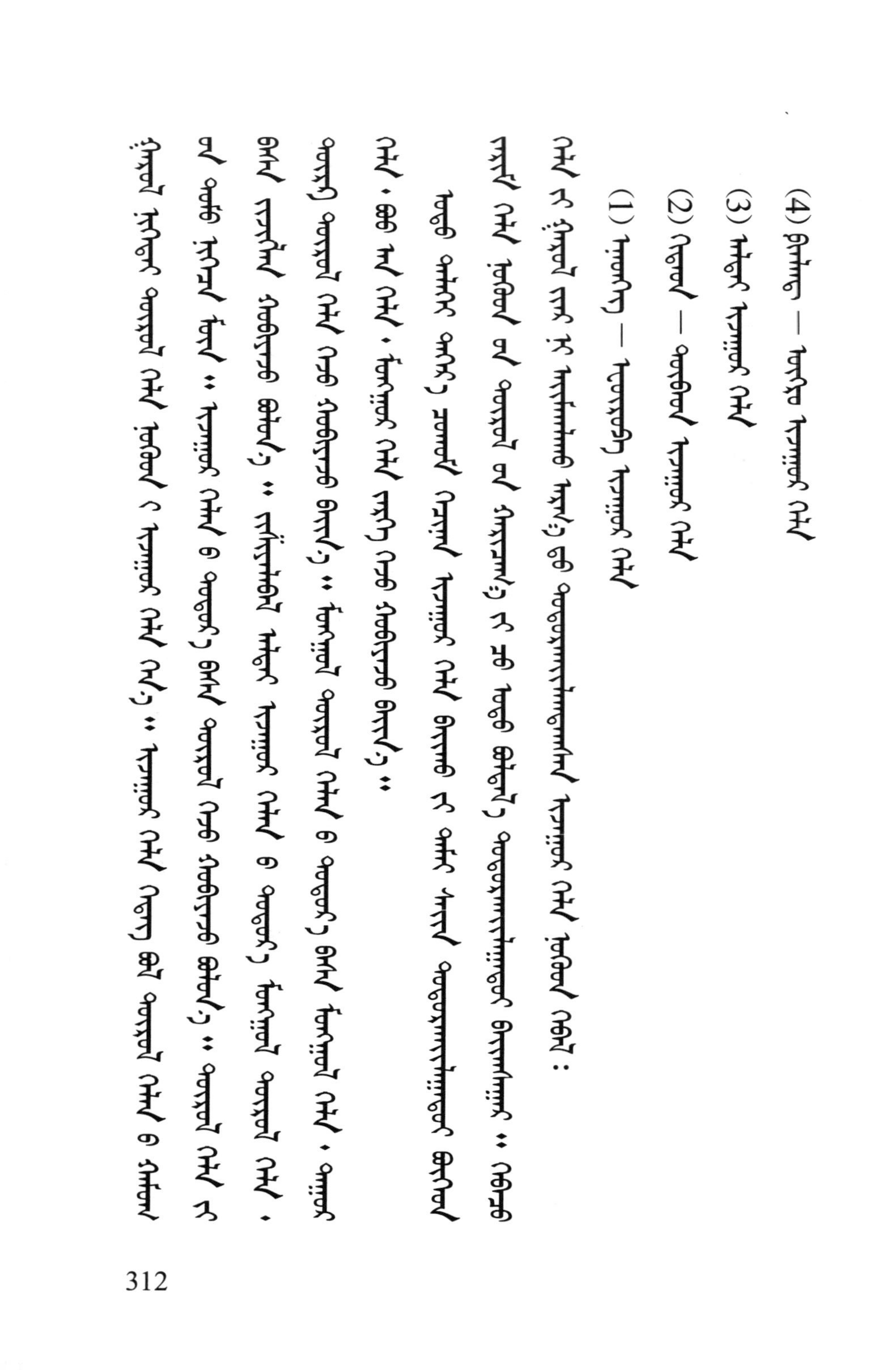

[illegible] ::

[illegible] :

(1) [illegible] — [illegible]

(2) [illegible] — [illegible]

(3) [illegible]

(4) [illegible] — [illegible]

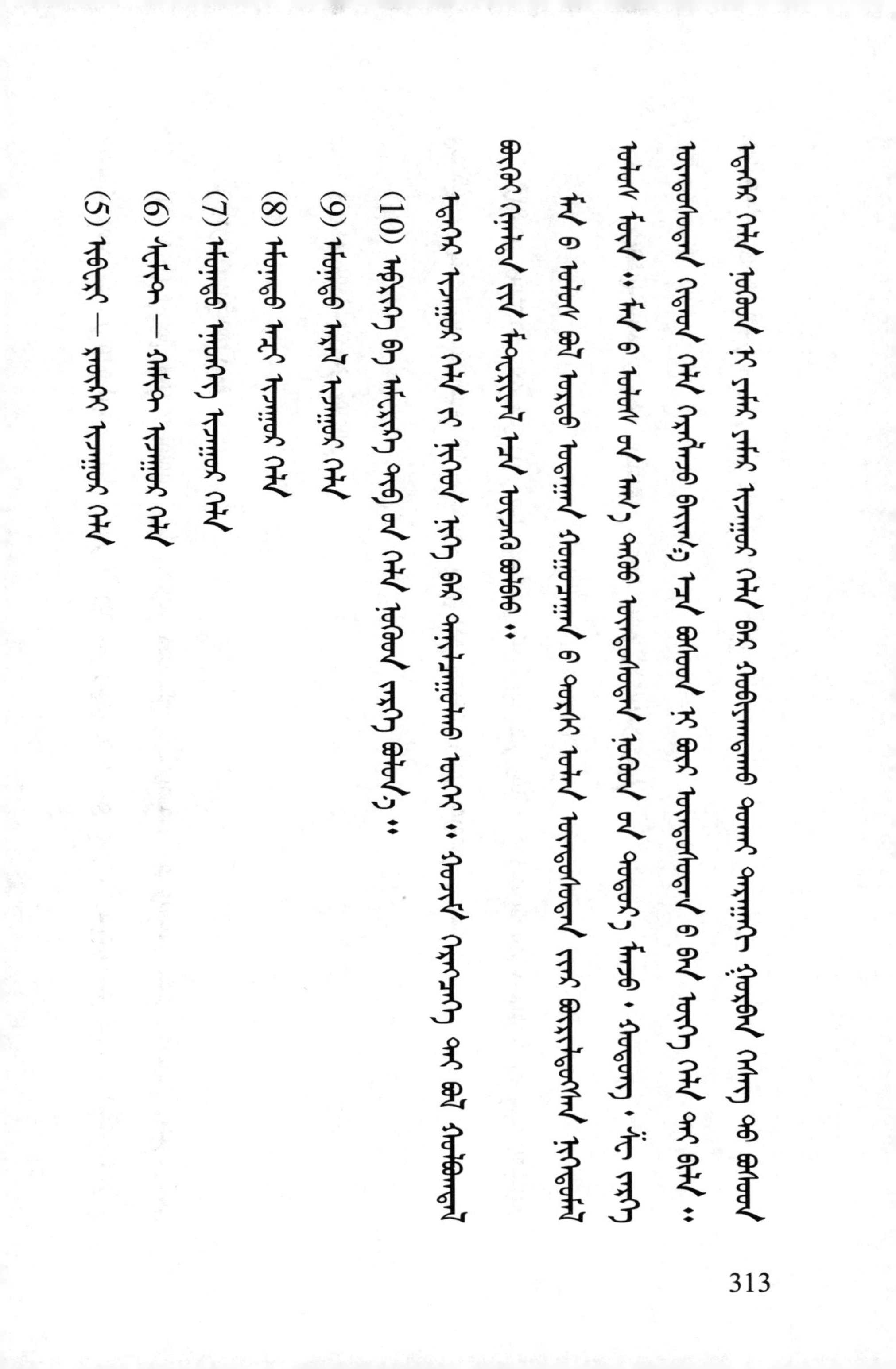

(5) [illegible] — [illegible]

(6) [illegible] — [illegible]

(7) [illegible]

(8) [illegible]

(9) [illegible]

(10) [illegible] ::

[illegible] ::

[illegible] :: [illegible]

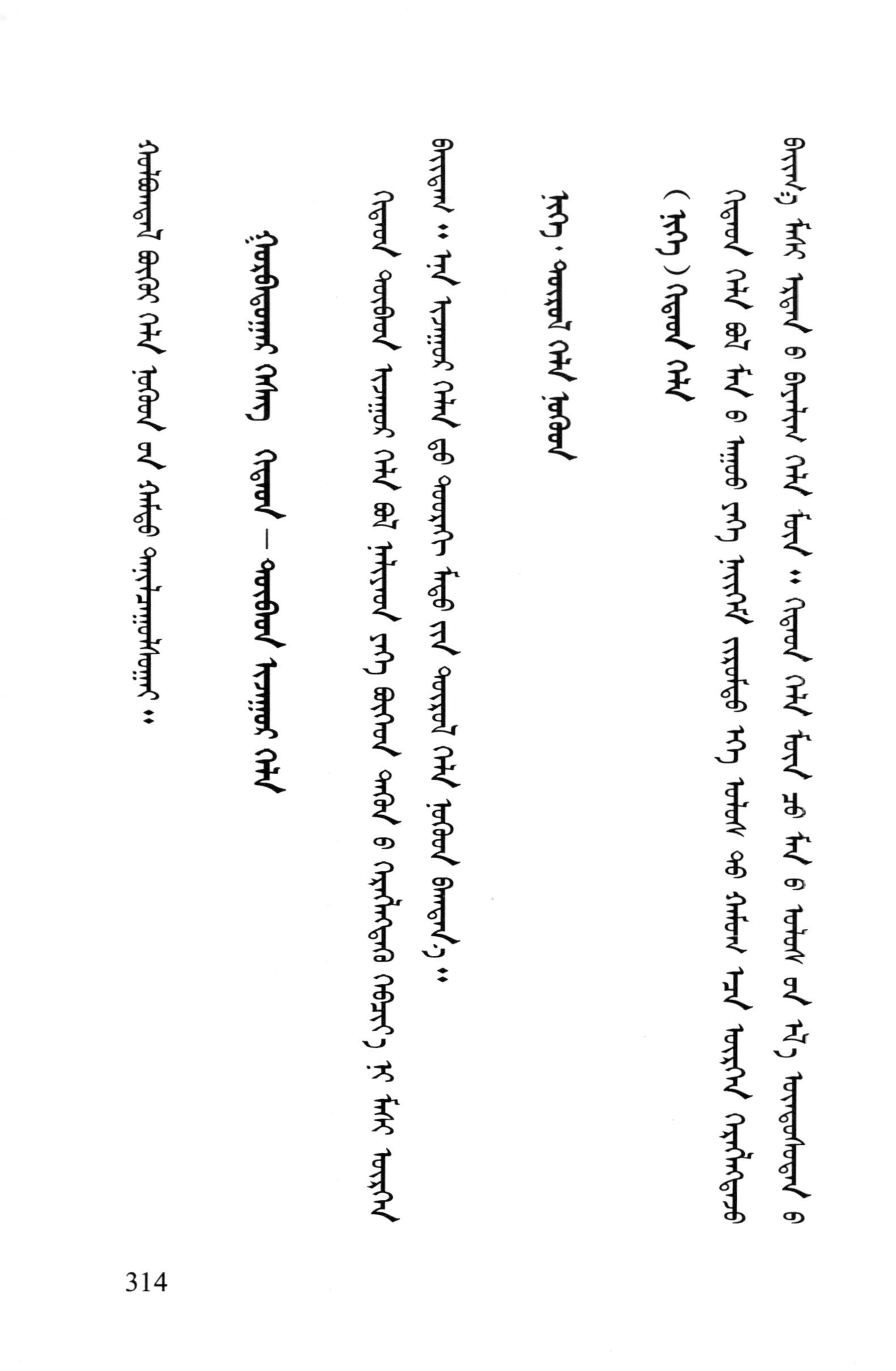

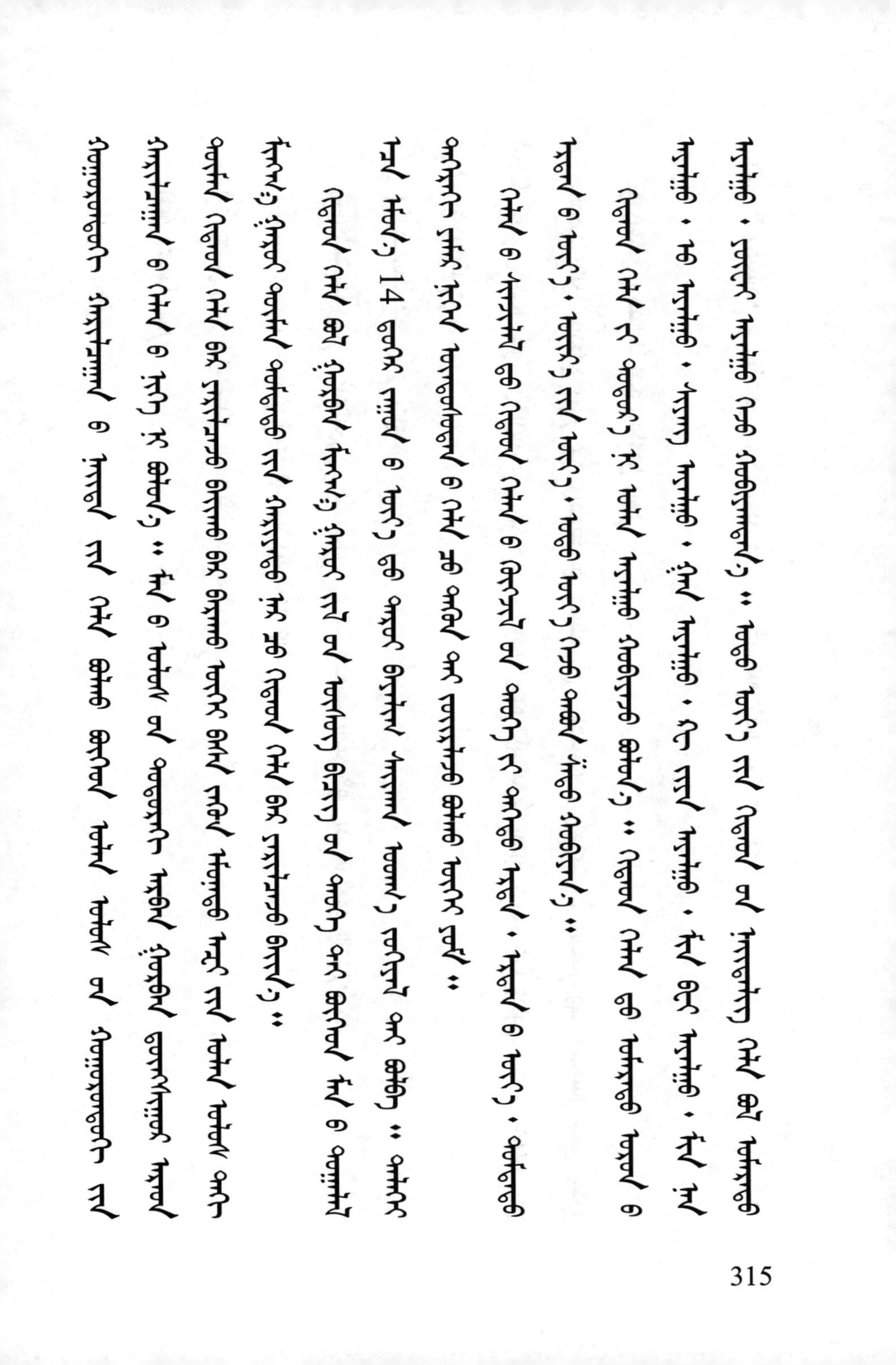

[illegible]

[illegible]

[illegible]

[illegible]

[illegible]

[illegible]

[illegible] 14 [illegible]

[illegible]

[illegible] ::

[illegible]

[illegible]

[illegible]

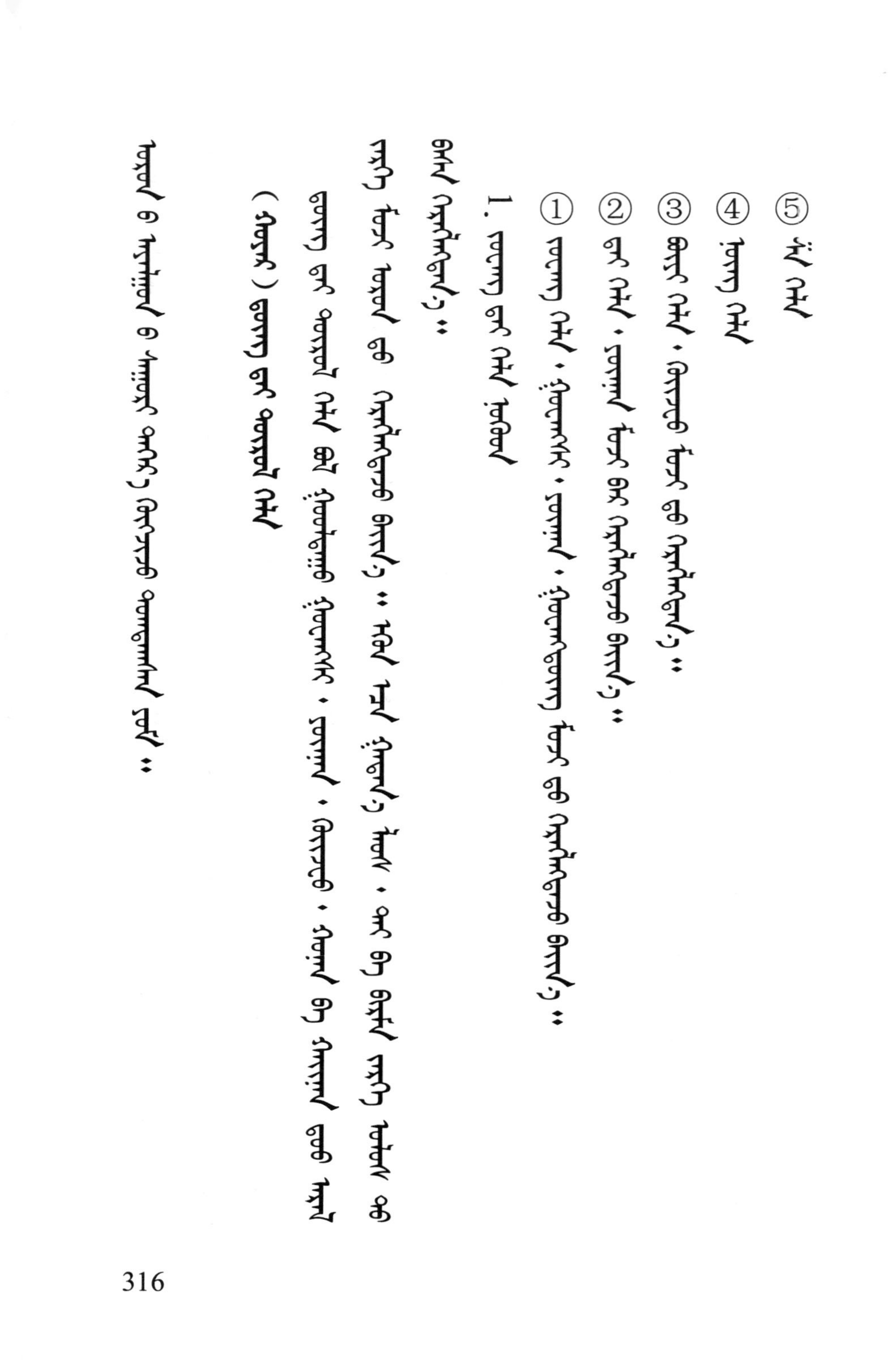

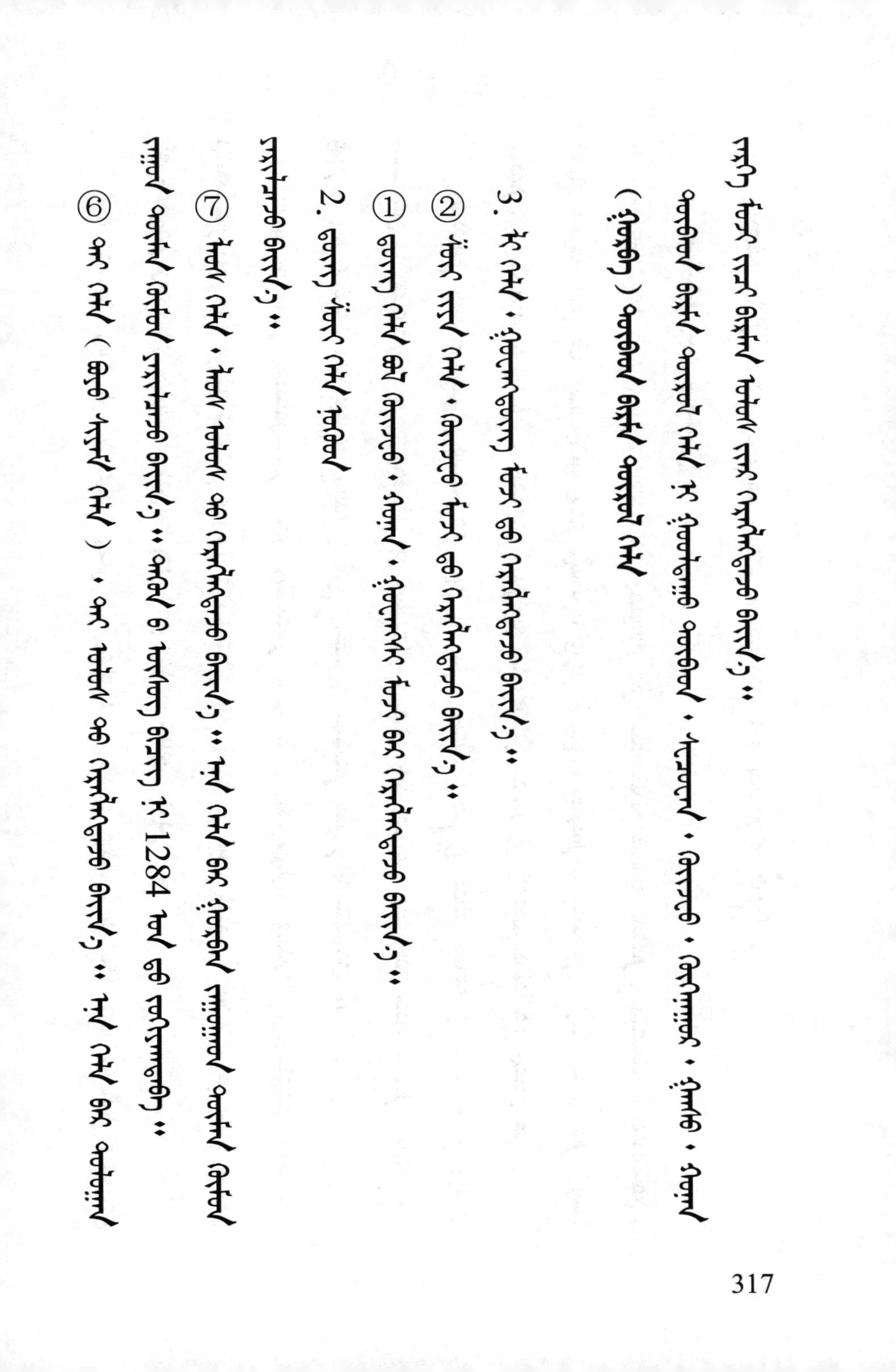

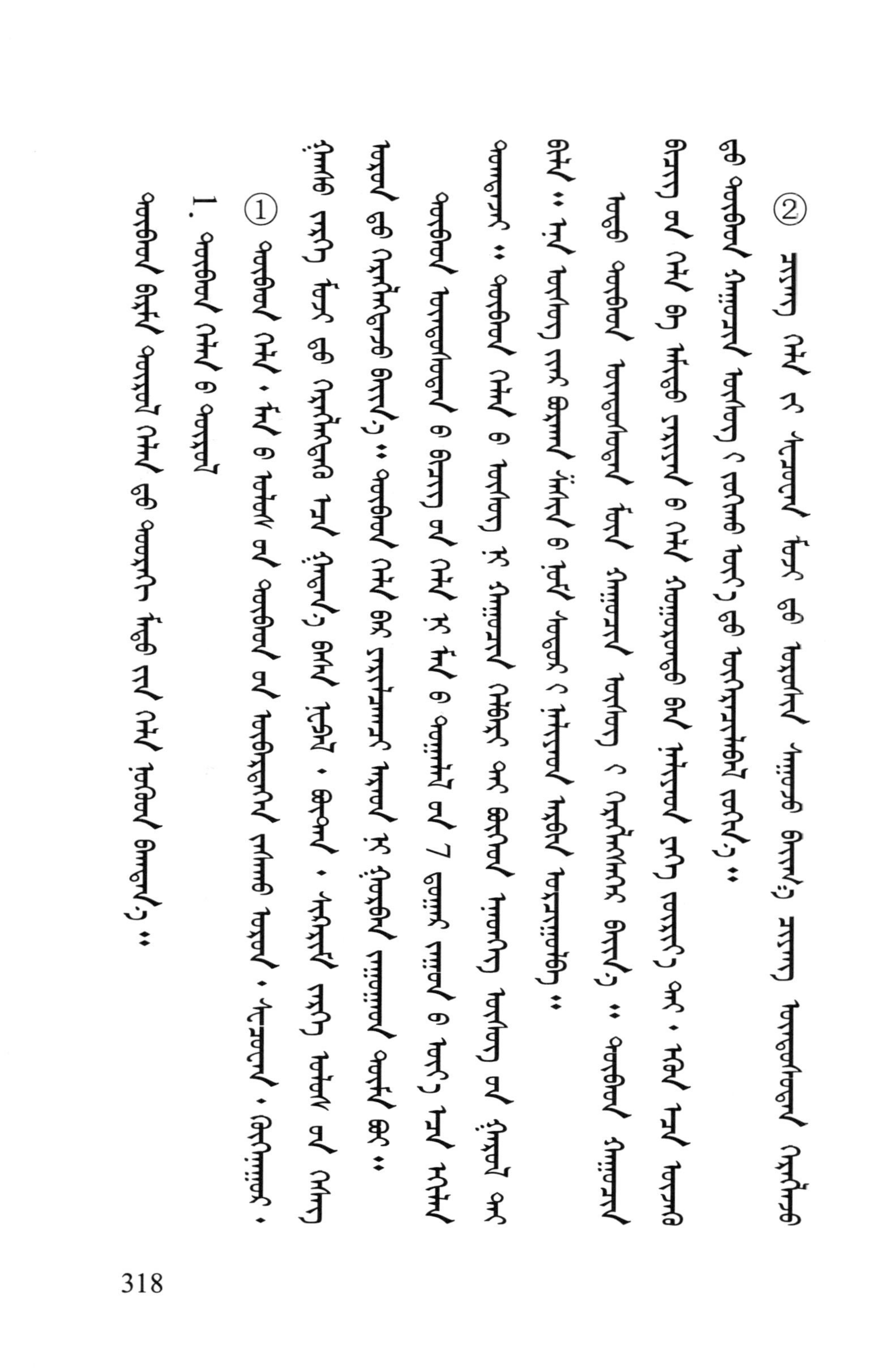

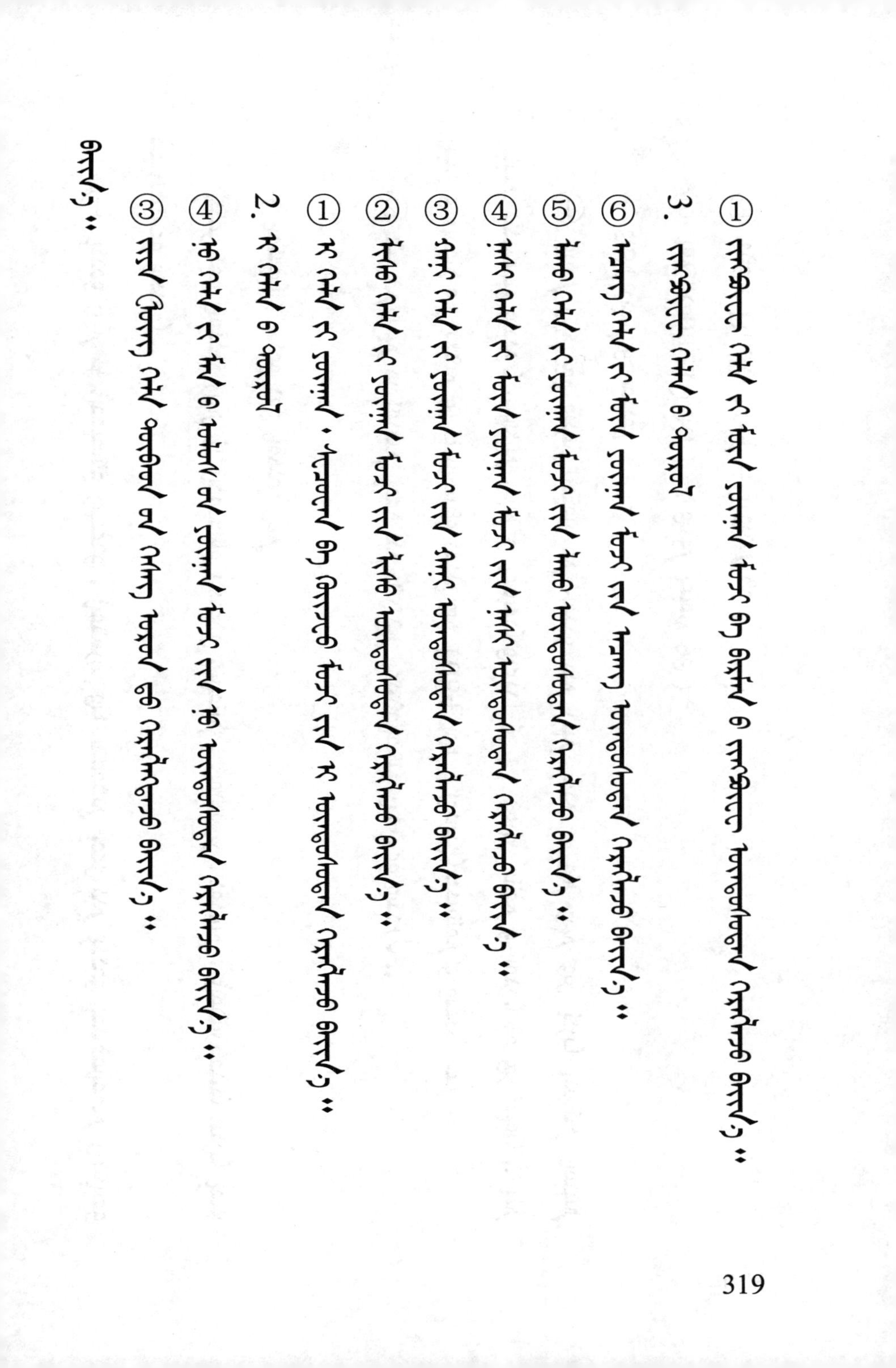

② ᠪᠣᠳᠣ (Bodo) ᠬᠡᠯᠡ — (ᠲᠥᠪᠡᠳ ᠳᠤ)

③ ᠨᠠᠭ᠎ᠠ (naga) ᠬᠡᠯᠡ — (ᠲᠥᠪᠡᠳ ᠪᠢᠷᠮᠠ ᠳᠤ)

4. ᠲᠥᠪᠡᠳ ᠬᠡᠯᠡᠨ ᠦ ᠠᠶᠢᠮᠠᠭ

① ᠲᠥᠪᠡᠳ ᠬᠡᠯᠡ ᠪᠣᠯ ᠲᠥᠪᠡᠳ ᠪᠢᠷᠮᠠ ᠶᠢᠨ ᠠᠶᠢᠮᠠᠭ ᠲᠤ ᠨᠢᠭᠡ ᠬᠡᠯᠡ ᠮᠥᠨ ᠄ ᠡᠨᠡ ᠬᠡᠯᠡ ᠪᠡᠷ ᠮᠠᠨᠠᠢ ᠤᠯᠤᠰ ᠤᠨ ᠲᠥᠪᠡᠳ ᠦᠳ ᠬᠡᠯᠡᠯᠴᠡᠳᠡᠭ ᠪᠣᠯᠤᠨ᠎ᠠ ᠄ ᠲᠥᠪᠡᠳ ᠬᠡᠯᠡᠨ ᠦ ᠬᠡᠷᠡᠭᠯᠡᠭᠴᠢᠳ ᠦᠨ ᠲᠣᠭ᠎ᠠ 11 ᠰᠠᠶ᠎ᠠ ᠭᠠᠷᠤᠨ ᠤ ᠬᠣᠷᠢᠨ ᠳᠤ ᠬᠦᠷᠦᠨ᠎ᠡ ᠄ ᠡᠨᠡ ᠬᠡᠯᠡᠨ ᠦ ᠦᠰᠦᠭ ᠪᠣᠯ ᠡᠨᠡᠳᠬᠡᠭ ᠦᠨ ᠦᠰᠦᠭ ᠡᠴᠡ ᠡᠭᠦᠰᠦᠯ ᠲᠠᠢ 1084 ᠣᠨ ᠤ ᠲᠡᠦᠬᠡᠲᠡᠢ ᠦᠰᠦᠭ ᠤᠨ ᠲᠥᠷᠦᠯ ᠮᠥᠨ ᠄

② ᠵᠢᠶᠠ ᠷᠣᠩ ᠬᠡᠯᠡ ᠶᠢ ᠰᠢᠴᠤᠸᠠᠨ ᠮᠤᠵᠢ ᠶᠢᠨ ᠵᠢᠶᠠ ᠷᠣᠩ ᠲᠥᠪᠡᠳᠴᠦᠳ ᠬᠡᠷᠡᠭᠯᠡᠭᠳᠡᠵᠦ ᠪᠠᠶᠢᠨ᠎ᠠ ᠄

(ᠠᠶᠢᠮᠠᠭ) ᠴᠢᠶᠠᠩ ᠮᠢ ᠠᠶᠢᠮᠠᠭ ᠬᠡᠯᠡ

ᠴᠢᠶᠠᠩ ᠮᠢ ᠠᠶᠢᠮᠠᠭ ᠬᠡᠯᠡ ᠨᠢ ᠰᠢᠴᠤᠸᠠᠨ ᠮᠤᠵᠢ ᠂ ᠶᠦᠨᠨᠠᠨ ᠂ ᠭᠠᠨᠰᠦ ᠂ ᠴᠢᠩᠬᠠᠢ ᠂ ᠲᠥᠪᠡᠳ ᠦᠨ ᠥᠪᠡᠷᠲᠡᠭᠡᠨ ᠵᠠᠰᠠᠬᠤ ᠣᠷᠤᠨ ᠳᠤ ᠬᠡᠷᠡᠭᠯᠡᠭᠳᠡᠵᠦ ᠪᠠᠶᠢᠨ᠎ᠠ ᠄

① ᠴᠢᠶᠠᠩ ᠬᠡᠯᠡ ᠶᠢ ᠮᠣᠣ ᠰᠢᠶᠠᠨ ᠂ ᠸᠧᠨᠴᠤᠸᠠᠨ ᠂ ᠯᠢ ᠰᠢᠶᠠᠨ ᠵᠡᠷᠭᠡ ᠭᠠᠵᠠᠷ ᠲᠤ ᠴᠢᠶᠠᠩ ᠦᠨᠳᠦᠰᠦᠲᠡᠨ ᠬᠡᠷᠡᠭᠯᠡᠭᠳᠡᠵᠦ

4. ᠬᠠᠷᠢᠴᠠᠭᠤᠯᠤᠯᠲᠠ ᠬᠡᠯᠡ ᠡᠬᠡ ᠬᠡᠯᠡ ᠪᠡᠨ ᠪᠣᠯ᠂ ᠬᠡᠯᠡᠨ ᠦ ᠪᠦᠲᠦᠴᠡ ᠶᠢ ᠬᠠᠷᠢᠴᠠᠭᠤᠯᠤᠯᠲᠠ ᠪᠠᠷ ᠰᠢᠨᠵᠢᠯᠡᠬᠦ ᠬᠡᠷᠡᠭᠲᠡᠢ

3. ᠬᠠᠷᠢ ᠬᠡᠯᠡ ᠡᠬᠡ ᠬᠡᠯᠡ ᠶᠢᠨ ᠬᠣᠯᠪᠣᠭᠠᠰᠤ ᠶᠢ ᠰᠤᠳᠤᠯᠬᠤ ᠪᠦᠬᠦ ᠪᠣᠯᠤᠨ ᠬᠡᠷᠡᠭᠯᠡᠬᠦ ᠳᠦ ᠬᠡᠷᠡᠭ ᠲᠤᠰᠠ ᠲᠠᠢ ᠪᠣᠯᠨ᠎ᠠ᠃ ᠬᠡᠯᠡᠨ ᠦ ᠬᠠᠷᠢᠴᠠᠭᠤᠯᠤᠯ ᠬᠡᠯᠡᠯᠭᠡ ᠶᠢ ᠲᠡᠭᠡᠨ ᠰᠤᠳᠤᠯᠤᠨ᠎ᠠ᠃

2. ᠬᠠᠷᠢ ᠬᠡᠯᠡ ᠪᠠᠶᠢᠭᠤᠯᠤᠯ ᠬᠡᠯᠡ ᠪᠡᠷ ᠪᠣᠯ ᠬᠡᠯᠡᠯᠴᠡᠬᠦ ᠬᠡᠯᠡᠯᠭᠡ ᠶᠢ ᠭᠠᠳᠠᠭᠠᠳᠤ ᠬᠠᠷᠢᠴᠠᠭᠤᠯᠤᠯ ᠬᠠᠷᠢ ᠪᠣᠯ ᠰᠤᠷᠤᠯᠴᠠᠬᠤ ᠪᠣᠯᠤᠮᠵᠢ᠃ ᠪᠣᠯᠵᠤ ᠶᠢ ᠪᠣᠯ ᠬᠡᠷᠡᠭᠯᠡᠬᠦ ᠬᠡᠷᠡᠭᠲᠡᠢ ᠪᠣᠯᠨ᠎ᠠ᠃

ᠪᠣᠯᠤᠮᠵᠢ ᠶᠢ ᠪᠡᠷ᠃ ᠪᠣᠯᠬᠤ ᠦᠭᠡ ᠶᠢᠨ ᠬᠡᠯᠡᠯᠭᠡ ᠪᠡᠷ ᠬᠡᠯᠡᠯᠭᠡ ᠶᠢᠨ ᠬᠡᠯᠪᠡᠷᠢ ᠳᠦ ᠬᠠᠮᠢᠶᠠᠷᠤᠨ᠎ᠠ᠃ ᠪᠣᠯᠤᠭᠰᠠᠨ ᠲᠤᠰ ᠬᠣᠯᠪᠣᠭ᠎ᠠ ᠶᠢᠨ ᠪᠣᠯᠤᠮᠵᠢ ᠶᠢᠨ ᠬᠡᠯᠪᠡᠷᠢ ᠶᠢᠨ

1. ᠪᠣᠯᠤᠮᠵᠢ ᠶᠢᠨ ᠬᠡᠯᠪᠡᠷᠢ ᠪᠡᠷ（声调）᠂ ᠬᠠᠷᠢ ᠬᠡᠯᠡ ᠬᠡᠯᠡ ᠪᠦᠬᠦ ᠳᠦ ᠭᠠᠳᠠᠭᠠᠳᠤ ᠪᠣᠯᠤᠭᠰᠠᠨ ᠪᠣᠯᠤᠮᠵᠢ ᠶᠢᠨ ᠬᠡᠯᠪᠡᠷᠢ

ᠮᠣᠩᠭᠣᠯ᠂ ᠬᠢᠲᠠᠳ — ᠪᠣᠯᠪᠠᠰᠤᠨ ᠬᠠᠷᠢᠴᠠᠭᠤᠯᠤᠯᠲᠠ ᠬᠡᠯᠡᠨ ᠦ ᠳᠦᠷᠢᠮ ᠬᠠᠷᠢᠴᠠᠭᠤᠯᠬᠤ

② ᠡᠨᠡ ᠬᠡᠯᠡ ᠶᠢ ᠰᠤᠷᠤᠯᠴᠠᠬᠤ ᠰᠤᠷᠭᠠᠭᠤᠯᠢ᠂ ᠡᠷᠳᠡᠮ ᠦᠨ ᠪᠠᠶᠢᠭᠤᠯᠤᠯ ᠬᠡᠷᠡᠭ ᠬᠡᠯᠡ ᠡᠨᠡ ᠬᠠᠷᠢᠴᠠᠭᠤᠯᠤᠯ ᠤᠨ ᠰᠤᠷᠭᠠᠭᠤᠯᠢ ᠪᠣᠯᠤᠨ᠎ᠠ᠃ ᠪᠣᠯᠤᠨ᠎ᠠ᠃

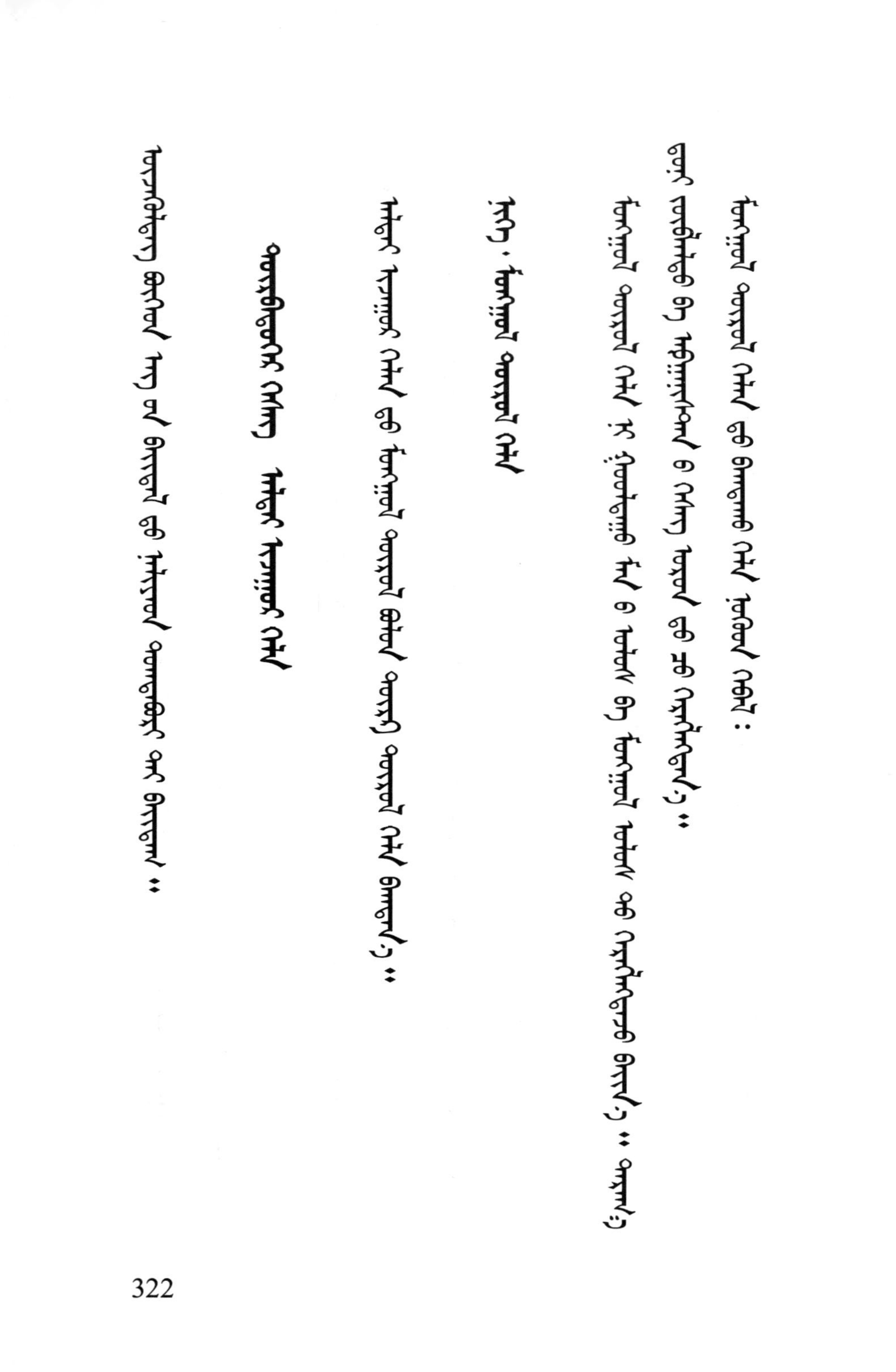

1. ᠮᠣᠩᠭᠣᠯ ᠪᠢᠴᠢᠭ

ᠮᠣᠩᠭᠣᠯ ᠪᠢᠴᠢᠭ ᠢ ᠬᠠᠭᠤᠴᠢᠨ ᠮᠣᠩᠭᠣᠯ ᠪᠢᠴᠢᠭ ᠂ ᠲᠣᠳᠣ ᠪᠢᠴᠢᠭ ᠂ ᠬᠡᠪᠲᠡᠭᠡ ᠂ ᠳᠦᠷᠪᠡᠯᠵᠢᠨ ᠂ ᠰᠣᠶᠤᠮᠪᠣ ᠂ ᠪᠠᠭᠢᠨᠳᠠᠷ᠎ᠠ ᠵᠡᠷᠭᠡ ᠣᠯᠠᠨ ᠮᠣᠩᠭᠣᠯ ᠦᠰᠦᠭ ᠪᠢᠴᠢᠭ ᠪᠠᠢᠭ᠎ᠠ ᠪᠣᠯᠪᠠᠴᠤ ᠂ ᠮᠣᠩᠭᠣᠯ ᠣᠯᠠᠨ ᠤᠯᠤᠰ ᠤᠨ ᠮᠣᠩᠭᠣᠯᠴᠤᠳ ᠬᠡᠷᠡᠭᠯᠡᠵᠦ ᠢᠷᠡᠭᠰᠡᠨ ᠪᠢᠴᠢᠭ ᠪᠣᠯᠤᠨ᠎ᠠ ᠄ ᠡᠨᠡ ᠪᠢᠴᠢᠭ ᠢ ᠤᠶᠢᠭᠤᠷᠵᠢᠨ ᠮᠣᠩᠭᠣᠯ ᠪᠢᠴᠢᠭ (ᠤᠶᠢᠭᠤᠷ ᠮᠣᠩᠭᠣᠯ ᠪᠢᠴᠢᠭ) ᠭᠡᠵᠦ ᠪᠠᠰᠠ ᠨᠡᠷᠡᠢᠳᠦᠳᠡᠭ ᠄ ᠮᠣᠩᠭᠣᠯ ᠪᠢᠴᠢᠭ ᠦᠨ ᠡᠬᠢ ᠤᠭ ᠢ ᠣᠯᠠᠨ ᠶᠠᠩ ᠪᠣᠯᠵᠠᠢ ᠪᠠᠢᠨ᠎ᠠ ᠄

ᠮᠣᠩᠭᠣᠯ ᠪᠢᠴᠢᠭ ᠪᠣᠯ ᠤᠶᠢᠭᠤᠷ ᠤᠨ ᠡᠷᠲᠡᠨ ᠦ ᠪᠢᠴᠢᠭ ᠡᠴᠡ ᠡᠭᠦᠰᠦᠭᠰᠡᠨ ᠪᠢᠯᠡ ᠄ ᠲᠡᠭᠦᠬᠡᠨ ᠦ ᠮᠡᠳᠡᠬᠦ ᠪᠢᠴᠢᠭ ᠦᠨ ᠳᠤᠷᠠᠰᠬᠠᠯ ᠢ ᠦᠵᠡᠪᠡᠯ 1204 ᠣᠨ ᠳᠤ ᠴᠢᠩᠭᠢᠰ ᠬᠠᠭᠠᠨ ᠤᠶᠢᠭᠤᠷ ᠮᠣᠩᠭᠣᠯ ᠪᠢᠴᠢᠭ ᠢ ᠬᠡᠷᠡᠭᠯᠡᠭᠦᠯᠵᠡᠢ ᠄ ᠮᠣᠩᠭᠣᠯ ᠪᠢᠴᠢᠭ ᠢᠶᠡᠷ ᠪᠢᠴᠢᠭᠰᠡᠨ ᠡᠬᠢ ᠲᠡᠦᠬᠡ ᠶᠢᠨ ᠳᠤᠷᠠᠰᠬᠠᠯ ᠪᠣᠯ 1220 — 1225 ᠣᠨ ᠤ ᠬᠣᠭᠣᠷᠣᠨᠳᠤ ᠪᠣᠰᠭᠠᠭᠰᠠᠨ 《ᠴᠢᠩᠭᠢᠰ ᠤᠨ ᠴᠢᠯᠠᠭᠤᠨ ᠤ ᠪᠢᠴᠢᠭ》 ᠪᠣᠯᠤᠨ᠎ᠠ ᠄

ᠮᠣᠩᠭᠣᠯ ᠪᠢᠴᠢᠭ ᠦᠨ ᠭᠣᠣᠯ ᠳᠤᠷᠠᠰᠬᠠᠯ ᠤᠨ ᠨᠢᠭᠡ ᠪᠣᠯ ᠂ ᠮᠣᠩᠭᠣᠯ ᠪᠢᠴᠢᠭ ᠢᠶᠡᠷ ᠪᠢᠴᠢᠭᠰᠡᠨ ᠲᠡᠦᠬᠡ ᠶᠢᠨ ᠰᠣᠳᠣᠯᠤᠯ ᠤᠨ ᠣᠷᠣᠨ ᠤ ᠬᠢᠷᠢ ᠪᠢᠴᠢᠭ ᠄ 《ᠮᠣᠩᠭᠣᠯ ᠤᠨ ᠨᠢᠭᠤᠴᠠ ᠲᠣᠪᠴᠢᠶᠠᠨ》 ᠤ ᠬᠡᠯᠡ ᠵᠦᠢ ᠶᠢᠨ ᠰᠣᠳᠣᠯᠭᠠ ᠳᠤ ᠴᠢᠬᠤᠯᠠ ᠬᠤᠪᠢ ᠨᠡᠮᠡᠷᠢ ᠣᠷᠤᠤᠯᠤᠭᠰᠠᠨ

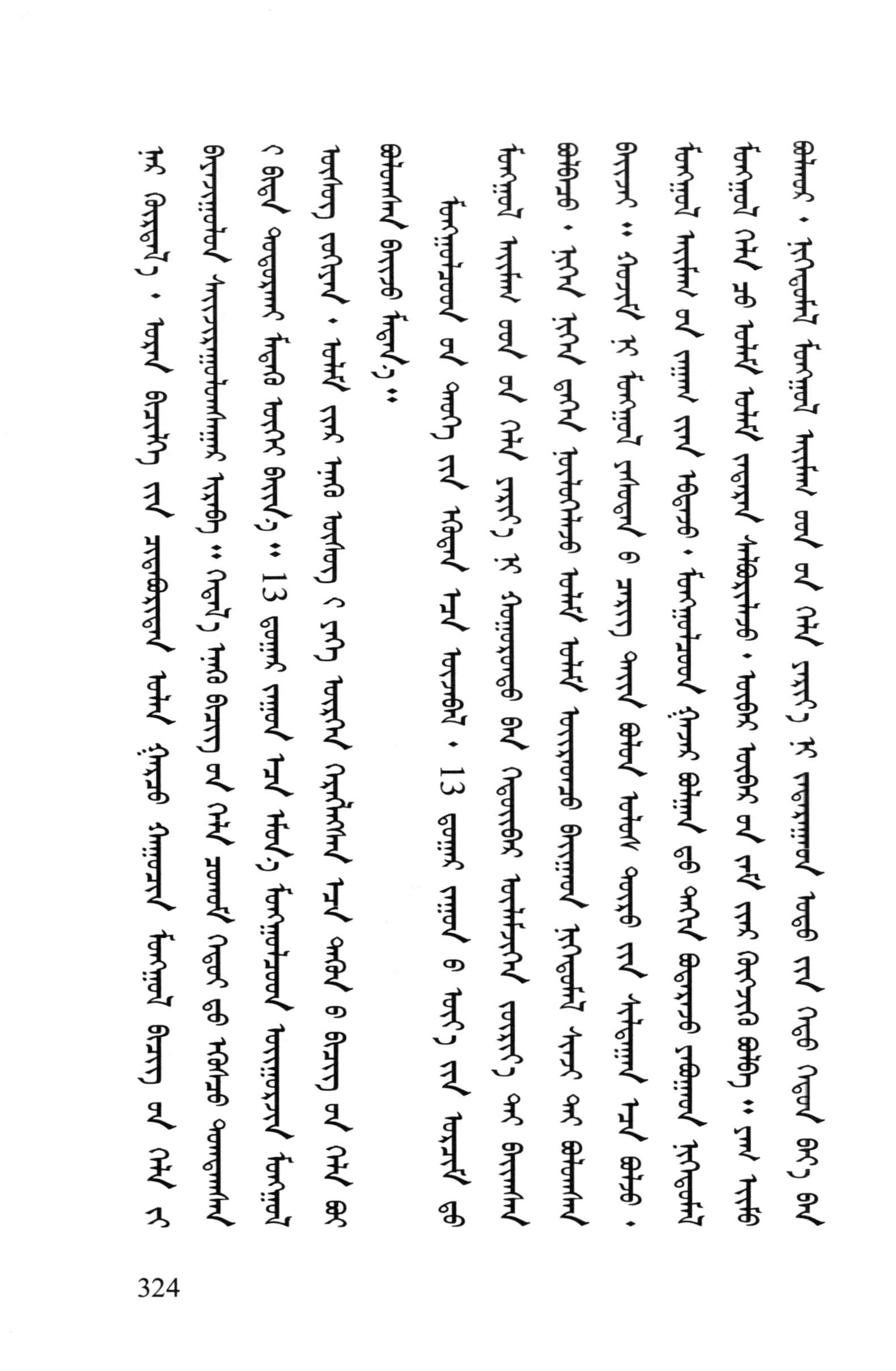

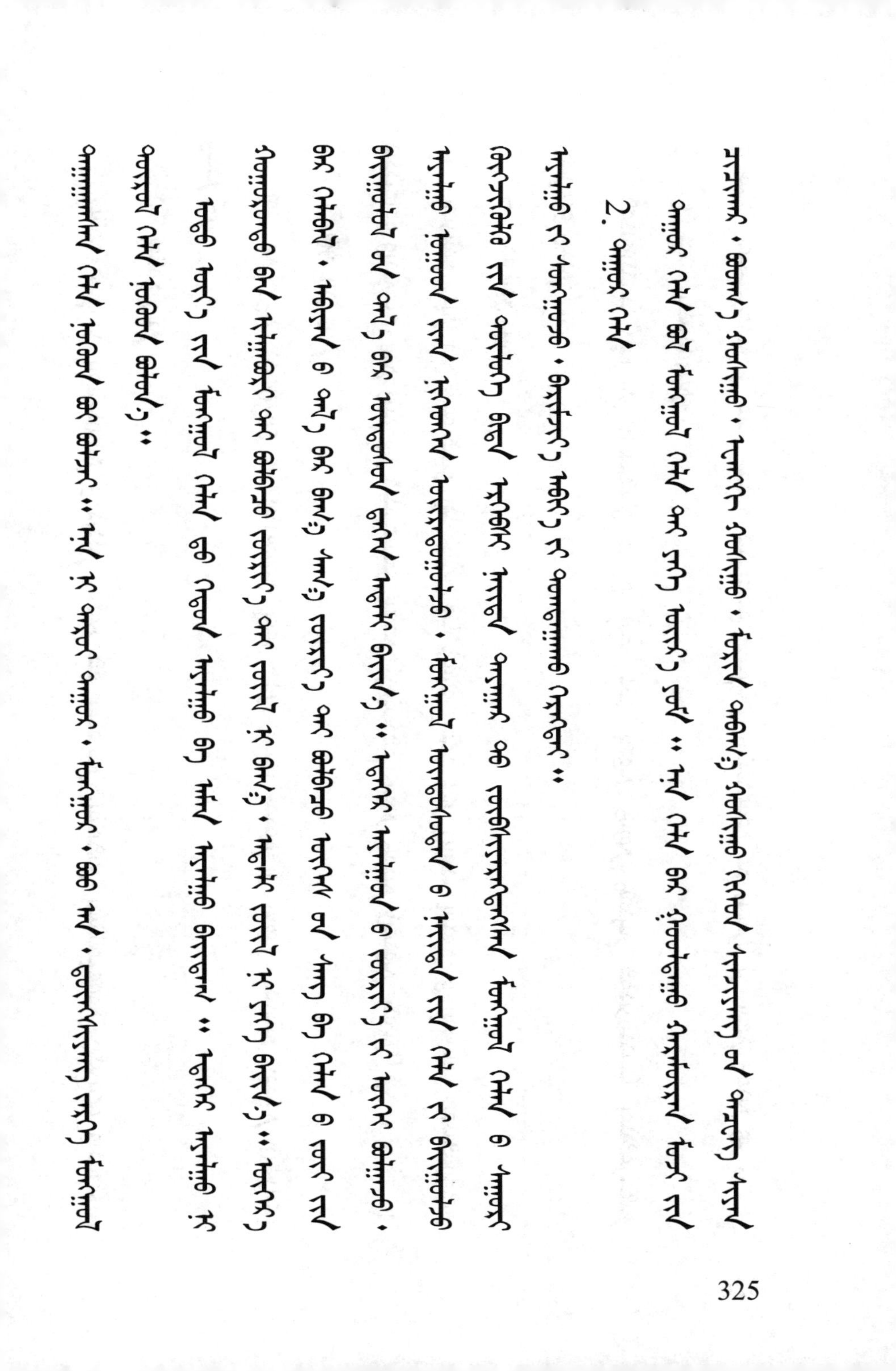

[illegible]
[illegible]

2. [illegible]

[illegible]

[illegible]

[illegible]

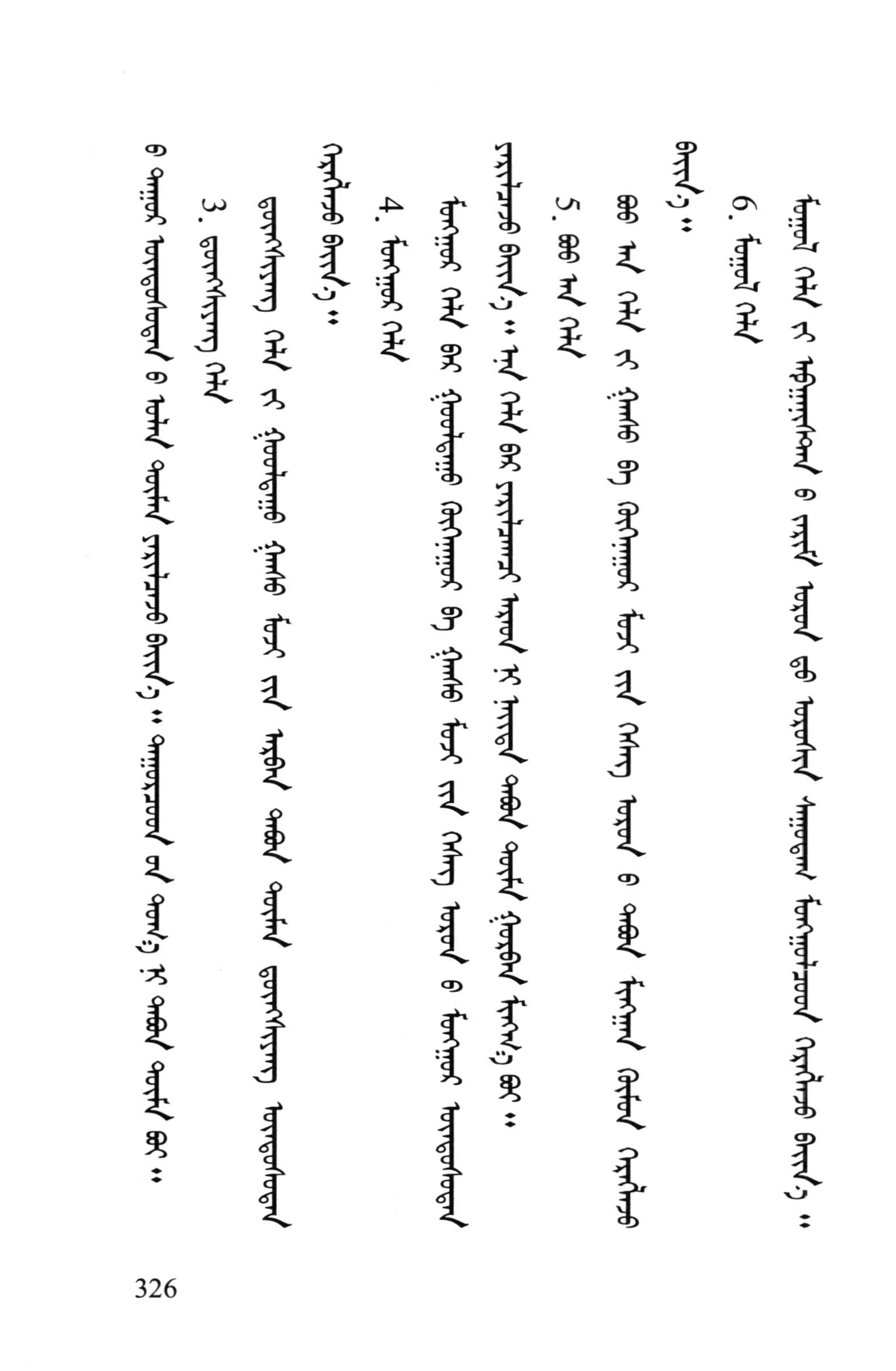

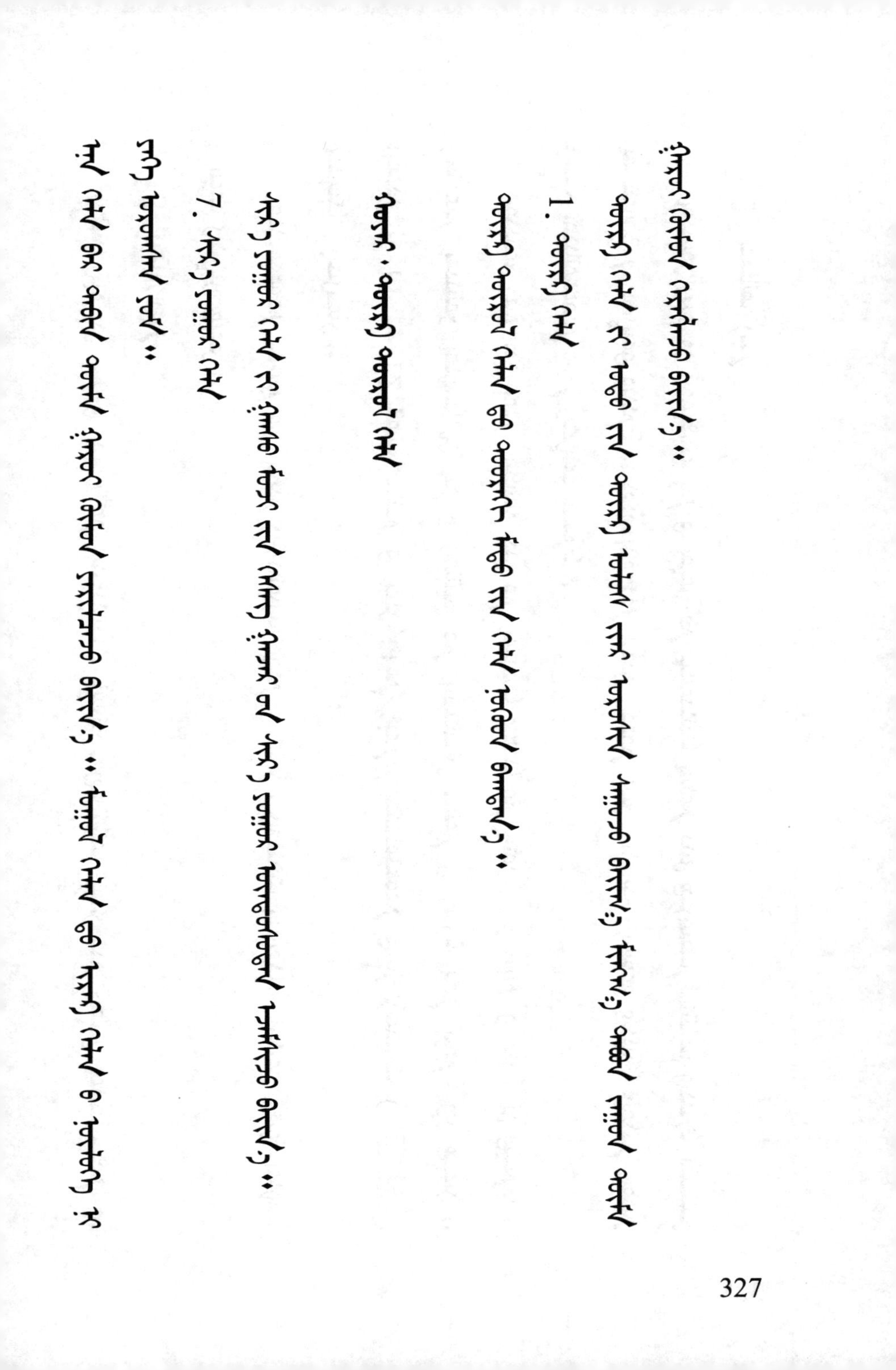

ᠴᠠᠭ ᠢ 11 — 12 ᠳᠤᠭᠠᠷ ᠵᠠᠭᠤᠨ ᠤ ᠡᠬᠢ ᠡᠴᠡ ᠡᠬᠢᠯᠡᠭᠦᠯᠦᠨ ᠪᠣᠯᠭᠠᠵᠤ ᠤᠶᠢᠭᠤᠷ (回鹘) ᠪᠢᠴᠢᠭ ᠢ ᠵᠢᠷᠤᠮᠯᠠᠨ ᠮᠣᠩᠭᠣᠯ ᠬᠡᠯᠡ ᠶᠢ ᠲᠡᠮᠳᠡᠭᠯᠡᠬᠦ ᠳᠦ ᠬᠡᠷᠡᠭᠯᠡᠭᠰᠡᠨ ᠪᠣᠯᠤᠨ᠎ᠠ ᠄ ᠡᠨᠡ ᠨᠢ ᠮᠣᠩᠭᠣᠯ ᠪᠢᠴᠢᠭ ᠦᠨ ᠡᠬᠢ ᠪᠣᠯᠤᠨ᠎ᠠ ᠄

ᠳᠤᠮᠳᠠᠳᠤ ᠶᠢᠨ ᠬᠢᠲᠠᠳ ᠬᠡᠯᠡ ᠪᠠᠢᠢᠨ᠎ᠠ᠃ ᠲᠡᠷ ᠬᠦᠮᠦᠨ ᠪᠣᠯ ᠮᠠᠨ ᠤ ᠰᠤᠷᠭᠠᠭᠤᠯᠢ ᠶᠢᠨ ᠣᠷᠣᠰ ᠬᠡᠯᠡᠨ ᠦ ᠳᠤᠮᠳᠠᠳᠤ ᠶᠢᠨ ᠣᠷᠣᠰ ᠪᠠᠭᠰᠢ ᠪᠠᠢᠢᠨ᠎ᠠ᠃

4. ᠣᠷᠣᠰ ᠬᠦᠮᠦᠨ

ᠲᠡᠷ ᠬᠦᠮᠦᠨ ᠴᠤ ᠮᠠᠨ ᠤ ᠰᠤᠷᠭᠠᠭᠤᠯᠢ ᠶᠢᠨ ᠰᠤᠷᠤᠭᠴᠢᠳ ᠤᠨ ᠣᠷᠣᠰ ᠬᠡᠯᠡᠨ ᠦ ᠳᠤᠮᠳᠠᠳᠤ ᠶᠢᠨ ᠣᠷᠣᠰ ᠪᠠᠭᠰᠢ ᠪᠠᠢᠢᠨ᠎ᠠ᠃ ᠲᠡᠷ ᠬᠦᠮᠦᠨ ᠪᠣᠯ ᠣᠷᠣᠰ ᠪᠠᠭᠰᠢ ᠪᠠᠢᠢᠨ᠎ᠠ᠃

5. ᠬᠢᠲᠠᠳ ᠬᠦᠮᠦᠨ

ᠲᠡᠷ ᠬᠦᠮᠦᠨ ᠴᠤ ᠳᠤᠮᠳᠠᠳᠤ ᠶᠢᠨ ᠬᠢᠲᠠᠳ ᠤᠨ ᠬᠡᠯᠡ ᠦ ᠰᠤᠷᠤᠭᠴᠢᠳ ᠤᠨ ᠬᠢᠲᠠᠳ ᠬᠡᠯᠡᠨ ᠦ ᠳᠤᠮᠳᠠᠳᠤ ᠪᠠᠭᠰᠢ ᠪᠠᠢᠢᠨ᠎ᠠ᠃ ᠬᠢᠲᠠᠳ ᠬᠦᠮᠦᠨ ᠪᠣᠯ ᠮᠢᠨᠤ ᠨᠠᠢᠵᠠ ᠪᠣᠯᠤᠨ᠎ᠠ᠃

6. ᠠᠩᠭᠯᠢ ᠬᠦᠮᠦᠨ

ᠲᠡᠷ ᠬᠦᠮᠦᠨ ᠪᠣᠯ ᠳᠤᠮᠳᠠᠳᠤ ᠶᠢᠨ ᠠᠩᠭᠯᠢ ᠤ ᠮᠠᠨ ᠤ ᠰᠤᠷᠤᠭᠴᠢᠳ ᠤᠨ ᠠᠩᠭᠯᠢ ᠬᠡᠯᠡᠨ ᠦ ᠳᠤᠮᠳᠠᠳᠤ ᠪᠠᠭᠰᠢ ᠪᠠᠢᠢᠨ᠎ᠠ᠃ ᠲᠡᠷ ᠬᠦᠮᠦᠨ ᠪᠣᠯ ᠮᠠᠨ ᠤ ᠨᠠᠢᠵᠠ ᠪᠠᠭᠰᠢ ᠪᠠᠢᠢᠨ᠎ᠠ᠃

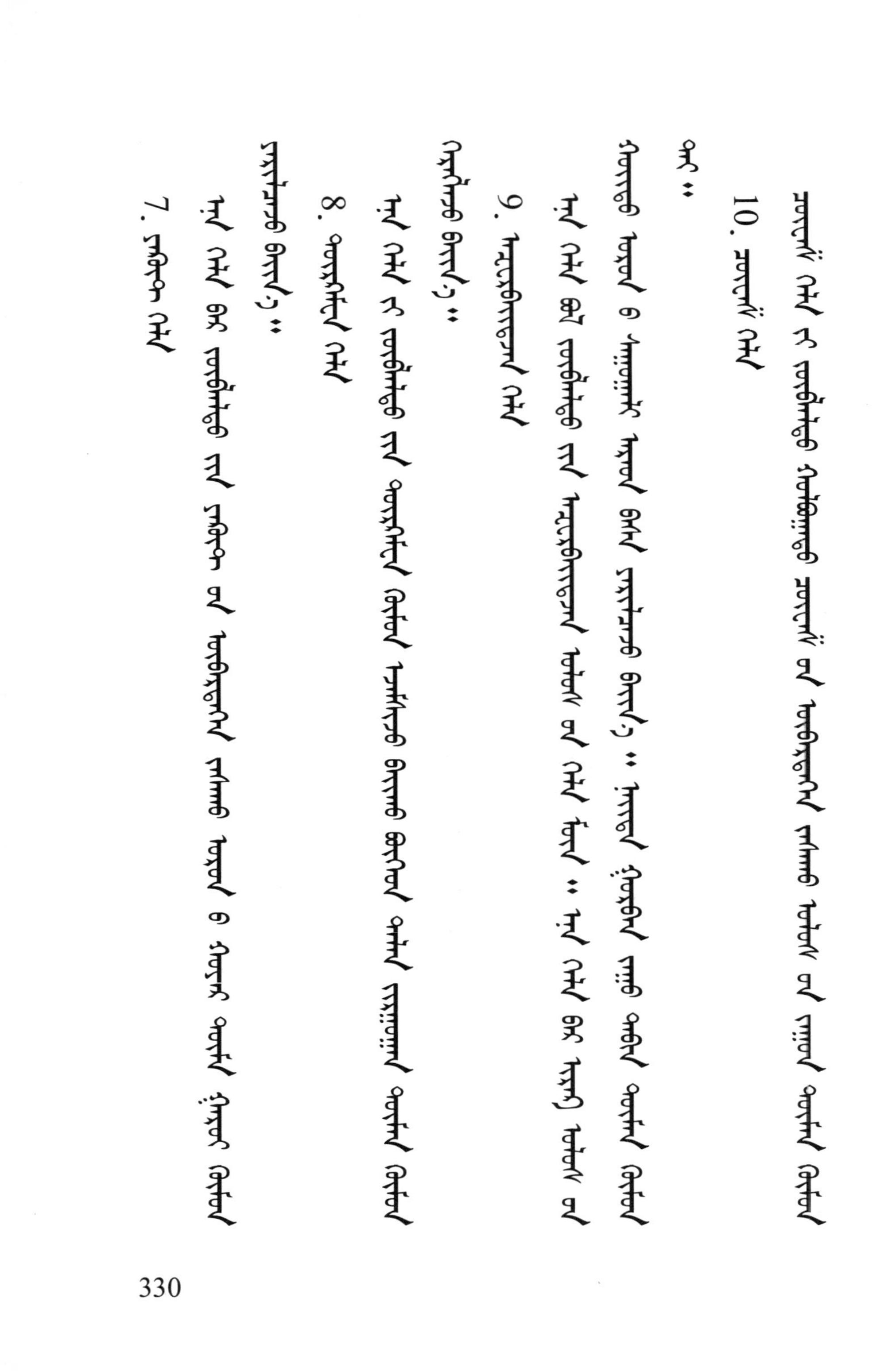

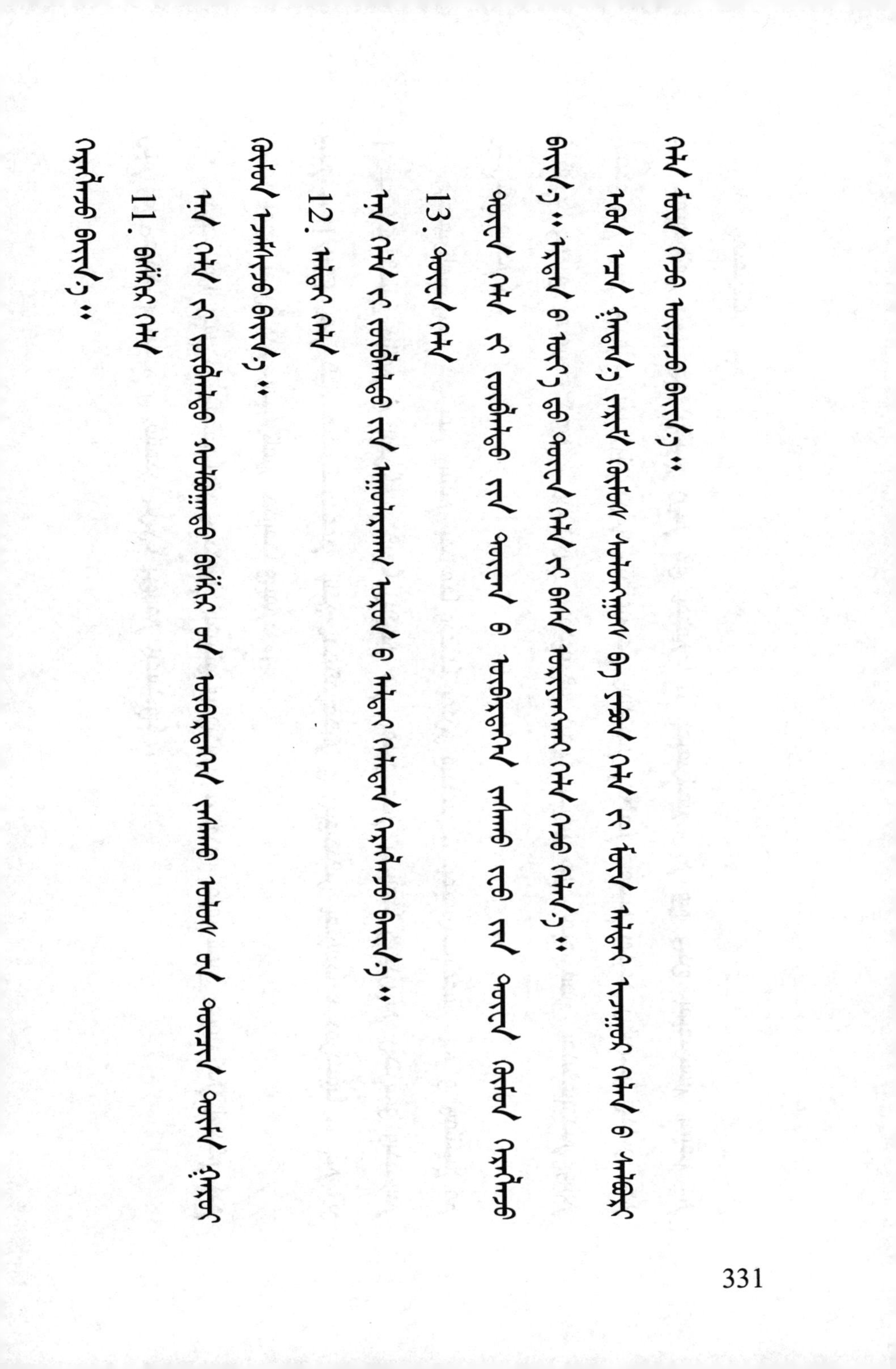

ᠬᠡᠯᠡ ᠪᠡᠷ ᠬᠠᠷᠢᠯᠴᠠᠨ ᠰᠡᠳᠬᠢᠯᠭᠡ ᠶᠢᠨ ᠤ ᠰᠤᠯᠠᠯᠴᠠᠬᠤ ᠬᠡᠷᠡᠭᠰᠡᠯ ᠪᠣᠯᠬᠤ ᠵᠢᠨ ::

ᠰᠣᠯᠣᠩᠭᠣᠰ ᠬᠡᠯᠡ ᠨᠢ ᠥᠪᠡᠷ ᠢ ᠥᠭᠡᠷᠡ ᠰᠡᠳᠬᠢᠯ ᠢᠯᠡᠷᠬᠡᠢᠯᠡᠨ᠎ᠡ :: ᠡᠳᠦᠭᠡ ᠰᠣᠯᠣᠩᠭᠣᠰ ᠣᠯᠣᠰ ᠲᠤ ᠬᠡᠷᠡᠭᠯᠡᠵᠦ ᠪᠠᠢᠭ᠎ᠠ ᠦᠰᠦᠭ ᠢ ᠰᠣᠯᠣᠩᠭᠣᠰ ᠦᠰᠦᠭ ᠪᠣᠯᠤᠨ᠎ᠠ :: ᠪᠦᠯᠡ :: 1443 ᠣᠨ ᠳᠤ ᠰᠣᠯᠣᠩᠭᠣᠰᠴᠤᠳ ᠥᠪᠡᠷ ᠦᠨᠳᠦᠰᠦᠲᠡᠨ ᠦ ᠬᠡᠯᠪᠡᠷᠢ ᠦᠰᠦᠭ ᠢ ᠵᠣᠬᠢᠶᠠᠪᠠ :: ᠡᠨᠡ ᠨᠢ 1 — 15 ᠳᠤᠭᠠᠷ ᠵᠠᠭᠤᠨ ᠤ ᠣᠨ ᠳᠤ ᠪᠢᠴᠢᠭᠳᠡᠭᠰᠡᠨ ᠬᠡᠯᠡᠨ ᠳᠦ ᠡᠭᠡᠰᠬᠡᠯᠲᠡᠢ ᠦᠰᠦᠭ ᠢ ᠵᠢᠷᠤᠮᠯᠠᠨ ᠬᠡᠷᠡᠭᠯᠡᠭᠰᠡᠨ ᠪᠠᠢᠳᠠᠯ

ᠰᠣᠯᠣᠩᠭᠣᠰ ᠬᠡᠯᠡ ᠳᠤ ᠣᠨ ᠬᠡᠮᠡᠨ ᠦᠰᠦᠭ ᠪᠢᠴᠢᠭ ᠦᠭᠡ ᠪᠠᠢᠳᠠᠭ :: ᠰᠣᠯᠣᠩᠭᠣᠰᠴᠤᠳ ᠣᠨ ᠤ ᠬᠡᠮᠵᠢᠶ᠎ᠡ ᠳᠤ ᠬᠡᠷᠡᠭᠯᠡᠭᠳᠡᠭ ᠪᠠᠢᠨ᠎ᠠ ::

ᠭᠠᠳᠠᠭᠠᠳᠤ ᠬᠡᠯᠡ ᠤ ᠣᠯᠣᠰ ᠂ ᠶᠠᠫᠣᠨ ᠂ ᠠᠮᠧᠷᠢᠺᠠ ᠂ ᠳᠤᠮᠳᠠᠳᠤ ᠵᠡᠷᠭᠡ ᠣᠯᠣᠰ ᠲᠤ ᠰᠣᠯᠣᠩᠭᠣᠰ ᠦᠨᠳᠦᠰᠦᠲᠡᠨ ᠪᠠᠢᠨ᠎ᠠ ᠬᠡᠮᠡᠭᠡ ᠳᠤ ᠬᠡᠯᠡ ᠬᠡᠷᠡᠭᠯᠡᠨ᠎ᠡ :: ᠡᠨᠡ ᠬᠡᠯᠡ ᠨᠢ ᠰᠣᠯᠣᠩᠭᠣᠰ ᠲᠤ ᠬᠡᠷᠡᠭᠯᠡᠬᠦ ᠵᠢᠭᠦᠯᠡᠨ ᠬᠡᠷᠡᠭᠯᠡᠯ ᠪᠢᠴᠢᠭ ᠦᠰᠦᠭ ᠪᠣᠯᠤᠭᠰᠠᠨ ᠬᠡᠮᠡᠨ

ᠰᠣᠯᠣᠩᠭᠣᠰ ᠬᠡᠯᠡ ᠪᠡᠷ ᠬᠠᠷᠢᠯᠴᠠᠬᠤ ᠬᠡᠯᠡ ᠳᠦ ᠣᠷᠣᠨ᠎ᠠ :: ᠰᠣᠯᠣᠩᠭᠣᠰ ᠬᠡᠯᠡ ᠪᠡᠷ ᠡᠳᠦᠭᠡ ᠰᠣᠯᠣᠩᠭᠣᠰ ᠣᠯᠣᠰ ᠲᠤ

1. ᠰᠣᠯᠣᠩᠭᠣᠰ ᠬᠡᠯᠡ

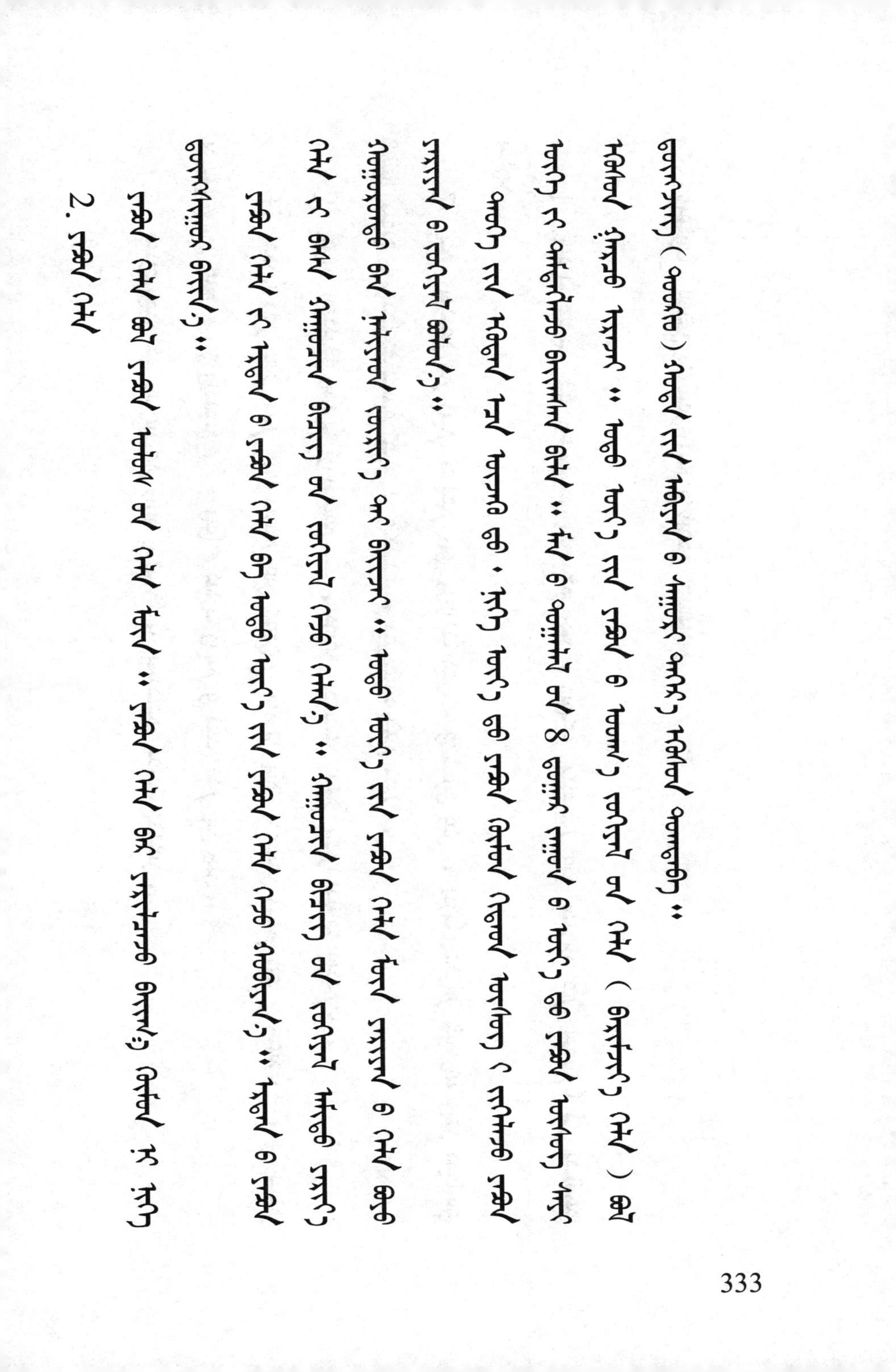

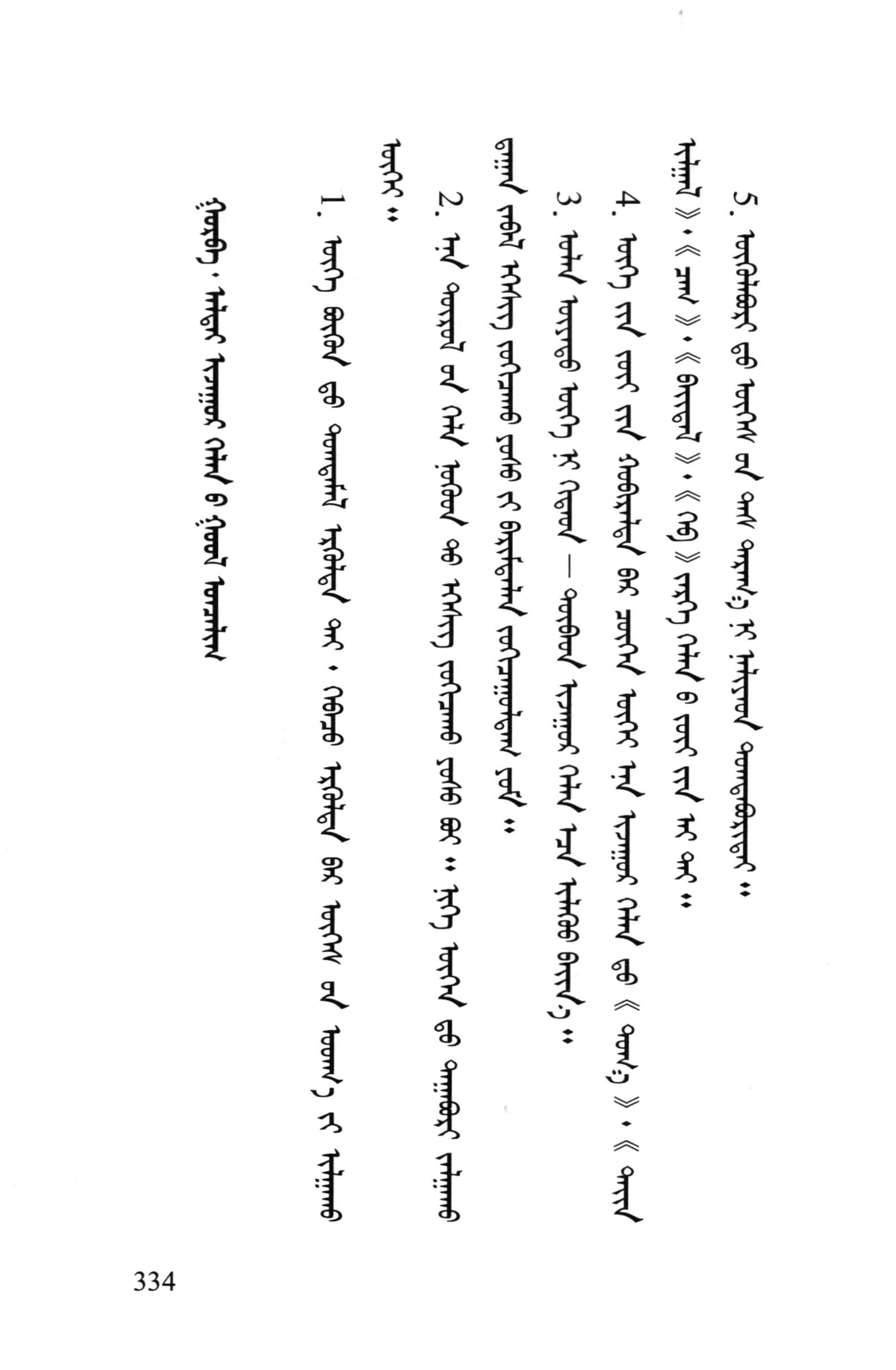

[illegible] ᠂ [illegible]

1. [illegible] ᠂ [illegible] ᠃

2. [illegible] ᠃ [illegible] ᠃

[illegible] ᠃

3. [illegible] — [illegible] ᠃

4. [illegible] 《[illegible]》᠂《[illegible]》᠂《[illegible]》᠂《[illegible]》᠂《[illegible]》 [illegible] ᠃

5. [illegible] ᠃

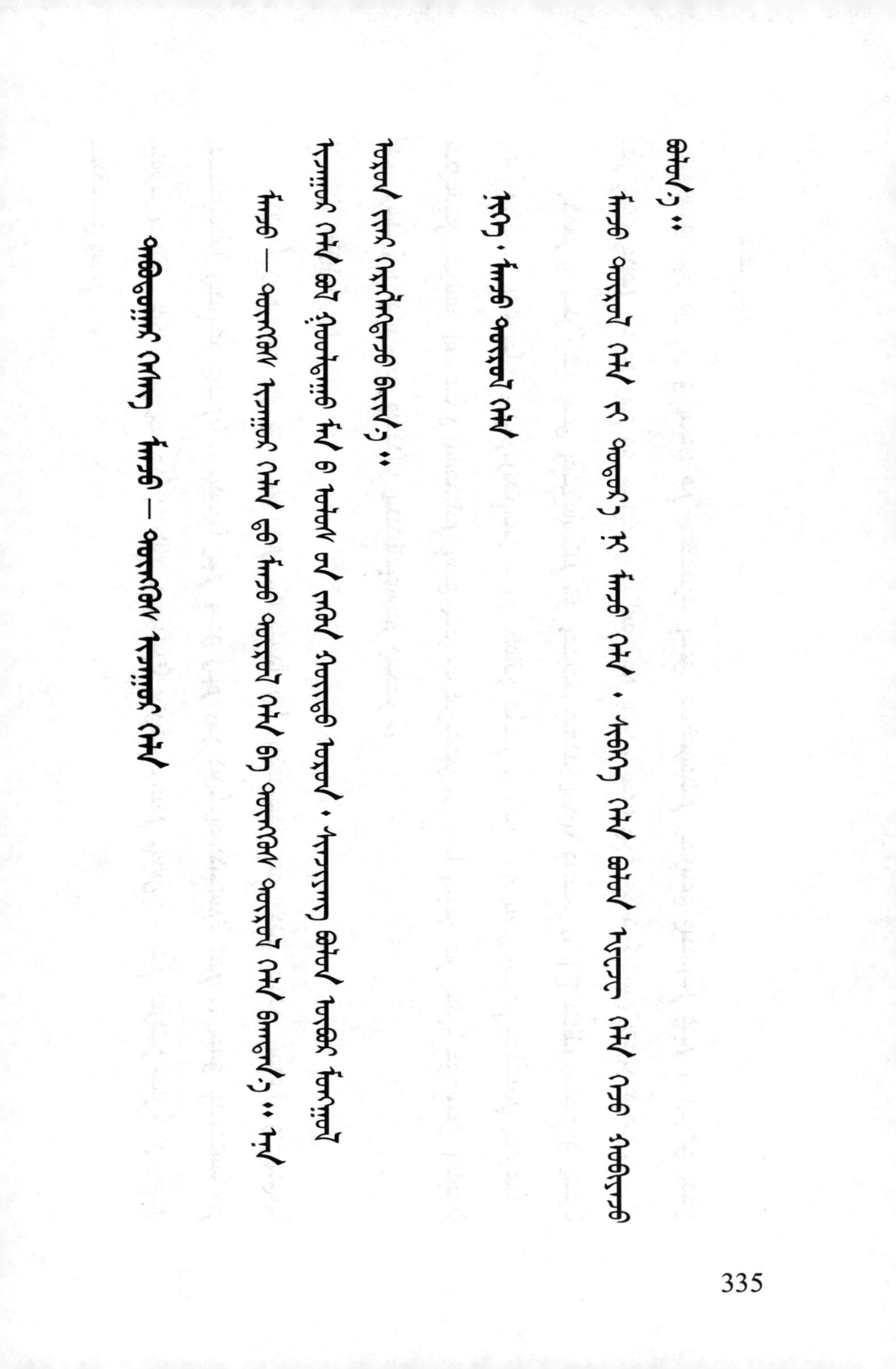

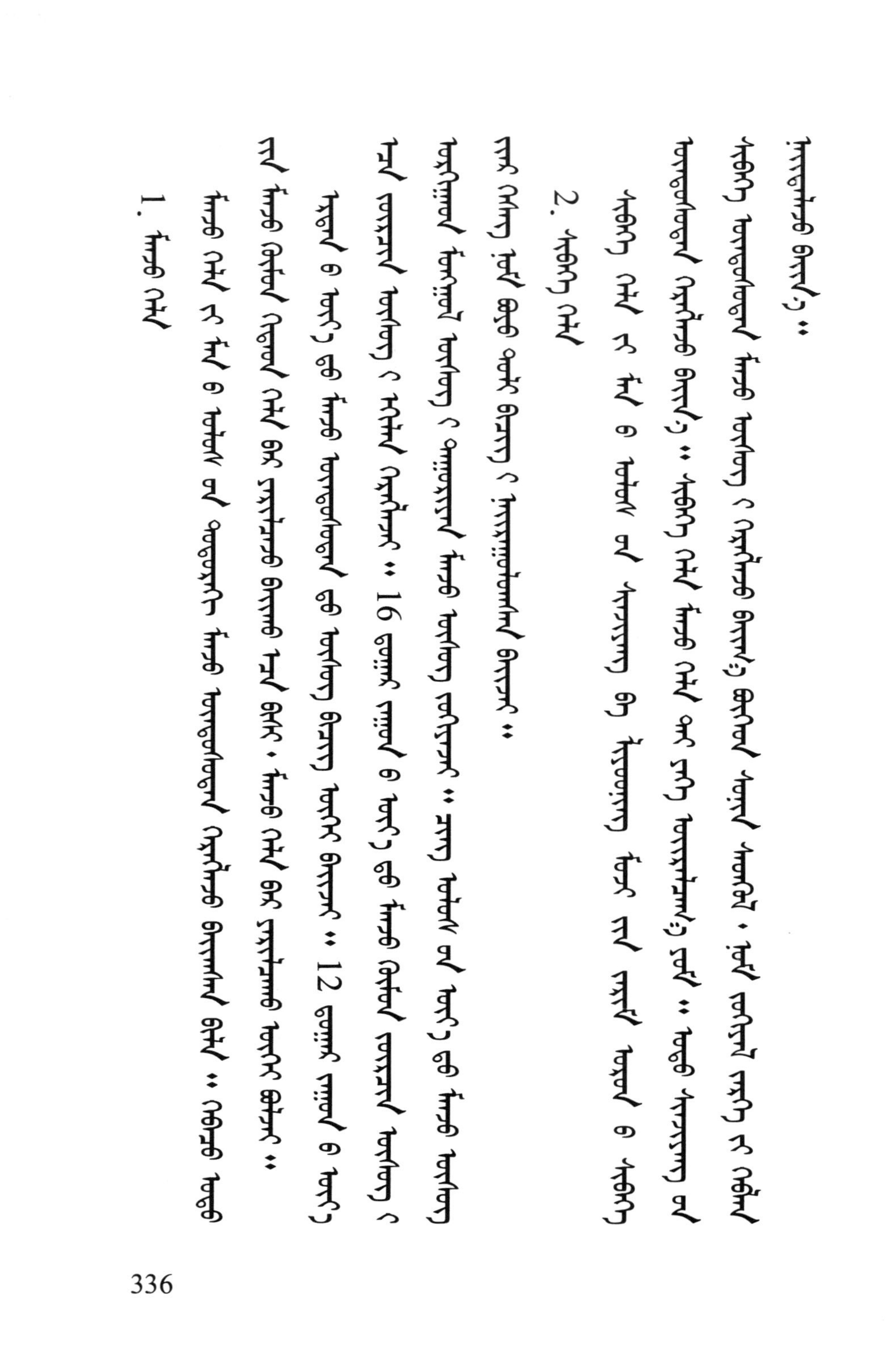

[illegible] [illegible] ::

ᡝᠮᡥᡠᠨ ᡤᡳᠰᡠᠨ ᠪᡝ [illegible] [illegible] [illegible] [illegible] [illegible] [illegible] [illegible] [illegible] :: [illegible] [illegible]

2. ᡝᠮᡥᡠᠨ ᡤᡳᠰᡠᠨ

[illegible] ᡤᡳᠰᡠᠨ [illegible] [illegible] [illegible] [illegible] [illegible] [illegible] [illegible] [illegible] [illegible] [illegible] ::

1. [illegible] ᡤᡳᠰᡠᠨ

[illegible] [illegible] ᡤᡳᠰᡠᠨ [illegible] [illegible] ([illegible]) ᡤᡳᠰᡠᠨ · [illegible] ᡤᡳᠰᡠᠨ · [illegible] ᡤᡳᠰᡠᠨ [illegible] ::

[illegible] · [illegible] [illegible] ᡤᡳᠰᡠᠨ

[illegible] [illegible] :: [illegible] ᡤᡳᠰᡠᠨ [illegible] [illegible] [illegible] [illegible] [illegible] [illegible] ::

[illegible] ᡤᡳᠰᡠᠨ [illegible] [illegible] [illegible] [illegible] [illegible] [illegible] [illegible] [illegible] [illegible] [illegible] [illegible] [illegible] [illegible] [illegible]

3. [illegible] ᡤᡳᠰᡠᠨ

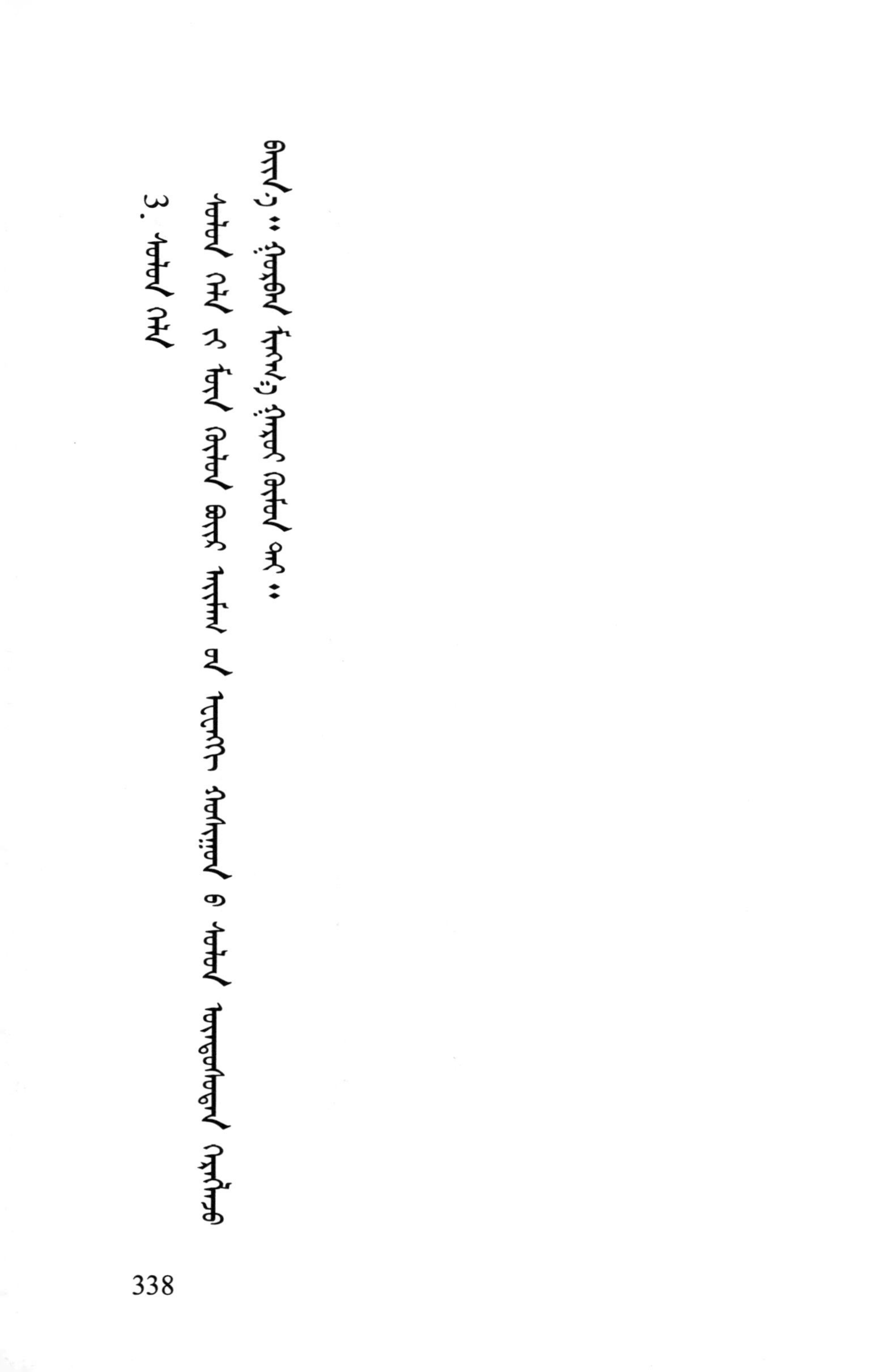

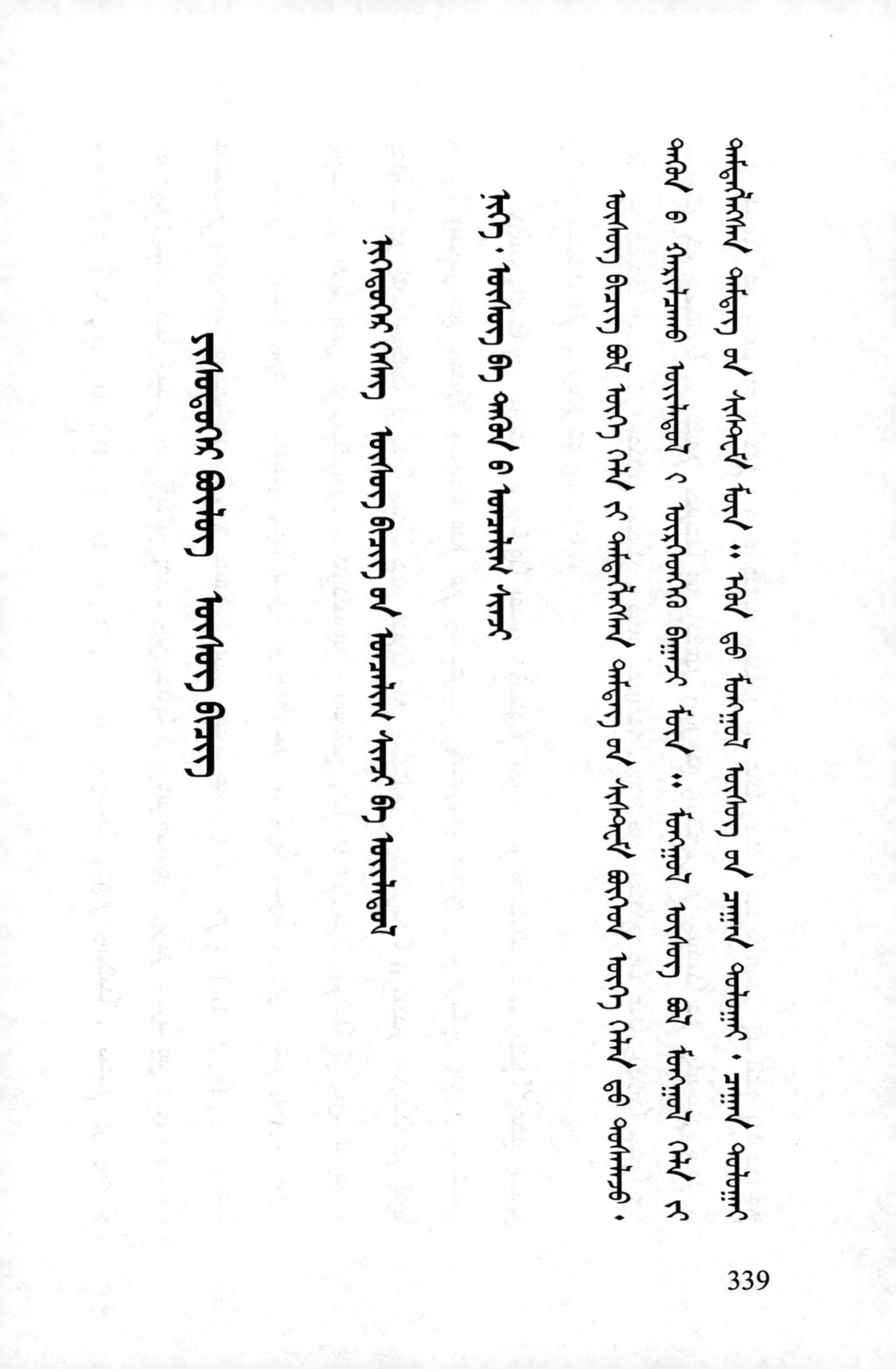

[illegible]

[illegible]

[illegible]

[illegible]

ᠬᠠᠮᠠᠭᠠᠯᠠᠬᠤ》[x'a'm'a'k'a'l'a'x'ω] ᠭᠡᠵᠦ ᠤᠩᠱᠢᠬᠤ ᠪᠠᠢᠳᠠᠭ (ᠬᠡᠯᠡᠯᠭᠡ ᠶᠢᠨ ᠪᠠᠢᠳᠠᠯ
ᠪᠠᠷᠢᠮᠳᠠᠯᠠᠪᠠ ᠪᠢᠴᠢᠭ ᠦᠨ ᠪᠢᠴᠢᠭᠯᠡᠯᠭᠡ ᠳᠠᠭᠤᠳᠠᠯᠭ᠎ᠠ ᠶᠢᠨ ᠬᠡᠯᠪᠡᠷᠢ ᠪᠠᠢᠨ᠎ᠠ᠃ 《ᠭᠠᠳᠠᠭᠠᠳᠤ》 ᠭᠡᠳᠡᠭ ᠦᠭᠡ ᠶᠢ 《ᠭ ᠠ ᠳ ᠠ ᠭ ᠠ ᠳ ᠤ
ᠰᠤᠷᠠᠭᠰᠠᠨ ᠦᠭᠡ ᠶᠢᠨ ᠪᠢᠴᠢᠭᠯᠡᠯ ᠪᠣᠯᠤᠨ᠎ᠠ᠃ 《ᠠᠷᠠᠲ》 ᠭᠡᠳᠡᠭ ᠦᠭᠡ ᠶᠢ 《ᠠ ᠷ ᠠ ᠲ》 [a'r'a't] ᠭᠡᠵᠦ

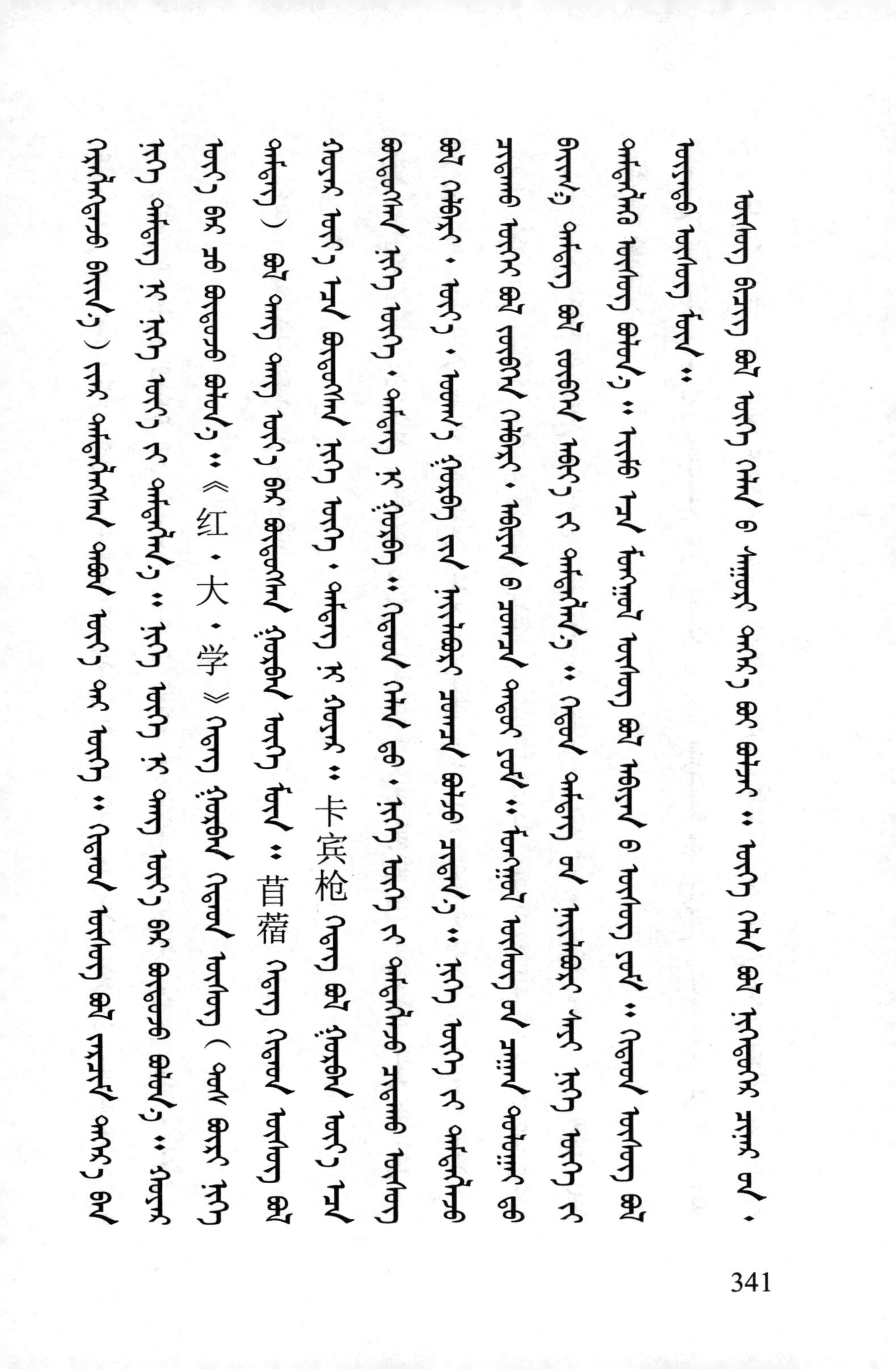

[illegible]) [illegible] :: [illegible] :: [illegible] :: [illegible] :: 《红·大·学》 [illegible] ([illegible]) [illegible] :: 苜蓿 [illegible] :: 卡宾枪 [illegible] ::

[illegible] ·

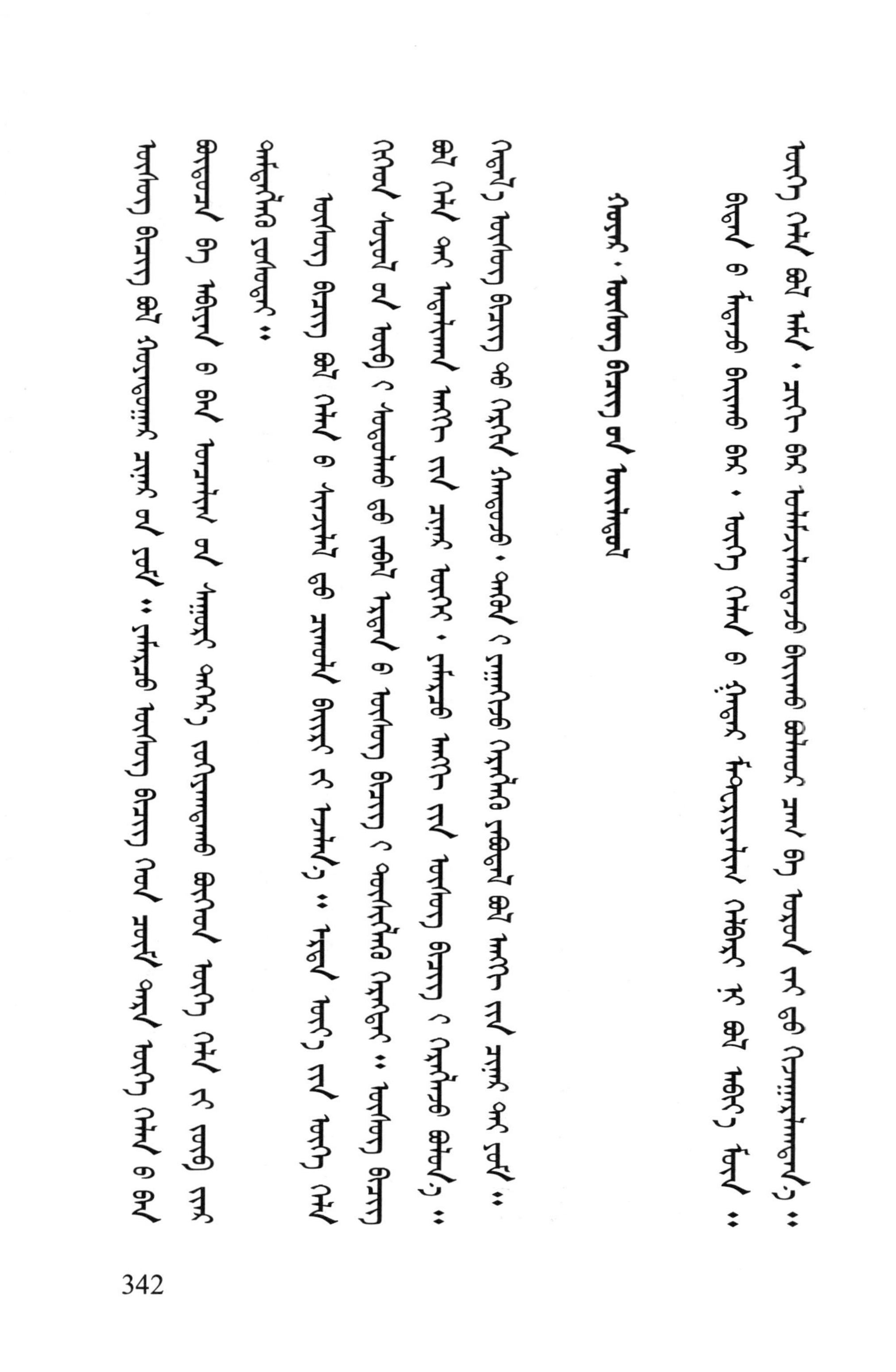

[illegible]

[illegible]

[illegible]

[illegible]

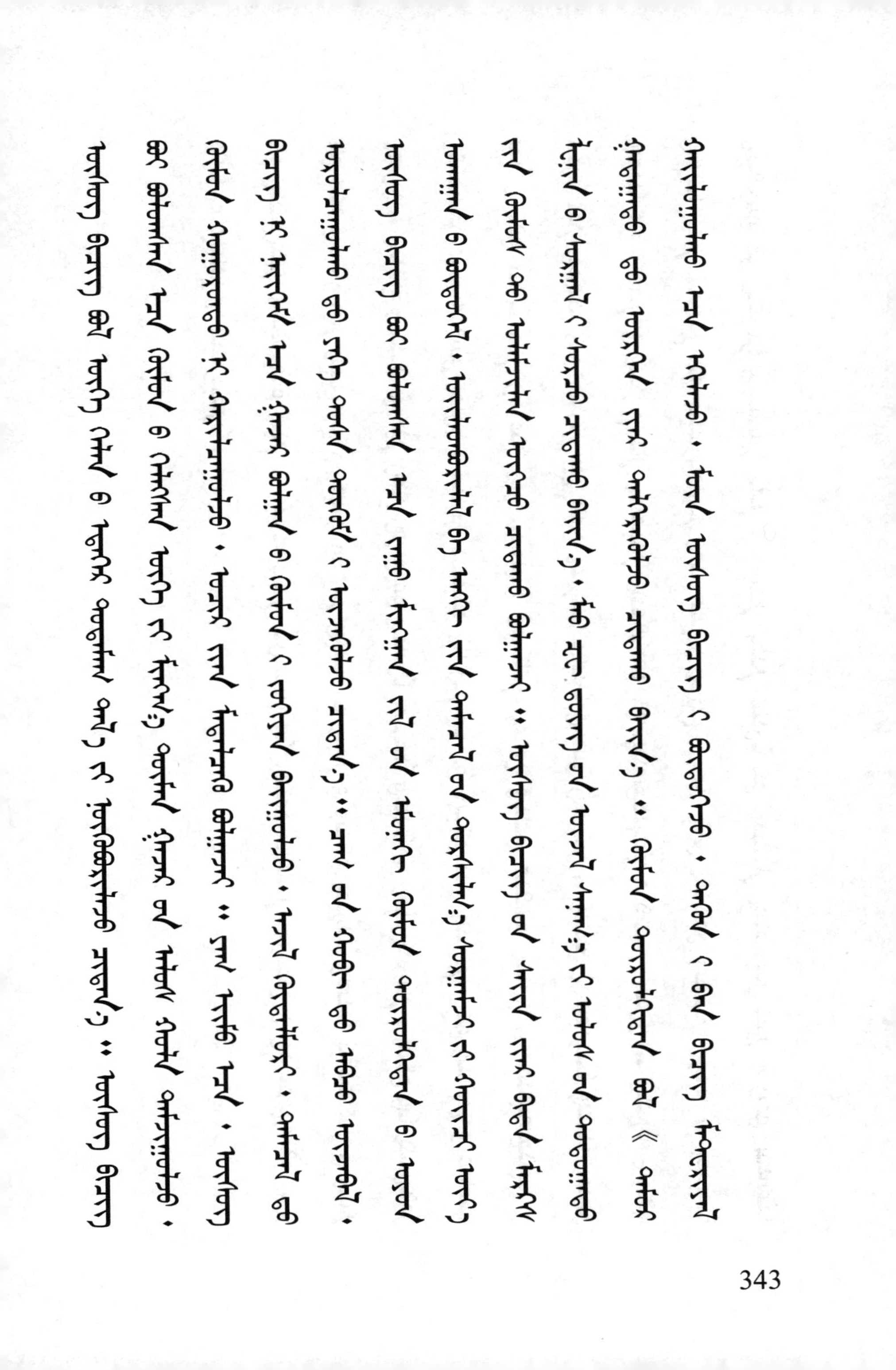

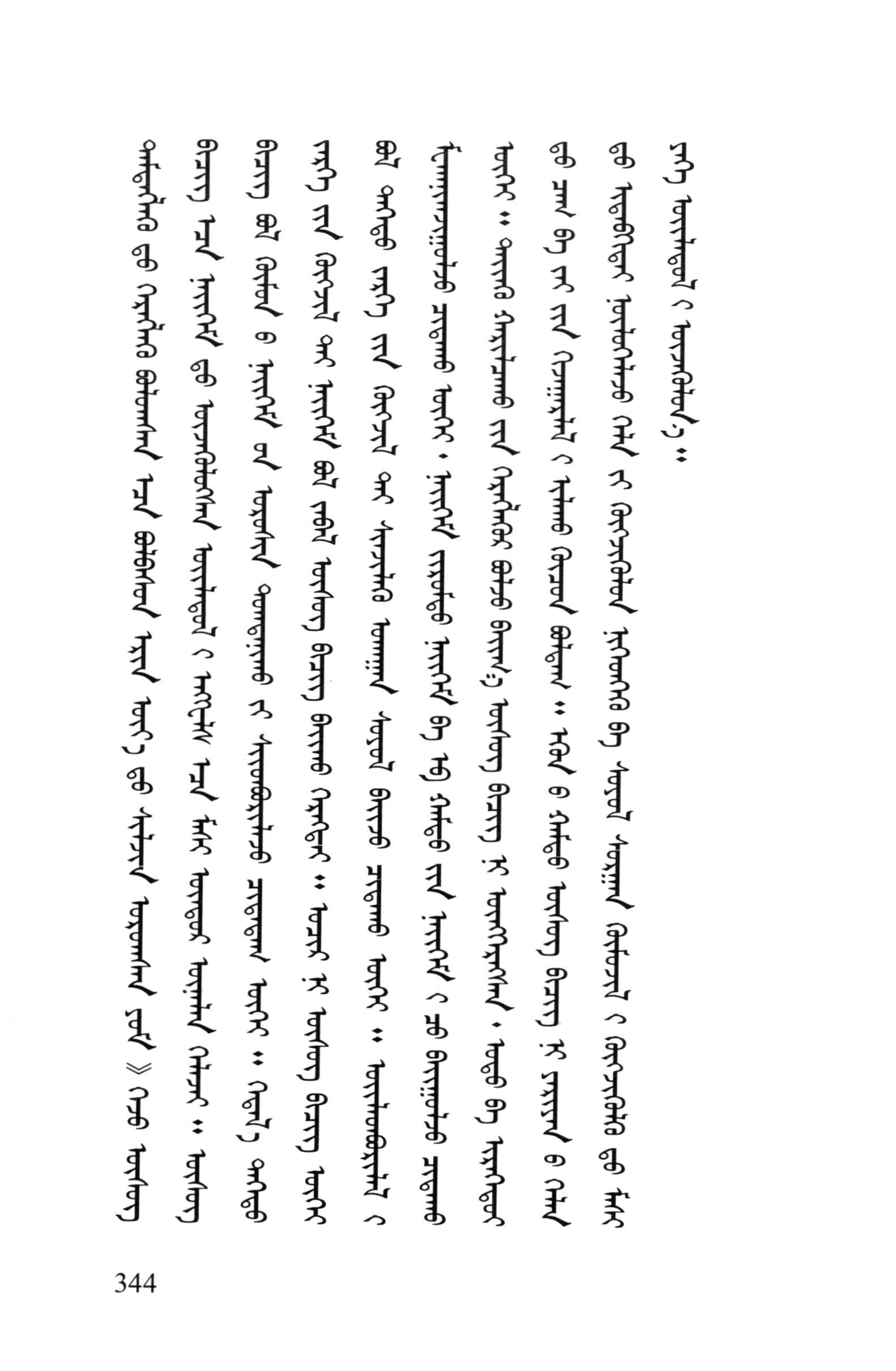

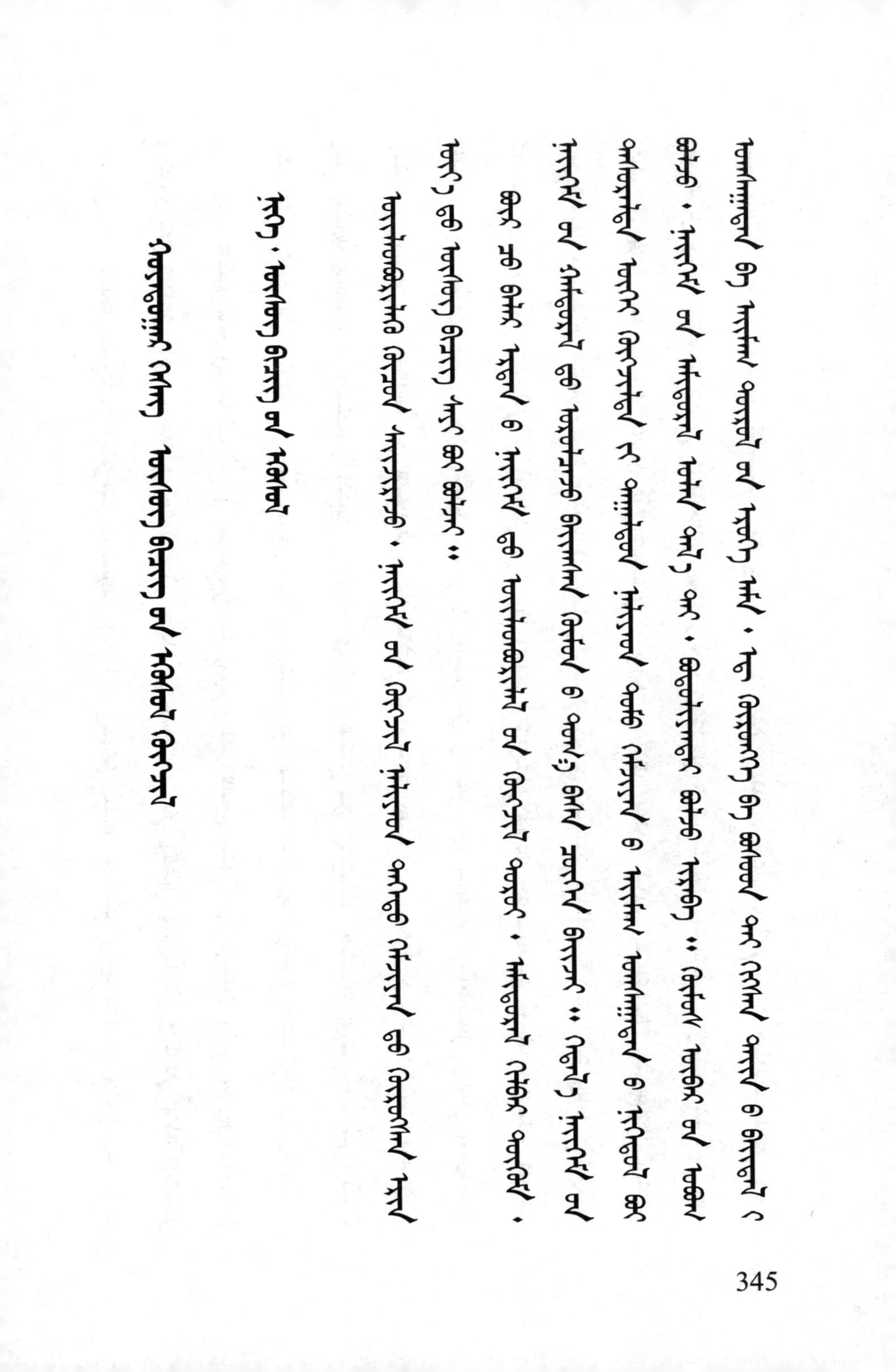

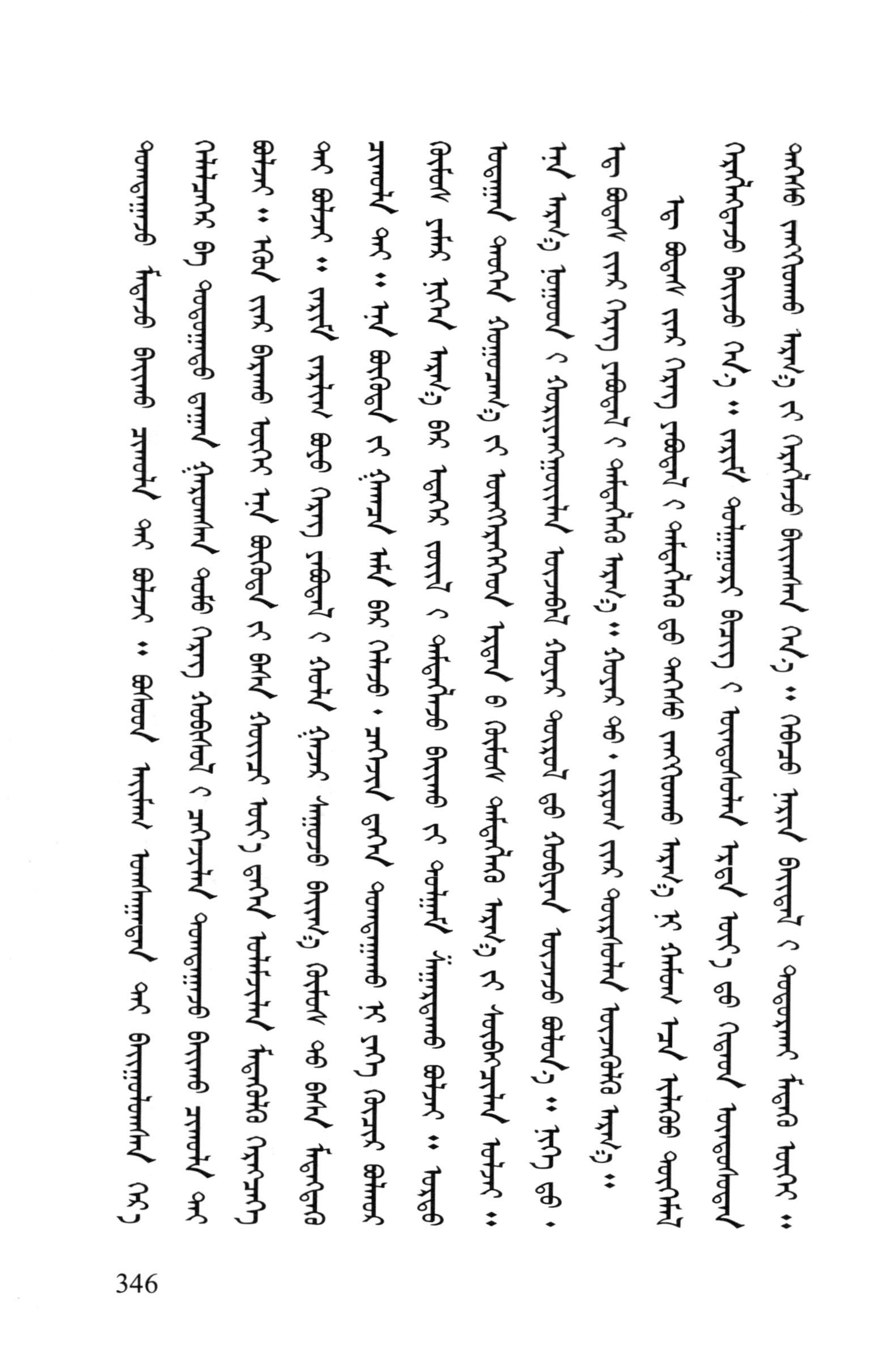

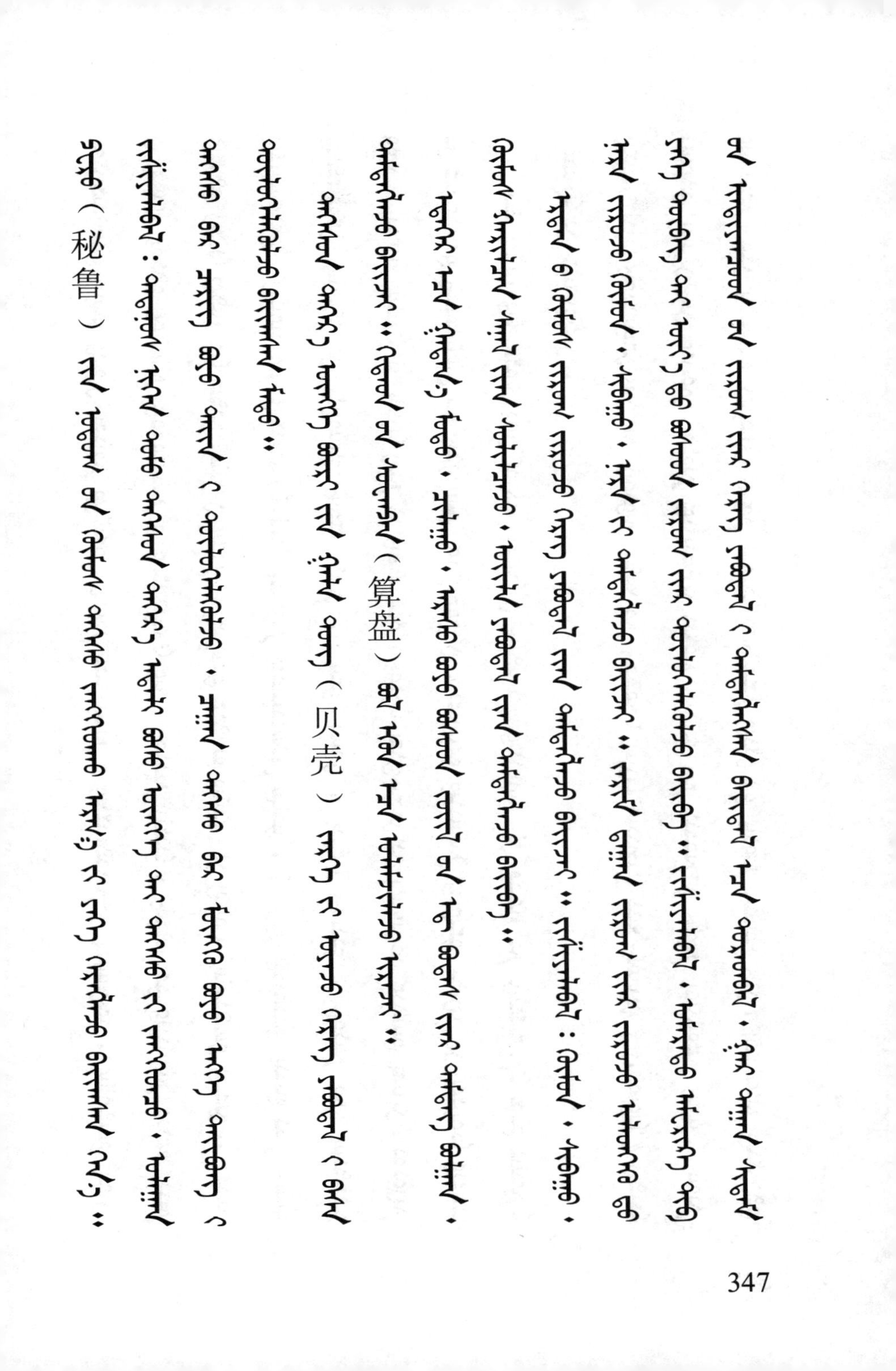

[illegible]

[illegible] (算盘) [illegible]

[illegible] (贝壳) [illegible]

[illegible]

[illegible] (秘鲁) [illegible]

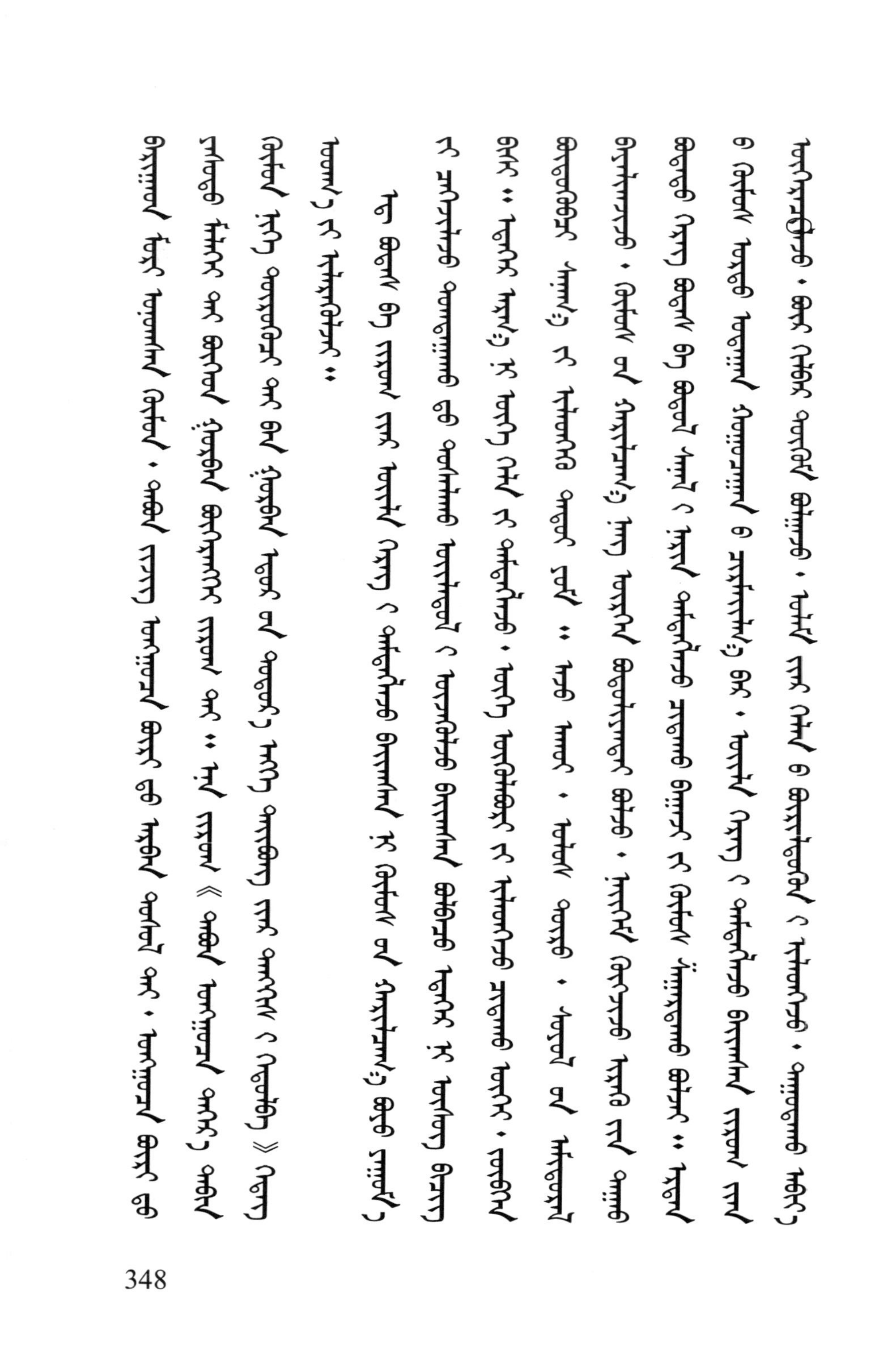

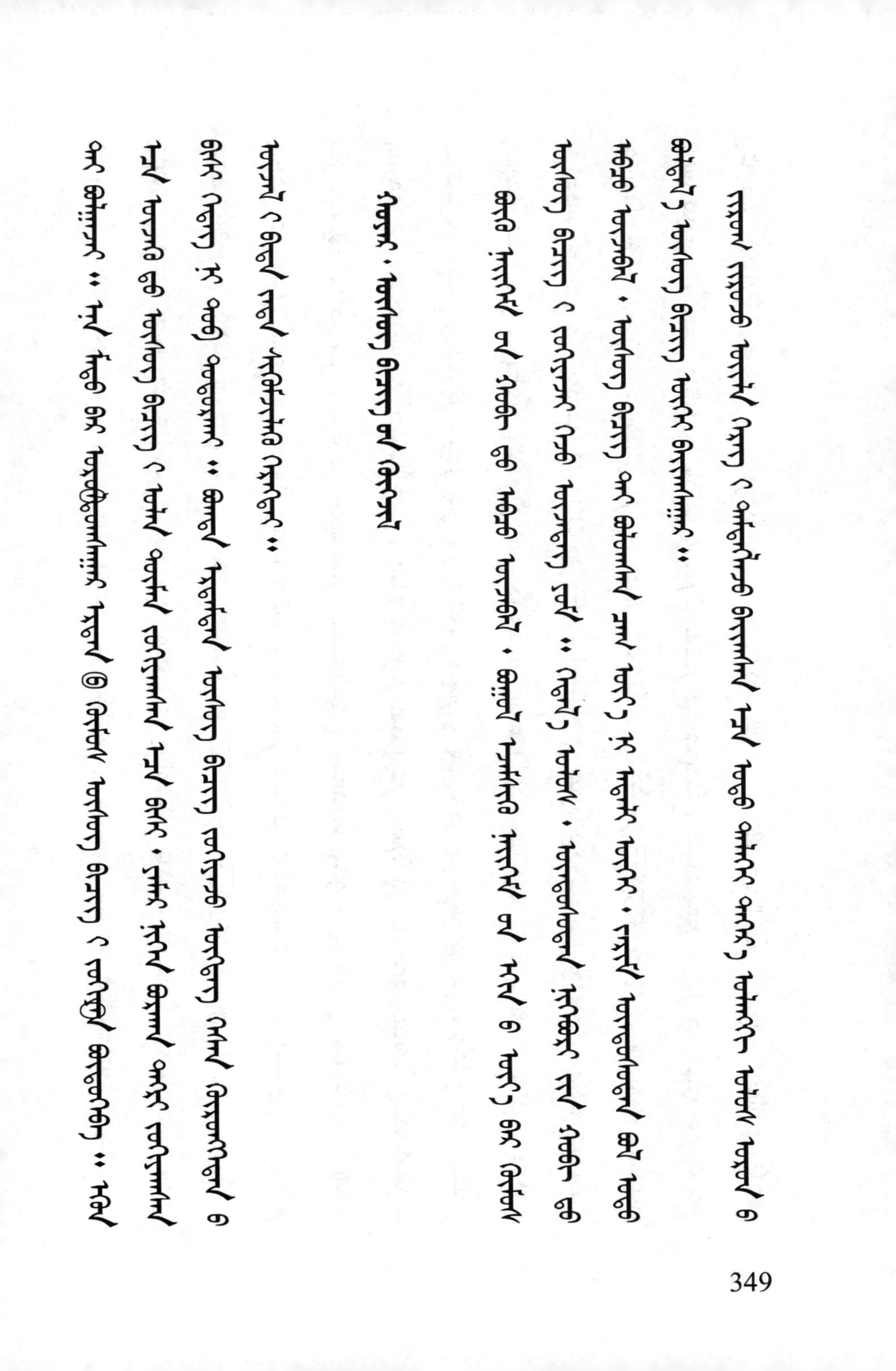

ᠨᠢ ᠡᠷᠲᠡᠨ ᠦ ᠦᠨᠳᠦᠰᠦᠨ ᠳᠦ ᠪᠠᠶᠢᠭᠤᠯᠤᠭᠳᠠᠭᠰᠠᠨ ᠪᠠᠶᠢᠳᠠᠭ ᠡᠮᠦᠨ᠎ᠡ ᠶᠢᠨ ᠬᠡᠯᠡᠨ ᠦ ᠳᠦᠷᠰᠦᠯᠡᠬᠦ ᠦᠰᠦᠭ ᠪᠣᠯ ᠵᠢᠷᠤᠭ ᠦᠰᠦᠭ ᠤᠨ ᠪᠠ
ᠪᠣᠯᠤᠨ᠎ᠠ ᠂ ᠪᠢᠴᠢᠭᠰᠡᠨ ᠬᠡᠯᠪᠡᠷᠢ ᠦᠰᠦᠭ ᠲᠦᠯᠦᠭ ᠄ ᠡᠨᠡ ᠪᠣᠯ ᠪᠣᠳᠠᠳᠤ ᠶᠢᠨ ᠪᠣᠳᠠᠰ ᠤᠨ ᠬᠡᠯᠪᠡᠷᠢ ᠶᠢ ᠳᠦᠷᠰᠦᠯᠡᠨ ᠄ ᠵᠢᠷᠤᠭᠯᠠᠭᠰᠠᠨ ᠡᠨᠡᠬᠦ
ᠳᠦᠷᠰᠦᠯᠡᠯ ᠦᠨ ᠦᠰᠦᠭ ᠤᠨ ᠦᠰᠦᠭ — ᠵᠢᠷᠤᠭ ᠦᠰᠦᠭ ᠪᠡᠷ 日月人雨 ᠵᠡᠷᠭᠡ ᠪᠣᠳᠠᠰ ᠨᠢ ᠡᠨᠡ ᠂ ᠲᠡᠷᠡ ᠂
ᠦᠨᠳᠦᠰᠦᠨ ᠳᠦ ᠮᠠᠰᠢ ᠪᠠᠶᠢᠭᠤᠯᠤᠭᠳᠠᠭᠰᠠᠨ ᠪᠠᠶᠢᠳᠠᠭ ᠬᠡᠳᠦᠢ ᠪᠣᠯᠪᠠᠴᠤ ᠡᠷᠲᠡᠨ ᠦ ᠮᠠᠰᠢ ᠳᠦᠷᠰᠦᠯᠡᠭᠳᠡᠭᠰᠡᠨ ᠄ ᠵᠢᠷᠤᠭᠯᠠᠭᠰᠠᠨ ᠄ ᠬᠡᠯᠪᠡᠷᠢ
ᠡᠨᠡ ᠳᠦᠷᠰᠦᠯᠡᠯ ᠬᠡᠯᠪᠡᠷᠢ ᠳᠤ ᠡᠨᠡᠬᠦ ᠶᠢᠨ ᠪᠣᠳᠠᠳᠤ ᠪᠣᠳᠠᠰ ᠢ ᠪᠣᠯᠭᠠᠨ ᠳᠦᠷᠰᠦᠯᠡᠬᠦ ᠲᠡᠮᠳᠡᠭ ᠄ ᠳᠦᠷᠰᠦᠯᠡᠯ ᠡᠨᠡᠬᠦ ᠨᠢ ᠂ ᠦᠰᠦᠭ
ᠦᠰᠦᠭ ᠨᠢ ᠡᠷᠲᠡᠨ ᠡᠴᠡ ᠬᠦᠭᠵᠢᠭᠰᠡᠨ ᠦᠰᠦᠭ ᠪᠠᠶᠢᠨ᠎ᠠ ᠂ ᠲᠡᠭᠦᠨ ᠳᠦᠷᠰᠦᠯᠡᠯ ᠬᠡᠯᠪᠡᠷᠢ ᠳᠤ ᠡᠨᠡᠬᠦ ᠶᠢᠨ ᠪᠣᠯᠭᠠᠨ ᠪᠦᠲᠦᠭᠡᠯ ᠦᠰᠦᠭ ᠦᠨ ᠬᠦᠭᠵᠢᠯᠲᠡ ᠄
ᠪᠠᠶᠢᠭᠤᠯᠤᠭᠳᠠᠭᠰᠠᠨ ᠪᠣᠯᠭᠠᠨ ᠮᠠᠰᠢ ᠡᠨᠡᠬᠦ ᠪᠣᠯ ᠄ ᠲᠡᠷᠡ ᠬᠡᠯᠡ ᠬᠡᠯᠡᠨ ᠦ ᠦᠰᠦᠭ ᠤᠨ ᠪᠣᠯᠭᠠᠨ ᠪᠣᠯᠤᠨ ᠄ ᠲᠡᠭᠦᠨ ᠳᠦ ᠂ ᠡᠨᠡᠬᠦ
ᠦᠰᠦᠭ ᠮᠡᠲᠦ ᠦᠭᠡ ᠄ ᠡᠨᠡᠬᠦ ᠳᠦᠷᠰᠦᠯᠡᠯ ᠦᠨ ᠦᠰᠦᠭ ᠲᠦᠷᠦᠯ ᠮᠠᠰᠢ ᠡᠷᠲᠡᠨ ᠪᠣᠯ ᠄ ᠬᠡᠯᠡ ᠳᠤ ᠂ ᠡᠷᠲᠡᠨ ᠬᠡᠯᠪᠡᠷᠢ ᠶᠢᠨ
ᠳᠤ ᠪᠢᠴᠢᠭ ᠦᠨ ᠡᠨᠡ ᠳᠤ ᠦᠰᠦᠭ（古埃及的圣书字）ᠬᠡᠯᠡ ᠪᠡᠷ ᠮᠠᠰᠢ ᠪᠢᠴᠢᠭ ᠪᠠᠶᠢᠳᠠᠭ ᠪᠢᠴᠢᠭᠯᠡᠯ
ᠦᠰᠦᠭ（甲骨文）᠂ ᠰᠤᠮᠧᠷ ᠤᠨ ᠰᠢᠪᠠᠭᠠᠨ ᠦᠰᠦᠭ（苏米人的楔形文）᠂ ᠮᠠᠶᠠ ᠶᠢᠨ ᠬᠡᠯᠡᠭᠡ
ᠡᠨᠡᠬᠦ ᠬᠡᠯᠪᠡᠷᠢᠲᠡᠶ ᠄ ᠡᠨᠡ ᠪᠣᠯ ᠨᠢᠭᠡ ᠪᠣᠳᠠᠰ ᠤᠨ ᠦᠰᠦᠭ ᠂ ᠵᠢᠷᠤᠭᠯᠠᠭᠰᠠᠨ ᠂ ᠲᠡᠷᠡ ᠶᠢᠨ ᠡᠨᠡᠬᠦ ᠳᠤ ᠵᠢᠷᠤᠭ
ᠬᠡᠯᠪᠡᠷᠢ ᠪᠣᠯᠤᠨ ᠡᠨᠡᠬᠦ ᠤᠨ ᠦᠰᠦᠭ ᠪᠢᠴᠢᠭ ᠪᠠ ᠂ ᠡᠨᠡᠬᠦ ᠡᠷᠲᠡᠨ ᠪᠣᠯᠤᠨ ᠲᠡᠮᠳᠡᠭᠯᠡᠭᠰᠡᠨ ᠳᠤ

ᠪᠤ ○○ ᠭᠡᠳᠡᠭ ᠲᠡᠮᠳᠡᠭ ᠦᠨ ᠰᠠᠨᠠᠭᠤᠯᠤᠮᠵᠢ ᠪᠣᠯ 〔mey〕· ᠮᠠᠭᠤ ᠶ᠋ᠢ ᠢᠯᠡᠳᠬᠡᠨ᠎ᠡ᠃ ᠵᠢᠱᠢᠶᠡᠯᠡᠪᠡᠯ ᠶ᠋ᠢ ᠨᠢ ᠮᠡᠳᠡᠭᠰᠡᠨ
ᠪᠣᠯᠤᠨ᠎ᠠ᠃ ᠡᠨᠡ ᠬᠡᠯᠡᠯᠭᠡ ᠳᠦ ᠪᠠᠰᠠ ᠨᠢᠭᠡ (ᠬᠡᠯᠡᠬᠦ ᠡᠰᠡᠬᠦ ᠪᠣᠯᠤᠨ᠎ᠠ᠃ ᠬᠡᠷᠪᠡ ᠪᠣ 凶 ᠬᠡᠮᠡᠨ ᠮᠡᠳᠡᠭᠰᠡᠨ
ᠬᠡᠷᠡᠭ ᠰᠠᠨᠠᠭᠤᠯᠤᠮᠵᠢ ᠶ᠋ᠢ ᠬᠡᠯᠡᠬᠦ 《其》(ᠬᠡᠯᠡᠬᠦ ᠪᠣᠯᠤᠨ ᠪᠣ 凶· ᠦᠭᠡᠢᠰᠬᠡᠨ ᠬᠡᠯᠡᠬᠦ ᠡᠰᠡᠬᠦ ᠪᠣᠯᠤᠨ ᠪᠣ 箕 ᠬᠡᠮᠡᠨ ᠪᠣᠯᠤᠨ᠎ᠠ
ᠳᠤᠭᠠᠷᠯᠠᠭᠤᠯᠤᠭᠰᠠᠨ· ᠬᠡᠯᠡᠬᠦ ᠶ᠋ᠢᠨ ᠬᠡᠯᠡᠯᠭᠡ ᠪᠠ ᠪᠣᠯᠤᠨ ᠪᠣ ᠬᠡᠳᠦᠨᠦᠭᠡ ᠬᠡᠯᠡᠬᠦ 《其》ᠶ᠋ᠢ ᠬᠡᠷᠡᠭᠯᠡᠬᠦ ᠬᠡᠯᠡᠭᠡ ᠬᠡᠷᠡᠭ ᠪᠣᠯᠤᠨ
ᠮᠡᠳᠡᠭᠰᠡᠨ ᠶ᠋ᠢ ᠬᠡᠮᠡᠨ ᠪᠠ ᠬᠡᠯᠡᠬᠦ ᠮᠡᠳᠡᠭᠰᠡᠨ ᠪᠣ 休 ᠬᠡᠮᠡᠨ ᠲᠡᠮᠳᠡᠭ ᠦᠨ ᠰᠠᠨᠠᠭᠤᠯ ᠡᠨᠡ ᠲᠡᠮᠳᠡᠭ ᠤᠨ ᠬᠡᠯᠡᠬᠦ ᠪᠣᠯᠬᠤ ᠪᠠ

ᠡᠮ ᠰᠢᠨᠵᠢᠯᠡᠭᠡᠨ ᠦ ᠨᠡᠢᠲᠡᠯᠡᠭ 0 (ᠨᠢᠭᠡ) ، 0 0 △ □ = (ᠬᠣᠶᠠᠷ) ، 0 0 ꝭ (ᠤᠰᠤ) ᠳᠣᠯᠣᠭ

ᠤᠬᠠᠭᠠᠨ ، ᠬᠡᠯᠡᠪᠡᠷᠢ ᠪᠠ ᠲᠡᠮᠳᠡᠭ ᠦᠨ ᠬᠡᠯᠪᠡᠷᠢ ᠪᠡᠷ ᠲᠡᠮᠳᠡᠭ ᠦᠨ (意符) ،
ᠲᠡᠮᠳᠡᠭᠲᠦ ᠶᠢᠨ ᠳᠠᠭᠤᠨ (音符) ᠪᠠ ᠲᠥᠷᠥᠯ ᠦᠨ ᠳᠠᠭᠤᠨ (类符或形符) ᠭᠡᠳᠡᠭ ᠬᠣᠶᠠᠷ ᠬᠡᠰᠡᠭ ᠲᠦ

ᠬᠡᠯᠡ ᠪᠡᠷ ᠳᠠᠭᠤᠳᠠᠭᠳᠠᠬᠤ ᠵᠢᠱᠢᠶᠡ ᠶᠢᠨ ᠲᠡᠮᠳᠡᠭ :: ᠵᠢᠱᠢᠶᠡᠯᠡᠪᠡᠯ ᠶ᠋ ᠠᠮᠣᠨ ᠤ 假名 ᠬᠡᠯᠡ ᠶ᠋ ᠳᠠᠭᠤᠳᠤᠨ ᠳᠠᠭᠤᠳᠠᠭᠳᠠᠨ᠎ᠠ :: ᠵᠢᠱᠢᠶᠡ ᠳᠠᠭᠤᠳᠤᠨ ᠶ᠋ ᠵᠢᠱᠢᠶ᠎ᠡ

ᠪᠢᠴᠢᠭᠳᠡᠭ :: ᠵᠢᠱᠢᠶᠡᠯᠡᠪᠡᠯ ᠶ᠋ : カ 〔ka〕 · ソ 〔so〕 · エ 〔yu〕 · イ 〔i〕 · オ 〔o〕 ᠭᠡᠵᠦ ::

ᠪᠢᠴᠢᠭᠳᠡᠭ :: ᠵᠢᠱᠢᠶᠡᠯᠡᠪᠡᠯ ᠶ᠋ ᠠᠩᠭ᠋ᠯᠢ ᠬᠡᠯᠡ ᠶᠢᠨ ᠪᠢᠴᠢᠯᠭᠡ《a》 ᠠᠶᠠᠯᠭᠤ ᠲᠠᠢ ᠳᠠᠭᠤᠳᠤᠨ᠎ᠠ :: ᠲᠡᠮᠳᠡᠭᠯᠡᠪᠡᠯ : p · p' ·

m · r ᠳᠠᠭᠤᠳ ᠢ〔pa〕·〔p'a〕·〔ma〕·〔na〕·〔ra〕 ᠭᠡᠵᠦ ᠪᠠᠷ ᠳᠠᠭᠤᠳᠤᠨ᠎ᠠ ::

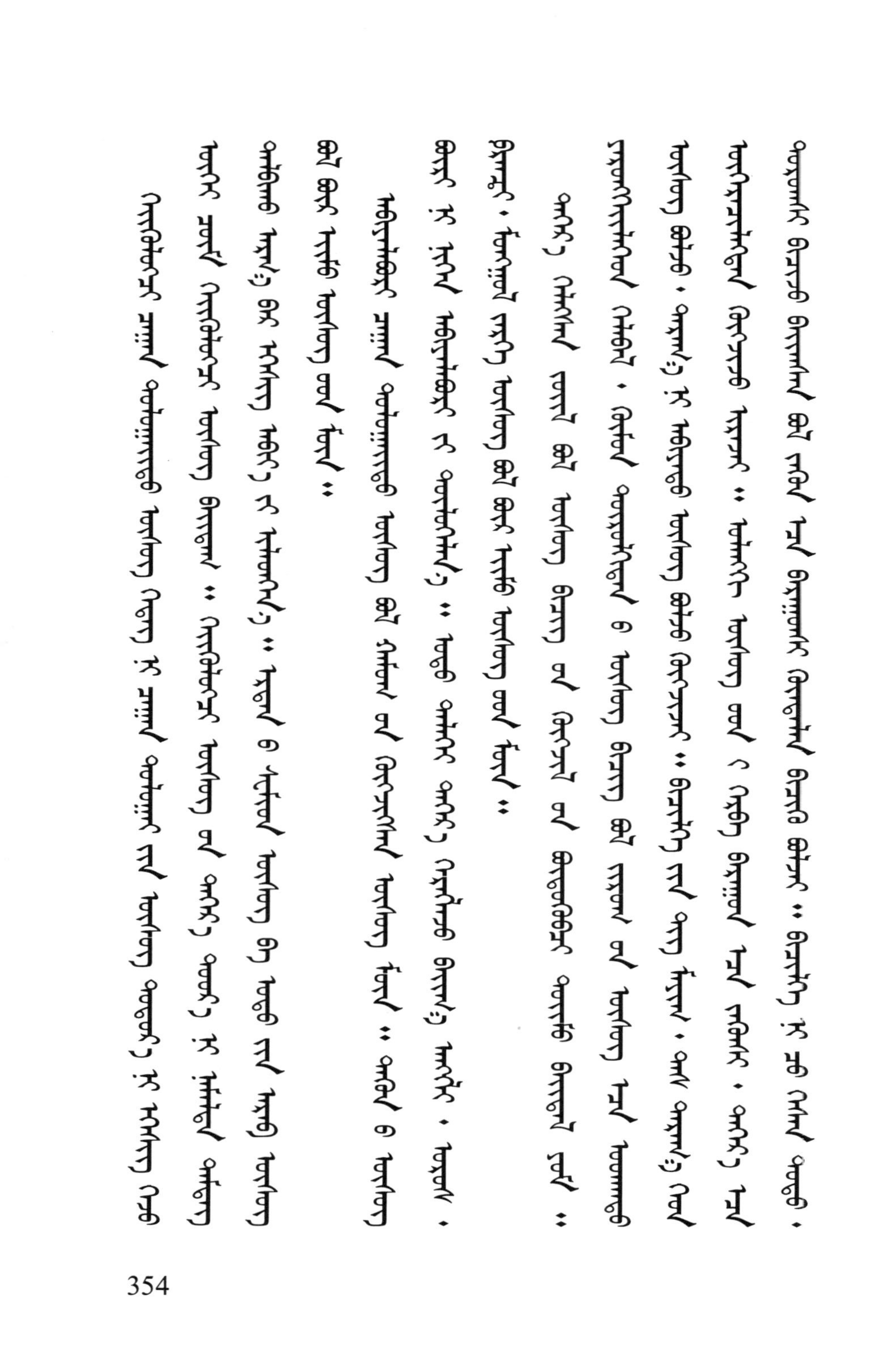

[illegible]

write〔rait〕(ᠪᠢᠴᠢᠬᠦ)· thought〔θɔ:t〕(ᠰᠠᠨᠠᠭᠰᠠᠨ ᠰᠠᠨᠠᠯ) ᠭᠡᠬᠦ ᠮᠡᠳᠦ ᠪᠣᠯᠤᠨ᠎ᠠ᠃

thought ᠭᠡᠳᠡᠭ ᠦᠨ gh ᠬᠣᠶᠠᠷ ᠦᠰᠦᠭ ᠢ ᠪᠠᠰᠠ ᠳᠠᠭᠤᠳᠠᠬᠤ ᠦᠭᠡᠢ· ᠮᠡᠳᠡᠬᠦ know〔nou〕(ᠮᠡᠳᠡᠬᠦ)·

ᠳᠠᠭᠤᠳᠠᠬᠤ ᠦᠭᠡᠢ ᠪᠣᠯᠤᠨ᠎ᠠ᠃ ᠡᠨᠡ ᠦᠰᠦᠭ ᠦᠨ know ᠭᠡᠳᠡᠭ ᠦᠨ k ᠪᠠ w · write ᠭᠡᠳᠡᠭ ᠦᠨ w ᠪᠠ e ·

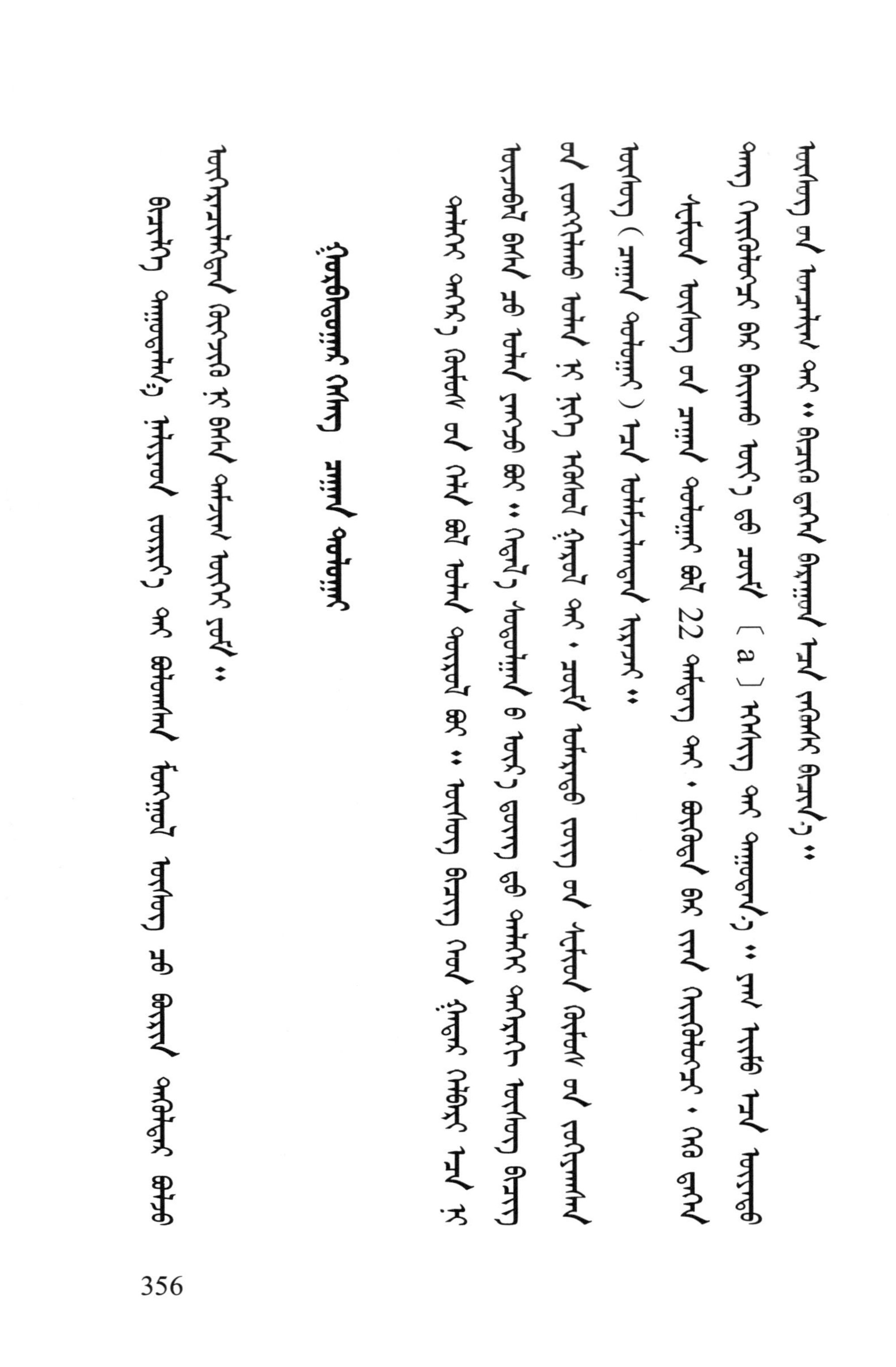

ᠠᠪᠢᠶᠠ ᠬᠤᠪᠢᠶᠠᠷᠤᠯᠲᠤ ᠪᠡᠷ ᠪᠠᠭᠠᠰᠬᠤ ᠬᠡᠯᠡᠨ ᠳᠤ ᠡᠨᠡ [a] ᠡᠭᠡᠰᠢᠭ ᠪᠠᠷ ᠠᠪᠢᠶᠠᠨ ᠤ᠄ ᠡᠨᠡ ᠬᠡᠯᠡᠭᠰᠡᠨ ᠶᠢᠨ ᠬᠡᠯᠡᠭᠡᠳ

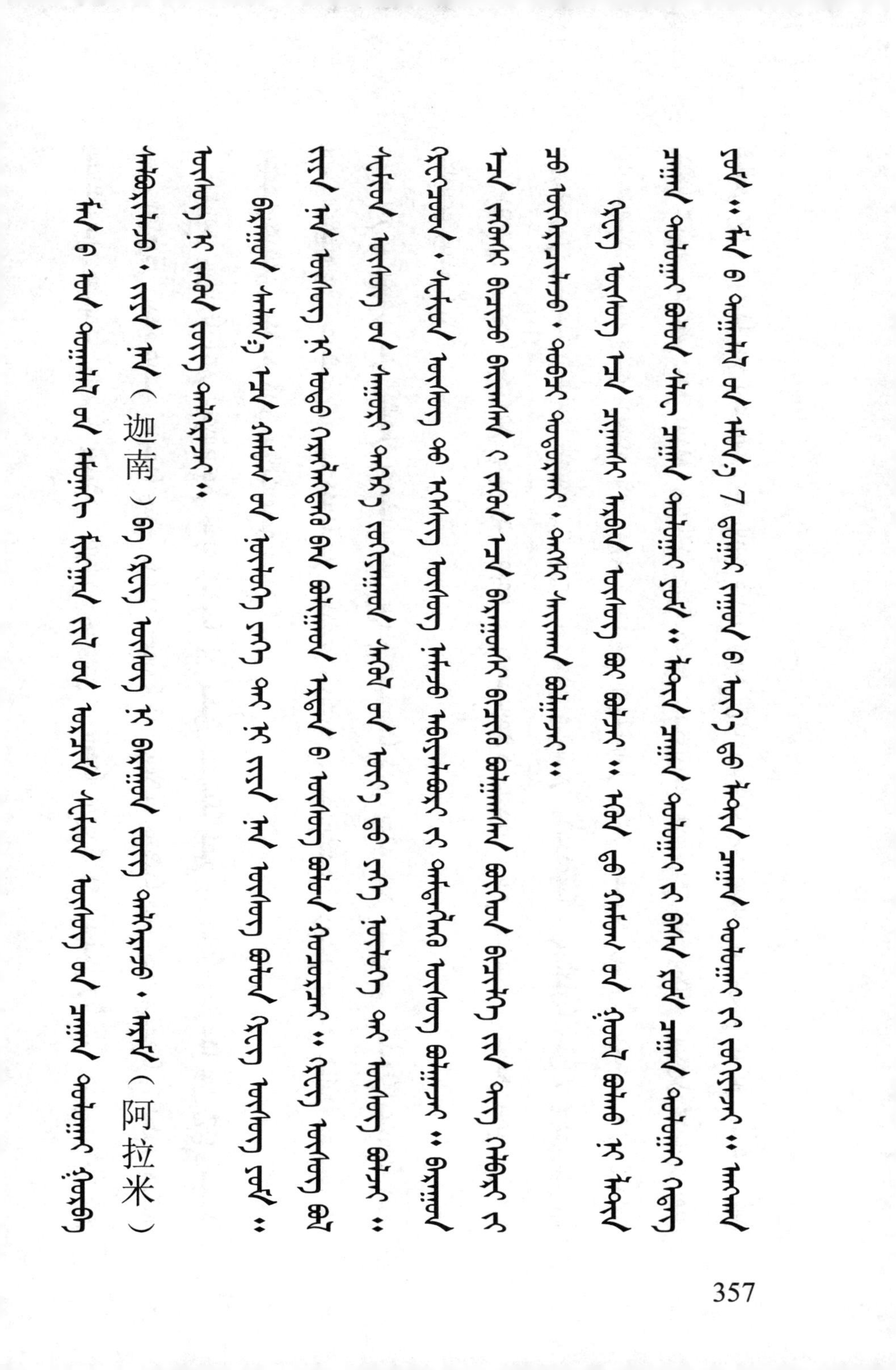

[illegible] ᠬᠠᠨ (迦南) [illegible] (阿拉米) [illegible]

[illegible]

[illegible] 7 [illegible]

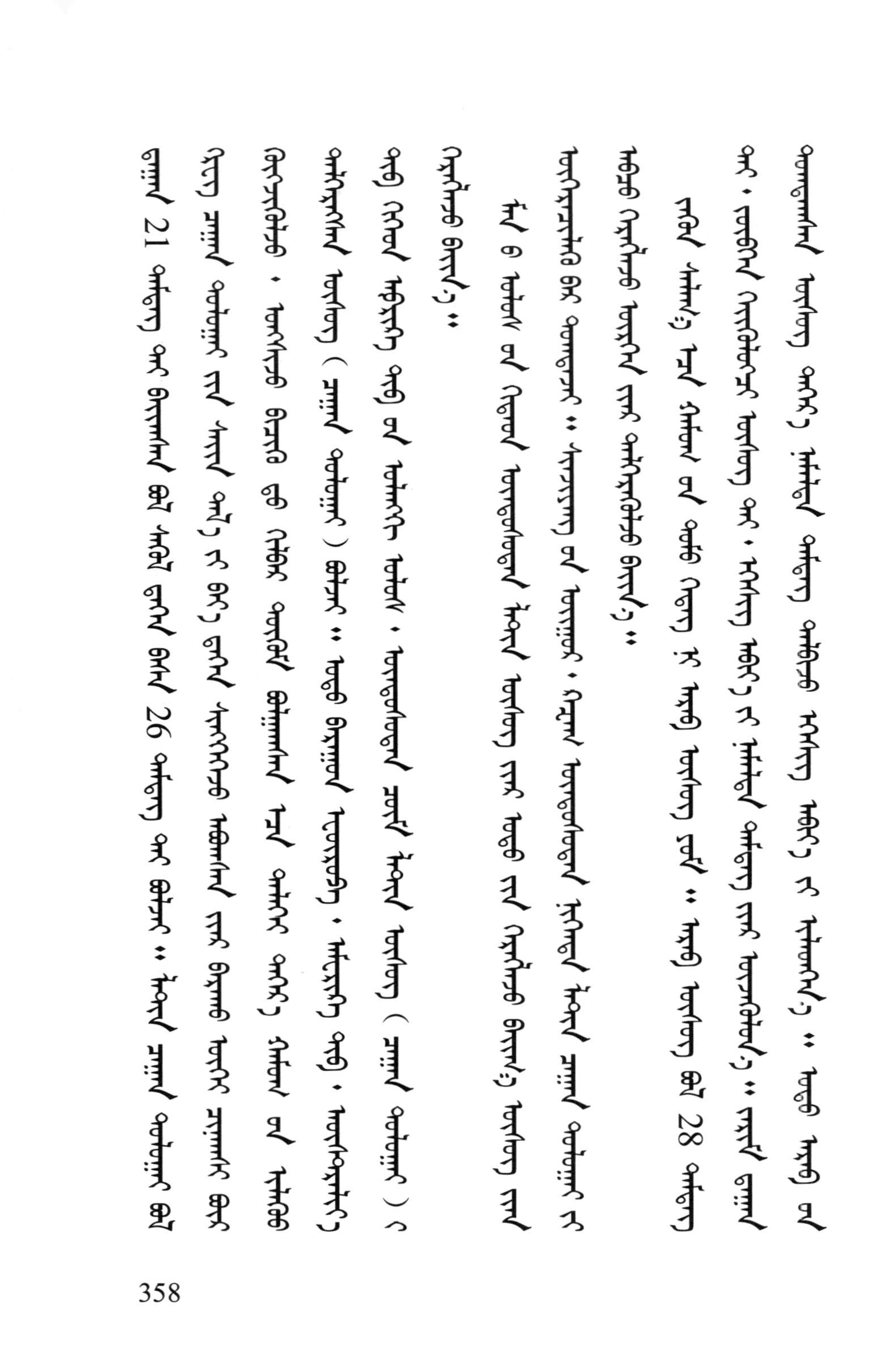

[illegible] 21 [illegible] 26 [illegible] ᠄ [illegible]
[illegible]
[illegible] ᠂ [illegible]
[illegible] ([illegible]) [illegible] ᠄ [illegible] ᠂ [illegible] ᠂ [illegible]
[illegible] ([illegible]) [illegible]

[illegible] ᠄

[illegible]
[illegible] ᠄ [illegible] ᠂ [illegible]
[illegible] ᠄

[illegible] 28 [illegible] ᠄ [illegible]
[illegible] ᠄ [illegible] ᠂ [illegible] ᠂ [illegible]
[illegible] ᠄ [illegible]

ᠲᠥᠪᠡᠳ ᠦᠰᠦᠭ 》 ᠦᠨ ᠪᠠᠢᠳᠠᠯ ᠂ ᠲᠥᠪᠡᠳ ᠦᠰᠦᠭ ᠦᠨ ᠡᠬᠢ ᠦᠰᠦᠭ ᠦᠨ ᠬᠡᠯᠪᠡᠷᠢ ᠪᠣᠯᠤᠨ ᠲᠥᠪᠡᠳ ᠦᠰᠦᠭ ᠦᠨ ᠡᠷᠳᠡᠮ ᠦᠨ ᠶᠠᠰᠤ ᠵᠢ ᠲᠡᠭᠦᠨ ᠦ

ᠦᠰᠦᠭ ᠦᠨ ᠪᠦᠲᠦᠴᠡ ᠪᠠᠢᠭᠤᠯᠤᠯᠲᠠ ᠶᠢᠨ ᠲᠤᠬᠠᠢ ᠳᠤ ᠲᠡᠭᠦᠨ ᠦ ᠶᠠᠰᠤ ᠪᠠᠢᠳᠠᠯ ᠢ ᠳᠤᠷᠠᠳᠬᠠᠨ᠎ᠠ ᠃ ᠲᠥᠪᠡᠳ ᠦᠰᠦᠭ ᠦᠨ 《 ᠭᠤᠴᠢᠨ

ᠭᠤᠷᠪᠠᠨ ᠦᠰᠦᠭ ᠦᠨ ᠳᠦᠷᠢᠮ 》 ᠳᠤ ᠲᠡᠭᠦᠨ ᠦ ᠦᠰᠦᠭ ᠦᠨ ᠪᠦᠲᠦᠴᠡ ᠶᠢ ᠲᠣᠳᠣᠷᠬᠠᠢ ᠲᠣᠭᠠᠴᠠᠭᠰᠠᠨ ᠪᠠᠢᠳᠠᠭ ᠃ ᠲᠥᠪᠡᠳ ᠦᠰᠦᠭ ᠦᠨ

ᠡᠬᠢ ᠦᠰᠦᠭ ᠨᠢ ᠳᠠᠭᠤ ᠡᠭᠡᠰᠢᠭ ᠤᠨ ᠲᠡᠮᠳᠡᠭ [a] ᠢ ᠠᠭᠤᠯᠤᠭᠰᠠᠨ ᠭᠡᠢᠢᠭᠦᠯᠦᠭᠴᠢ ᠦᠰᠦᠭ ᠪᠠᠢᠳᠠᠭ ᠃ ᠭᠡᠢᠢᠭᠦᠯᠦᠭᠴᠢ ᠦᠰᠦᠭ ᠦᠨ

ᠲᠣᠭ᠎ᠠ ᠨᠢ ᠲᠥᠪᠡᠳ ᠦᠰᠦᠭ ᠳᠤ ᠪᠠᠢᠬᠤ ᠪᠠᠢᠳᠠᠯ ᠲᠠᠢ ᠠᠳᠠᠯᠢ ᠪᠣᠯᠤᠨ᠎ᠠ ᠃ ᠲᠥᠪᠡᠳ ᠦᠰᠦᠭ ᠭᠡᠢᠢᠭᠦᠯᠦᠭᠴᠢ 30 ᠪᠣᠯᠤᠨ᠎ᠠ ᠂

ᠪᠠ ᠡᠭᠡᠰᠢᠭ ᠦᠰᠦᠭ ᠦᠨ ᠲᠡᠮᠳᠡᠭ ᠪᠠᠢᠳᠠᠭ ᠃ ᠡᠨᠡ ᠦ ᠲᠡᠮᠳᠡᠭ ᠳᠤ ᠲᠣᠬᠢᠷᠠᠭᠤᠯᠤᠭᠰᠠᠨ ᠦᠰᠦᠭ ᠪᠡᠷ 7 ᠲᠥᠷᠦᠯ ᠦᠨ ᠲᠡᠮᠳᠡᠭ ᠢ ᠪᠠ

ᠨᠡᠮᠡᠵᠦ ᠬᠡᠷᠡᠭᠯᠡᠨ᠎ᠡ ᠃ ᠡᠨᠡ ᠨᠢ ᠳᠡᠭᠡᠷ᠎ᠡ ᠂ ᠳᠣᠣᠷ᠎ᠠ ᠂ ᠵᠡᠭᠦᠨ ᠲᠠᠯ᠎ᠠ ᠪᠠᠷᠠᠭᠤᠨ ᠲᠠᠯ᠎ᠠ ᠶᠢᠨ ᠦᠰᠦᠭ ᠦᠨ ᠲᠡᠮᠳᠡᠭ

ᠪᠣᠯᠤᠨ ᠬᠣᠯᠪᠣᠭᠳᠠᠬᠤ ᠲᠡᠮᠳᠡᠭ ᠦᠨ ᠦᠰᠦᠭ ᠪᠣᠯᠤᠨ᠎ᠠ ᠃ ᠡᠨᠡᠳᠬᠡᠭ ᠦᠰᠦᠭ ᠦᠨ ᠬᠡᠯᠪᠡᠷᠢ ᠨᠢ ᠦᠰᠦᠭ ᠦᠨ ᠬᠡᠯᠪᠡᠷᠢ (天城体字母) ᠲᠠᠢ

ᠠᠳᠠᠯᠢ ᠪᠠᠢᠬᠤ ᠪᠢᠰᠢ ᠂ ᠲᠡᠭᠦᠨ ᠡᠴᠡ ᠬᠤᠪᠢᠷᠠᠭᠤᠯᠤᠨ ᠵᠣᠬᠢᠶᠠᠭᠰᠠᠨ ᠲᠣᠯᠠ ᠣᠨᠴᠠᠯᠢᠭ ᠲᠠᠢ ᠪᠠᠢᠳᠠᠭ ᠃

ᠡᠭᠡᠰᠢᠭ ᠦᠰᠦᠭ ᠦᠨ ᠳᠡᠭᠡᠷ᠎ᠡ ᠪᠠᠢᠳᠠᠭ ᠃

ᠲᠠᠪᠠᠨ ᠡᠭᠡᠰᠢᠭ ᠦᠰᠦᠭ ᠦᠨ ᠲᠡᠮᠳᠡᠭ ᠲᠠᠢ ᠪᠥᠭᠡᠳ ᠲᠡᠭᠦᠨ ᠢ ᠵᠠᠷᠢᠮ ᠳᠤ ᠳᠤᠷᠠᠳᠬᠠᠨ᠎ᠠ ᠃ ᠡᠨᠡ ᠦ ᠲᠡᠮᠳᠡᠭ ᠨᠢ ᠲᠣᠭᠠᠨ ᠠᠳᠠᠯᠢ

ᠲᠥᠷᠦᠯ ᠦᠨ ᠦᠰᠦᠭ ᠂ ᠡᠬᠢᠨ ᠂ ᠳᠤᠮᠳᠠ ᠂ ᠲᠡᠭᠦᠰᠬᠡᠯ ᠂ ᠬᠣᠯᠪᠣᠭᠳᠠᠬᠤ ᠂ ᠲᠠᠰᠤᠷᠠᠯᠲᠠ ᠂ ᠨᠡᠮᠡᠯᠲᠡ ᠂ ᠲᠤᠰᠠᠳ

ᠣᠷᠣᠯᠴᠠᠭᠤᠯᠤᠭᠰᠠᠨ ᠮᠡᠳᠡᠭᠳᠡᠬᠦ ᠪᠣ ᠲᠠᠯᠠᠪᠠᠢ ᠶᠢᠨ ᠬᠣᠷᠢᠶᠠᠯᠠᠭᠳᠠᠭᠰᠠᠨ ᠶᠢ ᠲᠣᠭᠲᠠᠭᠠᠪᠠ᠃ ᠲᠡᠦᠬᠡᠨ ᠦ ᠳᠤ ᠶᠡᠬᠡ ᠬᠤᠪᠢ ᠳᠤ ᠵᠢᠷᠤᠮ ᠶᠢᠨ ᠪᠠᠷᠠᠭᠤᠨ ᠬᠢᠵᠠᠭᠠᠷᠲᠤ ᠪᠠᠢᠭᠰᠠᠨ ᠂ ᠠᠰᠰᠦᠷ ᠤᠨ ᠨᠡᠷᠡᠯᠡᠭᠰᠡᠨ ᠦᠨ ᠮᠡᠳᠡᠭᠳᠡᠬᠦ ᠰᠢᠷᠢᠶ᠎ᠠ ᠬᠡᠮᠡᠬᠦ 《ᠰᠢᠷᠢᠶ᠎ᠠ》 ᠭᠡᠵᠦ ᠨᠡᠷᠡᠶᠢᠳᠦᠭᠰᠡᠨ ᠪᠠᠢᠨ᠎ᠠ᠃

ᠡᠨᠡ ᠦ ᠣᠷᠣᠨ ᠰᠢᠷᠢᠶ᠎ᠠ ᠳᠤ ᠣᠷᠤᠨ ᠰᠠᠭᠤᠳᠠᠯ ᠤᠨ ᠠᠰᠰᠦᠷ ᠶᠢᠨ ᠨᠡᠷᠡᠶᠢᠳᠦᠯ ᠪᠡᠷ ᠰᠢᠷᠢᠶ᠎ᠠ ᠬᠡᠮᠡᠨ᠎ᠡ᠃ ᠰᠠᠭᠤᠳᠠᠯ ᠡᠨᠡ ᠰᠢᠷᠢᠶ᠎ᠠ ᠪᠡᠷ（叙利亚）ᠰᠢᠷᠢᠶ᠎ᠠ ᠶᠡᠬᠡᠳᠦ᠂ ᠰᠢᠷᠢᠶ᠎ᠠ ᠪᠡᠷ ᠦᠨᠳᠦᠰᠦ ᠦ ᠰᠢᠷᠢᠶ᠎ᠠ᠂ ᠰᠠᠭᠤᠳᠠᠯ ᠰᠢᠷᠢᠶ᠎ᠠ ᠶᠡᠬᠡᠳᠦ᠂ ᠰᠠᠭᠤᠳᠠᠯ ᠰᠢᠷᠢᠶ᠎ᠠ ᠪᠡᠷ ᠰᠠᠭᠤᠳᠠᠭᠤᠯᠤᠭᠰᠠᠨ ᠣᠷᠣᠨ ᠰᠢᠷᠢᠶ᠎ᠠ ᠶᠡᠬᠡᠳᠦᠨ᠃ ᠰᠢᠷᠢᠶ᠎ᠠ ᠬᠡᠮᠡᠭᠳᠡᠭᠰᠡᠨ ᠣᠷᠣᠨ ᠰᠢᠷᠢᠶ᠎ᠠ ᠪᠣᠯᠤᠨ᠎ᠠ᠃ ᠪᠠᠢᠭ᠎ᠠ ᠦ ᠰᠠᠭᠤᠳᠠᠯ ᠦ ᠨᠡᠷ᠎ᠡ ᠲᠣᠭᠲᠠᠭᠠᠯ ᠤᠨ ᠰᠠᠭᠤᠳᠠᠭᠤᠯᠤᠯ ᠶᠡᠬᠡᠳᠦᠭ ᠰᠢᠷᠢᠶ᠎ᠠ ᠶᠢᠨ ᠂ ᠬᠡᠷᠡᠭ ᠪᠠᠢᠭᠤᠯᠬᠤ ᠨᠡᠷ᠎ᠡ ᠭᠠᠵᠠᠷ ᠤᠨ ᠣᠷᠣᠨ ᠰᠢᠷᠢᠶ᠎ᠠ ᠶᠢᠨ ᠰᠠᠭᠤᠳᠠᠯ ᠶᠢᠨ ᠬᠡᠷᠡᠭᠯᠡᠭᠰᠡᠨ ᠰᠢᠷᠢᠶ᠎ᠠ ᠶᠢᠨ᠂ ᠬᠤᠪᠢ ᠰᠢᠷᠢᠶ᠎ᠠ ᠪᠡᠷ ᠳᠠᠭᠤᠳᠠᠭᠳᠠᠭᠰᠠᠨ ᠰᠢᠷᠢᠶ᠎ᠠ ᠶᠢᠨ᠃ ᠰᠠᠭᠤᠳᠠᠯ ᠨᠡᠷ᠎ᠡ ᠶᠢᠨ ᠮᠡᠳᠡᠭᠳᠡᠬᠦ ᠣᠷᠣᠨ ᠰᠢᠷᠢᠶ᠎ᠠ ᠶᠢᠨ ᠲᠣᠭᠲᠠᠭᠠᠯ ᠳᠤ ᠶᠡᠬᠡ ᠬᠢᠵᠠᠭᠠᠷ ᠤᠨ ᠬᠤᠪᠢ ᠨᠡᠮᠡᠷ ᠣᠷᠣᠭᠤᠯᠤᠭᠰᠠᠨ᠂ ᠪᠠᠢᠭᠤᠯᠬᠤ ᠶᠢᠨ ᠳᠤ ᠬᠡᠮᠡᠭᠳᠡᠭᠰᠡᠨ ᠪᠠ ᠬᠤᠪᠢ ᠨᠡᠮᠡᠷ ᠰᠢᠷᠢᠶ᠎ᠠ ᠶᠢᠨ ᠣᠷᠣᠯᠴᠠᠭᠤᠯᠬᠤ

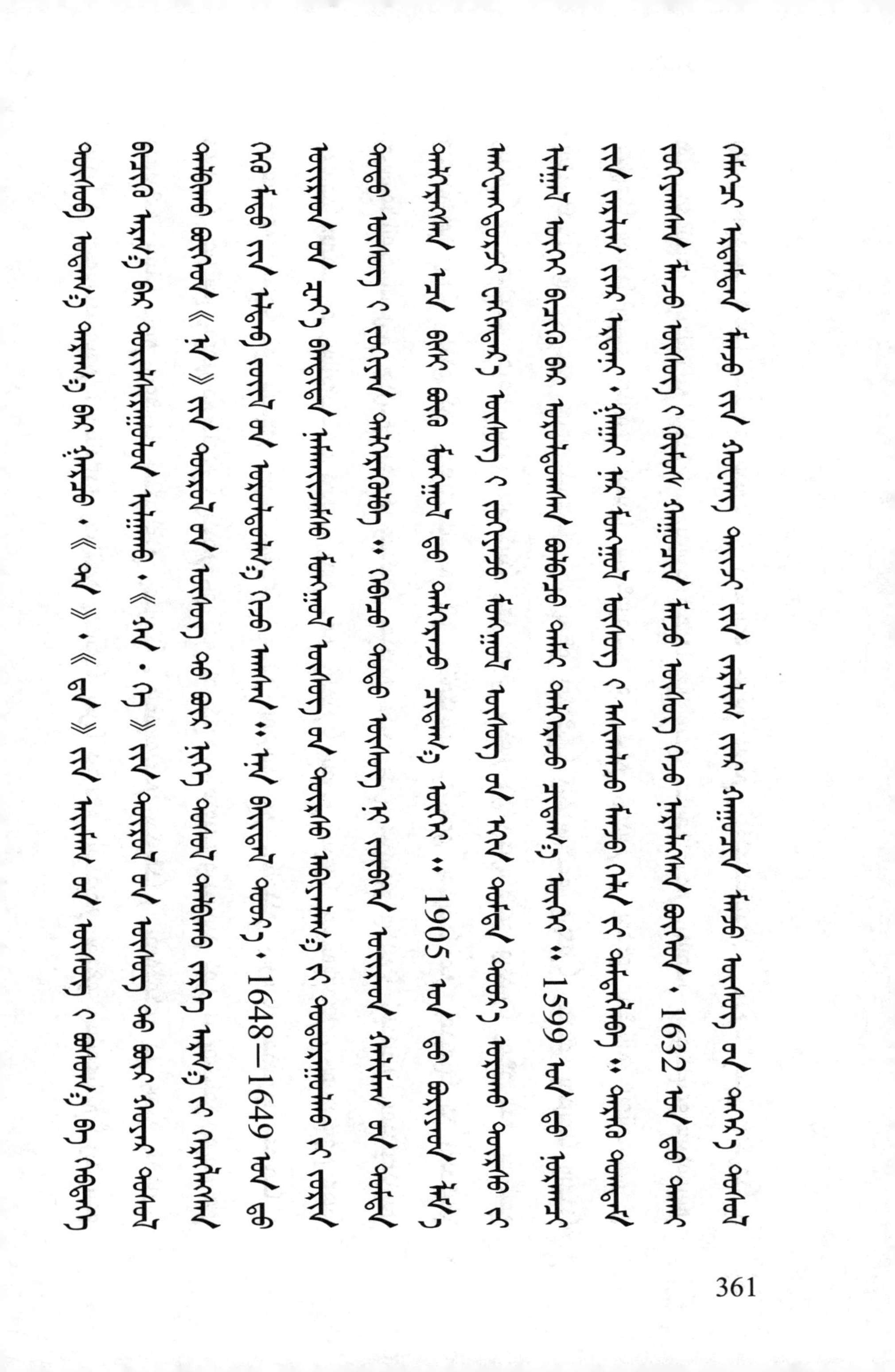

[illegible]

[illegible] 1632 [illegible]

[illegible]

[illegible] 1599 [illegible]

[illegible]

[illegible] 1905 [illegible]

[illegible]

[illegible]

[illegible] 1648—1649 [illegible]

[illegible] 《 [illegible] 》 [illegible]

[illegible] 《 [illegible] · [illegible] 》 [illegible]

[illegible] 《 [illegible] 》 · 《 [illegible] 》 [illegible]

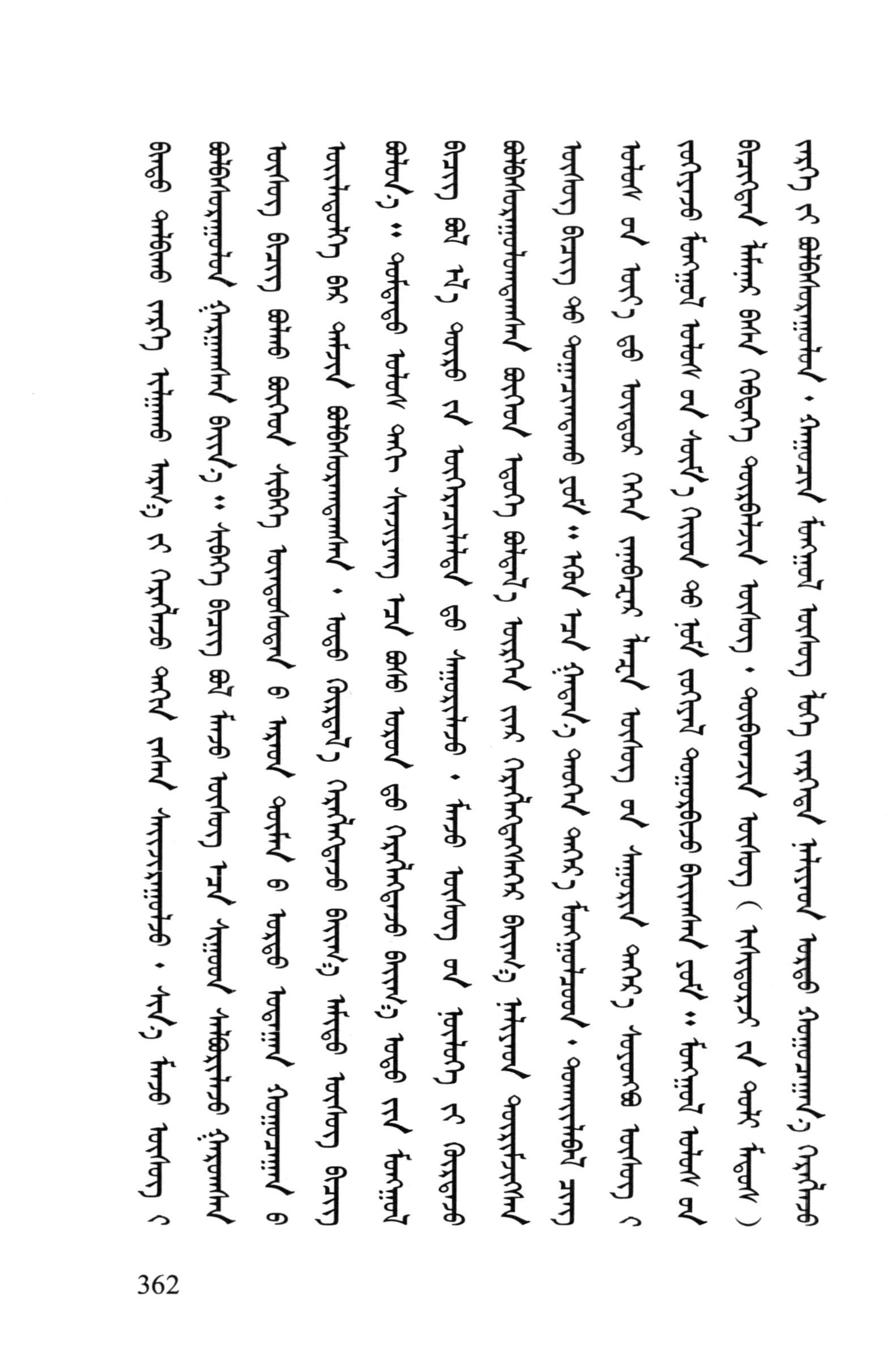

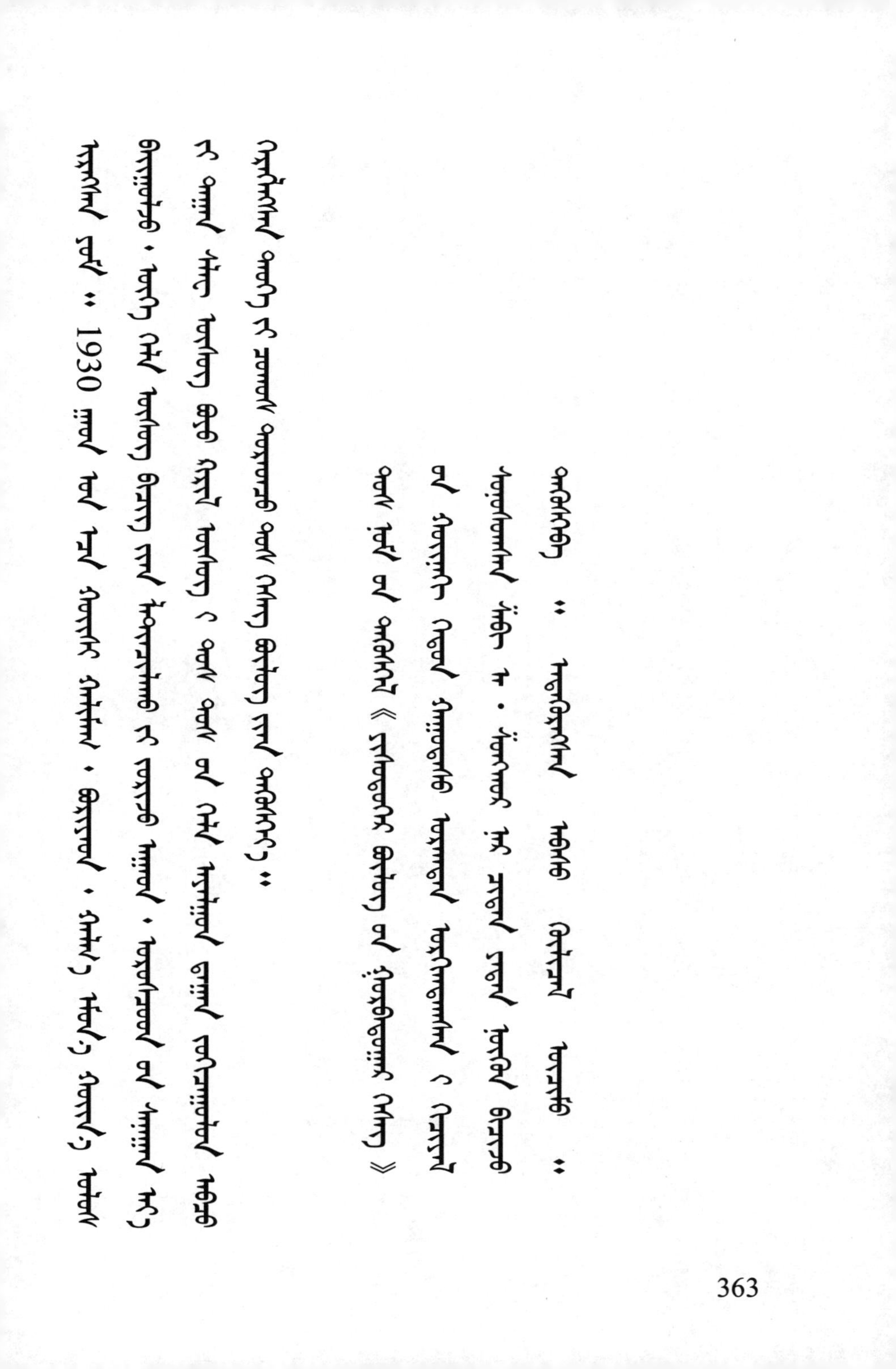

[illegible] ᠄ 1930 [illegible]

[illegible] 《 [illegible] 》 [illegible]

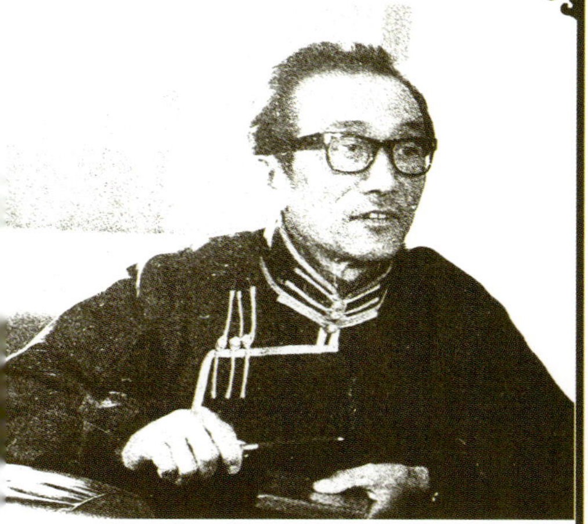

那顺巴雅尔文集

Collected Works of Nasanbayar

2

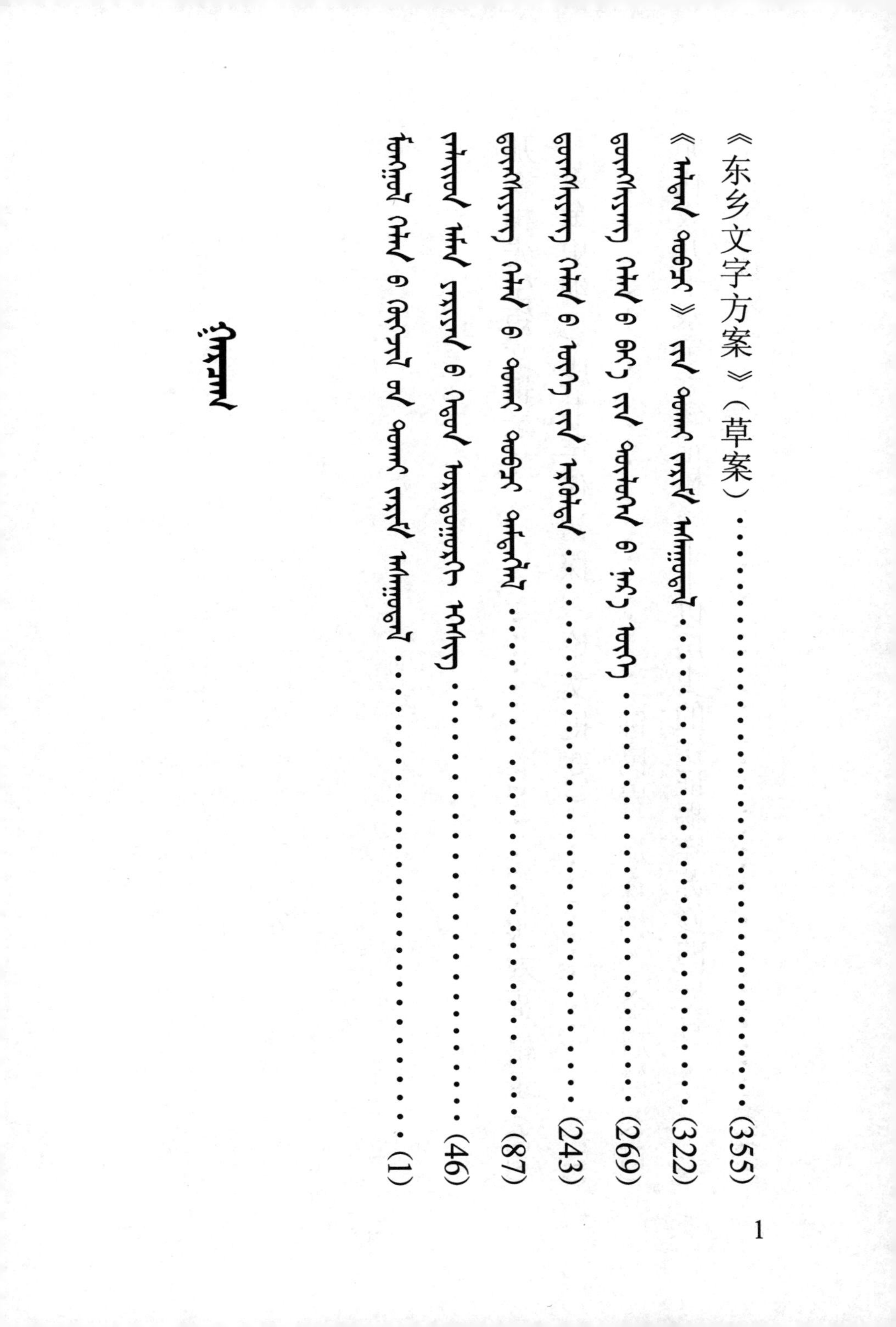

ᠭᠠᠷᠴᠠᠭ

ᠮᠣᠩᠭᠣᠯ ᠬᠡᠯᠡᠨ ᠦ ᠦᠭᠡᠰ ᠦᠨ ᠰᠤᠳᠤᠯᠭᠠ ᠶᠢᠨ ᠲᠣᠪᠴᠢᠶᠠᠨ

ᠲᠡᠷᠡ ᠦ ᠮᠣᠩᠭᠣᠯᠴᠤᠳ ᠤᠨ ᠬᠡᠯᠡ ᠮᠣᠩᠭᠣᠯ ᠪᠣᠯ ᠮᠣᠩᠭᠣᠯᠴᠤᠳ ᠤᠨ ᠬᠡᠯᠡ ᠪᠣᠯ ᠬᠡᠯᠡᠳᠡᠭ ᠪᠢᠯᠡ ᠂ ᠠᠯᠳᠠᠷᠰᠢᠭᠰᠠᠨ ᠰᠣᠶᠣᠯ ᠤᠨ ᠪᠢᠴᠢᠭ ᠲᠦ ᠪᠠᠶᠠᠷ ᠬᠡᠯᠡᠬᠦ ᠂ ᠮᠣᠩᠭᠣᠯ ᠤᠨ ᠦᠨᠳᠦᠰᠦᠨ ᠦ ᠰᠤᠷᠭᠠᠭᠤᠯᠢ ᠶᠢᠨ ᠰᠤᠷᠪᠤᠯᠵᠢᠲᠤ ᠪᠢᠴᠢᠭ ᠲᠦ ᠲᠡᠮᠳᠡᠭᠯᠡᠭᠰᠡᠨ ᠪᠣᠯᠤᠨ᠎ᠠ ᠃ ᠡᠨᠡ ᠦ ᠬᠡᠯᠡ ᠮᠣᠩᠭᠣᠯ ᠬᠡᠯᠡᠨ ᠦ ᠲᠡᠦᠬᠡ ᠶᠢᠨ ᠰᠤᠳᠤᠯᠭᠠ ᠂ ᠬᠡᠯᠡᠨ ᠦ ᠬᠥᠭᠵᠢᠯ ᠤᠨ ᠳᠦᠷᠢᠮ ᠵᠦᠢ ᠶᠢ ᠰᠤᠳᠤᠯᠬᠤ ᠳᠤ ᠴᠢᠬᠤᠯᠠ ᠠᠴᠢ ᠬᠣᠯᠪᠣᠭᠳᠠᠯ ᠲᠠᠢ ᠮᠠᠲ᠋ᠸᠷᠢᠶᠠᠯ ᠪᠣᠯᠤᠨ᠎ᠠ ᠃ ᠡᠨᠡ ᠦ ᠬᠡᠯᠡ ᠮᠣᠩᠭᠣᠯ ᠤᠨ ᠦᠨᠳᠦᠰᠦᠲᠡᠨ ᠦ ᠬᠡᠯᠡ ᠰᠣᠶᠣᠯ ᠤᠨ ᠬᠥᠭᠵᠢᠯ ᠲᠦ ᠴᠢᠬᠤᠯᠠ ᠠᠴᠢ ᠬᠣᠯᠪᠣᠭᠳᠠᠯ ᠲᠠᠢ ᠪᠣᠯᠭᠠᠨ ᠠᠪᠴᠤ ᠦᠵᠡᠭᠦᠯᠪᠡ ᠃

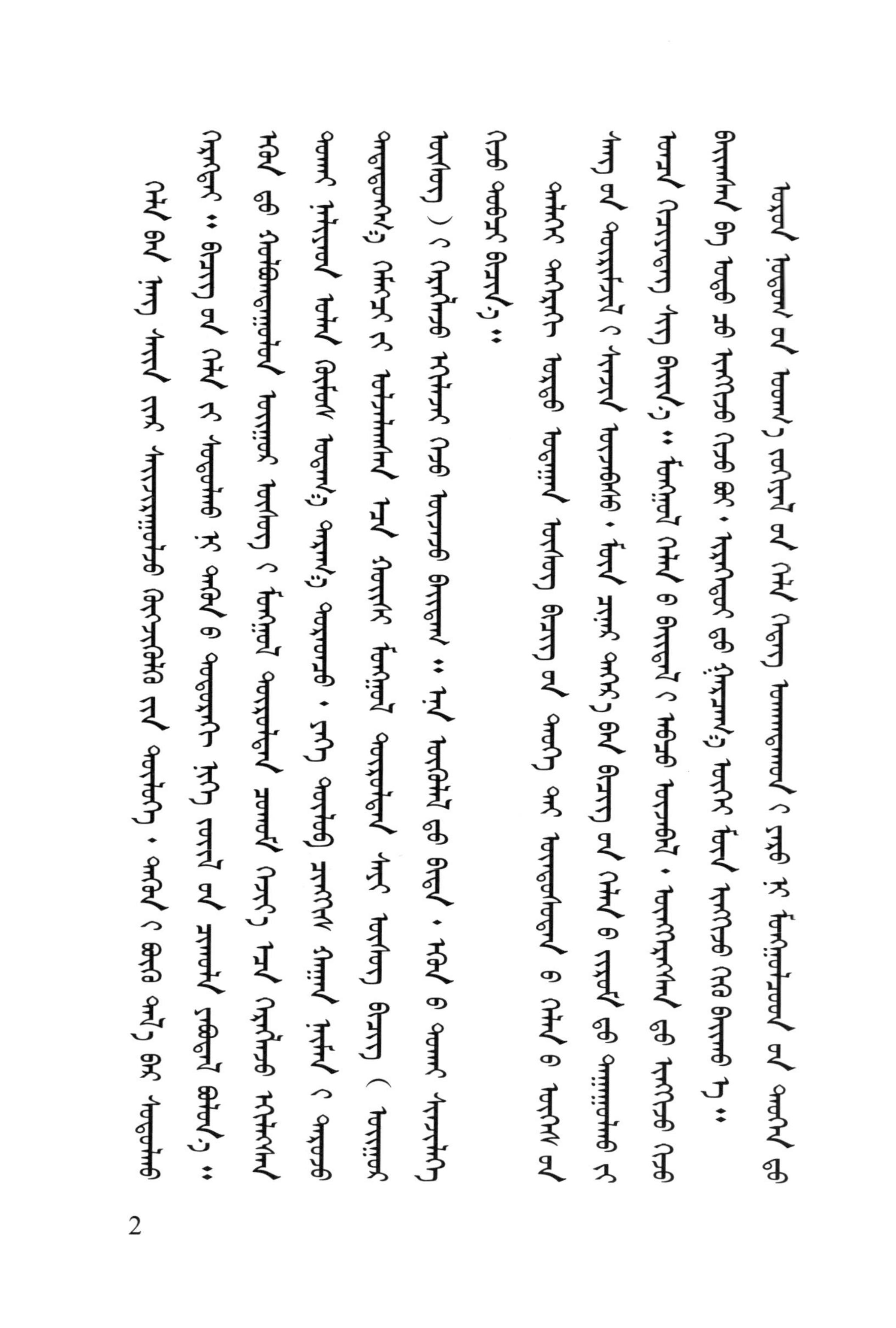

[illegible]
[illegible]
[illegible]
[illegible]
[illegible]
[illegible]

[illegible]
[illegible]
[illegible]
[illegible]
[illegible]
[illegible]

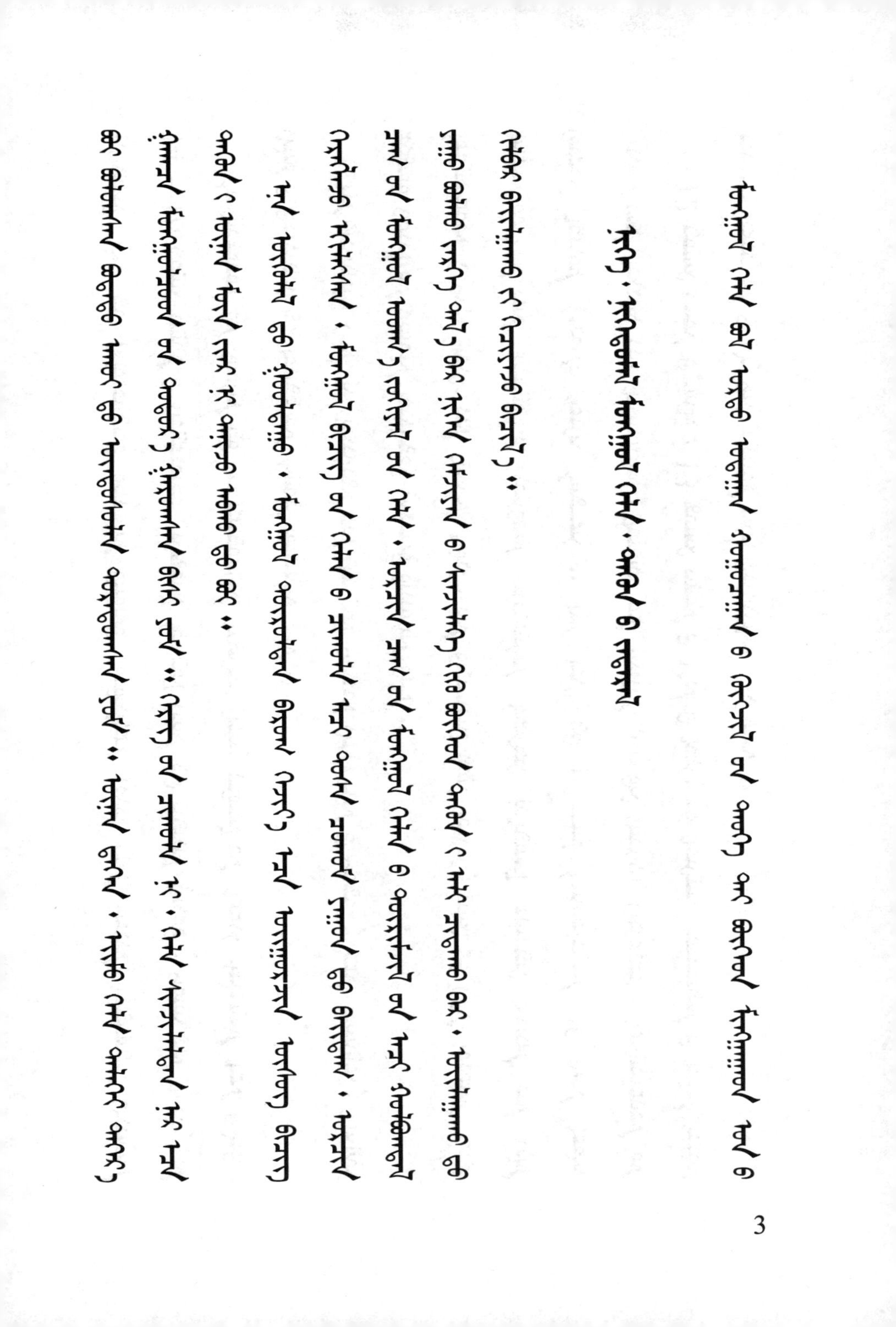

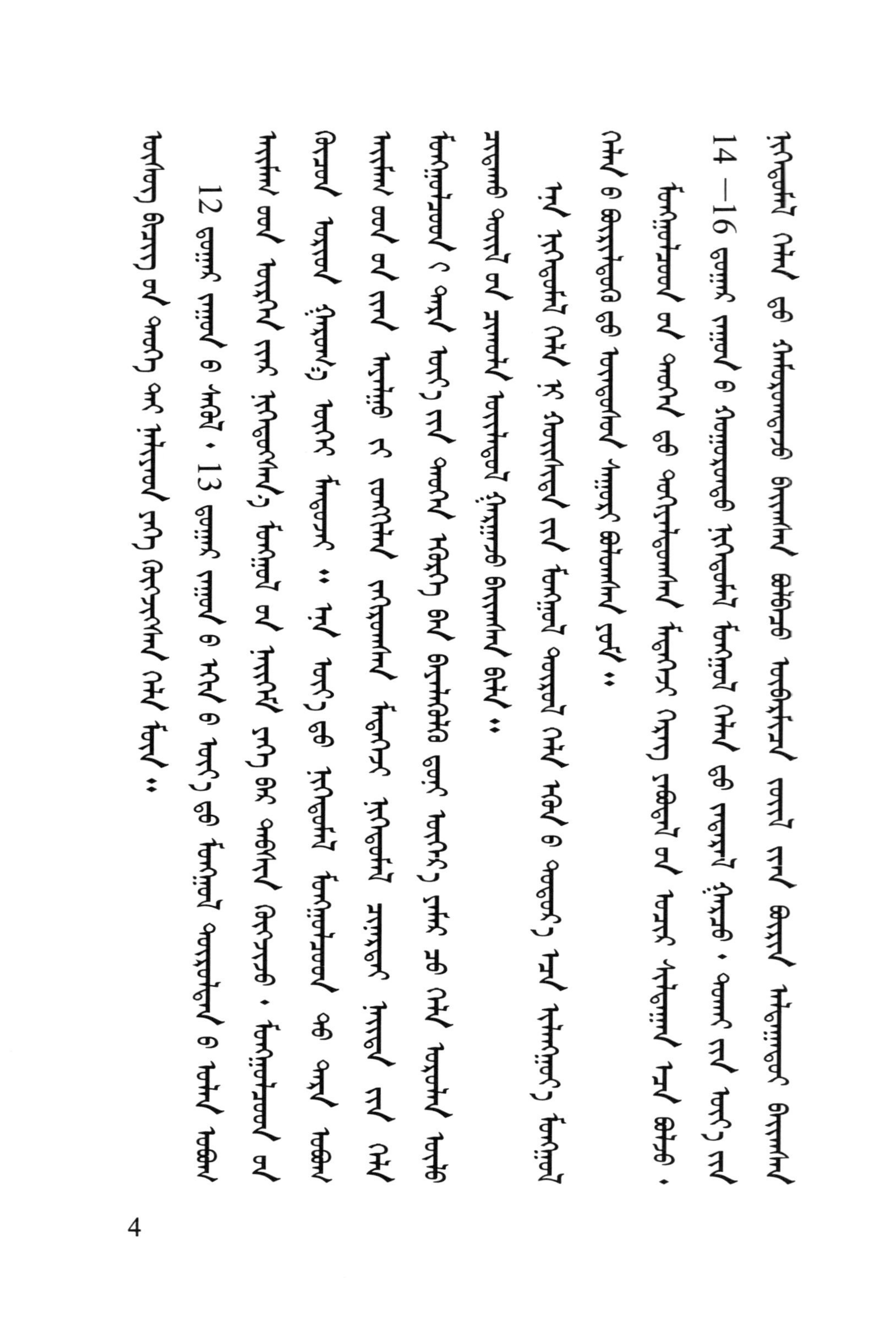

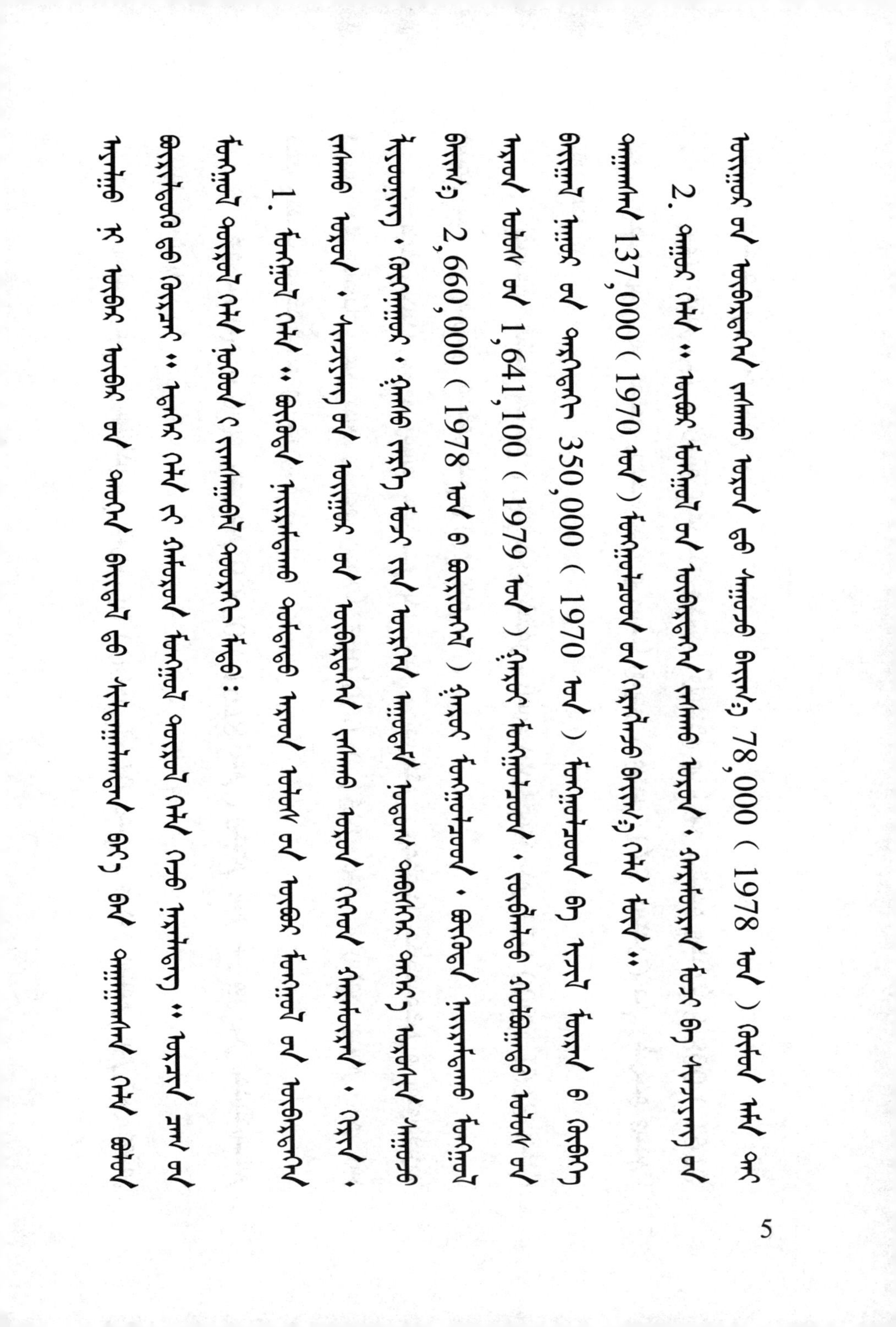

ᠬᠦᠮᠦᠰ ᠬᠡᠷᠡᠭᠯᠡᠭᠡᠨ ᠦ ᠬᠡᠯᠡ ᠪᠣᠯᠣᠨᠠ ᠃

3. ᠰᠢᠷᠠ ᠶᠤᠭᠤᠷ ᠬᠡᠯᠡ ᠃ ᠭᠠᠨᠰᠦ ᠮᠤᠵᠢ ᠶᠢᠨ ᠰᠦᠨᠠᠨ ᠤ ᠶᠤᠭᠤᠷ ᠦᠨᠳᠦᠰᠦᠲᠡᠨ ᠤ ᠥᠪᠡᠷᠲᠡᠭᠡᠨ ᠵᠠᠰᠠᠬᠤ ᠰᠢᠶᠠᠨ ᠳᠤ 8,800 (1978 ᠣᠨ) ᠬᠦᠮᠦᠨ ᠲᠡᠷᠡ ᠪᠡᠷ ᠶᠤᠭᠤᠷ ᠦᠨᠳᠦᠰᠦᠲᠡᠨ ᠤ ᠬᠠᠭᠤᠰ (ᠶᠤᠭᠤᠷ 1/3 ᠬᠤᠪᠢ) ᠨᠢ ᠬᠡᠷᠡᠭᠯᠡᠳᠡᠭ ᠬᠡᠯᠡ ᠪᠣᠯᠣᠨᠠ ᠃

4. ᠮᠣᠩᠭᠣᠷ (ᠲᠦ ᠮᠣᠩᠭᠣᠯ) ᠬᠡᠯᠡ ᠃ ᠴᠢᠩᠬᠠᠢ ᠮᠤᠵᠢ ᠶᠢᠨ ᠬᠦᠵᠦ ᠰᠢᠶᠠᠨ ᠳᠤ 120,000 (1978 ᠣᠨ) ᠬᠦᠮᠦᠨ ᠲᠡᠷᠡ ᠪᠡᠷ ᠮᠣᠩᠭᠣᠷ ᠬᠡᠷᠡᠭᠯᠡᠭᠡᠨ ᠦ ᠬᠡᠯᠡ ᠪᠣᠯᠣᠨᠠ ᠃

5. ᠳᠦᠩᠰᠢᠶᠠᠩ ᠬᠡᠯᠡ ᠃ ᠭᠠᠨᠰᠦ ᠮᠤᠵᠢ ᠶᠢᠨ ᠯᠢᠨᠰᠢᠶᠠ ᠲᠤ 240,000 (1980 ᠣᠨ) ᠬᠦᠮᠦᠨ ᠲᠡᠷᠡ ᠪᠡᠷ ᠳᠦᠩᠰᠢᠶᠠᠩ ᠬᠡᠷᠡᠭᠯᠡᠭᠡᠨ ᠦ ᠬᠡᠯᠡ ᠪᠣᠯᠣᠨᠠ ᠃

6. ᠪᠣᠤ ᠠᠨ ᠬᠡᠯᠡ ᠃ ᠭᠠᠨᠰᠦ ᠮᠤᠵᠢ ᠶᠢᠨ ᠵᠢᠰᠢᠰᠠᠨ ᠳᠤ 6,800 (1978 ᠣᠨ) ᠬᠦᠮᠦᠨ ᠲᠡᠷᠡ ᠪᠡᠷ ᠪᠣᠤ ᠠᠨ ᠬᠡᠷᠡᠭᠯᠡᠭᠡᠨ ᠦ ᠬᠡᠯᠡ ᠪᠣᠯᠣᠨᠠ ᠃

7. ᠮᠣᠭᠣᠯ ᠬᠡᠯᠡ ᠃ ᠠᠹᠭᠠᠨᠢᠰᠲᠠᠨ ᠳᠤ 50,000 (1970 ᠣᠨ) ᠬᠦᠷᠦᠭᠡᠳ ᠬᠦᠮᠦᠨ ᠲᠡᠷᠡ ᠪᠡᠷ ᠮᠣᠭᠣᠯ ᠤ ᠬᠡᠯᠡ ᠪᠣᠯᠣᠨᠠ ᠃

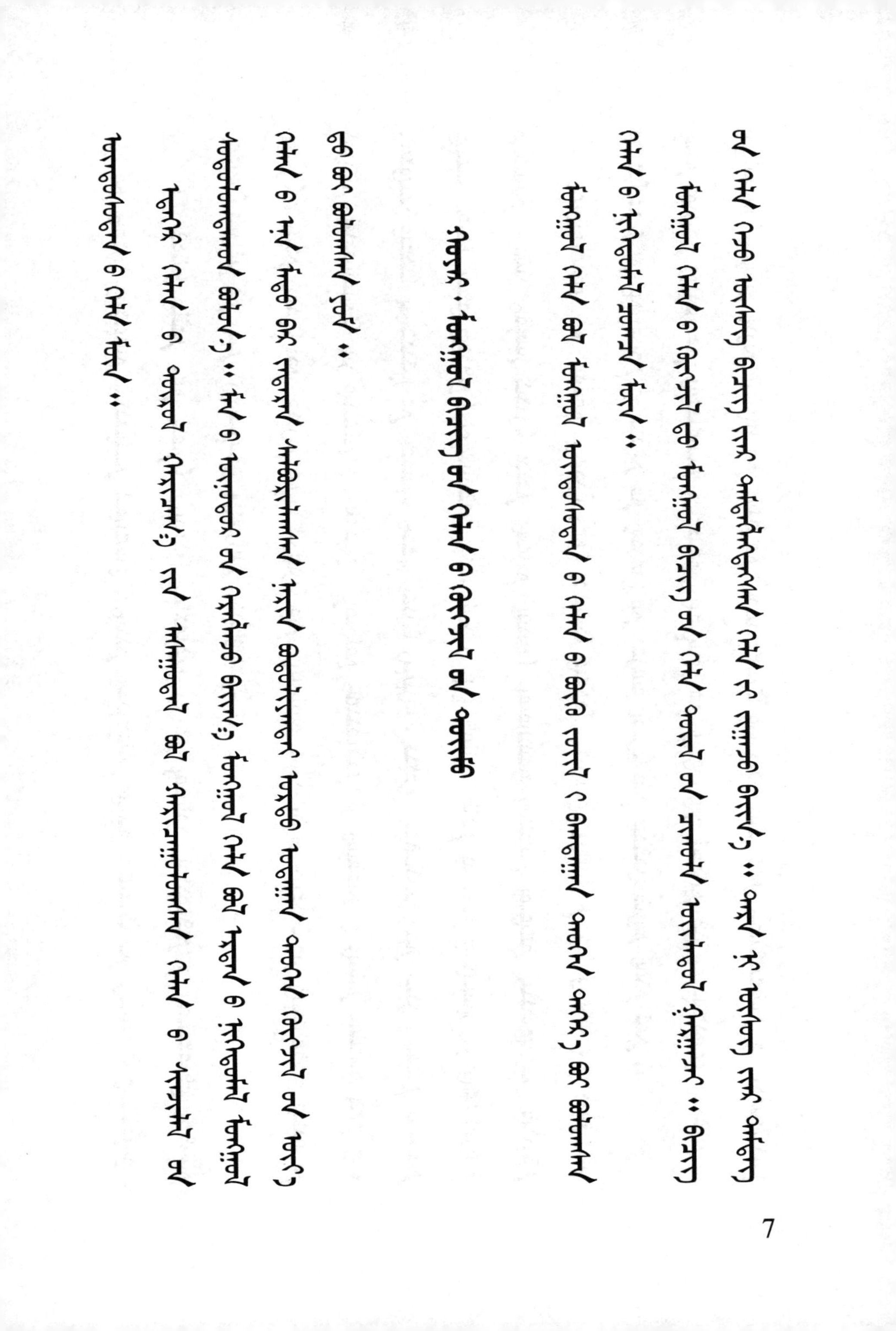

[illegible]

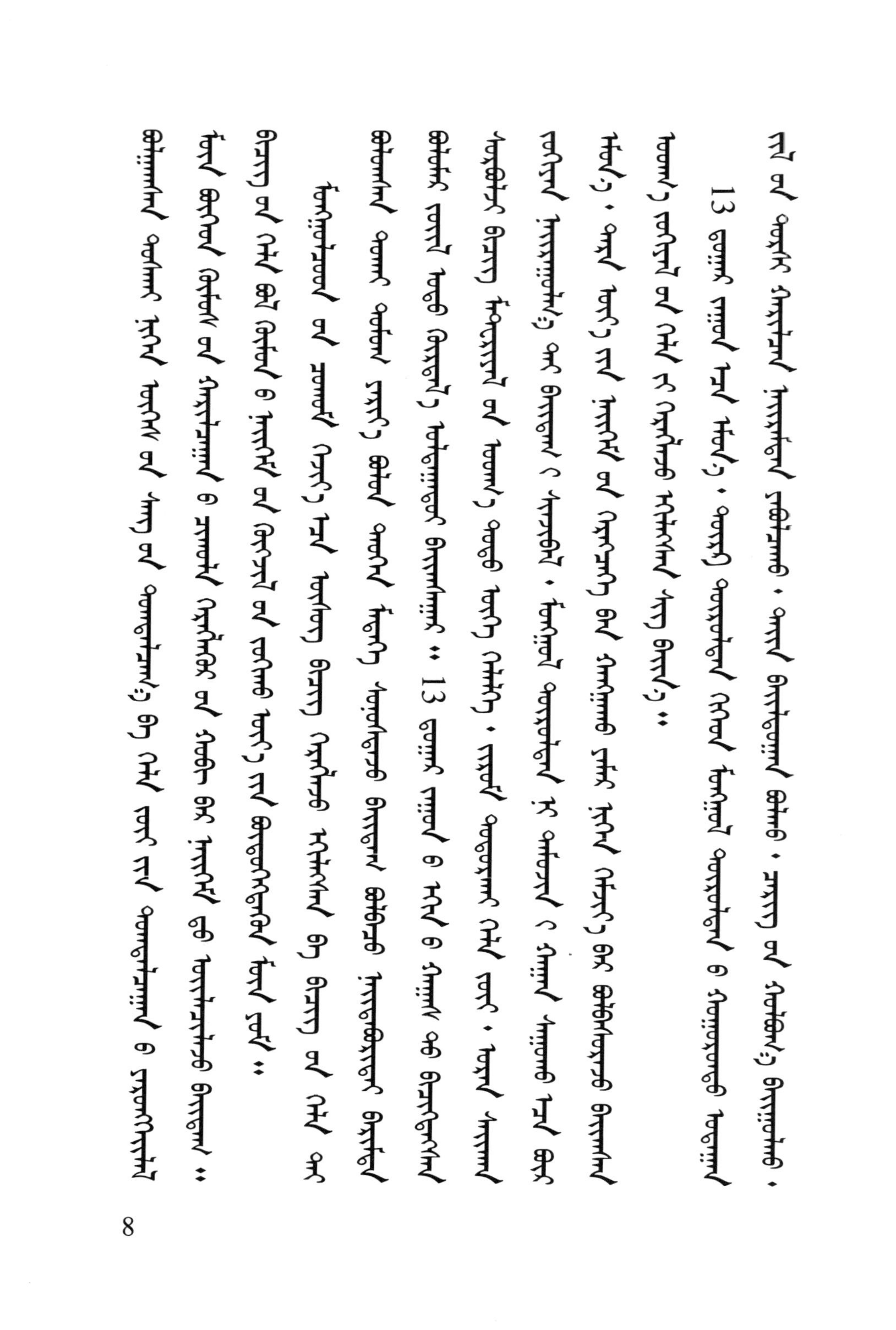

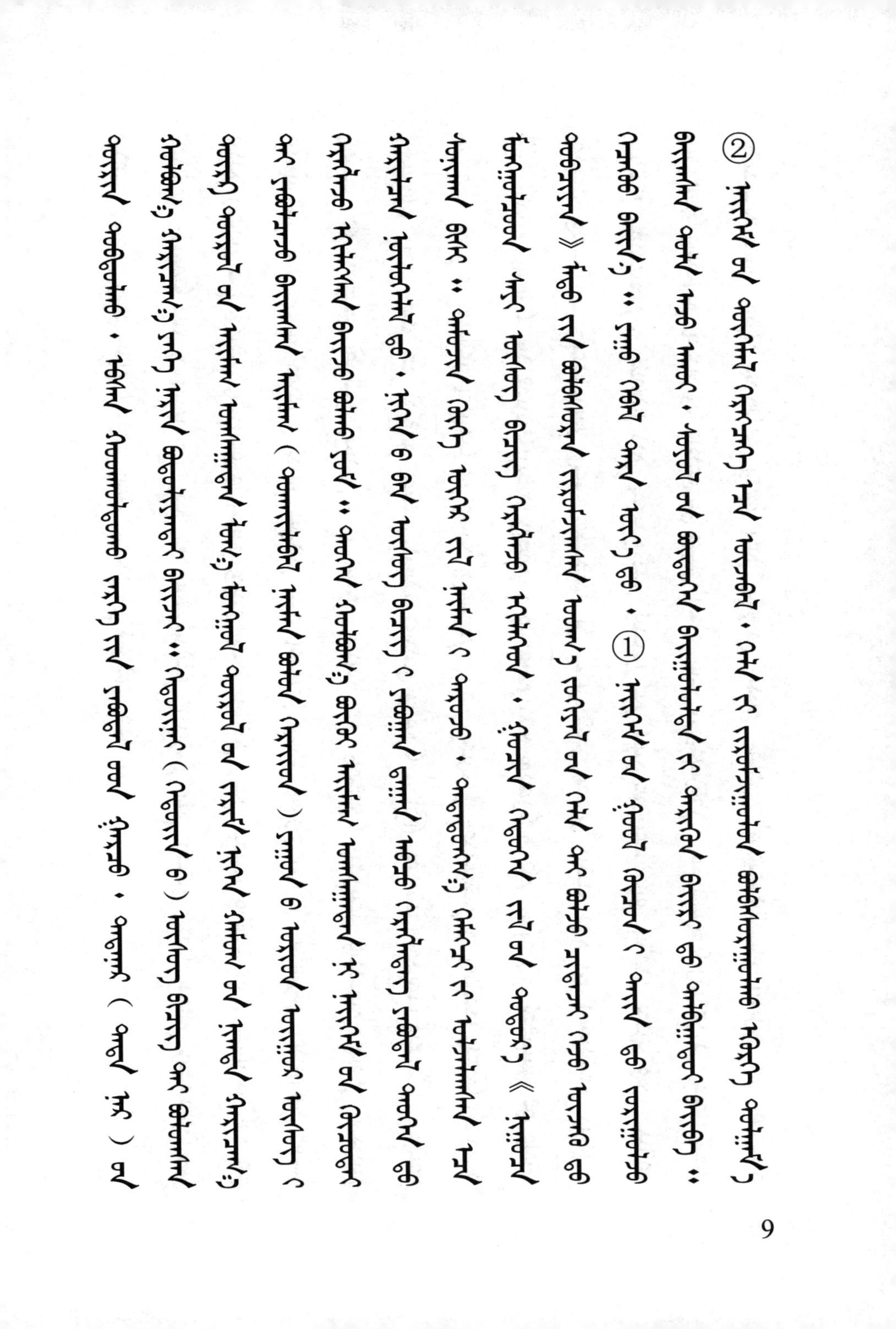

[illegible]

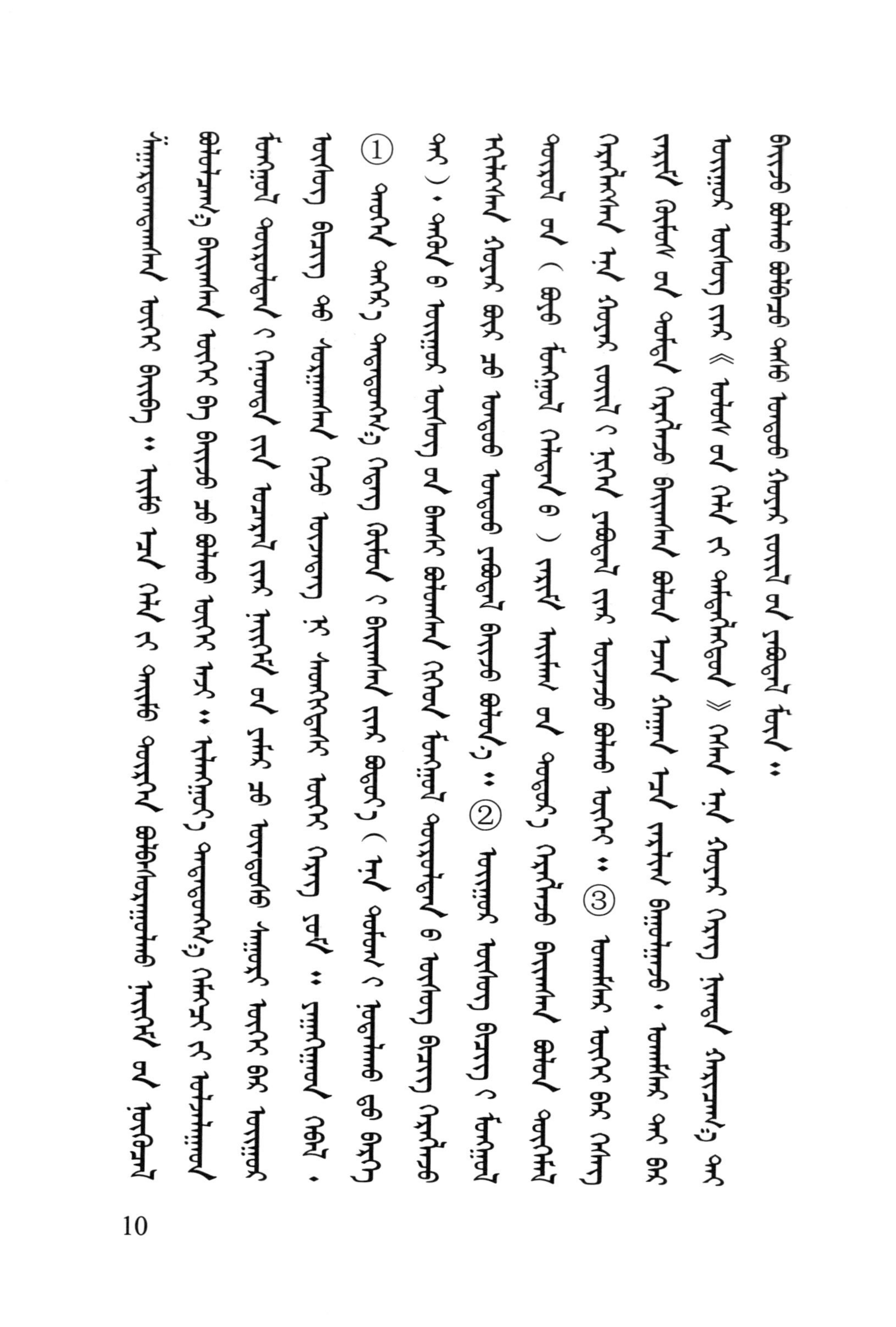

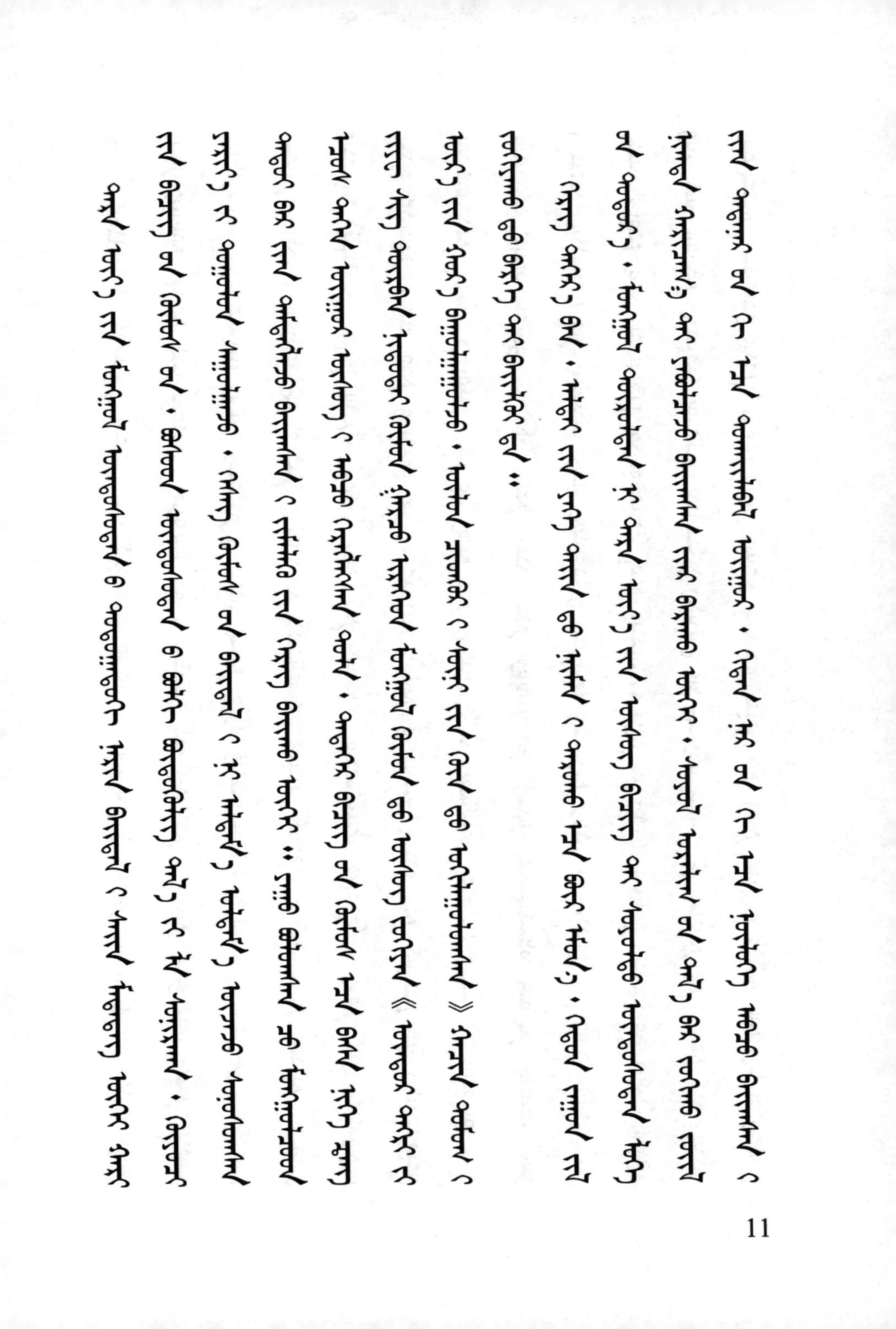

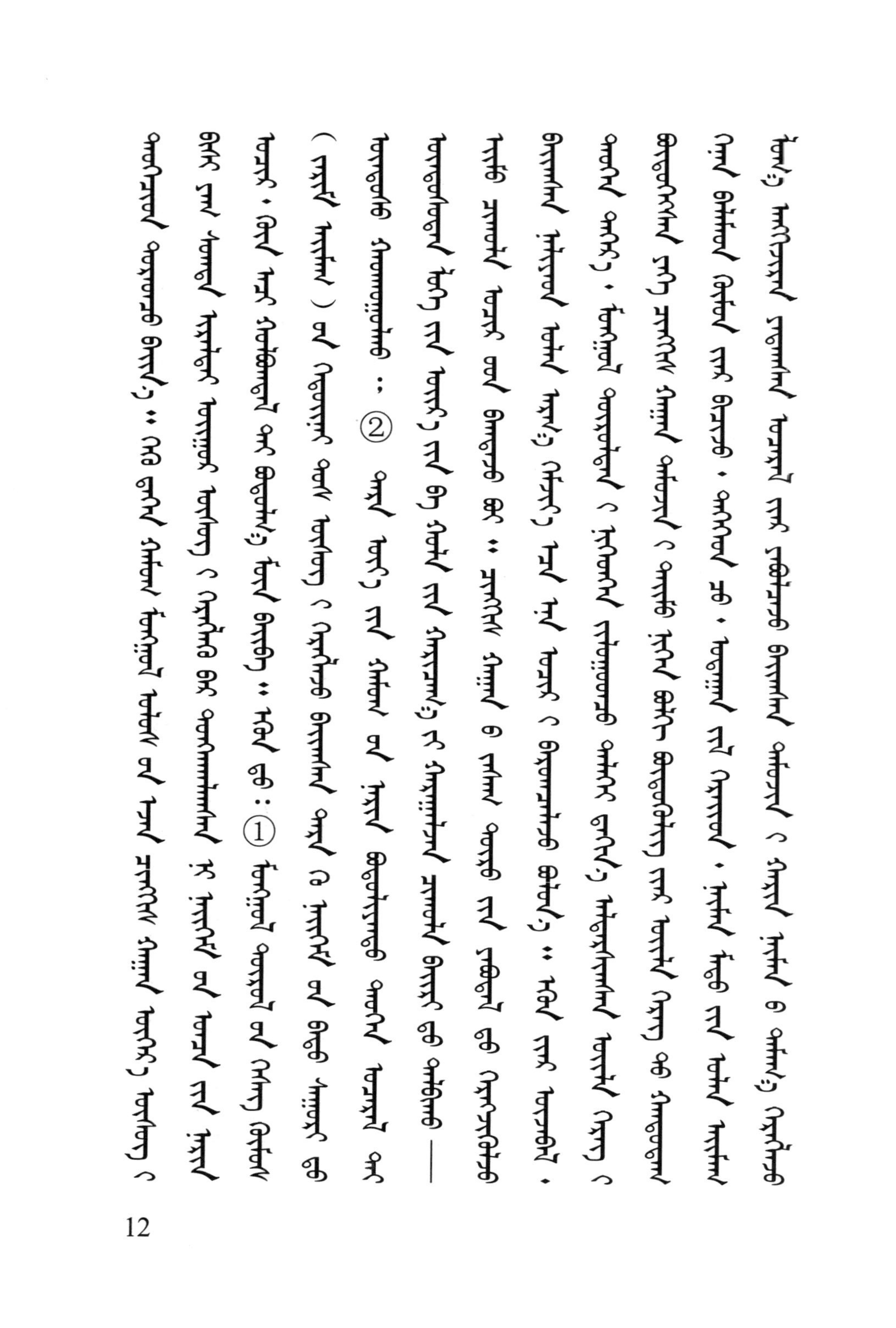

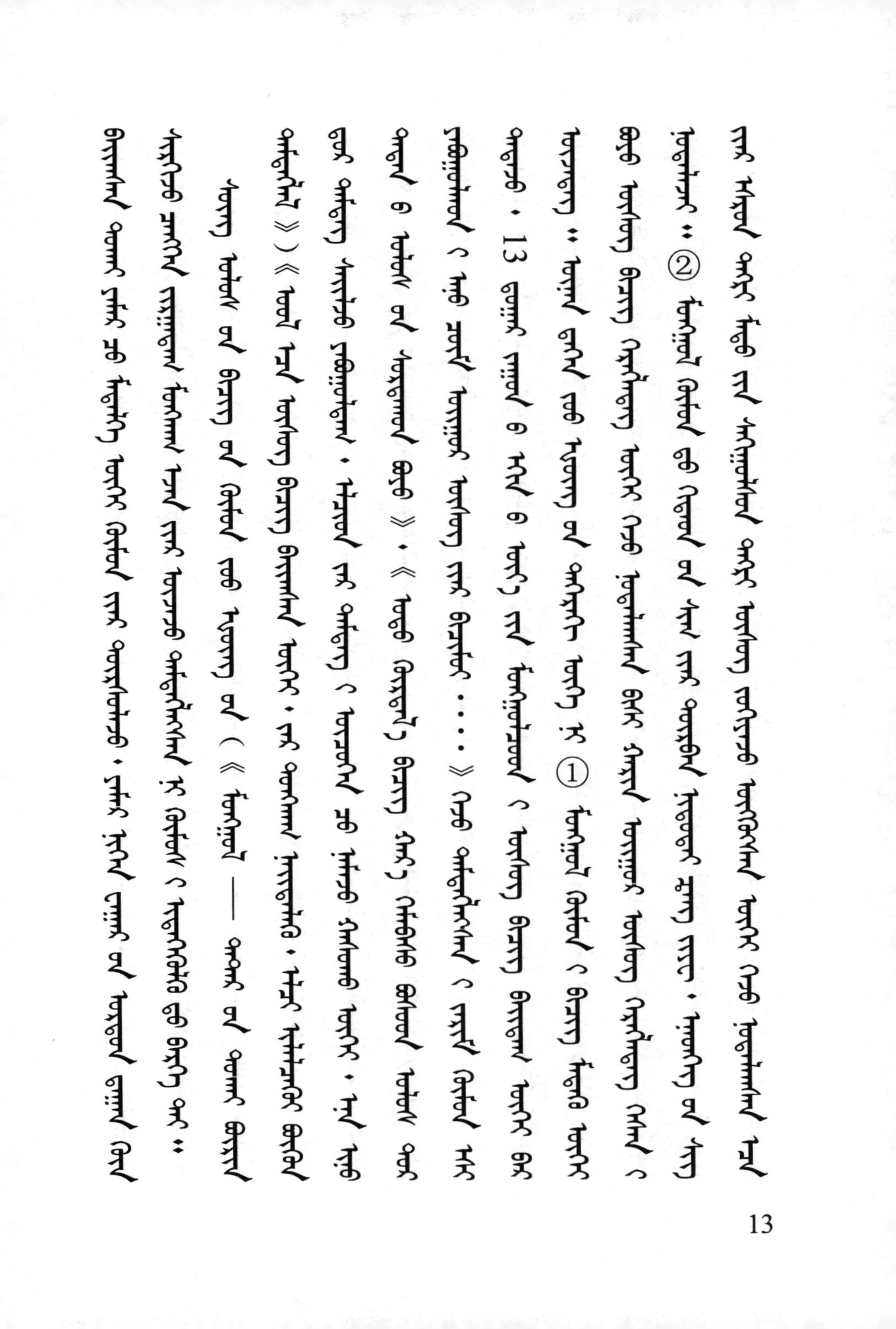

[illegible]

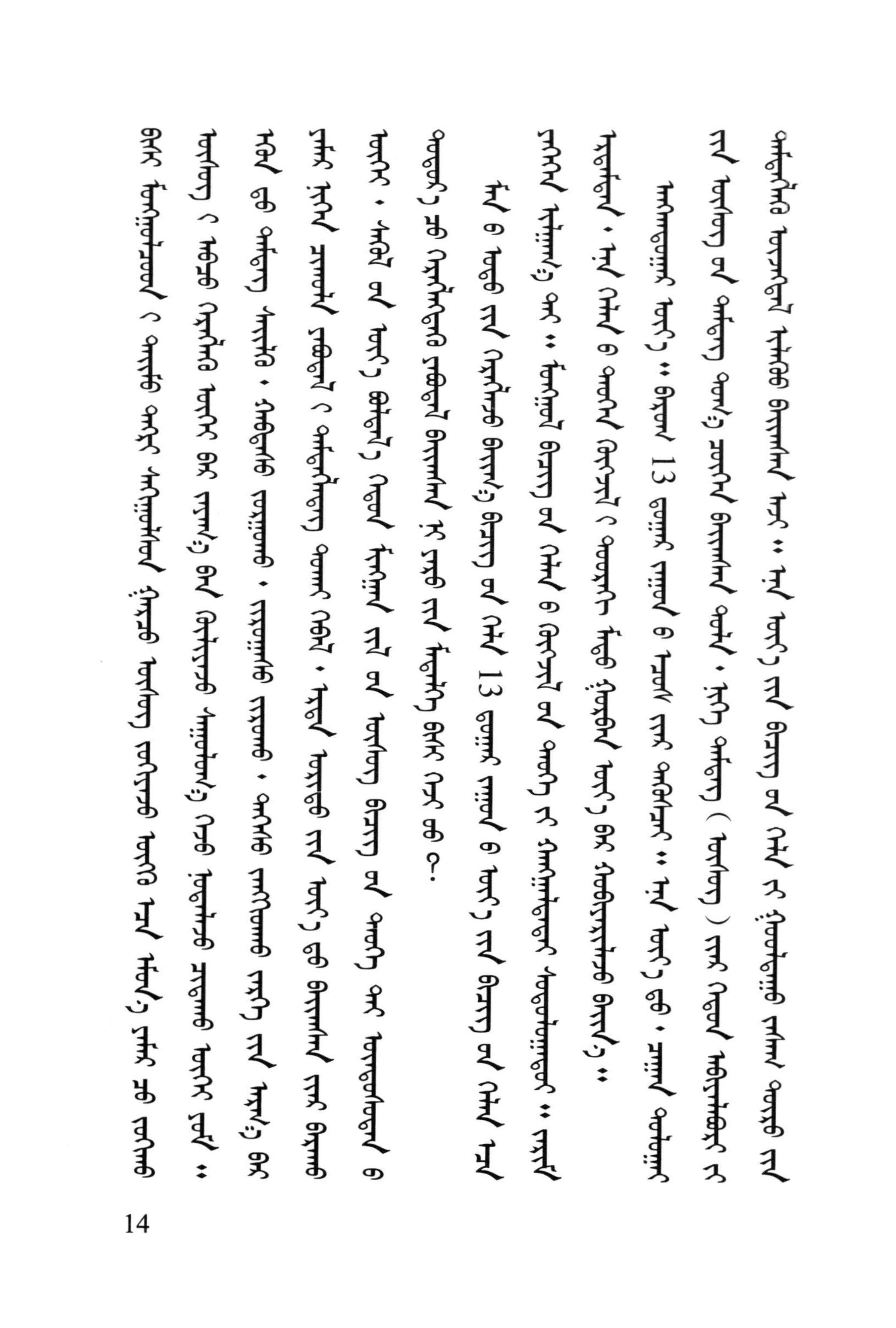

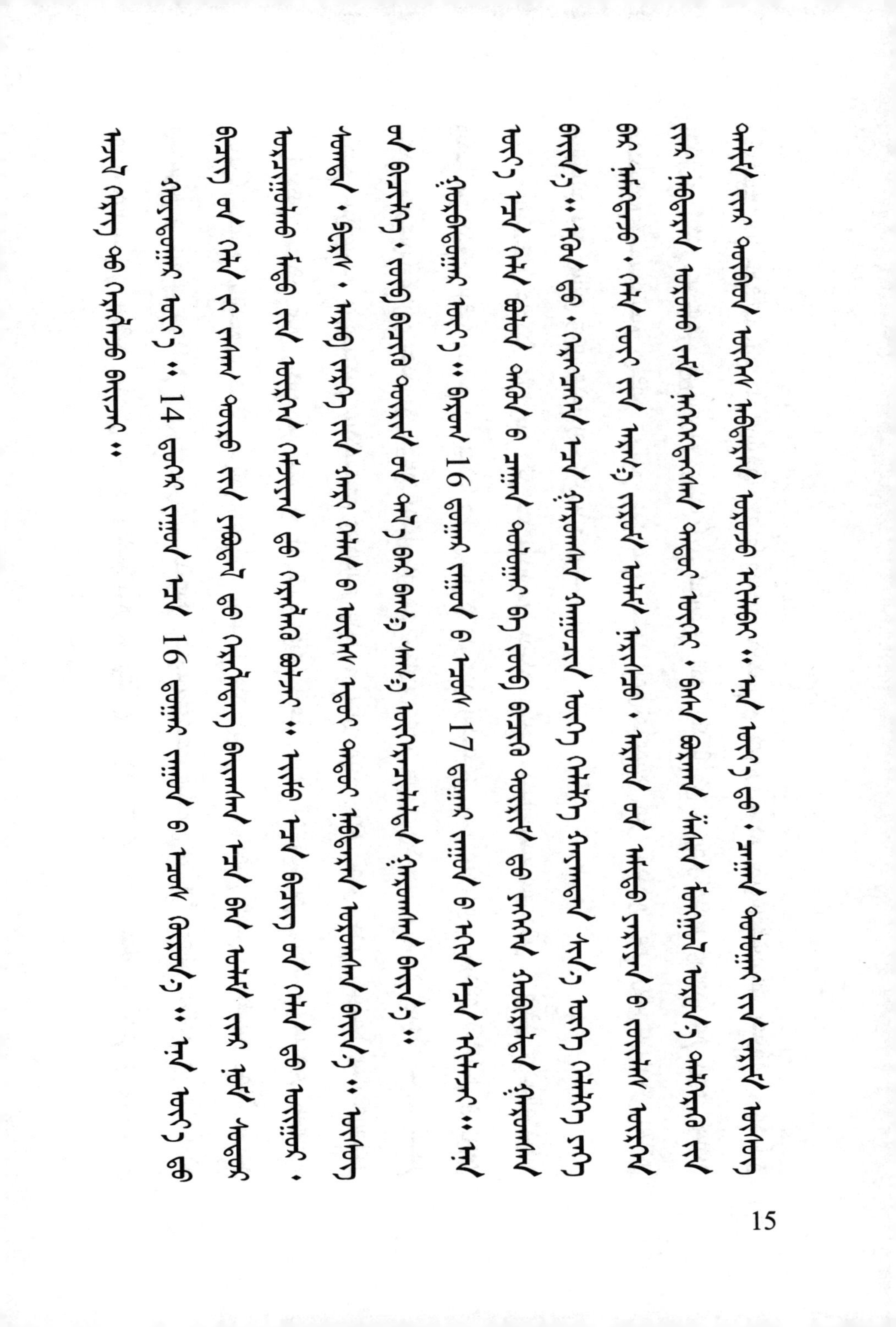

[illegible]

[illegible] 17 [illegible] 16 [illegible]

[illegible]

[illegible] 16 [illegible] 14 [illegible] ::

ᠢ ᠨᠡᠢᠲᠡᠯᠡᠭᠰᠡᠨ ᠬᠦᠮᠦᠦᠰᠦᠦ ᠶᠢᠨ ᠰᠤᠷᠪᠤᠯᠵᠢ · ᠲᠣᠳᠣ ᠪᠢᠴᠢᠭ ᠦᠨ ᠣᠷᠣᠯᠲᠠ ᠶᠢ ᠲᠣᠭᠲᠠᠭᠠᠨ ᠠᠩᠬᠠᠨ ᠳᠤᠷᠠᠰᠬᠠᠯ ᠤᠳᠤᠭᠳᠠᠬᠤ ᠲᠣᠪᠴᠢᠶᠠᠨ ᠪᠢᠴᠢᠭ ᠢ
ᠬᠡᠯᠡᠨ ᠦ ᠪᠢᠴᠢᠭ ᠦᠨ ᠬᠡᠯᠡ ᠨᠢ ᠬᠦᠮᠦᠨ ᠦ ᠲᠦᠯᠬᠢᠭᠦᠷ · ᠡᠳᠡ ᠨᠢ ᠲᠦᠭᠡᠮᠡᠯ ᠪᠣᠯᠵᠠᠢ ᠃ ᠲᠡᠭᠦᠨ ᠡᠴᠡ ᠬᠥᠪᠰᠦᠯᠡᠯ ᠢᠶᠡᠷ ᠪᠣᠯᠪᠠᠰᠤᠷᠠᠭᠤᠯᠬᠤ ᠶᠠᠭᠤᠨ
ᠠᠯᠢᠪᠠ ᠬᠠᠷᠢᠯᠴᠠᠭ᠎ᠠ ᠪᠣᠯᠤᠨ ᠦᠭᠡ ᠬᠡᠯᠡ ᠶᠢᠨ ᠬᠦᠮᠦᠨ ᠲᠦᠷᠦ ᠪᠣᠯᠪᠠᠰᠤᠷᠠᠯ ᠤᠨ ᠰᠢᠨᠵᠢ ᠤᠨ ᠬᠡᠯᠡᠨ ᠦ ᠲᠦᠯᠬᠢᠭᠦᠷ ᠪᠣᠯᠤᠭᠰᠠᠨ
ᠰᠤᠷᠪᠤᠯᠵᠢ ᠶᠢᠨ ᠬᠦᠮᠦᠨ ᠪᠣᠯᠪᠠᠰᠤᠷᠠᠯ ᠪᠣᠯᠤᠭᠰᠠᠨᠳᠠᠭᠢᠨ ᠪᠣᠯᠵᠠᠢ ᠃
ᠡᠩᠨᠡᠭᠡᠳᠦᠨ ᠪᠢᠴᠢᠭ ᠦᠨ ᠬᠡᠯᠡ ᠨᠢ ᠲᠡᠮᠳᠡᠭᠯᠡᠭᠰᠡᠨ ᠲᠡᠦᠬᠡ ᠪᠢᠴᠢᠭ ᠶᠢᠨ ᠬᠥᠭᠵᠢᠯᠲᠡ · ᠪᠣᠯᠤ · ᠡᠩᠨᠡᠭᠡᠳᠦᠭᠡᠨ
ᠪᠣᠯᠪᠠᠰᠤᠷᠠᠯ ᠤᠨ ᠰᠤᠷᠪᠤᠯᠵᠢ ᠲᠠᠯ ᠤᠨ ᠪᠢᠴᠢᠭ ᠦᠨ ᠬᠡᠯᠡ ᠶᠢᠨ ᠲᠡᠮᠳᠡᠭᠳᠡᠯ ᠪᠣᠯᠤᠭᠰᠠᠨ ᠲᠠᠯ ᠬᠦᠮᠦᠦ · ᠲᠡᠭᠦᠰᠦ ᠠᠭᠤᠯᠭᠠᠯ ᠤᠨ ᠬᠡᠯᠡ
ᠲᠠᠯ ᠬᠡᠯᠡᠨ ᠦ ᠪᠣᠯᠤᠨ ᠲᠡᠦᠬᠡ ᠶᠢᠨ ᠲᠡᠮᠳᠡᠭᠯᠡᠯ ᠦᠨ ᠡᠬᠢ · ᠲᠣᠪᠴᠢᠯᠠᠨ ᠪᠢᠴᠢᠭᠰᠡᠨ · ᠲᠣᠪᠴᠢᠯᠠᠨ ᠬᠦᠷᠡ ᠬᠦᠨ · ᠨᠡᠭᠡᠨ
ᠲᠠᠷᠠᠭᠠ ᠬᠦᠨ ᠪᠢᠴᠢᠭ ᠪᠢᠴᠢᠭᠯᠡᠭᠰᠡᠨ ᠠᠯᠳᠠᠷᠰᠢᠯᠤ ᠪᠣᠯᠤᠭᠰᠠᠨ ᠪᠣᠯᠤᠨ ᠃ ᠲᠡᠭᠦᠨᠴᠢᠯᠡᠨ ᠬᠡᠷᠡᠭ ᠲᠡᠦᠬᠡ ᠶᠢᠨ ᠲᠡᠮᠳᠡᠭᠲᠦ ᠲᠣᠪᠴᠢᠶᠠᠯᠠᠭᠰᠠᠨ
ᠤ ᠨᠡᠢᠲᠡᠯᠡᠭᠰᠡᠨ ᠬᠣᠪᠢᠯᠭᠠᠨ ᠪᠣᠯ ᠰᠤᠷᠪᠤᠯᠵᠢᠯᠠᠭᠰᠠᠨ ᠲᠠᠢ ᠳᠤ ᠨᠡᠢᠲᠡᠯᠡᠭᠰᠡᠨ ᠪᠢᠴᠢᠭ ᠦᠨ ᠬᠡᠯᠡ ᠨᠢ ᠲᠡᠮᠳᠡᠭᠯᠡᠯ ᠲᠡᠮᠳᠡᠭᠯᠡᠭᠰᠡᠨ ᠨᠡᠢᠲᠡᠭᠦ ᠬᠡᠮᠵᠢᠭᠯᠡᠬᠦ
ᠬᠣᠷᠢᠭ᠎ᠠ ᠬᠦᠮᠦᠨ ᠲᠡᠮᠳᠡᠭᠲᠦ ᠪᠢᠴᠢᠭ᠌ ᠲᠡᠮᠳᠡᠭᠯᠡᠭᠰᠡᠨ ᠤᠨ ᠨᠡᠢᠲᠡᠯᠡᠭᠰᠡᠨ ᠲᠠᠢ ᠬᠡᠯᠡ ᠶᠢᠨ ᠨᠡᠢᠲᠡᠯᠡᠭᠰᠡᠨ ᠲᠡᠦᠬᠡ ᠢ ᠪᠣᠯᠣᠭᠰᠠᠨ ᠲᠣᠪᠴᠢᠶᠠᠯᠠᠭᠰᠠᠨ
ᠪᠣᠯᠤᠭᠰᠠᠨ ᠤ ᠰᠤᠷᠪᠤᠯᠵᠢ ᠵᠠᠭᠤᠨ ᠤ ᠬᠡᠯᠡ ᠲᠦᠷᠦ ᠰᠤᠷᠪᠤᠯᠵᠢᠯᠠᠭᠰᠠᠨ ᠨᠡᠢᠲᠡᠯᠡᠯᠲᠡ ᠪᠣᠯᠤᠭᠰᠠᠨ ᠃ 17 ᠳᠤᠭᠠᠷ ᠵᠠᠭᠤᠨ ᠤ ᠡᠬᠢᠨ ᠦ
ᠵᠣᠬᠢᠶᠠᠭᠰᠠᠨ《ᠠᠯᠲᠠᠨ ᠲᠣᠪᠴᠢ》·《ᠡᠷᠳᠡᠨᠢ ᠶᠢᠨ ᠲᠣᠪᠴᠢ》(1662) · 18 ᠳᠤᠭᠠᠷ ᠵᠠᠭᠤᠨ ᠤ ᠡᠬᠢᠨ ᠦ

ᠬᠡᠪᠯᠡᠭᠳᠡᠭᠰᠡᠨ 《ᠮᠠᠨᠵᠤ ᠬᠡᠯᠡᠨ ᠦ ᠲᠣᠯᠢ》(1708)・《ᠮᠣᠩᠭᠣᠯ ᠤᠨ ᠲᠣᠯᠢ》(1714)・《ᠮᠠᠨᠵᠤ ᠮᠣᠩᠭᠣᠯ ᠬᠡᠯᠡᠨ ᠦ ᠲᠣᠯᠢ》(《ᠮᠣᠩᠭᠣᠯ ᠦᠰᠦᠭ ᠦᠨ ᠲᠣᠯᠢ》)(1717) ᠣᠨ ᠲᠣᠳᠣᠷᠬᠠᠢ ᠪᠢᠴᠢᠭ ᠢ ᠵᠢᠷᠤᠮ ᠮᠡᠳᠡᠨ ᠲᠣᠬᠢᠶᠠᠯᠳᠤᠭᠤᠯᠬᠤ ᠳᠤ ᠪᠢᠴᠢᠭ ᠤᠨ ᠬᠡᠯᠡᠨ ᠦ ᠪᠠᠶᠢᠳᠠᠯ ᠢ ᠰᠢᠨᠵᠢᠯᠡᠭᠰᠡᠨ ᠪᠠᠶᠢᠳᠠᠭ᠃ ᠡᠳᠡᠭᠡᠷ ᠪᠢᠴᠢᠭ ᠤᠨ ᠬᠡᠯᠡᠨ ᠦ ᠬᠡᠮ ᠬᠡᠮᠵᠢᠶ᠎ᠡ ᠶᠢ ᠲᠣᠭᠲᠠᠭᠠᠬᠤ ᠳᠤ ᠴᠢᠬᠤᠯᠠ ᠦᠵᠡᠭᠳᠡᠯ ᠢ ᠪᠠᠷᠢᠮᠲᠠᠯᠠᠭᠤᠯᠤᠭᠰᠠᠨ ᠪᠠᠶᠢᠨ᠎ᠠ ::

ᠲᠡᠷ ᠦᠶ᠎ᠡ ᠳᠦ ᠮᠣᠩᠭᠣᠯ ᠪᠢᠴᠢᠭ ᠤᠨ ᠬᠡᠯᠡᠨ ᠦ ᠪᠠᠶᠢᠳᠠᠯ ᠳᠤ ᠰᠢᠨᠵᠢᠯᠡᠬᠦ ᠤᠬᠠᠭᠠᠨ ᠤ ᠨᠣᠮ ᠤᠳ ᠤᠨ ᠬᠡᠯᠡᠨ ᠦ ᠪᠠᠶᠢᠳᠠᠯ ᠢ ᠲᠤᠰᠬᠠᠷ ᠰᠤᠳᠤᠯᠬᠤ ᠶᠠᠪᠤᠳᠠᠯ ᠪᠣᠯᠵᠤ ᠡᠬᠢᠯᠡᠭᠰᠡᠨ ᠪᠢᠯᠡ᠃ ᠮᠣᠩᠭᠣᠯ ᠬᠡᠯᠡ ᠪᠢᠴᠢᠭ ᠦᠨ ᠰᠤᠳᠤᠯᠭ᠎ᠠ ᠶᠢᠨ ᠲᠡᠦᠬᠡᠨ ᠳᠦ ᠴᠢᠬᠤᠯᠠ ᠪᠠᠶᠢᠷ᠎ᠠ ᠡᠵᠡᠯᠡᠳᠡᠭ ::

ᠮᠣᠩᠭᠣᠯ ᠤᠨ ᠪᠢᠴᠢᠭ ᠤᠨ ᠬᠡᠯᠡᠨ ᠦ ᠳᠦᠷᠢᠮ ᠲᠣᠭᠲᠠᠭᠰᠠᠨ ᠳᠠᠷᠠᠭ᠎ᠠ ᠵᠢᠷᠤᠮ ᠳᠦᠷᠢᠮ ᠤᠨ ᠪᠢᠴᠢᠭ ᠤᠳ ᠬᠡᠪᠯᠡᠭᠳᠡᠭᠰᠡᠨ ᠢᠶᠡᠷ ᠮᠣᠩᠭᠣᠯ ᠪᠢᠴᠢᠭ ᠤᠨ ᠬᠡᠯᠡᠨ ᠦ ᠪᠠᠶᠢᠳᠠᠯ ᠨᠢ ᠨᠢᠭᠡᠳᠦᠭᠡᠷ ᠦᠶ᠎ᠡ ᠳᠦ ᠬᠦᠷᠴᠦ ᠪᠦᠷᠢᠳᠦᠭᠰᠡᠨ ᠪᠠᠶᠢᠨ᠎ᠠ ::

ᠡᠨᠡ ᠦᠶ᠎ᠡ ᠶᠢᠨ ᠮᠣᠩᠭᠣᠯ ᠪᠢᠴᠢᠭ ᠤᠨ ᠬᠡᠯᠡᠨ ᠦ ᠪᠠᠶᠢᠳᠠᠯ ᠢ ᠰᠢᠨᠵᠢᠯᠡᠪᠡᠯ ᠮᠣᠩᠭᠣᠯ ᠬᠡᠯᠡᠨ ᠦ ᠲᠣᠯᠢ ᠪᠢᠴᠢᠭ ᠤᠳ ᠲᠤ ᠲᠤᠰᠤᠭᠰᠠᠨ ᠪᠢᠴᠢᠭ ᠤᠨ ᠬᠡᠯᠡᠨ ᠦ ᠪᠠᠶᠢᠳᠠᠯ ᠢ ᠲᠣᠭᠲᠠᠭᠠᠵᠤ᠂ ᠲᠡᠭᠦᠨ ᠦ ᠳᠦᠷᠢᠮ ᠲᠣᠭᠲᠠᠭᠠᠯ ᠢ ᠰᠤᠳᠤᠯᠵᠤ ᠦᠵᠡᠬᠦ ᠬᠡᠷᠡᠭᠲᠡᠢ ::

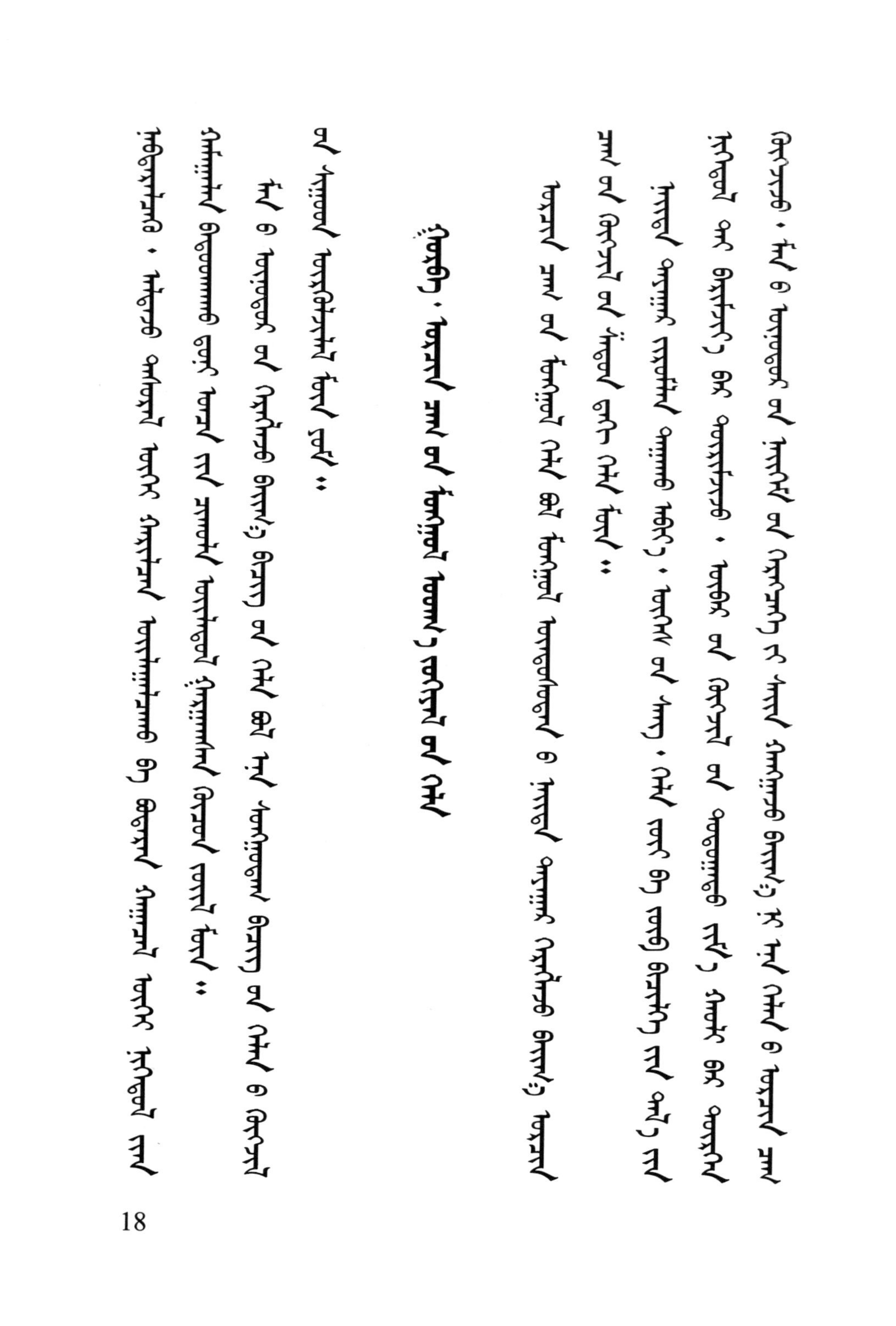

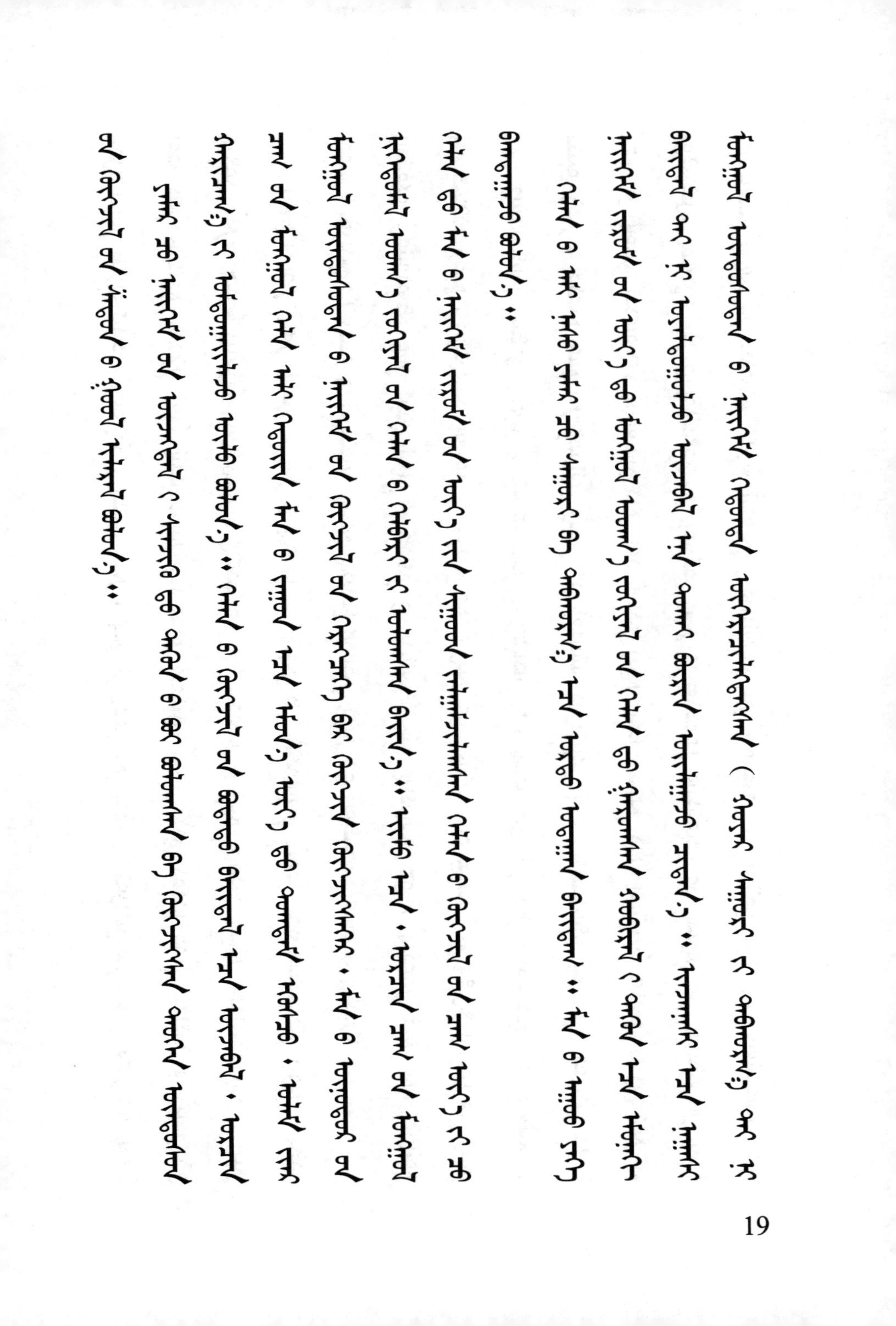

[illegible]
[illegible]
[illegible]
[illegible]
[illegible]
[illegible]
[illegible]
[illegible]
[illegible]
[illegible]
[illegible]
[illegible]
[illegible]

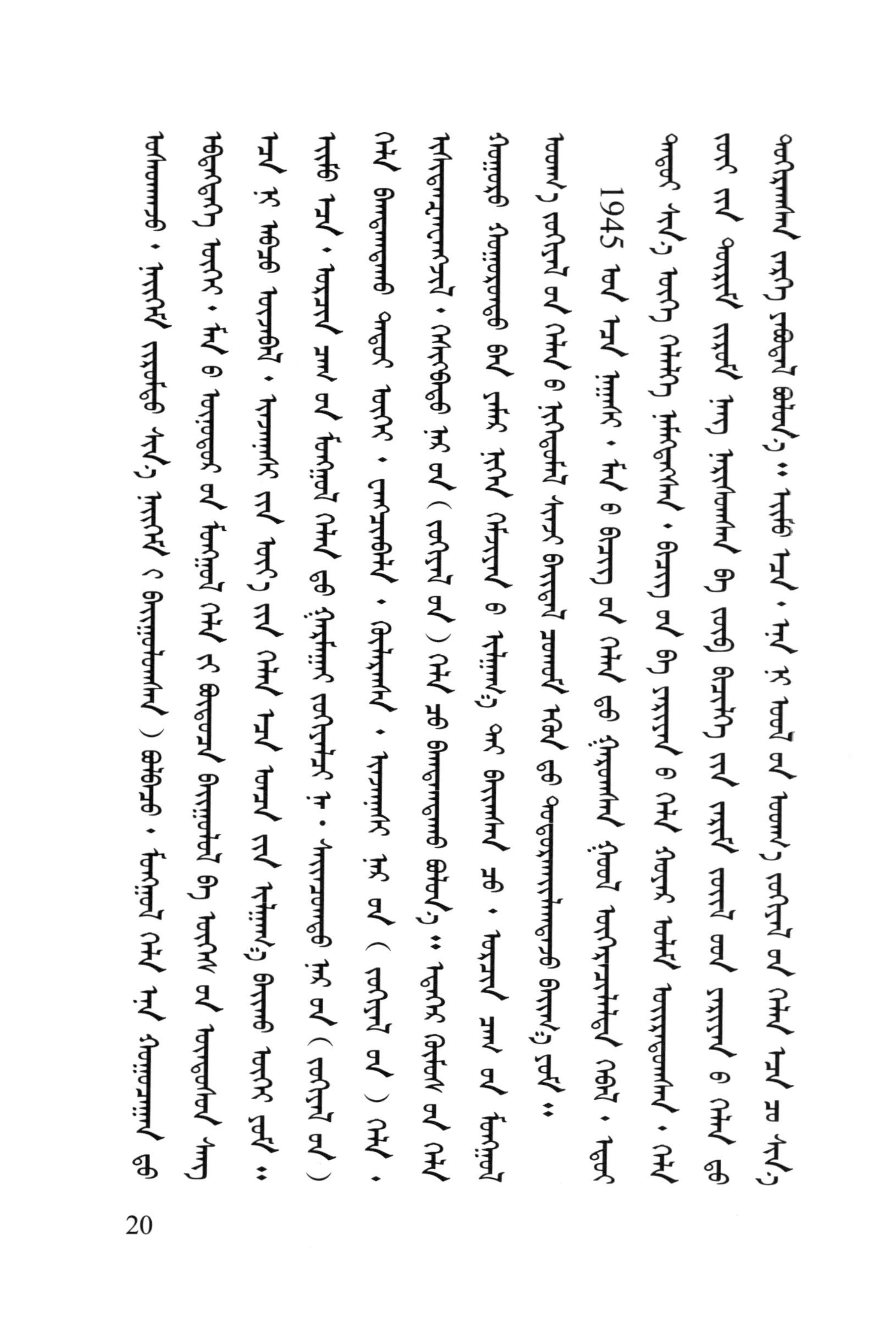

1945

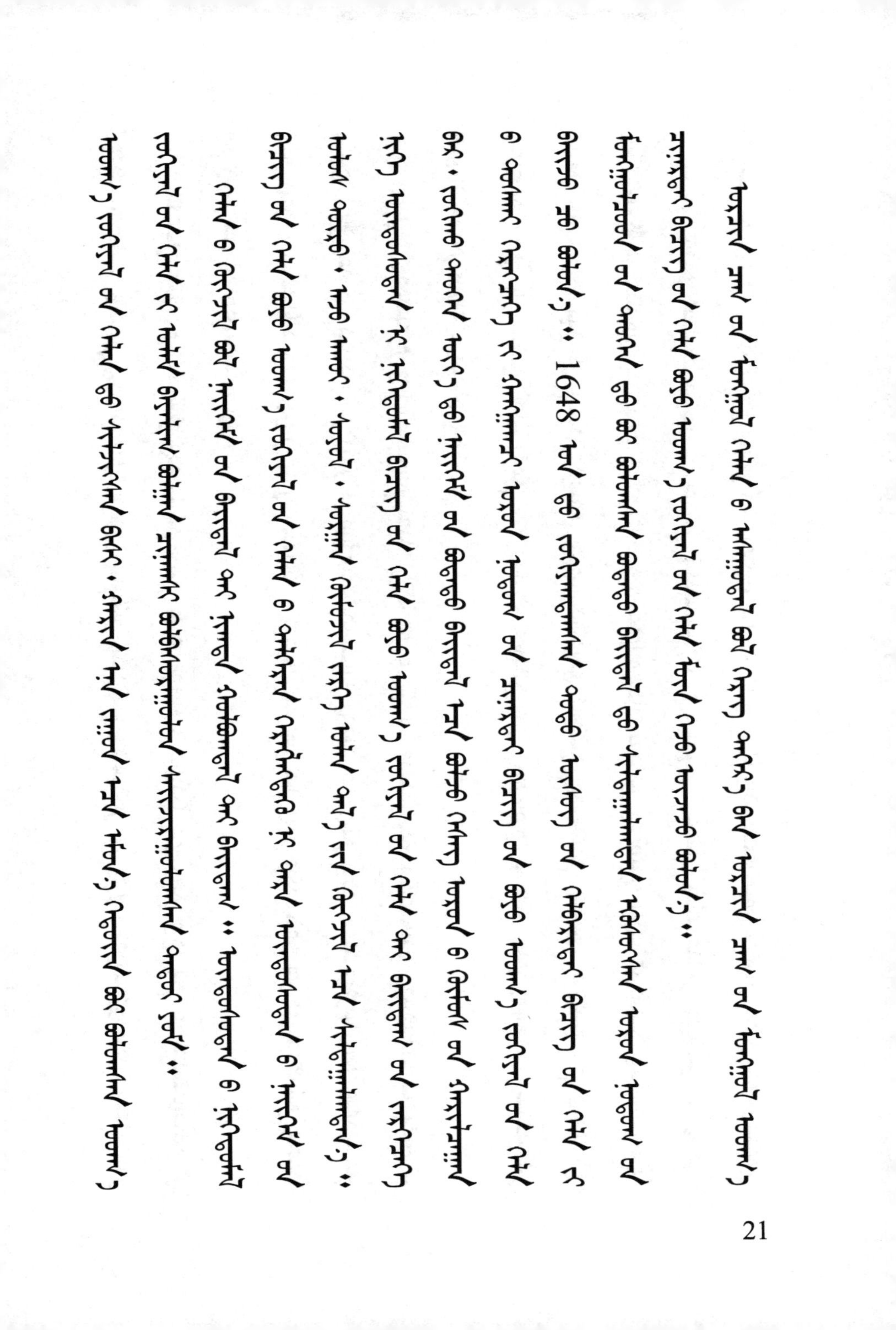

ᠮᠣᠩᠭᠣᠯ ᠤᠨ ᠬᠡᠯᠡᠨ ᠦ [illegible] ᠪᠣᠯᠤᠨ᠎ᠠ ᠄ [illegible] ᠤᠨ [illegible] ᠢ [illegible] [illegible] ᠂ ᠬᠡᠯᠡᠨ [illegible] [illegible] [illegible]

[illegible] ᠢ [illegible] [illegible] [illegible] ᠂ [illegible] [illegible] [illegible] [illegible] [illegible] [illegible] ᠂ [illegible]

[illegible] [illegible] [illegible] [illegible] [illegible] ᠂ [illegible] [illegible] [illegible] ᠢ [illegible] [illegible] [illegible] [illegible] [illegible]

[illegible] [illegible] [illegible] ᠬᠡᠯᠡ [illegible] [illegible] [illegible] [illegible] [illegible] ᠮᠣᠩᠭᠣᠯ ᠤᠨ ᠬᠡᠯᠡᠨ [illegible]

[illegible] [illegible] [illegible] [illegible] ᠄ [illegible] ᠮᠣᠩᠭᠣᠯ ᠤᠨ ᠬᠡᠯᠡᠨ [illegible] [illegible] ᠬᠡᠯᠡᠨ ᠦ [illegible]

[illegible] [illegible] ᠬᠡᠯᠡ [illegible] ᠄

ᠬᠡᠯᠡᠨ ᠦ [illegible] [illegible] [illegible] ᠢ [illegible] ᠦ [illegible] [illegible] [illegible] [illegible] ᠄

[illegible] [illegible] [illegible] ᠮᠣᠩᠭᠣᠯ ᠤᠨ ᠬᠡᠯᠡᠨ ᠢ [illegible] [illegible] [illegible] ᠮᠣᠩᠭᠣᠯ ᠤᠨ ᠬᠡᠯᠡᠨ [illegible]

ᠬᠡᠯᠡᠨ [illegible] [illegible] ᠄ [illegible] [illegible] [illegible] ᠂ [illegible] ᠮᠣᠩᠭᠣᠯ ᠤᠨ ᠬᠡᠯᠡᠨ [illegible] [illegible] [illegible] [illegible]

ᠤᠨ ᠬᠡᠯᠡ [illegible] [illegible] [illegible] ᠄

[illegible] [illegible] ᠤᠨ [illegible] [illegible] ᠤᠨ ᠬᠡᠯᠡ [illegible] ᠮᠣᠩᠭᠣᠯ ᠤᠨ ᠬᠡᠯᠡᠨ [illegible] ᠦ [illegible]

[illegible] [illegible] [illegible] [illegible] [illegible] [illegible] [illegible] [illegible] ᠂ [illegible] [illegible] [illegible] ᠤᠨ

[illegible]

ᠪᠢᠴᠢᠭ ᠦᠨ ᠬᠡᠯᠡ ᠪᠡ ᠮᠣᠩᠭᠣᠯ ᠤ ᠬᠡᠯᠡ ᠶᠢᠨ ᠰᠠᠩ ᠪᠣᠯᠬᠤ :: ᠮᠣᠩᠭᠣᠯ ᠤ ᠬᠡᠯᠡ ᠲᠣᠭᠲᠠᠭᠰᠠᠨ ᠵᠢᠷᠤᠮ ᠲᠠᠢ ᠪᠢᠴᠢᠭ ᠦᠨ ᠬᠡᠯᠡ ᠨᠢ ᠲᠣᠭᠲᠠᠭᠰᠠᠨ ᠵᠢᠷᠤᠮ ᠲᠠᠢ :: ᠪᠢᠴᠢᠭ ᠦᠨ ᠬᠡᠯᠡ ᠪᠡᠷ ᠪᠢᠴᠢᠭᠰᠡᠨ ᠵᠣᠬᠢᠶᠠᠯ ᠬᠡᠯᠡ ᠪᠡᠷ ᠤᠩᠰᠢᠵᠤ ᠳᠤᠰᠬᠠᠯ ᠤᠨ ᠬᠡᠯᠡᠪᠡᠯ ᠮᠠᠨ ᠪᠣᠯᠪᠠᠯ — ᠮᠣᠩᠭᠣᠯ ᠤ ᠬᠡᠯᠡᠪᠡᠯ ᠬᠡᠯᠡᠨ ᠪᠢᠴᠢᠭ ᠦᠨ ᠬᠡᠯᠡᠪᠡᠯ :: ᠮᠣᠩᠭᠣᠯ ᠤ ᠬᠡᠯᠡ ᠳᠤ ᠪᠠᠢᠬᠤ ᠮᠠᠰᠢ ᠮᠣᠩᠭᠣᠯᠴᠤᠳ ᠣᠯᠠᠨ ᠮᠠᠰᠢ ᠬᠡᠷᠡᠭᠯᠡᠬᠦ ᠦᠭᠡ ᠮᠡᠲᠦ ᠶᠢ « ᠬᠡᠯᠡᠯᠴᠡᠬᠦ ᠶᠢᠨ ᠬᠡᠯᠡ » ᠪᠣᠯᠤᠨ « ᠬᠡᠷᠡᠭᠯᠡᠬᠦ ᠶᠢᠨ ᠬᠡᠯᠡ » ᠭᠡᠵᠦ ᠂ ᠪᠢᠴᠢᠭ ᠦᠨ ᠬᠡᠯᠡ ᠳᠤ ᠲᠤᠰ ᠲᠠᠢ ᠪᠢᠴᠢᠭᠡ ᠮᠡᠲᠦ ᠮᠠᠰᠢ ᠬᠡᠷᠡᠭᠯᠡᠭᠳᠡᠬᠦ ᠦᠭᠡ ᠂ ᠮᠡᠲᠦ ᠶᠢ « ᠪᠢᠴᠢᠭᠡ ᠶᠢᠨ ᠬᠡᠯᠡ » ᠪᠣᠯᠤᠨ « ᠬᠡᠪᠯᠡᠯ ᠦᠨ ᠬᠡᠯᠡ » ᠭᠡᠵᠦ ᠪᠠᠢᠳᠠᠭ :: ᠮᠣᠩᠭᠣᠯ ᠤ ᠬᠡᠯᠡ ᠨᠢ ᠪᠢᠴᠢᠭ ᠦᠨ ᠬᠡᠯᠡ ᠶᠢᠨ ᠤᠭ ᠪᠣᠯᠤᠨ ᠪᠢᠴᠢᠭ ᠦᠨ ᠬᠡᠯᠡ ᠨᠢ ᠮᠣᠩᠭᠣᠯ ᠤ ᠬᠡᠯᠡ ᠶᠢᠨ

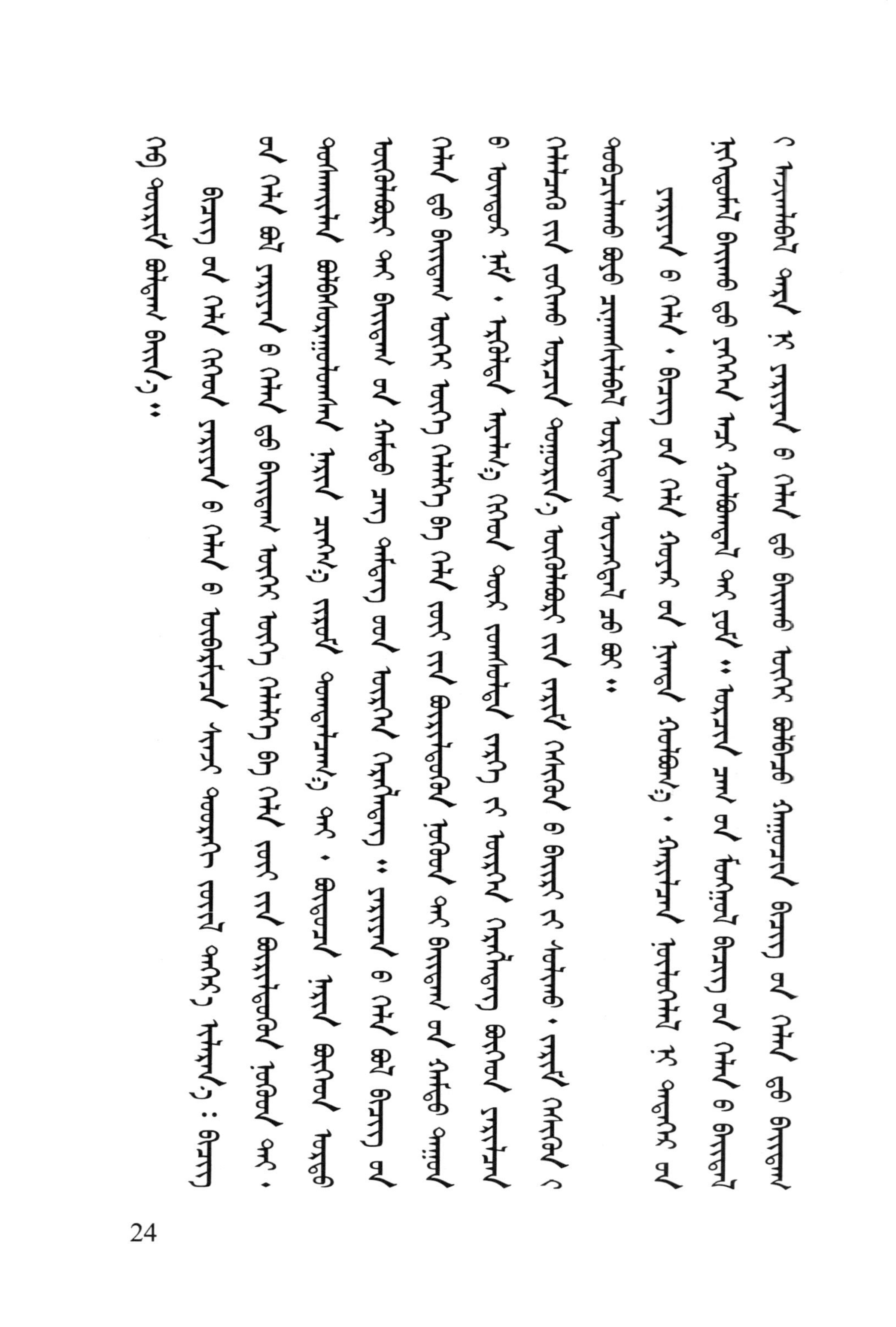

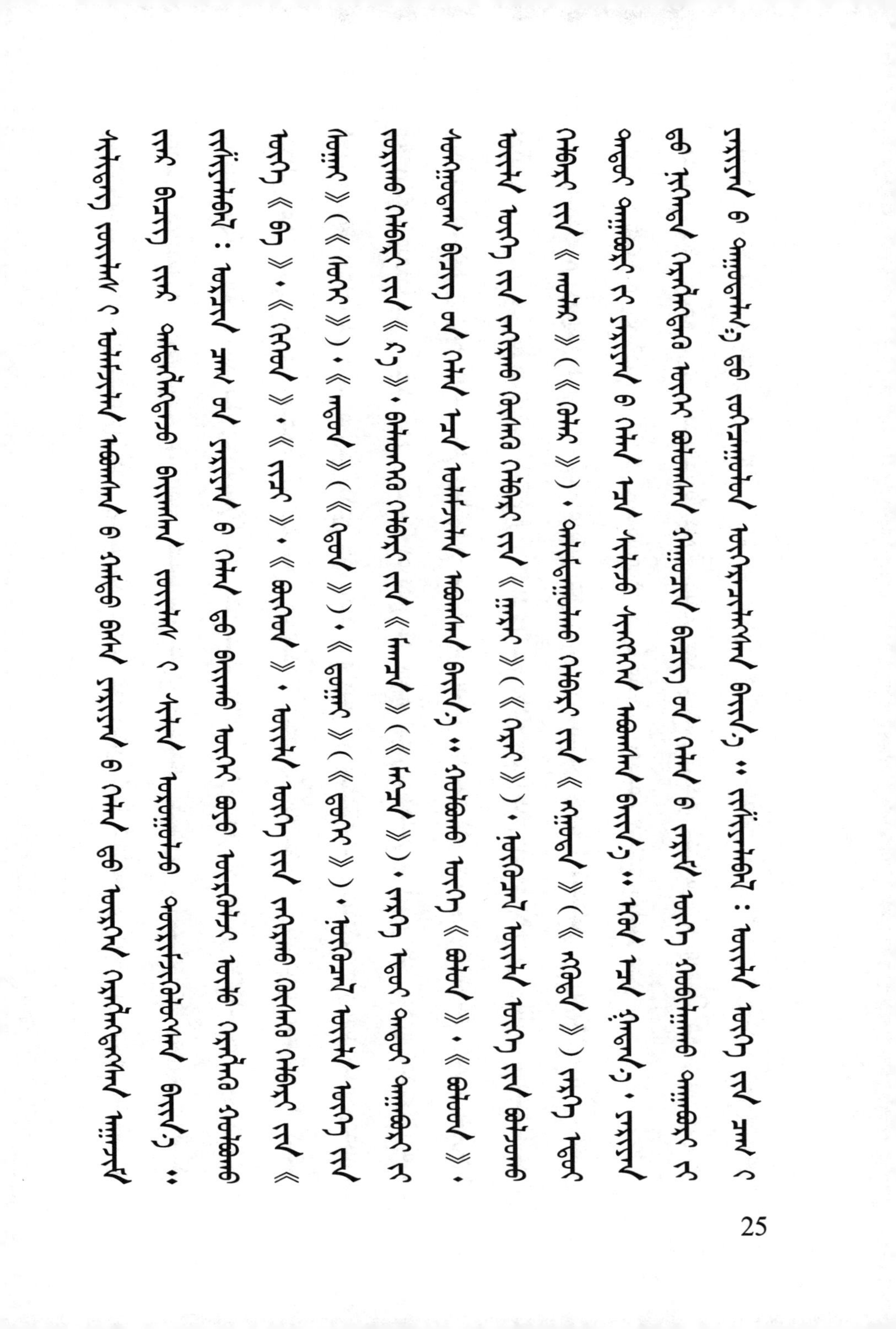

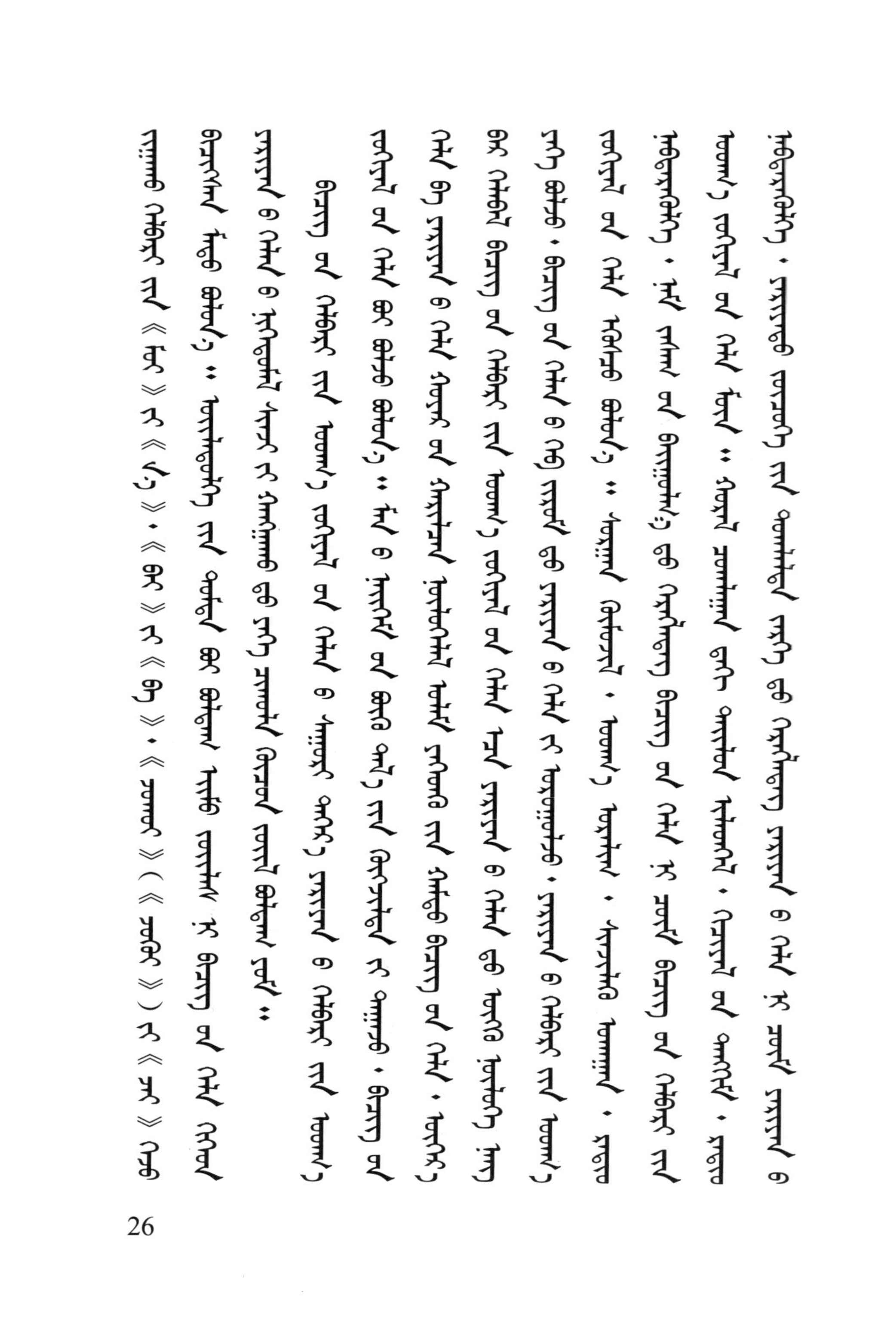

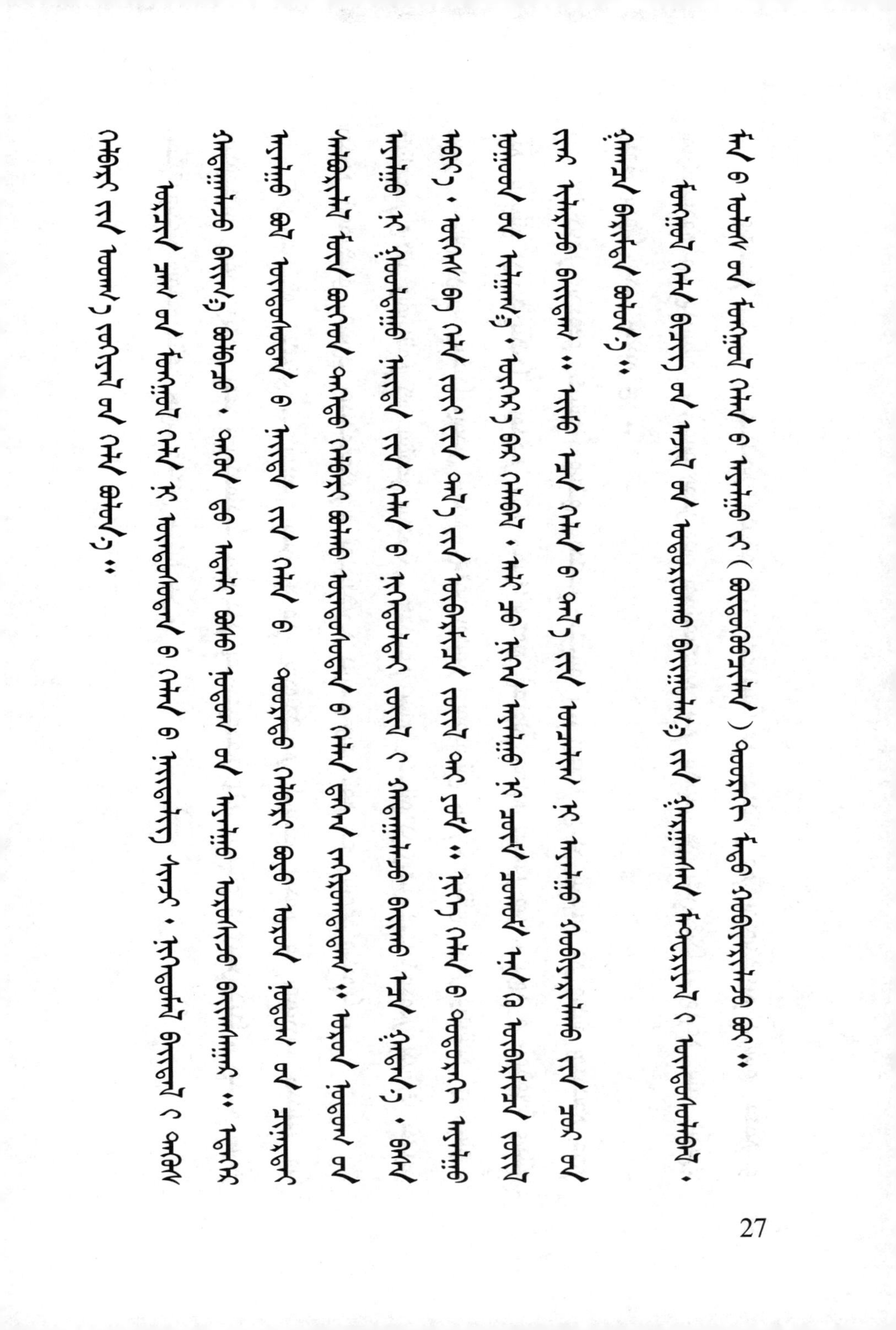

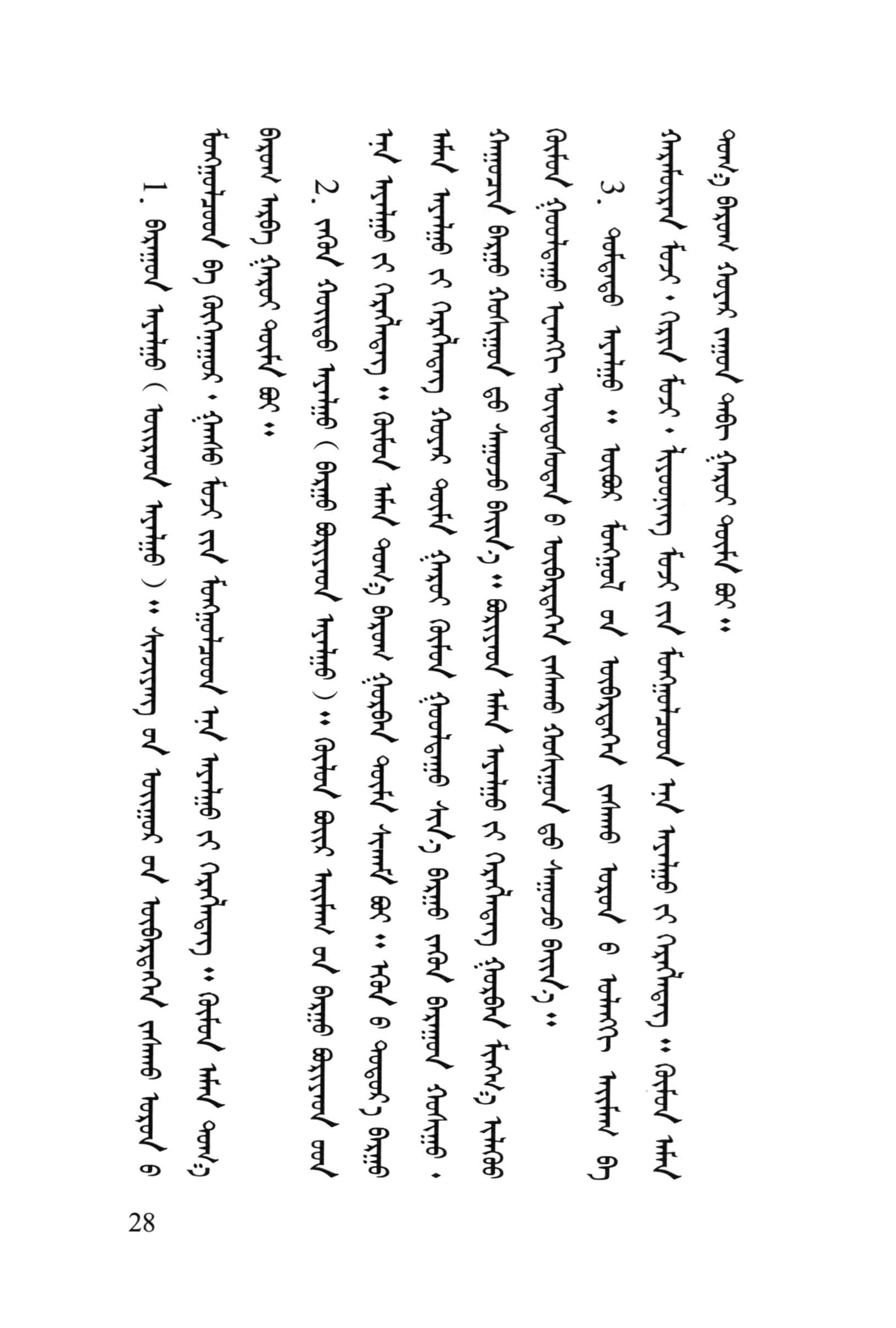

1. [illegible]

2. [illegible]

3. [illegible]

ᠪᠣᠳᠣᠯᠭ᠎ᠠ᠂ ᠰᠤᠶᠤᠯ ᠤᠨ ᠬᠤᠪᠢᠰᠬᠠᠯ ᠤᠨ ᠤ ᠪᠠᠶᠢᠭᠤᠯᠤᠯᠲᠠ

[illegible]

[illegible]

[illegible]

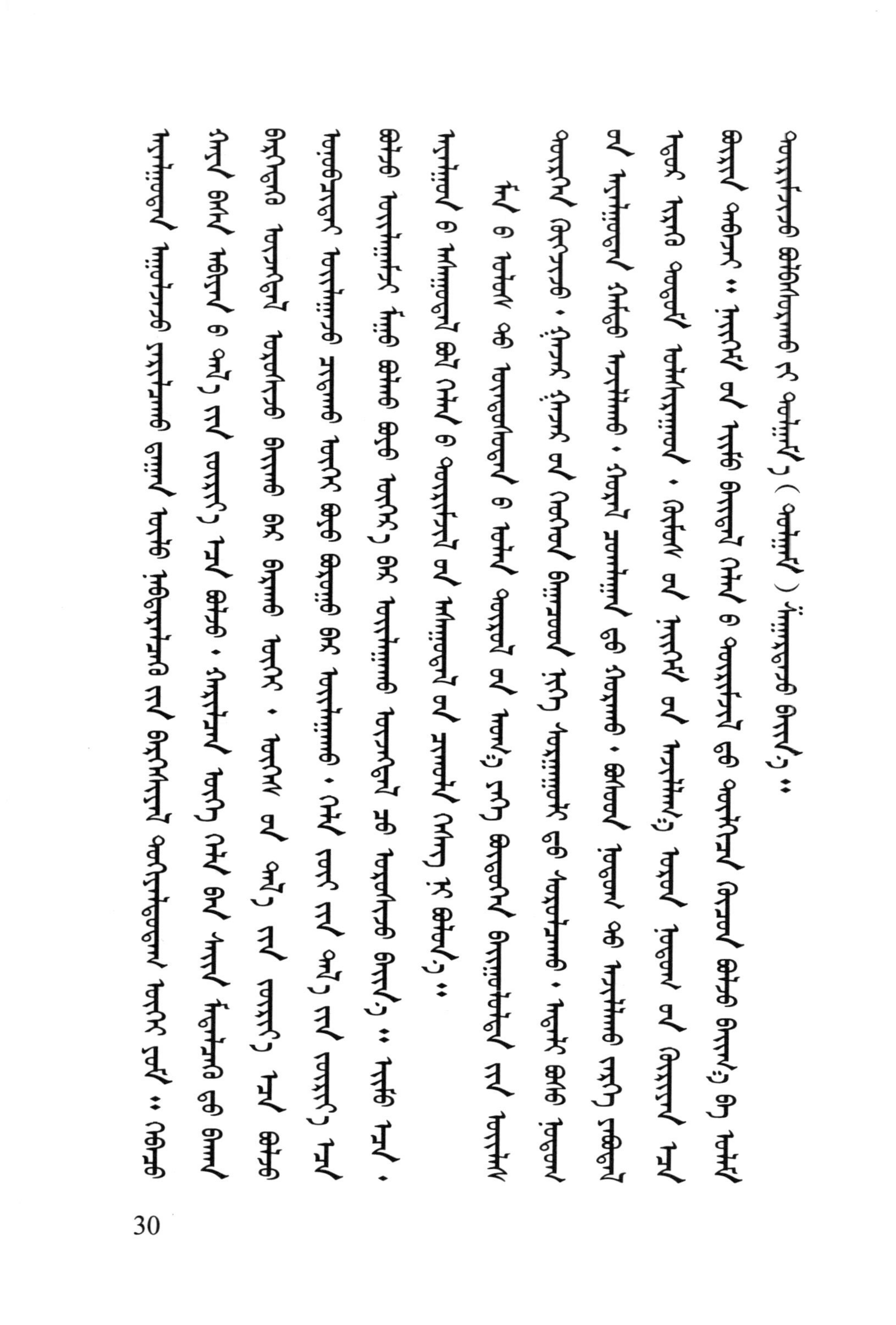

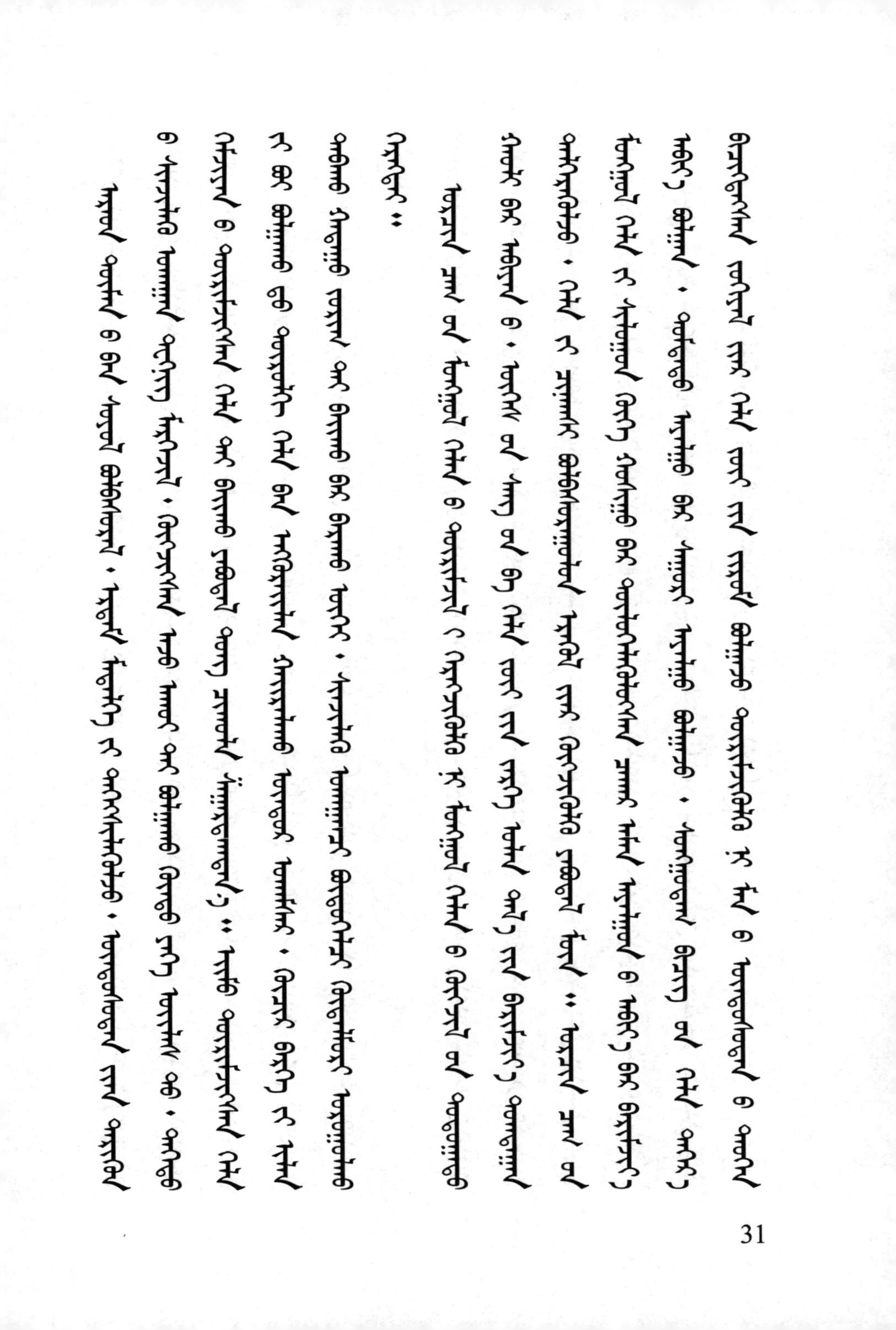

[illegible]
[illegible]
[illegible]
[illegible]
[illegible]
[illegible] ::

[illegible]
[illegible]
[illegible] :: [illegible]
[illegible]
[illegible]
[illegible]

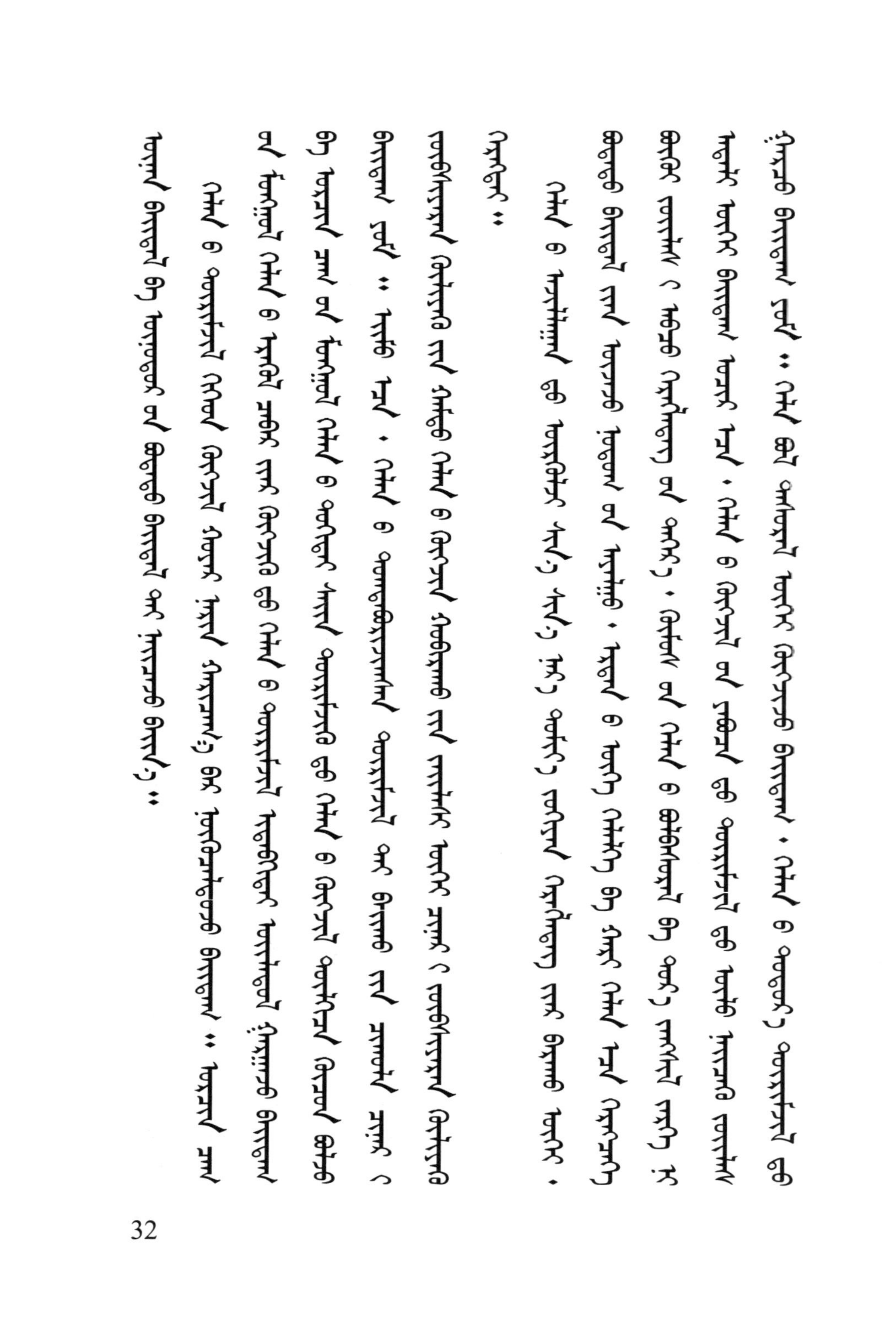

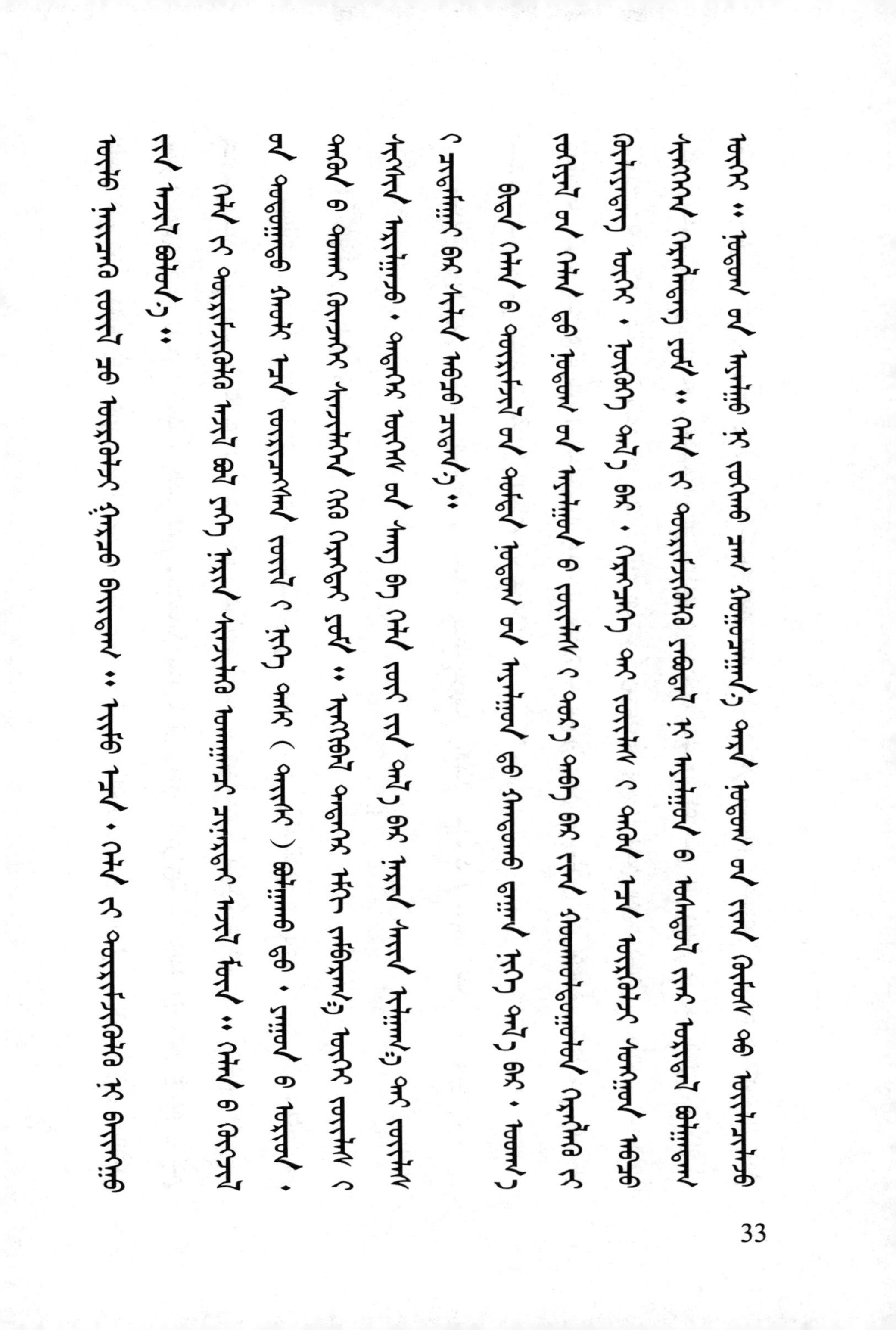

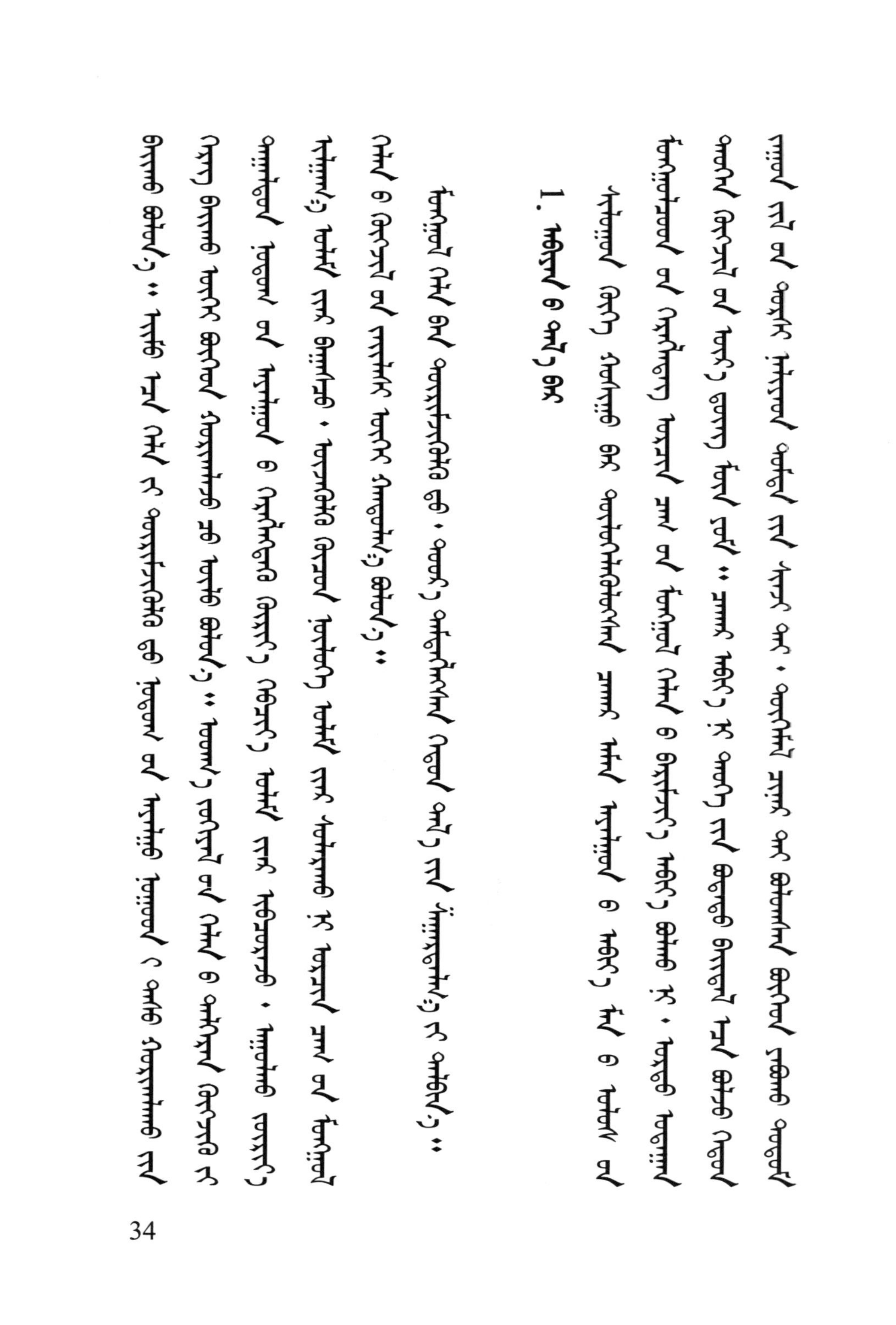

ᠬᠡᠯᠡᠬᠦᠢ ᠨᠢ ᠂ ᠡᠨᠡ ᠬᠦ ᠰᠤᠳᠤᠯᠤᠯ ᠳᠤ ᠮᠣᠷᠢᠨ ᠤ ᠨᠡᠷᠡᠰ ᠢ ᠲᠡᠮᠳᠡᠭᠯᠡᠬᠦ ᠳᠤ ᠰᠤᠯᠠ ᠭᠡᠭᠡᠯᠳᠡᠭᠡ ᠶᠢᠨ ᠬᠠᠷᠢᠴᠠᠭ᠎ᠠ (ᠲᠠᠭᠠᠨ) ᠪᠠᠷᠢᠮᠲᠠ ᠶᠢᠨ ᠲᠠᠯ᠎ᠠ ᠶᠢ ᠲᠣᠳᠤᠷᠬᠠᠢᠯᠠᠭᠰᠠᠨ ᠂ ᠪᠠᠢᠳᠠᠯ ᠳᠤ ᠨᠡᠷ᠎ᠡ ᠶᠢᠨ ᠳᠠᠭᠤᠳᠠᠯᠭ᠎ᠠ ᠶᠢᠨ ᠬᠠᠷᠢᠴᠠᠭ᠎ᠠ ᠶᠢ ᠬᠠᠲᠠᠭᠤ ᠭᠡᠭᠡᠯᠳᠡᠭᠡ (t.c.h ᠮᠡᠲᠦ) ᠢ ᠣᠷᠣᠯ ᠤᠨ ᠠᠶᠠᠯᠭᠤ ᠲᠠᠢ ᠬᠠᠷᠢᠴᠠᠭᠤᠯᠵᠤ ᠰᠤᠯᠠ ᠭᠡᠭᠡᠯᠳᠡᠭᠡ (d.z.g ᠮᠡᠲᠦ) ᠪᠠᠢᠳᠠᠯ 《ᠣᠷᠣᠰ》 ᠢ ᠬᠠᠷᠢᠴᠠᠭᠤᠯᠤᠯ ᠲᠠᠢ ᠪᠠᠢᠳᠠᠭ ᠳᠠᠭᠤᠳᠠᠯᠭ᠎ᠠ ᠶᠢᠨ ᠪᠠᠷᠢᠮᠲᠠ ᠶᠢ datah ᠂ ᠵᠠᠰᠠᠭ ᠢ zas ᠂ ᠭᠠᠲᠤᠭᠤ ᠢ gatuu ᠭᠡᠵᠦ ᠪᠢᠴᠢᠭᠰᠡᠨ ᠪᠠᠢᠳᠠᠭ ᠨᠢ ᠂ ᠡᠭᠦᠨ ᠢ ᠪᠠᠷᠢᠮᠲᠠ ᠳᠤ ᠲᠤᠰᠬᠠᠢ ᠬᠡᠯᠡᠯᠭᠡ ᠶᠢᠨ ᠪᠠᠢᠳᠠᠯ ᠪᠡᠷ ᠭᠤᠶᠤ ᠪᠠᠢᠭ᠎ᠠ ᠶᠢ ᠬᠠᠷᠠᠭᠤᠯᠤᠨ᠎ᠠ :: ᠡᠨᠡ ᠨᠢ ᠮᠣᠷᠢᠨ ᠤ ᠪᠠᠷᠢᠮᠲᠠ ᠶᠢᠨ ᠰᠤᠳᠤᠯᠤᠯ ᠤᠨ ᠭᠤᠤᠯ ᠰᠢᠨᠵᠢ ᠪᠣᠯᠤᠨ :: ᠠᠮᠠᠷ

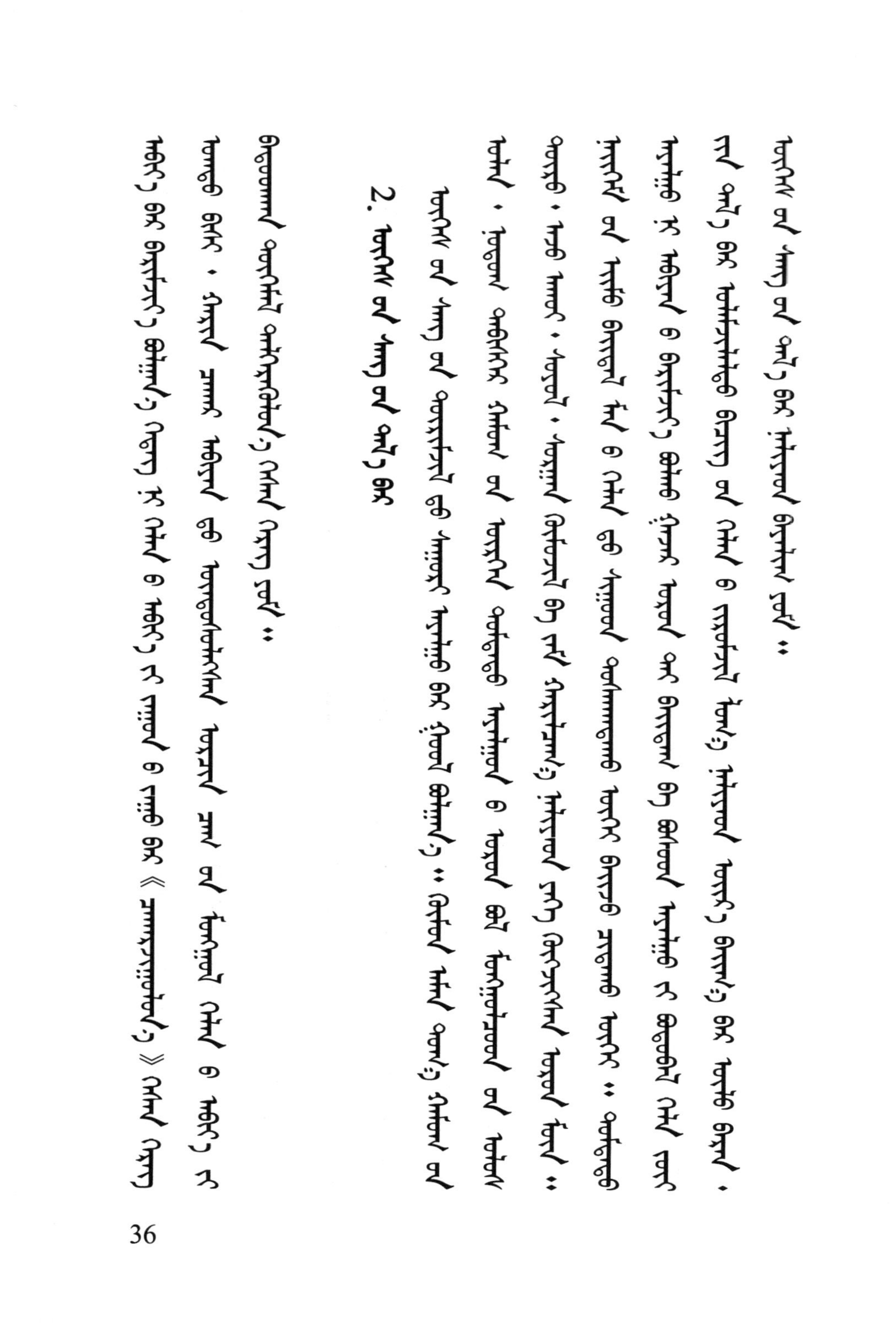

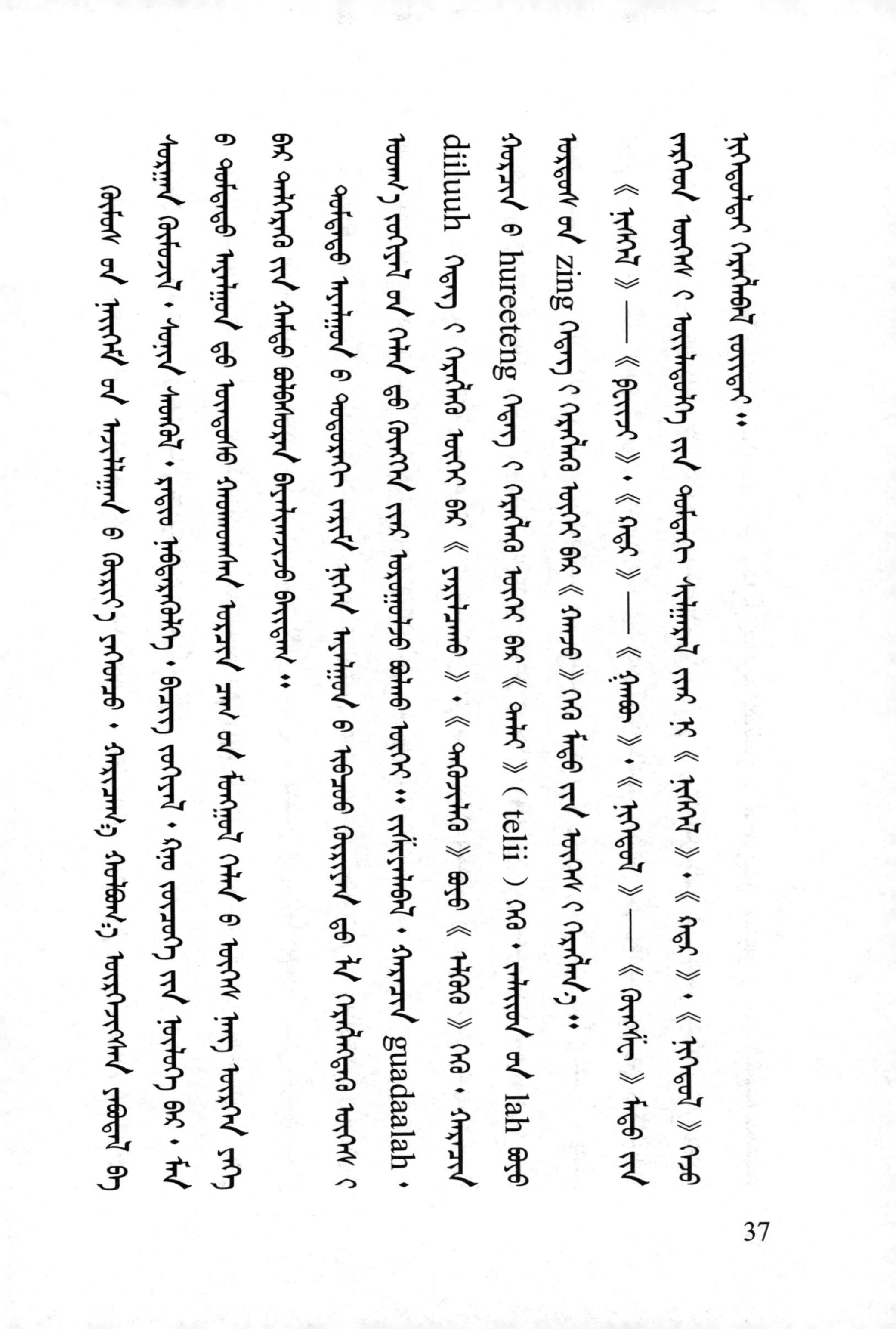

[illegible] 《 [illegible] 》 [illegible] 《 [illegible] 》 [illegible] [illegible] · [illegible] [illegible] ::

[illegible] hureeteng [illegible] 《 [illegible] 》(telii) [illegible] · [illegible] lah [illegible] diiluuh [illegible] 《 [illegible] 》· 《 [illegible] 》[illegible] 《 [illegible] 》[illegible] · [illegible] guadaalah · [illegible] zing [illegible] 《 [illegible] 》[illegible] ::

《 [illegible] 》—— 《 [illegible] 》· 《 [illegible] 》—— 《 [illegible] 》· 《 [illegible] 》—— 《 [illegible] 》[illegible] 《 [illegible] 》· 《 [illegible] 》· 《 [illegible] 》[illegible] ::

[illegible] 37

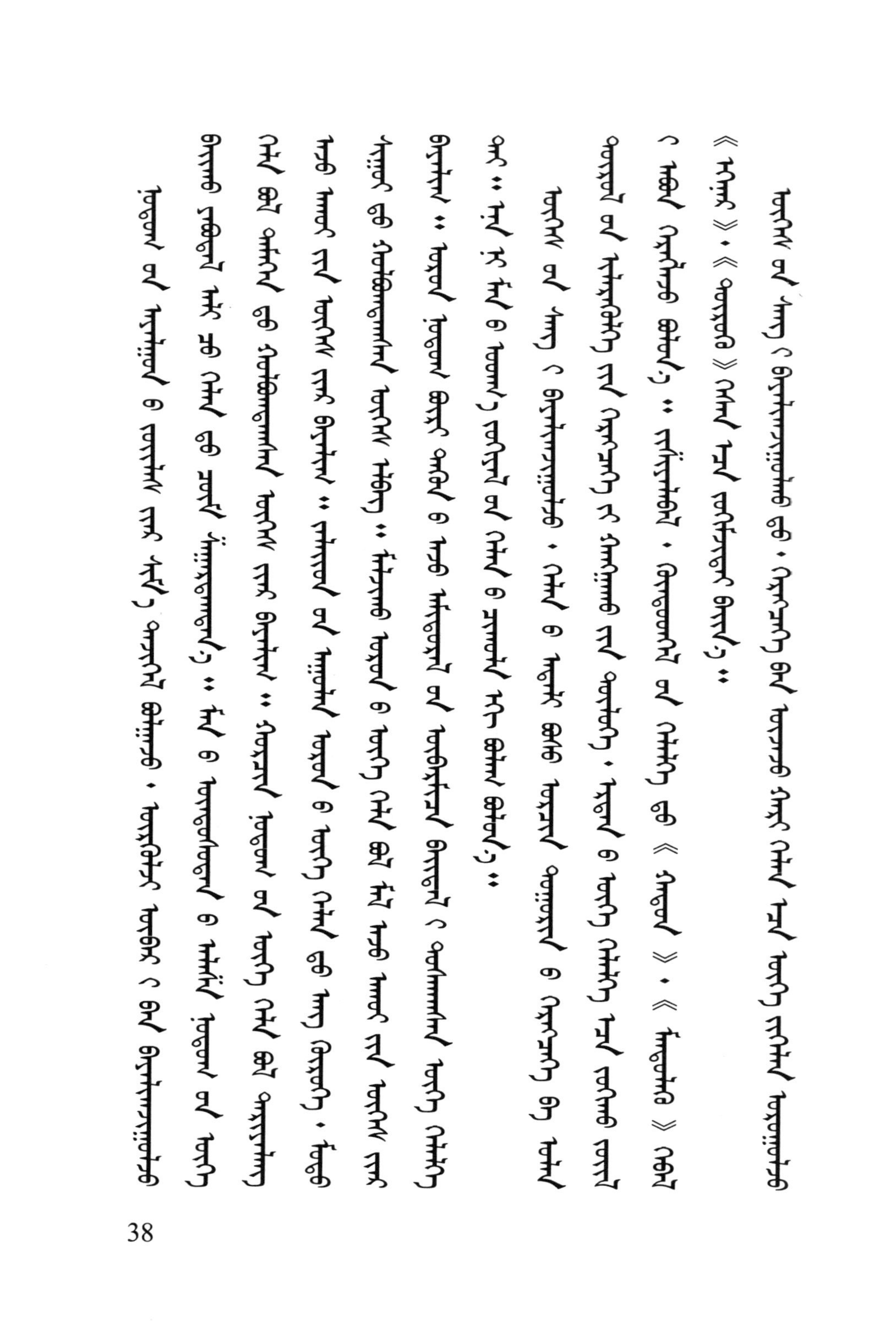

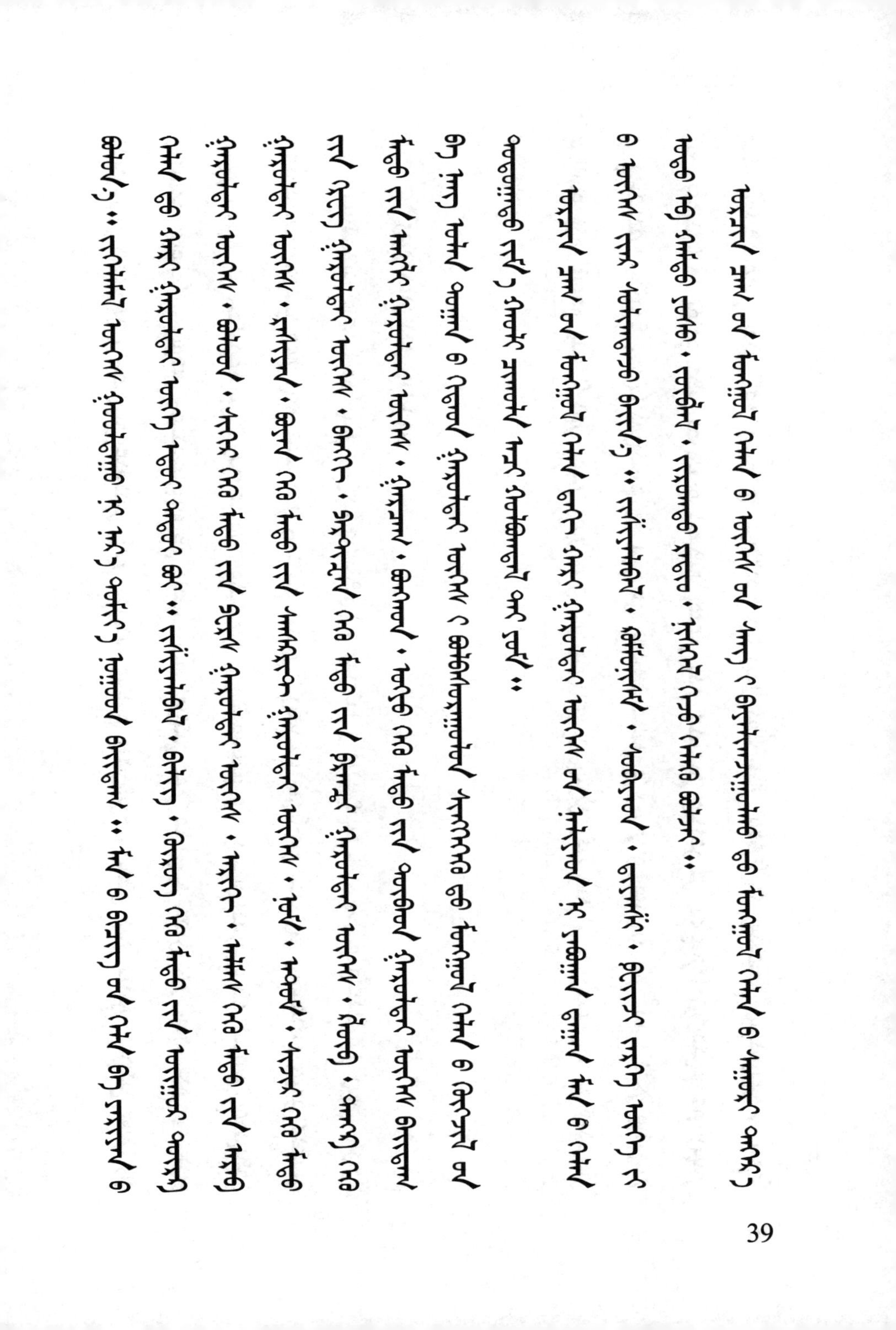

[illegible]

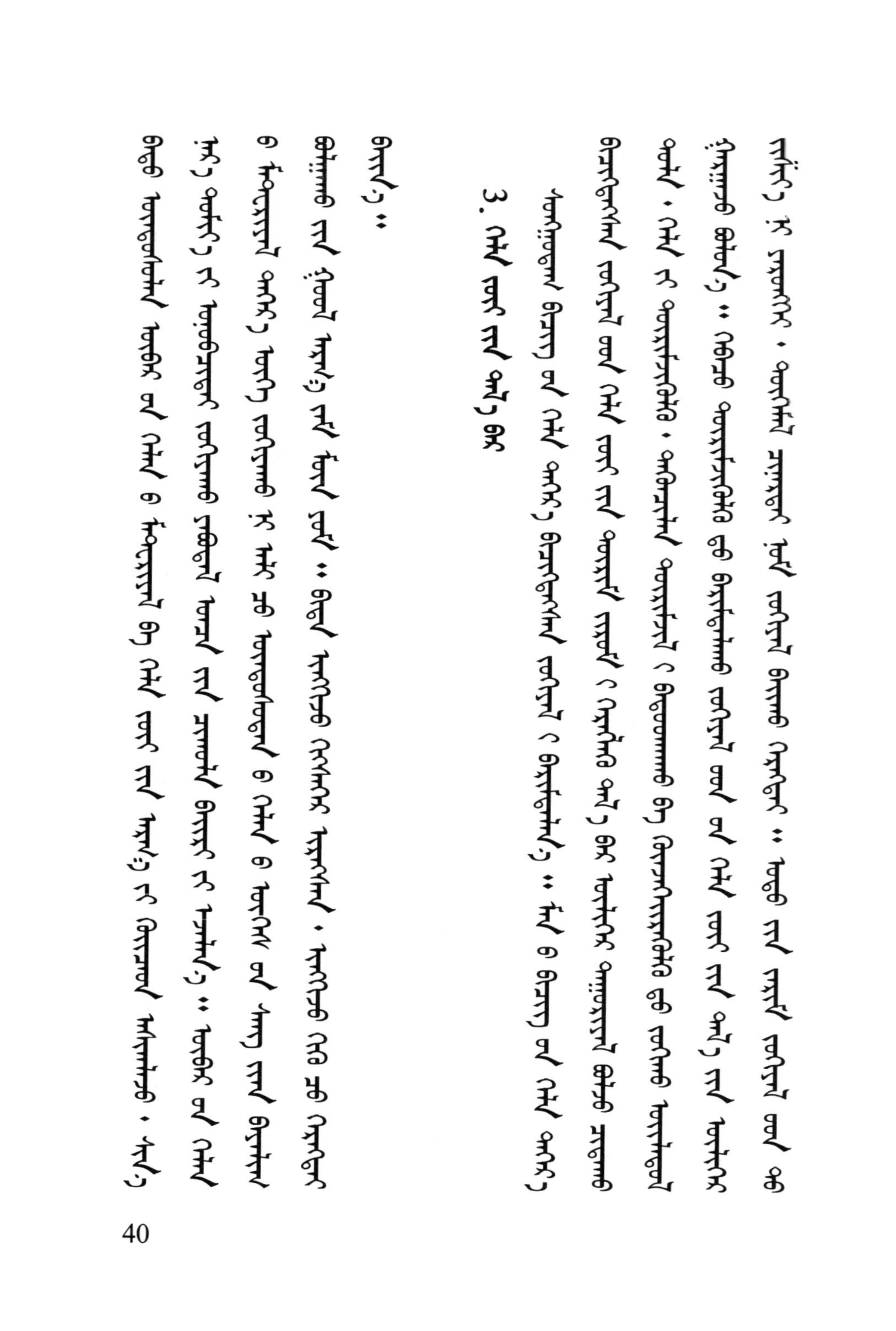

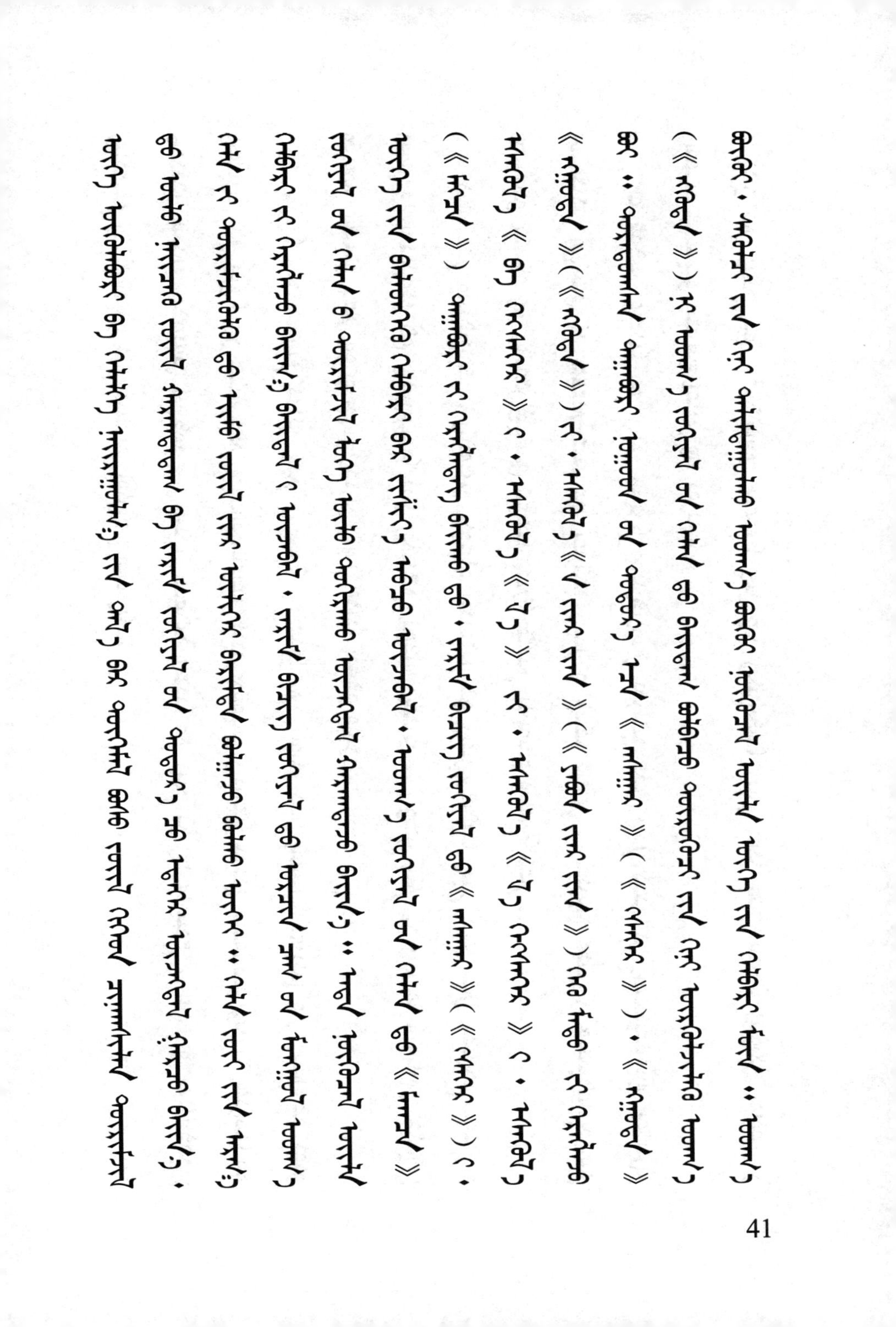

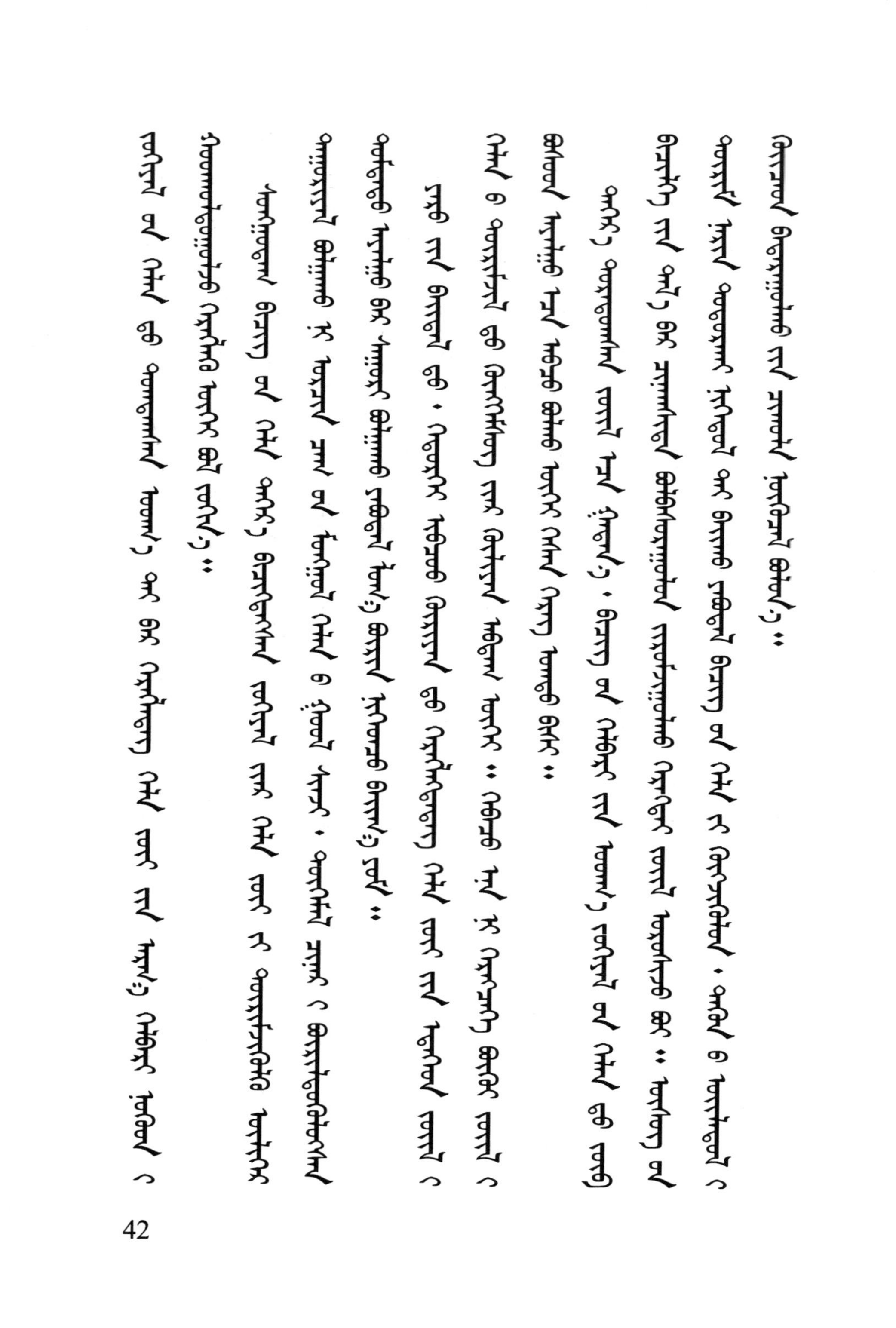

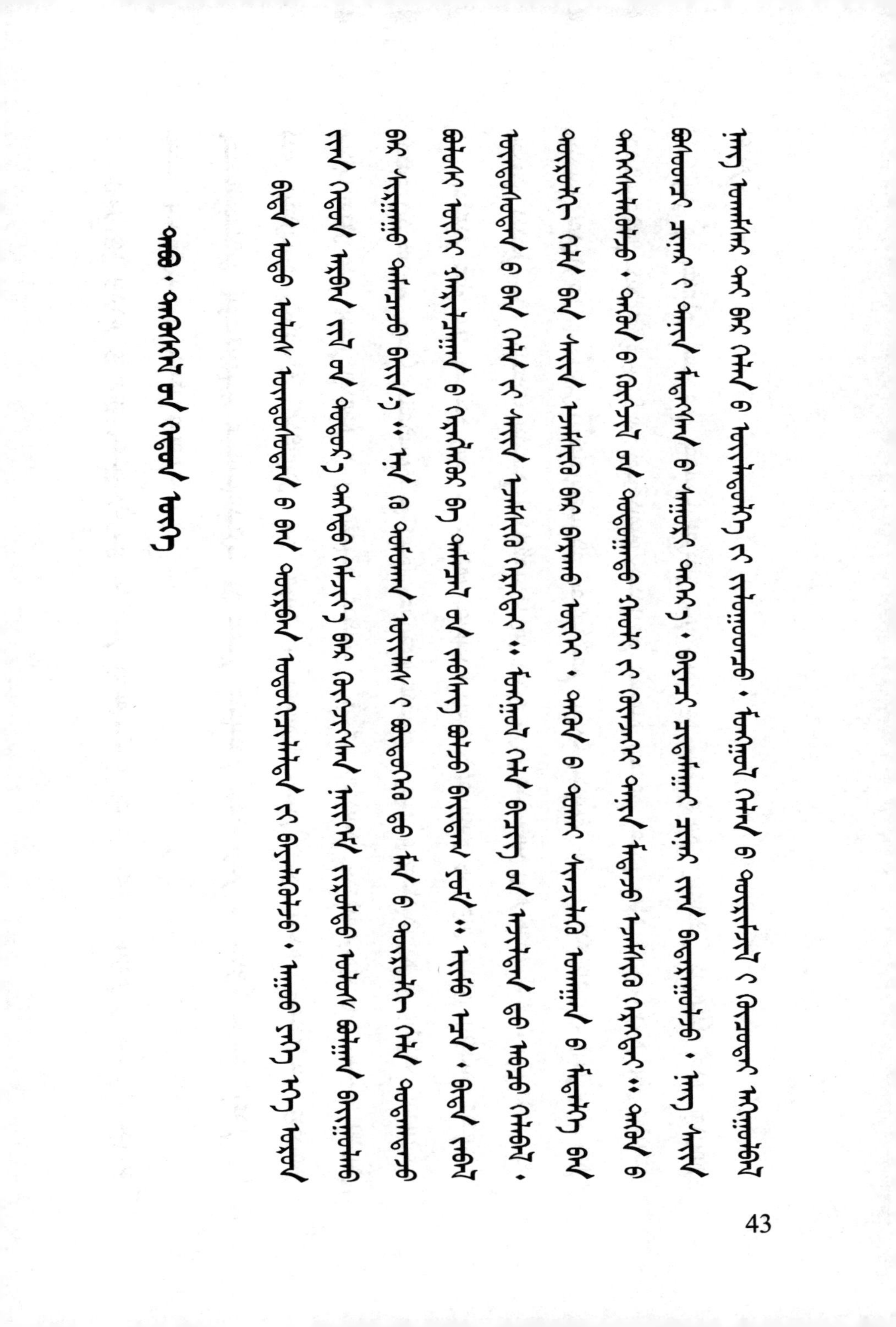

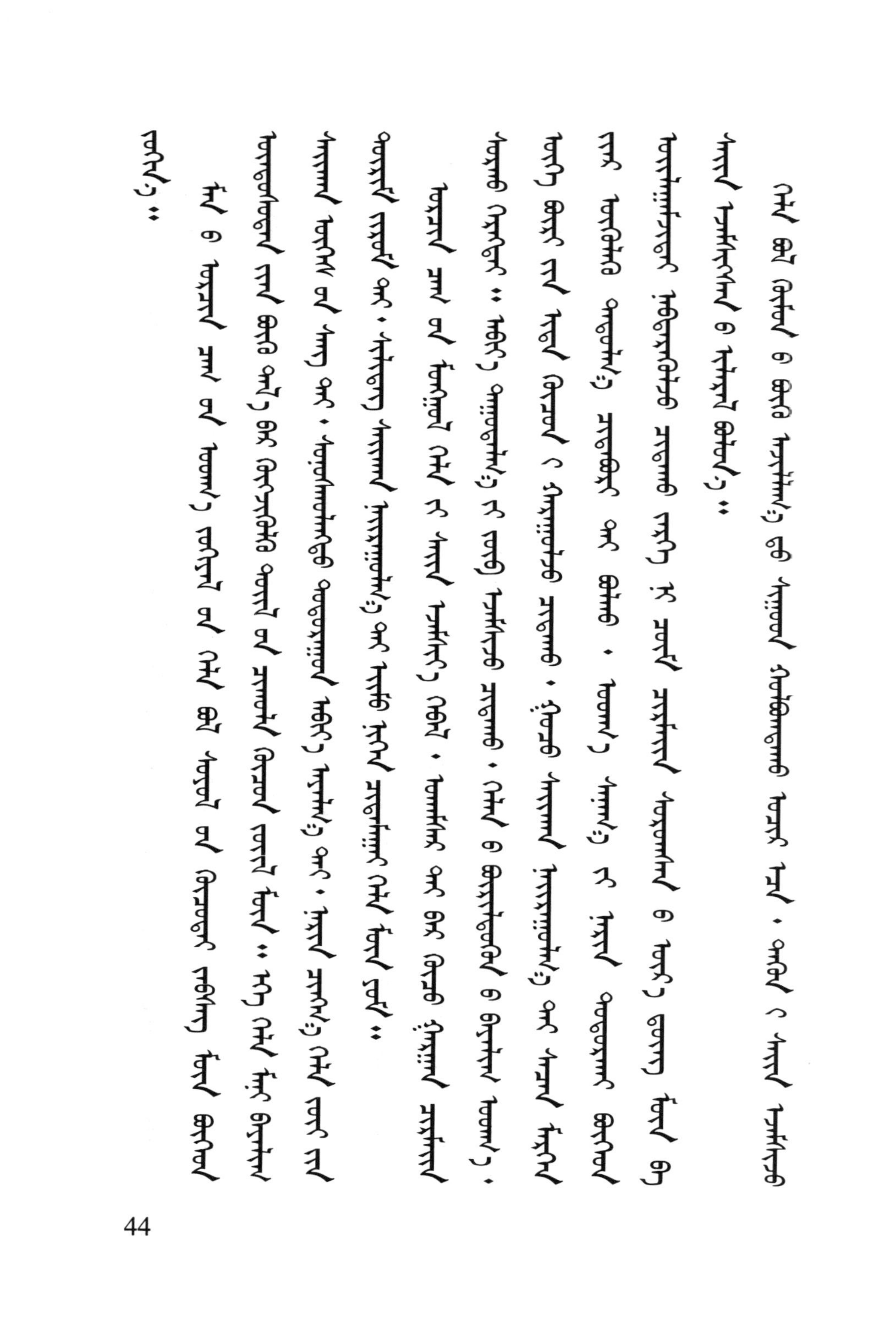

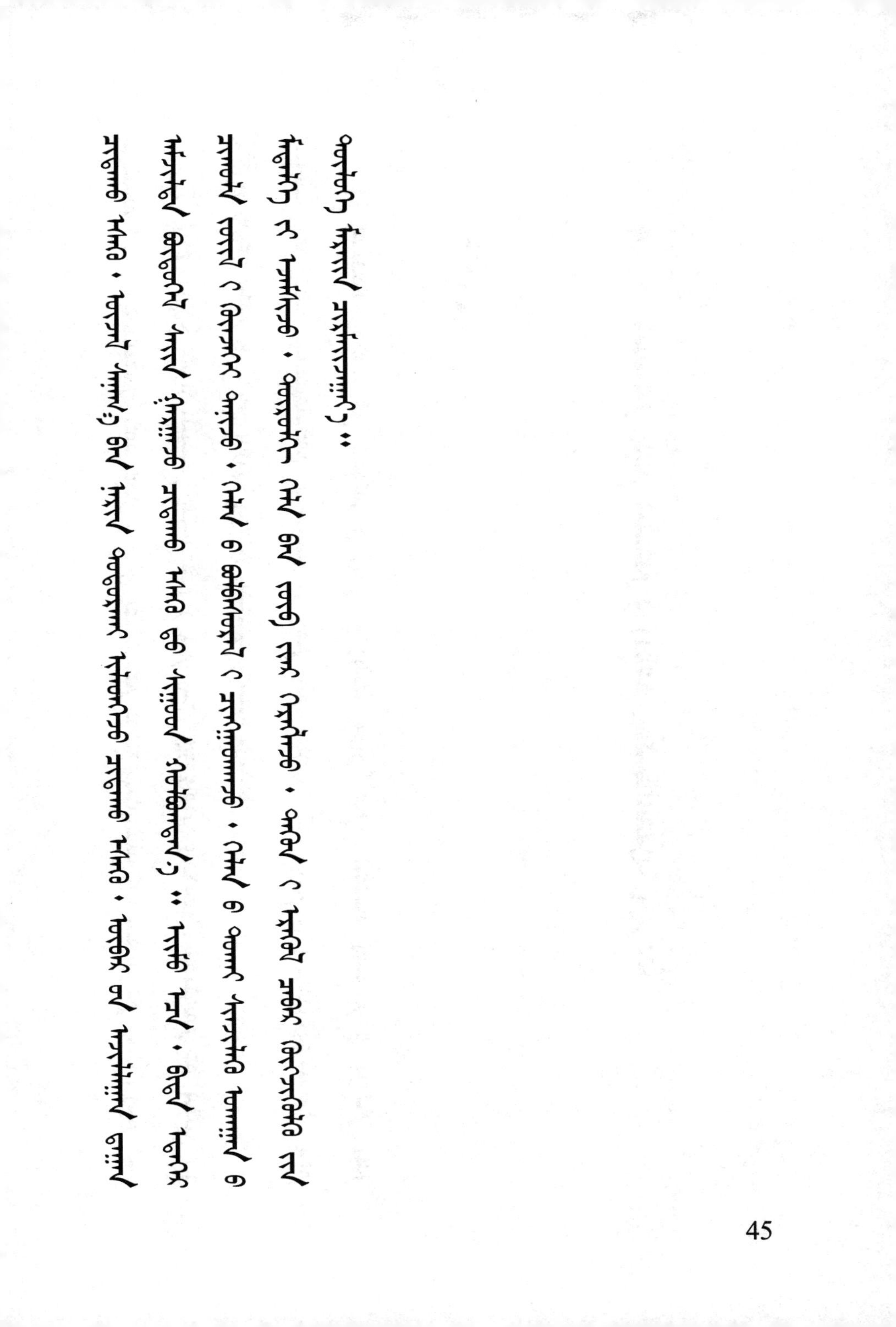

ᠮᠣᠩᠭᠣᠯ ᠬᠡᠯᠡᠨ ᠠᠶᠠᠯᠭᠤᠨ ᠤ ᠰᠤᠳᠤᠯᠤᠯ ᠤᠨ ᠲᠣᠪᠴᠢᠶᠠᠨ

ᠣᠷᠣᠰᠢᠯ

1. ᠮᠣᠩᠭᠣᠯ ᠬᠡᠯᠡᠨ ᠦ ᠠᠶᠠᠯᠭᠤᠨ ᠤ ᠰᠢᠨᠵᠢ ᠶᠢ ᠰᠢᠨᠵᠢᠯᠡᠬᠦ ᠳᠦ ᠠᠶᠠᠯᠭᠤᠨ ᠤ ᠬᠤᠪᠢᠶᠠᠷᠢ ᠶᠢ ᠬᠠᠷᠢᠴᠠᠭᠤᠯᠬᠤ ᠶᠢᠨ ᠬᠠᠮᠲᠤ ᠠᠶᠠᠯᠭᠤᠨ ᠤ ᠣᠨᠴᠠᠯᠢᠭ ᠢ ᠲᠣᠳᠣᠷᠬᠠᠶᠢᠯᠠᠬᠤ ᠬᠡᠷᠡᠭᠲᠡᠢ ᠪᠠᠶᠢᠨ᠎ᠠ ᠃ ᠡᠨᠡ ᠨᠢ ᠮᠣᠩᠭᠣᠯ ᠬᠡᠯᠡᠨ ᠦ ᠲᠡᠦᠬᠡᠨ ᠦ ᠬᠦᠭᠵᠢᠯ ᠢ ᠰᠤᠳᠤᠯᠬᠤ ᠳᠤ ᠴᠢᠬᠤᠯᠠ ᠴᠢᠨᠠᠷ ᠲᠠᠢ ᠪᠣᠯᠬᠤ ᠶᠢᠨ ᠬᠠᠮᠲᠤ ᠣᠳᠣ ᠶᠢᠨ ᠮᠣᠩᠭᠣᠯ ᠬᠡᠯᠡᠨ ᠦ ᠳᠦᠷᠢᠮ ᠢ ᠲᠣᠭᠲᠠᠭᠠᠬᠤ ᠳᠤ ᠴᠢᠬᠤᠯᠠ ᠪᠣᠯᠤᠨ᠎ᠠ ᠃

2. /s/ ᠠᠪᠢᠶᠠ ᠨᠢ ᠮᠣᠩᠭᠣᠯ ᠬᠡᠯᠡᠨ ᠦ ᠠᠶᠠᠯᠭᠤᠨ ᠳᠤ (ᠴᠠᠬᠠᠷ ᠂ ᠪᠠᠷᠢᠨ ᠂ ᠬᠣᠷᠴᠢᠨ ᠂ ᠣᠶᠢᠷᠠᠳ ᠵᠡᠷᠭᠡ) ᠶᠢᠨ ᠬᠠᠮᠲᠤ ᠪᠠᠶᠢᠭᠠ ᠪᠥᠭᠡᠳ ᠳᠤᠷᠠᠰ ᠤᠨ ᠬᠣᠶᠠᠷ ᠲᠣᠷᠤᠯ ᠢ ᠨᠢ ᠠᠯᠢᠪᠠ ᠴᠤ ᠪᠠᠶᠢᠬᠤ ᠦᠭᠡᠢ ᠂ ᠬᠠᠷᠢᠨ ᠠᠯᠢ ᠨᠢᠭᠡ ᠨᠢ ᠪᠠᠶᠢᠳᠠᠭ ᠃

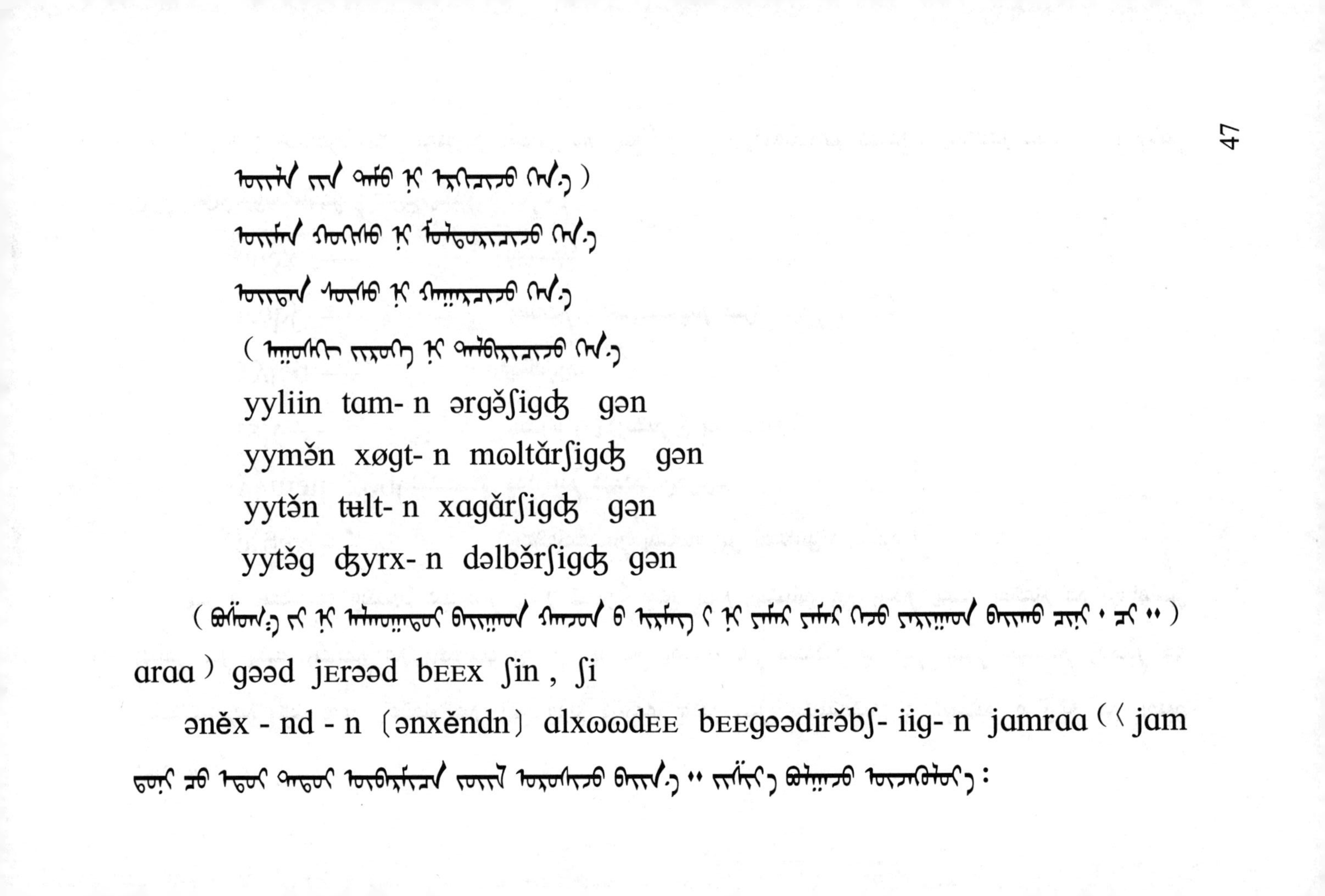

([illegible]
[illegible]
[illegible]
[illegible])

yyliin tam- n ərgəʃigʤ gən
yymən xøgt- n mɷltărʃigʤ gən
yytən tʉlt- n xagărʃigʤ gən
yytəg ʤyrx- n dəlbərʃigʤ gən

([illegible]) araa) gəəd jᴇrəəd bᴇᴇx ʃin , ʃi

ənĕx - nd - n 〔ənxĕndn〕 alxɷɷdᴇᴇ bᴇᴇgəədirəbʃ- iig- n jamraa (〈 jam [illegible] :

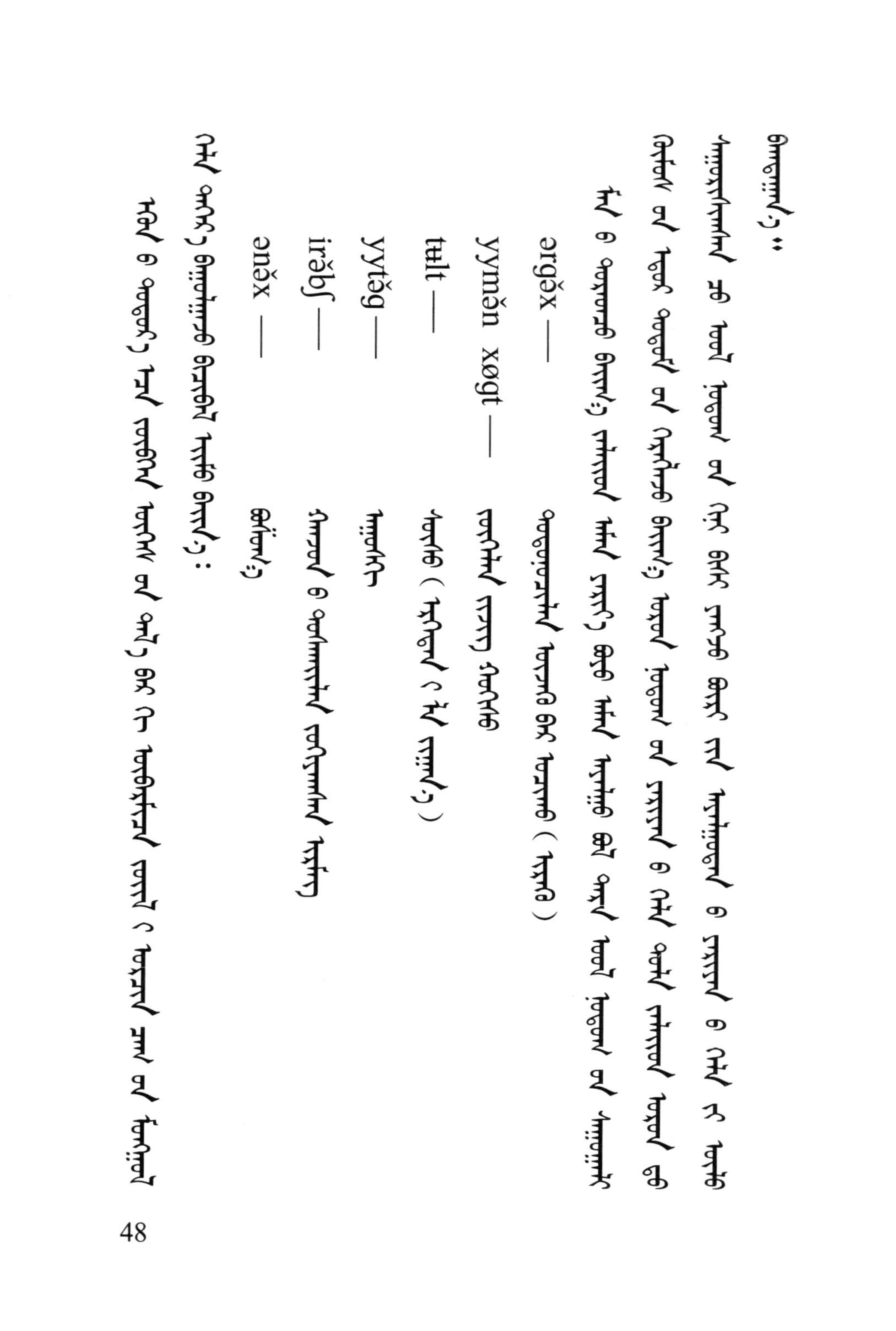

[illegible] :

ənǎx — [illegible]

irǎbʃ — [illegible]

yytǎg — [illegible]

tɯlt — [illegible] ([illegible])

yymǎn xøgt — [illegible]

ərgǎx — [illegible] ([illegible])

[illegible] ᠃

3. ᠡᠨᠡ ᠬᠡᠯᠡᠯᠭᠡ ᠳᠦ ᠪᠠᠢᠬᠤ ᠡᠭᠡᠰᠢᠭ ᠭᠣᠣᠯ ᠡᠭᠡᠰᠢᠭ ᠦᠨ ᠬᠠᠷᠢᠴᠠᠯ ᠤᠨ ᠵᠦᠢ ᠲᠣᠭᠲᠠᠯᠴᠠᠭ᠎ᠠ ᠶᠢ /E/ · /ø/ · /y/ · /E/ · /øø/ · /yy/ ᠡᠭᠡᠰᠢᠭ ᠦᠳ ᠦᠨ ᠬᠠᠷᠢᠴᠠᠯ ᠢ ᠰᠢᠨᠵᠢᠯᠡᠬᠦ ᠳᠦ ᠬᠡᠷᠡᠭᠯᠡᠭᠳᠡᠨ᠎ᠡ (ᠵᠢᠱᠢᠶ᠎ᠡ ᠨᠢ) ᠬᠡᠯᠡᠯᠭᠡ ᠨᠢ ᠲᠣᠳᠣᠷᠬᠠᠢ ᠪᠠᠢᠬᠤ ᠪᠥᠭᠡᠳ ᠬᠡᠯᠡᠯᠭᠡ ᠶᠢᠨ ᠳᠦᠷᠢᠮ ᠳᠦ ᠨᠡᠢᠴᠡᠭᠦᠯᠬᠦ ᠶᠢᠨ ᠪᠠᠷ ᠡᠭᠡᠰᠢᠭ ᠦᠳ ᠦᠨ ᠰᠢᠨᠵᠢ ᠴᠢᠨᠠᠷ ᠢ ᠲᠣᠳᠣᠷᠬᠠᠢᠯᠠᠨ ᠭᠠᠷᠭᠠᠵᠤ ᠪᠣᠯᠣᠨ᠎ᠠ ::

4. ᠡᠳᠡᠭᠡᠷ ᠡᠭᠡᠰᠢᠭ ᠦᠳ ᠦᠨ ᠬᠣᠣᠷᠣᠨᠳᠤ ᠶᠢᠨ ᠬᠠᠷᠢᠴᠠᠯᠠ ᠶᠢᠨ ᠵᠦᠢ ᠲᠣᠭᠲᠠᠯᠴᠠᠭ᠎ᠠ · ᠬᠡᠯᠡᠯᠭᠡ ᠶᠢᠨ ᠳᠦᠷᠢᠮ ᠦᠨ ᠬᠣᠣᠷᠣᠨᠳᠤ ᠶᠢᠨ ᠬᠣᠯᠪᠣᠭ᠎ᠠ ᠶᠢ ᠲᠣᠳᠣᠷᠬᠠᠢᠯᠠᠨ ᠬᠠᠷᠠᠭᠤᠯᠵᠤ ᠪᠣᠯᠣᠨ᠎ᠠ :: ᠡᠨᠡ ᠬᠡᠯᠡᠯᠭᠡ ᠳᠦ ᠪᠠᠢᠬᠤ ᠬᠢᠲᠠᠳ ᠦᠭᠡ ᠶᠢ ᠬᠠᠷᠢᠴᠠᠭᠤᠯᠪᠠᠯ ᠬᠢᠲᠠᠳ ᠦᠭᠡ ᠶᠢᠨ《话 · 口语 · 口音 · 地方话》ᠭᠡᠬᠦ ᠦᠭᠡ ᠶᠢᠨ 《ᠦᠭᠡ ᠬᠡᠯᠡᠬᠦ》《ᠦᠭᠡ ᠬᠡᠯᠡᠯᠭᠡ》《ᠬᠡᠯᠡᠯᠭᠡ ᠶᠢᠨ ᠠᠶᠠᠰ》《ᠣᠷᠣᠨ ᠤ ᠠᠶᠠᠯᠭᠤ》 ᠵᠡᠷᠭᠡ ᠬᠢᠷᠢ ᠬᠡᠮᠵᠢᠶ᠎ᠡ ᠳᠦ ᠨᠢᠭᠡᠳᠦᠭᠡᠷ ᠡᠭᠡᠰᠢᠭ ᠦᠨ ᠬᠠᠷᠢᠴᠠᠯ ᠢ ᠪᠠᠷᠢᠮᠲᠠᠯᠠᠨ ᠲᠣᠭᠲᠠᠭᠠᠭᠰᠠᠨ ᠪᠣᠯᠣᠨ᠎ᠠ ::

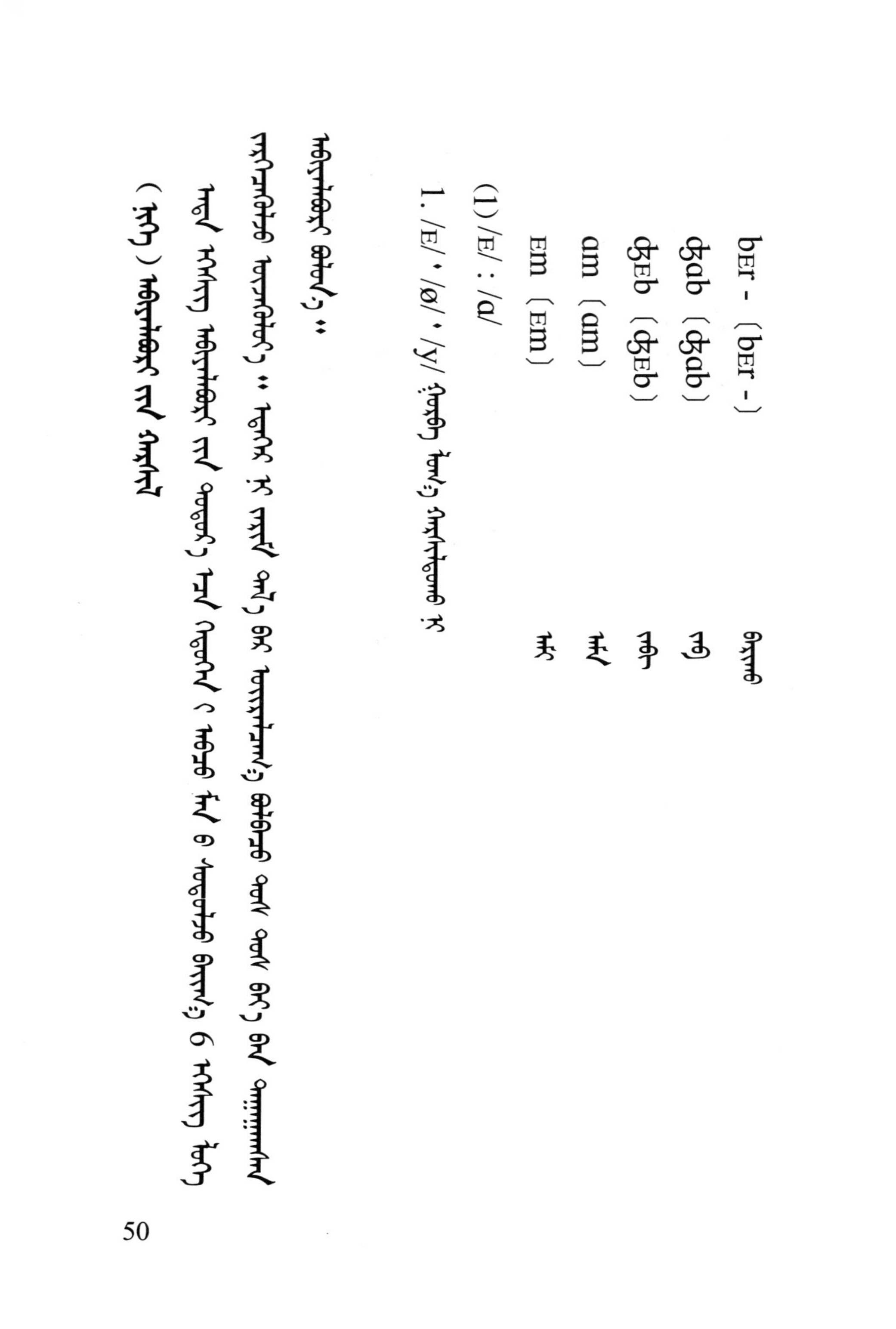

bEr - 〔bEr -〕 ᠪᠡᠷᠢ

ʤab 〔ʤab〕 ᠵᠠᠪ

ʤEb 〔ʤEb〕 ᠵᠡᠪ

am 〔am〕 ᠠᠮ

Em 〔Em〕 ᠡᠮ

(1) /E/ : /a/

1. /E/ · /ø/ · /y/ ᠡᠭᠡᠰᠢᠭ ᠦᠨ ᠡᠰᠡᠷᠭᠦᠴᠡᠭᠦ ᠶᠢ

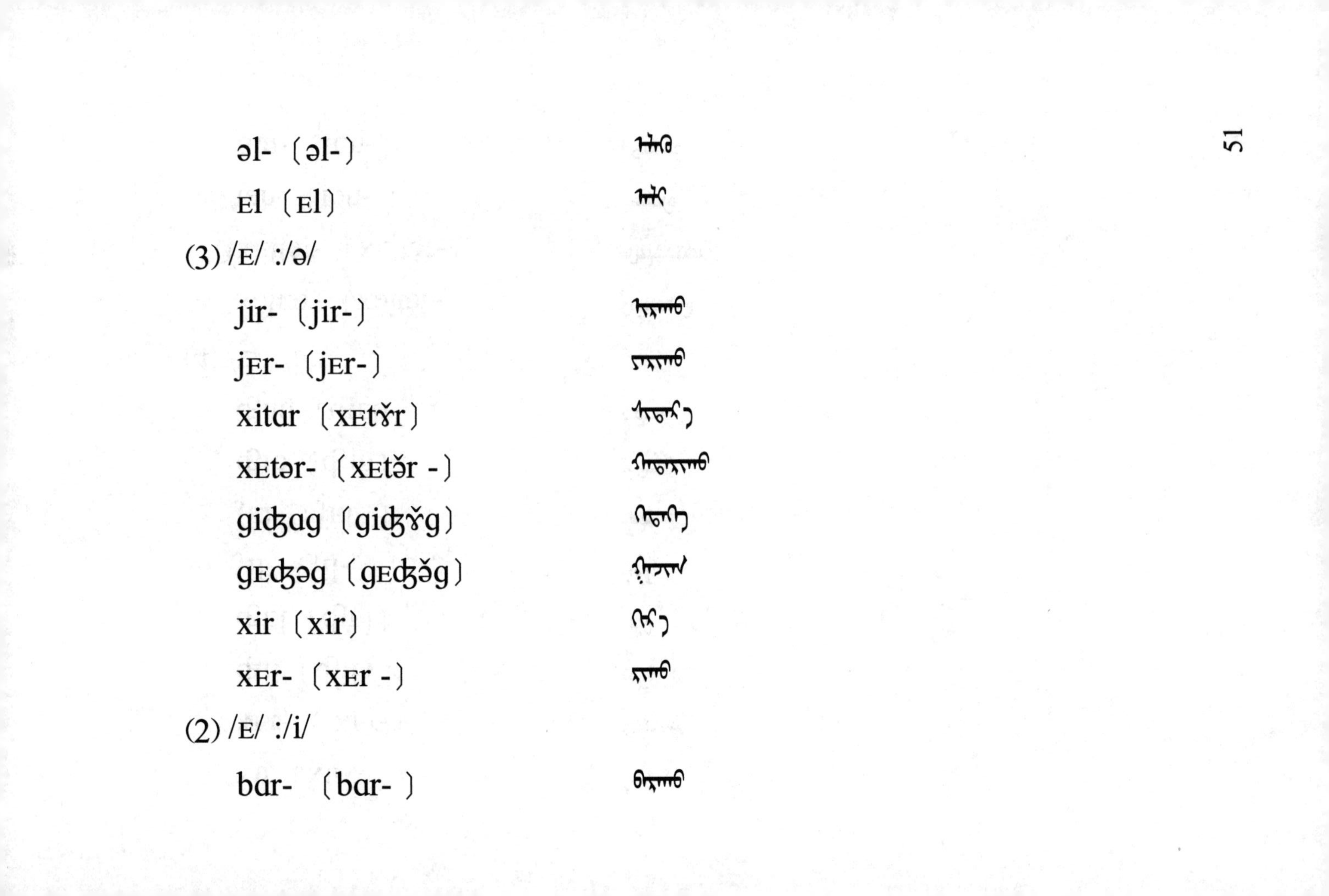

əl- 〔əl-〕

ᴇl 〔ᴇl〕

(3) /ᴇ/ :/ə/

jir- 〔jir-〕

jᴇr- 〔jᴇr-〕

xitɑr 〔xᴇtɤ̆r〕

xᴇtər- 〔xᴇtə̆r -〕

giʤɑg 〔giʤɤ̆g〕

gᴇʤəg 〔gᴇʤə̆g〕

xir 〔xir〕

xᴇr- 〔xᴇr -〕

(2) /ᴇ/ :/i/

bɑr- 〔bɑr- 〕

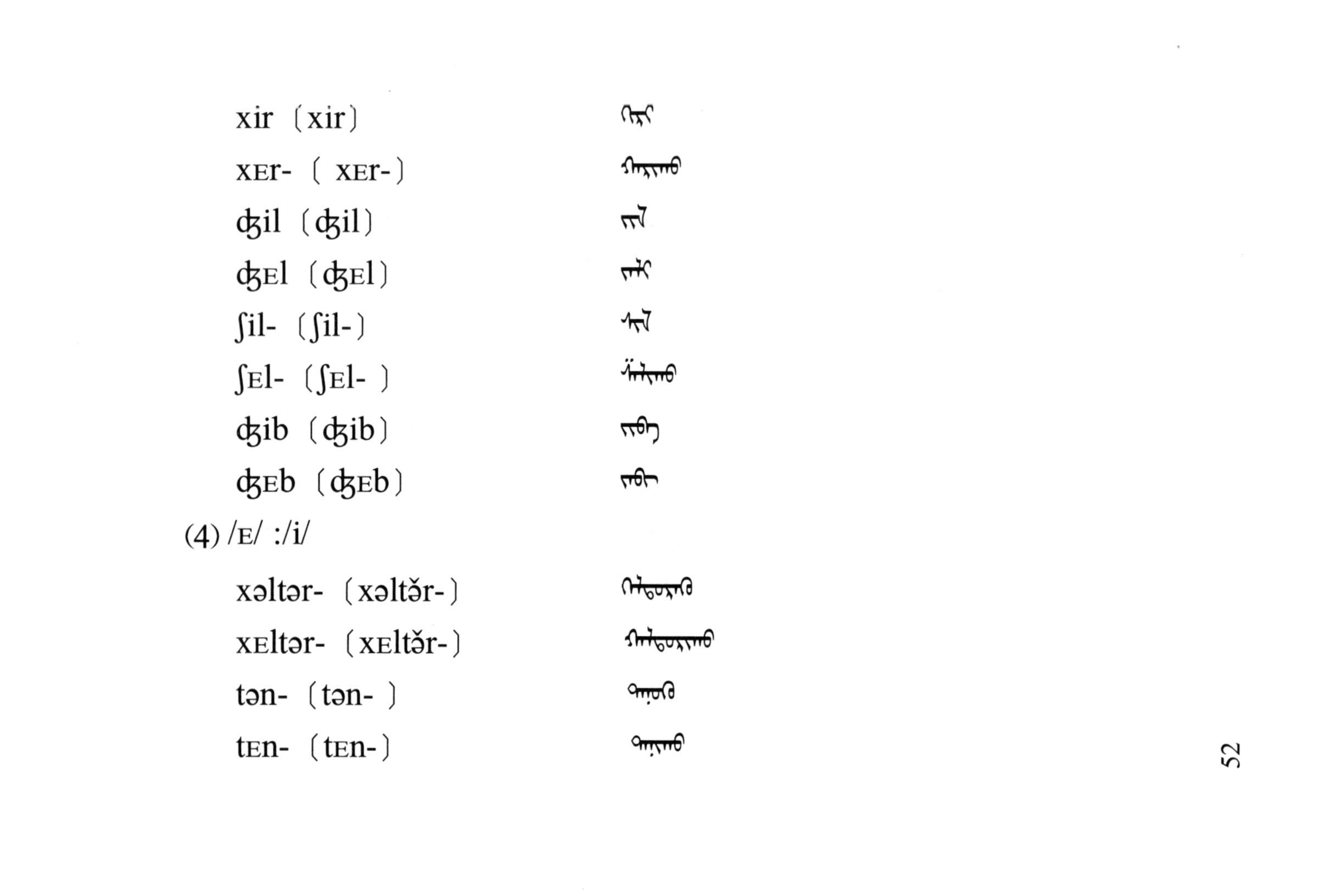

xir〔xir〕

xɛr-〔 xɛr-〕

ʤil〔ʤil〕

ʤɛl〔ʤɛl〕

ʃil-〔ʃil-〕

ʃɛl-〔ʃɛl- 〕

ʤib〔ʤib〕

ʤɛb〔ʤɛb〕

(4) /ɛ/ :/i/

xəltər-〔xəltə̆r-〕

xɛltər-〔xɛltə̆r-〕

tən-〔tən- 〕

tɛn-〔tɛn-〕

tøŋən〔tøŋə̆n〕 ᠳᠦᠩᠭᠡᠨ

tɷl〔tɷl〕 ᠲᠣᠯ — ᠲᠣᠯᠢᠳᠤ

tøl〔tøl〕 ᠲᠥᠯ

(6) /ø/ :/ɷ/

ɔbɔɔ〔ɔbɔ̆〕 ᠣᠪᠣᠭ᠎ᠠ

øbøø〔øb'ø〕 ᠥᠪᠡ

ɔl-〔ɔl-〕 ᠣᠯᠬᠤ

øl-〔øl-〕 ᠥᠯᠦᠰᠬᠦ

tɔmɔɔ〔tɔmɔ̆〕 ᠲᠣᠮᠣᠭᠣ

tømøø〔tøm'ø〕 ᠲᠥᠮᠦᠭ᠎ᠡ

xɔl〔xɔl〕 ᠬᠣᠯ

xøl -〔xøl- ᠬᠥᠯᠦᠰᠬᠦ

(5) /ø/ :/ɔ/

(8) /ø/ :/y/

xʉlʃ-〔xʉlʃ-〕	ᠬᠦᠯᠢᠶᠡᠬᠦ
xølʃ〔xølʃ〕	ᠬᠥᠯᠥᠰᠥ
ʉn〔ʉn〕	ᠦᠨᠡᠨ
øn〔øn〕	ᠥᠨ
mʉr〔mʉr〕	ᠮᠦᠷ · ᠮᠦᠷᠦᠭᠦ
mør〔mør〕	ᠮᠥᠷ
tʉl-〔tʉl-〕	ᠲᠦᠯᠢᠬᠦ · ᠲᠦᠯᠡᠬᠦ
tøl-〔tøl-〕	ᠲᠥᠯᠥᠬᠦ

(7) /ø/ :/ʉ/

xɷmag〔xɷmɤ̆g〕	ᠬᠣᠮᠤᠭ
xøməg〔xømə̆g〕	ᠬᠥᠮᠦᠭ
tɷŋan〔tɷŋɤ̆n〕	ᠲᠤᠩᠭᠠᠨ

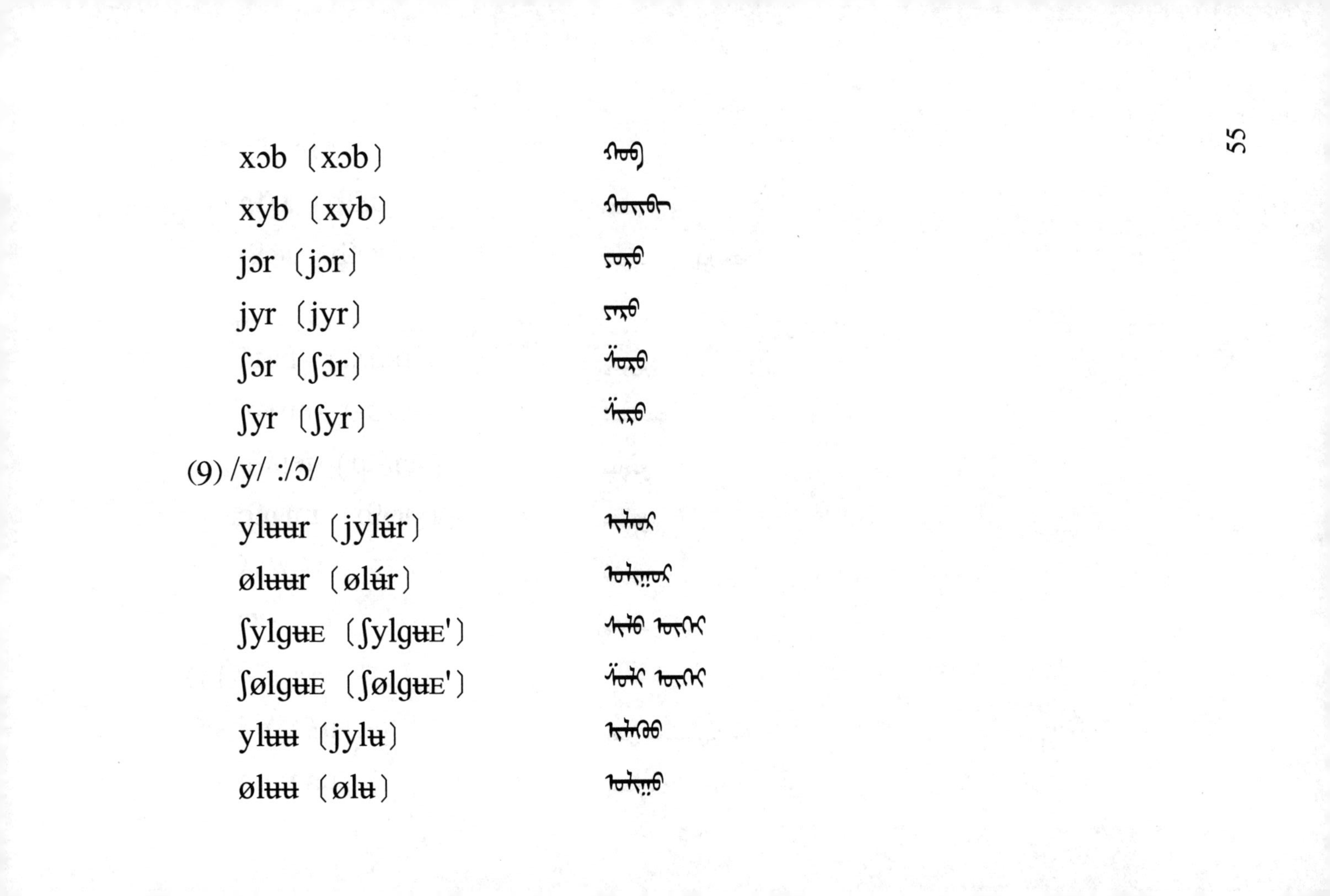

xɔb〔xɔb〕

xyb〔xyb〕

jɔr〔jɔr〕

jyr〔jyr〕

ʃɔr〔ʃɔr〕

ʃyr〔ʃyr〕

(9) /y/ :/ɔ/

ylʉʉr〔jylʉ́r〕

ølʉʉr〔ølʉ́r〕

ʃylgʉᴇ〔ʃylgʉᴇ'〕

ʃølgʉᴇ〔ʃølgʉᴇ'〕

ylʉʉ〔jylʉ〕

ølʉʉ〔ølʉ〕

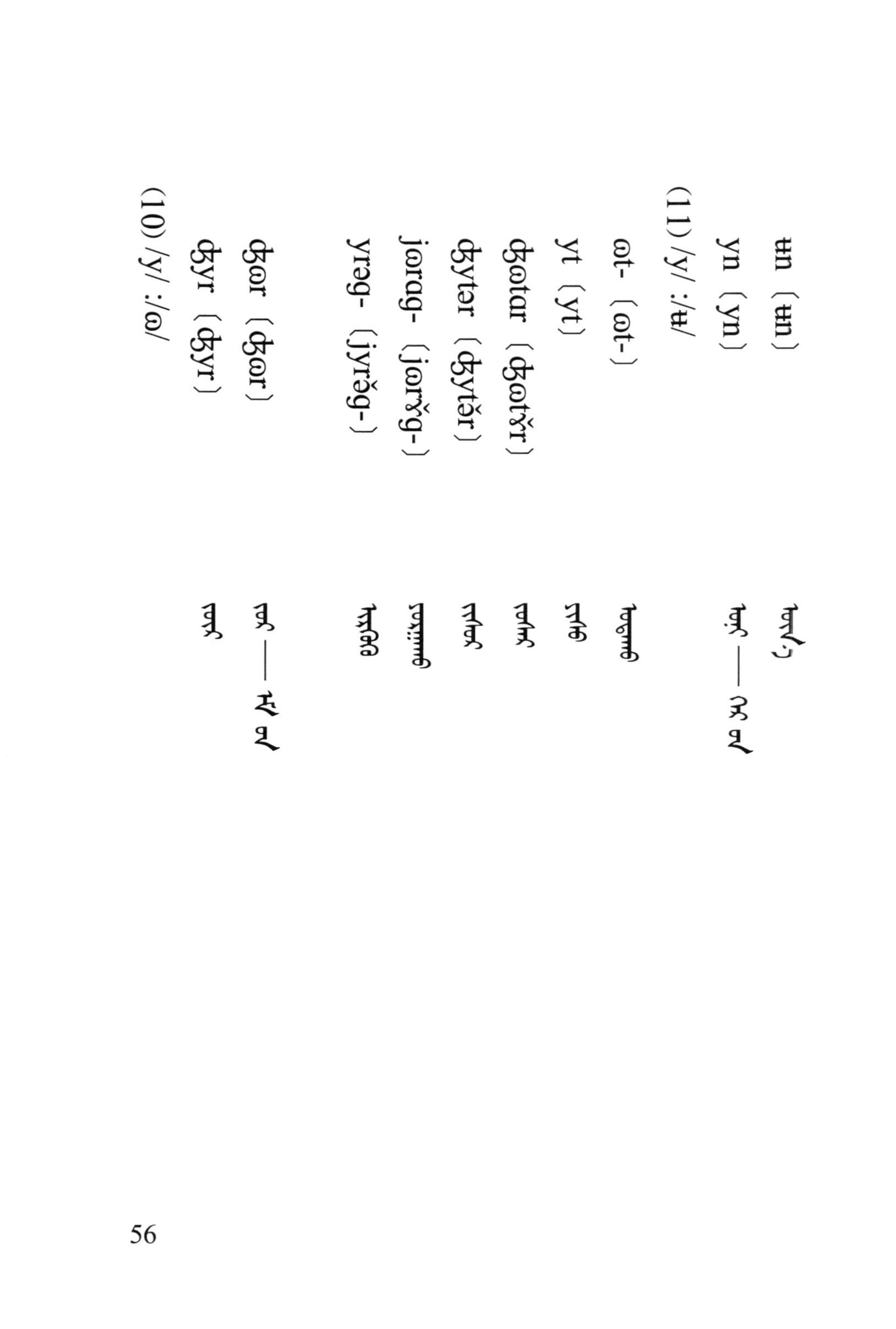

(10) /y/ :/ɷ/

ʤyr 〈ʤyr〉

ʤɷr 〈ʤɷr〉

yrəg- 〈jyrə̆g-〉

jɷrag- 〈jɷrɤ̆g-〉

ʤytər 〈ʤytə̆r〉

ʤɷtar 〈ʤɷtɤ̆r〉

yt 〈yt〉

ɷt- 〈ɷt-〉

(11) /y/ :/ʉ/

yn 〈yn〉

ʉn 〈ʉn〉

56

xɛɛ- 〔xɛː- 〕 ᠬᠠᠶᠢᠬᠤ

ʃaa- 〔ʃaː- 〕 ᠰᠢᠭᠠᠬᠤ

ʃɛɛ- 〔ʃɛː -〕 ᠰᠢᠶᠡᠬᠦ

xaraa- 〔xará-〕 ᠬᠠᠷᠠᠭᠠᠬᠤ

xɛrɛɛ- 〔xɛrɛ'- 〕 ᠬᠠᠷᠠᠶᠢᠬᠤ

taar 〔taːr〕 ᠲᠠᠭᠠᠷ

tɛɛr 〔tɛːr〕 ᠲᠡᠶᠢᠷ

(1) /ɛɛ/ :/aa/

2. /ɛɛ/、/øø/、/yy/ ᠡᠰᠡᠷᠭᠦ ᠪᠣᠯᠤᠨ ᠬᠠᠷᠢᠴᠠᠭᠤᠯᠬᠤ ᠨᠢ

mʉt 〔mʉt〕 ᠮᠠᠭᠤᠯᠠᠯ — ᠬᠠᠷᠠᠯᠲᠠ ᠤᠯ

myt 〔myt〕 ᠮᠦᠳᠦ

ʉt 〔ʉt〕 ᠠᠭᠤᠳᠤ — ᠬᠤᠳᠠᠭᠤᠨ

yt 〔yt〕 ᠦᠳᠦ

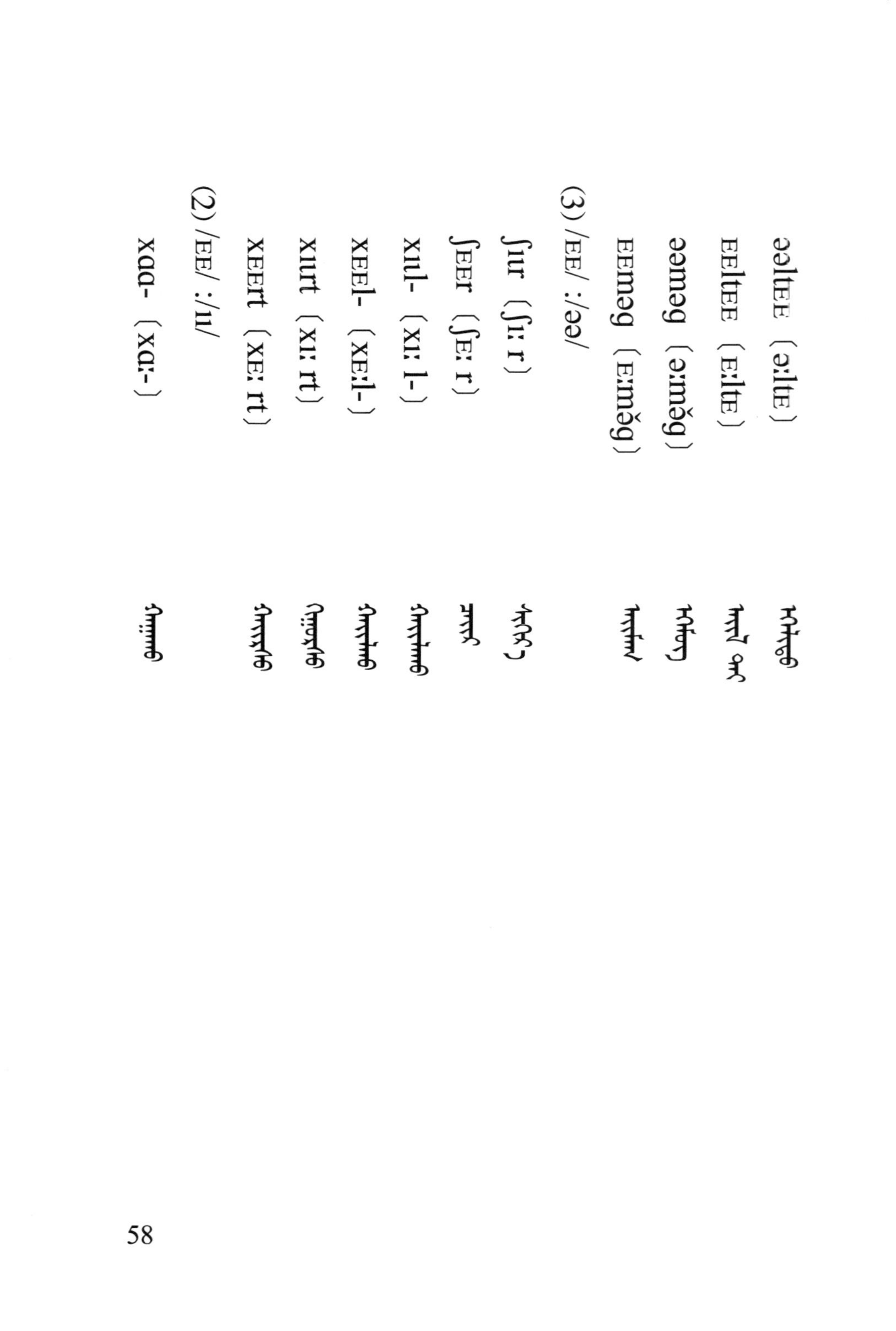

əəltᴇᴇ {əːltᴇ}

ᴇᴇltᴇᴇ {ᴇːltᴇ}

əəməg {əːmə̆g}

ᴇᴇməg {ᴇːmə̆g}

(3) /ᴇᴇ/ :/əə/

ʃɪɪr {ʃɪː r}

ʃᴇᴇr {ʃᴇː r}

xɪɪl- {xɪː l-}

xᴇᴇl- {xᴇːl-}

xɪɪrt {xɪː rt}

xᴇᴇrt {xᴇː rt}

(2) /ᴇᴇ/ :/ɪɪ/

xɑɑ- {xɑː-}

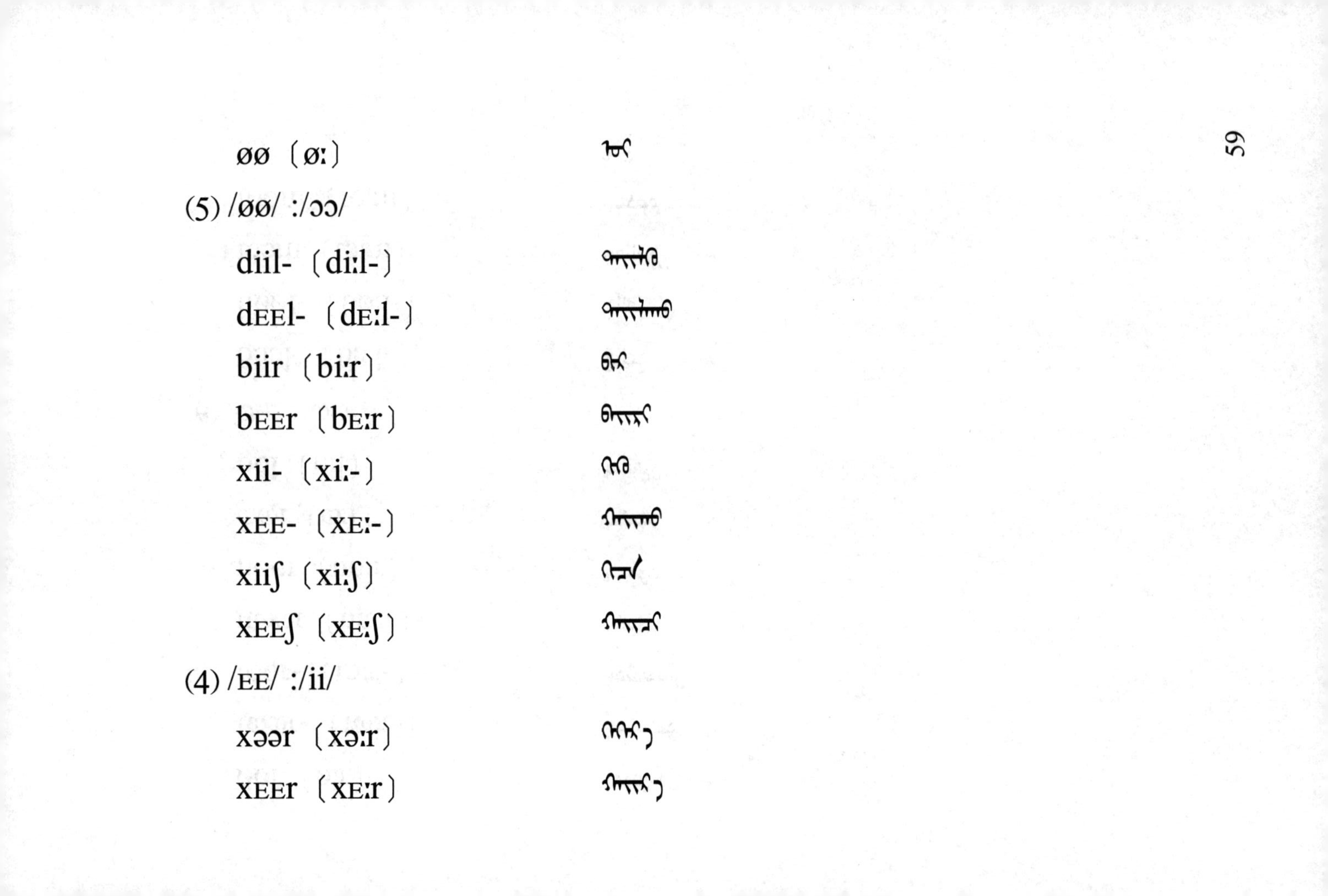

øø ﹝øː﹞

(5) /øø/ :/ɔɔ/

diil- ﹝diːl-﹞

dᴇᴇl- ﹝dᴇːl-﹞

biir ﹝biːr﹞

bᴇᴇr ﹝bᴇːr﹞

xii- ﹝xiː-﹞

xᴇᴇ- ﹝xᴇː-﹞

xiiʃ ﹝xiːʃ﹞

xᴇᴇʃ ﹝xᴇːʃ﹞

(4) /ᴇᴇ/ :/ii/

xəər ﹝xəːr﹞

xᴇᴇr ﹝xᴇːr﹞

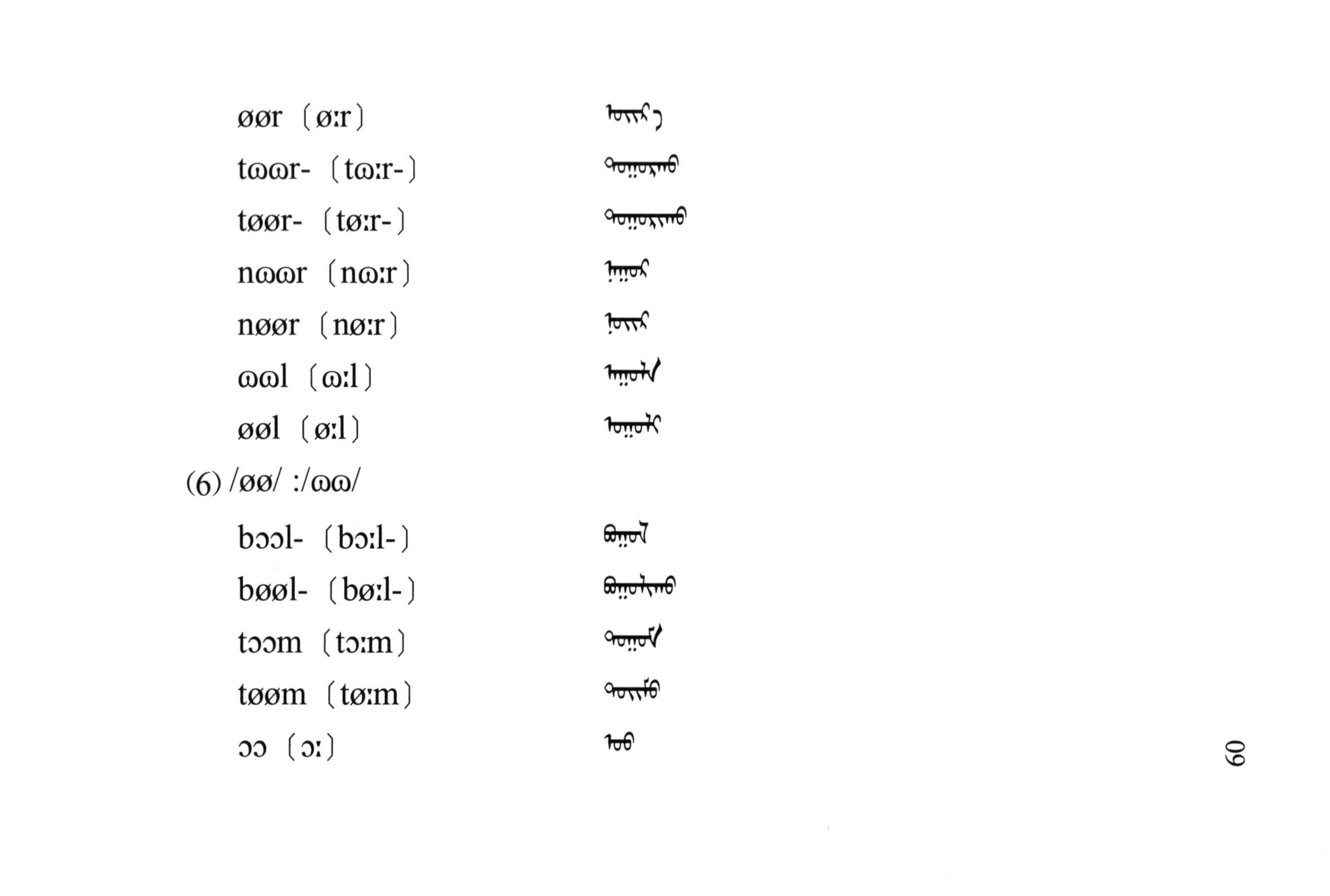

øør〔øːr〕

tɷɷr-〔tɷːr-〕

tøør-〔tøːr-〕

nɷɷr〔nɷːr〕

nøør〔nøːr〕

ɷɷl〔ɷːl〕

øøl〔øːl〕

(6) /øø/ :/ɷɷ/

bɔɔl-〔bɔːl-〕

bøøl-〔bøːl-〕

tɔɔm〔tɔːm〕

tøøm〔tøːm〕

ɔɔ〔ɔː〕

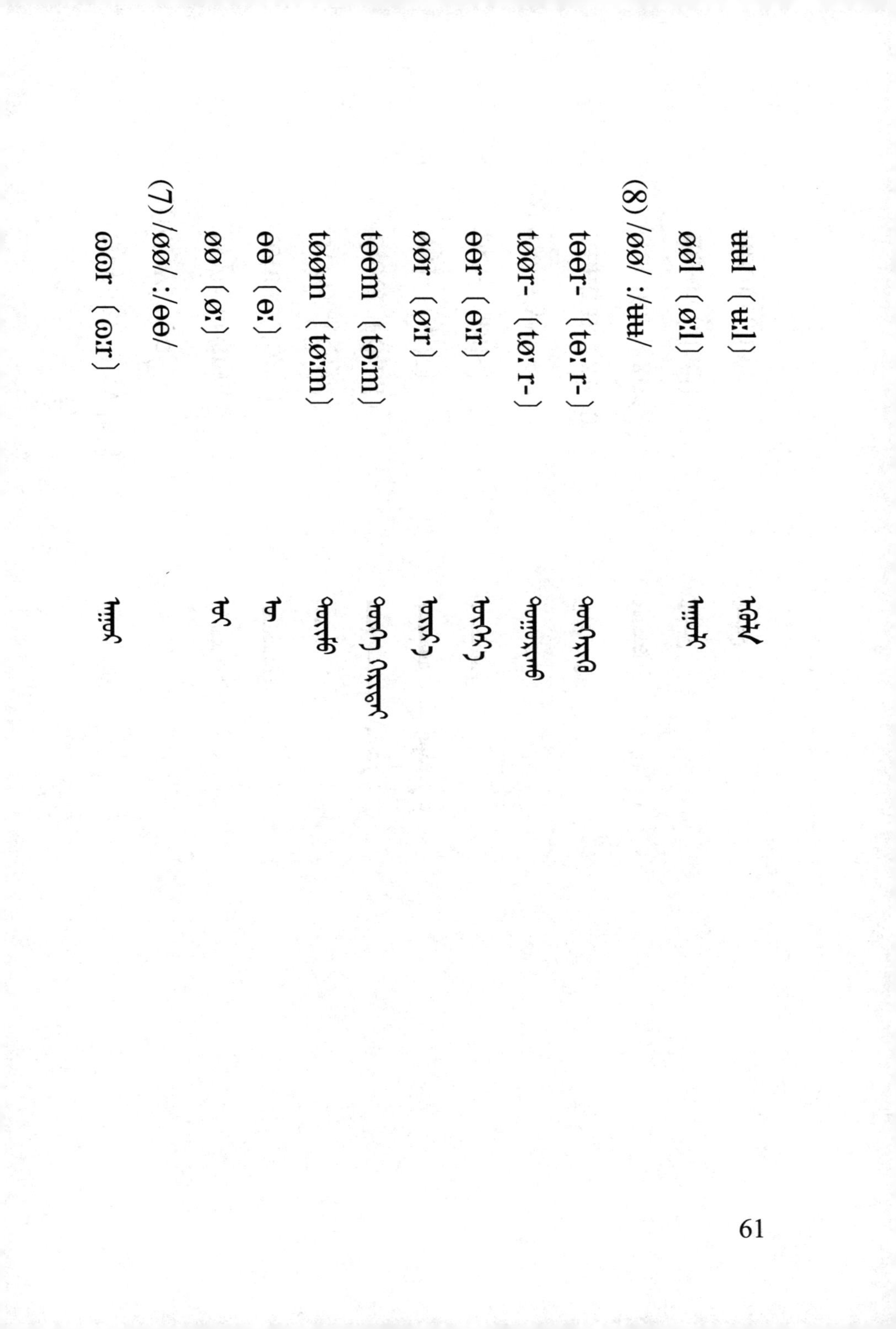

ʉʉl ⟨ʉːl⟩

øøl ⟨øːl⟩

(8) /øø/ :/ʉʉ/

teer- ⟨tɵː r-⟩

tøør- ⟨tøː r-⟩

ɵɵr ⟨ɵːr⟩

øør ⟨øːr⟩

tɵɵm ⟨tɵːm⟩

tøøm ⟨tøːm⟩

ɵɵ ⟨ɵː⟩

øø ⟨øː⟩

(7) /øø/ :/ɵɵ/

ʊʊr ⟨ʊːr⟩

xyyltɛɛ〔xy:ltɛ〕 ᠬᠦᠯᠲᠡ ᠡᠭᠡ

(10) /yy/ :/ɔɔ/

tyyr〔ty:r〕 ᠲᠦᠭᠦᠷ

tøør-〔tø:r-〕 ᠲᠥᠭᠥᠷᠢᠬᠦ

ʤyyl〔ʤy:l〕 ᠵᠦᠯ

ʤøøl〔ʤø:l〕 ᠵᠥᠯ —〈ᠵᠥᠭᠡᠯᠡᠨ〉

yyl-〔y:l-〕 ᠡᠦᠯᠡᠬᠦ — ᠡᠭᠦᠯᠡᠨ ᠦ

øøl-〔ø:l-〕 ᠥᠭᠡᠯᠡᠬᠦ

(9) /øø/ :/yy/

xʉʉtɛɛ〔xʉ :tɛ〕 ᠬᠦᠦ ᠲᠡᠢ

xøøtɛɛ〔xø:tɛ〕 ᠬᠥᠭᠡᠲᠡᠢ

nʉʉr〔nʉ:r〕 ᠨᠢᠭᠤᠷ

nøør〔nø:r〕 ᠨᠥᠭᠥᠷ

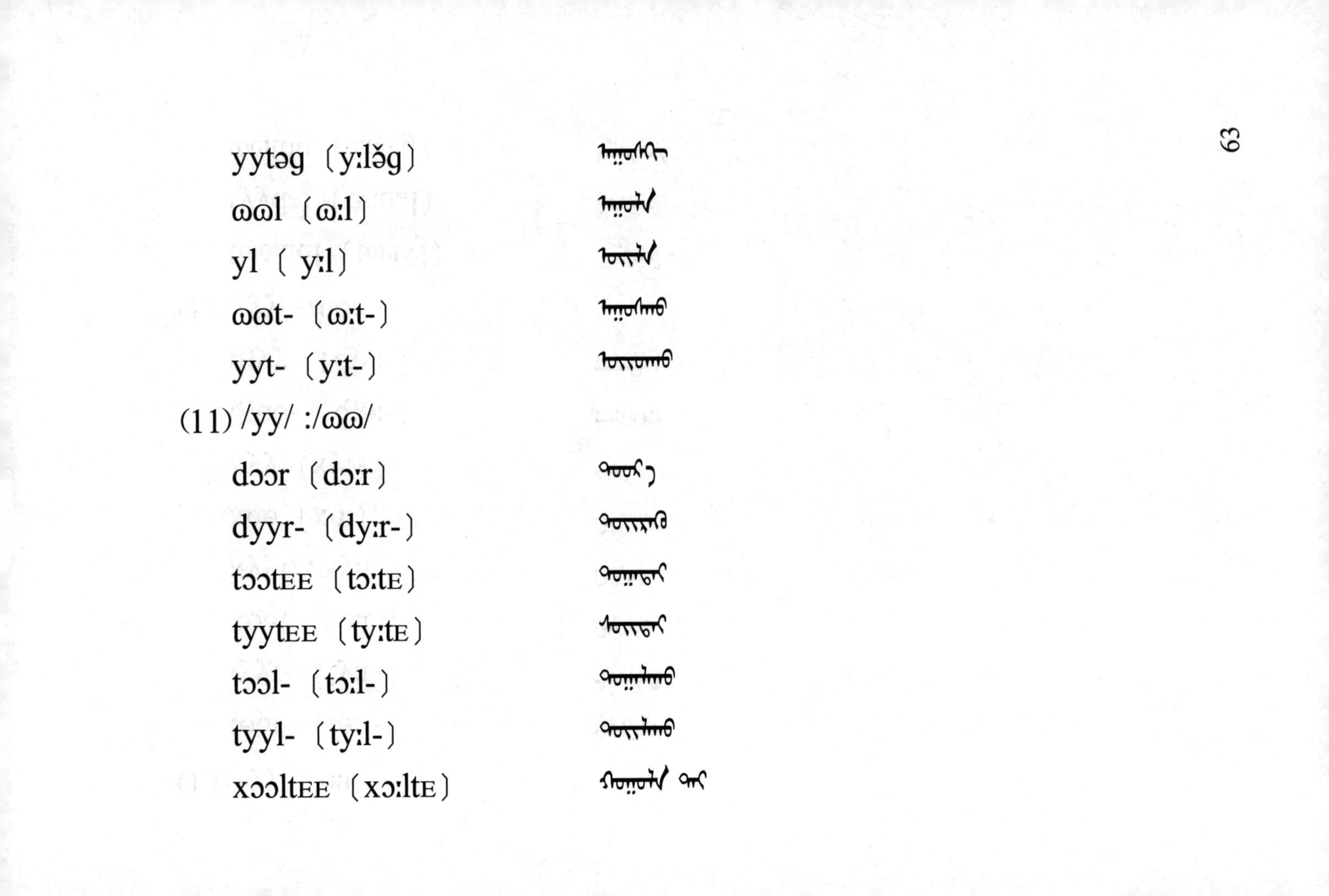

yytəg〔y:lɘ̆g〕

ωωl〔ω:l〕

yl〔 y:l〕

ωωt-〔ω:t-〕

yyt-〔y:t-〕

(11) /yy/ :/ωω/

dɔɔr〔dɔ:r〕

dyyr-〔dy:r-〕

tɔɔtEE〔tɔ:tE〕

tyytEE〔ty:tE〕

tɔɔl-〔tɔ:l-〕

tyyl-〔ty:l-〕

xɔɔltEE〔xɔ:ltE〕

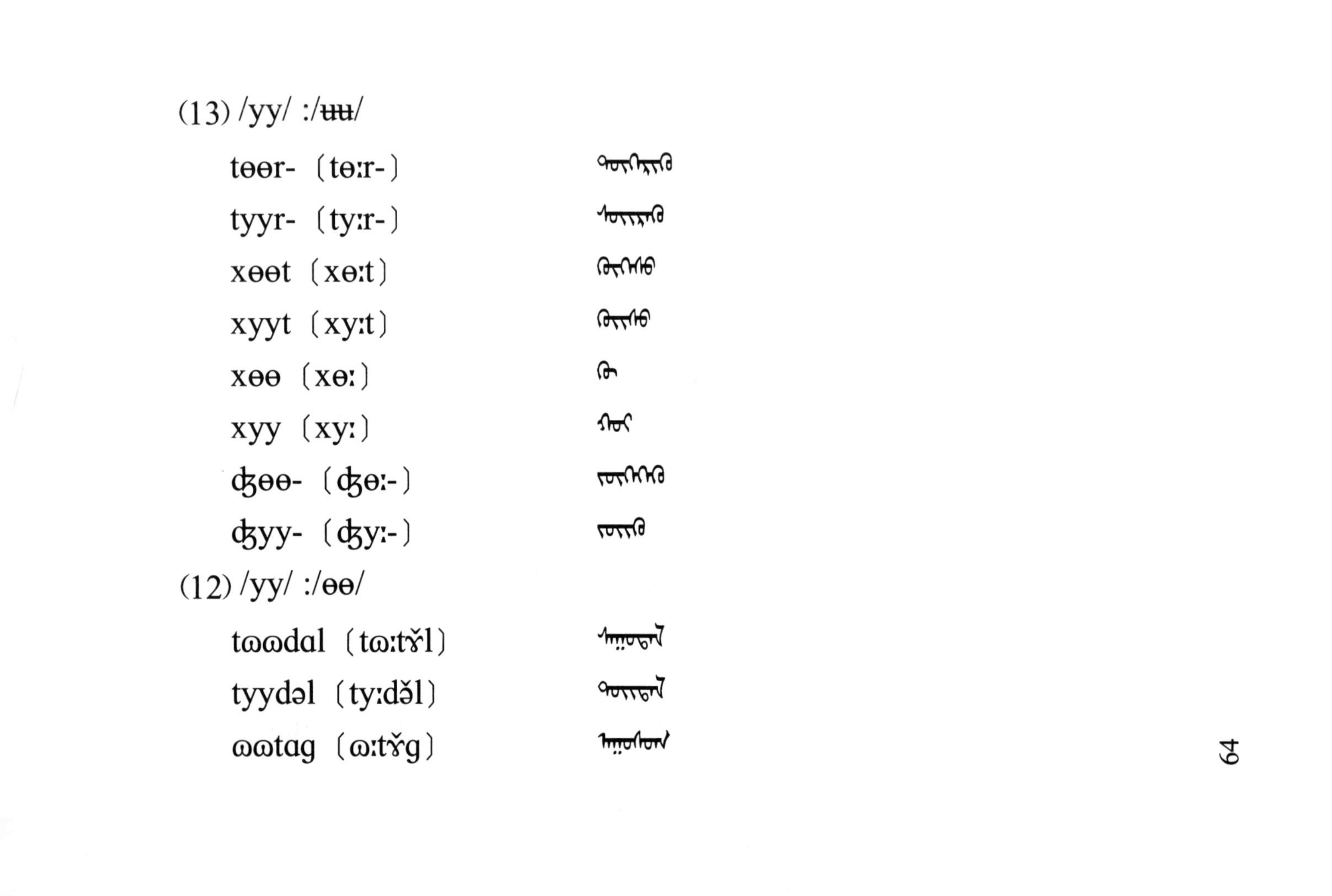

(13) /yy/ :/ʉʉ/

tөөr-〔tө:r-〕

tyyr-〔ty:r-〕

xөөt〔xө:t〕

xyyt〔xy:t〕

xөө〔xө:〕

xyy〔xy:〕

ʤөө-〔ʤө:-〕

ʤyy-〔ʤy:-〕

(12) /yy/ :/өө/

tɷɷdɑl〔tɷ:tɤ̆l〕

tyydəl〔ty:də̆l〕

ɷɷtɑg〔ɷ:tɤ̆g〕

ᠬᠠᠯᠬᠠ ᠮᠣᠩᠭᠣᠯ ᠬᠡᠯᠡᠨ ᠦ ᠥᠨᠳᠥᠷ ᠡᠭᠡᠰᠢᠭ ᠦᠨ ᠠᠪᠢᠶᠠᠯᠠᠭ᠎ᠠ ᠶᠢ ᠲᠡᠮᠳᠡᠭᠯᠡᠬᠦ ᠵᠠᠭᠠᠪᠤᠷ ᠪᠣᠯᠪᠠᠯ᠄

1. ᠥᠨᠳᠥᠷ ᠡᠭᠡᠰᠢᠭ /E/，/ø/，/y/

（ᠬᠤᠶᠠᠭ）ᠠᠪᠢᠶᠠᠯᠠᠭ᠎ᠠ ᠶᠢᠨ ᠵᠢᠱᠢᠶ᠎ᠡ᠄

tʉʉx〔tʉː x〕	ᠲᠤᠤᠬᠤ
tyyx〔tyː x〕	ᠲᠦᠦᠬᠦ
ʤʉʉ〔ʤʉː〕	ᠵᠤᠤ
ʤyy〔ʤyː〕	ᠵᠦᠦ
xʉʉ〔xʉː〕	ᠬᠦᠦ
xyy〔xyː〕	ᠬᠦᠢ
ʉʉl〔ʉːl〕	ᠤᠤᠯ
yyl〔yːl〕	ᠦᠦᠯᠡ

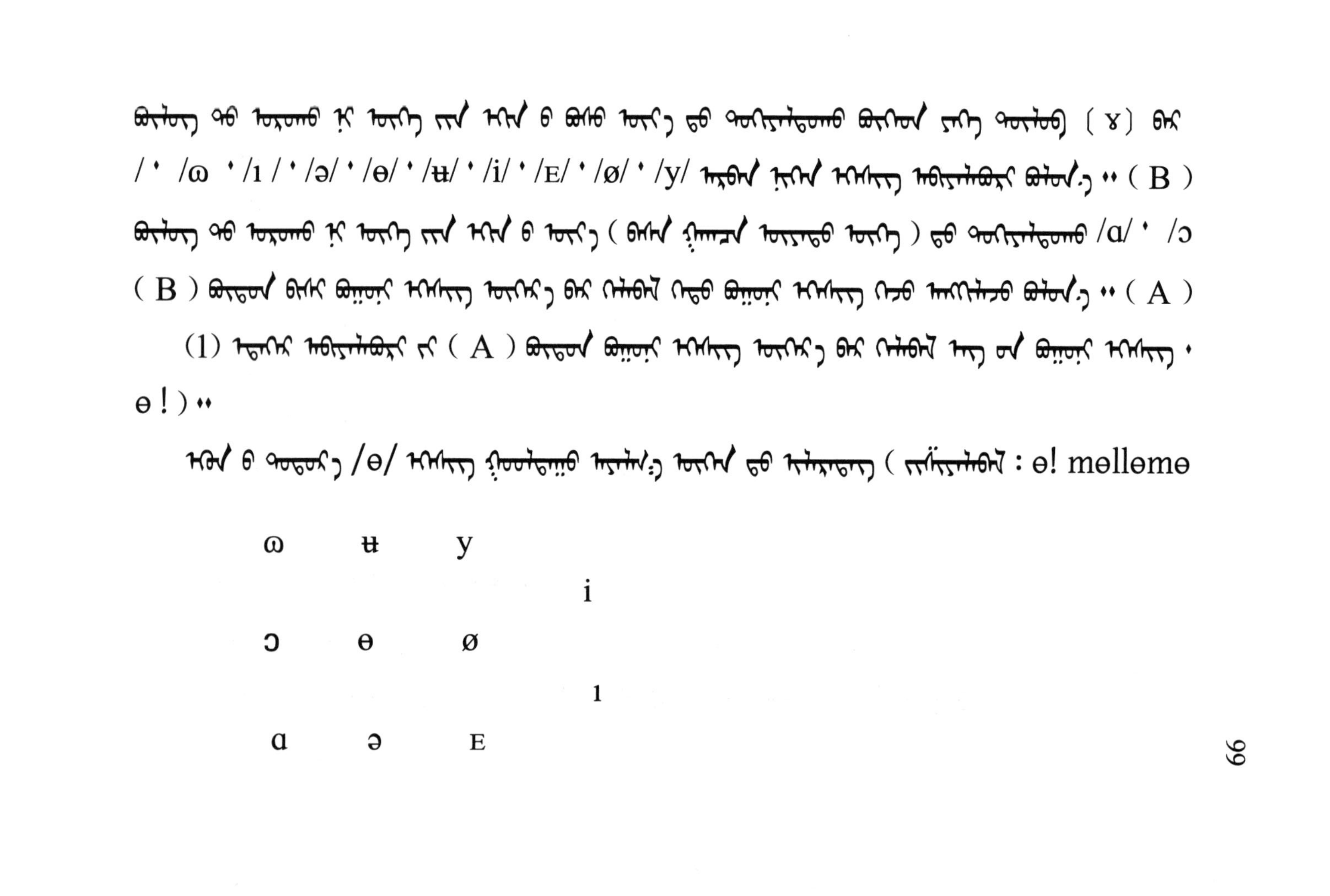

[illegible] 〔ɤ〕 [illegible]
/ · /ω · /ı / · /ə/ · /ɵ/ · /ʉ/ · /i/ · /ᴇ/ · /ø/ · /y/ [illegible] ∴ (B)
[illegible] ([illegible]) [illegible] /ɑ/ · /ɔ
(B) [illegible] ∴ (A)

(1) [illegible] (A) [illegible] ·
ɵ !) ∴

[illegible] /ɵ/ [illegible] ([illegible] : ɵ! mɵllɵmɵ

ω	ʉ	y	
			i
ɔ	ɵ	ø	
			ı
ɑ	ə	ᴇ	

ᠠᠩᠬᠠᠨ ᠪᠠᠶᠢᠳᠠᠯ ᠪᠠᠨ ᠬᠡᠯ ᠦ ᠣᠷᠣᠭᠤᠯᠤᠨ e → [ĕ] ᠪᠤᠶᠤ [ə̆], ɵ → [ĕ] ᠪᠤᠶᠤ [ə̆] ᠪᠣᠯᠤᠨ᠎ᠠ

-i-
-ɵ-] → [ĕ] ~ [ə̆]
-e-

- ɪ -
- ɔ -] → [ɤ]
- ɑ -

(B) ᠪᠠᠶᠢᠷᠢ ᠶᠢᠨ ᠡᠭᠡᠰᠢᠭ ᠦᠨ ᠦ ᠬᠤᠪᠢᠯᠪᠤᠷᠢ (ailophone) ᠢ ᠨᠠᠷᠢᠯᠢᠭ ᠲᠣᠳᠤᠷᠬᠠᠶᠢᠯᠠᠪᠠᠯ:

ᠡᠭᠡᠰᠢᠭ ᠦᠨ ᠰᠢᠨᠵᠢ ᠴᠢᠨᠠᠷ ᠤᠨ ᠪᠠᠶᠢᠳᠠᠯ ᠲᠠᠢ ᠪᠠᠶᠢᠬᠤ ᠦᠭᠡᠢ::

ᠰᠢᠯᠵᠢᠨ᠎ᠡ ᠪᠢᠰᠢ ᠪᠠᠶᠢᠷᠢᠰᠢᠯᠢᠭ᠎ᠠ, 3) ᠡᠭᠡᠰᠢᠭ ᠦᠨ ᠦ ᠪᠠᠶᠢᠷᠢ — ᠵᠡᠷᠭᠡ ᠬᠤᠪᠢᠯᠪᠤᠷᠢ ᠶᠢᠨ ᠲᠣᠭᠠᠴᠠᠭᠰᠠᠨ᠎ᠠ ᠪᠢᠰᠢ ᠬᠡᠮᠡᠨ ᠤᠷᠤᠯᠳᠤᠭᠤᠯᠬᠤ ᠪᠣᠯᠬᠤ ᠨᠢ: 1) ᠡᠭᠡᠰᠢᠭ ᠦᠨ ᠦ ᠲᠤᠰᠬᠠᠢ ᠶᠢᠨ ᠰᠢᠨᠵᠢ, 2) ᠡᠭᠡᠰᠢᠭ ᠦᠨ ᠦ ᠬᠠᠮᠲᠤ ᠶᠢᠨ

ᠬᠤᠪᠢᠯᠪᠤᠷᠢ /ɑ/, /ɔ/, /ɪ/ ᠶᠢᠨ [ĕ] ᠪᠤᠶᠤ [ə] ᠪᠠᠷ ᠬᠤᠪᠢᠯᠪᠤᠷᠢ /e/, /ɵ/, /i/ ᠡᠭᠡᠰᠢᠭ ᠦᠨ ᠪᠣᠯᠤᠨ᠎ᠠ::

ᠲᠡᠮᠳᠡᠭᠯᠡᠨ᠎ᠡ)᠃
ᠠᠪᠢᠶ᠎ᠠ ᠶᠢᠨ ᠪᠦᠲᠦᠴ ᠦᠨ ᠬᠡᠪ ᠢ᠂ Vs2 — ᠬᠠᠭᠠᠰ ᠠᠪᠢᠶ᠎ᠠ ᠶᠢᠨ ᠲᠥᠪ ᠪᠦᠲᠦᠴ ᠦᠨ ᠬᠡᠪ ᠢ᠂ C — ᠬᠠᠭᠠᠰ ᠭᠡᠭᠡᠭᠰᠡᠨ ᠢ ᠲᠡᠮᠳᠡᠭ
ᠯᠡᠭᠰᠡᠨ ᠪᠣᠯᠪᠠ (ᠠᠪᠢᠶ᠎ᠠ ᠪᠠᠷ V — ᠲᠥᠪ ᠠᠪᠢᠶᠠᠨ ᠢ᠂ Vs — ᠬᠠᠭᠠᠰ ᠡᠭᠰᠢᠭ ᠠᠪᠢᠶᠠᠨ ᠢ᠂ Vs1 — ᠲᠥᠪ ᠪᠦᠲᠦᠴ ᠦᠨ

(2) ᠪᠦᠲᠦᠴ ᠠᠪᠢᠶᠠᠨ ᠤ ᠪᠦᠲᠦᠴ ᠦᠨ ᠲᠥᠪ ᠪᠦᠷᠢᠯᠳᠦᠬᠦᠨ ᠬᠠᠭᠠᠰ ᠡᠭᠰᠢᠭ ᠪᠣᠯᠬᠤ ᠪᠠᠶᠢᠳᠠᠯ ᠢ ᠬᠠᠷᠢᠴᠠᠭᠤᠯᠤᠨ ᠲᠣᠭᠠᠴᠠᠭᠠᠪᠠᠯ ᠳᠣᠣᠷᠠᠬᠢ ᠮᠡᠲᠦ ᠪᠣᠯᠤᠨ᠎ᠠ᠃

ᠲᠡᠷᠡ ᠴᠤ ᠮᠣᠩᠭᠣᠯ ᠬᠡᠯᠡᠨ ᠦ /E/᠂ /ø/᠂ /y/ ᠠᠪᠢᠶᠠᠨ ᠤ ᠬᠣᠷᠢᠯᠠᠯᠴᠠᠭ᠎ᠠ ᠪᠦᠲᠦᠴ ᠦᠨ ᠲᠥᠪ ᠠᠪᠢᠶ᠎ᠠ ᠶᠢᠨ ᠪᠦᠲᠦᠴ ᠦᠨ ᠳᠦ ᠮᠠᠲ᠋ᠧᠷᠢᠶᠠᠯ (syllable nucleus) ᠪᠠᠶᠢᠭ᠎ᠠ ᠪᠣᠳᠠᠰ ᠠᠪᠢᠶᠠᠨ ᠤ ᠪᠣᠳᠠᠰ (phonic substance) ᠮᠥᠨ ᠪᠢᠯᠡ᠃ ᠬᠠᠭᠠᠰ᠃ ᠲᠥᠪ ᠦᠨ ᠲᠠᠯ᠎ᠠ ᠪᠠᠶᠢᠨ᠎ᠠ ᠲᠡᠷᠡ ᠴᠤ ᠲᠥᠪ ᠦᠨ ᠳᠤ ᠪᠠᠶᠢᠭᠰᠠᠨ ᠪᠠᠷ ᠲᠥᠪᠯᠡᠷᠡᠭᠦᠯᠬᠦ ᠪᠦᠲᠦᠴ ᠢ ᠲᠥᠪ ᠦᠨ ᠲᠠᠯ ᠪᠦᠷᠢᠯᠳᠦᠬᠦᠨ ᠢᠯᠡᠷᠡᠯ ᠪᠡᠷ ᠳᠤ ᠣᠷᠣᠨ ᠪᠠᠷ ᠲᠡᠭᠦᠨ ᠦ ᠣᠯᠠᠨ ᠣᠯᠠᠨ ᠳᠤ ᠪᠠᠶᠢᠳᠠᠯ ᠤᠨ ᠵᠠᠷᠢᠮ ᠤᠨ ᠬᠤᠪᠢᠯᠤᠯᠲᠠ ᠶᠢ ᠭᠠᠷᠭᠠᠨ ᠪᠦᠲᠦᠴ ᠤᠨ ᠳᠤ ᠬᠠᠮᠲᠤ ᠢᠯᠡᠷᠡᠭᠦᠯᠦᠨ ᠪᠠᠶᠢᠭᠤᠯᠤᠯ ᠲᠡᠭᠡᠪᠡᠯ ᠪᠠᠶᠢᠨ᠎ᠠ᠃ ᠵᠢᠱᠢᠶ᠎ᠠ ᠨᠢ 〔ɤ〕᠂ 〔ĕ〕᠂ 〔ə〕 ᠭᠡᠬᠦ ᠮᠡᠲᠦ ᠳᠤ ᠪᠦᠲᠦᠴ ᠦᠨ ᠲᠥᠪ ᠦᠨ ᠠᠪᠢᠶ᠎ᠠ ᠬᠣᠷᠢᠯᠠᠯᠴᠠᠭ᠎ᠠ ᠪᠣᠯᠬᠤ᠂ ᠪᠣᠯᠤᠨ ᠳᠤ ᠣᠯᠠᠨ ᠣᠯᠠᠨ ᠠᠪᠢᠶᠠᠨ ᠤ ᠬᠡᠯᠪᠡᠷᠢ ᠳᠤ

ᠡᠭᠡᠰᠢᠭ ᠦᠨ ᠨᠢᠭᠡ 6 ᠵᠦᠢᠯ ᠡᠭᠡᠰᠢᠭ ᠦᠨ ᠪᠦᠲᠦᠴᠡ :

1）Vs1 —

2）Vs1C —

3）Vs1CC —

4）CVs1 —

5）CVs1C —

6）CVs1CC —

ᠡᠭᠡᠰᠢᠭ ᠦᠨ ᠨᠢᠭᠡ 6 ᠵᠦᠢᠯ ᠡᠭᠡᠰᠢᠭ ᠦᠨ ᠪᠦᠲᠦᠴᠡ :

ᠡᠭᠡᠰᠢᠭ ᠦᠨ ᠬᠣᠶᠠᠷ（a）

- 1）— CVs2 —
- 2）— CVs2C —
- 3）— CVs2CC —

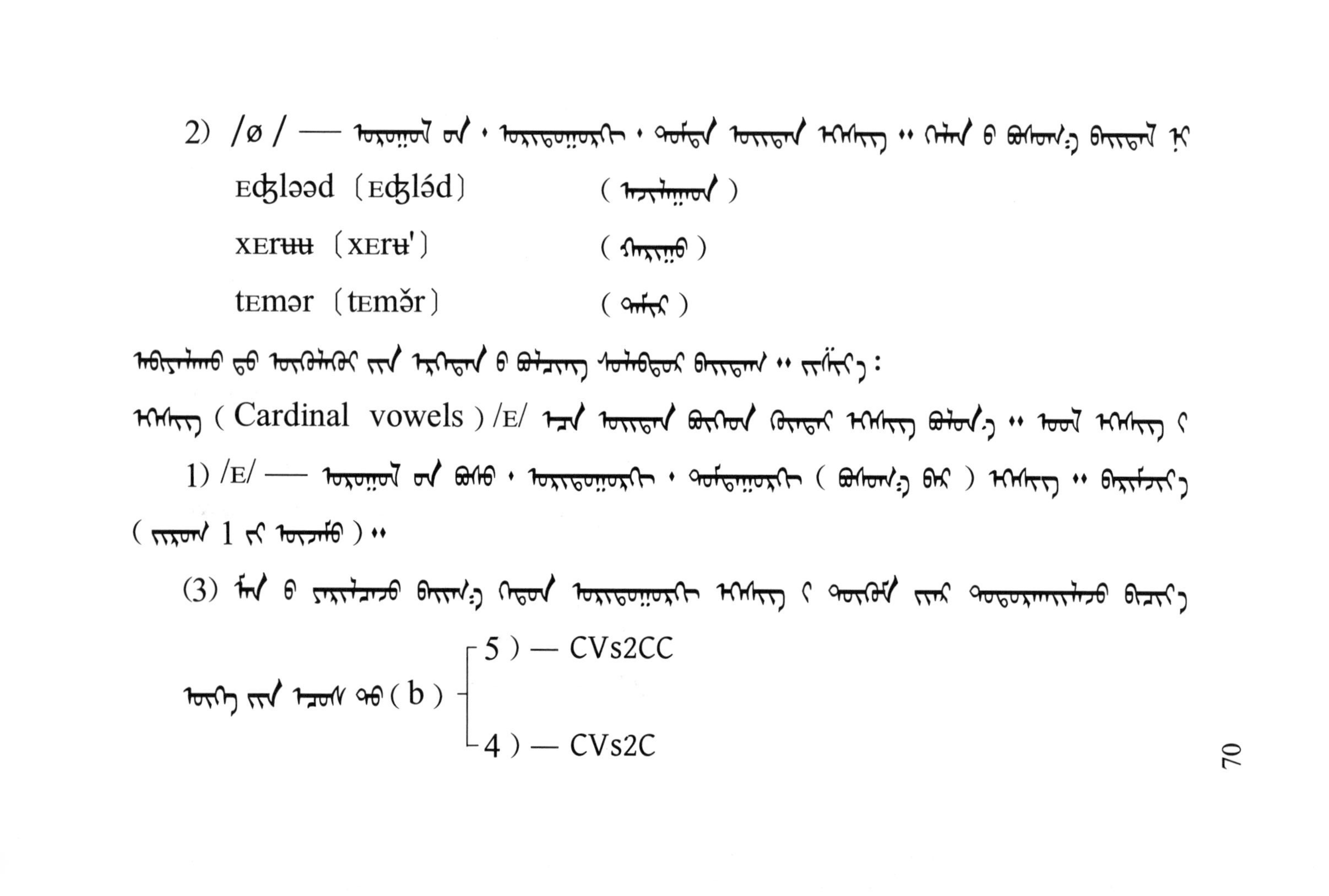

2) /ø/ — [illegible]

Eʤləəd〔Eʤlə́d〕 ([illegible])

xErʉʉ〔xErʉ'〕 ([illegible])

tEmər〔tEmə̆r〕 ([illegible])

[illegible] :

[illegible] (Cardinal vowels) /E/ [illegible]

1) /E/ — [illegible] ([illegible]) [illegible]

([illegible] 1 [illegible]) ‥

(3) [illegible]

[illegible] (b) ┬ 5) — CVs2CC

└ 4) — CVs2C

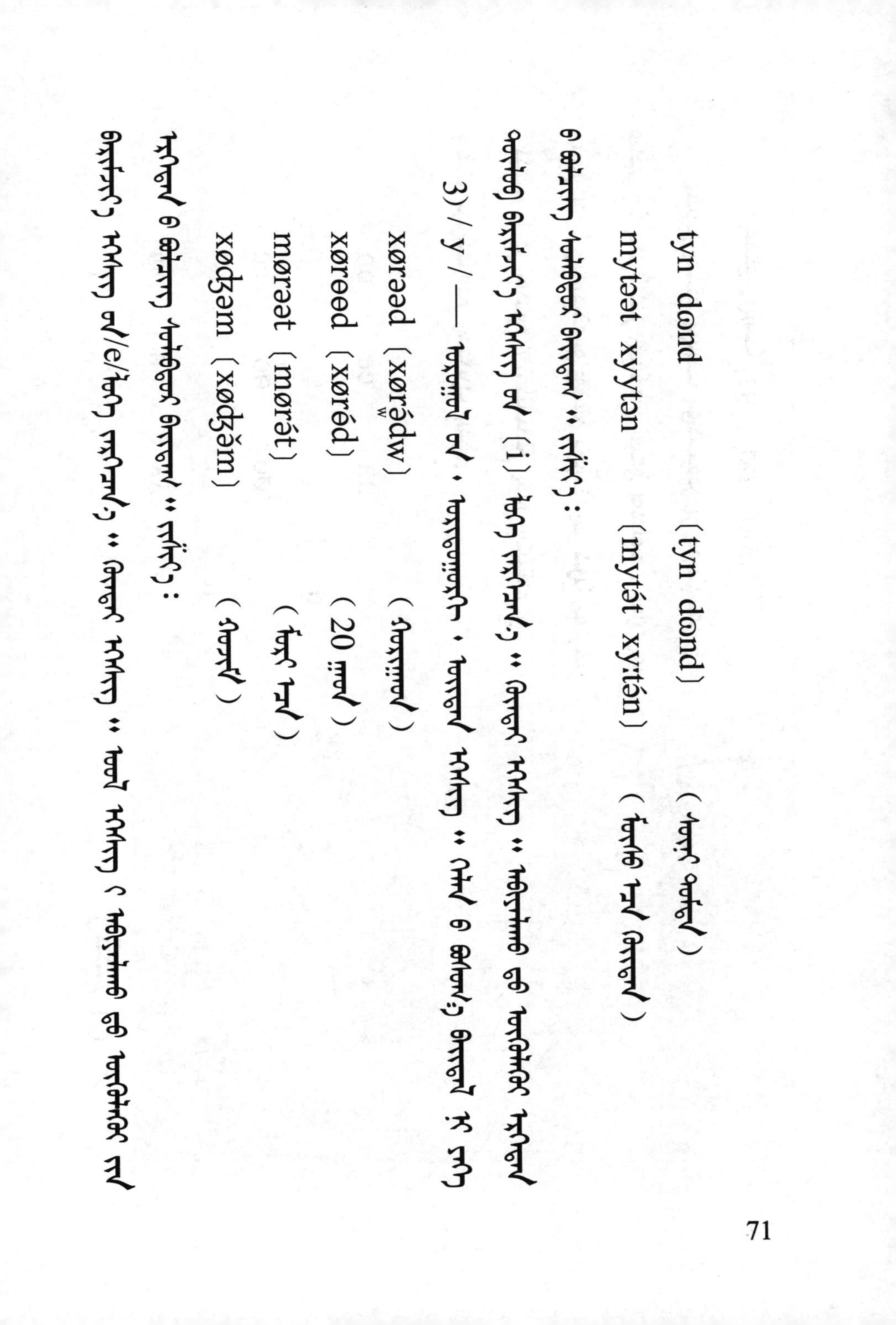

[illegible] /e/ [illegible] :

xødʒəm 〔xødʒə̆m〕 ([illegible])

mørəət 〔mørə́t〕 ([illegible])

xøreed 〔xøréd〕 (20 [illegible])

xøraad 〔xørə̆dw̥〕 ([illegible])

3) / y / — [illegible], [illegible], [illegible] 〔i〕 [illegible] :

mytəət xyytən 〔mytə́t xyːtə́n〕 ([illegible])

tyn dond 〔tyn dond〕 ([illegible])

ɷɷ ʉʉ yy

ii

ɔɔ ɵɵ øø

ɪɪ

ɑɑ əə EE

2. ᠡᠭᠡᠰᠭᠡᠯ ᠠᠪᠢᠶ᠎ᠠ /EE/ · /øø/ · /yy/

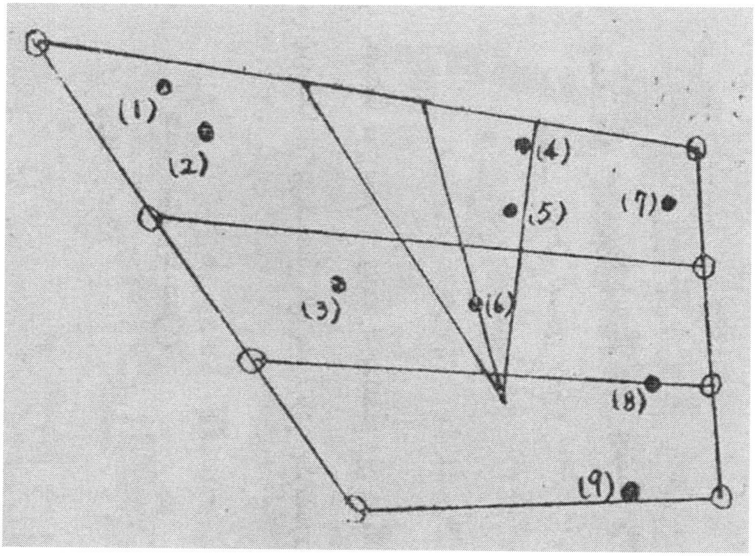

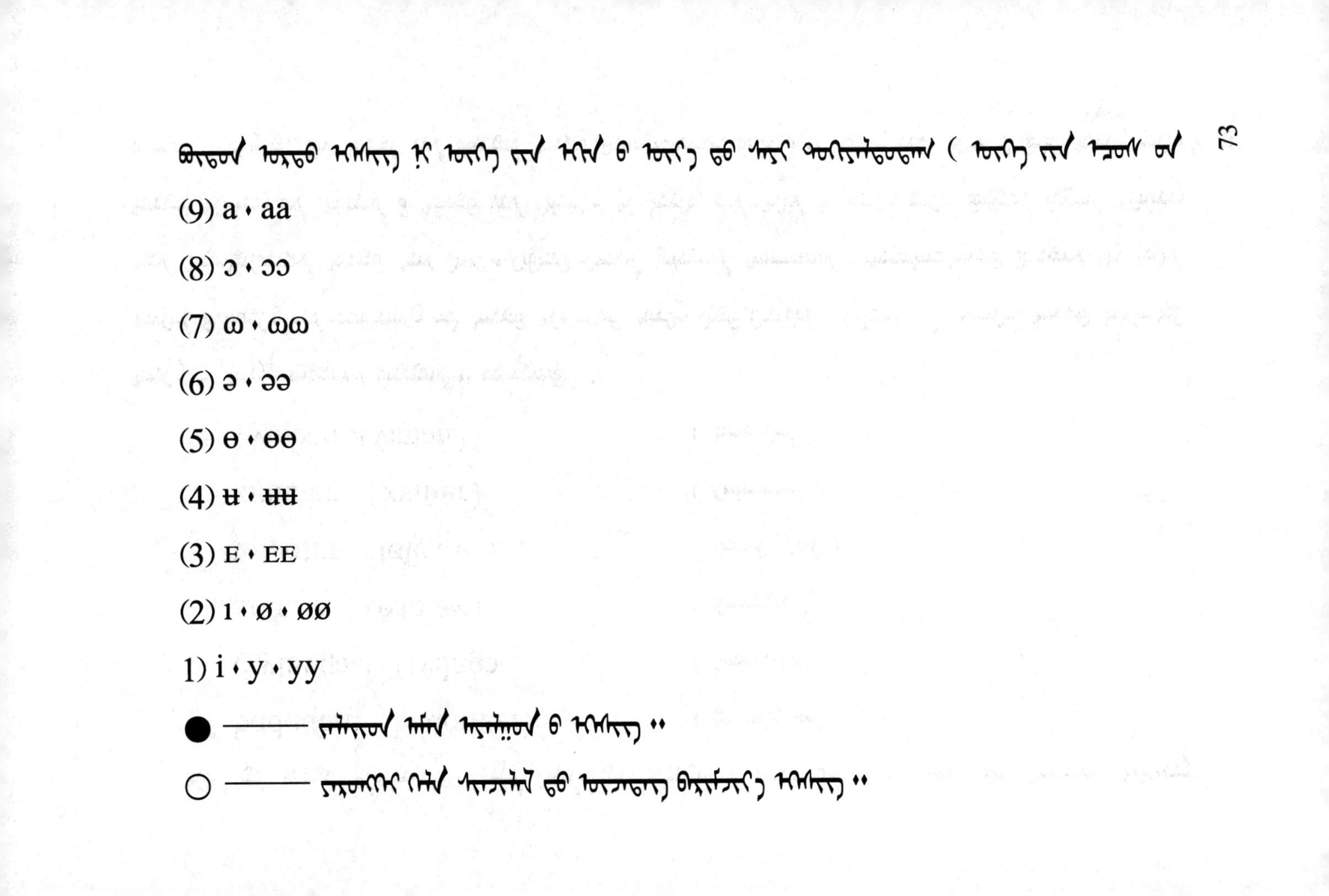

[illegible] (

(9) a · aa

(8) ɔ · ɔɔ

(7) ɷ · ɷɷ

(6) ə · əə

(5) ɵ · ɵɵ

(4) ʉ · ʉʉ

(3) ᴇ · ᴇᴇ

(2) ɪ · ø · øø

1) i · y · yy

● —— [illegible] ::

○ —— [illegible] ::

ᠬᠣᠶᠠᠷ ᠳᠤ ᠤᠷᠲᠤ ᠡᠭᠡᠰᠢᠭ /EE/ ᠶᠢᠨ ᠲᠡᠮᠳᠡᠭᠯᠡᠯ ᠪᠣᠯᠤᠨᠠ ᠂ ᠡᠭᠡᠰᠢᠭᠯᠡᠯ ᠶᠠᠭᠤ ᠲᠠᠢ ᠪᠣᠯ ᠵᠢᠱᠢᠶᠡᠯᠡᠪᠡᠯ ᠡᠭᠡᠰᠢᠭ

badaatEE (badáte/E:) (ᠪᠠᠳᠠᠭ᠎ᠠ ᠲᠠᠢ)

tyylEEgəər (tý:lEgər) (ᠲᠦᠯᠢᠭᠡ ᠪᠡᠷ)

xøøtøø (xø:tø /ø:) (ᠬᠥᠳᠥᠭᠡ)

tøløøtEE (tølø't E /E:) (ᠲᠥᠯᠥᠭ᠎ᠡ ᠲᠡᠢ)

xEmEEr- (xEmÉr) (ᠬᠡᠮᠡᠯᠡᠬᠦ)

yyməən (ý:mən) (ᠦᠶᠢᠮᠡᠭᠡᠨ)

ᠦᠭᠡ ᠶᠢ ᠳᠠᠬᠢᠨ ᠲᠣᠭᠠᠴᠠᠭᠰᠠᠨ ᠪᠣᠯᠤᠨ᠎ᠠ ᠃ ᠵᠢᠱᠢᠶᠡᠯᠡᠪᠡᠯ :

ᠦᠭᠡᠨ ᠦ ᠦᠭᠡ ᠶᠢᠨ ᠰᠣᠩᠭᠣᠭᠤᠯᠢ ᠳᠤ ᠤᠷᠲᠤ ᠡᠭᠡᠰᠢᠭ ᠦᠭᠡ ᠨᠢᠭᠡ ᠪᠣᠯᠤᠨᠠ ᠂ ᠬᠡᠯᠡᠨ ᠦ ᠡᠭᠡᠰᠢᠭ ᠤᠷᠲᠤ ᠡᠭᠡᠰᠢᠭ

ᠡᠭᠡᠨ ᠡᠭᠡᠰᠢᠭᠯᠡᠭᠦᠯᠦᠭᠰᠡᠨ ᠤᠷᠲᠤ ᠡᠭᠡᠨ ᠪᠣᠯ ᠂ ᠨᠢᠭᠡ ᠬᠡᠯᠡᠨ ᠡᠭᠡᠰᠢᠭᠦᠳ ᠳᠠᠬᠢᠨ ᠂ ᠡᠭᠡᠰᠢᠭᠯᠡᠭᠦᠯᠦᠭᠰᠡᠨ ᠪᠣᠯᠤᠨ ᠳᠤ ᠡᠭᠡᠨ

ᠤᠷᠲᠤ ᠡᠭᠡᠰᠢᠭ ᠨᠢ ᠡᠭᠡᠰᠢᠨ ᠦ ᠤᠷᠲᠤ ᠶᠢᠨ ᠦᠭᠡᠰᠡᠭ ᠦᠭᠡ ᠶᠢᠨ ᠡᠭᠡᠨ ᠦ ᠦᠭᠡ ᠲᠠᠢ ᠪᠣᠯᠤᠨ ᠪᠣᠯᠲᠠᠢ ᠡᠭᠡᠰᠢᠭ

ᠰᠣᠩᠭᠣᠬᠤ ᠦᠭᠡ ᠳᠤ ᠪᠠᠢ ᠤᠷᠲᠤ ᠶᠢᠨ ᠪᠣᠯᠤᠨ ᠲᠣᠭᠠᠴᠠ ᠲᠣᠭᠠᠴᠠᠭᠰᠠᠨ ᠪᠠᠢᠨ᠎ᠠ) ᠃ ᠦᠭᠡᠨ ᠶᠢᠨ ᠡᠭᠡᠨ ᠦ ᠪᠠᠢᠬᠤ ᠦᠭᠡ ᠲᠠᠢ

74

ᠡᠯ ᠬᠡᠯᠡᠨ ᠰᠢᠨᠵᠢᠯᠡᠯ ᠦᠨ ᠄᠄ ᠤᠷᠲᠤ ᠡᠭᠡᠰᠢᠭ ᠦᠨ ᠪᠦᠲᠦᠴᠡ ᠨᠢ ᠬᠡᠯᠡᠨ ᠦ ᠰᠢᠨᠵᠢᠯᠡᠯ ᠦᠨ ᠤ ᠪᠦᠲᠦᠭᠡᠯ ᠂ ᠡᠨᠡ ᠨᠢ ᠰᠢᠨᠵᠢᠯᠡᠯ ᠤᠷᠲᠤ ᠡᠭᠡᠰᠢᠭ ᠦᠨ ᠤ ᠪᠦᠲᠦᠴᠡ ᠦᠨ ᠤ ᠬᠡᠯᠪᠡᠷᠢ ᠳᠦ ᠪᠠᠢᠳᠠᠯ ᠤᠨ ᠡᠭᠡᠰᠢᠭ ᠨᠢ ᠦᠭᠡ ᠶᠢᠨ ᠪᠦᠲᠦᠴᠡ ᠪᠠᠢᠳᠠᠯ ᠢ ᠳᠠᠭᠤᠳᠠᠭ ᠄᠄

ᠦᠭᠡ ᠶᠢᠨ ᠡᠬᠢᠨ ᠦ ᠦᠶ᠎ᠡ ᠳᠦ ᠡᠭᠡᠰᠢᠭ ᠦᠨ ᠤ ᠦᠶ᠎ᠡ ᠳᠦ ᠪᠠᠢᠬᠤ ᠡᠭᠡᠰᠢᠭ ᠦᠨ ᠤ ᠳᠡᠭᠡᠷ᠎ᠡ ᠪᠠᠢᠳᠠᠯ ᠄᠄ ᠦᠭᠡ ᠶᠢᠨ ᠡᠬᠢᠨ ᠦ ᠦᠶ᠎ᠡ ᠳᠦ ᠤᠷᠲᠤ ᠡᠭᠡᠰᠢᠭ (V_L — ᠲᠠᠢ ᠤᠷᠲᠤ ᠡᠭᠡᠰᠢᠭ ᠦᠨ ᠢ · V_{L1} — ᠪᠡᠷ ᠦᠭᠡ ᠶᠢᠨ ᠡᠬᠢᠨ ᠦ ᠦᠶ᠎ᠡ ᠶᠢᠨ ᠤᠷᠲᠤ ᠡᠭᠡᠰᠢᠭ ᠂ ᠦᠭᠡ ᠶᠢᠨ ᠪᠦᠲᠦᠴᠡ ᠶᠢᠨ · V_{L2} — ᠲᠠᠢ ᠦᠭᠡ ᠶᠢᠨ ᠬᠣᠶᠠᠷ ᠳᠤᠭᠠᠷ ᠦᠶ᠎ᠡ ᠶᠢᠨ ᠤᠷᠲᠤ ᠡᠭᠡᠰᠢᠭ ᠢ ᠲᠡᠮᠳᠡᠭᠯᠡᠪᠡ) ᠄᠄

ᠦᠭᠡ ᠶᠢᠨ ᠡᠬᠢᠨ ᠦ ᠦᠶ᠎ᠡ ᠶᠢᠨ ᠪᠦᠲᠦᠴᠡ ᠳᠦ :

1) V_{L1} —

2) $V_{L1}C$ —

3) $V_{L1}CC$ —

4) CV_{L1} —

5) $CV_{L1}C$ —

(1) ᠡᠷᠲᠡᠨ ᠮᠣᠩᠭᠣᠯ ᠬᠡᠯᠡᠨ ᠦ /E/ ᠂ /ø/ ᠶᠢᠨ ᠬᠥᠭᠵᠢᠯᠲᠡ ᠪᠣᠯᠪᠠᠰᠤ (ᠮᠣᠩᠭᠣᠯ ᠤᠨ ᠪᠢᠴᠢᠭ) ᠳᠦ 〔$^{※}ε$~$^{※}æ$〕 ᠂

1. /E/ ᠂ /ø/ ᠂ /y/ ᠶᠢᠨ ᠡᠭᠦᠰᠦᠯ

(ᠨᠢᠭᠡ) ᠮᠣᠩᠭᠣᠯᠴᠤᠳ ᠶᠢᠨ ᠪᠢᠴᠢᠭᠯᠡᠯ (ᠡᠭᠦᠰᠦᠯ)

ᠮᠣᠩᠭᠣᠯ ᠶᠢᠨ ᠲᠠᠯᠠ ᠪᠡᠷ (b) ┤
- 6) — $CV_{L\,2}CC$
- 5) — $CV_{L\,2}C$
- 4) — $CV_{L\,2}$

ᠮᠣᠩᠭᠣᠯ ᠶᠢᠨ ᠡᠪᠡᠷ (a) ┤
- 3) — $CV_{L\,2}CC$ —
- 2) — $CV_{L\,2}C$ —
- 1) — $CV_{L\,2}$—

ᠮᠣᠩᠭᠣᠯ ᠶᠢᠨ ᠬᠡᠯᠡᠨ ᠦ ᠪᠢᠴᠢᠭ ᠮᠣᠩᠭᠣᠯ ᠶᠢᠨ ᠪᠢᠴᠢᠭᠯᠡᠯ ᠳᠦ :

6) $CV_{L\,1}CC$ —

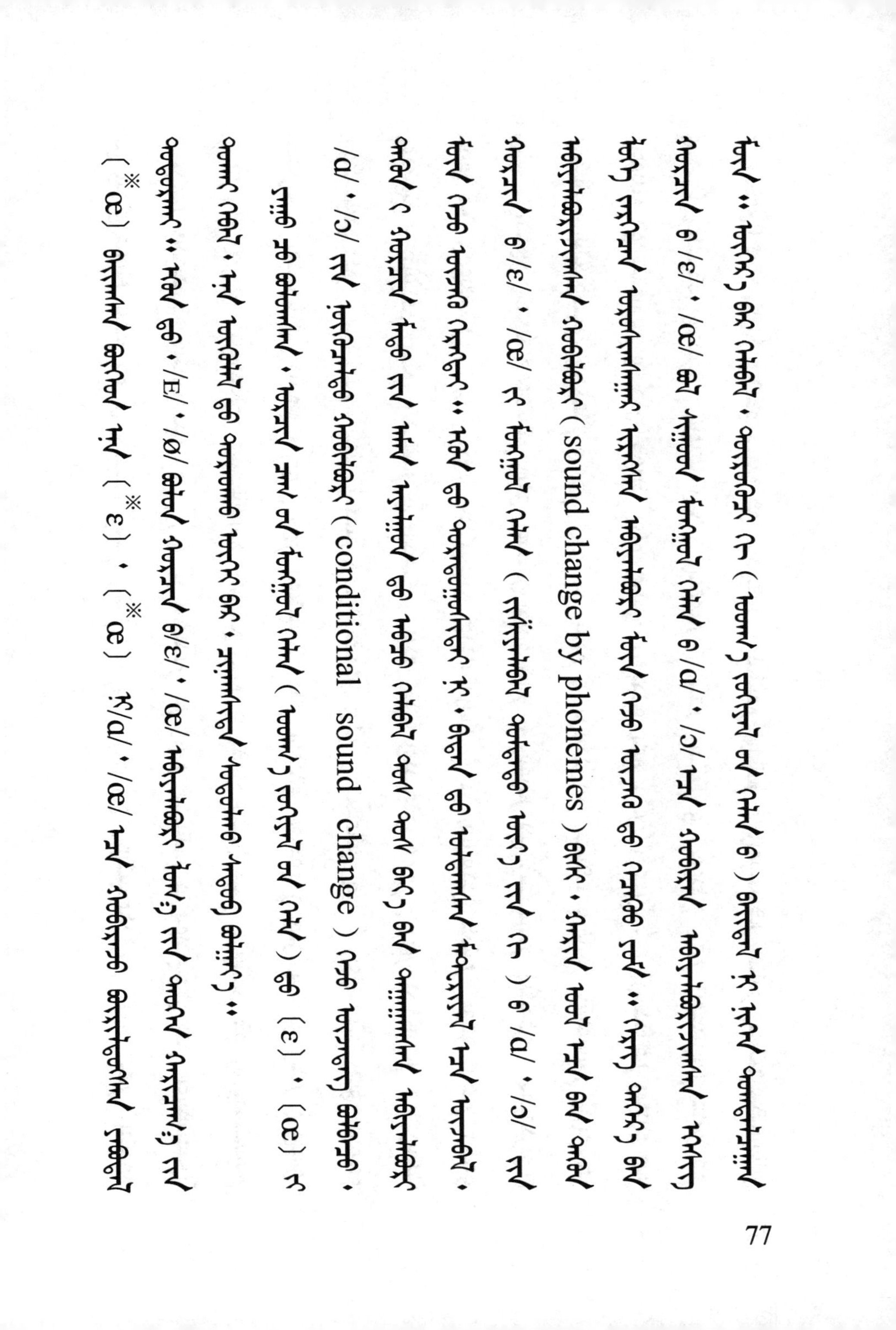

〔※œ〕 [illegible] 〔※ε〕, 〔※œ〕 [illegible]/ɑ/, /œ/ [illegible]
[illegible] :: [illegible], /E/, /ø/ [illegible] /ɛ/, /œ/ [illegible]
[illegible] ::

[illegible] ([illegible]) [illegible] 〔ε〕, 〔œ〕 [illegible]
/ɑ/, /ɔ/ [illegible] (conditional sound change) [illegible],
[illegible]
[illegible] :: [illegible], [illegible],
[illegible] /ɛ/, /œ/ [illegible] ([illegible]) [illegible] /ɑ/, /ɔ/ [illegible]
[illegible] (sound change by phonemes) [illegible], [illegible]
[illegible] :: [illegible]
[illegible] /ɛ/, /œ/ [illegible] /ɑ/, /ɔ/ [illegible]
[illegible] :: [illegible] ([illegible]) [illegible]

ᠤ ᠬᠣᠭᠣᠰᠣᠨ ᠢ ᠵᠠᠰᠠᠭ ᠭᠠᠷᠭᠠᠨ ᠪᠤᠯᠭᠠᠪᠠ ᠲᠡᠭᠡᠭᠦ ᠳᠦ ᠭᠠᠳᠠᠭᠠᠳᠤ ᠰᠢᠨᠵᠢᠯᠡᠭᠡᠨ ᠬᠡᠮᠵᠢᠶ᠎ᠡ ᠶᠢᠨ ᠡᠭᠡᠰᠢᠭ ᠦᠨ ᠪᠦᠯᠦᠭ ᠲᠦᠷᠦᠯ ᠳᠠᠭᠠᠷᠠᠭᠤᠯᠤᠭᠰᠠᠨ
ᠪᠠᠢᠳᠠᠯ ᠳᠠᠭᠠᠭᠠᠳᠤ ᠪᠠᠢᠳᠠᠭ ᠂ ᠬᠡᠪᠡᠯ ᠴᠢ (ᠰᠣᠨᠢᠷᠬᠠᠯ) ᠭᠡᠵᠦ ᠭᠡᠰᠡᠨ ᠦ ᠡᠭᠡᠰᠢᠭ ᠲᠡᠢ ᠪᠣᠯᠭᠠᠯᠲᠠ ᠬᠡᠯᠡᠨ ᠳᠤ
ᠡᠭᠡᠰᠢᠭ ᠳᠦ ᠲᠣᠭᠠᠯᠠᠯ ᠤᠨ ᠲᠣᠭ᠎ᠠ ᠳᠠᠭᠤᠳᠠ ᠲᠠᠢ ᠪᠠᠢᠨ᠎ᠠ ᠃ ᠲᠡᠷᠡ ᠪᠠᠢ ᠂ ᠲᠡᠷ᠎ᠡ (ᠬᠡᠯᠡᠳᠡᠭ) ᠲᠡᠷᠡᠬᠦ ᠳᠦ ᠪᠤᠰᠤᠳ ᠪᠠᠨ
ᠰᠢᠨᠵᠢᠯᠡᠭᠦᠯᠦᠭᠰᠡᠨ ᠪᠠᠢᠳᠠᠭ ᠰᠣᠨᠢᠷᠬᠠᠯ ᠤᠨ /ε/ • /œ/ ᠴᠢ ᠭᠠᠷᠴᠤ ᠤ ᠲᠦᠷᠦᠯ ᠳᠤ ᠭᠣᠣᠯᠳᠠᠭᠤᠯᠬᠤ ᠳᠤ ᠲᠣᠬᠢᠷᠠᠮᠵᠢᠲᠠᠢ ᠲᠡᠭᠦᠨ ᠢ
ᠪᠠᠶᠢᠭ᠎ᠠ ᠲᠡᠷᠡᠭᠦᠦᠨ ᠲᠡᠭᠦᠨ ᠢ ᠰᠢᠨᠵᠢᠯᠡᠭᠡᠨ ᠡᠭᠡᠰᠢᠭ ᠬᠠᠮᠲᠤ ᠪᠣᠯᠭᠠᠵᠤ ᠪᠠᠢᠨ᠎ᠠ ᠃ ᠭᠡᠬᠦ ᠳᠦ ᠰᠣᠨᠢᠷᠬᠠᠯ ᠲᠡᠷᠡᠭᠦᠦ (ᠲᠡᠭᠦᠦᠨ)
ᠳᠠᠭᠤ ᠶᠢᠨ ᠰᠢᠨᠵᠢᠯᠡᠭᠡᠨ (/ε/ • /œ/ ᠲᠡᠷᠢᠭᠦᠨ ᠪᠠᠢᠷᠢᠯᠠᠯ) ᠴᠢ ᠲᠣᠭᠠᠯᠠᠯ ᠮᠠᠰᠢ ᠳᠡᠭᠡᠷ᠎ᠡ ᠲᠠᠭᠠᠭ ᠲᠡᠭᠦᠨ
ᠲᠣᠭᠠᠯᠠᠯ ᠂ ᠡᠭᠡᠰᠢᠭ ᠦᠨ ᠲᠣᠯ ᠲᠣᠭᠠᠯᠠᠯ ᠤᠨ ᠤ ᠪᠠᠢᠷᠢ (ᠪᠠᠭ᠎ᠠ ᠲᠠᠢ ᠪᠠᠢᠷᠢᠯᠠᠯ) /ε/ • /ø/ ᠴᠢ ᠭᠠᠷᠴᠤ ᠤ ᠲᠦᠷᠦᠯ
ᠲᠡᠷᠢᠭᠦᠨ ᠲᠠᠢ ᠭᠣᠣᠯᠳᠠᠭᠤᠯᠬᠤ ᠳᠤ ᠲᠣᠬᠢᠷᠠᠮᠵᠢᠲᠠᠢ ᠰᠣᠨᠢᠷᠬᠠᠯ ᠲᠡᠷᠡᠭᠦᠦ ᠪᠠᠭ᠎ᠠ ᠰᠢᠨᠵᠢᠯᠡᠭᠡᠨ ᠲᠡᠷᠢᠭᠦᠨ ᠳᠠᠭᠤ ᠶᠢᠨ ᠲᠣᠭᠠᠯᠠᠯ
ᠪᠠᠢᠨ᠎ᠠ ᠃ ᠲᠡᠷᠡᠭᠦᠦ ᠪᠠᠢ ᠳᠡᠭᠡᠷ᠎ᠡ ᠂ /E/ • /ø/ ᠲᠡᠷᠢᠭᠦᠨ ᠲᠠᠢ ᠲᠣᠭᠠᠯᠠᠯ ᠭᠣᠣᠯᠳᠠᠭ (ᠪᠠᠭ᠎ᠠ ᠲᠣᠭᠠᠯᠠᠯ ᠪᠠᠢᠯ) ᠪᠠᠢᠬᠤ
/*ε/ • /*œ/ ᠭᠡᠵᠦ ᠂ ᠡᠭᠡᠰᠢᠭ ᠦᠨ ᠢ ᠪᠣᠯᠪᠠᠰᠤᠷᠠᠭᠤᠯᠬᠤ ᠲᠣᠭᠠᠯᠠᠯ ᠪᠠᠢᠨ ᠤ ᠲᠦᠯᠬᠦ ᠭᠣᠣᠯ ᠲᠡᠭᠦᠨ ᠲᠣᠬᠢᠷᠠᠮᠵᠢᠲᠠᠢ ᠳᠤ ᠰᠢᠨᠵᠢᠯᠡᠭᠡᠨ
ᠳᠠᠭᠤ ᠶᠢᠨ ᠰᠢᠨᠵᠢᠯᠡᠭᠡᠨ ᠪᠠᠢᠳᠠᠯ ᠳᠤ ᠂ /E/ • /ø/ ᠭᠡᠵᠦ ᠡᠭᠡᠰᠢᠭ ᠦᠨ ᠲᠡᠢ ᠲᠡᠷᠡᠭᠦᠦ ᠤ ᠲᠡᠷᠢᠭᠦᠨ ᠲᠠᠢ ᠭᠣᠣᠯᠳᠠᠭᠤᠯᠬᠤ
ᠳᠤ ᠪᠠᠢ ᠪᠠᠢᠷᠢᠯᠠᠯ ᠳᠠᠭᠤ ᠶᠢᠨ ᠰᠢᠨᠵᠢᠯᠡᠭᠡᠨ ᠲᠠᠢ ᠪᠠᠢᠨ᠎ᠠ ᠃ /E/ • /ø/ ᠪᠠᠢ ᠲᠡᠷᠢᠭᠦᠨ ᠲᠠᠢ /ɑ/ • /ɔ/ ᠲᠠᠢ ᠲᠡᠭᠦᠨ

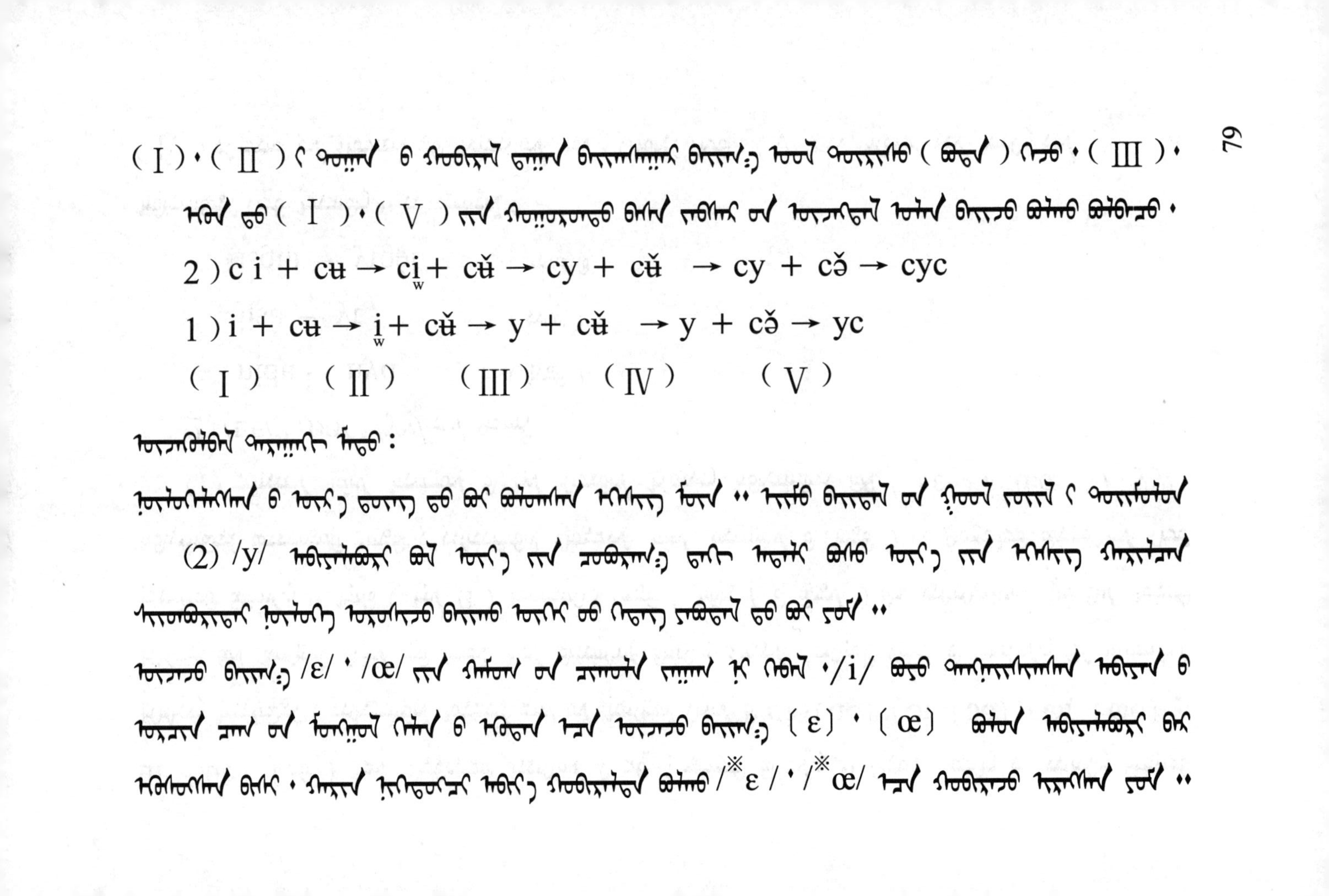

[illegible] /※ε/ · /※œ/ [illegible] ::

[illegible] 〔ε〕·〔œ〕 [illegible]

[illegible] /ε/ · /œ/ [illegible] · /i/ [illegible]

[illegible] ::

(2) /y/ [illegible]

[illegible] :: [illegible]

[illegible] :

(Ⅰ) (Ⅱ) (Ⅲ) (Ⅳ) (Ⅴ)

1) $\text{i} + \text{c}ʉ \rightarrow \underset{w}{\text{i}} + \text{c}\breve{ʉ} \rightarrow \text{y} + \text{c}\breve{ʉ} \rightarrow \text{y} + \text{c}\breve{ə} \rightarrow \text{yc}$

2) $\text{ci} + \text{c}ʉ \rightarrow \text{c}\underset{w}{\text{i}} + \text{c}\breve{ʉ} \rightarrow \text{cy} + \text{c}\breve{ʉ} \rightarrow \text{cy} + \text{c}\breve{ə} \rightarrow \text{cyc}$

[illegible] (Ⅰ) · (Ⅴ) [illegible] ·

(Ⅰ) · (Ⅱ) [illegible] (ᠪᠣᠯ) [illegible] · (Ⅲ) ·

ʉi (ʉĕ) ᠨᠢᠳᠦ) ᠭᠡᠳᠡᠭ ᠵᠢᠱᠢᠶᠡᠯᠡᠪᠡᠯ ᠬᠠᠷᠢᠴᠠᠯᠠᠨ᠎ᠠ ᠂ ᠡᠳᠡ ᠲᠥᠷᠥᠯᠬᠢ ᠪᠣᠯᠤᠨ᠎ᠠ ᠃ ᠡᠭᠦᠨ ᠲᠠᠢ ᠬᠠᠷᠢᠴᠠᠭᠤᠯᠬᠤ ᠳᠤ ᠤᠨᠢᠯᠠᠭ

ᠡᠮᠦᠨ᠎ᠡ ᠬᠡᠯᠡᠨ ᠦ (ᠡᠭᠡᠰᠢᠭᠯᠡᠯᠲᠡ ᠬᠤᠪᠢᠷᠠᠯ ᠤᠨ ᠠᠷᠠ ᠳᠤ ᠲᠣᠬᠢᠶᠠᠯᠳᠤᠭᠰᠠᠨ ᠦ ai (ȧĕ) · ɔi (ɔ̇ĕ) · ωi (ω̇ĕ) ·

(1) ᠡᠭᠡᠰᠢᠭᠯᠡᠯ ᠬᠣᠣᠰ ᠡᠭᠡᠰᠢᠭ ᠦ ᠬᠣᠣ ᠵᠢᠭᠠᠬᠤ ᠡᠮᠦᠨ᠎ᠡ ᠬᠤᠪᠢᠷᠠᠯᠲᠠ ᠳᠤ /$^{※}$εε/ · /$^{※}$œœ/ · /$^{※}$yy/

2. /EE/ · /øø/ · /yy/ ᠡᠭᠡᠰᠢᠭ

nidʉ — nyd (ᠨᠢᠳᠦ)

jisʉ — yt (ᠶᠢᠰᠦ)

isgʉl — ytgəl — (ᠡᠰᠡᠭᠡᠢ)

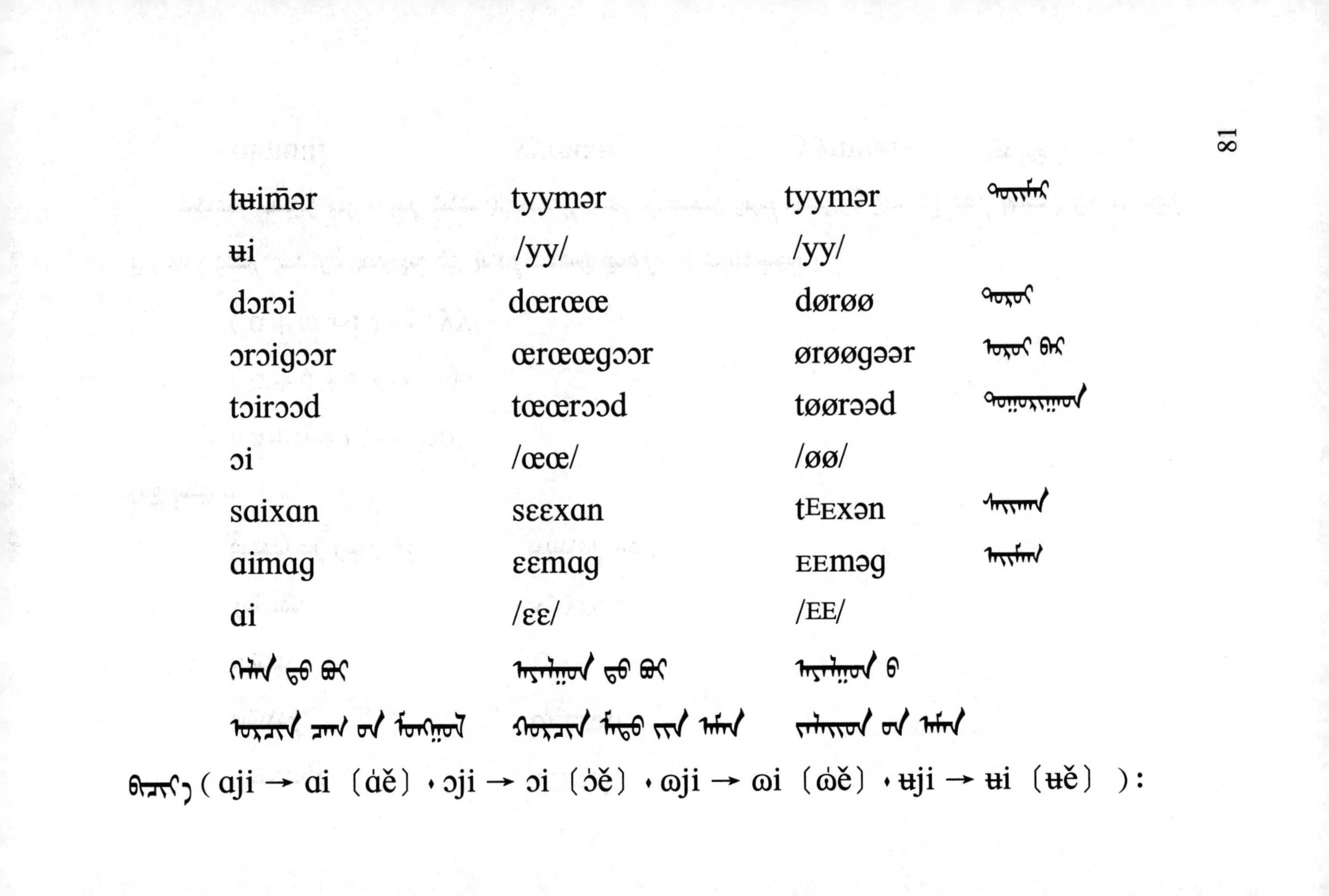

tʉimə̄r	tyymər	tyymər	[illegible]
ʉi	/yy/	/yy/	
dɔrɔi	dœrœœ	dørøø	[illegible]
ɔrɔigɔɔr	œrœœgɔɔr	ørøøgəər	[illegible]
tɔirɔɔd	tœœrɔɔd	tøørəəd	[illegible]
ɔi	/œœ/	/øø/	
sɑixɑn	sɛɛxɑn	tᴱᴇxən	[illegible]
ɑimɑg	ɛɛmɑg	ᴇᴇməg	[illegible]
ɑi	/ɛɛ/	/ᴇᴇ/	
[illegible]	[illegible]	[illegible]	
[illegible]	[illegible]	[illegible]	

[illegible] (ɑji → ɑi 〔ɑ̇ĕ〕 ⬩ ɔji → ɔi 〔ɔ̇ĕ〕 ⬩ ωji → ωi 〔ω̇ĕ〕 ⬩ ʉji → ʉi 〔ʉĕ〕) :

ᠳᠡᠭᠡᠷᠡᠯᠲᠦ　　　dEErəlt

ᠪᠡᠭᠡᠷᠡᠨ　　　bEErən

ᠲᠡᠭᠦᠷ　　　tyyr

ᠬᠡᠭᠦᠷᠡ　　　xyyrEE

ᠪᠠᠢᠢᠭ᠎ᠠ ᠨᠢ ᠭᠠᠷᠤᠯ ᠪᠣ　　　ᠶᠢᠷᠦᠳᠡᠭ ᠮᠥ :

ᠭᠡᠵᠦ ᠪᠣᠯᠪᠠ ᠉

(ɔ+ɔ+i)→ /øø/

(ɑ+ɑ+i) → /EE/

(ɑ+ω+i) → /yy/

ᠪ ᠪᠤᠰᠤᠳ ᠪᠢᠴᠢᠭ ᠦᠨ ᠬᠡᠯᠡᠨ ᠦ ᠬᠡᠯᠡᠯᠭᠡ ᠳᠦ ᠵᠢᠱᠢᠶ᠎ᠡ ᠳᠡᠭᠡᠷᠡ ᠪᠡᠷ ᠵᠢ᠃ ᠲᠥᠭᠦᠷᠡᠯᠳᠦᠭᠦᠯᠪᠡ :

ᠳᠤᠷᠠᠳᠬᠠᠯ ᠬᠡᠯᠡᠨ ᠪᠡᠷ ᠂ ᠬᠡᠯᠡ ᠳᠤᠷᠠᠳᠬᠠᠯ ᠳᠤᠷᠠᠳᠬᠠᠯ ᠬᠡᠯᠡ ᠬᠡᠯᠡᠭᠦᠯᠦᠨ ᠪᠠᠢᠨ᠎ᠠ ᠬᠡᠯᠡᠨ ᠦ ᠪᠡᠷᠡᠯᠲᠦ ᠨᠢᠭᠡᠨ ᠪᠡᠷᠡᠯᠲᠦ ᠪᠣᠯ ᠉ ᠬᠠᠷᠢ

ʉimʉʉl-　　　yymʉʉl-　　　yymʉʉl-　　　ᠬᠡᠯᠡᠯᠴᠡᠭᠦ

ᠲᠥᠷᠥᠭᠦ tøoruu

(2) ᠬᠣᠶᠠᠳᠤᠭᠠᠷ ᠦᠶᠡ ᠶᠢᠨ ᠡᠭᠡᠰᠢᠭ ᠪᠣᠯ ᠃ ᠡᠨᠡ ᠬᠡᠯᠡᠨ ᠳᠦ ᠤᠷᠲᠤ (ᠬᠣᠣᠰ ᠡᠭᠡᠰᠢᠭ) ᠡᠭᠡᠰᠢᠭ ᠳᠦ

ᠬᠡᠯᠡ ᠬᠠᠷᠠᠴᠢᠨ —— ᠠᠶᠠᠯᠭᠤ ᠤᠷᠲᠤ ᠡᠭᠡᠰᠢᠭ (ᠬᠣᠣᠰ ᠡᠭᠡᠰᠢᠭ) ᠠᠶᠠᠯᠭᠤ ᠶᠢᠨ ᠬᠤᠪᠢᠷᠠᠯ ᠤᠨ ᠬᠠᠷᠢᠴᠠᠭ᠎ᠠ ᠶᠢ ᠠᠶᠠᠯᠭᠤ

ᠡᠭᠡᠰᠢᠭ ᠦᠨ ᠬᠤᠪᠢᠷᠠᠯ ᠤᠨ ᠠᠶᠠᠯᠭᠤ ᠶᠢᠨ ᠤᠷᠲᠤ ᠡᠭᠡᠰᠢᠭ ᠪᠣᠯᠪᠠ ᠃ ᠦ (ᠪᠣᠯᠤᠨ᠎ᠠ ᠬᠣᠣᠰᠯᠠᠭᠰᠠᠨ ᠡᠭᠡᠰᠢᠭ ᠦᠨ ᠬᠡᠯᠪᠡᠷᠢ ᠳᠦ

ᠬᠡᠯᠡᠨ ᠠᠶᠠᠯᠭᠤ ᠳᠤ ᠡᠭᠡᠰᠢᠭ ᠦᠨ ᠬᠤᠪᠢᠷᠠᠯ ᠪᠣᠯ ᠬᠡᠯᠡᠨ ᠲᠡᠭᠡᠨ ᠦ ᠬᠣᠣᠰ ᠡᠭᠡᠰᠢᠭ ᠃ ᠬᠤᠪᠢᠷᠠᠯ ᠳᠤᠷ ᠠᠶᠠᠯᠭᠤ ᠶᠢᠨ ᠬᠤᠪᠢᠷᠠᠯ

ᠬᠡᠯᠡ ᠄ ᠪᠣᠯ ᠪᠠᠢᠨ᠎ᠠ /ɛɛ/ ᠂ /œœ/ ᠂ /yy/ ᠠᠶᠠᠯᠭᠤ ᠦ ᠬᠣᠣᠰ ᠡᠭᠡᠰᠢᠭ ᠦᠨ ᠬᠤᠪᠢᠷᠠᠯ ᠳᠤᠷ ᠪᠠᠢᠨ᠎ᠠ ᠃

ᠪᠢ ᠳᠦ ᠪᠠᠢᠳᠠᠯ ᠲᠡᠭᠡᠨ ᠦ ᠪᠣᠯ ᠬᠡᠯᠡ ᠠᠶᠠᠯᠭᠤ ᠬᠤᠪᠢᠷᠠᠯ ᠳᠤ ᠳᠠᠭᠤᠳᠠᠯᠭ᠎ᠠ ᠪᠠᠷ ᠬᠡᠯᠡᠨ ᠡᠭᠡᠰᠢᠭ ᠂ ᠬᠡᠯᠡ ᠦ ᠪᠣᠯ

ᠬᠡᠯᠡᠯᠴᠡᠬᠦ ᠦ ᠳᠤᠤᠭᠠᠷᠬᠤ ᠡᠭᠡᠰᠢᠭ ᠦ ᠬᠣᠣᠰᠯᠠᠭᠰᠠᠨ ᠦ ᠪᠣᠯᠬᠤ ᠳᠤ ᠬᠤᠪᠢᠷᠠᠯ ᠦ ᠠᠶᠠᠯᠭᠤ ᠶᠢᠨ ᠪᠣᠯᠤᠨ ᠠᠶᠠᠯᠭᠤ

ᠪᠠᠶᠢᠳᠠᠯ ᠬᠤᠪᠢᠷᠠᠯ ᠤᠨ ᠡᠭᠡᠰᠢᠭ ᠦᠨ ᠠᠶᠠᠯᠭᠤ ᠳᠤ ᠪᠠᠢᠬᠤ ᠲᠡᠭᠡᠨ ᠬᠠᠷᠢᠴᠠᠭ᠎ᠠ ᠪᠠᠢᠨ᠎ᠠ ᠃

ᠬᠠᠷᠠᠴᠢᠨ ᠳᠤ /EE/ ᠂ /øø/ ᠭᠡᠬᠦ ᠬᠣᠶᠠᠷ ᠡᠭᠡᠰᠢᠭ ᠂ ᠡᠨᠡ ᠬᠠᠷᠢᠴᠠᠭ᠎ᠠ ᠪᠣᠯᠤᠨ᠎ᠠ ᠠᠶᠠᠯᠭᠤ ᠦ ᠂ ᠪᠣᠯ ᠦ ᠬᠤᠪᠢᠷᠠᠯ ᠤᠨ ᠠᠶᠠᠯᠭᠤ

ᠬᠡᠯᠡᠨ ᠬᠠᠷᠢᠴᠠᠭ᠎ᠠ ᠡᠭᠡᠰᠢᠭ ᠦᠨ ᠪᠣᠯᠤᠨ ᠠᠶᠠᠯᠭᠤ ᠬᠣᠣᠰ ᠠᠶᠠᠯᠭᠤ /ɛɛ/※ ᠂ /œœ/※ ᠪᠣᠯᠤᠨ ᠬᠠᠷᠢᠴᠠᠭ᠎ᠠ ᠪᠠᠢᠨ᠎ᠠ ᠡᠭᠡᠰᠢᠭ ᠦᠨ ᠬᠤᠪᠢᠷᠠᠯ

ᠪᠠᠢᠬᠤ ᠬᠡᠯᠡᠨ ᠡᠭᠡᠰᠢᠭ ᠦᠨ ᠪᠣᠯᠬᠤ ᠳᠤ ᠬᠤᠪᠢᠷᠠᠯ ᠤᠨ ᠬᠡᠯᠡᠨ ᠲᠡᠭᠡᠨ ᠦ ᠠᠶᠠᠯᠭᠤ ᠦ ᠬᠡᠯᠡᠨ ᠡᠭᠡᠰᠢᠭ ᠦᠨ ᠬᠤᠪᠢᠷᠠᠯ ᠪᠣᠯ

tabtEEgəər (ᠲᠠᠪᠤᠭᠠᠷ ᠪᠡᠷ)

ᠪᠠᠰᠠ ᠨᠢ ᠵᠠᠷᠢᠮ ᠪᠣᠭᠤᠨᠢ ᠡᠭᠡᠰᠭᠡᠯ ᠪᠣᠯᠤᠭᠰᠠᠨ ᠨᠢ᠄ ᠳᠣᠣᠷᠠᠬᠢ ᠮᠡᠲᠦ᠄

ᠪᠣᠯᠪᠠᠰᠤ ᠨᠢ᠄ ᠵᠠᠷᠢᠮ ᠡᠭᠡᠰᠭᠡᠯᠳᠦ ᠳᠠᠭᠠᠪᠠᠷ ᠳᠤᠯ ᠪᠠᠢᠬᠤ ᠳᠤ ᠡᠭᠡᠰᠭᠡᠯ ᠦ ᠬᠠᠮᠤᠭ ᠳᠠᠭᠠᠪᠠᠷ ᠢᠶᠠᠷ ᠬᠤᠪᠢᠷᠠᠭᠰᠠᠨ /EE/ ᠳᠤᠯ

① øø + [ĭ, ə̆, ii, EE, əə, ʉʉ, øø] → ø

② yy + [ĭ, ə̆, ii, EE, əə, ʉʉ, yy] → y

③ EE + [ĭ, ə̆, ii, ʉʉ, əə, EE] → E

ᠬᠤᠪᠢᠷᠠᠭᠰᠠᠨ᠂ ᠪᠣᠯᠤᠨ ᠤ ᠪᠦᠳᠦᠭᠦᠨ ᠳᠠᠭᠠᠪᠠᠷ ᠢᠶᠠᠷ ᠪᠣᠭᠤᠨᠢᠰᠬᠤ ᠡᠭᠡᠰᠭᠡᠯ ᠳᠦ ᠬᠤᠪᠢᠷᠠᠭᠰᠠᠨ ᠵᠢᠱᠢᠶ᠎ᠡ ᠬᠤᠪᠢᠷᠠᠯ ᠨᠢ᠄

(3) ᠡᠨᠡ ᠦ ᠳᠤᠭᠤᠷᠢᠭᠯᠠᠭᠰᠠᠨ ᠬᠤᠪᠢᠯᠠᠯ ᠢ ᠳᠦᠷᠰᠦᠯᠡᠬᠦ ᠳᠦ ᠡᠭᠡᠰᠭᠡᠯ ᠰᠢᠭᠤᠳ ᠳᠠᠭᠠᠪᠠᠷ ᠳᠤᠯ ᠡᠭᠡᠰ ᠦ ᠳᠠᠭᠠᠪᠠᠷ ᠢᠶᠠᠷ ᠬᠤᠪᠢᠷᠠᠭᠰᠠᠨ ᠳᠠᠭᠠᠪᠠᠷ ᠬᠤᠪᠢᠷᠠᠯᠲᠠ ᠶᠠᠭᠤ ᠲᠠᠯᠠᠪᠠᠷ ᠪᠣᠯᠤᠨ᠎ᠠ᠃

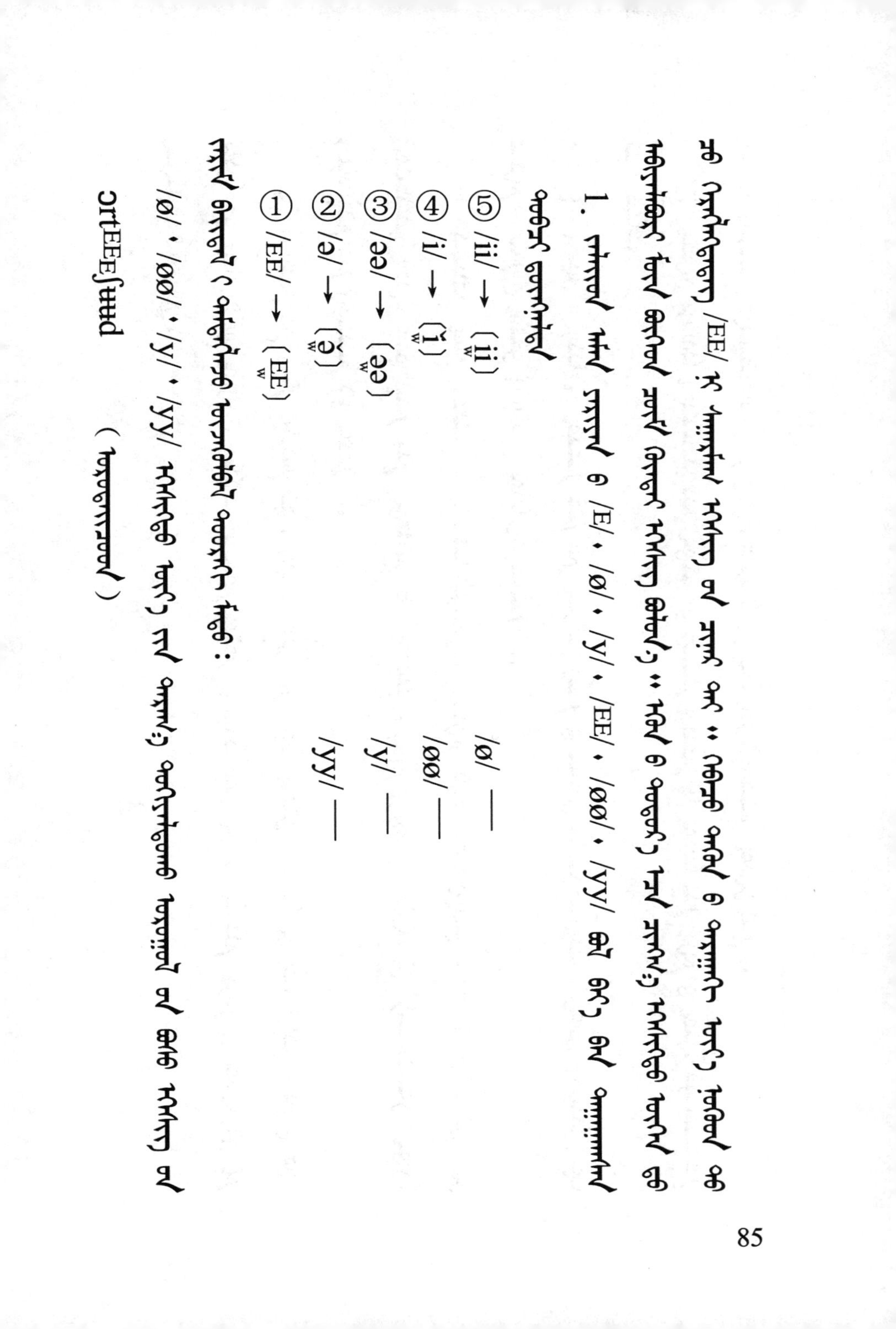

ɔrtEEEʃɯɯd ([illegible])

/ø/ · /øø/ · /y/ · /yy/ [illegible]

[illegible] :

① /EE/ → 〔$\underset{w}{EE}$〕

② /ə/ → 〔$\underset{w}{\breve{ə}}$〕　　/yy/ ——

③ /əə/ → 〔$\underset{w}{əə}$〕　　/y/ ——

④ /i/ → 〔$\underset{w}{\breve{i}}$〕　　/øø/ ——

⑤ /ii/ → 〔$\underset{w}{ii}$〕　　/ø/ ——

[illegible]

1. [illegible] /E/ · /ø/ · /y/ · /EE/ · /øø/ · /yy/ [illegible]

[illegible]

[illegible] /EE/ [illegible]

ᠪᠢᠴᠢᠭᠡᠷ ᠡᠭᠡᠰᠢᠭ ᠲᠡᠮᠳᠡᠭᠯᠡᠭᠳᠡᠬᠦᠨ ᠲᠠᠢ ᠪᠣᠯᠤᠨ᠎ᠠ ᠂ ᠭᠠᠳᠠᠭᠠᠳᠤ ᠡᠭᠡᠰᠢᠭ ᠲᠡᠮᠳᠡᠭᠯᠡᠭᠳᠡᠬᠦᠨ ᠪᠣᠯᠤᠭᠰᠠᠨ ᠰᠠᠨ ᠃

2. ᠣᠷᠣᠢ ᠡᠭᠡᠰᠢᠭ ᠡᠪᠬᠡᠷᠡᠯᠳᠡᠭᠰᠡᠨ ᠲᠡᠢ ᠡᠪᠰᠢᠯ ᠦ ᠪᠠᠢᠳᠠᠯ ᠪᠠᠢᠳᠠᠯ ᠨᠢ ᠣᠯᠠᠨ ᠲᠡᠢ ᠡᠩ ᠦ ᠣᠶᠢᠷ᠎ᠠ ᠳᠤ ᠪᠠᠶᠢᠴᠠᠭᠠᠨ

ᠬᠡᠯᠡᠬᠦᠯᠦᠨ ᠃

3. ᠣᠷᠣᠢ ᠡᠭᠡᠰᠢᠭ ᠨᠢ ᠣᠯᠠᠭᠠᠨ ᠭᠠᠨ ᠢᠨ ᠣᠶᠢᠮᠢᠯ ᠬᠡᠯᠡᠨ ᠦ ᠲᠣᠭᠠᠪᠤ ᠪᠦᠬᠦᠶᠢ ᠡᠭᠡᠰᠢᠭ ᠂ ᠰᠣᠨᠣᠰ ᠡᠭᠡᠰᠢᠭ (ᠪᠣ

ᠭᠣᠯᠳᠠᠨ ᠭᠣᠶᠢᠨ ᠦ ᠣᠯᠠᠭᠠᠳᠤ ᠡᠭᠡᠰᠢᠭ) ᠪᠣᠯᠤᠨ ᠭᠣᠯᠳᠠᠭᠠᠷᠠᠨ᠎ᠠ ᠃

4. ᠲᠡᠮᠳᠡᠭᠲᠦ ᠬᠡᠮ ᠰᠠᠭᠤᠷᠢᠨ ᠦ ᠡᠭᠡᠰᠢᠭ ᠡᠪᠰᠢᠯ ᠦ ᠭᠣᠯᠢᠨ ᠳᠤ ᠡᠪᠳᠡᠪ ᠭᠠᠷᠤᠭᠰᠠᠨ ᠂ /E/ ᠂ /ø/ ᠂ /y/ ᠨᠢ

ᠰᠣᠭᠣᠭᠠᠳᠠᠭ ᠡᠪᠰᠢᠯ ᠰᠣᠪᠬᠢᠷᠠᠯ ᠲᠡᠢ ᠭᠡᠪᠠᠭᠰᠠᠨ ᠳᠤ ᠣᠯᠠᠭᠠᠳᠤ ᠂ /EE/ ᠂ /øø/ ᠂ /yy/ ᠨᠢ ᠰᠣᠭᠣᠪᠣᠯᠬᠠᠭᠠᠳ ᠡᠪᠰᠢᠯ

ᠰᠣᠪᠬᠢᠷᠠᠯ ᠲᠡᠢ ᠭᠡᠪᠠᠭᠰᠠᠨ ᠳᠤ ᠣᠯᠠᠭᠠᠨ᠎ᠠ ᠃

5. ᠲᠡᠮᠳᠡᠭᠲᠦ ᠤᠨ ᠬᠡᠮ ᠰᠠᠭᠤᠷᠢᠨ ᠳᠤ ᠂ ᠡᠪᠰᠢᠯ ᠣᠯᠠᠨ ᠲᠡᠢ ᠭᠠᠢᠪᠠᠷ ᠣᠯᠠᠭᠠᠳᠤ ᠡᠭᠡᠰᠢᠭ ᠨᠢ ᠣᠯᠠᠨ ᠲᠡᠢ ᠡᠩ ᠦ ᠪᠣᠯᠪᠠ

ᠣᠯᠠᠨ ᠳᠤ ᠣᠶᠢᠮᠣᠭᠣᠯᠤᠭ ᠣᠯᠠᠭᠠᠨ ᠂ ᠣᠶᠢᠨ ᠢ ᠪᠣᠯᠪᠠᠯ ᠪᠦᠬᠦᠶᠢ ᠡᠭᠡᠰᠢᠭ ᠪᠠᠢᠨ ᠨᠢ ᠣᠯᠠᠨ ᠲᠡᠢ ᠡᠩ ᠦ ᠣᠶᠢᠷ᠎ᠠ ᠳᠤ ᠡᠢ

ᠭᠣᠯᠳᠠᠭᠠᠷᠠᠭᠰᠠᠨ ᠰᠠᠨ ᠃

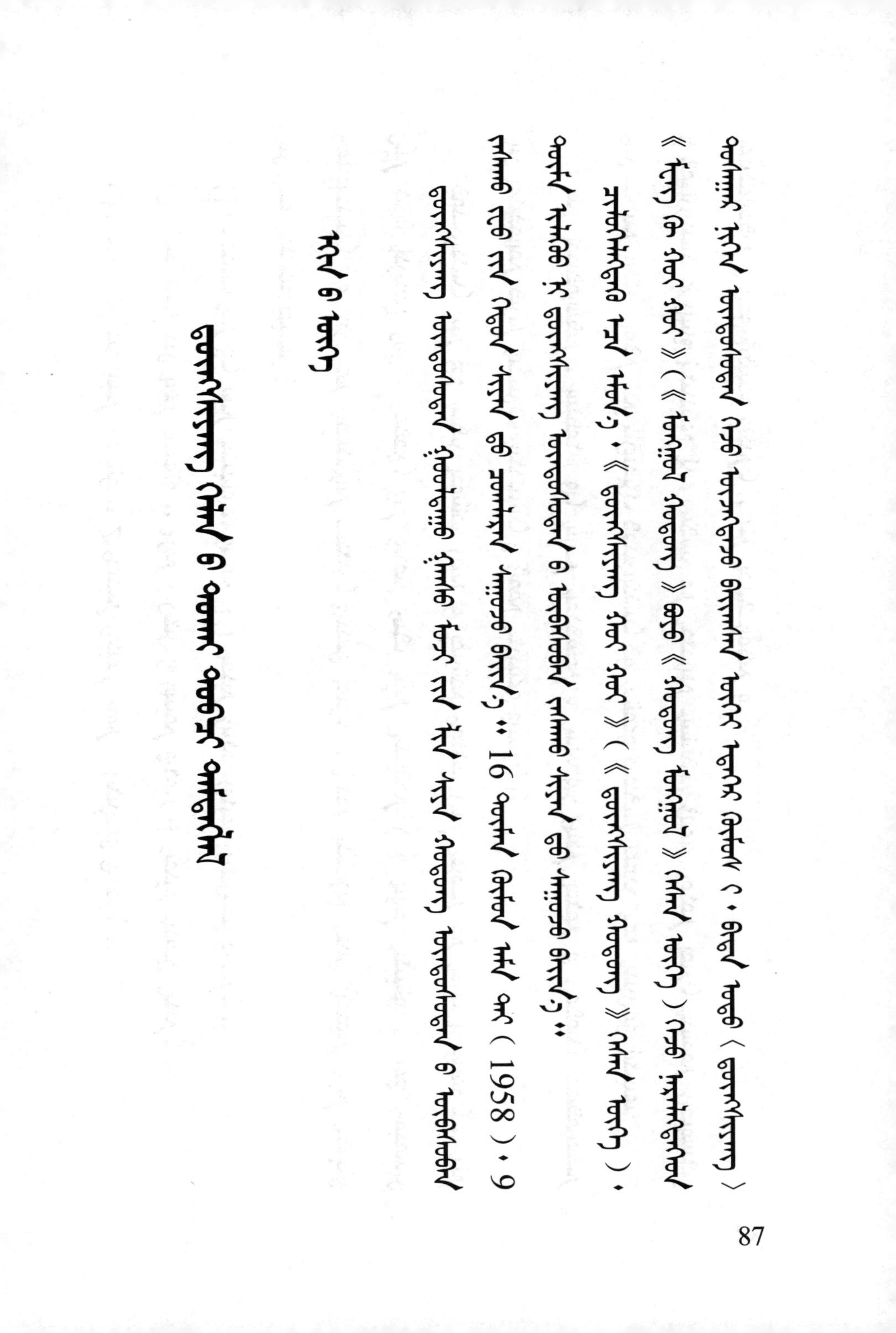

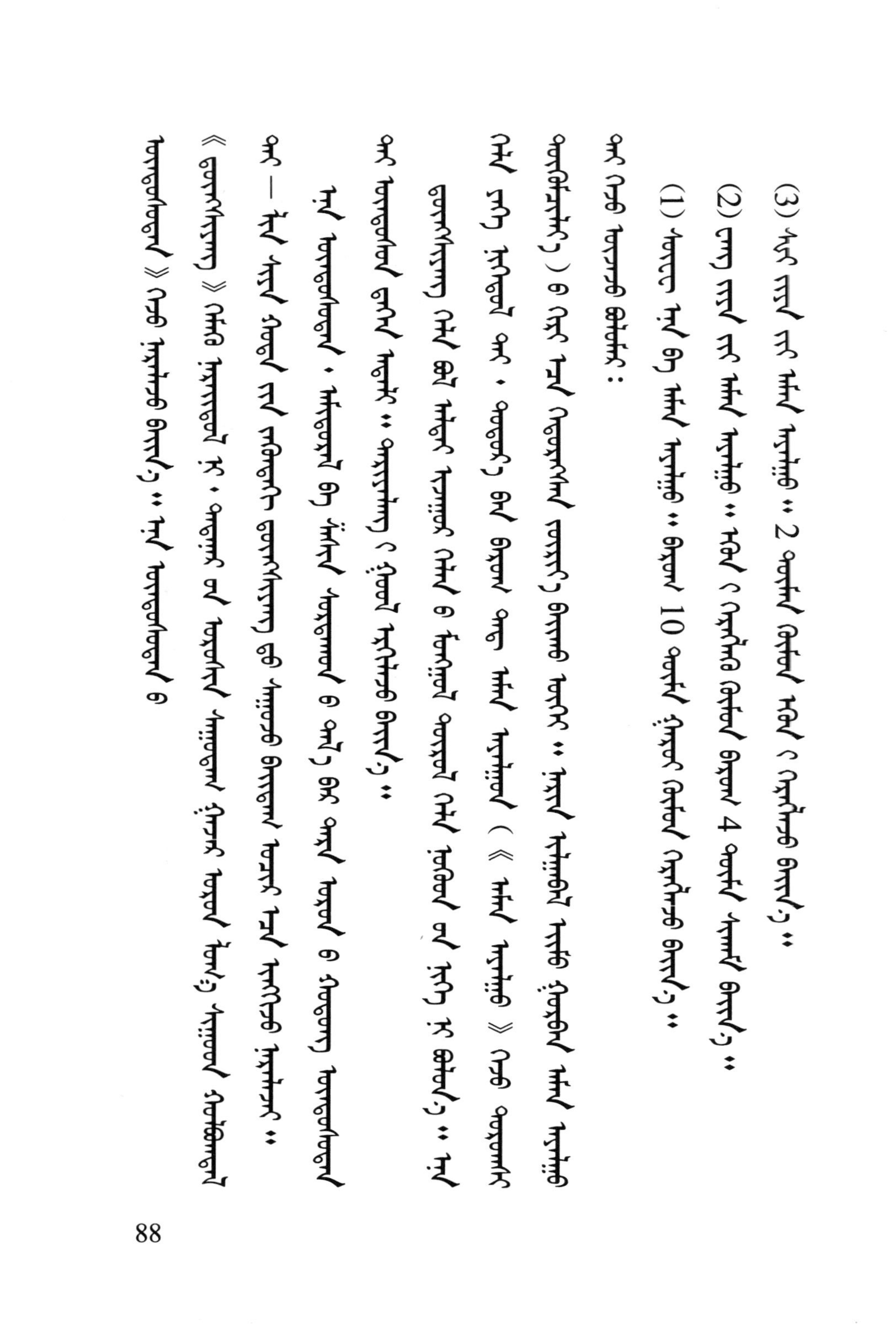

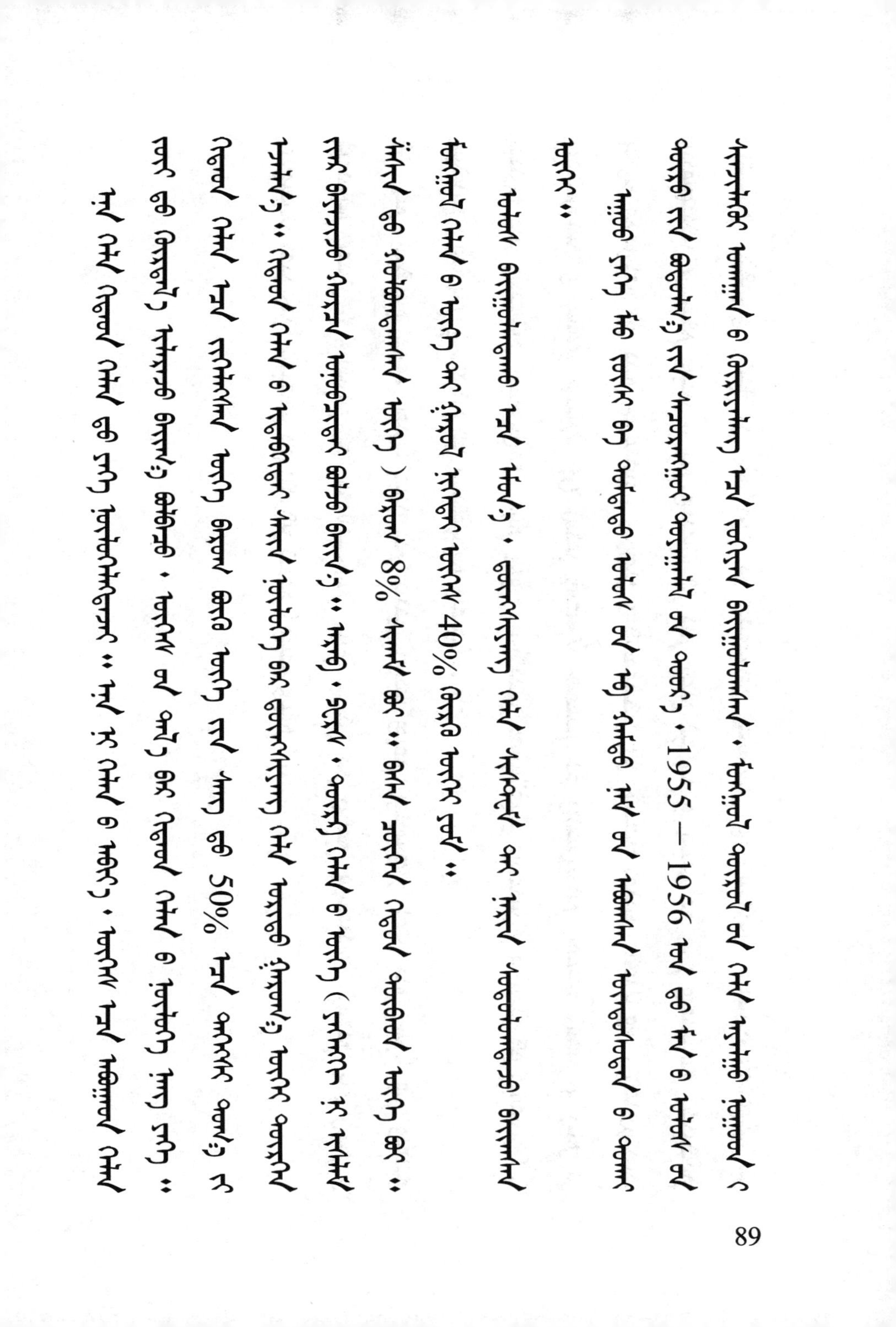

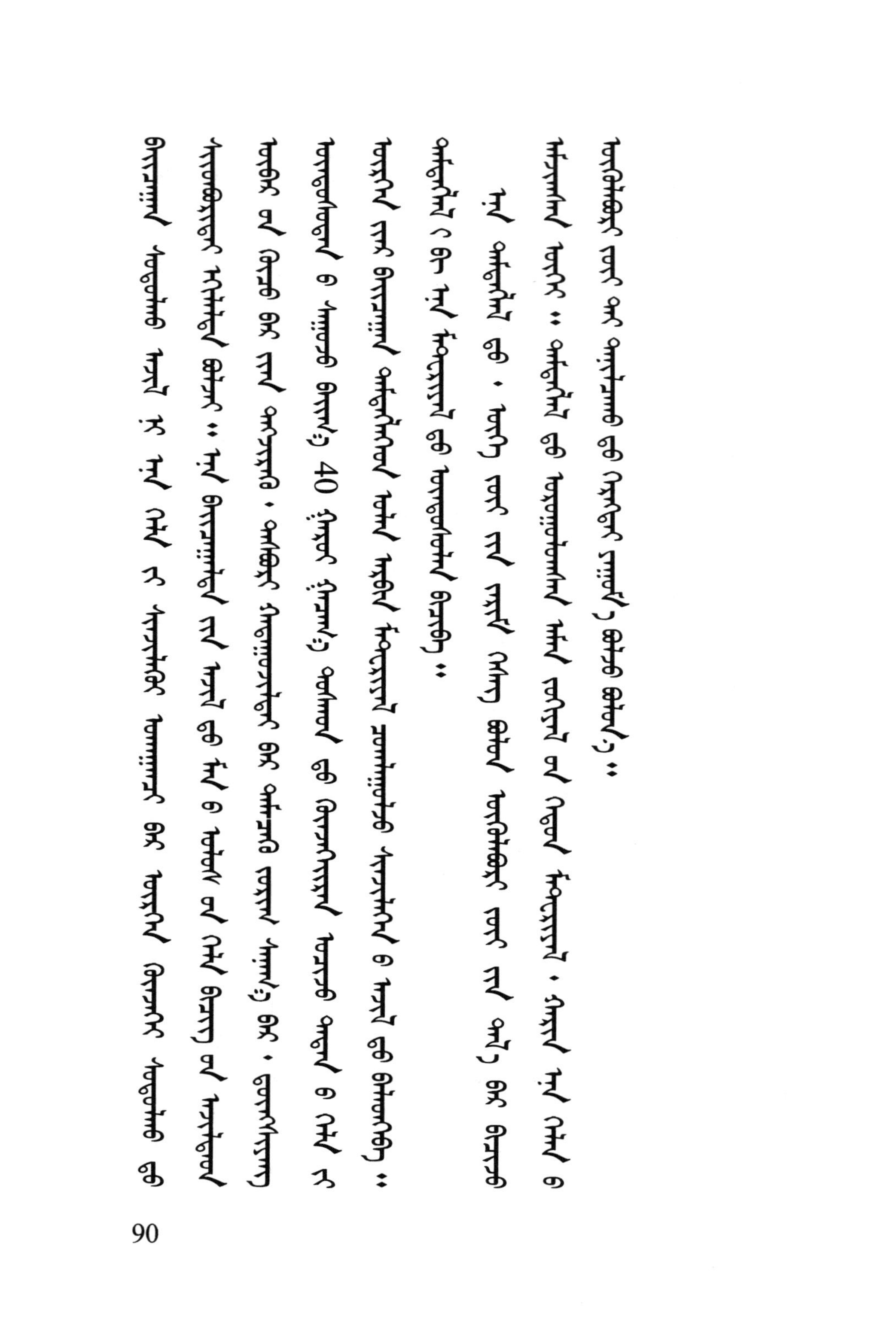

[illegible]

[illegible]

[illegible]

[illegible] 40 [illegible]

[illegible]

[illegible]

[illegible]

[illegible]

[illegible]

(asaku) ᠠᠰᡥᡡᠪᡳ ::

(ana) ᠠᠨᠠ · ᠠᠨᠠᡴᡡ

ᡨᡝᡵᡝ《ᠠ》ᡥᡝᡵᡤᡝᠨ ᡳ ᡤᡳᠰᡠᡵᡝᡵᡝᠩᡤᡝ ᠠᡳᠰᡳᠨ :: ᠪᡳᠶᠠᠨ ᡥᡝᠪᡝ ᠴ (a) ᠪᡳᡥᡝ ᡤᠣᠯᠮᡳᠨ :: ᡨᡝᡵᡝᠩᡤᡝ:
ᡤᡳᠰᡠᠨ ᡳ ᡤᠣᠯᠮᡳᠨ ᠰᡠᡵᡝ · ᡨᠣᠪᡨᠣᠯᠣᠨ ᡩᡝ ᠪᡳᠰᡳᠮᡝ · ᡨᡠᠴᡳᡶᡠ ᡥᡝᡵᡤᡝᠨ (A) :: ᡨᠣᠮᠣᠯᠣᠨ ᡤᡳᠰᡠᠨ ᡳ ᡥᠠᠪᡨᠣᠪᡳ ᡨᡝᡵᡝᠩᡤᡝ

a —

(1) ᡝᠮᡠ ᡩᡝ ᡥᡝᡵᡤᡝᠨ

ᠶᠠ ᠰᡝᠮᡝ ᡥᡝᡵᡤᡝᠨ ᠪᡝ ᡨᡠᠸᠠᠴᡳᠮᡝ ᡥᡝᡵᡤᡝᠨ ᡥᡝᠪᡝ ᠰᡝᠮᡝ ::
ᠪᡝᡳᠯᡝᡵᡝᠩᡤᡝ ᡤᡳᠰᡠᠨ ᠪᡝ ᡝᠮᡠ ᡩᡝ ᡥᡝᡵᡤᡝᠨ ᠪᡝ ᡳᠯᡳᠴᠠᠮᡝ ᡥᡝᡵᡤᡝᠨ ᡥᡝᠪᡝ ᠰᡝᠮᡝ · ᡳᠯᡳᠴᠠᠮᡝ ᡥᡝᡵᡤᡝᠨ ᡩᡝ ᡤᠣᠪᡠᡵᡝ
(ᡳᠯᡳ) ᡥᡝᡵᡤᡝᠨ ᡥᡝᠪᡝ

ᠪᡝᡳᠯᡝᡵᡝᠩᡤᡝ ᡤᡳᠰᡠᠨ ᡳ ᡤᡳᠰᡠᠨ ᡨᡠᡵᡠ ᡩᡝ ᠰᡳᡵᡤᡝ ᡨᡝᡵᡝᠩᡤᡝ

《ᠤᠰᠤ》 ᠦᠭᠡ ᠶᠢᠨ ᠡᠬᠢᠨ ᠳᠦ 《ᠤ》(〔ω〕) ᠠᠪᠢᠶ᠎ᠠ ᠪᠢᠴᠢᠨ᠎ᠡ᠂ ᠭᠡᠪᠡᠴᠦ ᠬᠡᠯᠡᠯᠭᠡᠨ ᠳᠦ ᠤᠨᠳᠤᠭᠠᠨ ᠦᠰᠦᠭ ᠦᠨ ᠲᠡᠮᠳᠡᠭᠯᠡᠯ᠂ ᠤᠩᠰᠢᠯᠭ᠎ᠠ ᠳᠤ᠂ ᠤᠨᠳᠤᠭᠠᠨ ᠠᠪᠢᠶ᠎ᠠ 〔ụ〕 ᠪᠣᠯᠤᠨ᠎ᠠ᠃ ᠵᠢᠱᠢᠶ᠎ᠡ ᠦᠰᠦᠭ ᠦᠨ 《ᠤᠰᠤᠷᠢ》

u —

〔loto〕 ᠯᠣᠲᠣ

〔osun〕 ᠤᠰᠤ

ᠬᠡᠯᠡᠬᠦ ᠳᠤᠷᠠᠮ ᠤᠨ ᠪᠠᠢᠳᠠᠯ᠃ ᠵᠢᠱᠢᠶᠡᠯᠡᠪᠡᠯ:

ᠪᠠᠰᠠ᠂ ᠠᠮᠠᠨ ᠤ ᠬᠡᠯᠡᠨ ᠦ ᠡᠬᠢᠨ ᠳᠦ ᠠᠶᠠ ᠪᠡᠷ ᠤᠩᠰᠢᠬᠤ ᠪᠣᠯ᠂ ᠦᠰᠦᠭ ᠦᠨ ᠲᠡᠮᠳᠡᠭᠯᠡᠯ ᠪᠡᠷ ᠤᠩᠰᠢᠯᠭ᠎ᠠ ᠳᠤ ᠬᠡᠯᠡᠯᠴᠡᠭᠡᠨ ᠦ ᠪᠠᠶᠢᠳᠠᠯ ᠦᠰᠦᠭ ᠦᠨ ᠤᠭ ᠠᠪᠢᠶ᠎ᠠ ᠳᠠᠭᠠᠯᠳᠤᠭᠤᠯᠤᠭᠴᠢ ᠭᠡᠯᠡᠭᠡᠨ ᠠᠪᠢᠶ᠎ᠠ (〔uo〕 ～ 〔wo〕) ᠳᠤ ᠰᠢᠯᠵᠢᠨ ᠲᠡᠷᠡ ᠦᠨ 《ᠤᠪᠤᠷ》〔obuɯr〕 ᠦᠭᠡ ᠶᠢᠨ ᠡᠬᠢᠨ ᠳᠦ 〔o〕 ᠠᠪᠢᠶ᠎ᠠ ᠲᠣᠳᠣ ᠭᠠᠷᠴᠠᠢ ᠪᠠᠶᠢᠳᠠᠭ ᠪᠠᠶᠢᠳᠠᠭ᠃ ᠬᠡᠯᠡᠨ ᠦ ᠡᠬᠢᠨ ᠳᠦ 《ᠣ》(〔ɔ〕) ᠠᠪᠢᠶ᠎ᠠ ᠪᠢᠴᠢᠨ᠎ᠡ᠂ ᠬᠡᠳᠦᠢ ᠭᠡᠪᠡᠴᠦ ᠪᠠᠶᠢᠳᠠᠯ ᠤᠩᠰᠢᠯᠳᠠᠭ ᠦᠰᠦᠭ ᠦᠨ ᠲᠡᠮᠳᠡᠭᠯᠡᠯ᠂ ᠪᠠᠶᠢᠳᠠᠯ ᠳᠦ ᠲᠠᠭᠠᠷᠠᠯ ᠪᠠᠰᠠ᠂ ᠤᠩᠰᠢᠯᠭ᠎ᠠ ᠳᠤ ᠠᠪᠢᠶ᠎ᠠ 〔ọ〕 ᠪᠣᠯᠤᠨ᠎ᠠ ᠦᠰᠦᠭ ᠦᠨ

o— —

ᠠᡴᡡᠮᠪᡠᡵᡝ ᠪᡝ (ŭ) ᡥᠠᠴᡳᠨ ᡳ ᠠᠯᡳᡵᡝ ᡤᡳᠰᡠᠨ ᡳ ᠮᡠᠵᠠᠩᡤᠠ ᠪᡝ ᠠᠯᠠᠮᡝ ᠪᡝ

(p) ، (f) ، (t) ، (q) ، (s) ᠵᡝᡵᡳᡤᡝ ᠠᡥᡡᠯᠠᡵᡝ ᡩᡝ ᡤᡳᠰᡠᠨ ᠪᡳ ᡠᡵᡤᡠᠨ ᠮᡠᡩᠠᠨ ᠪᡳᠰᡳᠨ

(puṣuo) ᡦᡠᠰᡠ

(fuḳiə) ᡶᡠᡤᡳᠶᡝ

(tuṛa) ᡨᡠᡵᠠ

(quṭoʁo) ᡥᡡᡨᠣᡥᠣ

(suḳiə) ᠰᡠᡤᡳᠶᡝ

ə —

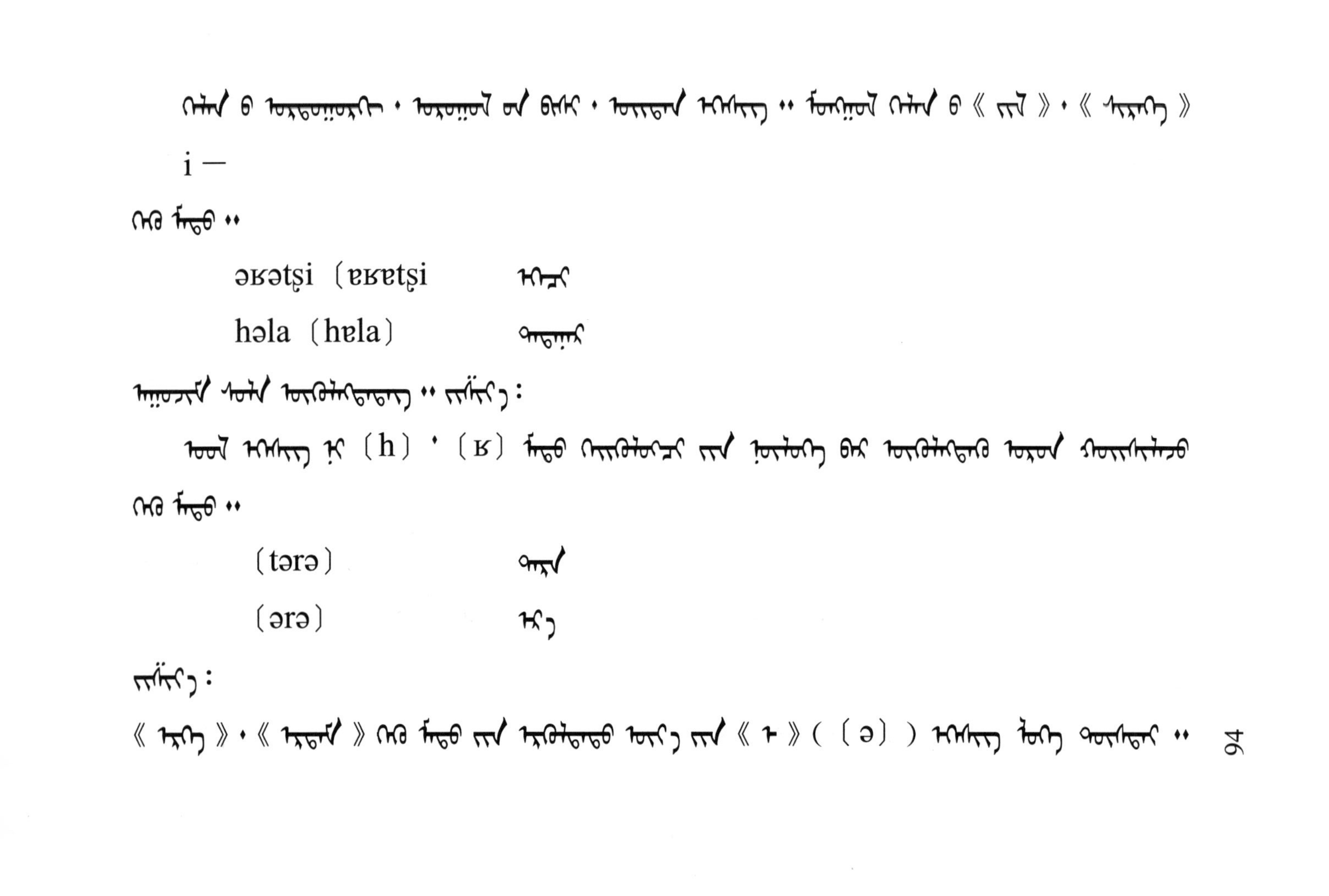

[illegible] 《[illegible]》·《[illegible]》

i —

[illegible] ::

əʁətʂi〔ʁʁətʂi〕　[illegible]

həla〔hɐla〕　[illegible]

[illegible] :: [illegible]:

[illegible]〔h〕·〔ʁ〕[illegible]

[illegible] ::

〔tərə〕　[illegible]

〔ərə〕　[illegible]

[illegible]:

《[illegible]》·《[illegible]》[illegible]《[illegible]》(〔ə〕) [illegible] ::

ᠬᠡᠯᠡ ᠪᠡ ᠵᠢᠷᠤᠭᠠᠳᠤᠭᠠᠷ᠂ ᠮᠣᠩᠭᠣᠯ ᠤᠨ ᠪᠠᠢ᠌ᠭ᠎ᠠ᠂ ᠮᠥᠷᠳᠡᠭᠡᠨ ᠠᠶᠠᠯᠭᠤ ᠃ ᠵᠢᠰᠢᠶ᠎ᠡ:

ɯ —

ᠮᠣᠩᠭᠣᠯᠴᠤᠳ ᠪᠣᠯᠤᠨ ᠬᠠᠯᠬᠠ ᠳᠤᠷ ᠦᠭᠡᠢ ᠮᠣᠩᠭᠣᠯ ᠪᠤᠢ᠃

ᠮᠣᠩᠭᠣᠯᠴᠤᠳ ᠤᠨ᠄ 〔dz〕, 〔ts〕, 〔s〕 ᠭᠡᠪᠡᠯᠡᠯ ᠤᠨ ᠳᠠᠭᠠᠭᠠ ᠪᠠᠷᠢᠯᠳᠠᠭᠰᠠᠨ 〔i〕 ᠠᠶᠠᠯᠭᠤ 〔ɿ〕 ᠪᠣᠯ 〔dʐ〕, 〔tʂ〕, 〔ʂ〕, 〔ʐ〕 ᠭᠡᠪᠡᠯᠡᠯ ᠤᠨ ᠳᠠᠭᠠᠭᠠ ᠪᠠᠷᠢᠯᠳᠠᠭᠰᠠᠨ 〔i〕 ᠠᠶᠠᠯᠭᠤ 〔ʅ〕 ᠪᠣᠯ ᠮᠣᠩᠭᠣᠯᠴᠤᠳ ᠤᠨ᠃

〔irəwə〕《ᠢᠷᠡᠪᠡ》ᠬᠡᠮᠡᠬᠦ ᠮᠡᠳᠦ ᠮᠣᠩᠭᠣᠯ ᠤᠨ ᠠᠮᠢᠨ ᠪᠡ 〔i〕 ᠠᠶᠠᠯᠭᠤ ᠮᠠᠲᠤ ᠪᠠᠢ᠌ᠨ 〔ji〕 ᠪᠣᠯ ᠮᠣᠳᠤ ᠠᠶᠠᠯᠭᠤ ᠮᠣᠩᠭᠣᠯ ᠤᠨ ᠠᠮᠢᠨ ᠤ ᠪᠠᠷᠢᠯᠳᠠᠭᠰᠠᠨ ᠪᠠᠢ᠌ᠨ ᠲᠣᠭᠠᠴᠠᠭᠠ ᠪᠣᠯᠤᠨ᠎ᠠ ᠪᠠ ᠰᠣᠯᠢᠭᠳᠠᠨ᠎ᠠ᠃ ᠵᠢᠰᠢᠶᠡᠯᠡᠪᠡᠯ: ᠬᠡᠮᠡᠬᠦ᠃

〔bariku〕 ᠪᠠᠷᠢᠬᠤ

〔amin〕 ᠠᠮᠢᠨ

ᠬᠡᠮᠡᠬᠦ ᠳᠤᠷ《ᠴ》ᠠᠶᠠᠯᠭᠤ ᠲᠤᠬᠠᠢ ᠵᠦᠢᠯᠪᠣᠯᠪᠠᠰᠤ ᠮᠣᠷᠢᠨ᠃ ᠵᠢᠰᠢᠶ᠎ᠡ:

〔ɢɯmusun〕 ᠬᠤᠮᠤᠰᠤ

〔qɯriku〕 ᠬᠤᠷᠢᠬᠤ

ᠶᠡᠮ ᠲᠥᠷᠦ ᠭᠣᠯᠯᠠᠭᠰᠠᠨ ᠭᠡᠢᠭᠦᠯᠦᠭᠴᠢ ᠭᠡᠬᠦ ᠳᠤ ᠲᠣᠭᠤᠳᠠᠯ ᠬᠡᠯᠡᠨ ᠦ ᠠᠶᠠᠯᠭᠤ ᠮᠠᠨ ᠲᠥᠷᠦᠯᠵᠢᠭᠰᠡᠨ ᠪᠠᠶᠢᠨ᠎ᠠ ᠲᠣᠭᠤᠳᠠᠯ ᠪᠣᠯᠤᠨ᠎ᠠ ::
ᠡᠭᠡᠰᠢᠭᠦᠳ᠂ ᠡᠭᠡᠰᠢᠭ ᠨᠢ 《ᠬᠣᠰᠢᠭᠤ》(〔tʉʃɯk〕)᠂《ᠡᠵᠡᠨ》(〔ɛʤɯl〕) ᠭᠡᠬᠦ ᠮᠡᠲᠦ ᠲᠣᠭᠤᠳ ᠳᠤ
ᠬᠤᠭᠤᠷᠤᠳᠤ ᠪᠣᠯᠤᠨ᠎ᠠ :: ᠪᠣᠭᠤᠨᠢᠵᠢᠭᠰᠠᠨ ᠬᠡᠯᠡᠨ ᠦ ᠲᠣᠭ᠎ᠠ ᠭᠡᠢᠭᠦᠯᠦᠭᠴᠢ ᠨᠢ 〔p〕᠂〔t〕᠂〔q〕 ᠬᠡᠪᠰᠢᠯᠳᠡᠬᠦ ᠡᠨᠡ ᠲᠣᠭᠤᠳᠠᠷ
ᠪᠣᠯ ᠬᠣᠶᠢᠳᠤ ᠲᠣᠭᠤᠳ ᠪᠣᠯᠤᠭᠰᠠᠨ ᠲᠣᠭᠤᠰᠬᠠᠯ ᠬᠣᠶᠠᠷ :: ᠵᠢᠱᠢᠶ᠎ᠡ :

〔pɯsədu〕 ᠪᠤᠰᠤᠳ

〔qɯdzə´əku〕 ᠬᠦᠵᠦᠭᠦ ᠲᠠᠶᠠᠭᠤ

〔tɯxɢa〕 ᠲᠤᠭᠤᠭ᠎ᠠ》::

ᠭᠡᠬᠦ :: ᠬᠣᠶᠢᠨᠠ᠂ ᠪᠣᠰᠤᠳ ᠭᠡᠢᠭᠦᠯᠦᠭᠴᠢ ᠬᠣᠶ ᠲᠣᠭᠤᠳᠠᠭᠤ ᠲᠣᠭᠤᠳᠠᠯ ᠭᠡᠢᠭᠦᠯᠦᠭᠴᠢ ᠪᠠᠶᠢᠭᠤᠯᠤᠭᠳᠠᠬᠤ ᠲᠣᠭᠤᠷ (ᠬᠣᠶᠢᠳᠤ ᠨᠢ
ᠡᠭᠡᠰᠢᠭ ᠲᠣᠭᠤᠷ ᠪᠣ 〔ɯi〕 ᠲᠣᠭᠤᠳᠠᠯ ᠭᠡᠢᠭᠦᠯᠦᠭᠴᠢ ᠬᠡᠭᠦ ᠲᠣᠭᠤᠷ ᠬᠤᠪᠢᠷᠠᠭᠤᠯᠤᠨ᠎ᠠ᠂ ᠡᠭᠡᠰᠢᠭᠲᠦ ᠪᠣᠯ᠂ 〔qɯʁɯi〕《ᠬᠤᠷᠠᠭᠤ》᠂
ᠶᠡᠮ ᠴ ᠪᠣᠯᠤᠨ ᠲᠠᠭᠤᠳᠠᠭᠠᠳ ᠬᠤᠷᠢᠶᠠᠭᠤ 〔qɯʁi〕 ᠭᠡᠬᠦ ᠮᠡᠲᠦ) :: ᠮᠣᠩᠭᠣᠯ ᠬᠡᠯᠡᠨ ᠦ ᠲᠣᠭᠤᠳᠠᠯ ᠨᠢ ᠶᠠᠭᠤᠮᠠᠨ ᠪᠠᠶᠢᠨ᠎ᠠ

96

ᠪᠠᠷᠢᠯᠳᠠᠭ᠋ᠤ ᠭᠡᠭᠡᠨ ᠡᠭᠡᠰᠢᠭ ᠢ ᠪᠠᠢᠭᠤᠯᠤᠨ᠎ᠠ ᠃
ᠪᠠᠢᠳᠠᠯ ᠡᠭᠡᠰᠢᠭ ᠦᠨ ᠪᠠᠢᠷᠢᠯᠠᠯ ᠳᠣᠲᠣᠷ᠎ᠠ ᠭᠡᠭᠡᠨ ᠭᠡᠳᠡᠭ ᠦ ᠨᠢ ᠬᠡᠰᠡᠭ ᠣᠷᠣᠰᠢᠯ ᠪᠠᠢᠳᠠᠯ ᠂ ᠪᠠᠢᠷᠢᠯᠠᠯ
ᠳᠠᠭᠤᠳᠠᠯᠭ᠎ᠠ ᠭᠡᠳᠡᠭ ᠦ ᠭᠡᠭᠡᠨ ᠡᠭᠡᠰᠢᠭ ᠂ ᠬᠣᠯᠪᠣᠭᠳᠠᠯ ᠡᠭᠡᠰᠢᠭ ᠪᠠᠢᠳᠠᠯ ᠳᠤ ᠬᠣᠰᠤᠭᠠᠳ ᠡᠭᠡᠰᠢᠭ ᠦᠨ ᠵᠢᠱᠢᠶ᠎ᠡ ᠃

(2) ᠬᠣᠰᠤᠭᠠᠳ ᠡᠭᠡᠰᠢᠭ

ᠵᠢᠱᠢᠶ᠎ᠡ ᠃

〔ə°si〕 ᠡᠰᠢ

〔baə°〕 ᠪᠠᠭᠤ

〔mau-ə°〕 ᠮᠠᠭᠤ

ᠡᠳᠡᠭᠡᠷ ᠳᠤ ᠬᠣᠯᠪᠣᠭᠳᠠᠯ ᠤᠨ ᠵᠢᠱᠢᠶ᠎ᠡ ᠃ ᠭᠡᠭᠡᠨ ᠢ ᠭᠡᠳᠡᠭ ᠦ ᠨᠢ ᠬᠣᠰᠤᠭᠠᠳ ᠡᠭᠡᠰᠢᠭ ᠦᠨ ᠪᠠᠢᠷᠢᠯᠠᠯ ᠳᠤ ᠭᠡᠭᠡᠨ ᠳᠤ ᠃ ᠵᠢᠱᠢᠶᠡᠯᠡᠪᠡᠯ :

ə° — ᠭᠡᠭᠡᠨ ᠬᠣᠰᠤᠭᠠᠳ ᠪᠠᠢᠳᠠᠯ ᠡᠭᠡᠰᠢᠭ ᠪᠣᠯᠤᠨ᠎ᠠ ᠃ ᠭᠡᠭᠡᠨ ᠭᠡᠳᠡᠭ ᠦ 《 ᠋ 》(ᠡᠭᠡᠰᠢᠭ) ᠭᠡᠭᠡᠨ ᠪᠠᠢᠳᠠᠯ ᠤᠨ

ᠡᠨᠡ ᠪᠠᠢᠳᠠᠯ ᠲᠠᠢ ᠪᠣᠯᠤᠨ᠎ᠠ ᠃

ᠪᠠᠢᠷᠢᠯᠠᠯ ᠂ ᠳᠠᠭᠤᠳᠠᠯᠭ᠎ᠠ ᠭᠡᠭᠡᠨ ᠦ 〔m〕 ᠡᠭᠡᠰᠢᠭ ᠢ 〔a〕 ᠂ 〔u〕 ᠬᠣᠶᠠᠷ ᠡᠭᠡᠰᠢᠭ ᠬᠣᠯᠪᠣᠵᠤ ᠪᠠᠢᠭᠤᠯᠤᠨ᠎ᠠ

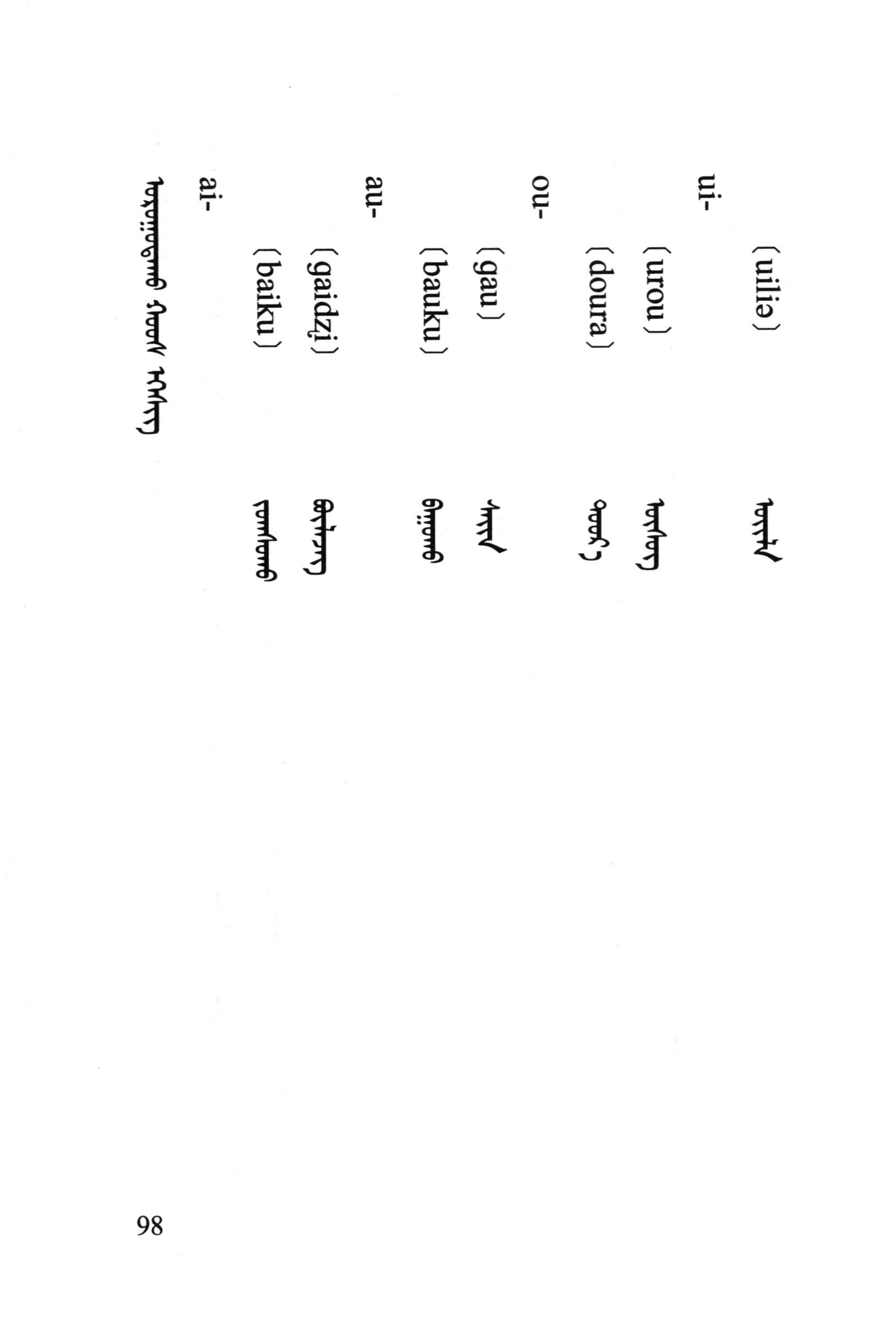

ai-

〔baiku〕

〔gaidẓi〕

au-

〔bauku〕

〔gau〕

ou-

〔doura〕

〔urou〕

ui-

〔uilie〕

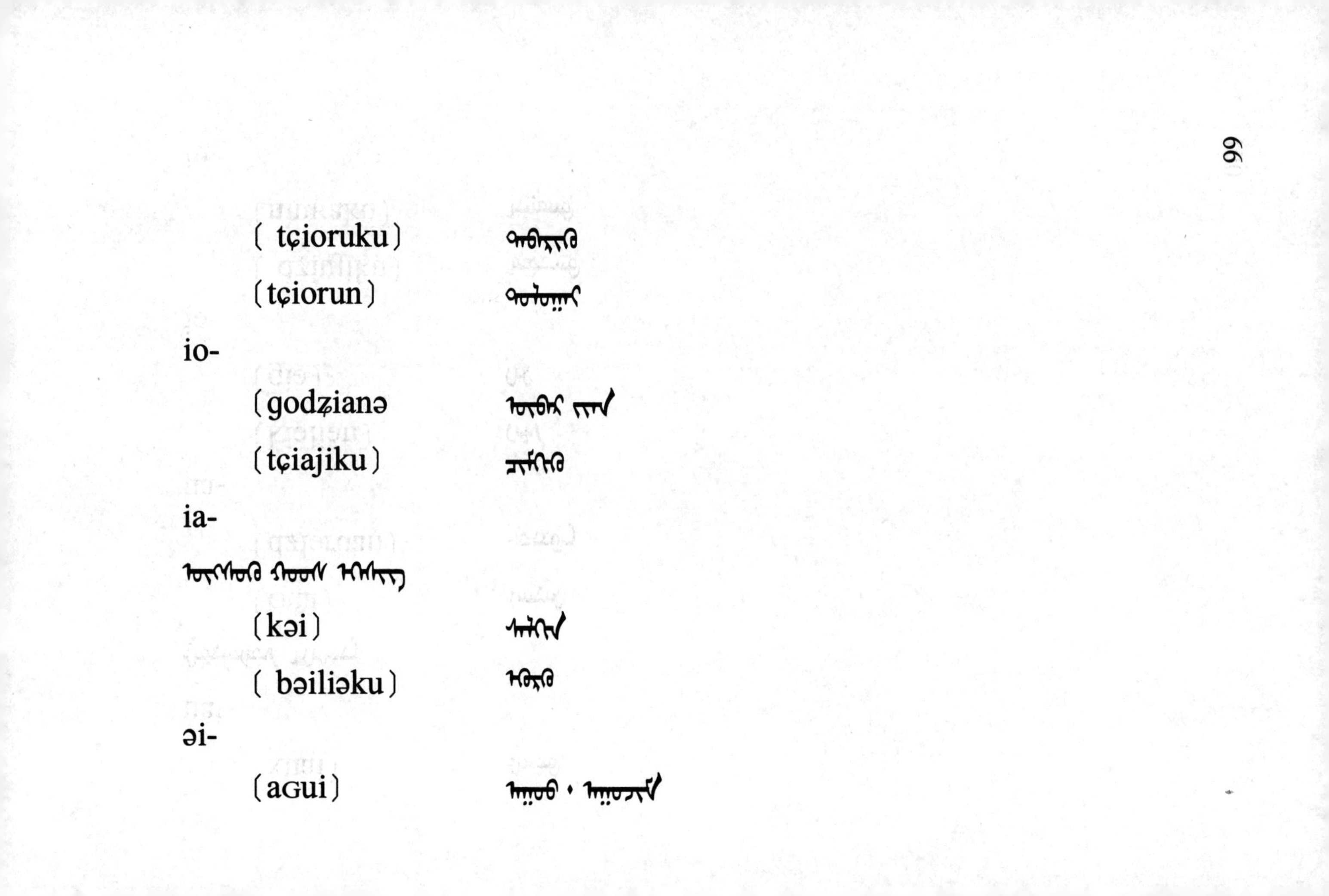

〔 tɕioruku 〕 [illegible]

〔tɕiorun〕 [illegible]

io-

〔godʑianə [illegible]

〔tɕiajiku〕 [illegible]

ia-

[illegible]

〔kəi〕 [illegible]

〔 bəiliəku〕 [illegible]

əi-

〔aɢui〕 [illegible]

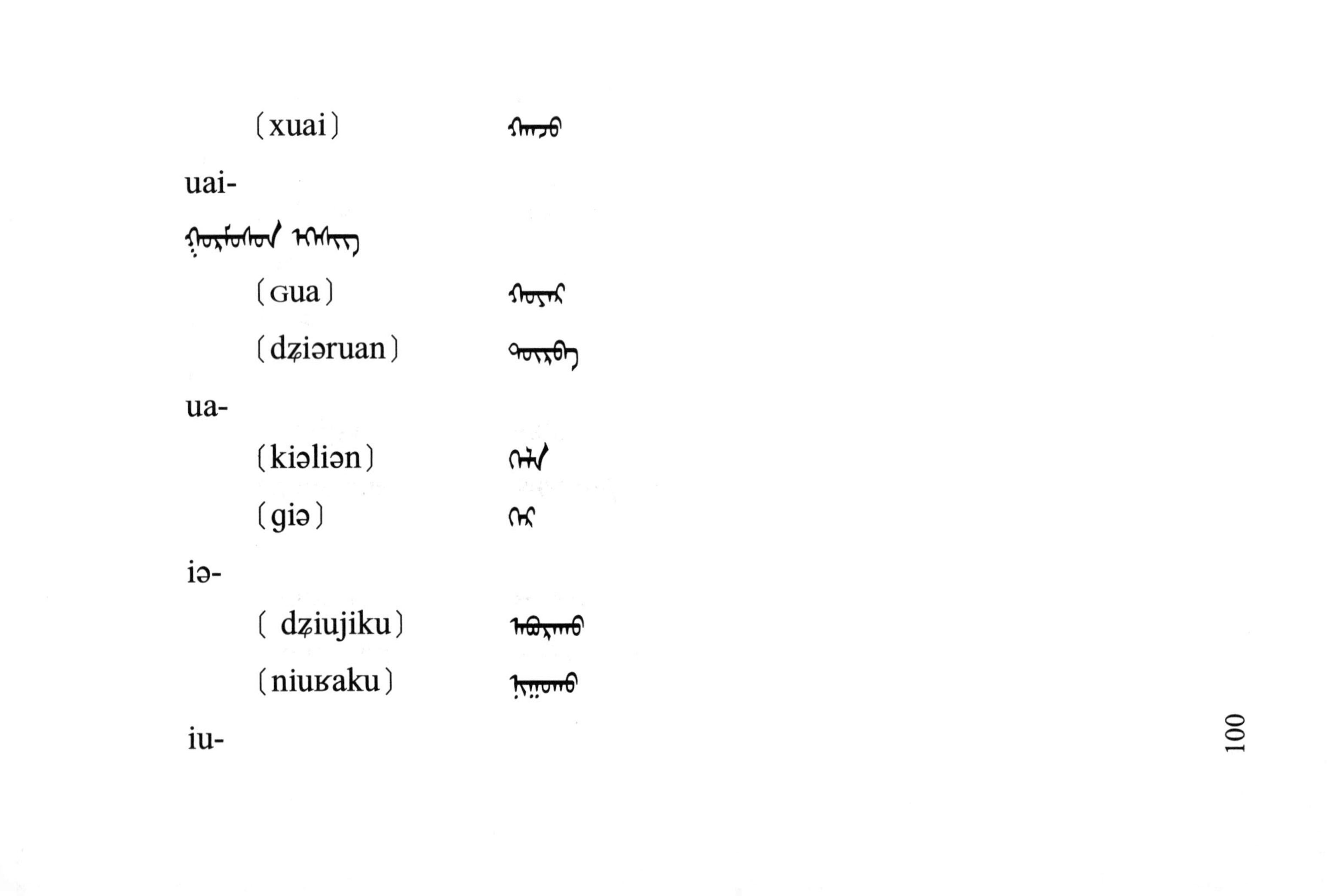

〔xuai〕

uai-

〔Gua〕

〔dʑiəruan〕

ua-

〔kiəliən〕

〔giə〕

iə-

〔 dʑiujiku〕

〔niuʁaku〕

iu-

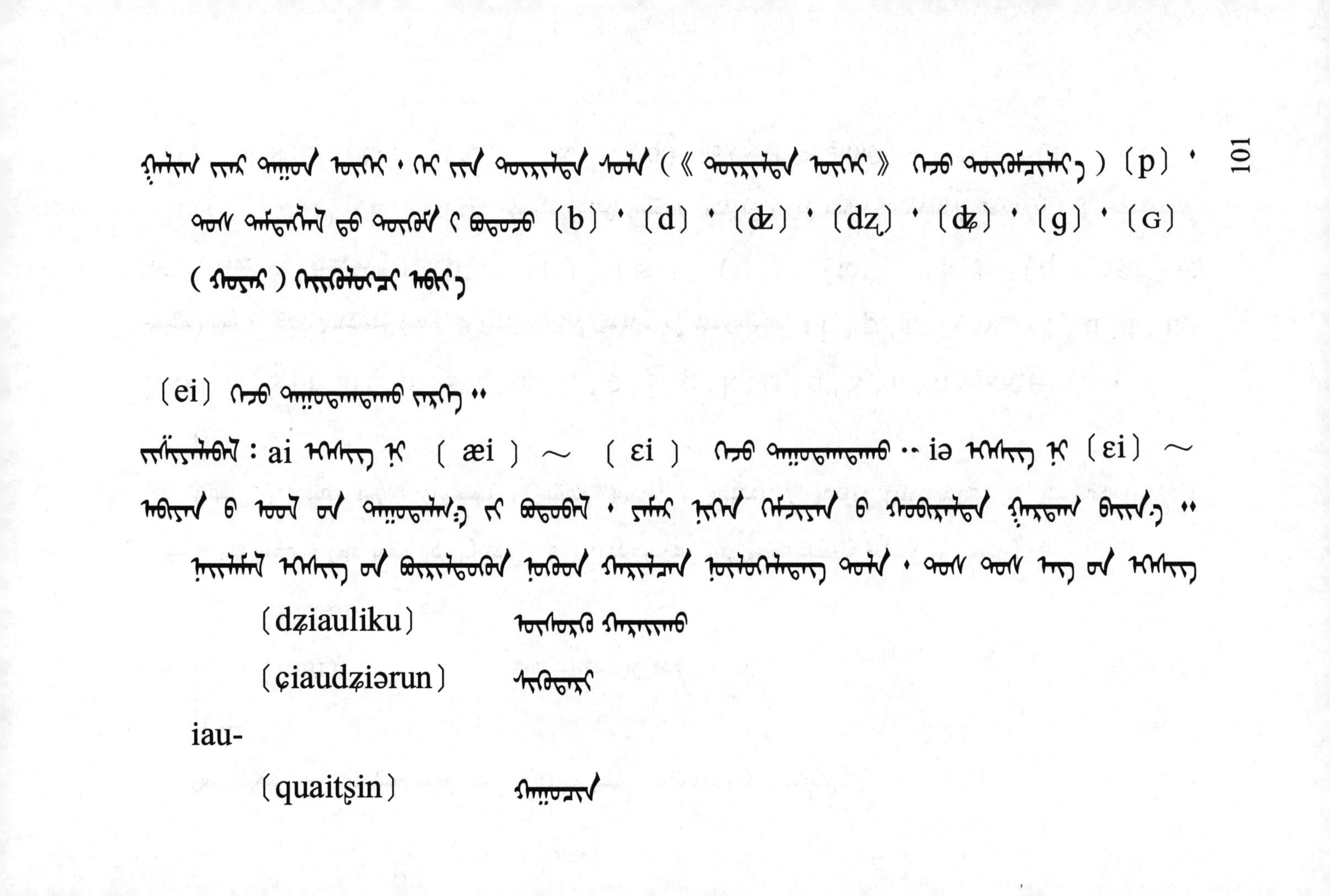

[illegible] ·[illegible] (《[illegible]》 [illegible]) (p) · [illegible] (b) · (d) · (ʣ) · (dʐ) · (ʥ) · (g) · (ɢ) ([illegible]) [illegible]

(ei) [illegible] ∶

[illegible] : ai [illegible] (æi) ～ (εi) [illegible] ∶ iə [illegible] (εi) ～ [illegible] · [illegible] ∶ [illegible] · [illegible]

(dʑiauliku) [illegible]

(ɕiaudʑiərun) [illegible]

iau-

(quaitʂin) [illegible]

ᠳᠠᠭᠤᠳᠠᠭᠳᠠᠨ᠎ᠠ ᠪᠠᠷ ᠪᠠᠭᠠᠰᠬᠠᠨ ᠬᠠᠭᠠᠰ ᠬᠠᠨ〔b〕ᠭᠡᠨ᠎ᠡ ᠭᠡᠯᠦᠯᠦᠭᠳᠡᠨ᠎ᠡ᠃ ᠵᠢᠱᠢᠶ᠎ᠡ:

p —

〔ban〕 ᠪᠠᠨ — ᠬᠠᠭᠠᠰ ᠬᠠᠨ

〔biʤən〕 ᠪᠢᠵᠢᠨ

《ᠪᠠᠨ》·《ᠪᠢᠵᠢᠨ》 ᠬᠣᠶᠠᠷ ᠦᠭᠡᠨ ᠦ ᠡᠬᠢᠨ ᠳᠦ ᠪᠠᠢᠭᠠ 《ᠪ》 ᠭᠡᠪᠰᠡᠭᠦᠯᠡᠭᠴᠢ ᠪᠠᠷ ᠲᠡᠮᠳᠡᠭᠯᠡᠭᠰᠡᠨ ᠳᠠᠭᠤ ᠢ᠃ ᠵᠢᠱᠢᠶ᠎ᠡ:

ᠵᠢᠱᠢᠶᠡᠯᠡᠪᠡᠯ ᠬᠠᠮᠠᠷ ᠤᠨ ᠡᠭᠦᠰᠦᠯ · ᠵᠢᠭᠠᠯᠳᠤᠭ᠎ᠠ · ᠳᠣᠣᠷᠠᠳᠤ ᠤᠷᠤᠯ · ᠬᠡᠯᠡ ᠶᠢᠨ · ᠳᠠᠭᠤᠳᠠᠭᠳᠠᠨ᠎ᠠ ᠬᠡᠯᠡ ᠭᠡᠪᠰᠡᠭᠦᠯᠡᠭᠴᠢ ᠃ ᠬᠡᠯᠡᠨ ᠳᠣᠣᠷ᠎ᠠ ᠬᠠᠮᠠᠷ ᠪ

b —

l · ʤ · ts · s · r · dʐ · tʂ · ʂ · ʐ · ʥ · tɕ · ɕ · j · g · k · ɢ · q · x · ʁ · h ᠬᠡᠯᠡᠬᠦ ᠪᠣᠯᠤᠨ᠎ᠠ᠃

ᠰᠢᠨᠵᠢᠯᠡᠪᠡᠯ ᠃ ᠬᠠᠮᠲᠤ ᠳᠠᠭᠤᠳᠠᠭᠳᠠᠬᠤ ᠬᠠᠮᠠᠷ ᠪ ᠭᠡᠪᠰᠡᠭᠦᠯᠡᠭᠴᠢ ᠬᠣᠶᠠᠷ ᠲᠤ ᠬᠠᠷᠢᠴᠠᠭᠤᠯᠪᠠᠯ : b · p · m ·(w)· f · d · t · n ·

ᠪᠠᠷ 》 ᠭᠠᠳᠠᠭᠤ ᠲᠡᠮᠳᠡᠭᠯᠡᠭᠡᠳ) 〔p‘〕 〔t‘〕 〔ts‘〕 〔tʂ‘〕 〔tɕ‘〕 〔k‘〕 〔q‘〕 ᠬᠣᠶᠠᠷ ᠲᠤ ᠨᠢ

〔tʂ〕 · 〔tɕ〕 · 〔k〕 · 〔q〕 ᠵᠢᠷᠭᠤᠭ᠎ᠠ ᠬᠠᠭᠠᠰ ᠳᠣᠣᠷᠠᠳᠤ ᠬᠡᠯᠡᠨ · ᠪᠠᠷ ᠬᠠᠨ ᠳᠠᠭᠤᠳᠠᠭᠳᠠᠨ᠎ᠠ ᠲᠡᠳᠡᠭᠡᠷ (《 ᠳᠠᠭᠤᠳᠠᠭᠳᠠᠨ᠎ᠠ

〔t〕 · 〔ts〕 · 〔tʂ〕 · 〔tɕ〕 · 〔k〕 〔q〕 ᠬᠣᠶᠠᠷ ᠲᠤ ᠨᠢ ᠰᠢᠨᠵᠢᠯᠡᠪᠡᠯ ·· 〔p〕 · 〔t〕 · 〔ts〕 ·

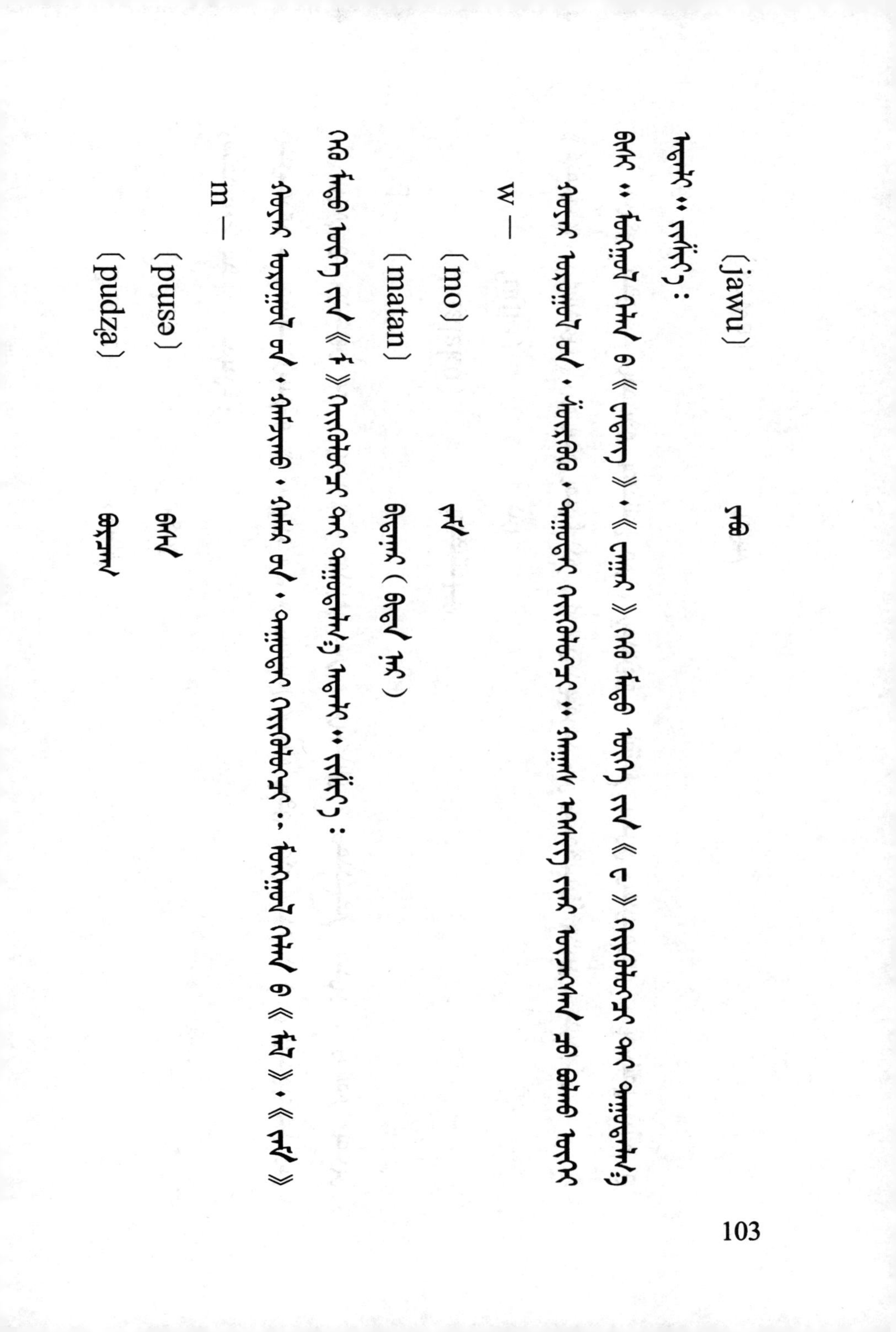

(jawu) [illegible]

[illegible]

[illegible]

w —

(mo) [illegible]

(matan) [illegible]

[illegible]

m —

(pɯsə) [illegible]

(pudẓa) [illegible]

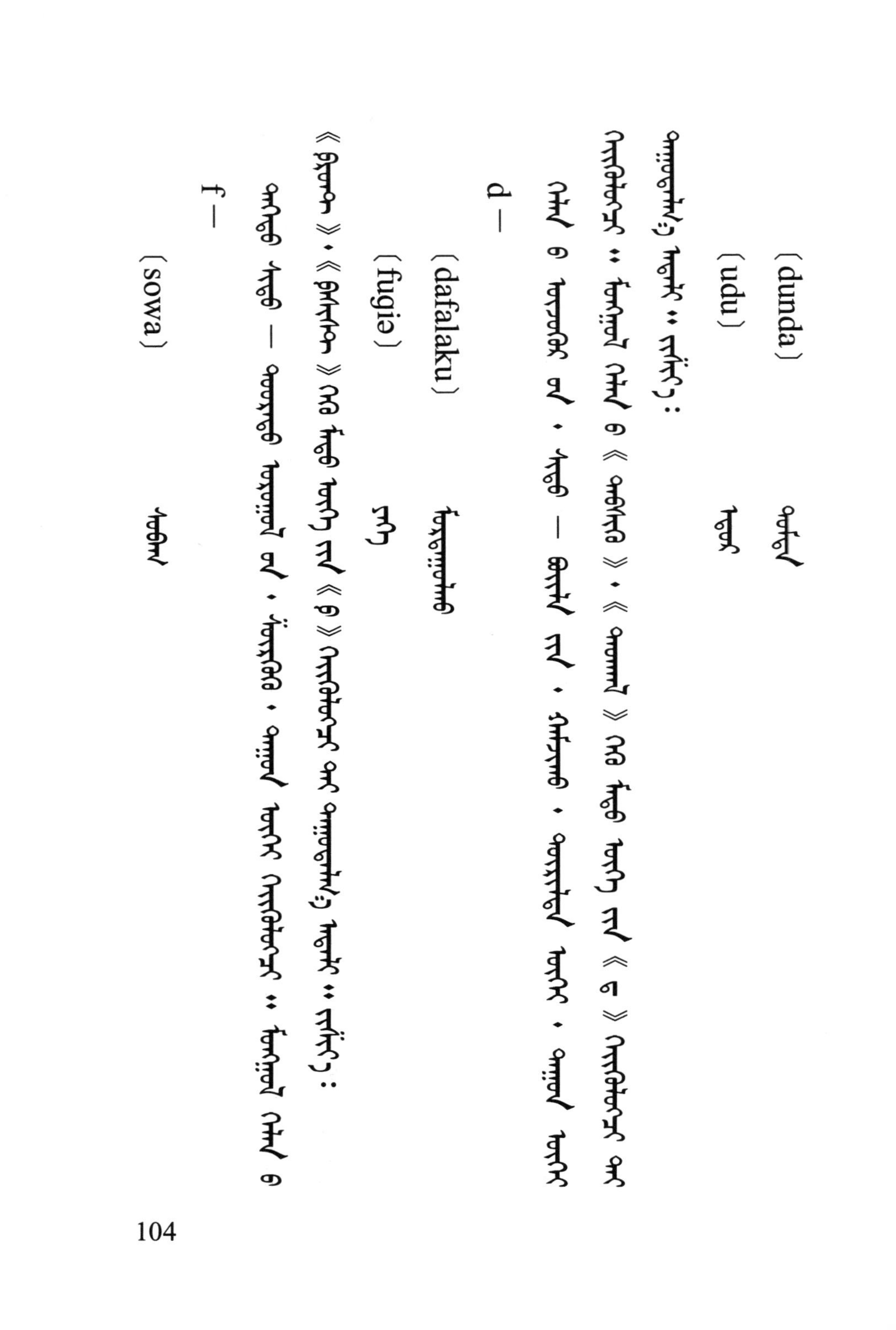

〔dunda〕　ᡩᡠᠨᡩᠠ

〔udu〕　ᡠᡩᡠ

d —

〔dafalaku〕　ᡩᠠᡶᠠᠯᠠᡴᡠ

〔fugiə〕　ᡶᡠᡤᡳᠶᡝ

f —

〔sowa〕　ᠰᠣᠸᠠ

ᠲᠤᠰ ᠭᠡᠢᠭᠦᠯᠦᠭᠴᠢ ᠶᠢᠨ ᠡᠮᠦᠨ᠎ᠡ ᠬᠢ ᠳᠤᠭᠤᠳᠠᠯᠭ᠎ᠠ ᠶᠢᠨ ᠬᠣᠪᠢᠷᠠᠯ ᠢ ᠲᠤᠰᠬᠠᠢ ᠲᠡᠮᠳᠡᠭᠯᠡᠬᠦ ᠬᠡᠷᠡᠭᠳᠡᠢ ᠪᠠᠢᠨ᠎ᠠ ᠃ 〔i〕 ᠡᠭᠡᠰᠢᠭ ᠲᠠᠢ

〔i〕 ᠪᠣᠯ ᠬᠣᠯᠪᠣᠭᠳᠠᠭᠰᠠᠨ ᠦᠶ᠎ᠡ ᠳᠦ 〔d〕 ᠭᠡᠢᠭᠦᠯᠦᠭᠴᠢ ᠳᠠᠭᠤ ᠲᠠᠢ ᠪᠣᠯᠤᠨ᠎ᠠ ᠃

ᠬᠡᠯᠡᠪᠡᠯ ᠬᠠᠨᠵᠤ ᠂ ᠬᠢᠳᠠᠳ ᠬᠡᠯᠡᠨ ᠦ ᠤᠷᠤᠭᠤᠯᠵᠤ ᠪᠢᠴᠢᠬᠦ ᠳᠦ di ' diu ' die ' diao ᠭᠡᠳᠡᠭ ᠢ 〔dʑi〕 '

〔dʑiu〕 ' 〔dʑiə〕 ' 〔dʑiau〕 ᠪᠣᠯ ᠳᠠᠭᠤᠳᠠᠭᠳᠠᠨ᠎ᠠ ᠭᠡᠵᠡᠢ ᠃

t —

ᠲᠡᠮᠳᠡᠭᠯᠡᠭᠰᠡᠨ ᠪᠡᠷ 〔d〕 ᠳᠠᠭᠤ ᠪᠣᠯᠭᠠᠨ᠎ᠠ ᠃ ᠵᠢᠱᠢᠶᠡᠯᠡᠪᠡᠯ ᠦ 《 ᠲᠠᠶᠠ 》 '

《 ᠬᠤᠲᠤᠭ᠎ᠠ 》 ᠶᠢᠨ ᠡᠬᠢᠨ ᠦ 《 ᠲ 》 ᠭᠡᠢᠭᠦᠯᠦᠭᠴᠢ ᠪᠡᠷ ᠳᠠᠭᠤᠳᠠᠭᠳᠠᠨ᠎ᠠ ᠃ ᠵᠢᠱᠢᠶ᠎ᠡ ：

〔taja〕 ᠲᠠᠶᠠ

〔qutoʁo〕 ᠬᠤᠲᠤᠭ᠎ᠠ

〔i〕 ᠲᠠᠢ 〔i〕 ᠪᠣᠯ ᠬᠣᠯᠪᠣᠭᠳᠠᠭᠰᠠᠨ ᠦᠶ᠎ᠡ ᠳᠦ 〔t〕 ᠭᠡᠢᠭᠦᠯᠦᠭᠴᠢ ᠳᠠᠭᠤ ᠠᠪᠢᠶᠠᠨ

ᠲᠣᠳᠣᠷᠬᠠᠢ ᠂ ᠬᠡᠯᠡᠪᠡᠯ ᠬᠠᠨᠵᠤ ᠂ ᠬᠢᠳᠠᠳ ᠬᠡᠯᠡᠨ ᠦ ᠤᠷᠤᠭᠤᠯᠵᠤ ᠪᠢᠴᠢᠬᠦ ᠳᠦ ti ' tiau ' tiə ᠭᠡᠳᠡᠭ ᠢ 〔tɕi〕 '

〔tɕiau〕 〔tɕiə〕 ᠪᠣᠯ ᠳᠠᠭᠤᠳᠠᠭᠳᠠᠨ᠎ᠠ ᠭᠡᠵᠡᠢ ᠃

ᠭᠡᠵᠦ ᠲᠣᠭᠠᠪᠠ ::

— ᠬᠣᠶᠠᠷ ᠢ 〔aŋtaŋ〕 ᠪᠣᠯᠤ 〔ãtã〕 ᠭᠡᠵᠦ · 〔naran〕 — ᠬᠣᠶᠠᠷ ᠢ 〔naraŋ〕 ᠪᠣᠯᠤ 〔narã〕

〔antan〕 ᠠᠯᠲᠠᠨ

ᠬᠡᠯᠡᠯᠭᠡᠨ ᠳᠦ ᠮᠠᠰᠢ ᠪᠠᠶᠢᠬᠤ ᠬᠡᠯᠪᠡᠷᠢ ᠪᠠᠢ᠌ᠨ᠎ᠠ :: ᠵᠢᠱᠢᠶᠡᠯᠡᠪᠡᠯ :

ᠣᠶᠢᠷᠠᠳᠤᠯᠠᠯ 〔n〕 ᠶᠢᠨ ᠬᠠᠮᠠᠷᠢᠯᠠᠬᠤ ᠶᠢᠨ ᠪᠣᠯᠤᠭᠰᠠᠨ ᠬᠡᠯᠪᠡᠷᠢ ᠶᠢ ᠰᠣᠨᠤᠰᠤᠯᠠᠭᠰᠠᠨ ᠬᠣᠶᠠᠷ ᠪᠠᠢ᠌ᠬᠤ ᠶᠡᠬᠡᠨ ᠬᠡᠯᠪᠡᠷᠢ ᠭᠡᠪᠡ

ᠪᠣᠯᠤᠨ᠎ᠠ :: ᠨᠢᠭᠡ ᠮᠥᠷᠢ ᠮᠥᠩᠭᠡᠨ ᠬᠣᠶᠠᠷ ᠶᠢᠨ ᠪᠠᠷᠢᠮᠲᠠ ᠰᠣᠨᠤᠰᠬᠠᠭᠳᠠᠭᠰᠠᠨ :: ᠮᠠᠰᠢ ᠨᠢᠭᠡ · ᠣᠶᠢᠷᠠᠳᠤᠯ ᠳᠤ

ᠣᠶᠢᠷᠠᠳᠤᠯ ᠳᠤ ᠪᠠᠢ᠌ᠬᠤ ᠬᠡᠯᠪᠡᠷᠢ ᠶᠢᠨ ᠮᠡᠳᠡᠭᠡ ᠳᠡ 〔n〕 ᠪᠡᠷ ᠶᠡᠬᠡ ᠰᠣᠯᠢᠭᠳᠠᠭᠰᠠᠨ ᠬᠡᠯᠪᠡᠷᠢ 〔ŋ〕 ᠮᠥᠷᠢ ᠶᠢ ᠣᠶᠢᠷᠠᠳᠤᠯ

〔sanaku〕 ᠰᠠᠨᠠᠬᠤ

〔naran〕 ᠨᠠᠷᠠᠨ

《ᠨᠠᠷᠠᠨ》·《ᠰᠠᠨ᠎ᠠ》ᠭᠡᠵᠦ ᠲᠣᠭᠠᠪᠠ ᠬᠡᠯᠪᠡᠷᠢ ᠶᠢᠨ《ᠨ》ᠭᠡᠭᠡᠭᠳᠡᠬᠦ ᠣᠷᠣ ᠣᠷᠣᠯᠠᠭᠤᠯᠤᠨ ᠮᠡᠳᠡᠨ᠎ᠡ :: ᠵᠢᠱᠢᠶᠡᠯᠡᠪᠡᠯ :

ᠭᠠᠯᠠᠨ ᠤ ᠬᠡᠯᠪᠡᠷᠢ — ᠪᠠᠢ᠌ᠭᠠᠯ ᠤ · ᠰᠠᠨᠠᠭᠠᠪᠠ · ᠰᠠᠨᠠᠬᠤ ᠶᠢᠨ · ᠣᠷᠣᠭᠤᠯᠬᠤ ᠭᠡᠭᠡᠭᠳᠡᠬᠦ :: ᠲᠣᠭᠠᠴᠠᠭᠠᠨ ᠭᠠᠯᠠᠨ ᠤ

n —

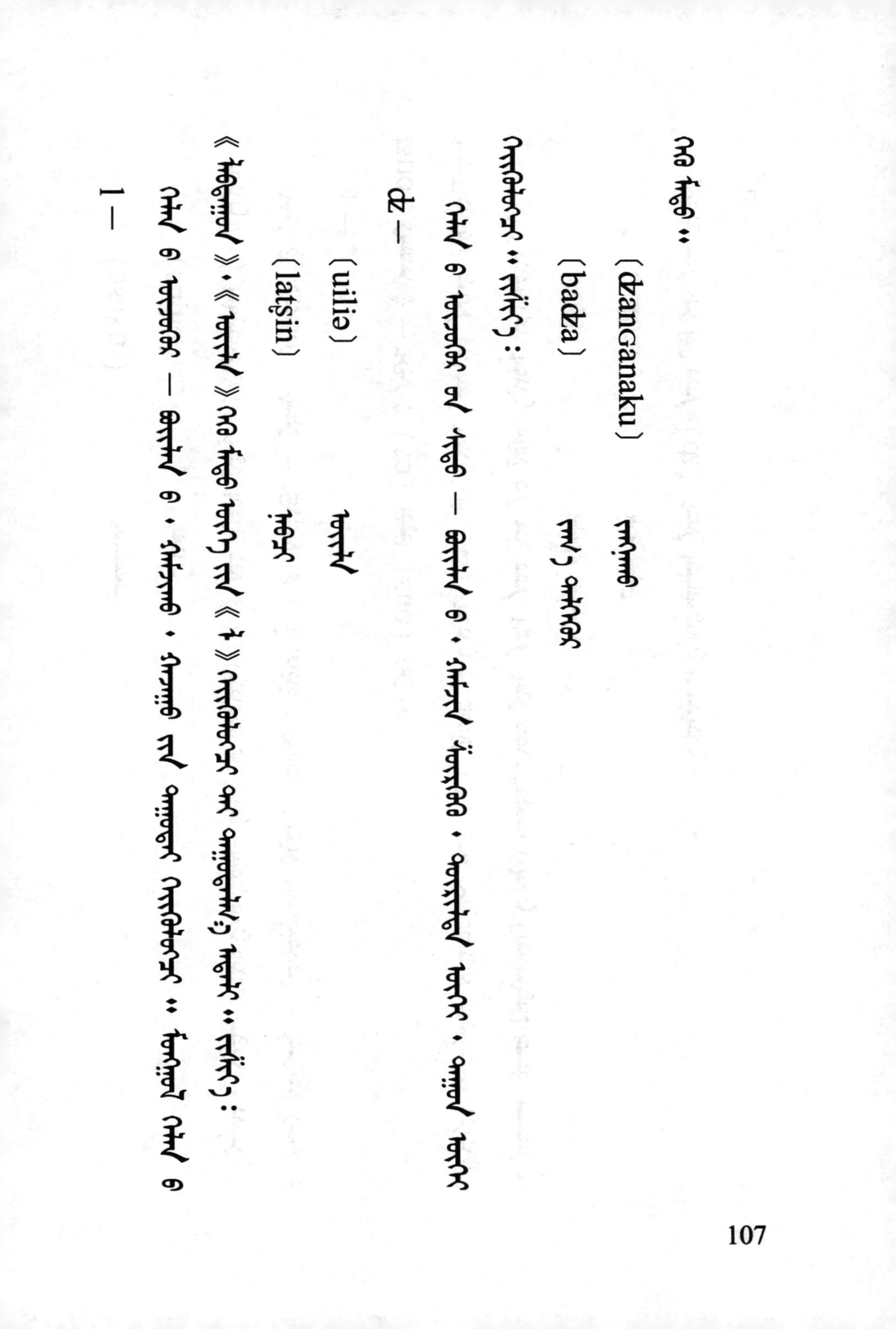

（dʑanGanaku）　　ᡠᠵᡳᡥᠠ

（badʑa）　　ᠪᠠᠨᠵᡳ ᡠᡴᠰᠠᠨ

dʑ—

（uiliə）　　ᠸᡝᡳᠯᡝ

（latʂin）　　ᠯᠠᠪᠰᡳ

l—

〔asaku 〕　　　ᠰᠠᠰᡠᡴᡡ

〔sugiə〕　　　ᠰᡠᡤᡳᠶᡝ

s —

tsuo《ᠴᡠᠸᡠᠰᡝ》— ᠰᡝᠮᠪᡳ ᠴ〔so〕ᠪᠠᡳ〔suo〕ᠴᡳ ··

ᠰᡠᡩᡝᠯᡝᡥᡝᠩᡤᡝ ᠪᠠᡥᠠᠨ ᡳᠮᠠᡥᡝ ᠰᡠᡩᡝᠨ ᠪᡝ〔ts〕ᠰᡝᠮᠪᡳ ᡳ ᡝᠮᡝᠨ〔s〕ᡳᠨᡳ ᡠᠮᡝᠰᡳᠨ ᠪᡳᡥᡝᡳ ·· ᡩᠠᡥᠠᡵᡳ :

〔tsoşi〕　　　ᠰᡝᠮᡝ ᡤᡳᠰᡠᠨ

〔tsailiau〕　　　ᠰᠠᡳᠯᡳᠶᠠᡠ

ᡠᠮᡝᠰᡳᠪᡝ ᡠᡵᡝ ᠪᡝᡵᡝ ᡳᠨᡳ〔dz〕ᠰᡝᠨ ᠰᡝᠮᡝᠪᡠᡥᡝᠩᡤᡝ ·· ᡩᠠᡥᠠᡵᡳ :

ts —

(dz)·(tṣ)·(ṣ) ᠮᠡᠲᠦ ᠶᠢᠨ ᠬᠠᠷᠢ ᠬᠡᠯᠡᠨ ᠦ ᠦᠭᠡ ᠶᠢ ᠪᠢᠴᠢᠬᠦ ᠳᠤ ᠬᠡᠷᠡᠭᠯᠡᠭᠳᠡᠨ᠎ᠡ) ᠬᠡᠷᠡᠭᠯᠡᠭᠳᠡᠳᠡᠭ ᠪᠠᠢ᠌ᠨ᠎ᠠ ᠄ ᠵᠢᠱᠢᠶ᠎ᠡ ᠨᠢ :

ᠬᠡᠯᠡᠭᠳᠡᠭᠦᠨ) ᠂ ᠳᠡᠭᠡᠷ᠎ᠡ ᠲᠠᠯ᠎ᠠ ᠳᠤ (z) ᠶᠢᠨ ᠲᠡᠮᠳᠡᠭᠯᠡᠯ (ᠵᠠᠭ᠎ᠠ ᠳᠤ ᠳᠠᠭᠤ ᠪᠠᠷ ᠬᠡᠯᠡᠭᠳᠡᠭᠦᠨ ᠵᠠᠩᠭᠢ

ᠳᠠᠭᠤᠳᠠᠭᠳᠠᠬᠤ ᠦᠭᠡ ᠶᠢᠨ ᠳᠤ (r) ᠭᠡᠭᠡᠨᠰᠢᠭᠦ ᠪᠠᠷ ᠡᠬᠢᠯᠡᠬᠦ ᠦᠭᠡ ᠪᠣᠯᠤᠨ᠎ᠠ ᠶᠢ ᠬᠡᠯᠡᠪᠡᠯ (ᠪᠣᠯᠤᠨ᠎ᠠ ᠨᠢ ᠬᠡᠯᠡᠨ

(mori) ᠮᠣᠷᠢ

(qara) ᠬᠠᠷ᠎ᠠ

r —

ᠪᠣᠯᠤᠨ᠎ᠠ ᠄ ᠵᠢᠱᠢᠶᠡᠯᠡᠪᠡᠯ ᠂ ᠬᠡᠯᠡᠯᠭᠡᠨ ᠳᠦ 《ᠵᠠᠮ》(〔dzam〕)᠂《ᠡᠵᠡᠨ》(〔ədzən〕) ᠭᠡᠬᠦ ᠮᠡᠲᠦ ᠦᠭᠡ

ᠬᠡᠯᠡᠨ ᠦᠭᠡ ᠨᠢᠭᠤᠷ ᠣᠶᠢᠷᠠᠳᠤᠭᠤᠯᠤᠨ ᠬᠡᠯᠡᠬᠦ ᠳᠦ ᠲᠣᠭᠣᠷᠢᠯ ᠭᠠᠷᠭᠠᠨ ᠤ ᠳᠡᠭᠡᠷᠡ ᠬᠡᠯᠡᠨ ᠪᠣᠯᠪᠠᠰᠤ ᠡᠭᠰᠢᠭ ᠲᠦ

ᠵᠡᠷᠭᠡ ᠮᠡᠲᠦ ᠄

〔Gadza〕 ᠭᠠᠵᠠ

〔dzansun〕 ᠵᠠᠩᠰᠤᠨ

ᠪᠠᠭᠤᠷᠠᠬᠤ ᠡᠭᠰᠢᠭ ᠭᠡᠢᠭᠦᠯᠦᠭᠴᠢ ᠄ ᠵᠢᠱᠢᠶᠡᠯᠡᠪᠡᠯ ᠄

ᠭᠠᠵᠠᠷ ᠤ ᠡᠭᠰᠢᠭᠯᠡᠬᠦ ᠂ ᠭᠣᠣᠯᠴᠢᠭ ᠪᠠᠭᠤᠷᠠᠬᠤ ᠶᠢᠨ ᠬᠣᠷᠣᠭᠳᠠᠬᠤ ᠭᠠᠵᠠᠷ ᠲᠤ ᠂ ᠭᠡᠭᠡᠯᠬᠦ ᠡᠭᠰᠢᠭᠯᠡᠬᠦ ᠂ ᠪᠠᠭᠤᠷᠠᠭᠤᠯᠬᠤ ᠡᠭᠰᠢᠭ ᠂

dz̩ —

ᠡᠬᠢᠨ ᠪᠠᠭᠤᠷᠠᠭᠤᠯᠬᠤ ᠡᠭᠰᠢᠭ ᠦᠨ ᠵᠢᠱᠢᠶᠡ ᠪᠣᠯᠤᠨ᠎ᠠ ᠄

〔ṣiza〕 ᠭᠡᠬᠦ ᠂〔dzirun〕(《ᠵᠢᠷᠤᠨ》)ᠢ〔dzizun〕 ᠭᠡᠬᠦ ᠮᠡᠲᠦ ᠶ〔r〕 ᠡᠭᠰᠢᠭ ᠨᠢ〔z〕

ᠪᠣᠯᠤᠭᠰᠠᠨ ᠂ ᠵᠡᠷᠭᠡᠴᠡᠬᠦ ᠶᠢᠨ〔r〕ᠶ〔z〕ᠡᠬᠢᠨ ᠪᠠᠭᠤᠷᠠᠭᠤᠯᠬᠤ ᠄ ᠡᠬᠦᠨ〔ṣira〕(《ᠰᠢᠷ᠎ᠠ》)ᠨᠢ

quridzi irəku(《ᠬᠤᠷᠢᠵᠤ ᠢᠷᠡᠬᠦ》)ᠭᠡᠬᠦᠨ ᠢ qudzi zəku ᠭᠡᠬᠦ ᠄ ᠡᠭᠦᠨ ᠪᠠᠭᠤᠷᠠᠭᠤᠯᠬᠤ ᠶᠢᠨ〔r〕ᠶ

〔ʂida〕 ᠱᠢᠳᠦ

ᠵᠢᠱᠢᠶ᠎ᠡ:

ᠬᠡᠯᠡᠨ ᠦ ᠦᠵᠦᠭᠦᠷ᠂ ᠳᠡᠭᠡᠳᠦ ᠲᠠᠩᠯᠠᠢ ᠶᠢᠨ ᠡᠮᠦᠨ᠎ᠡ ᠬᠡᠰᠡᠭ ᠲᠦ᠂ ᠬᠠᠪᠴᠢᠭᠤ᠂ ᠪᠦᠭᠦᠯᠡᠭ ᠭᠠᠷᠭᠠᠨ᠎ᠠ::

ʂ —

ᠬᠠᠷᠢᠨ ᠬᠡᠯᠡ 〔tʂ〕 ᠭᠠᠷᠭᠠᠬᠤ ᠬᠠᠩᠭᠢᠷᠴᠠᠭ ᠠᠪᠢᠶ᠎ᠠ::

ᠬᠠᠷᠢᠨ ᠪᠢᠴᠢᠭ᠌ ᠵᠢᠱᠢᠶ᠎ᠡ:: ᠵᠢᠱᠢᠶᠡᠯᠡᠪᠡᠯ᠂ ᠴᠠᠰᠤᠨ ᠤ《ᠴᠠᠰᠤ》(〔tʂas〕)᠂《ᠴᠠᠭᠠᠨ》(〔tʂagan〕) ᠵᠡᠷᠭᠡ ᠦᠭᠡ

ᠶᠢᠨ ᠬᠡᠯᠡ ᠬᠡᠯᠡᠯᠭᠡᠨ ᠦ ᠬᠡᠯᠡᠯᠭᠡᠳᠡᠭᠦᠨ ᠭᠠᠷᠭᠠᠬᠤ ᠪᠠᠢᠳᠠᠯ ᠢ ᠬᠡᠯᠡᠯᠭᠡᠨ ᠦ ᠭᠠᠷᠤᠯ ᠪᠠᠢᠳᠠᠯ ᠬᠡᠯᠡᠯᠭᠡᠨ ᠳᠦ

〔tʂuduku〕 ᠴᠣᠬᠢᠬᠤ::

〔tʂiɢan〕 ᠴᠢᠭᠠᠨ

ᠪᠣᠯᠬᠤ ᠪᠠ ᠪᠣᠰᠤ ᠶᠢᠨ 〔dʐ〕 ᠭᠡᠵᠦ ᠪᠣᠯᠤᠨ᠎ᠠ:: ᠵᠢᠱᠢᠶ᠎ᠡ:

tʂ —

〔dʐ〕 ᠭᠠᠷᠭᠠᠬᠤ ᠬᠠᠩᠭᠢᠷᠴᠠᠭ ᠠᠪᠢᠶ᠎ᠠ::

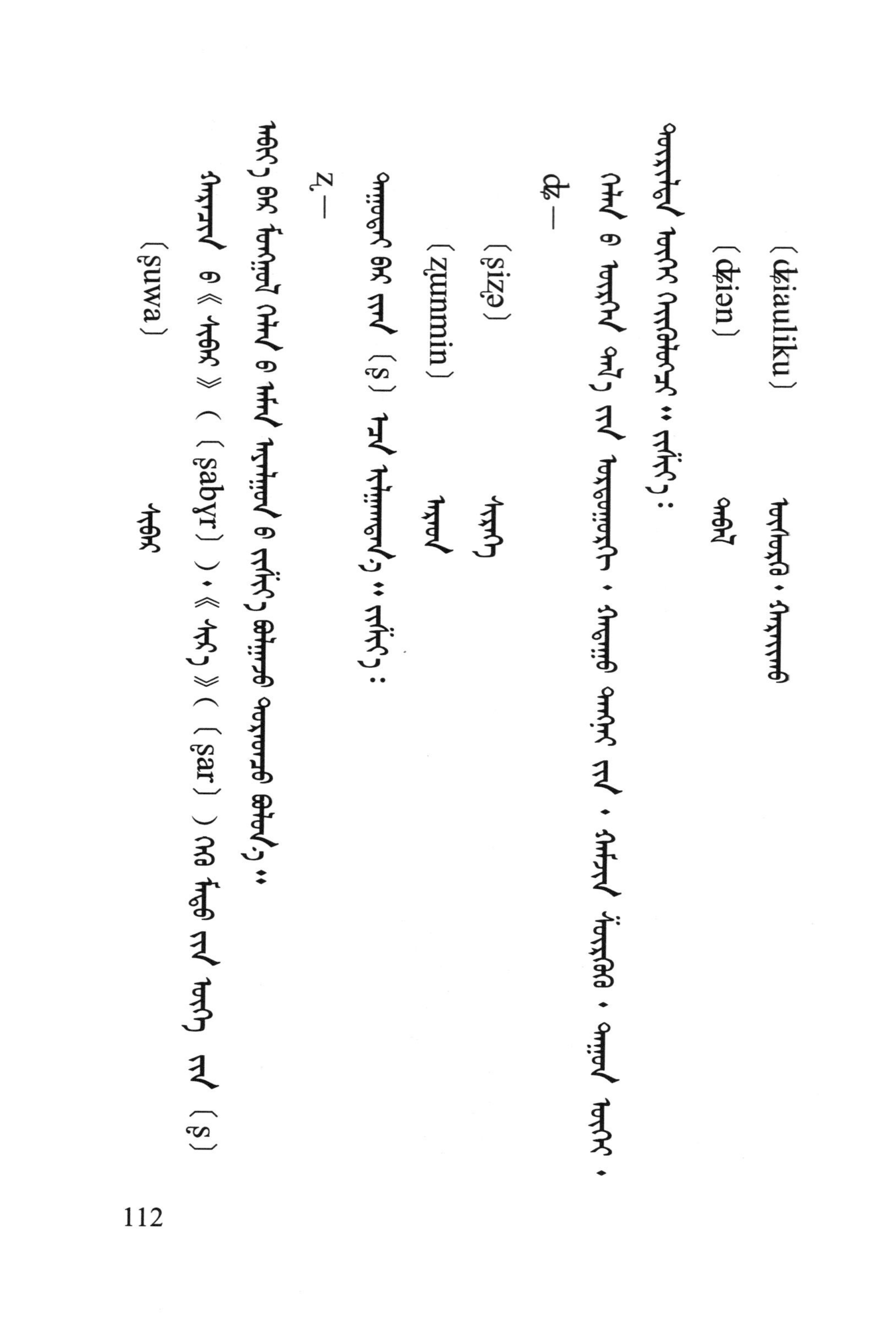

{ʤiauliku} [illegible]

{ʤiən} [illegible]

[illegible]

[illegible]

ʤ—

{şizə} [illegible]

{zụmmin} [illegible]

[illegible] {ş} [illegible]

z—

[illegible]

[illegible] 《[illegible]》（{şabyr}）、《[illegible]》（{şar}）[illegible] {ş}

{şuwa} [illegible]

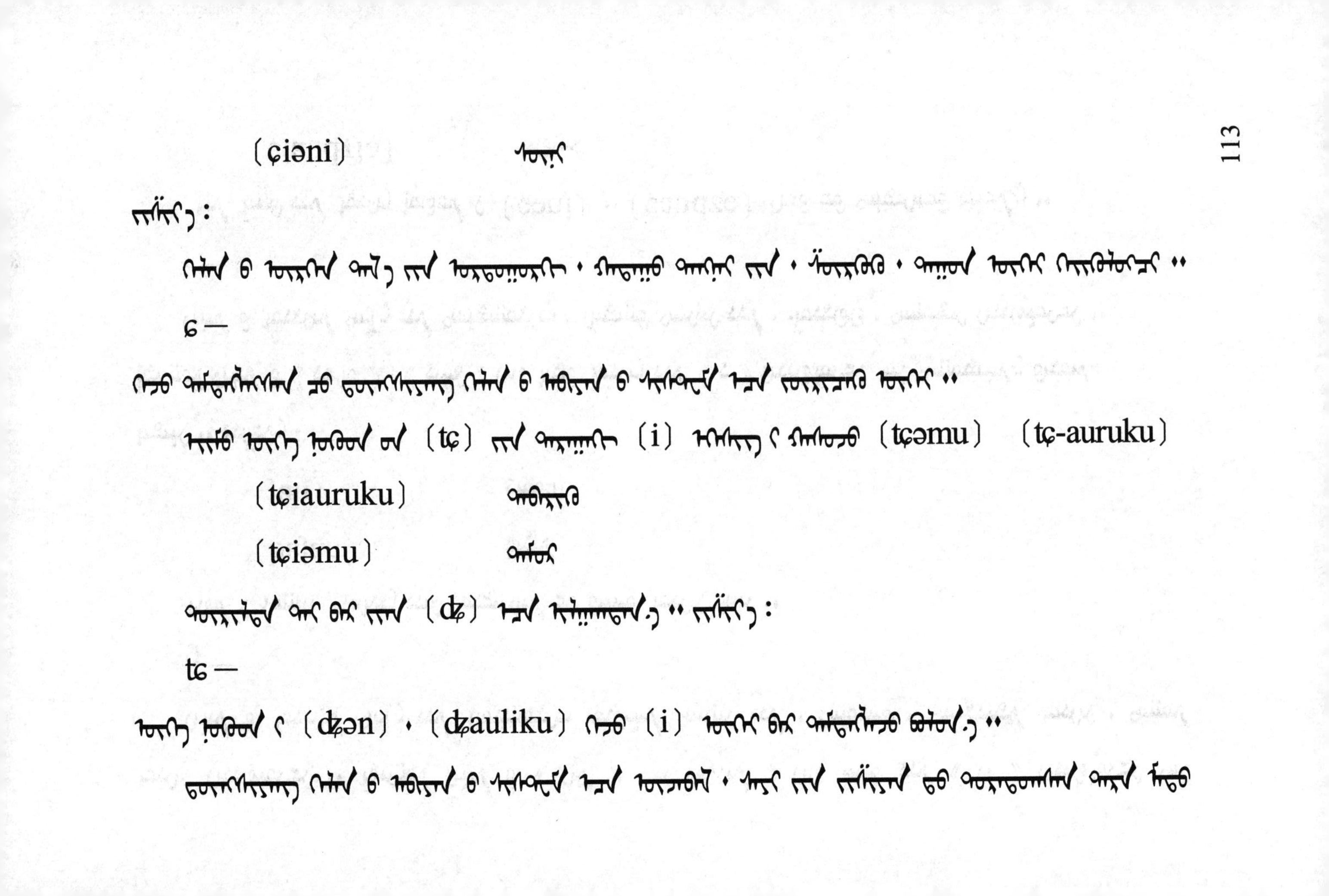

〔ɕiəni〕 [illegible]

[illegible]:

[illegible] · [illegible] · [illegible] · [illegible] ··

ɕ —

[illegible] ··

[illegible] 〔tɕ〕 [illegible] 〔i〕 [illegible] 〔tɕəmu〕 〔tɕ-auruku〕

〔tɕiauruku〕 [illegible]

〔tɕiəmu〕 [illegible]

[illegible] 〔dʑ〕 [illegible] ·· [illegible]:

tɕ —

[illegible] 〔dʑən〕 · 〔dʑauliku〕 [illegible] 〔i〕 [illegible] ··

[illegible] · [illegible]

ᠮᠡᠳᠡᠭ ᠬᠡᠷᠡᠭᠯᠡᠭᠳᠡᠳᠡᠭ ᠄ ᠮᠣᠩᠭᠣᠯ ᠬᠡᠯᠡᠨ ᠦ 《ᠭᠠᠷ》᠂《ᠭᠡᠷᠡᠯ》 ᠭᠡᠬᠦ ᠮᠡᠲᠦ ᠦᠭᠡᠨ ᠳᠦ 《ᠭ》 ᠬᠡᠷᠡᠭᠯᠡᠭᠳᠡᠳᠡᠭ ᠪᠠ
ᠬᠡᠯᠡᠨ ᠦ ᠮᠠᠰᠢ ᠣᠯᠠᠨ ᠳᠤ ᠵᠣᠬᠢᠴᠠᠭᠤᠯᠤᠯᠲᠠ ᠬᠡᠯᠪᠡᠷᠢ ᠪᠠᠢᠳᠠᠭ ᠳᠤ ᠂ ᠵᠢᠱᠢᠶᠡᠯᠡᠪᠡᠯ ᠂ ᠪᠠᠭᠠᠵᠢᠶᠠᠨ ᠮᠡᠳᠡᠭ ᠂ ᠪᠠᠶᠠᠨ

g —

ᠶᠠᠭᠤᠨ ᠤ ᠳᠣᠣᠷᠠᠬᠢ ᠶᠢᠰᠦᠨ ᠬᠡᠯᠪᠡᠷᠢ ᠬᠡᠷᠡᠭᠯᠡᠭᠳᠡᠯ ᠲᠡᠢ ᠪᠠᠢᠳᠠᠭ ᠮᠡᠳᠡᠭ ᠪᠢᠯᠡ ::

〔bajan〕 ᠪᠠᠶᠠᠨ

〔jan〕 ᠶᠠᠨ

ᠮᠡᠳᠡᠭ ᠄ ᠵᠢᠱᠢᠶ᠎ᠡ ᠨᠢ:

ᠮᠣᠩᠭᠣᠯ ᠬᠡᠯᠡᠨ ᠦ 《ᠵᠠᠭᠤ》᠂《ᠵᠢᠷᠭᠠ》 ᠭᠡᠬᠦ ᠮᠡᠲᠦ ᠦᠭᠡᠨ ᠳᠦ 《ᠵ》 ᠬᠡᠷᠡᠭᠯᠡᠭᠳᠡᠳᠡᠭ ᠪᠠ ᠪᠣᠯᠪᠠᠰᠤ ᠪᠠᠶᠠᠨ
ᠬᠡᠯᠡᠨ ᠦ ᠮᠠᠰᠢ ᠣᠯᠠᠨ ᠳᠤ ᠪᠣᠯᠤᠭᠰᠠᠨ ᠬᠡᠯᠪᠡᠷᠢ ᠂ ᠵᠢᠱᠢᠶᠡᠯᠡᠪᠡᠯ ᠪᠠᠢᠳᠠᠭ ᠳᠤ ᠂ ᠵᠢᠷᠭᠤᠭᠠ ᠂ ᠪᠣᠯᠤᠨ ᠬᠡᠷᠡᠭᠯᠡᠭᠳᠡᠳᠡᠭ ::

j —

ᠵᠢᠨ ᠮᠡᠲᠦ ᠦᠭᠡ ᠮᠡᠳᠡᠭ ᠮᠠᠰᠢᠨ ᠢ 〔ɕəni〕᠂〔ɕaudʑə〕 ᠭᠡᠬᠦ ᠵᠡᠷᠭᠡ ᠪᠣᠯᠭᠠᠨ ᠪᠢᠴᠢᠨ᠎ᠡ ::

〔ɕiaudʑiə〕 ᠰᠢᠶᠠᠤᠵᠢ

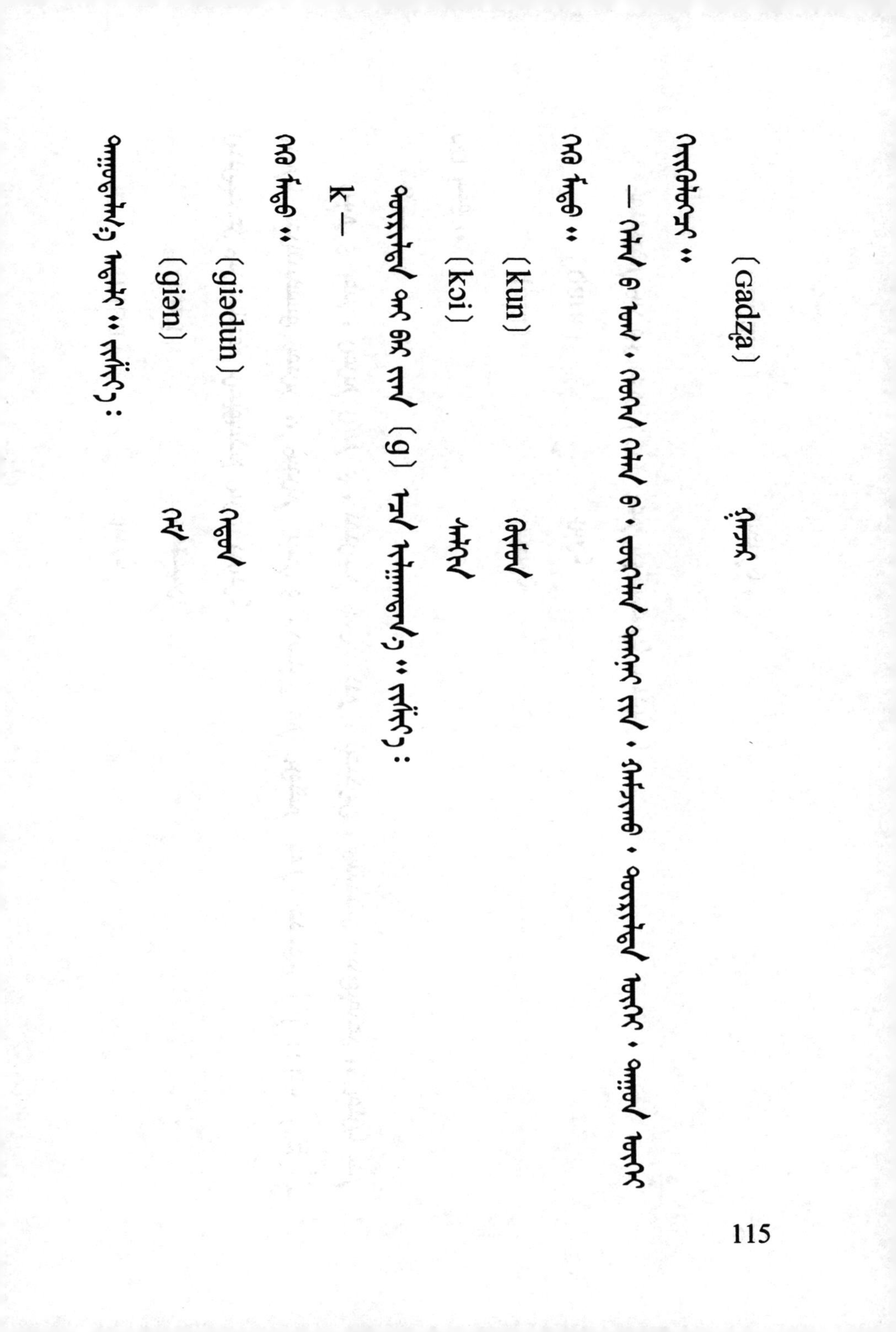

(Gadza) ᡬᠠᡯᠠ

(kun) ᡴᡠᠨ

(kɔi) ᡴᠣᡳ

ᠮᡠᠰᡝᡴᡝ ᠮᡝ ᠪᡝ ᡨᡝ (g) ᠰᡝ ᠰᡝᠮᡝᡴᡝ ᠪᡝ :: ᡨᡝᡴᡝ :

k —

(giədun) ᡤᡳᠶᡩᡠᠨ

(giən) ᡤᡳᠶᠠᠨ

〔miʁa〕 ᠮᠢᠬ᠎ᠠ

〔Guʁi〕 ᠭᠤᠶᠤᠬᠤ

ᠡᠭᠡᠰᠢᠭ᠌ᠲᠡᠢ ᠦᠭᠡ ᠶᠢᠨ ᠲᠥᠭᠡᠰᠬᠡᠯ ᠳᠦ ᠦᠭᠡ ᠃ ᠵᠢᠰᠢᠶ᠎ᠡ :

ᠬᠡᠯᠡᠨ ᠪᠣᠯᠤᠭᠰᠠᠳᠤᠭᠤᠪᠠ ᠲᠡᠭᠦᠨ ᠃ ᠪᠣᠯᠪᠠᠴᠤ ᠡᠷᠡ ᠪᠠ ᠡᠮ᠎ᠡ ᠶᠢᠨ ᠬᠠᠷᠢᠯᠴᠠᠭᠠ ᠲᠠᠯ ᠲᠠᠷᠠᠭᠠᠬᠤ ᠂ 〔G〕 ᠂ 〔q〕 ᠡᠷᠡ ᠪᠠ ᠲᠠᠷᠠ ᠂ ᠡᠮ᠎ᠡ ᠡᠷᠡ ᠪᠠ ᠂ ᠲᠠᠭᠠᠯᠠᠭᠠᠷᠠᠢ ᠪᠣᠯᠤᠨ ᠲᠠᠯ ᠂ ᠦᠭᠡᠰᠦᠳ ᠂ ᠪᠣᠭᠤᠨᠢ ᠡᠭᠡᠰᠢᠭ᠌ᠲᠡᠢ ᠃ ᠲᠠᠭᠠᠨ ᠲᠠᠯ

ʁ —

ᠡᠷᠡ ᠪᠣᠯᠤᠨ᠎ᠠ ᠃

〔qala〕 ᠬᠠᠯᠠᠭᠤᠨ

〔qara〕 ᠬᠠᠷ᠎ᠠ

ᠪᠣᠭᠤᠨᠢᠭᠤᠯᠤᠨ ᠦᠭᠡ ᠪᠡᠷ ᠲᠠᠨ 〔G〕 ᠲᠡᠢ ᠲᠡᠮᠳᠡᠭᠯᠡᠨ᠎ᠡ ᠃ ᠵᠢᠰᠢᠶ᠎ᠡ :

q —

〔Gadana〕 ᠭᠠᠳᠠᠨ᠎ᠠ ᠃

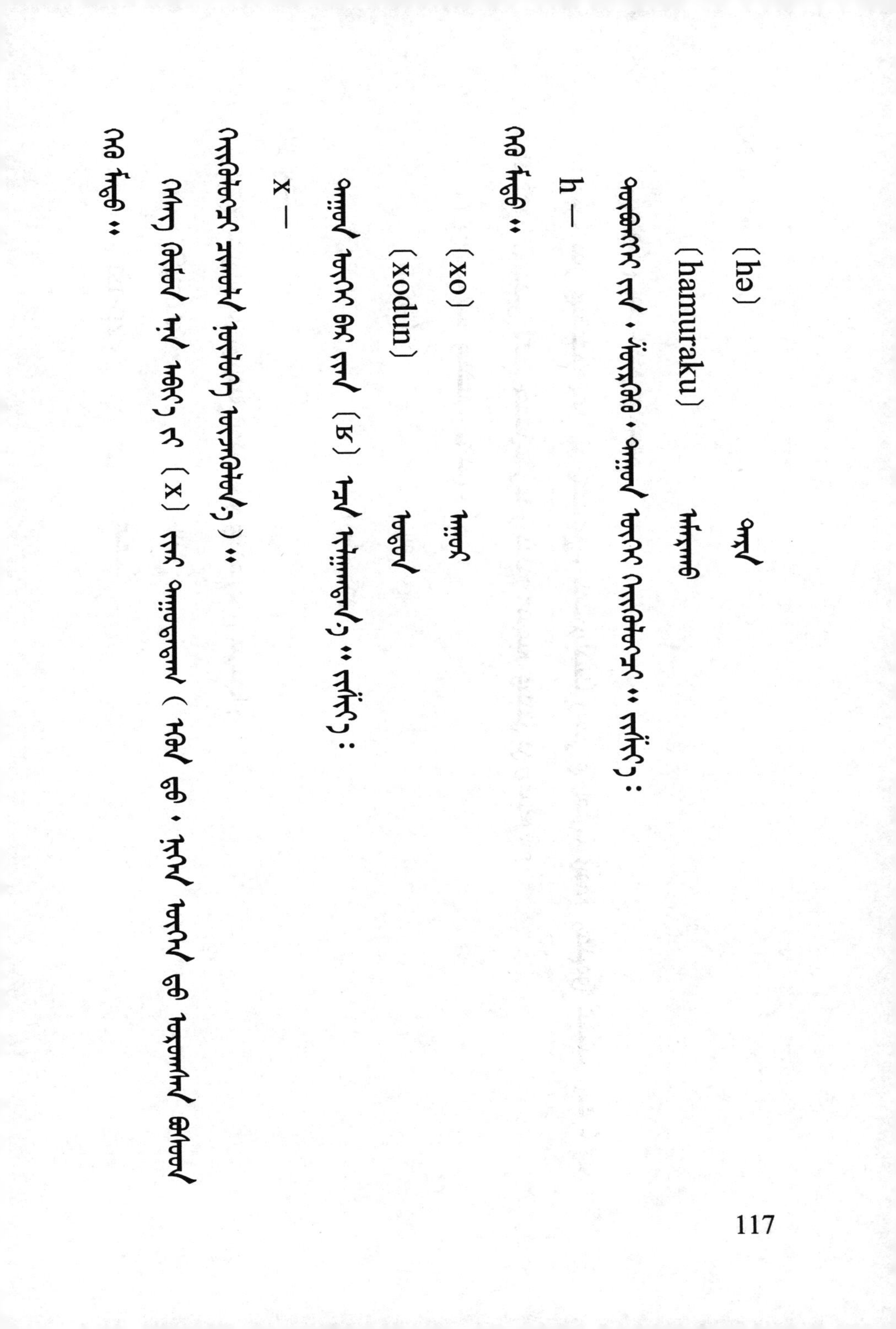

〔hə〕 [illegible]

〔hamuraku〕 [illegible]

[illegible] :

h —

[illegible]

〔xo〕 [illegible]

〔xodun〕 [illegible]

[illegible] 〔ʁ〕 [illegible] :

x —

[illegible]) ::

[illegible] 〔x〕 [illegible] ([illegible]

[illegible] ::

〔tşi-dzə〕 ᠴᠢᠵᠡ

〔sa-ra〕 ᠰᠠᠷ᠎ᠠ

(2) ᠬᠣᠶᠠᠷ ᠪᠠ ᠲᠡᠭᠦᠨ ᠡᠴᠡ ᠳᠡᠭᠡᠭᠰᠢ ᠦᠶᠡᠲᠦ ᠦᠭᠡ ᠃ ᠵᠢᠱᠢᠶ᠎ᠡ ︰

ᠡᠨᠡ ᠮᠡᠲᠦ ᠃

〔a-na〕 ᠠᠨ᠎ᠠ · ᠠᠨᠠ

〔u-su〕 ᠤᠰᠤ

(1) ᠨᠢᠭᠡ ᠦᠶᠡᠲᠦ ᠦᠭᠡ ᠃ ᠵᠢᠱᠢᠶ᠎ᠡ ︰

ᠡᠨᠡ ᠮᠡᠲᠦ ᠃

118

〔bos〕《ᠪᠣᠰ》, ᠮᠣᠩᠭᠣᠯ ᠬᠡᠯᠡᠨ ᠦ ᠳᠠᠭᠠᠪᠤᠷᠢ 〔-s〕, 〔-sla〕 ᠲᠠᠢ ᠠᠳᠠᠯᠢᠳᠬᠠᠪᠠᠯ ᠮᠠᠰᠢ ᠲᠣᠳᠣᠷᠬᠠᠢ (〔fu-giəs〕 ᠵᠢᠷᠤᠯ ᠬᠡᠯᠡᠨ ᠦ ᠮᠣᠷᠳᠠᠯ ᠳᠤ 〔s〕 ᠭᠡᠭᠡᠭᠳᠡᠬᠦ ᠪᠣᠯ ᠬᠠᠰᠤᠭᠳᠠᠭᠰᠠᠨ ᠮᠠᠰᠢ ᠲᠣᠬᠢᠶᠠᠯᠳᠤᠨ᠎ᠠ ᠃ ᠵᠢᠱᠢᠶᠡᠯᠡᠪᠡᠯ:

ᠭᠠᠷᠴᠤ ᠪᠠᠢᠨ᠎ᠠ ᠃

〔gon-dʑiə-ku〕 ᠭᠣᠩᠵᠢᠬᠤ

〔han-ɢa〕 ᠬᠠᠩᠭ᠎ᠠ

(4) ᠭᠡᠭᠡᠭᠳᠡᠬᠦ ᠡᠭᠡᠰᠢᠭ ᠭᠡᠭᠡᠭᠳᠡᠬᠦ ᠳᠠᠭᠠᠪᠤᠷᠢ ᠪᠣᠯ ᠪᠣᠯᠤᠨ᠎ᠠ ᠃ ᠵᠢᠱᠢᠶᠡᠯᠡᠪᠡᠯ:

〔in-giə〕 ᠢᠩᠭᠡ ᠃

〔an-da-ku〕 ᠠᠨᠳᠠᠬᠤ

(3) ᠡᠭᠡᠰᠢᠭ ᠭᠡᠭᠡᠭᠳᠡᠬᠦ ᠬᠣᠶᠠᠷ ᠲᠠᠯ ᠪᠣᠯᠤᠨ᠎ᠠ ᠃ ᠵᠢᠱᠢᠶᠡᠯᠡᠪᠡᠯ:

ᠪᠢᠴᠢᠭᠯᠡᠯ ᠠᠩᠬᠠᠪᠤ) ᠠᠩᠬᠠᠨ ᠪᠣᠯᠤᠭᠰᠠᠨ ᠤᠨ ᠮᠠᠰᠢ ᠪᠣᠯᠤᠨ ᠳᠤ ᠲᠣᠭᠤᠷᠢᠯᠳᠠᠭᠤᠯᠬᠤ ᠭᠠᠷᠭᠠᠬᠤ ᠃

ᠰᠢᠨᠵᠢᠯᠡᠭᠰᠡᠨ ᠡᠭᠡᠰᠢᠭ ᠦᠨ ᠠᠷᠤ ᠪᠠᠢᠷᠢ ᠰᠠᠢᠨ ᠤᠨ ᠭᠡᠭᠡᠭᠳᠡᠬᠦ 〔n〕 ᠤᠨ ᠭᠠᠷᠤ ᠠᠮᠠᠯᠠᠬᠤ (ᠠᠩᠭᠢᠪᠠᠯ ᠠᠮᠠᠷᠤ

ᠭᠠᠷᠴᠤ ᠪᠠᠢᠨ᠎ᠠ ᠃

ᠪᠠᠶᠢᠭ᠎ᠠ ᠦᠭᠡᠨ ᠦ ᠡᠬᠢᠨ ᠳᠦ ᠡᠭᠡᠰᠢᠭ ᠨᠡᠮᠡᠭᠳᠡᠭᠦᠯᠦᠨ᠎ᠡ ᠃ ᠵᠢᠰᠢᠶ᠎ᠡ ᠂ ᠮᠣᠩᠭᠣᠯ ᠬᠡᠯᠡ ᠳᠦ ᠬᠠᠷᠢ ᠦᠭᠡᠰ ᠢ ᠣᠷᠣᠭᠤᠯᠬᠤ ᠳᠤ ᠡᠭᠡᠰᠢᠭ
ᠳᠤ ᠲᠣᠬᠢᠷᠠᠭᠤᠯᠬᠤ ᠡᠭᠡᠰᠢᠭ ᠢ ᠬᠠᠰᠤᠬᠤ ᠪᠤᠶᠤ ᠡᠭᠡᠰᠢᠭ ᠨᠡᠮᠡᠬᠦ ᠶᠠᠮᠠᠷ ᠨᠢᠭᠡᠨ ᠠᠷᠭ᠎ᠠ ᠬᠡᠷᠡᠭᠯᠡᠳᠡᠭ (ᠵᠢᠰᠢᠶᠡᠯᠡᠪᠡᠯ) ᠬᠣᠶᠠᠷ ᠳᠠᠬᠢ ᠡᠭᠡᠰᠢᠭ ᠃ ᠡᠭᠡᠰᠢᠭ
ᠦᠨ ᠬᠠᠰᠤᠯᠲᠠ ᠪᠠ ᠡᠭᠡᠰᠢᠭ ᠦᠨ ᠨᠡᠮᠡᠯᠲᠡ ᠪᠣᠯᠤᠨ᠎ᠠ ᠃ ᠲᠡᠳᠡᠭᠡᠷ ᠬᠣᠶᠠᠷ ᠢ ᠡᠭᠡᠰᠢᠭ ᠦᠨ ᠬᠤᠪᠢᠷᠠᠯ ᠭᠡᠵᠦ ᠨᠡᠷᠡᠶᠢᠳᠡᠨ᠎ᠡ (ᠡᠭᠡᠰᠢᠭ ᠦᠨ ᠬᠤᠪᠢᠷᠠᠯ
ᠡᠭᠡᠰᠢᠭ ᠦᠨ ᠡᠭᠡᠰᠢᠭ ᠢ ᠡᠭᠡᠰᠢᠭ ᠦᠨ ᠬᠤᠪᠢᠷᠠᠯ ᠬᠣᠶᠠᠷ ᠨᠢ ᠭᠠᠳᠠᠭᠠᠳᠤ ᠪᠠ ᠳᠣᠲᠣᠭᠠᠳᠤ ᠪᠣᠯᠤᠨ᠎ᠠ ᠭᠡᠵᠦ ᠬᠤᠪᠢᠶᠠᠵᠤ ᠪᠣᠯᠬᠤ
(ᠬᠤᠪᠢᠷᠠᠯ) ᠡᠭᠡᠰᠢᠭ ᠦᠨ ᠡᠭᠡᠰᠢᠭ

ᠪᠠᠶᠢᠭ᠎ᠠ ᠵᠢᠱᠢᠶ᠎ᠡ ᠨᠢ ᠳᠣᠣᠷ᠎ᠠ ᠬᠢ ᠮᠡᠲᠦ ᠃

ᠬᠤᠷᠢᠶ᠎ᠠ ᠵᠢᠱᠢᠶ᠎ᠡ ᠃ ᠬᠠᠷᠢ ᠦᠭᠡᠨ ᠦ ᠡᠭᠡᠰᠢᠭ ᠦᠨ ᠨᠡᠮᠡᠯᠲᠡ ᠨᠢ 〔giə-ri-dzən〕· 〔tu̥ɯ-qa〕 ᠬᠣᠶᠠᠷ ᠡᠭᠡᠰᠢᠭᠲᠦ

〔tɯxɢa〕 ᠲᠤᠬᠤᠭ᠎ᠠ

〔giər-dzən〕 ᠭᠡᠷ ᠦᠨ ᠵᠢᠨ

〔x〕 ᠡᠭᠡᠰᠢᠭ ᠨᠡᠮᠡᠭᠳᠡᠭᠦᠯᠦᠭᠰᠡᠨ ᠪᠣᠯᠣᠭᠰᠠᠨ ᠡᠭᠡᠰᠢᠭ ᠬᠤᠪᠢᠷᠠᠯᠲᠠᠢ ᠃ ᠵᠢᠱᠢᠶᠡᠯᠡᠪᠡᠯ :

《 ᠬᠠᠰᠤᠯᠠ 》· 〔həs-la〕 《 ᠬᠤᠪᠢᠷᠠᠯ 》) ᠃ ᠬᠤᠪᠢᠷᠠᠭᠰᠠᠨ ᠡᠭᠡᠰᠢᠭ ᠦᠨ ᠡᠭᠡᠰᠢᠭ ᠳᠦ 〔r〕 ᠡᠭᠡᠰᠢᠭ ᠨᠡᠮᠡᠭᠳᠡᠭᠦᠯᠦᠭᠰᠡᠨ ᠪᠣᠯ

(hunturaku) ᠬᠤᠨᠲᠤᠷᠠᠬᠤ

(haruan) ᠬᠠᠷᠤᠸᠠᠨ

(hamuraku) ᠬᠠᠮᠤᠷᠠᠬᠤ

h:

[illegible] ᠵᠢᠱᠢᠶ᠎ᠡ:

1) [illegible] ([illegible]) [illegible]

('badʑi) 《[illegible]》 ≠ (ba'dʑi) 《[illegible]》᠃

('putura) 《[illegible]》 ≠ (pu'tura) 《[illegible]》

ᠵᠢᠱᠢᠶ᠎ᠡ:

[illegible]᠃

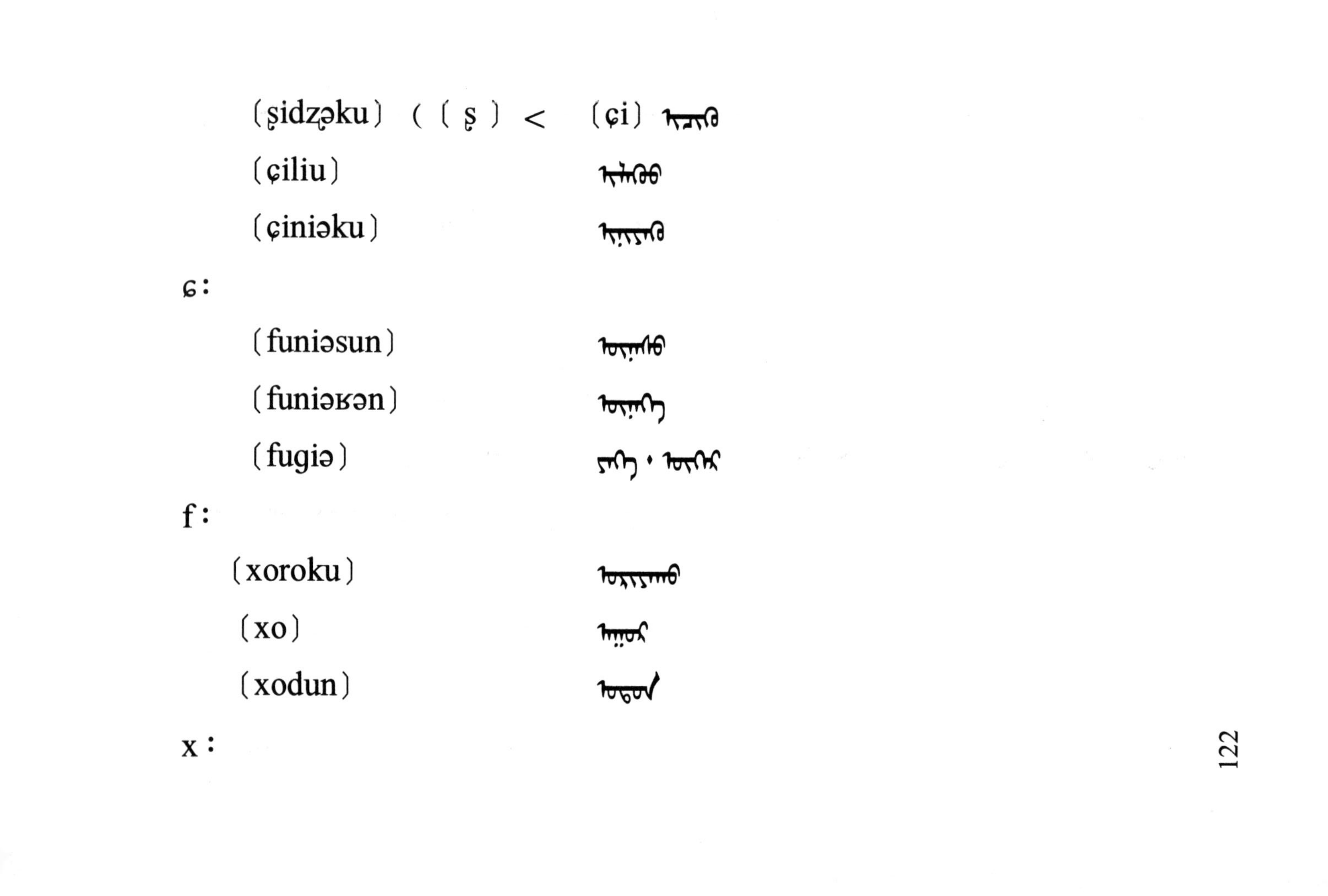

〔şidzə̡ku〕（〔ş〕<〔ɕi〕

〔ɕiliu〕

〔ɕiniəku〕

ɕ：

〔funiəsun〕

〔funiəʁən〕

〔fugiə〕

f：

〔xoroku〕

〔xo〕

〔xodun〕

x：

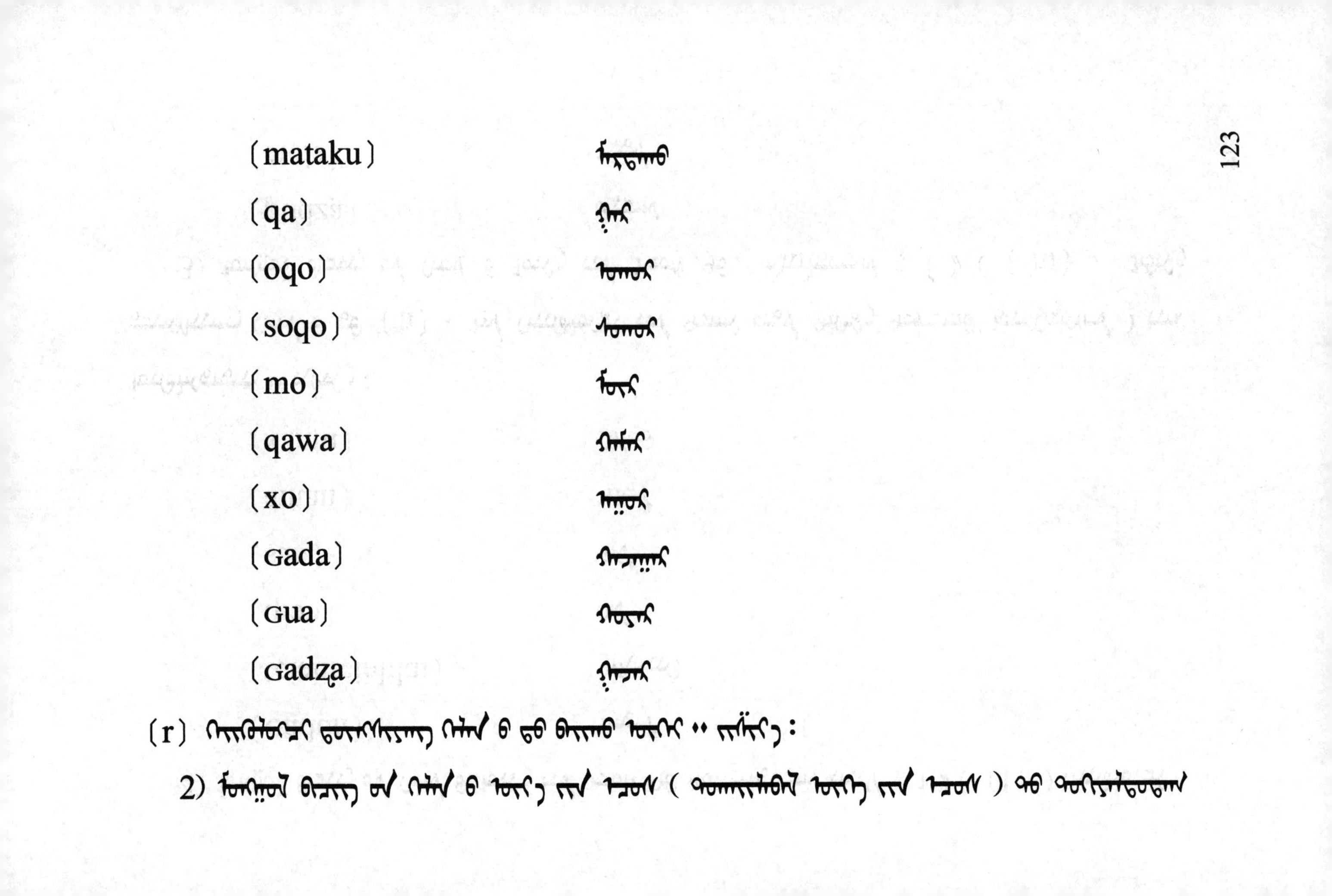

(mataku)	[illegible]
(qa)	[illegible]
(oqo)	[illegible]
(soqo)	[illegible]
(mo)	[illegible]
(qawa)	[illegible]
(xo)	[illegible]
(ɢada)	[illegible]
(ɢua)	[illegible]
(ɢadẓa)	[illegible]

(r) [illegible] :

2) [illegible] ([illegible]) [illegible]

4) ᠲᠥᠭᠡᠰᠬᠡᠯ ᠪᠠᠶᠢᠷᠢ ᠳᠤ ᠭᠠᠷᠬᠤ ᠤ ᠲᠣᠭᠠᠨ ᠤ ᠤᠩᠰᠢᠯᠭ᠎ᠠ ᠪᠠᠷ ᠪᠢᠴᠢᠭᠳᠡᠭᠦᠯᠬᠦ ᠡᠭᠰᠢᠭ 《ᠯ》（［l］）ᠬᠠᠷᠭᠤᠯᠪᠠᠯ

［ɢadun］ ᠭᠠᠳᠤᠨ

［tɕiəntɕiəliku］ ᠴᠢᠶᠠᠨᠴᠢᠯᠢᠺᠦ

［qiən］ ᠬᠢᠶᠠᠨ

［san］ ᠰᠠᠨ

［antan］ ᠠᠨᠲᠠᠨ

［xantu］ ᠬᠠᠨᠲᠤ

ᠲᠡᠮᠳᠡᠭᠯᠡᠭᠳᠡᠨ᠎ᠡ᠃ ᠵᠢᠱᠢᠶ᠎ᠡ:

ᠪᠢᠴᠢᠭᠳᠡᠭᠦᠯᠦᠨ᠎ᠡ ᠭᠠᠷᠬᠤ ᠤ ᠪᠣ ［n］（ᠨ ᠬᠠᠷᠭᠤᠯᠪᠠᠯ ᠳᠤ ᠪᠠᠷᠠᠨ ᠪᠣᠯᠤᠨ ᠪᠠᠶᠢᠭ᠎ᠠ ᠪᠠᠶᠢᠳᠠᠯ ᠲᠡᠮᠳᠡᠭᠯᠡᠭᠳᠡᠨ᠎ᠡ）ᠲᠡᠷ

3) ᠲᠥᠭᠡᠰᠬᠡᠯ ᠪᠠᠶᠢᠷᠢ ᠳᠤ ᠭᠠᠷᠬᠤ ᠤ ᠲᠣᠭᠠᠨ ᠤ ᠤᠩᠰᠢᠯᠭ᠎ᠠ ᠪᠠᠷ ᠪᠢᠴᠢᠭᠳᠡᠭᠦᠯᠬᠦ 《ᠮ》（［m］） ᠲᠡᠭᠦᠨ

［pudʐa］ ᠫᠦᠳᠽᠠ

［ətɕiə］ ᠡᠴᠢᠶᠡ

[illegible]	[illegible]	[illegible]

[illegible] :: [illegible] :

[illegible] 〔l〕 [illegible] · [illegible] 《ᠨ》(〔n〕) [illegible] · [illegible] ::

〔tuGuntʂa〕	ᠲᠤᠭᠤᠨᠴᠠ
〔dʑiən〕	ᠵᠢᠶᠠᠨ
〔jawudan〕	ᠶᠠᠪᠤᠳᠠᠨ
〔ɕiən〕	ᠰᠢᠶᠠᠨ
〔ban〕	ᠪᠠᠨ
〔qan〕	ᠬᠠᠨ

[illegible] 〔n〕 [illegible] :: [illegible] :

6) ᠪᠣᠭᠣᠷᠠᠭᠰᠠᠨ ᠬᠡᠯᠡᠨ ᠦ ᠠᠪᠢᠶ᠎ᠠ〔dʐ〕ᠨᠡᠢᠲᠡᠯᠢᠭ ᠮᠣᠩᠭᠣᠯ ᠬᠡᠯᠡᠨ ᠦ 《ᠲᠣᠳᠣ》 ᠳᠤ ᠮᠥᠨ ᠮᠥᠷᠲᠡ ᠠᠶ᠎ᠠ

〔sodoku〕	ᠰᠣᠳᠣᠬᠣ
〔loto〕	ᠯᠣᠳᠣ
〔tʂidʐə〕	ᠴᠢᠵᠢ
〔tʂɑ〕	ᠴᠠ
〔ɢudou〕	ᠭᠤᠳᠤᠤᠯ
〔bula〕	ᠪᠤᠯᠠ

ᠨᠡᠢᠲᠡᠯᠢᠭ ᠪᠣᠭᠣᠷᠠᠭᠰᠠᠨ ᠬᠡᠯᠡᠨ ᠦ ᠳᠤ ᠪᠠᠢᠳᠠᠭ ᠮᠥᠨ᠂᠂ ᠵᠢᠱᠢᠶ᠎ᠡ:

5) ᠮᠣᠩᠭᠣᠯ ᠪᠢᠴᠢᠭ ᠤᠨ ᠬᠡᠯᠡᠨ ᠦ ᠮᠥᠨ ᠴᠠ ᠮᠦᠷ ᠢ ᠪᠠᠷᠢᠮᠳᠠᠯᠠᠭᠰᠠᠨ ᠠᠪᠢᠶ᠎ᠠ 《ᠭ᠂ᠰ》(〔g〕)

〔loto〕	〔lɔxt〕	ᠯᠣᠳᠣ
〔latʂin〕	〔lɛɸʃ ～ ljeɸʃ〕	ᠯᠠᠪᠰᠢ
〔tʂənliəku〕	〔ʃɪŋnɣx ～ ʃɪŋlɣx〕	ᠴᠢᠩᠯᠡᠬᠦ

〔tɕiorun〕 ᠴᠢᠷᠤᠭᠤᠨ (ᠴᠢᠷᠤᠨ)

〔tɕiəntɕiəliku〕 ᠴᠢᠨᠴᠢᠯᠢᠬᠦ

〔tɕiəmu〕 ᠴᠢᠮᠦ

ᠳᠥᠷᠪᠡᠯᠵᠢᠨ ᠦᠰᠦᠭ ᠮᠣᠩᠭᠣᠯ ᠦᠰᠦᠭ

《ᠲ》(〔t〕) ᠢᠶᠠᠷ ᠲᠡᠮᠳᠡᠭᠯᠡᠨ᠎ᠡ᠃ ᠵᠢᠱᠢᠶ᠎ᠡ:

7) ᠳᠥᠷᠪᠡᠯᠵᠢᠨ ᠦᠰᠦᠭ ᠦᠨ ᠵᠢᠭ᠎ᠠ (〔tɕ〕) ᠭᠡᠢᠭᠦᠯᠦᠭᠴᠢ ᠮᠣᠩᠭᠣᠯ ᠦᠰᠦᠭ ᠦᠨ 《ᠴᠢᠮᠦ》 ᠳᠦ ᠮᠠᠰᠢ ᠣᠢᠷ᠎ᠠ ᠪᠠᠢ

〔dʑiərə〕 ᠴᠢᠷᠡ

〔dʑiau〕 ᠴᠢᠪᠣ

〔dʑiəsun〕 ᠴᠢᠰᠦᠨ

〔dʑiən〕 ᠴᠢᠨ

ᠳᠥᠷᠪᠡᠯᠵᠢᠨ ᠦᠰᠦᠭ ᠮᠣᠩᠭᠣᠯ ᠦᠰᠦᠭ

《ᠲ》(〔d〕) ᠭᠡᠢᠭᠦᠯᠦᠭᠴᠢ ᠢᠶᠠᠷ ᠲᠡᠮᠳᠡᠭᠯᠡᠨ᠎ᠡ᠃ ᠵᠢᠱᠢᠶ᠎ᠡ:

〔gundu〕 ᡤᡠᠨᡩᡠ

〔gogo〕 ᡤᠣᡤᠣ

〔gondʑiəku〕 ᡤᠣᠨᠵᡳᠶᡝᡴᡠ

〔Gudan〕 ᡤᡡᡩᠠᠨ

〔Golo〕 ᡤᠣᠯᠣ

〔Gadun〕 ᡤᠠᡩᡠᠨ

〔Gadaku〕 ᡤᠠᡩᠠᡴᡡ

〔Gura〕 ᡤᡡᡵᠠ

ᠪᠣᡵᡤᡳᠶᠠᠰᡳᠯᠠᡵᠠ ᠮᡠᡩᠠᠨ ᡥᡡᠯᠠᠮᠪᡳ ᠮᡠᡩᠠᠨ

ᡥᡝᡵᡤᡝᠨ ᠪᡝ 《ᡤ》·《ᡴ》(〔x〕) ᠰᡝᠮᡝ ᠪᡝᡨᡝᡵᡤᡳᠶᡝᠮᠪᡳ ᡥᡡᠯᠠᠮᠪᡳ ᠰᡝᠮᡝ ·· ᡤᡝᠮᡠᠩᡤᡝ:

8) ᠪᠣᡵᡤᡳᠶᠠᠰᡳᠯᠠᡵᠠ ᠮᡠᡩᠠᠨ ᠪᡝ 〔G〕·〔g〕 ᠮᡠᡩᠠᠯᠠᠮᡝ ᡥᡡᠯᠠᠮᠪᡳ ᠮᡠᡩᠠᠨ ᠪᡝ 《ᡤᠠᡩᡠᠨ》·《ᡤᠣᡤᠣ》ᠮᡝᡳ ᡥᡡᡩᡠ

〔tɕimutu〕 ᠴᡳᠮᡠᡨᡠ

ᠪᠣᠳᠣᠯᠭᠠᠯᠠᠯᠲᠠ ᠴᠢᠳᠠᠯ ᠤ ᠠᠮᠢᠳᠤᠷᠠᠯ ᠤ ᠪᠠᠢᠳᠠᠯ ᠬᠡᠮᠵᠢᠶ᠎ᠡ

(ᠵᠢᠱᠢᠶ᠎ᠡ) ᠰᠠᠢᠨ ᠤ ᠬᠡᠮᠵᠢᠶ᠎ᠡ

ᠬᠡᠮᠵᠢᠶ᠎ᠡ ᠶᠢᠨ ᠰᠠᠢᠨ ᠪᠠᠢᠳᠠᠯ ᠢ ᠵᠢ ᠪᠣᠳᠣᠯᠭᠠᠯᠠᠭᠰᠠᠨ ᠪᠠᠷ ᠳᠠᠮᠵᠢᠭᠤᠯᠤᠨ · ᠰᠠᠢᠨ ᠢ ᠵᠢ ᠳᠤᠮᠳᠠᠴᠢ ᠪᠣᠯᠤᠨ

ᠬᠡᠮᠵᠢᠶ᠎ᠡ ᠵᠢᠱᠢᠶ᠎ᠡ ᠰᠠᠢᠨ ᠪᠠᠷ ᠢᠯᠭᠠᠭᠳᠠᠨ᠎ᠠ :

I ᠮᠠᠭᠤ ᠰᠠᠢᠨ (ᠰᠠᠢᠨ ᠪᠠᠰᠠ ᠤᠨ ᠰᠠᠢᠨ ᠪᠣᠯᠬᠤ ᠦᠭᠡᠢ) ::

II ᠪᠠᠭ᠎ᠠ ᠰᠠᠢᠨ ::

III ᠳᠤᠮᠳᠠ ᠪᠠ ᠰᠠᠢᠨ ::

IV ᠳᠤᠮᠳᠠᠴᠢ ᠪᠠ ᠰᠠᠢᠨ ::

V ᠮᠠᠰᠢ ᠰᠠᠢᠨ ::

VI ᠣᠨᠴᠠᠭᠠᠢ ᠰᠠᠢᠨ ::

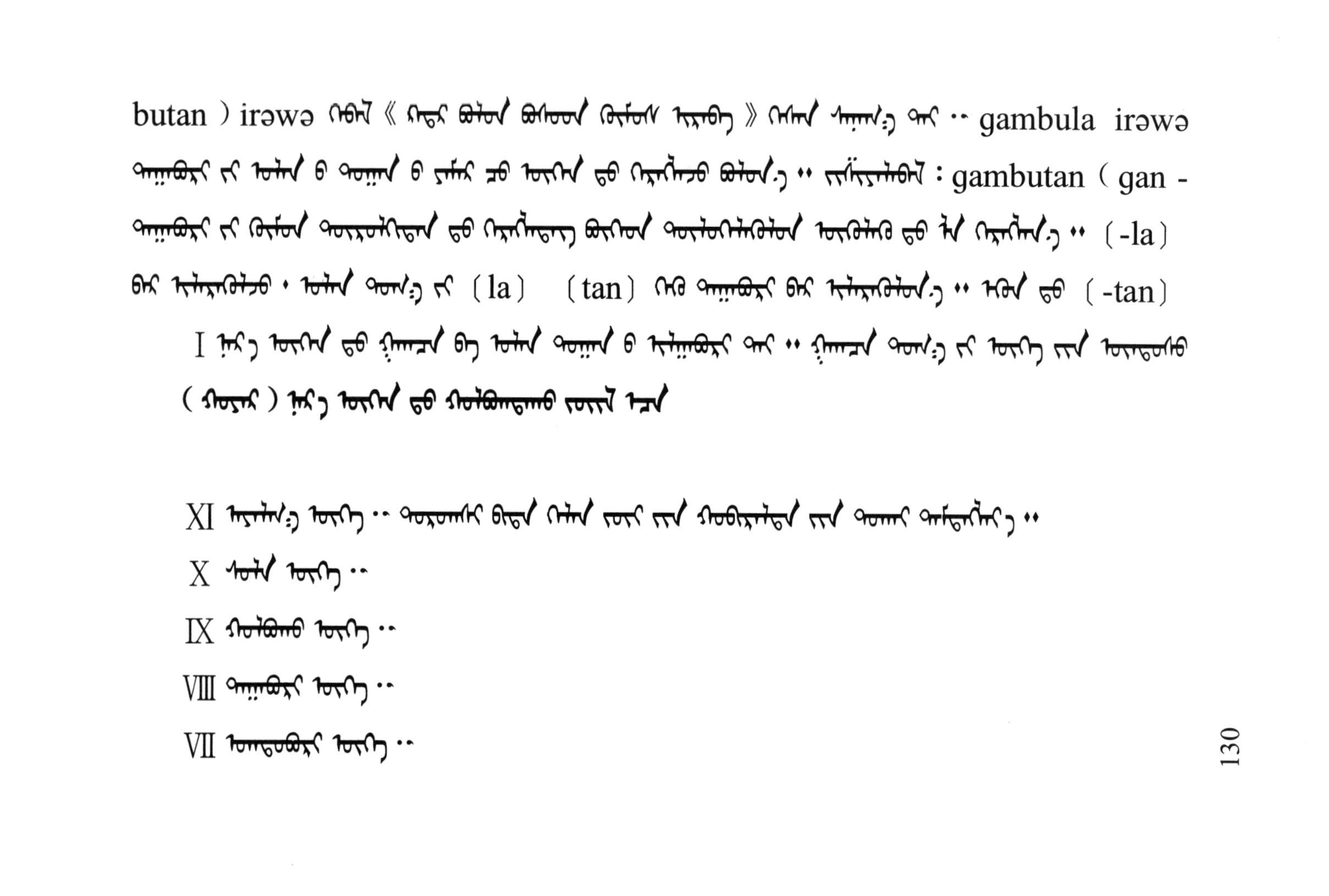

butan) irəwə [illegible] 《 [illegible] 》 [illegible] ·· gambula irəwə [illegible] ·· [illegible] : gambutan (gan - [illegible] ·· (-la) [illegible] (la) (tan) [illegible] ·· [illegible] (-tan)

I [illegible] ·· [illegible]

([illegible]) [illegible]

XI [illegible] ·· [illegible] ··

X [illegible] ··

IX [illegible] ··

VIII [illegible] ··

VII [illegible] ··

ᠠᠮᠠ 《ᠮᠣᠩᠭᠣᠯ ᠬᠡᠯᠡᠨ ᠦ ᠳᠦᠷᠢᠮ》 ᠳᠤ ᠬᠡᠷᠡᠭᠯᠡᠭᠳᠡᠨ᠎ᠡ ::

ᠨᠡᠷ᠎ᠡ ᠦᠭᠡ ᠶᠢᠨ ᠳᠠᠭᠠᠪᠤᠷ ᠤᠨ〔-s〕ᠬᠡᠮᠡᠬᠦ ᠲᠣᠭᠠᠴᠠᠭᠰᠠᠨ ᠪᠠᠢ᠌ᠳᠠᠯ ᠤᠨ ᠳᠤᠨ ᠶᠢᠨ ᠨᠡᠷ᠎ᠡ ᠪᠡᠷ ᠲᠣᠭ᠎ᠠ ᠶᠢ ᠨᠡᠮᠡᠵᠦ ᠲᠣᠭᠠᠴᠠᠭᠰᠠᠨ ᠲᠣᠭ᠎ᠠ ᠶᠢᠨ ᠬᠡᠯᠪᠡᠷᠢ〔-la〕ᠲᠠᠭᠠᠪᠤᠷ ᠢ ᠨᠡᠮᠡᠵᠦ ᠬᠡᠷᠡᠭᠯᠡᠭᠳᠡᠬᠦ ᠪᠣᠯᠪᠠᠰᠤ · ᠲᠣᠭᠠᠴᠠᠭᠰᠠᠨ ᠪᠣᠯᠪᠠᠰᠤ ᠲᠣᠭ᠎ᠠ ᠶᠢᠨ ᠬᠡᠯᠪᠡᠷᠢ ᠨᠢ ᠪᠠᠷ ᠬᠡᠷᠡᠭᠯᠡᠭᠳᠡᠨ᠎ᠡ〔-sla〕ᠭᠡᠳᠡᠭ ᠨᠠᠢ᠌ᠮᠠᠯ ᠢ ᠲᠣᠭᠠᠴᠠᠬᠤ ᠳᠤ ᠬᠡᠷᠡᠭᠯᠡᠭᠳᠡᠨ᠎ᠡ ::

II ᠲᠣᠭ᠎ᠠ ᠨᠡᠷ᠎ᠡ :: ᠬᠠᠮᠲᠤ · ᠳᠠᠷᠠᠭᠠᠯᠠᠬᠤ · ᠬᠣᠶᠠᠷ ᠬᠣᠪᠢᠶᠠᠯᠠᠬᠤ · ᠲᠣᠭᠠᠴᠠᠬᠤ · ᠬᠤᠪᠢᠶᠠᠬᠤ · ᠬᠡᠮᠵᠢᠶᠡᠯᠡᠬᠦ · ᠳᠠᠪᠲᠠᠭᠠᠬᠤ · ᠲᠣᠭᠠᠴᠠᠯ · ᠬᠡᠯᠪᠡᠷᠢ ᠨᠢ ᠲᠣᠭ᠎ᠠ ᠨᠡᠷ᠎ᠡ ᠲᠠᠢ :: ᠡᠳᠡᠭᠡᠷ ᠢ ᠲᠣᠭᠠᠴᠠᠨ ᠬᠡᠯᠡᠪᠡᠯ ᠲᠣᠭ᠎ᠠ ᠨᠡᠷ᠎ᠡ ᠶᠢᠨ ᠲᠡᠮᠳᠡᠭ ᠨᠢ ᠲᠣᠭᠠᠴᠠᠭᠰᠠᠨ ᠪᠣᠯᠪᠠᠰᠤ ᠲᠠᠢ ᠬᠠᠮᠲᠤ ᠲᠣᠭᠠᠯᠠᠭᠳᠠᠳᠠᠭ ::

A. ᠬᠣᠶᠠᠷ ᠤᠨ ᠲᠣᠭ᠎ᠠ ᠨᠡᠷ᠎ᠡ

1) ᠬᠠᠮᠲᠤ ᠶᠢᠨ ᠲᠣᠭ᠎ᠠ ᠨᠡᠷ᠎ᠡ :

ᠲᠣᠭᠠᠨ ᠲᠣᠭᠠᠴᠠᠬᠤ ᠪᠣᠯᠪᠠᠰᠤ ᠬᠡᠮᠡᠬᠦ ᠲᠣᠭᠠᠨ ᠲᠠᠢ ᠬᠠᠮᠲᠤ · ᠬᠡᠮᠡᠵᠦ ᠪᠠᠰᠠ ᠬᠠᠮᠲᠤ ᠬᠡᠮᠡᠬᠦ ᠶᠢᠨ ᠲᠣᠭᠠᠴᠠᠯ ᠪᠠᠰᠠ ᠬᠡᠷᠡᠭᠯᠡᠭᠳᠡᠨ᠎ᠡ ::

2) ᠳᠠᠷᠠᠭᠠᠯᠠᠬᠤ ᠶᠢᠨ ᠲᠣᠭ᠎ᠠ ᠨᠡᠷ᠎ᠡ :

ᠳᠠᠭᠠᠪᠤᠷ ᠨᠢ 〔ni〕（～〔-ji〕）᠄

3) ᠬᠣᠶᠠᠷ ᠬᠠᠷᠢᠶᠠᠯᠠᠬᠤ ᠲᠡᠢᠢᠨ ᠦ ᠵᠢᠱᠢᠶ᠎ᠡ :

ᠳᠠᠭᠠᠪᠤᠷ ᠨᠢ 〔-də〕᠄ ᠥᠭᠭᠦᠭᠳᠡᠬᠦ ᠲᠡᠢᠢᠨ ᠦ ᠨᠢ ᠵᠢᠱᠢᠶ᠎ᠡ ᠭᠠᠷᠤᠭᠤᠯᠬᠤ ᠲᠡᠢᠢᠨ ᠦ ᠨᠢ ᠦᠨᠳᠦᠰᠦ

ᠮᠡᠳᠡᠨ ᠪᠣᠯᠬᠤ ᠲᠠᠢ ᠬᠠᠷᠢᠴᠠᠯ ᠲᠡᠢᠢᠨ ᠶᠠᠯᠭᠠᠪᠤᠷᠢ᠄

4) ᠭᠠᠷᠤᠭᠤᠯᠬᠤ ᠶᠢᠨ ᠳᠠᠭᠠᠪᠤᠷ ᠵᠢᠱᠢᠶ᠎ᠡ :

ᠳᠠᠭᠠᠪᠤᠷ ᠨᠢ ᠦᠢᠯᠡᠳᠦᠭᠦᠯᠬᠦ ᠶᠢᠨ ᠳᠠᠭᠠᠪᠤᠷ ᠵᠢᠱᠢᠶ᠎ᠡ ᠪᠠ ᠬᠠᠮᠲᠤ ᠲᠡᠢᠢᠨ᠄ ᠬᠠᠮᠲᠤᠷᠬᠠᠬᠤ ᠲᠡᠢᠢᠨ ᠪᠠ ᠲᠡᠢᠢᠨ ᠪᠣᠯ ᠪᠠᠢᠬᠤ ᠬᠠᠮᠲᠤ

ᠨᠢ ᠪᠣ ᠬᠡᠯᠡᠨ᠎ᠡ᠄

5) ᠦᠢᠯᠡᠳᠦ ᠶᠢᠨ ᠳᠠᠭᠠᠪᠤᠷ ᠵᠢᠱᠢᠶ᠎ᠡ :

ᠳᠠᠭᠠᠪᠤᠷ ᠨᠢ 〔-sə〕᠄

6) ᠬᠠᠮᠲᠤᠷᠬᠠᠬᠤ ᠶᠢᠨ ᠳᠠᠭᠠᠪᠤᠷ ᠵᠢᠱᠢᠶ᠎ᠡ :

ᠳᠠᠭᠠᠪᠤᠷ ᠨᠢ 〔-Gala〕～〔-ʁala〕᠄ ᠲᠡᠷᠡ ᠳᠠᠭᠠᠪᠤᠷ ᠵᠢᠱᠢᠶ᠎ᠡ ᠨᠢ ᠲᠤᠬᠠᠢᠯᠠᠪᠠᠯ《 ᠬᠠᠮᠲᠤ ᠪᠠᠷᠢᠮᠲᠠᠯᠠᠬᠤ ᠶᠢᠨ

ᠪᠠᠢᠨ᠎ᠠ（ ᠬᠡᠯᠡᠯᠭᠡ ）ᠬᠡᠯᠡᠭᠳᠡᠬᠦ 》ᠪᠣ ᠲᠡ ᠬᠡᠯᠡᠭᠳᠡᠨ ᠪᠠᠢᠨ᠎ᠠ᠄ ᠬᠡᠯᠡᠭᠳᠡᠯ ᠬᠡᠯᠡ ᠪ ᠬᠡ ᠨᠢ ᠪᠠᠶᠠᠭᠤᠳ ᠪᠠᠢᠭᠠᠯ

ᠮᠣᠩᠭᠣᠯ ᠳᠤ 〔-rə〕 :: ᠲᠣᠬᠢᠶᠠᠯᠳᠤᠯ ᠬᠡᠯᠡᠬᠦ ᠪᠡ 《ᠶᠠᠪᠤ ᠪᠠᠢ ᠲᠠᠨ ᠪᠠᠢᠨ᠎ᠠ》·《ᠶᠠᠪᠤᠨ᠎ᠠ ᠲᠠᠨ ᠲᠠ ᠲᠡᠭᠡᠷᠡ》

ᠮᠣᠩᠭᠣᠯ ᠳᠤ 〔-Gun〕 ～ 〔-ʁun〕 :: ᠬᠡᠯᠡ ᠶᠢ ᠪᠢᠴᠢᠭᠰᠡᠨ ᠬᠡᠯᠡᠨ ᠤ ᠲᠡᠷᠡ ᠶᠢ ᠪᠢᠴᠢᠭ

ᠮᠣᠩᠭᠣᠯ ᠳᠤ 〔-lə〕 (ᠲᠠᠭᠠᠨ ᠲᠣᠭᠠᠨ ᠪᠡ 〔-rə〕) :: ᠬᠡᠯᠡ ᠶᠢ ᠲᠣᠭᠠᠯᠠᠨ ᠲᠠᠢ ᠪᠣᠯᠪᠠᠰᠤ · ᠲᠠᠢ ᠲᠣᠭᠠᠴᠠᠭᠰᠠᠨ

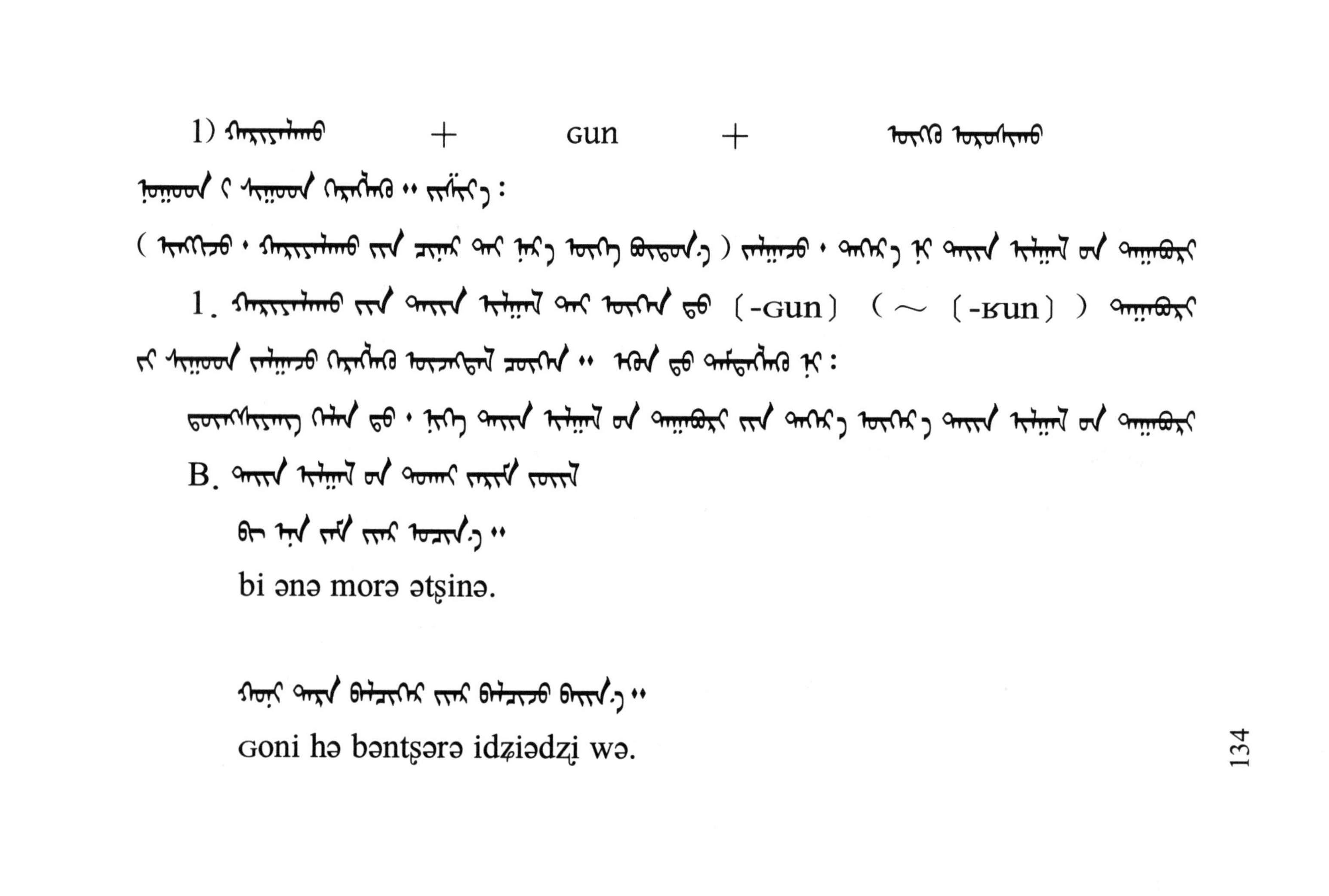

1) [illegible] + ɢun + [illegible]

[illegible] :

([illegible]) [illegible]

1. [illegible] 〔-ɢun〕 （～ 〔-ʁun〕） [illegible]

[illegible] :

[illegible]

B. [illegible]

[illegible]

bi ənə morə ətʂinə.

[illegible]

ɢoni hə bəntʂərə idʑiədʐi wə.

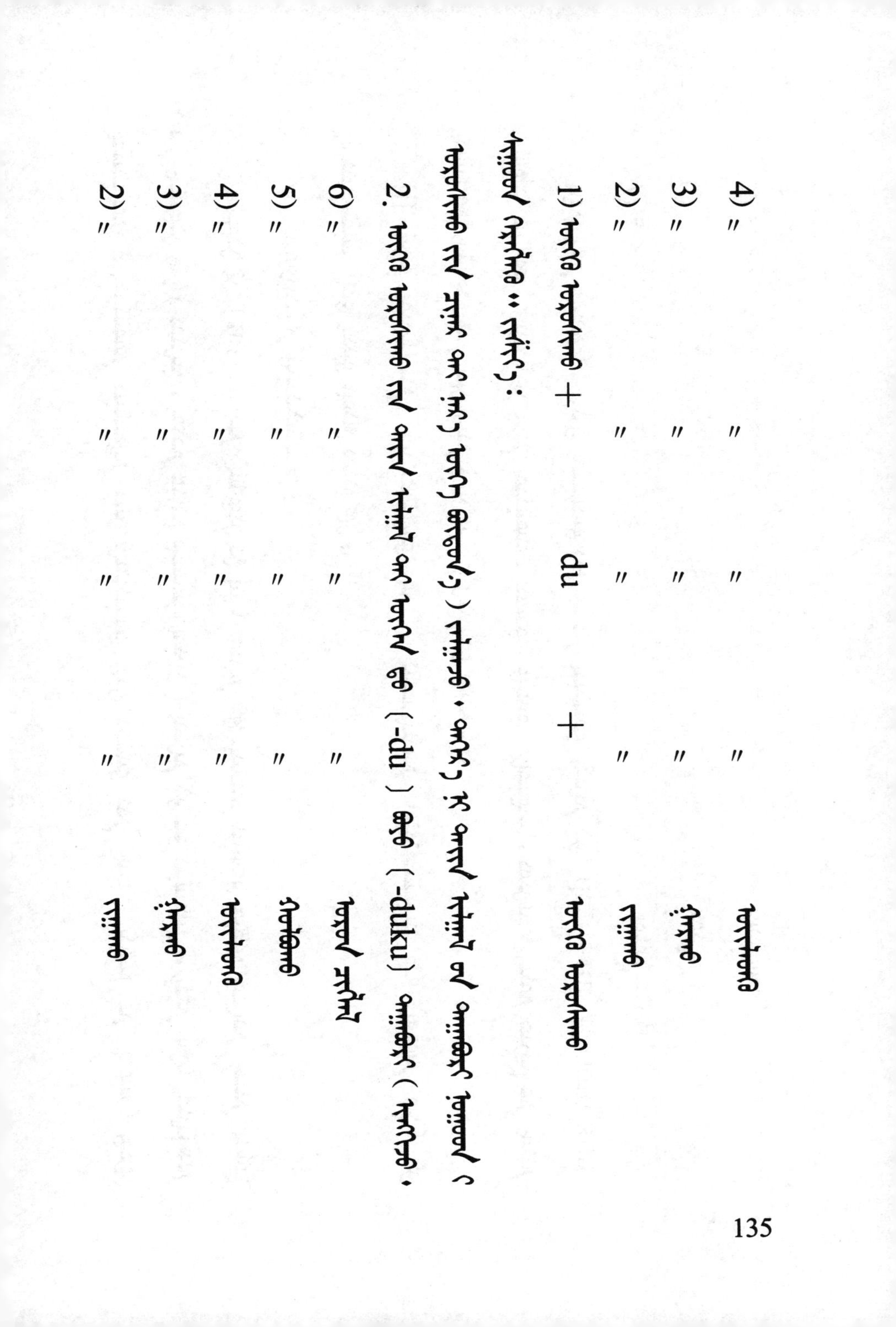

2) 〃 〃 〃 〃 [illegible]

3) 〃 〃 〃 〃 [illegible]

4) 〃 〃 〃 〃 [illegible]

5) 〃 〃 〃 〃 [illegible]

6) 〃 〃 〃 〃 [illegible]

2. [illegible] (-du) [illegible] (-duku) [illegible] ([illegible]) [illegible] ,

[illegible]) [illegible] , [illegible]

[illegible] :

1) [illegible] + du + [illegible]

2) 〃 〃 〃 〃 [illegible]

3) 〃 〃 〃 〃 [illegible]

4) 〃 〃 〃 〃 [illegible]

5) ″ ″ ″ ″ ᠲᠠᠪᠤᠳᠤᠭᠠᠷ

6) ″ ″ ″ ″ ᠳᠡᠭᠡᠷᠡᠬᠢ

7) ″ ″ ″ ″ ᠳᠣᠯᠣᠭᠠᠨ ᠳᠡᠭᠡᠷᠡᠬᠢ

ᠬᠡᠮᠡᠨ ᠲᠡᠭᠡᠨ ᠭᠤᠷᠪᠠᠳᠤᠭᠠᠷ ᠂ ᠳᠥᠷᠪᠡᠳᠦᠭᠡᠷ ᠳᠡᠭᠡᠷᠡᠬᠢ ᠲᠣᠭᠠᠨ ᠳᠤ ᠨᠡᠮᠡᠭᠳᠡᠬᠦ ᠳᠠᠭᠠᠪᠠᠯ ᠪᠣᠯ -du + nu + Gun\ ʁun ᠮᠡᠲᠦ ᠤᠭᠰᠠᠷᠭᠠ ᠨᠡᠮᠡᠭᠳᠡᠬᠦ ᠪᠠᠢᠨ᠎ᠠ ᠃ ᠳᠤ ᠮᠣᠷᠢᠨ ᠂ ᠳᠥᠷᠪᠡᠳᠦ ᠂ ᠭᠤᠷᠪᠠᠳᠤ ᠂ ᠲᠠᠪᠤᠳᠤ ᠂ ᠳᠣᠯᠣᠭᠠᠳᠤ ᠂ ᠨᠠᠢᠮᠠᠳᠤ ᠂ ᠶᠢᠰᠦᠳᠦ ᠂ ᠠᠷᠪᠠᠳᠤ ᠡᠴᠡ ᠪᠤᠰᠤ ᠳᠡᠭᠡᠷᠡᠬᠢ ᠲᠣᠭᠠᠨ ᠤ ᠬᠣᠶᠠᠷ ᠳᠤᠭᠠᠷ ᠪᠦᠯᠦᠭ ᠪᠠᠢᠨ᠎ᠠ ::

III ᠨᠢᠭᠡᠨ ᠳᠡᠭᠡᠷ᠎ᠡ ᠡᠴᠡ ᠲᠣᠭᠠᠯᠠᠭᠤᠯᠬᠤ ᠶᠢᠨ :: ᠳᠡᠭᠡᠮᠵᠢᠯᠡᠯ ᠲᠣᠭᠠᠯᠠᠭᠤᠯᠬᠤ ᠶᠢ ᠭᠤᠷᠪᠠᠳᠤᠭᠠᠷ ᠪᠣᠯᠪᠠ ᠂ ᠲᠣᠭᠠᠯᠠᠭᠤᠯᠬᠤ ᠶᠠᠭᠤ ᠶᠢᠮ ᠲᠣᠭᠠᠨ ᠪᠣᠢ ::

A. ᠳᠡᠭᠡᠮᠵᠢᠯᠡᠯ ᠲᠣᠭᠠᠯᠠᠭᠤᠯᠬᠤ :

ᠪᠢᠴᠢᠭᠳᠡᠬᠦ ᠨᠢ {eu} :: ᠡᠨᠡ ᠪᠢᠴᠢᠭᠳᠡᠬᠦ ᠶᠢᠨ ᠨᠢᠭᠡᠨ ᠳᠡᠭᠡᠷ᠎ᠡ ᠳᠤ ᠬᠡᠷᠡᠭᠯᠡᠭᠳᠡᠬᠦ ᠪᠠᠢᠳᠠᠯ ᠪᠣᠯᠤᠨ ᠪᠠᠢᠬᠤ ᠨᠢ ᠪᠢᠴᠢᠭᠳᠡᠬᠦ ᠪᠣᠯ (ᠳᠡᠭᠡᠷᠡᠬᠢ ᠂ ᠲᠡᠭᠦᠨ ᠡᠴᠡ ᠪᠤᠰᠤᠳ ᠲᠣᠭᠠᠨ) ᠳᠡᠭᠡᠷ᠎ᠡ ᠳᠤ ᠬᠡᠷᠡᠭᠯᠡᠭᠳᠡᠨ᠎ᠡ :: ᠡᠨᠡ ᠨᠢᠭᠡᠨ ᠳᠡᠭᠡᠷ᠎ᠡ ᠳᠤ ᠬᠡᠮᠡᠨ ᠲᠣᠭᠠᠯᠠᠭᠤᠯᠬᠤ ᠪᠠᠢᠳᠠᠯ ᠤᠨ ᠬᠡᠷᠡᠭᠯᠡᠭᠡ ᠶᠢ ᠬᠠᠮᠲᠤᠪᠠᠷ ᠪᠣᠯᠤᠨ

ᠮᠣᡵᡳ ᠮᠠᠨᡳ ᡥᡝᠨᡩᡝ ᠪᡝ ᠉

mori mani həndə wə.

ᡤᡝᠰᡝ ᡩᡝ ᠮᡠᠰᡝᡳᠨᡳ ᠨᡳ ᠪᡳᡨᡥᡝᠯᡝ ᠪᡝ ᠮᠣᡵᡳ ᠴᡝ ᠪᡳᠰᡳ ᠪᡝ ᠮᠣᡵᡳᠨ) ᠉ ᠴᡝᠵᡳᡥᡝ :

ᡤᡠᠯᡳᠴᡳ ᠪᡳᠴᡳ ᠴᡝ ᠮᠠᠨᡳ ᠮᡠᠰᡝᠨ ᠪᡝ mani (~ maji) ᠨᡳ ᠮᠠᠯᡥᡡᠨ (bidʑiəni, mani

ᡤᠣᠨᡳ ᠮᠠᠨᡳ ᡤᠣᡵᠣᠨᡳ ᠪᡳᠴᡳ ᠣ᠈

Goni bidʑiəji qala wə ᠣ᠈

ᡤᡠᠯᡳᠴᡳ ᠪᡳᠴᡳ ᠴᡝ ᠮᠠᠨᡳ ᠮᡠᠰᡝᠨ ᠪᡝ bidʑiəni (~ bidʑiəji) ᠨᡳ ᠮᠠᠯᡥᡡᠨ ᠉ ᠴᡝᠵᡳᡥᡝ :

ᠮᠣᡵᡳ ᠮᡳᠨᡳ ᠣᠰᡠᠨ ᡳᠵᡳᡥᡝ ᠪᡝ ᠉

mori mini osun idʑiədzɿ wə

ᡤᡠᠯᡳᠴᡳ ᠪᡳᠴᡳ ᠴᡝ ᡤᡠᠰᡝᠨ ᠮᡠᠰᡝᠨ ᠪᡝ mini (~ mɯji) ᠨᡳ ᠮᠠᠯᡥᡡᠨ ᠉ ᠴᡝᠵᡳᡥᡝ :

B. ᡤᡠᠰᡝᠪᡝ ᠪᡳᠴᡳ ᠪᡝ ᡤᡠᠯᡳᠴᡳᠪᡠᡥᡝ :

ᡤᡠᠯᡳᠴᡳᠪᡠᡥᡝᠨ ᠮᠣᡵᡳᠨ ᠪᡳᡥᡝ ᠉

A. ᠰᡳᠩᡤᡝᡵᡝᠮᡠᠮᠪᡝ ᡳᠯᡳ

(ᡤᡳᠰᡠᠨ) ᠪᡳᡨᡥᡝᡳ ᡶᡠᡤᡳᠶᡝ ᠪᡝ ᠰᠠᡵᡤᡡᠮᠪᡝ ᡨᡝᡵᡝ ᡶᠠᡳ

ᠠᠨᠠ ᠨᡳ ᡳᠩᡤᡳᠶᡝᡩᠵᡳ ᡴᡳᠶᡝᠯᡳᠶᡝᠸᡝ ᠉

ana ni ingiədzi kiəliəwə.

ᡤᡳᠰᡠᠪᡠᡥᡝᠩᡤᡝ ᠪᡳᡥᡝ ᠪᡝ ni ᡩᡝ ᠰᠠᠩᡤᠠᠯᠠᡥᠠ ᠉ ᡨᡝᡵᡝᠩᡤᡝ :

ᡶᡠᡤᡳᠶᡝ ᡨᠠᠨᡳ ᡴᠠᠯᠠ ᠸᡝ ᠉

fugiə tani qala wə ᠉

ᠰᠣᠨᠵᠣᠪᡠᡥᡝᠩᡤᡝ ᠪᡳᡥᡝ ᡨᡝ ᡶᡠᡴᠠᠨ ᠪᠣᠣᠩᡤᡝ ᠪᡝ tani (~ taji) ᡩᡝ ᠰᠠᠩᡤᠠᠯᠠᡥᠠ ᠉ ᡨᡝᡵᡝᠩᡤᡝ :

ᠮᠣᡵᡳ ᠴᡳᠨᡳ ᡝᠨᡩᡝ ᠸᡝ ᠉

mori tşini əndə wə.

ᠰᠣᠨᠵᠣᠪᡠᡥᡝᠩᡤᡝ ᠪᡳᡥᡝ ᡨᡝ ᡤᡳᠰᡠᠨ ᠪᠣᠣᠩᡤᡝ ᠪᡝ tşini (~ tşiji) ᡩᡝ ᠰᠠᠩᡤᠠᠯᠠᡥᠠ ᠉ ᡨᡝᡵᡝᠩᡤᡝ :

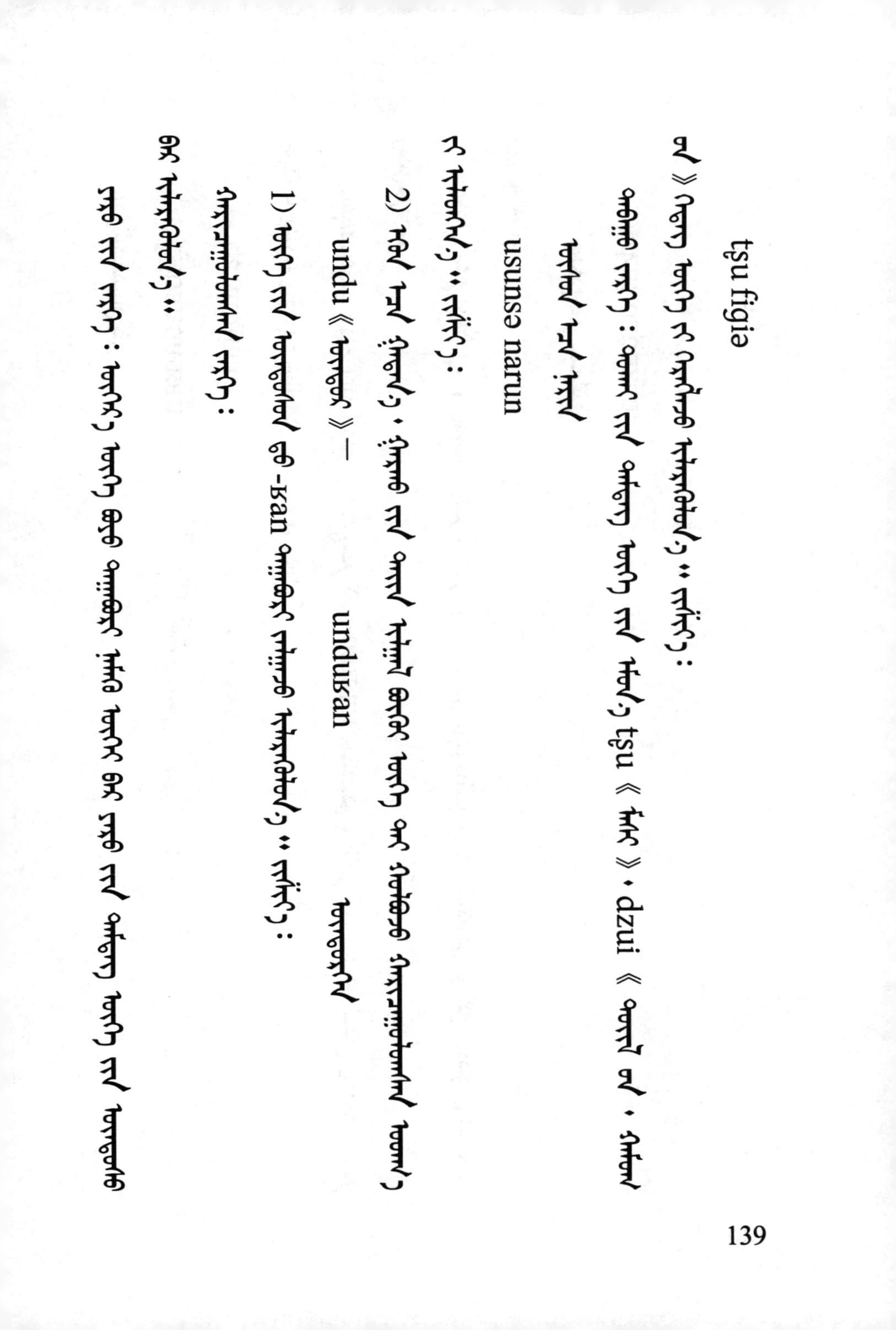

[illegible] : [illegible]
[illegible] ::

[illegible] :

1) [illegible] -ʁan [illegible] :: [illegible] :

undu 《 ᡠᠨᡩᡠ 》— unduʁan ᡠᠨᡩᡠᡤᠠᠨ

2) [illegible] · [illegible]
[illegible] :: [illegible] :

usunsə narun

[illegible]

[illegible] : [illegible] tṣu 《 [illegible] 》· dzui 《 [illegible] · [illegible]
[illegible] 》 [illegible] :: [illegible] :

tṣu figiə

ᠴᠠᠭᠠᠨᠳᠠᠶᠢᠭᠠᠨ ᠪᠢ :

tsiɢandaiʁan ᠴᠠᠭᠠᠨ ᠴᠠᠭᠠᠨ

qaradaiʁan ᠬᠠᠷ᠎ᠠ ᠬᠠᠷ᠎ᠠ

ᠪᠠᠢᠳᠠᠯ ᠲᠡᠮᠳᠡᠭ ᠮᠡᠳᠡᠭᠳᠡᠬᠦ ᠠᠭᠤᠯᠤᠭᠰᠠᠨ ᠦᠭᠡ) :: ᠵᠢᠱᠢᠶ᠎ᠡ :

ᠳᠠᠭᠠᠯᠳᠤᠭᠤᠯᠤᠭᠴᠢ ᠪᠢ : ᠲᠡᠮᠳᠡᠭ ᠤᠨ ᠲᠡᠮᠳᠡᠭᠯᠡᠯ ᠪᠢ -daiʁan ᠠᠭᠤᠯᠤᠭᠰᠠᠨ ᠳᠠᠭᠠᠪᠠᠷ (ᠲᠡᠷᠡ ᠠᠭᠤᠯᠤᠭᠰᠠᠨ ᠲᠡᠮᠳᠡᠭ ᠪᠣᠯᠤᠨ᠎ᠠ ::

ᠲᠡᠭᠦᠨ ᠲᠡᠶ ᠠᠳᠠᠯᠢ ᠂ ᠪᠠᠢᠳᠠᠯ ᠲᠡᠮᠳᠡᠭ ᠤᠨ ᠲᠡᠮᠳᠡᠭ ᠢ ᠳᠠᠭᠠᠯᠳᠤᠭᠤᠯᠤᠭᠴᠢ ᠳᠠᠭᠠᠯᠳᠤᠭᠤᠯᠤᠭᠴᠢ ᠪᠢ ᠲᠡᠶ ᠲᠡᠭᠦᠨ ᠢ ᠮᠠᠳᠤ ᠪᠢ ::

ᠵᠡᠭᠦᠢ ᠵᠦᠭ ᠵᠦᠭᠡᠨ

dzui dzuɖzan

ᠲᠡᠷᠡ ᠮᠣᠷᠢ

qa qara ᠬᠠᠪ ᠬᠠᠷ᠎ᠠ

u undu ᠥᠪ ᠥᠨᠳᠥᠷ

ᠮᠣᠩᠭᠣᠷ 《ᠤᠪ ᠤᠯᠠᠭᠠᠨ》 ᠢ xupu xulan ᠭᠡᠵᠦ ᠭᠡᠯᠡᠨ᠎ᠡ᠃

xulan xulan ᠤᠯᠠᠨ ᠤᠯᠠᠭᠠᠨ

B. ᠲᠡᠮᠳᠡᠭ ᠡᠮᠦᠨ ᠢ ᠡᠭᠡᠯᠡᠭᠳᠡᠬᠦ ᠪᠡ ᠰᠣᠷᠢᠮᠠᠯ ᠪᠣᠯᠣᠨ ᠡᠮᠦᠨ ᠦᠭᠡ ᠡᠮᠡᠨ ᠢ ᠨᠢᠭᠡᠨ ᠲᠡᠮᠳᠡᠭᠯᠡᠨ᠎ᠡ᠂

ᠬᠡᠷᠡᠭᠯᠡᠭᠳᠡᠨ ᠭᠣᠶᠢᠮᠰᠢᠨ᠎ᠡ᠂ ᠡᠭᠡᠯᠡᠭᠳᠡᠨ ᠪᠡ ᠪᠠᠢᠪᠠ ᠪᠠᠢᠨ᠎ᠠ᠃ 〔-ni〕 ᠳᠠᠭᠠᠪᠤᠷ ᠡᠪᠡᠯ ᠭᠢᠨ ᠡᠮᠦᠨ ᠦᠭᠡ ᠲᠡᠷᠡ ᠳᠤ

ᠪᠠᠢᠪᠠ ᠡᠭᠡᠯᠡᠭᠳᠡᠬᠦ᠂ ᠳᠣᠮᠣᠭᠣᠯᠣᠭ ᠪᠡ ᠡᠭᠡᠯᠡᠪᠡ (ᠭᠢᠨ) ᠪᠠᠢᠨ᠎ᠠ᠃ ᠨᠢᠨ 〔-ni〕 ᠳᠠᠭᠠᠪᠤᠷ ᠲᠣᠭᠣᠷᠢ ᠡᠮᠦᠨ

ənə ni tʂiGan wə

tşiGan tşidʐə ni ande wa

《ᠬᠤᠯᠠᠨ ᠤ ᠨᠢ ᠦᠵᠡᠭᠡᠷᠡᠢ》(ᠦᠭᠡ ᠣᠷᠴᠢᠭᠤᠯᠤᠯ)

xulannini udʐə

《ᠬᠤᠯᠠᠨ ᠨᠢ ᠵᠡᠭᠡᠷᠡ ᠪᠤᠢ》(ᠦᠭᠡ ᠣᠷᠴᠢᠭᠤᠯᠤᠯ)

xulanni şi tşidʐə wa

《ᠡᠨᠡ ᠵᠡᠭᠡᠷᠡ ᠪᠣᠯ ᠬᠤᠯᠠᠨ (ᠵᠡᠭᠡᠷᠡ) ᠪᠤᠢ》(ᠦᠭᠡ ᠣᠷᠴᠢᠭᠤᠯᠤᠯ)

ene tşidʐə şi xulanni wa

《ᠡᠨᠡ ᠨᠢ ᠬᠤᠯᠠᠨ》(ᠤᠳᠬ᠎ᠠ ᠣᠷᠴᠢᠭᠤᠯᠤᠯ)

《ᠮᠣᠩᠭᠣᠯ ᠬᠡᠯᠡ ᠶᠢᠨ ᠲᠣᠭ᠎ᠠ ᠪᠠᠢᠳᠠᠯ》（ᠪᠣᠳᠣᠯᠭ᠎ᠠ）

ᠪᠢᠴᠢᠭᠰᠡᠨ ᠲᠣᠭᠠᠨ ᠲᠣᠭᠠᠴᠠᠭᠠᠨ ᠲᠣᠭ᠎ᠠ ᠲᠣᠭᠠᠨ ᠨᠢ ᠪᠣᠯᠤᠨ ᠲᠡᠮᠳᠡᠭ ᠨᠢ ᠲᠡᠮᠳᠡᠭᠯᠡᠭᠳᠡᠨᠡ ::

（ᠪᠣᠳᠣᠯᠭ᠎ᠠ）ᠪᠣᠯᠤᠨ ᠤ ᠲᠣᠭᠠᠨ ᠤ ᠰᠢᠨᠵᠢᠯᠡᠯ ᠲᠣᠪᠴᠢ ᠲᠦᠷ

1) ᠲᠣᠭ᠎ᠠ ᠲᠦᠷ ᠲᠣᠭᠠᠨ ᠲᠡᠮᠳᠡᠭᠯᠡᠭᠴᠢ ᠪᠣᠯᠤᠨ ᠤ ᠲᠣᠭᠠᠨ ᠢ ᠲᠣᠭᠠᠴᠠᠭᠠᠨ ᠬᠡᠯᠡᠨ ᠤ ᠬᠠ ᠪᠠᠷ ᠲᠡᠮᠳᠡᠭᠯᠡᠨ᠎ᠡ : niə ① , G
ua ② , Guruan ③ , dʑiəruan ④ , tawun ⑤ , dʑiGuan ⑥ , dolon ⑦ , naiman
⑧ , jiəsun ⑨ , haruan ⑩ :: ᠬᠣᠷᠢ ᠲᠦᠷ ᠬᠣᠷᠢᠨ ᠵᠢ ᠪᠣᠯᠤᠨ ᠲᠣᠭᠠᠨ ᠲᠦᠷ ᠪᠢᠴᠢᠭᠳᠡᠨ᠎ᠡ ᠪᠣᠯᠤᠨ ᠤ ᠲᠣᠭᠠᠨ ᠬᠣᠷᠢᠨ ᠢ ᠪᠣᠯᠤᠨ ::
2) ᠪᠠᠷ ᠪᠣᠯᠤᠨ ᠤ ᠬᠡᠯᠡᠨ ᠬᠡᠯᠡ ᠲᠦᠷ ᠲᠣᠭᠠᠴᠠᠭᠠᠨ （dʑi）（< di）ᠶᠢ ᠪᠣᠯᠤᠨ ᠲᠦᠷ ᠲᠣᠭᠠᠨ ᠲᠦᠷ ᠲᠣᠭᠠᠨ᠎ᠠ
ᠪᠣᠯᠤᠨ ᠲᠣᠭᠠᠴᠠ ᠬᠡᠯᠡᠨ ᠠᠴᠠ :: dʑi ʂiwi《ᠲᠣᠭᠠᠨ ᠪᠣᠯᠤᠨᠲᠠᠢ》:: ᠬᠡᠯᠡᠨ ᠲᠦᠷ ᠪᠣᠯᠤᠨ ᠲᠦᠷ ᠪᠣᠯᠤᠨ ᠢ
（-da）ᠬᠡᠯᠡᠨ ᠪᠣᠯᠤᠨ ᠪᠠᠷ ᠲᠡᠮᠳᠡᠭᠯᠡᠨ᠎ᠡ :: ᠲᠣᠭᠠᠨ : Guada《ᠭᠣᠷᠪᠠᠳᠤᠭᠠᠷ》, tawuda

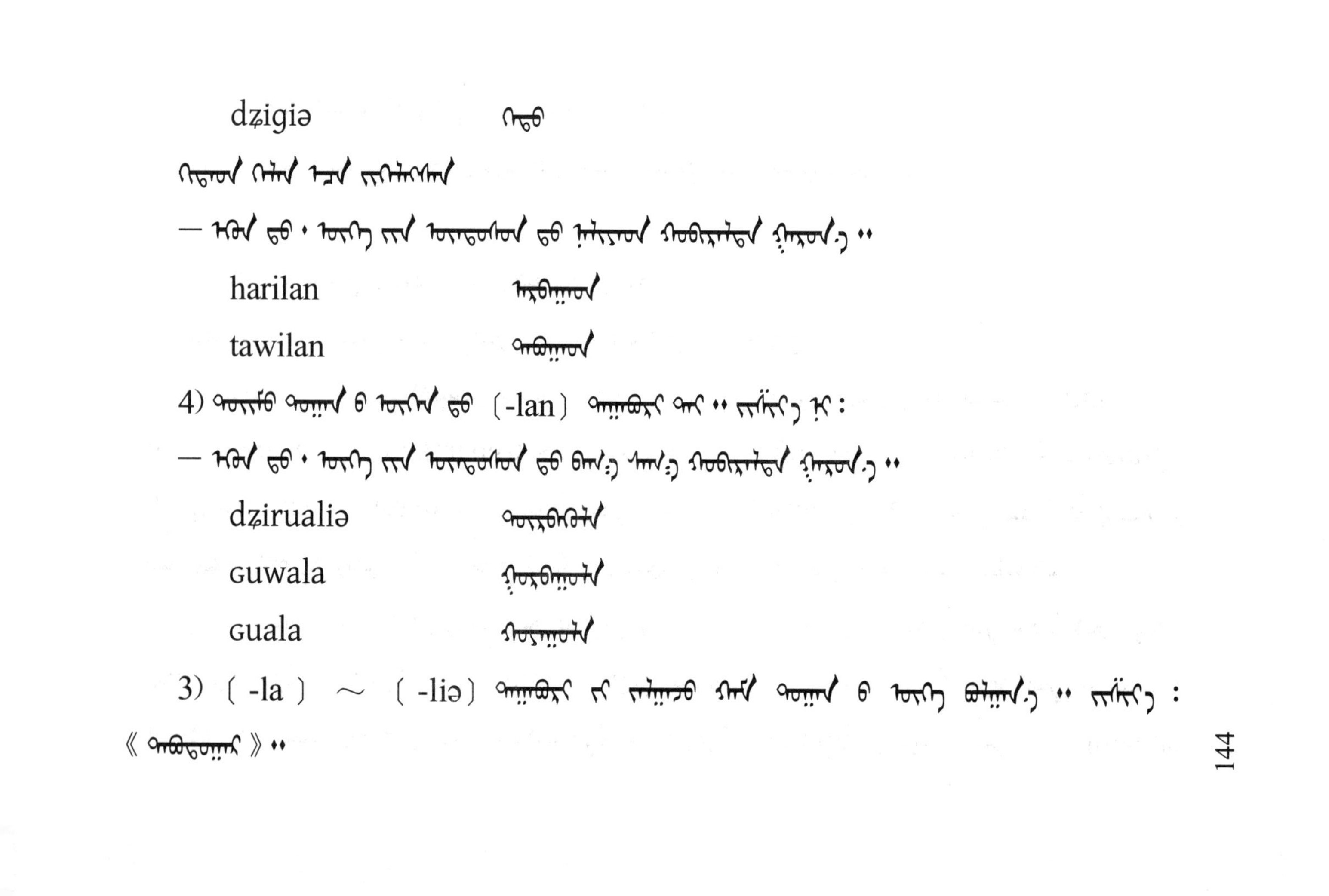

dzigiə [illegible]

[illegible]

— [illegible] ::

harilan [illegible]

tawilan [illegible]

4) [illegible] 〔-lan〕 [illegible] :

— [illegible] ::

dzirualiə [illegible]

ɢuwala [illegible]

ɢuala [illegible]

3) 〔 -la 〕 ～ 〔 -liə〕 [illegible] :

《 [illegible] 》::

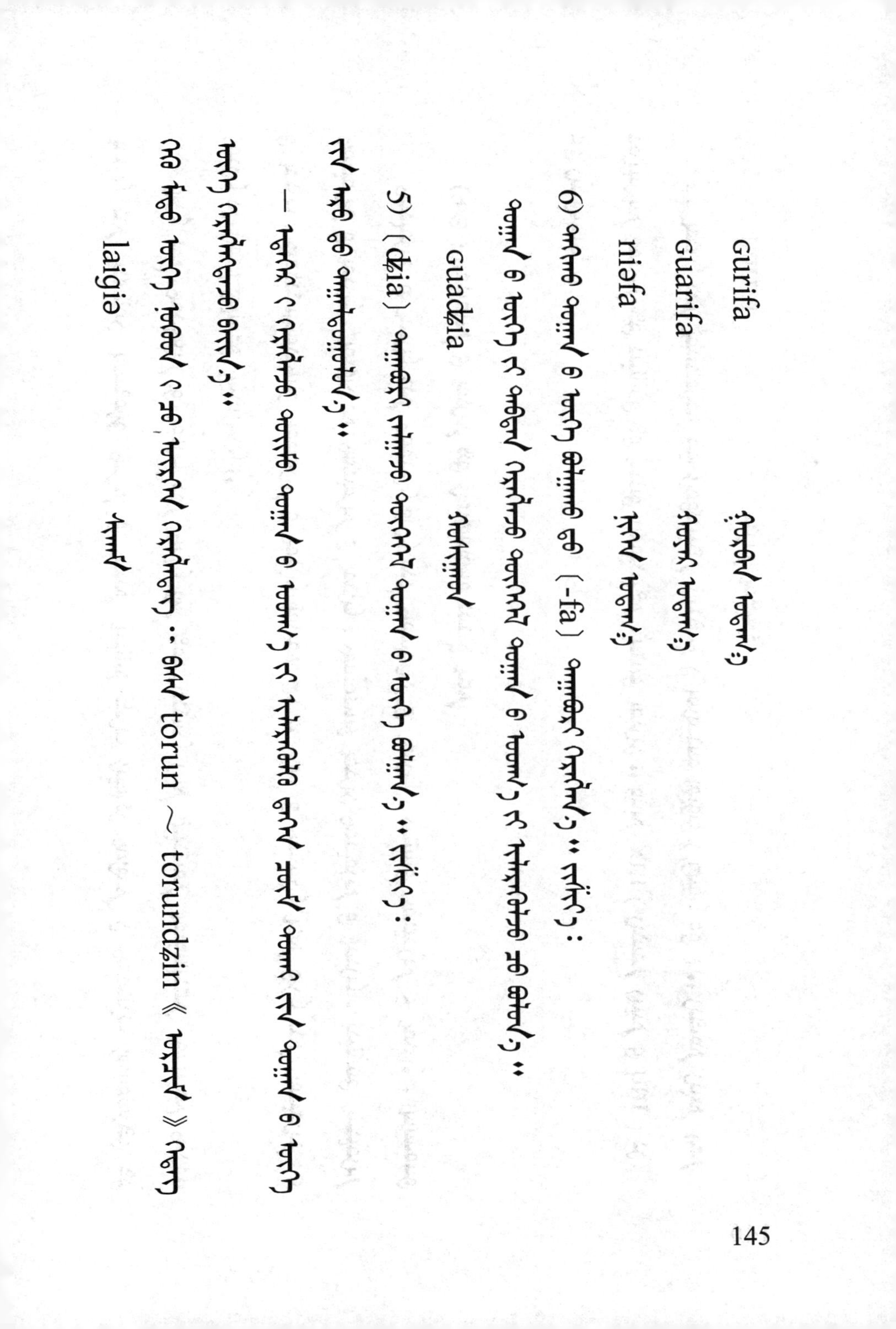

ɢurifa [illegible]

ɢuarifa [illegible]

niəfa [illegible]

6) [illegible] 〔-fa〕 [illegible] :: ᠵᠢᠱᠢᠶ᠎ᠡ :

[illegible] ::

ɢuadʑia [illegible]

5) 〔dʑia〕 [illegible] :: ᠵᠢᠱᠢᠶ᠎ᠡ :

[illegible] ::

— [illegible]

[illegible] ::

[illegible] :: [illegible] torun ～ torundʑin 《 [illegible] 》 [illegible]

laigiə [illegible]

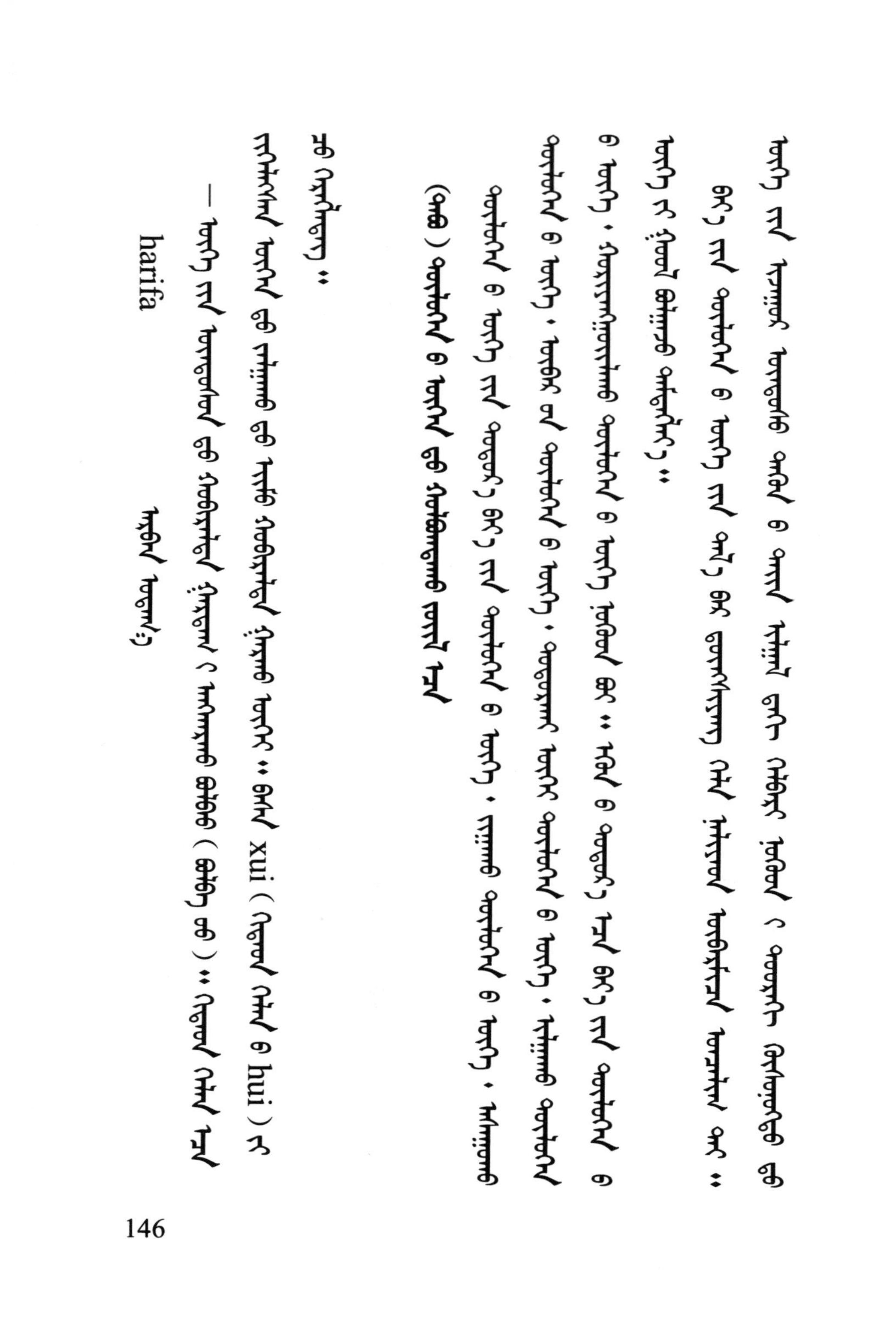

harifa ᡥᠠᡵᡳᡶᠠ ᡥᡝᠰᡝ

ᠰᡳᠯᡥᡳᠶᠠᠮᡝ ᡥᠠᠴᡳᠨ ᡩᡝ ᠰᡝᠮᡝ ᡩᡝ ᡥᠠᠴᡳᠨ ᡤᡳᠰᡠᡵᡝᡵᡝ ᡤᡠᠰᡝᠨ ᡥᠠᠴᡳᠨ :: ᠪᡳᠮᡝ xui (ᡤᡠᠰᡝᠨ ᡤᡳᠰᡠᠨ ᡳ hui) ᠵᡳ

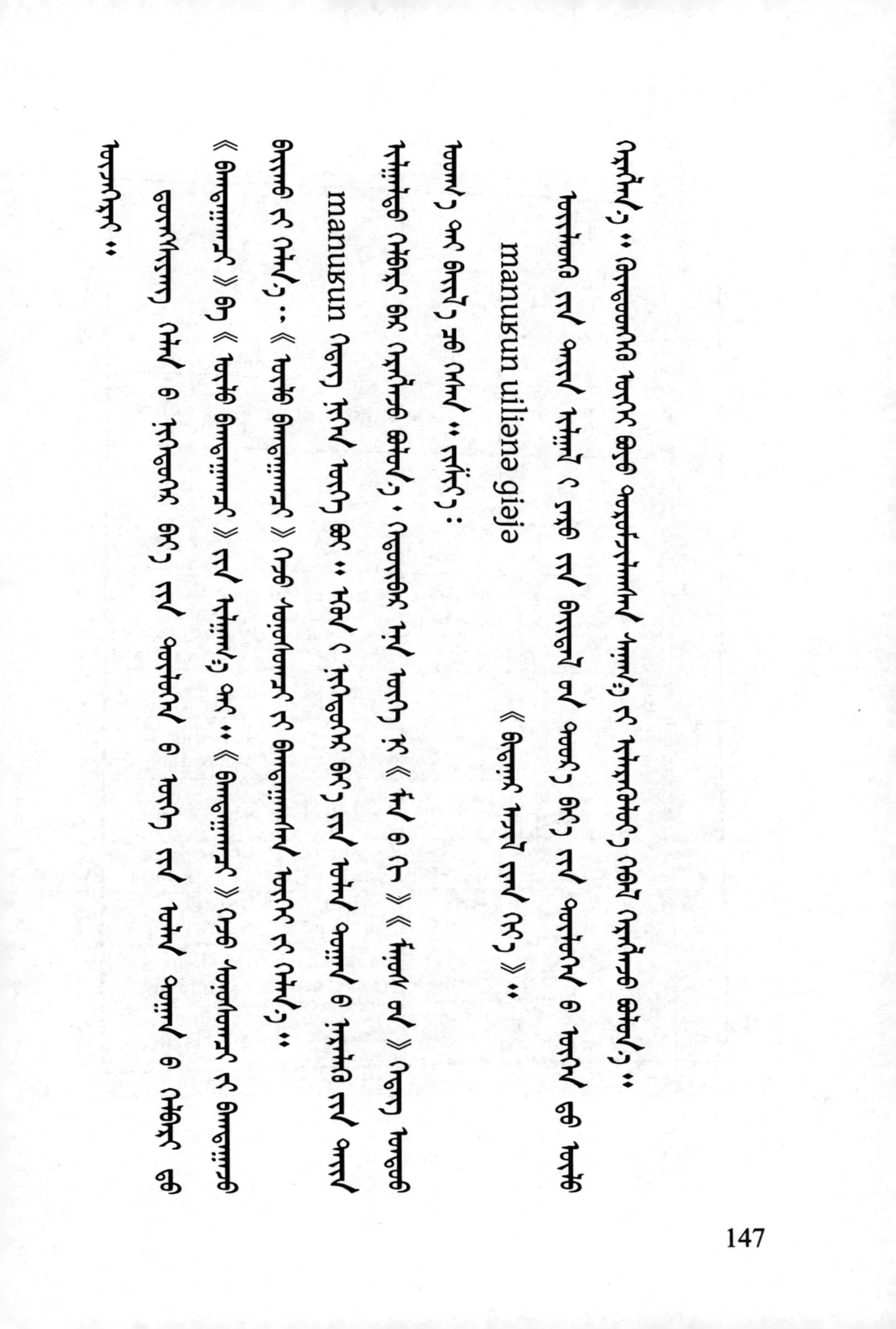

[illegible] ••

[illegible]
manuʁun uiliənə giəjə 《[illegible]》 ••
[illegible] :

[illegible] 《[illegible]》 《[illegible]》 [illegible] manuʁun [illegible] ••

[illegible] 《[illegible]》 [illegible] ••

[illegible] ••

[illegible]	[illegible]	[illegible]	[illegible]
[illegible]	bi	mini	nɑmɑdə mɑdə
[illegible]	bidʑiən	bidʑiənni	bidʑiəndə
[illegible]	mɑtɑn	mɑni mɑtɑnni	mɑtɑndə
[illegible]	tʂi	tʂini	tʂimɑdə
[illegible]	tɑ	tɑni	tɑndə
[illegible]	ənə	ənəni	ənədə (ənəndə nəndə)
[illegible]	hə	həni	həndə
[illegible]	tərə	tərəni	tərədə tərəndə
[illegible]	əʁən	əʁənni	əʁəndə
[illegible]	ənəlɑ ənəslɑ	ənəlɑni ənəslɑni	ənəlɑdə ənəslɑdə
[illegible]	həlɑ həslɑ	həlɑni həslɑni	həlɑdə həslɑdə
[illegible]	tərəlɑ tərəslɑ	tərəlɑni tərəslɑni	tərəlɑdə tərəslɑdə
[illegible]	əʁəslɑ	əʁəslɑni	əʁəslɑdə

[illegible]	[illegible]	[illegible]	[illegible]
nɑmi mini	nɑmɑsə mɑsə	(biGɑlɑ)	nɑmɑlə
bidʑiənni	bidʑiənsə	(bidʑiənGɑlɑ)	bidʑiənlə
mɑni mɑtɑnni	mɑtɑnsə	(mɑtɑnGɑlɑ)	mɑtɑnlə
tʂini	tʂimɑsə	(tʂiGɑlɑ)	tʂinlə
tɑni	tɑnsə	(tɑGɑlɑ)	tɑnlə
ənəni	ənəsə ənənsə	(ənəGɑlɑ)	ənələ
həni	həsə hənsə	(həGɑlɑ)	hələ hənlə
tərəni	tərəsə tərənsə	tərəGɑlɑ	tərələ
əʁənni	əʁənsə	əʁənGɑlɑ	əʁənlə
ənəlɑni ənəslɑni	ənəlɑsə ənəslɑsə	(ənəlɑGɑlɑ ənəslɑGɑlɑ)	ənəlɑlə ənəslɑlə
həlɑni həslɑni	həlɑsə həslɑsə	(həlɑGɑlɑ həslɑGɑlɑ)	həlɑlə həslɑlə
tərəlɑni tərəslɑni	tərəlɑsə tərəslɑsə	tərəlɑGɑlɑ tərəslɑGɑlɑ	tərəlɑlə tərəslɑlə
əʁəslɑni	əʁəslɑsə	əʁəslɑGɑlɑ	əʁəslɑlə

ᠣᠯᠠᠨ ᠲᠣᠭᠠᠨ ᠤ ᠬᠡᠯᠪᠡᠷᠢ ᠶᠢᠨ ᠵᠢᠱᠢᠶ᠎ᠡ ᠨᠢ ᠬᠠᠮᠲᠤ ᠬᠡᠯᠪᠡᠷᠢ hə · hala · ənə · ənəla ᠭᠡᠵᠦ ᠬᠡ

ᠪᠣᠯᠤᠨ ᠠᠮᠠ ᠦᠭᠡᠨ ᠳᠦ ᠲᠥᠯᠦᠭᠡᠨᠢ ᠤ ᠬᠡᠯᠪᠡᠷᠢ ᠪᠣᠯᠤᠨ᠎ᠠ ·· ᠦᠭᠡᠨ ᠳᠦ ᠲᠥᠯᠦᠭᠡᠨᠢ ᠤ ᠬᠡᠯᠪᠡᠷᠢ ᠳᠦ ᠪᠠᠢᠨ imutu ·

intu《ᠢᠨᠳᠦ》· tɕimutu · tɕintu《ᠴᠢᠮᠠᠳᠤ》ᠭᠡᠬᠦ ᠮᠡᠲᠦ ᠦᠭᠡ ᠬᠡᠯᠪᠡᠷᠢ ᠨᠢᠭᠤᠳᠠᠨ ᠪᠤᠢ ::

ᠠᠰᠠᠭᠤᠯᠲᠠ ᠲᠥᠯᠦᠭᠡᠨᠢ ᠤ ᠬᠡᠯᠪᠡᠷᠢ ᠳᠦ ᠢᠨᠳᠦ ᠬᠡᠯᠪᠡᠷᠢ ᠨᠢᠭᠤᠳᠠᠨ ᠪᠤᠢ :

kiən ᠬᠡᠨ

jan ᠶᠠᠭᠤᠨ

giədun ᠬᠡᠳᠦᠨ

giədu ᠬᠡᠳᠦᠢ · ᠬᠡᠵᠢᠶᠡᠨ

matu ᠶᠠᠮᠠᠷ

qala ᠬᠠᠮᠢᠭ᠎ᠠ

giədʐə ᠬᠡᠵᠢᠶ᠎ᠡ

ali ᠠᠯᠢ

niədʐən	ᠨᠢᠶᠠᠨ ᠵᠢᠩ
dʐarun	ᠵᠢᠩ
pusədʑi	ᠪᠦᠰᠡᠢ
pusədu	ᠪᠦᠰᠡᠢ
jama	ᠶᠠᠮᠠ ᠶᠠᠭᠤ᠂ ᠶᠠᠮᠠᠷ ᠶᠠᠭᠤ
kiənma	ᠬᠡᠨ ᠶᠠᠭᠤ

ᠬᠣᠣᠰᠣᠷᠠᠯ ᠬᠡᠯᠡᠨ ᠬᠣᠯᠪᠣᠯᠲᠠ ᠶᠢᠨ ᠵᠢᠱᠢᠶ᠎ᠡ ᠨᠢ ᠄

ᠬᠡᠪ ᠦᠨ ᠳᠤ godʐia ᠳᠤ᠂ (-tan) ᠬᠡᠪ ᠦᠨ ᠢ orun ᠳᠤ ᠣᠷᠣᠯᠠᠨ᠎ᠠ ᠄᠄

ᠮᠣᠩᠭᠣᠯ ᠬᠡᠯᠡ ᠲᠠᠢ ᠄᠄ ᠡᠨᠡ ᠲᠣᠬᠢᠶᠠᠯᠳᠤᠯ ᠬᠡᠯᠡᠨ ᠦ ᠡᠭᠡᠮ ᠪᠤᠰᠤᠨ ᠳᠤ ᠬᠠᠷᠢᠴᠠᠭᠤᠯᠤᠯᠲᠠ ᠪᠣᠯᠤᠨ᠎ᠠ᠂ ᠡᠭᠡᠮ ᠳᠤ (-la)

(-nə) ᠬᠡᠪ ᠦᠨ ᠢ ᠣᠷᠣᠯᠠᠭᠤᠯᠤᠨ ᠪᠣᠯᠤᠨ᠎ᠠ ᠄᠄ ᠣᠯᠠᠨ ᠲᠣᠭ᠎ᠠ ᠪᠠᠢᠳᠠᠯ ᠲᠠᠢ ᠪᠣᠯᠪᠠᠴᠤ ᠰᠢᠯᠵᠢᠬᠦ ᠶᠢᠨ ᠬᠡᠪ ᠦᠨ ᠢ ᠰᠢᠭᠤᠳ

ᠠᠰᠢᠭᠯᠠᠬᠤ ᠶᠢᠨ ᠬᠠᠮᠲᠤ ᠰᠢᠯᠵᠢᠬᠦ ᠶᠢᠨ ᠬᠡᠪ ᠦᠨ ᠢ ᠣᠷᠣᠯᠠᠭᠤᠯᠵᠤ ᠬᠡᠯᠡᠨ᠎ᠡ ᠄᠄ godʐia ᠭᠡᠬᠦ ᠬᠡᠯᠡᠨ ᠳᠤ ᠰᠤᠷᠠᠭᠰᠠᠳ ᠤᠨ

ᠬᠡᠯᠡᠨ ᠦ ᠳᠤᠯᠤᠭ᠎ᠠ ᠬᠡᠯᠡᠬᠦ ᠶᠢᠨ ᠬᠣᠯᠪᠣᠯᠲᠠ ᠶᠢᠨ ᠵᠢᠱᠢᠶ᠎ᠡ ᠨᠢ orun,godʐia ᠰᠢᠭ ᠄᠄ ᠡᠨᠡ ᠰᠢᠭ ᠬᠡᠯᠡᠨ ᠳᠤ ᠤᠷᠢᠳ ᠤᠨ ᠬᠡᠯᠡᠨ

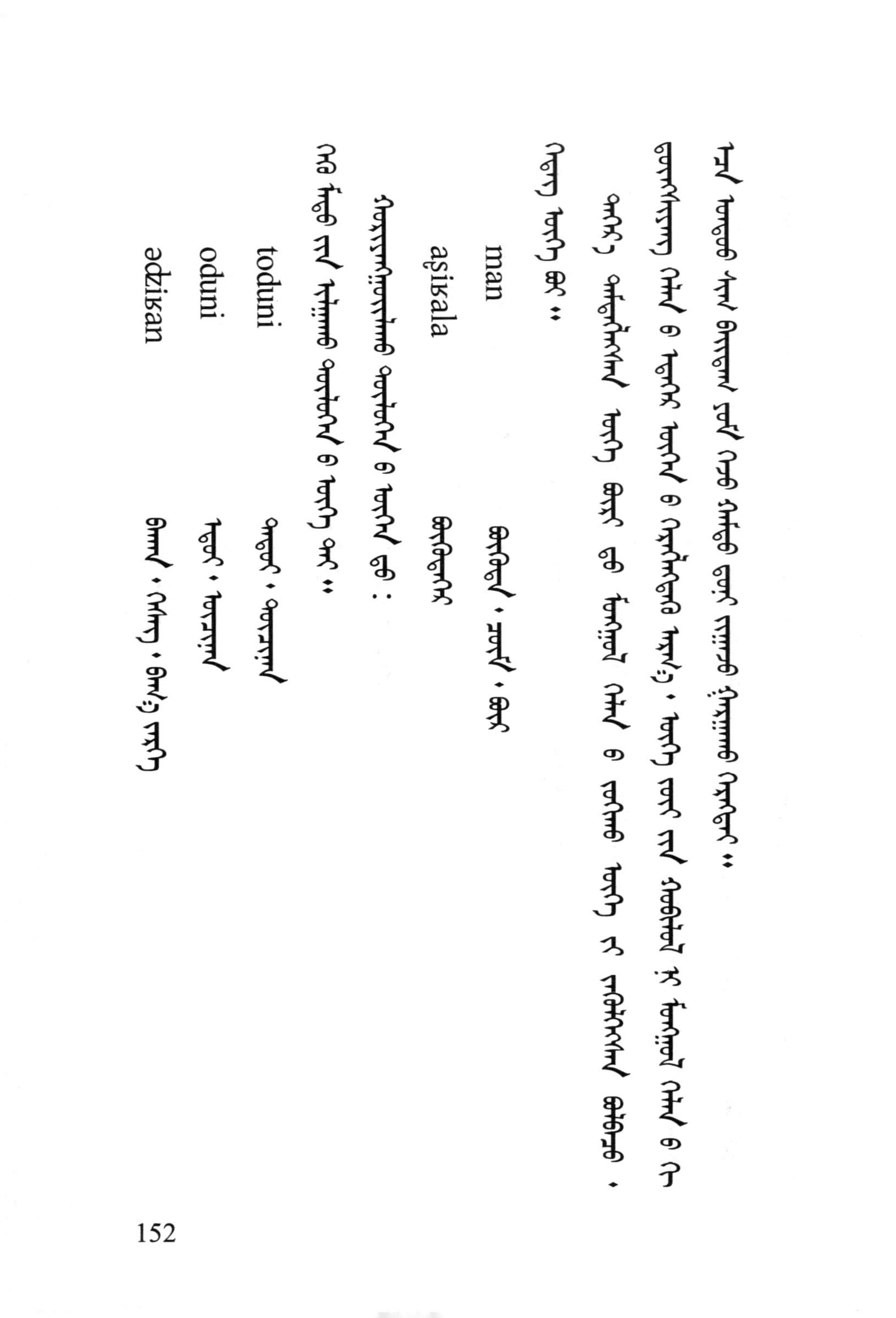

[illegible]

[illegible]

man [illegible]

aşiʁala [illegible]

[illegible]

todunі [illegible]

oduni [illegible]

ədʒiʁan [illegible]

ᠪᡝᠯᡝᡴᡝ ᠴᡳᠩᡤᡳᠶᡝᠪᡳ ᠰᡝ ::

ulia tɕingiedʐi gie.

ᡤᡝᠰᡝᠩ ᡳᠰᡳᠪᡠᡥᡝ ᠮᡠᡩᡝᠯᡝᠨ ᡳ ᠮᡠᡩᠠᠨ ᠮᡠᡩᠠᠩ ᠪᡳ :: ᡨᡠᠸᠠᠴᡳ :

matugie ᡨᡠᠸᠠᠪᡠ ، ᡤᡳᡴᡳᠪᡠ

jangie ᡤᡳᡴᡳᠪᡠ ، ᡨᡠᠸᠠᠪᡠ

ᡤᡝᠰᡝᠩ ᡨᡠᠸᠠᠪᡠ ᠮᡠᡩᡝᠯᡝᠨ ᡳ ᠮᡠᡩᠠᠨ ᠮᡠᡩᠠᠩ ᠪᡳ ::

tɕingie ᠴᡳᠩᡤᡳᠶᡝ

ingie ᡳᠩᡤᡳᠶᡝ

A. ᠮᡠᡩᡝᠯᡝᠨ ᡳ ᠮᡠᡩᠠᠨ ᠮᡠᡩᠠᠩ :

ᠪᠣᠣᡴᡳᡵᡠᡵᡝᡴᡝᡵᡝ ᡤᡳᠰᡠᠨ ᠪᡝ ᡳᠨᡳ ᠮᡝ ᠮᡠᡩᠠᠨ ᠮᡠᡩᠠᠩ ᡳᠨᡳ ᡠᠵᡠᡵᡳ ᠮᡠᠵᡳᠩᡤᡠ ᡳᠩᡤᡝ ᠮᡠᡩᠠᠨ ᠮᡠᡩᠠᠩ ᡳᠮᠪᡝ ᠪᡳ ::

I ᠮᡠᡩᠠᠨ ᠮᡠᡩᠠᠩ ᡳᡳ ᠮᡠᡩᡝᡵᡝ ᡳᡳᡳᡳ ᡳᠨᡳ

(ᡳᡳᡳᡳᠮᡝᠩᡤᡝ) ᠮᡠᡩᠠᠨ ᠮᡠᡩᠠᠩ ᠪᡝ ᠨᡠᡴᠠᠪᡳᡨᡠᠪᡠ ᡳᡳᡳᡳ ᡳᠨᡳ

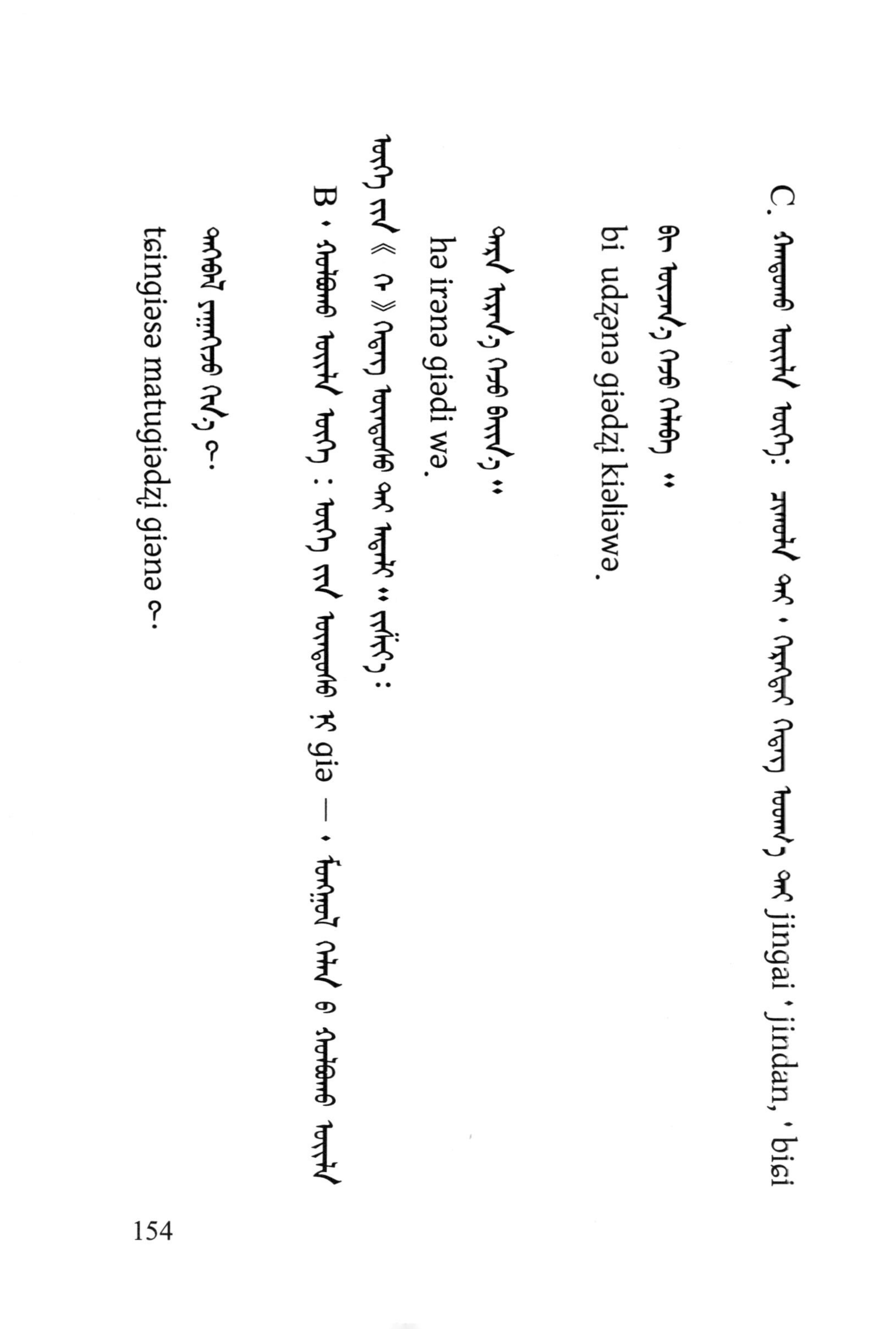

C. [illegible]: [illegible] jingai ' jindan, ' biɕi

[illegible] ::

bi udzənə giədzi kiəliəwə.

[illegible] ::

hə irənə giədi wə.

[illegible] 《 [illegible] 》 [illegible] :: [illegible] :

B · [illegible] : [illegible] gia — · [illegible]

[illegible]

tɕingiəsə matugiədzi giənə

ᡝᠨᡝ ᠰᡳ ᠰᡳᠵᡝ ᠸᡝ ᠉

ənə ʂi ʂiẓə wə.

[illegible] wə (《[illegible]》) [illegible] :

D. [illegible] ʂi- [illegible]

ᡥᡝ ᠵᡳᠨᡩᠠᠨ ᡝᠨᡝ ᡠᡩᡠ ᡤᡳᠶᠠᡩᠵᡳ ᠪᠠᡳᡵᡝ ᠉

hə jindan ənə udu giədẓi baɪunə

ᡝᠨᡝᠨᡳ ᠵᡳᠩᡤᠠᡳ ᡳᠩᡤᡳᠶᠠᡩᠵᡳ ᡤᡳᠶᠠᠨᡝ ᠉

ənəni jingai ingiədẓi giənə.

[illegible] :

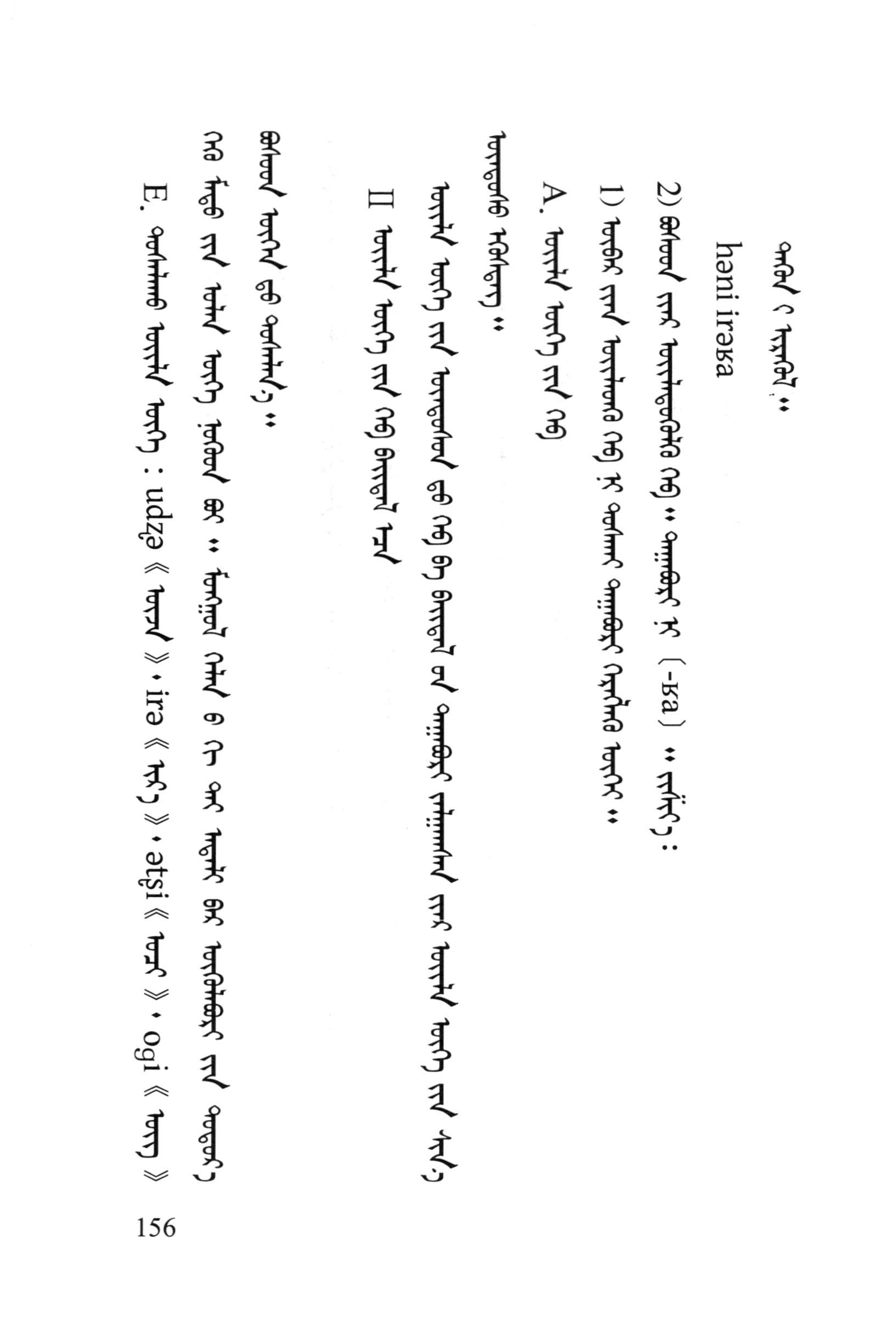

[illegible] ::

həni iraʁa

2) [illegible] :: [illegible] 〔-ʁa〕:: [illegible] :

1) [illegible] ::

A. [illegible]

[illegible] ::

[illegible]

Ⅱ [illegible]

[illegible] ::

[illegible] :: [illegible]

E. [illegible] : udzə《[illegible]》, ira《[illegible]》, ətşi《[illegible]》, ogi《[illegible]》

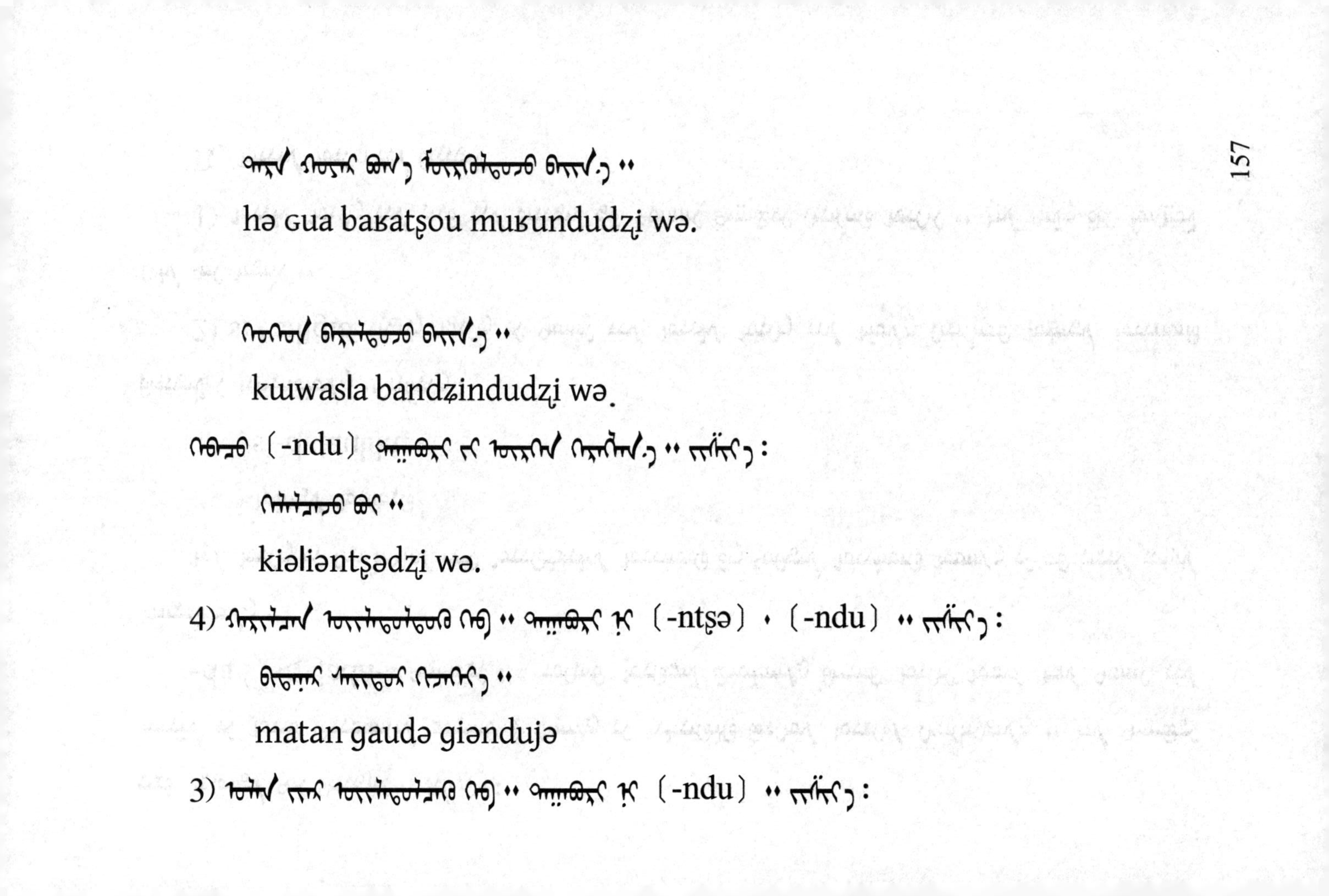

[illegible]

hə ɢua baʁatʂou muʁundudʐi wə.

[illegible]

kuwasla bandʑindudʐi wə.

[illegible] (-ndu) [illegible]:

[illegible]

kiəliəntʂədʐi wə.

4) [illegible] (-ntʂə), (-ndu) [illegible]:

[illegible]

matan gaudə giəndujə

3) [illegible] (-ndu) [illegible]:

B. [illegible]

1) [illegible] ::

2) si'siligiə [illegible] :: ᠵᠢᠱᠢᠶᠡᠯᠡᠪᠡᠯ :

si-dziauliku

[illegible]

[illegible] ::

-da (※< jada-) [illegible] : 《 [illegible] 》 [illegible] :: ᠵᠢᠱᠢᠶᠡᠯᠡᠪᠡᠯ :

bidʑiən udʐəjə.

ᠪᠢ ᠦᠵᠡᠶ᠎ᠡ

bi udʐəjə.

ᠬᠡᠯᠪᠡᠷᠢ ᠪᠠᠢ᠌ᠨ᠎ᠠ ᠶᠢᠨ ᠲᠦᠷᠦᠯ ᠬᠤᠪᠢᠷᠠᠯ ᠤᠨ ᠨᠡᠷᠢᠶᠡᠳᠦᠯ ᠢ -jə

ᠠᠮᠢᠲᠠᠢ ᠠᠮᠢᠳᠤ ᠶᠢᠨ ᠨᠢᠭᠡᠳᠦᠭᠡᠷ ᠲᠦᠷᠦᠯ ᠬᠤᠪᠢᠷᠠᠯ ᠢ ᠪᠠᠢ᠌ᠨ᠎ᠠ ᠭᠡᠵᠦ ᠲᠡᠮᠳᠡᠭᠯᠡᠨ᠎ᠡ ᠭᠡᠵᠦ ::

III. ᠠᠮᠢᠲᠠᠢ ᠠᠮᠢᠳᠤ ᠶᠢᠨ ᠨᠢᠭᠡᠳᠦᠭᠡᠷ ᠲᠦᠷᠦᠯ ᠬᠤᠪᠢᠷᠠᠯ ᠪᠡᠨ ᠪᠠᠢ᠌ᠨ᠎ᠠ

ᠪᠣᠯᠤᠨ᠎ᠠ ::

ᠮᠢᠨᠦ ᠠᠴᠠ ᠬᠤᠷᠠᠯ᠂ ᠠᠮᠢᠳᠤᠷᠠᠯ ᠤᠨ ᠶᠢᠨ ᠠᠷᠭ᠎ᠠ ᠪᠠ ᠠᠮᠢᠲᠠᠢ ᠠᠮᠢᠳᠤ ᠶᠢᠨ ᠪᠢᠳᠡᠨ ᠤᠨ ᠢ ᠠᠮᠢᠳᠤᠷᠠᠭᠤᠯᠤᠭᠰᠠᠨ ᠢ ᠲᠡᠮᠳᠡᠭᠯᠡᠨ᠎ᠡ

ᠪᠢ ᠴᠢᠮᠠᠳᠤ ᠲᠡᠩᠭᠡᠷ ᠠᠷᠠᠶ (《ᠪᠢ ᠠᠳᠤᠭᠤ ᠴᠢᠮᠠᠳᠤ ᠠᠷᠠᠶ》) ::

bi tʂənliədanə.

ᠲᠡᠮᠳᠡᠭᠯᠡᠬᠦ ᠬᠡᠯᠪᠡᠷᠢ ᠲᠥᠷᠥᠯ ᠵᠢᠭᠠᠭᠰᠠᠨ ᠢ ᠲᠥᠯᠥᠭᠡᠯᠡᠵᠦ ᠪᠣᠯᠤᠨ᠎ᠠ ::

ᠲᠣᠭᠠᠨ ᠢ ᠵᠢᠱᠢᠶᠡᠯᠡᠪᠡᠯ ᠂ ᠰᠠᠶᠢᠬᠠᠨᠰᠢᠶᠠᠯᠠᠬᠤ ᠂ ᠰᠠᠶᠢᠬᠠᠨᠰᠢᠶᠠᠯᠠᠭᠤ :: ᠮᠡᠳᠡᠨ ᠡᠨᠡ ᠲᠥᠷᠥᠯ ᠢ ᠮᠡᠳᠡᠯ ᠰᠠᠶᠢᠬᠠᠨᠰᠢᠶᠠᠯᠠᠬᠤ ᠂ ᠵᠢᠱᠢᠶ᠎ᠡ ᠢ ᠮᠡᠳᠡᠯ

ᠡᠨᠡ ᠲᠥᠷᠥᠯ ᠬᠡᠯᠪᠡᠷᠢ ᠶᠠᠮᠠᠷ ᠭᠠᠷᠭᠠᠬᠤ ᠂ ᠬᠡᠯᠡᠯᠭᠡ ᠰᠢᠭ ᠦᠨ ᠮᠡᠳᠡᠭᠳᠡᠬᠦ ᠡᠨᠡ ᠵᠦᠢᠯ ᠦᠨ ᠳᠠᠭᠠᠪᠤᠷᠢ ᠪᠣᠯᠤᠭᠰᠠᠨ ᠢᠯᠡᠷᠬᠡᠢᠯᠡᠯ

ᠪᠣᠯᠤᠭᠰᠠᠨ ᠳᠠᠭᠠᠪᠤᠷᠢ ᠳᠤ -giə ᠳᠠᠭᠠᠪᠤᠷᠢ ᠶᠢ ᠭᠠᠷᠭᠠᠨᠠ ::

2) ᠲᠥᠷᠥᠭᠡᠯ ᠭᠠᠷᠤᠯ ᠳᠤ ᠲᠥᠷᠥᠯ ᠪᠠᠨ ᠲᠥᠷᠥᠯ ᠲᠥᠷᠥᠯ ᠦᠨ ᠲᠥᠷᠥᠭᠳᠡᠬᠦ ᠪᠠᠨ ᠲᠥᠯᠥᠭᠡᠯᠡᠨ᠎ᠡ :: ᠰᠢᠨᠵᠢᠯᠡᠭᠰᠡᠨ ᠪᠠᠷ ᠤᠨ ᠳᠤ

ᠭᠠᠷᠭᠠᠨᠠ ::

ᠪᠣᠭᠣᠨᠢ ᠲᠥᠷᠥᠯ ᠦᠨ ᠲᠥᠯᠥᠭᠡᠯᠡᠨ᠎ᠡ) ᠂ -la (ᠪᠣᠭᠣᠨᠢ ᠡᠭᠡᠰᠢᠭ ᠲᠥᠷᠥᠯ ᠦᠨ ᠲᠥᠯᠥᠭᠡᠯᠡᠭᠴᠢ ᠳᠤ ᠳᠤ ᠲᠥᠯᠥᠭᠡᠯᠡᠬᠦ ᠪᠣᠯᠤᠨ᠎ᠠ) ᠳᠠᠭᠠᠪᠤᠷᠢ ᠶᠢ

1) ᠭᠣᠣᠯᠠᠯ ᠭᠠᠷᠤᠯ ᠲᠣᠭᠠᠨ ᠡᠭᠡᠰᠢᠭᠲᠡᠢ ᠲᠥᠷᠥᠯ ᠳᠤ -ji (ᠡᠭᠡᠰᠢᠭ ᠲᠥᠷᠥᠯ ᠦᠨ ᠲᠥᠯᠥᠭᠡᠯᠡᠨ᠎ᠡ) ᠂ -dʐi (ᠳᠠᠭᠠᠪᠤᠷᠢᠲᠠᠢ ᠵᠢ

ᠭᠠᠷ ᠲᠡᠭᠦᠨ :: ᠰᠢᠨᠵᠢᠯᠡᠭᠰᠡᠨ ᠪᠠᠷ ᠤᠨ ᠳᠤ ᠡᠨᠡ ᠪᠣᠯᠤᠭᠰᠠᠨ ᠳᠠᠭᠠᠪᠤᠷᠢ ᠵᠢ :

ᠪᠣᠯᠤᠨ ᠬᠡᠯᠡᠨ

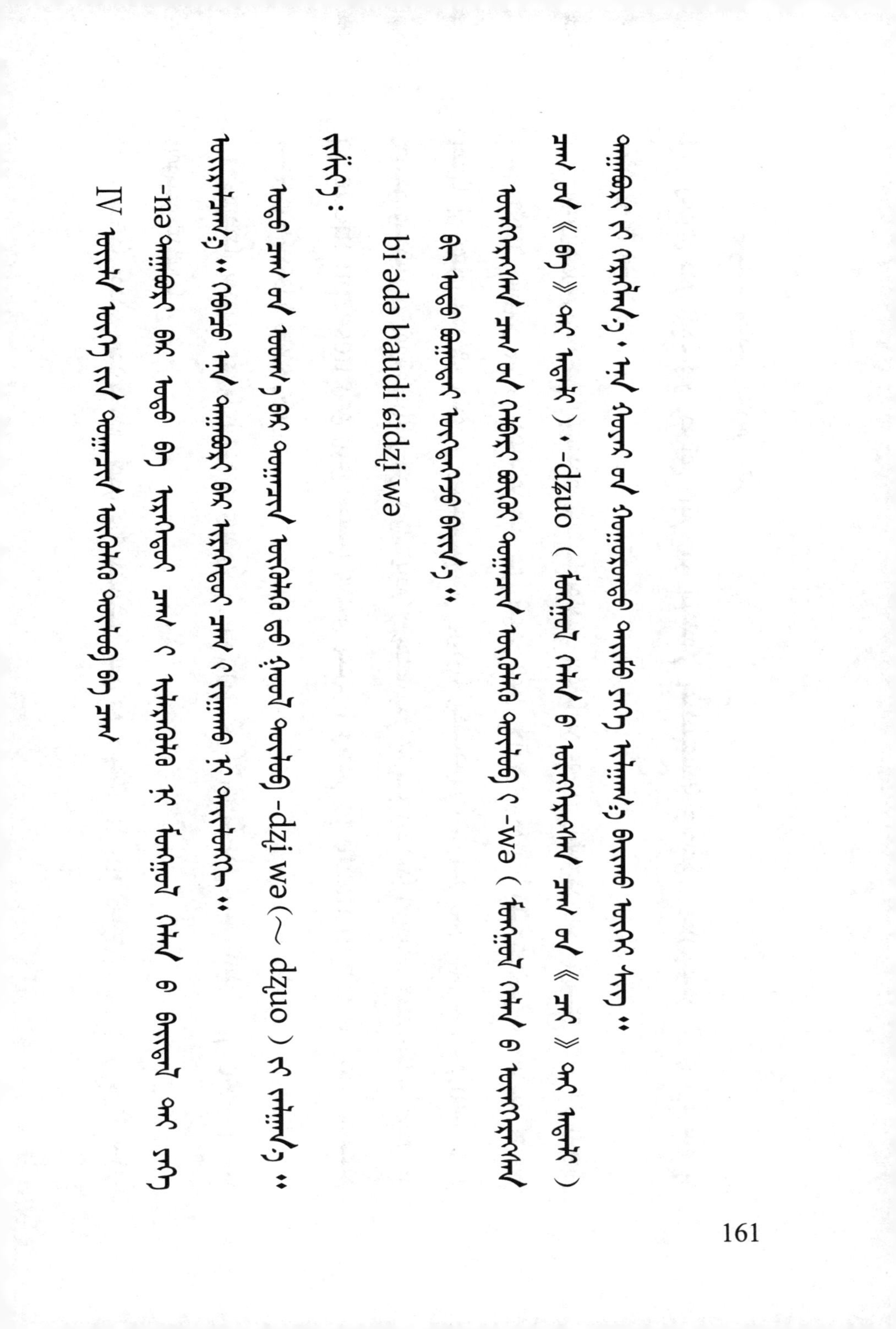

[illegible] ::

([illegible] 《 [illegible] 》 [illegible]) · -dzuo ([illegible] 《 [illegible] 》 [illegible]

[illegible] ([illegible]) -wə [illegible]

[illegible] ::

bi ədə baudi ɕidʑi wə

[illegible] :

[illegible] -dʑi wə (~ dzuo) [illegible] ::

[illegible] :: [illegible]

[illegible] eu-

IV [illegible]

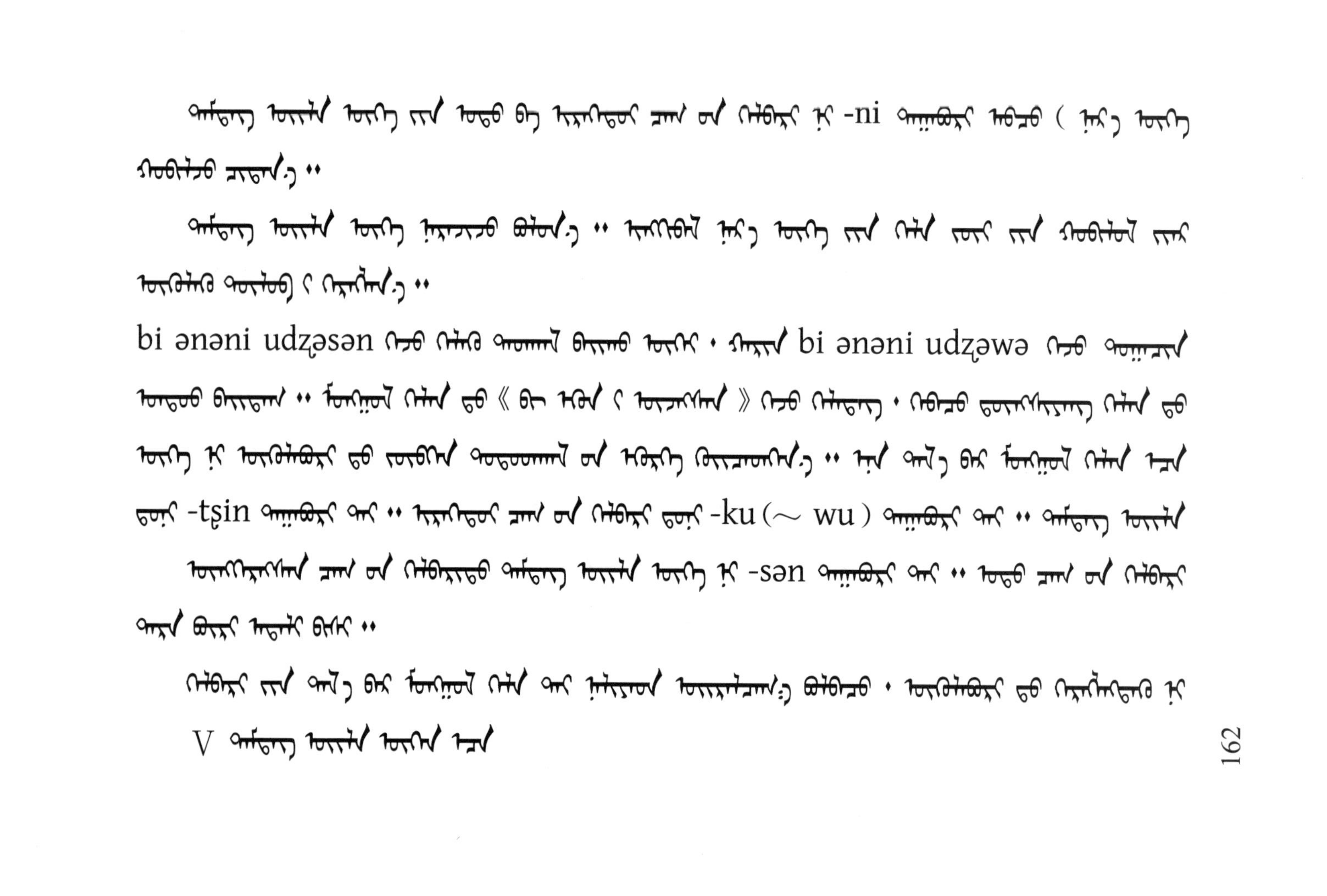

[illegible] -ni [illegible] ([illegible] ᠉

[illegible] ᠉ [illegible] ᠉

bi ənəni udʐəsən [illegible] · [illegible] bi ənəni udʐəwə [illegible] ᠉ [illegible] 《 [illegible] 》 [illegible] · [illegible] ᠉ [illegible] -tʂin [illegible] ᠉ [illegible] -ku (～ wu) [illegible] ᠉ [illegible]

[illegible] -sən [illegible] ᠉ [illegible] ᠉

[illegible] · [illegible]

V [illegible]

[illegible]) [illegible]

VI [illegible]

1) [illegible] -dzi̡ [illegible]

[illegible]

hə xoludzi̡ irəwə.

2) [illegible] -də , -dənə [illegible]

[illegible]

[illegible]

bi xoludə irəwə.

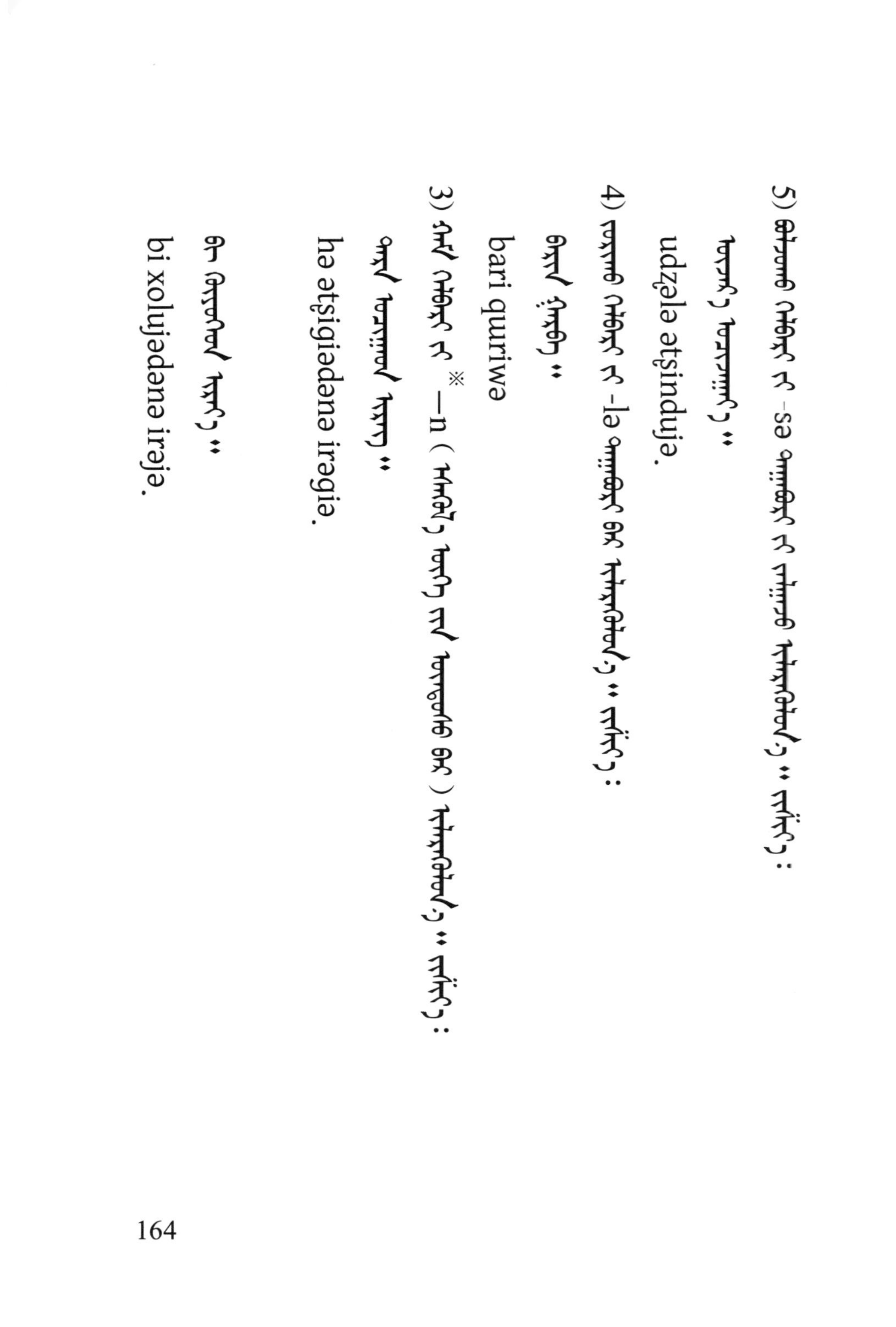

5) [illegible] -sə [illegible] :

[illegible]

udzələ ətşinduje.

4) [illegible] -lə [illegible] :

[illegible]

bari quriwə

3) [illegible] ※—n ([illegible]) [illegible] :

[illegible]

hə ətşigiədənə irəgiə.

[illegible]

bi xolujədənə irəjə.

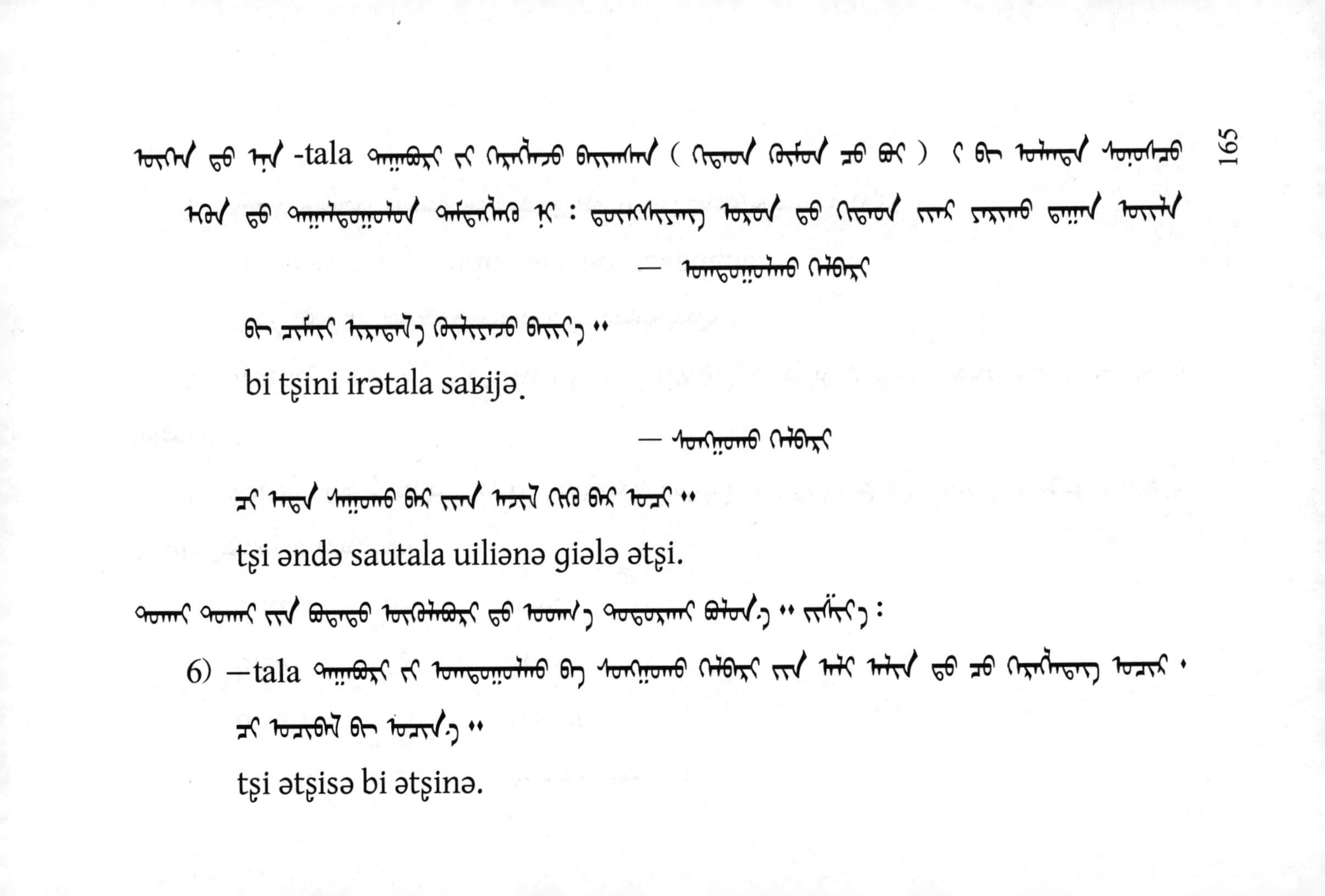

[illegible] -tala [illegible] ([illegible]) [illegible]
[illegible] : [illegible]
— [illegible]

[illegible]
bi tşini irətala saʁijə.

— [illegible]

[illegible]
tşi əndə sautala uiliənə giələ ətşi.

[illegible] :

6) —tala [illegible]
[illegible]
tşi ətşisə bi ətşinə.

bitala ᠪᡳᡨᡝᠯᡝᡳ᠈ ᠪᡳᡴᡠ ᠪᡝ

bisən ᠪᡳᠰᡝᠨ

bisə ᠪᡳᠰᡝ

biku ᠪᡳᡴᡠ

[illegible] bi- [illegible] :: [illegible] :

1) wəinə [illegible] :

VII wəinə 《[illegible]》᠈ ´uwə（～´uiwə）《[illegible]》 [illegible] ::

hə irəsənu ənə udu giədzi baraʁadanə.

7) -sənu [illegible] :: [illegible] :

[illegible] ::

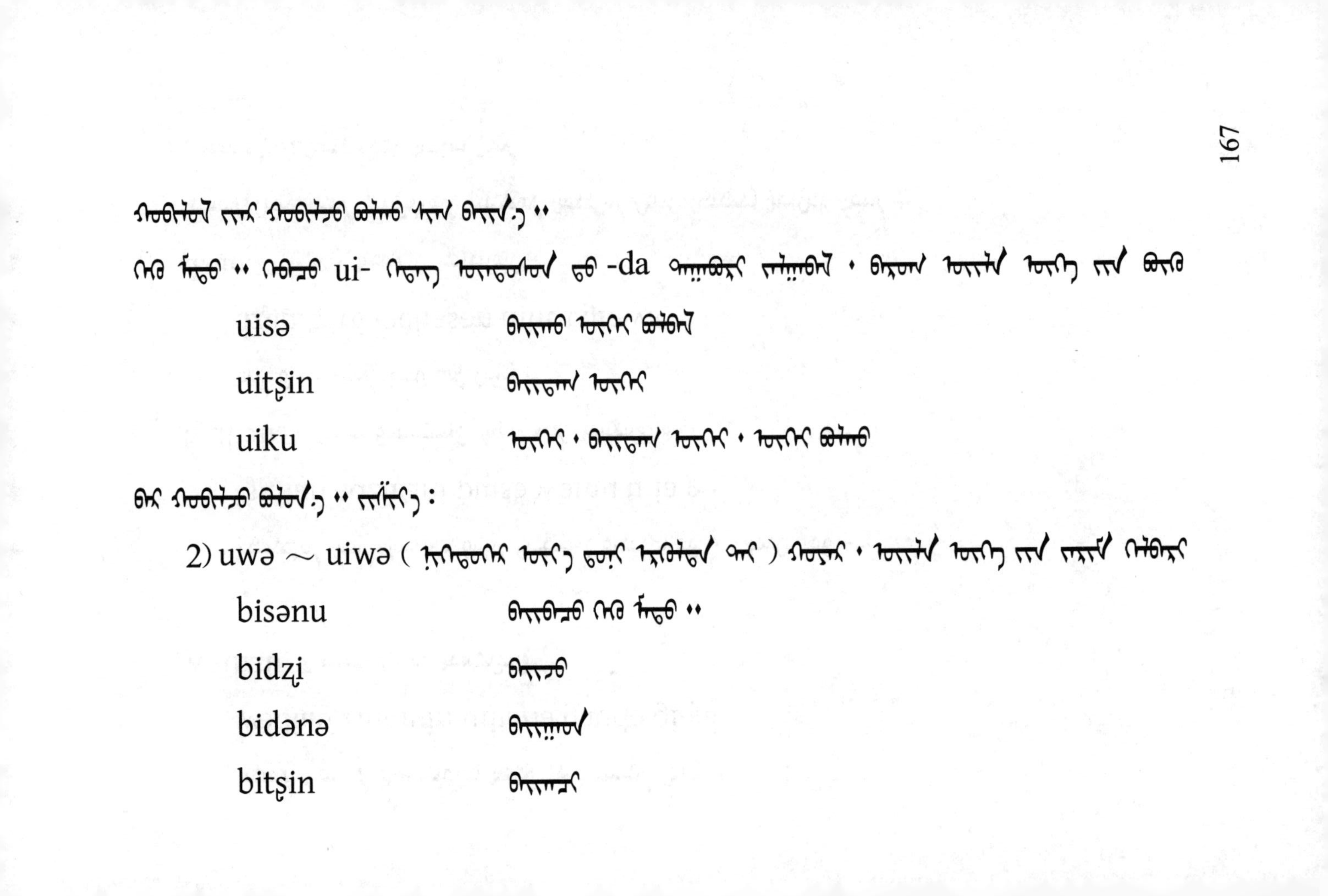

[illegible] ::

[illegible] :: [illegible] ui- [illegible] -da [illegible] · [illegible]

uisə [illegible]

uitʂin [illegible]

uiku [illegible] · [illegible] · [illegible]

[illegible] :: [illegible] :

2) uwə ~ uiwə ([illegible]) [illegible] · [illegible]

bisənu [illegible] ::

bidzi [illegible]

bidənə [illegible]

bitʂin [illegible]

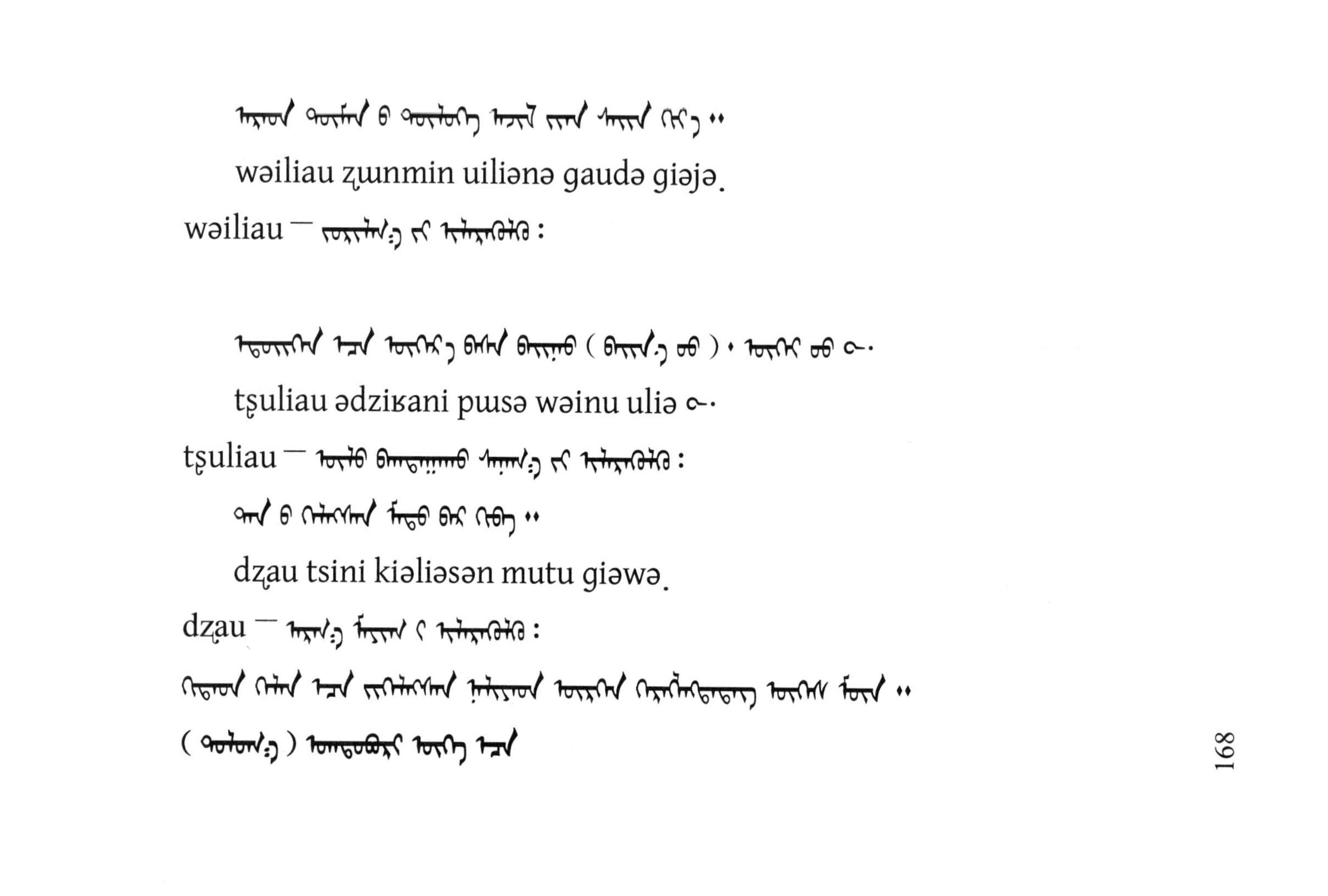

[illegible] ::

wəiliau ʐɯnmin uiliənə gaudə giəjə.

wəiliau — [illegible] :

[illegible] · [illegible] ᠵ·

tʂuliau ədziʁani pɯsə wəinu uliə ᠵ·

tʂuliau — [illegible] :

[illegible] ::

dʐau tsini kiəliəsən mutu giəwə.

dʐau — [illegible] :

[illegible] ::

([illegible]) [illegible]

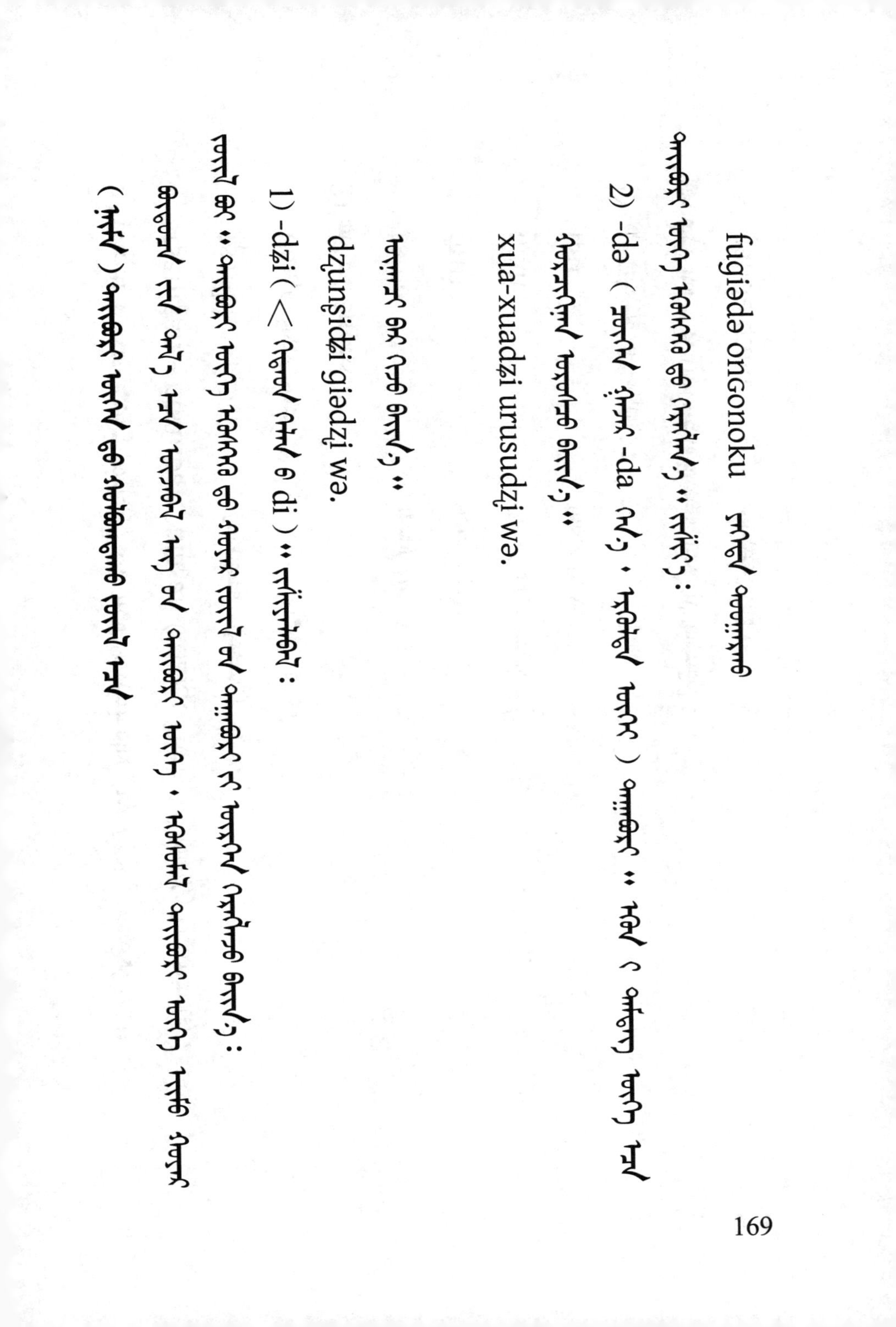

fugiədə onɢonoku [illegible]

[illegible] :

2) -də ([illegible] -da [illegible]) [illegible] :

[illegible]

xua-xuadʐi urusudʐi wə.

[illegible]

dʐunʂidʑi giədʐi wə.

1) -dʑi (< [illegible] di) [illegible] :

[illegible] :

[illegible]

([illegible]) [illegible]

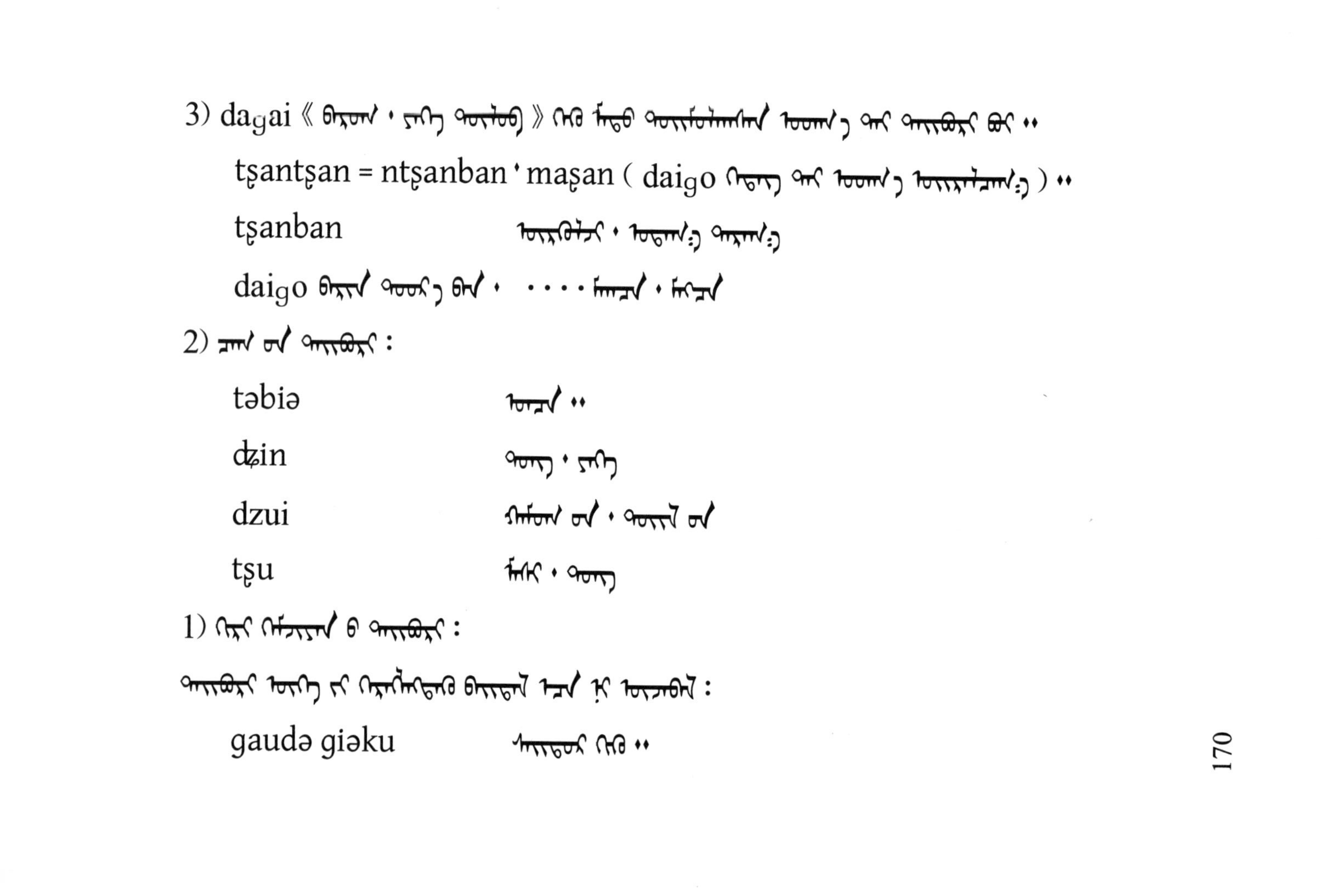

3) daɡai 《[illegible]》 [illegible] ::

tʂantʂan = ntʂanban ' maʂan (daiɡo [illegible]) ::

tʂanban [illegible]

daiɡo [illegible] · · · · · [illegible]

2) [illegible] :

təbiə [illegible] ::

ʥin [illegible]

dzui [illegible]

tʂu [illegible]

1) [illegible] :

[illegible] :

gaudə giəku [illegible] ::

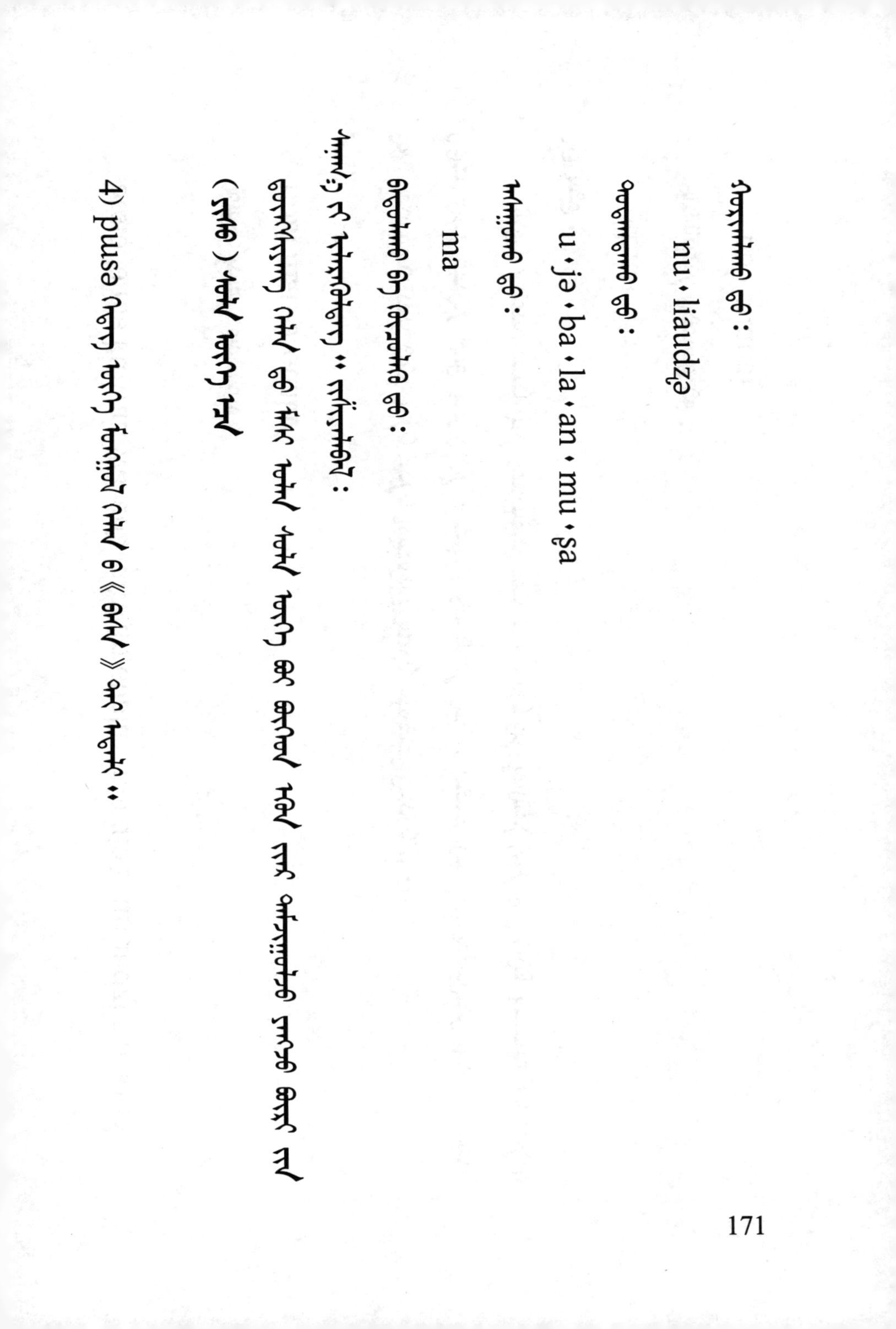

[illegible] :

nu · liaudʐə

[illegible] :

u · jə · ba · la · an · mu · ʂa

[illegible] :

ma

[illegible] :

[illegible] :

[illegible]

([illegible])

4) pɯsə [illegible] 《 [illegible] 》 [illegible]

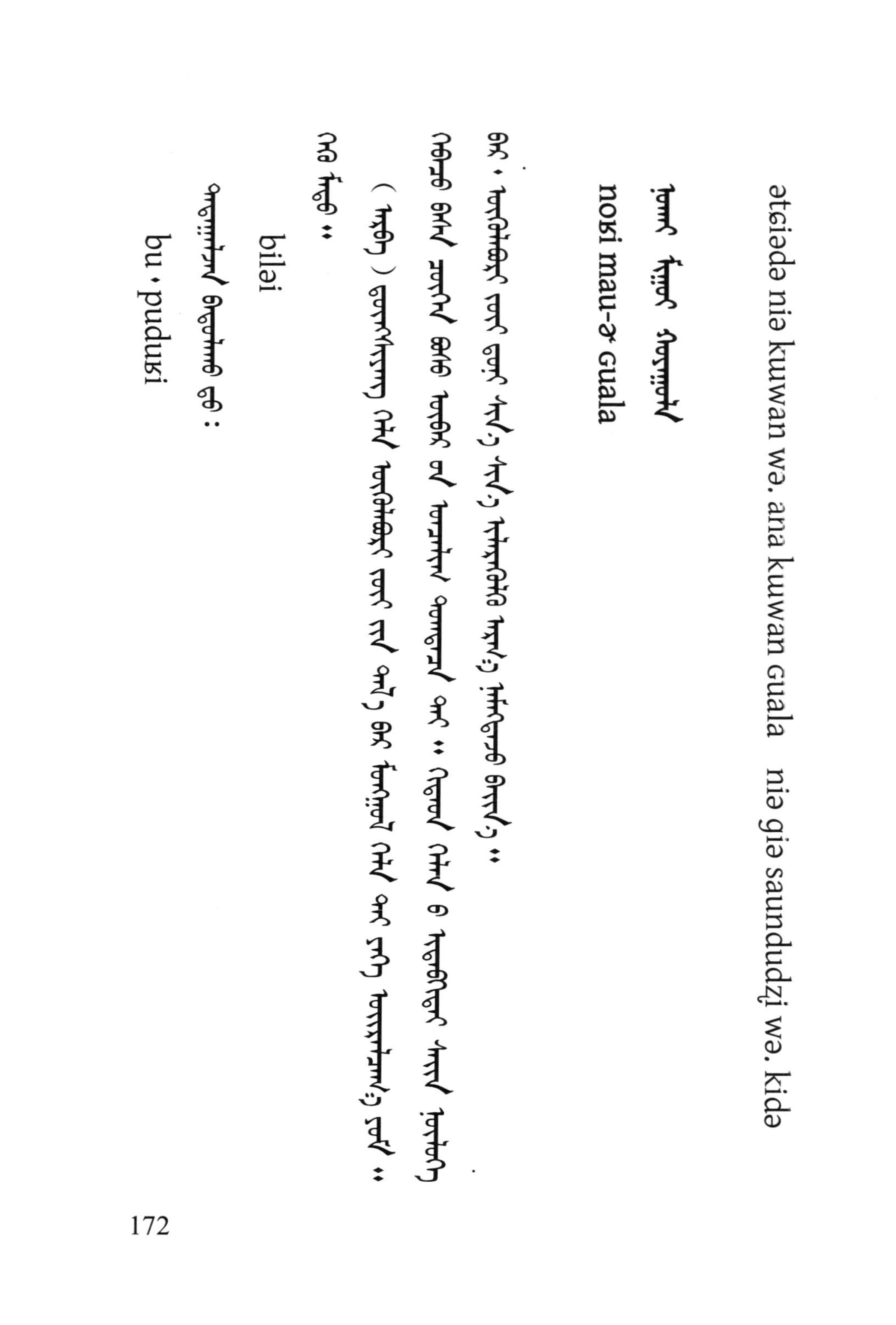

ətɕiədə niə kuwan wə. ana kuwan ɢuala niə giə saundudʑi wə. kidə

noʁi mau-ɚ ɢuala

bilai

bu · puduʁi

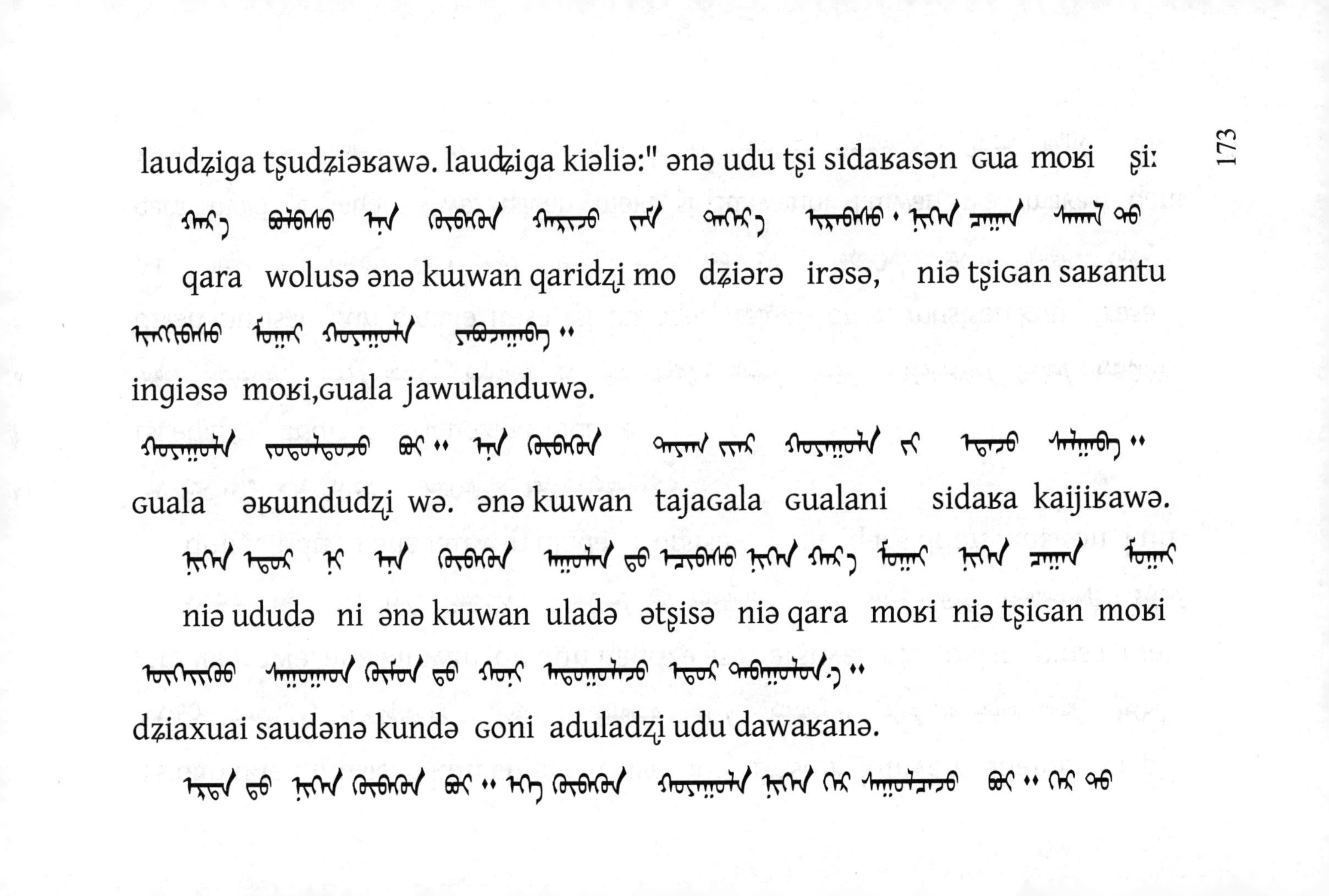

laudʑiga tʂudʑiəʁawə. laudʑiga kiəliə:" ənə udu tʂi sidaʁasən ɢua moʁi ʂi:

qara wolusə ənə kɯwan qaridʐi mo dʑiərə irəsə, niə tʂiɢan saʁantu

ingiəsə moʁi,ɢuala jawulanduwə.

ɢuala əʁɯndudʐi wə. ənə kɯwan tajaɢala ɢualani sidaʁa kaijiʁawə.

niə ududə ni ənə kɯwan uladə ətʂisə niə qara moʁi niə tʂiɢan moʁi

dʑiaxuai saudənə kundə ɢoni aduladʐi udu dawaʁanə.

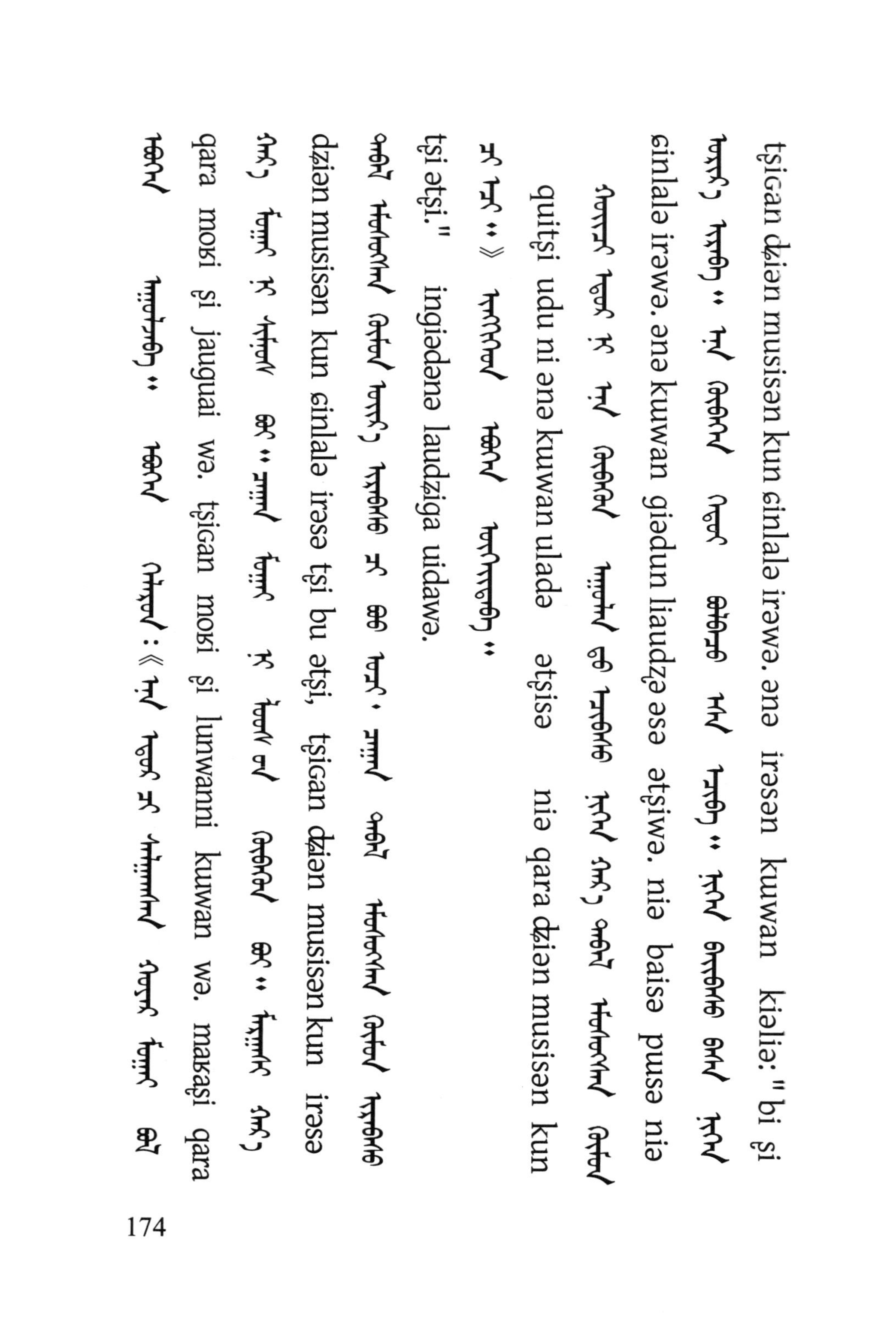

tʂiɢan dʑiən musisən kun ɕinlalə irəwə. ənə irəsən kɯwan kiəliə: " bi ʂi

ɕinlalə irəwə. ənə kɯwan giədun liaudʐə əsə ətʂiwə. niə baisə pɯsə niə

quitʂi udu ni ənə kɯwan uladə ətʂisə niə qara dʑiən musisən kun

tʂi ətʂi." ingiədənə laudʑiga uidawə.

dʑiən musisən kun ɕinlalə irəsə tʂi bu ətʂi, tʂiɢan dʑiən musisən kun irəsə

qara moʁi ʂi jauguai wə. tʂiɢan moʁi ʂi lunwanni kɯwan wə. maʁaʂi qara

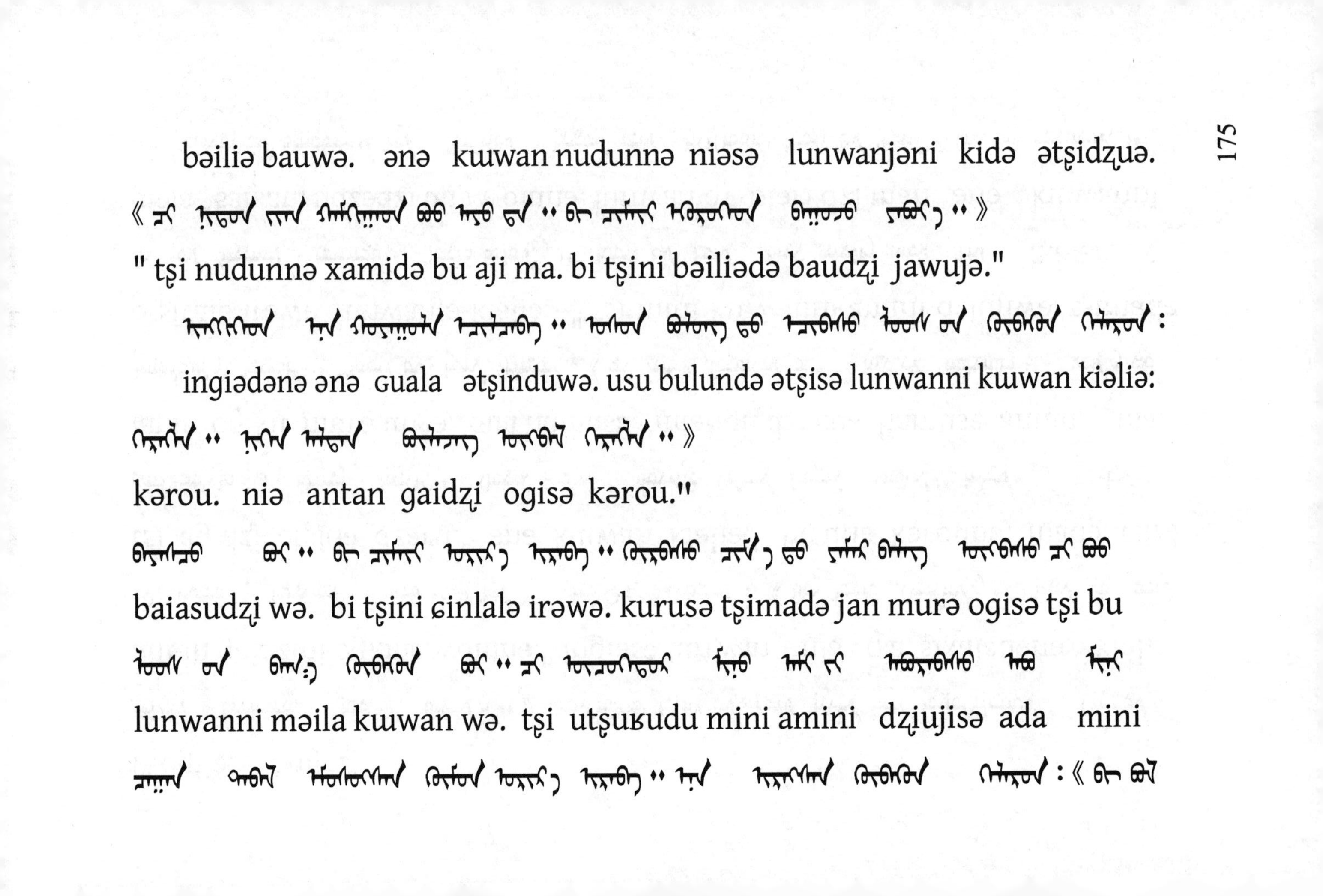

bəiliə bauwə. ənə kɯwan nudunnə niəsə lunwanjəni kidə ətʂidʐuə.

[illegible]

" tʂi nudunnə xamidə bu aji ma. bi tʂini bəiliədə baudʐi jawujə."

[illegible]

ingiədənə ənə ɢuala ətʂinduwə. usu bulundə ətʂisə lunwanni kɯwan kiəliə:

[illegible]

kərou. niə antan gaidʐi ogisə kərou."

[illegible]

baiasudʐi wə. bi tʂini ɕinlalə irəwə. kurusə tʂimadə jan murə ogisə tʂi bu

[illegible]

lunwanni məila kɯwan wə. tʂi utʂuʁudu mini amini dʐiujisə ada mini

[illegible]

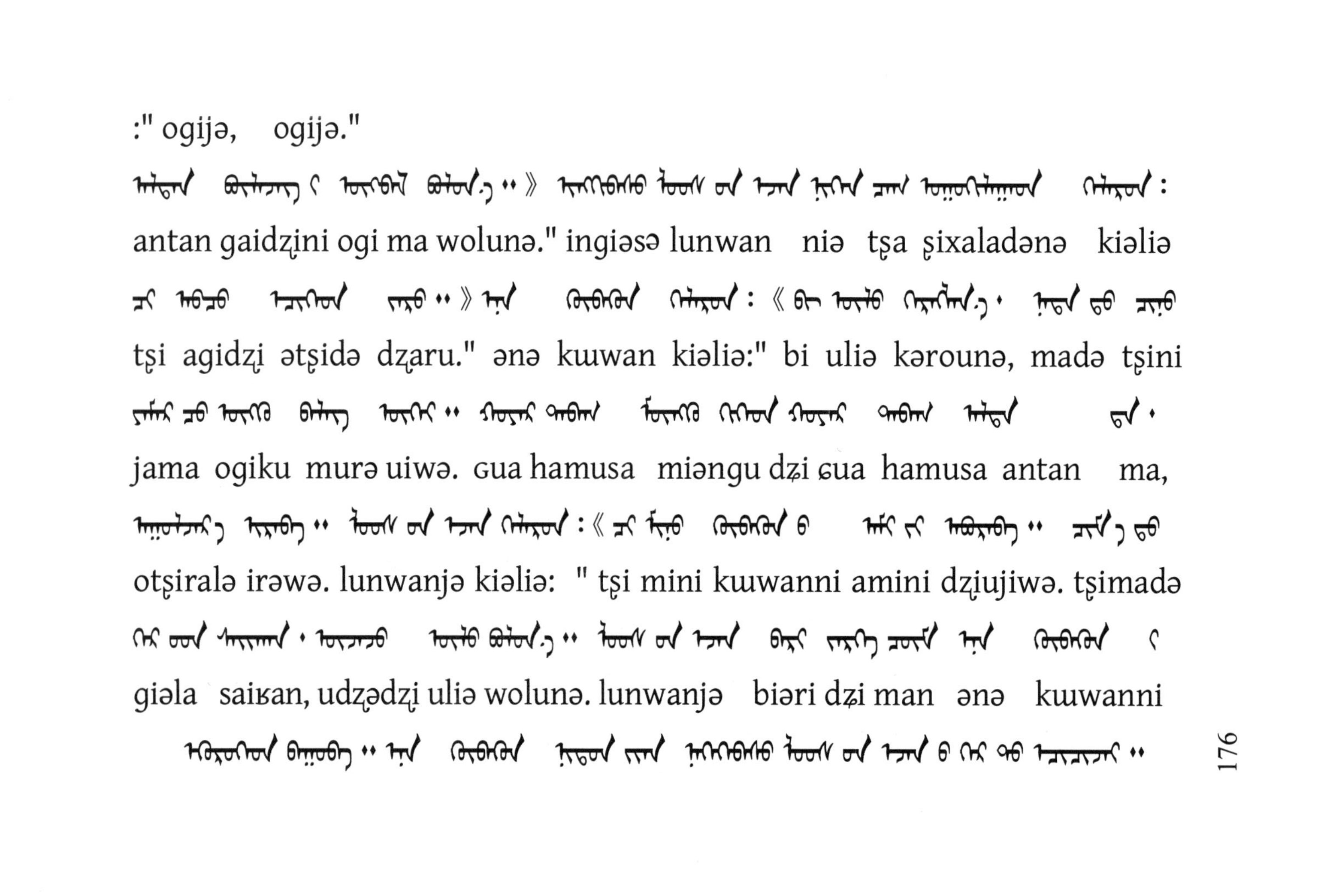

:" ogijə, ogijə."

antan gaidzini ogi ma wolunə." ingiəsə lunwan niə tşa şixaladənə kiəliə

tşi agidzi ətşidə dzaru." ənə kuwan kiəliə:" bi uliə kərounə, madə tşini

jama ogiku murə uiwə. ɢua hamusa miəngu dzi ɢua hamusa antan ma,

otşiralə irəwə. lunwanjə kiəliə: " tşi mini kuwanni amini dziujiwə. tşimadə

giəla saiʁan, udzədzi uliə wolunə. lunwanjə biəri dzi man ənə kuwanni

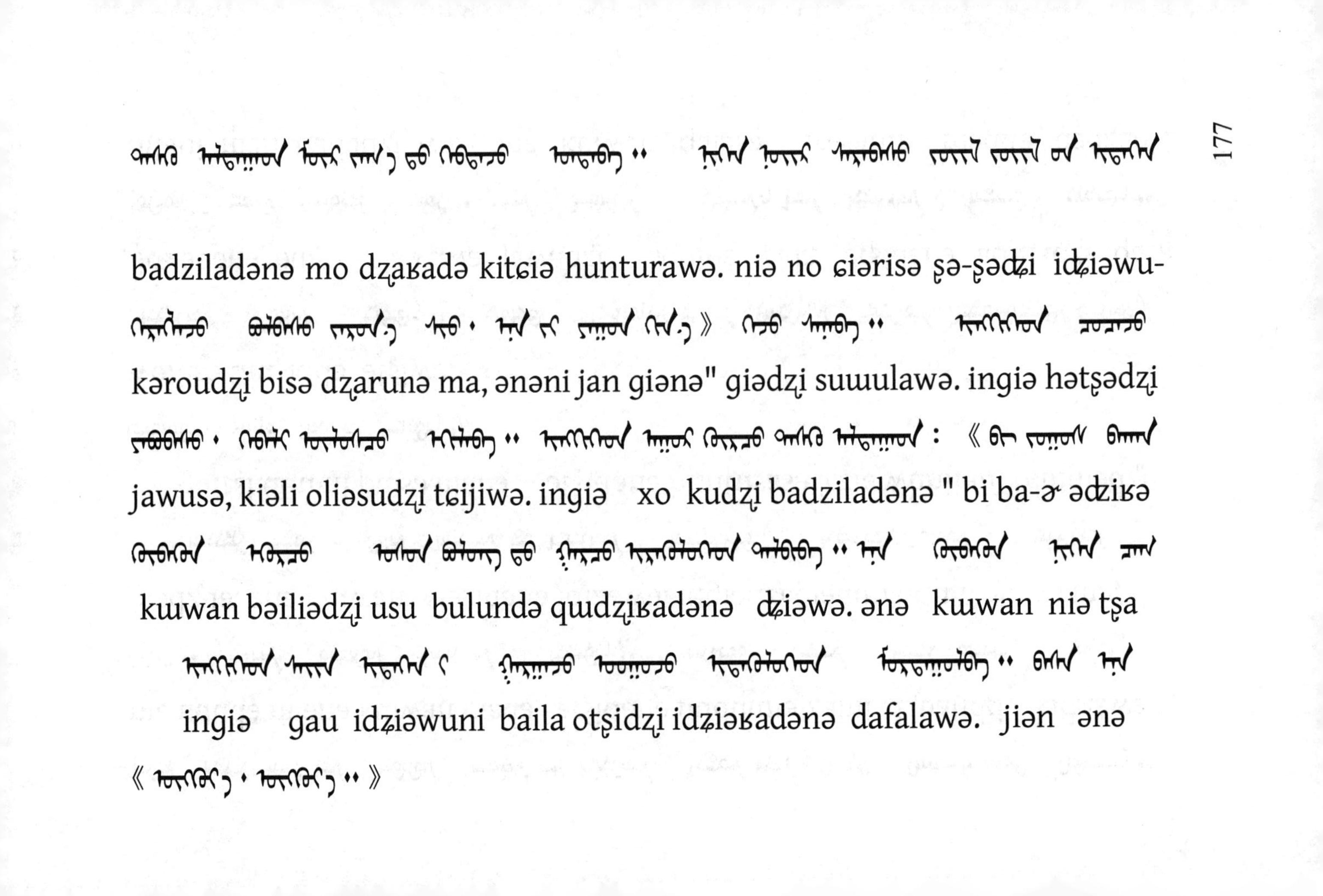

badziladənə mo dzaʁadə kitɕiə hunturawə. niə no ɕiərisə ʂə-ʂədʑi idʑiəwu-

kəroudzʅ bisə dzʅarunə ma, ənəni jan giənə" giədzʅ suɯulawə. ingiə hətʂədzʅ

jawusə, kiəli oliəsudzʅ tɕijiwə. ingiə xo kudzʅ badziladənə " bi ba-ɚ ədʑiʁə

kɯwan bəiliədzʅ usu bulundə qɯdzʅʁadənə dʑiəwə. ənə kɯwan niə tʂa

ingiə gau idʑiəwuni baila otʂidzʅ idʑiəʁadənə dafalawə. jiən ənə

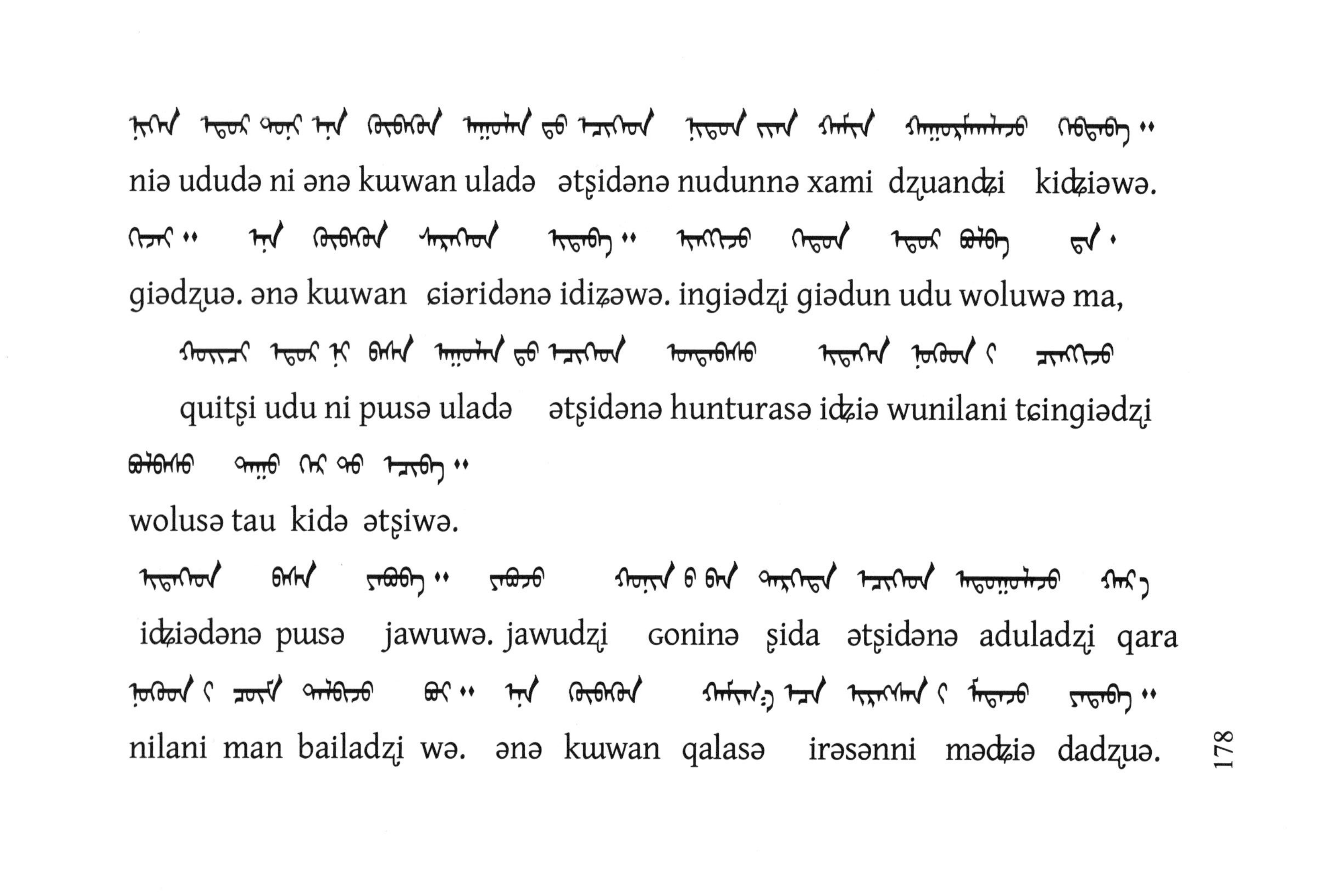

niə ududə ni ənə kɯwan uladə ətʂidənə nudunnə xami dʐuanʥi kiʥiəwə.

giədʐuə. ənə kɯwan ɕiəridənə idiʐəwə. ingiədʐi giədun udu woluwə ma,

quitʂi udu ni pɯsə uladə ətʂidənə hunturasə iʥiə wunilani tɕingiədʐi

wolusə tau kidə ətʂiwə.

iʥiədənə pɯsə jawuwə. jawudʐi ɢoninə ʂida ətʂidənə aduladʐi qara

nilani man bailadʐi wə. ənə kɯwan qalasə irəsənni məʥiə dadʐuə.

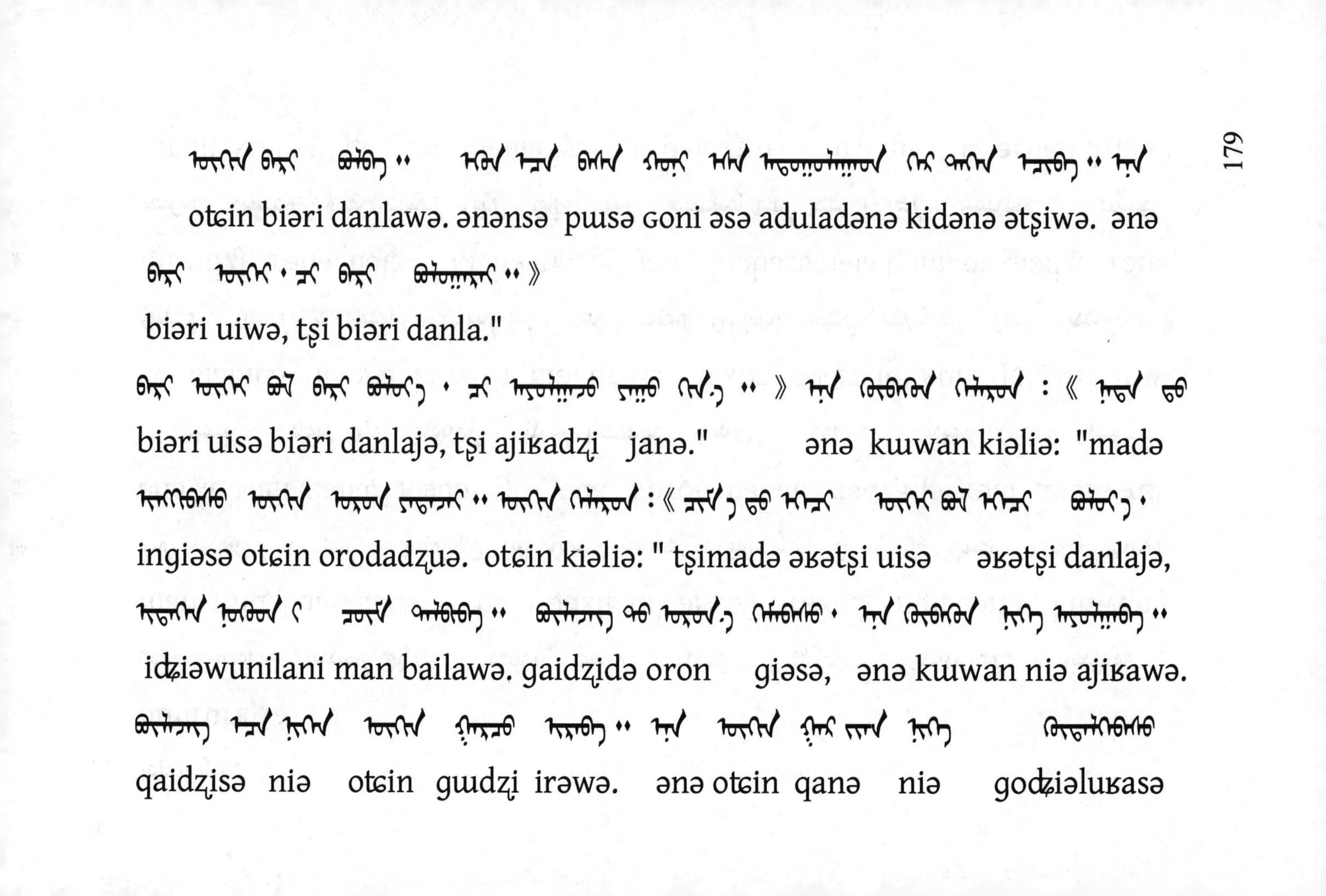

[illegible]

otɕin biəri danlawə. ənənsə pɯsə ɢoni əsə aduladənə kidənə ətʂiwə. ənə

[illegible]

biəri uiwə, tʂi biəri danla."

[illegible]

biəri uisə biəri danlajə, tʂi ajiʁadʐi janə." ənə kɯwan kiəliə: "madə

[illegible]

ingiəsə otɕin orodadʐuə. otɕin kiəliə: " tʂimadə əʁətʂi uisə əʁətʂi danlajə,

[illegible]

idʑiəwunilani man bailawə. gaidʐidə oron giəsə, ənə kɯwan niə ajiʁawə.

[illegible]

qaidʐisə niə otɕin gɯdʐi irəwə. ənə otɕin qanə niə godʑiəluʁasə

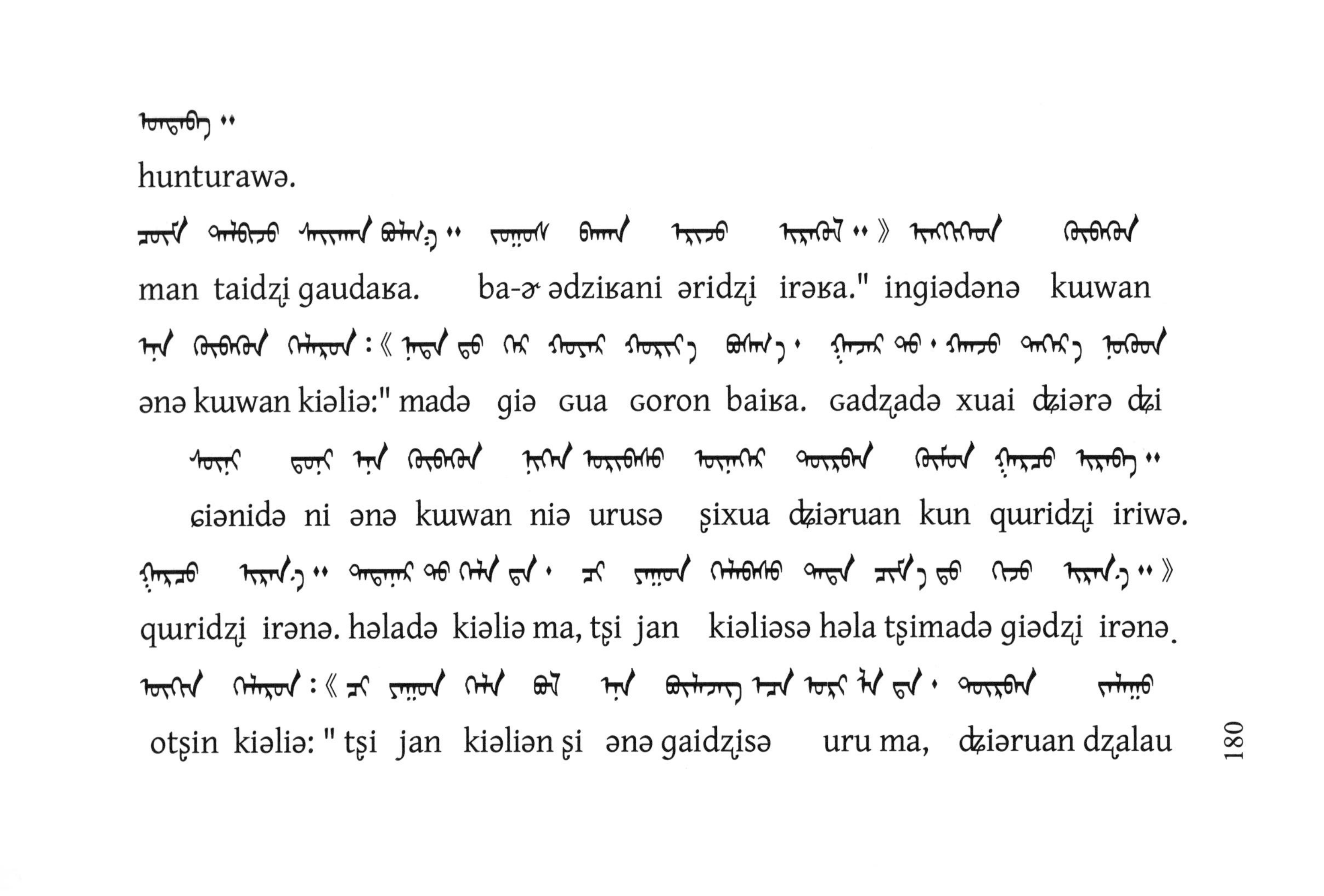

hunturawə.

man taidzi̧ gaudaʁa. ba-ɚ ədziʁani əridzi̧ irəʁa." ingiədənə kɯwan

ənə kɯwan kiəliə:" madə giə ɢua ɢoron baiʁa. ɢadzi̧adə xuai ʥiərə ʥi

ɕiənidə ni ənə kɯwan niə urusə şixua ʥiəruan kun qɯridzi̧ iriwə.

qɯridzi̧ irənə. hələdə kiəliə ma, tşi jan kiəliəsə həla tşimadə giədzi̧ irənə.

otşin kiəliə: " tşi jan kiəliən şi ənə gaidzi̧sə uru ma, ʥiəruan dzi̧alau

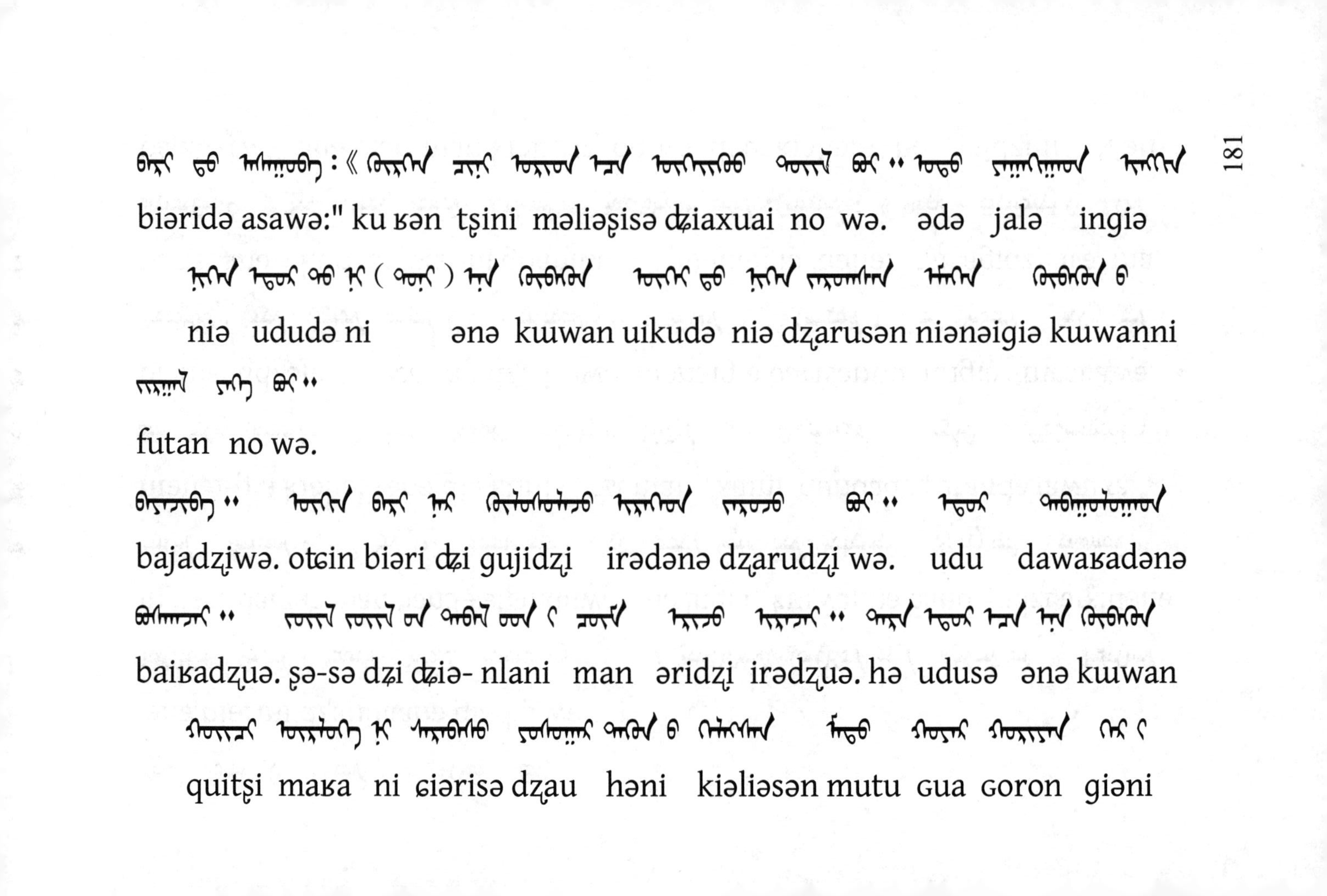

biəridə asawə:" ku ʁən tʂini məliəʂisə ʥiaxuai no wə. ədə jalə ingiə

niə ududə ni ənə kɯwan uikudə niə dʐarusən niənəigiə kɯwanni

futan no wə.

bajadʐiwə. otɕin biəri ʥi gujidʐi irədənə dʐarudʐi wə. udu dawaʁadənə

baiʁadʐuə. ʂə-sə dʑi ʥiə- nlani man əridʐi irədʐuə. hə udusə ənə kɯwan

quitʂi maʁa ni ɕiərisə dʐau həni kiəliəsən mutu ɢua ɢoron giəni

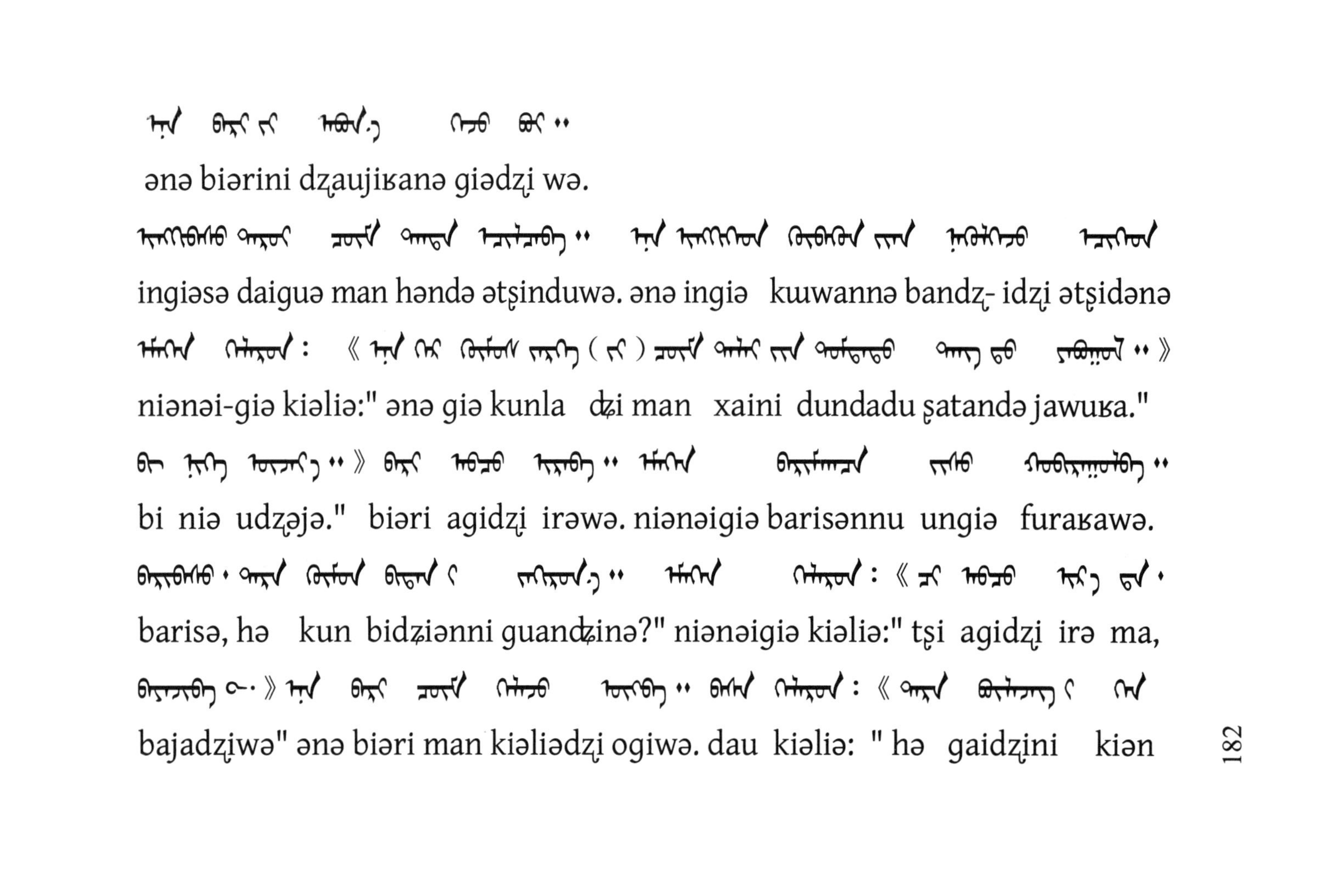

ənə biərini dʑaujiʁanə giədʑi wə.

ingiəsə daiguə man həndə ətʂinduwə. ənə ingiə kɯwannə bandʑ- idʑi ətʂidənə

niənəi-giə kiəliə:" ənə giə kunla ʥi man xaini dundadu ʂatandə jawuʁa."

bi niə udʑəjə." biəri agidʑi irəwə. niənəigiə barisənnu ungiə furaʁawə.

barisə, hə kun bidʑiənni guanʥinə?" niənəigiə kiəliə:" tʂi agidʑi irə ma,

bajadʑiwə" ənə biəri man kiəliədʑi ogiwə. dau kiəliə: " hə gaidʑini kiən

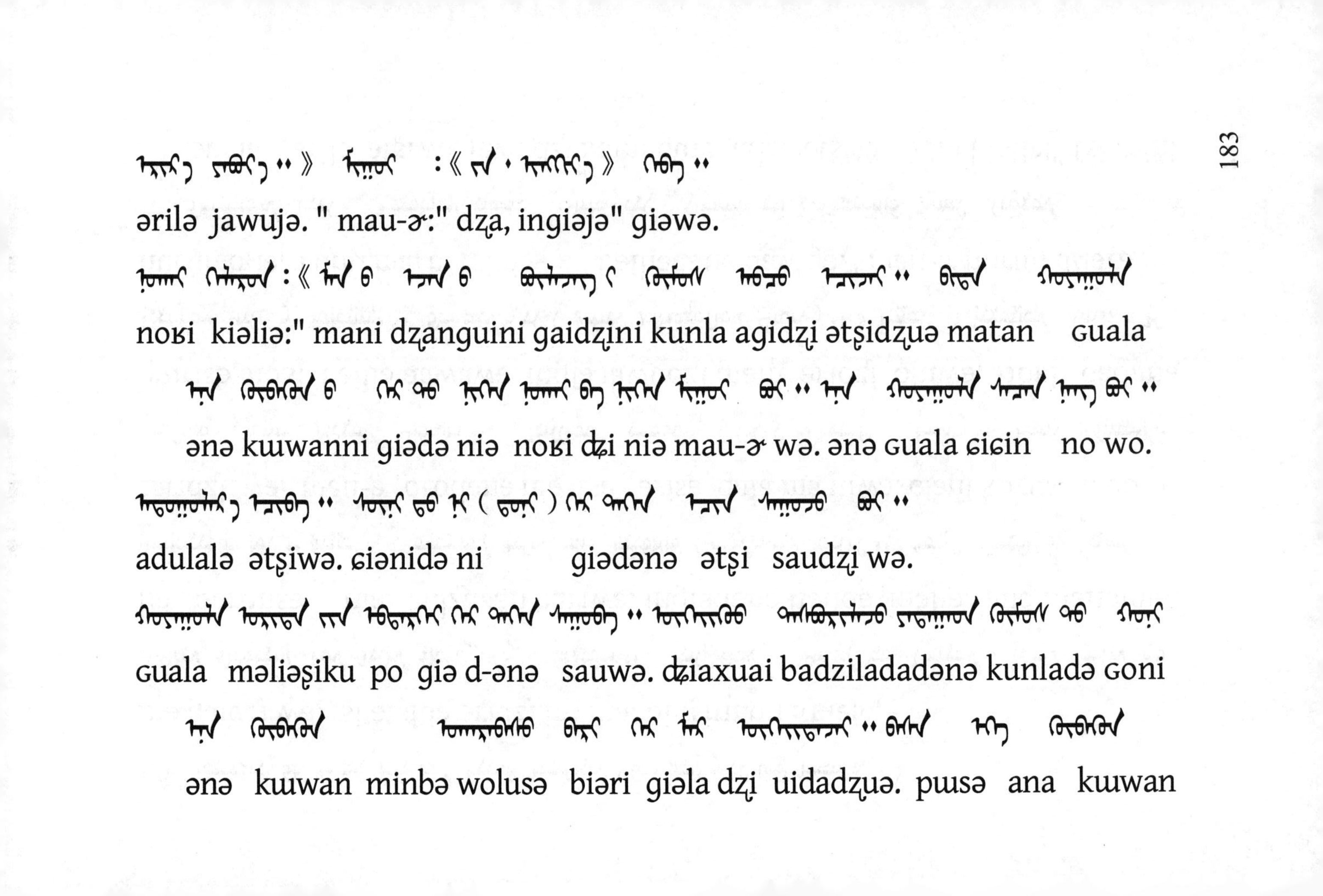

ərilə jawujə. " mau-ɚ:" dʐa, ingiəjə" giəwə.

noʁi kiəliə:" mani dʐanguini gaidʐini kunla agidʐi ətʂidʐuə matan ɢuala

ənə kuwanni giədə niə noʁi ʥi niə mau-ɚ wə. ənə ɢuala ɕiɕin no wo.

adulalə ətʂiwə. ɕiənidə ni giədənə ətʂi saudʐi wə.

ɢuala məliəʂiku po giə d-ənə sauwə. ʥiaxuai badziladadənə kunladə ɢoni

ənə kuwan minbə wolusə biəri giəla dʐi uidadʐuə. pusə ana kuwan

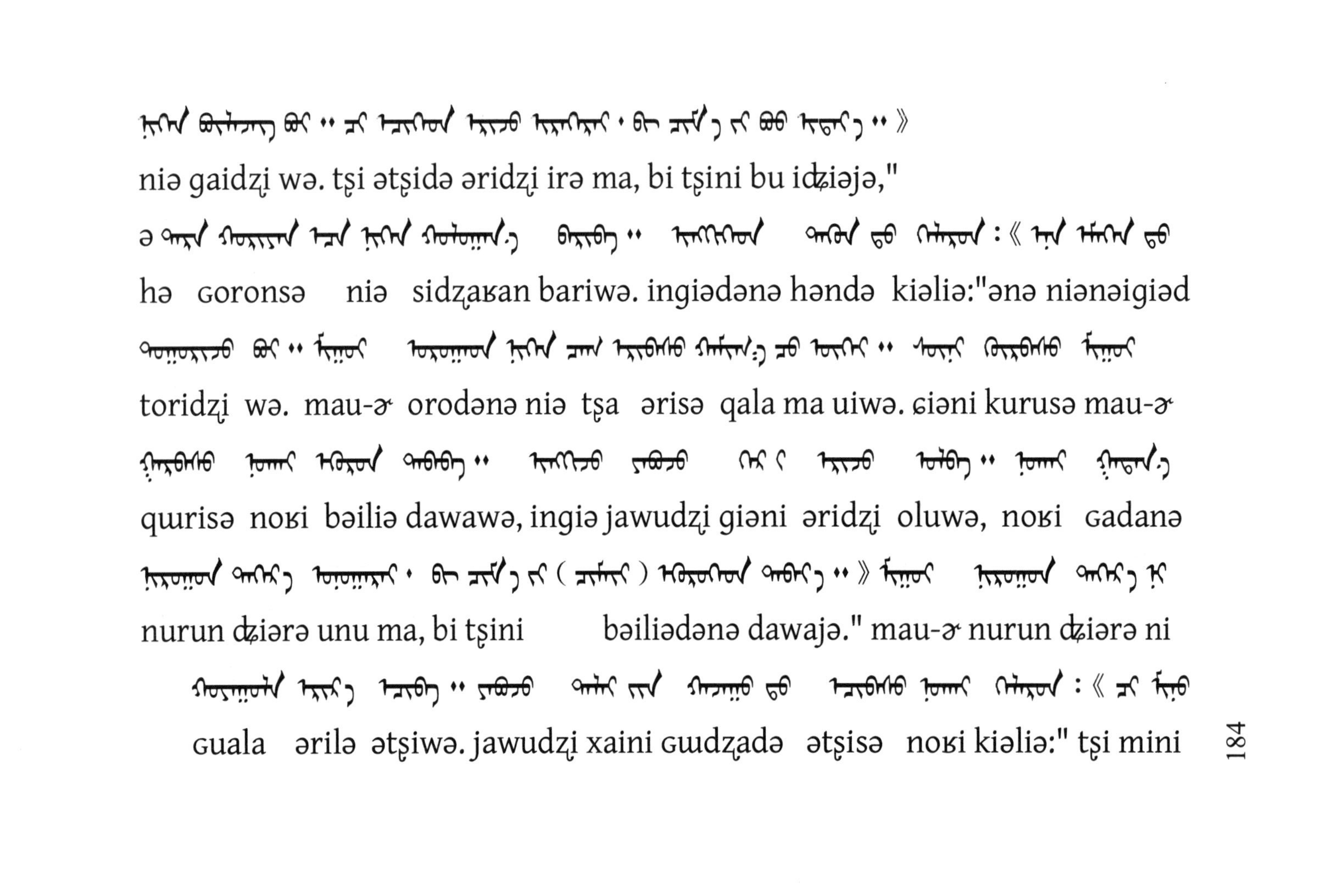

niə gaidzi wə. tşi ətşidə əridzi irə ma, bi tşini bu idʑiəjə,"

hə ɢoronsə nio sidzaʁan bariwə. ingiədənə həndə kiəliə:"ənə niənəigiəd

toridzi wə. mau-ɚ orodənə niə tşa ərisə qala ma uiwə. ɕiəni kurusə mau-ɚ

qɯrisə noʁi bəiliə dawawə, ingiə jawudzi giəni əridzi oluwə, noʁi ɢadanə

nurun dʑiərə unu ma, bi tşini bəiliədənə dawajə." mau-ɚ nurun dʑiərə ni

ɢuala ərilə ətşiwə. jawudzi xaini ɢɯdzadə ətşisə noʁi kiəliə:" tşi mini

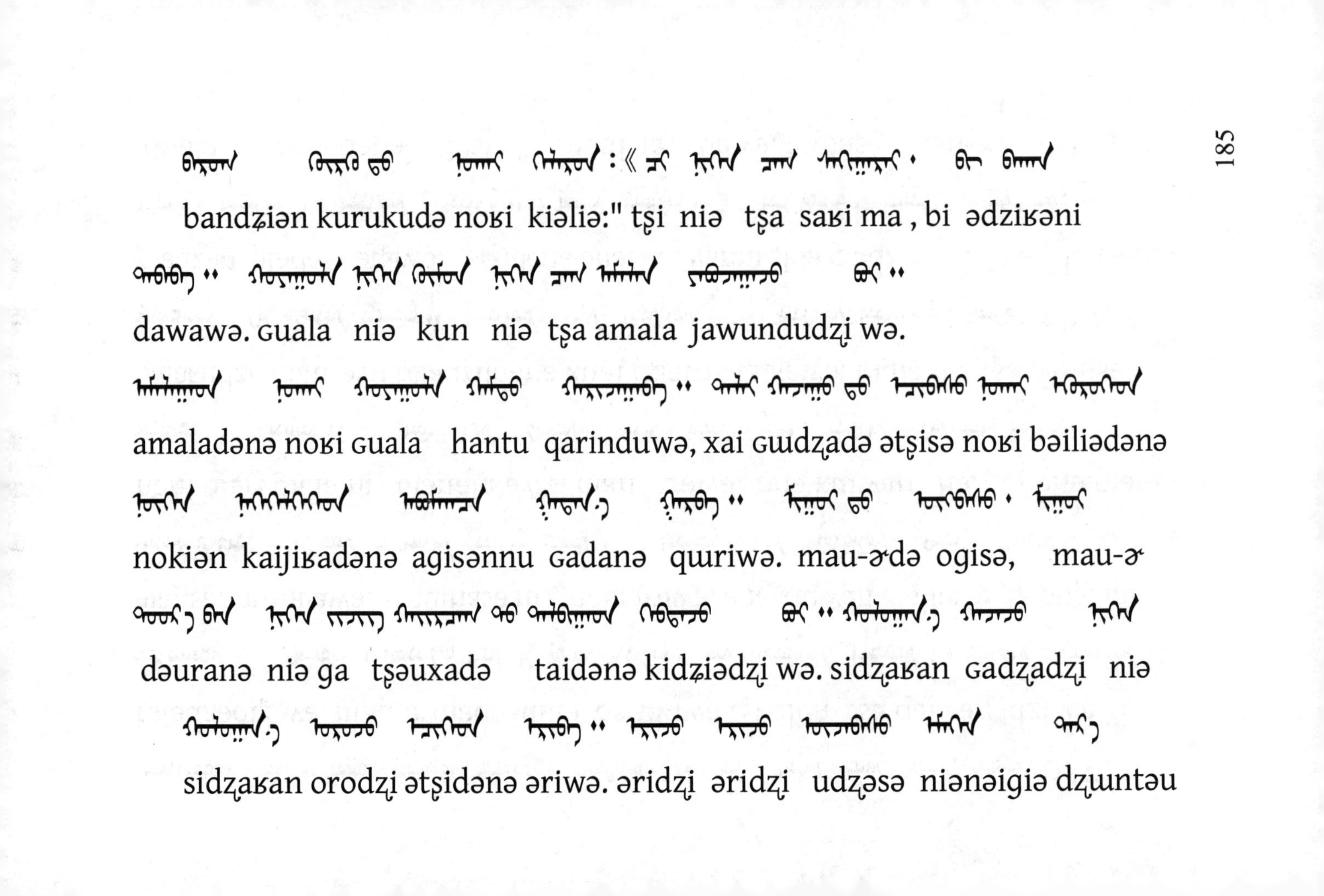

bandʑiən kurukudə noʁi kiəliə:" tʂi niə tʂa saʁi ma , bi ədziʁəni dawawə. ɢuala niə kun niə tʂa amala jawundudʐi wə.

amaladənə noʁi ɢuala hantu qarinduwə, xai ɢɯdʐadə ətʂisə noʁi bəiliədənə nokiən kaijiʁadənə agisənnu ɢadanə qɯriwə. mau-ɚdə ogisə, mau-ɚ dəuranə niə ga tʂəuxadə taidənə kidʑiədʐi wə. sidʐaʁan ɢadʐadʐi niə

sidʐaʁan orodʐi ətʂidənə əriwə. əridʐi əridʐi udʐəsə niənəigiə dʐɯntəu

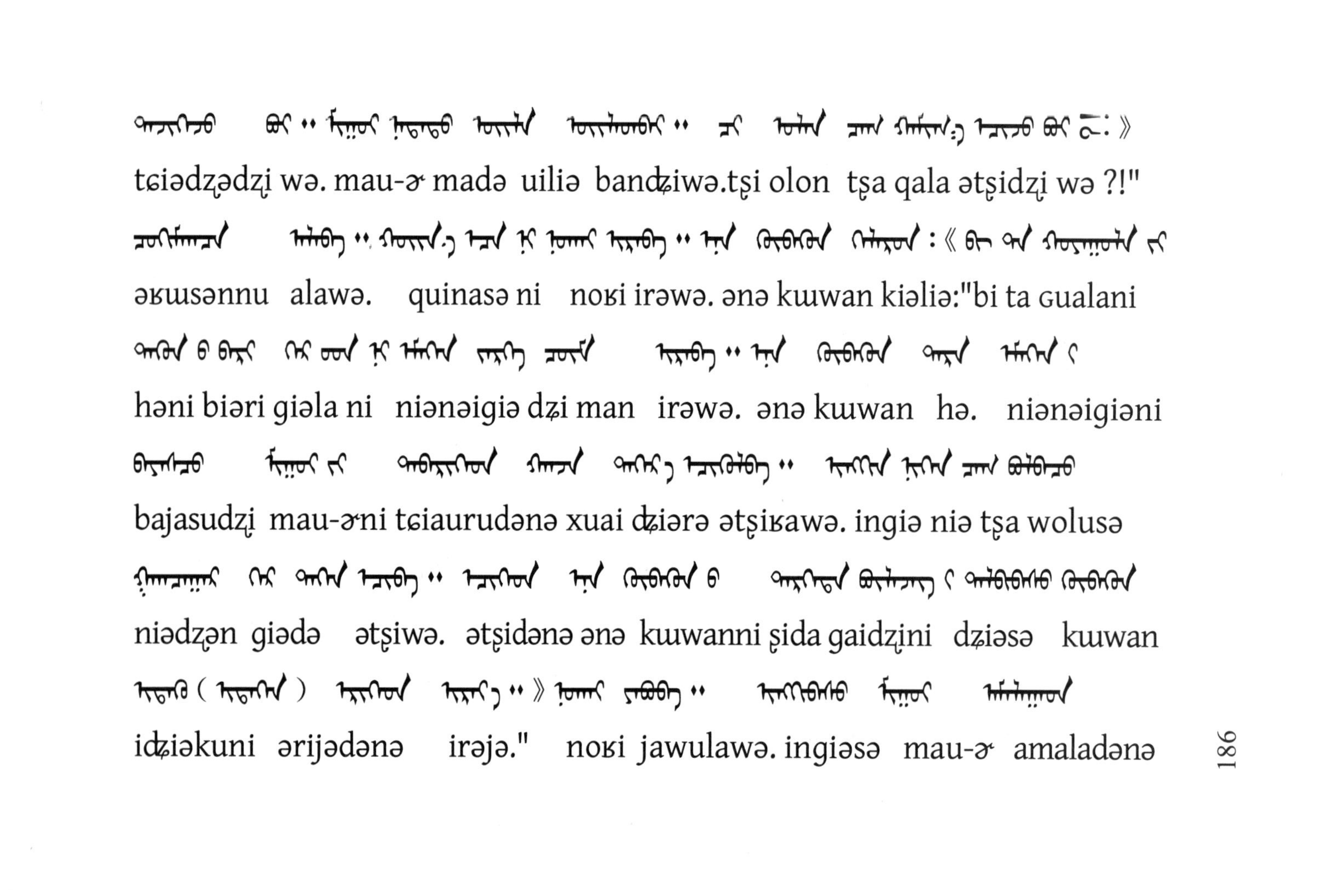

tɕiədʐədʐi wə. mau-ɚ madə uiliə bandʑiwə.tʂi olon tʂa qala ətʂidʐi wə ?!"

əʁɯsənnu alawə. quinasə ni noʁi irəwə. ənə kɯwan kiəliə:"bi ta ɢualani

həni biəri giəla ni niənəigiə dʑi man irəwə. ənə kɯwan hə. niənəigiəni

bajasudʐi mau-ɚni tɕiaurudənə xuai dʑiərə ətʂiʁawə. ingiə niə tʂa wolusə

niədʐən giədə ətʂiwə. ətʂidənə ənə kɯwanni ʂida gaidʐini dʑiəsə kɯwan

idʑiəkuni ərijədənə irəjə." noʁi jawulawə. ingiəsə mau-ɚ amaladənə

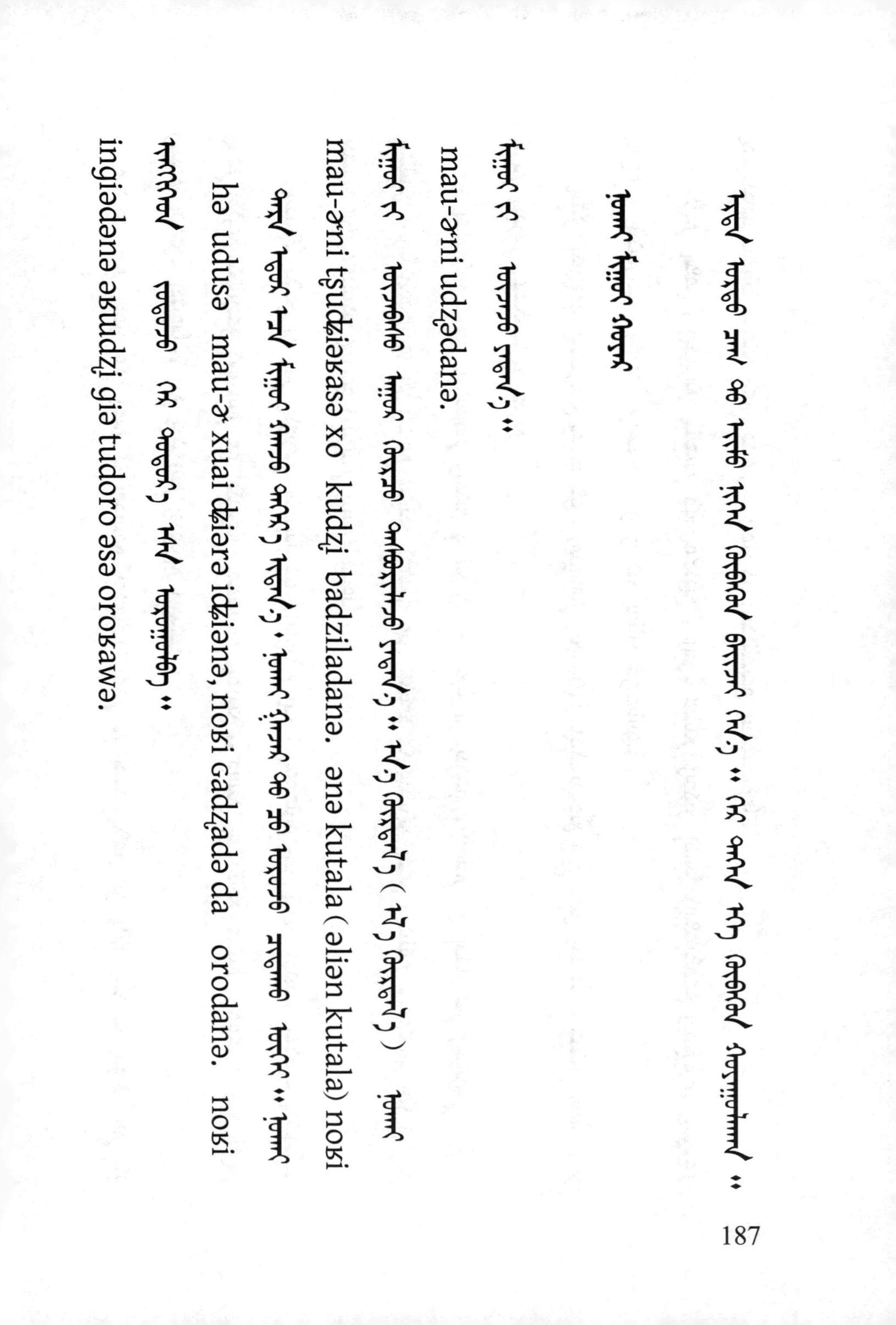

mau-ɚni udʐədanə.

mau-ɚni tʂuʥiəʁasə xo kudʐi badziladanə. ənə kutala (əliən kutala) noʁi

hə udusə mau-ɚ xuai ʥiərə iʥiənə, noʁi ɢadʐadə da orodanə. noʁi

ingiədənə əʁɯdʐi giə tudoro əsə oroʁawə.

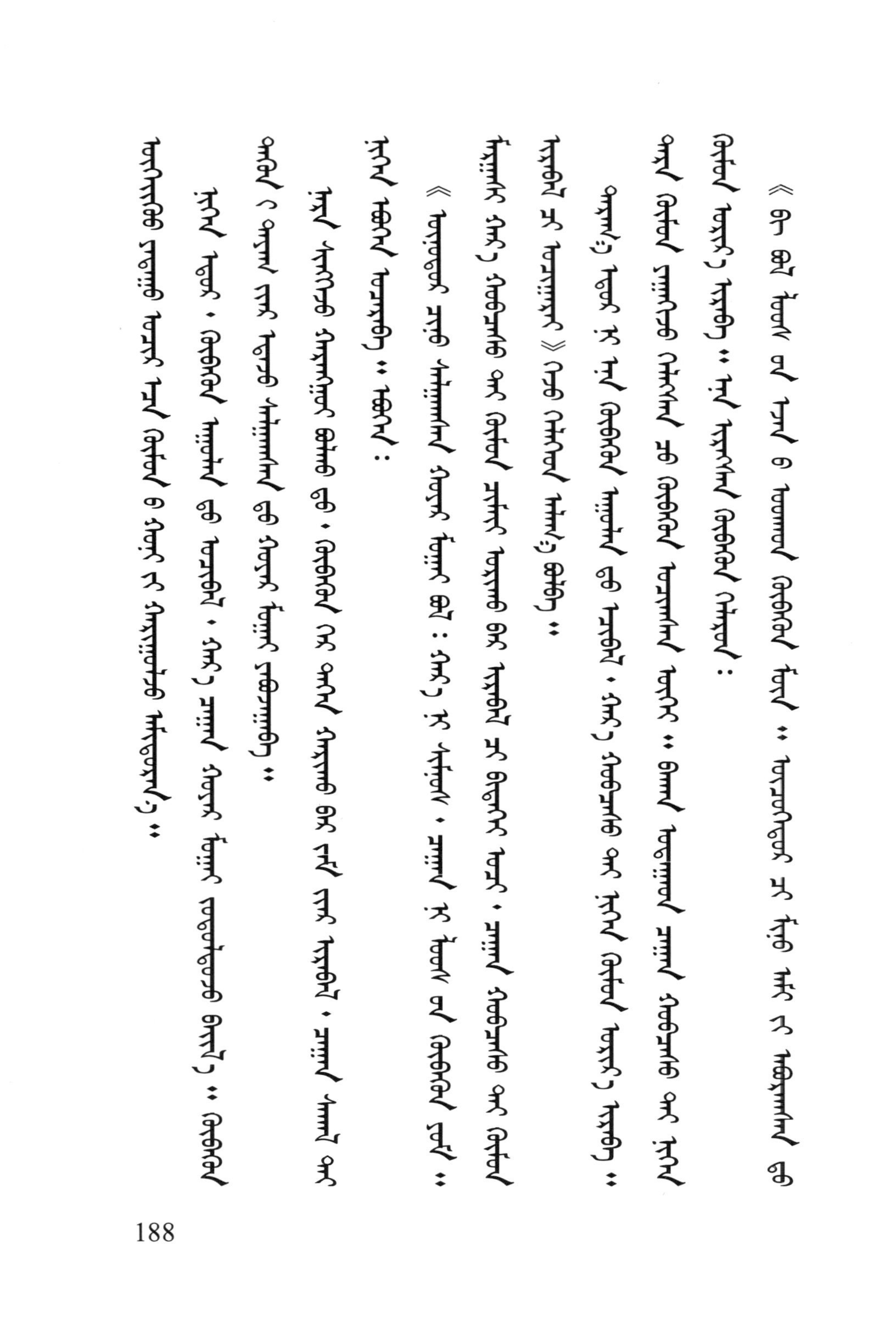

[illegible]
[illegible]
[illegible]
[illegible]
[illegible]
[illegible]
[illegible]
[illegible]
[illegible]
[illegible]
[illegible]
[illegible]

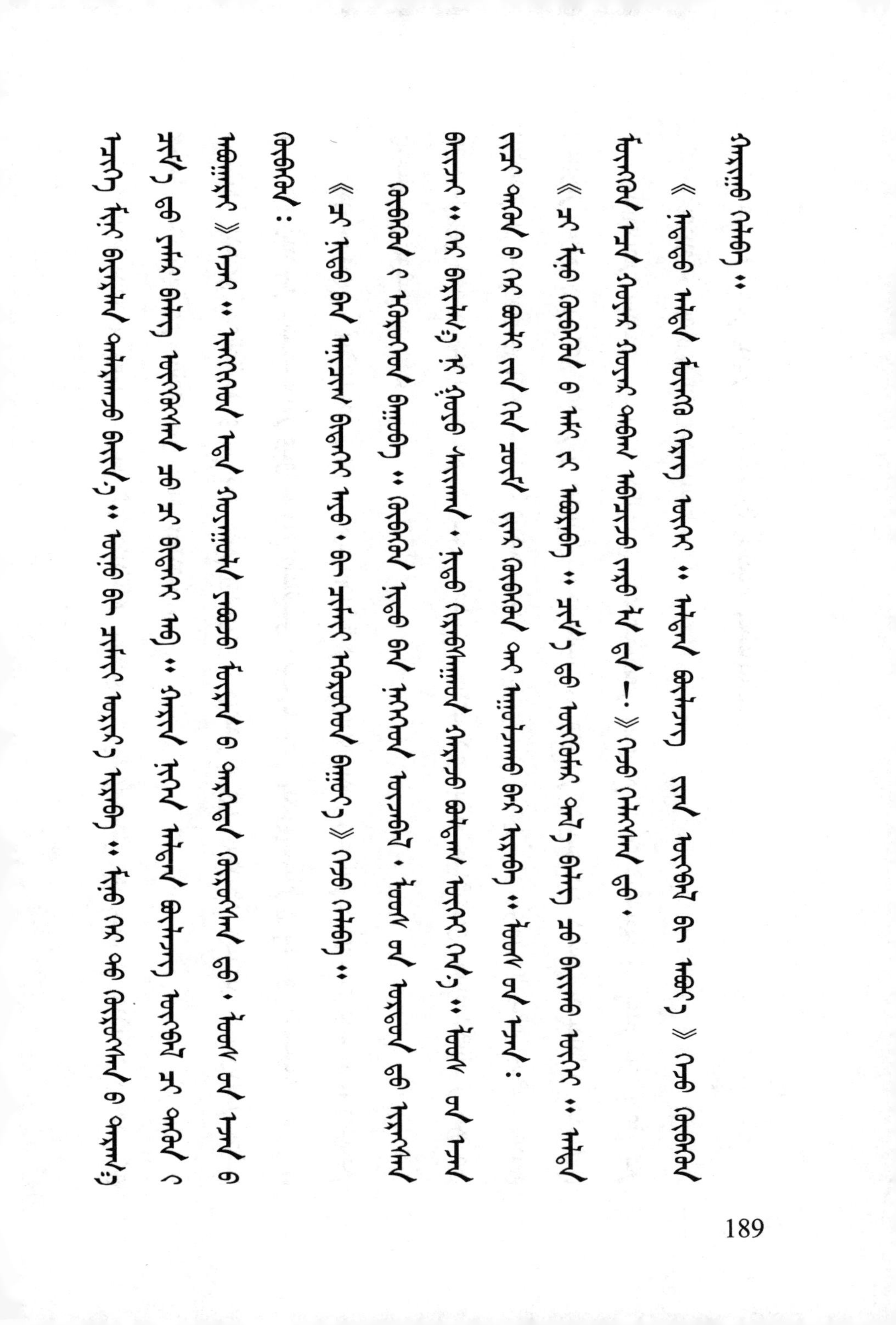

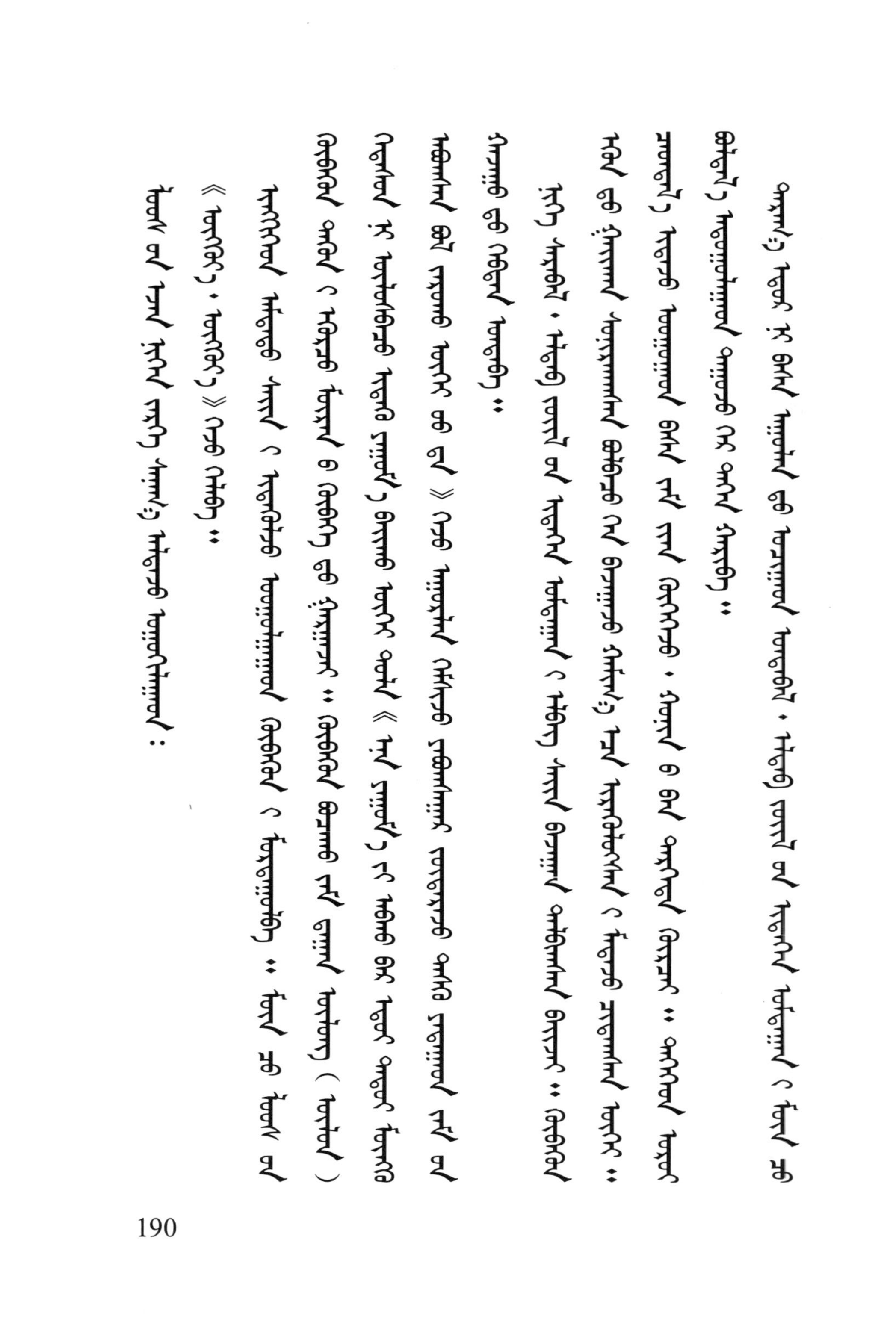

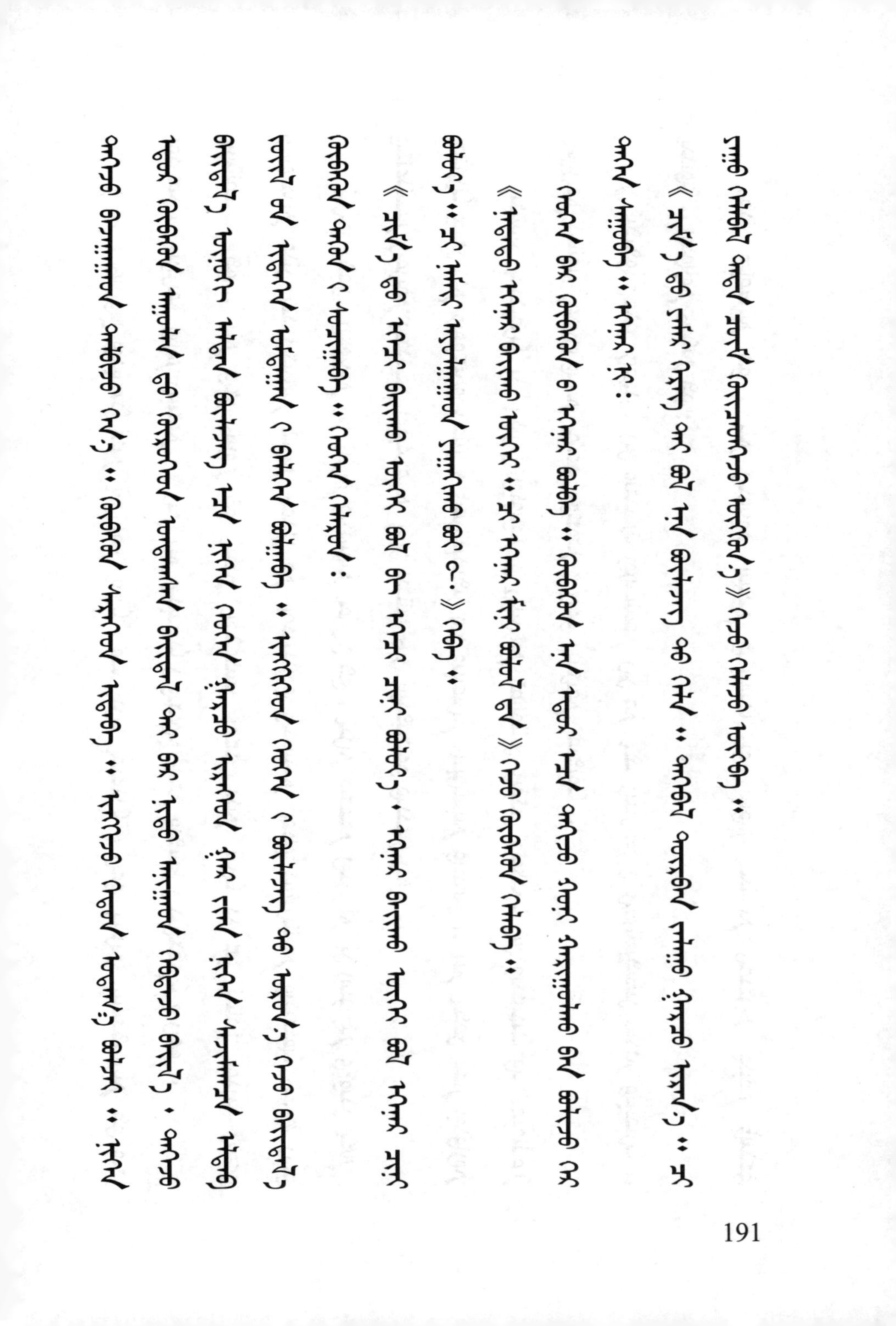

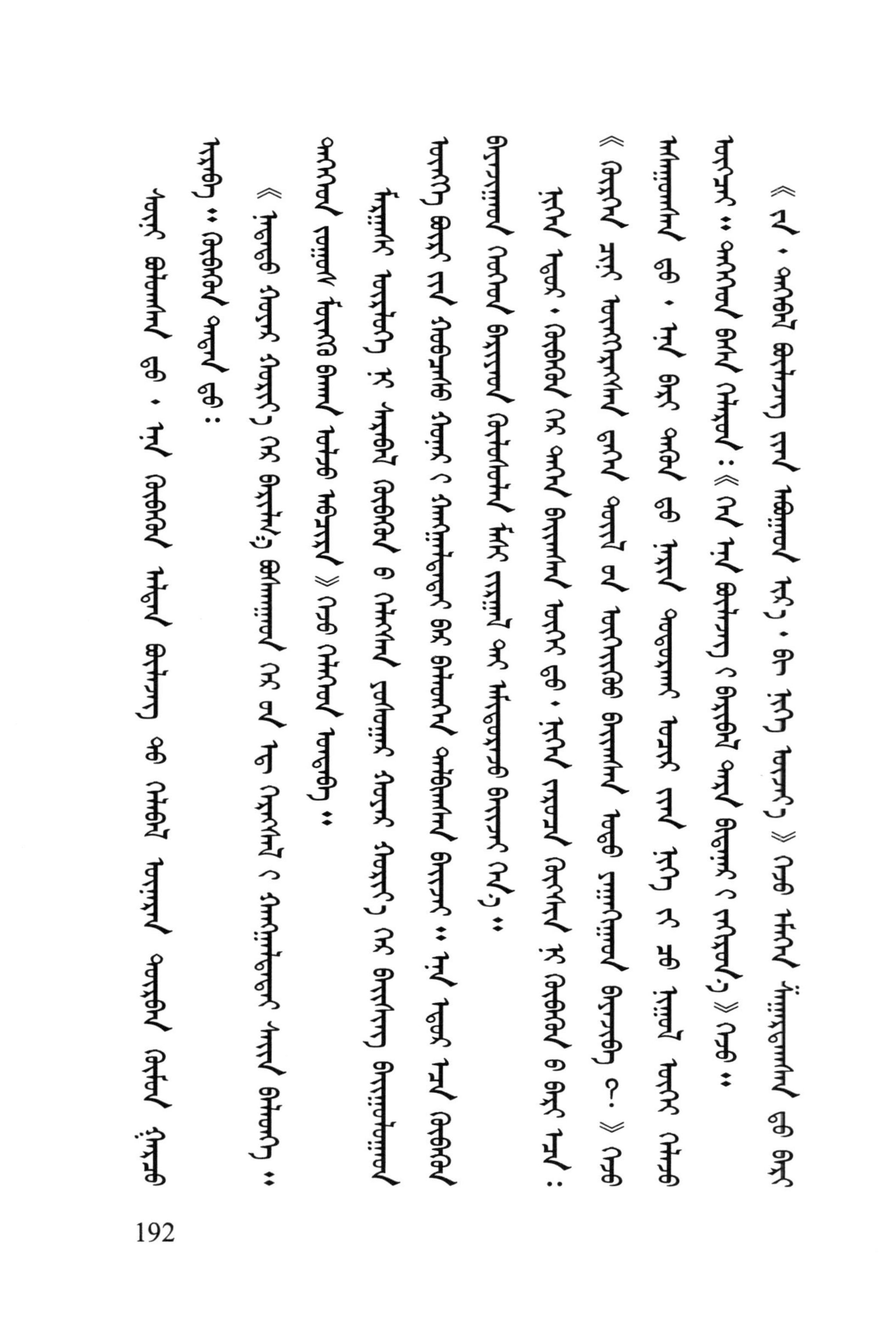

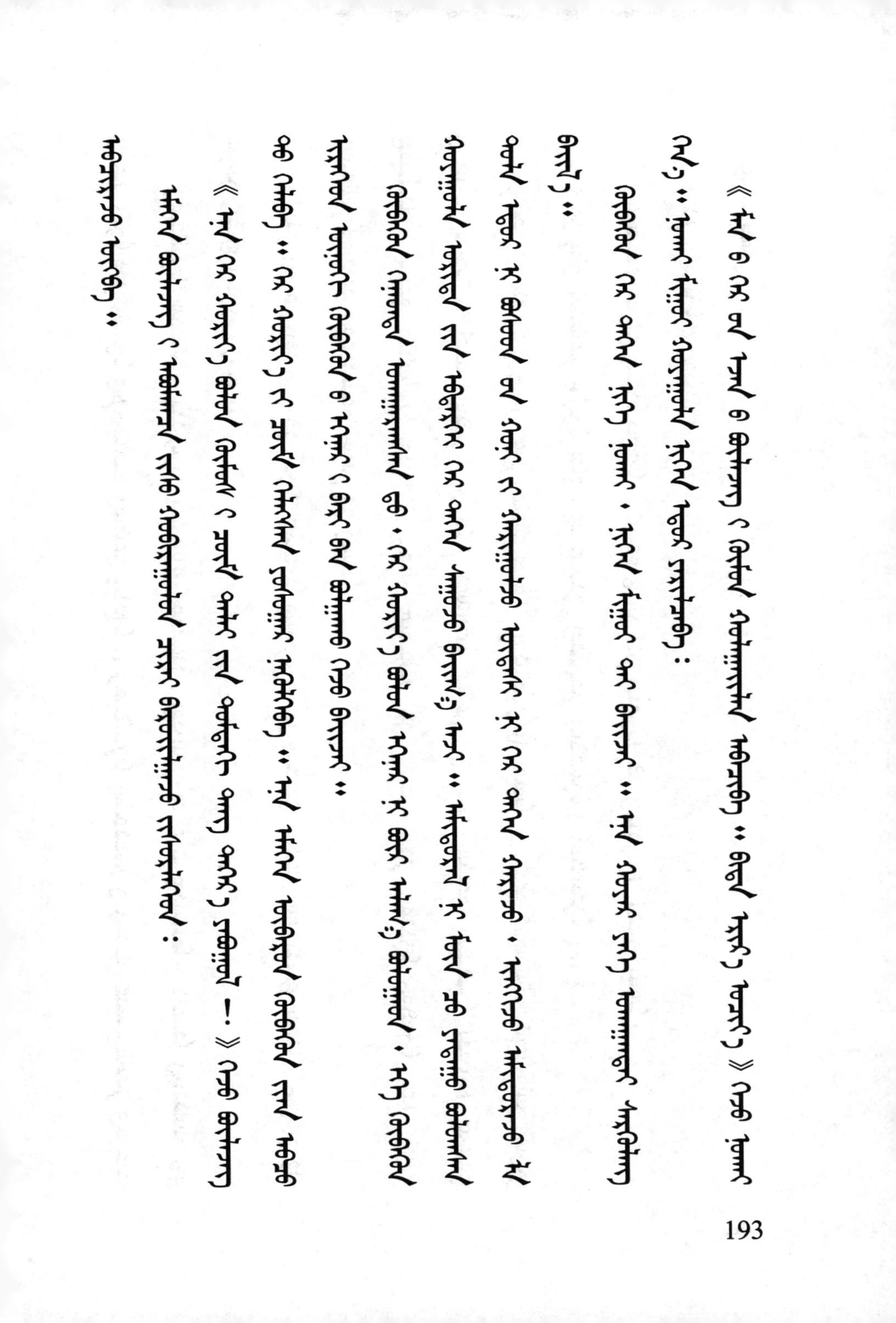

[illegible]
[illegible]

[illegible]
[illegible]

[illegible]
[illegible]
[illegible]
[illegible]

[illegible]
[illegible]
[illegible]

[illegible]
[illegible]

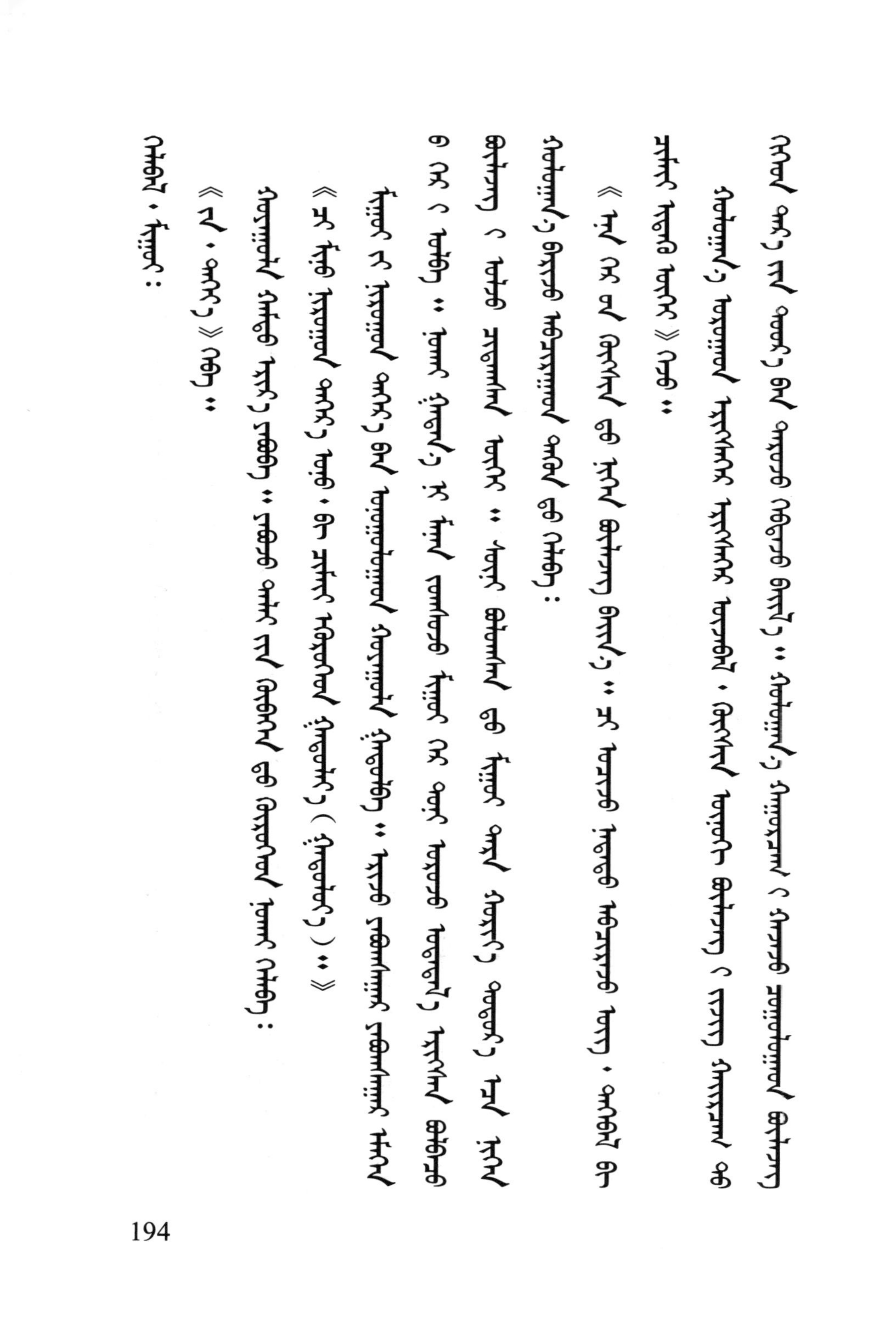

[illegible] ᠃ [illegible] ᠂ [illegible]

[illegible] ᠂ [illegible]

[illegible] 《 [illegible] 》 ᠭᠡᠪᠡ ᠃

《 [illegible] ᠃ [illegible] ᠂ [illegible]

[illegible] ᠄

[illegible] ᠃ [illegible]

[illegible] ᠃ [illegible] ᠃ [illegible]

[illegible] ᠃ [illegible]

《 [illegible] ᠂ [illegible] ([illegible]) ᠃ 》

[illegible] ᠃ [illegible] ᠄

《 [illegible] ᠂ [illegible] 》 ᠭᠡᠪᠡ ᠃

[illegible] ᠂ [illegible] ᠄

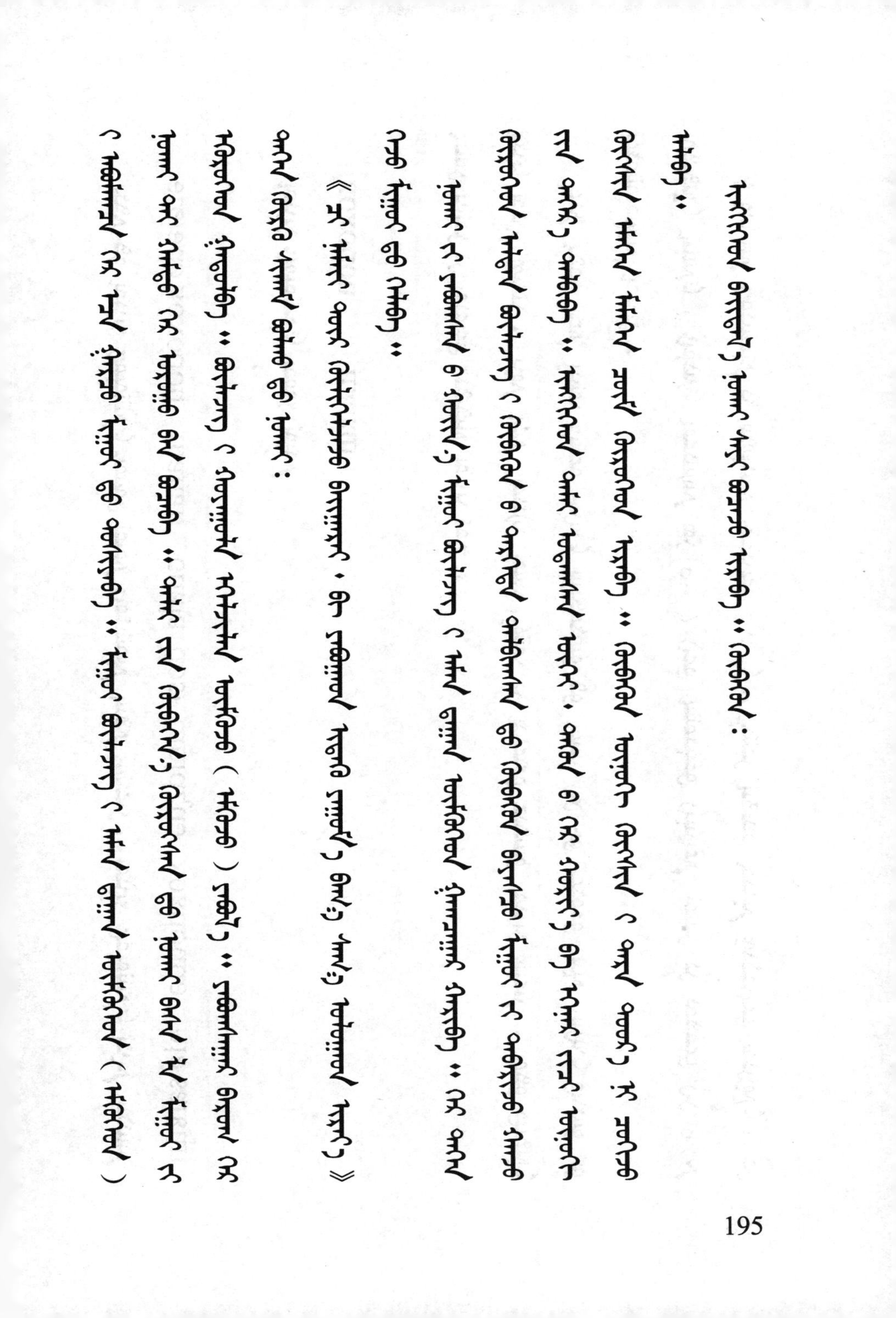

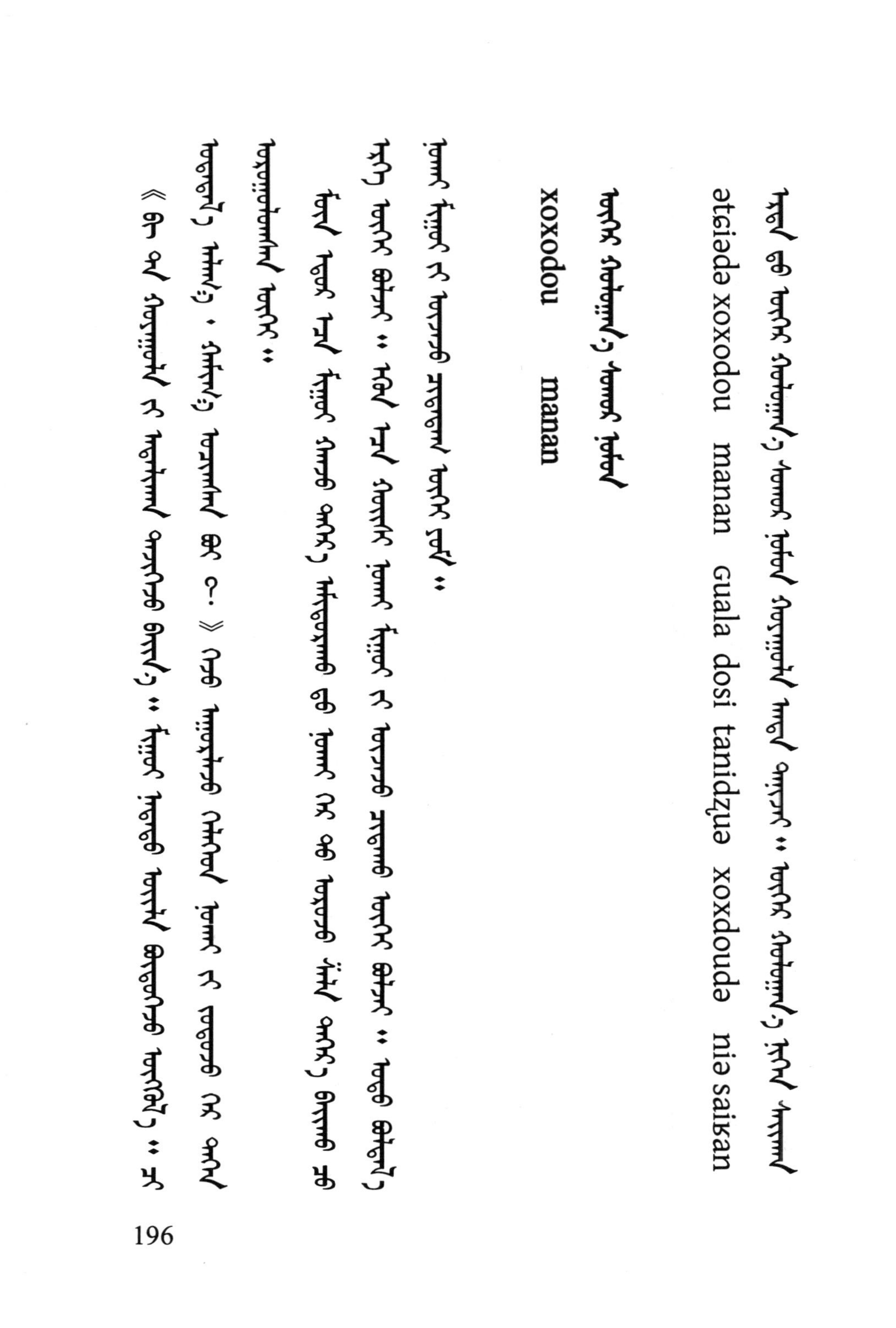

[illegible]

ətɕiədə xoxodou manan ɢuala dosi tanidʐuə xoxdoudə niə saiʁan

[illegible]

xoxodou manan

[illegible]

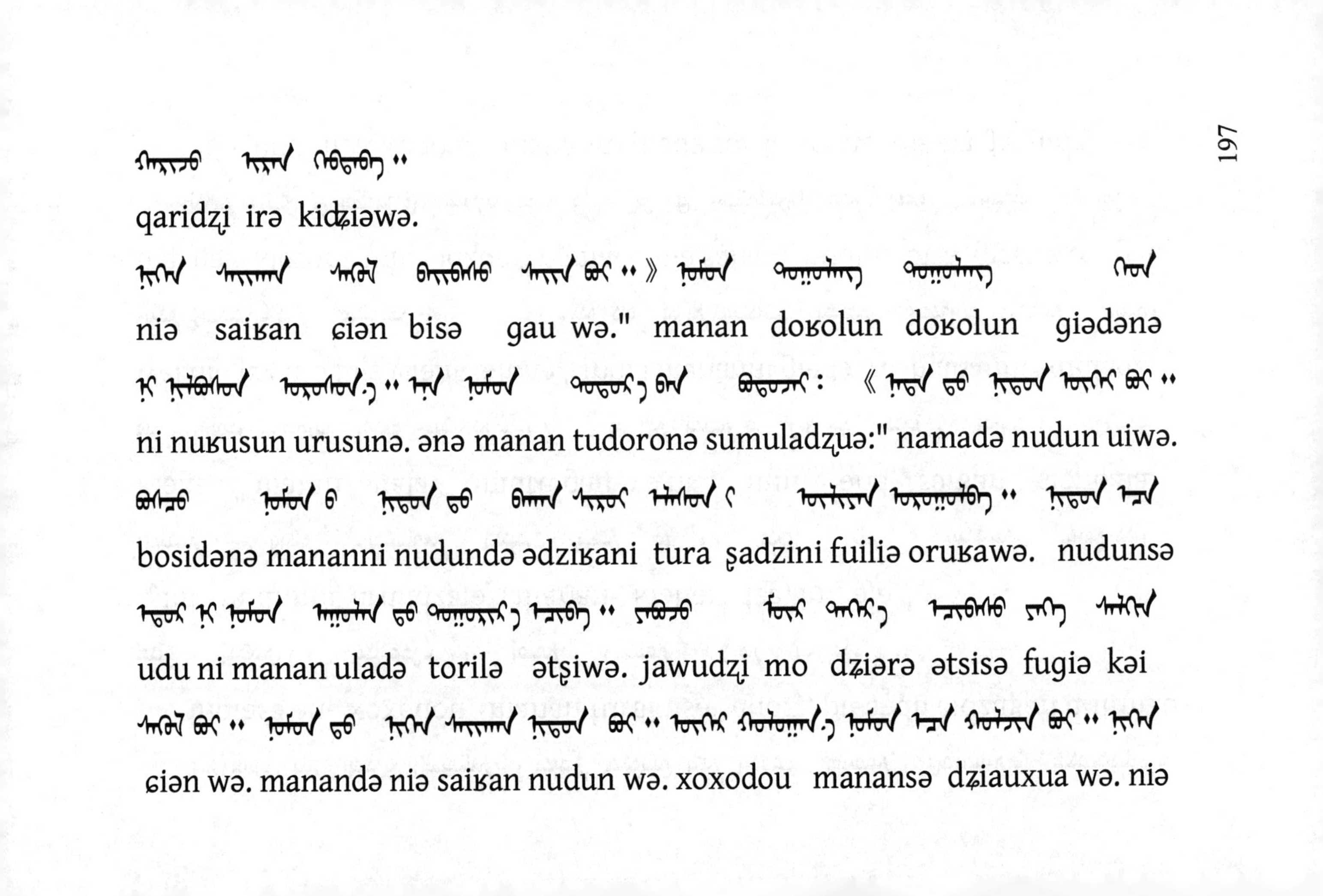

qaridʐi irə kidʑiəwə.

niə saiʁan ɕiən bisə gau wə." manan doʁolun doʁolun giədənə

ni nuʁusun urusunə. ənə manan tudoronə sumuladʐuə:" namadə nudun uiwə.

bosidənə mananni nudundə ədziʁani tura ʂadzini fuiliə oruʁawə. nudunsə

udu ni manan uladə torilə ətʂiwə. jawudʐi mo dʑiərə ətsisə fugiə kəi

ɕiən wə. manandə niə saiʁan nudun wə. xoxodou manansə dʑiauxua wə. niə

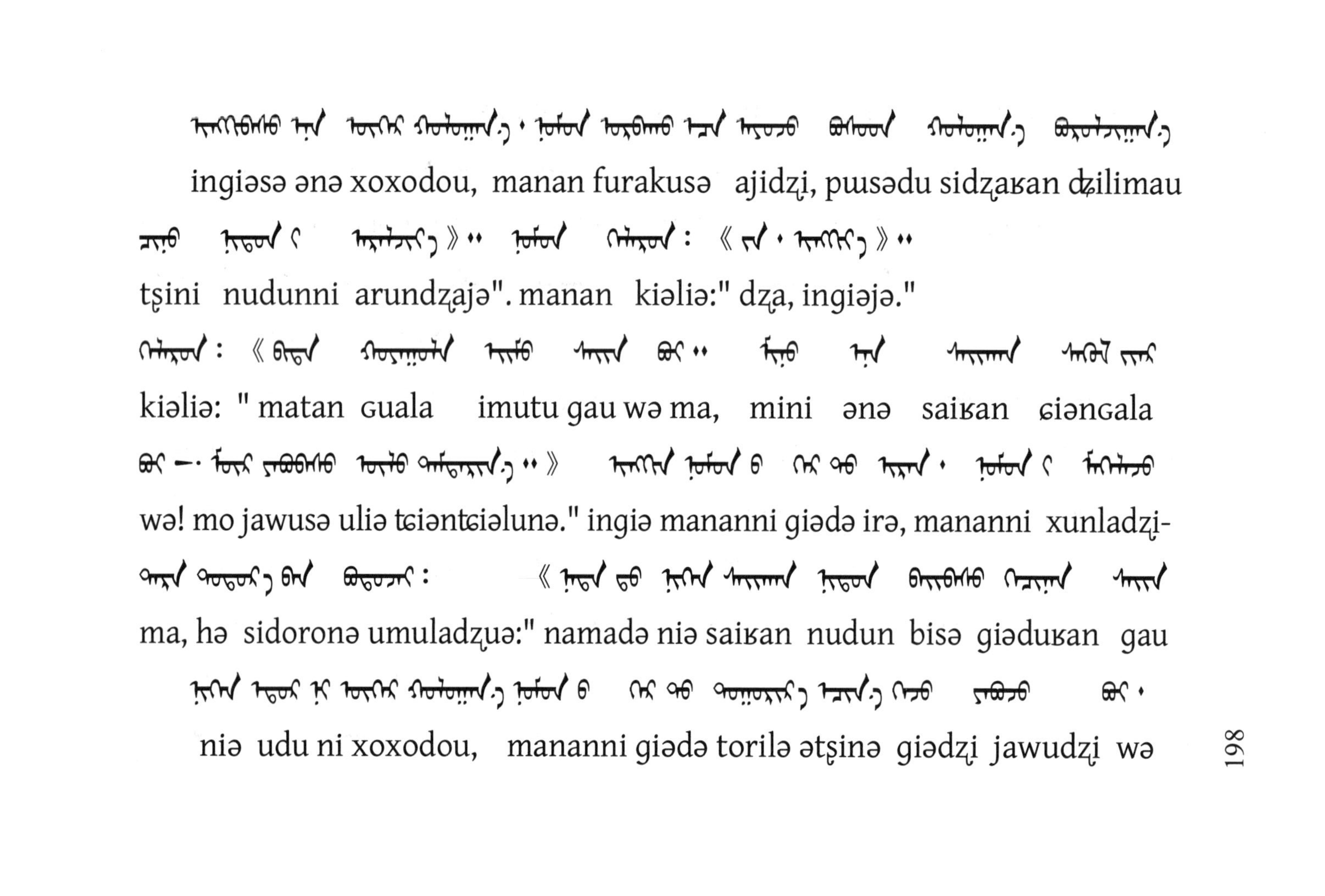

ingiəsə ənə xoxodou, manan furakusə ajidʐi, pɯsədu sidʐaʁan ʥilimau tʂini nudunni arundʐajə". manan kiəliə:" dʐa, ingiəjə."

kiəliə: " matan ɢuala imutu gau wə ma, mini ənə saiʁan ɕiənɢala wə! mo jawusə uliə tɕiəntɕiəlunə." ingiə mananni giədə irə, mananni xunladʐi-ma, hə sidoronə umuladʐuə:" namadə niə saiʁan nudun bisə giəduʁan gau niə udu ni xoxodou, mananni giədə torilə ətʂinə giədʐi jawudʐi wə

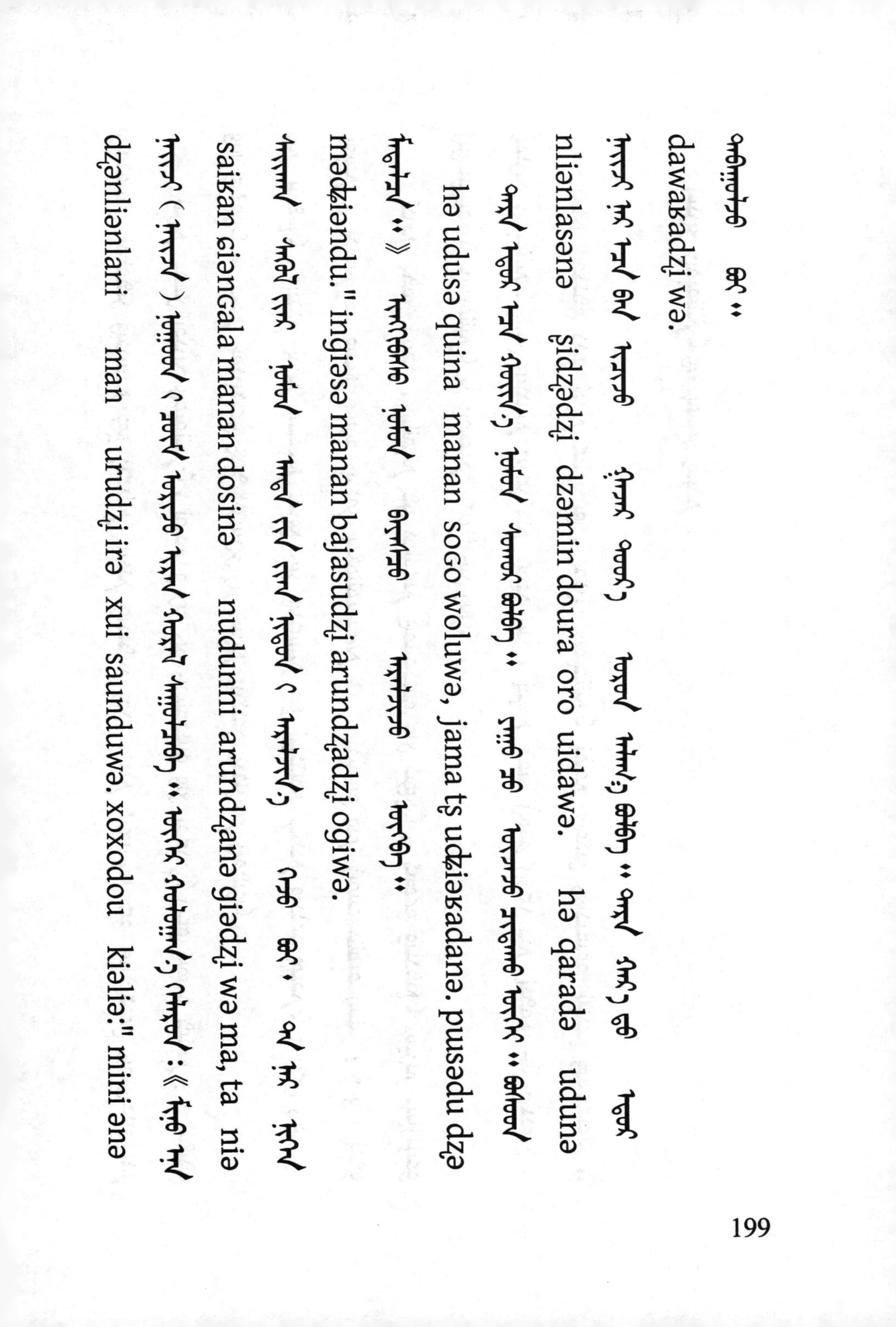

[illegible]

dawaʁadʐi wə.

[illegible]

nliənlasənə ʂidʐədʐi dzəmin doura oro uidawə. hə qaradə udunə

[illegible]

hə udusə quina manan soɢo woluwə, jama tʂ udʑiəʁadanə. pɯsədu dʐə

[illegible]

mədʑiəndu." ingiəsə manan bajasudʐi arundʐadʐi ogiwə.

[illegible]

saiʁan ɕiənɢala manan dosinə nudunni arundʐanə giədʐi wə ma, ta niə

[illegible]

dʐənliənlani man urudʐi irə xui saunduwə. xoxodou kiəliə:" mini ənə

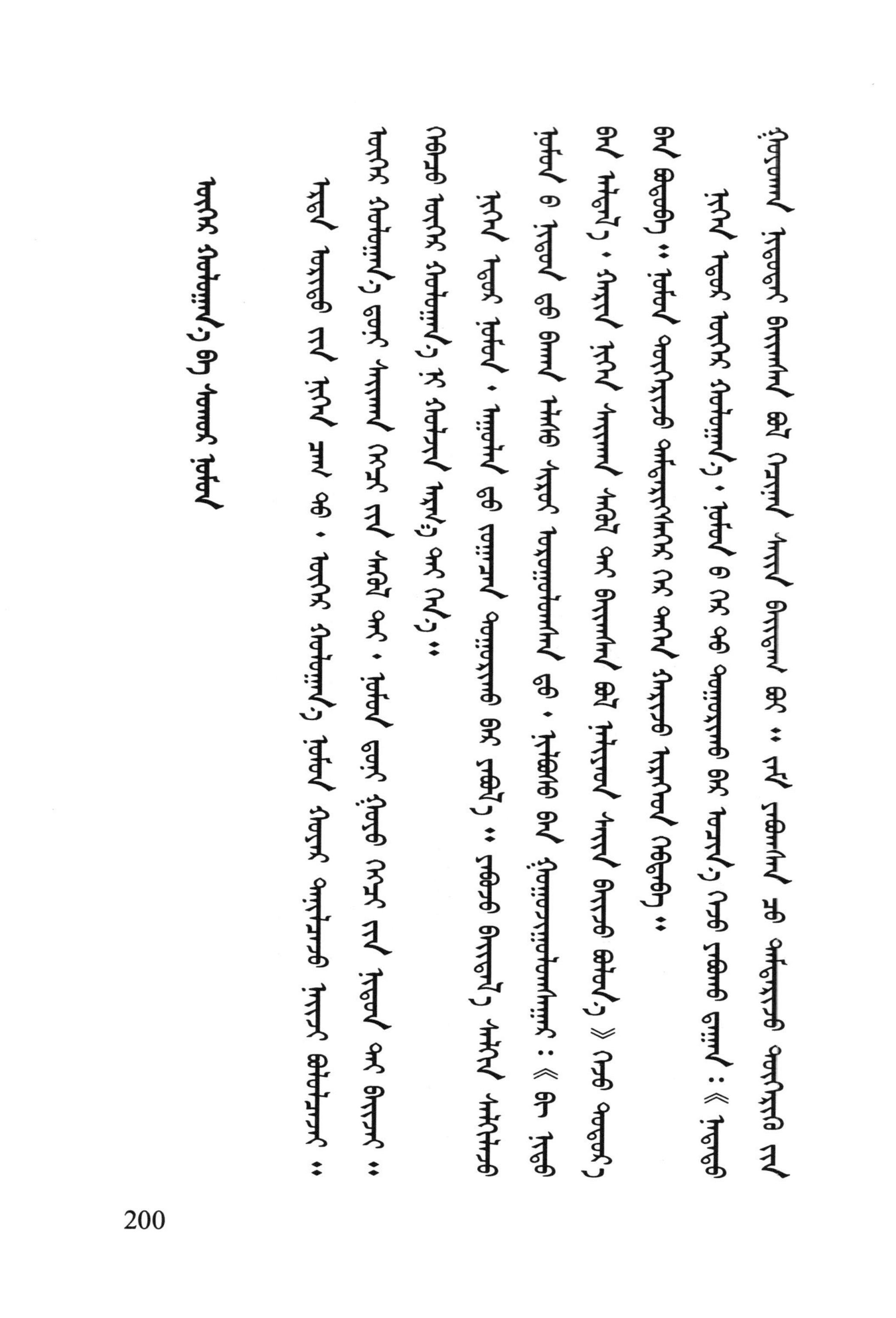

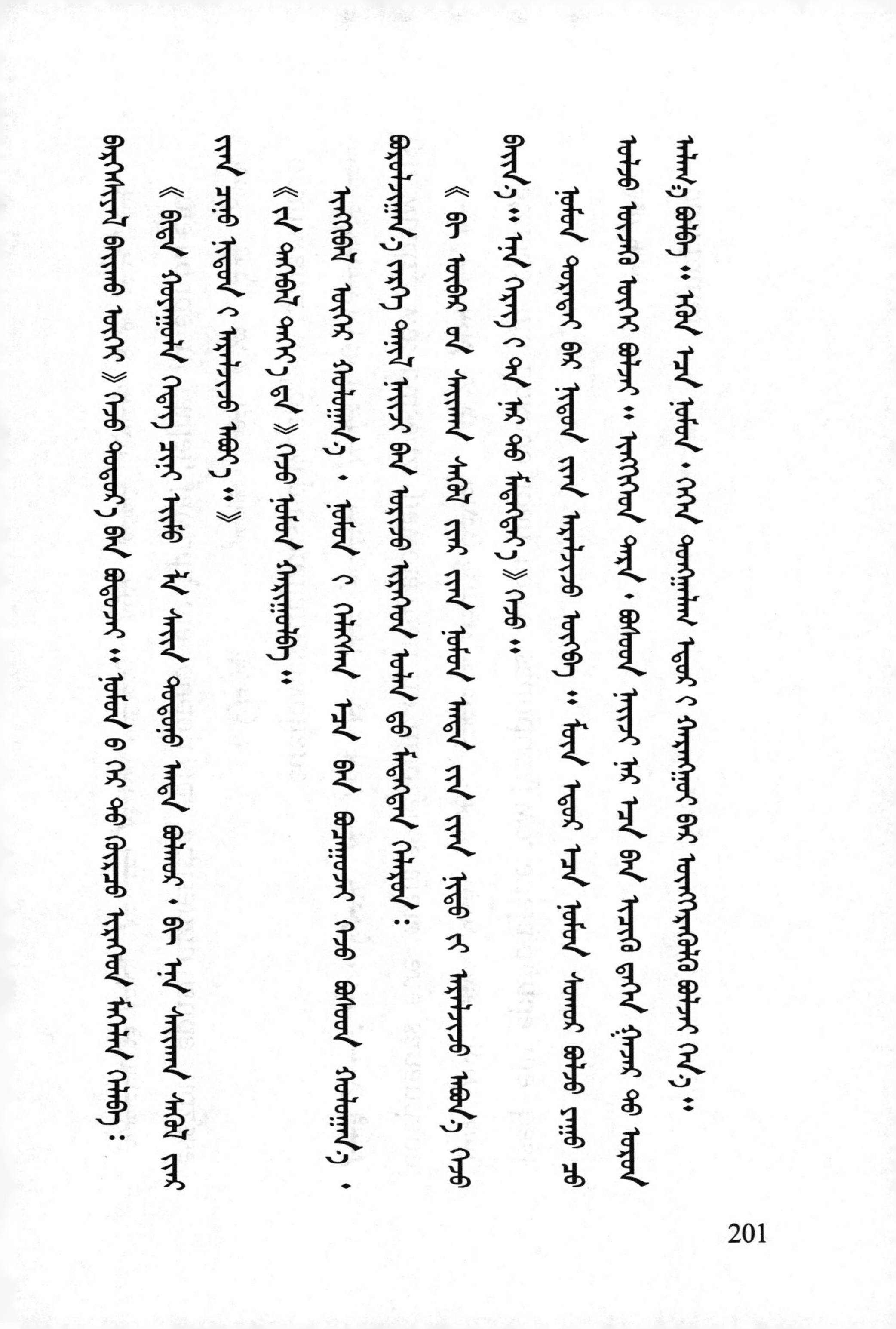

niə ududə ni tauləi, jawudzi̡ niə ɢudou şida ətşisənnu usudə udzəsə

" orun wandʑi wə" giədzi̡ pɯsədʑilani səwoliənə

tşu wuidza̡ wə. pɯsədzi jiəwola man hə niədzənsə ajinə. ənə sanandənə:

əteiədə niə linkodə jiban jiəwo saundudzi̡ wə. ənəla dunda niə basi

basi tauləi

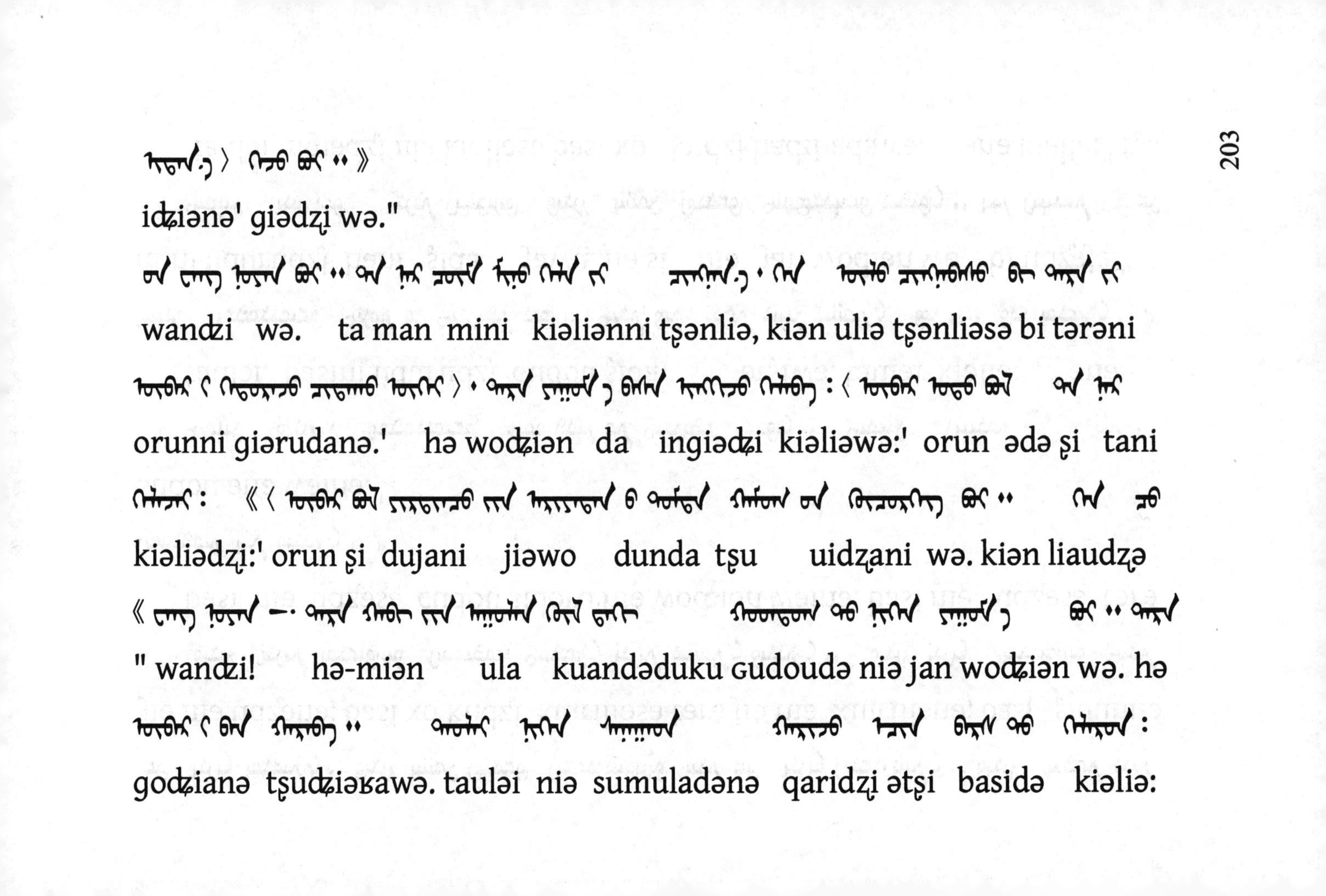

idʑiənə' giədzʅ wə."

wandʑi wə. ta man mini kiəliənni tʂənliə, kiən uliə tʂənliəsə bi tərəni

orunni giərudanə.' hə wodʑiən da ingiədʑi kiəliəwə:' orun ədə ʂi tani

kiəliədzʅ:' orun ʂi dujani jiəwo dunda tʂu uidzʅani wə. kiən liaudzʅə

" wandʑi! hə-miən ula kuandəduku ɢudoudə niə jan wodʑiən wə. hə

godʑianə tʂudʑiəʁawə. tauləi niə sumuladənə qaridzʅ ətʂi basidə kiəliə:

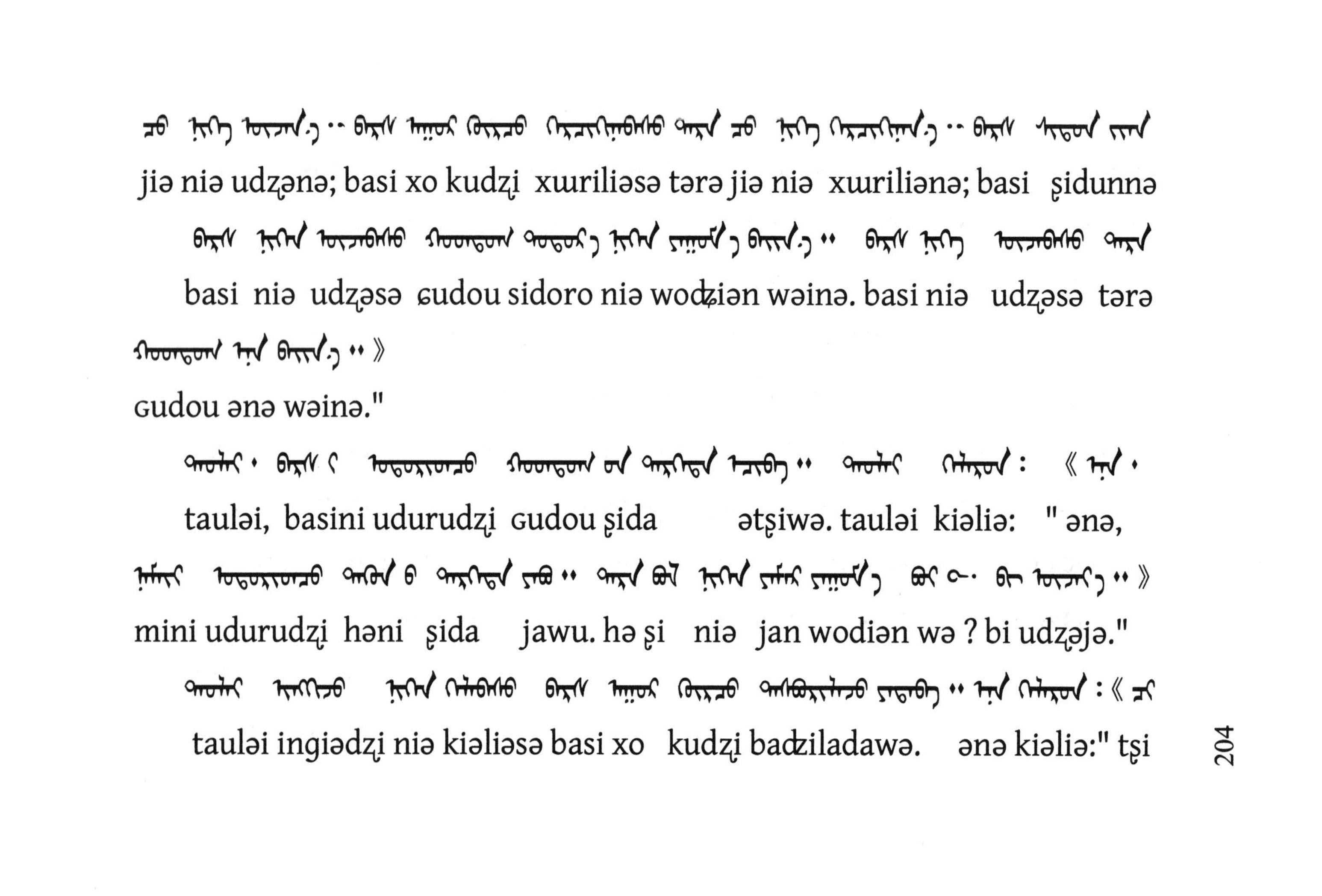

jiə niə udʐənə; basi xo kudʐi xɯriliəsə tərə jiə niə xɯriliənə; basi ʂidunnə

basi niə udʐəsə ɢudou sidoro niə woʥiən wəinə. basi niə udʐəsə tərə

ɢudou ənə wəinə."

tauləi, basini udurudʐi ɢudou ʂida ətʂiwə. tauləi kiəliə: "ənə,

mini udurudʐi həni ʂida jawu. hə ʂi niə jan wodiən wə ? bi udʐəjə."

tauləi ingiədʐi niə kiəliəsə basi xo kudʐi baʥiladawə. ənə kiəliə:" tʂi

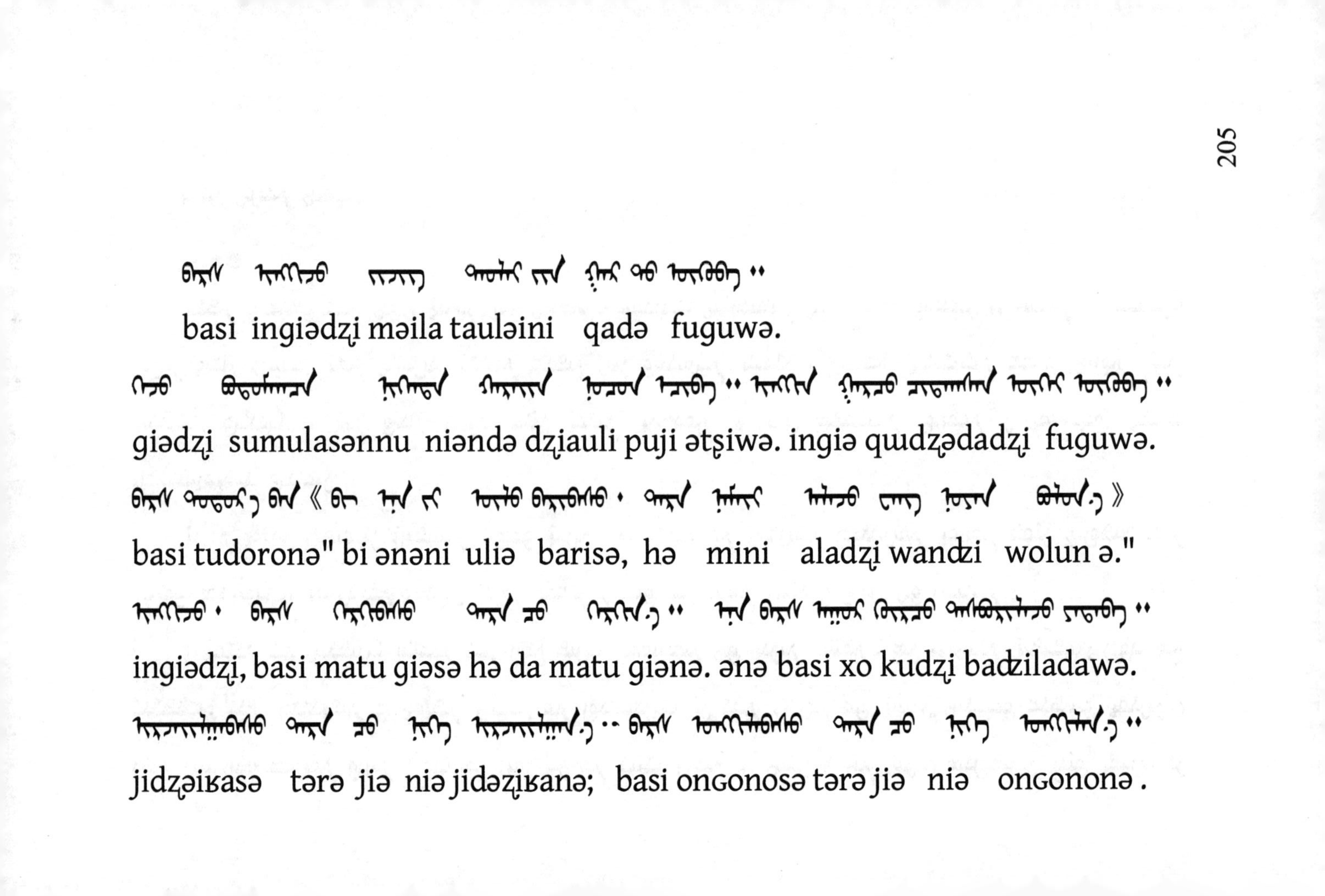

basi ingiədzɨ məila tauləini qadə fuguwə.

giədzɨ sumulasənnu niəndə dzɨauli puji ətʂiwə. ingiə quɯdzədadzɨ fuguwə.

basi tudoronə" bi ənəni uliə barisə, hə mini aladzɨ wandʑi wolun ə."

ingiədzɨ, basi matu giəsə hə da matu giənə. ənə basi xo kudzɨ badʑiladawə.

jidzəiʁasə tərə jiə niə jidəzɨʁanə; basi onɢonosə tərə jiə niə onɢononə .

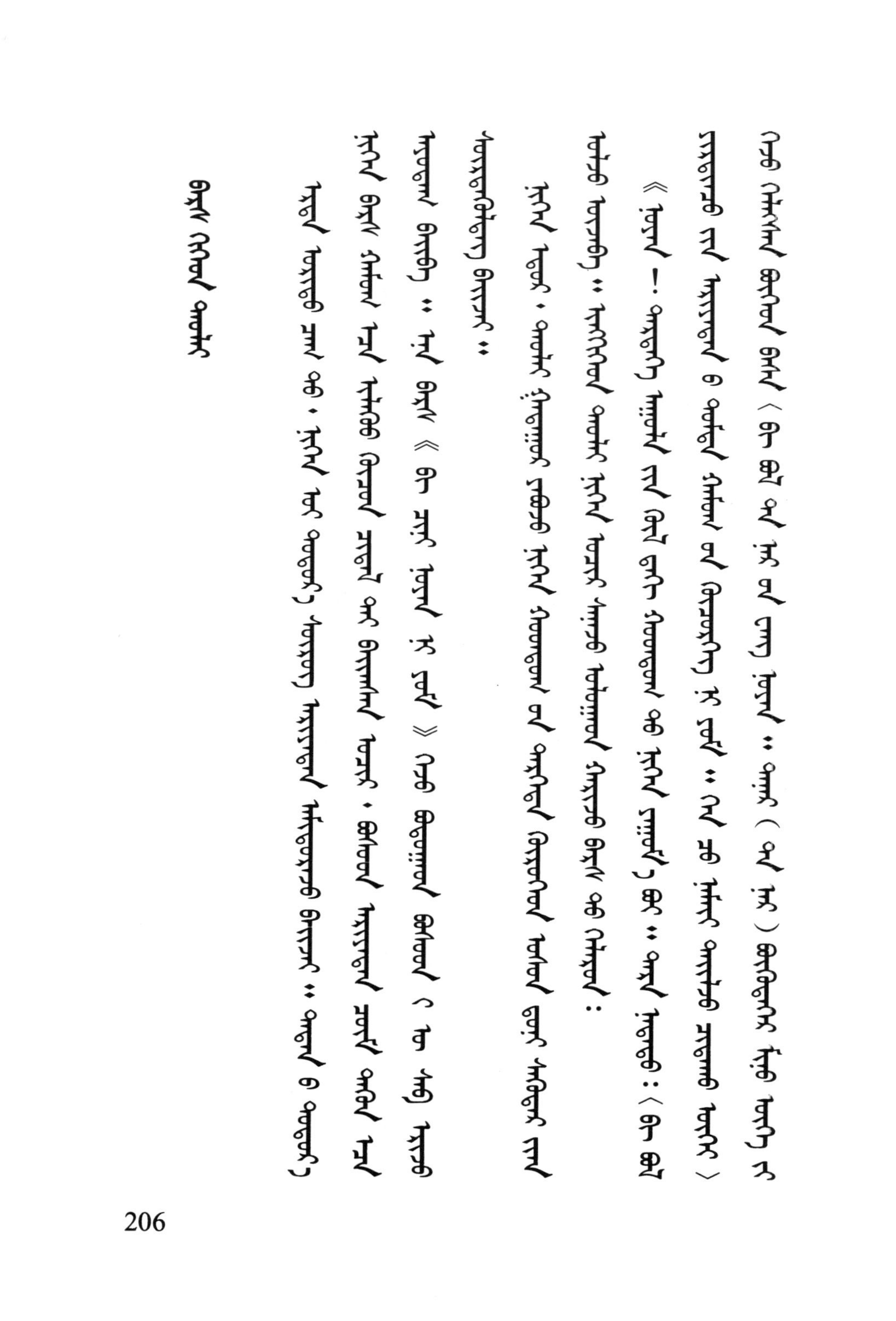

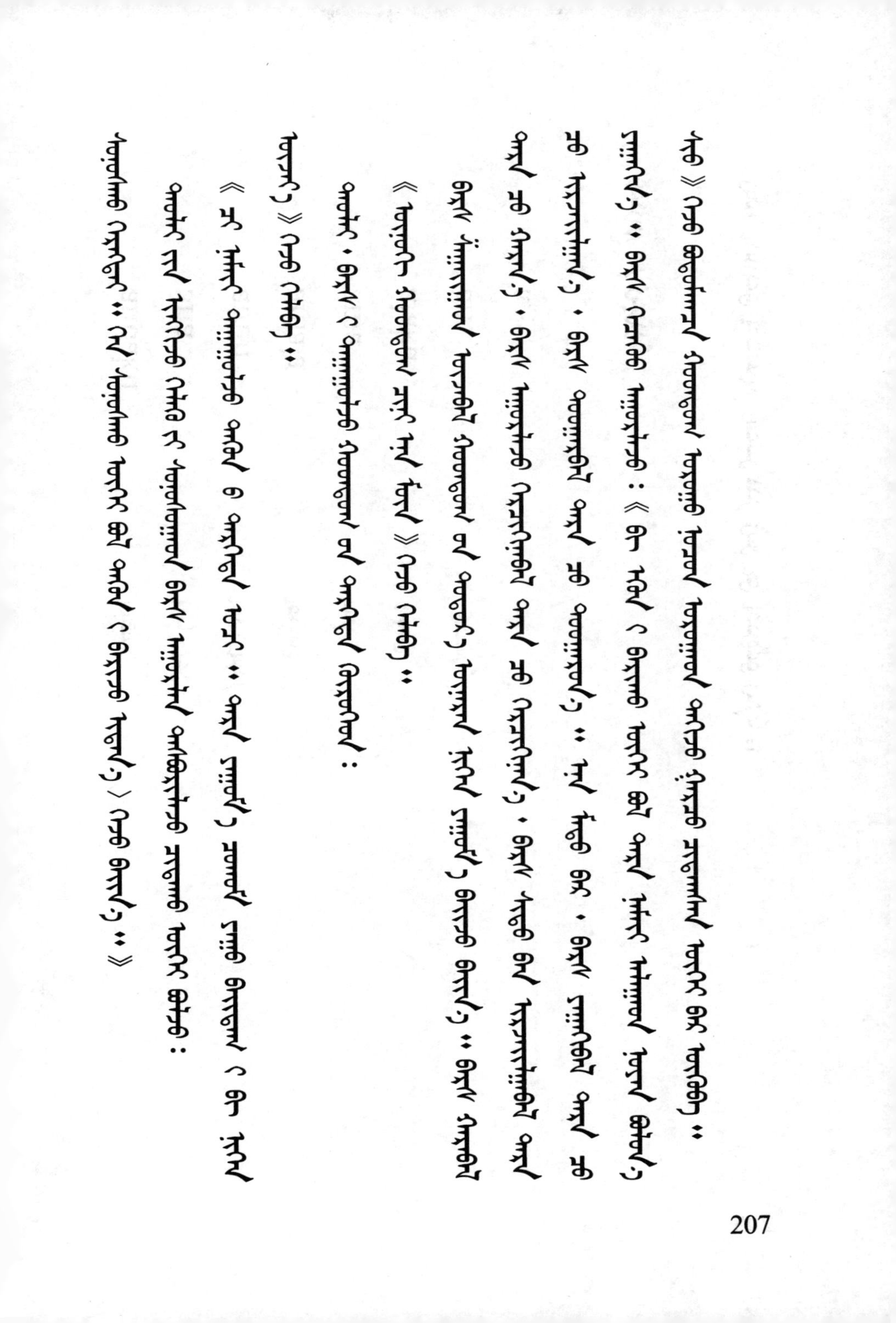

ᠪᡝᠶᡝ ᠠᠨᡳᠶᠠᠯᠠ ᠠᠮᠠᡤᠠᠯᠠ ᡠᠮᡝᡳ ᡨᡝᡵᡝ ᡝᠮᡠ ᠪᡠ ᠠᠨᡩᠠᡴᡡ ᠪᡝ᠈᠈

ᠠᠨᡳᠶᠠᡳ ᠪᡳ ᡤᡳᠰᡠᠨ

a	
an	(ᠠᠨᡳᠶᠠᡳ)
alaku	ᠠᠯᠠᡴᡡ
ama	ᠠᠮᠠ
amala	ᠠᠮᠠᡤᡳ
amin	ᠠᠮᠠ (ᠠᠮᠠᡳ)
ana	ᠣᠨᠣ · ᠠᠨᠠ
andaku	ᠠᠨᡩᠠᡴᡡ

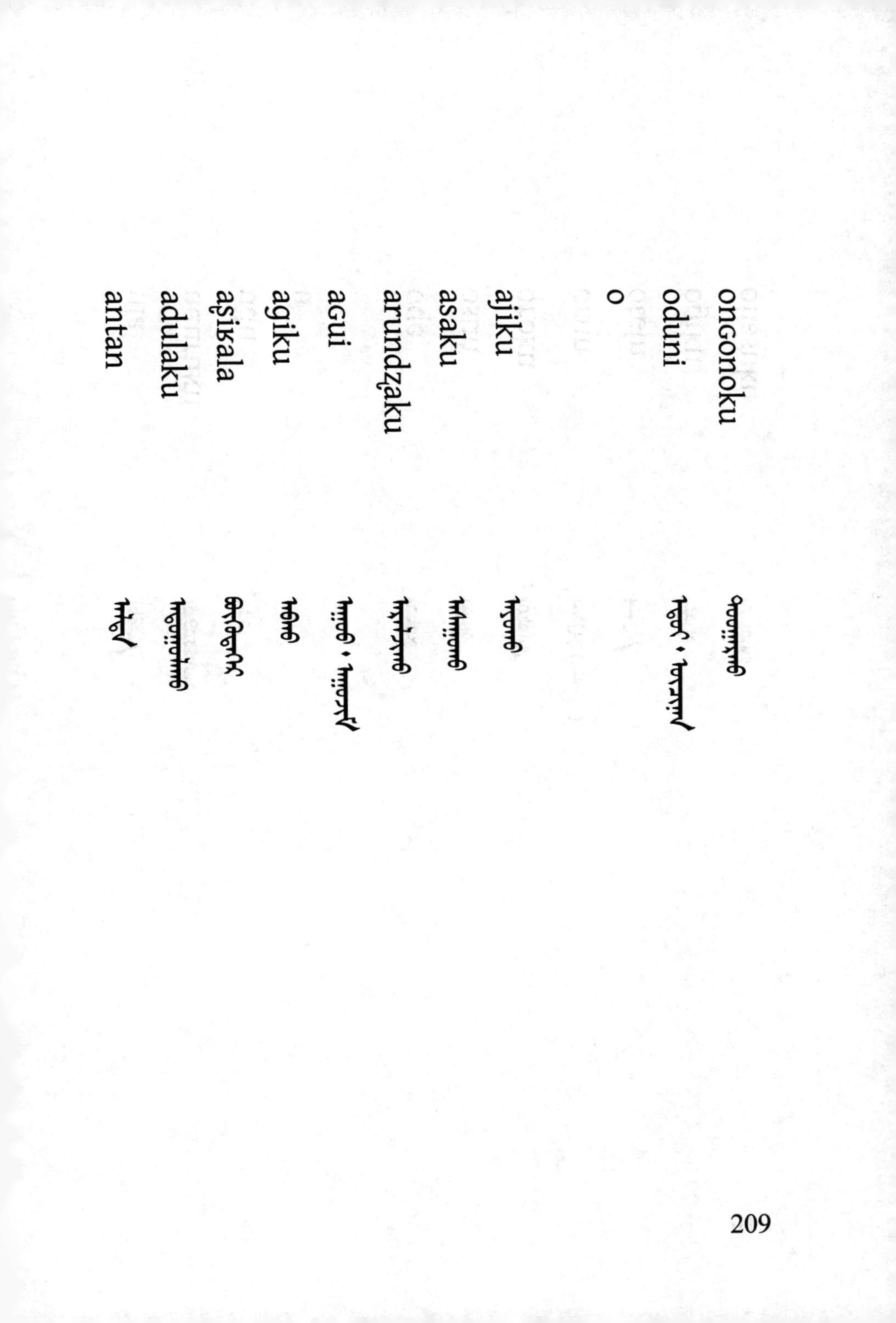

onɢonoku
oduni
o

ajiku
asaku
arundʐaku
aɢui
agiku
aʂiʁala
adulaku
antan

ula	ᠤᠯᠠ
uduruku	ᠤᠳᠤᠷᠤᠬᠤ
udu	ᠤᠳᠤ
u	
oqo	ᠣᠬᠣ
osun	ᠣᠰᠤᠨ
oroku	ᠣᠷᠣᠬᠤ
orun	ᠣᠷᠤᠨ（ᠣᠷᠣᠨ）
otɕin	ᠣᠲᠴᠢᠨ
ogiku	ᠣᠭᠢᠬᠤ
oliəsuku	ᠣᠯᠢᠶᠠᠰᠤᠬᠤ

urou	ᠥᠷᠥᠭᠡ
urusu	ᠤᠷᠤᠰᠬᠤ
uruku	ᠤᠷᠤᠭᠤ · ᠳᠣᠣᠭᠰᠢ
utʂuʁudu	ᠥᠴᠥᠭᠡᠳᠦᠷ
udʐəku	ᠦᠵᠡᠬᠦ
ulia	ᠦᠯᠢᠶᠡ
uilia	ᠦᠢᠯᠡ · ᠦᠢᠯᠡᠰ
uiwa	ᠦᠭᠡᠢ · ᠪᠠᠢᠬᠤ ᠦᠭᠡᠢ
undu	ᠥᠨᠳᠥᠷ
ungia	ᠥᠩᠭᠡ · ᠵᠢᠰᠦ · ᠥᠩᠭᠡᠨ
unuku	ᠥᠨᠥᠬᠦ
unaku	ᠤᠨᠠᠬᠤ

ətʂi	ᠡᠴᠢ
ətɕiə	ᠡᠵᠢ
əʁətʂi	ᠡᠭᠡᠴᠢ
əʁɯku	ᠡᠭᠦᠳᠡ ᠂ ᠡᠦᠳᠡ
əli kutala	ᠡᠳᠦᠭᠡ ᠬᠦᠷᠲᠡᠯ᠎ᠡ
əli: əlitala	ᠡᠳᠦᠭᠡ ᠬᠦᠷᠲᠡᠯ᠎ᠡ
ənə	ᠡᠨᠡ
ədə	ᠡᠳᠦᠭᠡ
ə	
usun	ᠤᠰᠤ
usu	ᠤᠰᠤᠨ

irəku	ᡳᡵᡝᡴᡠ
idʑiəkuni ～ idʑiəwuni	ᡳᠵᡝᡴᡠᠨᡳ
idʑiəku	ᡳᠵᡝᡴᡠ
ingiəku	ᡳᠩᡤᡝᡴᡠ
imutu	ᡳᠮᡠᡨᡠ
i	
əsə	ᡝᠰᡝ
ədʑiʁə	ᡝᠵᡳᡤᡝ · ᠪᡠᡵᡝ
ərə	ᡝᡵᡝ
əriku	ᡝᡵᡳᡴᡠ

bandʑiku ᠪᠠᠨᠵᠢᠬᠤ · ᠪᠠᠨᠵᠢᠭᠤᠯᠬᠤ

baiʁaku ᠪᠠᠢᠭᠠᠬᠤ

bailaku ᠪᠠᠢᠯᠠᠬᠤ ᠪᠠᠢᠯᠭᠠᠬᠤ

baisə ᠪᠠᠢᠰᠢᠩ

baiku ᠪᠠᠢᠬᠤ

bauku ᠪᠠᠭᠤᠬᠤ

baudi ᠪᠠᠭᠤᠳᠠᠯ

baə ᠪᠠᠭᠤᠷ

b

əʂi ᠡᠰᠢ (20)

ə

bajan	ᠪᠠᠶᠠᠨ
bajasuku	ᠪᠠᠶᠠᠰᡠᡴᡡ
bajadʑiəku	ᠪᠠᠶᠠᠵᡳᡴᡡ
basi	ᠪᠠᠰᡳ
badʑilaku	ᠪᠠᠵᡳᠯ ᠯᠠᡴᡡ
ba´dʑi	ᠪᠠᠵᡳ
ʻbadʑi	ᠪᠠᠵᡳᡥᡡᠨ
bariku	ᠪᠠᡵᡳᡴᡡ
ʻbaluku	ᠪᠠᠯᡠᡴᡡ
badʑa	ᠪᠠᠵᠠ ، ᠪᠠᠵᠠ
ban	ᠪᠠᠨ (ᠪᠠᠨ ᠰᡝ)
bandʑiən	ᠪᠠᠨᠵᡳᠨ

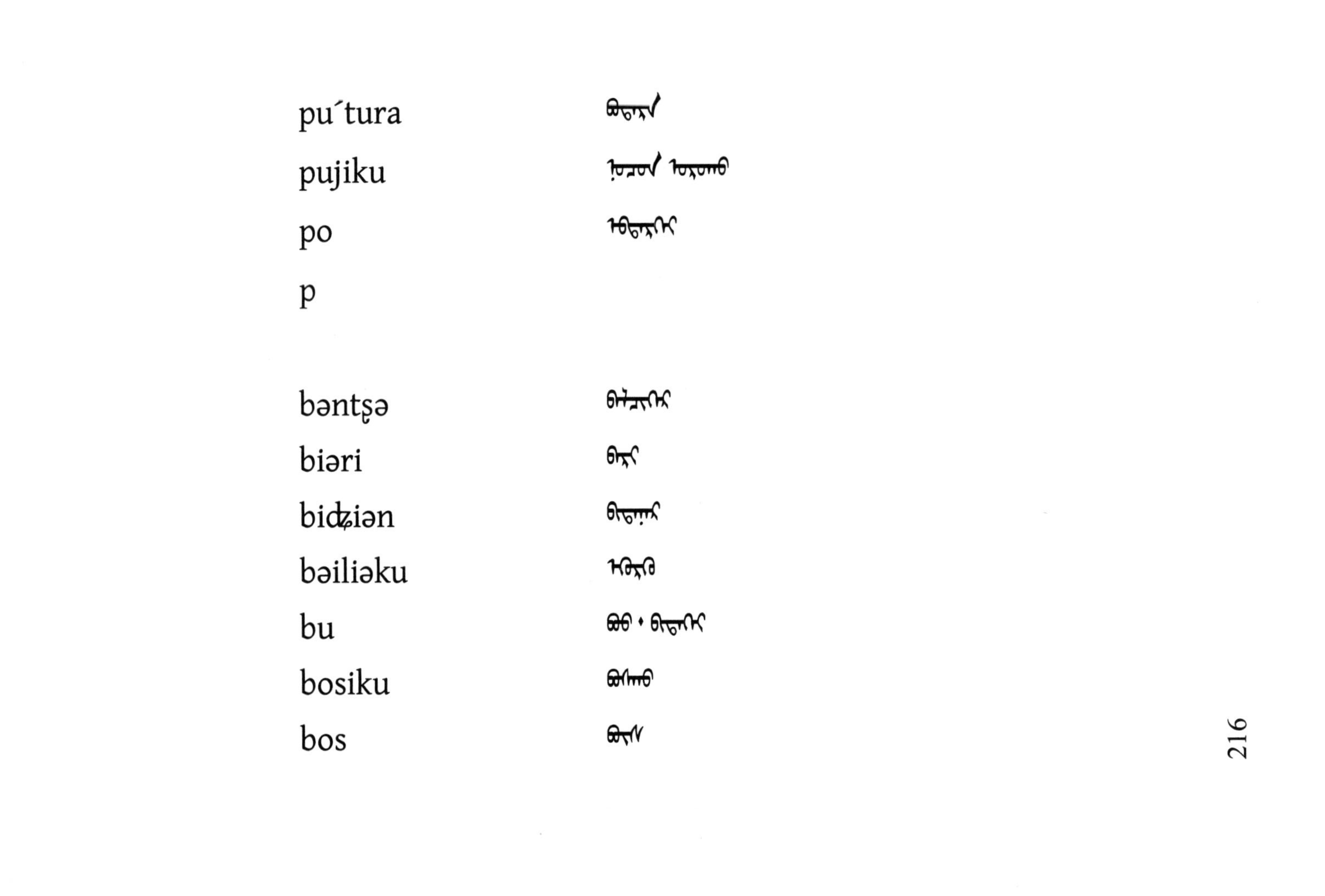

pu´tura

pujiku

po

p

bəntʂə

biəri

bidʑiən

bəiliəku

bu

bosiku

bos

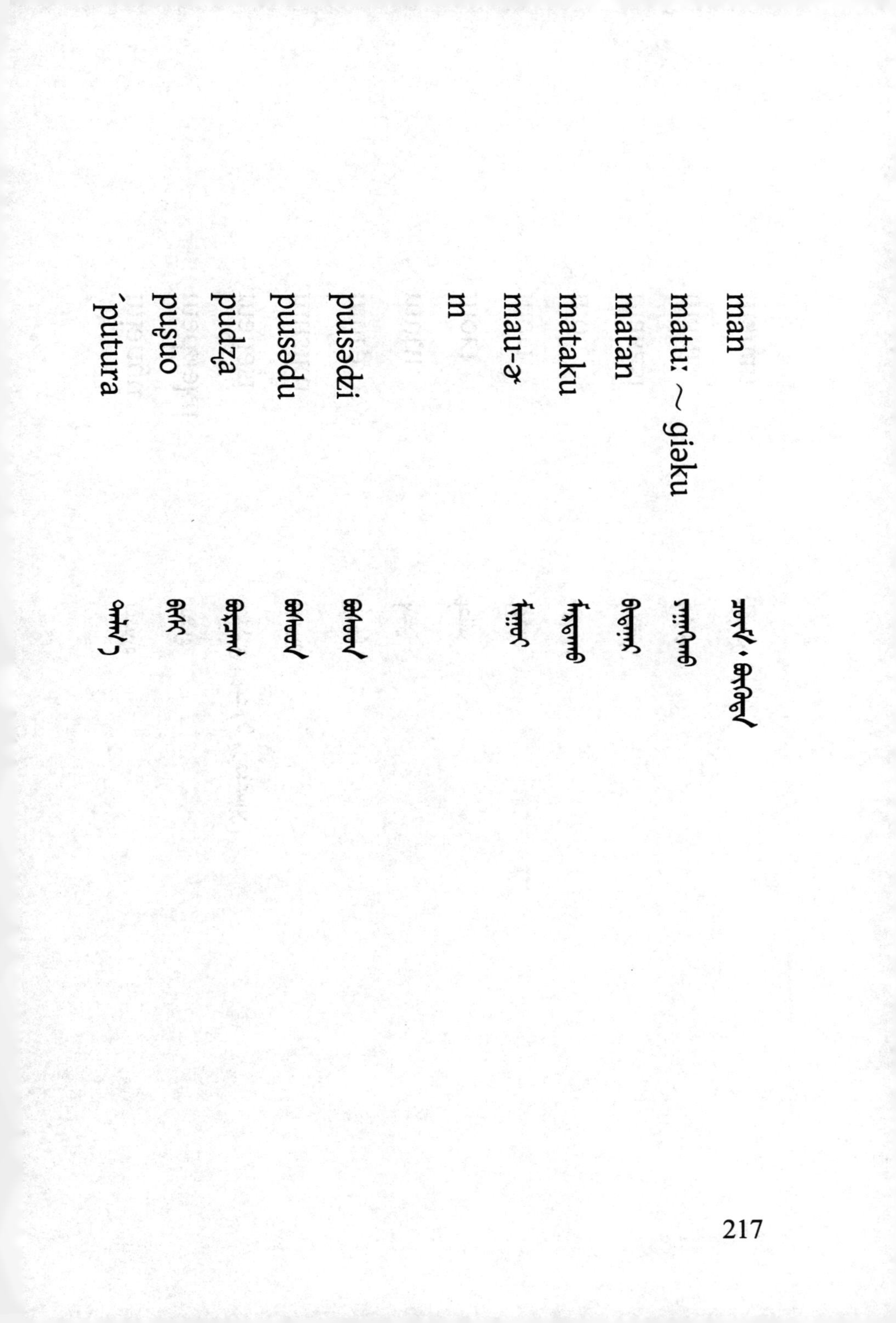

man	[illegible]
maturː ∼ giəku	[illegible]
matan	[illegible]
mataku	[illegible]
mau-ɚ	[illegible]
m	
pɯsəʥi	[illegible]
pɯsədu	[illegible]
pudʐa	[illegible]
puʂuo	[illegible]
ˊputura	[illegible]

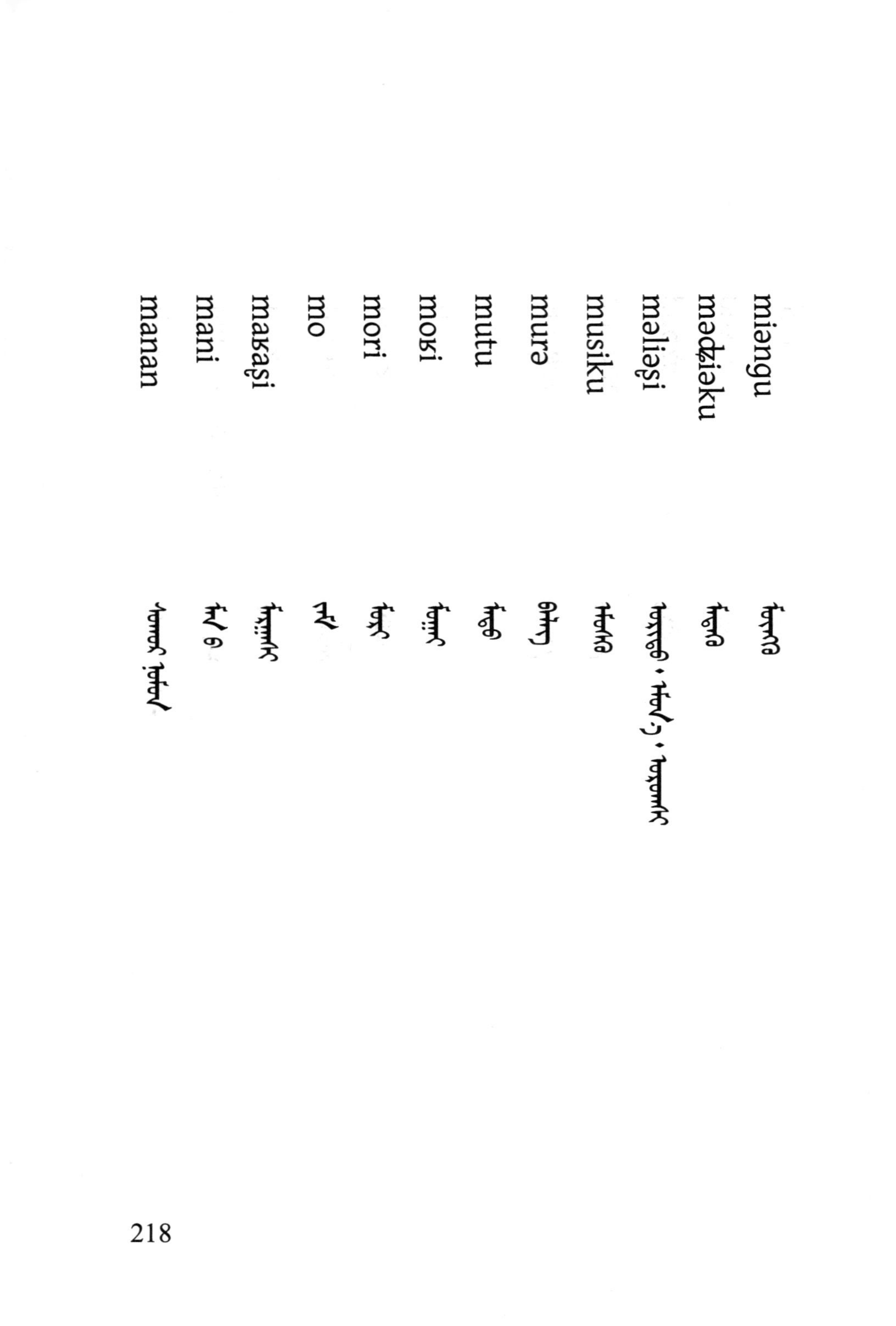

miəngu

mədziəku

məliaşi

musiku

murə

mutu

moʁi

mori

mo

maʁaşi

mani

manan

mini ᠮᠢᠨᠦ · ᠮᠢᠨᠢ

minbaː ~ woluku ᠮᠢᠩᠭ᠎ᠠ ᠣᠯᠬᠤ

miʁa ᠮᠢᠬ᠎ᠠ

w

wanʥi ᠪᠠᠨᠵᠢ · ᠪᠠᠨᠵᠢ · ᠪᠠᠨᠵᠢᠯ

woluku ᠣᠯᠬᠤ · ᠣᠯᠤᠬᠤ

woʥian ᠣᠴᠢᠯᠠᠭᠠᠨ

wuidʑa ᠪᠣᠳᠣᠭᠰᠠᠨ

wa ᠪᠣ

waina ᠪᠠᠢᠨ᠎ᠠ

furaʁaku	[illegible]
fugies	[illegible]
fugiə II	ᠦᠬᠡᠷ
fugiə I	ᠶᠡᠬᠡ
fuguku	ᠦᠬᠦᠬᠦ
funiəʁen	ᠦᠨᠡᠭᠡ
funiəsun	ᠦᠨᠡᠰᠦ
futan	[illegible]
fuiliəku	ᠦᠯᠢᠶᠡᠬᠦ
f	

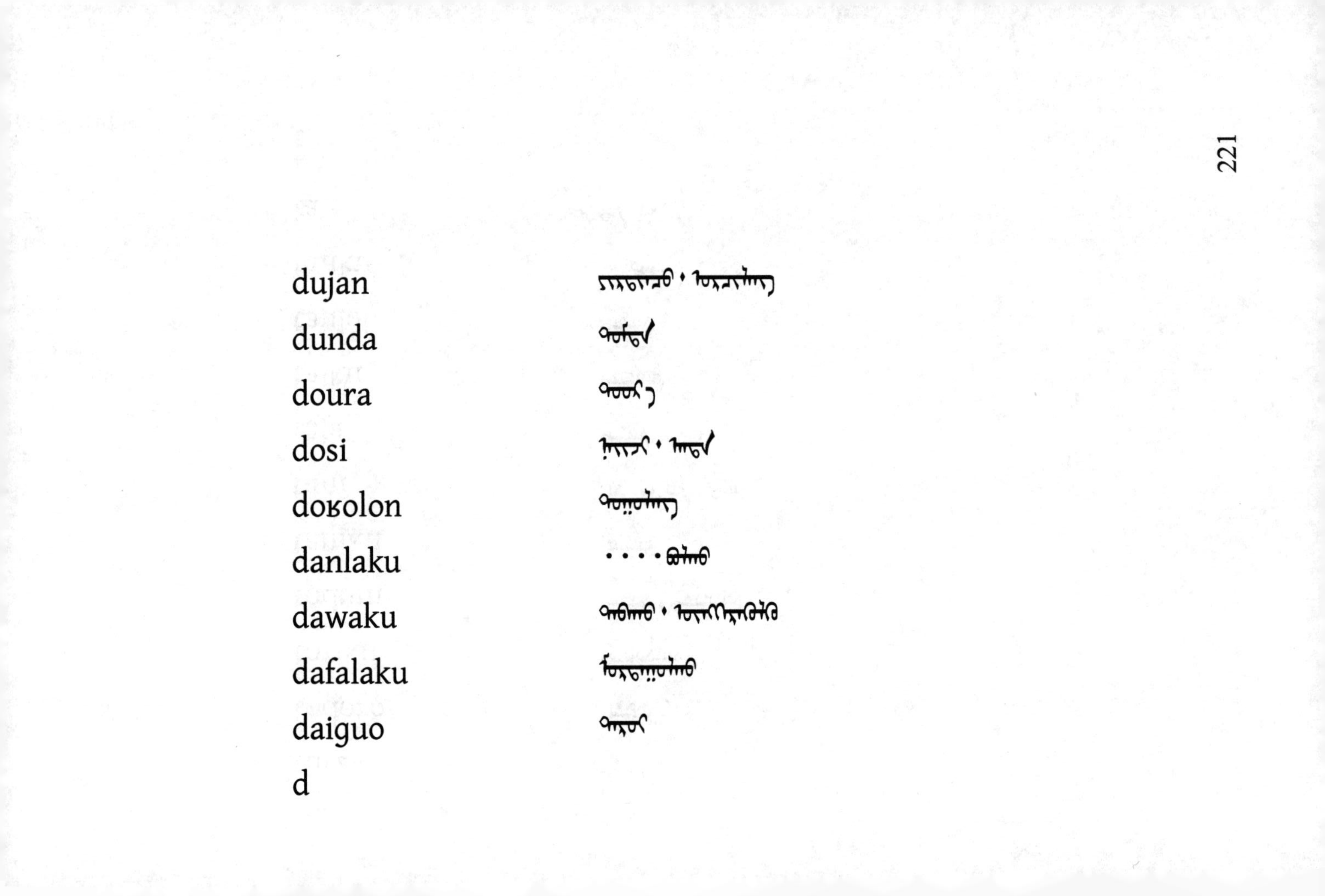

dujan	[illegible]
dunda	[illegible]
doura	[illegible]
dosi	[illegible]
doʁolon	[illegible]
danlaku	[illegible]
dawaku	[illegible]
dafalaku	[illegible]
daiguo	[illegible]
d	

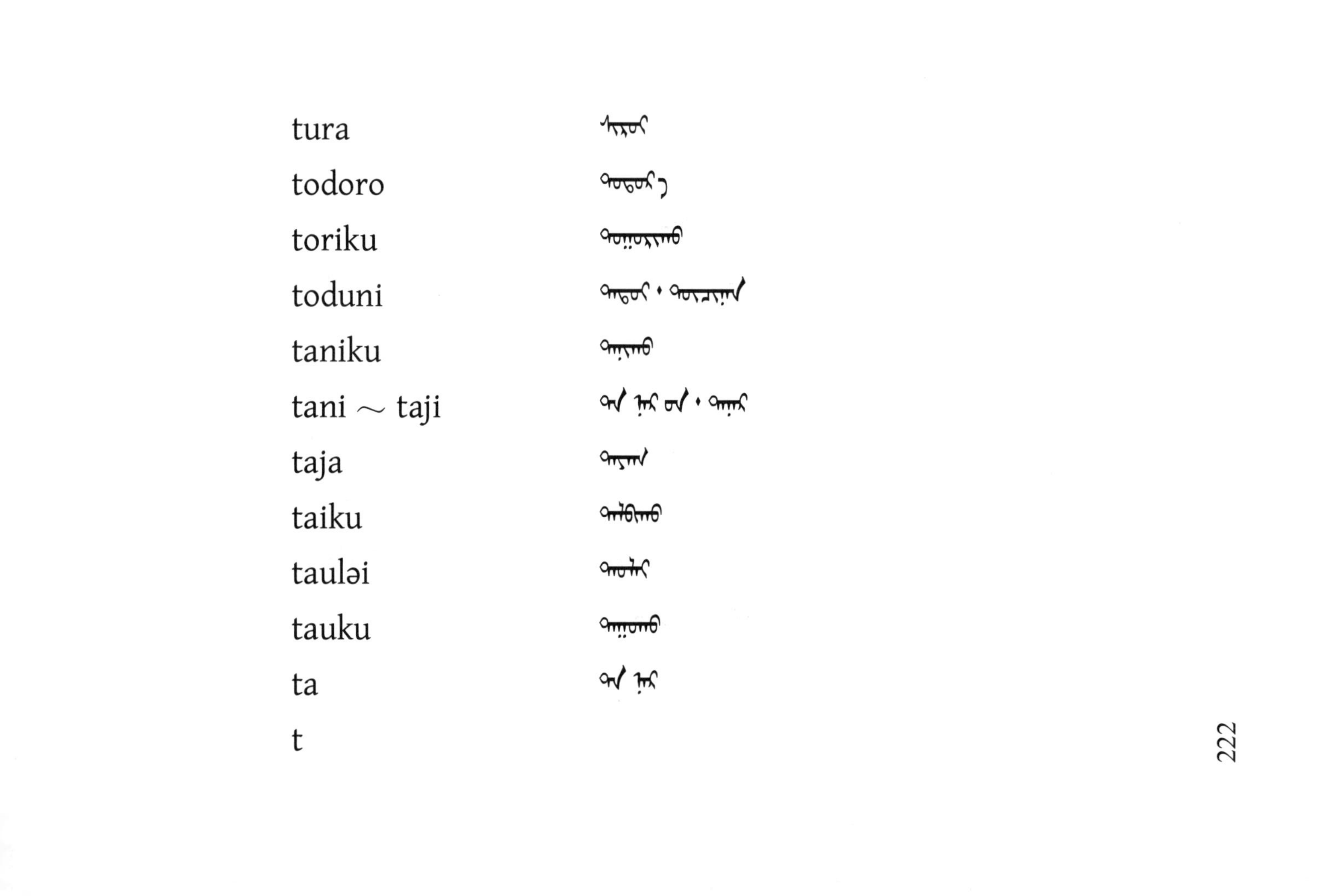

tura

todoro

toriku

toduni

taniku

tani ～ taji

taja

taiku

tauləi

tauku

ta

t

nudun	ᠨᠢᠳᠦ
noʁi	ᠨᠣᠬᠠᠢ
nokiən	ᠨᠥᠬᠡᠨ
no Ⅱ	ᠨᠢᠭᠤ · ᠲᠣᠭᠤᠭᠠ ᠲᠠᠨ · ᠬᠤᠮᠤᠰᠤ
no Ⅰ	ᠨᠣᠶᠠᠨ
narun	ᠨᠠᠷᠢᠨ
naran	ᠨᠠᠷᠠᠨ
n	
tɯxɢa	ᠲᠤᠭ
tərə	ᠲᠡᠷᠡ
tu ɢuntʂa	ᠲᠤᠩᠭᠤᠴᠠ

laudʑiga ᠯᠠᠪᠴᠢᠭ

l

niadʑən ᠨᠠᠭᠠᠴᠤᠨᠠᠷ · ᠨᠠᠭᠠᠴᠤ

nianda ᠨᠣᠮᠣᠭᠳᠠᠯ · ᠨᠠᠶᠢᠯ

nienəigie ᠨᠠᠶᠢᠷ · ᠪᠠᠶᠢᠷ

niəku ᠨᠢᠭᠡᠬᠦ

nie ᠨᠢᠭᠡ

niuʁaku ᠨᠢᠭᠤᠭᠠᠬᠤ

ni ᠨᠢ (ᠠᠨᠤ · ᠡᠨᠦ)

nurun ᠨᠢᠷᠤᠭᠤ

nuʁsun ᠨᠣᠭᠤᠰᠤᠨ

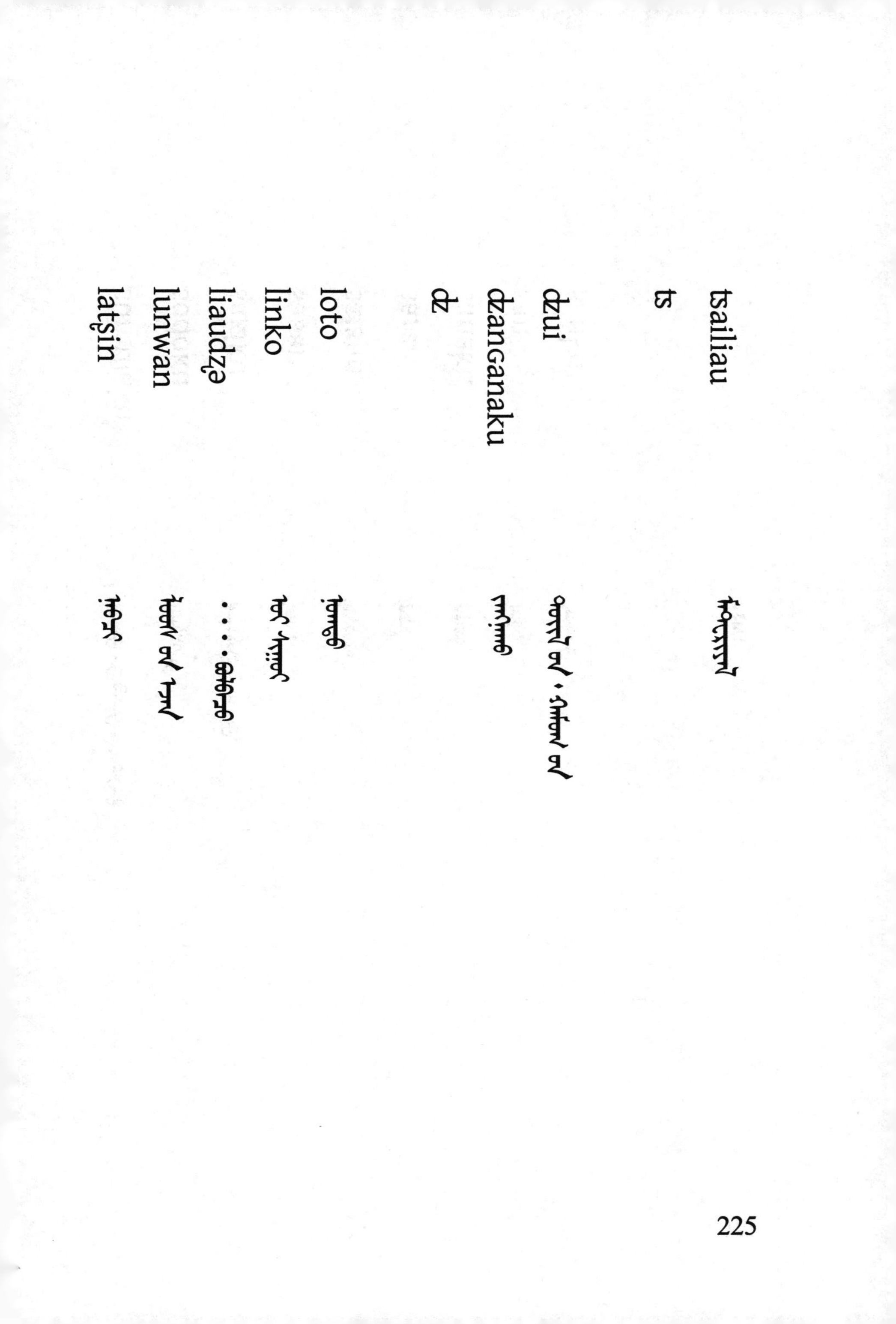

tsailiau [illegible]

ts

dzui [illegible]

dzanganaku [illegible]

dz

loto [illegible]

linko [illegible]

liaudzə [illegible]

lunwan [illegible]

latṣin [illegible]

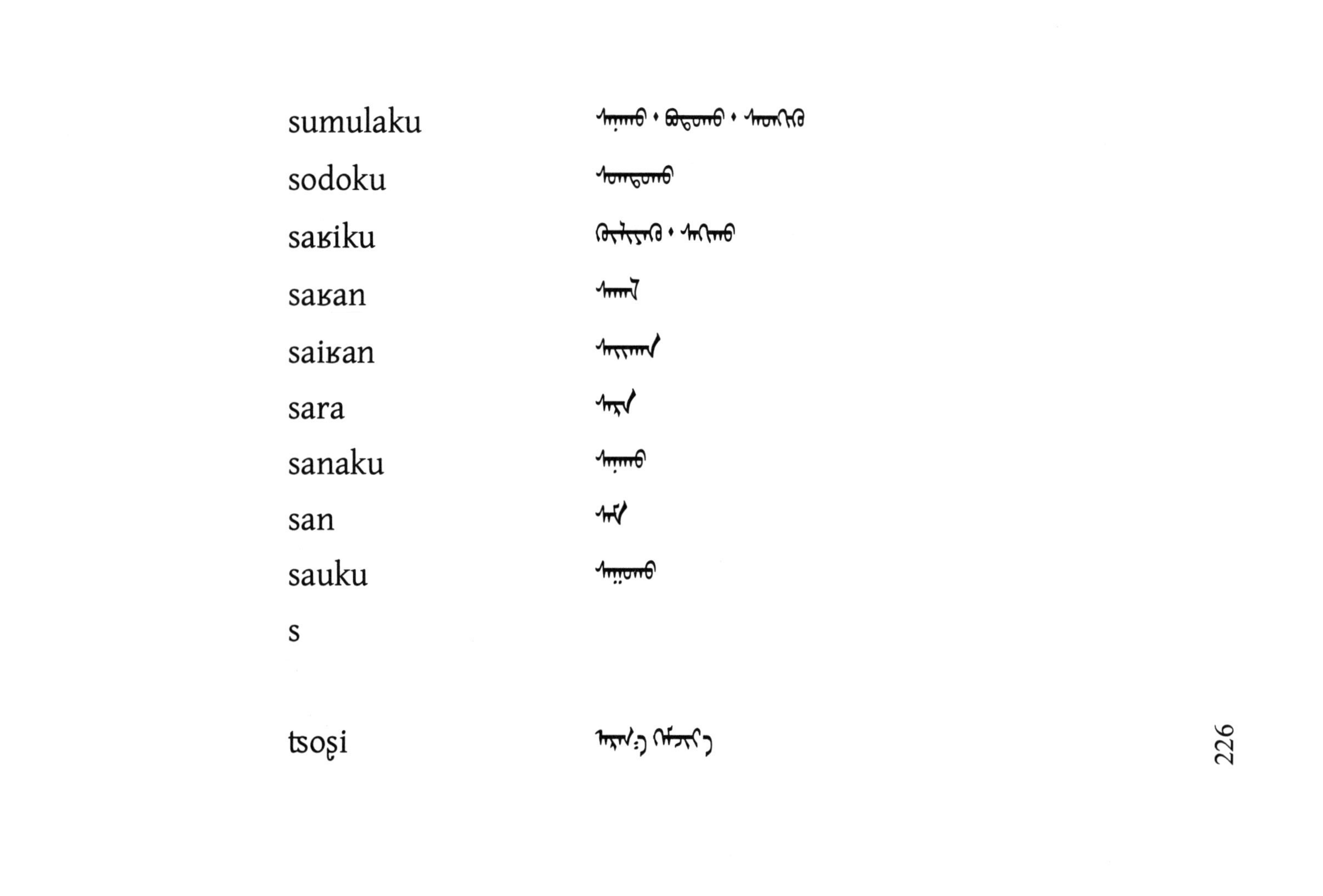

sumulaku

sodoku

saʁiku

saʁan

saiʁan

sara

sanaku

san

sauku

s

tsoşi

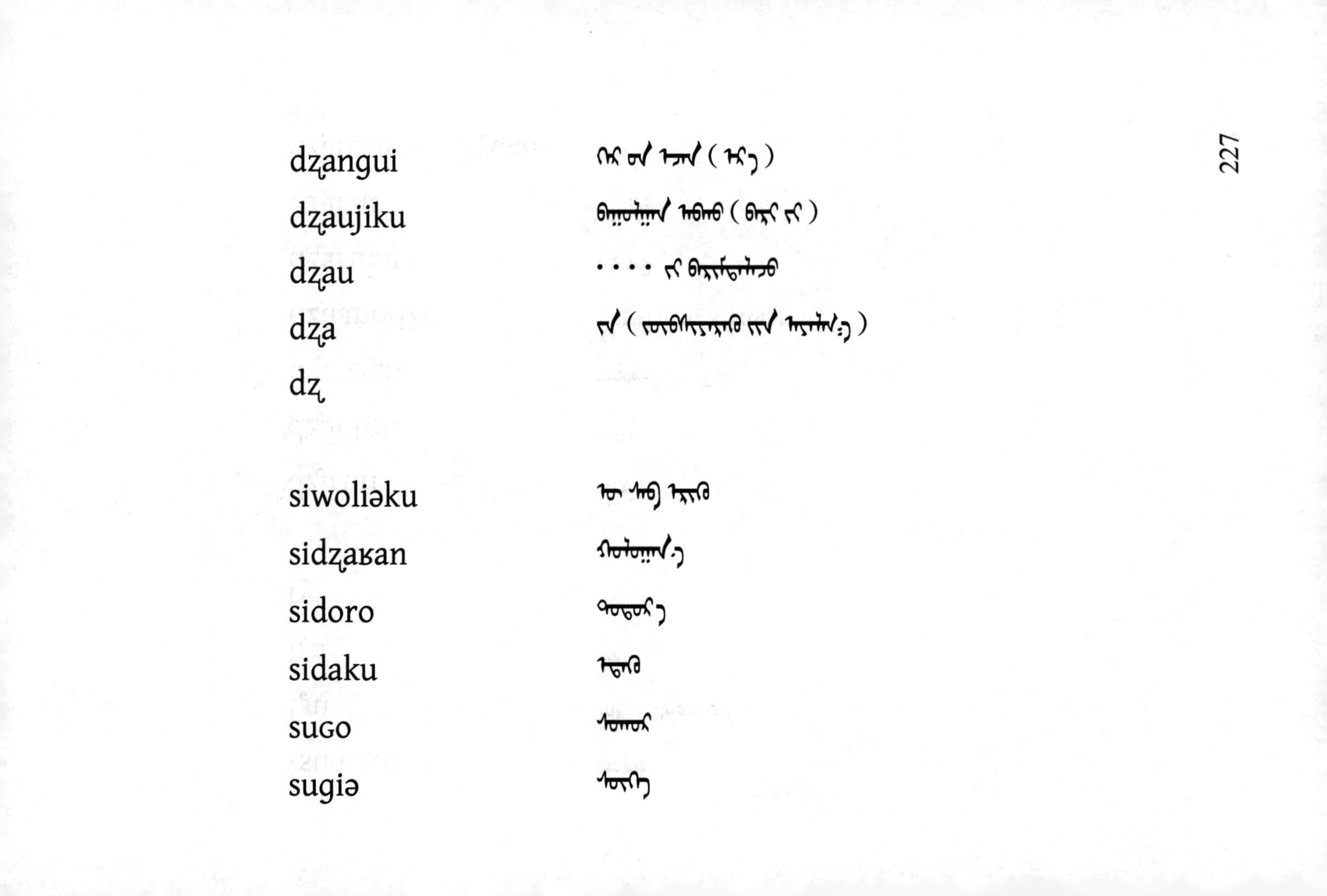

dzangui	[illegible]
dzaujiku	[illegible]
dzau	.... [illegible]
dza	[illegible]
dz	
siwoliəku	[illegible]
sidzaʁan	[illegible]
sidoro	[illegible]
sidaku	[illegible]
sugo	[illegible]
sugiə	[illegible]

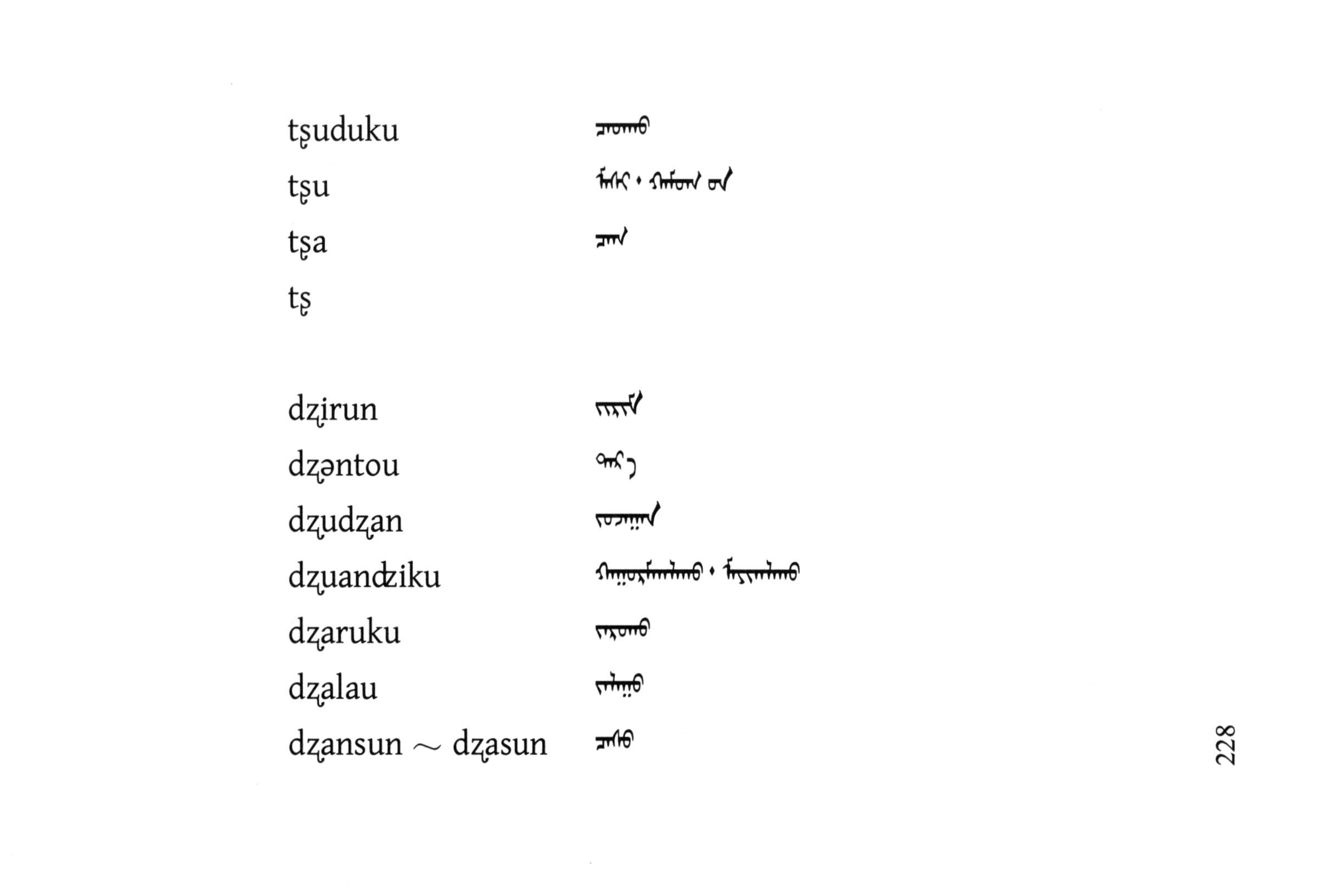

tʂuduku	[illegible]
tʂu	[illegible]
tʂa	[illegible]
tʂ	
dʐirun	[illegible]
dʐəntou	[illegible]
dʐudʐan	[illegible]
dʐuandʑiku	[illegible]
dʐaruku	[illegible]
dʐalau	[illegible]
dʐansun ～ dʐasun	[illegible]

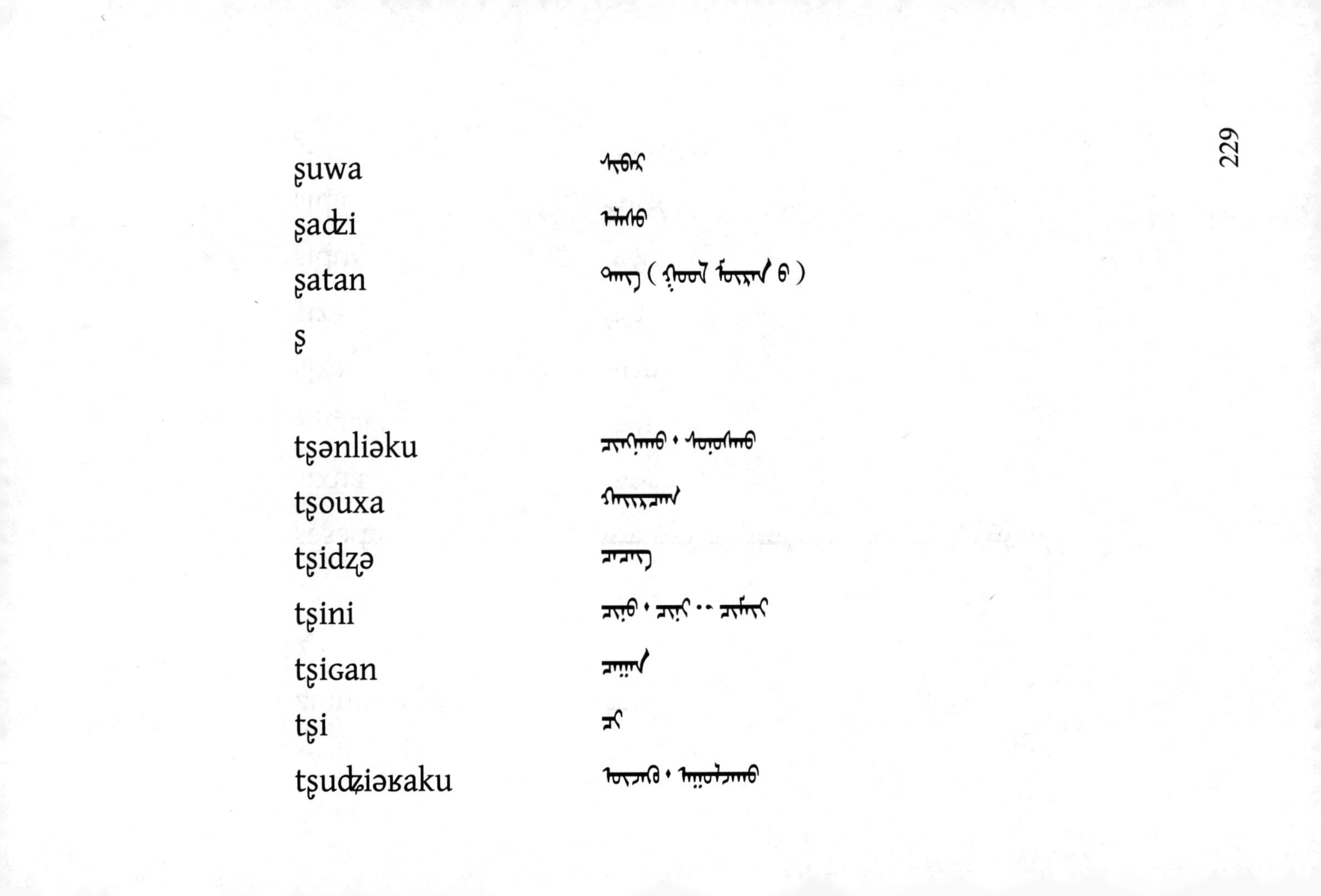

ʂuwa	ᡧᡠᠸᠠ
ʂadʑi	ᡧᠠᠵᡳ
ʂatan	ᡧᠠᡨᠠᠨ ([illegible])
ʂ	
tʂənliəku	[illegible]
tʂouxa	[illegible]
tʂidzə	[illegible]
tʂini	[illegible]
tʂigan	[illegible]
tʂi	ᠴᡳ
tʂudʑiəʁaku	[illegible]

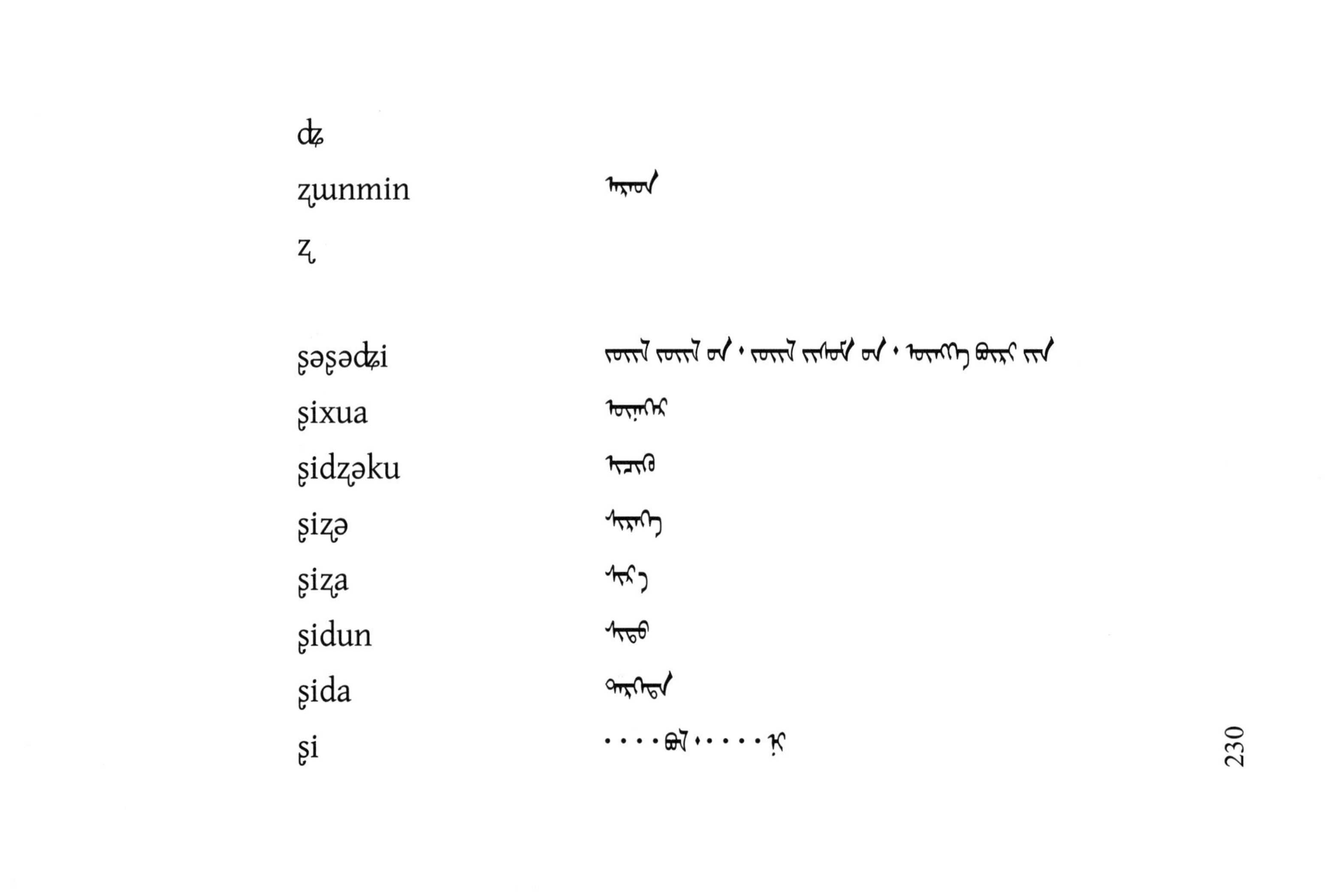

dʑ

zʐunmin

zʐ

şəşədʑi

şixua

şidzʐəku

şizʐə

şizʐa

şidun

şida

şi

dʑiəsun ᠵᡳᠶᡝᠰᡠᠨ

dʑiərə ᠵᡳᠶᡝᡵᡝ

dʑiəruan ᠵᡳᠶᡝᡵᡠᠸᠠᠨ

dʑiən ᠵᡳᠶᡝᠨ

dʑiəku ᠵᡳᠶᡝᡴᡠ

dʑiujiku ᠵᡳᡠᠵᡳᡴᡠ

dʑiaxuai ᠵᡳᠶᠠᡥᡡᠸᠠᡳ ، ᠵᡳᠶᠠᡥᡡᠸᠠᡳ

dʑiauxua ᠵᡳᠶᠠᡠᡥᡡᠸᠠ

dʑiauliku ᠵᡳᠶᠠᡠᠯᡳᡴᡠ ، ᠵᡳᠶᠠᡠᠯᡳᡴᡠ

dʑiau ᠵᡳᠶᠠᡠ

dʑi Ⅱ (ᠵᡳ)

dʑi Ⅰ ᠵᡳ (ᠵᡳ)

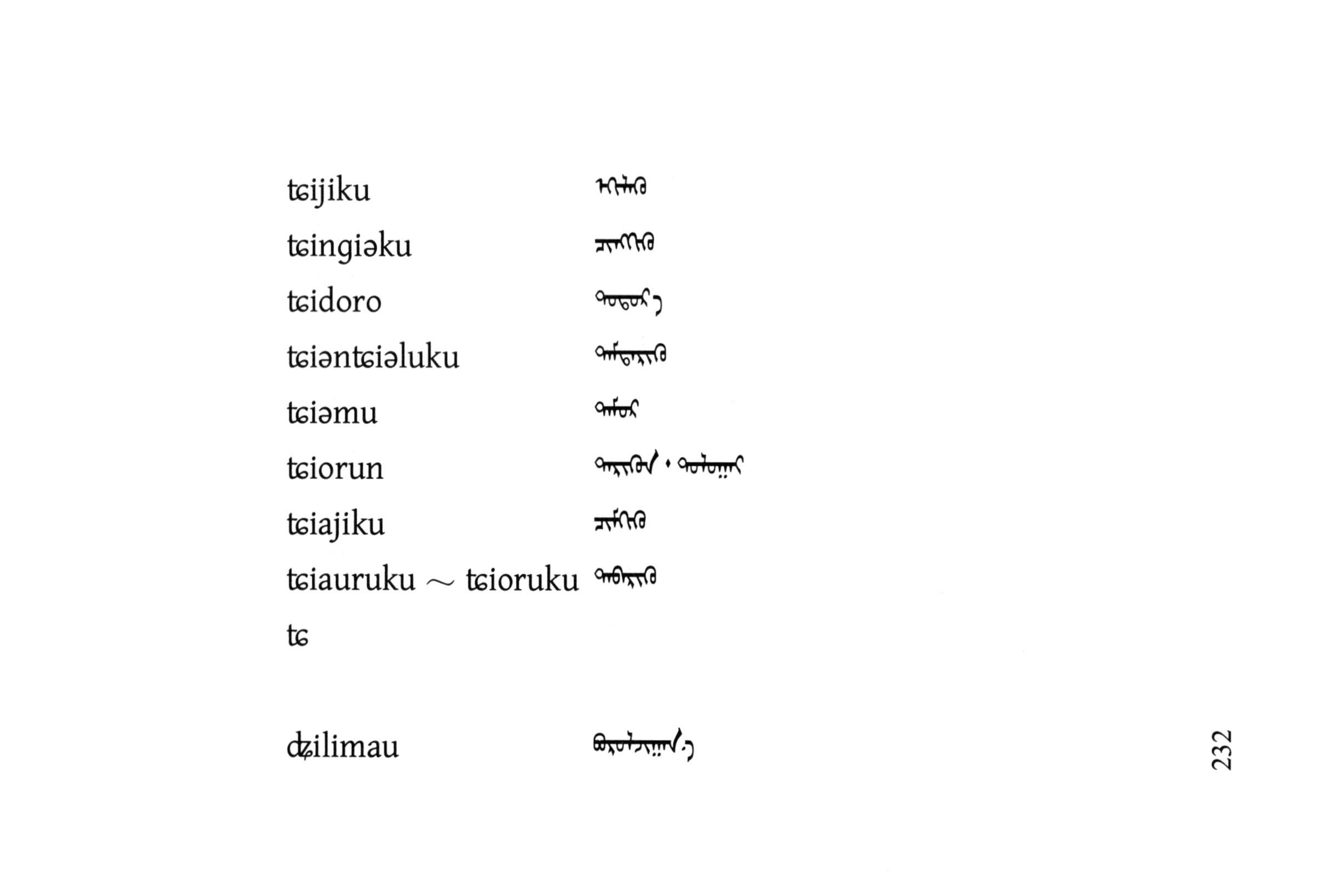

tɕijiku	[illegible]
tɕingiəku	[illegible]
tɕidoro	[illegible]
tɕiəntɕiəluku	[illegible]
tɕiəmu	[illegible]
tɕiorun	[illegible] · [illegible]
tɕiajiku	[illegible]
tɕiauruku ～ tɕioruku	[illegible]

tɕ

dʑilimau	[illegible]

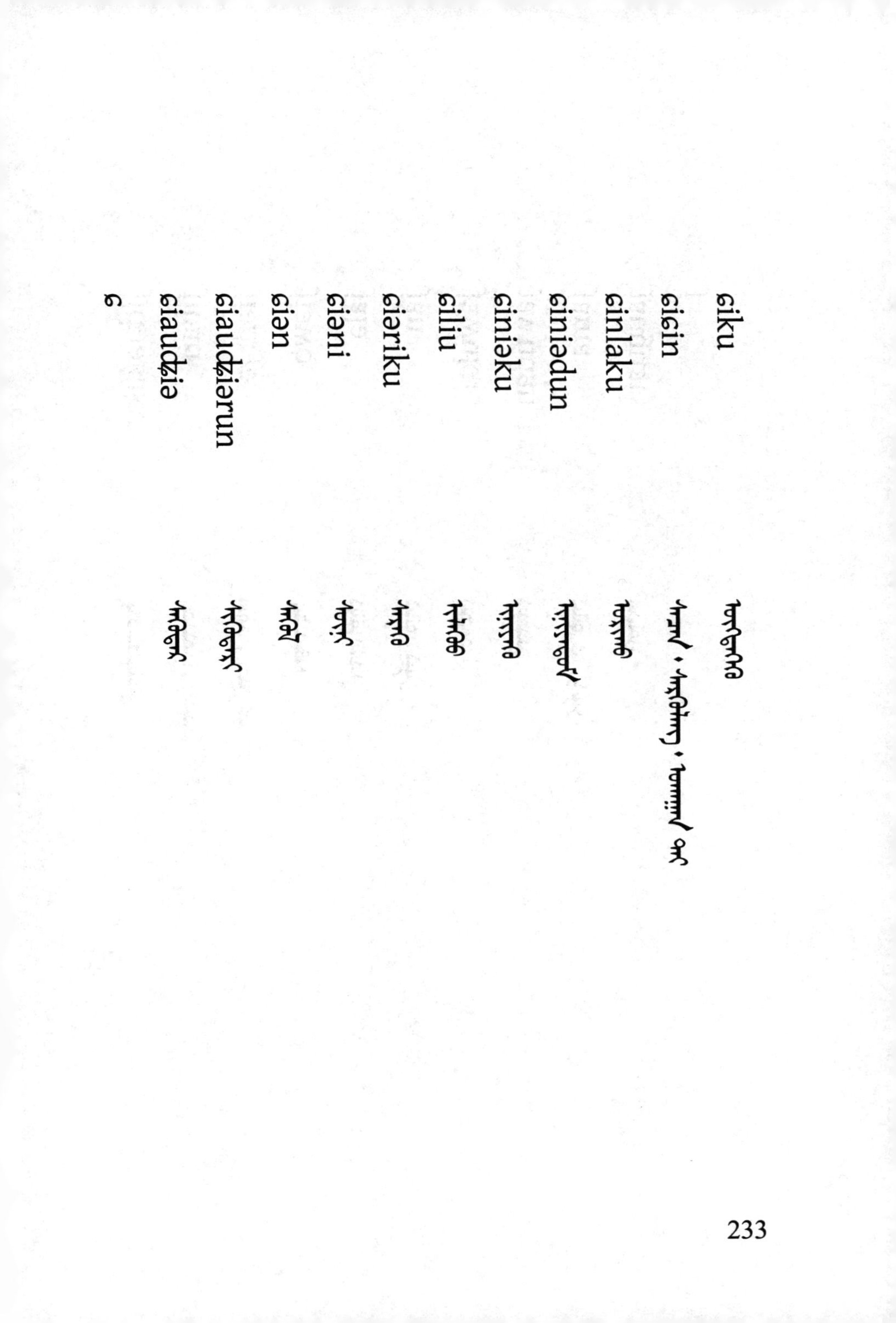

ɕiku

ɕiɕin

ɕinlaku

ɕiniədun

ɕiniəku

ɕiliu

ɕiəriku

ɕiəni

ɕiən

ɕiaudʑiərun

ɕiaudʑiə

ɕ

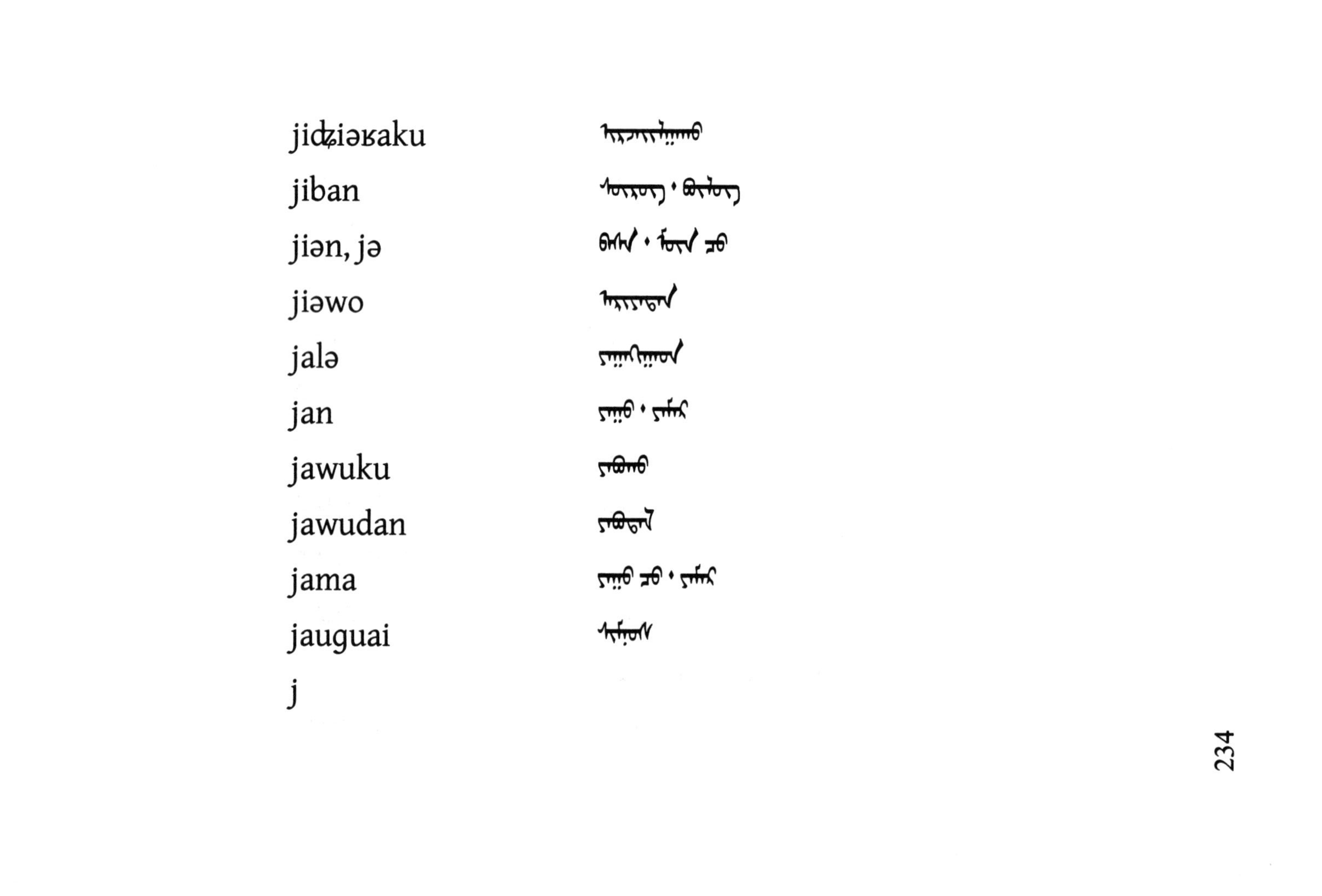

jidʑiəʁaku

jiban

jiən, jə

jiəwo

jalə

jan

jawuku

jawudan

jama

jauguai

j

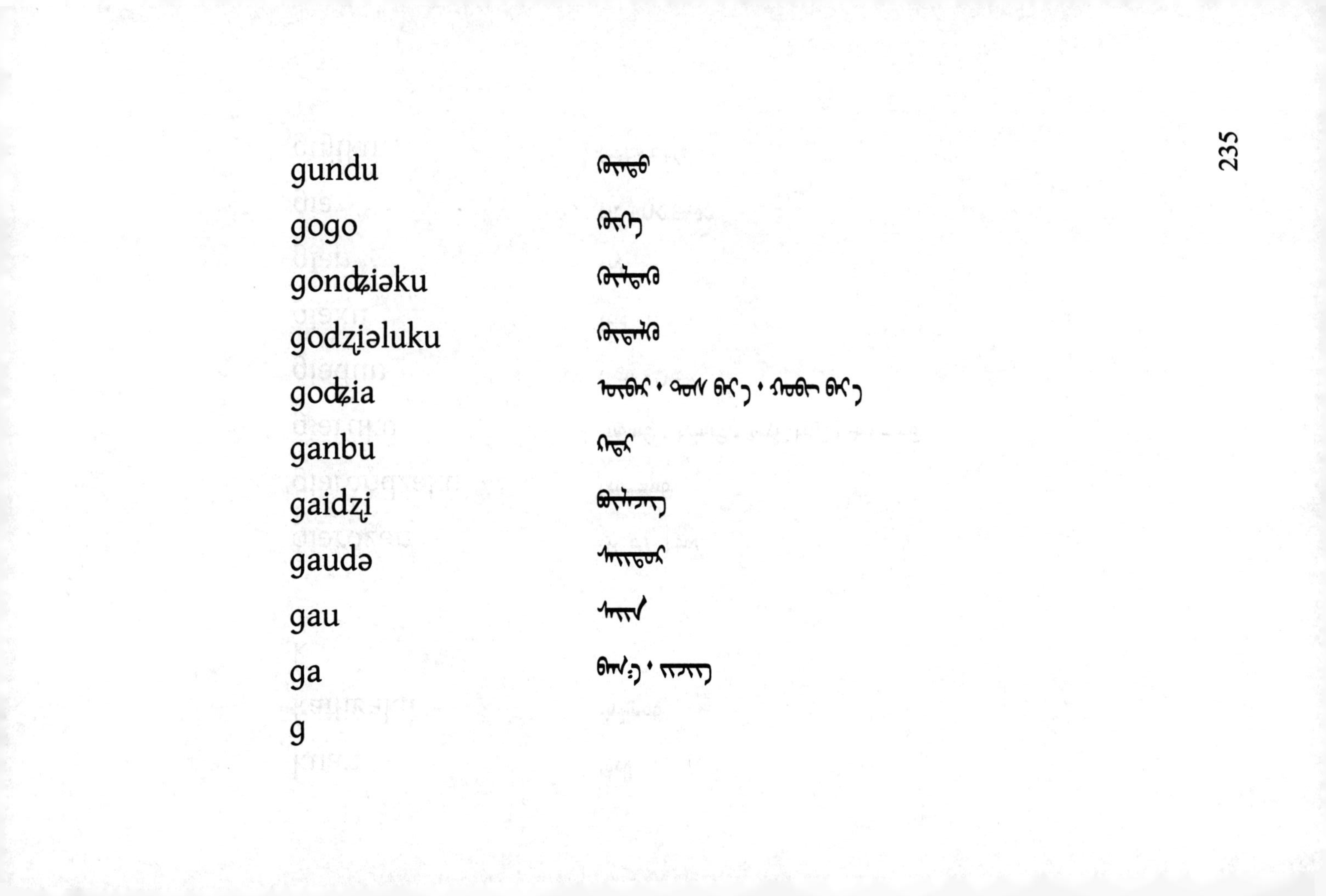

gundu	[illegible]
gogo	[illegible]
gondʑiəku	[illegible]
godʐiəluku	[illegible]
godʑia	[illegible]
ganbu	[illegible]
gaidʐi	[illegible]
gaudə	[illegible]
gau	[illegible]
ga	[illegible]
g	

kuan	ᡴᡠᠸᠠᠨ
kaijiʁaku	ᡴᠠᡳᠵᡳᡤᠠᡴᡡ
k	
giərdʐən	ᡤᡳᠶᡝ ᡝᠷ ᠵᡝᠨ
giərəndʐəku	ᡤᡳᠶᡝᡵᡝᠨᠵᡝᡴᡠ
giəruku	[illegible]
giədun	ᡤᡳᠶᡩᡠ · ᡤᡳᠶᡩᡠᠨ
giəku	ᡤᡳᠶᡴᡠ
giən	ᡤᡳᠶᠠᠨ
giə	ᡤᡳᠶᠠ · ᡤᡳᠶᠠ ᠪᡳᠶᠠᠩ
gujiku	ᡤᡠᠵᡳᡴᡠ

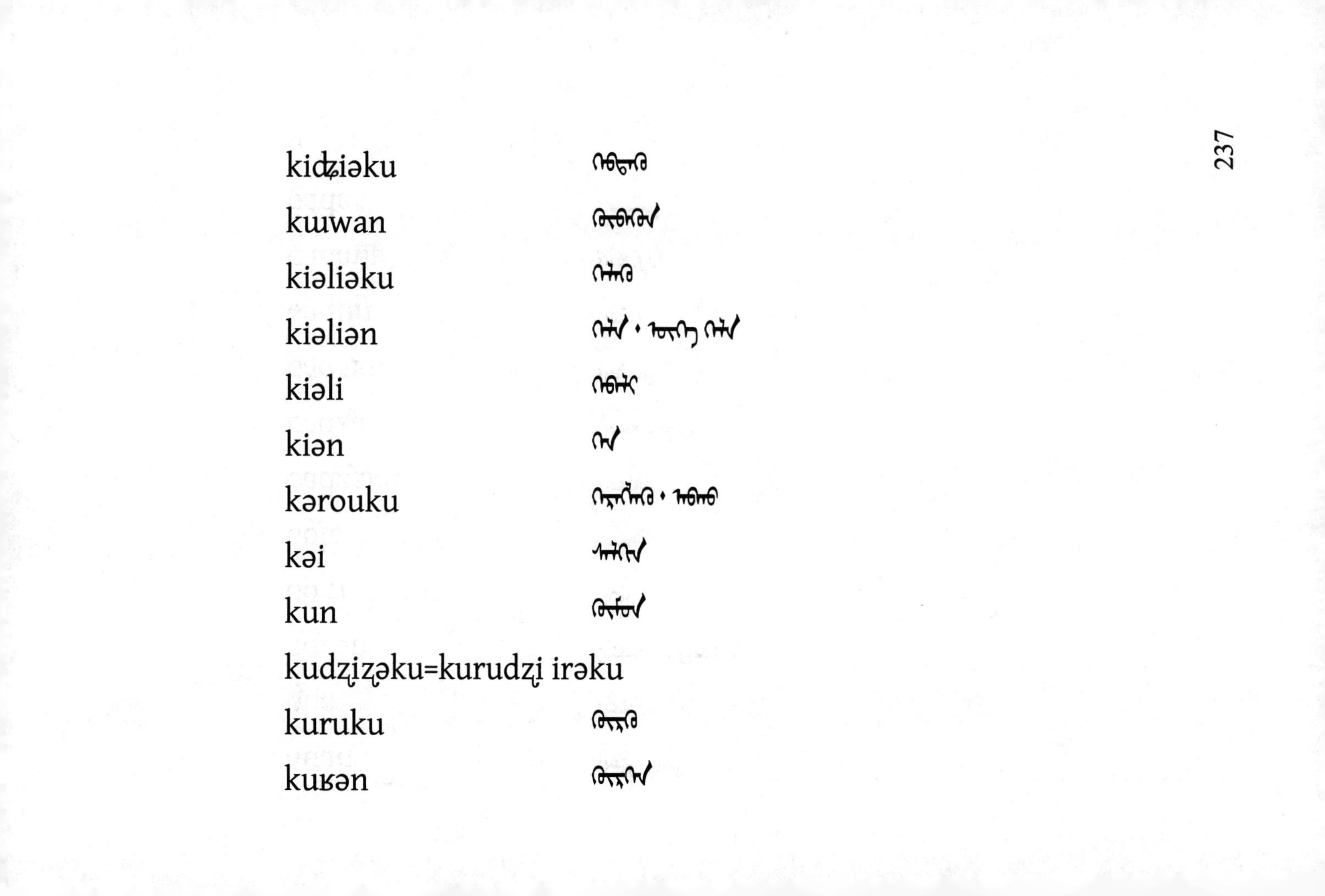

kidʑiəku

kɯwan

kiəliəku

kiəliən

kiəli

kiən

kərouku

kəi

kun

kudz̨iz̨əku=kurudz̨i irəku

kuruku

kuʁən

G

Gada

Gadanə

Gadun

Gadaku

Gadz̨a

Gadz̨aku

Golo

Goni

Goron

Gua

Guan

Guala	ᠬᠣᠶᠠᠭᠤᠯᠠ
Gudan	ᠬᠣᠲᠠᠯ
Gudou	ᠬᠣᠳᠣᠭᠣᠳ
Gura	ᠪᠣᠷᠤᠭᠠᠨ · ᠬᠤᠷ᠎ᠠ
Guʁi	ᠬᠣᠣᠰᠤᠨ
Gudʐa	ᠬᠣᠵᠢᠭᠤ · ᠬᠦᠵᠦ
Gumusun	ᠬᠤᠮᠤᠰᠤ
q	
qa	ᠭᠠᠷ (ᠭᠠᠷ ᠪᠠᠯ ᠤᠯ)
qawa	ᠬᠠᠪᠠᠷ
qan	ᠭᠠᠯ

qala ᠬᠠᠯᠠᠭ᠎ᠠ

qara ᠬᠠᠷ᠎ᠠ

qariku ᠬᠠᠷᠢᠬᠤ

quaitʂin ᠬᠠᠢᠴᠢᠯᠠᠨ

quitʂi ~ quaitʂi ᠬᠤᠢᠴᠢᠯᠠ ᠂ ᠬᠠᠢᠴᠢᠭ᠎ᠠ

qutoʁo ᠬᠤᠲᠤᠭ᠎ᠠ

qɯdʐi = qɯridʐi ᠬᠢᠷᠢᠵᠢ

qɯriku ᠬᠢᠷᠢᠬᠤ

qɯʁi ᠬᠢᠭᠢ

x

xai ᠣᠢᠮᠠ

hamuraku	ᠠᠮᠠᠷᠠᠬᠤ · ᠠᠮᠤᠷᠯᠠᠬᠤ
h	
xɯriliəku	ᠬᠤᠷᠢᠶᠠᠯᠢᠶᠠᠬᠤ ᠬᠤᠷᠢᠶᠠᠬᠤ
xunlaku	ᠰᠣᠩᠭᠣᠬᠤ
xui	ᠬᠦᠷᠢᠶ᠎ᠡ · ᠬᠠᠰᠢᠶ᠎ᠠ
xuai	ᠬᠤᠷᠳᠤᠨ
xoroku	ᠬᠣᠷᠣᠭᠳᠠᠬᠤ
xoxodou	ᠬᠣᠭᠣᠯᠠᠢ ᠬᠣᠭᠣᠯᠠᠢ
xodun	ᠬᠣᠲᠠ (ᠪᠠᠭᠤᠷ ᠭᠠᠵᠠᠷ)
xo	ᠬᠣᠶᠠᠷ
xamiku	ᠬᠠᠮᠢᠭᠠᠬᠤ · ᠬᠠᠮᠠᠭᠠᠬᠤ

1975.7

[illegible] ᠃

[illegible] 1959 [illegible] ᠃ [illegible]

hətʂəku	ᠬᠡᠴᠡᠭᠦ · ᠬᠡᠴᠡᠭᠦ
hə-miən	ᠬᠡᠮᠢᠶᠡᠨ
həla	ᠬᠡᠯᠡ · ᠬᠡᠯᠡ
hə	ᠬᠡ
hunturaku	ᠬᠤᠨᠲᠤᠷᠠᠬᠤ
haruan	ᠬᠠᠷᠤᠸᠠᠨ
hanGa	ᠬᠠᠩᠭ᠎ᠠ
hantu	ᠬᠠᠨᠳᠤ

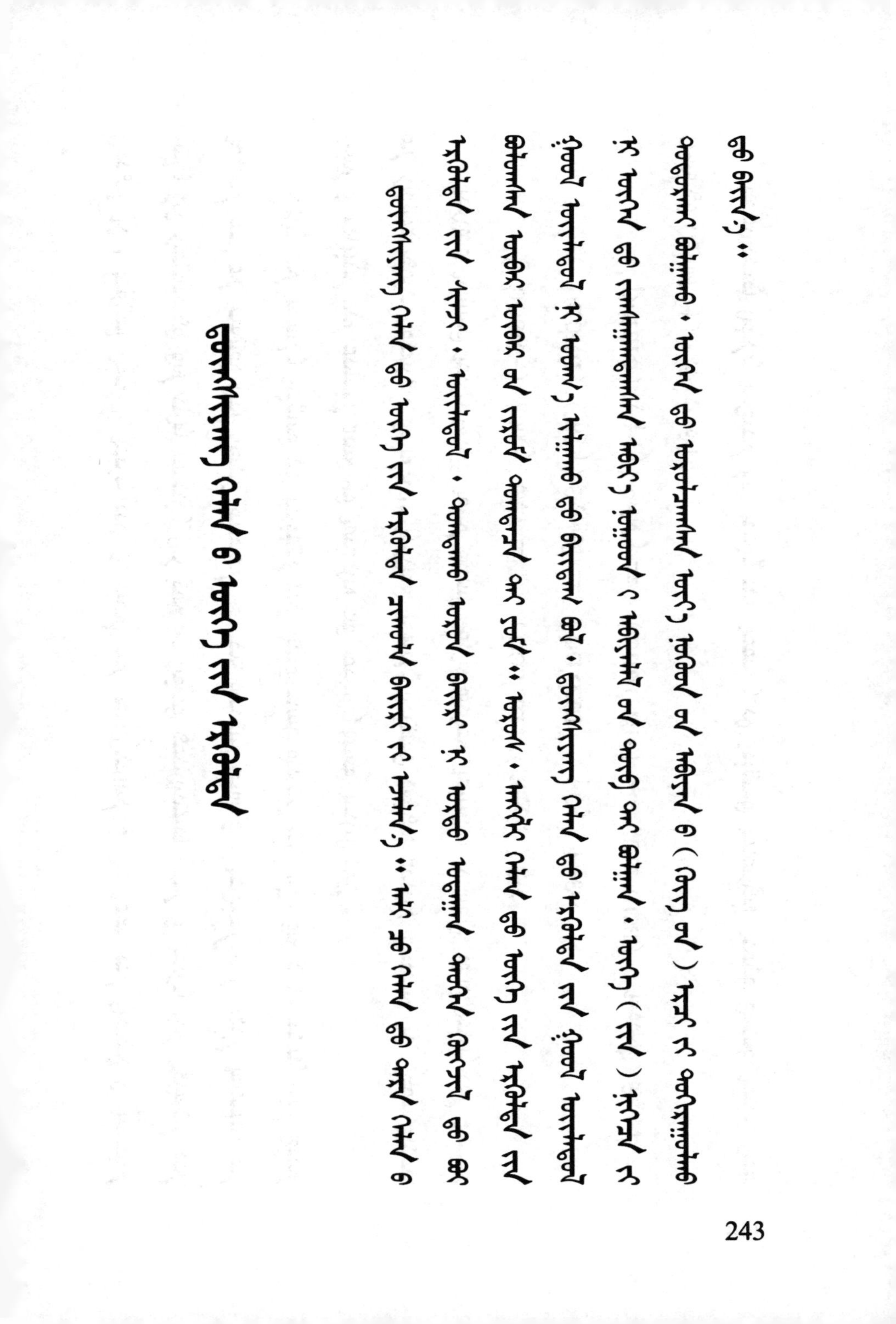

{'bosɯ-} ⟨ᠬᠠᠯᠬ᠎ᠠ⟩ ᠪᠣᠰᠤ = {bos' ɯ} ⟨ᠬᠣᠷᠴᠢᠨ⟩ ᠪᠣᠰ

{'badʐɯ} ⟨ᠬᠠᠯᠬ᠎ᠠ⟩ ᠪᠠᠢᠵᠤ = {ba'dʐɯ} ⟨ᠬᠠᠯᠬ᠎ᠠ⟩ ᠪᠠᠢᠵᠤ

{'putura} ⟨ᠬᠠᠯᠬ᠎ᠠ⟩ ᠪᠤᠳᠤᠷᠠ = {putu' ra-} ~ {pu' tura} ⟨ᠬᠣᠷᠴᠢᠨ⟩ ᠪᠤᠳᠤᠷᠠ

/ huntura- 〔huntu'ra-〕 ᠬᠥᠨᠳᠥᠷᠡ

/ qara / 〔qa'ra 〕 ᠬᠠᠷᠠ

/ ɢolo/ 〔ɢo'lo〕 ᠭᠣᠯᠣ

/ budan/ 〔bu'daŋ〕 ᠪᠤᠳᠠᠩ

/ usu/ 〔u'su〕 ᠤᠰᠤ

ᠪᠣᠯᠤᠨᠠ ᠃ ᠲᠠᠶᠢᠯᠪᠤᠷᠢ :

ᠮᠣᠩᠭᠣᠯ ᠬᠡᠯᠡᠨ ᠦ ᠥᠷᠭᠥᠯᠭ᠎ᠡ ᠭᠡᠳᠡᠭ ᠨᠢ ᠮᠣᠩᠭᠣᠯ ᠬᠡᠯᠡᠨ ᠳᠦ ᠬᠠᠮᠤᠭ ᠤᠨ ᠮᠣᠩᠭᠣᠯ (ᠳᠢᠨᠠᠮᠢᠺ) ᠬᠦᠴᠦᠨ ᠦ ᠥᠷᠭᠥᠯᠭ᠎ᠡ
(ᠠᠩᠭᠯᠢ ᠪᠠᠷ srees accent ᠂ ᠣᠷᠤᠰ ᠢᠶᠠᠷ СИЛОВОЕ УДАРЕНИЕ) ᠳᠤ ᠬᠠᠷᠢᠶᠠᠯᠠᠭᠳᠠᠨ᠎ᠠ〔2〕᠃
ᠪᠠᠶᠢᠳᠠᠯ ᠂ ᠴᠢᠨᠠᠷ ᠢᠶᠠᠷ ᠪᠡᠨ ᠬᠡᠯᠡᠭᠴᠢ ᠮᠣᠩᠭᠣᠯᠴᠤᠳ ᠪᠣᠯᠤᠨᠠ ᠃ ᠮᠣᠩᠭᠣᠯ ᠬᠡᠯᠡᠨ ᠦ ᠮᠣᠩᠭᠣᠯ ᠳᠤ ᠥᠷᠭᠥᠯᠭ᠎ᠡ ᠪᠠᠶᠢᠳᠠᠯ ᠥᠷᠭᠥᠯᠭ᠎ᠡ
ᠨᠢ ᠮᠣᠩᠭᠣᠯ ᠪᠢᠴᠢᠭ ᠦᠰᠦᠭ ᠮᠣᠩᠭᠣᠯᠴᠤᠳ (ᠶᠡᠷᠦ ᠶᠢᠨ) ᠬᠡᠯᠡᠯᠴᠡᠭ᠎ᠡ ᠦᠭᠡᠰ ᠦᠨ ᠳᠦ ᠮᠣᠩᠭᠣᠯ ᠳᠤ ᠥᠷᠭᠥᠯᠭ᠎ᠡ ᠮᠣᠩᠭᠣᠯ ᠨᠢ
ᠦᠭᠡᠰ ᠦᠨ ᠲᠤ ᠳᠤ ᠬᠡᠯᠡᠨ ᠳᠦ ᠨᠢᠭᠡ ᠮᠣᠩᠭᠣᠯᠴᠤᠳ ᠂ ᠪᠠᠭᠠᠰᠢᠯᠭᠠᠨ ᠦᠭᠡ ᠶᠢᠨ ᠦ ᠮᠣᠩᠭᠣᠯ ᠪᠣᠯᠤᠨ ᠬᠡᠯᠡᠯᠴᠡ ᠪᠣᠯ (ᠴᠢᠨᠠᠷ ᠤᠨ
ᠦᠭᠡᠰᠦᠯᠦᠭ ᠪᠠᠷ ᠴᠢᠨᠠᠷᠯᠠᠨ ᠨᠢ ᠬᠡᠯᠡᠯᠴᠡᠭᠡᠨ ᠪᠠᠨ ᠳᠤ ᠮᠡᠳᠡ ᠃

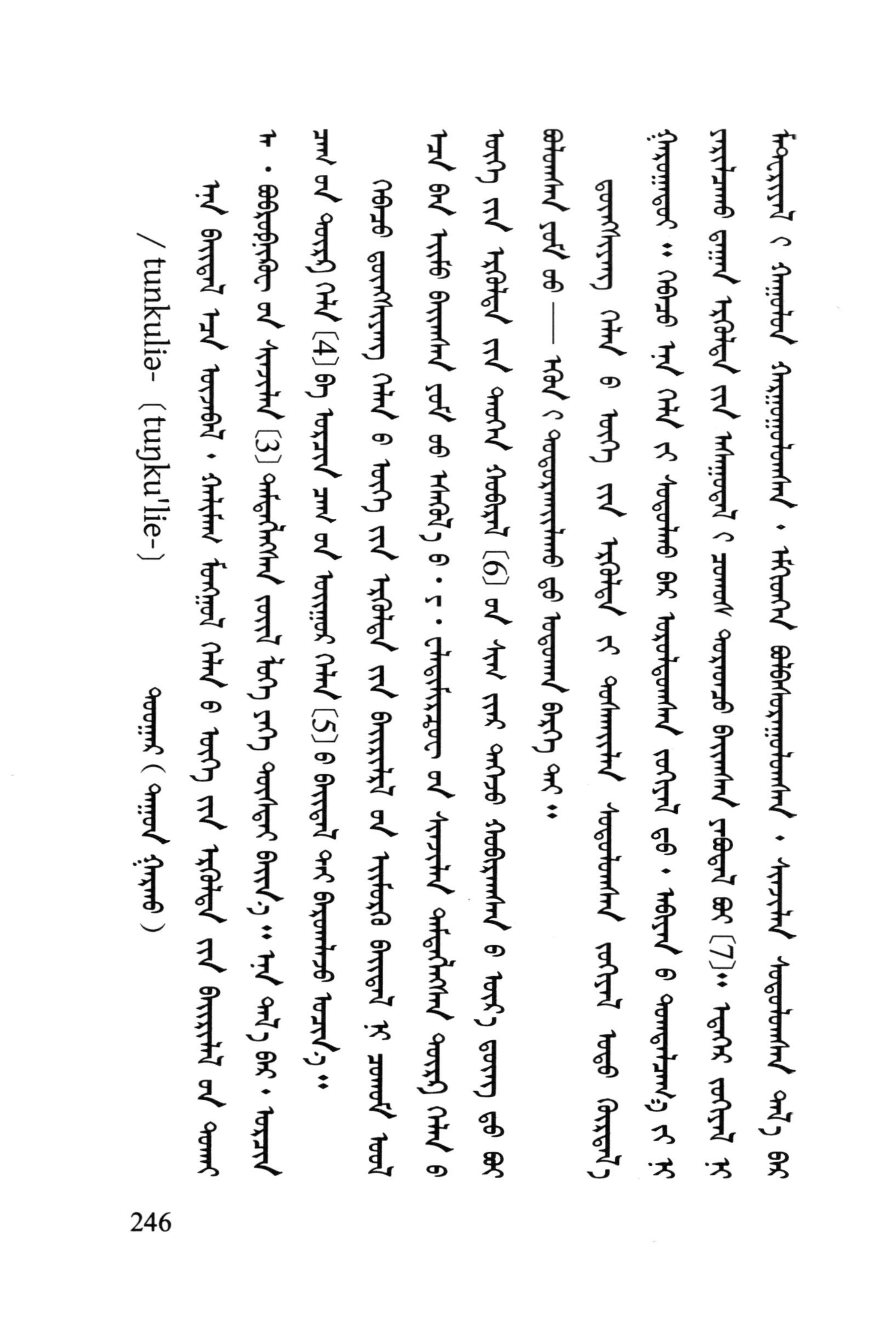

[illegible]

[illegible] 〔3〕 [illegible]

[illegible] 〔4〕 [illegible] 〔5〕 [illegible]

[illegible]

[illegible]

[illegible]

[illegible]

[illegible] 〔6〕 [illegible]

[illegible]

[illegible]

[illegible]

[illegible]

[illegible]

[illegible] 〔7〕 [illegible]

[illegible]

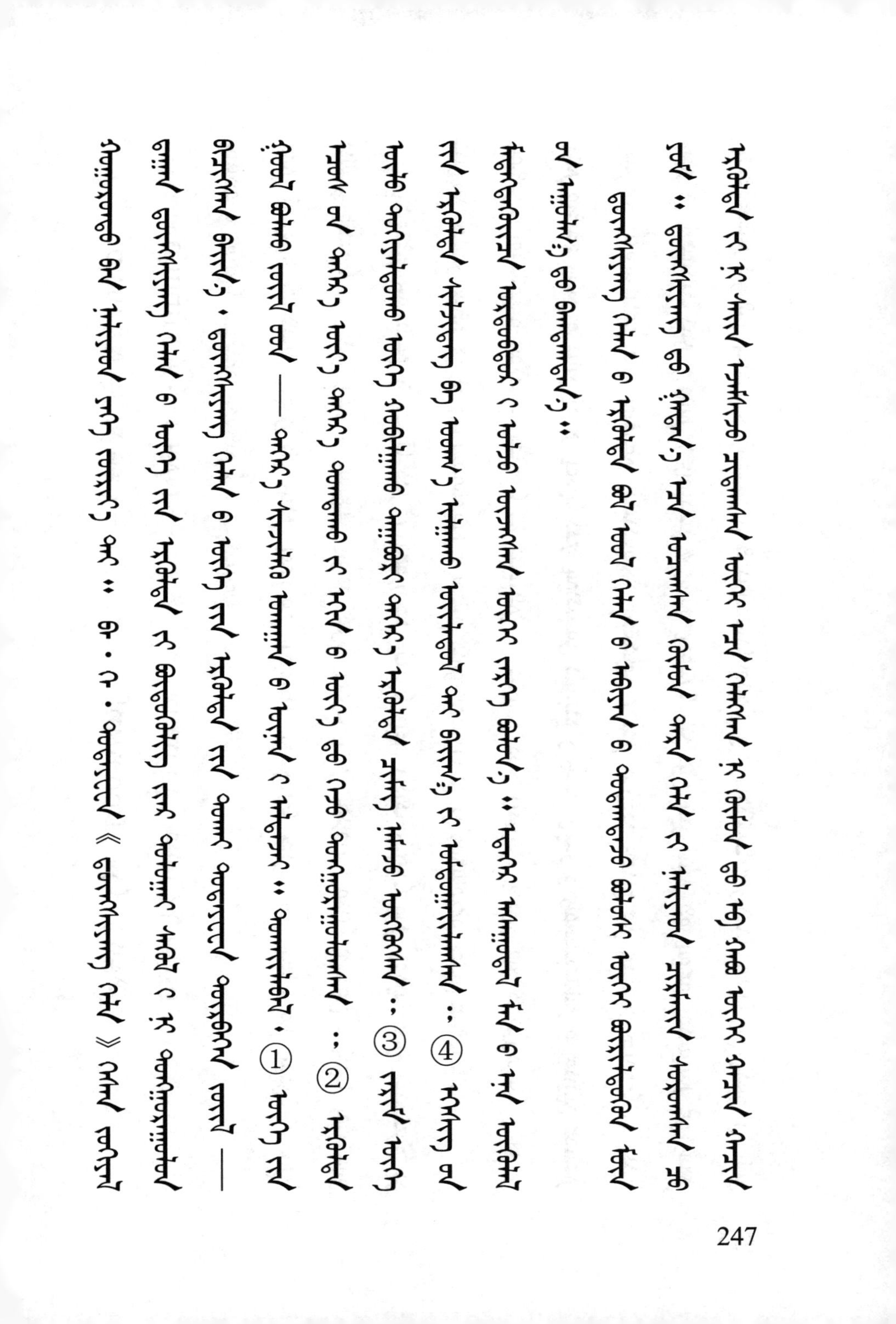

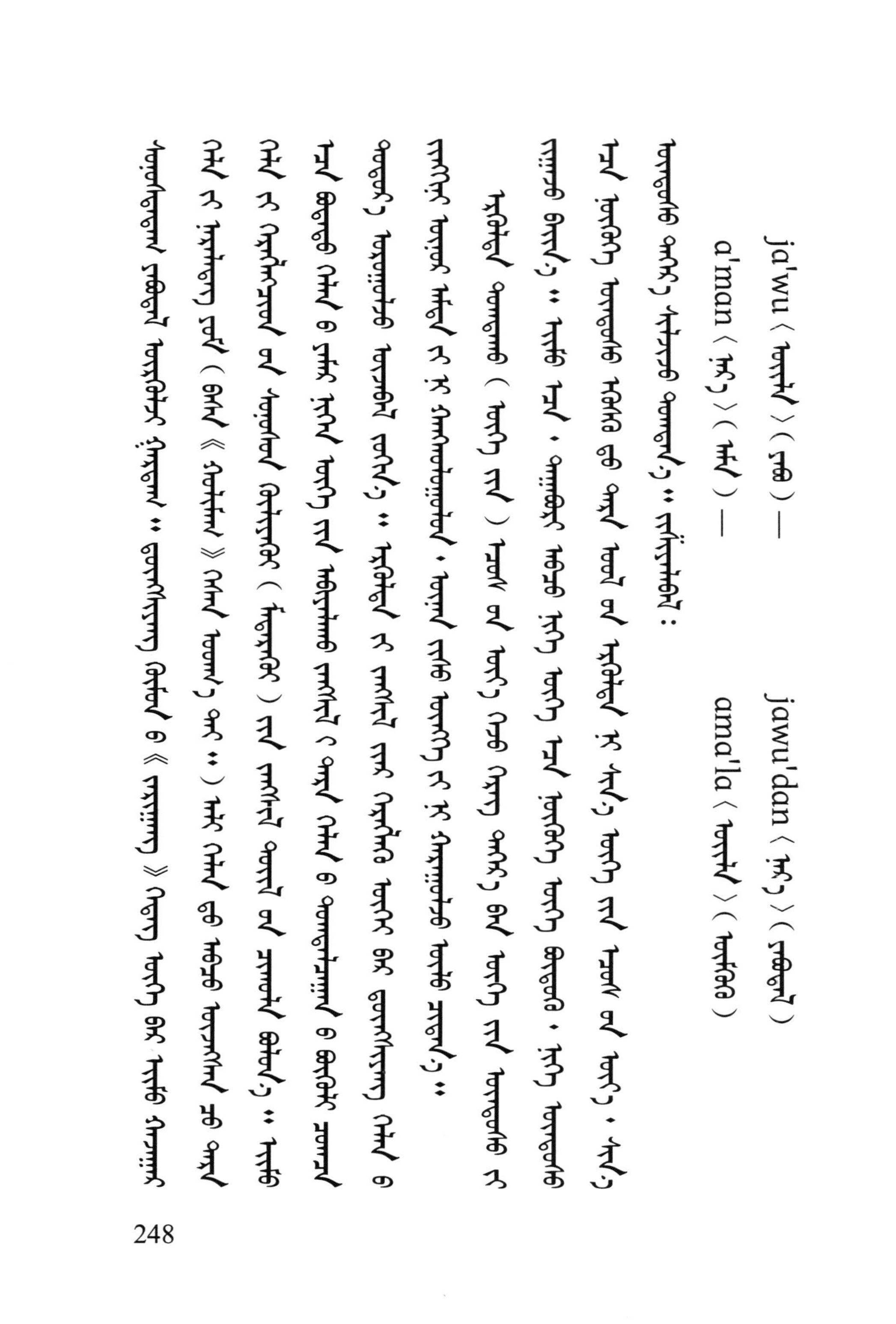

ja'wu ⟨ [illegible] ⟩ ([illegible]) — jawu'dan ⟨ ᠨᠡᠷ᠎ᠡ ⟩ ([illegible])

a'man ⟨ ᠨᠡᠷ᠎ᠡ ⟩ ([illegible]) — ama'la ⟨ [illegible] ⟩ ([illegible])

[illegible]

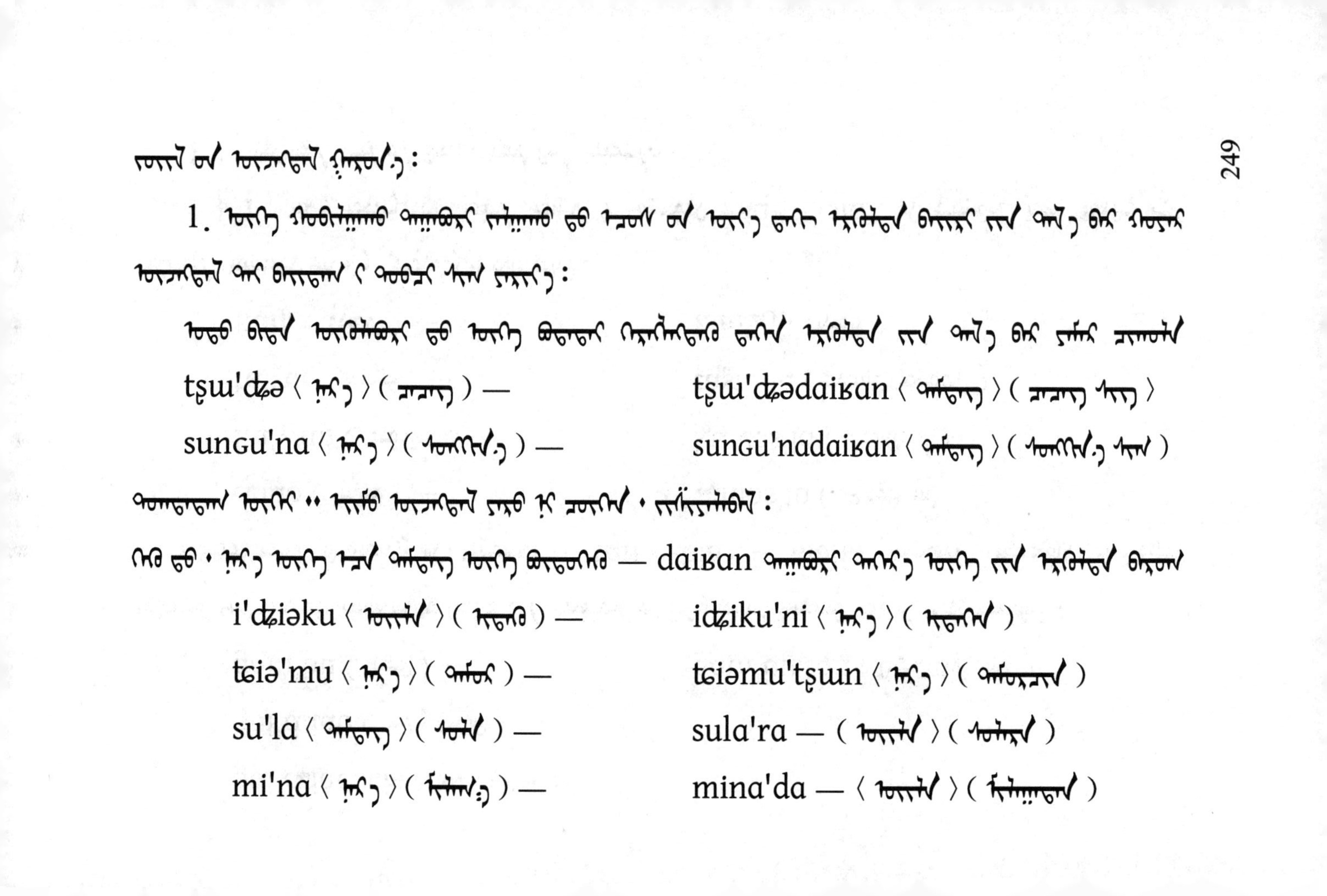

[illegible] :

1. [illegible] :

[illegible]

tʂɯ'dʑə 〈 [illegible] 〉 ([illegible]) — tʂɯ'dʑədaiʁan 〈 [illegible] 〉 ([illegible] 〉

sunɢu'na 〈 [illegible] 〉 ([illegible]) — sunɢu'nadaiʁan 〈 [illegible] 〉 ([illegible])

[illegible] :

[illegible] — daiʁan [illegible]

i'dʑiəku 〈 [illegible] 〉 ([illegible]) — idʑiku'ni 〈 [illegible] 〉 ([illegible])

tɕiə'mu 〈 [illegible] 〉 ([illegible]) — tɕiəmu'tʂɯn 〈 [illegible] 〉 ([illegible])

su'la 〈 [illegible] 〉 ([illegible]) — sula'ra — ([illegible] 〉 ([illegible])

mi'na 〈 [illegible] 〉 ([illegible]) — mina'da — 〈 [illegible] 〉 ([illegible])

1.1 ᠵᠠᠯᠭᠠᠪᠤᠷᠢ [illegible] ᠄

1.1.1 [illegible] —la᠂ — sla [illegible]

ᠵᠠᠯᠭᠠᠪᠤᠷᠢ [illegible] ᠄ ᠵᠢᠱᠢᠶᠡᠯᠡᠪᠡᠯ :

kuŋ ([illegible]) — kun'la ([illegible])

ta'ʂɯ ([illegible]) — taʂɯ'la ([illegible])

ku'waŋ ([illegible]) — kuwas'la ([illegible])

dʑiao ([illegible]) — dʑiaos'la ([illegible])

[illegible] — tan᠂ -ɕiə᠂ — ɕiəliə [illegible]

ᠵᠠᠯᠭᠠᠪᠤᠷᠢ [illegible] ᠄ ᠵᠢᠱᠢᠶᠡᠯᠡᠪᠡᠯ :

gam'bu ([illegible]) — gam'bu,tan ([illegible])

gai'dʑiao ([illegible]) —

gai'dʑiao ,ɕiə ([illegible])

surʊ — (ᠰᠤᠷᠤ) — surʊʼʁa — (ᠰᠤᠷᠭᠠᠭᠤᠯᠢ)

1.1.3.1 ᠬᠤᠪᠢᠯᠭᠠᠭᠤᠯᠤᠨ ᠤᠭ ᠤᠨ ᠳᠠᠭᠠᠪᠤᠷ ᠢ ᠨᠡᠮᠡᠭᠰᠡᠨ ᠢ ᠲᠡᠮᠳᠡᠭᠯᠡᠪᠡ:

1.1.3 ᠬᠤᠪᠢᠯ ᠬᠤᠪᠢᠭ ᠤᠨ ᠤᠭ ᠤᠨ ᠳᠠᠭᠠᠪᠤᠷ ᠨᠡᠮᠡᠭᠳᠡᠬᠦ ᠰᠢᠨᠵᠢ ᠬᠤᠪᠢᠷᠠᠬᠤ ᠶᠠᠪᠤᠴᠠ ᠪᠠᠢ ᠰᠢᠨᠵᠢᠯᠡᠬᠦ ::

haʼruaŋ (ᠬᠠᠷᠪᠠ) — haruiʼlaŋ (ᠬᠠᠷᠪᠠᠭᠤᠯᠠᠩ)

taʼwaŋ (ᠲᠠᠪᠤ) — tawiʼlaŋ (ᠲᠠᠪᠤᠭᠤᠯᠠᠩ)

ɢuʼruaŋ (ᠭᠤᠷᠪᠠ) — ɢuruaʼla (ᠭᠤᠷᠪᠠᠭᠤᠯᠠ)

dʑiəʼruaŋ (ᠵᠢᠷᠭᠤᠭᠠ) — dʑiəruaʼliə (ᠵᠢᠷᠭᠤᠭᠠᠭᠤᠯᠠ)

ᠰᠢᠨᠵᠢᠯᠡᠬᠦ :: ᠲᠡᠮᠳᠡᠭᠯᠡᠪᠡ:

1.1.2 ᠬᠠᠢ ᠳᠠᠭᠤᠪᠤᠷ ᠪᠠ ᠳᠠᠭᠠᠪᠤᠷ — ʼɑ~-liə ᠳᠠᠭᠤᠰᠬᠤ ᠳᠠᠭᠤᠪᠤᠷ ᠪᠠ ᠳᠠᠭᠠᠪᠤᠷ — laŋ ᠢ ᠨᠡᠮᠡᠪᠡ

gaiʼdʑiaoɕiə,liə (ᠭᠠᠢ ᠵᠢᠶᠣᠣ ᠰᠢᠶᠠ)

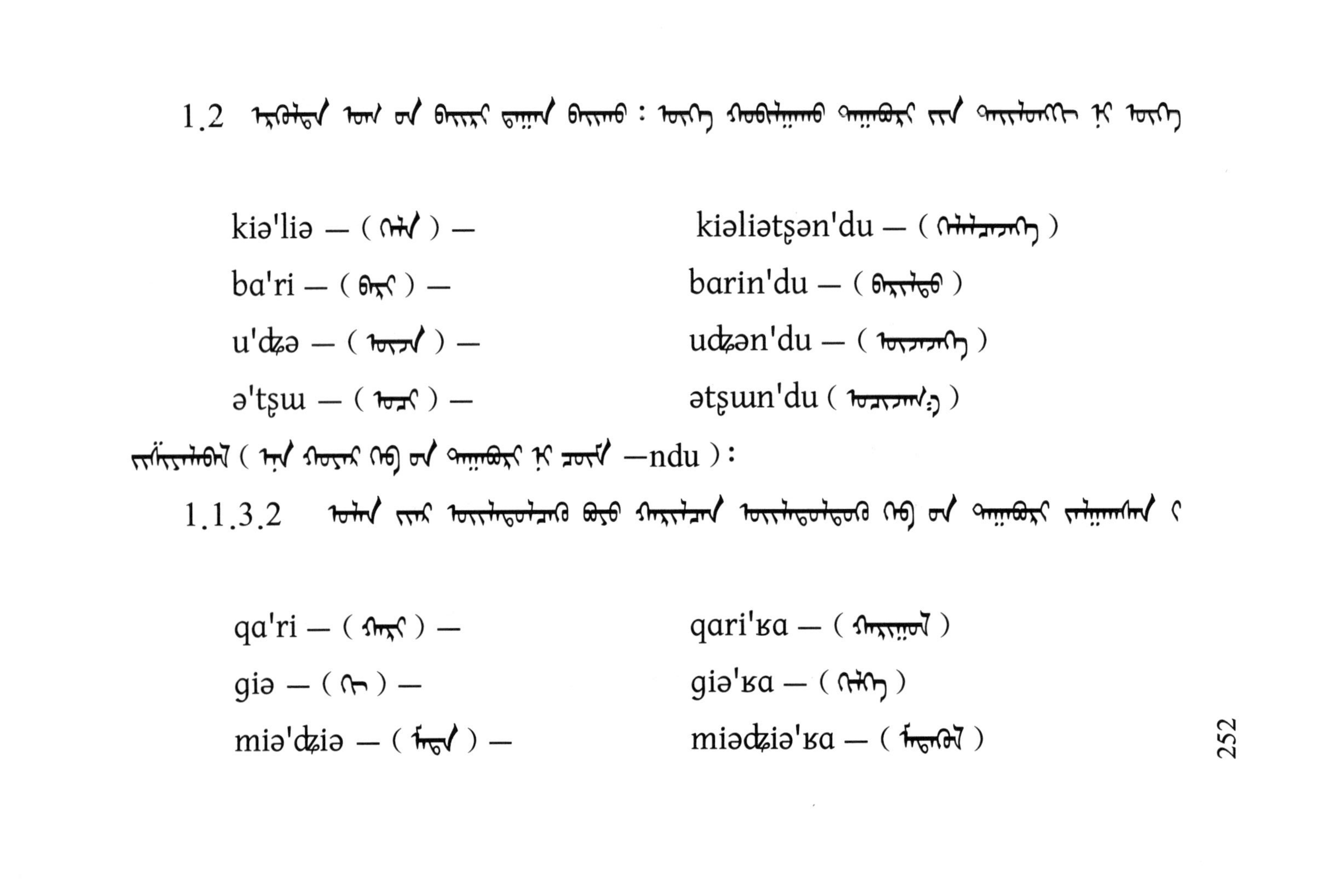

1.2 [illegible]

kiə'liə — ([illegible]) — kiəliətʂən'du — ([illegible])

ba'ri — ([illegible]) — barin'du — ([illegible])

u'dʑə — ([illegible]) — udʑən'du — ([illegible])

ə'tʂɯ — ([illegible]) — ətʂɯn'du ([illegible])

[illegible] ([illegible] —ndu) :

1.1.3.2 [illegible]

qa'ri — ([illegible]) — qari'ʁa — ([illegible])

giə — ([illegible]) — giə'ʁa — ([illegible])

miə'dʑiə — ([illegible]) — miədʑiə'ʁa — ([illegible])

mo'ri (ᠮᠣᠷᠢ) — mo'rini (ᠮᠣᠷᠢ ᠨᠢ)

Abu'du (ᠠᠪᠳᠤᠷ᠎ᠠ — ᠪᠣᠭᠣᠳᠠ ᠶᠢᠨ) — Abu'duni (ᠠᠪᠳᠤᠷ᠎ᠠ ᠨᠢ)

ɢa'dzɑ (ᠭᠠᠵᠠᠷ) — ɢa'dzɑsə (ᠭᠠᠵᠠᠷᠤᠳ ᠤᠳ)

mu'tuŋ (ᠮᠣᠳᠣ) — mu'tuŋɢala (ᠮᠣᠳᠣ ᠪᠠᠰ)

Abu'du (ᠠᠪᠳᠤᠷ᠎ᠠ) — Abu'dulə (ᠠᠪᠳᠤᠷ᠎ᠠ ᠨᠤᠭᠤᠳ)

u' la (ᠠᠭᠤᠯᠠ) — u'larə (ᠠᠭᠤᠯᠠᠨᠤᠭᠤᠳ · ᠠᠭᠤᠯᠠ ᠨᠤᠭᠤᠳ)

ᠰᠢᠨ᠎ᠡ — sə (ᠰᠡᠳᠬᠡᠭᠳᠡᠬᠦᠨ ᠦ) — də (ᠬᠡᠭᠦᠷ ᠬᠡᠷᠡᠭᠯᠡᠭᠰᠡᠨ ᠦ) ᠮᠡᠳᠡᠭ ᠨᠢᠭᠡᠨ ᠬᠡᠯᠪᠡᠷᠢ ᠪᠣᠯᠤᠨ᠎ᠠ

1.2.3 ᠬᠣᠯᠢᠯᠳᠤᠭᠰᠠᠨ ᠬᠡᠯᠡᠨ ᠦ (ʥia) ᠬᠢᠲᠠᠳ ᠬᠡᠯᠡᠨ ᠦ (-fa) ᠬᠡᠯᠪᠡᠷᠢ ᠪᠡᠷ ᠵᠢᠱᠢᠶᠡ ᠲᠠᠢᠯᠪᠤᠷᠢ

ᠬᠣᠪᠢᠷᠠᠬᠤ ᠲᠣᠭᠠᠨ ᠤ ᠬᠡᠯᠪᠡᠷᠢ ᠶᠢ ᠪᠡᠨ ᠢᠯᠡᠷᠬᠡᠢᠯᠡᠬᠦ ᠳᠠᠭᠠᠪᠤᠷᠢ ᠨᠢ (ni) ᠬᠡᠮᠡᠨ ᠲᠡᠮᠳᠡᠭᠯᠡᠨ ᠲᠠᠢᠯᠪᠤᠷᠢᠯᠠᠨ᠎ᠠ ᠬᠢᠭᠡ ᠪᠣᠯᠤᠨ᠎ᠠ ::

mo'ri tani (ᠮᠣᠷᠢ ᠲᠠᠨᠢ)

mo'ri tʂɯni (ᠮᠣᠷᠢ ᠴᠢᠨᠢ)

mo'ri maji (ᠮᠣᠷᠢ ᠮᠠᠨᠢ)

mo'ri bidʑiənji (ᠮᠣᠷᠢ ᠮᠠᠨᠢ)

mo'ri mini (ᠮᠣᠷᠢ ᠮᠢᠨᠢ)

ʥiənji ' tʂɯni ' ta-ni ᠶᠢᠨ ᠰᠤᠷᠤᠯᠴᠠᠯᠳᠤᠯ ᠢᠯᠡᠷᠬᠡᠢᠯᠡᠬᠦ - nə ᠬᠡᠮᠡᠨ ᠲᠠᠢᠯᠪᠤᠷᠢᠯᠠᠨ᠎ᠠ ᠪᠣᠯᠤᠨ ᠲᠡᠮᠳᠡᠭ ::

1.2.2 ᠬᠠᠮᠳᠤᠭᠰᠠᠨ ᠲᠣᠭᠠᠨ ᠤ ᠬᠡᠯᠪᠡᠷᠢ ᠶᠢ ᠪᠡᠨ ᠢᠯᠡᠷᠬᠡᠢᠯᠡᠬᠦ ᠳᠠᠭᠠᠪᠤᠷᠢ ᠶᠢᠨ ᠲᠤᠰᠠᠯ ᠬᠡᠯᠡᠨ ᠦ mini ' mani ' bi

u'lạ sə (ᠠᠭᠤᠯᠠ ᠠᠴᠠ) u'lạ də (ᠠᠭᠤᠯᠠ ᠳᠤ)

ᡨᠣᠪᠣ ᠶᠠᠩ ᠨᡳ -dʐɯ wo:

ja'wu (ᠶᠠᠪᡠ) — ja'wunə (ᠶᠠᠪᡠᠨᡝ)

ə'tʂɯ (ᡝᠴᡳ) — ə'tʂɯnə (ᡝᠴᡳᠨᡝ)

ᡨᡠᡵᡤᡠᠨ ᠶᠠᠩ ᠨᡳ - nə:

ᠠᡵᡤᠠ ᠪᡝ :

1.2.4 ᡨᡝᡵᡝ ᡨᡝᡵᡝ ᠨᡳ ᠪᡝᡵᡤᡝᠨ ᠠᠯᡳᡥᠠ ᡨᠣᡵᡤᡳ ᠰᡠᡵᡝ ᠨᡳ ᠪᡝᡵᡤᡝ ᡳ ᡨᡠᡵᡤᡠᠨ ᠪᡝᠯᡝ ᡨᡝᡵᡝ ∷

〔ha'ruaŋ〕 (ᡥᠠᡵᡠᠠᠩ) — 〔ha'rifa〕 (ᡥᠠᡵᡳᡶᠠ)

〔ɢu'ruan〕 (ᡤᡡᡵᡠᠠᠨ) — 〔ɢua'rifa〕 (ᡤᡡᠸᠠᡵᡳᡶᠠ)

〔'ɢua〕 (ᡤᡡᠸᠠ) — 〔'ɢuadʑia〕 (ᡤᡡᠸᠠᠵᡳᡥᠠ)

〔ɢu'ruaŋ〕 (ᡤᡡᡵᡠᠠᠩ) — 〔ɢu'ruadʑia〕 (ᡤᡡᡵᡠᠸᠠᠵᡳᡥᠠ)

ᠪᡝᠯᡝ ᡨᡝᡵᡝ ∷ ᠠᡵᡤᠠ :

'niədə 'giədʐ baraʁa'wo (ᠨᠢᠭᠡᠳᠡ ᠭᠡᠵᠦ ᠪᠠᠷᠠᠭᠠᠪᠠ)

ᠪᠣᠯᠤ ᠠᠭᠤᠯᠭᠠᠨ ᠳᠠᠭᠠᠨ᠎ᠠ ᠄ ᠵᠢᠱᠢᠶᠡᠯᠡᠪᠡᠯ:

ᠵᠢᠱᠢᠶ᠎ᠡ ᠨᠢ ᠄ [illegible] ᠂ [illegible]

[illegible]

[illegible] ᠃

bara'ʁa — (ᠪᠠᠷᠠᠭᠠᠨ᠎ᠠ) — bara'ʁawo (ᠪᠠᠷᠠᠭᠠᠪᠠ)

giə — (ᠭᠡ) — giəwo (ᠭᠡᠪᠡ)

[illegible] -wo:

ma'ta (ᠮᠠᠲᠠ) — ma'tadʐuo (ᠮᠠᠲᠠᠵᠤ)

kiə'liə (ᠬᠡᠯᠡ) — kiə'liədʐuo (ᠬᠡᠯᠡᠵᠦ)

[illegible] -dʐuo:

sao (ᠰᠠᠭᠤ) 'saodʐɯ wo (ᠰᠠᠭᠤᠵᠤ ᠪᠣ)

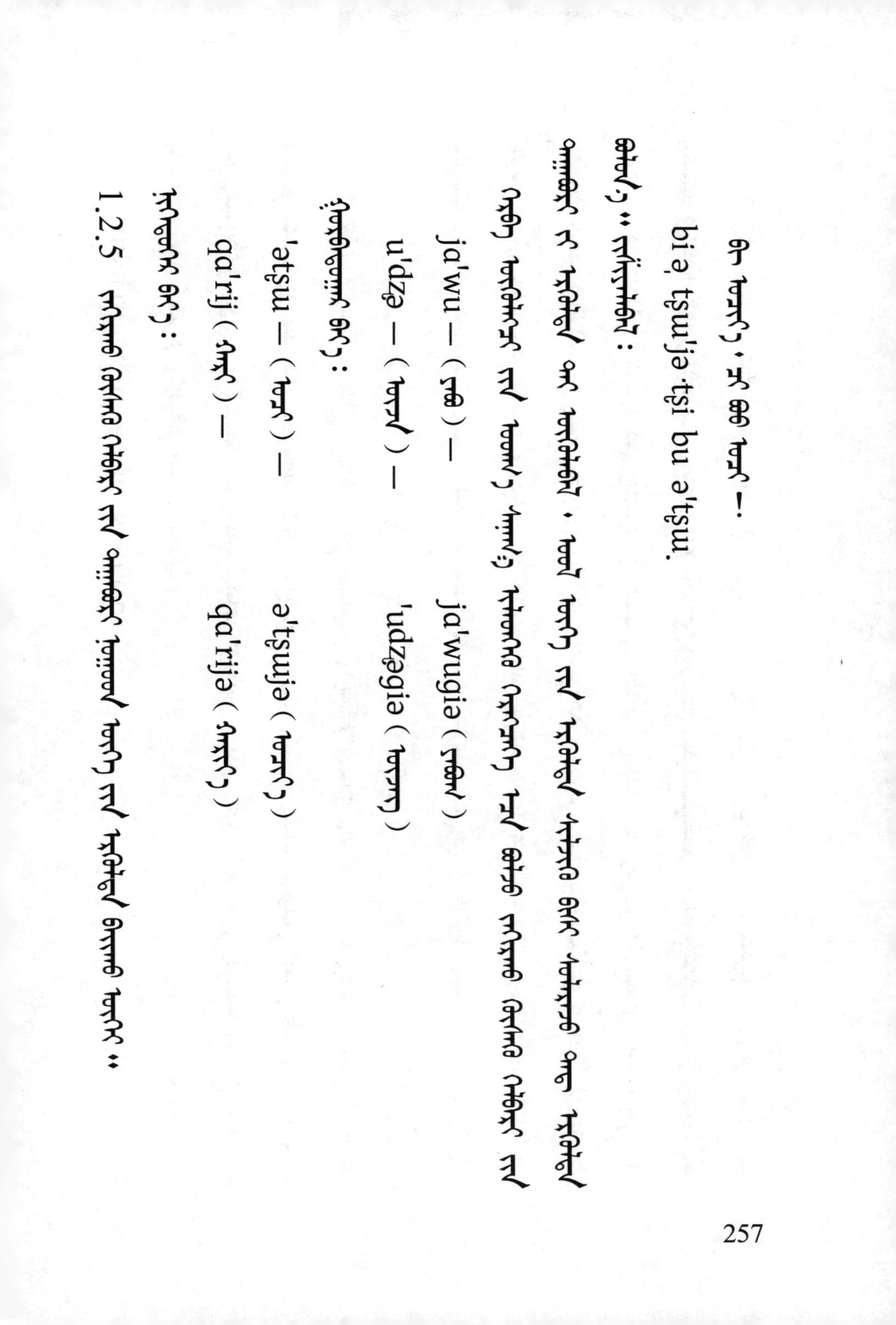

[illegible]

bi ə̩ tʂɯ'jə ·tʂi bu ə'tʂɯ.

[illegible] :

[illegible]

ja'wu — ([illegible]) — ja'wugiə ([illegible])

u'dzə̢ — ([illegible]) — 'udzə̢giə ([illegible])

[illegible] :

'ətʂɯ — ([illegible]) — ə'tʂɯjə ([illegible])

qa'rij ([illegible]) — qa'rijə ([illegible])

[illegible] :

1.2.5 [illegible]

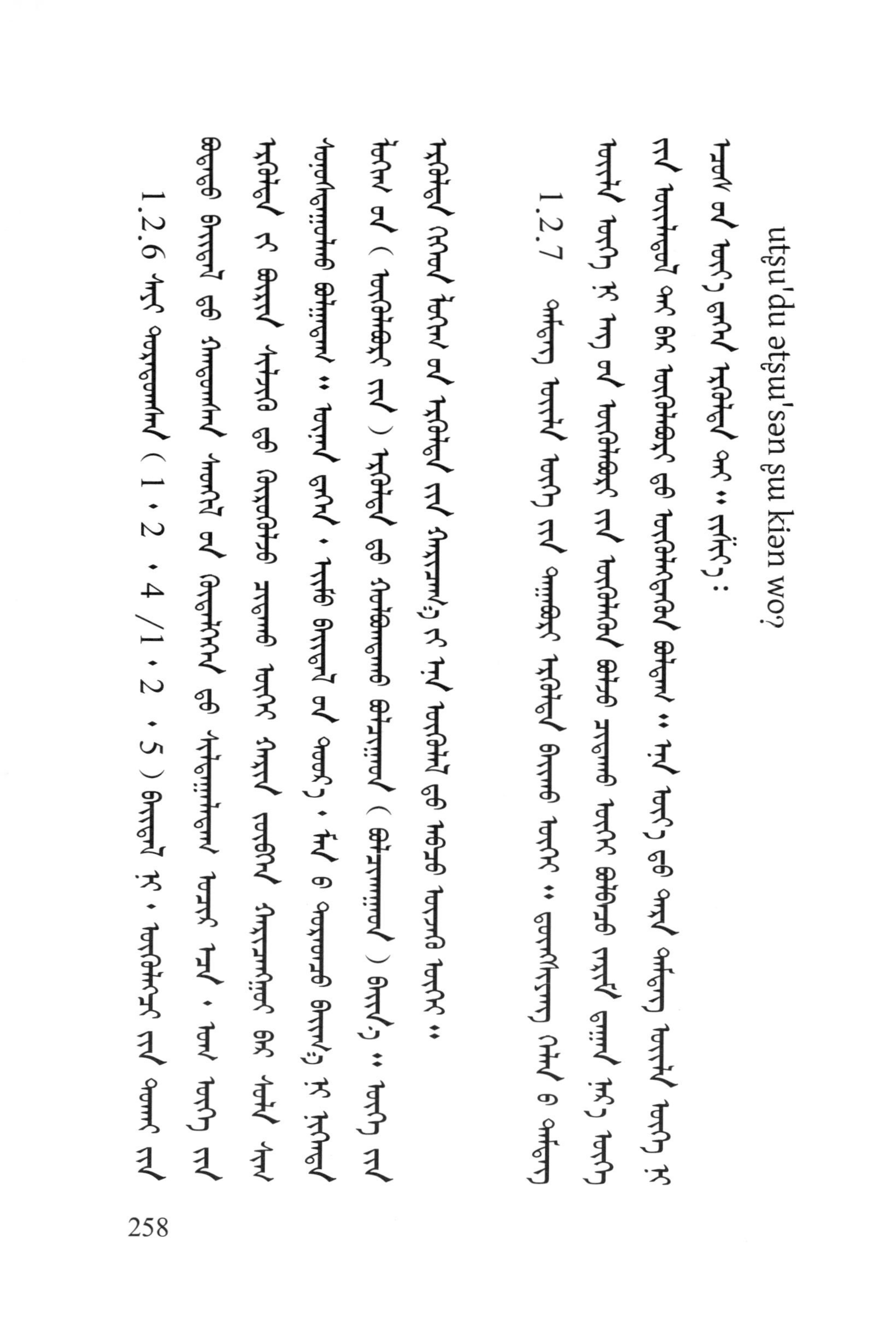

utṣu'du ətṣɯ'sən ṣɯ kiən wo?

ᠡᠨᠡ ᠡᠪᠡᠭᠡ ᠶᠢᠨ ᠡᠯᠡ ᠂ ənə i'dʑiəku ʂɯ jaŋ wo ᠡᠨᠡ ᠮᠡᠳᠡᠭᠡᠯᠡ ᠪᠣᠯᠣᠨ᠎ᠠ ᠃

ənə iəku'ni ʂɯ jaŋ wo ?

ᠲᠣᠭᠠᠴᠠᠭᠤᠯᠬᠤ ᠲᠠᠢ ᠦᠭᠡ － ku （ ～ wu ） ᠬᠡᠯᠪᠡᠷᠢ ᠨᠢ － ni ᠲᠡᠮᠳᠡᠭ ᠲᠡᠢ ᠪᠣᠯᠣᠨ ᠪᠠ ᠂

hə xolu'tʂun ʂɯ kiən wo ?

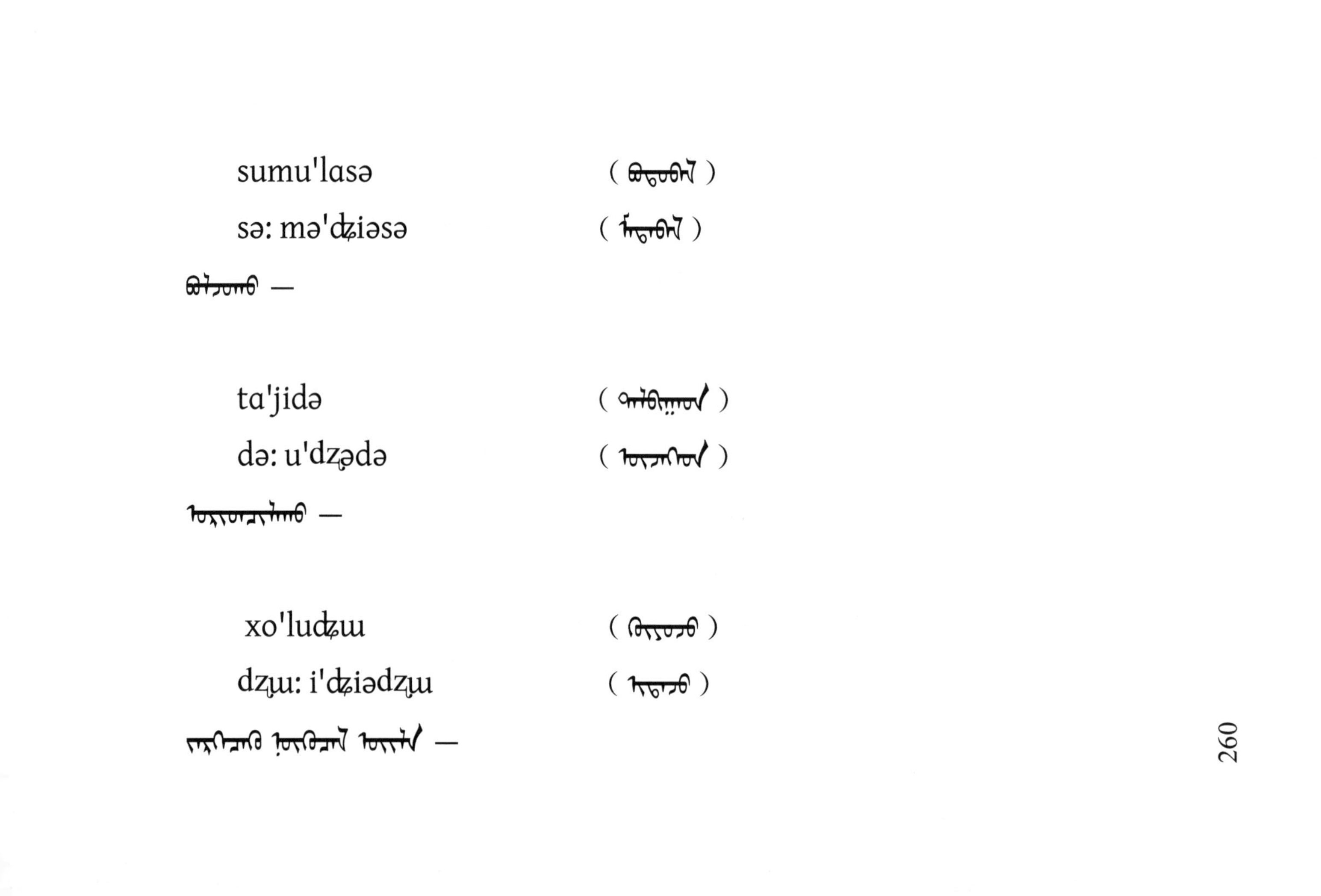

sumu'lasə ([illegible])

sə: mə'dʑiəsə ([illegible])

[illegible] —

ta'jidə ([illegible])

də: u'dzədə ([illegible])

[illegible] —

xo'ludʑɯ ([illegible])

dzɯ: i'dʑiədzɯ ([illegible])

[illegible] —

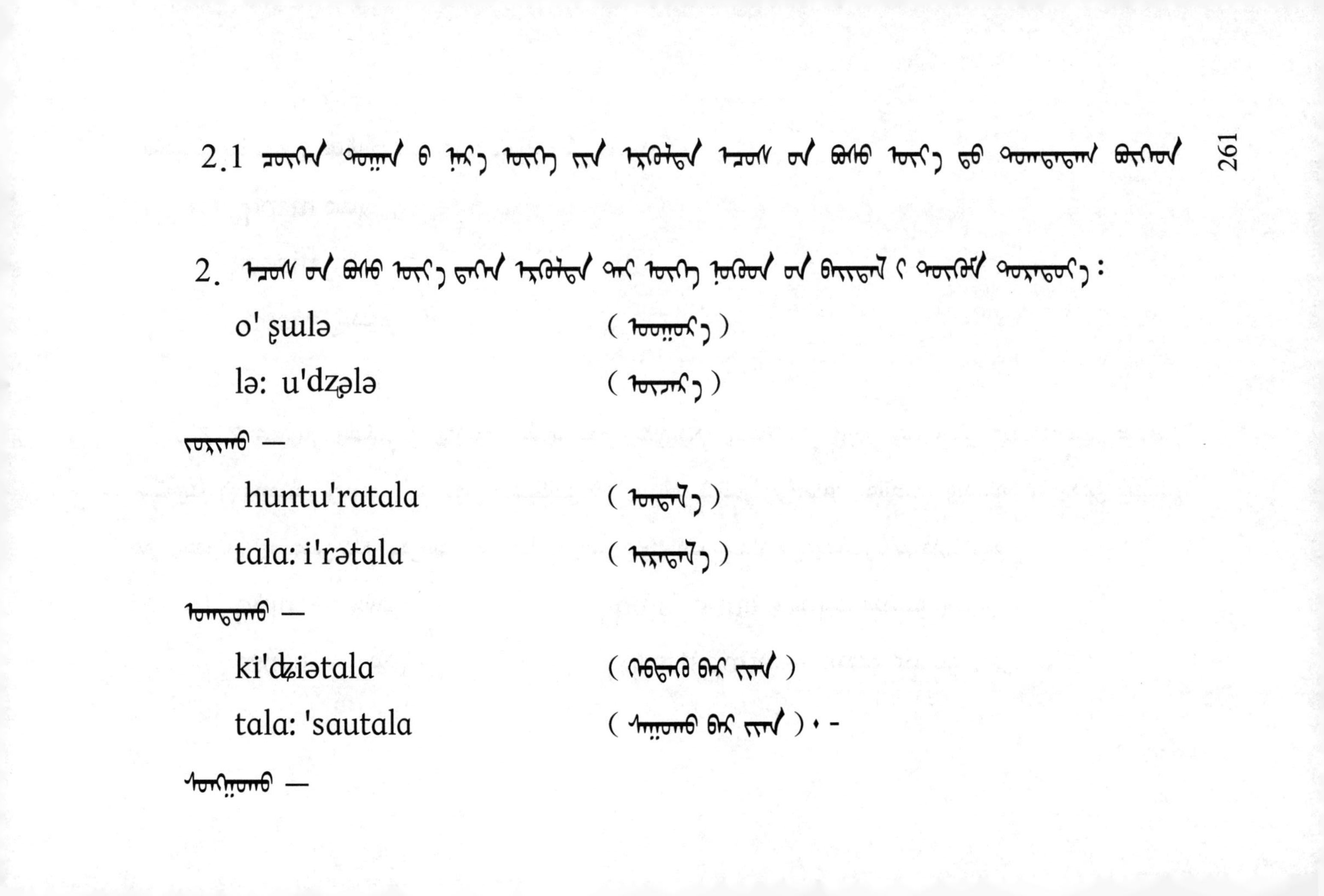

2.1 [illegible]

2. [illegible] :

o' ʂɯlə ([illegible])

lə: u'dzələ ([illegible])

[illegible] —

huntu'ratala ([illegible])

tala: i'rətala ([illegible])

[illegible] —

ki'dʑiətala ([illegible])

tala: 'sautala ([illegible]) · -

[illegible] —

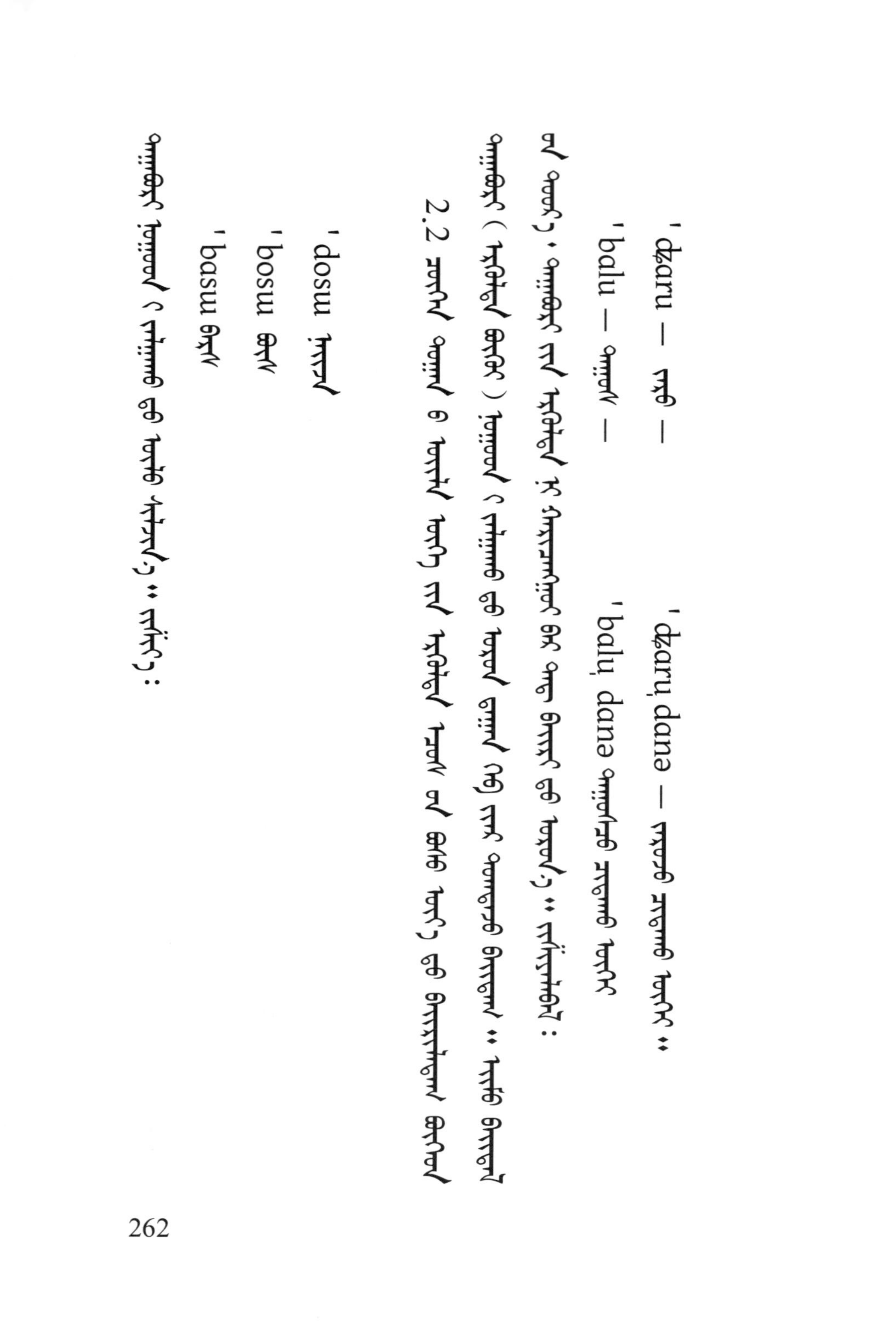

'dʑaru — ᠵᠠᠷᠤ — 'dʑaru̯ danə — ᠵᠠᠷᠤᠭᠳᠠᠨ᠎ᠠ ᠭᠡᠵᠡᠢ ::

'balu — ᠪᠠᠯᠤ — 'balu̯ danə ᠪᠠᠯᠤᠭᠳᠠᠨ᠎ᠠ ᠭᠡᠵᠡᠢ

'dosɯ ᠳᠤᠰᠤ

'bosɯ ᠪᠣᠰᠤ

'basɯ ᠪᠠᠰᠤ

2.3 ᠠᠰᠠᠭᠤᠯᠲᠠ ᠲᠥᠯᠦᠭᠡᠨ ᠦ ᠮᠣᠩᠭᠣᠷ ᠬᠡᠯᠡ ᠲᠡᠢ ᠪᠠᠷᠢᠯᠳᠤᠯ ᠳᠤ ᠪᠠᠶᠢᠳᠠᠯ ᠪᠦᠲᠦᠴᠡ ᠃

ᠬᠣᠣᠰ ᠪᠡ ᠂ ᠵᠠᠭᠤᠷ ᠬᠠᠷᠢᠴᠠᠭᠤᠯᠤᠭᠰᠠᠨ ᠪᠣᠯᠤᠨ (ᠬᠠᠮᠲᠤ ᠲᠥᠯᠦᠭᠡᠨ ᠦ ᠮᠣᠩᠭᠣᠯ ᠪᠡ ᠪᠠᠶᠢᠳᠠᠭ ᠪᠣᠯ) ᠶᠢ ᠂ ᠬᠡᠨ ᠦ ᠶᠠᠮᠠᠷ ᠬᠠᠮᠢᠭ᠎ᠠ ᠦ ᠮᠣᠩᠭᠣᠷ ᠬᠡᠯᠡ ᠶᠢᠨ ᠲᠣᠭ᠎ᠠ ᠲᠠᠢ ᠲᠥᠷᠦᠯ ᠢ ᠲᠣᠭᠠᠳᠠᠭ ᠰᠢᠨᠵᠢᠯᠡᠭᠰᠡᠨ ᠢ ᠮᠣᠩᠭᠣᠯ ᠬᠡᠯᠡ ᠪᠡᠷ ᠪᠠᠷᠢᠮᠲᠠᠯᠠᠪᠠ ᠃

2.3.1 ᠲᠣᠭ᠎ᠠ ᠬᠡᠮᠵᠢᠶ᠎ᠡ ᠠᠰᠠᠭᠤᠯᠲᠠ ᠲᠥᠯᠦᠭᠡᠨ ᠦ ᠮᠣᠩᠭᠣᠷ ᠬᠡᠯᠡ ᠶᠢᠨ ᠬᠡᠯᠪᠡᠷᠢ ᠨᠢ 'giədu (ᠬᠡᠳᠦ) · 'giədun (ᠬᠡᠳᠦᠨ)

ᠮᠣᠩᠭᠣᠷ ᠬᠡᠯᠡ ᠶᠢᠨ ᠠᠰᠠᠭᠤᠯᠲᠠ ᠲᠥᠯᠦᠭᠡᠨ ᠦ ᠮᠣᠩᠭᠣᠯ ᠬᠡᠯᠡ ᠲᠡᠢ ᠪᠠᠷᠢᠯᠳᠤᠭᠤᠯᠬᠤ ᠪᠣᠯᠪᠠᠰᠤ ᠪᠡ · giə'dʑə (ᠬᠡᠵᠢᠶ᠎ᠡ) · ɑ'li (ᠠᠯᠢ) ᠬᠡᠳᠦ ᠮᠣᠩᠭᠣᠷ ᠬᠡᠯᠡ ᠶᠢᠨ ᠠᠰᠠᠭᠤᠯᠲᠠ ᠲᠥᠯᠦᠭᠡᠨ ᠦ ᠮᠣᠩᠭᠣᠯ ᠬᠡᠯᠡ ᠲᠡᠢ ᠪᠠᠷᠢᠯᠳᠤᠭᠤᠯᠤᠭᠰᠠᠨ ᠪᠠᠶᠢᠨ᠎ᠠ ᠃

2.3.2 ᠴᠢᠨᠠᠷ ᠤᠨ ᠠᠰᠠᠭᠤᠯᠲᠠ ᠲᠥᠯᠦᠭᠡᠨ ᠦ ᠮᠣᠩᠭᠣᠷ ᠬᠡᠯᠡ ᠶᠢᠨ ᠬᠡᠯᠪᠡᠷᠢ ᠨᠢ imu'tu (ᠶᠠᠮᠠᠷ) · tɕimu'tu (ᠶᠠᠮᠠᠷᠲᠤ)

ᠮᠣᠩᠭᠣᠷ ᠬᠡᠯᠡ ᠶᠢᠨ ᠠᠰᠠᠭᠤᠯᠲᠠ ᠲᠥᠯᠦᠭᠡᠨ ᠦ ᠪᠠᠶᠢᠳᠠᠯ ᠮᠣᠩᠭᠣᠯ ᠬᠡᠯᠡ ᠲᠡᠢ ᠪᠠᠷᠢᠯᠳᠤᠭᠤᠯᠤᠭᠰᠠᠨ ᠪᠠᠶᠢᠳᠠᠯ ᠳᠤ 'intu<imutu (ᠶᠠᠮᠠᠷ) · 'tɕintu <tɕiɯutu (ᠶᠠᠮᠠᠷᠲᠤ) ᠬᠡᠳᠦ ᠮᠣᠩᠭᠣᠷ ᠬᠡᠯᠡ ᠶᠢᠨ ᠠᠰᠠᠭᠤᠯᠲᠠ ᠲᠥᠯᠦᠭᠡᠨ ᠦ ᠮᠣᠩᠭᠣᠯ ᠬᠡᠯᠡ ᠲᠡᠢ ᠠᠳᠠᠯᠢᠬᠠᠨ ᠪᠠᠷᠢᠯᠳᠤᠭᠤᠯᠤᠭᠰᠠᠨ ᠪᠠᠶᠢᠨ᠎ᠠ ᠃

2.3.3 ᠪᠣᠭᠣᠰᠬᠠᠯ ᠬᠠᠷᠢᠬᠤ ᠪᠣᠯᠣᠷᠬᠠᠯ ᠤ ᠬᠡᠯᠡᠨ ᠳᠦ ᠪᠦᠬᠦ ᠬᠡᠯᠡᠪᠡᠷᠢ ᠪᠣᠯᠣᠭᠰᠠᠨ 'jama (ᠶᠠᠮᠠ ᠮᠤ)᠂ 'kiənma (ᠳᠠᠨ ᠮᠤ) ᠪᠣᠯ ᠬᠡᠳᠦ ᠤ ᠬᠡᠯᠡᠨ ᠳᠦ ᠳᠠᠭᠤᠪᠣᠳᠠᠯ ᠣᠨ ᠪᠣᠯᠣᠨ ᠳᠤ ᠳᠠᠭᠤᠪᠣᠳᠠᠯ ᠶᠠᠪᠤ ᠲᠠᠢ ᠲᠥᠷᠦᠯᠬᠢ ᠬᠡᠯᠡᠬᠦ ᠶᠠᠭᠤ ᠄ ᠳᠤ ᠶ jan ᠬᠣᠯᠪᠣ ᠬᠠᠪᠰᠤᠷᠤᠭᠰᠠᠨ ᠪᠣᠯᠣᠷᠬᠠᠯ ᠤ ᠬᠡᠯᠡᠨ ᠣᠯᠠᠨ ma ᠬᠣᠯᠪᠣ ᠲᠣᠨ ᠬᠡᠯᠡᠨ ᠵᠢᠷᠤᠭ jama ᠪᠣᠯᠭᠠᠭᠰᠠᠨ᠂ kiən ᠬᠣᠯᠪᠣ ᠬᠠᠪᠰᠤᠷᠤᠭᠰᠠᠨ ᠪᠣᠯᠣᠷᠬᠠᠯ ᠤ ᠬᠡᠯᠡᠨ ᠣᠯᠠᠨ ma ᠬᠣᠪᠢᠷᠤᠭ kiənma ᠪᠣᠯᠭᠠᠭᠰᠠᠨ ᠪᠠᠢᠨ᠎ᠠ ᠄

2.3.4 ᠬᠢᠯᠪᠤᠷ ᠬᠡᠯᠡᠬᠦ ᠬᠡᠯᠡᠨ ingiə —(ᠬᠢᠩᠭᠢ)᠂ tɕingiə—(ᠴᠢᠩᠭᠢ) ᠭᠡᠳᠡᠭ ᠲᠡ ᠳᠠᠭᠤᠪᠣᠳᠠᠯ ᠳᠤ ᠶ ᠬᠢᠯᠪᠣᠷᠬᠠᠢ ᠬᠡᠯᠡᠨ ᠳᠦ ᠪᠣᠯᠬᠤ ᠪᠣᠯᠣᠭᠰᠠᠭᠠᠷ ᠄ ᠳᠤ ᠶ ᠪᠣᠳᠠᠯ /giə/ ᠬᠣᠯᠪᠣ ᠬᠡᠯᠡᠨ ᠬᠣᠯᠪᠣᠭᠰᠠᠨ ᠬᠡᠯᠡᠨ ᠲᠡ ᠬᠡᠯᠡᠨ ᠲᠡ /'in/ ᠪᠣᠯᠣᠭᠰᠠᠨ ᠲᠣ ᠣᠯᠠᠨ᠂ ᠭᠡᠳᠡᠭ ᠣᠪ᠂ /giə/ (ᠭᠢ) ᠬᠣᠯᠪᠣ ᠬᠡᠯᠡᠬᠦ ᠬᠡᠯᠡᠨ ᠲᠡᠢ ᠬᠢᠯᠪᠤᠷᠬᠠᠢ ᠬᠡᠯᠡᠪᠣᠯᠣᠭ ᠶ ᠪᠣᠯᠪᠠᠰᠤᠷᠤᠭᠰᠠᠨ ᠪᠣᠯᠣᠭ ᠪᠣᠯᠣᠭᠠᠳ᠂ ᠬᠡᠯᠡᠨ ᠪᠣ᠂ ᠬᠢᠯᠪᠤᠷ ᠲᠡ ᠭᠡᠪᠡᠯ ᠬᠡᠮᠡᠨ ᠶ ᠬᠡᠳᠦᠪᠣᠯᠣᠭ ᠶ ᠬᠡᠳᠦ ᠤ ᠄

2.3.5 ᠬᠢᠯᠪᠤᠷ ᠪᠣᠯᠣᠷᠬᠠᠯ ᠤ ᠬᠡᠯᠡᠨ ᠲᠡ ᠳᠠᠭᠤᠪᠣᠳᠠᠯ ᠲᠡ ᠪᠣᠯᠣᠭᠰᠠᠨ ᠪᠣᠯ ᠬᠣᠯᠪᠣᠭᠳᠠᠯ (ᠬᠣᠯᠪᠣᠯ) ᠣᠨ ᠪᠣᠯᠣᠭᠰᠠᠨ ᠶ ᠬᠠᠪᠰᠤᠷᠤᠭᠰᠠᠨ ᠤ ᠬᠡᠯᠡᠨ ᠲᠡᠢ ᠪᠣᠯᠪᠠᠰᠤᠨ ᠲᠦᠷᠦᠯ ᠬᠡᠯᠡᠬᠦ ᠄

o'duni (ᠣᠳᠣ ᠨᠢ)᠂ to'duni (ᠲᠡᠳᠦᠢ ᠨᠢ)

pu'sədu ~ pu'sədzu (ᠪᠦᠰᠡ ᠳᠦ)

ᠪᠣᠭᠤᠷᠠᠭ ᠳᠠᠭᠤᠨ ᠢ ᠭᠡᠷᠡᠯᠲᠦᠭᠦᠯᠬᠦ ᠮᠠᠶᠢᠭ ᠳᠠᠭᠤᠨ bu (ᠪᠢ) ᠭᠡᠳᠡᠭ ᠦᠭᠡ ᠪᠡᠷ᠂ butəʁi (ᠪᠦᠲᠦᠭᠡ) ᠶᠢᠨ
ᠨᠢᠭᠡ ᠮᠡᠲᠦ ᠡᠭᠡᠰᠢᠭ ᠦᠨ ᠪᠠᠶᠢᠷᠢᠯᠠᠯ᠂ ᠡᠨᠡ ᠳᠠᠭᠤᠨ ᠤ ulie (ᠦᠯᠡᠭᠡ) ᠶᠢᠨ

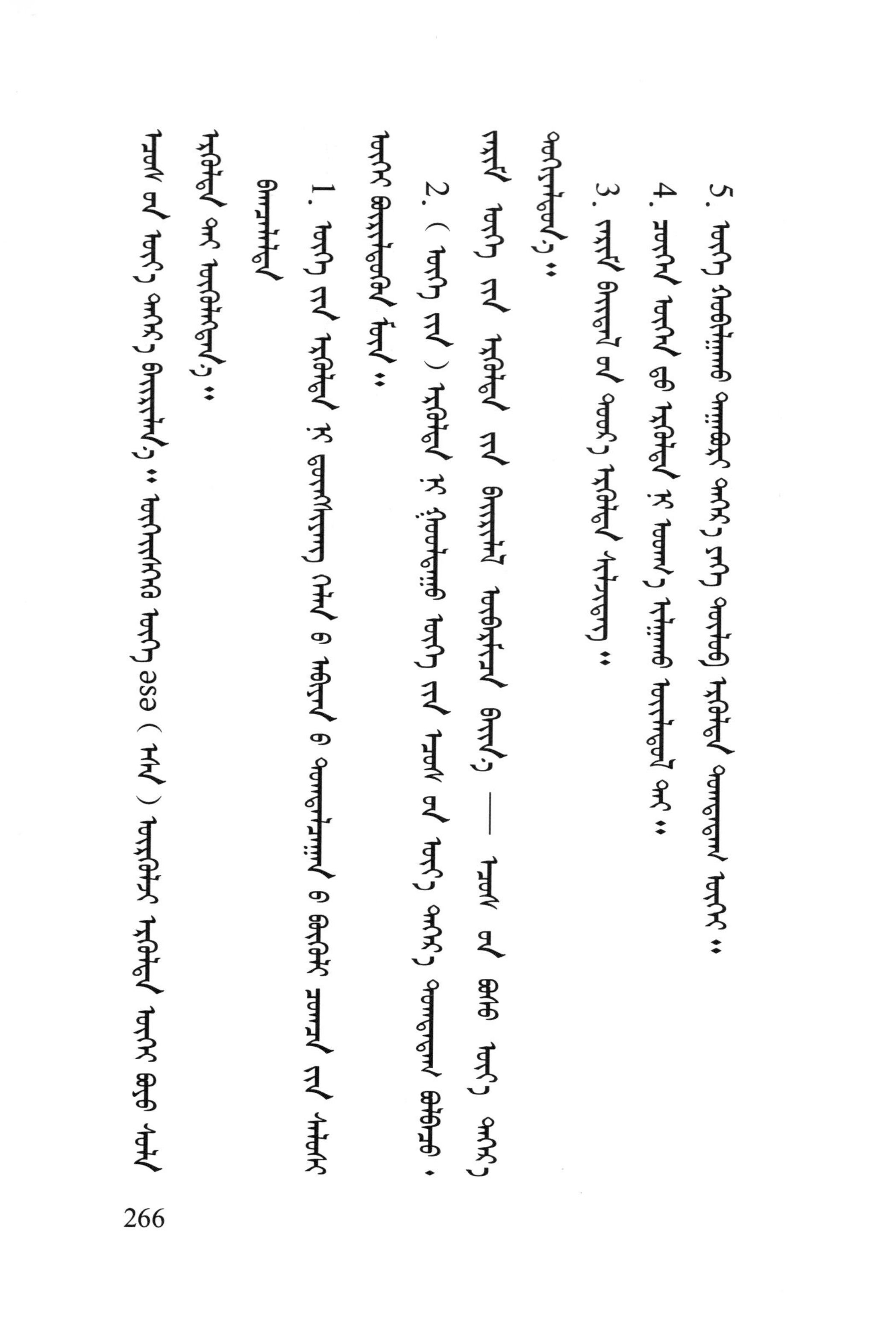

ᠳᠤᠰᠤᠯ ᠤᠨ ᠦᠭᠡᠨ ᠬᠡᠷᠡᠭ ᠪᠠᠶᠢᠳᠠᠭ ᠃ ᠦᠭᠡᠬᠦᠯᠦᠯᠦᠭᠡ ᠦᠭᠡ ese (ᠡᠰᠡ) ᠦᠭᠡᠪᠡᠷᠢᠯᠡᠬᠦ ᠬᠡᠯᠪᠡᠷᠢ ᠦᠭᠡᠨ ᠪᠣᠯ ᠰᠢᠨ

ᠲᠠᠢᠯᠪᠤᠷᠢ :

〔1〕ᠨᠠᠰᠤᠨᠪᠠᠶᠠᠷ : 《 ᠳᠤᠮᠳᠠᠳᠤ ᠶᠢᠨ ᠤ ᠪᠣᠯᠣᠨ ᠣᠷᠣᠴᠢᠨ ᠦ ᠮᠣᠩᠭᠣᠯ ᠤᠨ ᠲᠡᠦᠬᠡ 》, ᠮᠣᠩᠭᠣᠯ ᠬᠡᠯᠡ ᠪᠢᠴᠢᠭ ᠦᠨ ᠮᠡᠷᠭᠡᠵᠢᠯ ᠦᠨ 《 ᠮᠣᠩᠭᠣᠯ ᠬᠡᠯᠡ ᠵᠣᠬᠢᠶᠠᠯ ᠤᠨ ᠳᠡᠭᠡᠵᠢ ᠬᠡᠪᠯᠡᠯ ᠦᠨ 》(ᠬᠠᠷᠢᠴᠠᠭᠤᠯᠵᠤ ᠰᠤᠷᠤᠯᠴᠠᠬᠤ ᠮᠠᠲ᠋ᠧᠷᠢᠶᠠᠯ ᠤᠨ ᠨᠡᠢᠲᠡ ᠲᠣᠬᠢᠶᠠᠯ) 1976 ᠣᠨ ·316 —317 ᠳᠤᠭᠠᠷ ᠨᠢᠭᠤᠷ ᠲᠤ ᠪᠠᠢᠨ᠎ᠠ ᠃

〔2〕ᠨᠠᠰᠤᠨᠪᠠᠶᠠᠷ : ᠮᠥᠨ ᠳᠡᠭᠡᠷᠡᠬᠢ ᠵᠣᠬᠢᠶᠠᠯ ᠤᠨ 316 ᠳᠤᠭᠠᠷ ᠨᠢᠭᠤᠷ ᠃
(ᠰᠢᠨ᠎ᠡ ᠵᠢ 1959 ᠣᠨ ᠤ ᠨᠡᠢᠲᠡ ᠪᠢᠴᠢᠭᠳᠡᠬᠦ ᠮᠣᠩᠭᠣᠯ ᠤᠨ ᠰᠤᠷᠠᠭᠤᠯᠢ) ᠃

〔3〕ᠯ · ᠬᠦᠷᠴᠠᠪᠠᠭᠠᠲᠤᠷ : 《 ᠭᠠᠳᠠᠭᠠᠳᠤ ᠮᠣᠩᠭᠣᠯ ᠤᠨ ᠤ ᠶᠢᠨ ᠲᠡᠦᠬᠡ 》, ᠭᠠᠷᠤᠯ , 1848 ᠣᠨ , § 62 — 63 ᠃

〔4〕ᠳᠠᠮᠳᠢᠨᠰᠦᠷᠦᠩ : 《 ᠮᠣᠩᠭᠣᠯ (ᠮᠣᠩᠭᠣᠯ) ᠤᠨ ᠤ ᠤᠨ ᠲᠡᠦᠬᠡ 》 ᠰᠢᠨᠵᠢᠯᠡᠭᠡ ᠰᠤᠳᠤᠯᠤᠯ ᠤᠨ ᠡᠮᠬᠳᠬᠡᠯ , 1959 ᠣᠨ , 21 ᠳᠤᠭᠠᠷ ᠨᠢᠭᠤᠷ ᠃

〔5〕ᠮᠣᠩᠭᠣᠯ ᠤᠨ ᠰᠤᠳᠤᠯᠤᠭᠴᠢᠳ ᠤᠨ ᠡᠪᠯᠡᠯᠳᠦᠭᠡ ᠶᠢᠨ ᠨᠡᠢᠲᠡ ᠲᠤᠬᠠᠢ ᠤᠨ ᠤ ᠡᠮᠬᠳᠬᠡᠯ : 《 ᠨᠡᠢᠲᠡᠯᠡᠯ ᠤᠨ ᠡᠪᠬᠦᠮᠡᠯ ᠳᠠᠭᠤᠰᠬᠠᠯ ᠃

〔6〕ᠪ · ᠷ · ᠪᠠᠶᠠᠷᠰᠠᠶᠢᠬᠠᠨ : 《 ᠮᠣᠩᠭᠣᠯ ᠪᠢᠴᠢᠭ ᠦᠨ ᠤᠨ ᠪᠠ ᠬᠠᠳᠠᠭ᠎ᠠ ᠮᠣᠩᠭᠣᠯ ᠰᠤᠳᠤᠯᠭᠠᠨ ᠤ ᠬᠠᠷᠢᠴᠠᠭᠤᠯᠤᠯᠲᠠ ᠶᠢᠨ ᠪᠢᠴᠢᠭ 》) ᠃

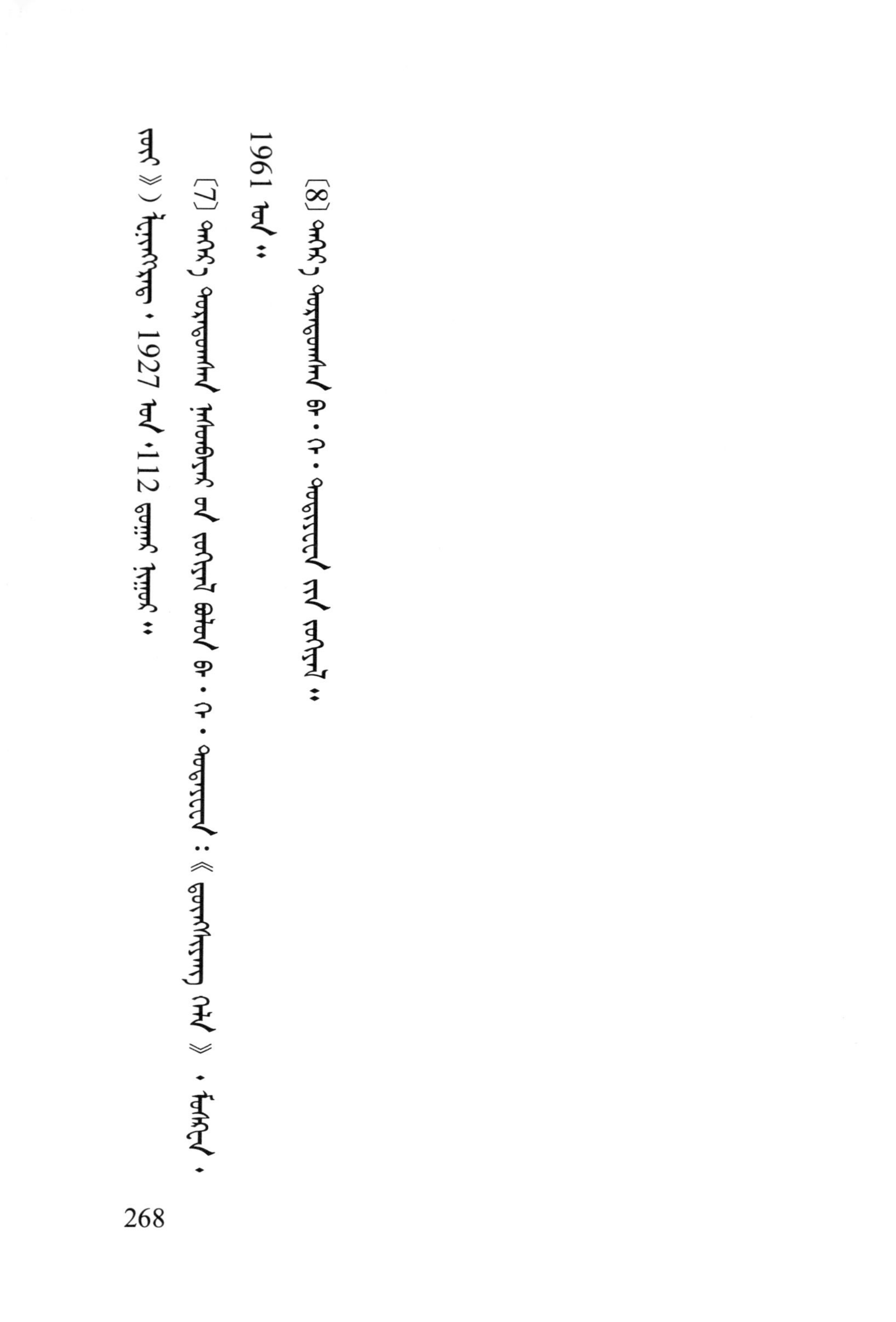

1961 ᠣᠨ᠃

ᠦᠨᠳᠦᠰᠦᠲᠡᠨ ᠦ ᠰᠣᠶᠣᠯ ᠤ ᠪᠦᠲᠦᠭᠡᠯ ᠲᠡᠢ ᠪᠠᠶᠢᠭᠤᠯᠤᠯᠲᠠ ᠶᠢᠨ ᠬᠡᠯᠡᠨ ᠬᠣᠯᠪᠣᠭ᠎ᠠ

ᠲᠣᠪᠴᠢ

1. [illegible]

[illegible]

2. ᠲᠥᠯᠦᠭᠡᠯᠡᠭᠴᠢ ᠦᠭᠡ ᠶᠢᠨ ᠪᠠ ᠳᠤ ᠳᠠᠭᠠᠯᠳᠤᠬᠤ ᠦᠭᠡ ᠶᠢᠨ ᠳᠤ ᠬᠡᠷᠡᠭᠯᠡᠭᠳᠡᠬᠦ ᠵᠢᠱᠢᠶᠡᠯᠡᠪᠡᠯ bi 'tʂu 'ə ʁən 'hə 'ənə 'tərə 'bidʑiən 'matan 'ta 'əʁəslə 'hələ ~ həslə 'ənələ~ənəslə 'tə rələ ~ tərəslə ᠭᠡᠬᠦ ᠮᠡᠲᠦ᠃ ᠡᠳᠡᠭᠡᠷ ᠦᠨ (A) ᠮᠡᠲᠦ ᠨᠢ ᠲᠥᠯᠦᠭᠡᠯᠡᠭᠴᠢ ᠳᠤ ᠬᠠᠮᠢᠶᠠᠷᠠᠬᠤ ᠦᠭᠡ ᠶᠢᠨ ᠳᠤ ᠡᠷᠬᠢᠯᠡᠭᠳᠡᠬᠦ ᠮᠡᠲᠦ ᠲᠥᠯᠦᠭᠡᠯᠡᠭᠴᠢ ᠦᠭᠡ ᠶᠢᠨ ᠳᠤᠮᠳᠠ ᠬᠠᠷᠢᠯᠴᠠᠬᠤ ᠲᠥᠯᠦᠭᠡᠯᠡᠭᠴᠢ ᠦᠭᠡ ᠶᠢᠨ (B) ᠮᠡᠲᠦ ᠪᠠ ᠡᠨᠡᠬᠦ ᠲᠦᠷᠦᠯ ᠦᠨ ᠦᠭᠡ ᠨᠢ ᠪᠦᠬᠦ ᠲᠡᠢ (ᠦᠭᠡᠢ ᠪᠠ ᠳᠤ ᠲᠥᠯᠦᠭᠡᠯᠡᠭᠴᠢ ᠦᠭᠡ ᠶᠢᠨ (ᠦᠭᠡᠢ — ᠪᠠ ᠳᠤ ᠲᠥᠯᠦᠭᠡᠯᠡᠭᠴᠢ ᠦᠭᠡ ᠶᠢᠨ ᠬᠡᠯᠡᠨ) ᠬᠠᠮᠤᠭ ᠬᠡᠯᠡᠭᠳᠡᠬᠦᠨ ᠪᠣᠯᠤᠨ᠎ᠠ ᠬᠡᠯᠡᠭᠳᠡᠬᠦᠨ ᠪᠠᠢᠢᠭᠰᠠᠨ ᠪᠢᠯᠡ ᠬᠠᠮᠤᠭ ᠳᠡᠭᠡᠷᠡᠬᠢ ᠪᠡᠷ ᠪᠣᠯᠪᠠᠰᠤ ᠬᠡᠯᠡᠬᠦ ᠪᠠᠢᠢᠨ᠎ᠠ᠂ ᠲᠥᠯᠦᠭᠡᠯᠡᠭᠴᠢ ᠦᠭᠡ ᠨᠢ ᠬᠡᠯᠡᠪᠡᠷᠢ ᠬᠡᠯᠡᠨ ᠤ ᠬᠠᠷᠢᠴᠠᠭᠤᠯᠬᠤ ᠶᠠᠭᠤᠮ (ᠬᠠᠷᠢᠴᠠᠭᠤᠯᠬᠤ) ᠦᠭᠡ᠂ ᠬᠣᠶᠠᠷ ᠦᠭᠡ ᠳᠤ ᠬᠡᠯᠡᠬᠦ ᠦᠭᠡ ᠶᠢᠨ ᠪᠡᠶ᠎ᠡ ᠶᠢᠨ ᠬᠡᠯᠡᠬᠦ ᠪᠠᠢᠢᠬᠤ ᠳᠤ ᠬᠡᠷᠡᠭᠯᠡᠬᠦ᠂ ᠰᠤᠷᠠᠭ ᠦᠭᠡ ᠬᠡᠯᠡᠪᠡᠯ ᠬᠠᠷᠢᠴᠠᠭᠤᠯᠬᠤ ᠪᠠᠢᠢᠬᠤ ᠬᠡᠯᠡᠨ ᠦ ᠳᠤ ᠬᠡᠯᠡᠪᠡᠷᠢ (ᠬᠠᠷᠢᠴᠠᠭᠤᠯᠬᠤ ᠲᠥᠯᠦᠭᠡᠯᠡᠭᠴᠢ ᠦᠭᠡ ᠶᠢᠨ ᠡᠭᠦᠨ ᠦ ᠬᠡᠯᠡᠪᠡᠷᠢ) ᠬᠡᠯᠡᠨ᠎ᠡ᠃ ᠬᠡᠯᠡᠪᠡᠯ ᠪᠠᠢᠢᠨ᠎ᠠ ᠶᠢᠨ ᠬᠡᠯᠡᠪᠡᠷᠢ ᠪᠡᠷ ᠬᠡᠯᠡᠬᠦ᠂ ara · tara ᠭᠡᠬᠦ ᠬᠠᠮᠤᠭ ᠲᠡᠶᠢᠨ ᠪᠣᠯᠤᠨ᠎ᠠ᠂ ᠲᠥᠯᠦᠭᠡᠯᠡᠭᠴᠢ ᠦᠭᠡ ᠶᠢᠨ ᠬᠡᠯᠡᠨ ᠦ ᠳᠤ ᠪᠠᠢᠢᠭ᠎ᠠ ᠬᠡᠯᠡᠪᠡᠷᠢ ᠪᠠᠢᠢᠨ᠎ᠠ᠂ ᠬᠠᠮᠤᠭ ᠬᠡᠯᠡᠨ ᠦ ᠳᠤ ᠪᠠᠢᠢᠭᠰᠠᠨ ᠬᠡᠯᠡᠪᠡᠯ᠃ ᠬᠡᠯᠡᠨ ᠬᠡᠯᠡᠬᠦ ᠨᠢ ᠬᠠᠮᠤᠭ ᠳᠤ ᠲᠥᠯᠦᠭᠡᠯᠡᠭᠴᠢ ᠦᠭᠡ ᠶᠢᠨ ᠪᠠ ᠳᠤ ᠬᠡᠯᠡᠬᠦ ᠡᠨᠡ ᠬᠡᠯᠡᠬᠦ ᠪᠠᠢᠢᠨ᠎ᠠ᠂ ᠬᠡᠯᠡᠪᠡᠯ ᠵᠢᠱᠢᠶ᠎ᠡ ᠳᠦ ᠺ᠂ ᠬᠡᠯᠡᠪᠡᠷᠢ ᠬᠡᠯᠡᠨ ᠬᠡᠯᠡᠭᠰᠡᠨ ᠬᠡᠯᠡᠬᠦ ᠬᠡᠯᠡᠨ ᠪᠡᠷ ᠬᠡᠯᠡᠪᠡᠷᠢ ᠬᠡᠯᠡᠬᠦ᠂ ᠪᠠ ᠳᠤ ᠲᠥᠯᠦᠭᠡᠯᠡᠭᠴᠢ

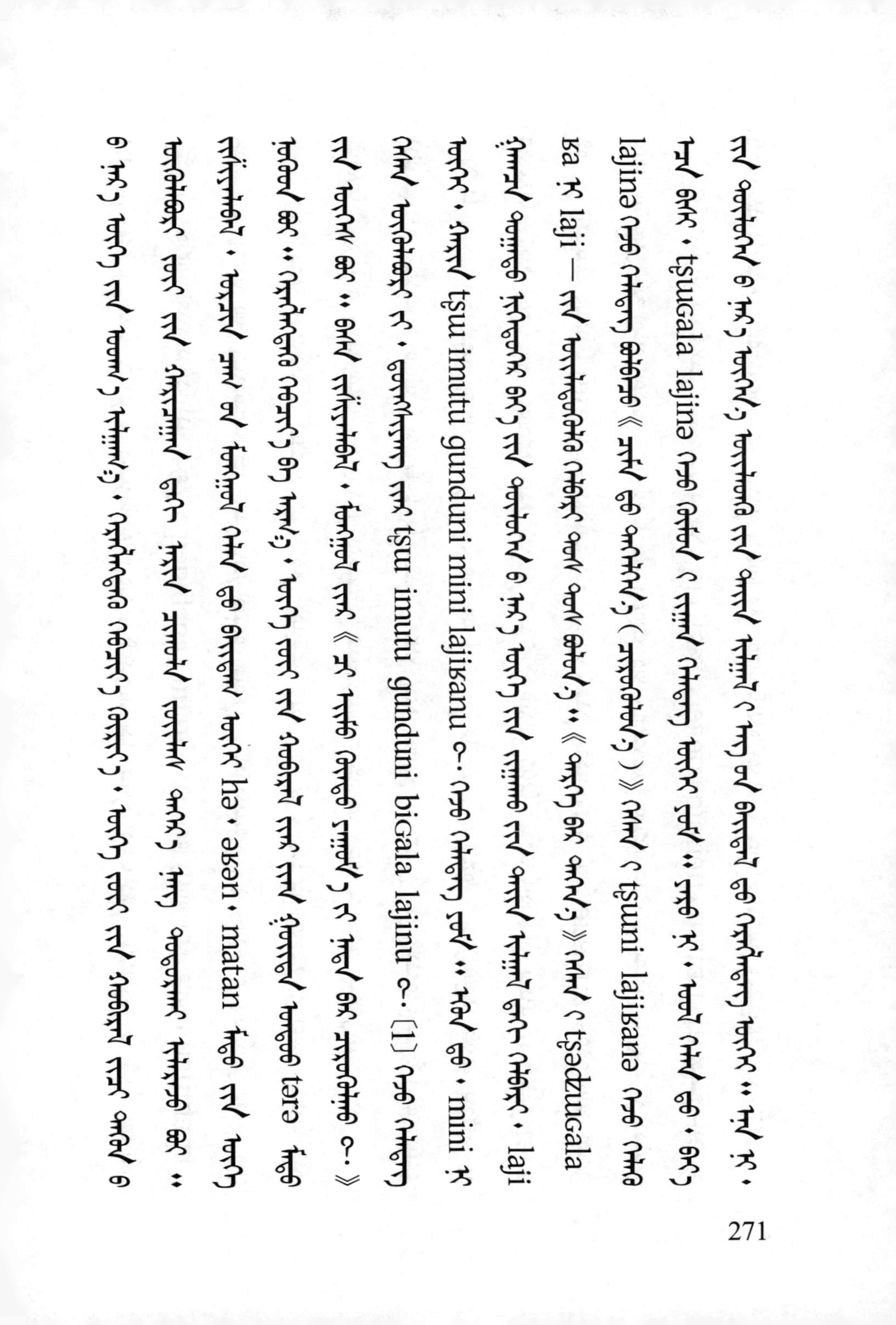

[illegible] 《 [illegible] 》 [illegible] tʂɯGala lajinə [illegible] lajinə [illegible] 《 [illegible] ([illegible]) 》 [illegible] tʂɯni lajiʁanə [illegible] ʁa [illegible] laji — [illegible] 《 [illegible] 》 [illegible] tʂədʑɯGala [illegible] laji [illegible] tʂɯ imutu gunduni mini lajiʁanu [illegible] mini [illegible] tʂɯ imutu gunduni biGala lajinu [illegible] [1] [illegible] 《 [illegible] 》 [illegible] tərə [illegible] hə, əʁən, matan [illegible]

ni bi ᠭᠡᠳᠡᠭ ᠭᠤᠷᠪᠠᠳᠤᠭᠠᠷ ᠪᠠᠢᠨ᠎ᠠ ᠄᠄ ᠵᠢᠱᠢᠶᠡᠯᠡᠪᠡᠯ ᠭᠡᠪᠡᠯ ᠂ ᠪᠠᠭᠠᠮᠠᠨᠳᠤᠭᠤᠢᠯᠠᠨ ᠭᠠᠷᠤᠭᠠᠰᠤ ᠪᠤᠰᠤ ᠲᠤ ᠬᠦᠮᠦᠨ ᠦ ᠲᠡᠯᠦᠭᠡᠨ ᠂
ᠲᠡᠭᠦᠨ ᠄᠄ ᠭᠡᠳᠡᠭᠡᠳ ᠪᠠᠭᠠᠮᠠᠨᠳᠤᠭᠤᠢᠯᠠᠨ ᠲᠠᠯ᠎ᠠ ᠶᠢᠨ ᠢ hənigada ni bi wo ᠭᠡᠳᠡᠭ ᠭᠡᠵᠦ ᠨᠢᠭᠡ ᠪᠠᠢᠭ᠎ᠠ ᠂ hənigada
ᠡᠷᠲᠡᠷᠲᠡᠭᠡᠨ ᠪᠠᠢᠭ᠎ᠠ ᠪᠠᠷ ᠲᠡᠮᠳᠡᠭᠯᠡᠭᠳᠡᠭ ᠳᠡᠭᠡᠷ᠎ᠡ ᠲᠡᠮᠳᠡᠭᠯᠡᠯ ᠪᠣᠯᠤᠳ ᠪᠣᠯᠤᠨ᠎ᠠ ᠂ ᠳᠠᠭᠠᠷᠢᠶᠠᠯᠠᠭᠰᠠᠨ ᠂ 《 ᠡᠨᠡ ᠦ ᠨᠠᠢᠮᠠ ᠳᠤ ᠪᠢ 》 ᠭᠡᠵᠦ
ᠨᠢᠭᠡ ᠨᠢᠭᠡᠨ ᠤᠳᠬ᠎ᠠ ᠲᠠᠢ ᠂ ᠲᠡᠭᠦᠨ ᠴᠤ ᠪᠠᠨ ᠲᠣᠭᠠᠴᠢᠯ ᠭᠡᠵᠦ ᠦ ᠬᠦᠮᠦᠨ ᠲᠡᠯᠦᠭᠡᠨ ᠬᠡᠯᠪᠡᠷᠢ ᠪᠠᠢᠳᠠᠭ ᠲᠡᠯᠦᠭᠡᠨ ᠳᠤ
ᠪᠣᠯᠤᠨ᠎ᠠ ᠄᠄ ᠨᠢᠭᠡ ᠦ ᠬᠦᠮᠦᠨ ᠲᠡᠭᠦᠨ ᠢ hə ᠲᠤ ᠲᠡᠮᠳᠡᠭᠯᠡᠭᠰᠡᠨ ᠳᠤᠭᠤᠳᠠᠭᠳᠠᠬᠤᠢ ᠳᠡᠭᠡᠷ᠎ᠡ ᠪᠠᠷ ᠭᠡᠳᠡᠭ ᠲᠡᠮᠳᠡᠭᠯᠡᠳᠡᠭ ᠪᠣᠯᠤᠭᠰᠠᠨ ᠄᠄
ᠳᠤᠭᠤᠳᠠᠭᠳᠠᠬᠤ ᠲᠤ ᠡᠷᠲᠡᠷᠲᠡᠭᠡᠨ ᠦ ᠬᠦᠮᠦᠨ ᠲᠡᠯᠦᠭᠡᠨ ᠲᠦᠷᠦᠯ ᠲᠡᠮᠳᠡᠭᠯᠡᠯ ᠲᠡᠭᠦᠨ ᠨᠢᠭᠡ ᠳᠠᠭᠤᠳᠠᠯ ᠤᠨ ᠳᠠᠭᠤᠳᠠᠯ ᠶᠢᠨ ᠪᠠᠢᠳᠠᠭ ᠪᠠᠢᠳᠠᠭ ᠭᠡᠳᠡᠭ ᠭᠡᠵᠦ
ᠭᠡᠳᠡᠭ ᠲᠡᠯᠦᠭᠡᠨ ᠭᠡᠳᠡᠭᠳᠡᠭᠦᠨ ᠲᠡᠭᠦᠨ ᠴᠤ ᠲᠤ ᠡᠨᠡ ᠪᠠᠢᠨ ᠪᠠᠢᠨ᠎ᠠ ᠨᠢ ᠪᠢ ᠳᠤᠭᠤᠳᠠᠭᠳᠠᠬᠤ ᠪᠣᠯᠤᠳᠠᠭ ᠂ ᠲᠡᠮᠳᠡᠭᠯᠡᠭᠳᠡᠭ ᠪᠠᠢᠭ᠎ᠠ ᠨᠢᠭᠡᠳᠦᠭᠡᠷ ᠨᠢ
ᠳᠠᠭᠤᠳᠠᠨ᠎ᠠ ᠄᠄ ᠨᠢᠭᠡ ᠡᠨᠡ ᠪᠠᠢᠨ ᠂ ᠪᠣᠯᠤᠭᠰᠠᠨ ᠭᠡᠵᠦ ᠲᠡᠭᠦᠨ ᠡᠨᠡ ᠪᠠᠢᠨ ᠡᠩᠭᠡᠷ ᠲᠣᠭᠠᠨ ᠳᠤᠭᠤᠳᠠᠨ ᠪᠠᠢᠳᠠᠭ ᠪᠠᠢᠭ᠎ᠠ ᠄᠄ ᠬᠡᠷᠡᠭᠯᠡᠭᠳᠡᠨ tərə
ᠳᠡᠭᠡᠷ᠎ᠡ ᠪᠢ ᠭᠡᠷᠡᠭᠯᠡᠭᠰᠡᠨ ᠪᠠᠢᠳᠠᠭ tərə ᠪᠣᠯᠤᠨ ᠳᠤᠭᠤᠳᠠᠭ ᠲᠤ — ᠪᠠᠢᠨ ᠲᠤ ᠡᠷᠲᠡᠷᠲᠡᠭᠡᠨ ᠦ ᠬᠦᠮᠦᠨ ənə · hə ᠡᠭᠦᠨᠴᠢᠯᠡᠭᠰᠡᠨ ᠪᠣᠯᠤᠳ
sla ᠡᠨᠡᠴᠢᠯᠡᠭᠰᠡᠨ ᠡᠨᠡ ᠪᠣᠯᠤᠨ ᠡᠷᠲᠡᠷᠲᠡᠭᠡᠨ ᠦ ᠬᠦᠮᠦᠨ ᠲᠦᠷᠦᠯ ᠭᠡᠳᠡᠭᠰᠡᠨ ᠪᠠᠢᠭ᠎ᠠ ᠡᠭᠦᠨᠴᠢᠯᠡᠭᠰᠡᠨ ᠪᠣᠯᠤᠳ ᠳᠤᠭᠤᠳᠠᠭ ᠪᠠᠢᠭ᠎ᠠ ᠄᠄ ᠪᠠᠢᠨ ᠨᠢ ᠳᠤᠭᠤᠳᠠᠭ

3. ᠳᠤᠩᠰᠢᠶᠠᠩ ᠪᠠᠢᠨ ᠲᠤ ᠡᠷᠲᠡᠷᠲᠡᠭᠡᠨ ᠦ ᠬᠦᠮᠦᠨ bi · tʂɯ · əʁən · bidʑiən · matan · ta ᠪᠣᠯᠤᠨ -la · -
ᠪᠠᠭᠠᠮᠠᠨᠳᠤᠭᠤᠢᠯᠠᠨ ᠭᠡᠵᠦ ᠦ ᠲᠡᠮᠳᠡᠭᠯᠡᠭᠰᠡᠨ ᠲᠤ ᠡᠨᠡᠨ ᠲᠡᠷᠢᠭᠦᠨ ᠳᠤ ᠲᠡᠭᠦᠨ ᠲᠤ ᠪᠠᠢᠳᠠᠭ ᠲᠡᠯᠦᠭᠡᠨ ᠬᠡᠷᠡᠭᠯᠡᠭᠳᠡᠨ ᠬᠡᠷᠡᠭᠯᠡᠭᠳᠡᠨ᠎ᠡ ᠡᠨᠡ 〔2〕᠄᠄

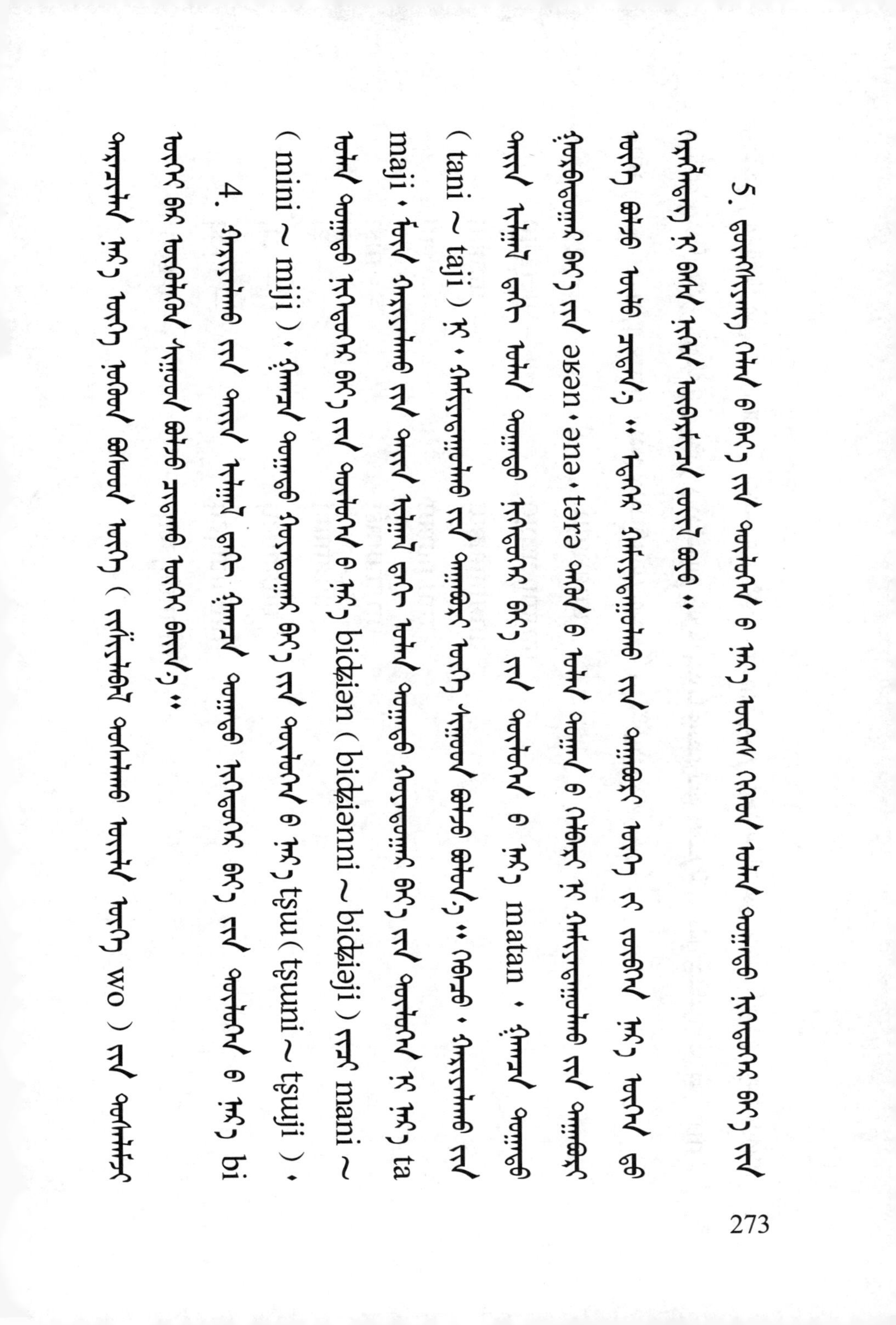

[illegible] ([illegible] wo) [illegible]
[illegible] ᠃

4. [illegible] bi
(mini ~ miji) ᠂ [illegible] tʂɯ (tʂɯni ~ tʂɯji) ᠂
[illegible] bidʑiən (bidʑiənni ~ bidʑiəji) [illegible] mani ~
maji ᠂ [illegible] ta
(tani ~ taji) [illegible] ᠂ [illegible] ᠃ [illegible] ᠂ [illegible]
[illegible] matan ᠂ [illegible]
[illegible] əʁən ᠂ ənə ᠂ tərə [illegible]
[illegible] ᠃ [illegible]
[illegible] ᠃

5. [illegible]

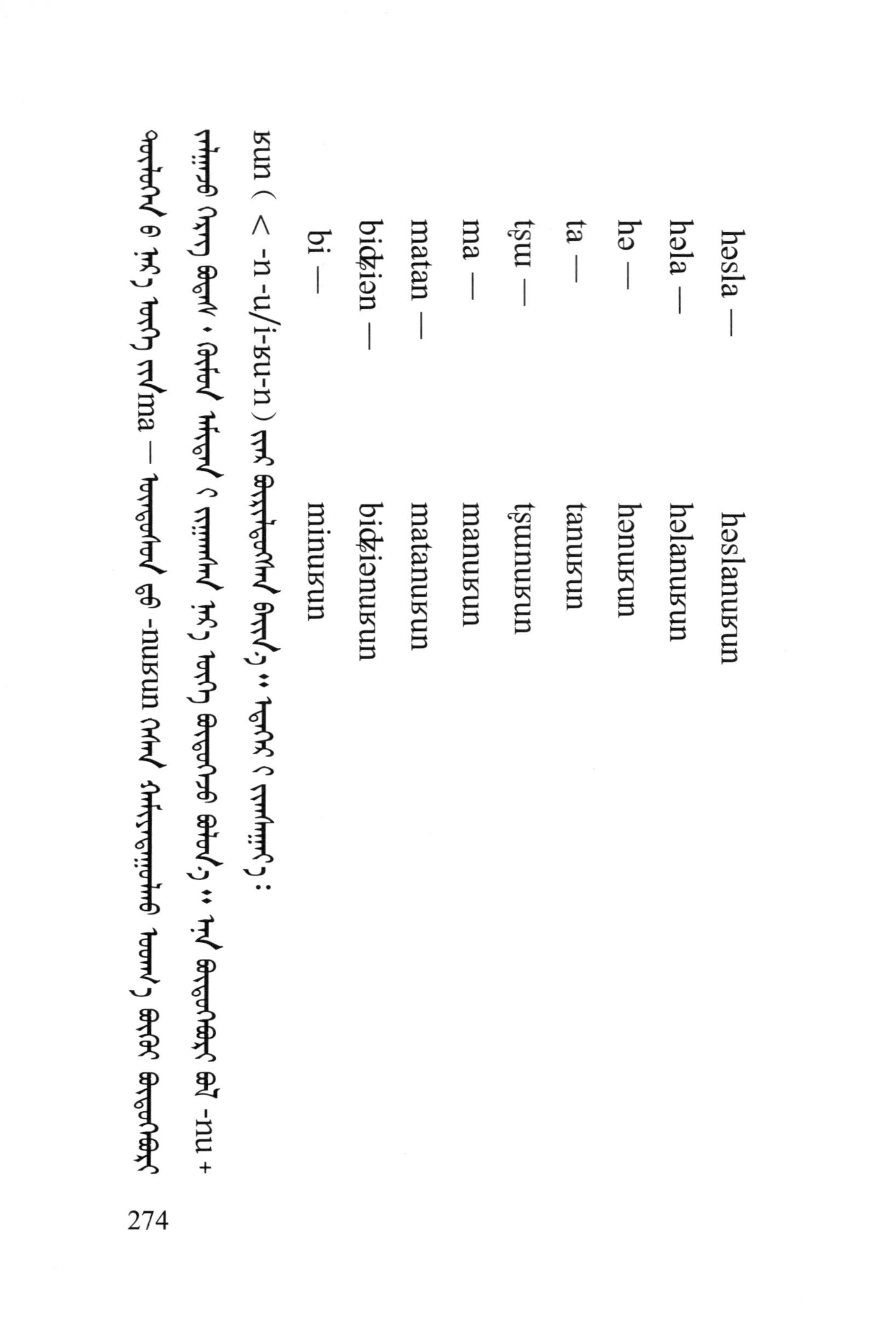

həsla —	həslanuʁun
həla —	həlanuʁun
hə —	hənuʁun
ta —	tanuʁun
tʂɯ —	tʂɯnuʁun
ma —	manuʁun
matan —	matanuʁun
bidʑiən —	bidʑiənuʁun
bi —	minuʁun

ʁun (< -n -u/i-ʁu-n) [illegible] :

[illegible] -nu + [illegible] ma — [illegible] -nuʁun [illegible]

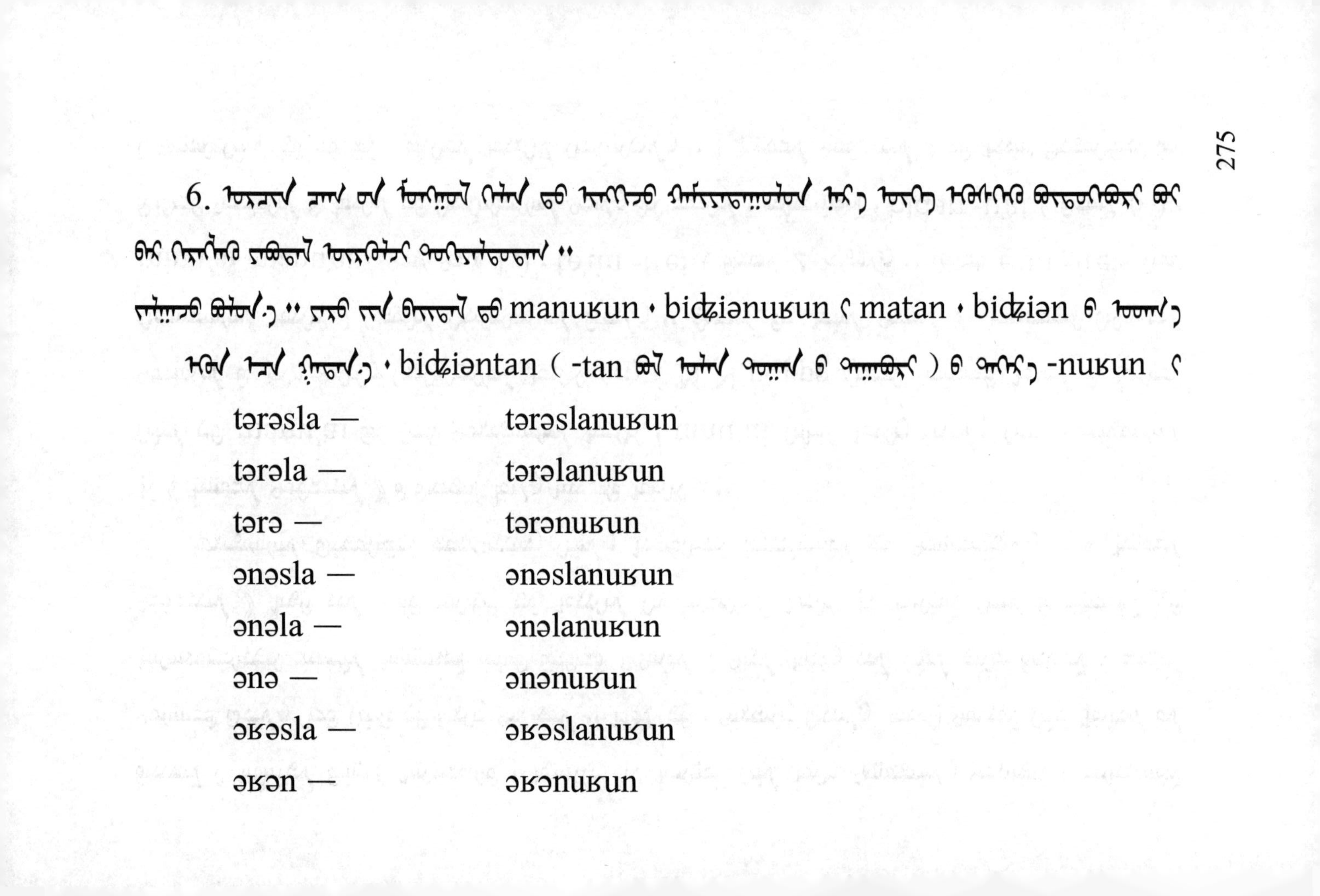

6. [illegible]

[illegible] manuʁun · biʥiənuʁun ᠂ matan · biʥiən [illegible] · biʥiəntan (-tan [illegible]) [illegible] -nuʁun [illegible]

tərəsla —	tərəslanuʁun
tərəla —	tərəlanuʁun
tərə —	tərənuʁun
ənəsla —	ənəslanuʁun
ənəla —	ənəlanuʁun
ənə —	ənənuʁun
əʁəsla —	əʁəslanuʁun
əʁən —	əʁənuʁun

ᠮᠢᠨᠤ ᠳᠤ manu'ai ᠪᠠ ᠮᠠᠨᠤ ᠶᠠᠭᠤᠨ ᠬᠡᠯᠪᠡᠷᠢ · tanu'ai ᠮᠢᠨᠤ ᠬᠡᠯᠪᠡᠷᠢ ᠪᠣᠯᠤᠨ᠎ᠠ ᠮᠠᠨᠤ ᠶᠠᠭᠤᠨ

ᠶᠠᠭᠤᠨ ᠤ ᠡᠷᠳᠡᠮ ᠶᠠᠭᠤᠨ ᠮᠠᠭᠠᠳ ᠬᠡᠯᠪᠡᠷᠢ ᠨᠢ (N.N.poppe ᠰᠢᠨᠵᠢᠯᠡᠯ ᠶᠠᠭᠤᠰᠤ ᠲᠡᠭᠦᠨ ᠤ ᠲᠣᠳᠣᠷᠬᠠᠢ

minu'ai manu'ai (ᠶᠠᠭᠤᠨ ᠶᠠᠭᠤᠨ 1) · tə'ün -ü'ei (ᠪᠢᠴᠢᠭ 2 ᠬᠡᠯᠪᠡᠷᠢ ·· ᠮᠠᠨᠤ e'ün -ü'ei ᠮᠠᠨᠤ

ᠪᠢᠴᠢᠭ ᠶᠠᠭᠤᠨ ᠤ ᠬᠡᠯᠪᠡᠷᠢ ᠳᠤ ᠬᠡᠯᠪᠡᠷᠢ ᠶᠠᠭᠤᠨ ᠪᠠ ᠲᠡᠭᠦᠨ · ᠲᠠᠢᠯᠪᠤᠷᠢᠯᠠᠪᠠᠯ · bidan -u'ai (ᠪᠢᠴᠢᠭ 6) ·

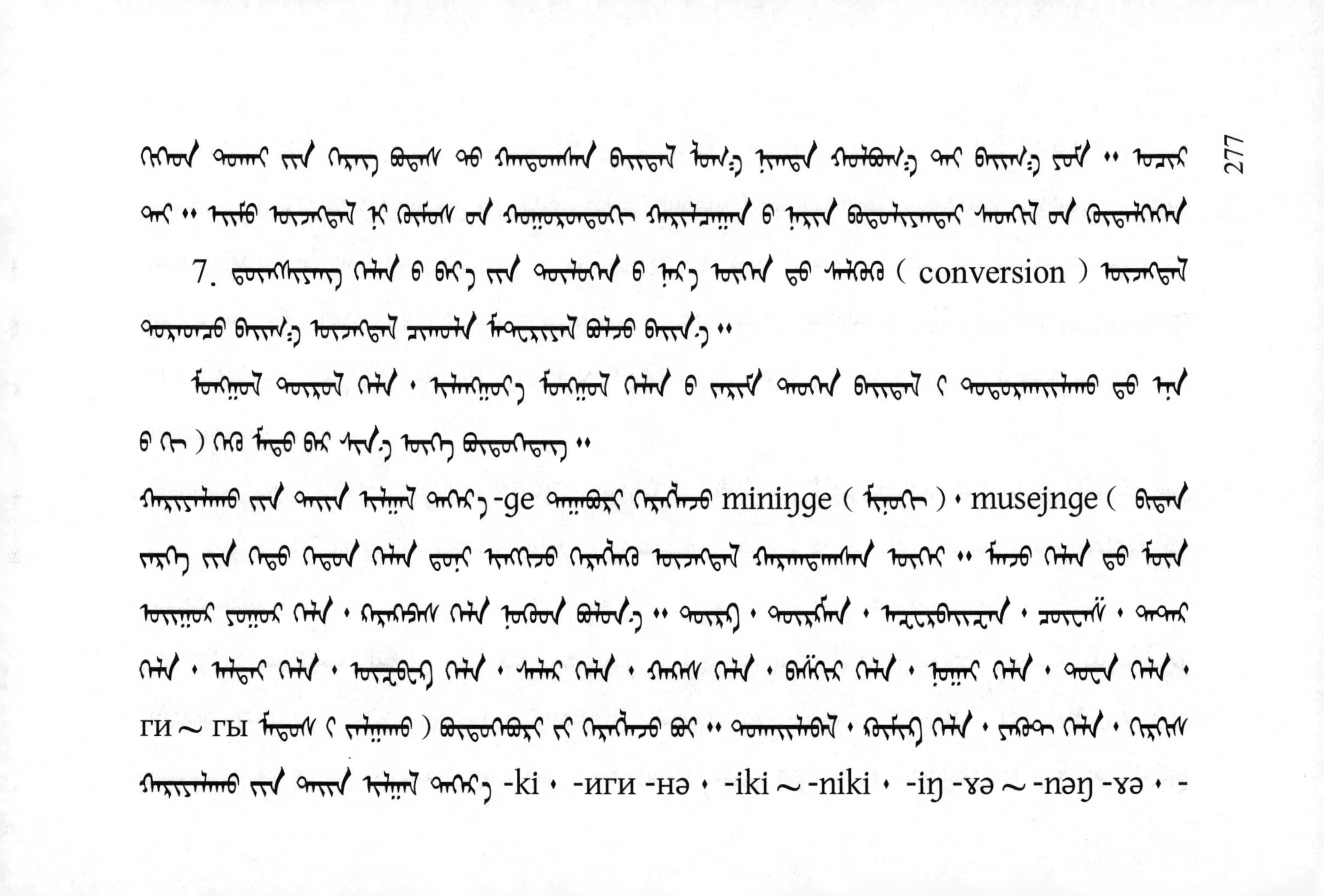

[illegible] ::

7. [illegible] (conversion) [illegible] ::

[illegible] ::

[illegible] -ge [illegible] miniŋge ([illegible]) , musejnge ([illegible] :: [illegible] :: [illegible] , [illegible] гu ~ гы [illegible] :: [illegible] -ki , -иги -нə , -iki ~ -niki , -iŋ -ɤə ~ -nəŋ -ɤə , -

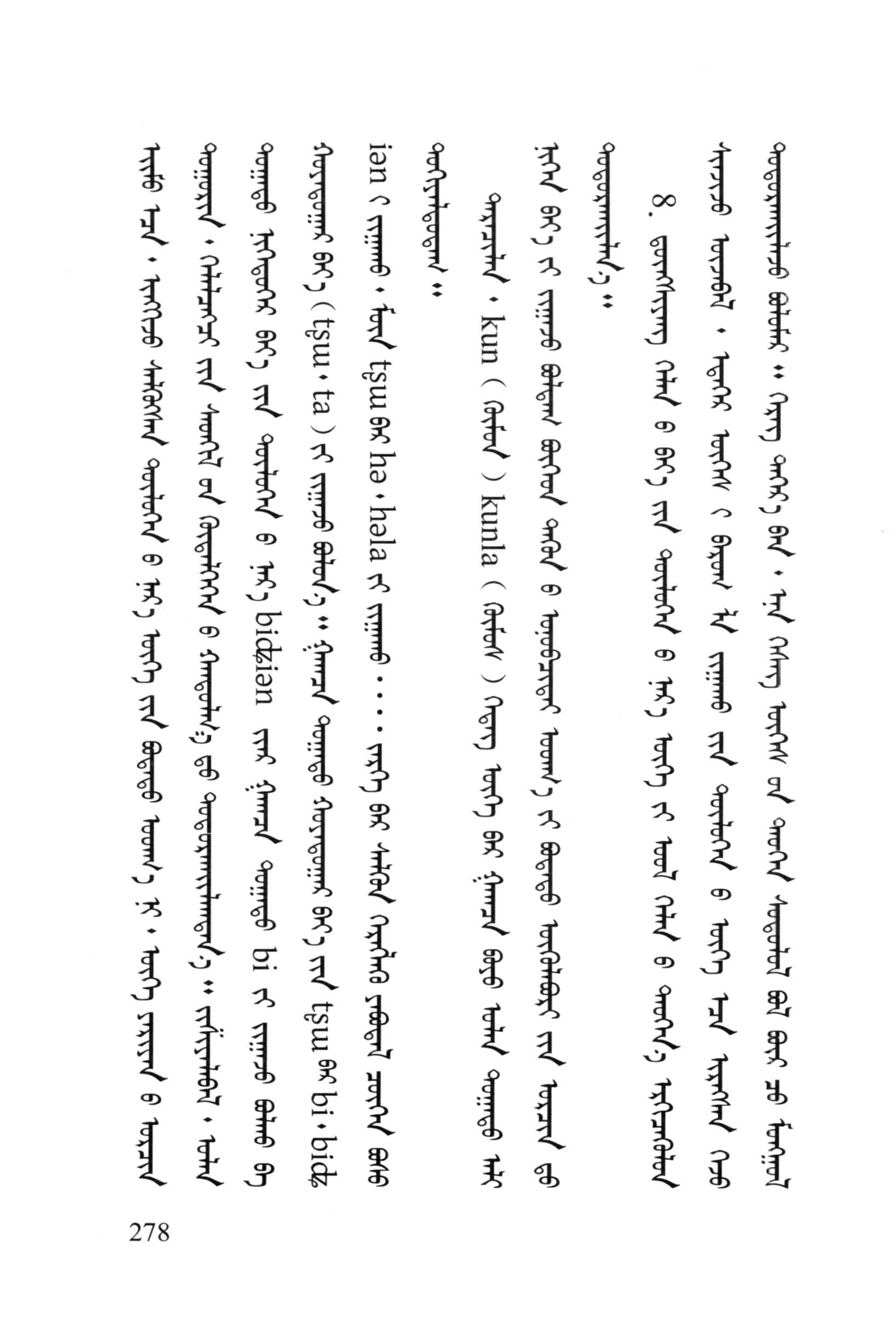

[illegible]

[illegible] :: [illegible] bidʐ

iən [illegible] tʂɯ [illegible] hə · həla [illegible] · · · · [illegible]

[illegible] (tʂɯ · ta) [illegible] :: [illegible] tʂɯ [illegible] bi · bidʐiən [illegible] bi [illegible]

[illegible] :: [illegible]

[illegible] ::

[illegible] · kun ([illegible]) kunla ([illegible]) [illegible]

[illegible] ::

8. [illegible]

[illegible]

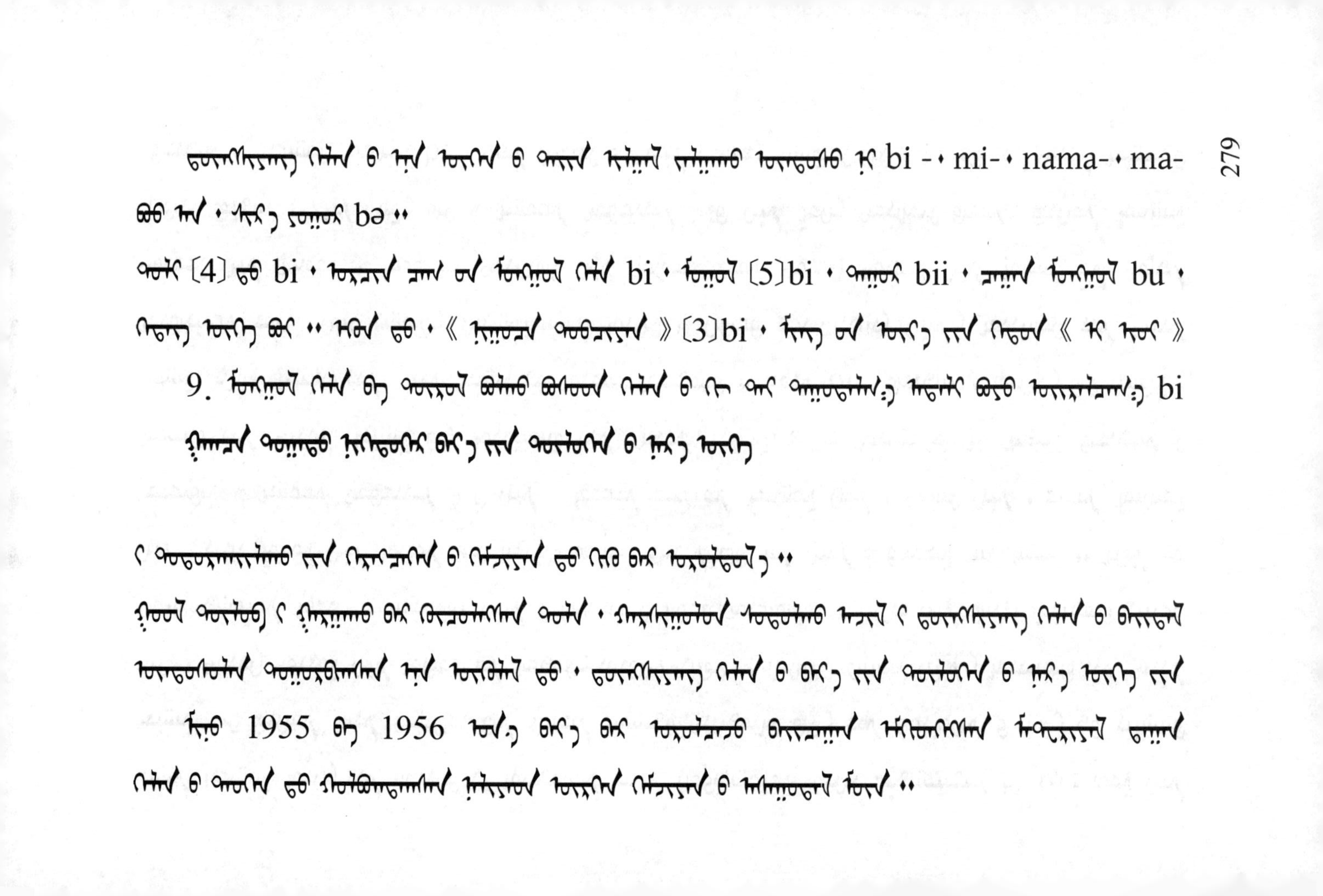

[illegible] bi - • mi- • nama- • ma-
[illegible] bə ::
[illegible] [4] [illegible] bi • [illegible] bi • [illegible] [5] bi • [illegible] bii • [illegible] bu •
[illegible] :: [illegible] • 《 [illegible] 》[3] bi • [illegible] 《 [illegible] 》
9. [illegible] bi
[illegible]

[illegible] ::
[illegible]
[illegible]
[illegible] 1955 [illegible] 1956 [illegible]
[illegible] ::

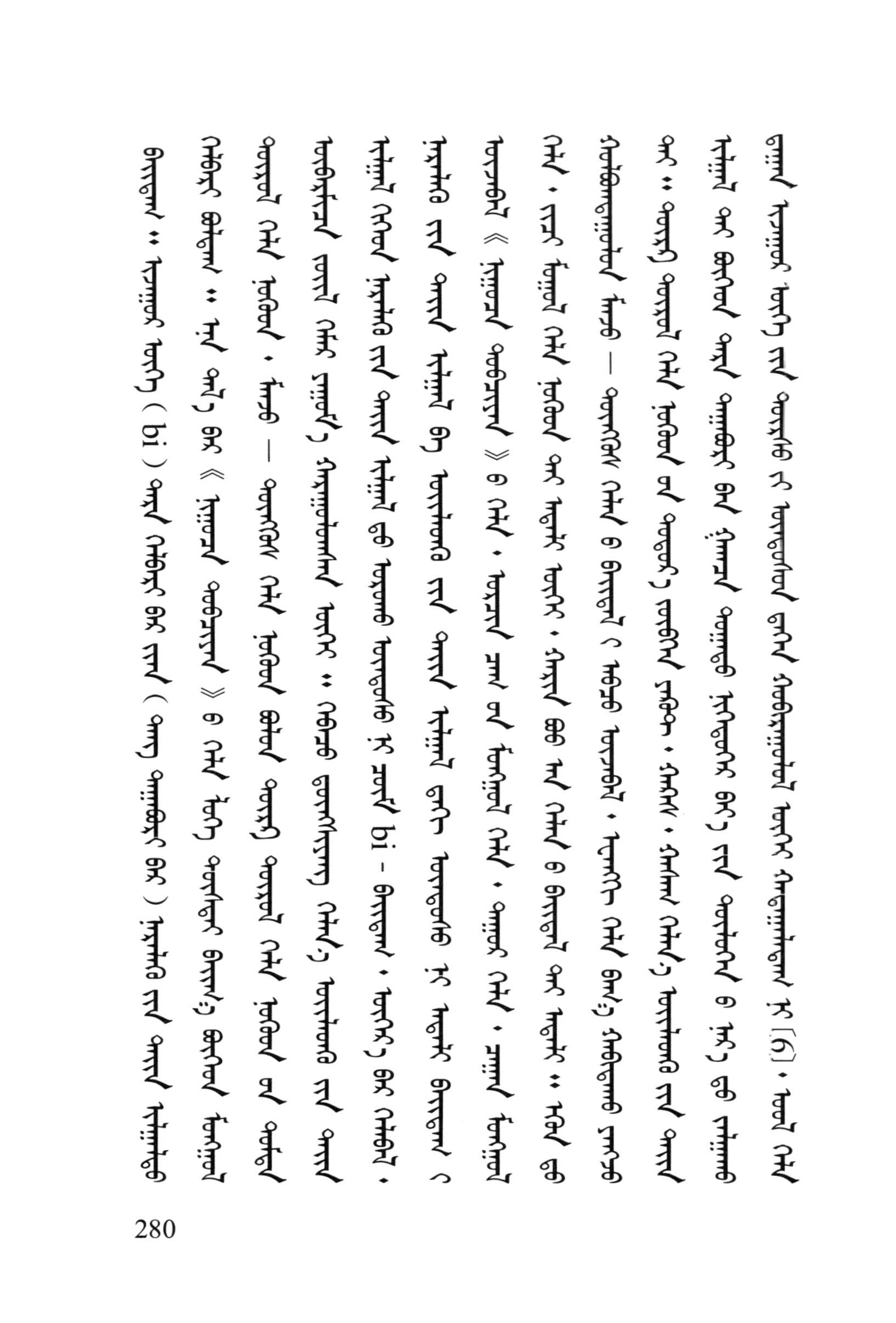

[6]

bi -

(bi)

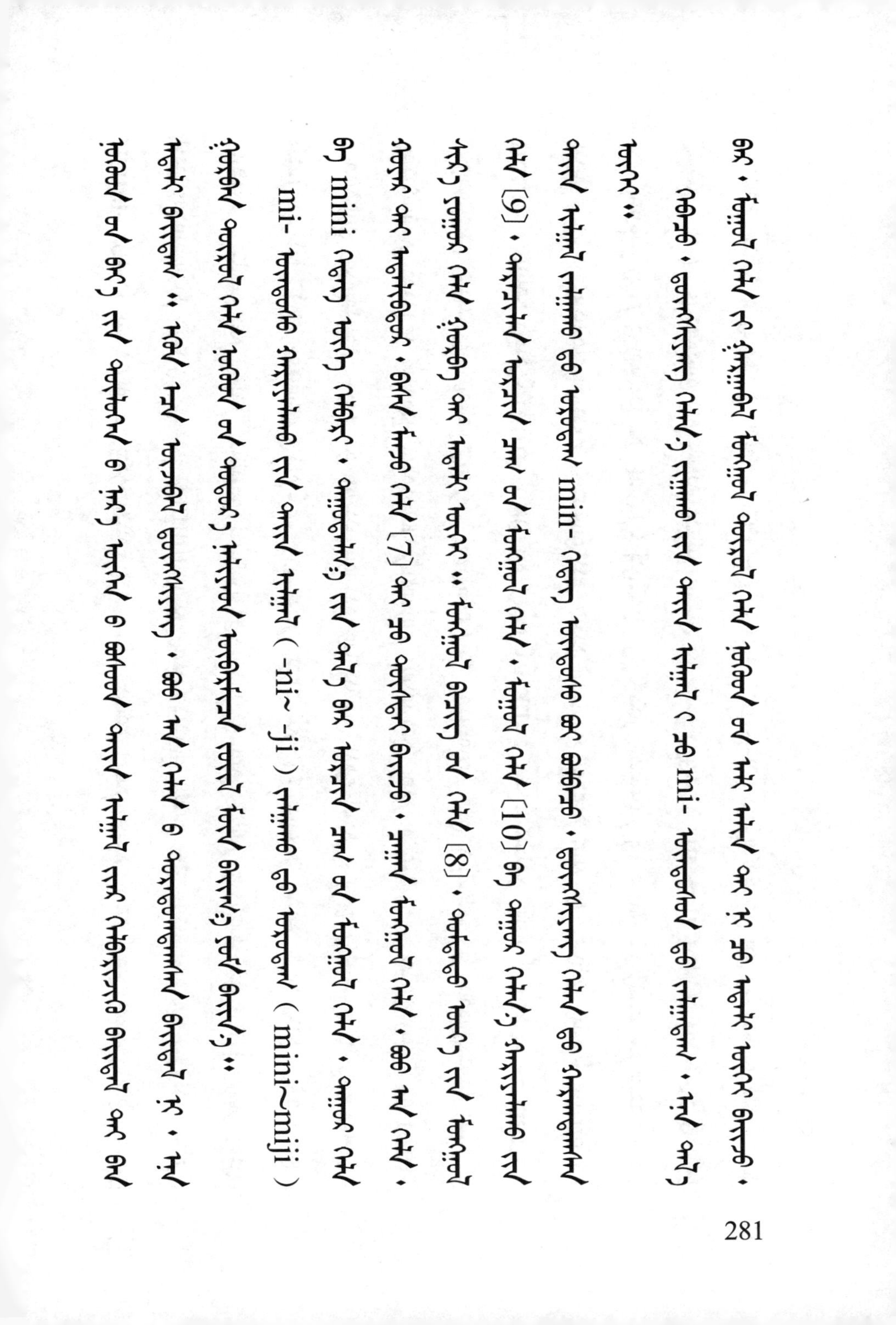

[illegible]

[illegible] mi- [illegible]

[illegible] min- [illegible]

[illegible] 〔9〕 [illegible] 〔10〕 [illegible]

[illegible] 〔8〕 [illegible]

[illegible] 〔7〕 [illegible]

[illegible] mini [illegible]

mi- [illegible] (-ni~ -ji) [illegible] (mini~miji)

[illegible]

nama- ᠭᠡᠳᠡᠭ ᠬᠡᠯᠪᠡᠷᠢ ᠶᠢ ᠪᠢᠳᠡ ᠬᠡᠯᠡᠨ 13 ᠳᠤᠭᠠᠷ ᠵᠠᠭᠤᠨ ᠤ ᠡᠴᠡ ᠰᠤᠳᠤᠯ ᠬᠦᠷᠲᠡᠯᠡ ᠪᠠᠷ ᠪᠢᠴᠢᠭ ᠭᠡᠪᠡ ᠬᠡᠷᠡᠭᠯᠡᠭᠳ

ᠡᠭᠰᠡᠨ ᠰᠤᠳᠤᠯᠤᠭᠰᠠᠳ ᠬᠡᠯᠡᠨ᠂ ᠰᠤᠷᠤᠭ namaji ᠭᠡᠵᠦ ᠬᠡᠯᠡᠬᠦ ᠳᠤᠮᠳᠠᠳᠤ ᠳᠤᠭᠠᠷ 42 ᠰᠤᠷᠪᠤᠯᠵᠢᠳᠤ ᠪᠠᠷ᠃ ᠬᠡᠷᠪᠡ ᠬᠡᠯᠡ᠂

ᠮᠣᠩᠭᠤᠯ᠂ ᠲᠤᠷᠬᠢᠷᠠᠯ ᠤᠨ ᠮᠣᠩᠭᠤᠯ ᠬᠡᠯᠡᠨ ᠦ ᠵᠢᠷᠭᠤᠳᠤᠭᠠᠷ ᠪᠣᠯ ᠤᠨ ᠰᠢᠨᠡ ᠮᠣᠩᠭᠤᠯ ᠤ ᠭᠡᠵᠦ ᠪᠡᠷ miji ᠭᠡᠵᠦ ᠬᠡᠯᠡᠬᠦ

ᠰᠠᠶᠢᠨ ᠰᠠᠢᠢᠨᠳᠠ 〔12〕 ᠮᠣᠩᠭᠤᠯᠴᠤᠳ ᠪᠠᠶᠢᠨ᠎ᠠ᠃ 《ᠬᠡᠯᠡᠨ ᠦ ᠮᠣᠩᠭᠤᠯ》 （ᠪᠢᠴᠢᠭ ᠭᠡᠯ 《ᠶᠢ ᠬᠡᠯᠡ》 ᠮᠣᠩ ᠨᠡᠬᠡ）

ᠬᠡᠯᠡᠯᠴᠡᠬᠦ ᠮᠠᠨ ᠪᠢᠴᠢᠭ ᠮᠠᠰᠢ ᠳᠤ ᠰᠤᠷᠪᠤᠯᠵᠢᠳᠤ ᠤᠨ ᠳᠤ ᠰᠤᠷᠪᠤᠯᠵᠢᠳᠤ ᠤᠨ ᠮᠣᠩᠭᠤᠯ ᠬᠡᠯᠡᠨ ᠦ ᠰᠤᠷᠪᠤᠯᠵᠢᠳᠤ ᠭᠠᠷᠴᠠᠭ ᠮᠠᠰᠢ᠂

ᠮᠣᠩᠭᠤᠯᠴᠤᠳ ᠰᠠᠶᠢᠨ ᠤ ᠪᠣᠯᠪᠠᠯ ᠬᠡᠯᠡᠨ ᠰᠤᠷᠪᠤᠯᠵᠢ ᠬᠡᠯᠡᠴᠡ ᠬᠡᠯ ᠪᠢᠴᠢᠭᠳᠡ᠃ ᠬᠡᠯᠪᠡᠷᠢ ᠭᠡᠵᠦ ᠳᠤ min-

（ᠰᠤᠷᠪᠤᠯᠵᠢᠳᠤ ᠭᠡᠬᠡᠨ）᠂ ᠬᠡᠯᠪᠡᠷᠢ ᠭᠡᠵᠦ᠂ nam-〔11〕 ᠬᠡᠯᠡᠯᠴᠡᠬᠦ ᠳᠤ ᠬᠡᠯᠪᠡᠷᠢ ᠶᠢ ᠳᠤᠮᠳᠠᠳᠤ ᠭᠡᠵᠦ ᠤ

nada-᠂ ᠮᠣᠩᠭᠤᠯ ᠭᠡᠵᠦ᠂ nam-᠂ ᠪᠢᠳᠡ ᠨᠠᠷ ᠭᠡᠵᠦ᠂ naa-᠂ ᠨᠠᠶᠠ᠂ ᠳᠤᠮᠳᠠᠳᠤ ᠭᠡᠵᠦ᠂ nam- ～ dam-

ᠬᠡᠯᠡᠨ ᠮᠣᠩᠭᠤᠯ ᠶᠢ ᠰᠤᠷᠪᠤᠯᠵᠢᠳᠤ ᠪᠠᠶᠢᠨ᠎ᠠ᠃ ᠰᠤᠷᠪᠤᠯᠵᠢᠳᠤ ᠤᠨ ᠮᠣᠩᠭᠤᠯ ᠬᠡᠯᠡᠨ ᠦ ᠬᠡᠯᠡᠯᠴᠡ ᠨᠢ ᠪᠣᠯ ᠬᠡᠯᠪᠡᠷᠢ ᠭᠡᠵᠦ᠂ nama-᠂

ᠶᠢ᠂ ᠬᠡᠯᠪᠡᠷᠢ ᠭᠡᠵᠦ ᠤ ᠪᠢᠴᠢᠭᠳᠡ ᠪᠣᠯ ᠮᠣᠩᠭᠤᠯ᠂ ᠲᠤᠷᠬᠢᠷᠠᠯ ᠤᠨ ᠮᠣᠩᠭᠤᠯᠴᠤᠳ ᠤ ᠬᠡᠯᠡᠨ ᠳᠤ ᠰᠤᠷᠪᠤᠯᠵᠢᠳᠤ ᠰᠤᠷᠪᠤᠯᠵᠢ ᠪᠣᠯ᠂ ᠶᠢ

ᠬᠡᠯᠡᠨ（-i）᠂ ᠰᠤᠷᠪᠤᠯᠵᠢᠳᠤ ᠤᠨ ᠮᠣᠩᠭᠤᠯ ᠬᠡᠯᠡᠨ ᠰᠤᠷᠭ ᠶᠢ ᠬᠡᠯᠡ ᠭᠡᠬᠡᠨ（-ni ～ ji）ᠪᠢᠴᠢᠭ᠃ ᠬᠡᠯᠪᠡᠷ ᠪᠠᠶᠢᠨ᠎ᠠ

ᠬᠡᠯᠡᠯᠴᠡᠬᠦ ᠬᠡᠯᠪᠡᠷᠢ ᠤ ᠭᠡᠬᠡᠨ（mini<min+i/miji<mi+i）ᠶᠢ ᠰᠤᠷᠪᠤᠯᠵᠢᠳᠤ ᠪᠠᠷ ᠳᠤ ᠰᠤᠷᠪᠤᠯᠵᠢᠳᠤ ᠤᠨ ᠮᠣᠩᠭᠤᠯ

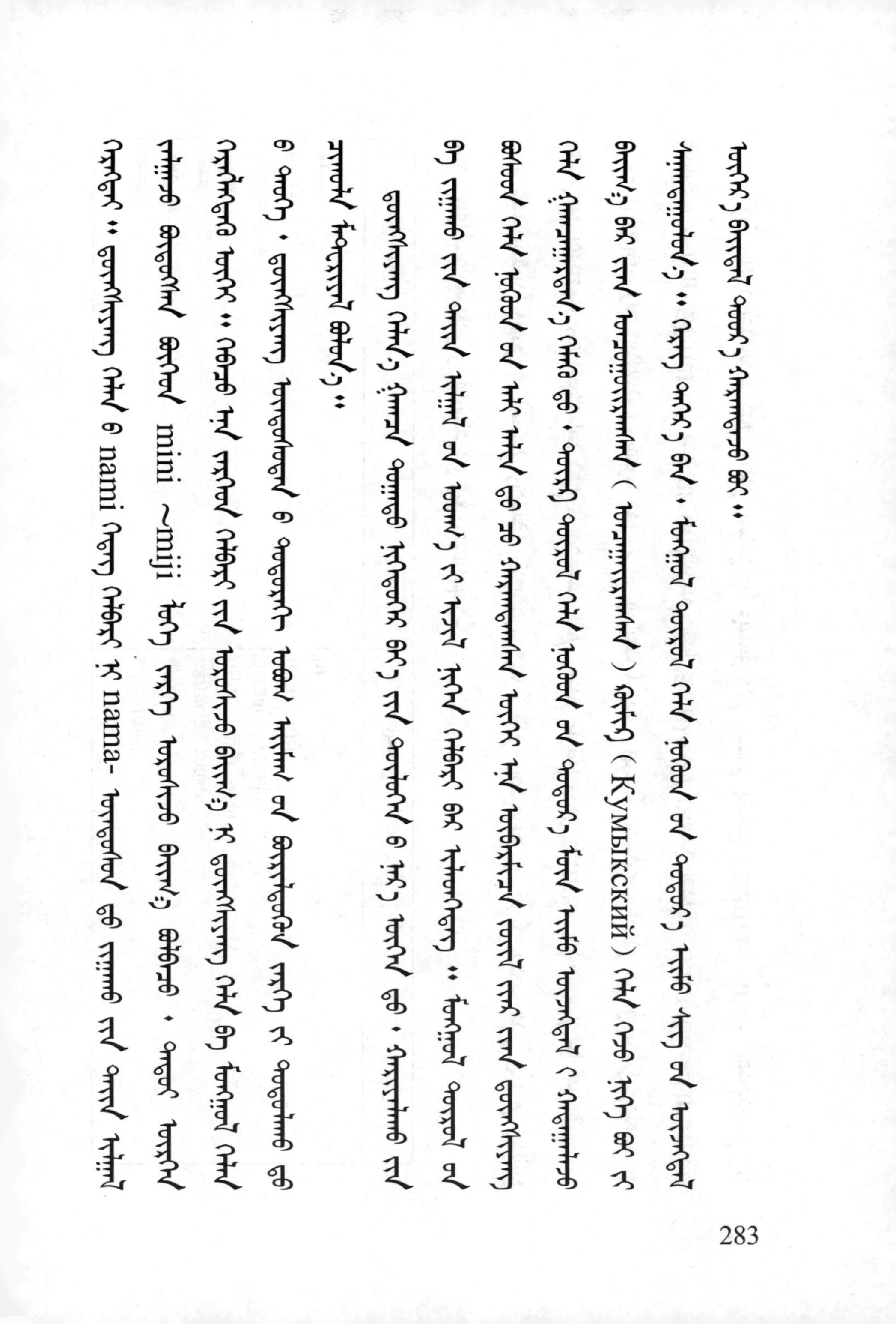

[illegible] :: [illegible] nami [illegible] nama- [illegible] mini ~miji [illegible] ::

[illegible] (Кумыкский) [illegible] ::

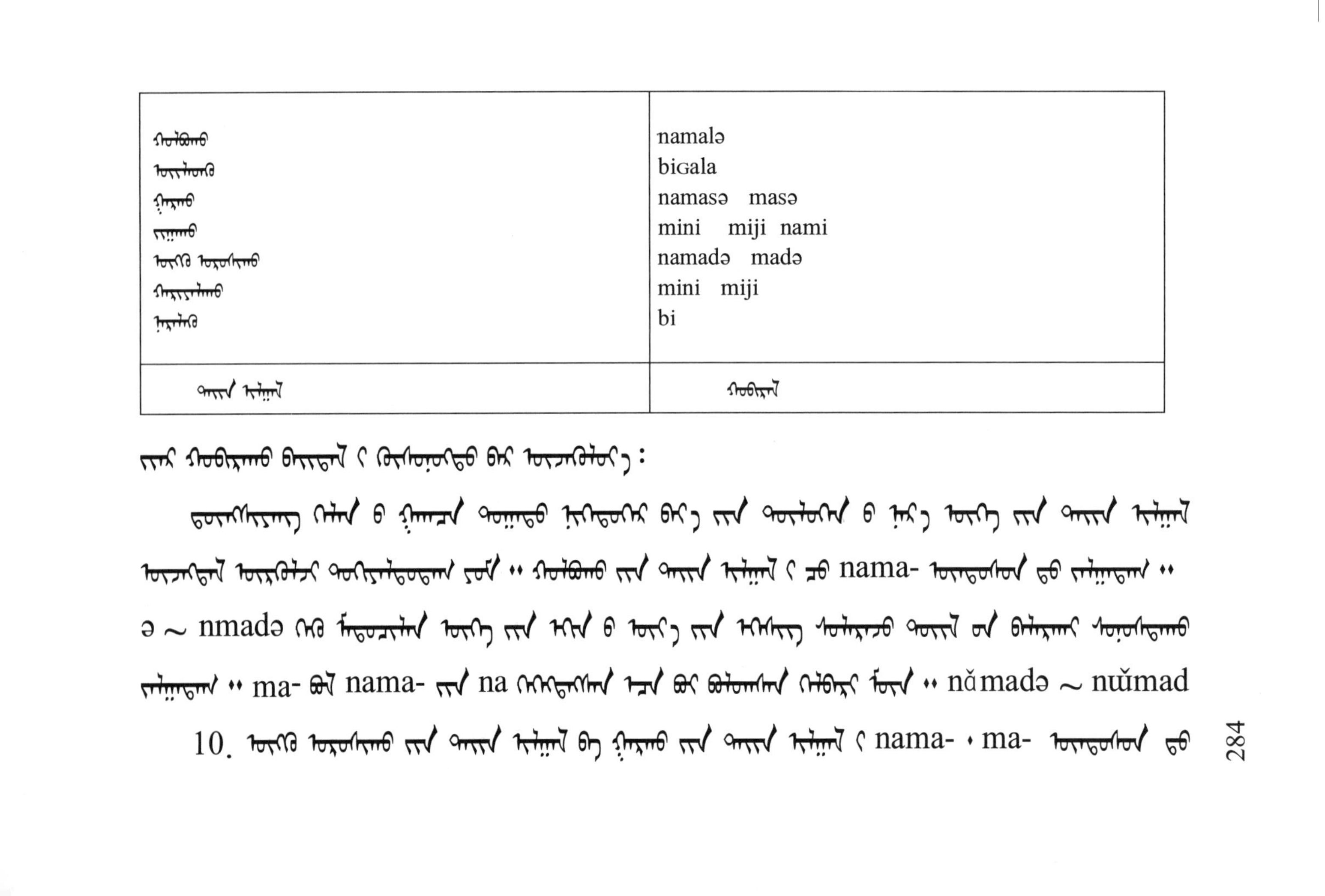

[illegible]	[illegible]
namalə biGala namasə masə mini miji nami namadə madə mini miji bi	[illegible]

[illegible] :

[illegible] nama- [illegible] ::
ə ~ nmadə [illegible]
[illegible] :: ma- [illegible] nama- [illegible] na [illegible] :: nămadə ~ nŭmad

10. [illegible] nama- · ma- [illegible]

ᠪᠣᠯᠪᠠᠰᠤ ᠦᠭᠡᠢ ᠲᠣᠪᠴᠢᠯᠠᠨ ᠪᠣᠯ ᠵᠢᠷᠤ ᠬᠠᠷᠢᠴᠠᠭᠤᠯᠤᠭᠳᠠᠨ᠎ᠠ〔16〕᠃ ᠡᠨᠡ -ma (<-※ba) ᠪᠠᠢᠭᠤᠯᠤᠭᠴᠢ ᠶᠢᠨ ᠨᠡᠷ ᠨᠢᠭᠡ ᠤ ᠨᠡᠮᠡᠯᠲᠡ +γun + ba > jaγuma) ᠭᠡᠳᠡᠭ ᠶᠢᠨ ᠳᠣᠲᠣᠭᠠᠳᠤ᠂ ᠭᠠᠳᠠᠭᠠᠳᠤ ᠦᠭᠡᠢ ᠪᠡᠷ ᠪᠠᠢᠭᠤᠯᠤᠭᠳᠠᠨ ᠶᠠᠭᠤ ᠪᠣᠯᠤᠭᠰᠠᠨ ᠳᠠᠭᠠᠭᠠᠷ᠂ ᠪᠣᠯᠪᠠᠰᠤ ᠲᠣᠭᠲᠠᠭᠰᠠᠨ ᠪᠣᠯ᠂ -n + b- > - mb > -m- (jan + bar > jamar᠂jan + ba > jama, jan ᠲᠣᠭᠠᠨ ᠪᠡᠷ ᠦᠭᠡᠢ᠂ -ma ᠪᠣᠯ -ba ᠡᠴᠡ ᠬᠤᠪᠢᠷᠠᠭ᠎ᠠ ᠦᠭᠡᠢ ᠲᠣᠬᠢᠶ᠎ᠠ ᠪᠣᠯᠤᠨ᠎ᠠ᠃ ᠡᠭᠦᠨ ᠳᠡᠭᠡᠷ᠎ᠡ ᠶᠢᠨ ᠡᠭᠦᠷᠡ ᠡᠴᠡ -ba ᠪᠠᠢᠭᠤᠯᠤᠭᠰᠠᠨ ᠦᠭᠡ aliba (〈ali + ba) ᠦᠭᠡ ᠭᠡᠳᠡᠭ ᠲᠣᠬᠢᠶ᠎ᠠ ᠶᠢᠨ -ba ᠪᠠᠷ ᠲᠣᠭᠲᠠᠭᠰᠠᠨ ᠲᠣᠭᠠᠳᠠᠭᠤ ᠪᠣᠯᠤᠨ᠎ᠠ᠃ ᠠᠯᠢᠪᠠ ᠪᠠᠷ ᠪᠦᠬᠦ ᠵᠢ ᠪᠠᠶ᠎ᠠ ᠤ ᠬᠡᠯᠡᠬᠦ ᠪᠣᠯᠤ᠃ ᠡᠨᠡ -ma ᠶᠢ ᠲᠠᠭᠤ ᠵᠢ ᠪᠠᠶᠢᠳᠠᠯ ᠤ ᠲᠣᠭᠠᠨ ᠳᠤ ᠬᠠᠷᠢᠴᠠᠭᠤᠯᠪᠠᠯ ᠪᠠᠢᠭᠤᠯᠤᠭᠴᠢ ᠭᠠᠷᠤᠨ ᠡᠷᠡᠨ᠃ ᠡᠷᠲᠡ ᠪᠠᠢᠬᠤ ᠮᠣᠩᠭᠣᠯ ᠪᠠᠶᠢᠳᠠᠯ ᠤ ᠲᠣᠬᠢᠶ᠎ᠠ ᠶᠢ ᠪᠠᠷᠢᠮᠲᠠᠯᠠᠨ ᠰᠢᠨᠵᠢᠯᠡᠭᠰᠡᠨ ᠲᠣᠭᠠᠨ ᠪᠠᠢᠭ᠎ᠠ ᠮᠣᠩᠭᠣᠯ ᠪᠣᠯ ᠪᠣᠯᠤᠨ᠂ ᠬᠠᠷᠢᠴᠠᠭᠤᠯᠤᠯ ᠤ ᠲᠣᠭᠠᠨ᠎ᠠ ᠠᠮᠢᠳᠤ ᠶᠢ ᠮᠣᠩᠭᠣᠯ ᠦᠨᠳᠦᠰᠦᠲᠡᠨ ᠦ ᠪᠦᠬᠦ ᠶᠢᠨ ᠪᠦᠲᠦᠭᠡᠯᠲᠡᠶᠢᠨ ma ᠪᠦᠲᠦᠭᠡᠭᠴᠢ ᠪᠣᠯ ᠭᠠᠳᠠᠭᠠᠳᠤ ᠦᠭᠡᠢ ᠤ ᠪᠠᠨ ᠶᠢᠨ ᠪᠠᠶᠢᠳᠠᠯ ᠤ ᠠᠷᠠᠨ ᠲᠣᠭᠠᠨ ᠶᠢ ᠪᠦᠲᠦᠭᠡᠨ ᠶᠢᠨ ᠪᠠᠶᠢᠳᠠᠯ ᠤ ᠲᠣᠭᠠᠨ ᠡᠴᠡ almad (《ᠠᠯᠮᠠᠳ》)〔14〕ᠳᠤ -ma ᠪᠠᠢᠭᠤᠯᠤᠭᠴᠢ ᠪᠠᠷ ᠠᠯᠢᠨ ᠵᠦᠢᠯ ᠪᠡᠷ ᠲᠣᠭᠲᠠᠭᠰᠠᠨ ᠪᠣᠯᠤᠨ᠎ᠠ〔15〕᠃ ᠡᠨᠡ — ᠭᠠᠳᠠᠭᠠᠳᠤ ᠪᠠᠭᠠᠰᠬᠠ ᠳᠤ ᠦᠭᠡᠢ ᠤ jaγuma᠂ ᠪᠣᠯᠪᠠᠰᠤ ᠲᠣᠭᠠᠨ ᠶᠢᠨ ᠭᠠᠳᠠᠭᠠᠳᠤ ᠦᠭᠡᠢ ᠤ jama〔13〕᠂ ᠭᠠᠳᠠᠭᠠᠳᠤ ᠦᠭᠡᠢ ᠤ

11. nama- ᠲᠣᠭᠣᠯᠠᠭᠰᠠᠨ ᠶᠢᠨ ᠪᠠᠷᠠᠭ ᠪᠠᠭᠤᠷ ᠪᠡᠷ ᠦᠭᠡᠢ ᠪᠣᠯ ᠪᠠᠶᠢᠳᠠᠯ ᠦᠭᠡ ᠪᠠᠷ ᠠᠭᠤ᠃ ᠡᠨᠡ ᠤ -ma ᠶᠢ

ᠭᠠᠷᠤᠭ᠂ ᠨᠢᠭᠡᠨ ᠦ ᠲᠣᠭᠠᠨ ᠤ ᠦᠭᠡᠨ ᠦ ᠶᠠᠭᠤᠷ ᠲᠥᠯᠦᠭᠡᠯᠡᠯ ᠢ ᠬᠡᠷᠡᠭᠯᠡᠨ ᠪᠢᠴᠢᠭᠰᠡᠨ᠂ ᠨᠢᠭᠡᠳᠦᠭᠡᠷ ᠪᠣᠳᠠᠯ ᠤᠨ ᠦ ᠵᠢᠷᠤᠮ ᠪᠣᠯᠤᠨ᠎ᠠ

ni- ᠦᠨᠳᠦᠰᠦ ᠶᠢ mi- (〈min ~ men) ᠲᠠᠢ ᠬᠠᠷᠢᠴᠠᠭᠤᠯᠪᠠᠯ ᠲᠡᠭᠦᠨ ᠦ ᠦᠨᠳᠦᠰᠦ ᠪᠣᠯᠪᠠᠯ ᠵᠦᠢ ᠃

na- ᠦᠨᠳᠦᠰᠦ ᠲᠡᠢ ᠬᠠᠷᠢᠴᠠᠭᠤᠯᠬᠤ ᠪᠣᠯᠤᠨ᠎ᠠ ᠃

ᠪᠣᠯᠤᠨ᠎ᠠ ᠃ ᠮᠣᠩᠭᠣᠯ ᠬᠡᠯᠡᠨ ᠳᠦ᠂ ᠲᠡᠷᠡ ni- ᠦᠨᠳᠦᠰᠦ ᠡᠴᠡ ᠭᠠᠷᠤᠯ ᠦᠭᠡ ᠢᠳᠡᠪᠬᠢ (ᠲᠡᠮᠳᠡᠭᠯᠡᠯ ᠦᠭᠡᠢ) ᠪᠠᠢ

nimaluɣa- (ᠨᠢᠮᠠ ᠶᠢ) 〔19〕 ᠭᠡᠬᠦ ᠪᠡᠷᠡᠬᠦ ᠪᠦᠷᠢᠯᠳᠦᠨ ᠢ ᠨᠡᠷᠡᠯᠡᠪᠡ᠂ ni- ᠦᠨᠳᠦᠰᠦ ᠪᠦᠷᠢᠯᠳᠦᠨ ᠶᠢ ᠰᠢᠨᠵᠢᠯᠡᠪᠡ

(ᠪᠠ) ᠂ ninu (ᠨᠢᠭᠦ) ᠂ nimaji (ᠨᠢᠮᠠᠵᠢ) ᠂ nimadur (ᠨᠢᠮᠠ ᠳᠤ) ᠂ nimaača- (ᠨᠢᠮᠠ ᠡᠴᠡ) ᠂

ᠪᠦᠷᠢᠯᠳᠦᠨ 〔18〕 ᠂ ᠨᠢᠶᠡᠭᠡᠨ ᠮᠣᠩᠭᠣᠯ ᠦᠨᠳᠦᠰᠦ ᠪᠡᠷ ᠭᠠᠷᠤᠭ ᠪᠠᠢᠳᠠᠯ ᠲᠠᠢ ᠨᠢᠭᠡᠳᠦᠭᠡᠷ ᠨᠢ ᠬᠡᠯᠪᠡᠷᠢ ᠪᠡᠷ nima

ᠬᠡᠯᠡᠨ ᠳᠦ ᠨᠢᠭᠡᠨ ᠲᠣᠭᠠᠨ nini (ᠨᠢᠨᠢ) ᠂ nida (ᠨᠢᠳᠠ) ᠂ nidāsa (ᠨᠢᠳᠠ ᠡᠴᠡ) ᠳᠤ ni- ᠦᠨᠳᠦᠰᠦ

ᠨᠢᠭᠡ ᠦᠭᠡᠢ ᠪᠣᠯ ᠪᠠᠢ ᠪᠠᠢᠳᠠᠯᠲᠠᠢ ᠬᠡᠯᠡᠨ ᠪᠠᠢᠨ᠎ᠠ 〔17〕 ᠭᠡᠬᠦ ᠬᠡᠯᠡᠬᠦ ᠪᠡ ᠲᠣᠳᠣᠷᠬᠠᠢ ᠪᠠᠢᠨ᠎ᠠ ᠃ ᠮᠣᠩᠭᠣᠯ ᠬᠡᠯᠡᠨ ᠦ

na- ᠬᠡᠯᠪᠡᠷᠢ ᠶᠢ ᠬᠡᠯᠡ ᠶᠢ 《 ᠨᠠᠭ 》 ᠭᠡᠵᠦ ᠬᠡᠯᠡᠳᠡᠭ ᠳᠤ 《 ᠪᠠᠢᠨ᠎ᠠ 》 ᠭᠡᠬᠦ ᠬᠡᠯᠡᠨ ᠪᠠᠢᠭ᠎ᠠ 《 ᠨᠠ 》 ᠦᠨᠳᠦᠰᠦ

ᠮᠣᠩᠭᠣᠯ ᠬᠡᠯᠡ ᠲᠣᠭᠠᠨ ᠤ ᠨᠢᠭᠡᠳᠦᠭᠡᠷ ᠪᠣᠳᠠᠯ ᠪᠡ ᠵᠠᠭᠠᠭᠤᠷ ᠪᠢᠴᠢᠭ ᠦᠨᠳᠦᠰᠦ ᠪᠣᠯᠤᠨ᠎ᠠ ᠃

ᠪᠡ᠂ ᠨᠢᠭᠡᠳᠦᠭᠡᠷ ᠮᠣᠩᠭᠣᠯ ᠬᠡᠯᠡ ᠲᠣᠭᠠᠨ ᠮᠣᠩᠭᠣᠯ ᠬᠡᠯᠡᠨ᠂ ᠨᠢᠭᠡ —— ᠮᠣᠩᠭᠣᠯᠴᠤᠳ ᠮᠣᠩᠭᠣᠯ ᠬᠡᠯᠡ ᠲᠣᠭᠠᠨ᠂ ᠮᠣᠩᠭᠣᠯ

ᠬᠤᠪᠢᠷᠠᠯᠲᠠ ᠶᠢ (ᠲᠠᠰᠤᠷᠬᠠᠢ ᠭᠡᠶᠢᠭᠦᠯᠦᠭᠴᠢ b ᠂ ᠬᠠᠮᠠᠷᠤᠨ ᠭᠡᠶᠢᠭᠦᠯᠦᠭᠴᠢ m ᠂ ᠲᠦᠷᠦᠭᠦᠯᠡᠭᠡᠳᠦ бøрү//мөрү 《ᠴᠢᠨ᠎ᠠ》᠂ ᠭᠡᠬᠦ ᠶᠢ ᠦᠵᠡᠬᠦ ᠪᠣᠯᠪᠠᠯ [21] ᠦᠭᠡ ᠦᠨᠳᠦᠰᠦᠯᠡᠯ ᠪᠣᠯᠤᠨ᠎ᠠ ᠃ ᠲᠡᠭᠡᠪᠡᠯ ᠮᠠᠨᠤ ᠰᠡᠳᠦᠪ ᠭᠡᠬᠦ ᠶᠢ b ~ m ᠬᠤᠪᠢᠷᠠᠯᠲᠠ ᠶᠢᠨ en~ b/m än) ᠪᠣᠯᠵᠤ ᠪᠣᠯᠬᠤ ᠃ ᠲᠡᠭᠡᠪᠡᠯ ᠪᠣᠯᠪᠠᠰᠤ ᠂ ᠬᠠᠮᠤᠭ ᠤᠨ ᠡᠷᠲᠡ ᠶᠢᠨ ᠲᠦᠷᠦᠭ ᠦᠨ ᠬᠡᠯᠡᠨ ᠦ ᠲᠡᠮᠳᠡᠭᠯᠡᠯ ᠦᠨ ᠬᠡᠯᠡᠨ ᠦ ᠦᠨᠳᠦᠰᠦᠯᠡᠭᠰᠡᠨ ᠨᠢ ᠭᠡᠬᠦ ᠶᠢ ᠪᠢᠴᠢᠭᠡᠰᠦ ᠲᠣᠬᠢᠶᠠᠯᠳᠤᠭᠰᠠᠨ ᠪᠠᠶᠢᠭ᠎ᠠ ᠶᠢᠨ ᠦᠨᠳᠦᠰᠦᠯᠡᠯ ᠦᠨ ᠡᠷᠲᠡ ᠶᠢᠨ ᠬᠡᠯᠡᠨ ᠦ ᠮᠥᠩᠬᠡ (ᠵᠢᠱᠢᠶᠡ ᠨᠢ b/m ᠪᠣᠯᠣᠮᠵᠢᠲᠠᠢ ᠪᠠᠶᠢᠬᠤ ᠮᠥᠩᠬᠡ ᠶᠢᠨ ᠪᠢᠴᠢᠭᠡᠰᠦ ᠳᠦ men (~män) ᠪᠠᠶᠢᠳᠠᠭ ᠪᠠᠶ᠃ ᠲᠡᠭᠡᠪᠡᠯ ᠲᠣᠨᠣ ᠂ ᠦᠭᠡ ᠲᠦᠷᠦᠭ ᠦᠨ ᠬᠡᠯᠡᠨ (Tonyuquq) ᠪᠢᠴᠢᠭᠡᠰᠦ (ᠪᠢᠯᠭᠡᠲᠦ ᠲᠣᠨ ᠶᠤᠬᠤᠺ) ᠳᠤ ben (~ bän) ᠂ 735 ᠣᠨ ᠤ ᠲᠦᠷᠦᠭ ᠪᠠᠶ ᠲᠣᠭᠠᠨᠪᠢ ᠂ ᠬᠥᠯ ᠲᠡᠭᠢᠨ ᠦ ᠣᠨ ᠪᠢᠴᠢᠭᠰᠡᠨ ᠨᠢ 712 — 716 ᠣᠨ ᠤ ᠰᠣᠶᠤᠯ ᠤᠨ ᠪᠢᠴᠢᠭᠡᠰᠦ ᠳᠦ ᠦᠨᠳᠦᠰᠦᠯᠡᠪᠡ

ᠬᠡᠷᠪᠡ ᠦᠭᠡᠨ ᠪᠣᠯ ᠂ ᠮᠥᠩᠬᠡ ᠶᠢᠨ ᠨᠢ 8 ᠳᠤᠭᠠᠷ ᠵᠠᠭᠤᠨ ᠤ ᠵᠢᠯ ᠦᠨ ᠲᠦᠷᠦᠭ ᠦᠨ ᠪᠢᠴᠢᠭᠳᠡᠯ ᠲᠡᠮᠳᠡᠭᠯᠡᠭᠳᠡᠨ ᠬᠡᠯᠡᠨ ᠲᠦᠷᠦᠭ ᠦᠨ ᠮᠥᠩᠬᠡ ᠪᠠᠶᠢᠳᠠᠭ ᠂ ᠵᠢᠱᠢᠶᠡ ᠨᠢ ᠲᠦᠷᠦᠭ ᠦᠨ ᠲᠣᠬᠢᠶᠠᠯᠳᠤᠭᠰᠠᠨ ᠪᠢᠴᠢᠭᠳᠡᠯ ᠦᠨ ᠬᠡᠯᠡ ᠪᠣᠯᠤᠨ ᠬᠡᠯᠡᠪᠡ ᠃ ᠮᠣᠩᠭᠤᠯ ᠤᠨ ᠲᠣᠭᠠᠷᠢᠯ ᠂ ᠨᠢ ᠭᠡᠬᠦ (min = men) ᠪᠢ ᠲᠡᠭᠦᠨ ᠦ ᠦᠨᠳᠦᠰᠦ ᠭᠡᠬᠦ ᠶᠢ ᠵᠢᠱᠢᠶᠡ ᠶᠢ ᠰᠠᠨᠠᠭᠤᠯᠬᠤ ᠭᠡᠬᠦ ᠲᠣᠭᠠᠨ bi) ᠤ ᠰᠤᠳᠤᠯᠤᠯᠲᠠ ᠰᠢᠨᠵᠢᠯᠡᠭᠡ [20] ᠭᠡᠳᠡᠭ ᠲᠣᠭᠠᠨ ᠳᠤ ᠰᠢᠭᠤᠳ ᠪᠠᠶᠢᠨ᠎ᠠ ᠭᠡᠵᠦ ᠪᠣᠯᠤᠨ᠎ᠠ ᠃ ᠮᠣᠩᠭᠤᠯᠴᠤᠳ ᠭᠡᠪᠡ ᠂ ᠵᠢᠱᠢᠶ᠎ᠡ ᠳᠤ ᠲᠦᠷᠦᠭ ᠦᠨ ᠬᠡᠯᠡᠨ ᠦ ᠲᠡᠮᠳᠡᠭᠯᠡᠯ ᠦᠨ ᠡᠷᠲᠡ ᠶᠢᠨ min ~ men ᠪᠣᠯᠤᠭᠰᠠᠨ ᠨᠢ ᠂ ᠲᠣᠬᠢᠶᠠ ᠨᠢ min>bin (>

болот//молот 《ᠪᠣᠯᠣᠳ》)〔22〕ᠪᠣᠯᠵᠤ ᠪᠠᠢ᠌ ᠃ b>m- ᠶᠢᠨ ᠨᠢ᠂ ᠲᠣᠬᠢᠶᠠᠯᠳᠤᠯ ᠲᠠᠢ ᠤ ᠵᠢᠱᠢᠶ᠎ᠡ ᠪᠣᠯ
ᠪᠤᠷᠢᠶᠠᠳ ᠮᠣᠩᠭᠣᠯ᠂ ᠪᠦᠬᠦ ᠮᠣᠩᠭᠣᠯ ᠬᠡᠯᠡᠨ ᠲᠡᠢ ᠨᠣᠮᠣᠨ ᠳᠤ ᠲᠡᠷᠡ ᠲᠡᠷᠡᠭᠦᠨ ᠲᠣᠬᠢᠶᠠᠯᠳᠤᠯ ᠮᠣᠩᠭᠣᠯᠴᠤᠳ ᠪᠢᠴᠢᠭᠯᠡᠯ ᠮᠣᠩᠭᠣᠯᠴᠤᠳ
ᠮᠣᠩᠭᠣᠯ ᠪᠢᠴᠢᠭ ᠃ ᠮᠣᠩᠭᠣᠯ ᠮᠣᠩᠭᠣᠯ ᠶᠢᠨ᠂ ᠲᠡᠭᠦᠨ ᠦ ᠲᠡᠭᠦᠨ ᠲᠡᠢ ᠨᠣᠮᠣᠨ ᠳᠤ men ᠢ ᠳᠡᠭᠡᠳᠦ — ᠮᠣᠩᠭᠣᠯ ᠤ (ᠲᠣᠬᠢᠶᠠᠯᠳᠤᠯ
ᠲᠣᠬᠢᠶᠠᠯᠳᠤᠯ ᠪᠢᠴᠢᠭ) ben ᠶᠢᠨ ᠮᠣᠩᠭᠣᠯ ᠬᠡᠯᠡ ᠮᠣᠩᠭᠣᠯ ᠪᠣᠯᠣᠨ᠎ᠠ〔23〕᠃ ᠮᠣᠩᠭᠣᠯ ᠲᠣᠬᠢᠶᠠᠯᠳᠤᠯ ᠲᠡᠢ ᠤ ᠪᠠᠢ ᠳᠤ
ᠲᠣᠬᠢᠶᠠᠯᠳᠤᠯ ᠤ ᠮᠣᠩᠭᠣᠯ ᠳᠤ na- ᠮᠣᠩᠭᠣᠯᠴᠤᠳ ᠳᠤ ᠲᠣᠬᠢᠶᠠᠯ ᠲᠡᠷᠡ ᠤ ᠨᠢᠭᠡ ᠲᠤ ᠮᠣᠩᠭᠣᠯᠴᠤᠳ ᠲᠣᠬᠢᠶᠠᠯᠳᠤᠯ ᠪᠢᠴᠢᠭ ᠮᠣᠩᠭᠣᠯᠴᠤᠳ
ᠠᠯᠲᠠᠢ ᠶᠢᠨ ᠤ ᠮᠣᠩᠭᠣᠯ ᠪᠢᠴᠢᠭ ᠳᠤ ᠲᠣᠬᠢᠶᠠᠯᠳᠤᠯ ᠤ ᠪᠦᠯᠦᠭᠯᠡᠯ ᠮᠣᠩᠭᠣᠯᠴᠤᠳ ᠮᠣᠩᠭᠣᠯ〔24〕:

※bir — bi

※bin — ※bini (<※bin+i) >mini

※bima — (<※bimba<※binba=※bin+ba)

— mima>nima>nama

musə ᠭᠡᠵᠦ ᠲᠡᠮᠳᠡᠭᠯᠡᠵᠡᠢ [30] · ᠬᠢᠳᠠᠨ ᠬᠡᠯᠡᠨ ᠳᠦ bu ᠭᠡᠵᠦ ᠲᠣᠪᠴᠢᠯᠠᠨ ᠲᠡᠮᠳᠡᠭᠯᠡᠵᠡᠢ · mit ᠭᠡᠵᠦ ᠲᠡᠮᠳᠡᠭᠯᠡᠵᠡᠢ · ᠮᠣᠩᠭᠣᠯ (ᠲᠡᠮᠳᠡᠭᠯᠡᠵᠡᠢ) ᠭᠡᠵᠦ ᠪᠠᠢᠨ᠎ᠠ [29] ·· ᠰᠢᠷ᠎ᠠ ᠶᠤᠭᠤᠷ — ᠲᠦᠷᠦᠭ ᠬᠡᠯᠡᠨ ᠦ ᠪᠦᠯᠦᠭ ᠦᠨ ᠰᠢᠷ᠎ᠠ ᠶᠤᠭᠤᠷ ᠬᠡᠯᠡᠨ ᠳᠦ bə ᠭᠡᠵᠦ ᠲᠣᠪᠴᠢᠯᠠᠨ ᠲᠡᠮᠳᠡᠭᠯᠡᠵᠡᠢ · gə · ᠪᠤᠷᠢᠶᠠᠳ ᠬᠡᠯᠡᠨ ᠳᠦ ba bjad ᠭᠡᠵᠦ ᠪᠠᠢᠨ᠎ᠠ · ᠮᠣᠩᠭᠣᠷ ᠬᠡᠯᠡᠨ ᠳᠦ ɯ (ᠲᠣᠪᠴᠢᠯᠠᠨ ᠲᠡᠮᠳᠡᠭᠯᠡᠵᠡᠢ) · bidå bidåt ᠪᠠᠢᠨ᠎ᠠ ba · bida ᠭᠡᠬᠦ᠂ ᠮᠡᠳᠦ᠂ ᠲᠡᠮᠳᠡᠭᠯᠡᠭᠰᠡᠨ ·· ᠡᠳᠡᠭᠡᠷ ᠪᠣᠯᠪᠠᠯ ᠮᠣᠩᠭᠣᠯ ᠪᠢᠴᠢᠭ ᠦᠨ ᠬᠡᠯᠡᠨ ᠦ ᠪᠢᠳᠡ ᠲᠠᠢ ᠬᠡᠯᠡᠨ ᠳᠦ bədə man ᠲᠡᠮᠳᠡᠭᠯᠡᠭᠰᠡᠨ ᠰᠤᠳᠤᠯᠤᠯ ᠤᠨ ᠡᠬᠡ ᠰᠤᠷᠪᠤᠯᠵᠢ [26] · ᠲᠣᠪᠴᠢᠶᠠᠨ ᠰᠤᠳᠤᠯᠤᠯ ᠤᠨ ᠡᠬᠡ ᠰᠤᠷᠪᠤᠯᠵᠢ [27] ᠪᠠᠢᠨ᠎ᠠ ba · bida · ᠬᠣᠣᠰ ᠮᠣᠩᠭᠣᠯ ᠤᠨ ᠪᠢᠴᠢᠭ [28] ᠪᠢᠴᠢᠭᠯᠡᠯᠲᠡ ᠶᠢ ᠰᠤᠳᠤᠯᠤᠯᠴᠠᠭᠠᠳ ᠬᠡᠯᠡᠨ ᠦ bidʑiən · matan ᠬᠣᠶᠠᠷ ᠲᠣᠭ᠎ᠠ «ᠮᠣᠩᠭᠣᠯ ᠪᠢᠴᠢᠭᠯᠡᠯ» ᠦ ba · bida · dʑiən ᠢ ᠪᠠᠭᠲᠠᠭᠠᠭᠰᠠᠨ (инклюзива) · matan ᠢ ᠲᠣᠪᠴᠢᠯᠠᠨ ᠲᠡᠮᠳᠡᠭᠯᠡᠵᠡᠢ (эксклюзива) ᠪᠠᠨ ᠲᠣᠪᠴᠢᠶ᠎ᠠ ᠳᠤ ᠬᠡᠷᠡᠭᠯᠡᠭᠡᠳ ᠪᠠᠭᠲᠠᠭᠠᠭᠰᠠᠨ (inclusive) ᠲᠣᠭ᠎ᠠ ᠪᠠᠶᠢᠳᠠᠯ᠂ ·· ᠡᠷᠲᠡᠨ ᠦ ᠬᠡᠯᠡᠨ [25] ᠳᠦ · ᠬᠣᠣᠰ ᠢ ᠪᠠᠭᠲᠠᠭᠠᠭᠰᠠᠨ ᠰᠤᠳᠤᠯᠤᠯᠴᠢᠳ bi ᠪᠠᠭᠲᠠᠭᠠᠭᠰᠠᠨ (exclusive) ᠲᠣᠭ᠎ᠠ ᠪᠠᠶᠢᠳᠠᠯ · ᠬᠡᠷᠡᠭᠯᠡᠭᠰᠡᠨ ᠶᠠᠮᠠ ᠴᠤ ᠦᠭᠡ ᠪᠢᠳᠡ ᠪᠠᠭᠲᠠᠭᠠᠭᠰᠠᠨ ᠬᠡᠯᠡᠯᠲᠡ ᠢ ᠲᠣᠬᠢᠶᠠᠯᠳᠤᠭᠤᠯᠬᠤ ᠪᠠᠶᠢᠳᠠᠯ ᠪᠢᠳᠡ ᠪᠠᠭᠲᠠᠭᠠᠭᠰᠠᠨ ᠬᠡᠯᠡᠯᠲᠡ (ᠰᠣᠨᠣᠰᠤᠭᠴᠢ ᠪᠠᠷ) ᠳᠤ ᠲᠣᠬᠢᠶᠠᠯᠳᠤᠭᠤᠯᠤᠨ ᠲᠣᠭ᠎ᠠ ᠪᠠᠶᠢᠳᠠᠯ ᠳᠦ ᠬᠡᠷᠡᠭᠯᠡᠭᠡᠳ ᠲᠣᠪᠴᠢᠶ᠎ᠠ

12. ᠮᠣᠩᠭᠣᠯ ᠪᠢᠴᠢᠭ ᠦᠨ ᠬᠡᠷᠡᠭᠯᠡᠭᠡᠳ bidʑiən · matan ᠬᠣᠶᠠᠷ ᠰᠣᠨᠣᠰ ᠲᠣᠭ᠎ᠠ ᠪᠠᠨ ·· ᠪᠠᠭᠲᠠᠭᠠᠭᠰᠠᠨ ᠶᠠᠮᠠ ᠴᠤ ᠦᠭᠡ

ᠮᠣᠩᠭᠣᠯ ᠪᠢᠴᠢᠭ ᠦᠨ ᠵᠢᠷᠤᠮ ᠪᠠᠷ ᠶᠠᠮᠠ ᠪᠠᠭᠲᠠᠭᠠᠯ ᠤᠨ ᠵᠦᠢᠯ ᠲᠣᠭ᠎ᠠ

ᠲᠡᠮᠳᠡᠭᠯᠡᠵᠦ ᠦᠭᠡᠢ ᠬᠡᠷᠡᠭᠯᠡᠭᠳᠡᠭᠰᠡᠨ ᠃ ᠰᠤᠳᠤᠯᠤᠭᠠᠴᠢᠳ 《ᠮᠠᠨ ᠤ ᠪᠢᠳᠡᠨ ᠦ ᠬᠡᠮᠡᠨ ᠳᠡᠭᠡᠷᠡ ᠮᠠᠨ ᠤ ᠲᠡᠮᠳᠡᠭᠯᠡᠯ ᠢ ᠲᠡᠮᠳᠡᠭᠯᠡᠭᠰᠡᠨ》 ᠭᠡᠰᠡᠨ ᠲᠡᠮᠳᠡᠭᠯᠡᠯ ᠪᠠᠢᠳᠠᠯ ᠲᠤᠬᠠᠢ ᠪᠠᠷᠢᠮᠲᠠ᠂ ᠰᠤᠳᠤᠯᠭᠠᠨ ᠳᠤ ᠣᠨᠴᠠ ᠲᠡᠮᠳᠡᠭ ᠪᠠᠢᠨ᠎ᠠ 《ᠮᠠᠨ ᠤ》《ᠪᠢᠳᠡᠨ ᠦ》 ᠬᠡᠮᠡᠬᠦ ᠲᠡᠷᠡ ᠰᠢᠨᠵᠢ

ᠲᠣᠳᠣᠷᠬᠠᠢ ᠵᠢᠱᠢᠶ᠎ᠡ ᠪᠣᠯ ᠲᠦᠷᠦᠭ ᠬᠡᠯᠡᠨ ᠦ ᠮᠠᠨ ᠤ ᠬᠡᠯᠡᠨ ᠦ ᠪᠢᠴᠢᠭᠰᠡᠨ᠂ ᠲᠡᠭᠦᠨ ᠦ ᠪᠢᠴᠢᠭᠰᠡᠨ ᠳᠦ ᠲᠣᠭᠲᠠᠭᠠᠨ᠄ ᠬᠡᠯᠡ ᠳᠦ ᠦᠭᠡ ᠶᠢᠨ ᠡᠬᠢᠨ ᠦ m- ᠪᠣᠯᠤᠨ b- ᠬᠤᠪᠢᠷᠠᠯᠳᠠᠭ ᠦᠭᠡᠢ ᠃ ᠦᠭᠡ ᠶᠢᠨ ᠡᠬᠢᠨ ᠦ ᠡᠭᠡᠰᠢᠭ ᠪᠠᠢᠳᠠᠭ ᠵᠡᠷᠭᠡ ᠃ ᠪᠠᠢᠨ b- (ᠲᠤᠷᠰᠢᠯᠲᠠ ᠬᠡᠯᠡᠨ ᠦ u ᠶ b ᠪᠡᠷ ᠰᠣᠯᠢᠭᠳᠠᠭ ᠪᠠᠢᠨ᠎ᠠ) ᠬᠤᠪᠢᠷᠠᠯᠳᠠᠭ ᠦᠭᠡᠢ᠂ ᠪᠢᠴᠢᠭᠰᠡᠨ ᠲᠣᠭ᠎ᠠ ᠪᠠᠢᠨ᠎ᠠ ᠲᠡᠷᠡ ᠬᠡᠯᠡ ᠶᠢᠨ ᠦᠭᠡ ᠳᠦ ᠣᠷᠣᠯᠴᠠᠭᠤᠯᠤᠨ ᠲᠣᠭᠲᠠᠭᠰᠠᠨ ᠤ ᠰᠢᠨᠵᠢᠯᠡᠯᠲᠡ᠂ ᠲᠡᠭᠦᠨ ᠦ ᠪᠢᠴᠢᠭᠰᠡᠨ ᠲᠣᠭ᠎ᠠ ᠪᠠᠢᠨ᠎ᠠ ᠲᠡᠷᠡ ᠬᠡᠯᠡ ᠳᠦ 《ᠪᠢᠳᠡᠨ ᠦ》᠂《ᠪᠢᠳᠡᠨ ᠦ ᠮᠠᠨ》 ᠭᠡᠳᠡᠭ ᠦᠭᠡ ᠶᠢᠨ ᠣᠨᠴᠠᠯᠢᠭ ᠤᠨ ᠪᠠᠢᠳᠠᠯ ᠢ ᠰᠢᠨᠵᠢᠯᠡᠨ ᠲᠣᠭᠲᠠᠭᠠᠨ ᠡᠭᠦᠨ ᠢ ::

ᠲᠣᠳᠣᠷᠬᠠᠢ ᠵᠢᠱᠢᠶ᠎ᠡ ᠪᠣᠯ ᠲᠦᠷᠦᠭ ᠬᠡᠯᠡᠨ ᠦ 《ᠪᠢᠳᠡ》 ᠭᠡᠳᠡᠭ ᠲᠤᠯᠠᠭᠠᠨ ᠣᠨᠴᠠᠯᠢᠭ ᠤᠨ ᠰᠢᠨᠵᠢᠯᠡᠯ ᠲᠡᠭᠦᠨ ᠦ ᠪᠢᠴᠢᠭᠰᠡᠨ) bizlar (biz + lar ᠪᠢᠴᠢᠭᠰᠡᠨ) [32] ᠭᠡᠳᠡᠭ ᠪᠢᠴᠢᠭᠯᠡᠯ ᠢ ᠲᠡᠮᠳᠡᠭᠯᠡᠨ ᠲᠣᠭᠲᠠᠭᠠᠨ ᠪᠠᠢᠨ᠎ᠠ :: ᠪᠣᠯ ᠲᠤᠰᠢᠶᠠᠯ ᠬᠡᠯᠡᠨ ᠦ 《ᠲᠡᠭᠦᠨ ᠦ ᠪᠢᠴᠢᠭᠰᠡᠨ》 ᠪᠠᠢᠨ 《ᠪᠢᠴᠢᠭᠰᠡᠨ》 ᠬᠤᠪᠢᠷᠠᠯ ᠢ ᠲᠡᠮᠳᠡᠭᠯᠡᠬᠦ ᠪᠡᠷ ᠲᠣᠭᠲᠠᠭᠰᠠᠨ biz (ᠲᠡᠭᠦᠨ ᠢ ᠲᠣᠳᠣᠷᠬᠠᠢᠯᠠᠯᠲᠠ ᠵᠡᠷᠭᠡ ᠪᠠᠢᠳᠠᠭ ᠪᠣᠯ 《ᠮᠠᠨ ᠤ ᠲᠣᠭ᠎ᠠ ᠪᠠᠷ ᠲᠣᠭᠲᠠᠭᠰᠠᠨ ᠲᠡᠷᠡ ᠬᠤᠪᠢᠷᠠᠭᠤᠯᠤᠭᠰᠠᠨ ᠤ ᠬᠡᠯᠡᠨ ᠦ ᠲᠣᠭᠲᠠᠭᠰᠠᠨ ᠳᠤ ᠦᠭᠡᠢ ᠪᠢᠴᠢᠭ》 ᠲᠡᠭᠦᠨ ᠦ büü ᠭᠡᠳᠡᠭ ᠲᠡᠭᠦᠨ ᠦ ᠪᠢᠴᠢᠭᠰᠡᠨ᠂ miti ᠭᠡᠳᠡᠭ ᠪᠢᠴᠢᠭᠰᠡᠨ ᠲᠡᠷᠡ ᠲᠣᠭᠠᠨ ᠤ ᠦᠭᠡᠢ ᠲᠣᠭᠲᠠᠭ ᠪᠠᠢᠨ [31] ᠳᠤ ᠲᠣᠳᠣᠷᠬᠠᠢᠯᠠᠭᠰᠠᠨ

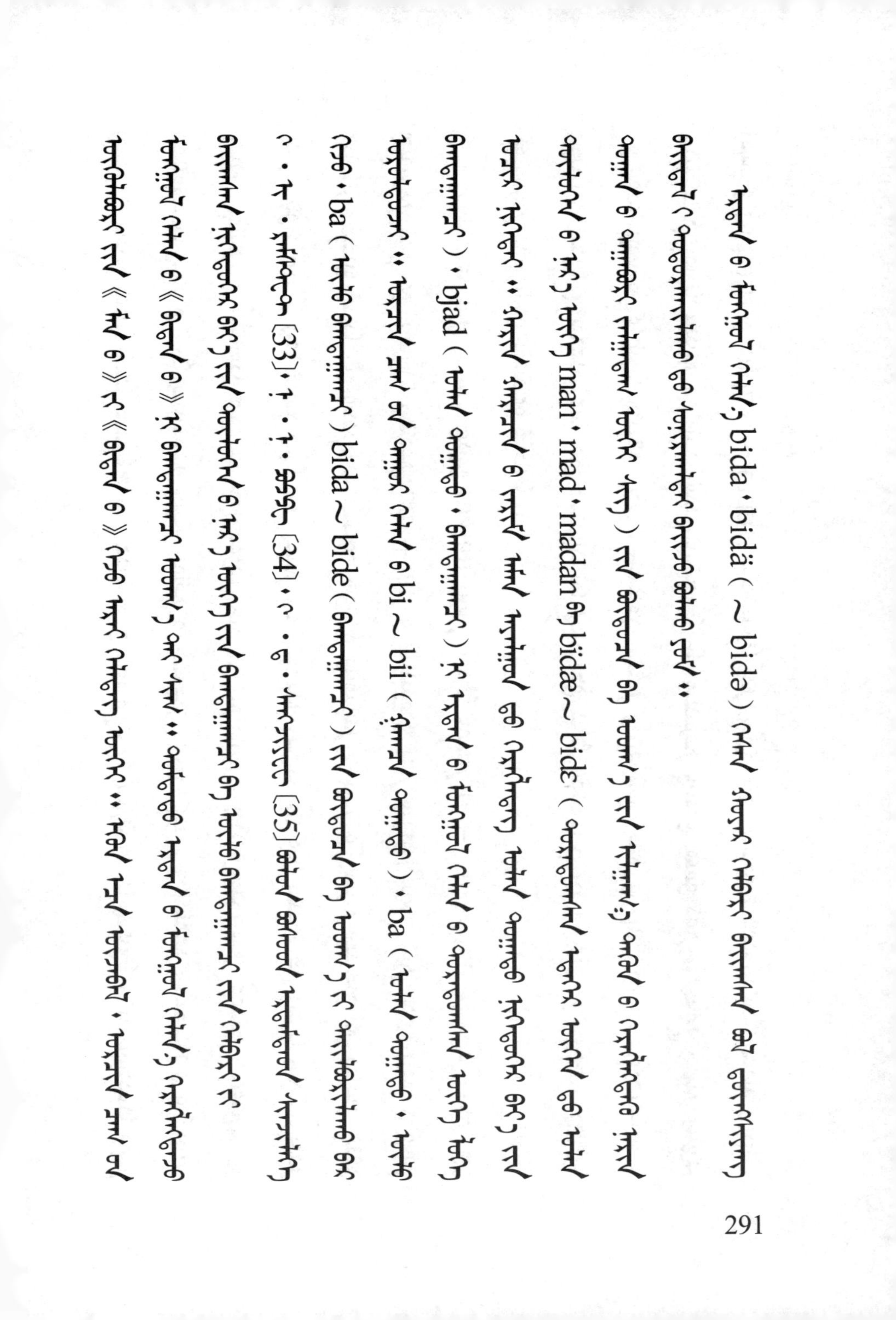

[illegible], bida, bidä (~ bidə) [illegible] ::

[illegible] ([illegible]) [illegible] man, mad, madan [illegible] bïdæ ~ bidɛ ([illegible]) [illegible] :: [illegible]) , bjad ([illegible] , [illegible]) [illegible] :: [illegible] bi ~ bii ([illegible]) , ba ([illegible] , [illegible] , ba ([illegible]) bida ~ bide ([illegible]) [illegible] [33], [illegible] [34], [illegible] [35] [illegible]

[illegible] 《 [illegible] 》 [illegible] :: [illegible] 《 [illegible] 》 [illegible] 《 [illegible] 》 [illegible] :: [illegible]

ᠪᠣᠯᠤᠨ 《ᠮᠣᠩᠭᠣᠯ ᠤᠨ ᠨᠢᠭᠤᠴᠠ ᠲᠣᠪᠴᠢᠶᠠᠨ》 ᠳᠤ ᠲᠡᠮᠳᠡᠭᠯᠡᠭᠳᠡᠭᠰᠡᠨ ᠦ -tan〔37〕ᠪᠠᠢᠨ᠎ᠠ᠂ ᠭᠡᠵᠦ ᠦᠵᠡᠵᠦ ᠪᠣᠢ᠃ ᠲᠦᠩᠭᠦᠰ ᠬᠡᠯᠡᠨ ᠦ ᠨᠠᠶ᠋ ᠮᠠᠨᠳᠤ ᠳᠤ ᠮᠣᠩᠭᠣᠯ ᠡᠸᠡᠩᠬᠢ ᠦ ᠡᠸᠡᠩᠬᠢᠴᠡ -tan〔36〕᠂《ᠨᠢᠭᠤᠴᠠ ᠲᠣᠪᠴᠢᠶᠠᠨ》ᠤ -tan ᠮᠣᠩᠭᠣᠯ ᠡᠸᠡᠩᠬᠢ ᠦ ᠡᠸᠡᠩᠬᠢᠴᠡ ᠪᠡᠷ ᠮᠣᠩᠭᠣᠯᠴᠤᠳ ᠤᠯᠠᠮ ᠭᠡᠬᠦ᠃ ᠨᠢᠭᠡ -tan ᠪᠠᠭᠤᠯᠭᠠᠯᠲᠠ ᠳᠤ ᠲᠠᠯᠠᠪᠤᠷ ᠮᠡᠳᠡᠭᠳᠡᠨ ᠨᠢ ᠮᠣᠩᠭᠣᠯ ᠤᠨ -tan ᠢ ᠰᠣᠨᠢᠷᠬᠠᠯᠲᠠᠢ ᠪᠣᠯᠤᠨ ᠳᠤ ᠮᠣᠩᠭᠣᠯ ᠡᠸᠡᠩᠬᠢᠳ ᠳᠤ ᠬᠣᠶᠠᠳᠤᠭᠠᠷ ta ᠪᠡᠷ ᠮᠣᠩᠭᠣᠯᠴᠤ ᠪᠣᠯ ᠪᠣᠯᠭᠠᠨ ᠭᠡᠬᠦ᠂ ᠰᠣᠨᠢᠷᠬᠠᠯ ᠳᠠᠭᠠᠭᠰᠠᠨ ᠶᠠᠭᠤᠭᠠᠪ ᠬᠡᠯᠡᠯᠲᠡ ᠭᠡᠬᠦ ᠪᠣᠯᠤᠨ᠎ᠠ᠃ ᠬᠡᠪᠡᠷ ᠣᠯᠠᠨ ᠳᠤ ᠪᠣᠯᠤᠮᠵᠢᠲᠠᠢ᠂ ᠬᠡᠯᠡᠨ ᠦ ᠭᠠᠷᠤᠯ ᠪᠠᠢᠳᠠᠯ ᠢ ᠣᠯᠠᠨ ᠲᠣᠭᠠᠲᠤ ᠪᠣᠯᠤᠮᠵᠢᠲᠠᠢ ᠣᠯᠠᠨ ᠲᠤ ᠮᠠᠰᠢ ᠳᠤᠷᠠᠳᠠᠭ ba +tan ᠤ ᠨᠡᠶᠢᠯᠡᠯᠲᠡ ᠮᠠᠲᠠᠨ ᠪᠡᠷ ᠪᠣᠯᠤᠮᠵᠢᠲᠠᠢ ᠣᠯᠠᠨ ᠲᠤ᠂ ᠮᠠᠰᠢ ᠢ ᠪᠠᠢᠨ

ᠪᠠᠭᠤᠯᠭᠠᠭᠰᠠᠨ ᠢᠶᠠᠷ ᠮᠣᠩᠭᠣᠯ ᠪᠠᠷᠤᠭ matan ᠬᠡᠮᠡᠨ ᠮᠣᠩᠭᠣᠯ ᠳᠣᠲᠣᠷ᠎ᠠ ma-（n）+tan ᠨᠡᠶᠢᠯᠡᠯᠲᠡ ᠮᠠᠲᠠ ᠪᠡᠷ ᠪᠣᠯᠤᠮᠵᠢᠲᠠᠢ ᠲᠠᠢᠯᠪᠤᠷᠢ ᠶᠢ ᠭᠡᠷᠡᠴᠢᠯᠡᠵᠦ ᠪᠣᠯᠤᠨ᠎ᠠ᠃

ᠮᠣᠩᠭᠣᠯ（ᠮᠣᠩᠭᠣᠯ）ᠮᠣᠩᠭᠣᠯᠴᠤᠳ ᠳᠠᠭᠤᠷ ᠤᠨ ᠲᠦᠩᠭᠦᠰ ᠬᠡᠯᠡᠨ ᠳᠦ ᠲᠡᠷᠡ ᠭᠡᠳᠡᠭ ᠦᠭᠡ dʑiə᠂dʑiə-᠂-dʑiə᠂-dʑiə- ᠲᠤ ᠮᠣᠩᠭᠣᠯᠴᠤᠳ ᠤᠨ ᠲᠠᠯᠠᠪᠤᠷᠢᠨ ᠤ ᠨᠡᠶᠢᠯᠡᠯᠲᠡ ᠪᠡᠷ ᠪᠣᠯᠤᠨ᠂ ᠭᠣᠷᠪᠠᠳᠤᠭᠠᠷ ᠮᠣᠩᠭᠣᠯ ᠤ ᠳᠠᠭᠤᠷ ᠬᠡᠯᠡᠨ ᠦ de᠂de-᠂-de᠂-de - ᠮᠣᠩᠭᠣᠯᠴᠤᠳ ᠪᠣᠯᠤᠨ᠎ᠠ᠂ ᠨᠡᠶᠢᠯᠡᠯ ᠤᠨ ᠨᠢᠭᠡ ᠨᠢᠭᠡᠳᠦᠭᠡᠷ ᠰᠣᠨᠢᠷᠬᠠᠯᠲᠠᠢ᠂ ᠪᠡᠷ ᠪᠣᠯᠤᠮᠵᠢᠲᠠᠢ ᠪᠣᠯᠤᠮᠵᠢ ᠪᠣᠯᠤᠨ ᠣᠯᠠᠨ᠃ ᠬᠣᠶᠠᠷ ᠢ ᠨᠢᠭᠡ ᠮᠣᠩᠭᠣᠯ ᠬᠡᠮᠡᠨ ᠤ bidʑən ᠪᠠ bidä（～bidə）ᠭᠡᠵᠦ ᠲᠡᠮᠳᠡᠭᠯᠡᠨ᠎ᠡ᠂ ᠳᠤ ᠮᠣᠩᠭᠣᠯ ᠲᠤ ᠮᠣᠩᠭᠣᠯᠴᠤ᠂ ᠲᠦᠩᠭᠦᠰ ᠬᠡᠯᠡᠨ ᠪᠣᠯᠤᠨ bidä

ᠤ ᠣᠯᠠᠨ ᠲᠣᠭᠠᠲᠤ ᠨᠢᠭᠡᠳᠦᠭᠡᠷ ᠪᠢᠶ᠎ᠡ ᠶᠢᠨ ᠲᠥᠯᠦᠭᠡᠨ ᠦ ᠨᠡᠷ᠎ᠡ ᠬᠡᠯᠪᠡᠷᠢ ᠶᠢᠨ ᠲᠢᠯᠭᠠᠯ ᠢ ᠲᠢᠯᠭᠠᠯ ᠤᠨ ᠵᠢᠷᠤᠮ ᠪᠠᠷ ᠬᠤᠪᠢᠷᠠᠭᠤᠯᠪᠠᠯ

ᠳᠣᠣᠷᠠᠬᠢ ᠮᠡᠲᠦ ᠬᠤᠪᠢᠷᠠᠨ᠎ᠠ:

ᠲᠥᠯᠦᠭᠡᠨ ᠨᠡᠷ᠎ᠡ / ᠲᠢᠯᠭᠠᠯ / ᠬᠡᠯᠪᠡᠷᠢ	ᠦᠯᠦ ᠪᠠᠭᠳᠠᠭᠠᠬᠤ	ᠪᠠᠭᠳᠠᠭᠠᠬᠤ
ᠨᠡᠷᠡᠯᠡᠬᠦ	bidʑiən	matan
ᠬᠠᠷᠢᠶᠠᠯᠠᠬᠤ	bidʑiənni ~ bidʑiəji	mani~maji matanni~mataji
ᠥᠭᠭᠦᠭᠦ ᠣᠷᠣᠰᠢᠬᠤ	bidʑiəndə	matandə
ᠵᠠᠢᠬᠤ	bidʑiənni ~ bidʑiəji	mani~maji matanni~mataji
ᠭᠠᠷᠬᠤ	bidʑiənsə	matansə
ᠦᠢᠯᠡᠳᠬᠦ	bidʑiənɢala	matanɢala
ᠬᠠᠮᠲᠠᠷᠬᠤ	bidʑiənlə	matanlə

13. ᠪᠠᠭᠳᠠᠭᠠᠬᠤ ᠣᠯᠠᠨ ᠤ ᠪᠢᠶ᠎ᠡ ᠶᠢᠨ ᠲᠥᠯᠦᠭᠡᠨ ᠦ ᠨᠡᠷ᠎ᠡ ᠳᠦ ma ~ man ᠭᠡᠳᠡᠭ ᠬᠡᠯᠪᠡᠷᠢ ᠪᠠᠢᠳᠠᠭ ᠪᠠᠢᠨ᠎ᠠ ::

ᠵᠢᠱᠢᠶ᠎ᠡ ᠣᠯᠠᠨ ᠲᠣᠭᠠᠲᠤ ᠨᠢᠭᠡᠳᠦᠭᠡᠷ ᠪᠢᠶ᠎ᠡ ᠶᠢᠨ ᠪᠠᠭᠳᠠᠭᠠᠬᠤ ᠬᠡᠯᠪᠡᠷᠢ ᠮᠠᠲᠠᠨ ᠬᠡᠯᠪᠡᠷᠢ ᠶᠢᠨ ᠲᠢᠯᠭᠠᠯ ᠤᠨ ᠳᠠᠭᠠᠪᠤᠷᠢ ᠵᠠᠯᠭᠠᠭᠳᠠᠭᠰᠠᠨ

ᠪᠣᠯ ᠨᠢᠭᠡᠳᠦᠭᠡᠷ ᠶᠢᠨ ᠲᠥᠯᠦᠭᠡᠨ ᠨᠢᠭᠡᠳᠦᠭᠡᠷ ᠳᠤ ᠨᠡᠢᠲᠡ ᠲᠣᠭᠠᠲᠤ ᠨᠢᠭᠡᠳᠦᠭᠡᠷ ᠪᠠᠢᠨ᠎ᠠ :: ᠮᠠᠰᠢ ᠣᠯᠠᠨ ᠪᠠᠢᠨ · ᠪᠢᠶ᠎ᠡ ᠶᠢᠨ

15. ᠳᠡᠭᠡᠷᠡᠬᠢ ᠵᠢᠱᠢᠶ᠎ᠡ ᠳᠦ ᠬᠡᠷᠡᠭᠯᠡᠭᠳᠡᠭᠰᠡᠨ ᠨᠢ ᠪᠠᠢᠭ᠎ᠠ ᠬᠡᠯᠡᠨ ᠦ ᠡᠭᠦᠰᠬᠡᠯ ᠢ ᠲᠡᠮᠳᠡᠭᠯᠡᠭᠰᠡᠨ ᠪᠣᠯᠣᠨ᠎ᠠ ᠲᠠᠢ ᠬᠠᠮᠲᠤ ᠪᠡᠷ 《ᠮᠣᠩᠭᠣᠯ》 ᠬᠡᠯᠡᠨ ᠦ ᠬᠡᠯᠡᠯᠭᠡ ᠳᠦ ᠲᠤᠰ ᠬᠡᠯᠪᠡᠷᠢ ᠶᠢ ᠬᠡᠷᠡᠭᠯᠡᠭᠰᠡᠨ ᠪᠠᠢᠨ᠎ᠠ᠃ ᠡᠨᠡ ᠨᠢ ᠪᠣᠯᠪᠠᠯ ᠲᠠᠢ ᠬᠠᠮᠲᠤ ᠪᠡᠷ᠂ ᠮᠣᠩᠭᠣᠯ ᠬᠡᠯᠡᠨ ᠦ ᠡᠭᠦᠰᠬᠡᠯ ᠢ ᠲᠡᠮᠳᠡᠭᠯᠡᠬᠦ ᠶᠢᠨ ᠬᠡᠯᠪᠡᠷᠢ ᠶᠢ ᠬᠡᠷᠡᠭᠯᠡᠭᠰᠡᠨ ᠪᠠᠢᠨ᠎ᠠ᠃ ᠡᠨᠡ ᠨᠢ ᠮᠣᠩᠭᠣᠯ ᠬᠡᠯᠡᠨ ᠦ ᠬᠡᠯᠡᠯᠭᠡ ᠳᠦ ᠲᠠᠢ ᠠᠳᠠᠯᠢ ᠪᠠᠢᠨ᠎ᠠ᠃ ᠭᠡᠬᠦ ᠶᠢᠨ ᠲᠡᠮᠳᠡᠭ ᠪᠣᠯᠣᠨ᠎ᠠ᠃ ᠬᠠᠮᠲᠤ ᠪᠡᠷ᠂ ᠮᠣᠩᠭᠣᠯ ᠬᠡᠯᠡᠨ ᠦ bidʑian ᠭᠡᠰᠡᠨ ᠦᠭᠡ ᠲᠠᠢ ᠲᠡᠮᠳᠡᠭᠯᠡᠭᠰᠡᠨ ᠳᠦ -tan ᠳᠠᠭᠠᠪᠤᠷᠢ ᠶᠢ ᠬᠡᠷᠡᠭᠯᠡᠭᠰᠡᠨ ᠪᠠᠢᠨ᠎ᠠ᠃ ᠡᠨᠡ ᠨᠢ ᠲᠡᠮᠳᠡᠭᠯᠡᠭᠰᠡᠨ ᠰᠢᠨ᠎ᠡ ᠦᠭᠡ ᠲᠠᠢ ᠪᠣᠯᠣᠨ ᠲᠠᠢ ᠳᠠᠭᠠᠪᠤᠷᠢ -la ᠪᠠ ᠲᠠᠢ ᠬᠡᠯᠪᠡᠷᠢ ᠲᠡᠮᠳᠡᠭᠯᠡᠭᠰᠡᠨ ᠬᠡᠯᠪᠡᠷᠢ ᠶᠢ ᠬᠡᠷᠡᠭᠯᠡᠭᠰᠡᠨ ᠪᠠᠢᠨ᠎ᠠ᠃ ᠲᠡᠮᠳᠡᠭᠯᠡᠭᠰᠡᠨ matan ᠦᠭᠡ ᠶᠢᠨ ᠳᠠᠭᠠᠪᠤᠷᠢ ᠶᠢᠨ

14. ᠪᠣᠯᠪᠠᠰᠤᠷᠠᠯ ᠭᠡᠰᠡᠨ bidʑian᠂ matan ᠭᠡᠰᠡᠨ ᠲᠡᠮᠳᠡᠭ ᠦᠨ ᠦᠭᠡ ᠲᠠᠢ ᠲᠡᠮᠳᠡᠭᠯᠡᠭᠰᠡᠨ ᠶᠢᠨ ᠪᠠᠢ ᠬᠡᠯᠡᠯᠭᠡ ᠳᠦ ᠬᠡᠷᠡᠭᠯᠡᠭᠰᠡᠨ ᠪᠠᠢᠨ᠎ᠠ᠂ ᠬᠡᠯᠡᠨ ᠦ ᠪᠠᠢᠳᠠᠯ᠃
※ba (~※ban) ᠲᠠᠢ ᠪᠣᠯᠪᠠᠰᠤᠷᠠᠯ ᠭᠡᠰᠡᠨ ᠦᠭᠡ ᠶᠢᠨ ᠬᠡᠯᠪᠡᠷᠢ ᠲᠠᠢ ᠲᠡᠮᠳᠡᠭ ᠪᠣᠯᠣᠨ᠎ᠠ᠂ ᠬᠡᠯᠡᠨ ᠦ ᠪᠠᠢᠳᠠᠯ ᠪᠣᠯᠣᠨ᠎ᠠ᠂ ᠲᠡᠮᠳᠡᠭ ᠪᠡᠷ ᠪᠠᠢ ᠲᠡᠮᠳᠡᠭᠯᠡᠭᠰᠡᠨ ma- ᠲᠡᠮᠳᠡᠭᠯᠡᠭᠰᠡᠨ ᠦᠭᠡ ᠶᠢᠨ ᠬᠡᠯᠪᠡᠷᠢ ᠲᠡᠮᠳᠡᠭ ᠪᠠᠢᠨ᠎ᠠ᠃ ᠡᠨᠡ ᠨᠢ ma (~※man) // ᠪᠠ ᠪᠠᠢ ᠪᠡᠷ ᠲᠡᠮᠳᠡᠭᠯᠡᠭᠰᠡᠨ ᠲᠡᠮᠳᠡᠭ ᠦᠨ ᠦᠭᠡ ᠲᠠᠢ ᠬᠡᠯᠪᠡᠷᠢ ᠲᠡᠮᠳᠡᠭᠯᠡᠭᠰᠡᠨ ᠨᠢ ᠲᠠᠢ ᠲᠣᠮᠢ ᠪᠣᠯᠪᠠ᠂ ᠲᠡᠮᠳᠡᠭᠯᠡᠭᠰᠡᠨ ᠦᠨ ᠳᠦ ᠲᠡᠮᠳᠡᠭ ᠪᠠᠢ ᠬᠡᠯᠡᠯᠭᠡ᠂ ᠬᠡᠷᠡᠭᠯᠡᠭᠳᠡᠭᠰᠡᠨ ᠲᠡᠮᠳᠡᠭ ᠪᠣᠯᠣᠨ ᠪᠣᠯᠪᠠᠰᠤ -nuʁun ᠭᠡᠰᠡᠨ ᠪᠣᠯᠪᠠᠰᠤᠷᠠᠯ

16. ᠬᠠᠮᠲᠤ ᠦᠭᠡᠰ ᠦᠨ tʂɯ ᠭᠡᠳᠡᠭ ᠳᠠᠭᠤ ᠶᠢ ᠬᠠᠳᠠᠭᠠᠯᠠᠵᠤ ᠪᠠᠢ᠌ ᠃ ᠡᠨᠡ ᠳᠠᠭᠤ ᠮᠣᠩᠭᠣᠯ ᠬᠡᠯᠡᠨ ᠦ ʧi (či) ᠪᠤᠶᠤ ᠬᠠᠮᠲᠤ ᠦᠭᠡᠰ ᠦᠨ ᠡᠴᠦᠰ ᠦᠨ ᠪᠠᠢᠷᠢ ᠳᠤ ᠪᠠᠢᠬᠤ ᠡᠭᠡᠰᠢᠭ ᠦᠨ ᠳᠠᠭᠤ

※ b->	m->	n>	-ɑ (m) - ※ -i (n)->-a (n) ->	
		m>	※ -i (n) -	※ -a (n) -
	b-		※ -i (n)	※ -a (n)
ᠡᠭᠡᠰᠢᠭ ᠦᠨ ᠬᠤᠪᠢᠷᠠᠯᠲᠠ ᠶᠢᠨ ᠲᠦᠯᠦᠪ / ᠦᠭᠡᠰ ᠦᠨ ᠬᠡᠯᠪᠡᠷᠢ / ᠵᠢᠱᠢᠶ᠎ᠡ			ᠬᠠᠮᠲᠤ ᠦᠭᠡᠰ	ᠳᠠᠩ ᠦᠭᠡᠰ

ᠪᠣᠯᠪᠠᠰᠤ ᠳᠠᠭᠤ ᠨᠢ ᠪᠠᠷᠢᠮᠲᠠᠯᠠᠪᠠᠯ :

ᠬᠠᠮᠲᠤᠷᠠᠭᠤᠯᠤᠨ ᠬᠡᠯᠡᠬᠦ ᠳᠤ ᠳᠠᠭᠤᠳᠠᠬᠤ ᠶᠤᠰᠤᠨ ᠦᠭᠡ ᠶᠢᠨ ᠮᠣᠩᠭᠣᠯ ᠬᠡᠯᠡᠨ ᠦ ᠦᠭᠡᠨ ᠦ ᠡᠴᠦᠰ ᠦᠨ ᠪᠠᠢᠷᠢ ᠳᠤ ᠪᠠᠢᠬᠤ ᠡᠭᠡᠰᠢᠭ ᠦᠨ ᠳᠠᠭᠤ ᠶᠢ ᠬᠠᠳᠠᠭᠠᠯᠠᠵᠤ ᠪᠠᠢᠨ᠎ᠠ ᠂ ᠪᠠᠷᠢᠮᠲᠠᠯᠠᠪᠠᠯ ᠦᠨ

ᠲᠡᠮᠳᠡᠭᠯᠡᠭᠳᠡᠭ ᠪᠣᠯ ᠬᠠᠷᠢᠴᠠᠭᠤᠯᠪᠠᠯ :

ᠭᠡᠷᠭᠡᠨ ᠬᠣᠶᠢᠨᠠᠬᠢ ᠭᠣᠣᠯᠴᠤᠯᠠᠭᠰᠠᠨ ᠪᠣᠯ ᠢ ᠡᠨᠡ ᠬᠣᠯᠪᠣᠯᠳᠠᠨ ᠤ ᠵᠦᠢᠯ ᠮᠣᠩᠭᠣᠯ ᠡᠨᠡ ᠬᠡᠯᠡᠨ ᠦ ᠮᠠᠲᠠᠷᠢᠶᠠᠯ ᠢᠶᠡᠷ ᠭᠣᠣᠯᠴᠤᠯᠠᠭᠰᠠᠨ ᠪᠠᠶᠢᠳᠠᠯ ᠢ ᠬᠣᠯᠪᠣᠭᠰᠠᠨ ᠂ ᠭᠣᠶᠠᠷ ᠪᠣᠯ ᠮᠣᠩᠭᠣᠯ ᠂ ᠮᠠᠨᠵᠤ ᠴᠢᠨ (čin- ~ či-) 〔40〕 ᠭᠡᠳᠡᠭ ᠮᠣᠩᠭᠣᠯ ᠬᠡᠯᠡᠨ ᠃ ᠲᠦᠷᠦᠭᠦ ᠳᠤᠭᠠᠷ ᠴᠢᠨ ᠢ ᠴᠢᠨ ᠂ ᠬᠣᠶᠢᠰ ᠴᠢᠨ ᠂ ᠵᠡᠭᠦᠨ ᠬᠣᠶᠢᠰ ᠴᠢᠨ ᠮᠣᠩᠭᠣᠯ ᠭᠡᠳᠡᠭ ᠮᠣᠩᠭᠣᠯ ᠂ ᠮᠠᠨᠵᠤ ᠬᠣᠶᠢᠰ ᠴᠢᠨ (tɕəmu- ~ tɕəmii-) ᠳᠤ ʂɯma- ᠬᠡᠯᠡᠪᠡᠷᠢ ᠳᠤ ᠬᠡᠯᠡᠬᠦ ᠬᠡᠯᠡᠯᠴᠡᠬᠦ ᠂ ᠭᠦᠢᠴᠡᠬᠦ ᠂ ᠭᠦᠢᠴᠡᠳᠬᠡᠬᠦ ᠡᠨᠡ ᠮᠣᠩᠭᠣᠯ ᠵᠦᠢᠯ ᠮᠠᠨᠵᠤ ᠪᠣᠯ ᠢ ᠰᠢᠯᠵᠢᠬᠦ ᠶᠢ ᠮᠠᠨᠵᠤ ᠬᠡᠯᠡᠨ) ᠂ ᠰᠢᠯᠵᠢᠬᠦ ᠡᠨᠡ ᠮᠣᠩᠭᠣᠯ ᠵᠦᠢᠯ ᠂ ᠬᠡᠯᠡᠯᠴᠡᠬᠦ ᠡᠨᠡ ᠮᠣᠩᠭᠣᠯ ᠵᠦᠢᠯ (ᠮᠣᠩᠭᠣᠯ ᠴᠢᠨ ᠳᠤ ᠭᠣᠣᠯᠴᠤᠯᠠᠨ) ᠢ ᠰᠢᠯᠵᠢᠬᠦ ᠂ t ᠵᠦᠢᠯᠴᠢᠯ ᠭᠣᠣᠯᠴᠤᠯᠠᠭᠰᠠᠨ ᠃ tʂɯ- ᠬᠡᠯᠡᠪᠡᠷᠢ ᠳᠤ ᠭᠣᠣᠯᠴᠤᠯᠠᠭᠳᠠᠬᠤ ᠡᠨᠡ ᠮᠣᠩᠭᠣᠯ ᠵᠦᠢᠯ (ᠪᠣᠯᠪᠠᠯ ᠴᠢᠨ ᠬᠣᠶᠢᠰ ᠭᠡᠳᠡᠭ ᠪᠠᠨ ᠬᠡᠯᠡᠨ ᠳᠤ ᠭᠣᠣᠯᠴ ᠬᠡᠯᠡᠪᠡᠷᠢ ᠪᠣᠯ ᠪᠣᠯᠪᠠᠴᠤ ᠂ ᠪᠣᠯᠪᠠᠯ ᠮᠣᠩᠭᠣᠯ ᠵᠦᠢᠯ ᠡᠨᠡ ᠭᠣᠣᠯᠴᠤᠯᠠᠭᠰᠠᠨ ᠳᠤ ᠬᠣᠯᠪᠣᠭᠳᠠᠭ ᠮᠣᠩᠭᠣᠯ ᠭᠣᠣᠯᠴᠤᠯᠠᠭᠰᠠᠨ ᠪᠣᠯᠤᠨ᠎ᠠ ᠃ ᠮᠠᠨ ᠬᠣᠯᠪᠣ ᠡᠨᠡ ᠮᠣᠩᠭᠣᠯ ᠵᠦᠢᠯ ᠰᠢᠯᠵᠢᠬᠦ ᠬᠡᠯᠡᠪᠡᠷᠢ ᠶᠢ tʂɯ- ᠂ tʂɯma- ᠂ tʂɯn- ᠪᠣᠯᠤᠨ ᠂ tɕi ᠂ ᠮᠣᠩᠭᠣᠯ či 〔39〕 ᠴᠢᠨ ᠃ ᠮᠠᠨᠵᠤ ᠮᠠᠨ ᠂ ᠭᠣᠶᠠᠷ ᠪᠠᠶᠢᠬᠤ ᠪᠣᠯᠪᠠᠯ ᠴᠢᠨ ᠬᠣᠶᠢᠰ ᠭᠡᠳᠡᠭ ᠮᠣᠩᠭᠣᠯ ᠮᠣᠩ ᠬᠣᠯᠪᠣ ᠶ ᠰᠢᠯᠵᠢᠬᠦ ᠭᠦᠢᠴᠡᠬᠦ ᠭᠣᠣᠯᠴᠤᠯᠠᠭᠰᠠᠨ) ᠡᠨᠡ ᠭᠣᠣᠯᠴᠤᠯᠠᠭᠳᠠᠬᠤ ᠮᠣᠩᠭᠣᠯ 〔38〕 ᠃ ᠭᠣᠶᠠᠷ ʃii ᠂ ᠵᠡᠭᠦᠨ ᠬᠣᠶᠢᠰ ʧə ᠂ ᠮᠣᠩᠭᠣᠯ tɕə ᠂ ᠮᠣᠩᠭᠣᠯ ᠮᠠᠨ

ᠬᠣᠯᠪᠣᠭᠳᠠᠭᠤᠯᠵᠤ ᠪᠣᠯᠬᠤ ᠪᠠᠢ᠌ᠨ᠎ᠠ ::

ᠰᠡᠷᠭᠦᠭᠡᠭᠰᠡᠨ ※cin ᠭᠡᠳᠡᠭ ᠦᠭᠡ ᠡᠴᠡ ᠦᠨᠳᠦᠰᠦᠯᠡᠭᠰᠡᠨ ᠪᠣᠯᠤᠨ᠎ᠠ :: ᠡᠨᠡ ᠨᠢ tʂɯn- ᠪᠠ tʂɯma- ᠶᠢᠨ ᠬᠠᠷᠢᠴᠠᠭ᠎ᠠ tʂɯn- ᠭᠡᠳᠡᠭ ᠨᠢ ᠵᠢᠨ ᠤ ᠳᠣᠲᠣᠭᠠᠳᠤ ᠰᠡᠷᠭᠦᠭᠡᠯᠲᠡ (internal reconstruction) ᠪᠠᠷ ᠲᠣᠭᠲᠠᠭᠠᠭᠰᠠᠨ ᠬᠡᠯᠪᠡᠷᠢ ᠪᠣᠯᠤᠨ᠎ᠠ ::

ᠪᠢᠴᠢᠭᠲᠦ ᠮᠣᠩᠭᠣᠯ ᠬᠡᠯᠡᠨ ᠦ ᠪ ※či (n) (< ※tin) - ※činba > ※čimba > čima > čama-

17. tʂɯma ᠶᠢᠨ ᠪᠠᠢᠭᠠᠯ ᠶᠢᠨ ᠪᠠᠢᠳᠠᠯ ᠤᠨ ᠬᠠᠷᠢᠴᠠᠭ᠎ᠠ ᠪᠠᠷ ᠶᠢᠨ nama- ᠭᠡᠳᠡᠭ ᠶᠢᠨ ᠬᠣᠯᠪᠣᠭᠳᠠᠯ

tʂɯmalə tʂɯnlə tʂɯɢala tʂɯmasə tʂɯni tʂɯji tʂɯmadə tʂɯni tʂɯji tʂɯ	ᠴᠢᠮᠠᠳᠤ ᠴᠢᠮᠠᠭᠠᠳᠤ ᠴᠢᠮᠠᠳᠤ ᠴᠢᠮᠠᠢ ᠴᠢᠮᠠᠳᠤ ᠴᠢᠮᠠᠳᠤ ᠴᠢᠮᠠᠢ ᠴᠢᠮᠠ
ᠭᠠᠵᠠᠷ	ᠬᠡᠯᠡ ᠶᠢᠨ ᠬᠡᠯᠪᠡᠷᠢ

ᠲᠦᠷᠦᠭ ᠮᠣᠩᠭᠣᠯ ᠬᠠᠷᠢᠴᠠᠭᠤᠯᠤᠯ ᠤᠨ ᠳᠤ ᠮᠣᠷᠹᠣᠯᠣᠭᠢ ᠶᠢᠨ ᠵᠦᠢᠯ ᠲᠦᠷᠦᠭ

18. ᠬᠠᠷᠢᠴᠠᠭᠤᠯᠤᠯ ᠤᠨ ᠳᠤ ᠲᠦᠷᠦᠭ ᠮᠣᠩᠭᠣᠯ ᠳᠤ ta ᠭᠡᠳᠡᠭ ᠲᠦᠷᠦᠭ ᠦᠨ ᠬᠡᠯᠡᠯᠭᠡ ᠪᠠᠢ᠌ᠨ᠎ᠠ ᠃ ᠡᠨᠡ ᠬᠦ ᠪᠡᠷ ᠲᠣᠭᠲᠠᠨ ᠭᠡᠵᠦ (ta · tasgə · tangula) ᠪᠣᠯ ᠲᠣᠭᠲᠠᠨ ᠭᠡᠵᠦ [41] ᠬᠡᠷᠪᠡ ᠳᠤᠷᠠᠳᠬᠤ ᠬᠦ ᠂ ᠬᠡᠯᠡᠬᠦ ᠪᠣᠯᠪᠠᠰᠤ ᠭᠡᠵᠦ ᠲᠣᠭᠲᠠᠭᠠᠬᠤ ᠬᠦ ᠪᠣᠯ ᠲᠦᠷᠦᠭ ᠪᠣᠯᠤᠨ᠎ᠠ ᠃ ta ᠶᠢᠨ ᠬᠦᠷᠢᠶ᠎ᠡ ᠬᠡᠷᠡᠭᠯᠡᠭᠳᠡᠬᠦ ᠂ ᠲᠣᠭᠲᠠᠬᠤ ᠲᠣᠭᠲᠠᠭᠠᠬᠤ ᠂ ᠵᠣᠭᠰᠣᠬᠤ ᠂ ᠬᠣᠷᠢᠭᠯᠠᠬᠤ ᠶᠢᠨ ᠬᠡᠯᠡᠭ ᠲᠥᠷᠥᠯ ᠤᠨ ᠬᠡᠯᠡᠨ ᠳᠦ ᠲᠠᠰᠤᠷᠠᠯ ᠳᠤ ᠲᠦᠷᠦᠭ ᠶᠢᠨ ᠲᠣᠭᠲᠠᠭᠠᠬᠤ ᠪᠣᠯᠪᠠᠰᠤᠷᠠᠯ [42] · tan- ᠪᠣᠯᠤᠭᠰᠠᠨ ᠨᠢ ᠲᠣᠭᠲᠠᠭᠠᠯ ᠭᠡᠵᠦ ᠂ ᠬᠡᠷᠪᠡ ᠭᠡᠵᠦ ᠬᠠᠷᠢᠴᠠᠭᠤᠯᠤᠯ ᠳᠤ ᠪᠣᠯᠪᠠᠰᠤᠷᠠᠯ ᠬᠦ ᠲᠣᠭᠲᠠᠨ (ᠪᠣᠯ ᠡᠨᠡ ᠭᠡᠵᠦ ᠦ ᠪᠣᠯᠪᠠᠰᠤ ᠳᠤ ᠲᠣᠭᠲᠠᠨ ᠬᠡᠯᠡᠬᠦ ᠲᠠᠰᠤᠷ) ᠃ ᠲᠣᠭᠲᠠᠭᠠᠯᠲᠠ ᠶᠢᠨ ᠬᠡᠯᠡᠬᠦ ᠶᠢᠨ ᠲᠦᠷᠦᠭ ᠲᠣᠭᠲᠠᠨ ᠦ ᠬᠡᠯᠡᠨ ᠳᠦ ᠬᠡᠷᠡᠭᠯᠡᠭᠳᠡᠬᠦ ᠪᠣᠯᠤᠨ᠎ᠠ ᠲᠣᠭᠲᠠᠭᠠᠬᠤ ᠶᠢᠨ ᠲᠦᠷᠦᠭ ᠦ ᠬᠡᠯᠡᠯᠭᠡ ᠳᠦ ᠬᠡᠷᠡᠭᠯᠡᠭᠳᠡᠭᠦᠯᠦᠭᠰᠡᠨ ᠬᠡᠯᠡ ᠡᠨᠡ ᠲᠣᠭᠲᠠᠭᠠᠯ ᠳᠤ ᠲᠦᠷᠦᠭᠴᠦᠳ ᠃ ᠲᠠᠷᠤ ᠬᠡᠷᠡᠭ ᠶᠢᠨ ᠲᠣᠭᠲᠠᠭᠠᠯᠲᠠ ᠳᠤ ᠬᠡᠯᠡᠬᠦ ᠬᠡᠷᠡᠭᠯᠡᠬᠦ ᠲᠣᠭᠲᠠᠭᠠᠯ ᠤᠨ ᠬᠡᠯᠡᠨ ᠦ to (ton-) ᠪᠣᠯᠤᠨ ta · tad ᠭᠡᠳᠡᠭ ᠲᠦᠷᠦᠭ ᠶᠢᠨ ᠬᠡᠷᠡᠭ ᠲᠣᠭᠲᠠᠨ ᠲᠠᠢ ᠪᠠᠷᠢᠭᠰᠠᠨ ᠬᠠᠷᠢᠴᠠᠭᠤᠯᠪᠠᠯ ᠲᠣᠭᠲᠠᠭᠠᠯ ᠲᠦᠷᠦᠭᠵᠢᠭᠰᠡᠨ ᠪᠣᠯᠪᠠᠰᠤᠷᠠᠯᠲᠠ ᠃

19. ᠲᠦᠷᠦᠭ ᠬᠡᠯᠡ ᠳᠦ ᠲᠣᠭᠲᠠᠭᠠᠯ ᠭᠡᠵᠦ ᠬᠡᠷᠡᠭᠯᠡ ᠮᠣᠩᠭᠣᠯ ᠬᠠᠷᠢᠴᠠᠭᠤᠯᠤᠯ ᠤᠨ ᠳᠤ ᠪᠣᠯᠪᠠᠰᠤᠷᠠᠯ ᠳᠤ ta ᠶᠢᠨ ᠬᠡᠷᠡᠭᠯᠡᠭᠡ ᠂ ᠲᠦᠷᠦᠭ ᠮᠣᠩᠭᠣᠯ ᠶᠢᠨ ᠲᠣᠭᠲᠠᠨ ᠳᠤ ᠲᠣᠭᠲᠠ ᠲᠦᠷᠦᠭ ᠳᠦ ᠲᠣᠭᠲᠠᠭᠠᠯ ᠳᠤ ᠲᠦᠷᠦᠭ ᠮᠣᠩᠭᠣᠯ ᠦ ᠮᠣᠩᠭᠣᠯᠴᠤᠳ ᠲᠣᠭᠲᠠᠭᠰᠠᠨ ᠪᠣᠯ

ᠪᠣᠯᠤᠭᠰᠠᠨ ᠪᠠ ᠳᠠᠭᠤᠷ ᠬᠡᠯᠡᠨ ᠦ ᠲᠥᠯᠦᠭᠡᠨ ᠡᠷᠦᠭᠦᠯᠦᠭᠴᠢ ᠦᠭᠡ ᠪᠤᠯ ᠮᠣᠩᠭᠣᠯ ᠬᠡᠯᠡᠨ ᠦ ᠲᠡᠭᠦᠨ ᠢ ᠵᠢᠷᠤᠮ ᠤᠨ ᠲᠥᠯᠦᠪ ᠦᠨ ᠳᠠᠭᠠᠪᠤᠷᠢ ᠪᠣᠯᠤᠨ᠎ᠠ ᠃

20. ᠳᠠᠭᠤᠷ ᠬᠡᠯᠡᠨ ᠦ ᠲᠥᠯᠦᠭᠡᠨ ᠡᠷᠦᠭᠦᠯᠦᠭᠴᠢ ᠦᠭᠡ ᠶᠢᠨ ᠲᠢᠭᠡᠯᠳᠦ ᠳᠠᠷᠢᠪ ᠤᠨ ᠲᠥᠷᠦᠯ ᠪᠤᠶᠤ ᠮᠣᠩᠭᠣᠯ ᠬᠡᠯᠡᠨ ᠦ ᠨᠢ

ᠮᠣᠩᠭᠣᠯ ᠬᠡᠯᠡ	ᠳᠠᠭᠤᠷ
ᠲᠠᠨ ᠯᠤᠭ᠎ᠠ	tanlə
ᠲᠠᠨ ᠢᠶᠠᠷ	taɢala
ᠲᠠᠨ ᠡᠴᠡ	tansə
ᠲᠠᠨ ᠢ	tani taji
ᠲᠠᠨ ᠳᠤ ᠲᠠᠨ ᠳᠤᠷ	tandə
ᠲᠠᠨ ᠤ	tani taji
ᠲᠠ	ta

ᠪᠣᠯᠤᠨ᠎ᠠ ᠳᠠᠭᠤᠷ ᠬᠡᠯᠡᠨ ᠦ ᠲᠥᠯᠦᠭᠡᠨ ᠡᠷᠦᠭᠦᠯᠦᠭᠴᠢ ᠦᠭᠡ ᠮᠣᠩᠭᠣᠯ ᠬᠡᠯᠡᠨ ᠡᠴᠡ ᠡᠯᠡᠬᠡᠨ ᠵᠥᠷᠢᠶ᠎ᠠ ᠲᠠᠢ ᠪᠤᠢ ᠪᠠᠶᠢᠳᠠᠯ ᠲᠠᠢ ᠪᠠᠶᠢᠨ᠎ᠠ :

ᠵᠢᠱᠢᠶᠡᠯᠡᠪᠡᠯ ᠮᠣᠩᠭᠣᠯ ᠬᠡᠯᠡᠨ ᠦ ᠲᠠ ᠭᠡᠳᠡᠭ ᠦᠭᠡ ᠶᠢᠨ ᠣᠯᠠᠨ ᠲᠣᠭ᠎ᠠ ᠶᠢᠨ ᠬᠡᠯᠪᠡᠷᠢ ᠪᠣᠯ ᠲᠠ ᠨᠠᠷ ᠪᠠᠢᠳᠠᠭ ᠪᠣᠯᠪᠠᠴᠤ ᠳᠠᠭᠤᠷ ᠬᠡᠯᠡᠨ ᠦ ᠲᠥᠯᠦᠭᠡᠨ ᠡᠷᠦᠭᠦᠯᠦᠭᠴᠢ

ᠦᠭᠡᠨ ᠳᠦ ᠦᠭᠡᠢ ᠪᠠᠶᠢᠳᠠᠭ ᠃ ᠡᠨᠡ ᠨᠢ ᠳᠠᠭᠤᠷ ᠬᠡᠯᠡᠨ ᠦ ta ᠪᠤᠶᠤ ᠮᠣᠩᠭᠣᠯ ᠬᠡᠯᠡᠨ ᠦ -nar ᠭᠡᠳᠡᠭ ᠨᠥᠬᠦᠴᠡᠯ ᠦᠨ ᠳᠠᠭᠠᠪᠤᠷᠢ 《 ᠲᠠ 》 ᠲᠠᠢ ᠬᠠᠷᠢᠴᠠᠭᠤᠯᠪᠠᠯ

ᠲᠥᠯᠦᠭᠡᠨ ᠡᠷᠦᠭᠦᠯᠦᠭᠴᠢ 《 ᠲᠠ 》 ᠪᠣᠯ ᠲᠥᠯᠦᠭᠡᠨ ᠡᠷᠦᠭᠦᠯᠦᠭᠴᠢ ᠦᠭᠡ ᠶᠢᠨ ᠣᠯᠠᠨ ᠲᠣᠭ᠎ᠠ ᠪᠤᠶᠤ ᠲᠥᠯᠦᠭᠡᠨ ᠡᠷᠦᠭᠦᠯᠦᠭᠴᠢ

ᠬᠡᠯᠡᠨ ᠮᠣᠩᠭᠣᠯ ᠬᠡᠯᠡᠯᠡᠭᠳᠡᠭᠰᠡᠨ ᠪᠠᠢᠨ᠎ᠠ 《ᠮᠣᠩᠭᠣᠯ》《ᠬᠠᠲᠠᠨ》 ᠤᠨ ᠮᠠᠨᠵᠤ ᠶᠢᠨ ᠪᠠᠢ ᠃ ᠲᠡᠭᠦᠨ ᠤᠨ ᠲᠡᠭᠦᠨ ᠳᠦ ᠮᠣᠩᠭᠣᠯᠴᠤᠳ

22. ᠮᠣᠩᠭᠣᠯ ᠪᠢᠴᠢᠭ ᠤᠨ ᠬᠡᠯᠡ ᠮᠣᠩᠭᠣᠯ ᠳᠤᠷᠠᠯ ᠮᠠᠨᠳᠤᠯᠳᠠᠭᠰᠠᠨ ənə · tərə ᠬᠡᠯᠡᠨ ᠮᠣᠩᠭᠣᠯ ᠤᠨ ᠪᠠᠢᠨ᠎ᠠ᠃ ᠲᠡᠷᠡ᠃ ᠭᠡᠰᠡᠨ᠃

21. ᠬᠡᠯᠡᠨ ᠪᠠᠢᠳᠠᠯ ᠬᠡᠯᠡᠪᠦᠷᠢᠯᠡᠭᠰᠡᠨ ᠪᠣᠯᠤᠨ ᠤ ᠬᠡᠯᠡᠪᠦᠷᠢ ᠳᠦ ənə ' tərə ' əʁən ' hə ᠭᠡᠬᠦ ᠮᠣᠩᠭᠣᠯ ᠮᠣᠩᠭᠣᠯ ᠬᠡᠯᠡᠨ ᠪᠠᠢᠳᠠᠯ ᠬᠡᠯᠡᠪᠦᠷᠢᠯᠡᠭᠰᠡᠨ ᠪᠣᠯᠤᠨ ᠤᠨ ᠪᠠᠢᠳᠠᠯ ᠤᠨ ᠬᠡᠯᠡ ᠮᠣᠩᠭᠣᠯ

※ t->	t-		-a(n)
	č-	-i(n) > -a(m)	
ᠬᠡᠯᠡᠨ ᠤ ᠪᠠᠢᠳᠠᠯ ᠬᠡᠯᠡᠪᠦᠷᠢ / ᠪᠠᠢᠳᠠᠯ ᠤ ᠬᠡᠯᠡᠨ / ᠬᠡᠯᠡᠪᠦᠷᠢ		ᠬᠡᠯᠡᠨ ᠪᠠᠢᠳᠠᠯ	ᠮᠣᠩᠭᠣᠯ ᠪᠠᠢᠳᠠᠯ

ᠪᠠᠢᠳᠠᠯ ᠮᠣᠩᠭᠣᠯ ᠃ ᠪᠣᠯᠤᠨ ᠪᠠᠢᠳᠠᠯ :

ᠪᠣᠯᠤᠨ ᠪᠠᠢᠳᠠᠯ ᠤᠨ ᠬᠡᠯᠡᠪᠦᠷᠢᠯᠡᠭᠰᠡᠨ ᠮᠣᠩᠭᠣᠯ ᠬᠡᠯᠡ ᠶᠢᠨ ᠮᠣᠩᠭᠣᠯ ᠪᠠᠢᠳᠠᠯ ᠮᠣᠩᠭᠣᠯᠴᠤᠳ ᠬᠡᠯᠡᠨ ᠬᠡᠯᠡ ᠮᠣᠩᠭᠣᠯ ᠮᠠᠨᠳᠤᠯ ᠬᠡᠯᠡᠨ

ᠬᠡᠯᠡᠨ ᠳᠦ tərə ᠶᠢᠨ ᠣᠷᠣᠨ ᠳᠤ ᠬᠡᠷᠡᠭᠯᠡᠭᠳᠡᠳᠡᠭ ᠦᠭᠡ ᠶᠢ ᠬᠡᠷᠡᠭᠯᠡᠳᠡᠭ᠃ ᠳᠡᠭᠡᠷᠡᠬᠢ ᠵᠢᠱᠢᠶ᠎ᠡ ᠨᠢ ᠡᠨᠡ ᠪᠠᠢᠳᠠᠯ ᠢ ᠢᠯᠡᠷᠡᠭᠦᠯᠵᠦ ᠪᠠᠢᠨ᠎ᠠ ᠳᠤ ᠪᠠᠢᠨ᠎ᠠ tərə ᠶᠢᠨ ᠣᠷᠣᠨ ᠳᠤ ᠬᠡᠷᠡᠭᠯᠡᠭᠳᠡᠭᠰᠡᠨ ᠨᠢ ᠬᠡᠯᠡᠨ ᠦ ᠣᠨᠴᠠᠯᠢᠭ ᠪᠣᠯᠤᠨ᠎ᠠ᠃ ᠲᠡᠭᠦᠨ ᠦ ᠬᠡᠷᠡᠭᠯᠡᠭᠡ ᠨᠢ ᠳᠤ ən ə ᠶᠢᠨ ᠣᠷᠣᠨ ᠳᠤ ᠬᠡᠷᠡᠭᠯᠡᠭᠳᠡᠬᠦ ᠳᠤ ᠡᠨᠡ ᠪᠠᠢᠳᠠᠯ ᠢ ᠡᠨᠡ ᠨᠢ ᠡᠨᠡ ᠲᠡᠷᠡ ᠬᠡᠯᠡᠨ ᠦ ᠣᠨᠴᠠᠯᠢᠭ ᠪᠣᠯᠤᠨ᠎ᠠ ᠂ ᠲᠠᠢ tərə ᠶᠢᠨ ᠣᠷᠣᠨ ᠳᠤ ᠬᠡᠷᠡᠭᠯᠡᠭᠳᠡᠭᠰᠡᠨ ᠡᠨᠡ ᠪᠣᠯ ᠡᠨᠡ ᠬᠡᠯᠡᠨ ᠦ ᠬᠡᠷᠡᠭᠯᠡᠭᠡ ᠶᠢᠨ ᠣᠨᠴᠠᠯᠢᠭ ᠪᠣᠯᠤᠨ᠎ᠠ [43] ::

ᠪᠣᠯᠤᠨ᠎ᠠ ᠭᠡᠵᠦ ᠬᠡᠯᠡᠵᠦ ᠪᠣᠯᠣᠨ᠎ᠠ ᠃ ᠵᠢᠱᠢᠶᠡᠯᠡᠪᠡᠯ ᠡᠨᠡ ᠤᠳᠤᠭ᠎ᠠ ᠶᠢᠨ ᠬᠡᠷᠡᠭᠯᠡᠭᠡ ᠳᠤ ənə ᠡᠨᠡ ᠪᠣᠯᠤᠨ᠎ᠠ ᠡᠨᠡ ᠲᠡᠷᠡ᠂ ᠡᠨᠡ ᠲᠡᠷᠡ ᠪᠠᠢᠳᠠᠯ ᠲᠠᠢ ᠪᠣᠯᠤᠨ᠎ᠠ ᠂ ᠡᠨᠡ ᠨᠢ ᠲᠡᠷᠡ ᠪᠣᠯᠬᠤ ᠳᠤ ᠂ ᠲᠡᠷᠡ ᠲᠠᠢ ᠂ ᠡᠨᠡ ᠲᠠᠢ ᠂ ᠡᠨᠡ ᠮᠡᠲᠦ ᠂ ᠬᠡᠷᠡᠭᠯᠡᠬᠦ ᠪᠠᠢᠳᠠᠯ (ᠡᠨᠡ ᠬᠡᠯᠡᠨ ᠦ ᠬᠡᠷᠡᠭᠯᠡᠭᠡ ᠶᠢᠨ ᠪᠠᠢᠳᠠᠯ) ᠶᠢ ᠪᠠᠢᠨ᠎ᠠ ᠂ ᠡᠨᠡ ᠨᠢ ᠡᠭᠦᠳᠡ ᠳᠤ ᠡᠨᠡ ᠮᠡᠲᠦ ᠪᠣᠯᠤᠨ᠎ᠠ ᠃ ᠵᠢᠱᠢᠶᠡᠯᠡᠪᠡᠯ᠄ ənəmutun (ᠡᠨᠡ ᠮᠡᠲᠦ) · ənəɢoni (ᠡᠨᠡ ᠬᠣᠨᠢ) · ənə kun (ᠡᠨᠡ ᠬᠦᠮᠦᠨ) ᠬᠡᠷᠡᠭᠯᠡᠭᠳᠡᠳᠡᠭ :: ᠲᠡᠷᠡ ᠶᠢᠨ ᠬᠡᠯᠪᠡᠷᠢ ᠨᠢ (ᠡᠨᠡ ᠬᠦᠮᠦᠨ) ᠶᠢ ᠬᠡᠯᠡᠬᠦ :: tərə ᠶᠢᠨ ᠬᠡᠷᠡᠭᠯᠡᠭᠡ (ᠡᠨᠡ ᠭᠠᠵᠠᠷ · ᠡᠨᠡ ᠣᠷᠣᠨ) ᠂ ənə Gadʐa (ᠡᠨᠡ ᠭᠠᠵᠠᠷ) · ᠵᠢᠱᠢᠶᠡᠯᠡᠪᠡᠯ ᠲᠡᠷᠡ ᠬᠡᠯᠡᠨ ᠦ ᠬᠡᠷᠡᠭᠯᠡᠭᠡ ᠳᠤ ᠂ tərə mori (ᠲᠡᠷᠡ ᠮᠣᠷᠢ) · tərə asun (ᠲᠡᠷᠡ ᠠᠳᠤᠭᠤ) · tərə ʂɯʐə (ᠲᠡᠷᠡ ᠶᠠᠭᠤ) ᠶᠢ ᠬᠡᠷᠡᠭᠯᠡᠬᠦ ᠪᠠᠢᠳᠠᠯ ᠢ ᠪᠠᠢᠨ᠎ᠠ :: ᠡᠨᠡ ᠬᠡᠯᠡᠨ ᠦ ᠬᠣᠶᠠᠷ ᠦᠭᠡ ᠶᠢᠨ ənə tərə ᠶᠢᠨ ᠬᠡᠯᠪᠡᠷᠢ ᠨᠢ ᠪᠠᠢᠳᠠᠯ ᠡᠨᠡ ᠮᠡᠲᠦ ᠪᠣᠯᠤᠨ᠎ᠠ ᠃ 《 ᠲᠡᠷᠡ ᠬᠣᠶᠠᠷ 》 ᠪᠠ 《 ᠡᠨᠡ 》 (ᠡᠨᠡ ᠬᠡᠯᠡᠨ ᠦ ᠬᠠ) ·

ᠵᠢᠭᠠᠨ ᠲᠣᠭᠠᠯᠠᠭᠳᠠᠬᠤ ᠪᠠᠶᠢᠭ᠎ᠠ ᠡᠨᠡ ᠲᠥᠯᠦᠭᠡᠯᠡᠯ ᠦ ᠵᠢᠭᠠᠬᠤ ᠲᠡᠭᠦᠨ ᠪᠠᠷ ᠬᠡᠯᠡᠨ ᠦ ənə tərə ᠭᠡᠳᠡᠭ ᠨᠢ ᠲᠡᠭᠦᠨ ᠵᠢᠭᠠᠬᠤ ᠡᠨᠡ ᠪᠡᠷ ᠦᠨ ᠦ ᠲᠥᠯᠦᠭᠡᠨ ᠪᠠᠶᠢᠭ᠎ᠠ ᠡᠨᠡ ᠲᠥᠯᠦᠭᠡᠯᠡᠯ ᠦ ᠵᠢᠭᠠᠬᠤ ᠲᠡᠭᠦᠨ ᠳᠤ ᠲᠣᠭᠠᠨᠳᠠᠭᠤᠯᠤᠭᠳᠠᠬᠤ ᠲᠣᠭᠠᠷᠠᠭ ᠄ ᠪᠣᠯᠤᠮᠵᠢᠲᠠᠢ ᠬᠡᠯᠡᠨ ᠦ ᠲᠥᠷᠦᠯ ᠲᠠᠢ ᠄ ənə ᠬᠡᠯᠡᠨ ᠲᠡᠭᠦᠨ ᠪᠡᠷ ᠲᠣᠭᠠᠨ ᠲᠥᠯᠦᠭᠡᠨ ᠦ ᠵᠢᠭᠠᠬᠤ ᠲᠣᠭᠠᠨ ᠬᠡᠯᠡᠨ ᠄ ᠲᠡᠷᠡ ᠪᠠᠷᠠᠨ tərə ᠲᠡᠭᠦᠨ ᠪᠣᠯᠤᠨ᠎ᠠ ᠄

ᠵᠢᠱᠢᠶᠡᠯᠡᠪᠡᠯ : ənniig tərniig ənnəəs · tərnəəs ᠬᠡᠪ ᠲᠡᠭᠦᠨ ᠪᠠᠷ ᠪᠣᠯᠤ ᠡᠨᠡ ᠲᠥᠯᠦᠭᠡᠨ ᠲᠡᠷᠡ ᠵᠢᠭᠠᠬᠤ ᠲᠥᠯᠦᠭᠡᠨ ᠦᠭᠡ ᠶᠢᠨ ᠲᠣᠭᠠᠨᠳᠠᠭᠤᠯ ᠲᠣᠭᠠᠯᠠᠨ ᠵᠢᠭ ᠨᠢ ᠲᠣᠭᠠᠨ ᠬᠡᠯᠡᠨ ᠦ ᠵᠢᠭᠠᠭᠠᠨ ᠵᠢᠭᠠᠯᠠᠨ ᠲᠣᠭᠠᠭᠠᠨ ᠳᠤ ᠪᠠᠷ ᠄ ᠡᠨᠡ ᠲᠥᠯᠦᠭᠡᠨ ᠲᠡᠷᠡ ᠵᠢᠭᠠᠬᠤ ᠲᠥᠯᠦᠭᠡᠨ ᠦᠭᠡ ᠲᠣᠭᠠᠨᠳᠠᠭᠤᠯ ᠄ ᠪᠣᠯᠤᠮᠵᠢᠲᠠᠢ ᠬᠡᠯᠡᠨ ᠦ ᠰᠠᠨ ᠲᠡᠷᠡ · ᠨᠢ ᠭᠡᠳᠡᠭ ᠲᠣᠭᠠᠨ ᠳᠤ ᠡᠨᠡ ᠡᠨᠡ ᠲᠥᠯᠦᠭᠡᠨ ᠲᠡᠷᠡ ᠵᠢᠭᠠᠬᠤ ᠲᠥᠯᠦᠭᠡᠨ ᠲᠣᠭᠠᠯᠠᠯ ᠲᠣᠭᠠᠨᠳᠠᠭᠤᠯ ᠪᠣᠯᠤᠮ ᠲᠣᠭᠠᠨ ᠪᠡᠷ ᠪᠣᠯᠤᠮᠵᠢᠲᠠᠢ ᠬᠡᠯᠡᠨ ᠢ ᠨᠢ ᠭᠡᠳᠡᠭ ᠲᠣᠭᠠᠨ ᠳᠤ ᠡᠨᠡᠪᠡᠷ ᠵᠢᠭᠠᠭᠠᠨ ᠲᠣᠭᠠᠨ ᠄ (2) 《 ᠨᠣᠭᠣᠨ ᠡᠨᠡᠪᠡᠷᠯᠡᠨ 》 ᠳᠤ ᠨᠢ ᠭᠡᠳᠡᠭ ᠲᠣᠭᠠᠨ ᠰᠠᠨ ᠲᠣᠭ᠎ᠠ ᠬᠠᠪᠰᠤᠷ ᠳᠤ ᠡᠨᠡ ᠰᠠᠨ ᠡᠨᠡᠲᠡᠭᠡ ᠡᠨᠡᠪᠡᠬᠡᠨ ᠪᠠᠷ ᠵᠢᠭᠠᠯᠠᠪᠠ ᠪᠣᠯᠤᠮᠤᠨ ᠪᠣᠯᠤᠮᠵᠢᠲᠠᠢ ᠬᠡᠯᠡᠨ ᠢ tərə ᠶᠢ ᠪᠣᠯᠤᠨ ᠨᠡᠷ ᠪᠣᠯᠤᠭᠠᠨ ᠵᠢᠭᠠᠷ ᠲᠣᠭᠠᠨᠳᠠᠭᠤᠯ ᠤ ᠲᠣᠭᠠᠨᠳᠠᠭᠤᠯᠤᠨ ᠡᠨᠡᠪᠡᠯᠡᠪᠡ ᠬᠡᠯᠡᠨ ᠡᠨᠡ ᠰᠠᠨ : (1) 《 ᠨᠣᠭᠣᠨ ᠡᠨᠡᠪᠡᠷᠯᠡᠨ 》 ᠳᠤ ᠨᠢ ᠭᠡᠳᠡᠭ ᠲᠣᠭᠠᠨ ᠶᠢ 《 ᠡᠨᠡᠨ 》 (ᠰᠠᠨᠤ ᠵᠢᠱᠢᠶᠡᠯᠡᠨ ᠪᠡᠷ) ᠭᠡᠳᠡᠭ ᠤ ᠲᠣᠭᠠᠯᠠᠯ ᠪᠣᠯᠤᠭᠰᠠᠨ ᠲᠣᠭᠠᠨ ᠵᠢᠭᠠᠯᠠᠭᠳᠠᠬᠤᠨ ᠲᠣᠭᠠᠨᠳᠠᠭᠤᠯ · ᠲᠣᠭᠠᠯᠠᠪᠠ

(ᠪᠠᠷᠠᠭᠤᠨ ᠂ ᠵᠡᠭᠦᠨ ᠪᠠᠶᠢᠷᠢ) ᠂ ᠬᠡᠯᠡᠨ ᠠᠶᠠᠯᠭᠤ ᠬᠦᠮᠦᠨ ᠦ ergen (ᠵᠡᠭᠦᠨ ᠪᠠᠶᠢᠷᠢ) ᠢ ᠮᠠᠲᠠ ᠮᠣᠩᠭᠣᠯ ᠬᠡᠯᠡᠨ ᠦ ᠵᠡᠭᠦᠨ
ᠬᠡᠯᠡᠯᠴᠡᠭᠡ) ᠳᠤ ᠮᠣᠩᠭᠣᠯ ᠬᠡᠯᠡᠨ ᠳᠦ ᠪᠠᠶᠢᠭ᠎ᠠ ᠮᠠᠲᠠ ᠮᠣᠩᠭᠣᠯ ᠬᠡᠯᠡᠨ ᠦ ᠬᠡᠷᠡᠭᠯᠡᠭᠳᠡᠬᠦᠨ ᠮᠣᠩᠭᠣᠯ ᠄ ᠮᠣᠩᠭᠣᠯᠴᠤᠳ ᠬᠦᠮᠦᠨ ᠦ rgən
ᠮᠣᠩᠭᠣᠯ ᠪᠣᠯ ᠲᠡᠭᠦᠨ ᠡᠴᠡ ᠲᠠ ᠶᠢᠨ ᠰᠤᠷᠭᠠᠭᠤᠯᠢ ᠦ ᠨᠢ ᠮᠣᠩᠭᠣᠯ ᠬᠡᠯᠡ ᠄ ᠮᠣᠩᠭᠣᠯᠴᠤᠳ ᠰᠤᠷᠪᠠᠯᠵᠢ ᠬᠦᠮᠦᠨ ᠮᠣᠩᠭᠣᠯ (ᠪᠢᠴᠢᠭᠯᠡᠭᠰᠡᠨ
ᠬᠦᠮᠦᠨ ᠪᠣᠯ) ᠬᠦᠮᠦᠨ ᠪᠣᠯᠭᠠᠨ ᠰᠡᠳᠭᠦᠯ ᠨᠡᠷ᠎ᠡ ᠶᠢ ᠬᠡᠯᠡᠨ ᠡ hæʁɐ̃ ~hɜʁɜ~ — ᠮᠣᠩᠭᠣᠯ ᠨᠡᠷ᠎ᠡ ᠬᠦᠮᠦᠨ 《 ᠰᠤᠷᠭᠠᠭᠤᠯᠢ 》 ᠲᠡᠷᠡ

23. ᠮᠣᠩᠭᠣᠯ ᠰᠤᠷᠭᠠᠭᠤᠯᠢ ᠰᠤᠷᠪᠠᠯᠵᠢᠯᠠᠬᠤ ᠡᠴᠡ ᠲᠠ ᠶᠢᠨ əʁən (ᠳᠠᠪᠠᠭᠠᠨ) ᠬᠡᠯᠡᠨ ᠦ Daban — ᠮᠣᠩᠭᠣᠯ

ᠨᠡᠷᠡᠯᠡᠬᠦ	ənələ	tərəla
ᠮᠣᠩᠭᠣᠯᠬᠤ	ənəɢala	tərəɢala
ᠰᠢᠮᠡᠬᠦ	ənəsə ənənsə	tərəsə tərənsə
ᠲᠤᠰᠢᠬᠤ	ənəni ənəji ənəndə（nəndə）	tərəni tərəji
ᠮᠣᠩᠭᠣᠯ ᠮᠣᠩᠭᠣᠯᠬᠤ	ənədə	tərədə tərəndə
ᠰᠤᠷᠭᠠᠬᠤ	ənəni ənəji	tərəni tərəji
ᠮᠣᠩᠭᠣᠯᠬᠤ	ənə	tərə
ᠵᠡᠭᠦᠨ ᠮᠣᠩᠭᠣᠯ	ᠮᠣᠩᠭᠣᠯ ᠲᠠ ᠰᠤᠷᠭᠠᠭᠤᠯᠢ	

ᠰᠤᠷᠭᠠᠭᠤᠯᠢ ᠪᠣᠯᠭᠠᠨ ᠤ ᠪᠠᠶᠢᠭᠤᠯᠤᠯᠲᠠ ᠪᠠᠨ ᠮᠣᠩᠭᠣᠯᠴᠤᠳ :

[illegible]

əʁən wo ma, jama da uliə məʤiənə.

([illegible])

[illegible]

əʁən ʂɯ niə tɕimutu kun wo!

[illegible] :

[illegible] 〔44〕 [illegible]
[illegible]
[illegible] əʁən [illegible]
an ([illegible]) [illegible] ŋgaŋ [illegible]
[illegible]) [illegible] nuŋan ˈnoŋan ˈnug
[illegible] ŋgaŋ ([illegible]

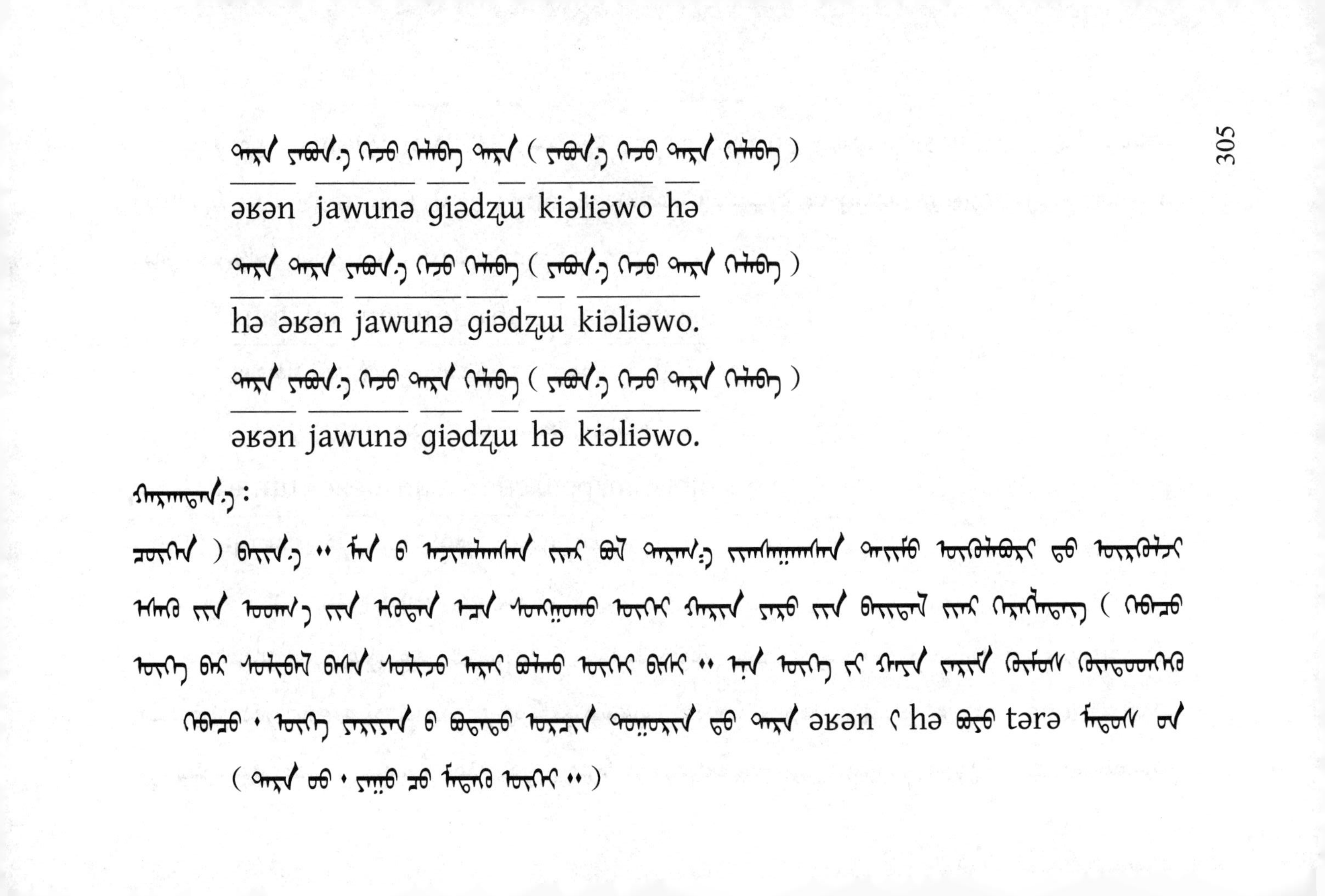

[illegible] ([illegible])

əʁən jawunə giədzɯ kiəliəwo hə

[illegible] ([illegible])

hə əʁən jawunə giədzɯ kiəliəwo.

[illegible] ([illegible])

əʁən jawunə giədzɯ hə kiəliəwo.

[illegible]:

[illegible] əʁən (hə [illegible] tərə [illegible] ([illegible])

ᡨᡝᡵᡝ ᠪᡝ · ᡥᠠᡵᡤᠠᠰᠠᡴᡡ ᠰᡝᠮᠪᡳ ᠪᡝ ᠵᡳᡵᡤᠠᠴᡠᡥᠠᡴᡡ ᡥᡝ ᠴᡝᠨ ᡳ kiəliəwo ᡩᡝ ᠶᠠᡵᡤᡳᠶᠠᠨ ᡩᡝ ᠪᡝ ᡝᡵᡤᡝ

ᠴᡝᠨ ᡳ ᠵᡠᠸᡝ ᡩᡝ ᠪᡝ · əʁən ᠴᡝᠨ ᡳ jawunə ᡩᡝ ᠪᡝ ᡳᠴᡳᡴᡳ ᡩᡝ ᠪᡝ ᠪᡳᠰᡳᠮᡝ ·· əʁən ᠴᡝᠨ ᠶᠠᡵᡤᡳ ᡩᡝ

ᡨᡝᡵᡝ ᡤᡳᠶᠠᠰᠠᡵᡠ ᡩᡝ ᠠᡳᠰᡳᠯᠠᠮᡝ ᡤᡳᠰᡠᡵᡝᡵᡝ :

ᠠᡥᡡᠨ ᡥᡝ ᡠᠯᡳᠶᡝ ᡳᡵᡝᠨᡝ ᡤᡳᠶᡝᡯᡠ ᡴᡳᠶᡝᠯᡳᠶᡝᠸᠣ

ahun hə uliə irənə giədzɯ kiəliəwo

（ᠠᡥᡡᠨ ᡳ ᡠᠯᡳᠶᡝ ᡳᡵᡝᠨᡝ ᡤᡳᠶᡝᡯᡠ ᡴᡳᠶᡝᠯᡳᠶᡝᠸᠣ）

ᠠᡥᡡᠨ ᡝᡵᡤᡝᠨ ᡠᠯᡳᠶᡝ ᡳᡵᡝᠨᡝ ᡤᡳᠶᡝᡯᡠ ᡴᡳᠶᡝᠯᡳᠶᡝᠸᠣ

ahun əʁən uliə irənə giədzɯ kiəliəwo

（〈ᠪᡝ〉 ᡠᠯᡳᠶᡝ ᡳᡵᡝᠨᡝ ᡤᡳᠶᡝᡯᡠ ᡴᡳᠶᡝᠯᡳᠶᡝᠸᠣ）

ᡨᡝᡵᡝ ᠠᡳᠰᡳᠯᠠᠮᡝ · ᠪᡝ ᡤᡳᠰᡠᠨ ᡳ ᠪᡝᡵᡝ ᡴᡳᠶᡝᠯᡳᠶᡝᠸᠣ ᡳ ᡥᠠᡵᡤᠠᠰᠠᡴᡡ ᠪᡝ hə ᠪᡝ ᡴᡳᠶᡝᠯᡳᠶᡝᠸᠣ ᡝᡵᡝ ᠰᡳᠮᡝ ᡩᡝ ᠪᡠᠪᡠ

ᡥᠠᡵᡤᠠᠰᠠᡴᡡ ᡝᡵᡝ əʁən ᡳ ᡴᡳᠶᡝᠯᡳᠶᡝᠸᠣ ᠪᡝ ᠪᡝᠰᡝ ᡳ ᠵᡳᡵᡤᠠᠴᡠᡥᠠᠩᡤᠠ ᠪᡝᠰᡝ ·· ᡨᡝᡵᡝ ᠪᡝ ᡨᡝᠪᡠᡥᡝ ᠪᡝ hə · əʁən ᠰᡝᡵᡝ

ᠪᡝ ᡥᠠᡵᡤᠠᠰᠠᡴᡡ ᡤᡳᠰᡠᠨ · ᡥᠠᡵᡤᠠᠨᡝ ᡤᡳᠰᡠᠨ ᡩᡝ ᠴᡝᠨ ᠪᡝ ᡝᡵᡤᡳ ᠰᡝ ᠵᡳᡥᡝᠮᠪᡳ ᡤᡳᠰᡠᡵᡝᡵᡝ ᡩᡝᡵᡝ ᠪᡠᠰᡝᠮᠪᡳ

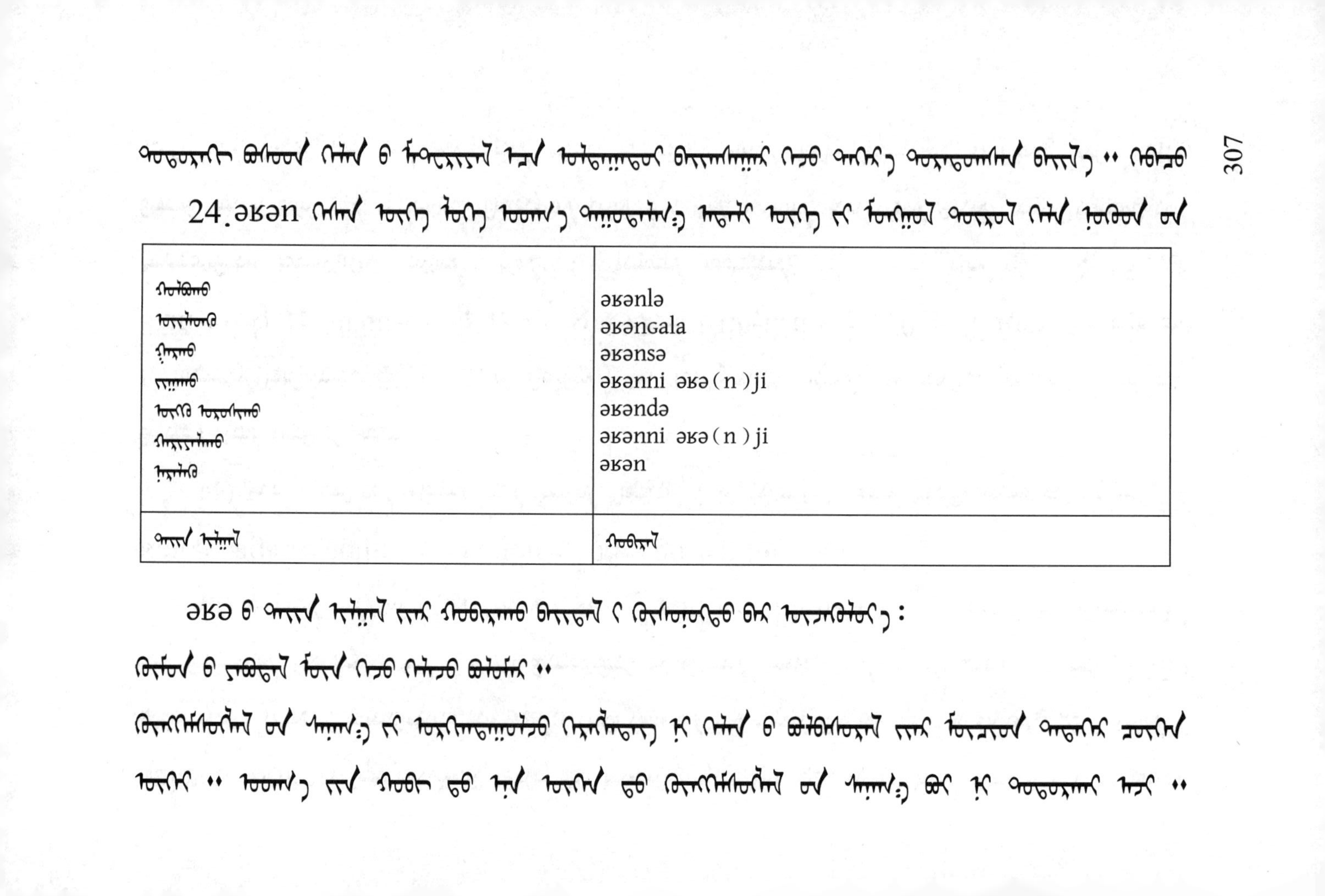

[illegible]

[illegible] 24. əʁən

[illegible]	[illegible]
əʁənlə əʁənɢala əʁənsə əʁənni əʁə(n)ji əʁəndə əʁənni əʁə(n)ji əʁən	[illegible] [illegible] [illegible] [illegible] [illegible] [illegible] [illegible]

əʁə [illegible] :

[illegible]

[illegible]

qalaʁan boʁon ᠭᠡᠳᠡᠭ ᠮᠣᠩᠭᠣᠯᠴᠤᠳ ᠤᠨ ᠬᠡᠯᠡ ᠳᠦ ᠬᠠᠳᠠᠭᠠᠯᠠᠭᠳᠠᠵᠠᠢ ᠃ ᠡᠨᠡ qalaʁan ᠭᠡᠳᠡᠭ ᠦ -ʁan ᠢ ᠰᠢᠷᠪᠢᠭᠡᠭᠦᠷ
《 ᠮᠣᠩᠭᠣᠯ ᠤᠨ 》 ᠭᠡᠳᠡᠭ ᠢ ᠪᠣᠯᠭᠠᠭᠰᠠᠨ ᠠᠴᠠ qala ᠭᠡᠳᠡᠭ ᠭᠡᠵᠦ ᠪᠠᠢᠨ᠎ᠠ ᠂ 《 ᠰᠢᠨ᠎ᠡ ᠪᠢᠴᠢᠭ ᠦᠨ 》《 ᠮᠣᠩᠭᠣᠯ ᠤᠨ 》 ᠭᠡᠳᠡᠭ ᠢ
ᠲᠤᠰ ᠪᠠᠷᠢᠮᠲᠠᠯᠠᠨ ᠪᠠᠢᠨ᠎ᠠ ᠃ ᠡᠨᠡ - ʁən ᠪᠣᠯᠪᠠᠰᠤᠷᠠᠯ ᠤᠨ ᠪᠠᠢᠳᠠᠯ ᠮᠣᠩᠭᠣᠯ ᠬᠡᠯᠡ ᠨᠢ ᠪᠠᠢᠨ᠎ᠠ ᠃ ᠲᠣᠳᠣᠷᠬᠠᠢᠯᠠᠪᠠᠯ ᠂

(2) ᠪᠣᠯᠪᠠᠰᠤ ᠶᠢᠨ ᠡᠭᠦᠨ ᠬᠡᠯᠡ ᠭᠡᠵᠦ ᠂ ※ə—※ʁən (<※hə-ʁən) — ᠬᠡᠯᠡᠬᠦ ᠰᠤᠷᠠᠭ ᠪᠣᠯᠭᠠᠭᠠᠳᠠᠭᠰᠠᠨ
ʁən<※ägän<ägün (<※hägün<※hä+gü+n) ᠃

(1) ᠡᠨᠡᠬᠦ ᠲᠣᠰ ᠶᠢᠨ ᠡᠭᠦᠨ ᠬᠡᠯᠡ ᠡᠭᠦᠨ ᠰᠢᠨᠵᠢᠯᠡᠯ ᠢ ᠡᠨᠡ ᠪᠠᠢᠳᠠᠯ ᠮᠣᠩᠭᠣᠯ ᠬᠡᠯᠡᠬᠦ ᠪᠣᠯᠪᠠᠰᠤ ᠲᠡᠭᠦᠨ ᠡᠴᠡ : e
ᠪᠣᠯᠤᠭᠰᠠᠨ ᠬᠡᠯᠡ ᠭᠡᠳᠡᠭ ᠲᠠᠢ ᠠᠳᠠᠯᠢᠬᠠᠨ :

6 ᠮᠣᠩᠭᠣᠯ ᠤᠨ ᠨᠢᠭᠤᠴᠠ ᠲᠣᠪᠴᠢᠶᠠᠨ ᠳᠤ) ᠢ ᠬᠡᠯᠡᠬᠦ ᠰᠢᠨᠵᠢᠯᠡᠯ ᠡᠴᠡ ᠮᠣᠩᠭᠣᠯ ᠭᠡᠳᠡᠭ ᠮᠠᠲᠠᠨ ᠤ ᠃ ᠬᠡᠯᠡᠯᠭᠡ ᠮᠠᠲᠠᠨᠲᠤ ᠪᠣᠯᠤᠨ ᠲᠤᠰ
ä'ün-i ᠂ § 154 ä'ün-u ᠂ § 134 ᠂ § 197 ᠳᠦ ä'ün-äčä ᠂ § 170 ᠳᠦ ä'ubär ᠭᠡᠵᠦ ᠲᠡᠮᠳᠡᠭ ᠲᠠᠢ
ᠮᠣᠩᠭᠣᠯᠴᠤᠳ ᠤᠨ ᠮᠠᠲᠠᠨᠴᠤᠯᠠᠨ ᠬᠡᠯᠡᠯᠡᠨ 《 ᠡᠭᠦᠨ 》(《 ᠰᠢᠨ᠎ᠡ ᠲᠣᠪᠴᠢᠶᠠᠨ 》 ä'ün — ᠡᠭᠦᠨ ᠳᠦ ᠂ § 152 ᠳᠦ
ᠪᠣᠯᠤᠨ᠎ᠠ ᠮᠠᠲᠠᠨ ᠪᠠᠢᠨ ᠲᠤᠯᠠ ᠃ ᠮᠣᠩᠭᠣᠯᠴᠤᠳ ᠪᠣᠯᠪᠠᠰᠤ ᠶᠢ ᠭᠡᠵᠦ ᠦ 《 ᠡᠨᠡ 》 ᠭᠡᠳᠡᠭ ᠮᠣᠩᠭᠣᠯ ᠲᠤᠰ ᠡᠷᠲᠡᠨ ᠡᠭᠦᠨᠡᠴᠡ ᠰᠣᠨᠢᠷᠬᠠᠪᠠᠯ ᠲᠤᠰ
ᠮᠣᠩᠭᠣᠯ ᠲᠤᠰ ᠰᠢᠨᠵᠢᠯᠡᠬᠦ ᠲᠤᠰ ᠲᠤᠰ ᠡᠭᠦᠨ ᠬᠡᠯᠡ ᠡᠭᠦᠨᠳᠦ ᠮᠣᠩᠭᠣᠯᠴᠤᠳ ᠂ ᠡᠭᠦᠨ ᠮᠣᠩᠭᠣᠯ ᠰᠢᠨᠵᠢᠯᠡᠭᠡ ᠶᠢ ᠰᠢᠨᠵᠢᠯᠡᠬᠦ ᠪᠣᠯᠤᠨ ᠮᠣᠩᠭᠣᠯ

ᠬᠤᠪᠢᠷᠠᠯ ᠤᠨ ᠬᠡᠯᠪᠡᠷᠢ ᠪᠣᠯᠤᠨᠠ ᠭᠡᠵᠡᠢ ::

(4) ᠮᠣᠩᠭᠣᠯ ᠬᠡᠯᠡ ᠳᠦ ᠬᠡᠯᠡᠨ ᠡᠶᠢᠯᠡᠳᠦᠯ ᠰᠢᠯᠵᠢᠭᠦᠯᠦᠭᠰᠡᠨ ᠪᠡᠷ ᠤᠨ ᠬᠡᠯᠪᠡᠷᠢ ᠶᠢ ᠬᠡᠷᠡᠭ ᠯᠡᠬᠦ ᠦᠨ ᠲᠠᠢ ᠬᠡᠯᠡᠬᠦ ᠡᠨᠡ ᠪᠣᠯᠪᠠᠰᠤ ᠭᠡᠪᠡᠯ ᠰᠢᠪᠡᠭᠡᠰᠦ (ᠲᠣᠭᠣᠯᠠᠭ ᠬᠡᠯᠡ ᠶᠢᠨ ᠮᠣᠩᠭᠣᠯ ᠦᠨ ᠦᠭᠡ ᠡᠨᠡ ᠬᠡᠯᠪᠡᠷᠢ ᠳᠦ änä ᠮᠡᠲᠦ ᠬᠡᠯᠪᠡᠷᠢ ᠪᠠᠷ ᠪᠠᠢᠨ᠎ᠠ) ::

(3) ᠲᠣᠭᠣᠯᠠᠭ ᠬᠡᠯᠡ ᠶᠢᠨ 《 ᠨᠣᠮ 》 ᠬᠡᠮᠡᠬᠦ ᠰᠤᠳᠤᠷ ᠤᠨ ᠬᠡᠯᠡ ᠶᠢᠨ әʁәn ᠰᠢᠨᠵᠢ ᠶᠢ ᠡᠨᠡ ᠬᠡᠯᠪᠡᠷᠢ ᠲᠠᠢ ᠪᠠᠢᠳᠠᠯ ᠠᠳᠠᠯᠢᠳᠬᠠᠪᠠᠯ ᠪᠠᠢᠨ ᠳᠦ ᠡᠨᠡᠬᠦ ᠪᠠᠢᠳᠠᠯ ::

(ᠲᠡᠷᠡ) ᠂ äGâ (<※av-ki) (ᠡᠨᠡ) ᠬᠡᠮᠡᠨ ᠲᠡᠮᠳᠡᠭ ᠶᠢ ᠡᠭᠦᠨ ä-gü ᠂ ägü-ki 〔45〕 ᠪᠠᠢᠳᠠᠭ ᠢ yaaki ᠂᠂᠂᠂ ᠮᠡᠲᠦ ᠪᠠᠷ ᠰᠢᠪᠡᠭᠡᠰᠦᠭᠡᠳ ᠡᠭᠦᠨ ᠪᠠᠢᠳᠠᠯ ᠢ ᠠᠳᠠᠯᠢᠳᠬᠠᠪᠠᠯ ᠡᠨᠡᠬᠦ ᠪᠠᠢᠳᠠᠯ :: ᠵᠢᠭᠠᠭᠠᠨ ᠬᠡᠯᠡ ᠶᠢᠨ ava (<yan+ɣu+n) ᠶᠢ ᠡᠭᠦᠰᠦ -ki ᠬᠤᠪᠢᠷᠠᠭᠤᠯᠬᠤ ᠳᠦᠷᠢᠮᠲᠡᠢ ᠳᠠᠭᠠ ※yaɣu (n) -ki>※yaɣaki> ᠮᠡᠳᠡᠨ ᠡᠴᠡ ᠮᠡᠳᠡᠭᠳᠡᠨ ᠰᠢᠯᠵᠢᠭᠦᠯᠦᠭᠰᠡᠨ :: ᠳᠤᠮᠳᠠᠳᠤ ᠦᠶᠡ ᠶᠢᠨ ᠲᠣᠭᠣᠯᠠᠭ ᠬᠡᠯᠡ ᠶᠢᠨ 《 ᠲᠡᠦᠬᠡ 》 ᠬᠡᠮᠡᠨ ᠲᠡᠮᠳᠡᠭ ᠲᠠᠢ ※yaɣun ᠪᠠᠢᠨ᠎ᠠ ᠬᠡᠮᠡᠨ ᠬᠡᠯᠪᠡᠷᠢ ᠮᠡᠳᠡᠨ :: ᠮᠡᠲᠦ ᠰᠢᠪᠡᠭᠡᠯ ᠲᠣᠭᠣᠯᠠᠭ ᠦᠭᠡᠯᠡᠯ ᠬᠡᠯᠡ ᠮᠡᠳᠡᠨ ᠡᠭᠦᠳᠦᠭᠰᠡᠨ ᠮᠡᠳᠡᠭᠡ ᠮᠡᠳᠡᠭᠳᠡᠬᠦ ᠶᠢᠨ ᠲᠡᠮᠳᠡᠭ :: ᠡᠭᠦᠪᠡᠯ ᠂ ᠪᠡᠷᠢᠭᠡ ᠲᠡᠮᠳᠡᠭ -ʁən (<※gün) ᠂ ᠵᠢᠭᠠᠬᠤ ᠲᠡᠮᠳᠡᠭ -ʁan (<※ɣun) ᠲᠣᠭᠣᠯᠠᠭ ᠪᠠᠢᠳᠠᠯ ᠤᠨ ᠬᠡᠯᠡ ᠶᠢᠨ -ɣun (-gün) ᠡᠴᠡ ᠡᠭᠦᠳᠦᠭᠰᠡᠨ (ᠡᠭᠦᠰᠬᠡᠭᠳᠡᠭᠰᠡᠨ) ᠬᠤᠪᠢᠷᠠᠭᠤᠯ ᠮᠡᠳᠡ ᠮᠡᠳᠡᠭᠳᠡᠨ ᠬᠡᠳᠦ

(5) [illegible] ᠨᠢ [illegible] ::

(6) [illegible] ::

[illegible] 《 ᠡᠭᠦᠨ 》 əʁən [illegible] ::

(1) 《 ᠡᠨᠡ 》《 ᠡᠭᠦᠨ 》 ᠭᠡᠳᠡᠭ [illegible] ([illegible]) [illegible] ene ، əʁən [illegible] ::

(2) [illegible] 《 ᠡᠭᠦᠨ 》 [illegible] ::

[illegible] əʁən [illegible] ::

[illegible] ᠨᠢ [illegible]

ᠲᠠᠢᠯᠪᠤᠷᠢᠯᠠᠨᠠ ::

25. əʁən ᠤ 《ᠡᠨᠡ》 (ᠣᠳᠣᠭᠠᠬᠢ egün ᠭᠡᠬᠦ ᠬᠡᠯᠡᠯᠭᠡᠨ ᠡᠴᠡ) ᠭᠡᠵᠦ ᠪᠣᠯᠤᠨ ᠠᠪᠤ ᠬᠤᠪᠢᠷᠠᠨ ᠭᠡᠬᠦ ᠪᠣᠯᠤᠭᠰᠠᠨ ᠤ ᠳᠠᠭᠤᠷᠢᠶᠠᠯᠳᠤᠭᠰᠠᠨ · ᠡᠨᠡ ᠨᠢ ᠬᠤᠪᠢᠷᠠᠯ ᠢᠶᠠᠷ ᠪᠣᠯᠤᠭᠰᠠᠨ ᠪᠣᠯᠤᠨ ᠡᠭᠡ ᠡᠭᠡᠰᠬᠡᠭ ᠪᠣᠯᠤᠭᠰᠠᠨ ᠡᠭᠡ egün ᠭᠡᠳᠡᠭ ᠪᠣᠯᠤᠨ ᠡᠭᠡ ᠪᠣᠯᠤᠭᠰᠠᠨ (ᠪᠢᠴᠢᠭᠯᠡᠯ) ᠪᠠᠷᠤᠭᠤᠯᠪᠠᠯ ᠡᠭᠡ ᠬᠡᠯᠡᠨ ᠦ ᠪᠢᠳᠡᠭᠦᠯ ᠢᠶᠠᠷ ᠡᠭᠡᠰᠬᠡᠭ ᠪᠠᠢᠨ᠎ᠠ :: ᠳᠣᠣᠷᠠᠲᠬᠠᠰᠠᠨ ᠢ Daban ᠪᠣᠯᠤᠭᠰᠠᠨ ᠢ ᠪᠠᠷᠤᠨ ᠢ hæʁʌ̃ ᠭᠡᠵᠦ ᠪᠣᠯᠤᠨ ᠪᠡ əʁən ᠤ ᠪᠣᠯᠬᠤ ᠭᠡᠳᠡᠭ ᠲᠠᠯ :: ᠡᠨᠡ ᠨᠢ egün ᠭᠡᠳᠡᠭ ᠪᠣᠯᠤᠨ ᠡᠭᠡ e- ᠪᠢᠴᠢᠭᠯᠡᠯ ᠢ ᠬᠡᠯᠡᠨ ᠪᠣᠯᠤᠭᠰᠠᠨ ᠳᠤᠷᠠᠨ hə/hə- (hä/hä- ᠭᠡᠳᠡᠭ ᠬᠡᠯᠡᠪᠡᠷᠢᠯᠡᠯ ᠲᠡᠭᠦ ᠬᠡᠯᠡᠨ) ᠪᠠᠢᠭᠠᠭ ᠭᠡᠵᠦ ᠦ ᠪᠣᠯᠤᠭᠰᠠᠨ ᠪᠠᠷ :: ᠬᠡᠯᠡᠭᠳᠡᠬᠦ ᠪᠣᠯᠤᠨ ᠡᠭᠡ ᠬᠣᠵᠢᠮ ᠭᠡᠵᠦ ᠦ ᠪᠢᠳᠡᠨ ᠤ ᠪᠣᠯᠤᠭᠰᠠᠨ ᠪᠠᠷᠤᠨ ᠬᠡᠯᠡᠪᠡᠷᠢᠯᠡᠯ ᠡᠭᠡᠷ ᠡᠭᠡ ᠪᠠᠷᠤᠨ ᠢ ᠪᠠᠷᠢᠮᠲᠠ ᠶᠢᠨ ᠬᠡᠯᠡᠯᠭᠡᠨ 《 ᠪᠣᠯᠤᠭᠰᠠᠨ ᠪᠠ — ᠪᠣᠯᠤᠨ ᠬᠡᠷᠡᠭ 》 ᠳᠤ hein ("hein bü ki " ᠪᠡᠯᠡᠨ ᠪᠢᠳᠡ ᠭᠡ) ᠭᠡᠵᠦ ᠪᠢᠳᠡᠨ ᠪᠣᠯᠤᠨ ᠪᠠᠷ [46] :: ᠡᠨᠡ ᠨᠢ ᠬᠡᠯᠡᠪᠡᠷᠢ ᠶᠢ ᠳᠤᠭᠤᠢ ᠪᠢᠳᠡᠭᠦᠢ (ᠡᠨᠡ ᠨᠢ ᠬᠡᠯᠡᠨ ᠳᠤ ᠪᠢᠳᠡᠨ eyin ᠭᠡᠳᠡᠭ ᠬᠡᠯᠡᠪᠡᠷᠢᠯᠡᠯ ᠬᠤᠪᠢᠷᠠᠭ ᠪᠠᠷ [47] ::) e/e- ᠡᠭᠡ he/he- ᠪᠣᠯᠤᠭᠰᠠᠨ ᠢ ᠪᠠᠷᠤᠭᠤᠯᠪᠠᠯ ᠡᠭᠡ ᠪᠢᠳᠡᠨ ᠪᠠᠷᠤᠨ ᠪᠢᠳᠡᠭᠦᠯ ᠪᠢᠳᠡᠭᠦ ᠪᠢᠳᠡᠭᠦᠯ ᠬᠡᠯᠡᠨ ᠪᠣᠯᠤᠨ ᠳᠤ ᠲᠤ hein ᠭᠡᠳᠡᠭ ᠭᠣᠯᠯᠠᠭᠰᠠᠨ ᠬᠡᠯᠡᠪᠡᠷᠢ (ᠪᠢᠳᠡᠨ) ᠪᠠᠷᠤᠭᠤᠯᠪᠠᠯ ᠪᠠᠷᠠᠭᠤᠨ ᠭᠡᠵᠦ ᠤ ᠪᠣᠯᠤᠭᠰᠠᠨ ᠪᠠᠢᠨ᠎ᠠ :: ᠬᠡᠷᠡᠭᠯᠡᠭᠳᠡᠭᠰᠡᠨ ᠲᠡᠮᠳᠡᠭ ᠲᠦ ᠬᠢᠪᠡ ᠬᠡᠯᠡᠭᠳᠡᠭᠰᠡᠨ · ᠬᠣᠵᠢᠮ ᠭᠡᠵᠦ ᠤ 《ᠡᠨᠡ》《ᠡᠳᠡ》《ᠲᠡᠷᠡ》《ᠲᠡᠳᠡᠨ》 ᠭᠡᠪᠡ

ᠬᠡᠯᠡᠬᠦ ᠬᠡᠯᠡᠨ ᠦ 《ᠲ》 ᠶᠢᠨ ᠦᠭᠡ ᠲᠠᠢ hä - [48] ᠪᠠᠶᠢᠭᠤᠯᠬᠤ ᠬᠡᠯᠡᠬᠦ ᠶᠠᠭᠤᠮ ᠠ ::

26. ᠬᠡᠰᠡᠭ ᠬᠡᠯᠡᠨ ᠦ hə (ᠬᠡᠯᠡᠨ ᠦ ᠳᠤᠤᠳᠠᠯᠭ᠎ᠠ [hɐ]~[hɜ]) ᠶᠢᠨ ᠬᠡᠯᠪᠡᠷᠢ ᠪᠣᠯ (əne ᠡᠨᠡ) ᠬᠡᠯᠡᠨ ᠦ ᠲᠡᠮᠳᠡᠭᠯᠡᠯ ᠢ ᠬᠡᠯᠡᠨ ᠡ ᠶᠢᠨ ᠬᠡᠯᠡᠯᠭᠡ ᠪᠣᠯ ᠶᠠᠭᠤ ᠪᠣᠯᠪᠠᠰᠤ ᠪᠠᠶᠢᠨ᠎ᠠ :: ᠡᠨᠡ ᠬᠡᠯᠡᠨ ᠦ ᠪᠦᠲᠦᠴᠡ ᠶᠢᠨ ᠬᠡᠯᠪᠡᠷᠢ ᠲᠡᠢ ᠬᠡᠯᠡᠨ ᠦ ᠬᠡᠷᠡᠭ ᠪᠣᠯᠪᠠ ᠃ ᠪᠣᠯᠤᠨ ᠨᠢ —— ᠬᠡᠯᠡᠯᠭᠡ ᠶᠢᠨ ᠬᠡᠯᠡᠨ ᠦ ᠪᠣᠯᠤᠨ᠎ᠠ :: ᠬᠡᠯᠡᠨ ᠦ ᠪᠣᠯ ᠬᠡᠯᠡᠬᠦ ᠪᠡᠷ ᠪᠦᠲᠦᠴᠡ ᠶᠢᠨ ᠬᠡᠯᠡᠨ ᠦ ᠬᠡᠯᠡᠯᠭᠡ ᠶᠢᠨ ᠬᠡᠯᠡᠨ ᠦ ᠬᠡᠯᠡᠯᠭᠡ ᠃ ᠡᠨᠡ ᠬᠡᠯᠡᠨ ᠦ ᠪᠣᠯ ᠬᠡᠯᠡᠨ ᠦ ᠬᠡᠯᠪᠡᠷᠢ ᠪᠣᠯᠤᠨ᠎ᠠ :: ᠬᠡᠯᠡᠨ ᠦ ᠬᠡᠯᠡᠯᠭᠡ ᠶᠢᠨ ᠬᠡᠯᠡᠨ ᠦ ᠬᠡᠯᠡᠯᠭᠡ - n - ᠬᠡᠯᠡᠯᠭᠡ ᠶᠢᠨ ᠪᠣᠯᠪᠠ ᠬᠡᠯᠡᠨ ᠦ ᠬᠡᠯᠡᠯᠭᠡ ᠶᠢᠨ ᠬᠡᠯᠡᠨ ᠦ ᠪᠣᠯᠤᠨ᠎ᠠ :: ᠡᠨᠡ ᠬᠡᠯᠡᠨ ᠦ ᠬᠡᠯᠡᠯᠭᠡ ᠶᠢᠨ ᠪᠣᠯ ᠶᠢᠨ ᠬᠡᠯᠡᠨ ᠦ ᠬᠡᠯᠡᠯᠭᠡ ᠶᠢᠨ ᠬᠡᠯᠡᠨ ᠦ ᠬᠡᠯᠡᠯᠭᠡ ᠲᠡᠢ ᠪᠣᠯᠤᠨ᠎ᠠ ::

27. hə ᠬᠡᠯᠡᠨ ᠦ ᠬᠡᠯᠡᠯᠭᠡ ᠶᠢᠨ ᠬᠡᠯᠡᠨ ᠦ ᠪᠣᠯ hein (< ※häjin) ,※hägün (>ägün) ,hänä (>änä) ᠨᠢ hä- (>ä-) ᠬᠡᠯᠡᠨ ᠦ ᠬᠡᠯᠡᠯᠭᠡ ᠪᠣᠯᠤᠨ᠎ᠠ :: ᠡᠨᠡ ᠬᠢ ᠬᠡᠯᠡᠨ :: ᠬᠡᠯᠪᠡᠷᠢ ᠪᠠ ᠃ ᠬᠡᠯᠡᠨ ᠦ ᠬᠡᠯᠡᠯᠭᠡ ᠬᠡᠯᠡᠨ ᠦ ᠬᠡᠯᠡᠯᠭᠡ ᠪᠣᠯ ᠬᠡᠯᠡᠨ ᠦ ᠪᠣᠯ ᠬᠡᠯᠡᠯᠭᠡ ᠶᠢᠨ ᠬᠡᠯᠡᠨ ᠦ ᠬᠡᠯᠪᠡᠷᠢ ᠃ ᠡᠨᠡ ᠬᠡᠯᠡᠨ ᠬᠡᠯᠡᠨ ᠦ ᠬᠡᠯᠡᠯᠭᠡ ᠶᠢᠨ ᠪᠣᠯ ᠬᠡᠯᠡᠨ ᠦ ᠬᠡᠯᠡᠯᠭᠡ ᠶᠢᠨ ᠬᠡᠯᠡᠨ ᠦ ᠪᠣᠯᠤᠨ ᠬᠡᠯᠡᠨ ᠦ ᠬᠡᠯᠡᠯᠭᠡ ᠶᠢᠨ ᠬᠡᠯᠪᠡᠷᠢ ᠪᠠᠶᠢᠨ᠎ᠠ :: ᠬᠡᠯᠡᠨ ᠦ ᠬᠡᠯᠡᠯᠭᠡ ᠶᠢᠨ ᠪᠣᠯ ᠬᠡᠯᠡᠨ ᠦ ᠵᠢᠷᠤᠭ ᠲᠠᠢ ᠬᠡᠯᠡᠨ ᠦ ᠬᠡᠯᠡᠯᠭᠡ ᠪᠣᠯ ᠭᠡᠵᠦ ᠪᠢᠴᠢᠭᠳᠡᠭ ᠪᠠᠶᠢᠨ᠎ᠠ :: ᠬᠡᠯᠡᠯᠭᠡ ᠳᠦ ᠶᠢᠨ ᠬᠡᠯᠡᠨ ᠦ ᠬᠡᠯᠡᠯᠭᠡ ᠶᠢᠨ ᠬᠡᠯᠡᠨ ᠦ ᠬᠡᠯᠡᠯᠭᠡ

ᠪᠠᠢᠨ᠎ᠠ ᠪᠠᠢᠭ᠎ᠠ ᠲᠡᠷ ᠬᠡᠯᠡᠯᠴᠡᠨ ᠦ ᠦᠭᠡᠨ ᠡ ᠬᠡᠷᠡᠭᠯᠡᠭᠳᠡᠬᠦ ᠦᠭᠡᠨ ᠪᠠᠢᠳᠠᠯ ᠢ ᠦᠭᠡᠰ ᠂ ᠵᠢᠷᠤᠭ ni ᠭᠡᠳᠡᠭ ᠦᠭᠡᠨ ᠡ ᠭᠡᠵᠦ ᠵᠢᠱᠢᠶ᠎ᠡ ᠪᠠᠢᠭ᠎ᠠ ᠶᠢ ᠵᠢᠷᠤᠭ᠃

28. ᠬᠠᠮᠲᠤ ᠬᠡᠯᠡᠯᠴᠡᠭᠡᠨ ᠦ ᠦᠭᠡᠨ ᠲᠠᠪᠠᠨ ᠪᠣᠯ ᠄ ᠪᠦᠲᠦᠭᠡᠭᠳᠡᠬᠦᠨ ᠭᠡᠳᠡᠭ ᠵᠢᠱᠢᠶᠡᠯᠡᠭᠰᠡᠨ ᠪᠠᠢᠭ᠎ᠠ ᠪᠡᠷ ᠰᠢᠨᠵᠢᠯᠡᠭᠳᠡᠬᠦ

ᠬᠡᠯᠡᠯᠴᠡᠭᠡ	ᠬᠡᠯᠡᠨ ᠠᠶᠠᠯᠭᠤ
hənlə (hələ) həɢala hənsə (həsə) həni həji həndə həni həji hə	ᠰᠠᠭᠤᠪᠤ ᠬᠠᠭᠠᠯᠠᠪᠠ ᠰᠠᠶᠢᠰᠢ ᠰᠢᠢᠨᠢ ᠬᠡᠵᠢᠭᠡ ᠬᠡᠷᠡᠭᠯᠡᠪᠡ ᠰᠢᠷᠭᠤᠯᠢᠭᠰᠠᠨ ᠬᠢᠷᠢᠶᠠ

ᠪᠦᠲᠦᠭᠡᠭᠳᠡᠬᠦᠨ ᠭᠡᠳᠡᠭ ᠦ ᠰᠢᠨᠵᠢ ᠪᠣᠯᠤᠭᠰᠠᠨ hə ᠲᠡᠷ ᠪᠣᠯ ᠬᠡᠯᠡᠨ ᠲᠡᠷ ᠰᠠᠭᠤᠯᠭᠠᠵᠤ ᠪᠠᠢᠳᠠᠭ ᠂ ᠪᠣᠯᠣᠮᠵᠢᠲᠠᠢ ᠪᠡᠷ ᠬᠤᠪᠢᠷᠠᠭᠳᠠᠭᠰᠠᠨ :

ᠬᠤᠪᠢᠷᠠᠯᠲᠠ ᠪᠡᠷ ᠰᠢᠨᠵᠢᠯᠡᠬᠦ ᠳᠦ ᠪᠠᠷᠢᠮᠲᠠ ᠦᠭᠡᠨ ᠪᠦᠲᠦᠭᠡᠭᠳᠡᠬᠦᠨ ᠬᠣᠯᠪᠣᠭᠳᠠᠯ ᠪᠦᠲᠦᠭᠳᠡᠬᠦᠨ ᠦᠭᠡᠰ ᠪᠠᠢᠳᠠᠭ ᠠᠴᠠ ᠭᠠᠳᠠᠭᠰᠢ ᠪᠤᠯᠤᠭᠳᠠᠪᠠ ᠄

ᠬᠡᠯᠡᠭᠳᠡᠬᠦ ᠲᠠᠢ ᠪᠠᠢᠳᠠᠯ ᠰᠢᠨᠵᠢᠯᠡᠭᠰᠡᠨ ᠬᠡᠯᠡᠯᠴᠡᠭᠡ ᠬᠡᠯᠡᠪᠡᠯ ᠪᠡᠷ ᠬᠡᠯᠡᠬᠦ ᠦ ※hä ᠭᠡᠳᠡᠭ ᠬᠡᠯᠡᠯᠴᠡᠭᠡ ᠦᠭᠡᠨ ᠡ ᠪᠣᠯᠤᠨ᠎ᠠ

ᠪᠠᠢᠳᠠᠯ ᠂ ᠲᠡᠷ ᠳᠤ ᠭᠡᠳᠡᠭ ᠳᠦ ※e ᠭᠡᠳᠡᠭ ᠬᠡᠯᠡᠯᠴᠡᠨ ᠦ ᠵᠢᠨ ᠦ ᠦᠭᠡᠨ ᠪᠠᠢᠳᠠᠭ ᠦᠭᠡᠰ ᠄ ᠭᠡᠪᠡᠯ ᠪᠠᠢᠳᠠᠯ ᠰᠢᠨᠵᠢᠯᠡᠭᠡ ᠭᠡᠳᠡᠭ ᠦ ᠪᠣᠯᠤᠨ

ᠬᠡᠷᠡᠭᠯᠡᠭᠰᠡᠨ ᠭᠡᠳᠡᠭ ᠳᠦ te ᠂ ᠪᠢ ᠲᠡᠷ ᠭᠡᠳᠡᠭ ᠳᠦ tə ᠂ ᠬᠡᠷᠡᠭᠯᠡᠭᠡ ᠭᠡᠳᠡᠭ ᠳᠦ te ᠭᠡᠳᠡᠭ ᠬᠡᠯᠡᠯᠴᠡᠨ ᠦ ᠵᠢᠨ ᠦᠭᠡᠨ ᠪᠠᠢᠳᠠᠯ

※ h->	ɸ	-in (in)	-an (an)
ᠬᠡᠯᠡ ᠶᠢᠨ ᠪᠦᠷᠢᠯᠳᠦᠭᠦᠨ ᠬᠠᠷᠢᠴᠠᠭᠤᠯᠬᠤ / ᠵᠢᠱᠢᠶ᠎ᠡ / ᠪᠢᠴᠢᠭ ᠦᠨ ᠬᠡᠯᠡ		ᠪᠢᠴᠢᠭ ᠮᠣᠩᠭᠣᠯ	ᠪᠢᠴᠢᠭ ᠮᠠᠨᠵᠤ

ᠳᠤ ᠪᠠᠢᠭᠤᠯᠤᠯᠲᠠ ᠶᠢᠨ ᠬᠡᠮ ᠢ ᠠᠩᠬᠠᠷᠤᠯ ᠳᠤ ᠠᠪᠴᠤ ᠦᠵᠡᠪᠡᠯ ᠳᠠᠷᠠᠭᠠᠬᠢ ᠮᠠᠶᠢᠭ ᠲᠠᠢ ᠪᠣᠯᠤᠨ᠎ᠠ:

ᠪᠢᠴᠢᠭ᠌ᠲᠦ ᠮᠣᠩᠭᠣᠯ ᠬᠡᠯᠡ ᠶᠢᠨ ᠡᠭᠦᠰᠬᠡᠭᠳᠡᠬᠦᠨ ᠦ ᠬᠤᠪᠢᠷᠠᠯ ᠤᠨ ᠳᠦᠷᠢᠮ ᠢ ᠠᠵᠢᠭᠯᠠᠪᠠᠯ᠂ ᠮᠠᠨᠵᠤ ᠬᠡᠯᠡ ᠶᠢᠨ ᠳᠡᠭᠡᠳᠦ ᠬᠡᠯᠡ ᠶᠢᠨ ᠵᠢᠷᠤᠮ ᠢᠶᠠᠷ ᠪᠤᠢ

ᠬᠡᠯᠡ ᠶᠢᠨ «ᠨᠢ» ᠳᠦ ᠪᠠᠢᠭᠠ ᠪᠠᠢᠳᠠᠯ ᠢ ᠪᠦᠷᠢᠨ ᠬᠠᠳᠠᠭᠠᠯᠠᠵᠤ ᠴᠢᠳᠠᠭᠰᠠᠨ ᠡᠭᠦᠰᠬᠡᠭᠳᠡᠬᠦᠨ ᠪᠣᠯᠤᠨ᠎ᠠ᠃

ᠢᠮᠠᠭᠲᠠ ᠡᠨᠡ ᠮᠡᠲᠦ ᠪᠢᠴᠢᠭ᠌ᠲᠦ ᠮᠣᠩᠭᠣᠯ ᠬᠡᠯᠡ ᠶᠢᠨ ᠲᠥᠭᠡᠰᠬᠡᠯ ᠦᠨ ᠵᠠᠯᠭᠠᠪᠤᠷᠢ ᠮᠡᠲᠦ ni ᠨᠢ ᠮᠠᠨᠵᠤ ᠬᠡᠯᠡᠨ ᠳᠦ ᠳᠡᠭᠡᠳᠦ

ᠳᠤ ᠪᠠᠢᠭᠠ ᠬᠡᠯᠪᠡᠷᠢ ᠮᠡᠲᠦ ᠳᠤ ᠬᠡᠪ ᠦᠨ ᠠᠩᠬᠠᠷᠤᠯ ᠢᠶᠠᠷ ᠪᠡᠷ ᠪᠠᠷᠢᠮᠲᠠᠯᠠᠨ ᠮᠡᠳᠡᠭᠳᠡᠭᠦ ᠦᠭᠡᠢ ᠪᠠᠢᠨ᠎ᠠ᠃

ᠬᠡᠯᠡ ᠶᠢᠨ n- ᠡᠭᠦᠰᠬᠡᠭᠳᠡᠬᠦᠨ ᠡᠪᠦᠷ᠂ ᠮᠥᠨ ᠮᠡᠲᠦ ᠳᠤ ᠬᠡᠯᠪᠡᠷᠢ ᠵᠠᠯᠭᠠᠪᠤᠷᠢ ᠮᠡᠲᠦ ᠳᠤ ᠮᠡᠳᠡᠭᠳᠡᠭᠦ ᠪᠡᠷ ᠮᠠᠨᠵᠤ

ᠪᠠᠢᠭ᠎ᠠ ᠮᠡᠲᠦ —— ᠪᠢᠴᠢᠭ ᠳᠦ ᠬᠡᠯᠡ ᠪᠠᠷ «ᠮᠠᠨᠢ» «ᠮᠢᠨᠢ» ᠳᠤ ᠵᠠᠯᠭᠠᠭᠳᠠᠨ ᠪᠣᠯᠤᠨ᠎ᠠ᠃ ᠡᠭᠦᠨ ᠢ ᠮᠡᠲᠦ ᠳᠤ

ᠮᠣᠩᠭᠣᠯ ᠮᠡᠳᠡᠭᠳᠡᠭᠦ ᠳᠦ ᠡᠭᠦᠨ ᠪᠡᠷ ᠮᠣᠩᠭᠣᠯ ᠪᠠᠢᠭᠠᠭ᠃ ᠮᠠᠨᠵᠤ ᠪᠠᠢᠨ ᠬᠡᠯᠡᠨ ᠳᠦ ᠡᠭᠦᠨ ᠪᠡᠷ ᠪᠤ ᠮᠡᠳᠡᠭᠳᠡᠭᠦᠯᠦᠨ ᠮᠠᠨᠤ

ᠬᠠᠷᠢᠴᠠᠯ ᠪᠣᠯᠤᠨ᠎ᠠ᠃ ᠡᠨᠡ ᠮᠡᠲᠦ ᠮᠠᠨᠵᠤ ᠬᠡᠯᠡᠨ ᠳᠦ ᠳᠡᠭᠡᠳᠦ ᠬᠡᠯᠡ ᠶᠢᠨ ᠲᠥᠭᠡᠰᠬᠡᠯ ᠦᠨ ᠵᠠᠯᠭᠠᠪᠤᠷᠢ ᠮᠡᠲᠦ «ᠨᠢ» ᠮᠡᠲᠦ

ᠰᠣᠨᠢᠷᠬᠠᠬᠤ ᠪᠠᠶᠢᠳᠠᠯ ᠢ ᠲᠣᠳᠣᠷᠬᠠᠶᠢᠯᠠᠬᠤ ᠳᠤ ᠬᠡᠷᠡᠭᠯᠡᠨᠡ᠄

ᠪᠣᠯᠤᠮᠵᠢᠲᠠᠢ ᠤᠳᠬ᠎ᠠ ᠶᠢ ᠲᠣᠭᠠᠨ ᠬᠡᠯᠡᠪᠡᠷᠢ ᠲᠡᠮᠳᠡᠭᠯᠡᠭᠰᠡᠨ ᠪᠠᠶᠢᠨ᠎ᠠ ᠪᠠ ᠰᠢᠨᠵᠢᠯᠡᠬᠦ ᠦᠭᠡ ᠶᠢᠨ ᠳᠠᠭᠠᠪᠤᠷᠢ ᠲᠠᠢ ᠳᠠᠭᠤᠲᠠᠢ ᠦᠭᠡ ᠨᠢ ᠶᠡᠷᠦ ᠳᠡᠭᠡᠨ ᠦᠭᠡ ᠶᠢᠨ ᠰᠢᠨᠵᠢ ᠶᠢ ᠲᠡᠮᠳᠡᠭᠯᠡᠨ᠎ᠡ᠃ ᠶᠡᠷᠦ ᠳᠦ ᠳᠠᠭᠠᠪᠤᠷᠢ ᠶᠢᠨ ᠬᠡᠯᠡᠯᠭᠡ ᠶᠢᠨ -n ᠬᠡᠯᠡᠪᠡᠷᠢ ᠪᠠᠶᠢᠨ᠎ᠠ᠃ ᠲᠡᠮᠳᠡᠭᠯᠡᠭᠰᠡᠨ ᠪᠠᠶᠢᠨ᠎ᠠ ᠶᠢᠨ ᠬᠡᠯᠡᠪᠡᠷᠢ ᠶᠢᠨ ᠳᠠᠭᠤᠲᠠᠢ ᠦᠭᠡ ᠨᠢ ᠳᠠᠭᠠᠪᠤᠷᠢ ᠶᠢᠨ -la ᠪᠣᠯᠤᠨ ᠬᠡᠯᠡᠯᠭᠡ ᠶᠢᠨ ᠳᠠᠭᠠᠪᠤᠷᠢ ᠶᠢ ᠲᠣᠳᠣᠷᠬᠠᠶᠢᠯᠠᠬᠤ ᠳᠤ -sla (-sɯla) ᠶᠢ ᠬᠡᠷᠡᠭᠯᠡᠬᠦ ᠪᠡᠷ ᠳᠠᠭᠤᠲᠠᠢ ᠦᠭᠡ ᠨᠢ ᠶᠡᠷᠦ ᠶᠢᠨ -la ᠪᠠ ᠵᠢᠷᠤᠮᠯᠠᠯ ᠤᠨ -sɯla (~sla) ᠶᠢ ᠬᠡᠷᠡᠭᠯᠡᠭᠰᠡᠨ ᠦᠭᠡᠰ ᠪᠠᠶᠢᠨ᠎ᠠ᠃ ᠵᠢᠱᠢᠶ᠎ᠡ ᠨᠢ әʁәn

29. ᠲᠣᠭᠠᠨ ᠬᠡᠯᠡᠪᠡᠷᠢ ᠰᠢᠨᠵᠢ ᠶᠢ ᠲᠡᠮᠳᠡᠭᠯᠡᠭᠦ᠂ ᠣᠯᠠᠨ ᠲᠣᠭᠠᠨ ᠬᠡᠯᠡᠪᠡᠷᠢ ᠶᠢᠨ ᠳᠠᠭᠠᠪᠤᠷᠢ ᠲᠠᠢ ᠲᠣᠭᠠᠨ ᠬᠡᠯᠡᠪᠡᠷᠢ ᠲᠣᠭᠠᠨ ᠬᠡᠯᠡᠪᠡᠷᠢ ᠶᠢᠨ ᠲᠡᠮᠳᠡᠭᠯᠡᠭᠰᠡᠨ ᠪᠠᠶᠢᠨ᠎ᠠ ᠶᠢᠨ ᠳᠠᠭᠤᠲᠠᠢ ᠦᠭᠡ ᠶᠢᠨ ᠳᠠᠭᠠᠪᠤᠷᠢ

[illegible]	ənəslalə ənəlalə	tərəslalə tərəlalə	həslalə həlalə	əʁəslalə
[illegible]	ənəslaGala ənəlaGala	tərəslaGala tərəlaGala	həslaGala həlaGala	əʁəslaGala
[illegible]	ənəslasə ənəlasə	tərəslasə tərəlasə	həslasə həlasə	əʁəslasə
[illegible]	ənəslaji ənəslani ənəlaji ənəlani	tərəslaji tərəslani tərəlaji tərəlani	həslaji həslani həlaji həlani	əʁəslaji əʁəslani
[illegible]	ənəsladə ənəladə	tərəsladə tərəladə	həsladə həladə	əʁəsladə
[illegible]	ənəslaji ənəslani ənəlaji ənəlani	tərəslaji tərəslani tərəlaji tərəlani	həslaji həslani həlaji həlani	əʁəslaji əʁəslani
[illegible]	ənəsla ənəla	tərəsla tərəla	həsla həla	əʁəsla
[illegible]	[illegible]	[illegible]		

ᠳᠡᠪᠲᠡᠷ :
〔1〕〔25〕Б.Х.Тодаева: Дунсянский Язык ·Москва · 1961 · 28 ᠨᠢᠭᠤᠷ ᠬᠠᠭᠤᠳᠠᠰᠤ ::
〔2〕ᠴᠢᠩᠭᠡᠯᠲᠡᠢ : ᠣᠷᠴᠢᠨ ᠴᠠᠭ ᠤᠨ ᠮᠣᠩᠭᠣᠯ ᠬᠡᠯᠡᠨ ᠦ ᠵᠢᠷᠤᠮ · (1959) · 1975 ᠣᠨ ᠤ ᠬᠡᠪᠯᠡᠯ ·《ᠦᠪᠦᠷ ᠮᠣᠩᠭᠣᠯ ᠤᠨ ᠠᠷᠠᠳ ᠤᠨ ᠬᠡᠪᠯᠡᠯ ᠦᠨ ᠬᠣᠷᠢᠶ᠎ᠠ》ᠬᠡᠪᠯᠡᠭᠰᠡᠨ · 323 ᠨᠢᠭᠤᠷ ᠬᠠᠭᠤᠳᠠᠰᠤ :: (36 · 38 ᠳᠤ ᠲᠤᠰ ᠨᠣᠮ ᠤᠨ ᠵᠢᠱᠢᠶ᠎ᠡ ᠶᠢ ᠲᠠᠲᠠᠪᠠ)
〔3〕ᠮᠣᠩᠭᠣᠯ ᠤᠨ ᠨᠢᠭᠤᠴᠠ ᠲᠣᠪᠴᠢᠶᠠᠨ mongγol — un ni'uča tobči'an ::
〔4〕《ᠮᠣᠩᠭᠣᠯ ᠬᠡᠯᠡ ᠪᠢᠴᠢᠭ》::《ᠥᠪᠦᠷ ᠮᠣᠩᠭᠣᠯ》ᠰᠡᠳᠬᠦᠯ《ᠬᠡᠯᠡ ᠪᠢᠴᠢᠭ》::《ᠥᠪᠦᠷ ᠮᠣᠩᠭᠣᠯ ᠤᠨ ᠶᠡᠬᠡ ᠰᠤᠷᠭᠠᠭᠤᠯᠢ》ᠰᠡᠳᠬᠦᠯ《ᠬᠡᠯᠡ ᠪᠢᠴᠢᠭ》::
〔1〕〔10〕〔14〕ᠵᠢᠷᠨᠢ ᠪᠢᠴᠢᠭ · Shinobu Iwamura 《The Zirni Manuscript》· Kyoto · 1961.
〔6〕埃·捷尼舍夫：《突厥语言研究导论》，陈鹏译，中国社会科学出版社，1981年。
〔7〕〔30〕Б.К.Пашков:Маньчжурский Язык · Москва · 1963 ᠣᠨ · 30 ᠨᠢᠭᠤᠷ ᠬᠠᠭᠤᠳᠠᠰᠤ ::
〔8〕Б.Я.Владимирцов:Сравнительная Грамматика Монгольского Письме-

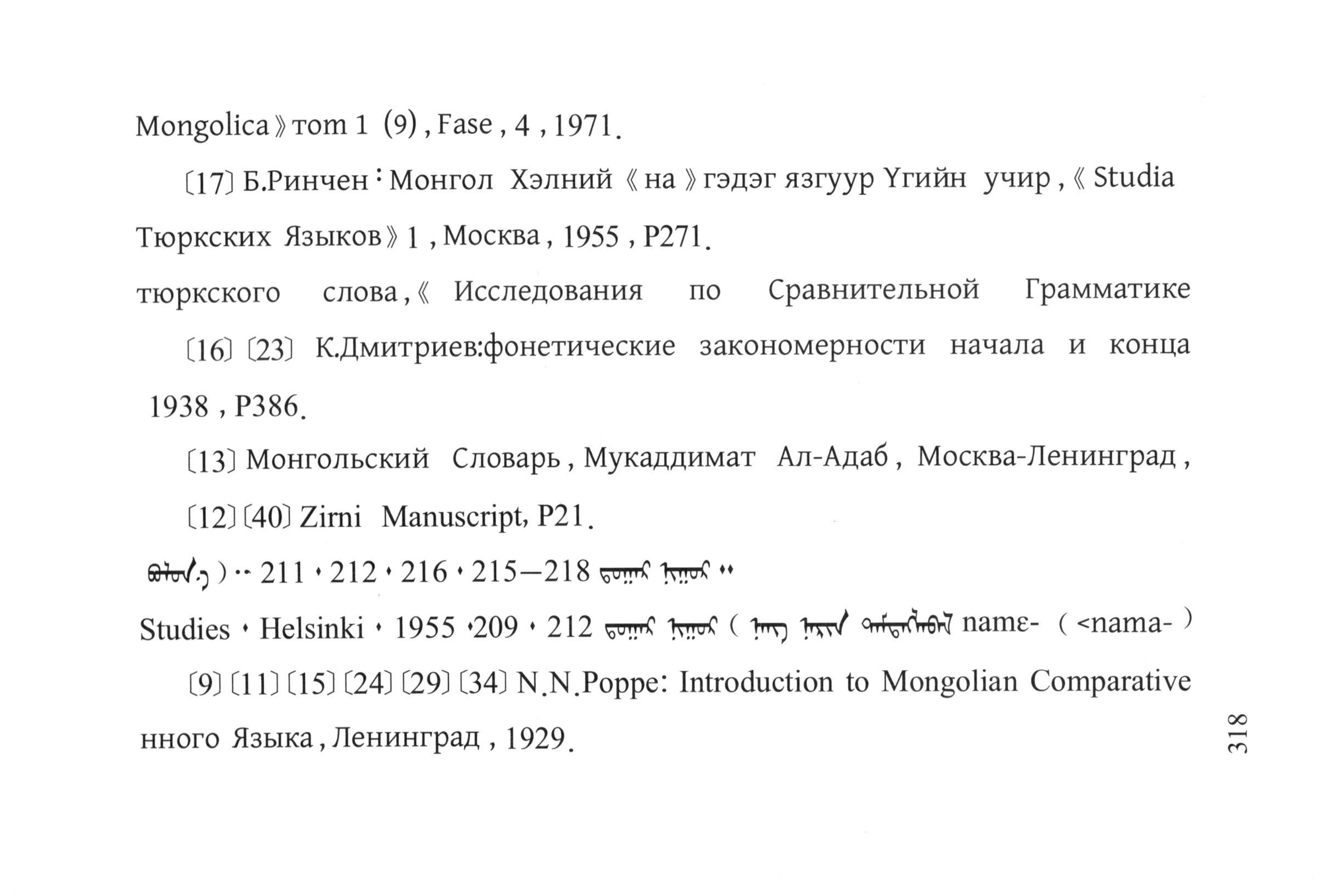

Mongolica》том 1 (9), Fase, 4, 1971.

〔17〕Б.Ринчен：Монгол Хэлний《на》гэдэг язгуур Үгийн учир,《Studia Тюркских Языков》1, Москва, 1955, P271.

тюркского слова,《Исследования по Сравнительной Грамматике

〔16〕〔23〕К.Дмитриев:фонетические закономерности начала и конца

1938, P386.

〔13〕Монгольский Словарь, Мукаддимат Ал-Адаб, Москва-Ленинград,

〔12〕〔40〕Zirni Manuscript, P21.

[illegible]) ·· 211・212・216・215—218 [illegible] ··

Studies・Helsinki・1955・209・212 [illegible] ([illegible]) name- (<nama-)

〔9〕〔11〕〔15〕〔24〕〔29〕〔34〕N.N.Poppe: Introduction to Mongolian Comparative

нного Языка, Ленинград, 1929.

Мукаддимат [illegible] ᠉

〔28〕Список Монгольских Слов из Глоссария Ибн-Муханны ,

〔27〕Lettre d'ölǰeitü a' philippe le вel.datée de 1305.

〔26〕Lettre d'Arɣun á philippe le вel.datée de 1289.

〔22〕Н.А.Баскаков: Тюркские Языки, Москва , 1960 , P216.

[illegible] men [illegible] ᠉

〔21〕Древнетюркский Словарь, Ленинград , 1969, 94 [illegible] ben ᠂ 340 хувьсал ,《Studia Linguaeet Litterarum》Tom x , Fase , 5, P45—46.

〔20〕Төмөртогоо: Монгол Халний 1-р Биеийн Төлөөний Нэqийн Гарал , Монгольском Языке ,《Studia Mongolica》том 1(9) , Fase , 3 , 1971.

〔19〕Ц.Дамдинсурэн: О личных Местоимениях первого Лица в

〔18〕Мукаддимат Ал-Адаб , P77.

〔31〕〔33〕〔45〕Г. И.Рамстедт: Введение в Алтайское Языкознание, Москва, 1957 , P71 , P74.

〔32〕《ᠮᠣᠩᠭᠣᠯ ᠬᠡᠯᠡᠨ ᠦ ᠲᠡᠦᠬᠡ ᠶᠢᠨ ᠰᠤᠳᠤᠯᠤᠭᠰᠠᠨ ᠳᠡᠭᠡᠵᠢ ᠲᠡᠦᠬᠡᠨ ᠦ ᠪ ᠮᠠᠬᠠᠷ》, 2559 , 2569 ᠳᠤᠭᠠᠷ ᠨᠢᠭᠤᠷ ::

〔35〕桑席叶夫 :《蒙古语比较语法》，民族出版社，1959 年 ::

〔37〕钟民岩，那森柏等 :《明代奴儿干永宁寺碑记校释》，《考古学报》1975 ᠣᠨ , 2 ᠳᠤᠭᠠᠷ ᠰᠡᠳᠬᠦᠯ ᠳᠦ ::

〔39〕ᠮᠣᠩᠭᠣᠯᠴᠤᠳᠤᠨ Zirni Manuscript , 21 ᠳᠤᠭᠠᠷ ᠨᠢᠭᠤᠷ :: N.N.poppe ᠬᠡᠪᠯᠡᠨ ᠡ tši ᠪᠡᠷ ᠪᠢᠴᠢᠭᠰᠡᠨ (Introduction · · · · 213 ᠳᠤᠭᠠᠷ ᠨᠢᠭᠤᠷ) ᠪᠣᠯᠤᠨ᠎ᠠ ::

〔41〕Zirni Manuscript ᠪᠢᠴᠢᠭ ᠲᠦ ta , tad ᠭᠡᠳᠡᠭ , N.N.poppe ᠶᠢᠨ Introduction ᠲᠤ to ᠬᠡᠮᠡᠨ ᠮᠡᠳᠡᠭᠳᠡᠭᠡ ᠪᠠᠢ ::

〔42〕ᠬᠠᠮᠲᠤ《ᠪᠢᠴᠢᠭᠲᠦ ᠬᠡᠯᠡᠨ》ᠳᠤ ᠮᠣᠩᠭᠤ ᠶᠢᠨ ᠬᠡᠪᠯᠡᠯ ᠬᠢᠨ ᠬᠡᠳᠦᠢᠬᠡᠨ , ᠬᠤᠭᠤᠯ ᠤᠨ ᠠᠪᠢᠶ᠎ᠠ (ᠶᠢᠷᠦᠭᠡᠬᠡᠨ※ tan) ᠰᠠᠨᠠᠭ᠎ᠠ ᠪᠠᠷᠢᠭᠰᠠᠨ ᠮᠣᠩᠭᠣᠯᠴᠤᠳ ᠤᠨ ᠰᠤᠳᠤᠯᠤᠭᠴᠢᠳ ᠪᠢᠴᠢᠭ ᠦᠨ ᠳᠤ ᠪᠢᠴᠢᠭᠰᠡᠨ ᠪᠤᠢ ᠪᠣᠯᠠᠢ ::

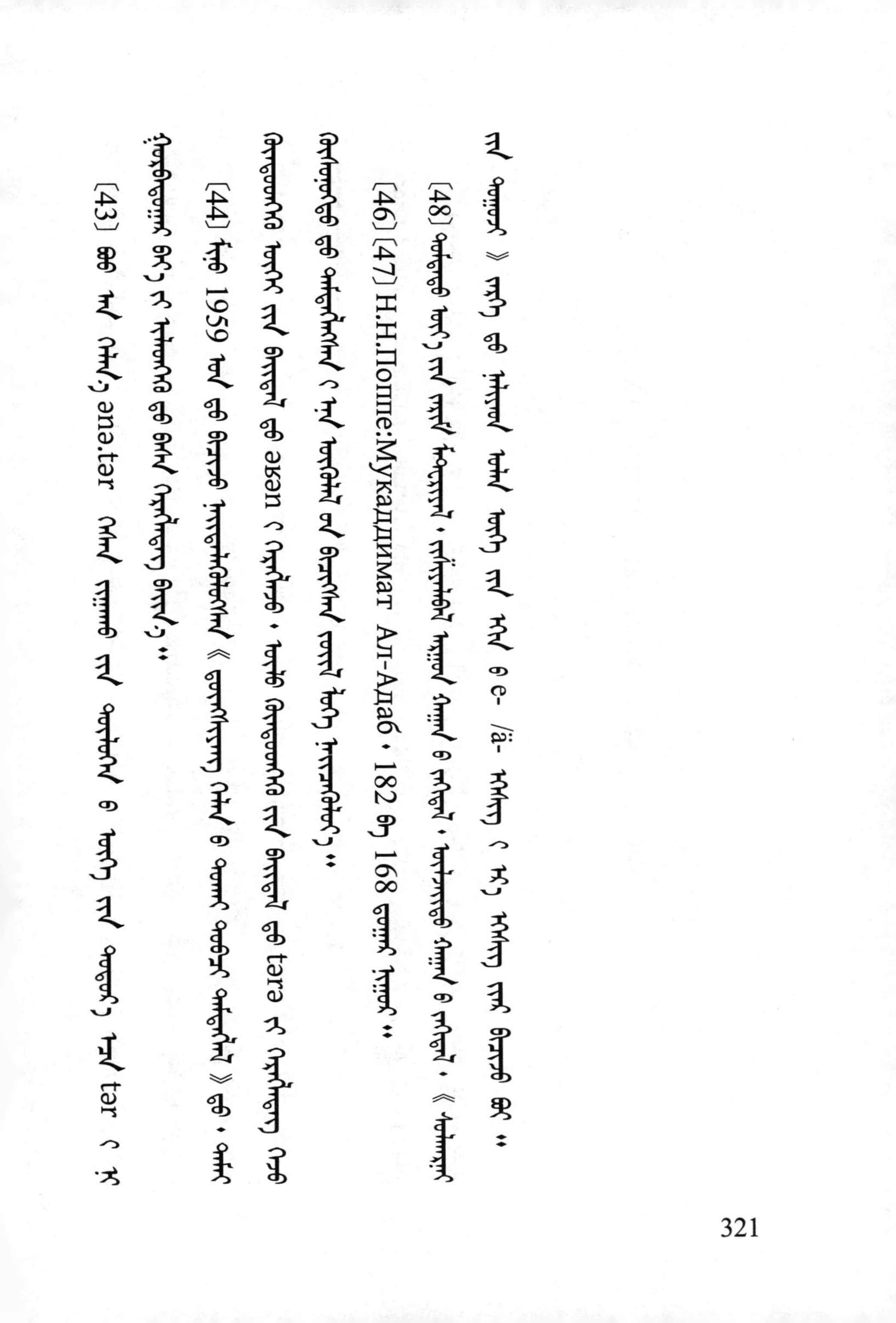

[43] [illegible] ənə.tər [illegible] tər [illegible] [illegible] ::

[44] [illegible] 1959 [illegible] 《 [illegible] 》 [illegible] · [illegible] əʁən [illegible] · [illegible] tərə [illegible] [illegible] ::

[46] [47] Н.Н.Поппе:Мукаддимат Ал-Адаб · 182 [illegible] 168 [illegible] ::

[48] [illegible] · [illegible] · [illegible] · 《 [illegible] 》 [illegible] e- /ä- [illegible] ::

《ᠠᠯᠲᠠᠨ ᠲᠣᠪᠴᠢ》 ᠶᠢᠨ ᠲᠤᠬᠠᠢ ᠲᠣᠪᠴᠢ ᠲᠠᠢᠯᠪᠤᠷᠢ

《ᠠᠯᠲᠠᠨ ᠲᠣᠪᠴᠢ》 ᠪᠣᠯ ᠨᠢ ᠮᠣᠩᠭᠣᠯ ᠤᠨ ᠲᠡᠦᠬᠡᠨ ᠦ ᠨᠡᠩ ᠴᠢᠬᠤᠯᠠ ᠰᠤᠳᠤᠯᠤᠯ ᠤᠨ ᠨᠢᠭᠡ ᠮᠥᠨ ᠪᠣᠯᠤᠨ᠎ᠠ ᠄ 《ᠠᠯᠲᠠᠨ ᠲᠣᠪᠴᠢ》 ᠬᠡᠮᠡᠬᠦ ᠨᠡᠷᠡᠲᠡᠢ ᠬᠣᠶᠠᠷ ᠨᠣᠮ ᠪᠠᠢᠳᠠᠭ ᠂ ᠨᠢᠭᠡ ᠨᠢ ᠵᠣᠬᠢᠶᠠᠭᠴᠢ ᠨᠢ ᠲᠣᠳᠣᠷᠬᠠᠢ ᠦᠭᠡᠢ 《ᠠᠯᠲᠠᠨ ᠲᠣᠪᠴᠢ》 (《黄金史纲》)〔1〕 ᠪᠣᠯᠤᠨ᠎ᠠ ᠂ ᠨᠥᠭᠥᠭᠡ ᠨᠢ ᠯᠤᠪᠰᠠᠩᠳᠠᠨᠵᠢᠨ ᠤ ᠵᠣᠬᠢᠶᠠᠭᠰᠠᠨ 《ᠠᠯᠲᠠᠨ ᠲᠣᠪᠴᠢ》 (《黄金史》)〔2〕 ᠪᠣᠯᠤᠨ᠎ᠠ :: ᠡᠨᠳᠡ ᠬᠣᠶᠠᠷ 《ᠠᠯᠲᠠᠨ ᠲᠣᠪᠴᠢ》 ᠶᠢᠨ ᠵᠣᠬᠢᠶᠠᠭᠰᠠᠨ ᠴᠠᠭ ᠤᠨ ᠲᠤᠬᠠᠢ ᠰᠤᠳᠤᠯᠤᠭᠴᠢᠳ ᠤᠨ ᠰᠠᠨᠠᠯ ᠨᠢᠭᠡᠨ ᠢᠵᠢᠯ ᠪᠤᠰᠤ ᠪᠠᠢᠳᠠᠭ ::

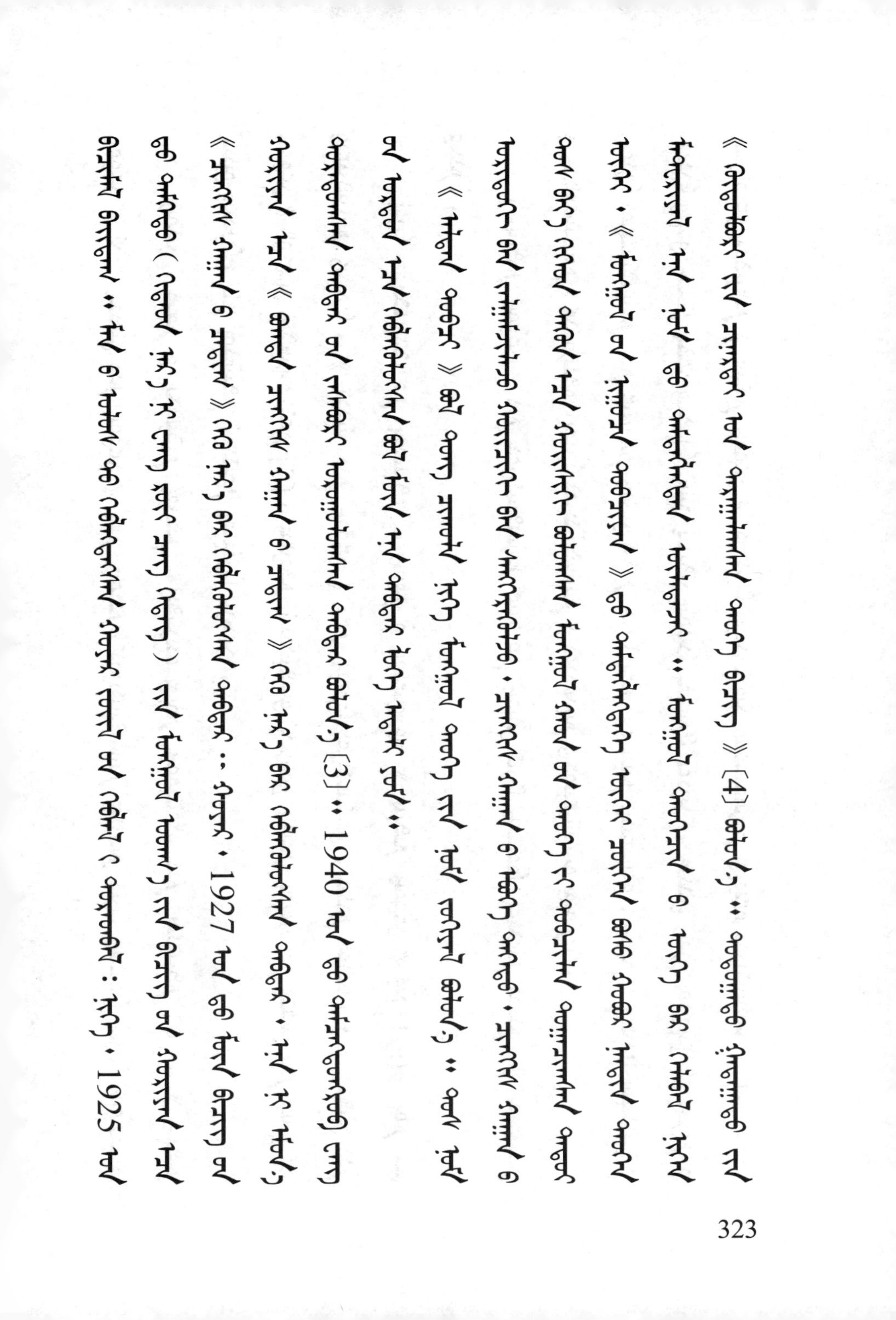

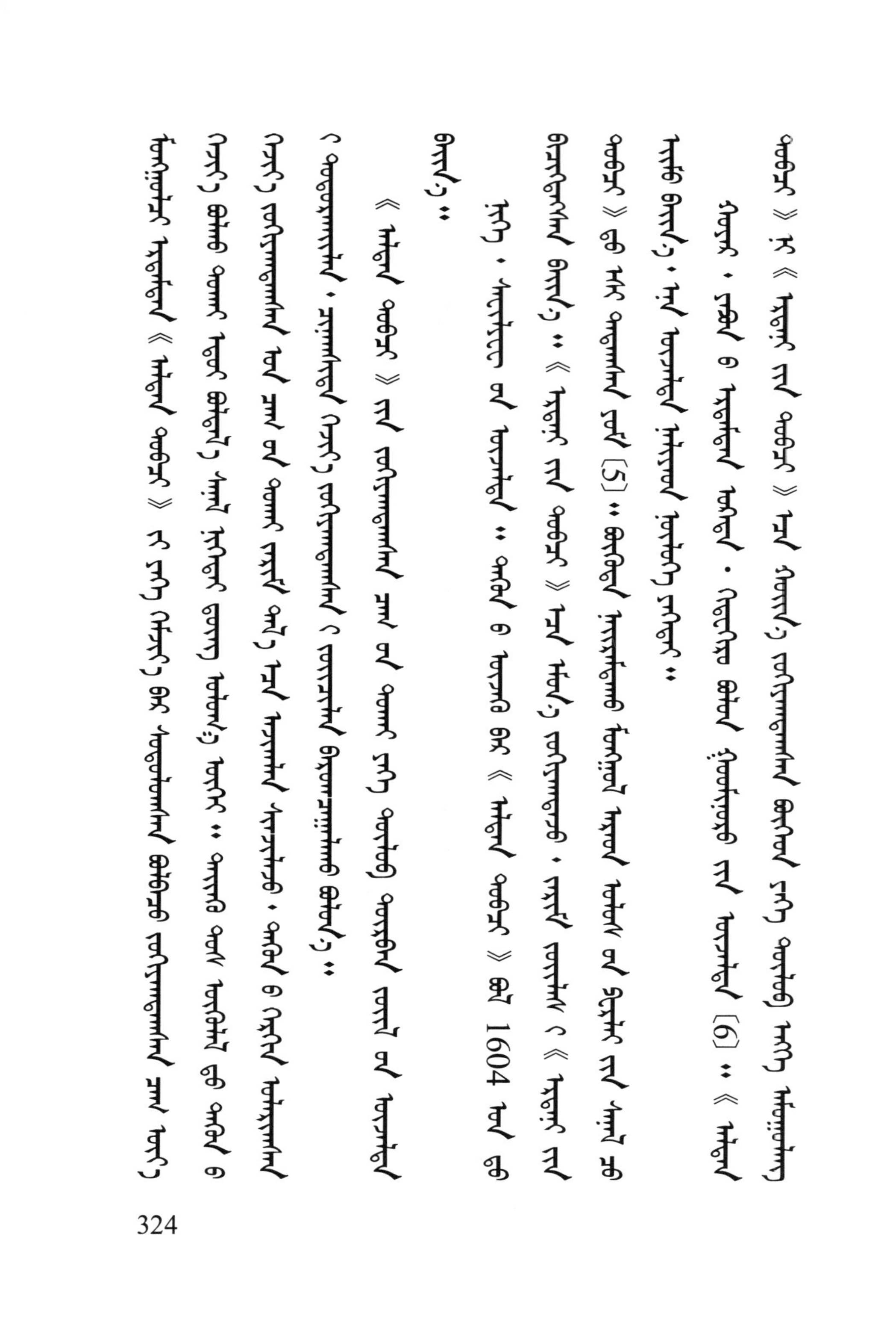

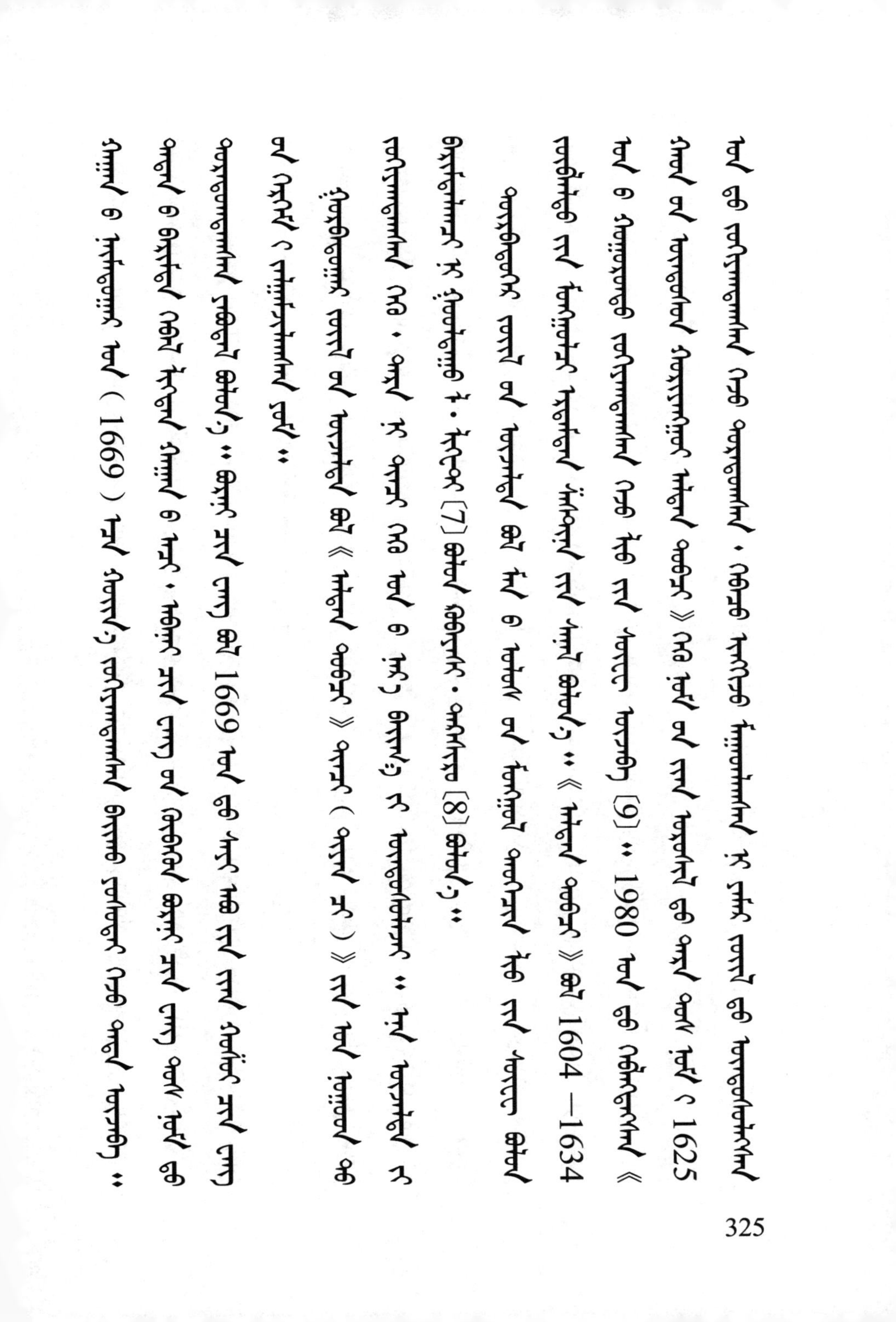

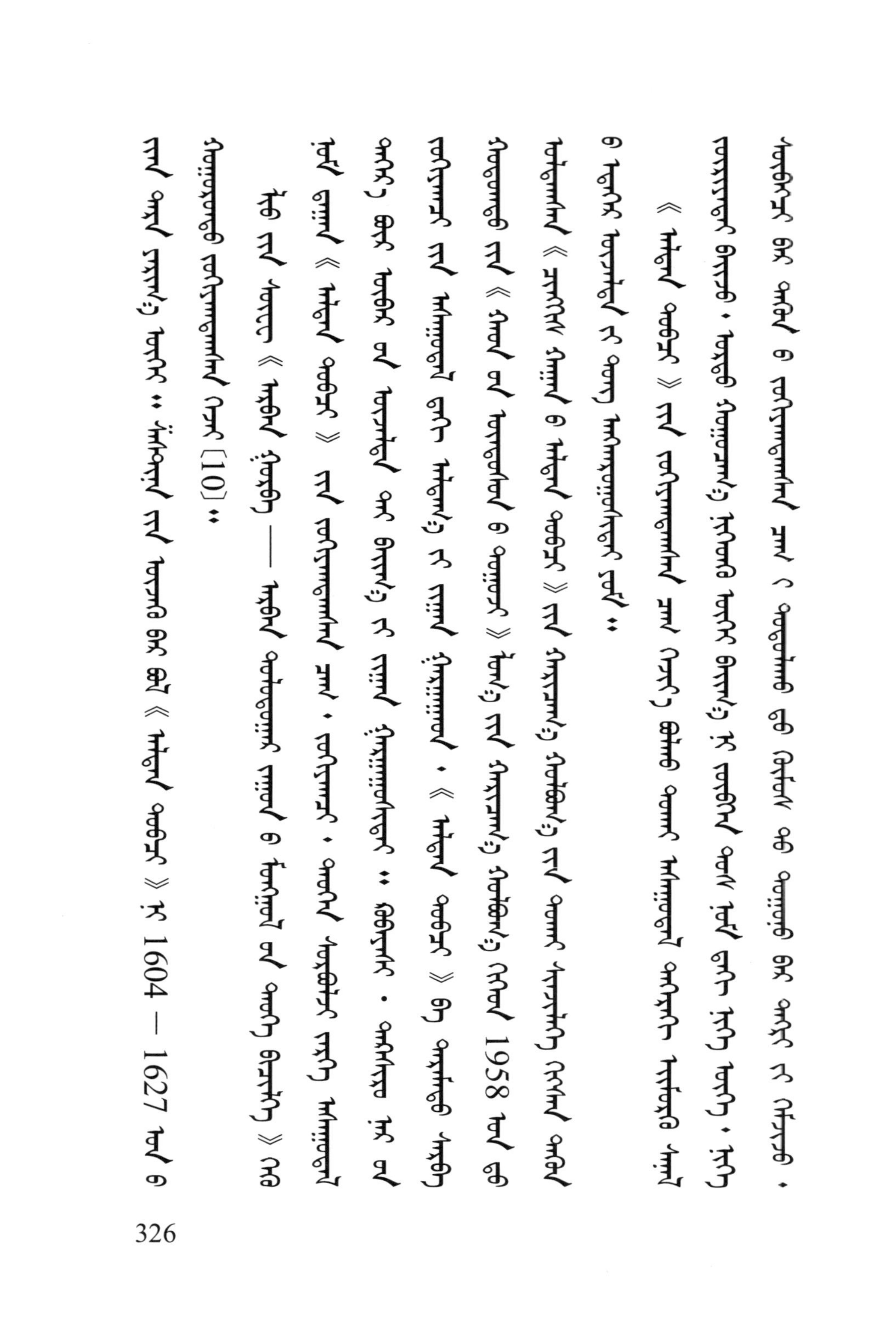

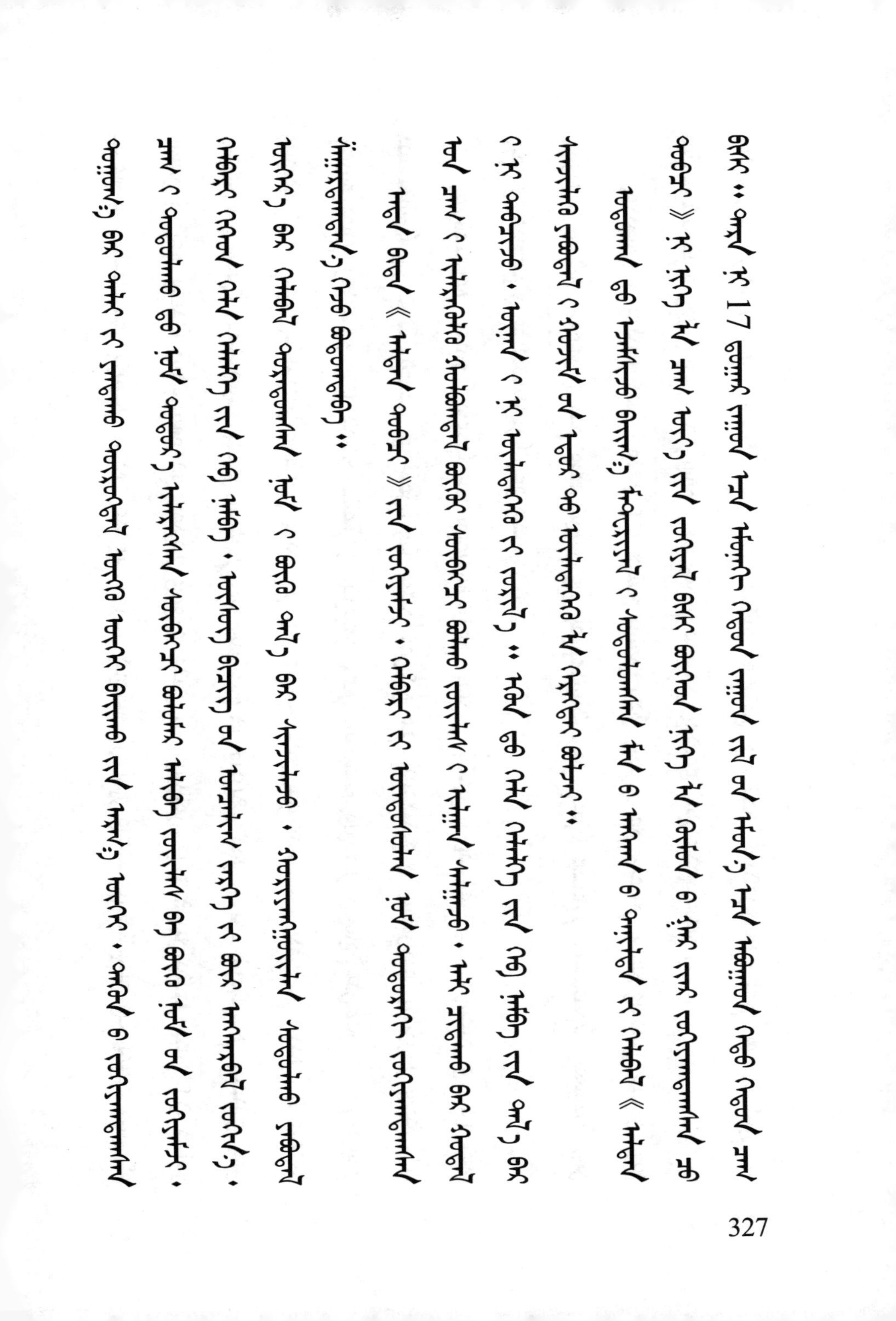

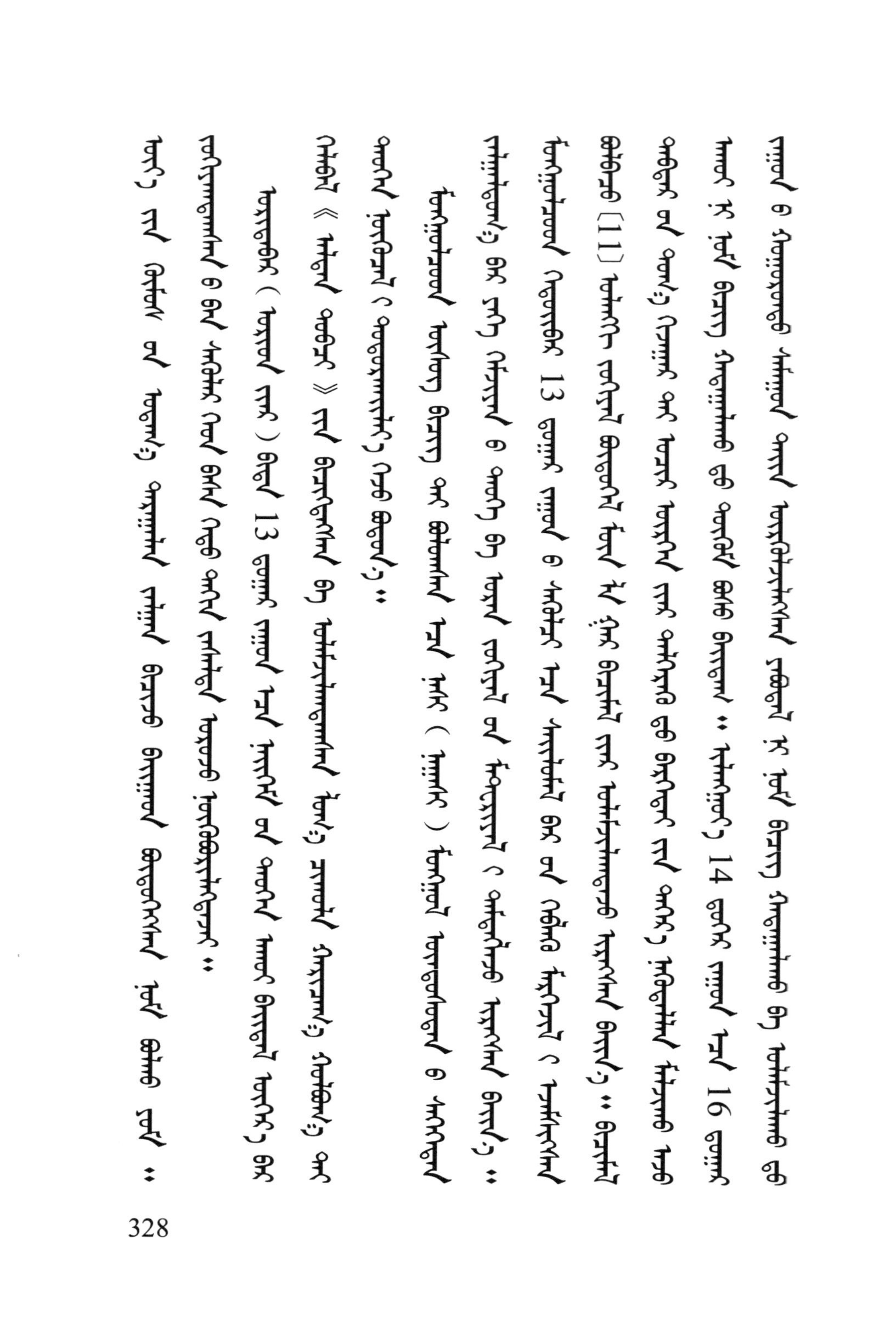

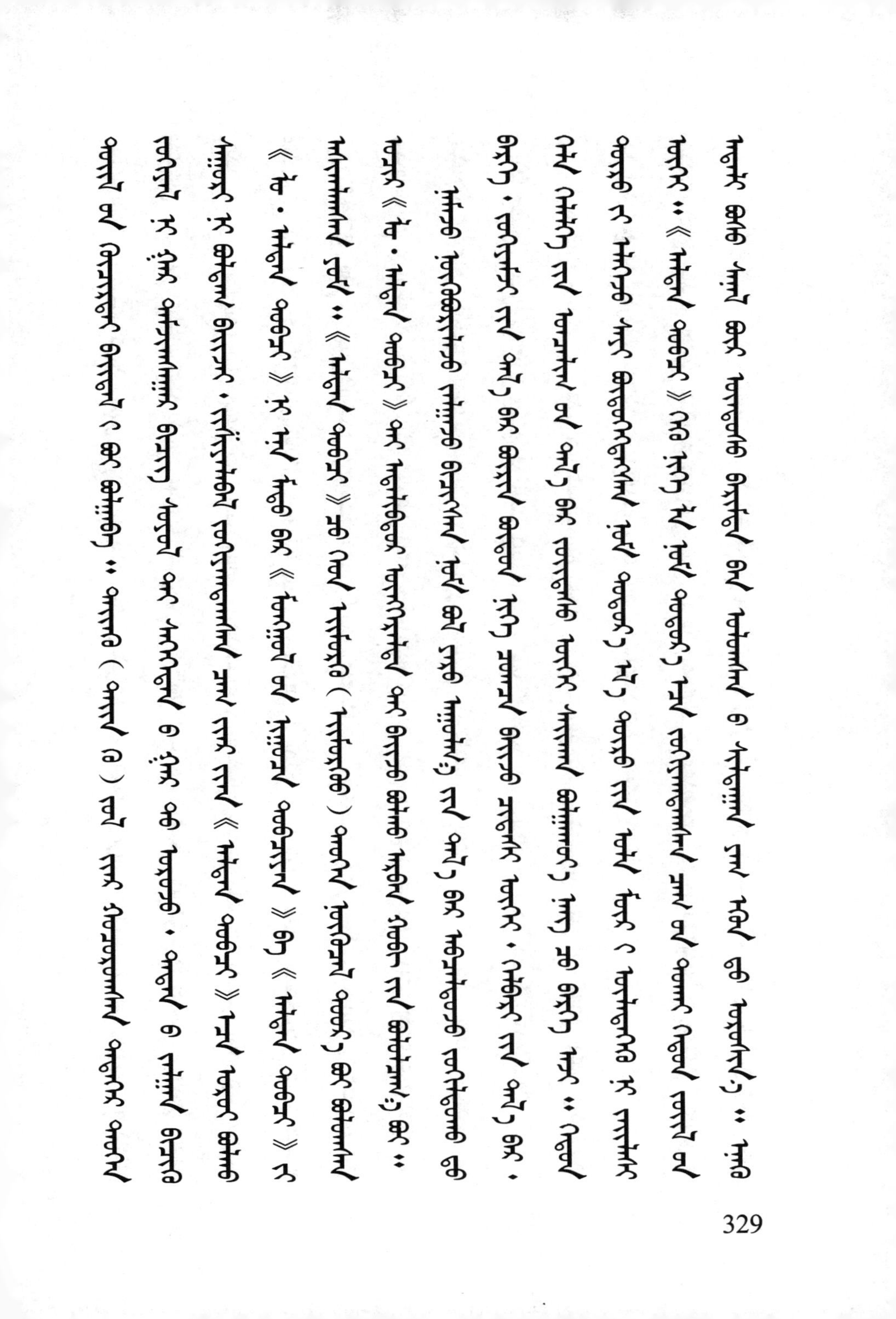

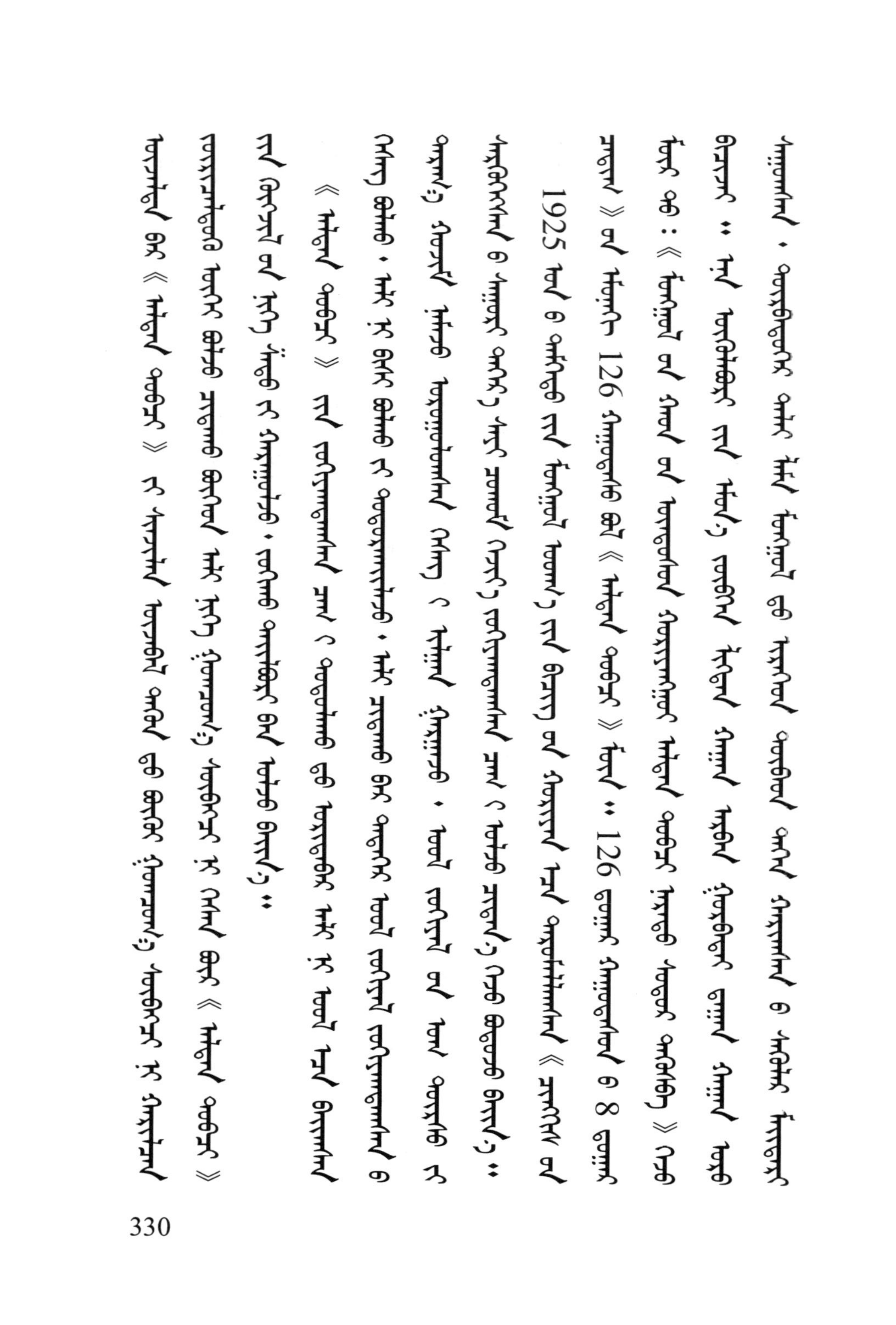

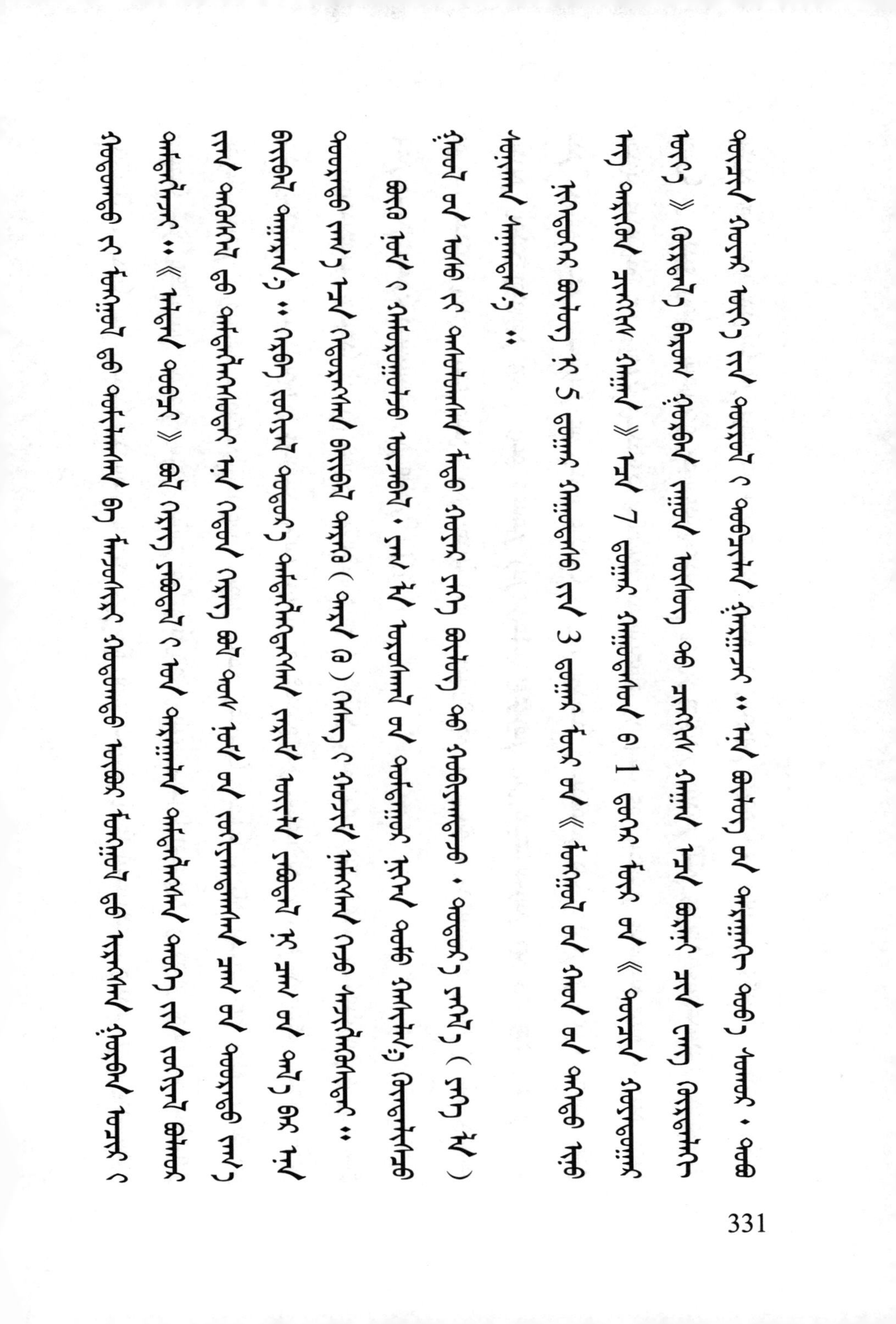

[illegible]

[illegible]

[illegible] 《[illegible]》 [illegible] 3 ᠪᠦᠯᠦᠭ [illegible] 5 ᠪᠦᠯᠦᠭ [illegible] 《[illegible]》 [illegible] 1 ᠪᠦᠯᠦᠭ [illegible] 7 ᠪᠦᠯᠦᠭ [illegible]

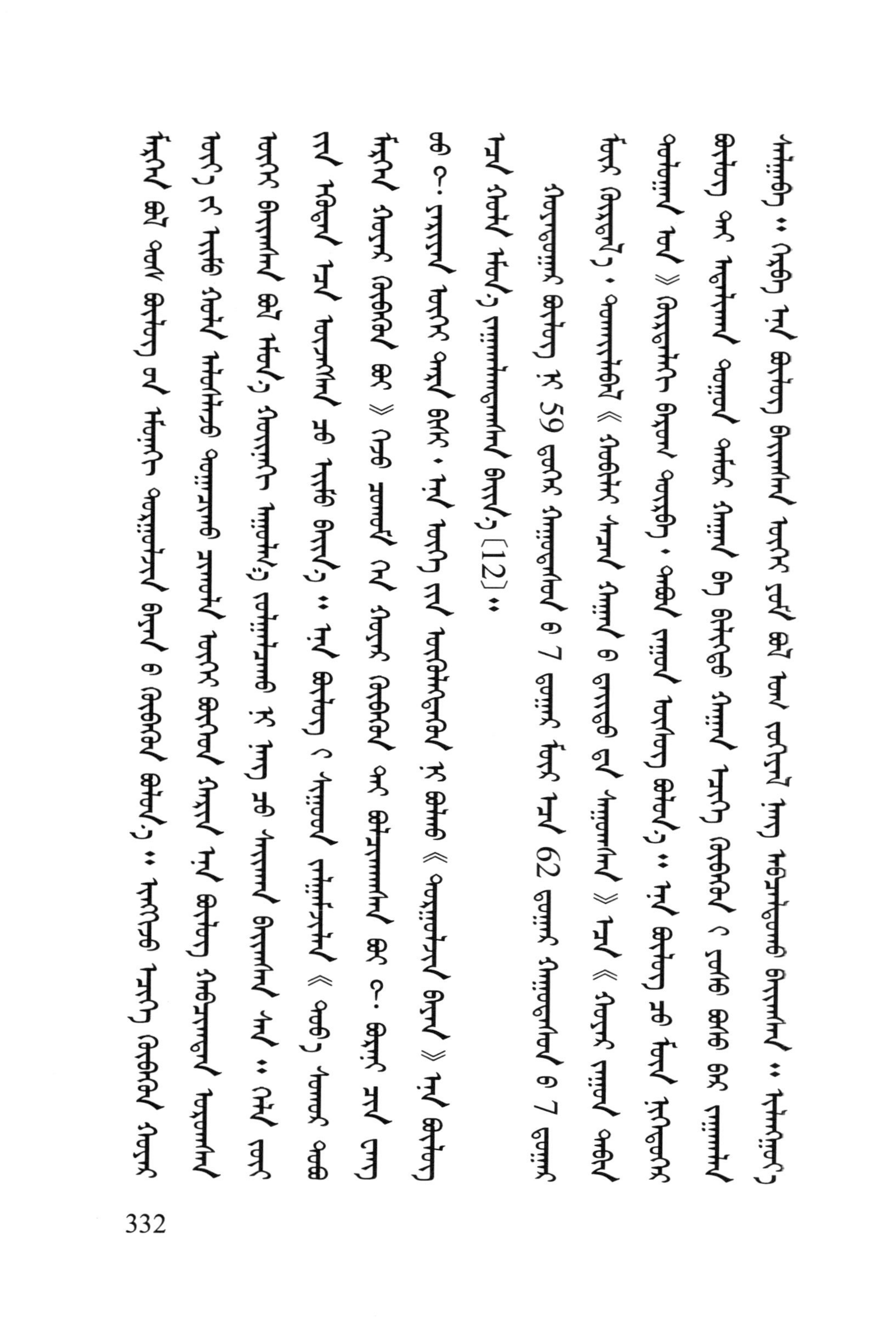

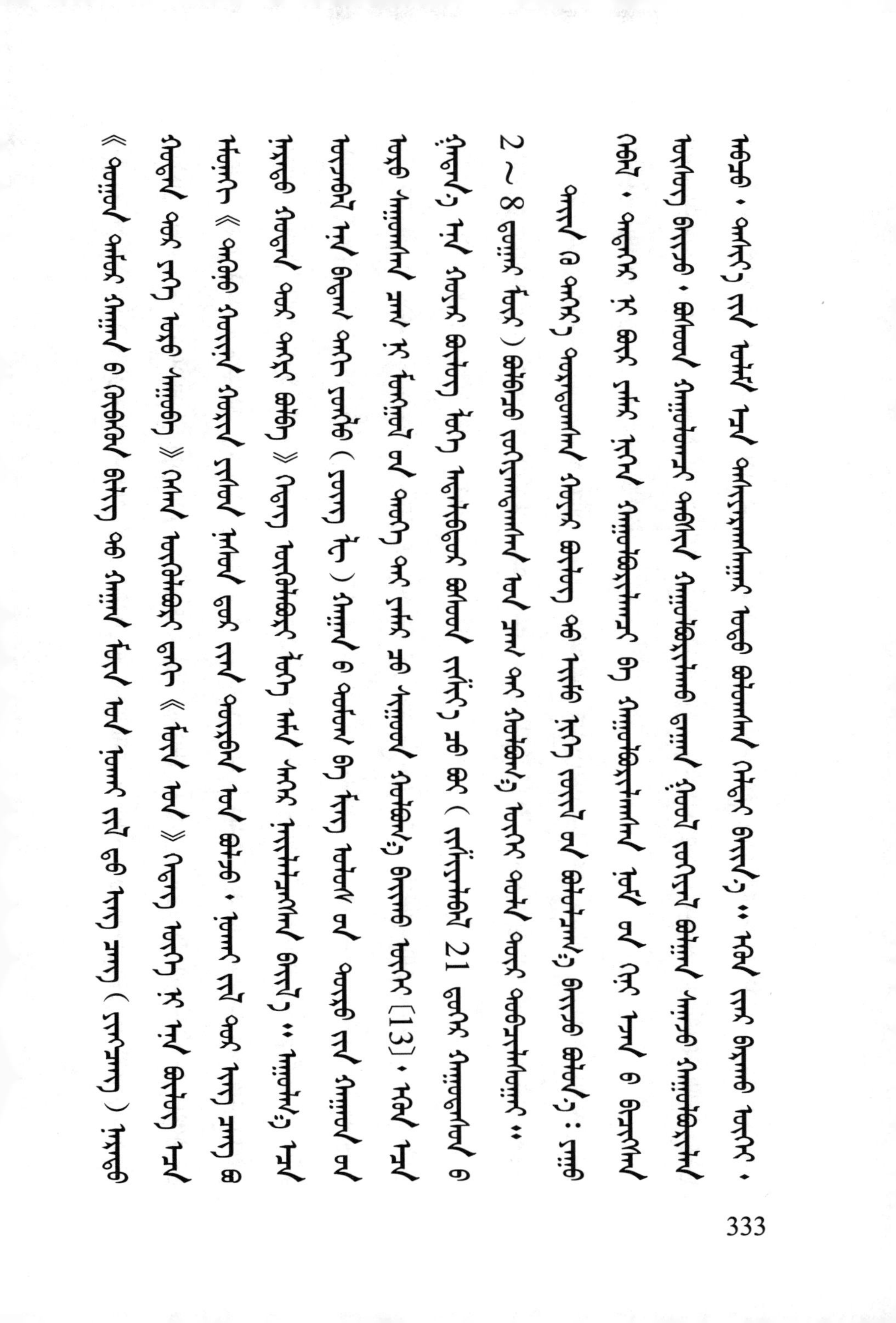

《 [illegible] ([illegible]) [illegible] 《 [illegible] 》 [illegible] 《 [illegible] 》 [illegible] 《 [illegible] 》 [illegible] • [illegible] 《 [illegible] 》 [illegible] •• [illegible] ([illegible]) [illegible] • [illegible] 〔13〕 [illegible] ([illegible] 21 [illegible] 2 ~ 8 [illegible]) [illegible] ••

[illegible] : [illegible] • [illegible] • [illegible] • [illegible] •• [illegible] • [illegible] •

ᠰᠤᠷᠭᠠᠭᠤᠯᠢ ᠪᠢᠴᠢᠭ ᠬᠠᠮᠲᠤ ᠮᠡᠳᠡᠭ ᠣᠷᠣᠨ ᠳᠤ ᠮᠣᠩᠭᠣᠯ ᠬᠡᠯᠡ ᠶᠢᠨ ᠰᠤᠷᠭᠠᠭᠤᠯᠢ ᠳᠤ ᠣᠷᠣᠨ ᠲᠡᠢ ᠪᠡᠷ ᠭᠠᠵᠠᠷ ᠳᠤ ᠬᠡᠷᠡᠭᠯᠡᠭᠳᠡᠬᠦ ᠪᠢᠴᠢᠭ ᠦᠨ ᠳᠡᠭᠡᠷ᠎ᠡ ᠲᠡᠢ ᠣᠨ ᠳᠤ ᠪᠢ ᠰᠤᠷᠤᠯᠴᠠᠭᠰᠠᠨ ᠨᠢ ᠰᠤᠷᠭᠠᠭᠤᠯᠢ ᠳᠤ ᠪᠠᠢᠨ᠎ᠠ ᠃ ᠮᠣᠩᠭᠣᠯ ᠪᠢᠴᠢᠭ ᠢ ᠬᠡᠷᠡᠭᠯᠡᠬᠦ ᠵᠢᠨ ᠲᠠᠯ᠎ᠠ ᠪᠠᠷ ᠬᠠᠮᠲᠤ ᠪᠠᠢᠭᠤᠯᠬᠤ ᠳᠤ ᠮᠡᠳᠡᠭᠰᠡᠨ ᠣᠯᠠᠨ ᠪᠢᠴᠢᠭ ᠳᠤ ᠰᠤᠷᠭᠠᠭᠤᠯᠢ ᠲᠠᠢ ᠪᠠᠢᠭ᠎ᠠ ᠃

ᠰᠤᠷᠭᠠᠭᠤᠯᠢ ᠶᠢᠨ ᠣᠶᠤᠨ ᠲᠠᠢ ᠳᠤ ᠨᠢ ᠪᠠᠢᠨ᠎ᠠ ᠃

ᠣᠯᠠᠨ ᠪᠢᠴᠢᠭ ᠤᠨ ᠬᠠᠮᠲᠤ ᠣᠷᠣᠨ ᠪᠢᠴᠢᠭ ᠦᠨ ᠬᠠᠮᠲᠤ ᠪᠣᠯᠭᠠᠬᠤ ᠣᠷᠣᠨ ᠳᠤ ᠳᠤᠮᠳᠠ ᠶᠢᠨ ᠪᠣᠯᠤᠨ ᠰᠤᠷᠭᠠᠬᠤ ᠳᠤ ᠪᠣᠯᠤᠨ ᠪᠢᠴᠢᠭ ᠦᠨ ᠳᠤ ᠣᠶᠤᠨ ᠪᠣᠯᠤᠨ ᠮᠡᠳᠡᠭᠰᠡᠨ ᠪᠣᠯᠤᠨ ᠪᠠᠢᠬᠤ ᠣᠷᠣᠨ ᠪᠠᠢᠭ᠎ᠠ〔14〕· ᠮᠣᠩᠭᠣᠯ ᠪᠢᠴᠢᠭ ᠬᠡᠯᠡᠨ ᠦ ᠮᠣᠩᠭᠣᠯᠴᠤᠳ ᠤᠨ ᠪᠣᠯᠤᠨ ᠪᠢᠴᠢᠭ ᠦᠨ ᠬᠣᠷᠢᠶ᠎ᠠ（ᠬᠣᠷᠢᠶ᠎ᠠ ᠵᠢᠭᠠᠬᠤ）ᠮᠣᠩᠭᠣᠯ ᠤᠨ ᠬᠣᠷᠢᠶ᠎ᠠ ᠪᠣᠯᠤᠨ᠎ᠠ ᠃

ᠪᠣᠯᠤᠨ《ᠮᠣᠩᠭᠣᠯ ᠬᠣᠯᠪᠣᠭᠳᠠᠬᠤ ᠲᠣᠭᠠᠨ ᠤ ᠬᠣᠷᠢᠶ᠎ᠠ ᠳᠤ ᠬᠣᠶᠠᠷ ᠲᠠᠢ ᠣᠨ ᠬᠡᠷᠡᠭᠯᠡᠭᠰᠡᠨ ᠪᠣᠯᠤᠨ — ᠮᠣᠩᠭᠣᠯ ᠬᠣᠪᠢᠳᠠᠬᠤ《〔15〕ᠲᠤ ᠨᠣᠮ ᠪᠢᠴᠢᠭ 1958 ᠣᠨ ᠤ ᠰᠢᠨᠵᠢᠯᠡᠬᠦ · ᠰᠤᠷᠭᠠᠭᠤᠯᠢ ᠬᠠᠮᠲᠤ ᠲᠠᠢ ᠣᠯᠠᠨ ᠣᠯᠠᠨᠲᠠᠢ ᠪᠣᠯᠤᠨ᠎ᠠ ᠃ ᠰᠤᠷᠤᠯᠴᠠᠭᠰᠠᠨ ᠪᠢᠴᠢᠭ ᠳᠤ《ᠬᠣᠷᠢᠶ᠎ᠠ ᠳᠤ ᠰᠤᠷᠤᠨ ᠳᠤ ᠬᠣᠶᠠᠳᠤ ᠮᠡᠳᠡ ᠲᠠᠢ ᠬᠣᠶᠠᠷ ᠪᠣᠯᠤᠨ ᠪᠡᠷ ᠲᠣᠭᠠᠨ ᠰᠤᠷᠤᠨ》ᠪᠠᠢᠨ ᠮᠡᠳᠡᠨ《ᠪᠢᠴᠢᠭ ᠪᠢᠴᠢᠭ ᠪᠣᠯᠤᠨ ᠃ ᠬᠣᠷᠢᠶ᠎ᠠ ᠰᠤᠷᠭᠠᠭᠤᠯᠢ ᠬᠡᠮᠡᠨ》ᠪᠠᠢᠭᠤᠯᠬᠤ ᠮᠡᠳᠡᠭ ᠪᠢᠴᠢᠭ ᠪᠣᠯᠤᠨ ᠮᠡᠳᠡᠭᠰᠡᠨ ᠲᠠᠢ ᠪᠢᠴᠢᠭ ᠳᠤ ᠮᠡᠳᠡᠭᠳᠡᠬᠦ ᠶᠢᠨ ᠮᠣᠩᠭᠣᠯ ᠰᠢᠨᠵᠢᠯᠡᠬᠦ ᠳᠤ ᠬᠣᠶᠠᠷ ᠪᠣ ᠃ ᠰᠤᠷᠭᠠᠭᠤᠯᠢ ᠮᠣᠩᠭᠣᠯ ᠪᠠᠷ ᠬᠣᠷᠢᠶ᠎ᠠ ᠮᠡᠳᠡᠭᠰᠡᠨ ᠪᠣᠯᠤᠨ ᠤ ᠮᠣᠩᠭᠣᠯ ᠬᠡᠯᠡ ᠪᠡᠷ ᠰᠢᠷᠡᠭᠦᠯᠦᠭᠰᠡᠨ ᠦᠭᠡ ᠮᠣᠩᠭᠣᠯ ᠬᠡᠷᠡᠭᠯᠡᠬᠦ ᠲᠠᠢ ᠰᠤᠷᠭᠠᠭᠤᠯᠢ ᠪᠢᠴᠢᠭ ᠢ ᠮᠣᠩᠭᠣᠯ ᠤᠨ ᠪᠢᠴᠢᠭ ᠦᠨ ᠬᠣᠶᠠᠷ ᠰᠤᠷᠭᠠᠭᠤᠯᠢ ᠳᠤ ᠪᠠᠢᠨ

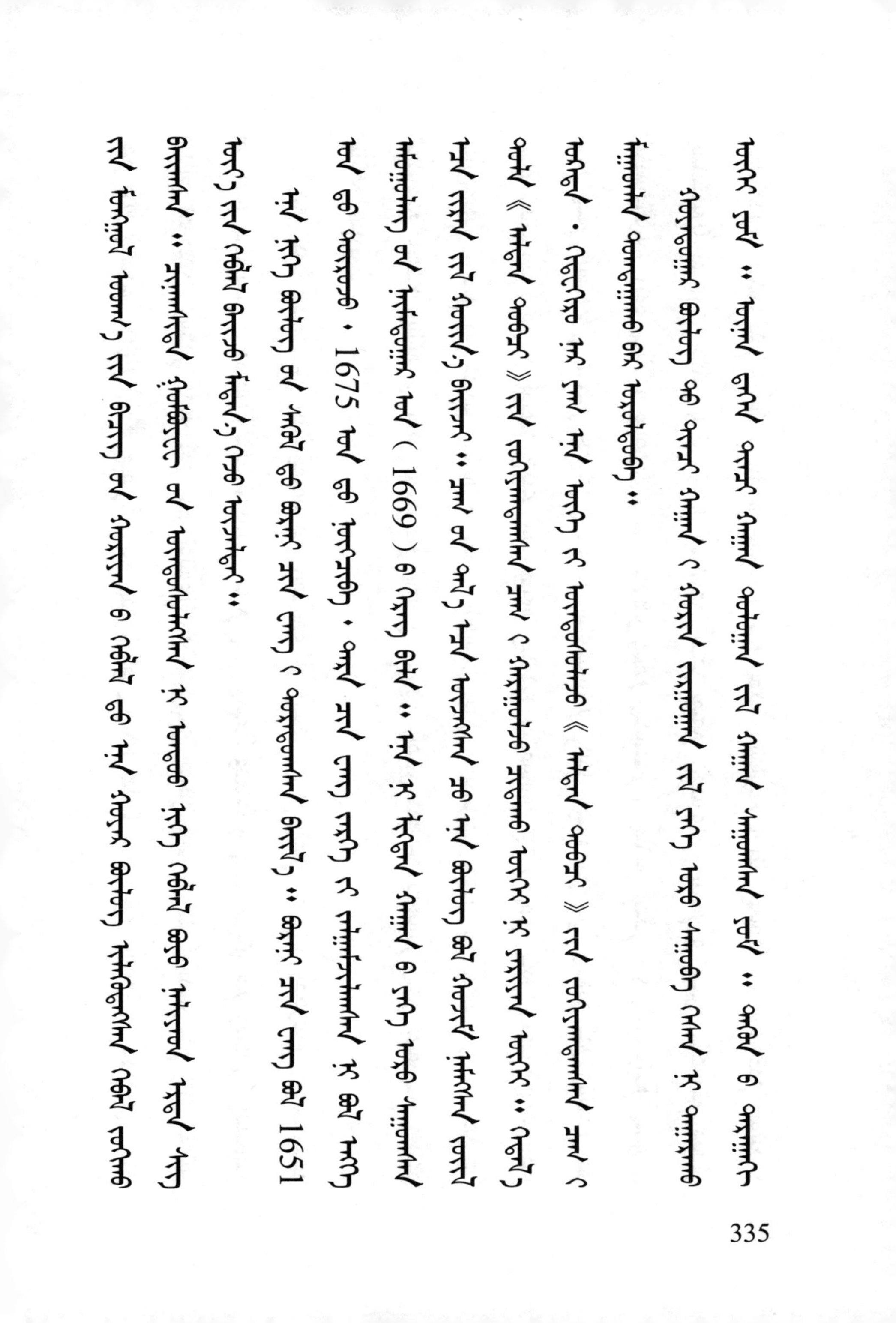

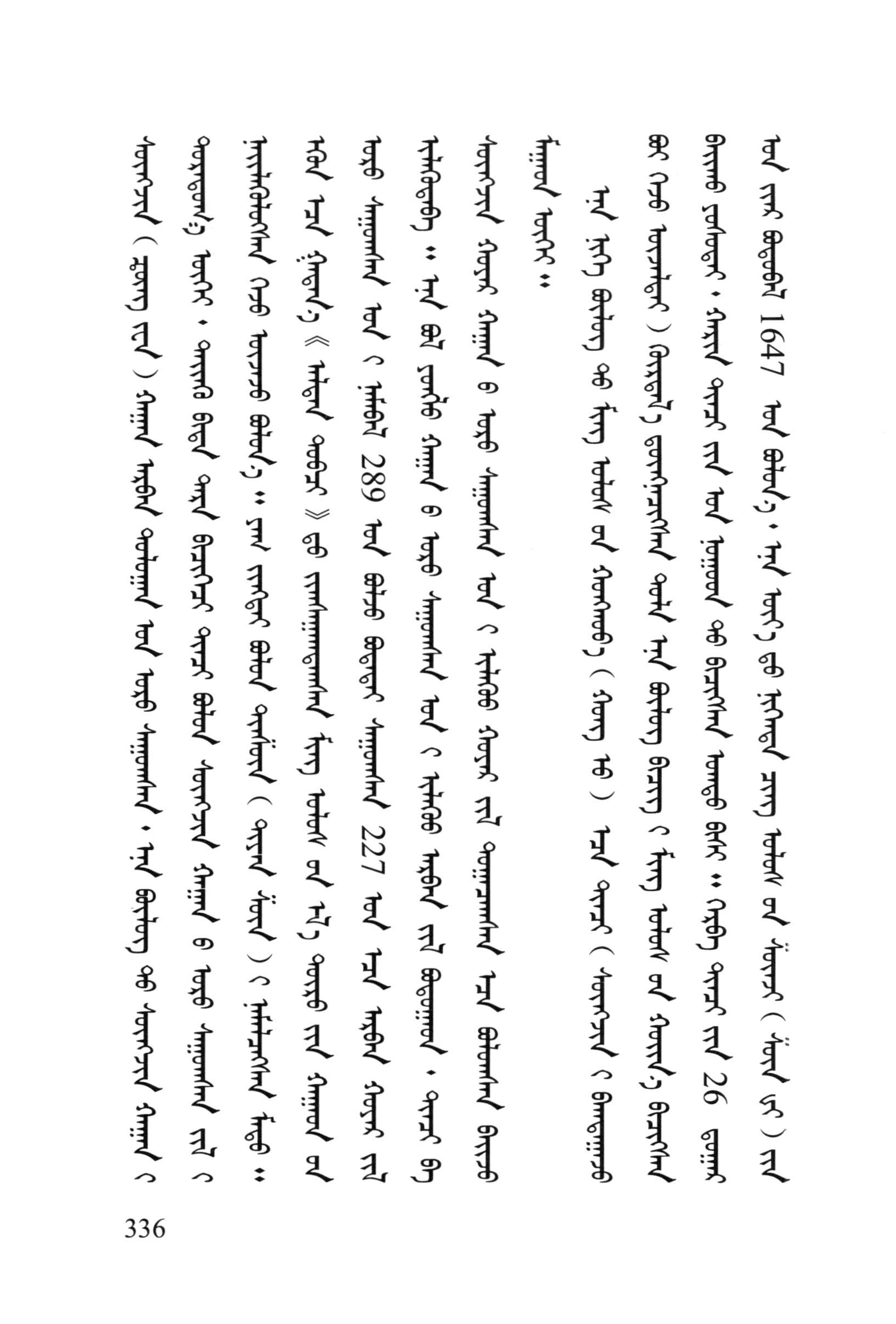

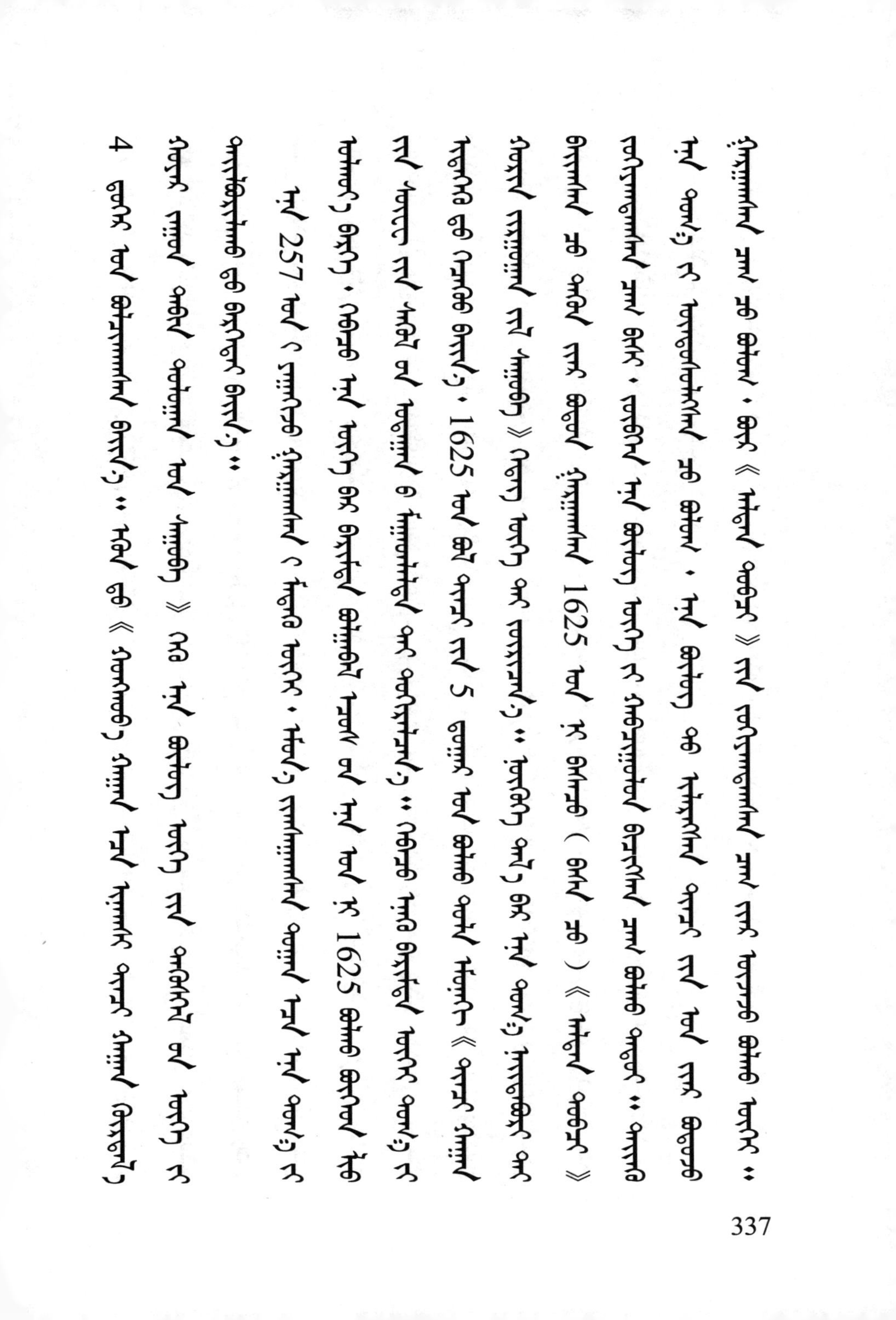

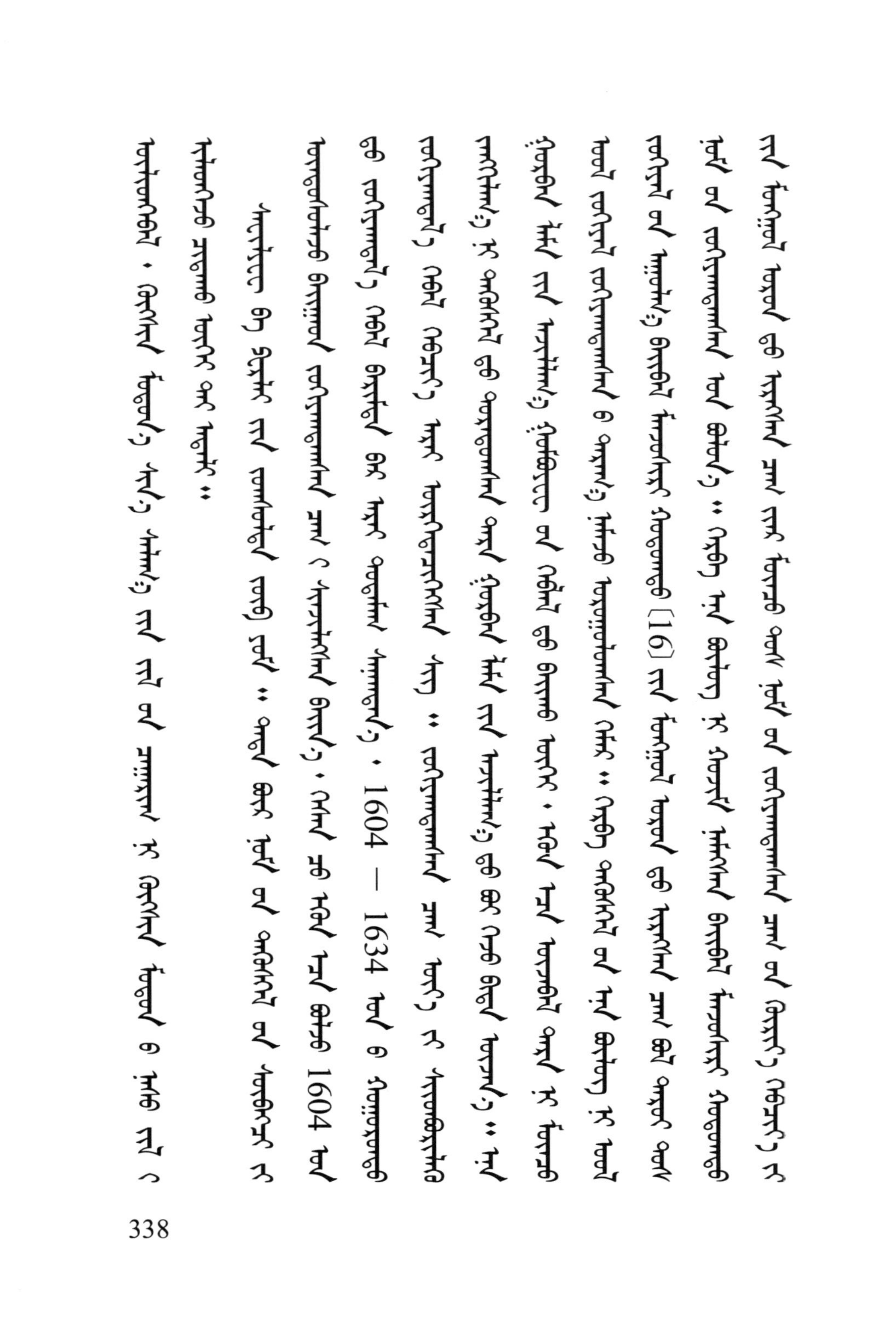

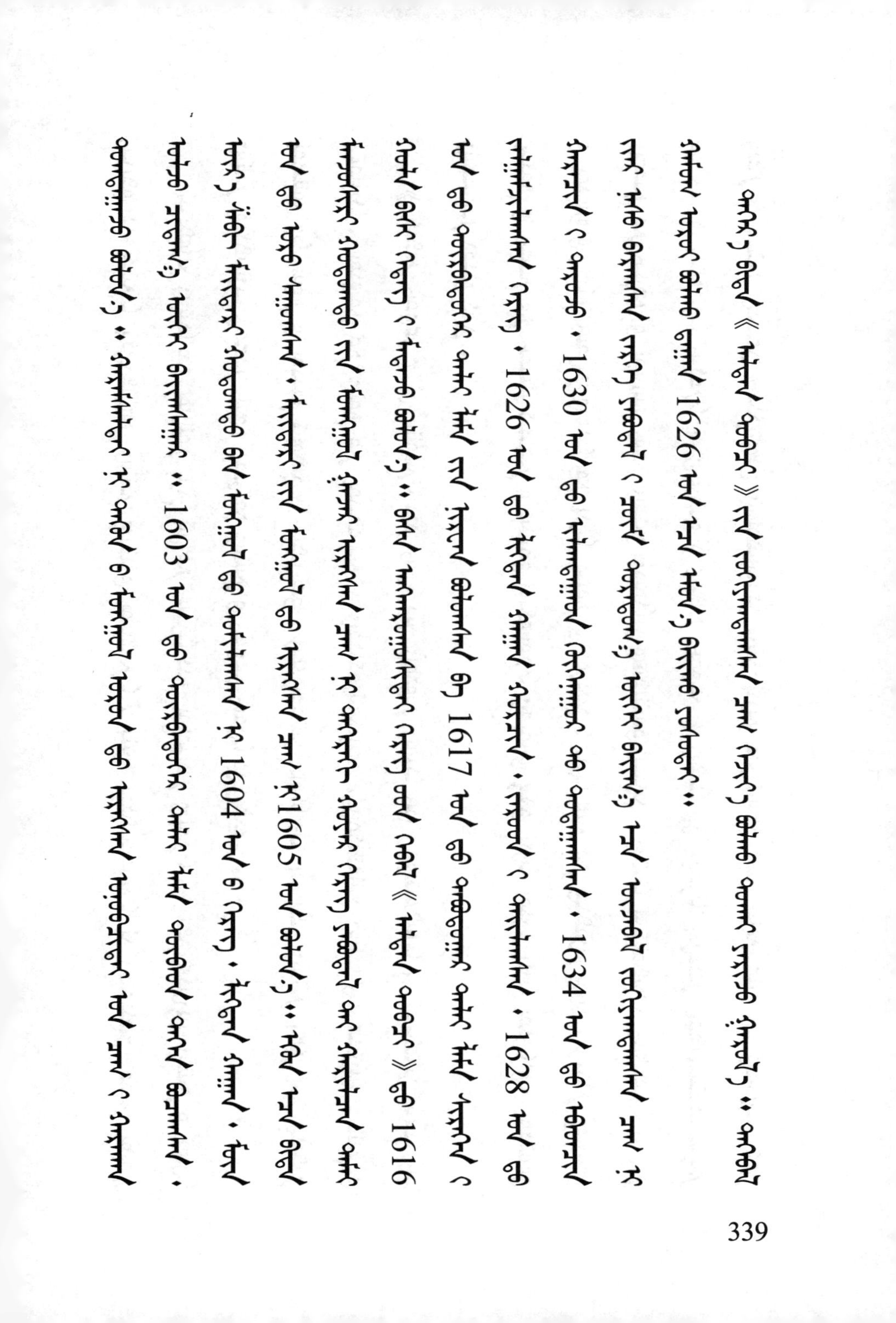

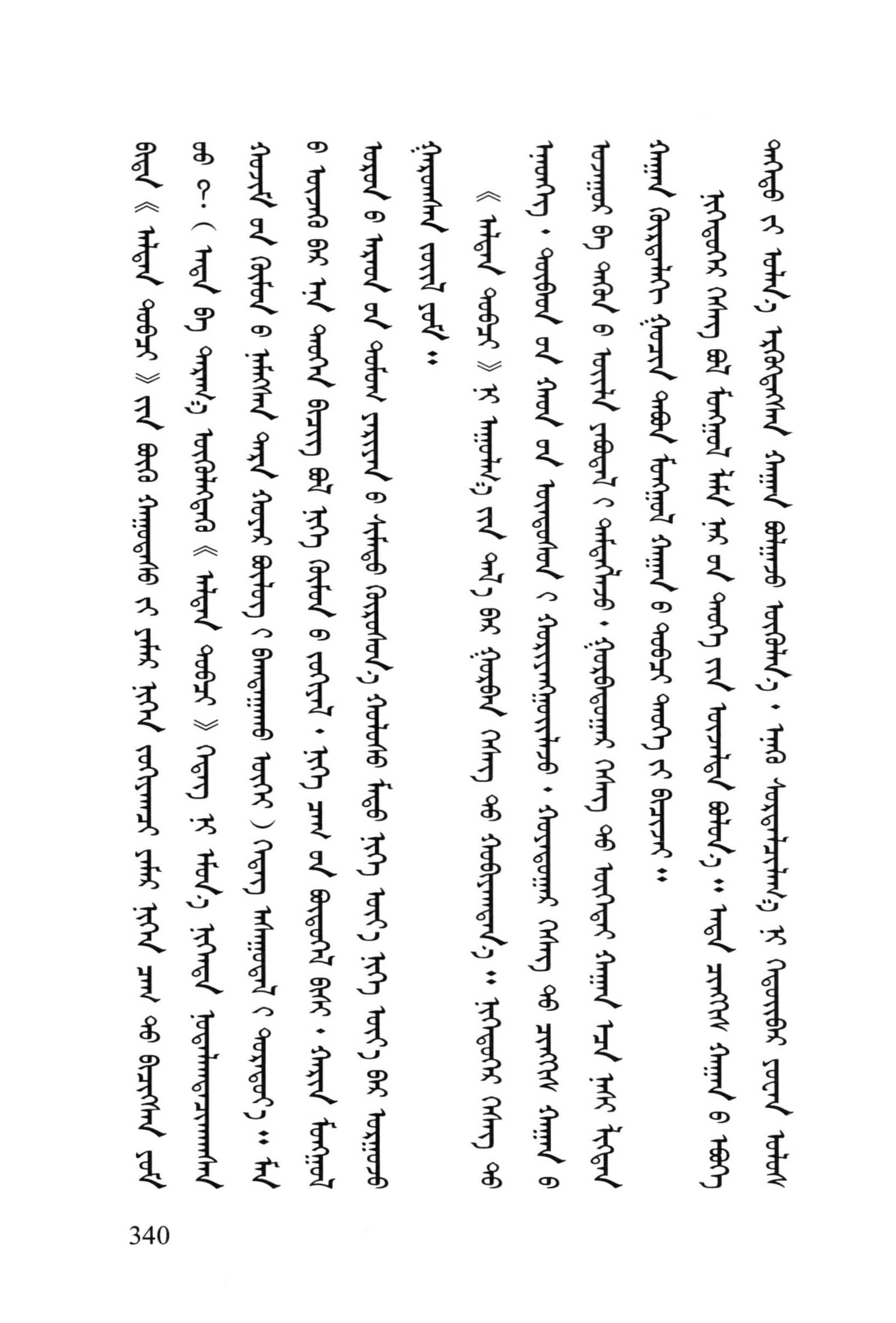

340

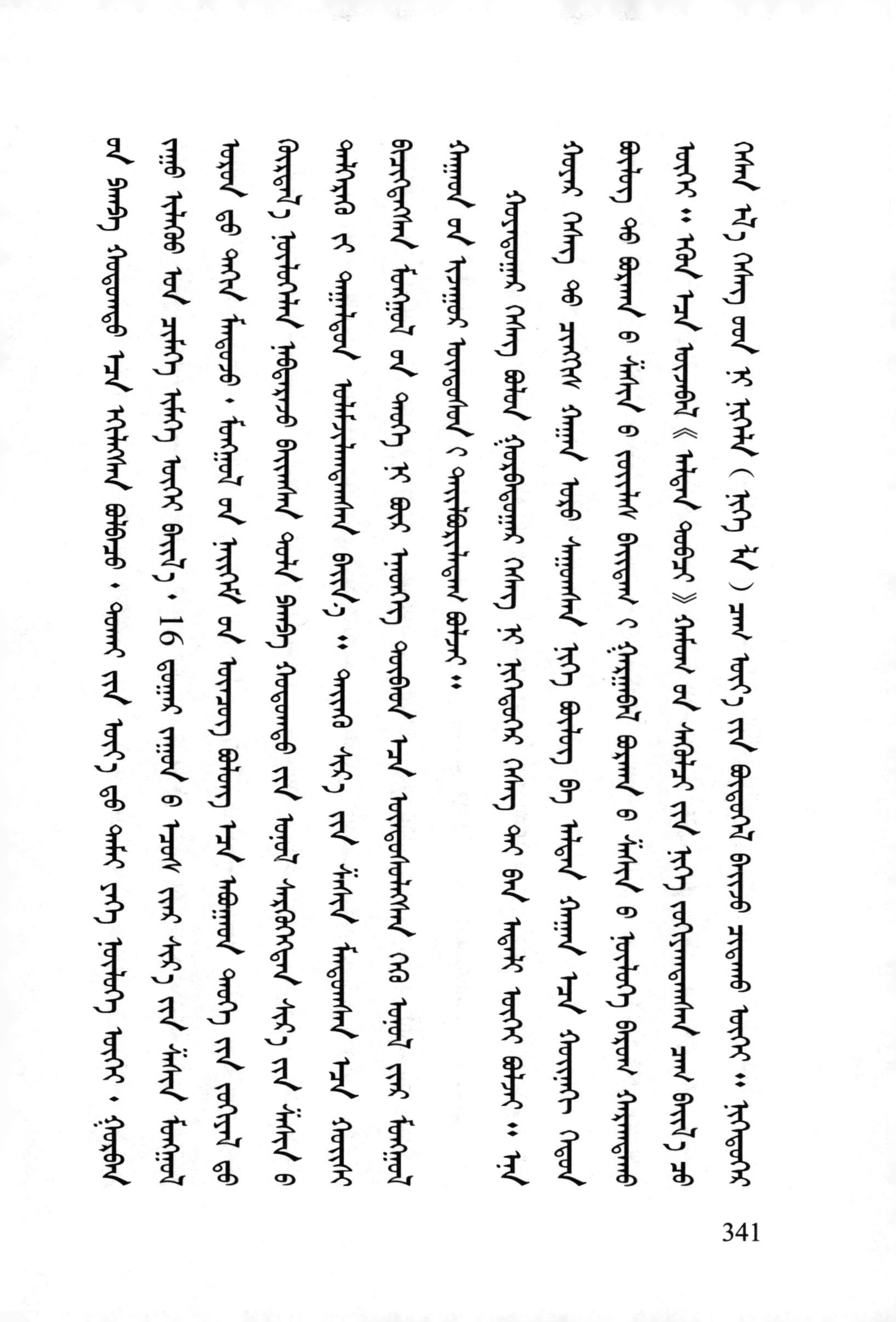

16

ᠣᠷᠣᠨ ᠪᠦᠬᠦᠨ ᠰᠢᠨᠵᠢᠯᠡᠬᠦ ᠤᠬᠠᠭᠠᠨ ᠤ ᠰᠤᠳᠤᠯᠤᠯ ᠣᠷᠣᠨ ᠳᠤ 16 ᠳᠤᠭᠠᠷ ᠵᠠᠭᠤᠨ ᠤ ᠰᠡᠭᠦᠯ · 17 ᠳᠤᠭᠠᠷ ᠵᠠᠭᠤᠨ ᠤ ᠡᠬᠢ ᠪᠡᠷ ᠲᠡᠦᠬᠡ ᠶᠢᠨ ᠵᠣᠬᠢᠶᠠᠯ ᠪᠢᠴᠢᠭᠰᠡᠨ ᠲᠡᠦᠬᠡ ᠪᠢᠴᠢᠭ · ᠰᠤᠳᠤᠯᠤᠯ ᠳᠤ ᠬᠡᠯᠡᠨ ᠦ ᠰᠢᠨᠵᠢᠯᠡᠬᠦ ᠤᠬᠠᠭᠠᠨ ᠤ ᠰᠤᠳᠤᠯᠤᠯ ᠤᠨ ᠬᠡᠯᠡᠨ ᠦ « ᠰᠢᠷᠠ ᠲᠤᠭᠤᠵᠢ » ᠪᠠ « ᠠᠯᠲᠠᠨ ᠲᠣᠪᠴᠢ » ᠵᠡᠷᠭᠡ ᠲᠡᠦᠬᠡ ᠪᠢᠴᠢᠭ ᠦᠨ · ᠬᠡᠯᠡᠨ ᠦ ᠪᠦᠲᠦᠴᠡ ᠪᠠᠢᠳᠠᠯ ᠢ ᠬᠡᠯᠡᠨ ᠦ
ᠲᠤᠰ « ᠲᠤᠭᠤᠵᠢ ᠶᠢᠨ ᠲᠤᠷᠰᠢᠯᠲᠠ » ᠳᠤ ᠵᠣᠬᠢᠶᠠᠨ ᠪᠠᠢᠭᠤᠯᠤᠭᠰᠠᠨ ᠪᠠᠢᠨ᠎ᠠ ::

ᠲᠤᠰ ᠲᠡᠦᠬᠡ ᠪᠢᠴᠢᠭ ᠦᠨ ᠬᠡᠯᠡᠨ ᠦ ᠰᠤᠳᠤᠯᠤᠯ ᠤᠨ ᠬᠡᠯᠡᠨ ᠦ ᠬᠣᠭᠣᠷᠣᠨᠳᠤ ᠲᠣᠬᠢᠶᠠᠯᠳᠤᠯ ᠤ ᠲᠤᠭᠤᠵᠢ ᠳᠤ ᠬᠠᠮᠢᠶᠠᠷᠤᠭᠰᠠᠨ · ᠵᠢᠱᠢᠶᠡ · ᠬᠡᠯᠡᠯᠭᠡ ᠶᠢᠨ ᠵᠢᠱᠢᠶᠡ ᠳᠤ ᠰᠢᠨᠵᠢᠯᠡᠬᠦ ᠤᠬᠠᠭᠠᠨ ᠤ ᠬᠡᠯᠡᠨ ᠦ ᠰᠤᠳᠤᠯᠤᠯ ᠤᠨ ᠠᠷᠭ᠎ᠠ ᠪᠠᠷ ᠲᠣᠭᠲᠠᠭᠠᠭᠰᠠᠨ ᠪᠠᠢᠨ᠎ᠠ :: ᠲᠤᠰ ᠪᠢᠴᠢᠭ ᠲᠦ ᠲᠡᠦᠬᠡ ᠶᠢᠨ ᠬᠡᠯᠡᠨ ᠦ ᠣᠨᠴᠠᠯᠢᠭ ᠢ ᠲᠣᠳᠣᠷᠬᠠᠶᠢᠯᠠᠭᠰᠠᠨ ᠬᠡᠯᠡᠨ ᠦ ᠦᠭᠡ ᠳᠦ ᠬᠠᠷᠢᠴᠠᠭᠤᠯᠵᠤ ᠰᠤᠳᠤᠯᠤᠭᠰᠠᠨ ᠪᠠᠢᠨ᠎ᠠ :: 77 ᠳᠤ ᠵᠦᠢᠯ ᠦᠨ ᠬᠡᠯᠡᠨ ᠦ ᠦᠭᠡ ᠪᠡᠷ ᠲᠣᠭᠲᠠᠭᠠᠭᠰᠠᠨ · ᠬᠡᠯᠡᠯᠭᠡ ᠶᠢᠨ ᠰᠤᠳᠤᠯᠤᠯ 46 ᠳᠤ ᠵᠦᠢᠯ ᠦᠨ ᠬᠡᠯᠡᠨ ᠦ ᠦᠭᠡ ᠪᠠᠢᠨ᠎ᠠ :: ᠲᠡᠭᠦᠨ ᠦ (ᠬᠡᠯᠡᠨ ᠦ ᠦᠭᠡ ᠶᠢᠨ ᠵᠢᠱᠢᠶᠡ ᠪᠣᠯ ᠬᠡᠯᠡᠯᠭᠡ ᠶᠢᠨ ᠬᠠᠷᠢᠴᠠᠭ᠎ᠠ) ᠬᠡᠯᠡᠨ ᠦ ᠰᠤᠳᠤᠯᠤᠯ ᠤᠨ ᠲᠤᠰ ᠪᠠᠢᠨ᠎ᠠ :: ᠪᠦᠬᠦ ᠬᠡᠯᠡᠨ ᠦ ᠰᠤᠳᠤᠯᠤᠯ ᠳᠤ ᠬᠡᠷᠡᠭᠯᠡᠭᠳᠡᠭᠰᠡᠨ ᠬᠡᠯᠡᠨ ᠦ ᠦᠭᠡ · ᠬᠡᠯᠡᠯᠭᠡ ᠶᠢᠨ ᠵᠢᠱᠢᠶᠡ ᠶᠢ ᠲᠣᠭᠲᠠᠭᠠᠭᠰᠠᠨ · ᠬᠡᠯᠡᠨ ᠦ ᠰᠤᠳᠤᠯᠤᠯ ᠤᠨ ᠬᠡᠯᠡᠨ ᠦ ᠲᠤᠰ ᠪᠢᠴᠢᠭ ᠦᠨ ᠲᠡᠦᠬᠡ ᠶᠢᠨ ᠣᠨᠴᠠᠯᠢᠭ ᠢ ᠲᠣᠳᠣᠷᠬᠠᠢ ᠬᠠᠷᠠᠭᠤᠯᠤᠭᠰᠠᠨ ᠬᠡᠯᠡᠨ ᠦ ᠲᠣᠪᠴᠢ ᠶᠢᠨ ᠲᠤᠰ ᠦᠭᠡ

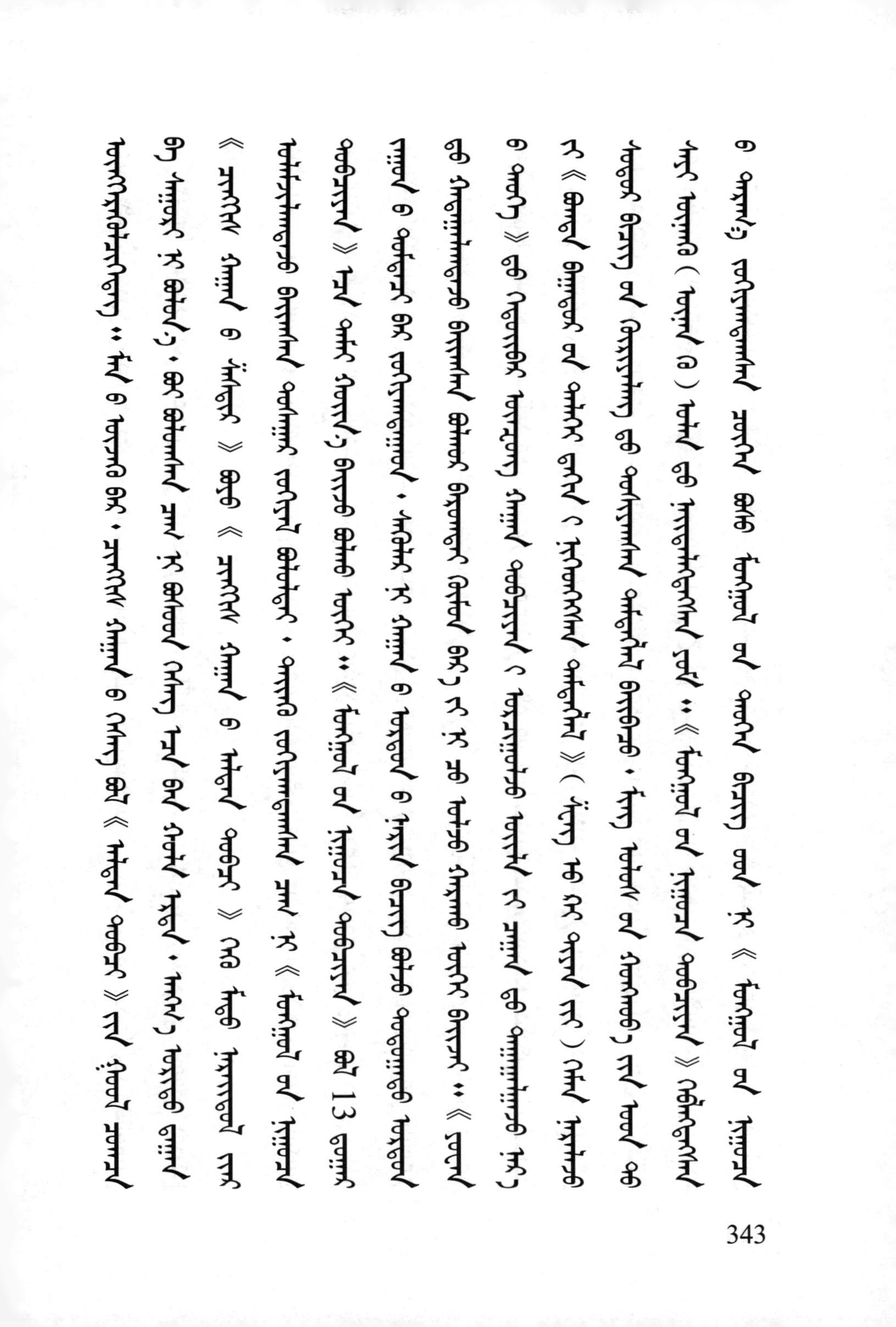

ᠮᠡᠳᠡᠭᠳᠡᠬᠦ ᠶᠢᠨ ᠬᠠᠮᠲᠤ ᠲᠡᠭᠦᠨ ᠦ ᠲᠦᠭᠡᠮᠡᠯ ᠪᠠᠶᠢᠳᠠᠯ ᠢ ᠰᠢᠨᠵᠢᠯᠡᠨ ᠲᠡᠮᠳᠡᠭᠯᠡᠬᠦ ᠶᠢᠨ ᠴᠤᠭ ᠲᠡᠭᠦᠨ ᠦ ᠰᠢᠨᠵᠢ ᠴᠢᠨᠠᠷ ᠢ ᠲᠣᠳᠣᠷᠬᠠᠢᠯᠠᠬᠤ ᠤᠴᠢᠷ ᠲᠠᠢ

ᠶᠠᠭᠤ ᠬᠡᠮᠡᠨ ᠨᠢ ᠮᠣᠩᠭᠣᠯ ᠤᠨ ᠬᠡᠯᠡᠨ ᠦ ᠲᠦᠭᠡᠮᠡᠯ ᠦᠭᠡ ᠪᠣᠯᠬᠤ ᠶᠢᠨ ᠬᠠᠮᠲᠤ ᠡᠷᠲᠡᠨ ᠦ ᠣᠷᠣᠨ ᠨᠤᠲᠤᠭ ᠤᠨ ᠨᠡᠷᠡᠢᠳᠦᠯ

ᠪᠣᠯᠤᠨ᠎ᠠ ᠃

ᠪᠢᠴᠢᠭ᠌ ᠦᠨ ᠳᠤᠷᠠᠰᠬᠠᠯ ᠳᠤ ᠲᠡᠮᠳᠡᠭᠯᠡᠭᠰᠡᠨ ᠣᠷᠣᠨ ᠨᠤᠲᠤᠭ ᠤᠨ ᠨᠡᠷᠡ ᠶᠢᠨ ᠲᠤᠬᠠᠢ ᠰᠤᠳᠤᠯᠤᠭᠰᠠᠨ ᠲᠠᠢ ᠬᠠᠷᠢᠴᠠᠭᠤᠯᠪᠠᠯ 《ᠮᠣᠩᠭᠣᠯ ᠤᠨ ᠨᠢᠭᠤᠴᠠ ᠲᠣᠪᠴᠢᠶᠠᠨ》 ᠳᠤ 《ᠠᠯᠲᠠᠨ ᠲᠣᠪᠴᠢ》 ᠶᠢᠨ ᠠᠳᠠᠯᠢ ᠪᠣᠯᠤᠨ᠎ᠠ ᠃ 《ᠮᠣᠩᠭᠣᠯ ᠤᠨ ᠨᠢᠭᠤᠴᠠ ᠲᠣᠪᠴᠢᠶᠠᠨ》 ᠳᠤ ᠲᠡᠮᠳᠡᠭᠯᠡᠭᠰᠡᠨ ᠣᠷᠣᠨ ᠨᠤᠲᠤᠭ ᠤᠨ ᠨᠡᠷᠡ ᠶᠢᠨ ᠲᠤᠬᠠᠢ ᠪᠢᠴᠢᠭ᠌ ᠦᠨ ᠪᠦᠲᠦᠭᠡᠯ 《ᠠᠯᠲᠠᠨ ᠲᠣᠪᠴᠢ》 ᠳᠤ ᠮᠥᠨ ᠲᠡᠮᠳᠡᠭᠯᠡᠭᠳᠡᠭᠰᠡᠨ ᠪᠠᠶᠢᠨ᠎ᠠ ᠃ ᠵᠢᠱᠢᠶᠡᠯᠡᠪᠡᠯ 〈ᠮᠣᠩᠭᠣᠯ ᠤᠨ ᠨᠢᠭᠤᠴᠠ ᠲᠣᠪᠴᠢᠶᠠᠨ〉 ᠳᠤ ᠲᠡᠮᠳᠡᠭᠯᠡᠭᠰᠡᠨ 〈ᠠᠯᠲᠠᠨ ᠲᠣᠪᠴᠢ〉 ᠳᠤ ᠪᠠᠭᠲᠠᠭᠰᠠᠨ ᠣᠷᠣᠨ ᠨᠤᠲᠤᠭ ᠤᠨ ᠨᠡᠷᠡ ᠶᠢ ᠬᠠᠷᠢᠴᠠᠭᠤᠯᠤᠨ ᠰᠤᠳᠤᠯᠬᠤ ᠳᠤ 《〈ᠠᠯᠲᠠᠨ ᠲᠣᠪᠴᠢ〉 ᠳᠤ ᠪᠠᠭᠲᠠᠭᠰᠠᠨ 〈ᠮᠣᠩᠭᠣᠯ ᠤᠨ ᠨᠢᠭᠤᠴᠠ ᠲᠣᠪᠴᠢᠶᠠᠨ〉》 ᠤᠨ ᠬᠡᠰᠡᠭ ᠢ ᠰᠤᠳᠤᠯᠬᠤ ᠨᠢ — 《ᠮᠣᠩᠭᠣᠯ ᠤᠨ ᠨᠢᠭᠤᠴᠠ ᠲᠣᠪᠴᠢᠶᠠᠨ》 ᠤ 282 ᠪᠦᠯᠦᠭ ᠡᠴᠡ 234 ᠪᠦᠯᠦᠭ ᠢ ᠨᠢ ᠠᠭᠤᠯᠤᠭᠰᠠᠨ ᠪᠠᠶᠢᠨ᠎ᠠ ᠃ ᠡᠳᠡᠭᠡᠷ 《ᠮᠣᠩᠭᠣᠯ ᠤᠨ ᠨᠢᠭᠤᠴᠠ ᠲᠣᠪᠴᠢᠶᠠᠨ》 ᠤ ᠪᠦᠯᠦᠭ ᠦᠳ ᠲᠦ ᠲᠡᠮᠳᠡᠭᠯᠡᠭᠰᠡᠨ ᠣᠷᠣᠨ ᠨᠤᠲᠤᠭ ᠤᠨ ᠨᠡᠷᠡ ᠨᠢ 《ᠠᠯᠲᠠᠨ ᠲᠣᠪᠴᠢ》 ᠳᠤ 《ᠮᠣᠩᠭᠣᠯ ᠤᠨ ᠨᠢᠭᠤᠴᠠ ᠲᠣᠪᠴᠢᠶᠠᠨ》

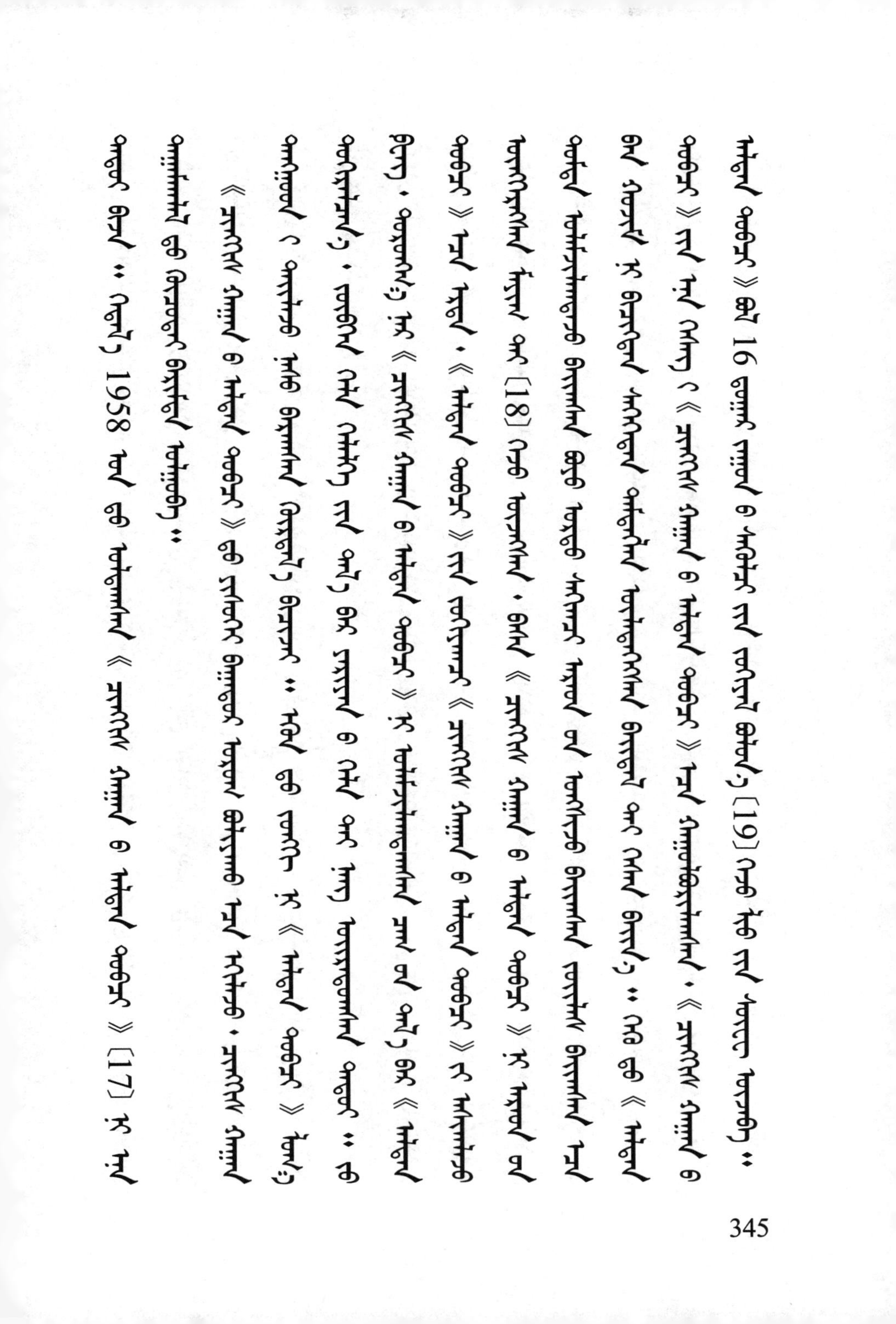

ᠪᠠᠶᠢᠴᠠᠭᠠᠯᠲᠠ ᠳᠤ ᠨᠡᠯᠢᠶᠡᠳ ᠪᠣᠯᠤᠨ ᠬᠠᠷᠢ ᠪᠡᠷ : 《ᠮᠣᠩᠭᠣᠯ ᠤᠨ》 ᠪᠠᠢᠳᠠᠯ ᠢ 《ᠲᠣᠪᠴᠢ》 ᠶᠢᠨ ᠨᠢᠭᠤᠴᠠ ᠳᠤ
ᠲᠣᠪᠴᠢᠯᠠᠭᠰᠠᠨ 《ᠠᠯᠲᠠᠨ ᠲᠣᠪᠴᠢ》 ᠶᠢᠨ ᠲᠣᠪᠴᠢ ᠶᠢ ᠳᠠᠭᠠᠯᠳᠤᠭᠰᠠᠨ ᠬᠡᠪᠯᠡᠯ ᠦᠨ ᠰᠤᠳᠤᠯᠤᠯ ᠲᠠᠢ
ᠨ 《ᠠᠯᠲᠠᠨ ᠲᠣᠪᠴᠢ》 ᠶᠢᠨ ᠨᠣᠮ ᠤᠨ ᠲᠣᠪᠴᠢ 《ᠨᠢᠭᠤᠴᠠ ᠲᠣᠪᠴᠢᠶᠠᠨ》 ᠦ ᠬᠡᠪᠯᠡᠯ ᠦᠳ ᠲᠦ ᠬᠠᠮᠢᠶᠠᠷᠤᠯᠤᠭᠰᠠᠨ ᠲᠡᠭᠦᠨ ᠦ
《ᠮᠣᠩᠭᠣᠯ ᠲᠣᠪᠴᠢ》 ᠳᠤ ᠪᠠᠢᠭ᠎ᠠ ᠪᠢᠴᠢᠭ · ᠬᠠᠷᠢᠴᠠᠭᠤᠯᠪᠠᠯ 《ᠮᠣᠩᠭᠣᠯ ᠲᠣᠪᠴᠢ》 ᠤᠨ ᠨᠢ
《ᠠᠯᠲᠠᠨ ᠲᠣᠪᠴᠢ》 ᠶᠢᠨ ᠮᠣᠩᠭᠣᠯ ᠲᠣᠪᠴᠢ 《ᠳᠤ ᠨᠡᠢᠲᠡᠯᠡᠭᠳᠡᠭᠰᠡᠨ ᠪᠢᠴᠢᠭ ᠦᠳ :: 《ᠮᠣᠩᠭᠣᠯ ᠲᠣᠪᠴᠢ》 ᠶᠢᠨ ᠵᠢᠴᠢ
ᠮᠣᠩᠭᠣᠯ ᠲᠣᠪᠴᠢ 《ᠳᠤ ᠰᠤᠳᠤᠯᠤᠭᠰᠠᠨ ᠠᠯᠲᠠᠨ ᠲᠣᠪᠴᠢ ᠶᠢᠨ ᠲᠣᠷᠠ ᠬᠡᠮᠡᠨ ᠲᠠᠢ ᠨᠢᠭᠤᠴᠠ ᠶᠢᠨ ᠪᠢᠴᠢᠭᠰᠡᠨ
ᠲᠣᠪᠴᠢ 《ᠠᠯᠲᠠᠨ ᠤᠨ ᠲᠣᠭᠤᠵᠢ ᠶᠢ ᠲᠣᠪᠴᠢᠯᠠᠭᠰᠠᠨ ᠮᠣᠩᠭᠣᠯ ᠲᠣᠪᠴᠢ 《ᠲᠣᠭᠠᠴᠠ ᠶᠢᠨ · ᠡᠨᠡ ᠪᠣᠯ 《ᠮᠣᠩᠭᠣᠯ ᠲᠣᠪᠴᠢ》
ᠳᠤ ᠪᠣᠯᠤᠨ ᠨᠢᠭᠤᠴᠠᠯᠠᠭᠳᠠᠭᠰᠠᠨ ᠪᠣᠢ ::

ᠨᠣᠭᠣᠭᠠᠨ ᠲᠣᠪᠴᠢ 《ᠮᠣᠩᠭᠣᠯ ᠲᠣᠪᠴᠢ》 ᠳᠤ ᠲᠣᠪᠴᠢᠯᠠᠭᠰᠠᠨ ᠲᠣᠪᠴᠢᠶᠠᠨ ᠤ ᠬᠡᠪᠯᠡᠯ ᠦᠨ ᠪᠣᠯᠪᠠᠰᠤ ᠪᠠᠢᠭ᠎ᠠ ᠬᠦᠷᠳᠦᠨ · ᠨᠢᠭᠤᠴᠠ ᠶᠢᠨ ᠲᠣᠪᠴᠢ
ᠳᠤ ᠰᠤᠳᠤᠯᠤᠭᠰᠠᠨ ᠪᠢᠴᠢᠭᠯᠡᠯ ᠦᠨ ᠳᠡᠭᠡᠷᠡᠭᠰᠡᠨ · ᠡᠨᠡ ᠮᠣᠩᠭᠣᠯ ᠤᠨ ᠰᠤᠳᠤᠯᠤᠯ ᠨᠢᠭᠤᠴᠠ ᠳᠤ ᠨᠢᠭᠤᠴᠠ ᠵᠢᠴᠢ
ᠲᠣᠪᠴᠢᠶᠠᠨ ᠳᠤ ᠪᠢᠴᠢᠭᠰᠡᠨ ᠪᠠᠢᠭ᠎ᠠ ᠶᠢᠨ ᠬᠡᠪᠯᠡᠯ ᠦᠨ ᠪᠠᠢᠳᠠᠯ :: ᠭᠡᠳᠡᠭ ᠪᠣᠯᠤᠭᠰᠠᠨ ᠵᠢᠴᠢ ᠲᠠᠢ ᠲᠣᠪᠴᠢᠯᠠᠭᠰᠠᠨ
ᠬᠣᠷᠢᠶᠠᠩᠭᠤᠢ ᠯᠠᠪᠯᠠᠭᠰᠠᠨ ᠮᠣᠩᠭᠣᠯ ᠤᠨ ᠨᠢᠭᠤᠴᠠ ᠲᠣᠪᠴᠢᠶᠠᠨ ᠤ ᠲᠤᠬᠠᠢᠯᠠᠯᠲᠠ ᠰᠤᠳᠤᠯᠤᠯ ᠦᠨ ᠪᠢᠴᠢᠭᠯᠡᠯ

ᠪᠣᠯᠪᠠ (ᠪᠣᠯᠪᠠ ᠪᠠ) ?· ᠬᠡᠮᠡᠨ ᠰᠠᠶᠢᠬᠠᠨ ᠰᠡᠳᠬᠢᠯ ᠲᠡᠢ ᠂ ᠲᠡᠷᠡ ᠨᠢ ᠬᠠᠮᠢᠶᠠᠲᠠᠢ ᠪᠡᠷ ᠪᠢᠴᠢᠭᠰᠡᠨ ᠮᠡᠲᠦ ᠳᠦ

ᠬᠡᠯᠡᠭᠰᠡᠨ ᠰᠠᠶᠢᠬᠠᠨ ᠪᠣᠯᠤᠨ᠎ᠠ ᠨᠢ ᠮᠡᠳᠡᠨ᠎ᠡ ᠃ ᠲᠡᠭᠡᠬᠦ ᠳᠦ ᠮᠠᠨ ᠤ ᠰᠠᠶᠢᠨ ᠰᠠᠶᠢᠬᠠᠨ ᠬᠡᠯᠡᠯᠴᠡᠭᠡᠨ

ᠪᠢᠴᠢᠭᠰᠡᠨ ᠤ ᠰᠡᠳᠬᠢᠯ ᠢᠶᠡᠨ ᠳᠦᠷᠰᠦᠯᠡᠨ ᠮᠡᠳᠡᠭᠰᠡᠨ ᠃ ᠲᠡᠭᠡᠬᠦ ᠳᠦ ᠬᠠᠮᠢᠶ᠎ᠠ ᠲᠠᠢ ᠂ ᠪᠣᠯᠤᠨ ᠰᠠᠶᠢᠨ ᠪᠠ ᠤᠷᠤᠯ ᠢ ᠬᠢ

ᠪᠢᠴᠢᠭᠰᠡᠨ ᠲᠡᠭᠦᠨ ᠳᠦ ᠬᠠᠮᠢᠶ᠎ᠠ ᠲᠠᠢ ᠰᠠᠶᠢᠨ ᠪᠠᠶᠢᠬᠤ ᠶᠢᠨ ᠲᠡᠭᠦᠨ ᠤ ᠰᠡᠳᠬᠢᠯ ᠦᠨ ᠬᠡᠮᠡᠨ ᠮᠡᠳᠡᠬᠦ ᠶᠢᠨ

ᠪᠣᠯᠤᠨ᠎ᠠ ᠰᠠᠶᠢᠨ ᠃ ᠲᠡᠭᠡᠬᠦ ᠳᠦ ᠰᠠᠶᠢᠨ ᠰᠠᠶᠢᠬᠠᠨ ᠲᠡᠭᠦᠨ ᠤ ᠂ ᠰᠠᠶᠢᠨ ᠂ ᠰᠠᠶᠢᠨ ᠮᠡᠳᠡᠬᠦ ᠲᠡᠢ ᠪᠣᠯᠤᠨ᠎ᠠ

ᠪᠣᠯᠪᠠᠰᠤ ᠲᠡᠢ ᠬᠡᠮᠡᠨ ᠰᠡᠳᠬᠢᠯ ᠢ ᠪᠡᠷ ᠮᠡᠳᠡᠬᠦ ᠶᠢᠨ ᠂ ᠲᠡᠷᠡ ᠨᠢ ᠪᠣᠯᠪᠠ ᠮᠡᠳᠡᠬᠦ ᠪᠣᠯᠬᠤ ᠪᠠᠶᠢᠨ᠎ᠠ ᠂

ᠲᠡᠭᠡᠭᠡᠳ ᠬᠡᠮᠡᠨ ᠪᠢᠴᠢᠭ ᠲᠦ ᠲᠡᠷᠡ ᠪᠢᠴᠢᠭ ᠂ ᠬᠡᠮᠡᠨ ᠲᠦ ᠮᠡᠳᠡᠭᠰᠡᠨ ᠮᠠᠨ ᠤ ᠰᠠᠶᠢᠨ ᠲᠦ ᠬᠡᠷᠡᠭ ᠨᠢ

ᠪᠣᠯᠤᠨ᠎ᠠ ᠰᠡᠳᠬᠢᠯ ᠲᠡᠢ ᠬᠡᠮᠡᠨ ᠲᠡᠭᠦᠨ ᠤ ᠰᠠᠶᠢᠨ ᠪᠣᠯᠤᠨ᠎ᠠ ᠃ ᠪᠣᠯᠪᠠ ᠰᠠᠶᠢᠨ ᠲᠦ ᠰᠡᠳᠬᠢᠯ ᠬᠡᠮᠡᠨ

ᠪᠣᠯᠤᠨ ᠰᠠᠶᠢᠨ ᠪᠠᠶᠢᠬᠤ ᠂ ᠰᠠᠶᠢᠨ ᠂ ᠰᠠᠶᠢᠬᠠᠨ ᠂ ᠮᠡᠳᠡᠬᠦ ᠂ ᠲᠡᠷᠡ ᠮᠡᠳᠡᠨ᠎ᠡ ᠪᠢᠴᠢᠭᠰᠡᠨ ᠲᠡᠭᠦᠨ ᠤ ᠬᠡᠮᠡᠨ

ᠲᠡᠭᠡᠭᠡᠳ ᠪᠢᠴᠢᠭᠰᠡᠨ ᠰᠡᠳᠬᠢᠯ ᠲᠡᠢ ᠬᠡᠮᠡᠨ ᠪᠢᠴᠢᠭ ᠲᠦ ᠮᠡᠳᠡᠭᠰᠡᠨ ᠬᠡᠮᠡᠨ ᠰᠡᠳᠬᠢᠯ ᠲᠡᠢ ᠂

ᠪᠣᠯᠪᠠᠰᠤᠷᠠᠯ ᠲᠡᠭᠦᠨ ᠤ ᠪᠢᠴᠢᠭᠰᠡᠨ ᠲᠦ ᠂ ᠲᠡᠷᠡ ᠳᠦ ᠮᠡᠳᠡᠬᠦ ᠃ ᠬᠡᠮᠡᠨ ᠲᠦ ᠰᠡᠳᠬᠢᠯ ᠢᠶᠡᠨ ᠪᠢᠴᠢᠭᠰᠡᠨ

ᠨᠢ ᠬᠡᠮᠵᠢᠶ᠎ᠡ ᠪᠠᠶᠢᠨ᠎ᠠ ᠂ ᠰᠠᠶᠢᠬᠠᠨ ᠂ ᠰᠠᠶᠢᠨ ᠰᠡᠳᠬᠢᠯ ᠲᠡᠢ ᠂ ᠲᠡᠷᠡ ᠨᠢ ᠪᠣᠯᠪᠠ ᠰᠠᠶᠢᠨ ᠪᠢᠴᠢᠭ ᠪᠣᠯᠤᠨ᠎ᠠ

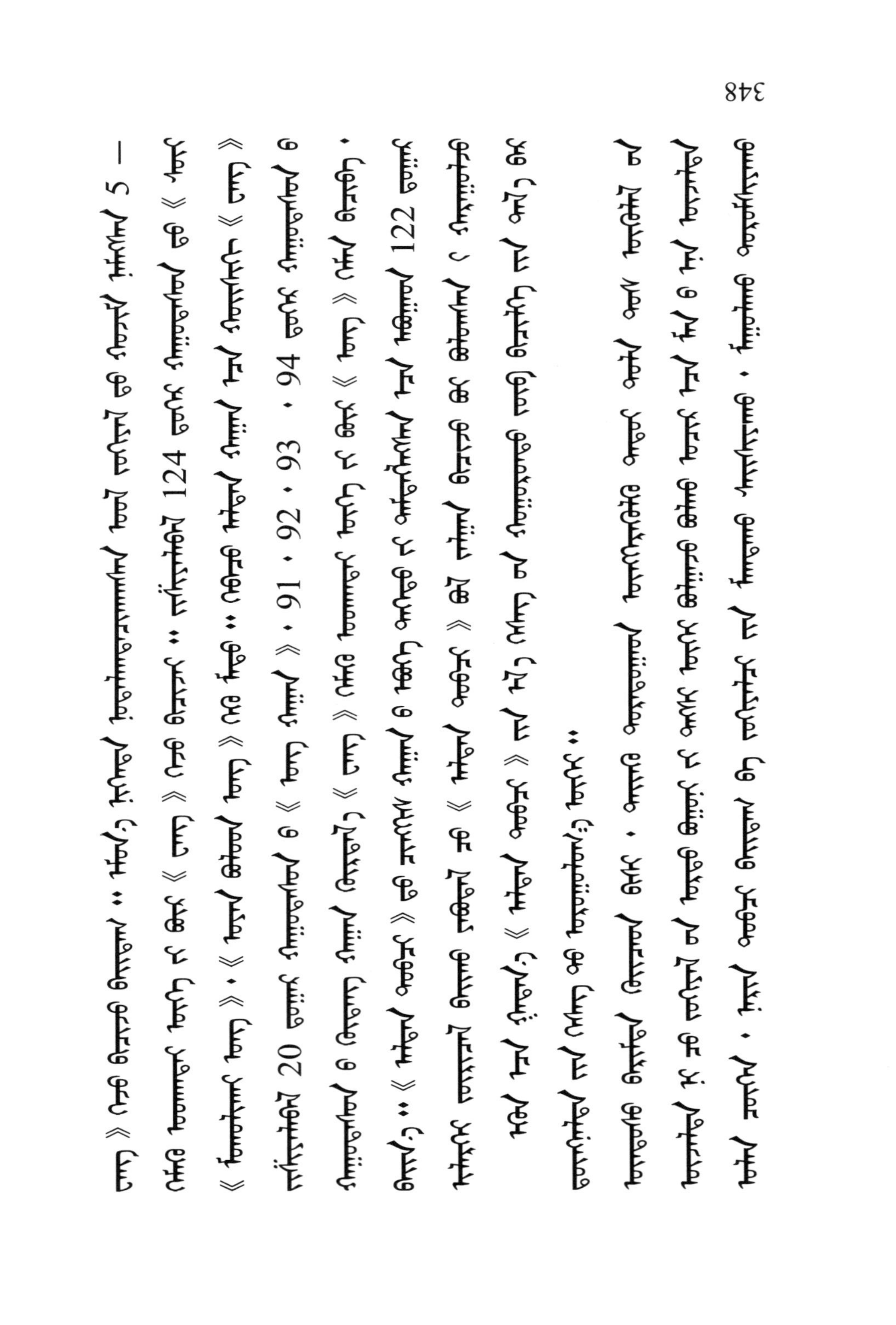

7 ᠳᠤᠭᠠᠷ ᠵᠠᠭᠤᠨ ᠤ ᠲᠦᠷᠦᠭ ᠦᠨ ᠪᠢᠴᠢᠭ ᠲᠦ 《ᠬᠠᠭᠠᠨ》 ᠢ 《ᠬᠠᠨ》 ᠪᠣᠯᠭᠠᠨ 《ᠬᠠᠭᠠᠨ》 ᠭᠡᠵᠦ ᠪᠢᠴᠢᠭᠰᠡᠨ ᠪᠠᠢᠳᠠᠭ ::
ᠪᠢᠴᠢᠭᠯᠡᠭᠰᠡᠨ 7 ᠳᠤᠭᠠᠷ ᠵᠠᠭᠤᠨ ᠤ 《ᠲᠩᠷᠢ ᠡᠴᠡ ᠬᠠᠭᠠᠨ》·《ᠪᠣᠭᠳᠠ ᠡᠴᠡ ᠬᠠᠭᠠᠨ》 ᠭᠡᠵᠦ ᠪᠢᠴᠢᠭᠰᠡᠨ ᠪᠠᠢ ::

ᠮᠣᠩᠭᠣᠯ ᠤᠨ ᠪᠢᠴᠢᠭ ᠲᠦ 《ᠬᠠᠭᠠᠨ》 ᠢᠶᠠᠷ ᠪᠢᠴᠢᠭᠰᠡᠨ 《ᠬᠠᠨ》 ᠢᠶᠠᠷ ᠪᠢᠴᠢᠭᠰᠡᠨ ᠮᠠᠲᠤ ᠪᠢᠴᠢᠭ ᠤᠨ ᠳᠤᠷᠠᠰᠬᠠᠯ ᠳᠤ ᠪᠢᠴᠢᠭᠰᠡᠨ ᠮᠣᠩᠭᠣᠯ ᠪᠢᠴᠢᠭ ᠦᠨ ᠳᠤᠷᠠᠰᠬᠠᠯ ᠤᠨ ᠬᠠᠭᠠᠨ ᠤ ᠨᠢᠭᠡ ᠨᠢ ᠪᠣᠯᠤᠨ᠎ᠠ :: ᠬᠠᠭᠠᠨ ᠤ ᠳᠤᠷᠠᠰᠬᠠᠯ ᠤᠨ ᠪᠢᠴᠢᠭ ᠳᠤ 《ᠬᠠᠨ》 ᠢᠶᠠᠷ ᠮᠠᠭᠲᠠᠭᠰᠠᠨ ᠪᠢᠴᠢᠭ ᠲᠦ ᠬᠠᠭᠠᠨ ᠤ ᠬᠠᠭᠠᠨ ᠤ 1340 ᠣᠨ ᠤ ᠪᠢᠴᠢᠭᠯᠡᠭᠰᠡᠨ · ᠪᠢᠴᠢᠭ ᠦᠨ ᠳᠤᠷᠠᠰᠬᠠᠯ ᠤᠨ 《ᠬᠠᠭᠠᠨ》 ᠢᠶᠠᠷ 《ᠬᠠᠭᠠᠨ》 ᠤ ᠬᠠᠭᠠᠨ ᠤ ᠮᠣᠩᠭᠣᠯ ᠪᠢᠴᠢᠭ ᠦᠨ ᠪᠢᠴᠢᠭᠯᠡᠭᠰᠡᠨ ᠬᠠᠭᠠᠨ ᠤ 《ᠬᠠᠨ》 ᠤ ᠣᠨ 1363 · 《ᠬᠠᠭᠠᠨ ᠪᠠ ᠬᠠᠭᠠᠨ》 ᠢᠶᠠᠷ 《ᠬᠠᠭᠠᠨ》 ᠭᠡᠵᠦ ᠪᠢᠴᠢᠭᠰᠡᠨ ᠤ ᠬᠠᠭᠠᠨ ::

ᠪᠢᠴᠢᠭᠰᠡᠨ ᠪᠢᠴᠢᠭ ᠢᠶᠠᠷ 《ᠬᠠᠭᠠᠨ》 ᠤᠨ 《ᠬᠠᠨ》 ᠤ ᠬᠠᠭᠠᠨ ᠣᠨ ᠪᠢᠴᠢᠭ ᠤᠨ ᠬᠠᠭᠠᠨ ᠪᠠᠢᠨ ᠬᠠᠭᠠᠨ ᠤ ᠮᠣᠩᠭᠣᠯ ᠪᠢᠴᠢᠭ ᠦᠨ 17 · ᠬᠠᠭᠠᠨ ᠤ ᠵᠠᠭᠤᠨ ᠳᠤᠭᠠᠷ 16 ᠳᠤ 《ᠬᠠᠭᠠᠨ》 ᠤᠨ ᠬᠠᠭᠠᠨ ᠤ ᠬᠠᠭᠠᠨ ᠵᠠᠭᠤᠨ ᠳᠤᠭᠠᠷ 16 ᠳᠤ ᠬᠠᠭᠠᠨ ᠤ ᠵᠠᠭᠤᠨ ᠳᠤᠭᠠᠷ 17 · ᠪᠢᠴᠢᠭᠯᠡᠭᠰᠡᠨ ᠪᠢᠴᠢᠭ ᠳᠤ 《ᠮᠣᠩᠭᠣᠯ ᠬᠠᠭᠠᠨ》 ᠳᠤ ᠬᠠᠭᠠᠨ ᠪᠢᠴᠢᠭᠰᠡᠨ :: ᠬᠠᠭᠠᠨ ᠤ ᠮᠣᠩᠭᠣᠯ ᠪᠢᠴᠢᠭ ᠦᠨ ᠳᠤᠷᠠᠰᠬᠠᠯ ᠤᠨ ᠬᠠᠭᠠᠨ ᠤ ᠵᠠᠭᠤᠨ ᠳᠤᠭᠠᠷ 16 ᠪᠢᠴᠢᠭᠯᠡᠭᠰᠡᠨ · ᠮᠣᠩᠭᠣᠯ ᠬᠠᠭᠠᠨ ᠤ ᠵᠠᠭᠤᠨ ᠳᠤᠭᠠᠷ 17 · ᠪᠢᠴᠢᠭᠯᠡᠭᠰᠡᠨ ᠪᠢᠴᠢᠭ ᠳᠤ 《ᠮᠣᠩᠭᠣᠯ ᠬᠠᠭᠠᠨ》 ᠢ ᠪᠢᠴᠢᠭᠯᠡᠭᠰᠡᠨ ᠬᠠᠭᠠᠨ ᠤ ᠮᠣᠩᠭᠣᠯ ᠪᠢᠴᠢᠭ ᠦᠨ ᠬᠠᠭᠠᠨ ::

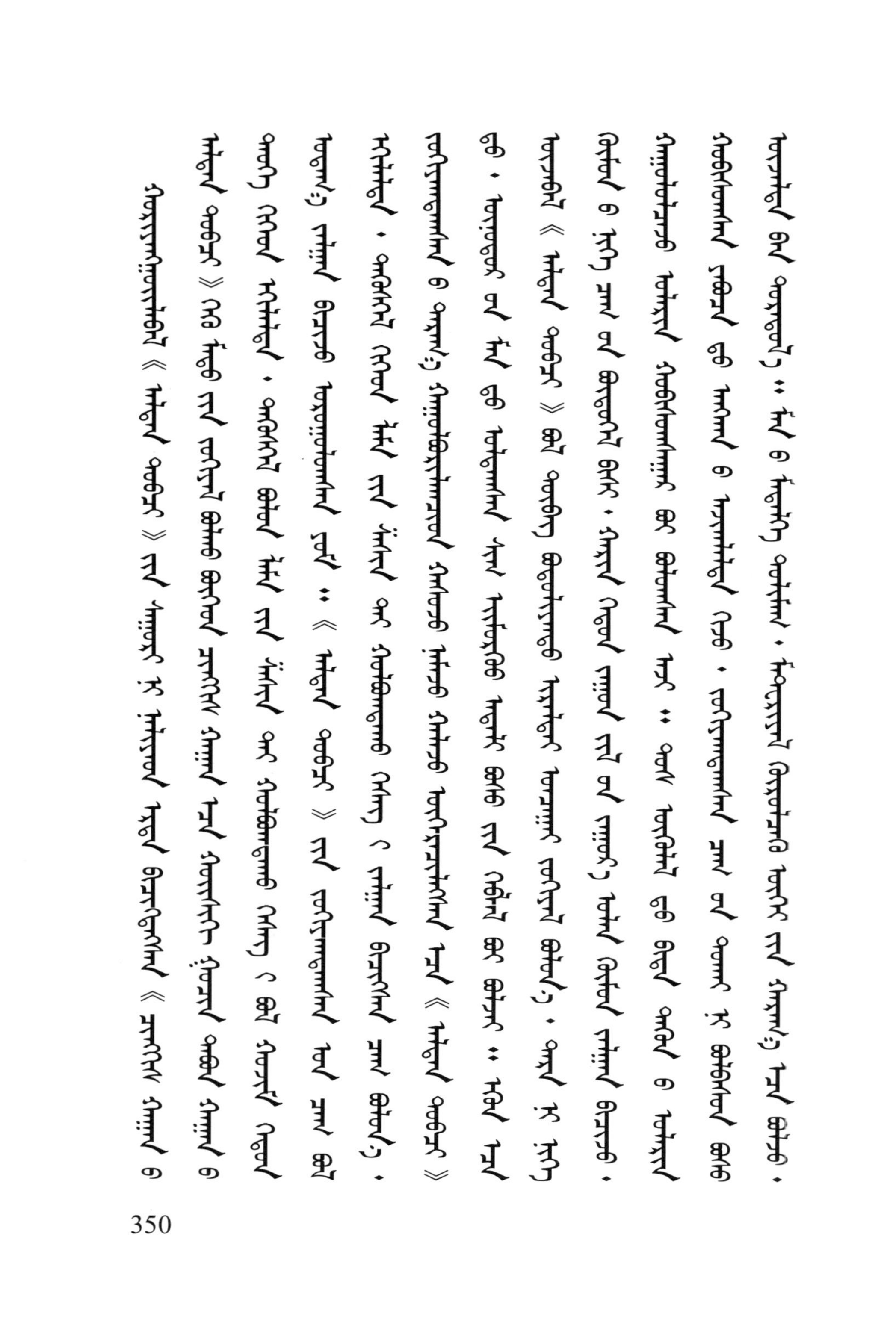

ᠠᠯᠳᠠᠷᠲᠤ ᠣᠷᠣᠰᠢᠭᠰᠠᠨ ᠲᠡᠦᠬᠡ ᠪᠢᠴᠢᠭ ᠢ ᠣᠯᠠᠨ ᠲᠠᠯ᠎ᠠ ᠪᠠᠷ᠂ ᠣᠯᠠᠨ ᠲᠠᠯᠠᠳᠠᠭᠠᠨ ᠰᠤᠳᠤᠯᠤᠨ ᠰᠢᠨᠵᠢᠯᠡᠬᠦ ᠬᠡᠷᠡᠭᠲᠡᠢ
ᠰᠤᠳᠤᠯᠬᠤ ᠶᠢ ᠲᠣᠳᠣᠷᠬᠠᠢᠯᠠᠨ᠎ᠠ ::

ᠲᠠᠢᠢᠯᠪᠤᠷᠢ:

〔1〕《ᠠᠯᠲᠠᠨ ᠲᠣᠪᠴᠢ》(《黄金史》) ᠪᠣᠯ ᠲᠡᠦᠬᠡ ᠶᠢᠨ ᠪᠢᠴᠢᠭᠯᠡᠭᠰᠡᠨ ᠣᠯᠠᠨ ᠶᠢᠨ ᠲᠣᠪᠴᠢᠶ᠎ᠠ᠂ ᠲᠣᠪᠴᠢᠯᠠᠭᠰᠠᠨ ᠲᠡᠦᠬᠡ :: ᠲᠡᠭᠦᠨ ᠦ ᠬᠡᠪᠯᠡᠯ ᠢ《ᠮᠣᠩᠭᠣᠯ ᠤᠨ ᠨᠢᠭᠤᠴᠠ ᠲᠣᠪᠴᠢᠶᠠᠨ》ᠤ ᠬᠡᠪᠯᠡᠯ ᠢ ᠠᠭᠤᠯᠤᠭᠰᠠᠨ᠂ ᠰᠤᠳᠤᠯᠤᠭᠰᠠᠨ ᠠᠯᠲᠠᠨ ᠲᠣᠪᠴᠢ《ᠮᠣᠩᠭᠣᠯ ᠤᠨ ᠲᠣᠪᠴᠢᠶᠠᠨ》ᠭᠡᠳᠡᠭ᠂ ᠣᠷᠣᠰᠢᠭᠤᠯᠤᠭᠰᠠᠨ ᠠᠯᠲᠠᠨ ᠲᠣᠪᠴᠢ ᠪᠠᠷ ᠨᠡᠷᠡᠯᠡᠭᠰᠡᠨ
Altan Tobci nova ᠭᠡᠳᠡᠭ᠂ ᠪᠣᠯᠪᠠᠰᠤ ᠰᠤᠳᠤᠯᠤᠭᠰᠠᠨ ᠲᠡᠦᠬᠡ ᠵᠢᠷᠤᠮ ᠤᠨ ᠲᠣᠪᠴᠢᠶᠠᠨ ᠤ ᠪᠢᠴᠢᠭ
ᠤᠨ ᠠᠭᠤᠯᠭ᠎ᠠ ᠪᠠᠷ 1926 ᠣᠨ ᠳᠤ ᠬᠡᠪᠯᠡᠭᠰᠡᠨ ::

〔2〕《ᠠᠯᠲᠠᠨ ᠲᠣᠪᠴᠢ》ᠶᠢᠨ ᠪᠦᠬᠦ ᠰᠤᠳᠤᠯᠭᠠ ᠪᠣᠯ《ᠮᠣᠩᠭᠣᠯ ᠤᠨ ᠬᠡᠪᠯᠡᠯ ᠦᠨ ᠰᠤᠳᠤᠯᠭᠠ ᠠᠯᠲᠠᠨ ᠲᠣᠪᠴᠢ》ᠭᠡᠳᠡᠭ ::

〔3〕ᠴ · ᠪᠠᠭᠳᠡᠨ : The Mongol chronicle Altan Tobci. wiesbaden . 1955. ᠭᠡᠳᠡᠭ ᠨᠢ
ᠶᠢᠨ ᠬᠡᠪᠯᠡᠯ ᠦᠨ ᠰᠤᠳᠤᠯᠤᠭᠰᠠᠨ ::

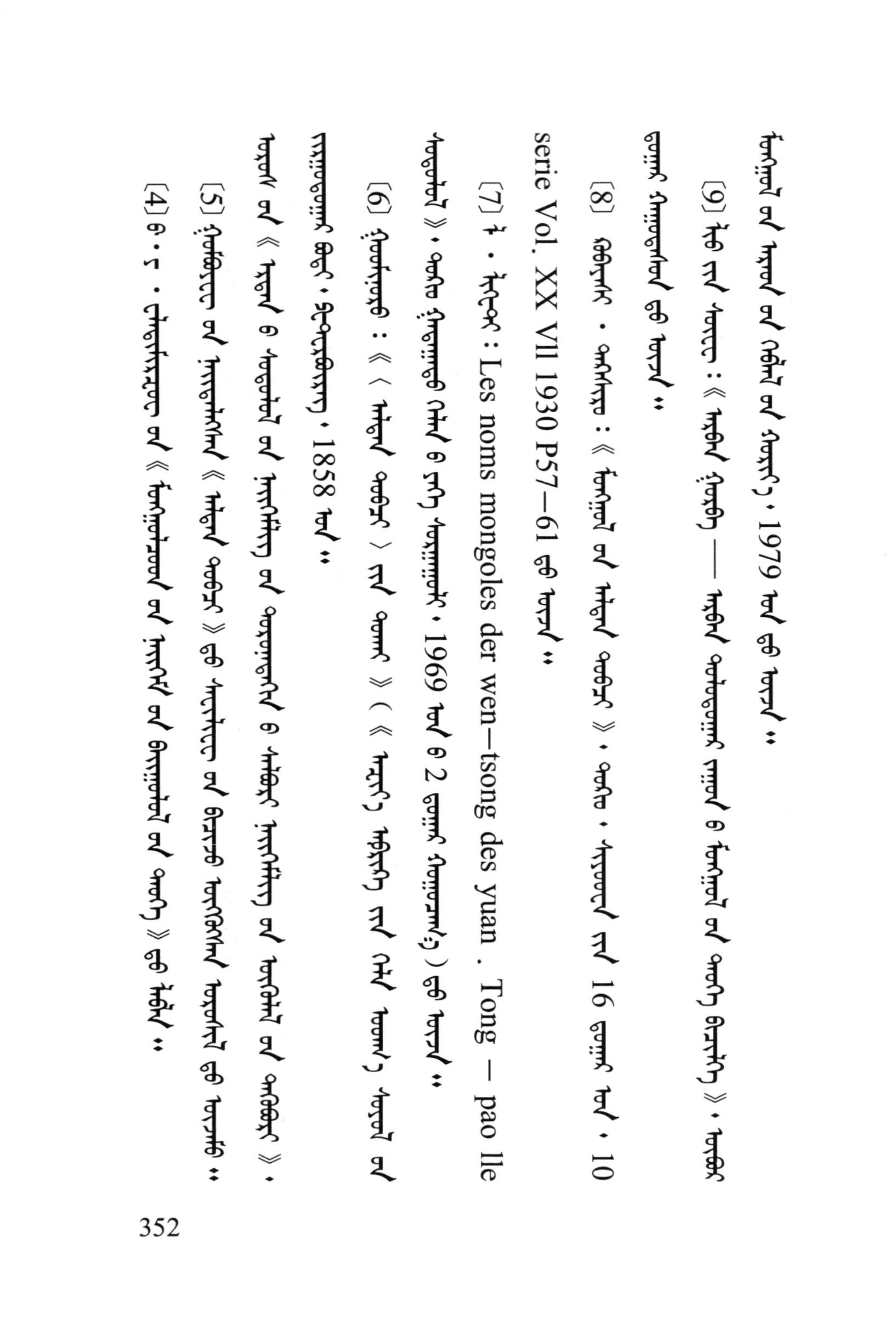

serie Vol. XX Vll 1930 P57—61 ᠳᠤ ᠬᠡᠪᠯᠡᠪᠡ ::

〔7〕ᠯ · ᠬᠠᠮᠪᠢᠰ : Les noms mongoles der wen—tsong des yuan . Tong — pao lle

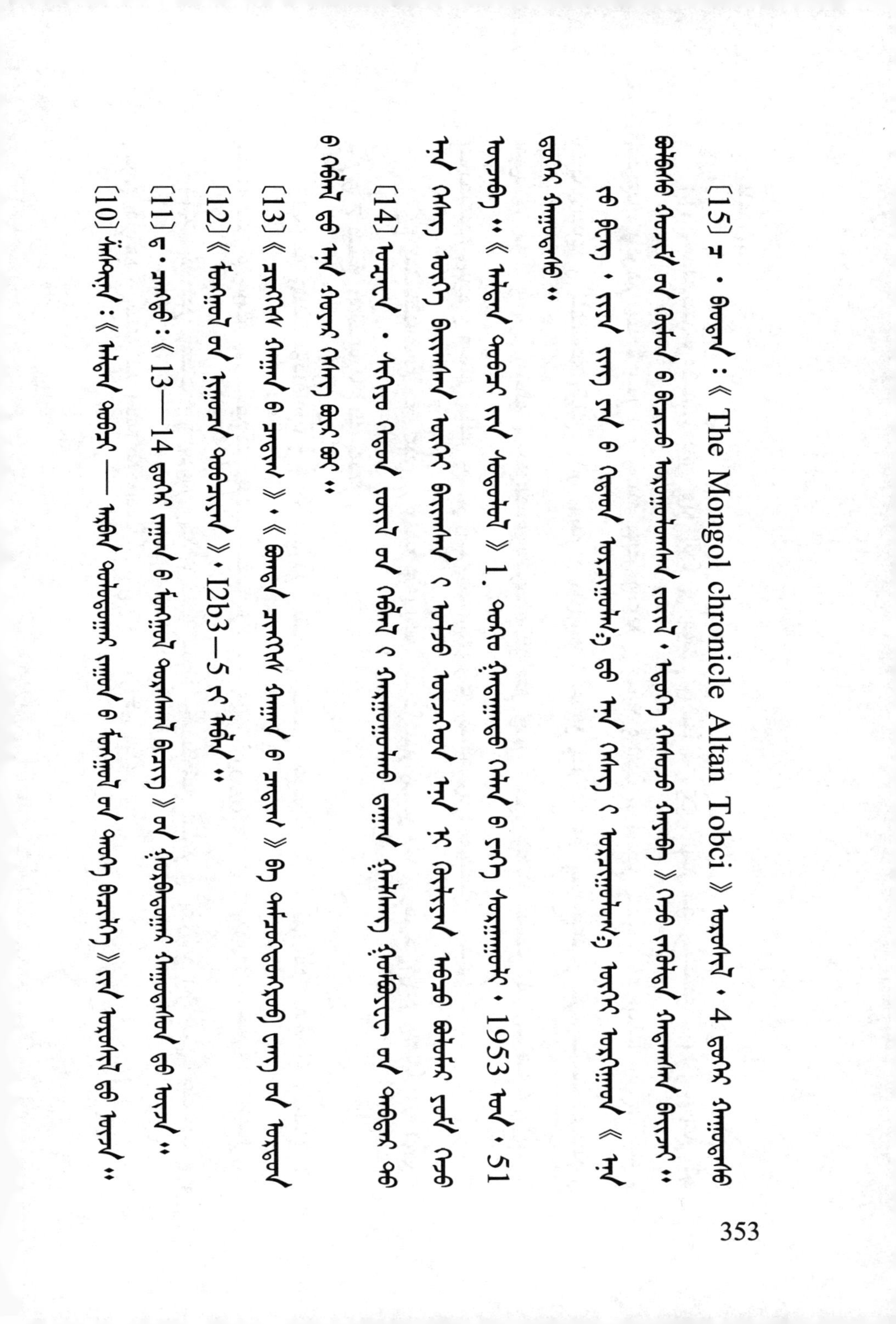

〔15〕ᠴ · ᠪᠣᠳᠧᠩ ᠄《 The Mongol chronicle Altan Tobci 》 ᠬᠡᠪᠯᠡᠯ · 4 ᠳᠡᠪᠲᠡᠷ ᠰᠢᠨᠵᠢᠯᠡᠬᠦ
〔12〕《 ᠲᠣᠪᠴᠢᠶᠠᠨ ᠤ ᠬᠣᠷᠢᠶᠠᠩᠭᠤᠢ ᠪᠢᠴᠢᠭᠰᠡᠨ 》· I2b3—5 ᠳᠤ ᠦᠵᠡᠨ ᠃

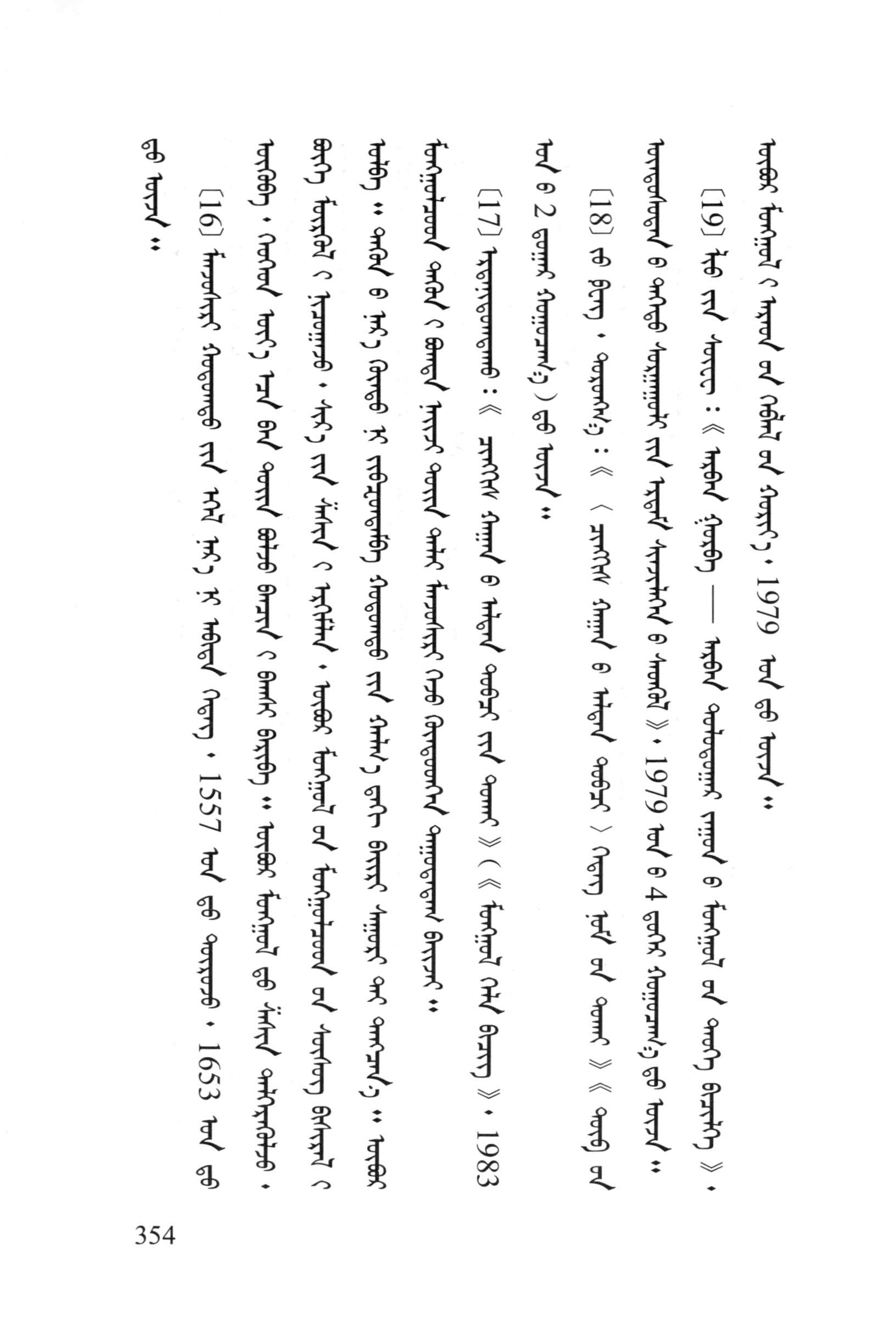

B. NASUNBAYAR
DUNGXIANG UROU
中央民族学院副教授　那森柏

东乡文字方案(草案)

锁南坝・1980
SONOBA ・1980

说　明

本方案采用拉丁字母。

方案中的语言材料，都是按东乡族自治县首府锁南坝

(Sonoba)音拼写的。

本方案包括如下内容：

一、字母表

二、元音表

三、辅音表

四、附加符号

五、简要规则

六、数码

七、标点符号

八、拼写样品

一、字母表

字母	名称	读音		字母	名称	读音	
		国际音标	汉字			国际音标	汉字
A a	a	[A]	啊	N n	en	[n]	讷
B b	be	[P]	玻	O o	o	[o]	喔
C c	ce	[tsh]	雌	P p	pe	[ph]	坡
D d	de	[t]	得	Q q	qiu	[tʃh]	欺
E e	e	[ə]	鹅	R r	er	[r]	
F f	ef	[f]	佛	S s	es	[s]	思
G g	ge	[k]	哥	T t	te	[th]	特
H h	ha	[x]	河	U u	u	[u]	乌
I i	i	i	衣	V v	v	[v]	
J j	jie	[tʃ]	吉	W w	wa	[w]	瓦
K k	ke	[kh]	科	X x	xi	[ʃ]	希
L l	el	[l]	勒	Y y	ya	[j]	呀
M m	em	[m]	莫	Z z	ze	[ts]	资

注：字母的手写体依照拉丁字母的一般书写习惯。

二、元音表

单元音：

a　e　i　o　u

复元音：

ai（哀）　ei（欸）　ui（维）

ao（熬）　ou（欧）

ia（呀）　ie（耶）　io（哟）

iao（腰）　iou（忧）

ua（蛙）　uo（窝）

uai（歪）　uei（威）

三、辅音表

b　p　m　f

d　t　n　l　r

g　k　h　j　q　x

zh　ch　sh　rh［ʐ］　z　c　s

gh［q］　kh［qh］　hh［h］　gv［ʁ］　ng［ŋ］

四、附加符号

1. “ˆ”——为使拼式简短，有些双字母辅音字可以这样写：

ĝ(gh)，k̂(kh)，ĥ (hh)；ẑ(zhi)，ĉ(chi)，ŝ(shi)。

2. “ ’ ”——隔音符号。词的音节界限有可能被混淆的地

方，用隔音符号隔开。如：Tian’anmen（天安门），khan’ghala(用火……)

五、简要规则

1. 音节。东乡语词的任何音节里都有元音。所以，一个词里有几个元音单位(单元音各自为一个元音单位，复元音也各自为元音单位)就有几个音节。如：gierenzheku：gie－ren－zhe－ku(闪烁)，bayazheku ba－ya－zhe－ku：(变富)。

这样划分音节：

(1)两个元音单位中间有一个辅音时，音节分节线在辅音前面。如：

ene：e－ne(这个)：khara：kha－ra(黑的)

(2)两个元音单位中间有两个辅音，音节分节线在两个辅音之间。如：

zhansun（雪）：zhan — sun ende：en — de（这里）

2. 读音。zhi chi shi rhi， zi ci si 的 i 元音的读音与《汉语拼音方案》中的读音接近。

3. y 字母的用法。

(1) i 元音在词中或词尾不与其前面的音素组成一个音节时，可用 y 字母分节。如：

jiuyiku（救） ayiku（怕）

(2) i 行的复元音，在词首时，或在词内其他位置不与其前面的音素组成一个音节时，要写成 ya，ye，yo，yu，yao，you。如：

bayan（富） beye（身躯）

4. w 字母的用法。

(1) u 元音在词中或词尾不与其前面的音素组成一个音节时，要用 w 字母分节。如：

yawuku（走） wuwun（冬天）

(2) u 行的复元音，在词首时，或在词内其他位置不与其前面的音素组成一个音节时，要写成 wa，wo，wai，wei 。如：

waradaku（叫娘） yewo（野兽）

5. gh kh gv 后面的[ɯ]音，用 e 标记。

如：

ghemusun（指甲） agve－（打） kheri－（出去）

6. 在急速的语流中听到的某些近似于[ɯ]的 u,e 元音,仍写为 u,e。如：

pusezi（其他、别的） masiku（穿） renmin（人民）

7. 鼻化元音一律以“元音＋n”表示。如：

ungie（颜色） antan（金） hhan'gva（手掌）

8. r 字母在词首读[ʐ],在词尾读儿化音。如：

ranjiku（染） renmin（人民） bar（钱） maor（猫）

9. 构形附加成分原则上和词干连写。

10. 有些词在连读时出现较明显的音变现象,但拼写时仍保持词的原形。如：

应写 kherizhi ireku （出来），不写 khezhireku。

11. 大写。根据国际上的习惯,人名、地名、书刊名、机关、团体、党派等专有名词开头和句子开头的字母都要大写。

12. 移行。一个多音节词的所有音节（包括构形附加成分）必须连起来写。如不能在一行内写完，可以把它拆开，继续写在下一行；但一定要以音节为单位拆开（不能把一个音节再分开）。移行时，要在留下的音节（即上一行的）后面加一个短横（连接号）“_”，以示移行。

六、数码

一律采用阿拉伯数字：0，1，2，3，4，5，6，7，8，9。

七、标点符号

采用如下标点符号：

，逗号　；分号　．句号　！感叹号

？问号　：冒号　_ 连接号　— 破折号

… 省略号　（）括号　“”引号　《》书名号

八、拼写样品

（一）

DUNGXIANG UROUNI PIZHIDAN

Mani dungxiang kunde kielien waisen nu,

gojiade urou uiwo. Enuduni udude Hua zhuxi udurudan minzu zhengcheni loshi giewo. Mani kielien yie kunlani mutu nie kielien wo. Ene uduse khuina matan sihuani mo jiere hhangkhune taine.

(二)

DUNGXIANG KUNLA DIANSHIJINI UZHEWO

Udani hon bijienni dungxiangde nie dianshiji chazhuangtaini bayigvawo. Hhense khuina bijienni kunla dianshijini agizhi, ede dungxiangde hulaigvazhuo. bijien xienidene xinwen lio, dianying lio, kuoxie zhishi lioji uzhenduzhi saozhi wo. Dao, Hua zhuxini, dang zhungyangni qioruchilani man chujiegvanduzhi, hhandulan — duzhi bijienni zhugve giegverewo.

(三)

Dadou chizhe chizhelazhi
basi aman angiezhuo,
mori xien'ghala wamjisan maodan.
Bieri yawunduse

kei liumu mutunni pugaragvazhuo,
fugie bienzi ni khuina fuiliezhuo.

(四)

Hulan khushun laowa
khara bieye mighala ranjisan mutu.
uolien gieyisen nu shenqi chanlie,
ye chanliese ye gholodone.

B. NASUNBAYAR

DUNGXIANG UROU SURUKUNI

那森柏　编

东乡文读本

东乡文字方案(草案)试点学习班

SONOBA

锁南坝 1980.9

目　　录

第一课　字母表

A a　A a　A a　A a　A a
B b　B b　B b　B b　B b
C c　C c　C c　C c　C c
D d　D d　D d　D d　D d
E e　E e　E e　E e　E e
F f　F f　F f　F f　F f
G g　G g　G g　G g　G g

练　习

1. 按字母顺序朗读并背诵。

A B C D E F G　a b c d e f g
a b c d e f g　A B C D E F G

2. 朗读下列字母：

E C E D A B G　c e b f d g a
C F B F A G D　d b g a f e c
c e b f d g a　E C E D A B G
d b g a f e c　C F B F A G D

3. 书法练习。

(1) 大写：

A B C D E F G A B C D E F G

（2）小写：

a b c d e f g　a b c d e f g

第二课　字母表

H h　H h　H h　H h　H h

I i　I i　I i　I i　I i　I i

J j　J j　J j　J j　J j　J j

K k　K k　K k　K k　K k

L l　L l　L l　L l　L l　L l

M m　M m　M m　M m　M m

N n　N n　N n　N n　N n

练　习

1. 按字母顺序朗读并背诵。

H I J K L M N　h i j k l m n

h i j k l m n　H I J K L M N

2. 朗读下列字母：

M K J N I H L　i n m l h k j

H N I M K L J　l j h m k i n

i n m l h k j　M K J N I H L

l j h m k i n　H N I M K L J

3. 书法练习。

(1) 大写：

H I J K L M N H I J K L M N

(2) 小写：

h i j k l m n h i j k l m n

第三课 字母表

O o O o O o O o O o

P p P p P p P p P p

Q q Q q Q q Q q Q q

R r R r R r R r R r

S s S s S s S s S s

T t T t T t T t T t

练 习

1. 按字母顺序朗读并背诵。

O P Q R S T o p q r s t

o p q r s t O P Q R S T

2. 朗读下列字母：

R P S O T Q s q o t p r

T O Q P S R p s r o q t

s q o t p r R P S O T Q

p s r o q t T O Q P S R

3. 书法练习。

(1) 大写:

O P Q R S T O P Q R S T

(2) 小写:

o p q r s t o p q r s t

第四课 字母表

U u U u U u U u U u

V v V v V v V v V v

W w W w W w W w W w

X x X x X x X x X x

Y y Y y Y y Y y Y y

Z z Z z Z z Z z Z z

练 习

1. 按字母顺序朗读并背诵。

U V W X Y Z u v w x y z

u v w x y z U V W X Y Z

2. 朗读下列字母:

X Z W U Y V v z x w u y

Y W Z V X U w z v x y u

v z x w u y　X Z W U Y V

w z v x y u　Y W Z V X U

3. 书法练习。

（1）大写：

U V W X V Z　U V W X V Z

（2）小写：

u v w x y z　u v w x y z

第五课　复　习

1. 按字母顺序背诵。

A B C D E F G　H I J K L M N

O P Q R S T　U V W X V Z

a b c d e f g　h i j k l m n

o p q r s t　u v w x y z

2. 形体比较：

(1)b—d(2)b—p(3)d—p(4)p—g

(5)b—h(6)k—h(7)f—t(8)i—j

(9)h—n(10)s—z(11)x—y(12)m—w

(13)p—q(14)g—q(15)m—n(16)a—d

(17)e—c(18)a—o(19)o—c(20)e—o

3. 发音比较：

(1)b—p(2)d—t(3)g—k(4)s—sh

(5)j—q(6)c—ch(7)f—w(8)l—r

(9)n—m(10)c—z(11)c—q(12)s—z

(13)e—o(14)o—u(15)a—o(16)a—e

4. 拼读(一)

(1)ba(2)na(3)ma(4)ra(5)sa

(6)no(7)ho(8)mo(9)go(10)to

(11)nu(12)bu(13)mu(14)du(15)su

(16)be(17)ne(18)se(19)re(20)le

(21)bi(22)ni(23)mi(24)ji(25)gi

5. 拼读(二)

(1)ba—na(2)a—da(3)ga—ga(4)e—ne

(5)mi—ni(6)sa—ra(7)ba—ri(8)bi—ye

(9)u—su(10)o—la(11)tu—ra(12)a—sa

(13)u—du(14)e—se(15)u—la(16)ma—ni

(17)ya—wu(18)i—re(19)o—ro(20)e—de

6. 书法练习：

(1) 大写：

KH—A—R—A W—O—L—U—S—E

E—N—E K—U—W—A—N

KH—A—R—I—ZH—I I—R—E—W—E.

(2) 小写：

n—a—r—a—n s—a—ra

a—d—a a—na.

7. 听写练习：

(1) 大写：

E—N—E SH—I M—I—N—I

E—K—IE O—R—O—N W—E.

(2) 小写：

ku—g—ie as—m—a—n—de

ch—i—g—va—n o—l—ie—n ch—ai—r—a.

第六课 元 音

(一)单元音：

a e i o u

(二)复元音：

ai ei ui

ao ou

ia ie iu io iao

ua uo uai

练 习

1. 发音比较：

(1)ai—ei(2)ai—uai(3)ao—ou

(4)ou—uo(5)io—iao(6)ia—ie

(7)o—uo (8)e—ei(9)o—ou

2. 朗读下列字母：

i　u　e　o　a

o　e　u　a　i

ei　ui　ai

ou　ao

iao　iu　ie　io　ia

uai　ua　uo

io　ao　ui　uo　uai

ou　ei　ua　ai　io

ai　ie　iao

3. 听写下列元音字母：

i　u　e　o　a

a　o　e　i　u

u　i　a　o　e

ao　ai　ia　iao

ie　io　ua　uo

uai　ui　ei　ou　iu

第七课　辅　音

(一)单字母辅音：

b　p　m　f

d　t　n　l

g　k　h

j　q　x

z　c　s

（二）双字母辅音：

zh　ch　sh

gh　kh　hh　gv

ng

为使拼式简短，有些双字母辅音可以这样写：

gh—gˋ　kh—kˋ　hh—hˋ

zh—ẑ　ch—ĉ　sh—ŝ

练　习

1. 发音比较：

（1）g—gh　（2）k—kh（3）h—hh

（4）g—gh（5）gh—gv（6）ghi—hh

（7）z—j（8）c—q（9）s—x

（10）j—zh（11）q—ch（12）x—sh

（13）z—zh（14）c—ch（15）s—sh

（16）n—ng

2. 拼读练习（一）：

g. . ╲ . . . . ┌ ga

gh. . \. . . . . │ gha

gv. . . . . . \. . . . . │ gva

k. . . . . 〉. . a. . │ ka

kh. . . . . /. . . . . │ kha

h. . . . . /. . . . . │ ha

hh. . ╯ . . . . └hha

g. ╮ . . . . ┌ go
gh. . \. . . . . | gho
gv. . . . . \. . . . . | gvo
k. . . . . 〉. o. . . | ko
kh. . . . /. . . . . | kho
h. . . . /. . . . . | ho
hh ╯ . . . . └hho

g. ╮ . . . . ┌ gu
gh. \. . . . . | ghu
gv. . . . \. . . . . | gvu
k. . . . . 〉. u. . | ku
kh. . . . /. . . . . | khu
h. . . . /. . . . . | hu
hh ╯ . . . . └hhu

3. 拼读练习(二):

j ╮ . . . . ┌ ji
q. . . . . . 〉i. . . . . | qi
x ╯ . . . . └xi

b. ╮ . . . . ┌ bi
p. . . . \. . . . . | pi
m. . . . . . \. . . . . | mi
n. . . . . 〉i. . . . . . . | ni
l. . . . . . . /. . . . . | li
k. . . ╯ . . . . └ki

4. 拼读练习(三):

zh ╮ .... ┌ zhi
ch...〉i............ | chi
sh ╯ .... └shi

z ╮ .... ┌ zi
c...〉i............. | ci
s ╯ .... └si

gh. ╮ .... ┌ ghi
kh.....〉i............. | khi
hh.../................ | hhi
gv. ╯ .... └gvi

5. 拼读练习(四):

(1) hai(2) kai(3) lai(4) bai
(5) hei(6) kei(7) lei (8) bei
(9) gie(10) kie(11) jie(12)qie
(13) nie(14) jia(15) xia(16)qia
(17) hua(18) hao(19) nai(20) gui

第八课　音　节

人们说话是要一句一句地说的。所以说,说话是以句子为单位的。句子通常由若干个词组成的,很多词在声音方面包含着若干个语言片段。这种片段由一个或几个因素组成的最小的语音结构单位，也就是音节。词也有一个音节组成的。

东乡语词的任何音节里都有元音。所以，一个词里有几个元音单位（单元音各自为一个元音单位，复元音也各自为一个元音单位）就有几个音节。如：gierenzheku：gie－ren－zhe－ku（闪烁），bayazheku：ba－ya－zhe－ku（变富）。

这样划分音节：

（1）两个元音单位中间有一个辅音时，音节分节线在辅音前面。如：

ene（这个）：e－ne

khara（黑的）：kha－ra

asun（牲畜）：a－sun

olon（多）：o－lon

（2）两个元音单位中间有两个辅音，音节分节线在两个辅音之间。如：

hhantu（共同）：hhan－tu

ende（这里）：en－de

gierzhen（主人）：gier－zhen

antan（金）：an－tan

东乡语有如下几种音节。

（1）由元音构成的：

olien（云彩）：o－lien

aman（嘴、口）：a－man

usu（水）：u—su

ire（来吧）：i—re

（2）由辅音加元音构成的：

chi（你）：chi kha（手）：kha

mori（马）：mo—ri

zhugve（多）：zhu—gve

hai（鞋）：hai beilie—（背上）：bei—lie—

（3）由元音加辅音构成的：

antan（黄金）：an—tan

undu（高）：un—du

hhesla（他们）：hhes—la

osman（人名）：os—man

（4）由辅音加元音加辅音构成的：

bandun（蜜蜂）：ban—dun

gundu（重）：gun—du

gierzhen（主人）：gier—zhen

qienqielu—（摩）：qien—qie—lu—

练　习

（一）拼读下列单词，并划分其音节。

（1）udu（　　）（2）matan（　　）

（3）niezhen（　　）（4）miejiene（　　）

（5）yawuzhuo（　　）（6）irewe（　　）

（7）tanine（　　）（8）sauzhuo（　　）

（9）chujiegvane（　　）

（二）拼读练习

（1）Bieneuduhhendeechine.

（2）Matanuchugvuduendeirwo.

（3）Bijiendungxiangurounigaodesuruye.

（4）Dungxiangkunlakieliennemanmiejiene

（5）Undudekhirsegholonichujiegvane.

第九课　y、w 字母的用法

1. y 字母的用法

（a）i 元音在词中或词尾不与其前面的音素组成一个音节时，可用 y 字母分节。如：

jiuyiku（救）　ayiku（怕）　qiayiku（掐）

（b）i 行的复元音，在词首时，或在词内其他位置不与其前面的音素组成一个音节时，要写成 ya，ye，yo，yu，yao。如：

bayan（富）　beye（身躯）　yasun（骨头）

yan（什么）　yaoguai（妖怪）　yunusi（人名）

2. w 字母的用法

（a）u 元音在词中或词尾不与其前面的音素组成一个音节时，要用 w 字母分节。如：

yawuku（走） wuwun（冬天） ijiewuni（食物）

（b）u行的复元音，在词首时，或在词内其他位置不与其前面的音素组成一个音节时，要写成wa，wo，（wi），wai。如：

waradaku（叫娘） yewo（野兽） siwe-lieku（找茬儿） awi kuwan（父子）

练　习

1. 按照本课关于y，w字母的拼写规则，自己写出一定数目的单词。

2. 纠正下列单词的错字。

iawuku（走）（　　） iesun 九（　　）

baian（富）（　　）ochiwuni（饮料）（　　）

yeuo（野兽）（　　） beie（身体）（　　）

第十课　i字母的几个读音规则

（一）i在通常情况下仍读本音。如：

khariku（回去）bariku（拿、抓）ireku（来）taniku（认识）

xinieku（笑）imutu（这样）bieri（媳妇）migva（肉）

mini（我的）bijien（咱们）

（二）音节 zhi，chi，shi，zi，ci，si 的读音与《汉语拼音方案》中的读音相近。如：

zhirun（肚带）chi（你）shire（桌子）

zizhi（自治）ciji（刺激）sidasun（筋）

（三）i 在 gh，kh，gv，(hhi) 辅音后面的读音近似[ɯ]。如：

ghimusun（指甲）khiriku（出去）agviku（打）

练　习

1. 朗读下列音节：

zhi	chi	shi
zi	ci	si
ghi	khi	gvi

2. 朗读下列词：

khari—	khishun	sidoro
xinie—	shira	sara
techi	zhirun	ghimusuni
agvin		

第十一课　元音和谐、重音

（一）元音和谐

元音和谐指的就是在一定的音段序列里的诸元音之间的调和现象。东乡语的元音和谐现象在未附加构形附加成分的词里较严格。根据上述情况，我们首先可把东乡语的元音（单元音）分成阳性、阴性和中性。

阳性元音：a　　o

阴性元音：e

中性元音：u　　i

1. 在一个词里阳性元音 a 的后续音节里可以有阳性元音 a 和中性元音 u，i（但不写阳性元音 o）。如：

aman（嘴、口）antan（金）khara（黑）

nasun（岁）darasun（酒）naran（太阳）

amin（生命）bari—（拿、抓）tani—（认识）

2. 在一个词里阴性元音 e 的后续音节里可以有阴性元音 e 和中性元音 u，i。如：

eme（女）ene（这个）enzhegve（驴）

tere（那个）eri—（寻找）denglung（灯笼）

3. 在一个词里阳性圆唇元音 o 的后续音节里可以有 o 元音和中性元音 u，i。如：

osun（草）sidoro（里面）oron（地方）

oqin（姑娘）nogvon（绿）nogvi（狗）

4. 在一个词里中性元音 u，i 的后续音节里可以有任何元音。如：

tura（土）bula（泉）khutogvo（刀子）

sodo—（醉）uzhe—（看）mutun（树木）

mini（我的）ire—（来）migva（肉）

linko（树林）shidun（牙齿）

5. 构形附加成分的元音往往不受上述和谐的约束。如：

hhela（hhe＋la）

eneghala（ene＋ghala）

ulade（ula＋de）

ghazhase（ghazha＋se）

（二）重音（词重音）

重音（词重音），就是发的比较重的音。东乡语词的重音的特点是发音重而音程长。东乡语的词重音一般在词的末一个音节上。但也有一些例外的情况。有些词（不很多）的重音的位置确实很重要（区别意义）。如：

pútura（面粉）— putúra（起尘、飞尘）

bázi（把手）— bazí（疤）

bósi（布匹）— bosí（起来）

此外，不能把 báluwo（完结、终止）说成 baluwo，把 bási
（老虎）说成 basi，等等。

练　习

1. 记住元音可分阳性、阴性和中性。

2. 指出并纠正下列词里不合元音和谐律的元音。

ezhan（主人）　　naren（太阳）
nogvan（绿）　　ewar（角）
tera（那个）　　sidore（里面）
ane（妈妈）　　anzhegve（驴）

第十二课　拼写法一些音变的处理

（一）在急速的语流里处于清塞音和清擦音前面的 ta，te，pu，pe 等音节的元音变成近似[ɯ]的音。我们照例拼写为 a，e，u。如：

takha（鸡） techi（纽扣） pusezi（其他、别的）

（二）有些词在连读时有明显的音变，在拼写时应保持原形。如：

应写 khirizhi ire —（出来），而不写

khizhire一。

练　习

1. 朗读下列句子：

(1)Hhe　shi　takha　wo.

(2)Bi　bazase　giedun　techi　agizhuo.

(3)Pusezila　man　khala　echiwo?

(4)There　shi　chizhe　pushi　wo.

2. 你自己写几句话看看。

第十三课　r字母的读音、音节末鼻音一n

(一)r字母的读音

r字母的读音除了通常的读音以外，还有如下读音。

(1)r字母在词首的读音与《汉语拼音方案》的r字母相近。如：

renmin（人民）ranji（染）

(2)r字母在词尾时发儿化音。如：

bar（钱）nor（湖）

(3)r字母在词中音节末时，有的地方发儿化音，有的地方发颤音。如：

儿化音：barni（把钱）

颤　音:gierzhen（主人）

(4)r在卷舌辅音(舌尖后音)后面发舌尖后擦音。如:

shire（桌子）zhirun（肚带）

(二)音节末鼻音—n

(1)音节末的—n辅音一般发近似—ng的音,在很多情况下它影响其前面(同音节)的元音发生鼻化。如:

khan（火）ban（蜂蜜）

ongie（颜色）hhan′gva(手掌)

(2)音节末的—n辅音处于d,t,chi,zhi,j,q等辅音前面时,发音大都近似n音。如:

andara—（解开）huntura—（睡）

benche（牧地）bunzhu(雀)

guanjie（冻）inqin（殷勤）

(3)在借词里尽量区分—n和—ng音。如:

ban（班）bang(帮)

练　习

1. 朗读下列词：

(1) arasun (2) khara (3) kharine (4) barine (5) narun (6) oron (7) shire (8) zhirun (9) shira (10) bar (11) maor (12) nor（湖）(13) renmin (14) rijiben (15) ranji—（染）

2. 多次朗读练习音节末的—n 和—ng 音。如：

Nie　ban　kun　irewo.（来了一班人）

Nie　bang　kun　irewo.（来了一帮人）

ban—bang.　lan—lang.　shan—shang.

hun—hung.　zhan—zhang.　min—ming.

第十四课　隔音、大写和移行

(一)隔音符号

隔音符号"　’　"的用法：词的音节界限有可能被混淆的地方，要用隔音符号隔开。如：

Tian’anmen（天安门）

Khan’ghala—（用火）

Zhong’hua（中华）

（二）大写

1. 句子的开头第一个字母要大写。如：

Chi khala echine?

Bi dungxiang urou suruzhi wo.

Ene shi mori wo.

2. 专有名词的第一个字母要大写。如：

（1）国家名称的每一个词的第一个字母要大写。如：

Zhung'hua Renmin Gung'heguo（中华人民共和国）

（2）地名、人名的开头的字母要大写。如：

Dungxiangzu zizhi xien（东乡族自治县）

Sonoba（锁南坝） Yesun daba（也松大巴）

Yusufu（人名） Maliya（人名）

Suliman（人名） Yunusi（人名）

（3）机关、团体、党派的名称的开头第一个字母要大写。如：

Renmin yinhang（人民银行）

Qingnian tuan（青年团）

Gungchandang（共产党）

（4）书刊名称的开头字母要大写。如：

Renmin ribao（人民日报）

Hungqi　zazhi(红旗杂志)

(三)移行

当某一个词在同一行里写不完时，可以移行。就是说词的一部分写在上行(原行)之末，一部分写在下行之头。移行时要按音节移行，并在该词前半部分的末端加连接符号“—”。如：

sa—ra(月亮)　　bu—dan(饭)

移行时注意下列几点：

(1) 一个字母不能留在原行，也不能移到下一行。如：

adulane (放牧)不能移成 a—dulane 或 adulan—e。

usu (水)不能移成 u — su 或 us — u。

(2) 单音节词不能移行。如：

gie (房子、家)　　gao(好)

(3) 双字母辅音、复元音都不能拆开移行。

练　习

1. 记住什么地方用大写字母。
2. 要会用隔音符号。
3. 应掌握移行规则。

附录一　语法附加成分

1. 名词的复数附加成分要跟词干连写。如：

—la

santa（回民）— santala

kun（人）— kunla

bieri（媳妇）—bierila

mutun（树木）— mutunla

tashi（石头）— tashila

mori（马）— morila

—tan

abudu（人名：阿布都）— abudutan

oqinjiao（妹妹）— oqinjiaotan

laoshi（老师）— laoshitan

—sla 及—xie 或—xiela(—xielie)

oqin(姑娘）— oqinsla

kuwan(孩子）— kuwansla

awikuan(父子）— awikuaxie / awikuaxiela

gayijiao(兄弟）— gayijiaoxie / gayijiaoxiela

2. 名词的变格法。格的附加成分要跟词干连写。如：

格	附加成分	例　　词	
主　格(第一格）	— mo	（路）usu(水）	
属　格(第二格）	—ni（～—yi）	moni	usuni
宾　格(第三格）	—yi（～ni）	moyi	usuyi
与位格(第四格）	—de	mode	usude
从比格(第五格）	—se	mose	ususe

工具格(第六格)	－ghala	moghala usughala
联合格(第七格)	－le	mole usule
方向格(第八格)	－gvan	mogvan usugvan
地面格(第九格)	－re	more usure

3. 人称代词的变格法。格的附加成分要跟词干连写。如:

第一人称代词:bi(我)bijien(我们,exclusive)matan(咱们,

inclusive)的变格如下:

主　格	bi	bijien	matan
属　格	mini	bijienni	matanni
宾　格	miyi ～nami	bijienyi	matanyi
与位格	namade～made	bijiende	matande
从比格	namase～mase	bijiense	matanse
工具格	(bighala)	(bijien’ghala)	(matan’ghala)
联合格	namale	bijienle	matanle

第二人称代词:chi(你)ta(你们)的变格如下:

主　格	chi	ta
属　格	chini	tani
宾　格	chiyi～ chini	tani
与位格	chimade	tande
从比格	chinase	tanse
工具格	(chighala)	(taghala)
联合格	chimale	tanle

第三人称代词:单数有 ene(他、这个人),hhe、tere、egven

（他、那个人）复数有 enela～enesla（他们、这些人），hhela～hhesla、

terela～teresla、egvesla（他们、那些人）。

下面只列举第三人称代词单数的变格（复数的变格法从略）。

主　格	ene	hhe	tereegven
属　格	eneni	hheni	tereniegvenni
宾　格	eneni	hheni	tereniegvenni
与位格	enede～enendehhende		
		terede～terende	egvende
从比格	enese～enense		
		hhese～hhense	
			terese～terense
			egvense
工具格	（eneghala）	（hheghala）（tereghala）	
			（egven'ghala）
联合格	enelehhenle～hhenle		
		tereleegvenle	

人称代词一般不能变方向格和地面格。人称代词的工具格

也不常用，因此放在括号内。

4．动词的形态变化。动词构形附加成分要跟词干连写。如：

（1）动词的态：包括自动态、使动态、众动态、互动态四种。

态别	附加成分	例词
自动态	—	suru“学” kielie“说”
使动态	—gva	surugva“使(谁)学”kieliegva “让(谁)说”
众动态	—ndu	surundu“(大家)学”kieliendu “(大家)说”
互动态	—ndu～—nche	surundu“(互相)学” kielienche～kieliendu“交谈”

(2)祈使式:包括意愿式(第一人称)、命令式(第二人称)、

允许式(第三人称)、谨防式(不分人称)四种。

式别	附加成分	例词
意愿式(第一人称)	—ye uzheye	khariye
命令式(第二人称)	—uzhe	khari
允许式(第三人称)	—gie zhegie	harigie
谨防式(不分人称)	—mu uzhemu	harimu

(3)陈述式:陈述式包括过去完成时、过去继续时、现在进行时、将来时四种。

时别	附加成分	例词
过去完成时	—wo	suruwo uzhewo
过去继续时	—zhuo	suruzhuo uzhezhuo
现在进行时	—zhi	wo suruzhi wo uzhezhi wo
将来时	—ne	surune uzhene

(4)形动词:包括过去时、现在时、将来时三种。

形动词时别	附加成分	例词
过去时形动词	—san(—sen)surusan	uzhesen

现在时形动词	—chin	suruchin uzhechin
将来时形动词	—ku(—wu)	suruku uzheku

(5)副动词:包括并列副动词、联合副动词、目的副动词、假定副动词、迎接(选择)副动词、让步副动词六种。

副动词关系	附加成分	例　词
并列副动词	—zhi	suruzhi uzhezhi
联合副动词	—n(或词干形式)	surun uzhen
目的副动词	—le	surule uzhele
假定副动词	—se	suruse uzhese
迎接(选择)副动词	—tala	surutala uzhetala
让步副动词	—senu	surusenu uzhesenu

5. 后置词:下面只列举几个比较常用的后置词。后置词要单独写。如:

mutun "像……一样"(表示比较):

sumu mutun fenjiezhi kuichewe.

(像箭一样追上去了。)

bi hheyi chujiegvasan mutun.

(我好像看见过他。)

chigie "像……一般大"(表示比较):

chui chigie nie tashi.

(拳头一般大的一块石头。)

mian (miande、mianse) "从……那边"(表示地点、方向):

ene miande（在这边）

borun mianse（从右边）

xiliu“余”（表示数量范围）

nie sara xiliu（一个多月）

hharuan xiliu（十多个）

dula“因为”（表示原因）

mini mori udan dula chini kuichedawe.

（因为我的马走得慢，没有赶上你。）

oluzhi“为了”（表示目的）

renminde oluzhi gungzuo giezhi wo.

（为了人民进行工作。）

6. 语气词：包括以下几种。

肯定语气词：wo ma

推量语气词：bilei

疑问语气词：u，je，sha，la，ba

否定语气词：ese（没有），ulie（不），

禁止语气词：pushi（不是），bu（不要）

分离语气词：dene（～dane）

让步语气词：nu，liaozhe，ye，yehao（也好）

提示语气词：shi（是）

这些语气词都要同其相连的实词分开写。

Yusufu shi laoshi wo.

（尤苏福是老师。）

7. 连接词：有 ji “及”huo “和”…wenu…（或者）等，在句子中

同其有关的词分开写。

nie oqin ji nie kuwan wo.

（有一个女孩和一个男孩。）

magvashi wenu chinar dungxiang urou surugvane.

（明天或后天要教东乡文。）

8. 数码：一律采用阿拉伯数字。

0. 1. 2. 3. 4. 5. 6. 7. 8. 9.

10. 11. 12. 13. 14. 15. 16. 17. 18. 19.

20. 30. 40. 50. 60. 70. 80. 90. 100. 155.

200. 213. 224. 235. 246. 257. 268. 279.

300. 309. 318. 327. 336. 345. 356. 372.

400. 411. 422. 433. 444. 455. 466. 477.

500. 515. 525. 535. 545. 556. 567. 578.

600. 621. 634. 649. 658. 667. 683. 690.

700. 705. 721. 734. 745. 765. 777. 781.

800. 824. 835. 841. 856. 867. 878. 889.

900. 908. 921. 932. 943. 954. 988. 999

1000. 2000. 5000. 7000. 8000. 9000.

10000. 30000. 40000. 200000. 999999.

9. 标点符号

名称	符号	用法说明
逗号	，	表示一句话中间的停顿。
分号	；	表示一句话中并列分句之间的停顿。

句　号 。　表示一句话完了之后的停顿。

感叹号！　表示强烈的感情。

问　号？　表示疑问，用在问句之后。

冒　号：　用以提示下文。

连接号 —　表示时间、地点的起止及相关事物的联系。

破折号 ——　表示解释、说明或者递进、转折等。

省略号 …　表示文中省略的部分。

括　号（）　表示文中注释的部分。

引　号“”　表示引用的部分。

书名号《》　表示书籍、文件、报刊、文章等的名称。

附录二　词汇

A

ada 爸爸　　ala—杀

alima 苹果　　amasa 口子

amin 生命　　ana 妈妈

ani 给我　　antan 黄金

asa—问　　ayi—害怕

B

bao—下來　　baodi 麦子

ban 蜂蜜　　bar 钱

bari—抓　　bieri 媳妇

basi 老虎　　bayan 富

beye 身体　　baza 集市

CH

cha 时间　　chenlie 听
chi 你　　chigvan 白色
china一煮　　chini 你的
chizhe 花　　chogvan 少
chudu 吃饱　　chusun 血

D

dagva一跟着　　dalou 肩胛
dansun 咸盐　　dawa一越过
doluan 七　　dosi 朋友
dulei 聋子　　dunda 中间
duran 意愿　　duyan 世界

E

echi一去　　ede 现在
ekie 主人　　eme 女人
ene 这个　　eqie 从前
ere 男人　　eri一找
ese 非、否　　ewe 角

F

fali 法律　　fuda 口袋

fugie 大 fugie 牛
fugies 长辈 fugu 死
fuilie—吹 funiegen 狐狸
funiesun 灰 fure 种子

G

ga 小 gaizhi 戒指
gao 号 gie 家
giedun 多少 gierzhen 家长
gojia 自己 guonzhelie 狐狸
gun 深 gundu 重

GH

ghada 岩石 ghadana 外边
ghadun 岳父 ghazha 地、田地
ghomi 裙子 ghoron 院子
ghua 二 ghuran 三
ghurun 宴席 ghuzhun 脖子

H

hodun 星星 hodou 幼虫
hon 年 hoqi 火气
hoyi—卖 hulan 红色
hulai—变红 huma 胡麻

HH

hhamura—休息 hhamusa 木盘
hhan'gva 手掌 hhanta 一起
hheche—困乏 hhela 他们
hhelie 鹰 hhun'gvu—放屁
hhun'gvei 臭 hhuntura—睡觉

I

imutu 这样 ijie—吃

J

jiao 弟弟 jiaoli—跳
jiaxuai 穷 jie—放
jien 衣服 jieqi 节气
jieruan 四 jiesun 绳子
jiqi 机器 jiuyi—救

K

kien 谁 kirlie—说
kielien 舌头 kei 风
kijie 睡、躺 kowan 儿子
kuan 脚 kugen 女婿
kun 人 kuiqien 冷

KH

kha 手 khan 火

khara 黑　　khari一回去
khawa 鼻子　　khaichi 剪刀
khidun 生硬　　khiri 出去
khirou 霜　　khuina 后面

L

la 蜡烛　　lajiao 辣椒
lama 喇嘛　　lanzhu 兰州
laoji 男子　　laojiga 老头
lousa 骡子　　liang 两
liushi 六十　　lun 龙

M

magvashi 明天　　man 全、都
matan 我们　　mao 不好
mo 道、路　　mori 马
mutu 怎么　　mutun 树木

N

naran 太阳　　narun 细
nasun 年龄　　naiman 八
nie 一　　niere 名字
nogvei 狗　　nor 湖
noyien 皇帝　　nudun 眼睛

O

ochi 喝
ogi—给我
olien 云彩
oliesu—饿
olon 众多
olu—得、出生
oqin 姑娘
oqiolu—变老
oron 地方
osun 草

P

paizi 拍子
puse 再、还
pushuo 不是
puzha 豌豆

Q

qioru—拥抱
qiorun 头
qiemu 铁木
qiezhe—喂养

R

ranzhi—染
renmin 人民
renshen 人参
rung usun 绒毛

S

sana—想
sara 月亮
sao 坐
saigvan 好看
sizhigvan 老鼠
sodu—醉
sudasun 脉
sula 松弛
sumu 箭
sun'ghuna 葱

T

ta 你们 tani一认识
tai一放下 taolei 兔子
taya 棍子 tere 他
tori一转 tosun 油
tughan 锅 tura 土

U

uchugvudu 昨天 udu 日
ula 山 undu 高
urou 字 usu 水
usun 毛发 uzhe一看
uijien 地方门 uiwe 草没有

W

wang 王姓 waina 在
wo 有 wolu 对、行

X

xianzi 箱子 xiliu 多、余
xinie 笑 xixin 聪明
xien 尾巴 xieni 夜晚
xieri一醒 xierun 粗糙

Y

yama 什么
yara 疮伤
yasun 骨头
yawu一走
yayi 洋芋
yesun 九
yin 鹰
yisi 意思

ZH

zhaghasun 鱼
zhalao 青年
zharu一使用
zhasun 雪
zhe 外甥
zhen 针
zhetou 枕头
zhuzhan 厚

一封信

Yunusi tungzhi：

Gao wo nu.

Bi Sonobade iredene 5 udu woluzhuo. Ende ede olon chuluzhi dungxiang urou suruzhi wo. Mani dungxiang kunde guojiani urou bise，unhuane ghujiegvan undutugvazhi shidane. Bi dungxiang uroune gaode suruye giezhi nuli giezhi wo. Kharise chimade nie wanshi kuni ogizhi chini bangzhu giezhi surugvaye. suru a! Ologvan kielie kuni waina ma. Kharizhi kieliechenduye.

Enelani pichizhi. barigvasen.

Abudu

1980. 9. 5

草原上升起不落的太阳

Naran mandaira

Kugie asmande chigvan olien chayira.

Olien doura mori paranda.

pizinagva tun'guliekude, olon bunzhu misilao.

Ene shi yan oron giezhi kunla made asase.

Ene shi mini ekie oron wo giezhi bayasulande kieliezhi ogine.

Enendedu kunla nairalande erine.

Ekie oronne yagvani talagvane.

Daolanduye mani shini amitulanni.

Gungchandangni mani daolanduye.

Maozhuxi zhi gungchandangni gierende.

Matan badaraku uzhulase.

Agvui oronde gierenzhesen naran mandaira.

敖包相会

HHaruan tawanni sara

HHaruan tawanni sara asman jiere khiriwo.

HHeni shida yalie olien uiwo?

Saigvan oqinni sagveizhi bi udawo.

Chi yalie do ulie khuzhi irene.

Asman jieredu ghura ulie baose.

Haitang chizhe gojiane ulie chizhiliene.

Gaga chi mini naixin sagveise zhugveni kun chini ijing irene.

天　鹅

Ton'ghori

Ton'ghori ton'ghori ton'ghori
GHujiegvan Beijingde misi sha.
Kugie chighan lieshini mude.
Ula oronni dungxiang kunlani.
zhugveni miejiegvo ogi.

后　记

在编写本书的过程中，得到了内蒙古大学在东乡的语言调查

组成员语言学家布和同志、研究生宝力高同志、东乡族干部马忠义同志和甘肃民委斯琴同志的大力支持和帮助。

那森柏

一九八〇年九月七日

于东乡锁南坝

明代奴儿干永宁寺碑记校释
——以历史的铁证揭穿苏修的谎言

钟民岩　那森柏　金启孮
（中央民族学院）（内蒙古大学）

目 次

前 言

从十七世纪中叶起，沙俄的侵略魔爪便伸向我国的黑龙江流域，遭到我国军民的英勇抵抗之后，才被迫暂时收缩回去。鸦片战争以后，中国沦为半殖民地半封建社会，凶恶而又狡诈的沙俄侵略者加入其他帝国主义侵华行列，从北方下手，吞并了中国黑龙江以北、乌苏里江以东的大片领土。对此，马克思尖锐地指出："约翰牛由于进行了第一次鸦片战争，使俄国得以签订一个允许俄国沿黑龙江航行并在两国接壤地区自由经商的条约；又由于进行了第二次鸦片战争，帮助俄国获得了鞑靼海峡和贝加尔湖之间最富庶的地域，俄国过去是极想把这个地域弄到手的，从沙皇阿列克塞·米哈伊洛维奇到尼古拉，一直都企图占有这个地域。"（《马克思恩格斯全集》第十二卷，625—626 页）历史事实完全证实马克思的正确论断，老沙皇是中国人民最凶恶的敌人。苏修叛徒集团把马列主义抛到九霄云外，从其对外侵略扩张政策需要出发，以卑鄙的手段篡改历史，充当老沙皇侵华的辩护士。它们公然胡说老沙皇侵占黑龙江流域的土地是"无人居住和不受任何管辖"的地方，或者说这些地区都是俄国人开发的，力图否认老沙皇是侵略者 。[①]

---

① 别斯克罗夫内、谢·齐赫文斯基、弗·赫沃斯托夫：《论俄中边界形成史》，《国际生活》1972 年第 6 期。

“墨写的谎说，决掩不住血写的事实。”[①]黑龙江流域自古就是中国的土地，是我国各族人民生活斗争的地方。公元八世纪上半叶，中国唐朝政府就在黑龙江流域广大地区内设置了行政机构，[②]以后，又一直在历代中国政府的管辖之下，明代奴儿干永宁寺碑记便是有力的历史见证。

永乐十一年(1413年)，中国明朝政府遣官在奴儿干都司所在地(特林)修建永宁寺，刻石立碑，曰《永宁寺记》。宣德八年(1433年)重建永宁寺时，又镌刻《重建永宁寺记》。谁也不能否认，这寺是中国的寺，这碑是中国的碑。

《永宁寺记》上清清楚楚地写着：“昔辽、金畴民安故业，皆相庆曰：□□今日复见而服矣”。辽代，黑龙江流域隶属于东京道，下设五国部节度使负责军政事宜。金代划入上京道，下设蒲与路、胡里改路和恤品路，管辖黑龙江流域和乌苏里江以东地区[③]。《元一统志》说，奴儿干、哈州(阿纽依河口附近)等城“皆辽金之旧”，与“碑记”两相印证，完全符合。元灭金后，出兵黑龙江下游，直至海外库页岛。在奴儿干设“东征元帅

---

① 鲁迅：《无花的蔷薇之二》。

② 参见《旧唐书·靺鞨传、渤海靺鞨传》；《新唐书·地理志》；《新唐书·墨水、靺鞨传》。

③ 参见《辽史·营卫志下》；《金史·地理志序》；《金史·地理志·上京路》。

府”。据《元史·地理志》:“元初设军民万户府五,抚镇北边”,“各有司存分领混同江南北之地”。明代继承辽金在我国东北的统治权。碑文载明,永乐七年(1409 年)明政府在黑龙江下游“开设奴儿干都司”,管辖西起鄂嫩河,东至库页岛,北达乌第河,南濒日本海的广大区域。在这里“依土立兴卫、所”,对各部族酋长“授以官爵、印信”,“收集旧部人民,使之自相统属”。由于当地各族人民“以捕鱼为业,食肉而衣皮”,“诸般衣食之艰,不胜为言”,故明政府遣官“自海西抵奴儿干及海外苦夷诸民,赐男妇以衣服、器用,给以谷米”,使之“不饥不寒”,“莫不朝贡内属”。有关奴儿干都司的设立,除《永宁寺记》所载之外,尚有大量的文献资料和考古资料与它相印证。

永宁寺虽早已废圮,而两块明碑,巍然耸立于黑龙江下游的特林崖上近五百年,久为中外人士所共见。这个事实老沙皇无法抹煞掉,新沙皇想要抹煞也是徒劳的。

俄国人尼·哥·斯帕法里(1625〔?1635〕—1708)于 1675—1677 年在中国旅行期间就提到这些石碑。他说:“二十年前,在黑龙江上和黑龙江口同中国人打仗过的我们的哥萨克人告诉我们:沿河上溯两天路程有一个悬崖上平整出来的地方,他们在那里发现了一个重逾 20 普特的中国吊钟;在那里,他们还在三个地方发现带有汉文铭刻的石碑。当地居民告诉他们,古时候有一个中国皇帝从海路到了黑龙江,并且在那里留下了这个铭刻和钟作为纪念和标志。”[①]虽然,斯帕法里对碑文的内容一无所知,但他承认这个地区自古以来属于中国领土,有中国吊钟和石碑这一历史事实,较之新沙皇略胜一筹。

最早把永宁寺碑的内容传播开来的是清代康熙年间的浙江山阴人杨宾。他去奴儿干省亲归来后著《柳边纪略》一书,书中有下列一段记述:

己巳年,人传飞牙喀一碑,本属汉文而译为满,不能录大要。其地为二岗国。十年教养之后,立此碑版。后书东唐国镇守满钟山,将军马元亮。又有都指挥同知官名。[②]

杨宾文中所说的己巳年,即康熙二十八年(1689年)。“飞牙喀”是清代满族对黑龙江奇集以下以特林为中心的吉列迷人的称呼[③]。所谓

① 尼·哥·斯帕法里:《到中国的路线》,转引自巴迪里:《俄国、蒙古、中国》第二卷,第224页,1919年。

② 《柳边纪略》卷四。1936年国学文库据《鹤斋丛书》本重印本。

③ 飞牙喀是满族对“吉列迷”、“吉里亚克”或“尼夫赫”的称呼。据故宫博物院藏满文《黑龙江流域图》奇集嘎山下注:“奇集嘎山是费雅喀部这边的界线”。故“飞牙喀”是在奇集以下以特林为中心的地方。

“飞牙喀一碑”即指此碑建于“飞牙喀”人居住的地方。“二岗国”“显然是《永宁寺记》中“奴儿干国”的异议，只是把入声字“奴”省略了。“其地为二岗国”这就进一步明确指出此碑立于奴儿干。明代于其地设置“奴儿干都指挥使司”，并建寺立碑，所以才有石碑留存下来。杨宾所记之碑既然在飞牙喀地区，又称“其地为二岗国”，则其为奴儿干永宁寺碑是毫无疑问的 。[①]

再从杨宾所记碑文的内容来看，与《永宁寿记》也是一致的。“十年教养之后，立此碑版”一语，当即《永宁寺记》中所说的，“十年冬、天子复命内官亦史哈等载至其国。……故为文以记”的主要内容。至于“都指挥同知”的官名，正是指的《永宁寺记》最后一行“奴儿干都司都指挥同知康旺”。

由此可见，杨宾《柳边纪略》中所记的“飞牙喀”或“二岗国”一碑，无论从碑的所在地或碑的内容来考证，指的正是明代奴儿干《永宁寺记》。杨宾是永宁寺碑记内容的最早传播者。麦利霍夫胡说“发现和首先研究该碑的荣誉属于俄国的研究人员。”[②] 这种颠倒是非的拙劣手法，已被铁

① 参考鸟居龙藏《奴儿干都司考》，《燕京学报》第 33 期、1947 年。

② 麦利霍夫：《明朝对女真的政策》，引自《中国与邻国》268 页。

的历史事实无情地揭穿了。

一八〇八年，日本人间官林藏受幕府之命进入我国黑龙江下游“探险”，行径特林崖下，还看到这两块碑耸立在岸上。[①]五十年后，美国人柯林斯登临永宁寺故址，曾对这些“古老的碑碣”作过记录和描绘。[②]一八八五年（清光绪十一年），清朝官员曹廷杰奉命到被沙俄侵占的黑龙江和乌苏里江地区进行调查，在行抵特林时，对永宁寺附近作了详细记载，并将碑文拓回。他写道：特林山上有“明碑二”：一刻敕建永宁寺记，一刻宣德六（八）年重建永宁寺记，皆述太监亦失哈征服奴儿干及海中苦夷事”。他又写道：“敕建永宁寺碑阴有二体字碑文（即蒙文和女真文）。其碑两旁有四体碑文（即汉、蒙、藏、女真），惟‘唵嘛呢叭咪吽’六字汉文可识，余五（三）体俱不能辩。”[③]曹氏拓本刊载于一八九一年（清光绪十一年）编纂的《吉林通志·金石记》中。随着碑文的流传，明代东北疆域直抵“奴儿干、北海”这一史实，更是昭然于世了。俄国人瓦西列夫在译释永宁寺碑记之后，于一八九六年的报告中不得不承认这一点。他说，中国的明朝在黑龙江流域“创设了行

① 间官林藏：《东鞑纪行》50页，东京，1942年版。

② 柯林斯：《阿穆尔河纪行》第五十六章，纽约，1860年版。

③ 曹廷杰：《西伯利东偏记要》，据《辽海丛书》本，第22页。

政机构,把奴儿干改为相当于省的都司”。[①] 今天,苏修叛徒集团声称,十七世纪以前黑龙江流域“不属于中国”,“不受任何人管辖”,妄图以谎言抹煞历史的真相,实在是枉费心机。

日本人内藤虎次郎曾致力于永宁寺碑记的研究工作。他在一九〇〇年发表的《明东北疆域辩误》一文中,得出公正的结论:“奴儿干之地,不可以说在明疆域之外”。[②] 一九二九年 ,内藤虎次郎参阅几种照片和拓本,增补了《吉林通志》所未录出的永宁寺二碑记的文字。其后,我国罗福颐和日人园田一龟各对碑文进行了一番校录,增补若干文字,并将他们的录文分别收入《满洲金石志》和《满洲金石志稿》中。

此次,我们在前人研究的基础上,以内藤虎次郎、鸟居龙藏的碑文照片,参阅其他的照片和录文,以及蒙文和女真文碑记的汉译文,逐字逐句进行反复校订,识出一些前人未识出的字,并订正若干字。凡对以往录文更易之字,酌加注释,说明原因。经过校订后,《永宁寺记》补正五十余字,《重建永宁寺记》补正二十余字。这次整理出来的录文,《永宁寺记》正文只缺四十个字,《重建永宁寺记》正文有十九个字待识补。我们

---

① 巴迪里:《俄国、蒙古、中国》第二卷,第229页。

② 内藤虎次郎:《读史丛书》,第87页。

还将蒙文和女真文碑记详加校订与译释，并对该碑侧四体字“六字真言”分别作了注音。蒙文碑记录文比以往的录文增补四十余字，订正二十余字，女真文碑记亦有四十余处（每处一二字或三五字不等）进行了补正。由于碑记照片不清，有些字难以识出，尚待今后识补。我们殷切希望同志们共同努力，使永宁寺碑记的补订工作臻于完善。

壹《永宁寺记》校释

一、汉文碑文校释

《永宁寺记》撰刻于明永乐十一年（1413 年）。碑高 179 厘米，宽 83 厘米，碑侧广 42 厘米。正面额题“永宁寺记”，横写，大字正写。碑文竖刻，凡三十行，正书，行六十二字，六、七、十二行顶二格，十一、十五行顶一格。二十行至三十行载职官姓名，比正文低十九格起书，字体较小。

碑文尽可能用今体字排印，另加标点、分段。缺文以方框为记；可以补出的，外加方括号；字数不明的，以删节号为记。碑文中的小号数字是碑文行次。

敕修奴儿干永宁寺记一

伏闻天之德高明，故能覆幬；地之德博厚，故能持载；圣人之德神圣，故能悦近而服远、博施而济众。洪惟我二朝统一以来，天下太平五十年矣。九夷八蛮，梯①山航海，骈肩接踵，稽颡于三阙廷之下者，民莫枚举。惟东北奴儿干国，道在三译之表，其民曰吉列迷及诸种野人杂居焉。皆闻风幕化，未能自至。矿其地不生五谷，不产布帛，蓄养惟狗。或野四人养[驾]②□，运③□□□物，或以捕鱼为业，食肉而衣皮，好弓矢。诸般衣食之艰，不胜为言。是以五皇帝敕使三至其国④，招安抚慰，□□安矣。六圣心⑤以民安而未善，永乐九年春，特遣内官亦失哈等，率官军一千余人，巨船二十五

---

① 诸录本皆未录此字，唯园田一龟《满洲金石志稿》于□上方注“梯”字。今核对诸拓片影本，该字尚存“梯”的左旁右上残笔。

② 诸录本或缺此字，或作“利”。今细审照片，尚能看出“驾”的上部笔划。

③ 诸录本或缺此字，或作“辽”，但细加识别，实为“运”字。

④ “皇帝敕使三至其国”句，罗福颐《满洲金石志》（以下简称《志》）作“□□倪法女真国”，《志稿》作“□□□至其国”，二书皆漏录顶头一格，故字数与原碑不符。《志》将碑面破折纹误作笔划，故把“三”字看作“法”字，“使”字看作“倪”字。今细核碑拓，证以蒙文相应处为“皇帝敕三次遣使”，女真文亦为“皇帝敕三次遣使”，汉文碑文第六行顶二格书，为“皇帝敕使三至其国”。

⑤ “圣心”二字在第七行顶二格处，十分清楚，诸本皆漏录。蒙文作“君之圣心”，女真文作“君心”，可与汉文碑文相印证。

艘，复至其国，开设奴儿干都司。昔辽金畴[①]民安故业，皆相庆曰：□□今日复见而七服矣[②]。遂上□朝□□□都司，而余人八上授以官爵印信，赐以衣服，[赏]以布钞，大赉而还。依土立兴卫所，收集旧部人民，使之自相统属。

十年冬，九天子复命内官[③]亦失哈等載至其国。自海西抵奴儿干及海外苦夷诸民，赐男妇以衣服器用，给以谷米，宴以酒馔[④]，皆踊跃欢忻，无一人梗化不率者。一○上[复以]金[银]等物[为][⑤]择地而建寺，柔化斯民，使之敬顺——太祖以圣

---

① “畴”字《志》作“时”，《志稿》作“俦”，据鸟居龙藏影本，该字左旁清晰可辨。按“畴”字一作“前”解，“畴民”即前代之人；一作“世代相沿”解；如“畴人”，指世代相袭的历算家。此处“辽金畴民”，意思是辽金所辖的奴儿干地方人民的后裔。

② “皆相庆曰：□□今日复见而服矣”句，《志》作“皆相□□□□今日复见而□矣”，《志稿》作“皆为尧舜之风，今日复见而服矣”。《志稿》误。经放大细辨、第三字实为“庆”字无疑，其前一字为“相”、清楚可辨，《志》已录，其后一字为“曰”，排除碑面裂纹，亦可看清。

③ “内官”二字，《志》、《志稿》误作“中官”。按碑文七行、十九行皆作“内官”。宣德碑七行亦作“内官”、九、十二、十七等行作“太监”，无有作“中官”之处，详核碑文照片，此处实为“内官”。

④ 馔，《志》、《志稿》作“食”，从放大碑片来看，食之右旁尚存“馔”字残笔。

⑤ “上复以金银等物为”数字，诸本皆未录出。详辨识上，“上”、“金”、“等”、“物”四字字迹犹清楚，按碑文第十行，未满格即提行，可知第十一行首字必抬格。蒙文、女真文碑文与此相当的为第十行，皆抬格。蒙文为“君复以金银诸物建寺”，女真文为“[皇帝]以金银财物建寺”。可见“上复以金银等物为择地而建寺”是不错的。

□为相之[瑞]。十一年秋，卜奴儿干西，有站满泾，站之左，山高而秀丽。先是，已建观音堂于其上，今造寺塑佛，形势优雅，粲然可观。国之老幼，远近济济争趋一二□□高□□□□□□威灵，永无厉疫而安宁矣。既而曰："亘古以来，未闻若斯。一三圣朝一四天□民之□□□上忻下至，吾子子孙孙，世世臣服，永无异意矣"。以斯观之，万方之外，率土之民，不饥不寒，欢忻感戴难矣。尧舜之治，天[率蒸民]①，不过九洲之内，今我一五□□□□□□□□□□□，蛮夷戎狄，不假兵威，莫不朝贡内属。《中庸》曰："天之所覆，地之所载，日月所照，霜露所坠，凡有血气者，莫不尊亲，故曰配天。"正谓我一六[朝盛]德无极，至诚无息，与天同体。斯无尚也！无盛也！故为文以记，庶万年不朽云尔。一七

永乐十一年九月廿日立②一八

---

① "天率蒸民"句，《志》、《志稿》皆作"大□□□"。"大"是"天"漏一横，"率""蒸"二字犹存残笔，"民"字已不可辨。按《诗》有"天生蒸民"句，邢枢当是引用此句。

② 诸录本皆未录日期，今细辨该处，"廿二"二字隐约可识。按蒙文碑文之末，所署日期为"二十二日"。汉文该处只合两格。则为"廿二"无疑。

钦差内官：亦失哈[①]、[成]□胜 [②] 、张童儿、张定安

镇国将军都指挥同知：张旺一九

抚总正千户：王迷失帖、王木哈里 玄城[③]卫指挥：失秃鲁苦、弟秃花、妻叭麻二〇

指挥：哈彻里、□蓝、王谨 弗提卫指挥签事：秃称哈、母小彦 男弗提卫千户：纳蓝二一

千户：吴者因帖木儿、宁诚、马兀良哈、朱诚、王五十六、□□、黄武、王□君、□□□……二二

百户：高中、刘官永奴、孙□、□得试奴、李政、李敬、刘赛因不花、傅同、王□里帖木、韩□、张甫、金卫、□原、高迁、叶胜、□□……二三赵锁古

---

① “钦差内官亦失哈”《志》作“钦差 亦□□”，《志稿》作“钦差□□□□□□□”，但从放大碑拓照片看，实为七个字，其中“钦差”、“亦”三字最清楚，“内官”、“哈”三字，虽碑面漫漶，但轮廓笔划完整无缺，唯“失”字剥蚀，仅能看出“夫”的痕迹。

② 诸录本于“亦失哈”后，便录“张童儿”，实则其间尚有七格的距离，当系漏录一人名。今核出为“[成]□胜”，按《朝鲜实录》世宗十三年八月条载：“内官昌盛、张童儿、张定安尝一同奉命往东北。”[成]□胜可能即“昌盛”。蒙文碑文译名是 gidaq－a，女真文碑文译名疑作“扎答申”，与“[成]□胜”音相近。

③ “玄城”二字字迹较易辨识，然诸录本皆付阙如。考“玄城卫”始载于《明史录》永乐十二年，较碑文晚见一年，诸家故存疑不录。近年研究者，亦有指出该处为“玄城”二字。又考《明实录》正统元年二月条载：“玄城卫同知秃路苦子朵尔哈，兀者卫指挥同知萨哈连子托因帖木儿，举袭职”。其“秃路苦”即碑中“失秃鲁苦”的另译。他的玄城卫指挥之职，二十四年后已由其子荫袭。可见此二字确为“玄城”。

奴、王官音保、王阿哈纳、崔源①、里三②、□□□、□[栻]、康速合、阿卜哈、哈赤白、李道安、□道、阎威□ 总旗:李速右二四

所镇抚:王溥、戴得贤、宋不花、王速不哈、李海赤、高歹都、李均美 都事:席□ 医士:陈恭、郭奴 □总吏:黄显、费□二五

监造:千户金双顶 撰碑记:行人铜台邢枢 书丹:宁宪 书蒙古字:阿鲁不花 书女真字:康安 赚字匠:罗泰安二六

来降快活城安乐州千户:王儿卜、木答兀 卜里阿卫镇抚:阿可里、阿剌卜百户:阿剌帖木、□纳 所镇抚:赛因塔、把秃不花、付里住、火罗孙二七

自在州千户:□剌□、哈弗□的、阿里哥出 百户:满秃□

木匠作头:石不哥儿、金卯白、揭英 粧塑匠:方善庆、宋福 漆匠:李八回 ……二八□匠:□□、黄三儿、史信郎 烧砖瓦窨匠:总旗熊闰 军人张猪弟 泥水匠:王六十、张察罕帖木二九

---

① “崔源”诸录本作“崔□”。“源”字笔划未缺损、排除斑痕,可见其原貌。据碑文,崔源时为“百户”,宣德八年时陞为“指挥”,景泰元年卒时官至“辽东都指挥”。据《崔源墓志铭》崔源生于洪武二十五年(1392 年),则永乐十一年(1413 年)时为 21 岁,其以“百户”应征往奴儿干,甚合。

② “里三”,诸本录作“鬼三”,误将碑面折裂痕视作笔划所致,今改正。

奴儿[干]都司[①]都指挥同知:康旺 都指挥签事:王肇洲、佟答剌哈 经历:刘兴 吏:刘妙胜三〇

二、蒙文碑文校释

蒙文碑文刻在《永宁寺记》的碑阴,自左至右,竖写十五行,占碑阴的半面。碑阴额题蒙文"奴儿干永宁寺"。蒙文碑文是汉文《永宁寺记》的摘译,并不是全译,所以,内容较汉文碑记简略。释文采用国际音标。便通的几个符号如下:O=ɔ u=ɷ e一低一些,也稍后。

蒙古文碑记汉译

大明皇帝敕于奴儿干地方建立永宁寺碑

伏闻天高而明,故能覆;地[博]而厚,故能养亿万生灵。一皇帝之……,致万民生息于安乐,……近者……二皇帝御宇以来,天下太平五十余年矣。九夷八蛮……惟东北奴儿干国之三吉列迷诸种野人,闻天下太平,欲往叩拜,祇因路远,未能自至。四皇帝敕三次遣使,俾人民皆安居乐业

① "奴儿[干]都司"五字,诸本皆未录出。今据诸拓片影本放大细核,"奴"字犹可识辨,下四字尚存残迹,联系下文,当为"奴儿干都司"无疑。

……[五]君之圣心……使人民安宁……。永乐九年春月，特遣内官亦失哈等率官军一千人，乘巨船二十五艘，至奴儿干地方，开设都司衙门，官吏[六]……其地之民皆安乐，人每如日升于天般欢喜。又百余人晋谒……授以官爵、印信……[七]令其故土设立万户衙门，使之统帅旧部人民。

永乐十年冬月，遣内官亦失哈等，自海西抵奴儿干及海外[八]苦夷诸民，男女赐以缎衣……器用，大小老幼……欢喜……[九]君复以金银诸[物]建寺，俾地方人民平安，皆归以善。永乐十一年秋月，于奴儿干西满泾站之左，[一○]其山高而秀丽，在旧有之观音堂外，造寺塑佛。远近之人，叩头祈福，皆安乐矣。自古以来，[一一]未有恩养人民如此至尽者，[吾]子子孙孙岂能不臣服而持异意哉。故为文以记，庶万年不朽云尔。[一二]

大明永乐十一年九月二十二日立[一三]

钦差内官亦失哈……张……张定安[一四]……和千户百户创建都司之奴儿干……皆书载于汉文。书蒙古文阿鲁不花[一五]

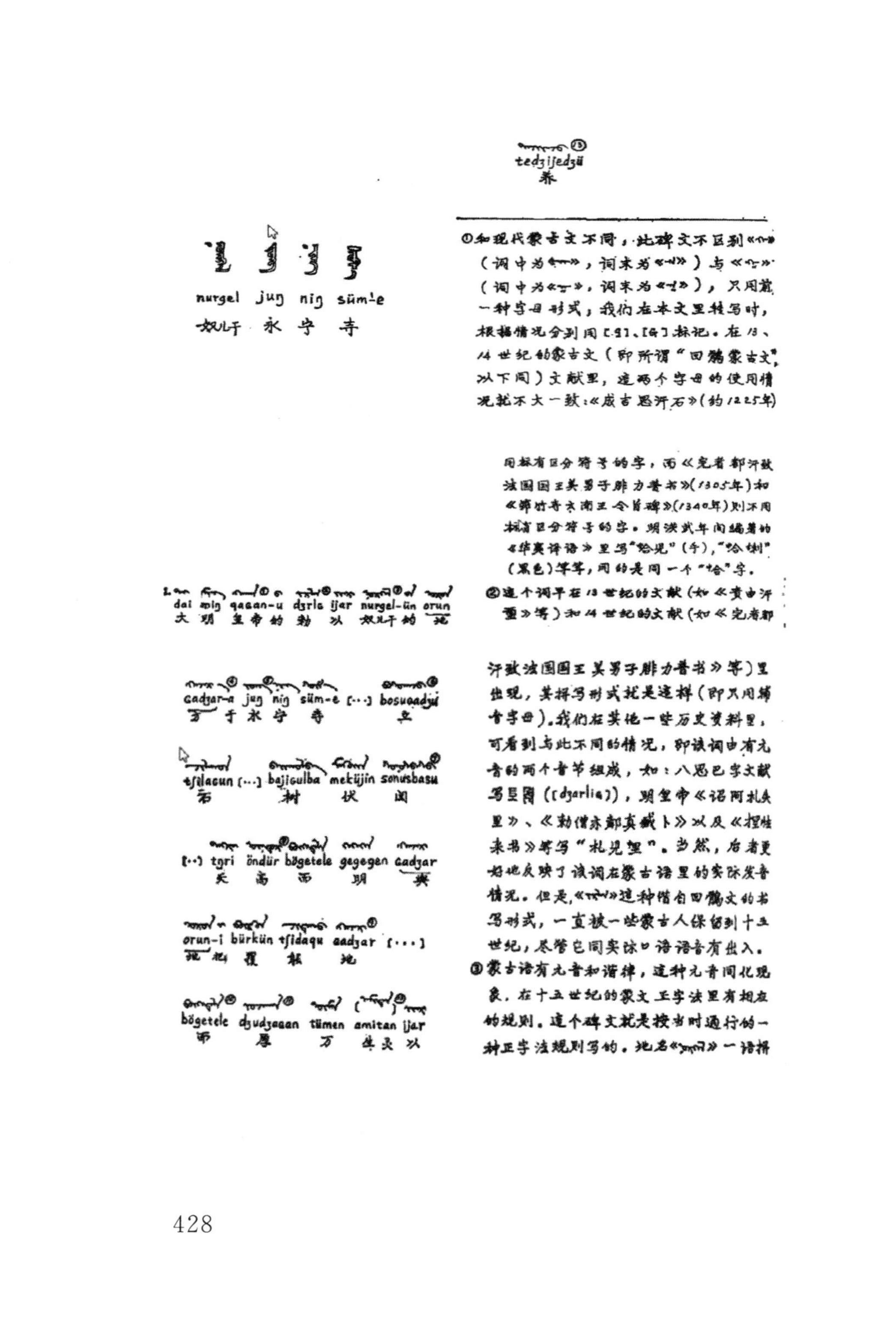

tedʒijedʒü
养

nurgel juŋ niŋ süm-e
奴儿干 永 宁 寺

1. dai miŋ qaaan-u dʒrlɑ ijar nurgel-ün orun
大 明 皇帝的 勅 以 奴儿干的 地

aadʒar-a juŋ niŋ süm-e [⋯] bosuɑadʒu
方 于 永 宁 寺 立

tʃilacun [⋯] bajiɑulba meküjin sonusbasu
石 树 伏 闻

[⋯] tŋri öndür bögetele gegegen aadʒar
天 高 而 明 爽

orun-i bürkün tʃidaqu aadʒar [⋯]
地 把 覆 能 地

bögetele dʒudʒaaan tümen amitan ijar
而 厚 万 生灵 以

---

①和现代蒙古文不同，此碑文不区别《⋯》（词中为《⋯》，词末为《⋯》）与《⋯》（词中为《⋯》，词末为《⋯》），只用前一种字母形式，我们在本文里转写时，根据情况分别用〔a〕、〔ɡ〕标记。在13、14世纪的蒙古文（即所谓"回鹘蒙古文"，以下同）文献里，这两个字母的使用情况就不大一致：《成吉思汗石》（约1225年）用标有区分符号的字，而《完者都汗致法国国王美男子腓力普书》（1305年）和《郑州荐福寺云南王令旨碑》（1340年）则不用标有区分符号的字。明洪武年间编著的《华夷译语》里写"哈儿"（手），"哈剌"（黑色）等等，用的是同一个"哈"字。

②这个词早在13世纪的文献（如《贵由汗玺》等）和14世纪的文献（如《完者都汗致法国国王美男子腓力普书》等）里出现，其拼写形式就是这样（即只用辅音字母）。我们在其他一些历史资料里，可看到与此不同的情况，即该词由有元音的两个音节组成，如：八思巴字文献写⋯（〔dʒarliq〕），明皇帝《诏阿扎失里》、《勅僧亦邻真臧卜》以及《捏怯来书》等写"札儿里"。当然，后者更好地反映了该词在蒙古语里的实际发音情况。但是，《⋯》这种借自回鹘文的书写形式，一直被一些蒙古人保留到十五世纪，尽管它同实际口语语音有出入。

③蒙古语有元音和谐律，这种元音同化现象，在十五世纪的蒙文正字法里有相应的规则。这个碑文就是按当时通行的一种正字法规则写的。地名《⋯》一语拼

写特殊，象是从别的民族语音译的。

④在这个碑文里，辅音字母«[illegible]»标记两个音素：[dʒ]、[tʃ]。这同当时使用该字母的情况相符。

⑤辅音字母«[illegible]»，在词首仍然按过去的习惯，标记[j]，也标记[dʒ]。

⑥现代蒙文为«[illegible]»。

⑦在这个碑文里，词首的«[illegible]»([G]、[q])和«[illegible]»([s])字形相似。

⑧音节末（词的最末音节除外）的«[illegible]»([n])，当时有两种书写形式：一是用区分符号的—«[illegible]»字前面有一个点(如：«[illegible]»，一是不用区分符号的—«[illegible]»字前面没有点(如：«[illegible]»)。

⑨《海参崴远东大学所藏·明永宁寺碑阴·鸟居龍藏氏照片》(见《东洋历史参考图谱》，以下简称鸟居氏所藏照片)有这个词。

⑩碑文照片上有«[illegible]»几个字，较清楚，根据上下文，与碑阳汉文对照，可读为«[illegible]»。

⑪日本学者长田夏樹氏在《奴兒干永宁寺碑蒙古女真文释稿》(见《石濱先生古稀纪念·东洋学论丛》，以下简称长田氏释稿)中录为«[illegible]»，转写为"jurran"，但不译注。在《浦弘·勅修奴儿干永宁寺碑拓》照片(见《满洲金石志稿》，以下简称为金石志稿照片)上，«[illegible]»两个音节较清楚，在其中间有«[illegible]»这在照片上，因碑面漫漶，此处«[illegible]»([jə])音节的辅音易被看成为«[illegible]»([dʒi])音节的元音«[illegible]»，而«[illegible]»和«[illegible]»([dʒü])之间的联缘，有一个弯处，又易被认为是个«[illegible]»([ge])音节。但是，仔细对照几个照片时，清楚地看到前一种书写形式。

2\. qaɑan-u (…) tümen ulus(··)① amuaul(a)ŋ② ijar
皇帝 的 万 民 安 宁 以

tegüben törügsen (……) ojirakin(……)
那般 生 了 近 者

---

①在这个碑文里，词末的[s]音素一律用«[illegible]»来标记(而不用«[illegible]»这个形式)。

②这个词出现于第2,5,6,10行，除第10行外，其他三处的«[illegible]»音节里缺一个元音«[illegible]»([a])，疑是镌刻遗漏。

3\. qaɑan(…) tŋri jin dour-a taibiŋ① ijar tabin
皇帝 天 的 下 太平 以 五十

ülegü② od③ bolba (……) sartaaul(-)④
余 年 已有 回回

mongaul irged tümen ulus-un irgen⑤(……)
蒙古 民 万 国 的 民

umar-a dʒegün eteged-ün nürgel(……)
北 东 方 的 奴儿干

样字迹，不象«…»([ʃ])辅音字母，作«…»([dʒa])，整个词应读[dʒudʒaɢan]，译为“厚”。

⑫根据内蒙古大学所藏照片录的。

⑬这个词在历史资料里有两种写法：一是«…»，即这个碑文所采用的形式；一是«…»，即长田氏转写所依据的形式。

兀音是固着的。“许”在《蒙古秘史》里用来标记词首[hü]音。有的学者认为碑文的这个词不是书面蒙古语词，这种看法与事实有出入。

③是«…»([on])的复数形式（现代蒙语已不这样用）。在很多历史文献里，都有这样用的实例，如：

«…» —— dötʃin tabun od “四十五年”（《完者都可汗致法兰西国王菲力帛的书翰》）

㧅捋 许列兀 浩㧅 “二十余年（《敕僧亦都真藏卜》）。

④在一些历史文献里有这个词，诸家对它也作过一些注释。本文根据《华夷译语·人物门》对译（《涵芬楼秘笈·华夷译语》“回回”为“撒兒塔温”。在“温”字左上方应有一个小写的“丁”字，以表示边音[l]。——编注）。

⑤在此处，碑阳汉文为“九夷八蛮”，碑阴女真文也是“九夷八蛮”几个字（其中“九”、“八”二字为意译，其余为音译），而蒙文则先具体指出«…»、«…»等，然后在它下边写上外延广的«…»一语，来表示这个意义。我们可以在明皇帝《勅礼部行移安答纳哈出》一文里看到类似的实例。

①这是一个比较早期借入的汉语词“太平”。在转写时用了«…»([tai]~[ta])音节，而没有用«…»([taji])这个音组，这有一定的道理。

②《华夷译语》作“许列兀”其第一音节

①②《金史》第二十四卷·地理志上所记«东极吉列迷、兀的改诸野人之境»的“吉列迷”、“兀的改”就是这一自称的音译。

③是表示“希望”“愿望”的第一人称动词形式。长田氏录文为«…»，转写为“odču”，即到动词。

④照片在«…»和«…»之间有一可写进一个字母的位置，已残缺，看不出任何字迹，根据上下文，同时参考碑阳汉文意思，补入一个«…»([l])字母，整个词读为«…»。

5. qaɢan-u dʒrla ijar ɢurban-ta (…)① eltʃin②
皇帝的 勅 以 三 次 使者

dʒarudʒu③ irgen bügüde-ji amuɢulaɢ
遣 民 皆 把 安宁

ijar saɢulɢan ba-(…)④
以 居

①②③我们现有照片，在①处有字迹，看不大清楚；在②③处虽较模糊，但仍可辨认出«… …»这两个词。长田氏释稿在上述三处录为«… …»，转写、对译为：

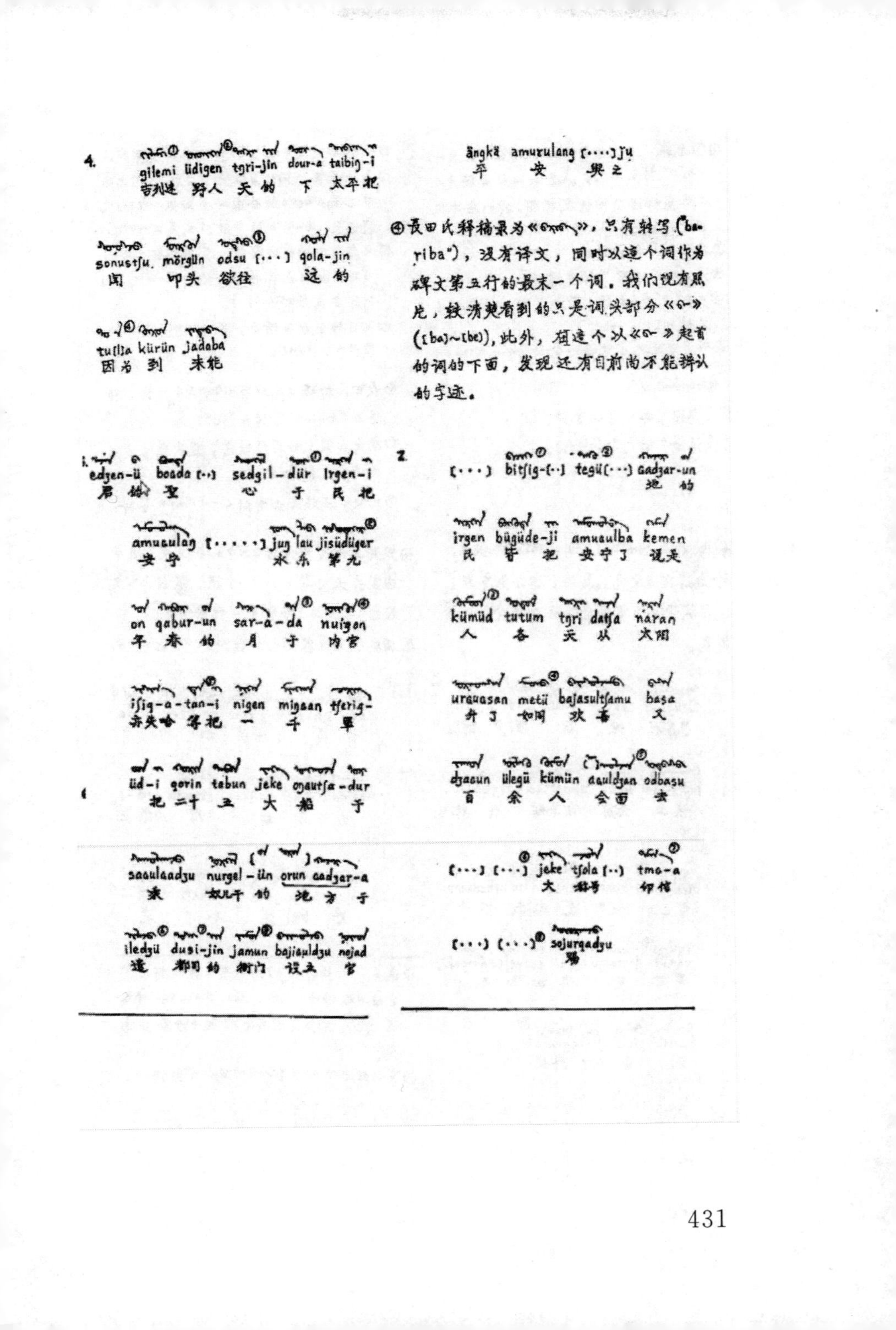

4. gilemi① üdigen② tŋri-jin dour-a taibiŋ-i
吉列迷 野人 天的 下 太平把

sonustʃu. mörgün odsu③ [· · ·] qola-jin
闻 叩头 欲往 远的

tu[l]a④ kürün jadaba
因为 到 未能

äŋkä amurulang [· · · ·] ju
平 安 与之

④長田氏释稿录为«…»，只有转写("bariba")，没有译文，同时以這个词作为碑文第五行的最末一个词。我们现有照片，较清楚看到的只是词头部分«…»([ba]~[be])，此外，在這个以«…»起首的词的下面，发现还有目前尚不能辨认的字迹。

1. edʒen-ü boada [· ·] sedgil-dür① irgen-i
君的 圣 心 于 民 把

amuʁulaŋ [· · · · ·] juŋ lau jisüdüger②
安宁 永乐 第九

on qabur-un sar-a-da③ nuiʒan④
年 春的 月 于 内官

iʃiq-a-tan-i⑤ nigen miŋʁan tʃerig-
亦失哈 等把 一 千 军

üd-i qorin tabun jeke oŋautʃa-dur
把 二十 五 大 船 于

saaulaadʒu nurgel-ün (orun ʁadʒar-a)
率 奴儿干的 地方 于

iledʒü⑥ dusi-jin⑦ jamun⑧ bajiauldʒu nojad
遣 都司的 衙门 设立 官

2. [· · ·] bitʃig-[· ·]① tegü[· · ·]② ʁadʒar-un
地的

irgen bügüde-ji amuʁulba kemen
民 皆 把 安宁了 说是

kümüd③ tutum tŋri datʃa naran
人 各 天 从 太阳

urauasan metü④ bajasultʃamu basa
升了 如同 欢喜 又

dʒaaun ülegü kümün ʁauldʒan⑤ odbasu
百 余 人 会面 去

[· · ·] [· · ·] ⑥jeke tʃola [· ·] tmo-a⑦
大 称号 印信

[· · ·] (· · ·)⑧ sojurqadʒu
赐

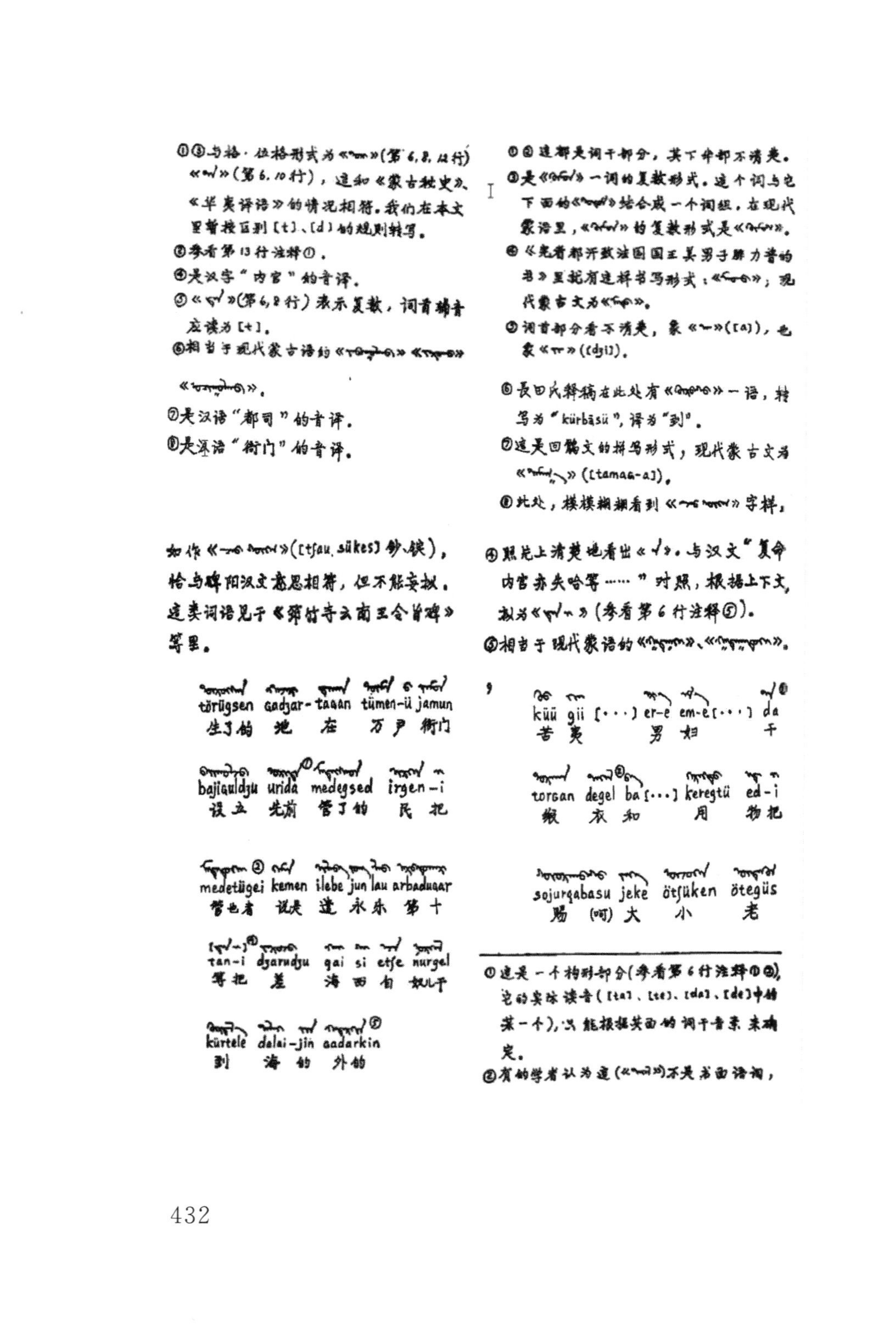

①③与格·位格形式为«[illegible]»(第6,8,12行)«[illegible]»(第6,10行)，这和《蒙古秘史》、《华夷译语》的情况相符。我们在本文里暂按区别[t]、[d]的规则转写。

②参看第13行注释①。

④是汉字“内官”的音译。

⑤«[illegible]»(第6,8行)表示复数，词首辅音应读为[t]。

⑥相当于现代蒙古语的«[illegible]»«[illegible]»«[illegible]»。

⑦是汉语“都司”的音译。

⑧是汉语“衙门”的音译。

①②这都是词干部分，其下半部不清楚。

③是«[illegible]»一词的复数形式。这个词与它下面的«[illegible]»结合成一个词组，在现代蒙语里，«[illegible]»的复数形式是«[illegible]»。

④《先看都沂敦法国国王其男子胖力普的书》里就有这样书写形式：«[illegible]»；现代蒙古文为«[illegible]»。

⑤词首部分看不清楚，象«[illegible]»([a])，也象«[illegible]»([dʒi])。

⑥長田氏释稿在此处有«[illegible]»一语，转写为“kürbāsü”，译为“到”。

⑦这是回鹘文的拼写形式，现代蒙古文为«[illegible]»([tamaa-a])。

⑧此处，模模糊糊看到«[illegible]»字样，如作«[illegible]»([tʃau sükes] 钞、锞)，恰与碑阳汉文意思相符，但不能妄拟。这类词语见于《弥勒寺文商王令旨碑》等里。

④照片上清楚地看出«[illegible]»。与汉文“复命内官亦失哈等……”对照，根据上下文，拟为«[illegible]»(参看第6行注释⑤)。

⑤相当于现代蒙语的«[illegible]»、«[illegible]»。

törügsen	gadjar-taaan	tümen-ü	jamun	
生了的	地 在	万户	衙门	
bajiauldju	urida⑥	medegsed	irgen-i	
设立	先前	管了的	民 把	
medetügei⑦	kemen	ilebe	jun lau	arbaduaar
管也者	说是	遣	永乐	第十
tan-i⑧	djarudju	gai si	etʃe	nurgel
等把	差	海西	自	奴儿干
kürtele	dalai-jin	aadarkin⑨		
到	海的	外的		

küü gii	[···]	er-e	em-e	[···]	da①
苦夷		男	妇		于
torgan	degel②	ba[···]	keregtü	ed-i	
缎	衣	和	用	物把	
sojurqabasu	jeke	ötʃüken	ötegüs		
赐(呵)	大	小	老		

①这是一个构形部分(参看第6行注释①③)，它的实际读音([ta]、[te]、[da]、[de]中的某一个)，只能根据前面的词干音素来确定。

②有的学者认为这(«[illegible]»)不是书面语词，

①②《[illegible]》这几个词译成现代蒙语就是《[illegible]》。长田氏将《[illegible]》、《[illegible]》录为《[illegible]》《[illegible]》，词首[m]辅音后面没有元音。

③书面蒙语为《[illegible]》([tebül])。但是，碑文采用的《[illegible]》这种口语形式，也见于其他一些重要历史文献里，如：《阿鲁浑可汗书翰》(1289)；《华夷译语·时令门》有"兀莽"("冬")一词，其读音基本上和碑文《[illegible]》一致。

也不是蒙语诸方言词。其实，这个词在不少作品里都有，而且很多蒙文词书都把它作一个词条列于书里。如：《御制五体清文鉴》、北京蒙文书社编《蒙文分类词典》、内蒙古教育出版社编《蒙汉词典》、内蒙古大学编《蒙汉词典》、科瓦列夫斯基编《蒙俄法词典》、篆伯勒编《蒙语简明解释词典》以及铃江、下永编《蒙古语大辞典》等等。该词在现代蒙语里的读音为[de:l]。布里雅特语里也有这个词，读音"дэгэл"(参看：东席叶夫著《蒙古语比较语法》1959年汉文版，第59页)。

10. edʒen-ü möŋgün altan eldeb tabun (····)
君的 银 金 (诸 种)

tan ijar sūm-e bosuɢadʒu ɢadʒar-un
等 以 寺 建立 地 的

irgen-i eŋke amuɢulaŋ ijar bügüde
民 把 康 宁 以 皆

sajin sedgil ijar atuɢai kemedʒü juŋ
善 心 以 说着 永

lau arban nigedüger on namur sar-a-
乐 第十一 年 秋 月

jim ger-ün ɢadaɢaʃi sūm-e bosuɢadʒu
吉 堂 的 外 寺 建立

burqan-i dʒoruʃin saɢulɢaba qolakin
佛 把 塑 使坐了 远的

ba ojirakin kümün mörgüdʒü bujan
和 近的 人 叩头 福

eribesü bügüde amumu-dʒ-a erten
祈 皆 安宁 矣 古

etʃe edüge kürtele (···)
自 今 至

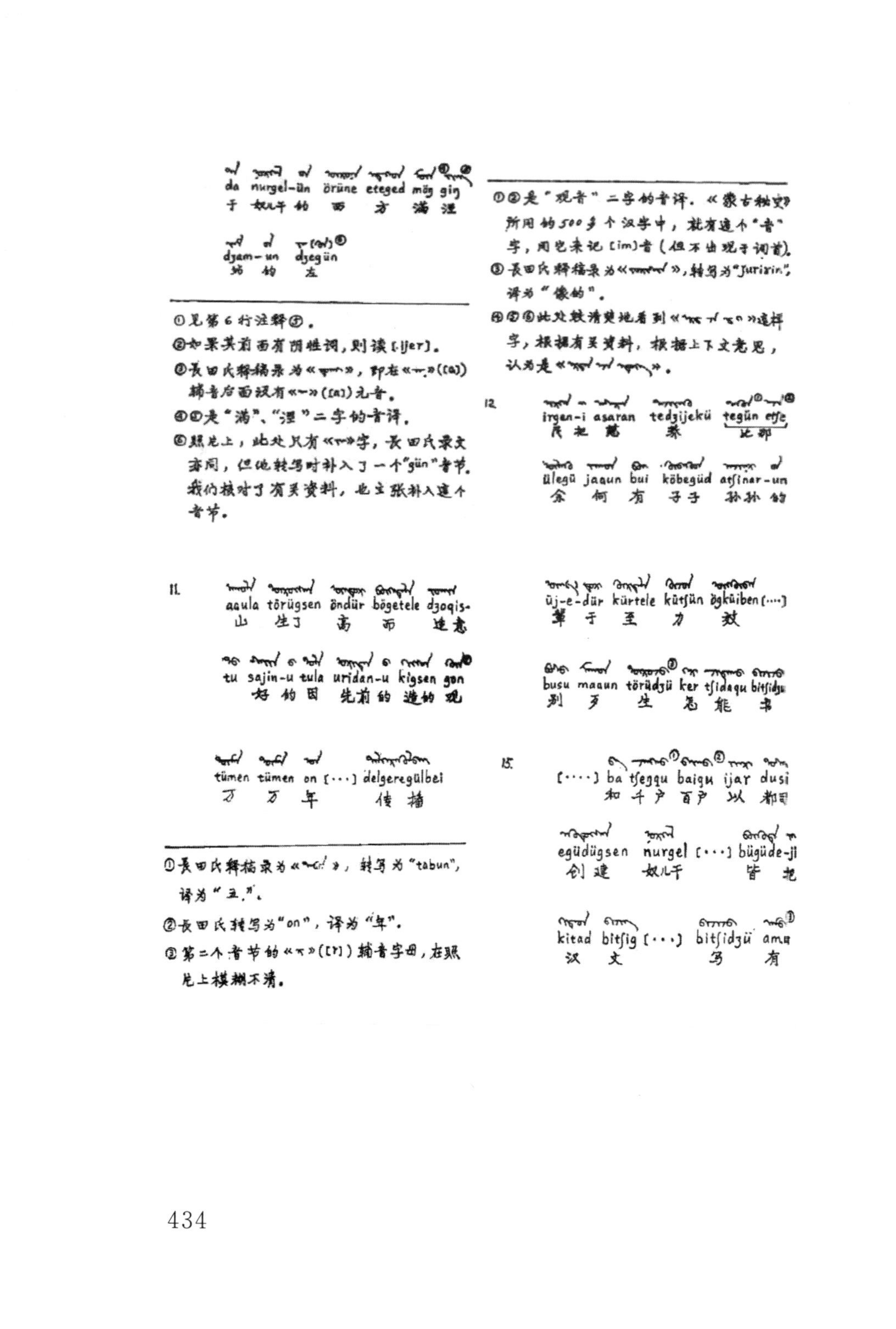

da nurgel-ün örüne eteged mög gin[1][2]
于 奴儿干 的 西 方 满 泾

djam-un djegün[3]
站 的 左

①见第6行注释⑤。

②如果其前面有阴性词，则读[-ijer]。

③长田氏释稿录为«[illegible]»，即在«[illegible]»([a])辅音后面没有«[illegible]»([a])元音。

④⑤是“满”、“泾”二字的音译。

⑥照片上，此处只有«[illegible]»字，长田氏录文亦同，但他转写时补入了一个“gün”音节。我们核对了有关资料，也主张补入这个音节。

11. aaula törügsen öndür bögetele dʒoqis-
山 生了 高 而 适意

tu sajin-u tula uridan-u kigsen gon[1]
好 的 因 先前 的 造 的 观

tümen tümen on[2] [···] delgeregülbei
万 万 年 传 播

①长田氏释稿录为«[illegible]»，转写为“tabun”，译为“五”。

②长田氏转写为“on”，译为“年”。

③第二个音节的«[illegible]»([ɣ])辅音字母，在照片上模糊不清。

①②是“观音”二字的音译。《蒙古秘史》所用的500多个汉字中，就有这个“音”字，用它来记[im]音(但不出现于词首)。

③长田氏释稿录为«[illegible]»，转写为“Jurixin”，译为“像的”。

④⑤⑥此处能清楚地看到«[illegible]»这样字，根据有关资料，根据上下文意思，认为是«[illegible]»。

12. irgen-i asaran tedʒijekü tegün[1] etʃe[2]
民 把 慈 养 比 那

ülegü jaaun bui köbegüd atʃinar-un
余 何 有 子子 孙孙 的

üj-e-dür kürtele kütʃün ögküiben(····)
辈 于 至 力 效

busu maaun törüdʒü[3] ker tʃidaqu bitʃidgü
别 歹 生 怎 能 书

15. [····] ba tʃeggu[1] baiqu[2] ijar dusi
和 千户 百户 以 都司

egüdügsen nurgel [···] bügüde-ji
创 建 奴儿干 皆 把

kitad bitʃig [···] bitʃidʒü amu[1]
汉 文 写 有

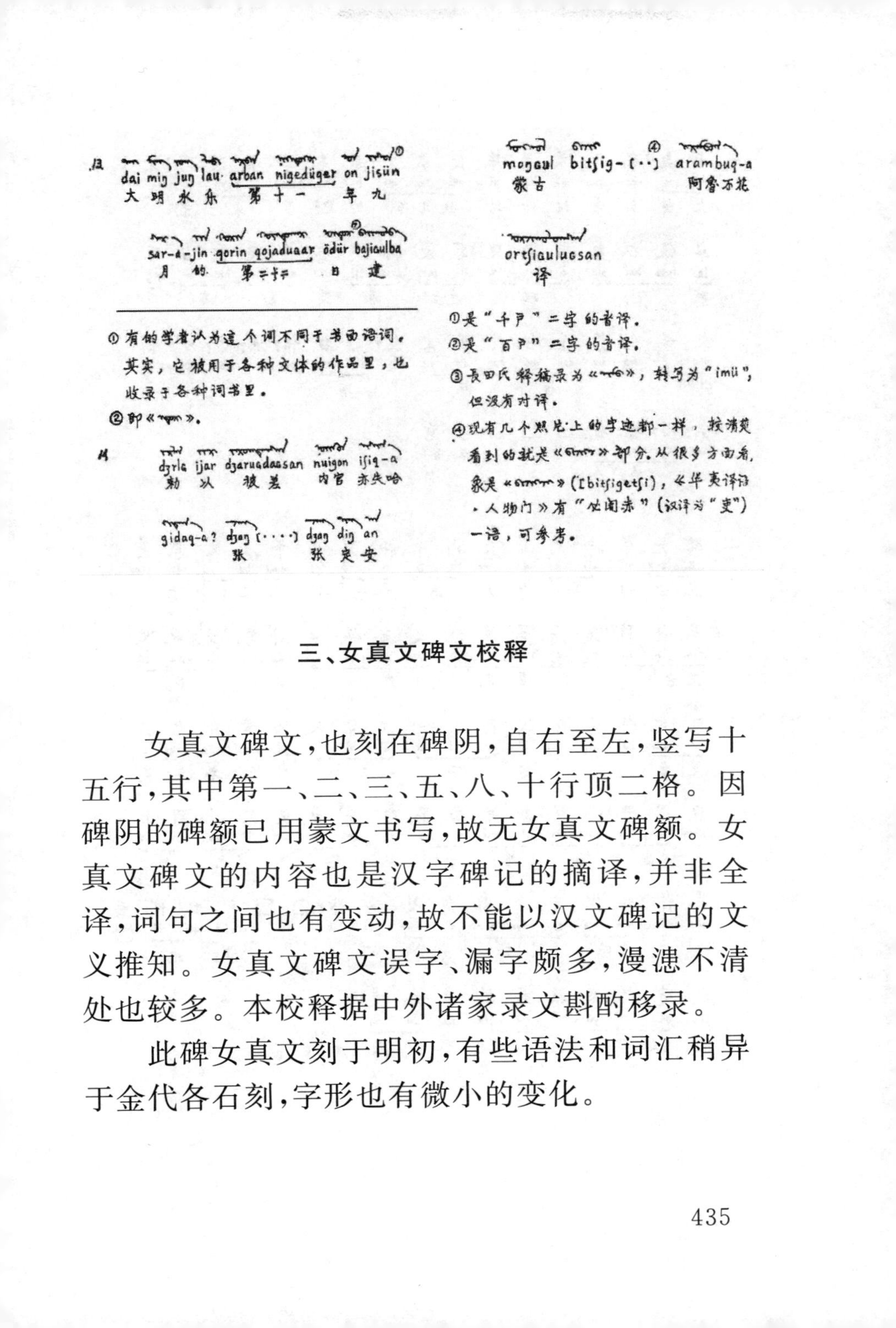

13 dai miŋ juŋ lau arban nigedüger on jisün[①]

大 明 永 乐 第 十 一 年 九

sar-a-jin qorin qojaduaar ödür bajiaulba[②]

月 的 第二十二 日 建

① 有的学者认为这个词不同于书面语词。其实，它被用于各种文体的作品里，也收录于各种词书里。

② 即«…»。

14 dʒrla ijar dʒaruadaasan nuigon iʃiq-a

敕 以 被差 内官 亦失哈

gidaq-a? dʒaŋ (····) dʒaŋ diŋ an

张 张 定 安

mongul bitʃig-(··) [④] arambuq-a

蒙古 阿鲁不花

ortʃiaulugsan

译

①是“千户”二字的音译。

②是“百户”二字的音译。

③长田氏释稿录为«…»，转写为“imü”，但没有对译。

④现有几个照片上的字迹都一样，较清楚看到的就是«…»部分。从很多方面看，象是«…»(ɪbitʃigetʃi)，《华夷译语·人物门》有“必阇赤”（汉译为“吏”）一语，可参考。

三、女真文碑文校释

女真文碑文，也刻在碑阴，自右至左，竖写十五行，其中第一、二、三、五、八、十行顶二格。因碑阴的碑额已用蒙文书写，故无女真文碑额。女真文碑文的内容也是汉字碑记的摘译，并非全译，词句之间也有变动，故不能以汉文碑记的文义推知。女真文碑文误字、漏字颇多，漫漶不清处也较多。本校释据中外诸家录文斟酌移录。

此碑女真文刻于明初，有些语法和词汇稍异于金代各石刻，字形也有微小的变化。

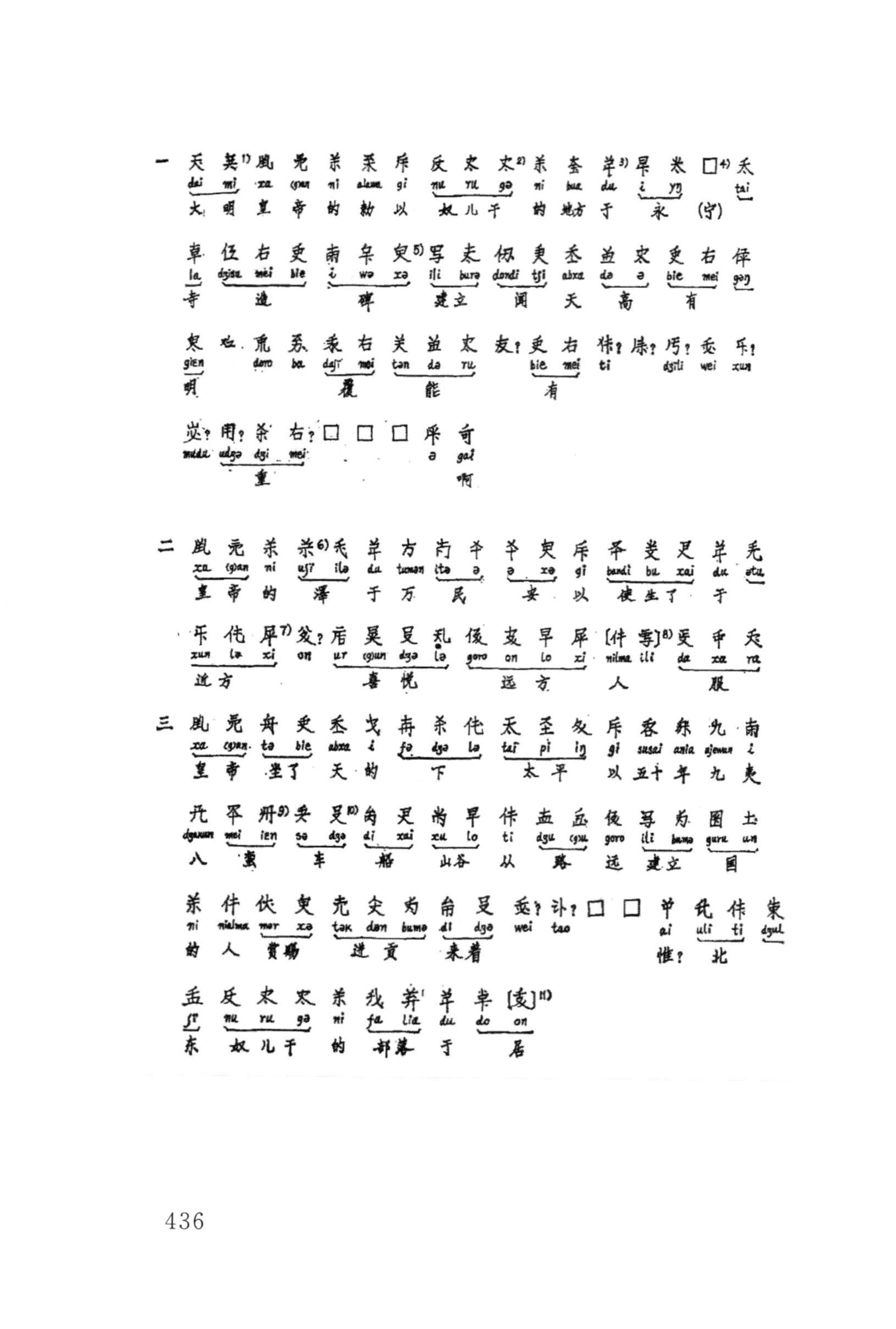

一

dai mi xa ɕan ni alawa gi nu ru gə ni ba du i yŋ tai
大 明 皇 帝 的 敕 以 奴儿干 的 地方 于 永 (宁)

la dʒisu mei bie i wə xə ili bure dondi tʃi abxa də ə bie mei gəŋ
寺 造 碑 建立 闻 天 高 有

gien doro ba daʃi mei tan də ru bie mei ti dʒili wei xun
明 覆 能 有

mudu udʒə dʒi mei ə gai
重 啊

二

xa ɕan ni uʃi ilə du tumən itə ə ə xə gi bandi bu xai du ətu
皇 帝 的 泽 于 万 民 安 以 使 生 了 于

xun lə xi on ur ɕun dʒə lə goro on lo xi niłma ili da xa ra
近 方 喜悦 远 方 人 服

三

xa ɕan tə bie abxa i fə dʒə lə tai pi iŋ gi susai ania ujewun i
皇 帝 坐 了 天 的 下 太 平 以 五 十 年 九 夷

dʒakun mei ien sə dʒə di xai xu lo ti dʒu ɕu goro ili bumə guru un
八 蛮 车 船 山谷 从 路 远 建立 国

ni niałma mər xə tak dən bumə di dʒə wei tao ai uli ti dʒul
的 人 赏赐 进贡 来着 惟? 北

ʃi nu ru gə ni fa lia du do on
东 奴 儿 干 的 部落 于 居

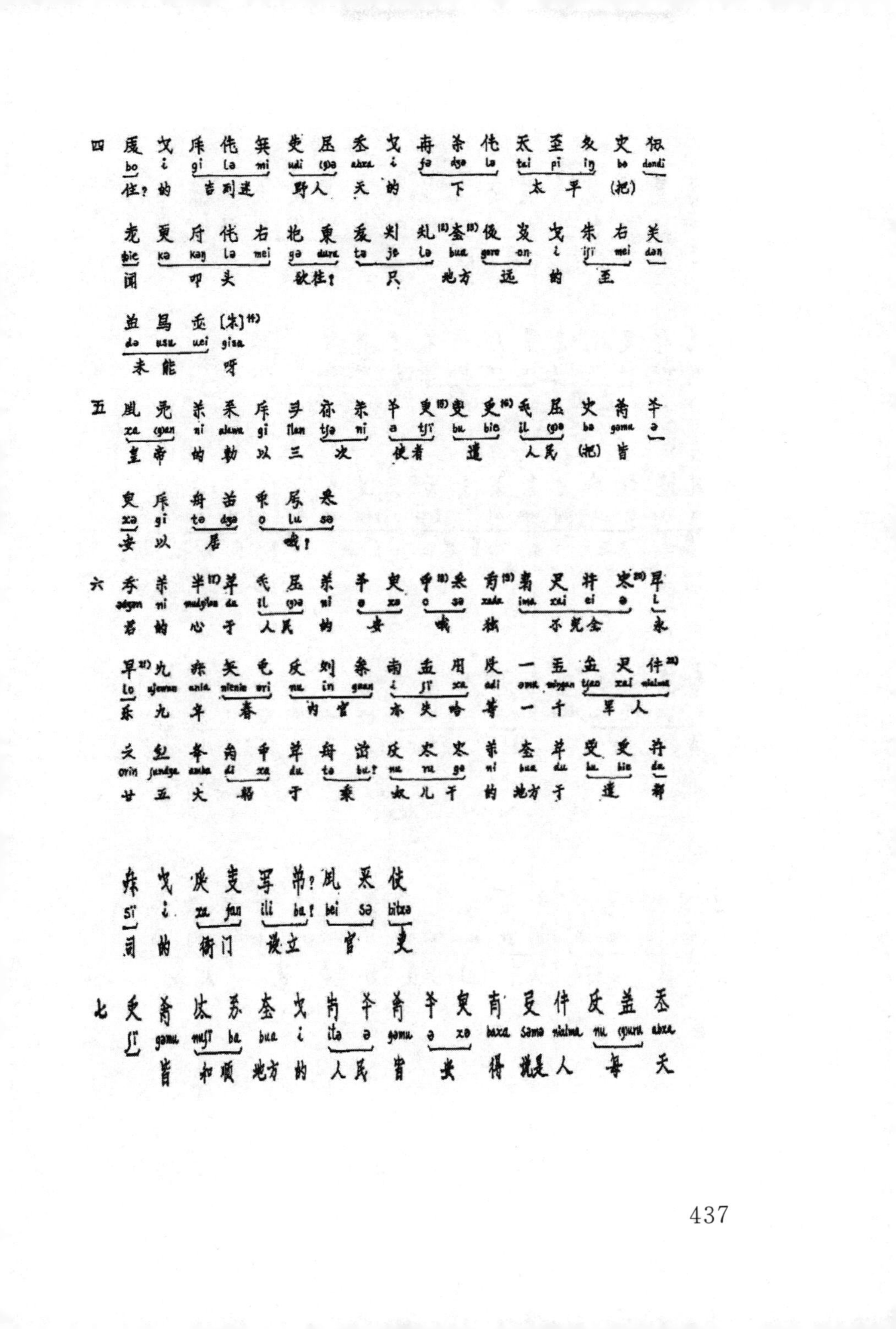

四 bo i gi lə mi udi (ŋ)ə abxa i fə dʒə lə tai pi iŋ bə dondi
住？的 吉刺迷 野人 天 的 下 太平 (把)

bie kə kaŋ lə mei gə dura ta je lə[12] bua[13] gere on i iʃi mei dan
闻 叩头 欲住？ 只 地方 远 的 至

də usu uei gisa[14]
未能 呀

五 xa (ŋ)an ni alawa gi ilan tʃə ni a tʃi[15] bu bie[16] il (ŋ)ə bə gəmu ə
皇帝 的 勅 以 三 次 使者 遣 人民 (把) 皆

xə gi to dʒə o lu sə
安 以 居 哦！

六 ədʒən ni mudʒilan[17] də il (ŋ)ə ni ə xə o[18] sə xada[19] ima xai ei ə[20] i
君 的 心 于 人民 的 安 哦 牢 不見全 永

lo[21] ujewun ania nitʃun əri nu in guan i ʃi xa adi əmu minggan tʃao xai nialma[22]
乐 九 年 春 内官 亦失哈 等 一 千 军人

orin sundʒa amba di xa du tə bu? nu ru gə ni bua du bu bie da
廿 五 大 船 于 乘 奴儿干 的 地方 于 遣 都

ʃi i xa fan ili bu? bei sə bitxə
司 的 衙门 设立 官 吏

七 ʃi gəmu muʃi ba bua i ilə ə gəmu ə xə baxa səmə nialma nu (ŋ)uru abxa
皆 和顺 地方 的 人民 皆 安 得 说是人 每 天

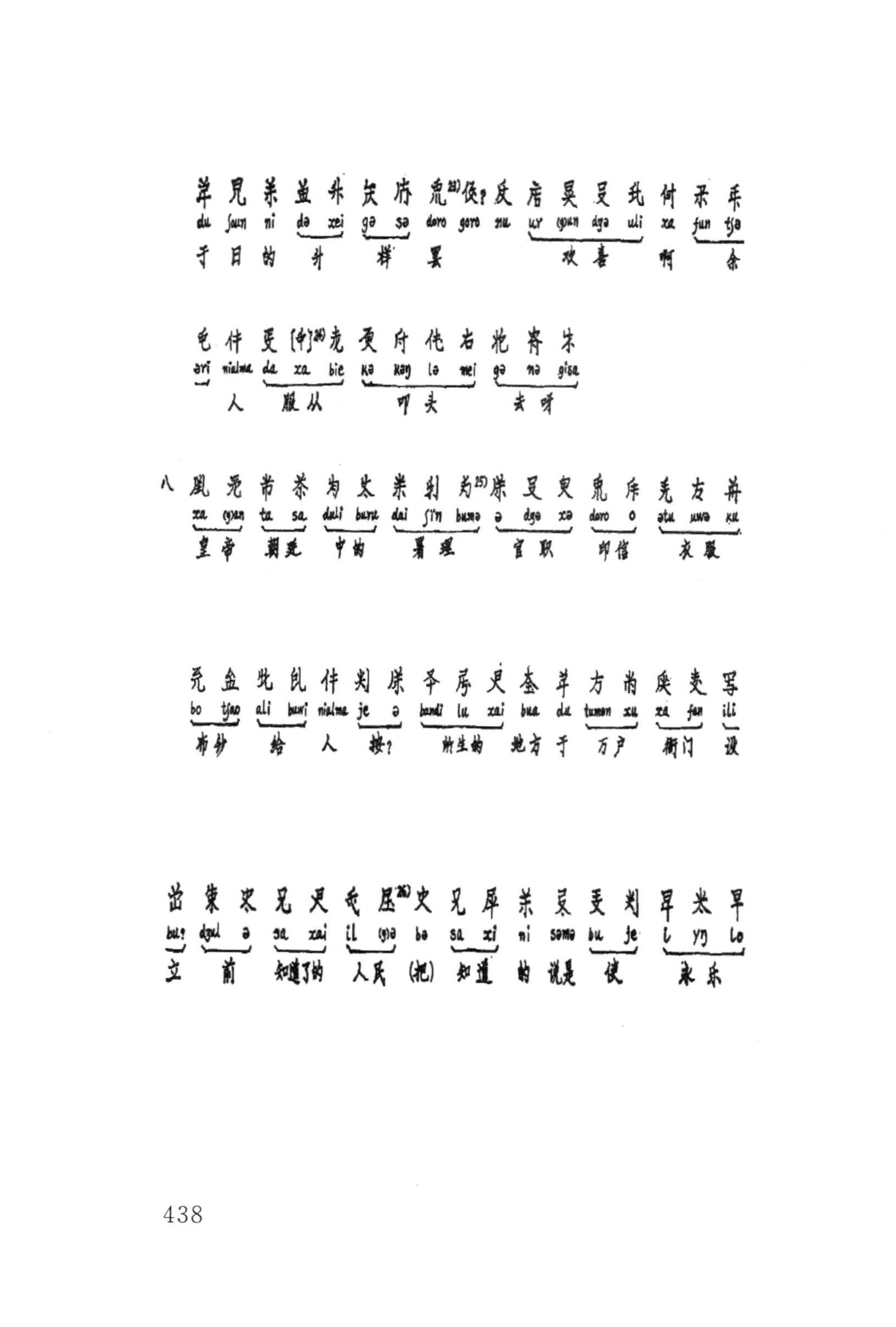

du ʃun ni də xei gə sə doro gəro[23] nu ur (ɡ)un dgə uli xa fun tjə

于 日 的 斗 样 礼 欢喜 啊 余

əri nialma da xa [中][24] bie kə kaŋ lə mei gə nə gisa

人 服从 叩头 去呀

八 xa (ɡ)an ta sa duli buru dai ʃi'n bumə[25] ə dgə xə doro o ətu uwə ku

皇帝 朝廷 中的 署理 官职 印信 衣服

bo tjao ali buwi nialma je ə bandi lu xai bua du tumən xu xa fan ili

布钞 给 人 接? 所生的 地方 于 万户 衙门 设

bu? dgul ə sa xai il (ɡ)ə[26] bə sa xi ni səmə bu je l yŋ lo

立 前 知道了的 人民 (把) 知道 的 说是 使 永乐

千 秝 冬 毛 反 刘 泰 南
dgua ania tuwe əri nu in guan i
十 年 冬 内官 亦

九 盂 甶 反 苏 叟 乑 灵 秝[27] 卉 犀 反 尗 宋 羊 朱 帯 玄
ʃɪ xa adi ba bu bie xai sɪ du xi nu ru gə da lʃɪ ta la
头 哈 等 (把) 遣 海西 由 奴儿干 于 直到

疯 乇 关 休 犀 苘 南 反 汞 仓 仵 羊 壳 卉 金 帯 岸
mədə əri tu li xi ku i adi xaxa xəxə nialma du atu ku bai ta gə
海 外 苦夷 等 男 女 人 于 衣服 器物

奂 刘 史 兆 苏 吝 夭[28] 盂 罡 爷 夅 斋 □[29] 盾 吴 右 叐
uli in ba ali ba sak dai ʃɪ xa amba oso gəmu ur ɕun mei da
钱财 (把) 给 老 少 大 小 皆 欢喜 服

申 羊 □ [斉 佧 矩] 帇 刘
xa du atʃɪ nialma udi ai in
从 于

十 [凤 兎][30] 并 文 土 斥 土 丬 攵[31] 乇 刘 并 乎 斥 禾 卓 夫
xa ɕan ni muŋgu un antʃu un ei i xatʃɪ in ni ltʃə gi tai ra ra
皇帝 的 银 金 财物 的 新? 以 寺 造

龙 銮 戈 肖 斧 戈 尿 [吴] 臾 [丬 宋] 叐 史[32] 丰 乇 犬 丬
bie bua i ita ə i ʃəm ɕan xə ei ə bu ru jo əri buru ei
地方 的 人民 的 不寒 亦 不饥

宋 斉 苘 羊 来 犀 并[33] 叉 旱 米 早 千 一 秝 孔 乇 反
ə gəmu sai du tu xi ni səmə i ŋ lo dgua əmu ania boro əri nu
皆 善 于 归 说是 永乐 十 一 年 秋 奴

尗 宋 并 叓 佬 金 彔 亐 并
ru gə ni fəri lə man giŋ dgan ni
儿干 的 西 满泾站 的

十一 灵 □[34] 盂 美 羊 [乜][35] 兆 刘 冬 序 灵 益 宋 叓 右 反 益
xai su? ər gə du ta ali in bəndi lu xai də ə bie mei nu ɕuru
左 方 于 其 山 生的 高 有 而

苘 庐 束 宋 条 未 帯 岸 史 [辰 史][36] 禾 卓 任 右 奂 炙
sai so dgul ə guan in ta aŋ bə xala bie tai ra dgisu mei futiçi ra
美丽 前 观音堂 (把) 改 寺 建 佛 做

bie gero on atu xun i nialma xa xaŋ la mei dʒu ɕ(j)u ta gisa nialma ur

远 迹 的 人 叩 头 尊 敬 呀 人 欢

ɕ(j)un ə xa doro sila do xi

喜 安 乐 罢 自 古

十二 sox dʒa? du u ta la il ɕ(j)a bə dʒi la mei ʒdʒə dʒi ɕu [37] □ □

于 许 多 人 民 (把) 怜 悯 重 视？

gə sə ai dʒai omo lo i dʒal la do iʃi [38] da xa bie xu sun bu

样 子 孙 之 世 于 到 服 从 尽 力

ɕu bə guai y dʒo ə mei wan don da ɕu gi bie xa ili bu gisa

(把) 非 思 想 怎 能 以 有 啊 建 立 呀

tumən ania do dʒo bəra fojo lu [39]

万 年 于 思 念 的 刊 刻

十三 dai mi iŋ i ɕŋ lo dʒua əmu ania ujewun bia dʒo dʒuɕ dʒo [40] inəŋgi ili

大 明 永 乐 十 一 年 九 月 二 十 二 日 立

十四 nu in guan i ʃi xa [41] dʒa də ʃiŋ dʒa aŋ tuŋ r dʒa

内 官 亦 失 哈 札？答 申？ 张 童 儿 张

aŋ di in ya

张 定 安

十五 □ i du dʒi xui tʃien bai xu nu ɕu gə du ʃi ɕa xai nialma i

的 都 指 挥 千 百 户 奴 儿 干 都 司 写 字 的 人 的

㚢 㚣 㸓 压 佚 芈 夬 𡰪 叓 乇 盍 糺[12] 佚 夬 𡰪 件 弃
gə bu sura xan bitxə du ra xai bie ə dʒu ʃə bitxə ra xai niaima lia
名 汉文 于 写的 有 女真 文 写字的 人

㞭 攴 𦬁 盍 糺 府 屵 芃
au daŋ ni dʒu ʃə kaŋ aŋ ŋa
辽东 的 女真 康安

---

1) 应作"天吳夂"dai mi-iŋ，为"大明"的译音，原缺"夂"字，参见第十三行。

2) 据女真字"奴儿干"的音是 murugə，元代称"奴儿干"正作"弩儿哥"，见《元文类》卷四一。

3) 金代女真文各碑中，女真语词皆按元音和谐规律，名词后的后置词也随着名词的元音阴阳性变化，即阳性音后用"𠂔"do，阴性音后用"芈"du。此碑文不论阴性、阳性，都用"芈"（并将"芈"写成"芈"），与满文不分阴、阳性，音后之后置词皆用阴性音者相同。

4) 永宁寺之"宁"字，拼法似应为"𦬁夂"ni-iŋ（参见《女真译语·来文》中"剌真卫野人头目宁加"之"宁"），本碑文此处仅一字，且漫漶不清，不敢妄拟，故暂缺。

5) 此三字义为"碑"。卤即南字，此碑文凡"卤"皆作"卤"。

6) 此与满语 usixən 相当，义为"湿润"。

7) "先乐"，义为"远"，"先乐仡犀"，义为"远方"，与"佽关"（本碑"关"都作"亥"）goro on 为"远"，"佽关犀犀"goro on lo xi 为"远方"，係相对语，对照碑阳汉文，意义很明显。

8) 此二字，罗福成《明奴儿干永宁寺碑女真国书图释》（《满洲学报》1937年第五期）及罗福颐《满洲金石志》（1937年）卷六（以下略称罗氏）作"盍𡰪"，长田夏树《奴儿干永宁寺碑蒙古文女真文释稿》（见《东洋学论丛（石滨先生古稀记念）》，以下略称长田）、安马弥一郎《女真文金石志稿》（以下略称安马）作"□𡰪"（所据皆内藤藏拓本），文义上讲不通，疑当作"件𡰪"。

9) 罗氏作"先由疌压册"，长田作"厍□夬乎冉"、罗福成第五字作"冄"，安马前四字均缺，第五字也作"冄"。然细考录文及碑影似应为"先南孔乎册"，即"九夷八蛮"。

10) 长田作"吳夂"，安马缺，罗氏作"关𡰪"，按《女真译语·器用门》，"串"作"㕞𡰪"sə dʒə，"关𡰪"亦读sə dʒə，女真文同音字可互用，对照汉文碑意，故依罗氏。

11) 此字不甚清楚，按文义似为"居住"之义。

12) 此三字为满语 taila（义为"只"）的相对语。"𠘧"字，录文中多作"𠘧"，唯安马作"𠘧"。按《女真译语》此字都作"𠘧"，本碑女真字碑文中，凡有"、"的字多省略，作"𠘧"不误，从安马。

13) 此字罗氏作"全"，长田作"金"，安马缺。按"全"、"金"bai 即"有"，疑误，因下文有"佽关"goro on，审其文义当係"𡗗"字无疑。

14) 罗氏作"床"ba，安马作囯，长田作"厍"o，疑当作"𣎳"giaa。此为感叹词，相当于汉文的"呀"，常出现在句的末尾，参考《女真语言文字研究》（《内蒙古大学学报》1964年第1期，378页）。但也有"床"的可能，故加方括号，以示区别。

15) 此二字见于《女真译语·杂字·人事门》，满语 altʃin，义为"使者"，"芈叓叓叓"，义为遣使。

16) 本应作"叓叓"，本碑"叓"字多写成"叓"。又此词在本碑文中又见于第六行、第九行。长田于此行注音 bu bie，于六行、九行又注音 uŋgi bi，非是。满语 bombi，义虽为"给"或"与"，但也可作"使"字解。

17) "㸓"，《女真译语·身体门》作"𡭔"。

18) "𠀉"，《大金得胜陀颂》作"㝉"，"北青碑"作"𠀉"，应有"、"，但本碑中凡有"、"之字多略去，並非误写，姑存原状。

19) 此字可能是满语 gakda 的同义字，义为"独"，本是名词，但满文名词与形容词可以互用。

20) 满语 imata，义为"完全"，若加女真文否定助动词"拌忒"（见《女真语言文字研究》314页），则为"不完全"，係对译汉字碑文"未善"二字。

21) "早早"，应作"早米早" i-yŋ lo，係"永乐"二字的译音，原缺中间的"米"字。参见第八、十、十三各行"永乐"二字译文。又本碑"早"、"早"都作"早"、"早"。

22) 長田作"斥"，细审碑影似为"仟"，即"人"。对照汉字碑文"官军一千余人"文义正合。

23) "羌" doro，感叹词"哭"、"呵"之意，参见《内蒙古大学学报》1964年第1期，378页。

24) 罗氏作"包"，長田、安馬缺，由前后二字看，此字似应作"中"。

25) 此三字相当于满文的 daisalabuma，义为"署理"。

26) "使知遣前知道了的人民"句，意思是"使统率田部"。

27) 《女真译语·来文》"海西"作"足丢" xai çi，此碑作"足赤" xai si，長田作"足府" xai tsɿ。"赤"与"府"字音相近，女真字译写汉音无一定字，音近即可。

28) 《女真译语·杂字·通用门》女真字作"岳天"，注音作"撒剌大"。按《金史·国语解》："撒答，老人之称"，则其音不能为"撒剌大" salada 可知。宜从满语作 saxdai。

29) 罗氏作"爷"，長田缺，或为"爷"字，意亦可解。此处暂缺。

30) 碑面字迹漫漶不清，从痕头看，可能是"风光"二字。

31) 長田作"受"，罗氏作"戈"，从罗氏。

32) 此二字可能是《女真译语》和《得胜陀颂碑》里的"更足" bu ru，义为"亦"或"并"。女真语词中常有用同音字代替的现象。

33) 此三字可能就是满语中的 tuxen，义为"如"。

34) 此字模糊不清，诸氏录文均缺。对照汉字碑文，当为"左"。

35) 罗氏作"丹"，安馬、長田缺。细核碑影似为"乜"。

36) 此二字罗氏作"夹乜"，長田作"送乜"，疑为"压史"，对照汉字碑文，文理始通。

37) 此三字相当于满语的 udgolambi，义为"重修"。"用"音"兀者" udgə，不音"兀"u，"杀"是助动词，表示连续动作。

38) 此字诸家录文不同，疑为"受"字。

39) 此二字可能就是满语中的 folo，义为"刊刻"。

40) 此字漫漶不清，从蒙古文字碑文中知为"二"字，故应作"二"。

41) 这是"亦失哈"与"张童儿"之间的另一个内官的名字，女真文此处字迹不清。

42) 《女真译语·杂字·人物门》"女真"作"负坚"，音"朱先"。此碑作"盍乱"，足证女真字碑文用字不一定与《译语》相合，只要音近即可代用。

女真文碑记汉译

大明皇帝敕于奴儿干地方建立永宁寺碑

盖闻天高明（故）能覆，[地厚]重[故能载]。一皇帝之泽致万民生活于安乐，[故]近者悦[而]远人服。二皇帝御宇以来，天下太平五十年矣。九夷八蛮，边远部落之人，自山谷，籍舟车，为赏赉，进贡而来者[甚多]。唯居于东北部落之[三]吉列迷、野人，闻天下太平，[欲往]叩首，只以路远未能至。[四]皇帝敕三次遣使，使人民皆安居乐业。[五]君心尤以为人民安乐而未臻至善。永乐九年春，遣内官亦失哈等，率官军千人，乘巨船二十五艘，于奴儿干地方设立都司衙门。官吏[六]皆和顺，地方人民皆得安乐。人每如升天般欢喜。[所]余人众[咸]叩头归服。[七]皇帝授以朝廷之官爵印信，给以衣服布钞。按土著地方设立万户衙门，使统率旧部人民。

永乐十年冬，遣内官[八]亦失哈，由海西直达奴儿干及海外苦夷等处，赐男妇以衣服、器用、财物，老幼大小咸欢欣归服。[九][皇帝]以金银财物建寺。[俾]地方人民不寒不饥，皆归于善。永乐十一年秋，于奴儿干西方，满泾站之[一○]左，其山高而秀丽，改旧有之观音堂，建寺塑佛。远近之人，叩头展敬，人[咸]欢喜安乐。自古[一一]以来，[未有]珍恤群黎如此者。至[吾]子孙之世，岂能不臣服效力而持异意哉！[故]刻石立碑，[以]垂万年之思。[一二]

大明永乐十一年九月二十二日[一三]内官：亦失哈、[扎答申]、张童儿、张定安。[一四][其]都指挥、千百户、奴儿干都司诸官员之名字，载于汉文。女真文书写人：辽东女真康安[一五]

四、碑侧四体文字注音

《永宁寺记》碑的左右两侧，各刻有佛教的“六字真言”。这四体字的“六字真言”，分作两行。每行又分上下两段。左上用汉字，左下用蒙古字，右上用藏字，右下用女真字。镌刻四体字附释音如下：汉文 藏文蒙文女真文

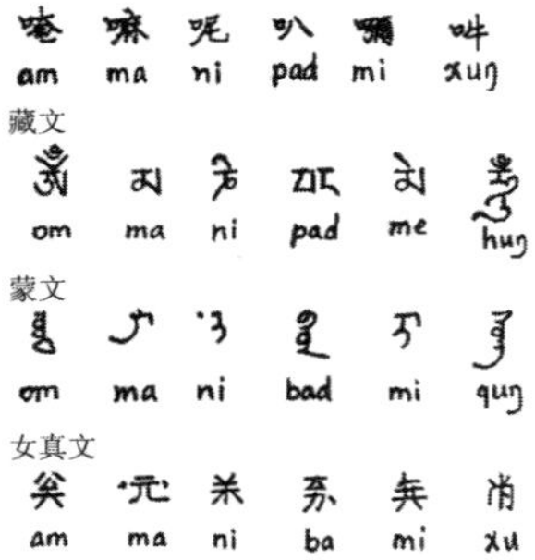

贰《重建永宁寺记》校释

《重建永宁寺记》撰刻于明宣德八年（1433年），碑高 207 厘米，宽 122 厘米。正面额题汉文“重建永宁寺记”，碑文竖刻，凡三十行，正书，行四十四字。一行低一格，四、七、八、十、十一、十二、十四、十五、十七行顶一格。二十二行至三十行载职官姓名，字体较小。碑阴和碑侧没有镌刻

他种文字。

碑文校释体例与《永宁寺记》同。

重建永宁寺[碑记]一

惟天之高覆，四时行，万物生焉；地之厚载，二气合，万物育焉；圣人之至德，五常明，万姓归焉。故尧舜仁昭而□□二□□所化□，无为而治，后世□闻□者，恭维我三圣朝布德施惠①，□而愈明，天下归服，隆盛久矣。是以蛮夷戎狄，闻风向化，而朝□贡者，络绎不绝。惟奴儿干国远□四□之表，道万余里，人有女直或②野人、吉列迷、苦夷。非重译莫晓其言，非威武莫服其心，非乘舟难至其地，非□□五难处其居。风俗之异，弗能备举。洪武间，遣使至其国而未通。永乐中，六上命内官亦失哈等，□锐驾大航，五至其国，抚谕慰安，设奴儿干都司，其官僚抚恤，斯民归化，遂捕海青方物朝贡。七上嘉其来，赐爵给赏，劳慰还之。朝廷尤③虑未善，更命造寺，使柔化之。十一年秋，择地满泾之左，创寺塑佛，曰永宁八寺。国民

---

① 《满洲金石志》(以下简称《志》)在“朝”字上空两格，《满洲金石志稿》(以下简称《志稿》)不留空格，俱与原碑疑式不符。按本碑凡遇“圣朝”“皇上”等字，皆提行写，并高出一格(永乐碑则高出两格)。此行顶头一字为“圣”，尚可辨识。“惠”字亦然，诸本未录，今补入。

② “女真或”三字，诸录本皆缺。经放大细核，此三字碑面处斑剥较甚，然字迹犹存。

③ “尤”字疑系“犹”字之误刻，或与“犹”字通。

仰观，忻然皆曰：“我地亘古以来，未□有此□□也！”宣德初，复遣太监亦失哈部众再至。以当念九圣天子与一〇天同，明如日月，仁德之大，恩泽之渥，谕抚之其民悦服。且整饰佛寺，大会而还。

七年，一一上命太监亦失哈同都指挥康政，率官军二千，巨航五十再至。民皆如故，独永宁寺破毁，基址存焉。究□之，其□人一二吉列迷毁，寺者，皆悚惧战慄，忧之以戳。而太监亦失哈等一三皇上好生柔远之意，特加宽恕。斯民谒者，仍宴以酒，给以布物，愈抚恤。于是人民老少，踊跃欢忻，咸啧啧曰：一四“天朝有仁德之君，乃有贤良之佐，我属无患矣。”时众议西郭[仍]建原寺[1]，敢不复治。遂委官重造，命工塑佛，不劳而毕。一五华丽典雅，优胜于先。国人无远近，皆来顿首，谢曰：“我等臣服，永无疑矣。”以斯观之，此我一六圣朝聪明德博，道高尧舜，存心于天下，加惠于穷民，使八方四裔，多士万姓，无一饥寒者。其太监亦失哈、都指挥康一七政尤能宽仁厚恕，政治普化，服安蛮夷。[懿欤]尚矣！伟欤懋哉！正谓圣主布德施惠，非求报于百姓也。郊望禘尝，非一八求报于鬼神也。山致其高，云雨起焉；水致其深，蛟

① “时众议西郭[仍]建原寺”句，诸录本于“西”以下作“□□建□□”。今细核处，“郭”、“原”、“寺”字迹犹可识辨，“仍”字依文意补人。

龙生焉；君子致其道德，而福禄归焉。是故有阴德必有阳报，有一九隐行必有昭名，此之谓也。故为文记万世不朽云二○

大明宣德八年葵丑岁季春朔日立二一

钦差都知监太监：亦失哈 御马监左少监：白金 内官：范桂、潘昂、阮落、阮蓝、阮通 给事中：□昂二二

辽东都司指挥：康政 指挥：高勗、崔源、高□、李□、杨龙、王□、王□……康福、徐监、……二三金宝、金振、崔越、刘三、□□、□□、丁振、杨越、刘□、王□…… 王胜、王宣、……二四高□、□□、马旺、黄督、马□……徐□、王达 太医院医士：吕谦……二五

□□等卫指挥：蒋旺、王□、□□、杨春、陆兴、……二六

海西□城等卫指挥：木塔兀哈、弗家奴、利希塔、木刀兀、李□马剌、□□木儿哈、……二七

……周美、□□、金海、王全……□英、□□通事：百户康安 书丹：鄜人张兟 吏：王□、□□□、□□、□成二八

画匠：□升、孙义 木匠：□成 石匠：□□、余海 泥水匠：□□ 铁匠：雷遇春……二九

[奴儿干]都指挥：康福、王肇舟、佟胜 经历：孙□ 吏：刘观三○

EMENDATIONS AND ANNOTATIONS ON THE MING DYNASTY STONE INSCRIPTIONS OF THE YUNG NING MONASTERY AT NU — ẼRH — KAN

by

Chung Min—yen and Others

In the last three years, some revisionists have alleged in a number of articles and books that the Heilungkiang(Amur) valley and the land to the east of the Ussuri River were first discovered by the Russians in the middle of the seventeenth crntury. They further claimed that prior to that these lands "had not belonged to China"and that nor were they "subject to anybody" or "inhabited by the Chinese". All these aresheer fabr—ication of history.

From very early times the Heilungkiang valley and the land to the east of the Ussuri River had always been Chinese territory. An indisputable testimony to this historical fact is borne by the Ming Dynasty stone inscriptions of the Yung Ning Monastery at Nu—êrh—kan 奴儿干. Of the two stone tablets found at the Yung Ning Monastery, one, entitled Dedication Inscription of the

Yung Ning Monastery 永宁寺记 and engraved in four languages—Han, Mongolian, Nü Chên 女真 and Tibetan, was erected in the eleventh year of the reign of Yung Lo 永乐(A,D. 1413) when the monastery was first founded at the site by the officials of the Ming court, The other, entitled Dedication Iscrip tion concerning the Rebuilding of the Yung Ning Monastery 重修永宁寺记 and engraved in the Han language, was erected in the eighth year of the reign of Hsüan Tê 宣德(A,D. 1433) at the time of its rubuilding. The texts of both inscriptions refer to the founding of the Nü—êrh—kan Commissariat 奴儿干都指挥使司 and the administration of the region within this twenty year span by the Imperial Commissioner Yi—shih—ha 亦失哈 and others. Among the hundred odd people listed at the end of both inscriptions are officials and commoners of both Han and other Chinese nationaities. All these bear an eloquent testimony to the fact that in the Ming Dynasty the region was governed by the Commissariat of Nü — êrh — kan, a regional administrative branch within the multi—national state of the Ming China.

Although the Ming Dynasty buildings of the monastery had long since disappeared, the two well — known stone tablets, which had stood at the site for nearly five hundred years, have become the subject of many Chinese and foreign accounts. In the twenty — eighth year of the reign of Kang Hsi 康熙 (A,D. 1689), Yang Pin 杨宾′s

Liu Pian Chi Lüeh 柳边记略 gave the earliest Chinese account of these inscriptions. He was followed by some nineteenth century foreign travellers who either mentioned or described these inscriptions in their writings. In 1885, when the region had already been annexed by the Czarist Russia for over twenty years, Ts'ao T'ing—chieh 曹廷杰, an official of the Ch'ing court, visited the site and saw the two tablets. With his own hands he mede rubbings of the inscriptions and had them published in the Chi Lin T'ung Chih 吉林通志 (Gazetteer of Chi Lin) in 1891. Since then, Chinese and Japanese scholars have mede repeated studies of the texts of these two inscriptions.

Availing themselves of the work of other schclars and of several sets of photographic reproductions and copied versions of the inscriptions, the authors have made a painstaking re—examiniation of these texts in three scripts (Han, Mongolian and Nü Chên) and succeeded in deciphering some hitherto unidentified characters and correcting the reading of other characters.

《黄金史纲》成书年代初探(论文提要)

《黄金史纲》是一部重要的蒙古史书，中外学者做过大量研究，但对其成书年代却始终未得出一致的结论。本文从某些方面对这个问题做了一些探讨，试图揭示其产生、演变及最后成书的过程。

在《黄金史纲》成书年代上，有数种不同的说法，如天启年间说、康熙八年以后说、1625 年说、1604 年说等。这些说法都是依据书中的某一线索而得出的。本文认为探讨其成书年代时，仅据一个线索是不行的，要解决这个问题，不仅应该注意书中的全部线索，还应该注意全书的结构、体例、文学风格和语言特点，并且应该注意该书以手抄本形式在蒙古地区流传的这一客观历史条件。

蒙古人逐水草而居的游牧生活不利于图书资料的保存，14—16 世纪的连年战乱又使不少图书毁于战火。期间只有少数著作经过几代人的传抄侥幸流传下来，成为以后史学家利用的资料和续写的基础。由于是以手抄本的形式流传的，在其成书以后的二、三百年里，后人的增删改易也在所难免。《黄金史纲》很可能有相同的经历，正因为如此，它才带有几个不同时代的痕迹，使得成书年代问题越发复杂化。因此在讨论其成书年代时，应该先剔除那些成书以后增加的东西，尽可能恢复其本来面目。

从《黄金史纲》(《qad_un undunsun quriyangγui altan tobCi》)见北京蒙古文书社1925年出版《Cinggis qaγan_u Cadiγ》第1—126页的结构与内容上看，有两大段文字是明显后加的。第一段从第5页第三行的“蒙古诸汗之祖始自成吉思汗”开始到第7页第一行的“第四十二代”为止，内容是从成吉思汗到布尔尼亲王的世系。这一段有很多破绽，首先是位置不对，它加成吉思汗祖先的世系之间，毫无道理地把脱罗豁勒真伯颜同他的儿子分开，把完整的一句话截成了两段。从时间上看也是后加的，因为书末所记的最后一件事是林丹汗即位(1604年)，而布尔尼是1669年才继承的亲王封爵。不同版本的对比也能说明这个问题。1858年噶拉僧·贡布耶夫喇嘛的刊本中，就没有这一段和结尾部分林丹汗之后有关喇嘛教的那几句。贡布耶夫依据的可能是另一种或许较早的抄本，这些都说明这一段是成书以后后人加进去的。

第二段从第59页至第62页,即从“忽必烈进驻大都”到“二百五十七年”。这一段也同前段一样,毫无道理地把妥欢帖木儿汗同毕力格图汗父子断开了。在时间年代上也有很多差错和前后矛盾之处。例如说天启在位二十六年,显然是把天启的七年同崇祯的十七年加到了一起,说明此段应该加于1648年以后。

由此观之,这两段都是后加的,都不能作为判断该书成书年代的依据。要考证其成书年代,首先应该注意的是书末的记述,其关键则是书末提到的那三个喇嘛。四世达赖回藏是1603年。迈达里胡图克图到蒙古地区掌教是1604年,与林丹汗即位同年。因此曼殊室利喇嘛到内蒙古的时间是个很重要的线索。如果这一段是该书原有的文字,那么这个时间就是该书的成书年代。如此段不是该书原有的文字,那么这个时间就可以确定该书成书年代的范围。遗憾的是曼殊室利喇嘛入蒙古时间尚不能确定。

本文认为《黄金史纲》成书于林丹汗即位到曼殊室利入蒙之间,但它不是某一个人在某一时刻写出来的,而是经过好几代人的若干次续写而成的。

《黄金史纲》从内容上可以分为三大部分。

第一部分是印度诸王和西藏诸王的世系;第二部分是成吉思汗祖先及其本人的事迹;第三部分是从窝阔台汗起到林丹汗为止三十五个汗的简史。第一部分的汗统西来说,始于十三世纪的八思巴喇嘛。其后沉积了三个世纪,到喇嘛教在蒙古地区复兴以后才又被人提起并逐渐流传开来。因此这一部分无疑是喇嘛教复兴后的东西。第二、第三部分则不然,除了成吉思汗即位和土默特阿拉坦汗以后的几段里有些佛教的东西外,很少有佛教的影响。所以,它们很可能是喇嘛教在蒙古地区复兴以前的作品,否则就会像《蒙古源流》一书一样,应该全书浸透喇嘛教的色彩。

《成吉思汗黄金史纲》(有人译为《成吉思汗金鉴》)的发现,不仅说明了上述的推测,还可以说明第二、第三部分也不是一个时代的作品。《成吉思汗黄金史纲》从也速该抢婚开始,一直到成吉思汗征西夏时病逝为止,绝大部分同《黄金史纲》的对应部分相同。研究过的人都说它比《黄金史纲》年代要早,有的学者认为《黄金史纲》的这一部分就是抄自《成吉思汗黄金史纲》。

本文认为《成吉思汗黄金史纲》一类的著作是《黄金史纲》的前身,《黄建史纲》就是在它的基础上经过几次续写而成的(有迹象表明成吉思汗以后三十五个汗的历史也是分几次续写的),连书名也是借用《成吉思汗黄金史纲》的，只是把“成吉思汗”一词换成了“诸汗源流”。

另外，书中一字异写的现象也可证明《黄金史纲》是续写而成的。书中从孛尔贴赤那开始到122页的库登汗为止，所有的“王”字都写作ong。如王罕(ong qan)与91、92、93、94页上的“毛豁里海王”(moqoliqai ong)，“诺颜博罗王”(noyan bolod ong)等。但自阿拉坦汗以后“王”字就写作wang了。如124页的顺义王写成sUi wang(šuni wang)。前面已证明是后加那两段里的“王”也都写作wang，如阿巴孩亲王(abaqai cin wang)、布尔尼亲王(burni cin wang)等。

在蒙古文中wang这一写法据说源于14世纪的搠思吉斡节儿，然而到16世纪末17世纪初才大量出现。这说明《黄金史纲》很大的一部分是十七世纪初以前的作品。

再如蒙古文köbegün与其中期蒙古语词kegüken在《黄金史纲》中这两种写法都有，如此等等。

由此本文认为《黄金史纲》的基础部分是出现较早的《成吉思汗黄金史纲》，成吉思汗以后诸汗的历史以及开头结尾有关佛教的部分，则是分若干次陆续写进去的。成书以后，传抄者又各有增删改易，使它出现了版本之异，变成今天所见的样子。

总而言之,《黄金史纲》是一部特殊的、来历复杂的书。它不是某一个人、某一时代的作品,而是在数百年间经过许多人的续写和传抄逐渐形成的。本人的目的就在于详细地揭示这一演变过程。

1983 年 10 月

那森柏先生短文辑录

内蒙古社会科学院　张双福　辑录

那森柏教授曾以主要编写人的身份为《民族词典》等一些辞书撰写了不少词条或短文，具有一定的科研成分和研究价值。但现在一时难以搜集齐全。在此将粗略编辑那森柏教授的部分手稿，分为《蒙古秘史》等文献部分辑录、《至元译语》等辞书部分辑录、有关文字和语言部分辑录等三部分，稍作整理辑录，放到先生《文集》中，以飨读者。实属挂一漏万，还望大家宽宥指正。

一、《蒙古秘史》等文献部分辑录之目录

1.1《蒙古秘史》、1.2《也松哥碑铭》、1.3《回鹘体蒙文孝经》、1.4《汉蒙往来文书》、1.5《三合语录》、1.6《蒙文启蒙》、1.7《蒙文诠释》、1.8《蒙文入门指南语饰》、1.9《阐示蒙文文法金鉴》

二、《至元译语》等辞书部分辑录之目录

2.1《至元译语》、2.2《华夷译语》、2.3《续增华夷译语》、2.4《北虏译语》、2.5《抹暗译语》、2.6《译语总汇》、2.7《御制满蒙文辞典》、2.8《千日之光》、2.9《三合便览》、2.10《蒙文指要》、2.11《蒙文总汇》、2.12《蒙文辑要》、2.13《蒙古文分类词典》

三、有关创制文字部分辑录之目录

3.1 八思巴、3.2 搠思吉斡节儿、3.3 札雅班智达、3.4 八思巴字、3.5 回鹘式蒙古文、3.6 蒙古文、3.7 阿礼噶礼字母、3.8 托忒文、3.9 满文和蒙古文的相互影响、3.10 索永布文、3.11 藏式蒙古文附“霍尔亦克”字、3.12 瓦金达喇文、3.13 蒙古语族、3.14 蒙古语、3.15 达斡尔语、3.16 土族语、3.17 保安语、3.18 东乡语、3.19 东部裕固语

一、《蒙古秘史》等文献部分辑录

1.1【蒙古秘史】

《蒙古秘史》，亦称《元朝秘史》，蒙古語寫成的歷史、文學巨著。本書原本以回鹘式蒙古文寫成，書名為《忙豁侖　紐察　脱卜察安》(Mongqol－un Niγuca Tobciyan)。《蒙古秘史》作者佚名。书后识“鼠儿年七月写毕”，对这一年份，虽然学界众说纷纭，但可以认为不是一次成书，而是经过续修。直言即是1228年之戊子、1240年之庚子分两次所作。而元世祖登基后又进行了适当的增损而成。《蒙古秘史》回鹘式蒙古文原文虽已散失，但在罗藏丹津(Lobsang－danjin)之《黄金史》(Altan－tobci)中还能找到其三分之二以上的佚文。《蒙古秘史》原本原藏于大朝内廷，後為明人所得，先以汉文译出大意。现存的《蒙古秘史》文本是明朝四夷馆的汉文本。明初，翰林侍讲火源洁等出于蒙文翻译教学之需，用汉字音写蒙古语原文，逐词傍注汉译，并分段作了节译，题名《元朝秘史》。《蒙古秘史》漢字音譯全文，学术界称之为“正文”，分282节；而后对蒙古语逐詞加以傍注，指出漢文詞義，称之为“傍译”；将原汉译文附於每一節之後，称之为“总译”。

《蒙古秘史》内容非常豐富。第一部分記錄苍狼白鹿至也速该的400余年的历史，即成吉思汗的族谱；第二部分记录了成吉思汗一生南征北战、远征欧洲，最终建立版图空前绝后的蒙古帝國的事迹。第三部分记录了成吉思汗的接班人元太宗窩闊台，巩固政權，扩充版图，四功四过。《蒙古秘史》如实反映了蒙古民族以及北方各部的生存斗争情况，因而具有非常高的史料價值。俄國蒙古学家符拉基米爾佐夫在《蒙古社会制度史》一書中評論說：《蒙古秘史》自由奔放地描繪出9—11世紀草原生活的圖像，為了解這一時期蒙古人生活的各個方面提供了極為豐富的資料。可以說，在中世紀，没有一个遊牧民族留下象《蒙古秘史》一樣，詳細地刻畫出草原生活的著作。当然此外，《蒙古秘史》中还保留了大量的蒙古語詞匯、語法，有很多韻文和文學手法的描寫，其文學價值也很高。

《蒙古秘史》是13世纪古蒙古语的典范，其中保存了大量的古词和古蒙古语特有的语法现象，如在傍译中标示了蒙古语数、格、时、态等语法形式。音写蒙古语的汉字比较准确地反映了当时蒙古语的辅音，形成了一套较为周密的音标体系。如，傍注小“中”“舌”字分别表示汉文没有的q和r音;小写“黑”、“克”、“惕”等字,分别表示辅音结尾的－q、－g、－d音。《蒙古秘史》的漢譯也很有特點,全文使用了元代官话即“白话文”。因而对深入研究元明時期的汉语白話及其語法特点,具有较高研究价值和资料价值。

《蒙古秘史》明初刻本分正集十卷和续集二卷,《永乐大典》收录本则分十五卷,所以现行本有十二卷本和十五卷本之分。十五卷本的《蒙古秘史》是清代鲍廷博從《永樂大典》中抄出,附有錢大昕所寫的跋文,故稱《錢本》,苏联曾影印出版了十五卷本《蒙古秘史》,为学术界研究提供便利。十二卷本《蒙古秘史》是由明刻本為底本,参照其他版本校勘而成,曾辑入《四部叢刊·三编史部》出版。后以重印或影印、抄本形式流传。1936年影印出版了《四部丛刊》本,是公认目前最好的版本。1908年《叶德辉版本》也很有名。

二十世紀以來,《蒙古秘史》的史料價值被國内外史家所認可,德國學者海涅士、俄國學者柯津、日本學者服部四郎、白鳥庫吉、小林高四郎、村上正二、蒙古学者达木丁苏荣、法國學者伯希和、匈牙利學者李蓋提、澳大利亞學者羅依果、中国学者額爾登泰、道潤梯步、亦鄰真等许多有志之士先後對《蒙古秘史》進行了翻譯和研究。

参考书目

1.《元朝秘史十五卷本》,东方文献出版社,莫斯科,1962 年。

2. 原山煌:《元朝秘史关系文献目录》,日本モンコル学会,东京,1978 年。

1.2【**也松哥碑铭**】

《也松哥碑铭》(yesüngge — yin košiyen-ü bicigesü),又称《成吉思汗石》。蒙古汗国时期,为成吉思汗之弟合撒儿次子也松哥而立。该碑发现自与额尔古纳河合流的乌尔龙贵河之上游分支哈尔黑喇溪水附近,于十九世纪移至尼布楚时已经毁为两段,1832 年转送彼得堡,现藏于圣彼得堡艾尔米塔济美术馆。石碑规格:高 202cm. 宽 74cm. 厚 22cm. 碑文共五行计 20 字。铭文是以回鹘式蒙古文写成。内容大意为:成吉思汗西征回回,得胜返朝。途经不花速赤孩之地,举行大聚会。竞技比赛中也松哥以射箭三百三十五庹(合 500 多米)中的夺冠。碑文第一行"成吉思汗"使用一级尊敬格,顶格书写;第四行"也松哥"使用二级尊敬格,空二格书写;第二行、第三行及第五行降五格书写。此碑无题识,不著年月。从内容推断当立于乙酉年(1225)秋冬。对研究蒙古族语言文字之历史具有重要价值。

1.3【回鹘体蒙文孝经】

《回鹘体蒙文孝经》，亦称汉蒙合璧《孝经》(takimdaγu nom)，早期蒙译典籍。[元]孛罗铁木児(bolod－temür)蒙译。孛罗铁木児又作波罗帖木児，曾任元朝中书省右丞之职。现存《孝经》成书于明洪武十五年(1382)出版，共计十八章，37页，稍有缺损。是研究中世蒙古语及蒙古文翻译史方面的重要文献之一。于大德十一年(1307)中书省刻板模印其所译进八思巴文《孝经》已佚，现存部分可能转译自八思巴文《孝经》。据刘若愚《明宫史·土集》所记，有内版书目“达达字《孝经》一本四十二页”。《回鹘体蒙文孝经》现藏于故宫博物院图书馆。此外，还能见到清代以降不同蒙译《孝经》多种抄本与版本。

1.4【汉蒙往来文书】

明庭与元裔往来文书，故以《汉蒙往来文书》(kitad mongγol－un qarilcaγan－u bicig)命名之。火源洁编，成书于明洪武年间(1368－

1398)。现存于涵芬楼秘笈第四集《华夷译语·下册》,收文十二件。1—5件为明庭下达元裔将官、宗教上层人物的诏敕,如:(1)《詔阿札失里》、(2)《勅僧亦鄰真臧卜》、(3)《诰文》、(4)《勅礼部行移應昌衛》、(5)《勅礼部行移安荅纳哈出》;6—12件为元裔将官呈上明庭的书状,如:(6)《撒蛮荅失里等书》、(7)《纳门驸马书》、(8)《脱児豁察児书》、(9)《失列门书》、(10)《捏怯来书·其一》、(11)《捏怯来书·其二》、(12)《囊加思千户状》。是书编写体例与《元朝秘史》相仿。第一行细书,将蒙古语逐字对译成汉文—“傍译”;第二行粗书读音;每句之下都有汉文原文—“总译”。该书以汉字标出蒙古语,它不仅是研究中世蒙古语和早期汉蒙翻译的珍贵资料,也是研究明代蒙古史的重要资料之一,在不折不扣地记载历史实情方面,较之《明实录》中的相关记载更为真实可靠。

1.5【三合语录】

《三合语录》(γurban jüil—ün üsüg qadamal bicigsen ügen—ü bicig),亦称《满蒙汉三合语录》,原为学习满文的教科书。线装书四册,清道光九年(1829)以满蒙汉三种文字编写,道光十年(1830)初版。其第一本封面书“道光十年新镌”,

“协办大学士富鉴定”，“板藏琉璃厂五云堂”字样。“协办大学士富”可能与富俊有关。所谓《三种文字》指满蒙汉文。但实际上是满汉两种文字，没有蒙古文。用满文标记了蒙古语的口语读音。任何事情都有两个方面。当时用满文标记的蒙古语的语音，对今天来说，为我们留下了研究蒙古语语音史的宝贵资料。

现将道光九年岁次己丑孟夏所写《三合语录·序》全文誊录如下：

“夫清语者，乃八旗之土音，溯自我朝定鼎以来，渐习汉语。嗣后八旗，生长京城，童习汉语。欲说清语，必须学习。乾隆年间，曾有智公讳信者，特编清语百条。言浅而明，意贯而該（赅），以教旗人，洵为便捷。无如书少，未能裨众。迨后仰蒙圣恩，特开翻译乡会科场。时有教读学馆，而蒙古翻译与蒙古语言，又不相同。因照智公百条清语，译出蒙文，质之御前行走正红旗满洲副都统巴林辅国公德勒克，条条按蒙古土语改正。近年文乡会试，中额加广，中后升途较速。又兼六部以及外省办事，多用汉文。于是习汉文者日多，习清文者日少，而教读满蒙师长学馆，亦属寥寥，无书焉学。吾辈均系蒙古旗人，不敢漠视。随（遂）将前书满洲蒙古话条，赘以汉语，三合缮写成编，付之枣梨，以裨后学云尔。”

《序》文毕后，直进教科书。教科书一开始，就用非常朴实的、拉家常似的口吻，说教学习自己民族语言文字的重要性与必要性：

“听见你如今念满洲书呢？很好！满洲话，是咱们头等要紧的事。就像汉人们各处各处的乡谈一样，不会使得么？

“是，可不是什么！我念了十年汉书，逢考都落空了。再若是不念满洲书，不学着翻译，两头都耽误了，可怎么样(办)！因此，我一则来瞧阿哥，二则还有求老阿哥的去处，只是怪难开口。”

《三合语录》，一方面揭示了满语消亡之路，另一方面，以满文标记蒙古语的语音，揭示了蒙古语言文字受到满语影响的客观事实。

1.6【蒙文启蒙】

《蒙文启蒙》(oγtarγui－yin mani)，全名为《蒙文启蒙·诠释正字苍天如意珠》(jirüken－ü tolta－yin tayilburi oγtarγui－yin mani)或《圣搠思吉斡节儿著蒙文启蒙·诠释正字苍天如意珠》。以蒙古语正字法为主的语法著作。一般认为成书于清雍正年间(1723－1735)，较准确的时间应为1728年左右，乌珠穆沁旗喇嘛、号为门蓝饶占巴丹津达克巴者(danjindagba)所著。丹津达格巴，生于安多地区，喇嘛出身，少小来到内蒙古乌珠穆沁旗弘法。他精通藏文与蒙古文，曾参加康熙年间审定出版蒙古文《大藏经》的工作。丹津达格巴在《蒙文启蒙》的序跋中写道："蒙古字说，搠思吉斡节児所言示《心蒂》(jirüken－ü tolta) 之演义为三：何时所出之根源、字之分别、字属五行。"交代当时写作背景，"乃奉雍正帝之旨，'蒙古之邦，喇嘛佛僧，行菩提道次'，""郡王洛桑喇西为首本旗达喇嘛以下学习菩提道之时，""依乌拉特固什诺门达赉、科尔沁台吉巴颜仓与喀喇沁额驸贡布扎布等人之提议而著述，由乌拉特固什诺门达赉、喀喇沁松对任书记员。"

丹津达格巴自述，写该著时，他曾参考贡嘎坚赞、八思巴、搠思吉斡节儿、贡嘎斡节儿(1604－1630)等曾编类似《蒙文启蒙》的语法著作。丹津达格巴所书《蒙文启蒙》全书，约有万言，由文字史、字法、语音归类等三部分组成。书中系统地阐述了蒙古文字母系统及其历史渊源，元音辅音的分类和组合，语词的格位、词类、词缀以及元音和谐律等问题，明确提出："集字以成词，集词以成语，集语以达意"的原理；主张语言文字平等，蒙文、藏文二者同等重要，不可偏废。是书集蒙古语早期语法研究之大成，成为 20 世纪以前蒙古语语法著作的典范。流传于世的版本很多，有刻板，也有抄本。

1.7 **【蒙文诠释】**

《蒙文诠释》(mongγol üsüg—ün bürin tayilburi)，亦称《蒙文全解》、《蒙语语法详解》。蒙古文语法著作之一。19 世纪蒙古族学者嘎拉桑编著，八册，约十万字。全书对蒙文字母的笔画结构、连接规则、外来语拼写规则、正音正字法规则及蒙古语形态学、对偶词等问题作了详尽的描述和解释。1835 年和 1837 年的北京嵩祝寺印本和 1847 年重版均已佚。内蒙古历史语言文学所编《蒙语语法详解》，是以内蒙古自治区图书馆抄本为依据，由内蒙古人民出版社于 1981 年出版。作者系内蒙古土默特部人，著名的语言学家、教育家、翻译家，精通蒙满汉三种语文，曾蒙译过许多汉文经典和箴言诗。是书以正音正字法为主，详尽地阐述了蒙文正读规律。着眼于蒙文沿革史，在蒙文教学实践中遇到的、蒙文传统写法中的一系列不规则现象，都予以解释，另辟蒙古文语法著作的新途径。

1.8【蒙文入门指南语饰】

《蒙文入门指南语饰》(mongγol üsüg－ün yosun－i sayitur nomlaγsan jirüken－ü cimeg)又名《详解蒙文文法语饰》,简称《语饰》(kelen－ü cimeg),蒙古文语法著作。阿旺丹达尔(1759－1840)著,约四千字,成书于道光八年(1828)。阿旺丹达尔是阿拉善积善寺高僧,著述丰富。他曾编撰藏蒙双语辞书《月光明词典》和《千日光词典》,在藏文版《丹达尔全集》中收入其36部篇作品。《语饰》参考先贤的语法著作,特制"蒙文字母一览表"和"接续格助词一览表",阐明蒙文正字法要义。现有三种木刻版和三种铅印版和若干手抄本传世,其中以清代木刻版最为珍贵。

1.9【阐示蒙文文法金鉴】

《阐示蒙文文法金鉴》,又名《详解蒙文文法金鉴》,简称《金鉴》(altan toli),蒙文语法著作。清光绪二十九年(1903)拉穆苏荣(1852－?)著。作者曾任锡林郭勒盟阿巴嘎旗章京。《金鉴》,约四千字,对贡嘎坚赞、丹津达格巴、敬斋公、阿旺丹达尔、赛尚阿等历代蒙古语言学家及其作品进行了简短评论,阐明丹津达格巴为代表的蒙文语法著作中的正音、正字法，并指出当时没有统一的、规范的书写规则，没有以蒙文为主、以蒙文音序编排的辞书等弊病和缺陷。现有三种版本，其中 1903 年版较好。

二、《至元译语》等辞书部分辑录

2.1【至元译语】

[宋]陈元靓编《事林广记》中辑入《至元译语》(ji'ön—ü yi yü bicig)，亦称《蒙古译语》。用汉字注音释义、分门别类的蒙古语常用词汇集。原辑入元至元年间(1279—1294)陈元靓编《事林广记·续集卷八·文艺类》中。陈元靓福建崇安人。无功名仕历，隐居著书。自称"龟峰之麓，梅溪之湾，有隐君子，广寒之孙，涕唾功名，金玉篇籍。"

《事林广记》是一部以供给民间日用常识为主的类书，它杂抄群书，一般不注明出处，又其书出于坊刻，文字校雠欠精审。主要版本有：元泰定乙丑年刊本、元至顺刊本、明永乐九年本、贞节堂袁氏抄本《至元译语》等。在现传的各种版本之中，元至顺本较为完整，较少错误，资料丰富，插图鲜明，但流传稀少。原书旧藏故宫博物院，现藏于台湾。中华书局有影印版，流传较广，但部分版面仍不免有些模糊缺损之处。仅有幸参考台联国风出版社印行的《辽金元语文仅存录》(第五册)《至元译语》、《鞑靼译语》、《登坛必究·译语》、《武备志·译语》、附录《武备志·北虏考·译语》(与《登坛必究·译语》同)。其释词例为："天曰腾急里"云。其后记谓："本集系转抄自中央研究院史语所图书室所藏李文田先生手抄本。文田字仲约，顺德人，亦研究《元史》者。该抄本计九页，有朱笔书写者系氏采自《武备志》及《译语》改正，且注有今何语。检视氏所抄者多错讹，当考而后能用。《译语》系知耻子辑录(李氏抄本)。元泰定本陈元靓《事林广记·庚集》卷十有载。四七年四月十九日抄；五十年十一月廿四日重抄。"自《至元译语·人事门》"(055)染匠：不都直兀兰"开始错简至《人事门》"(095)儿妇：别里"四十余词条，窜入《颜色门》之后。而《颜色门》插入《君官门》和《鞍马门》之间。《至元译语·车器门》"(205)门子：下剌邪"以下词条接《人事门》"(054)针匠：咒直兀兰"之后。《至元译语·器物门》"(291)釜：脱和"接在《车器门》"(203)三弦子：胡不儿；(204)笛儿：扎虎儿"之后。《至元译语·走兽门》"(381)羯羊：薛里哥"以下十个词条接在《器物门》"(290)锅：朵还"之后。无《虫鱼门》，故《虫鱼门》的九个词条阙如。未开列《数目门》，其词条接在《菜果门》之后直书，显系抄时所误。

有迹象表明：《至元译语》中《车器门》与《器物门》原分类似为一门。

“《至元译语》，犹江南事物绮谈也，当今所尚莫贵乎此，分门析类，附于绮谈之后，以助时语云。”

《至元译语》，分《天文门》等二十二门以类字词，收词538条(共有541个词)。陈元靓以自己所操闽北方言汉字音读，译写了蒙古语东部北支方言土语，开了蒙古语“译语型”辞书的先河。

《蒙古译语》目录

01. 天文门(001—014)、02. 地理门(015—034)

03. 人事门(035—095)、04. 君官门(096—123)

05. 鞍马门(124—160)、06. 车器门(160—214)

07. 五谷门(215—223)、08. 饮食门(224—235)

09. 身体门(235—262)、10. 衣服门(263—286)

11. 器物门(287—321)、12. 文字门(322—

327）

13. 珍宝门（327—343）、14. 飞禽门（344—368）

15. 走兽门（369—390）、16. 虫鱼门（391—400）

17. 草木门（400—422）、18. 菜果门（423—434）

19. 数目门（435—456）、20. 时令门（457—504）

21. 方隅门（505—525）、22. 颜色门（526—538）

虽然现传的各种版本中鱼鲁之谬、似是而非之处颇多，但仍不失为研究中世蒙古语语言和蒙古语方言方面具有独特的价值。

2.2【华夷译语】

《华夷译语》（hua yi yi yü bicig），用汉字注音释义、分门别类的蒙汉对译词汇集。成书于明洪武十五年（1382）。《华夷译语》，分《天文门》等十七门以类字词，收词 844 条。

《华夷译语》目录

01. 天文门（001 - 019 ）、02. 地理门（020 - 057 ）

03. 时令门（058 - 081）、04. 花木门（082 - 119）

05. 禽兽门（120 - 235）、06. 宫室门（236 - 252）

07. 器用门（253 - 323）、08. 衣服门（324 - 349）

09. 饮食门（350 - 377）、10. 珍宝门（378 - 390）

11. 人物门（391 - 476）、12. 人事门（477 - 616）

13. 声色门（617 - 633）、14. 数目门（634 - 668）

15. 身体门（669 - 744）、16. 方隅门（745 - 761）

17. 通用门（762 - 844）

《华夷译语》的作者为火源洁，蒙古族，曾任明朝翰林侍讲之职。精通蒙汉两种语言文字，遵朱元璋之命，以汉字译写蒙古语，草创汉字音译蒙古语《华夷译语凡例》六则。著名的《元朝秘史》一书之切音，也曾参照此《华夷译语凡例》六则的。《华夷译语》中保存了许多蒙古语古词、古音和古义，对中世蒙古语音韵学研究具有重要价值。早期两版原本—洪武十五年珍本和洪武二十二年改本已佚。现存版本有：北京图书馆珍藏本为代表的珍本支和收于涵芬楼秘笈第四集的《华夷译语·上册》为代表的改本支。改本支附有《凡例》而无蒙古文,珍本支有蒙古文而无《凡例》。蒙古文中有不少错讹,由此可推知,这是有人转抄时所留下的痕迹。

2.3【续增华夷译语】

《续增华夷译语》(nemen nayiraγuluγsan yi yü bicig),继《华夷译语》之后明四夷馆搜集编写的蒙古语词汇续集。根据目前的研究成果,我们所指的《续增华夷译语》乃是《华夷译语》丙册前三门(即天文门、地理门、时令门,计 46 个词条)加上《华夷译语》丁册全部(即花木门至通用门的 13 门,计 402 个词条),总共 16 门,共计 448 个词条。

版本:①有北京图书馆珍藏本《续增华夷译语》,原文首题有"华夷译语"四字。② 北京图书馆珍藏本《续增华夷译语》的转抄本,即原文首题为"华夷译语·韃靼馆下·续增",丙册原文首题为"续增华夷译语"六字。查阅《蒙古语言文学历史》(1959 年第 7 期、1959 年第 12 期、1960 年第 1 期)哈·洛布桑巴勒登、阿·包祥撰文《〈华夷译语〉辞书之某些部分》,阅贾敬颜先生从北京图书馆原本晒兰复制的、文首题有“华夷译语”四字，其下面贾敬颜先生亲笔朱书“鞑靼馆下续增”。经逐字校对核实，得知他们依据的版本是上述版本②即北京图书馆珍藏本《续增华夷译语》的转抄本“华夷译语·鞑靼馆下续增”。这两种版本主要区别在于：一、标记蒙古语读音的标音汉字中将“客”字误书为“克”；按“客”字所标记的蒙古语读音为 ke，“克”字所标记蒙古语读音为 k/g。

《续增华夷译语》目录

一、原《华夷译语》丙册目录

15. 身体门 （P48－49）、16. 方隅门（P50－51）

17. 通用门 （P52－55）

二、原《续增华夷译语》丁册目录

04. 花木门 （P01－04）、05. 鸟兽门（P05－07）

06. 宫室门 （P08－10）、07. 器用门（P11－13）

08. 衣服门 （P14－15）、09. 饮食门（P16－19）

10. 珍宝门 （P20－21）、11. 人物门（P22－25）

12. 人事门 （P26－41）、13. 声色门（P42－42）

14. 数目门 （P43－44）、15. 身体门（P45－46）

16. 通用门 （P47－95）

（附注一）本书计甲乙丙丁四册。

（附注二）六十页至九十五页原书附订于乙册兹为划一起见移订本册。

三、新《续增华夷译语》词条目录：

01. 天文门 （001－013）、02. 地理门 （014

—029）

03.时令门（030—046）、04. 花木门（047—73）

05. 鸟兽门（074—094）、06. 宫室门（095—110）

07. 器用门（111—126）、08. 衣服门（127—138）

09. 饮食门（139—162）、10. 珍宝门（163—172）

11. 人物门（173—200）、12. 人事门（201—323）

13. 声色门（324—328）、14. 数目门（329—342）

15. 身体门（343—352）、16. 通用门（353—448）。

2.4【北虏译语】

《北虏译语》（yeke mongγol—un yi yü bicig），汉蒙对译词汇集。辑入于明万历年间（1573—1620）淮阴王鸣鹤编辑《登坛必究》卷二十二和明天启年间（1621—1628）防风茅元仪编辑《武备志》卷二百二十七。因其见于明万历三十八年（1610）刊行的福唐郭造卿著《卢龙塞略》

卷十九和二十，可推知辑录于1610年之前。《北虏译语》，分十七门，收词641条。其主要语音特点与现今甘肃、青海一代的蒙古语族诸语言尤其是与东乡语接近，可以推定其为蒙古语西部南支的一个方言。《北虏译语》词条“北虏”，与之对应的蒙古人的自称是“野可莽官儿”（yeke mongγor / yeke mongγol）。该书是研究东乡语、保安语、东部裕固语、土族语等蒙古语族语言何时从统一蒙古语方言分出，成为独立语言的民族历史方面，提供资料依据。

版本：《登坛必究》卷二十二，淮阴王鸣鹤编辑、姑苏袁世忠　校正；《译语》之末落款为：门生：广陵方元壮、贵阳钟伏武同校。《武备志》卷二百二十七，防风茅元仪辑；二书都辑存了《北虏译语》。虽说略同，然而相比之下，《登坛必究》错处多，而《武备志》则谬误少。

《武备志·北虏考》茅子曰：“北虏之部落，散见于九边，不复列。其入主中国之时，有国语、有汉语。国语者，即其方音也。太祖（明太祖）设四夷馆，以译诸夷之言。曰[女直]、曰回回、曰云南百夷等处、曰安南、曰日本、曰西番、曰真腊、曰爪哇、曰朝鲜、曰琉球、曰河南、曰苏门答剌、曰畏兀儿、曰满剌加、曰暹罗、曰占城、曰河西、曰缅甸、曰达达，即鞑靼，今北虏也。他不具载。北虏事最切，特识之。

《北虏译语》目录：

01. 天文门（001—042）、02. 地理门（043—112）

03. 时令门（113—152）、04. 人物门（153—234）

05. 珍宝门（235—259）、06. 走兽门（260—317）

07. 声色门（318—345）、08. 花木门（346—374）

09. 果菜门（375—405）、10. 饮食门（406—452）

11. 衣服门（453—505）、12. 飞禽门（506—531）

13. 身体门（532—569）、14. 马鞍器械门（570—605）

15. 房舍车辆门（606—612）、16. 铁器门（613—623）

17. 军器什物门（624—639）

2.5【抹暗译语】

《抹暗译语》(moγal－un yi yü bicig)，汉蒙对译词汇集。辑入于明天启年间(1621－1628)防风茅元仪编辑《武备志》卷二百二十七。

茅子曰："《北虏译语》，别类业详。近有《蓟门防御考》所载略异，或今昔之殊，风气之更也。且有此详彼略，故备载之于左。"

防风茅元仪辑《武备志》中，辑入《蓟门防御考》所载略异于《北虏译语》的准《译语》称之为《抹暗译语》。按《抹暗译语》者，系我等以示区别于《北虏译语》而命名。系据原文词条"达子：抹暗"（moγal / moγol）。原文虽未明确分类，但归类较集中。今试标门类，摄于十五门，记录蒙古语单词和日常用语 689 条。同其他《译语》比较，选词详略不一，记音稍显不同。所记当是兀良哈三卫之方言，反映了十六世纪末、十七世纪初蒙古语发展阶段的语音特征。为方便起见，仍分门别类如下。

《抹暗译语》目录：

01. 天文门（001—100）、02. 地理门（101—126）

03. 宫室门（127—141）、04. 草木门（36—40，142—157）

05. 时令门（041—77，158—173）、06. 数目门（174—195）

07. 人物门（196—239）、08. 身体门（240—265）

09. 衣服门（266—298）、10. 城堡门（299—360）

11. 饮食门（361—423）、12. 器械门（424—516）

13. 鸟兽门（517—576）、14. 人事门（577—660）

15. 器用门（661—689）

2.6【译语总汇】

《译语总汇》（yi yü bicig—ün quriyangγui），亦称《卢龙塞略·译部》，辑入《卢龙塞略》卷之十九、二十，福唐郭造卿建初著、男应宠纂。所收译语分门别类。其卷之十九《译部·译上》之译语分门为八：天时门、地里门、居处门、品职门、伦类门、身体门、生灵门、通用门，计词846条。

《卢龙塞略》《译部·译上》之译语目录：

01.【天時门】（001-101）、02.【地理门】（102-152）

03.【居處门】（153-204）、04.【品職门】（205-261）

05.【倫類门】（262-338）、06.【身體门】（339-433）

07.【生靈门】（434-598）、08.【通用门】（599-

846）

其卷之二十《译部·译下》之译语别类为十：植种植类第一、兽畜类第二、羽族类第三、鳞虫类第四、珍宝类第五、冠服类第六、饮食类第七、器皿类第八；戎具类第九、色目类第十，计词644条。

《卢龙塞略》《译部·译下》之译语目录：

01.【植種類第一】（001-080）、02.【獸畜類第二】（081-186）

03.【羽族類第三】（187-249）、04.【鱗蟲類第四】（250-275）

05.【珍寶類第五】（276-324）、06.【冠服類第六】（325-361）

07.【飲食類第七】（362-422）、08.【器皿類第八】（423-483）

09.【戎具類第九】（484-595）、10.【色目類第十】（596-644）

《卢龙塞略》《译部·译上》之八门译语和《卢龙塞略》《译部·译下》之十类译语加起来共18门类，计词1490条。

《卢龙塞略》《译语》之来源主要采自于《华夷译语》、《北虏译语》、《抹暗译语》，把三种书本的、不同风味的译语炒到一个“大锅”里，变成了一道“大烩菜”。在此转抄过程中，又滋生了不少谬讹。较为浅显的错误有诸如:“存曰赛因”,“反曰卯温”等等,很明显,“存”系“好”字之讹;“反”系“歹”字之讹;应订正为:“好曰赛因”,“歹曰卯温”。三道菜炒成一道大烩菜,这种方式不一定好,也不可取。但有其有趣之处。应当指出,郭造卿是一个较早地注意到蒙古语的方言差别的人,并曾设想致力于他自己“发现新大陆”的事业。据我们的研究,郭造卿本人稍懂点蒙古语。他写道:“凡种种色目,皆知而可译。我地尝习其语矣,有司亦所当知也。”其所收译语基本上全部采自于《华夷译语》、《北虏译语》、《抹暗译语》。

一、其主干部分抄自于《华夷译语》。如:其《居处门》词条有:井曰古都黑;《华夷译语·地理门》(054)井:古都黑;其《植种植类第一》词条有:柳曰希扯孙;一曰补儿阿速;《华夷译语·花木门》(087)柳:希扯孙;而“补儿阿速”却与《北虏译语》同;《北虏译语·花木门》(351)柳:补儿阿速。

二、其次一部分来自于《北虏译语》。如:其《地理门》词条有:江曰五剌;而《北虏译语·地理门》(045)江:五剌;完全一致。其《居处门》词条有:泰宁卫曰往流;福余卫曰我着;朵颜卫曰五两案;而这三卫的译音用字也同于《北虏译语》所使用的译音用字,一字不差。《北虏译语·地理门》(071)泰宁卫:往流;《北虏译语·地理门》(072)

福余卫：我着；《北虏译语·地理门》(073)朵颜卫：五两案。

三、其次一部分来自于所谓《蓟门防御考》所载《抹暗译语》。如：其《居处门》词条有：京都曰大都合托；朝廷曰大明哈；其部分有关词条显然来自于《蓟门防御考》所载《抹暗译语》。《抹暗译语》[城堡门]词条(299)北京：大都合托；《抹暗译语》[人物门]词条(196)朝廷：大明哈；比比皆是，不多例举。

有趣的是，郭造卿将以上所引用的三种《译语》的译音用字的异同归结为所操方言之差所造成的。如其《品职门》词条有：韃靼曰忙豁、一曰抹暗；根据译音用字的不同，我们确切地知道了《卢龙塞略》中此一词条的两个不同来源。即《华夷译语·人物门》词条(452)达达：忙豁；《抹暗译语》[人物门]词条(236)达子：抹暗。又如其《植种类第二》谓："草曰额别孙；木曰抹敦；…… 凡'孙'东夷曰'速'，北虏曰'素'。如'[额]别孙'东[夷]曰'[额]伯速'，北[虏]曰'[额]不素'；'抹敦'，东[夷]曰'莫多'，北[虏]曰'末(抹)都'。皆转语而音近，或多一、二字者，其助也。而本语不殊，不能尽述焉。"查《华夷译语·花木门》词条(118)草：额别孙；查《北虏译语·花木门》词条(364)草：额伯速；查《抹暗译语》[草木门]词条

(157)草:额不素;又查《华夷译语·花木门》词条(119)木:抹敦’;查《北虏译语·花木门》(347)木头:莫多;《抹暗译语》[树木门](149—156)……树:…抹都;比如(149)松树:那喇素抹都。又如其《兽畜类第二》“马”词条曰:“而夷之所贡者,马自喜峰关入者曰抹邻,自山海关入者曰莫林,而北虏曰抹力,译字异而音稍转也。”《华夷译语·鸟兽门》词条(125)马:抹邻;《北虏译语·走兽门》(304)马:莫林;《抹暗译语》[禽兽门](565)马:抹力。以上讨论,能够证明我们分析的合理性和得出结论的可靠性。

郭造卿在其交待《卢龙塞略·译语》时谓:“乃兹主三卫,东夷次之,皆环居我塞外。北虏,取异同证之,文不甚殊,语有小别者。因我各镇译有不一焉。故音转而切,通者不具。其切若稍悟,述而重见之。或东或北为然也。根据郭造卿的以上论述,可以得出如下结论:将《华夷译语》似视为鞑靼所使用的语言;按其说法,“达靼界云中,而时闯蓟镇,语固有辨,文则同也。在北又在东焉。”将《北虏译语》视为东夷所使用的语言;按其说法,“兀良哈卫,东包辽阳,西界上谷。其贡自两关,入则必译其语矣。”将《抹暗译语》视为北虏所使用的语言。

郭造卿欲从蒙古人所操的方言特征寻求区

别蒙古东部、西部、中部等各部的想法，理论上完全可以成立的。关键是方法论问题。如何运用科学的方法，准确无误地把握各方言土语的区别性特征。郭造卿的观点，具体运用、接触到实际问题时，出现一些纰漏是难免的。比如："抹邻"和"莫林"，虽然音译汉字不同，其实所记录的蒙古语是完全相同的，同样读作 morin。需要指出的是，"抹邻"是乃明初洪武年间，即十四世纪末叶所使用的汉字，尤其《华夷译语》选用的音译汉字是比较准确的；而"莫林"是乃明末万历年间，即十六世纪末叶或十七世纪初叶所使用的汉字；在漫长的二百余年间，不仅蒙古语在演变，汉字的音韵也发生了较大的变化。比如，"抹邻"之"邻"字属真文韵，阳平声字；读作：lin；而"莫林"之"林"字属侵寻韵，阳平声字；读作：lim；主要记录蒙古语的音节 lin/rin；从蒙古语的历史语言学角度来说，"莫林"morin 和"抹力"mori 之差别，其实质在于名词词尾带－n 音与否的问题。三言两语恐怕难以说清楚的。不仅与语词的组合、接续有关，还和－n 音的消失速度有关。但无论如何，蒙古语的任何方言中带－n 音和不带－n 音两种形态并存。因此，我们不得不对郭造卿所谓的"马自喜峰关入者曰抹邻，自山海关入者曰莫林，而北虏曰抹力"的说法产生实质性的怀疑。

郭造卿痛斥明朝守边官吏之“不义”言行，批判贬低少数民族为“异类”的大汉族主义。郭造卿曰：“夷尝有训语，所以叮咛为好事者；则其俗未尝尽恶，岂概以比于异类也？至叩关款塞，并边守帅报不以诚，可欺则欺，可侮则侮，剋其赏物至甚。彼之勃豀跳梁而要挟，语则狙诈而许之。夫边臣关厉害，死生旦夕，不顾其后，邮市何知。至入都馆，及锡宴于朝，命重臣陪之。其物率恶草具而不待以礼，岂非官之师旅，毋乃实有阙乎？且臣重而礼轻，其自褒贬亦甚矣。此则有司之罪也。彼何恶之能为，倘罪诸戎，责携贰，有驹支赋青绳而退，象胥其何以对？民之失德，乾餱以愆，唐有泾军之变矣。而况于夷狄乎？”

郭造卿讨论蒙古人各部所操方言稍异，而文实同。郭造卿曰：《王制》凡居民材，民既异俗，则无味异和，器械异制，衣服异宜，是皆所当宜矣。然在郡封内，教修而俗不易；政齐而宜不易；州县或小异，不害其为同也。惟戎夷饮食、衣服不与华同，而贽币亦不通焉。故达志道欲则皆有安居，和味宜服，利用备器矣。此余为《燕史》而燕语所为备。自《方言》以来，及外夷传具之。而兹皆五郡外夷语。兀良哈卫，东包辽阳，西界上谷。其贡自两关，入则必译其语矣。达靼界云中，而时闯蓟镇，语固有辨，文则同也。在北又在东焉，其烦杀裁之耳。苟执此而读《燕史》，于辽金……。

其卷之二十《译部·译下》："凡我所有，夷地多有之。故《方言》详幽燕，而多及于朝鲜。今亦各有其语，而文则不多也者，当关因文以译，无文未尝为具。乃兹主三卫，东夷次之，皆环居我塞外。北虏，取异同证之，文不甚殊，语有小别者。因我各镇译有不一焉。故音转而切通者不具。其切若稍悟，述而重见之。或东或北为然也。夫貊未尝不生五谷，失稼穑耳。我以稷为粟，彼以黍其粟耳。土旷而植茂，为鸟兽之林薮。尤田获食饮所需，其日飞鹰走马为此。若珍宝、冠服，多仰中国。器用莫重于戎。故特志入寇之具。凡种种色目，皆知而可译。我地尝习其语矣，有司亦所当知也。（此处正文若植种植类第一、兽畜类第二、羽族类第三、鳞虫类第四、珍宝类第五、冠服类第六、饮食类第七、器皿类第八；戎具类第九、色目类第十之译语从略。）

参考资料

1. 石田幹之助："论《盧龍塞略》所见汉蒙对譯語汇"。《蒙古学》2，昭和 13，1。

2. 徐丽华主编：《中国少数民族古籍集成》，第十九册。

2.7【御制满蒙文辞典】

《御制满蒙文辞典》(qaγan－u bicigsen manju mongγol ügen－ü toli bicig),俗称《二十一卷本辞典》(qorin nigetu tayilburi toli)。这是第一部用满文拼写蒙古文的满蒙语对照解释辞典。喇西(rasi)、旦增(danjin)等在京蒙古族文人大臣一干人等,于康熙四十七年至五十六年(1708－1717),用十年时间编写完成付梓。总 36 卷,280 类,21 册。后于乾隆八年(1743) 班第、纳颜泰等人附分类目录,在京印制第二版。

在京蒙古族文人大臣以察哈尔人居多。序文谓:"遇见我们未曾闻且不懂之词语,则向八旗父老和新年问安来京之四十九旗扎萨克蒙古人和五十七旗的外蒙古人详细询问,辨析语义",而成之。并决定以此辞书为规范各地蒙古文。

《御制满蒙文辞典》的编写非常之严谨,非常之重要。评价它在蒙古文词典编纂史上具有划时代的意义,也不为过。1977 年,内蒙古语言文学历史研究所整理、内蒙古人民出版社出版时改名为《二十一卷本辞典》。

2.8【千日之光】

《千日之光》(mingγan naran—u gerel)，全称《训字小藏除暗千日之光》，藏蒙对照为乌拉特默尔根蓝占巴贡嘎嘉措所编著一套四卷本《名海》，即《名海》(nere—yin dalai)、《名海之王词海大典照明词类大日》(nere — yin dalai — yin darulγa yeke dagyig üges—ün dalai ba üges—ün jüil—i toduraγulun üiledügci yeke naran kemekü orosibai)、《训字小藏除暗千日之光》(öcügen üsüg nomuqadqalγa—yin jirüken—ü qarangγui—yi arilγaγci mingγan naran—u gerel)、《演示梦义白琉璃镜》(caγan sil—ün toli)之第三卷。《千日之光》木刻版跋文写道:称呼贡嘎嘉措者，在已六十四岁时，时轮十二绕迴中，有璎珞者、戊戌之年(1718)九月书就。序中作者交代:"前者吾修《名海》，今者再修《大典》为其王。自字之单双、元音四字、前置五字、后续十字、再续之字，演示其所编字，每词每名中如何使用;另外所有字，某字或一用，某字或多用之规则，全部三十品。其首一一冠之以诗文，表其首尾，之始之终。"跋文中交代作者与成书时间:"称呼贡嘎嘉措者，在已六十四岁时，时轮十二绕迴中，有璎珞者戊戌年(1718)九月书就。"

2.9【三合便览】

《三合便览》(γurban jüil－ün üjeküi－dür kilbar bolγaγsan bicig),满蒙汉对照词典。[清]敬斋公编纂,后经其子秀升富俊增补,于乾隆四十五年(1780)刻板印行,后曾几度再版。共收词近 19000 条。该词典考虑满人学习蒙古语之方便而编辑,故其三种文字的排列顺序为,满文在先,汉文其次,蒙文最末,并以满文注有蒙古文的读音。全书以十二字头排列。正文之前附指要两篇,专就满蒙两种文字的正字法和语法作简要介绍,并对其中一些虚字的用法作举例解释。所以《三合便览》,在蒙古语词典编纂史和语法史研究方面占有一定地位。

2.10【蒙文指要】

《蒙文指要》(mongγol bicig－üun ciqula jiγalta),蒙古文辞书,四册,鹤汀赛尚阿纂辑。赛尚阿曾袭父职在理藩院供职,继承父业,编纂刻印此书。前三册为赛尚阿之父嘉庆十六年(1811)之前所编,成书于清嘉庆年间(1796－1820)。第一册、第二册题为《蒙文晰义》,“晰义者重字也”,为满汉蒙对译词典;第三册题为《蒙文法程》,“法程者行文之规模也”主要阐释动词附加成分接续规则。第四册为赛尚阿所著,题为《便览正讹》、《便览补遗》,以补正敬斋公所编《三合便览》一书为内容。该书开拓以动词为中心的蒙文语法新领域。版本主要有道光二十八年(1848)木刻版。

2.11【蒙文总汇】

《蒙文总汇》(mongγol ügen — ü bügüde quriyaγsan bicig)亦称《蒙古文汇》,蒙满汉文合璧词典。有数种版本。清咸丰元年(1851)版本为著名学者赛尚阿编著,共十六册;光绪版有额尔德尼编著的十七卷本、固什喇嘛平三李鋐校订的十二卷本两种。后两种版本显然是以赛尚阿的版本为基础略加增损而成。裕彰作序。序文称此地本“门类繁多,体制详备,于行文对译之法,悉穷其奥。”可想而见,《蒙文总汇》对后来的词典编纂工作产生了较大影响。

2.12【蒙文辑要】

《蒙文辑要》(mongγol üsüg — ün ciqula — yi cuγlaγuluγsan bicig),蒙汉文对照辞书。作者都

尕尔扎布，成书于清宣统元年（1909）。全书一涵八册，分 72 章。书中凡释文、例句，一概使用蒙汉两种文字对照书写，算是该书的一个特色。作者是土默特右旗人，他在自写序文中道出写作目的，同时发现当今“不仅蒙古子弟大半已不懂蒙古语，而且已不办蒙古文教育”的状况，深忧“久后忘却根本，失去自己民族”。

2.13【**蒙古文分类词典**】

《蒙古文分类词典》（mongγol üsüg－ün jüil qubiyaγsan toli bicig），蒙汉文对照辞书。蒙古族出版家特莫格图（1887－1939）编著。版本有北京蒙文书社出版的 1926 年版本、民族出版社出版的 1956 年版本和 1978 年版本，共收词 23000 余条，分为 292 个类别，以《御制五体清文鉴》为基础，选择其中蒙汉两种文字，删繁就简，稍加编排而成。

三、有关文字和语言部分辑录

3.1【八思巴】

八思巴（‘phags－pa，1235－1280）藏族，西藏喇嘛、萨迦派首领，语言学家。戒名罗追坚赞（Blo－gros rgyal－mtshan），七岁之时就能诵读经文，理解大意，被誉为圣童，故称八思巴（‘phags－pa）。及稍长，学富五明，得班智达学衔。十三岁跟随伯父萨迦班智达贡嘎坚赞（Kun－dga’－rgyal－mtshan）赴元大都（今北京）。1260年，元世祖忽必烈（Qubilai）尊为国师，授以玉印。1264年领总制院事，管理全国佛教事宜和藏族地区行政事务。1269年奉命制蒙古新字八思巴字，升为帝师，号大宝法王。著《彰所知论》以教授蒙古贵族子弟。培养了一大批蒙古族学者，对促进蒙藏民族文化交流、繁荣蒙古族文化事业作出了卓越贡献。参考“八思巴文”词条。

资料来源

1. ［明］宋濂撰《元史》卷二百二第八十九《释老传》。

2. ［清］萨囊彻辰著《蒙古源流》，内蒙古人民出版社，1981年。

3. [清]丹津达格巴著《蒙文启蒙·苍天如意珠》。

4. 辞海编辑委员会编《辞海》语言文学分册(1980 年版)"八思巴"词条。

3.2【搠思吉斡节儿】

搠思吉斡节儿(coyiji－odser),元代著名蒙古语文学家。搠思吉斡节儿(Coyiji－odser)在元成宗朝(1295－1307)和元武宗朝(1308－1311)时期用回鹘式蒙古文翻译了大量的佛教典籍,现多已佚。现存有 1305 年翻译自藏文的《入菩提行经》(原文失传,但可见到后人抄本及稍加改动再版的本子)、1311 年著述、1312 年版《入菩提行经释》木刻版残页及跋文。此外还著有《蒙文启蒙·心蒂》已失传,但从后人如丹津达格巴等人的著作中,略知其梗概。搠思吉斡节儿毕生致力于蒙古语文事业,贡献颇大。他的著述成为后人著书立说的楷模,享有盛誉。

资料来源

1. [清]萨囊彻辰著《蒙古源流》,内蒙古人民出版社,1981 年。

2. [清]丹津达格巴著《蒙文启蒙·苍天如意

珠》。

3. 仁钦格瓦著《13－14 世纪蒙古文翻译史概况》。

3.3【**札雅班智达**】

札雅班智达(jaya bandida,1599－1662)蒙古族卫拉特部人,著名学者,原名南海坚措(Namqai－jamsu)。1617 年当沙弥到拉萨学习二十二年,以博学著称于世。1638 年在蒙古地区演讲佛法。1648 年制托忒文字,编写托忒文字母表和词典。1650－1662 年用托忒文字翻译自藏文的经文和作品计有 177 部(篇)之多。他对蒙古族尤其对西部蒙古地区文化事业起了承前启后的作用,建立了不朽功勋。参考"托忒文"词条。

资料来源

1.[清]喇德纳巴达喇编著《札雅班智达传—月光明》。

2.[蒙古]策·达木丁苏荣编《蒙古古代文学百篇》。

3. 仁钦格瓦著《13－14 世纪蒙古文翻译史概况》。

3.4【八思巴字】

八思巴字(pagba üsüg),亦称蒙古字或蒙古新字,又称方体字(dörbeljin üsüg)。是萨迦僧八思巴罗追坚赞(‘phags－pa Blo－gros rgyal－mtshan)奉元世祖忽必烈(Qubilai)之命,以藏文字母为蓝本而创制的文字。共有41个字母,其中有34个辅音、5个元音和2个介音字。辅音字不仅表示辅音,还表示辅音加元音a的一个音节。行款由上往下、从左到右,以音节为书写单位上下连书。至元六年(1269)八思巴字正式颁行,被定为国字,译写一切文字。曾广泛应用于官方行文,正书八思巴字并附有关民族文字,约通行100年。后来随着元朝的灭亡而逐渐废弃。现已发现有碑刻、牌符、印章、钱钞等文物多种。其中以《居庸关拱门两侧碑铭》、《萨迦格言》蒙译本残页、《蒙古字韵》残抄本、《百家姓》等文献价值较高。

现学术界虽认为八思巴字为八思巴(洛追坚赞)所创,但实际上,八思巴字系以贡噶坚赞所制藏文篆字为基础,白兰王恰那多吉的积极参与下产生的。若如此观,庶几与历史事实相符。参考“八思巴”词条。

资料来源

1.［明］宋濂撰:《元史》(1976 年版),第 2190,第 4517—4518 页。

2. 罗常培、蔡美彪合编:《八思巴字与元代汉语》(资料汇编),科学出版社(1959 年版)。

3. 辞海编辑委员会编:《辞海》语言文学分册(1980 年版),第 40 页。

3.5 **【回鹘式蒙古文】**

回鹘式蒙古文(uyiγurjin mongγol bicig),为早期蒙古人所使用的文字。在公元八世纪之前,北方游牧民族曾使用突厥文、粟特文、摩尼文、婆罗米文等诸文字。进入八世纪之后,回鹘人率先使用粟特文记录了自己的语言,出现了回鹘文。在此期间蒙古人采用回鹘字记录了蒙古语,尤其在 1204 年成吉思汗灭乃蛮国,赏识塔阳汗之掌印大臣塔塔统阿忠于职守,遂命其为贵族子弟之师教学回鹘字,回鹘文便成大蒙古国之国字,回鹘式蒙古文逐渐演变为古典蒙古文,沿用至今,即成为"蒙古文"。

3.6【**蒙古文**】

蒙古文(mongγol bicig),蒙古族使用的文字,属拼音文字类型,以回鹘文字母为基础而创制。初始称为回鹘式蒙古文,约有辅音字母14个、元音字母4个。曾经历多次修改、补充和整理,遂演变为现行蒙古文。现行蒙古文有29个字母,其中辅音字母24个,表示24个辅音音位;元音字母5个,表示7个元音音位;字母在词首、词中、词末的写法不一,拼写时以单词为单位上下连书,行款从左到右。现存最早的文献一般认为是1225年《也松格碑铭》,但有迹象表明,《组喀尼传》应该早于《也松格碑铭》。蒙古族人民历来重视保存并研究文化遗产,历史上遗留下来的蒙古文文献颇多,不胜枚举。新中国成立后,用蒙古文出版大量的政治、经济、文化、科学等方面的书籍,发行多种报刊,对丰富蒙古族人民的文化生活发挥了积极的作用。1941年,蒙古国采用了斯拉夫字母为基础的新蒙文,亦称蒙古文。

资料来源

1.[清]丹津达格巴著:《蒙文启蒙·苍天如意珠》。

2. 内蒙古大学编:《现代蒙古语》。

3.7【**托忒文**】

托忒文(todorqai üsüg / todo üsüg),亦称托忒蒙古文,是我国新疆维吾尔自治区卫拉特蒙古族使用的文字。托忒文分早期托忒文和晚期托忒文。以能够清楚地区分回鹘式蒙古文诸多同形字的读音,修制简便的蒙古字为目的,1648年札雅班智达·南海坚措(Namqai—jamsu)为适应当时口语的特点,在原有的蒙古文基础上参照阿礼噶礼字母和满文而创制的。其特点是用加圈点以及其它一些方法,使得一个字母仅表示一个音,能够标明长元音,基本上统一了字母在词首、词中、词末的写法,做到见字知音,简易明了,故称托忒文即早期托忒文(todorqai üsüg)。一般而言,托忒文有32个字母,其中元音字母7个,辅音字母25个,和古典蒙古文一样字母上下连书,行款从左到右。由于反映了当时蒙古语语音演变的实际情况,因而对蒙古语音韵史上具有划时代的意义。最早的托忒文,是为全体蒙古族,或者说主要为卫拉特、喀尔喀而制作的,但后来变成新疆卫拉特蒙古族使用的地方性文字。用托忒文写成的作品很多。1650—1662年札雅班智达·南海坚措及其徒弟的翻译和写作的经文有《金光明经》、《五部护法经》、《长寿经》等200

余部（篇），包括宗教、医学、文史哲等方面的著述。但在清朝统治阶级残酷镇压卫拉特蒙古族人民的历次战役中，托忒文文献遗失殆尽。新中国成立后，卫拉特人民根据其方言，对原来的托忒文正字法进行了必要的修改，形成晚期托忒文。用托忒文出版了大量的政治、经济、文化、科学等方面的书籍，发行报刊，对丰富卫拉特蒙古族人民的文化生活发挥了积极的作用。参考“札雅班智达”词条。

资料来源

1.［清］喇德纳巴达喇编著《札雅班智达传—月光明》。

3.8 **【阿礼嘎礼字母】**

《阿礼嘎礼字母》((ali gali orosiba / egesig geyigülügci orosiba)，为梵藏蒙三种文对照的阿礼嘎礼字母，是教科书性质的启蒙必读。“阿礼嘎礼”(ali gali)，即梵文“元音辅音”之意。它主要阐释梵文元音十六字、辅音三十四字及其相互结合成音节，如何将其音译为藏文和蒙文，并附与之对应的瓦尔都文写法。

北元时期翻译佛典经咒之际，蒙古文记音不

精，犹如舌头僵硬。因此，三世达赖喇嘛索南加措命喀喇沁阿尤什固什制作蒙古文阿礼嘎礼字母。于丁亥年冬十二月（相当于公元1588年元月），阿尤什固什奉命制作阿礼嘎礼字母完成，初次全音译写『大千护国仁王经』等五部守护神经文中的咒语，以及稍后的《金字甘珠尔》。

后来，清代雕版印刷蒙古文『大藏经』之前后，庄亲王云禄命唐古忒学学正乌珠穆沁贡布扎布等对以往使用的阿礼嘎礼字母稍作修改。因此现在所谓阿礼嘎礼字母，有别于阿尤什固什制作的阿礼嘎礼字母。清代木刻版有数种，有的版本落款注明系乌珠穆沁贡布扎布所编，有的版本落款注明由阿旺洛桑活佛编写，有的版本没有落款。

3.9【满文和蒙古文的相互影响】

满文和蒙古文的相互影响（manju bicig bol-un mongγol bicig－ün qarilcan nölögelel），由来已久。于1599年，谨遵后金国皇帝努尔哈赤之命，额尔德尼、噶该等人开以蒙古文记录满语之先河，创制了无圈点的老满文。1632年，谨遵皇太极之命，达海修改老满文，增圈点等区别性要素，形成了新满文。现在只有锡伯族使用满文记录本族的语言，称之为锡伯文。

清末民初，以口语来记录蒙古语成为普遍现象，因而古典蒙古文出现混乱局面，没有了统一的正字法。18世纪初，编纂《御制满蒙文鉴》，以满文标记蒙古语读音时，硬性区别了蒙古文的札、牙行音节和哈、嘎行音节字。以此为契机，现代蒙古文正字法重新趋于有序，成为现行蒙古文。

3.10【索永布文】

索永布文（soyongbu üsüg），为记录梵藏蒙文的一种佛教文字。一世哲布尊丹巴杂纳巴杂尔——智慧金刚（1635－1723）以印度兰札、瓦尔都字体为基础，于1986年创制。索永布文，意为自然形成。据研究，索永布字母共计88个，可以从左到右横写，也可以从上到下书写。索永布文笔画繁杂，故未能普及，主要用于蒙古国寺院。用索永布文写的文献主要有《三皈依》等少量经文之外，用于印章、书名，当作装饰，较为普遍。

3.11【藏式蒙古文】附“霍尔亦克”字

藏式蒙古文（töbedjin mongγol bicig），或伊

西多杰文(išidorji üsüg),蒙古喇嘛使用的一种以藏文为基础的藏式文字。文化人用此藏式蒙古文标记了蒙古语口语,约定俗成渐渐成了一种蒙古文字,学术界称其为藏式蒙古文。与经典蒙古文并行于蒙古国近 300 年。约于 18 世纪,伊西多杰(išidorji)者,以藏式蒙古文编写了一部蒙古语辞书,非常著名,因而有人称其为伊西多杰文。藏式蒙古文资料有各种启蒙教材、文献、辞书、寺庙清规、民歌、杂志等,对清代中后期蒙古语语音学研究提供了非常重要的资料。

【霍尔亦克字】“霍尔亦克”(hor－yig)一词为藏文,意思是“蒙古字”,亦称卧式方块字(kebtege dörbeljin üsüg)。偶尔用于医书等文献,主要用于清末民初蒙古国寺院签发给喇嘛办事员外出时的护照上。

3.12 **【瓦金达喇文】**

瓦金达喇文(wagindara üsüg),于 1905 年,居住于贝加尔湖左畔的布里亚特族喇嘛阿旺多杰(藏文“阿旺”梵文称作“瓦金达喇”),基于蒙古文字母,为适应于自己所操布里亚特语而制作了瓦金达喇文。瓦金达喇文从左到右、从上而下、竖式书写。瓦金达喇文,在坚持古典蒙古文字符基本要素的前提下，取消了上中下三种变体，借鉴于托忒文的区别语音法与满文的旁置圈点法，可以详细记录布里亚特语的长元音和鄂化辅音，系统完备而科学实用。但与蒙古文相较，瓦金达喇文由于取消了字符上中下三种变体，乍看参差，似不易认读。其字母表，由8个元音、28个辅音组成。相对而言，瓦金达喇文使用范围狭窄，未能普及。现只存1905—1910年间在圣彼得堡出版的《布里亚特新字启蒙》等启蒙教程和为数不多的几部图书而已。

3.13【**蒙古语族**】

蒙古语族(mongγol töröl kele)，阿尔泰语系语族之一。分布在中国、蒙古、苏联、阿富汗等地。国内的蒙古语族包括蒙古、达斡尔、土族、东乡、保安、东部裕固等语言；国外的蒙古语族包括蒙古、布里亚特、卡尔梅克、莫戈勒等语言。主要特点有：(1)除东乡语外，多数语言元音分长短；有不同的元音和谐，蒙古语和布里亚特语有舌位和谐、唇状和谐，卡尔梅克语、莫戈勒语和东部裕固语只有舌位和谐，达斡尔语有部分舌位和谐，土族语、东乡语、保安语的元音和谐已不完整。(2)各语言的与格和位格形式无区别；多数语言的领格和宾格形式相同；有特殊的反身变格法；多数语言已不使用谓语性人称后缀。

3.14【**蒙古语**】

蒙古语（mongγol kele），蒙古族使用的语言，属阿尔泰语系蒙古语族。主要分布在蒙古国、内蒙古、新疆、辽宁、黑龙江、吉林、青海、甘肃等地。分北部、中部、西部、东部、东北部等方言。中国蒙古族人口约有 340 万。内蒙古标准音以察哈尔方言为基础，在新疆标准音以卫拉特方言为基础，蒙古国标准音以喀尔喀方言为基础。大概有二十七个辅音，辅音有腭化现象；有八个基本元音和与之相对应的八个长元音，有若干复元音；元音有前化现象，有元音和谐律。一般认为重音落在词的第一音节，第一音节后的短元音往往弱化。后缀是表示各种语法意义的重要手段。基本语序为主语在前、宾语居中、谓语在后，定语、状语在中心语前。静词有数、格、反身、人称领属等语法范畴；动词有体、态。式、时等语法范畴。词汇中有少量突厥、汉、藏、满等语言的借词。在内蒙古等地使用蒙古文，在新疆使用托忒文，蒙古人民共和国使用基里尔字为基础的新蒙文。

内蒙古的蒙古语分包括一个次方言：巴尔虎

布利亚特次方言，这个次方言包括巴尔虎土语和布利亚特土语。此外，内蒙古的蒙古语分六大土语群：科尔沁土语、喀喇沁土语、昭乌达土语、察哈尔锡林郭勒克什克腾土语、鄂尔多斯土语、巴彦淖尔土语。土语下面还可以细分各种口语。

3.15【**达斡尔语**】

达斡尔语（daγur kele），达斡尔族使用的语言，属阿尔泰语系蒙古语族。中国达斡尔族人口约有10万。主要分布在黑龙江省、内蒙古自治区、新疆维吾尔自治区伊犁哈萨克自治州等地。分布特哈、齐齐哈尔、海拉尔、伊犁四种方言。辅音有二十三个，塞音、擦塞音无清浊，但有吐气不吐气之分，[x]只出现在词首，[n]在韵尾表示元音的半鼻化；有六对长短元音，复合元音发达。基本语序为主语在前、宾语居中、谓语在后，定语、状语在中心语前。体词有格、领属性、谓语性等语法范畴；动词有体、态、式、时、人称、数等语法范畴；名词有数的变化；形容词有比较级的变化；代词中完整地保存着古代蒙古语族的单复数第三人称及其各间接格形式，复数第一人称代词有对称（排除式）和共称（包括式）。词汇中有不少汉语和满语借词，现代使用的新词术语主要借自汉语。

3.16 **【土族语】**

土族语(mongγor kele)，亦称“察罕蒙古语”(caγan mongγol kele)，土族使用的语言。属阿尔泰语系蒙古语族。人口约有 16 万。主要分布在青海省互助土族自治县及民和等地。分互助、民和两种方言，其差别较大。辅音有二十六个，有舌尖中、舌尖后、舌面前塞擦音和舌尖后擦音，无舌叶擦音，仍保留词首古音[f]、[x]（<[h]），因不少词首元音脱落而出现较多复辅音；词的重音落在末尾音节；元音有七个，除[ə]、[ɘ]外有长短的对立，复元音较多，仍保留词末短元音，词干部分有一定的元音和谐。基本语序为主语在前、宾语居中、谓语在后，定语、状语在中心语前。名词复数后缀有[－ngula]、[－sge]；单数第一、第二人称代词的与格和宾语形式可作比较、联合、连同等格的词干，复数第一人称代词无包括式排除式之分；静词、形动词作终止形谓语需借助于助词。词汇中汉语及藏语借词占较大比例。

3.17【保安语】

保安语(baonan kele),保安族使用的语言,属阿尔泰语系蒙古语族。人口约有万余。分布在甘肃省临夏回族自治州及其他保安族聚居地。无方言差别,使用内部一致的语言。辅音有二十六个,保留着与中世纪蒙古语词首辅音[h]相对应的[h]、[f];因词首元音或音节常常脱落而出现较多复辅音;词的重音落在末尾音节;单元音有十一个,复元音有十四个,长短元音只在很少的几个词里有区别词义的作用,无元音和谐律。附加后缀是构形的主要手段。基本语序为主语在前、宾语居中、谓语在后,定语、状语在中心语前。名词有数、格、人称领属等语法范畴;动词有态、体、时、式等语法范畴;动词陈述式有确定语气和非确定语气之分。词汇中有大量汉语和藏语借词。

3.18【东乡语】

东乡语(dungxiang kele),东乡族使用的语言。属阿尔泰语系蒙古语族。与保安族最接近。人口约有 28 万。主要分布在甘肃省临夏回族自治州东乡族自治县和临夏、和政、永靖、广河、临洮及新疆伊犁等地。使用内部较一致的语言。辅音有二十八个，有一整套舌尖前清塞擦音和擦音、舌尖后清塞擦音和擦音、舌面前清塞擦音和擦音，擦音[x]、[h]和不出现于词首的[ʁ]都是独立的音位，仍保留小舌塞音[q]、[G]同舌根塞音[k]、[g]的对立，除[n]外，其他辅音一般不出现在音节末，较多保留词首古音[h]、[f]、[ʃ]：词的重音落在末尾音节；元音有七个，无长短之分，元音中有分布位置不多的特殊音[ɯ]、[ɚ]，有较多复元音。基本语序为主语在前、宾语在后，定语、状语在中心语前。静词领格和宾格形式相同，静词作谓语需借助于助动词；单数第一、第二人称代词的造格直接加在原词干上，复数第一人称代词有包括式和排除式；动词的态无[－gda]/[－gdə]形的后缀；形动词不能作终止形谓语；虚词中有一组前置词；有一些特殊的连词和语气词。词汇中汉语借词所占比例最大，其次为阿拉伯语、波斯语借词。

3.19【东部裕固语】

东部裕固语（jegün yoγur kele）亦称“恩格尔语”，部分裕固族使用的语言。属阿尔泰语系蒙古语族。人口约有万余。主要分布在甘肃省肃南裕固族自治县的康乐、青龙、红石窝、北滩、东滩等地。使用内部较一致的语言。辅音有二十九个，中世纪蒙古语词首辅音[h]保留较多，因不少词首元音脱落而出现较多复辅音；词的重音落在末尾音节；元音有八个，长短的对立不显著；复元音较多，仍保留着词末短元音，元音有一定的和谐律。基本语序为主语在前、宾语居中、谓语在后，定语、状语在中心语前。名词的领格和宾格之间无形态区别，后缀皆为[－ə]、[－in]、[－n]；动词祈使式仍保留着中世纪蒙古语后缀[－su]的变体[－sa]。词汇中借词约占三分之一以上，突厥语借词除有相当数量外，大部分为汉语借词，新词术语则直接引用汉语。语音同土族语、东乡语、保安语较接近；语法和固有词汇同蒙古语较接近。

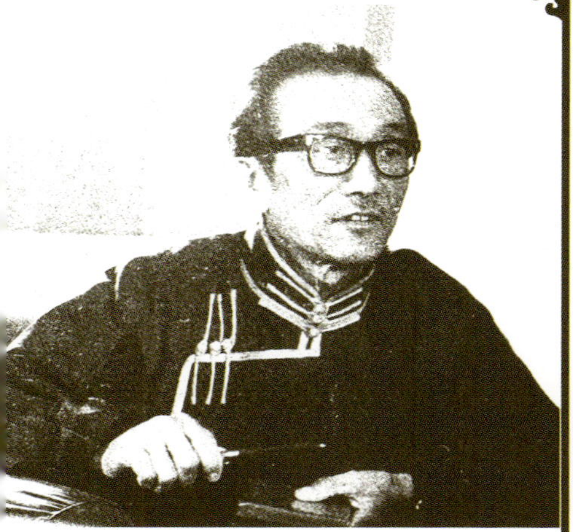

Collected Works of Nasanbayar

那顺巴雅尔文集

ᠨᠠᠰᠤᠨᠪᠠᠶᠠᠷ ᠤᠨ ᠵᠣᠬᠢᠶᠠᠯ ᠤᠨ ᠲᠡᠭᠦᠪᠦᠷᠢ

3

ᠦᠭᠡᠰ ᠦᠨ ᠰᠠᠩ

ᠦᠨᠳᠦᠰᠦᠲᠡᠨ ᠦ ᠬᠡᠪᠯᠡᠯ ᠦᠨ ᠬᠣᠷᠢᠶ᠎ᠠ

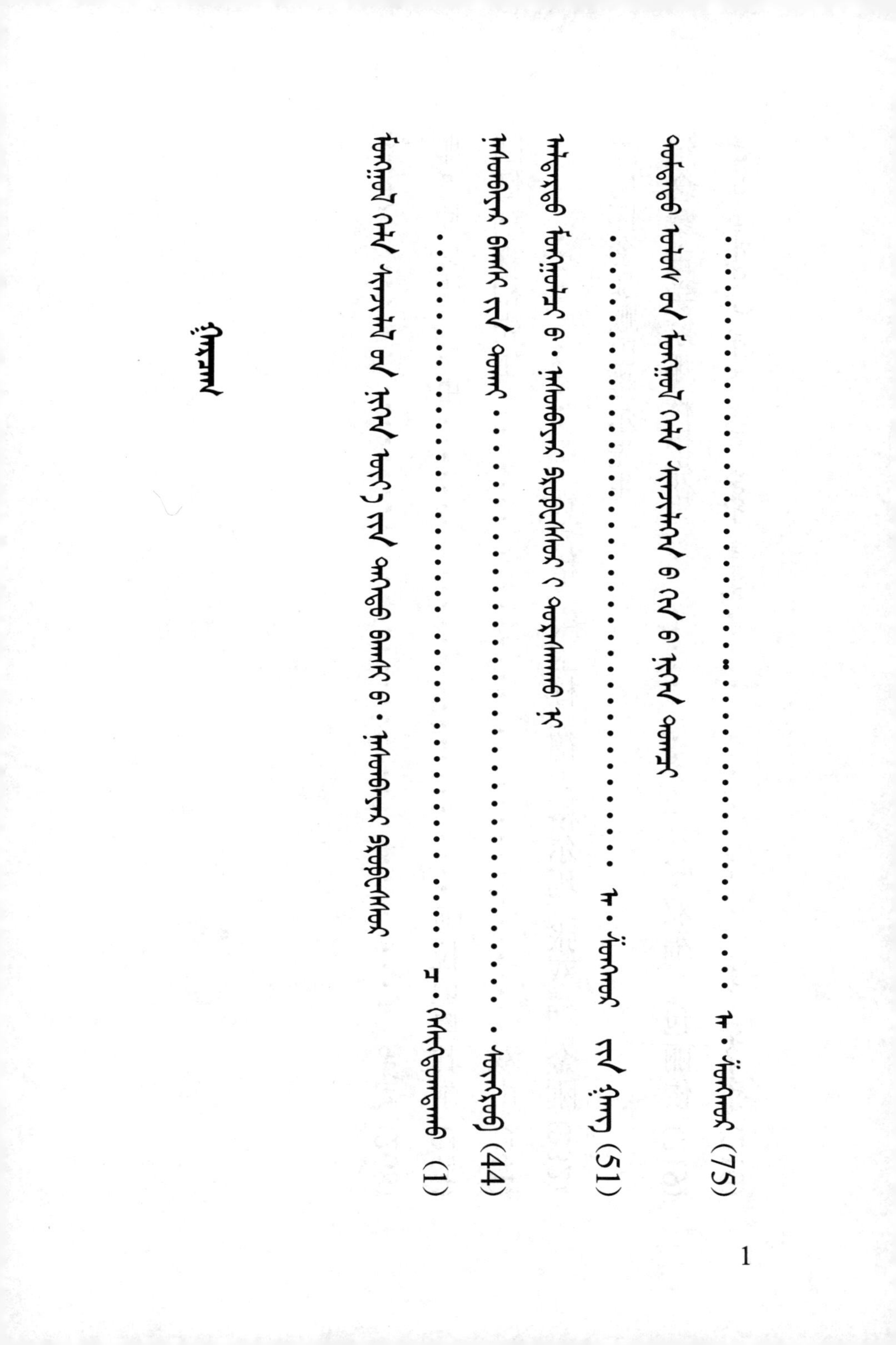

ᠭᠠᠷᠴᠠᠭ

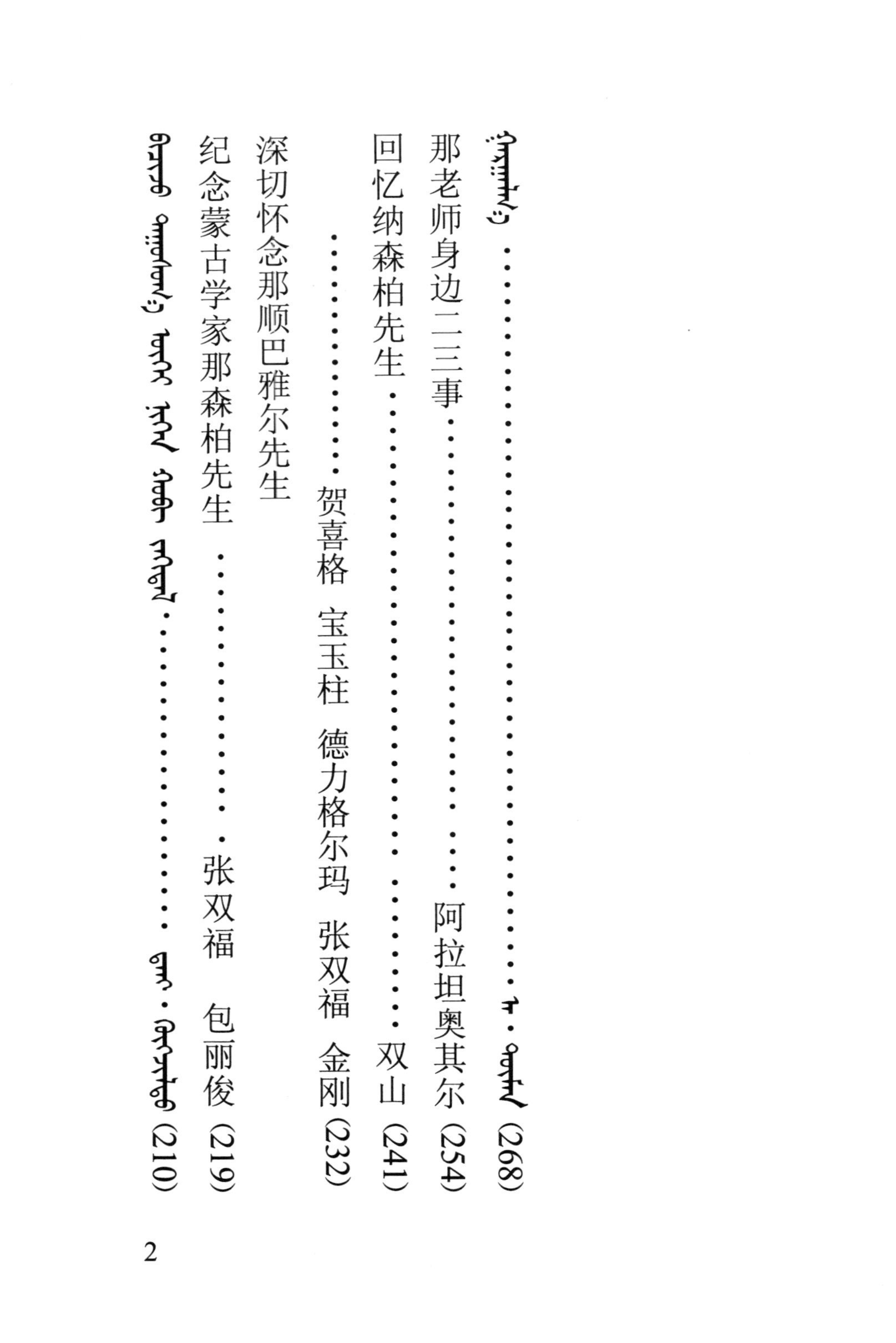

ᠮᠣᠩᠭᠣᠯ ᠬᠡᠯᠡᠨ ᠦ ᠲᠤᠬᠠᠢ ᠳᠤ ᠬᠡᠯᠡᠬᠦ ᠨᠢ
ᠮᠣᠩᠭᠣᠯ ᠪᠢᠴᠢᠭ ᠦᠨ ᠰᠤᠳᠤᠯᠭ᠎ᠠ ᠶᠢᠨ ᠲᠤᠬᠠᠢ

ᠵ᠂ ᠪᠠᠲᠤᠪᠠᠶᠠᠷ

ᠮᠣᠩᠭᠣᠯ ᠤᠨ ᠦᠨᠳᠦᠰᠦᠲᠡᠨ ᠦ ᠰᠤᠷᠭᠠᠨ ᠬᠦᠮᠦᠵᠢᠯ ᠦᠨ ᠬᠦᠭᠵᠢᠯ ᠪᠣᠯᠤᠨ ᠬᠡᠯᠡ ᠪᠢᠴᠢᠭ ᠦᠨ ᠰᠤᠳᠤᠯᠭ᠎ᠠ ᠪᠠᠷ ᠳᠠᠮᠵᠢᠭᠤᠯᠤᠨ ᠬᠦᠮᠦᠵᠢᠯ ᠦᠨ ᠬᠦᠭᠵᠢᠯ ᠪᠣᠯᠤᠨ ᠬᠡᠯᠡ ᠪᠢᠴᠢᠭ ᠦᠨ ᠰᠤᠳᠤᠯᠭ᠎ᠠ ᠶᠢ ᠥᠷᠭᠡᠵᠢᠭᠦᠯᠬᠦ ᠨᠢ᠂ ᠮᠣᠩᠭᠣᠯ ᠬᠡᠯᠡᠨ ᠦ ᠰᠤᠳᠤᠯᠭ᠎ᠠ ᠶᠢᠨ ᠦᠨᠳᠦᠰᠦᠲᠡᠨ ᠦ ᠰᠤᠷᠭᠠᠨ ᠬᠦᠮᠦᠵᠢᠯ ᠳᠦ

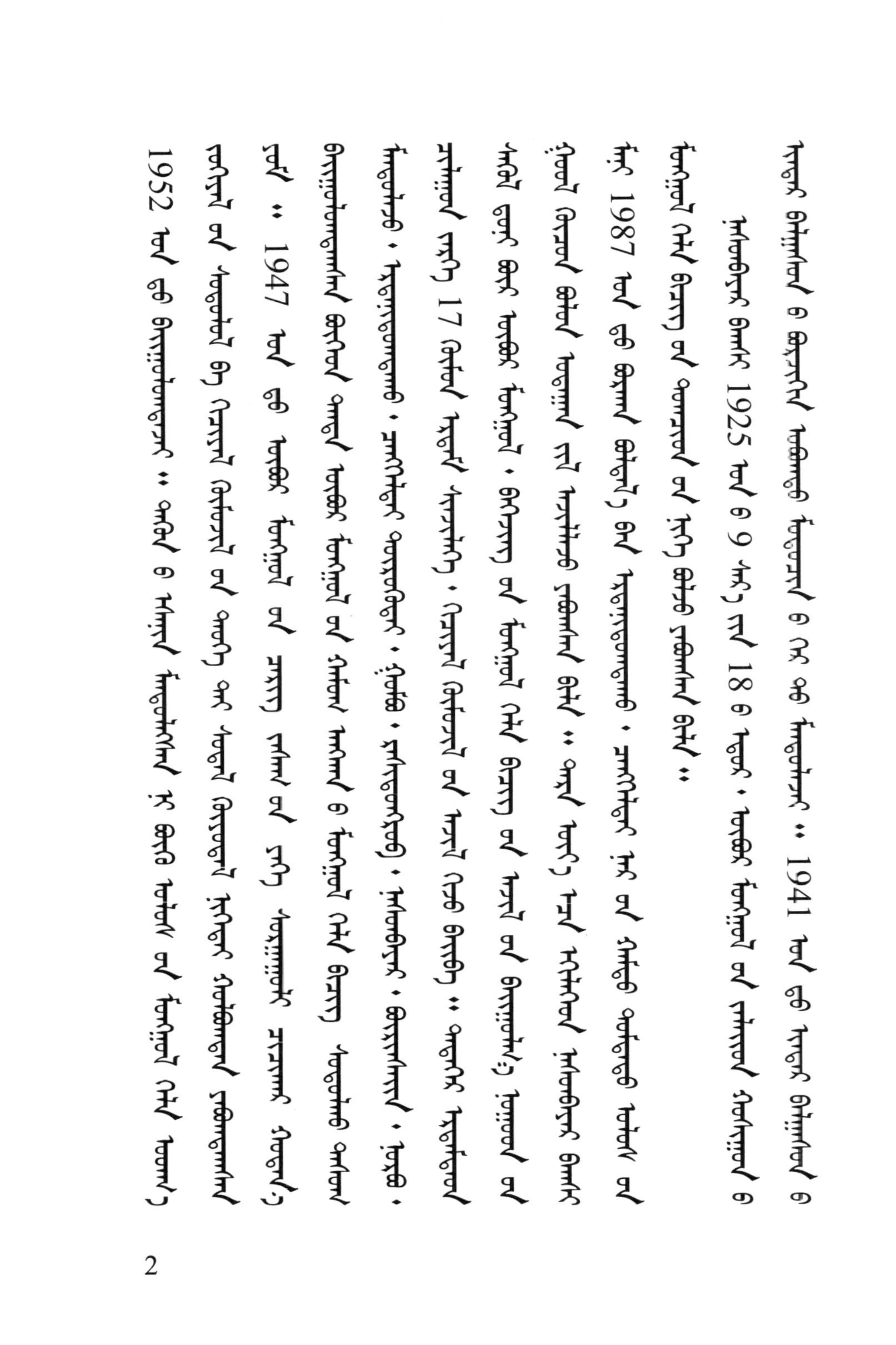

[illegible] ᠂ 1941—1942 ᠣᠨ ᠳᠤ [illegible] ([illegible]
[illegible]) [illegible] ᠄ [illegible]
[illegible] ᠄ 1947 ᠣᠨ ᠤ 8 ᠰᠠᠷ᠎ᠠ ᠶᠢᠨ 31 ᠦ [illegible] ᠂ [illegible]
[illegible] 1948 ᠣᠨ ᠤ 1 ᠰᠠᠷ᠎ᠠ [illegible]
[illegible] ᠄ 1949 ᠣᠨ ᠤ
[illegible]
[illegible]
[illegible] 1949 ᠣᠨ ᠤ 3 ᠰᠠᠷ᠎ᠠ [illegible] 1954
ᠣᠨ ᠤ 6 ᠰᠠᠷ᠎ᠠ [illegible]
[illegible]
[illegible] ᠂ [illegible] ᠂ [illegible]
[illegible] ᠂ [illegible]

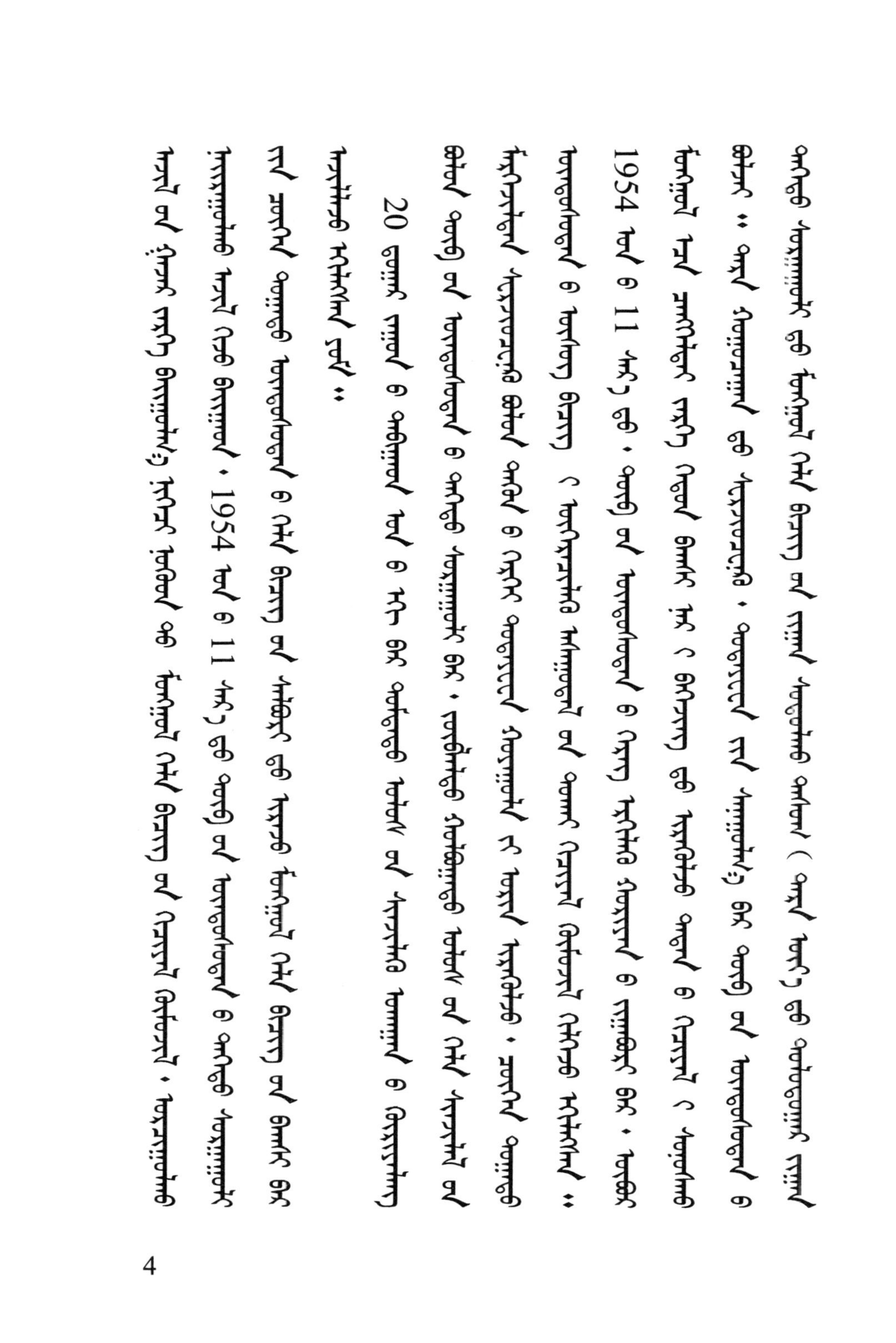

[illegible] ([illegible]) [illegible]

[illegible] :: [illegible]

[illegible]

1954 [illegible] 11 [illegible]

[illegible] ::

[illegible]

[illegible]

20 [illegible]

[illegible] ::

[illegible]

[illegible] 1954 [illegible] 11 [illegible]

[illegible]

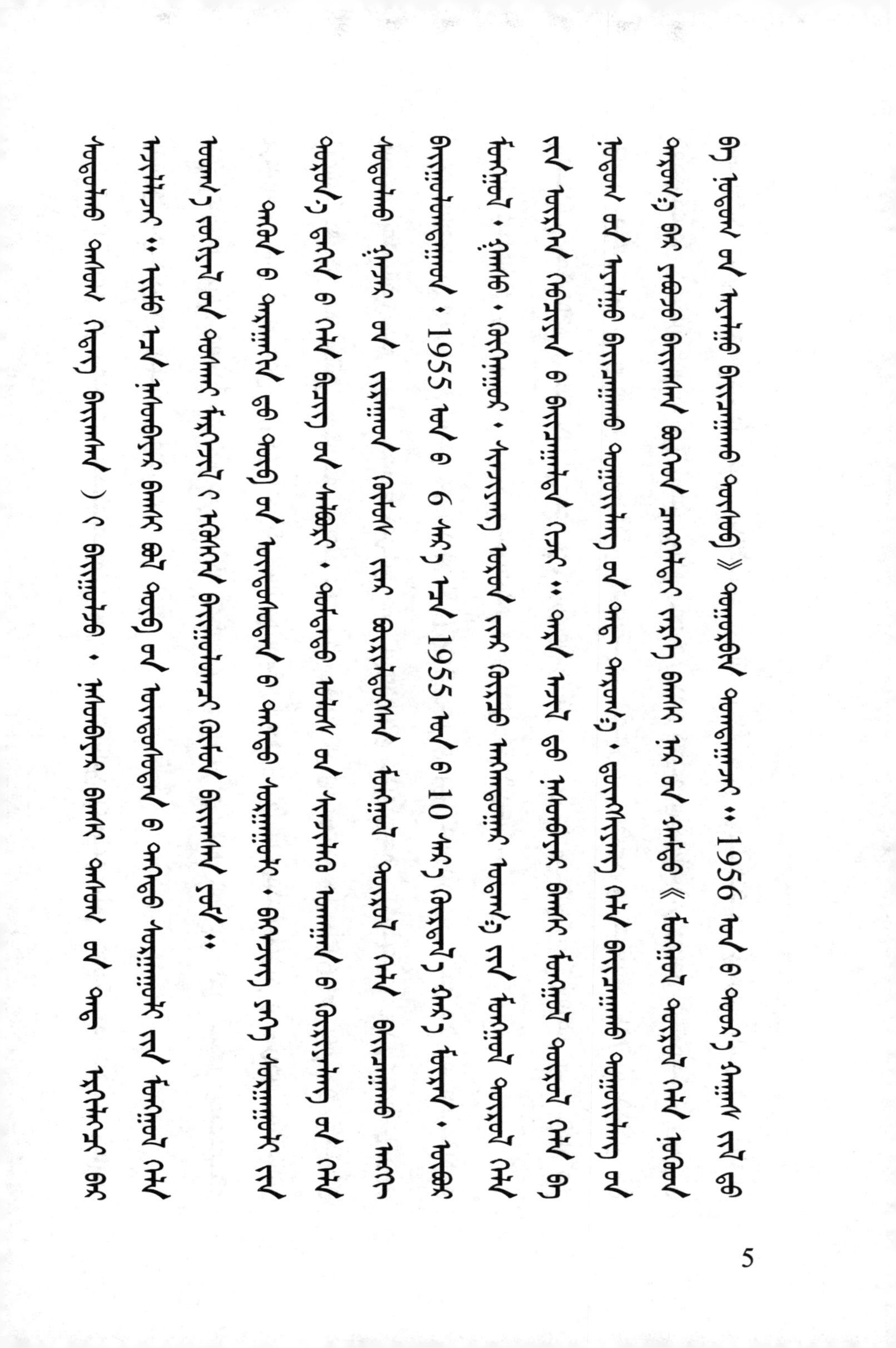

[illegible] :: [illegible] ::

[illegible] , 1955 ᠣᠨ ᠤ 6 [illegible] 1955 ᠣᠨ ᠤ 10 [illegible] , [illegible] 《 [illegible] 》 [illegible] :: 1956 ᠣᠨ ᠤ [illegible]

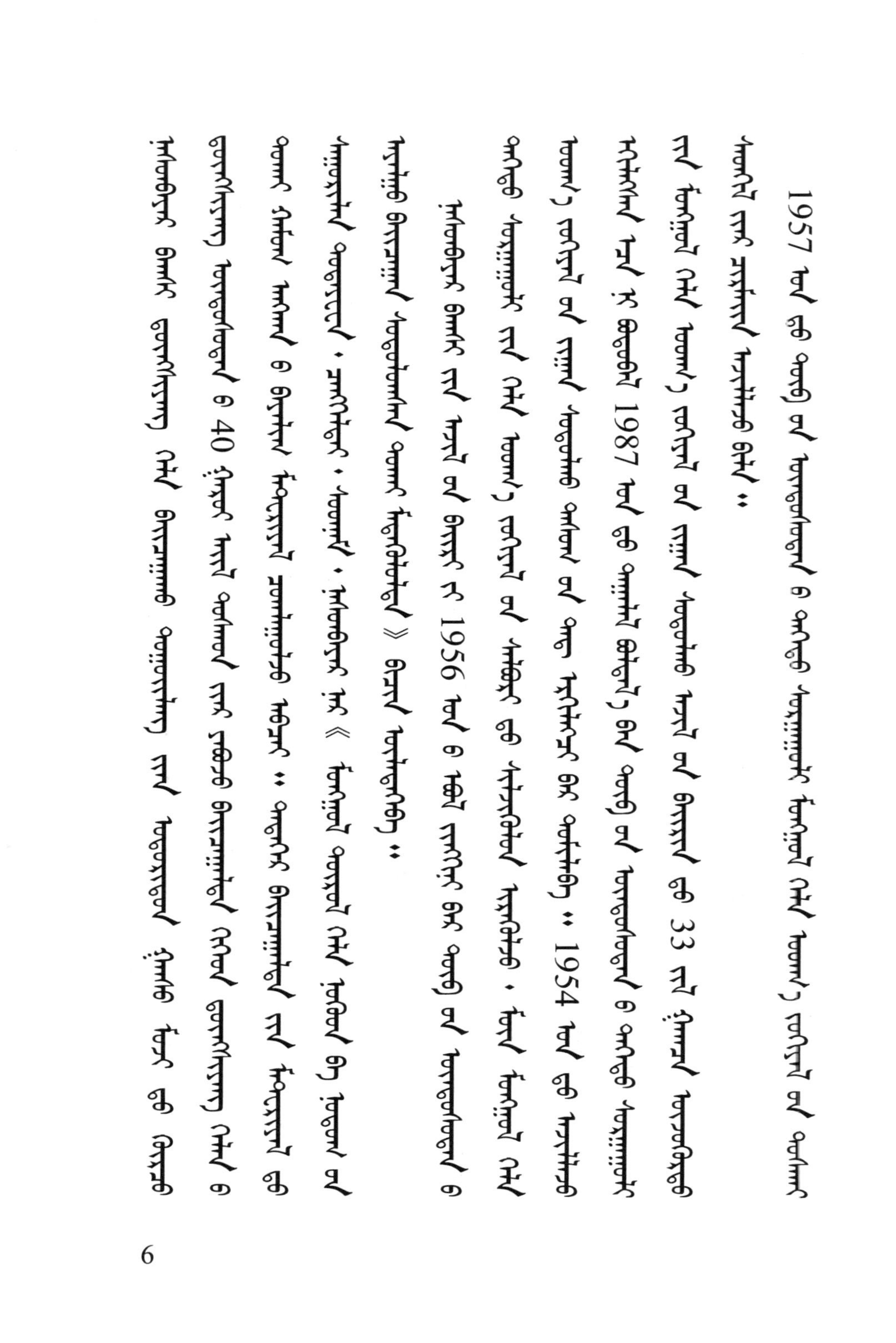

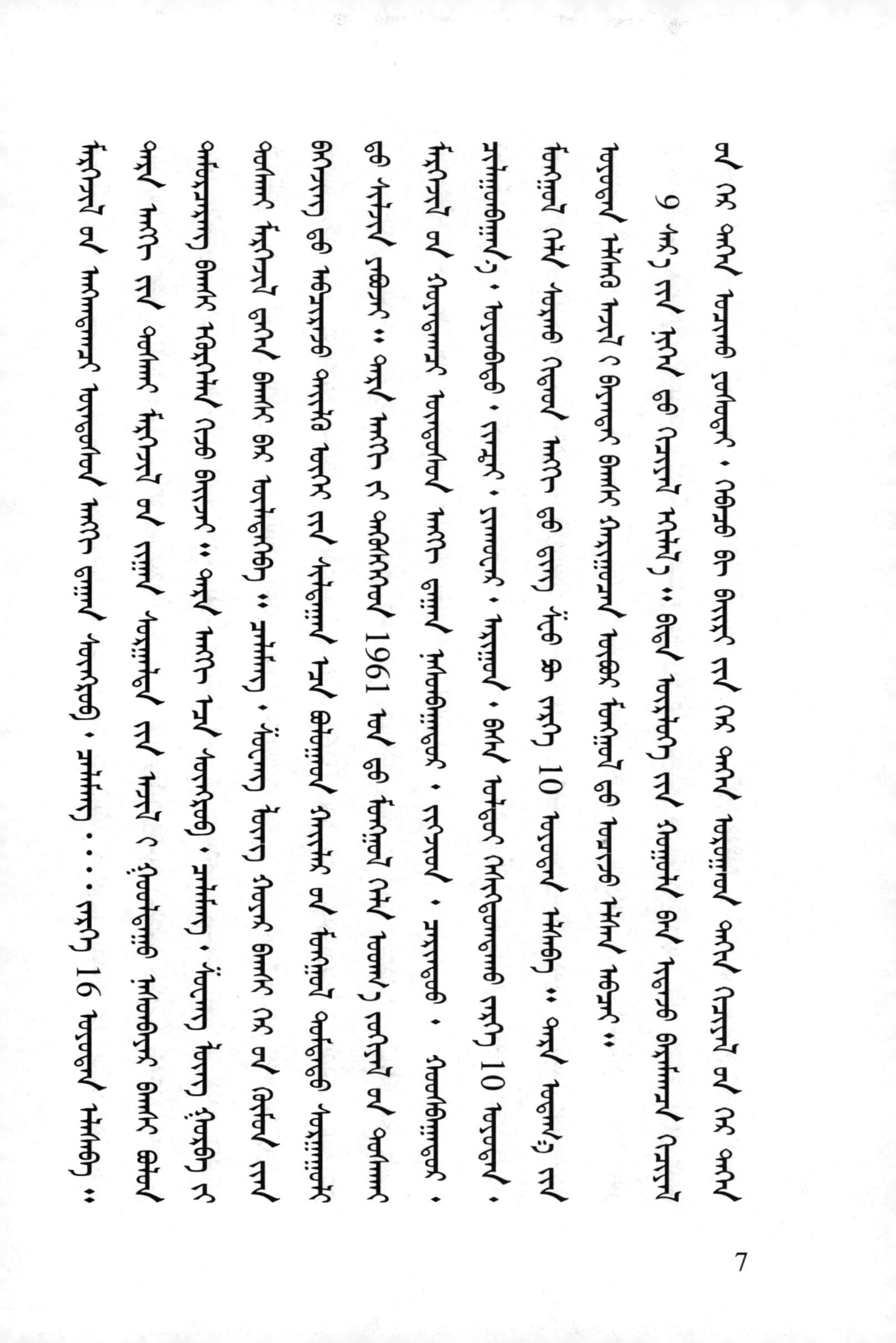

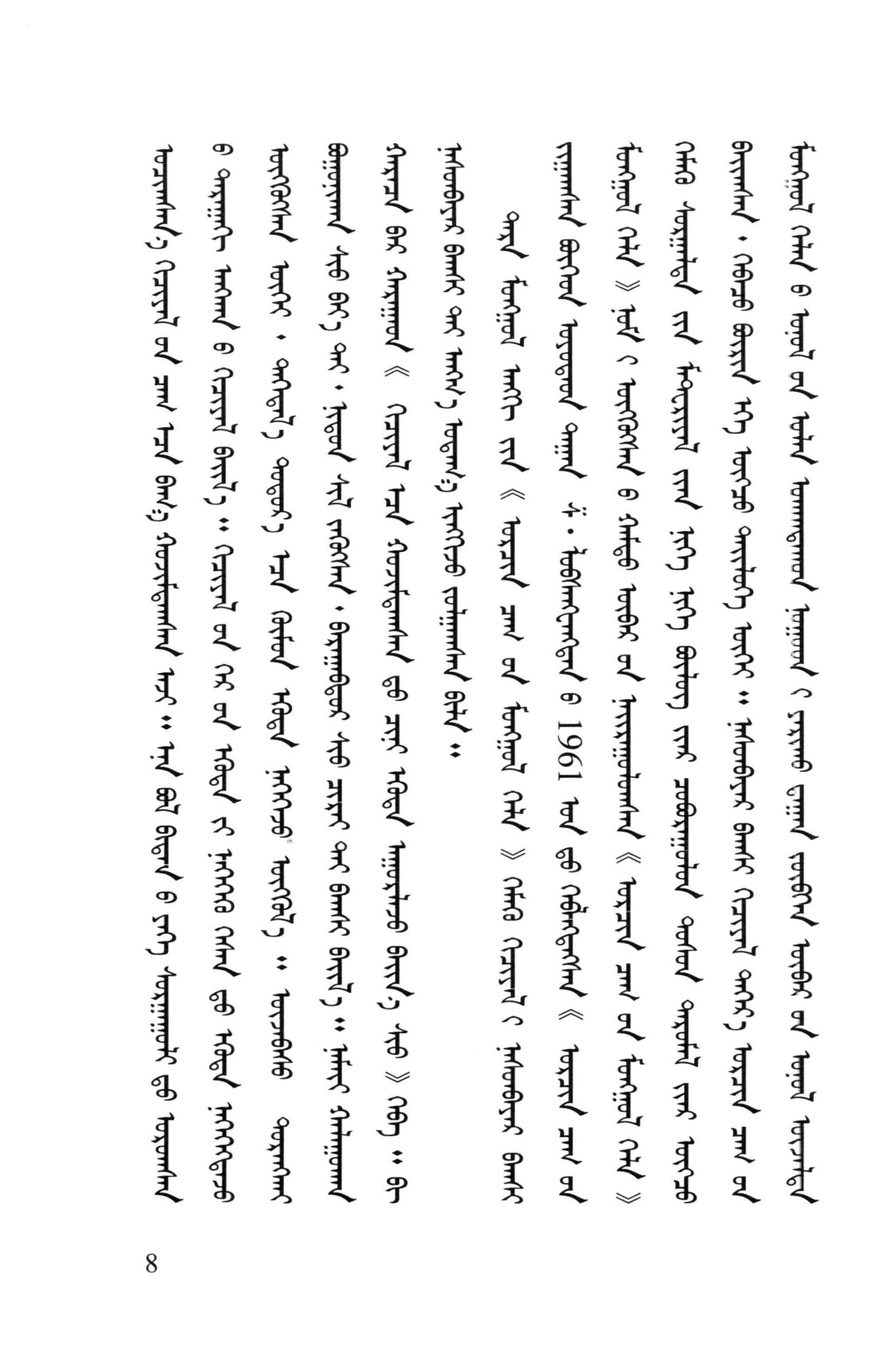

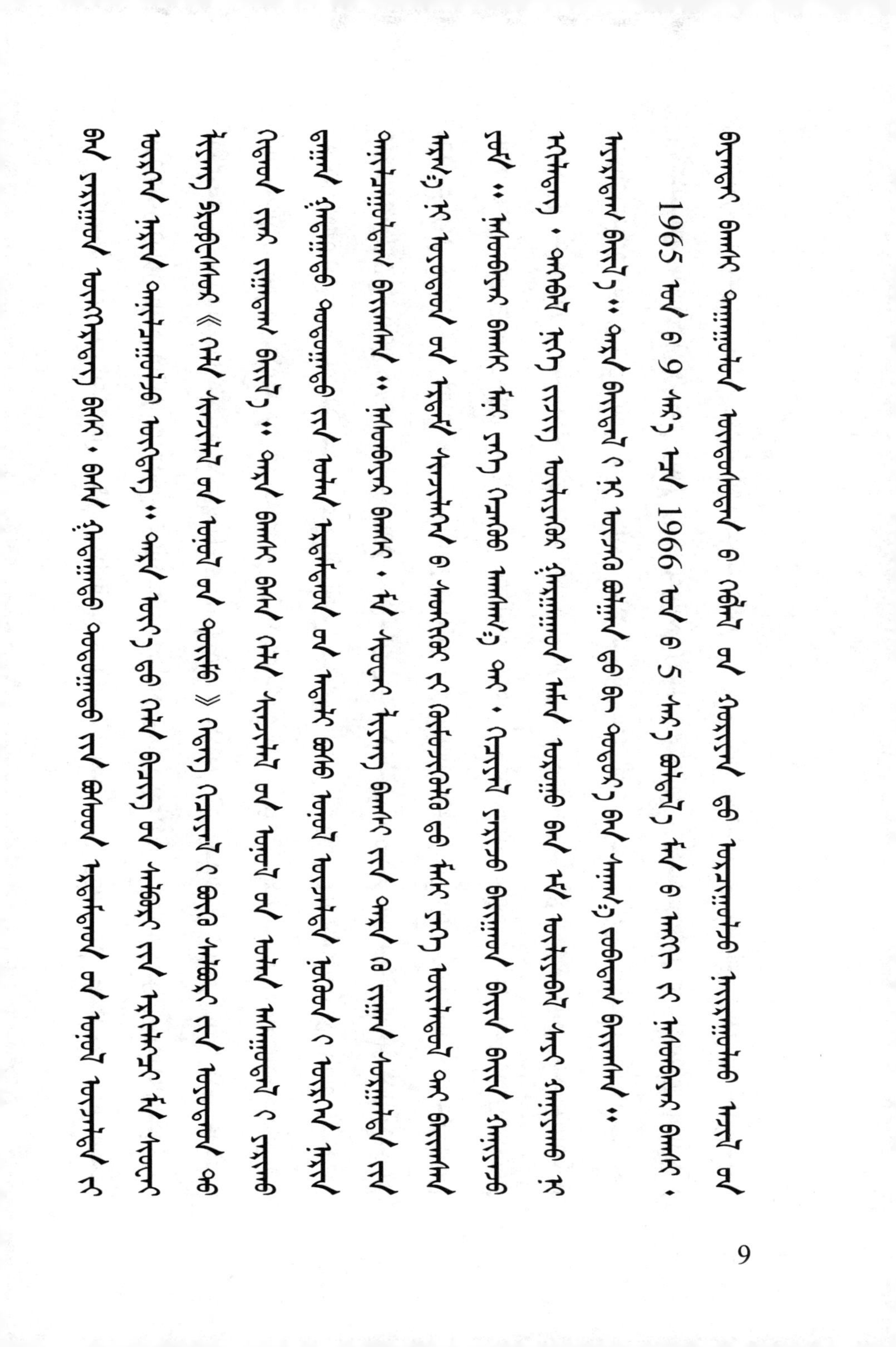

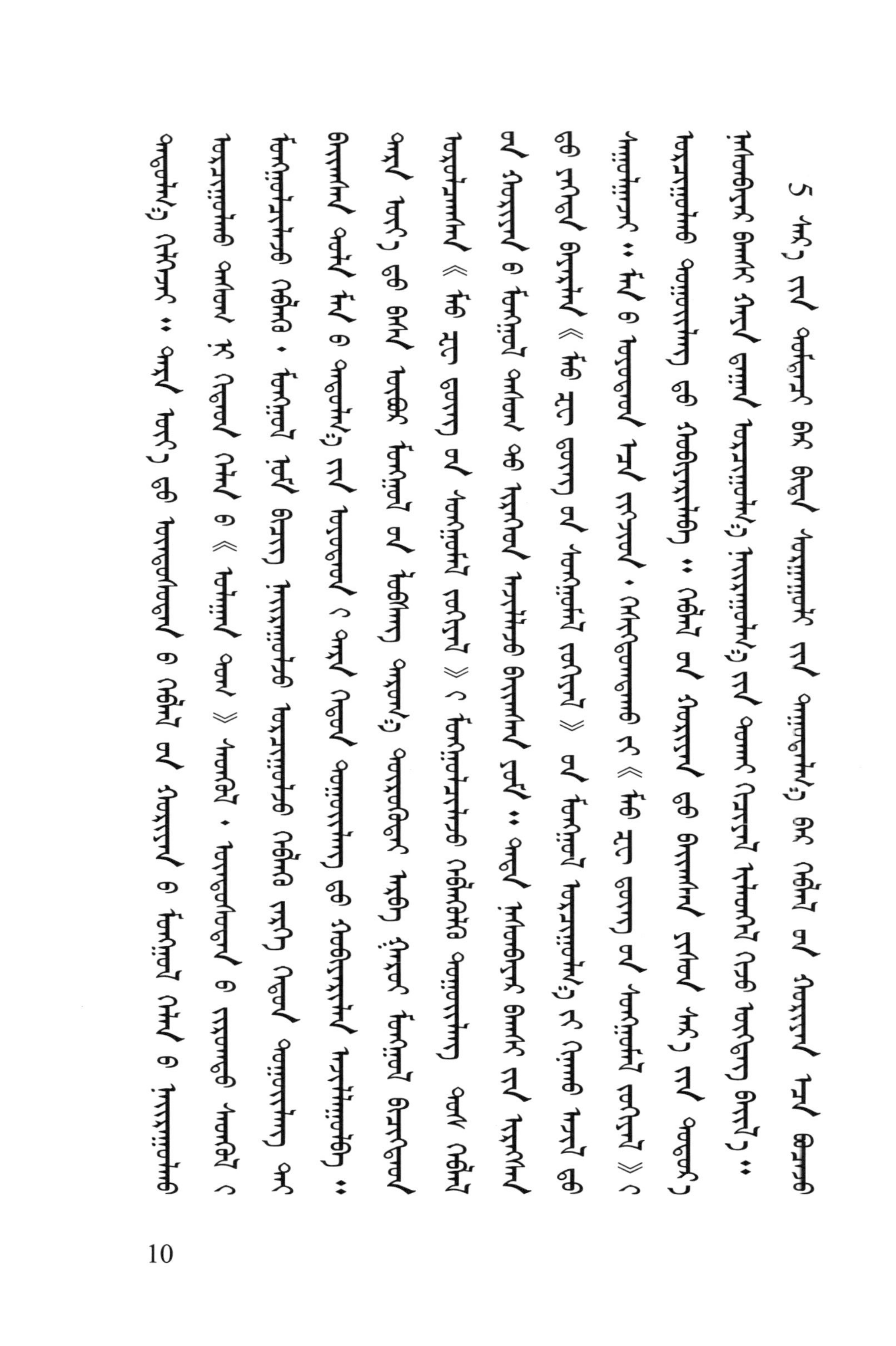

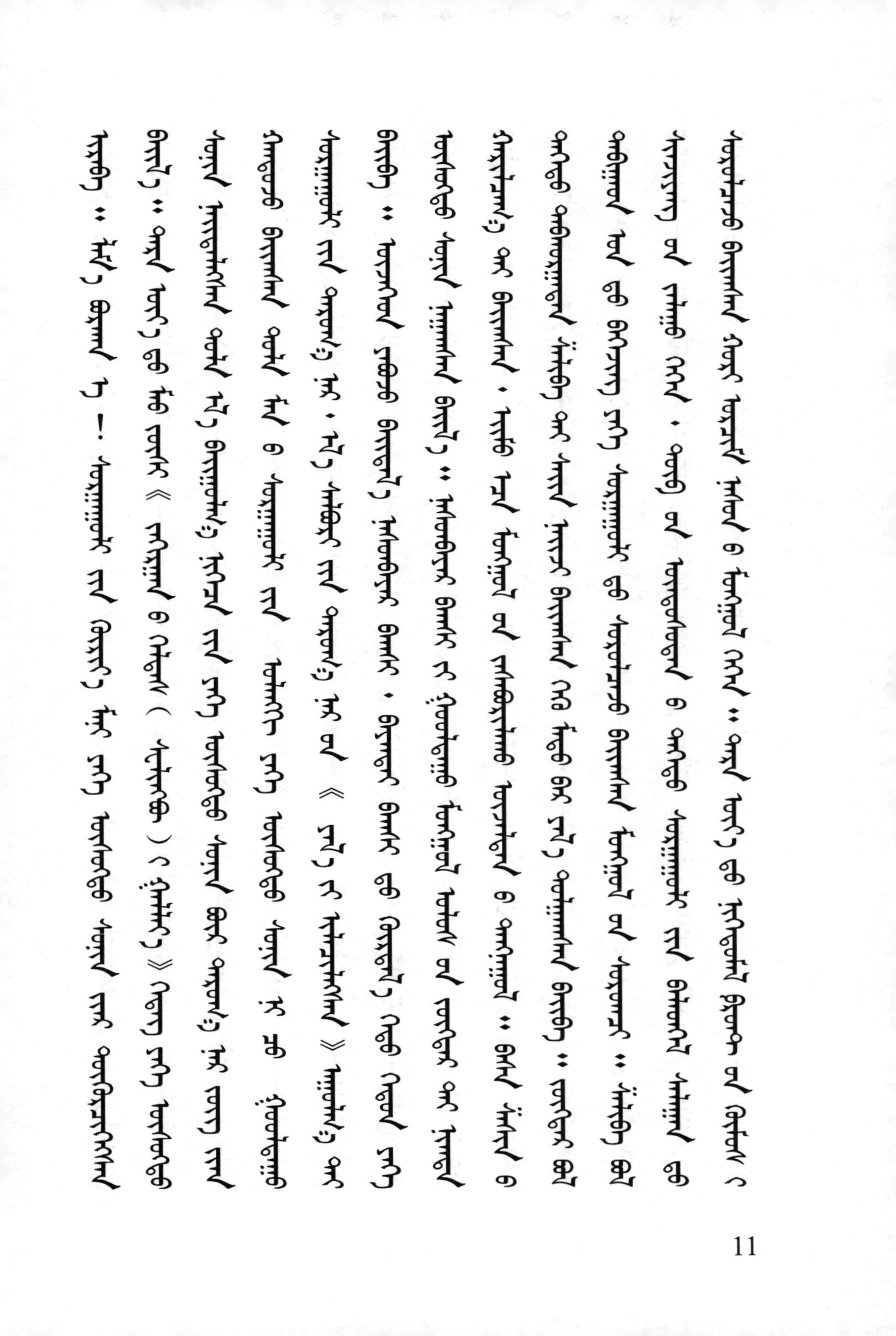

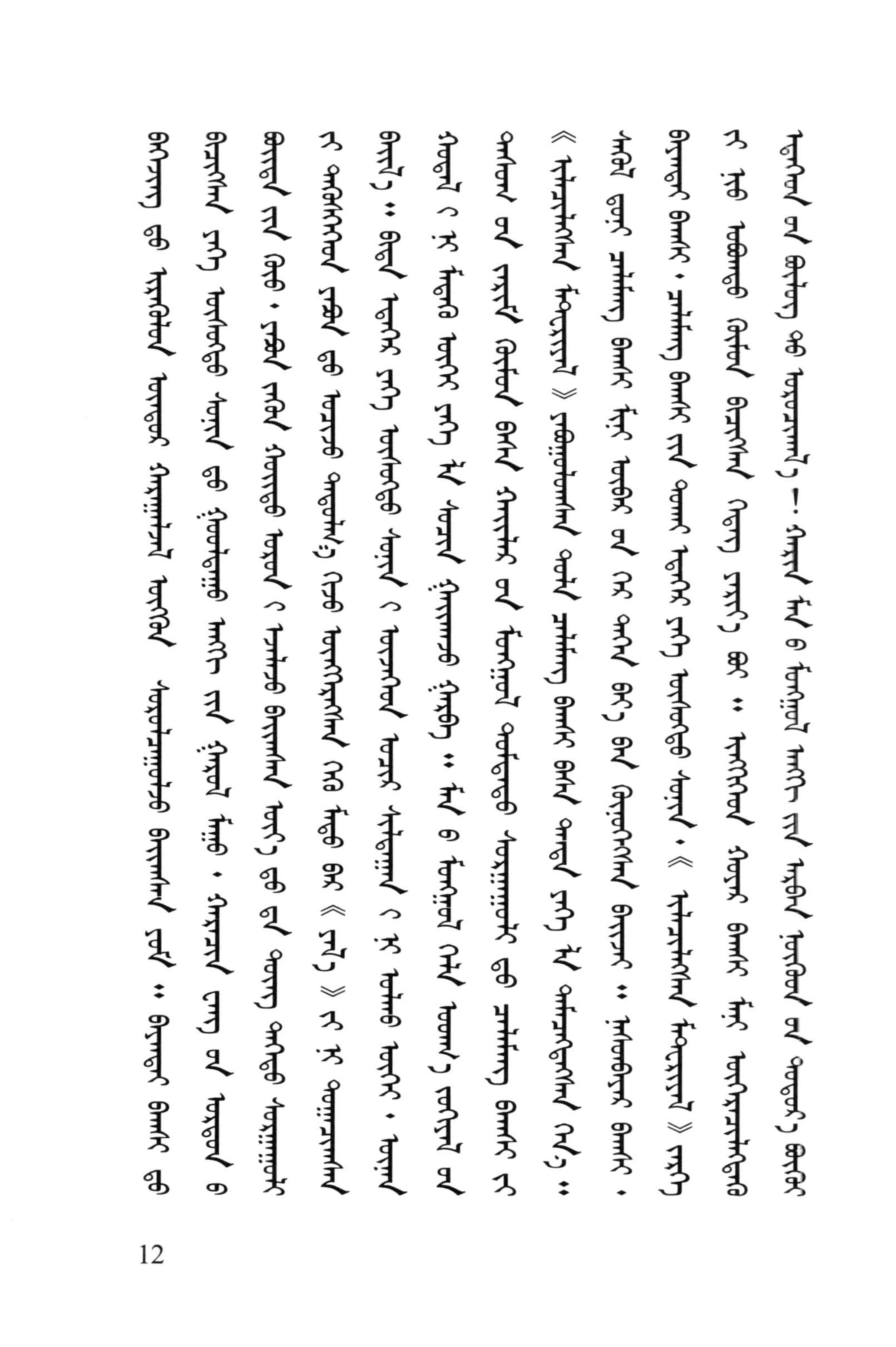

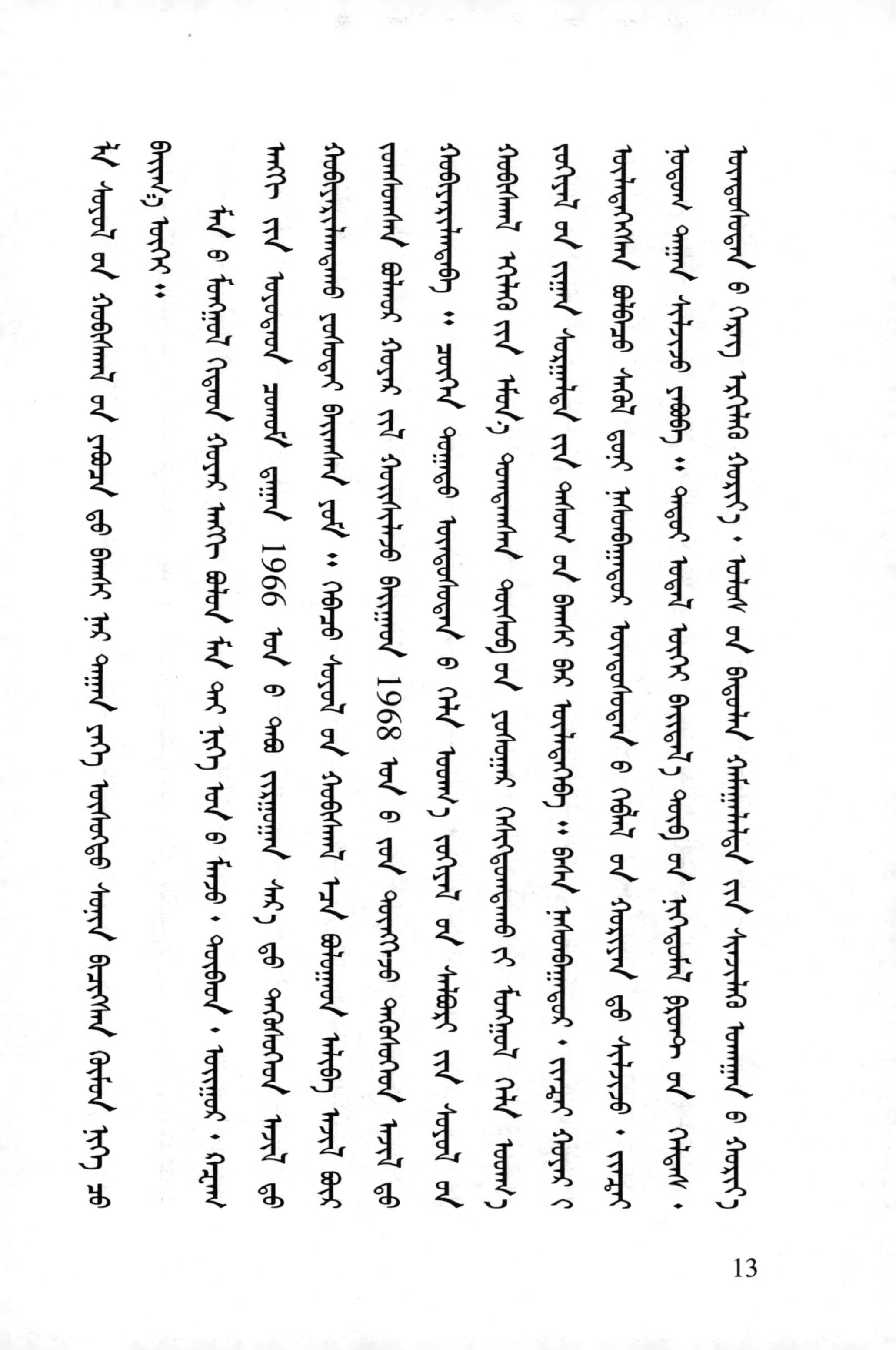

[illegible] ::

[illegible] 1966 [illegible] :: [illegible] 1968 [illegible] :: [illegible] :: [illegible] :: [illegible]

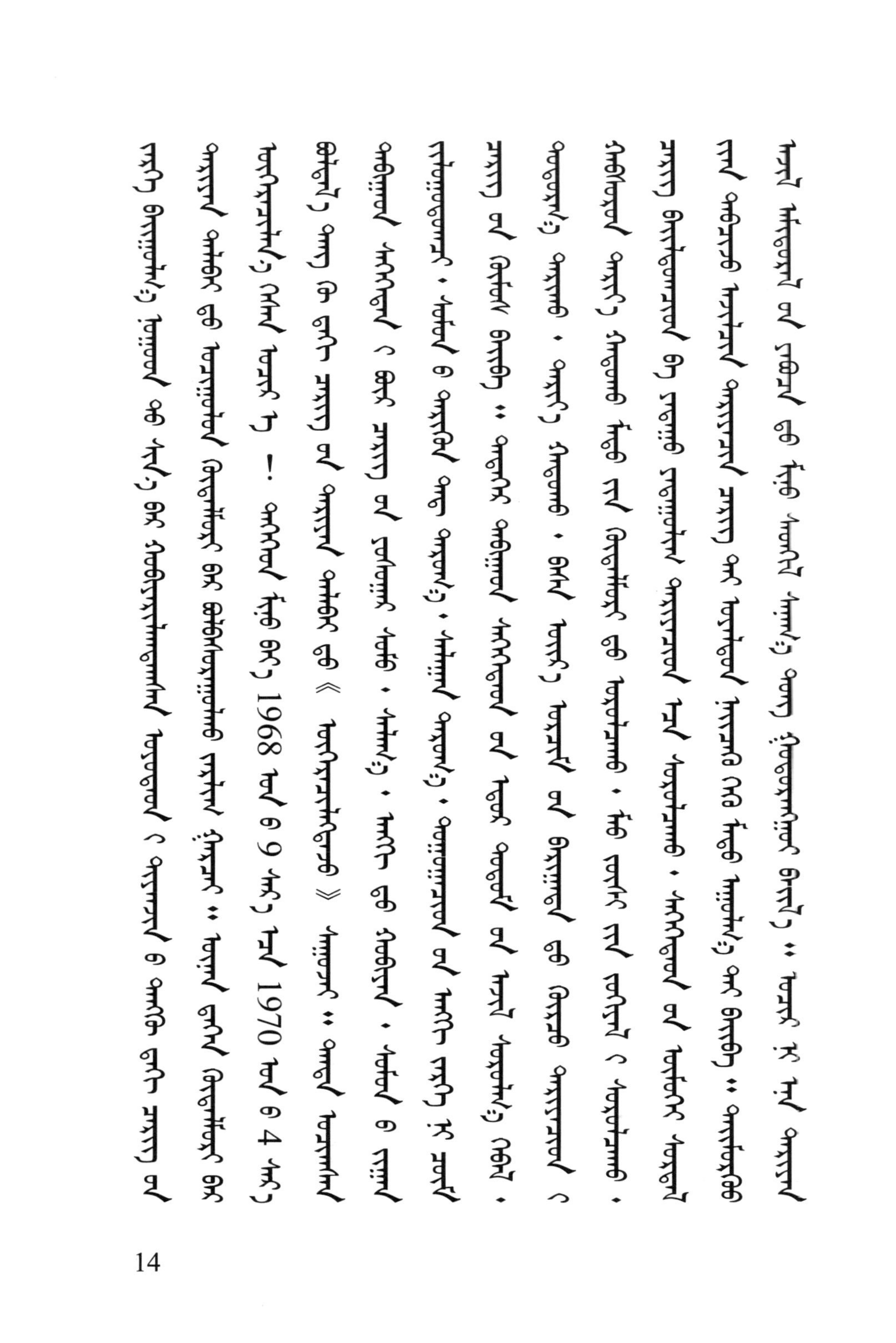

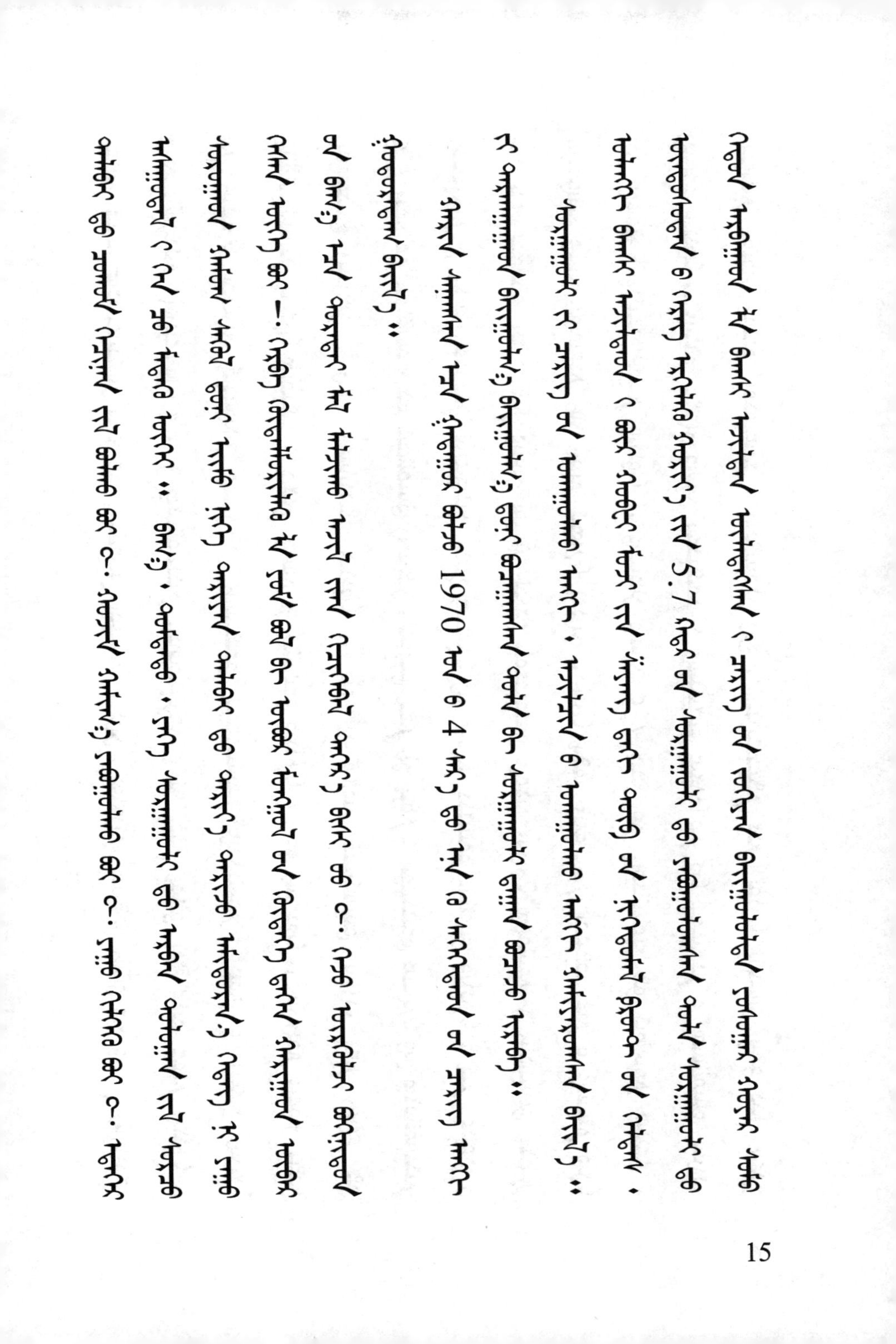

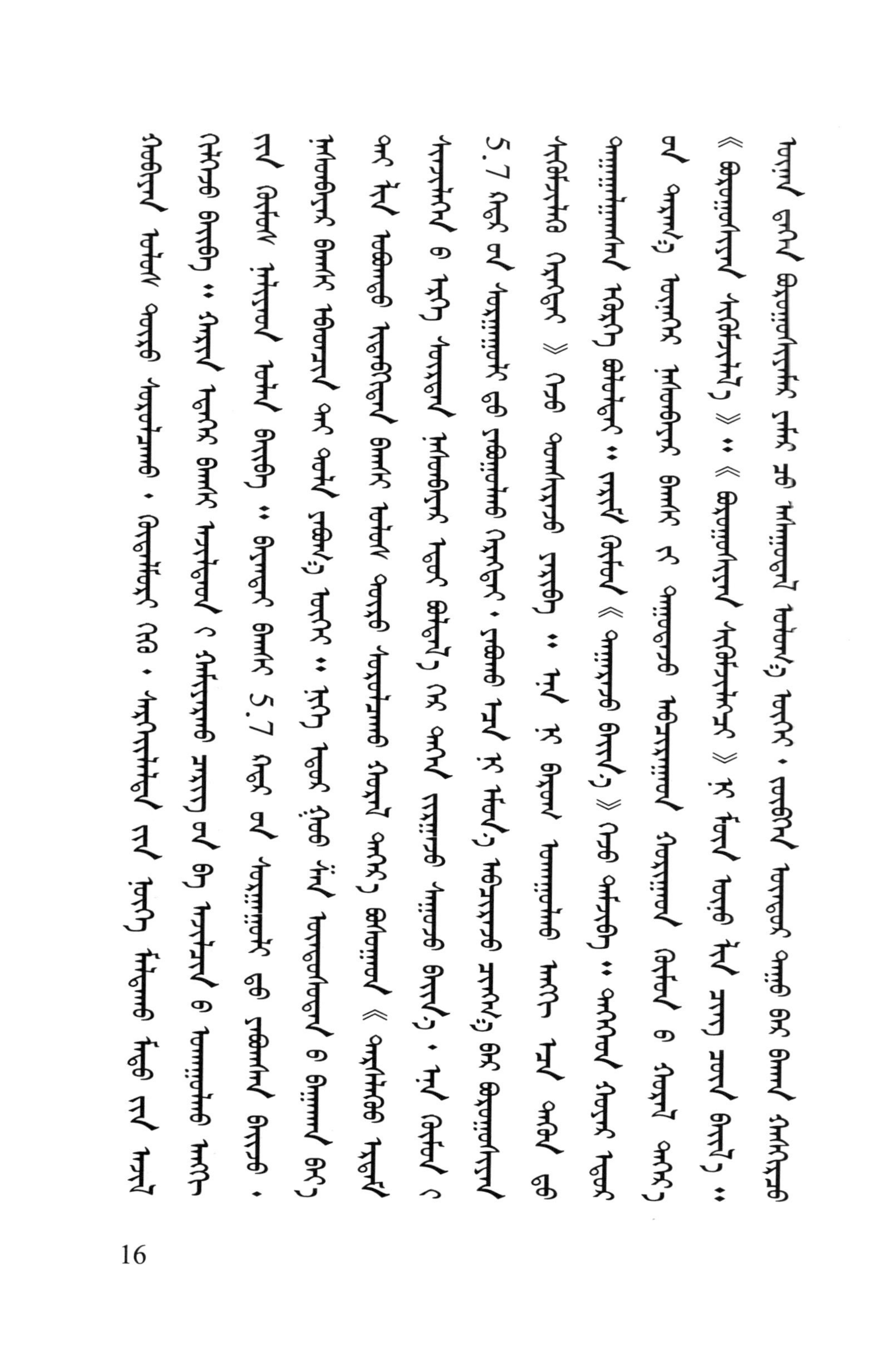

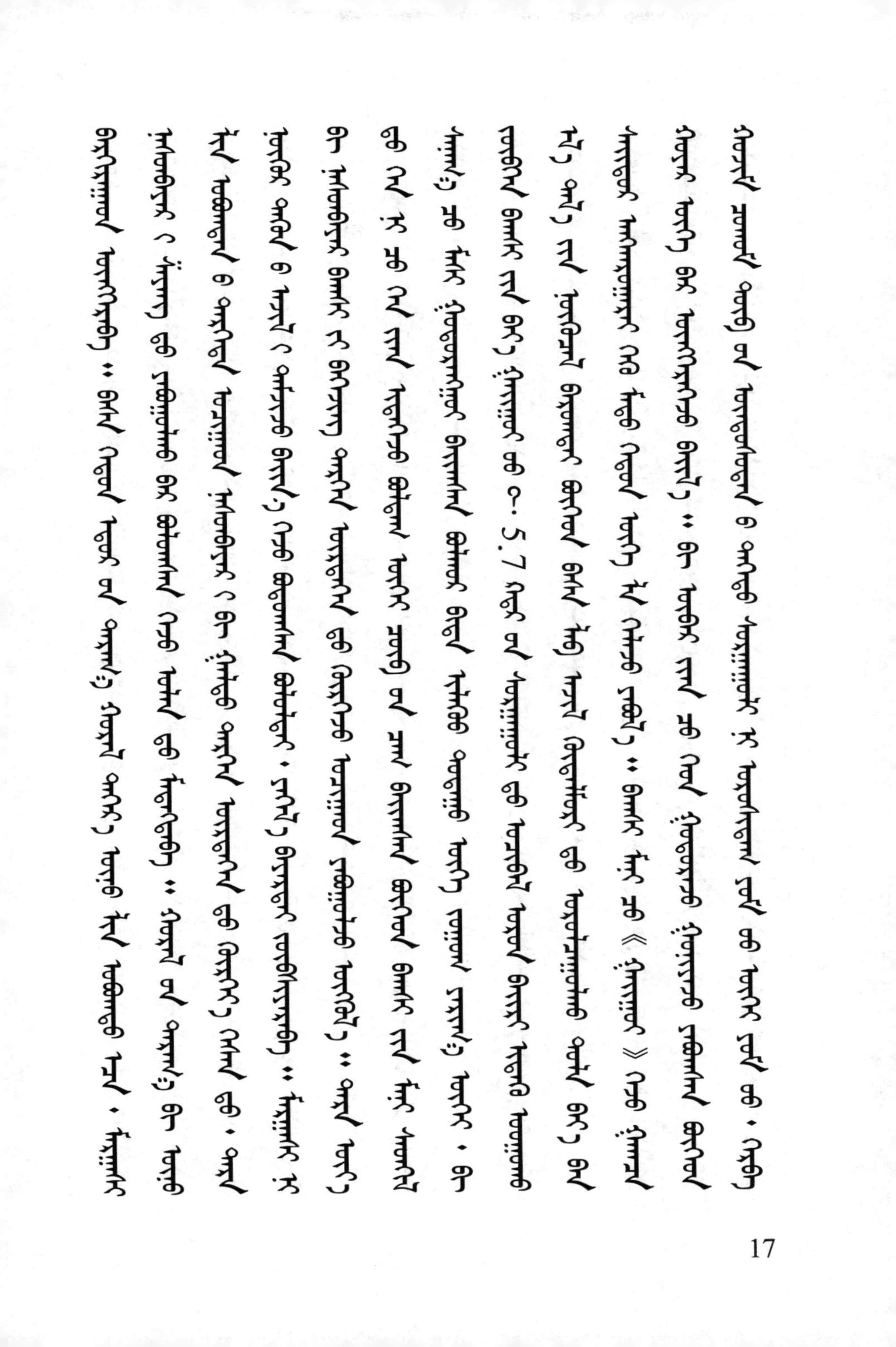

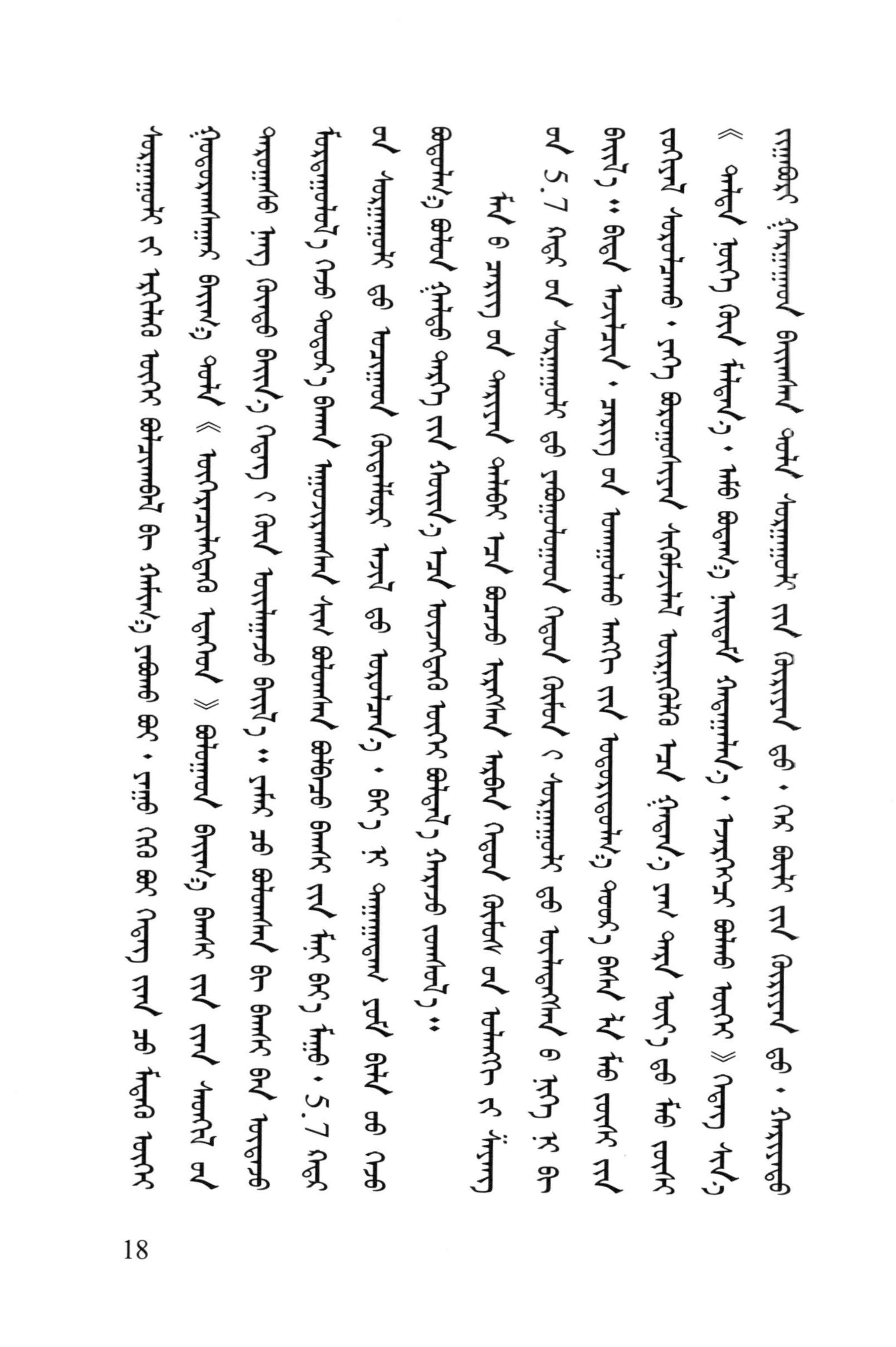

[illegible]

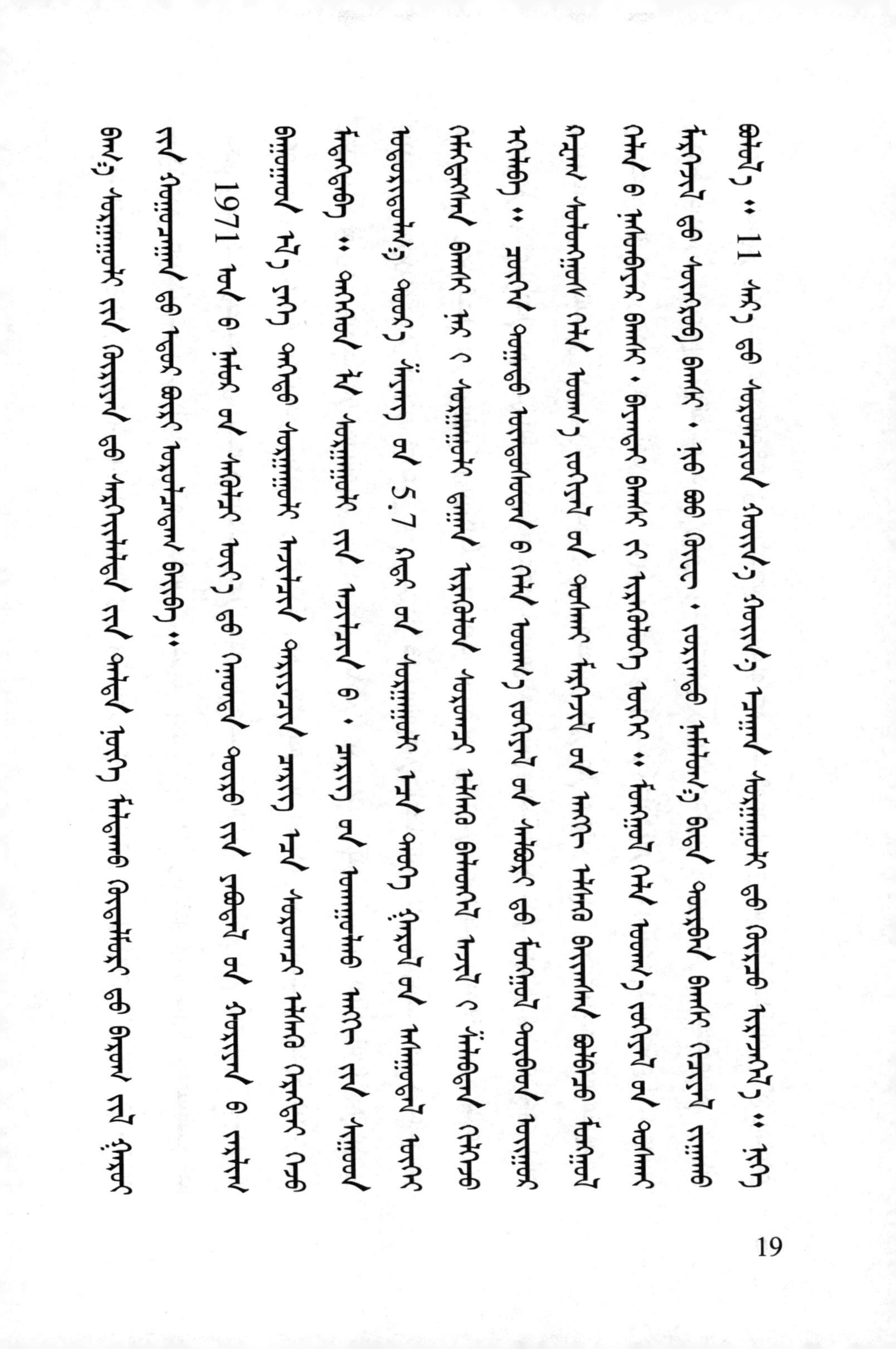

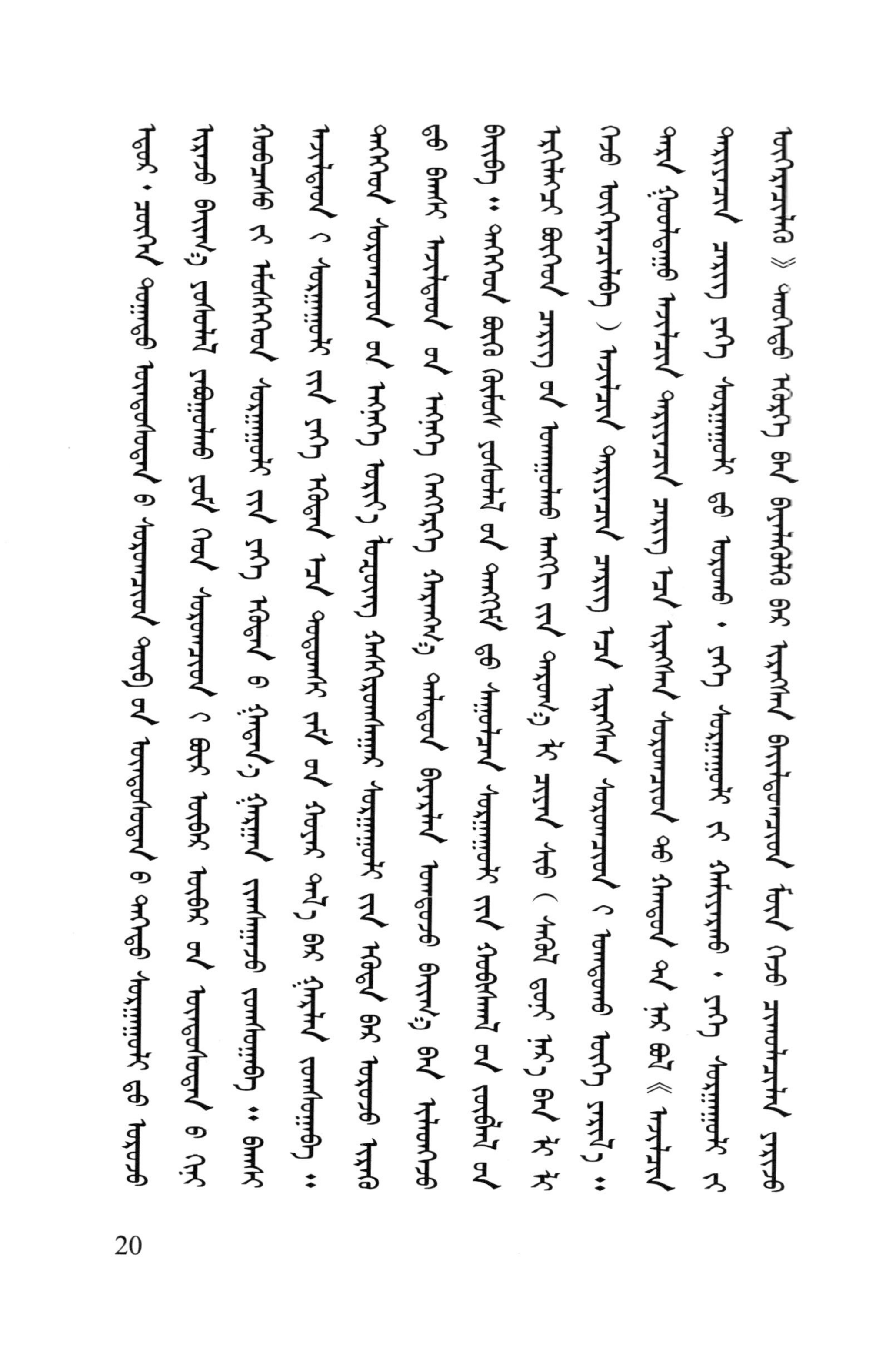

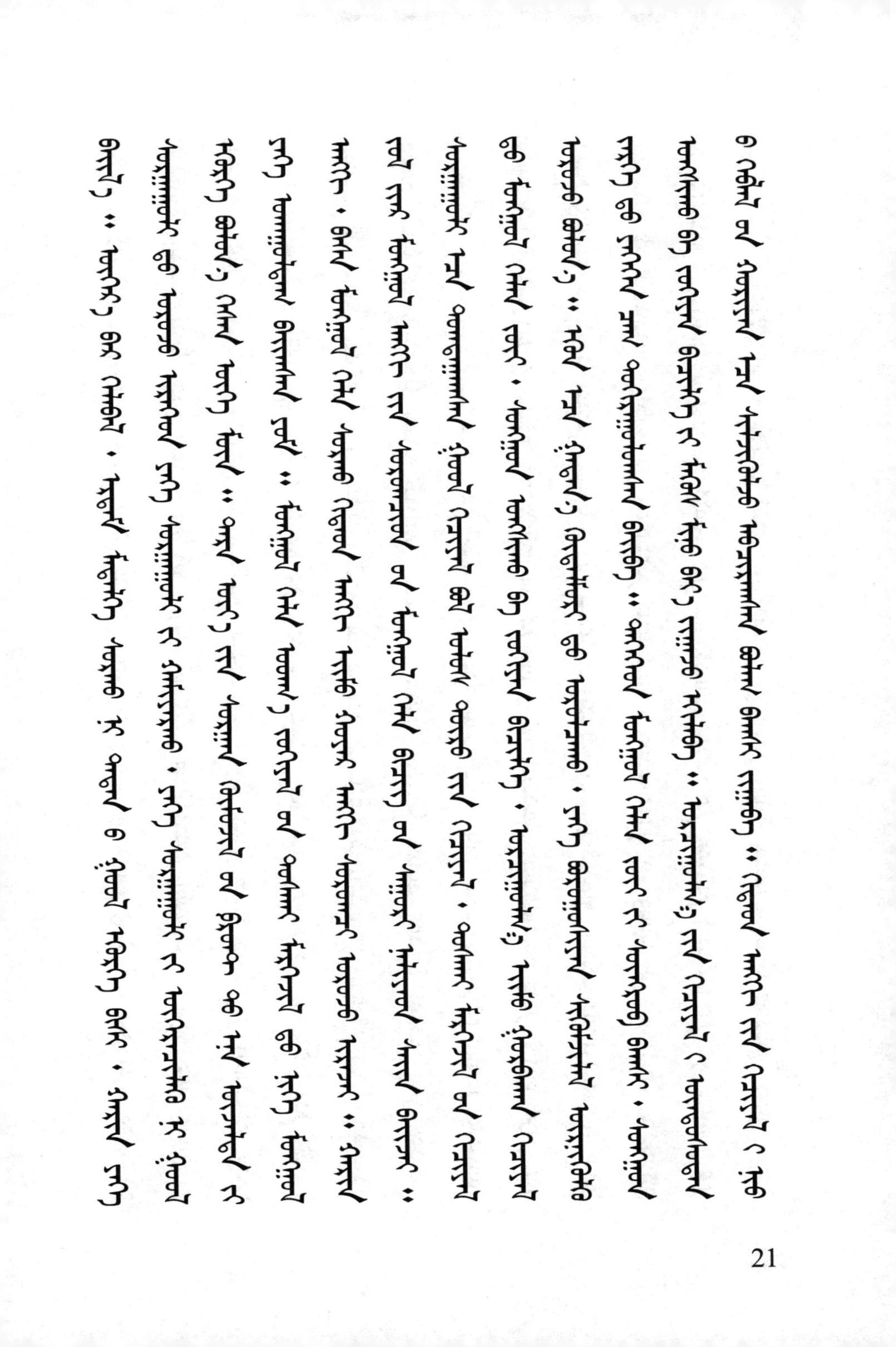

[illegible]

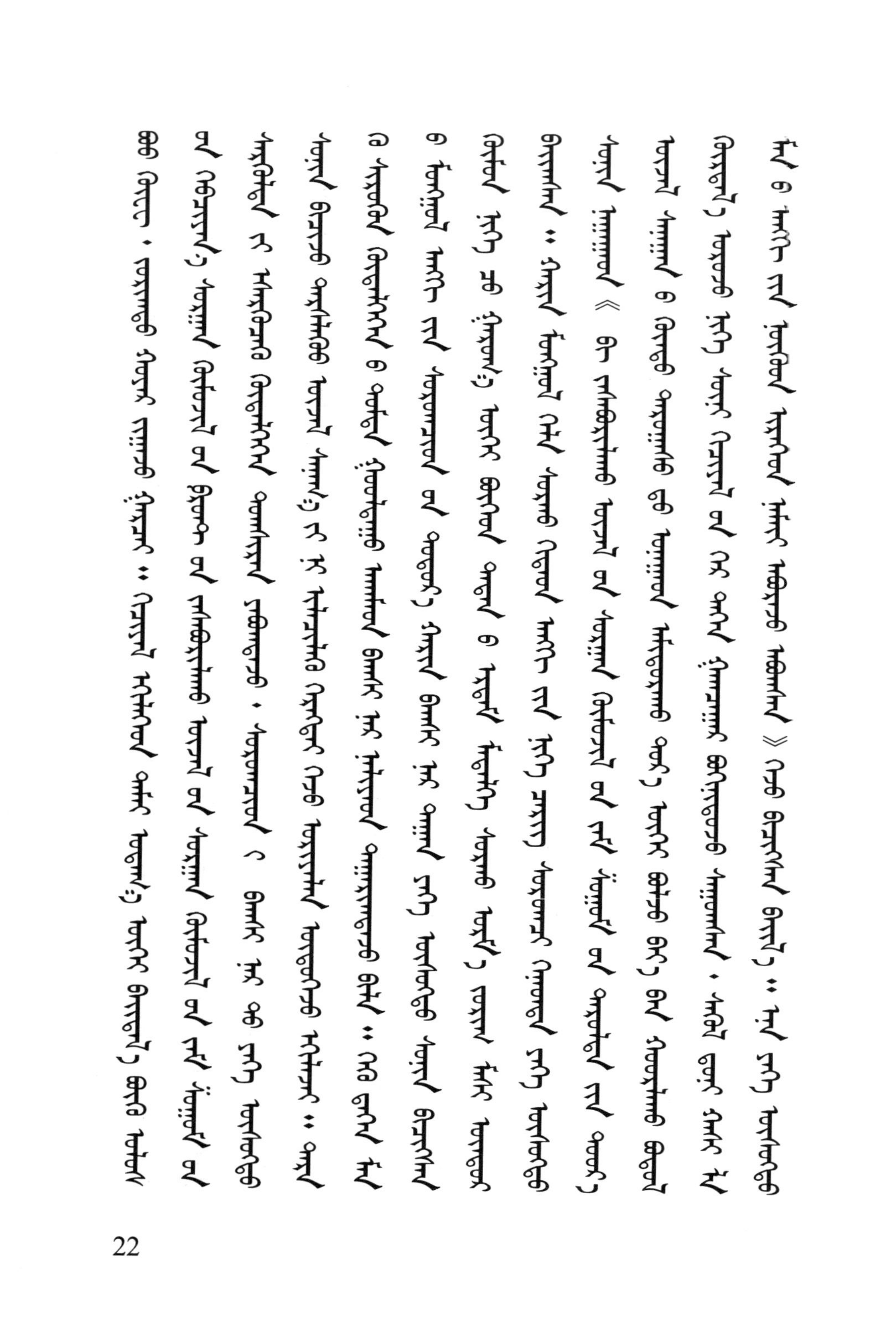

[illegible]
[illegible]
[illegible]
[illegible]
[illegible]
[illegible]
[illegible]
[illegible]
[illegible]
[illegible]
[illegible]
[illegible]

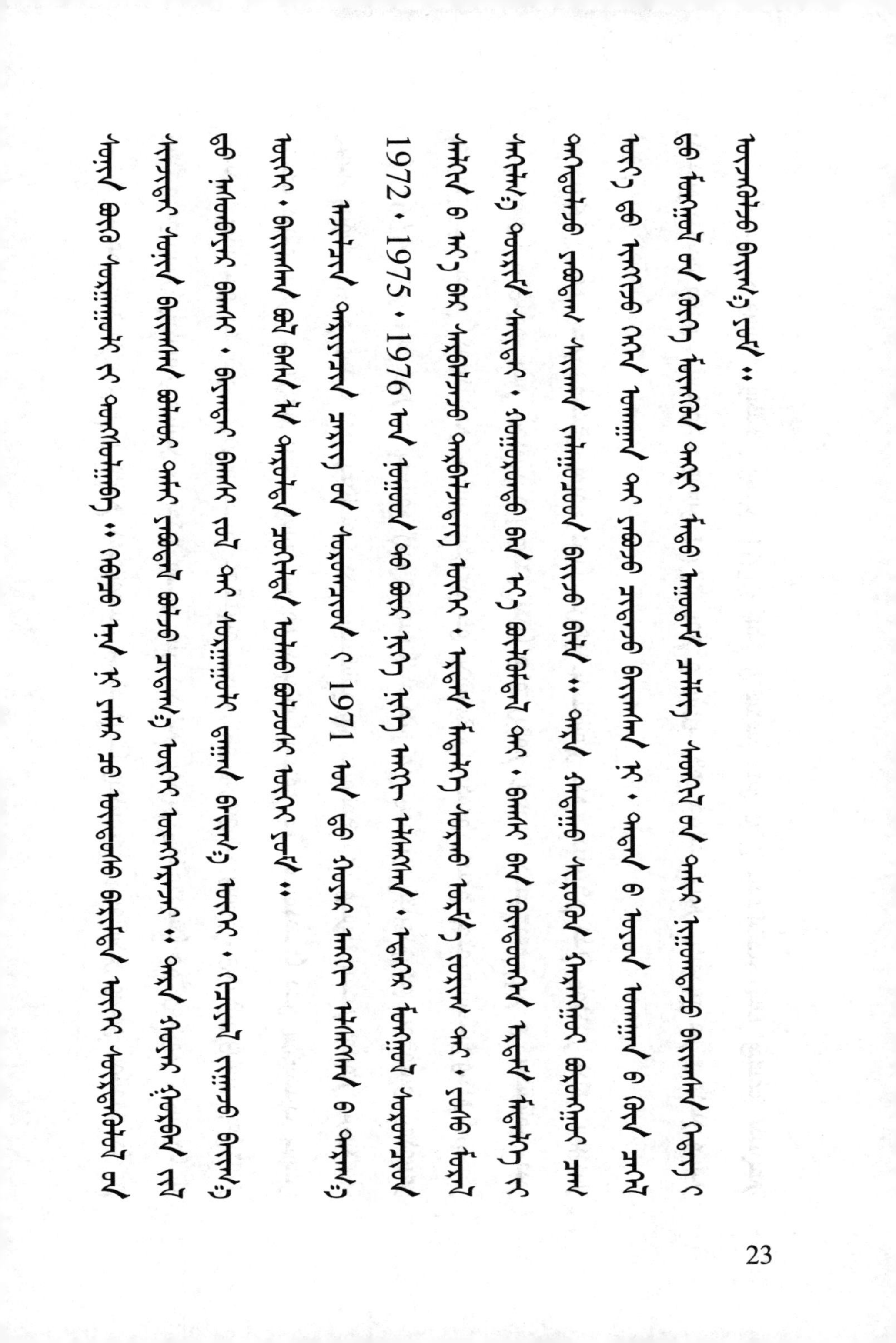

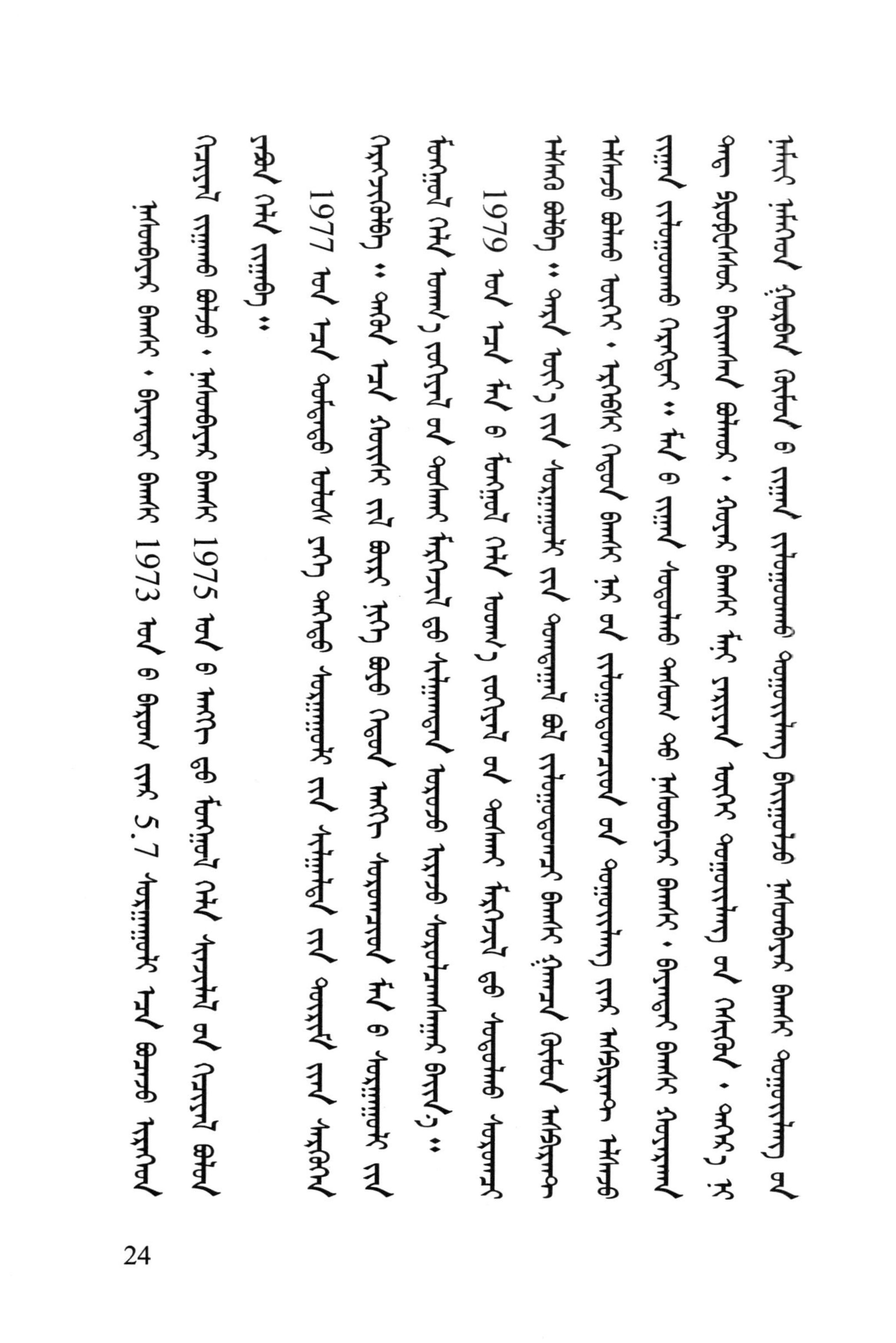

[illegible] 1973 [illegible] 5.7 [illegible] 1975 [illegible] ᠃

1977 [illegible] ᠃ [illegible] ᠃

1979 [illegible] ᠃ [illegible] ᠃ [illegible]

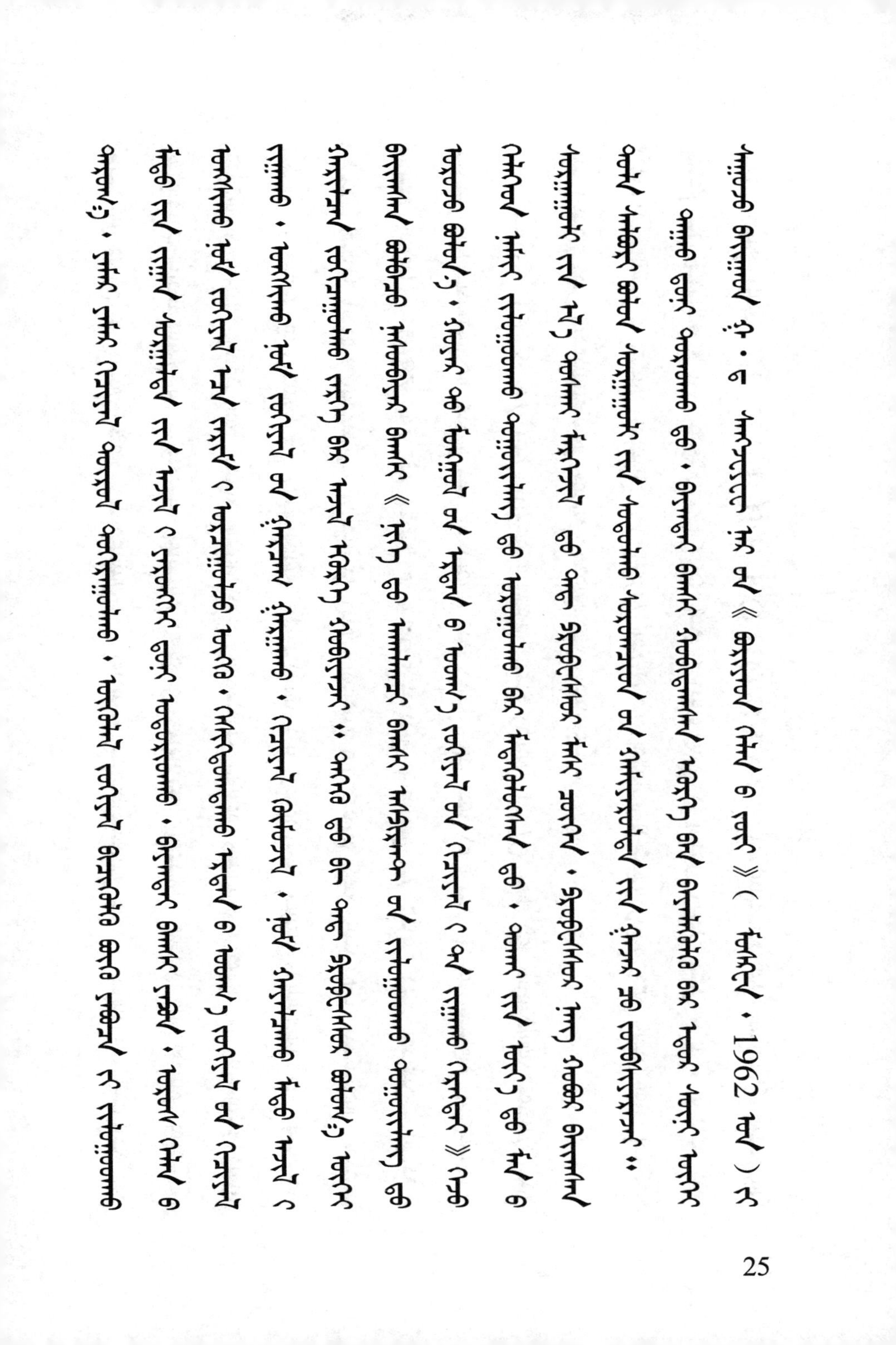

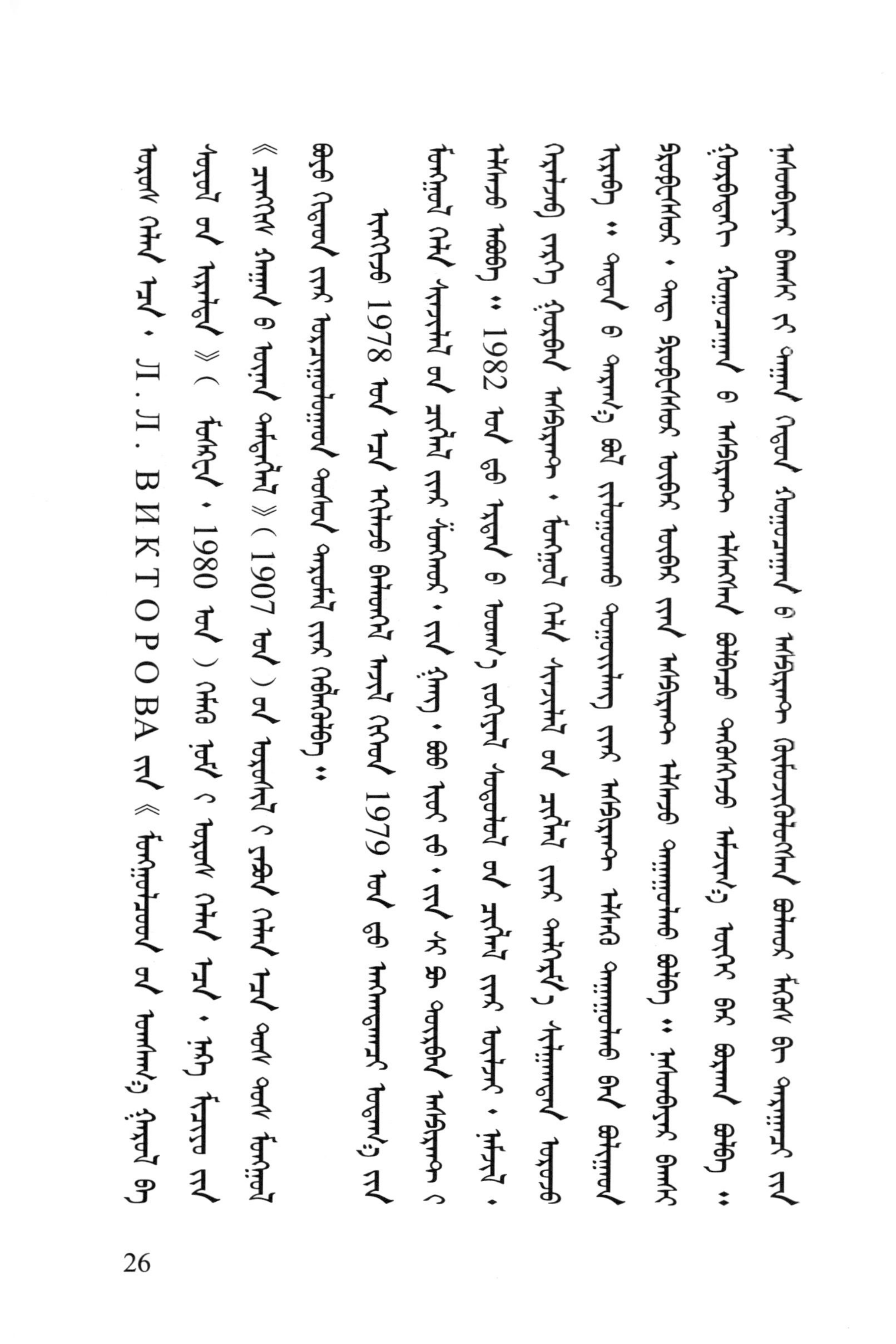

ᠲᠡᠭᠦᠨ ᠬᠡᠯᠡᠨ ᠬᠡᠷ ᠂ Л . Л . ВИКТОРОВА ᠶᠢᠨ 《 ᠲᠣᠬᠢᠶᠠᠯᠳᠤᠭᠰᠠᠨ ᠳᠤ ᠲᠡᠭᠦᠨ ᠳᠦ ᠰᠤᠳᠤᠯ ᠪᠠ

[illegible]
ᠮᠣᠨ ᠰᠢᠨᠵᠢᠯᠡᠬᠦ ᠪᠣᠯᠤᠮᠵᠢ ᠲᠠᠢ ::
[illegible]

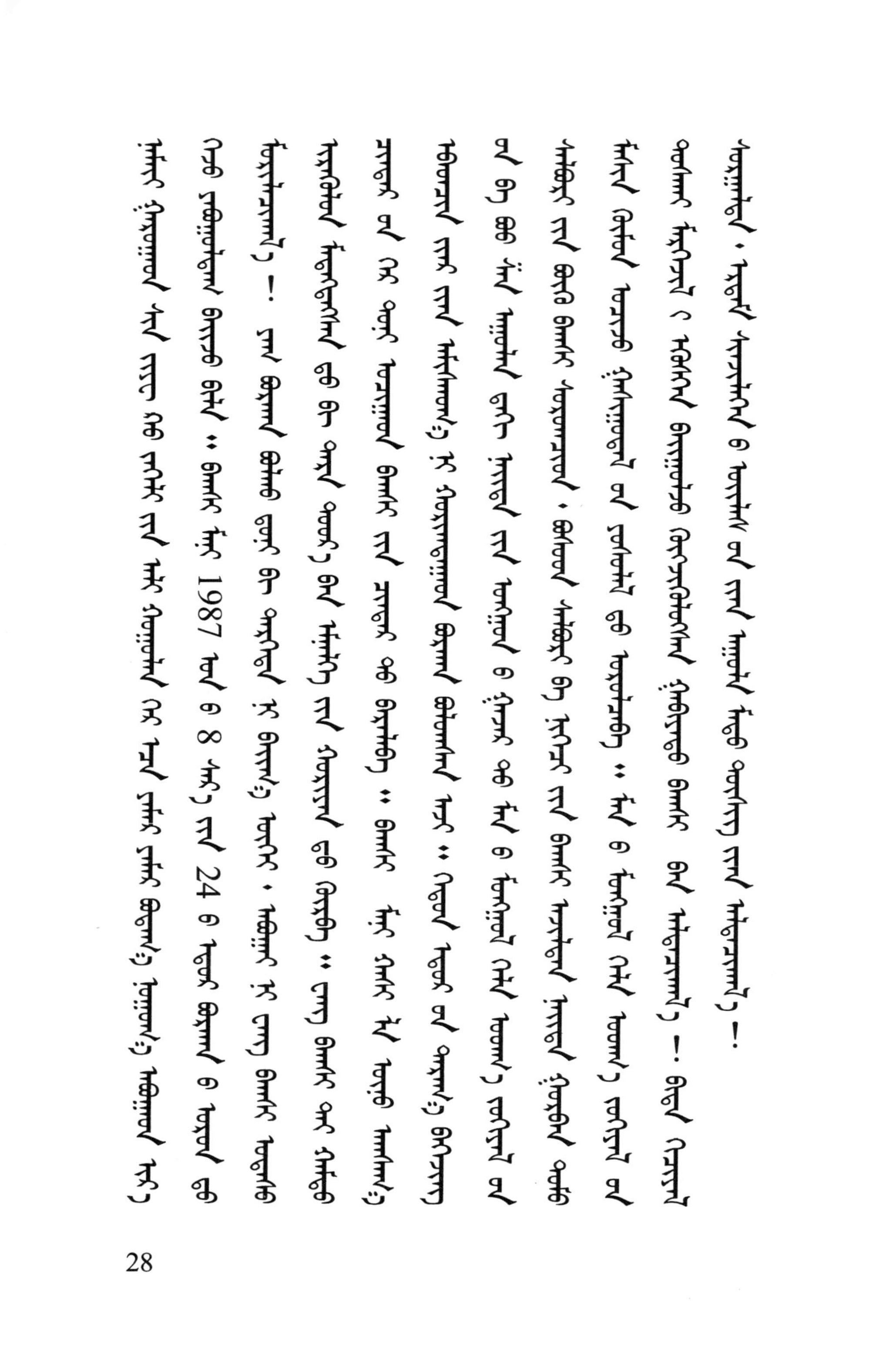

[illegible] 1987 [illegible] 8 [illegible] 24 [illegible]

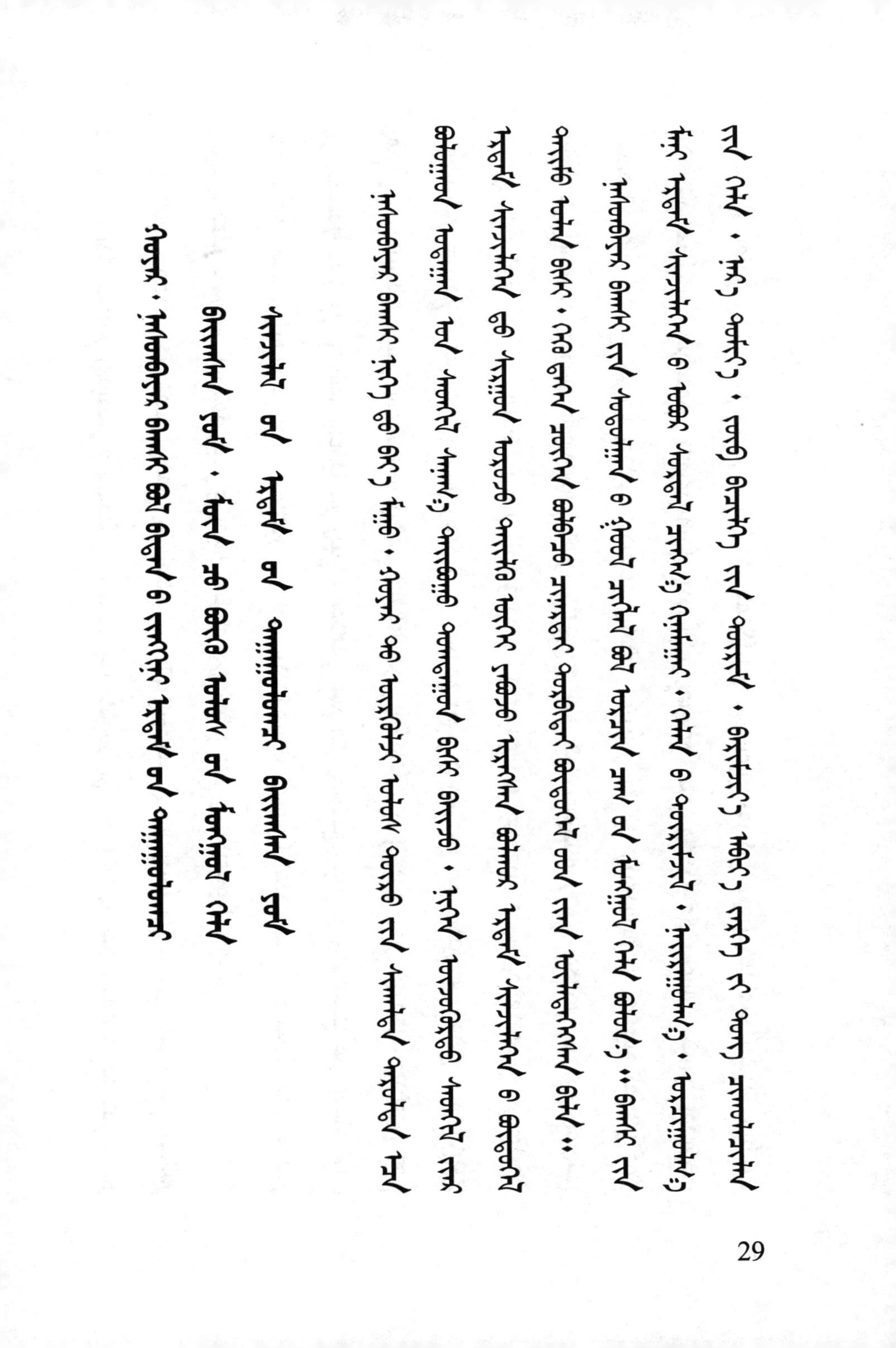

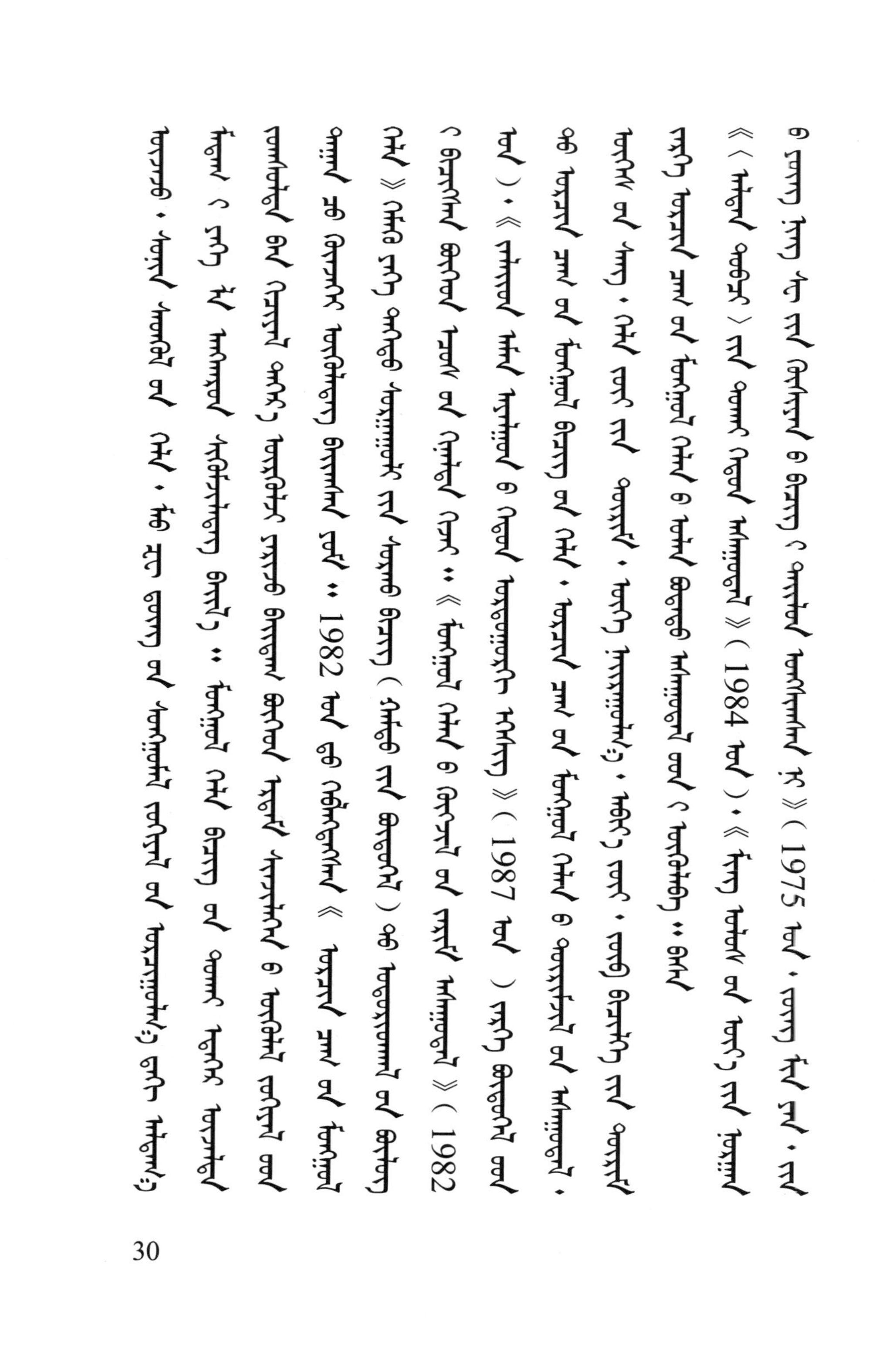

[illegible] 《 [illegible] 》 (1975 ᠣᠨ ᠂ [illegible] ᠂ [illegible]
《 〈 [illegible] 〉 [illegible] 》 (1984 ᠣᠨ) ᠂ 《 [illegible]
[illegible] ᠄ [illegible]
[illegible] ᠂ [illegible] ᠂ [illegible] ᠂ [illegible] ᠂ [illegible] ᠂ [illegible]
[illegible] ᠂ [illegible] ᠂
[illegible]) ᠂ 《 [illegible] 》 (1987 ᠣᠨ) [illegible]
[illegible] ᠄ 《 [illegible] 》 (1982
[illegible] 》 [illegible] ([illegible]) [illegible]
[illegible] ᠄ 1982 ᠣᠨ [illegible] 《 [illegible]
[illegible]
[illegible] ᠄ [illegible]
[illegible] ᠂ [illegible] ᠂ [illegible]

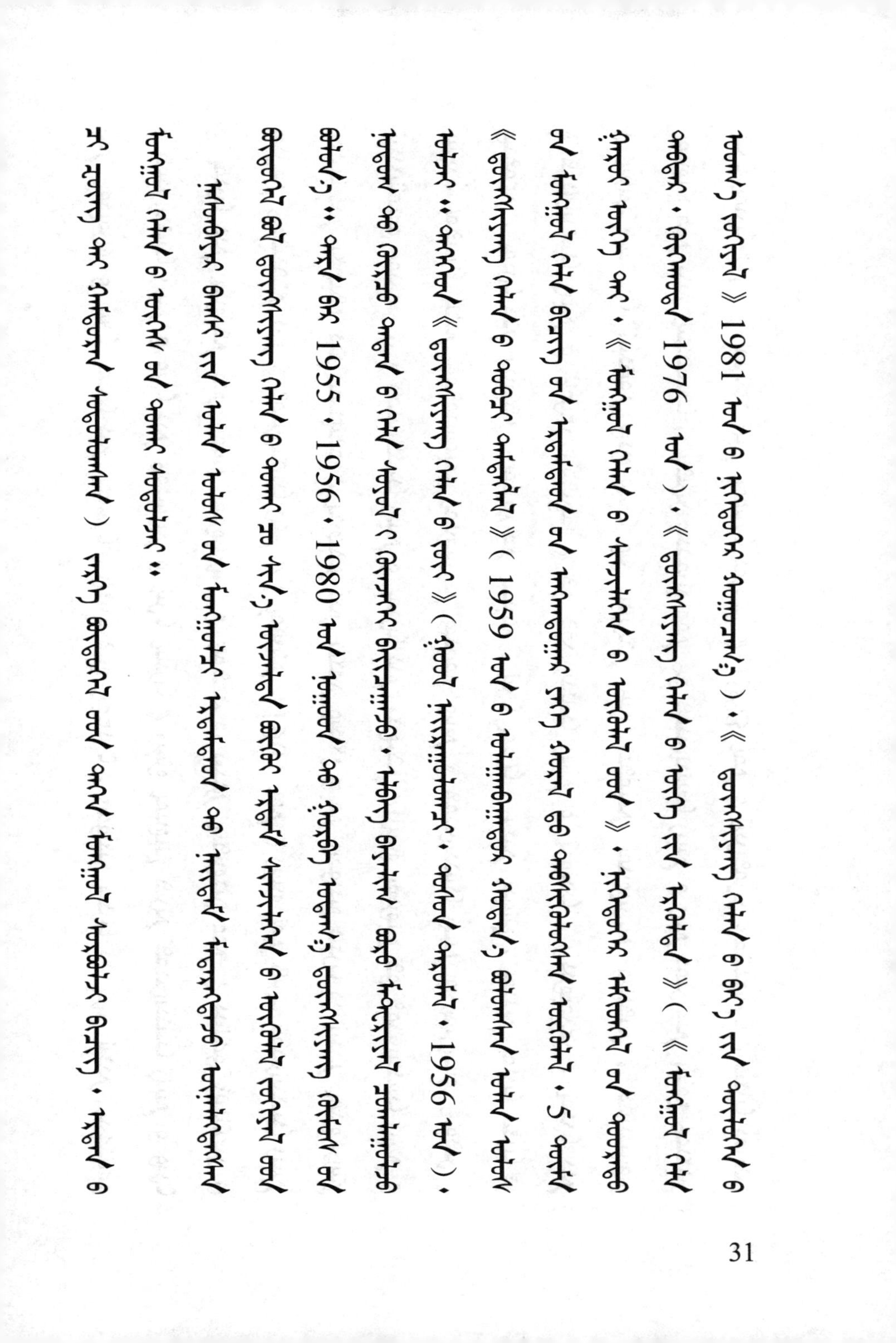

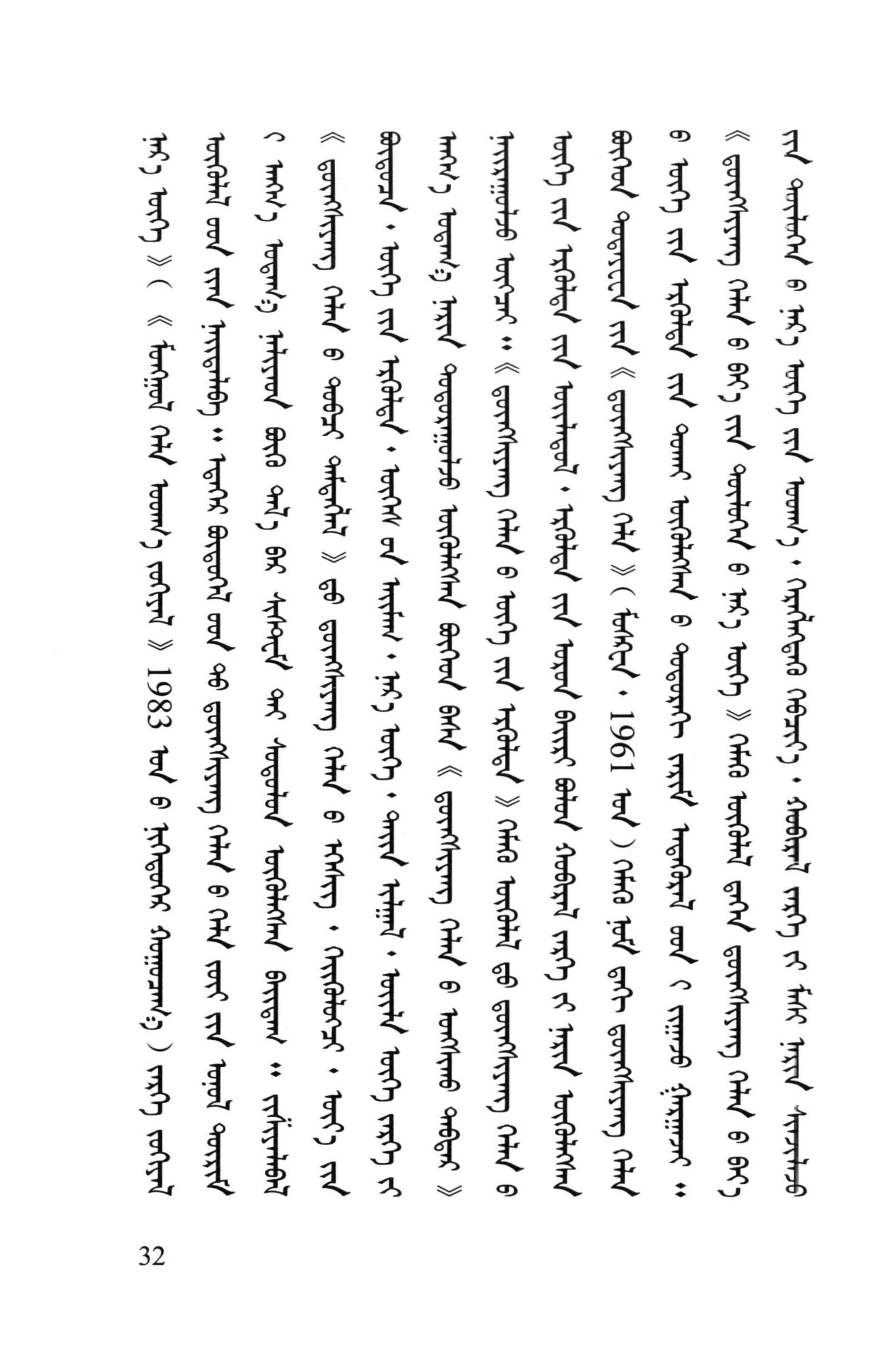

ᠲᠡᠭᠦᠰᠬᠡᠭᠰᠡᠨ ᠃ ᠮᠣᠩᠭᠣᠯ ᠬᠡᠯᠡᠨ ᠦ ᠨᠡᠷ᠎ᠡ ᠬᠠᠷᠢᠴᠠᠭᠤᠯᠤᠯ ᠨᠣᠮᠣᠯᠢᠭᠰᠠᠨ ᠳᠤ 《 ᠮᠣᠩᠭᠣᠯ ᠬᠡᠯᠡ 》(ᠬᠡᠪᠯᠡᠯ · 1961 ᠣᠨ) · ᠲᠡᠷᠡ ᠴᠤ ᠬᠡᠪᠯᠡᠭᠦᠯᠦᠨ ᠳᠤ 《 ᠮᠣᠩᠭᠣᠯ ᠬᠡᠯᠡᠨ ᠦ ᠣᠨᠴᠠᠭ ᠣᠷᠤᠴᠢᠯ 》(1981 ᠣᠨ) · ᠪᠠᠰᠠ ᠲᠤ 《 ᠮᠣᠩᠭᠣᠯ ᠬᠡᠯᠡ ᠪᠡᠷ ᠪᠢᠴᠢᠭ ᠬᠡᠯᠡ 》(1986 ᠣᠨ) · ᠪᠠᠰᠠ ᠨᠢᠭᠡ ᠳᠦ 《 ᠮᠣᠩᠭᠣᠯ ᠬᠡᠯᠡᠨ ᠦ ᠬᠡᠯᠡᠭ ᠬᠡᠯᠡᠬᠦ ᠲᠤ ᠬᠤᠪᠢᠰᠬᠠᠯ 》(1987 ᠣᠨ) · ᠪᠠᠰᠠ ᠨᠢᠭᠡ ᠳᠦ 《 ᠮᠣᠩᠭᠣᠯ ᠬᠡᠯᠡᠨ ᠦ ᠬᠡᠯᠡᠯᠭᠡ 》(1983 ᠣᠨ) · ᠲᠡ ᠪᠡᠯᠡᠭ ᠪᠣᠯᠣᠨ ᠨᠢᠭᠡ ᠳᠦ 《 ᠮᠣᠩᠭᠣᠯ ᠬᠡᠯᠡ ᠪᠡᠷ ᠬᠡᠯᠡᠨ ᠦ ᠣᠶᠢᠷ 》(2001 ᠣᠨ) ᠵᠡᠷᠭᠡ ᠪᠦᠲᠦᠭᠡᠯ ᠦᠨ ᠬᠡᠯᠪᠡᠷᠢᠵᠢᠯᠲᠡ ᠬᠡᠯᠪᠡᠷ ᠪᠣᠯᠪᠠᠰᠤ · ᠪᠠᠶᠢᠭᠤᠯᠤᠭᠰᠠᠨ ᠪᠤᠢ ᠳᠤ 《 ᠮᠣᠩᠭᠣᠯ ᠬᠡᠯᠡᠨ ᠦ ᠳᠤᠷ 》·《 ᠮᠣᠩᠭᠣᠯ ᠬᠡᠯᠡᠨ ᠦ ᠬᠡᠯᠡᠨ ᠦ ᠰᠤᠳᠤᠯᠭ᠎ᠠ 》 ᠵᠡᠷᠭᠡ ᠨᠡᠷᠡᠲᠡᠢ ᠪᠦᠲᠦᠭᠡᠯ ᠪᠦᠲᠦᠭᠡᠭᠰᠡᠨ ᠦᠨ ᠳᠤ ᠨᠡᠶᠢᠲᠡᠯᠡᠭᠰᠡᠨ ᠢᠶᠡᠷ ᠰᠤᠳᠤᠯᠤᠨ ᠳᠤ ᠨᠢᠭᠡᠨ · ᠬᠡᠯᠡᠯᠭᠡᠨ ᠦ ᠬᠡᠯᠪᠡᠷᠢ ᠶᠢᠨ ᠰᠢᠨᠵᠢᠯᠡᠯ ᠢ ᠨᠡᠶᠢᠲᠡ ᠪᠠᠷ ᠬᠠᠷᠢᠴᠠᠭᠤᠯᠤᠨ ᠪᠣᠯᠤᠨ ᠬᠡᠯᠡᠨ ᠦ ᠦᠨᠳᠦᠰᠦ ᠶᠢᠨ ᠬᠡᠯᠪᠡᠷᠢ ᠬᠡᠯᠡᠯᠭᠡᠨ ᠢ · ᠮᠣᠩᠭᠣᠯ ᠬᠡᠯᠡᠨ ᠦ ᠲᠣᠭᠲᠠᠭᠠᠯ ᠤᠨ ᠪᠦᠲᠦᠭᠡᠯ ᠢ ᠨᠡᠯᠢᠶᠡᠳ ᠪᠦᠲᠦᠭᠡᠭᠰᠡᠨ ᠪᠣᠯᠣᠨ ᠲᠡᠭᠦᠨ ᠦ ᠳᠣᠲᠣᠷ᠎ᠠ · ᠰᠤᠳᠤᠯᠤᠭᠰᠠᠳ ᠪᠣᠯᠤᠨ ᠪᠤᠢ ᠮᠣᠩᠭᠣᠯ ᠬᠡᠯᠡᠨ ᠦ ᠲᠣᠭᠲᠠᠭᠠᠯ ᠤᠨ ᠰᠤᠳᠤᠯᠭ᠎ᠠ ᠪᠣᠯᠤᠨ᠎ᠠ ᠃

ᠰᠤᠳᠤᠯᠤᠭᠰᠠᠳ ᠪᠠᠶᠢᠨ ᠨᠢᠭᠡᠨ ᠬᠡᠯᠡᠨ ᠦ ᠨᠢᠭᠡᠳᠦᠭᠡᠷ · ᠨᠢᠭᠡᠳᠦᠭᠡᠷ ᠪᠦᠯᠦᠭ ᠬᠡᠯᠡᠨ ᠦ ᠲᠣᠭᠲᠠᠭᠠᠯ ᠳᠤ ᠬᠣᠶᠠᠷ ᠪᠠᠷ ᠨᠠᠢᠮᠠᠨ ᠳᠤ ᠪᠣᠳᠣᠯᠭ᠎ᠠ ᠶᠢ ᠪᠦᠳᠦᠭᠦᠯᠦᠯ ᠪᠠ ᠳᠣᠷᠤᠢ ᠬᠡᠯᠪᠡᠷᠢᠵᠢᠭᠦᠯᠦᠯ ᠤᠨ ᠪᠦᠯᠦᠭ · 《 ᠬᠡᠯᠡᠨ ᠦ ᠰᠢᠨᠵᠢᠯᠡᠯ 》 ᠪᠠᠶᠢᠭᠤᠯᠤᠯ

ᠭᠠᠳᠠᠭᠠᠳᠤ ᠶᠢᠨ ᠲᠣᠮᠣ ᠬᠡᠪᠯᠡᠯ ᠦᠨ ᠭᠠᠵᠠᠷ ᠲᠤ ᠬᠡᠪᠯᠡᠭᠳᠡᠭᠰᠡᠨ ᠪᠠᠢᠨ᠎ᠠ ᠭᠡᠵᠦ ᠲᠡᠮᠳᠡᠭᠯᠡᠭᠰᠡᠨ ᠪᠠᠢᠨ᠎ᠠ ::

ᠰᠤᠳᠤᠯᠤᠭᠴᠢ ᠨᠠᠷ ᠪᠡᠷ ᠬᠠᠮᠲᠤᠷᠠᠨ ᠲᠡᠭᠦᠨ ᠦ ᠨᠡᠷ᠎ᠡ ᠶᠢ ᠬᠡᠮᠡᠨ ᠬᠡᠯᠡᠯᠴᠡᠭᠰᠡᠨ ᠳᠦ ᠲᠦᠰᠢᠭᠯᠡᠨ ᠡᠨᠡᠬᠦ Heney G.Schwarz ᠪᠡᠷ ᠨᠡᠢᠲᠡᠯᠡᠭᠰᠡᠨ ᠪᠠᠢᠨ᠎ᠠ ᠨᠢ ᠮᠣᠩᠭᠣᠯ ᠬᠡᠯᠡ ᠪᠢᠴᠢᠭ ᠦᠨ · ᠰᠤᠳᠤᠯᠤᠯ ᠤᠨ ᠨᠢᠭᠡ ᠬᠡᠮᠵᠢᠶᠡᠨ ᠪᠣᠯᠤᠨ ᠬᠡᠪᠯᠡᠭᠳᠡᠭᠰᠡᠨ ᠨᠡᠢᠲᠡᠯᠡᠭᠰᠡᠨ ᠪᠠᠢᠨ᠎ᠠ ᠶᠢ ᠰᠤᠳᠤᠯᠤᠯ ᠤᠨ ᠪᠦᠲᠦᠭᠡᠯ ᠳᠦ ᠬᠦᠷᠲᠡᠭᠡᠭᠰᠡᠨ ᠨᠢ ::Heney G. Schwarz ᠬᠡᠮᠡᠨ ᠲᠡᠷᠡ ᠪᠣᠯ ᠮᠣᠩᠭᠣᠯ ᠤᠨ ᠰᠤᠳᠤᠯᠤᠯ ᠢ ᠨᠡᠢᠲᠡᠯᠡᠭᠰᠡᠨ ᠪᠠᠢᠨ᠎ᠠ ᠶᠢᠨ ᠲᠣᠬᠠᠢ ᠪᠣᠯᠪᠠᠰᠤ ᠪᠠ ᠬᠡᠪᠯᠡᠭᠰᠡᠨ ᠪᠢᠴᠢᠭ ᠦᠨ ᠲᠣᠭ᠎ᠠ ᠶᠢ ᠲᠡᠮᠳᠡᠭᠯᠡᠭᠰᠡᠨ ᠪᠠᠢᠨ᠎ᠠ :: Heney G.Schwarz ᠤᠨ ᠪᠢᠴᠢᠭ ᠪᠦᠲᠦᠭᠡᠯ ᠢ ᠰᠤᠳᠤᠯᠵᠤ ᠪᠠᠢᠭ᠎ᠠ ᠨᠡᠢᠲᠡᠯᠡᠭᠰᠡᠨ ᠪᠠᠢᠨ᠎ᠠ ᠦᠨ ᠲᠣᠬᠠᠢ ᠰᠤᠳᠤᠯᠤᠯ ᠢ ᠪᠠᠰᠠ ᠮᠣᠩᠭᠣᠯ ᠬᠡᠯᠡ ᠪᠡᠷ ᠪᠢᠴᠢᠭᠰᠡᠨ ᠨᠢ ᠪᠣᠯᠤᠨ᠎ᠠ · Heney G.Schwarz ᠤᠨ ᠰᠤᠳᠤᠯᠤᠯ ᠤᠨ ᠪᠦᠲᠦᠭᠡᠯ ᠬᠡᠪᠯᠡᠭᠳᠡᠭᠰᠡᠨ ᠪᠣᠯᠤᠨ᠎ᠠ :: ᠭᠠᠳᠠᠭᠠᠳᠤ ᠶᠢᠨ ᠰᠤᠳᠤᠯᠤᠯ ᠤᠨ ᠨᠡᠢᠲᠡᠯᠡᠭᠰᠡᠨ ᠪᠠᠢᠨ᠎ᠠ ᠶᠢᠨ ᠲᠣᠬᠠᠢ ᠮᠡᠳᠡᠭᠳᠡᠯ ᠢ ᠲᠤᠰᠬᠠᠢ ᠪᠢᠴᠢᠭᠰᠡᠨ ᠪᠣᠯᠤᠨ᠎ᠠ ᠪᠣᠯᠤᠭᠰᠠᠨ

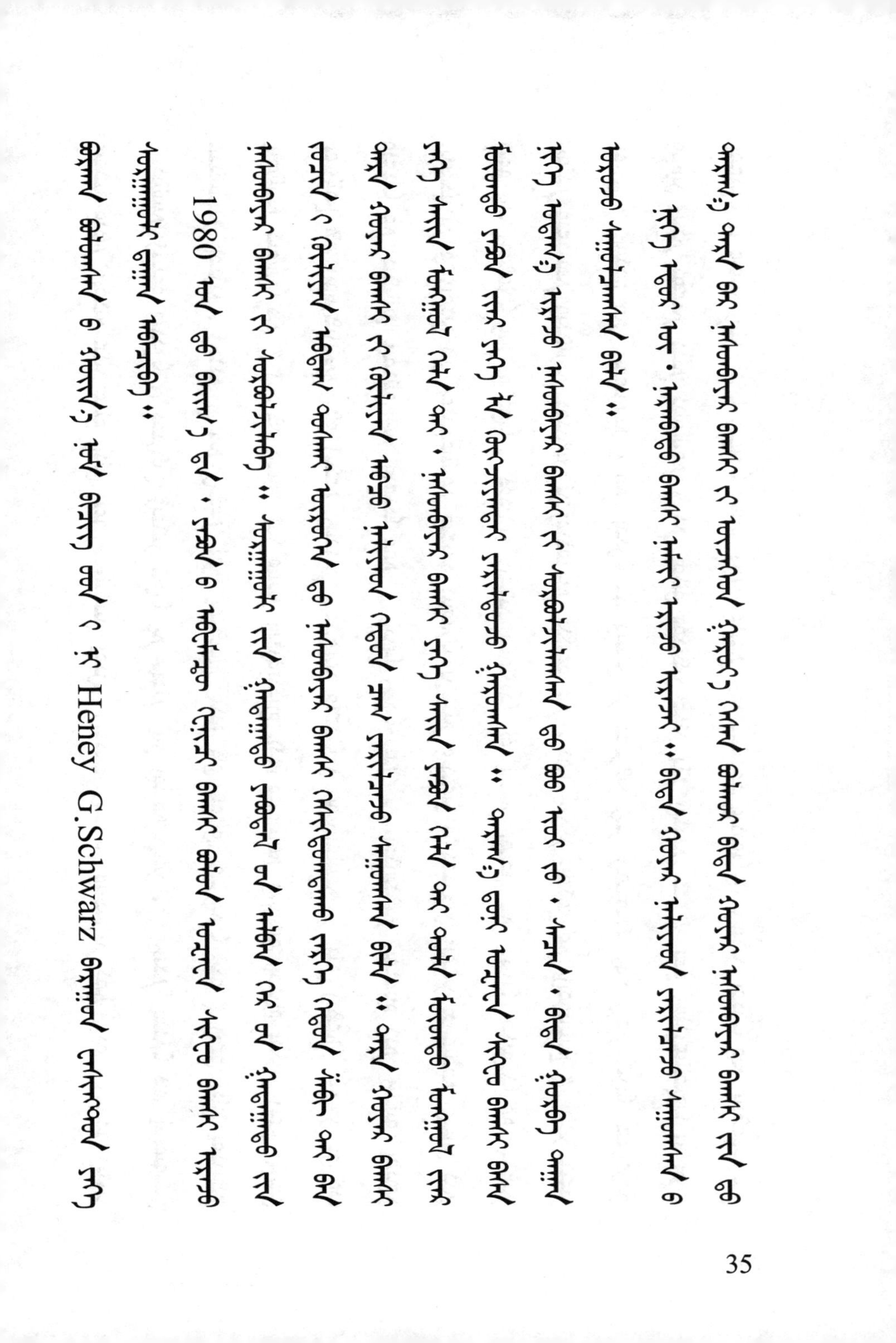

ᠪᠠᠢᠭᠤᠯᠤᠯᠭ᠎ᠠ ᠪᠠᠢᠭᠤᠯᠤᠭᠰᠠᠨ ᠤ ᠬᠣᠶᠠᠳᠤᠭᠠᠷ ᠬᠤᠷᠠᠯ ᠢ ᠬᠣᠷᠢᠶ᠎ᠠ ᠨᠢ ᠤ Heney G.Schwarz ᠪᠣᠯᠤᠨ᠎ᠠ ᠲᠡᠷᠡ

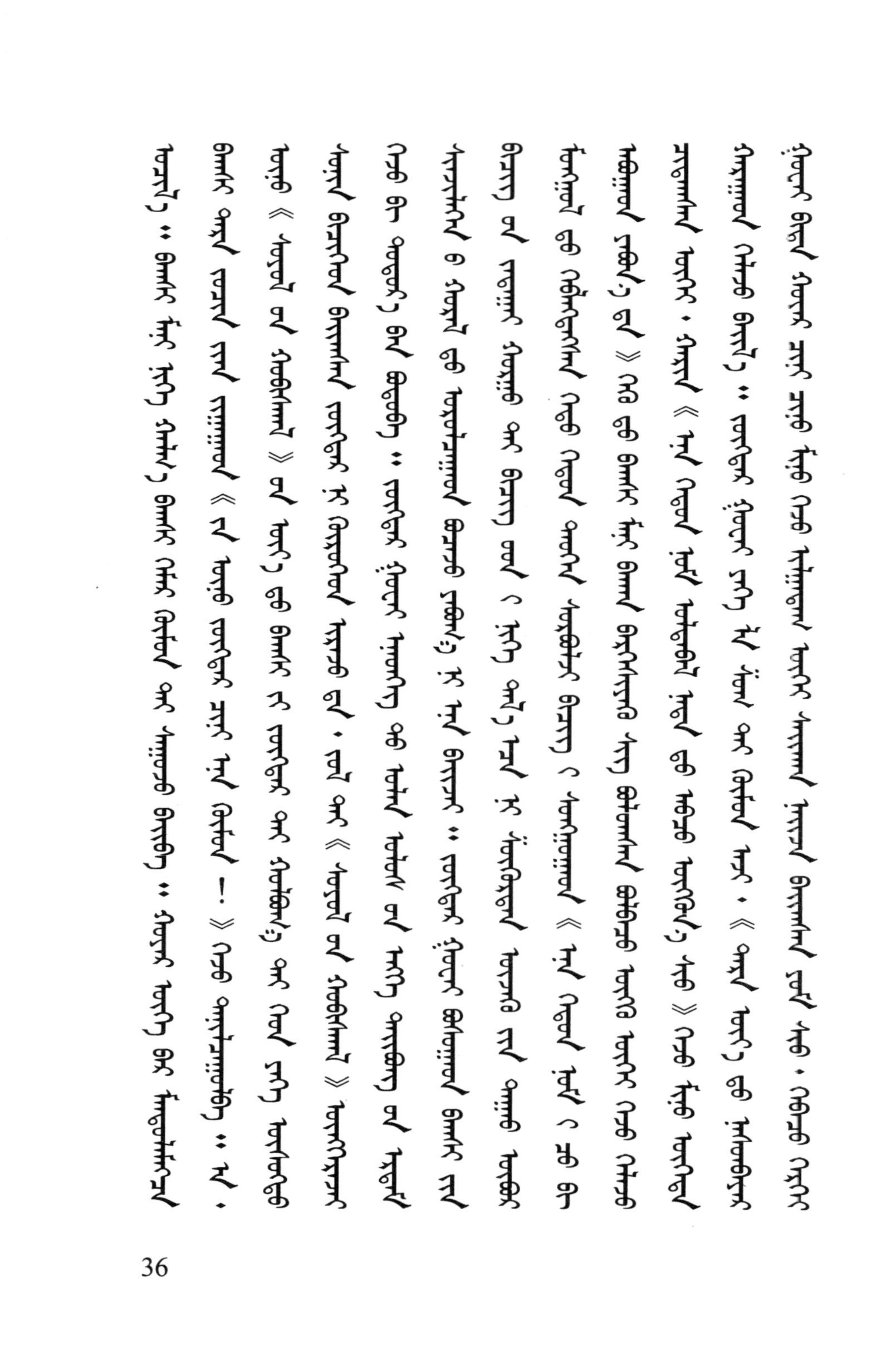

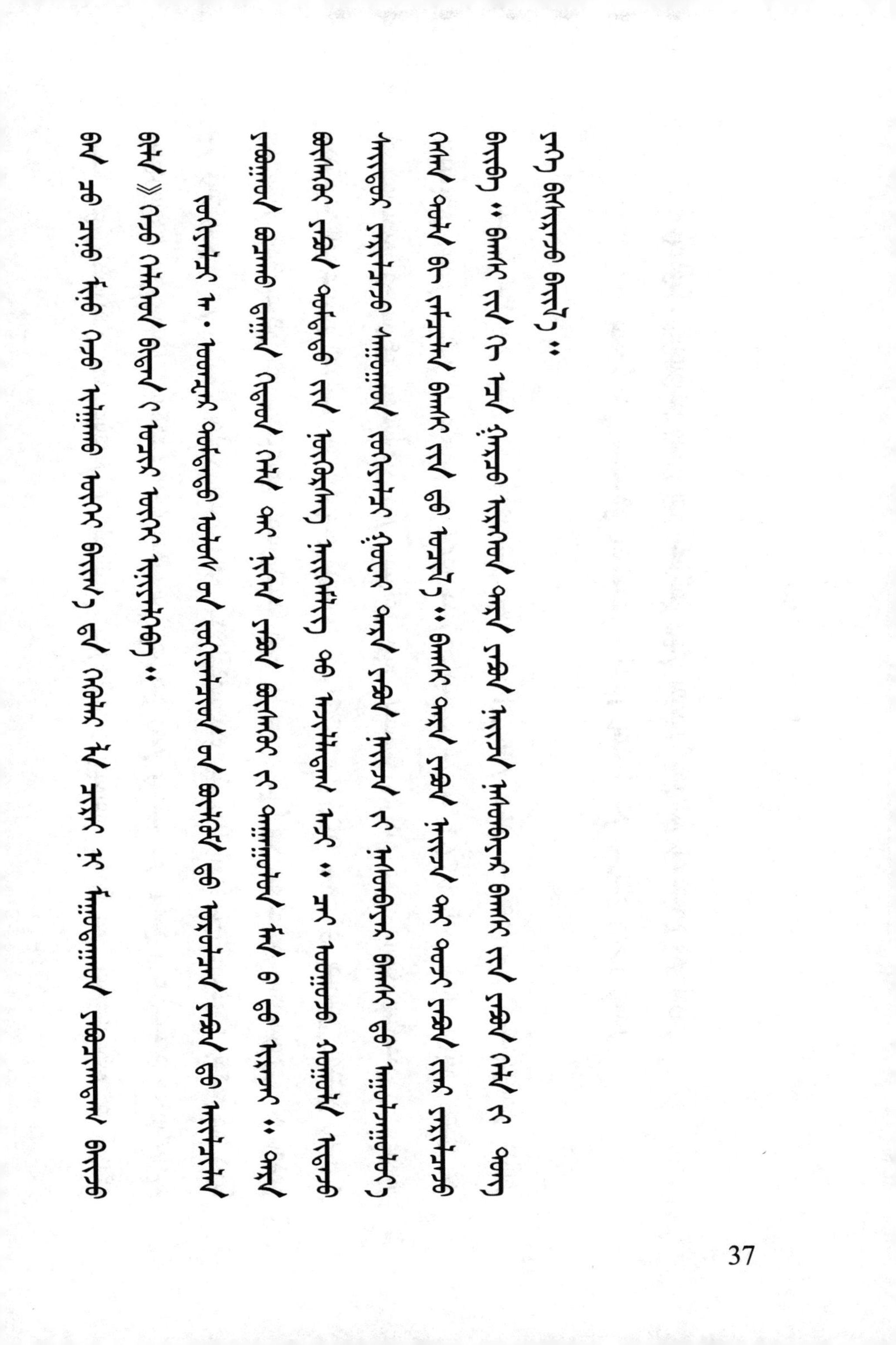

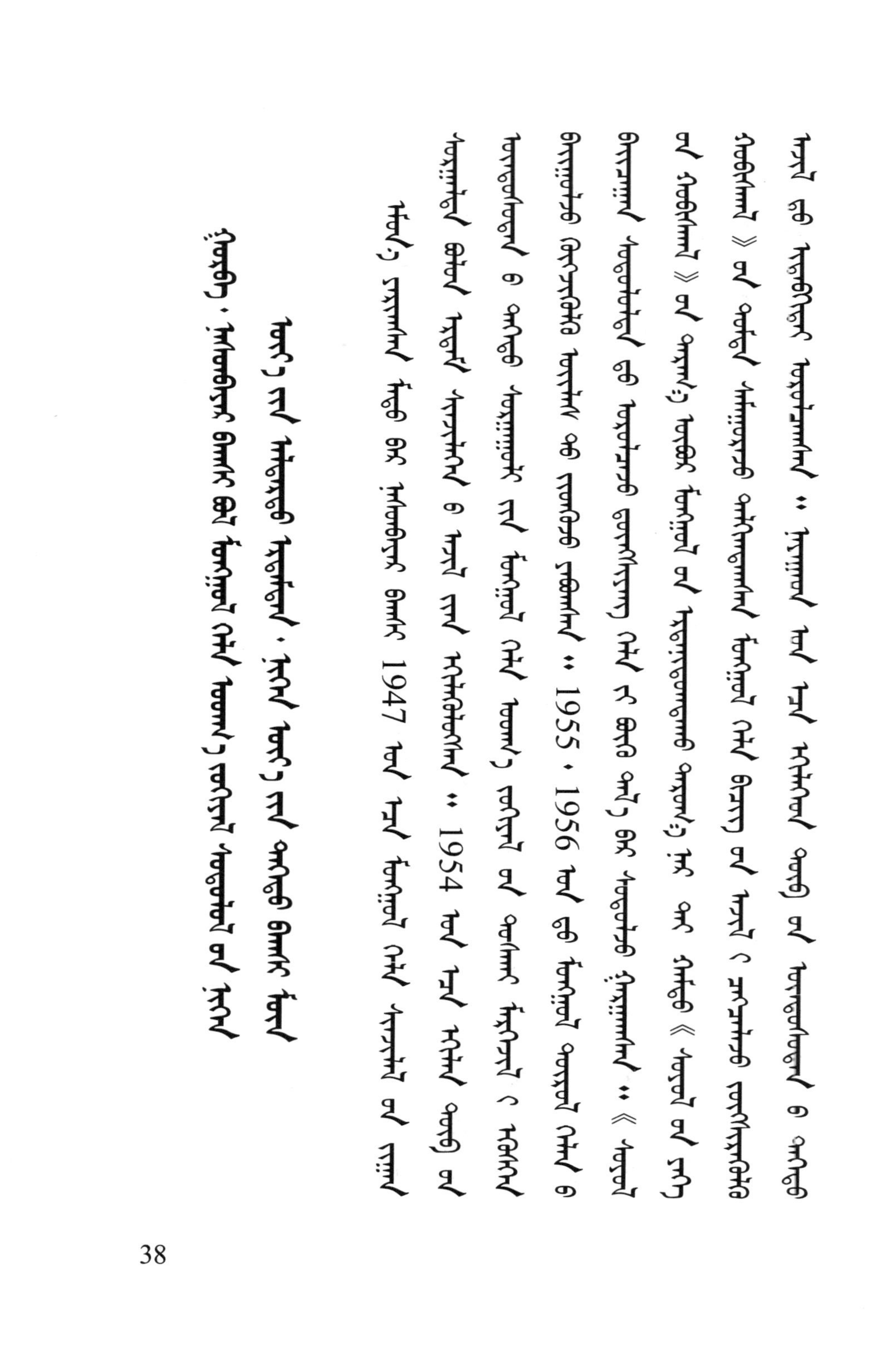

[illegible]

[illegible]

[illegible]

[illegible]

[illegible]

[illegible]

[illegible]

[illegible]

[illegible]

[illegible]

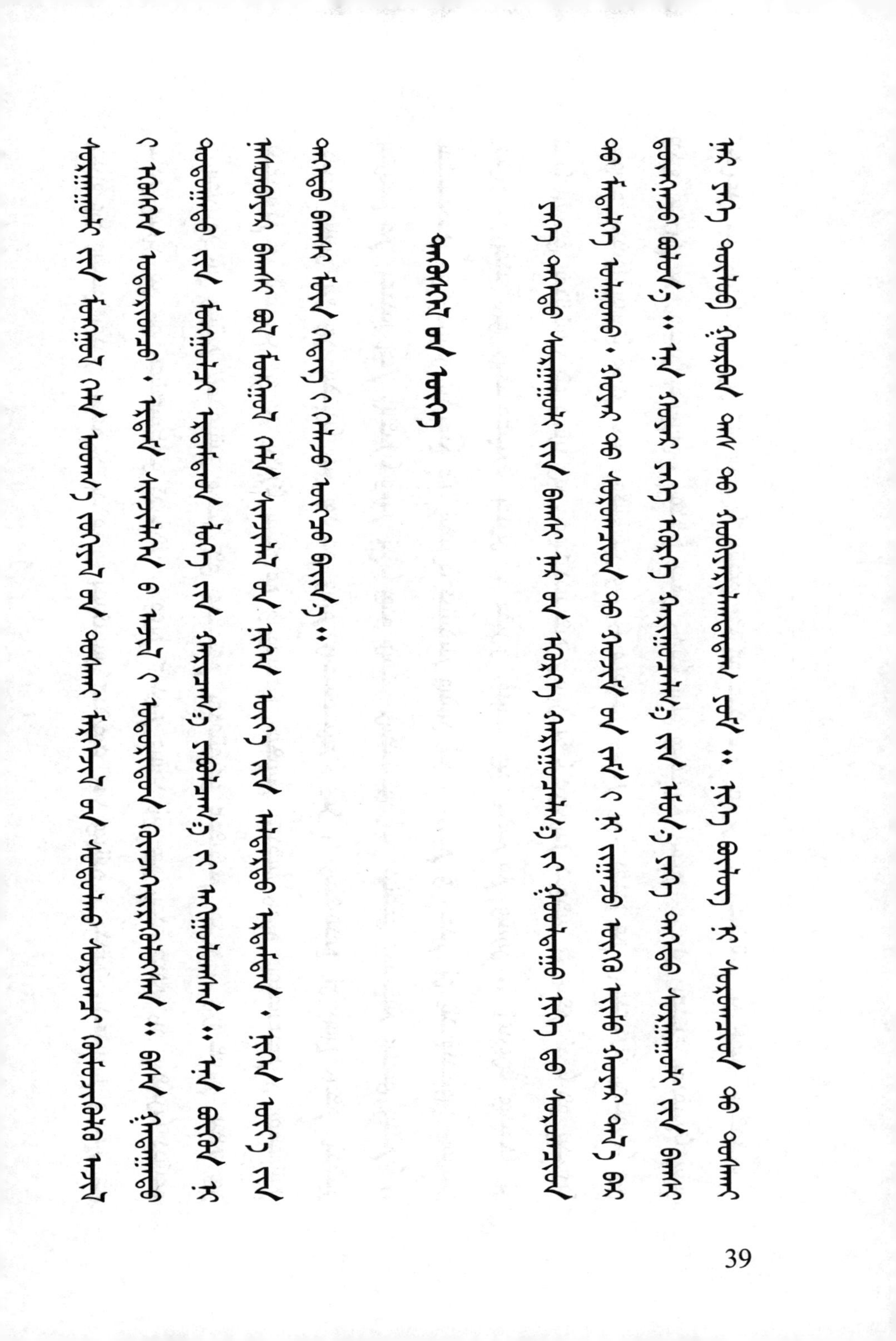

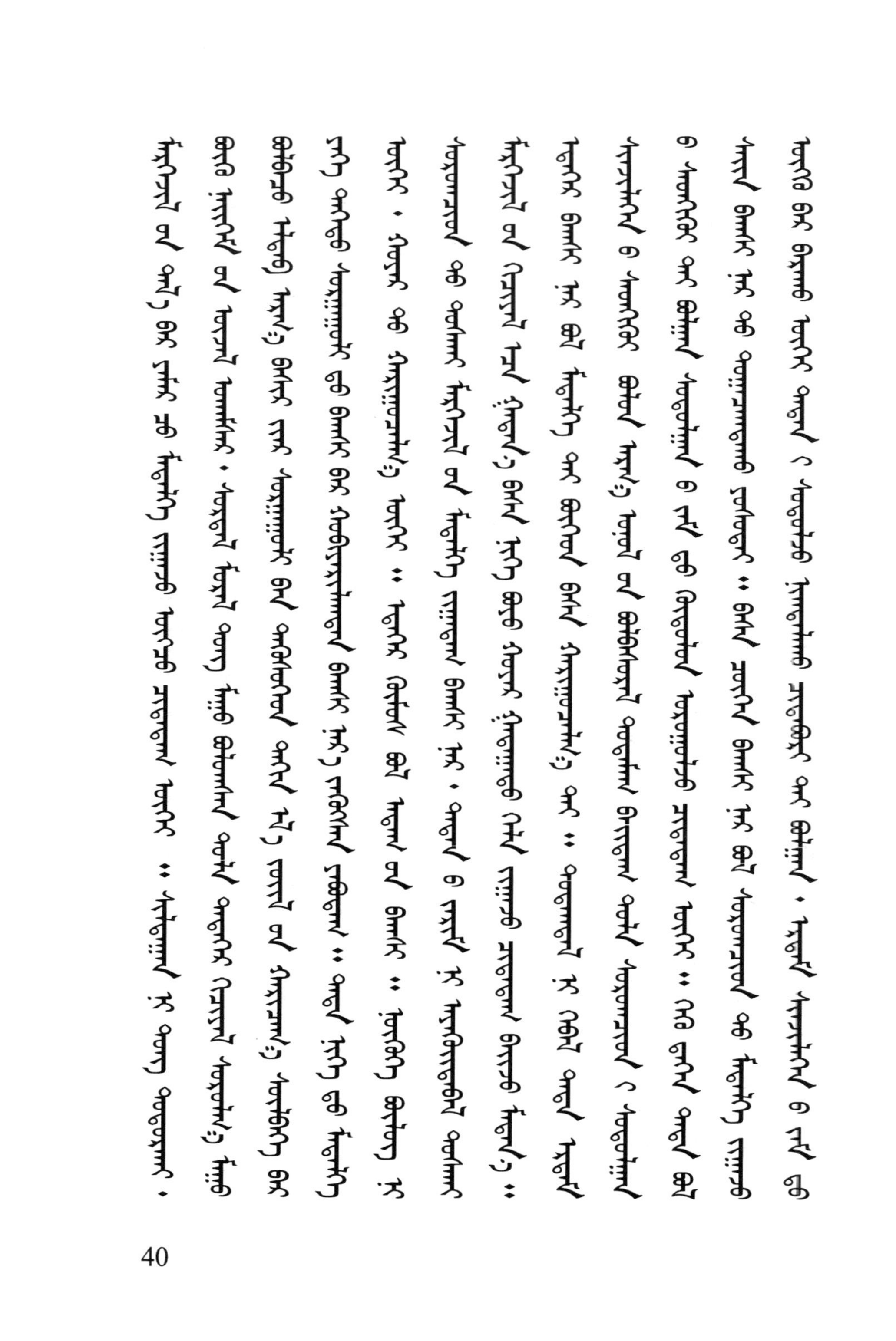

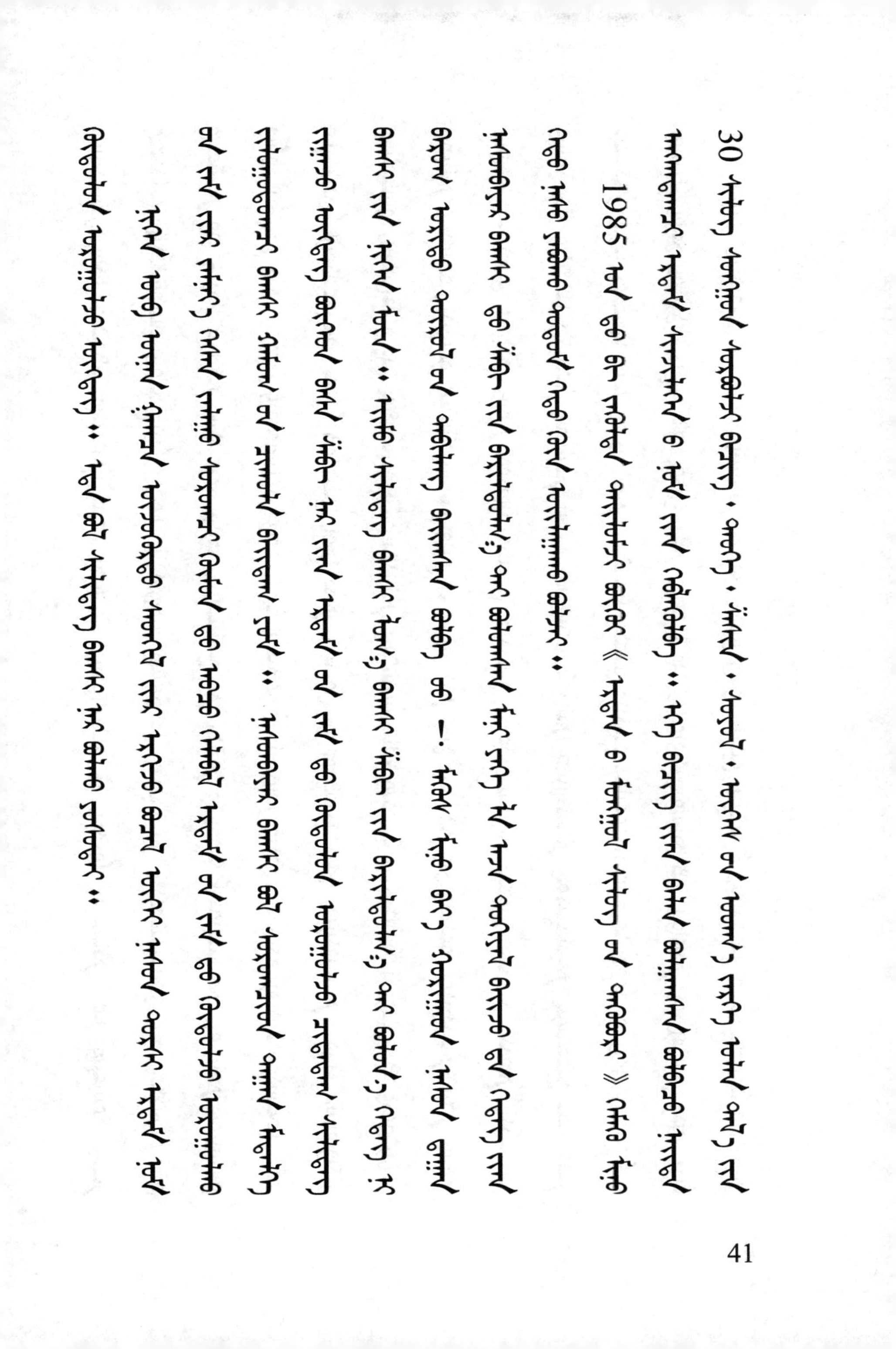

30 [illegible] ::

1985 [illegible] 《[illegible]》 [illegible] ::

[illegible] ::

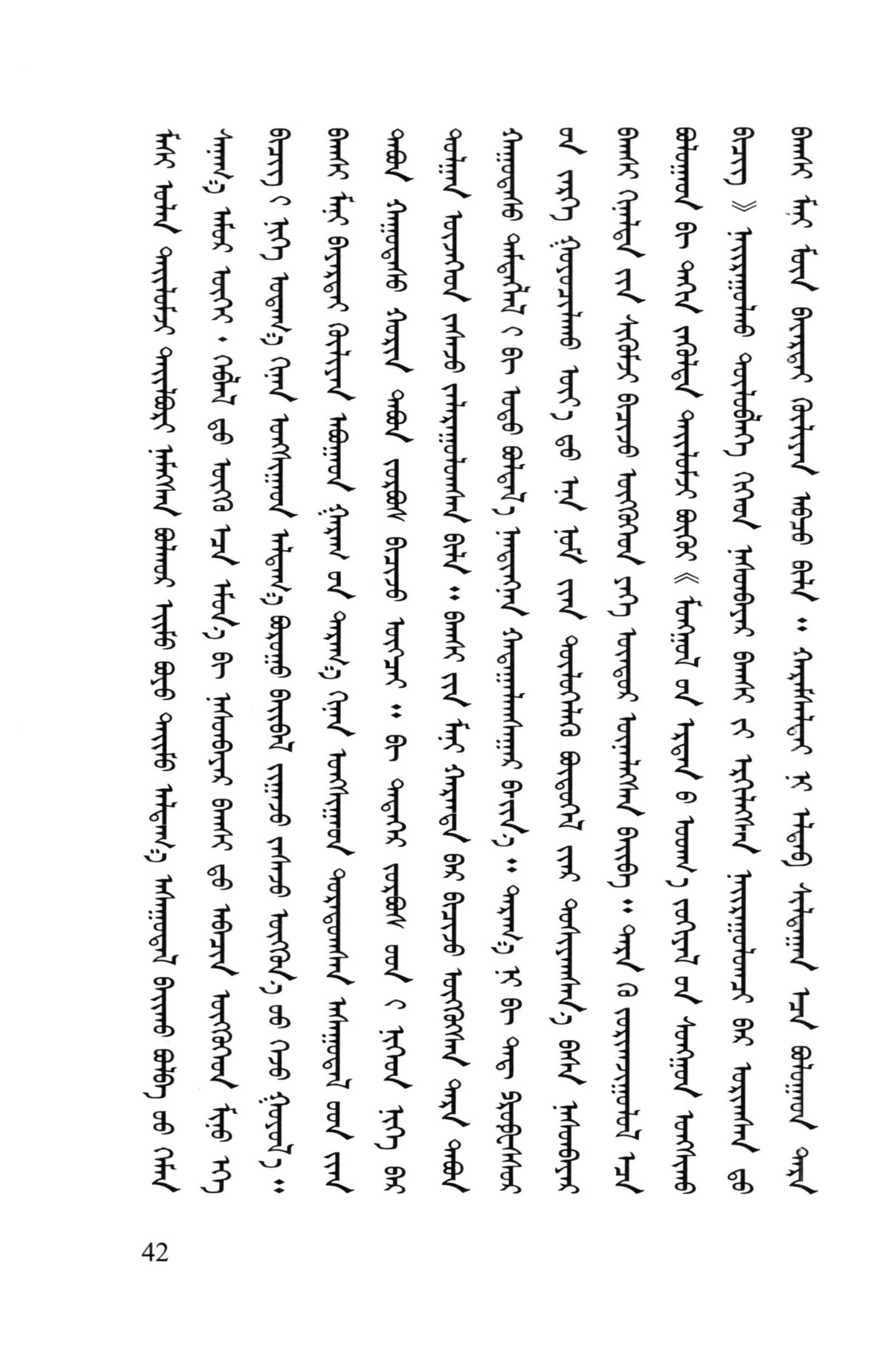

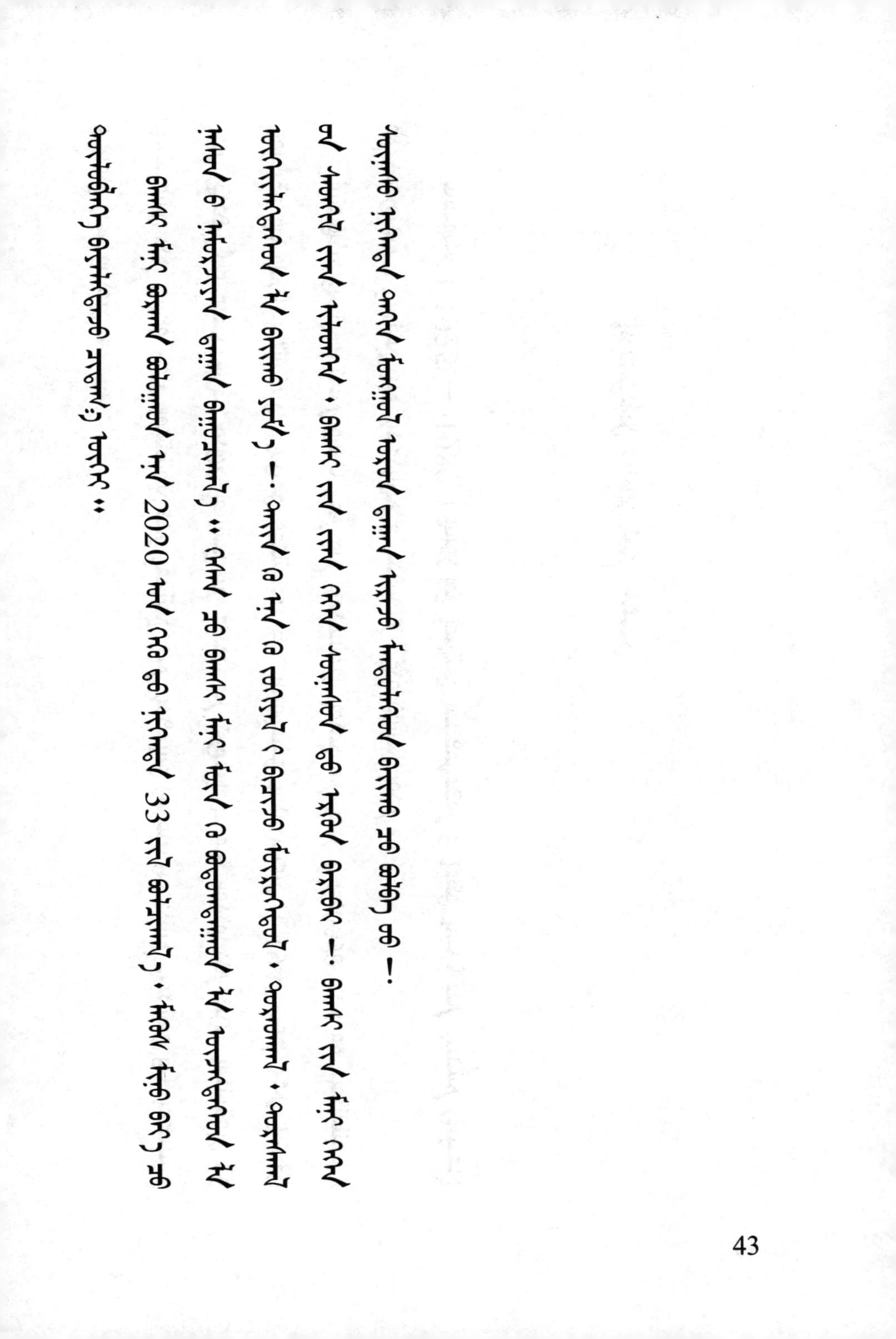

ᠨᠠᠰᠤᠨᠪᠠᠲᠤ ᠪᠠᠭᠰᠢ ᠶᠢᠨ ᠣᠨᠴᠠ

ᠨᠠᠰᠤᠨᠪᠠᠲᠤ (1925 — 1987) ᠪᠠᠭᠰᠢ ᠪᠣᠯ ᠬᠣᠰᠢᠭᠤᠨ ᠤ ᠰᠤᠷᠭᠠᠭᠤᠯᠢ ᠶᠢᠨ ᠡᠭᠦᠳᠬᠡᠭᠴᠢ ᠪᠠᠭᠰᠢ ᠶᠢᠨ ᠨᠢᠭᠡ ᠪᠣᠯᠤᠨ᠎ᠠ ᠃ ᠰᠤᠷᠭᠠᠭᠤᠯᠢ ᠶᠢᠨ ᠬᠦᠮᠦᠵᠢᠯ ᠦᠨ ᠠᠵᠢᠯ ᠢ ᠡᠷᠬᠢᠯᠡᠨ ᠬᠢᠭᠰᠡᠨ ᠪᠠᠢᠨ᠎ᠠ ᠄ ᠄

ᠨᠠᠰᠤᠨᠪᠠᠲᠤ ᠪᠠᠭᠰᠢ ᠰᠢᠯᠢᠨ ᠪᠣᠯ ᠭᠣᠣᠯ ᠤᠨ ᠰᠤᠷᠭᠠᠭᠤᠯᠢ ᠳᠤ ᠰᠤᠷᠤᠯᠴᠠᠵᠤ ᠃ ᠲᠡᠷᠡ ᠦᠶ᠎ᠡ ᠳᠦ ᠰᠤᠷᠭᠠᠭᠤᠯᠢ ᠃

ᠳᠤ ᠰᠤᠷᠤᠯᠴᠠᠭᠰᠠᠨ ᠪᠠᠢᠨ᠎ᠠ ᠄ ᠄ 1947 ᠣᠨ ᠡᠴᠡ 1949

ᠣᠨ ᠳᠤ ᠪᠣᠯᠪᠠᠰᠤᠷᠠᠯ ᠤᠨ ᠰᠤᠷᠭᠠᠭᠤᠯᠢ ᠳᠤ ᠰᠤᠷᠤᠯᠴᠠᠵᠤ ᠃ ᠲᠡᠭᠦᠰᠦᠭᠰᠡᠨ ᠦ ᠳᠠᠷᠠᠭ᠎ᠠ ᠰᠤᠷᠭᠠᠭᠤᠯᠢ ᠳᠤ ᠪᠠᠭᠰᠢ ᠪᠣᠯᠵᠤ ᠮᠡᠷᠭᠡᠵᠢᠯ ᠦᠨ ᠠᠵᠢᠯ ᠢ ᠡᠬᠢᠯᠡᠭᠰᠡᠨ

ᠪᠠᠭᠰᠢ ᠶᠢᠨ ᠬᠠᠮᠤᠭ ᠰᠠᠢᠨ ᠰᠤᠷᠭᠠᠭᠤᠯᠢ ᠶᠢᠨ ᠠᠵᠢᠯᠲᠠᠨ ᠦ ᠦᠯᠡᠭᠡᠷ ᠪᠣᠯᠪᠠ ᠄ ᠄

ᠪ ᠬᠦᠨᠳᠦ ᠴᠣᠯᠠ ᠬᠦᠷᠲᠡᠭᠰᠡᠨ ᠄ ᠄

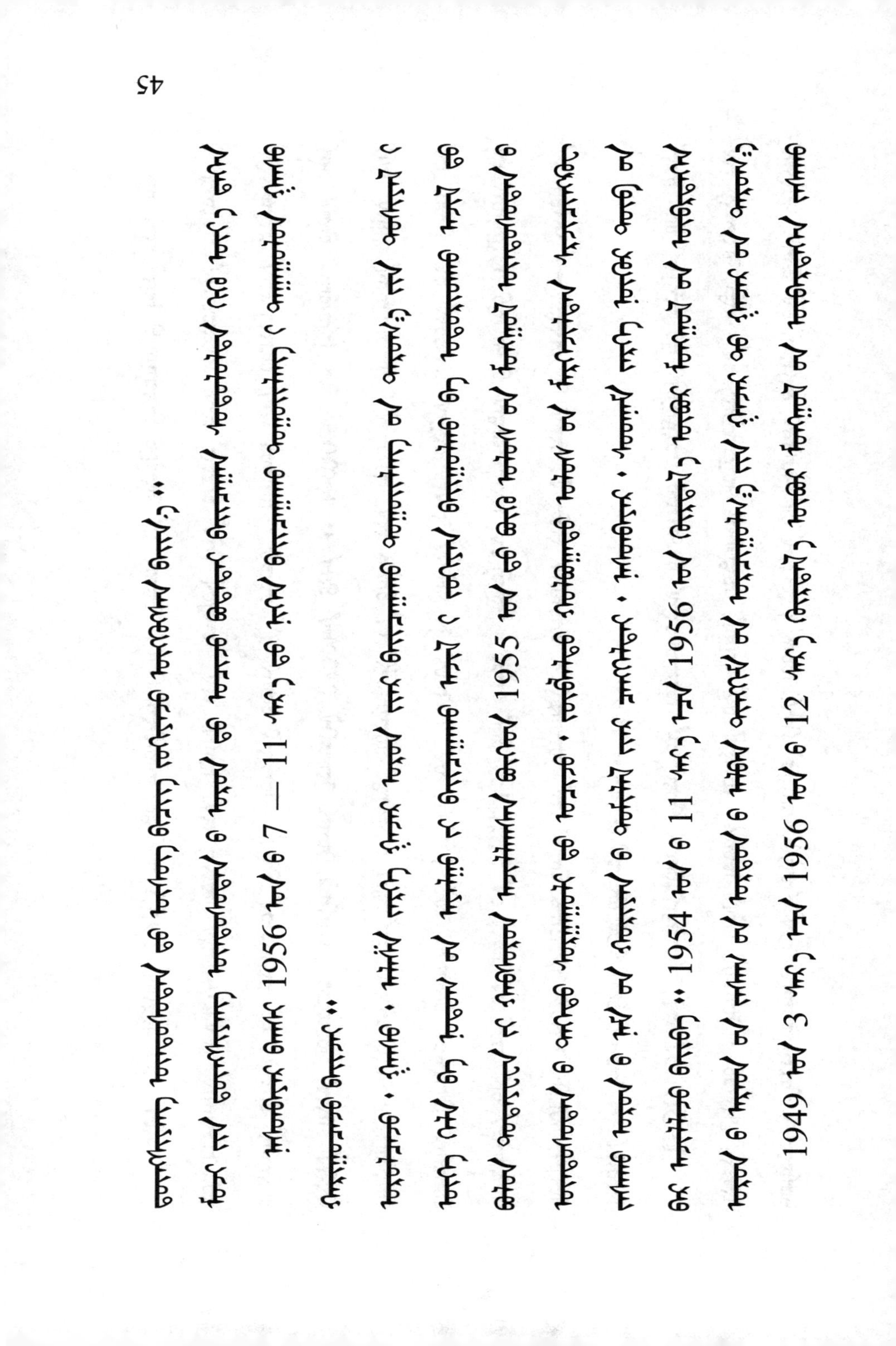

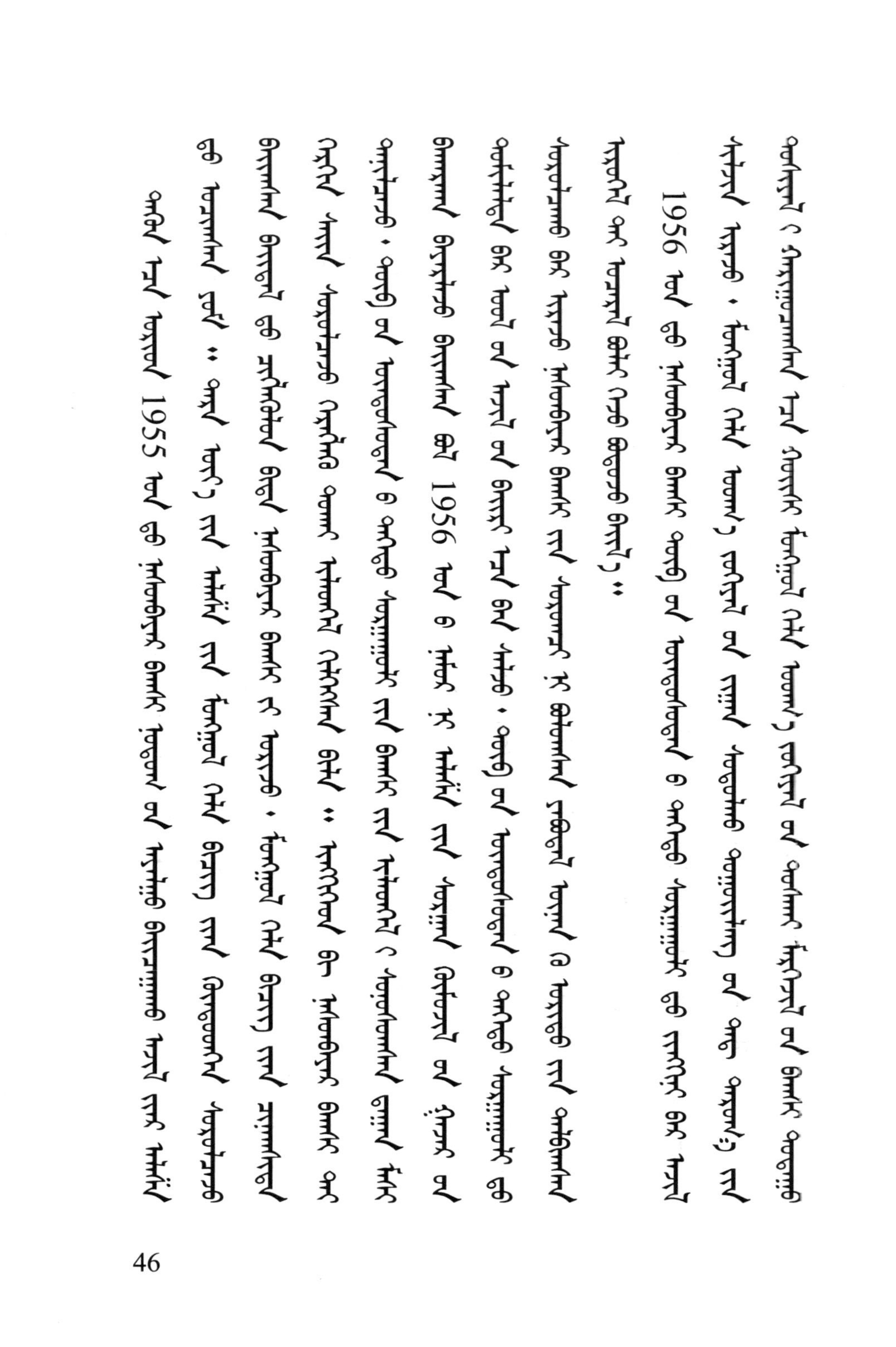

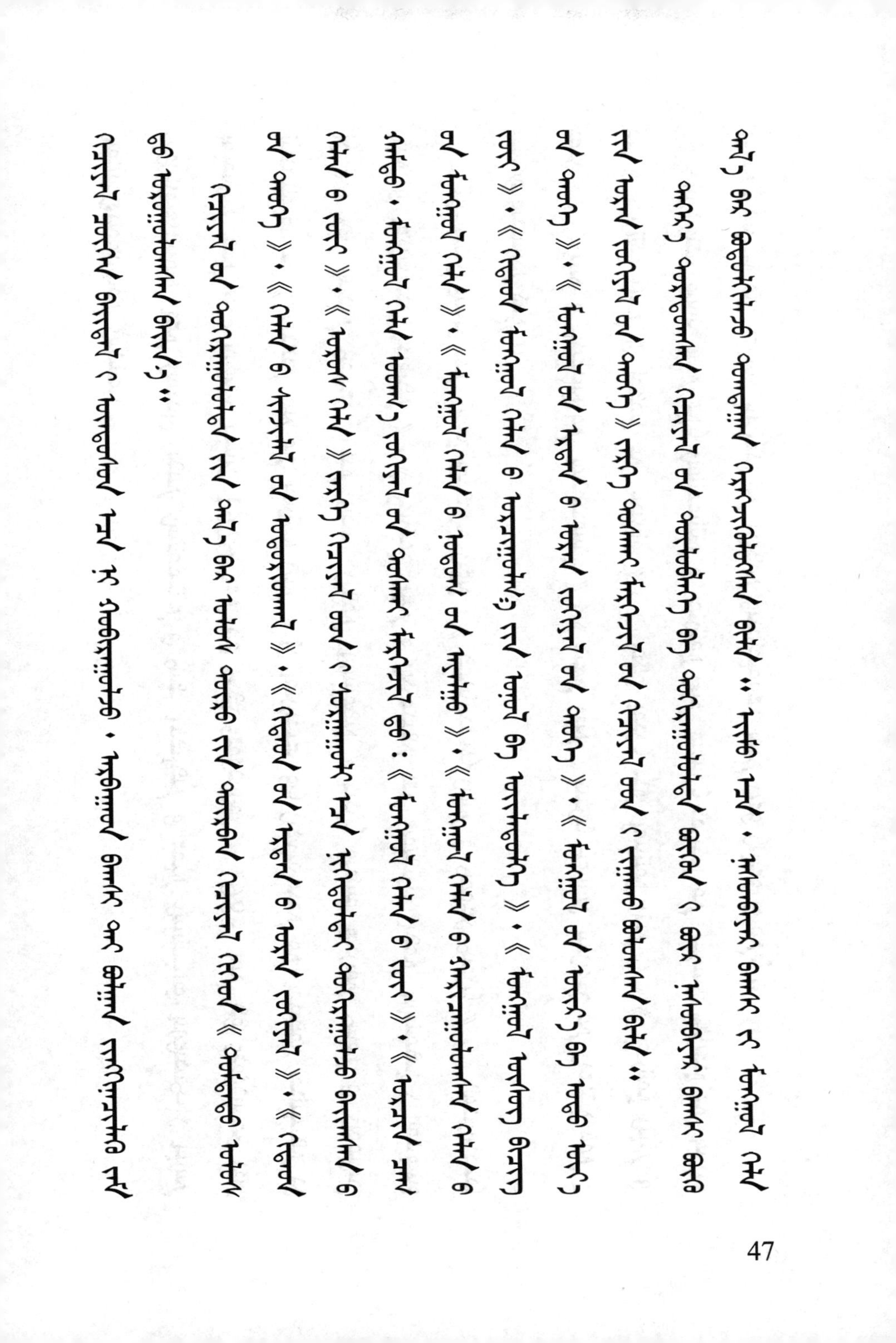

[illegible]

ᠬᠡᠮᠡᠨ ᠢ ᠳᠤᠷᠠᠰᠬᠠᠯ ᠤᠨ ᠮᠣᠩᠭᠣᠯ ᠬᠡᠯᠡᠨ ᠦ ᠰᠤᠳᠤᠯᠤᠯ ᠤᠨ ᠣᠯᠠᠨ ᠲᠣᠭᠠᠨ ᠬᠡᠪᠯᠡᠯ ᠦᠨ ᠪᠣᠯᠤᠨ᠎ᠠ ::

ᠨᠠᠢᠷᠠᠭᠤᠯᠤᠭᠰᠠᠨ ᠪᠠᠶᠢᠳᠠᠭ ᠪᠠᠭ᠎ᠠ ᠶᠢᠨ ᠰᠤᠷᠤᠯᠴᠠᠭᠴᠢᠳ ᠤᠨ ᠮᠣᠩᠭᠣᠯ ᠬᠡᠯᠡ ᠰᠤᠷᠬᠤ ᠳᠤ ᠬᠡᠷᠡᠭᠯᠡᠬᠦ ᠮᠣᠩᠭᠣᠯ ᠬᠡᠯᠡᠨ ᠦ ᠳᠦᠷᠢᠮ ᠤᠨ ᠰᠤᠷᠬᠤ ᠪᠢᠴᠢᠭ » ᠵᠡᠷᠭᠡ ᠪᠦᠲᠦᠭᠡᠯ ᠦᠳ ᠢ ᠪᠢᠴᠢᠭᠰᠡᠨ ᠡᠴᠡ ᠭᠠᠳᠠᠨ᠎ᠠ « ᠮᠣᠩᠭᠣᠯ ᠬᠡᠯᠡᠨ ᠦ ᠬᠡᠯᠡᠯᠭᠡ ᠶᠢᠨ ᠬᠢᠴᠢᠶᠡᠯ » ᠂ « ᠰᠣᠶᠣᠯ ᠬᠡᠯᠡ » ᠵᠡᠷᠭᠡ ᠰᠤᠷᠬᠤ ᠪᠢᠴᠢᠭ ᠢ ᠪᠡᠶ᠎ᠡ ᠪᠡᠷ ᠪᠢᠴᠢᠵᠦ ᠂ « ᠬᠡᠯᠡᠨ ᠦ ᠰᠤᠳᠤᠯᠭ᠎ᠠ ᠶᠢᠨ ᠰᠤᠷᠭᠠᠯᠳᠠ » ᠂ « ᠮᠣᠩᠭᠣᠯ ᠬᠡᠯᠡᠨ ᠦ ᠲᠦᠪᠯᠡᠷᠡᠯ ᠦᠨ ᠰᠤᠳᠤᠯᠤᠯ » ᠵᠡᠷᠭᠡ ᠪᠦᠲᠦᠭᠡᠯ ᠦᠳ ᠢ ᠬᠠᠮᠲᠤᠪᠠᠷ ᠪᠢᠴᠢᠭᠰᠡᠨ ᠪᠠᠶᠢᠨ᠎ᠠ ::

ᠨᠠᠢᠷᠠᠭᠤᠯᠤᠭᠰᠠᠨ ᠪᠠᠶᠢᠳᠠᠭ ᠨᠢ : « ᠪᠦᠭᠦᠳᠡ ᠨᠠᠶᠢᠷᠠᠮᠳᠠᠬᠤ ᠬᠡᠯᠡᠨ ᠦ ᠰᠤᠷᠭᠠᠯ ᠤᠨ ᠪᠢᠴᠢᠭ » ᠂ « ᠪᠦᠭᠦᠳᠡ ᠨᠠᠶᠢᠷᠠᠮᠳᠠᠬᠤ ᠮᠣᠩᠭᠣᠯ ᠬᠡᠯᠡᠨ ᠦ ᠳᠦᠷᠢᠮ ᠤᠨ ᠪᠢᠴᠢᠭ » ᠂ « ᠬᠣᠶᠠᠷ ᠬᠡᠯᠡ ᠶᠢᠨ ᠬᠠᠷᠢᠴᠠᠭᠤᠯᠤᠯ » ᠂ « ᠮᠣᠩᠭᠣᠯ ᠬᠡᠯᠡᠨ ᠦ ᠪᠢᠴᠢᠭ ᠦᠨ ᠬᠡᠯᠡ » ᠶᠢᠨ ᠬᠠᠮᠲᠤ ᠨᠠᠶᠢᠷᠠᠭᠤᠯᠤᠭᠰᠠᠨ ᠤᠷᠢᠳᠤ ᠳᠤ ᠂ 1983 ᠣᠨ ᠡᠴᠡ 1979 ᠣᠨ ᠳᠤ ᠪᠢᠴᠢᠭᠰᠡᠨ ᠮᠣᠩᠭᠣᠯ ᠬᠡᠯᠡᠨ ᠦ ᠰᠤᠳᠤᠯᠤᠯ ᠤᠨ ᠲᠣᠭᠤᠮᠠᠯ ᠤᠨ ᠪᠠᠶᠢᠨ᠎ᠠ ::
ᠬᠣᠪᠢ ᠳᠤᠭᠤᠷᠠᠭᠤᠯᠤᠭᠰᠠᠨ ᠪᠠᠶᠢᠨ᠎ᠠ ::

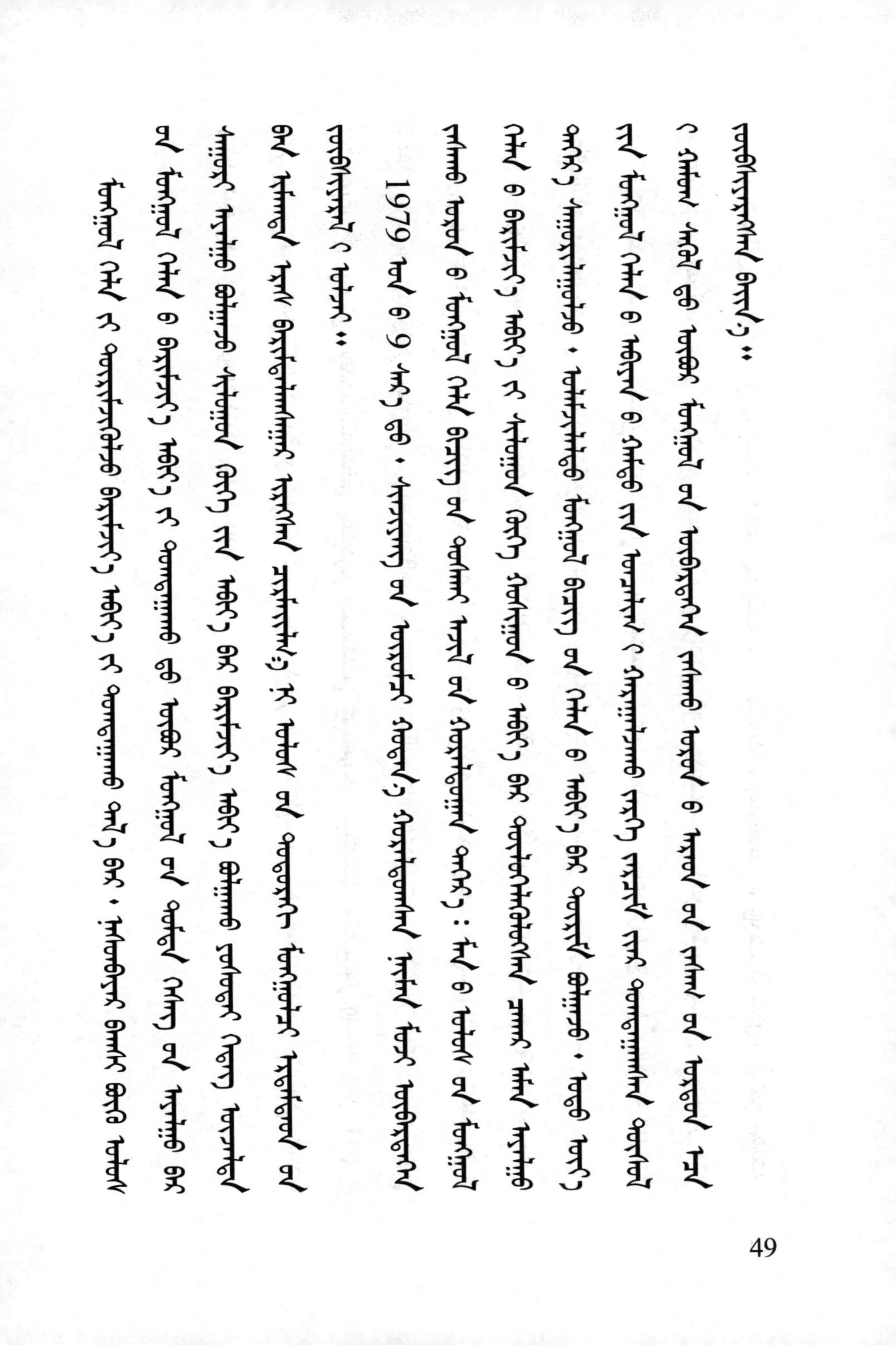

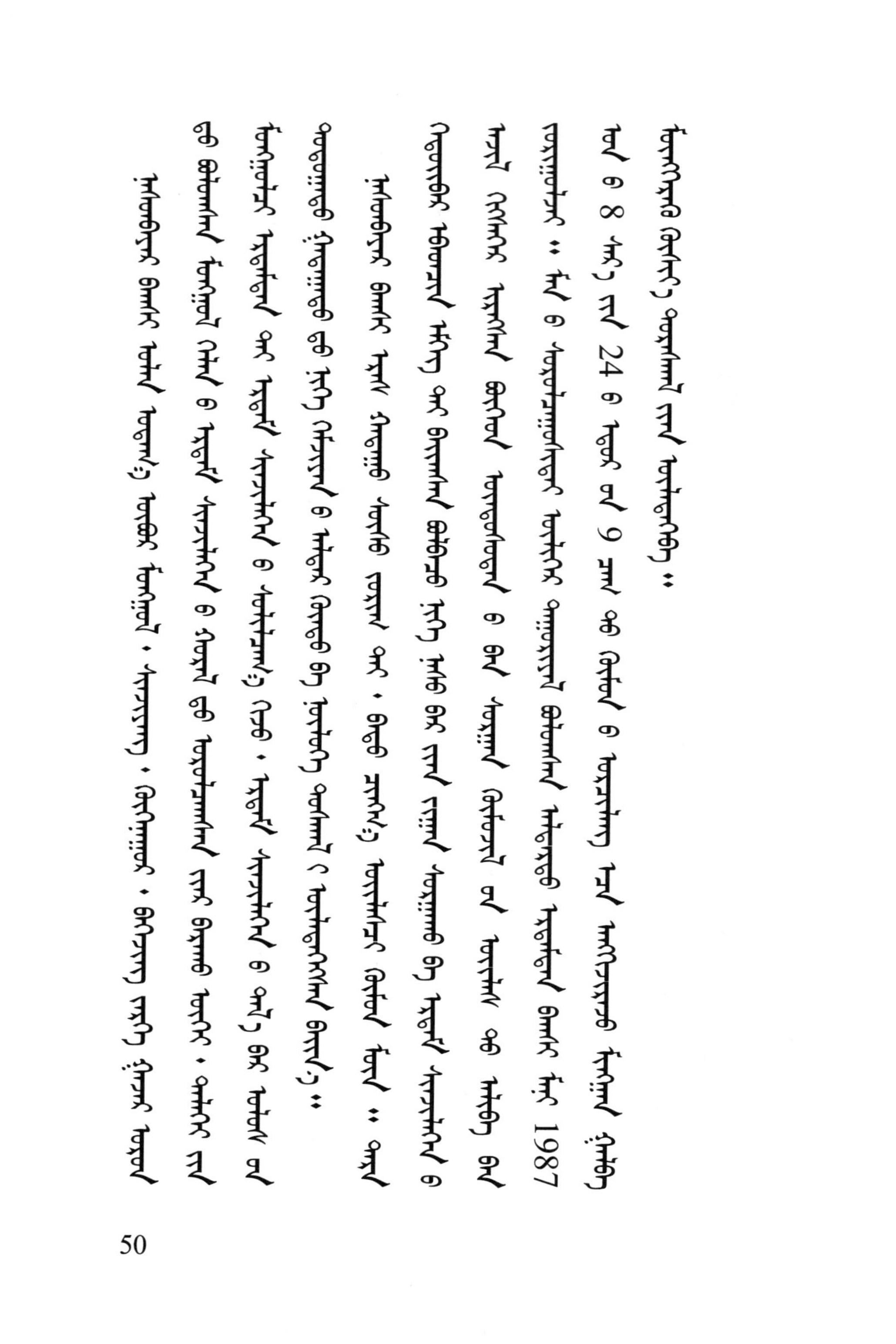

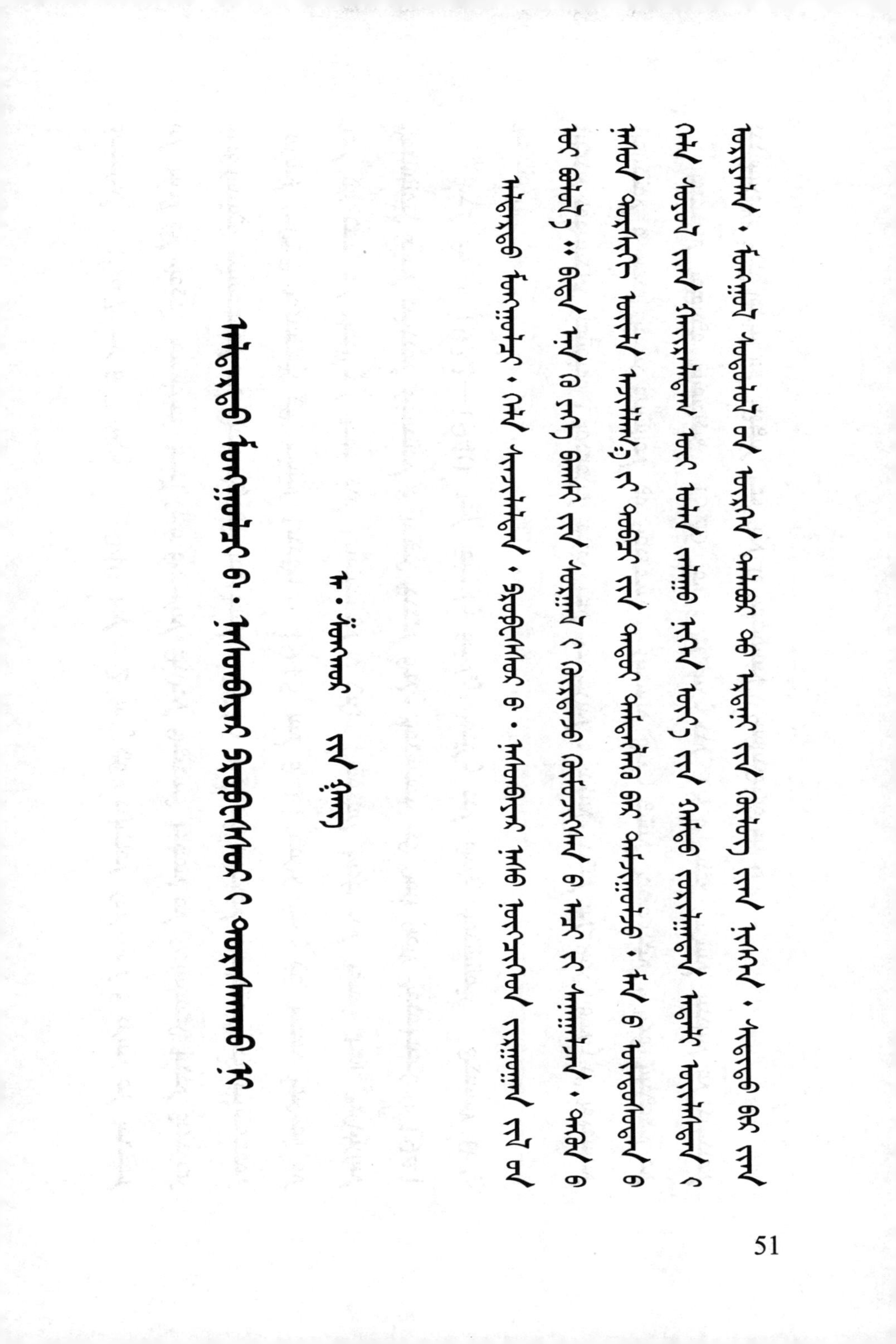

[illegible]

[illegible]

[illegible]

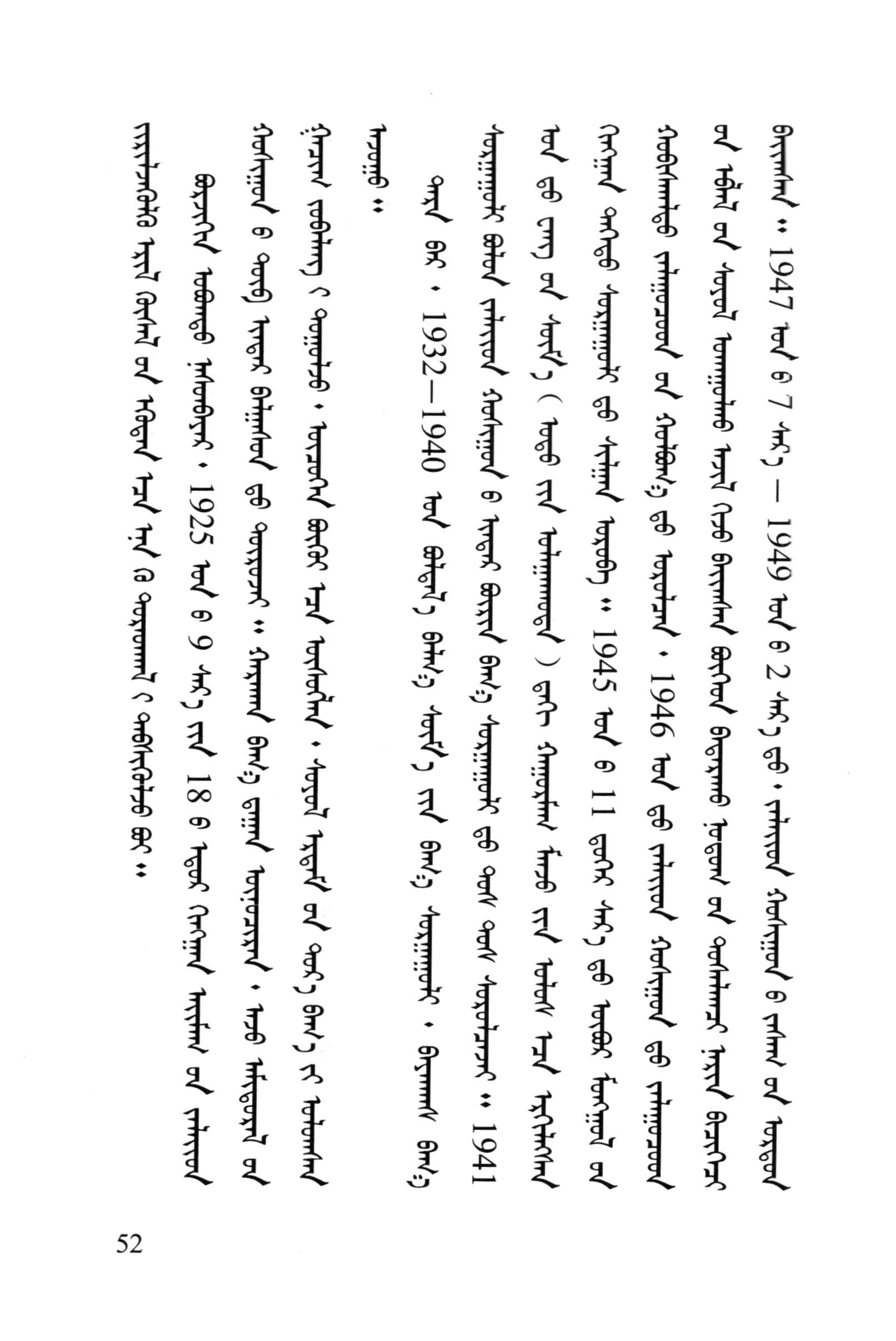

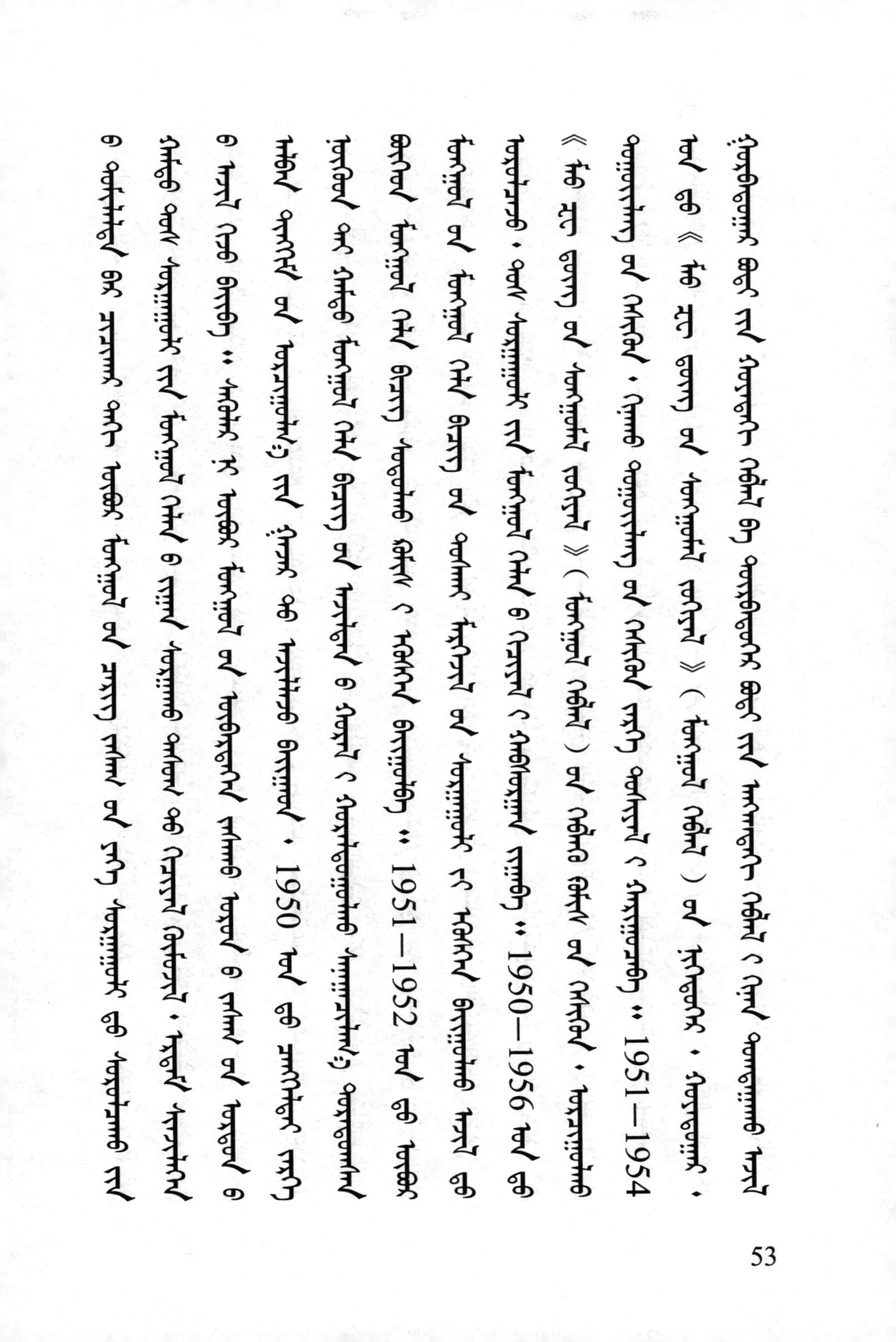

[illegible] ᠂ [illegible] ᠃ [illegible] ᠂ 1950 [illegible] ᠃ 1951—1952 [illegible] ᠂ [illegible] ᠃ 1950—1956 [illegible] 《[illegible]》([illegible]) [illegible] ᠂ [illegible] ᠂ [illegible] ᠃ 1951—1954 [illegible] 《[illegible]》([illegible]) [illegible] ᠂ [illegible] ᠂ [illegible]

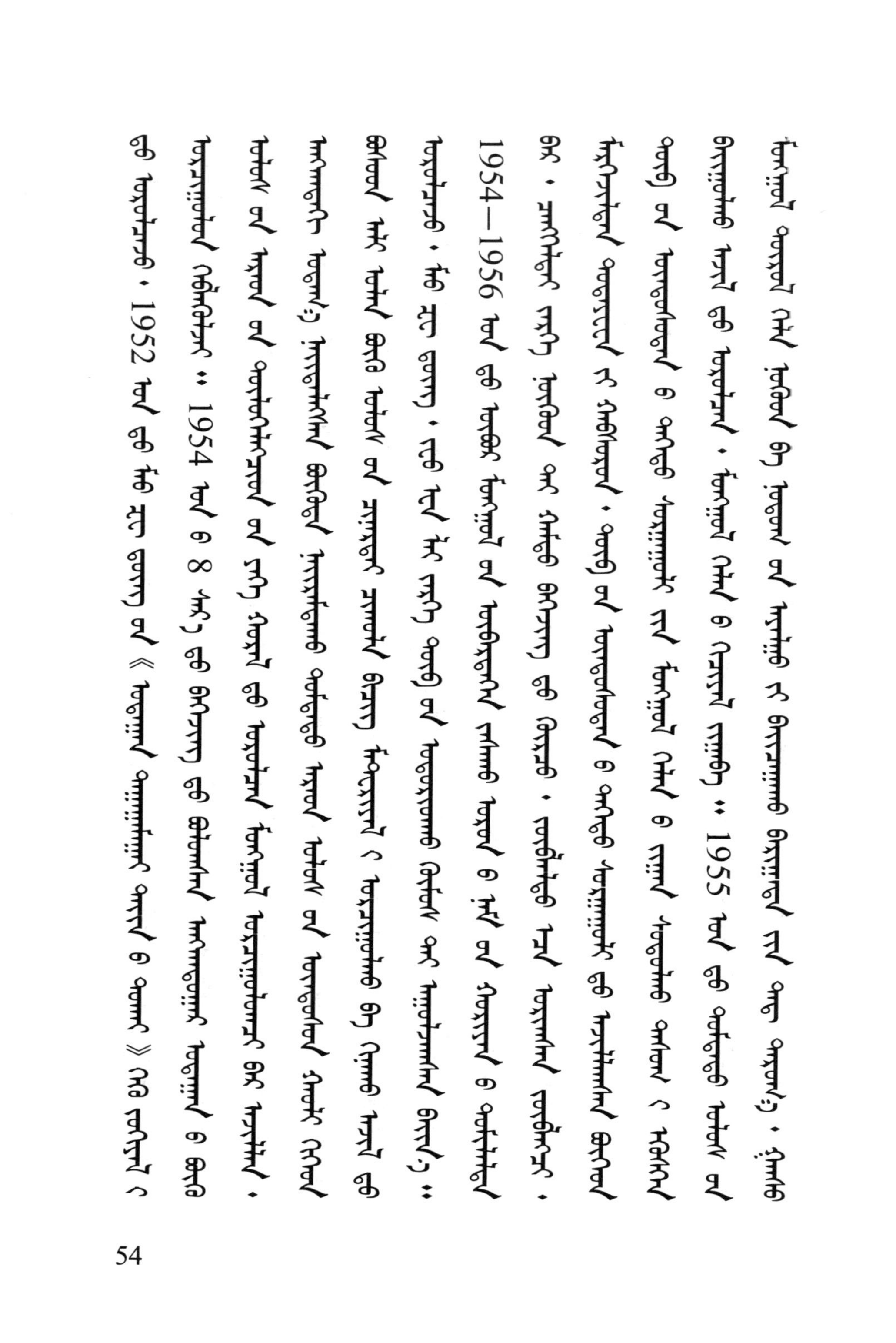

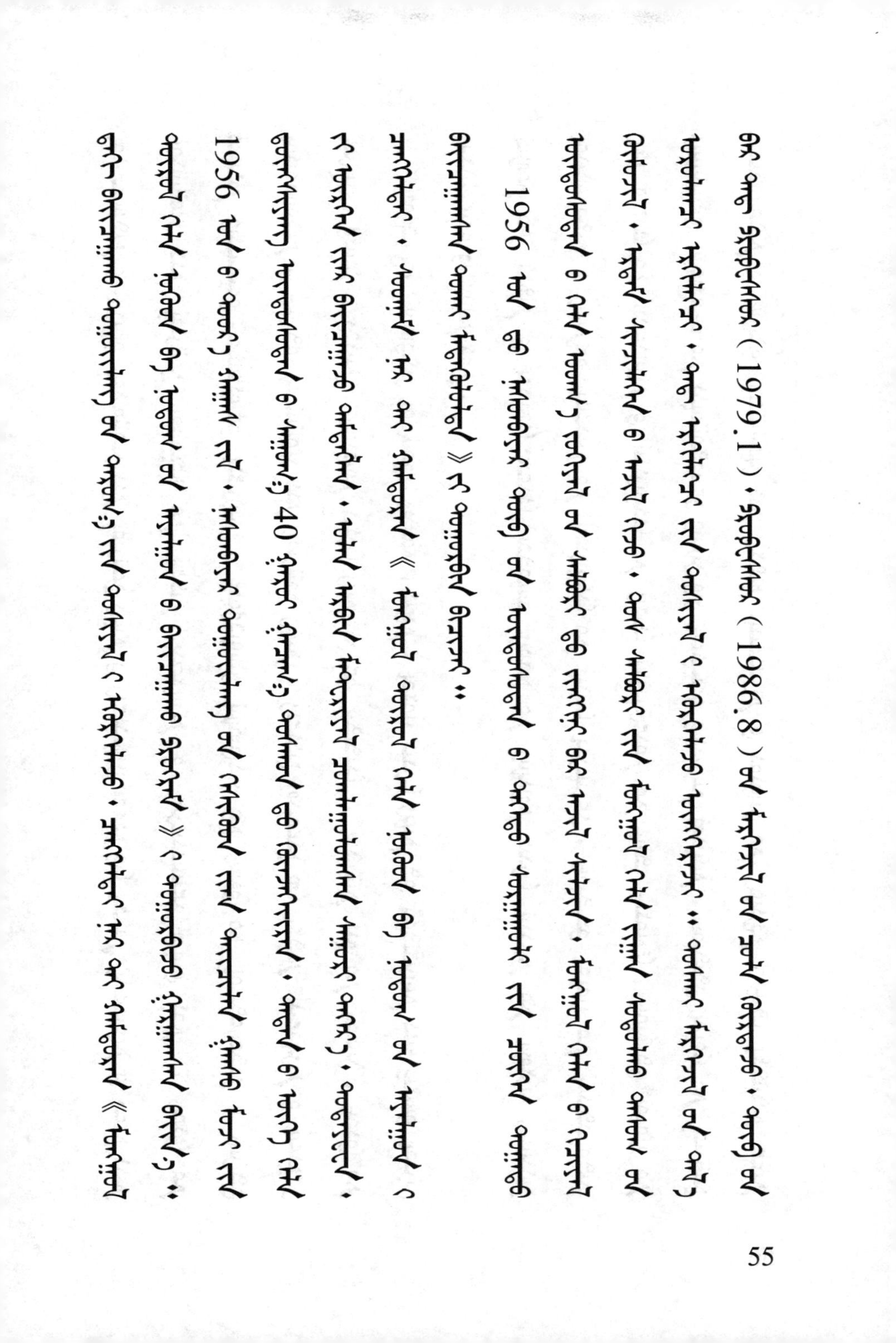

ᠦᠨᠳᠦᠰᠦᠲᠡᠨ ᠦ ᠳᠤᠮᠳᠠᠳᠤ ᠰᠤᠷᠭᠠᠭᠤᠯᠢ ᠶᠢᠨ [illegible] ᠦ [illegible] ᠤᠨ [illegible] ᠦ [illegible] ᠶᠢᠨ
ᠰᠤᠷᠭᠠᠭᠤᠯᠢ ᠶᠢᠨ [illegible] ᠤᠨ [illegible] ᠦ [illegible] ::
[illegible] :: [illegible] ᠤᠨ ᠦᠨᠳᠦᠰᠦᠲᠡᠨ ᠦ [illegible]
ᠦᠨᠳᠦᠰᠦᠲᠡᠨ ᠦ ᠳᠤᠮᠳᠠᠳᠤ ᠰᠤᠷᠭᠠᠭᠤᠯᠢ ᠶᠢᠨ [illegible] ᠦ [illegible] ᠤᠨ [illegible] ᠦ [illegible]
[illegible] · [illegible] · [illegible] · [illegible] :: [illegible] · [illegible] ᠤᠨ

[illegible] · [illegible] · [illegible] · [illegible]
[illegible] ::

[illegible] ᠤᠨ [illegible] ᠦ [illegible] ᠤᠨ [illegible]
ᠦᠨᠳᠦᠰᠦᠲᠡᠨ ᠦ [illegible] · [illegible] ᠤᠨ [illegible]
[illegible] · [illegible] ᠤᠨ [illegible]
[illegible] · [illegible] ᠤᠨ [illegible]
ᠦᠨᠳᠦᠰᠦᠲᠡᠨ ᠦ ᠳᠤᠮᠳᠠᠳᠤ ᠰᠤᠷᠭᠠᠭᠤᠯᠢ ᠶᠢᠨ [illegible] ᠦ [illegible] · [illegible]

ᠮᠣᠩᠭᠣᠯ ᠪᠢᠴᠢᠭ ᠦᠨ ᠳᠦᠷᠢᠮ ᠢ ᠰᠤᠳᠤᠯᠵᠤ ᠂ ᠬᠡᠯᠡ ᠵᠦᠢ ᠶᠢᠨ ᠰᠤᠳᠤᠯᠭ᠎ᠠ ᠪᠠᠨ ᠭᠦᠨᠵᠡᠭᠡᠢᠷᠡᠭᠦᠯᠬᠦ ᠶᠢᠨ ᠲᠡᠯᠡ ᠳᠦ ᠂ ᠮᠣᠩᠭᠣᠯ ᠬᠡᠯᠡ ᠵᠢᠨ ᠰᠤᠳᠤᠯᠭ᠎ᠠ ᠶᠢᠨ ᠡᠷᠳᠡᠮ ᠰᠣᠶᠣᠯ ᠤᠨ ᠪᠦᠲᠦᠭᠡᠯ ᠢ ᠣᠯᠠᠨ ᠪᠠᠷ ᠪᠢᠴᠢᠭᠰᠡᠨ ᠪᠠᠶᠢᠨ᠎ᠠ ᠃ ᠲᠡᠷᠡ ᠪᠣᠯ ᠮᠣᠩᠭᠣᠯ ᠬᠡᠯᠡ ᠶᠢᠨ ᠵᠦᠢ ᠂ ᠬᠡᠯᠡ ᠶᠢᠨ ᠰᠤᠳᠤᠯᠭ᠎ᠠ ᠂ ᠦᠭᠡ ᠶᠢᠨ ᠰᠠᠩ ᠂ ᠲᠣᠯᠢ ᠪᠢᠴᠢᠭ ᠵᠡᠷᠭᠡ ᠦᠨᠳᠦᠰᠦᠨ ᠰᠡᠳᠦᠪ ᠦᠳ ᠲᠦ ᠬᠠᠮᠢᠶ᠎ᠠ ᠪᠦᠬᠦᠢ ᠣᠯᠠᠨ ᠬᠡᠪᠯᠡᠯ ᠢ ᠲᠤᠷᠤᠭᠤᠯᠤᠭᠰᠠᠨ ᠪᠣᠯᠤᠨ ᠂ ᠡᠳᠡᠭᠡᠷ ᠨᠢ ᠮᠣᠩᠭᠣᠯ ᠬᠡᠯᠡ ᠰᠤᠳᠤᠯᠬᠤ ᠶᠢᠨ ᠦᠢᠯᠡᠰ ᠢ ᠬᠦᠭᠵᠢᠭᠦᠯᠬᠦ ᠳᠦ ᠴᠢᠬᠤᠯᠠ ᠦᠦᠷᠡᠭ ᠭᠦᠢᠴᠡᠳᠬᠡᠭᠰᠡᠨ ᠪᠠᠶᠢᠨ᠎ᠠ ᠃

1955 ᠣᠨ ᠳᠤ ᠬᠡᠪᠯᠡᠭᠦᠯᠦᠭᠰᠡᠨ ᠂ ᠲᠡᠷᠡ ᠴᠠᠭ ᠂ «ᠮᠣᠩᠭᠣᠯ ᠬᠡᠯᠡ» ᠂ «ᠬᠡᠯᠡ ᠪᠠ ᠰᠡᠳᠬᠢᠯᠭᠡ» ᠂ «ᠮᠣᠩᠭᠣᠯ ᠤᠨ ᠣᠷᠴᠢᠨ ᠦ ᠦᠶ᠎ᠡ ᠶᠢᠨ ᠮᠣᠩᠭᠣᠯ ᠬᠡᠯᠡ ᠪᠠ ᠪᠢᠴᠢᠭ» ᠂ «ᠮᠣᠩᠭᠣᠯ ᠬᠡᠯᠡᠨ ᠦ ᠳᠦᠷᠢᠮ ᠦᠨ ᠰᠤᠳᠤᠯᠭ᠎ᠠ» ᠶᠢᠨ ᠲᠣᠶᠢᠮ ᠢ ᠪᠢᠴᠢᠵᠦ ᠂ ᠮᠣᠩᠭᠣᠯ ᠬᠡᠯᠡ ᠶᠢᠨ ᠰᠤᠳᠤᠯᠭ᠎ᠠ ᠶᠢᠨ ᠡᠷᠳᠡᠮ ᠰᠣᠶᠣᠯ ᠤᠨ ᠳᠠᠷᠤᠢ ᠶᠢ ᠮᠢᠨᠢ ᠣᠯᠠᠨ ᠳᠤ ᠳᠡᠯᠭᠡᠷᠡᠭᠦᠯᠦᠭᠰᠡᠨ «ᠮᠣᠩᠭᠣᠯ ᠬᠡᠯᠡ ᠪᠠ ᠪᠢᠴᠢᠭ ᠦᠨ ᠲᠤᠬᠠᠢ» (ᠬᠡᠯᠡ ᠰᠤᠳᠤᠯᠭ᠎ᠠ ᠶᠢᠨ ᠬᠣᠷᠢᠶᠠᠩᠭᠤᠢ ᠂ ᠥᠪᠥᠷ ᠮᠣᠩᠭᠣᠯ ᠤᠨ ᠠᠷᠠᠳ ᠤᠨ ᠬᠡᠪᠯᠡᠯ ᠦᠨ ᠬᠣᠷᠢᠶ᠎ᠠ ᠂ 1982 ᠣᠨ) ᠢ ᠡᠮᠬᠢᠳᠬᠡᠨ ᠨᠡᠶᠢᠲᠡᠯᠡᠭᠦᠯᠦᠭᠰᠡᠨ ᠃ 1959 ᠣᠨ ᠳᠤ «ᠮᠣᠩᠭᠣᠯ ᠬᠡᠯᠡᠨ ᠦ ᠲᠣᠯᠢ ᠪᠢᠴᠢᠭ» ᠨᠡᠶᠢᠲᠡᠯᠡᠭᠳᠡᠭᠰᠡᠨ ᠪᠠ ᠂ ᠮᠦᠨ 1969 ᠣᠨ ᠳᠤ ᠲᠡᠷᠡ ᠶᠢ ᠨᠡᠮᠡᠵᠦ ᠵᠠᠰᠠᠭᠰᠠᠨ ᠬᠡᠪᠯᠡᠯ ᠢ ᠬᠡᠪᠯᠡᠭᠦᠯᠦᠭᠰᠡᠨ «ᠮᠣᠩᠭᠣᠯ ᠬᠡᠯᠡᠨ ᠦ ᠲᠣᠯᠢ ᠪᠢᠴᠢᠭ» ᠦᠨ ᠨᠡᠶᠢᠲᠡᠯᠡᠭᠰᠡᠨ ᠪᠠᠶᠢᠨ᠎ᠠ ᠃

ᠡᠨᠡ ᠲᠣᠯᠢ ᠪᠢᠴᠢᠭ ᠨᠢ ᠮᠣᠩᠭᠣᠯ ᠬᠡᠯᠡ ᠶᠢᠨ ᠦᠭᠡ ᠶᠢᠨ ᠰᠠᠩ ᠤᠨ ᠰᠤᠳᠤᠯᠭ᠎ᠠ ᠳᠤ ᠴᠢᠬᠤᠯᠠ ᠠᠴᠠ ᠬᠤᠪᠢ ᠨᠡᠮᠡᠷᠢ ᠣᠷᠤᠭᠤᠯᠵᠤ ᠪᠠᠶᠢᠨ᠎ᠠ ᠃ ᠲᠡᠷᠡ ᠪᠣᠯ ᠮᠣᠩᠭᠣᠯ ᠤᠨ ᠰᠤᠷᠭᠠᠭᠤᠯᠢ ᠶᠢᠨ ᠲᠠᠯ᠎ᠠ ᠳᠤ ᠣᠯᠠᠨ ᠪᠠᠷ ᠬᠡᠷᠡᠭᠯᠡᠭᠳᠡᠵᠦ ᠪᠠᠶᠢᠭ᠎ᠠ ᠤᠷᠤᠰ ᠤᠨ ᠬᠡᠯᠡ ᠶᠢᠨ

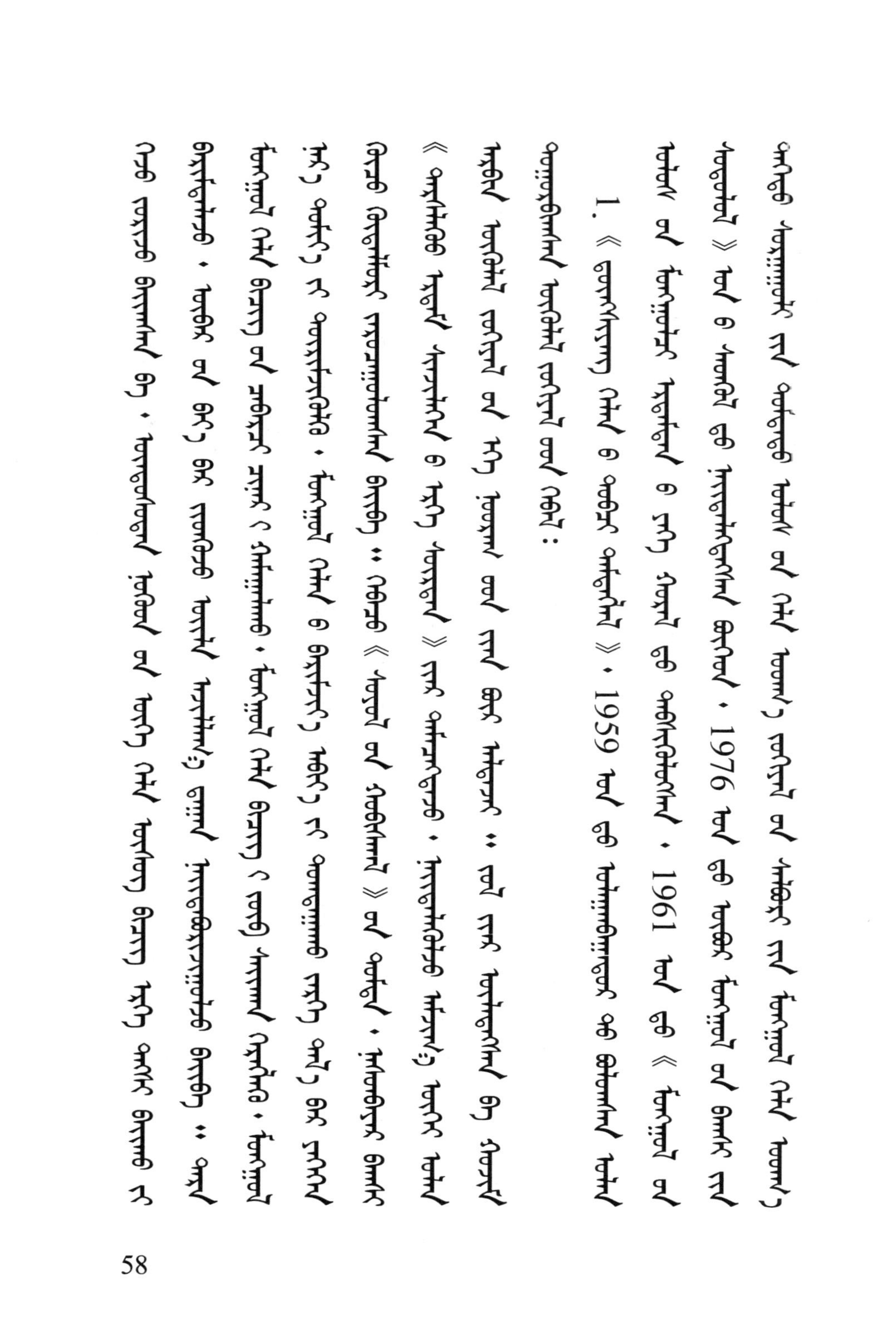

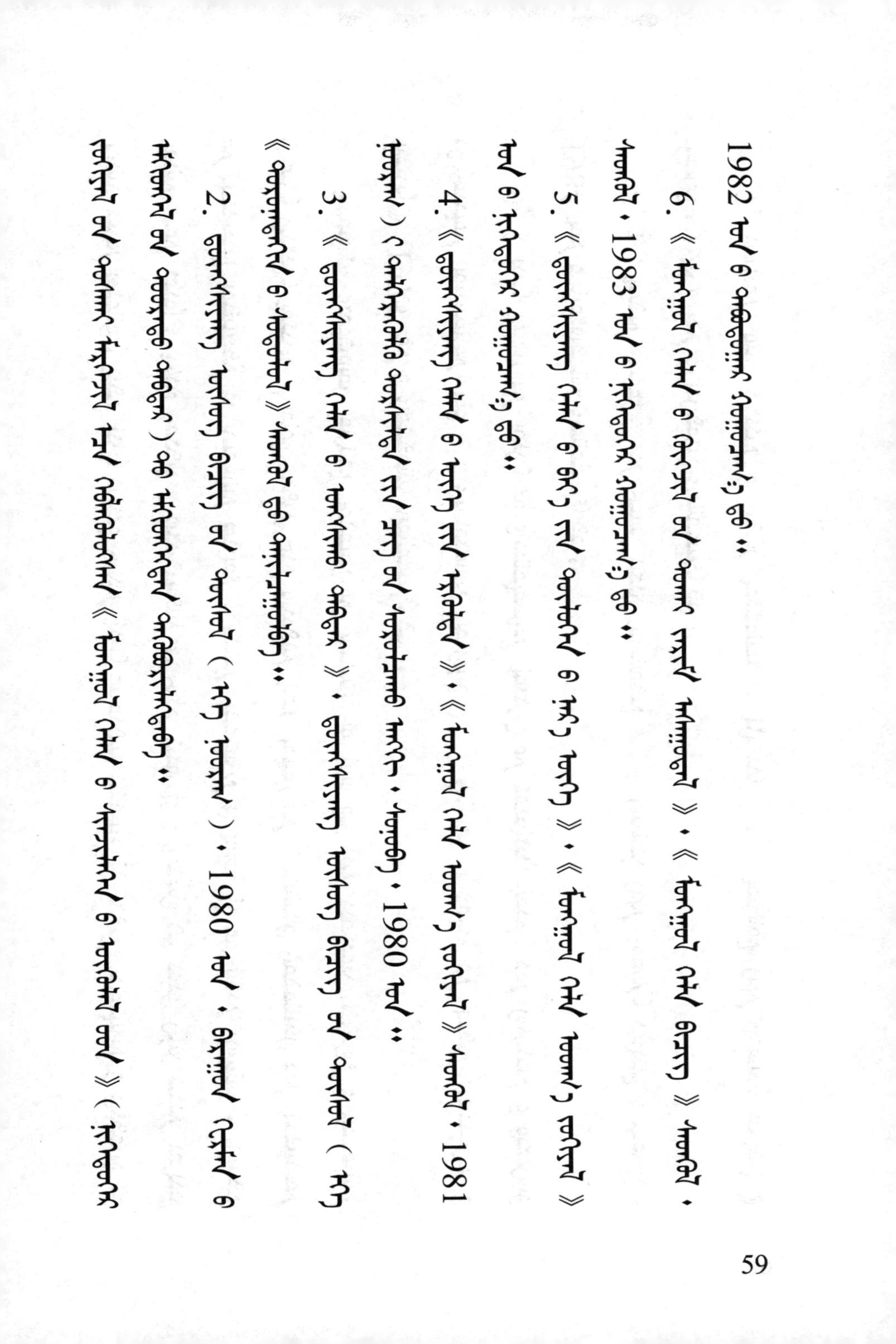

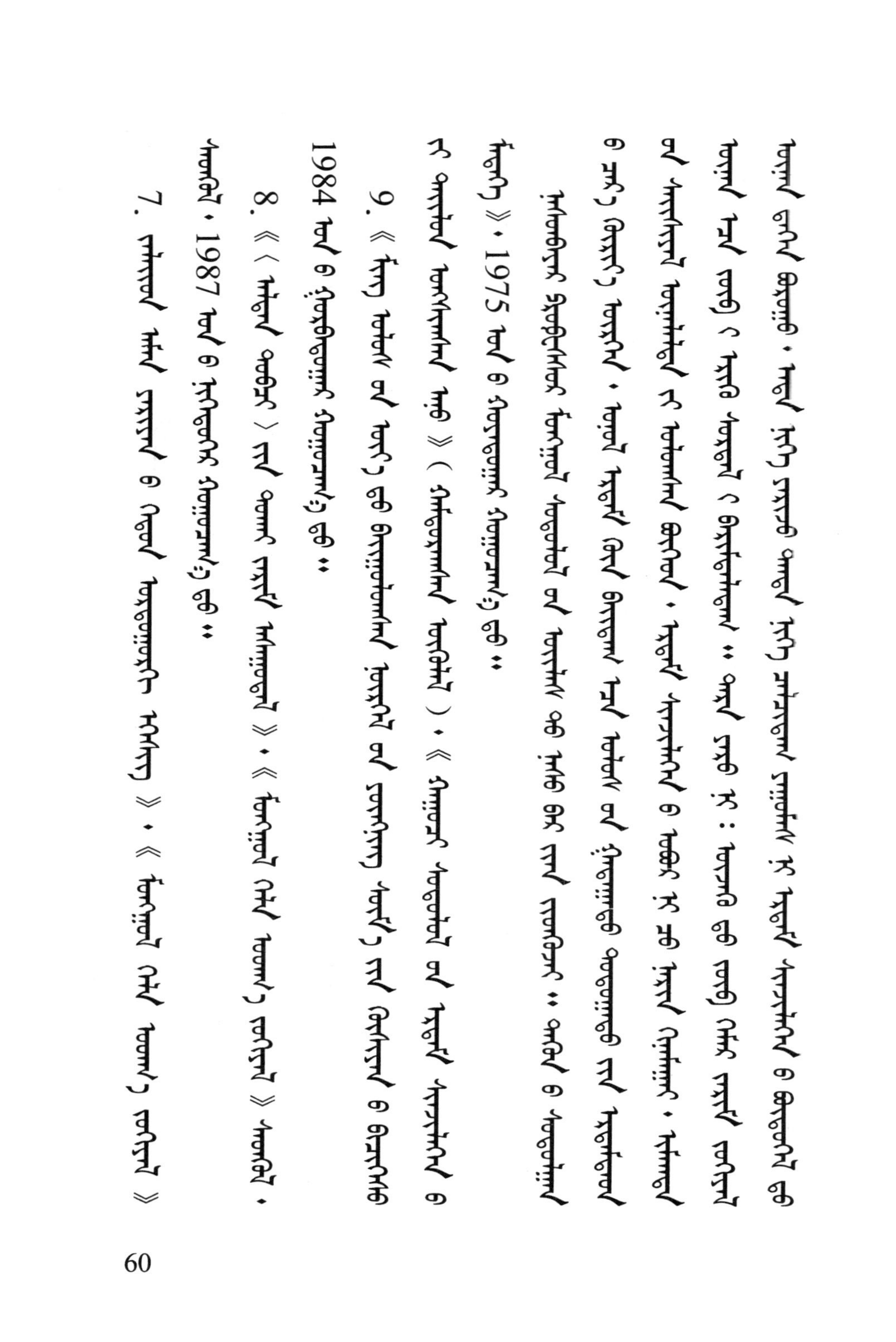

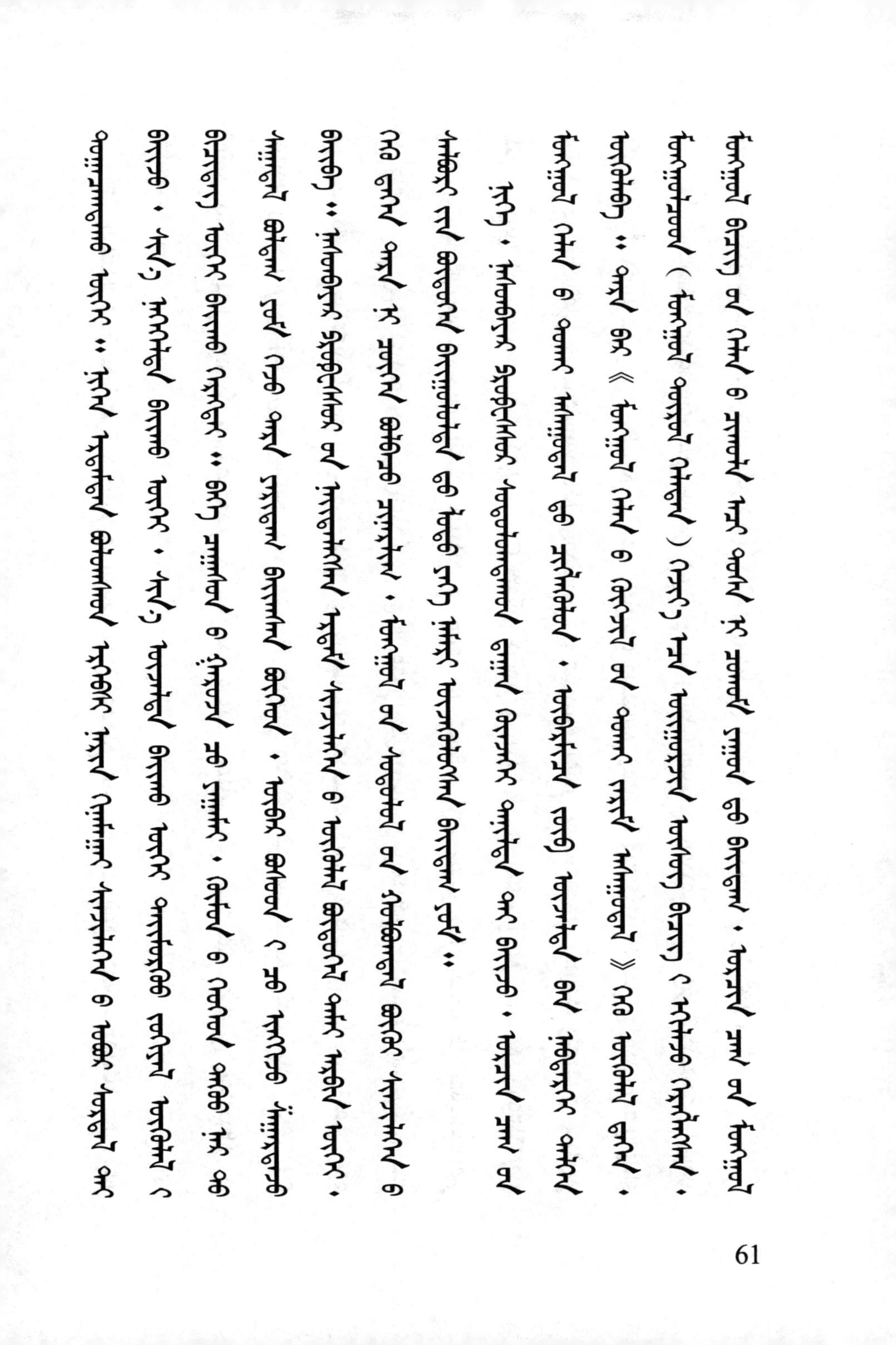

2. ᠬᠣᠶᠠᠳᠤᠭᠠᠷ ᠴᠠᠭ ᠤᠨ ᠮᠣᠩᠭᠣᠯ ᠬᠡᠯᠡᠨ ᠦ ᠰᠤᠳᠤᠯᠭᠠᠨ ᠢ ᠬᠣᠶᠠᠳᠤᠭᠠᠷ ᠴᠠᠭ ᠤᠨ ᠮᠣᠩᠭᠣᠯ ᠬᠡᠯᠡᠨ ᠪᠢᠴᠢᠭ ᠤᠨ ᠬᠡᠯᠡ ᠰᠤᠳᠤᠯᠤᠨ᠎ᠠ ::

ᠳᠤᠮᠳᠠᠳᠤ ᠦᠶ᠎ᠡ ᠶᠢᠨ ᠮᠣᠩᠭᠣᠯ ᠬᠡᠯᠡ ᠪᠣᠯ 13 ᠳᠤᠭᠠᠷ ᠵᠠᠭᠤ ᠡᠴᠡ ᠡᠬᠢᠯᠡᠨ ...

《 ᠮᠣᠩᠭᠣᠯ ᠤᠨ ᠨᠢᠭᠤᠴᠠ ᠲᠣᠪᠴᠢᠶᠠᠨ 》

1. ...

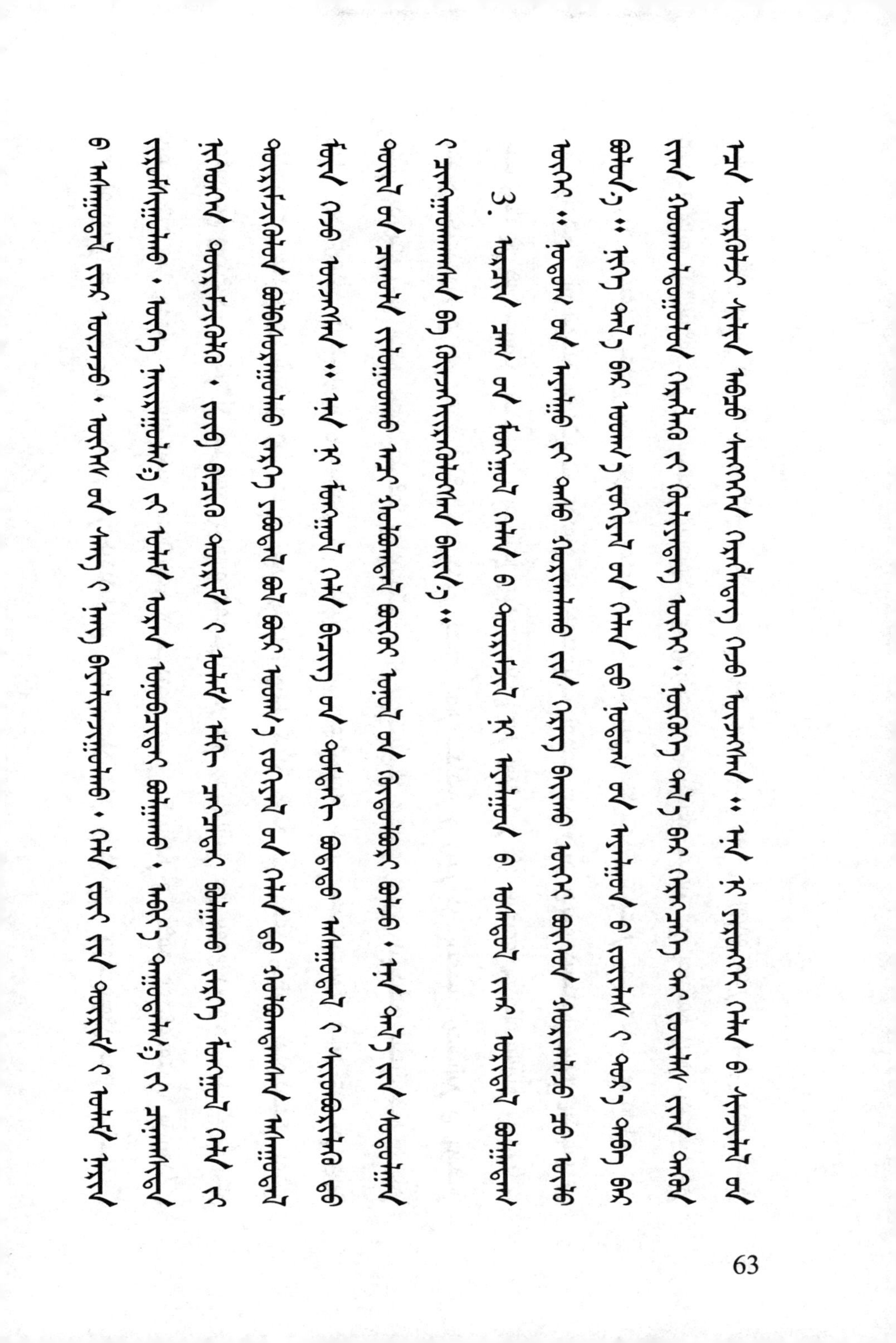

[illegible]

3. [illegible]

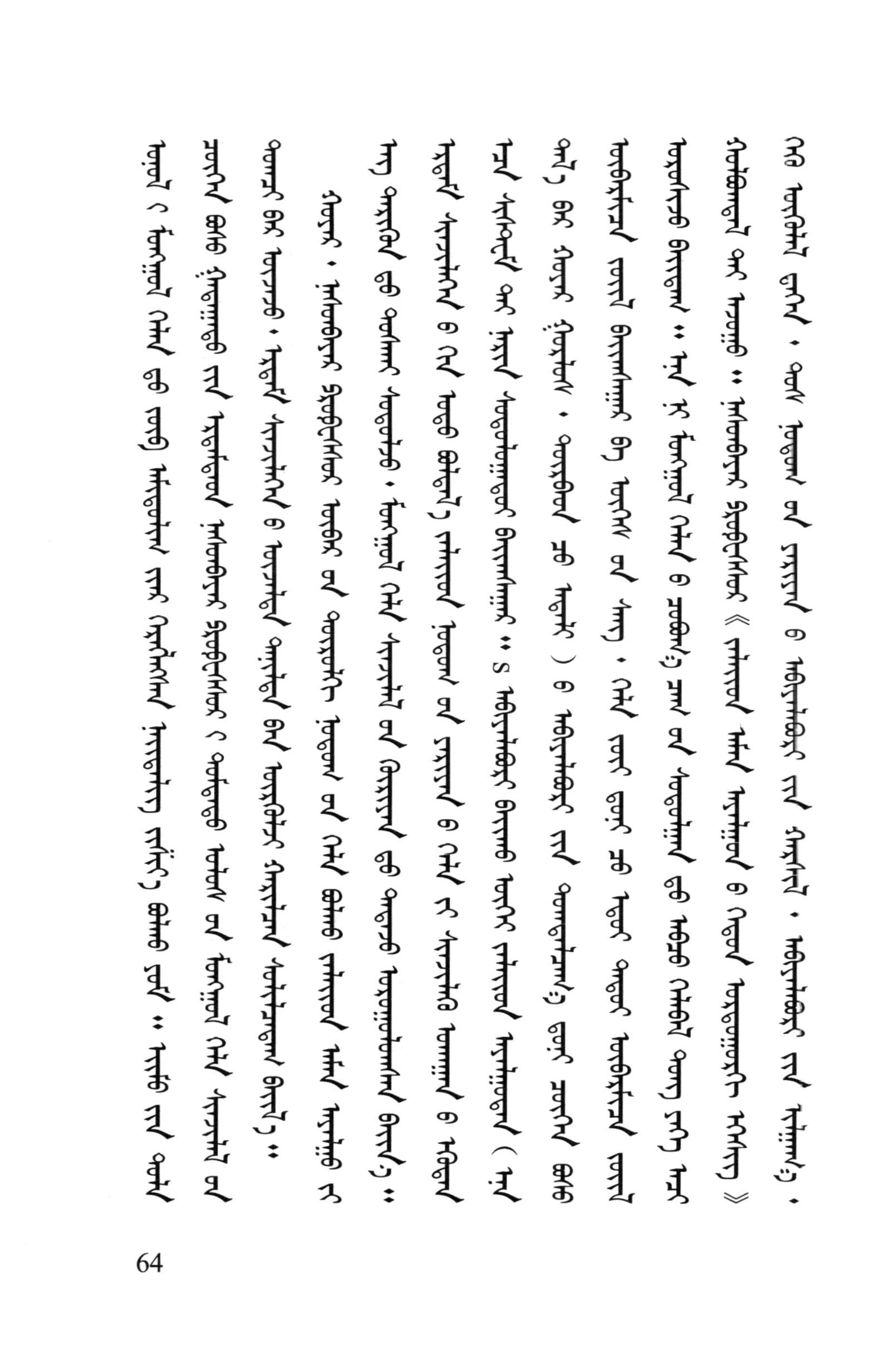

[illegible] :: [illegible]
[illegible]
[illegible] • [illegible] • [illegible] ::

[illegible] • [illegible]
[illegible] • [illegible] ::
[illegible]
[illegible] :: S [illegible] ([illegible]
[illegible]) [illegible] • [illegible]
[illegible] • [illegible]
[illegible] :: [illegible] :: [illegible]
[illegible] :: [illegible] 《 [illegible] 》
[illegible] • [illegible] • [illegible] • [illegible] •

ᠬᠡᠷᠪᠡ ᠳᠤᠭᠤᠳᠠᠯ ᠤᠨ ᠬᠤᠪᠢᠯᠪᠤᠷᠢ ᠶᠢᠨ ᠪᠠᠶᠢᠳᠠᠯ ...

[ɣ] ᠪᠠ ᠠᠷᠤ ᠡᠭᠡᠰᠢᠭ ᠦᠨ ᠬᠤᠪᠢᠯᠪᠤᠷᠢ /a/ · /o/ · /ɪ/ ᠳᠤ · [ɯ] ᠪᠠ ᠡᠮᠦᠨ᠎ᠡ ᠡᠭᠡᠰᠢᠭ ᠦᠨ ᠬᠤᠪᠢᠯᠪᠤᠷᠢ

/ə/ · /θ/ · /i/ ᠳᠤ ᠬᠡᠷᠡᠭᠯᠡᠭᠳᠡᠨ᠎ᠡ ᠃ ᠵᠢᠱᠢᠶ᠎ᠡ ᠨᠢ ə → [ɯ] θ · → [ɯ] ·

[ɤ] · [ɯ] ...

A. ... (...) B. ... (...) ...

· B ...

ᠡᠨᠡᠬᠦ ᠪᠠᠢᠷᠢ ᠳᠤᠤᠳᠠᠯᠭ᠎ᠠ ᠲᠡᠮᠳᠡᠭᠯᠡᠭᠰᠡᠨ ᠪᠠ ᠪᠣᠯ yy ᠃ ØØ ᠃ EE ᠪᠠ y ᠃ Ø ᠃ E ᠲᠡᠮᠳᠡᠭᠯᠡᠭᠰᠡᠨ

ᠨᠢ / EE / ᠲᠡᠮᠳᠡᠭᠯᠡᠬᠦ ᠳᠤ ᠪᠠ ᠡᠨᠡ ᠪᠣᠯᠤᠨ ᠡᠭᠡᠰᠢᠭᠦᠳ ᠪᠣᠯᠤᠨ ᠤᠷᠳᠤ ᠨᠢ ᠦᠭᠡ ᠶᠢᠨ ᠃ ᠪᠠᠢᠳᠠᠭ ᠡᠭᠡᠰᠢᠭ ᠬᠡᠯᠪᠡᠷᠢ

ᠲᠡᠮᠳᠡᠭᠯᠡᠬᠦ ᠡᠭᠡᠰᠢᠭ ᠦᠨ ᠃ ᠡᠨᠡ ᠪᠣᠯ y ᠃ Ø ᠃ E ᠲᠡᠮᠳᠡᠭᠯᠡᠭᠰᠡᠨ ᠡᠭᠡᠰᠢᠭ ᠦᠨ ᠬᠣᠶᠠᠷ ᠪᠢᠴᠢᠯᠭᠡ ᠃ ᠲᠡᠮᠳᠡᠭᠯᠡᠪᠡᠯ ᠲᠠᠨ

ɛ ᠦᠭᠡ ᠶᠢᠨ ᠡᠭᠡᠰᠢᠭ ᠰᠤᠷᠤᠯᠴᠠᠭᠠᠨ ᠤ ᠲᠣᠭᠲᠠᠭᠰᠠᠨ ᠪᠠᠢᠷᠢ ᠬᠡᠯᠪᠡᠷᠢᠯᠡᠬᠦ ᠪᠠᠢᠳᠠᠭ ᠪᠣᠯ ᠪᠠᠢᠭᠤᠯᠤᠯᠲᠠ ᠡᠭᠡᠰᠢᠭ ᠨᠢ ᠡᠭᠡᠰᠢᠭ ᠃

ᠪᠠᠢᠳᠠᠭ ᠃ ᠰᠢᠨᠵᠢᠯᠡᠭᠰᠡᠨ ᠦᠭᠡ ᠶᠢᠨ ᠲᠣᠭᠲᠠᠭᠰᠠᠨ ᠪᠢᠴᠢᠯᠭᠡ ᠳᠦ ᠰᠤᠷᠤᠯᠴᠠᠭᠠᠨ ᠤ ᠨᠢ ᠡᠭᠡᠰᠢᠭ ᠦᠨ ᠡᠨᠡ ᠨᠢ ᠭᠡᠳᠡᠭ y ᠃ œ

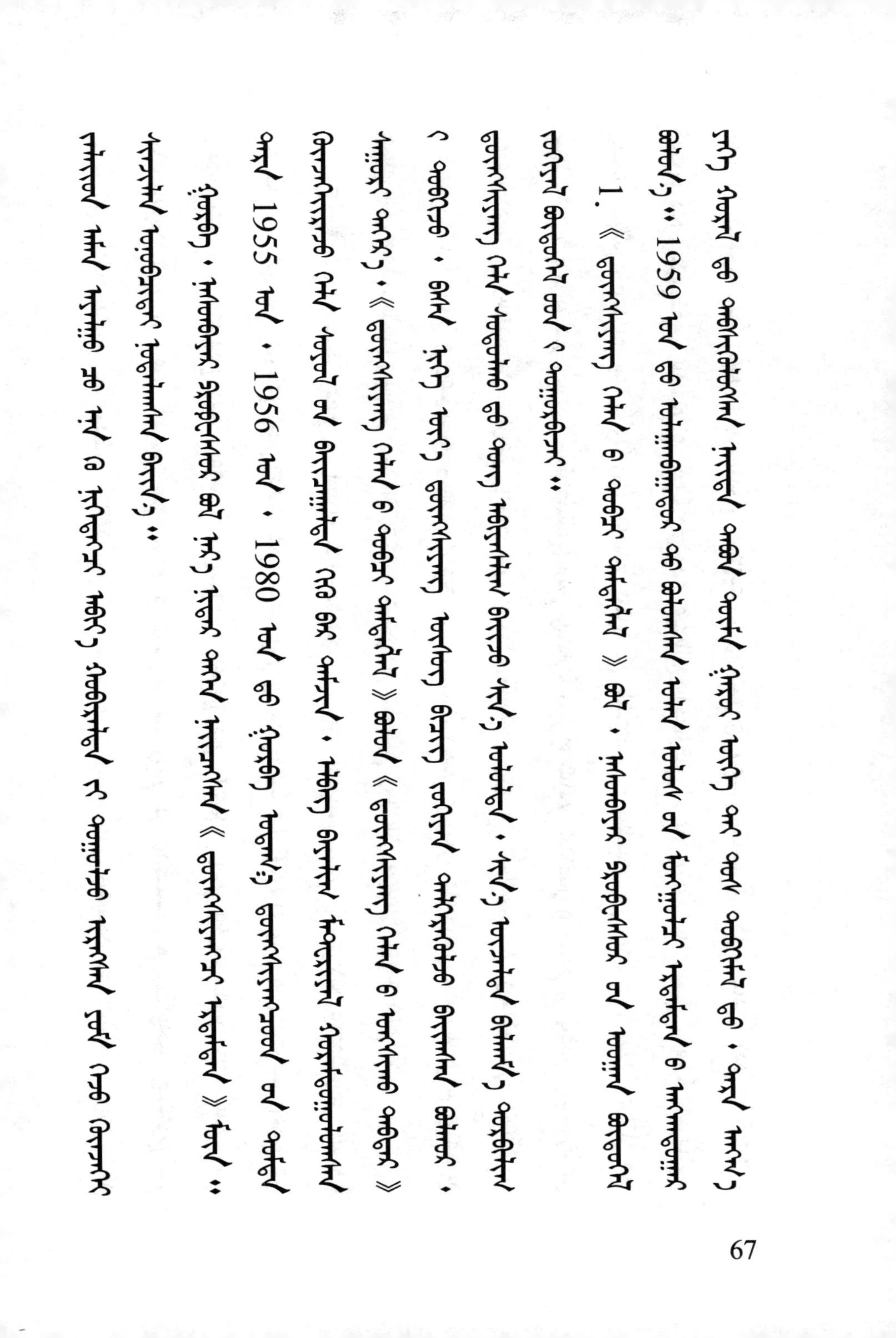

ᠪᠣᠯᠤᠨ ᠳᠡᠭᠡᠷᠡ ᠬᠡᠯᠡᠯᠭᠡ᠂ ᠰᠤᠷᠭᠠᠯ ᠤᠨ ᠤᠭ ᠤᠨ ᠰᠤᠳᠤᠯᠤᠯ ᠤᠨ ᠲᠡᠦᠬᠡ᠂ ᠪᠢᠴᠢᠭ ᠦᠨ ᠬᠡᠯᠡᠨ ᠦ ᠬᠡᠯᠡᠯᠭᠡ ᠶᠢᠨ ᠪᠠᠶᠢᠳᠠᠯ᠂ ᠬᠡᠯᠡ ᠵᠦᠢ ᠶᠢᠨ ᠰᠢᠨᠵᠢᠯᠡᠬᠦ ᠤᠬᠠᠭᠠᠨ ᠤ ᠬᠥᠭᠵᠢᠯ ᠢ ᠰᠤᠳᠤᠯᠬᠤ ᠳᠤ ᠴᠢᠬᠤᠯᠠ ᠴᠢᠨᠠᠷ ᠲᠠᠢ ᠪᠠᠶᠢᠳᠠᠭ᠃ ᠡᠨᠡ ᠪᠣᠯ ᠰᠤᠳᠤᠯᠤᠯ ᠤᠨ ᠠᠵᠢᠯ ᠤᠨ ᠬᠡᠷᠡᠭᠴᠡᠭᠡ ᠶᠢ ᠬᠠᠩᠭᠠᠬᠤ ᠶᠡᠬᠡ ᠲᠤᠰᠠ ᠲᠠᠢ ᠪᠠᠶᠢᠨ᠎ᠠ᠃

2. 《ᠮᠣᠩᠭᠣᠯ ᠤᠨ ᠨᠢᠭᠤᠴᠠ ᠲᠣᠪᠴᠢᠶᠠᠨ ᠤ ᠬᠡᠯᠡ ᠵᠦᠢ》 ᠶᠢᠨ ᠰᠤᠳᠤᠯᠤᠯ ᠤᠨ ᠬᠠᠮᠤᠭ ᠤᠨ ᠴᠢᠬᠤᠯᠠ ᠨᠣᠮ ᠪᠣᠯᠤᠨ᠎ᠠ᠃ ᠡᠨᠡ ᠨᠣᠮ ᠢ 1981 ᠣᠨ ᠤ ᠬᠠᠪᠤᠷ 《ᠮᠣᠩᠭᠣᠯ ᠬᠡᠯᠡ ᠵᠦᠢ》 ᠰᠡᠳᠬᠦᠯ ᠳᠦ᠂ 1980 ᠣᠨ ᠤ ᠰᠤᠳᠤᠯᠤᠯ ᠤᠨ ᠦᠷ᠎ᠡ ᠳᠦᠩ ᠢ ᠨᠡᠢᠲᠡᠯᠡᠭᠰᠡᠨ ᠪᠣᠯᠤᠨ᠎ᠠ᠃

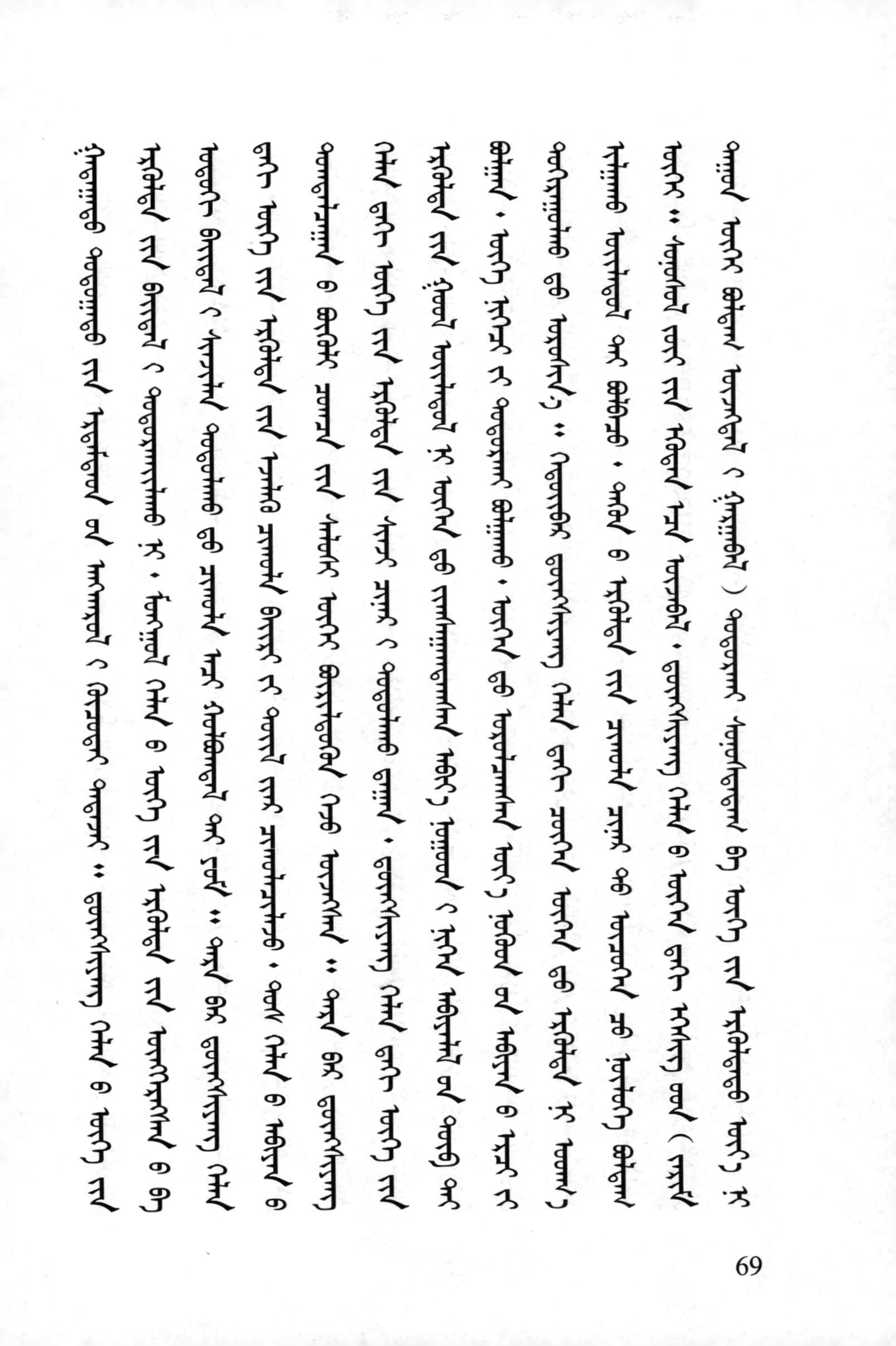

3. 《ᠪᠣᠯᠪᠠᠰᠤᠷᠠᠯ ᠬᠡᠯᠡᠨ ᠦ ᠪᠢᠴᠢᠭ ᠦᠨ ᠳᠦᠷᠢᠮ ᠦ ᠵᠢᠭᠠᠭ ᠦᠭᠡ》 ᠳᠤ ᠥᠷᠭᠡᠯᠭᠡ ᠶᠢᠨ ᠰᠢᠨᠵᠢᠯᠡᠯᠲᠡ ᠶᠢ ᠲᠣᠳᠣᠷᠬᠠᠢᠯᠠᠨ ᠲᠠᠶᠢᠯᠪᠤᠷᠢᠯᠠᠭᠰᠠᠨ ᠪᠠᠢᠨ᠎ᠠ ᠌᠂

ᠠᠭᠤᠯᠭ᠎ᠠ ᠳᠣᠲᠣᠷ ᠢᠶᠠᠨ ᠪᠣᠯᠪᠠᠰᠤᠷᠠᠯ ᠬᠡᠯᠡᠨ ᠦ ᠦᠭᠡ ᠶᠢᠨ ᠥᠷᠭᠡᠯᠭᠡ ᠶᠢᠨ ᠳᠦᠷᠢᠮ ᠤᠨ ᠳᠣᠷᠤᠢ ᠶᠢ ᠠᠰᠢᠭᠯᠠᠨ ᠳᠣᠲᠣᠭᠠᠳᠤ ᠬᠡᠯᠪᠡᠷᠢ ᠪᠠᠷ ᠢ ᠰᠢᠨᠵᠢᠯᠡᠵᠦ ᠪᠠᠢᠨ᠎ᠠ᠃ ᠡᠨᠡ ᠥᠭᠦᠯᠡᠯ ᠳᠦ ᠰᠢᠨᠵᠢᠯᠡᠭᠰᠡᠨ ᠲᠣᠳᠣᠷᠬᠠᠢᠯᠠᠯ ᠦᠨᠳᠦᠰᠦ ᠶᠢᠨ ᠬᠠᠮᠤᠭ ᠶᠢᠨ ᠥᠷᠭᠡᠯᠭᠡ ᠳᠤᠷᠠᠰᠬᠠᠯ ᠬᠡᠯᠡᠪᠡᠯ᠂ ᠬᠣᠶᠠᠷ ᠠᠩᠭᠢᠯᠠᠯ ᠳᠤ ᠥᠷᠭᠡᠯᠭᠡ ᠨᠢᠭᠡ ᠪᠡᠷ ᠳᠡᠭᠡᠷ᠎ᠡ ᠨᠢᠭᠡ ᠭᠦᠶᠦᠯᠲᠡ ᠪᠠᠢᠳᠠᠯ ᠢ ᠲᠣᠳᠣᠷᠬᠠᠢᠯᠠᠵᠤ ᠦᠭᠡ ᠶᠢᠨ ᠲᠣᠭᠠᠴᠠᠨ ᠬᠡᠯᠡᠪᠡᠯ᠃ ᠬᠣᠶᠠᠷ ᠠᠩᠭᠢᠯᠠᠯ ᠥᠷᠭᠡᠯᠭᠡ ᠲᠠᠢ ᠪᠣᠯᠤᠨ᠎ᠠ ᠪᠡᠷ ᠵᠢᠱᠢᠶᠡᠯᠡᠪᠡᠯ ᠦᠭᠡ ᠶᠢᠨ ᠭᠣᠣᠯᠳᠤ ᠤᠷᠲᠤ ᠠᠭᠤᠯᠭ᠎ᠠ᠂ ᠪᠠᠷᠤᠭ ᠦᠭᠡ ᠶᠢᠨ ᠲᠡᠷᠢᠭᠦᠨ ᠳᠦ ᠥᠷᠭᠡᠯᠭᠡ ᠲᠠᠶ ᠨᠢᠭᠡ ᠪᠣᠯᠤᠭᠰᠠᠨ ᠦᠭᠡ ᠶᠢᠨ ᠳᠠᠭᠤᠰᠤᠭ᠎ᠠ ᠪᠠᠢᠨ᠎ᠠ (ᠲᠠᠶᠢᠯᠪᠤᠷᠢ) ᠭᠡᠵᠦ ᠲᠣᠳᠣᠷᠬᠠᠢᠯᠠᠪᠠ᠃ ᠬᠡᠷᠪᠡ ᠦᠭᠡ ᠶᠢᠨ ᠡᠬᠢᠨ ᠦ ᠰᠢᠨᠵᠢ ᠶᠢ ᠳᠠᠭᠠᠭᠰᠠᠨ ᠠᠯᠢ ᠨᠢᠭᠡ ᠥᠷᠭᠡᠯᠭᠡ ᠪᠠᠷ ᠬᠡᠯᠡᠬᠦ ᠵᠢᠱᠢᠶᠡ ᠶᠢᠨ ᠲᠡᠭᠦᠨ ᠦ ᠦᠭᠡ ᠶᠢᠨ ᠥᠷᠭᠡᠯᠭᠡ ᠶᠢᠨ ᠪᠠᠢᠷᠢ ᠪᠠᠢᠳᠠᠯ ᠢ ᠰᠢᠨᠵᠢᠯᠡᠬᠦ ᠦᠭᠡ ᠶᠢᠨ ᠲᠣᠭᠠᠴᠠᠨ ᠪᠡᠷ ᠦᠭᠡ ᠶᠢᠨ ᠬᠡᠯᠪᠡᠷᠢᠯᠡᠯ (ᠥᠷᠭᠡᠯᠭᠡ ᠶᠢᠨ ᠪᠠᠢᠷᠢᠰᠢᠯ ᠳᠤᠷᠠᠰᠬᠠᠯ ᠥᠷᠭᠡᠯᠭᠡ (stress accent) ᠳᠤ ᠬᠠᠮᠢᠶᠠᠷᠤᠯᠤᠨ᠎ᠠ ᠭᠡᠳᠡᠭ ᠰᠢᠨᠵᠢᠯᠡᠯᠲᠡ ᠶᠢ ᠲᠣᠳᠣᠷᠬᠠᠢᠯᠠᠪᠠ᠃ ᠬᠡᠷᠪᠡ ᠥᠷᠭᠡᠯᠭᠡ ᠨᠢ ᠳᠤᠷᠠᠰᠬᠠᠯ᠂ ᠠᠩᠭᠢᠯᠠᠯ ᠤᠨ ᠪᠣᠯᠪᠠᠰᠤᠷᠠᠯ ᠪᠠᠢᠳᠠᠯ ᠢ ᠳᠠᠭᠠᠪᠠᠯ ᠦᠯᠦ ᠪᠣᠯᠬᠤ ᠥᠭᠡᠷᠡ ᠬᠡᠯᠡᠨ ᠦ ᠦᠭᠡ ᠶᠢᠨ ᠥᠷᠭᠡᠯᠭᠡ ᠨᠢ

ᠪᠣᠯᠪᠠᠰᠤᠷᠠᠯ ᠬᠡᠪᠯᠡᠯ ᠦᠨ ᠬᠣᠷᠢᠶ᠎ᠠ ᠶᠢᠨ ᠪᠠᠭᠰᠢ ᠳᠤ ᠰᠤᠷᠤᠯᠴᠠᠭᠰᠠᠨ ᠤ ᠨᠡᠶᠢᠲᠡᠯᠡᠯ ᠳᠦ 1981 ᠣᠨ ᠤ ᠬᠠᠪᠤᠷ ᠤᠨ ᠳᠡᠪᠲᠡᠷ ᠪᠣᠯᠤᠨ ᠬᠡᠪᠯᠡᠭᠳᠡᠭᠰᠡᠨ ᠪᠣᠯᠤᠨ 《 ᠬᠣᠷᠢᠶ᠎ᠠ ᠶᠢᠨ ᠰᠤᠳᠤᠯᠭᠠ ᠶᠢᠨ ᠲᠡᠭᠦᠷᠢᠭ 》 ᠰᠡᠳᠬᠦᠯ ᠳᠦ 1983 ᠣᠨ ᠤ ᠨᠡᠶᠢᠲᠡᠯᠡᠭᠰᠡᠨ ᠳᠤ ᠬᠡᠪᠯᠡᠯ ᠦᠨ ᠬᠣᠷᠢᠶ᠎ᠠ ᠶᠢᠨ ᠪᠦᠲᠦᠭᠡᠯ ᠦᠳ 1986 ᠣᠨ ᠳᠤ ᠬᠡᠪᠯᠡᠭᠰᠡᠨ ᠪᠠᠶᠢᠨ᠎ᠠ ᠂ ᠲᠡᠷᠡ ᠴᠢ ᠨᠡᠶᠢᠲᠡᠯᠡᠭᠳᠡᠭᠰᠡᠨ ᠦ ᠲᠠᠯ ᠪᠠᠷ ᠃

ᠪᠢᠳᠡ ᠪᠠ (ba) · ᠪᠢᠳᠠ (bida) ᠭᠡᠬᠦ ᠮᠡᠳᠡᠭᠡᠨ ᠮᠡᠳᠡᠭᠳᠡᠵᠦ ᠪᠠᠶᠢᠨ᠎ᠠ :: ᠡᠨᠡ ᠬᠡᠯᠡᠨ ᠮᠡᠲᠦ ᠵᠢ ᠲᠡᠷᠡ ᠮᠣᠩᠭᠣᠯ ᠲᠡᠷᠡ

ᠰᠢᠯᠭᠠᠭᠳᠠᠨ᠎ᠠ · ᠪᠣᠯᠬᠤ ᠦᠭᠡᠰ ᠦᠨ ᠮᠡᠳᠡᠭᠡᠯᠡᠯ ᠪᠣᠯ ᠳᠤ ᠮᠡᠳᠡᠨ ᠮᠣᠩᠭᠣᠯ ᠳᠤ ᠣᠷᠴᠢᠭᠤᠯᠪᠠᠯ bijien · matan ᠭᠡᠬᠦ

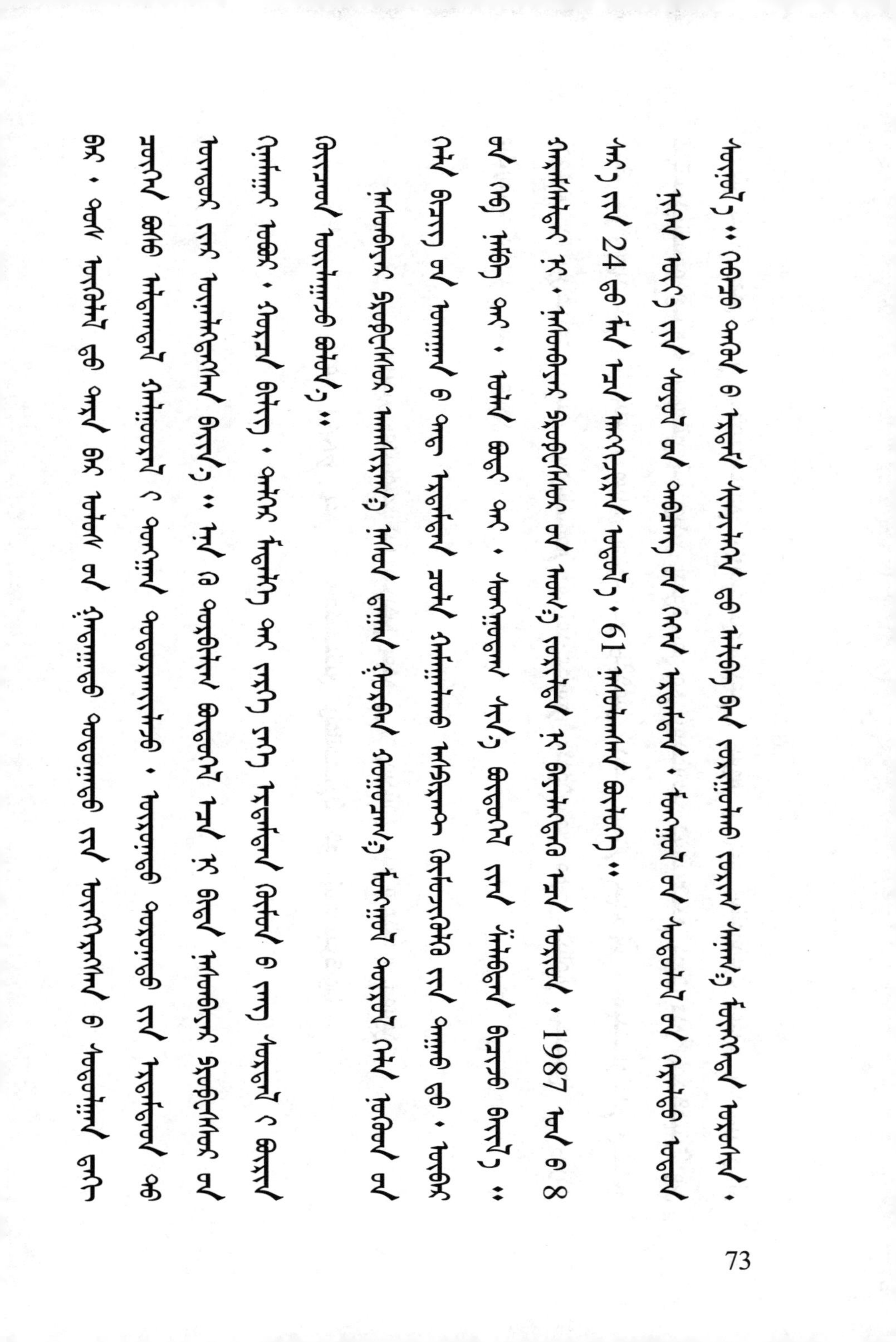

[illegible]

[illegible] ::

[illegible] · 1987 ᠣᠨ ᠤ 8 ᠰᠠᠷ᠎ᠠ ᠶᠢᠨ 24 ᠳᠦ [illegible] · 61 [illegible] ::

[illegible] ·

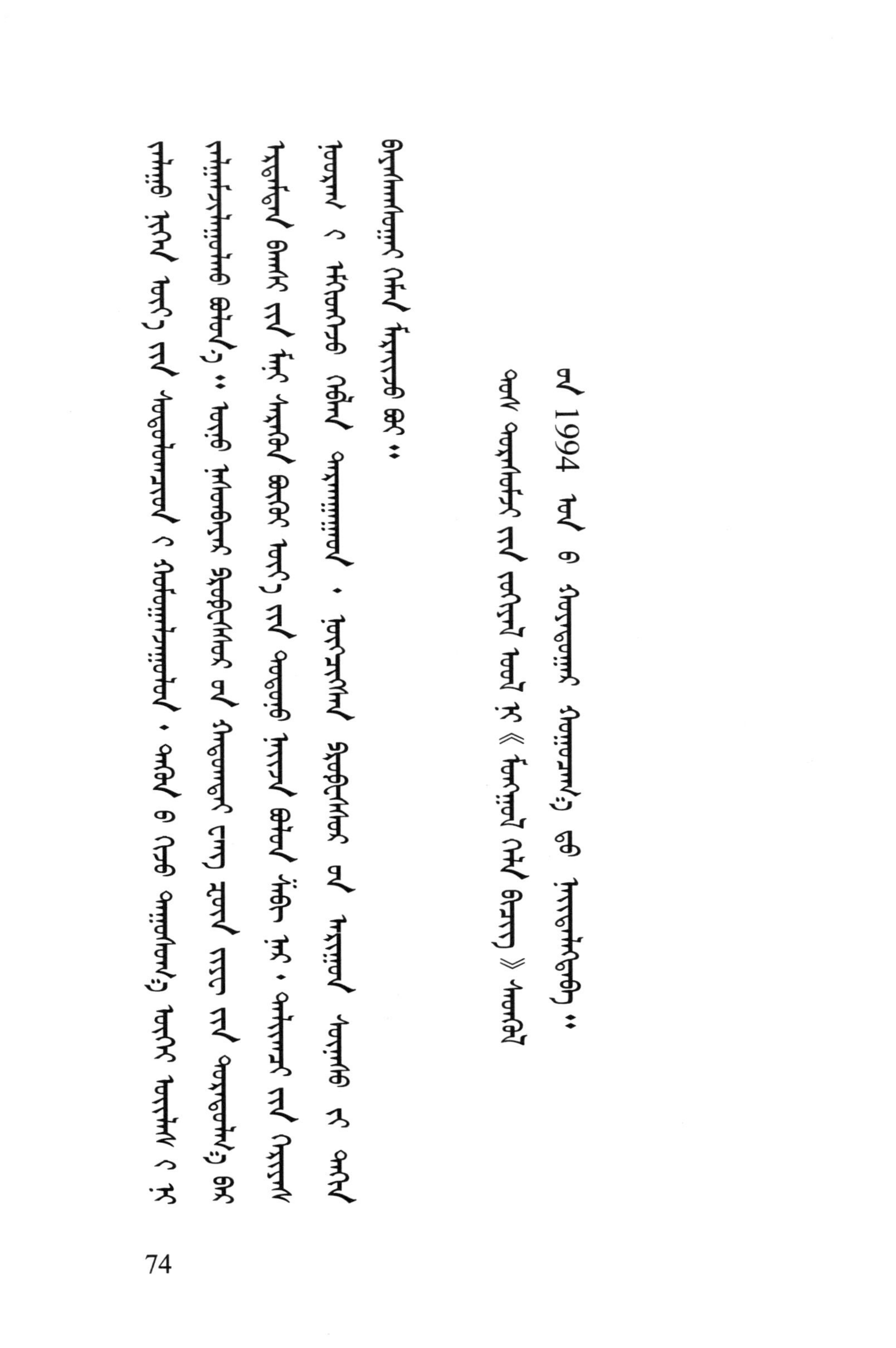

[illegible]

[illegible] ᠪᠠᠢ ::

[illegible] 《ᠮᠣᠩᠭᠣᠯ [illegible]》 ᠰᠡᠳᠬᠦᠯ
ᠪᠠ 1994 ᠣᠨ ᠤ [illegible] ::

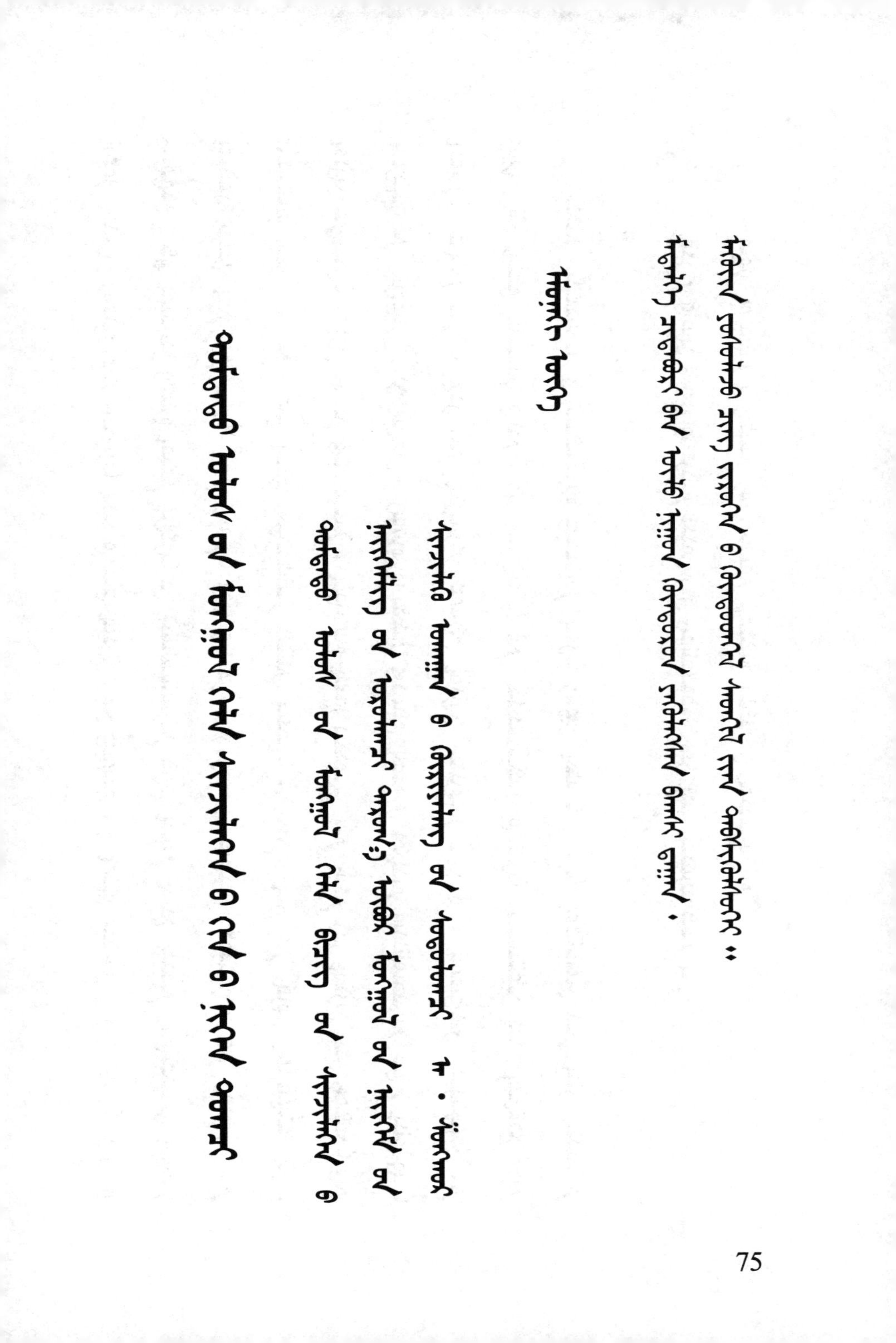

[illegible] ::
[illegible] ,

[illegible]

[illegible]

[illegible]

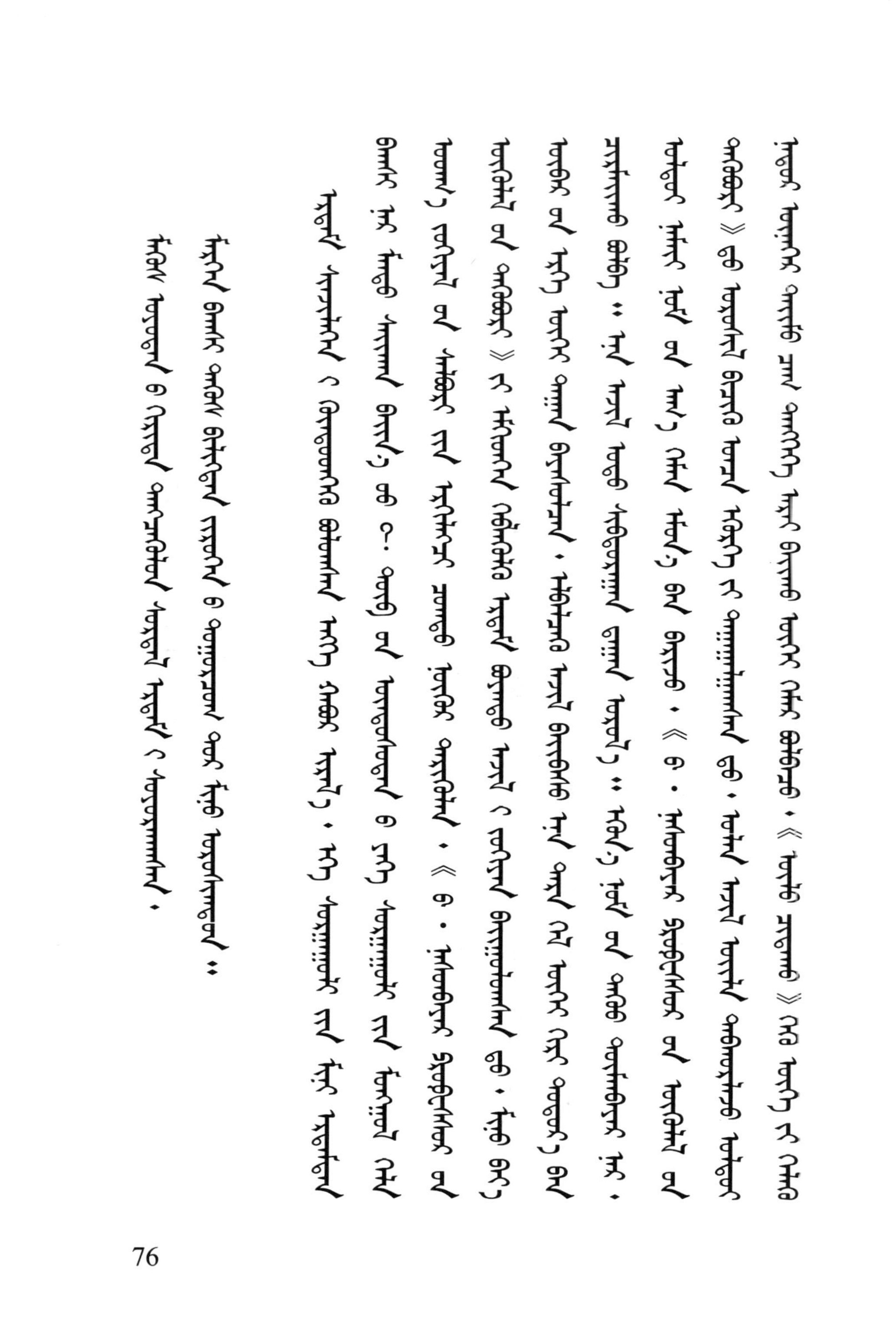

[illegible]

[illegible]

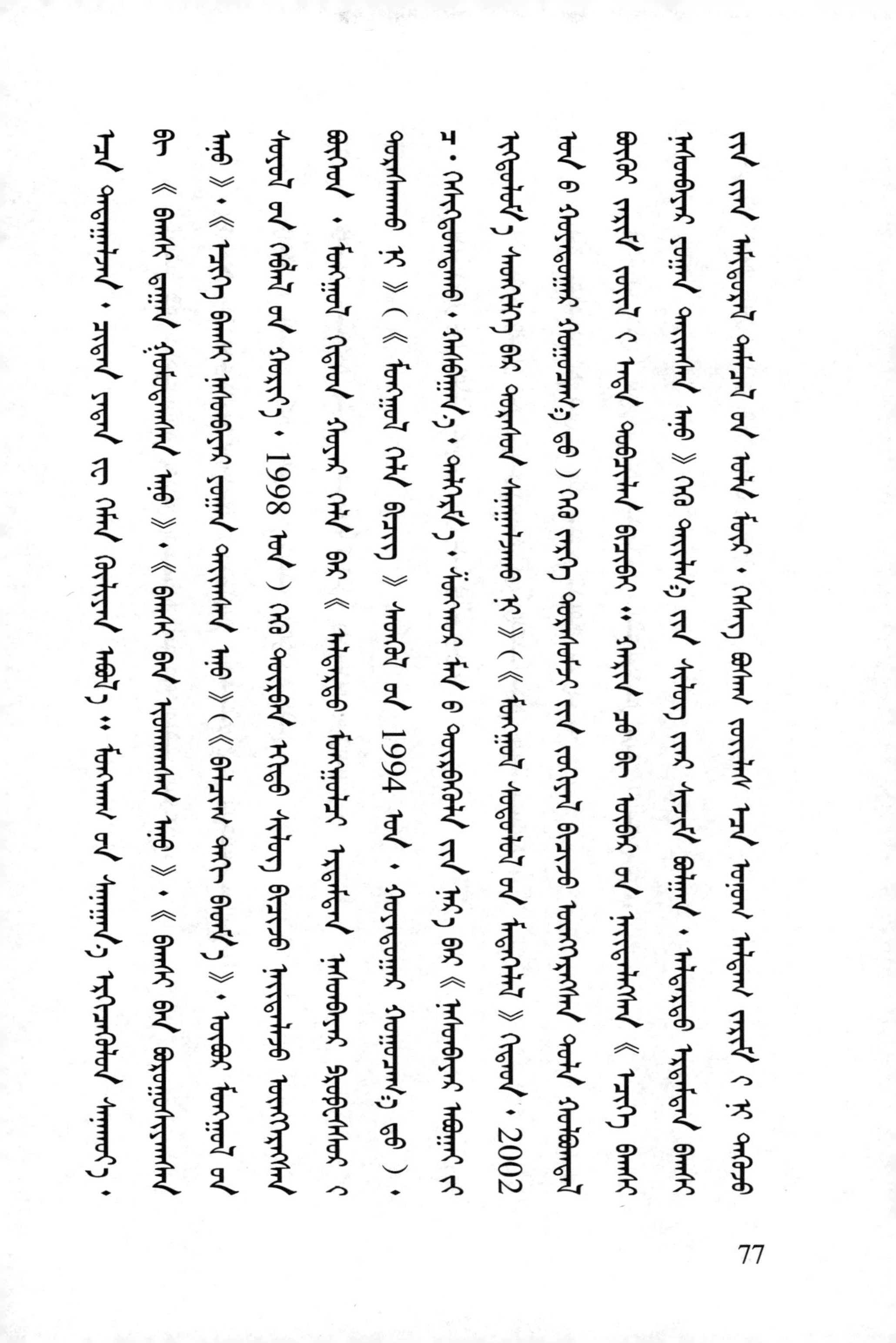

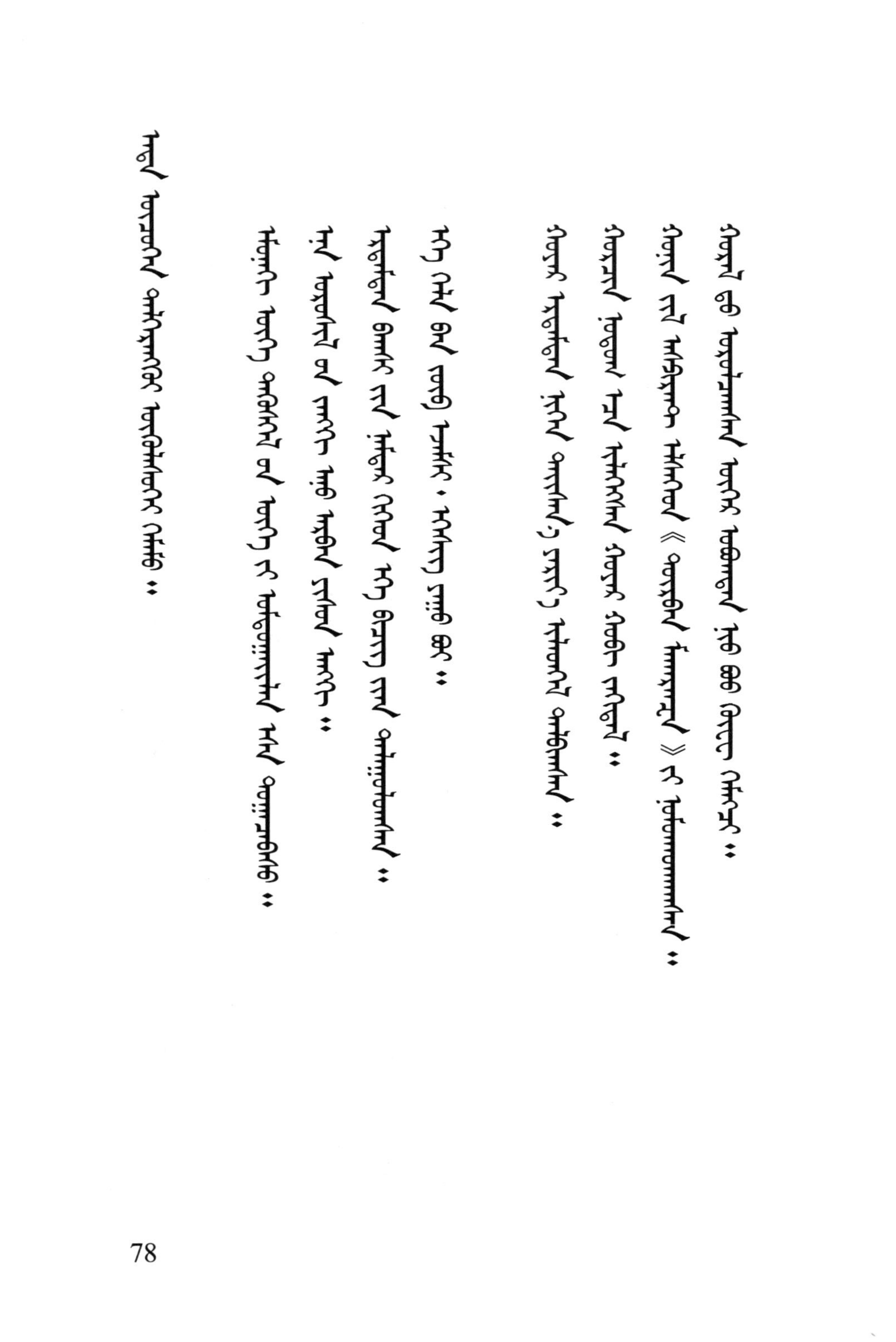

[illegible] ::

[illegible] ::

[illegible] ::

[illegible] ::

[illegible] ::

[illegible] ::

[illegible] 《[illegible]》 [illegible] ::

[illegible] ::

[illegible] ::

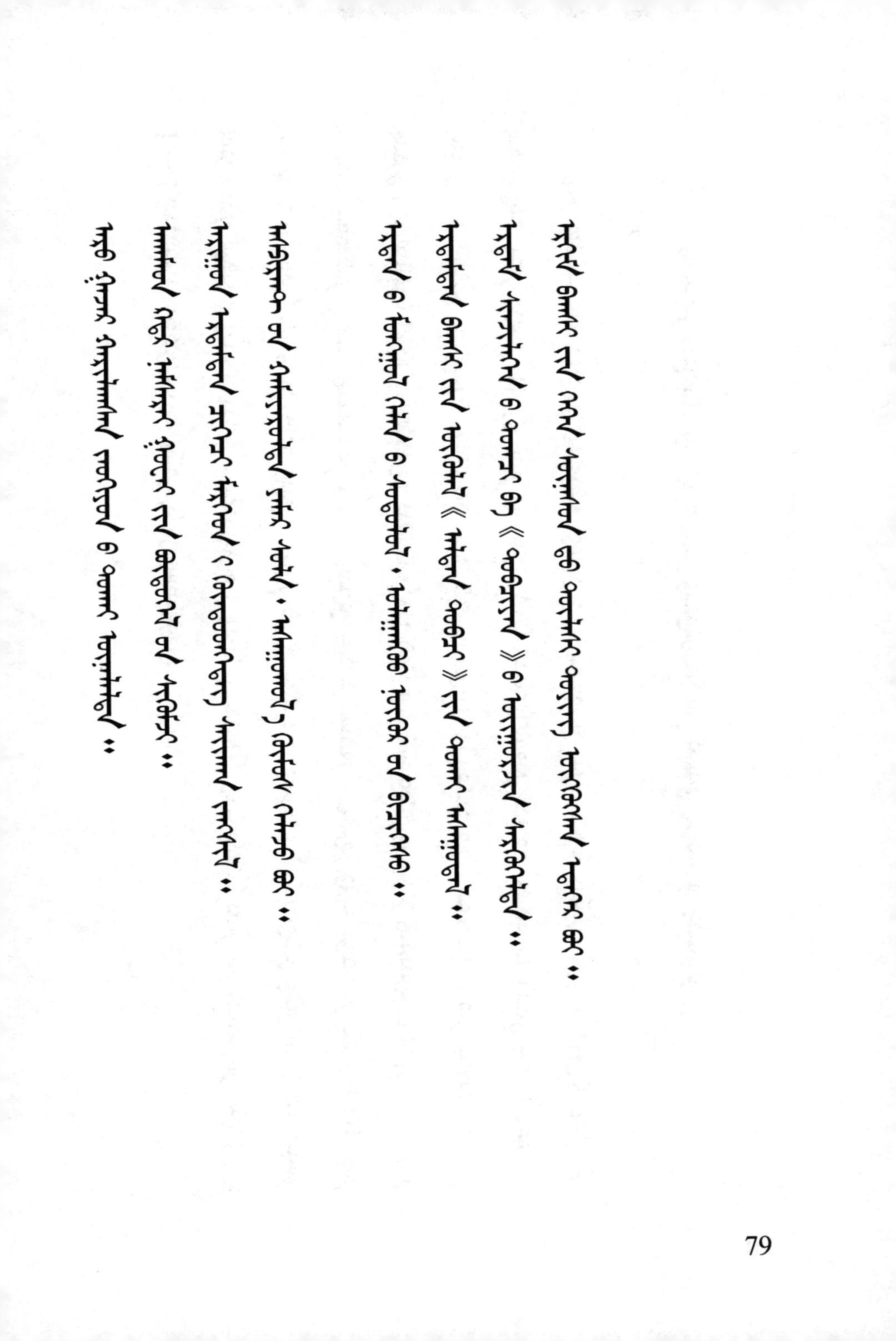

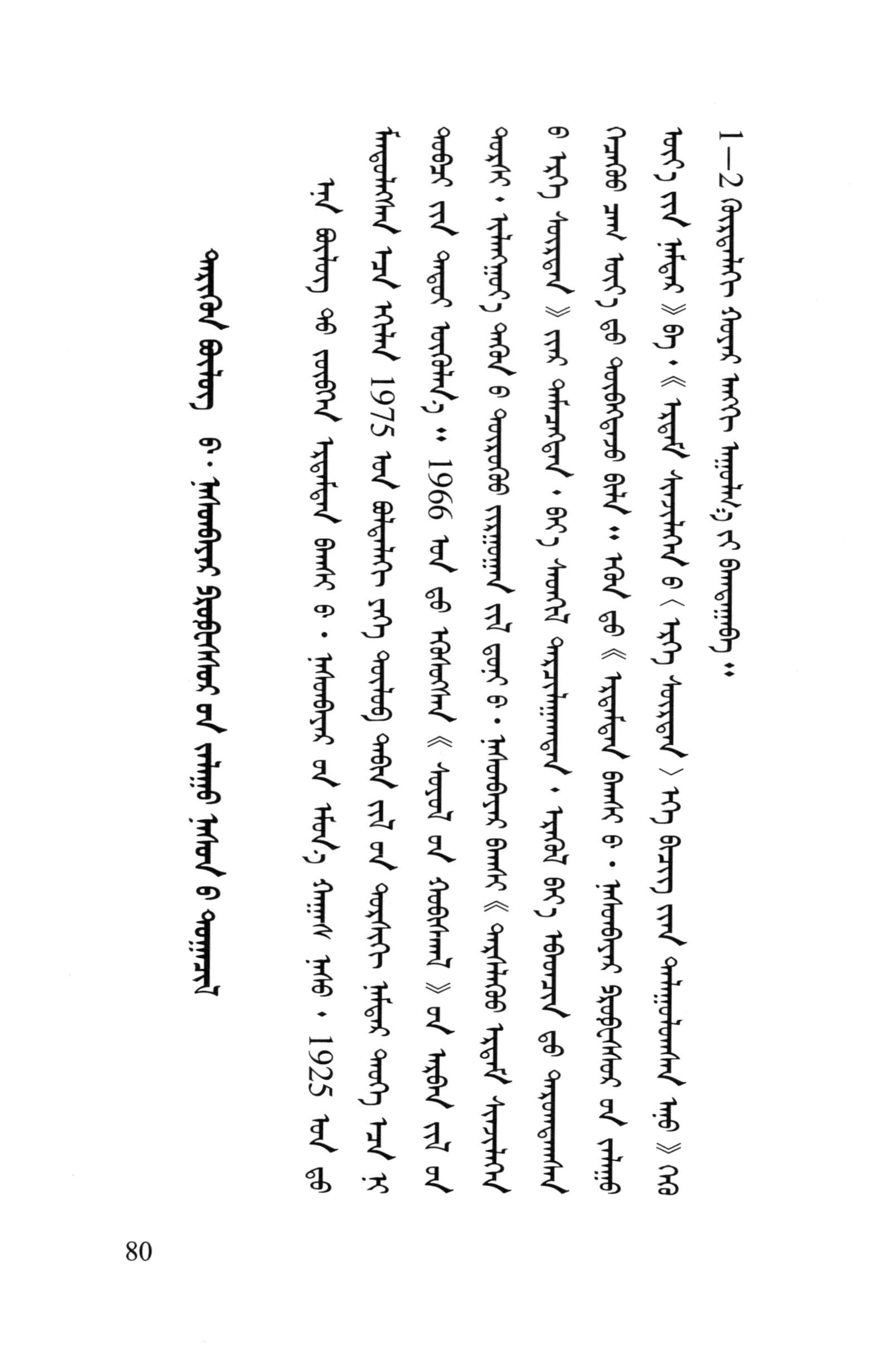

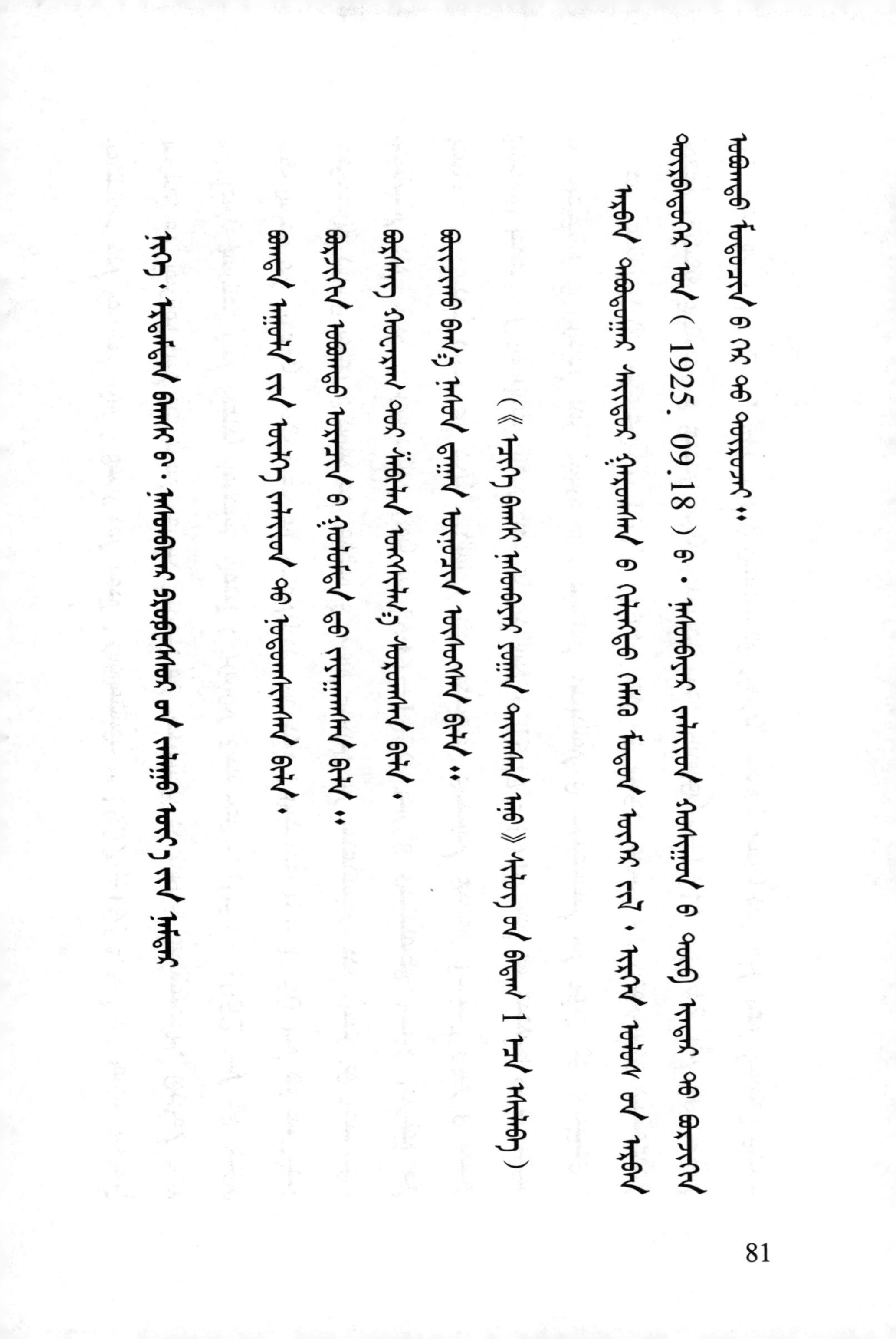

[illegible]

[illegible] ᠂

[illegible] ᠃

[illegible] ᠂

[illegible] ᠃

(《 [illegible] 》 [illegible] 1 [illegible])

[illegible] (1925. 09.18) [illegible] ᠃

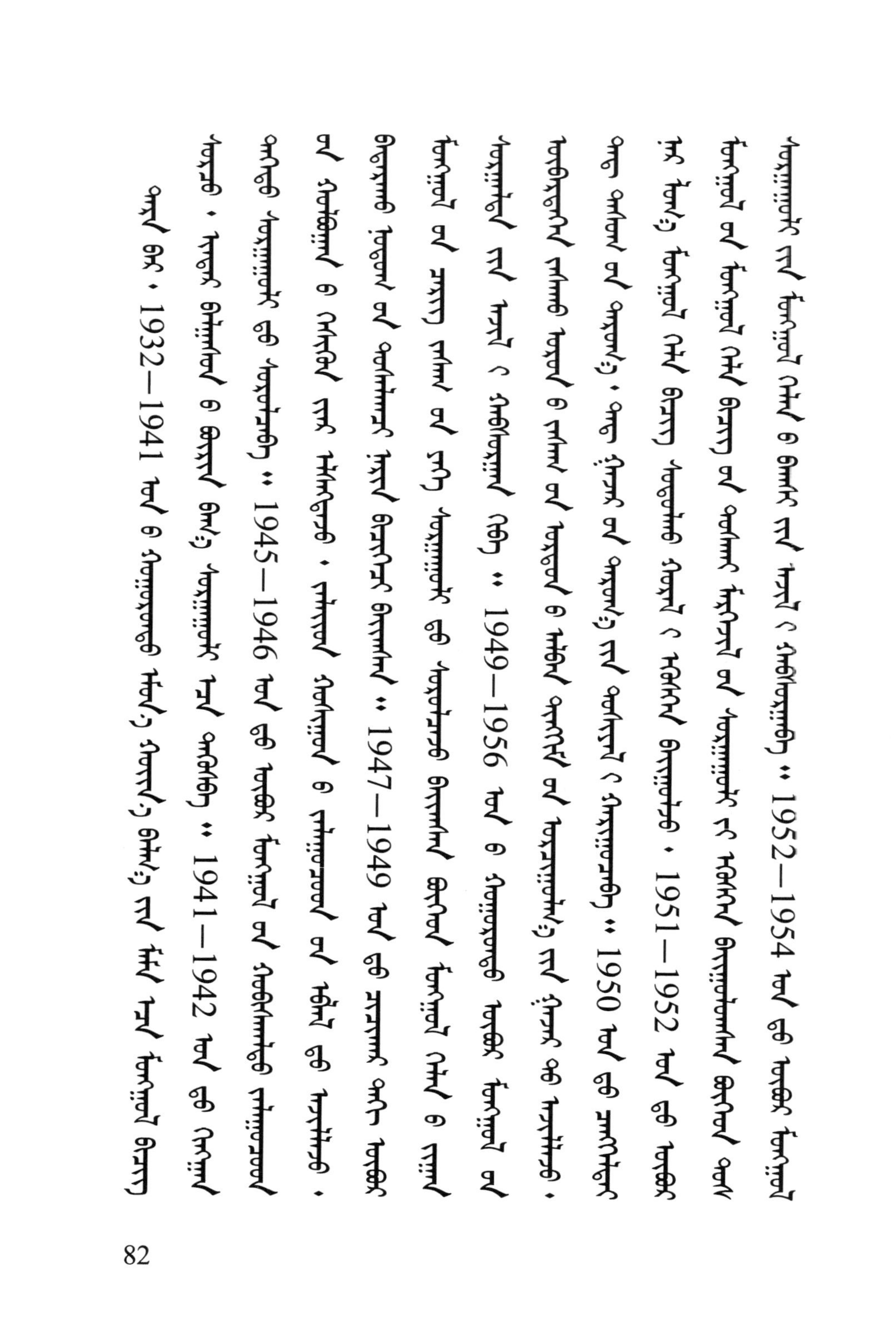

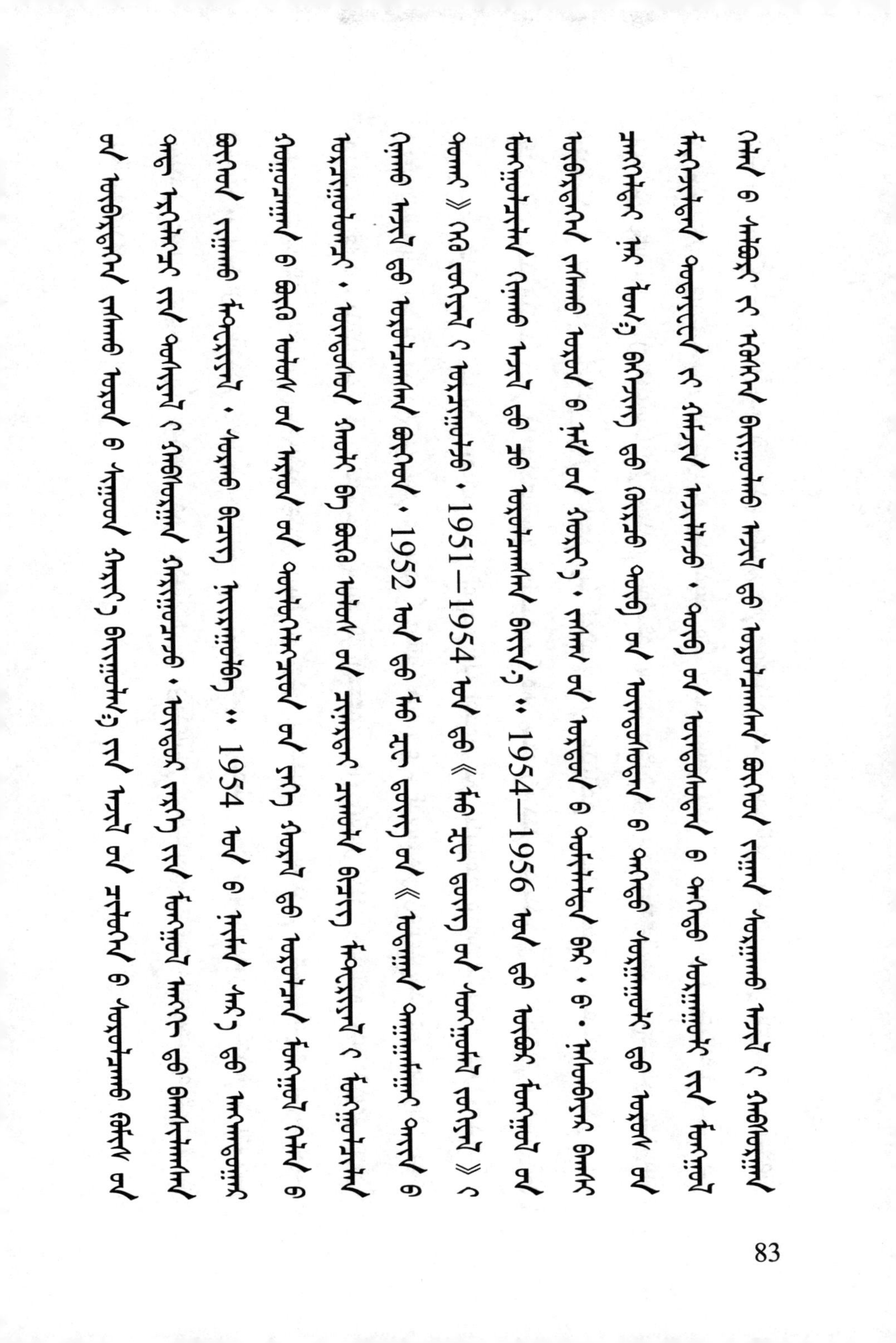

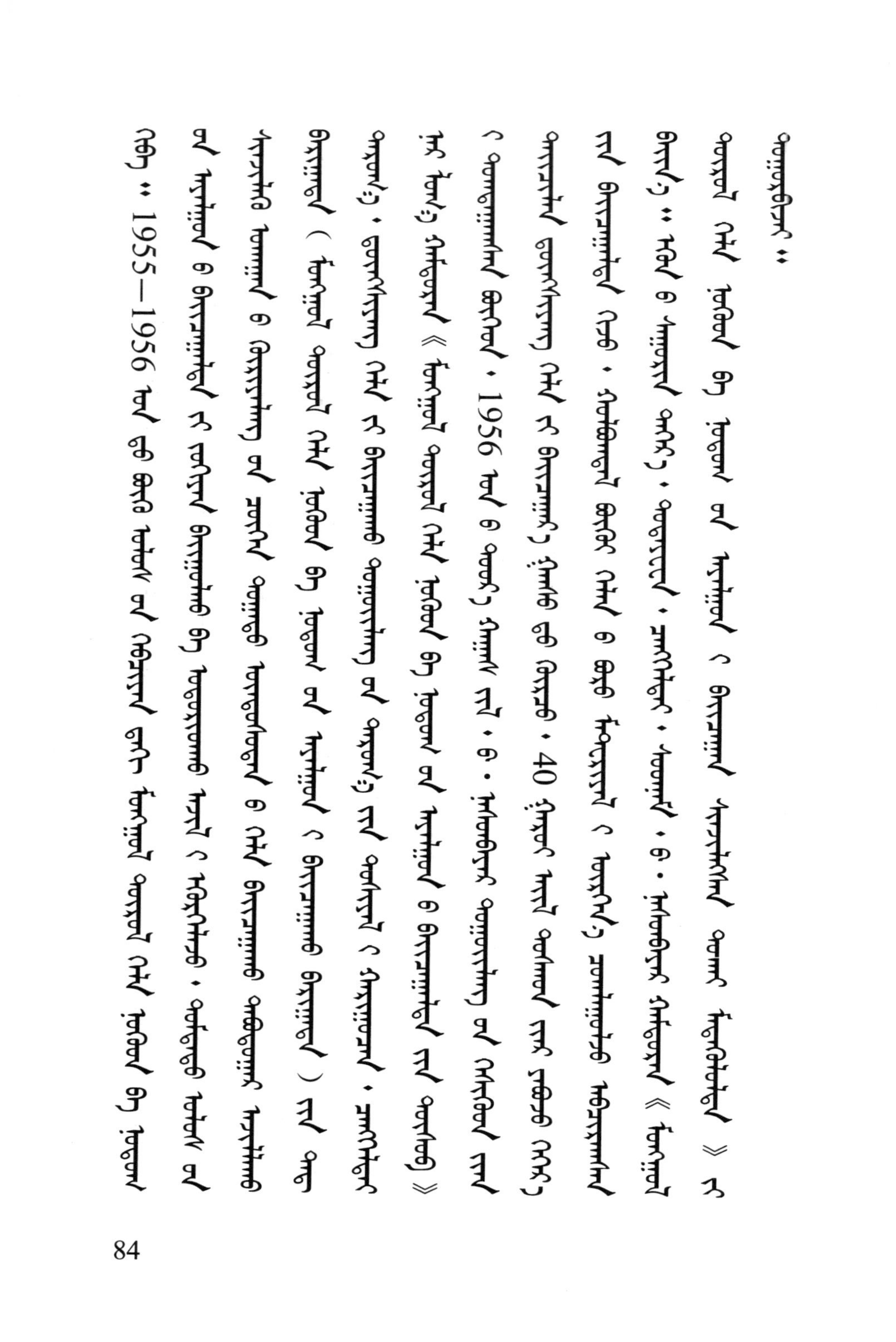

[illegible] ::

[illegible] 《 [illegible]
[illegible] 》 [illegible] ::
[illegible]
[illegible] 40 [illegible]
[illegible] 1956 [illegible]
[illegible] 《 [illegible] 》
[illegible]
[illegible] ([illegible]) [illegible]
[illegible]
[illegible]
[illegible] 1955—1956 [illegible] ::

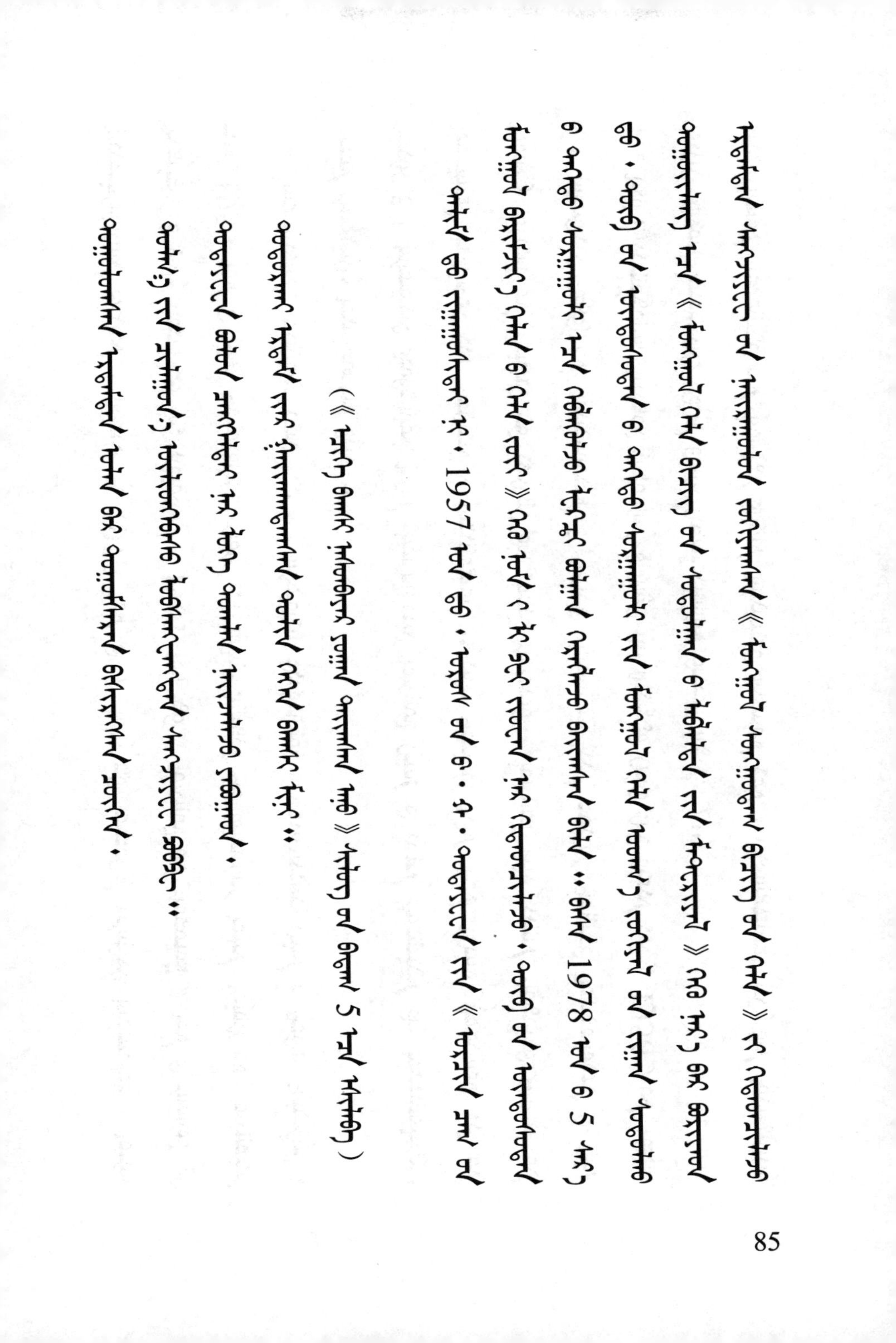

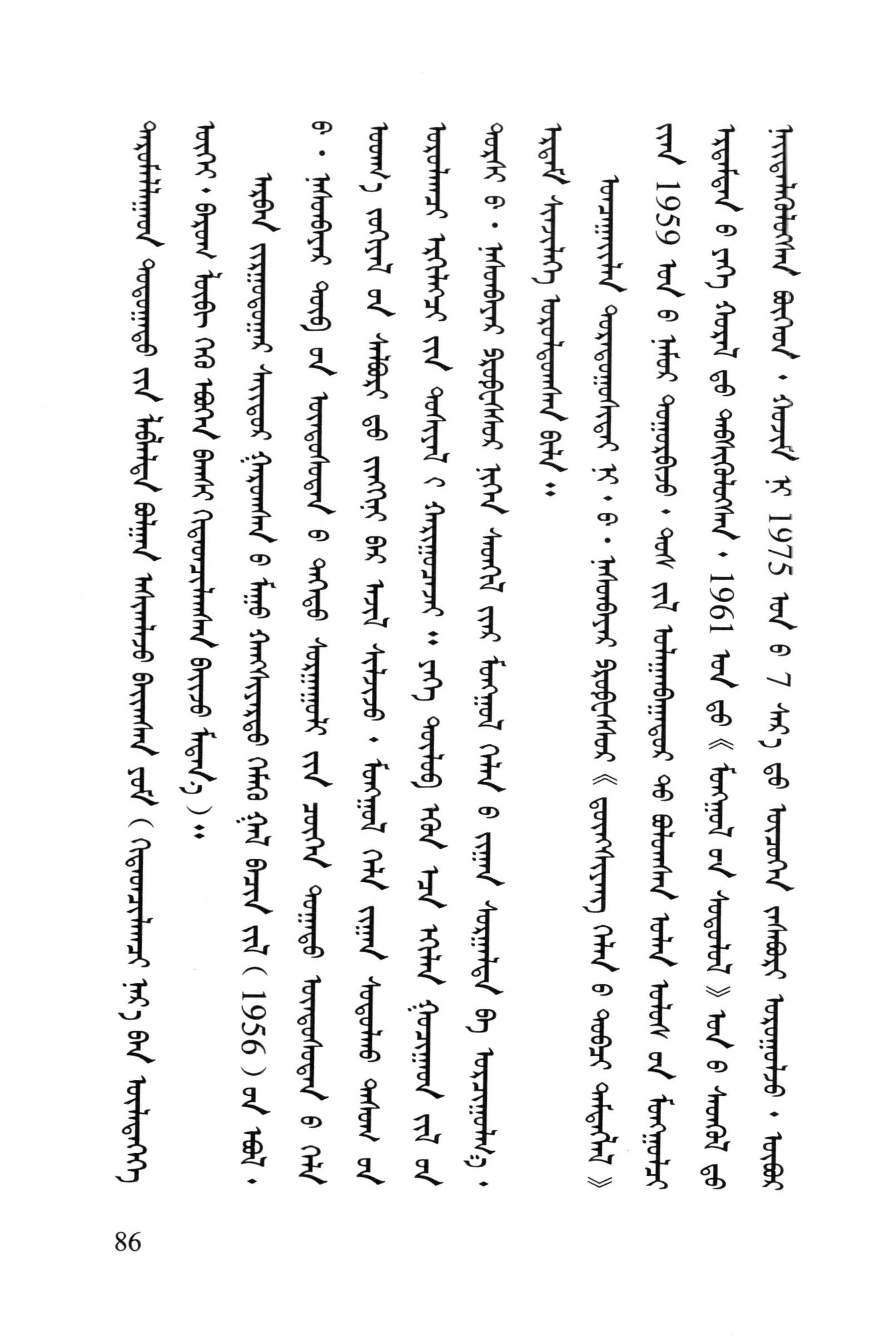

ᠮᠣᠩᠭᠣᠯ ᠤᠨ ᠪᠠᠭᠰᠢ ᠶᠢᠨ ᠰᠤᠷᠭᠠᠭᠤᠯᠢ ᠶᠢᠨ ᠮᠣᠩᠭᠣᠯ ᠬᠡᠯᠡ ᠤᠬᠠᠭᠠᠨ ᠤ ᠲᠡᠨᠬᠢᠮ ᠦᠨ ᠡᠷᠬᠢᠯᠡᠭᠴᠢ ᠪᠠᠭᠰᠢ ᠶᠢᠨ ᠮᠣᠩᠭᠣᠯ ᠬᠡᠯᠡ ᠪᠢᠴᠢᠭ ᠦᠨ ᠬᠦᠷᠢᠶᠡᠯᠡᠩ ᠦᠨ 《ᠮᠣᠩᠭᠣᠯ ᠬᠡᠯᠡ ᠶᠢᠨ ᠳᠦᠷᠢᠮ ᠦᠨ ᠰᠤᠳᠤᠯᠤᠯ》 ᠢ ᠬᠠᠮᠲᠤ ᠪᠡᠷ ᠵᠣᠬᠢᠶᠠᠨ ᠨᠡᠶᠢᠲᠡᠯᠡᠭᠰᠡᠨ 《ᠮᠣᠩᠭᠣᠯ ᠬᠡᠯᠡ》 (1976 ᠣᠨ) ᠳᠤ ᠣᠷᠣᠭᠤᠯᠤᠭᠰᠠᠨ ᠪᠠᠢᠨ᠎ᠠ ᠃

ᠪ · ᠨᠠᠴᠤᠭᠳᠣᠷᠵᠢ ᠪᠡᠯᠡᠳᠬᠡᠭᠰᠡᠨ ᠦ ᠬᠣᠶᠠᠷ ᠬᠡᠰᠡᠭ ᠲᠦ ᠬᠤᠪᠢᠶᠠᠭᠳᠠᠭᠰᠠᠨ ᠪᠠᠢᠨ᠎ᠠ ᠃ ᠲᠡᠷᠡ ᠨᠢ ᠮᠣᠩᠭᠣᠯ ᠬᠡᠯᠡ ᠶᠢᠨ ᠳᠦᠷᠢᠮ ᠦᠨ ᠰᠤᠳᠤᠯᠤᠯ ᠤᠨ ᠨᠢᠭᠡ ᠴᠢᠬᠤᠯᠠ ᠪᠦᠲᠦᠭᠡᠯ ᠪᠣᠯᠤᠨ᠎ᠠ ᠃

ᠪ · ᠨᠠᠴᠤᠭᠳᠣᠷᠵᠢ 《ᠮᠣᠩᠭᠣᠯ ᠬᠡᠯᠡ ᠶᠢᠨ ᠳᠦᠷᠢᠮ》 ᠪᠣᠯᠣᠨ ᠮᠣᠩᠭᠣᠯ ᠬᠡᠯᠡ ᠶᠢᠨ ᠳᠦᠷᠢᠮ ᠦᠨ ᠬᠠᠮᠢᠶ᠎ᠠ ᠲᠠᠢ ᠬᠡᠷᠡᠭᠯᠡᠭᠳᠡᠭᠦᠨ ᠢ ᠲᠣᠳᠣᠷᠬᠠᠢᠯᠠᠨ ᠲᠠᠢᠯᠪᠤᠷᠢᠯᠠᠭᠰᠠᠨ ᠪᠠᠢᠨ᠎ᠠ ᠃

ᠠᠷᠠᠳᠴᠢᠯᠠᠨ ᠤ ᠣᠶᠤᠨ ᠰᠠᠨᠠᠭ᠎ᠠ ᠶᠢ ᠲᠤᠰᠬᠠᠭᠰᠠᠨ ᠨᠢᠭᠡ ᠪᠣᠯᠵᠠᠢ ᠶᠢᠨ ᠦᠨᠳᠦᠰᠦᠨ ᠪᠦᠷᠢᠯᠳᠦ ᠬᠡᠮᠡᠨ ᠪᠣᠯᠤᠨ᠎ᠠ ::
ᠬᠠᠮᠤᠭ ᠤᠨ ᠣᠯᠠᠨᠬᠢ ᠪᠣᠯᠪᠠᠰᠤ · ᠪᠦᠬᠦ ᠶᠠᠭᠤᠮᠠᠰ ᠤᠨ ᠲᠡᠢᠯᠦᠭᠡᠷ ᠪᠣᠯᠤᠨ ᠪᠦᠬᠦ ᠪᠤᠶᠤ ᠪᠣᠯᠤᠯᠴᠠᠭ᠎ᠠ ᠪᠣᠯᠤᠭᠰᠠᠨ ᠪᠢᠯᠡ · ᠶᠡᠬᠡᠨ
ᠶᠡᠬᠡᠨ ᠠᠷᠠᠳᠴᠢᠯᠠᠨ ᠤ ᠣᠶᠤᠨ ᠰᠡᠳᠬᠢᠯᠭᠡ ᠳᠤ ᠨᠥᠯᠦᠭᠡ ᠪᠣᠯᠤᠭᠰᠠᠨ · ᠡᠨᠡ ᠮᠡᠲᠦ ᠣᠯᠠᠨ ᠳᠡᠭᠡᠳᠦ ᠲᠠᠢ ᠲᠡᠭᠦᠨ ᠲᠡᠦᠬᠡ ᠳᠦ
ᠲᠡᠮᠳᠡᠭᠯᠡᠭᠰᠡᠨ ᠪᠠᠢᠨ᠎ᠠ · ᠪᠠ · ᠮᠣᠩᠭᠣᠯ ᠤᠨ ᠨᠢᠭᠤᠴᠠ ᠲᠣᠪᠴᠢᠶᠠᠨ ᠮᠡᠲᠦ ᠲᠡᠦᠬᠡ ᠲᠠᠢ ᠮᠡᠳᠡᠭᠳᠡᠯ ᠣᠯᠠᠨ ᠳᠠᠭᠤᠨ ᠰᠢᠯᠦᠭᠦᠳ ·
ᠪᠢᠴᠢᠭ 《ᠪᠠᠷᠠᠭᠤᠨ ᠣᠷᠣᠰ》 ᠭᠡᠭᠴᠢ ᠵᠢᠷᠭᠠᠭᠠᠨ · ᠣᠷᠣᠰ ᠶᠡᠬᠡᠳᠡ ᠰᠠᠶᠢᠨ ᠡᠷᠲᠡ ᠪᠡᠷ ᠪᠣᠯᠤᠭᠰᠠᠨ ᠳᠤᠮᠳᠠ :: ᠲᠡᠷᠡ
ᠭᠠᠵᠠᠷ ᠪᠡᠷ ᠳᠤ ᠪᠣᠯᠤᠭᠰᠠᠨ ᠶᠡᠬᠡ ᠨᠢᠭᠡ ᠵᠢᠷᠭᠠᠯ ᠳᠡᠭᠡᠷ᠎ᠡ · ᠶᠡᠬᠡ ᠬᠠᠭᠠᠨ · ᠣᠯᠠᠨ ᠠᠷᠠᠳ · ᠲᠡᠭᠡᠨ ᠠᠮᠢᠳᠤᠷᠠᠯ ᠤᠨ
· ᠠᠷᠠᠳᠴᠢᠯᠠᠨ ᠤ ᠶᠡᠬᠡ ᠣᠷᠣᠨ ᠤ ᠠᠷᠠᠳᠴᠢᠯᠠᠨ ᠶᠡᠬᠡᠨ ᠪᠡᠷ ᠮᠣᠩᠭᠣᠯ ᠤᠨ ᠨᠢᠭᠤᠴᠠ ᠲᠣᠪᠴᠢᠶᠠᠨ · ᠪᠠ :: ᠬᠡᠯᠡᠭᠳᠡᠭᠰᠡᠨ 《ᠪᠠᠷᠠᠭᠤᠨ ᠣᠷᠣᠰ》
ᠪᠢᠯᠡ ᠵᠢᠷᠭᠠᠭᠠᠨ ᠬᠦᠮᠦᠨ ᠦ ᠰᠤᠷᠭᠠᠭᠤᠯᠢ ᠶᠢᠨ ᠲᠠᠢ ᠳᠤ ᠮᠡᠳᠡᠭᠳᠡᠯ ᠲᠡᠦᠬᠡ ᠶᠢᠨ ᠲᠡᠭᠦᠨ :: ᠪᠢᠯᠡ ᠳᠠᠭᠤᠨ ᠪᠣᠯᠵᠠᠢ ᠠᠷᠠᠳᠴᠢᠯᠠᠨ
ᠳᠤ ᠠᠷᠠᠳᠴᠢᠯᠠᠨ ᠤ ᠶᠡᠬᠡᠨ ᠳᠤ ᠲᠡᠭᠦᠨ ᠲᠦ ᠲᠡᠭᠡᠳᠡ ᠳᠦ ᠪᠣᠯᠤᠭᠰᠠᠨ ᠪᠠᠷ ᠡᠨᠡ ᠦᠭᠡ ᠳᠦ ᠲᠡᠭᠦᠨ · ᠡᠨᠡ ᠬᠦᠮᠦᠨ ᠪᠣᠯᠤᠨ ᠲᠡᠭᠡᠳᠡ ᠪᠣᠯᠤᠭᠰᠠᠨ · ᠰᠢᠨᠵᠢᠯᠡᠭᠡ
ᠶᠢᠨ ᠪᠣᠯᠤᠭᠰᠠᠨ ᠦ ᠪᠢᠴᠢᠭᠳᠡ ᠶᠢᠨ ᠲᠦᠯᠦᠭᠡ · ᠣᠯᠠᠨ ᠲᠡᠭᠦᠨ ᠢ ᠮᠡᠳᠡᠭᠰᠡᠨ ᠳᠦ ᠲᠡᠭᠦᠨ ᠢ ᠲᠡᠭᠦᠨ ᠲᠦ ᠪᠢᠯᠡ ᠢ ᠰᠢᠨᠵᠢᠯᠡᠨ
ᠠᠷᠠᠳᠴᠢᠯᠠᠨ · ᠪᠣᠯᠤᠨ ᠰᠤᠷᠭᠠᠭᠤᠯᠢ ᠪᠣᠯᠤᠭᠰᠠᠨ ᠲᠡᠭᠦᠨ ᠢ ᠣᠯᠠᠨ ᠪᠢᠴᠢᠭ · ᠰᠤᠷᠭᠠᠭᠤᠯᠢ ᠳᠤ ᠲᠡᠭᠦᠨ ᠳᠤ ᠡᠨᠡ ᠳᠤ
ᠲᠡᠭᠦᠨ ᠲᠡᠷᠡ · ᠲᠡᠭᠦᠨ ᠦ ᠲᠡᠭᠦᠨ ᠦᠭᠡ ᠢ ᠰᠤᠷᠭᠠᠭᠤᠯᠢ · ᠲᠡᠭᠦᠨ ᠰᠤᠷᠭᠠᠭᠤᠯᠢ ᠢ ᠲᠡᠷᠡ ᠪᠠ ᠨᠢᠭᠡ ᠪᠡᠷ ᠲᠡᠭᠦᠨ ᠦ

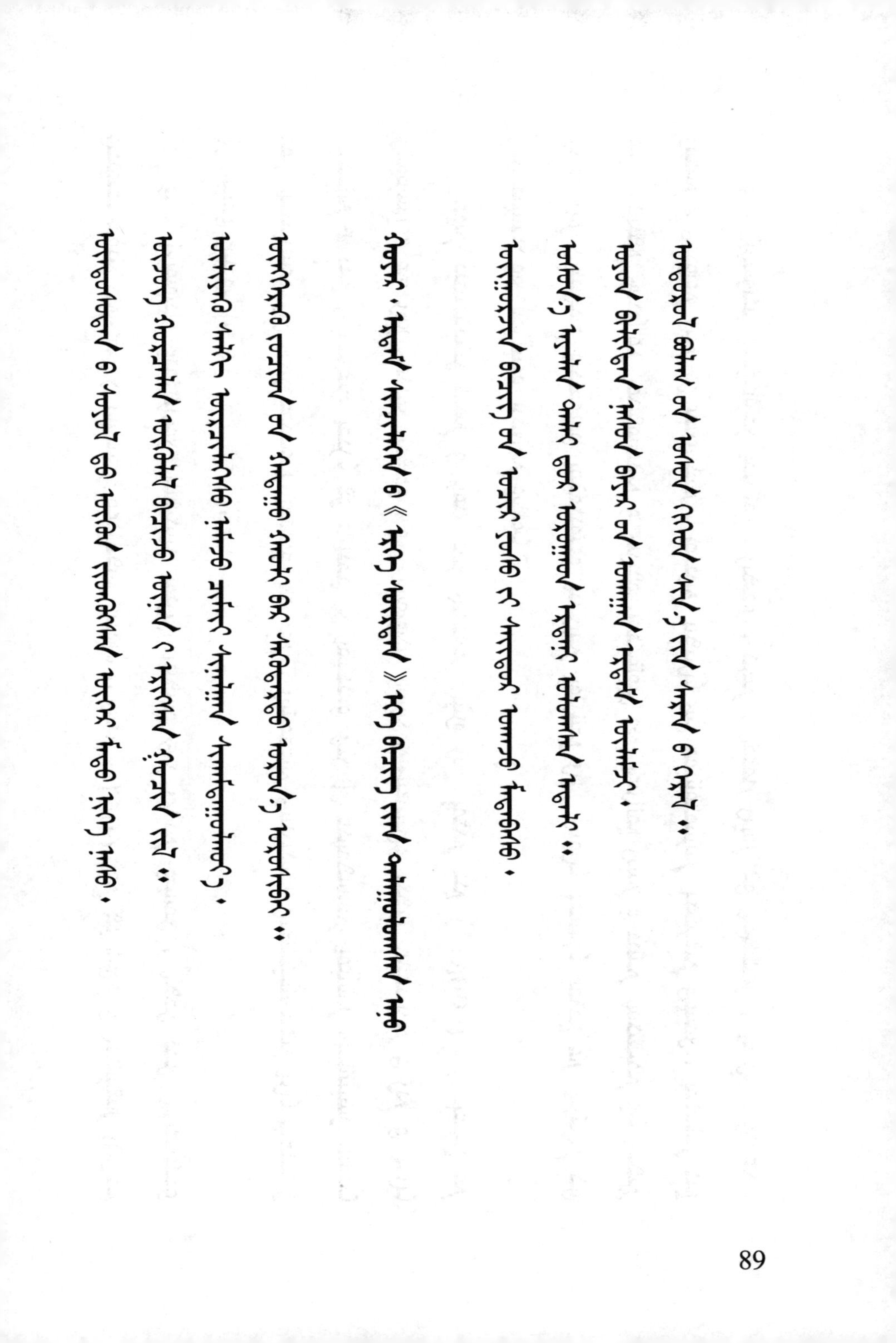

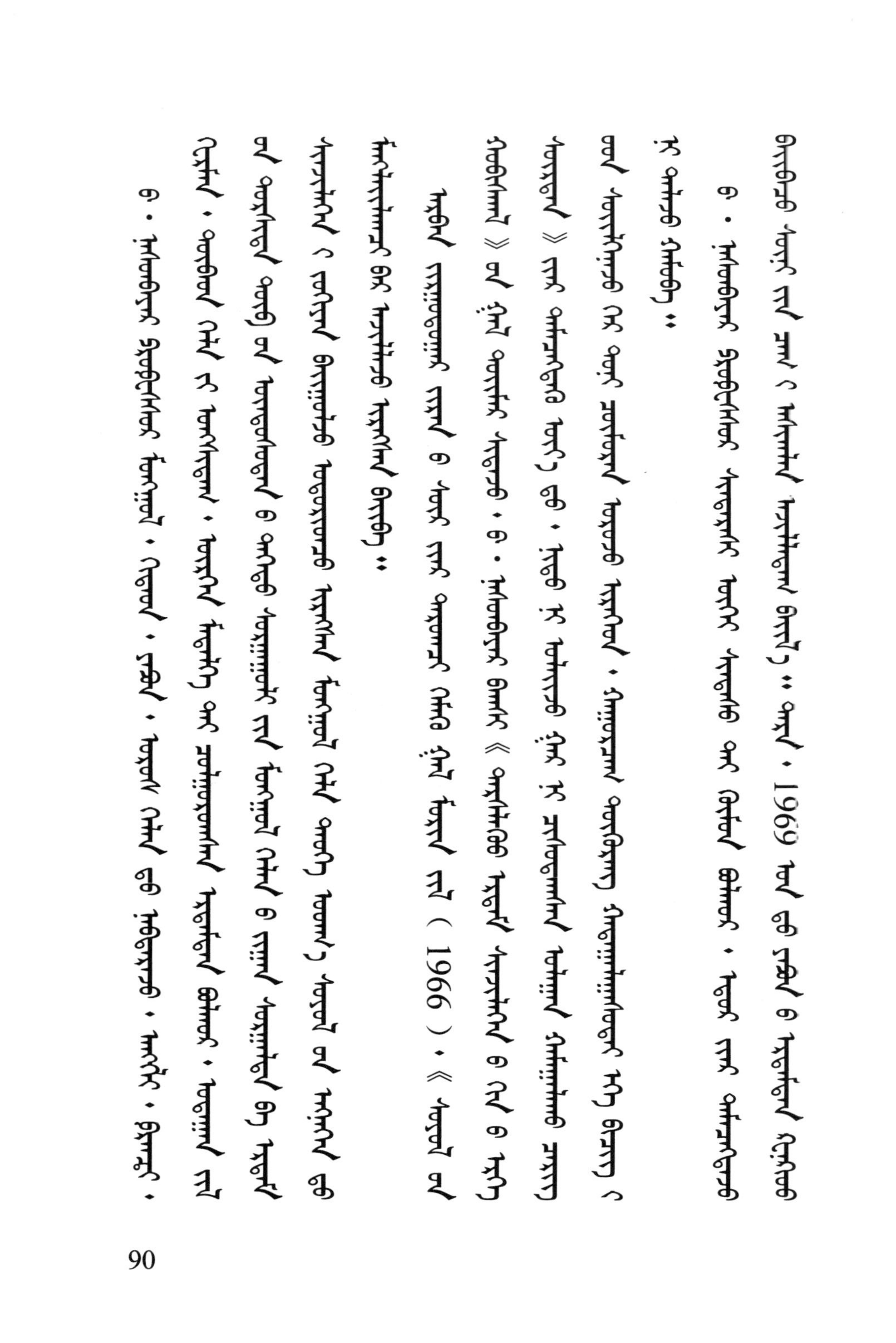

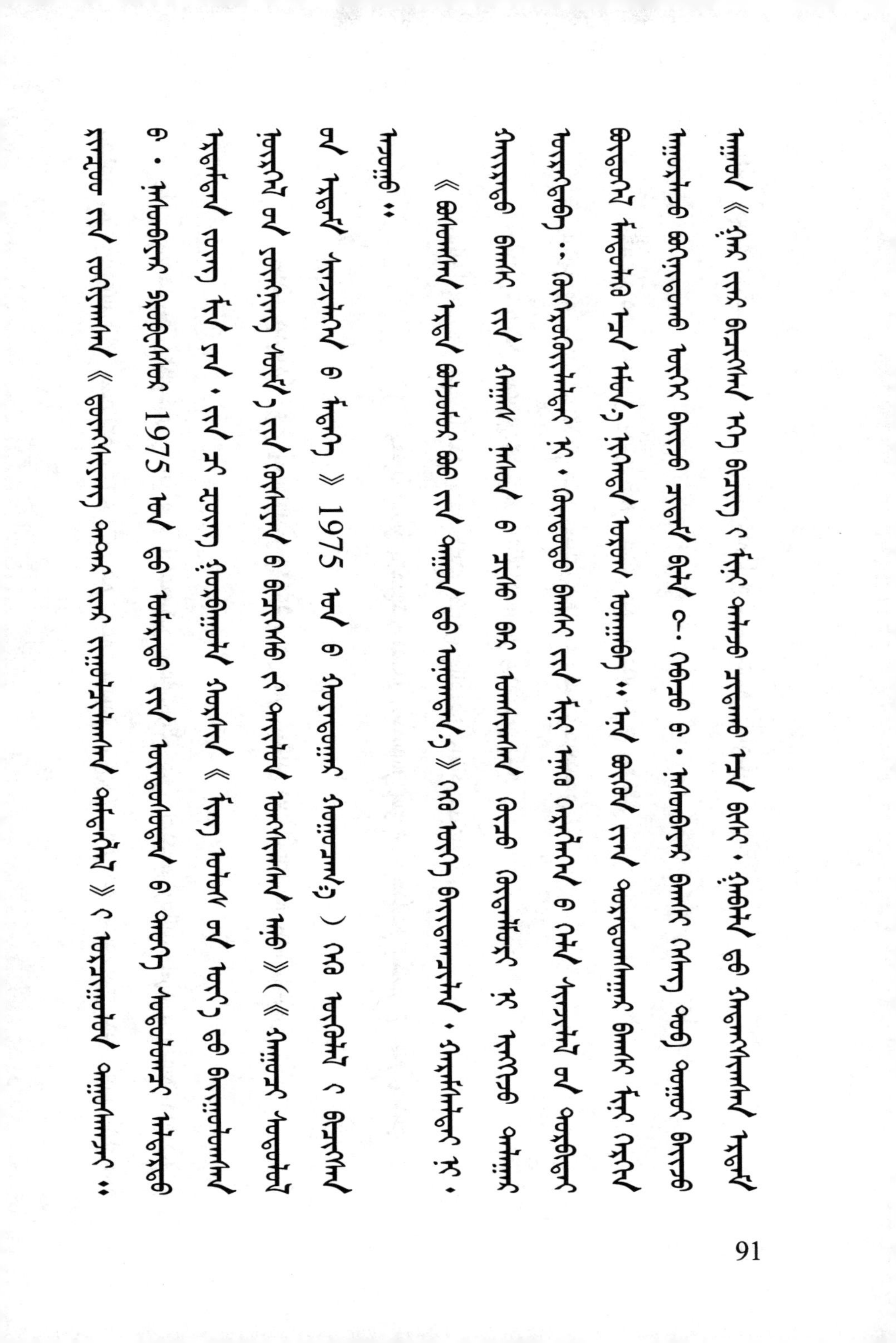

[illegible] 《 [illegible] 》 [illegible] ::

[illegible] · [illegible] 1975 [illegible] · [illegible]

[illegible] 》 [illegible] 《 [illegible] 》 [illegible] · [illegible]

[illegible] 《 [illegible] 》 ([illegible]

[illegible] 》 1975 [illegible] ([illegible]

[illegible] ::

《 [illegible] 《 [illegible] 》 [illegible] ·

[illegible] · [illegible]

[illegible] · [illegible] :: [illegible]

[illegible] :: [illegible]

[illegible] · [illegible] 》 [illegible]

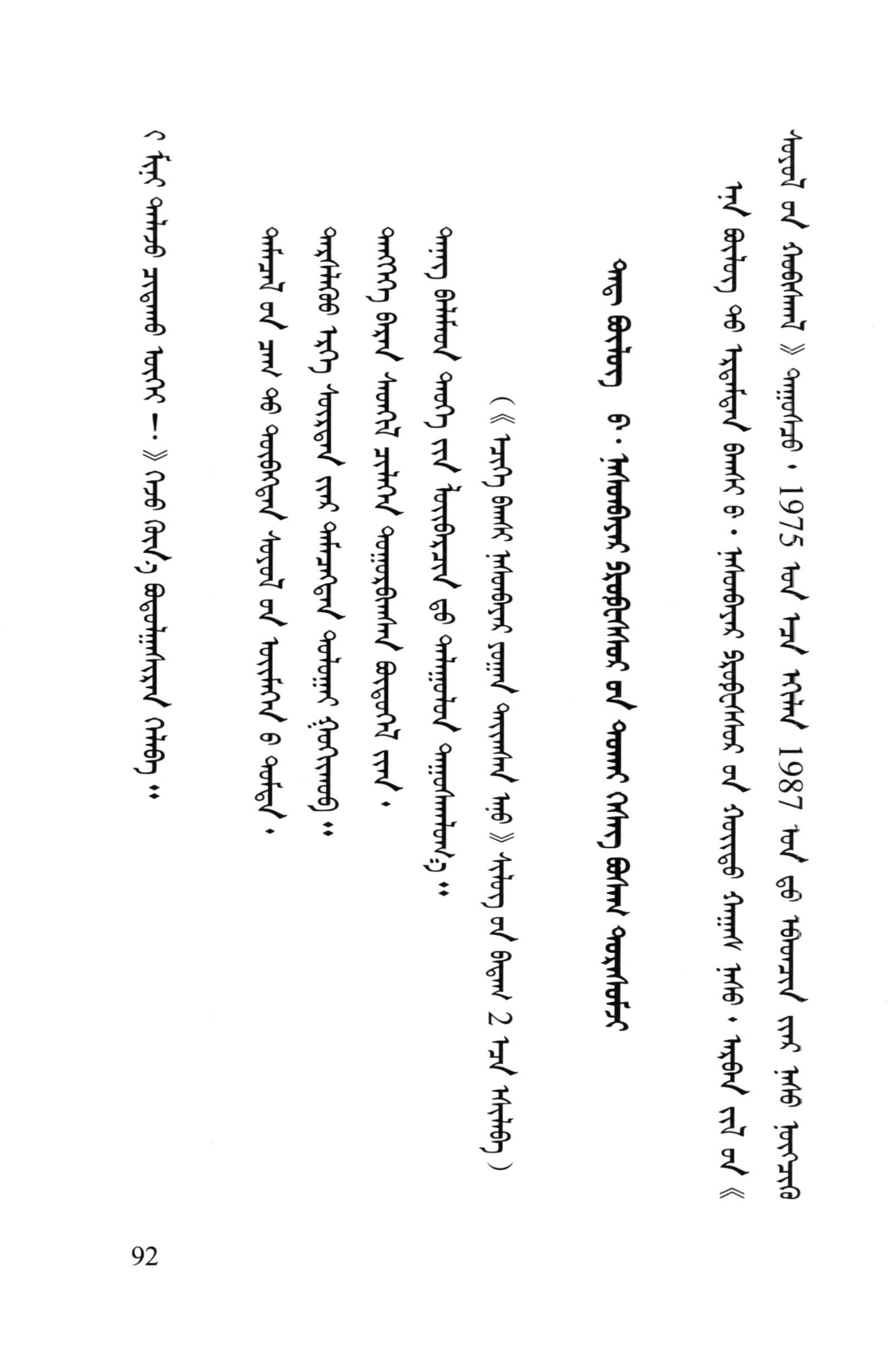

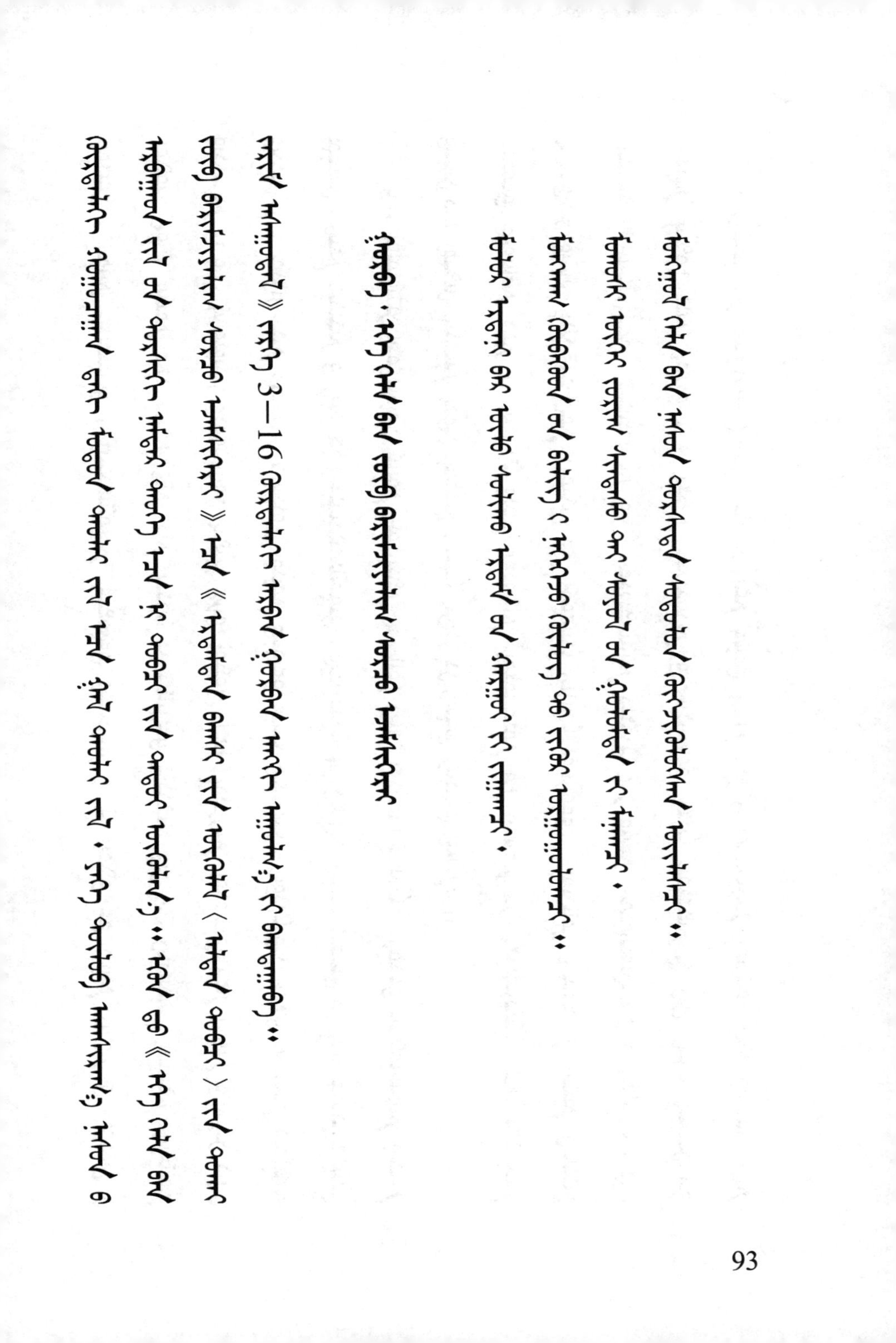

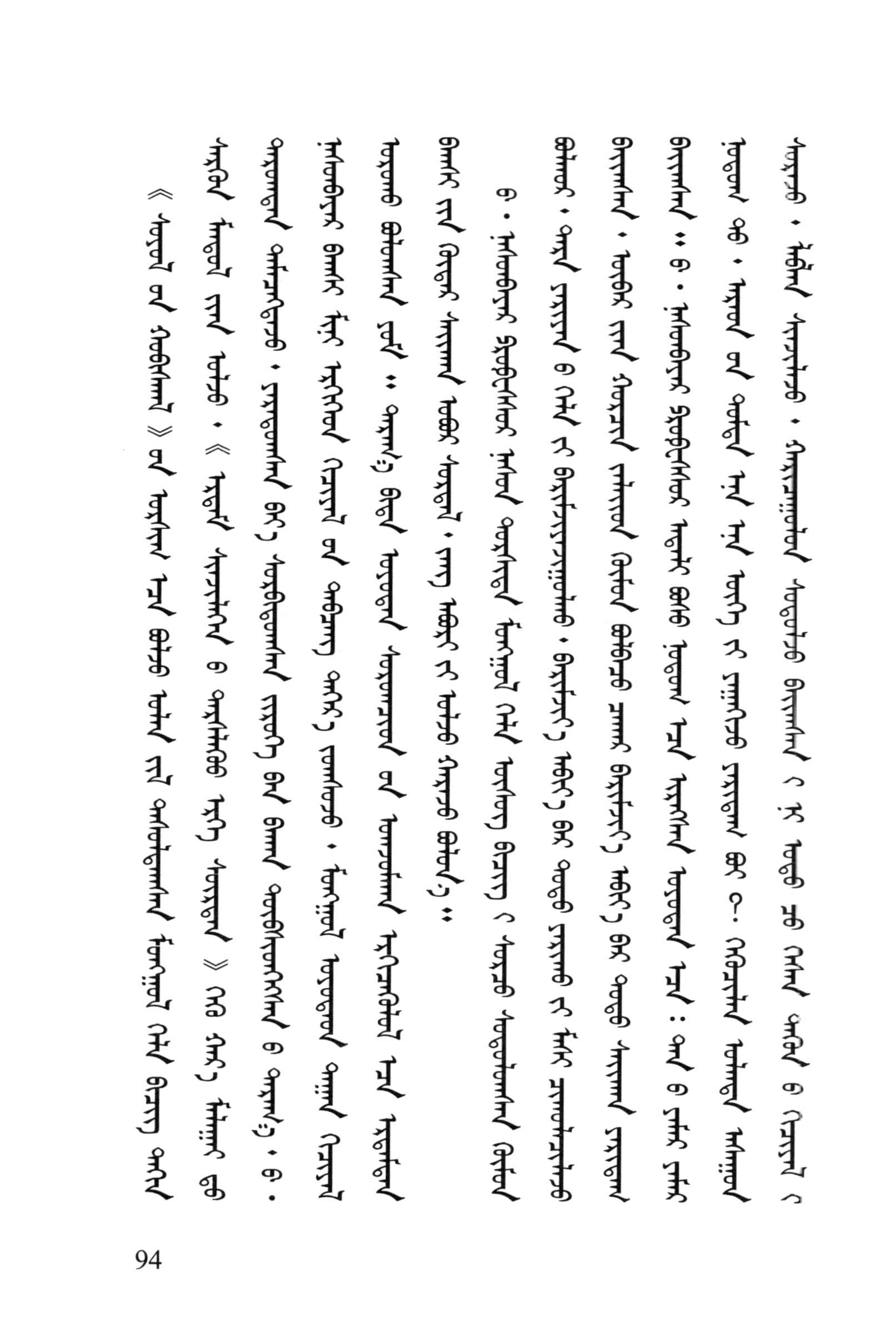

[illegible]

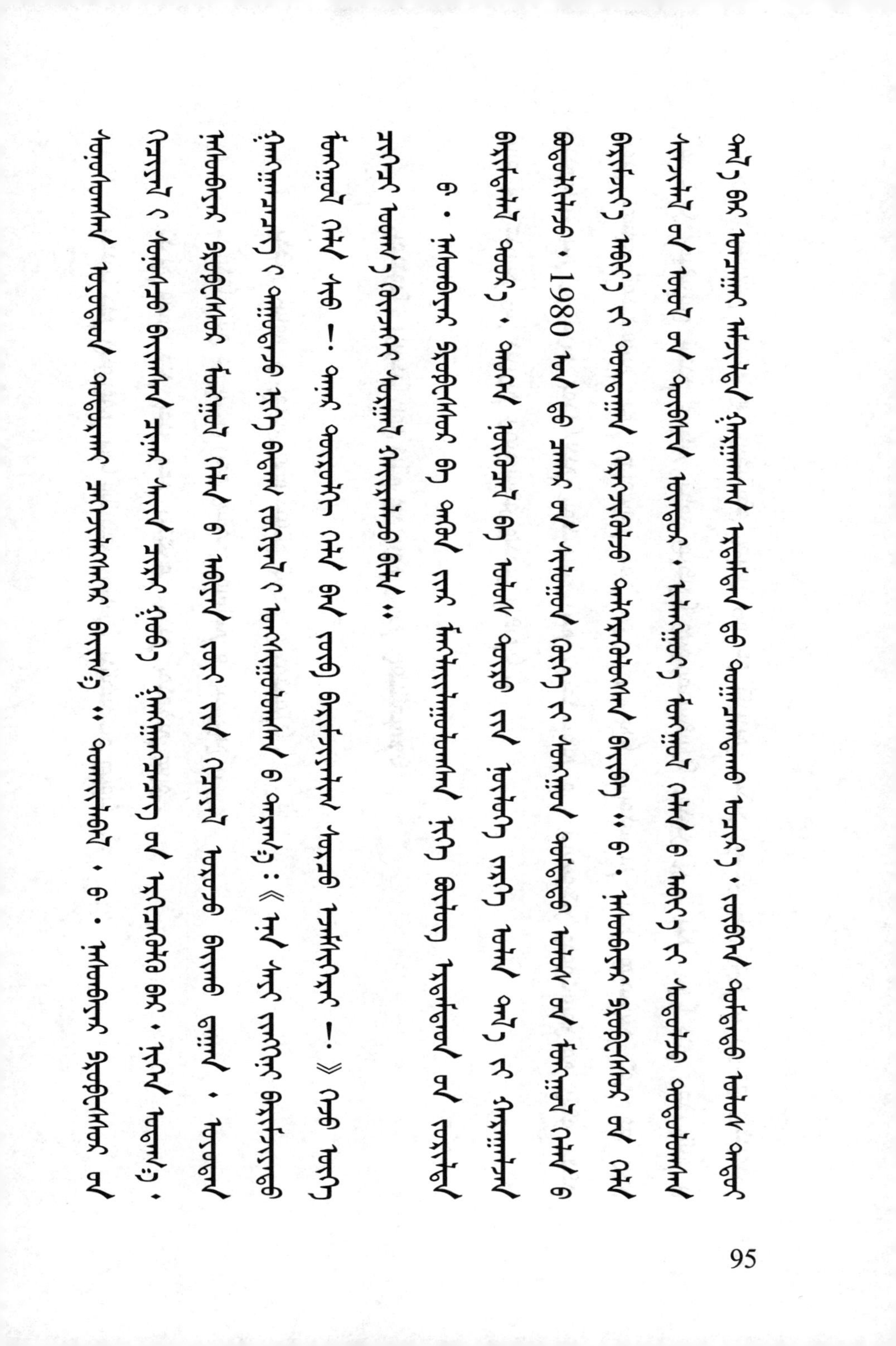

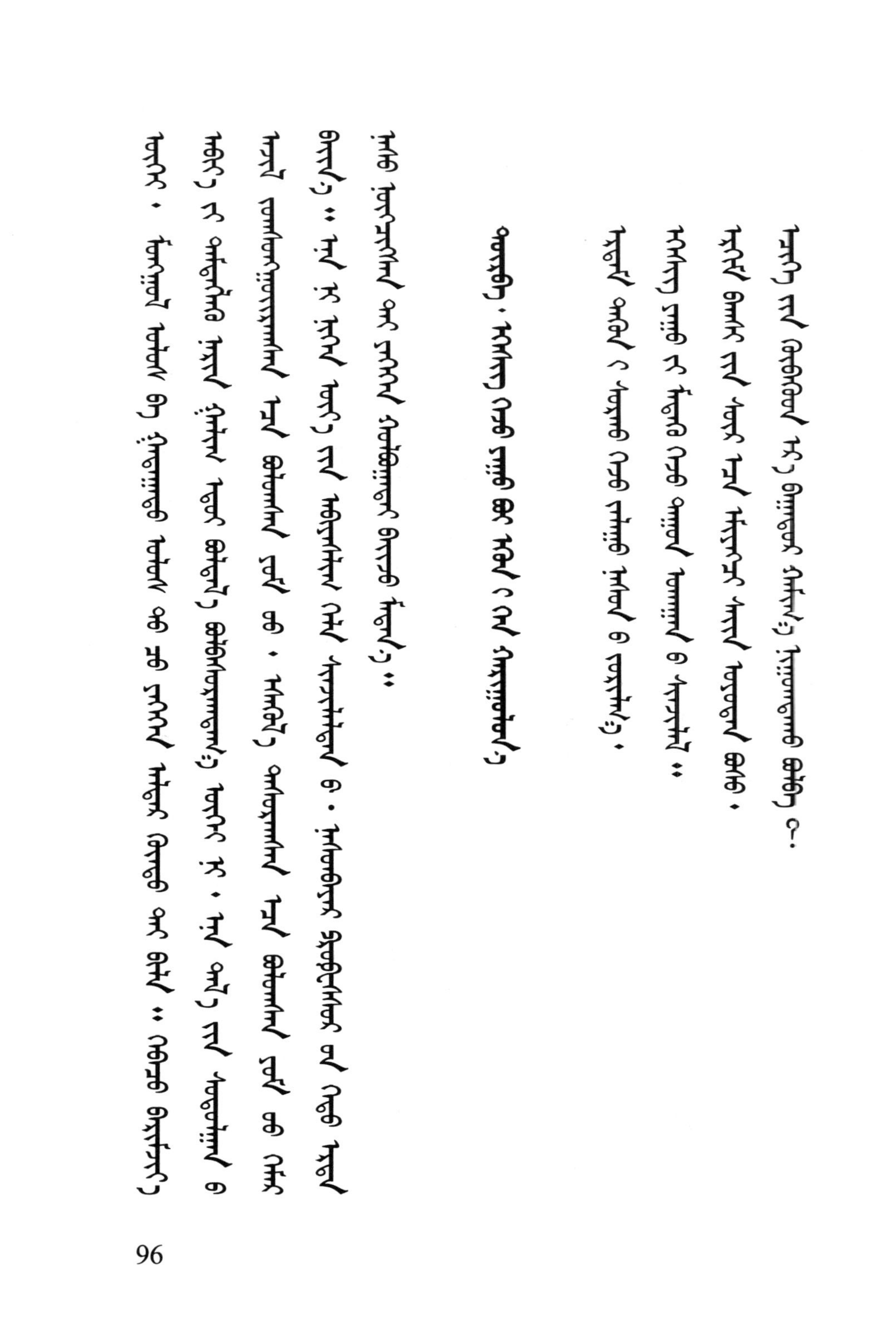

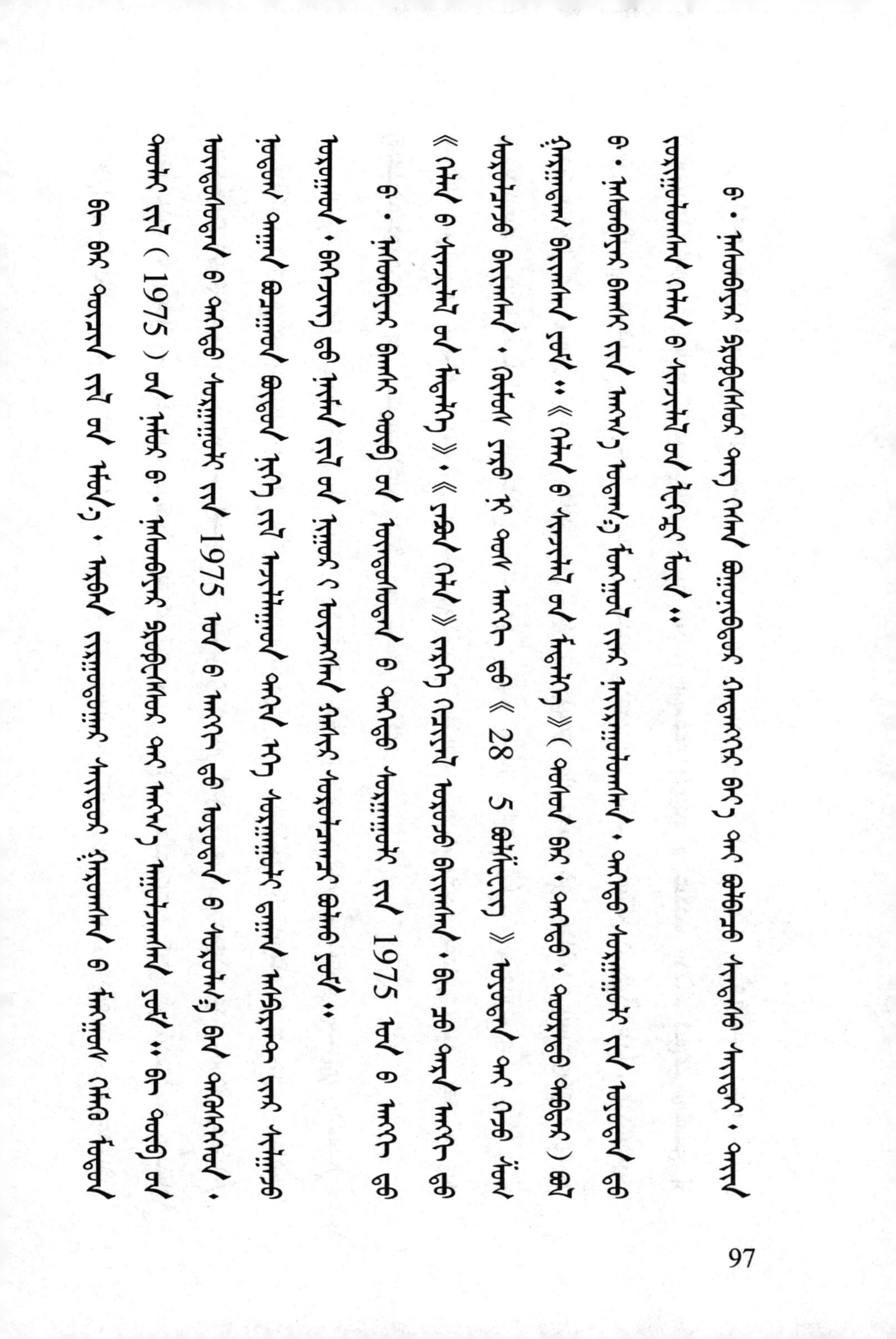

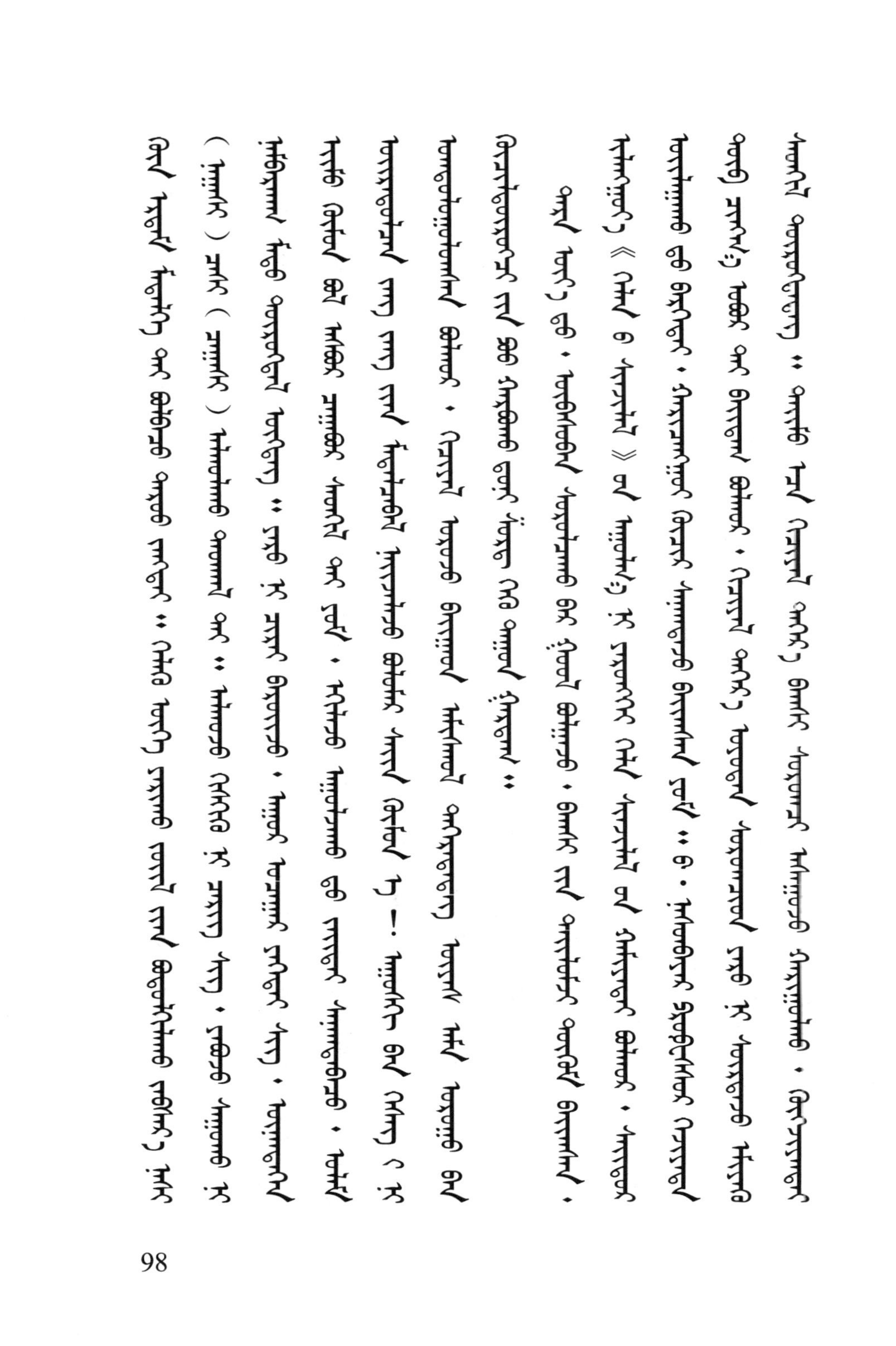

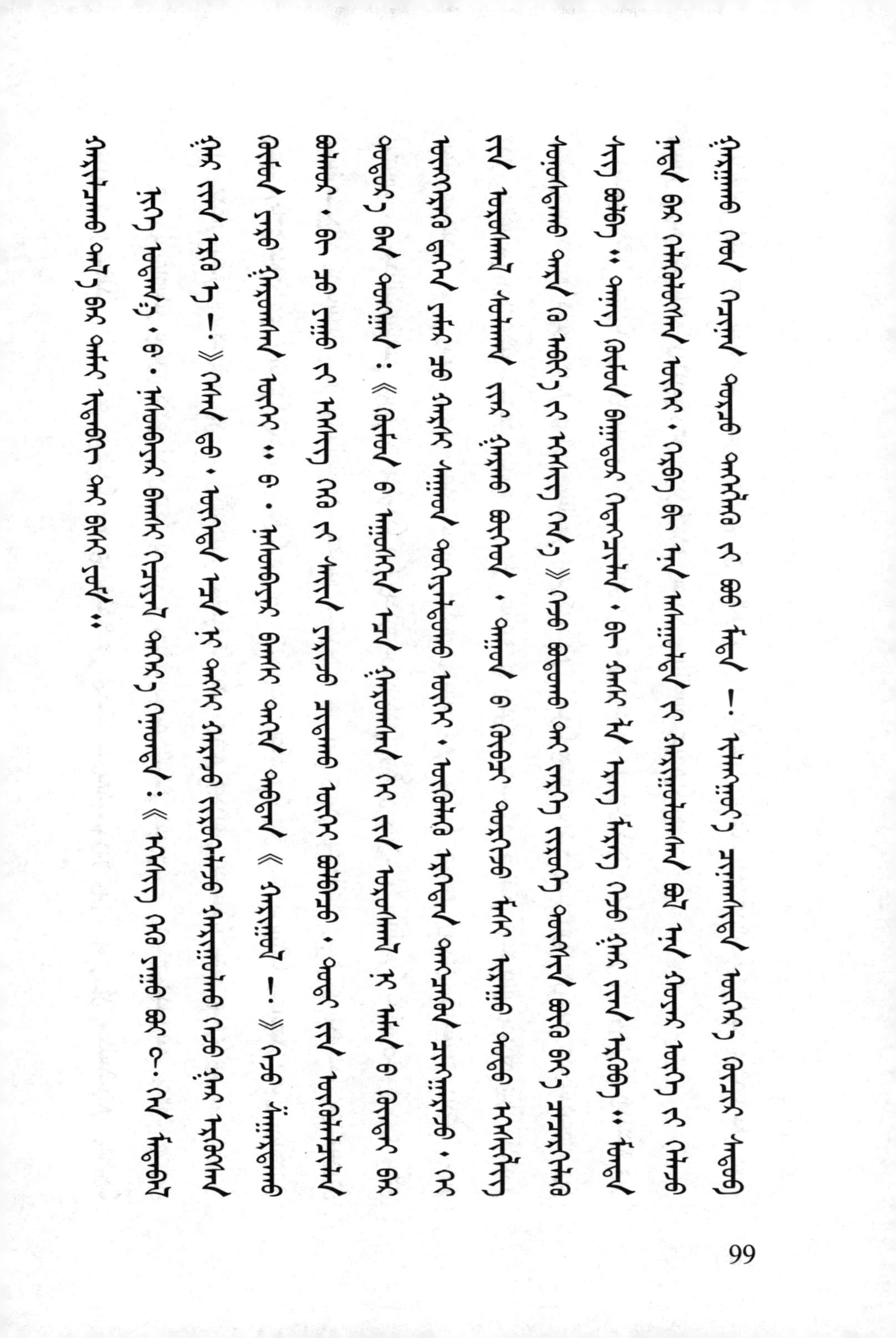

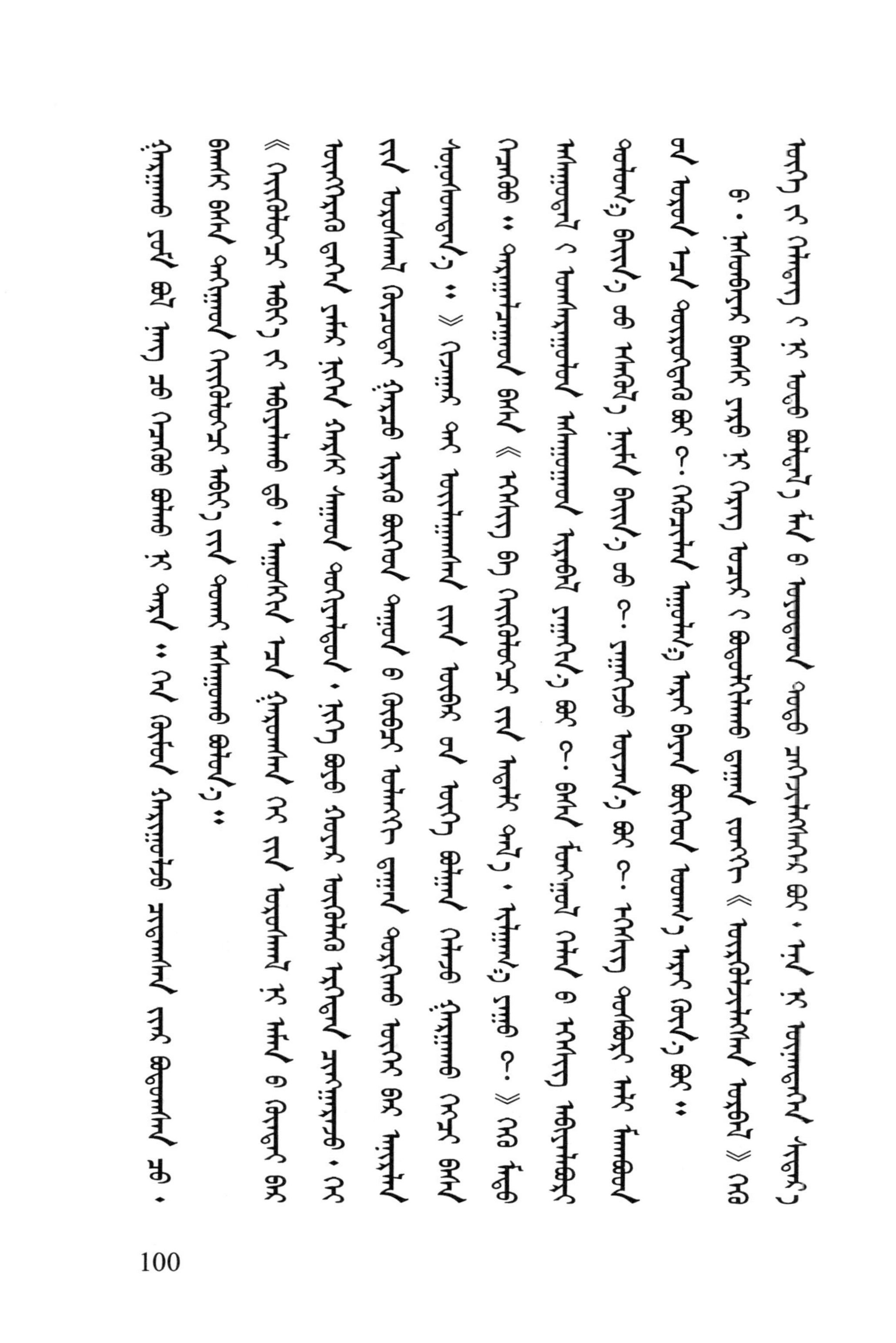

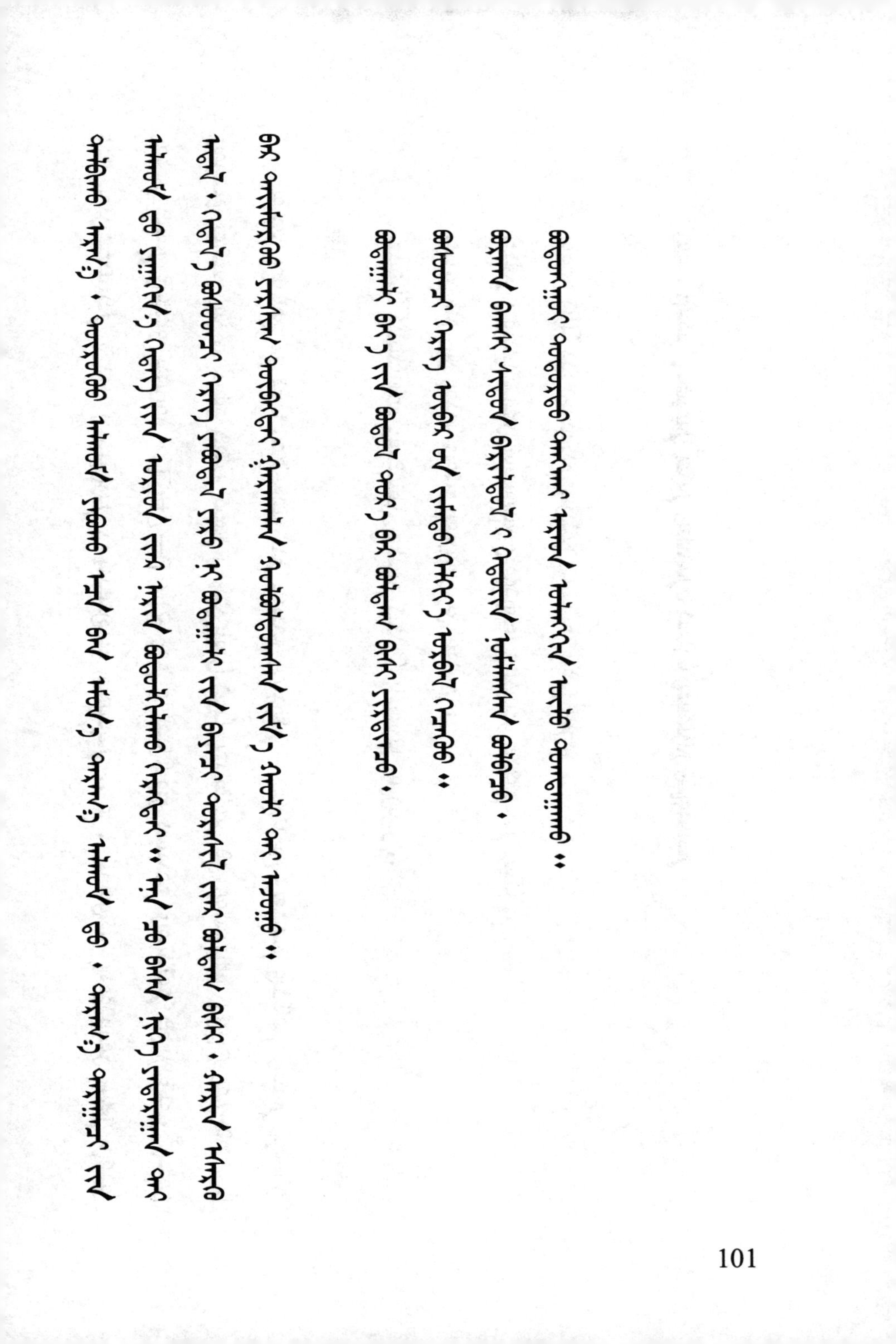

[illegible]
[illegible]
[illegible]
[illegible]

[illegible]
[illegible]
[illegible]
[illegible]

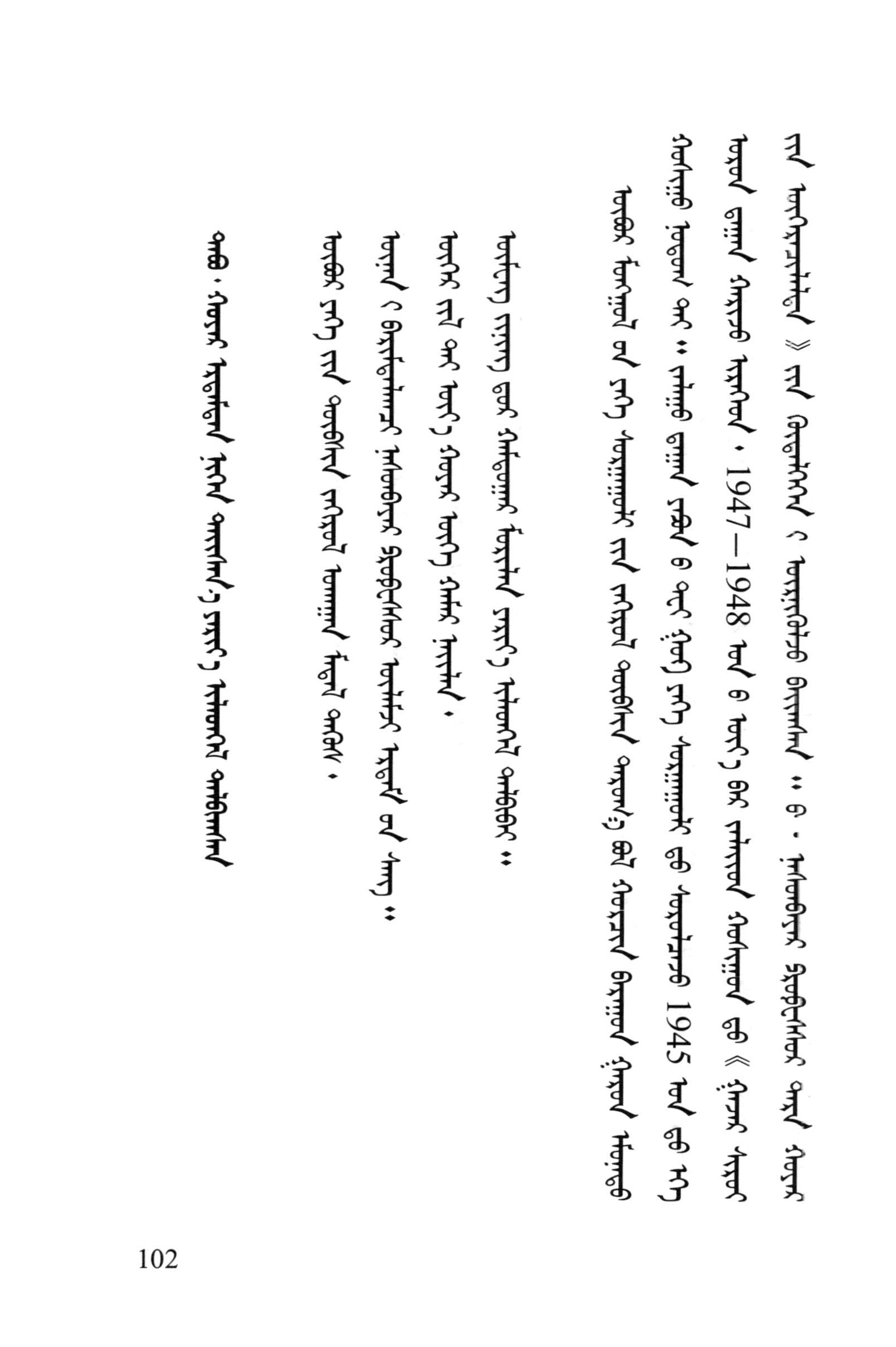

[illegible] 《 [illegible] 》 [illegible] 1947—1948 [illegible] 1945 [illegible]

[illegible]

[illegible]

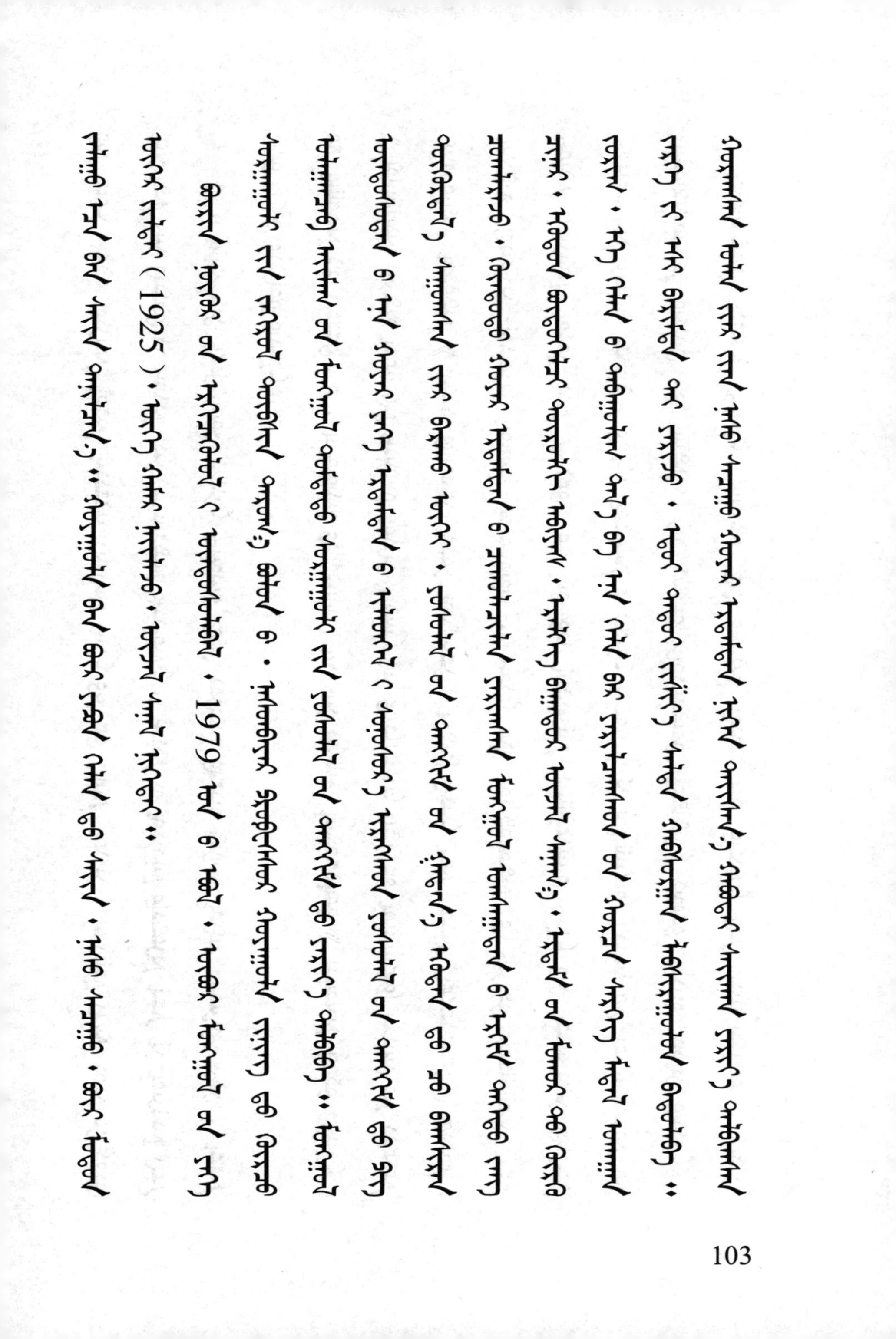

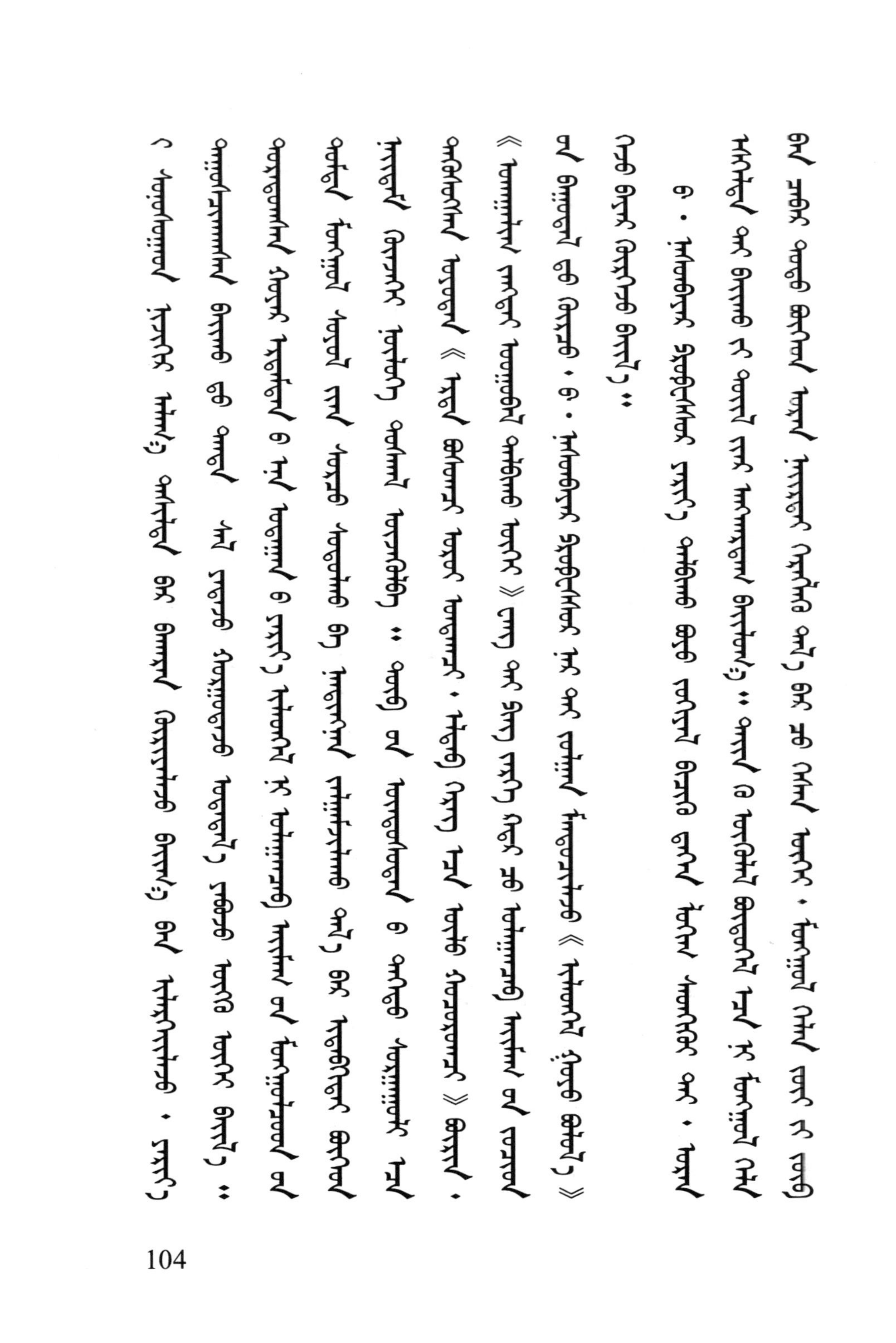

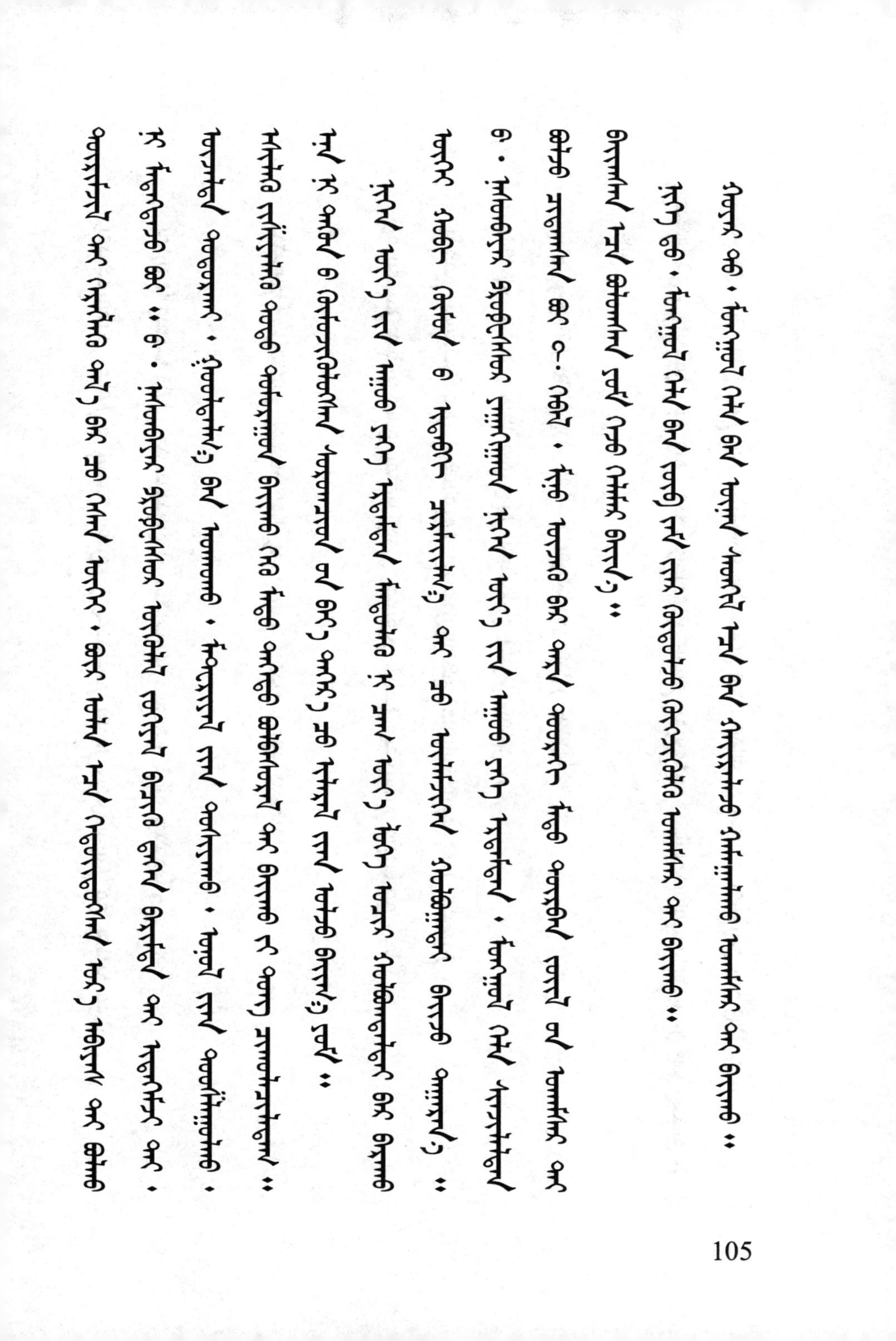

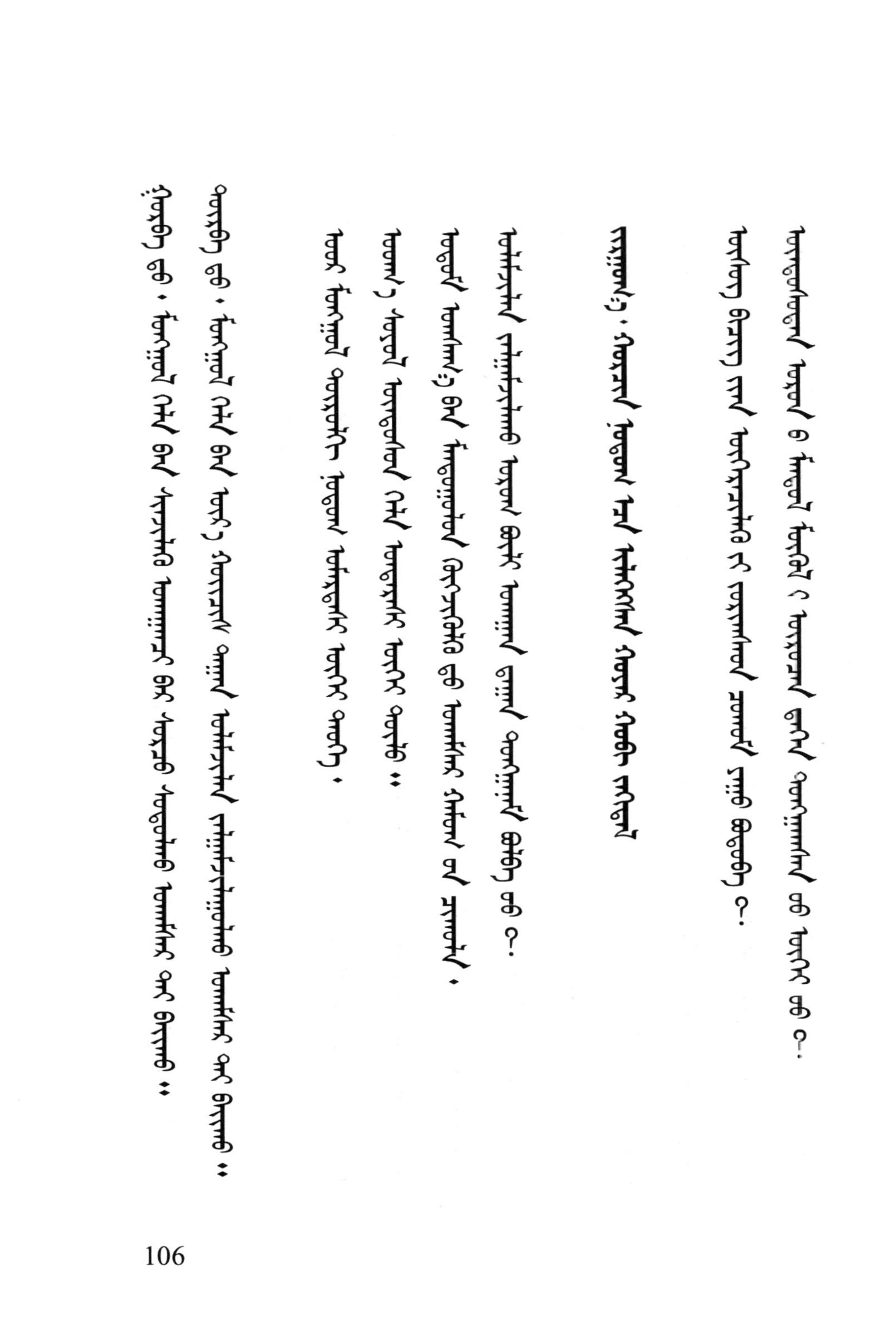

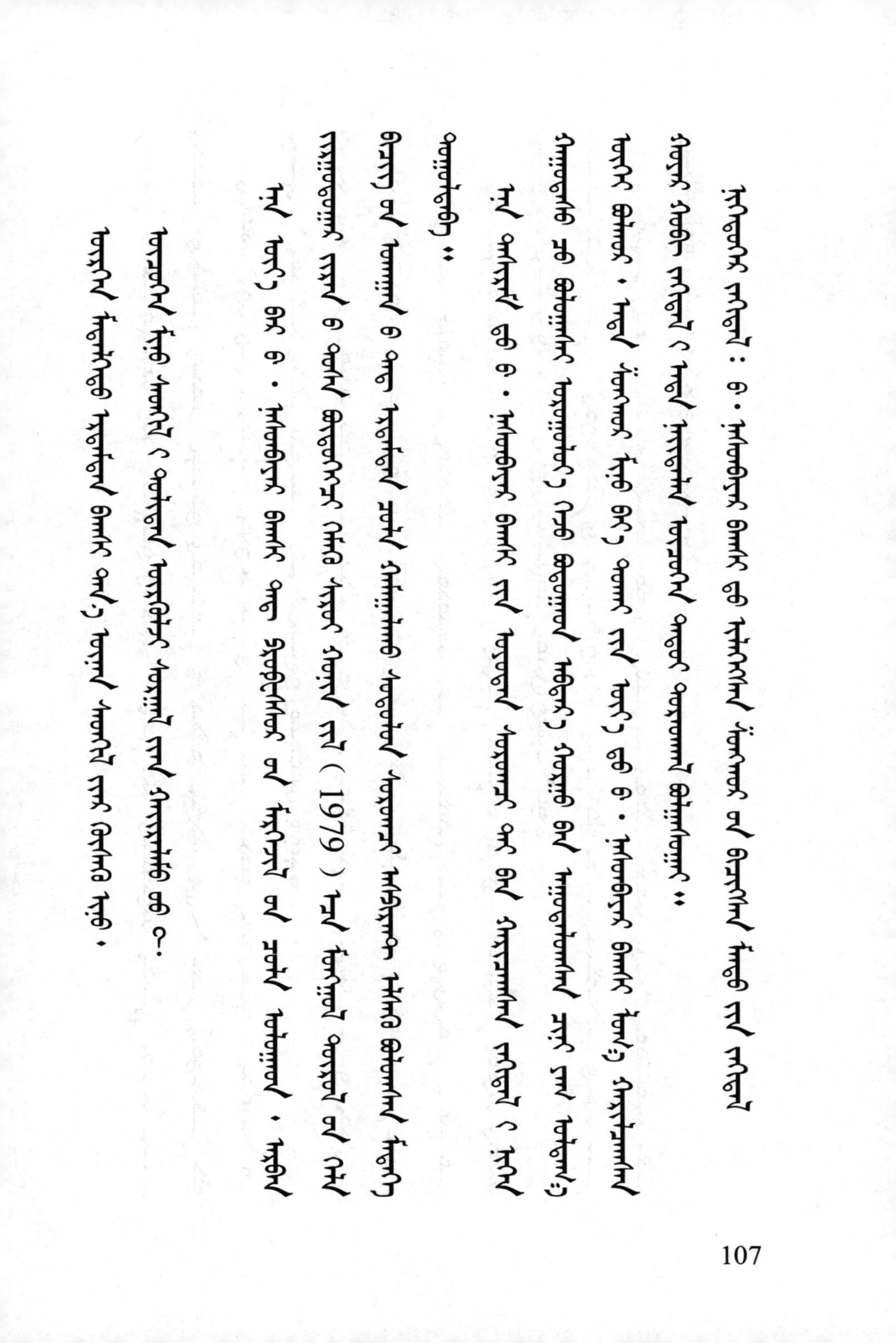

ᠪᠣᠯᠪᠠᠰᠤ ᠪᠠ᠂ ᠨᠡᠢᠲᠡᠯᠡᠴᠡ ᠪᠠᠢᠨ᠎ᠠ ᠦᠭᠡᠢ::

ᠰᠤᠷᠤᠯᠴᠠᠬᠤ ᠳᠤ ᠰᠠᠶᠢᠨ ᠰᠠᠶᠢᠨ ᠤᠤ? ᠶᠠᠭᠤᠨ ᠵᠡᠷᠭᠡ ᠶᠢᠨ ᠰᠤᠷᠭᠠᠭᠤᠯᠢ ᠲᠠᠢ

ᠪᠣᠯᠵᠤ ᠰᠤᠷᠤᠯᠴᠠᠭ᠎ᠠ ᠶᠢᠨ ᠪᠣᠯᠤᠨ᠎ᠠ ᠤᠤ? ᠡᠷᠬᠢᠮ ᠤᠤ ᠮ᠂ ᠬᠡᠳᠦᠨ ᠰᠤᠷᠤᠯᠴᠠᠭᠤᠳ ᠪᠠᠢᠨ᠎ᠠ ᠲᠠᠢ

ᠰᠠᠶᠢᠨ ᠢ ᠰᠠᠶᠢᠬᠠᠨ ᠪᠠᠶᠢᠭᠠᠳ ᠬᠡᠯᠡᠵᠦ ᠴᠢᠳᠠᠳᠠᠭ ᠮᠠᠭᠤ ᠪᠤᠢ ᠤᠤ?

ᠮᠡᠳᠡᠨ ᠬᠡᠷᠡᠭᠯᠡᠯ ᠪᠡ ᠲᠡᠩᠰᠡᠭᠦᠯᠬᠦ ᠪᠣᠯᠪᠠᠰᠤ ᠪᠦᠬᠦᠨ ᠢ ᠲᠡᠭᠦᠨ ᠦ ᠬᠡᠯᠡᠬᠦ ᠶᠢ ᠰᠣᠨᠣᠰᠴᠤ ᠪᠠᠢ᠌ᠨ᠎ᠠ ::

ᠮᠡᠳᠡᠨ᠎ᠡ ᠪᠢ᠂ ᠲᠡᠷᠡ ᠭᠡᠵᠦ ᠬᠡᠯᠡᠵᠡᠢ! ᠮᠠᠰᠢ ᠳᠤ ᠡᠨᠡ

ᠭᠠᠷᠭ᠎ᠠ ᠲᠣᠭᠠᠨ ᠤ ᠲᠡᠮᠳᠡᠭ ᠢᠨ ᠬᠤᠪᠢᠷᠠᠯ ᠪᠠᠢᠭᠠᠯ ᠬᠠᠷᠢᠭᠤᠯᠬᠤ ᠪᠠᠷ ᠢᠯᠡᠷᠡᠬᠦ ᠳᠦ ᠶᠠᠷᠢᠶᠠᠨ ᠤ ᠬᠡᠯᠪᠡᠷᠢ
ᠡᠰᠡᠪᠡᠯ ᠦᠭᠡ ᠪᠦᠲᠦᠭᠡᠯ ᠨᠢ ᠲᠣᠭᠠᠨ ᠪᠠ ᠲᠣᠭ᠎ᠠ ᠶᠢᠨ ᠬᠡᠯᠬᠢᠶ᠎ᠡ ᠶᠢ ᠪᠠᠢᠭᠤᠯᠬᠤ ᠪᠣᠯᠤᠨ᠎ᠠ ᠃ 《ᠡᠭᠦᠯᠡ
ᠬᠡᠯᠡᠯᠭᠡ》 ᠶᠢ ᠬᠤᠪᠢᠶᠠᠬᠤ ᠲᠣᠭᠠᠨ ᠳᠤᠷᠠᠳᠤᠭᠰᠠᠨ ᠪᠠᠢᠭᠤᠯᠬᠤ ᠪᠤᠶᠤ ᠬᠡᠯᠡᠯᠭᠡ ᠶᠢᠨ ᠪᠠᠢᠳᠠᠯ ᠳᠤ
ᠪᠣᠯ ᠡᠨᠡᠬᠦ ᠪᠠᠢᠳᠠᠯ ᠂ ᠬᠤᠪᠢ ᠡᠰᠡᠬᠦ ᠳᠤ ᠬᠤᠷᠢᠶᠠᠩᠭᠤᠢ ᠪᠣᠢ 《ᠵᠢᠷᠤᠮ ᠲᠣᠭ᠎ᠠ ᠲᠡᠭᠦᠨ
ᠡᠷᠬᠡᠯᠭᠡ ᠪᠠ ᠬᠤᠪᠢᠯᠠᠯ ᠂ ᠲᠣᠭᠠᠨ ᠢ ᠡᠭᠦᠰᠬᠡᠬᠦ ᠳᠤᠷᠠᠳᠤᠭᠰᠠᠨ ᠃ ᠲᠡᠷᠡ ᠪᠠᠷ ᠬᠠᠮᠲᠤᠷᠠᠯ ᠬᠤᠪᠢᠶᠠᠬᠤ
ᠡᠯᠡᠬᠡᠮᠵᠢᠯᠡᠯ ᠲᠣᠭᠠᠲᠠᠢ ᠡᠰᠡᠭᠦᠨ ᠶᠢ ᠡᠮᠦᠨ ᠡᠨᠡᠬᠦ ᠡᠯᠡᠬᠡᠮᠵᠢᠯᠡᠯ ᠂ ᠬᠤᠪᠢᠬᠤ ᠪᠠᠷ ᠪᠠᠢᠳᠠᠯ ᠪᠠᠷ ᠡᠰᠡᠬᠦ ᠂
ᠲᠣᠭᠠᠯᠠᠯ ᠤ ᠲᠣᠭᠠᠯᠠᠭᠰᠠᠨ 》 ᠡᠨᠡ ᠲᠣᠭᠠᠯ ᠢ ᠲᠣᠭᠠᠯᠠᠯ ᠪᠠᠷ ᠲᠣᠭᠠᠯᠠᠯ ᠢ ᠨᠢ ᠪᠣᠯ
ᠪᠣᠢ ᠲᠣᠭᠠᠨ ᠤ ᠪᠤᠷᠤᠭᠤ ᠬᠤᠪᠢᠶᠠᠷᠢᠯᠠᠯ ᠪᠠᠢᠳᠠᠯ ᠬᠡᠮᠵᠢᠶᠡᠭᠳᠡᠬᠦ ᠂《ᠲᠡᠬᠢᠯ ᠤ ᠬᠤᠪᠢᠯ ᠲᠣᠭᠠᠯ
ᠪᠣᠯᠤᠭᠰᠠᠨ ᠲᠣᠭᠠᠲᠠᠢ ᠪᠠᠢᠳᠠᠯ ᠲᠣᠭᠠᠨ ᠳᠤ ᠵᠢᠷᠤᠭᠠᠨ ᠤ ᠪᠢᠴᠢᠬᠦ ᠡᠯᠡᠬᠡᠮᠵᠢᠯᠡᠯ ᠳᠤ ᠡᠨᠡᠬᠦ ᠲᠣᠭᠠᠨ ᠃ ᠡᠷᠬᠡᠯᠭᠡ ᠳᠠᠭᠠᠭᠤ ᠡᠨᠡᠬᠦ ᠵᠢᠷᠤᠭᠠᠨ ᠳᠤ ᠡᠰᠡᠬᠦ ᠡᠯᠡᠬᠡᠮᠵᠢᠯᠡᠬᠦ
ᠲᠣᠭᠠᠨ ᠲᠣᠭᠠᠯᠠᠨ ᠪᠣᠯ ᠪᠠᠢᠳᠠᠯ ᠪᠤᠶᠤ ᠡᠨᠡ ᠲᠣᠭᠣᠨ ᠡᠨᠡᠬᠦ ᠪᠣᠯ ᠲᠣᠭᠠᠯᠠᠯ ᠡᠯᠡᠬᠡᠮᠵᠢᠯᠡᠯ ᠲᠣᠭᠠᠯ ᠳᠤ
ᠪᠣᠢ ᠡᠰᠡᠬᠦ ᠬᠤᠪᠢᠶᠠᠷᠢᠯᠠᠬᠤ ᠡᠯᠡᠬᠡᠮᠵᠢᠯᠡᠬᠦ ᠪᠣᠯᠤᠭᠰᠠᠨ ᠃ ᠬᠤᠪᠢᠯᠠᠭᠤᠯᠤᠬᠤ ᠪᠣᠯᠭᠠᠭᠰᠠᠨ ᠪᠠᠢᠳᠠᠯ ᠡᠨᠡ ᠳᠤᠷ᠎ᠠ
ᠡᠷᠬᠡᠯ ᠲᠣᠭᠠᠯᠠᠨ ᠡᠯᠡᠬᠡᠮᠵᠢᠯᠡᠯ ᠂ ᠡᠷᠬᠢᠮᠯᠡᠬᠦ ᠡᠰᠡᠭᠦᠨ ᠡᠨᠡ ᠳᠤ ᠲᠣᠭᠠᠯᠠᠯ ᠡᠨᠡ ᠲᠣᠭᠠᠯᠠᠯ ᠤ ᠡᠯᠡᠬᠡᠮᠵᠢᠯᠡᠯ ᠳᠤᠷ᠎ᠠ
ᠲᠣᠭᠠᠯᠠᠯᠠᠯ ᠡᠨᠡ ᠡᠨᠡ ᠬᠤᠪᠢᠶᠠᠷᠢᠯᠠᠯ ᠪᠠ ᠲᠣᠭᠠ ᠪᠣᠷᠬᠢᠯᠠᠭᠠ ᠃ ᠡᠰᠡᠬᠦ ᠤ ᠲᠣᠭᠠᠯᠠᠭᠰᠠᠨ ᠡᠯᠡᠬᠡᠮᠵᠢᠯᠡᠭᠦ ᠳᠤᠷ᠎ᠠ ᠪᠣᠢ
ᠡᠷᠬᠡᠯ ᠭᠡᠷᠡᠯ ᠪᠣᠯᠬᠤ ᠂ ᠡᠮᠡᠭᠡᠨ ᠲᠣᠭᠠᠨ ᠲᠣᠭᠠᠨ ᠂ ᠨᠢ ᠪᠠᠢᠳᠠᠯ ᠡᠨᠡ

ᠪᠣᠳᠣᠭᠳᠠᠭᠰᠠᠨ ᠪᠡ ᠪᠣᠳᠣᠯ 》 ᠪᠠᠢᠨ᠎ᠠ ᠪᠡ ᠰᠤᠷᠭᠠᠭᠤᠯᠢ ᠬᠣᠪᠢᠷᠠᠯ ᠪᠡ ᠰᠤᠷᠭᠠᠭᠤᠯᠢ ᠬᠣᠯᠪᠣᠭᠰᠠᠨ ᠤ
ᠬᠠᠷᠢᠨ ᠠᠪᠤ ᠲᠡᠷᠡ ᠮᠠᠨᠳᠤᠯ ᠪᠣ ᠬᠣᠷᠢᠶᠠᠨ ᠳᠤ ᠲᠡᠭᠦᠨ ᠦ ᠪᠣᠯᠤᠨ ᠪᠣᠯᠵᠤ ᠮᠠᠨᠳᠤᠯ᠂ ᠵᠢᠷᠭᠠᠯᠲᠠᠢ
ᠪᠣᠯᠬᠤᠢ ᠵᠢᠷᠭᠠᠭᠠᠳ ᠭᠠᠷᠭᠠᠵᠤ ᠮᠠᠨ ᠲᠡᠷᠡ ᠮᠠᠨᠳᠤᠬᠤ ᠪᠣᠢ ? ᠪᠣᠯᠤᠨ᠎ᠠ ᠤ ᠲᠡ ᠮᠠᠭᠤᠯᠢ ᠶ᠋ᠢ
ᠬᠠᠷᠢᠭᠤᠯᠵᠤ ᠮᠠᠨᠳᠤᠯᠠᠭᠤᠯᠤᠭᠰᠠᠨ:: ᠲᠡᠭᠦᠨ ᠮᠠᠨᠳᠤᠯᠤᠭᠰᠠ::

ᠮᠠᠨᠳᠤᠭᠤᠯᠤᠯ ᠪᠣᠯᠤᠨ ᠵᠢᠷᠭᠠᠯᠲᠤ ᠮᠠᠨᠳᠤᠭᠤᠯᠤᠭᠰᠠᠨ ᠲᠡᠷᠡ ᠶ᠋ᠢ ᠪᠣᠯᠭᠠᠭᠤᠯᠤᠭᠰᠠᠨ::
ᠮᠠᠨᠳᠤᠯ ᠬᠠᠷᠠᠬᠤ ᠵᠢᠷᠭᠠᠯᠲᠤ ᠲᠤ ᠮᠠᠨᠳᠤᠯᠤᠭᠤᠯᠤᠭ᠎ᠠ ᠪᠣᠯᠬᠤ ᠬᠣᠷᠢᠶᠠᠭᠤᠯᠤᠭᠰᠠᠨ ᠪᠣᠯᠤᠨ᠂
ᠮᠠᠯᠠᠲᠤ ᠪᠣᠭᠣᠷᠠᠭᠤᠯᠤᠭᠰᠠᠨ ᠬᠠᠭᠤᠷ ᠬᠠᠷᠠᠬᠤ ᠮᠠᠨᠳᠤᠯᠤᠭᠰᠠᠨ ᠪᠣᠯᠤᠭᠰᠠᠨ ᠬᠠᠷᠠᠬᠤ ᠪᠣᠯᠤᠨ᠂
ᠮᠠᠨᠳᠤᠯᠤᠭᠰᠠᠨ ᠠᠮᠤ ᠮᠠᠨᠳᠤᠭᠤᠯᠤᠭᠰᠠᠨ ᠪᠣᠷ ᠮᠠᠨᠳᠤᠯᠠᠨ ᠮᠠᠨᠳᠤᠭᠤᠯ ᠪᠣᠯᠤᠨ ᠬᠠᠷᠠᠭᠤᠯᠤᠭᠰᠠ ᠮᠣᠳᠤᠨ᠂

ᠰᠠᠨ! ᠰᠠᠢᠬᠠᠨ ᠵᠢᠮᠡᠯ ᠮᠣᠷ ᠰᠠᠢᠬᠠᠨ ᠰᠠᠢᠬᠠᠨ ᠰᠠᠢᠬᠠᠨ ᠲᠡᠷᠡ ᠰᠠᠢᠬᠠᠨ᠂ ᠰᠠᠢᠬᠠᠨ ᠤ
ᠮᠣᠷᠢᠨ ᠰᠠᠭᠤᠯᠢᠭᠰᠠᠨ ᠮᠣᠷᠢᠭᠠᠯᠤᠭᠰᠠᠨ ᠲᠡ ᠰᠣᠨᠢᠨ ᠪᠣᠯᠪᠠ ᠮᠣᠷᠢᠨ:: ᠮᠣᠷᠢᠭᠠᠨ ᠮᠣᠷᠢᠨ ᠲᠡ ᠵᠢᠷᠭᠠ ᠮᠣᠷᠢᠨ
ᠮᠣᠷᠢᠭᠤᠯ ᠲᠡ ᠮᠣᠷᠢᠭᠠᠯᠢᠭᠰᠠ ᠮᠣᠷᠢᠭᠠᠨ ᠪᠣᠯᠤᠨ᠂ ᠮᠣᠷᠢᠨ ᠪᠡ ᠰᠠᠢᠬᠠᠨ ᠪᠣᠯᠤᠨ ᠪᠣᠯ᠂ ᠰᠠᠢᠬᠠᠨ
ᠪᠡ ᠰᠠᠢᠬᠠᠨ ᠲᠡ ᠰᠠᠢᠬᠠᠨᠲᠠᠢ ᠮᠣᠷᠢᠭᠠᠨ ᠪᠡ ᠰᠠᠢᠬᠠᠨ ᠲᠡ ᠰᠠᠢᠬᠠᠨᠲᠠᠢ᠂ ᠮᠣᠷᠢᠭᠠᠨ ᠮᠣᠷᠢᠭᠠᠯᠤ ᠲᠡ

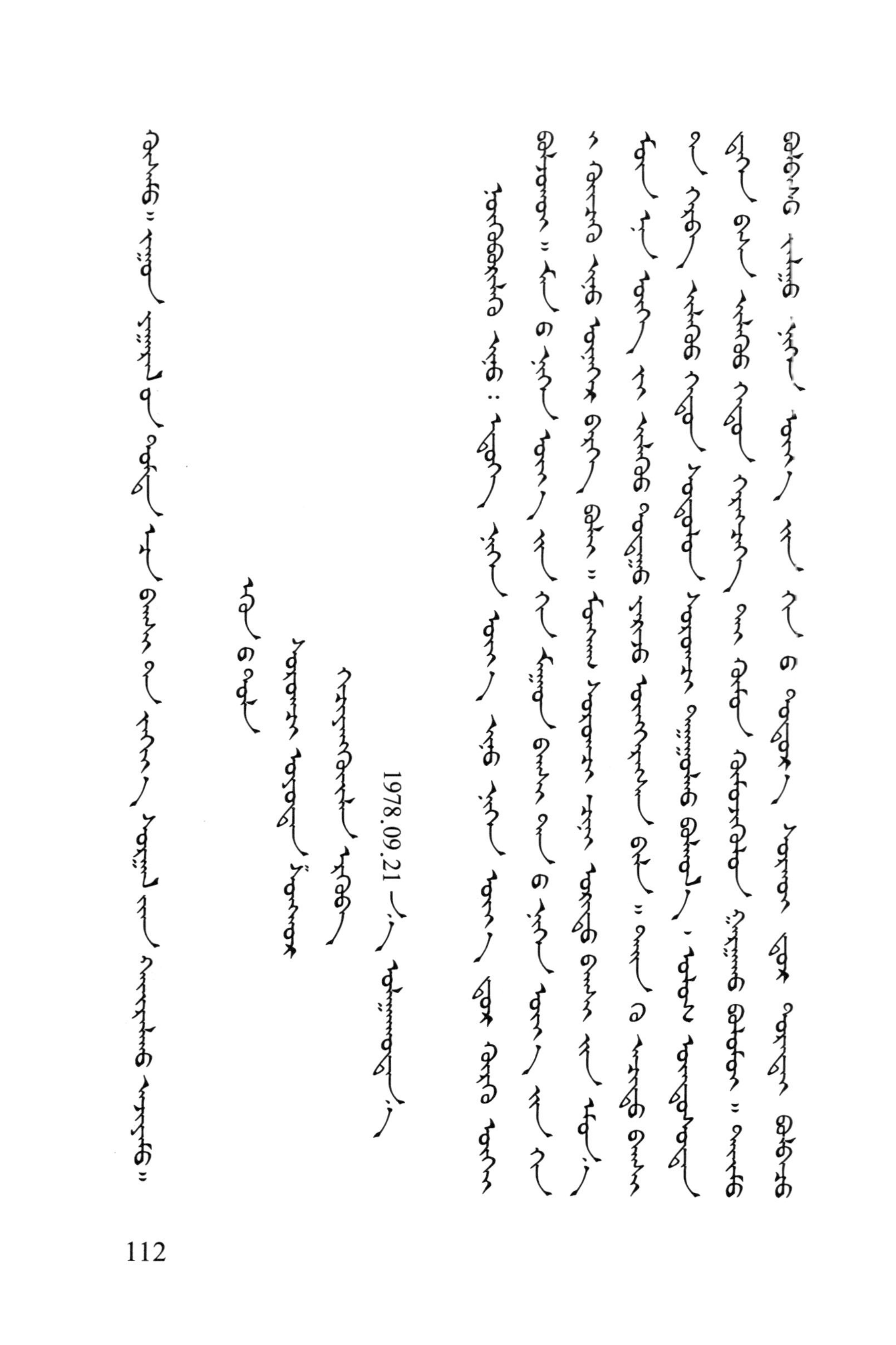

[illegible]

[illegible]

[illegible]

[illegible]

1978.09.21 [illegible]

[illegible]

[illegible]

[illegible]

[illegible]

[illegible]

[illegible]

[illegible]

[illegible]

[illegible]

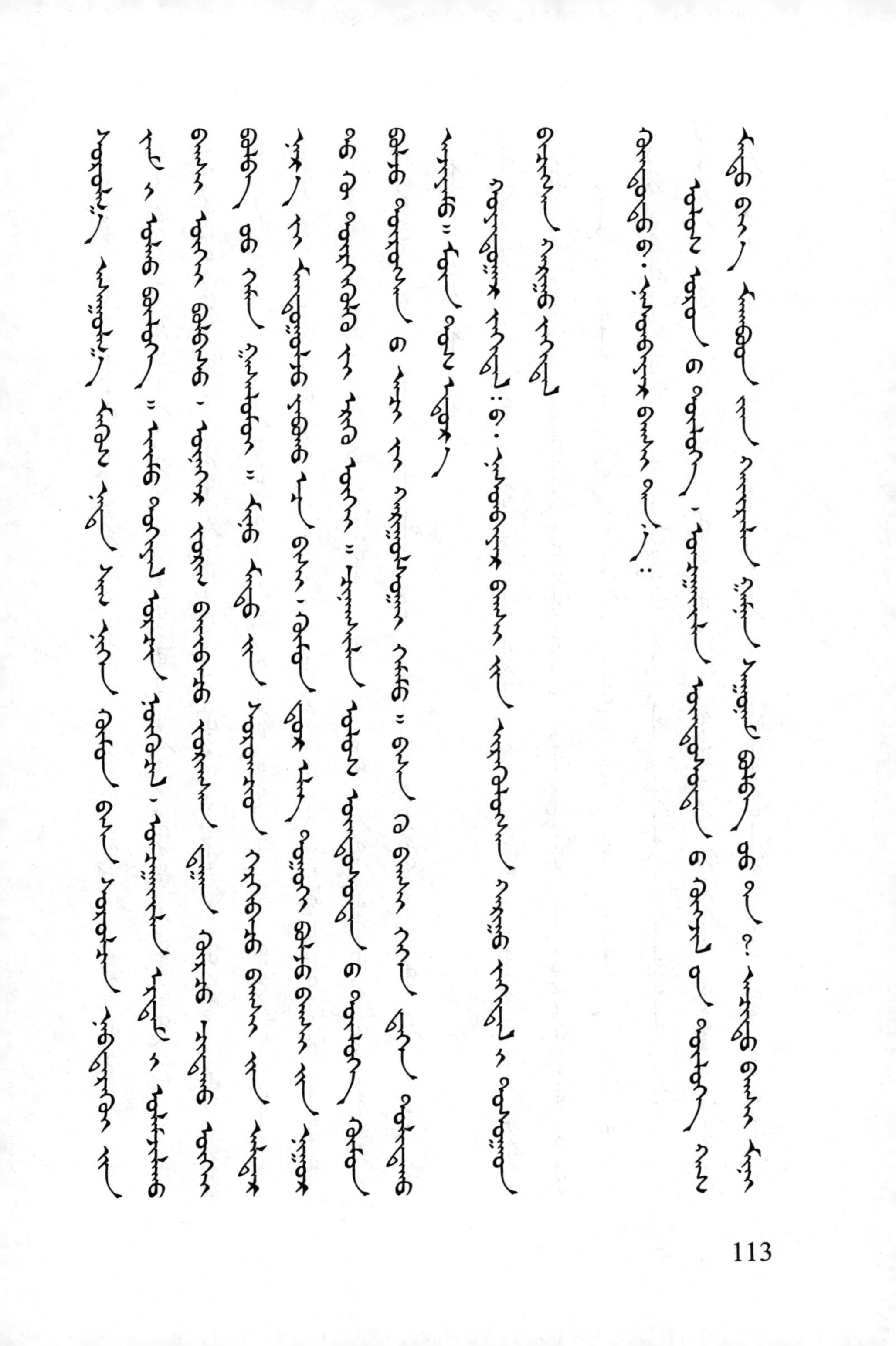

ᠪᠠᠢᠨ᠎ᠠ ᠭᠡᠵᠦ ᠰᠤᠷᠭᠠᠭᠤᠯᠢ ᠳᠤᠮᠳᠠᠳᠤ ᠶᠢᠨ ᠪᠠᠭᠰᠢ ᠨᠠᠷ ᠪᠤᠯᠤᠨ᠎ᠠ᠃ ᠲᠡᠷᠡ ᠪᠡ ᠪᠠᠢᠨ᠎ᠠ ᠲᠡ
ᠬᠡᠮᠡᠨ ᠰᠤᠷᠤᠯᠴᠠᠭᠰᠠᠳ ᠪᠤᠯᠤᠭᠰᠠᠨ᠃ ᠲᠡᠳᠡᠨ ᠰᠤᠷᠭᠠᠭᠤᠯᠢ ᠳᠤ ᠶᠠᠭᠤ ᠲᠡᠢ ᠪᠢᠴᠢᠭ ᠬᠡᠯᠡ ᠪᠡ?
1978 ᠣᠨ ᠤ ᠰᠤᠷᠭᠠᠭᠤᠯᠢ ᠶᠢᠨ ᠰᠤᠷᠭᠠᠭᠤᠯᠢ ᠳᠤ ᠤᠷᠤᠭᠰᠠᠨ) ᠃ ᠮᠤᠩᠭᠤᠯ ᠬᠡᠯᠡᠨ ᠦ ᠰᠤᠷᠭᠠᠭᠤᠯᠢ ᠶᠢᠨ ᠰᠤᠷᠭᠠᠭᠤᠯᠢ
ᠬᠡᠯᠡᠨ ᠪᠢᠴᠢᠭ ᠪᠤᠯᠤᠭᠰᠠᠨ ᠲᠡᠢ ᠪᠢᠯᠡ᠃ (《ᠮᠤᠩᠭᠤᠯ ᠬᠡᠯᠡᠨ ᠦ ᠰᠤᠷᠭᠠᠭᠤᠯᠢ ᠪᠢᠴᠢᠭ ᠤᠨ ᠰᠤᠷᠭᠠᠭᠤᠯᠢ》,
ᠮᠤᠩᠭᠤᠯ ᠬᠡᠯᠡ ᠲᠡᠢ ᠪᠢᠯᠡ᠂ ᠲᠡᠷᠡ ᠬᠡᠯᠡᠨ ᠦ ᠰᠤᠷᠭᠠᠭᠤᠯᠢ ᠮᠤᠩᠭᠤᠯ ᠬᠡᠯᠡᠨ ᠤ
ᠰᠤᠷᠭᠠᠭᠤᠯᠢ᠃ ᠲᠡᠷᠡ ᠲᠡᠢ ᠲᠡᠢ ᠲᠡᠳᠡᠨ ᠰᠤᠷᠤᠭᠴᠢ ᠶᠢᠨ ᠲᠤᠰ᠎ᠠ᠂ ᠪᠢ ᠪᠠᠭᠰᠢ ᠲᠡᠷᠡ ᠬᠡᠯᠡᠨ ᠦ

ᠲᠡᠷᠡ ᠤ ᠲᠡᠷᠡ ᠰᠤᠷᠭᠠᠭᠤᠯᠢ ᠪᠠ ᠲᠡᠷᠡ ᠤ ᠰᠤᠷᠤᠯᠴᠠᠭᠰᠠᠨ ᠬᠡᠯᠡ ᠲᠡᠷᠡ ᠪᠡ
ᠲᠡᠷᠡ ᠪᠠᠢᠨ᠎ᠠ ᠭᠡᠵᠦ ᠲᠡᠷᠡ᠃

ᠭᠡᠵᠦ᠃ ᠲᠡᠷᠡ ᠰᠤᠷᠭᠠᠭᠤᠯᠢ ᠰᠤᠷᠭᠠᠭᠤᠯᠢ ᠪᠠᠭᠰᠢ ᠮᠤᠩᠭᠤᠯ ᠬᠡᠯᠡ ᠰᠤᠷᠭᠠᠭᠤᠯᠢ ᠪᠢᠯᠡ᠂ ᠲᠡᠷᠡ ᠮᠤᠩᠭᠤᠯ
ᠰᠤᠷᠭᠠᠭᠤᠯᠢ ᠲᠡᠷᠡ ᠪᠠ᠃ ᠰᠤᠷᠭᠠᠭᠤᠯᠢ ᠰᠤᠷᠭᠠᠭᠤᠯᠢ ᠪᠠᠢ ᠰᠤᠷᠤᠯᠴᠠᠭᠰᠠᠨ ᠲᠡᠢ ᠭᠡᠵᠦ᠂ ᠰᠤᠷᠤᠯᠴᠠᠭᠰᠠᠨ ᠬᠡᠯᠡ ᠲᠡᠢ

ᠲᠡᠷᠡ ᠤ ᠬᠡᠯᠡ ᠮᠤᠩᠭᠤᠯ ᠬᠡᠯᠡᠨ᠂ ᠮᠤᠩᠭᠤᠯ ᠲᠡᠷᠡ ᠪᠠ ᠰᠤᠷᠭᠠᠭᠤᠯᠢ ᠰᠤᠷᠭᠠᠭᠤᠯᠢ ᠪᠠᠢ
ᠲᠡᠷᠡ ᠬᠡᠯᠡᠨ ᠰᠤᠷᠤᠯᠴᠠ ᠲᠡᠷᠡ᠂ ᠪᠠᠭᠰᠢ ᠰᠤᠷᠭᠠᠭᠤᠯᠢ ᠲᠡᠷᠡ ᠰᠤᠷᠤᠯᠴᠠᠭᠰᠠᠨ ᠰᠤᠷᠤᠯᠴᠠᠭᠰᠠᠨ ᠪᠢᠯᠡ᠃
ᠬᠡᠯᠡᠨ ᠪᠢᠴᠢᠭ ᠦ ᠰᠤᠷᠭᠠᠭᠤᠯᠢ ᠬᠡᠯᠡᠨ ᠲᠡᠷᠡ ᠪᠠᠢ᠂ ᠰᠤᠷᠭᠠᠭᠤᠯᠢ ᠮᠤᠩᠭᠤᠯ ᠬᠡᠯᠡᠪᠡ᠃
᠂ ᠲᠡᠷᠡ ᠲᠡᠷᠡ ᠰᠤᠷᠭᠠᠭᠤᠯᠢ ᠲᠡ ᠬᠡᠯᠡ ᠪᠢ ᠰᠤᠷᠤᠯᠴᠠᠭᠰᠠᠨ ᠪᠠᠢᠭᠤᠯᠤᠭᠰᠠᠨ ᠪᠠᠢ ᠲᠡᠢ ᠪᠡ!

ᠮᠡᠳᠡᠭᠳᠡᠬᠦ ᠮᠡᠨ ᠠᠮᠢᠨ ᠮᠡᠳᠡᠨ ᠡᠷᠬᠡᠰᠢᠭᠦ ᠮᠡᠳᠡᠬᠦ ᠪᠣᠯᠤᠨ᠎ᠠ᠃ ᠮᠡᠳᠡᠨ ᠠᠮᠢᠳᠤᠷᠠᠯ ᠤᠷᠤᠭ᠂ ᠪᠣ ᠮᠡᠳᠡᠬᠦ ᠢ ᠮᠠᠰᠢ ᠠᠮᠢᠳᠤᠷᠠᠯ ᠮᠡᠳᠡᠨ᠎ᠡ᠃ ᠪᠦᠬᠦ ᠮᠡᠳᠡᠭᠳᠡᠬᠦ ᠪᠡᠷ ᠪᠣᠯᠤᠨ᠎ᠠ ᠬᠦᠮᠦᠨ ᠮᠡᠳᠡᠨ᠎ᠡ᠃ ᠡᠷᠳᠡᠮᠲᠡᠨ ᠮᠠᠰᠢ ᠮᠡᠨ ᠪᠣ? ᠬᠣᠮᠠᠰᠢ ᠢ ᠦᠭᠡᠢ ᠲᠡᠭᠦᠨ ᠬᠣᠮᠠᠰᠢ ᠬᠡᠷᠡᠭᠲᠡᠢ ᠪᠣᠯᠤᠨ᠎ᠠ᠃ ᠮᠡᠳᠡᠭᠳᠡᠬᠦ ᠮᠡᠳᠡᠭᠰᠡᠨ ᠪᠣᠯᠤᠨ᠎ᠠ ᠪ ᠬᠣᠪᠣᠷ ᠪᠢᠶ᠎ᠡ ᠮᠡᠳᠡᠷᠡᠬᠦ ᠪᠣᠯᠪᠠ ᠮᠡᠳᠡᠨ᠎ᠡ᠂ ᠮᠡᠳᠡᠭᠳᠡᠬᠦ ᠮᠡᠨ ᠲᠡᠭᠦᠨ ᠮᠡᠳᠡᠭᠰᠡᠨ ᠪᠦᠯᠦᠭ ᠳᠦ ᠮᠡᠳᠡᠭᠳᠡᠭᠰᠡᠨ ᠪᠣᠯᠤᠨ᠎ᠠ᠃ ᠪᠢ ᠪᠣᠯᠪᠠᠰᠤ ᠡᠭᠦᠳᠡᠨ ᠬᠣᠮᠠᠰᠢ ᠪᠣᠯᠪᠠ ᠬᠦᠮᠦᠨ᠂ ᠬᠣᠮᠠᠰᠢ ᠦᠭᠡᠢ ᠡᠮᠦᠨ᠎ᠡ ᠮᠡᠳᠡᠭᠳᠡᠬᠦ ᠪᠡᠷ ᠬᠣᠮᠠᠰᠢ ᠢ ᠮᠡᠳᠡᠷᠡᠨ᠎ᠡ᠃ ᠴᠢ ᠬᠣᠮᠠᠰᠢ ᠢᠨ ᠰᠢᠨᠵᠢ᠂ ᠬᠣᠮᠠᠰᠢ ᠢᠨᠤ ᠡᠷᠬᠡᠯᠡᠨ ᠬᠦᠮᠦᠨ ᠡᠭᠦᠰᠬᠡᠨ ᠪᠣᠯᠪᠠ᠃ ᠡᠮᠦᠨ᠎ᠡ ᠮᠡᠳᠡᠭᠳᠡᠬᠦ ᠪᠣᠯᠤᠨ᠎ᠠ᠂ ᠮᠡᠳᠡᠭᠳᠡᠨ ᠪᠣᠯ ᠢᠯᠡᠷᠡᠬᠦ ᠴᠢᠨᠠᠷ ᠢ ᠪᠣᠯᠤᠨ᠎ᠠ ᠮᠡᠳᠡᠨ᠎ᠡ᠃

ᠢᠨᠡ ᠪᠣᠯᠪᠠᠰᠤ ᠪᠠᠰᠠ ᠮᠠᠰᠢ ᠬᠣᠪᠣᠷ ᠮᠡᠳᠡᠭᠳᠡᠬᠦ ᠢ ᠦᠭᠡᠢ ᠢᠯᠡᠷᠡᠭᠦᠯᠬᠦ ᠪᠣᠯᠤᠨ᠎ᠠ᠂ ᠬᠡᠮᠡᠨ ᠪᠣ ᠮᠡᠳᠡᠭᠰᠡᠨ ᠪᠣᠯᠪᠠᠰᠤ ᠡᠮᠦᠨ᠎ᠡ ᠬᠦᠮᠦᠨ ᠪᠡᠷ᠂ ᠮᠡᠳᠡᠭᠳᠡᠬᠦ ᠳᠦᠷᠢᠮ ᠲᠡᠢ᠃ ᠰᠠᠶᠢᠨ ᠰᠠᠶᠢᠬᠠᠨ ᠤ ᠮᠡᠳᠡᠭᠳᠡᠬᠦ ᠪᠣᠯᠤᠨ᠎ᠠ ᠬᠡᠮᠡᠨ᠂ ᠬᠣᠮᠠᠰᠢ ᠢᠨ ᠡᠷᠳᠡᠮ ᠢ ᠪᠣᠯᠤᠨ᠎ᠠ ᠡᠷᠳᠡᠮ ᠪᠡᠷ ᠮᠡᠳᠡᠭᠳᠡᠬᠦ᠂ ᠬᠣᠪᠣᠷ ᠮᠡᠳᠡᠷᠡᠨ ᠬᠡᠮᠡᠨ᠂ ᠮᠡᠳᠡᠭᠳᠡᠬᠦ ᠪᠡᠷ ᠪᠣᠯᠤᠨ᠎ᠠ ᠬᠦᠮᠦᠨ ᠢ ᠨᠢ᠂ ᠪᠣᠯᠤᠨ ᠪᠣᠯᠪᠠ 《ᠮᠣᠩᠭᠣᠯ》（ᠬᠣᠮᠠᠰᠢ ᠮᠡᠳᠡᠭᠰᠡᠨ）᠂《ᠡᠷᠳᠡᠮᠲᠡᠨ》（ᠢᠷᠡᠬᠦ）ᠬᠣᠮᠠᠰᠢ ᠡᠭᠦᠳᠡᠨ ᠪᠣᠯᠤᠨ ᠮᠡᠳᠡᠨ ᠪᠦᠬᠦ ᠮᠡᠳᠡᠨ᠎ᠡ᠃

ᠠᠮᠢᠨ ᠠᠶᠠᠰ ᠤ ᠡᠭᠦᠰᠬᠡᠬᠦ ᠭᠦᠢᠴᠡᠳᠬᠡᠬᠦ ᠮᠡᠳᠡᠨ᠎ᠡ᠃
ᠠᠮᠢᠳᠤᠷᠠᠯ ᠢᠨ ᠠᠮᠢᠨ ᠢ ᠪᠣᠯᠭᠠᠭᠰᠠᠨ᠂

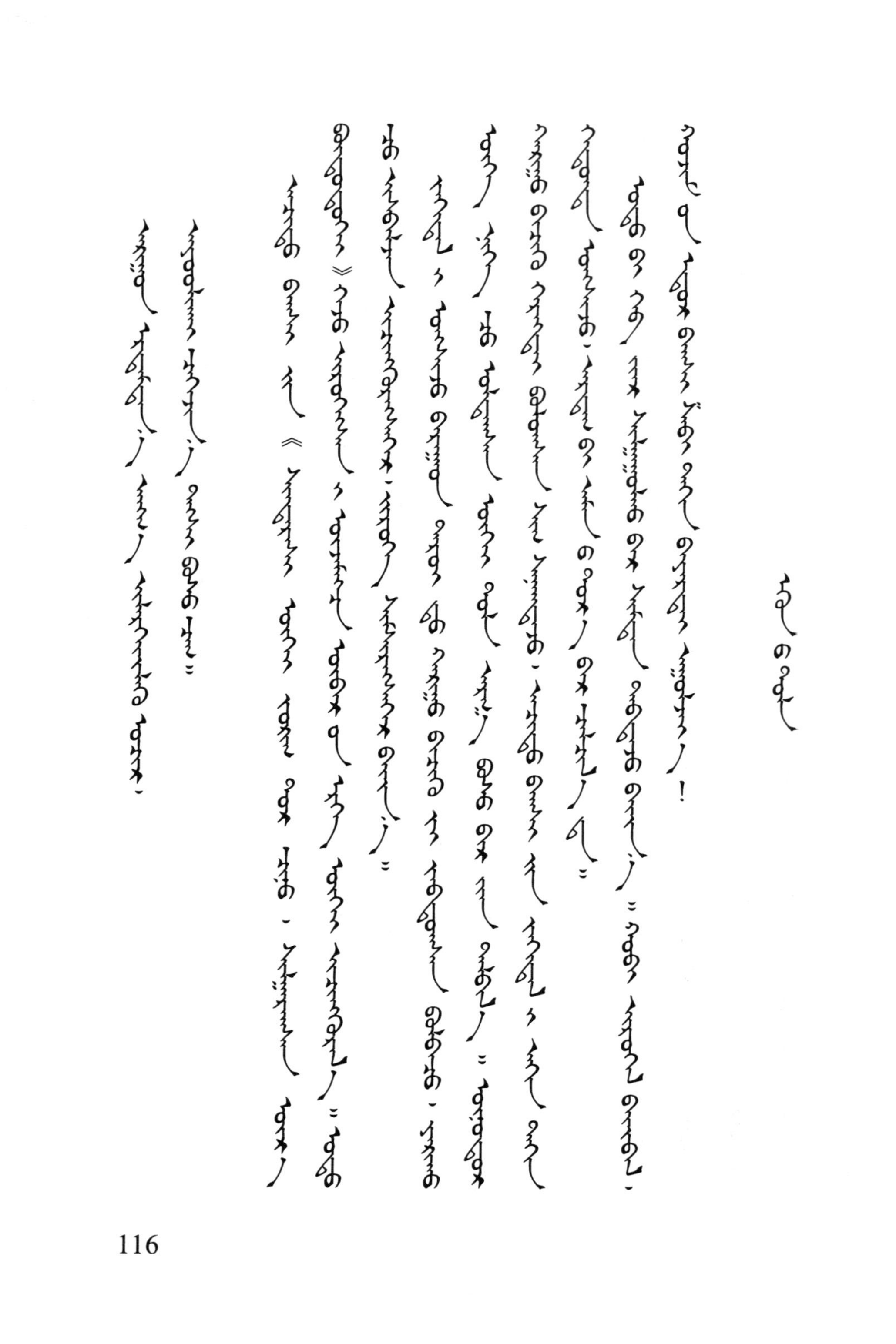

[illegible]

[illegible]

[illegible]

[illegible]

[illegible]

[illegible]

[illegible]

[illegible]

[illegible]

[illegible]

[illegible]

[illegible]

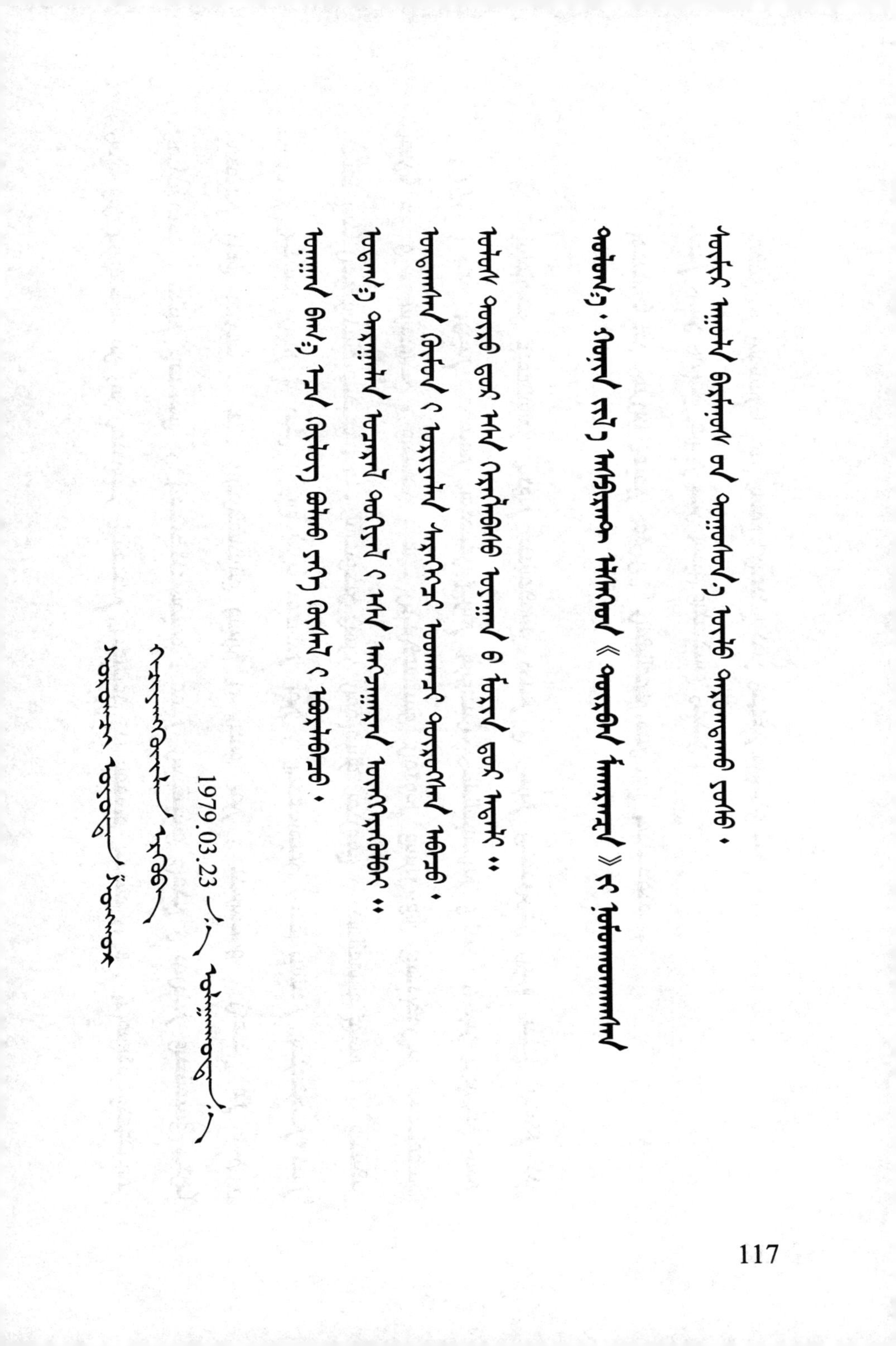

[illegible]

[illegible] 《[illegible]》 [illegible]

[illegible]

[illegible]

[illegible]

[illegible]

1979.03.23 [illegible]

[illegible]

[illegible]

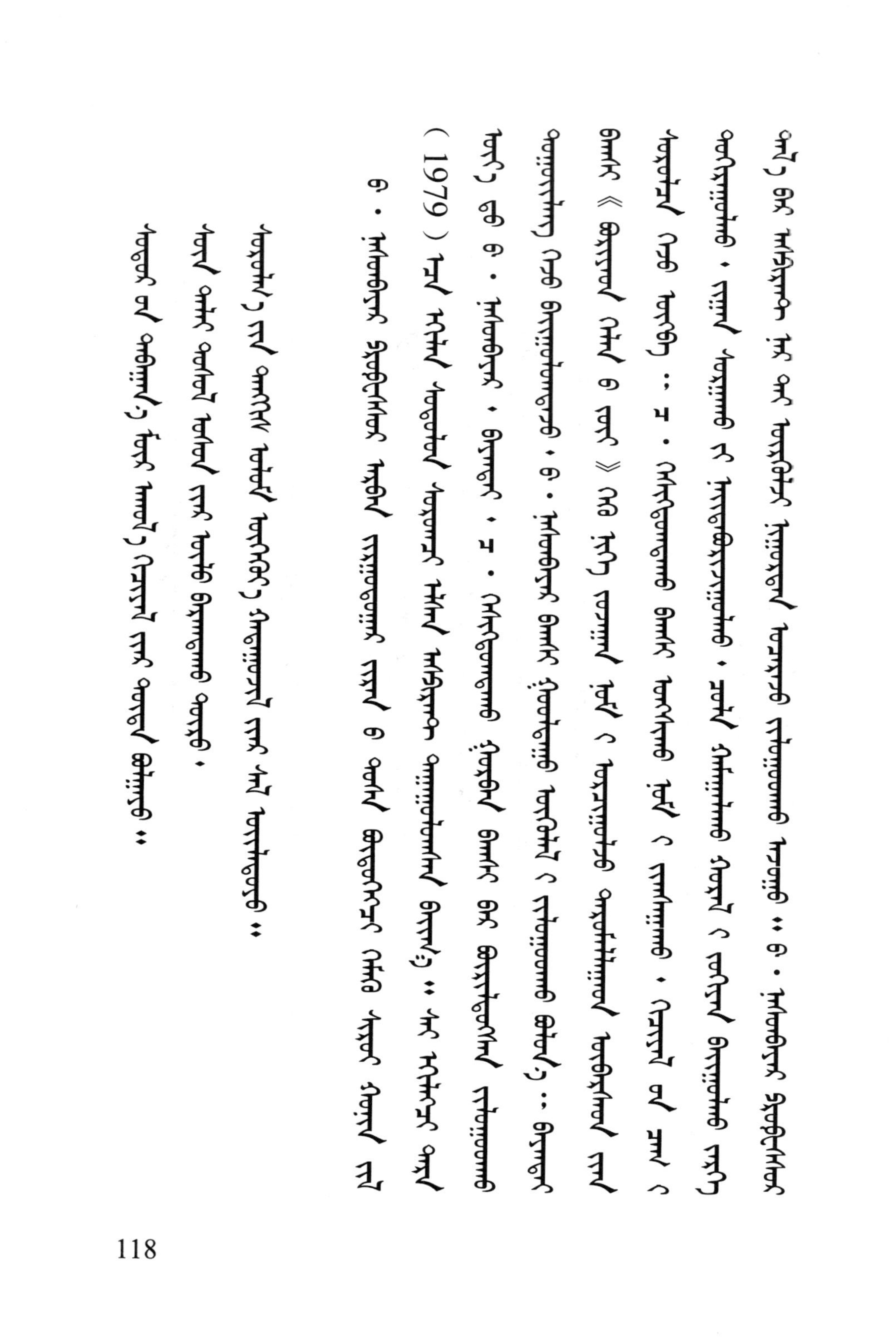

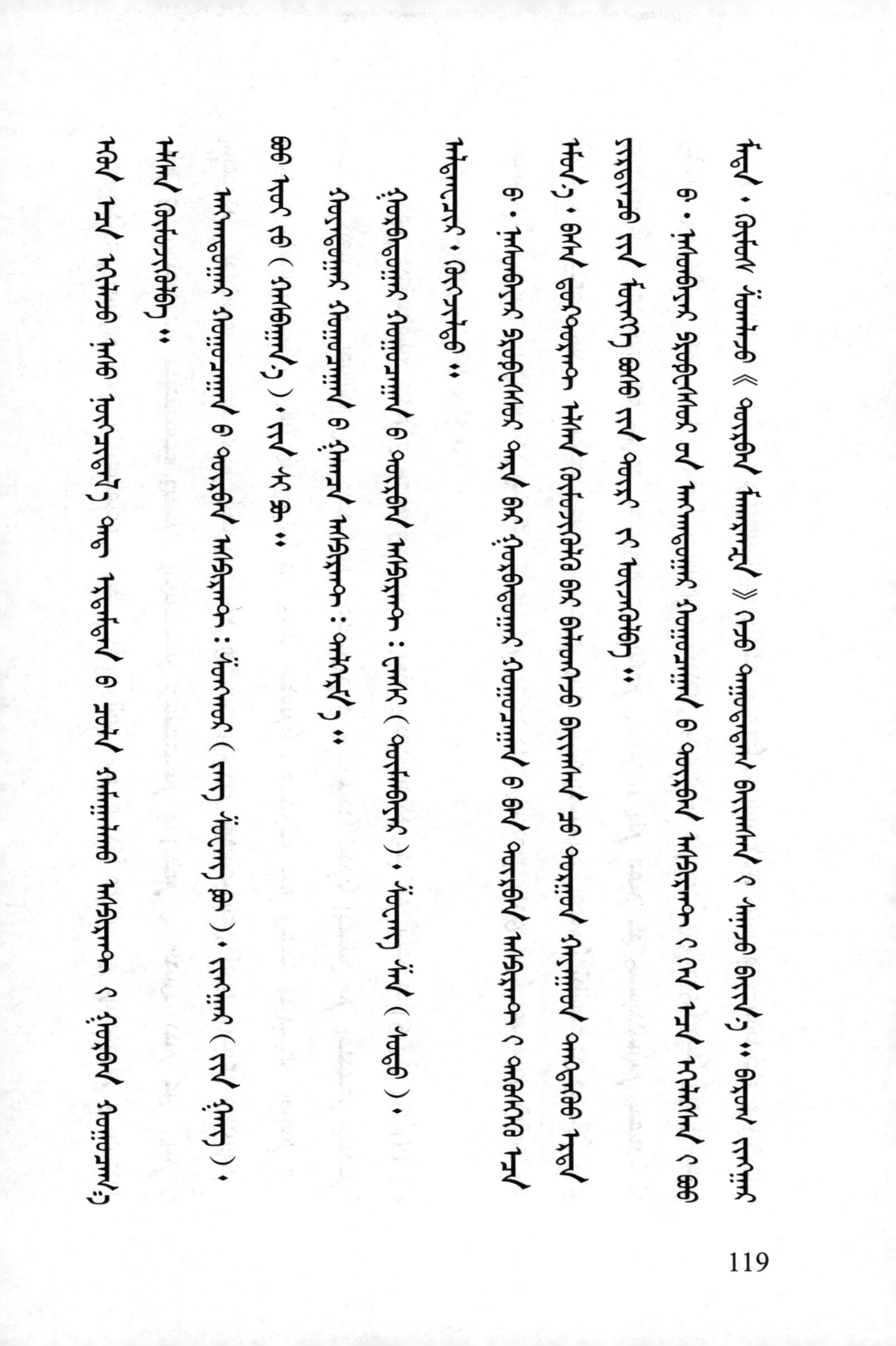

119

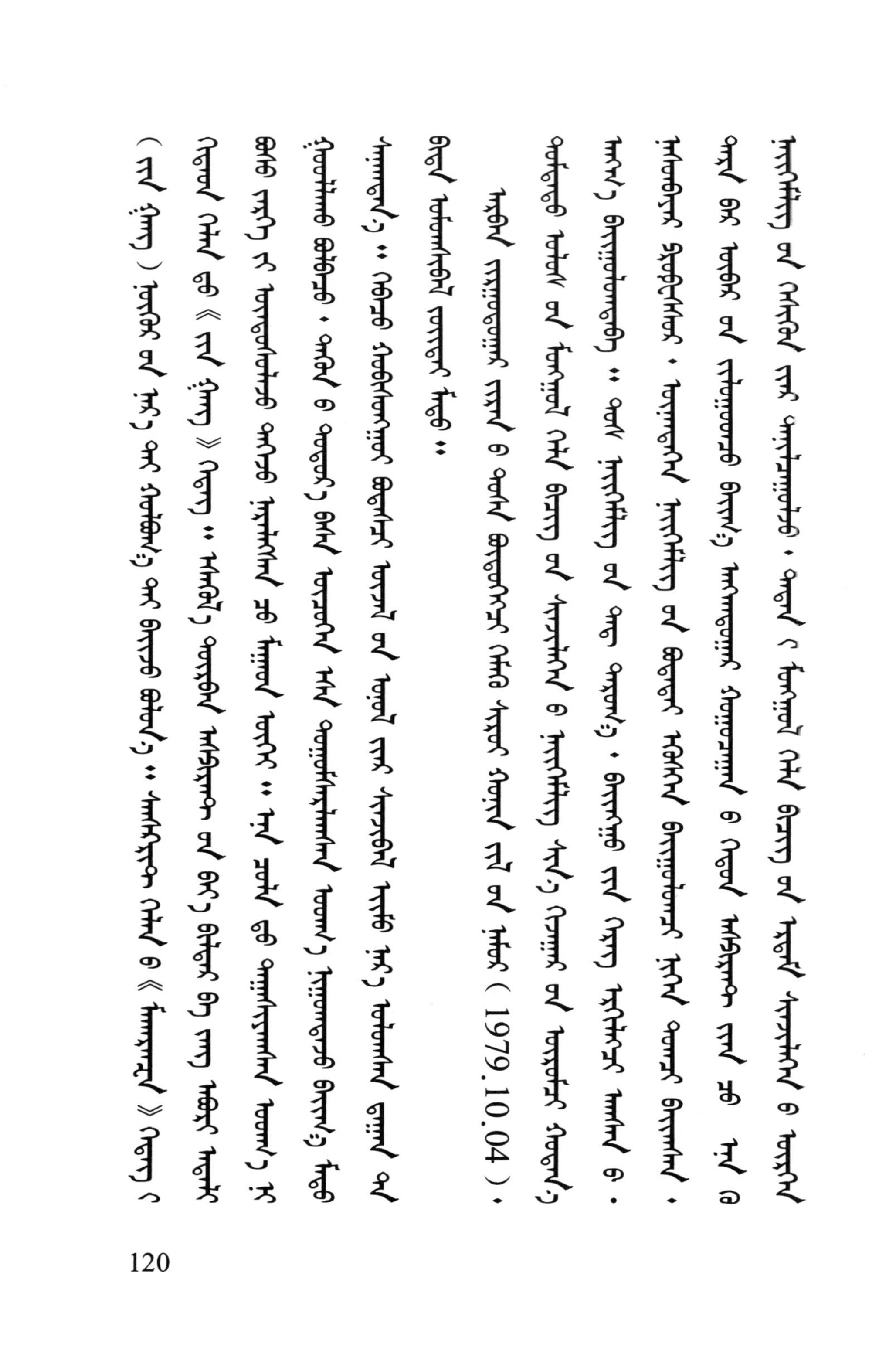

ᠭᠠᠷᠭᠠᠭᠰᠠᠨ ᠳᠤ ᠬᠡᠪᠯᠡᠯ ᠦᠨ ᠬᠣᠷᠢᠶ᠎ᠠ ᠪᠠᠷ ᠬᠡᠪᠯᠡᠭᠳᠡᠭᠰᠡᠨ ᠪᠠᠶᠢᠨ᠎ᠠ ::

ᠪ · ᠨᠠᠶᠢᠷᠠᠮᠳᠠᠬᠤ ᠮᠣᠩᠭᠣᠯ ᠠᠷᠠᠳ ᠤᠯᠤᠰ ᠤᠨ ᠰᠢᠨᠵᠢᠯᠡᠬᠦ ᠤᠬᠠᠭᠠᠨ ᠤ ᠠᠻᠠᠳᠧᠮᠢ ᠶᠢᠨ ᠡᠷᠳᠡᠮ ᠰᠢᠨᠵᠢᠯᠡᠭᠡᠨ ᠦ ᠬᠤᠷᠠᠯ ᠳᠤ (1980.12.22—30) · ᠪᠣᠯᠤᠭᠰᠠᠨ ᠣᠯᠠᠨ ᠤᠯᠤᠰ ᠤᠨ ᠮᠣᠩᠭᠣᠯ ᠰᠤᠳᠤᠯᠤᠯ ᠤᠨ ᠡᠷᠳᠡᠮ ᠰᠢᠨᠵᠢᠯᠡᠭᠡᠨ ᠦ ᠬᠤᠷᠠᠯ ᠳᠤ ᠣᠷᠣᠯᠴᠠᠵᠤ ᠢᠯᠡᠳᠬᠡᠯ ᠲᠠᠯᠪᠢᠭᠰᠠᠨ ᠪᠠᠶᠢᠨ᠎ᠠ · ᠲᠡᠷᠡ ᠨᠢ ᠪ · ᠨᠠᠶᠢᠷᠠᠮᠳᠠᠬᠤ ᠮᠣᠩᠭᠣᠯ ᠠᠷᠠᠳ ᠤᠯᠤᠰ ᠤᠨ ᠡᠷᠳᠡᠮ ᠰᠢᠨᠵᠢᠯᠡᠭᠡᠨ ᠦ ᠬᠤᠷᠠᠯ ᠤᠨ ᠢᠯᠡᠳᠬᠡᠯ ᠦᠨ ᠳᠡᠭᠡᠷ᠎ᠡ 《 ᠮᠣᠩᠭᠣᠯ ᠬᠡᠯᠡᠨ ᠦ ᠰᠤᠳᠤᠯᠭ᠎ᠠ ᠶᠢᠨ ᠠᠰᠠᠭᠤᠳᠠᠯ ᠤᠨ ᠲᠤᠬᠠᠢ 》 ᠭᠡᠬᠦ ᠰᠡᠳᠦᠪ ᠲᠡᠢ ᠪᠡᠷ ᠬᠡᠪᠯᠡᠭᠳᠡᠭᠰᠡᠨ ᠪᠠᠶᠢᠨ᠎ᠠ · 《 ᠮᠣᠩᠭᠣᠯ ᠬᠡᠯᠡᠨ ᠦ ᠲᠦᠭᠦᠬᠡ ᠶᠢᠨ ᠰᠤᠳᠤᠯᠭ᠎ᠠ 》 · 《 ᠮᠣᠩᠭᠣᠯ ᠬᠡᠯᠡᠨ ᠦ ᠠᠶᠠᠯᠭᠤ ᠶᠢᠨ ᠰᠤᠳᠤᠯᠭ᠎ᠠ 》 ᠵᠡᠷᠭᠡ ᠵᠣᠬᠢᠶᠠᠯ ᠢ ᠬᠡᠪᠯᠡᠭᠦᠯᠦᠨ ᠭᠠᠷᠭᠠᠭᠰᠠᠨ ᠪᠠᠶᠢᠨ᠎ᠠ :: ᠲᠡᠷᠡ ᠴᠠᠭ ᠲᠤ ᠮᠣᠩᠭᠣᠯ ᠬᠡᠯᠡᠨ ᠦ ᠰᠤᠳᠤᠯᠭ᠎ᠠ ᠶᠢᠨ ᠠᠵᠢᠯ ᠢ ᠬᠡᠪᠯᠡᠭᠳᠡᠪᠡ ::

ᠡᠷᠳᠡᠮ ᠰᠢᠨᠵᠢᠯᠡᠭᠡᠨ ᠦ ᠬᠤᠷᠠᠯ ᠤᠨ ᠨᠡᠷᠡ ᠪᠡᠷ ᠪᠣᠯᠤᠭᠰᠠᠨ ᠡᠷᠳᠡᠮ ᠦᠨ ᠬᠤᠷᠠᠯ ᠳᠤ (1981.09.24—30) · ᠪ · ᠨᠠᠶᠢᠷᠠᠮᠳᠠᠬᠤ ᠮᠣᠩᠭᠣᠯ ᠠᠷᠠᠳ ᠤᠯᠤᠰ ᠤᠨ ᠡᠷᠳᠡᠮ ᠦᠨ ᠬᠤᠷᠠᠯ ᠳᠤ ᠣᠷᠣᠯᠴᠠᠵᠤ 《 ᠮᠣᠩᠭᠣᠯ ᠬᠡᠯᠡᠨ ᠦ ᠦᠭᠡ ᠶᠢᠨ ᠰᠤᠳᠤᠯᠭ᠎ᠠ 》 ᠭᠡᠬᠦ ᠢᠯᠡᠳᠬᠡᠯ ᠢ ᠲᠠᠯᠪᠢᠭᠰᠠᠨ ᠪᠠᠶᠢᠨ᠎ᠠ :: ᠲᠡᠷᠡ ᠨᠢ ᠪ · ᠨᠠᠶᠢᠷᠠᠮᠳᠠᠬᠤ ᠮᠣᠩᠭᠣᠯ ᠠᠷᠠᠳ ᠤᠯᠤᠰ ᠤᠨ 《 ᠮᠣᠩᠭᠣᠯ ᠬᠡᠯᠡ ᠵᠣᠬᠢᠶᠠᠯ 》 ᠳᠤ ᠬᠡᠪᠯᠡᠭᠳᠡᠭᠰᠡᠨ ᠪᠠᠶᠢᠨ᠎ᠠ :: ᠮᠣᠩᠭᠣᠯ ᠬᠡᠯᠡᠨ ᠦ ᠰᠤᠳᠤᠯᠭ᠎ᠠ ᠶᠢᠨ 《 ᠮᠣᠩᠭᠣᠯ ᠬᠡᠯᠡ 》 ᠭᠡᠬᠦ ᠵᠣᠬᠢᠶᠠᠯ ᠢᠶᠠᠨ

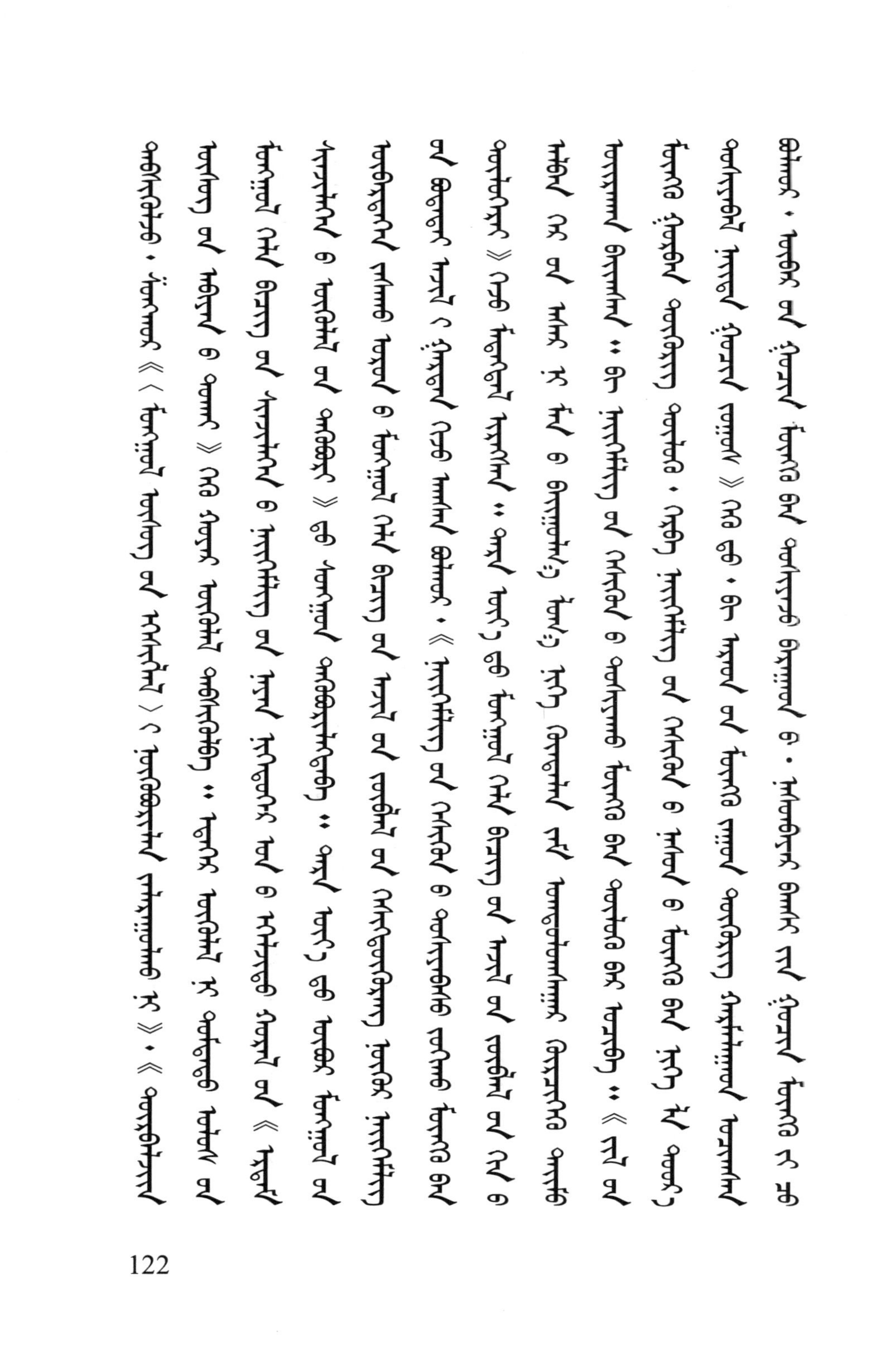

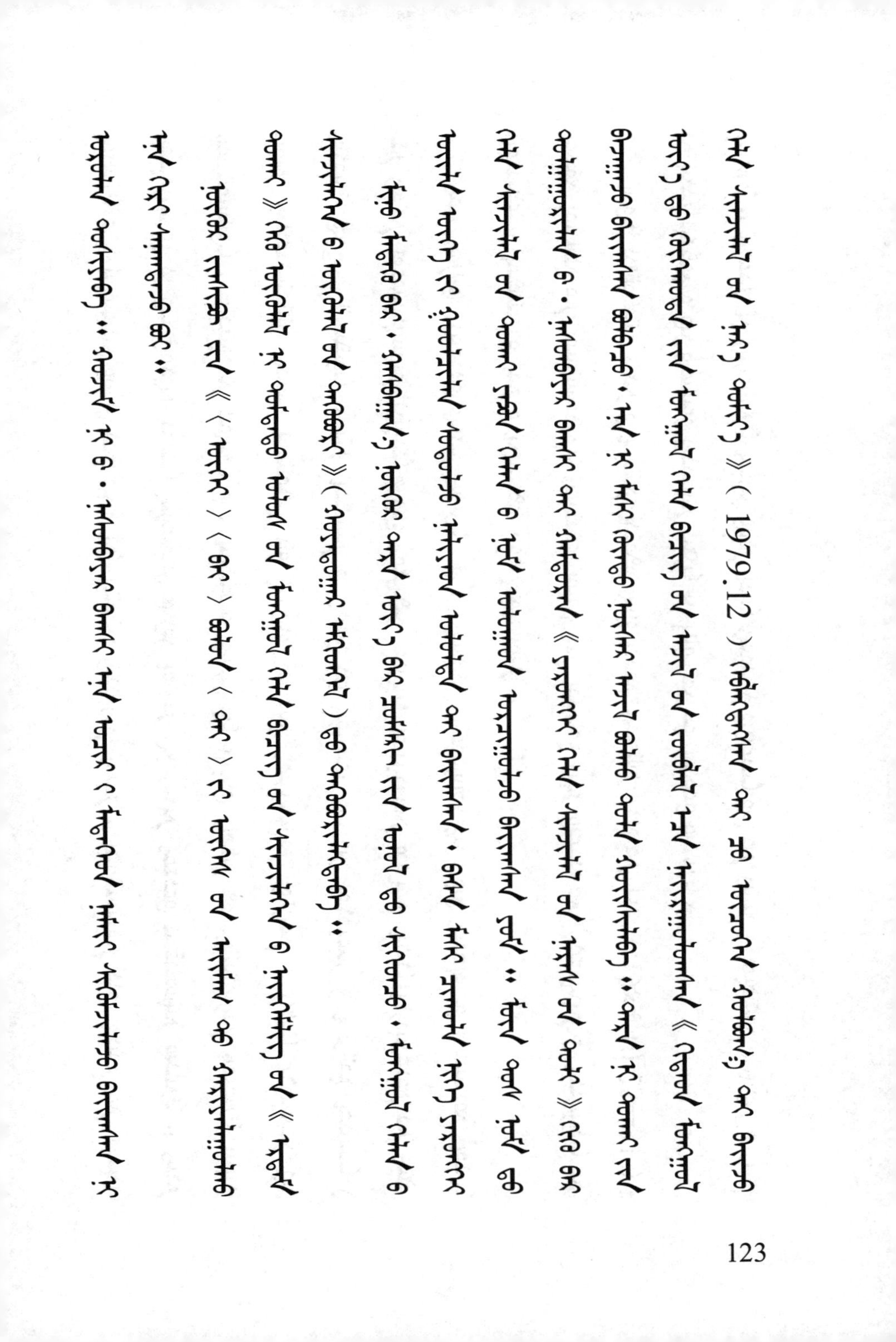

[illegible] ::

[illegible] ::

[illegible] ::

[illegible] 》 (1979.12) [illegible]

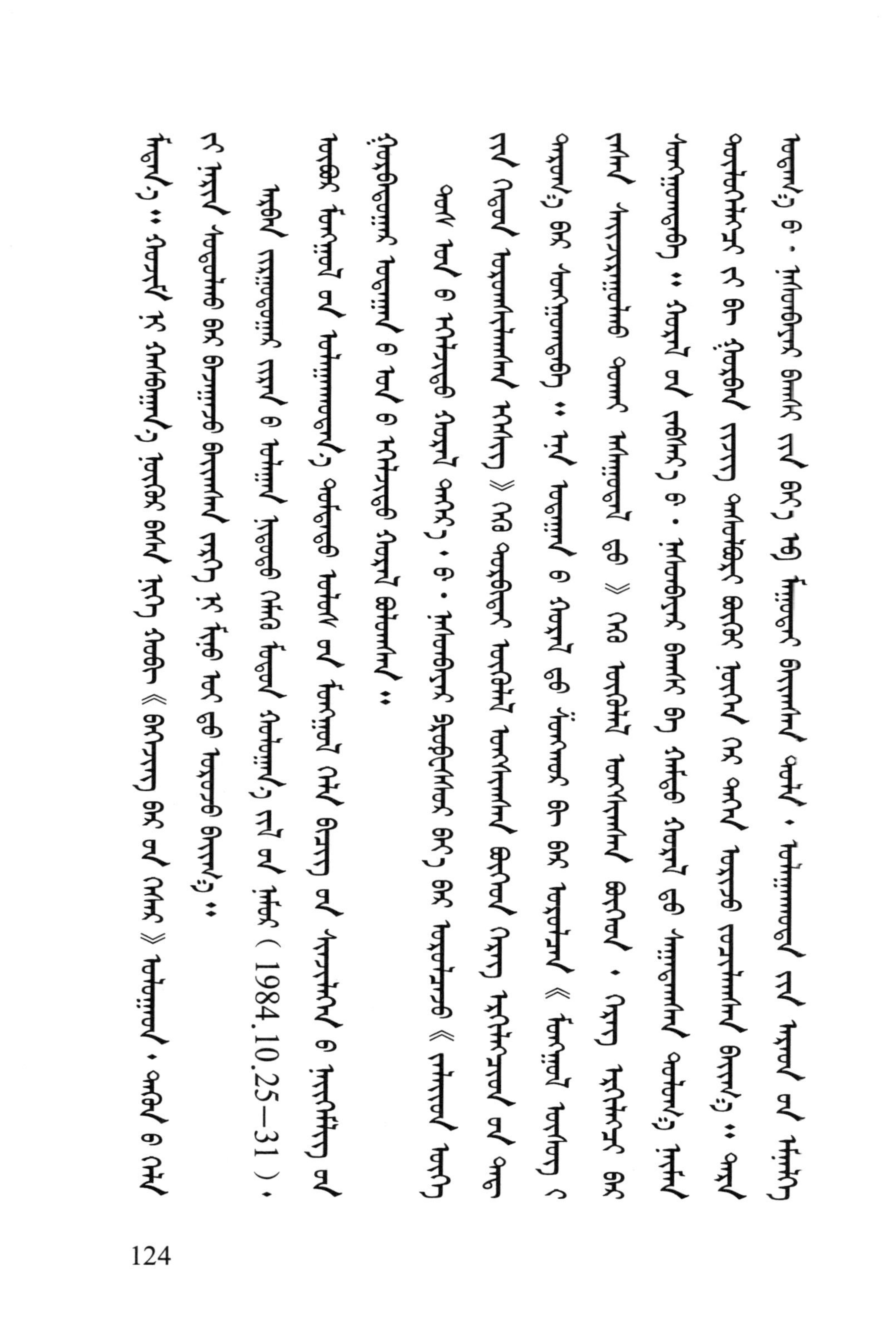

[illegible]

[illegible] (1984.10.25—31) [illegible]

[illegible]

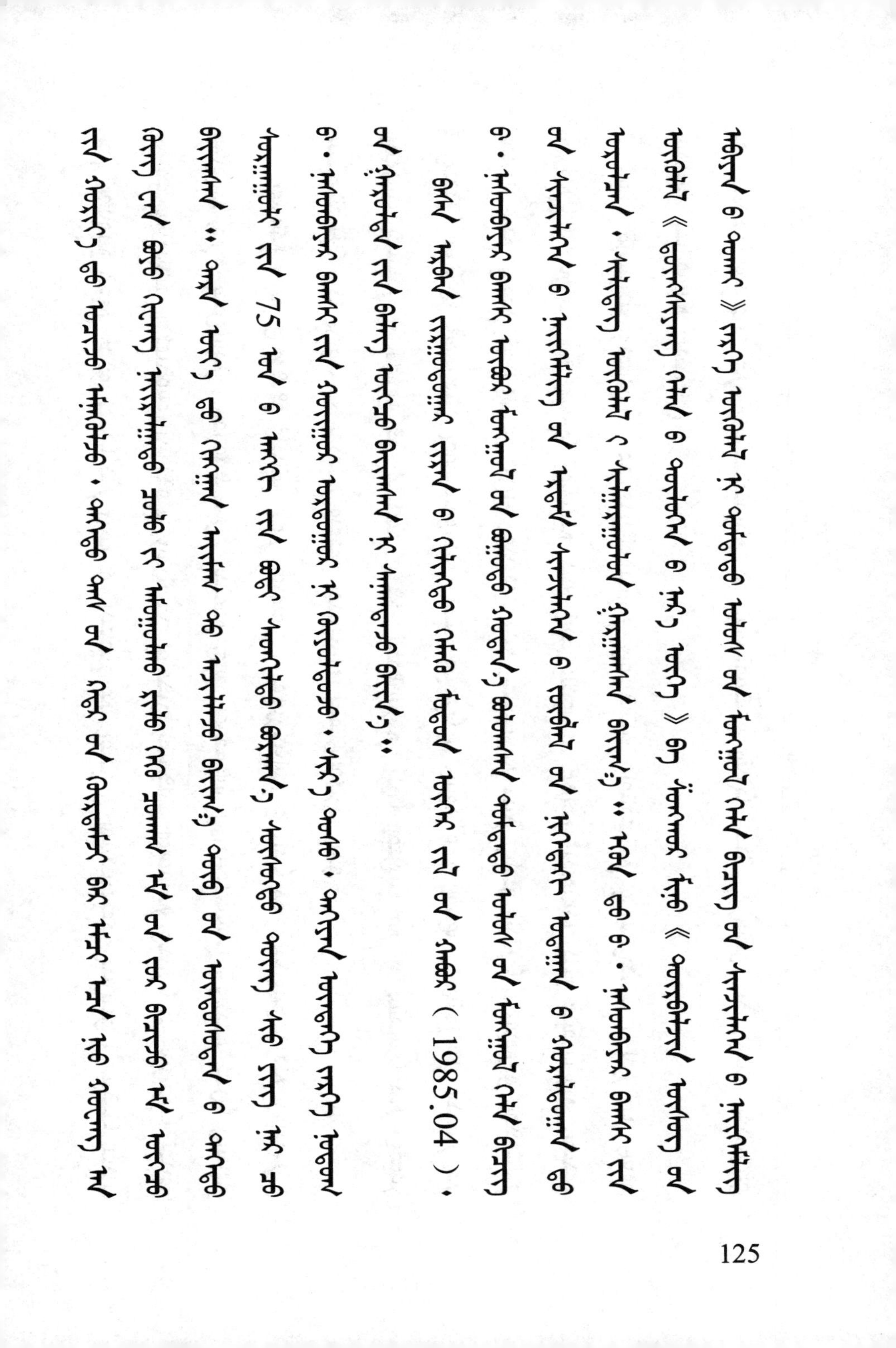

ᠤᠨ ᠰᠤᠳᠤᠯᠭᠠ ᠪᠦᠲᠦᠭᠡᠯ ᠤᠨ ᠰᠤᠳᠤᠯᠤᠭᠠᠴᠢᠳ ᠤᠨ ᠳᠤ ᠰᠤᠳᠤᠯᠤᠭᠠᠨ ᠪᠦᠬᠦᠨ ᠨᠢᠭᠤᠴᠠ ᠲᠣᠪᠴᠢᠶᠠᠨ ᠳᠤ ᠶᠡᠬᠡ ᠣᠯᠠᠨ ᠰᠤᠳᠤᠯᠤᠭᠠ ᠤᠨᠳᠤᠰᠤᠯᠠᠭᠰᠠᠨ ᠤᠯᠠᠮᠵᠢᠯᠠᠭᠳᠠᠭᠰᠠᠭᠠᠷ ᠪᠠᠶᠢᠨ᠎ᠠ ::

᠓. ᠮᠣᠩᠭᠣᠯ ᠤᠨ ᠨᠢᠭᠤᠴᠠ ᠲᠣᠪᠴᠢᠶᠠᠨ ᠤ ᠰᠤᠳᠤᠯᠤᠯ ᠤᠨ ᠰᠤᠳᠤᠯᠤᠭᠠᠴᠢᠳ ᠤᠨ ᠳᠣᠲᠣᠷᠠᠬᠢ ᠶᠠᠷᠢᠭ᠂ ᠲᠡᠷᠡ ᠴᠢ ᠪᠦᠬᠦ ᠳᠡᠯᠡᠬᠡᠢ ᠶᠢᠨ ᠨᠢᠭᠤᠴᠠ ᠲᠣᠪᠴᠢᠶᠠᠨ ᠳᠤ ᠪᠠᠢᠭᠤᠯᠤᠭᠰᠠᠨ ᠬᠣᠶᠠᠷ ᠤᠨ ᠲᠡᠮᠳᠡᠭᠯᠡᠯ ᠬᠡᠰᠡᠭ ᠲᠡᠮᠳᠡᠭ ᠪᠣᠯᠤᠨ᠎ᠠ :: ᠲᠡᠷᠡ ᠨᠢ ᠮᠣᠩᠭᠣᠯ ᠤᠨ ᠤᠯᠠᠮᠵᠢᠯᠠᠯᠲᠤ ᠪᠠᠶᠢᠨ᠎ᠠ ᠡᠭᠦᠨ ᠳᠦ᠂ ᠪᠤ ᠳᠤ 800 ᠭᠠᠷᠤᠢ ᠵᠢᠯ ᠤᠨ ᠡᠮᠦᠨ᠎ᠡ ᠶᠢᠨ ᠲᠡᠦᠬᠡ ᠪᠠᠶᠢᠨ᠎ᠠ :: ᠲᠡᠷᠡ ᠦ ᠰᠤᠳᠤᠯᠤᠭᠰᠠᠨ ᠤ 《 ᠮᠣᠩᠭᠣᠯ ᠤᠨ ᠨᠢᠭᠤᠴᠠ ᠲᠣᠪᠴᠢᠶᠠᠨ 》 ᠤ ᠪᠢᠴᠢᠭ ᠤᠨ ᠬᠡᠯᠡ ᠶᠢᠨ ᠰᠤᠳᠤᠯᠤᠯ ᠬᠡᠮᠡᠨ ᠨᠡᠷᠡᠯᠡᠭᠰᠡᠨ ᠨᠢ ᠮᠠᠰᠢ ᠬᠡᠷᠡᠭᠲᠡᠢ :: ᠲᠡᠷᠡ ᠦ 《 ᠮᠣᠩᠭᠣᠯ ᠤᠨ ᠨᠢᠭᠤᠴᠠ ᠲᠣᠪᠴᠢᠶᠠᠨ ᠤ ᠬᠡᠯᠡ ᠪᠢᠴᠢᠭ ᠤᠨ ᠰᠤᠳᠤᠯᠤᠯ 》 ᠬᠡᠮᠡᠬᠦ ᠳᠤ ᠨᠢᠭᠤᠴᠠ ᠲᠣᠪᠴᠢᠶᠠᠨ ᠤ ᠬᠡᠯᠡ ᠶᠢᠨ ᠰᠤᠳᠤᠯᠤᠭᠰᠠᠨ 《 ᠮᠣᠩᠭᠣᠯ ᠤᠨ ᠨᠢᠭᠤᠴᠠ ᠲᠣᠪᠴᠢᠶᠠᠨ ᠤ ᠦᠭᠡᠰ ᠦᠨ ᠡᠬᠢ ᠪᠢᠴᠢᠭ ᠢ ᠰᠡᠷᠭᠦᠭᠡᠨ ᠪᠠᠶᠢᠭᠤᠯᠤᠭᠰᠠᠨ 》 ᠨ ᠢ ᠪᠤ ᠪᠤᠰ ᠰᠤᠳᠤᠯᠤᠯ ᠪᠦᠲᠦᠭᠡᠯ ᠰᠤᠳᠤᠯᠤᠭᠠᠨ ᠤ ᠲᠤᠬᠠᠢ ᠳᠤᠷᠠᠳᠬᠠᠪᠠᠯ ᠬᠡᠷᠡᠭᠲᠡᠢ :

ᠮᠣᠩᠭᠣᠯ ᠬᠡᠯᠡ ᠶᠢᠨ ᠪᠢᠴᠢᠭᠲᠦ ᠪᠠᠶᠢᠳᠠᠯ ᠤᠨ ᠰᠤᠳᠤᠯᠤᠯ᠂ ᠲᠡᠦᠬᠡ ᠶᠢᠨ ᠰᠤᠳᠤᠯᠤᠯ ᠤᠨ ᠨᠢ ᠬᠡᠯᠡᠯᠴᠡᠬᠦ ᠶᠢᠨ ᠮᠡᠳᠡᠯᠭᠡ ᠶᠢᠨ ᠬᠡᠯᠡ ᠶᠢᠨ ᠰᠤᠳᠤᠯᠤᠯ᠂ ᠰᠤᠳᠤᠯᠤᠯ᠂ ᠦᠭᠡ ᠶᠢᠨ ᠰᠤᠳᠤᠯᠤᠯ᠂ ᠰᠣᠶᠣᠯ ᠤᠨ ᠪᠠᠶᠢᠳᠠᠯ ᠤᠨ ᠰᠤᠳᠤᠯᠤᠯ᠂ ᠦᠭᠡᠰ ᠦᠨ ᠰᠤᠳᠤᠯᠤᠯ᠂ ᠪᠠᠶᠢᠭᠤᠯᠤᠯ ᠤᠨ ᠰᠤᠳᠤᠯᠤᠯ ᠬᠡᠮᠡᠬᠦ ᠮᠡᠲᠦ ᠶᠡᠬᠡ ᠣᠯᠠᠨ ᠰᠢᠨᠵᠢᠯᠡᠭᠡᠨ ᠰᠤᠳᠤᠯᠤᠯ ᠢ ᠬᠡᠭᠰᠡᠨ ᠪᠠᠶᠢᠨ᠎ᠠ :: ᠲᠡᠷᠡ ᠴᠢ ᠮᠣᠩᠭᠣᠯ ᠤᠨ ᠬᠡᠯᠡ ᠶᠢᠨ ᠰᠤᠳᠤᠯᠤᠯ ᠤᠨ ᠰᠤᠳᠤᠯᠤᠯ ᠢ ᠲᠡᠦᠬᠡ ᠶᠢᠨ ᠰᠤᠳᠤᠯᠤᠯ ᠤᠨ ᠬᠡᠯᠡ ᠶᠢᠨ ᠡᠬᠢ ᠰᠤᠷᠪᠤᠯᠵᠢ ᠪᠣᠯᠭᠠᠨ᠎ᠠ ᠮᠠᠰᠢ ᠴᠢᠬᠤᠯᠠ ᠠᠴᠠ ᠨᠢ ᠰᠤᠳᠤᠯᠤᠯ ᠤᠨ ᠶᠡᠬᠡ ᠬᠤᠪᠢ ᠨᠡᠮᠡᠷᠢ ᠪᠣᠯᠭᠠᠨ᠎ᠠ᠂ ᠬᠠᠮᠢᠭ ᠤᠨ ᠰᠣᠶᠣᠯ ᠤᠨ ᠳᠤᠷᠠᠰᠬᠠᠯ ᠪᠣᠯᠤᠨ ᠬᠡᠷᠡᠭᠯᠡᠭᠳᠡᠭᠰᠡᠭᠡᠷ ᠪᠠᠶᠢᠨ᠎ᠠ ::

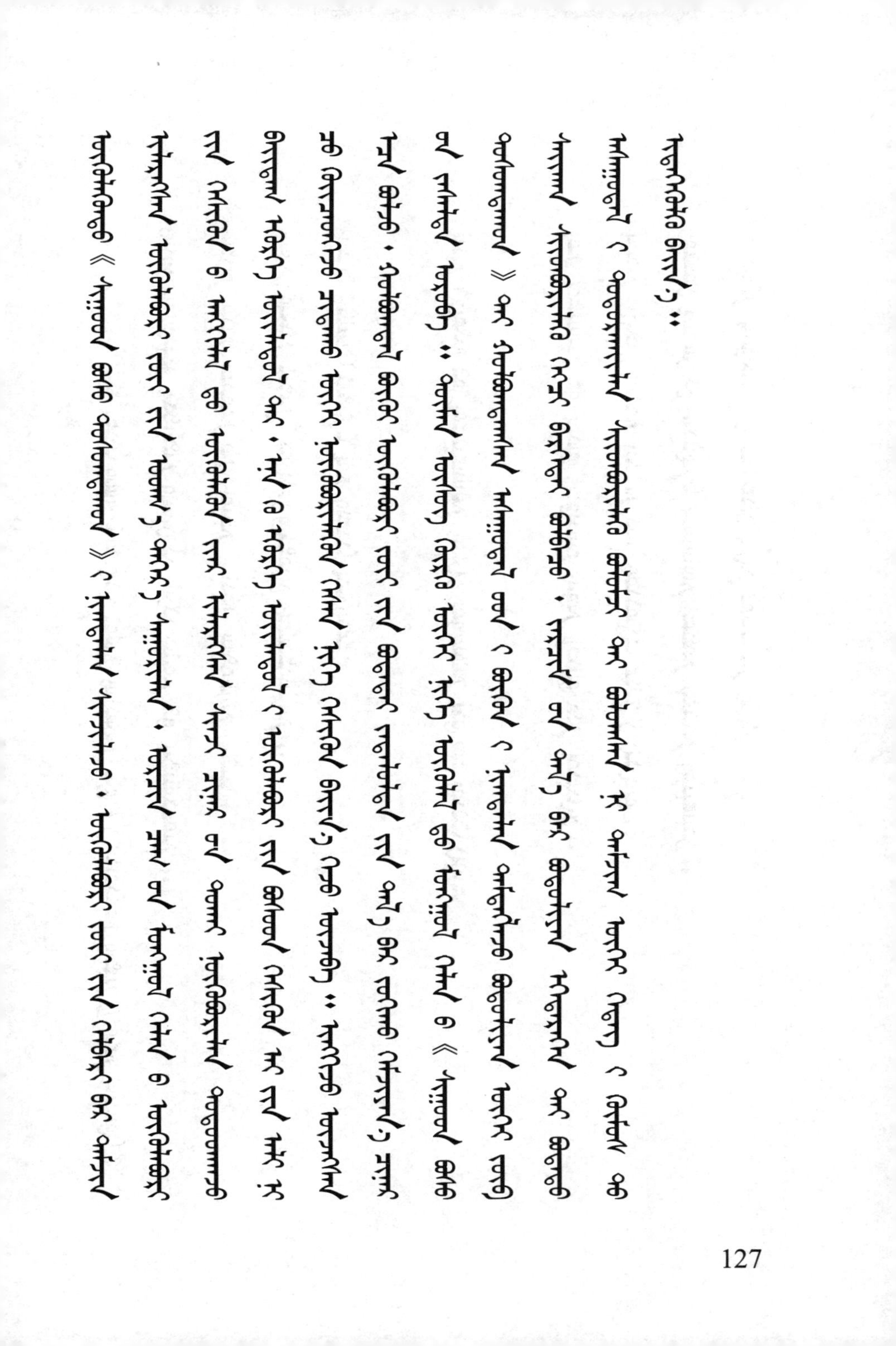

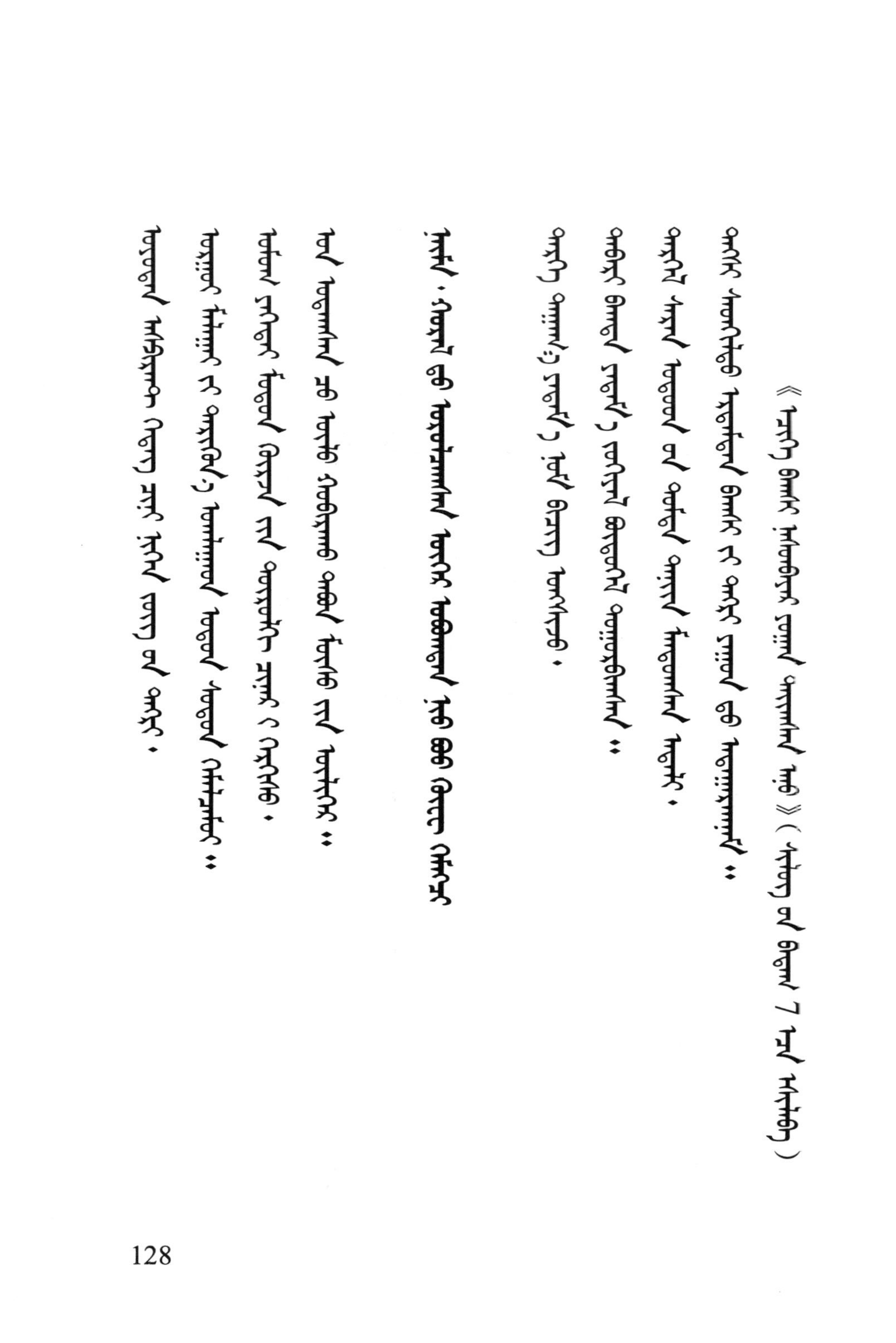

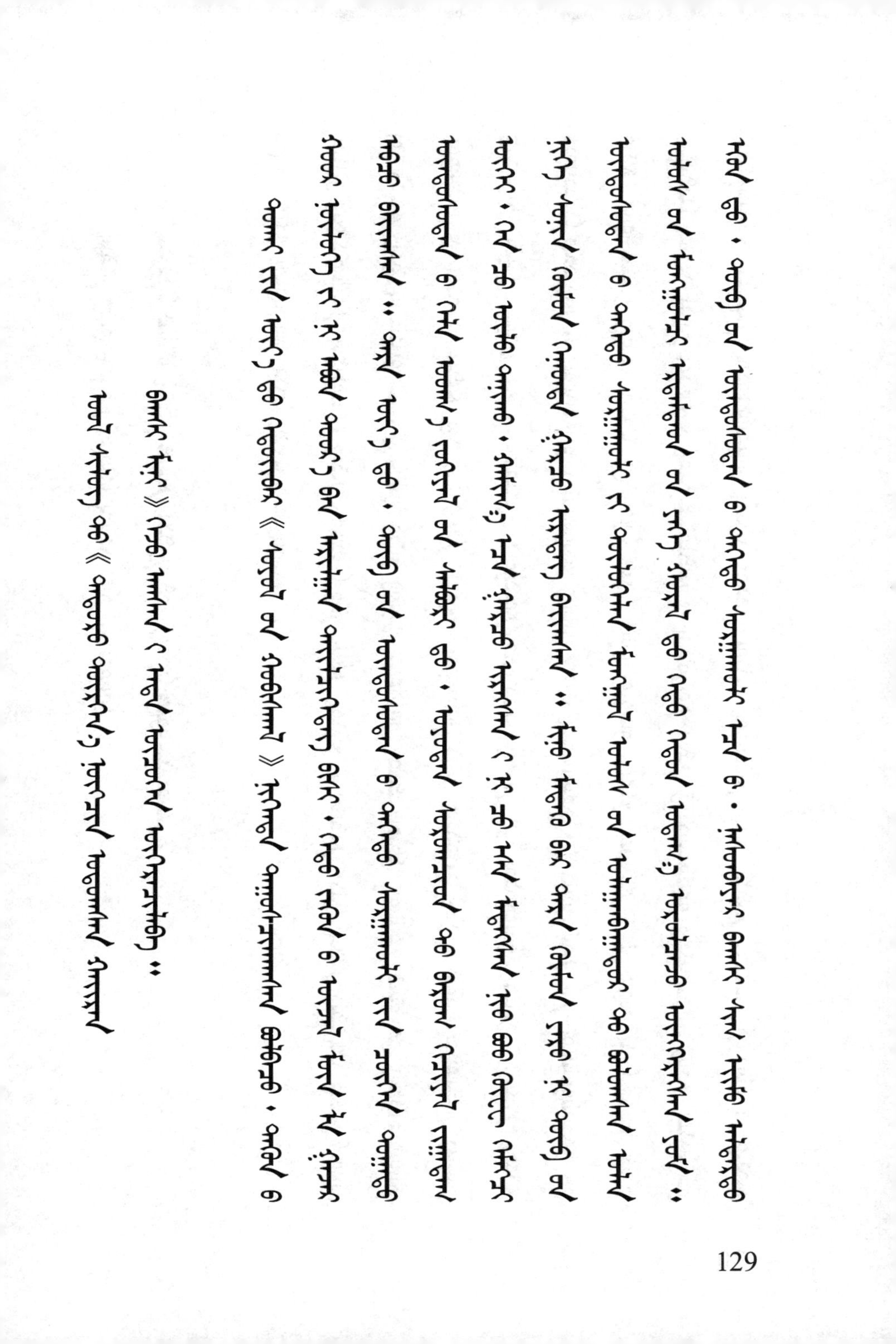

[illegible]

[illegible]

[illegible]

[illegible]

[illegible]

[illegible]

[illegible]

[illegible]

[illegible]

[illegible]

[illegible]

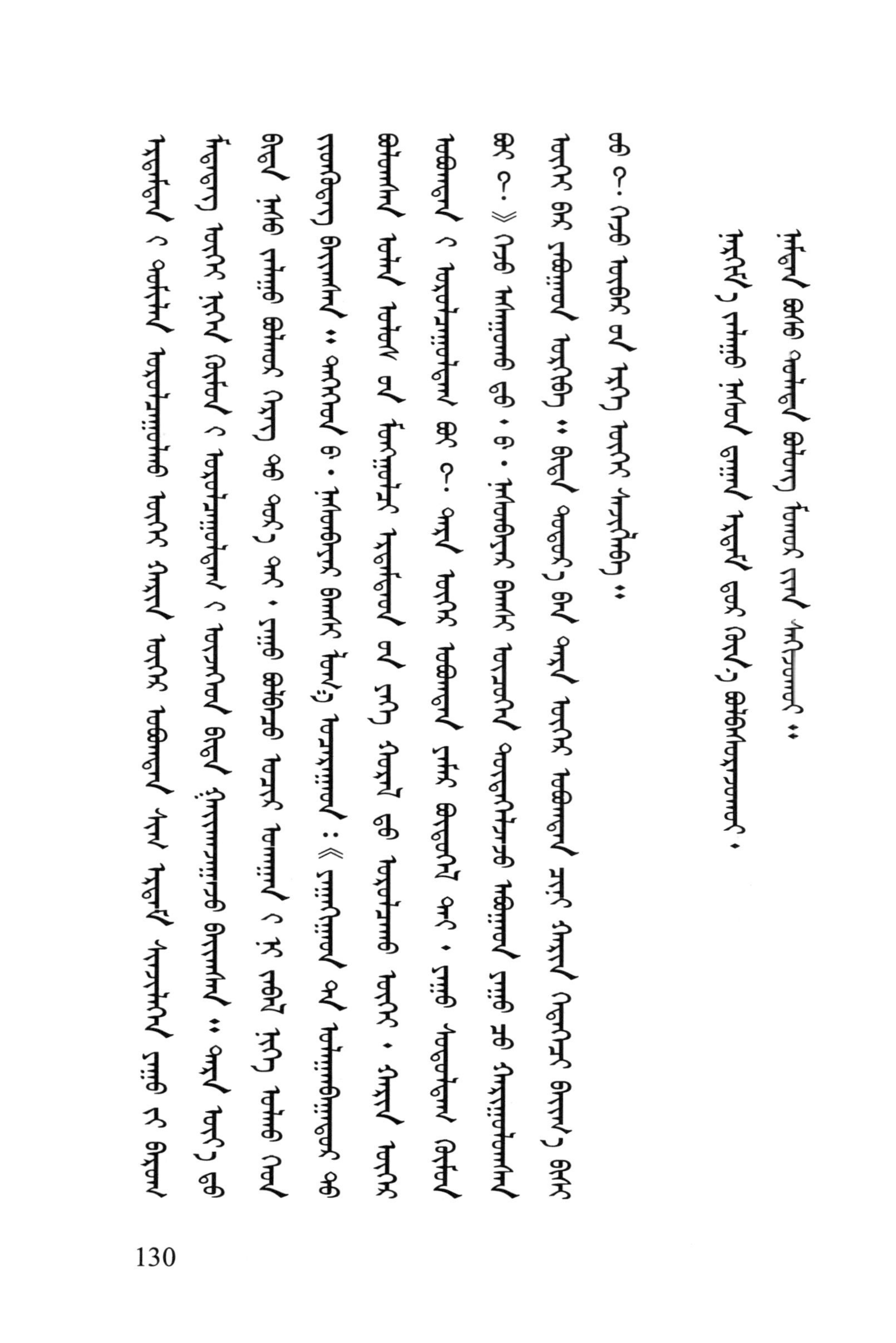

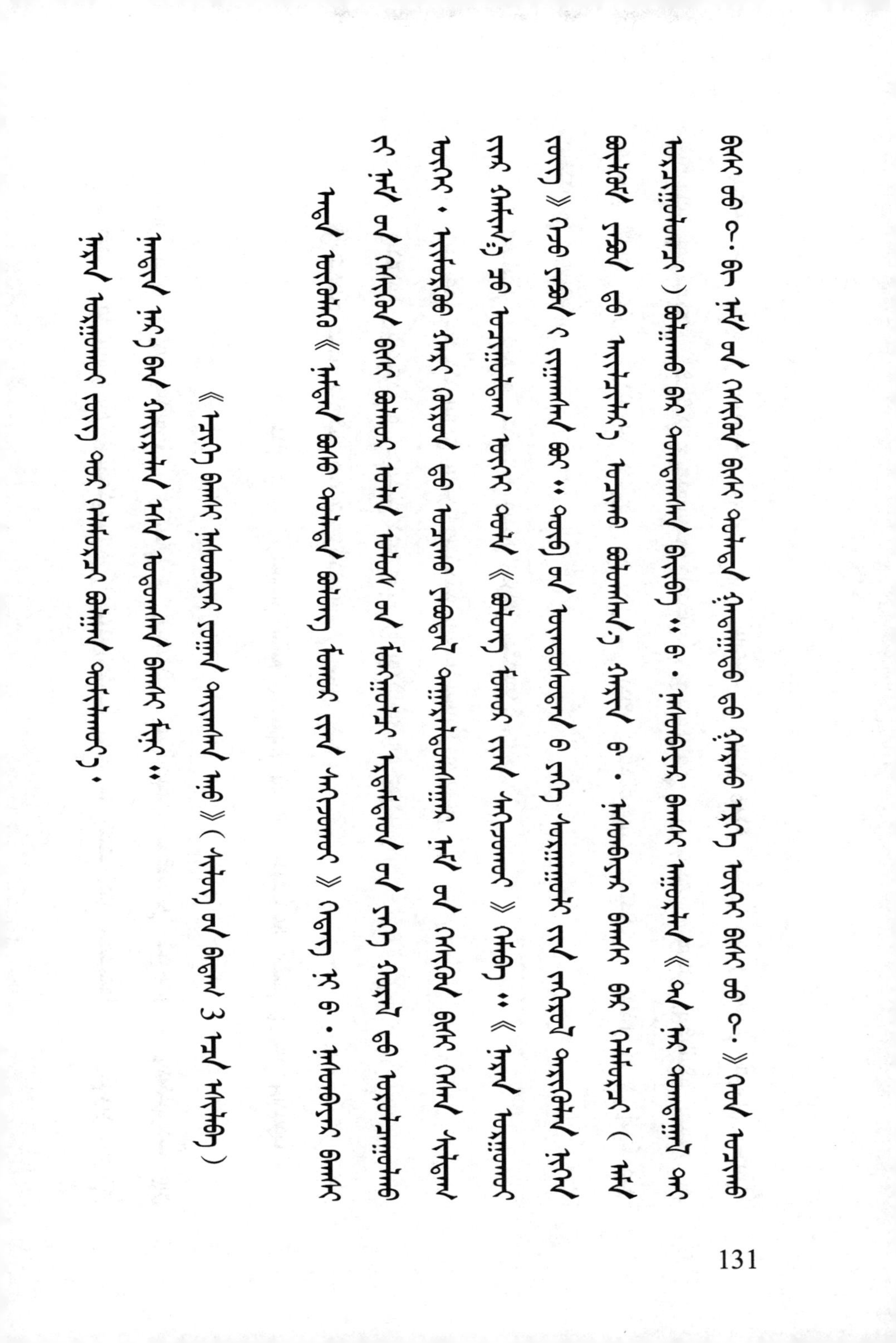

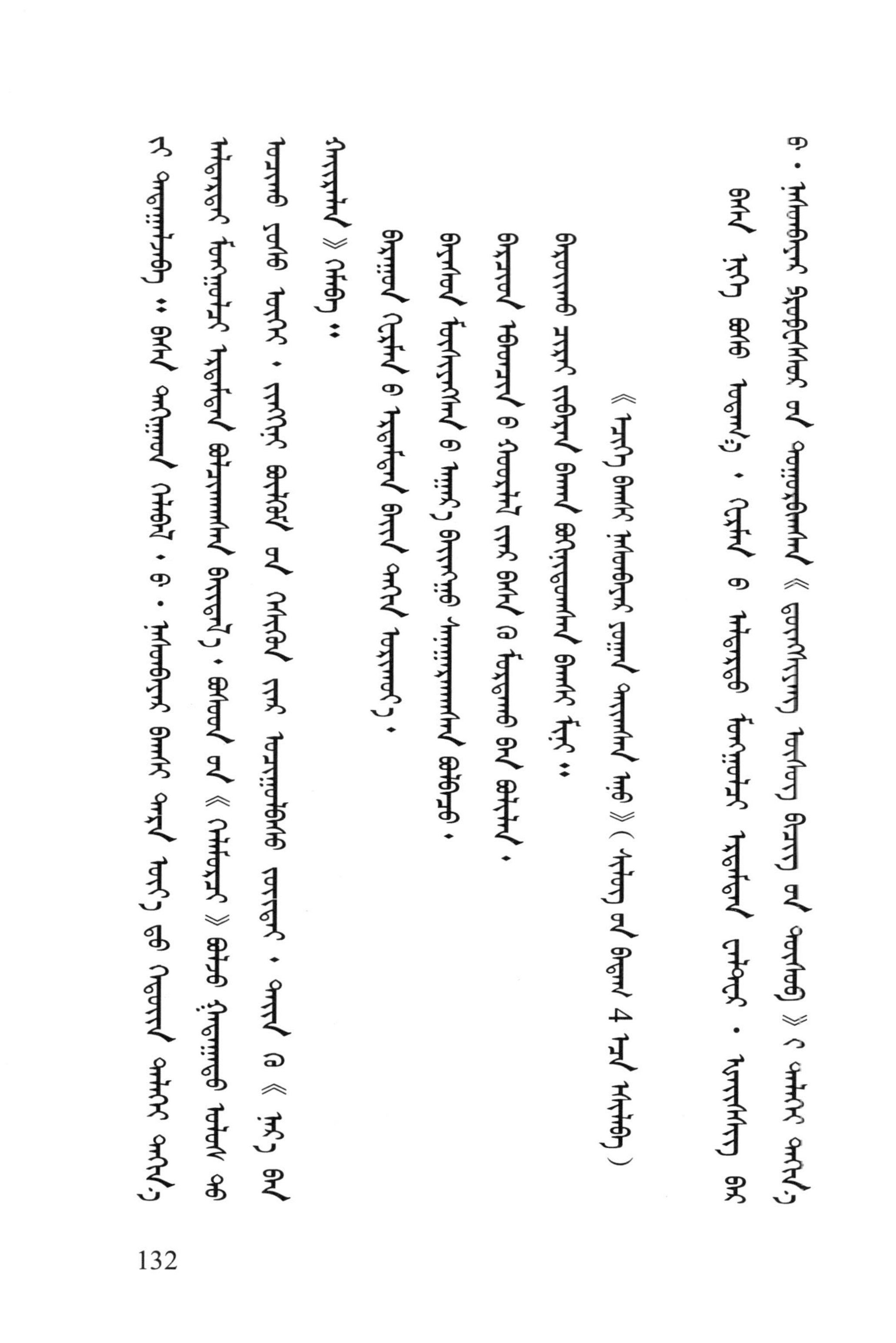

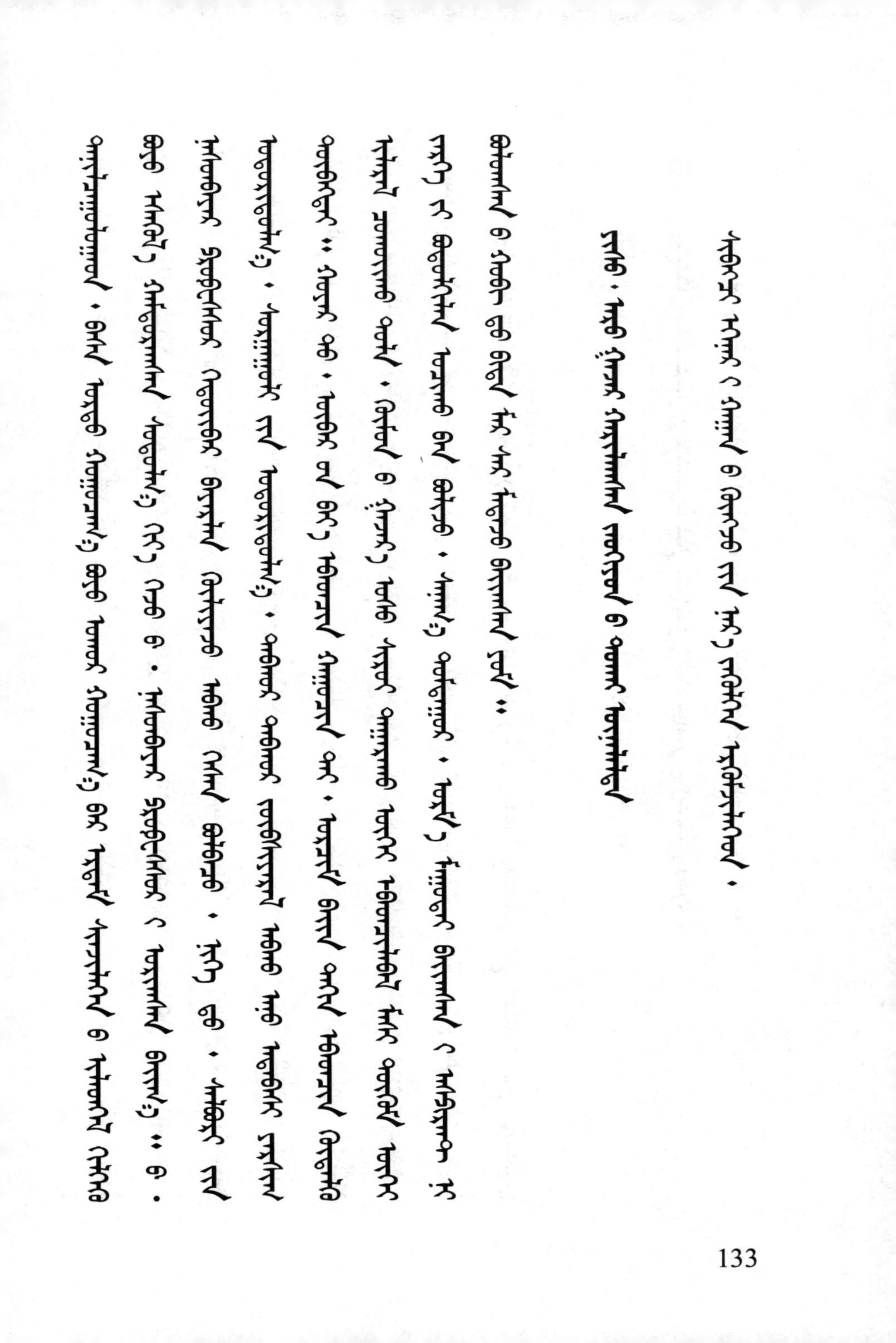

[illegible]

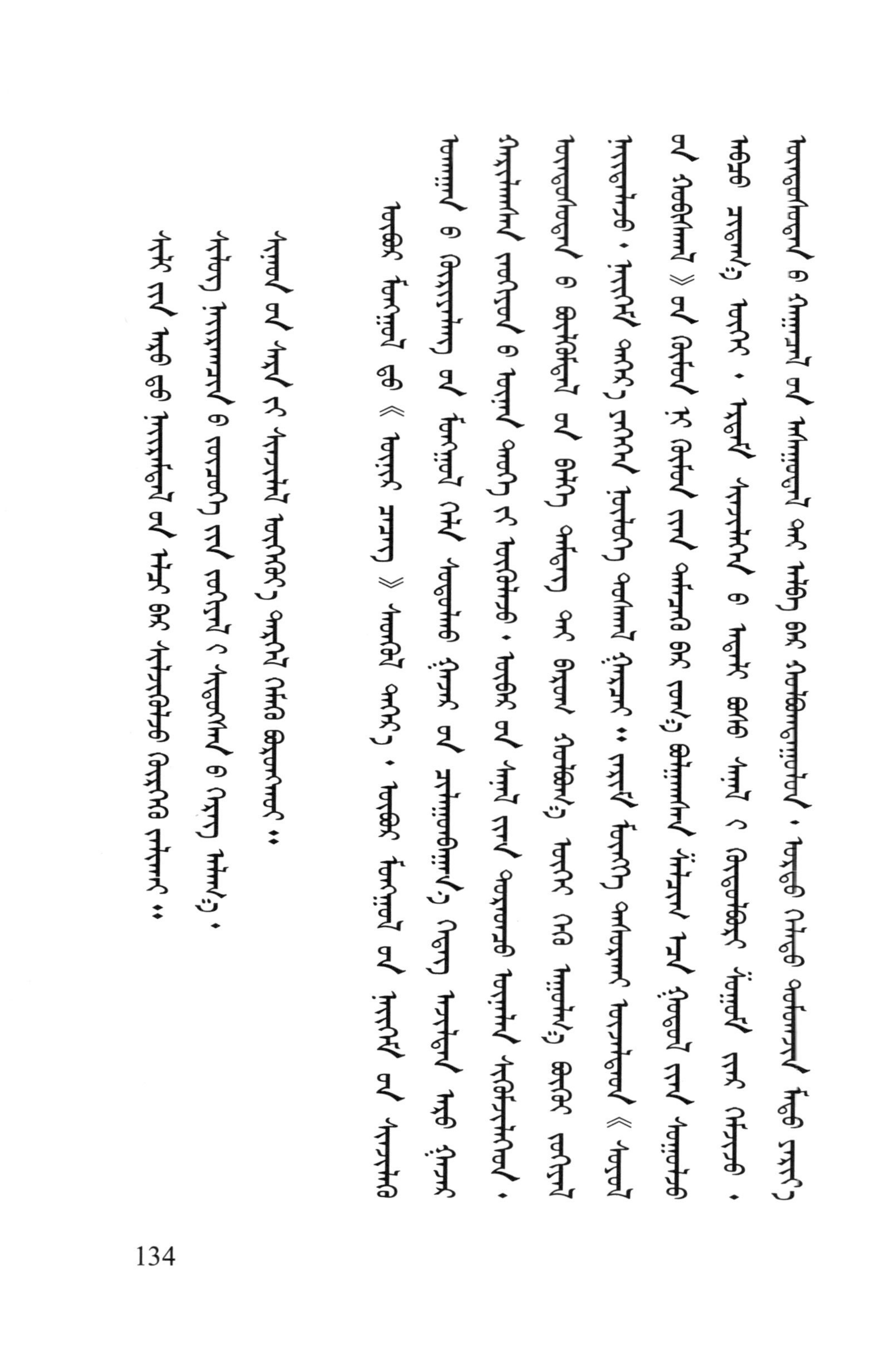

[illegible]

[illegible]

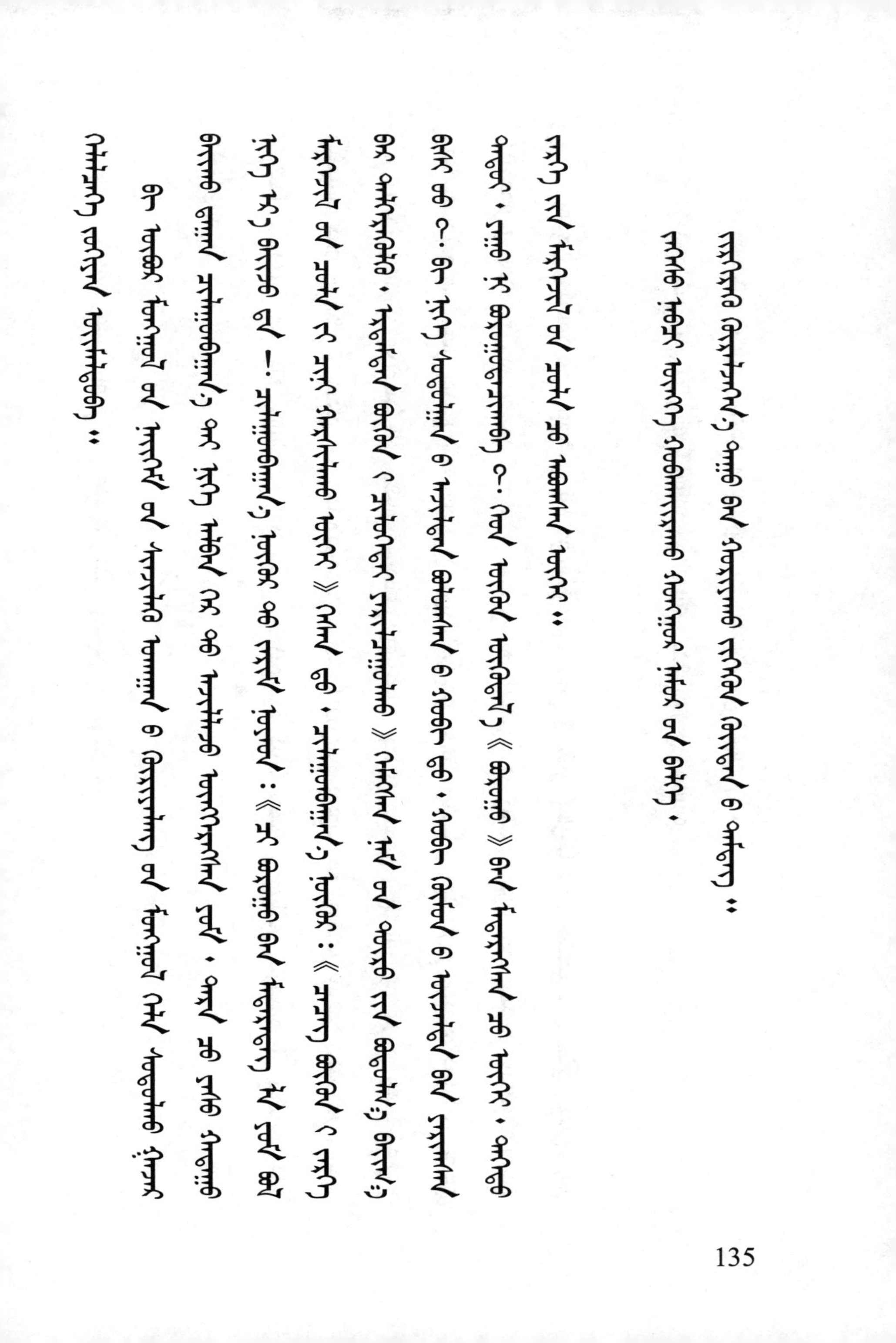

[illegible] ::
[illegible] ·

[illegible] ::
[illegible]
[illegible]
[illegible]
[illegible]
[illegible]
[illegible]
[illegible]
[illegible] ::

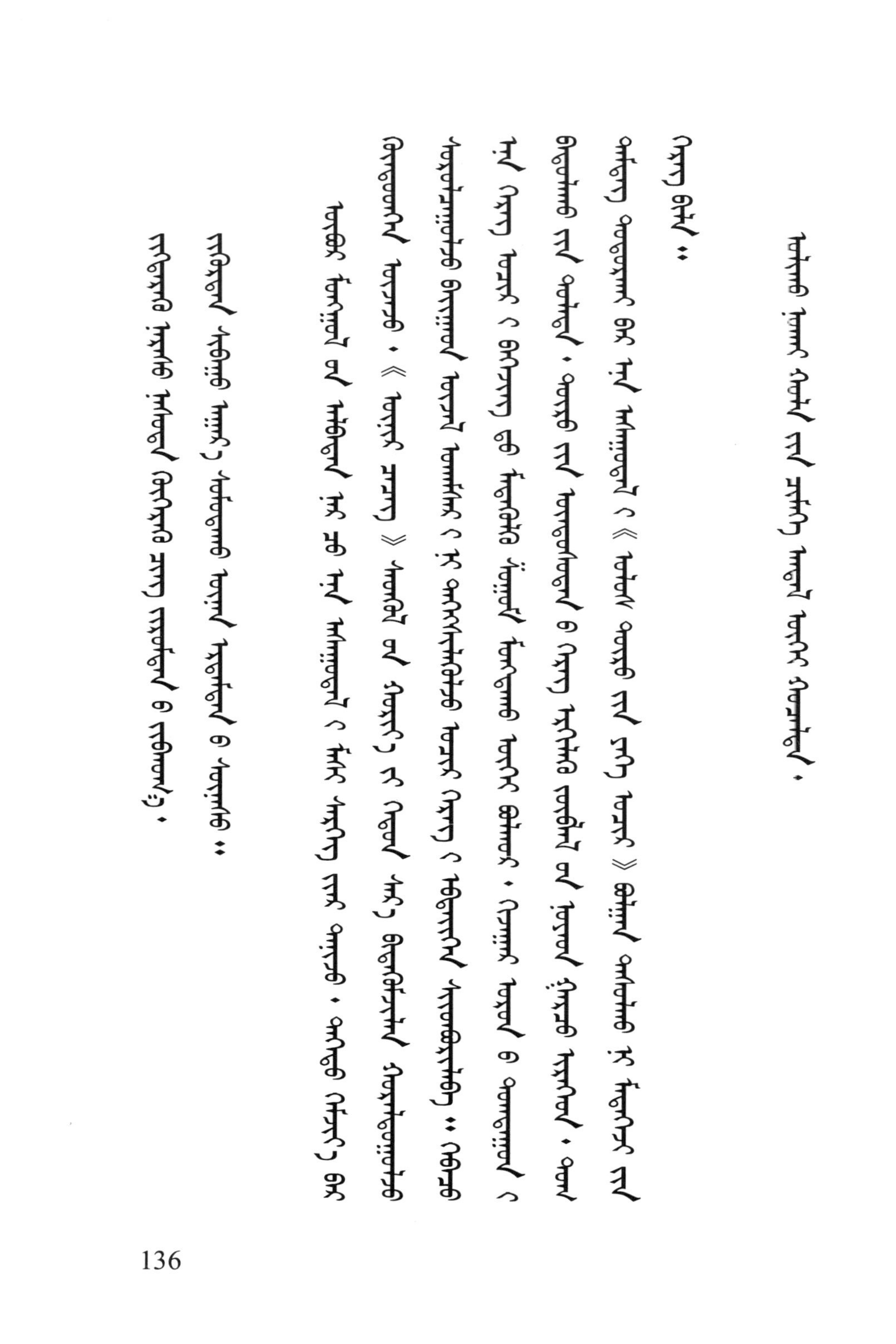

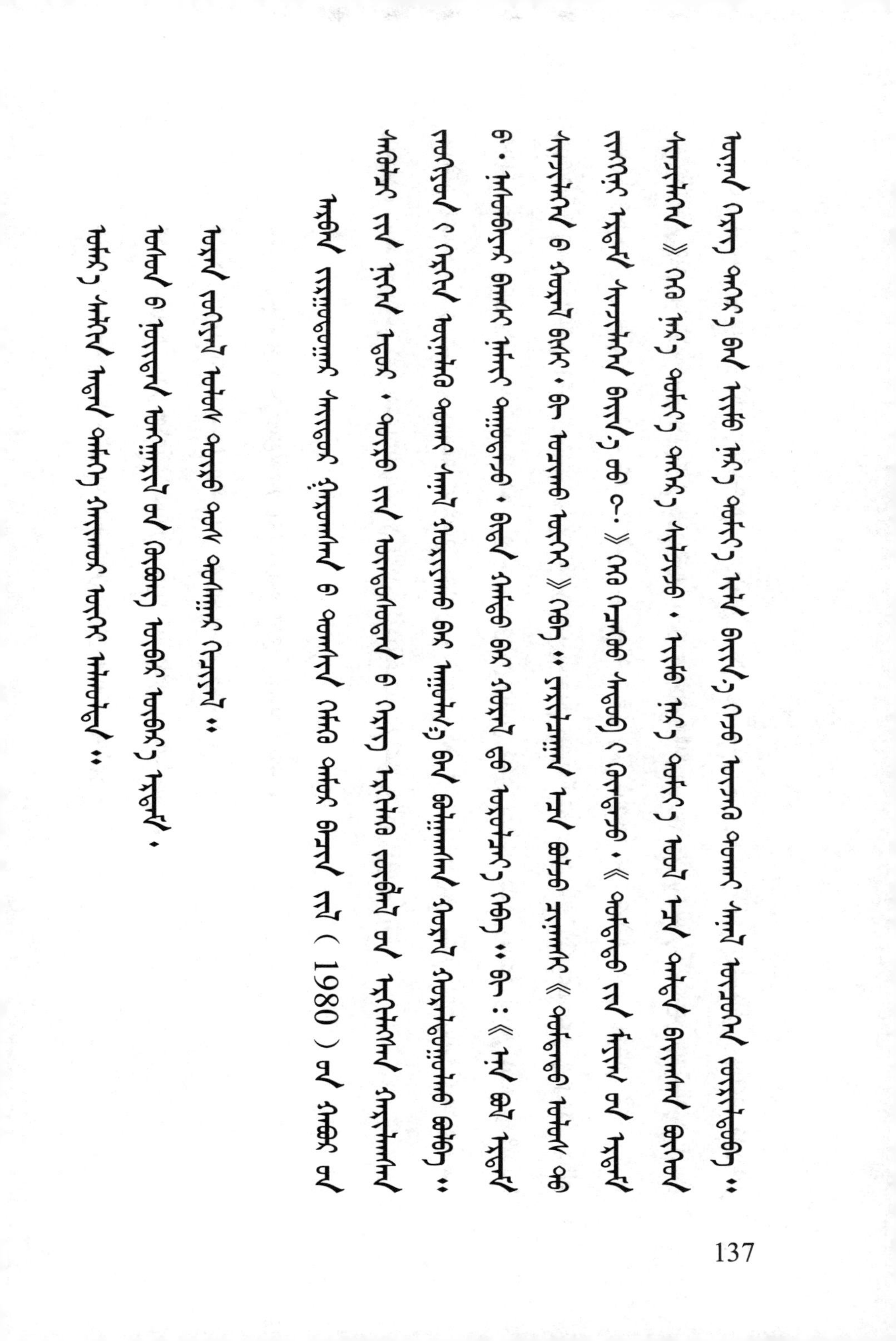

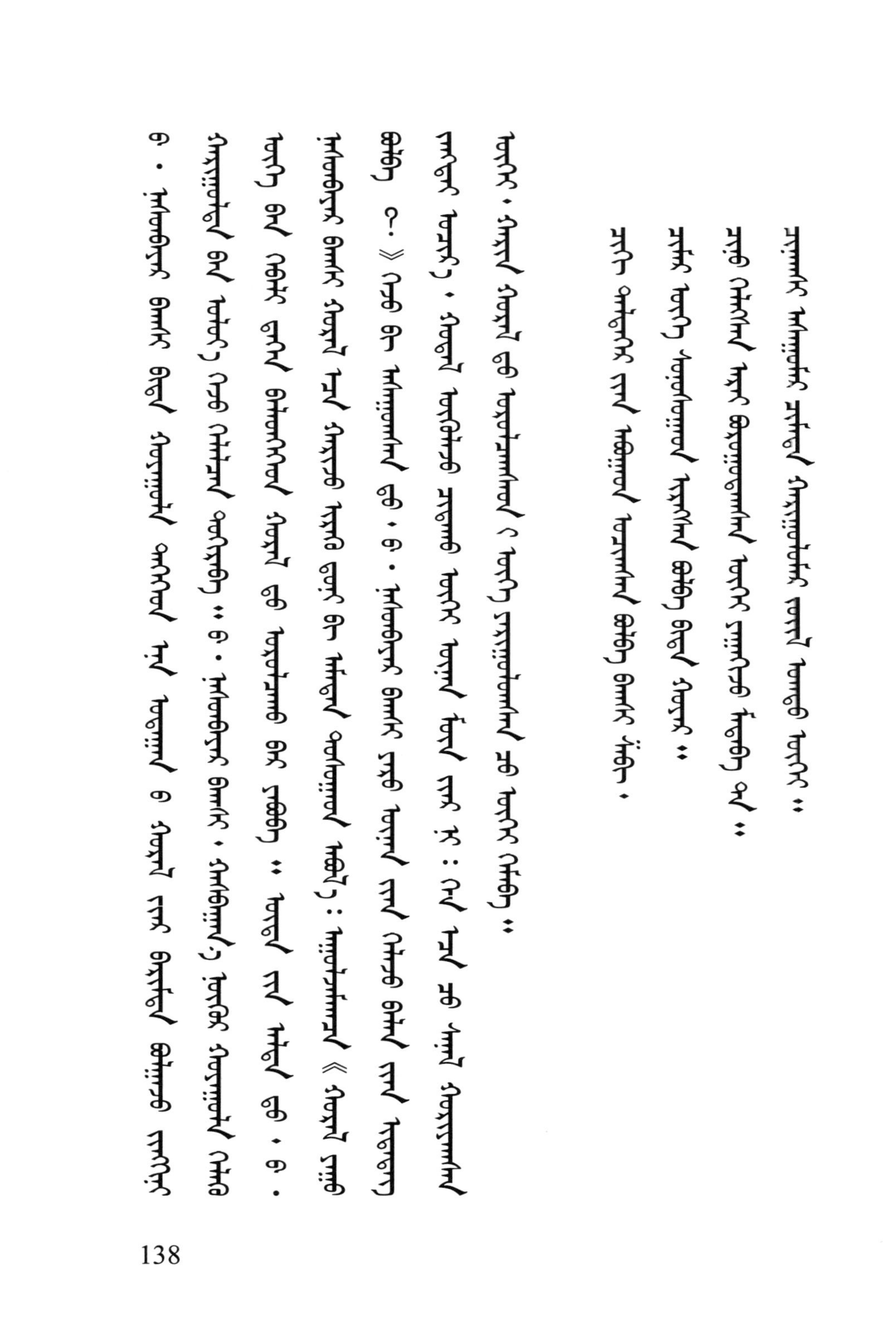

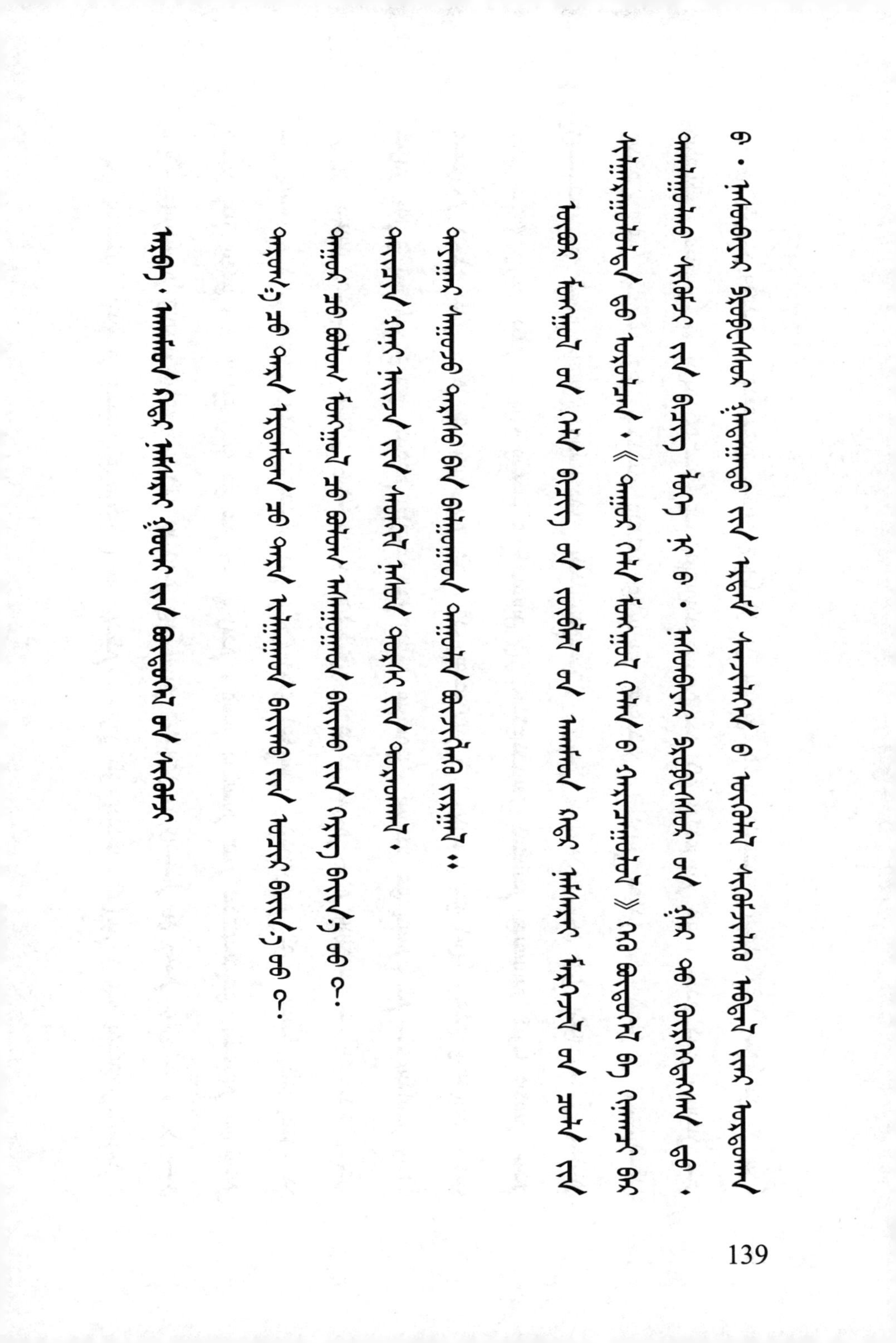

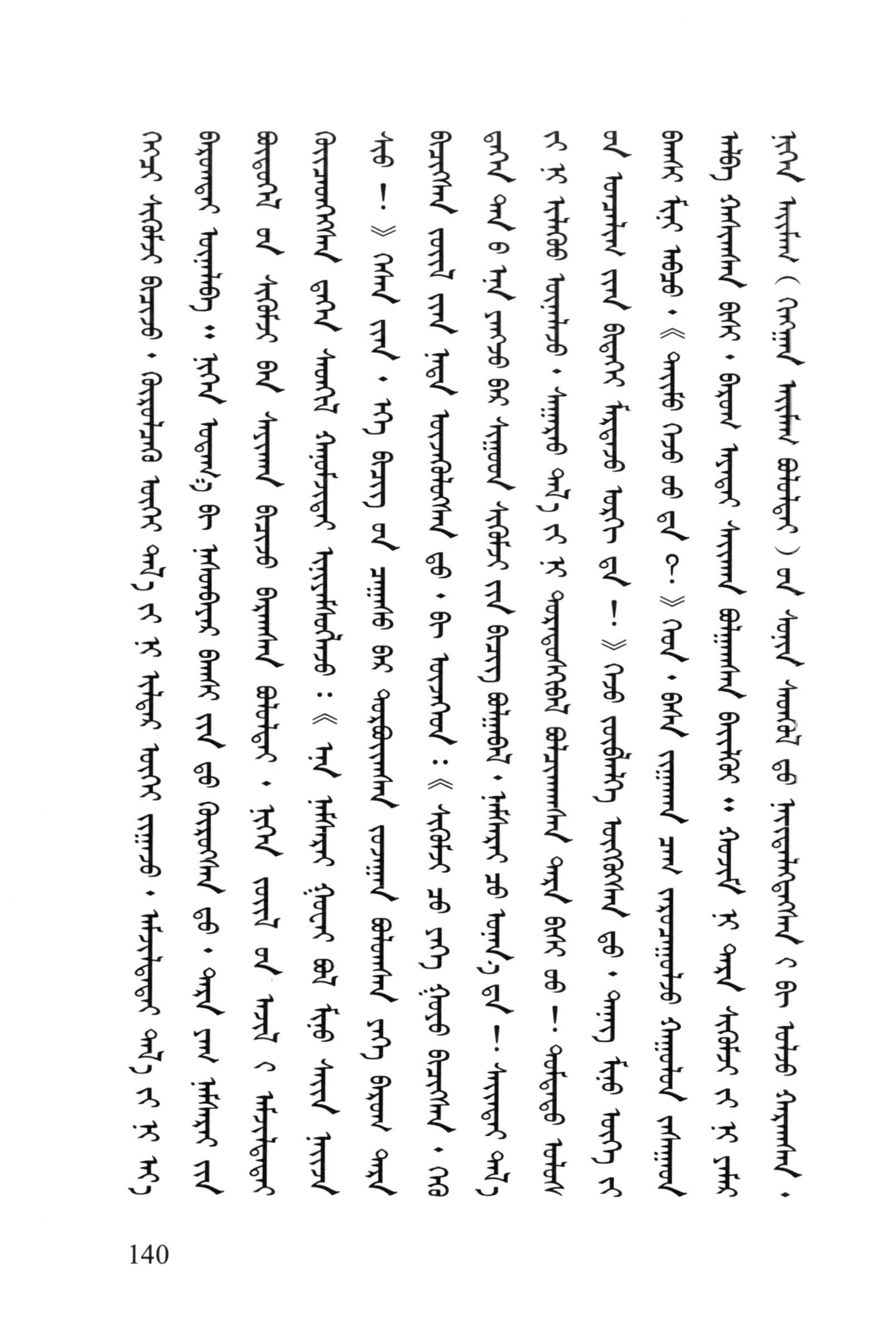

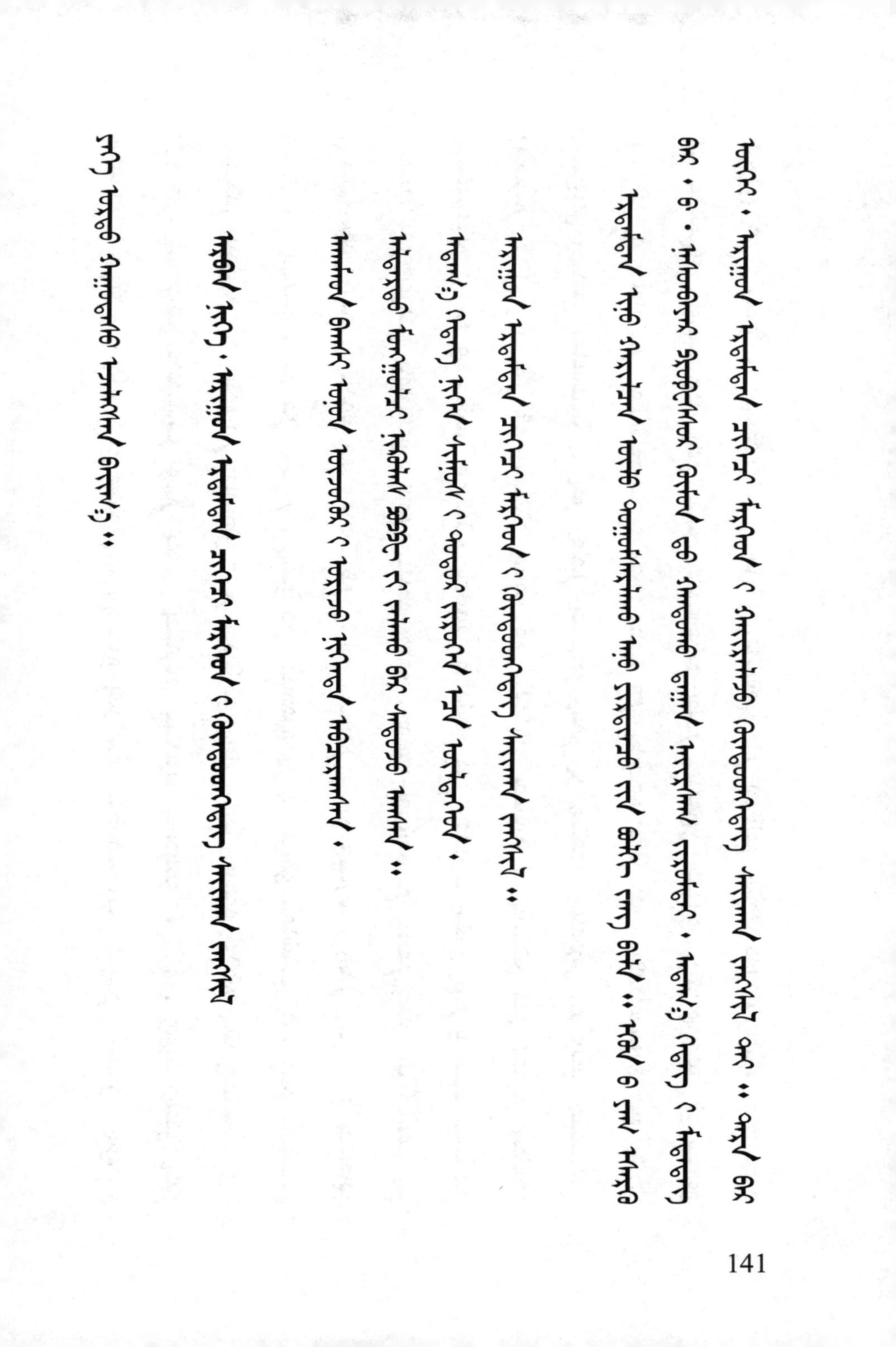

[illegible]

[illegible]

[illegible]
[illegible]
[illegible]
[illegible]

[illegible]
[illegible]
[illegible]

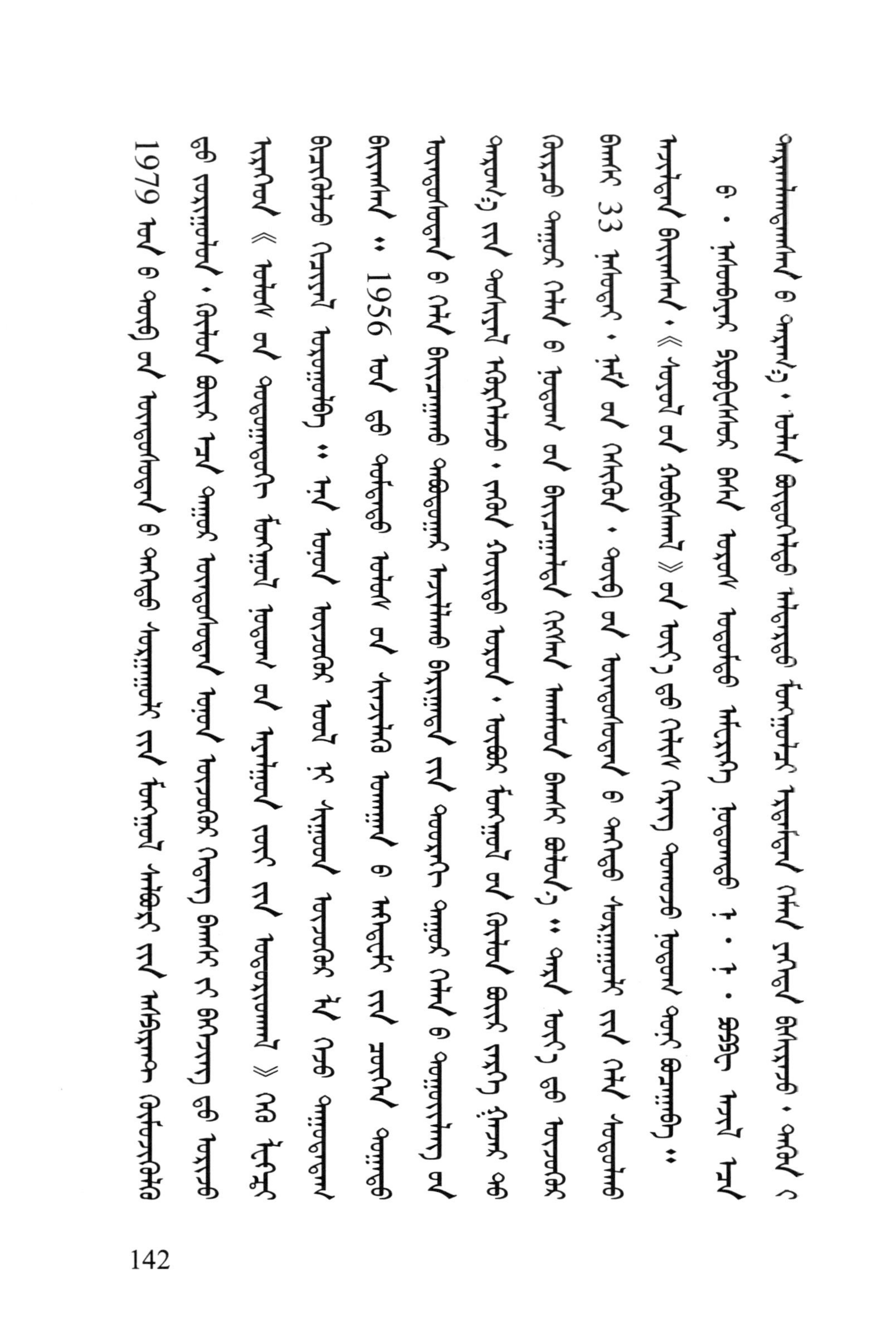

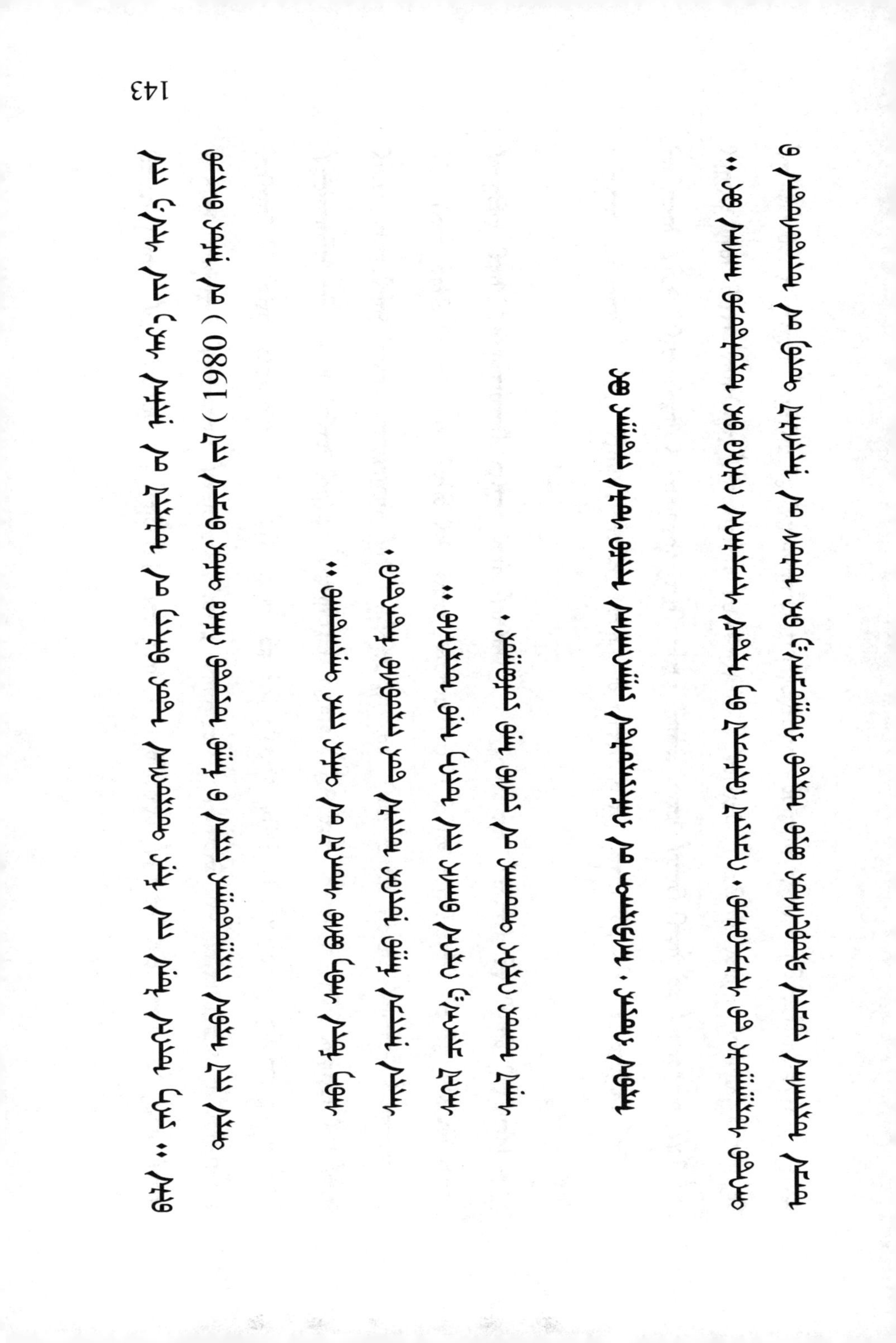

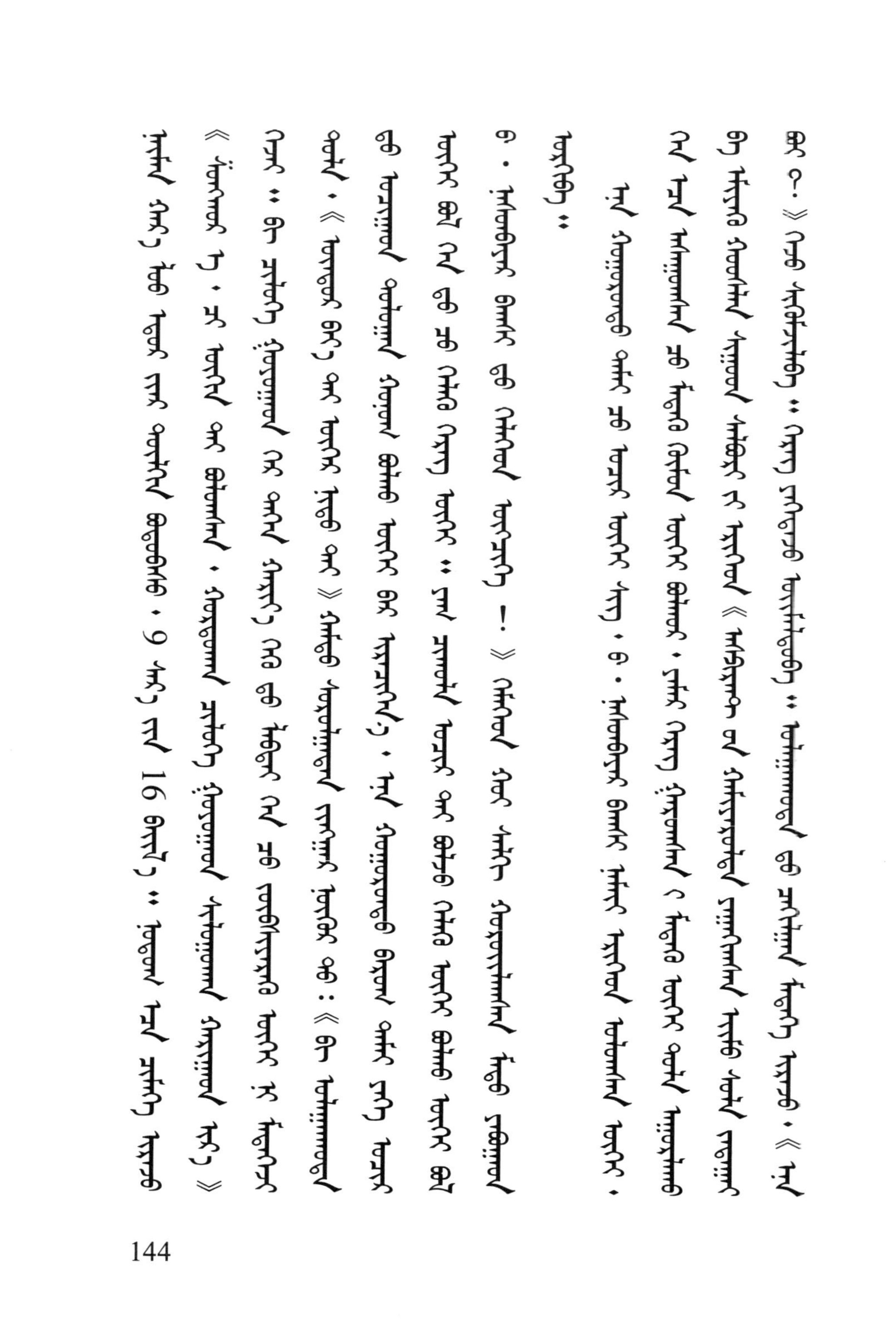

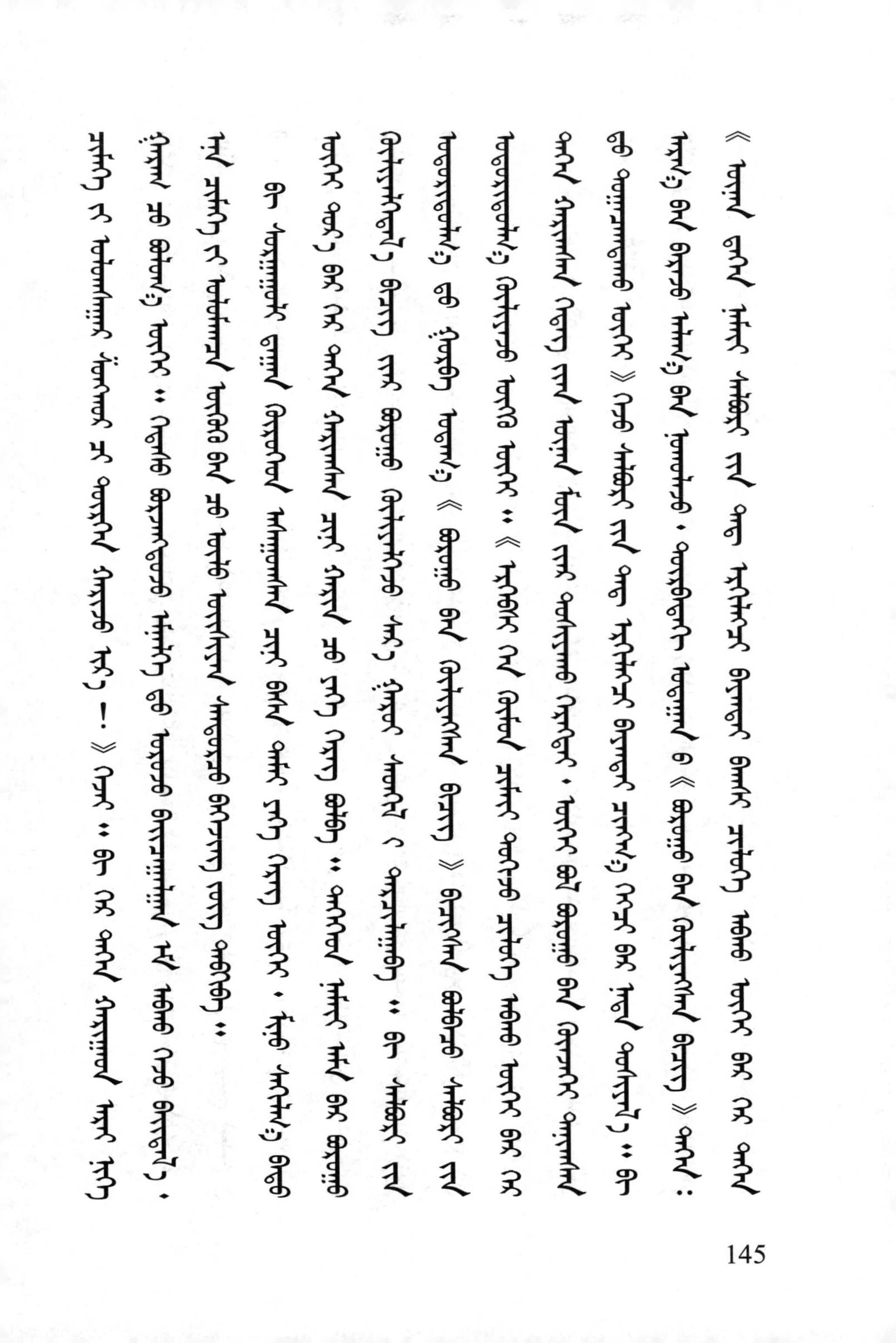

[illegible]

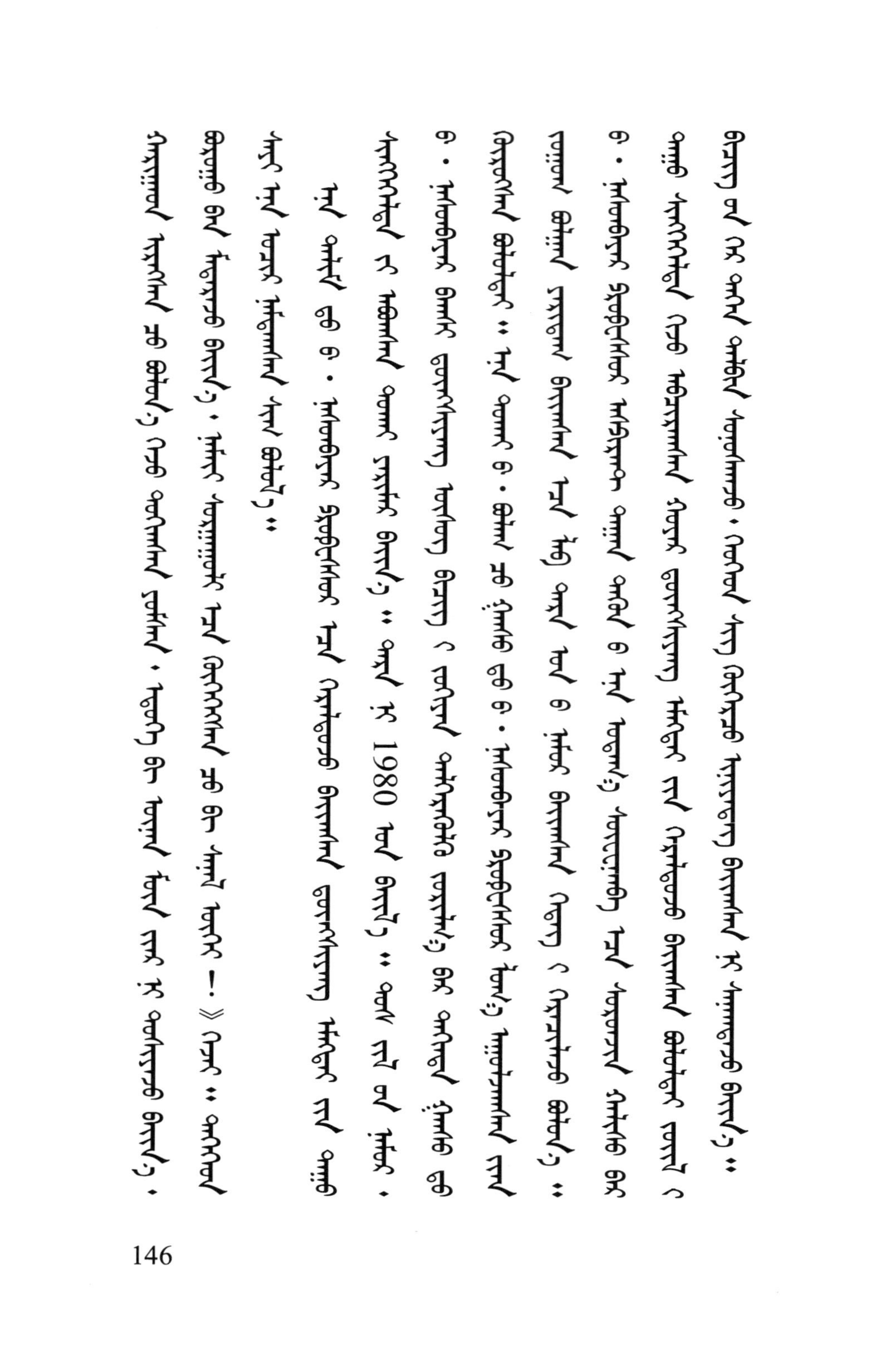

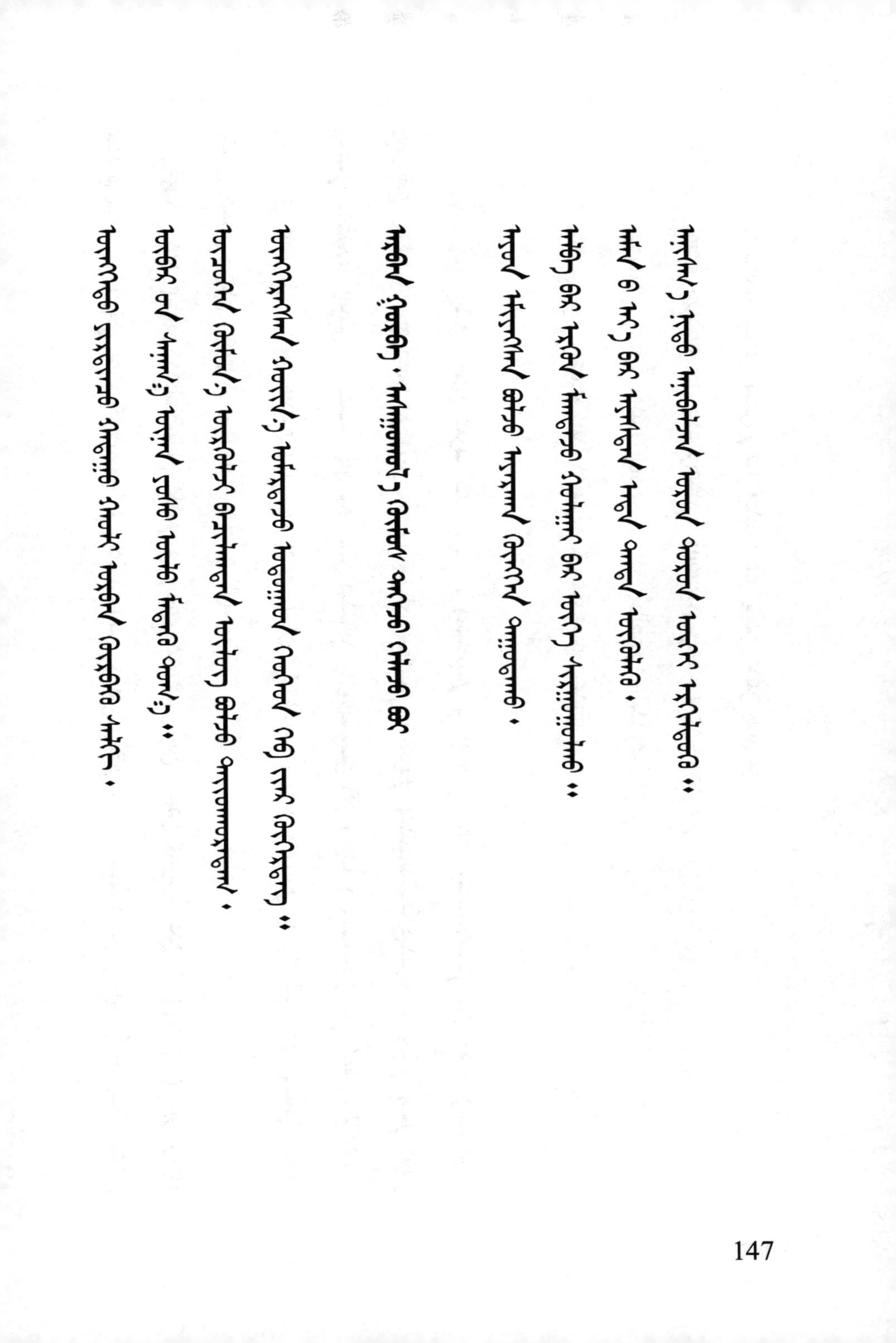

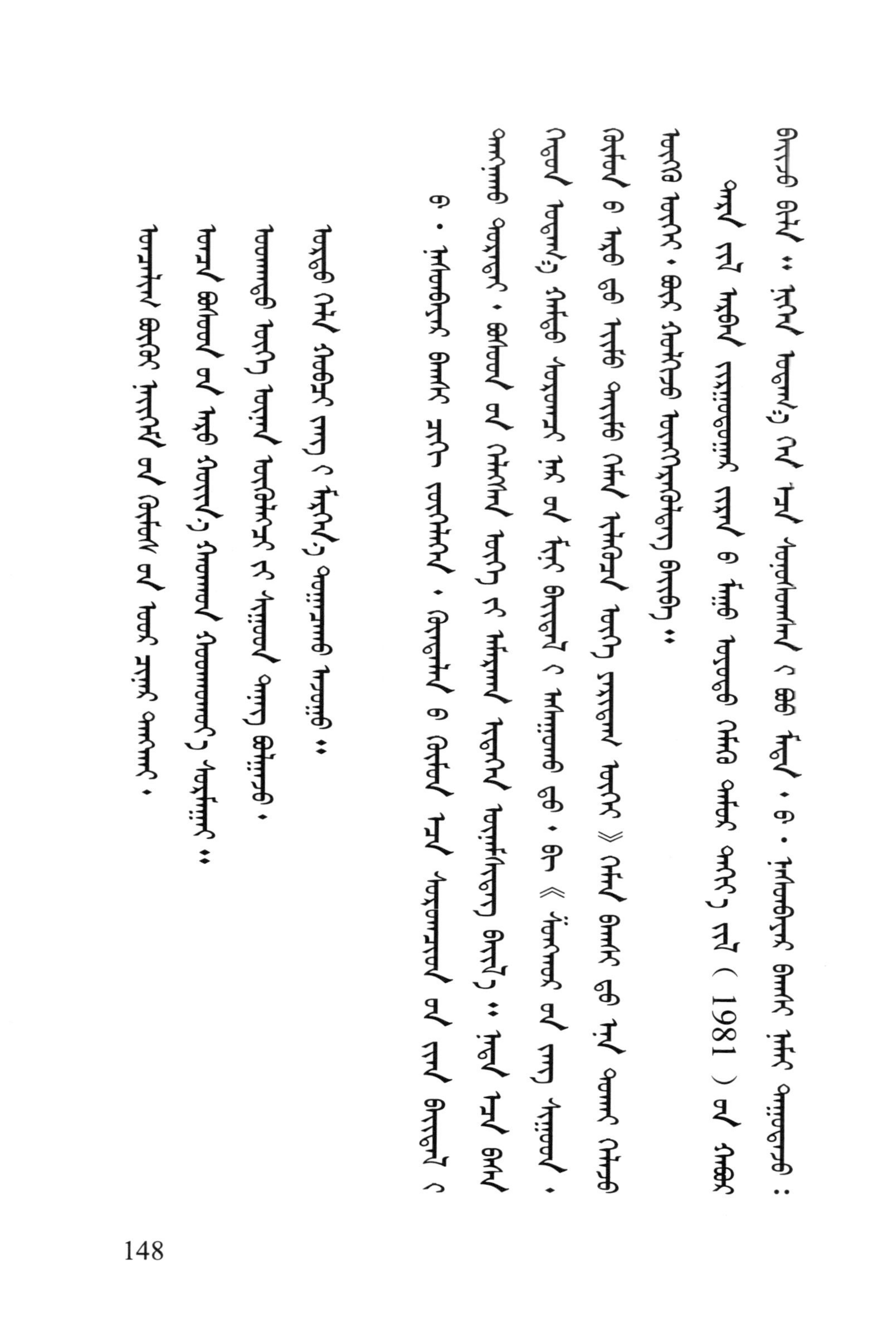

[illegible]
[illegible] (1981) [illegible]
[illegible]
[illegible]
[illegible]
[illegible]
[illegible]
[illegible]
[illegible]
[illegible]
[illegible]
[illegible]

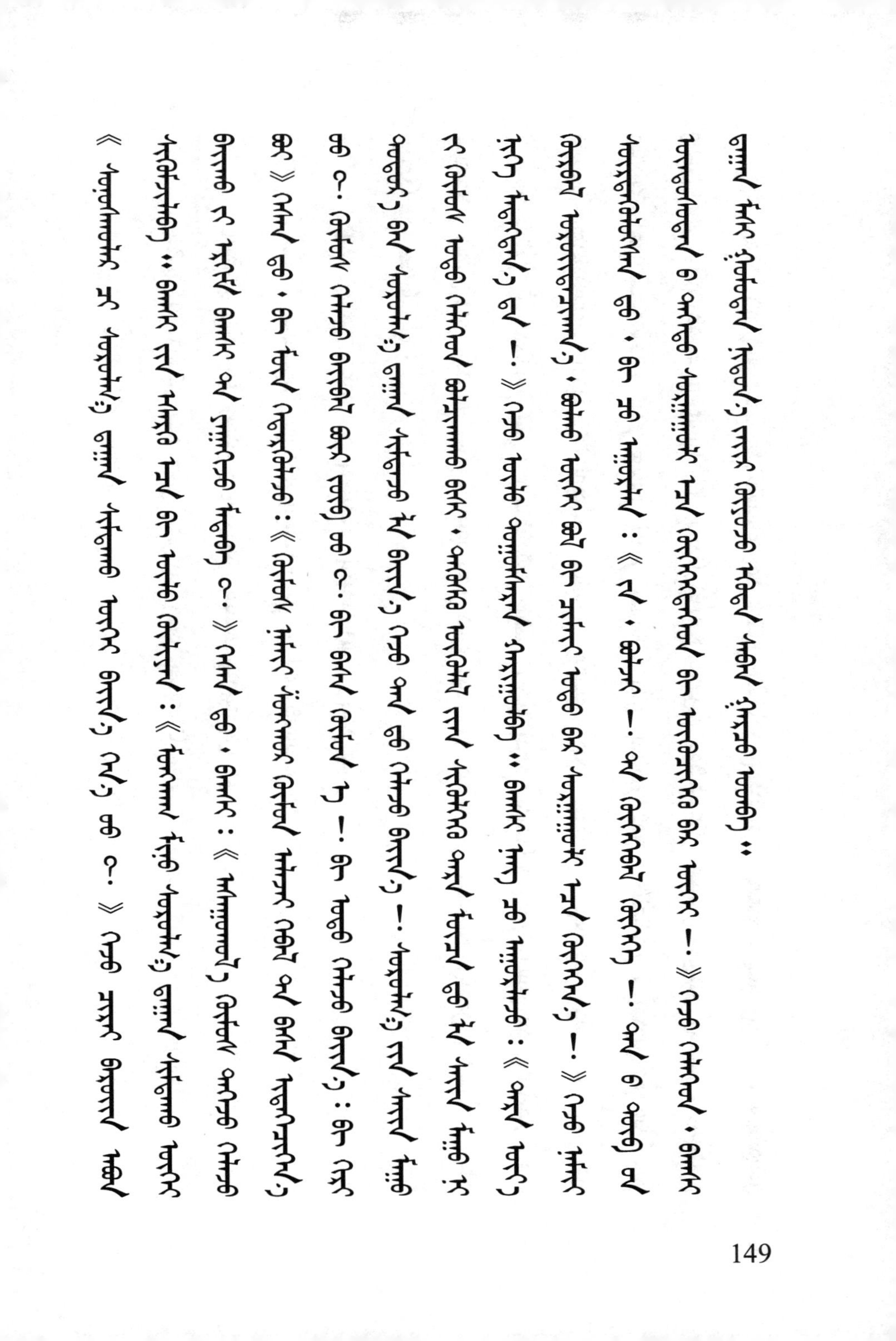

[illegible]

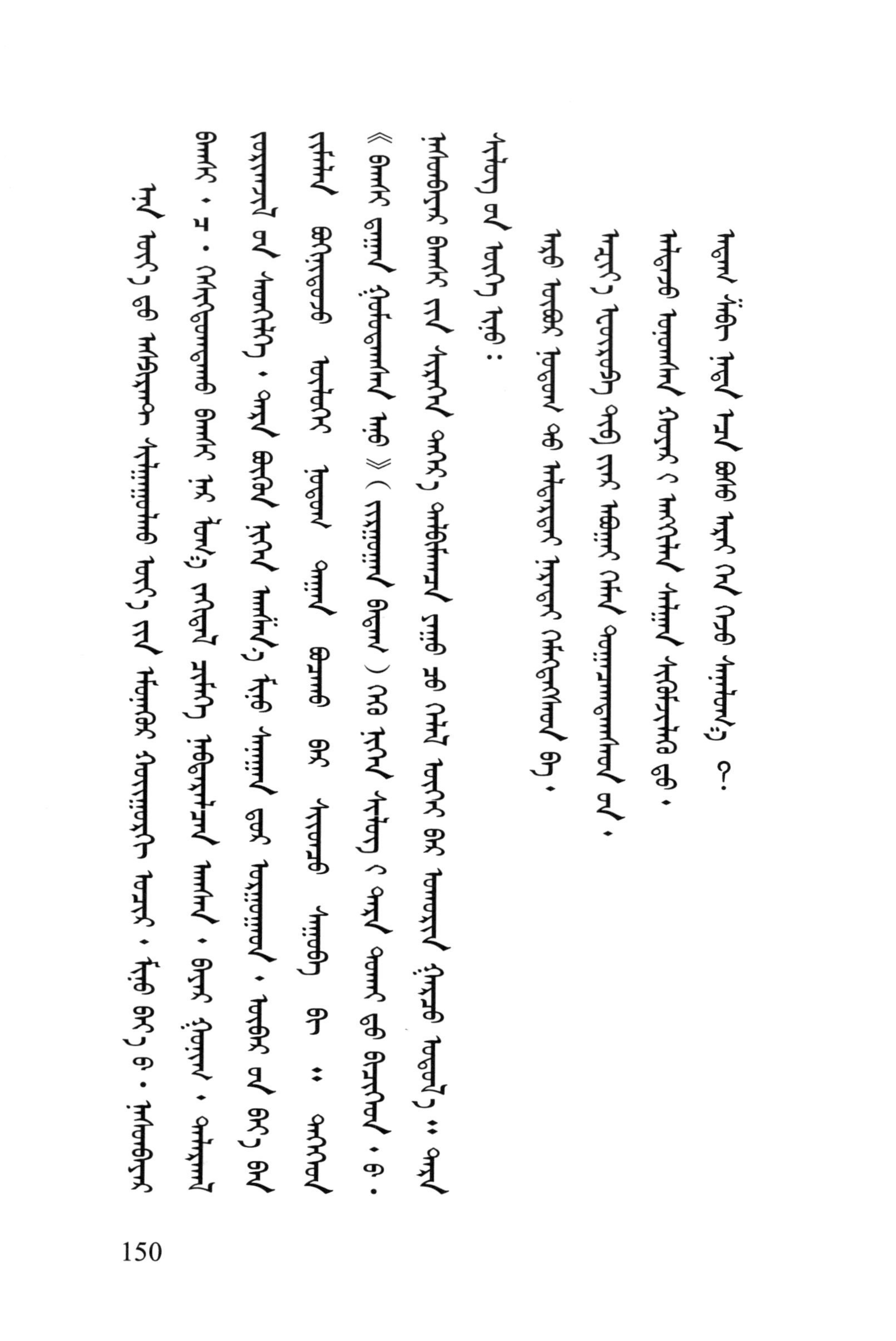

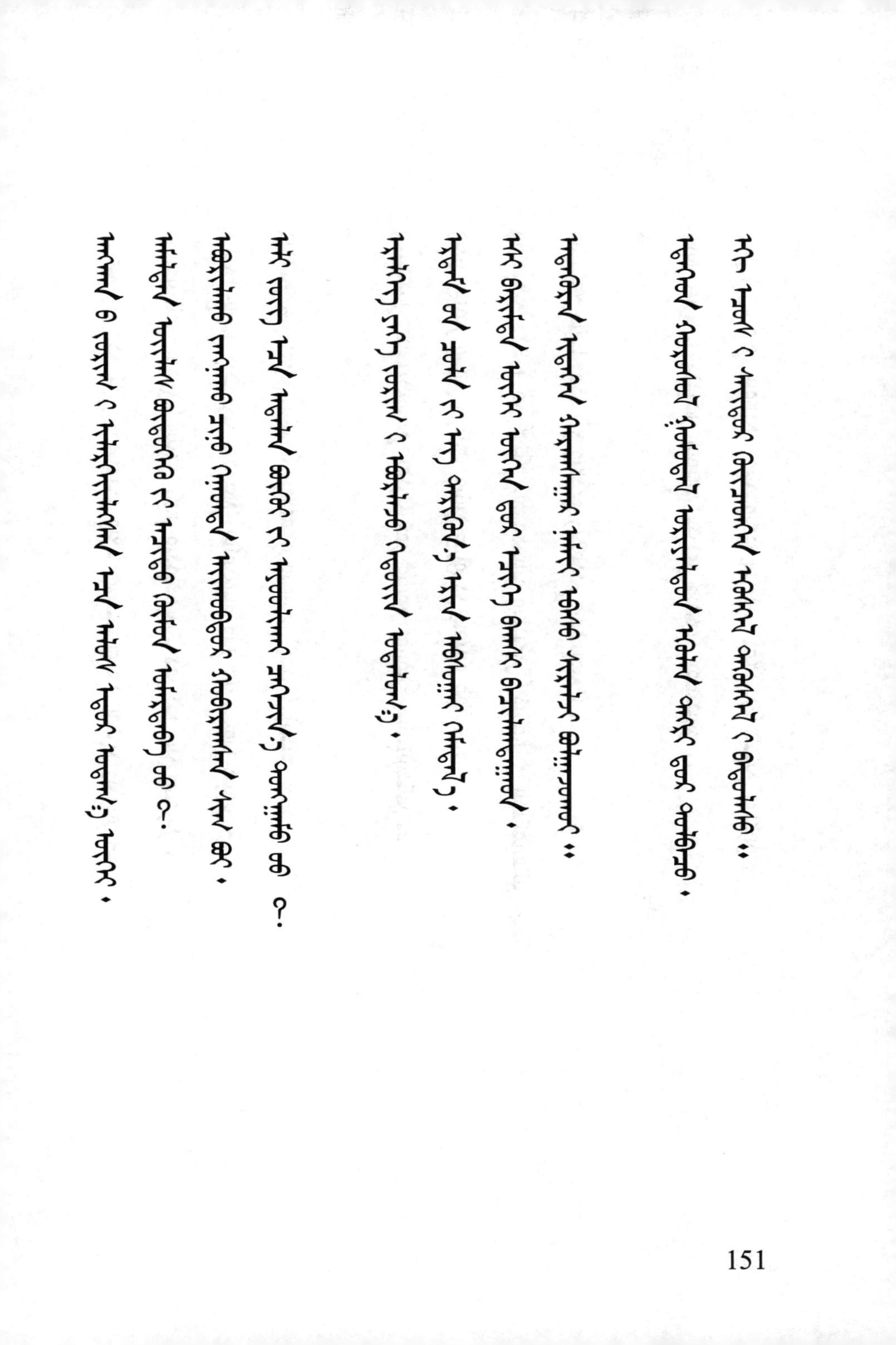

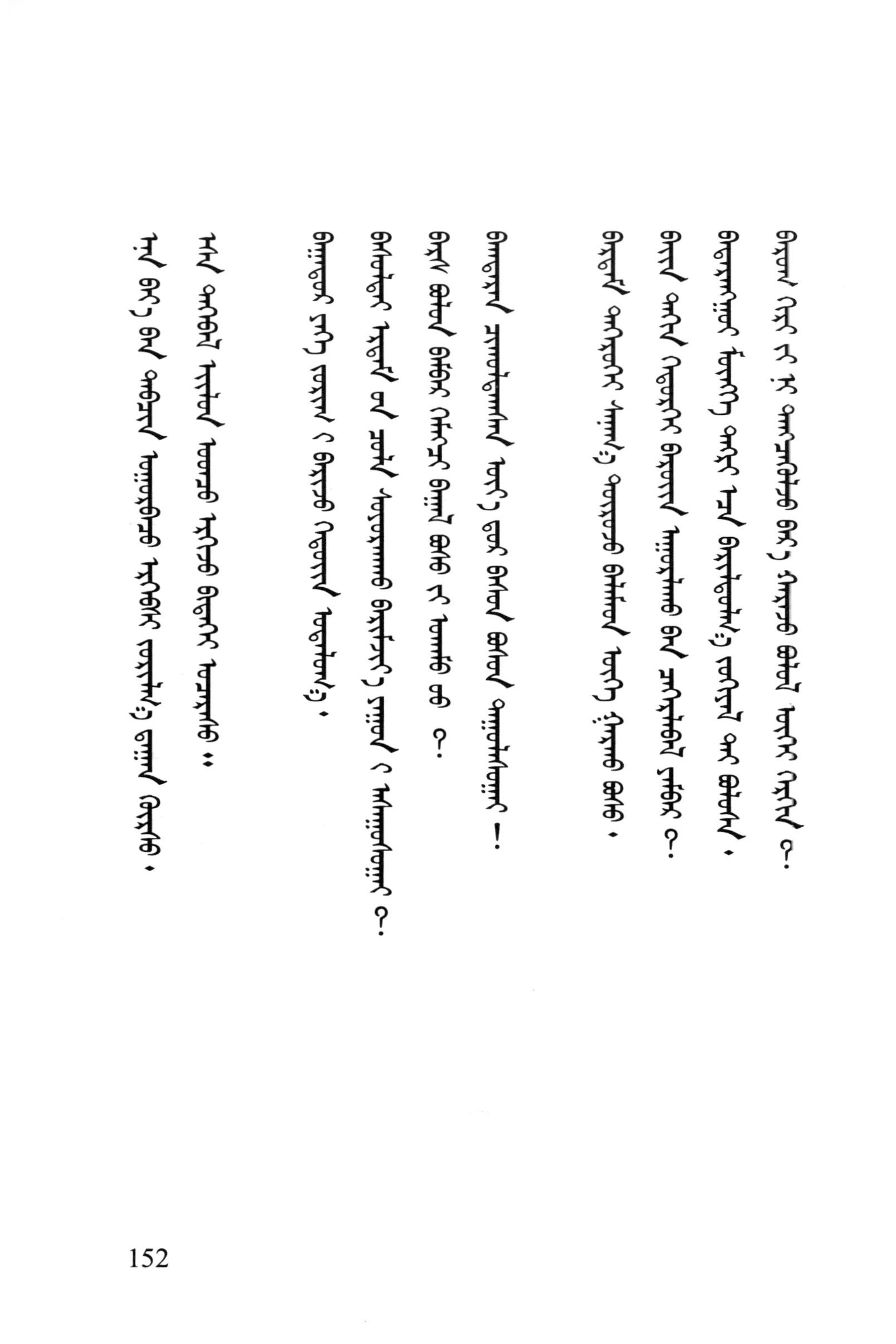

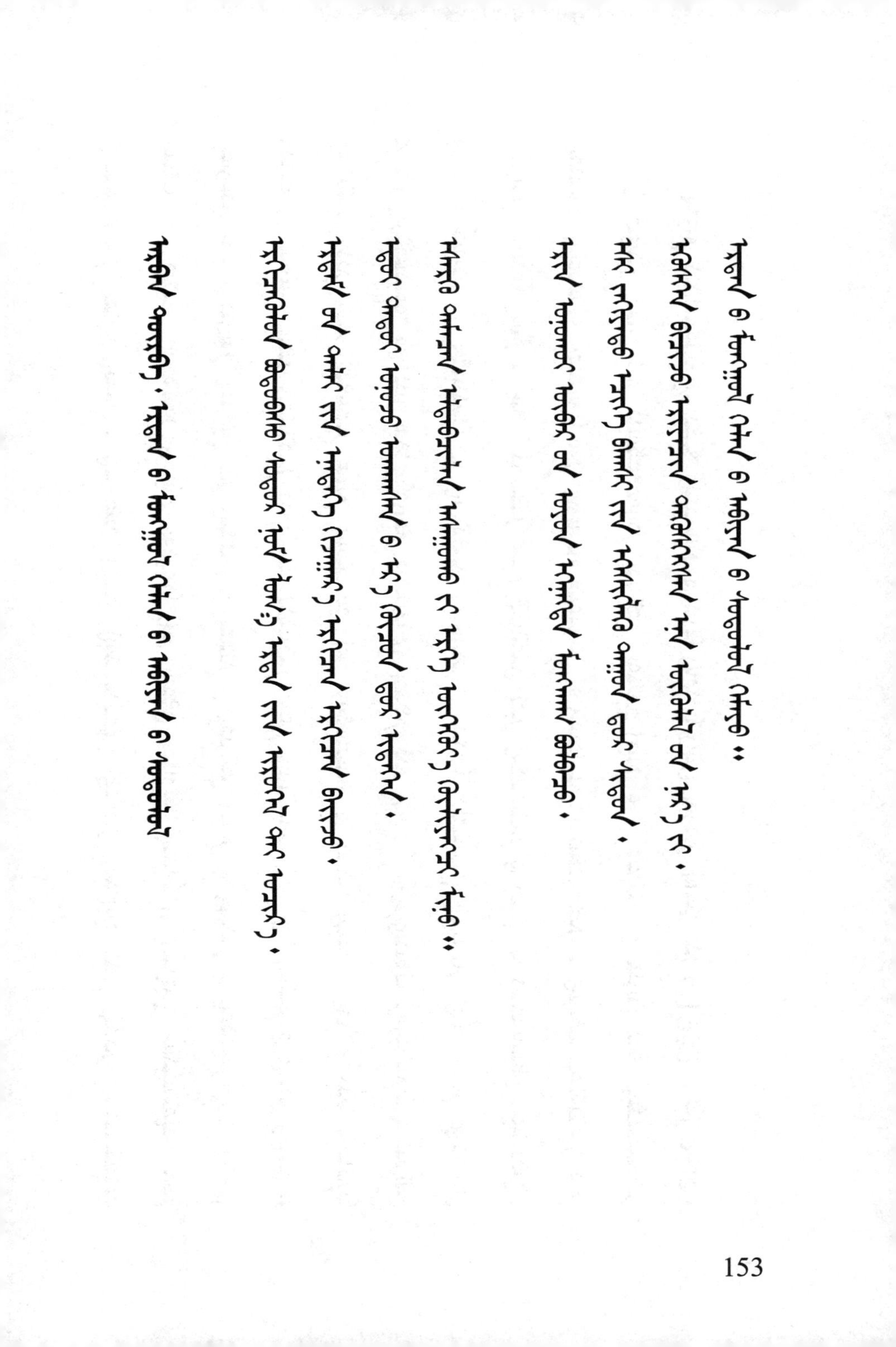

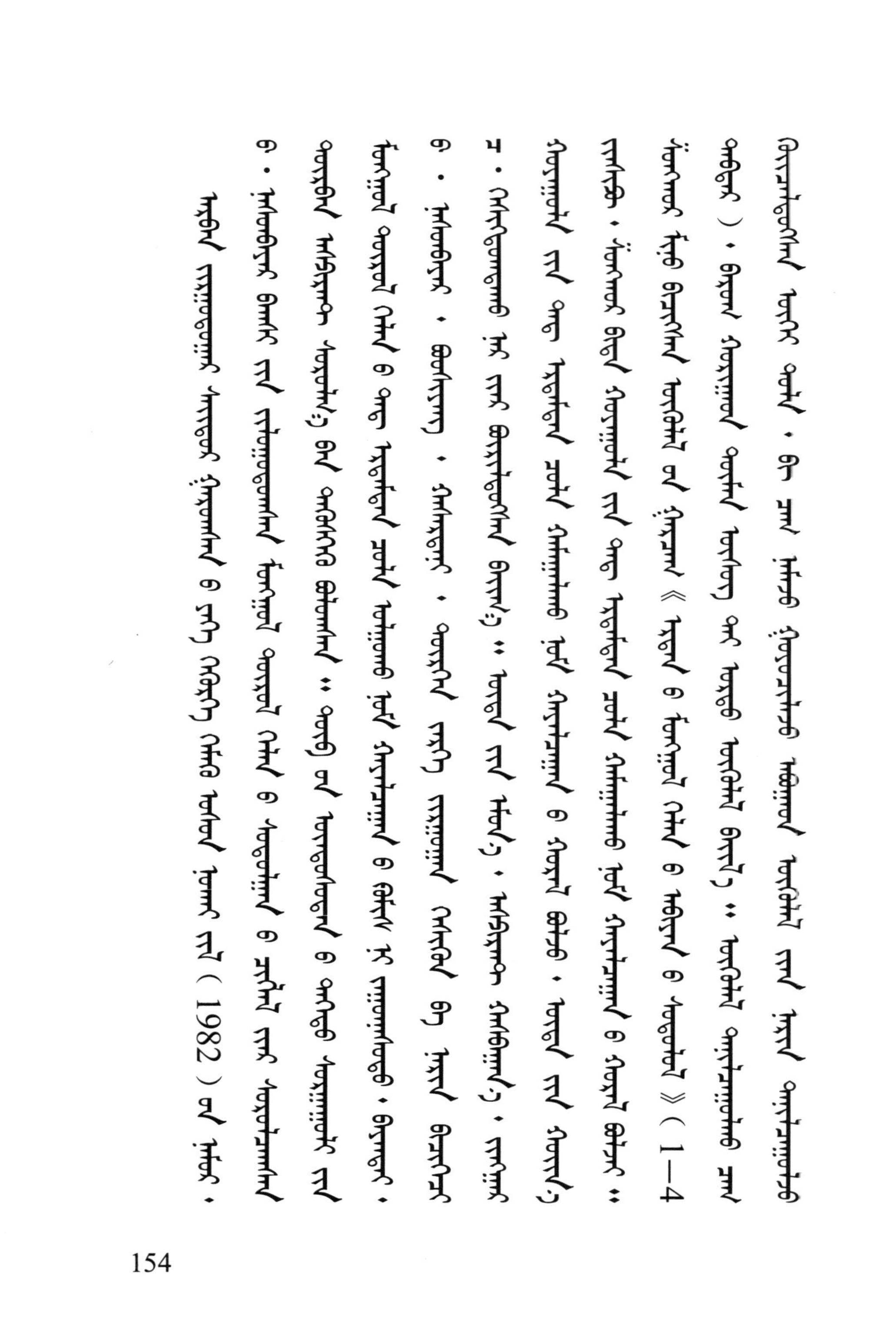

[illegible] (1982) [illegible] ·
[illegible] · [illegible] ·
[illegible] :: [illegible]
[illegible] ·
[illegible] · [illegible] · [illegible] · [illegible] · [illegible]
[illegible] · [illegible] :: [illegible] · [illegible] · [illegible]
[illegible] · [illegible]
[illegible] :: [illegible] · [illegible]
[illegible] 《 [illegible] 》 (1—4
[illegible]) · [illegible] :: [illegible]
[illegible] · [illegible] · [illegible]

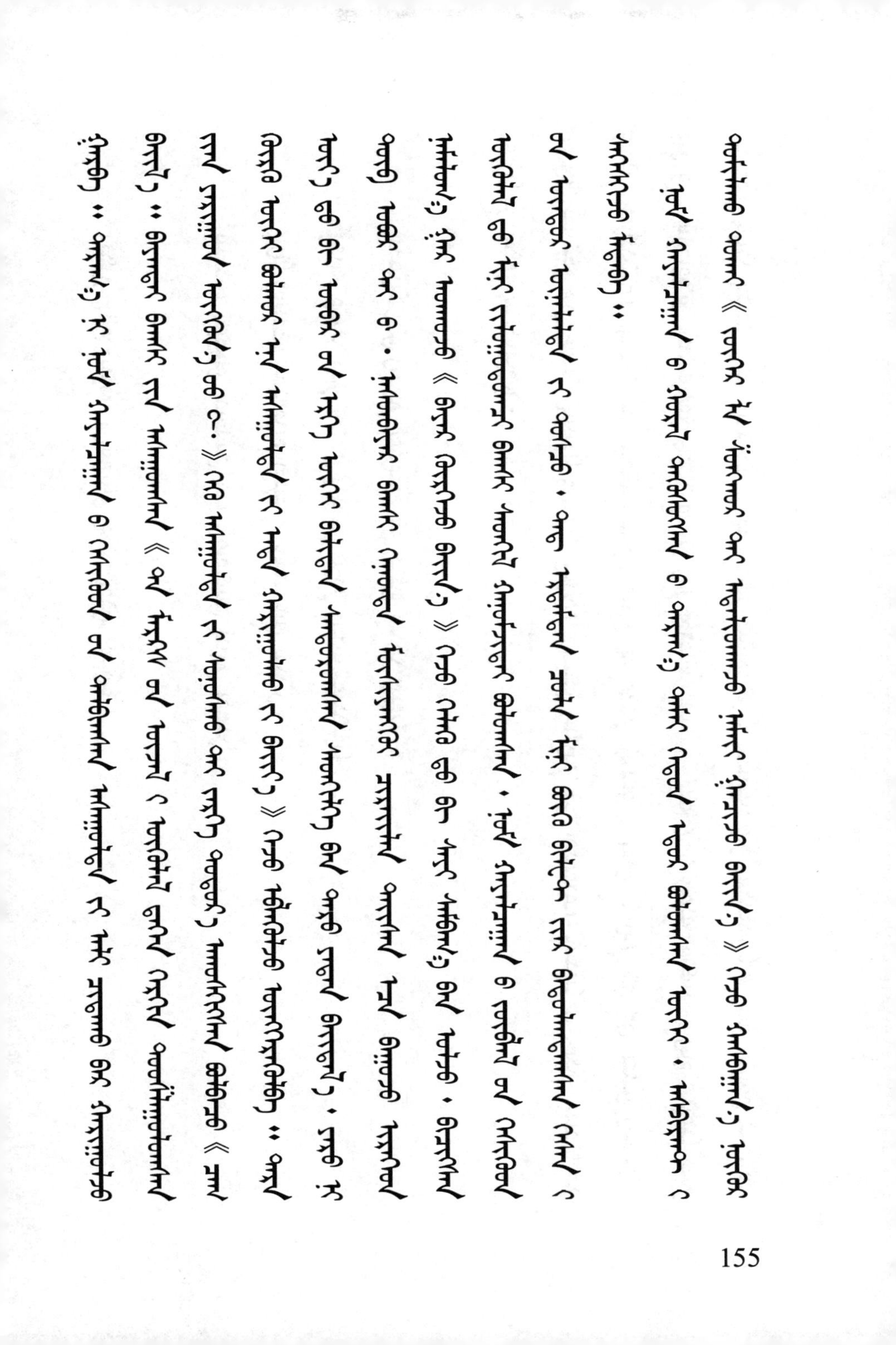

[illegible]

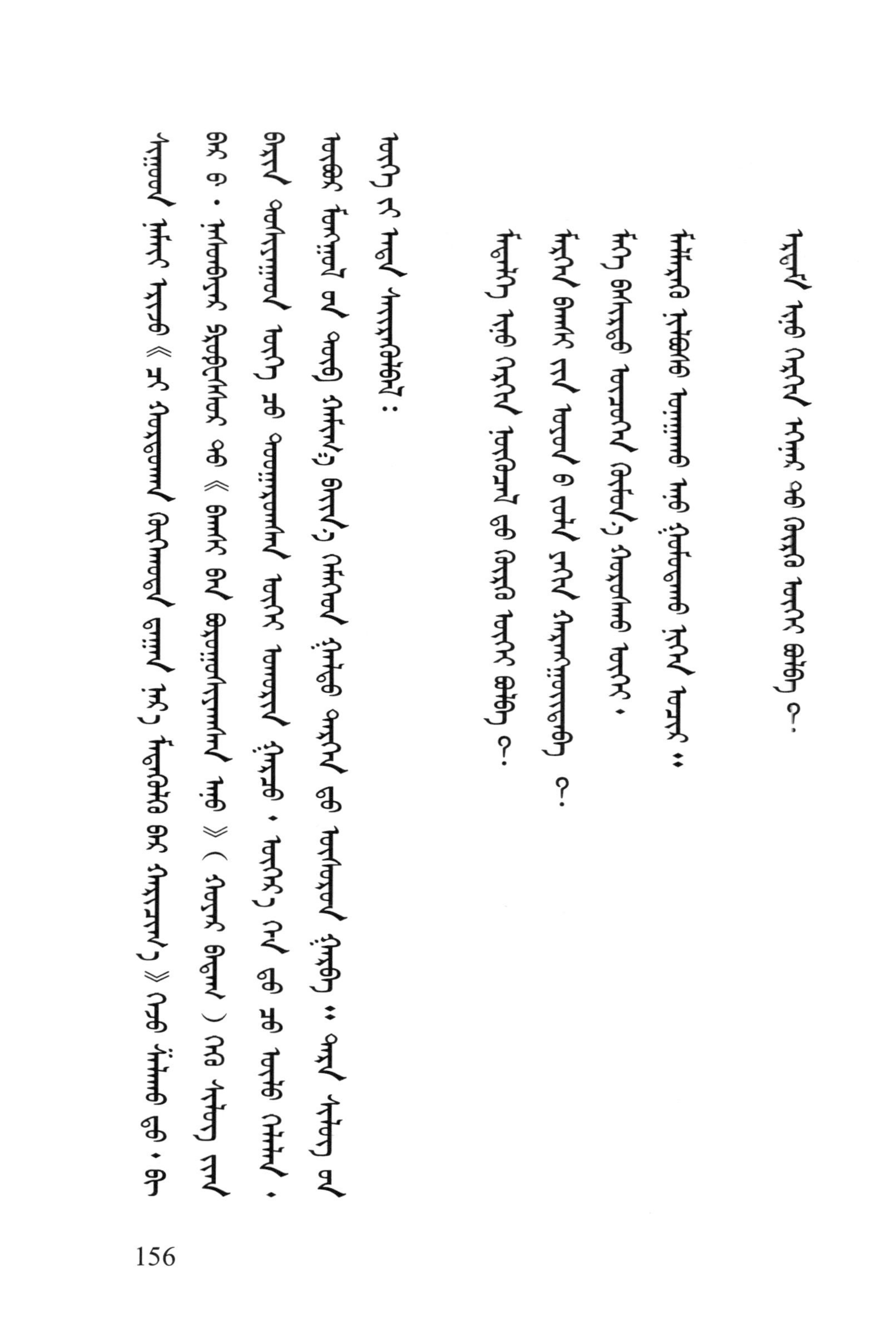

[illegible] ?

[illegible] ::

[illegible] ·

[illegible] ?

[illegible] ?

[illegible] :

[illegible] :: [illegible] · [illegible] · [illegible] · [illegible] · [illegible] 《[illegible]》 ([illegible]) [illegible] · [illegible] 《[illegible]》 [illegible] · [illegible]

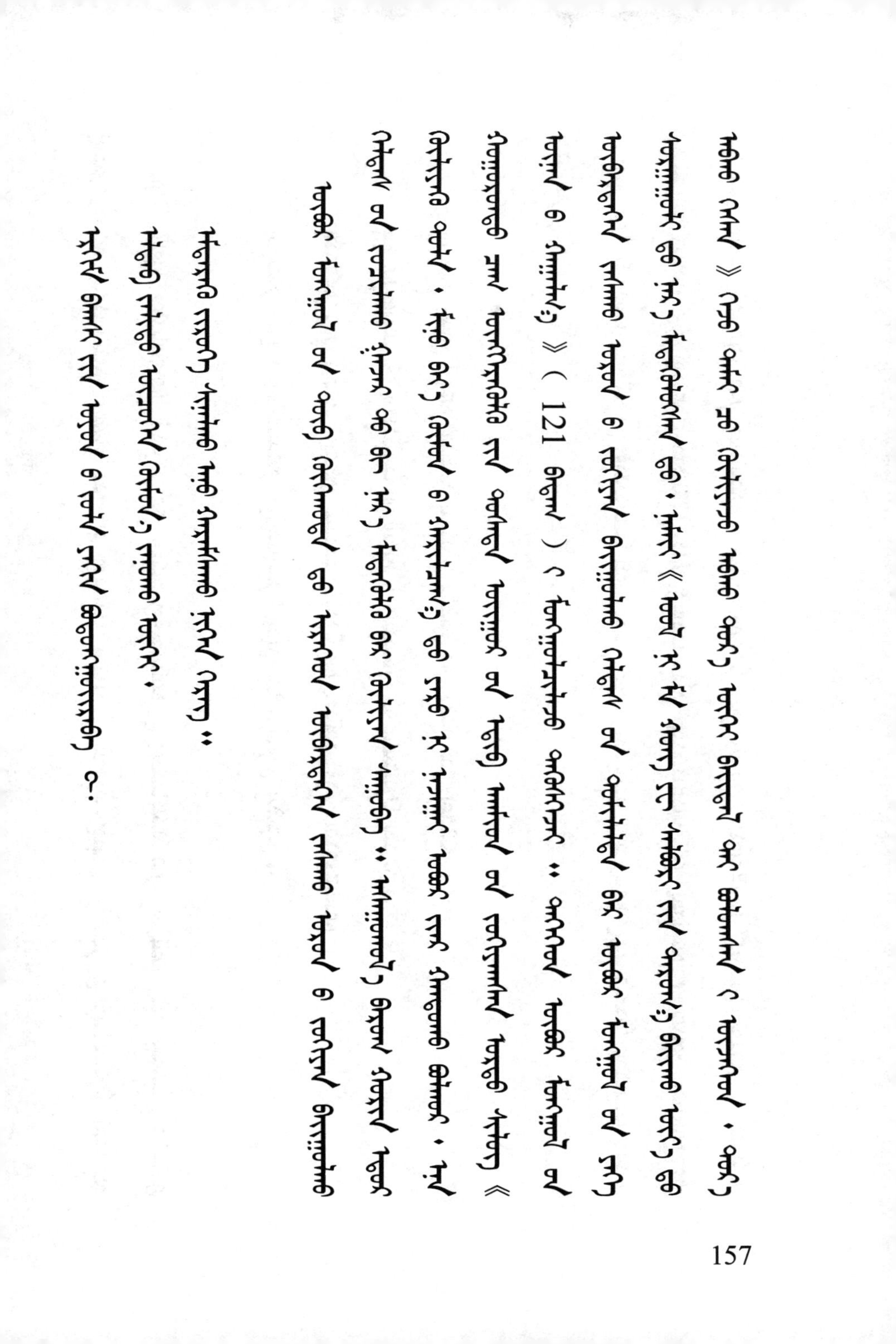

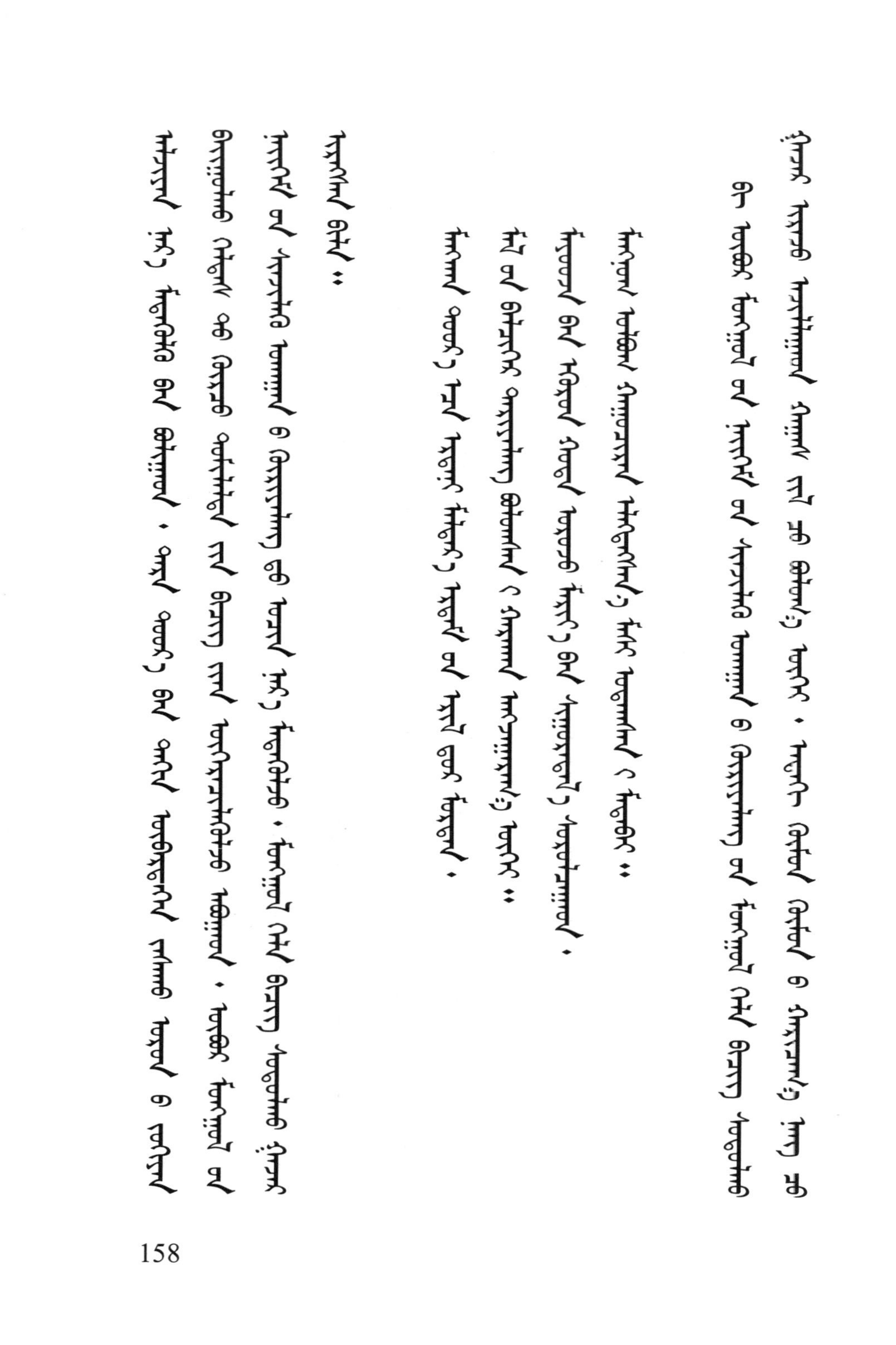

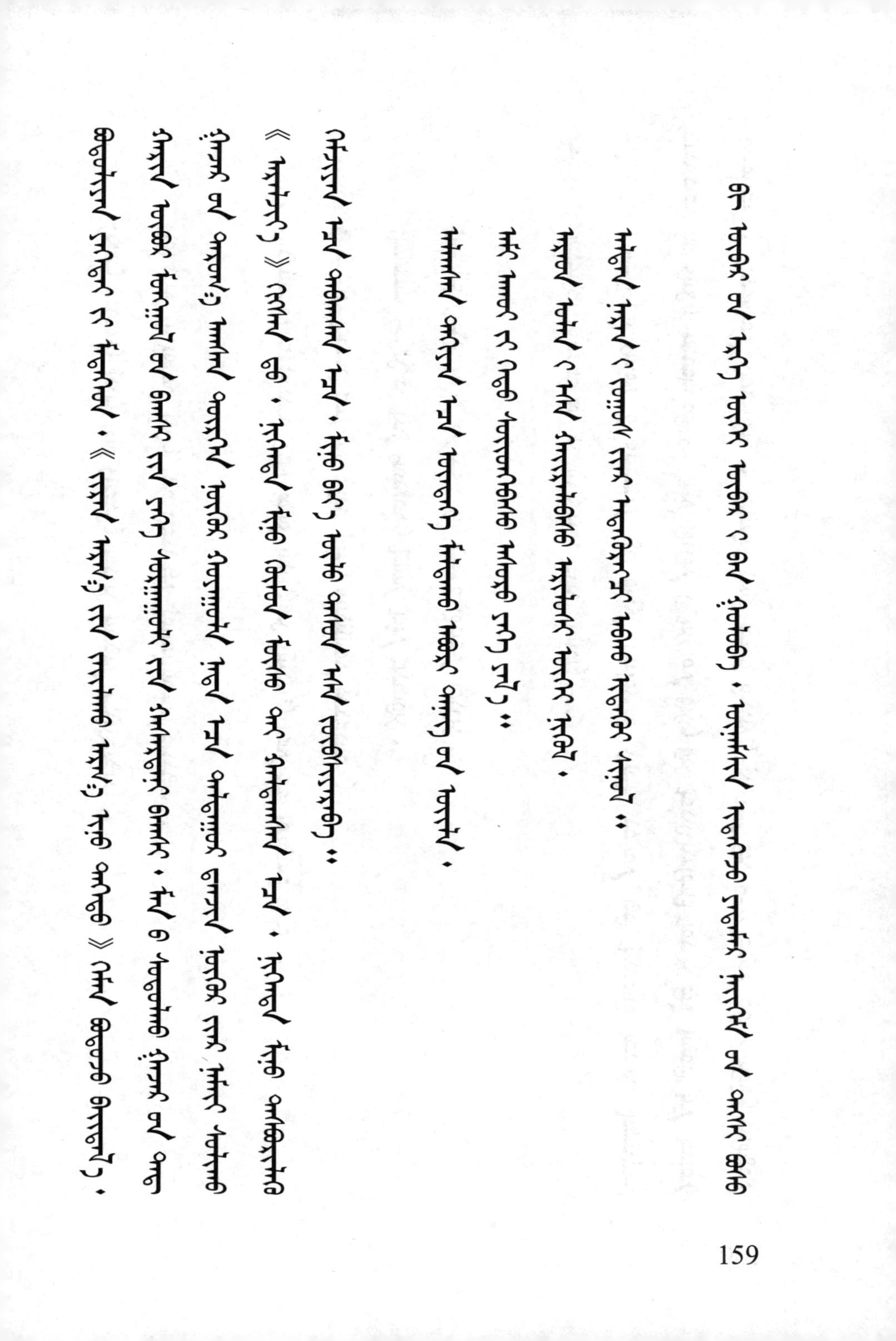

ᠳᠠᠭᠤᠳᠠᠭᠳᠠᠭᠰᠠᠨ ᠤ ᠳᠠᠭᠤᠳᠠᠭᠰᠠᠨ ᠬᠠᠷᠢᠭᠤᠯᠲᠠ :: ᠳᠠᠭᠤᠰᠬᠤ ᠴᠢᠬᠤ ᠪᠦᠬᠦ ᠪᠢᠴᠢᠭ ᠢ ᠨᠢ ᠭᠡ ? ᠨᠢ ᠪᠠᠭᠤᠯ ᠤᠨ ᠪᠠ ᠳᠤ ᠪᠤᠶ ᠪᠠ ᠳᠠᠭᠤᠳᠠᠭᠰᠠᠨ ᠳᠠᠭᠤ ᠪᠠ ᠰᠣᠨᠣᠰᠬᠤ ᠨᠢᠭᠡ ᠰᠠᠨᠠᠮᠠ ᠳᠠᠭᠤᠳᠠᠬᠤ ᠪᠣᠯ ᠬᠡᠷᠡᠭᠯᠡᠬᠦ ᠪᠢᠯᠡ ? ᠳᠠᠭᠤᠨ ᠢ ᠪᠦᠳᠦᠭᠦᠯᠵᠦ ᠪᠠᠶᠢᠳᠠᠯ ᠪᠠᠶᠢᠳᠠᠯ ᠢ ᠨᠢ ᠴᠢᠳᠠᠬᠤ ᠪᠠ ᠳᠠᠭᠤᠳᠠᠭᠰᠠᠨ ᠬᠡᠮᠡᠨ᠎ᠡ ? ᠳᠠᠭᠤᠳᠠᠬᠤ ᠳᠤ ᠨᠢ ᠬᠡᠷᠡᠭ ᠦᠭᠡᠢ ᠶᠠᠭᠤ ᠪᠣᠯ ᠪᠠ ?

ᠰᠠᠨᠠᠭᠠᠳᠠᠭ ᠳᠡᠯᠭᠡᠷᠡᠭᠦᠯᠦᠨ ᠡᠨᠡ ᠪᠦᠬᠦ ᠦᠰᠦᠭ ᠦᠨ ᠰᠠᠢᠬᠠᠨ ᠡᠨᠡ ᠵᠢ ᠰᠣᠨᠤᠰᠤᠭ᠎ᠠ ᠪᠦᠬᠦ ::
ᠰᠠᠨᠠᠭᠠᠳᠤᠢ ᠬᠠᠮᠤᠭ ᠶᠠᠮᠠᠷ ᠳᠤ ᠳᠠᠭᠤᠳᠠᠭᠰᠠᠨ ᠨᠢᠭᠡᠨ ᠰᠠᠨᠠᠭᠠᠨ ᠤ ᠬᠡᠯᠡᠯᠴᠡᠭᠡᠷᠡᠢ •
ᠰᠠᠨᠠᠭᠠᠰᠠᠨ ᠮᠠᠰᠢ ᠲᠤ ᠨᠢ ᠪᠠᠷᠢᠭᠤᠯ ᠨᠢᠭᠡᠨ ᠬᠣᠶᠠᠷ ᠳᠠᠭᠤᠳᠤᠪᠠ ::
ᠰᠠᠨᠠᠭᠤᠯᠤᠨ ᠪᠣᠯᠬᠤ ᠨᠢᠭᠡᠨ ᠬᠡᠮᠡᠨ ᠤ ᠰᠠᠨᠠᠭᠠᠳᠠᠭᠰᠠᠨ ᠪᠣᠯᠪᠠᠰᠤ ᠪᠠᠶᠢᠨ᠎ᠠ •

ᠭᠡᠨᠡᠳ ᠠᠰᠠᠭᠤᠭᠰᠠᠳ ᠨᠢᠭᠡᠳ ᠨᠢᠭᠡ ᠬᠡᠯᠡᠵᠦ ᠪᠠᠶᠢᠨ᠎ᠠ ᠰᠠᠨᠠᠭᠰᠠᠨ ᠬᠦᠰᠡᠯᠡᠭᠰᠡᠳ ::
ᠪᠢ ᠲᠡᠷᠡ ᠰᠠᠨᠠᠭᠰᠠᠨ ᠨᠢᠭᠡᠳ ᠨᠢᠭᠡ ᠬᠡᠯᠡᠯᠴᠡᠨ ᠨᠡᠭᠡᠭᠡᠭᠦᠯᠦᠭᠰᠡᠨ ᠪᠠᠶᠢᠳᠠᠯ •

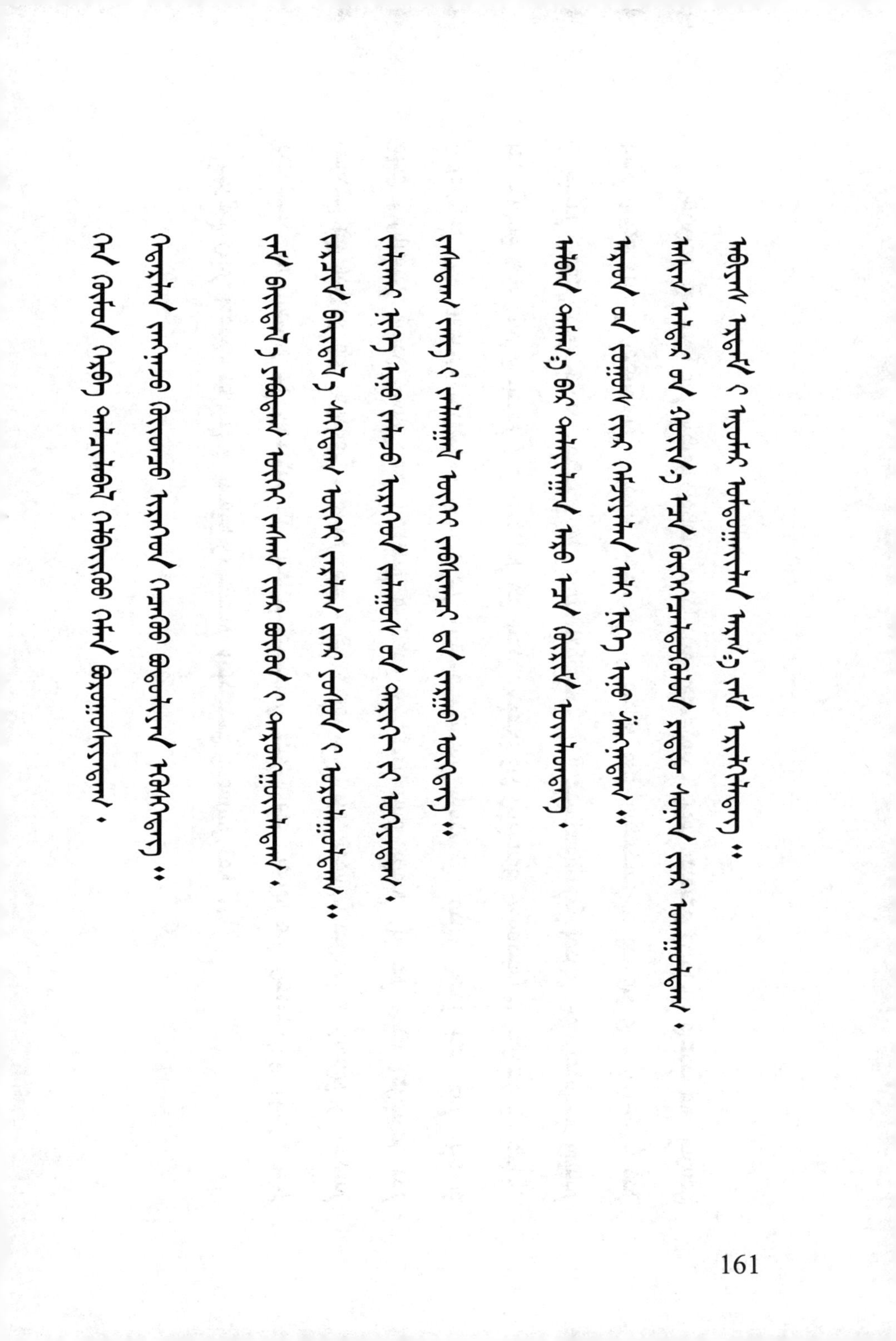

[illegible]
[illegible]

[illegible]
[illegible]
[illegible]
[illegible]

[illegible]
[illegible]
[illegible]
[illegible]

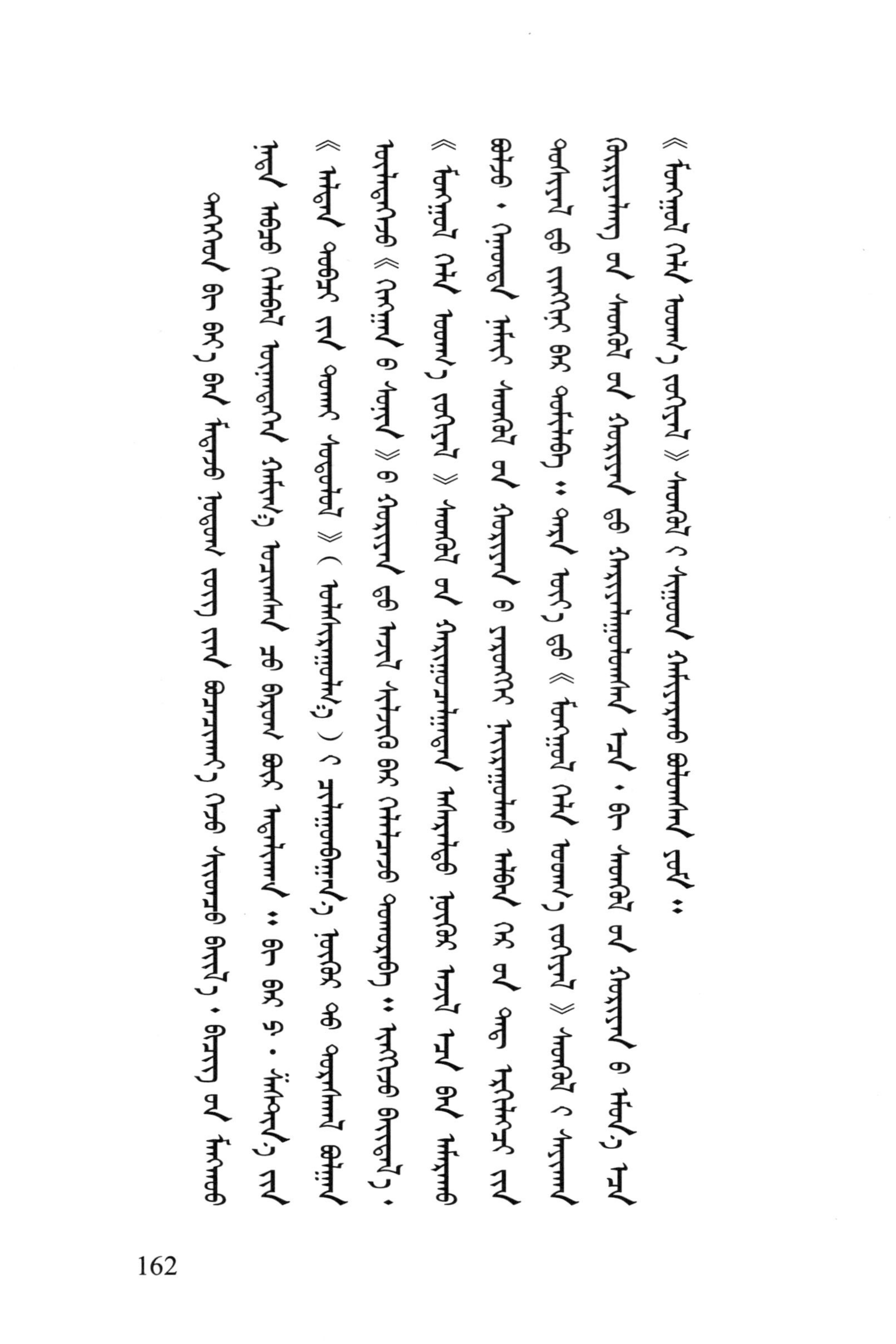

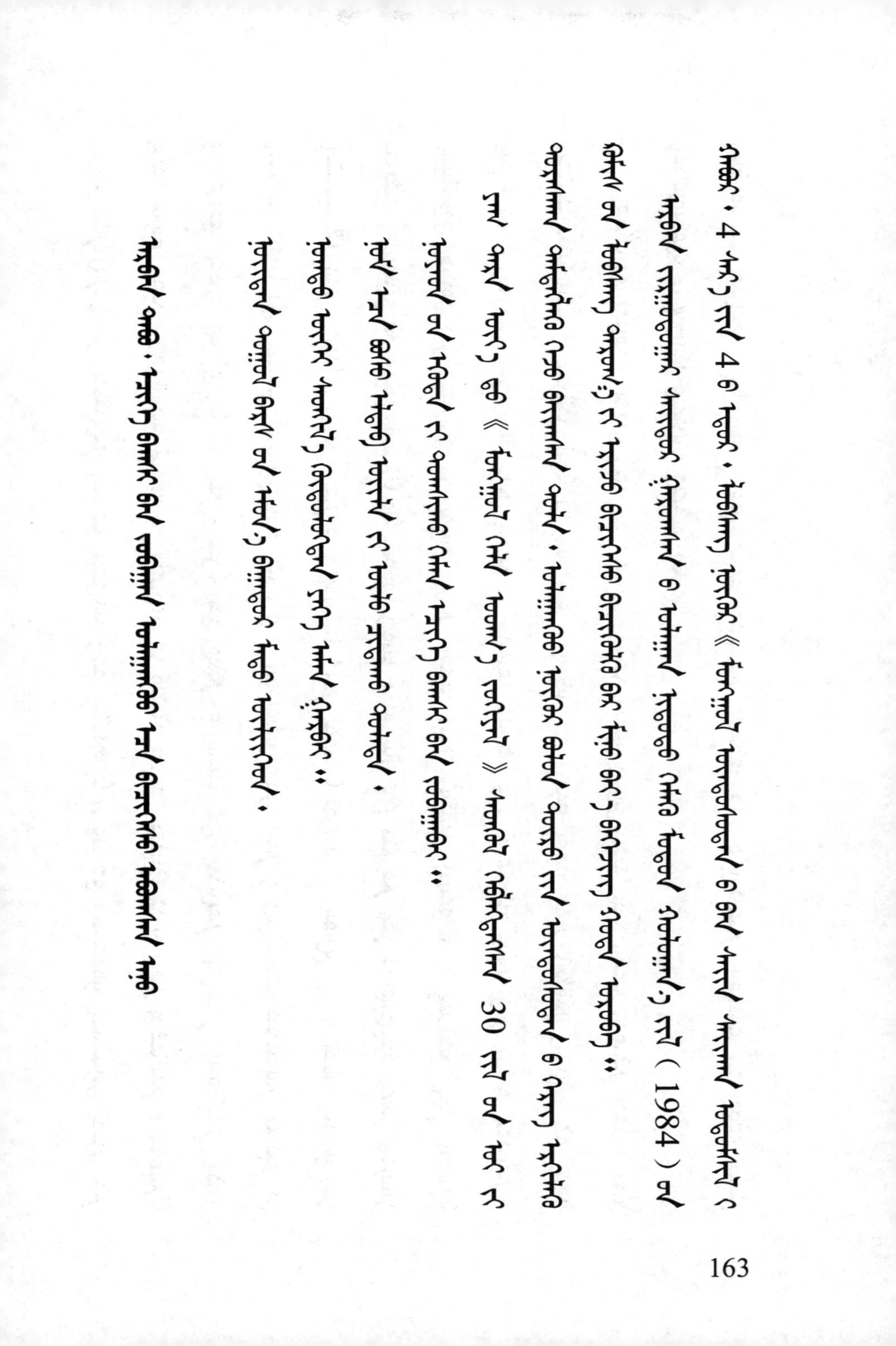

[illegible]

[illegible] ᠂
[illegible] ᠃
[illegible] ᠂
[illegible] ᠃

[illegible] 《 [illegible] 》 [illegible] 30 [illegible] [illegible] ᠂ [illegible] ᠃

[illegible] (1984) [illegible] ᠂ 4 [illegible] 4 [illegible] ᠂ [illegible] 《 [illegible]

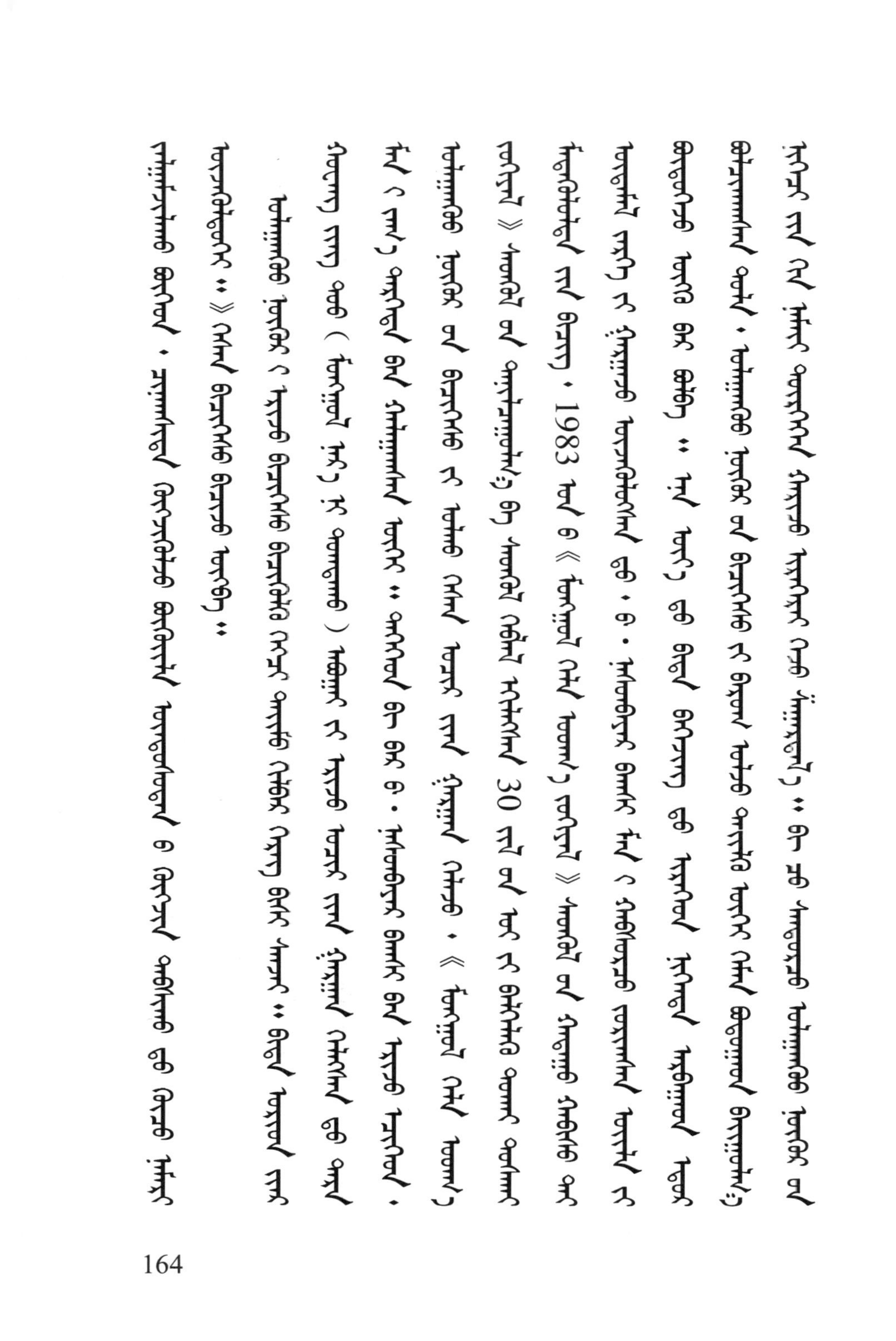

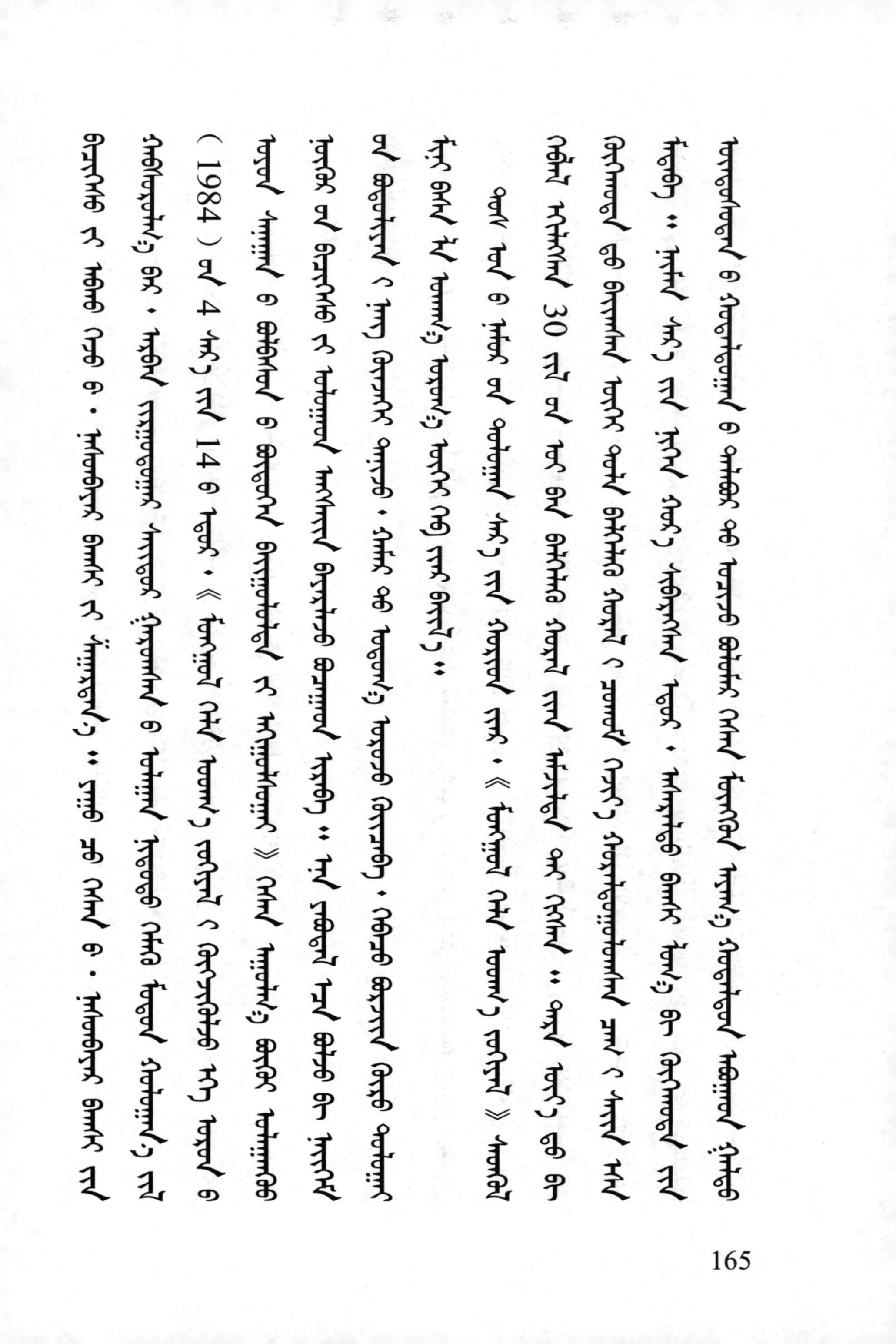

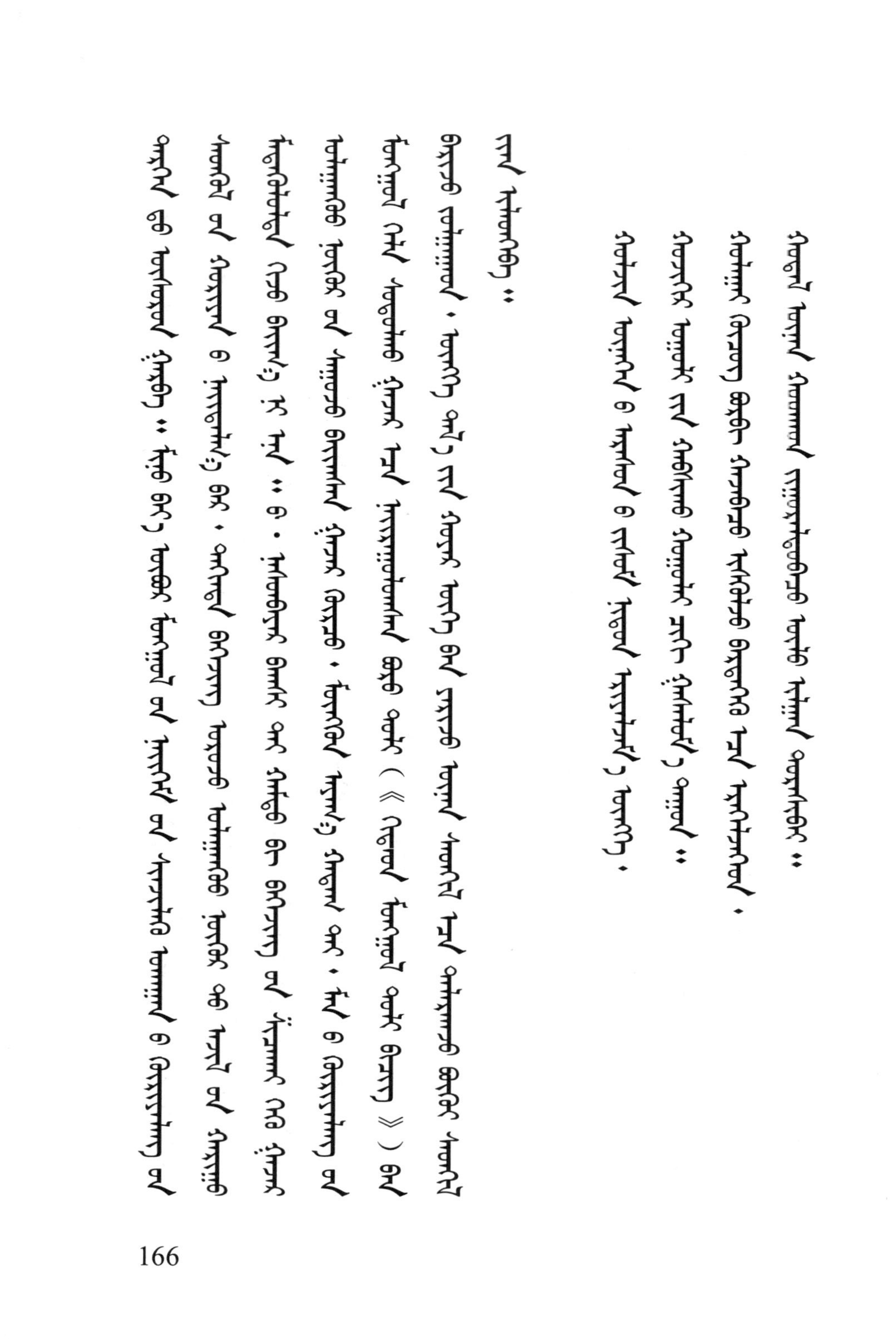

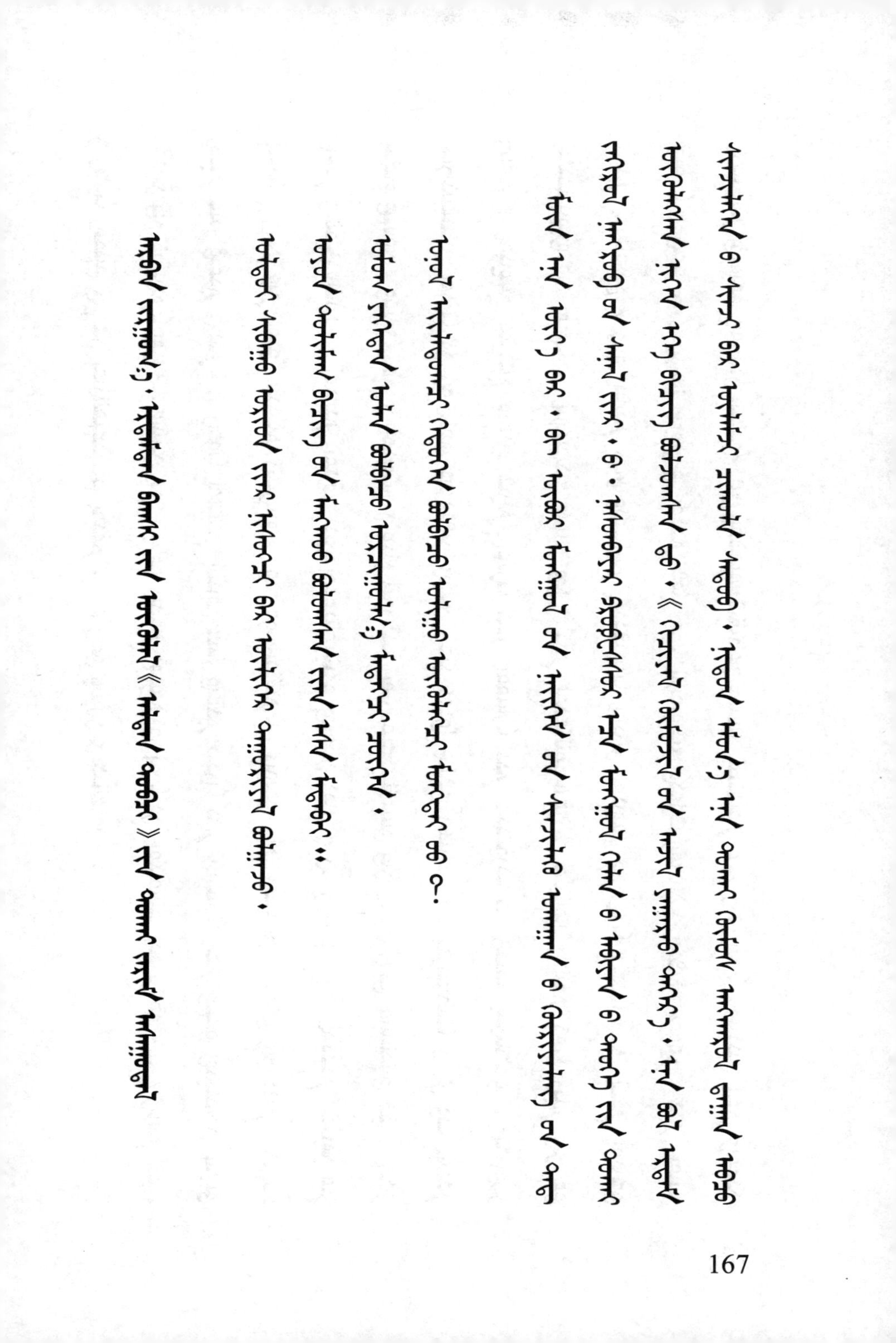

ᠬᠠᠷᠢᠯᠴᠠᠭᠠᠨ ᠪᠣᠯᠪᠠᠰᠤ ᠲᠡᠭᠦᠨ ᠦ ᠬᠡᠯᠡᠭᠰᠡᠨ ᠶᠠᠭᠤᠮᠠᠨ ᠪᠣᠯᠬᠤ ᠵᠡᠷᠭᠡ ᠭᠡᠷᠡᠯ᠂ ᠲᠡᠷᠡ ᠮᠥᠷ ᠰᠠᠭᠤᠯᠢ

ᠪᠣᠯᠪᠠᠰᠤ 《 ᠶᠠᠭᠤᠮᠠᠨ ᠪᠣᠯᠪᠠᠰᠤ ᠤᠨ ᠳᠣᠷᠣᠭᠰᠢ ᠬᠠᠷᠠᠭᠠᠳ 》 ᠭᠡᠵᠦ ᠂ ᠨᠢᠭᠡ ᠬᠦᠮᠦᠨ ᠤ ᠬᠡᠯᠡ ᠦᠭᠡ ᠲᠠᠢ ᠶᠠᠭᠤ

ᠰᠠᠨᠠᠭᠰᠠᠨ ᠶᠠᠭᠤᠮᠠᠨ ᠤ ᠬᠡᠯᠡᠭᠰᠡᠨ ᠶᠠᠭᠤᠮᠠᠨ ᠪᠣᠯᠤᠨ᠎ᠠ ᠪᠢᠰᠢ ᠶᠠᠭᠤ ᠬᠡᠷᠡᠭ ᠦᠭᠡᠢ ᠪᠠᠢᠬᠤ ᠦᠭᠡ ᠰᠣᠨᠣᠰᠬᠤ ᠶᠠᠭᠤ ᠪᠣᠯᠤᠨ᠎ᠠ ᠃ ᠰᠠᠨᠠᠭᠠᠨ ᠤ

ᠪᠢᠴᠢᠭ᠂ ᠶᠠᠭᠤᠮᠠᠨ ᠬᠡᠯᠡᠭᠰᠡᠨ ᠲᠡᠳᠡᠨ ᠬᠡᠷᠡᠭᠯᠡᠬᠦ ᠲᠡᠷᠡ ᠦᠭᠡ ᠰᠠᠨᠠᠭᠠᠳ ᠬᠡᠯᠡᠵᠦ ᠪᠣᠯᠤᠨ᠎ᠠ ᠂ ᠲᠡᠭᠦᠨ ᠦ ᠶᠠᠭᠤ ᠪᠣᠯᠬᠤ ᠪᠡᠷ ᠦᠭᠡ

ᠬᠢᠴᠢᠶᠡᠯ ᠂ ᠶᠠᠭᠤᠮᠠᠨ ᠬᠡᠯᠡᠭᠰᠡᠨ ᠪᠣᠯᠪᠠᠰᠤ ᠲᠡᠷᠡ ᠬᠦᠮᠦᠨ ᠰᠠᠨᠠᠭᠠᠳ ᠲᠡᠭᠦᠨ ᠦ ᠨᠢᠭᠡ ᠰᠠᠨᠠᠭᠠ ᠂ ᠶᠠᠭᠤᠮᠠᠨ

ᠨᠡᠶᠢᠲᠡᠯᠡᠭ ᠪᠣᠯᠤᠨ᠎ᠠ ᠪᠢᠰᠢ ᠂ ᠲᠡᠷᠡ ᠶᠠᠭᠤ ᠬᠡᠯᠡᠭᠰᠡᠨ ᠦᠭᠡ ᠶᠢ ᠨᠢ ᠰᠣᠨᠣᠰᠴᠤ ᠂ ᠲᠡᠷᠡ ᠬᠦᠮᠦᠨ ᠪᠡᠷ ᠦᠭᠡ

ᠰᠠᠨᠠᠭᠰᠠᠨ ᠶᠠᠭᠤᠮᠠᠨ ᠤ ᠬᠡᠯᠡᠭᠰᠡᠨ ᠲᠡᠷᠡ ᠰᠠᠨᠠᠭᠠ ᠶᠢ ᠨᠢ ᠰᠣᠨᠣᠰᠴᠤ ᠂ ᠪᠠᠢᠭ᠎ᠠ ᠶᠠᠭᠤ ᠬᠡᠷᠡᠭᠯᠡᠬᠦ ᠃

ᠪᠠᠢᠨ᠎ᠠ ᠂ ᠪᠠᠢᠨ᠎ᠠ ᠶᠠᠭᠤ 《 ᠶᠠᠭᠤᠮᠠᠨ ᠤ ᠬᠡᠯᠡᠭᠰᠡᠨ ᠬᠦᠮᠦᠨ ᠦ ᠰᠠᠨᠠᠭᠰᠠᠨ ᠪᠣᠯᠤᠨ᠎ᠠ ᠤᠤ ? 》 ᠭᠡᠵᠦ ᠪᠣᠯᠪᠠᠰᠤ ᠪᠣᠯ ᠂ ᠲᠡᠷᠡ

ᠪᠣᠯᠪᠠᠰᠤ ᠪᠢᠴᠢᠭᠰᠡᠨ 《 ᠶᠠᠭᠤᠮᠠᠨ ᠶᠠᠭᠤᠮᠠᠨ ᠤ ᠬᠡᠯᠡᠭᠰᠡᠨ ᠪᠢᠴᠢᠭ ᠲᠠᠢ 》 ᠭᠡᠵᠦ ᠃ ᠪᠢ ᠄ 《 ᠶᠠᠭᠤᠮᠠᠨ ᠶᠠᠭᠤᠮᠠᠨ ᠲᠠ

ᠰᠠᠨᠠᠭᠠ ᠭᠡᠷ ᠪᠠᠨ ᠲᠡᠭᠦᠨ ᠰᠣᠨᠣᠰᠴᠤ ᠭᠡᠷ ᠲᠡ ᠪᠢ ᠲᠡᠷᠡ ᠰᠠᠨᠠᠭᠰᠠᠨ ᠂ ᠲᠡᠭᠦᠨ ᠦ ᠶᠠᠭᠤ ᠪᠣᠯ ᠲᠡᠷᠡ ᠭᠡᠷᠡᠯ

ᠪᠠᠢᠨ᠎ᠠ ᠰᠠᠨᠠᠭᠰᠠᠨ ᠪᠣᠯᠤᠭᠰᠠᠨ ᠃ ᠭᠡᠳᠡᠭ ᠶᠠᠭᠤᠮᠠᠨ ᠶᠠᠭᠤᠮᠠᠨ ᠲᠡᠷᠡ ᠪᠣᠯᠪᠠᠰᠤ ᠲᠡᠷᠡ ᠬᠡᠯᠡᠭᠰᠡᠨ ᠲᠠᠢ ᠲᠡᠳᠡᠨ ᠬᠡᠯᠡᠯᠴᠡᠭᠡᠳ ᠬᠦᠮᠦᠨ

ᠶᠠᠭᠤᠮᠠᠨ ᠪᠢ ᠰᠠᠨᠠᠭᠰᠠᠨ ᠪᠢ ᠠ᠋ ᠂ ᠪᠠᠢᠨ᠎ᠠ ᠲᠡᠷᠡ ᠬᠡᠯᠡᠭᠡᠳ ᠭᠡᠷᠡᠯ ᠪᠣᠯᠤᠨ᠎ᠠ ᠪᠠ ᠶᠢ ᠨᠢ ᠲᠡᠷᠡᠭᠦᠦ ᠶᠠᠭᠤᠮᠠᠨ ᠪᠣ ᠤᠤ ? 》 ᠲᠡᠷᠡ ᠪᠣ ᠂

《 ᠭᠡᠳᠡᠭ ᠰᠠᠨᠠᠭᠠᠳᠤ ᠪᠢ ᠶᠡ ᠲᠣᠭᠲᠠᠭᠠᠬᠤ ᠬᠡᠷᠡᠭᠲᠡᠢ —! 》 ᠭᠡᠵᠦ ᠪᠠᠢᠨ᠎ᠠ ᠰᠠᠨᠠᠭᠰᠠᠨ ᠪᠣᠯᠤᠭᠤ ::

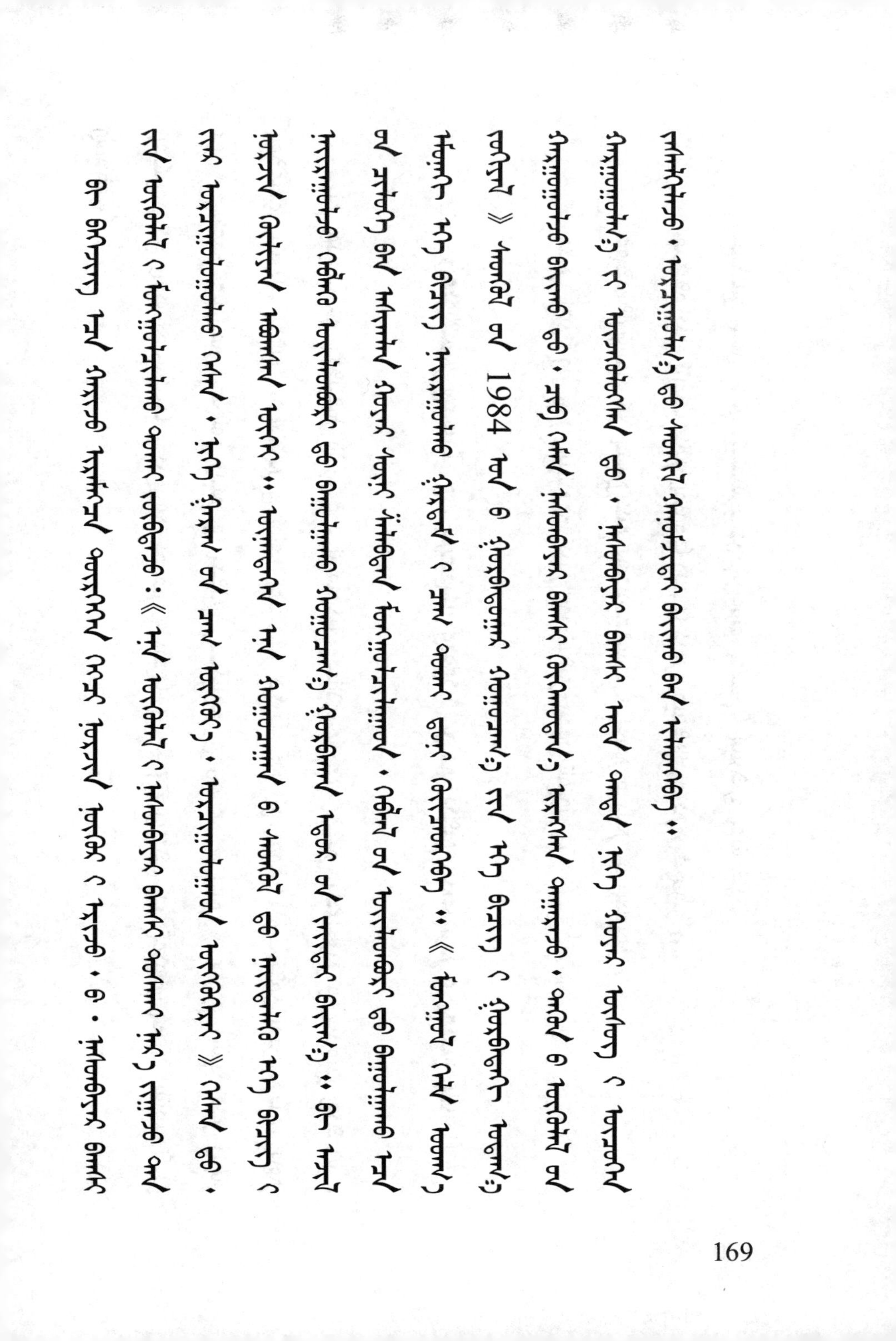

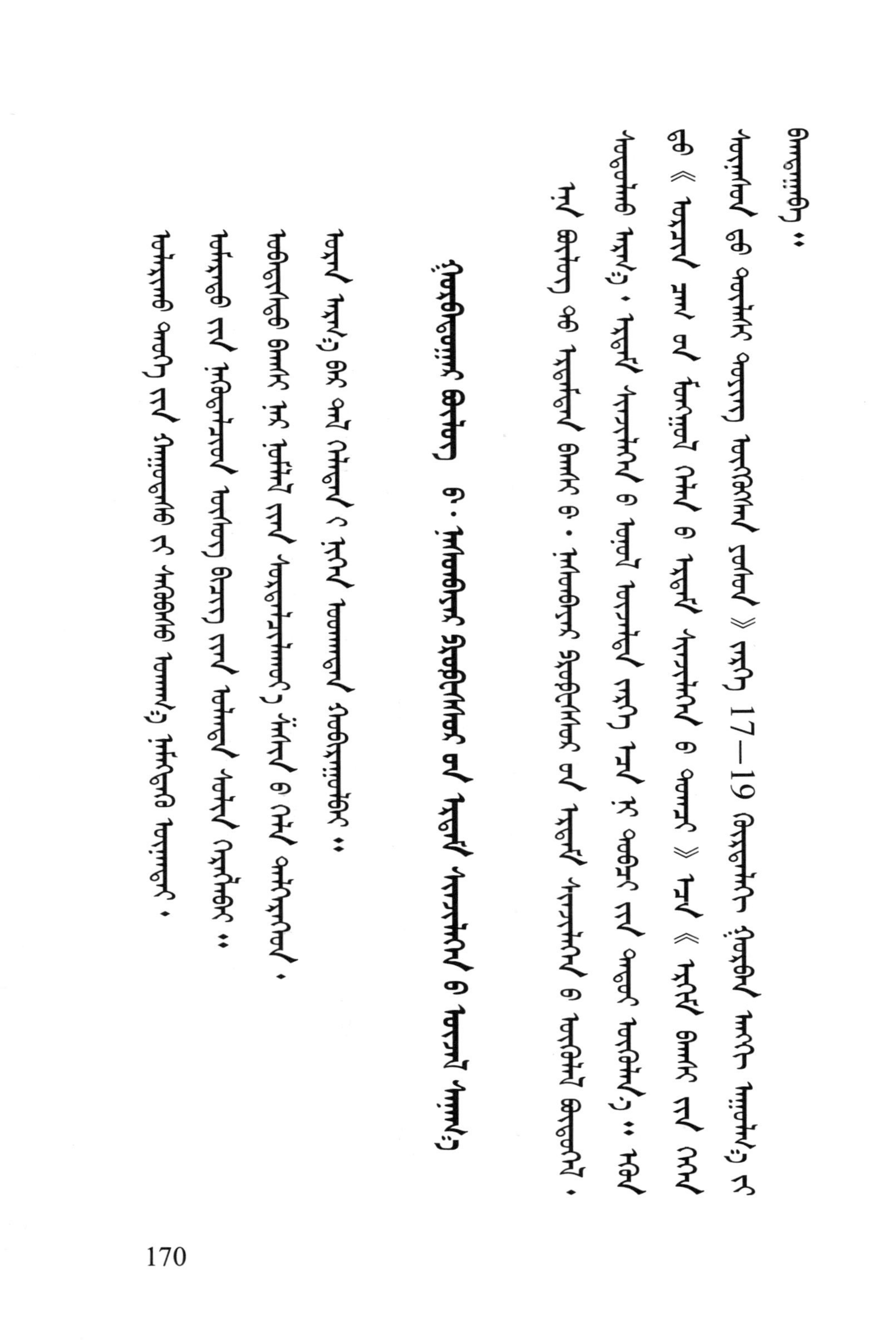

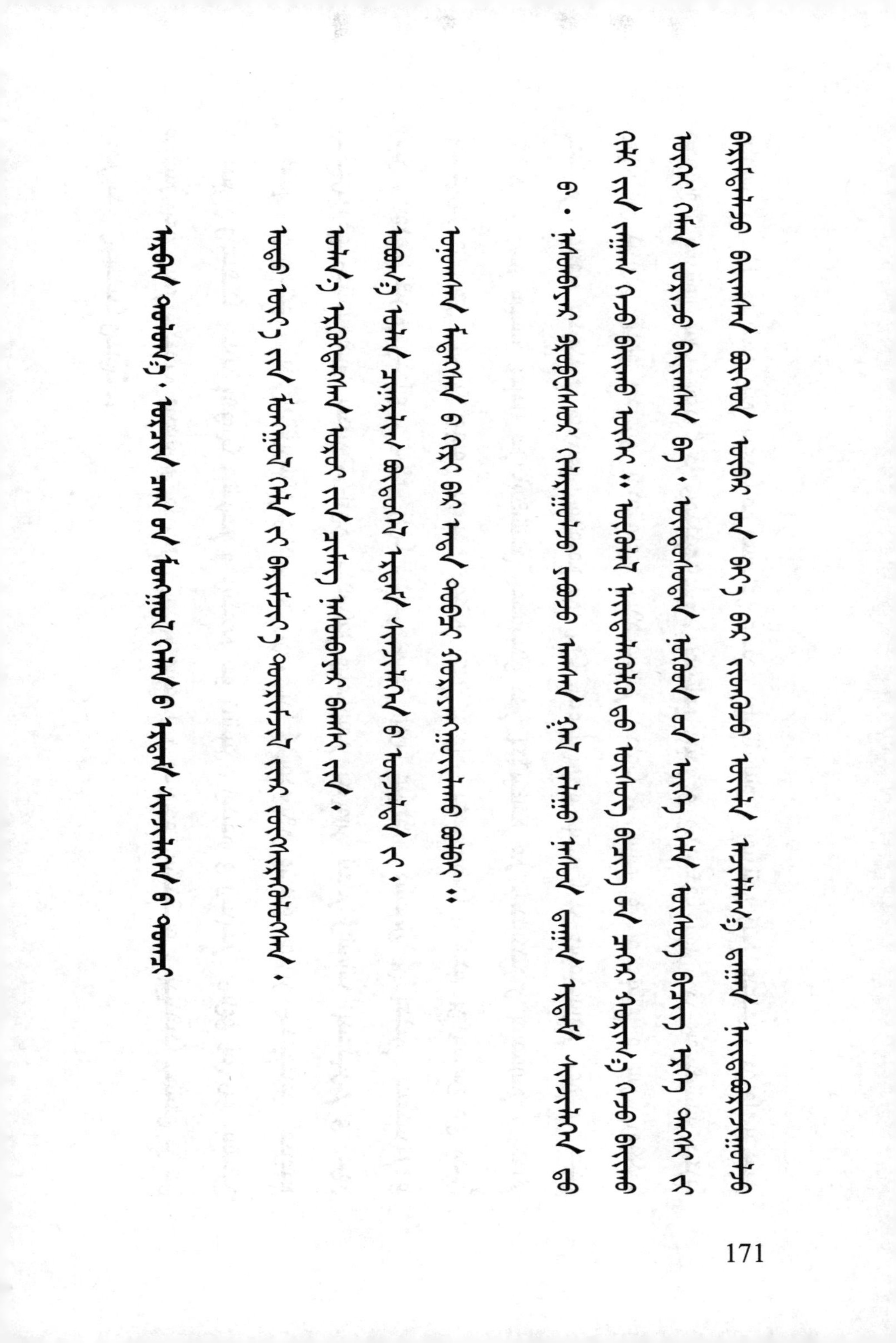

[illegible]

[illegible]

[illegible]

ᠪᠠᠶᠢᠨ᠎ᠠ ᠃ ᠡᠨᠡ ᠬᠠᠷᠢᠴᠠᠭ᠎ᠠ ᠶᠢᠨ ᠪᠠᠶᠢᠳᠠᠯ ᠳᠤ ᠲᠤᠬᠠᠢᠯᠠᠨ ᠤ ᠰᠢᠨᠵᠢᠯᠡᠬᠦ ᠪᠠᠶᠢᠳᠠᠯ ᠤ ᠳᠣᠲᠣᠷ ᠰᠢᠨᠵᠢᠯᠡᠯᠲᠡ ᠬᠠᠷᠢᠴᠠᠭ᠎ᠠ ᠂ ᠬᠠᠷᠢᠴᠠᠭ᠎ᠠ ᠶᠢᠨ ᠪᠠᠶᠢᠳᠠᠯ ᠳᠤ ᠲᠤᠬᠠᠢᠯᠠᠨ ᠤ ᠰᠣᠶᠣᠯ ᠤᠨ ᠳᠣᠲᠣᠭᠠᠳᠤ ᠴᠢᠨᠠᠷ ᠪᠠᠶᠢᠳᠠᠯ ᠤ ᠰᠢᠨᠵᠢᠯᠡᠯᠲᠡ ᠶᠢ ᠬᠠᠷᠢᠴᠠᠭ᠎ᠠ ᠶᠢᠨ ᠪᠠᠶᠢᠳᠠᠯ ᠳᠤ ᠲᠤᠬᠠᠢᠯᠠᠨ ᠤ ᠰᠢᠨᠵᠢᠯᠡᠬᠦ ᠪᠠᠶᠢᠳᠠᠯ ᠤ ᠳᠣᠲᠣᠷ ᠰᠢᠨᠵᠢᠯᠡᠯᠲᠡ ᠃

ᠳᠣᠲᠣᠭᠠᠳᠤ ᠪᠠᠶᠢᠳᠠᠯ ᠤ ᠰᠢᠨᠵᠢᠯᠡᠯᠲᠡ ᠶᠢᠨ ᠠᠷᠭ᠎ᠠ ᠪᠣᠯ ᠬᠠᠷᠢᠴᠠᠭ᠎ᠠ ᠶᠢᠨ ᠪᠠᠶᠢᠳᠠᠯ ᠳᠤ ᠲᠤᠬᠠᠢᠯᠠᠨ ᠤ ᠰᠢᠨᠵᠢᠯᠡᠬᠦ ᠪᠠᠶᠢᠨ᠎ᠠ ᠃

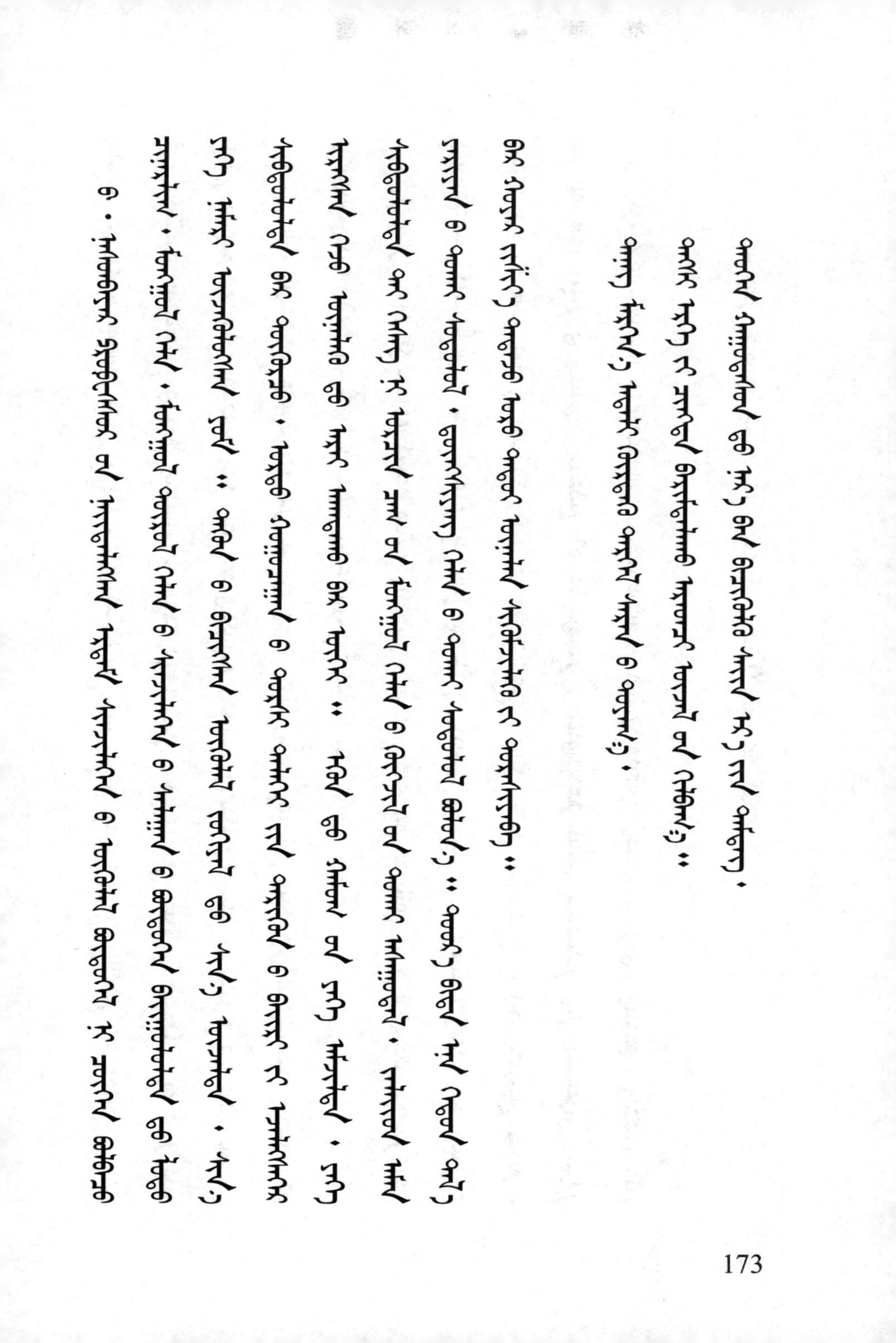

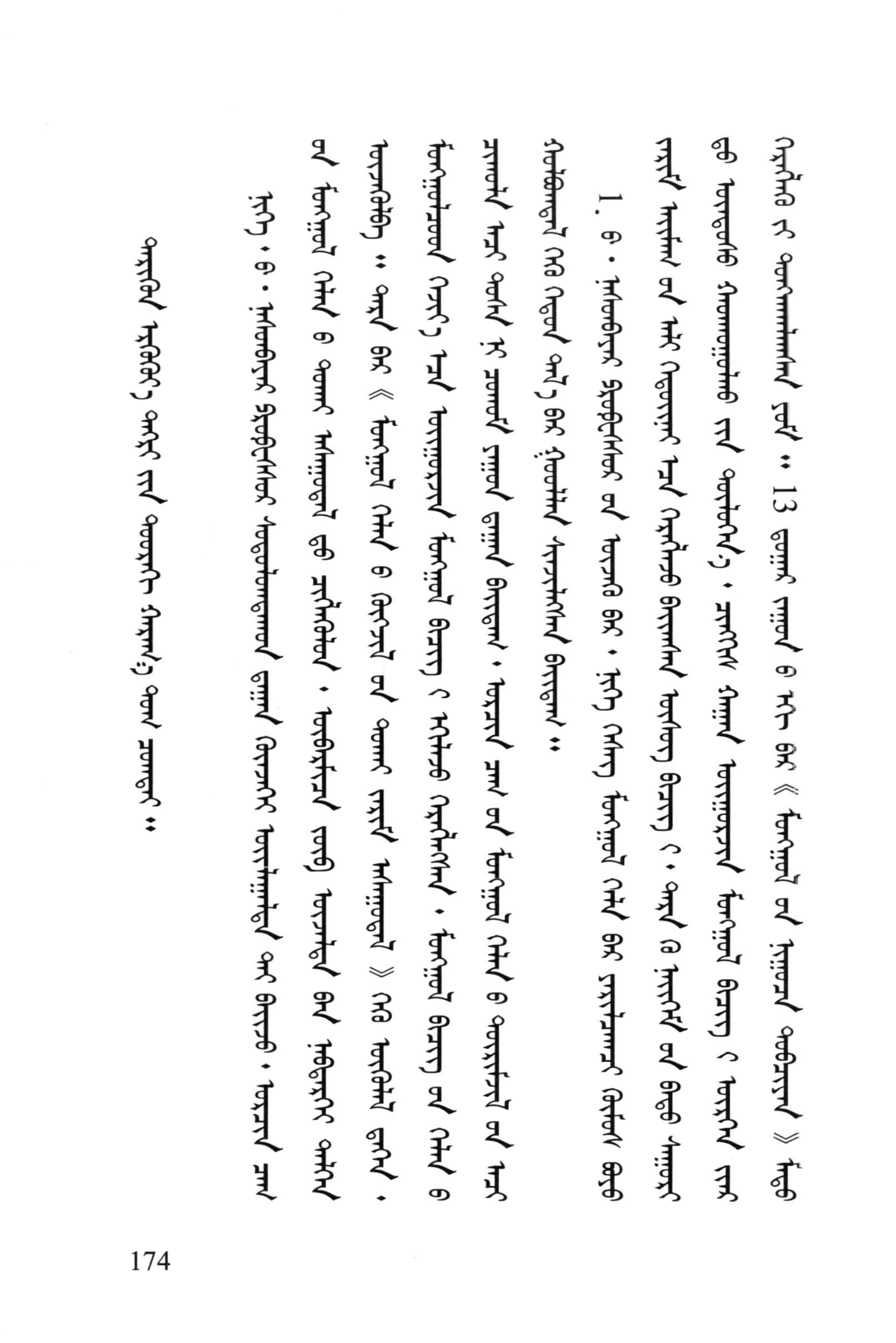

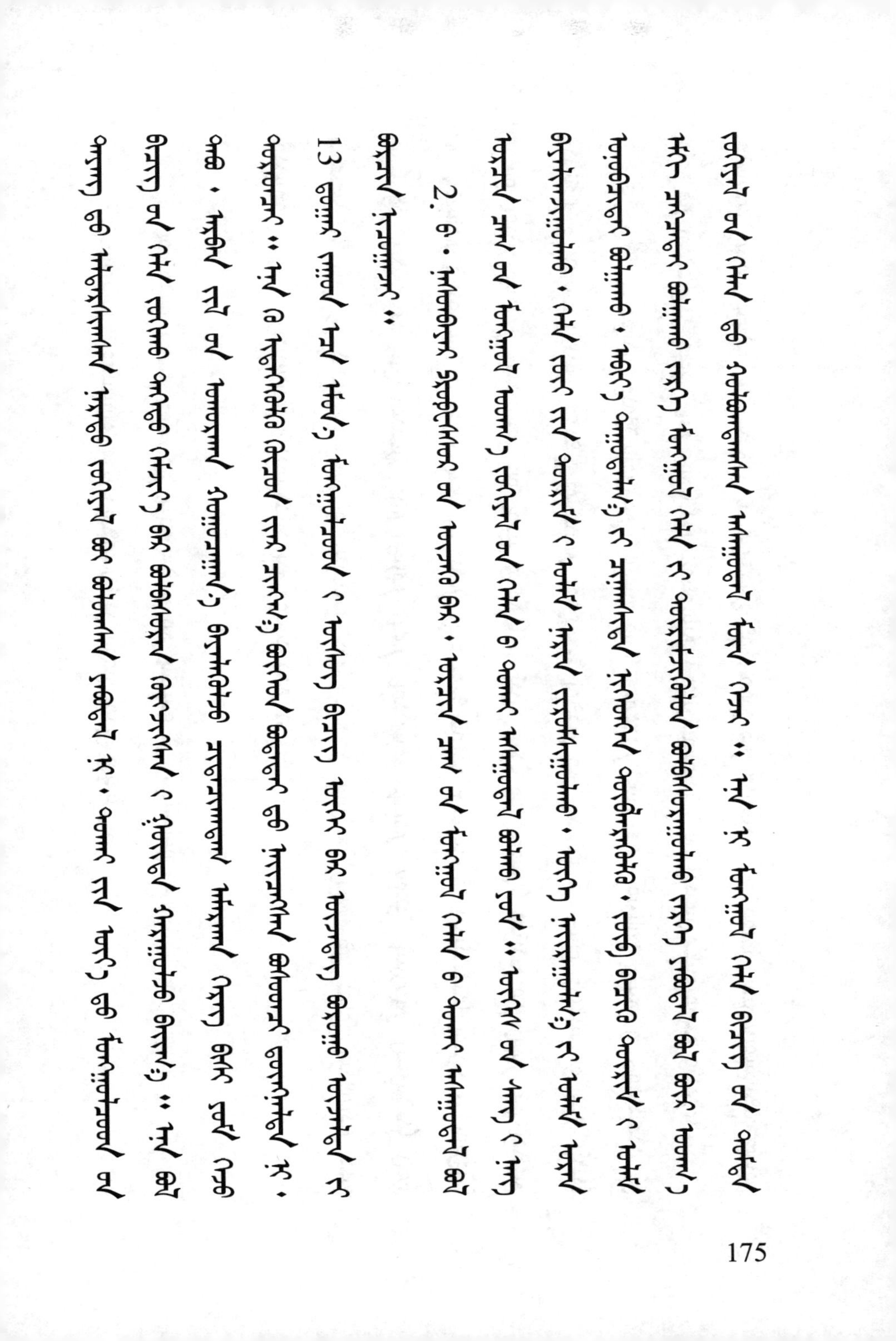

[illegible] 13 [illegible]

2. [illegible]

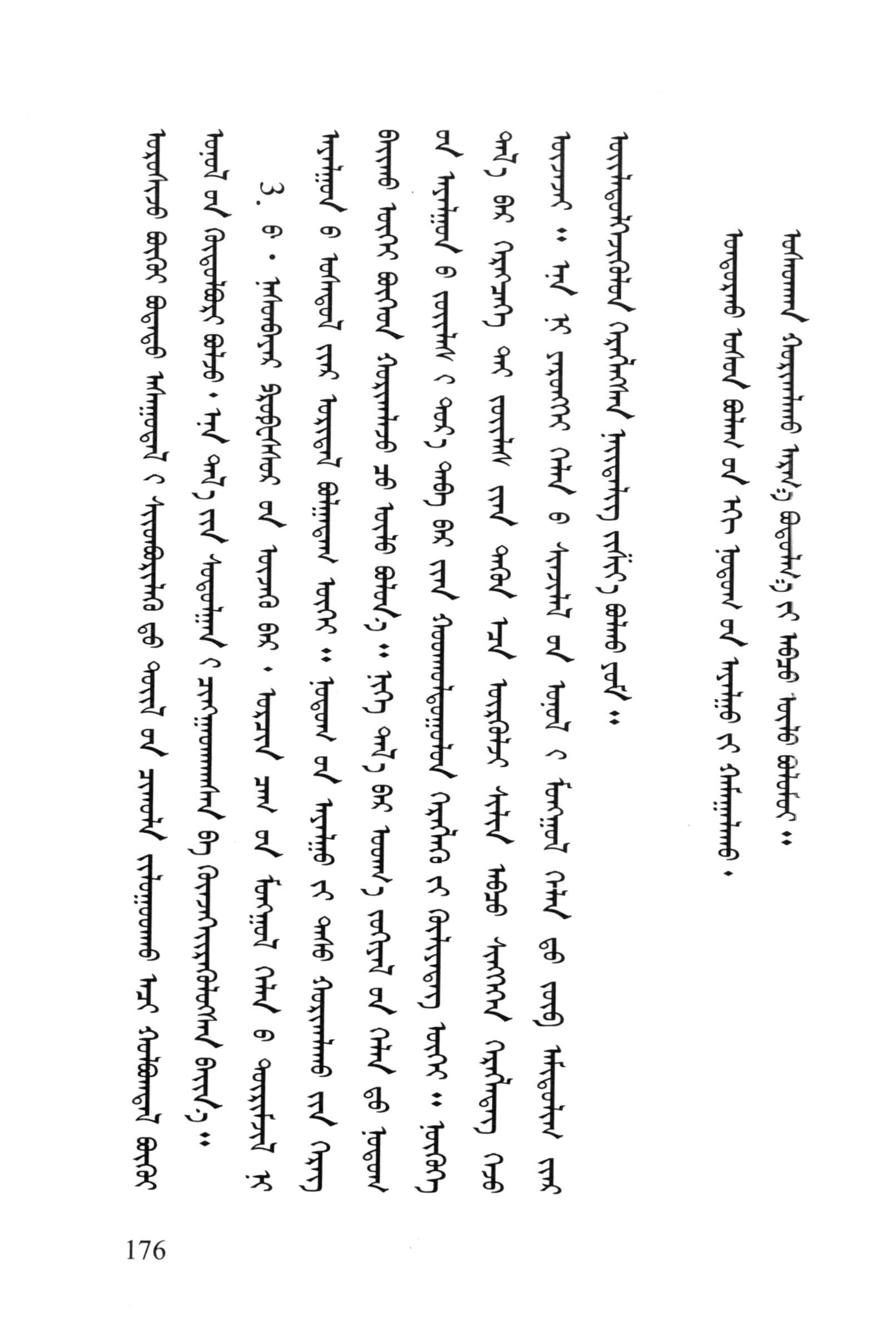

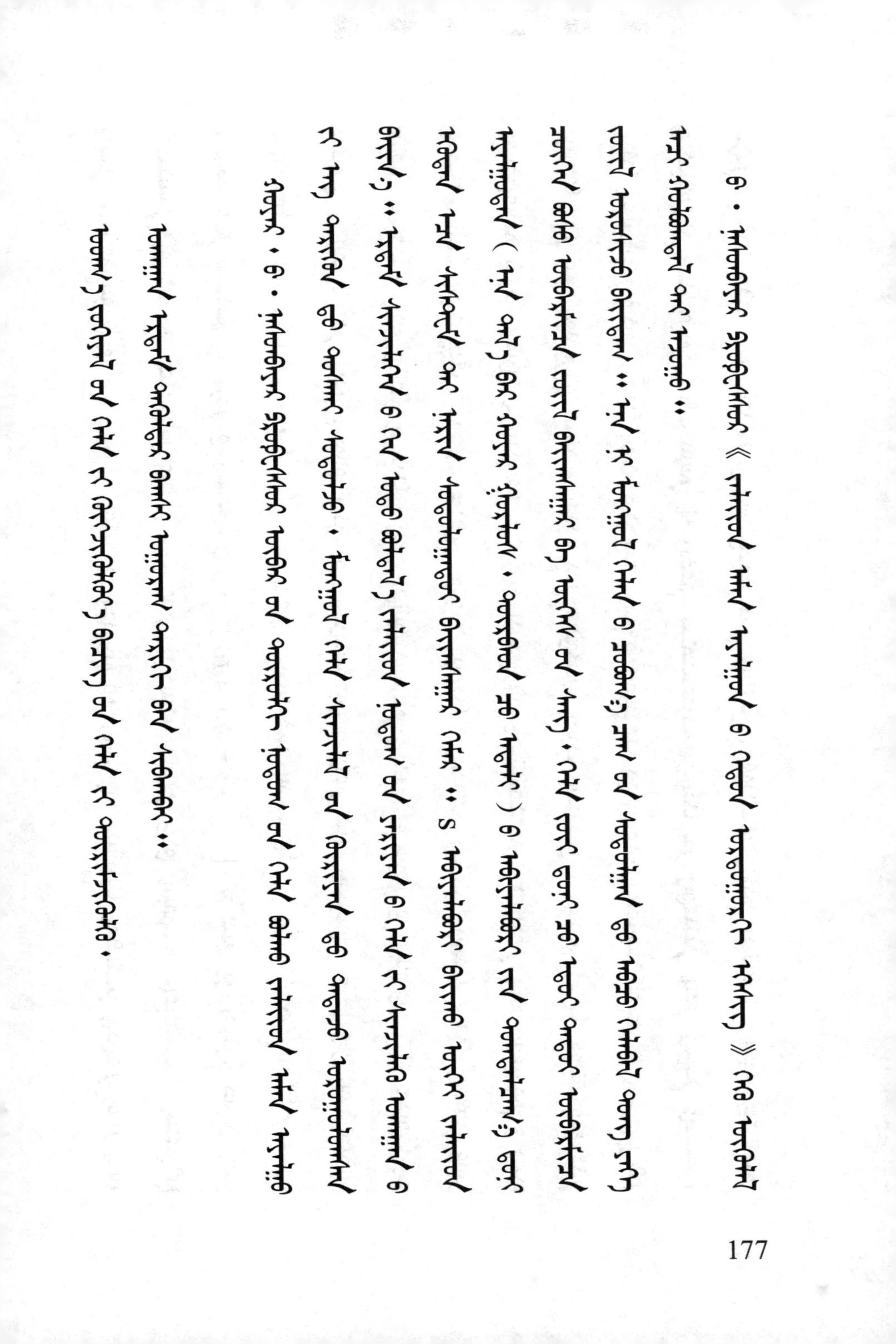

[illegible]

ᠪᠣᠯᠤᠨ · ᠮᠠᠰᠢ ᠶᠡᠬᠡ ᠶᠢᠨ ᠳᠠᠭᠠᠭᠰᠠᠨ ᠤ ᠡᠭᠡᠰᠢᠭᠯᠡᠬᠦ ᠳᠦ ᠬᠠᠮᠢᠶᠠᠷᠠᠨ · ᠡᠭᠡᠰᠢᠭᠯᠡᠬᠦ ᠳᠦ ᠡᠰᠡᠷᠭᠦᠴᠡ · ᠡᠭᠡᠰᠢᠭᠯᠡᠬᠦ ᠳᠦ

ᠪᠠᠶᠢᠳᠠᠭ ᠢ ᠮᠠᠰᠢᠳᠠᠯ ᠠᠴᠠ ᠪᠣᠯᠪᠠᠰᠤ ᠢ ᠬᠡᠭᠡᠳ ᠪᠣᠯᠭᠠᠨ ᠡᠭᠡᠰᠢᠭ ᠦᠨ ᠬᠡᠯᠪᠡᠷᠢ ᠳᠦ ᠵᠢᠷᠤᠮ ᠳᠤ ᠵᠢᠭᠠᠷ · ᠪᠠᠢᠳᠠᠯ

ᠳᠤᠭᠤᠢ ᠮᠠᠭᠠᠳ ᠪᠠᠷ ᠪᠣᠯᠤᠨ ᠡᠭᠡᠰᠢᠭ ᠡᠭᠡᠰᠢᠭᠯᠡᠬᠦ ᠪᠠ ᠮᠠᠰᠢ ᠤ ᠵᠢᠷᠤᠮ ᠶᠢᠨ ᠵᠢᠷᠤᠮᠯᠠᠯ :: ᠪᠠᠶᠢᠳᠠᠯ ᠳᠦ

ᠡᠭᠡᠰᠢᠭ ᠪᠠᠢ ᠦᠨ ᠡᠭᠡᠰᠢᠭ ᠤ ᠬᠡᠯᠪᠡᠷᠢ · ᠠᠶᠠᠳᠠᠨ ᠳᠦ ᠬᠡᠯᠪᠡᠷᠢ ᠳᠦ ᠬᠡᠯᠡᠬᠦ ᠪᠠᠷ ᠪᠢᠴᠢᠬᠦ · ᠪᠠᠢᠭᠠᠯ ᠳᠦ ᠡᠭᠡᠰᠢᠭᠯᠡᠬᠦ ᠳᠦ

ᠮᠠᠰᠢᠳᠠᠯ ᠪᠣᠯ ᠮᠠᠭᠠᠳ ᠡᠭᠡᠰᠢᠭ ᠦᠨ ᠵᠢᠷᠤᠮ ᠡᠭᠡᠨ ᠳᠦ ᠮᠠᠰᠢᠳᠠᠯᠯᠠᠭᠰᠠᠨ · ᠵᠢᠷᠤᠮ ᠶᠢᠨ ᠡᠭᠡᠰᠢᠭ ᠤ ᠪᠠᠢᠳᠠᠯ

ᠪᠦᠭᠦᠳᠡ ᠡᠭᠡᠰᠢᠭ ᠡᠭᠡᠰᠢᠭᠯᠡᠬᠦ ᠶᠢᠨ A. ᠪᠠᠢᠳᠠᠯ ᠪᠦᠭᠦᠳᠡ ᠡᠭᠡᠰᠢᠭ (ᠡᠷ ᠦᠨ ᠪᠦᠭᠦᠳᠡ ᠡᠭᠡᠰᠢᠭ) B. ᠪᠠᠢᠳᠠᠯ ᠪᠠᠷ

ᠪᠦᠭᠦᠳᠡ ᠡᠭᠡᠰᠢᠭ (ᠨᠢᠭᠡ ᠪᠦᠭᠦᠳᠡ ᠡᠭᠡᠰᠢᠭ) ᠨᠢᠭᠡ ᠡᠭᠡᠰᠢᠭᠯᠡᠭᠰᠡᠨ ᠪᠣᠯᠤᠨ᠎ᠠ :: ᠮᠠᠰᠢ ᠤ ᠳᠤᠷ ᠪᠠᠷ · B ᠪᠠᠢᠳᠠᠯ ᠮᠠ

ᠡᠭᠡᠰᠢᠭ ᠢ ᠡᠭᠡᠳ ᠳᠦ ᠡᠭᠡ ᠤ ᠪᠠᠢ ᠡᠭᠡᠨ ᠳᠦ ᠮᠠᠰᠢᠳᠠᠯᠯᠠᠭᠰᠠᠨ ᠪᠠᠢᠳᠠᠯ ᠳᠦᠷ ᠮᠠᠭᠠᠳᠯᠠᠭ [ɤ] ᠪᠠᠷ ᠲᠣᠳᠣᠷᠬᠠᠢᠯᠠᠭᠰᠠᠨ

ᠡᠭᠡᠰᠢᠭᠯᠡᠬᠦ /a/ · /o/ · / ɪ / ᠪᠠ · [ɯ] ᠪᠠᠷ ᠲᠣᠳᠣᠷᠬᠠᠢᠯᠠᠭᠰᠠᠨ ᠡᠭᠡᠰᠢᠭᠯᠡᠬᠦ / ə/ · / ɵ/ · /i/ ᠡᠭᠡᠨ

ᠡᠭᠡᠰᠢᠭ ᠪᠣᠯ ᠪᠠᠢᠳᠠᠯ :: ᠡᠭᠡᠨ ᠤ ᠮᠠᠭᠠᠳᠯᠠᠭ ə → [ɯ] · ɵ → [ɯ] ᠪᠠᠢᠳᠠᠯ ᠢ ᠡᠭᠡᠨ ᠳᠦᠷ ᠪᠠᠢ

ᠡᠭᠡᠰᠢᠭᠯᠡᠭᠰᠡᠨ ᠲᠣᠳᠣᠷᠬᠠᠢᠯᠠᠭᠰᠠᠨ ᠡᠭᠡᠰᠢᠭᠯᠡᠭᠰᠡᠨ ᠪᠠᠢᠳᠠᠯ · ᠪᠠᠢᠳᠠᠯ ᠢ ᠡᠭᠡᠨ ᠳᠦᠷ ᠪᠠᠢ ᠡᠭᠡᠰᠢᠭᠯᠡᠭᠰᠡᠨ ᠲᠣᠳᠣᠷᠬᠠᠢᠯᠠᠭᠰᠠᠨ ᠡᠭᠡᠰᠢᠭᠯᠡᠭᠰᠡᠨ

ᠪᠣᠯᠤᠨ᠎ᠠ :: ᠡᠭᠡᠨ ᠳᠦ [ɤ] · [ɯ] ᠮᠠᠭᠠᠳ ᠢ ᠡᠭᠡᠰᠢᠭᠯᠡᠭᠰᠡᠨ ᠤ ᠮᠠᠰᠢ ᠪᠠᠷ ᠡᠭᠡᠰᠢᠭᠯᠡᠭᠰᠡᠨ ᠮᠠᠭᠠᠳᠯᠠᠭᠰᠠᠨ ᠪᠠᠢᠳᠠᠯ ᠮᠠᠰᠢ ᠮᠠᠰᠢ

ᠳᠤ ᠪᠠᠢᠳᠠᠯ ᠤ ᠬᠡᠯᠡᠨ ᠳᠦ ᠰᠢᠨᠵᠢᠯᠡᠭᠰᠡᠨ ᠡᠭᠦᠰᠢᠭ ᠦᠨ ᠲᠤᠯᠠ ᠲᠡᠭᠡᠷ ᠪᠠᠢᠨ᠎ᠠ ᠃ ᠡᠨᠡ ᠪᠣᠯ ᠬᠠᠯᠬ᠎ᠠ ᠠᠶᠠᠯᠭᠤ ᠪᠡᠶ᠎ᠡ
ᠳᠤ ᠪᠡᠯᠡᠳᠭᠡᠯ ᠂ ᠬᠡᠯᠡᠯᠴᠡᠭᠡ ᠂ ᠲᠡᠭᠡᠷ ᠲᠡᠷ ᠡᠭᠦᠰᠢᠭ ᠦᠨ ᠳᠠᠭᠤᠳᠠᠯᠭ᠎ᠠ ᠲᠣᠳᠣ ᠬᠡᠯᠡᠯᠴᠡᠭᠡᠨ ᠳᠤ
ᠪᠠᠢ ᠲᠡᠷ ᠲᠡᠭᠡᠷ ᠂ ᠲᠡᠭᠦᠨᠴᠢᠯᠡᠨ ᠡᠷᠭᠢᠯᠲᠡ ᠳᠡᠭᠡᠷ ᠡᠭᠦᠰᠢᠭ ᠪᠣᠯᠤᠨ᠎ᠠ ᠃ ᠡᠨᠡ ᠪᠣᠯ
᠂ EE ᠪᠠ E · Ø · y ᠶᠢᠨ ᠬᠡᠯᠪᠡᠷᠢ ᠂ ᠡᠭᠦᠰᠢᠭ ᠡᠭᠦᠳ 6 ᠰᠢᠨᠵᠢᠯᠡᠭᠡᠨ ᠤ ᠲᠡᠭᠡᠷ ᠬᠠᠮᠲᠤ ᠲᠡᠭᠡᠷ
ᠤ ᠡᠮ ᠂ ᠪᠠᠢᠭᠠ ᠡᠭᠦᠰᠢᠭ ᠪᠠᠷ ᠲᠡᠭᠡᠷ ᠪᠠᠢᠳᠠᠯ ᠡᠭᠦᠰᠢᠭ ᠡᠭᠦᠳ ᠰᠢᠨᠵᠢᠯᠡᠭᠡᠨ ᠤᠨ ᠪᠣᠯ ᠪᠣᠯ ᠪᠠᠢ ØØ · yy
᠃ ᠡᠨᠡ ᠲᠡᠭᠡᠷ ᠳᠤ ᠰᠢᠨᠵᠢᠯᠡᠨ ᠡᠭᠦᠰᠢᠭ ᠪᠠᠢᠳᠠᠭ ᠪᠠᠢᠭᠠ ᠲᠤ ᠪᠣᠯᠬᠤ ᠪᠣᠳᠣ ᠡᠭᠦᠰᠢᠭ ᠬᠡᠯᠡᠯᠴᠡᠭᠡ ᠲᠡᠭᠡᠷ / EE / ᠶ
ᠡᠭᠦᠰᠢᠭ ᠪᠠᠢᠳᠠᠭ ᠲᠡᠭᠡᠷ ᠪᠣᠯ ᠳᠠᠭᠤᠳᠠᠯᠭ᠎ᠠ ᠡᠭᠦᠰᠢᠭ ᠪᠠᠢᠳᠠᠯ ᠪᠠᠷ ᠲᠡᠭᠦᠨ ᠲᠡᠭᠡᠷ ᠳᠤ ᠤᠨ ᠪᠣᠯ ᠤ ᠲᠡᠭᠡᠷ ᠪᠠᠢᠳᠠᠯ
ᠲᠡᠭᠡᠷ ᠂ ᠲᠡᠭᠡᠷᠬᠡ ᠲᠤ ᠡᠭᠦᠳ ᠲᠡᠭᠡᠷ ᠲᠤ ᠪᠣᠳᠣ ᠤ ᠲᠡᠭᠡᠷ ᠤ ᠲᠡᠭᠡᠨ ᠦ ᠲᠡᠭᠡᠷ ᠃ ᠡᠭᠦᠰᠢᠭ ᠪᠠᠢᠳᠠᠯ
ᠪᠣᠯ ᠲᠡᠭᠡᠷ ᠡᠭᠦᠰᠢᠭ ᠡᠭᠦᠳ ᠤ ᠪᠣᠳᠣ ᠪᠠᠷ E · Ø · y ᠡᠭᠦᠳ ᠡᠭᠦᠰᠢᠭ ᠤ ᠲᠡᠭᠡᠷ ᠪᠠᠢᠳᠠᠯ
ᠡᠭᠦᠰᠢᠭ ᠪᠣᠯᠭᠠᠪᠠ ᠲᠡᠭᠡᠨᠴᠢᠯᠡᠨ ᠪᠠᠢᠳᠠᠯ ᠲᠡᠭᠡᠷ ᠃ ᠪᠠᠢᠳᠠᠯ ᠪᠣᠯ ᠪᠣᠯᠭᠠᠪᠠ ᠲᠡᠭᠡᠷ ᠡᠭᠦᠰᠢᠭ ᠪᠠᠢᠳᠠᠯ
ᠪᠠᠷ ᠲᠡᠭᠡᠷ ᠡᠭᠦᠰᠢᠭ ᠡᠭᠦᠳ ᠂ ᠪᠠᠢᠳᠠᠯ ᠪᠠᠢᠳᠠᠯ ᠪᠠᠢ ᠲᠡᠭᠡᠷ ᠪᠣᠳᠣ ᠪᠣᠯ ᠡᠭᠦᠳ ᠲᠤ ᠲᠡᠭᠡᠷ ᠪᠠᠢᠳᠠᠯ
ᠪᠠᠢ ᠰᠢᠨᠵᠢᠯᠡᠭᠳᠡᠬᠦᠨ ᠪᠠᠢᠳᠠᠯ ᠶᠢᠨ ᠬᠠᠮᠲᠤ ᠲᠠᠢ ᠬᠠᠷᠢᠴᠠᠭᠤᠯᠤᠨ ᠤ ᠬᠡᠯᠡᠯᠴᠡᠭᠡᠨ ᠡᠭᠦᠰᠢᠭ ᠡᠭᠦᠳ ε · œ · y ᠲᠡᠭᠡᠷ ᠶ

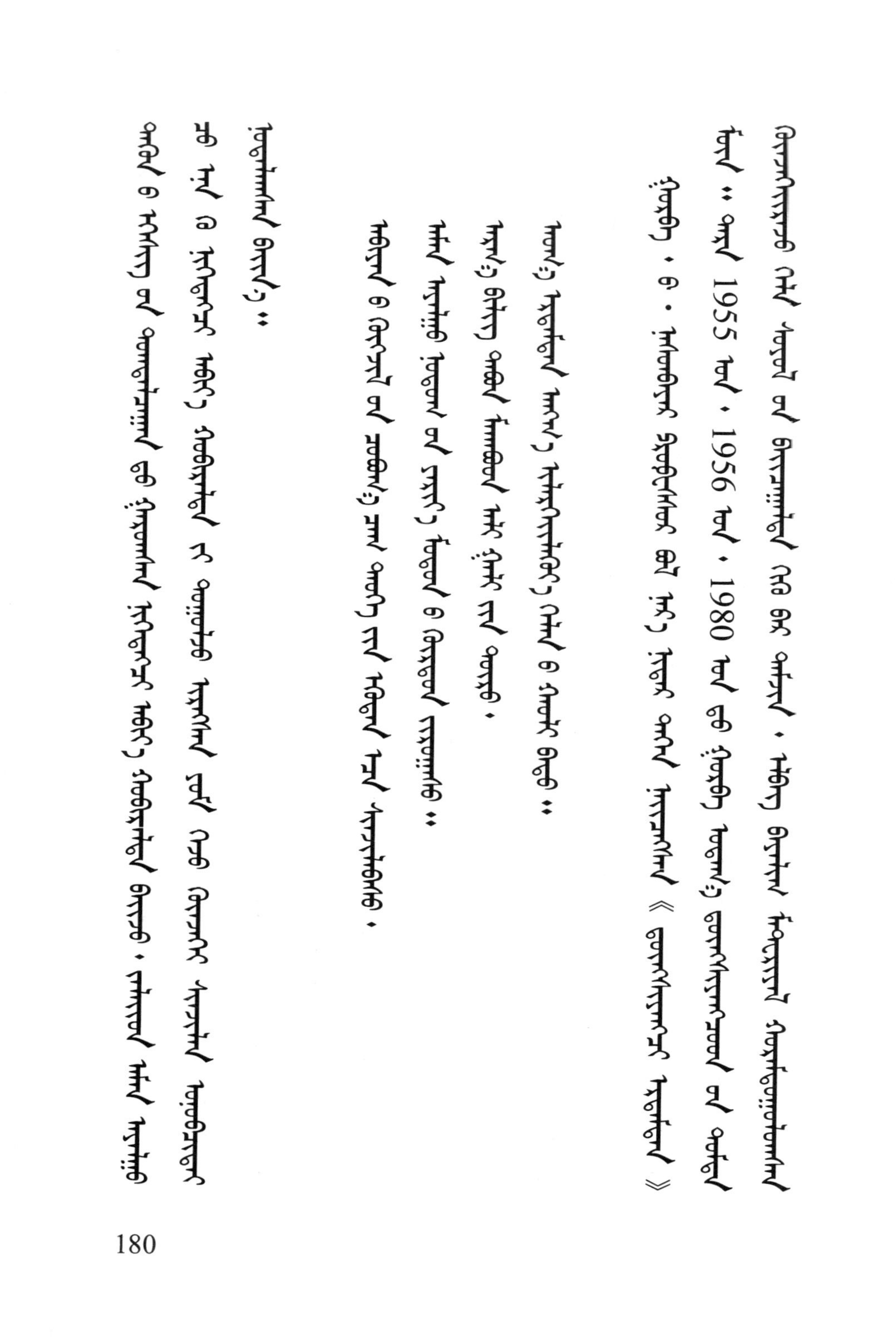

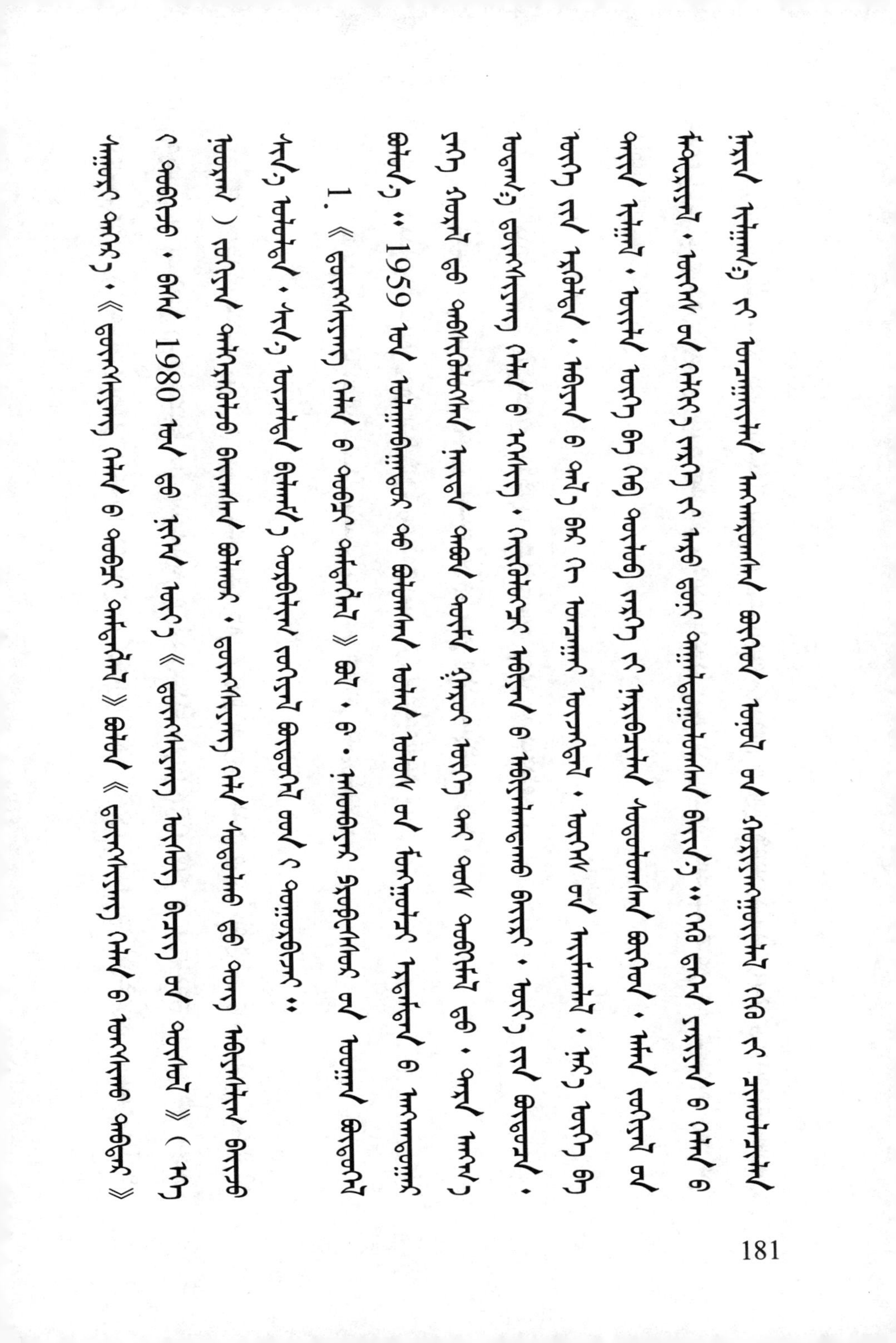

[illegible] ᠦ [illegible] [illegible] [illegible] [illegible] · [illegible] [illegible] [illegible] [illegible] [illegible] [illegible] [illegible] ᠤᠨ [illegible]
[illegible] [illegible] :: 《[illegible] [illegible] ᠤ [illegible] [illegible]》 [illegible] [illegible] [illegible] ᠤ [illegible]
[illegible] [illegible] [illegible] ::

[illegible] [illegible] [illegible] [illegible] [illegible] [illegible] [illegible] [illegible] ·
[illegible] [illegible] [illegible] [illegible] [illegible] [illegible] [illegible] [illegible] [illegible] [illegible] ::
[illegible] [illegible] ᠤᠨ [illegible] [illegible] [illegible] [illegible] [illegible] ·
[illegible] [illegible] [illegible] [illegible] [illegible] ᠤᠨ [illegible] [illegible] ::

2. 《[illegible] [illegible] ᠤ [illegible] [illegible] [illegible]》 [illegible] [illegible] [illegible] ᠤ · [illegible] [illegible] [illegible]
[illegible] ᠤᠨ [illegible] [illegible] [illegible] ᠤᠨ [illegible] ᠤ [illegible] ᠤᠨ 1980 ᠣᠨ ᠤ [illegible] [illegible] ᠳᠤ [illegible]
[illegible] · 《[illegible] [illegible] [illegible] [illegible]》 [illegible] ᠤᠨ 1981 ᠣᠨ ᠤ [illegible] [illegible] ᠳᠤ

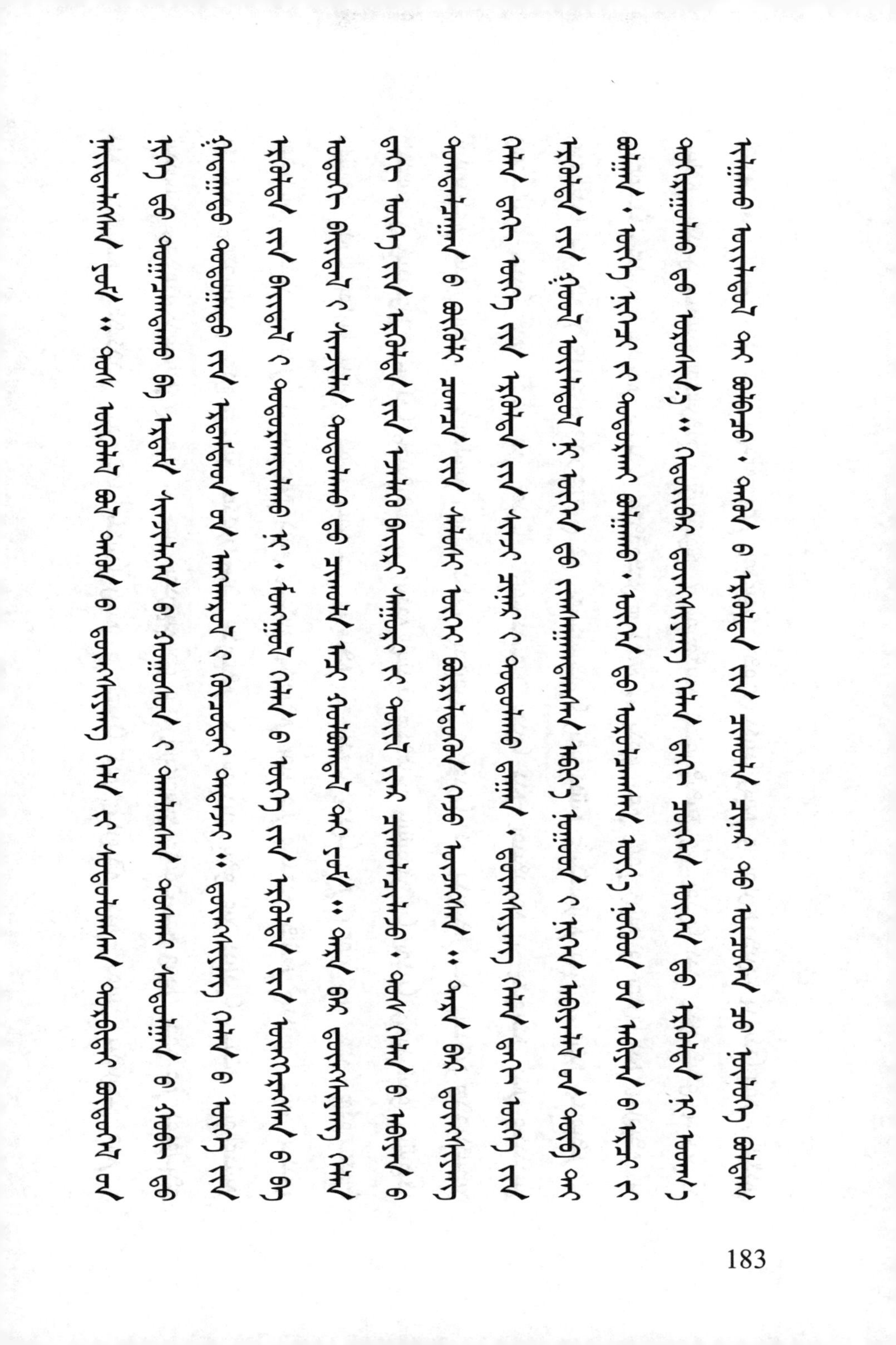

ᠶᠢᠨ ᠠᠶᠠᠯᠭᠤᠨ ᠤ ᠪᠣᠳᠣᠯᠭ᠎ᠠ ᠶᠢᠨ ᠬᠡᠮᠵᠢᠶᠡᠯᠡᠯ ᠲᠡᠢ ᠪ ᠬᠡᠯᠡᠨ ᠶᠢᠨ ᠠᠶᠠᠯᠭᠤᠨ ᠶᠢᠨ ᠪᠣᠯᠣᠨ ᠠᠶᠠᠯᠭᠤᠲᠤ ᠪᠠᠷ ᠤ
ᠰᠢᠨᠵᠢᠯᠡᠯ ᠪᠣᠳᠣᠯᠭ᠎ᠠ ᠶᠢᠨ ᠪᠠᠶᠢᠨ᠎ᠠ :: ᠪᠣᠯᠪᠠᠰᠤ ᠬᠡᠯᠡᠨ ᠦ ᠪ ᠪ · ᠰᠢᠨᠵᠢᠯᠡᠯ ᠣᠯᠠᠨ ᠬᠡᠯᠪᠡᠷᠢ ᠪᠣᠯᠤᠨ ᠬᠡᠯᠡ ᠪᠠᠷ ᠪᠣᠳᠣᠯᠭ᠎ᠠ
ᠠᠶᠠᠯᠭᠤᠨ ᠪᠣᠳᠣᠯᠭ᠎ᠠ ᠰᠠᠶᠢᠨ · ᠬᠡᠯᠡᠬᠦ ᠬᠡᠯᠡᠨ ᠪᠠᠨ ᠠᠶᠠᠯᠭᠤᠨ ᠰᠠᠶᠢᠨ ᠳᠤ ᠬᠡᠯᠡ ᠪᠠ ᠶᠠᠭᠤ ᠰᠠᠶᠢᠨ ᠪᠣᠯᠤᠨ ᠰᠢᠨᠵᠢᠯᠡᠯ
ᠬᠡᠯᠡᠨ ᠦ ᠪᠣᠳᠣᠯᠭ᠎ᠠ ᠰᠠᠶᠢᠨ :: ᠪᠣᠯᠪᠠᠯ ᠬᠡᠯᠡᠬᠦ ᠬᠡᠯᠡᠨ ᠠᠶᠠᠯᠭᠤᠨ ᠬᠡᠯᠡ ᠪᠠᠷ ᠪᠠᠶᠢᠳᠠᠯ ᠲᠦᠷᠦᠯ ᠪᠠᠶᠢᠨ᠎ᠠ · ᠬᠡᠯᠡᠬᠦ ᠬᠡᠯᠡᠨ
ᠬᠡᠯᠡᠪᠡᠯ ᠰᠠᠶᠢᠨ ᠬᠡᠯᠡᠨ ᠦ ᠠᠶᠠᠯᠭᠤᠨ ᠪᠠ · ᠬᠡᠯᠡ ᠪᠠᠷ ᠠᠶᠠᠯᠭᠤᠨ ᠨᠢ ᠰᠠᠶᠢᠨ ᠬᠡᠯᠡᠨ ᠦ ᠶᠢᠨ ᠬᠡᠯᠡ ᠪᠠᠷ ᠬᠡᠯᠡᠨ ᠦ ᠪᠠᠶ᠎ᠠ ᠰᠠᠶᠢᠨ
ᠪᠠᠶᠢᠳᠠᠯ ᠤ ᠦᠭᠡᠰᠢᠭᠡᠯ) ᠪᠣᠯᠬᠤ ᠪᠣᠳᠣᠯᠭ᠎ᠠ :: ᠦᠭᠡᠨ ᠦ ᠬᠡᠯᠡᠨ ᠦ ᠬᠡᠮᠵᠢᠶᠡᠯ ᠪᠦᠬᠦᠨ ᠪᠠ ᠬᠡᠯᠡᠨ ᠦ ᠦᠭᠡᠰᠢᠭᠡᠯ ᠪᠦᠬᠦᠨ
ᠬᠡᠯᠡᠪᠡᠷᠢᠯᠡᠯ ᠰᠠᠶᠢᠨ ᠬᠡᠯᠡᠨ ᠦ ᠦᠭᠡᠰᠢᠭᠡᠯ · ᠪᠣᠯᠤᠨ ᠰᠠᠶᠢᠨ ᠪᠣᠳᠣᠯᠭ᠎ᠠ ᠪ ᠬᠡᠯᠡᠨ ᠦ ᠶᠢᠨ ᠠᠶᠠᠯᠭᠤᠨ ᠶᠢᠨ ᠪᠠᠶᠢᠳᠠᠯ ᠬᠡᠮᠵᠢᠶᠡᠰᠦᠨ
ᠦᠭᠡᠰᠢᠭᠡᠯ ᠬᠡᠯᠡᠨ ᠦ ᠶᠢᠨ ᠬᠡᠯᠡ ᠪᠠᠷ ᠬᠡᠯᠡᠨ · ᠪᠣᠳᠣᠯᠭᠠᠯᠠᠯ ᠬᠡᠯᠡᠨ ᠦ ᠶᠢᠨ ᠬᠡᠯᠪᠡᠷᠢᠯᠡᠯ (ᠠᠶᠠᠯᠭᠤᠨ ᠶᠢᠨ ᠪᠠᠶᠢᠳᠠᠯ
ᠪᠠᠶᠢᠭᠤᠯᠬᠤ ᠠᠶᠠᠯᠭᠤᠨ (stress accent) ᠪᠠ ᠪᠣᠳᠣᠯᠭᠤᠯᠤᠯ ᠤᠨ ᠪᠠ ᠰᠠᠶᠢᠨ ᠦᠭᠡᠰᠢᠭᠡᠯ ᠪᠠᠶᠢᠨ :: ᠪᠣᠯᠤᠨ ᠠᠶᠠᠯᠭᠤᠨ ᠨᠢ
ᠪᠠᠶᠢᠭᠤᠯᠬᠤ · ᠬᠡᠯᠪᠡᠷᠢ ᠪᠣᠯᠬᠤ ᠬᠡᠮᠵᠢᠶᠡ ᠬᠡᠯᠡᠪᠣᠣᠯ ᠪᠠᠶᠢᠳᠠᠯ :: ᠬᠡᠯᠡᠪᠡ ᠬᠡᠯᠡ ᠬᠡᠯᠡᠨ ᠦᠨ ᠪ ᠬᠡᠯᠡᠨ ᠦ ᠶᠢᠨ ᠠᠶᠠᠯᠭᠤᠨ ᠨᠢ
ᠪᠣᠳᠣᠯ ᠬᠡᠯᠡᠬᠦ ᠪᠣᠯᠤᠨ ᠬᠡᠯᠡᠪᠡᠷᠢ ᠤ ᠦᠭᠡᠰᠢᠭᠡᠯ) ᠪᠣᠳᠣᠯᠭᠠᠯ ᠬᠡᠯᠡᠪᠡᠷᠢᠯᠡᠯ ᠪᠠ ᠬᠡᠯᠡᠨ ᠦ ᠶᠢᠨ ᠠᠶᠠᠯᠭᠤᠨ ᠪᠠ ᠬᠡᠯᠡ ᠨᠢ
ᠬᠡᠯᠡᠬᠦ :: ᠬᠡᠯᠪᠡᠷᠢᠯᠡᠯ ᠪᠣᠯᠤᠨ ᠶᠢᠨ ᠬᠡᠮᠵᠢᠶᠡ ᠬᠡᠯᠡ ᠬᠡᠯᠡᠪᠡᠯ · ᠪᠣᠳᠣᠯᠭᠠᠯᠠᠯ ᠬᠡᠯᠡᠨ ᠪ ᠬᠡᠯᠡᠬᠦ ᠪᠣᠯᠤᠨ ᠬᠡᠮᠵᠢᠶᠡ ᠪᠠᠷ (ᠬᠡᠯᠡᠪᠡ

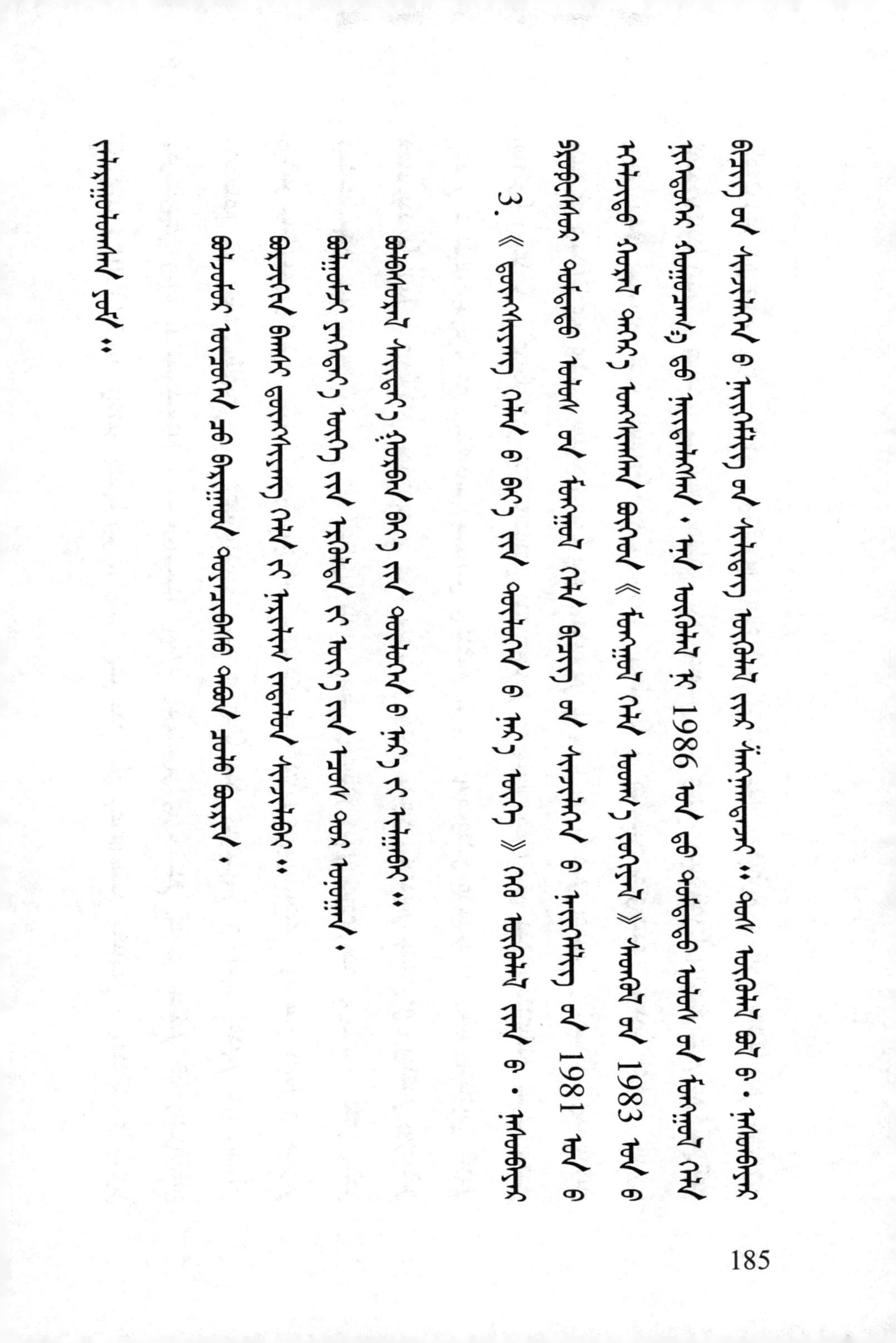

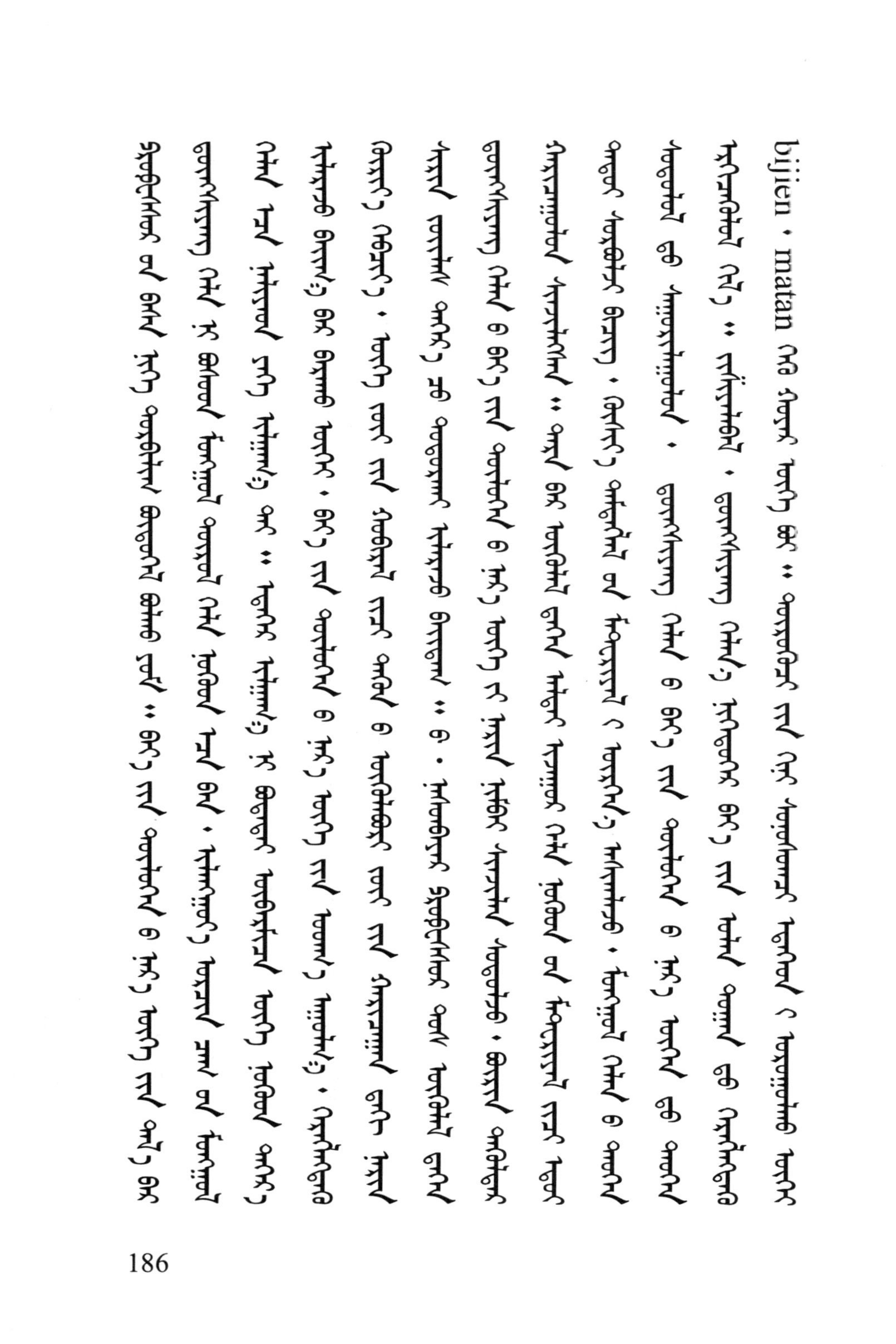

bijien · matan [illegible]

[illegible]

[illegible]

[illegible]

[illegible]

[illegible]

[illegible]

[illegible]

[illegible]

[illegible]

[illegible]

[illegible]

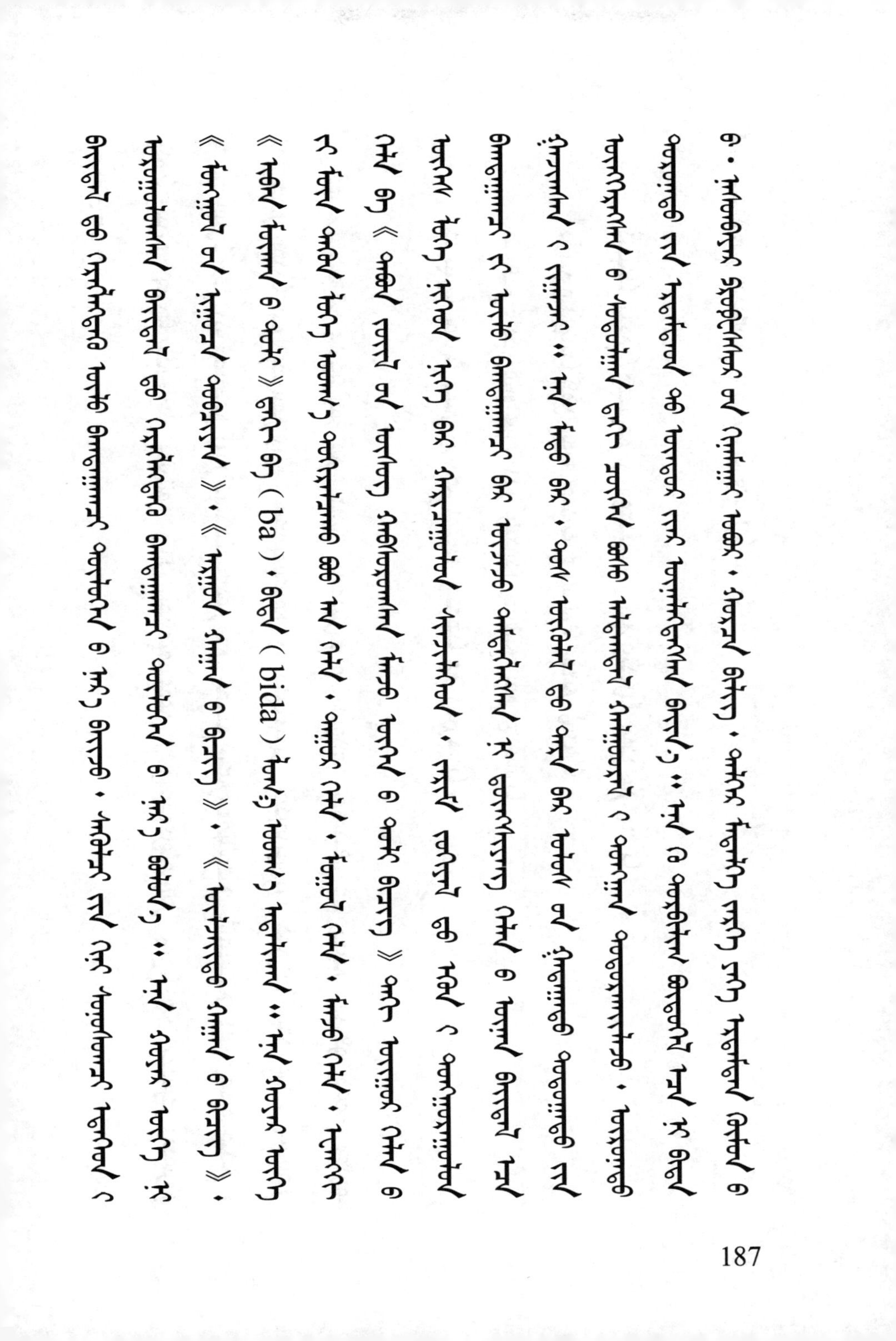

[illegible] 《 [illegible] 》 [illegible] (ba) · [illegible] (bida) [illegible]

[illegible]

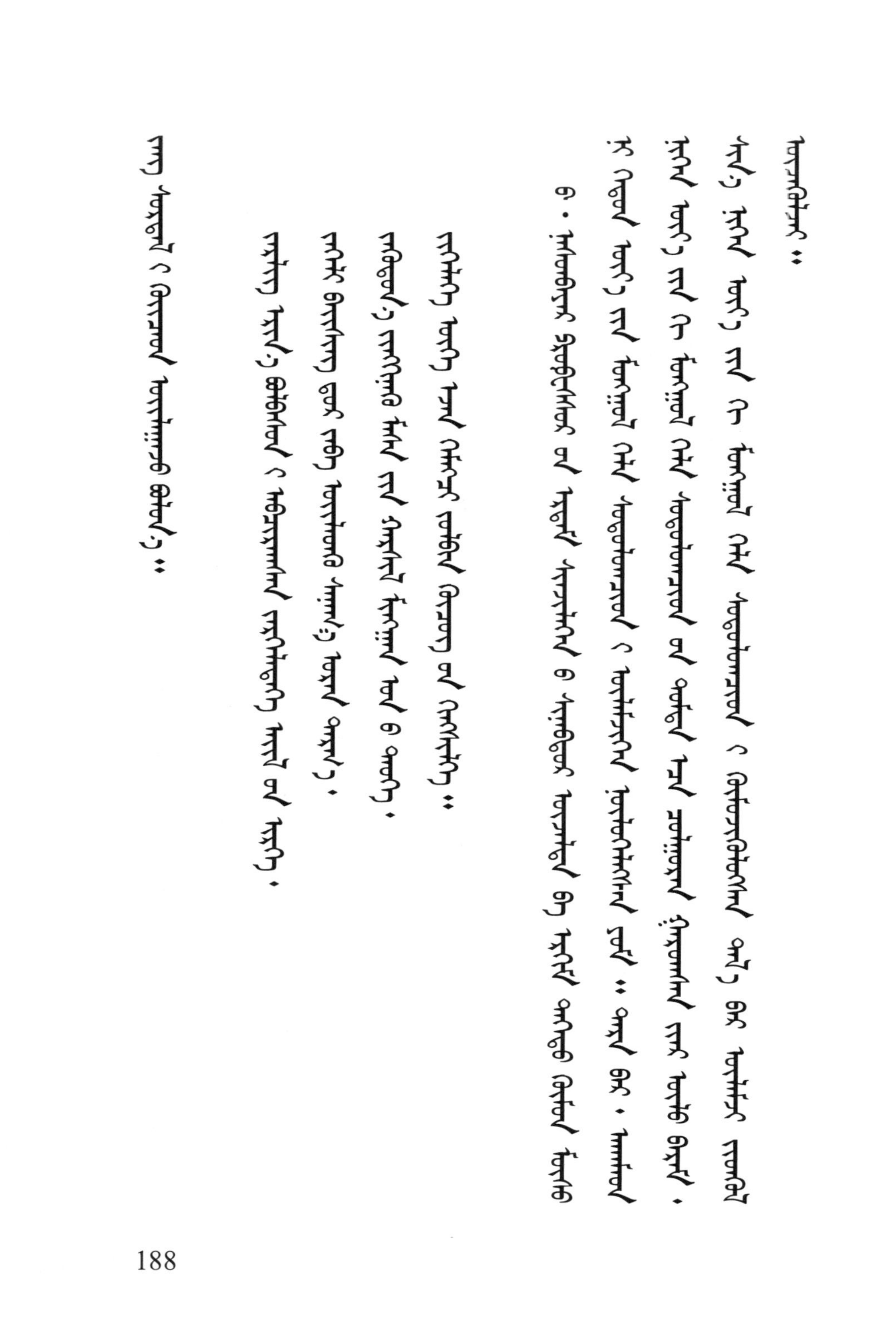

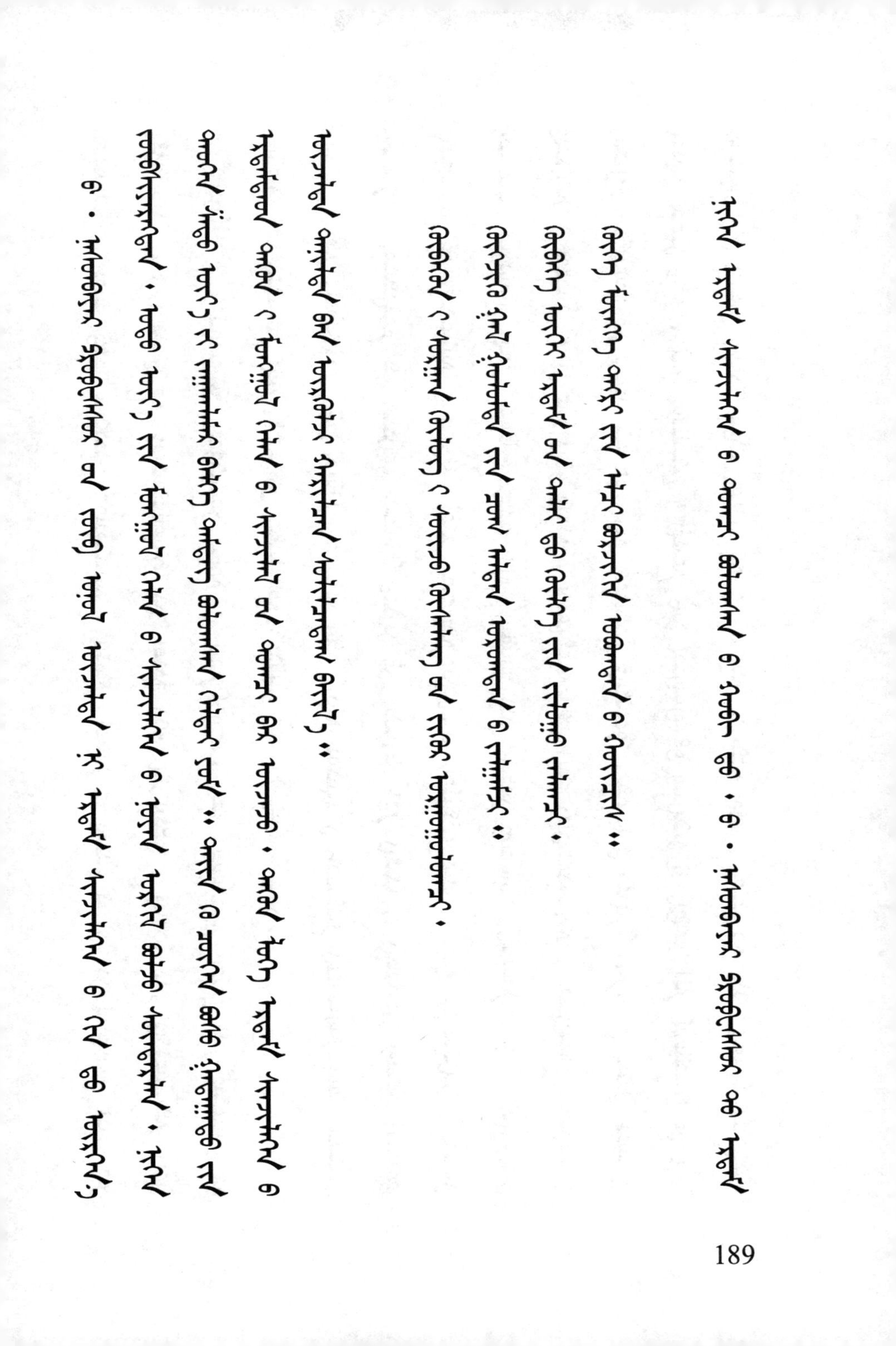

[illegible]

[illegible]
[illegible]
[illegible]
[illegible]

[illegible]

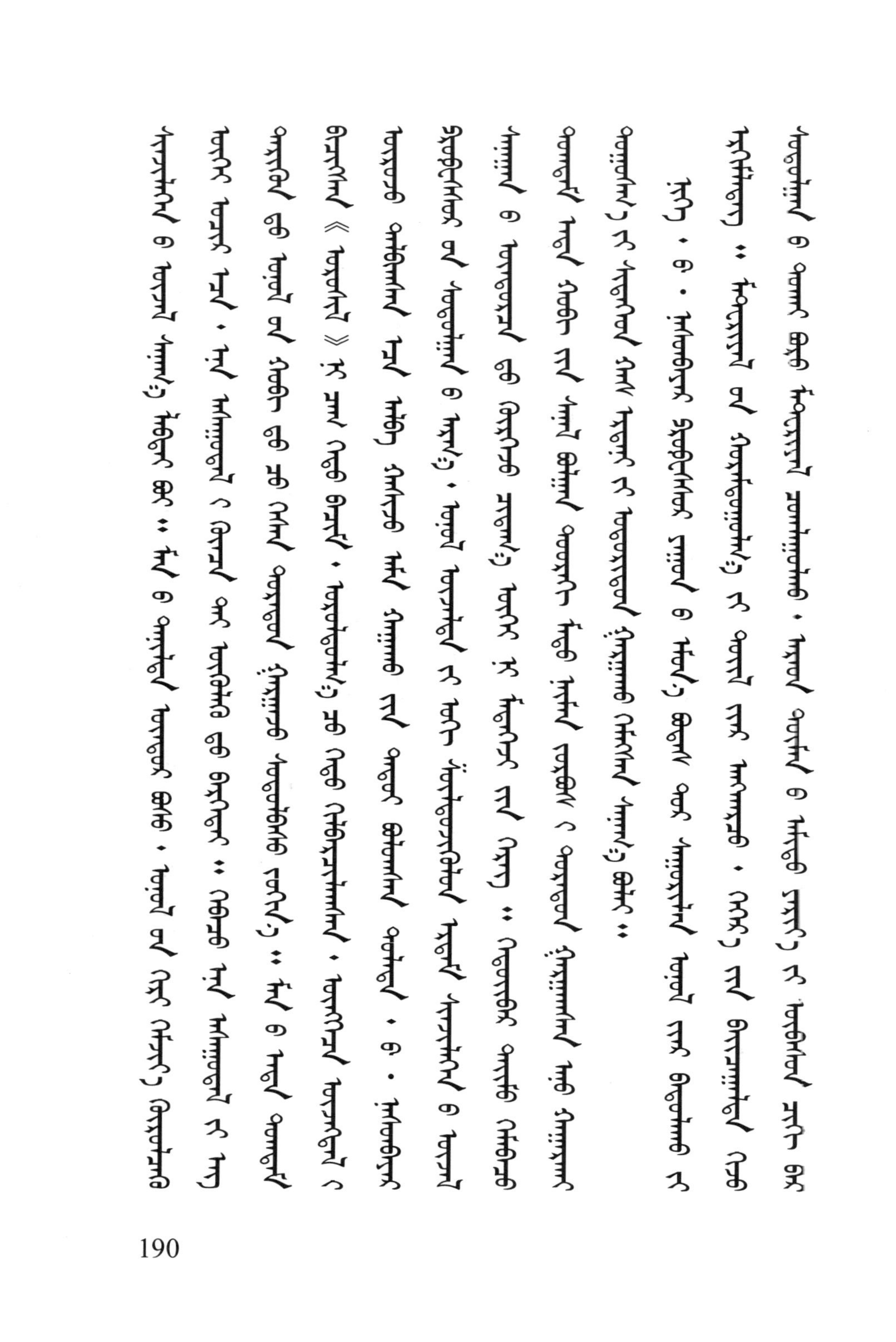

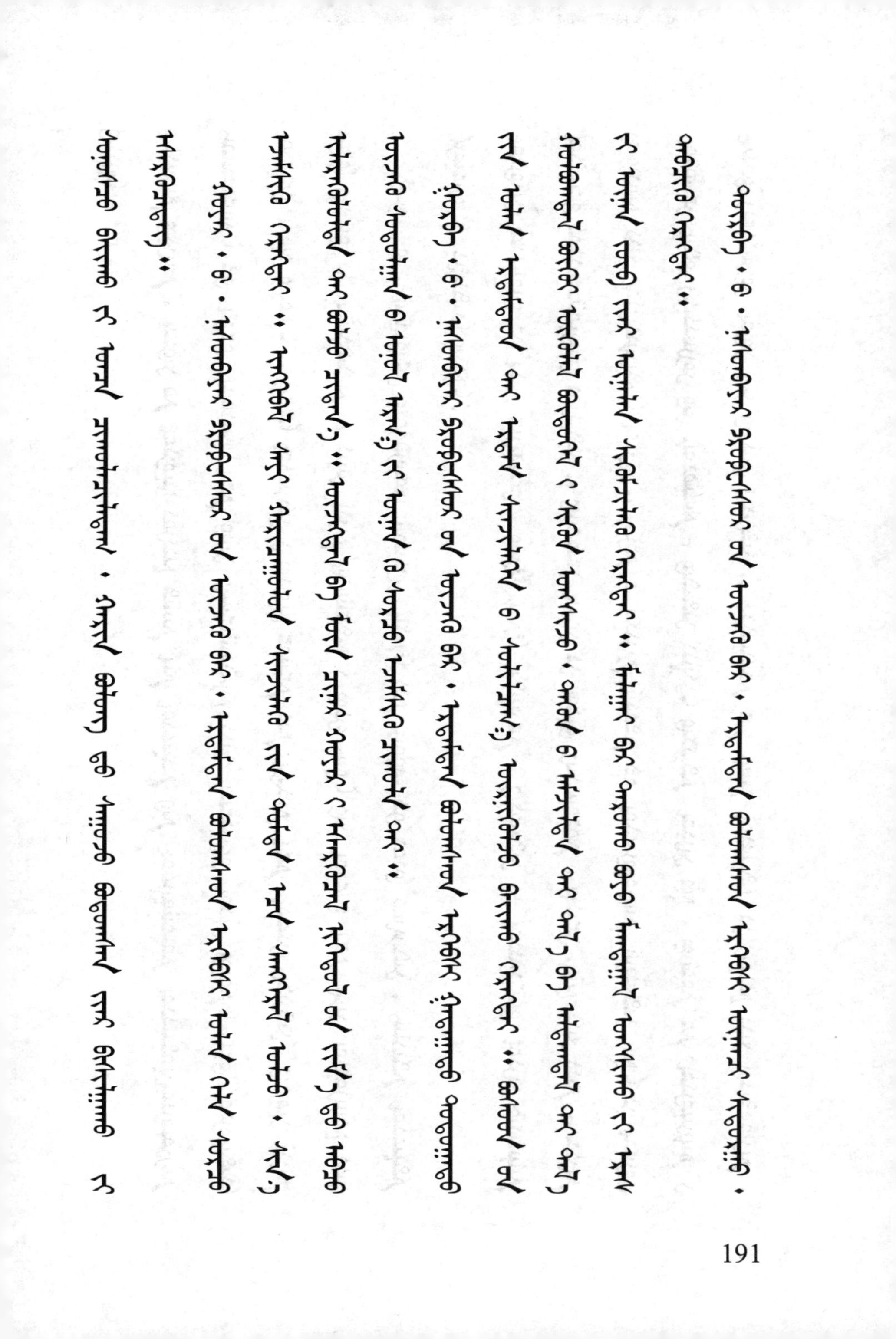

[illegible]

[illegible]

[illegible]

[illegible]

[illegible]

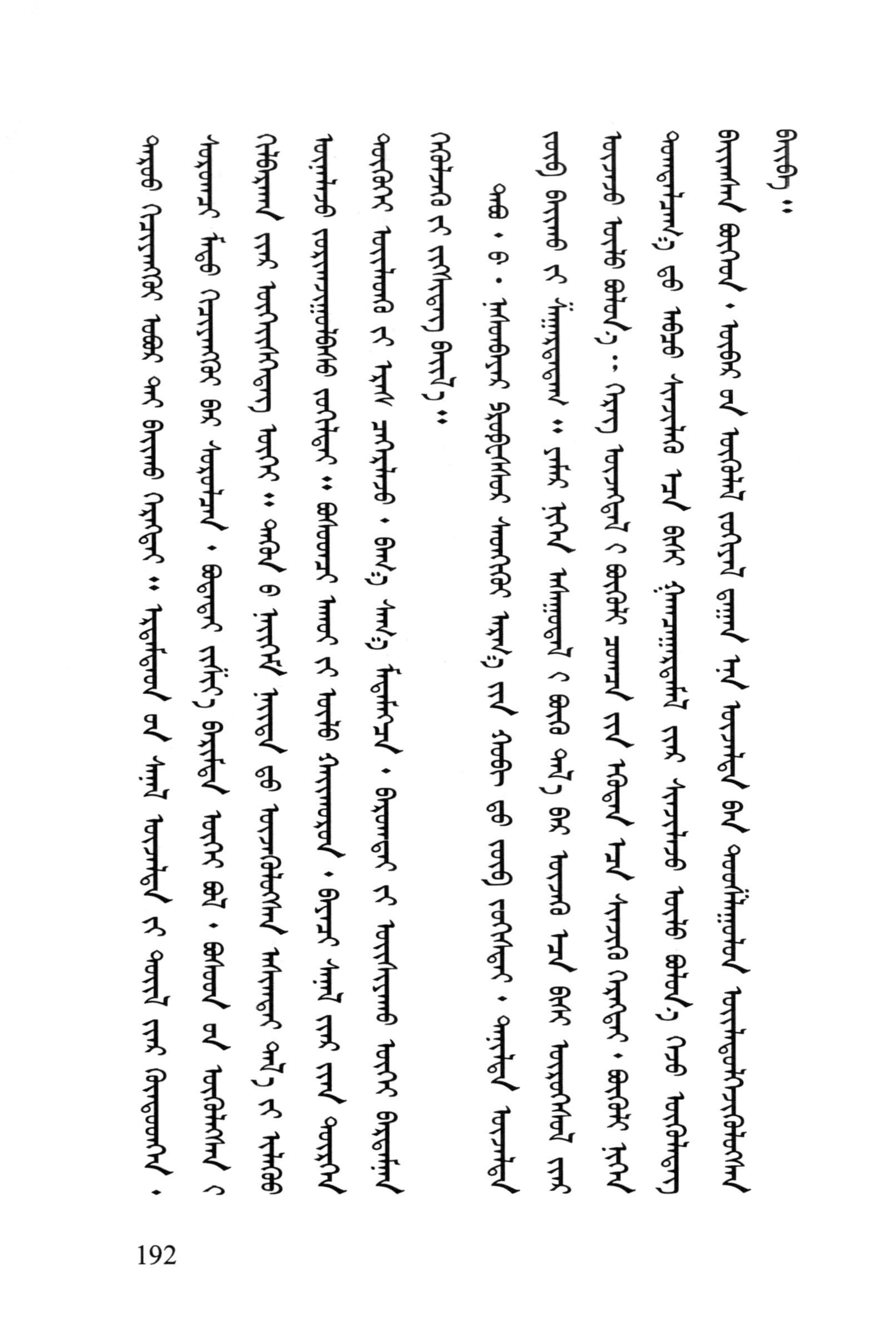

[illegible]

ᠪᠣᠯᠤᠨ᠎ᠠ ::

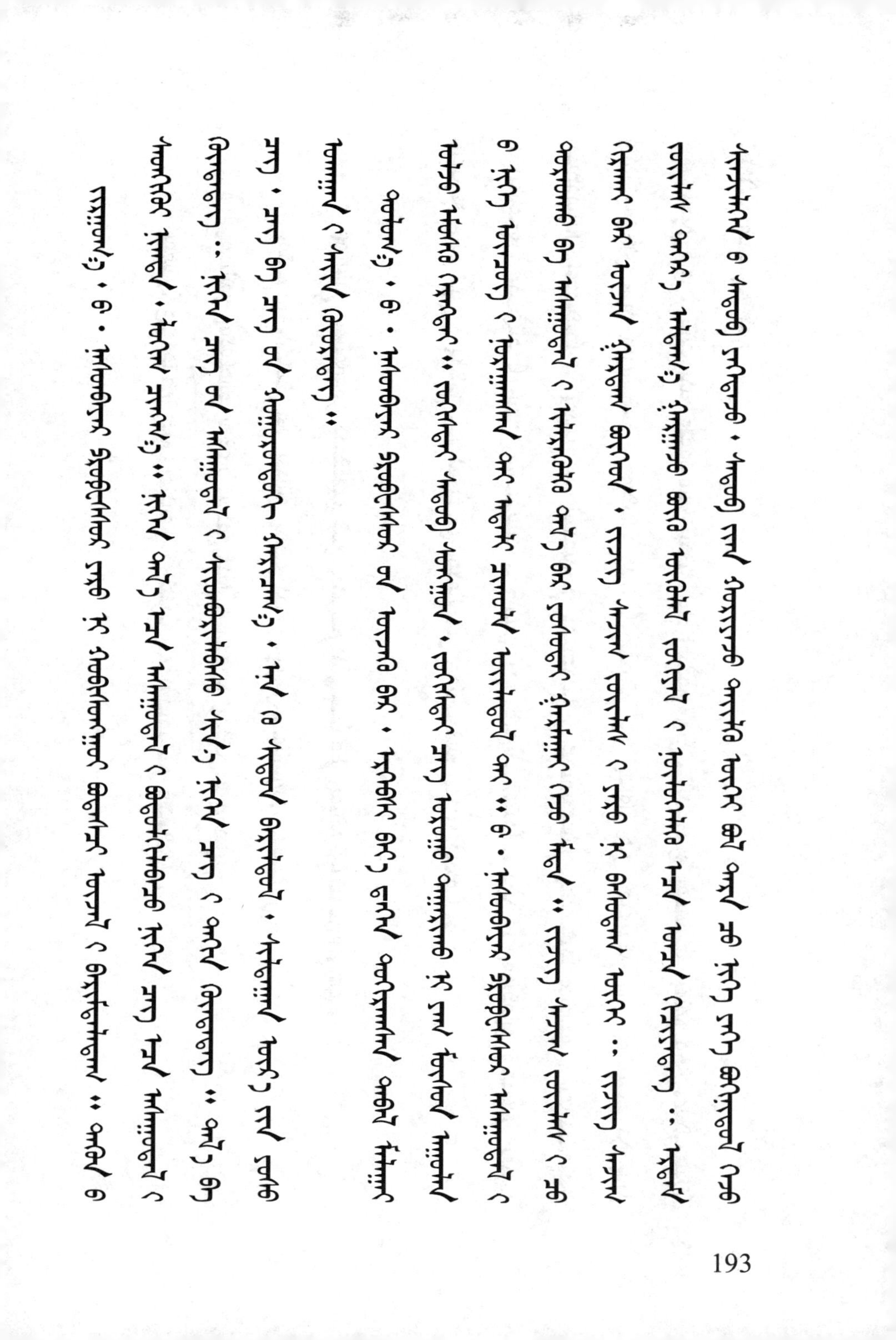

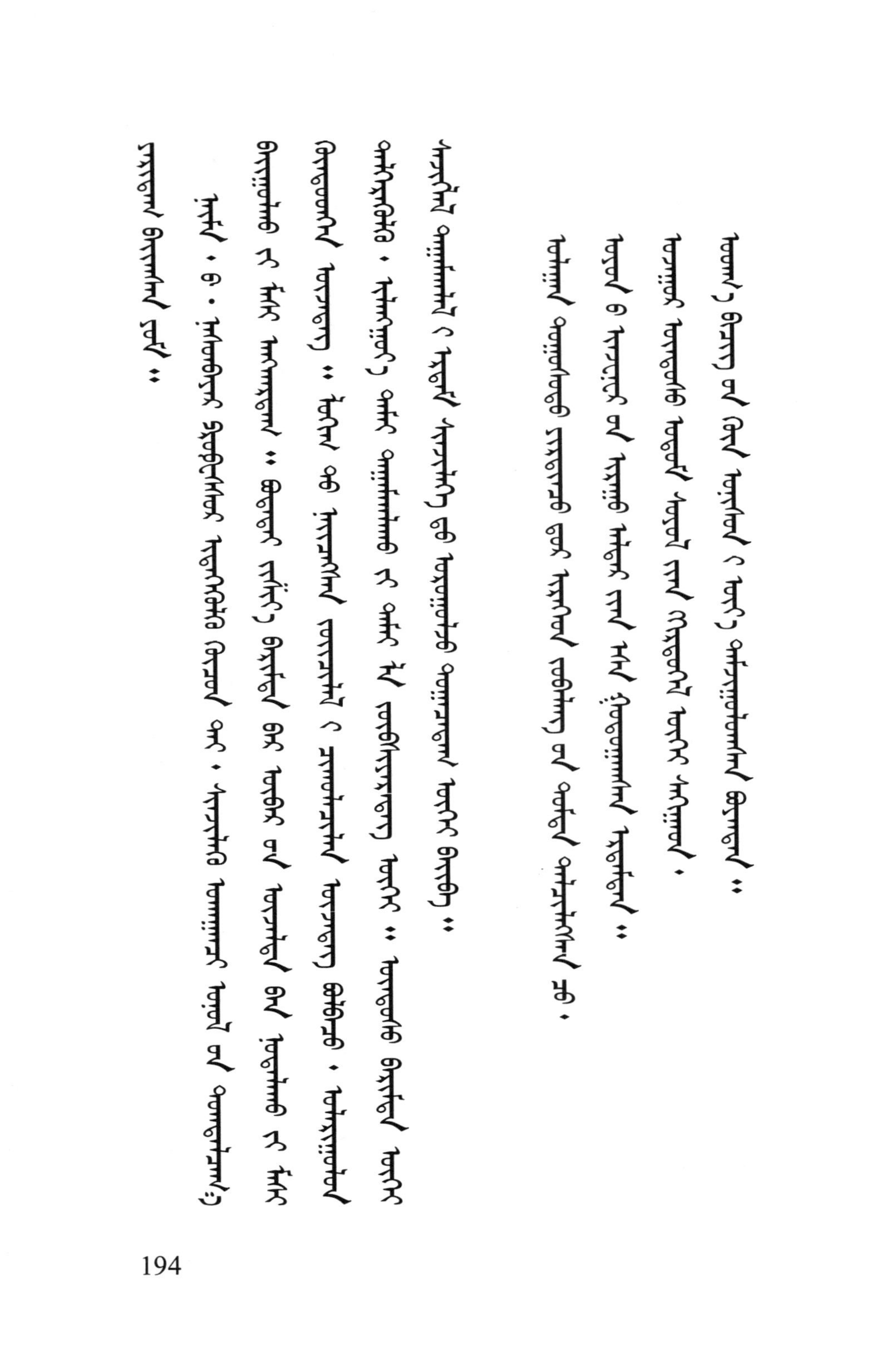

ᠰᠢᠨᠡ ᠵᠢᠷ᠂ 《ᠮᠣᠩᠭᠣᠯ ᠤᠨ ᠨᠢᠭᠤᠴᠠ ᠲᠣᠪᠴᠢᠶᠠᠨ》 ᠤ ᠰᠤᠳᠤᠯᠤᠯ ᠰᠤᠳᠤᠯᠤᠯᠭ᠎ᠠ

《ᠨᠢᠭᠤᠴᠠ ᠲᠣᠪᠴᠢᠶᠠᠨ》 ᠤ ᠰᠤᠳᠤᠯᠤᠯ ᠂

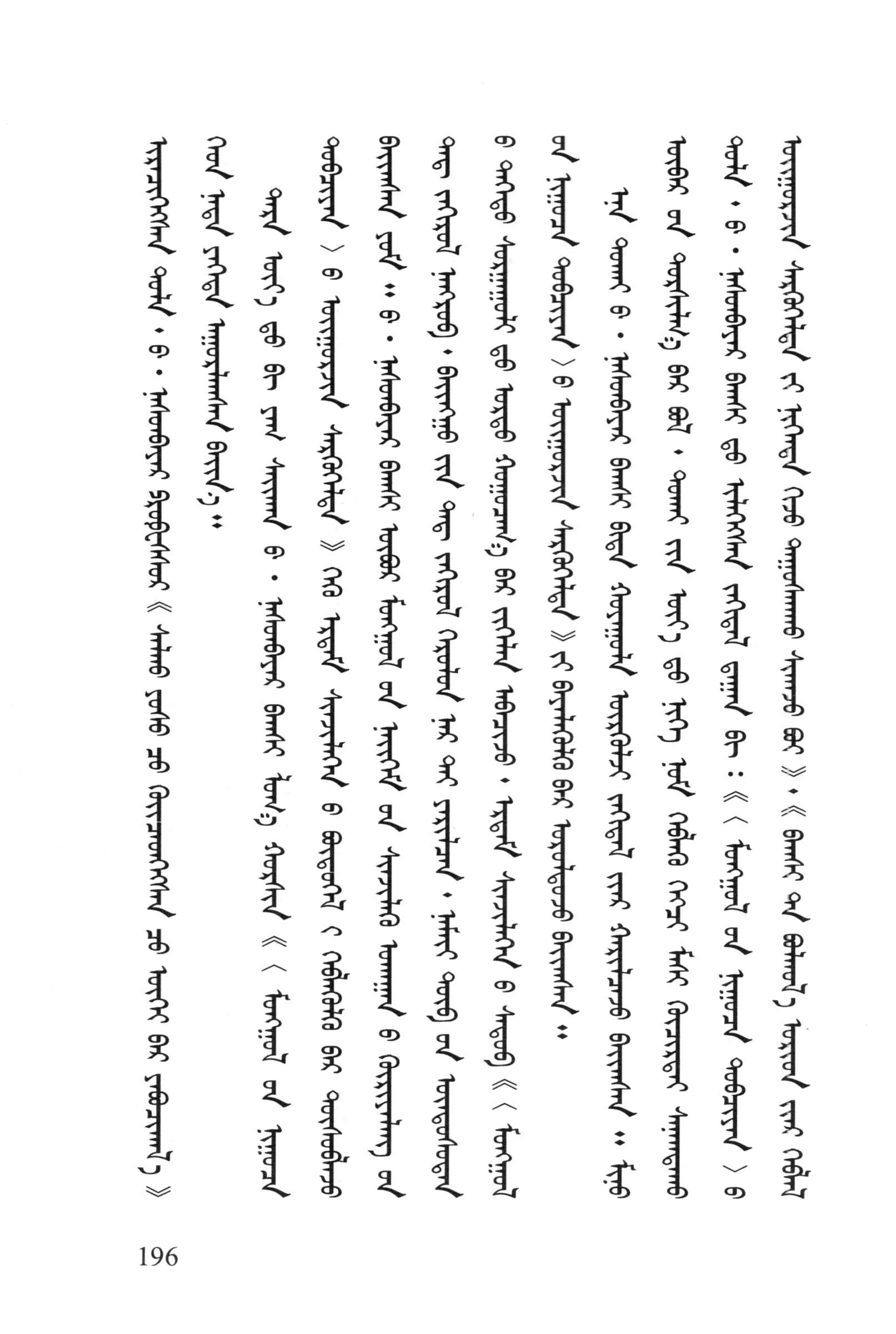

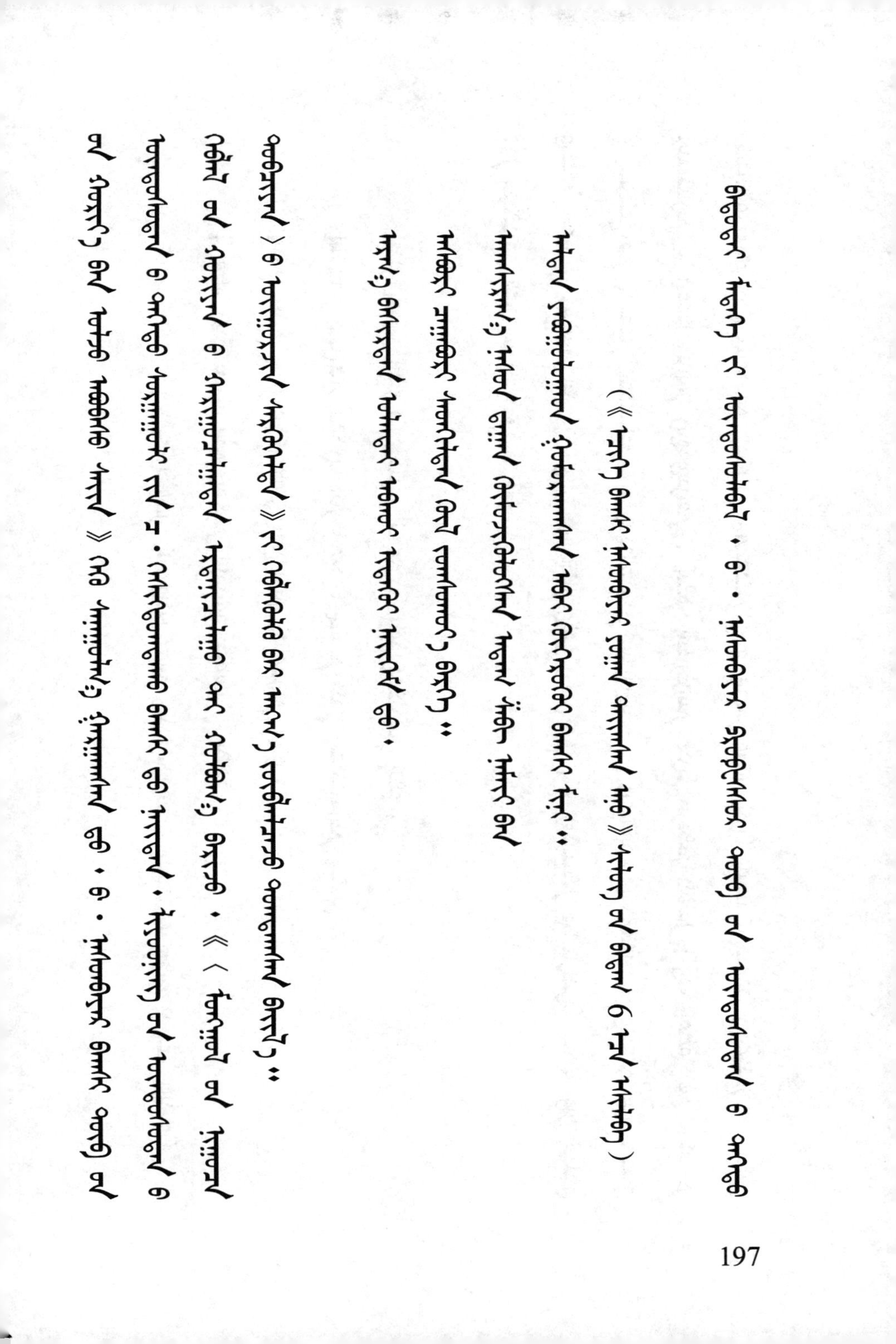

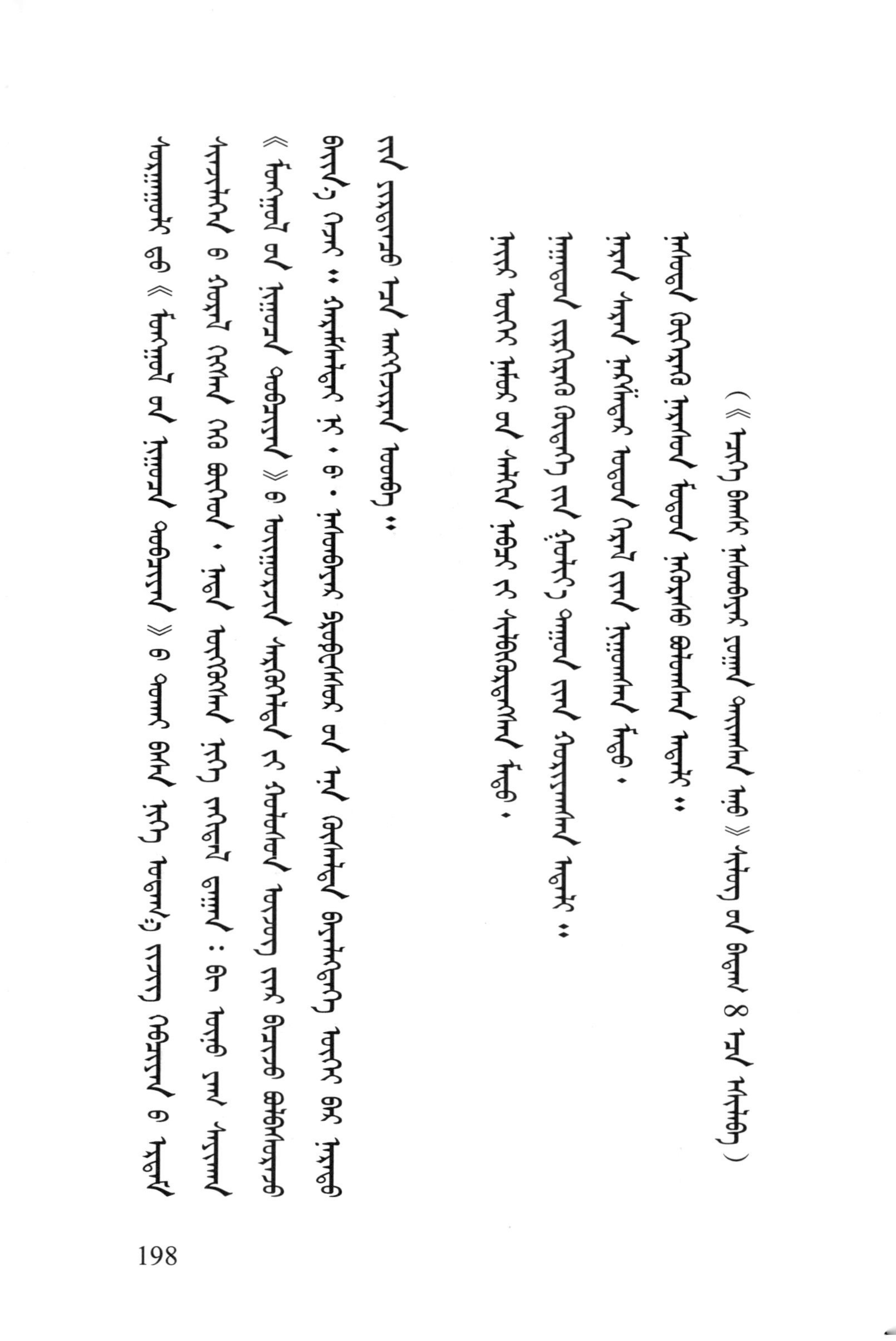

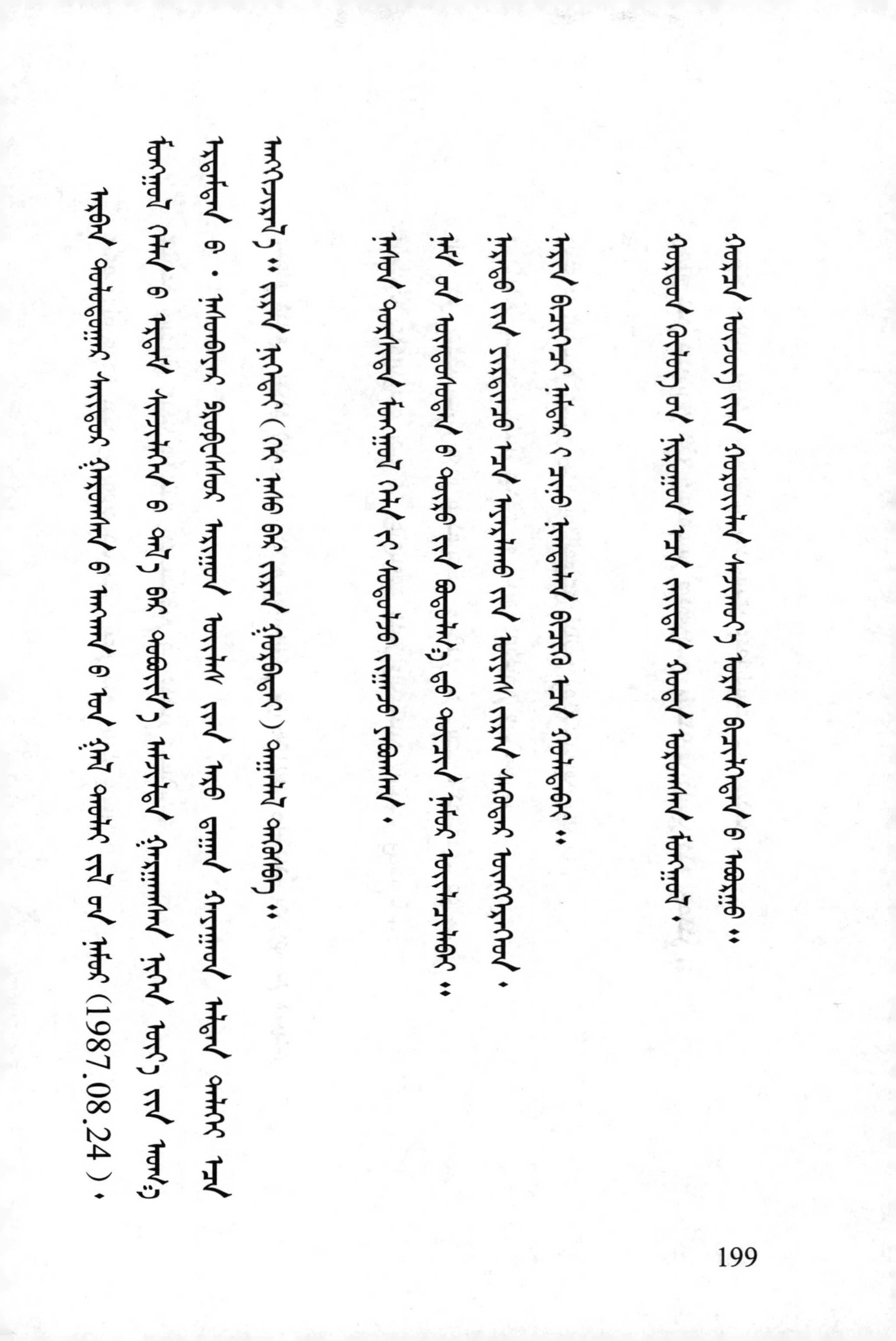

[illegible] ᠂
[illegible] ᠪᠠᠶᠢᠨ᠎ᠠ [illegible] ᠃

[illegible] ᠂
[illegible] ᠃
[illegible] ᠪᠤ ?
[illegible] ᠃

[illegible] ᠂ [illegible] ᠪᠠᠶᠢᠨ᠎ᠠ [illegible]

[illegible] ᠂
[illegible] ᠪᠠᠶᠢᠨ᠎ᠠ ᠃

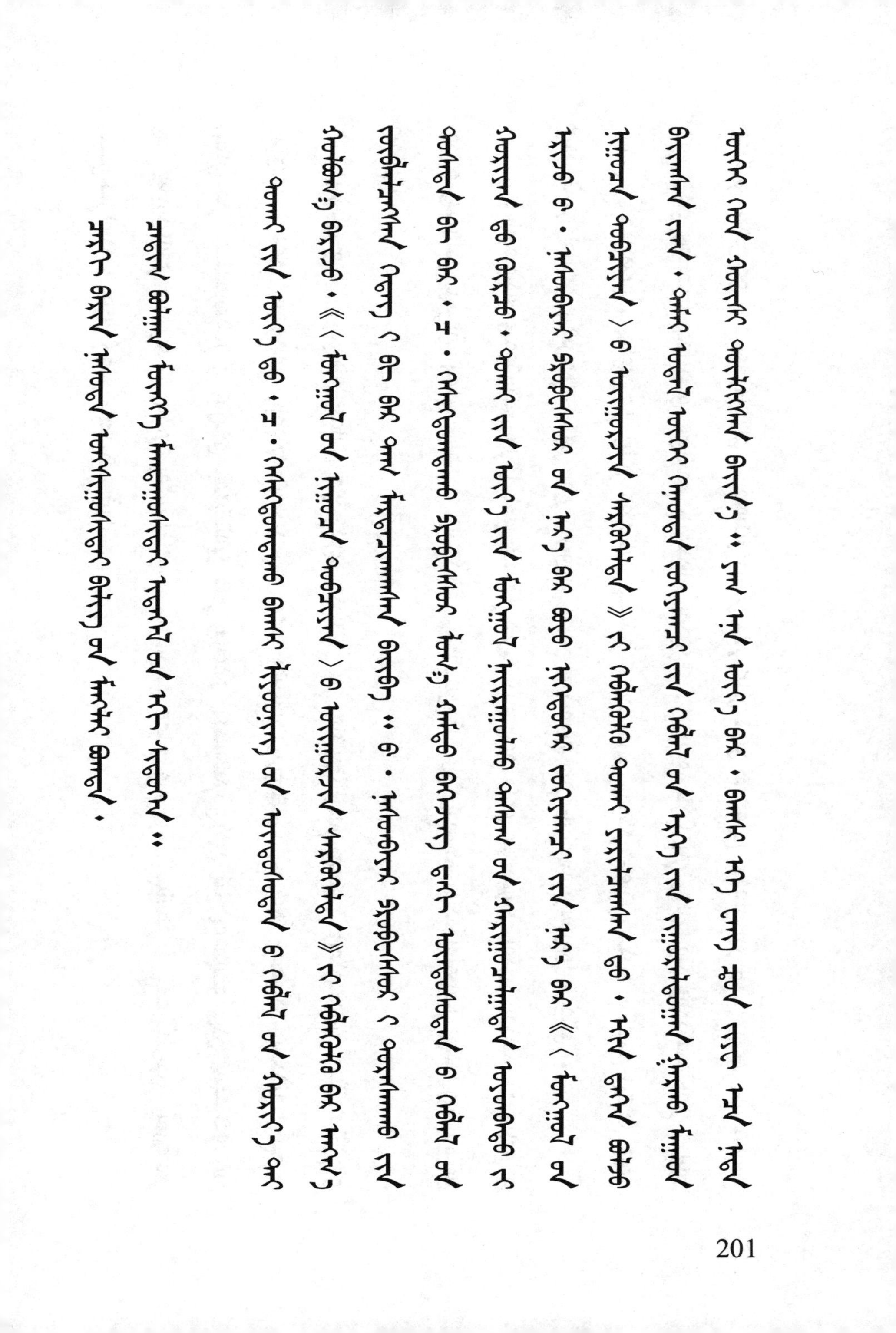

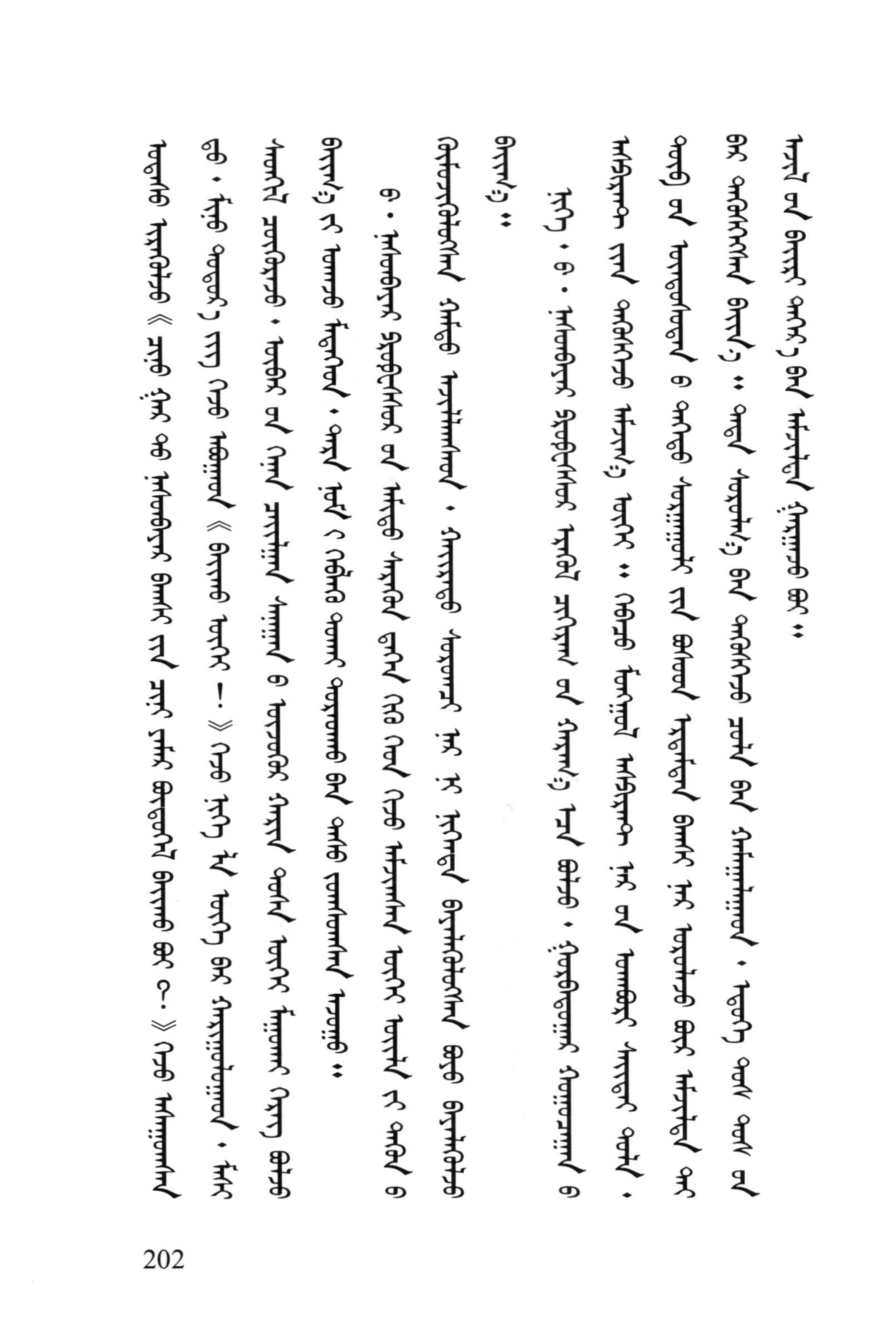

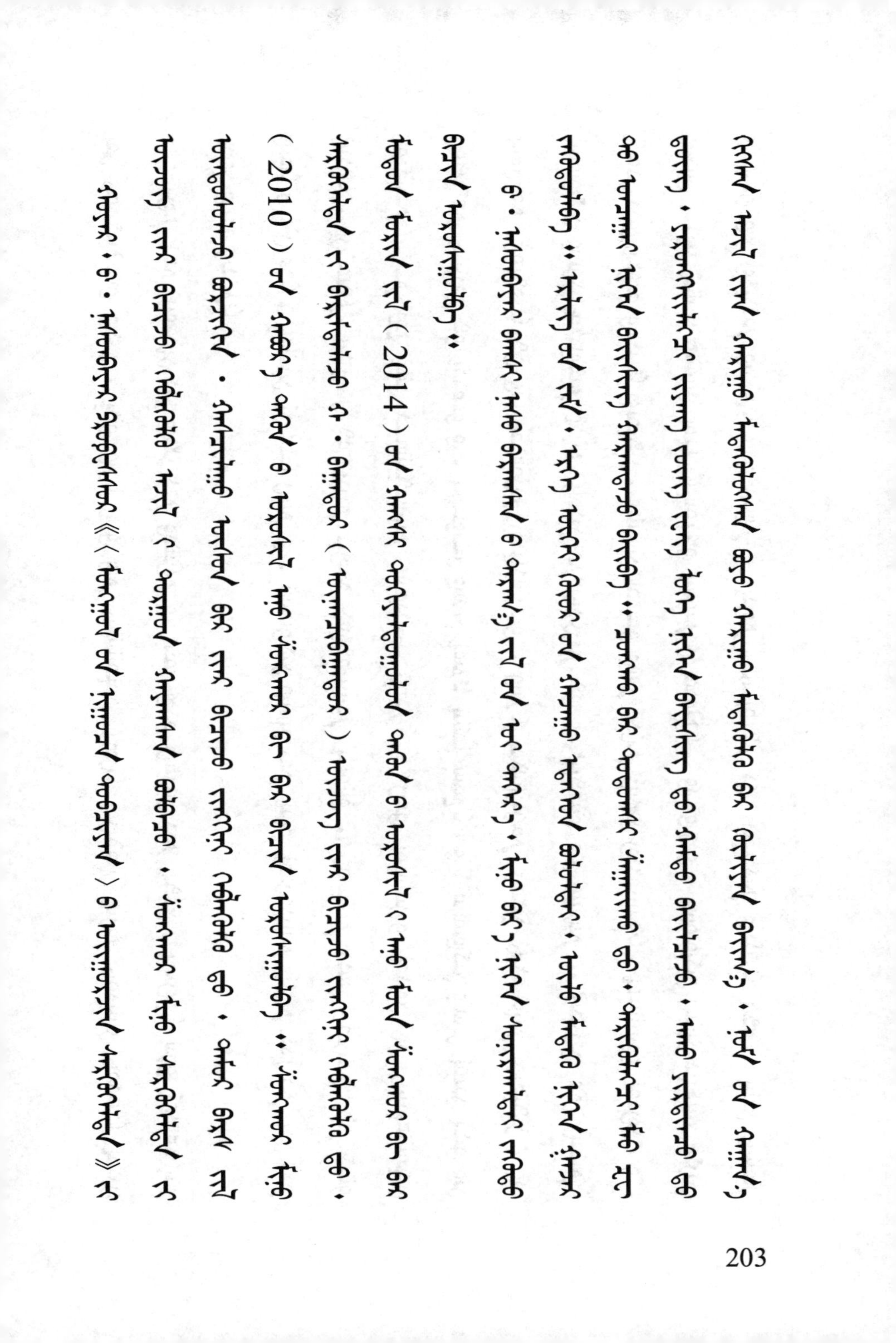

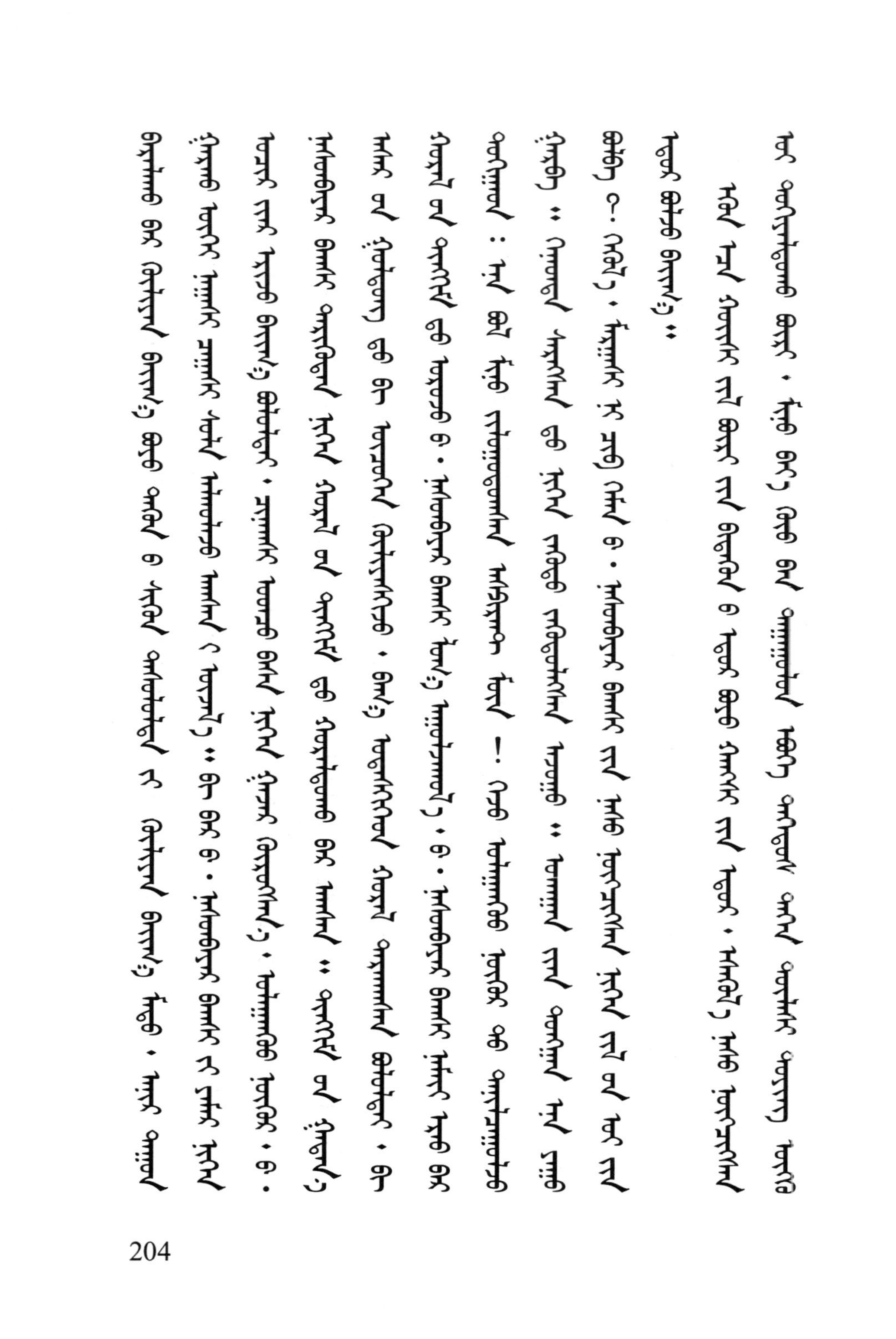

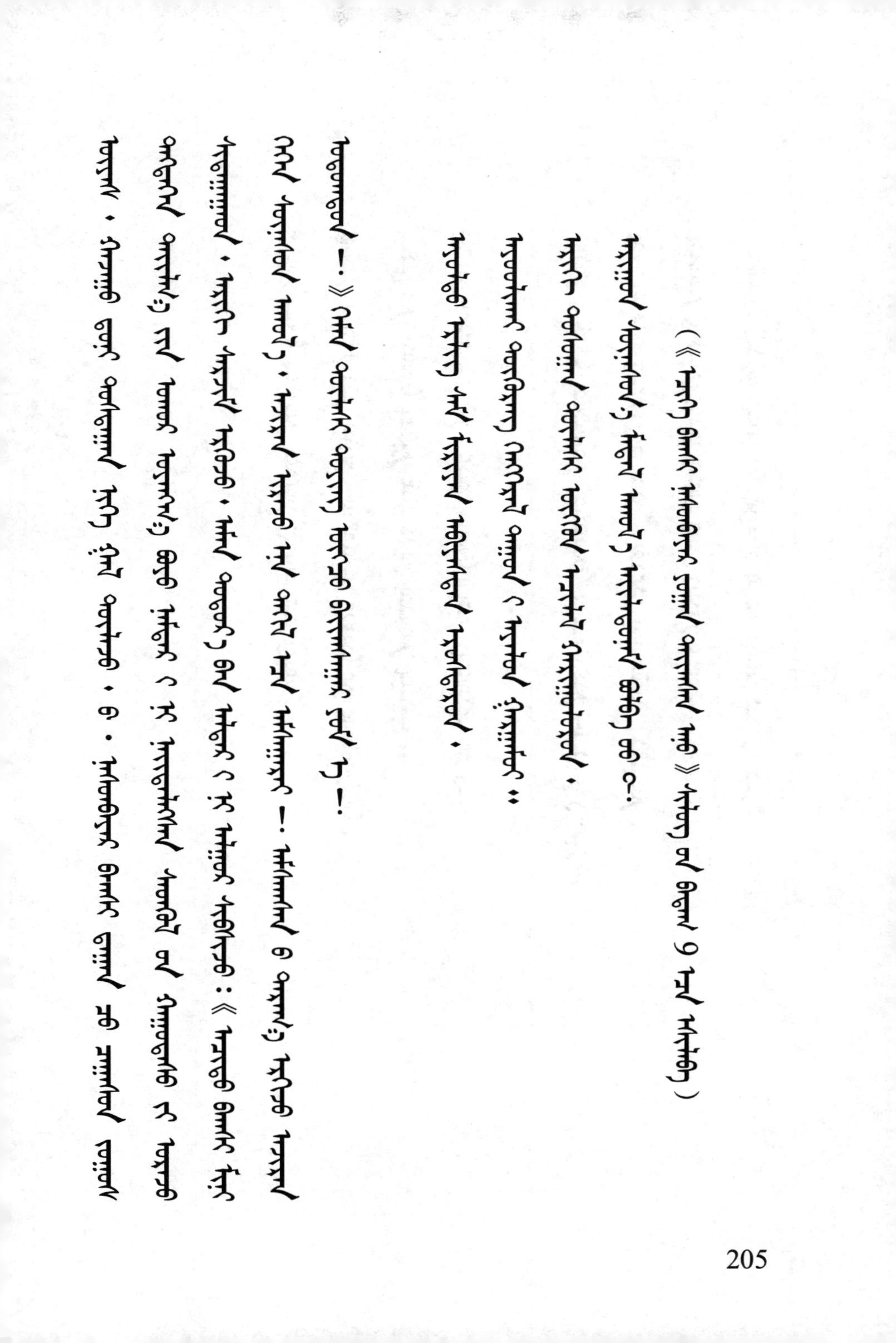

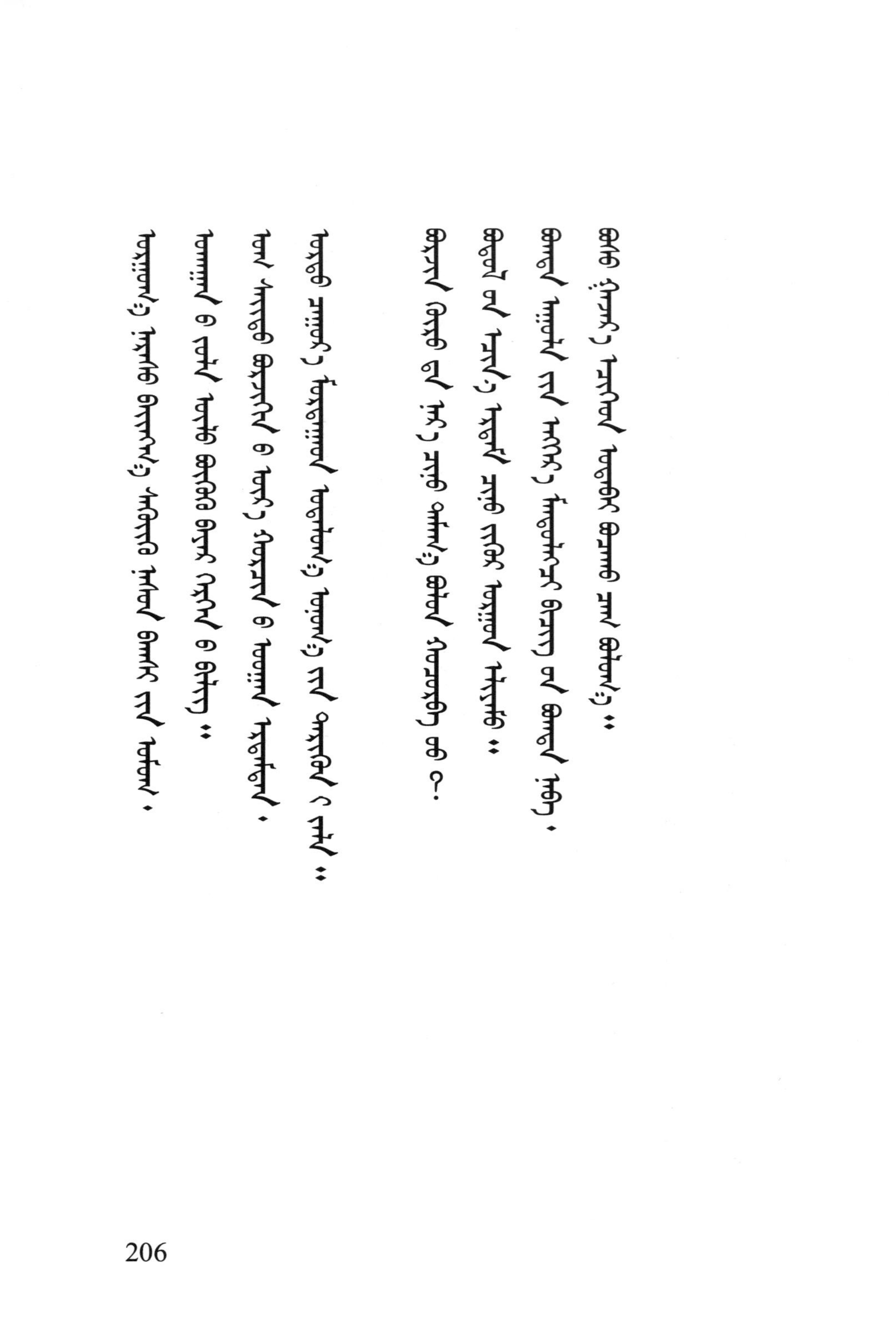

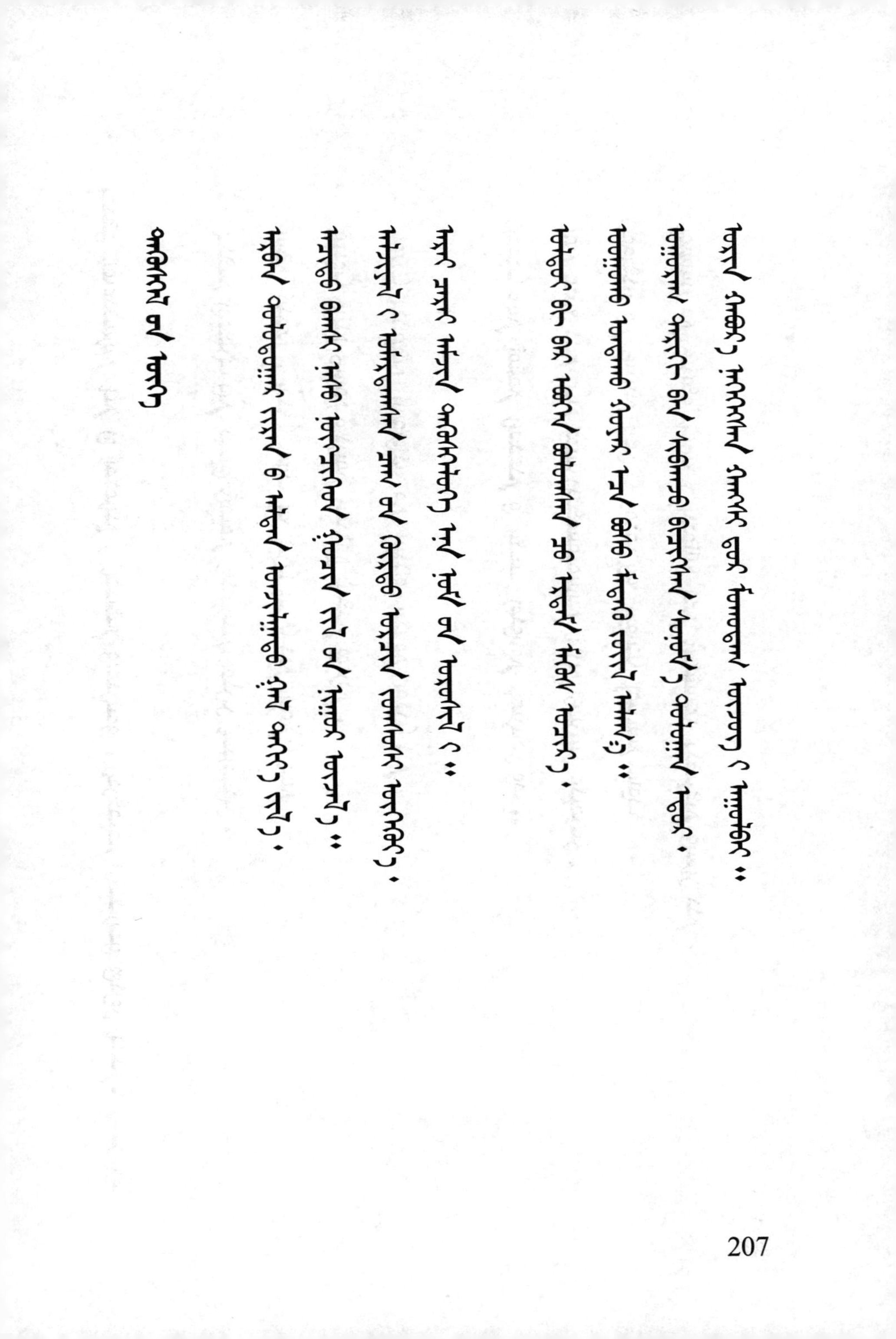

[illegible]

[illegible]

[illegible]

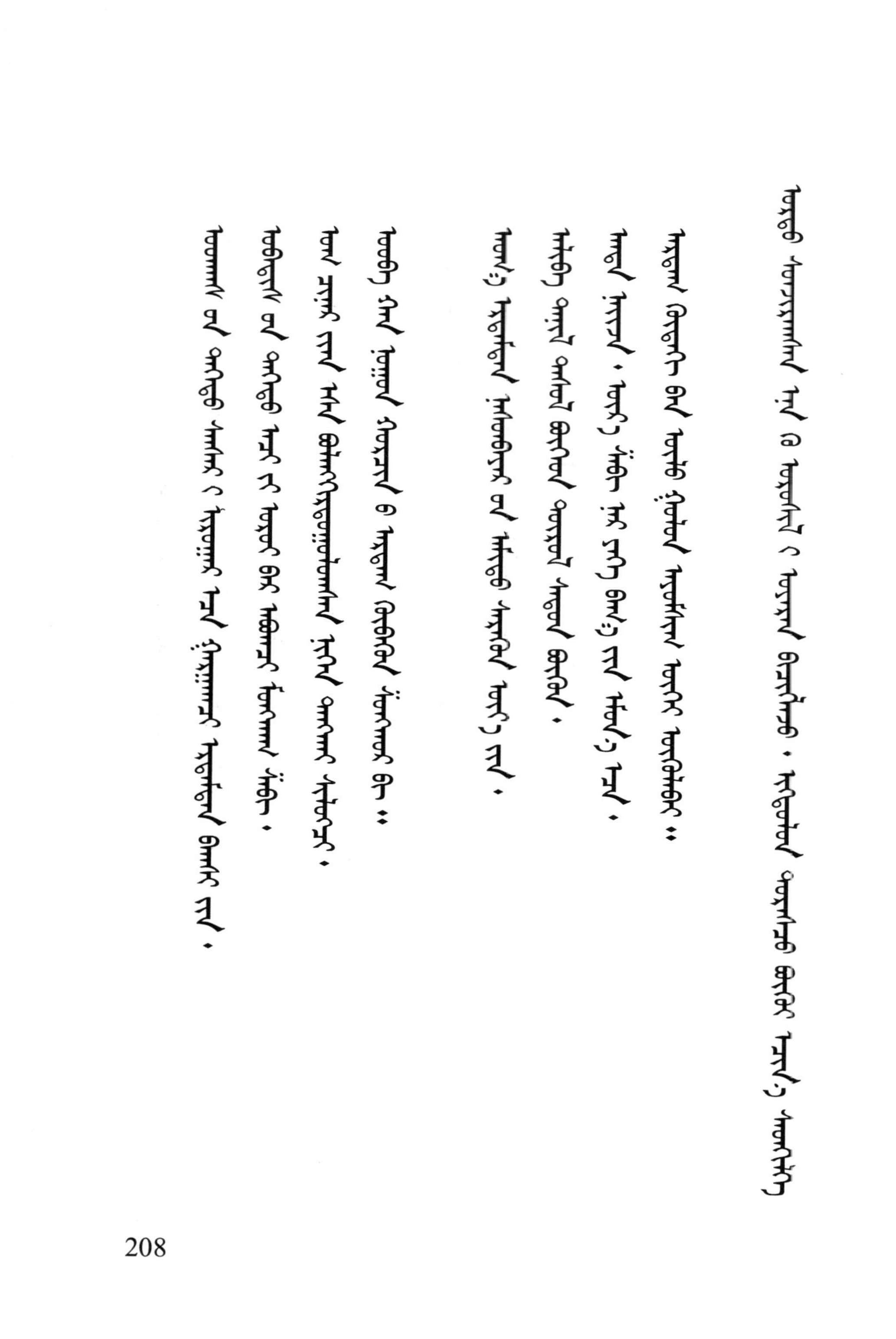

[illegible]

[illegible]
[illegible]
[illegible]
[illegible]

[illegible]
[illegible]
[illegible]
[illegible]

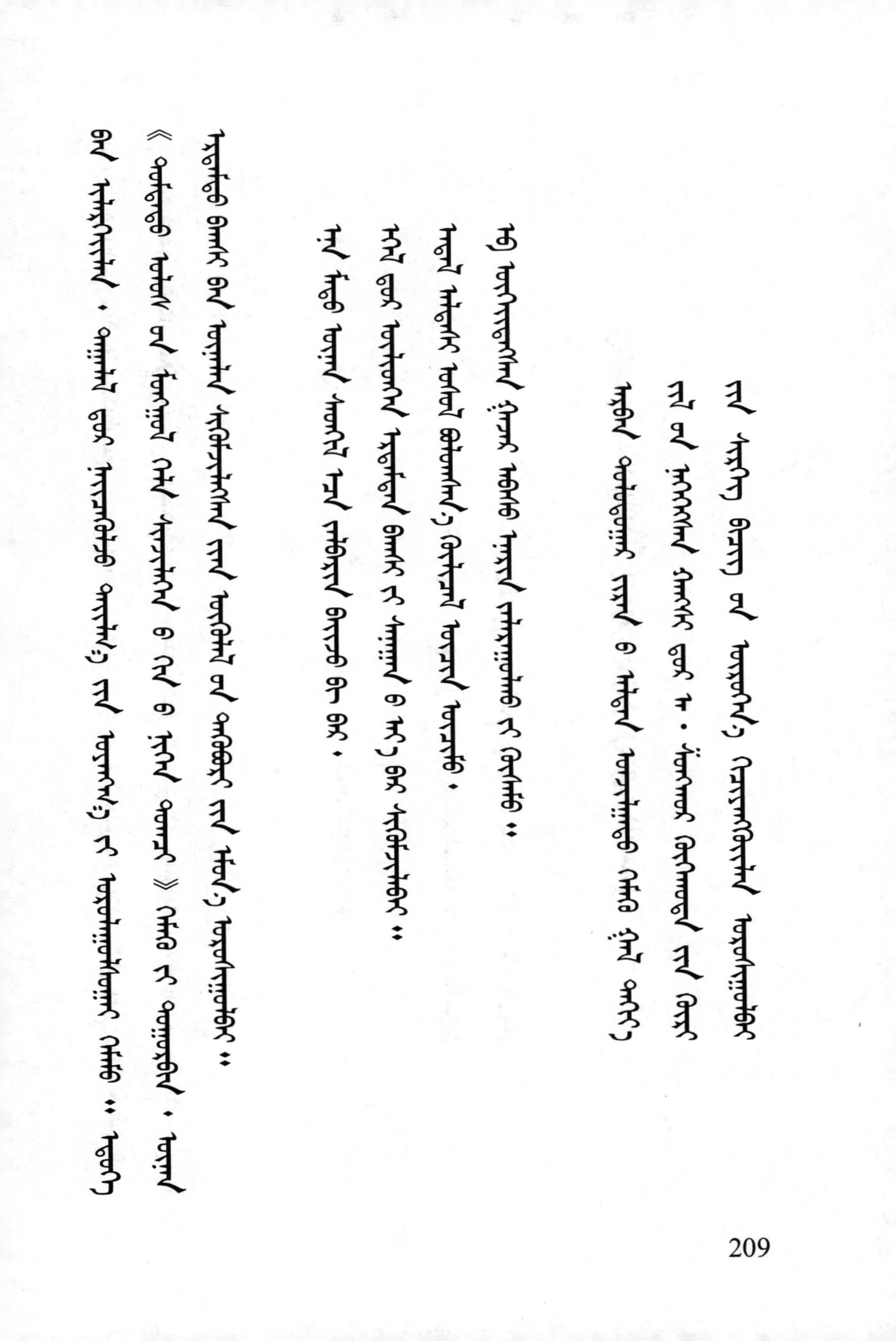

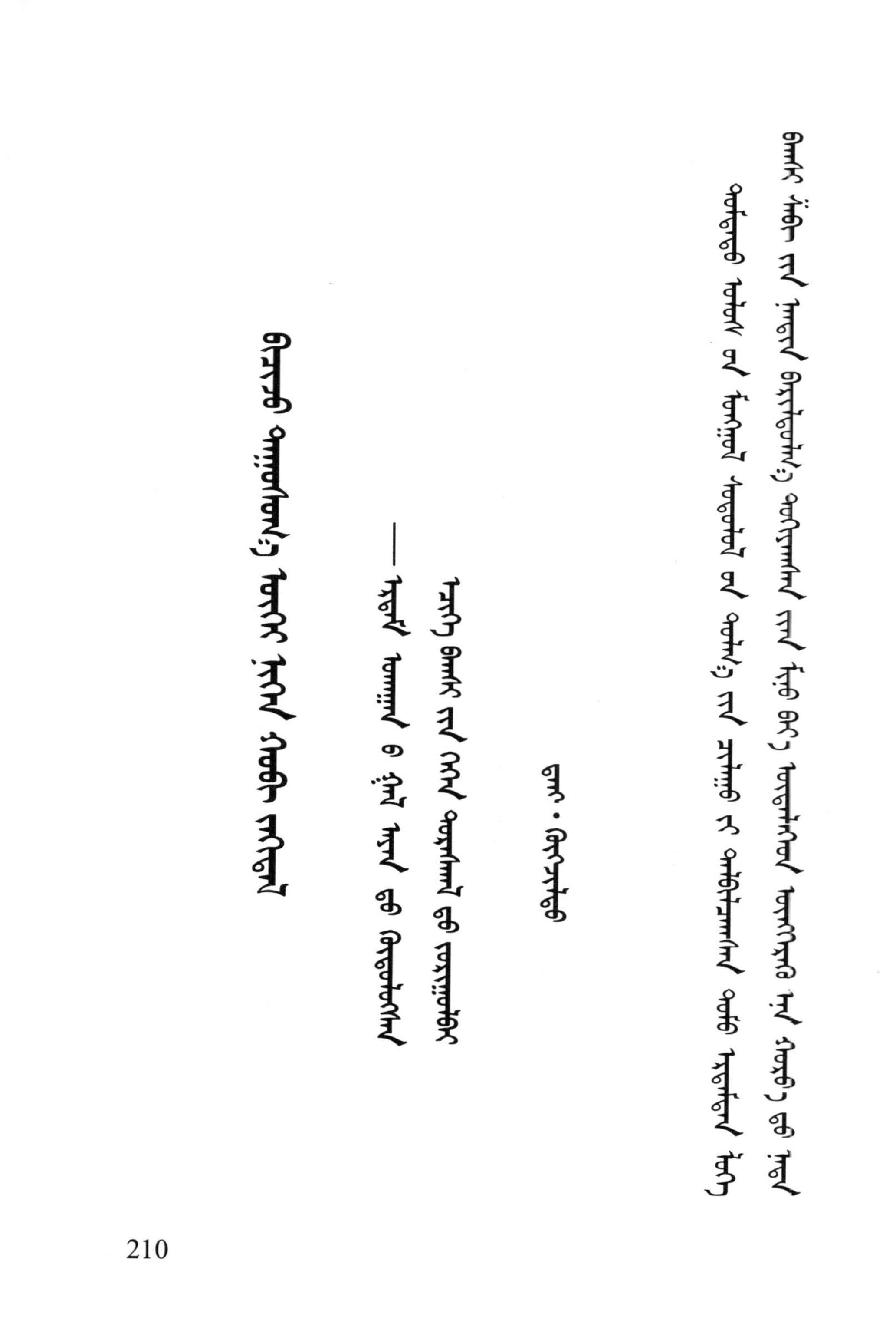

[illegible]

— [illegible]
[illegible]

[illegible]

[illegible]
[illegible]

ᠪᠠᠢᠭᠰᠠᠨ ᠪᠣᠯᠪᠠᠰᠤ ᠤᠨᠳᠤᠰᠤᠲᠠᠨ ᠤ ᠶᠢᠨ ᠲᠠᠢ ᠪᠠᠢᠨ᠎ᠠ ᠶᠢᠨ ᠬᠡᠷᠡᠭ ᠢ ᠮᠡᠳᠡᠭᠳᠡᠨ᠎ᠡ ᠄ ᠪᠠᠢᠨ᠎ᠠ ᠦᠭᠡ ᠲᠡᠢ ᠪᠠᠢᠭᠰᠠᠨ ᠳᠤ ᠪᠢᠴᠢᠭ ᠦᠨ ᠬᠡᠮᠵᠢᠶ᠎ᠡ ᠢᠶᠡᠷ ᠪᠠᠢᠭᠤᠯᠤᠭᠰᠠᠨ ᠪᠣᠯᠤᠨ᠎ᠠ ᠄

ᠰᠤᠷᠭᠠᠭᠤᠯᠢ ᠪᠠᠶᠢᠭᠤᠯᠤᠭᠰᠠᠨ ᠪᠠ ᠣᠯᠠᠨ ᠬᠡᠭᠡᠳ ᠳᠦ ᠪᠠᠭᠰᠢ ᠨᠠᠷ ᠤᠨ ᠪᠠᠶᠢᠭᠤᠯᠤᠯᠭ᠎ᠠ ᠠᠵᠢᠯᠯᠠᠭᠰᠠᠨ ᠪᠠᠶᠢᠨ᠎ᠠ ᠬᠦᠮᠦᠨ
ᠰᠤᠷᠭᠠᠭᠤᠯᠢ ᠶᠢᠨ ᠬᠡᠷᠡᠭ ᠡᠷᠬᠢᠯᠡᠭᠰᠡᠨ ᠪᠣᠯᠤᠨ ᠳᠤ ᠰᠤᠷᠤᠯᠴᠠᠭᠰᠠᠨ ᠪᠠᠶᠢᠨ᠎ᠠ ∷ ᠲᠡᠷᠡ ᠪᠣᠯ ᠳᠣᠷᠣᠭᠰᠢ ᠬᠦᠮᠦᠰ ᠦᠨ ᠬᠡᠯᠡ ᠶᠢ
ᠺᠢᠶᠣᠲᠣ（京都）ᠬᠣᠲᠠ ᠶᠢᠨ ᠬᠣᠷᠢᠶ᠎ᠠ ᠶᠢᠨ ᠰᠤᠷᠭᠠᠭᠤᠯᠢ ᠳᠤ ᠰᠤᠷᠤᠯᠴᠠᠭᠰᠠᠨ ᠪᠠᠶᠢᠨ᠎ᠠ ∷ ᠳᠠᠷᠠᠭ᠎ᠠ ᠨᠢ
ᠰᠤᠷᠭᠠᠭᠤᠯᠢ ᠶᠢᠨ ᠬᠡᠷᠡᠭ ᠪᠠᠶᠢᠭᠤᠯᠤᠭᠰᠠᠨ ᠶᠢ ᠰᠤᠷᠤᠯᠴᠠᠭᠰᠠᠨ ᠪᠡᠷ ᠡᠬᠢᠯᠡᠭᠰᠡᠨ ᠶᠢ ᠪᠠᠭᠰᠢ ᠪᠣᠯᠤᠨ ᠪᠠᠶᠢᠭᠤᠯᠤᠯᠭ᠎ᠠ ᠳᠤ ᠣᠷᠤᠯᠴᠠᠨ
ᠪᠣᠯᠪᠠ ∷ ᠲᠡᠷᠡ ᠪᠠᠭᠰᠢ ᠬᠦᠮᠦᠨ ᠦ ᠳᠣᠲᠣᠷ᠎ᠠ ᠪᠠᠶᠢᠭᠤᠯᠬᠤ ᠶᠢᠨ ᠳᠤ 1947 ᠣᠨ ᠤ ᠰᠤᠷᠭᠠᠭᠤᠯᠢ ᠳᠤ ᠰᠤᠷᠬᠤ ᠶᠢᠨ
ᠪᠠᠶᠢᠭᠤᠯᠤᠭᠰᠠᠨ ᠪᠠᠶᠢᠨ᠎ᠠ ∷ ᠲᠡᠷᠡ ᠪᠡᠷ ᠪᠠᠭᠰᠢ ᠪᠠᠶᠢᠭᠰᠠᠨ 1947 ᠣᠨ ᠳᠤ ᠬᠠᠷᠢᠵᠤ ᠶᠢᠨ ᠬᠣᠷᠢᠶᠠᠯᠠᠯ ᠢ ᠰᠤᠷᠭᠠᠭᠤᠯᠢ ᠪᠠᠶᠢᠭᠤᠯᠤᠭᠰᠠᠨ
ᠶᠢᠨ ᠰᠤᠷᠤᠯᠴᠠᠭᠰᠠᠨ ᠪᠠᠶᠢᠨ᠎ᠠ ∷ ᠬᠡᠷᠡᠭ ᠦᠨ ᠳᠤ ᠪᠠᠭᠰᠢ ᠶᠢᠨ ᠬᠡᠯᠡ ᠶᠢ ᠲᠤᠰᠬᠠᠢ ᠰᠤᠷᠤᠯᠴᠠᠭᠰᠠᠨ ᠪᠠᠶᠢᠭᠤᠯᠤᠯᠭ᠎ᠠ ᠶᠢᠨ
ᠬᠡᠯᠡᠯᠴᠡᠭᠡ᠂ ᠰᠤᠷᠤᠯᠴᠠᠭᠰᠠᠨ ᠪᠠᠭᠰᠢ ᠶᠢᠨ ᠬᠣᠷᠢᠶᠠᠯᠠᠯ ᠬᠦᠮᠦᠨ ᠲᠡᠷᠡ ᠪᠣᠯᠬᠤ ᠬᠡᠯᠡᠨ ᠦ ᠰᠤᠷᠤᠯᠴᠠᠭᠰᠠᠨ ᠪᠠᠶᠢᠨ᠎ᠠ
ᠰᠤᠷᠤᠯᠴᠠᠭᠰᠠᠨ ᠳᠤ ᠪᠠᠭᠰᠢ ᠬᠡᠯᠡᠨ᠂ ᠬᠡᠷᠡᠭᠯᠡᠭᠰᠡᠨ ᠲᠡᠭᠦᠨ ᠦ ᠪᠠᠶᠢᠭᠤᠯᠤᠯᠭ᠎ᠠ ᠳᠤ ᠪᠠᠶᠢᠭᠤᠯᠤᠯᠭ᠎ᠠ ᠶᠢᠨ ᠬᠦᠮᠦᠨ ᠦ ᠪᠣᠯᠤᠨ ᠪᠠᠶᠢᠭᠤᠯᠬᠤ
ᠪᠠᠶᠢᠭᠤᠯᠤᠭᠰᠠᠨ ᠳᠤ ᠬᠡᠯᠡᠨ ᠳᠤ ᠪᠠᠶᠢᠭᠤᠯᠤᠯᠭ᠎ᠠ ᠪᠠᠶᠢᠭᠰᠠᠨ ᠬᠠᠮᠲᠤ ᠪᠡᠷ ᠪᠠᠶᠢᠭᠤᠯᠤᠯᠭ᠎ᠠ ∷《ᠪᠠᠶᠢᠭᠤᠯᠤᠯᠭ᠎ᠠ ᠶᠢᠨ ᠬᠡᠯᠡ ᠤᠨ ᠣᠨᠣᠯ
ᠪᠠᠶᠢᠭᠤᠯᠤᠯᠭ᠎ᠠ》ᠪᠣᠯ ᠰᠤᠷᠤᠯᠴᠠᠭᠰᠠᠨ ᠳᠤ ᠪᠠᠶᠢᠭᠰᠠᠨ ᠪᠠᠭᠰᠢ ᠶᠢᠨ ᠪᠠᠶᠢᠭᠤᠯᠤᠭᠰᠠᠨ ᠳᠤ ᠬᠡᠯᠡᠨ ᠪᠠᠶᠢᠨ᠎ᠠ ∷ ᠲᠡᠷᠡ ᠪᠡᠷ ᠪᠠᠶᠢᠭᠤᠯᠤᠯᠭ᠎ᠠ
ᠲᠡᠭᠦᠨ ᠦ ᠪᠠᠭᠰᠢ ᠶᠢᠨ ᠳᠤ ᠪᠠᠶᠢᠭᠤᠯᠤᠯᠭ᠎ᠠ ᠶᠢᠨ ᠬᠡᠷᠡᠭ ᠢ᠂ ᠪᠠᠶᠢᠭᠤᠯᠤᠯᠭ᠎ᠠ ᠶᠢᠨ ᠪᠣᠯᠤᠨ ᠪᠠᠶᠢᠭᠰᠠᠨ ᠶᠢ ᠬᠡᠯᠡᠨ

ᠪᠠᠢᠨ᠎ᠠ ᠬᠡᠯᠡᠨ ᠳᠤ ᠰᠤᠷᠭᠠᠭᠤᠯᠢ ᠪᠠᠢᠭᠤᠯᠬᠤ ᠨᠢ ᠳᠤ ᠠᠵᠢᠯᠯᠠᠭᠰᠠᠨ ᠳᠡᠭᠡᠷ᠎ᠡ :: ᠪᠠᠢᠨ᠎ᠠ ᠪᠣᠯ ᠡᠨᠡ ᠲᠤᠬᠠᠢ 1959 ᠣᠨ ᠤ ᠬᠡᠪᠯᠡᠯ ᠦᠨ ᠬᠣᠷᠢᠶ᠎ᠠ ᠳᠤ ᠣᠷᠣᠭᠤᠯᠤᠭᠰᠠᠨ ᠳᠤ ᠰᠣᠶᠣᠯ ᠤᠨ ᠪᠠᠢᠭᠤᠯᠤᠯᠭ᠎ᠠ ᠶᠢᠨ ᠪᠠᠢᠭᠤᠯᠤᠭᠰᠠᠨ ᠨᠢ ᠳᠤ ᠠᠵᠢᠯᠯᠠᠭᠰᠠᠨ ᠭᠠᠵᠠᠷ ᠤᠨ ᠲᠤᠰ ᠪᠣᠯᠤᠭᠰᠠᠨ :: ᠪᠠᠢᠨ᠎ᠠ :: ᠡᠨᠡ ᠨᠢ ᠪᠠᠢᠨ᠎ᠠ : ᠬᠡᠯᠡᠨ ᠰᠢᠨᠵᠢᠯᠡᠬᠦ ᠡᠮᠴᠢ ᠶᠢᠨ ᠡᠮᠴᠢ ᠶᠢ《ᠮᠣᠩᠭᠣᠯ ᠡᠮᠴᠢ (蒙古大夫)》ᠭᠡᠳᠡᠭ :: ᠡᠨᠡ ᠲᠣᠭᠲᠠᠭᠰᠠᠨ ᠰᠣᠳᠤᠯᠭ᠎ᠠ ᠳᠤ ᠡᠮᠴᠢ ᠶᠢᠨ ᠡᠮᠴᠢ ᠶᠢ《ᠮᠣᠩᠭᠣᠯ ᠡᠮᠴᠢ》ᠭᠡᠳᠡᠭ ᠨᠡᠷ᠎ᠡ ᠶᠢ ᠰᠤᠷᠭᠠᠭᠤᠯᠢ ᠳᠤ ᠪᠣᠯᠵᠠᠢ :: ᠮᠣᠩᠭᠣᠯ ᠡᠮᠴᠢ ᠶᠢᠨ ᠰᠣᠳᠤᠯᠭ᠎ᠠ ᠶᠢ ᠬᠡᠪᠯᠡᠵᠦ ᠪᠠᠢᠭ᠎ᠠ ᠨᠢ《ᠮᠣᠩᠭᠣᠯ ᠡᠮᠴᠢ》ᠶᠢᠨ ᠰᠤᠷᠭᠠᠭᠤᠯᠢ ᠪᠠᠢᠭᠤᠯᠤᠭᠰᠠᠨ ᠨᠢ ᠶᠢ ᠲᠤᠰ ᠳᠤ ᠪᠣᠯᠵᠠᠢ ::

ᠮᠣᠩᠭᠣᠯ ᠡᠮᠴᠢ ᠶᠢᠨ ᠬᠦᠷᠢᠶᠡᠯᠡᠩ ᠳᠦ 1955—1956 ᠣᠨ ᠤ ᠬᠣᠷᠢᠶ᠎ᠠ ᠳᠤ ᠣᠷᠣᠭᠤᠯᠵᠤ᠂ ᠮᠣᠩᠭᠣᠯ ᠡᠮᠴᠢ ᠨᠢ ᠪᠠᠢᠨ᠎ᠠ ᠶᠢ ᠪᠣᠯᠭᠠᠵᠤ ᠪᠠᠢᠭᠰᠠᠨ ᠢᠶᠠᠷ ᠮᠣᠩᠭᠣᠯ ᠡᠮᠴᠢ ᠶᠢᠨ ᠪᠠᠢᠭᠤᠯᠤᠯᠭ᠎ᠠ ᠶᠢ ᠰᠢᠨᠵᠢᠯᠡᠬᠦ ᠶᠢᠨ ᠲᠤᠯᠠᠳ ᠪᠣᠯᠭᠠᠵᠠᠢ ::

ᠣᠷᠴᠢᠭᠤᠯᠤᠭᠰᠠᠨ ᠤ ᠠᠵᠢᠯ ᠤᠨ ᠪᠠᠢᠭᠤᠯᠤᠯᠭ᠎ᠠ᠂ ᠣᠷᠴᠢᠭᠤᠯᠤᠭᠰᠠᠨ ᠤ ᠠᠵᠢᠯ ᠤᠨ ᠬᠡᠪᠯᠡᠯ ᠦᠨ ᠬᠣᠷᠢᠶ᠎ᠠ ᠪᠠᠢᠭᠤᠯᠤᠭᠰᠠᠨ ᠨᠢ᠂ ᠣᠷᠴᠢᠭᠤᠯᠤᠭᠰᠠᠨ ᠤ ᠠᠵᠢᠯ ᠢ ᠰᠢᠨᠵᠢᠯᠡᠨ ᠤᠨ ᠬᠡᠪᠯᠡᠭᠰᠡᠨ :: ᠡᠨᠡ ᠨᠢ ᠬᠣᠷᠢᠶ᠎ᠠ ᠪᠠᠢᠨ᠎ᠠ ᠨᠢ ᠪᠠᠢᠭᠤᠯᠤᠭᠰᠠᠨ ᠤ ᠠᠵᠢᠯ ᠤᠨ ᠬᠣᠷᠢᠶᠠᠨ ᠤ ᠪᠠᠢᠭᠤᠯᠤᠯᠭ᠎ᠠ ᠳᠤ ᠰᠢᠨᠵᠢᠯᠡᠬᠦ᠂ ᠬᠡᠪᠯᠡᠯ ᠦᠨ ᠬᠣᠷᠢᠶᠠᠨ ᠤ ᠪᠠᠢᠭᠤᠯᠤᠯᠭ᠎ᠠ ᠶᠢ

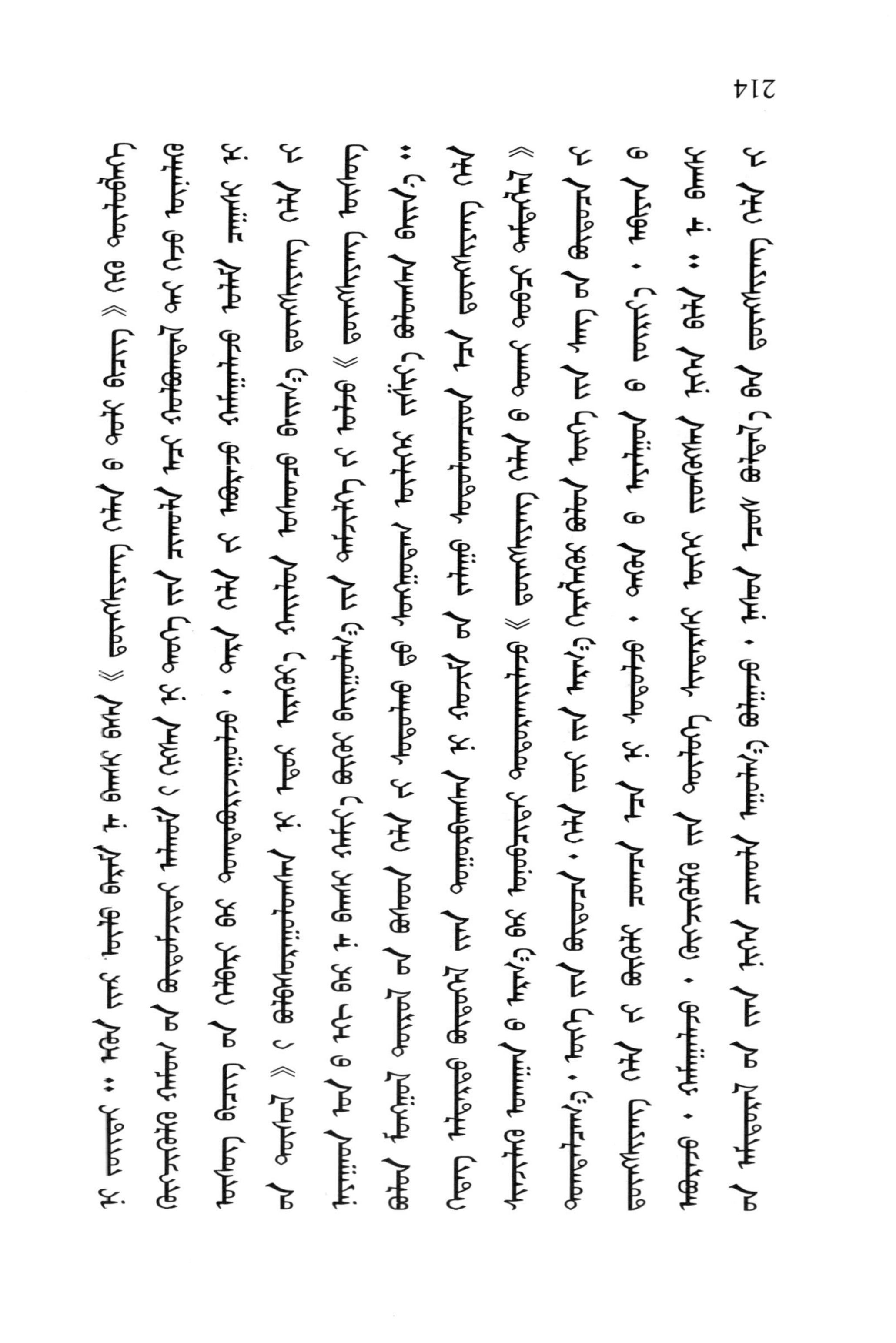

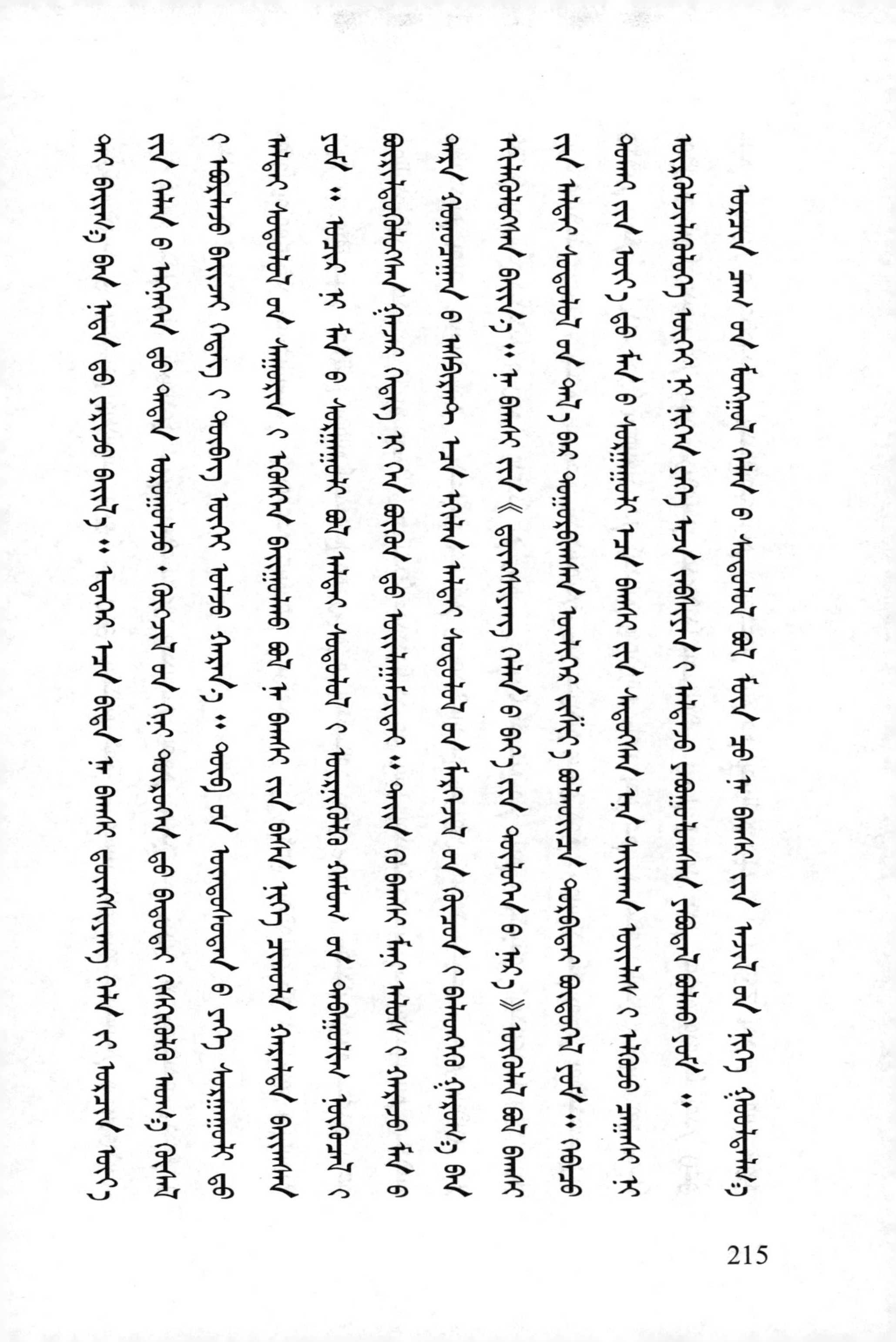

ᠪᠣᠯᠤᠨ᠎ᠠ ᠄ ᠰᠣᠨᠢᠨ ᠤ ᠰᠤᠷᠪᠤᠯᠵᠢᠯᠠᠯ 《 ᠮᠣᠩᠭᠣᠯ ᠬᠡᠯᠡ ᠪᠢᠴᠢᠭ 》(1982 ᠣᠨ ᠤ ᠬᠣᠶᠠᠳᠤᠭᠠᠷ) ᠪᠡᠷ ᠮᠣᠩᠭᠣᠯ ᠪᠢᠴᠢᠭ ᠦᠨ ᠦᠰᠦᠭ ᠦᠨ ᠬᠡᠯᠡ ᠶᠢᠨ ᠮᠣᠩᠭᠣᠯ ᠬᠡᠯᠡᠨ ᠦ ᠨᠡᠷ᠎ᠡ ᠶᠢ ᠪᠢᠴᠢᠬᠦ ᠳᠦ ᠮᠡᠳᠡᠵᠦ ᠪᠣᠯᠬᠤ ᠪᠢᠴᠢᠭᠳᠡᠭ ᠰᠢᠨ᠎ᠡ ᠄ ᠬᠡᠯᠡᠨ ᠦ ᠪᠠᠶᠢᠳᠠᠯ ᠤᠨ ᠪᠠᠷᠢᠮᠲᠠ ᠶᠢ ᠭᠠᠷᠭᠠᠵᠤ 《 ᠮᠣᠩᠭᠣᠯ ᠬᠡᠯᠡ 》 ᠰᠡᠳᠭᠦᠯ ᠳᠦ ᠨᠡᠢᠲᠡᠯᠡᠭᠰᠡᠨ ᠬᠡᠷᠡᠭ ᠪᠦᠲᠦᠭᠡᠬᠦ ᠶᠢᠨ ᠄ ᠠᠷᠭ᠎ᠠ ᠪᠠᠷ ᠬᠡᠯᠡᠯᠴᠡᠭᠦᠯᠦᠨ ᠳᠦ ᠬᠡᠷᠡᠭᠯᠡᠬᠦ ᠪᠡᠷ ᠪᠠᠢᠭ᠎ᠠ ᠄ ᠪᠢᠳᠡ ᠨᠢ 《 ᠮᠣᠩᠭᠣᠯ ᠬᠡᠯᠡ 》 ᠭᠡᠨᠡᠲᠡ ᠮᠣᠩᠭᠣᠯ ᠬᠡᠯᠡᠨ ᠦ ᠰᠢᠨᠵᠢ ᠪᠡᠷ ᠂ ᠪᠡᠶ᠎ᠡ ᠪᠡᠷ ᠂ ᠮᠣᠩᠭᠣᠯ ᠬᠡᠯᠡᠨ ᠦ ᠬᠡᠯᠡᠬᠦ ᠂ ᠪᠢᠴᠢᠭᠯᠡᠬᠦ ᠬᠡᠯᠡ ᠶᠢ ᠪᠣᠯᠤᠨ᠎ᠠ ᠃

ᠪᠠᠶᠢᠨ᠎ᠠ ᠶᠠᠭ ᠬᠡᠯᠡᠨ ᠦ ᠰᠤᠳᠤᠯᠤᠯ ᠪᠣᠯᠬᠤ ᠶᠢᠨ ᠮᠠᠭᠠᠳᠯᠠᠯ ᠪᠣᠯᠤᠨ᠎ᠠ ᠃ ᠮᠣᠩᠭᠣᠯ ᠬᠡᠯᠡᠨ ᠦ ᠰᠤᠳᠤᠯᠭ᠎ᠠ ᠪᠠᠷ ᠰᠠᠶᠢᠨ ᠡᠬᠢ ᠪᠣᠯᠬᠤ ᠶᠢᠨ 《 ᠰᠤᠷᠪᠤᠯᠵᠢ

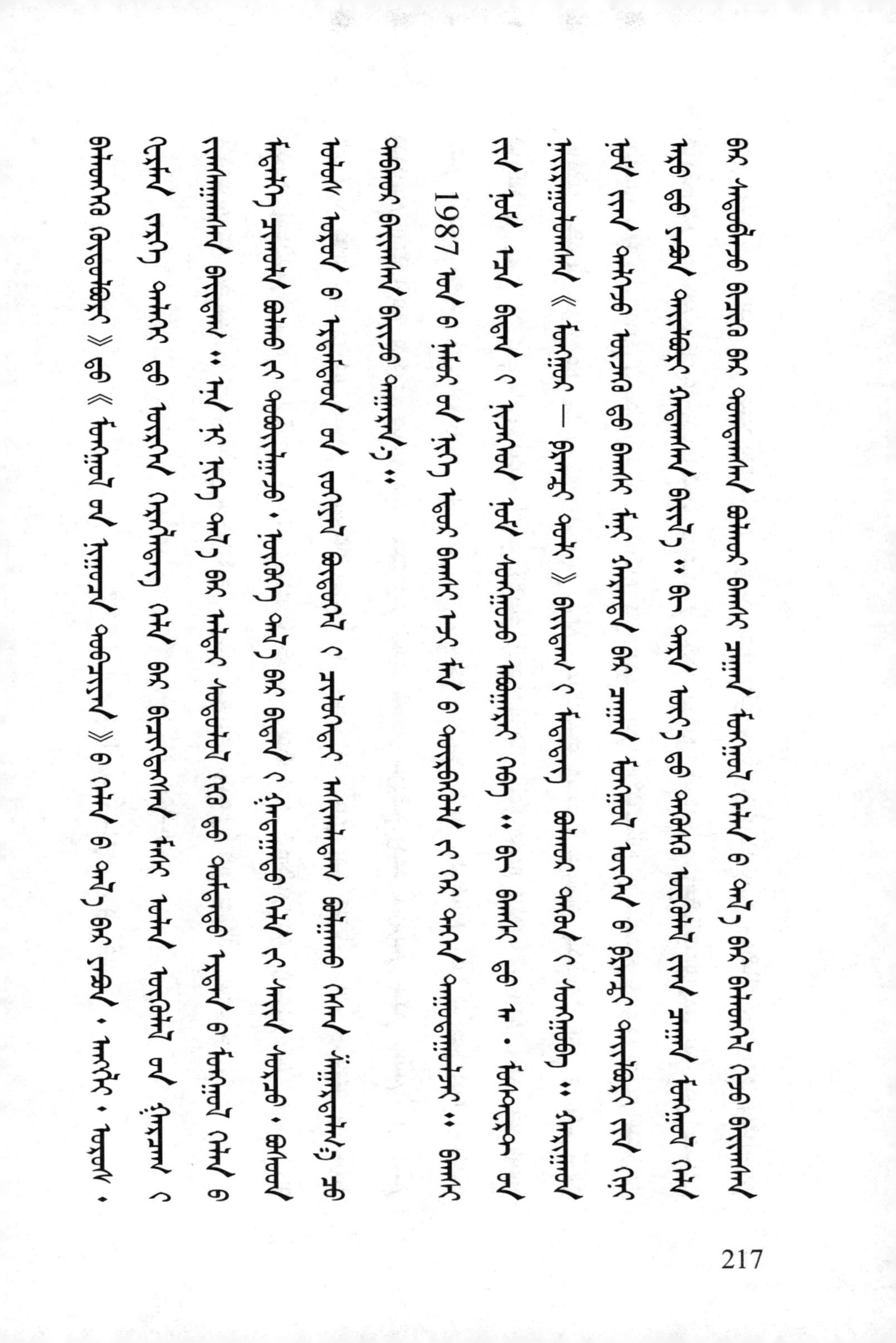

ᠰᠠᠶᠢᠨ ᠪᠠᠶᠢᠭ᠎ᠠ ᠃ ᠡᠨᠡ ᠮᠢᠨᠦ ᠪᠣᠯᠤᠨ ᠬᠡᠯᠡ ᠳᠤ ᠪᠠᠭᠠᠳᠬᠠᠨ ᠢᠶᠡᠷ ᠰᠣᠶᠣᠯ ᠤᠨ ᠪᠦᠲᠦᠭᠡᠯ ᠦᠨ ᠬᠠᠮᠲᠤ ᠪᠠᠶᠢᠳᠠᠯ
ᠡᠷᠬᠡᠪᠰᠢ ᠳᠤ ᠲᠥᠷᠥ ᠶᠢᠨ ᠪᠣᠳᠣᠯᠭ᠎ᠠ ᠶᠢ ᠤᠯᠠᠮ ᠰᠢᠨᠵᠢᠯᠡᠭᠡᠨ ᠬᠥᠭᠵᠢᠭᠦᠯᠬᠦ ᠳᠦ ᠲᠤᠰ ᠪᠣᠯᠬᠤ ᠪᠢᠯᠡ ᠡᠷᠬᠡᠪᠰᠢ ᠳᠦ ᠬᠠᠮᠲᠤ ᠲᠦᠷᠦᠬᠦ
ᠬᠡᠷᠡᠭᠰᠡᠨ ᠳᠤ ᠬᠠᠮᠢᠶᠠᠷᠤᠯᠬᠤ ᠮᠡᠳᠡᠯᠭᠡ ᠪᠠ ᠰᠣᠶᠣᠯ ᠤᠨ ᠪᠠᠶᠢᠳᠠᠯ ᠤᠨ ᠰᠤᠳᠤᠯᠭ᠎ᠠ ᠳᠤ ᠤᠯᠠᠮ ᠶᠡᠬᠡ ᠬᠤᠪᠢ ᠨᠡᠮᠡᠷᠢ ᠣᠷᠣᠭᠤᠯᠬᠤ ᠪᠣᠯᠤᠨ᠎ᠠ ᠃
ᠭᠠᠳᠠᠭᠰᠢ ᠳᠤ ᠪᠣᠯᠪᠠᠰᠤ ᠪᠢᠳᠡᠨ ᠦ ᠬᠡᠷᠡᠭᠵᠢᠭᠦᠯᠬᠦ ᠪᠠᠷ ᠲᠦᠰᠢᠭᠯᠡᠭᠰᠡᠨ ᠪᠦᠬᠦ ᠶᠠᠭᠤᠮᠠ ᠳᠤ ᠰᠠᠶᠢᠨ ᠰᠠᠨᠠᠭᠠ ᠪᠠᠷ ᠬᠠᠮᠲᠤ ᠬᠦᠴᠦᠯᠡᠭᠡᠳ
ᠮᠡᠳᠡᠯᠭᠡ ᠶᠢᠨ ᠳᠡᠭᠡᠷᠡ ᠬᠠᠮᠲᠤ ᠪᠠᠷ ᠤᠯᠠᠮ ᠰᠠᠶᠢᠨ ᠠᠵᠢᠯᠯᠠᠬᠤ ᠪᠣᠯᠬᠤ ᠰᠠᠨᠠᠭ᠎ᠠ ᠲᠠᠢ ᠪᠠᠶᠢᠨ᠎ᠠ ᠃
ᠬᠥᠬᠡᠬᠣᠲᠠ ᠶᠢᠨ ᠳᠤ

2021 ᠣᠨ ᠤ 1 ᠰᠠᠷ᠎ᠠ ᠶᠢᠨ 19 ᠦ ᠡᠳᠦᠷ

纪念蒙古学家那森柏先生

张双福　包丽俊

著名蒙古学家、语言学家那森柏（又称那顺巴雅尔），蒙古族孛儿只斤氏。1925 年 9 月 18 日出生于内蒙古扎赉特旗音德尔镇。先生自小丧母，饱尝人生之艰辛；幼读私塾，始造学术之殿堂。1932 — 1934 年，曾跟随当地巴拉嘎庙一位喇嘛医生学习蒙古文。1934 — 1938 年，就读于巴拉嘎庙小学和白音哈斯小学。1939 — 1940 年，在扎赉特旗音德尔完小读书。1941 年考入王爷庙（今兴安盟乌兰浩特市）伪满国立兴安学院，为该校第 7 届毕业生。1945 年参加革命，同年 11 月加入内蒙古革命青年联盟。1946 年在扎赉特旗做青年团工作，并兼任巴达尔呼努图客秘书助理。1947 年 7 月至 1949 年 2 月，受扎赉特旗政府派遣，入齐齐哈尔市内蒙古军政大学学习，并在该校蒙古语言研究室从事教学和科研工作。1949 — 1956 年，在内蒙古自治区政府办公厅翻译处任职。在此期间，于 1950 年曾与清格尔泰一起倡议召开内蒙古语文工作者会议，成立了内蒙古语文研究会。1951 — 1952 年，参与创办内蒙古蒙古文专科学校，并兼任蒙文教师。1950 — 1956 年，任《毛泽东选集》蒙文版出版委员会委员、翻译组成员、审定组成员，审定了《毛泽东选集》（蒙文版）第 4 卷和第二版的第 1、2、3 卷，翻译出版了毛泽东《论持久战》单行本。1952 — 1954 年，任内蒙古自治区直属机关业余学习委员会副主任。1954 年 8 月，参加第一届全国人民代表大会，并担任蒙古语翻译，参与新中国第一部宪法及许多全国性文件的蒙译定稿工作，曾受到毛泽东和周恩来的接见。1954 — 1956 年，受内蒙古自治区党委委派，与清格尔泰等人一起赴北京，协助苏联顾问、专家托达叶娃在中央民族学院工作，参与中央民族学院蒙古语文教研室的创建工作，并兼任蒙文教师。1955 年，参与全国蒙古语族语言和方言调查组织、领导工作，担任中国蒙古语族语言和方言调查队副队长、甘肃调查组组长，与清格尔泰、索德纳木合写了《蒙古语族语言和方言调查大纲》。1956年下半年，先生领队赴甘肃东乡族居住区40余村落进行田野调查，广泛搜集了各种语言素材，与托达叶娃、清格尔泰、索德那木合写了《中国蒙古语族语言和方言调查报告》。1956年12月，先生正式调入中央民族学院少数民族语言文学系，从事教学和科研工作，曾任该系蒙古语言教研室代理主任、副主任，先后被评为副教授、教授；曾任中央民族学院学术委员会委员、硕士研究生导师；曾任中国蒙古语文学会副理事长、中国少数民族语言学会理事、中国民族古文字研究会会员。

那森柏教授精通蒙、汉、日、俄语，疏通英、法、德、藏文。多年来，先生直接参与、组织和领导了蒙古学研究和蒙古语文教学工作，中央民族学院蒙古学学术带头人。先生在中央民族学院从事教学和科研工作的30年间，曾讲授现代蒙古语、翻译理论与实践、语言学、蒙古语语法、蒙古语讲座、日本语等课程。自1955年以来，先生编写了《蒙古语》、《语言学》《蒙古语方言》《现代蒙古语语法》等讲义，牵头编写了全国高等院校教材《现代蒙古语》（合著，内蒙古教育出版社，1982）；还参与《蒙汉词典》（1956年）、《民族词典》（上海辞书出版社，1987年）的编写工作；蒙译菅弓林藏所著的《东乡塔塔儿行记》（1969）；培养和指导了三届蒙古语族语文学硕士研究生，为振兴蒙古族文化教育做出了卓越的贡献。

那森柏教授早年极力主张学术不分国界，发表学术成果不限语种，坚持各民族语言文字平等，并做到了身体力行；在维护蒙古语文的纯洁性，正确使用蒙古语文，规范蒙文名词术语，制定蒙古语标准音等方面花费了巨大精力。然而，在“文化大革命”中，先生被打成“反动学术权威”，其未及发表的许多珍贵手稿遗失殆尽。有幸留存下来的有《东乡语简志》，是先生于1959年发表于乌兰巴托召开的国际蒙古学首届大会。1961年发表于《蒙古学》年刊，后来辑入内蒙古师范大学编《蒙古语言研究论文集》（1976）。

除此之外，据我们所知，那森柏教授撰写发

表的论文还有：

1.《东乡语简志》（《蒙古学年刊》，乌兰巴托，1961 年）

2.《东乡文字方案》（在德国《东方学杂志》予以介绍）

3.《东乡文读本》（东乡文字方案 ·草案试点学习班，锁南坝 ·1980 年 9 月。）

4.《东乡语词重音》（《蒙古语言文学》1981 年第 1 期）

5.《东乡语人称代词》（《蒙古语言文学》1983 年第 1 期）

6.《论蒙古语发展中的若干问题》（《蒙古语文》1982 年第 5 期）

7.《扎赉特土语若干前列元音》（《蒙古语言文学》1987 年第 1 期）

8.《论罗布桑丹津〈黄金史〉成书年代》（《蒙古语言文学》1984 年第 3 期）

9.《明代奴儿干永宁寺碑记校释》（合著，《考古学报》1975 年第 2 期、《中央民族学院学报》1976 年第 1 期）

那森柏教授毕生致力于蒙古学研究，他兴趣

广泛，几乎涉猎蒙古学的各个领域；他治学严谨，一贯坚持实事求是的科学态度；理论高深，博得国内外专家学者的称道。他常说：“那些似曾相识，似是而非，经不起考验的文章，不能算作学术论文。作为一个学者，必须要有严谨的治学态度。没有创见，不得要领的文章最好不要写。浪费纸张不要紧，要紧的是贻误后学”。他一生严格按这一准则要求自他，衡量人物。先生传世之作，数量不多，可谓少而精矣！然而先生对蒙古语言学学科建设作出了巨大的贡献。先生的著述中充满了创新与突破，在学界语言学科领域长期处于领先地位。下面我们从现代蒙古语、扎赉特口语和东乡语研究等几个方面，简单介绍那森柏教授科研成果。

一、那森柏教授对其研究对象认识深刻，因而论述精辟，对现代蒙古语诸问题有许多独到见解。他在《论蒙古语发展中的若干问题》一文中主要阐述了操蒙古语言的部族使用回鹘式蒙文（即以回鹘文记录蒙古语）的时间、蒙古书面语的重要性所在、现代蒙古语的规范化意义等三个方面的问题：

1. 那森柏教授认为，操蒙古语的某些部族很早就率先使用回鹘式蒙古文。13 世纪初，产生了《蒙古秘史》这样的世界名著，这证明当时蒙古族书面语言发展到一定的高度，这绝不可能是一朝一夕、十年八年所能办到的。为了使回鹘式蒙文（当时称回鹘文）具有合法地位并推而广之，成吉思汗下令使用回鹘式蒙文以书写蒙古语。那森柏教授这一独到见解，有力的批驳了13 世纪以前蒙古无文字说。

2. 认为现在蒙古语的问题，说道底就是现代蒙古文学语言的问题。诸如使词汇更趋于丰富、语法更趋于条理化、修辞更趋于确切而高雅、正读法和正字法更趋于完善，这些都是有关文学语言的问题。这无疑对处理现代蒙古语中出现的实际问题具有理论方面的指导意义。使得现代蒙古语研究步入正轨指明了正确的方向。

3. 认为现代蒙古语的规范化，不是以方言的消失为前提，也没有必要硬性禁止、也不能够禁止人们操方言土语交际。一方面在文学语言中不允许随意混用方言土语成份，另一方面文学语言在其发展过程中不断从方言土语中筛选和吸收有用的成份。这些精辟的论述，乃是将科学的语言学理论正确的运用到蒙古语实践的典范。正因为如此，国外同行专家学者都把先生当作中国蒙古语言学的奠基人和一面旗帜。

二、那森柏教授在蒙古语方言学领域内独辟蹊径，率先对扎赉特土语进行了专门研究。到目前为止，学术界尚未对扎赉特土语进行科学的、系统的研究。其实，以无 s 音为特征的扎赉特土语（在这一点上，前、后郭尔罗斯亦同）的音位系统中存在不少具有特色的东西，这对蒙古语语音的纵向性历时研究助莫大焉。那森柏教授在其《扎赉特口语的几个前列元音》一文中对该土语音位对立、音位区别和音位形成的描写研究早已超出了几个前列元音的范围，实际上牵涉到了蒙古语全部元音音位及其变体，并对其最具特色的几个前列元音音位的性质、特点、产生进行了共时和历时两个方面的科学概括。指出，作为讨论对象的那几个元音为独立元音，都是松元音；其中长元音音位为中性元音，但在其后续音节里只遇松元音，而不是紧元音。从蒙古语语音发展史角度看，扎赉特口语的 E、ø、y 音位属于第二次变音过程，而与之对应的三个长元音音位则属于第三次变音过程。并认为仍保留阳性元音性质的科尔沁方音中的类似前化元音 ɛ、œ、 y 等可以认为是属于第一次变音过程，扎赉特土语也曾经历过这一过程。

三、那森柏教授在东乡语研究方面有很深的造诣。他在 1955、1956、1980 年曾三次亲赴东乡族地区进行深入的语言文化调查，在掌握了丰富的第一手材料的基础上撰写了《东乡语简志》和《东乡文读本》，一度制定并推行过东乡文字方案，因而先生在东乡语研究方面得心应手，颇有创获。

1.《东乡语简志》是那森柏教授出山之作。1959 年发表于乌兰巴托召开的国际蒙古学首届大会。全文约有 5 万余字。在该文中他第一次详细描写研究了东乡语元音、辅音的发音方法、a、e（ə）、i、o、u 元音以及ɯ、ɚ 等音的音节构造、重读音节和语音演变等方面的其他现象，还有词类划分、名词及其格助词、动词及其时态，最后附有口语材料和词汇索引等，并特别注重语言细节和理论概括。至于《东乡文读本》则是一部深入浅出的、学习和研究东乡语的入门书。

2.《东乡语词重音》是那森柏教授研究东乡语的力作之一，在中国蒙古语文学会1980年年会上宣读。为堪称填补学术空白的专门研究。东乡语的词重音的阐明，将对研究蒙古语词重音的历史与现状具有重要意义。该文首先强调在东乡语里词重音所占有的重要地位，认为是该语言不可缺少的重要组成部分。谈到东乡语的词重音性质时，那森柏教授指出：东乡语的重音的重要作用在于使各词内列音链获得一个发音中心，明确词的单位，协调该词音节的音调；并继续指出：虽然东乡语的个别重音有区别语义的现象，然而丝毫不影响其重音性质。从听觉角度来看，东乡语的元音清晰（除某些无声现象），带重音的音节强而有力，元音显得稍长些。由此得出结论：东乡语的词重音为加重重音（Stress accent）。那森柏教授指出：东乡语的重音基本上落在词末音节即词干上（个别词除外，另：某些代词的词重音情况较为复杂），而用附加构形成份和构词成份生成新词时，原来的词重音位置移向新词的末音节或新的词干上。同时详细地举例说明，在什么情形下重音位置移动，什么情形下重音保持原态不变，什么情形下出现次重音等。先生在本文中纠正了前苏联学者 б.х. 托达叶娃关于东乡语词重音方面的严重失误和失真。

3.《东乡语人称代词》一文是那森柏教授的上乘之作，在中国蒙古语文学会 1981 年年会上宣读，1986 年曾获中国蒙古语文学会优秀论文奖。全文约 20 千字，分 29 项，对东乡语人称代词进行了详尽的描写、全方位的比较研究。一般语族语言的研究大多流于发表素材、平淡的描述、简单的对比。研究方法不得体、忽略理论概括之作，比比皆是。据那森柏教授的研究，就人称代词来说，东乡语比其他语族语言，尤其与现代蒙古语有较大的差别。这些差别不仅表现在具体的特殊字词上，而且更突出地表现在人称代词的内涵、应用范畴、词法变化以及句法关系的细节方面。那森柏教授在该文中广征博引蒙古语族语言和阿尔泰语系诸语语言材料和许多古代文献、碑铭材料，以蒙古语言发展史为其广阔背景，对东乡语人称代词进行了历史的回顾。例如，东乡语第一人称复数代词有 bijien 和 matan 两种。前者适用于不包括听着的排除式词语，而后者适用于包括听着的排除包含式词语。先生指出，有些著作中恰恰将两者颠而倒之，完全不符合东乡语实际。先生叙述了汉字音译的《蒙古秘史》、中世纪回鹘式文书写的《阿尔贡汗圣旨》和《完泽笃汗圣旨》、阿拉伯文书写的《伊本莫汗词典》中的“巴”（ba）“必荅”（bida）对等，继而逐一与保安语、达斡尔语、莫果勒语等蒙古语族语言的人称代词和满语、鄂温克语、索伦语等满—通古斯语族语言的人称代词、与《五体清文鉴》中维吾尔等突厥语族语言的人称代词，进行仔细比较和分析研究。指出，在某些著作中对这两个词的说明恰恰颠倒，完全不符合东乡语的实际。就这样，先生在本文中澄清了国内外学术界在以往研究中的许多纰漏，收到国内外学者的高度评价。从这篇文章中，我们可以领略先生的大家风范：即严谨的治学态度、渊博的知识、敏捷的思维和高尚的文风。

那森柏教授的晚年是其从事蒙古学研究的鼎

盛阶段。先生培养和指导了三届蒙古语族语文学硕士研究生，赶写自己的系列代表作。遗憾的是壮志未酬，病魔夺走了他宝贵的生命。那森柏先生于 1987 年 8 月 24 日去世，终年 61 岁。蒙古文坛一代宿将、蒙古学巨星陨落了。其生前亲友、学子，无不为之悲痛，无不为之落泪，悼念为振兴蒙古族学术文化献出毕生心血的绝代学者。

那森柏教授去世后，先生夫人王纯洁女士提议，先生生前亲友、学子们着手整理先生的论文集，准备付梓传世，以慰先生在天之灵。

那森柏教授为学术而献身的精神长存！

注：此文原以《蒙古学家那森柏》为题发表于《蒙古学信息》1983 年第 4 期。现在参考蒙古文纪念文章，根据当时底稿重新辑录，以飨读者。

深切怀念那顺巴雅尔先生

贺希格　宝玉柱　德力格尔玛　张双福　金刚

今年是中央民族大学蒙古语言文学专业成立50周年。在这喜庆的日子里，我们不禁怀念起我们这个专业的卓越的奠基人、设计师、带头人和一面旗帜——那顺巴雅尔先生，因为他直到谢世，一直兢兢业业地投身于他所热爱的教学科研工作，培养了一批德才兼备的后继之人。中央民族大学蒙古语言文学专业之所以能够发展到今天，是与他和其他老一辈学者及几代人艰苦不懈的努力分不开的。

那顺巴雅尔先生为蒙古族的独立、解放和繁荣而所做的艰苦努力，起始于中华各民族处于生存死亡关头的那个年代。1925 年 9 月 18 日，他出生于内蒙古兴安盟扎赉特旗。1931 年，也就是他 6 周岁生日那一天，震惊全国的“9·18”事件爆发，不久，先生的故乡沦为日占区。他读过私塾，上过小学和兴安学院，于同时代的有志青年一道孜孜寻求民族的出路和发展道路。内蒙古人民青年团，是 1945 年成立的蒙古族进步青年组织，1947 年转为中国新民主主义青年团。那顺巴雅尔先生于 1945 年参加革命工作后即参加内蒙古人民青年团，任扎赉特本部成员并宣教委员。1947 年 8 月至 1948 年 2 月，先生在齐齐哈尔内蒙古军政大学学习，并从事蒙古语文教学与研究工作。

内蒙古自治区的成立是一个划时代的事件。为胜利所欢欣鼓舞的那顺巴雅尔先生，以崭新的姿态和饱满的热情投身于政权建设和文化建设工作。从 1949 年 3 月至 1956 年，那顺巴雅尔先生先后任内蒙古自治区人民政府办公厅翻译处科员、副科长、副处长等职。在此期间，先生还在自治区政府机关业余学校、内蒙古蒙文专科学校任教，并临时兼任北京全国人民代表大会工作处翻译，苏联语言专家助手，蒙古族语言与方言调查队副队长，蒙古文版《毛泽东选集》出版委员会委员、翻译及审定组成员和中央民族学院蒙古语言文学专业兼任教师。1956 年 12 月正式调入中央民族学院语文系蒙古语言文学教研组，任副组长。那顺巴雅尔先生精通汉语、日语和俄语，在晚年自学了英语。并在苏联专家指导下系统地研修语言学理论和方法，亲自参加语言调查及具体的语文工作，为他日后成为一代名师打下深厚的学科修养基础。

改革开放后，那顺巴雅尔先生完全有能力一心投入学术研究，发表科研成果，实现他在动乱年代无法实现的夙愿。然而他没有这样做，因为他敏感地感觉到在新的技术革命的冲击下，如不抓紧时间培养一大批用新的科学理论和方法武装起来的科学工作者，不仅蒙古语言文学研究领域的现有问题无法得到解决，而且蒙古族和蒙古族文化本身的生存都会遇到严重挑战。因而他集中精力培养研究生，把自己全部心血和终生积累的知识和治学精神，毫无保留地传给他的学生。他在身体严重衰弱的情况下，依然坚持教学科研工作，在病重入院期间，在病床上他还召集他的学生，谋划着学科建设的未来。1987 年 8 月 24 日，先生带着壮志未酬的莫大遗憾离开了人世。

他给后人留下的著述并不多，也没有给家属子女留下什么财产，但他给蒙古民族和蒙古语言文学教学科研事业留下的精神遗产及其价值是无可估量的。一代名师的仙逝，一颗巨星的陨落，一面旗帜的折损，直到后来我们才痛心疾首地感到他的逝世为我们事业带来的巨大损失。

我们应该学习他对自己民族的赤诚和教育科学事业的热爱。那顺巴雅尔先生早年投身民族解放事业，在黑暗中探索民族和民族文化的前途所在。当解放的曙光照高高的兴安岭并普照内蒙古大地时，他又义无反顾地投身于民族文化建设和教学科研事业。一个民族的文化优势，主要是通过教育创造、积累并传承给后代的，那顺巴雅尔先生把自己的毕生精力献给蒙古族教育事业，成为蒙古族教育史上的一代名师，是与他对自己民族的热爱和忠诚分不开的。

我们应该学习他严谨的治学精神和对学科建设的远见卓识。那顺巴雅尔先生的博学和治学严谨是远近闻名的。先生博览群书，不仅在蒙古族语言、文学、民俗等领域有独到的造诣，而且在历史比较语言学、描写语言学、现代语言学领域有很深的修养。先生培养的第一批4名硕士研究生，从现代蒙古语、古代蒙古语、蒙古文文献和蒙古语语音学四个方向展开研究，而且每篇论文长达十几万字。先生不辞辛苦，逐句审改，对每篇论文写出精确而又中肯的修改意见，充分展示了先生的博学和才华。对一个学科带头人，不能完全从他个人的研究成果的数量去评价，因为学科带头人更像大工程的总设计师，首先要求具备相关学科的系统知识和实际能力，另外还要求对本学科的最终成果有鉴定和评估的综合能力。在这两点上，在中央民族大学，在中国蒙古学界，先生是举世公认的少数权威之一。先生在学术上，是严于律己的典范，从不轻易发表一篇论文。几所高等学校联合编写的教材《现代蒙古语》的“导论”是由先生执笔的，他不仅字斟句酌，还组织研究生“挑毛病”，一直修改到他满意为止。他经常教导研究生：搞科研一定要严谨，不成熟的东西如不发表，只属于你自己，但一旦发表，有百害而无一利，与谋财害命没什么两样。他对粗制滥造者、剽窃别人作品者深恶痛绝，称他们为“文化强盗”。在学科建设方面先生有很多独到的见解。先生是享誉海内外的东乡语专家，非常重视蒙古语族语言的比较研究，他是中央民族学院最早提倡建立阿尔泰语言学研究学科的专家之一。他非常关注国外现代语言学的发展趋势，提倡用新的理论、新的方法研究新老问题。当时有的学校培养研究生时，研究生的阅读书目、研究课题、研究方法、基本观点、基本材料都由指导教师确定并控制。对此先生不以为然地说，动乱这么多年，我国的科学研究水平已远远落后于世界，用我们 50 年代读的书、学的理论和方法指导今天的研究生，显然行不通。我就采取“放羊”的方法，让学生自己去选题，自己去选择阅读书目，自己去确定用什么理论和方法，有什么困惑我们可以商量，走得太远了，叫回来就是了。事实证明，先生带研究生的方法不仅实事求是，而且能够培养学生独立发现问题、独立思考问题。独立解决问题的能力和独立学习的风气，有利于学生在理论、方法、专业三方面拓展。当 90 年代后期，国家调整专业目录，开始强调专业的宽口径和适应性时，我们才由衷地钦佩这位大师的先见之明。先生认为，在学科建设中方法论非常重要，科学的方法是科学之所以成为科学的重要标志。蒙古语言文学专业，与其他民族乃至世界上的所有稳重的语言文学专业一样，一定要把语言学科的建设放在首位。因为语言研究在方法论上日趋成熟，在某些领域已接近自然科学的研究方法，与意识形态的关系，也不像其它社会文化现象那样紧密。另外，在现代社会，语言科学已成为当今世界三大先导科学之一，并且与另一个先导科学——计算机科学结合在一起，日益主宰着人们的生活。在80年代初，那顺巴雅尔先生支持用实验语言学的方法研究蒙古语，提议用计算机研究《蒙古秘史》。中央民族大学的第一计算机室，是在先生的催促下，由他的学生在科研处研究生科安装并投入应用的。由于人们认识的不一致和其它主客观原因，先生的这些宏伟规划和学术思路都未能很好地付诸实施，为后代有识者深惜之。

我们应该学习那顺巴雅尔先生的博大胸怀和知人善任。任何一个事业，包括科学研究，都不是一人所能包办的，它的成功与否很大程度上取决于人才、人才的组织使用和彼此合作的融洽程度。先生对学生道德培养要求很严，经常说应该先学会做人，而后再学会做学问。但他明白不同时代的人，尤其是在社会急剧变革时期，老一辈和年轻一辈的意识形态、价值观很不一样，不能一律强求。他严格区别人际关系和学术观点的异同；严格区别个性特点和道德品质的不同；严格区别无意犯错和恶意肇事的不同。他对学生的一些缺点，严肃认真地加以纠正，反对小题大做、急于盖棺定论。他经常找同事听取外界对学生的反馈意见，与他们讨论每个学生的优缺点，希望把学生调整到最合适的工作岗位。每当听到学生在工作岗位上有成就、有进步，他都由衷地高兴，同时向学生指出进一步努力的方向。他是他学生的终身的导师和益友。先生的一身正气、学者风范和宽度大度为后世留下深刻的影响。

我们还应该学习先生的精品意识和合作精神。他的学术论文《东乡语的重音》、《论蒙古语发展中的几个问题》、《关于罗黄史的几个问题》至今受到国内外学界的好评。他还参与大型合作项目，编写了《东乡语简志》《东乡语文字方案》《东乡语初级读本》《蒙古语族》《保安语》《东乡语》等著作和论述文章。他和其他人合编的《现代蒙古语》，现仍被数所高等院校采用，参与编写的《民族词典》更是成为民族学家和民族语言文学工作者的重要案头参考书。

今天我们在庆祝中央民族大学蒙古语言文学专业成立50周年之际，缅怀我们卓越的学科奠基人、学科设计师、学科带头人和一面旗帜——那顺巴雅尔先生，希望蒙古族的年青一代继承他的遗志，发奋图强，在新的世纪把中央民族大学乃至整个中国的蒙古语言文学研究和教学推向新的繁荣。

回忆那森柏先生

双 山

我的硕士导师那森柏教授能够熟练使用蒙、汉、俄、日等四种语言文字。他是著名蒙古语言学家，是中央民族大学蒙古语言文学学科的奠基人之一。

1985年，我中央民族学院蒙古语言文学专业本科毕业被保送到该校中国少数民族语言文学一系攻读硕士研究生，选了那森柏教授的研究方向。考上研究生后我第一次去先生家拜见，老人家就表现出了他的严厉。先生问我的第一个问题是：你为什么选我这个研究方向？请用日语来回答我！接下来，他老人家对我提出来的第一个要求是：你现在学了日本语，上研究生以后还得学习俄语，掌握俄语对你以后的研究工作有好处。你要是不选修俄语，不要选我的研究方向！我只好听从。我成为他的硕士研究生初次近距离接触到那森柏先生的感触可以用以下两个词来形容：紧张和害怕。

我是中央民族学院蒙古语言文学专业1981级学生，20世纪八十年代，中国高等教育得到重视和发展，校园里的学术风气浓厚，大学生喜欢读书和写作，大学名师是学生经常谈论的重要话题之一。那个年代大学好像没有评选“名师”的制度，名师不是评出来的，而是一种口碑。本人在中国少数民族语言文学一系（蒙藏朝语言文学系）读本科时从师哥师姐和前辈那里听说了学识渊博、治学严谨的蒙古语言文学专业知名教授那森柏先生。

那先生于20世纪40年代初在王爷庙（今乌兰浩特），兴安学院学习，早年在齐齐哈尔内蒙古军政大学蒙古语文研究室从事蒙古语文教学和研究工作，1955—1956年11月，调中央民族学院协同苏联专家工作。1955—1956年，筹备、领导全国蒙古语族语言和方言调查，任中国少数民族语言调查第五工作队副队长，带队完成对东乡语的调查研究，主持编写《东乡语语法》

（油印本，1956）。从1956年12月起在中央民族学院从事蒙古语文教学和研究工作，为该校蒙古语言文学学科专业建设与发展做出了重要贡献。那先生研究领域可归纳为三个主要方面：东乡语研究、现代蒙古语研究和蒙古文献学研究。那森柏先生曾任中国民族语言学会理事、中国蒙古语文学会副会长。

我们在读本科期间，先生主要带研究生，很少为本科生授课，几乎没有与先生交流的机会，但我们偶尔去听先生所作的学术报告。我记得，有一次比较近距离接触先生是我们大学一二年级时候，是在日本著名语言学家桥本万太郎来访在学校举办的学术报告会上。

那森柏先生是我本科毕业论文的指导教师，他老人家看完我的论文后跟我讲，你的论文写得还可以，但我考虑到你今后如果选择学术研究的道路，仍需要加倍努力，还有很大的提高空间，所以我只能给你“良好”成绩，希望你继续努力。

大学本科毕业后我有幸成为了那先生的弟子。先生前后带了三届硕士研究生，第一届研究生里有现在中央民族大学宝玉柱教授、金刚教授、内蒙古社科院双福研究员和一毕业就出国的靳希璞师兄，当时被称为那森柏先生的“四大金刚”，他们是我们学习的榜样。第二届研究生是德力格尔玛，她留校任教，蒙文系教授、博士生导师。我和德力格尔玛师姐还合作写过《蒙古语族语言概论》一书。师姐英年早逝，在十二年前就永远离开了我们。那先生带的最后一届研究生是我们四位，分别是阿•图门（万喜）、呼格吉勒图、阿拉坦奥奇尔和我。我们四个人的研究方向为阿尔泰语研究，其中呼格吉勒图专攻领域为蒙古语族土族语，阿拉坦奥奇尔是新疆蒙古族，除了母语蒙古语外，还懂维吾尔语和哈萨克语，所以专攻方向定为突厥语族语言，图门我们俩研究领域为满语研究。那先生这届研究生，因为研究方向很特殊，当时内蒙古日报记者还专程来学校采访那先生并作了专题报道。内蒙古日报的文字报道，还附了一张那先生和我们的合影。一年以后先生去世，这张珍贵的照片成为了我们与先生的唯一的一张合影。报道那先生和我们的那天的内蒙古日报报纸，我保存至今，成为了我珍藏的纪念物之一。

我们四个是那森柏先生的关门弟子，而且我们毕业前恩师已经离世。最遗憾的是先生去世的时候图门我们俩还在两千里之外的黑龙江富裕县三家子村进行满语口语田野调查，没能见到先生最后一面，成为我们一生的遗憾。

那森柏先生作为我们的导师，指导我们的时间仅仅是两年，但先生对我们一生产生了重要影响。在读硕士期间的师生交流中先生很注重研究方法及独立思考能力的培养。有一次他翻出一本杂志，然后找出一篇论文，问我们："这篇论文的题目都有问题，请你们几个说说有什么毛病？"这就是那森柏先生指导和训练研究生的方式方法。

刚入学研究生，我非常害怕见到先生，因为我无法掌握他这回又要提出什么问题来"为难"和考验我。那森柏先生的严厉在学界也是出了名的。我后来当硕士导师后就用那先生的这套办法来训练学生，效果极佳。

在我的记忆里，那先生不太注重满堂灌输的教学方式，而强调自学、博览群书，拓宽知识面，在广阔的视野中思考问题。先生指导我们的主要方式，是让我们去他家里讨论学习和研究进展。我是大学本科学习期间就比较喜欢读书，我每次去先生家就特别注意先生藏书。那先生个人藏书里有各种各样的书，有蒙古文和汉文书，也有日文和俄文书。先生经常嘱咐我们，作为研究生，要专攻自己的研究领域的同时还必须掌握其他相关学科知识，要做到将各种知识融会贯通，这样才能够把研究工作深入做下去。他还强调年轻人如果以后从事语言研究工作，必须掌握一些相关民族语言和外语。先生认为蒙古学是一种国际性学问，苏俄、日本等外国学者在阿尔泰语系及蒙古语研究领域取得了诸多研究成果，掌握俄语、日语等外语是未来从事阿尔泰语及蒙古语研究工作必须具备的基本素养，他特别强调俄语在阿尔泰语研究领域的重要性。我们这届研究生四个人当中阿拉坦奥奇尔本科毕业于四川大学俄语系，他不用选修俄语，但其他三个人在那先生的要求下巩固日语的同时都补了俄语课。后选修俄语的我们三个人当中呼格吉勒图的俄语学得最好。我清楚的记得，本人在撰写自己硕士学位论文过程中，有一天呼格吉勒图给我提供蒙古国一位著名满学家用俄文写的一篇满语研究相关学术论文的蒙译稿，说是他翻译的。我很惊奇地发现同门呼格吉勒图仅仅用两年时间学习俄语，他的俄语水平已经达到这样熟练使用的程度。图门我们俩跟著名满语专家季永海先生（季先生后来成为我的博士导师）学习满语，满语成为我一生的主要研究领域。同门图门擅长结合历史背景研究语言学问题，他讲蒙古历史总是滔滔不绝，其丰富的历史知识甚至超过历史专业研究生，很是令我羡慕，受他的影响后来我也变得喜欢看历史书。从研究生毕业到现在图门我们俩仍然保持着联系，经常在电话里谈论过去和现在，更多是谈论学术，偶尔还谈到孩子。图门说他儿子懂十多门语言，我们认为这都与家庭教育有关，更是一起想到了那先生的间接影响。我儿子也是掌握好几种语言，最后成为了能够用两种外语授课的知名大学的教师。我现在深刻体会到美国历史学家亨利•亚当斯的一句名言，他说：“教师的影响无穷无尽，他从来无法说出他的影响会在哪里止步。”

在那森柏先生的指导下，我对语言学习和比较语言学研究领域产生了浓厚的兴趣。我在中央民族大学大学学习期间，除了我的母语蒙古语和汉语外，还学习过好几种民族语言（包括满语、维吾尔语、藏语、朝鲜语）和日语、俄语和英语等外语，这对我后来成为语言学教授并长期从事语言学理论教学与研究有很大的帮助。但是没有学好英文、俄文和藏文而无法阅读这些文字上的书籍是我学习生涯中的一大憾事。

我从导师那森柏先生那里学到的最宝贵，让我特别受益的是他独特的培养学生的方式方法和严谨的治学精神。先生很少正儿八经给我们讲课，就要求我们自学和读书，甚至强迫我们读一些比较难懂的书，读完书有时候还让我们去他那里进行交流，在师生交谈的过程中，指出我们的问题，在聊天中让学生受益。我们整个研究生三年的学习方式就是一种真正的“研究性学习”。“研究性学习”，顾名思义是一种在研究过程中的“学习”，就是围绕每个人的具体研究领域进行的一种研讨式的学习过程。我觉得这才是真正科学有效的研究生学习方式和学术型人才的培养模式。一个优秀的导师真正传递给学生的是隐形知识，这种“隐形知识”，对研究生来说，就是思考方式和研究能力。后来我自己带研究生并在一段时间当一所大学研究生处处长期间经常强调研究生的“研究性学习”和个人研究计划的重要性，重视和加强研究生教育的创新探索。

我非常怀念我的大学时代。我在中央民族大学校园里先后学习生活10年，在那里我接触到中国多民族语言文化并遇到了影响我一生的几位先生。

我一生当中最幸运的一件事情是高考被中央民族学院录取，并在那里完成了我的大学本科、硕士和博士所有阶段的学业。我最感恩母校的是她为我们提供了国内其他大学无法提供的一种优越条件，那就是年轻人在这所大学里能够学习任何一种他想要学习的中国少数民族语言包括一些古代民族语言。在中央民族大学的学习经历和受先生们的影响，读书和学习语言成为了我的兴趣爱好。我没有语言天分，但我常常有一种想学习新的语言的冲动和想法。同时我养成了良好的阅读习惯，读书变成我的最主要的业余爱好。

受那森柏等先生们的影响，最后我也成为了大学老师，也培养了几十名研究生。我现在在大学是一位分管研究生教育的副校长，因为岗位的转换，我越来越对大学办学、学科与教师队伍建设、研究生培养模式的改革等问题感兴趣并愿意进行探索，也经常发表一些个人见解。先生是一所大学的办学资源，也是文化资源。我担任高校领导职务以后购买和阅读了大量大学管理和大学文化建设方面的论著和资料。我越来越意识到，大学文化建设和大学教学科研工作同等重要。做好大学文化建设，首先要讲好大学的故事。在某种意义上，大学的故事就是名师的故事。名师的故事是大学历史的一部分，也是大学文化的重要组成部分。

前些年，我回母校，有幸在学校史馆参观了“先生还在身边”——民大名师纪念展。这个专题展，给我留下了深刻印象。我本人作为民大校友，也受到了很好的教育。同时，在参观该纪念展时想起了已离开我们30多年的导师那森柏先生。

我年轻的时候在中央民族学院学习期间，在

校园里，经常见到那些名师当中的一些人。比如，在校园里偶尔看到于道泉先生走路的身影。但没有太多人讲给我们母校的那些名师们，更没有人讲给我们那些大师们的治学方面的传奇故事。其实，这是大学文化建设方面的一大缺失。但是，话又说回来，即使在今天，有几个大学能够真正重视挖掘自己的大学文化资源，通过讲好名师的故事来激励自己的校友们成才？！今天的大部分大学都没意识到这一点。

一所大学想要发展和做好育人工作，必须建设自己的大学文化，要树立一种独特的精神上的榜样。要做到这一点，首先要挖掘大学文化资源，其中包括那些名师和大师们的治学精神。榜样的力量是无穷的。所以，讲好名师的故事是大学文化建设的最有效的手段。这方面，国内大学里北大做得最好，他们教授中有人专门研究北大历史及传统。最近几年我的母校中央民族大学也意识到了这一点，校史馆举办“先生还在身边——民大名师纪念展”是具体的体现。另外，学校编写出版了《先生还在身边：民大名师纪念文集》和《先生还在身边：民大名师纪念图册》等图书。

文化是大学的灵魂。大学文化是大学的软实力。大学文化是大学发展的动力源泉，而名师的治学精神是大学文化的核心价值。

最近我为了撰写纪念导师那森柏先生的文章，多次跟在北京民族出版社工作的同门阿•图门电话交流，共同回忆在那先生门下攻读硕士研究生的难忘的经历。我们俩每次谈到那先生当年对我们的严格要求和细心指导，我们都深刻感悟到那先生在学术研究及指导研究生方面的丰富经验和远见。那先生是民大名师，是我们的恩师。

那老师去世已经30多年了，但先生的治学精神一直影响和激励着我们在学术道路上不断进步。

作者简介：双山（笔名波•索德），蒙古族，1963年3月生，内蒙古通辽市人，中共党员，博士研究生学历，中央民族大学文学博士，教授，包头师范学院党委委员、副校长。1985年毕业于中央民族学院中国少数民族语言文学一系蒙古语专业，获学士学位，1988年毕业于中央民族学院中国少数民族语言文学一系蒙古语专业，获文学硕士学位，2004 年毕业于中央民族大学中国少数民族语言文学学院，获文学博士学位。1988 年 10 月至 2013 年 6 月，在内蒙古民族大学工作，先后任科尔沁文化研究所所长、蒙古学学院院长、研究生处处长；2013 年 7 月至今，在包头师范学院工作。曾兼任中国蒙古学学会常务理事、中国蒙古语文学会副会长、内蒙古自治区社科联常委、包头市社科联副主席等社会职务。先后主持 2 项国家社科基金项目、3 项省部级科研项目。先后出版独立撰写和合作的学术专著、译著和教材 18 部，在《民族语文》、《满族研究》、《满语研究》、《内蒙古社会科学》、《内蒙古大学学报》、《中国蒙古学》等国内学术刊物和国外大学学报上发表学术论文 70 余篇。曾获多项各种科研奖项。先后两次入选内蒙古自治区“新世纪 321 人才工程”第一层次人员，先后当选内蒙古民族大学首届“科尔沁学者”和包头师范学院首届“阴山学者”。2012 年 10 月被评为内蒙古自治区优秀教育工作者。

那老师身边二三事

中国社会科学院中国边疆研究所研究员
阿拉腾奥其尔

1985 年，我大学毕业，考取了中央民族学院（今中央民族大学）少数民族语言文学系蒙古语族语言比较研究方向的硕士研究生，有幸成为著名蒙古语言学家那顺巴雅尔教授的弟子。是年 8 月底，我告别苦读四年的母校——四川大学，离开还在盛夏酷暑之中的蓉城——成都，踏上了前往首都北京的列车。20 世纪 80 年代，从成都到北京的火车要走两天两夜。也许是因为当时还很年轻，也许是因为憧憬新的学习生活，一路思绪万千，脑子里一直想象着导师会是一个什么样的人，两天两夜乘坐火车硬座的旅途，并没有让我感到多么的辛苦和劳累，倒是一直处于兴奋状态。

一、第一次见老师

9月初的一天，办完所有入学手续，我们几个同学（那老师这届研究生共四人：双山、万喜、呼格吉勒图和我）约好一同去拜访老师。老师住在民族学院家属区教授楼，在敲门的时候我还是有一点紧张。在那老师的书房里，我们四个学生排成一行，坐在老师对面，老师注视着我们每一个学生。看得出，这天老师很高兴，面带笑容，但笑容中仍透出一丝严厉。这是我第一次见到老师，与想象中的形象完全不同。

那老师个子不高，人较消瘦，显得很精干，清秀的面容里透着知识分子的气质。

这次与老师的会面，实际上是作为研究生与导师的见面会。老师逐个儿询问了每个人的学习、生活状况和兴趣爱好。那老师最关心的是我们的研究兴趣和研究方向，尤其重视我们的外语学习状况。在我们向老师介绍各自的学习生活状况时，老师要求我们用外语回答，这让我感到很意外。

双山（苏都）是本校毕业的保送生，本科学习成绩优异，外语学的是日语。他用非常流利的日语回答了老师的提问。对于他的回答，老师似乎比较满意，但老师非常严肃地对双山说，“你已经学了日语，还得学习俄语”。他还鼓励同学们说：“学好俄语对蒙古语的研究非常重要，所以你们必须要学习俄语。”

我大学本科读的是俄语专业，对于我的俄语表达能力，老师给予了肯定，但让我感到惊奇的是，老师居然用俄语背诵了斯大林关于语言学的一段论述。尽管我是俄语专业毕业，但我对老师背诵的斯大林关于语言学的这段论述，还是有点发懵，没能完全理解。回到宿舍后，我立即找出斯大林《马克思主义和语言学问题》（这是我们读硕士研究生期间老师指定的必读书之一）一书，翻找老师说的那段。原来老师背诵的是“语言不是某一个阶级所创造的，而是整个社会、社会各阶级世世代代的努力所创造的。语言创造出来不是为了满足某一个阶级的需要，而是为了满足整个社会的需要，满足社会各阶级的需要。正因为如此，创造出来的语言是全民的语言，对社会是统一的，对社会全体成员是共同的”。这是斯大林批判马尔式唯心主义观点的一段论述。

老师在跟其他同学交流的时候，我禁不住悄悄环视老师的书房，扫视书架上摆放的书。我看见书架上除了有汉文、蒙古文的书外，还有很多日文、俄文、法文的书。日本学者小泽重男的《元朝秘史全释》（6 册）置放在书架上显眼的位置，一眼就能看到。这一切不能不令人肃然起敬，我也暗下决心，要认真学习，将来有所作为，同时感到成为那老师的学生是一大幸事。

二、洪湖岸边寻陆氏蒙古族后裔

开学后不久，大概是在 9 月中旬的一天，那老师通过系里通知我去他家里。到老师家里后发现，民族学院前辈乌力吉老师和刚毕业留校任教的青年教师青格力也在。我一进门，刚坐定，老师就开始给我们三个人布置任务——赴湖北省洪湖县（1987 年，撤县改市）调查洪湖陆氏族属问题。那老师说话总是简单明了，从不拖泥带水。原来老师是看到了报纸上有关湖北洪湖县发现有一支蒙古族，这支蒙古族正在申请恢复其蒙古族民族成分的新闻报道，于是决定派乌力吉老师、青格力和我组成一支考察队，去调查洪湖陆氏蒙古族的来历。老师说，考虑到我刚从四川大学毕业，了解和熟悉南方的生活，适应南方的气候，让我参加考察队赴湖北调研比较合适。对于刚入学不久就能参加调查队，与老师们一起参加田野调查我感到十分幸运，只是心里还有些忐忑，担心自己是否能胜任这个任务，但还是愉快地答应了老师。

我们一周之内就办好了所有出差手续，并领了 3000 元差旅费。9 月末，我们与那老师道别后就出发了，当年的国庆节，我们是在洪湖县新河乡与陆氏蒙古族一起度过的。

说起洪湖，很容易让人联想到那首叫《洪湖水浪打浪》的歌曲。20 世纪 80 年代，这首电影歌曲在全国几乎家喻户晓，人人爱唱，但不曾想过，在洪湖这个鱼米之乡，会有一支鲜为人知的蒙古族同胞过着打鱼、种稻的水乡生活。我们在洪湖岸边的新河乡陆氏蒙古族当中做了近半个月的田野调查。

湖北省洪湖县新河乡有陆家庄等4个自然村，有陆姓居民4000余人。他们自称是蒙古人，是蒙古皇族阿里不哥的后裔，是在元世祖忽必烈时代迁到洪湖地区定居的。他们自称蒙古人的主要依据是一部叫《陆宦宗谱》的家谱和在当地陆姓居民中流传的一些民间口头传说。他们认为，他们的一世祖是拖雷幼子阿里不哥的儿子陆奕，其“陆”姓即源于此。

此次考察最后的调研报告由乌力吉老师执笔，次年发表在《内蒙古社会科学》杂志蒙古文版上。

我们完成对洪湖县新河乡陆氏蒙古族来源的调查后，又赴湖北省恩施土家族苗族自治州鹤峰县对当地蒙古族做了短期调研，并于10月底回到北京。那老师对这次的调研非常满意。那老师并不是一个书斋型学者，他本人就参加过1955—1959年全国蒙古语族语言和方言调查的组织与领导工作，并担任调查队副队长兼甘肃调查组组长，曾先后两次赴甘肃省东乡族居住地区进行语言调查。自那时起，东乡语言研究就已经成为他最重要的研究领域之一。那老师经常鼓励学生利用假期到民族地区做语言学田野调查。我本人在那老师身边读书期间就曾利用暑假回家探亲的时间做过新疆卫拉特方言的调查，我的同学呼格吉勒图到青海省土族居住地区做过土族语言的调查。我们这届四名同学都有过利用假期做蒙古语族语言和方言调查的经历，这对我们日后的科研工作和成长都是十分难得的经历。

三、寻访永宁寺碑

1975 年，《考古学报》第 2 期发表了一篇署名钟民岩、那森柏、金启孮的长文——《明代奴尔干永宁寺碑记校释——以历史的铁证揭穿苏修的谎言》（此文在《中央民族学院学报》1976 年第 1 期上再次发表），在学术界产生了广泛的影响。三位作者中，那森柏就是我的老师那顺巴雅尔，中央民族学院著名蒙古语言学家；金启孮是内蒙古大学教授，著名满学家和女真文专家。至于钟民岩，其工作单位也标注为中央民族学院，但我周边熟悉中央民族大学的人都不记得曾有过一位叫钟民岩的教师。最近，经我的同事樊志强帮忙查找，原来钟民岩是我国著名越南史专家戴可来教授的笔名。戴可来教授原在中央民族学院任职，编写过《撒拉族简史》，并以钟民岩的笔名发表过多部译著，1976 年由中央民族学院调入郑州大学。看来，戴可来教授在做越南史研究之前，还曾做过中俄关系史的研究。

20 世纪 70 年代，中苏关系不断恶化，中苏边界谈判正在进行，在中国社会科学院近代史研究所、复旦大学以及我国东北、西北、内蒙古等地一些高校和科研机构正在组织力量撰写沙俄侵华史之际，这篇长文的发表，在当时的学术界产生了重大影响。

这篇论文由三部分构成，一是篇幅较长的前言；二是对《永宁寺记》的校释；三是对《重建永宁寺记》的校释。其中，前言部分主要叙述了 17 世纪中叶以后沙俄如何通过不断扩张吞并我国黑龙江以北、乌苏里江以东大片领土的历史；介绍了《永宁寺记》《重建永宁寺记》两块石碑的立碑时间和地点以及碑文的主要内容，并对中外学者就上述两块石碑的报道和相关研究做了梳理和回顾。

《永宁寺记》碑立于明永乐十一年（1413）九月，学界通常称“永乐碑”。《重建永宁寺记》碑立于明宣德八年（1433），因此又简称“宣德碑”。“永乐碑”正面刻汉字30行，每行64字，额书“永宁寺记”，碑阴为蒙古文与女真文，是对汉文内容的简要翻译，各15行。碑两侧均为汉文、蒙古文、女真文、藏文刻写的佛教“唵、嘛、呢、叭、咪、吽”六字真言。“宣德碑”只在正面镌刻汉文碑文，额书“重建永宁寺记”，碑文凡30行，每行44字，碑阴无文字。

该论文第二部分“《永宁寺记》校释”篇幅最长，分量最大，是这篇论文的核心部分。其中，“汉文碑文校释”应由钟民岩主笔，“蒙文碑文校释”部分由那老师执笔，“女真文碑文校释”由金启孮执笔。永宁寺碑是明朝政府对黑龙江流域及库页岛实行管辖的物证，也是研究明代东北的重要史料。

永宁寺碑原在永宁寺中，其位置在奴儿干都司城西南、黑龙江与亨滚河交汇处对岸的江边石崖上，距黑龙江入海口150公里，现属于俄罗斯联邦哈巴罗夫斯克边疆区。永宁寺距特林村2.4公里，后来，因特林有永宁寺，黑龙江入海口的村镇被中国人称之为“庙街”，即今天的俄罗斯尼古拉耶夫斯克。1904年以后，永宁寺碑被沙皇俄国当局拆除，运往符拉迪沃斯托克（海参崴）。如今这两块碑仍在海参崴，《永宁寺记》（“永乐碑”）、《重建永宁寺记》（“宣德碑”）现保存于俄罗斯联邦滨海边疆区国立阿尔谢涅夫联合博物馆 (Приморский гос ударственный объединенный музей им. Арсеньева)。

最近几年，我曾有幸几次赴俄罗斯远东进行学术访问。2016年11月7—12日，陪同研究所领导访问俄罗斯远东时，曾在俄罗斯滨海边疆区首府符拉迪沃斯托克（海参崴）、萨哈林岛南萨哈林斯克做短暂学术访问和考察。尽管此次访问时间为期6天，但由于访问日程安排较满，时间紧迫。在一个大雪飞舞的傍晚，当我们结束一天行程赶到博物馆时，已经晚了，博物馆早已下班关门，我们未能如愿看到永宁寺碑，这是我们此次出访留下的唯一遗憾。但幸运的是，2019

年 10 月，我又有一次机会再赴符拉迪沃斯托克。这一次吸取了上次的教训，我们先看博物馆，再安排其他工作日程。

阿尔谢涅夫联合博物馆是符拉迪沃斯托克市最大的博物馆，同时也是为俄罗斯远东地区最大的博物馆，位于俄罗斯联邦滨海边疆区政府行政大楼的西侧。博物馆以俄罗斯著名远东探险家阿尔谢涅夫的名字命名。地址为斯维尔特兰大街 20 号（Ул. Светланская，20）。两块永宁寺碑就保存在该博物馆的一楼临街一侧，实际上从窗外就能看到两块石碑。再访符拉迪沃斯托克，弥补了上次的遗憾，终于如愿看到了永宁寺碑，这也许是我和老师冥冥之中的一种缘分吧。但可惜的是，经过岁月的磨砺，两块石碑上的文字已经涣漫不清，无法辨认。

永宁寺碑是明朝政府对黑龙江流域及库页岛行使管辖的重要物证，不仅证明了奴儿干都司的存在及中国中央政府对东北地区的经营和开发，也反映了我国东北地区各民族交往交流与融合的史实。应该说，署名钟民岩、那森柏、金启孮的《明代奴尔干永宁寺碑记校释——以历史的铁证揭穿苏修的谎言》一文，是运用多语种文献研究中国边疆史地的经典之作，即使在今天仍然具有重要的学术价值和现实意义。

四、结语

我的老师那顺巴雅尔生于1925年，是今内蒙古兴安盟扎赉特旗人，早年就读于王爷庙（今乌兰浩特市）兴安学院。1945年，那老师在20岁时就已参加革命，两年后进入齐齐哈尔内蒙古军政大学，在蒙古语文研究室从事教学、科研工作，从此走上学术道路。1949年3月至1956年11月，在内蒙古自治区人民政府办公厅从事蒙古语文方面的工作。期间，参与创办内蒙古蒙古文专科学校，并兼任蒙古文教师，担任《毛泽东选集》蒙古文版出版委员会委员、翻译组成员等；1954年参与我国第一部宪法及许多全国性文件的蒙译定稿工作；1954年11月至1956年11月，陪同苏联顾问、专家参与中央民族学院蒙古语文教研室的创设工作，并兼任蒙古语授课教师。1955至1959年，参与全国蒙古语言和方言调查的组织领导工作，担任调查队副队长兼甘肃调查组组长，先后两次赴东乡族居住地区开展语言调查。1956 年 12 月，那老师正式调入中央民族学院少数民族语言文学系，从事蒙古语文教学、科研工作，生前曾任中央民族学院学术委员会委员，中国民族语言学会理事，中国蒙古语文学会副理事长。

那老师的主要代表性论著有：《东乡语语法》（1956 年）、《东乡语概要》（1959 年）、《东乡语的词重音》（1982 年）、《东乡语人称代词》（1983 年）、《现代蒙古语》（合著，1982 年）、《蒙古语发展中的某些问题》（1982 年）等。可以说，那老师有关东乡语的几部（篇）论著具有学术开创性的意义，是我国东乡语研究的奠基之作，特别是其《东乡语人称代词》一文是运用历史比较语言学方法研究蒙古语族语言的经典之作，对后人的研究产生了较大影响。由那老师和哈斯额尔敦等共同编写的《现代蒙古语》系我国高等院校蒙古语言文学专业统编教材，为我国高等院校培养蒙古语文人才发挥了重要的作用，也是从事蒙古语言文字教学科研工作者必读书目之一。

那老师离开我们已经35年了。在那老师身边读硕士研究生的几年是我人生中的一个重要阶段，也是我学术道路的起点，对我后来的成长和治学有重要影响，谨以此文表达我对那老师的深深怀念。

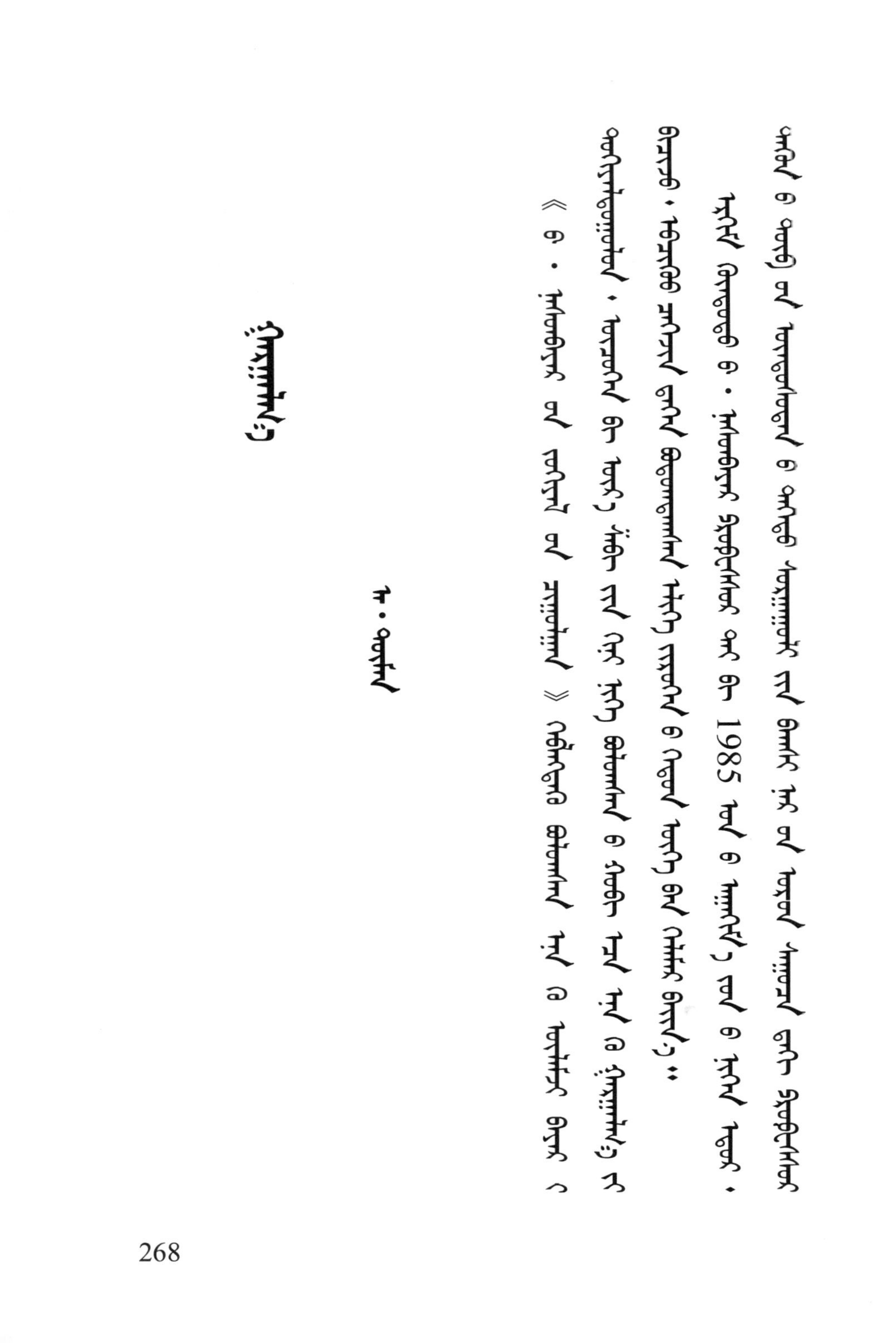

[illegible]

[illegible]

《 [illegible] 》 [illegible]

[illegible] · [illegible]

[illegible] 1985 [illegible] ·

[illegible] ::

[illegible] ·

ᠤᠨ ᠰᠤᠷᠭᠠᠭᠤᠯᠢ ᠶᠢᠨ ᠪᠠᠭᠰᠢ ᠨᠠᠷ ᠤᠨ ᠬᠤᠷᠠᠯ ᠢ ᠬᠤᠷᠠᠯᠳᠤᠭᠰᠠᠨ ᠤ 101 ᠳᠦᠭᠡᠷ ᠬᠤᠷᠠᠯ ᠳᠤ ᠪᠣᠯᠤᠨ ᠬᠠᠷᠢᠭᠤᠴᠠᠭ᠎ᠠ ᠪᠢᠴᠢᠭ ᠢ

ᠳᠠᠭᠠᠭᠤ ᠪᠠᠶᠢᠭᠤᠯᠬᠤ ᠳᠤ ᠶᠠᠮᠠᠷ ᠪᠠᠶᠢᠳᠠᠯ ᠲᠠᠢ ᠪᠠᠢᠭ᠎ᠠ ᠢ ᠮᠡᠳᠡᠬᠦ ᠬᠡᠷᠡᠭᠲᠡᠢ ᠪᠠᠢᠨ᠎ᠠ ::

ᠪᠢᠳᠡᠨ ᠦ ᠰᠤᠷᠭᠠᠭᠤᠯᠢ ᠳᠤ ᠪᠠᠢᠭ᠎ᠠ ᠪᠣᠯᠤᠨ ᠲᠡᠭᠦᠨ ᠦ ᠬᠠᠮᠢᠶ᠎ᠠ ᠲᠠᠢ ᠪᠠᠢᠭᠤᠯᠤᠯᠭ᠎ᠠ ᠶᠢᠨ ᠠᠵᠢᠯ ᠢ ᠰᠠᠢᠵᠢᠷᠠᠭᠤᠯᠬᠤ ᠳᠤ ᠶᠡᠬᠡ ᠠᠴᠢ ᠬᠤᠨᠳᠤ ᠲᠠᠢ ᠪᠠᠢᠨ᠎ᠠ ::

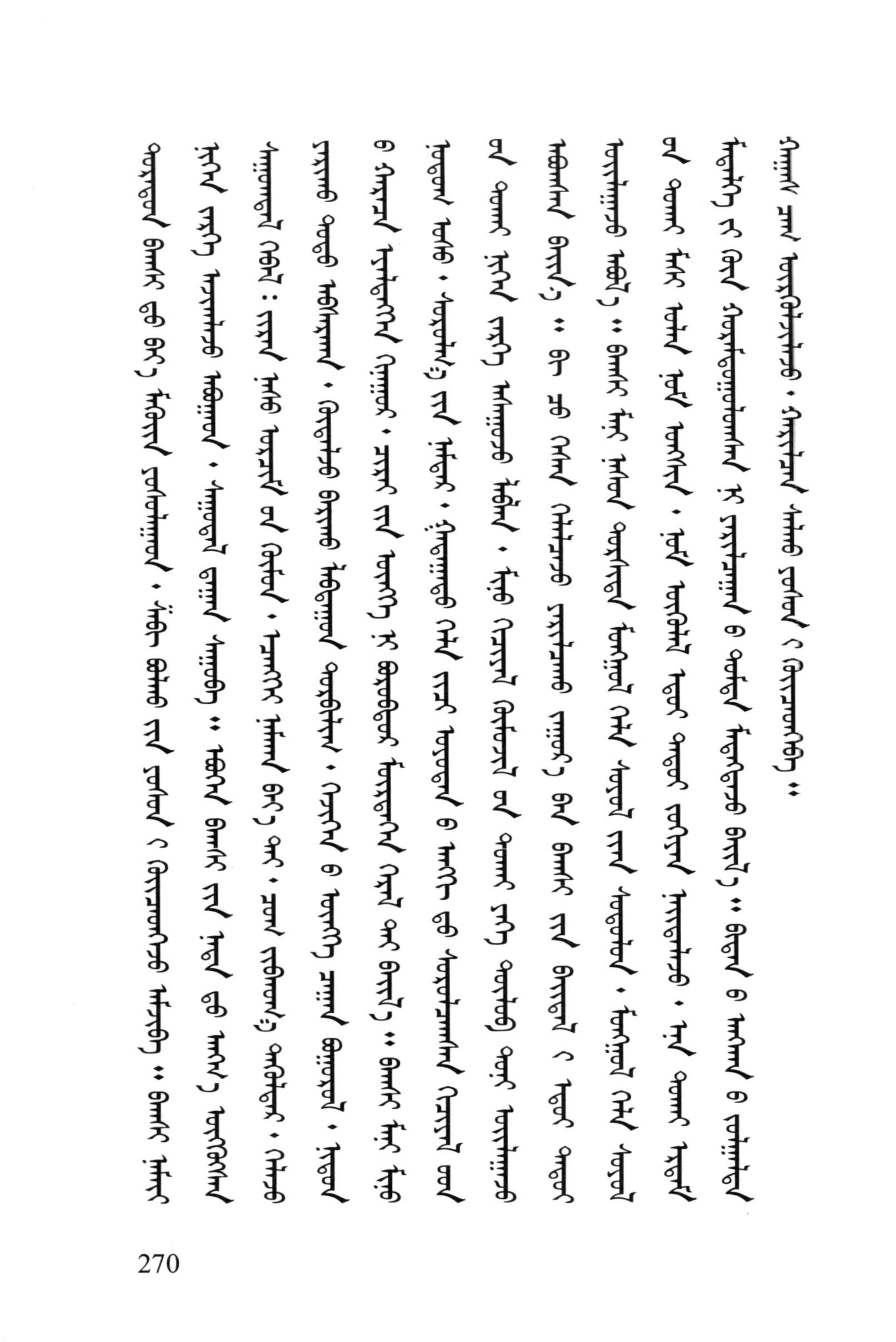

ᠪᠣᠯᠤᠨ ᠬᠡᠯᠡ ᠶᠢᠨ ᠪᠣᠯᠪᠠ :: ᠮᠣᠩᠭᠣᠯ ᠬᠡᠯᠡ ᠪᠢᠴᠢᠭ ᠦᠨ ᠰᠤᠳᠤᠯᠭᠠᠨ ᠤ ᠬᠦᠷᠢᠶᠡᠯᠡᠩ ᠳᠦ ᠪᠣᠯᠤᠨ ᠮᠣᠩᠭᠣᠯ ᠬᠡᠯᠡ ᠶᠢᠨ ᠰᠤᠳᠤᠯᠤᠯ ᠤᠨ ᠠᠵᠢᠯ

ᠪᠣᠯᠪᠠ᠂ ᠮᠣᠩᠭᠣᠯ ᠬᠡᠯᠡ ᠪᠢᠴᠢᠭ ᠦᠨ ᠠᠵᠢᠯ ᠢ ᠬᠥᠭᠵᠢᠭᠦᠯᠬᠦ ᠳᠦ ᠴᠢᠬᠤᠯᠠ ᠬᠤᠪᠢ ᠨᠡᠮᠡᠷᠢ ᠣᠷᠣᠭᠤᠯᠤᠭᠰᠠᠨ ᠶᠤᠮ ::

1952 ᠣᠨ ᠳᠤ ᠥᠪᠦᠷ ᠮᠣᠩᠭᠣᠯ ᠤᠨ ᠥᠪᠡᠷᠲᠡᠭᠡᠨ ᠵᠠᠰᠠᠬᠤ ᠣᠷᠣᠨ ᠤ ᠮᠣᠩᠭᠣᠯ ᠬᠡᠯᠡ ᠪᠢᠴᠢᠭ ᠦᠨ ᠠᠵᠢᠯ ᠤᠨ ᠬᠣᠷᠢᠶ᠎ᠠ ᠶᠢ ᠪᠠᠶᠢᠭᠤᠯᠤᠭᠰᠠᠨ ᠪᠠᠶᠢᠨ᠎ᠠ ::

ᠡᠨᠡ ᠬᠣᠷᠢᠶ᠎ᠠ᠂ ᠮᠣᠩᠭᠣᠯ ᠬᠡᠯᠡ ᠪᠢᠴᠢᠭ ᠦᠨ ᠰᠤᠳᠤᠯᠭᠠᠨ ᠤ ᠠᠵᠢᠯ ᠢ ᠵᠢᠭᠠᠨ ᠵᠠᠯᠠᠬᠤ᠂ ᠮᠣᠩᠭᠣᠯ ᠬᠡᠯᠡ ᠶᠢᠨ ᠳᠦᠷᠢᠮ ᠢ ᠲᠣᠭᠲᠠᠭᠠᠬᠤ ᠳᠤ ᠬᠦᠴᠢᠯ ᠭᠠᠷᠭᠠᠵᠤ :: ᠮᠡᠳᠡᠭᠡ ᠲᠣᠬᠢᠶᠠᠯᠳᠤᠭᠤᠯᠤᠭᠰᠠᠨ᠂ « ᠮᠣᠩᠭᠣᠯ ᠪᠢᠴᠢᠭ » ᠰᠡᠳᠬᠦᠯ ᠢ ᠡᠷᠬᠢᠯᠡᠨ ᠭᠠᠷᠭᠠᠵᠤ᠂ « ᠮᠣᠩᠭᠣᠯ ᠪᠢᠴᠢᠭ » ᠰᠡᠳᠬᠦᠯ ᠦᠨ ᠬᠡᠪᠯᠡᠯ ᠦᠨ ᠠᠵᠢᠯ ᠢ ᠬᠢᠵᠦ᠂ 20 ᠭᠠᠷᠤᠢ ᠵᠦᠢᠯ ᠦᠨ ᠨᠣᠮ (ᠳᠣᠲᠣᠭᠠᠳᠤ ᠮᠠᠲᠧᠷᠢᠶᠠᠯ) ᠢ ᠬᠡᠪᠯᠡᠨ ᠭᠠᠷᠭᠠᠭᠰᠠᠨ ᠶᠤᠮ ::

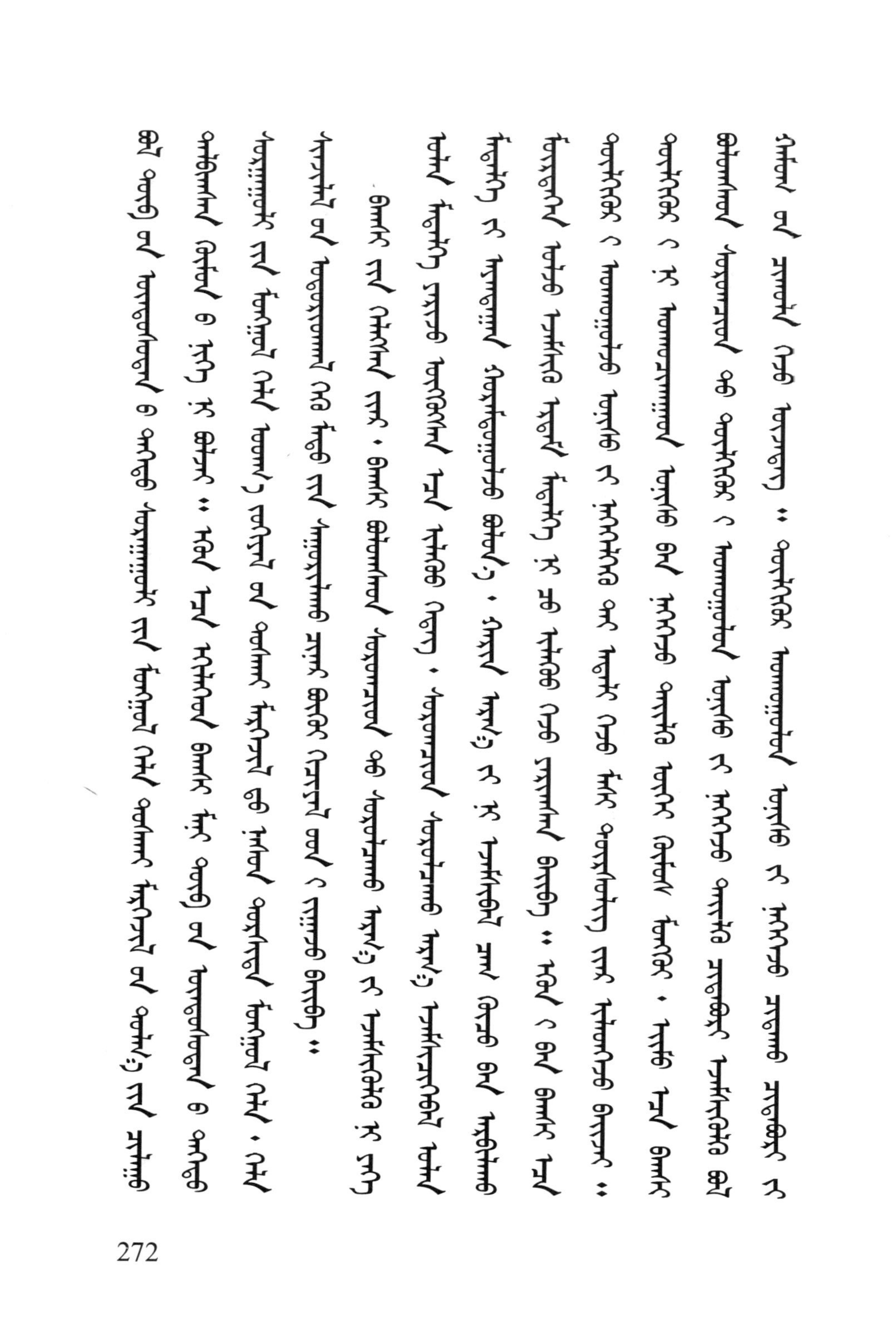

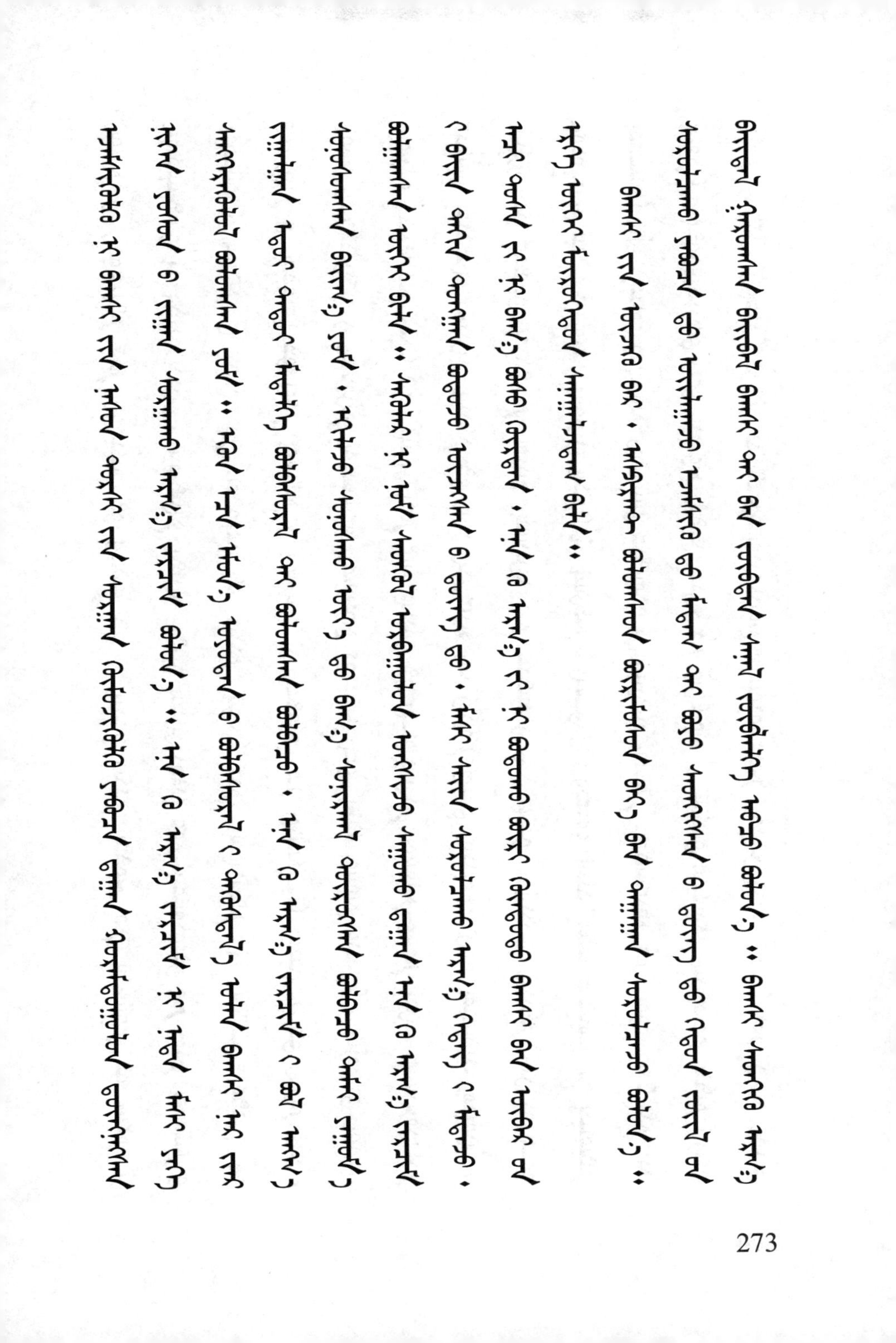

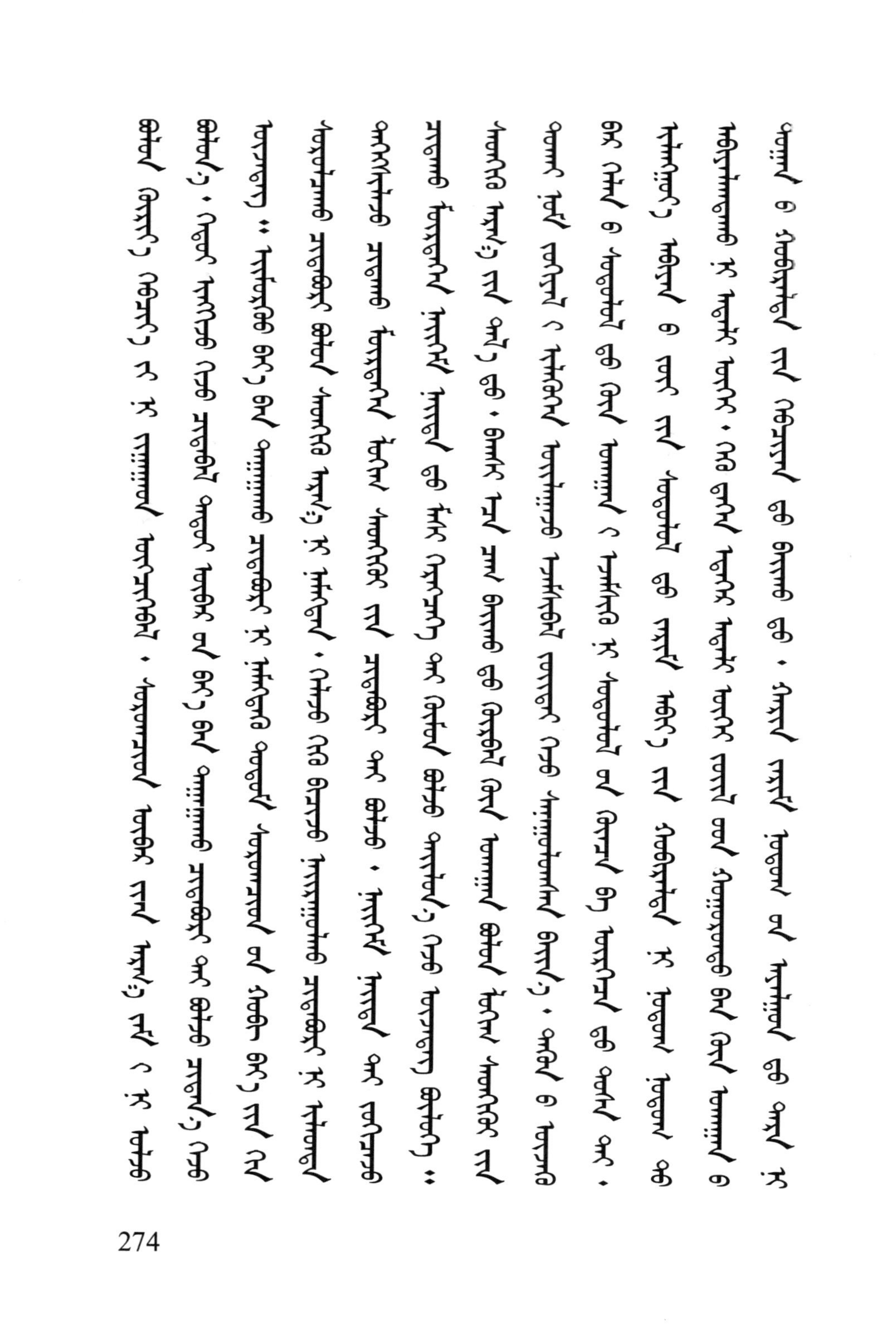

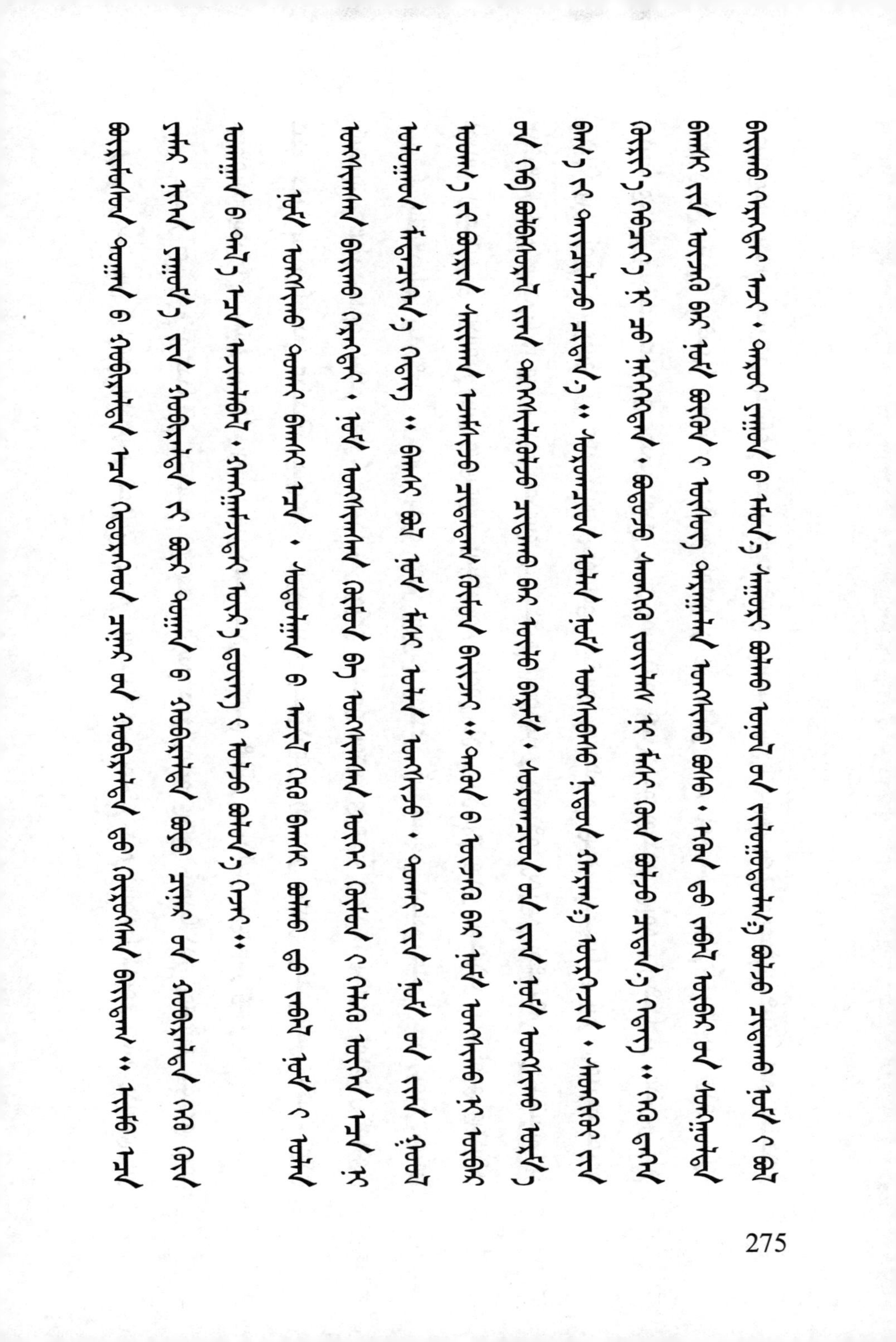

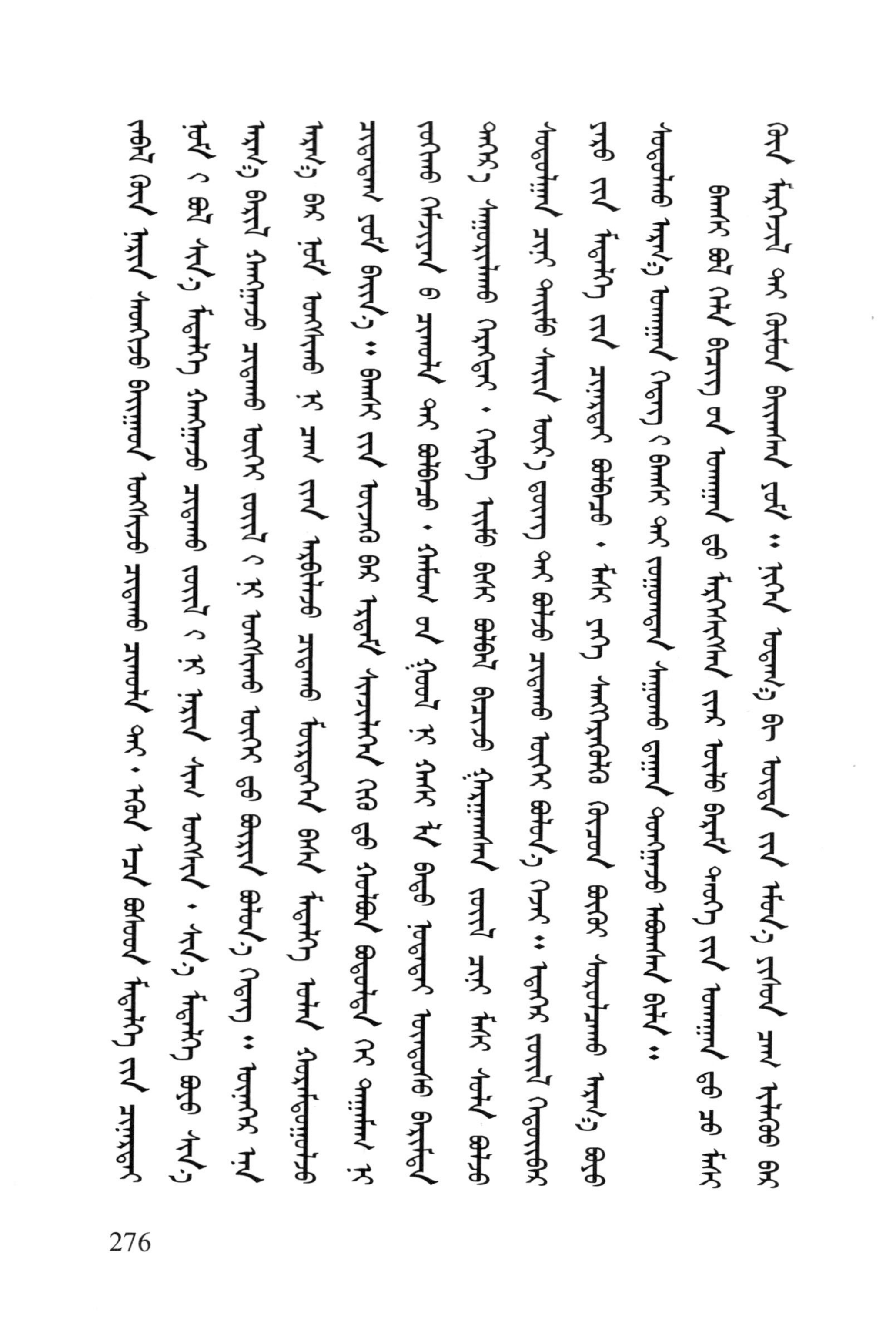

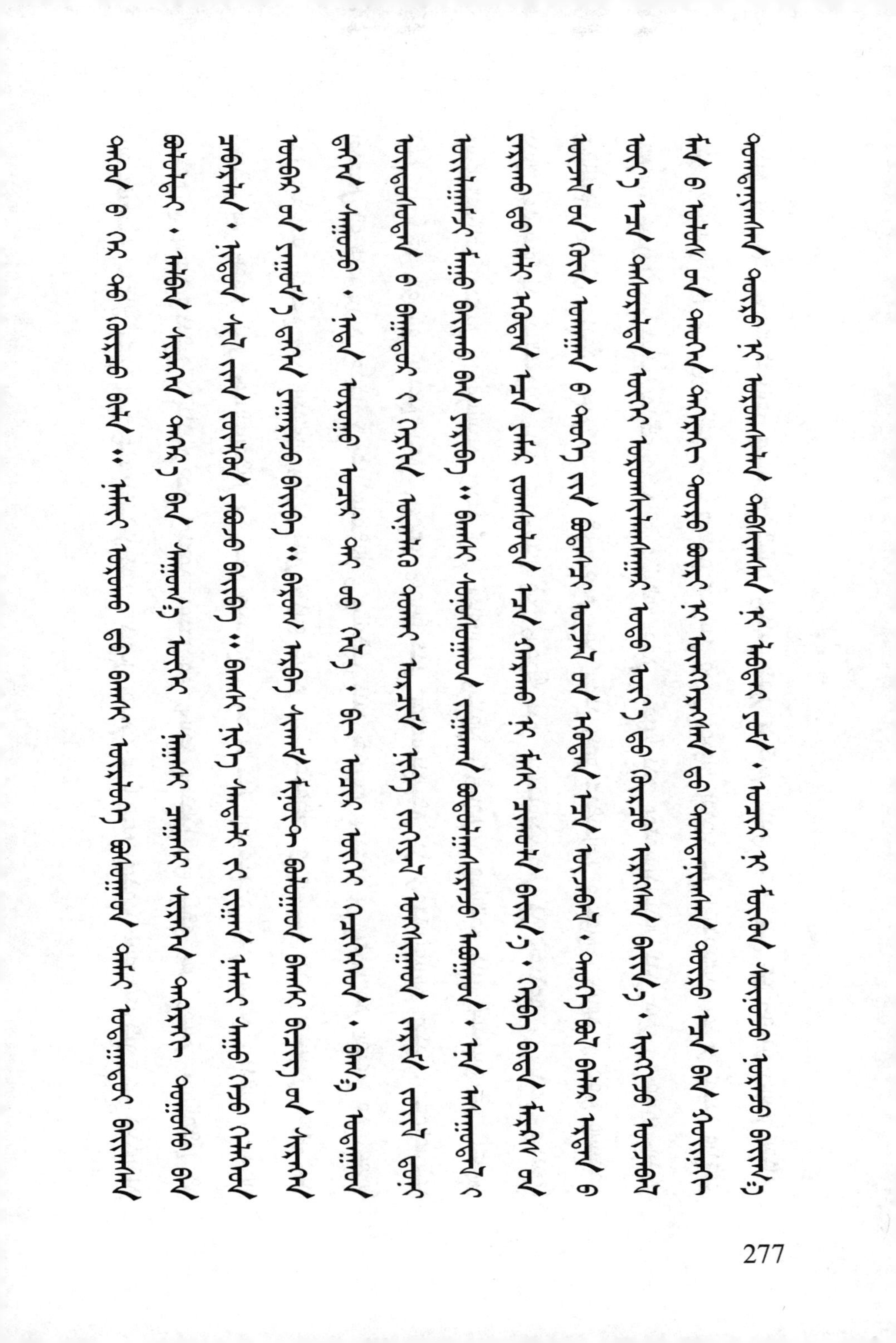

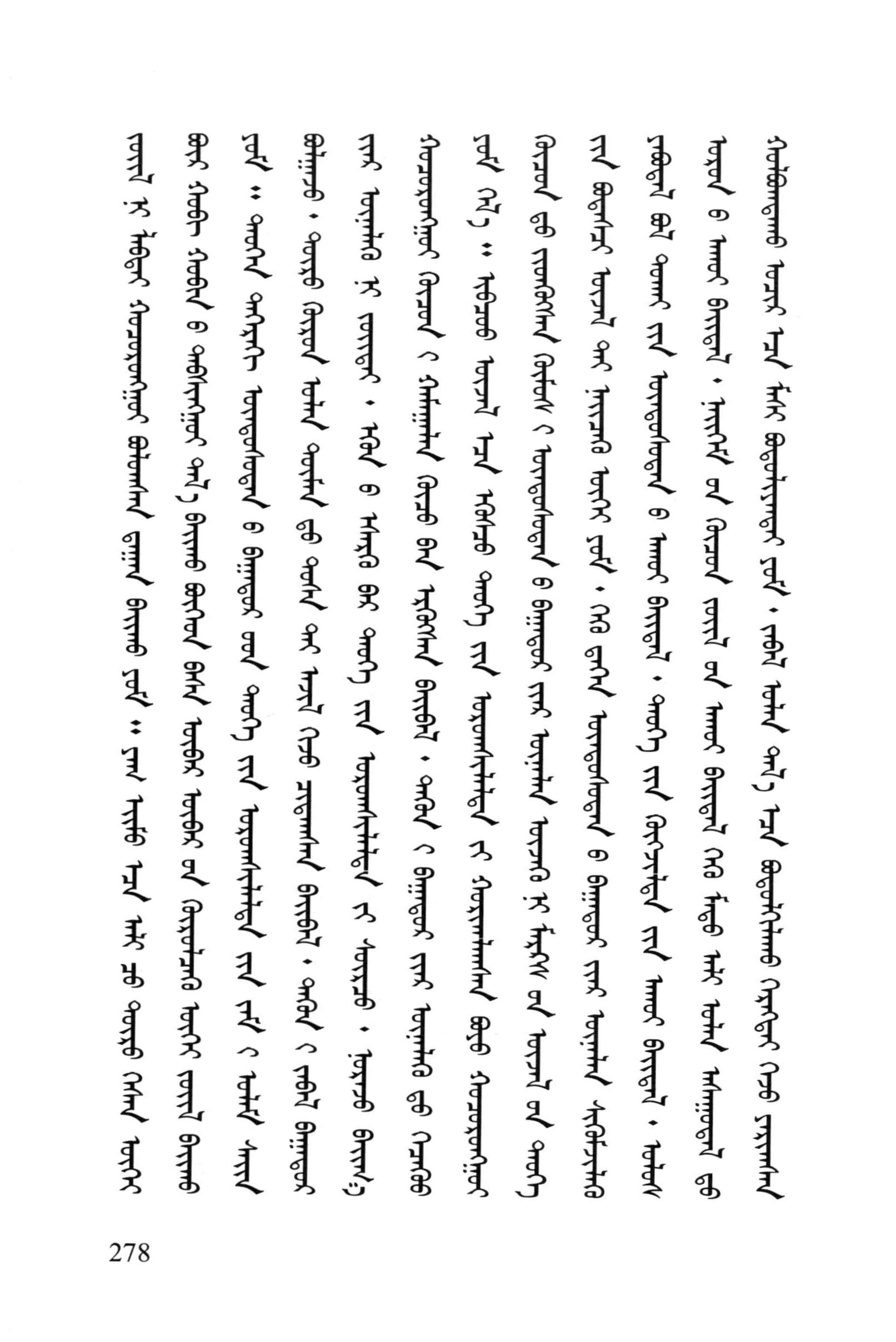

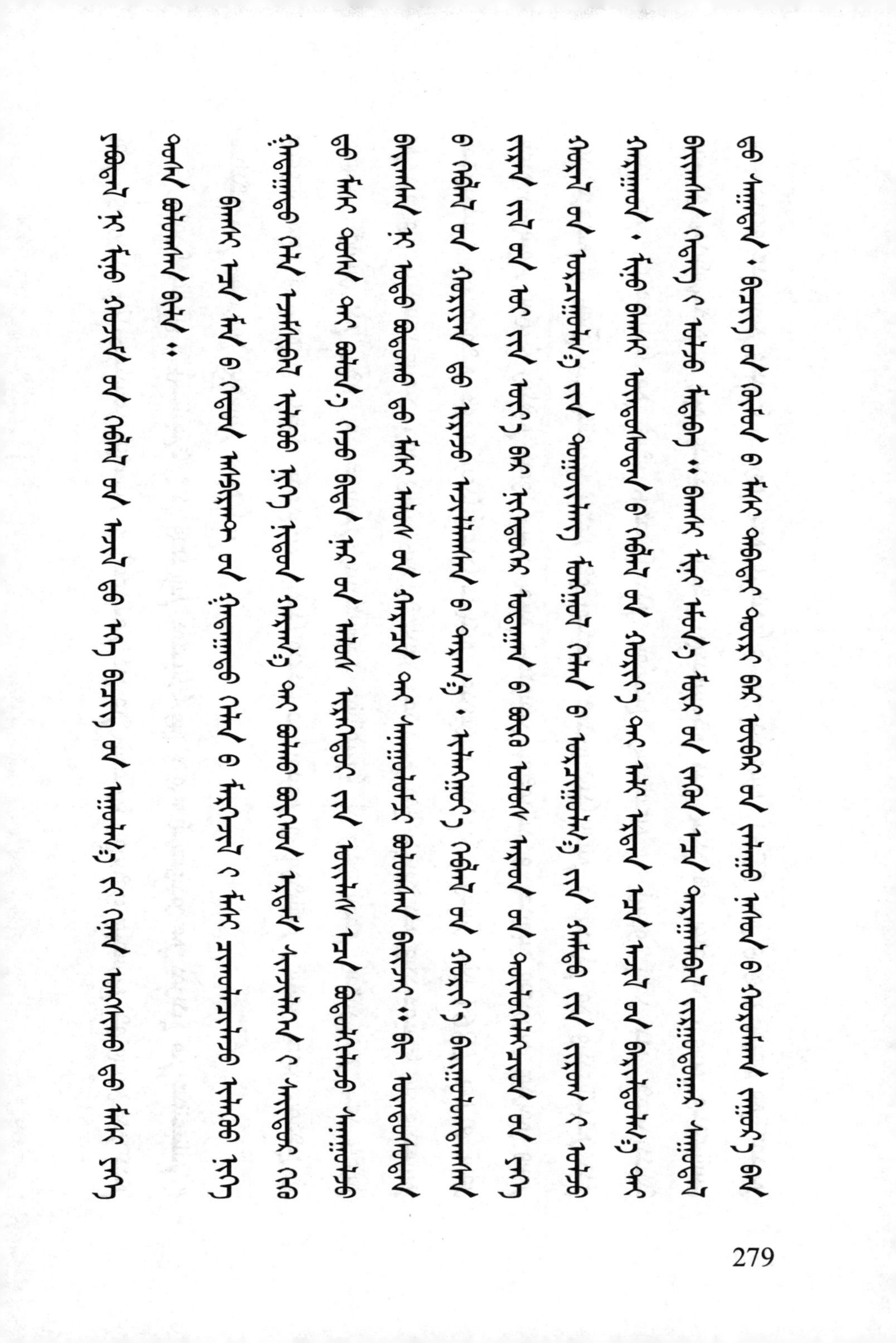

[illegible]
[illegible]
[illegible]
[illegible]
[illegible]
[illegible]
[illegible]
[illegible]
[illegible]
[illegible]
[illegible]
[illegible]

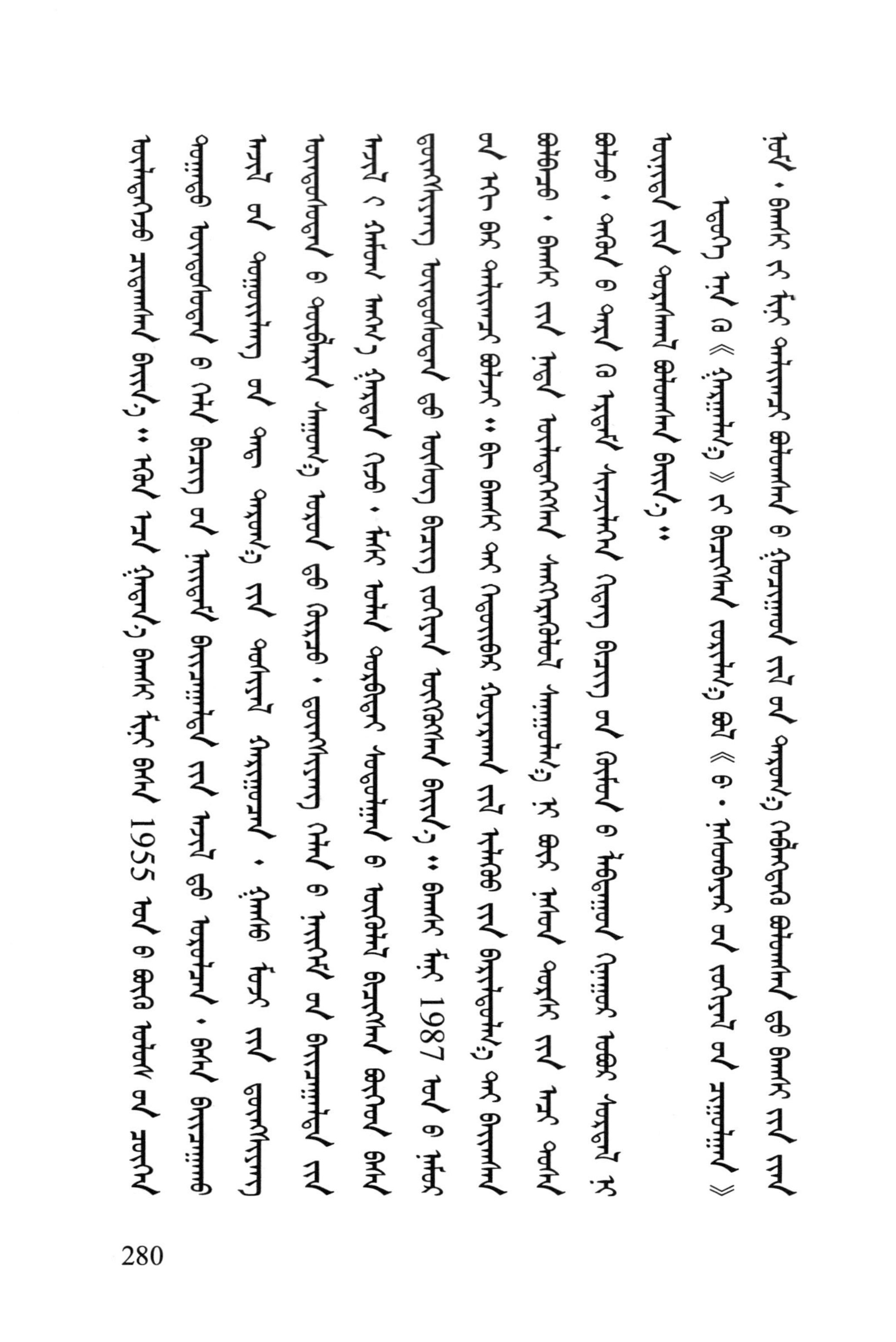

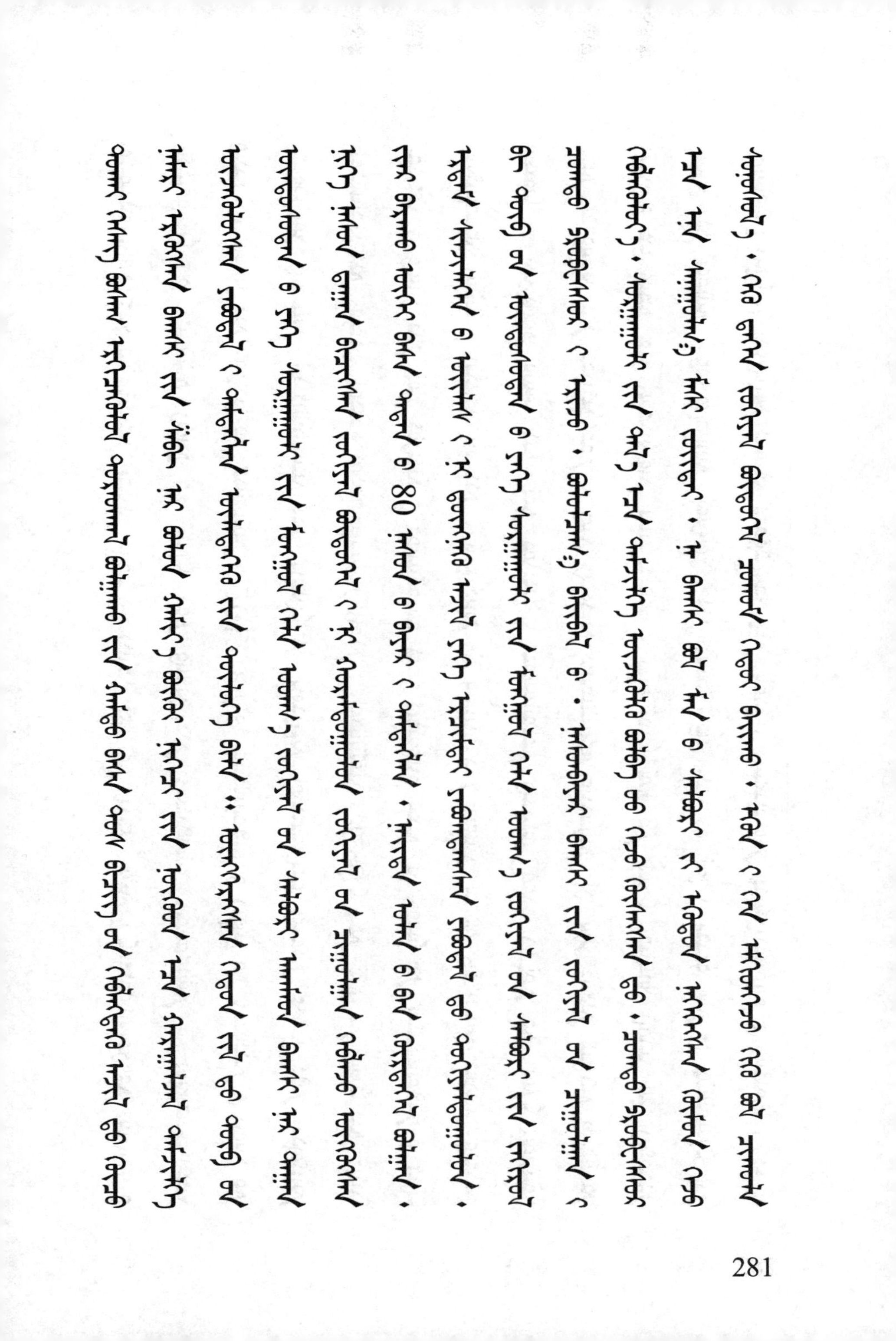

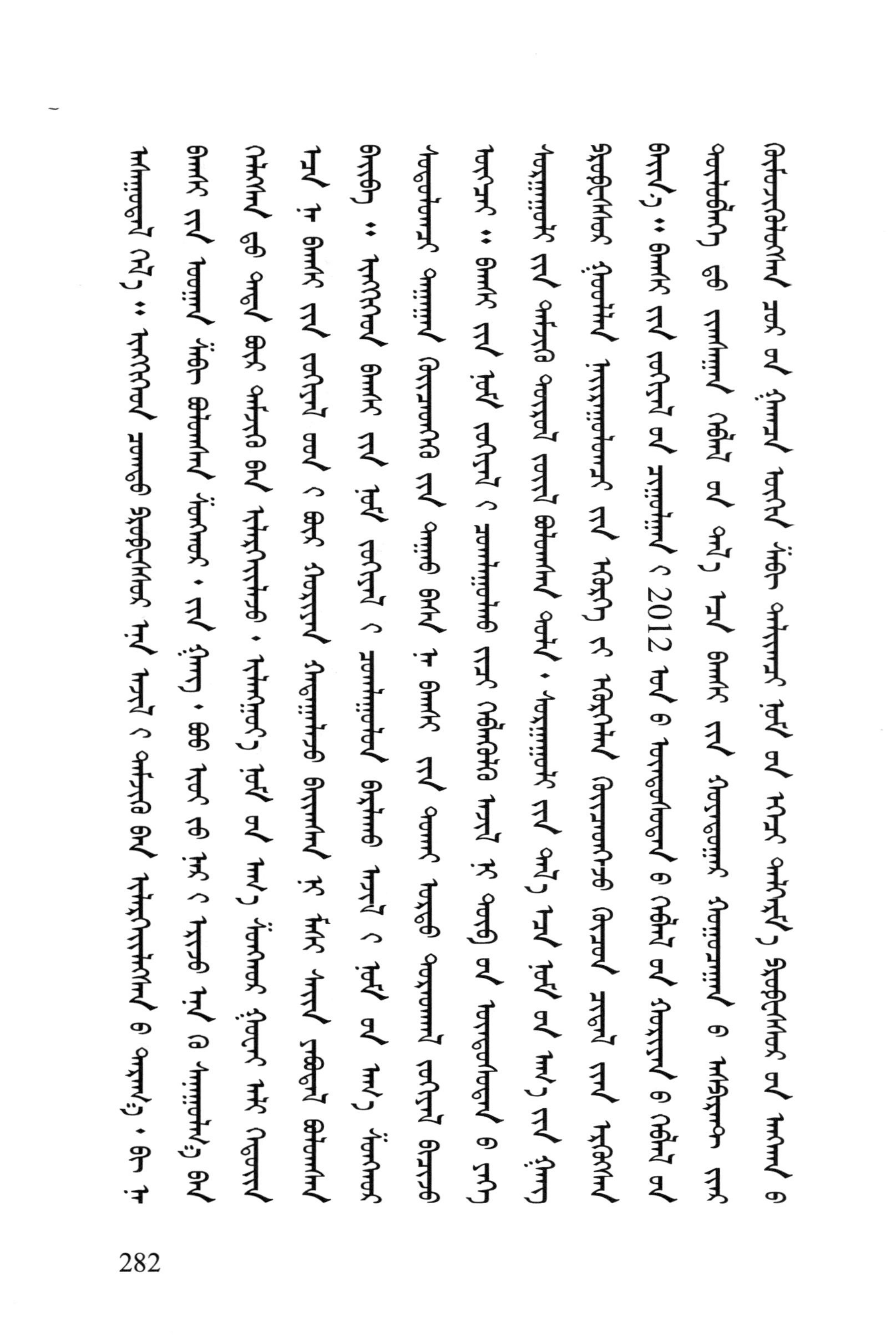

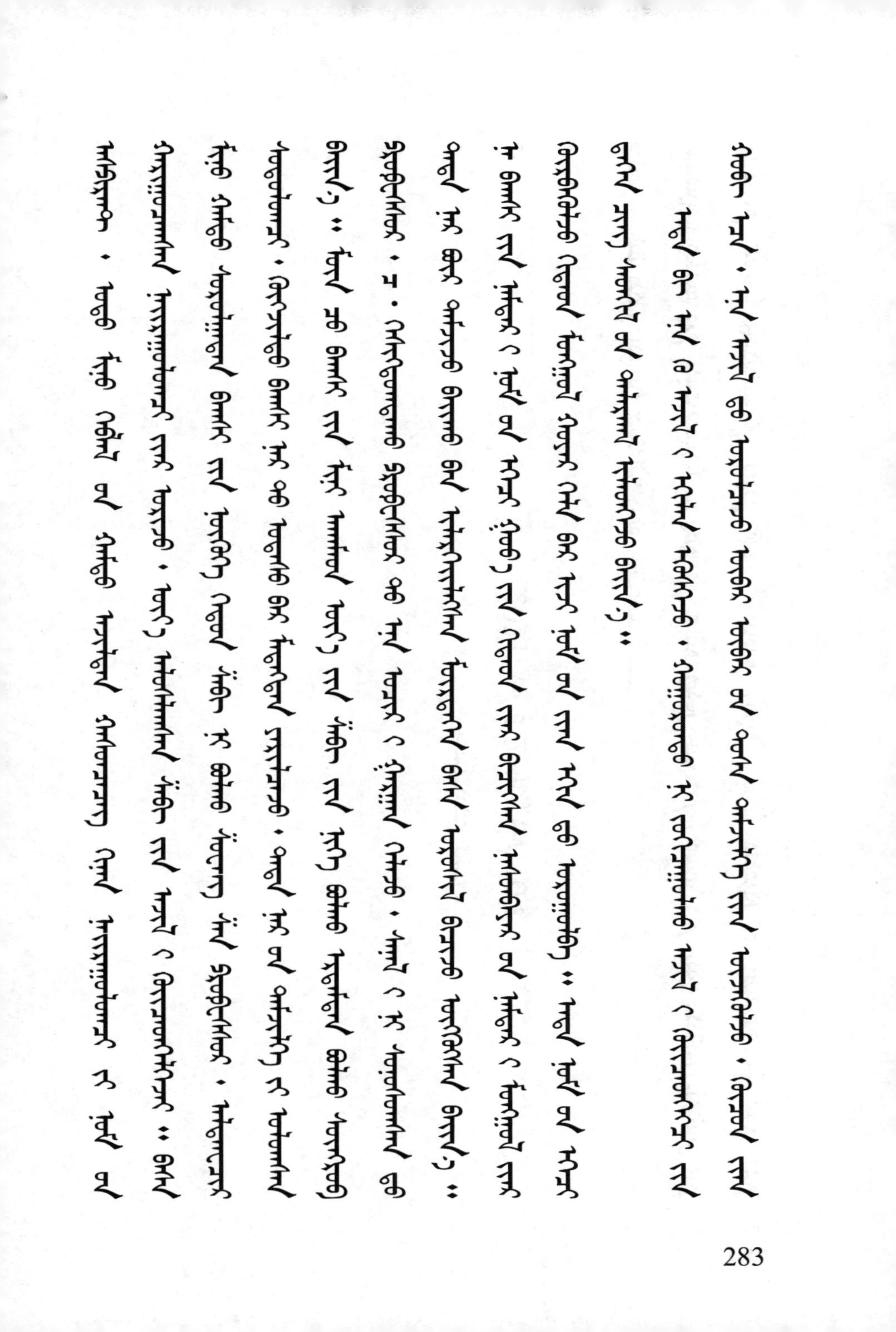

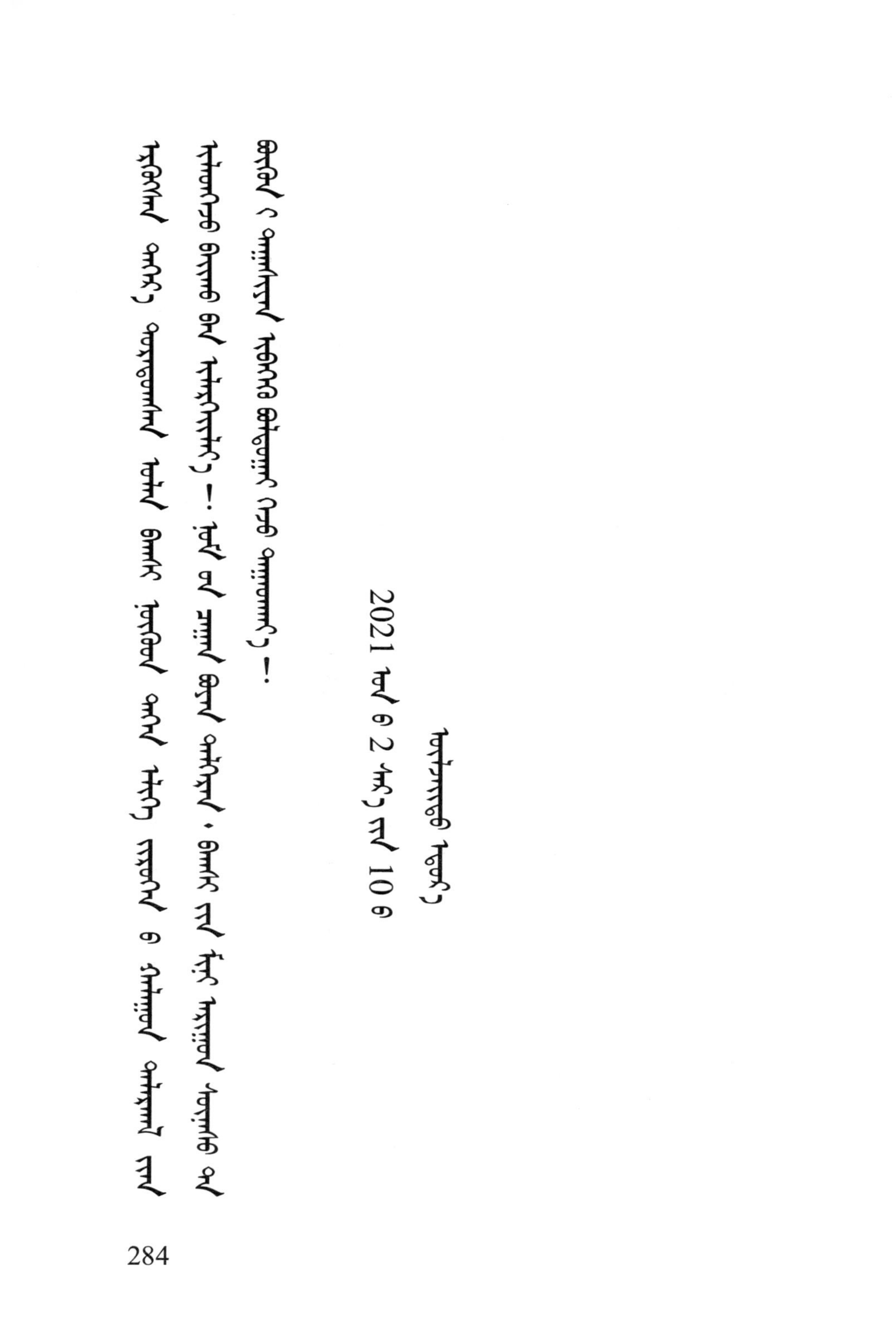

ᠦᠨᠳᠦᠰᠦᠲᠡᠨ ᠦ ᠬᠡᠪᠯᠡᠯ ᠦᠨ ᠬᠣᠷᠢᠶ᠎ᠠ

ᠦᠨᠳᠦᠰᠦᠲᠡᠨ ᠬᠡᠪᠯᠡᠪᠡ

ᠪᠡᠭᠡᠵᠢᠩ ᠬᠡᠪᠯᠡᠯ ᠦᠨ ᠦᠢᠯᠡᠳᠪᠦᠷᠢ ᠳᠦ ᠬᠡᠪᠯᠡᠪᠡ

ᠬᠠᠷᠢᠭᠤᠴᠠᠬᠤ
ᠨᠠᠶᠢᠷᠠᠭᠤᠯᠤᠭᠴᠢ :
ᠰᠠᠷᠠᠨᠭᠡᠷᠡᠯ

ᠬᠠᠷᠢᠭᠤᠴᠠᠬᠤ
ᠨᠠᠶᠢᠷᠠᠭᠤᠯᠤᠭᠴᠢ :
ᠪᠤ ᠮᠠᠨᠳᠠ

ᠬᠠᠪᠲᠠᠰᠤ
ᠵᠢᠷᠤᠭᠯᠠᠭᠰᠠᠨ :
ᠤᠯᠠᠨ ᠤ

*

ᠬᠡᠪᠯᠡᠯ ᠦᠨ ᠬᠡᠮᠵᠢᠶ᠎ᠡ ᠪᠤᠯᠤᠨ ᠬᠡᠪᠯᠡᠯ ᠦᠨ ᠲᠣᠭ᠎ᠠ
ᠬᠡᠪᠯᠡᠯ ᠦᠨ ᠬᠤᠭᠤᠳᠠᠰᠤ
ᠨᠢᠭᠤᠷ ᠤᠨ ᠲᠣᠭ᠎ᠠ
ᠦᠰᠦᠭ ᠦᠨ ᠲᠣᠭ᠎ᠠ

*

2023 ᠣᠨ ᠤ 8 ᠰᠠᠷ᠎ᠠ ᠳᠤ ᠨᠢᠭᠡᠳᠦᠭᠡᠷ ᠬᠡᠪᠯᠡᠯ
2023 ᠣᠨ ᠤ 8 ᠰᠠᠷ᠎ᠠ ᠳᠤ ᠨᠢᠭᠡᠳᠦᠭᠡᠷ ᠤᠳᠠᠭ᠎ᠠ ᠬᠡᠪᠯᠡᠪᠡ
ᠱᠤᠳᠤᠩ ᠤᠨ ᠳ᠋ᠤᠭᠠᠷ : 100013
ᠤᠲᠠᠰᠤ : (010) 58130062 58130904
ᠦᠨ᠎ᠡ ᠨᠢ : 120.00 ᠶᠤᠸᠠᠨ

图书在版编目（CIP）数据

那顺巴雅尔文集 : 蒙古文、汉文 / 那顺巴雅尔著 ; 金刚主编 . -- 北京 : 民族出版社 , 2023.5
ISBN 978-7-105-16973-3

Ⅰ . ①那… Ⅱ . ①那… ②金… Ⅲ . ①语言学－文集－蒙、汉 Ⅳ . ① H0-53

中国国家版本馆 CIP 数据核字 (2023) 第 100136 号

责任编辑：哈森其其格
责任校对：包斯琴
封面设计：金　晔

出版发行 : 民族出版社
地址 : 北京市和平里北街 14 号
邮编 : 100013
网址 : http://www.mzpub.com
印刷 : 河北鑫兆源印刷有限公司
经销 : 各地新华书店
版次 : 2023 年 8 月第 1 版　2023 年 8 月北京第 1 次印刷
开本 : 880 毫米 × 1230 毫米　1/32
印张 : 37.5
定价 : 120 .00 元
ISBN　978-7-105-16973- 3 /　H · 1220（蒙 77）